The Editors
Messrs Sainty & Johnson following Investiture at Government House, Sydney on 22 May 2003.

Keith Johnson, A.M., F.R.A.H.S. (1982), F.S.A.G. (1975), F.S.G. (1992). President 1978-85 and 1993-96 of the Society of Australian Genealogists, a Vice President 1975-77, 1985-86 and 1996-97, he has been a Councillor of the Society since 1970. He was an inaugural Member of the Management Committee of the History Council of New South Wales 1995-97 and a Vice President of the Royal Australian Historical Society 1988-1993 and a Councillor 1975-1985. He was appointed a Member of the Order of Australia (AM) on 26 January 2003.

Malcolm Sainty, A.M., F.S.A.G. (1975), F.S.G. (1996) a Vice President 1973-1976 and 1999-2005 of the Society of Australian Genealogists, he has been a Councillor since 1970. He was President of the Australasian Federation of Family History Organizations (AFFHO) 1990-1991. He was appointed a Member of the Order of Australia (AM) on 26 January 2003.

For more than 40 years Messrs Johnson and Sainty have undertaken extensive genealogical research personally and supported societies in the UK, Ireland, USA, Australia and New Zealand. They recognise that many genealogists require to undertake their investigations internationally as well as within the regions where particular families originated. They have for many years encouraged the widest dissemination of research data and reference material for family historians. Directors of the Library of Australian History, Publishers of North Sydney, Australia, which has published over 90 titles and reprints of a local, family history and reference nature since 1977. As Executive Committee members of the Australian Biographical and Genealogical Record, in an honorary capacity they supervised publication of eleven volumes between 1982 and 1999. They continue their financial sponsorship of the ABGR Project which transcribes original source records, ready for publication, now on CD-ROM. They have lectured in Australia, Canada, England, Ireland, New Zealand and the USA and were jointly awarded in 1994 the AFFHO Award for Meritorious Service to Family History by the Australasian Federation of Family History Organisations. It is awarded triennially.

Published works which they have jointly compiled and edited include - *Genealogical Research Directories* (yearly since 1981), *Index of Births, Deaths and Marriages, Sydney Morning Herald 1831-1853* (1969-1975, on CD-ROM 2003), *Gravestone Inscriptions - Sydney Burial Ground* (1973), *Census of New South Wales - November 1828* (1980, 1985 and revised with additional data in 2001, on CD-ROM). *Sydney Burial Ground 1819-1901 and History of Sydney's Early Cemeteries from 1788* (2001). Keith Johnson was co-editor with Dr Richard Reid of *The Irish Australians: Selected Articles for Australian and Irish Family Historians* (1984). He contributes biographies to the *Australian Dictionary of Biography*. Malcolm Sainty was co-editor with Michael C. Flynn of an *Index to the Australian Dictionary of Biography - Volumes 1 & 2 (A to Z - 1788-1850)* (1991) and author of *Jane Walker c1765-1838 A Matriarch of Parramatta NSW* (1996). With Sir John Sainty, K.C.B. he is the joint author of *Sankey / Sainty / Santy of Norfolk, England c.1522-c.1900: A Genealogy & Pedigree Charts* (2003).

The Editors dedicate this 25th edition to their highly respected and loyal *GRD* Agents.

Mrs Elizabeth Simpson, FSG
UK agent for 22 years.

Mrs Jeannette Tyson
Canadian Agent for 22 years.

Mrs Lucy Marshall, QSM
New Zealand Agent for 7 years.

Mr John Goldsmith and his late wife
Mrs Pauline Goldsmith
South African Agents for 19 years.

Mr Tony McCarthy
Irish Agent for 12 years.

Mr John Poole
USA Agent for 4 years.

Genealogical Research Directory
National & International

Keith A. Johnson, AM & Malcolm R. Sainty, AM

2005

PUBLISHED BY (THE EDITORS OF THE)
GENEALOGICAL RESEARCH DIRECTORY

Typeset by Library of Australian History, Sydney.
Printed by McPherson's Printing Group, Melbourne.

Published 2005
ISBN 0-9752378-6-1 Paperback edition.
ISBN 0-9752378-7-X Hardback edition.
ISBN 0-9752378-5-3 CD edition.

© K.A. Johnson & M.R. Sainty

All rights reserved. No part of this publication may be reproduced, stored in a retrieval system or transmitted in any form or by any means electronic, mechanical, photocopying, recording or otherwise, without the prior written permission of the Publishers.
The Editors reserve the exclusive right to edit any material submitted to them for publication and to reproduce it in whatever form they choose.

Representatives:

AUSTRALIA:
Keith Johnson
17 Mitchell Street (PO Box 795)
NORTH SYDNEY NSW 2060
E-mail: grdxxx@ozemail.com.au

BRITAIN:
Mrs Elizabeth Simpson
104 Repton Road
WEST BRIDGFORD NTT, NG2 4EL Eng
Fax: (0115) 846 0549

CANADA:
Mrs Jeannette Tyson
94 Binswood Avenue
TORONTO, ON. M4C 3N9
E-mail: j.tyson@sympatico.ca

EUROPE:
Tony McCarthy
Hillside, Sidney Park
CORK, Ireland
E-mail: irishrts@iol.ie

IRELAND:
Tony McCarthy
Hillside, Sidney Park
CORK
E-mail: irishrts@iol.ie

NEW ZEALAND:
Mrs Lucy Marshall
6 Ellangowan Road
TORBAY Auckland 1310
Tel: (09) 473 1687 marshallfam@clear.net.nz

SOUTH & CENTRAL AFRICA:
John Goldsmith
58 Aldersgate, Pheasant Road
WALMER 6070 RSA
Fax: (041) 367 4249

U.S.A.:
John Poole
130 E. Montecito Avenue, PMB 120
SIERRA MADRE, CA 91024-1924
E-mail: GRDxUSA@aol.com

Our Representatives cannot answer research enquiries on behalf of the *GRD*.
Nos représentants ne sont pas autorisés à répondre aux demandes au nom du *GRD*.
Unsere Repräsentanten sind nicht in der Lage, im Auftrag des *GRD* gene. Anfragen zu beantworten.

Contents

Acknowledgements	6
Introduction - How to use the *GRD*	7
Maps	9-16
Feature Article: ***Griffith's Valuation & poor law valuation*** - W. A. Smyth	17-25
Calendar of Genealogical Events	26-27
Publication of the *GRD*	28
Abbreviations	29-31
Explanation	32
Directory of Surnames	33
Subject Entries	514
Contributors: Addresses, Telephone, Fax & E-mail Numbers	568
One Name Studies	625
List of Genealogical Societies	654
Archives, Major Libraries & Record Offices	740
Professional Services Index	794

Table des Matières

Remarques des éditeurs	8
Cartes géographiques (Maps)	9-16
Calendrier des manifestations	26-27
Listes des abréviations utilisées	29-31
Conseils pour l'utilisation de ce *GRD*	32
Liste des patronymes étudiés	33
Liste thématique	514
Liste des participants	568
Liste des associations familiales	625
Liste des clubs et associations	654
Archives et bibliothèques	7402
Annonces Publicitaires	794

Inhalt

Einleitung	10
Landkarten (Maps)	9-16
Daten von Veranstaltungen und Reisen	26-27
Abkuerzungen	29-31
Fuehrer zum G.R.D.	32
Namensverzeichnis	33
Forschungsthemen	514
Einsender	568
Verzeichnis der Familienvereine	625
Verzeichnis der genealogischen Vereine	654
Archive und Forschungsbibliotheken	740
Anzeigen	798

Acknowledgements

The 2005 *GRD* marks the 25th year of publication during which period the *GRD* has become the largest Worldwide surname queries listing published in book form on an annual basis. For many years, each edition has contained between 80,000 and 150,000 references submitted by the contributors. The *Directory* has become one of the most important and useful genealogical tools ever published. Its great value is enhanced by its worldwide circulation to many libraries and societies as well as many individual genealogists. In addition, 1000s of genealogists have used the CD-ROMs of the *GRD's:* 1990-1996, 1990-1999, 2000-2002, 2003 and 2004 editions.

The Editors continually receive letters from contributors advising of their success in linking their family with that of another person in a different country to the family's origin as well as contact with previously unknown relatives in their own country.

We have undertaken all the data entry in-house. It is impossible to meticulously proof read every word but the Editors have proof read every family name submitted. The other items in the listing, such as the time period, place, province and country, are sorted on the computer, and the listings are then checked for inconsistencies in spelling, particularly of place names, where numerous corrections are made by the editors. Judging from the very few instances of errors drawn to our attention by contributors, the data entry and proof reading methods used have proved to be satisfactory. If an error is reported to us, and we feel that the error has rendered the entry useless for the contributor, then we publish at no charge, the corrected information in the following year's *Directory*. Less than 20 such problems have been notified to us for any of our past *Directories*.We have produced all the typesetting in-house. This has allowed us to accept late corrections from contributors who have changed their address or amended data. There are many new entries and new contibutors to this 25th edition.

We again record our grateful thanks to our Agents: John Goldsmith (AFRICA), Jeannette Tyson (CANADA), Tony McCarthy (IRELAND), Lucy Marshall (NEW ZEALAND), Elizabeth Simpson (UK) and John Poole (USA). Since the introduction of the Euro currency we have consolidated the European agencies to Ireland. Our Agents not only received entry forms and sorted out various problems but assisted with promotion and gave us advice which has been greatly appreciated.

We thank those who assisted in the production of the *Directory*: in particular Allison Allen who has for many years painstakingly undertaken the bulk of the data entry with her customary efficiency and accuracy; Mr William A. Smyth for the Feature Article and Dr Colin Chapman for his Codes.

We gratefully acknowledge the assistance of many genealogical societies which sent out entry forms to their members. As a service to these Societies and to genealogists worldwide we list societies free of charge in the *GRD*. We thank the many Research repositories which supplied details of their services. Thanks also to many persons who helped to promote the *Directory* and made helpful suggestions.

☐ K. A. Johnson & M. R. Sainty — 31 January 2005

Introduction - How to use the GRD

SURNAME: (or Family Name):
These have been listed in strict alphabetical order **except** in the case of some names containing prefix letters DE, LA, VAN etc. eg. DE LANGE will appear with all the other names with the prefix of DE. On the other hand names with punctuation such as O'Connor will appear as O'CONNOR after OCONNOR followed by OCTERLONIE etc. and not with other names commencing O' thereby ignoring the punctuation. Likewise names with the prefix MC & MAC are found in strict alpha order within M.

Brackets in surnames are NOT ALLOWED. If the name M(A)CLA(O)UGHL(L)A(O)(I)N were submitted where do you expect the computer should place it? In small name listings this form of expressing alternative names is permissible in that only a few McLaughlan names and variations may be found. But in a major listing such as the *GRD* it would be hopelessly lost. All brackets and the letters within them, have therefore been deleted and in many cases such as Clark(e) the reader should know that when searching the name Clarke one should also look under CLARK and CLERK etc. The same applies to slash marks eg. MAYER/MEYER.

EURO LETTERS: Ü Ä Ë Á É Ô Ñ Ç ß Ø etc.
Our typesetting system allows us to produce any of these letters and we have endeavoured to use them in the Society Listing sections and elsewhere. However, in the main SURNAME section they pose two major problems. Firstly they slow data entry considerably and increase the chance of error and secondly - where should they be sorted in the main alpha listing? In the case of letters which are purely accentual (mainly in French) there is no problem, we simply leave them out. However, in other languages there can be a difference in meaning, they can be different names.

For this edition of the *GRD* we have converted all Euro letters to the western alphabet. Ö therefore is produced as O. This poses a problem for some who may expect the name to appear at the end of all the O's as a separate letter of the alphabet. Others have submitted the name MÜLLER and some MUELLER. We have produced them as MULLER and MUELLER. People whose ancestors spelt their name as MÜLLER and who now live outside of Europe, have in most cases adopted the spelling MULLER rather than MUELLER so we can't change them all to MUELLER.

We can organise our computer to sort ignoring accents, however this does not bring MULLER and MUELLER together, nor should it, but it would also put some Swedish, Icelandic names in quite the wrong place. English language contributors have the same problem with Mc & Mac - so the answer is LOOK IN BOTH PLACES. We will continue to look at the problem.

GEOGRAPHIC ORDER:
We have listed the entries in strict GEOGRAPHIC order within the same SURNAME: All the Smiths of Australia should be followed by the Smiths of Canada, Denmark, etc. to USA & Worldwide. Within each country the entries are also listed by area (State/Province/County) and then by Place (town/parish).

PLACE NAMES:
The Editors have checked many place names given by contributors because the spelling of the name appeared incorrect or unusual. In thousands of instances the Editors have corrected the place names. In some cases the place name given was not able to be identified in gazetteers or in geographical dictionaries and these have been left as submitted.

CONTACTING CONTRIBUTORS: - Do NOT telephone unless the contributors have registered their telephone number in the GRD - write first or E-mail.

IF SOMEONE SENDS YOU INFORMATION - PLEASE RESPOND.

France

EXPLICATIONS
Le *Genealogical Research Directory (GRD)* est publié chaque année depuis 1981. Il est sans doute la publication la plus importante et la plus répandue dans son genre. Les dernières éditions contiennent chacune plus de 90.000 "entrées". Les noms cités dans chaque volume sont, en très grande majorité, différents de ceux des éditions précédentes. Le G.R.D. propose différents chapitres.

ANNUAIRE DES PATRONYMES
Les patronymes y sont énumérés dans l'ordre alphabétique sans référence aux espaces ou à la ponctuation. Attention, par exemple, aux patronymes à particules et composés ! Ainsi, les "DE GOLIER" sont classés à "DE..." Au sein d'un même patronyme, le classement est dans l'ordre alphabétique des pays (écrits en langue anglaise).
Les chiffres entre crochets renvoient aux coordonnées des participants figurant dans le chapitre Adresses des participants.

DATES
Les dates publiées indiquent les périodes connues et/ou recherchées. les symboles suivants sont utilisés: Pre 1800 = avant 1800; 1880+ = après 1880; 1880s = 1880-1889; c1880 = (circa) aux environs de 1880; All = toutes époques.

LIEUX
En général, est indiqué le nom d'une ville, d'un village. Il est suivi la plupart du temps d'une province, d'une région, d'un comté, d'un état selon les pays. Des abréviations sont utilisées (voir page 29-31 Abréviations).

RECHERCHES THÉMATIQUES
Sont regroupés dans ce chapitre les thèmes de recherche des participants. Les sujets sont classés en différentes catégories.
Ces recherches ne sont pas forcément liées aux patronymes cités dans d'autres chapitres du *GRD*.

ADRESSES DES PARTICIPANTS
On y trouve les coordonnées "directes" des participants. Lors d'un premier contact, ne téléphonez pas. Ecrivez plutôt à votre correspondant.
Lors de votre envoi, n'oubliez pas de préciser sur votre enveloppe vos propres coordonnées.

ASSOCIATIONS FAMILIALES
Ce chapitre regroupe les associations et individus qui s'intéressent à un patronyme donné, en général au niveau du monde entier.

CLUBS ET ASSOCIATIONS
Ces associations y sont répertoriées gratuitement. Toute modification des coordonnées de celles-ci nous intéresse. Nous vous remercions d'en aviser l'agent G.R.D. concerné.
Si vous contactez une de ces associations, précisez que vous avez obtenu leurs coordonnées par l'intermédiaire du *GRD*. Cela nous aide à nous faire connaître.

ANNONCES PUBLICITAIRES
Les chercheurs privés, généalogistes professionnels et autres sociétés de services peuvent insérer des annonces publicitaires. Nos agents sont à leur disposition pour leur faire part de nos tarifs.

FRANCE

see an alphabetical listing on page 29

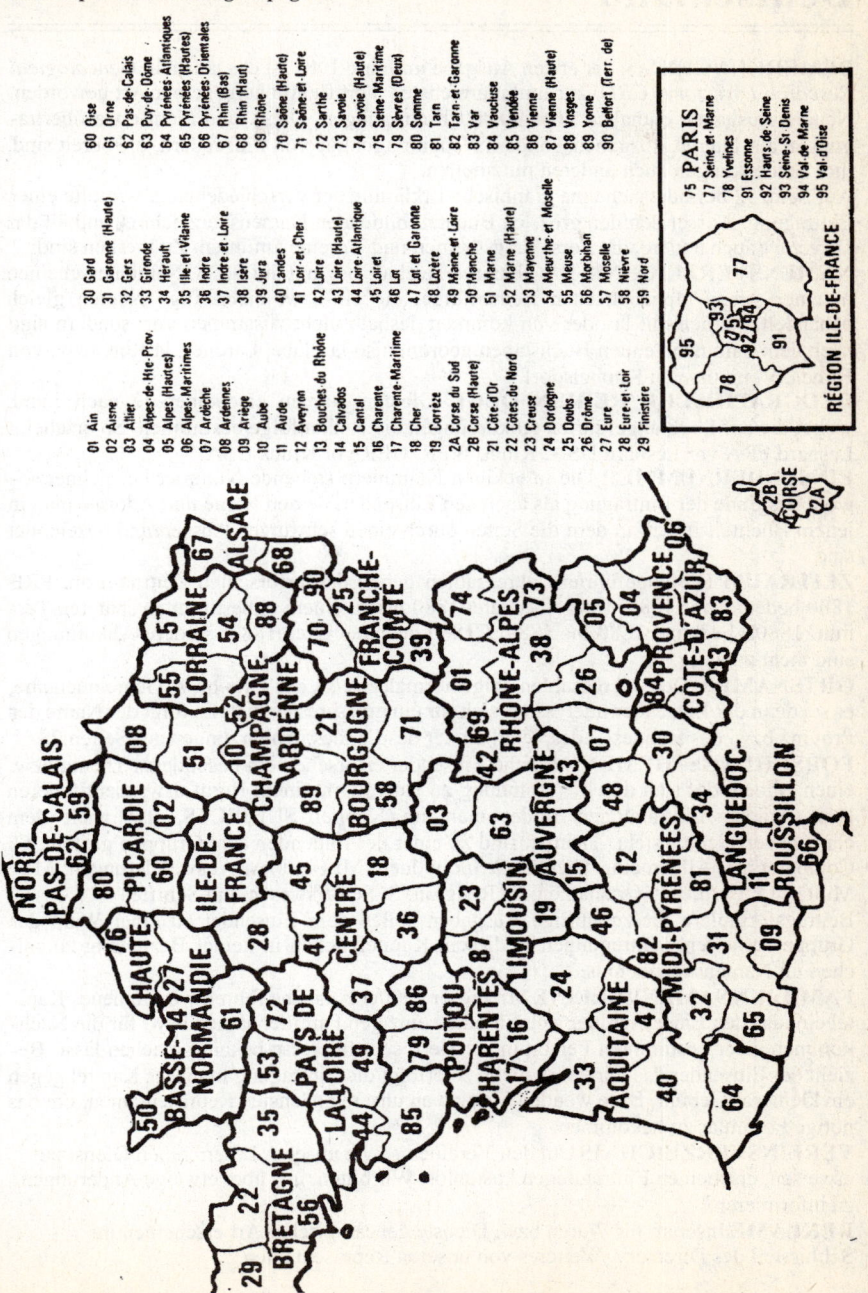

#	Département	#	Département	#	Département
01	Ain	30	Gard	60	Oise
02	Aisne	31	Garonne (Haute)	61	Orne
03	Allier	32	Gers	62	Pas-de-Calais
04	Alpes de Hte.-Prov.	33	Gironde	63	Puy-de-Dôme
05	Alpes (Hautes)	34	Hérault	64	Pyrénées Atlantiques
06	Alpes-Maritimes	35	Ille-et-Vilaine	65	Pyrénées (Hautes)
07	Ardèche	36	Indre	66	Pyrénées-Orientales
08	Ardennes	37	Indre-et-Loire	67	Rhin (Bas)
09	Ariège	38	Isère	68	Rhin (Haut)
10	Aube	39	Jura	69	Rhône
11	Aude	40	Landes	70	Saône-et-Loire
12	Aveyron	41	Loir-et-Cher	71	Saône-et-Loire
13	Bouches du Rhône	42	Loire	72	Sarthe
14	Calvados	43	Loire (Haute)	73	Savoie
15	Cantal	44	Loire Atlantique	74	Savoie (Haute)
16	Charente	45	Loiret	75	Seine Maritime
17	Charente-Maritime	46	Lot	79	Sèvres (Deux)
18	Cher	47	Lot-et-Garonne	80	Somme
19	Corrèze	48	Lozère	81	Tarn
2A	Corse du Sud	49	Maine-et-Loire	82	Tarn-et-Garonne
2B	Corse (Haute)	50	Manche	83	Var
21	Côte-d'Or	51	Marne	84	Vaucluse
22	Côtes du Nord	52	Marne (Haute)	85	Vendée
23	Creuse	53	Mayenne	86	Vienne
24	Dordogne	54	Meurthe-et-Moselle	87	Vienne (Haute)
25	Doubs	55	Meuse	88	Vosges
26	Drôme	56	Morbihan	89	Yonne
27	Eure	57	Moselle	90	Belfort (Terr. de)
28	Eure-et-Loir	58	Nièvre		
29	Finistère	59	Nord		

RÉGION ILE-DE-FRANCE

#	Département
75	PARIS
77	Seine et Marne
78	Yvelines
91	Essonne
92	Hauts de Seine
93	Seine-St-Denis
94	Val-de-Marne
95	Val-d'Oise

Deutschland

BEMERKUNGEN Seit der ersten Ausgabe im Jahre 1981 ist das jährliche *Genealogical Research Directory (GRD)* zur umfangreichsten Veröffentlichung seiner Art geworden. Neuere Ausgaben enthalten über 90,000 Eintragungen. Diese sind nicht etwa übertragungen aus älteren Ausgaben, sondern Neueintragungen von Einsendern, die bereit sind, ihre Entdeckungen auch anderen mitzuteilen.

Auf Seite 32 befindet sich eine graphische Erklärung der verschiedenen Abschnitte einer Eintragung. Ausser demden grössten Buchteil bildenden Namensverzeichnis, enthält das *Directory* auch andere, die Forschungsthemen und Vereine anführen. Zu merken sind:

NAMENSVERZEICHNIS Das Hauptverzeichnis beginnt auf S. 33. Namen erscheinen in einer streng alphabetischen Reihenfolge, die ein-bzw. mehrteilige Namen gleich behandelt. Namen mit la oder von kommen deshalb nicht zusammen vor, sondern sind nach dem darauffolgenden Buchstaben geordnet: so la Place, Lardner, la Rue, bzw. von Huben, Voniatis, von Knobelsdorf.

GEOGRAPHISCHE REIHENFOLGE Gleiche Namen erscheinen je nach Land, wobei die auf S. 28 angeführten Abkürzungen die Reihenfolge bestimmen. So erscheint Lesnard FRA vor Lesnard USA; Kluck WPR, GER vor Kluck USA.

EINSENDERNUMMER Die in eckigen Klammern stehende Nummer bezeichnet sowohl das Ende der Eintragung als auch den Einsender, dessen Name und Adresse man in jenem Buchteil findet, in dem die Seiten durch einen schwarzen Aussenrand bezeichnet sind.

ZEITRAUM Die angeführten Jahreszahlen geben den erforschten Zeitraum an. PRE 1880 bedeutet vor 1880. 1880+ bedeutet 1880 bis zu einem unbestimmten späteren Termin. 1880S bedeutet 1880 bis 1889. C1880 bedeutet circa 1880. Andere Abkürzungen sind nicht zulässig.

ORTSNAMEN Den Jahreszahlen folgt normalerweise der Orts-bzw. Gemeindename, es sei denn der Einsender interessiert sich für ein grösseres Gebiet. Es folgt der Name der Provinz bzw. des Bundeslandes, letztlich der des Landes. Abkürzungen auf Seiten 28

FORSCHUNGSTHEMEN Manche Einsender erforschen ein besonderes Thema bzw. einen Ahnen, der sich durch Verbindung zu einem Ort, einem Beruf usw. identifizieren lässt. Solche Eintragungen findet man im Kapitel SUBJECTS, das nach dem Namensverzeichnis steht. Themen sind zu einer der folgenden acht Gruppen gestellt. C: Computers G: Allgemeine Themen; I: Individuen; M: Ein-bzw. Auswanderung; MY: Militär; O: Berufe; P: Ortsnamen; R: Religion; S: Schiffswesen und Schiffe.

Beitragsformulare für zukünftige Ausgaben sollen dem Einsender zu einer Wahl der Gruppe verhelfen. Eintragungen in diesem Kapitel stehen in keiner Beziehung zu solchen im Namensverzeichnis.

FAMILIENNAMENVEREINE Mit dieser 1990er Ausgabe führen wir ein neues Kapitel ein, das den Einsender, der sich für einen einzigen Familiennamen bzw. für die Nachkommen einer bestimmten Person interessiert, sein Interesse bekannt machen lässt. Bezieht der Einsender das Directory nicht, so erfolgt die Eintragung in dieses Kapitel gegen ein kleineres Gebühre. Bitte wenden Sie sich an unseren nächsten Repräsentanten, um das nötige Formular zu bekommen.

VEREINSVERZEICHNIS Um den Vereinen sowie unseren Lesern einen Dienst zu erweisen, erscheinen Eintragungen kostenlos. Wir bitten, uns über etwaige Änderungen zu informieren.

REKLAME Inserate für Waren bzw. Dienste genealogischer Art erscheinen im Schlussteil des Directory. Weiteres von unseren Repräsentanten.

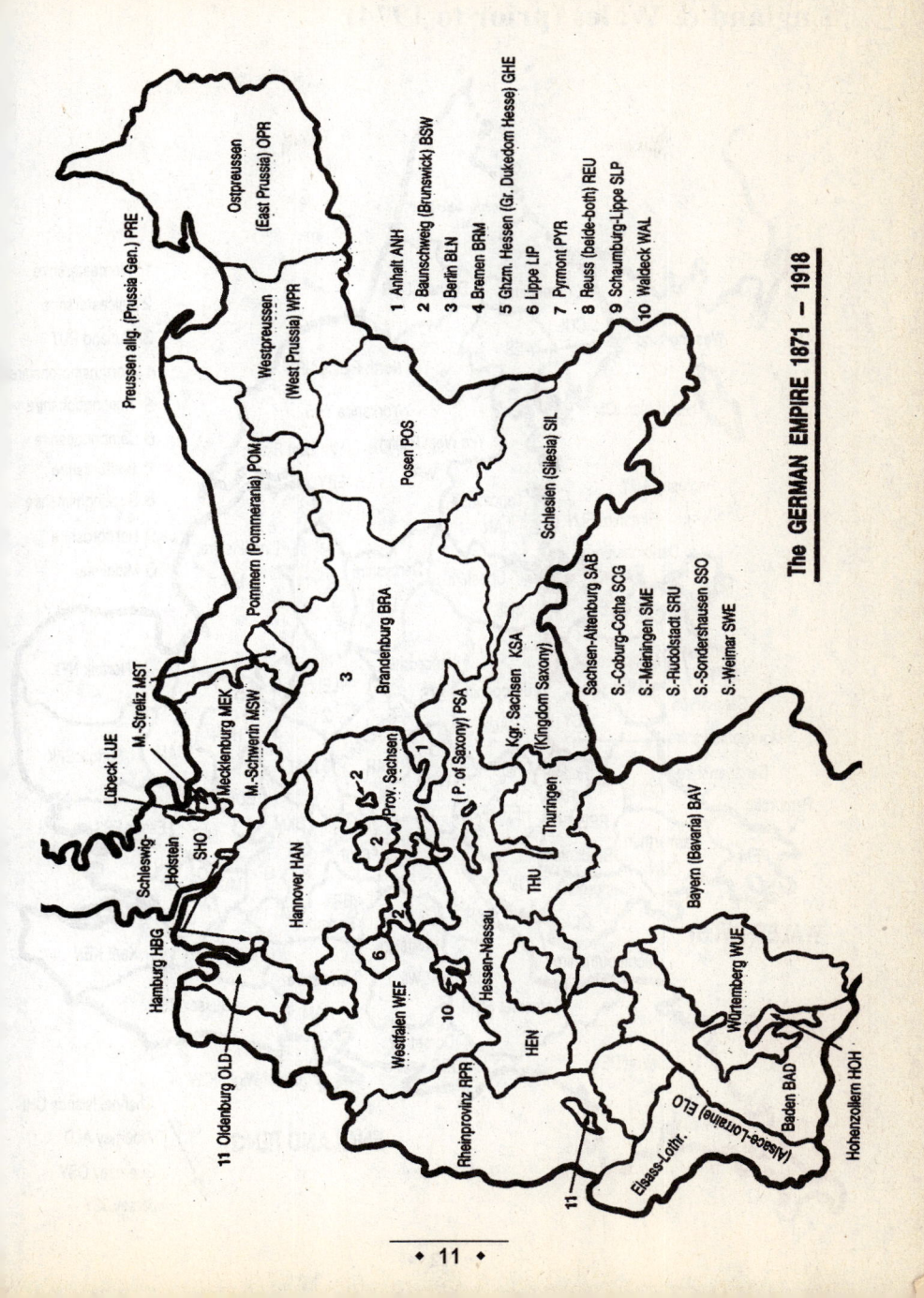

♦ GERMANY ♦

The GERMAN EMPIRE 1871 – 1918

Preussen allg. (Prussia Gen.) PRE
Ostpreussen (East Prussia) OPR
Westpreussen (West Prussia) WPR
Pommern (Pommerania) POM
Posen POS
Brandenburg BRA
Schlesien (Silesia) SIL
Prov. Sachsen (P. of Saxony) PSA
Kgr. Sachsen KSA (Kingdom Saxony)
Thüringen THU
Bayern (Bavaria) BAV
Württemberg WUE
Baden BAD
Hohenzollern HOH
Elsass-Lothr. (Alsace-Lorraine) ELO
Rheinprovinz RPR
Hessen-Nassau HEN
Westfalen WEF
Hannover HAN
Oldenburg OLD
Hamburg HBG
Schleswig-Holstein SHO
Lübeck LUE
Mecklenburg MEK
M.-Schwerin MSW
M.-Strelitz MST

1 Anhalt ANH
2 Baunschweig (Brunswick) BSW
3 Berlin BLN
4 Bremen BRM
5 Ghzm. Hessen (Gr. Dukedom Hesse) GHE
6 Lippe LIP
7 Pyrmont PYR
8 Reuss (beide-both) REU
9 Schaumburg-Lippe SLP
10 Waldeck WAL

Sachsen-Altenburg SAB
S.-Coburg-Cotha SCG
S.-Meiningen SME
S.-Rudolstadt SRU
S.-Sondershausen SSO
S.-Weimar SWE

11 Oldenburg OLD

♦ 11 ♦

England & Wales (prior to 1974)

Northumberland NML
Cumberland CUL
Durham DUR
Westmorland WES
Isle of Man IOM
Yks North Riding NRY
Yorkshire YKS
Yks West Riding WRY
Yks East Riding ERY
Anglesey AGY
Flintshire FLN
Denbighshire DEN
Lancashire LAN
Cheshire CHS
Derbyshire DBY
Nottinghamshire NTT
Lincolnshire LIN
Caernarvon CAE
Merioneth MER
Montgomeryshire MGY
Shropshire SAL
Staffordshire STS
Leicestershire LEI
Norfolk NFK
Cardiganshire CGN
Radnor RAD
Herefordshire HEF
Warwickshire WAR
Northamptonshire NTH
Huntingdonshire HUN
Cambridgeshire CAM
Suffolk SFK
Pembroke PEM
Brecknock BRE
Worcestershire WOR
Oxfordshire OXF
Bedfordshire BDF
Buckinghamshire BKM
Hertfordshire HRT
Essex ESS
Carmarthen CMN
Monmouthshire MON
Glamorgan GLA
Gloucestershire GLS
Berkshire BRK
Middlesex MDX
London LND
Surrey SRY
Kent KEN
Wiltshire WIL
Hampshire HAM
Sussex SSX
Somerset SOM
Dorset DOR
Devon DEV
Isle of Wight IOW
Cornwall CON

WALES (WLS)

ENGLAND (ENG)

1 Worcestershire
2 Leicestershire
3 Rutland RUT
4 Northhamptonshire
5 Huntingdonshire
6 Cambridgeshire
7 Bedfordshire
8 Buckinghamshire
9 Hertfordshire
0 Middlesex

Channel Islands CHI
Alderney ALD
Guernsey GSY
Jersey JSY

Scotland
Counties prior to 1974

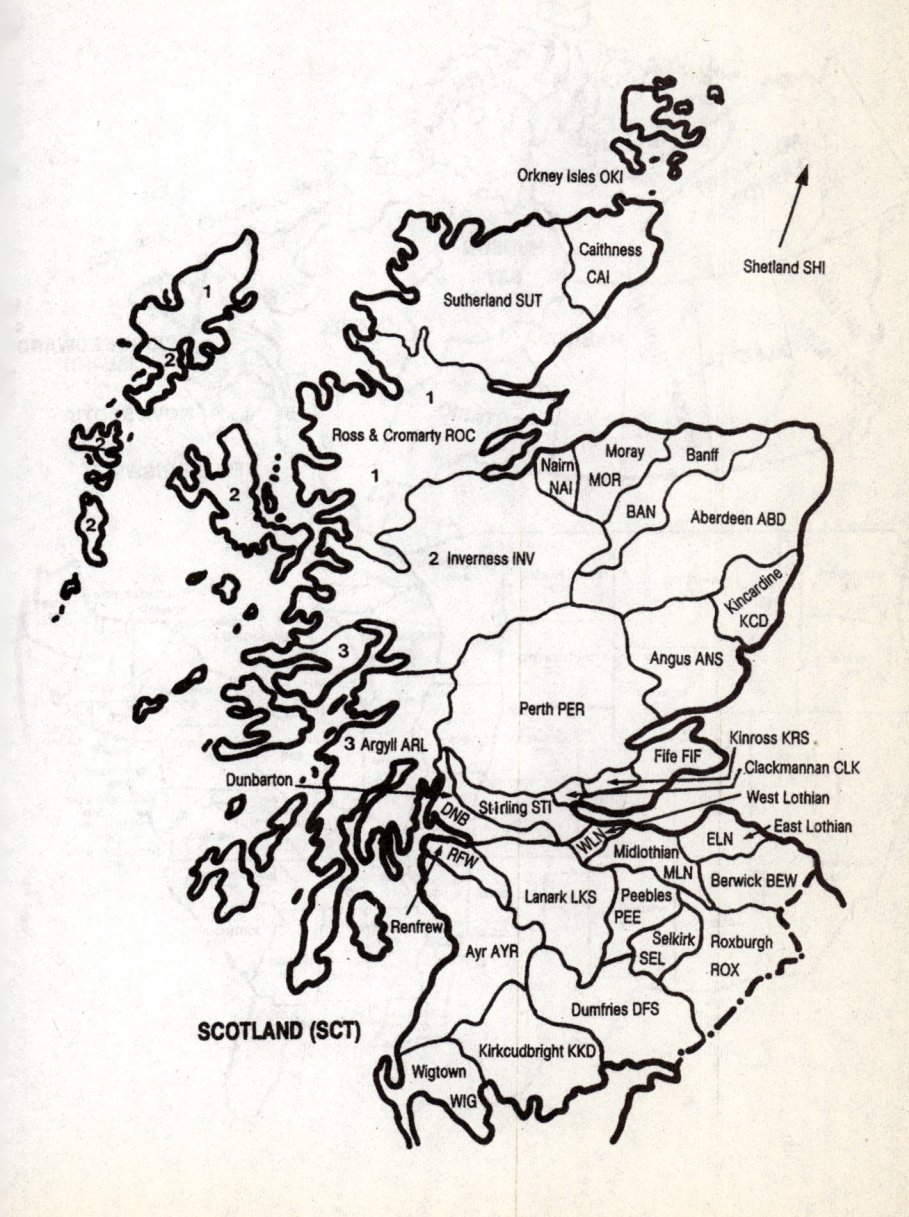

Canada & USA

Maps

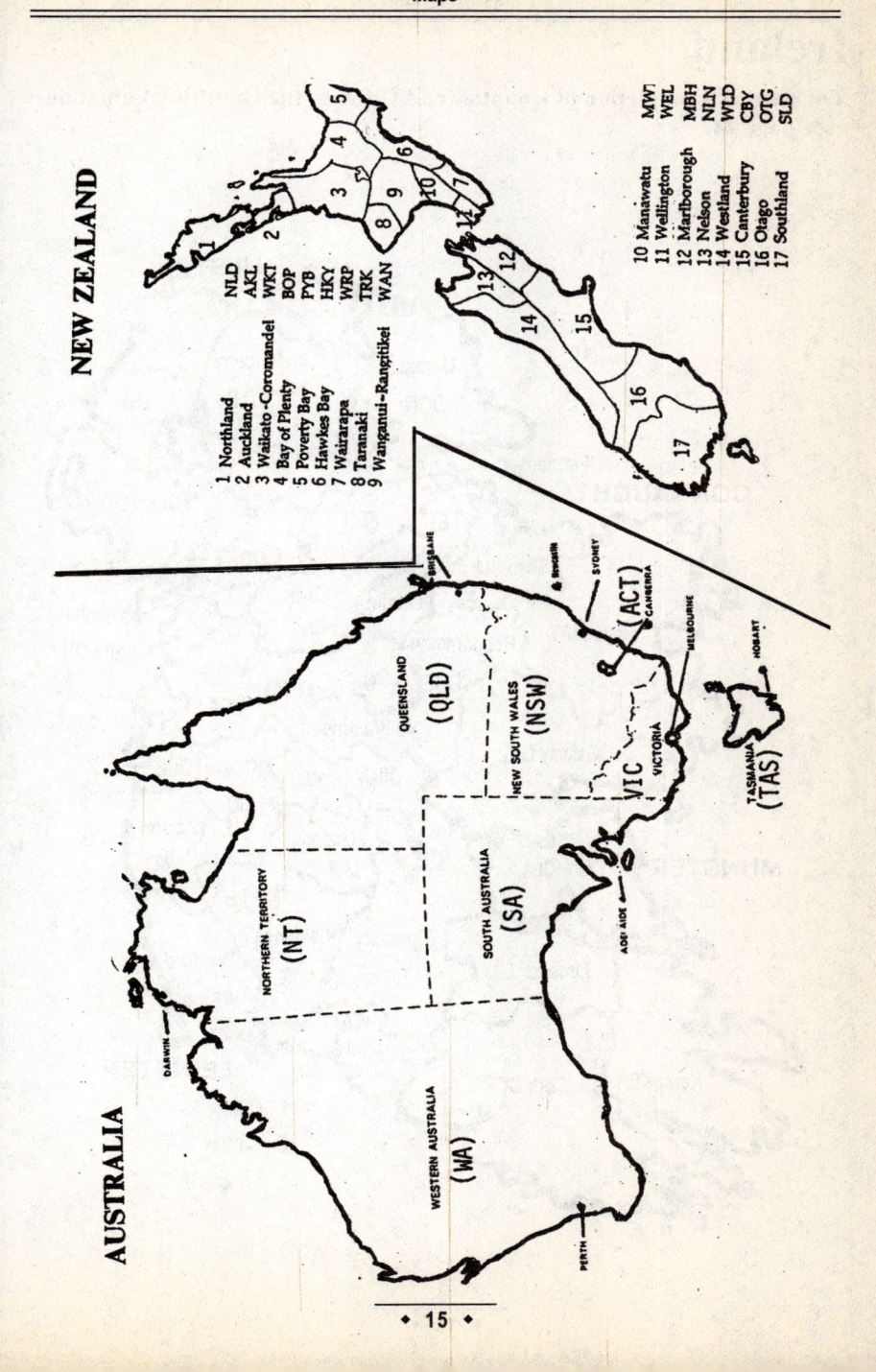

NEW ZEALAND

1 Northland — NLD
2 Auckland — AKL
3 Waikato–Coromandel — WKT
4 Bay of Plenty — BOP
5 Poverty Bay — PYB
6 Hawkes Bay — HKY
7 Wairarapa — WRP
8 Taranaki — TRK
9 Wanganui–Rangitikei — WAN
10 Manawatu — MWT
11 Wellington — WEL
12 Marlborough — MBH
13 Nelson — NLN
14 Westland — WLD
15 Canterbury — CBY
16 Otago — OTG
17 Southland — SLD

AUSTRALIA

- NORTHERN TERRITORY (NT)
- QUEENSLAND (QLD)
- WESTERN AUSTRALIA (WA)
- SOUTH AUSTRALIA (SA)
- NEW SOUTH WALES (NSW)
- VICTORIA (VIC)
- TASMANIA (TAS)
- (ACT) CANBERRA

Cities: DARWIN, BRISBANE, PERTH, ADELAIDE, SYDNEY, MELBOURNE, HOBART

Ireland

For date of Completion of Counties and Cities in the Griffith's Valuation - see page 24.

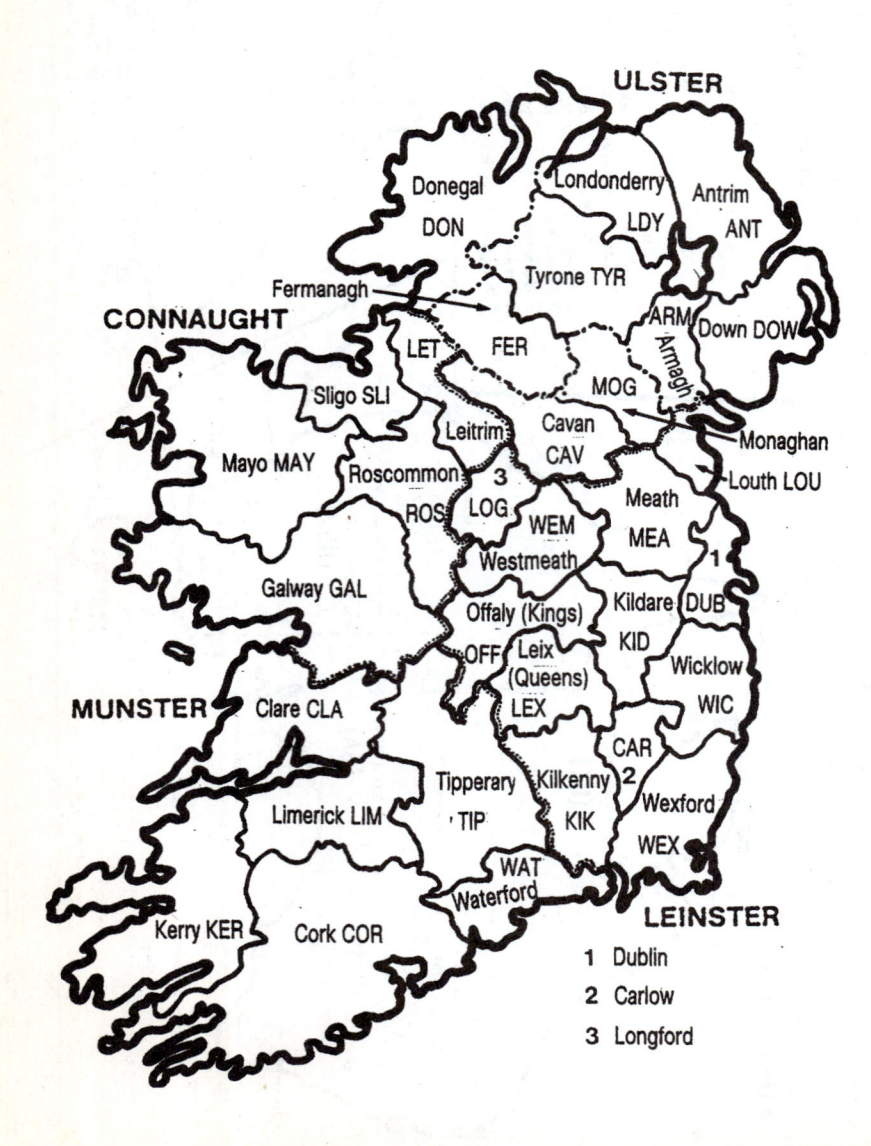

ULSTER

- Donegal DON
- Londonderry LDY
- Antrim ANT
- Tyrone TYR
- Fermanagh FER
- ARM (Armagh)
- Down DOW
- MOG (Monaghan)
- Monaghan
- Louth LOU

CONNAUGHT

- Leitrim LET
- Sligo SLI
- Mayo MAY
- Roscommon ROS
- Leitrim
- Cavan CAV
- Galway GAL

LEINSTER

- LOG
- Westmeath WEM
- Meath MEA
- Offaly (Kings) OFF
- Kildare KID
- Leix (Queens) LEX
- Wicklow WIC
- CAR
- Kilkenny KIK
- Wexford WEX

MUNSTER

- Clare CLA
- Tipperary TIP
- Limerick LIM
- Waterford WAT
- Kerry KER
- Cork COR

1 Dublin
2 Carlow
3 Longford

Feature Article

Distinguishing between Griffith's Valuation and the 'poor law valuation', more than just semantics?

by William A. Smyth

Richard Griffith's *General Valuation of Rateable Property in Ireland* is an indispensable tool for Irish genealogists. It lists the name of each and every occupier of property together with their immediate landlord, the acreage held and rateable value of their property. Griffith's Valuation, as it is commonly known, was published between 1847 and 1865 in more than two hundred volumes containing in excess of one million entries arranged systemically by townland, parish and poor law union. Each entry is cross-referenced to a large-scale map, which outlines the boundaries of each property and identifies the exact site of all buildings. The original volumes have generally been withdrawn for conservation but microfiche copies of the printed valuation lists are readily available. The National Library of Ireland holds a complete set, as does the library of the Irish Genealogical Research Society. All county libraries in Ireland carry the volumes relevant to their local area. The associated maps are becoming more accessible. The Valuation Office of Ireland, Irish Life Centre, Abbey Street Lower, Dublin 1, holds a digitised set of Ordnance Survey maps for the period whilst The National Archives of Ireland is currently microfilming it's collection of maps associated with Griffith's survey. Recently, in a further advance into the computer age, Griffith's Valuation became available 'on-line', albeit on a pay-per-view basis, at www.originsnetwork.com.

Despite its renown amongst genealogists and historians alike, the potential of Griffith's Valuation as a genealogical and historical source has not been fully realised. The published volumes represent only a veneer to the wealth of manuscript material created throughout the prolonged valuation procedure. The aim of this article is to disseminate the extended possibilities for genealogical research available through manuscript material created by Irish property valuations in the mid-1800s.

The process that eventually led to the publication of the Griffith's Valuation went through a series of phases before the completed *magnum opus* was produced. Each stage spawned it's own variant of supporting documentation. The motivation behind Griffith's cadastral survey was the equitable assessment of county cess. The initiative for the project arose from an 1824 Select Committee of the House of Commons enquiring into local taxation. The Committee recommended that a new survey of Ireland should be undertaken to replace the Down Survey of 1629, upon which local and ecclesiastical taxation was then still based. A comprehensive map of Ireland was seen as a prerequisite for any thorough land survey and on 22 June 1824 Lieutenant T. F. Colby of the Ordnance Survey was despatched post-haste to commence the groundwork. Colby, a career officer, had since 1820 been engaged in mapping Britain for military purposes, but the new map of Ireland required the demarcation of not only the physical features of the landscape but also all ecclesiastical and civil boundaries. Richard Griffith, a civil engineer, was appointed boundary commissioner in August 1825 and entrusted with the task of identifying these non-physical elements. Griffith determined the extent of parishes according to the beneficiary of the tithe-rent charges and clerical dues but deciding on townland boundaries proved more contentious. Here Griffith was reliant on local knowledge and invariably disputes arose to which Griffith's boundary department acted as honest arbitrator. By the mid 1830s the extent of Ireland's 60,644 townlands and 2,445 parishes (in all about ten thousand miles of boundaries) were documented for the first time.

In recording the townland boundaries Griffith was obliged to name each one before it was mapped. Although the definitive orthography of all place names was entrusted to the historical and topographical section of the Ordnance Survey, the name allocated by Griffith to a townland was generally accepted. In this respect Griffith was largely dependant upon the local landlord and provisional lists of townland names supplied by the Grand Juries.

Whilst Brian Friel's play *Translations* (1980) has been criticised as an over-dramatisation, many placenames were lost, perhaps irrevocably, during the valuation process. Griffith did endeavour to preserve the authenticity of the recorded names advising against the usage of 'unseemly' names like 'Oatcake'[1] or 'Sheep Pasture' stating that he 'should prefer the actual name of the land or mountain than those proposed.'[2] But in the case of country houses, the name submitted by the landlord was accepted without question, and the demesnes attached to these country houses were usually treated as townlands in their own right, marked with distinctive shading on all maps from 1834.[3] A full official list of townlands, referenced to their Ordnance Survey sheet number, together with the area, its parish, barony, county and poor law union was affixed to the 1851 census. Subsequently this list was published by Alexander Thom in 1861, and it was reprinted by the Genealogical Publishing Company, Baltimore, USA, in 2002.

With his work as boundary commissioner near completion, Griffith took up the position of valuation commissioner in 1830. The initial valuation act (1826) allowed for land to be valued on a full townland basis but stipulated that occupiers of all houses irrespective of size were to be recorded. However, providing this level of detail caused unacceptable costs and delays in the advancement of the project and after 1831 only houses over £3 valuation were recorded. Again in 1838, in order to expedite the project, this threshold was raised to £5 valuation, which in the late 1830s would represent a large dwelling house. Consequently even though all land had to be valued, Griffith's surveyors were obliged only to record the occupiers of substantial houses in their field books.[4] This is not to say that family historians should ignore these books. Many parishes in the north of the country had been surveyed before the 1838 regulation was enacted and consequently contain names that did not appear in the later published lists.

(see Footnotes on page 23)

A GENEALOGICAL GOLDMINE

1844 brought a significant change to the valuation process that is particularly pertinent to genealogical research. The Irish Poor Law scheme had been enacted in 1838. This new poor law was to be financed through a levy on property in proportion to the annual rent paid. The legislation empowered the poor law guardians to conduct a valuation of their union independently of Griffith's ongoing survey. However, an 1844 parliamentary inquiry found these poor law guardian surveys to have been discriminately compiled and defective as a measure of the relative value of property. Lord Eliot, in his position as the Lord Lieutenant of Ireland, ordered Griffith to conduct a new valuation for poor law rating purposes in conjunction with his ongoing townland valuation. This *de facto* situation was given full statutory status by the retrospective enactment of the 1846 valuation act. Therefore, post 1844 Griffith's field operators were again obliged to record the name of every occupier of property for the districts they surveyed. They also had to log the rent paid, the type of lease held and the name of the head landlord, which often differed from the immediate lessor. Whilst implementing Lord Eliot's edict Griffith's valuators inadvertently creating a virtual goldmine of information for the social and economic structure of the areas they surveyed. Given that there was a considerable time lag (up to three years) between the initial visit of the surveyors and the publication of the finalised valuation books, the field books record numerous names of occupiers that did not appear on the published lists. During the famine period especially, when emigration and death caused such upheaval to the occupancy of property, the field books were subjected to many revisions. Griffith was obliged to revisit some Munster and South Leinster counties three times before he could produce a near stable list of occupiers. The destruction caused to whole communities can be seen on the pages of some field books where the single word 'down' inserted over name after name signifies that the dwelling had been demolished.

More than 9,500 of these manuscript notebooks survive and are now deposited in the National Archives of Ireland and the Public Record Office of Northern Ireland (See the web pages of the NAI and PRONI for further details). In the NAI the material is categorized into house books, tenure books, mill books, field books, rate books, rent books, quarto books and another category called miscellaneous. The perambulation books could be identified as a further sub-category. Described in the 1989 Valuation Office Annual Report as 'a once-off updated version of the field book, available for most counties', the perambulation books contain extensive lists of names, as do the rent books. However it is advisable, if embarking on a search of this material, to examine the full range available for the particular townland under review as not all books are categorised correctly and a serendipitous discovery is always a possibility.

Before undertaking a search of these field books it should be understood that using this material has serious drawbacks compared to the printed volumes of Griffith's Valuation. Many of the field books are not in good condition and all are handwritten with varying degrees of legibility. Insertions and recalculations were simply written over the original entry time and time again. Deciphering these entries can often prove difficult. Also the valuators were averse to dating their work preferring instead to use a colour-coded system with different coloured inks representing each year. When the key to the colour code is not obvious or if over time the colours have faded the challenge presented to the researcher is magnified. In particular, it should be noted, that not all categories of field books which were created for every townland have survived for every townland and that a search of those field books that do survive is very time consuming. The National Archives of Ireland are, in collaboration with the Mormons, currently microfilming the documents ancillary to Griffith's Valuation which will no doubt aid researchers' access to the material.

CANCELLED MAPS, CANCELLED BOOKS

A post-famine review of the valuation process resulted in a further valuation act being passed in 1852. This legislation provided for a single new valuation serving both county cess and poor law rate purposes. Although the valuations published under the

1846 act were rendered defunct, no new valuation books were published for those areas; instead, the individual valuations were recalculated in line with the regime stipulated under the 1852 act. These recalculations and all changes to occupiers, lessors, or acreage were manually noted in the rate collectors' copies. Those poor law unions not attended to under the 1846 act (generally speaking the northern two-thirds of the country) were fully re-assessed and primary valuations published. Subject to appeal, these lists were adopted as the bases for all local taxation with any successful appeals again noted by hand in the published valuations. With most of the groundwork already completed from the previous valuations, progress was rapid under the 1852 act; by 1858 a new valuation had been issued for most of the country. Only the Ulster counties, where the Ordnance Survey maps were found to be unsuitable for the purposes of a tenement valuation, remained unpublished until the revised maps became available in the early 1860s. (See Appendix for a full list of completion dates).

As yearly tax assessment was based on this new valuation all changes in detail to the published valuations had to be identified and recorded annually. In the 1850s these changes were filled in on the published lists or, when necessary, blank sheets were inserted to record the changes. If the original books became overloaded with adjustments, the ever cost-conscious Valuation Office reluctantly supplied new updated copies to the county clerk and the secretary of the poor law guardians. In 1865 the Valuation Office adopted a system of recording the changes in so-called 'cancelled books'. These document every sub-division or consolidation of particular plots of land. They record with complete accuracy when new houses were erected or when any change in occupancy occurred upon until the 1970s when domestic rates were abolished. Along with their accompanying 'cancelled maps' the 'cancelled books' are open to public viewing at the Valuation Office of Ireland.

Eventually, in 1865 Griffith completed the task set for him, more than 20 years earlier by Lord Eliot, of replacing the defective poor law valuation compiled by the grand juries between 1840 and

1842. From the genealogist's perspective, even if the valuation placed on property was defective, these original poor law valuations contain lists of occupiers of property just like the published *General Valuation of Rateable Property* that replaced them. But unlike Griffith's valuation they were compiled over a pre-famine, two-year period when Irish population levels had reached their zenith. Generally arranged by townlands, these first poor law valuations also referred to sub-townland place names. Clearly, as a genealogical source, these pre-famine lists of occupiers of property are just as valuable, if not a more valuable than, Griffith's work. However they were never published and ostensibly survive only sporadically. To the uninitiated they could be confused with Griffith's Valuation, especially as Griffith's was generally referred to as 'the poor law valuation'. Distinguishing between *General Valuation of Rateable Property* and the original 'poor law valuation' may increase awareness and show that the difference is more than just semantics.

Footnotes:
1. J.H. Andrews, *A Paper Landscape*, p. 119.
2. Valuation Office Letter Books, No. 1, p. 65. NAI OL 2/1.
3. J.H. Andrews, *A Paper Landscape*, p. 123 and p. 102.
4. In this article the term 'field book' is taken to mean the full range of manuscript books created by Griffith's valuators when compiling the *General Valuation of Rateable Property in Ireland*.

* * *

This is a revised edition of an article published in *The Irish Genealogist*, xi, No. 3 (2004). The author wishes to thank its editor, John Egan, for granting permission to reproduce the article and for his most helpful comments on earlier drafts.

* * *

William A. Smyth, a native of Clonmel, Co. Tipperary, is a mature student preparing a PhD thesis on Griffith's Valuations at the National University of Ireland, Maynooth.

* * *

Editors' Note: Sir Richard John Griffith (1784-1878), geologist and civil engineer, son of Richard Griffith (1752-1820) of Dublin and Millicent, Co. Kildare, Ireland was Commissioner of Valuation, 1828-1868.

List of Counties, Cities and Boroughs showing the dates on which each tenement valuation was completed.

Counties, Cities & Boroughs	Date of completion	Counties, Cities & Boroughs	Date of completion
Carlow	28 June 1853	Drogheda Bor.	6 July 1855
Cork	20 July 1853	Meath	10 July 1855
Cork City	9 July 1853	Westmeath	5 July 1855
Dublin	5 May 1853	Clare	3 July 1856
Kerry	19 July 1853	Galway Town	14 July 1856
Kilkenny	8 July 1853	Cavan	25 June 1857
Kilkenny City	8 July 1853	Galway	19 June 1857
Limerick	29 June 1853	Leitrim	6 July 1857
Limerick City	28 June 1853	Mayo	13 July 1857
Queen's	29 June 1853	Donegal	6 July 1858
Tipperary	29 June 1853	Roscommon	1 July 1858
Waterford	5 July 1853	Sligo	7 July 1858
Waterford Bor.	5 July 1853	Londonderry	16 July 1859
Dublin City	31 Oct. 1854	Tyrone	13 July 1860
Kildare	18 July 1854	Monaghan	1 July 1861
Wexford	7 July 1854	Antrim	10 July 1861
Wicklow	4 July 1854	Carrickfergus	10 July 1862
King's	2 July 1854	Fermanagh	4 July 1863
Longford	6 July 1855	Down	12 July 1864
Louth	5 July 1855	Armagh	1 June 1865

From Appendix No. 8, *Select Committee on General Valuation* (1868-9). In his book *Richard Griffith and His Valuations of Ireland,* published in 2000 by Clearfield, Baltimore, USA, James R. Reilly provides an extensive inventory of publication dates for Griffith's Valuation.

◆ Feature Article ◆

VALUATION OF TENEMENTS.
PARISH OF BLARIS.

No. and Letters of Reference to Map	Names: Townlands and Occupiers	Immediate Lessors	Description of Tenement	Area A. R. P.	Rateable Annual Valuation: Land £ s. d.	Rateable Annual Valuation: Buildings £ s. d.	Total Annual Valuation of Rateable Property £ s. d.
	OLD WARREN— continued.						
52	William H. Lavery,	Marquis of Hertford,	Land,	3 1 15	8 10 0	—	8 10 0
53	William Brownlee,	Same,	Land,	3 2 30	8 10 0	—	8 10 0
54	Andrew Wilson,	Same,	Land,	4 1 25	10 0 0	—	10 0 0
55	William Conn,	Same,	House, offices, and land,	1 3 20	4 5 0	3 15 0	8 0 0
56	Hugh Conn,	Same,	Land,	3 3 20	5 10 0	—	5 10 0
57 a	William Coulson,	Same,	Boiling-house, drying-loft, offices, and land,	5 3 5	14 0 0	7 0 0	21 0 0
							0 10 0
— b	Robin Tulbot,	William Coulson,	Rope-walk,	—	—	1 0 0	1 0 0
— c	William Wright,	Same,	House,	—	—	0 15 0	0 15 0
— d	Francis Kerr,	Same,	House,	—	—	1 0 0	1 0 0
	George Cotter,	Same,	House,	—	—	—	2 15 0
58	William M'Cullagh,	Marquis of Hertford,	Land,	1 0 10	2 15 0	—	2 15 0
59 A	Union Workhouse, offices, and land.	(See Exemptions.)					
— B							
— C							8 15 0
— D	Land,	(See Exemptions.)	Half annual rent,				8 0 0
	Marquis of Hertford,			4 2 0	8 0 0	—	
60	William Whisley,	Marquis of Hertford,	Land,	4 2 15	7 0 0	3 0 0	10 15 0
61 A				0 1 0	0 5 0		
— B	Jane Hogg,	Same,	Lock-house and land,	0 2 0	0 10 0		
— C				7 1 10	15 5 0		15 5 0
62	William J. Vaughan,	Same,	Land,	10 1 20	19 10 0	—	19 10 0
63	George Wilson,	Same,	Land,	5 1 0	10 10 0	—	10 10 0
64	Thomas Magee,	Same,	Land,	2 2 15	4 5 0	—	4 5 0
65	John Orr,	Same,	Land,				
66	Lagan Navigation Co. (W. A. Robinson, Secretary),	In fee,	Towing-path and Navigation,	10 2 36			7 15 0
	TOWN OF LISBURN.						
	MARKET-SQUARE.						
— 1 to 49	Valued in Townland of	(Lisnagarry.)					
07	David Mack,	Hugh M'Call,	House, offices, and yard,	—	—	23 0 0	23 0 0
51	John Campbell,	Committee of Presbyterian Church,	House, offices, and yard,	—	—	27 0 0	27 0 0
52	Presbyterian Church, National School-house, and yard,	(See Exemptions.)					1 16 0
	Marquis of Hertford,		Half annual rent,	—	—	14 0 0	14 0 0
53	James Silock,	Michael Maharg,	House,	0 0 25	0 15 0	34 5 0	35 0 0
54	Michael Maharg,	Catherine Coulson,	Ho., offs. yard & garden,			16 0 0	16 0 0
55	John Johnson Kelso,	Reps. John Legg,	Ho., offs., yd., & sm. gar.,	—	—	5 10 0	5 19 0
— c	Henry Major,	John Johnson Kelso,	House,	—	—	32 0 0	32 0 0
56	Henry Major,	Reps. John Legg,	Ho., offs., yd., & sm. gar.,	0 0 13	0 10 0	30 10 0	31 0 0
57	Thomas M'Creith,	Marquis of Hertford,	Hotel, offs., yd., & gar.,			17 0 0	17 0 0
58	William Connolly,	Eliza Johnston,	Ho., offs., yd., & sm. gar.,	0 0 12	0 10 0	21 0 0	21 10 0
59	Lee M'Kinstry,	David Mack,	House,			9 0 0	9 0 0
60	Samuel Wright,	Lee M'Kinstry,	House,	—	—	13 0 0	13 0 0
61	Margaret Mussen,	Robert Mussen,	Ho., off., yd., & sm. gar.,			21 10 0	21 10 0
62	Robert Mussen,	Deborah Mussen,	Ho., offs., yd., & sm. gar.,	0 0 11	0 10 0	31 10 0	32 0 0
63	Russell Kennedy,	Marquis of Hertford,	Ho., offs., yd., & garden,	0 0 12	0 10 0	46 10 0	47 0 0
64	James Ward Coulson,	William Coulson,	House,			22 0 0	22 0 0
65	Jacob Bannister,	Marquis of Hertford,	House, offices, and yard,			34 0 0	34 0 0
66	George Bell,	George Whitty,					
	MARKET-LANE.						
1	Robert Miller,	Jacob Bannister,	House and office,	—	—	8 10 0	8 10 0
2	Thomas M'Cabe,	Same,	House,	—	—	4 10 0	4 10 0
3	Robert Gibson,	Same,	House,	—	—	5 15 0	5 15 0
4	James Lacky,	Same,	House,	—	—	5 0 0	5 0 0
5	Alice M'Ilvey,	Same,	House,	—	—	3 0 0	3 0 0
6	Edward Davenport,	Same,	House,	—	—	3 15 0	3 15 0
7	Susanna Graham,	Same,	House,	—	—	3 15 0	3 15 0
8	Henry M'Crory,	Same,	House,	—	—	3 15 0	3 15 0
9	John O'Neill,	Same,	House,	—	—	3 10 0	3 10 0
10	James Donaghan,	George Whirla,	House,	—	—	3 10 0	3 10 0
11	James Graham,	Same,	House,				

This sample page is from the Valuation of County Antrim, Ireland dated 30 April 1862. It shows part of the Parish of Blaris in the Union of Lisburn near Belfast.
The column headings are: *No. and Letters of Reference to Map. Names: Townlands and Occupiers / Immediate Lessors. Description of Tenement. Area. Rateable Annual Valuation: Land. Buildings. Total Annual Valuation of Rateable Property.*

Calendar of Genealogical Events
Evenements d'Interet Genealogique
Daten von Veranstaltungen und Reisen

2005   Apr. 30 Sat only   **ENGLAND:** New Horticultural Hall, Westminster, London, SW1.
13th *Annual Family History Fair.*
Host: Society of Genealogists.

      May 13-14   **USA:** Burbank, California.
36th *Annual Jamboree.*
Host: Southern California Genealogical Society.

      May 27-29   **CANADA:** Windsor, Ontario.
OGS Seminar 2005
Contact: Ontario Genealogical Society.

      May (27-28)   **AUSTRALIA:** Sydney, (Kent Street North).
10th Annual *Showcase.*
Host: Society of Australian Genealogists.

      June 1-4   **USA:** Nashville, Tennessee
27th *National Genealogical Society Conference in the States.*
Contact: National Genealogical Society. www.ngsgenealogy.org

      June 3-6   **NEW ZEALAND:.** Nelson
NZSG Conference and AGM.
Host: New Zealand Society of Genealogists.

      June (last Sat.)   **ENGLAND:** York. (The Racecourse).
10th *Annual Family History Fair.*

      Sep. 7-10   **USA:** Salt Palace, Salt Lake City, Utah
Federation of Genealogical Societies Annual Conference.
Contact: www.fgs.org

      Sep. 16-18   **AUSTRALIA:** Cowra, NSW
NSW & ACT Association Annual State Conference.
Host: Cowra Family History Group. kich@allstate.net.au

      Sep. 17-Oct. 10   **AUSTRALIA to IRELAND also via Salt Lake City leaving early Sept.**
Agent: The Travel Company (02) 8239 2555 kate@thetravelco@com.au
Host: Society of Australian Genealogists.

2006   Mar/Apr (TBA)   **USA:** California.
37th *Annual Jamboree.*
Host: Southern California Genealogical Society.

      (TBA)   **NEW ZEALAND:.**
NZSG Conference and AGM.
Host: New Zealand Society of Genealogists.

      May Day Sat.   **ENGLAND:** New Horticultural Hall, Westminster, London, SW1.
14th *Annual Family History Fair.*
Host: Society of Genealogists.

      May (TBA)   **CANADA:** Ontario.
OGS Seminar 2005
Contact: Ontario Genealogical Society.

      May (late)   **AUSTRALIA:** Sydney, (Kent Street North).
11th Annual *Showcase.*
Host: Society of Australian Genealogists.

◆ Events ◆

	April (TBA)	**AUSTRALIA: Victoria.** *7th Victorian Family History Conference.* Contact: Genealogical Society of Victoria.
	MayJune (TBA)	**USA:** 28th *National Genealogical Society Conference in the States.* Contact: National Genealogical Society. www.ngsgenealogy.org
	June 28 - 2 July	**AUSTRALIA:** Darwin, Northern Territory. 11th Australasian Congress Contact: PO Box 37212, Winnellie, NT 0821. gsntinc@bigpond.net.au
	June (last Sat.)	**ENGLAND:** York. (The Racecourse). 11th *Annual Family History Fair.*
	Sep. (TBA)	**AUSTRALIA:** NSW. *NSW & ACT Association Annual State Conference.* Host: TBA
2007	April/May	**USA:** California. 38th *Annual Jamboree.* Host: Southern California Genealogical Society.
	April (TBA)	**ENGLAND:** Sheffield, Yorkshire. *Family History Fair.* Contact: www.ksg-promotions.com *Tel:* (01723) 363665
	May Day Sat.	**ENGLAND:** New Horticultural Hall, Westminster, London, SW1. 12*th Annual Family History Fair.* Host: Society of Genealogists.
	May (TBA)	**CANADA:** *OGS Seminar* Contact: Box 607, Willowdale Station B, Toronto, ON, M2K 2P9.
	May/June (TBA)	**USA:** 29th *National Genealogical Society Conference in the States.* Contact: (703) 525 0050, ext. 112 or Lund@ngsgenealogy.org
	May (late)	**AUSTRALIA:** Sydney, NSW. (Kent Street North). 12th Annual *Showcase* Contact: Society of Australian Genealogists. (02) 9247 3953.
	June (TBA)	**NEW ZEALAND:** Hastings *NZSG Conference and AGM.* Host: New Zealand Society of Genealogists.
	June (TBA)	**ENGLAND:** York (The Racecourse). 12th *Annual Family History Fair.* Contact: Mr A. Sampson, 1 Oxgang Cl, Redcar, TS10 4ND (01642)486615
	Sep. (TBA)	**USA:** *Annual Conference of Federation of Genealogical Societies.* Contact: PO Box 200940, Austin, TX, 78720-0940. fgs-office@fgs.org
	Sep. (TBA)	**ENGLAND:** Scarborough, Yorkshire. *The Yorkshire Coast Family History Fair.* Contact: www.greenfairs.com

Note: Addresses for the above Societies are listed in the Societies Section of this *Directory*.

Publication of the GRD

25th Edition
The *Genealogical Research Directory* is published in late April each year. Closing date for entries for the following year is 30 November to 30 December depending on local circumstances - please check with the Agents listed on page 4.

Distribution
The *Directories* are released in several countries simultaneously and copies posted surface mail to nearby countries. All Contributors should receive their copy by the end of May. Please wait until after 1 June before advising your nearest Agent of the non delivery of your copy.

A paperback copy of the *Directory* in which a Contributor's entries appear, is sent automatically to the contributor free of charge (except for postage). Contributors may also pay an additional fee to receive a fully hardbound copy (at 30% extra to the paperback price). Additional copies may be purchased by individuals, organizations and libraries from our Agents listed on page 4.

Entry Forms
Forms may be obtained from any of our Agents, they are normally available from July for the following year's *Directory*. Many genealogical societies distribute the forms from August to October. Our Agents post forms to all contributors recorded in past five *Directories*.

If you require an entry form and have not received one by mid October, you should request one from your nearest *GRD* Agent listed on page 4.

Society Listing
Genealogical Societies and Historical Societies with Family History Groups, may be listed FREE of charge in the Societies section of the *Directory*. See the first page of that section for further particulars.

Calendar of Genealogical Events
The Calendar is a listing of major events of Provincial, National or International importance. Please advise the Editors via our Agents of any such events planned for the future.

Research Articles
Each edition of the *Directory* contains an article of International research interest. The Editors invite competent authors to submit appropriate articles, payment is made for published articles.

Improve The Next *Directory*
The Editors welcome suggestions from Contributors as to how the *Directory* or the entry form may be improved.

Editorial Policy
The Editors and Publishers of the *GRD* reserve the right to edit or decline to publish any material submitted.

Abbreviations

General: Co. = County (in Can & USA). TWP. = Township (in Can)
PRE = prior to - before - avant. + = after - après - nach.
C = Circa (about) - aux environs de.

International

AUS	Australia
BEL	Belgium
BRD	(Bundes-republik Deutsch-land) (see GER)
BRS	Belarus (Belorussia)
C	Croatia
CAN	Canada
CH	Switzerland (Schweiz)
CS	Czechoslovakia (see also CZ & SL)
CZ	Czech Republic
DDR	East Germany (Deutsche Demokr. Repub.) (GER)
DEN	Denmark
ENG	England
ESP	Spain - España (Espagne)
FIN	Finland
FLI	Liechtenstein
FRA	France
FRG	(see BRD & GER)
GDR	(see DDR & GER)
GER	[Old] German Empire
GR	Greece (Hellas)
HU	Hungary
IND	India
IOM	Isle of Man
IRL	Ireland
ITL	Italy (see map for provincial abbreviations).
LUX	Luxembourg (Land)
MEX	Mexico
NCA	New Caledonia (Nouvelle Calédonie
NL	Netherlands (Pays-Bas)
NOR	Norway
NZ	New Zealand (for provincial codes see map).
OES	Austria (Osterreich)
PNG	Papua New Guinea
POL	Poland
PT	Portugal
RO	Romania
RSA	Rep. South Africa
SCT	Scotland
SL	Slovakia
SLO	Slovenia
SU	Soviet Union (USSR)
SWE	Sweden (Suede)
UK	United Kingdom (see ENG, SCT, IRL, WLS & IOM)
UKR	Ukraine
USA	United States of America
WLS	Wales (Pays de Galles)
YU	Yugoslavia

Other countries mentioned in the *GRD* are written in FULL.

Poland & Spain - see Maps

Continental Europe

AAR	Appenzell A.Rh., CH
AG	Aargau, CH
AIR	Appenzell I.Rh., CH
ALS	Alsace, FRA
ANH	Anhalt, GER
AQU	Aquitaine, FRA
ATW	Antwerpen, BEL
AUV	Auvergne, FRA
BAD	Baden, GER
BAV	Bayern (Bavaria), GER
BAW	Baden-Württemberg, BRD
BAY	Bayern (Bavaria), BRD
BBT	Brabant, BEL
BE	Bern, CH
BL	Basel-Landschaft, CH
BLN	Berlin, GER
BLO	Berlin, DDR
BLW	West-Berlin, BRD
BN	Normandie (Basse), FRA
BRA	Brandenburg, GER
BRG	Bourgogne, FRA
BRM	Bremen, BRD
BRT	Bretagne, FRA
BS	Basel-Stadt, CH
BSW	Braunschweig (Brunswick, GER
BUR	Burgenland, OES
CEN	Centre, FRA
CHA	Champagne, FRA
COT	Cottbus, DDR
CRS	Corse, FRA
DRE	Dresden, DDR
DRN	Drenthe, NL
ELO	Elsaß-Lothr. (Alsace-Lor-raine), GER
ERF	Erfurt, DDR
FC	Franche-Comte, FRA
FFO	Frankfurt/Oder, DDR
FLE	Flevoland, NL
FR	Freiburg, CH
FRI	Friesland, NL
GE	Genf, CH
GEL	Gelderland, NL
GHE	Ghzm. Hessen (Gr. Duchy Hesse), GER
GL	Glarus, CH
GR	Graubünden, CH
GRA	Gera, DDR
GRO	Groningen, NL
HAL	Halle, DDR
HAN	Hannover, GER
HBG	Hamburg, GRD
HEN	Hessen-Nassau, GER
HES	Hessen (Hesse), BRD
HN	Normandie (Haute), FRA
HNT	Hainaut, BEL
HOH	Hohenzollern, GER
JU	Jura
KAR	Kärnten (Carinthia), OES
KMS	Karl-Marx-Stadt, DDR
KSA	Königreich Sachsen (Kingdom of Saxony), GER
LBG	Limburg, BEL
LGD	Languedoc, FRA
LGE	Liège, BEL
LIP	Lippe, GER
LMB	Limburg, NL
LMS	Limousin, FRA
LOR	Lorraine, FRA
LPZ	Leipzig, DDR
LU	Luzern, CH
LUE	Lübeck, GER
LXM	Luxembourg (Prov.), BEL
MAG	Magdeburg, DDR
MEK	Mecklenburg, GER
MP	Midi-Pyrénées, FRA
MST	M.-Streliz, GER
MSW	M.-Schwerin, GER
NBR	Neubrandenberg, DDR
NBT	Noord-Brabant, NL
NEU	Nueuenburg, CH
NMR	Namur, BEL
NOE	Neiderösterreich, OES
NOH	Noord-Holland, NL
NOR	Nord, FRA
NRW	Nordrhein-Westfalen (Nth Rhine Westphalia), BRD
NSA	Niedersachsen, BRD
NW	Nidwalden, CH
OIJ	Overijssel, NL
OLD	Oldenburg, GER
OOE	Oberösterreich, OES
OPR	Ostpreußen (East Prussia), GER
OVL	Oost-Vlaanderen, BEL
OW	Obwalden, CH
PCA	Provence-Cote d'AzurFRA
PCH	Poitou-Charentes, FRA
PIC	Picardie, FRA
PL	Pays de la Loire, FRA
POM	Pommern (Pomerania)GER
POS	Posen, GER
POT	Potsdam, DDR
PRE	Preußen allg. (Prussia gen.), GER
PSA	Prov. Sachen (P.of Saxony)
PYR	Pyrmont, GER
REU	Reuss (beide), GER
RHA	Rhône-Alpes, FRA
RPA	Region Parisienne, FRA
RPF	Rheinland-Pfatz (Rhineland Palatinale), BRD
RPR	Rheinprovinz, GER
RST	Rostock, DDR
SAA	Saarland, BRD
SAB	Sachsen-Altenburg, GER
SCG	S. Coburg-Gotha, GER
SG	Sankt Gallen, CH
SH	Schaffhausen, CH
SHO	Schleswig-Holstein, BRD
SIL	Schlesien (Silesia), GER
SLP	Schaumburg-Lippe, GER
SLZ	Salzburg, OES
SME	S.-Meiningen, GER

SO	Solothurn, CH	CLK	Clackmannan, SCT	LLG	Linlithgowshire (ELN)
SRU	S.-Rudolstadt, GER	CMN	Carmarthen, WLS	LOG	Longford, IRL
SSO	S.-Sondershausen, GER	CO	Colorado, USA	LND	London, ENG
STY	Steiermark (Styria), OES	CON	Cornwall, ENG	LOU	Louth, IRL
SUH	Suhl, DDR	COR	Cork, IRL	MA	Massachusetts, USA
SWE	S.-Weimar, GER	CT	Connecticut, USA	MAN	Manitoba, CAN
SWR	Schwerin, DDR	CUL	Cumberland, ENG	MAY	Mayo, IRL
SZ	Schwyz, CH	DBY	Derbyshire, ENG	MD	Maryland, USA
TG	Thurgau, CH	DC	Dist. of Columbia, USA	MDX	Middlesex, ENG
THU	Thüringen, GER	DE	Delaware, USA	ME	Maine, USA
TI	Ticino (Tessin), CH	DEN	Denbighshire, WLS	MEA	Meath, IRL
TIR	Tirol (Tyrol), OES	DEV	Devon, ENG	MER	Merioneth, WLS
UR	Uri, CH	DFS	Dumfries, SCT	MGY	Montgomeryshire, WLS
UTR	Utrecht, NL	DNB	Dunbarton, SCT	MI	Michigan, USA
VD	Vaud (Waad), CH	DON	Donegal, IRL	MLN	Midlothian, SCT
VOR	Vorarlberg, OES	DOR	Dorset, ENG	MN	Minnesota, USA
VS	Valais (Wallis), CH	DOW	Down, IRL	MO	Missouri, USA
WAL	Waldeck, GER	DRY	Derry, IRL	MOG	Monaghan, IRL
WEF	Westfalen, GER	DUB	Dublin, IRL	MON	Monmouthshire, WLS
WIE	Wien (Vienna), OES	DUR	Durham, ENG	MOR	Moray, SCT
WPR	Westpreußen (West Prussia), GER	ELG	Elginshire (MOR)	MS	Mississippi, USA
		ELN	East Lothian, SCT	MT	Montana, USA
WUE	Württemberg, GER	ENG	England	NAI	Nairn, SCT
WVL	West-Vlaanderen, BEL	ERY	East Riding, YKS	NB	New Brunswick, CAN
ZEL	Zeeland, NL	ESS	Essex, ENG	NBL	Northumberland, ENG
ZG	Zug, CH	FER	Fermanagh, IRL	NC	North Carolina, USA
ZH	Zürich, CH	FIF	Fife, SCT	ND	North Dakota, USA
ZUH	Zuid-Holland, NL	FL	Florida, USA	NE	Nebraska, USA
		FLN	Flintshire, WLS	NFD	Newfoundland, CAN

Aus, Can, Irl, RSA, UK, USA

For NZ see the map on p.1135.

		FOR	Forfarshire (ANS)	NFL	" & Labrador. CAN
		GA	Georgia, USA	NFK	Norfolk, ENG
		GAL	Galway, IRL	NH	New Hampshire, USA
		GLA	Glamorgan, WLS	NJ	New Jersey, USA
ABD	Aberdeen, SCT	GLS	Gloucestershire, ENG	NM	New Mexico, USA
ACT	Aus Capital Territory, AUS	GSY	Guernsey, CHI	NRY	North Riding, YKS
AGY	Anglesey, WLS	HAD	Haddingtonshire (WLN)	NS	Nova Scotia, CAN
AK	Alaska, USA	HAM	Hampshire, ENG	NSW	New South Wales, AUS
AL	Alabama, USA	HEF	Herefordshire, ENG	NT	Northern Territory, AUS
ALB	Alberta, CAN	HI	Hawaii, USA	NTH	Northamptonshire, ENG
ALD	Alderney, CHI	HRT	Hertfordshire, ENG	NTT	Nottinghamshire, ENG
ANS	Angus, SCT	HUN	Huntingdonshire, ENG	NUN	Nunavut, CAN
ANT	Antrim, IRL	IA	Iowa, USA	NV	Nevada, USA
AR	Arkansas, USA	ID	Idaho, USA	NWT	Northwest Territories, CAN
ARL	Argyll, SCT	IL	Illinois, USA		
ARM	Armagh, IRL	IN	Indiana, USA	NY	New York, USA
AUS	Australia	INV	Inverness, SCT	NZ	New Zealand
AYR	Ayr, SCT	IOM	Isle of Man	OFF	Offaly (Kings), IRL
AZ	Arizona, USA	IOW	Isle of Wight, HAM	OH	Ohio, USA
BAN	Banff, SCT	IRL	Ireland	OK	Oklahoma, USA
BC	British Columbia, CAN	JSY	Jersey, CHI	OKI	Orkney, SCT
BDF	Bedfordshire, ENG	KCD	Kincardine, SCT	ONT	Ontario, CAN
BEW	Berwick, SCT	KEN	Kent, ENG	OR	Oregon, USA
BKM	Buckinghamshire, ENG	KER	Kerry, IRL	OXF	Oxfordshire, ENG
BRE	Brecknockshire, WLS	KID	Kildare, IRL	PA	Pennsylvania, USA
BRK	Berkshire, ENG	KIK	Kilkenny, IRL	PEE	Peebles, SCT
BUT	Bute, SCT	KKD	Kirkcudbright, SCT	PEI	Prince Edward Island, CAN
CA	California, USA	KRS	Kinross, SCT	PEM	Pembroke, WLS
CAE	Caernarvon, WLS	KS	Kansas, USA	PER	Perth, SCT
CAI	Caithness, SCT	KY	Kentucky, USA	PR	Puerto Rico
CAM	Cambridgeshire, ENG	LA	Louisiana, USA	QLD	Queensland, AUS
CAN	Canada	LAN	Lancashire, ENG	QUE	Quebec, CAN
CAR	Carlow, IRL	LDY	Londonderry, IRL	RAD	Radnorshire, WLS
CAV	Cavan, IRL	LEI	Leicestershire, ENG	RFW	Renfrew, SCT
CGN	Cardiganshire, WLS	LET	Leitrim, IRL	RI	Rhode Island, USA
CHI	Channel Islands, UK	LEX	Leix (Queens), IRL	ROC	Ross & Cromarty, SCT
CHS	Cheshire, ENG	LIM	Limerick, IRL	ROS	Roscommon, IRL
CLA	Clare, IRL	LIN	Lincolnshire, ENG	ROX	Roxburgh, SCT
		LKS	Lanark, SCT	RSA	Republic South Africa

◆ Abbreviations ◆

RUT	Rutland, ENG	Charente PCH		Tarn MP	
SA	South Australia, AUS	Charente-Maritime PCH		Tarn-et-Garonne MP	
SAL	Shropshire, ENG	Cher CEN		Territoire de Belfort FC	
SAS	Saskatchewan, CAN	Corrèze LMS		Val-de-Marne RPA	
SC	South Carolina, USA	Corse-du-Sud CR		Val-d'Oise RPA	
SCT	Scotland	Côte-d'or BRG		Var PCA	
SD	South Dakota, USA	Côtes-du-Nord BRT		Vaucluse PCA	
SEL	Selkirk, SCT	Creuse LMS		Vendée PL	
SFK	Suffolk, ENG	Deux-Sèvres PCH		Vienne PCH	
SHI	Shetland, SCT	Dordogne AQU		Vosges LOR	
SLI	Sligo, IRL	Doubs FC		Yonne BRG	
SOM	Somerset, ENG	Drôme RHA		Yvelines RPA	
SRK	Sark, UK	Essonne RPA			
SRY	Surrey, ENG	Eure HN		**Poland**	
STS	Staffordshire, ENG	Eure-et-Loir CEN		The voievodships after 1975.	
STI	Stirling, SCT	Finistère BRT		BP	Biala Podlaska
SSX	Sussex, ENG	Gard LGD		BK	Bialystok
SUT	Sutherland, SCT	Gers MP		BB	Bielsko-Biala
TAS	Tasmania, AUS	Gironde AQU		BY	Bydgoszcz
TIP	Tipperary, IRL	Haut-Rhin ALS		CM	Chelm
TN	Tennassee, USA	Haute-Corse CR		CI	Ciechanow
TX	Texas, USA	Haute-Garonne MP		CZ	Czestochowa
TYR	Tyrone, IRL	Haute-Loire AUV		El	Elblag
UK	United Kingdom	Haute-Marne CHA		GD	Gdansk
USA	United States	Haute-Saône FC		GO	Gorzow
UT	Utah, USA	Haute-Savoie RHA		JG	Jelenia Gora
VA	Virginia, USA	Haute-Vienne LMS		KL	Kalisz
VI	Virgin Islands	Hautes-Alpes PCA		KA	Katowice
VIC	Victoria, AUS	Hautes-Pyrénées MP		KI	Kielce
VT	Vermont, USA	Hauts-de-Seine RPA		KN	Konin
WA	Washington, USA	Hérault LGD		KO	Koszalin
WA	Western Australia, AUS	Ille-et-Vilaine BRT		KR	Krakow
WAR	Warwickshire, ENG	Indre-et-Loire CEN		KS	Krosno
WAT	Waterford, IRL	Isère RPA		LG	Legnica
WEM	Westmeath, IRL	Jura FC		LE	Leszno
WES	Westmorland, ENG	Landes AQU		LU	Lublin
WEX	Wexford, IRL	Loire RHA		LO	Lomza
WI	Wisconsin, USA	Loire-Atlantique PL		LD	Lodz
WIC	Wicklow, IRL	Loiret CEN		NS	Nowy Sacz
WIG	Wigtown, SCT	Loir-et-Cher CEN		OL	Olsztyn
WIL	Wiltshire, ENG	Lot MP		OP	Opole
WLN	West Lothian, SCT	Lot-et-Garonne AQU		OS	Ostroleka
WLS	Wales	Lozère LGD		PI	Pila
WOR	Worcestershire, ENG	Maine-et-Loire PL		PT	Piotrkow
WRY	West Riding, YKS	Manche BN		PL	Plock
WV	West Virginia, USA	Marne CHA		PO	Poznan
WY	Wyoming, USA	Mayenne PL		PR	Przemysl
YKS	Yorkshire, ENG	Meurthe-et-Moselle LOR		RA	Radom
		Meuse LOR		RZ	Rzeszow

France – Regions

Abréviations par ordre alphabétique du Département -

Ain RHA	Morbihan BRT		SE	Siedlce
Aisne PIC	Moselle LOR		SI	Sieradz
Allier AUV	Nièvre BRG		SK	Skiernniewice
Alpes-de-Haute-Provence PCA	Nord NOR		SL	Slupsk
Alpes-Maritimes PCA	Oise PIC		SW	Suwalki
Ardèche RHA	Orne BN		SZ	Szczecin
Ardennes CHA	Paris RPA		TG	Tarnobrzeg
Ariège MP	Pas-de-Calais NOR		TA	Tarnow
Aube CHA	Puy-de-Dôme AUV		TO	Torun
Aude LGD	Pyrénées-Atlantiques AQU		WA	Warszawa
Aveyron MP	Pyrénées-Orientales LGD		WB	Walbrzych
Bas-Rhin ALS	Rhône RHA		WL	Wloclawek
Bouches-du-Rhône PCA	Saône-et-Loire BRG		WR	Wroclaw
Calvados BN	Sarthe PL		ZA	Samosc
Cantal AUV	Savoie RHA		ZG	Zielona Gora
	Seine-et-Marne RPA			
	Seine-Maritime HN		Polish list supplied by Rafal Pinke.	
	Seine-St.-Denis RPA			
	Somme PIC		**Spain** see Map on p.	

◆ 31 ◆

Explanation - Explications - Bemerkungen

1. Family Name (Surname)
2. Time Period
3. Town, County or Province or State - Country or Land
4. Contributor's Number (see after Subjects section)

1. Famille Recherchée
2. Période
3. Ville, Province/Région, Pays
4. Numéro des Participants

1. Familienname
2. Zeitraum
3. Ort, Provinz/Bundesland, Land
4. Teilnehmer

Alphabetical Order: Where to find Surnames containing spaces or prefixes (LA, LE, DE, O', MC, MAC, VAN, VON etc.) is explained in Notes at the beginning of their respective alphabetical sections.

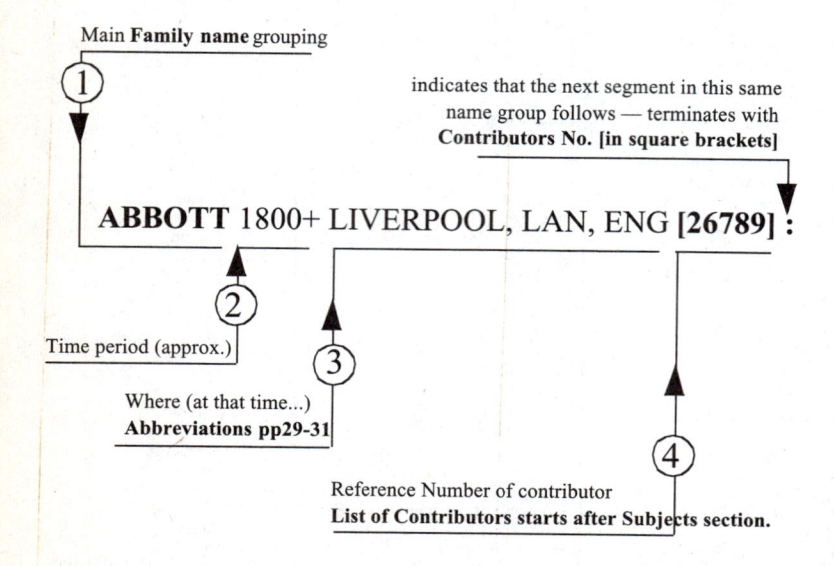

Main **Family name** grouping

①

indicates that the next segment in this same name group follows — terminates with **Contributors No. [in square brackets]**

ABBOTT 1800+ LIVERPOOL, LAN, ENG **[26789]** :

② Time period (approx.)

③ Where (at that time...) **Abbreviations pp29-31**

④ Reference Number of contributor **List of Contributors starts after Subjects section.**

The Directory

Note: Names containing an apostrophe are also located separately. e.g. A'HEARN adjoins AHEARN.
Surnames containing a space may not be in strict order.

==

A'BURROWS : 1800+, East Meon, HAM, ENG **[11159]**
A'COURT : ALL, WORLDWIDE **[45261]**
A'TEUILL : ALL, BRITTANY, FRA **[13994]**
AARON : Jacob, 1786+, London, ENG **[11662]** : 1851-53, Newington, SRY, ENG **[11662]**
AARONS : (Jewish), PRE 1900, London, MDX, ENG **[19854]** : PRE 1880, Leeds, WRY, ENG **[41005]**
AASKOV : 1902+, QLD, AUS **[13358]**
ABBATT : PRE 1600, Hartland, DEV, ENG **[19064]**
ABBERTON : Bridget, 1870+, Inverell, NSW, AUS **[10883]** : 1860S, Kayuga, NSW, AUS **[42375]**
ABBEY : 1800-1850, QUE & ONT, CAN **[42429]** : PRE 1850, BKM, ENG **[29497]** : William, PRE 1769, Perivale & Harrow, MDX, ENG **[44111]** : 1803, Thirsk, NRY, ENG **[10209]** : Luke, 1819, YKS, ENG **[15221]**
ABBOT : PRE 1794, Symondsbury & Chideock, DOR, ENG **[17961]** : ALL, KEN, ENG **[26410]** : Phoebe, PRE 1870S, Catfield, NFK, ENG **[40057]** : 1800+, Southwell, NTT, ENG **[35280]** : 1823+, Coker, SOM, ENG **[17291]**
ABBOTT : George, 1841+, Hobart, TAS, AUS **[14463]** : Crofton, 1904-1983, Launceston, TAS, AUS **[35235]** : C1890, Melbourne, VIC, AUS **[21479]** : Daniel, 1867+, Melbourne, Benalla & Albury, VIC & NSW, AUS **[14463]** : 1820+, ONT, CAN **[27219]** : PRE 1820, Winsford, CHS, ENG **[25557]** : Samuel, 1795, Launcelles, CON, ENG **[12785]** : Samuel, 1795+, Stratton, DEV, ENG **[12785]** : PRE 1880, DOR, ENG **[34906]** : C1880, Arne, DOR, ENG **[21479]** : PRE 1830, Kingston upon Hull & Beverley, ERY, ENG **[44078]** : Mary, C1795, Greenstead, ESS, ENG **[18957]** : ALL, Mistley, ESS, ENG **[19585]** : 1675, Hemel Hempstead, HRT, ENG **[17998]** : Edwin, C1870, KEN, ENG **[11372]** : 1800+, Chatham, KEN, ENG **[99010]** : PRE 1714, Belchford, LIN, ENG **[19902]** : Thomas, 1674, Fleet, LIN, ENG **[10318]** : Matilda, PRE 1912, Lambeth, LND, ENG **[39380]** : Edwin, 1851+, London, MDX, ENG **[11372]** : ALL, London, MDX, ENG **[14463]** : 1800S, Polebrook, NTH, ENG **[36402]** : PRE 1800, Flowton, SFK, ENG **[43727]** : 1786+, Coker, SOM, ENG **[17291]** : Joseph, PRE 1879, Birmingham, WAR, ENG **[12547]** : George, PRE 1840, WAR, BRK & LND, ENG **[14463]** : PRE 1850, WIL, ENG **[20773]** : Richard, 1815+, Clawton, DEV & VIC, ENG & AUS **[12785]** : C1859+, Christchurch, NZ **[21479]** : C1920, Pasadena, CA, USA **[21479]**
ABBS : PRE 1900, North London, MDX, ENG **[19258]**
ABBY : 1881, Euphrasia Twp, ONT, CAN **[15221]**
ABDALE : C1810, Catterick, YKS, ENG **[22182]**
ABEL : August, 1876-1955, Middle Lake, SAS, CAN **[41349]** : Carl George, 1912-1995, Middle Lake, SAS, CAN **[41349]** : ALL, KEN, ENG **[30601]** : PRE 1820, South Littleton, WOR, ENG **[35042]** : Hedwig, 1904-1905, GER **[41349]** : Karl, 1846+, Wiesenthalerhof, GER **[41349]** : 1750-1800, USA **[41349]**
ABERCROMBIE : 1800+, SCT **[11090]** : C1798, RFW, SCT **[99174]**
ABERDEEN : PRE 1740, Midmar, ABD, SCT **[37058]**
ABERFORD : 1550-1600, Bosbury, HEF, ENG **[29715]**
ABERNATHY : ALL, TIP, IRL **[44356]**
ABERNETHY : 1750-1850, Bold & Sutton, LAN, ENG **[39536]** : 1900+, Belfast, ANT, IRL **[27219]** : ALL, Loughkeen, TIP, IRL **[44256]** : 1860-1890, Lanark, LKS, SCT **[99047]** : Margaret, C1790, Douglas, IOM, UK **[23471]**
ABERTON : 1820-1840, Ballinakill, GAL, IRL **[42296]**
ABES : PRE 1678, Belton, LIN, ENG **[28340]**
ABLETT : 1800-1900, London, ENG **[19275]** : John Richards, 1853+, Bristol, GLS & SOM, ENG **[16802]** : Samuel, C1800, Bristol, GLS & SOM, ENG **[16802]**
ABLEY : ALL, Cheshire, CHS, ENG **[46479]**
ABLIN : 1700-1800, Dunton & Writtle, ESS, ENG **[19713]**
ABOTS : 1700-1790, Mochdre, MGY, WLS **[17245]**
ABRAHALL : PRE 1404, Eaton Tregoz, HEF, ENG **[19759]**
ABRAHAM : Abraham, 1849+, Sydney, NSW, AUS **[42565]** : Robert, 1901+, Lethbridge, ALB, CAN **[31486]** : Robert, 1871-1901, Banks, Grey Co., ONT, CAN **[31486]** : PRE 1808, London, ENG **[21716]** : 1800-1920, Portsmouth & Southsea, HAM, ENG **[38575]** : PRE 1880, Friskney, LIN, ENG **[21594]** : 1800+, Drumcree, ARM, IRL **[28149]** : PRE 1850, RUSSIA, SU **[17200]**
ABRAHAMS : 1870, Collingwood, VIC, AUS **[46198]** : PRE 1884, ENG **[13407]** : PRE 1800, Clavering, ESS, ENG **[34986]** : ALL, LND, ENG **[45863]** : 1800S, Whitechapel, LND, ENG **[46116]** : PRE 1860, Coventry, WAR, ENG **[13407]**
ABRAM : 1762, Elsworth, CAM, ENG **[37156]** : 1650+, Banks, North Meols, LAN, ENG **[31486]** : Robert, 1841+, North Meol, LAN, ENG **[31486]**
ABRAMS : PRE 1840, Liverpool, LAN, ENG **[13838]**
ABRASHKIN : ALL, WORLDWIDE **[30981]**
ABSALOM : PRE 1854, WIL, ENG & AUS **[25794]**
ABURFORTH : 1500-1600, Thaxted, ESS, ENG **[29715]** : 1550-1600, Bosbury, HEF, ENG **[29715]**
A'BURROWS : 1800+, East Meon, HAM, ENG **[11159]**
ACASTER : PRE 1750, Cottingham, ERY, ENG **[22227]**
ACE : PRE 1850, Bridgend, Gower & Penrice, GLA, WLS **[34560]** **ACE (see One Name Section) [34560]**
ACEY : C1828, Londesborough, YKS, ENG **[13838]**
ACHESON : Matthew, 1810-40, SLI, IRL & ENG **[27066]** : 1870+, St.Paul, MN, USA **[27066]**
ACHILLES : Mary Ann, 1840-1863, DUB, IRL **[36796]**
ACHISON : Philis, 1800-1851, Wooler & Horncliffe, NBL & DUR, ENG **[19865]**
ACHYM : 1500-1800, Penryn & Kenwyn, CON, ENG **[19843]**
ACKERLEY : 1847-94, Falmouth, CON, ENG **[37052]**
ACKERMAN : 1746+, Bridport, DOR, ENG **[46387]**
ACKIS : 1850, London & SRY, ENG **[35649]**
ACKLAND : James, C1885, Melbourne, VIC, AUS **[14023]** : William, C1850, London, ENG **[14023]** : PRE 1840, Barnstaple, DEV, ENG **[45795]** : 1650-1750, Hemyock, DEV, ENG **[33847]** : 1800-1875, Kentisbeare, DEV, ENG **[33847]** : John, C1760, Kentisbeare, DEV, ENG **[14023]** : Samuel, C1790, Kentisbeare, DEV, ENG **[14023]** : 1750-1800, Uffculme, DEV, ENG **[33847]** : William, 1782, Chatham, KEN, ENG **[10318]** : PRE 1839, Chatham, KEN, ENG **[46285]** : 1750-1850, SFK & LND, ENG **[33021]** : C1810, Chippenham & Bath, WIL & GLS, ENG **[28742]**
ACKROYD : ALL, Halifax, WRY, ENG **[99573]** : ALL, Lindley, YKS, ENG **[46429]**
ACLAND : Isac, 1660, Hemyock, DEV, ENG **[14023]** : Henry, 1500S, DEV & SOM, ENG **[14023]**
ACOTT : 1800-50, East Peckham, KEN, ENG **[37052]**
A'COURT : ALL, WORLDWIDE **[45261]**
ACREMAN : Ann, 1760+, Oxford, OXF, ENG **[36543]**
ACRES : Margaret, C1620, Whitehaven, CUL, ENG **[13153]** : 1750-1788, DEV, ENG **[99052]** : ALL, Great Wigborough & Battersea, ESS & LND, ENG **[28585]** : 1820, Tullamore, OFF, IRL **[13914]**
ACRET : 1815+, WES, ENG **[13853]**
ADAIR : PRE 1850, Ballymena & Cookstown, ANT & TYR, IRL **[44417]** : 1800-90, SCT **[26082]** : 1800+, OH & IA, USA **[99433]**

ADAM : 1860+, Albury, NSW, AUS **[38626]** : 1840+, Nuriootpa, SA, AUS **[38626]** : PRE 1700, Fulham, MDX, ENG **[46451]** : 1800+, Miietsch, PRUSSEN, GER **[38626]** : PRE 1849, Aberdeen, ABD, SCT **[10254]** : C1818+, Alford, ABD, SCT **[22014]** : 1800, Banchory, ABD, SCT **[25992]** : C1750+, Echt, ABD, SCT **[22014]** : ALL, Midmar, ABD, SCT **[26687]** : 1780+, Old Machar & Fintray, ABD, SCT **[37499]** : PRE 1855, Dundee, ANS, SCT **[38936]** : PRE 1800, Renfrew & Glasgow, LKS, SCT **[27240]** : PRE 1765, Govan & Glasgow, LKS & AYR, SCT **[18639]** : 1700+, RFW, SCT **[40175]**

ADAMS : Thomas, 1854+, Glebe, NSW, AUS **[10260]** : William, 1868+, Glen Innes, NSW, AUS **[13763]** : William, 1835-1923, Koorawatha, NSW, AUS **[39212]** : C1950, Manly Vale, NSW, AUS **[11716]** : 1788+, Narrandera, NSW, AUS **[44261]** : 1850-1950, Norfolk Island, NSW, AUS **[37048]** : 1838+, Sutton Forest, NSW, AUS **[30776]** : William King, 1845-1923, Sydney, NSW, AUS **[30512]** : Alexander, 1856+, Sydney, NSW, AUS **[28134]** : Thomas, 1856+, Sydney, NSW, AUS **[28134]** : 1855+, Uralla, NSW, AUS **[40795]** : William, 1836+, Windsor, NSW, AUS **[30512]** : Jane Ann, 1860+, Windsor, NSW, AUS **[30512]** : PRE 1900, Surat, QLD, AUS **[13853]** : 1840+, Beverley, SA, AUS **[14346]** : 1800-1860, Gumeracha, SA, AUS **[40509]** : 1850, TAS, AUS **[26540]** : Hedwig, C1740, Warstein, NRW, BRD **[99443]** : 1800-2000, ENG **[30446]** : Daniel, 1761, London, ENG **[15785]** : 1850+, London, ENG **[46368]** : Joseph, C1750-1833, Kinsbourne Green, BDF, ENG **[15785]** : Daniel, 1760-1837, Luton, BDF, ENG **[15785]** : PRE 1900, Sandy & Girtford, BDF, ENG **[41500]** : Thomas, 1750+, BKM, ENG **[31580]** : PRE 1780, BKM, ENG **[27678]** : 1851+, Hanslope, BKM, ENG **[41037]** : 1819-1850, Stoke Goldington, BKM, ENG **[41037]** : 1800, Tingewick, BKM, ENG **[26540]** : 1700-1800, Long Wittenham, BRK, ENG **[27039]** : 1800+, Bottisham, CAM, ENG **[13853]** : 1840, Macclesfield, CHS, ENG **[30120]** : 1700S, CON, ENG **[34704]** : PRE 1750, CON, ENG **[11873]** : Thomas, 1795, Bude, CON, ENG **[40942]** : Richard, 1770, Kilkhampton, CON, ENG **[40942]** : PRE 1700, Laneast, CON, ENG **[40942]** : Benjamin, 1770, Morwinstow, CON, ENG **[40942]** : 1600-1650, St.Just in Penwith, CON, ENG **[36435]** : Benjamin, PRE 1750, Bradworthy & Hartland, DEV, ENG **[40942]** : 1800+, Crediton, DEV, ENG **[38005]** : Mary, C1790, Harberton, DEV, ENG **[31153]** : 1650-1750, Malborough, DEV, ENG **[34783]** : C1800-1850, Charminster, DOR, ENG **[28275]** : 1780+, Trent, DOR & SOM, ENG **[39539]** : 1600-1800, ESS, ENG **[28134]** : ALL, Great Warley, ESS, ENG **[18075]** : 1600S, Chedworth & Bibury, GLS, ENG **[19497]** : ALL, Wickham, HAM, ENG **[15793]** : 1600-1900, HRT, ENG **[37048]** : 1700-1900, KEN, ENG **[45749]** : PRE 1800, Dover, KEN, ENG **[17508]** : Thomas, 1738+, Husbands Bosworth, LEI, ENG **[35110]** : Sarah, C1798, Husbands Bosworth, LEI, ENG **[35110]** : 1800-1900, Bethnal Green & Shoreditch, LND, ENG **[37048]** : 1700-1800, Stamford Hill & Hackney, LND, ENG **[37048]** : 1800-1900, Stepney & Spitalfields, LND, ENG **[37048]** : 1770-1900, Wapping & Whitechapel, LND, ENG **[37048]** : 1800-1880, LND & MDX, ENG **[31902]** : 1600-1800, MDX, ENG **[37048]** : Elizabeth, C1845, London, MDX, ENG **[40982]** : John, C1860, Shadwell, MDX, ENG **[40982]** : C1820, Spitalfields, MDX, ENG **[28340]** : PRE 1850, Alwinton, NBL, ENG **[10583]** : 1800+, Great Yarmouth, NFK, ENG **[45803]** : Sarah Playfor, 1790, Ormsby, NFK, ENG **[11195]** : PRE 1800, NTH, ENG **[45857]** : 1800+, Guilsborough, NTH, ENG **[28420]** : 1870+, Hartwell, NTH, ENG **[41037]** : 1780S, Maxey, NTH, ENG **[39573]** : 1780+, Northampton, NTH, ENG **[30120]** : 1790-1900S, Towcester, NTH, ENG **[19803]** : ALL, OXF, ENG **[34588]** : ALL, Essendine, RUT, ENG **[21258]** : Esther, ALL, SAL, ENG **[11213]** : 1820+, Yeovil, SOM, ENG **[10947]** : 1800+, SRY, ENG **[30391]** : 1700+, Chobham, SRY, ENG **[19895]** : PRE 1823, Lambeth, SRY, ENG **[10740]** : 1700+, Framfield, SSX, ENG **[20975]** : 1600-1700, Waldron, SSX, ENG **[33347]** : 1840+, Birmingham, STS, ENG **[46354]** : Matilda, PRE 1804, Burton on Trent, STS, ENG **[14463]** : PRE 1850, Eccleshall, STS, ENG **[19647]** : PRE 1830, Oakley, STS, ENG **[19415]** : PRE 1900, Tunstall, STS, ENG **[29989]** : 1820+, Birmingham, WAR, ENG **[26228]** : 1750+, Polesworth, WAR, ENG **[11690]** : 1750S+, Market Lavington & Swindon, WIL, ENG **[33331]** : Edward Green, 1830-1923, London & Dubbo, LND & NSW, ENG & AUS **[39243]** : PRE 1838, Carlow, IRL **[19116]** : PRE 1900, Waterford, IRL **[29989]** : Harriet, 1780+, Ballyvernstown, ANT, IRL **[12878]** : 1800+, DOW, IRL **[25998]** : PRE 1840, Harolds Cross, DUB, IRL **[46354]** : 1842, Colebrook & Aghalurcher, FER, IRL **[13019]** : ALL, Enniskillen, FER, IRL **[28134]** : PRE 1850, Enniskillen, FER, IRL **[36350]** : 1800+, NZ **[42112]** : Percy, C1880, HKY & WEL, NZ **[99174]** : James, PRE 1800, Girvan & Maybole, AYR, SCT **[43523]** : 1828, St.Fergus, BAN, SCT **[40807]** : 1850+, Coatbridge, LKS, SCT **[25998]** : Jane, 1836+, Larbert, STI, SCT **[37568]** : PRE 1800, Carew, PEM, WLS **[46272]** : PRE 1800 St.Florence PEM WLS **[46272]**

ADAMSON : PRE 1860, DUR, ENG **[26881]** : 1750-1850, Durham, DUR, ENG **[17907]** : ALL, Durham, DUR, ENG **[46479]** : PRE 1850, Ripon, NRY, ENG **[18628]** : PRE 1760, Orton & Shap, WES, ENG **[41477]** : 1826, Easington, YKS, ENG **[44941]** : 1800+, LND, ENG & AUS **[44938]** : 1700-1850, ARM, IRL & SCT **[14296]** : 1700S, Durrisdeer, DFS, SCT **[40257]** : C1831, Pittenweem, FIF, SCT **[12392]** : PRE 1820, Glasgow, LKS, SCT **[11091]** : Andrew, 1750+, Edinburgh, MLN, SCT **[14760]**

ADAMTHWAITE : PRE 1720, Orton & Ravenstonedale, WES, ENG **[41477]** : 1600S, Sedbergh, YKS, ENG **[35184]**

ADAY : PRE 1780, SCT, GER & IRL **[24660]** : 1780-1850, Madison Co., MS, USA **[24660]**

ADCOCK : 1730-1810, Woodhouse, LEI, ENG **[39060]** : 1877, Grimsby, LIN, ENG **[44941]** : Elizabeth, PRE 1700, Preston, RUT, ENG **[21349]** : 1700+, Penkridge, STS, ENG **[36368]**

ADDAMS : 1600-1679, Chewton Mendip, SOM, ENG **[21349]** : 1700+, Worcester, WOR, ENG **[38907]**

ADDINGTON : PRE 1750, Maxey, NTH, ENG **[41477]**

ADDIS : Maria, C1779, Thornbury, GLS, ENG **[14094]** : PRE 1800, Weston upon Penyard, HEF, ENG **[35042]** : PRE 1800, Highworth, WIL, ENG **[42821]**

ADDISON : Adam, 1800-1835, CAM & NFK, ENG **[45834]** : C1800, Liverpool, LAN, ENG **[12786]** : Edward, C1675, Stepney, LND, ENG **[28149]** : 1750-1900, Heversham & Levens, WES, ENG **[37181]** : James, C1724, Kinnettes, ANS, SCT **[10035]** : 1817+, Montrose, ANS, SCT **[41443]**

ADDS : 1600-1700, Withyham & Hailsham, SSX, ENG **[33347]**

ADDY : PRE 1800, Darfield, WRY, ENG **[30981]** : 1800-1860, LAN & NSW, ENG & AUS **[40480]**

ADE : Sally, 1770-1850, Tonbridge, KEN, ENG **[17109]**

ADENEY : 1800+, SAL, ENG **[16559]**

ADES : ALL, ENG **[39046]** : Spencer, 1790+, Sedlescombe & Ewhurst, SSX, ENG **[39046]** : ALL, Sedlescombe, Battle & Brede, SSX, ENG **[39046]** : 1650-1750, Ticehurst & Hailsham, SSX, ENG **[33347]**

ADEY : 1800+, Brewood, STS, ENG **[46276]**

ADIE : 1790-1870, Stepney, MDX, ENG **[18714]** : PRE 1800, STS & DBY, ENG **[31017]**

ADKIN : 1820S, Manchester, LAN, ENG **[10460]**

ADKINS : 1881, Derby, DBY, ENG **[30714]** : Elizabeth, 1700-1780, ESS, ENG **[39522]** : Agnes, 1858+, Dartford, KEN, ENG **[37177]** : Sarah, C1805+, Ashby Woulds, LEI, ENG **[38548]** : 1500-1950, NTH & OXF, ENG **[22203]** : C1850+, Merton, SRY, ENG **[17087]**

ADKISSON : 1850-1920, Hobart, TAS, AUS **[31979]**

ADLAM : 1700+, Westbury, WIL, ENG **[36826]** : PRE 1860, Westbury, WIL, ENG **[21387]**

ADLARD : 1770S, Hagworthingham, LIN, ENG **[13008]** : C1800+, LIN, ENG & AUS **[33097]**

ADLER : 1700+, Hahnstatten, HEN, GER **[16383]** : 1830-1890, Rudawa, CHRZANOW, POL **[13014]** : 1850+, Bolechowice, KR, POL **[13014]** : 1830+, Kurdwanow, KR, POL **[13014]**

ADLINGTON : 1883+, NSW, AUS **[11060]**

ADLUMS : PRE 1835, Bucklebury, BRK, ENG **[37049]**

ADNEY : 1800-1860, Islington, LND, ENG **[12641]**

ADOLPH : 1850+, Sommefeld, BLN, GER **[21131]**

ADORNATO : PRE 1920, Messina, SICILY, ITL **[11661]**

ADRIAN : PRE 1835, Ahl, HES, GER **[13511]**

ADSETT : Charles, PRE 1855+, Brisbane, QLD, AUS **[30971]** : Frank, PRE 1893+, Whiteshide, QLD, AUS **[30971]** : John, C1823+, ENG **[30971]** : James, PRE 1791+, ENG **[30971]** : John, PRE 1791+, Cobham, SRY, ENG **[30971]** : Aaron, C1832-1921+, Ewell, SRY, ENG **[30971]** : PRE 1783, Northchapel, SSX, ENG **[19759]**

ADSETT (see One Name Section) [30971]

ADSLEY : 1825+, KEN, ENG **[17087]** : 1790+, LEI, ENG **[17087]**

ADWORTH : 1700-1850, Ramsgate, KEN, ENG **[19471]**

AFFLECK : PRE 1850, Tynemouth, NBL & DUR, ENG **[17350]** : Ann, 1810+, Dundee, ANS, SCT **[31159]** : 1809, Oldhamstock, ELN, SCT **[97805]**

AFFLICK : 1890+, Leeds, WRY, ENG **[18628]**

AFFRIATT : 1800, London, MDX, ENG **[32068]**

AGAR : 1650-1850, Heslington, ERY, ENG **[30137]** : 1782+, Knottingley & Wakefield, WRY, ENG **[11530]**

AGAS : C1650, ESS, ENG **[15409]**

AGATE : 1860+, Croydon, SRY, ENG **[39046]** : George, 1801, Lower Beeding, SSX, ENG **[34331]** : 1700-1900, West Grinstead & Thakeham, SSX, ENG **[35561]**

AGER : 1861, Route de St.John, GSY, CHI **[31574]** : 1840+, Mosler, BKM, ENG **[44857]** : 1800-1860, Abbess Roding, ESS, ENG **[17006]** : 1800-1900, Romford, ESS, ENG **[17006]** : ALL, WORLDWIDE **[33980]**

AGER (see One Name Section) [33980]

AGG : ALL, GLS & WOR, ENG **[29198]**

AGGAS : C1860, Lowestoft, SFK, ENG **[43841]**

AGGE : ALL, GLS & WOR, ENG **[29198]**

AGGUS : ALL, London, ENG **[17092]**

AGIUS : ALL, MALTA **[99440]** : ALL, WORLDWIDE **[10604]**

AGLAND : Ellen, 1856+, Huntley, NSW, AUS **[31762]** : William, 1859+, Orange, NSW, AUS **[31762]** : John, 1823+, Parramatta, NSW, AUS **[31762]**

AGNEW : PRE 1930, St.Kilda, VIC, AUS **[45823]** : 1840+, Chester & Over, CHS, ENG **[39249]** : 1800+, TYR, IRL **[28813]** : C1807-30, Kirkmaiden, Portpatrick & Inch, WIG, SCT **[12367]**

AGOSTENELLI : PRE 1900, Nymagee, NSW, AUS **[28150]** : ALL, Milan, ITL **[28150]**

AGSTON : Margaret, C1760, Fraserburgh, ABD, SCT **[10649]**

AGUTTER : 1600-1775, Wollaston, NTH, ENG **[33347]**

AH GOOEY : Henry, 1852-1903, Canton & Kyneton, VIC, AUS & CHINA **[14672]**

AHERN : C1890, NSW, AUS **[11661]** : C1818, Sydney, NSW, AUS **[29479]** : 1900+, Wickham, NSW, AUS **[25654]** : ALL, Yankalilla, SA, AUS **[25702]** : PRE 1850, QUE, CAN **[31636]** : PRE 1850, COR, IRL **[31636]** : PRE 1908, Athea, LIM, IRL **[99109]** : C1830, Borrisoleigh, LIM, IRL **[29479]** : 1820+, Cahir, TIP, IRL **[44202]** : 1850+, ST.HELENA IS. **[44202]**

AHERNE : 1871+, Christchurch, NZ **[11335]**

AHLBORN : PRE 1850, Liverpool, LAN, ENG **[46211]**

AHLFELD : PRE 1850, HAN, PRE **[14012]**

AHLNESS : 1700+, JAMPTLAND, SWE, NOR & USA **[99433]**

AHRENSEN : 1800+, WORLDWIDE **[12728]**

AICHER : ALL, WORLDWIDE **[22322]**

AICKIN : C1796, Sydney & Campbelltown, NSW, AUS & ENG **[44689]** : 1790-1810, Sydney & Condobolin, NSW, AUS & IRL **[44689]**

AICKMAN : 1740-1800, Edinburgh, MLN, SCT **[19310]**

AIKEN : 1790-1810, Sydney & Condobolin, NSW, AUS & IRL **[44689]** : James, 1760+, Belfast, ANT, IRL **[44689]** : 1800+, DRY & TYR, IRL **[11464]** : 1770+, Dundee, ANS, SCT **[21394]**

AIKENHEAD : 1750-1800, ANS, SCT **[24567]**

AIKMAN : 1730-1810, St.Andrews, FIF, SCT **[25979]** : 1740-1800, Edinburgh, MLN, SCT **[19310]** : 1750+, Cambusbarron, STI, SCT **[46201]**

AINGE : 1820-1880, Camberwell, LND, ENG **[20551]** : PRE 1800, Tysoe, WAR, ENG **[20551]** : 1890S, BRITISH, GUIANA **[20551]** : 1870-1910, WORLDWIDE **[20551]**

AINLEY : 1650+, Snaith & Kellington, WRY, ENG **[39307]**

AINSCOUGH : Michael, 1855-1900, LAN, ENG **[11158]** : 1700-1900, Chorley, LAN, ENG **[17535]** : 1800+, Ince & Wigan, LAN, ENG **[42308]** : Isabella, 1868-1900, Liverpool, Wigan & Westhoughton, LAN, ENG **[11158]**

AINSLEY : 1750-1840, NRY & DUR, ENG **[37169]**

AINSLEY (see Cat. I: Subjects), [37169]

AINSLEY (see One Name Section) [37169]

AINSLIE : 1814+, Dysart, FIF, SCT **[40153]** : ALL, BEW & LAN, SCT & ENG **[26493]**

AINSWORTH : 1850-1860, Melbourne, VIC, AUS **[45264]** : PRE 1800, Potton, BDF, ENG **[30981]** : PRE 1860, Mollington & Shotwick, CHS, ENG **[20729]** : 1800-1850S, Rainow, CHS, ENG **[45800]** : 1800-1950, Bridlington, ERY, ENG **[39445]** : 1700S, LAN, ENG **[34704]** : PRE 1850, LAN, ENG **[45264]** : C1850, Livesey, LAN, ENG **[21463]** : PRE 1820, Wakefield, YKS, ENG **[11866]** : 1860+, Dunedin, NZ **[45264]** : 1875+, Wanganui, NZ **[45264]** : 1860+, West Coast, NZ **[45264]**

AIRD : Francis Jos., 1880+, Sydney, NSW, AUS **[43769]** : William Baker, 1780-1900, Newcastle on Tyne, NBL, ENG **[43769]** : 1750+, SCT **[22248]**

AIRES : Ann, 1800+, Leek, STS, ENG **[18501]**

AIREY : ALL, CUL & WES, ENG **[39694]** : PRE 1900, Lancaster, LAN, ENG **[45054]** : ALL, Lancaster & Heversham, LAN & WES, ENG **[25572]** : 1800S, RUT, ENG **[99055]** : 1800S, WES, ENG **[99055]** : 1700+, Kentmere, WES, ENG **[99570]** : 1800+, Linton in Craven, YKS, ENG **[39891]**

AIRY : PRE 1700, Rickinghall, SFK, ENG **[24981]**

AISH : 1500+, SOM, ENG **[19744]**

AISHEN : 1780-1900, Worcester, WOR, ENG **[11731]** : Alice Clara, 1883+, Worcester, WOR, ENG **[11731]**

AISLABIE : ALL, ENG **[17470]**

AISTON : 1800+, Durham, NBL, ENG **[39835]**

AISTRUP : ALL, ENG **[42943]**

AITCHESON : PRE 1870, Hull, YKS, ENG **[46471]**

AITCHISON : C1850S+, NSW, AUS **[36607]** : 1920+, Sydney, NSW, AUS **[46369]** : ALL, Adelaide, SA & ACT, AUS **[45626]** : Catherine, 1852, Alnwick, NBL, ENG **[10297]** : Philis, 1800-1837, Wooler & Horncliffe, NBL, ENG **[19865]** : PRE 1870, Hull, YKS, ENG **[46471]** : PRE 1870, BEW, SCT **[13854]** : 1800-1840, Greenlaw, BEW, SCT **[35218]** : 1850+, Dunbar, ELN, SCT **[46369]** : Thomas, 1830+, FIF, SCT **[21114]** : C1820, Glasgow, LKS, SCT **[27240]** : 1700S, Dalkeith & Edinburgh, MLN, SCT **[21221]** : PRE 1851, ROX, SCT **[25755]** : 1700+, Edinburgh, MLN & SEL, SCT & AUS **[14672]** : PRE 1850, Musselburgh, MLN, SCT & INDIA **[17763]** : 1600+, SCT & RSA **[22211]**

AITCHSON : ALL, WORLDWIDE **[35836]**

AITKEN : 1850+, NSW, AUS **[42699]** : 1800S, Moondara, VIC, AUS **[13244]** : Sarah, C1808, Rotherhithe, SRY, ENG **[17470]** : PRE 1877, Kilmarnock, AYR, SCT **[25672]** : 1780+, Kirkintilloch, DNB, SCT **[44202]** : 1850-1900, Kirkcaldy, FIF, SCT **[46425]** : PRE 1740,

Scoonie, FIF, SCT [12060] : 1800+, LKS, SCT [44938] : 1700+, Biggar, LKS, SCT [36762] : C1853, Dunrosness, SHI, SCT [21934] : C1800, Larbert, STI, SCT [14627] : 1819+, Strathblane, STI, SCT [46268]
AITKENHEAD : 1750-1800, ANS, SCT [24567]
AITKIN : J.J. (Drover), 1874, NT, AUS [14241] : 1600+, Carnwath, Walston, LKS, SCT [36762]
AITON : ALL, Silverwood, SCT [13315]
AKEN : 1740+, Portsea, HAM, ENG [43720]
AKERMAN : Carl, C1945, Sydney, NSW, AUS [33373] : PRE 1833, Witney, OXF, ENG [46362]
AKEROYD : ALL, WRY, ENG [25354] : James, 1796-1828, Pudsey & Armley, WRY, ENG [41716]
AKERS : Thomas, 1788-1824, Sydney District, NSW, AUS [34140]
AKESSON : PRE 1786, Hasslov, SWE [18310]
AKESTER : PRE 1850, Driffield & Hessle, ERY, ENG [22227]
AKHURST : PRE 1800, Milton, KEN, ENG [46460]
AKIN : 1860-1939, QUE, CAN [39939]
AKRIGG : ALL, WES, CUL & YKS, ENG [28570]
AKROYD : 1763, Stourbridge, WOR, ENG [21975] : 1800S, WRY, ENG [16430] : 1600+, Stokesley, YKS, ENG [38979] : 1857+, Birmingham, WAR, ENG & WLS [21975]
ALAND : 1700-1850, Minchinhampton, GLS, NTH & KEN, ENG [14296]
ALBAN : 1900, Fleet, HAM, ENG [46350] : 1860+, IND [46250] : 1860+, St.Petersburg, RUS [46250]
ALBERN : 1700S+, Brook B.Oederquart, HAN, BRD [11062]
ALBERS : PRE 1790, Brook & Oderquart, HBG, BRD [11062]
ALBERT : Charles H.F., 1875-1885, Kelso, NSW, AUS [11726]
ALBIN : Jane, 1811+, Spalding, LIN, ENG [99433]
ALBISTON : 1800+, CHS, ENG [29954]
ALBON : 1835+, Sydney, NSW, AUS [46264]
ALBRECHT : 1853-61, St.Bride, LND, ENG [19908] : 1861-84, St.Luke, MDX, ENG [19908] : 1700-1900, GER [19880] : PRE 1850, Konigsberg, OPR, GER [19908]
ALBURY : 1750+, KEN, ENG [42516] : 1700+, SRY, ENG [42516]
ALCOCK : Elizabeth, 1797, Appin, NSW, AUS [28199] : 1840-1950, Crewe, CHS, ENG [41214] : 1750+, Knutsford, CHS, ENG [12084] : 1600-1675, Nantwich, CHS, ENG [41214] : PRE 1800, Runcorn, CHS, ENG [43704] : 1800-1900, Sandbach, CHS, ENG [41214] : 1740-1850, Warmingham, CHS, ENG [41214] : ALL, Wilmslow, CHS, ENG [18895] : 1840+, DUR, ENG [21479] : 1880+, Liverpool, LAN, ENG [42782] : C1850, Preston, LAN, ENG [21479] : 1812-1870, Marham, NFK, ENG [46235] : PRE 1900, Oxton, NTT, ENG [36170] : 1800-30, Eynsham, OXF, ENG [11366] : 1700-1800, Hellingly, SSX, ENG [30120] : PRE 1700+, STS, ENG [18501] : 1800+, Hanley, STS, ENG [21479] : PRE 1850, Calne, WIL, ENG [32907]
ALDEN : 1720S, Cherry Hinton, CAM, ENG [24981]
ALDER : PRE 1840, BRK, ENG [19481] : 1700+, Wantage, BRK, ENG [30111] : 1700-1800, Tring, HRT, ENG [45883] : ALL, West Norwood, LND, ENG [10367] : ALL, MDX, ENG [43792] : Elizabeth, PRE 1829, London, MDX, ENG [33491] : PRE 1852, London, MDX, ENG [38743] : 1700-1810, Whalton, NBL, ENG [46420] : ALL, Norham & Horncliffe, NBL & DUR, ENG [33491] : William, PRE 1784, Esher, SRY, ENG [14290] : 1757-1837, Lambeth, SRY, ENG [10367] : PRE 1820, Dublin, IRL [41039]
ALDERDICE : 1780+, Lambeg, ANT, IRL & NZ [46306]
ALDERMAN : 1700-1850, Swanbourne, BKM, ENG [30138] : 1700S, BRK, ENG [42346] : PRE 1811, Vernharns Dean, HAM, ENG [99147]

ALDERMAN (see One Name Section), [38497]
ALDERSEY : Richard, C1780, Dersingham, NFK, ENG [25654]
ALDERSLADE : Sophia, 1837-1869, Portsea, HAM & NBL, ENG [33584]
ALDERSON : 1790-1825, Arkengarthdale, DUR, ENG [45732] : Mary, 1854, Bishopwearmouth, DUR, ENG [14094] : Mary, PRE 1854, Bishopwearmouth, DUR, ENG [14094] : Jane, C1806, Darlington, DUR, ENG [29774] : ALL, Littletown, DUR, ENG [36120] : William, 1800+, Sunderland, DUR, ENG [34641] : 1750+, Forcett & Deighton, NRY, ENG [20835] : ALL, WES, ENG [39694]
ALDERTON : ALL, East Anglia, ENG [19289] : ALL, Great Cressingham, NFK, ENG [45142] : ALL, Great Cressingham, NFK, ENG [19289] : PRE 1837, Intwood, NFK, ENG [19289] : ALL, Norwich, NFK, ENG [19289] : ALL, Swaffham, NFK, ENG [19289] : ALL, Bury St.Edmunds, SFK, ENG [19289] : ALL, Ipswich, SFK, ENG [19289] : 1750+, Little & Great Saxham, SFK, ENG [13461] : William, PRE 1664, Sompting, SSX, ENG [99443]
ALDERTONE : ALL, NFK & SFK, ENG [19289]
ALDIN : PRE 1900, Wonston, HAM, ENG [25162]
ALDINGER : ALL, WORLDWIDE [22422]
ALDINGTON : 1800+, Richmond, SRY, ENG [46451] : 1780-1920, Salford Priors, WAR, ENG [30138]
ALDOUS : 1857, Sydney, NSW, AUS [46356] : 1900-1940, Stevenage, HRT, ENG [37809] : 1920-1960, Watford, HRT, ENG [37809] : 1813, St.Pancras, MDX, ENG [46356]
ALDRED : 1800S, Doveridge, DBY, ENG [15521] : Charlotte, PRE 1824, Exeter, DEV, ENG [33454]
ALDRIDGE : 1870-1960, Temora, NSW, AUS [43804] : 1925+, Victoria, BC, CAN [30120] : ALL, Chesham, BKM, ENG [13461] : 1800-1820, Cholesbury, BKM, ENG [43804] : ALL, Monks Risborough, BKM, ENG [37603] : ALL, BRK, ENG [27039] : 1900-25, Newbury & Thatcham, BRK, ENG [30120] : William, 1800-1900, Reading, BRK, ENG [27039] : 1713-1859, Waltham St.Lawrence, BRK, ENG [39706] : Peter, 1800+, Wokingham, BRK, ENG [42744] : 1750-1850, Bournemouth, DOR, ENG [18145] : 1830S, Ebley, GLS, ENG [36655] : 1830S, Stonehouse, GLS, ENG [36655] : 1700S, Stroud, GLS, ENG [36655] : 1850S, Westrip, GLS, ENG [36655] : 1800-1900, Headley & Etchingswell, HAM, ENG [30120] : Thomas, PRE 1870, Bethnal Green, LND, ENG [34211] : 1830-1880, Maylebone, MDX, ENG [43804] : 1800S, Potter Heigham, NFK, ENG [28060] : 1700S, Bratton, WIL, ENG [10194]
ALDWORTH : PRE 1808, Wantage, BRK, ENG [27437] : PRE 1850, LIM, IRL [28210]
ALEFOUNDER : 1600-1800, Colchester, ESS, ENG [27240] : William, PRE 1860, Marylebone, LND, ENG [38939]
ALEXANDER : 1860+, Sydney, NSW, AUS [30945] : ALL, VIC, AUS [44339] : 1855+, Branxholme, VIC, AUS [34249] : 1835+, Geelong, VIC, AUS [30945] : 1860+, Melbourne, VIC, AUS [30945] : 1830S, Portland, VIC, AUS [30945] : 1813-1845, London, ENG [30945] : Sarah, 1830+, East Garston, BRK, ENG [46330] : ALL, East Garston & Wantage, BRK, ENG [46330] : PRE 1830, ERY, ENG [19259] : 1780-1820, Cholderton, HAM, ENG [38737] : Charlotte, 1796-1882, Steventon, HAM, ENG [10203] : PRE 1820, MDX, ENG [33428] : 1800-1880, Tottenham & Hackney, MDX, ENG [18216] : PRE 1900, NFK, ENG [28443] : 1500-1900, Ellastone, STS, ENG [27325] : 1790-1880, Birmingham, WAR, ENG [46219] : 1800-1899, Calne, WIL, ENG [30491] : PRE 1850, Devizes, WIL, ENG [32907] : PRE 1820, Wotton Rivers, WIL, ENG [43137] : 1760-1850, Wroughton, WIL, ENG [16851] : ALL, CLA, IRL [36819] : John (Tailor), 1820-1890, Bowling Green, Strabane, TYR, IRL [37200] : John, 1830S, Strabane, TYR, IRL [37200] : PRE 1813,

Poznan, POS, POL **[30945]** : 1700S, ANS, SCT **[36402]** : Ninian, 1735+, ANS, SCT **[27066]** : 1752+, Craig v Montrose, ANS, SCT **[41443]** : Jessie(Janet), 1784, Montrose, ANS, SCT **[39247]** : 1850, ARL, SCT **[11061]** : PRE 1920, Galston, AYR, SCT **[28150]** : PRE 1820, Gamrie, BAN, SCT **[18325]** : ALL, Watten & Wick, CAI, SCT **[44339]** : Janet, 1830, Wick, CAI, SCT **[46325]** : John, PRE 1850, Markinch, FIF, SCT **[12457]** : 1748-1756, Buittle, KKD, SCT **[42755]** : PRE 1800, LKS, SCT **[33608]** : PRE 1861, Bothwell, LKS, SCT **[14346]** : 1780-1840, Edinburgh, MLN, SCT **[42863]** : 1800+, Edinburgh, MLN, SCT **[45925]** : Mary, C1720, Blackstone, RFW, SCT **[10035]** : PRE 1850, Maybole, AYR, SCT & IRL **[10715]** : 1895+, Philadelphia, PA, USA **[46219]**

ALEXANDRE : PRE 1875, CHI **[20925]** : 1874+, NZ **[20925]** : 1865+, NY, USA **[20925]**

ALFLATT : 1700-1850, NFK, ENG **[17977]**

ALFORD : 1800+, Georges River, Sydney, NSW, AUS **[11366]** : ALL, Mclaren Vale, SA, AUS **[21088]** : William, 1800-1880, BKM, MDX & BRK, ENG **[39386]** : PRE 1860, DEV, ENG **[26981]** : Hannah, 1761-1787, Chittlehampton, DEV, ENG **[10203]** : C1810-1890, East Budleigh & Torquay, DEV, ENG **[44119]** : John, C1800, Shoreditch, MDX, ENG **[30111]** : ALL, SSX, ENG & AUS **[46317]**

ALFREY : PRE 1800, Worth, SSX, ENG **[41205]**

ALFRY : C1787, Uckfield, SSX, ENG **[11060]**

ALGAR : 1700-1870, ESS, ENG **[34790]** : 1500S+, NFK & SFK, ENG **[40355]**

ALGER : PRE 1825, Malborough, DEV, ENG **[31349]** : 1800S, Greenwich, LND, ENG **[26264]**

ALGIE : 1858+, Ballarat & Melbourne, VIC, AUS **[28140]** : 1900+, RSA **[28140]** : C1830-1860, Old Kilpatrick, DNB, SCT **[30985]** : C1860-1900, Glasgow, LKS, SCT **[30985]** : 1800S, Inchinnan, RFW, SCT **[37070]** : 1800-1900, Paisley & Cathcart, RFW, SCT **[30985]** : 1880+, USA **[30985]**

ALGUIRE : 1784+, Osnabruk Twp., ONT, CAN **[26687]**

ALISON : 1780+, SRY, ENG **[46461]** : 1650-1800, Dundee, ANS, SCT **[46461]** : 1770, Castle Douglas, DFS, SCT **[38683]** : 1700S, Dalkeith & Edinburgh, MLN, SCT **[21221]** : 1868+, Falkirk, STI, SCT **[40052]**

ALISTON : ALL, WORLDWIDE **[30972]**

ALLAN : Thomas, 1900+, Sydney, NSW, AUS **[45357]** : 1910+, Ravenswood, QLD, AUS **[99012]** : William, 1836, Launceston, TAS, AUS **[99590]** : Thomas, PRE 1900, Castlemaine, VIC, AUS **[45357]** : 1900S, Melbourne, VIC, AUS **[31597]** : 1800S, Erin Twp, ONT, CAN **[25428]** : ALL, CUL, ENG **[45830]** : Margaret, C1820, Wooler, NBL, ENG **[11718]** : 1750+, Thorne & Hull, YKS, ENG **[21431]** : C1835, Carrickfergus, ANT, IRL **[12367]** : Mary, 1750-1850, LDY & TYR, IRL **[15436]** : ALL, Calary, WIC, IRL **[45830]** : ALL, RSA **[21233]** : PRE 1800, SCT **[31116]** : PRE 1800, Aberdeen, ABD, SCT **[37058]** : C1780+, Fintray, ABD, SCT **[37499]** : PRE 1832, Beith, AYR, SCT **[38743]** : 1825+, Girvan, AYR, SCT **[99012]** : PRE 1800, Rothiemay, BAN, SCT **[16822]** : PRE 1850, DNB, SCT **[31636]** : 1700+, Luss, DNB, SCT **[20742]** : 1700+, Falkland, FIF, SCT **[21233]** : 1850+, Leslie & Kinross, FIF, SCT **[21233]** : 1700+, St.Monance, FIF, SCT **[21854]** : PRE 1830, Glasgow, LKS, SCT **[31636]** : 1700-1874, Glasgow & Bridgeton, LKS, SCT **[20919]** : 1800+, New Monkland, LKS, SCT **[20660]** : PRE 1850, Rutherglen, LKS, SCT **[38211]** : 1830S, Liberton, MLN, SCT **[14627]** : ALL, Auchtergaven, PER, SCT **[20135]** : 1827+, Kelso, ROX, SCT **[46260]** : 1750+, Beith, AYR, SCT & AUS **[33921]**

ALLANSON : C1800, Liverpool, LAN, ENG **[30310]** : PRE 1890, Liverpool, LAN, ENG **[34844]** : ALL, Preston & Burnley, LAN, ENG **[42634]** : 1719, Brompton by Sawdon, NRY, ENG **[10209]**

ALLARDE : 1560+, Biddenden, KEN, ENG **[37709]**

ALLARDICE (see : Subjects I:), **[14880]**

ALLARDYCE : ALL, BAN, SCT **[14880]**

ALLART : 1750+, Shrewsbury, SAL, ENG **[17951]** : PRE 1830, Shrewsbury, SAL, ENG **[30678]**

ALLATT : 1830S, Sandal & Wakefield, YKS, ENG **[31116]**

ALLAWAY : 1840-1900, Forest of Dean, GLS, ENG **[39445]** : 1850-1950, Portsmouth, HAM, ENG **[31967]** : ALL, WIL, ENG **[20949]**

ALLBERREY : 1800-1860, Cheltenham, GLS, ENG **[42516]**

ALLBROOK : PRE 1900, ENG **[19613]** : PRE 1900, LND, ENG **[19613]**

ALLBURY : PRE 1840, London, ENG **[26264]**

ALLCHORNE : PRE 1850, KEN, ENG **[29417]**

ALLCHURCH : 1700-1900, Deptford, KEN, ENG **[26897]** : 1800-1900, Bermondsey & St.James, SRY, ENG **[26897]** : 1830-1870, Stoirbridge, WOR, ENG **[99440]** : ALL, WOR, WAR & STS, ENG **[39386]**

ALLCOCK : 1840-1950, Crewe, CHS, ENG **[41214]** : PRE 1870, Crewe, CHS, ENG **[34373]** : 1600-1675, Nantwich, CHS, ENG **[41214]** : 1800-1900, Sandbach, CHS, ENG **[41214]** : 1740-1850, Warmingham, CHS, ENG **[41214]** : PRE 1800, Liverpool, LAN, ENG **[29373]**

ALLCORN : ALL, MDX, ENG **[11124]**

ALLCOTT : PRE 1850, Whitherley, LEI, ENG **[19064]**

ALLDEN : Emily Eliza, 1844, Clerkenwell, MDX, ENG **[10993]**

ALLDERTON : ALL, NFK & SFK, ENG **[19289]**

ALLDRED : PRE 1880, Coddenham, SFK, ENG **[46383]** : ALL, STS, ENG **[18501]**

ALLDRITT : 1700+, Hamstall Ridware, STS, ENG **[30107]** : 1800+, Castle Bromwich, WAR, ENG **[30107]**

ALLECOCK : 1600-1700, Nantwich, CHS, ENG **[41214]**

ALLEN : 1890+, Dungog, NSW, AUS **[11060]** : Thomas, 1900+, Sydney, NSW, AUS **[45357]** : Henry, 1850+, Warwick, QLD, AUS **[12413]** : 1850+, Bendigo & Ballarat, VIC, AUS **[29937]** : Thomas, PRE 1900, Castlemaine, VIC, AUS **[45357]** : 1850+, Fryerstown & Castlemaine, VIC, AUS **[29937]** : Bridget & Thos, PRE 1900, Jamieson, VIC, AUS **[30830]** : Thomas, 1860-1938, Lorne & Colac, VIC, AUS **[13177]** : 1860+, Melbourne, VIC, AUS **[44299]** : Henry Mawer, 1891+, Melbourne, VIC, AUS **[11476]** : 1835+, Carleton Co., ONT, CAN **[34261]** : 1830+, Markham Twp., ONT, CAN **[25237]** : Zachariah J., 1780-1880, ENG **[34664]** : Jn Leverstone, C1796, ENG **[30111]** : George, PRE 1763, ENG **[99012]** : 1840+, Pavenham, BDF, ENG **[33825]** : Thomas, 1780+, Woburn & Norfolk, BDF & NFK, ENG **[31319]** : C1805, Saunderton, BKM, ENG **[21934]** : 1790-1850, West Wycombe, BKM, ENG **[12641]** : PRE 1850, Reading, BRK, ENG **[11282]** : PRE 1870, CAM, ENG **[39642]** : PRE 1850, Chatteris, CAM, ENG **[25559]** : Elizabeth, 1682-1700, Litlington, CAM, ENG **[14627]** : Elizabeth, 1700, CON, ENG **[10698]** : 1600-1700, Creed, CON, ENG **[45142]** : PRE 1780, Lostwithiel, CON, ENG **[21765]** : ALL, Redruth, CON, ENG **[29937]** : ALL, Tregony, CON, ENG **[45142]** : 1700+, Broadhempston, DEV, ENG **[30107]** : 1800+, Stratton, DOR, ENG **[30324]** : 1800-1875, Auckland & Gateshead, DUR, ENG **[11718]** : ALL, ESS, ENG **[39642]** : Isobella, C1849, Halstead, ESS, ENG **[36592]** : 1791, Bristol, GLS, ENG **[36821]** : 1840S, Cheltenham, GLS, ENG **[12039]** : 1800+, HAM, ENG **[30823]** : William, PRE 1870, Berkhamsted, HRT, ENG **[41041]** : Elizabeth, PRE 1870, Berkhamsted, HRT, ENG **[41041]** : 1730-1802, Marsworth & Aldbury, HRT, ENG **[38970]** : PRE 1870, HUN, ENG **[39642]** : ALL, KEN, ENG **[21539]** : John & Rose, PRE 1820, KEN, ENG **[21539]** : ALL, Gillingham & Chatham, KEN, ENG **[39541]** : 1750-1800, Rochester, KEN, ENG **[12641]** : ALL, Sheppey, KEN, ENG **[21539]** : 1770+, Tenterden, KEN, ENG **[41239]** : 1830-1860, Oldham, LAN, ENG **[99125]** : PRE 1700, Tugby, LEI, ENG **[21349]** : 1750-1820, Colsterworth, LIN, ENG **[12641]** : 1690-1750, Crowland, LIN, ENG **[12641]** : 1850+, Gainsborough, LIN, ENG **[39642]** : PRE 1814, Quadring, LIN, ENG

[40529] : PRE 1860, LIN & HUN, ENG **[12905]** : Arthur, 1908, Islington, LND, ENG **[26524]** : John Thomas, ALL, Islington, LND, ENG **[26524]** : Geo. Edwin, 1800+, Kensington, LND, ENG **[13569]** : Alfred Wm, C1830, Kensington, LND, ENG **[36592]** : 1700-1850, Soho, LND, ENG **[41573]** : 1800-1900, Hackney & Pancras, MDX, ENG **[19713]** : James, 1800S+, London, MDX, ENG **[33331]** : C1852, Marylebone, MDX, ENG **[11282]** : 1560, Norwich, NFK, ENG **[41244]** : PRE 1850, Paradise, NFK, ENG **[13569]** : 1800-1900, Swannington, NFK, ENG **[12641]** : Josiah, C1836, Wellsnext-Sea, NFK, ENG **[40982]** : 1700+, Syresham, NTH, ENG **[99418]** : 1790+, Wellingborough & Northampton, NTH, ENG **[30120]** : 1840S, Arnold, NTT, ENG **[40025]** : Ann, 1700-1850, OXF, ENG **[27039]** : 1850+, OXF, ENG **[45142]** : 1730-1918, Braiesworth & Hundon, SFK, ENG **[28391]** : 1850-1950, Brandon, SFK, ENG **[17642]** : C1800-1850, Cockfield & Kettle Baston, SFK, ENG **[46457]** : ALL, Glemsford, SFK, ENG **[39642]** : C1800, Wanstrow, SOM, ENG **[41370]** : 1850+, Southwark, SRY, ENG **[11282]** : 1800-1969, Westbourne, SSX, ENG **[18593]** : 1830+, Wolverhampton, STS, ENG **[45866]** : PRE 1900, Upton on Severn & Droitwich, WOR, ENG **[44223]** : ALL, Garsdale, YKS, ENG **[28570]** : ALL, Hawes, YKS, ENG **[28570]** : 1885, Ripley & Bundaberg, DBY & QLD, ENG & AUS **[46266]** : ALL, KEN, ENG & AUS **[46373]** : Patrick, PRE 1880, Dublin, IRL **[46426]** : 1850S, Armagh, ARM, IRL **[36260]** : PRE 1855, Killyman, ARM, IRL **[43582]** : C1800-1850, Lurgan, ARM, IRL **[12413]** : PRE 1810, Monkstown, COR, IRL **[20672]** : C1800, Mount Zephyr, COR, IRL **[26434]** : PRE 1870, DOW, IRL **[39647]** : Matthew, 1880-1902, Dublin, MEA, IRL **[46426]** : 1780+, SLI, IRL **[34261]** : ALL, WIC, IRL **[19844]** : Philip, C1800S, COR, IRL & AUS **[26434]** : 1860+, Dunedin, NZ **[46426]** : Mona Pretoria, 1900, Patea, NZ **[10993]** : Edwd Wm, 1800-1850, Aberdeen, SCT **[34664]** : Emma, C1790, CHI, UK **[22409]** : James, 1860+, Dubuque, IA, USA **[32132]** : PRE 1820, Hardwick, MA, USA **[21786]** : Eli, PRE 1821, Newport, MON, WLS **[20766]**
ALLENBY : 1700-1950, North, LIN, ENG **[17931]** : 1800+, Whitehaven, WES, ENG **[46026]**
ALLERTON : PRE 1800, STS, ENG **[18501]**
ALLEWELL : PRE 1883, CAN **[39939]**
ALLEY : 1500-1800, Ambrosden, OXF, ENG **[27039]**
ALLEYN : William, 1700-1850, QUE, CAN **[46185]** : John, 1555-1640, ENG **[46185]** : Edward, 1560-1630, ENG **[46185]** : 1600-1750, ENG & CAN **[46185]**
ALLFREY : PRE 1900S, Henfield & East Grinstead, SSX, ENG **[20919]**
ALLICAR : ALL, Danby, NRY & ERY, ENG **[37149]**
ALLIE : 1500-1750, GLS, ENG **[27039]**
ALLIN : PRE 1750, Pinchbeck, LIN, ENG **[17626]**
ALLINGHAM : Abraham, ALL, London, ENG **[20729]** : ALL, London, LND, ENG **[20729]**
ALLINSON : 1800-1900, Prairies, CAN **[46425]** : 1800-1900, Niagara, ONT, CAN **[46425]** : 1700-1800, Penrith, CUL, ENG **[46425]** : 1800-1900, Woolwich, KEN, ENG **[46425]** : 1750+, Marton & Grafton, NRY, ENG **[44938]** : 1800+, Knaresborough, WRY, ENG & AUS **[44938]**
ALLIOTT : 1790+, Nottingham, NTT, ENG **[17030]**
ALLIS : ALL, LIN, ENG **[12905]**
ALLISON : 1840S, Sydney, NSW, AUS **[35365]** : Frank, C1918, Melbourne, VIC, AUS **[10891]** : C1844, Benfieldside, DUR, ENG **[11726]** : 1750+, Kelloe, DUR, ENG **[45183]** : 1850+, Newbiggin, DUR, ENG **[10330]** : William, 1850+, Sunderland, DUR, ENG **[42828]** : 1880+, Liverpool, LAN, ENG **[28570]** : 1800+, Cashel, TIP, IRL **[11036]** : 1800+, SCT **[36826]** : 1789, Auchterhouse, ANS, SCT **[35365]** : C1750, Moneydie, PER, SCT **[25979]** : PRE 1800, Erskine, RFW, SCT **[17763]** : C1800, Greenock, RFW, SCT **[25693]** : PRE 1863, Mearns, RFW, SCT **[99033]** : 1800+, RFW, SCT & NZ **[46393]**

ALLISTON : ALL, WORLDWIDE **[38326]** : ALL, WORLDWIDE **[30972]**
ALLMAN : PRE 1885, COR, IRL **[39395]** : 1800+, Dublin, DUB, IRL **[13481]** : PRE 1910, Merthyr Tydfil, GLA, WLS **[39395]**
ALLNER : ALL, DOR, ENG **[13231]**
ALLO : ALL, ENG **[17961]**
ALLOM : 1900, Toowoomba, QLD, AUS **[11590]**
ALLOTT : 1800+, Wombridge, SAL, ENG **[42780]**
ALLOWAY : 1816+, Antony, CON, ENG & AUS **[43656]**
ALLPRESS : George Rivers, 1900+, Sydney, NSW, AUS **[15098]** : 1800+, Cookham, BRK, ENG **[21218]** : PRE 1750, Fen Stanton, HUN, ENG **[15098]** : 1810-1850, London, MDX, ENG **[15098]** : George Rivers, 1870+, NZ **[15098]**
ALLRIGHT : PRE 1670, North Waltham, HAM, ENG **[10493]**
ALLSOP : 1800-1900, Worksop, NTT, ENG **[26149]** : ALL, Worksop, NTT & LIN, ENG **[31316]**
ALLSUP : C1800, Waltham Abbey, ESS, ENG **[15715]**
ALLSWORTH : PRE 1738, Lynsted, KEN, ENG **[46251]** : 1861-2005, Wellington & Masterton, WTN, NZ **[46251]**
ALLUDE : Mary, 1780S, Edenbridge, KEN, ENG **[43057]**
ALLUM : PRE 1800, Buckingham, BKM, ENG **[10165]**
ALLWELL : Mary, 1850+, Ematris, MOG, IRL **[10883]**
ALLWOHRNS : 1650+, Stegen & Klostersande, SHO, GER **[43523]**
ALLWORK : 1880+, Greenwich, LND, ENG **[31018]**
ALLWRIGHT : 1800+, Tooting, LND, ENG **[45707]**
ALMACK : 1750-1850, Tanfield, YKS, ENG **[28536]**
ALMEIDA : ALL, Porto, PORTUGAL **[26662]**
ALMEROTH : PRE 1800, HEN, KSA & THU, GER **[38523]** : ALL, WORLDWIDE **[38523]**
ALMON : Margaret, 1760-1870S, Galway, GAL, IRL **[23986]** : 1700-1760, LDY, IRL **[45291]**
ALMOND : C1850, Walton & Liverpool, LAN, ENG **[10277]** : PRE 1880, LND, ENG **[46415]**
ALNER : 1820+, Dewlish, DOR, ENG **[46268]**
ALNESS : 1700+, JAMPTLAND, SWE, NOR & USA **[99433]**
ALOE : PRE 1600, Fordham, CAM, ENG **[33428]**
ALRINGTON : PRE 1850, Glasgow, LKS, SCT **[11091]**
ALROE : Peter Eriksen, 1871+, NSW, AUS **[25066]** : Johannes, PRE 1900+, San Francisco, CA, USA **[25066]**
ALSBURY : PRE 1806, Weston Zoyland, SOM, ENG **[30987]**
ALSFORD : William, 1800-1880, BKM, MDX & BRK, ENG **[39386]**
ALSING : Jeanie, C1855-1905+, London, ENG & SWE **[21472]**
ALSOP : Ann, 1600-1699, Garthorpe-Melton Mowbray, LEI, ENG **[21349]** : PRE 1830, Overseal, LEI, ENG **[13914]** : PRE 1833, Sunbury on Thames, SRY, ENG **[15476]**
ALSOPE : Ann, PRE 1699, Garthorpe & Melton Mowbray, LEI, ENG **[21349]**
ALSTON : PRE 1850, Halstead, ESS, ENG **[14715]** : PRE 1841, Blackburn, LAN, ENG **[28474]**
ALT : 1520+, Shepshed, LEI, ENG **[31152]**
ALTAY : Hassan, C1930, Samsun, TURKEY **[18957]**
ALTHOUSE : 1810S, Saratoga, NY, USA **[26149]**
ALTNAN : C1900, Shoreditch, LND, ENG **[40769]**
ALTON : 1879-1959, Brisbane, QLD, AUS **[13377]** : Ralph, 1870S, Melbourne, VIC, AUS **[13377]**
ALVARADO : C1850, ESP **[46467]**
ALVERSTON : 1770+, STS, ENG **[27319]**
ALVIN : 1750-1850, ENG **[41950]**
ALVY : PRE 1900, LIN, ENG **[28340]** : PRE 1800, NTT, ENG **[28340]**

ALWAY : 1500-1810, Hawkesbury, GLS, ENG **[30302]**
ALWOOD : Thomas Kitson, 1860-1940, Charlton, KEN, ENG **[17109]** : Esme Louise, 1902-1980, Lewisham, KEN, ENG **[17109]**
AMATO : PRE 1855, Calabria, ITL **[99443]**
AMBER : PRE 1700, Crewkerne, SOM, ENG **[36200]**
AMBLER : 1800-1850, Lincoln, LIN, ENG **[40491]** : PRE 1860, Baildon, YKS, ENG **[30830]**
AMBREY : 1800+, HEF, ENG **[31259]**
AMBROSE : 1600-1700, DBY, ENG **[26932]** : Edward, 1820+, Harrow & Stafford, ESS, ENG **[99052]** : PRE 1950, Rochester, KEN, ENG **[43733]** : 1750-1870, Chorley & Bolton, LAN, ENG **[39536]** : ALL, Cork, IRL **[18067]**
AMBURGEY : ALL, VA & KY, USA **[23128]**
AMERY : PRE 1740, Sandbach, CHS, ENG **[31316]** : 1790, Meir Heath, STS, ENG **[46501]**
AMES : 1816+, Sydney, NSW, AUS **[12904]** : James, 1808-1872, B.Usa D.Codrington, ONT, CAN **[99522]** : PRE 1816, Harwich, ESS, ENG **[12904]** : 1800+, MDX, ENG **[46355]**
AMEY : 1800S, Canford, DOR, ENG **[36655]** : 1850S, Hampreston, DOR, ENG **[36655]** : 1760-1800S, West Stafford, DOR, ENG **[36655]** : 1800S, Wyke Regis, DOR, ENG **[36655]** : John, PRE 1797, ESS, ENG **[13868]** : 1800+, Gloucester, GLS, ENG **[36655]** : PRE 1752, Shere, SRY, ENG **[46296]**
AMICK : Nickolas, 1779 Guilford Co., NC, USA **[23858]**
AMIDON : PRE 1866, MA, USA **[21716]**
AMIES : Rachel, 1800-60, East London & Lambeth, ESS & MDX, ENG **[10286]**
AMIS : ALL, NFK, ENG **[15640]** : ALL, Great Yarmouth, NFK, ENG **[15640]** : PRE 1800, Winterton, NFK, ENG **[29373]**
AMISS : ALL, NFK, ENG **[15640]** : ALL, Great Yarmouth & Winterton, NFK, ENG **[15640]**
AMOR : 1770-1865, HAM & WIL, ENG **[17191]** : ALL, SRY, HAM & SSX, ENG **[42641]** : Hannah, C1809, Haxon, WIL, ENG **[33766]**
AMORY : PRE 1750, Hamsterley, DUR, ENG **[46483]**
AMOS : 1858+, Chippendale, NSW, AUS **[10970]** : 1821+, Swansea, TAS, AUS **[10985]** : ALL, GLS, ENG **[26301]** : 1700-1850, Wootton-under-Edge, GLS, ENG **[44946]** : 1856, Sheldwick, KEN, ENG **[35025]** : PRE 1800, Ardley, OXF, ENG **[15464]** : PRE 1840, Edinburgh, SCT **[10970]**
AMOTT : George, 1856+, Hull, YKS, ENG **[31849]** : Mary Ann, 1856+, Hull, YKS, ENG **[31849]**
AMOUR : PRE 1900, DUR, ENG **[43843]** : PRE 1900, NBL, ENG **[43843]** : 1900+, Peterborough, NTH, ENG **[43843]**
AMPHLETT : Ann, PRE 1800, HEF & WOR, ENG **[25151]** : 1750-1800, Claines, WOR, ENG **[12641]**
AMPLEFORD : Geo.& Rebecca, 1800S, Hanworth & West Runton & Holt, NFK, ENG **[21349]**
AMSON : Sarah, 1790S, CHS, ENG **[35225]**
AMUNDSON : PRE 1900, Oslo, NOR **[29570]**
AMY : 1600-1750, St.Helier, JSY, CHI **[12641]**
AMYE : John, PRE 1797, ESS, ENG **[13868]**
AMYES : PRE 1750, Barton Turf, NFK, ENG **[33428]**
AMYOT : 1600+, FRA **[42927]**
AMYS : ALL, NFK, ENG **[15640]** : PRE 1600, Barton Turf, NFK, ENG **[29373]** : PRE 1600, Neatishead, NFK, ENG **[29373]** : 1580S, Paxton Ransworth, NFK, ENG **[29373]** : 1600S, South Walsam, NFK, ENG **[29373]**
ANAM : 1800-1900, Shrawley & Martley, WOR, ENG **[17291]**
ANANT : ALL, Wootton Underwood, BKM, ENG **[18397]**
ANCELL : 1500-1900, Falmouth, CON, ENG **[19843]** : 1500-1850, Launceston, Budock & Penzance, CON, ENG **[19843]** : PRE 1930, MDX, ENG **[44969]**
ANCIENT : 1850S, Southwark, SRY, ENG **[16980]**

ANCOTT : PRE 1856, WAR, ENG **[13657]**
ANDERS : Jane, 1830, Eccleston, LAN, ENG **[24579]** : 1700S, Huyton, LAN, ENG **[28948]**
ANDERSDOTTER : 1800-1850, Goteborg & Bohus, SWE **[24413]** : Bengta, 1890-1896, Miller & Gary, IN, USA **[28957]**
ANDERSEN : PRE 1879, Carcoar, NSW, AUS **[25396]** : 1861+, Molonglo, NSW, AUS **[25396]** : Peter, C1860, Queanbeyan, NSW, AUS **[25396]** : ALL, Christiania, NOR **[13848]** : Peter, C1836-59, Christiania, NOR **[25396]** : 1838, Droutheim, NOR **[21630]**
ANDERSEY : PRE 1820, SOM, ENG **[46275]**
ANDERSON : C1916, Alexandria & Bulli, NSW, AUS **[10330]** : C1913+, Coledale, NSW, AUS **[10330]** : 1865+, Grafton, NSW, AUS **[10303]** : Foster, 1835-1861, Redfern, NSW, AUS **[10072]** : Charles, 1850+, Torrowangee, NSW, AUS **[21114]** : 1840+, Tumut, NSW, AUS **[14031]** : 1840-1940, Wollongong, NSW, AUS **[15098]** : PRE 1865, Yass, NSW, AUS **[31695]** : William, 1878-1967, Narrabri, Sydney & Swan Hill, NSW & VIC, AUS **[11623]** : Thomas, 1880+, Burketown, QLD, AUS **[31762]** : Corinda, 1885+, Burketown, QLD, AUS **[31762]** : Patrick, 1890+, Burketown, QLD, AUS **[31762]** : Hugh, 1870+, Maryborough, QLD, AUS **[36634]** : James Cobban, 1865+, Rockhampton, QLD, AUS **[36634]** : ALL, SA, AUS **[13799]** : PRE 1851, Hobart, TAS, AUS **[45823]** : 1860-1892, Port Arthur & Glenorchy, TAS, AUS **[10394]** : C1851, Sheffield, TAS, AUS **[10985]** : C1860-1863, Bendigo, VIC, AUS **[21356]** : 1877+, Indigo, VIC, AUS **[13763]** : Sylvia, 1920+, Melbourne, VIC, AUS **[40052]** : Ruby May, 1925, Melbourne, VIC, AUS **[40052]** : 1857+, Rushworth & Kyabram, VIC, AUS **[12950]** : Peter Allan, C1900, Timor, VIC, AUS **[13153]** : 1849+, Wollert & Yarrawonga, VIC, AUS **[11994]** : 1850+, VIC & NSW, AUS **[16328]** : Jeremiah, 1783-C1800, Woodstock, NB, CAN **[15787]** : 1825, NS, CAN **[14156]** : Alex, 1872, East Williams, ONT, CAN **[15785]** : Margaret, 1814+, Grimsby, ONT, CAN **[16167]** : William, 1850-1870, Shawville, QUE, CAN **[31486]** : 1750+, CEYLON **[21261]** : Magdalena, 1860+, CHI **[39017]** : PRE 1850, Logismose, DEN **[25853]** : Richard, 1710-1720, ENG **[44105]** : 1850+, Ashendon, BKM, ENG **[38486]** : Robert, PRE 1852, Leverington, CAM, ENG **[10891]** : PRE 1700, March, CAM, ENG **[12950]** : 1843-1862, Derby, DBY, ENG **[13377]** : John, PRE 1788, DEV, ENG **[98637]** : Mary, 1813, Auckland St.Andrew, DUR, ENG **[27719]** : C1817+, Great Lumley, DUR, ENG **[98674]** : C1853+, Newbiggin, DUR, ENG **[10330]** : 1803, Sunderland, DUR, ENG **[13437]** : C1874, Teesdale, DUR, ENG **[10330]** : ALL, DUR & YKS, ENG **[43613]** : C1835, Fulford, ERY, ENG **[36299]** : Elizabeth, C1798, Hull, ERY, ENG **[10035]** : 1800-1833, ESS & MDX, ENG **[31902]** : George, 1800, Gosport, HAM, ENG **[30111]** : Walter, 1750-1800, HAM & DEV, ENG **[30111]** : ALL, Sandon & Therfield, HRT, ENG **[39564]** : 1900+, Barnet, HRT & MDX, ENG **[18020]** : PRE 1840, Tunbridge Wells, KEN, ENG **[14031]** : PRE 1850, Woolwich, KEN, ENG **[27744]** : 1800+, Salford, LAN, ENG **[35974]** : 1840S-1890S, Salford, LAN, ENG **[37978]** : 1700-1800, LIN, ENG **[28340]** : William, 1860+, Clerkenwell & St.Giles, LND, ENG **[44889]** : 1800+, Finsbury & Clerkenwell, LND, ENG **[44889]** : 1800+, Holborn, LND, ENG **[44889]** : Alexander, C1780-1850, Bromley, MDX, ENG **[40859]** : Alice, C1800-1850, Bromley, MDX, ENG **[40859]** : Matilda, C1800-1850, Bromley, MDX, ENG **[40859]** : Janet, C1800-1850, Bromley, MDX, ENG **[40859]** : Rebeckah, C1800-1850, Bromley, MDX, ENG **[40859]** : Alexander, C1800-1850, Bromley, MDX, ENG **[40859]** : David, C1800-1850, Bromley, MDX, ENG **[40859]** : Robert, C1800-1850, Bromley, MDX, ENG **[40859]** : William, C1811-1840, Bromley, MDX, ENG **[40859]** : Robert, PRE 1800, London, MDX, ENG **[36543]** : 1800+, Nottingham, NTT, ENG **[13377]** : Sidney, PRE 1877, Leominster, SAL, ENG **[14045]** : 1800-1890, Silverdale Wolstanton, STS, ENG **[46448]** : William

Henry, PRE 1920, Wolverhampton, STS, WAR & WOR, ENG **[14045]** : PRE 1850, Ripley, WRY, ENG **[42752]** : ALL, Pocklington & Warmfield, YKS, ENG **[28479]** : PRE 1840, Staveley, YKS, ENG **[18806]** : 1800-1850, Plymouth, DEV, ENG & AUS **[46347]** : James, 1800S, IRL **[15640]** : PRE 1900, Armagh, ARM, IRL **[29024]** : PRE 1865, Bailieborough, CAV, IRL **[33564]** : ALL, Ballymacreely, DOW, IRL **[39694]** : William, 1808+, FER, IRL **[31486]** : 1770-1870, Killesher, FER, IRL **[15098]** : PRE 1860, Coleraine, LDY, IRL **[32405]** : 1800+, Kilrea & Duinlanee, LDY, IRL **[29747]** : PRE 1857, Maghera, LDY, IRL **[21356]** : Foster, 1818-1833, MOG, IRL **[10072]** : 1850S, Carrick-on-Shannon, ROS, IRL **[20919]** : 1750+, Caledon, TYR, IRL **[21093]** : 1750+, Carricklongfield, TYR, IRL **[21093]** : Thomas, 1850+, Pomeroy, TYR, IRL **[31762]** : Mary, 1860, Oslo (Christiania), NOR **[10883]** : Charles, 1858-1933, Christiania & Sydney, NSW, NOR & AUS **[29867]** : 1848+, Dunedin, OTAGO, NZ **[45945]** : 1863+, Wetherstones, OTG, NZ **[21356]** : 1850+, Capetown, RSA & AUS **[40052]** : ALL, ABD, SCT **[30182]** : 1820+, Aberdeen, ABD, SCT **[12481]** : PRE 1822, Kincardine O'Neill, ABD, SCT **[39985]** : Christian, 1803-1850, King Edward Parish, ABD, SCT **[41720+]**, New Deer, ABD, SCT **[37499]** : C1760, Tarland, ABD, SCT **[41370]** : John, 1804, Arbroath, ANS, SCT **[13153]** : John, C1750, Arbroath, ANS, SCT **[13153]** : James, C1775, Arbroath, ANS, SCT **[13153]** : John, C1710, Barry, ANS, SCT **[10035]** : 1794+, Dundee, ANS, SCT **[27066]** : 1860-1911, Dundee, ANS, SCT **[13014]** : Robertson, ALL, Dundee, ANS, SCT **[25787]** : C1790, Dundee, ANS, SCT **[12084]** : George, PRE 1850, Dundee, ANS, SCT **[44889]** : Robert, 1830-1890, Forfarshire & Dundee, ANS, SCT **[13014]** : ALL, Newtyle, ANS, SCT **[20135]** : J0Hn, C1820, Cladeville, ARL, SCT **[12878]** : C1788, Inveraray, ARL, SCT **[40970]** : 1796-1917, Gamrie & Macduff, BAN, SCT **[14880]** : Alexander, C1780, Berwick, BEW, SCT **[40859]** : 1820S, Keir, DFS, SCT **[46281]** : C1880-1890, FIF, SCT **[15776]** : ALL, Aberdour, FIF, SCT **[31152]** : ALL, Balmerino, FIF, SCT **[11092]** : Alexander, 1784+, Crail, FIF, SCT **[34321]** : Ann, 1809+, Crail, FIF, SCT **[34321]** : 1790S, Dunino, FIF, SCT **[10610]** : John, PRE 1725, Kirkcaldy, FIF, SCT **[11195]** : PRE 1820, Leslie, FIF, SCT **[45679]** : James Cobban, PRE 1853, Inverness, INV, SCT **[36634]** : 1820+, Isle of Skye, INV, SCT **[44202]** : 1800, KKD, SCT **[13914]** : 1700+, Marykirk, KKD, SCT **[10698]** : PRE 1800, KRS, SCT **[46164]** : 1800-1900, LKS, SCT **[19656]** : C1720, Carnwath, LKS, SCT **[25979]** : 1750+, Glasgow, LKS, SCT **[21394]** : Norman, 1895, Glasgow, LKS, SCT **[11590]** : William, PRE 1870, Glasgow, LKS, SCT **[26704]** : Alexander, PRE 1881, Glasgow, LKS, SCT **[11372]** : PRE 1900, Glasgow, LKS, SCT **[20974]** : 1700+, Glasgow, Douglas & Lanark, LKS, SCT **[42600]** : PRE 1881, Maryhill, LKS, SCT **[45881]** : Nicholas C., PRE 1840+, Muirkirk, LKS, SCT **[33949]** : John, 1800-1850, Edinburgh, MLN, SCT **[35039]** : George, PRE 1850, Edinburgh, MLN, SCT **[44889]** : PRE 1858, Edinburgh, MLN, SCT **[46398]** : 1825+, Longhope & Stromness, OKI, SCT **[14513]** : 1800-1950, PEE & SUT, SCT **[21243]** : PRE 1849, Errol & Kinfauns, PER, SCT **[11994]** : Alexander A., 1800+, Killin, PER, SCT **[40993]** : 1800S, Eastwood, RFW, SCT **[14422]** : PRE 1800, Greenock, RFW, SCT **[36120]** : PRE 1850, SHI, SCT **[46249]** : 1806, Bressay, SHI, SCT **[11098]** : 1800+, Burra Isle, SHI, SCT **[35649]** : 1700+, Cunningsburgh, SHI, SCT **[20594]** : C1810, Broxburn, WLN, SCT **[10303]** : PRE 1820, Kirkliston, WLN, SCT **[33564]** : 1855+, Falkirk, STI, SCT & AUS **[40052]** : Emanuel, C1850+, Gothenburg, SWE **[26434]** : Charlotta, C1853+, Gothenburg, SWE **[26434]** : Carl, 1850+, Helsingborg, SWE **[27850]** : Carl, PRE 1900S, KALMAR, SWE **[43996]** : Algot, 1894+, Vitaby, L-IAN, SWE **[28957]** : Margaret, 1804-1861, Menard Co., IL, USA **[16947]** : Martin, 1903+, Center City, MN, USA **[28957]** : Jeremiah, PRE 1783, Athens Twp, Greene Co., NY, USA **[15787]**

ANDERSSON : PRE 1856, Monskoga, SWE **[13657]**
ANDERTON : 1700-1850, Gawsworth, CHS, ENG **[19401]** : ALL, Crondall, HAM, ENG **[46296]** : 1825, Chorley, LAN, ENG **[39479]** : 1860, Ince, LAN, ENG **[39479]** : C1800, Liverpool, LAN, ENG **[28742]** : ALL, Manchester, LAN, ENG **[46479]** : PRE 1880, Wigan, LAN, ENG **[39479]**
ANDREASON : PRE 1872, Fredrikstad, NOR **[13809]**
ANDREJCIW : 1903+, Winnipeg, MAN & BC, CAN **[16969]** : Aleksander, 1890-1903, Skala, Borshchiv, TERNOPIL, UKRAINE **[16969]**
ANDREJCUV : 1903+, Winnipeg, MAN & BC, CAN **[16969]**
ANDRESE : Maria, PRE 1854+, Bettingen, BAD, GER **[41041]**
ANDREW : 1911+, Cobar, NSW, AUS **[31762]** : James, 1835-1903, Bendigo, VIC, AUS **[39123]** : 1800+, Auckland, ENG **[42112]** : 1838+, Whittlesey, CAM, ENG **[30281]** : 1800S, CON, ENG **[46236]** : PRE 1809, Falmouth & Stithians, CON, ENG **[28443]** : PRE 1837, Illogan, CON, ENG **[20672]** : 1600-1800, Ashford, DBY, ENG **[14246]** : PRE 1850, Barnstaple, DEV, ENG **[46453]** : PRE 1766, Chittlehampton, DEV, ENG **[18702]** : PRE 1838, Glatton, HUN, ENG **[30281]** : Thomas, 1786-, Coupar Angus, ANS, SCT **[39123]** : James, 1835-1903, Lochee & Dundee, ANS, SCT **[39123]** : William, C1830-1930, Coatbridge, LKS, SCT **[37308]** : Elizabeth, 1826+, Glasgow, LKS, SCT **[21132]** : ALL, Paisley, RFW, SCT **[31152]**
ANDREWARTHA : 1808-1900, St.Erth, CON, ENG **[39123]** : Sophia, 1830+, St.Hillary, CON, ENG **[33866]** : 1808-1900, St.Ives, CON, ENG **[39123]**
ANDREWS : 1845+, Canning Downs, NSW, AUS **[13422]** : 1860-1880, Hillston, NSW, AUS **[11729]** : 1891+, Kempsey, NSW, AUS **[11060]** : 1860+, Sydney, NSW, AUS **[10970]** : Charles, C1870S, Sydney, NSW, AUS **[34939]** : 1870+, Adelaide, SA, AUS **[40831]** : Arthur, 1800+, Lower Mitcham, SA, AUS **[45824]** : Minnie, 1800+, Lower Mitcham, SA, AUS **[45824]** : Charles, 1860S, Hobart, TAS, AUS **[34939]** : PRE 1837, Hobart, TAS, AUS **[31169]** : Cecil, 1886, VIC, AUS **[11590]** : James, 1850+, Blackwell, DBY, ENG **[99545]** : PRE 1815, Devonport, DEV, ENG **[17055]** : PRE 1685, Tiverton, DEV, ENG **[21594]** : 1732-1802, Widecombe, DEV, ENG **[39706]** : 1800+, DEV & SOM, ENG **[20909]** : Sarah,. PRE 1840, DOR, ENG **[36543]** : Robert, PRE 1700, Jwerne Courtney, DOR, ENG **[17203]** : 1690+, Sutton Waldron, DOR, ENG **[18376]** : Gamaliel, 1750+, Braintree, ESS, ENG **[20578]** : 1800S+, Bristol, GLS, ENG **[41037]** : ALL, North Nibley, GLS, ENG **[18895]** : 1850-60, Ashmansworth, HAM, ENG **[46376]** : Andrew, PRE 1900, Leckford, HAM, ENG **[25046]** : 1740-1780, HEF, ENG **[34790]** : PRE 1770, Rickmansworth, HRT, ENG **[17961]** : PRE 1853, St.Ippolyts, HRT, ENG **[39539]** : PRE 1759, Therfield, HRT, ENG **[19759]** : PRE 1750, Challock & Westwell, KEN, ENG **[16688]** : Sarah, 1750, Dover, KEN, ENG **[26817]** : 1700-1840, Rochester, KEN, ENG **[36552]** : ALL, Manchester, LAN, ENG **[46479]** : PRE 1820, Boston, LIN, ENG **[27678]** : 1770+, Clapham, LND, ENG **[19803]** : 1800+, Poplar, MDX, ENG **[19803]** : 1800+, St.Marylebone, MDX, ENG **[39594]** : 1650-1750, West Haddon, NTH, ENG **[33347]** : 1700+, Kirkby & Mansfield, NTT, ENG **[18895]** : Elizabeth, PRE 1779+, Nuneham-Courtenay, OXF, ENG **[11546]** : 1800+, Newmarket, SFK, ENG **[21598]** : 1650-1750, Sudbury, SFK, ENG **[12641]** : PRE 1840, Odcombe, SOM, ENG **[21387]** : PRE 1838, Shinnock, SOM, ENG **[14030]** : Margarette, 1600-1679, Wedmore, SOM, ENG **[21349]** : 1750+, Fugglestone St.Peter & Bemerton, WIL, ENG **[45489]** : ALL, Dublin, IRL **[27687]** : 1850, Armagh, ARM & LDY, IRL **[42211]** : 1760S-1840S, Hillsborough, DOW, IRL **[37978]** : 1800+, Londonderry, LDY, IRL **[42829]** : PRE 1800, Rathenny, OFF, IRL **[36350]** : 1830-1904, MAY & NSW, IRL & AUS **[40480]** : 1840+, TRK, NZ **[20909]** : Arthur, 1800+, SCT **[45824]** : Margaret, 1953, Pawtucket, RI, USA

[20542] : John, 1860+, WI & NE, USA **[32132]** : ALL, WORLDWIDE **[16254]**
ANDRUS : ALL, UT, USA & ENG **[32419]**
ANGEE : ALL, WORLDWIDE **[46311]**
ANGEL : 1800S, Winfrith Newburgh, DOR, ENG **[36655]** : 1800+, St.Pancras & Marylebone, MDX, ENG **[42342]** : PRE 1699, Aldwincle, NTH, ENG **[10850]** : 1800, Southwark, SRY, ENG **[12641]** : 1700S, Winsley, WIL, ENG **[13731]** : Rachel, C1800, Winsley, WIL, ENG **[13326]**
ANGELL : Sarah, 1758, Chiseldon, WIL, ENG **[40055]** : 1700S, Lacock, WIL, ENG **[28742]**
ANGELOWSKI : PRE 1900, Danzig, GER & POL **[46375]**
ANGER : ALL, Niemegk, BRA, GER **[13848]** : ALL, WORLDWIDE **[35638]**
ANGIER : Cornelius, C1745, Wix, ESS, ENG **[39471]**
ANGLE : John, PRE 1820, Bristol, GLS, ENG **[46362]**
ANGLES : C1700S-1800, Reading Area, BRK, ENG **[36538]**
ANGLESS : C1700S-1800, Reading Area, BRK, ENG **[36538]**
ANGLIN : 1800S, LIM, IRL **[15521]**
ANGLING : Ellen, 1805-1856, Cork City, COR, IRL **[46055]**
ANGUS : 1850S+, Geelong, VIC, AUS **[39058]** : Thomas, 1800-1952, AUS & MALTA **[10604]** : 1800+, Gateshead, DUR, ENG **[37213]** : 1800+, ENG & SCT **[41880]** : William Mutch, 1833+, Rayne, ABD, SCT **[34533]** : 1800+, Cadder, LKS, SCT **[13422]** : 1800+, Eday & Pharay, OKI, SCT **[21034]** : Janet, C1765, Abernethy, PER, SCT **[12060]** : PRE 1850, Tulliallan, PER, SCT **[46398]** : PRE 1840, New Kilpatrick & Dumbarton, RFW, SCT **[45795]**
ANGWIN : 1807+, St.Buryan, CON, ENG **[21442]** : PRE 1900, St.Just in Penwith, CON, ENG **[45689]**
ANLEY : Sarah, PRE 1850, Chatham, KEN, ENG **[21175]**
ANNABELL : 1800S, DBY, ENG **[11091]**
ANNABLE : PRE 1720, Duffield, DBY, ENG **[34967]** : ALL, NTT, ENG **[34967]** : ALL, Arnold, NTT, ENG **[34967]**
ANNAKIN : ALL, WORLDWIDE **[37174]**
ANNAM : 1780-1900, Shrawley & Martley, WOR & STS, ENG **[17291]**
ANNAN : 1830S, Liberton, MLN, SCT **[14627]**
ANNAS : 1890, Pyreus, ATHENS, GR **[21669]** : 1883, Wellington, NZ **[21669]**
ANNE : Curren, PRE 1878, Ross, MEA, IRL **[46426]**
ANNING : PRE 1850, Bridport, DOR, ENG **[36503]**
ANNIS : C1820, Frinton, ESS, ENG **[31375]**
ANNUM : 1780-1900, Shrawley & Martley, WOR & STS, ENG **[17291]**
ANQUETIL : PRE 1850, BRT & BN, FRA **[20178]**
ANSCOMBE : PRE 1820, SSX, ENG **[17766]**
ANSEL : PRE 1750, Fladbury, WOR, ENG **[31316]**
ANSELL : Thomas, PRE 1806, Titchfield, HAM, ENG **[44111]** : PRE 1840, Datchworth, HRT, ENG **[42518]** : PRE 1830, West Firle, SSX, ENG **[31072]**
ANSLOW : ALL, WORLDWIDE **[11226]**
ANSON : 1799+, Sydney, NSW, AUS **[38683]** : 1808+, Hobart, TAS, AUS **[38683]** : PRE 1791, ENG **[38683]** : PRE 1810, Macclesfield, CHS, ENG **[46324]** : 1700-1800, Sutton Cheney, LEI, ENG **[28600]** : PRE 1800, Wolverhampton, STS, ENG **[46275]**
ANSTEE : 1800-1900, Bristol, GLS, ENG **[44946]**
ANSTEY : ALL, Lismore, NSW, AUS **[39272]** : PRE 1850, CON, ENG **[99036]** : ALL, Mylor, CON, ENG **[39272]** : ALL, St.Gluvias, CON, ENG **[39272]** : C1860-90S, Walmersley, LAN, ENG **[28060]**
ANSTICE : 1750+, SOM, ENG **[15289]**
ANSTIE : 1800-1900, Devizes, WIL, ENG **[22440]**
ANSTIS (see One Name Section) **[19457]**

ANTCLIFF : 1800+, NTT, ENG **[42665]**
ANTERHAM : ALL, SRY, ENG **[32035]**
ANTHONEY : 1700-2004, Southwark, LND, ENG **[44104]**
ANTHONY : Charles, 1849-1912, Adelaide, SA, AUS **[39601]** : 1857+, Burra & Kadina, SA, AUS **[31332]** : 1860+, Kadina, SA, AUS **[27850]** : Josiah, 1897+, Kalgoorlie, WA, AUS **[27850]** : ALL, Kenwyn, CON, ENG **[27850]** : 1780-1900, Wembury, DEV, ENG **[36456]** : 1750-1900, Chilbolton, HAM, ENG **[21796]** : Alice, 1888-1961, Dunedin, OTG, NZ **[39601]** : 1860+, Jasper Co., IA, USA **[36456]** : 1840+, Chippewa Co., MI, USA **[36456]** : 1900+, Missoula Co., MT, USA **[36456]** : 1880-1910, New York, NY, USA **[26098]** : 1880+, Beadle Co., SD, USA **[36456]** : PRE 1900, Penhow & Newport, MON, WLS **[38178]** (see Cat. I: Subjects) **[36456]**
ANTON : PRE 1800, Huntly, ABD, SCT **[25992]**
ANTONCIC : PRE 1900, Trieste, ITL **[36842]**
ANTRAM : John, PRE 1850, SSX, ENG **[25046]**
ANTROBUS : Thomas G., C1860, LND, ENG **[39380]** : ALL, WORLDWIDE **[39380]**
ANTRUM : ALL, SFK, ENG **[32035]**
ANTWIS : 1800+, Kingsley, CHS, ENG **[42542]**
ANUM : 1800-1900, Shrawley & Martley, WOR, ENG **[17291]**
AP EYNON : 1306, Clearwell, GLS, ENG **[19759]** : 1354, Mitcheldean, GLS, ENG **[19759]**
APANASIUK : 1910-30S, Shanghai, CHINA **[45360]**
APAZELLER : 1700-1940, Slatinik Drenje, SLAVONIA, YU **[27616]**
APELT : PRE 1840, Langhermsdorf, SIL, GER **[26306]**
APEYNON : C1306, Clearwell, GLS, ENG **[19759]** : C1400, Mitcheldean, GLS, ENG **[19759]**
APLIN : 1900-60, Yeovil, SOM, ENG **[46421]** : 1870S, Aston, WAR, ENG **[31373]**
APPERLEY : 1720-1750, Canon Frome, HEF, ENG **[29715]** : 1650-1750, Leominster, HEF, ENG **[29715]** : 1900+, Huddersfield, YKS, ENG **[41370]**
APPERTON : PRE 1820, Wigan & Shakersley, LAN, ENG **[31316]**
APPLEBY : 1700+, Barnard Castle, DUR, ENG **[15524]** : 1720-1770, Barnard Castle, DUR, ENG **[37169]** : C1750, Kirkby in Ashfield, NTT, ENG **[39706]**
APPLEGATE : PRE 1800, Potter Heigham, NFK, ENG **[28060]** : PRE 1796, Trowbridge, WIL, ENG **[46251]**
APPLEGATH : ALL, WORLDWIDE **[17490]**
APPLETON : George, 1855+, Hamilton & Pimpinio, VIC, AUS **[46263]** : C1795-1846, Dummer & Sherfield on Loaden, HAM, ENG **[46457]** : PRE 1910, Fareham & Bishopstoke, HAM, ENG **[31323]** : C1860, Halewood, LAN, ENG **[19304]** : 1700+, Harmondsworth, MDX, ENG **[20742]** : 1800+, Poplar, MDX, ENG **[10839]** : 1820, Eston, YKS, ENG **[97805]**
APPLEYARD : PRE 1820, Aldenham, HRT, ENG **[10664]** : PRE 1820, Elstree, HRT, ENG **[10664]** : PRE 1785, New Brentford, MDX, ENG **[10664]** : 1677+, St.Margaret Westminster, MDX, ENG **[21207]** : 1677+, St.Paul Covent Garden, MDX, ENG **[21207]** : PRE 1750, Haworth, WRY, ENG **[35619]** : PRE 1900, YKS, ENG **[46463]** : 1800+, Halifax, YKS, ENG **[21504]**
APPLIN : Mary, C1780+, Shoreditch, LND, ENG **[10071]**
APPS : 1650+, Kingsnorth, Eastwell & Aldington, KEN, ENG **[16433]** : ALL, Whitechapel & Shoreditch, MDX & SRY, ENG **[43842]** : ALL, Long Ditton, SRY, ENG **[43842]** : ALL, SSX, ENG **[25259]** : PRE 1838, Brede, SSX, ENG **[11256]** : 1700-1900, Hastings, SSX, ENG **[39445]** : 1860+, Hastings, SSX, ENG **[30107]** : Edwd-Chalker, 1700+, Udimore, SSX, ENG **[11745]** : Edwd Chalker, 1700+, Udimore, SSX, ENG **[11745]**
APSEY : Thomas, 1781-1870, Stamford, LIN, ENG **[20793]**
APTED : 1800, TAS, AUS **[13091]** : 1800-1900, Norwood, SRY, ENG **[45883]** : 1700-1800, Nutfield, SRY, ENG **[45883]** : PRE 1800, Reigate, SRY, ENG **[13091]**

APTHORP : East, ALL, ENG **[13177]**
APTHORPE (see One Name Section) **[13177]**
ARABIN : ALL, WORLDWIDE **[11726]**
ARAM : 1860+, Breadalbane, TAS, AUS **[28140]**
ARANDALL : ALL, AUS **[42688]** : ALL, YKS, ENG **[42688]**
ARANZAMENDI : Jose, PRE 1820, La Guaria, VENEZUELA **[22470]**
ARBOR : PRE 1800, Methwold, NFK, ENG **[27240]**
ARBUCKLE : 1870+, Newcastle U Tyne & Whitley Bay, NBL, ENG & AUS **[11543]** : 1826, Crumlin, ANT, IRL **[26731]** : 1800+, Glasgow, LKS, SCT **[11543]** : 1850+, Edinburgh, MLN, SCT **[11543]**
ARBUTHNOT : 1850+, Geelong & Ballarat, VIC, AUS **[44160]** : PRE 1800, Dromore, DOW, IRL **[10114]** : 1700+, Newton, MLN, SCT **[36655]**
ARCH : 1830+, Leamington, WAR, ENG **[25884]**
ARCHBALD : 1700+, Inveresk, MLN, SCT **[36655]** : 1700S, Lasswade, MLN, SCT **[36655]** : 1700+, Newton, MLN, SCT **[36655]**
ARCHBOLD : 1700-1900, Chatton, NBL, ENG **[21198]**
ARCHDALE : Wm Ceasor, 1841+, Maryborough, VIC, AUS **[34533]** : C1780, Riversdale, FER, IRL **[37938]** : Thomas Hewan, C1808+, WEX, IRL **[34533]** : Rev., PRE 1850, Fethard, WEX, IRL **[12327]**
ARCHDALL : 1870+, NSW, AUS **[10492]** : 1600S, Dublin, IRL **[12327]** : C1780, Castle Archdale, FER, IRL **[37938]**
ARCHER : 1860+, Ballarat, VIC, AUS **[12831]** : 1790S, London, ENG **[34138]** : 1630, Great Waltham, ESS, ENG **[17704]** : PRE 1780, Boston & Helpringham, LIN, ENG **[33876]** : PRE 1780, LND, ENG **[21183]** : PRE 1875, Edmonton, MDX, ENG **[32017]** : 1800S, Newcastle, NBL, ENG **[46193]** : C1800, NFK, ENG **[46324]** : PRE 1860, Harleston & East Haddon, NTH, ENG **[42745]** : William, 1800, Ludlow, SAL, ENG **[21759]** : Henry, PRE 1700, Wellington, SAL, ENG **[19818]** : 1800S, Henley-in-Arden & Beaudesert, WAR, ENG **[30535]** : 1800+, Dromore, DOW, IRL **[22536]** : PRE 1850, Ferry Port on Craig, FIF, SCT **[20974]** : ALL, Swansea, GLA, WLS **[12831]**
ARCHIBALD : 1723+, Craig by Montrose, ANS, SCT **[41143]** : 1790+, Ayr, AYR, SCT **[99012]** : 1600-1700S, Kilconquhar, FIF, SCT **[36655]** : 1600-1750, Scoonie, FIF, SCT **[36655]** : 1865+, Hamilton, LKS, SCT **[36350]** : 1800S, Edinburgh, MLN, SCT **[42384]** : PRE 1860, Inveresk, MLN, SCT **[36350]** : 1650+, Lasswade, MLN, SCT **[10591]** : 1700S, Mid Liberton, MLN, SCT **[36655]**
ARCKLUS : 1800+, Hatton, WAR, ENG **[27393]**
ARDAGH : 1700-1825, IRL **[43756]**
ARDELL : 1863+, Sydney, NSW, AUS **[44249]** : PRE 1863, TIP, IRL **[44249]**
ARDEN : 1800-1900, South London, ENG **[36409]** : 1800+, Manchester, LAN, ENG **[10886]** : Geo & Eliz., C1880, Salford, LAN, ENG **[33373]** : 1800+, Greatford, LIN, ENG **[41039]**
ARDERN : PRE 1820, Disley, CHS, ENG **[38936]**
ARDILL : 1823+, Ferbane, OFF, IRL **[10263]** : PRE 1823, Borrisokane, TIP, IRL **[10263]** : ALL, WORLDWIDE **[10263]**
ARDING : 1800-1840, Wantage, BRK, ENG **[19614]**
ARDREY : ALL, Dungannon & Armagh, TYR & ARM, IRL & USA **[20578]** : ALL, WORLDWIDE **[20578]**
ARDRIE : PRE 1821, LKS, SCT **[31695]**
ARDRON : 1800, Etwall, DBY, ENG **[17403]** : Elizabeth, 1803+, Etwall, DBY, ENG **[34315]** : 1850, Manchester, LAN, ENG **[17403]** : 1826-1898, Sheffield, WRY, ENG **[98600]**
AREY : 1790, Earl Soham, SFK, ENG **[17580]**
ARGALL : PRE 1860, Redruth & Illogan, CON, ENG **[11039]** : 1850+, CA & MI, USA **[11039]**
ARGENT : PRE 1800, ESS & SFK, ENG **[19854]** : 1757+, North Fleet, KEN, ENG **[27719]** : Hannah, C1780, Stratford-le-Bow, LND, ENG **[11797]** : 1800S, London, MDX, ENG **[36295]** : C1781+, Stratford le Bow, MDX, ENG **[27719]**
ARGLES : PRE 1850, London, ENG **[11733]**
ARHBURTHNAT : 1700+, Newton, MLN, SCT **[36655]**
ARIS : 1700+, Quainton, BKM, ENG **[45608]**
ARKINSTALL : 1810-1850, Mcdonalds Hole, NSW, AUS **[32444]** : Henry, 1860+, Brisbane, QLD, AUS **[10428]** : William, 1840, Adelaide, SA, AUS **[10428]** : William, 1799, Birmingham, WAR, ENG **[10428]**
ARKWELL : 1700-1800, Miserden & Stroud, GLS, ENG **[10850]**
ARMENT : 1800S, London, MDX, ENG **[36295]**
ARMES : ALL, Kings Lynn, NFK, ENG **[25628]**
ARMFIELD : ALL, London, ENG **[32559]** : C1790, Doncaster, YKS, ENG **[41370]**
ARMIDION : Pauline, 1840-1865, Constantinople, TURKEY **[17109]**
ARMISHAW : ALL, STS, ENG **[99036]**
ARMISTEAD : 1700-1750, Kirkby Malham, YKS, ENG **[31826]**
ARMITAGE : PRE 1849, Ashton-under-Lyne, LAN, ENG **[46128]** : 1850+, Hensall & Burn, NRY, ENG **[34440]** : PRE 1800, Carleton-Juxta Snaith, WRY, ENG **[30981]** : 1750-1804, Ecclesfield, WRY, ENG **[12641]** : James, 1770-1850, Holme & Slaithwaite, WRY, ENG **[38925]** : 1700+, Honley, WRY, ENG **[20967]** : 1700-1850, Slaithwaite, WRY, ENG **[38925]** : Bridget Mary, 1860+, Templemore, TIP, IRL **[10102]** : John, C1840, Templemore, TIP, IRL **[10102]**
ARMITT : ALL, OXF & WAR, ENG **[22203]**
ARMOR : PRE 1900, LIM & COR, IRL **[22536]** : 1850+, CO, USA **[22536]**
ARMOUR : 1770-1820, Dalry & North, AYR, SCT **[45236]** : PRE 1841, Upper Fenwick, AYR, SCT **[11256]** : 1852+, Glasgow, LKS, SCT **[26246]**
ARMS : 1700S, Cranfield, BDF, ENG **[43582]**
ARMSON : 1856+, Ticknall, DBY, ENG **[45584]**
ARMSTRONG : 1837-49, Kelso, NSW, AUS **[10956]** : 1880+, Liverpool, NSW, AUS **[40792]** : 1835, Sydney, NSW, AUS **[10956]** : C1800+, Sydney & Tambaroora, NSW, AUS **[10146]** : 1860+, Loganlea, QLD, AUS **[13838]** : 1860+, Warwick, QLD, AUS **[30927]** : William, 1890S, VIC, AUS **[11590]** : 1857, Epsom, VIC, AUS **[40807]** : Thomas, Rev., 1902-27, Wangaratta, VIC, AUS **[13177]** : John, C1790+, Seven Hills & Windsor, NSW, AUS & ENG **[43529]** : Sarah, 1847-1914, Mornington Twp, Perth Co., ONT, CAN & IRL **[31446]** : 1820-1920, North London, ENG **[39445]** : 1800-1850, Wallingford, BRK, ENG **[39445]** : 1600-1800, Corbridge, DEV, ENG **[10383]** : 1561+, Cornforth, DUR, ENG **[11270]** : ALL, Cowpen Bewley, DUR, ENG **[19035]** : 1850-1913, Sunderland, DUR, ENG **[13473]** : 1860S, West Herrington, DUR, ENG **[13473]** : Adam, 1900-20, Portsmouth, HAM, ENG **[13910]** : 1800-1900, Clitheroe, LAN, ENG **[18372]** : C1850-90, Clitheroe, LAN, ENG **[18372]** : 1850-1960, Everton, LAN, ENG **[14513]** : James & Janet, 1893-1930, Liverpool, LAN, ENG **[26098]** : William, 1800, Wigan, LAN, ENG **[11530]** : 1800+, Walton-le-Dale, LAN & HAM, ENG **[13177]** : 1790+, Feltham, MDX, ENG **[20742]** : 1800S, NBL, ENG **[46265]** : 1650+, Slaggyford, NBL, ENG **[13473]** : 1850+, Kidlington, OXF, ENG **[38486]** : PRE 1900, Hawkshead, WES, ENG **[45054]** : 1800-1870, Holbeck, WRY, ENG **[44045]** : Winifred, ALL, NBL, ENG & IRL **[29416]** : 1750+, IRL **[13004]** : 1794, Dublin, IRL **[10956]** : PRE 1723, Ulster, IRL **[22262]** : PRE 1821, Giants Causeway, ANT, IRL **[37938]** : John, 1879, Drumalee, CAV, IRL **[27666]** : George, PRE 1860, Tullycone, CAV, IRL **[27666]** : Mary Jane, C1830, DON, IRL **[38579]** : PRE 1860, DON, IRL **[40795]** : 1750-1820, DOW, IRL **[16096]** : 1800+, Dromore, DOW, IRL **[22536]** : PRE 1850, FER, IRL **[33237]** : PRE 1850, Ballinamallard, FER, IRL **[30927]** : C1800, Galloon, FER, IRL **[14513]**

: 1800S, Ross, FER, IRL **[46221]** : PRE 1819, Castlebar, MAY, IRL **[10232]** : PRE 1833, MEA, IRL **[37938]** : 1830S, Clones, MOG, IRL **[14513]** : 1815-1900, Milltown, OFF, IRL **[46212]** : PRE 1850, Collooney, SLI, IRL **[10699]** : Wm, Thomas, Jn, 1750-1824, Strabane, TYR, IRL **[15436]** : 1880S, Christchurch, NZ **[34739]** : 1750+, Aron, AYR, SCT **[44932]** : C1800, Canonbie, DFS, SCT **[11425]** : Jessie D., 1843+, Dumfries, DFS, SCT **[41425]** : 1800-1900, Kirkcudbright, DFS, SCT **[18372]** : 1800+, Kelton, KKD, SCT **[18372]** : 1850, Glasgow, LKS, SCT **[34651]** : Jean (Jane), 1700-1830, ROX, SCT **[15436]** : 1700+, Castleton, ROX, SCT **[41499]** : C1820, Harton, ROX, SCT **[46369]** : William F.D., 1850-1860, San Mateo & Santa Cruz, CA, USA **[99433]** : 1718-1765, York & Cumberland Co., ME, USA **[22262]**

ARMSTRONG-RITCHIE : James, C1836-1895, Newcastle, NBL & HAM, ENG **[33584]**

ARMYTAGE : PRE 1850, Huddersfield, YKS, ENG **[12707]**

ARNABOLDI : 1854+, AUS & NZ **[20925]**

ARNDT : Powell, C1850, Lauenberg, POM, GER **[29236]**

ARNEL : C1760-1860, Birmingham, WAR, ENG **[38833]** : ALL, Snaith, YKS, ENG **[38833]**

ARNELL : 1600-1950, Selsey, SSX, ENG **[38290]**

ARNELL-SMITH : 1800+, Selsey, SSX, ENG **[38290]**

ARNETT : ALL, Monks Risborough, BKM, ENG **[37603]**

ARNFIELD : 1800S, Grimsby, LIN, ENG **[12467]**

ARNIEL : ALL, Paisley, RFW, SCT **[32945]**

ARNOLD : PRE 1882, Sydney, NSW, AUS **[46249]** : Eliza, 1900+, Brisbane, QLD, AUS **[43492]** : Albert, 1900+, Brisbane, QLD, AUS **[43492]** : 1823-1853, Torbolton & Pontiac Co., ONT & QUE, CAN **[16273]** : Joseph, 1784+, QUE, CAN & ENG **[99433]** : ALL, ENG **[39920]** : PRE 1900, ENG **[34906]** : C1700, Stanford in the Vale, BRK, ENG **[17486]** : 1750+, Bollington & Rainow, CHS, ENG **[16433]** : Martha, 1824-1898, Latchfield, CHS, ENG **[41349]** : 1850-2000, Derby, DBY, ENG **[33500]** : 1700+, Derby & Cromford, DBY, ENG **[18895]** : 1800+, Shaldon, DEV, ENG **[21431]** : Albert, 1874+, Winchester, HAM, ENG **[25642]** : James Arthur, 1876+, Winchester, HAM, ENG **[25642]** : 1750-1800, Little Munden, HRT, ENG **[10646]** : 1650+, KEN, ENG **[29786]** : 1801+, Ditton, KEN, ENG **[11098]** : PRE 1850, Sevenoaks, KEN, ENG **[33500]** : PRE 1850, Lambeth, LND, ENG **[33500]** : 1805-1870, Bethnal Green, LND, ESS & MDX, ENG **[31902]** : Frederick, 1887+, Fulham, MDX, ENG **[25642]** : Mabel, 1890+, Fulham, MDX, ENG **[25642]** : Henry Percy, 1893+, Fulham, MDX, ENG **[25642]** : 1920-1951, Hackney & Finchley, MDX, ENG **[41109]** : Charles, 1860+, Hammersmith, MDX, ENG **[44857]** : Arthur Thomas, 1881+, Hammersmith, MDX, ENG **[25642]** : Edith, 1882+, Hammersmith, MDX, ENG **[25642]** : Geo. Kennett, 1846+, London, MDX, ENG **[34315]** : PRE 1816, London, MDX, ENG **[28092]** : Kate, 1875+, London & Lambeth, MDX, ENG **[34315]** : 1650+, SFK, ENG **[99522]** : Benjamin, PRE 1750, SFK, ENG **[99522]** : PRE 1820, SSX, ENG **[11536]** : ALL, WAR, ENG **[39336]** : 1800, Stourton, WIL, ENG **[40499]** : 1847, Carrick-on-Shannon, LET, IRL **[34626]** : ALL, NZ **[39920]** : Margaret, C1697, Barry, ANS, SCT **[10035]** : 1880+, Edinburgh, MLN, SCT **[34626]** : PRE 1843, Kenton Co., KY, USA **[28660]** : 1600S, MA, USA **[15521]** : Samuel, 1810-1814, Montgomery Co., OH, USA **[24725]** : Samuel, 1774+, PA, USA **[24725]** : James, 1789+, Orange Co., VA, USA **[24725]** : 1800+, AGY, WLS **[39536]** : 1800+, Neath, GLA, WLS **[30071]** : Alfred Wm, 1850+, Swansea, GLA, WLS **[42828]** : Thomas Henry, 1880+, Swansea, GLA, WLS **[42828]** : Hilda Miriam, 1885+, Swansea, GLA, WLS **[42828]** : Stephen, 1891, Swansea, GLA, WLS **[42828]** : PRE 1840, PEM, WLS **[22227]**

ARNOLDI : ALL, NL **[11938]**

ARNOT : Tom, C1900, NS, CAN **[10377]** : C1800, Prestonpans, ELN, SCT **[10277]** : 1780-1811, FIF, SCT **[24567]** : Janet, PRE 1794, Abbotshall, FIF, SCT **[11195]** : 1720-1790, Auchtertool & Aberdour, FIF, SCT **[18766]** : 1790S-1870S, Ballingry & Beath, FIF, SCT **[18766]** : PRE 1850, Dunfermline, FIF, SCT **[45679]** : 1800+, Edinburgh, MLN, SCT **[35649]**

ARNOTT : ALL, LND, ENG **[43317]** : Margaret, C1697, Barry, ANS, SCT **[10035]** : 1780-1811, FIF, SCT **[24567]** : 1820-1890, Beath & Dunfermline, FIF, SCT **[18766]**

ARNPLIN : 1800-1850, Wimborne, DOR, ENG **[17012]**

ARNSBY : 1720+, Raunds, NTH, ENG **[18273]**

AROA : ALL, WES, ENG **[39694]**

ARQUATI : 1888+, London & All, ENG **[30065]** : ALL, Iggio, near Parma, ITL **[30065]**

ARRAND : C1850, Eastoft, LIN, ENG **[30120]** : C1830, Patrington, YKS, ENG **[30120]**

ARREL : Isabella, C1840, ANT, IRL **[13326]**

ARRIAZA : C1850, ESP **[46467]**

ARROTT : 1600+, WORLDWIDE **[46461]**

ARROW : PRE 1890, Southborough, KEN, ENG **[39383]** : PRE 1890, Tonbridge, KEN, ENG **[39383]** : 1800+, Dorking, SRY, ENG **[27879]** : Henry, ALL, NZ & ENG **[39617]** : 1890S, Port Elizabeth, CAPE, RSA **[35294]**

ARROWSMITH : Richard James, 1907+, Bourke, NSW, AUS **[39179]** : 1791, Gawsworth, CHS, ENG **[18613]** : 1770+, Shoreditch, LND, ENG **[43884]** : ALL, London, MDX, ENG **[33771]** : 1800-1900, Birmingham, WAR, ENG **[46385]**

ARSCOTT : Mary, 1700+, DEV, ENG **[21349]** : 1700-1900, DEV, ENG **[35110]** : PRE 1850, DEV, ENG **[37206]**

ARSTALL : Isaac, 1870-1890, Cadishead, LAN, ENG **[39455]**

ARTER : 1817, Birmingham, STS, ENG **[40608]**

ARTHUR : 1860+, SA, AUS **[12481]** : 1840+, VIC, AUS **[12481]** : ALL, VIC, AUS **[42688]** : 1880+, WA, AUS **[12481]** : 1600-1799, Lostwithiel, CON, ENG **[31273]** : 1700+, Padstow & Illogan, CON, ENG **[12481]** : 1804+, Redruth & St.Blazey, CON, ENG **[12481]** : 1775+, St.Clements & Bodmin, CON, ENG **[12481]** : 1600S, St.Ervan Area, CON, ENG **[31273]** : ALL, St.Teath & Delabole, CON, ENG **[40673]** : ALL, Trevalga, CON, ENG **[40673]** : John, C1810, Carlisle, CUL, ENG **[44085]** : John, 1683-1760, Plymouth, DEV, ENG **[30246]** : Joseph, C1834, Newcastle, NBL, ENG **[44085]** : 1750+, SRY, ENG **[30391]** : 1700+, Beddington, SRY, ENG **[44969]** : 1700+, Mitcham, SRY, ENG **[44969]** : 1880+, Dunedin, OTG, NZ **[46398]** : PRE 1880, Gowshire, SCT **[46398]** : PRE 1930, Aberdeen, ABD, SCT **[31014]** : PRE 1900, Cruden, ABD, SCT **[31014]** : ALL, Deer & Cruden, ABD, SCT **[46454]** : 1700-1800, Old Deer, ABD, SCT **[20660]** : Elspet, 1791, Slains, ABD, SCT **[30182]** : ALL, St.Fergus, ABD, SCT **[31014]** : PRE 1880, Coylton, AYR, SCT **[14536]** : 1800+, Ceres, FIF, SCT **[21854]** : PRE 1850, Bathgate, WLN, SCT **[45679]** : Catherine, C1825+, Wrexham, DEN, WLS **[38548]** : 1800-1900, Llangyniew, MGY, WLS **[40769]** : 1600+, WORLDWIDE **[12481]**

ARTHURE : 1630+, IRL **[13004]**

ARTIS : 1800+, Ascott under Wychwood, OXF, ENG **[45866]**

ARTT : 1800-1840, Cookstown, TYR, IRL **[12460]**

ARTUR : 1700+, Mitcham, SRY, ENG **[44969]**

ARTUS : William, 1760, Minsterworth, GLS, ENG **[41845]**

ARUNDEL : Samuel, 1780+, Dursley, GLS, ENG **[10346]**

ARUNDELL : 1900+, New Cross, LND, ENG **[42647]**

ASBURY : 1800S, Dungowan, NSW, AUS **[26246]** : 1700-1900, Birmingham, WAR, ENG **[19471]**

ASBY : John Thomas, 1872-1897, Cambridge, CAM, ENG **[39455]**

ASH

ASH : 1800+, Sydney, NSW, AUS **[30944]** : 1850+, VIC, AUS **[10329]** : 1860+, Ballarat, VIC, AUS **[12318]** : 1750+, Harbour Grace, NFD, CAN **[39716]** : 1800S, Lezant, CON, ENG **[12318]** : 1720-1800, North Hill, CON, ENG **[12318]** : PRE 1837, Plymouth, DEV, ENG **[31695]** : Benjamin, C1710, Ongar, ESS, ENG **[30246]** : PRE 1780, Wye, KEN, ENG **[17523]** : C1860-1900, Bethnal Green, MDX, ENG **[41312]** : 1700+, Bourton-on-Dunsmore, WAR, ENG **[27842]** : 1800+, Convoy, DON, IRL **[10329]**
ASHALL : John, C1800, Ecclesfield, DBY, ENG **[42967]**
ASHBORN : 1820+, Wolverhampton, STS, ENG **[25367]**
ASHBURN : PRE 1900, Great Harwood, LAN, ENG **[45054]**
ASHBURNER : PRE 1855, Dalton in Furness, LAN, ENG **[37565]** : 1700-1800, Hawkshead, WES, ENG **[31826]**
ASHBURY : 1750+, Wickersley, YKS, ENG **[46499]**
ASHBY : 1850+, London, ENG **[36081]** : C1870+, Stretton in the Fields, BKM, ENG **[39046]** : 1800+, DBY, ENG **[36081]** : PRE 1850, Seal, KEN, ENG **[32907]** : PRE 1735, LIN, ENG **[29715]** : 1845+, Boston, LIN, ENG **[29715]** : 1730-1825, Friskney, LIN, ENG **[29715]** : 1815-1865, Wrangle, LIN, ENG **[29715]** : 1850-1870, Clerkenwell, LND, ENG **[24878]** : C1870+, Hounslow, MDX, ENG **[39046]** : 1820, St.Clement Danes, MDX, ENG **[45876]** : PRE 1735, NTH, ENG **[29715]** : C1855, Peterborough, NTH, ENG **[29715]** : 1800+, Great Ellingham, NFK, ENG **[12386]**
ASHCROFT : 1872+, Sandhurst, VIC, AUS **[13439]** : 1930+, Dwellingup, WA, AUS **[13439]** : 1897+, Tambellup, WA, AUS **[13439]** : William, PRE 1780, Bristol, GLS & SOM, ENG **[17486]** : 1700-1800, HUN, ENG **[17486]** : 1777+, Childwall, LAN, ENG **[13439]** : Christopher, 1800+, Liverpool, LAN, ENG **[99114]** : Elizabeth, C1680+, LND & BDF, ENG **[26007]** : PRE 1820, Stone, WOR, ENG **[46272]**
ASHDOWN : Francis, C1720-1780, Brenchley, KEN, ENG **[31153]** : ALL, Medway & Sevenoaks, KEN, ENG **[41146]** : PRE 1837, Heathfield (Independent), SSX, ENG **[14031]** : James, 1820, Hollington, SSX, ENG **[11533]**
ASHELFORD : 1800, Martock, SOM, ENG **[14959]**
ASHENDEN : ALL, ENG **[46270]** : 1810+, Ash, KEN, ENG **[30896]** : ALL, Meopham, KEN, ENG **[46270]**
ASHER : 1880+, Christchurch, NZ **[35444]**
ASHETT : Catherine, 1850+, Grafton, NSW, AUS **[44567]**
ASHFIELD : 1435-1575, Heythrop, OXF, ENG **[29715]**
ASHFORD : PRE 1800, Dennington, SFK, ENG **[13422]** : 1800, Shepton Mallet, SOM, ENG **[12222]** : 1700+, Birmingham & Handsworth, WAR & STS, ENG **[20824]**
ASHFORTH : 1700-1800, Messingham, LIN, ENG **[23415]** : C1800, Scampton, LIN, ENG **[23415]** : 1700+, Thorne, YKS, ENG **[36033]**
ASHLEY : George, 1711+, DBY, ENG **[42479]** : 1790-1840, Warboys, HUN, ENG **[39835]** : 1770+, London, MDX, ENG **[19458]** : ALL, London, MDX, ENG **[41077]** : Eliza, PRE 1850, Hanwell & Gloucester, STS & GLS, ENG **[41150]**
ASHMALL : 1600-2005, WORLDWIDE **[43877]**
ASHMAN : 1836+, VIC, AUS **[43779]** : 1890+, WA, AUS **[43779]** : 1800S, Wickhambrook, SFK, ENG **[36243]** : PRE 1836, SOM, ENG **[43779]** : 1750-1900, Bath, SOM, ENG **[42863]** : ALL, Kilmersdon, SOM, ENG **[22441]** : Charles, 1800, Radstock, SOM, ENG **[13031]**
ASHMOLE : 1400-2005, WORLDWIDE **[43877]**
ASHMORE : PRE 1850, CHS, ENG **[35186]**
ASHMUN : 1850+, Chippewa Co., MI, USA **[36456]**
ASHTON : 1800+, NSW, AUS **[11166]** : Jemima, 1815+, NSW, AUS **[42565]** : 1840S, NSW, AUS **[43116]** : C1840, Hobart, TAS, AUS **[11575]** : Ann, 1844-1849, Hobart & Launceston, TAS, AUS **[40143]** : Mary Ann, C1842-1870, Melbourne & Upper Dargo, VIC, AUS **[40143]** : 1850-1879, Richmond, VIC, AUS **[40143]** : Ann, 1844-1850, Richmond & Melbourne, VIC, AUS **[40143]** : Wm, 1750-1827, DBY, ENG **[16559]** : ALL, Great Longstone, DBY & WRY, ENG **[38668]** : PRE 1850, DEV, ENG **[39647]** : Mary, 1812, Bishopwearmouth, DUR, ENG **[14094]** : 1700S, LAN, ENG **[34704]** : 1860S+, Ashton under Lyne, LAN, ENG **[10893]** : 1700+, Blackburn & Preston, LAN, ENG **[43844]** : PRE 1821, Burtonwood, LAN, ENG **[29854]** : PRE 1850, Euxton & Adlington, LAN, ENG **[31316]** : 1800+, Horncastle, LIN, ENG **[20578]** : ALL, Waltham on the Wolds, LIN, ENG **[20606]** : PRE 1850, LND, ENG **[31186]** : 1840S+, Shoreditch, LND, ENG **[10893]** : C1800-40S, Westminster, LND & MDX, ENG **[28060]** : 1780+, Pewsey & Froxfield, WIL, ENG & NZ **[45154]** : 1800+, IRL **[11166]** : 1800+, UK **[11166]**
ASHWELL : Thomas, 1830-1835, Sydney, NSW, AUS **[21104]** : PRE 1860, Penola, SA, AUS **[11866]** : ALL, ENG **[21312]** : 1750+, Henlow, BDF, ENG **[21104]** : Thomas, 1833+, Dunedin, NZ **[21104]**
ASHWOOD : PRE 1890, DOW, IRL **[20925]**
ASHWORTH : John Charles, 1890+, West Ham, ESS, ENG **[44968]** : 1800S, LAN, ENG **[34704]** : 1835-1845, Heywood, LAN, ENG **[46501]** : 1855, St.Pancras, LND, ENG **[26241]** : James, C1840, Marylebone, MDX, ENG **[44968]** : 1891, St.Giles in the Fields, MDX, ENG **[26241]** : John, 1850-1890, Kingston & Bermondsey, SRY, ENG **[44968]** : 1850+, Island Bridge, DUB, IRL **[42342]**
ASKAM : Mary, 1743, Knottingley, WRY, ENG **[11530]**
ASKENBECK : PRE 1760, Linkoping, OSTER GOTLAND, SWE **[27899]**
ASKEW : 1909, Charters Towers, QLD, AUS **[10880]** : C1870, Pigoreet, VIC, AUS **[10880]** : PRE 1881, Springdallah, VIC, AUS **[10880]** : ALL, ENG **[46218]** : 1780+, North Marston, BKM, ENG **[11270]** : PRE 1850, CUL, ENG **[18921]** : 1800S, Southwark, LND ENG **[28060]** : Michael, PRE 1864, Allendale, NBL, ENG **[10880]** : 1700-1850, Ipswich St.Peter, SFK, ENG **[16383]** : ALL, Manby, Grimoldy, LIN, ENG & AUS **[46262]**
ASKIN : PRE 1900, Kent, Essex Co., ONT, CAN **[26704]**
ASKINS : Caroline, 1900+, Staines, MDX, ENG **[13065]**
ASKWITH : 1600+, YKS, ENG **[39061]**
ASLETT : ALL, HAM, ENG **[39180]**
ASLING : PRE 1850, Brighton, VIC, AUS **[11575]**
ASMUSSEN : 1890S, Leichhardt, NSW, AUS **[11590]**
ASPALAND : 1700-1820, Sibsey, LIN, ENG **[12844]**
ASPEY : 1700-1900, Shevington & Wigan, LAN, ENG **[42308]** : C1797-1840S, Warrington, LAN, ENG **[29854]**
ASPIN : 1861+, Lower Darwen, LAN, ENG **[21463]**
ASPINALL : PRE 1800, Stainlands, WRY, ENG **[10740]** : C1700, Wooldale, YKS, ENG **[39573]**
ASPITAL : 1700-1850, NTH, HUN & LEI, ENG **[26662]**
ASPLAND : 1750+, Pertenhall, BDF, ENG **[26540]**
ASPLIN : PRE 1750, Snailwell, CAM, ENG **[33428]**
ASPREY : 1800+, Mitcham, SRY, ENG **[46371]**
ASQUITH : ALL, Morley, WRY, ENG **[38452]** : Christian, 1801, Cobridge, WLS **[99147]**
ASSELL : PRE 1890, Somersham, HUN, ENG **[14733]** : PRE 1890, Stone, KEN, ENG **[14733]**
ASSER : C1800+, Beauchamp & Attleborough, ESS & NFK & SA, ENG & AUS **[41297]**
ASSHEFIELD : 1435-1575, Heythrop, OXF, ENG **[29715]**
ASSIG : 1800+, ENG **[46349]**
ASTBURY : 1850+, Dawley, SAL, ENG **[45866]**
ASTILL : 1920+, Marrickville, NSW, AUS **[46316]** : 1850+, Ratby, LEI, ENG **[42342]**
ASTIN : Samuel, 1700+, STS & SAL, ENG **[18501]** : PRE 1860, YKS, ENG **[17933]**
ASTINGTON : 1750-1850, Cheadle, CHS, ENG **[18606]**

ASTLE : 1700+, Smisby, DBY, ENG **[11036]**
ASTLETT : ALL, Ringwood, HAM, ENG **[39180]**
ASTLEY : ALL, ENG **[46256]** :1760+, Birmingham, WAR, ENG **[42600]**
ASTON : 1750+, Hewelsfield, GLS, ENG **[40042]** : C1750-1850, London, MDX, ENG **[45895]** : PRE 1732, Crewkerne, SOM, ENG **[36200]**
ASTREY : 1700-1800, Great Milton, OXF, ENG **[18100]**
ASTRIDGE : 1700S+, Havant, HAM, ENG **[21788]**
ASTROP : 1880S-1920S, Surry Hills, NSW, AUS **[11270]** : C1860-1880S, London, ENG **[11270]**
ASYCOUGH : ALL, Manby, Grimoldy, LIN, ENG & AUS **[46262]**
ATCHISON : 1740-1850, Rochester, KEN, ENG **[36552]** : Philis, 1800-1836, Horncliffe & Wooler, NBL, ENG **[19865]**
A'TEUILH : ALL, BRITTANY, FRA **[13994]**
ATHERDEN : 1810-1900, Ramsgate, KEN, ENG **[38980]** : ALL, WORLDWIDE **[46314]**
ATHERDEN (see One Name Section) [46314]
ATHERTON : 1920S, Hillston, NSW, AUS **[11540]** : C1870+, Urunga, NSW, AUS **[11540]** : PRE 1900, ENG **[44018]** : 1800S, LAN, ENG **[34704]** : 1784, Liverpool, LAN, ENG **[21207]** : 1800-1900, Wigan, LAN, ENG **[17535]**
ATHILL : C1830, Lambeth, SRY, ENG **[41212]**
ATHOW : Christopher, 1740-1850, London, ENG **[39012]** : Florence Mary, 1860-1905, ENG & WLS **[39012]** : Newton, 1840-1900, ENG & WLS & SO **[39012]**
ATKIN : C1800, Monkwearmouth, DUR, ENG **[18001]** : PRE 1715, Metheringham, LIN, ENG **[19902]** : PRE 1830, Spilsby, LIN, ENG **[21716]** : 1750-1850S, Stickney, LIN, ENG **[10286]** : Maria, C1680, Basford, NTT, ENG **[18957]** : 1600-1650, Nottingham, NTT, ENG **[34967]** : PRE 1844, Sheffield, YKS, ENG **[40529]** : Bannister, 1770+, LIN **[40996]** : Letitia, 1770-1800, IRL **[40996]** : George, 1836-1896, MAY & DUR, IRL & ENG **[45614]**
ATKINS : William, 1890-1926, Glen Innes & Maitland, NSW, AUS **[45806]** : Henry, 1857-1893, Hinton, NSW, AUS **[45806]** :1869, Drayton & Murrurundi, QLD & NSW, AUS **[39167]** : Edmond, 1855+, BC, CAN **[16867]** : PRE 1850, Newton Longville, BKM, ENG **[30768]** : 1800+, Redruth, CON, ENG **[38681]** : Elizabeth, 1700-1780, ESS, ENG **[39522]** : PRE 1830, Abbots Langley, HRT, ENG **[30896]** : ALL, Adisham & Goodnestone, KEN, ENG **[20729]** : Ann, 1811+, Hinckley, LEI, ENG **[41185]** :PRE 1840, St.Katherines Cree Church, LND, ENG **[40696]** : George, C1886, Edmonton, MDX, ENG **[33766]** : Vera, 1900+, Hendon, MDX, ENG **[33766]** : PRE 1800, SFK, ENG **[30093]** : 1833+, SRY, ENG **[39167]** : PRE 1800, Walton on Thames, SRY, ENG **[17366]** : 1750-1850, Chichester, SSX, ENG **[26382]** : Sarah Ann, 1835+, Bilston, STS, ENG **[33870]** : 1800-1900, Wootton Bassett, WIL, ENG **[26382]** : 1750+, Firville, Fountainville & Mallow, COR, IRL **[20433]** : PRE 1789, Orange Co., VA, USA **[24725]** : 1800-1880, OH & COR, USA & IRL **[43800]**
ATKINSON : Railton, 1865, Finniss Expedition, NT, AUS **[14241]** : 1855-1863, Richmond, SA & VIC, AUS **[32017]** : 1800S, TAS, AUS **[21195]** : Henry Aug., 1825-1881, Gordon, VIC, AUS **[31159]** : Charlotte, 1828-1907, Gordon, VIC, AUS **[31159]** : 1851, Prahran, VIC, AUS **[11061]** : Henry Wm, 1861-1927, Wimmera & Millbrook, VIC, AUS **[31159]** : Wm, 1800S, Middlesex Co., ONT, CAN **[16273]** : Richard, C1790, Jermyn St.Piccadilly, London, ENG **[25921]** : PRE 1850, London, ENG **[18688]** : John, C1790, St.James, London, ENG **[25921]** : PRE 1855, BDF, ENG **[32017]** : 1700+, CUL, ENG **[36826]** : Sarah, C1800, CUL, ENG **[13153]** : PRE 1800, CUL, ENG **[43704]** : 1775-1850, Carlisle, CUL, ENG **[44241]** : ALL, Stockton, DUR, ENG **[25854]** : C1750-C1850, Stockton on Tees, DUR, ENG **[37169]** : 1830+, Washington, DUR, ENG **[46400]** :

PRE 1900, Ulverston, LAN, ENG **[45054]** : 1850S, Kibworth, LEI, ENG **[39389]** : 1800-1925, LIN, ENG **[30065]** : ALL, LIN, ENG **[45204]** : PRE 1738, Belchford, LIN, ENG **[19902]** : 1800S, Laceby & North Thoresby, LIN, ENG **[19921]** : Denham, 1727-1777, Spalding, LIN, ENG **[20793]** : 1799, London, MDX, ENG **[46356]** : 1750S, Stepney, MDX, ENG **[28060]** : PRE 1820, Berwick, NBL, ENG **[19270]** : 1800+, NRY, ENG **[21802]** : PRE 1800, Whitby, NRY, ENG **[34782]** : 1800+, Lambeth, SRY, ENG **[34440]** : 1800-1900, WES, ENG **[45895]** : ALL, WES, ENG **[39694]** : Rebecca, PRE 1825, WES, ENG **[30880]** : Agnes, C1838+, Ambleside, WES, ENG **[33870]** : PRE 1820, Bowness & Crosthwaite, WES, ENG **[24873]** : 1800-1900, Kendal, WES, ENG **[31826]** : PRE 1750, Kirkby Lonsdale, WES, ENG **[21161]** : PRE 1750, Orton, WES, ENG **[41477]** : 1800, Pontefract Area, WRY, ENG **[99522]** : Henry, PRE 1784, Ripon, WRY, ENG **[17763]** : 1800-1900, YKS, ENG **[22114]** : PRE 1805, LND, ENG & AUS **[25794]** : C1750-1800, London, OH & IA, ENG & USA **[22737]** : Jane, 1600+, Kings Co., OFF, IRL **[21079]** : James H., 1840+, IRL & AUS **[42724]** : Francis, 1793-1850, Tullyvea & Steiglitz, ARM & VIC, IRL & AUS **[31159]** : Violet Vict., 1904+, NZ **[34924]** : 1900S, Greymouth, WEST COAST, NZ **[21195]**
ATKISS : 1780+, Sedgley & Bilston, STS, ENG **[19458]**
ATTEWELL : 1800, Gotherington, GLS, ENG **[12222]**
ATTLESEY : 1670+, Soham, CAM, ENG **[18207]**
ATTOE : PRE 1860, Oulton & Hanworth, NFK, ENG **[10967]**
ATTON : 1600-1699, Medmore cum Holt, LEI, ENG **[21349]** : PRE 1740, Braunston, RUT, ENG **[21349]**
ATTREE : ALL, AUS **[26091]** : ALL, CAN **[26091]** : ALL, SSX, ENG **[25259]** : ALL, NZ **[26091]** : ALL, RSA **[26091]** : ALL, UK **[26091]** : ALL, WORLDWIDE **[26091]** (see One Name Section) **[26091]**
ATTRIDGE : ALL, Little Dunmow, ESS, ENG **[42362]** : Simon, 1800-1850, LND, ENG **[38926]** : 1800S, COR, IRL **[17650]**
ATTRILL : ALL, St.Helier, CHI & IOW, ENG **[11692]** : ALL, Isle of Wight, HAM, ENG **[13994]** : ALL, WORLDWIDE **[13994]**
ATTWOOD : 1854+, Kyneton, Tylden & Echuca, VIC, AUS **[11877]** : C1840, ENG **[16984]** : 1750-1840, Basingstoke, HAM, ENG **[13326]** : Hy & Charlotte, C1830, Bridge, KEN, ENG **[28140]** : PRE 1800, Wrockwardine, SAL, ENG **[32294]** : C1857, Clutton, SOM, ENG **[40472]** : 1810+, Frome, SOM, ENG **[11877]** : ALL, STS & WOR, ENG **[41582]** : ALL, Cradley & Rowley Regis, STS & WOR, ENG **[10675]** : PRE 1820, Rowley Regis & Cradley, WOR, ENG & AUS **[10350]** : ALL, Philadelphia, PA, USA **[40472]**
ATTY : ALL, SSX, ENG **[37206]**
ATWELL : 1880S, ENG **[46247]** : C1809, Stoke Damerel, DEV, ENG **[33642]** : 1825-1925, Nettlestead, KEN, ENG **[25237]** : John, 1814-1891, SOM, ENG & AUS **[46225]**
ATWILL : PRE 1850, South East, DEV, ENG **[40871]**
ATWOOD : 1700-1850, KEN, ENG **[19471]** : 1600S, Eastham, MA, USA **[15521]**
AUBERNE : ALL, Durham & Haltwhistle, DUR, ENG **[11718]**
AUBERT : 1770-1810, St.John, JSY, CHI **[29468]**
AUBIN : PRE 1619, Tourouvre, CEN, FRA **[23518]** : PRE 1670, Beaubassin, PIC, FRA **[23518]**
AUBURN : ALL, Haltwhistle & Hexham, NBL, ENG **[26072]** : ALL, WORLDWIDE **[26072]**
AUCHER : ALL, WORLDWIDE **[35638]**
AUCKLAND : PRE 1870, Sedgebrook & Allington, LIN, ENG **[42721]** : ALL, Sheffield, WRY, ENG **[30589]** : Mary, 1806+, Tain, ROC, SCT **[30182]**
AUCLE : 1800-2000, SCT **[43491]**
AUCOTT : PRE 1856, WAR, ENG **[13657]**

AUD : ALL, Barnard Castle, DUR, ENG **[15524]**
AUDET : 1866, Maitland, NSW, AUS **[42588]** : 1783, Boucherville, QUE, CAN **[22550]**
AUDUS : ALL, Wistow, YKS, ENG **[21763]**
AUGAR : ALL, WORLDWIDE **[35638]**
AUGER : 1865+, Melton Mowbray, LEI, ENG **[45734]** : ALL, WORLDWIDE **[35638]**
AUGER (see One Name Section) [35638]
AUGHTERSON : John, PRE 1784, Bogfoot, KKD, SCT **[45631]**
AUGUR : ALL, WORLDWIDE **[35638]**
AUGUST : 1700S-1830S, BRIT. HONDURAS **[99012]** : ALL, Portsmouth & Ringwood, HAM, ENG **[35638]** : 1650-1800, NFK, ENG **[34797]** : C1770+, Camden, SC, USA **[99012]** : ALL, WORLDWIDE **[35638]**
AUKER : Samuel, 1823+, Snettisham, NFK, ENG **[25654]**
AULMANN : 1600+, HEN, GER **[13000]** : 1900+, WORLDWIDE **[13000]**
AULT : PRE 1800, Repton, DBY, ENG **[38926]** : 1600-1800, Shepshed, LEI, ENG **[34967]** : 1800+, SFK, ENG **[19101]** : Thomas, C1670, Abbots Bromley, STS, ENG **[36592]** : Lucy, C1785, West Bromwich, STS, ENG **[36592]** : Joseph Henry, C1850, West Bromwich, STS, ENG **[36592]**
AUNGIER : PRE 1820, St.Pinnock, CON, ENG **[34876]**
AURISCH : Ernest, 1804, Breslau, GER **[10485]**
AUSMAN : 1700-1820, GER **[26703]** : 1700S, USA **[26703]**
AUST : PRE 1850, Sudbury, SFK, ENG **[34980]**
AUSTEN : Ann, C1799, KEN, ENG **[10604]** : 1700, Dover, KEN, ENG **[42696]** : 1720+, East Peckham, KEN, ENG **[42696]** : 1720, Lydd, KEN, ENG **[42696]** : 1710-1850, Rochester, KEN, ENG **[36552]** : Daniel, PRE 1750, Romney Marsh, KEN, ENG **[18688]** : 1700+, Tenterden, KEN, ENG **[42696]** : 1750+, Thanet, KEN, ENG **[42696]** : ALL, LND, ENG **[42696]** : 1700+, Guildford, SRY, ENG **[42696]** : 1750, Barcombe, SSX, ENG **[42696]** : 1650+, Sompting, SSX, ENG **[39430]**
AUSTEN (see One Name Section) [42696]
AUSTIN : Henry, 1890+, Buxton, NSW, AUS **[41454]** : 1860+, Parramatta, NSW, AUS **[10317]** : Harold, 1888+, Petersham, NSW, AUS **[32996]** : Henry, 1850+, Sydney, NSW, AUS **[41454]** : Maria, 1863+, Melbourne, VIC, AUS **[99187]** : Richard, 1802-1865, Richmond, VIC & OFF, AUS & IRL **[11623]** : PRE 1873, Fenelon & Kinmount, ONT, CAN **[42940]** : ALL, Norfolk Co., ONT, CAN & USA **[46001]** : Ernest, C1850S, ENG **[39083]** : Alfred, C1850S, ENG **[39083]** : Richard, 1800-1840, London, ENG **[32559]** : PRE 1800, London, ENG **[19481]** : 1590, Titchfield Haunts, ENG **[24660]** : Benjamin, 1830+, Reading, BRK, ENG **[39083]** : PRE 1850, Abington Pigotts, CAM, ENG **[14627]** : PRE 1833, Whittlesey, CAM, ENG **[40970]** : 1800S, CON, ENG **[15521]** : 1800+, Redruth & Breage, CON, ENG **[20970]** : 1700+, ESS, ENG **[19318]** : PRE 1660, HRT, ENG **[19759]** : William John, 1850, Ashwell, HRT, ENG **[14627]** : William, PRE 1814, Broughton, HUN, ENG **[12547]** : C1790S, KEN, ENG **[13014]** : Ann, C1799, KEN, ENG **[10604]** : 1800+, Bexley, KEN, ENG **[41454]** : Edward Thomas, 1820+, Bexley Heath, KEN, ENG **[41454]** : William, 1820+, Bexley Heath, KEN, ENG **[41454]** : PRE 1850, LAN, ENG **[46355]** : PRE 1867, Salford, LAN, ENG **[17548]** : PRE 1828, Gosberton & Spalding, LIN, ENG **[40529]** : William, PRE 1855, Pinchbeck, LIN, ENG **[12547]** : Wm Albert, 1840-1929, LND, ENG **[39601]** : Edward, 1750+, Holborn, LND, ENG **[28149]** : C1760-1856, Goddington & Blackthorn, OXF, ENG **[19908]** : PRE 1840, SFK, ENG **[43727]** : William, PRE 1837, Aldingbourne, SSX, ENG **[10317]** : James, C1830, Armagh, ARM, IRL **[39820]** : PRE 1930, Coatbridge, Glasgow & Armagh, LKS, SCT & IRL **[39820]**
AUSTWICK : 1650-1750, ENG **[33347]**

AUVACHE : Joseph, 1850+, Brisbane, QLD, AUS **[10428]** : 1864+, Brisbane, QLD, AUS **[45992]** : ALL, Bethnal Green, LND, ENG **[27435]** : 1820-1863, Bethnal Green, MDX, ENG **[45992]**
AVENELL : 1700+, Newbury, BRK & WIL, ENG **[30601]** : William, 1845+, AKL, NZ **[10846]** : Charles, 1881+, Onehunga, AKL, NZ **[10846]**
AVENT 1674, Wembury, DEV, ENG **[24873]**
AVER : Margaret, C1745, Perranzabuloe & Roche, CON, ENG **[40143]**
AVERY : George, 1847-1928, Grafton & Kempsey, NSW, AUS **[45806]** : John Abel, 1822-1880, Kempsey, Macleay, NSW, AUS **[45806]** : George Henry, 1847-1928, Kempsey, Macleay, NSW, AUS **[45806]** : Ann, 1818+, ENG **[38357]** : ALL, ENG **[38357]** : 1800+, Aylesbury, BKM, ENG **[29845]** : 1800+, Bledlow, BKM, ENG **[29845]** : William, 1800, High Wycombe, BKM, ENG **[45806]** : John Abel, 1802-1822, High Wycombe, BKM, ENG **[45806]** : 1500+, DEV, ENG **[23319]** : 1590+, Molton, DEV, ENG **[23319]** : 1700-1900, Plaistow, ESS, ENG **[45749]** : 1700+, KEN, ENG **[38357]** : PRE 1800, Pembury, KEN, ENG **[46255]** : ALL, Tonbridge, KEN, ENG **[13461]** : 1600+, LIN, ENG **[38357]** : 1700+, LND, ENG **[38357]** : 1700-1900, Westminster, LND, ENG **[45749]** : 1700+, MDX, ENG **[38357]** : Christopher, PRE 1660, Chinnor, OXF, ENG **[29845]** : 1700S, Henley, OXF, ENG **[28742]** : 1700+, SRY, ENG **[38357]** : 1800-1929, Mitcham, SRY, ENG **[38412]** : 1700+, SSX, ENG **[13461]** : Ruth, PRE 1846, Rottingdean, SSX, ENG **[42594]** : George, 1800-1850, Birmingham, WAR, ENG **[12716]** : PRE 1900, Stoneleigh, WAR, ENG **[44223]** : 1750-1850, York Co., ME, USA **[26149]** : PRE 1850, Erie Co., NY, USA **[25469]**
AVES : PRE 1900, Burrough Green, CAM, ENG **[28391]** : 1810+, Colney, NFK, ENG **[25352]** : PRE 1800, Mildenhall, SFK, ENG **[25352]**
AVEY : C1800-1890, Mildenhall, SFK & ESS, ENG **[41312]**
AVICO : PRE 1850, Liguria, ITL **[45743]** : 1800S, Puglia, ITL **[45743]**
AVIES : 1800+, Liverpool, LAN, ENG **[45853]**
AVIET : 1780-1871, Montigny-les-Arsures, Jura, FC, FRA **[39991]**
AVIS : 1700-1900, Selmerston, SSX, ENG **[41136]**
AVORT : ALL, WORLDWIDE **[15011]**
AWALT : 1727+, NS, CAN & GER **[32223]**
AWBURN : ALL, Haltwhistle & Hexham, NBL, ENG **[26072]** : ALL, WORLDWIDE **[26072]**
AWDE : ALL, WORLDWIDE **[15524]**
AWRE : John, 1700+, Awre, GLS, ENG **[40042]**
AXALL : 1700S, WOR, ENG **[20800]**
AXAM : Charles, 1875+, Mitcham & Est. Ham, SRY & LND, ENG **[29092]**
AXDELL : Joseph, PRE 1712, Bovington, HRT, ENG **[36365]**
AXE : PRE 1850, DOR, ENG **[43727]**
AXTELL : Joseph, PRE 1712, Bovington, HRT, ENG **[36365]** : 1570+, Hemel Hempstead, HRT, ENG **[18273]**
AXUP : ALL, WORLDWIDE **[30981]**
AYDEN : PRE 1800, ESS, ENG **[32391]** : 1800+, Harwich, Witham & Colchester, ESS, ENG **[32391]** : 1800+, Great Yarmouth, NFK, ENG **[32391]** : PRE 1800+, Norwich, Reedham & Limpenhoe, NFK, ENG **[32391]** : 1800+, Benhall, Beccles & Ipswich, SFK, ENG **[32391]** : 1800+, FL, USA **[32391]**
AYERS : 1872+, Albany, WA, AUS **[46021]** : 1800S, Turvey, BDF, ENG **[20938]** : PRE 1900, Bottisham, CAM, ENG **[19516]** : Mary, 1800+, Downham, CAM, ENG **[24707]** : PRE 1872, Soho, LND, ENG **[19516]** : PRE 1845, Belgrave, MDX, ENG **[19516]** : PRE 1880, Shepherds Bush, MDX, ENG **[19516]** : PRE 1800, SFK, ENG **[10970]** : Ambrose, C1832, WIL, ENG **[36665]**
AYERST : ALL, WORLDWIDE **[17490]**

AYHURST : ALL, KEN, ENG **[17490]**
AYKEROIDE : 1556, Heptonstall, WRY, ENG **[21975]**
AYLER : Elizabeth, 1682-1700, Litlington, CAM, ENG **[14627]**
AYLES : 1860+, Wokingham, BRK, ENG **[41443]** : ALL, Weymouth, DOR, ENG **[41590]** : 1810+, Odiham & Eversley, HAM, ENG **[41443]**
AYLETT : 1700+, Hawkwell, ESS, ENG **[99052]**
AYLING : PRE 1850, SSX, ENG **[39430]** : 1894, Hastings, SSX, ENG **[19796]**
AYLMER : 1650-1700, Methwold, SFK, ENG **[46216]**
AYLWARD : 1840+, Highgate & Norwood, MDX, ENG **[39227]** : ALL, KIK, IRL **[27850]**
AYLWIN : C1850, AUS **[16867]** : Allen George, C1850, London, ENG **[16867]** : John, Wm & Rob, 1662, SSX, ENG **[16867]** : PRE 1850, Treyford, SSX, ENG **[16867]**
AYMER : William, C1673, Barry, ANS, SCT **[10035]** : Barbara, C1701, Barry, ANS, SCT **[10035]**
AYNSLEY : 1801, Whitburn, DUR, ENG **[36592]**
AYRE : PRE 1850, SOM, ENG **[39464]** : ALL, DEV, ENG & AUS **[44294]**
AYRES : PRE 1840, Long Crendon, BKM, ENG **[38592]** : 1650-1850, Downham, CAM, ENG **[14246]** : PRE 1753, Little Wilbraham, CAM, ENG **[19516]** : PRE 1820, Leicester, LEI, ENG **[30147]** : 1881+, Shepherds Bush, MDX, ENG **[19516]** : ALL, OXF, ENG **[34588]** : 1800+, Oxford, OXF, ENG **[36655]** : PRE 1880, Croydon, SRY, ENG **[38592]** : PRE 1770, IRL **[16984]**
AYSCOUGH : Francis, 1846, Sculcoates, YKS, ENG **[13838]**
AYSOM : 1880+, Southwark & Lambeth, SRY, ENG **[34556]**
AYTON : C1757-1831, Itteringham, NFK, ENG **[27431]** : Lillias, 1785-1829, Strathdearn, ROC, SCT **[15785]**
AYTOUN : 1500-1630, FIF, SCT **[36435]**
AZZOPARDI : Antonio, 1920-1945, Sydney, NSW, AUS **[11408]**
BAALHAM : 1750-1850, SFK, ENG **[19750]**
BAARS : ALL, Amsterdam, NL **[14012]**
BAAS : ALL, ZUH, NL **[43772]**
BAASE : 1900+, Brisbane, QLD, AUS **[99573]**
BABB : 1840-1900, Holybourne, HAM, ENG **[28363]**
BABB (see One Name Section) **[17203]**
BABBAGE : 1800, Chudleigh, DEV, ENG **[12460]**
BABBINGTON : 1800+, LND & MDX, ENG **[19614]**
BABBS : 1700, Inworth, ESS, ENG **[17704]**
BABER : 1700+, Meares, SOM, ENG **[17117]** : 1700+, Nailsea, SOM, ENG **[39377]** : ALL, UK **[20556]**
BABINGTON : 1800-1950, London, ENG **[20416]** : 1800+, Benniworth, LIN, ENG **[37834]** : 1800+, Louth, LIN, ENG **[37834]**
BABOT : ALL, St.Helier, CHI, UK **[12186]**
BABSTOCK : PRE 1732, Buckhorn Weston, DOR, ENG **[10493]**
BABUT : 1848+, Condat en Combraille, AUV, FRA **[20140]**
BACHE : 1580-1720, Stanton, DBY, ENG **[28906]** : 1700-1800, Clee St.Margaret, SAL, ENG **[30488]** : 1860+, STS, ENG **[46007]**
BACHELOR : PRE 1800, Chesham, BKM, ENG **[32294]** : Georgina, 1840-1900, Meavy, DEV, ENG **[37393]**
BACK : Martha, 1830, Alphington, DEV, ENG **[26580]** : 1720+, Cadeleigh, DEV, ENG **[39307]** : PRE 1750, KEN, ENG **[18688]** : 1849+, Hythe, KEN, ENG **[10508]** : ALL, Hythe, KEN, ENG **[18168]**
BACKAS : Susanna, 1800-1900, Hattenheim, Nassau & Grafton, HES & NSW, GER & AUS **[44567]**
BACKHOUSE : 1869-1899, Goole, ERY, ENG **[35218]** : 1919-1996, Hull, ERY, ENG **[35218]** : Mary Ann, C1825, LAN, ENG **[31356]** : PRE 1900, SFK, ENG **[45735]** : 1822-1850, Wakefield, WRY, ENG **[35218]** : 1800+, Walls, SHI, SCT **[22090]**

BACKHURST : 1800+, Boughton Monchelsea, KEN, ENG **[44202]** : 1800+, Boughton Monchelsea, KEN, ENG **[21394]**
BACKLER : ALL, WORLDWIDE **[18783]**
BACON : 1850+, Melbourne, VIC, AUS **[11802]** : 1854+, Melbourne & Ballarat, VIC, AUS **[43779]** : 1500+, Shillington, BDF, ENG **[17480]** : 1660-1800, Fordham & Soham, CAM, ENG **[19713]** : PRE 1850, Whitehaven, CUL, ENG **[43779]** : 1600-2005, DBY, SAL & STS, ENG **[43877]** : PRE 1826, ESS, ENG **[38517]** : C1855, Ongar, ESS, ENG **[30120]** : PRE 1770, Thorington, ESS, ENG **[38234]** : 1800, Woodford, ESS, ENG **[17704]** : 1740+, Kirkby Mallory, LEI, ENG **[30120]** : C1853, Witherley, LEI, ENG **[30120]** : 1800+, Mile End, MDX, ENG **[46355]** : 1800-1847, Shoreditch, MDX, ENG **[46347]** : 1800+, London & Matching, MDX & ESS, ENG **[43756]** : C1850, Whittlebury, NTH, ENG **[30120]** : C1860, Boningale, SAL, ENG **[30120]** : 1200-1600, Baconthorpe, SFK, ENG **[39527]** : 1800S, Sudbury, SFK, ENG **[27993]** : PRE 1830, SRY, ENG **[46399]** : PRE 1800, Rocester, STS, ENG **[29447]** : 1870+, Birmingham, WAR, ENG **[30120]** : PRE 1850, Quidhampton, WIL, ENG **[46355]** : 1875+, Stourbridge, WOR, ENG **[30120]** : C1850, Bradford, WRY, ENG **[43844]**
BADCOCK : PRE 1750, Paul, CON, ENG **[46255]** : ALL, Penzance & Paul, CON, ENG **[44119]** : PRE 1650, Wartling, SSX, ENG **[19782]** : ALL, WORLDWIDE **[38546]**
BADDELEY : 1820+, Manchester, LAN, ENG **[10329]**
BADDER : PRE 1905, Durham, DUR, ENG **[40871]**
BADDILEY : PRE 1914, Biddulph & Stoke-on-Trent, STS, ENG **[32011]**
BADDOCK : 1860+, Sydney, NSW, AUS **[13800]** : 1800+, Manchester, LAN, ENG **[13800]**
BADER : ALL, SLO **[31646]**
BADGE : ALL, CAN, USA & RSA **[41927]** : ALL, ENG, AUS & WLS **[41927]**
BADGE (see One Name Section) **[41927]**
BADGER : PRE 1800, St.Just Roselands, CON, ENG **[24873]** : PRE 1730, Hathersage, DBY, ENG **[17626]** : 1800+, Pencombe, HEF, ENG **[27868]** : 1700S, Aston Rowant, OXF, ENG **[34140]** : ALL, Birmingham, WAR, ENG **[43879]** : PRE 1790, Rotherham, WRY, ENG **[44078]**
BADHAM : John, 1600S, Eaton Bishop, HEF, ENG **[10993]** : PRE 1800, Ledbury, HEF, ENG **[10993]** : Thomas, 1700S, Mordiford, HEF, ENG **[10993]** : 1870+, Christchurch, NZ **[10993]**
BADILLO Y DE NICOLAS : ALL, LND, ENG, ESP & FRA **[29416]**
BADLEY : 1800+, NSW, AUS **[10801]** : ALL, LIN, ENG **[45204]** : PRE 1884, LIN, ENG **[10801]**
BADMAN : ALL, GLS, ENG **[39694]** : John & Marie, 1600-1694, Compton Martin & Wedmore, SOM, ENG **[21349]**
BADMANN : C1750, Eichelberg, WUE, GER **[14120]**
BADMINGTON : Ann, 1782-1821, SOM & WIL, ENG **[39377]**
BADRICK : ALL, Hawridge, BKM, ENG **[20914]** : ALL, Nortchurch, HRT, ENG **[20914]**
BADZIO : ALL, SAN & NRW, BRD **[46506]** : ALL, Lubartow & Lubelskie, POL **[46506]** : 1700+, Warminsko-Mazurskie, Elk & KETRZYN, POL **[46506]** : ALL, Mukachevo & Zakarpatska, UKR **[46506]** : ALL, WORLDWIDE **[46506]**
BADZO : ALL, Humenne, Stopkov & Presovsky, POL **[46506]** : ALL, Michalovce Trebisov & Kosicky, POL **[46506]**
BAEHR : 1858-1930S, Peddie & King Williamstown, CAPE, RSA **[35294]**
BAERENS : PRE 1870, Riga, LATVIA, SU **[30488]**
BAGG : 1800+, CON, ENG **[45707]**
BAGGALEY : PRE 1850, Stony Middleton, DBY, ENG

[17403] : 1780+, Trentham & Stoke, STS, ENG [18501]
BAGGE : PRE 1900, Dungarvan, WAT & COR, IRL [25688]
BAGGERLEY : ALL, Onecote & Pelsall, STS, ENG [45766]
BAGGOTT : 1780S, Berrow, WOR, ENG [31373] : PRE 1875, Herbertstown, LIM, IRL [12748]
BAGGULEY : ALL, Onecote, STS, ENG [45766] : ALL, Pelsall & Great Wyrley, STS, ENG [45766] : Thomas, PRE 1800, Stoke on Trent, STS, ENG [35379]
BAGLEY : George, 1848+, Oatlands, TAS, AUS [35809] : John Ellis, 1900+, VIC, AUS [35809] : 1880+, Ottawa, ONT, CAN [46451] : Wm Fletcher, 1894+, Salford, LAN, ENG [99598] : PRE 1879, Peckham, LND & SRY, ENG [16701] : PRE 1870, Fulham, MDX, ENG [25142] : PRE 1880, Fulham, MDX, ENG [46451] : PRE 1820, NRY, ENG [44014] : 1700-1900, RUT, ENG [12401] : Frank, 1875, Rodington, SAL, ENG [99598] : 1750+, Upton Magna & High Ercall, SAL, ENG [99598] : PRE 1850, Pattingham, STS, ENG [19641] : 1820+, Birmingham, WAR, ENG [30248]
BAGLIN : 1800S, Uley, GLS, ENG [46116]
BAGLY : 1750, St.Olave, Southwark, SRY, ENG [99598]
BAGNALL : 1780-1850S, Stoke upon Trent, STS, ENG [45800] : Robert, C1770, Stone, STS, ENG [36422] : 1800+, Bradford, WRY, ENG [18372] : 1800+, Barnsley, YKS, ENG [10775] : 1800+, York, YKS, ENG [18372] : 1800+, Dublin, DUB, IRL [27842] : Robert, C1770, Glasgow, LKS, SCT [36422] : 1750+, UK & IRL [18372]
BAGNALL (see One Name Section) [36422]
BAGOT : PRE 1860, STS, ENG [20773]
BAGRIE : 1770S, Huntly, ABD, SCT [21934]
BAGSHAW : 1830+, AUS [36551] : Ellen, 1830+, SA, AUS [36551] : Henry, 1830+, SA, AUS [36551] : PRE 1830, ENG [36551] : 1700-1900, NTH, ENG [18884] : 1901+, Arnold, NTT, ENG [18529] : PRE 1830, SAL, ENG [36551] : PRE 1895, Sheffield, WRY, ENG [46122]
BAGULEY : ALL, NTT, ENG [36710] : William, 1779, Sutton-in-Ashfield, NTT, ENG [34331] : ALL, STS, ENG [45766]
BAHLINGER : PRE 1850, GER [46327]
BAHLMANN : 1700+, Woehrden, SHO, BRD [14120]
BAHR : 1760+, Schwaberow, GER [17000]
BAHRK : C1796, Bresegard, MSW, GER [12367]
BAIGENT : 1600+, Alfriston & Brighton, SSX, ENG [19747] : 1700+, Midhurst, SSX, ENG [19747] : 1700-1850S, Midhurst, SSX, ENG [19747]
BAIKIE : 1820-1920, Sydney, NSW, AUS [29025] : 1700+, Canisbay, CAI, SCT [14513] : 1720+, Longhope, OKI, SCT [14513]
BAIL : Emma Burton, 1857-1909, Melbourne, VIC, AUS [39243]
BAILES : 1700-1850, North Allerton, YKS, ENG [40802]
BAILEY : 1900S, NSW, AUS [44296] : 1840+, Hinton, NSW, AUS [40971] : Ann, 1815+, St.Albans, NSW, AUS [29867] : Sarah, C1794-1826, Sydney, NSW, AUS [33402] : Thomas, 1815-1876, Windsor, NSW, AUS [11781] : 1850+, Deloraine, TAS, AUS [36643] : Charles, 1849+, Brunswick, VIC, AUS [41228] : Nathaniel, 1850S, ONT, CAN [39698] : 1760+, NS, CAN & USA [32223] : 1800S, London, ENG [38681] : Sarah, C1774-1794, Newgate Prison, London, ENG [33402] : 1600-1900, BRK, ENG [26831] : 1800-1850, Faringdon, BRK, ENG [36533] : Sarah, 1850S, Newbury, BRK, ENG [12223] : 1841-51, Shinfield, BRK, ENG [19908] : 1700+, Congleton, CHS, ENG [34739] : 1800, Camborne, CON, ENG [12222] : ALL, Breadsall, DBY, ENG [34315] : 1700-1800, Dronsfield, DBY, ENG [38452] : Hannah, 1765, Etwall, DBY, ENG [34315] : Henry, 1817+, Etwall, DBY, ENG [34315] : ALL, Etwall, DBY, ENG [34315] : James, 1750+, Hartstone, DBY, ENG [34315] : ALL, Mickleover, DBY, ENG [34315] : PRE 1850, Bridford, DEV, ENG [10705] :

1800S, Hetton le Hole, DUR, ENG [16706] : 1807+, ESS, ENG [46328] : Elizabeth, 1800S, Clavering, ESS, ENG [16378] : 1700+, Bourton on the Water, GLS, ENG [45681] : Daniel & Mary, 1820-1840, Frocester & Gloucester, GLS, ENG [14627] : PRE 1700, Monk Sherborne, HAM, ENG [10493] : PRE 1900, Twyford, HAM, ENG [25162] : PRE 1841, Llanwarne, HEF, ENG [46518] : Craft, PRE 1825, Rickmansworth, HRT, ENG [17745] : PRE 1800, HUN, ENG [19708] : James, 1800-1850, KEN, ENG [33021] : 1740+, Benenden, KEN, ENG [35280] : 1800+, Deal, KEN, ENG [10956] : John, PRE 1798, East Langdon, KEN, ENG [42979] : Charles, 1855+, Greenwich, KEN, ENG [20665] : Ellen H., 1901+, London E9 & KEN, ENG [42979] : 1860-1870, Plumstead, KEN, ENG [18378] : Arthur, 1901+, Riverhead, KEN, ENG [42979] : Blanche E., 1901+, Saltwood, KEN, ENG [42979] : 1750-1850, Tenterden & Hythe, KEN, ENG [33021] : James, 1750+, Nethersell, LEI, ENG [34315] : 1750-1950, Grantham & Lincoln, LIN, ENG [20793] : PRE 1800, Whaplode Drove, LIN, ENG [12060] : William, PRE 1870, Bermondsey, LND, ENG [36365] : 1800-1900, Lambeth, LND, ENG [26382] : Wm. & Thos., 1680-1800, St.Katherine Cree & Wapping, LND, ENG [11366] : PRE 1940, Battersea & Wandsworth, LND & SRY, ENG [35360] : PRE 1870, MDX, ENG [25329] : 1854-1901, Bethnal Green & Old Ford, MDX, ENG [41109] : 1740+, Bethnal Green & West Ham, MDX, ENG [38970] : George, PRE 1855, Marylebone, MDX, ENG [20665] : C1799-51, St.George Westminster, MDX, ENG [19908] : C1800, Little Melton, NFK, ENG [31375] : PRE 1820, South Creake, NFK, ENG [25559] : PRE 1850, Skegby, NTT, ENG [41370] : 1800+, Winscombe, OXF, ENG [46368] : PRE 1830, Dawley, SAL, ENG [43137] : Mary, PRE 1800, Wellington, SAL, ENG [19818] : 1800, Weston, SFK, ENG [46216] : 1775-1860, Bath, SOM, ENG [18378] : C1840, Bath, SOM, ENG [39573] : PRE 1850, Dawlish Wake, SOM, ENG [35360] : 1830-1890, Frome, SOM, ENG [18378] : PRE 1830, Nynehead, SOM, ENG [15409] : Samuel, 1700-1850, Uphill & Axebridge, SOM, ENG [41228] : Charles, 1817-1841, Uphill & Axebridge, SOM, ENG [41228] : 1800, Winscombe, SOM, ENG [46368] : 1700+, Bermondsey, Southwark & Mortlake, SRY, ENG [39564] : Charles, 1852+, Camberly, SRY, ENG [34315] : PRE 1900, Reigate, SRY, ENG [36437] : 1820+, SRY & KEN, ENG [34861] : George, 1901+, Ewhurst, SSX, ENG [42979] : PRE 1840, Robertsbridge, SSX, ENG [40971] : 1800+, Hendesford & Mowcop, STS, ENG [34739] : C1824, Leigh, STS, ENG [27780] : 1800S+, Madeley, STS, ENG [16149] : Mary, 1842+, Shelton, Hanley & Burslem, STS, ENG [29989] : 1880S, Aston, WAR, ENG [12508] : 1800-1900, Bishopstone (Nth), WIL, ENG [44946] : PRE 1850, Hannington, WIL, ENG [38660] : PRE 1870, Holt, WIL, ENG [35177] : ALL, St.John, WOR, ENG [97801] : 1800+, Barnoldswick, WRY, ENG [21038] : 1700-1900, Birstall & Hunslet, WRY, ENG [20967] : Benson, C1855-1900, Fewston, WRY, ENG [46278] : 1780+, Grantley, Bradford & Skelding, WRY, ENG [42974] : C1736, YKS, ENG [41370] : PRE 1800, Leeds, YKS, ENG [36033] : ALL, Cowden, KEN, ENG & AUS [46317] : ALL, STS, ENG & AUS [44256] : 1840S, Dublin, IRL [12508] : PRE 1858, Ahoghill, ANT, IRL [41444] : Nathaniel, PRE 1850S, Belfast, ANT, IRL [39698] : C1836, Templepatrick, ANT, IRL [25645] : 1800+, Mitchelltown, COR, IRL [46262] : C1828, Boher & Kilbeheny, LIM, IRL [29479] : 1830+, New Ross, WEX, IRL [12153] : ALL, CBY, NZ [39671] : 1853+, NELSON, NZ [45681] : ALL, Glasgow, LKS, SCT [39994] : ALL, Edinburgh, MLN, SCT [29001]
BAILIE : Margaret, C1803, WES, ENG [27686] : PRE 1875, IRL [34906] : ALL, Paisley, RFW, SCT [39994]
BAILIFF : 1600+, YKS, ENG [39061]
BAILLIE : 1800-1871, Kingsland, ENG [99433] : 1760+, Inverary & Glenaray, ARL, SCT [25645] : 1860, Kilmarnock, AYR, SCT [25645] : PRE 1760, Inverness, INV, SCT [36762] : Violet, C1696, Douglas, LKS, SCT

[22224] : 1840+, Glasgow, LKS, SCT [45308] : 1760+, Edinburgh, MLN, SCT [36762] : C1851, Eastwood, RFW, SCT [25645] : ALL, Paisley, RFW, SCT [39994]

BAILY : PRE 1840, Redruth, CON, ENG [14306] : 1700S, LAN, ENG [21356] : 1800S, SOM, ENG [21356] : C1700, Kilmarnock, AYR, SCT [25693]

BAIN : Ada, 1893+, Sydney, NSW, AUS [29939] : C1818, Cork City, COR, IRL [10230] : 1850-1900, SCY, NZ [46305] : PRE 1850, Aberdeen, ABD, SCT [38309] : PRE 1860, Inveraray, ARL, SCT [20729] : 1840-1850, Skermorly & Largs, AYR, SCT [20729] : 1850+, Longhope, OKI, SCT [14513] : C1847, Callender, PER, SCT [10119] : 1790+, Dunblane, PER, SCT [46306] : 1839-1843, Eaglesham & Kilmalcolm, RFW, SCT [20729] : 1848, Renfrew, RFW, SCT [34651] : Catherine, C1816, ROC, SCT [11372] : 1850-1860, Reay, SUT, SCT [20729] : 1790+, Glasgow, LKS, SCT & NZ [46306]

BAINBRIDGE : ALL, Newcastle, NSW, AUS [32720] : 1800+, London, ENG [26022] : 1700-1800, Slaley, DEV, ENG [10383] : Valentine, 1706, Chester le Street, DUR, ENG [10035] : Ralph, C1651, Chester-le-Street, DUR, ENG [10035] : 1800+, Howorth, DUR, ENG [40802] : 1850, Saffron Walden, ESS, ENG [12460] : 1816, Cockerham, LAN, ENG [39856] : 1721+, St.Anne, Westminster, MDX, ENG [21307] : PRE 1870, Earsdon, NBL, ENG [10967] : 1800, Little Thurlow, SFK, ENG [12460] : 1750+, Dufton, WES, ENG [30120] : 1720-1855, WES, CUL & YKS, ENG [28570] : 1630-1980S, Easingwold & Coxswold, WRY, ENG [11270] : 1788-1820, Hutton, YKS, ENG [46347] : 1777, Kilburn, YKS, ENG [11270] : 1670S+, Romaldkirk, YKS, ENG [11270] : 1802+, York, YKS, ENG [11270]

BAINE : Henry, 1725+, Tonbridge & Rochester, KEN, ENG [46424] : PRE 1860, Rivington & Horwich, LAN, ENG [36983] : 1840, Bethnal Green, MDX, ENG [18340]

BAINES : 1880+, Ravenswood, QLD, AUS [99012] : 1760-1800, LAN, ENG [18708] : 1888, Ormskirk, LAN, ENG [12367] : PRE 1780, Scruton, NRY, ENG [46483] : PRE 1840, Uppingham, RUT, ENG [37415]

BAINS : PRE 1900, South Shields, DUR, ENG [34844]

BAINTON : 1750-1850, Skirlaugh, ERY, ENG [20821] : 1800-1900S, Grimsby, LIN, ENG [25644]

BAIRD : 1850+, Ballarat, VIC, AUS [42615] : 1850+, Geelong, VIC, AUS [32794] : William, 1856+, Williamstown, VIC, AUS [12884] : 1880+, Perth, WA, AUS [12884] : PRE 1850, Mourne, DOW, IRL [12884] : William, 1821, Montrose, ANS, SCT [39247] : James A., 1880, Montrose, ANS, SCT [39247] : C1800S+, AYR, SCT [12781] : C1842, Dailly, AYR, SCT [29479] : C1842, Darly, AYR, SCT [29479] : 1790, Dreghorn, AYR, SCT [10498] : PRE 1860, Stewarton, AYR, SCT [35974] : 1750-1850, Inch, AYR & WIG, SCT [16096] : 1828, KKD, SCT [45791] : Margaret, 1821-57, Barony, LKS, SCT [46268] : PRE 1840, Dalserf, LKS, SCT [29626] : John, C1850, Glasgow, LKS, SCT [13326] : PRE 1885, Edinburgh, MLN, SCT [46339] : 1700+, PER, SCT [10394] : PRE 1850, Milton of Campsie, STI, SCT [42615] : Sarah, 1700-1800, Muiravonside, STI, SCT [39012]

BAIRSTOW : 1750-1870, Halifax, WRY, ENG [10037] : 1720-1830, Halifax, Shelf & Coley, WRY, ENG [44241] : ALL, Bradford, YKS, ENG [99047]

BAISON : 1700S, Bray, BRK, ENG [42466]

BAITEMAN : John, 1734+, Bedale, NRY, ENG [41419]

BAITMAN : Grace, 1740-1780, Aberford, WRY, ENG [43853]

BAKER : 1800-1900, Hartley & Kanimbla, NSW, AUS [45089] : C1819+, Lane Cove & Ryde, NSW, AUS [36751] : 1830+, Newcastle, NSW, AUS [13585] : Richard, 1838+, Raymond Terrace, NSW, AUS [11587] : Robert, 1830+, Scone, NSW, AUS [45624] : PRE 1844, Scone, NSW, AUS [11890] : William, 1790-1829, Windsor, NSW, AUS [11781] : Rose B., PRE 1895+, Armstrong Creek, Dayboro, QLD, AUS [30971] : 1850+, Brisbane, QLD, AUS [13585] : 1854+, Brisbane, QLD, AUS [46403] : 1840+, Adelaide, SA, AUS [46021] : James, 1846+, Derby, TAS, AUS [35809] : George, PRE 1880, Hobart, TAS, AUS [12182] : James, 1856+, VIC, AUS [35809] : 1895+, Katanning, WA, AUS [46021] : 1830+, Morpeth, Hexham & Patricks Pl, NSW, AUS & ENG [42600] : Samuel, 1800+, Sydney, NSW, AUS & NZ [45943] : Anthony, 1783+, Longreach & Kingston, NB, CAN [15787] : Anthony, 1783+, Wakefield Twp, Carleton Co., NB, CAN [15787] : Ruth, 1760-1860, Chatham, ONT, CAN [39243] : Thomas Wm, PRE 1864+, ENG [30971] : PRE 1880, ENG [39027] : 1840, Cambridge, ENG [99832] : 1760+, London, ENG [45652] : ALL, London, ENG [21763] : Henry, 1800S, Bray, BRK, ENG [42466] : PRE 1874, Melbourne, CAM, ENG [30768] : Dorcas, PRE 1840, CON & SOM, ENG [11797] : PRE 1841, Bampton, DEV, ENG [11890] : Wm Cutmore, 1800-1900, Blackawton, DEV, ENG [17189] : PRE 1800, Honiton, DEV, ENG [13694] : PRE 1841, Kenton, DEV, ENG [20985] : 1700S, Lympstone, DEV, ENG [34140] : Elizabeth, 1832+, Ottery St.Mary, DEV, ENG [10441] : 1760-1820, Widworthy, DEV, ENG [27087] : PRE 1830, DEV & SOM, ENG [43842] : Malachi, C1700, Halstock, DOR, ENG [11113] : 1700+, Symondsbury, DOR, ENG [30107] : William, 1830-1900, DUR, ENG [36994] : Elizabeth, C1800, Great Leighs, ESS, ENG [30645] : C1900, Selborne, HAM, ENG [16513] : John, PRE 1864+, Southampton, HAM, ENG [30971] : PRE 1800, Adisham, KEN, ENG [32230] : 1780-1820, Bekesbourne, KEN, ENG [18001] : 1700+, Benenden, KEN, ENG [35280] : PRE 1760, Boxley, KEN, ENG [28670] : ALL, Cobham, KEN, ENG [34277] : 1800S, Faversham, KEN, ENG [46460] : 1840+, Greenwich, KEN, ENG [17631] : Richard, PRE 1839, Hawkhurst, KEN, ENG [11587] : PRE 1800, Hollingbourn, KEN, ENG [28670] : 1800S, Maidstone, KEN, ENG [29426] : 1840+, Northfleet, KEN, ENG [34277] : 1910S, Rochester, KEN, ENG [17027] : PRE 1800, Tunbridge Wells, KEN, ENG [31302] : PRE 1850, Wateringbury, KEN, ENG [19818] : ALL, Liverpool, LAN, ENG [30768] : Benjamin, 1740-1780, LIN, ENG [38926] : PRE 1870, Sedgebrook & Allington, LIN, ENG [42721] : 1800S, Barnsbury & Islington, LND, ENG [40668] : 1830-1930, Gospel Oak & Kentish Town, LND, ENG [40668] : PRE 1870, Hackney, LND, ENG [44889] : PRE 1870, Kentish Town & Pancras, LND, ENG [44889] : 1830-1880, Marylebone, LND, ENG [17291] : Edmund, PRE 1800, Spitalfields, LND, ENG [40822] : 1830-1930, LND & KEN, ENG [46502] : 1700, MDX, ENG [46021] : Joseph, 1800+, Hanwell, MDX, ENG [14760] : Nellie Briggs, ALL, Hounslow, MDX, ENG [14646] : Celia, ALL, Hounslow, MDX, ENG [14646] : PRE 1830, Isleworth, MDX, ENG [14227] : 1870+, Islington, MDX, ENG [44889] : PRE 1880, London, MDX, ENG [16111] : Charles, 1850-1900, London East, MDX, ENG [45874] : C1900, Shepherds Bush, MDX, ENG [41212] : Catherine E., 1814-1820, Stepney, MDX, ENG [37188] : 1800+, London & Honiton, MDX & DEV, ENG [43756] : C1850, Newcastle on Tyne, NBL, ENG [34543] : C1700+, Bale, NFK, ENG [19392] : Charles, PRE 1815, Watford, NTH, ENG [45584] : Joseph, 1863+, Nottingham, NTT, ENG [45584] : ALL, SFK, ENG [39642] : PRE 1700, SFK, ENG [39312] : 1750-1842, Bury St.Edmunds & Clare, SFK, ENG [18018] : 1650, Rumburgh, SFK, ENG [17704] : C1800, Ashton, SOM, ENG [12744] : 1720-1860, Bridgwater, SOM, ENG [28707] : 1800-1930, Coker, SOM, ENG [17291] : Amos, 1750S, East Lambrook & Ilminster, SOM, ENG [31510] : PRE 1800, Kingsbury Espiscopli, SOM, ENG [45874] : PRE 1800, South Petherton, SOM, ENG [45874] : Edward, 1700-1850, Uphill & Axebridge, SOM, ENG [41228] : 1800+, Walcot & Bath, SOM, ENG [13585] : ALL, Wellington, SOM, ENG [13855] : PRE 1800, Wells, SOM, ENG [19165] : C1725, Elstead, SRY, ENG [28479] : 1800+, Hammersmith, SRY, ENG [45681] : PRE 1870, Mitcham, SRY, ENG [18147] : Catherine E., 1800-1813, Richmond,

SRY, ENG [37188] : Mary, PRE 1830, SSX, ENG **[31676]** : Elisabeth, PRE 1596, Brede, SSX, ENG **[36365]** : PRE 1850, Brighton, SSX, ENG **[31302]** : PRE 1870, East Dean, SSX, ENG **[41136]** : 1750-1850, Herstmonceaux, SSX, ENG **[30855]** : PRE 1900, Hove, SSX, ENG **[27769]** : PRE 1850, Mayfield, SSX, ENG **[14031]** : PRE 1800, Rogate, SSX, ENG **[15464]** : James, 1773+, Salehurst, SSX, ENG **[11587]** : Richard, PRE 1840, Salehurst, SSX, ENG **[11587]** : 1680-1750, Warbleton, SSX, ENG **[33347]** : 1700-1800, Wiggonholt, SSX, ENG **[15464]** : PRE 1650, Ellastone, STS, ENG **[27219]** : PRE 1670, Wolstanton, STS, ENG **[19647]** : Fanny, 1830+, Birmingham, WAR, ENG **[45769]** : Benjamin, PRE 1860, Birmingham, WAR, ENG **[30147]** : 1775-1864, Leamington, WAR & STS, ENG **[37594]** :PRE 1840, WIL, ENG **[38660]** : PRE 1870, WIL, ENG **[45046]** :PRE 1900, Fyfield, WIL, ENG **[36337]** : John, 1763+, Shalbourne, WIL, ENG **[45624]** : Robert, 1790+, Shalbourne, WIL, ENG **[45624]** : Robert, 1790+, Tidcombe, WIL, ENG **[45624]** : PRE 1850, Stourbridge, WOR & STS, ENG **[36543]** : PRE 1860, Acombe, YKS, ENG **[39745]** : Thomas, PRE 1833+, ENG & AUS **[30971]** : 1800+, CAM, ENG & AUS **[42600]** : William, C1834, IRL **[36994]** : George, C1848, Port Nicholson, WTN, NZ **[98601]** : Donald, 1855-1906, Bellshill & Coatbridge, LKS, SCT **[46278]** : George, 1935-58, Detroit, MI, USA **[19678]** : 1800S, Batavia, Genesee Co., NY, USA **[28141]**
BAKER (see One Name Section) [30971]
BAKER-BASHFORD : C1910, Sutton, SRY, ENG **[36075]**
BAKERINK : 1850-1950, CO, USA **[17012]**
BAKES : 1770, Fewston, YKS, ENG **[12318]**
BAKEWELL : Wm & Anne, PRE 1850, Sudbury, DBY, ENG **[11197]**
BAKIE : Margaret, PRE 1845, Wick, CAI, SCT **[99600]**
BALAAM : PRE 1850, Northampton, NTH, ENG **[11066]**
BALBYRNIE : Magdalene, C1730, Carmylie, ANS, SCT **[13153]**
BALCER : 1800+, CAR, IRL **[20546]**
BALCHIN : 1700+, HAM & SRY, ENG **[44954]**
BALCOMB : Benjamin, PRE 1850, SRY, ENG **[25046]** : 1800-1850, Ticehurst, SSX, ENG **[19268]**
BALD : William, PRE 1680, Cockburnspath, ELN, SCT **[37847]** : 1800+, FIF, SCT **[21149]**
BALDERSON : 1700S, Wrawby & Messingham, LIN, ENG **[19921]**
BALDERSTON : 1800-1850, Falkirk, STI, SCT **[13326]**
BALDOCK : 1838+, Glennies Creek, NSW, AUS **[13828]** : 1800S, Sydney, NSW, AUS **[13731]** : 1800S, Brenchley, KEN, ENG **[13731]** : PRE 1777, Milton & Tunstall, KEN, ENG **[13511]** : 1600+, Sutton Valence, KEN, ENG **[38515]** : PRE 1900, Tunbridge Wells, KEN, ENG **[46247]** : 1820, Kelstern, LIN, ENG **[10956]** : PRE 1700, Ruddington & Plumtree, NTT, ENG **[10287]** : 1700-1800, Salehurst, SSX, ENG **[35561]** : 1800+, Wadhurst, SSX, ENG **[13828]**
BALDREY : PRE 1866, Norwich, NFK, ENG **[21395]**
BALDRY : Arthur F., 1900+, Sydney, NSW, AUS & ENG **[44939]** : Jemima, 1790-1875, Mornington Twp, Perth Co., ONT, CAN & ENG **[31446]** : Thomas G., PRE 1880, Great Yarmouth & London, NFK & MDX, ENG **[44939]** : PRE 1900, SFK, ENG **[39312]** : PRE 1690, Earl Soham, SFK, ENG **[33664]**
BALDWIN : 1850+, AUS **[44299]** : 1875+, Maitland, NSW, AUS **[30776]** : 1830S, Raymond Terrace, NSW, AUS **[34221]** : ALL, Sydney, NSW, AUS **[29810]** : 1854-64, Tamworth & Wallabadah, NSW, AUS **[34221]** : Maud Frances?, C1888-1914, Mount Pleasant & Ipswich, QLD, AUS **[12392]** : Henry, C1888-1914, Mount Pleasant & Ipswich, QLD, AUS **[12392]** : 1890S, Petersburg, SA, AUS **[11590]** : 1849+, Melbourne, VIC, AUS **[35974]** : ALL, ENG **[28361]** : 1700+, Aylesbury & Oving, BKM, ENG **[33642]** : PRE 1840, Whaddon, BKM, ENG **[45879]** : 1760+, Waltham St.Lawrence, BRK, ENG **[20742]** : Edward, 1851-1881, Runcorn, CHS, ENG **[46426]** : Samuel, PRE 1851, Runcorn, CHS, ENG **[46426]** : 1750+, ESS, ENG **[12058]** : Ellen, PRE 1830, Oakley, ESS, ENG **[12058]** : Thomas, 1872, GLS, ENG **[31356]** : Kathleen, 1906, Chalford, GLS, ENG **[31356]** : Sydney, 1850-1900, Gloucester, GLS, ENG **[31356]** : George, C1844, Leighterton, GLS, ENG **[31356]** : 1650-1800, Bovingdon, HRT, ENG **[45883]** : William, PRE 1856, KEN, ENG **[34221]** : PRE 1700, Cranbrook, KEN, ENG **[43842]** : ALL, Gravesend, KEN, ENG **[32720]** : 1700+, Wadhurst, KEN, ENG **[30107]** : 1680-1880, Brindle, LAN, ENG **[46515]** : 1810-1910, Walton-le-Dale, LAN, ENG **[46515]** : PRE 1850, MDX, ENG **[38660]** : Martha, 1830+, Hoxton, MDX, ENG **[12058]** : 1850-2000, New Duston & Church Brampton, NTH, ENG **[41037]** : PRE 1890, OXF, ENG **[29974]** : 1880+, Greenwich, SRY, ENG **[29974]** : 1750-1850, Settle, WRY, ENG **[20835]** : PRE 1874, YKS, ENG **[29810]** : 1750+, Huddersfield, YKS, ENG **[27689]** : Ellen, 1800, Giggleswick, YKS & WRY, ENG **[21759]** : 1900-1950, NZ **[45291]** : William, 1856+, Leavenworth, KS, USA **[34221]** : Maria, 1856+, Leavenworth, KS, USA **[34221]** : 1862+, VA, USA **[24660]**
BALDY : ALL, SSX, ENG **[31646]**
BALE : 1740-1840S, North Molton, DEV, ENG **[45795]** : PRE 1815, Husbands Bosworth, LEI, ENG **[18569]** : PRE 1840, NFK & MDX, ENG **[27320]**
BALES : 1845+, Boorowa, NSW, AUS **[10785]** : 1770+, Alston, CUL, ENG **[13473]** : 1800S, Bethnal Green & Whitechapel, MDX, ENG **[33331]**
BALFORT : 1830+, AUS **[29198]**
BALFOUR : PRE 1860, Oakenshaw, DUR, ENG **[11039]** : James, PRE 1800, Drumkeeran, FER, IRL **[40993]** : 1725-1750, FIF, SCT **[24567]** : ALL, Dunfermline, FIF, SCT **[46220]** : 1850, Larbert, STI, SCT **[45541]** : 1860+, CA & UT, USA **[11039]**
BALK : ALL, Miknaiciai, LITHUANIA **[31826]**
BALKHAM : William Thos, 1800-1920, Totnes, DEV, ENG **[43769]**
BALKWILL : 1700+, DEV, ENG **[12819]**
BALL : 1885, Lismore, NSW, AUS **[31237]** : 1880+, Temora & Cootamundra, NSW, AUS **[34739]** : Edward, 1891+, Oakey, QLD, AUS **[36634]** : 1865+, Toowoomba, QLD, AUS **[36634]** : 1840+, Port Fairy, VIC, AUS **[34739]** : Mark, 1852-1907, Wycheproof, VIC, AUS **[34007]** : 1908+, CAN **[12078]** : 1790+, BKM, ENG **[14268]** : PRE 1700, Bodmin, Lanivet & Withiel, CON, ENG **[25469]** : Edward, C1800, Mylor, CON, ENG **[36634]** : PRE 1900, Derby, DBY, ENG **[46439]** : PRE 1880, Dudley, DBY, ENG **[29298]** : C1851, South Normanton, DBY, ENG **[30714]** : PRE 1850, DEV, ENG **[31237]** : PRE 1850, Kelly, DEV, ENG **[26297]** : Hannah, C1780, Hull, ERY, ENG **[10054]** : 1808+, GLS, ENG **[14754]** : 1500-1850, HAM, ENG **[17480]** : 1700-1850, Bovingdon, HRT, ENG **[45883]** : 1901+, Beckenham, KEN, ENG **[32724]** : 1800S, LAN, ENG **[42582]** : Barnabe, 1600, Banks, North Meols, LAN, ENG **[31486]** : PRE 1830S, Liverpool, LAN, ENG **[10399]** : C1850-1900, Wigan, LAN, ENG **[17078]** : 1830+, Ratby, LEI, ENG **[42342]** : 1800-1911, Thinkley, LEI, ENG **[46472]** : 1861-1921, Plumstead, LND, ENG **[46472]** : PRE 1900, MDX, ENG **[44969]** : William, C1800, Harrow & Pinner, MDX, ENG **[39301]** : PRE 1814, Oundle, NTH, ENG **[99012]** : PRE 1880, NTT, ENG **[29298]** : 1800, NTT & DBY, ENG **[18780]** : 1750+, Aston & Cote, OXF, ENG **[34440]** : 1800-1900S, Bridgnorth, SAL, ENG **[39565]** : C1750-1850, Dawley, SAL, ENG **[46253]** : 1800S, Worfield, SAL, ENG **[11071]** : 1750+, Winford, SOM, ENG **[44007]** : ALL, SRY, ENG **[44815]** : C1800-1900, Walworth, SRY, ENG **[17470]** : 1600-1700S, Yapton, SSX, ENG **[18895]** : George, PRE 1850, Abbots Bromley & Yoxall, STS, ENG **[27325]** : ALL, Barton-under-Needwood, STS, ENG **[33920]** : 1800-1900, Cheadle & Checkley, STS, ENG **[19713]** : Ann, 1829+, Baddersley, WAR, ENG **[38548]** : Richard, C1800+, Bentley, WAR, ENG

[38548] : 1800S, Kenilworth, WAR, ENG [26955] : 1839+, Erdington, WAR & STS, ENG [46423] : C1800, Blunsden, WIL, ENG [28742] : 1646, Swindon, WIL, ENG [40055] : 1800S, Winsley, WIL, ENG [13731] : John, C1800, Winsley, WIL, ENG [13326] : PRE 1750, WIL & DOR, ENG [31017] : PRE 1830, Haddlesey, WRY, ENG [28523] : PRE 1826, Kildarkin, ARM, IRL [10970] : C1869, Geraldstown, MEA, IRL [37938] : 1837-1929, WEM, IRL [14754] : 1800+, IRL & ENG [46430] : 1874+, Christchurch, NZ [21183] : 1871+, Llantrisant & Penygraig, GLA, WLS [44007]

BALLAM : ALL, AUS [98601] : ALL, IRL [98601]

BALLANCE : ALL, STS, ENG [42773]

BALLANTYNE : Thomas, 1865-1940, Long Lake & Swan Hill, VIC, AUS [14672] : PRE 1800, Monimail & Edinburgh, FIF, SCT [27240] : Robert, 1800S, Edinburgh, MLN, SCT [40880] : William, 1819, Edinburgh, MLN, SCT [40880] : Elizabeth, 1857, Edinburgh, MLN, SCT [40880] : PRE 1860, SEL, SCT [20923] : PRE 1848, Airth, STI, SCT [21356] : John, C1824-1870, Glasgow & Swan Hill, LKS & VIC, SCT & AUS [14672]

BALLARD : Timothy, 1807+, Parramatta, NSW, AUS [44160] : 1792+, Sydney & Parramatta, NSW, AUS [44689] : Timothy or Wm, C1787, HRT, ENG [44160] : ALL, Charing, KEN, ENG [20729] : James, C1862, Sittingbourne & Milton, KEN, ENG [17511] : William, 1800-1825, Greenford, MDX, ENG [17436] : PRE 1900, London, MDX, ENG [45054] : PRE 1851, Croydon, SRY, ENG [17436] : 1800+, WIL, ENG [27219] : 1778+, WOR, ENG [44689] : 1802+, VA, USA [23848]

BALLER : C1770, DEV, ENG [43841]

BALLIN : 1700+, Heldenbergen, HEN, GER [16383]

BALLINGER : 1815-1867, CLA, IRL [46325]

BALLINGTON : C1800, Derby, DBY, ENG [19310]

BALLISTON : ALL, Southampton, HAM, ENG [16269]

BALLS : Samuel John, 1800+, ENG [12058] : Mary Ann, 1823+, London, ENG [39527] : Henry, 1824+, London, ENG [39527] : Edmund, 1828+, London, ENG [39527] : John William, 1846+, London, ENG [39527] : Thomas Henry, 1847+, London, ENG [39527] : Fredrick S., 1855+, London, ENG [39527] : PRE 1841, Shefford, BDF, ENG [46439] : Herbert Sam., 1850, ESS, ENG [12058] : 1800S, Alphamstone, ESS, ENG [26833] : 1800S, Castle Hedingham, ESS, ENG [26833] : Lydia, 1770+, ESS & SFK, ENG [39527] : PRE 1820, Enfield, MDX, ENG [39588] : PRE 1874, NFK, ENG [21183] : 1800-1900, Burlingham & Great Yarmouth, NFK, ENG [36498] : PRE 1881, Thetford, NFK, ENG [39554] : ALL, SFK, ENG [37125] : C1690, Covehithe, SFK, ENG [38285] : PRE 1835, Lambeth, SRY, ENG [17470]

BALMAIN : 1700-1800, Wemyss, FIF, SCT [10037]

BALMER : PRE 1912, Durham, DUR, ENG [40871] : Mary, PRE 1854, Liverpool, LAN, ENG [41468]

BALOU : 1910-1930S, New York City, NY, USA [23986]

BALSOM : 1780-1830, North Petherton & Perrott, SOM, ENG [40033]

BALSTON : 1800+, Mudgee, NSW, AUS [99573]

BALTHES : PRE 1814, Kastellaun, GER [13655]

BAMBER : Chas Hy, 1840, Plymouth, DEV, ENG [13031] : 1800, Wigan, LAN, ENG [31453]

BAMBRICK : ALL, Banbridge, DOW, IRL [16513]

BAMBRIDGE : 1660-1700, Stody, NFK, ENG [46216]

BAMBURY : Jacob, 1850+, Dandenong, VIC, AUS [99183]

BAMESS : Frederick, PRE 1863, Sydney, NSW, AUS & BERMUDA [14290]

BAMFIELD : PRE 1800, IOW, ENG [27219]

BAMFORD : 1840+, Narellan, NSW, AUS [29025] : 1905, Sydney, NSW, AUS [10280] : 1860, Colac, VIC, AUS [12424] : ALL, Cotmanhay, DBY, ENG [39389] : 1852+, LAN, ENG [44269] : Hannah, 1800S, Littleborough, LAN, ENG [11386] : Elizabeth, C1800+, Manchester, LAN, ENG [41221] : ALL, Rochdale, LAN, ENG [34901] : 1770+, Donnington, LIN, ENG [13853] : ALL, Coleraine, DRY, IRL [39994] : PRE 1800, Llanwnog, MGY, WLS [40822]

BAMFORTH : PRE 1950, Dartmouth, DEV, ENG [25162] : Hannah, 1841-1918, Slaithwaite, WRY, ENG [38925] : PRE 1900, Slaithwaite, YKS, ENG [25162]

BAMPTON : 1875+, Narrabri, NSW, AUS [11530]

BAMUS : Domingo, PRE 1839, St.Georges, BERMUDA [14290]

BANBURY : PRE 1870, Beer, DEV, ENG [26017] : PRE 1925, Sherbourne, DOR, ENG [26017]

BANCO : ALL, Eyrecourt, GAL, IRL & AUS [44256]

BANCROFT : ALL, Hants Co., NS, CAN [99570] : 1800-1850, West Hawkesbury Twp, ONT, CAN [42429] : David, PRE 1815, Macclesfield, CHS, ENG [37847] : PRE 1900, London, MDX, ENG [29416] : PRE 1850, Corsham, WIL, ENG [41582] : Alfred, PRE 1820, Halifax & Ovenden, WRY, ENG [37445] : PRE 1760, Middlesex Co., MA, USA [22262]

BANDAU : PRE 1830, Riga, LATVIA, SU [30488]

BANDEL : 1830S, Schmitheim, BAW, GER [16149] : 1700S, Oberschneidheim, WUE, GER [16149]

BANDIERA : 1800+, WORLDWIDE [12728]

BANE : Henry, 1725+, Tonbridge & Rochester, KEN, ENG [46424]

BANER : 1860+, MI, ID & OH, USA [11039]

BANES : Abigail, 1804+, KEN, ENG [11372]

BANET : Alice, C1565, Winchester, HAM, ENG [22796]

BANFIELD : C1855+, Campbelltown, NSW, AUS [10330] : PRE 1800, CON, ENG [34640] : 1800+, LND, ENG [10330] : Mary Violet, 1870-1936, Bayswater, LND, ENG [17109] : James, 1830-1900, Swansea, GLA, WLS [17109]

BANG : 1800+, AUS [42541] : 1700+, CAN [42541] : 1350+, DEN [42541] : 1900+, NZ [42541] : 1700+, USA [42541] **BANG** (see One Name Section) [42541]

BANGS : 1670-1720, Ingatestone, ESS, ENG [34790] : James, 1820, Ingatestone, ESS, ENG [10610] : C1700+, London, MDX, ENG [45895] : 1670, MA, USA [41244]

BANHAM : 1700-1850, Hempnall, NFK, ENG [10591] : C1901, South Lynn, NFK, ENG [46447] : C1800, Rattlesden, SFK, ENG [43841]

BANISTER : ALL, SSX, ENG [37206]

BANKES : PRE 1800, Oakshott, HAM, ENG [15464]

BANKIN : PRE 1828, Hornchurch, ESS, ENG [11092] : PRE 1803, Lewes, SSX, ENG [41589] : 1700+, WORLDWIDE [11690]

BANKO : ALL, Eyrecourt, GAL, IRL & AUS [44256]

BANKS : PRE 1700, Tiverton, DEV, ENG [21594] : PRE 1825, Kingsnorth & Wye, KEN, ENG [42967] : 1800-1900, Clitheroe, LAN, ENG [18372] : 1890+, Heaton Mersey, LAN, ENG [33952] : John Robinson, C1885, Lancaster, LAN, ENG [27289] : PRE 1870, Barrow on Humber, LIN, ENG [43422] : 1800+, Shoreditch, LND, ENG [37110] : Mary, C1760, Edgmond, SAL, ENG [36592] : 1870-1900, Guildford, SRY, ENG [13833] : 1600+, Lingfield, SRY, ENG [27867] : James, PRE 1780, Bilston, STS, ENG [21594] : PRE 1820, Leek, STS, ENG [29373] : 1800+, Bradford, WRY, ENG [18372] : 1687-1750, Chapel Allerton, YKS, ENG [14618] : 1790+, Selby, Barlby, Wressle & Osgodby, YKS, ENG [14618] : 1800S, St.Austell, CON, ENG & AUS [46387] : Joseph, 1777, Whitehaven, CUL, ENG & IRL [14290] : ALL, Mey, CAI, SCT [20606] : Mary, 1700+, Wick & Thurso, CAI, SCT [10698] : 1800+, Kelton, KKD, SCT [18372] : PRE 1800, Edinburgh, MLN, SCT [22550] : 1850+, St.Margarets Hope, OKI, SCT [14513]

BANN : ALL, Poynton, Worth & Styal, CHS, ENG [11197] : ALL, Prestbury, CHS, ENG [11197]

BANNAH : C1860, Gayndah, QLD, AUS [13347]

BANNAN : 1840+, MAURITIUS [39108]

BANNATYNE : Jonet, 1541+, Edinburgh, MLN, SCT [35823]

BANNER : C1832, Derby, DBY, ENG **[30714]** : Stephen, C1800, Sedgley, STS, ENG **[42943]** : PRE 1900, WOR, ENG **[42773]** : Joseph, 1780-1800, Bromsgrove, WOR, ENG **[17105]** : Joseph, C1836, Old Swinford, WOR, ENG **[42943]**
BANNERMAN : 1870-1994, Melbourne, VIC, AUS **[21243]** : 1914+, Edmonton & Winnipeg, ALB & MAN, CAN **[21243]** : PRE 1833, Foveran, ABD, SCT **[44175]** : 1750+, Kildonan & Helmsdale, SUT, SCT **[21243]**
BANNISTER : 1750-1850, Old Basing, HAM, ENG **[99598]** : PRE 1750, IOW, ENG **[20458]** : PRE 1710, Newport, IOW, ENG **[20458]** : 1800-1850, Basingstoke, MDX, ENG **[42609]** : ALL, SSX, ENG **[37206]** : PRE 1800, Kidderminster, WOR, ENG **[19818]** : Eliza, C1798, Vale of Avoca, WIC, IRL **[99390]**
BANNON : ALL, Belmore River, NSW, AUS **[29334]** : Winnifred, ALL, Bury, LAN, ENG **[10937]** : 1700-1900, Ballycahill, TIP, IRL **[29334]**
BANSTON : 1896, Fitzroy, VIC, AUS **[32016]**
BANTHORP : ALL, SFK, ENG **[43613]**
BANTOCK : 1750-1820, Asheldham, ESS, ENG **[12641]**
BANWINK : Barendinaj, 1900-1940, Pretoria, RSA **[46466]**
BANYARD : Alex, 1901, Camberwell, LND, ENG **[13065]** : Henry, PRE 1500, Bury St.Edmunds, SFK, ENG **[10194]**
BAPTIE : ALL, LND & MDX, ENG **[29416]**
BAPTIST : Mary, 1805+, Cornhill on Tweed, NBL, ENG **[31296]** : John, 1800S, BEW, SCT **[99522]**
BAPTISTE : C1890, SEYCHELLES **[20495]**
BARAGER : 1840+, Thurlow Twp., ONT, CAN **[17012]**
BARANOV : 1800S, Linavas Gauru Pagasts, ABRENES, LATVIA **[16286]**
BARAVOV : 1800S, Linavas Gaura Pagasts, PSKOV OBLAST, RUSSIA **[16286]**
BARBER : 1885+, NSW, AUS **[45895]** : Wm, 1840, (Alfred Ship), NSW, AUS **[10054]** : Samuel, 1805+, Yass, NSW, AUS **[45127]** : Robt, 1857, (Horizon Ship), VIC, AUS **[10054]** : C1790, London City, ENG **[21161]** : 1600+, Witcham & Newmarket, CAM, ENG **[18207]** : ALL, Lewannick, CON, ENG **[31349]** : C1700-1900, Bradwell, DBY, ENG **[45895]** : ALL, DOR, ENG **[36952]** : 1800+, Portsea, HAM, ENG **[16783]** : Thomas, C1758, Manchester, LAN, ENG **[44689]** : Thomas, C1761, Manchester, LAN, ENG **[45127]** : Edward, PRE 1850, Brig, LIN, ENG **[36402]** : Percy B., 1897+, West Ham, LND, ENG **[27955]** : C1700-1850, Great Yarmouth, NFK, ENG **[34797]** : PRE 1800, Pickenham, NFK, ENG **[46452]** : ALL, Wooton & Weston Favell, NTH, ENG **[25702]** : Edna, PRE 1730, Blyth, NTT, ENG **[34111]** : PRE 1880, Madeley, SAL, ENG **[31014]** : C1800, Kessingland, SFK, ENG **[31375]** : Millicent, C1860, Wimbledon, SRY, ENG **[28479]** : 1840+, Brighton & Hove, SSX, ENG **[12481]** : Frances, 1781-1845, Poynings, SSX, ENG **[40505]** : PRE 1850, Ticehurst & Wadhurst, SSX, ENG **[19766]** : PRE 1850, Tenbury, WOR, ENG **[46408]** : 1800+, Sheffield, WRY, ENG **[45895]** : 1900-2005, Rock, WOR & TAS, ENG & AUS **[42055]** : James, PRE 1830, Dublin, IRL **[11797]** : 1890+, RSA **[45895]** : 1600S, RI, USA **[35876]**
BARBET : PRE 1751, Oddington, GLS, ENG **[26366]**
BARBIER : 1750-1850, Dunkirk, NOR, FRA **[20821]**
BARBOUR : C1790, Belfast, ANT, IRL **[25693]** : PRE 1880, Craigmore, ARM, IRL **[31045]** : Mary, 1815, SCT **[46326]** : 1750-1880, Catrine, AYR, SCT **[20770]** : C1850, Glasgow, LKS, SCT **[25693]** : Archibald, 1780+, Lanark, LKS, SCT **[46326]**
BARBY : 1849+, Dungog, NSW, AUS **[39102]** : PRE 1849, Toddington & Luton, BDF, ENG **[39102]**
BARCHARD : 1870-1950, London, MDX, ENG **[38737]**
BARCLAY : 1890+, Sydney, NSW, AUS **[31923]** : 1850+, Port Isaac, CON, ENG **[36161]** : PRE 1810, LND & MDX, ENG **[45186]** : PRE 1895, South Hornsey, MDX, ENG **[31923]** : 1900+, RSA **[21233]** : PRE 1848, SCT **[31923]** : 1700-1900, ABD, SCT **[46271]** : 1800+, ABD, SCT **[30182]** : Margaret Barr, C1850, Stewarton, AYR, SCT **[39820]** : George, 1819+, Edinburgh, ELN, SCT **[41027]** : 1750-1850, Kettle, FIF, SCT **[46271]** : PRE 1850, Kirkpatrick-Durham, KKD, SCT **[14733]** : 1700-1900, MOR, SCT **[46271]** : William, 1885-1895, Dundee, PER, SCT **[28755]** : 1820-1840, Perth, PER, SCT **[12039]** : Ann Jane, 1845-1914, Greenock, RFW, SCT **[39581]** : 1800S, Kilmacolm, RFW, SCT **[37070]** : (see One Name Section) **[28755]**
BARCROFT : 1800S, Rossendale, LAN, ENG **[19691]** : 1800-70, Whalley, LAN, ENG **[11661]**
BARDEN : Charles, 1840+, Bow Brickhill, BKM, ENG **[25654]** : 1800+, Boughton Monchelsea, KEN, ENG **[21394]** : PRE 1837, Catsfield, SSX, ENG **[14120]** : 1830S, Catsfield & Ninfield, SSX, ENG **[28060]**
BARDGETT : 1850+, Penrith, CUL & WES, ENG **[30120]**
BARDO : ALL, KEN, ENG **[10460]**
BARDOE : PRE 1900, KEN, ENG **[39386]**
BARDON : Mary Ann, 1800-1835, LND & NSW, ENG & AUS **[10604]**
BARDSLEY : Sam, 1780-1880, Oldham, LAN, ENG **[22640]** : PRE 1850, Oldham & Ashton under Lyne, LAN, ENG **[19259]** : PRE 1850, Ashton & Manchester, LAN & WRY, ENG **[32040]** : John, 1865-1900, Philadelphia, PA, USA **[22640]**
BARDWELL : PRE 1840, ENG **[19568]**
BAREFOOT : PRE 1865, Mortimer, BRK, ENG **[39588]**
BAREHAM : ALL, Little Clacton, ESS, ENG **[36437]**
BAREL : 1780+, Stepney, MDX & LND, ENG **[31079]**
BARENCE : PRE 1816, Tiverton, DEV, ENG **[10232]**
BARENDSE-BARTELS : ALL, NL **[11938]**
BARF : 1700S, North Newbald, ERY, ENG **[35343]**
BARFF : 1880-1930, Wakefield, WRY, ENG **[11270]** : 1712, Snaith, YKS, ENG **[11270]** : 1847, Wakefield, YKS, ENG **[11270]** : 1834+, Zante, GR **[11270]**
BARFIELD : Matilda, 1800+, Ipswich, SFK, ENG **[46163]**
BARFOOT : C1800, Ticknall, DBY, ENG **[30998]** : 1770+, Assington, SFK, ENG **[33443]** : ALL, SRY, HAM & SSX, ENG **[42641]**
BARFORDE : PRE 1698, Borden, KEN, ENG **[13511]**
BARGIN : Julia, 1800+, IRL **[45624]**
BARGUL : 1850+, Posen, POL **[46199]**
BARHAM : 1700+, Woodbridge, SFK, ENG **[38005]** : PRE 1789, Battle, SSX, ENG **[11344]**
BARK : 1820-1940, Clowne, DBY, ENG **[28391]** : 1945+, TX, USA **[23564]**
BARKER : Thomas, 1839+, Baulkham Hills, NSW, AUS **[10263]** : Charles, 1868, Ryde, NSW, AUS **[10846]** : C1900, Sydney, NSW, AUS **[39155]** : C1870, Port Sorell, TAS, AUS **[39155]** : Louisa, 1840+, ENG **[18329]** : 1799+, Marston Moretaine, BDF, ENG **[10263]** : William, 1800S, Toddington, BDF, ENG **[17650]** : PRE 1826, Toddington, BDF, ENG **[39985]** : 1760-1860, BRK, ENG **[45850]** : C1730, Cambridge, CAM, ENG **[30246]** : 1800S Cambridge & West Wickham, CAM, ENG **[36243]** : Alfred & Sarah, 1845-1918, Altrincham, CHS, ENG **[16681]** : 1800, Astbury, CHS, ENG **[22241]** : 1840+, Macclesfield, CHS, ENG **[30120]** : PRE 1880, DBY, ENG **[26981]** : Elijah, 1800-1856, Derby, DBY, ENG **[23858]** : PRE 1790, Merton, DEV, ENG **[46452]** : 1821, DUR, ENG **[44941]** : Robert, 1800-1830, Seaham Harbour, DUR, ENG **[12011]** : C1800+, Pocklington, ERY, ENG **[46495]** : ALL, ESS, ENG **[31646]** : Elizabeth, 1800S, Clavering, ESS, ENG **[16378]** : PRE 1800, Frating, ESS, ENG **[17687]** : PRE 1870, Anstey, HRT, ENG **[34101]** : Edward, C1790, Braughing, HRT, ENG **[25654]** : Thomas, C1715, Langley, HRT, ENG **[25654]** : PRE 1854, Wheathampstead, HRT, ENG **[46445]** : 1841-1876, Gravesend, KEN, ENG **[35218]** : PRE 1810, Newtimber, KEN, ENG **[46452]** : PRE 1840, KEN & SFK, ENG **[31186]** :

1800+, St.Helens & Prescot, LAN, ENG [19713] : 1800+, Wigan, LAN, ENG [36120] : C1760, Frodingham, LIN, ENG [13004] : 1700-1850, North Scarle, LIN, ENG [20919] : 1837-1841, London, MDX, ENG [35218] : 1851-1970, Blyth, NBL, ENG [35218] : C1790, NFK, ENG [39155] : ALL, Huby, NRY, ENG [30737] : Dorothy, 1740-1760, Whitby, NRY, ENG [28323] : 1810-1890, Bridgnorth, SAL, ENG [46494] : 1800+, Shrewsbury, SAL, ENG [46299] : 1750-1850, Farnham, SFK, ENG [20660] : Edmund, 1500S, Sibton, SFK, ENG [22796] : PRE 1800, Christchurch, SRY, ENG [46399] : PRE 1880, Stoke on Trent, STS, ENG [29373] : PRE 1863, Tunstall & Stoke-on-Trent, STS, ENG [32011] : PRE 1740, Bradford, WRY, ENG [42277] : John, 1800+, Horbury, WRY, ENG [45690] : John, 1850-1939, Huby & Guiseley, YKS, ENG [30737] : C1890, Leeds, YKS, ENG [28755] : 1800+, Ely & Haddenham, CAM, ENG & AUS [44938] : 1700-1800, Prestonpans, ELN, SCT [13326]
BARKHAS : Percival, C1560, Houghton le Spring, DUR, ENG [10035]
BARKHOUSE : Percival, C1560, Houghton le Spring, DUR, ENG [10035]
BARKHURST : ALL, OH, USA [32419]
BARKLE : 1780+, Crowan & Tywardreath, CON, ENG [36622]
BARKLEM : Anne Eliz., 1805, Cripplegate, MDX, ENG [30917]
BARKLEY : 1850+, Barry, IL, USA [24182]
BARLAY : C1750, Sawtry, HUN, ENG [28479]
BARLET (see : Barrelet), [37789]
BARLEY : PRE 1720, Flixborough, LIN, ENG [13004] : 1860+, Wolverhampton, STS, ENG [99433] : C1878, WRY, ENG [21129] : PRE 1860, YKS, SFK & ALL, ENG [30351]
BARLING : PRE 1900, Geelong, VIC, AUS [29780] : PRE 1800, London, ENG [29780]
BARLOW : 1820+, Coleshill, CHS, ENG [36643] : 1700+, Heswall & Neston, CHS, ENG [38907] : Ann, 1830+, Macclesfield, CHS, ENG [16433] : 1880+, Portsmouth, HAM, ENG [31079] : 1700S+, Ashton under Lyne, LAN, ENG [10893] : 1752-1852, Cartmel, LAN, ENG [19661] : PRE 1752, Dalton in Furness, LAN, ENG [19661] : Richard, C1750, Eccles & Pendleton, LAN, ENG [19497] : PRE 1850, Heaton Norris, LAN, ENG [12084] : 1840S+, Hulme, LAN, ENG [46495] : 1820+, Liverpool, LAN, ENG [38907] : ALL, Liverpool, LAN, ENG [44955] : PRE 1714, Manchester, LAN, ENG [19661] : 1820S, Stockport, LAN, ENG [39573] : 1850+, LEI, ENG [44077] : PRE 1720, Waddington, LIN, ENG [31316] : 1850+, Ipswich, LIN, ENG [31079] : PRE 1800, Chesterton, STS, ENG [18501] : PRE 1800, Newcastle under Lyme, STS, ENG [18501] : PRE 1820, Stoke, STS, ENG [29373] : 1838+, Burton in Kendal, WES, ENG [19661] : PRE 1644, Leiden, HOL [15521] : 1900+, Wellington, NZ [39672]
BARLOW (see Cat. I: : Subjects), [36498]
BARLOW-MASSICKS : 1870+, Millom, CUL, ENG [19661]
BARNACLE : ALL, WAR, ENG [45736]
BARNARD : David, 1850+, SA, AUS [35150] : Mary Ellen, 1862, Gawler, SA, AUS [35150] : 1790+, Reading, BRK, ENG [42665] : ALL, Orwell & Haslingfield, CAM, ENG [46295] : PRE 1821, Kilkhampton, CON, ENG [36624] : ALL, ESS, ENG [18713] : C1750-1825, HAM, ENG [42665] : 1800S, Sittingbourne, KEN, ENG [18273] : ALL, Sittingbourne, KEN, ENG [46277] : ALL, Wood Green, LND, ENG [18713] : ALL, Great Ellingham & East Harling, NFK, ENG [28585] : ALL, Rockland & Norwich, NFK, ENG [42019] : ALL, Ludlow, SAL, ENG [29172] : 1700-1900, Stowmarket, SFK, ENG [31882] : Mary Ellen, PRE 1862, SOM, ENG [35150] : ALL, Walcot & Bath, SOM, ENG [29172] : 1750+, Wearne, SOM, ENG [21093] : David, PRE 1850, SOM & DOR, ENG [35150] : PRE 1870, Camberwell, SRY, ENG [28494] : PRE 1870, Southwark, SRY, ENG [28494] : PRE 1900, SRY & LND, ENG [43727] : PRE 1750, Laughton & Glynde, SSX, ENG [42083] : 1700-1730, Washington, SSX, ENG [18001] : 1880+, Boston, MA, USA [21093]
BARNES : Sarah, 1793, Sydney, NSW, AUS [20542] : Thomas, 1881+, Isis, QLD, AUS [11372] : 1660+, St.Michaels, BARBADOS [23319] : 1940S, New Liskeard, ONT, CAN [22743] : C1766, Montreal, QUE, CAN [14542] : PRE 1930, London, ENG [42170] : PRE 1900, Chesham, BKM, ENG [46462] : 1880+, Emberton, BKM, ENG [41037] : 1797+, Eton & Cholesbury, BKM, ENG [21207] : 1840+, Olney, BKM, ENG [41037] : PRE 1900, Bluntisham cum Earith, CAM, ENG [39642] : PRE 1864, Maden, CON, ENG [14645] : Joane, 1550, Zennor, CON, ENG [13031] : 1770-1850, Carlisle, CUL, ENG [44241] : John, 1800+, Chesterfield, DBY, ENG [11039] : 1800+, Normanton, DBY, ENG [36656] : 1600-1850, Barnstaple & Ilfracombe, DEV, ENG [14296] :1920+, Dagenham, ESS, ENG [34861] : PRE 1900, Moulding, ESS, ENG [34277] : Wm, PRE 1798, Wickham St.Paul & Bulmer, ESS, ENG [22743] : 1800+, Cheltenham & Stratton, GLS & WIL, ENG [39096] : Sarah, C1812-1888, Eling, HAM, ENG [25642] : 1890+, Southampton, HAM, ENG [36656] : ALL, Yaxley, HUN, ENG [13984] : 1920+, Gravesend, KEN, ENG [34277] : PRE 1940, Plumstead, KEN, ENG [34277] : PRE 1850, Sandhurst, KEN, ENG [45036] : PRE 1853, Gorton & Openshaw, LAN, ENG [25557] : PRE 1800, Liverpool, LAN, ENG [30870] : 1880-1935, West Derby, LAN, ENG [36656] : Hannah Maria, C1861, Bishopsgate, LND, ENG [45317] : Sarah, 1790, Bloomsbury, LND, ENG [20542] : 1870-1951, Stepney, LND, ENG [34861] : 1775+, MDX, ENG [33454] : 1824-1870, Hoxton & Somerstown, MDX, ENG [21207] : 1890+, Islington, MDX, ENG [30120] : 1824-1870, Islington & Clerkenwell, MDX, ENG [21207] : John Popham, 1796-1876, London, MDX, ENG [14542] : 1855-1874, St.George in East, MDX, ENG [14542] : 1824-1870, St.Pancras & Shoreditch, MDX, ENG [21207] : 1700-1800, MDX, ENG [14227] : PRE 1850, Dereham, NFK, ENG [14227] : Thomas, 1822+, Hapton, NFK, ENG [33454] : ALL, Lyng, NFK, LIN & YKS, ENG [34844] : 1700-1800+, NTH, ENG [36402] : 1900+, Wellingborough, NTH, ENG [41037] : C1800-1900, Hadleigh, SFK, ENG [17470] : 1793-1851, Woodbridge, SFK, ENG [14542] : 1700-1880, Aldborough & Downham, SFK & ESS, ENG [36533] : 1700S, Mark, SOM, ENG [44296] : 1700-1900S, Nemphett, SOM, ENG [21796] : C1830, South Cadbury, SOM, ENG [15776] : PRE 1720, Wedmore, SOM, ENG [31316] : PRE 1830, SRY, ENG [45046] : PRE 1900, SRY, ENG [30248] : PRE 1900, Lambeth, SRY, ENG [19892] : 1750-1840, SSX, ENG [36435] : 1700-1800, Chiddingly, SSX, ENG [30120] : 1800-1900, Lewes & Brighton, SSX, ENG [30120] : 1600-2000, Petworth & Storrington, SSX, ENG [20967] : C1800S, Uttoxeter, STS, ENG [38362] : Mary, 1804, Alderbury, WIL, ENG [10318] : 1750+, Dinton, WIL, ENG [13129] : PRE 1860, Dinton, WIL, ENG [17921] : John, 1750+, Upton Scudamore, WIL, ENG [11159] : Giles, 1800+, Warminster, WIL, ENG [11159] : ALL, Upton on Severn, WOR, ENG [15793] : PRE 1670, Ecclesfield, WRY, ENG [17626]
BARNET : Joseph, PRE 1823, London, ENG [30014] : George, PRE 1800, Meopham & Wrotham, KEN, ENG [36365] : John, C1750, Fraserburgh, ABD, SCT [10649] : PRE 1850, MOR, SCT [46164]
BARNETT : 1838+, NSW, AUS [41244] : 1853+, Maitland, NSW, AUS [42239] : 1870+, Sydney, NSW, AUS [10970] : 1847+, Adelaide, SA, AUS [12237] : ALL, VIC, AUS [13231] : 1850-1855, Beechworth, VIC, AUS [41244] : 1920+, AUS & NZ [43395] : David, PRE 1810, London, ENG [30014] : 1600-1820, Gwennap, CON, ENG [12318] : ALL, LND, ENG [45863] : John, PRE 1835, Acton, MDX, ENG [99012] : 1830S, Sneiton, NTT, ENG [12237] : PRE 1790, Alfold, SRY, ENG [46296] : William, 1830+, Brighton, SSX, ENG [34782] : Benjamin, 1700-1800, Ellastone, STS, ENG

BAR

[27325] : 1800+, Longford, WAR, ENG **[20546]** : PRE 1830, Kidderminster, WOR, ENG **[18310]** : C1800, Bradford & Keighley, WRY, ENG **[34782]** : 1750-1850, Belfast, ANT, IRL **[30985]** : PRE 1838, COR, IRL **[41244]** : John, 1770+, Rockingham Co., NH & ME, USA **[45995]** : 1750-1890, Saxton, PA, USA **[26082]** : 1760-1820, W.INDIES **[18708]** : PRE 1860, Pembroke, PEM, WLS **[36477]**

BARNFATHER : PRE 1800, Alston, CUL, ENG **[17921]**

BARNFIELD : Thomas, 1876+, Adelaide, SA, AUS **[39179]** : PRE 1880, Cranham, GLS, ENG **[25142]**

BARNHAM : 1750+, NFK, ENG **[39015]** : Mary, 1791+, Norwich, NFK, ENG **[11195]**

BARNHOUSE : C1821, Tiverton, DEV, ENG **[46431]**

BARNS : C1803, Gulval, CON, ENG **[14645]** : Margaret, C1700, Farnworth, LAN, ENG **[18957]**

BARNSLEY : 1800-1860, Stratton, GLS, ENG **[40509]** : PRE 1700, GLS, STS & WOR, ENG **[17449]** : ALL, SAL, ENG **[26410]** : 1750-1825, Birmingham, WAR, ENG **[17449]** : PRE 1840, Birmingham, WAR, ENG **[31028]** : 1750-1825, Dudley, WOR, ENG **[17449]** : 1750-1825, Halesowen, WOR, ENG **[17449]**

BARNSTABLE : ALL, SOM, ENG **[19744]**

BARON : Ellen, 1848, Accrington, LAN, ENG **[42168]** : 1700+, Gathurst & Wigan, LAN, ENG **[42308]** : C1750-1880, Standish & Shevington, LAN, ENG **[45357]** : PRE 1920S, Wigan, LAN, ENG **[45357]** : Francois, PRE 1800, Paris, FRA **[46464]**

BARONS : ALL, CAM, ENG **[26686]**

BARR : 1800+, Perth, ONT, CAN **[25598]** : 1650-1850, LIN, ENG **[41573]** : PRE 1835, ANT, IRL **[11092]** : PRE 1880, SCT **[13584]** : Alexander, 1800+, Lanark, LKS, SCT **[21321]** : Margaret, C1723, RFW, SCT **[10035]** : 1863+, Abbey, RFW, SCT **[99600]** : Robert, C1850, Paisley, RFW, SCT **[45920]** : PRE 1800, Renfrew, RFW, SCT **[38111]**

BARRACLOUGH : 1700+ Bradford, YKS, ENG **[46299]**

BARRAS : 1700-1800, YKS, ENG **[31826]**

BARRASS : PRE 1860, Hinkley, LEI, ENG **[12708]** : 1870+, Nottingham & Radford, NTT, ENG **[12708]** : 1860-1870, Darlaston, STS, ENG **[12708]**

BARRAT : Samuel, PRE 1900, South Normanton, DBY, ENG **[42808]** : William, 1678, Kings Cliffe, NTH, ENG **[10318]**

BARRATT : Ebenezer, 1855-1896, ENG **[42773]** : Ebenezer, C1828-1899, ENG **[42773]** : PRE 1880, Newport Pagnell, BKM, ENG **[10581]** : PRE 1937, Manchester, LAN, ENG **[33704]** : 1740-1830, Ringley & Manchester, LAN, ENG **[11425]** : 1700, Kirkby in Ashfield, NTT, ENG **[18895]** : 1837, Burslem, STS, ENG **[44941]**

BARRDORF : 1860+, London, ENG **[46359]**

BARREL : C1500-1900, Boveresse, NEU, CH **[37749]**

BARRELET : 1300-2005, Boveresse, NEU, CH & WORLDWIDE **[37749]**

BARRELET DE BUGNARD : 1662-1876, Boveresse, NEU, CH **[37749]**

BARRELET DE RICOU : C1900-2005, NEU, CH, FRA & USA **[37749]**

BARRELL : 1880+, Ballarat, VIC, AUS **[13447]** : 1838+, Fremantle, WA, AUS **[13447]** : 1800+, Bury St.Edmunds, SFK, ENG **[18020]** : PRE 1700, Hadleigh & Stowmarket, SFK, ENG **[26665]** : 1750, Cannington, SOM, ENG **[37168]** : 1750, Spaxton, SOM, ENG **[37168]**

BARRET : Susannah, PRE 1900, Elgin Co., ONT, CAN **[29515]** : 1800-1860, Newmarket, COR, IRL **[13326]**

BARRETT : 1880+, Emmaville, NSW, AUS **[13558]** : 1840+, Penrith, NSW, AUS **[11707]** : PRE 1941, Sydney, NSW, AUS **[45357]** : 1820+, Hobart, TAS, AUS **[28081]** : C1880+, Franklinford, VIC, AUS **[36751]** : Edmund, 1786-1875, Mornington Twp, Perth Co., ONT, CAN & ENG **[31446]** : Ebenezer, 1855-1896, ENG **[42773]** : Ebenezer, C1828-1899, ENG **[42773]** : 1800+, Luton, BDF, ENG **[18593]** : PRE 1850, BKM, ENG **[18264]** : PRE 1820, Welford, BRK, ENG **[10399]** : ALL, Cambridge, CAM, ENG **[39994]** : PRE 1874, CON, ENG **[20925]** : 1820+, Kenwyn, CON, ENG **[43775]** : 1650-1750, Ottery St.Mary, DEV, ENG **[12641]** : 1800, Frampton, DOR, ENG **[21479]** : 1700, Tollesunt Major, ESS, ENG **[17704]** : 1650+, KEN, ENG **[41039]** : PRE 1750, KEN, ENG **[43842]** : Ernest, 1879-1963, Lewisham, LND, ENG **[39455]** : Kate, 1897-1918, Lewisham, LND, ENG **[39455]** : 1800-1890, Tottenham, LND, ENG **[34747]** : Edmund, PRE 1860, LND & MDX, ENG **[25747]** : C1840, Hackney, MDX, ENG **[36075]** : 1860+, Newcastle-upon-Tyne, NBL, ENG **[37713]** : PRE 1850, OXF, ENG **[18264]** : C1815, Exton, RUT, ENG **[37156]** : ALL, Great Thurlow, SFK, ENG **[42362]** : 1820+, Mendham, SFK, ENG **[18593]** : PRE 1850, East Coker, SOM, ENG **[21175]** : PRE 1838, Godalming, SRY, ENG **[46251]** : 1650-1850, Aldbourne, WIL, ENG **[99433]** : 1700+, Swindon & Ramsbury, WIL, ENG **[19614]** : PRE 1800, Wilcot, WIL, ENG **[46462]** : 1700S, Mathon, WOR, ENG **[13731]** : William, 1873+, Halifax, WRY, ENG **[38509]** : Phineas, C1715, Newry, DOW, IRL **[31486]** : William, 1740-1784, Parish of Kilynart near Newry, DOW & ARM, IRL **[31486]** : PRE C1880, Ballinasloe, GAL, IRL **[36751]** : PRE 1839, Castledermot, KID, IRL **[11707]** : Quintin, 1764-1793, Clonmel, TIP, IRL **[31486]** : Edmund, 1800S, Clonmel, TIP, IRL **[25700]** : 1874+, Canterbury, NZ **[20925]**

BARRETTO : 1500-1900, Goa & Calcutta, INDIA **[19853]**

BARREYATT : ALL, Sunderland, DUR, ENG **[97805]**

BARRIBALL : 1690, North Hill, CON, ENG **[12318]**

BARRIE : William, C1807, SCT **[46316]** : PRE 1864, RFW, SCT **[20985]**

BARRIER : ALL, LND, ENG & FRA **[17493]** : Raymon Eugene, 1912-2001, Lyon, FRA **[20140]**

BARRINGTON : 1860, Collingwood, VIC, AUS **[26241]** : Isaac, C1640, Great Bentley, ESS, ENG **[18957]** : PRE 1834, Castlewood, LEX, IRL **[10492]** : Robert, PRE 1882, DUB, IRL & AUS **[25794]**

BARRISFORD : 1788-1850, Glenorchy & Portsmouth, TAS & HAM, AUS & ENG **[39227]**

BARRITT : 1700-1900, Nelson & Colne, LAN, ENG **[27678]** : 1700+, Woodbridge, SFK, ENG **[19691]**

BARRON : PRE 1900, Kempton & Richmond, TAS, AUS & ENG **[11873]** : 1800+, Rawdon, NS, CAN **[24382]** : 1789+, NS, CAN & SCT **[32223]** : C1880, Reading, BRK, ENG **[13857]** : 1807+, Mavagissey, CON, ENG **[38285]** : John, C1750, CUL, ENG **[13153]** : Sarah, 1794, Crosthwaite, CUL, ENG **[13153]** : PRE 1900, Witton Gilbert, DUR, ENG **[46471]** : 1800-1820, Langtoft, ERY, ENG **[34664]** : 1800S, Withnell, Brindle & Hoghton, LAN, ENG **[33331]** : C1820, Languard Fort, SFK, ENG **[13857]** : 1800S, Dublin, IRL & AUS **[33245]** : 1800S, Dublin, IRL & AUS **[33245]** : Margaret, 1820+, WEX & IL, IRL & USA **[32132]** : PRE 1820, CAI & OKI, SCT **[38309]** : PRE 1860, Greenock, RFW, SCT **[46374]** : 1700+, Inch, WIG, SCT **[39672]**

BARROW : 1766, Mobberley, CHS, ENG **[18613]** : 1700-1850S, East Buckland & Landkey, DEV, ENG **[40257]** : Elizabeth, C1712-1732, Brenchley, KEN, ENG **[31153]** : PRE 1850, Colton, LAN, ENG **[19661]** : 1930+, Prescot, LAN, ENG **[21131]** : 1890+, St.Helens, LAN, ENG **[21131]** : 1800+, LAN & CHS, ENG **[44409]** : 1700-1820, London, MDX, ENG **[39745]** : PRE 1800, Whitchurch, SAL, ENG **[34420]** : PRE 1907, Haslemere, SRY, ENG **[14744]** : PRE 1880, INDIA **[14744]** : PRE 1730, MA, USA **[15521]**

BARROWCLIFFE : 1700-1800, Lastingham, NRY, ENG **[46440]**

BARROWFORD : 1750-1850, CON, ENG **[21597]**

BARROWMAN : 1800S, Port Chalmers, OTAGO, NZ **[21630]** : ALL, Tollcross, Glasgow, LKS, SCT **[21196]**

BARRY : C1862, Armidale & Sydney, NSW, AUS **[40971]** : C1823, Sydney, NSW, AUS **[29479]** : 1840+, Brisbane, QLD, AUS **[11446]** : 1860-1900, Rockhampton, QLD, AUS **[46305]** : 1860+, Tambo, QLD, AUS **[11446]** : 1800-1950, Adelaide, SA, AUS **[23523]** : William, 1850+, Dandenong, VIC, AUS **[99183]** ; C1820-1900, Sydney, NSW, AUS & IRL **[42239]** : John, 1719+, Flyingdales, YKS, ENG **[10071]** : Charles, 1860-1900, LND, ENG & AUS **[46318]** : 1823-1925, London & Parkes, LND & NSW, ENG & AUS **[46055]** : C1803, Dublin, IRL **[29479]** :1813-1887, CLA, IRL **[28098]** :1819-1867, CLA, IRL **[28098]** : 1820-1920, Ennistymon, CLA, IRL **[23523]** : 1800-1825, Cork, COR, IRL **[17191]** : PRE 1860, Cork, COR, IRL **[33704]** : James, 1825, Doneraile, COR, IRL **[15882]** : 1868+, Dublin & COR, IRL **[45803]** : PRE 1800, Leamlara, COR, IRL **[22536]** : Benjamin, 1840+, Tullylease, COR, IRL **[10883]** : PRE 1884, MOG, IRL **[45242]** : 1830-1860, Cashel, TIP, IRL **[46305]** : ALL, Cheekpoint, WAT, IRL **[31079]** : ALL, Waterford City, WAT, IRL **[31079]** : ALL, WEX, IRL **[31079]** : Thomas, 1850+, Kilmore, WEX, IRL **[43492]** : Katherine, 1890+, Kilmore, WEX, IRL **[43492]** : Mary, 1890+, Kilmore, WEX, IRL **[43492]** : 1825-1850, Aberdeen, ABD, SCT **[17191]** : 1850-1900S, Chicago, IL, USA **[31079]** : 1790-1860, Boston, MA, USA **[23523]** : 1860-1910, Fall River, MA, USA **[23523]**

BARRY (see One Name Section) **[46318]**
BARRY-RYAN : C1909, Adelaide, SA, AUS **[33642]**
BARSBY : PRE 1850, NTT, ENG **[45857]**
BARSLEY : Mary Ann, 1843-1866, Oldham, LAN, ENG **[22640]**
BART : 1850+, ONT, CAN **[16034]**
BARTEAU :Francois, 1642, Paris, FRA **[24674]**
BARTELL : 1866+, AUS **[14029]** : 1684, Wendron, CON, ENG **[25070]**
BARTER : PRE 1830, Hinton St.Mary, DOR, ENG **[42331]** : 1800-1830, Shillingstone, DOR, ENG **[14463]** : 1750-1850, Sutton Veny, WIL, ENG **[36656]**
BARTH : 1700+, Clausthal, NRW, BRD **[36368]**
BARTHE : ALL, QUE, CAN **[16034]**
BARTHELEMY : PRE 1881, Manchester, LAN, ENG **[99321]**
BARTHOLEMY : PRE 1881, Manchester, LAN, ENG **[99433]**
BARTHOLOMEW : 1890+, Surry Hills, NSW, AUS **[11270]** : 1920S, Sydney, NSW, AUS **[41420]** : 1800+, SRY, ENG **[12819]** : PRE 1900, Leeds, Bradford & Sheffield, WRY, ENG **[29447]** : 1770S, Abercorn, WLN, SCT **[39573]**
BARTINGTON : 1800+, LAN, ENG **[28813]**
BARTLAM : 1800-1900S Tardebigg WOR, ENG **[46194]**
BARTLE : 1885+, NSW, AUS **[36622]** : 1878+, SA, AUS **[36622]** : 1898+, WA, AUS **[36622]** : 1780+, Crowan & Tywardreath, CON, ENG **[36622]** : ALL, Stibbard, NFK, ENG & NZ **[20546]**
BARTLES : 1800-1860, Hull, ERY, ENG **[41128]** : 1860-1900, Liverpool, LAN, ENG **[41128]** : 1780, Huddington, WOR, ENG **[12460]** : 1830, Brecon, BRE, WLS **[12460]**
BARTLETT : 1884+, Hunter River, NSW, AUS **[11660]** : 1854+, SA, AUS **[27850]** : George, C1850-1899, Payneham, SA, AUS **[31153]** : 1860-1930, Hobart, TAS, AUS **[31979]** : Elizabeth, 1861-1927, Ballarat, VIC, AUS **[41477]** : Roger, C1870, Ballarat, VIC, AUS **[31153]** : Mary, 1833+, Clare, SA, AUS & ENG **[44689]** : William, C1780, JSY, CHI **[13153]** : 1790S, Altarnun & Launceston, CON, ENG **[29314]** : William, PRE 1830, Buddock, CON, ENG **[13153]** : Elizabeth, 1861-1927, Budock & Mylor, CON, ENG **[41477]** : ALL, Linkinhorne, CON, ENG **[27850]** : 1856+, Plymton, DEV, ENG **[46279]** : PRE 1740, Chideock, DOR, ENG **[17961]** : 1624-1753, Marnhull, DOR, ENG **[18376]** : 1800-1900, Overcompton, DOR, ENG **[30120]** : PRE 1790, Sherbourne, DOR, ENG **[41477]** : William, C1780, Shirburn, DOR, ENG **[13153]** : PRE 1900, HAM, ENG **[99598]** : PRE 1840, KEN, ENG **[12589]** : 1783, Gravesend, KEN, ENG **[13731]** : Thomas, 1750-1800, Westminster, MDX, ENG **[17486]** : Ch. N., ALL, Tottenham & East Chinnock, MDX & SOM, ENG **[44939]** : 1650-1750, Oxford, OXF, ENG **[12641]** : PRE 1808, Bathwick, SOM, ENG **[30987]** : 1800S, Closworth, SOM, ENG **[46462]** : PRE 1830, Fivehead & Curry Rivel, SOM, ENG **[31153]** : 1815+, Hardington & Mandeville, SOM, ENG **[14513]** : 1723-1800, North Petherton, SOM, ENG **[12413]** : Francis, PRE 1845, Bramley, SRY, ENG **[41468]** : Peter, PRE 1829+, Newington & Bermondsey, SRY, ENG **[21472]** : 1800-90, Brighton, SSX, ENG **[31715]** : 1700-1770, Harborough Magna, WAR, ENG **[17245]** : PRE 1900, Kineton, WAR, ENG **[45176]** : PRE 1850, Long Itchington Rugby, WAR, ENG **[36033]** : 1600-1700, Stretton on Dunsmore, WAR, ENG **[17245]** : 1800+, Bath, WIL, ENG **[33825]** : 1800S, Highworth & Reading, WIL & OXF, ENG **[28742]** : PRE 1819, Spanish Town, JAMAICA **[42386]** : 1600S, Plymouth, MA, USA & ENG **[15521]**
BARTLEY : Isaac, C1770, ONT, CAN **[16802]** : 1700S, Exeter, DEV, ENG **[11091]** : 1800-1830, Tipton, STS, ENG **[46501]** : 1700S, London & New York, MDX & NY, ENG & USA **[14208]** : 1700+, DEN, WLS **[24887]**
BARTO : Benjamin, 1735-1825, Hinesburg, VT, USA **[24674]**
BARTON : C1870, Forbes, NSW, AUS **[25645]** : C1858+, Mudgee, NSW, AUS **[11540]** : John, C1840+, Sydney, NSW, AUS **[10790]** : PRE 1850, Prescott Co., ONT, CAN **[31636]** : PRE 1850, QUE, CAN **[31636]** : Thomas, 1820+, ENG **[11213]** : Sarah, PRE 1852, Newton, CAM, ENG **[10891]** : Mary, C1782-1853, London & Swanage, DOR, ENG **[41477]** : PRE 1800, KEN, ENG **[18354]** : ALL, Deal, KEN, ENG **[18354]** : PRE 1781, Hucking, KEN, ENG **[39479]** : PRE 1650, Tonbridge, KEN, ENG **[13511]** : PRE 1800, Womenswold, KEN, ENG **[25306]** : 1841+, Liverpool, LAN, ENG **[21207]** : PRE 1880, Upholland & Wigan, LAN, ENG **[36983]** : PRE 1881, Warrington, LAN, ENG **[43422]** : PRE 1800, Toynton St.Peter, LIN, ENG **[35527]** : 1800-1850, St.George East, LND, ENG **[39357]** : PRE 1900, London, MDX, ENG **[33876]** : C1828, NTT, ENG **[25645]** : PRE 1600, Mildenhall, SFK, ENG **[33428]** : C1790-1850, Hastings, SSX, ENG **[30985]** : 1800-1870, Aston, Birmingham, WAR, ENG **[17535]** : ALL, Birmingham, WAR, ENG **[20606]** : C1820, Birmingham, WAR, ENG **[37499]** : 1800S+, Coventry & Birmingham, WAR, ENG **[33331]** : PRE 1800, FER, IRL **[31636]** : C1800-1900, St.Quivox, Newton, Irvine & Ayr, AYR, SCT **[30985]** : ALL, Glasgow, LKS, SCT **[28150]** : 1800+, Glasgow, LKS & RFW, SCT **[30985]** : 1910-1930S, New York City, NY, USA **[23986]** : Fredrick, 1880, Janesville, WI, USA **[24707]**
BARTRAM : 1800-1850, Redbourn, HRT, ENG **[16980]** : ALL, NFK, ENG **[31079]** : ALL, Dickleburgh, NFK, ENG **[31079]**
BARTROP : 1880+, Islington, LND, ENG **[17291]**
BARTSCHER : 1840, West, PRE **[15987]**
BARWICK : 1830+, Hinton, NSW, AUS **[40971]** : 1840+, TAS, AUS **[13809]** : PRE 1840, Great Mongeham, KEN, ENG **[13809]** : PRE 1560, East Bergholt, SFK, ENG **[33428]**
BARWOOD : Mark, 1799-1879, Thurlton, NFK, ENG **[42168]** : 1820-1850, Southwark, SRY, ENG **[25322]**
BASELY : Thomas, PRE 1709, WAR, ENG **[13868]**
BASFORD : William, PRE 1820, Derby, DBY, ENG **[45992]** : C1800, Nether Broughton, LEI, ENG **[37149]** : C1800, Wymeswold, LEI, ENG **[37149]** : PRE 1785, Stepney, MDX, ENG **[19803]** : C1840, Upper Broughton, NTT, ENG **[37149]**
BASHAM : PRE 1855, Poslingford, SFK, ENG **[14029]**
BASHFORD : 1830-1900, Windsor, Parramatta & Sydney, NSW, AUS **[46210]** : C1895, MDX, ENG **[36075]** : C1895, SRY, ENG **[36075]** : Charles, 1845-1930, Amblecote, STS, ENG **[46217]** : 1750-1850, Templepatrick, ANT, IRL **[46210]** : ALL, Aberdare, GLA, WLS **[46217]**

BASIL : 1700+, Enfield, MDX, ENG **[45159]**
BASING : Lucy, C1800, Greenwich, KEN, ENG **[17637]**
BASIRICO : Benedetto, C1920, New York, NY, USA **[35110]**
BASKCOMB : 1860-1990, Grimsby, LIN, ENG **[17931]**
BASKERVILLE : C1650, Goostry, CHS, ENG **[19647]** : 1820+, Macclesfield, CHS, ENG **[30120]** : 1876+, CA, USA **[26785]**
BASKETT : William, PRE 1790, Iow & Sheerness, HAM & KEN, ENG **[14646]** : 1835-1900, Bury St.Edmunds, SFK, ENG **[25352]** : PRE 1850, Needham Market, SFK, ENG **[25352]** : 1840+, Roehampton, SRY, ENG **[25352]** : 1830-70, Abergavenny, MON, WLS **[25352]**
BASKEYFIELD : PRE 1930, Manchester, LAN, ENG **[33704]**
BASNET : Ann, 1780-1838, CHS, ENG **[37181]**
BASNETT : PRE 1837, Sunderland, DUR, ENG **[42645]** : 1890+, Wrockwardine Wood, SAL, ENG & AUS **[42780]**
BASS : 1780, Great Burstead, ESS, ENG **[17998]** : 1850-1990, Walthamstow & Portsmouth, ESS & HAM, ENG **[46412]** : PRE 1900, HRT, ENG **[45046]** : 1650-1850, Loughborough, LEI, ENG **[30137]** : 1790S, Whitechapel, MDX, ENG **[38523]** : PRE 1870, NTH, ENG **[41150]** : PRE 1700, Woodbridge, SFK, ENG **[26665]**
BASSE : ALL, Koenigsberg, OPR, GER & SU **[20178]**
BASSET : PRE 1870, Shoreditch, LND, ENG **[28494]** : 1125, Wellingford, OXF, ENG **[19759]** : 1099, Drayton-Bassett, STS, ENG **[19759]** : PRE 1860, WAR, ENG **[35017]** : C1060, Montreuil-Au-Houlme, NOR, FRA **[19759]** : C1035, Ouilly-Basset, NOR, FRA **[19759]**
BASSETT : 1850-1950, Gawler, SA, AUS **[25322]** : 1850-1920, Eaglehawk & Bendigo, VIC, AUS **[12589]** : 1928, Melbourne, VIC, AUS **[32016]** : 1900S, SAS, CAN **[31079]** : 1580-1632, Gloucester, ENG **[24660]** : 1800-1860, Breage, CON, ENG **[12589]** : ALL, Falmouth, CON, ENG **[99025]** : PRE 1800, Madron & Mawgan, CON, ENG **[12589]** : 1800-1820, St.Erme, CON, ENG **[13430]** : 1500-1900, HRT, ENG **[17480]** : 1918+, Fleetwood, LAN, ENG **[31079]** : PRE 1900, Orton on the Hill, LEI, ENG **[19179]** : 1700+, LEI & NTH, ENG **[17162]** : 1870+, London, MDX, ENG **[31079]** : 1295, Great Weldon, STS, ENG **[19759]** : 1800+, Walsall, STS, ENG **[31079]** : PRE 1808, Wilnecote, WAR, ENG **[43932]** : Ruth, 1690S, Pawtucket, RI, USA **[22796]**
BASSINGTON : ALL, Melbourne, NSW, AUS **[18075]** : C1850+, Sydney, NSW, AUS **[18075]** : PRE 1850, Plumstead, KEN, ENG **[18075]** : C1690, Bishopsgate, LND, ENG **[18075]** : 1600-1850, Hoxton, MDX, ENG **[18075]** : C1827, Stepney, MDX, ENG **[18075]** : 1400-1850, Camberwell, SRY, ENG **[18075]** : C1700, Wandsworth, SRY, ENG **[18075]** : ALL, Dunbar, ELN, SCT **[18075]**
BASSOCK : PRE 1700, Sutton Valence, KEN, ENG **[21088]**
BASSON : 1750-1850, Kelmscot, OXF, ENG **[32042]**
BASTABLE : Jonah, 1820-1995, USA **[20444]** : Jonah, 1820-1995, New Orleans, FL, USA **[20444]**
BASTARD : 1600-1660, Slapton, DEV, ENG **[10383]** : PRE 1880, Exeter, DEV & ESS, ENG **[45032]** : PRE 1786, Barney, NFK, ENG **[29774]**
BASTARD (see One Name Section) **[45032]**
BASTERD : 1600S, Slapton, DEV, ENG **[26435]**
BASTERFIELD : ALL, BDF, ENG **[29845]** : 1870+, Barrow in Furness, LAN, ENG **[29845]** : 1870+, Middlesbrough, NRY, ENG **[29845]** : 1600+, Halesowen, WOR, ENG **[29845]**
BASTERFIELD (see One Name Section) **[29845]**
BASTONE : C1750, Harpford, DEV, ENG **[31475]** : C1720, Ottery St.Mary, DEV, ENG **[31475]**
BASTOW : 1750-1850, Exeter, DEV, ENG **[19461]**
BATCHELOR : C1900, Peterboro, Victoria & Simcoe, ONT, CAN **[31626]** : PRE 1809, Owlsbury, HAM, ENG **[40756]** : 1870, Hounslow, MDX, ENG **[31626]** : C1700-1800, Alfriston, SSX, ENG **[31153]**
BATE : 1860+, Wollongong, NSW, AUS **[99036]** : John, 1754, Eglosterry, CON, ENG **[14627]** : William, PRE 1800, MDX, ENG **[35297]** : Mary Ann, PRE 1820, Pimlico, SRY, ENG **[35297]** : PRE 1875, Kingswinford, STS, ENG **[44223]**
BATEMAN : Edith Grace, 1900+, Ballarat, VIC, AUS **[12650]** : Jonas, 1800-1850, London, ENG **[17951]** : 1750+, CON & CUL, ENG **[17951]** : 1850+, Weymouth, DOR, ENG **[19713]** : Walter, 1800+, Bristol, GLS, ENG **[11745]** : 1820+, Kingswood, GLS, ENG **[14194]** : PRE 1750, North West, KEN, ENG **[45886]** : 1880+, Carnforth, LAN, ENG **[28570]** : George, C1790+, Finsbury, LND, ENG **[10071]** : ALL, NTT, ENG **[36710]** : PRE 1848, Watlington, OXF, ENG **[45823]** : 1775-1875, Bermondsey, SRY, ENG **[33347]** : ALL, Longton, STS, ENG **[42943]** : 1700S, YKS, ENG **[21131]** : 1840S, Brompton, YKS, ENG **[37631]** : 1800-1904, Watford, MDX, ENG & AUS **[45775]** : C1880, IRL **[13004]** : Joseph, 1868+, Nelson, SI, NZ **[41419]** : PRE 1862, Pont Mabus Mathry, PEM, WLS **[29001]**
BATES : 1900+, Buenos Aires, ARGENTINA **[29025]** : William, 1855+, Blacktown, NSW, AUS **[11036]** : 1894+, Dubbo, NSW, AUS **[31762]** : Ida, 1908, North Sydney, NSW, AUS **[31676]** : 1900+, Vancouver, BC, CAN **[29025]** : 1800+, Cockayne Hatley, BDF, ENG **[16145]** : 1700-1800, Langford, BDF, ENG **[16145]** : 1800+, Old Warden, BDF, ENG **[16145]** : ALL, Cambridge, CAM, ENG **[39994]** : PRE 1800, Thurcaston, DBY, ENG **[37499]** : C1750-1850, Folksworth, HUN, ENG **[46253]** : PRE 1815, KEN, ENG **[17508]** : 1880+, Clayton le Moor & Blackburn, LAN, ENG **[44241]** : 1800+, Farnworth, LAN, ENG **[29025]** : 1750-1850, LEI, ENG **[28609]** : Thomas, C1830, Broxholme, LIN, ENG **[32050]** : 1780S, Deepings, LIN, ENG **[19921]** : 1800+, Stragglethorpe, LIN, ENG **[29845]** : 1750-1850, LND, ENG **[17480]** : 1780+, Kentish Town, LND, ENG **[42329]** : 1880+, Islington & Tottenham, MDX, ENG **[42329]** : 1700-99, Litchborough, NTH, ENG **[20057]** : 1700-1780, Braunston, RUT, ENG **[25237]** : PRE 1770, Clapham, SRY, ENG **[19803]** : 1800S, Ewhurst, SSX, ENG **[11256]** : Richard, PRE 1685, Biddulph, STS, ENG **[35379]** : 1660-1800, Uttoxeter, STS, ENG **[19713]** : 1839, West Bromwich, STS, ENG **[46431]** : 1700-1900, YKS, ENG **[19368]** : Sarah, PRE 1750, YKS, ENG **[14448]** : John, 1805-1860, Leeds, YKS, ENG **[38707]** : PRE 1850, Omagh, TYR, IRL **[36115]** : John N., 1820+, Dearborn Co., IN, USA **[23605]** : Chas & George, 1880+, Madison, Jefferson Co., IN, USA **[23605]** : John N. & Wm, 1880+, Madison, Jefferson Co., IN, USA **[23605]** : PRE 1814, NJ, USA **[23605]** : 1800-1890, Catskill Greene Co., NY, USA **[12915]** : Wm. G.W., 1800-1830, Butler Co., OH, USA **[23605]** : 1800-1860, Butler Co., OH, USA **[23605]** : Wm. G.W., 1814-1891, Hamilton Co., OH, USA **[23605]** : John N., 1820+, Hamilton Co., OH, USA **[23605]**
BATESON : 1750-1800, Burton, YKS, ENG **[31826]**
BATH : PRE 1890, Winchester, HAM, ENG **[45032]** : Sarah, 1730-50, Ubley, SOM, ENG **[22799]** : ALL, WEST KEN, ENG **[17508]** : ALL, Brinkworth, WIL, ENG **[31349]** : 1800-99, Swansea, GLA, WLS **[14268]**
BATHE : 1850+, Ecclesall Bierlow, YKS, ENG **[44857]**
BATHER : C1830, St.Oswald Chester, CHS, ENG **[14197]** : ALL, SAL, ENG **[21312]** : C1840, WORLD-WIDE **[14197]**
BATHGATE : James, 1797-1837, Edinburgh & Cramond, MLN, SCT **[10203]** : C1831, Bathgate, WLN, SCT **[12391]**
BATHIE : PRE 1840, Calcutta, INDIA **[17626]**
BATHURST : ALL, Prahran & Christchurch, VIC & CANTY, AUS & NZ **[43933]** : 1731, Gateshead, DUR, ENG **[11270]**
BATLEY : ALL, London, MDX, ENG **[41077]** : 1730-1880, Great Yarmouth, NFK, ENG **[41367]**

BATSFORD : 1900+, Edmonton, MDX, ENG **[31079]**
BATT : ALL, Yandoit, VIC, AUS **[98637]** : 1730-1840, GLS, ENG **[26396]** : PRE 1840, GLS, ENG **[29298]** : 1750-1900, Barton Stacey, HAM, ENG **[21796]** : PRE 1830S, Kings Somborne, HAM, ENG **[98637]** : PRE 1900, HRT, ENG **[45607]** : 1700-1825, Kelshall, HRT, ENG **[19759]** : 1820-1900, Clerkenwell & Hackney, MDX, ENG **[18216]** : 1800-1900, London, MDX, ENG **[33347]** : 1700-1850, Taunton, SOM, ENG **[21796]** : PRE 1900, Bradford, WRY, ENG **[46455]** : 1760-1810, VT, NH & QUE, USA & CAN **[24413]**
BATTAM : 1700S+, Rolvenden, KEN, ENG **[33331]**
BATTAMS : C1790, Winslow, BKM, ENG **[11860]**
BATTEN : 1820+, TAS, AUS **[12905]** : PRE 1850, Kintbury & Speen, BRK, ENG **[15823]** : PRE 1850, Newbury & Enbourne, BRK, ENG **[15823]** : 1700+, St.Allen, CON, ENG **[36368]** : 1750-1840, DEV, ENG **[17191]** : PRE 1748, Stoke Damerel, DEV, ENG **[19803]** : Sarah, 1800+, Buckland Newton, DOR, ENG **[30324]** : 1790+, MDX, ENG **[30071]** : PRE 1800, SOM, ENG **[39464]** : 1800+, Pensford, SOM, ENG **[27867]**
BATTENBOUGH : ALL, WLS **[36538]**
BATTERBEE : Thomas, C1800S, Gayton, NFK, ENG **[25654]**
BATTERHAM : C1820, London, MDX, ENG **[36592]**
BATTERSBY : C1813, Lewisham, KEN, ENG **[14627]** : 1700S, IRL **[14127]**
BATTERSON : 1839+, CAM, ENG **[33409]**
BATTES : John, PRE 1780, Mile End, MDX, ENG **[44111]**
BATTEY : Ann, 1830+, Leeds, YKS, ENG **[12739]**
BATTILANA : 1850-1995, VIC, AUS **[12363]** : 1600-1850, Poschiavo, POS VALLEY, CH **[12363]**
BATTIN : 1800S, Brixham, DEV, ENG **[33771]**
BATTLE : Edmund, PRE 1850, Campsey Ash, SFK, ENG **[39186]**
BATTLEY : PRE 1810, Wacton, NFK, ENG **[42969]** : ALL, Bury St.Edmunds, SFK, ENG **[46229]** : 1860+, Auckland, NZ **[46229]** (see One Name Section) **[46229]**
BATTY : 1860+, Orange, NSW, AUS **[10141]** : ALL, ERY, ENG **[13231]** : PRE 1850, Thorton Inlonsdale, LAN & WRY, ENG **[30998]** : 1800+, Thornton NRY, ENG **[46448]** : 1745, Thame, OXF, ENG **[28092]** : PRE 1840, Leeds & Middleton, WRY, ENG **[39860]** : PRE 1850S, YKS, ENG **[16661]** : 1700, Hey, YKS, ENG **[31826]** : PRE 1860, Hull, YKS, ENG **[14030]** : PRE 1840, Penistone, YKS, ENG **[10141]**
BATTYE : PRE 1515, Overthwonge, WRY, ENG **[40529]**
BATY : Margaret, C1756-1837, Arthuret & Brigham, CUL, ENG **[41477]**
BAUCHOP : 1700+, Alloa & Clackmannan, CLK, SCT **[42698]**
BAUCKHAM : 1788+, ENG **[44269]**
BAUDAINS : 1800-1891, Grouville, JSY, CHI **[46472]**
BAUER : Catherina, C1867, Toowoomba, QLD, AUS **[29479]** : PRE 1850, Andernach, RPR, BRD **[99443]** : Jean, 1789-1839, ALS & LOR, FRA **[23605]** : Jacob, 1816-1839, ALS & LOR, FRA **[23605]** : Elizabeth, PRE 1839, ALS & LOR, FRA **[23605]** : PRE 1839, ALS & LOR, FRA **[23605]** : C1840+, Elsass-Lothr., ELO, GER **[32071]** : 1768-1794, Berkum, RPR, GER **[24252]** : 1815-1865, Mehlem, RPR, GER **[24252]** : C1613, Helfensberg, WUE, GER **[14030]** : Franz Melch.- Neckarsulm, WUE, GER **[11159]** : Jacob, 1839, Ny Port, NY, USA **[23605]** : Jean (John), 1839, Ny Port, NY, USA **[23605]** : Elizabeth, 1839, Ny Port, NY, USA **[23605]** : Jacob, 1839+, Cincinnati, OH, USA **[23605]** : Elizabeth, 1839+, Dry Ridge, OH, USA **[23605]** : Jean (John), 1839-1848, Dry Ridge, OH, USA **[23605]** : Jean (John), 1839+, Hamilton Co., OH, USA **[23605]** : Jean (John), 1839+, Hamilton Co., OH, USA **[23605]**
BAUERLE : 1863+, Clinton Co., MI, USA **[23571]**
BAUERLY : 1830-1837, Marbach, WUE, GER **[23371]**

BAUGH : 1825-1835, Sedgley, STS, ENG **[46501]** : 1700-1850, WOR, ENG **[17291]**
BAULCH : 1700-1900, London, ENG **[31882]** : 1700+, Pitney, SOM, ENG **[14918]**
BAUM : Carl F., 1871+, Tanunda, SA, AUS **[34643]**
BAUMANN : PRE 1831, Altschweier, BAD, GER **[37759]** : 1700-1930, Kassel, HES, GER **[36552]** : Moritz, 1824-1895, Wiesbaden, HES, GER **[32243]** : Carl, 1811-1887, Breslau, SIL, GER **[32243]**
BAUMBER : PRE 1890, Quadring & Helpringham, LIN, ENG **[28391]**
BAUMGURTEL : 1880+, SA, AUS **[36841]** : 1890+, WA, AUS **[36841]**
BAUNACH : C1820, Werbach, BAD, GER **[13347]**
BAUSOR : PRE 1900, ENG **[27514]**
BAUTS : Ernestine, 1850-1910, Monteagle Valley, ONT, CAN **[99433]** : Ernestine, 1850-1910, PRE, GER **[99433]**
BAUTZ : Ernestine, 1827-1890, Monteagle Valley, ONT, CAN **[99433]** : 1800-1900, Paris, RPA, FRA **[46196]** : Ernestine, 1827-1890, PRE, GER **[99433]**
BAVERSTOCK : Charles, 1800S, DOR, ENG **[11594]** : PRE 1860, Blandford, DOR, ENG **[11594]** : Philip, 1800S, Pimperne, DOR, ENG **[11594]**
BAVIN : Richard, C1778, Aldbury, HRT, ENG **[10485]**
BAVISTER : C1860, Luton, BDF, ENG **[14197]** : ALL, CAM, ENG **[19708]** : PRE 1800, CAM, ENG **[19708]**
BAWCOCK : 1720S, Aspenden, HRT, ENG **[10460]**
BAWDEN : ALL, Lanteglos by Camelford, CON, ENG **[20606]** : 1770+, Redruth, CON, ENG **[43775]** : 1807, St.Hilary, CON, ENG **[35365]** : PRE 1830, Dartmoor, DEV, ENG **[34876]** : PRE 1870, Devonport, DEV, ENG **[34876]** : 1800+, North & South Molton, DEV & SOM, ENG **[38697]** : PRE 1850, Weston Zoyland, SOM, ENG **[26341]**
BAWN : 1800+, Poplar, LND, ENG **[40792]**
BAX : 1800+, SRY, ENG **[19268]**
BAX (see One Name Section) **[19268]**
BAXTER : Gladys, 1913, Crows Nest, NSW, AUS **[31676]** : Mary, PRE 1950, Sydney, NSW, AUS **[45772]** : 1750-1900, Birmingham, ENG **[19471]** : Henry, 1830-1923, London, ENG **[31296]** : 1700-1813, Alston, CUL, ENG **[17642]** : PRE 1830, Cauldwell, DBY, ENG **[14715]** : 1755+, Bluntisham cum Earith, HUN, ENG **[13004]** : PRE 1900, St.Neots, HUN, ENG **[36169]** : PRE 1840, Caton & Heaton, LAN, ENG **[24873]** : Jane, 1858+, Eccleston, LAN, ENG **[10883]** : 1800+, Donnington, LIN, ENG **[13853]** : 1750-1860, Pinchbeck, LIN, ENG **[12641]** : PRE 1880, SFK, ENG **[43733]** : 1815+, Hoxne, SFK, ENG **[31079]** : PRE 1850, Birmingham, WAR & STS, ENG **[46408]** : 1720-1790, WRY, ENG **[34790]** : 1800+, Idle & Eccleshill, WRY, ENG **[42974]** : 1830+, Eccleshall, YKS, ENG **[30120]** : PRE 1844, Scarborough, YKS, ENG **[40529]** : PRE 1850, Shouldham, NFK, ENG & AUS **[21765]** : Joseph, C1811, Dublin, IRL **[36592]** : Henry, 1877+, NZ **[44269]** : 1700+, SCT **[38005]** : 1826+, Kilmartin, ARL, SCT **[13591]** : PRE 1860, Inverkeithing, FIF, SCT **[41499]** : C1790, Markinch, FIF, SCT **[31761]** : 1854-1903, Glasgow, LKS, SCT **[13591]** : Isobel, C1780+, Glasgow, LKS, SCT **[41221]** : 1800-1850, Paisley, RFW, SCT **[36655]** : ALL, Polmont, STI, SCT **[24474]**
BAYER : George, 1839+, Mount Healthy, OH, USA **[23605]**
BAYES : 1870-80S, Cowra, NSW, AUS **[11270]** : 1900-1960, Chelmsford, ESS, ENG **[37809]** : ALL, NFK, ENG **[34606]** : 1750+, Irchester, NTH, ENG **[36435]** : Thomas, 1800-1856, SRY, ENG & AUS **[46225]** : George, 1856-1925, NFK & ALB, ENG & CAN **[41540]**
BAYFIELD : 1800+, London, ENG **[40792]**
BAYLEE : 1800-1890, CHI **[21261]** : ALL, London, ENG **[21261]** : 1800S, COR, IRL **[21261]** : 1750-1850, TIP, IRL **[21261]**

BAYLEY : 1750, Shobden, HEF, ENG **[17704]** : 1750+, Benenden, KEN, ENG **[35280]** : 1800S, Manchester, LAN, ENG **[10460]** : William, PRE 1870, Bermondsey, LND, ENG **[36365]** : 1700-1900, Lilleshall & Longford, SAL, ENG **[35561]**

BAYLIS : 1788+, NSW, AUS **[42565]** : 1876-1950, Norwood, SA, AUS **[31153]** : PRE 1876, ENG **[31153]** : 1800, London, MDX, ENG **[32068]** : 1700-1850, Somerton, OXF, NTH & BKM, ENG **[27039]** : 1780+, WAR, ENG **[42329]** : 1750-1850, WOR & SAL, ENG **[21597]**

BAYLISS : 1788+, NSW, AUS **[42565]** : 1800S, HRT, ENG **[11918]** : Moses, 1775-1802, Worfield, SAL, ENG **[25367]** : 1802-16, Bilston, STS, ENG **[25367]** : Moses, 1802-1895, Wolverhampton, STS, ENG **[25367]** : 1816+, Wolverhampton, STS, ENG **[25367]** : PRE 1813, Birmingham, WAR, ENG **[17231]** : PRE 1885, Birmingham, WAR, ENG **[16141]** : 1700-1850, Walsgrave on Sowe, WAR, ENG **[27039]**

BAYLY : 1743-65, Finchampstead, BRK, ENG **[19908]** : 1707-1799, Wokingham, BRK, ENG **[19908]** : William, 1866+, Southampton, HAM, ENG **[20635]** : Hannah Maude, 1886S, Transuaal & Natal, RSA **[20635]** : John, 1750-1850S, UK **[42799]** : Thomas Fleet, 1800+, UK **[42799]** : Samuel, 1800-1920S, UK **[42799]** : PRE 1850, AGY, WLS **[42643]**

BAYNARD : PRE 1850, Penzance, CON, ENG **[31169]**

BAYNE : David, 1854-1920, LAN & CHS, ENG **[34111]** : Blanche, 1883+, Hanley, STS, ENG **[34111]** : Margaret, C1790, Barry, ANS, SCT **[10035]** : PRE 1800, PER, SCT **[31045]**

BAYNES : 1870-1950, Mathoura, NSW, AUS **[34747]** : ALL, Barrow-in-Furness, LAN, ENG **[46307]**

BAYNHAM : PRE 1422, Mitcheldean, GLS, ENG **[19759]** : PRE 1830, MDX, ENG **[45679]**

BAYNTON : ALL, AUS **[33091]** : ALL, ENG **[33091]** : 1760-1850, Weston-Penyard, HEF, ENG **[30071]**

BAYNTON-COX : ALL, Radstock, SOM, ENG **[33091]**

BAYTHORN : 1700-1900, KEN & SRY, ENG **[19853]**

BAZELEY : PRE 1760, Lyme Regis, DOR, ENG **[17523]** : 1800S, Brackley, NTH, ENG **[42466]**

BAZIN : 1850-1956, Saint-Laurent-D'Agny, RHA, FRA **[39951]**

BAZLEY : Ann, 1843-1866, Chadderton & Oldham, LAN, ENG **[22640]**

BEACH : James, 1870+, Geelong, VIC, AUS **[39179]** : Frances, 1700-1750, Wimbourne St.Giles, DOR, ENG **[17203]** : PRE 1850, Goodrich, HEF, ENG **[11282]** : ALL, Croydon, SRY, ENG **[25992]** : 1650-1850, Evesham, WOR, ENG **[19471]**

BEACHAM : 1850+, Hindmarsh, SA, AUS **[14346]** : 1862+, Allendale, VIC, AUS **[36751]** : Charles, 1869+, Melbourne, VIC, AUS **[36844]** : PRE 1862, Middleton-in-Teesdale, DUR, ENG **[36751]**

BEACHER : PRE 1737, Selborne, HAM, ENG **[13960]** : C1725, Elstead, SRY, ENG **[28479]**

BEACKLEY : John, 1589+, Cottesmore, RUT, ENG **[31584]**

BEACROFT : 1850, Castlereagh, NSW, AUS **[35025]** : 1880, Castlereagh, NSW, AUS **[31877]** :George, 1850+, St.Marys, NSW, AUS **[11745]** : George, 1850+, York, ENG **[11745]**

BEADERMAN : ALL, WORLDWIDE **[35836]**

BEADLE : PRE 1800, ESS, ENG **[15409]** : 1800, Heybridge, ESS, ENG **[37168]** : 1830-1870, Worksop, NTT, ENG **[45209]** : 1650-1740, Sudbury, SFK, ENG **[12461]** : 1840-1860, Tinsley, WRY, ENG **[45209]** : C1850, Pontypool, MON, WLS **[37168]**

BEADLES : 1750-1860S, Mansfield & Nottingham, NTT, ENG **[39060]**

BEADSLEY : 1780+, Loughborough, LEI, ENG **[17000]**

BEAGLEY : PRE 1641, Farringdon, HAM, ENG **[13960]** : 1802-1820, Bourne, LIN, ENG **[31584]** : 1722-1762, Greetham, RUT, ENG **[31584]**

BEAK : ALL, Castle Combe, WIL, ENG **[46509]**

BEAKE : PRE 1700, Wickhambreaux, KEN, ENG **[45962]** : 1780-1860, Peterborough, NTH, ENG **[12011]**

BEAKELLE : John, 1570, Grantham, LIN, ENG **[31584]**

BEAKER : Nicholas, 1590-1600, WIL & GLS, ENG **[30302]**

BEAKES : Mary, 1730-1800, Sevenoaks, KEN, ENG **[17109]**

BEAKLEY : 1643+, South Witham, LIN, ENG **[31584]** : 1590+, Cottesmore, RUT, ENG **[31584]** : 1730-1762, Greetham, RUT, ENG **[31584]** : 1600-1608, Langham, RUT, ENG **[31584]** : 1670-1698, Thistleton, RUT, ENG **[31584]**

BEAL : C1900, Rockhampton, QLD, AUS **[40971]** : C1800, Ottringham & Roos, ERY, ENG **[34782]** : Mary A., C1860+, Sheppey, KEN, ENG **[99174]** : PRE 1780, Earsdon, NBL, ENG **[17626]** : 1750-1900, SSX, ENG **[45863]** : ALL, Brighton, SSX, ENG **[31302]** : C1795, Tickhill, YKS, ENG **[41370]**

BEALBY : PRE 1700, Foston by Malton, NRY, ENG **[33664]**

BEALE : 1700S, Little Straughton, BDF, ENG **[26540]** : ALL, ESS, ENG **[34790]** : 1850+, Therfield, HRT, ENG **[18020]** : 1850+, NBL, ENG **[30022]** : 1800+, Crick, NTH, ENG **[29092]** : C1832, Bloxham, OXF, ENG **[14120]** : Charles, 1837-1890S, Buckland St.Mary, SOM, ENG **[17055]** : PRE 1839, Staplefitzpaine, SOM, ENG **[17055]** : 1750-1900, SSX, ENG **[45863]** : 1850+, Harrogate, YKS, ENG **[18020]** : Joseph, 1873-1931, Newport, MON, WLS **[17055]**

BEALES : 1550-1700, Bardwell, SFK, ENG **[16383]** : 1780+, Great Ellingham, WIL, ENG **[12386]**

BEALEY : 1700+, DEV, ENG **[40319]**

BEALIN : 1800+, NSW, AUS **[13429]** : 1500+, Athy, KID, IRL **[13429]**

BEAM : Henry, PRE 1790, Somerset & Lancaster Co., PA, USA **[22753]**

BEAMAN : 1793+, Lilleshall, SAL, ENG **[46276]**

BEAMES : 1840+, Scone, NSW, AUS **[45624]** : 1700+, Old Sodbury, GLS, ENG **[45624]** : 1700+, Yate, GLS, ENG **[45624]** : 1700+, Chippenham, WIL, ENG **[45624]** : 1700+, Laycock, WIL, ENG **[45624]** : PRE 1860, Winterburn Stoke, WIL, ENG **[40914]**

BEAMISH : ALL, AUS **[27850]** : 1860+, TAS, AUS **[27850]** : 1860+, Melbourne, VIC, AUS **[27850]** : Samuel, 1842+, London, ENG **[27850]** : Alfred, 1846+, London, ENG **[27850]** : James, 1855+, London, ENG **[27850]** : William, 1858+, London, ENG **[27850]** : ALL, Coventry, WAR, ENG **[27850]** : PRE 1850, London & Cork, COR, ENG & IRL **[18688]**

BEAN : 1799+, Sydney, NSW, AUS **[10985]** : 1799+, Sydney, NSW, AUS **[31877]** : 1734, Nth Hayling, HAM, ENG **[44061]** : 1790+, Berkhamsted, HRT, ENG **[44061]** : PRE 1811, Adisham, KEN, ENG **[46424]** : PRE 1800, Bethersden & Great Chart, KEN, ENG **[46424]** : 1500+, Dover & Sutton, KEN, ENG **[46424]** : ALL, Little Mongeham, KEN, ENG **[46424]** : ALL, Maidstone & Ashford, KEN, ENG **[46424]** : PRE 1811, Northbourne, KEN, ENG **[46424]** : PRE 1830, Tilmanstone, KEN, ENG **[46424]** : Henry, 1725+, Tonbridge & Rochester, KEN, ENG **[46424]** : 1750+, Tudeley, KEN, ENG **[46424]** : 1800, Tudely, KEN, ENG **[19796]** : 1800+, Tunbridge Wells & Southborough, KEN, ENG **[46424]** : 1780-1840, Finchley, MDX, ENG **[15098]** : 1812+, East Grinstead, SSX, ENG **[46424]** : 1800+, Heatherfield & Mayfield, SSX, ENG **[46424]** : 1831+, Isfield, SSX, ENG **[19796]** : 1700+, Litlington & Hailsham, SSX, ENG **[46424]** : ALL, Petworth & Fittleworth, SSX, ENG **[46424]** : 1900+, Waldron & Isfield, SSX, ENG **[46424]** : PRE 1850, Leeds, WRY, ENG **[28210]** : 1800S, Halifax, YKS, ENG **[46358]** : 1700+, Hull, YKS & TAS, ENG & AUS **[28513]** : 1850+, ITL **[46424]** : ALL, RSA & NZ **[46424]** : Edward, 1695, NH, USA **[11797]**

BEANE : 1550+, Alkham, KEN, ENG **[46424]** : ALL,

Elham & Lyminge, KEN, ENG **[46424]** : ALL, Eythorne & Folkestone, KEN, ENG **[46424]** : PRE 1620, Great Mongeham, KEN, ENG **[46424]** : PRE 1641, Waldershare, KEN, ENG **[46424]** :1500+, Seaford & East Blatchington, SSX, ENG **[46424]**

BEANLAND : PRE 1812, Bradford, YKS, ENG **[45949]**

BEAR : Betsy, 1830-1860, Chapel Town & Berrynarbor, DEV, ENG **[30830]** : 1750+, Kingsbridge, DEV, ENG **[20730]** : C1800-C1900, Medway, Gillingham, KEN, ENG **[45206]** : 1750+, Bishops Hulton, SOM, ENG **[17532]**

BEARD : Wm Henry, 1870+, AUS **[12363]** : 1850+, Glebe, NSW, AUS **[34739]** : George Weston, 1870S, Compton Co., QUE, CAN **[99433]** : 1600+, Mylor, CON, ENG **[12363]** : PRE 1680, St.Clether, CON, ENG **[21765]** : 1700+, Stithians, CON, ENG **[12363]** : 1830+, Furnace Vale, DBY, ENG **[42453]** :C1800, Devonport, DEV, ENG **[34739]** : 1700, Widford, ESS, ENG **[17704]** : Geo Alexander, 1830-1850S, Cheltenham, GLS, ENG **[10574]** : Sarah, PRE 1864, Gloucester, GLS, ENG **[25066]** : PRE 1850, Horton, GLS, ENG **[10399]** : C1500, Salte, GLS, ENG **[19759]** : 1840S, Stroud, GLS, ENG **[20556]** : R., 1880+, Langley, NTT, ENG **[39516]** : Thomas, PRE 1840, Backwell, SOM, ENG **[37445]** : ALL, SSX, ENG **[31646]** :PRE 1800, Lewes, SSX, ENG **[11060]** : 1840S, Nelson, NZ **[20556]**

BEARDER : ALL, London, ENG **[39348]** : ALL, Longwith, DBY, ENG **[39348]** : ALL, Portsmouth, HAM, ENG **[39348]**

BEARDMORE : Joseph, 1746-1829, ENG **[39429]** : ALL, STS, ENG **[21149]** : John, PRE 1800, Chesterton, STS, ENG **[35379]**

BEARDSALL : 1700-1850, NTT, ENG **[27087]** : C1874, Arnold, NTT, ENG **[18529]**

BEARDSELL : ALL, CAN **[19655]** : ALL, Rotherhithe, SRY, ENG **[19655]** : 1700S, Holme & Holme Valley, WRY, ENG **[19921]** : ALL, Holmfirth, YKS, ENG **[19655]** : ALL, London & Montreal, MDX & QUE, ENG & CAN **[16701]**

BEARDSHAW : James, PRE 1730, Harworth, NTT, ENG **[34111]**

BEARDSLEY : John, 1853, Warrnambool, VIC, AUS **[27740]** : John, 1853, Ripley, DBY, ENG **[27740]** : 1780+, Loughborough, LEI, ENG **[17000]** : ALL, Ilkeston, NTT & DBY, ENG **[36710]**

BEARDSWORTH : 1750-1900, Uppingham, RUT, ENG **[14513]**

BEARDWELL : 1700-1800S, Stratford St.Mary, SFK, ENG **[22182]**

BEARE : Grace, PRE 1681 Sandford, DEV, ENG **[28907]**

BEARMAN : ALL, Wootton Underwood, BKM, ENG **[18397]** : 1840-1890, Manchester, LAN, ENG **[17217]**

BEARSBY (see One Name Section) [31018]

BEASLEY : Charles, PRE 1837, Windsor, QLD, AUS **[13868]** : 1800-1900, Spitalfields & Stepney, LND, ENG **[37048]** : C1800, Westminster, MDX, ENG **[25930]** : ALL, COR & WAT, IRL **[26493]**

BEASON : John Thomas, 1845+, Hobart & Nowra, TAS & NSW, AUS **[35235]**

BEASOR : ALL, WORLDWIDE **[29747]**

BEASTALL : PRE 1900, Clay Cross, DBY, ENG **[39389]** : ALL, Kirkby, NTT, ENG **[39389]** : PRE 1830, Teversal, NTT, ENG **[25764]**

BEAT : James, 1900-1981, St.Andrews, FIF, SCT **[20665]**

BEATNIFFE : Jn Saunderson, C1806, Waltham, LIN, ENG **[31003]** : Jn Saunderson, PRE 1806, WES, ENG **[31003]**

BEATON : Sarah, 1870, Hamilton, VIC, AUS **[11530]** : 1700+, Rayne, ABD, SCT **[37236]** : ALL, Isle of Mull, ARL, SCT **[16947]** : Duncan, 1825+, Macduff, BAN, SCT **[21104]** : Alexander, PRE 1800, Macduff, BAN, SCT **[21104]** : Malcolm, 1750S, Isle of Skye, INV, SCT **[31402]** : 1800S, Glasgow, LKS, SCT **[20919]**

BEATS : David, 1760-1841, Withersfield, SFK, ENG **[38613]**

BEATTIE : John, 1864+, Gosford, NSW, AUS **[25654]** : 1877-1930, LND, ENG **[45973]** : 1827+, Ashfield, CAV, IRL **[26246]** : PRE 1840, DON, IRL **[42821]** : Eleanor Jane, 1750-1890, Enniskillen, FER, IRL **[21079]** : John Wilson, 1828, ABD, SCT **[99147]** : PRE 1850, Birse, ABD & KCD, SCT **[41312]** : 1700+, St.Cyrus, ANS, SCT **[10698]** : 1800, AYR, SCT **[25070]** : 1750+, Dalton, DFS, SCT **[45949]** : 1800, Auchencairn, KKD, SCT **[21038]**

BEATTY : Elizabeth, 1803+, QUE & NY, CAN, USA & IRL **[32132]**

BEAUCAMP : George, Michel, C1800-1920, Newport, Baie des Chaleurs, QUE, CAN **[16123]**

BEAUCHAMP : 1869+, Melbourne, VIC, AUS **[36844]** : Pierre, C1740-1810, QUE, CAN **[27325]** : William, PRE 1800, Chertsey, SRY, ENG **[37200]** : Fanny, PRE 1800, Chertsey, SRY, ENG **[37200]**

BEAUDOIN : Augusta, 1900+, VIC & NSW, AUS **[42900]**

BEAUFOY : 1850+, SRY & KEN, ENG **[21221]**

BEAULAH : 1830+, Broughton, LIN, ENG **[11716]**

BEAUMONT : 1865-1880, Blackwood, VIC, AUS **[12327]** : PRE 1850, ENG **[41456]** : Fanny, PRE 1846, Husborne & Crawley, BDF, ENG **[35297]** : PRE 1830, Beaumont, ESS, ENG **[43453]** : Anne, PRE 1811, Boldre, HAM, ENG **[28134]** : ALL, Hoo, KEN, ENG **[39386]** : 1686+, Kings Norton, LEI, ENG **[21207]** : 1891, Hammersmith, LND, ENG **[12327]** : 1880+, Poplar, MDX, ENG **[21916]** : PRE 1800, Ston Easton, SOM, ENG **[21916]** : ALL, Wells, SOM, ENG **[25884]** : 1700-1900, Coventry, WAR, ENG **[17196]** : Jonathan, 1800S+, WRY, ENG **[41439]** : PRE 1760, Doncaster, WRY, ENG **[31316]** : 1600-1900, Honley, WRY, ENG **[20967]** : Isaac, 1840S, Whiston & Halifax, WRY, ENG **[41439]** : ALL, Huddersfield, YKS, ENG **[16111]** : 1700-1800, ARM, IRL **[97805]** : 1820+, Llanarth, MON, WLS **[21916]**

BEAUREIN : 1825-1854, Cape of Good Hope, RSA **[32314]**

BEAUVAIS : 1850+, NSW, VIC & SA, AUS **[11530]** : 1800, Lorient, FRA **[11590]** : 1790, BRT, FRA **[11530]**

BEAVAN : ALL, HEF, ENG **[46262]** :1800-1840, Weobley, HEF, ENG **[18128]** : Wm & Margaret, 1784-1820, Greet & Others, SAL & HEF, ENG **[39964]** : 1800+, Rode & Road, SOM, ENG **[45215]** : Henry, 1818+, Swinford, WOR, ENG **[99590]**

BEAVANS : PRE 1800, Lancaster, VA, USA **[37380]**

BEAVEN : C1865, Minchinhampton, GLS, ENG **[13407]** : 1800+, Rode & Road, SOM, ENG **[45215]** : 1700-1850, Hope & Overton, FLN, WLS **[20729]**

BEAVER : John, 1874-1884, George St, Sydney, NSW, AUS **[14184]** : 1870+, Sydney, NSW, AUS **[28150]** : 1800S, Portsea, HAM, ENG **[13910]** : 1548-1652, Kirkburton, YKS, ENG **[14184]** : 1787-2001, Leeds, YKS, ENG **[18613]** : 1800+, NZ **[42112]** : ALL, Glasgow, LKS, SCT **[28150]**

BEAVERBROOK : ALL, WORLDWIDE **[46258]**

BEAVES : 1700-1800, Southampton, HAM, ENG **[19993]**

BEAVIN : 1650-1850, Aldbourne, WIL, ENG **[99433]**

BEAVIS : PRE 1840, Alverstoke, HAM, ENG **[40756]** : C1848, Southampton, HAM, ENG **[31972]** : PRE 1860, Southampton, HAM, ENG **[11280]** : PRE 1800, IOW, ENG **[20458]** : PRE 1800, Godshill, IOW, ENG **[20458]** : 1800-1850+, Cowlinge & Wickham Brook, SFK, ENG **[13014]**

BEAZLEY : PRE 1920, SA, AUS **[39027]**

BEBB : (Solicitors), 1800+, London, MDX & QLD, ENG & AUS **[13513]**

BEBBINGTON : Thomas, 1706, Over St.Chad, CHS, ENG **[24579]**

BECHER : 1800+, Lubeck, LUE, GER **[17000]**

BECHERVAISE : 1857+, VIC, AUS **[99052]**

BECHTEL : Amelia, C1820, Berks Co., PA, USA **[16842]**

BECK : Anthony, 1850S, Maitland & Sydney, NSW, AUS **[46263]** : 1850-1860, Sofala, NSW, AUS **[46468]** : 1860S, Young & Grenfell, NSW, AUS **[46468]** : Thomas Roland, C1914, London, ENG **[34606]** : 1700-1900, Fontmell Magna, DOR, ENG **[14901]** : 1700-1830, Edmondbyers, DUR, ENG **[46420]** : 1770-1820S, North Dalton, ERY, ENG **[37278]** : C1830, Stroud, GLS, ENG **[12470]** : 1770+, Woodhurst, HUN, ENG **[19895]** : 1850-1930, Hoo, KEN, ENG **[36552]** : 1800+, London & Islington, LND, ENG **[19895]** : 1600-1750, NFK, ENG **[18708]** : ALL, Caister, NFK, ENG **[34797]** : 1700-1800, Catfield, NFK, ENG **[34797]** : 1850-1900, Hemsby, NFK, ENG **[34797]** : 1845-1868, Honing, NFK, ENG **[34797]** : ALL, Litton & Sutton, NFK, ENG **[34797]** : 1700+, Ormesby, St.Margaret, NFK, ENG **[34797]** : 1700-1800, Swafield, NFK, ENG **[34797]** : 1600-1900, Elford, STS, ENG **[34606]** : 1600-1900, Hanbury, STS, ENG **[34606]** : 1600-1900, Newborough, STS, ENG **[34606]** : 1750+, Birmingham, WAR, ENG **[16433]** : ALL, Coventry, WAR, ENG **[46443]** : ALL, WOR, ENG **[29172]** : J.G.H., C1861, Dobeln, PSA, GER **[99012]** : Gottlob H., 1835+, Seifersdorf, PSA, GER **[99012]** : August W., 1850+, Dobeln, PSA (SAX), GER **[99012]** : Roland, 1894, Barrackpore, INDIA **[34606]** : Roland, 1880-1900, Titaghur, CALCUTTA, INDIA **[34606]**
BECKER : C1839, GER **[99600]** : PRE 1855, Lorch & Oberheimbach, HEN, GER **[14045]** : PRE 1720, Untergeis, HEN, GER **[33567]** : 1850S, Lucka, SAB, GER **[12744]** : Gottfried J., 1870+, NZ **[99600]**
BECKERTON : PRE 1900, NFK, ENG **[46447]**
BECKETT : C1845, Macclesfield, CHS, ENG **[17380]** : PRE 1900, Hambledon, HAM, ENG **[44948]** : 1700-1800, Tring, HRT, ENG **[45883]** : 1850+, Deptford, KEN, ENG **[22130]** : 1800S, Aldeby, NFK, ENG **[37187]** : PRE 1850, Merton, SRY, ENG **[22130]** : PRE 1850, Mitcham, SRY, ENG **[22130]** : PRE 1850, Moreden, SRY, ENG **[22130]** : PRE 1850, Wandsworth, SRY, ENG **[22130]** : ALL, WORLDWIDE **[22130]**
BECKHAM : PRE 1850, LIM & COR, IRL **[22536]**
BECKINGHAM : ALL, UK **[22333]**
BECKINHAM : 1800-1900, Woodcote & Addiscombe, SRY, ENG **[38592]**
BECKLEY : PRE 1832, Chesham, BKM, ENG **[11890]** : Edward, 1874-2004, Preston, SSX, ENG **[40505]**
BECKWITH : 1800+, DUR, ENG **[46495]** : 1700+, CT & NY, USA **[22737]**
BECRAFT : 1700+, London, ENG **[25427]**
BECROFT : 1870, Dunheved, NSW, AUS **[35025]**
BECUS : 1890+, Temora, NSW, AUS **[43804]**
BEDBOROUGH : 1800+, LND, ENG **[39620]**
BEDBROUGH : 1800+, Ealing, MDX, ENG **[39620]**
BEDDALL : ALL, Monks Risborough, BKM, ENG **[37603]** : Robert, 1820, Chetwynd, SAL, ENG **[21759]** : PRE 1850, Chaddersley, WOR, ENG **[37066]** : James, C1776, Clent, WOR, ENG **[38579]**
BEDDARD : 1750-1850, Enville, STS, ENG **[17400]**
BEDDOES : 1750+, Wentnor, SAL, ENG **[42780]** : Job, 1800+, Llandrinio, MGY, WLS **[42780]**
BEDDOW : Sarah, 1800, TAS, AUS **[21759]**
BEDFORD : 1840+, Longford, TAS, AUS **[12481]** : 1870+, VIC, AUS **[12481]** : Sarah, C1900+, CAN **[35237]** : PRE 1800, BRK, ENG **[43842]** : 1794+, Fen Drayton, CAM, ENG **[30996]** : 1700+, Marshfield, GLS, ENG **[99598]** : 1800+, GLS & MDX, ENG **[34440]** : 1800S, HRT, ENG **[11918]** : 1700+, Northchurch & Berkhamsted, HRT, ENG **[19671]** : PRE 1840, HUN, ENG **[14733]** : 1809-1885, Islington, LND, ENG **[46235]** : 1830-1860, Soho & Charing Cross, MDX, ENG **[10832]** : 1740, Birmingham, WAR, ENG **[12481]**
BEDFORTH : Jane, PRE 1725, Darton & Gargrave, WRY, ENG **[16233]**
BEDKOBER : 1800S, Cologne & Manchester, LAN, GER & ENG **[11025]**
BEDLINGTON (see One Name Section) **[42331]**

BEDLOW : ALL, Little Saling, ESS, ENG **[29471]**
BEDNALL : PRE 1880, DBY, ENG **[29298]** : PRE 1880, NTT, ENG **[29298]** : PRE 1800, STS, ENG **[29298]**
BEDSON : PRE 1740, Milwich & Stowe, STS, ENG **[15823]**
BEDWELL : 1832+, Paterson, NSW, AUS **[99012]** : 1908-1950, Montreal, QUE, CAN **[27066]** : Sarah, 1782-1821, SFK, ENG **[11698]** : PRE 1840, WIL, ENG **[38660]**
BEE : PRE 1715, Metheringham, LIN, ENG **[19902]** : 1700-1800, Nottingham, NTT, ENG **[46252]** : 1840-1940, Gisborne, HBY, NZ **[46252]**
BEEBE : 1850+, Tulse Hill, SRY, ENG **[17874]**
BEEBY : ALL, BDF, ENG **[46416]** : ALL, Great Addington, NTH, ENG **[38968]**
BEECH : 1750-1900, Birmingham, ENG **[19471]** : 1830, Haslington, CHS, ENG **[12641]** : 1795+, KEN, ENG **[46007]** : PRE 1850, Eastry, KEN, ENG **[20729]** : George, 1869, Branston, LIN, ENG **[31849]** : Mary Fanny, 1869, Branston, LIN, ENG **[31849]** : 1800-1860, Bridgnorth, SAL, ENG **[12641]** : 1804-1846, Catcliffe, WRY, ENG **[34981]** : Isabella, PRE 1800, SCT **[44999]**
BEECHE : 1800+, NZ **[42112]**
BEECHEY : PRE 1882, London, ENG **[38517]** : Mary, C1843, BENGAL, INDIA **[34924]**
BEECHING : PRE 1850, Tenterden, KEN, ENG **[32907]** : PRE 1800, SSX, ENG **[17508]**
BEECROFT : William, 1840+, WA, AUS **[35025]** : 1799, Cheshunt, HRT, ENG **[35025]** : 1700-1800, Parham Hacheston, SFK, ENG **[26932]**
BEEDHAM : 1830-1950, Hobart, TAS, AUS **[31979]** : 1780-1900, Kimbolton, HUN, ENG **[31979]** : 1780-1840, Shoreditch & Bethnal Green, MDX, ENG **[31979]**
BEEDIE : ALL, Johnshaven, KCD, SCT **[46339]**
BEEDLE : John, C1800-1880, Plymouth, DEV, ENG **[13188]**
BEEKEN : William, 1797-1871, Crowland, LIN, ENG **[20793]** : William, 1799+, Crowland, LIN, ENG **[20793]** : William, 1825-1900, Crowland, LIN, ENG **[20793]** : William, 1825-C1900, Crowland, LIN, ENG **[20793]** : Septimus Josh, 1877-1939, Crowland, LIN, ENG **[20793]** : Brian, 1941+, Crowland, LIN, ENG **[20793]**
BEEMAN : 1750+, Hoo, KEN, ENG **[39386]** : Thomas, 1690+, Kent, CT, USA **[32132]**
BEENIE : PRE 1850, PER, SCT **[36188]**
BEER : Arthur, 1925, Melbourne, VIC, AUS **[14094]** : Job, C1890, Woodend, VIC, AUS **[99174]** : PRE 1900, DEV, ENG **[12905]** : 1700+, Hartland, DEV, ENG **[16254]** : 1800S, Holbeton, DEV, ENG **[35561]** : PRE 1790, Tavistock, DEV, ENG **[46452]** : PRE 1800, West Anstey, DEV, ENG **[31316]** : Wm, 1820-1898, Westleigh, DEV, ENG **[99545]** : 1800-1900S, Hull, ERY, ENG **[25644]** : 1700-1900, Membury, SOM, ENG **[31960]**
BEERE : ALL, Bath, SOM, ENG **[21218]**
BEERS : PRE 1750, Ballylesson, DOW, IRL **[31786]**
BEESLEY : ALL, Prescot, LAN, ENG **[17350]** : 1800-1875, West Bromwich, STS, ENG **[17449]**
BEESON : 1700-1900, LIN, ENG **[12401]**
BEESTON : ALL, ENG **[45834]**
BEETHAM : 1850+, Kendal, WES, ENG **[30449]** : Grice, PRE 1850, Hemsworth, WRY, ENG **[33728]**
BEETLE : ALL, IL, USA **[24182]**
BEEVOR : ALL, NFK, ENG **[19165]** : 1750+, YKS, ENG **[40135]**
BEEVORS : PRE 1813, Darton, WRY, ENG **[42974]**
BEEZLEY : Benjamin, 1800+, Bromley, KEN, ENG **[13065]**
BEGBIE : 1860+, QLD, AUS **[45087]** : 1860+, AUS & NZ **[46306]** : 1800+, SCT **[45087]** : 1680+, Gladsmuir, ELN, SCT **[46306]** : 1800S, Edinburgh, MLN, SCT **[42031]**

BEGG : 1849+, VIC, AUS **[31972]** : 1860+, Napier, HBY, NZ **[31072]** : Ann, 1829, Rathen, ABD, SCT **[30182]** : 1740S, Muirkirk, AYR, SCT **[10948]** : 1810S, Ochiltree, AYR, SCT **[10948]** : ALL, Eday, OKI, SCT **[31972]** : ALL, Inveresk & Dalkeith, MLN & NSW, SCT & AUS **[42466]** : 1800+, W.INDIES **[31072]**

BEGLEY : 1850+, Trunkey Creek, NSW, AUS **[34739]** : 1824-1856, Lutterworth, LEI, ENG **[31584]** : 1781-1833, Melton Mowbray, LEI, ENG **[31584]** : 1802-1820, Bourne, LIN, ENG **[31584]** : 1700+, Milltown Malby, CLA, IRL **[34739]** : 1800S, Boness, WLN, SCT **[29236]**

BEGOT : Mary, PRE 1800, Standon & Trentham, STS, ENG **[18501]**

BEGUM : Houssainia, C1830, BENGAL, INDIA **[34924]**

BEH : 1850S, Mitchells Flat, NSW, AUS **[14113]** : 1860+, Toowoomba, QLD, AUS **[14113]** : 1760+, Gross Bottwar, WUE, GER **[13473]** : PRE 1760, Gross Heppach, WUE, GER **[13473]** : 1800S, Grossbottwar, WUE, GER **[14113]**

BEHAGG : 1885-1950, Warboys, HUN, ENG **[35008]**

BEHAGUE : PRE 1750, Somersham, HUN, ENG **[22550]**

BEHAN : ALL, NSW, AUS **[34947]**

BEHECKE : Joachim, PRE 1785+, Wittenhagen, MEK & MST, GER **[30971]**

BEHM : PRE 1800, Hermeskeil, SAA, GER **[18688]**

BEHNECKE (see BENECKE : One Name Sec., **[30971]**

BEHNKE (see BENECKE : One Name Sec., **[30971]**

BEHR : C1700, Vedo, DEN **[34837]** : 1720+, Beilstein, WUE, GER **[11144]**

BEILBY : PRE 1810, Whitby, NRY, ENG **[42331]**

BEIRNE : 1790+, Castleplunket, Tulsk, ROS, IRL **[12653]**

BEITH : PRE 1770, Campbeltown, ARL, SCT **[10610]** : ALL, Paisley, RFW, SCT **[22207]**

BELBIN : Elizabeth, PRE 1809, ENG **[16075]** : PRE 1789, London, ENG **[38683]** : 1850-1950, Blandford, DOR, ENG **[41943]**

BELCHAM : C1765, Coggeshall, ESS, ENG **[37499]**

BELCHAMBER : PRE 1810, ENG **[29354]** : PRE 1710, SSX, ENG **[35343]** : PRE 1740, Kirdford, SSX, ENG **[35343]**

BELCHAMBERS : PRE 1810, ENG **[29354]**

BELCHER : James, 1838+, Enfield, NSW, AUS **[33948]** : 1800+, Terowie, SA, AUS **[45626]** : PRE 1860, Coxwell & Faringdon, BRK, ENG **[46508]** : PRE 1850, Goosey & Stanford, BRK, ENG **[43033]** : 1800S, Exeter, DEV, ENG **[24981]** : Margaret, 1700S, Tarrington, HEF, ENG **[10993]** : ALL, Bluntisham cum Earith, HUN, ENG **[39642]** : PRE 1900, Westminster, LND, ENG **[19892]** : PRE 1900, LND & MDX, ENG **[25747]** : 1830S, WAR, ENG **[32310]** : John, James, PRE 1850, IRL **[25747]** : PRE 1833, Comber, DOW, IRL **[41438]** : James, PRE 1838, Comber, DOW, IRL **[33948]** : Bill, C1860+, Dunedin, OTAGO, NZ **[45703]**

BELDIN : 1845+, Linn Co., OR, USA **[24660]**

BELDING : 1880-1980, London, MDX, ENG **[30071]**

BELFIELD : 1800+, Flash & Quarnford, STS, ENG **[11543]** : James, 1900+, RSA & AUS **[11543]**

BELFORD : James, 1800+, Drumkeeran, FER & NSW, IRL & AUS **[40993]**

BELK : 1740-1750, Rotherham, WRY, ENG **[12641]**

BELKNAPPE : 1350+, ENG **[20909]**

BELL : William, PRE 1839, Carcoar, NSW, AUS **[31904]** : 1880+, Dubbo & Eumungerie, NSW, AUS **[43804]** : 1840+, Granville, NSW, AUS **[46264]** : 1890S, Sydney, NSW, AUS **[11011]** : 1863+, QLD, AUS **[12395]** : 1874+, York & Beverley, SA, AUS **[31332]** : 1840+, Huon, TAS, AUS **[44726]** : Horace, 1875+, Euroa, VIC, AUS **[12884]** : Increase, 1845-1853, Geelong, VIC, AUS **[45806]** : 1877+, Heywood, VIC, AUS **[12321]** : C1900, Melbourne, VIC, AUS **[11011]** : ALL, Napan, NB, CAN **[39712]** : 1880, Euphrasia, ONT, CAN **[15221]** : ALL, CHI **[22456]** : Hilda, 1927+, Goldington, BDF, ENG **[12230]** : PRE 1750, Soham, CAM, ENG **[33428]** : PRE 1767, Alston, CUL, ENG **[17921]** : PRE 1860, Arthuret, CUL, ENG **[46505]** : Esther, 1786-1811, Boltongate, CUL, ENG **[26761]** : 1814+, Carlisle, CUL, ENG **[14513]** : PRE 1851, Maryport, CUL, ENG **[27437]** : William, C1788, Wreay by Carlisle, CUL, ENG **[10918]** : Thomas, PRE 1800, Wreay by Carlisle, CUL, ENG **[10918]** : Isaac, PRE 1800, Wreay by Carlisle, CUL, ENG **[10918]** : ALL, DEV, ENG **[22456]** : PRE 1860, Dartmouth, DEV, ENG **[22456]** : PRE 1800, Exeter, DEV, ENG **[22456]** : 1850+, Torquay, DEV, ENG **[22456]** : Martha, PRE 1750, DOR, ENG **[17203]** : 1750-1860, DUR, ENG **[36435]** : Ralph, 1830, Bishop Wearmouth, DUR, ENG **[17117]** : Thomas, 1840+, Darlington, DUR, ENG **[46026]** : PRE 1850, Easington, DUR, ENG **[25854]** : Hannah, 1730-1780, Gateshead, DUR, ENG **[17907]** : Robert, C1814, Gateshead Fell, DUR, ENG **[19865]** : C1796, Heworth, DUR, ENG **[18001]** : John, 1825-30, Ruffside, DUR, ENG **[46420]** : Wm, C1906, West Hartlepool, DUR, ENG **[10918]** : George, ALL, ESS & LND, ENG **[39616]** : PRE 1807, Cheshunt, HRT, ENG **[38683]** : 1800+, Grain, KEN, ENG **[39416]** : Jas. Preston, 1840-1844, Northfleet & Gravesend, KEN, ENG **[17676]** : Jannet, C1635, Bleesedale, LAN, ENG **[18957]** : William, C1600, Chipping, LAN, ENG **[18957]** : William, C1600, Chipping, LAN, ENG **[18957]** : Sarah, 1832+, Latchford, Warrington, LAN, ENG **[28341]** : Richard, 1820, Manchester, LAN, ENG **[21759]** : William, 1830+, Manchester, LAN, ENG **[38452]** : PRE 1850, Manchester, LAN, ENG **[18702]** : ALL, LIN, ENG **[45204]** : C1850, Bucknall, LIN, ENG **[41430]** : 1871, Foston, LIN, ENG **[31332]** : C1830, Halton, LIN, ENG **[41430]** : 1700-1800, Walesby, LIN, ENG **[41573]** : 1700+, London, MDX, ENG **[18005]** : Joseph, PRE 1850, London, MDX, ENG **[24945]** : 1800, Allendale, NBL, ENG **[12222]** : Elizabeth, C1837, Corbridge, NBL, ENG **[10918]** : William, PRE 1850, Corbridge, NBL, ENG **[10918]** : 1815+, Ellingham, NBL, ENG **[19865]** : 1850+, Newcastle, NBL, ENG **[25854]** : Thomas, 1816+, Newcastle upon Tyne, NBL, ENG **[10918]** : Robert, PRE 1851, Newcastle upon Tyne, NBL, ENG **[10918]** : William, C1848, Water Gate, NBL, ENG **[10918]** : Robert, C1829, Whittington, NBL, ENG **[10918]** : 1750+, Kings Lynn, NFK, ENG **[38412]** : 1700-1900, NRY, ENG **[46461]** : Wm & James, 1900+, NRY, ENG **[28323]** : 1765-1850S, Fangdalebeck, NRY, ENG **[19865]** : Francis, 1720S-1750S, Great Broughton, NRY, ENG **[19865]** : C1820-1892, Gunnerside & Bedale, NRY, ENG **[46278]** : 1750+, Hensall & Burn, NRY, ENG **[34440]** : Henry, 1830-1850, Runswick Bay, NRY, ENG **[28323]** : C1870, Skelton, NRY, ENG **[41430]** : 1650-1740, Topcliffe, NRY, ENG **[33347]** : John, C1803, Kimberley, NTT, ENG **[18957]** : PRE 1880, Mattersey, NTT, ENG **[34111]** : Henry, 1853-1914, Stanton Hill, NTT, ENG **[34111]** : PRE 1800, SFK & NFK, ENG **[30351]** : PRE 1830, Dulverton, SOM, ENG **[31316]** : 1850+, Tamworth, STS, ENG **[42342]** : PRE 1850, Dufton & Kirkby Stephen, WES, ENG **[39336]** : Elisabeth, 1800+, Long Marton, WES, ENG **[10883]** : 1700-1800, Moss-Side, WES, ENG **[31826]** : 1800S, Bromsgrove & Belbroughton, WOR, ENG **[27780]** : 1827, Hagley, WOR, ENG **[27780]** : 1750+, Strensham, WOR, ENG **[15793]** : 1850+, Leeds, WRY, ENG **[42974]** : 1700+, YKS, ENG **[19318]** : 1800-1850, Halifax, YKS, ENG **[42609]** : William, 1840+, Kirby, YKS, ENG **[21989]** : C1807+, Gillingham, DOR, ENG & NZ **[41297]** : John James, 1832, Belfast, ANT, IRL **[11386]** : Robert James, 1861+, Belfast, ANT, IRL **[15485]** : Ann, C1810, Arvagh, CAV, IRL **[13326]** : James, 1790-1850, DOW, IRL **[14435]** : 1800-80, Garvaghy, DOW, IRL **[22536]** : George, C1880, Moira, DOW, IRL **[15485]** : John, PRE 1856, FER, IRL **[12321]** : Elizabeth, 1805-1854, Aghadawey, LDY, IRL **[39243]** : 1650+, Hollymount & Claremorris, MAY, IRL **[12395]** : PRE 1820, TYR, IRL **[20974]** : PRE 1900, Stewartstown, TYR, IRL **[16875]** : 1700-1850, Dublin

& Cork, DUB, WAT & COR, IRL & SCT **[14296]** : 1863-1912S, Dundee, ANS, SCT **[99040]** : 1800-1840, Monifieth, ANS, SCT **[46458]** : C1810, Inverary, ARL, SCT **[22182]** : 1855-1859, Kilbirnie, AYR, SCT **[14435]** : Francis, PRE 1810+, Maybole, AYR, SCT **[33949]** : PRE 1830, Crunklaw & Edrom, BEW, SCT **[46339]** : C1829, Duns, BEW, SCT **[36422]** : 1780S, Dunse, BEW, SCT **[46220]** : PRE 1900, Rothesay, BUT, SCT **[21365]** : 1800-1820, DFS, SCT **[18708]** : PRE 1850, DFS, SCT **[13585]** : 1750+, Applegarth, DFS, SCT **[19486]** : 1800-1880, Dalton, DFS, SCT **[43804]** : 1800-1820, Ecclefechan, DFS, SCT **[18708]** : PRE 1850, Tinwald, DFS, SCT **[14351]** : ALL, Biel, ELN, SCT **[46329]** : 1750-1850, Dunbar, ELN, SCT **[44078]** : 1820S, St.Andrews, FIF, SCT **[10460]** : 1770-1780, Dalserf, LKS, SCT **[25979]** : 1750+, Glasgow, LKS, SCT **[42600]** : 1898+, Glasgow, LKS, SCT **[46395]** : 1770-1800, Hamilton, LKS, SCT **[25979]** : ALL, Hamilton & Glasgow, LKS, SCT **[21258]** : 1855+, Old Monkland, LKS, SCT **[14435]** : 1700+, Paisley, RFW, SCT **[44072]** : 1700+, Kiltearn, Fodderty & Lochbroom, ROC, SCT **[37236]** : John, 1850-1900, Westville, IN, USA **[23564]** : 1886+, Corning Perry, OH, USA **[14435]**
BELL (see : Subjects I:), **[10918]**
BELLAMY : C1863, Binalong, NSW, AUS **[29479]** : 1800+, ONT, CAN **[42927]** : C1772, London, ENG **[40970]** : PRE 1840, Sherborne, DOR, ENG **[29745]** : PRE 1810, DOR & LND, ENG **[38523]** : 1715+, Westbury on Severn, GLS, ENG **[17175]** : PRE 1707, Kettlethorpe, LIN, ENG **[19002]** : PRE 1800, Beckingham, NTT, ENG **[36170]** : PRE 1652, Laneham, NTT, ENG **[19902]** : PRE 1800, CT, VT & NY, USA **[42927]**
BELLARBY : ALL, WORLDWIDE **[40719]**
BELLARBY (see One Name Section) **[40719]**
BELLAS : PRE 1858, Crosthwaite, CUL, ENG **[46381]** : ALL, Coleraine & Portrush, DRY & ANT, IRL **[17234]**
BELLASIS : Edward, 1887, Cheltenham, GLS, ENG **[27920]**
BELLCHAMBER : PRE 1810, ENG **[29354]**
BELLCHAMBERS : PRE 1810, ENG **[29354]**
BELLCHAMBERS (see One Name Section) **[46380]**
BELLENCOMBRE : 1000-1300, ESS, SFK & HAM, ENG **[29354]** : 1000-1300, HN, FRA **[29354]**
BELLENDEN : Margaret, C1529+, Edinburgh, MLN, SCT **[35823]**
BELLENGER : John, 1790+, OXF, ENG **[99174]**
BELLERBY : ALL, WORLDWIDE **[40719]**
BELLERBY (see One Name Section) **[40719]**
BELLHOUSE : ALL, Leeds, WRY, ENG **[31826]**
BELLINGER : PRE 1900, Twyford, HAM, ENG **[25162]**
BELLINGHAM : ALL, KEN, ENG **[43842]** : 1800+, MDX, ENG **[37267]** : Ambrose, 1766-1851, Wadhurst, SSX, ENG **[42168]** : 1790+, STS, ENG **[41446]** : Thomas, 1830+, Dudley, STS, ENG **[41446]** : Mary, 1854+, Dudley, STS, ENG **[41446]** : PRE 1700, DUB, IRL **[27320]**
BELLINGS : Elizabeth, C1900, Wagga Wagga & Lockhart, NSW, AUS **[45699]**
BELLIS : PRE 1810, Westminster, LND, ENG **[39730]** : 1740-1860, Midsomer Norton, SOM, ENG **[26396]** : George, 1880+, Ballymena, ANT, IRL **[31786]** : PRE 1832, Broughton, CLWYD, WLS **[46483]** : 1700-1800S, Northop, FLN, WLS **[22182]** : ALL, WORLDWIDE **[32804]**
BELLISS : ALL, Birmingham, WAR & SAL, ENG **[17234]**
BELLRINGER : 1671, Powerstock, DOR, ENG **[21889]**
BELLSHAW : PRE 1875, LND, ENG **[39588]**
BELLWOOD : PRE 1742, Sproxton, NRY, ENG **[46483]**
BELSHAM : PRE 1905, Croydon, SRY, ENG **[40529]**
BELSTEAD : PRE 1750, Coggeshall, ESS, ENG **[14715]** : 1650, Tollesherunt Major, ESS, ENG **[17704]**
BELTON : 1667-1827, Goadby, LEI, ENG **[21349]** : PRE 1860, Essendine, RUT, ENG **[45357]** : PRE 1746,

Haslemere, Bramshott, SRY, ENG **[46296]** : PRE 1900, Newhaven & Ewhurst, SSX, ENG **[15823]** : 1700S, Rottingdean & Telescombe, SSX, ENG **[15823]**
BEMENT : PRE 1880, Cardiff, GLA, WLS **[16370]**
BENABO : ALL, ENG **[13231]**
BENADIE : 1750+, RSA **[22175]**
BENAKE (see **BENECKE** : One Name Section, **[30971]**
BENALLACK : PRE 1860, St.Austell, CON, ENG **[36742]**
BENARI : 1850-1886, Germantown & Grovedale, VIC, AUS **[34042]** : 1820-1853, PRE, GER **[34042]**
BENBOW : C1910, Aylesbury, BKM, ENG **[33642]** : Elizabeth, 1802, Martley, WOR, ENG **[14094]** : John, C1766, Martley, WOR, ENG **[14094]**
BENCE : 1800+, Bristol, GLS, ENG **[10846]**
BENCKE (see **BENECKE** : One Name Sec., **[30971]**
BEND : Agnes, 1800+, Liverpool, LAN, ENG **[29092]** : PRE 1800, LND & MDX, ENG **[25627]**
BENDALL : Joseph, C1840, Cirencester, GLS, ENG **[34320]** : ALL, Fulbourn All Saints, CAM, ENG & AUS **[46262]**
BENDAN : PRE 1850, WIL & MON, ENG & WLS **[46164]**
BENDELL : 1760-1900, SOM, ENG **[26396]** : PRE 1780, Chewton Mendip, SOM, ENG **[33664]**
BENDEN : PRE 1700, SSX, ENG **[39651]**
BENDER : C1900, Leinden, NL **[30653]** : Mary, 1823-1897, Lewis, WV, USA **[24674]** : Isaac, 1790-1826, Greenbrier, Lancaster Co., WV & PA, USA **[24674]**
BENDING : 1865+, VIC, AUS **[12270]** : ALL, Ottery St.Mary, DEV, ENG **[31014]** : PRE 1900, Plymouth, DEV, ENG **[31014]**
BENDRODT : James, 1958, Sydney, NSW, AUS **[44353]**
BENDY : 1600-1900, BRK, ENG **[26831]**
BENECKE : Frederick, 1866-1939+, Toowoomba, QLD, AUS **[30971]** : 1830S, LND & HAM, ENG **[30724]** : Gustav C., PRE 1854+, GER **[30971]** : William, PRE 1858+, GER **[30971]** : Joachim, PRE 1785+, Wittenhagan, MEK & MST, GER **[30971]** : Carl, PRE 1821+, Mecklenburg-Strelitz, MST, GER **[30971]** : Sophie C.C., PRE 1826+, Mecklenburg-Strelitz, MST, GER **[30971]**
BENECKE (see One Name Section) **[30971]**
BENEK : 1940+, Sydney, NSW, AUS **[29025]**
BENEKE (see **BENECKE** : One Name Sec., **[30971]**
BENEY : 1608-33, Widecombe, DEV, ENG **[39706]** : Sarah, PRE 1800, Mayfield, SSX, ENG **[36365]**
BENFIELD : 1950+, Riverwood, NSW, AUS **[31762]** : ALL, Bristol, GLS, ENG **[25787]** : ALL, Manchester, LAN, ENG **[25787]**
BENGE : PRE 1850, Plaxtol, KEN, ENG **[32907]** : 1700+, LND & KEN, ENG **[46430]**
BENGELL : C1600-1650, LIN, ENG **[11536]**
BENHAM : PRE 1650, Long Crendon, BKM, ENG **[32294]** : PRE 1800, Whitchurch, HAM, ENG **[43033]** : PRE 1750, Winslade, HAM, ENG **[10493]** : 1750+, Chatham, KEN, ENG **[39386]**
BENING : 1600+, MDX & CAM, ENG **[30111]**
BENISTON : PRE 1920, Ilkeston, DBY, ENG **[39873]** : PRE 1800, Smalley, DBY, ENG **[39873]** : PRE 1920, Nottingham, NTT, ENG **[39873]**
BENISTON (see One Name Section) **[39873]**
BENJAMIN : 1856+, Sydney, NSW, AUS **[12561]** : 1860, Collingwood, VIC, AUS **[26241]** : David, 1950+, Dorval & Montreal, QUE, CAN **[42940]** : 1700-1800, Tormarton & Codrington, GLS, ENG **[42940]** : William, PRE 1808, West Littleton, GLS, ENG **[42940]** : ALL, LND, ENG **[19656]** : 1820, Aldgate, LND, ENG **[26241]** : 1700-1900, Norton, WIL, ENG **[99052]** : Joseph, 1800+, London, MDX & TAS, ENG & AUS **[11827]** : PRE 1856, WLS **[12561]**
BENJEFIELD : PRE 1740, Mapperton, DOR, ENG **[10493]**

BENN : 1850+, Horsham, VIC, AUS **[11802]** : 1700+, CUL, ENG **[36826]** : 1700+, Egremont, CUL, ENG **[11802]** : Henry, 1821+, Docking, NFK, ENG **[25654]** : 1800S, Halifax, YKS, ENG **[46358]**

BENNER : 1850S, Cincinnati, OH, USA **[35876]**

BENNET : Isabel, 1910+, Boulder & Perth, WA, AUS **[27719]** : Elizabeth, 1785+, Cheriton & Swarraton, HAM, ENG **[32901]** : PRE 1850, HRT, ENG **[37116]** : PRE 1860, Gravesend, KEN, ENG **[13034]** : PRE 1767, Alvingham, LIN, ENG **[31316]** : PRE 1700, Horley, SRY, ENG **[43842]** : 1700+, Craigdam, ABD, SCT **[21356]** : Isabel, 1700-1850, Dundee, ANS, SCT **[35039]** : 1800S, Argyle, NY, USA **[26149]** : Benjamin, C1838, Wayne Co., PA, USA **[26870]**

BENNETT : 1700S+, NSW, AUS **[31886]** : Paul John, 1915, Gallipoli, NSW, AUS **[10993]** : Lionel, 1908+, Lilyfield & Drummoyne, NSW, AUS **[46055]** : Paul John, PRE 1900, Morpeth, NSW, AUS **[10993]** : William, PRE 1868, Muswellbrook, NSW, AUS **[11783]** : William, 1877, Tamworth, NSW, AUS **[11783]** : F.J., 1876, Norwood, SA, AUS **[14241]** : 1890+, Renmark, SA, AUS **[14346]** : Charles, 1890+, Melbourne, VIC, AUS **[32035]** : 1850+, Perth, WA & SA, AUS **[45626]** : George, PRE 1840, Gulgong, NSW & KEN, AUS & ENG **[45833]** : Joseph, 1800, Hoxton, Shoreditch, ENG **[37542]** : Preston P., 1840+, London, ENG **[41349]** : William, C1842, London, ENG **[11783]** : PRE 1920, London, ENG **[42170]** : 1810+, Buckingham, BKM, ENG **[31923]** : PRE 1750, Ford, BKM, ENG **[19481]** : 1751-95, Hurst, BRK, ENG **[39706]** : 1870+, Maidenhead, BRK, ENG **[30896]** : Martha, 1740-1755, BRK & OXF, ENG **[46466]** :PRE 1830, Addlington, CHS, ENG **[38936]** : PRE 1832, Macclesfield, CHS, ENG **[10516]** : ALL, CON, ENG **[45830]** : PRE 1850, Gwinear, CON, ENG **[18606]** : Richard, PRE 1842, Lewannick, CON, ENG **[40057]** : 1650-1760, Linkinhorne, CON, ENG **[36242]** : Maria, 1836+, Bickleigh, DEV, ENG **[35235]** : PRE 1839, Morbath, DEV, ENG **[36072]** : 1700-1900, Plymouth, DEV, ENG **[45886]** : PRE 1765, Upottery, DEV, ENG **[10493]** :Mary, C1809+, Witheridge, DEV, ENG **[10441]** : Frederick, C1850-1880, DEV & LND, ENG **[20003]** : Ellen, 1853-1934, Corfe Mullen, DOR, ENG **[46268]** : Edward, C1700S, South Shields, DUR, ENG **[42897]** : PRE 1920, Grays, ESS, ENG **[42170]** : Henry, 1870, Bristol & Berkeley, GLS, ENG **[11530]** : 1700+, Flaxley & Littledean, GLS, ENG **[45215]** : PRE 1900, Mickleton, GLS, ENG **[21254]** : PRE 1840, Minchinhampton, GLS, ENG **[10970]** : 1700+, Stonehouse, GLS, ENG **[21091]** : C1501, Stonehouse, GLS, ENG **[19759]** : PRE 1900, Longstock, HAM, ENG **[16269]** : ALL, HAM, SSX & SRY, ENG **[42641]** : PRE 1830, Abbots Langley, HRT, ENG **[30896]** : C1840, Canterbury, KEN, ENG **[37024]** : Elizabeth J., PRE 1870, Chatham & Rochester, KEN, ENG **[25151]** : 1750-1900, Harbeltown, KEN, ENG **[21231]** : 1800+, Rochester, KEN, ENG **[44132]** : PRE 1785, Teston, KEN, ENG **[10740]** : 1850+, Manchester, LAN, ENG **[37213]** : 1870+, Preston, LAN, ENG **[11729]** : C1839, Southport, LAN, ENG **[12367]** : ALL, Grimsby, LIN, ENG **[26493]** : Joseph & Eliz, 1830+, London, LND, ENG **[12027]** : C1860, Chelsea, MDX, ENG **[41212]** : Ada, PRE 1909, Hounslow, MDX, ENG **[46516]** : 1820-1851, Poplar, London, MDX, ENG **[46055]** : C1820, Teddington, MDX, ENG **[41212]** : 1865+, Newham, NBL, ENG **[20578]** : James, 1800+, Newcastle-upon-Tyne, NBL, ENG **[18329]** : Sarah & Wm, 1819-1835+, Gooderstone, NFK, ENG **[31296]** : John & Agnes, 1823-1839, Gooderstone, NFK, ENG **[31296]** : David & Frances, 1826+, Gooderstone, NFK, ENG **[31296]** : Elizabeth, 1814+, Oxborough, NFK, ENG **[31296]** : David, 1790+, Whittington, NFK, ENG **[31296]** : 1815-1900, Clayworth & Tuxford, NTT, ENG **[33347]** : 1700-1881, East Stoke & Halam, NTT, ENG **[33347]** : 1700-1790, Farnsfield & Bilsthorpe, NTT, ENG **[33347]** : PRE 1860, Firbeck, NTT, ENG **[39348]** : 1800-1902, Newark, NTT, ENG **[33347]** :PRE 1800, Chipping Norton, OXF, ENG **[20742]** : 1600-1900, Deddington, OXF, ENG **[18038]** : PRE 1900, Deddington, OXF, ENG **[17490]** : 1870-1910, Henley, OXF, ENG **[30896]** : Mary Ester, 1850-1932, SFK, ENG **[41340]** : C1800, Cheddar, SOM, ENG **[39573]** : 1830-1860, Cutcombe, SOM, ENG **[42699]** : 1550+, Winsham, SOM, ENG **[34119]** : 1700+, Sparkford & Cadbury, SOM & LND, ENG **[34119]** : PRE 1900, Southwark, SRY, ENG **[33771]** : 1750-1850, Chichester, SSX, ENG **[44078]** : Charles, 1810S, Chichester, SSX, ENG **[37200]** : PRE 1770, Alton, STS, ENG **[27219]** : PRE 1900, Sedgley, STS, ENG **[44223]** : 1800-1900, Birmingham, WAR, ENG **[46494]** : ALL, Studley, WAR, ENG **[21254]** : ALL, WES, ENG **[11729]** : PRE 1825, WIL, ENG **[31186]** : C1800, Devizes, WIL, ENG **[25930]** : 1800+, Highworth, WIL, ENG **[18038]** : 1800+, Lower Mitton, WOR, ENG **[16010]** : 1723, Upton on Severn, WOR, ENG **[13731]** : 1800-1850, Sheffield, WRY, ENG **[18329]** : ALL, Darnell & Attercliffe, YKS, ENG **[39348]** : 1800-1940, Easingwold, Ryther & Ulleskelf, YKS, ENG **[30855]** : ALL, Sheffield, YKS, ENG **[39348]** : Samuel, 1821, ENG & AUS **[46192]** : Joseph, 1859+, Liverpool To Melbourne, LND, ENG & AUS **[12027]** : Jane, 1842+, Hackney, LND & VIC, ENG & AUS **[46192]** : PRE 1860, Rotherham, WRY & LAN, ENG & AUS **[42730]** : Mary Anne B., PRE 1903, HEF, ENG, USA & NZ **[41340]** : Joseph & Jane, 1862-1872, Allahabad (Eir), INDIA **[12027]** : Mary Ann, 1830S, Ballymore, ARM, IRL **[31510]** : Pauline J.A., 1912-1976, CLA, IRL **[10993]** : Ann, 1836, Geehans Town, WEM, IRL **[27686]** : 1850+, CBY, NZ **[21231]** : 1825-1854, Cape of Good Hope, RSA **[32314]** : John, 1890-1900, Randfontein, RSA **[99047]** : Michael, 1908, Randfontein, RSA **[99047]** : PRE 1860, SCT **[39027]** : Isobel, C1710, Monifieth, ANS, SCT **[10035]** : 1750-1900, Tillicoultry, CLK, SCT **[19471]** : 1840-70S, Edinburgh, FIF, SCT **[42729]** : James, 1770+, Saline, FIF, SCT **[40057]** : PRE 1800, PER, SCT **[12707]** : ALL, IL, USA **[24182]** : 1800-1890, Tioga Co., NY, USA **[28660]** : Louis Victor, 1869+, Fortland, OR, USA **[41349]**

BENNETT (FISHER) : Doris L.D., 1914+, Sydney, NSW, AUS **[11195]**

BENNETTO : 1860+, Kadina, SA, AUS **[27850]** : ALL, Redruth, CON, ENG **[27850]**

BENNETTS : 1850+, Wallaroo, SA, AUS **[44300]** : 1855+, VIC, AUS **[14268]** : 1860-1900, Chewton, VIC, AUS **[12589]** : PRE 1860, CON, ENG **[11918]** : ALL, Camborne, CON, ENG **[17436]** : PRE 1850, Gwinear, CON, ENG **[18606]** : 1850S, Perranzubla, CON, ENG **[12589]** : 1750-1989, St.Just in Penwith, CON, ENG **[14268]** : PRE 1900, St.Just in Penwith, CON, ENG **[45689]**

BENNEY : PRE 1845, St.Agnes, CON, ENG **[20672]**

BENNIE : PRE 1842, Glasgow, Barony Parish, LKS, SCT **[16273]** : PRE 1900, Polmont, Denny & Fintry, STI, SCT **[19064]** : PRE 1897, Slammanan, STI, SCT **[41456]** : 1603-1881, St.Ninians & Denny, STI, SCT **[21207]**

BENNING : PRE 1820, Hemel Hempstead, HRT, ENG **[39506]** : 1800+, Kentish Town & St.Pancras, MDX, ENG **[27816]**

BENNION : PRE 1850, Whitchurch, SAL, ENG **[34420]** : PRE 1900, Whitchurch, SAL, ENG **[29447]**

BENNITT : PRE 1800, SFK, ENG **[39312]**

BENNOCH : ALL, UK **[34497]**

BENNOCH (see One Name Section) **[29497]**

BENNY : 1700+, St.Wenn & St.Colomb Minor, CON, ENG **[21741]** : 1750-1850, Manchester, LAN, ENG **[11424]**

BENOIST : 1800, London, ENG **[18957]**

BENSON : 1800-1890, London, ENG **[45811]** : 1770+, BDF, ENG **[33825]** : 1700-1750, Grasmere, CUL, ENG **[31826]** : PRE 1860, Whitehaven & Beck Coat, CUL, ENG **[21387]** : Agnes, C1562, Dawden, DUR, ENG **[10035]** : C1710, LIN, ENG **[28340]** : PRE 1764, Belchford, LIN, ENG **[19902]** : PRE 1850, East Butterwick, LIN, ENG **[43422]** : 1735+, Messingham, LIN, ENG **[34981]** : C1780, Moulton & Weston St.Marys, LIN,

BEN : ENG [31761] : PRE 1860, Bethnal Green & Shoreditch, MDX & ESS, ENG [30535] : Mike, 1940+, Guildford, SRY, ENG [16969] : PRE 1900, Troutbeck, WES, ENG [45054] : 1820-1940, Sheffield, WRY, ENG [45534] : 1700-1800S, Belfast, ANT, IRL [11411] : James, 1740-1750, CAV, IRL [99522] : Elizabeth, 1800+, IRL & SCT [46163]

BENSTEAD : Mary, C1811-1830, CAM, ENG [46245] : Mary, 1717, Bottisham, CAM, ENG [14290] : 1760+, Dersingham, NFK, ENG [25654] : C1770S+, South Creake, NFK, ENG [25654]

BENSTED : PRE 1870, Orleston & Ham Street, KEN, ENG [40569] : C1780-1900, Ruckinge & Warehorne, KEN, ENG [40569]

BENT : 1800S, Manchester, LAN, ENG [19691] : PRE 1869, Billesdon, LEI, ENG [15943]

BENTALL : ALL, Felsted, ESS, ENG [42362] : 1600, Halstead, ESS, ENG [17704]

BENTLEY : George, 1858+, Millthorpe, NSW, AUS [29961] : 1890-1900S, Sydney, NSW, AUS [10303] : 1892+, Toowoomba, QLD, AUS [46260] : PRE 1950, Prince Co. & Queens Co., PEI, CAN [31786] : 1820+, Old Warden, BDF, ENG [45707] : PRE 1750, Barthomley, CHS, ENG [31316] : PRE 1770, Garston on the Wolds, ERY, ENG [44078] : 1800+, Wansford, ERY, ENG [34981] : PRE 1794, HUN, ENG [17511] : PRE 1850, Medway Towns, KEN, ENG [46255] : C1800, Rochester, KEN, ENG [36075] :1800-1857, LAN, ENG [46310] : William, 1850S, Bolton, LAN, ENG [18806] : 1823-1850, Edgeworth, LAN, ENG [35218] : C1842, Limehouse, MDX, ENG [36075] : 1635, Mansfield Woodhouse, NTT, ENG [10209] : Sarah Lilley, C1804, Newark, NTT, ENG [30880] : 1800, Worksop, NTT, ENG [17912] : PRE 1848, Longdon upon Tern, SAL, ENG [26833] : PRE 1855, Little Thurlow, SFK, ENG [10506] : Richard, 1776+, Withersfield, SFK, ENG [10506] : 1670-1840, Merton, SRY, ENG [45754] : ALL, SSX, ENG [25787] : Elizabeth, 1810+, Barnsley, WRY, ENG [34533] : PRE 1883, YKS, ENG [12408] : 1824, Arksey, YKS, ENG [46483] : Thomas, PRE 1800, York, YKS, ENG [31786] : 1860+, Wellington, NZ [26833]

BENTLY : C1800, Rochester, KEN, ENG [36075] : C1842, Limehouse, MDX, ENG [36075]

BENTON : ALL, ESS, ENG [46490] :1850-1860, Chelsea, MDX, ENG [39338] : ALL, WRY, ENG [38259] : 1860+, Auckland & Wellington, NZ [33608]

BENWELL : Sarah, 1770, Sherfield on Loddon, HAM, ENG [28802] : 1800S, St.Pancras, LND, ENG [30645] : 1650+, OXF, ENG [27066]

BENYA : Anna, 1880+, Farrell & Mercer, PA, USA [23032] : PRE 1880, Slovakia, USA & SLOVAKIA [23032]

BENYON : PRE 1900, Whitchurch, SAL, ENG [29447]

BERANE : Michael, 1820-1863, Castleblake & Cashel, TIP, IRL [14163]

BERCINI : PRE 1850, Stazzone, LOMBARDY, ITL [11279]

BERESFORD : ALL, ENG [28570] : Frederick, PRE 1910, LND, ENG [38939] : 1500-1900, Uttoxeter & Bramshall, STS, ENG [19713]

BERG : 1840S, Uckermark, Hamburg, PRE, GER [13845] : Johann, 1865+, Chortitza, TAURIDA, SU [99445]

BERGAN : 1800S, LEX, IRL [27193]

BERGELING : 1817-1850, Trieste, OES & ITL [17874]

BERGEMANN : ALL, ENG [33347]

BERGH : 1750+, Amsterdam, NL [17000]

BERGIN : Fogarty, 1840S, Charlottetown, PEI, CAN [33728] : Rose, 1840-1900, Smithborough, MOG, IRL [37633]

BERGSTROM : C1850, SMALAND, SWE [32071]

BERINGTON : 1550-1625, Much Cowarne, HEF, ENG [29715] : 1550-1600, Yarkhill, HEF, ENG [29715] : 1595-1625, Castle Church, STS, ENG [29715] : 1595-1615, Handsworth, STS, ENG [29715]

BERKETT : C1800-1840, CHS, ENG [27899] : PRE 1950, Hope, NLN, NZ [21012]

BERLOWITZ : 1800S, TAS, AUS [29198]

BERMINGHAM : 1866+, Clarence Town & Bungawalbyn, NSW, AUS [39102] : 1770-1842, CAV, IRL [40996] : C1805, OFF, IRL [45687]

BERNARD : Alexdr Thomas, 1855-1862, Melbourne, VIC, AUS [11718] : 1790+, Reading, BRK, ENG [42665] : Abraham, C1760, Bristol, GLS, ENG [19497] : C1841, Gloucester, GLS, ENG [42665] : C1750-1825, HAM, ENG [42665] : 1800-1868, Greenwich & Gravsend, KEN, ENG [11718]

BERNASCHINA : ALL, ITL [35836]

BERNASCONI : 1850+, LAN, ENG [41370] : 1850+, SOM, ENG [41370]

BERNDT : 1925+, Detroit, MI, USA [46477]

BERNER : 1800+, Sensberg, E.PRUSSIA [46357] : 1800+, Austerlauken, GUMBINNEN, GER [46357]

BERNHARDT : Carl, 1850-1880, London, MDX, ENG [41629]

BERNHART : 1760-1900, Roens & Schlins, OES [12039]

BERNSTEIN : ALL, Northampton & New York, NTH & NY, ENG & USA [26493] : ALL, LITHUANIA [26493] : PRE 1937, WLS [31079]

BERRIDGE : 1760-1910, Dunton Bassett & N. Kilworth, LEI, ENG [39964] : 1800+, NTH, ENG [14918] : Robert, 1803-1878, Oundle, NTH, ENG [14918] : 1660+, Market Overton & Brisbane, RUT, ENG & AUS [20578]

BERRIGAN : Julia, 1840+, Scone, NSW, AUS [45624] : Julia, 1800+, IRL [45624]

BERRILL : 1800-1850, Northampton, NTH, ENG [13326]

BERRIMAN : 1800+, Nunhead, LND, ENG [17514]

BERRINGTON : ALL, LEI, ENG [34967] : 1587+, Hathern & Shepshed, LEI, ENG [31152] : ALL, Kegworth, LEI, ENG [34967] : ALL, Long Whatton, LEI, ENG [34967] : ALL, Arnold, NTT, ENG [34967] : ALL, Bestwood, NTT, ENG [34967] :1800-1900, IRL [27140]

BERRIS : Teresa, 1770-1820, W.INDIES [46466]

BERRISFORD : 1500-1800, Doveridge, DBY, ENG [19713] : C1890, Arnold, NTT, ENG [18529] : 1500-1900, Uttoxeter & Bramshall, STS, ENG [19713] : 1850+, St.Paul, MN, USA [19713]

BERROW : 1730-1820, HEF, ENG [34790] :1700-1800, Worcester, WOR & HEF, ENG [22737]

BERRY : 1890+, AUS [46508] : Sarah, 1886, Guildford, NSW, AUS [28151] :1830, Blaxland, NSW, AUS & SCT [32068] :1780-1790, PE, CAN [46271] : Anne, 1700S, ENG [10604] : 1830, London, ENG [33245] : PRE 1700, Haynes, BDF, ENG [33428] : 1700+, Houghton Conquest, BDF, ENG [17480] : 1650-1750, Husborne Crawley, BDF, ENG [12641] : 1700-1850, Marston Moretaine, BDF, ENG [43582] : 1800+, Illogan, CON, ENG [41208] : PRE 1800, Combe Martin, DEV, ENG [41208] : 1700+, Weymouth, DOR, ENG [40135] : Benjamin, 1786+, North Cerney, GLS, ENG [45999] : 1700+, Painswick, GLS, ENG [25598] : ALL, HRT, ENG [38488] : 1700-1800, Walkern, HRT, ENG [10460] : 1700S, Walkern, HRT, ENG [29314] : PRE 1800, HUN & CAM, ENG [35186] : C1844, KEN, ENG [30917] : 1800+, Burnley, LAN, ENG [42507] : PRE 1750, Darwen, LAN, ENG [45758] : PRE 1875, Oldham, LAN, ENG [34906] : PRE 1853, Salford, LAN, ENG [31762] : 1920, Braumceston, LEI, ENG [99573] : PRE 1820, LIN, ENG [35186] : 1750-1900, Wapping & Stepney, LND, ENG [37048] : Maria, ALL, Bethnal Green & St.Lukes, MDX, ENG [39461] : Thomas, 1800-1850, Islington, MDX, ENG [39461] : PRE 1840, Appletree Aston le Walls, NTH, ENG [46354] : PRE 1740, Dennington, SFK, ENG [36337] : ALL, Eye & Yaxley, SFK, ENG [31079] : 1750+, SFK & NFK, ENG [17951] : 1500-1850, SOM, ENG [46271] : William,

PRE 1773, Taunton, SOM, ENG **[10508]** : ALL, Kilkenny, KIK, IRL **[28708]** : (Nee Green), 1850+, Ballyknocken, WEX, IRL **[13513]** : PRE 1850, Cluny, ABD, SCT **[45881]** : ALL, Ferry Port on Craig, FIF, SCT **[11092]** : 1790-1900S, Edinburgh, MLN, SCT **[46271]**
BERRYMAN : Mary, 1766, Gulval & Phillack, CON, ENG **[13031]** : 1700+, Perranzabuloe & Columb Maj., CON, ENG **[21741]** : Thomas, C1813-1815, Perren (Perranzabuloe), CON, ENG **[38548]** : 1750, Sancreed, St.Just & Morvah, CON, ENG **[33642]** : 1700-1800, St.Agnes, CON, ENG **[10646]** : PRE 1770, St.Buryan & Crowan, CON, ENG **[41477]** : Mary, 1813, Towednack, CON, ENG **[35150]** : 1797-1827, Mitcham, SRY, ENG **[18147]** : 1770+, Perranzabuloe, CON, ENG & AUS **[36569]** : ALL, PA, USA **[46277]**
BERSCHGER : PRE 1870+, PA, USA **[13513]**
BERTELSON : 1840+, Bergen & Lockhart, NSW, NOR & AUS **[11827]**
BERTHEL : PRE 1850, Dahenfeld, WUE, GER **[12974]**
BERTHELOT : 1829+, Plusquellec, BRT, FRA **[20140]**
BERTHET : 1800S-1900S, CHINA **[10577]** : 1700S-1800S, Loriol, DROME, FRA **[10577]**
BERTHON : ALL, WORLDWIDE **[41560]**
BERTIE : 1700+, BRK, ENG **[42643]**
BERTLES : PRE 1700, Macclesfield & Hathersage, CHS & DBY, ENG **[16233]**
BERTONI : 1800, Sesta Di Gano, ITL & USA **[32068]**
BERTRAM : Wm Valentine, 1883+, Perth, WA & VIC, AUS **[39243]** : John, 1850, Swinton, LAN, ENG **[39247]** : George Fredk., 1875-1930, INDIA **[39243]** : James Joseph, 1915-1983, INDIA **[39243]** : James Joseph, 1800+, Nainital, Allahabad & Darjiling, U. PRADESH, INDIA **[39243]** : James, 1790-1845, Killarney, KER, IRL **[39243]**
BERTRAND : 1800-1855, London, ENG **[46302]**
BERZIERI : ALL, Pellegrino Parmense, PARMA, ITL **[30065]**
BESANT : 1750+, Melcombe Regis & Wyke Regis, DOR, ENG **[17291]** : 1840+, LND, ENG **[11590]** : ALL, WORLDWIDE **[20416]**
BESENT : 1750+, Melcombe Regis & Wyke Regis, DOR, ENG **[17291]**
BESENTA-WOOD : 1790, San Sebastian, ESP **[11530]**
BESLEY : 1851+, Adelaide, SA, AUS **[12320]** : ALL, DEV, ENG **[44815]** : 1800S, Tiverton, DEV, ENG **[27993]** : James & Maryann, 1750-1850, Crowell, OXF, ENG **[12320]**
BESSEY : 1800-99, Carlton Colville, SFK, ENG **[38840]**
BEST : 1868+, Tamworth, NSW, AUS **[11530]** : PRE 1862, West Maitland, NSW, AUS **[11890]** : PRE 1873, Eldorado, ONT, CAN **[39939]** : 1842-1870, Shawville, QUE, CAN **[31486]** : Sarah, 1772-1795, ENG **[40996]** : 1800-1900, East London, ENG **[45037]** : 1820+, St.Austel, CON, ENG **[44202]** : PRE 1900, St.Denis, CON, ENG **[25093]** : PRE 1900, St.Stephen in Brannel, CON, ENG **[25093]** : PRE 1800, KEN, ENG **[34640]** : PRE 1775, Canterbury, KEN, ENG **[25306]** : C1700-1830, Clapham & Stepney, LND, ENG **[31116]** : Ann, 1750, Enfield, LND, ENG **[43775]** : 1700-1850, Ilminster, SOM, ENG **[37168]** : 1830+, Chertsey, SRY, ENG **[37168]** : C1600-1900, Salisbury & All, WIL, ENG **[38901]** : C1600-1900, Stratford-Sub-Castle, WIL, ENG **[38901]** : 1720-1820, Hartlebury, WOR, ENG **[27087]** : Frank, 1890+, Sheffield, WRY, ENG **[39698]** : 1750-1800, YKS, ENG **[28533]** : C1844, Derryone, ARM, IRL **[45649]** : C1859, Banbridge, DOW, IRL **[26430]** : Jane, 1801+, TYR, IRL **[31486]** : Henry, 1769+, Drumglass, TYR, IRL **[31486]** : William, C1745+, Drumglass, TYR, IRL **[31486]**
BESTFORD : Thomas, 1891+, Newbottle, DUR, ENG **[41185]**
BESTON : 1800+, Ilkeston, DBY & NTT, ENG **[36710]** : PRE 1863, Scarriff, CLA, IRL **[34231]**
BESWICK : Esther, 1775-1802, Pott Shrigley, CHS, ENG **[37619]** : ALL, Wilmslow, CHS, ENG **[18895]** : 1780+, Ganton & Foxholes, ERY, ENG **[33628]** : PRE 1830, Manchester, LAN, ENG **[31762]** : Elizabeth, C1848, Rochdale, LAN, ENG **[10937]** : 1700-1850, London, MDX, ENG **[46191]** : Sarah, 1805-1830, Runswick Bay, NRY, ENG **[28323]**
BETAMBEAU : ALL, WORLDWIDE **[36538]**
BETAMBEAU (see One Name Section) [36538]
BETAMBO : ALL, WLS **[36538]**
BETHEL : C1700, Credenhill, HEF, ENG **[11113]** : ALL, CLA, IRL **[10367]** : C1805-1870, Roscrea, TIP, IRL **[10367]** : 1750-1850, Roscrea, TIP & LIM, IRL **[10070]** : John, 1835, Hurclen, WLS **[39516]**
BETHELL : ALL, SAL, ENG **[42943]**
BETHUNE : PRE 1820, Kennoway, FIF, SCT **[37499]** : 1850+, South Uist, INV, SCT **[13681]** : 1800+, Kinross, KRS, SCT **[39593]**
BETSWORTH : ALL, KEN & LND, ENG **[19766]**
BETTERIDGE : 1840+, NSW, AUS **[41221]** : PRE 1800, OXF, ENG **[38307]** : ALL, Chipping Norton, OXF, ENG **[99598]** : PRE 1800, Nether Whitacre, WAR, ENG **[13657]** : PRE 1840, Warwick, WAR, ENG **[41221]** : PRE 1900, Bridgend, GLA, WLS **[34560]**
BETTERTON : 1500-1900, GLS, ENG **[27039]** : 1800-1900, Moreton in Marsh, GLS & OXF, ENG **[27039]**
BETTESWORTH : William Pink, 1790-1840, Catherington, HAM, ENG **[42168]**
BETTI : 1890S, Melbourne, VIC, AUS **[41979]** : 1870+, Tresivio, LOMBARDY, ITL **[41979]**
BETTINSON : ALL, ENG **[42282]** : 1775, Lanreath, CON, ENG **[12060]**
BETTIS : ALL, ENG **[40641]**
BETTISON : 1800S, CON, ENG **[14045]** : 1700S-1900S, ENG & CAN **[99522]**
BETTLE : 1780-1850, NTH, ENG **[28420]**
BETTLES : 1800S, Milton Ernest, BDF, ENG **[30996]** : 1803, Ellington, HUN, ENG **[45687]** : 1700S, Bozeat, NTH, ENG **[30996]**
BETTRIDGE : PRE 1900, Upton St.Leonard, GLS, ENG **[36437]**
BETTS : 1840, NSW, AUS **[13845]** : Thomas Devere, 1850+, Windsor, SA, AUS **[26524]** : Harry, C1864, Melbourne, VIC, AUS **[99187]** : Frederick, C1885-1890, Melbourne, VIC, AUS **[99187]** : George, C1884+, Swan Hill, VIC, AUS **[99187]** : PRE 1800, March, CAM, ENG **[12395]** : 1800-1900, CON & SSX, ENG **[30248]** : John, 1760-1860, Helion Bumpsted, ESS, ENG **[38613]** : David, 1821-1900, Helion Bumpsted, ESS, ENG **[38613]** : John Crick, 1850-1910, Loughton, ESS, ENG **[38613]** : 1800-35, Fulham, MDX, ENG **[37052]** : 1900+, NFK, ENG **[43843]** : PRE 1799, North Tuddenham, NFK, ENG **[17366]** : 1850+, Northampton, NTH, ENG **[30120]** : ALL, Stradbroke, SFK, ENG **[31079]** : John, 1600-1820, Withersfield, SFK, ENG **[38613]** : Miss E., 1800-1860, Withersfield, SFK, ENG **[38613]** : 1840-1871, Bermondsey, SRY, ENG **[37052]** : 1872-1890, Leeds, YKS, ENG **[18896]** : PRE 1850, IRL **[17182]** : PRE 1850, South, WLS **[17182]**
BETTSWORTH : 1600+, Linch, SSX, ENG **[15464]**
BETTY : 1830+, Adelaide, SA, AUS **[46294]**
BETZ : PRE 1790, Somerset Co., PA, USA **[22753]**
BEUTEL : Julina, 1882, Toowoomba, QLD, AUS **[14094]**
BEUTINS : 1700-1900, MEK, GER **[21973]**
BEUTTENMULLER : PRE 1850S, Steinhelm, GER **[45142]**
BEVAN : 1897+, Forest Lodge & Sydney, NSW, AUS **[10260]** : 1850+, WA, AUS **[14346]** : PRE 1857, Barnstaple, DEV, ENG **[11145]** : 1700-1900, Ross, HEF, ENG **[21842]** : Maria, 1823-1851, Gravesend & Southfleet, KEN, ENG **[34221]** : John, 1800-1850, Rochester & Southfleet, KEN, ENG **[34221]** : Eleanor, C1826-1850, Southfleet, KEN, ENG **[34221]** : Henry, 1825-1855, Southfleet & Northfleet, KEN, ENG **[34221]** : C1815, Limerick, LIM, IRL **[10820]** : William, C1852+, KS, USA **[34221]** : George T., 1853+, Atchison, Musco-

tah, KS, USA **[34221]** : Henry, 1855+, Atchison, Muscotah, KS, USA **[34221]** : 1700-1850, Hope & Overton, FLN, WLS .**[20729]** : 1860+, Swansea, GLA, WLS **[46500]** : John, 1800-1900, MON, WLS **[27039]** : 1840S, Pontypool, MON, WLS **[46007]**

BEVEN : George T., 1853+, Atchison, Muscotah, KS, USA **[34221]** : Henry, 1855+, Atchison, Muscotah, KS, USA **[34221]** : Lucinda, C1855+, Atchison, Muscotah, KS, USA **[34221]** : Anna, C1860+, Atchison, Muscotah, KS, USA **[34221]**

BEVERIDGE : Margaret, 1839-1935, Geelong, VIC, AUS **[46263]** : 1800-1880, Dunfermline & Crossgates, FIF, SCT **[31761]** : Thomas, ALL, Kirkcaldy, FIF, SCT **[41425]** : Thomas, ALL, Kinross, KRS, SCT **[41425]** : 1750+, Liberton, LKS, SCT **[36655]** : ALL, Perth, Aberuthven & Blackheath, PER & KEN, SCT & ENG **[37236]**

BEVERLEY : 1600S+, Ripponden & Elland, YKS, ENG **[34112]**

BEVERS : PRE 1861, Halstead & Copford, ESS, ENG **[42366]** : 1861+, Maldon & Heybridge, ESS, ENG **[42366]**

BEVES : PRE 1900, Brighton, SSX, ENG **[45046]**

BEVILLE-GRANVILLE : 1900+, WORLDWIDE **[36020]**

BEVIN : Bowern, 1840S, London, ENG **[33728]** : 1650-1850, Aldbourne, WIL, ENG **[99433]**

BEVINS : 1780-1890, Blythbury, STS, ENG **[46235]** : 1809-1879, Colton, STS, ENG **[46235]** : 1850-1930, Christchurch, NZ **[46235]**

BEVIR : ALL, Cirencester & London, GLS & MDX, ENG **[26493]**

BEVIS : 1850+, CAM, ENG **[19694]** : PRE 1861, Halstead & Copford, ESS, ENG **[42366]** : 1861+, Maldon & Heybridge, ESS, ENG **[42366]**

BEVITT : 1866+, Windsor, NSW, AUS **[30776]** : C1800, Hook, ERY, ENG **[43934]**

BEVVIT : C1800, Hook, ERY, ENG **[43934]**

BEW : 1750-1950, East London, MDX, ESS & HRT, ENG **[39815]**

BEWERS : Charles, 1854-1913, Tenterfield & Ballina, NSW, AUS **[34140]** : PRE 1800+, Heybridge & Little Totham, ESS, ENG **[34140]**

BEWS : 1770S, Kirkwall, OKI, SCT **[14513]**

BEWSHER : C1820, Lorton, CUL, ENG **[27240]**

BEY : 1850+, Marquette, MI, USA **[36456]**

BEYNON : 1810+, Carmarthen, CMN, WLS **[46500]** : 1830+, Swansea Town, GLA, WLS **[46500]**

BEYRAND : ALL, Saarbrucken, GER **[23032]** : John, 1868-1955, Herminie, PA, USA **[23032]**

BEZANT : PRE 1800, DOR, ENG **[19259]**

BIANKI : 1700-1800, Schwetzingen, BAW, GER **[16286]** : 1890+, USA **[16286]**

BIBB : Sydney Alfred, C1858-1934, Redfern & Sydney, NSW & VIC, AUS **[11623]**

BIBBY : ALL, Burnage, LAN, ENG **[17654]** : 1800+, Manchester, LAN, ENG **[28060]**

BIBLE : 1800+, Kilfinane, LIM, IRL **[22536]** : 1870+, CO, USA **[22536]**

BIBO : ALL, RHEINGAU, GER **[25329]** : ALL, RHEINGAU, GER **[42909]**

BICHARD : 1600-1750, St.Helier, JSY, CHI **[12641]**

BICKEL : PRE 1800, Saarlouis, GER & FRA **[18688]** : 1870+, Queens Co., NY, USA **[28369]**

BICKER : PRE 1700, KEN, ENG **[45962]** : PRE 1850, Laxfield, SFK, ENG **[45735]**

BICKERSTAFF : PRE 1735, Watford & Sarratt, HRT, ENG **[36275]** : Ellen, 1820+, St.Helens, LAN, ENG **[10125]**

BICKERTON : PRE 1900, Launceston, VIC, AUS **[42296]** : PRE 1800, Bath, SOM, ENG **[42296]**

BICKFORD : 1750-1850, St.Marys Scilly, CON, ENG **[17907]** : 1832-1870, Ashprington, DEV, ENG **[21504]** : 1800, Dittisham, DEV, ENG **[21504]** : William, C1823, Hallwell, DEV, ENG **[25907]** : 1700-1900, Loddiswell, DEV, ENG **[21842]** : 1700-1900, Modbury, DEV, ENG **[21842]**

BICKLE : Tristram, C1740, Beaworthy, DEV, ENG **[15564]** : Mary, 1725+, Halwell, DEV, ENG **[15564]** : 1800, Kelly, DEV, ENG **[18340]**

BICKLEY : PRE 1784, ENG **[36821]** : PRE 1840, Bristol, GLS, ENG **[17697]** : ALL, SAL, ENG **[99298]** : PRE 1840, Broadway, SOM, ENG **[17697]** : 1800-1850, Wednesfield, STS, ENG **[28948]**

BICKMAN : 1640-1690, West Hanningfield, ESS, ENG **[34790]**

BICKMORE : M., 1902, Slough, BKM, ENG **[45726]** : B., 1875, Bracknell, BRK, ENG **[45726]** : E., 1880, Bracknell, BRK, ENG **[45726]**

BICKNELL : C1843, Chelsea, MDX, ENG **[36075]** : C1852, Kensington & Fulham, MDX, ENG **[36075]** : 1570+, MA & NY, USA & ENG **[23872]**

BIDDISH : Susan, PRE 1750, YKS & LAN, ENG **[14448]**

BIDDLE : 1600-1900, Alveston, GLS, ENG **[26831]** : PRE 1800, Stroud, GLS, ENG **[43137]** : 1850+, Birmingham, WAR, ENG **[44857]** : 1800S, Wichenford, WOR, ENG **[46358]** : 1800S, Birmingham, YKS, ENG **[46358]** : William, PRE 1885, IA, USA **[16947]** : ALL, Lee Co., IA, USA **[16947]** : 1780-1810, PA, USA **[16947]** : 1812-1860, WV, USA **[16947]** : William, 1800+, Marshall Co., WV, USA **[16947]**

BIDDLECOMBE : PRE 1800, Middlezoy, SOM, ENG **[33538]**

BIDDLES : 1830S+, Queanbeyan, NSW, AUS **[10893]**

BIDDULPH : 1900, Sydney, NSW, AUS **[99012]** : PRE 1800, Penkridge, STS, ENG **[29447]** : PRE 1830, Walsaw, STS, ENG **[99012]** : 1800+, Birmingham, WAR, ENG **[10454]**

BIDEWELL : ALL, WORLDWIDE **[16811]**

BIDGOOD : 1775, DEV, ENG **[36821]** : Mary Ann, 1750-1800, Halberton, DEV, ENG **[17203]**

BIDMEAD : 1810+, Dungannon & Coleraine, TYR, IRL **[20578]**

BIDOIS : ALL, Bapaume, NOR, FRA **[29664]**

BIDY : 1730-1830, Westminster, LND, ENG **[46181]**

BIEGEL : 1850, Prentzlau, GER **[13853]**

BIELBA : ALL, WORLDWIDE **[45228]**

BIELBY : 1787, Kirby, ENG **[21975]** : 1860+, Manchester, LAN, ENG **[26098]**

BIELVA : ALL, WORLDWIDE **[45228]**

BIERBRIER : PRE 1850, BAD, GER **[28660]**

BIERER : ALL, GER & USA **[22882]**

BIERMAN : 1860S+, CAN **[34112]**

BIES : 1850-1900, Brooklyn, NY, USA **[38211]**

BIESECKER : ALL, WORLDWIDE **[22753]**

BIFFIN : 1862+, Berrima, NSW, AUS **[11098]**

BIGG : Hannah, PRE 1800, Hatfield, HRT, ENG **[21175]**

BIGGAR : 1840+, NSW & VIC, AUS **[10340]** : Alexander, 1750+, YKS, ENG **[21971]** : 1700S, Selkirk, SCT **[25314]**

BIGGERS : PRE 1730, Killashandra, CAV, IRL **[33428]** : Thomas, 1752-1830, Cavan, CAV, IRL & AUS **[29867]**

BIGGIN : ALL, Norton, DBY, ENG **[41370]** : 1880S-1910, Norton Woodseats, DBY, ENG **[11370]**

BIGGINS : 1800-1900, Chester, CHS, ENG **[30998]**

BIGGS : ALL, AUS **[46377]** : 1800-1850, Impington, CAM, ENG **[12641]** : PRE 1930, CON, ENG **[46377]** : 1800S, Exeter, DEV, ENG **[12231]** : 1815-1900, Whitbourne, HEF, ENG **[41039]** : PRE 1900, St.Albans, HRT, ENG **[25992]** : 1500S, KEN, ENG **[15521]** : 1400-1593, Benenden, KEN, ENG **[22796]** : 1868+, Gravesend, KEN, ENG **[27919]** : Phoebe, 1805-1867, Thurlaston, LEI, ENG **[45774]** : 1870+, Bethnal Green, LND, ENG **[36169]** : 1800-1900, MDX, ENG **[28340]** : Margaret, 1800+, Clerkenwell, MDX, ENG **[40534]** :

1829, St.Lukes, MDX, ENG **[27939]** : 1851-1865, Uxbridge, MDX, ENG **[27939]** : 1871+, Backville, SOM, ENG **[42474]** : 1700-1800, Camerton, SOM, ENG **[22440]** : PRE 1871, Worle, SOM, ENG **[42474]** : Elizabeth, 1884+, Birmingham, WAR, ENG **[46444]** : 1550-1700, WOR, ENG **[41039]** : PRE 1800, VA, USA **[24725]** : 1812-35, Montgomery Co., VA, USA **[24725]**

BIGNALL : 1750-1850, Camberwell, SRY, ENG **[33924]**

BIGNELL : 1700-1850S, Exeter, DEV, ENG **[44072]** : PRE 1920, Shipton-Moyne, GLS, ENG **[33973]** : 1750-1850, Harefield, MDX, ENG **[32042]** : 1750-1850, Camberwell, SRY, ENG **[33924]**

BIGS : PRE 1800, RUT, ENG **[12401]**

BIGWOOD : Hannah, 1796+, St.Michaels, WIL, ENG **[11745]** : 1700+, Westbury, WIL, ENG **[22088]** : ALL, WORLDWIDE **[22088]**

BILAK : PRE 1880, Beznichova Doina, LESKO, POL **[40603]**

BILBROUGH : John, 1600-1800, Kirkby Wharfe, YKS, ENG **[26761]**

BILCLIFF : ALL, WRY & LAN, ENG **[27931]**

BILCLIFFE : 1750+, Reigate, SRY, ENG **[17676]** : ALL, YKS, ENG **[27931]**

BILES : 1859+, NSW, AUS **[45699]** : George, 1819+, Milbourne, DOR, ENG **[45699]**

BILK : 1700S-1800S, DOR, ENG **[36295]**

BILKEY : 1800S, Madron, CON, ENG **[20660]** : 1865+, Pukekohe, FRANKLIN, NZ **[20660]**

BILL : PRE 1820, Chatham, KEN, ENG **[42083]** : 1820-1850, MDX, ENG **[42083]**

BILLCLIFF : ALL, WRY & LAN, ENG **[27931]** : 1880+, NZ **[27931]**

BILLCLIFFE : ALL, WRY & LAN, ENG **[27931]** : 1880+, NZ **[27931]**

BILLE : 1400-2005, Boudevilliers, NEU, CH, FRA & USA **[37749]**

BILLENNESS : PRE 1750, ENG **[19782]**

BILLES : ALL, WORLDWIDE **[39730]**

BILLETT : Elizabeth, 1800+, LND, ENG **[17687]** : 1700+, Staplegrove, SOM, ENG **[19694]**

BILLIN : PRE 1900, NZ & YU **[21365]**

BILLINGE : 1835, Wincle, CHS, ENG **[18613]**

BILLINGER : ALL, LIN, ENG **[45204]**

BILLINGHAM : PRE 1859, Bristol, GLS, ENG **[39835]** : 1830, London, MDX, ENG **[22248]**

BILLINGS : Topping, C1760, Liverpool, LAN, ENG **[28742]** : 1880-1900, Soho & St.Pancras, MDX, ENG **[30071]** : 1850, Blakeney, NFK, ENG **[12460]** : 1790+, Hunningham, WAR, ENG **[15042]**

BILLINGSCOM : 1797+, Maulden, BDF, ENG **[24943]**

BILLINGTON : 1770S, Hatherton, CHS, ENG **[19647]** : 1780-1820, Over, CHS, ENG **[30071]** : 1700+, Brackley, NTH, ENG **[37267]** : 1800+, Bicester, OXF, ENG **[37267]** : 1700-1800, Ashow, WAR, ENG **[29715]** : 1800-1900, Birmingham, WAR, ENG **[29715]** : 1880+, St.Nicholas, WAR, ENG **[37267]** : 1500+, Spaulding, LIN, ENG & USA **[22796]**

BILLINT : PRE 1900, Fulham, MDX, ENG **[46451]**

BILLISON : ALL, WORLDWIDE **[42209]**

BILLOWS : ALL, WORLDWIDE **[25183]**

BILLS : 1760-1800, Egmanton, NTT, ENG **[23415]**

BILLSBOROUGH : 1800+, Preston, LAN, ENG **[33870]** : Thomas, 1854+, Preston, LAN, ENG **[33870]**

BILLSON : PRE 1806, Cosby, LEI, ENG **[31923]**

BILNEY : ALL, NFK & SFK, ENG **[13848]**

BILSBOROUGH : Elizabeth, 1820+, Preston, LAN, ENG **[33870]** : 1700-1880, Gargrave, WRY, ENG **[18001]**

BILSBORROW : 1800+, Preston, LAN, ENG **[33870]**

BILSON : PRE 1857, Theale, BRK, ENG **[17670]** : C1900, Birmingham, WAR, ENG **[30120]**

BILTCLIFF : ALL, WRY & LAN, ENG **[27931]**

BILTON : PRE 1860, Histon, CAM, ENG **[46476]** : PRE 1800, Aston, HRT, ENG **[19216]** : 1720S, Stapleford, HRT, ENG **[10460]** : PRE 1860, Watton-At-Stone, HRT, ENG **[39539]** : 1850+, Christchurch, SCY, NZ **[46476]**

BIMSON : 1870+, Crewe, CHS, ENG **[41037]**

BINDEN : PRE 1840, GLS, LND & SOM, ENG **[18096]**

BINDER : 1700-1870, Auendorf, BAW, BRD **[23161]** : PRE 1830, Whittlesey, CAM, ENG **[30768]** : ALL, Taunton, SOM, ENG **[39642]** : 1700-1850, Harthill, YKS, ENG **[28536]** : PRE 1850, Hechingen, BAW, GER **[23605]** : Lorenzo, PRE 1847, Hirrlingen, BAW, GER **[23605]** : 1847-1900, Dearborn Co., IN, USA **[23605]** : 1847-1900, Franklin Co., IN, USA **[23605]** : 1850+, Hamilton Co., OH, USA **[23605]**

BINDERS : ALL, Taunton, SOM, ENG **[39642]**

BINDES : ALL, Taunton, SOM, ENG **[39642]**

BINDING : 1800+, SWE **[12270]**

BINDON : 1650+, LIM, CLA & TIP, IRL & AUS **[29786]** : ALL, WORLDWIDE **[14045]**

BINES : John, 1830-1900, ESS, ENG **[28420]** : PRE 1850, Hasketon & Marlsford, SFK, ENG **[45036]**

BINGE : PRE 1800, Wulfen, Fehmarn, SHO, GER **[25969]**

BINGHAM : ALL, Norton, DBY, ENG **[41370]** : John, PRE 1750, Norton, DBY, ENG **[16233]** : ALL, HAM, ENG **[27719]** : C1790-1860, Bilsington & Orlestone, KEN, ENG **[40569]** : C1790-1870, Ham Street & Ashford, KEN, ENG **[40569]** : 1650+, Kingsnorth & Ruckinge, KEN, ENG **[40569]** : C1800-1850, Warehorne & Ashford, KEN, ENG **[40569]** : Susan, 1876, Gainborough, LIN, ENG **[35379]** : Samuel Leeke, PRE 1885, Kirton in Lindsey, LIN, ENG **[27719]** : 1812+, North Kelsey, LIN, ENG **[27719]** : 1750+, MDX, ENG **[12641]** : C1828, Worksop, NTT, ENG **[14645]** : 1801-1810, Westmiston & Maresfield, SSX, ENG **[27719]** : PRE 1850, Birmingham, WAR, ENG **[17201]** : Wm Emilius, PRE 1837, Kingston upon Hull, YKS, ENG **[27719]** : 1656+, Wakefield, YKS, ENG **[27719]** : Hon Miss, 1794+, IRL **[34315]** : R.Mcguiness, 1810+, IRL **[34315]** : Jane, C1830-1910, Dromara, DOW, IRL **[42804]**

BINGHAM (1ST EARL) : Henry, 1700+, Lucan, DUB, IRL **[34315]**

BINGHAM (2ND EARL OF) : George, 1764+, DUB, IRL **[34315]**

BINGLEY : PRE 1700, Keddington, LIN, ENG **[36033]** : 1800+, North Cockerington, LIN, ENG **[36033]** : PRE 1840, Birmingham, WAR, ENG **[30589]**

BINGLEY (see One Name Section) **[36033]**

BINKS : 1700-1800, NRY, ENG **[19865]** : PRE 1900, WRY, ENG **[35619]**

BINNIE : PRE 1800, STI, SCT **[36120]**

BINNS : 1800S, Cardigan Bridge, PEI, CAN **[15400]** : Maryellen, C1885, Manchester, LAN, ENG **[45769]** : PRE 1850, Adwalton & Birstall, WRY, ENG **[18236]** : 1800+, Bradford, WRY, ENG **[18372]** : 1820S, Leeds, WRY, ENG **[18236]** : 1600-1750, Bradford, YKS, ENG **[30310]** : ALL, Leeds & Dewsbury, YKS, ENG **[33901]** : Benjamin, 1790, Wakefield, YKS, ENG **[10318]**

BINNY : 1650-1850, Forfar & Brechin, ANS, SCT **[10070]**

BINSKIN : 1880+, NSW, AUS **[46402]** : (Brickmaker), 1900+, St.Peters, NSW, AUS **[11098]** : (Brickmaker), 1740+, Aylesford, KEN, ENG **[11098]** : ALL, Aylesford, KEN, ENG **[46402]** : (Brickmaker), 1850+, Timaru, NZ **[11098]** : ALL, WORLDWIDE **[40771]**

BINTLEY : C1673, Ecclesfield, WRY, ENG **[17626]**

BIRBECK : 1800, DUR, ENG **[43934]** : 1750-1880, Scorborough, ERY, ENG **[21906]** : 1680-1750, York, ERY, ENG **[21906]**

BIRCH : ALL, AUS **[18540]** : Samuel, 1850+, Ballarat, VIC, AUS **[36796]** : Matthew, 1880+, Clunes, VIC, AUS **[36796]** : Samuel, 1900+, Mildura, VIC, AUS **[36796]** : ALL, CAN **[18540]** : Ouvry, 1700-1800+, London, ENG **[43857]** : PRE 1517, Chesham, BKM,

ENG [26366] : PRE 1880, Great Missenden, BKM, ENG [30457] : 1850-1900, Ivinghoe & Wigginton, BKM, ENG [18216] : PRE 1850, St.Leonards, BKM, ENG [19050] : PRE 1820, Stoke, BKM, ENG [12395] : ALL, CON, ENG [42948] : ALL, KEN, ENG [33279] : Thomas, PRE 1822, Maidstone, KEN, ENG [12547] : ALL, Woodnesborough, KEN, ENG [33279] : John, 1777-1833, Eccles, LAN, ENG [18540] : Samuel, 1734-1811, Gorton, LAN, ENG [18540] : Robert, 1666, Grindlow, LAN, ENG [18540] : Samuel Ogden, 1770, Manchester, LAN, ENG [18540] : James, 1715-1798, Pendleton, LAN, ENG [18540] : 1600-1800+, Prees, LAN, ENG [43857] : 1800+, Stockport, LAN, ENG [36796] : 1800+, Chelsea, LND, ENG [36033] : Herbert, 1852, London, MDX, ENG [18540] : PRE 1880, Paddington & Willesden, MDX, ENG [30457] : ALL, Uxbridge, MDX, ENG [27689] : 1822-1902, Castleacre, NFK, ENG [99125] : 1820-1900+, Kings Lynn, NFK, ENG [43857] : PRE 1800, Nottingham, NTT, ENG [29373] : PRE 1920, Birkenshaw, NTT, ENG [39873] : Ernest W., 1927, Bexhill on Sea, SSX, ENG [18540] : ALL, Cannock & Rugeley, STS, ENG [42948] : 1870+, Hanley, STS, ENG [44649] : 1750+, Leek, STS, ENG [44649] : PRE 1850, Rugeley, STS, ENG [35619] : C1800-1850, Walsall, STS, ENG [20655] : 1800+, STS & WAR, ENG [12481] : 1800+, WOR, ENG [12481] : 1800+, Hagley, WOR, ENG [46194] : John, 1784+, Leeds, YKS, ENG [18540] : William, 1845+, Leeds, YKS, ENG [18540] : PRE 1905, Wombwell, YKS, ENG [39873] : ALL, INDIA [18540] : Emma Eliz., 1850+, Lucknow, INDIA [18540] : George, 1700+, Kilkenny, KIK, IRL [18540] : Sarah Jane, C1800-1900, Drumiskin, LOU, IRL [43773] : John W.W., 1875, Perak, MALAYA [18540] : ALL, NZ [18540] : ALL, USA [18540] : 1790-1798, Augusta, GA, USA [43857] : ALL, Old Radnor, RAD, WLS [18540]

BIRCH (see One Name Section) [18540]

BIRCHALL : George, 1850-1900, St.Botolph, London, ENG [39616] : 1820-30, Ashton, LAN, ENG [12641] : Ann & Joshua, C1870, Manchester, LAN, ENG [33473] : PRE 1830, Prescot & Whiston, LAN, ENG [19964] : 1830S, St.Helens, LAN, ENG [11043]

BIRCHELL : 1881+, Sydney, NSW, AUS [10345] : PRE 1881, Lancaster & Manchester, LAN, ENG [10345]

BIRCHENOUGH : C1915, Nottingham, NTT, ENG [30127]

BIRD : 1896+, Moorland, NSW, AUS [11060] : Thomas, 1890, Sydney, NSW, AUS [36725] : 1850+, Adelaide & Salt Creek, SA, AUS [36742] : 1836+, Gumeracha, SA, AUS [14472] : ALL, BDG [36188] : PRE 1900, ENG [27219] : 1927+, Goldington, BDF, ENG [12230] : Absalom, 1830-1870, Ibston, BKM, ENG [38538] : 1700-1800, Ibstone & Stokenchurch, BKM, ENG [38307] : 1800-1900, Bray, BRK, ENG [38307] : Alice, 1773, Abington Pigotts, CAM, ENG [14627] : PRE 1800, DBY, ENG [38968] : 1792-1812, Chulmleigh & Brixham, DEV, ENG [41109] : ALL, DOR, ENG [41590] : PRE 1852, Charminster, DOR, ENG [13245] : 1821+, Wyke Regis, DOR, ENG [17291] : Emma, 1810S, ESS, ENG [10194] : Hester, 1830S, Bristol, GLS, ENG [11386] : PRE 1850, Forest of Dean, GLS, ENG [15929] : 1800-40, Hereford, HEF, ENG [46431] : Thomas, PRE 1800, Bishops Stortford, HRT, ENG [16822] : PRE 1836, Ely, HUN, ENG [14472] : ALL, KEN, ENG [29011] : C1834, Anstey, LEI, ENG [99052] : Mary, 1790, Earl Shilton, LEI, ENG [17203] : C1815, Moira, LEI, ENG [25930] : 1890-1920, LND, ENG [46416] : C1875-1900, Edmonton, LND, ENG [29974] : 1850+, LND & MDX, ENG [44077] : C1875-1910, Enfield, MDX, ENG [29974] : PRE 1850, Hull & London, NRY & WRY, ENG [32040] : PRE 1790, Little Bowden, NTH, ENG [10493] : 1880, Thrapston, NTH, ENG [44353] : 1770+, OXF & BKM, ENG [46428] : PRE 1825, Eyton on the Weald Moors, SAL, ENG [19818] : PRE 1950, Illketshall, SFK, ENG [45849] : Joseph, 1745+, Headley, SRY, ENG [26817] : 1800+, Lichfield, STS, ENG [17951] : PRE 1890, Wednesbury, STS, ENG [29974] : PRE 1850, West Bromwich, STS, ENG [44223] : Samuel, C1800, Birmingham, WAR, ENG [17380] : Wm Whiteman, 1880+, Rugby, WAR, ENG [99052] : William, 1815+, Stourport, WOR, ENG [10706] : Charles, 1844, Worcester, WOR, ENG [10706] : 1800, Sharnbrook, BDF, ENG & AUS [10715] : ALL, IRL [44815] : 1891+, Russell, NLD, NZ [21012] : C1842, Dailly, AYR, SCT [29479] : C1842, Darly, AYR, SCT [29479] : ALL, MLN & WLN, SCT [26493] : C1800-1850, Mercer Co., KY, USA [28614] : PRE 1890, WORLDWIDE [21012]

BIRDSALL : C1863-1943, Hazlewood & Castleford, WRY, ENG [17366] : 1750-1860S, Kirk Fenton & Saxton-in-Elmet, WRY, ENG [17366]

BIRDSELL (see : Beardsell), [16701]

BIRDSEYE : 1850+, Acton, MDX, ENG [30120]

BIRDWOOD : ALL, WORLDWIDE [37565]

BIRKBECK : PRE 1810, Brough, WES, ENG [28523]

BIRKENSHAW : 1760-1780, Ecclesfield, WRY, ENG [12641]

BIRKETT : 1850, TAS, AUS [26540] : 1850, Melbourne, VIC, AUS [26540] : George Wm, 1750-1840, ENG [27066] : C1800-1840, CHS, ENG [27899] : 1712+, Wyresdale, LAN, ENG [25572] : ALL, Wednesbury, STS, ENG [45766] : PRE 1950, Hope, NLN, NZ [21012]

BIRKIN : 1800-1850, Stanley, DBY, ENG [34967] : 1750-1850, West Hallam, DBY, ENG [34967] : ALL, Milwich, STS, ENG [19641]

BIRKMIRE : Jane, 1811, Lockwinnoch, RFW, SCT [46326]

BIRKMYRE : Wm & Eliz., 1850-1868, Louisville, KY, USA [26098]

BIRKS : Jacob, PRE 1750, ENG [26439] : ALL, Stoke-on-Trent, STS, ENG [20587] : C1700S, Brampton-en-le-Morthen, YKS, ENG [42897] : ALL, Fishlake, YKS, ENG [38259] : C1700S, Handsworth, YKS, ENG [42897] : Martha, 1847-1904, London & Footscray, LND & VIC, ENG & AUS [12032] : ALL, DUR & YKS, ENG & CAN [43713]

BIRMINGHAM : 1866+, Clarence Town & Bungawalbyn, NSW, AUS [39102] : 1500+, OXF, ENG [20444] : Robert, 1700-1800S, Oxford & Witney, OXF & ALL, ENG & IRL [20444] : 1800S, Ballyvaughan, CLA, IRL [46468] : 1800S, Ballandangan, COR, IRL [39102] : PRE 1860, Glanworth & Mitchelstown, COR, IRL [39102] : PRE 1850, Oranmore, GAL, IRL [20551] : C1853, OFF, IRL [45687]

BIRNIE : 1850+, Dewsbury, WRY, ENG [38259] : ALL, Aberdeen & Edinburgh, SCT [38259] : 1800S, Cuminestown, ABD, SCT [16149] : PRE 1900, Peterhead, ABD, SCT [99298]

BIRT : C1850, Burra, SA, AUS [27744] : C1830, Cornelly, CON, ENG [27744] : C1840, Truro, CON, ENG [27744] : Anne, 1577+, Poynings, SSX, ENG [40505] : 1800+, GLS, ENG & AUS [38624]

BIRTHISEL : Geo, C1798, Vale of Avoca, WIC, IRL [99010]

BIRTLES : PRE 1800, CHS, ENG [29373] : Wm, 1790S, Allostock & Congleton, CHS, ENG [35225] : PRE 1875, Macclesfield, CHS, ENG [35225] : 1750-1950, Sandbach & Odd Rode, CHS, ENG [19401] : PRE 1700, Macclesfield & Hathersage, CHS & DBY, ENG [16233] : PRE 1800, Liverpool, LAN, ENG [29373] : 1900+, Ormskirk, LAN, ENG [44773] : 1850+, Salford, LAN, ENG [99598] : 1850+, IOM [29373]

BIRTWISTLE : George, 1832, Weaverham, CHS, ENG [41027] : Uriah, 1822-1892, Accrington, LAN, ENG [42168]

BISCAYA : ALL, WORLDWIDE [35592]

BISCO : ALL, WORLDWIDE [17175]

BISH : 1750-1840, Deal, KEN, ENG [46201]

BISHOP : 1870+, Walli, NSW, AUS [10345] : 1850-1950S, VIC, AUS [26335] : Richard, 1858-1875, Goldfields, VIC, AUS [33847] : Henry, 1876-1916, Seymour,

VIC, AUS **[34533]** : PRE 1910, Bloomfield, CAN **[38939]** : Edward Onslow, 1854+, London Area, ENG **[19064]** : Edward, PRE 1840, Bedford, BDF, ENG **[38939]** : 1750-1850, Cholesbury, BKM, ENG **[43769]** : PRE 1770, Soham, CAM, ENG **[33428]** : Grace, 1811+, Probus, CON, ENG **[36368]** : William, 1800S, St.John, CON, ENG **[25907]** : Joseph, C1827, St.John, CON, ENG **[25907]** : 1700S, Wendron, CON, ENG **[25070]** : 1700-1800, Staverton, DEV, ENG **[33847]** : 1750-1850, Teigngrace, DEV, ENG **[33847]** : 1700S, Fordington, DOR, ENG **[21889]** : PRE 1770, Iwerne Minster, DOR, ENG **[17921]** : 1780-1890, Melcombe Regis & Wyke Regis, DOR, ENG **[17291]** : 1800-1850, Stoke, DOR, ENG **[37329]** : 1700-1860, Harwich, ESS, ENG **[26235]** : PRE 1856, St.Mary Bourne, HAM, ENG **[46296]** : 1841+, Mordiford, HEF, ENG **[27719]** : PRE 1750, Chatham, KEN, ENG **[19265]** : PRE 1900, Hunton & Newenden, KEN, ENG **[17490]** : PRE 1850, London, MDX, ENG **[26297]** : 1750+, Sheringham, NFK, ENG **[17163]** : PRE 1850, Nottingham, NTT, ENG **[12231]** : Esther, 1666-1730, Much Wenlock, SAL, ENG **[19818]** : PRE 1900, SFK, ENG **[39312]** : George, 1800-1850, Highbridge, SOM, ENG **[17203]** : PRE 1798, Highham & Longsutton, SOM, ENG **[32724]** : 1826+, North Perrott, SOM, ENG **[14513]** : 1850+, Priddy, SOM, ENG **[36084]** : 1834-57, SRY, ENG **[99125]** : C1800, Dorking, SRY, ENG **[46344]** : PRE 1850, Brighton, SSX, ENG **[17470]** : James, PRE 1838, Fairlight, SSX, ENG **[10562]** : PRE 1900, Seddlescomb & Battle, SSX, ENG **[17490]** : Richard, 1770+, Westfield, SSX, ENG **[10562]** : Harriet, PRE 1850, Cheadle, STS, ENG **[35150]** : George, PRE 1850, Ladywood & Birmingham, WAR, ENG **[38939]** : Jeremiah, C1815, Salisbury, WIL, ENG **[34533]** : Anne, C1830-1850, Salisbury, WIL, ENG **[12490]** : 1700-1900, Bewdley, WOR, ENG **[45749]** : George, 1800S, Westfield, SSX, ENG & NZ **[13857]** : 1854-1890S, Castlebar & Newport, MAY, IRL **[99433]** : ALL, TRK, NZ **[20909]** : 1888-1890S, Cardiff, GLA, WLS **[99433]**

BISIT : C1100, Kidderminster, WOR, ENG **[19759]**
BISKIA : ALL, WORLDWIDE **[35592]**
BISNEY : ALL, St.Albans, HRT, ENG **[13569]**
BISS : 1883+, Qu'Appelle Valley, NWT & SASK, CAN **[99433]**
BISSAKER : C1700, West Bromwich, STS, ENG **[36592]**
BISSECK : 1815+, Sydney, NSW, AUS **[31923]**
BISSELL : PRE 1850, ENG **[46352]** : 1840+, Birmingham, WAR, ENG **[44857]** : 1850+, NZ **[46352]**
BISSET : PRE 1850, SCT **[18354]** : 1833+, Bourtie, ABD, SCT **[12953]** : 1791+, Strichen, ABD, SCT **[12953]** : 1791+, Udny, ABD, SCT **[12953]** : PRE 1810, Newburgh, FIF, SCT **[44014]** : 1870S, Coatbridge, LKS, SCT **[36350]** : 1880+, Wishaw, LKS, SCT **[36350]** : PRE 1865, Cramond, MLN, SCT **[36350]** : PRE 1800, Perth, PER, SCT **[34581]**
BISSETT : PRE 1842, Liverpool, LAN, ENG **[46251]** : PRE 1850, SCT **[18354]** : PRE 1781, Dundee, ANS, SCT **[46251]** : David, 1700+, Cambuslang, LKS, SCT **[43057]**
BISSIE : 1650+, FIF, SCT **[36435]**
BISSON : 1600-1750, St.Lawrence, JSY, CHI **[12641]**
BISSONNETTE : 1850-1940, Marquette Co. & Laprairie, MI & QUE, USA & CAN **[39227]**
BIST-DUELL : Elizabeth, 1776+, HAM, ENG **[22853]**
BITHREY : C1853, London, MDX, ENG **[31442]**
BITTAN : ALL, WORLDWIDE **[40641]**
BITTEN : ALL, WORLDWIDE **[40641]**
BITTIN : ALL, WORLDWIDE **[40641]**
BITTLE : PRE 1875, Wrotham, KEN & SRY, ENG **[26955]**
BITTON : ALL, Mile End & West Ham, MDX, ENG **[40641]** : ALL, Great Yarmouth, NFK, ENG **[40641]** : ALL, WORLDWIDE **[40641]**
BITTON (see One Name Section) **[40641]**
BITTUN : ALL, WORLDWIDE **[40641]**

BITZ : PRE 1800, Dornbach & Rockenhausen, RPF, GER **[16286]**
BIZET : 1800, Jarnac, FRA **[11590]**
BIZIC : Mary, 1885+, Sremska Mitrovica, VOJVODINA, SERBIA **[23032]**
BJERCK : 1820S, Trondheim, NOR **[21630]**
BLABER : 1600-1870, West, SSX, ENG **[41136]**
BLABY : 1700-1800, Winchcomb, GLS, ENG **[27039]**
BLACK : 1800, NSW, AUS **[46198]** : Samuel, 1890+, Leeton, NSW, AUS **[34024]** : Edward, 1848, Port Macquarie, NSW, AUS **[28036]** : 1800, Sydney, NSW, AUS **[28006]** : 1853+, Allora, QLD, AUS **[13857]** : Catherine, C1900, Wellcamp, QLD, AUS **[41444]** : 1870+, Melbourne, VIC, AUS **[31923]** : Mary, 1860+, Alnwick, ONT, CAN **[28755]** : David, PRE 1840+, Alnwick, ONT, CAN **[28755]** : George, PRE 1895, Torquay, DEV, ENG **[32307]** : PRE 1800, KEN, ENG **[34906]** : 1800+, Hawkshead & Bolton, LAN, ENG **[46355]** : 1730+, Stepney, LND, ENG **[17030]** : 1800+, Felton, NBL, ENG **[46448]** : Catherine, 1846, Longbenton, NBL, ENG **[39967]** : Robert, PRE 1800, IRL **[27749]** : PRE 1859, ANT, IRL **[14030]** : 1800+, Ballymoney, ANT, IRL **[36826]** : PRE 1853, Drumcree & Tartaraghan, ARM, IRL **[13857]** : 1750-1850, LOG, IRL **[21418]** : PRE 1850, SLI, IRL **[21221]** : William, 1880+, Gortreagh, TYR, IRL **[34024]** : 1900+, Karamea, WEST COAST, NZ **[31882]** : PRE 1845, Drumoak, ABD, SCT **[32405]** : PRE 1850, Newhills, ABD, SCT **[46449]** : 1850-1880, Old Machar, ABD, SCT **[46449]** : 1874-1894, Woodside, ABD, SCT **[46449]** : 1765+, Dundee, ANS, SCT **[27066]** : 1880-1920, Dundee, ANS, SCT **[46449]** : 1800S, Strachur, ARL, SCT **[22182]** : Robert, 1761, Cullen, BAN, SCT **[28151]** : Margaret, PRE 1775, Earlston, BEW, SCT **[37847]** : James, 1800, Dumfries, DFS & KKD, SCT **[20551]** : ALL, ELN, SCT **[29497]** : 1700+, Kilrenny, FIF, SCT **[21854]** : 1675, Wemyss, FIF, SCT **[10037]** : Janet, 1810S, Laggan, INV, SCT **[31476]** : PRE 1828, Wigtown, KKD, SCT **[42466]** : James, 1700+, Barony, LKS, SCT **[43772]** : Thomas, PRE 1840, Carnwath, LKS, SCT **[45146]** : 1700+, Douglas, LKS, SCT **[42600]** : John, PRE 1862, Glasgow, LKS, SCT **[41444]** : Alexander, PRE 1866, Glasgow, LKS, SCT **[41444]** : Alexander, PRE 1800, Dalkeith, MLN, SCT **[41444]** : Duncan, 1860S, Greenock, RFW, SCT **[32307]** : George, PRE 1895, Greenock, RFW, SCT **[32307]** : 1770, WIG, SCT **[14156]** : Samuel, C1760, Auchenclay Farm, WIG, SCT **[28763]** : ALL, WORLDWIDE **[35836]**
BLACKABY : 1700+, YKS, ENG **[21802]**
BLACKADDER : 1827, Crumlin, ANT, IRL **[26731]** : 1750-1800, Bunkle Preston, BEW, SCT **[12318]** : 1820S, Dunfermline, FIF, SCT **[12318]**
BLACKBOROUGH : 1838+, MDX, LND & SRY, ENG **[98674]**
BLACKBOURN : 1700+, LAN, ENG **[99570]**
BLACKBURN : 1850S, Fleurs, South Creek, NSW, AUS **[11690]** : 1850S, Hastings Co., ONT, CAN **[16149]** : PRE 1900, ENG **[46455]** : ALL, Easington, DUR, ENG **[25854]** : Ann, 1780+, Overton, HAM, ENG **[10054]** : 1900+, Liverpool, LAN, ENG **[21131]** : 1940+, Prescot, LAN, ENG **[21131]** : C1790, Shevington, LAN, ENG **[33838]** : Thomas, C1627, Whalley, LAN, ENG **[18957]** : 1750-1850, MDX, ENG **[44078]** : PRE 1800, Wensleydale, NRY, ENG **[21149]** : Mar, C1735, Wighill, NRY, ENG **[18957]** : PRE 1840, SFK, ENG **[38660]** : 1860, Newington, SRY, ENG **[27634]** : 1811+, Walworth, SRY, ENG **[34626]** : PRE 1871, Barnsley, WRY, ENG **[39860]** : C1800-99, Flockton & Featherstone, WRY, ENG **[37149]** : 1700+, Kirkby Malham, WRY, ENG **[13481]** : 1700-99, Rothwell, WRY, ENG **[11425]** : 1650-1750 YKS, ENG **[29409]** : 1800S Bradford, YKS, ENG **[16149]** : 1700S, Burnsall, YKS, ENG **[16149]** : Robert, 1890-1950, Leeds, YKS, ENG **[17109]**
BLACKE : PRE 1800, KEN, ENG **[34906]**
BLACKEBY : 1780-1850, Waltham Abbey, ESS, ENG **[39060]**

BLACKER : C1800, Bridgwater, SOM, ENG **[10070]** : ALL, KEN, ENG & AUS **[99109]**

BLACKERBY : PRE 1820, Northumberland, VA, USA **[37380]**

BLACKETT : PRE 1890, London, ENG **[26981]** : 1750-1860, DUR, ENG **[36435]** : PRE 1870, DUR, ENG **[31259]** : Susannah, PRE 1845, NBL, ENG **[29774]**

BLACKFORD : 1750-1800, Burnham & Shipston, BKM & WAR, ENG **[12641]** : 1800-1840, Highclere, HAM, ENG **[19542]**

BLACKHALL : PRE 1900, Brentford, MDX, ENG **[31305]** : Thomas, PRE 1769, Heston, MDX, ENG **[10604]** : ALL, WORLDWIDE **[35836]**

BLACKHAM : 1840+, SA, AUS **[10978]** : PRE 1900, Belper, DBY, ENG **[41370]** : 1850-2000, Stapleford, NTT, ENG **[41370]** : C1850, Dudley, STS, ENG **[41370]** : PRE 1840, IRL **[10978]**

BLACKHURST : ALL, Motherwell, LKS, SCT **[21258]**

BLACKIE : C1700, Little Dunkeld, PER, SCT **[11113]**

BLACKLER : PRE 1850, Berry Pomeroy, DEV, ENG **[12831]** : ALL, Brixham, DEV, ENG **[12831]**

BLACKLEY : PRE 1850, Liverpool, LAN, ENG **[46211]** : PRE 1860, Irvine, AYR, SCT **[35974]**

BLACKMAN : John, PRE 1860, KEN, ENG **[12573]** : PRE 1827, Gillingham, KEN, ENG **[18639]** : 1750-1850, Wittersham, KEN, ENG **[45037]** : William, 1850+, CMN, WLS **[44411]**

BLACKMOOR : PRE 1800, Fremington, DEV, ENG **[42752]**

BLACKMORE : William, 1850+, Dandenong, VIC, AUS **[99183]** : PRE 1795, Feniton, DEV, ENG **[10493]** : PRE 1800, Fremington, DEV, ENG **[42752]** : 1770, Plymouth, DEV, ENG **[18340]** : Nathaniel, PRE 1840, Starcross, DEV, ENG **[36365]** : 1700-1840, Hoo, KEN, ENG **[36552]** : C1820, Woolwich, KEN, ENG **[27744]** : Annie, 1850-1900, Cricklewood, MDX, ENG **[44072]** : Nicholas, C1770+, Pitminster, SOM, ENG **[10071]** : 1780+, YKS, ENG **[40135]**

BLACKMORE-STRATTON : PRE 1850+, Bay City, MI, USA **[23471]**

BLACKSHAW : PRE 1870, STS, ENG **[34906]** : ALL, CHS, ENG & WLS **[29747]**

BLACKSHIELD : 1700-1850, Little Bentley, ESS, ENG **[28536]**

BLACKSON : PRE 1700, Ludham, NFK, ENG **[33428]**

BLACKWELL : 1860S, Bulli, NSW, AUS **[12318]** : Ann, 1725+, Stetchworth, CAM, ENG **[25310]** : 1700-1830, Crown, CON, ENG **[12318]** : 1815, Sheldon, DBY, ENG **[30714]** : Susan, 1860, Uxbridge, MDX, ENG **[10604]** : 1850S, Kings Lynn, NFK, ENG **[27369]** : 1800S, Roscrea, TIP, IRL **[16273]**

BLACKWOOD : Mary, PRE 1700, Muirkirk, AYR, SCT **[30603]** : William, PRE 1840+, Muirkirk, LKS, SCT **[33949]**

BLACOE : ALL, Lytham, LAN, ENG **[21088]**

BLACOW : Arthur, 1911, Hale, CHS, ENG **[26098]** : Edith, 1920, Hale, CHS, ENG **[26098]**

BLADE : PRE 1840, Shoreditch, MDX, ENG **[43828]**

BLADEN : Cordelia, 1835+, Strood, KEN, ENG **[10883]** : ALL, Wellington, SAL, ENG **[39272]** : ALL, Madeley & Chesterfield, SAL & DBY, ENG **[45070]**

BLADES : 1800+, Tansor, NTH, ENG **[38681]**

BLADON : ALL, Eggington, DBY, ENG **[45070]** : 1770+, Uttoxeter, STS, ENG **[18128]** : PRE 1850, Alcester, WAR, ENG **[17201]** : 1800-1910, Birmingham, WAR, ENG **[18128]**

BLAESER : John, 1843, RHINELAND, GER **[26458]**

BLAGROVE : 1700-1800, Sutton Courtney, OXF, ENG **[46494]**

BLAHUT : PRE 1900, Jaroslaw, Wietlin, PR, POL **[16349]**

BLAIK : ALL, DEV, ENG **[44294]**

BLAIN : 1600+, POITOU, FRA **[16159]**

BLAIR : 1900+, Arncliffe & Sydney, NSW, AUS **[42226]** : 1846+, Clarence River, NSW, AUS **[30927]** : Margaret, 1867+, Wallsend, NSW, AUS **[10883]** : 1856+, QLD, AUS **[30927]** : Jane, C1840, Hobart, TAS, AUS **[28763]** : Alexander, 1839+, Launceston, TAS, AUS **[10664]** : 1839+, Launceston, TAS, AUS **[10664]** : 1800+, Teesdale, DUR, ENG **[42516]** : Isabell, C1832, Liverpool, LAN, ENG **[27936]** : 1840+, Worcester, WOR, ENG **[42516]** : Alexander, PRE 1840, ENG & SCT **[10664]** : 1819-1883, Ballymena, ANT, IRL **[33866]** : PRE 1860, Belfast, ANT & TYR, IRL **[25183]** : PRE 1910, DON, IRL **[25853]** : C1822, Convoy, DON, IRL **[38615]** : PRE 1930S, Drumragh & Omagh, TYR, IRL **[46414]** : C1780, Londonderry, LDY, IRL **[25979]** : 1820S-1880S, Drumragh & Omagh, TYR, IRL **[37978]** : PRE 1930S, Coleraine, DRY, IRL **[46414]** : 1800S, Omagh & Crosh, TYR, IRL **[14422]** : 1800+, SCT **[28813]** : Isabella, 1800+, SCT **[45834]** : Alexander, 1760+, Dundee, ANS, SCT **[27066]** : John, 1845-1902, Montrose, ANS, SCT **[28151]** : Janet, PRE 1854, Crail, FIF, SCT **[43213]** : James Logie, 1875, Kinghorn, FIF, SCT **[28151]** : PRE 1850, Edinburgh, MLN, SCT **[38309]** : 1750+, Port of Menteith, PER, SCT **[19486]** : 1830S, Solon, FIF, SCT & AUS **[38627]** : 1800+, Kirkintilloch, LKS, SCT & NZ **[21394]** : 1890-1989, Boston, MA, USA **[22891]**

BLAIRS : 1700-1770, Belford, NBL, ENG **[45636]**

BLAKATER : 1850-1900, SCT **[18714]**

BLAKE : Thomas, 1876, Waterloo, NSW, AUS **[10846]** : 1872+, Bendigo & Goornong, VIC, AUS **[12392]** : John, 1760+, Miramichi, NB, CAN **[16819]** : Ephraim, PRE 1850, ENG **[24980]** : PRE 1820, London, ENG **[26297]** : ALL, Oakley, BKM, ENG **[46418]** : 1800+, DEV, ENG **[46498]** : 1780-1840, South Molton, DEV, ENG **[43853]** : ALL, DOR, SOM & GLS, ENG **[36181]** : PRE 1820, Tetbury, GLS, ENG **[27219]** : PRE 1800, HAM, ENG **[20458]** : PRE 1800, West Tytherley, HAM, ENG **[20458]** : 1725-1885, HAM & WIL, ENG **[17191]** : C1800, Greenwich, KEN, ENG **[46402]** : 1790-1920, Stepney, LND, ENG **[25354]** : 1600+, Ford, NBL, ENG **[13429]** : 1800S, Newcastle, NBL, ENG **[46193]** : 1600+, Twyzel, NBL, ENG **[13429]** : PRE 1790, NFK, ENG **[19481]** : PRE 1800, Watnall, NTT, ENG **[26870]** : PRE 1850, Barningham, SFK, ENG **[38178]** : 1750S, Cloford, SOM, ENG **[14306]** : Edward, PRE 1860, SRY, ENG **[43800]** : PRE 1860+, Bermondsey, SRY, ENG **[41163]** : ALL, Mitcham, SRY, ENG **[39564]** : PRE 1840, SSX, ENG **[34906]** : PRE 1860, Holt, WIL, ENG **[35177]** : PRE 1872, Doonbeg & Kilrush, CLA, IRL **[12392]** : Martin Joe, PRE 1907, Ballyglunin, GAL, IRL **[45833]** : ALL, Grahamstown, CAPE, RSA **[19481]** : Mary E., 1900-1980, TX, USA **[27039]**

BLAKEBOROUGH : 1843, Burnley, LAN, ENG **[38696]**

BLAKELEY : 1876+, Gateshead, DUR, ENG **[18753]** : 1876+, Gateshead on Tyne, DUR, ENG **[18753]** : ALL, IRL **[18753]** : PRE 1876, Belfast, ANT, DOW & ARM, IRL **[18753]** : ALL, Market Hill, ARM, IRL **[18753]**

BLAKELEY (see One Name Section) **[18753]**

BLAKELOCK : 1640, Whickham, DUR, ENG **[17626]**

BLAKELY : PRE 1930, NBL & DUR, ENG **[46377]** : ALL, IRL **[18753]**

BLAKEMAN : Sarah, 1820, SAL, ENG **[21759]**

BLAKEMORE : 1700+, STS & SAL, ENG **[20824]**

BLAKENEY : ALL, Tumut, NSW, AUS **[46373]**

BLAKEWAY : 1500-1700S, Shrewsbury, SAL, ENG **[10046]** : 1600+, STS, DUR & SAL, ENG **[39061]**

BLAKEY : 1840+, Sydney, NSW, AUS **[46359]** : 1800+, Newcastle on Tyne, NBL, ENG **[10346]** : PRE 1930, NBL & DUR, ENG **[46377]** : ALL, NRY, ENG **[44148]** : 1620+, Sutton & Kildwick, WRY, ENG **[12078]** : ALL, Bradford, YKS, ENG **[13315]**

BLAKLEY : ALL, IRL **[18753]**

BLAKNEY : John, 1806-1873, Hythe, KEN, ENG & AUS **[46225]** : PRE 1860, Tanderagee & Ballyshiel, ARM, IRL **[12708]**

BLAMEY : PRE 1856, Redruth, CON, ENG **[12408]**

BLAN : PRE 1800, Upper Beeding, SSX, ENG **[32017]**
BLANC : 1700+, Portarlington, LEX, IRL **[19429]**
BLANCH : ALL, DUR, ENG **[32720]**
BLANCHARD : ALL, Melbury Abbas, DOR, ENG **[35527]** : PRE 1850, Shaftesbury, DOR, ENG **[35527]** : PRE 1850, Itchen, HAM, ENG **[35527]** : PRE 1850, Southampton, HAM, ENG **[35527]** : John, C1702, Claythorpe, LIN, ENG **[18957]** : 1700-1900, Chippenham, WIL, ENG **[34140]** : PRE 1850, Donhead St.Mary, WIL, ENG **[35527]** : 1780-1840, Tisbury, WIL, ENG **[26629]** : 1780+, LND, ENG & AUS **[44938]**
BLANCHARD-SIMS : 1909+, RSA & ZIMBABWE **[31079]** : 1909+, WLS **[31079]**
BLANCHE : 1820+, BN & HN, FRA **[11270]**
BLANCHETT : 1750-1900, Upton-cum-Chalvey, BKM, ENG **[33347]** : ALL, Wootton Bassett, WIL, ENG **[33347]**
BLANCHFLOWER : 1790+, Saham Toney, NFK, ENG **[12974]**
BLANCK : PRE 1852, Balzholz, WUE, GER **[11256]**
BLAND : 1700-1900, London, ENG **[36533]** : 1850-1900, DEV, ENG **[99573]** : PRE 1660, Whickham, DUR, ENG **[17626]** : 1700-1900, HRT, ENG **[36533]** : 1700-1850, Hitchin, HRT, ENG **[36552]** : PRE 1810, LEI, ENG **[39336]** : 1900+, Leicester, LEI, ENG **[46397]** : Elizabeth, 1809+, Bourne, LIN, ENG **[25533]** : Catherine, C1833, Bulby & Hawthorpe, LIN, ENG **[11024]** : PRE 1850, Folkingham & Irnham, LIN, ENG **[20178]** : 1800S, Wereham & Terrington, NFK, ENG **[46397]** : 1800-1850S, Stanwick St.John & Aldbrough, NRY, ENG **[45732]** : 1700-1900, SRY, ENG **[36533]** : John, PRE 1750, Upper Beeding, SSX, ENG **[41589]** : 1700-1900, YKS & DUR, ENG **[36533]**
BLANDFORD : PRE 1806, ENG **[19116]** : PRE 1826, DOR, ENG **[45893]** : ALL, Bristol, GLS, ENG **[31402]** : PRE 1806, Boldre, HAM, ENG **[19116]** : Fanny, PRE 1854, Boldre, HAM, ENG **[41444]** : 1590-1700, Martin, HAM, ENG **[98601]** : 1740, Donhead, WIL, ENG **[40807]** : 1700-1920, Wareham & Sydney, DOR & NSW, ENG & AUS **[46055]** : ALL, WORLDWIDE **[40807]**
BLANDIN : 1830-1920, St.Pierre-Niquelon, ST.PIERRE, FRA **[45280]**
BLANDIN (see One Name Section) **[45280]**
BLANDON : PRE 1850, Westleton, SFK, ENG **[45388]**
BLANFORD : ALL, SCT **[13315]**
BLANKET : ALL, Lyneham & Hilmarton, WIL, ENG **[33347]**
BLANKS : ALL, Baddow, ESS, ENG **[30071]** : ALL, Chelmsford, ESS, ENG **[39348]**
BLANKSHIP : Martha Jane, PRE 1850, DUR, ENG **[27289]**
BLANN : PRE 1800, Beeding, SSX, ENG **[32017]** : PRE 1800, Bradford, WRY, ENG **[42974]**
BLANSHEARD : PRE 1776, LIN, ENG **[28340]**
BLATCH : 1800+, Esher, SRY, ENG **[99600]**
BLATCHFORD : PRE 1850, South, DEV, ENG **[19457]**
BLATHWAITE : PRE 1800, DEV & SOM, ENG **[16269]**
BLAUVELT : PRE 1810, CT & NY, USA **[42927]**
BLAXALL : 1800S, Marylebone & St.Saviour, LND, ENG **[30996]**
BLAXELL : John, 1750+, Stoke Damerel, DEV, ENG **[25066]** : Martha, C1730+, Stoke Damerel, DEV, ENG **[25066]** : Sarah Ann, C1760+, Stoke Damerel, DEV, ENG **[25066]** : John May, PRE 1900, Portsea, HAM, ENG **[25066]**
BLAXIL : Lydia, C1700+, Stoke Damerel, DEV, ENG **[25066]**
BLAXILL : PRE 1700, Bruisyard, SFK, ENG **[33664]**
BLAY : James, 1770-1835, New Norfolk, TAS, AUS **[34140]** : 1748+, White Waltham, BRK, ENG **[41443]** : 1800-1900, MDX & LND, ENG **[33021]**
BLAYNEY : 1800, Ludlow, SAL, ENG **[43775]** : PRE 1860, ANT, IRL **[11344]** : 1810+, Downpatrick, DOW,

IRL **[24382]** : PRE 1860, Ballina, MAY, IRL **[11344]** : 1600-1855, Llandiham, MGY, WLS **[14589]**
BLAZELEY : 1700-1800, Baldock, HRT, ENG **[26399]**
BLAZLEY : 1700-1800, Norton, HRT, ENG **[26399]**
BLEAK : PRE 1900, Stoughton, SSX, ENG **[25162]**
BLEAKLEY : 1750+, Ringley, LAN, ENG **[11144]** : C1860, Rathfriland, DOW, IRL **[13681]**
BLEARS : PRE 1900, Swinton & Pendlebury, LAN, ENG **[35273]**
BLEAZARD : Rbt. C1625 Slaidburn, WRY, ENG **[18957]**
BLEE : ALL, DEV, ENG **[13336]** : 1700+, Thame & Albury, OXF, ENG **[33642]** : 1820S, Philadelphia, PA, USA **[25725]**
BLEE (see One Name Section) **[13336]**
BLEIBEN : ALL, WORLDWIDE **[19263]**
BLEIHOLDER : ALL, WORLDWIDE **[25616]**
BLENCOWE : 1850+, One Tree Hill, SA, AUS & ENG **[14346]**
BLENKHORN : 1774+, NS, CAN **[15042]** : 1774+, NRY, ENG **[15042]** : PRE 1774, Colton, NRY, ENG **[15042]** : PRE 1774, Terrington, NRY, ENG **[15042]**
BLENKIN (see One Name Section) **[45698]**
BLENKINSOP : Martha Jane, PRE 1850, DUR, ENG **[27289]**
BLENUS : 1780-1900, NS, CAN **[16681]**
BLEOMEKE : Catherina, C1810, Menne & Essen, WEF & QLD, GER & AUS **[29479]**
BLESER : 1800+, WORLDWIDE **[17973]**
BLETCHELEY : PRE 1840, Marylebone, MDX, ENG **[41136]**
BLETHYN : 1700-1800, Haverfordwest, PEM, WLS **[37809]** : 1700-1800, Pembroke, PEM, WLS **[37809]**
BLEVENS : Elisha, 1795-1820, KY, USA **[24168]**
BLEVINS : 1790-1900, TN & KY, USA **[24168]**
BLEWCHAMP : 1770-1850, Hounslow & Isleworth, MDX, ENG **[42660]**
BLEWETT : PRE 1800, CON, ENG **[12905]** : 1800+, DEV, ENG **[46498]**
BLEWITT : 1820S+, Port Macquarie, NSW, AUS **[34947]** : 1850+, Burra, SA, AUS **[44300]** : 1835-1845, Sedgley, STS, ENG **[46501]**
BLICK : 1700+, Broad Chalk, WIL, ENG **[13129]** : PRE 1700, Tardebigge, WOR, ENG **[30302]**
BLIGH : ALL, North Pickenham & Ashill, NFK, ENG **[33506]** : ALL, IRL **[11938]** : 1820S, DOW, IRL **[10460]** : 1820S, Philadelphia, PA, USA **[25725]**
BLIGHT : ALL, CON, ENG **[45830]** : ALL, Langtree & Newton St.Petrock, DEV, ENG **[19254]** : 1850+, Stanley, NBL, ENG **[36847]**
BLINCKO : ALL, WORLDWIDE **[46460]**
BLINCOE : 1820-1840, Windsor, BRK, ENG **[25529]**
BLIND : 1700-1800, Ziegelbronn, BAW, GER **[30302]**
BLINKHORN : ALL, Heaton, LAN, ENG **[46355]**
BLISS : Eardley E., 1858+, QLD, AUS **[36725]** : C1796, Southwark, LND, ENG **[38515]** : 1700+, NTH, ENG **[17850]** : 1340+, MA, USA & ENG **[23872]**
BLITHE : 1780+, Tetcott, DEV, ENG **[13574]** : PRE 1780, Lowestoft, SFK, ENG **[43840]**
BLIZARD : John, C1810-1876, GLS, ENG **[43052]** : Louisa, C1846-1926, GLS, ENG **[43052]** : 1700+, GLS & WOR, ENG **[29198]** : George, C1855-1908, LND, ENG **[43052]**
BLIZZARD : 1700-1800, Abingdon, BRK, ENG **[32042]**
BLOCH : ALL, WORLDWIDE **[17200]**
BLOCK : 1800-1900, Pancras, MDX, ENG **[19713]**
BLOCKSIDGE : PRE 1900, LAN, STS & WAR, ENG **[25747]** : 1800S, SAL, ENG **[19691]** : 1900+, USA & CAN **[25747]**
BLOGG : PRE 1900, Illketshall, SFK, ENG **[45849]**
BLOICE : PRE 1850, ESS, ENG **[18896]**
BLOM : 1885+, Camperdown & Colac, VIC, AUS **[11877]**

BLOMBERG : 1800+, WORLDWIDE **[17480]**
BLOMLEY : ALL, Bury, LAN, ENG **[34901]**
BLOOD : PRE 1760, Osmaston, DBY, ENG **[44078]** : 1720-1800, Crowland, LIN, ENG **[12641]** : 1750-1800, Crowland, LIN, ENG **[31761]** : ALL, Crowland, LIN, ENG **[29324]** : William, PRE 1850, Crowland, LIN, ENG **[17763]** : 1650+, Pepperill, MA, USA **[24382]**
BLOODWORTH : ALL, RUT, ENG **[11213]**
BLOODWORTH (see One Name Section) **[13004]**
BLOOM : 1630, Halstead, ESS, ENG **[17704]**
BLOOMFIELD : 1870-1890, Parkes & Forbes, NSW, AUS **[11658]** : Harold Samuel, C1913, St.Leonards, NSW, AUS **[10035]** : Charles, 1872+, Guyhirn, CAM, ENG **[18549]** : ALL, Houghton le Spring, DUR, ENG **[46220]** : ALL, Galleywood Common, ESS, ENG **[18549]** : ALL, Liverpool, LAN, ENG **[46220]** : George, 1881+, Easingwold & York, NRY, ENG **[18549]** : PRE 1840, SFK, ENG **[38660]** : 1840+, Hoxne, SFK, ENG **[31079]** : PRE 1850, Waldringfield, SFK, ENG **[45743]** : ALL, Worlingworth, SFK, ENG **[18549]** : PRE 1800, IRL **[13707]** : PRE 1894, Portadown, ARM, IRL **[25672]**
BLOSS : 1700+, Clacton, ESS, ENG **[30855]**
BLOTT : PRE 1820, NTH & HUN, ENG **[12915]**
BLOW : PRE 1856, St.Helier, JSY, CHI **[32017]** : PRE 1804, Brighstone, IOW, ENG **[32017]** : 1700-1800, LIN, ENG **[28340]** : C1840, Howden, YKS, ENG **[30120]**
BLOWDEN : Giles, PRE 1805, Woodford, WIL, ENG **[45631]**
BLOWER : Samuel, 1827, Manchester, LAN, ENG **[29187]** : Samuel, 1871-81, Manchester, LAN, ENG **[29187]** : Janet, 1871-81, Manchester, LAN, ENG **[29187]** : PRE 1850, MDX & LND, ENG **[30248]** : Elinor, PRE 1700, Norton in Hales, SAL, ENG **[19818]**
BLOWERS : PRE 1811, Ellesmere, SAL, ENG **[39042]**
BLOWIN : 1900-1930, Lisbon Falls, MA, USA **[45894]**
BLOWS : 1750+, HRT, ENG **[99052]**
BLOXHAM : PRE 1800, London, ENG **[33664]**
BLOY : ALL, Wisbech, CAM, ENG **[21763]** : 1750+, Castle Acre, NFK, ENG **[44948]**
BLUCHER : 1801-1871, Bresegard, MSW, GER **[12367]** : 1871-1882, Pamprin, MSW, GER **[12367]** : 1882-1891, Wittenburg, MSW, GER **[12367]**
BLUCK : 1800+, Ludford & Bromfield, SAL, ENG **[46194]**
BLUE : 1950S, Sydney, NSW, AUS **[13591]** : 1780-1870, North Knapdale, ARL, SCT **[39985]** : PRE 1780, North Knapdale, ARL, SCT **[39985]** : Duncan, 1875-1907, Glasgow, LKS, SCT **[39985]** : 1913, Glasgow, LKS, SCT **[13591]** : Duncan, 1907, New York, NY, USA **[39985]** : Margaret, 1907, New York, NY, USA **[39985]** : Jeannie, 1907, New York, NY, USA **[39985]** : ALL, WORLDWIDE **[35836]**
BLUETT : Wm., 1800+, Lancaster, LAN, ENG **[12878]**
BLUME : 1876+, Sydney, NSW, AUS **[11715]**
BLUMFIELD : 1820+, Kennington, SRY, ENG **[46221]**
BLUMS : PRE 1950, Riga, LATVIA **[31424]**
BLUNDALL : Elizabeth, 1760, Colchester, KEN, ENG **[16149]**
BLUNDELL : PRE 1860, Hull, ERY, ENG **[46478]** : Ann, 1643, Banks, North Meols, LAN, ENG **[31486]** : PRE 1800, North Meols, LAN, ENG **[29328]** : Mark, 1838+, Robertsbridge, SSX, ENG **[99012]** : Jane, 1836+, Salehurst, SSX, ENG **[31296]** : John, 1815, Salehurst, SSX, ENG **[99012]** : Mark, C1830, Salehurst, SSX, ENG **[99012]** : ALL, Great Alne, WAR, ENG **[28151]** : 1830-1866, Dublin City, DUB, IRL **[28000]** : 1830+, Naas, KID, IRL **[28000]** : PRE 1750, Monasteroris & Edenderry, OFF, IRL **[10114]** : 1840, NZ **[46351]**
BLUNDEN : Robert, C1757, Cheriton, HAM, ENG **[10203]** : PRE 1750, North Waltham, HAM, ENG **[10493]** : Daniel, 1764-1850, Steventon & Dummer, HAM, ENG **[10203]** : PRE 1750, SSX, ENG **[36543]** :

Stephen, 1830-1870, Goring, SSX, ENG **[18271]** : Mary, 1840-1890, Goring, SSX, ENG **[18271]** : Minne, 1862-1890, Goring, SSX, ENG **[18271]** : 1600+, SSX, ENG & AUS **[20578]** : ALL, WORLDWIDE **[20578]**
BLUNDERFIELD : ALL, WORLDWIDE **[10591]**
BLUNDY : ALL, Rainham, KEN, ENG **[30589]**
BLUNIN : PRE 1750, WIL, ENG **[38660]**
BLUNSTON : John, 1600-1800, Chester & Delaware Cos., PA, USA **[22756]**
BLUNT : PRE 1800, Hewelsfield, GLS, ENG **[10270]** : PRE 1750, Lydney, GLS, ENG **[10270]** : 1750+, Maidstone & Rolvenden, KEN, ENG **[10664]** : 1750+, Queenborough, KEN, ENG **[10664]**
BLY : 1750-1850, Great Yarmouth, NFK, ENG **[29025]** : 1876-1880S, Fielding, MWT, NZ **[33506]** : 1880S+, Maingatainoka & Woodville, WRP, NZ **[33506]**
BLYDE : PRE 1850, West Derby, LAN, ENG **[25737]** : PRE 1830, Holywell, FLN, WLS **[25737]**
BLYTH : George, 1854+, Sale & Rokewood, VIC, AUS **[12785]** : 1838, Chelmsford, ESS, ENG **[17650]** : ALL, North Pickenham & Ashill, NFK, ENG **[33506]** : PRE 1790, Newhaven, SSX, ENG **[30880]** : 1850+, Birmingham, WAR, ENG **[46517]** : 1750-1850, Birmingham, WOR, ENG **[46271]** : ALL, Sheffield, WRY, ENG **[46373]** : 1810+, Rotherham, YKS, ENG **[20975]** : 1800+, FIF, SCT **[36826]** : Andrew, C1790, FIF, SCT **[27289]** : John, PRE 1797, Balmerino & Forgan, FIF, SCT **[12785]** : PRE 1860, Markinch & Newburgh, FIF, SCT **[10399]** : PRE 1880, Edinburgh, MLN, SCT **[46517]** : PRE 1792, Kelso, ROX, SCT **[45631]**
BLYTHE : ALL, AUS **[46373]** : John, 1848+, Geelong & Ballarat, VIC, AUS **[46263]** : 1690S, Kempston, BDF, ENG **[17117]** : Sarah Jane, 1860+, ERY & WRY, ENG **[21915]** : PRE 1880, WAR, ENG **[18521]** : ALL, Birmingham, WAR, ENG **[46373]** : 1700+, Hillsborough, DOW, IRL **[18038]** : James, 1814+, Ancrum, ROX, SCT **[99545]** : Catherine, 1760+, Jedburgh, ROX, SCT **[10194]**
BLYTHMAN : Rebecca, 1792+, Sturton cum Fenton, NTT, ENG **[45774]**
BLYTON : PRE 1820, Mansfield, NTT, ENG **[40696]**
BOAG : William, PRE 1800, South Shields, DUR, ENG **[39386]** : C1800, MLN, SCT **[12163]** : Catherine, C1760, Kirknewton & East Calder, MLN, SCT **[12236]** : C1800, Peebles, PEE, SCT **[12163]** : 1750+, Greenock, RFW, SCT **[21321]** : James, 1794-1861, Johnstone, RFW, SCT **[17763]**
BOAK : 1790+, London, LND, ENG **[29954]** : Catherine, C1760+, Kirknewton & East Calder, MLN, SCT **[12236]** : William, 1728, Kilsyth, STI, SCT **[11533]**
BOAKES : 1600S-1700S, KEN, ENG **[16358]** : ALL, KEN, ENG **[40771]** : Mary, 1770+, Sundridge, KEN, ENG **[35280]** : PRE 1870, Lambeth, SRY, ENG **[46362]**
BOAM : PRE 1814, Matlock, DBY, ENG **[25557]**
BOARD : Richard, ALL, Pimpama & Sandgate, QLD, AUS **[14002]** : 1850+, VIC, AUS **[14002]** : ALL, ENG **[99298]** : 1700+, Stockland, DEV, ENG **[25427]** : ALL, SOM, ENG **[14002]** : 1700+, PA & WV, USA **[23319]** : ALL, WORLDWIDE **[23319]**
BOARDMAN : Mona, 1895, NSW, AUS **[34947]** : 1860+, Armidale, NSW, AUS **[28000]** : Richard, 1840+, LAN, ENG **[11158]** : 1863, Bolton, LAN, ENG **[30714]** : Edward, 1873-1940, Pennyland & Westhoughton, LAN, ENG **[11158]** : Mary Ann, 1874-1938, Westhoughton, LAN, ENG **[11158]** : William H., 1871+, Burslem, STS, ENG **[46370]**
BOAS : 1870, London, MDX, ENG **[19785]**
BOASE : 1850+, SA, AUS **[10978]** : 1750+, Penzance, CON, ENG **[10978]** : 1790S, St.Agnes, CON, ENG **[25070]**
BOATWRIGHT : C1865, Brisbane, QLD, AUS **[29479]**
BOBBIN : C1800, Burnham Thorpe, NFK, ENG **[10610]**
BOBERG : 1890S, Surry Hills, NSW, AUS **[10276]**
BOBY : ALL, Stowupland, SFK, ENG **[28585]**

BOCK : 1860+, Sydney, NSW, AUS **[42112]** : 1820-1880, SHO, BRD **[40996]** : PRE 1860S, Brunswick, GER **[11715]** : 1800+, Leck, SHO, GER **[43523]** : Kathrine, 1760, Walston, LKS, SCT **[11533]** : James, 1660, Denny, STI, SCT **[11533]** : Robert, 1689, Denny, STI, SCT **[11533]**
BOCOCK : Martha, 1820+, Dunmow, ESS, ENG **[45992]**
BODDAN : PRE 1900, Portpatrick, WIG, SCT **[46478]**
BODDY : 1700-1750, High Wycombe, BKM, ENG **[16425]** : 1840-1903, Paddington, MDX, ENG **[35008]** : 1700+, Guist, NFK, ENG **[25427]**
BODE : Anna, 1800S, Hanover, GER & CAN **[99522]**
BODEKER : ALL, Faversham & Maidstone, KEN & LND, ENG **[15564]** : William, 1785+, Hamburg, GER **[15564]**
BODEN : C1840, Belper, DBY, ENG **[41370]** : PRE 1773, Tansley & Matlock, DBY, ENG **[19304]** : C1750, Upton & Southwell, NTT, ENG **[41370]**
BODENHAM : 1900+, Gosport, HAM, ENG **[46431]** : 1860, Hackney, MDX, ENG **[46431]** : ALL, SAL & HEF, ENG **[39336]** : 1860S, Lambeth, SRY, ENG **[46431]** : 1850S, Newington, SRY, ENG **[46431]**
BODES : PRE 1750, Gittersdorf, HEN, GER **[33567]**
BODFISH : 1600-1700, NTH, ENG **[18957]**
BODGER : 1750+, Edmonton, MDX, ENG **[17998]**
BODILLY : 1650-1800, Mawnan, CON, ENG **[21597]** : 1680S, Wendron, CON, ENG **[12318]**
BODILY : PRE 1818, Greens Norton, NTH, ENG **[21716]**
BODINNAR : PRE 1900, Paul & Breage, CON, ENG **[19843]**
BODLE : 1830-1900, Windsor, Parramatta & Sydney, NSW, AUS **[46210]** : 1750-1850, Templepatrick, ANT, IRL **[46210]**
BODLEY : 1901+, ONT, CAN **[36665]** : Charles Wm, 1892+, Bristol, GLS, ENG **[36665]**
BODMAN : ALL, WIL, ENG **[34582]** : 1600+, Calne, WIL, ENG **[38515]**
BODNAM : Mary, 1810+, Boddington, STS, ENG **[14760]**
BODY : 1880+, Mount Isa, QLD, AUS **[13336]** : 1750+, CON, ENG **[29786]** : 1800S, Plymouth Area, DEV, ENG **[12819]** : PRE 1720, Mountfield, SSX, ENG **[45107]** : 1870+, Cardiff, GLA, WLS **[13336]**
BOE : Anton, 1856-1934, Edmore, ND, USA **[33866]**
BOECKLE : 1700-1800, Ziegelbronn, BAW, GER **[30302]**
BOEHME : Elsie Maud, 1938+, ACT, AUS **[14627]** : 1850+, SA, AUS **[14627]**
BOEKBINDER : PRE 1900, LND, ENG **[19656]** : PRE 1950, NL **[19656]**
BOERNICKE : ALL, Milow & Rathenow, PRE, GER **[42226]**
BOESDATTER : Else Cathrine, PRE 1834+, Oslos, GER **[30971]**
BOESDATTER (see : Miller One, Name Sec.), **[30971]**
BOESE : 1800+, Volhynia, POL **[99340]**
BOETTCHER : 1829-1876, Krumher Mersdorf, KMS, DDR **[27180]**
BOEVY : James, ALL, Coleraine, DRY, IRL **[99298]**
BOGART : ALL, USA **[22725]**
BOGE : C1850, Lauenburg, POM, GER **[29236]**
BOGG : 1800S, London, ENG **[28006]** : Thomas, C1800, Brawby, YKS, ENG **[99600]**
BOGGAN : PRE 1800, DUR, ENG **[22753]**
BOGGETT : PRE 1830, London, ENG **[11536]**
BOGIE : 1750+, CAI, SCT **[10698]** : C1880-1890, FIF, SCT **[15776]** : PRE 1854, Leslie, FIF, SCT **[11733]** : 1800+, Glasgow, LKS, SCT **[46403]**
BOGLE : 1850+, AUS **[46461]** : 1850+, Melbourne, VIC, AUS **[45925]** : PRE 1800, Glasgow, LKS, SCT **[10254]**
BOGLES : Margaret, 1800S, IRL **[15640]**
BOHAN : ALL, Moycullen, GAL, IRL **[29720]**

BOHEMIA : C1700, Redruth, CON, ENG **[33642]**
BOHLER : 1840S, Anton, YKS, ENG **[46216]**
BOHLKE : 1800-1900, HBG, GER **[22440]**
BOHM : C1800, London, ENG **[46301]**
BOHME : Elsie Maud, 1938+, ACT, AUS **[14627]** : 1850+, SA, AUS **[14627]**
BOHMER : PRE 1850, Herdecke, WEF, GER **[29745]**
BOHRSMANN : Graper, 1840, Altona, HBG, GER **[33728]**
BOILLEY : 1750-1853, Chaussin & Chatelay, FC, FRA **[39991]** : 1750-1853, Chissey S.Loue, FC, FRA **[39991]**
BOISEN : PRE 1870, Vestero Laeso & Lolland, DEN **[29236]**
BOISSIMAUX : PRE 1770, St.Mihiel, LOR, FRA **[20178]**
BOIT : 1860-80, Teignmouth, DEV, ENG **[46274]**
BOITEL : 1730+, Canterbury, KEN, ENG **[15042]**
BOJCHUK : 1865, Galicia, UKR **[42961]**
BOKENHAM : ALL, UK **[22333]**
BOLAM : ALL, Whittingham & Yetlington, NBL, ENG **[20824]**
BOLAND : C1850, Holbrook, NSW, AUS **[39155]** : Michael, 1840+, Maitland & Latteragh, NSW & TIP, AUS & IRL **[11912]** : Patrick, 1840+, Colac & Ballarat, VIC, SA & TIP, AUS & IRL **[11912]** : 1800+, CLA, IRL **[45925]** : Roderick, C1810-1840, Scarriff & Latteragh, CLA & TIP, IRL **[11912]** : Anne, 1831+, FER, IRL **[45127]** : ALL, Custer Co. & Fall River Co., SD, USA **[29570]**
BOLD : PRE 1800, Winwick, LAN, ENG **[34612]**
BOLDEN : ALL, Sollindge, KEN, ENG **[21088]**
BOLDUC : 1840+, QUE & NY, CAN & USA **[39227]**
BOLER : 1790+, Chesterfield & Sheffield, DBY, ENG & NZ **[46393]**
BOLEYN : 1536+, SCT **[17933]**
BOLGER : 1860+, VIC, AUS **[12481]** : 1830+, Manchester, LAN, ENG **[17637]** : 1900+, Manchester, LAN, ENG **[46493]** : Richard, C1800, IRL **[17637]** : 1830+, LEX, IRL **[12481]**
BOLING : Fredreick, 1820+, M.E.OT., LND, ENG **[28149]** : Charles, 1858+, Stepney, LND, ENG **[28149]** : PRE 1800, HAN, GER **[28149]**
BOLITHO : 1500-1900, St.Keverne, CON, ENG **[17189]** : 1795-1849, Wendron, CON, ENG **[33866]** : 1500-1900, Wendron, Morvah & St.Just, CON, ENG **[19843]** : ALL, WORLDWIDE **[45689]**
BOLIVAR : PRE 1900, DEN, WLS **[17094]**
BOLIVER : ALL, Ruabon, DEN, WLS **[17094]**
BOLK : 1830+, NSW, AUS **[36435]**
BOLL : 1807, Flersheim, NASSAU, GER **[32203]**
BOLLANS : PRE 1750, York City, YKS, ENG **[33664]**
BOLLARD : 1850+, Monaro, NSW, AUS **[10642]** : 1750-1830, Kimbolton, HUN, ENG **[39060]**
BOLLEN : ALL, Piddletrenthide, DOR, ENG **[44132]** : 1900+, Petersfield, HAM, ENG **[44132]**
BOLLES : Godfrey, C1480-1532, Gosberton, LIN, ENG **[20793]**
BOLLING : PRE 1720, Prince George & Henrico Cos., VA, USA **[10832]**
BOLLINGTON : 1890+, AUS **[16433]** : 1790+, CHS, DBY & LAN, ENG **[16433]** : 1750+, CHS, DRY & LAN, ENG **[16433]** : 1850+, STS & LND, ENG **[16433]** : 1850+, NZ **[16433]**
BOLSA : Julianna, 1880+, Whitechapel, MDX & ESS, ENG **[33679]** : ALL, Bingen, BAV, GER **[33679]**
BOLSOVER : Thomas, C1703, Bolsover, DBY, ENG **[18957]**
BOLSTER : 1700+, Mallow, COR, IRL **[13481]** : PRE 1860S, Mallow & Cork, COR, IRL **[20919]**
BOLSTRIDGE : 1850+, Stanthorpe, QLD, AUS **[13558]** : PRE 1830, Bedworth, WAR, ENG **[99012]** : PRE 1850, Bedworth, WAR, ENG **[13558]**

BOLT : Charlotte, PRE 1860, Port Lincoln, SA, AUS **[36665]** : Hy Weeks, 1810+, Launceston, CON, ENG **[36665]** : William, PRE 1805, Launceston, CON, ENG **[36665]** : Heby Sewell, PRE 1842, Launceston, CON, ENG **[36665]** : 1800S, Winkleigh, DEV, ENG **[40257]** : 1700-1850, DEV & WOR, ENG **[16111]** : 1800S, Castledawson, LDY, IRL **[21356]**

BOLTER : 1700-1800, Hartford, MA, USA **[11813]**

BOLTON : PRE 1920, Finch Hatton, QLD, AUS **[31715]** : ALL, London, ENG **[44148]** : PRE 1880, BKM & OXF, ENG **[19727]** : 1700-1900, HAM & DOR, ENG **[38926]** : 1700-1850, Otham, KEN, ENG **[20729]** : PRE 1795, Ormskirk, LAN, ENG **[36983]** : ALL, Preston & Howick, LAN, ENG **[28585]** : 1780+, LND, ENG **[29520]** : 1880-1890, Shepherds Bush & Brentford, MDX, ENG **[19727]** : 1800+, Chirton, NBL, ENG **[10346]** : Esther, 1864, Gt. Bridge, STS, ENG **[39967]** : PRE 1885, Fahey, CLA, IRL **[31715]** : PRE 1853, Derrynaseera, LEX, IRL **[22683]** : ALL, WEX, IRL **[19844]** : 1775-1825, Hollyfort, WEX, IRL **[46503]** : 1875-1925, Tynte Park, Dungavin, WIC, IRL **[46503]** : Hannah Marie, 1771-1812, NJ & NY, USA **[24674]**

BOLTON-DAWKINS : Jane, 1849-1899, Grahamstown, RSA **[37188]**

BOLWELL : PRE 1860, MON, WLS **[14348]**

BOMFORD : Percy, 1850-1930, Cape Town, RSA **[46464]**

BONAR : ALL, Kirkcolm, WIG, SCT **[13231]** : 1700-1900, Warriston & Kimmerghame, MLN, BEW & WAR, SCT & ENG **[20824]**

BONCEY : PRE 1820, SRY, ENG **[39554]**

BOND : 1880S-1910S, Kempsey, NSW, AUS **[33305]** : 1850+, VIC, AUS **[34119]** : J. Mayes, 1830-96, Ararat, VIC, AUS **[26430]** : 1800S-1994, Ballarat, VIC, AUS **[26264]** : 1740-1840, London, ENG **[41950]** : PRE 1840, London, ENG **[26264]** : 1820-1920, North London, ENG **[39445]** : 1775+, Harrold, BDF, ENG **[34119]** : Alfred George, 1912, Peterborough, CAM, ENG **[10470]** : Chris, 1800-1900, Derby, DBY, ENG **[24902]** : PRE 1850, Barnstaple, DEV, ENG **[33500]** : Sarah, 1800-1820, Exeter, DEV, ENG **[17203]** : 1674-1710, Morchard Bishop, DEV, ENG **[39706]** : 1840+, Bere Ferrers, DEV & CON, ENG **[44857]** : 1750+, Stroud, GLS, ENG **[21504]** : 1700-1800, Accrington, LAN, ENG **[18498]** : Jennet, 1722-1805, Banks, North Meols, LAN, ENG **[31486]** : 1800S, Fleetwood, LAN, ENG **[37070]** : Elizabeth, PRE 1733, Goadby, LEI, ENG **[21349]** : PRE 1800+, Aldgate, LND, ENG **[32391]** : 1795+, St.Michaels Crooked Lane, LND, ENG **[27719]** : T. Mayes, C1803, Great Yarmouth & East Dereham, NFK, ENG **[26430]** : 1820+, Irchester, NTH, ENG **[34119]** : PRE 1800, Woodstock, OXF, ENG **[46383]** : PRE 1850, Bury St.Edmunds, SFK, ENG **[43727]** : 1740-50, Kingston St.Mary, SOM, ENG **[40808]** : PRE 1850, Shepton Montague, SOM, ENG **[32907]** : 1800-1900, Taunton, SOM, ENG **[39445]** : ALL, Wellington & Oak, SOM, ENG **[13855]** : PRE 1788, Birmingham, WAR, ENG **[17231]** : Jane, 1800+, Trowbridge, WIL, ENG **[46273]** : 1770-1855, Shepton Montague, SOM, ENG & AUS **[45652]** : 1850S-1910S, Garrymaddock, LEX, IRL **[33305]** : ALL, WORLDWIDE **[18851]**

BONDE : PRE 1800, Wulfen, Fehmarn, SHO, GER **[25969]**

BONE : 1870+, Spring Creek, VIC, AUS **[98674]** : 1854+, Taradale, VIC, AUS **[10820]** : PRE 1800, Saltbush, CON, ENG **[12589]** : John, PRE 1780, St.Gluvias, CON, ENG **[13153]** : 1800+, Wolverton, DUR, ENG **[21479]** : Richard, C1790, Alton, HAM, ENG **[31028]** : Henry Lewis, ALL, Gosport, HAM, ENG **[21046]** : ALL, Gosport, HAM, ENG **[21046]** : Henry, PRE 1850, Hambledon, HAM, ENG **[21046]** : C1760, Costessey, NFK, ENG **[17168]**

BONEKSON : PRE 1880, Faverwraa (Favrvra), SCHLESWIG, DEN **[31715]**

BONELL : 1800+, Stoke on Trent, STS, ENG **[99451]** : Annie, 1888, Stoke on Trent, STS, ENG **[99451]**

BONER : 1860+, MI & OH, USA **[11039]**

BONES : PRE 1860, Thorpe le Soken, ESS, ENG **[14733]**

BONEWELL : John, Branston, LIN, ENG **[37617]**

BONFIELD : George, 1841+, Steeple Morden, CAM, ENG **[25654]** : ALL, Swanage, DOR, ENG **[41477]** : 1809+, Wallington, HEF, ENG **[11335]** : C1860, Chatham, KEN, ENG **[36477]**

BONIFACE : PRE 1850, Eastbourne, SSX, ENG **[99600]**

BONIS : 1900+, Karamea, WEST COAST, NZ **[31882]**

BONNELL : PRE 1870, LAN & CHS, ENG **[20874]**

BONNER : Catherine, 1840+, Melbourne, VIC, AUS **[10329]** : ALL, City of London, ENG **[19655]** : Grace, PRE 1840, Topsham, DEV, ENG **[18168]** : 1820+, Liverpool, LAN, ENG **[44649]** : ALL, MDX, ENG **[19655]** : 1500-1600, Wellingborough, NTH, ENG **[30876]** : ALL, Stratford, WAR, ENG **[19655]**

BONNETT : ALL, Great Waltham, ESS, ENG **[29471]** : C1813, Ashwell, HRT, ENG **[10330]**

BONNEY : 1849+, Adelaide, SA, AUS **[99055]** : PRE 1840, Bishops Stortford, HRT, ENG **[13008]** : ALL, WORLDWIDE **[16811]**

BONNICK : PRE 1800, Shoreditch, LND, ENG **[28060]**

BONNIN : 1750+, London, ENG **[99600]**

BONNING : 1700-1880, Seavington St.Mary, SOM, ENG **[43582]** : 1700-1880, Whitelackington, SOM, ENG **[43582]**

BONNINGER : 1700-1900, GER **[12781]**

BONNINGTON : John, 1833+, Curban, NSW, AUS **[31762]**

BONNY : C1875+, Pembina Mountains, MAN, CAN **[11349]** : 1890S+, Romford & Westham, ESS, ENG **[11349]** : 1800S-1860S, Bredgar & Hartlip, KEN, ENG **[11349]** : C1615-1780S, E Sutton & Ulcombe, KEN, ENG **[11349]** : C1580-1660S, Lenham, KEN, ENG **[11349]** : 1700S, Loose, KEN, ENG **[11349]** : 1750S-1800S, Rainham & Bredhurst, KEN, ENG **[11349]** : Thomas, 1800S, Rochester, KEN, ENG **[16149]** : 1840-75, Sittingbourne & Murston, KEN, ENG **[11349]** : 1870+, Edmonton & Islington, MDX, ENG **[11349]** : 1850S+, Poplar, Hackney & Blackwall, MDX, ENG **[11349]** : ALL, ENG, FRA & CH **[11349]**

BONQUET : 1860+, MDX & LND, ENG **[31079]**

BONSAL : 1720-1780, Sheen, STS, ENG **[12844]**

BONSEY : PRE 1820, SRY, ENG **[39554]**

BONSON : PRE 1866, Barnsley, WRY, ENG **[39554]** : ALL, WORLDWIDE **[39554]**

BONSON (see One Name Section) [39554]

BONSOR : 1700+, Kirkby Mallory, LEI, ENG **[30120]** : 1800-1850, Hackney & Bethnal Green, MDX, ENG **[34664]** : 1600-1900, Tamworth, STS, ENG **[34606]** : 1740-1800, Coventry, WAR, ENG **[34664]**

BONTHRON : 1800+, London, ENG **[39506]**

BONTIGNI : C1797, Finsbury, LND, ENG **[12728]**

BONWICK : 1820+, Sevenoaks, KEN, ENG **[25237]**

BOO : 1800+, Soh Mah Village, Canton, SHUENGDAK PROV, CHINA & NZ **[45943]**

BOOBIER : 1862+, Port Melbourne, VIC, AUS **[10706]** : Elizabeth, 1834+, London, MDX, ENG **[10706]**

BOOCOCK : PRE 1840, Baildon, WRY, ENG **[26752]** : 1800+, Leeds, WRY, ENG **[36299]** : 1600-1850, Wakefield, YKS, ENG **[14589]**

BOOG : ALL, CUL & WES, ENG & SCT **[34844]**

BOOKER : PRE 1880, MDX, ENG **[33628]** : 1815-1890, Dorking, SRY, ENG **[27879]** : PRE 1900, Lambeth & Bermondsey, SRY, ENG **[29416]** : PRE 1900, St.Mary, Newington, SRY, ENG **[29416]** : 1800+, Arundel, SSX, ENG **[27879]** : PRE 1850, Sheffield, WRY, ENG **[25352]**

BOOKHAM : 1750S, Hambledon, SRY, ENG **[19759]**

BOOLER : 1736S, Alton, STS, ENG **[18813]**

BOOMER : 1700-1900, St.Oswalds, DUR, ENG **[19865]** : PRE 1882, HRT, ENG **[14029]** : William, 1750+, NY, USA **[25598]**

BOON : 1840+, Cooma, NSW, AUS **[10070]** : PRE 1940, Dropmore, BKM, ENG **[36275]** : 1660-1800, Fordham & Soham, CAM, ENG **[19713]** : PRE 1700, Snailwell, CAM, ENG **[33428]** : 1840-1930, Congleton, CHS, ENG **[41367]** : ALL, Brixham, DEV, ENG **[46274]** : 1850-1930, Shoreditch, LND, ENG **[41367]** : George, 1750-1820, Brandeston & Benhall, SFK, ENG **[41367]** : 1550-1880, Brandeston & Saxmundham, SFK, ENG **[41367]**
BOONE : 1550-1880, Brandeston & Saxmundham, SFK, ENG **[41367]** : 1780+, Lyng & Berrow, SOM, ENG **[46273]**
BOORD : ALL, SA, AUS **[35988]**
BOOSEY : PRE 1900, ENG **[46350]** : 1800-1880, Foulness Island, ESS, ENG **[19859]** : 1800-1990, Southend on Sea, ESS, ENG **[19859]** : PRE 1900, RSA **[46350]** : PRE 1900, Glasgow, LKS, DNB & RFW, SCT **[46350]**
BOOTH : Tamar, 1878+, Crookwell, NSW, AUS **[31762]** : Crystal L., 1937+, Goulburn, NSW, AUS **[11195]** : Leona A., 1937+, North Sydney, NSW, AUS **[11195]** : 1880+, Parramatta, NSW, AUS **[25645]** : Elizabeth, 1844+, Penrith, NSW, AUS **[31762]** : Thomas, 1848+, Penrith, NSW, AUS **[31762]** : Lucy, 1849+, Penrith, NSW, AUS **[31762]** : Mary, 1853+, Penrith, NSW, AUS **[31762]** : Eva & Henry, 1856+, Penrith, NSW, AUS **[31762]** : Napoleon, 1860+, Sydney, NSW, AUS **[10303]** : 1850+, Chiltern, VIC, AUS **[10141]** : 1819+, Sydney, NSW, AUS & IRL **[46308]** : 1800S, London, ENG **[46295]** : Elizabeth, C1795-1848, Congleton, CHS, ENG **[43773]** : Emma, 1830+, Kingsley, CHS, ENG **[41027]** : 1800S, LAN, ENG **[10460]** : Tamar, 1816+, LAN, ENG **[31762]** : C1799, Liverpool, LAN, ENG **[25645]** : Aaron, PRE 1870, Manchester, LAN, ENG **[36492]** : ALL, Barwell, LEI, ENG **[18521]** : C1850, Westleton, SFK, ENG **[45388]** : PRE 1787, Richmond, SRY, ENG **[26253]** : 1806+, Wimbledon, SRY, ENG **[26253]** : Couldwell, 1700-1870, WRY, ENG **[99174]** : PRE 1843, Gildersome & Leeds, WRY, ENG **[40529]** : PRE 1850, Idle, WRY, ENG **[42752]** : PRE 1855, Bramley near Leeds, YKS, ENG **[10141]** : 1800S, Doncaster, YKS, ENG **[31373]** : C1880-1920, Sheffield, YKS, ENG **[46253]** : Charles, 1783-1851, North Wheatley, NTT, ENG & AUS **[45774]** : ALL, Huddersfield, WRY, ENG & AUS **[12182]** : PRE 1780, Chapel of Garioch, ABD, SCT **[37058]**
BOOTHBY : 1800+, Macclesfield, CHS, ENG **[30120]** : 1700-1900, Spalding, LIN, ENG **[28536]**
BOOTHEWAY (see : Boothway), **[17203]**
BOOTHEY : PRE 1870, Kingsthorpe, NTH, ENG **[43792]**
BOOTHROYD : PRE 1860, Huddersfield, YKS & WRY, ENG **[16111]**
BOOTHWAY : Henry, 1700-1750, Tur Langton, LEI, ENG **[17203]**
BOOTMAN : PRE 1810, Wingfield, SFK, ENG **[42969]**
BOOTS : James, 1840+, St.Marys, NSW, AUS **[11745]** : James, 1810+, Ewhurst, SSX, ENG **[11745]** : PRE 1837, Icklesham, Brede & Udimore, SSX, ENG **[10793]** : Ann, C1806, Northiam, SSX, ENG **[32050]**
BOR : ALL, LND, ENG & ALL, KID, IRL **[19844]**
BORASTON : 1830-1890, Rock & Bayton, WOR, ENG **[42055]**
BORCHARDS : PRE 1800, Stallenbosch, RSA **[12321]**
BORCHERS : 1749-1865, Burg & Brunsbuttel, SHO, GER **[32314]**
BORCHERT : 1749-1865, Burg & Brunsbuttel, SHO, GER **[32314]**
BORCHET : 1790-1820, Seaford, SSX, ENG **[17497]**
BORDEN : 1750-1800, Hampden Co., MA, USA **[29570]**
BORDER : 1800+, Kingsteignton, DEV, ENG **[42361]**
BOREHAM : 1780-1850, Hughenden, BKM, ENG **[12641]** : 1830-1885, Macclesfield, CHS, ENG **[30120]** : PRE 1900, London & HRT & LND, ENG **[21312]** : PRE 1900, Glemsford, SFK, ENG **[34980]** : C1800-1880, Rede, SFK, ENG **[18714]** : 1885+, NZ **[44269]**

BOREL : ALL, Touques, BN, FRA **[29664]**
BORENSTEIN : C1900, Shoreditch, LND, ENG **[40769]**
BORG : 1850+, Birmingham, WAR, ENG **[45690]** : 1800+, ITL **[45690]** : Generosa, 1869-1947, SINGLA & NSW, MALTA & AUS **[10604]**
BORGERT : 1865+, Darling Downs, QLD, AUS **[32314]** : Jurgen, 1800-1828, Little Bornholt, Hademarchen, SHO, GER **[40490]**
BORLAND : Ann, PRE 1816, Ayr, AYR, SCT **[19486]** : PRE 1750, Galston, AYR, SCT **[40768]** : 1750+, Irvine & Dalry, AYR, SCT **[13065]** : PRE 1788, Kirkland, DFS, SCT **[13315]**
BORLASE : ALL, WORLDWIDE **[34790]**
BORLEY : Robert Richer, 1848+, Leeds, WRY, ENG **[12739]** : Robert Walter, 1870+, Leeds, YKS, ENG **[12739]**
BORN : 1800, Amsterdam, NL **[14959]**
BORNE : 1800-1848, Crouzet-Migette, Doubs, FC, FRA **[39991]**
BORNHOFT : PRE 1800, SHO, GER **[25969]**
BORNORN : 1760-1840, Springfield, MO, USA **[24660]**
BORREMANS : PRE 1870, BBT, BEL **[17184]**
BORRETT : PRE 1850, Mendham, SFK, ENG **[45735]**
BORRIS : C1800, Slyguff, CAR, IRL **[13153]**
BORROFF : 1856+, Oxford, OXF, ENG **[27958]**
BORRON : 1760-1780, Springfield, MO, USA **[24660]**
BORROUGHS : C1790, Slyguff, CAR, IRL **[13153]**
BORROWMAN : John, C1744, Airth, STI, SCT **[45541]**
BORS : ALL, AUS **[17027]**
BORSLEY : 1800-1900, Dunchurch, WAR, ENG **[18670]**
BORTHWICK : 1900-2000, RSA **[14966]** : PRE 1900, ELN, SCT **[29497]**
BOSANKO : 1600+, CON, ENG **[34393]** : 1740S, St.Endellion, CON, ENG **[46282]** : 1800+, USA **[34393]**
BOSCH : Martin, 1750-1810, Kapsweyer, RPF & BAV, GER **[24252]**
BOSCOW : C1750-1850S, Warrington, LAN, ENG **[29854]**
BOSENCE : 1600+, Sancreed & St.Just in Penwith, CON, ENG **[41477]**
BOSHER : 1750+, Basingstoke, HAM, ENG **[36261]**
BOSS : ALL, ENG **[28443]** : PRE 1860, Bradford, ESS, ENG **[36819]** : 1650-1750, Loughborough, LEI, ENG **[30137]**
BOSSALL : PRE 1725, Lodsworth, SSX, ENG **[19759]**
BOSSLEY : PRE 1940, Glasgow, LKS, SCT **[31045]**
BOSTOCK : 1700+, ENG **[35240]** : PRE 1815, Roxby, LIN, ENG **[20690]** : PRE 1800, Eastwood, NTT, ENG **[42967]** : C1750-1850, Stoke upon Trent, STS, ENG **[13801]**
BOSTON : 1900+, London, ENG **[46368]** : 1800+, Hull & Beverley, ERY, ENG **[25644]** : 1700-1800, LIN, ENG **[28340]** : 1800+, St.James, MDX, ENG **[35974]** : 1840+, Annaloiste, ARM, IRL **[27219]** : PRE 1800, COR, IRL **[10493]** : PRE 1850, KIK, IRL **[10493]**
BOSTRIDGE : ALL, KEN, SRY & MDX, ENG **[31210]**
BOSWALL : 1800+, LND, ENG **[45950]** : 1725-1775, Wemyss, FIF, SCT **[24567]**
BOSWELL : PRE 1843, Parramatta, NSW, AUS **[10793]** : 1800+, LND, ENG **[45950]** : C1800, Stepney, LND, ENG **[10793]** : C1770, Bishopsgate, MDX, ENG **[40982]** : 1770S, Easton, NFK, ENG **[11270]** : Mary, C1800, Evesham, WOR, ENG **[28151]** : PRE 1842, Gorbals, Glasgow, LKS, SCT & ENG **[20641]**
BOSWORTH : PRE 1753, BDF, CAM & HUN, ENG **[19025]** : 1800, Eynesbury, HUN, ENG **[39515]** : PRE 1753, LIN & NTH, ENG **[19025]** : 1770+, Shoreditch, MDX, ENG **[10287]** : 1884+, NTT, ENG **[45803]**
BOTEVYLE : ALL, SAL, ENG **[31028]**
BOTH : C1800, Bornholm, DEN **[34837]**
BOTHERWAY : ALL, LEI, ENG **[16286]**

BOTILLER : 1750+, CA, USA **[29701]**
BOTT : 1920+, Illawarra, NSW, AUS **[11303]** : PRE 1900, LIN, ENG **[39439]** : Jane, 1820S, Holborn, LND, ENG **[10610]** : ALL, Holborn & Westminster, MDX, ENG **[45215]** : PRE 1750, Newport, SAL, ENG **[17626]** : PRE 1920, Cannock, STS, ENG **[11303]** : 1670+, Stafford, STS, ENG **[15823]** : PRE 1850, WAR, ENG **[45857]**
BOTTELEY : PRE 1750, Madeley, SAL, ENG **[46297]**
BOTTING : 1851, Chelsea, MDX, ENG **[13681]** : 1853, Lambeth, SRY, ENG **[13681]** : 1798+, Ashurst, SSX, ENG **[46308]** : 1750-1850, Nuthurst, SSX, ENG **[20919]** : PRE 1700, Slinfold, SSX, ENG **[15464]**
BOTTLE : PRE 1800, Lenham, KEN, ENG **[36477]**
BOTTLES : Elizabeth, C1817, Annan, DFS, SCT **[35379]**
BOTTOM : 1840+, Prickwillow, CAM, ENG **[35876]** : 1725-1800, Empingham, RUT, ENG **[33347]** : George, PRE 1725, Darton, WRY, ENG **[16233]** : John, PRE 1750, Cawthorne, WRY & DBY, ENG **[16233]**
BOTTOMLEY : 1700-1800, Tuxford, NTT, ENG **[28340]** : Thomas, PRE 1800, Halifax & Laddelwork, WRY, ENG **[37445]** : 1740-1780, Snowdenhill, WRY, ENG **[12641]**
BOTTON : PRE 1890, SRY, ENG **[34640]**
BOTTRALL : ALL, St.Just, CON, ENG **[18823]**
BOTTRILL : Thomas, 1790S, Naseby, NTH, ENG **[43057]** : 1807, Scaldwell, NTH, ENG **[13984]**
BOTTS : Ernestine, 1827-1890, Monteagle Valley, ONT, CAN **[99433]** : Ernestine, 1827-90, PRE, GER **[99433]**
BOTWRIGHT : 1700-1900, SFK, ENG **[16811]** : PRE 1790, Syleham & Weybread, SFK, ENG **[42969]**
BOUCH : PRE 1840, London, ENG **[45227]**
BOUCHER : PRE 1900, Chester, CHS, ENG **[46478]** : PRE 1850, DEV, ENG **[38517]** : Stephen, 1780-1880, KEN, ENG **[39522]** : 1850-1920, Coker, SOM, ENG **[17291]** : George, 1850-1858, King Williams Town, RSA **[39522]** : ALL, UK **[39386]**
BOUCHIER : 1833+, NSW, AUS **[31877]** : C1750-1890, Leeds, YKS, ENG **[18766]** : 1700S+, GIBRALTAR **[99599]** : 1790+, Mount Shannon, GAL, IRL **[12653]**
BOUGEY : ALL, UK **[43613]**
BOUGH : 1700-1845, WOR, ENG **[17291]** : 1835-1845, Worcester, WOR, ENG **[46501]**
BOUGHTELL : 1710-1800, Sudbury, SFK, ENG **[17191]**
BOUGHTON : 1600S, BDF, ENG **[26335]** : ALL, BKM, DOR & LAN, ENG **[44241]** : PRE 1800, GLS, ENG **[12707]** : 1500S-1800S, WAR, ENG **[33331]**
BOUGHTON (see One Name Section) [44241]
BOUILLON : 1570+, St.Hubert, LXM, BEL **[27180]** : 1679-1750, Thann, ALS, FRA **[27180]**
BOULD : ALL, STS, ENG **[45916]** : 1730S, Leek, STS, ENG **[19647]** : ALL, WORLDWIDE **[45916]**
BOULDEN : PRE 1619, St.Keverne, Ruan Minor & Grade, CON, ENG **[14030]**
BOULDERSON : ALL, WORLDWIDE **[31273]**
BOULDING : 1780-1900, Sheffield, WRY, ENG **[46305]**
BOULTBEE : C1665-1757, Breedon & Osgathorpe, LEI, ENG **[26665]**
BOULTER : 1830+, Simcoe, ONT, CAN **[45982]** : 1700+, WIL, ENG **[29409]** : 1680+, Blockley, WOR, ENG **[21598]** : 1830, Devizes, WIL, ENG & AUS **[10715]**
BOULTON : 1836, Lambspond, ONT, CAN **[15221]** : 1719, BRK, ENG **[42466]** : 1600-1700S, Wilmslow, CHS, ENG **[18895]** : PRE 1804, Corse, GLS, ENG **[17231]** : Herbert, 1800S, London, MDX, ENG **[10993]** : PRE 1900, Ealing, MDX & HRT, ENG **[17490]** : 1864, Grambirdge, STS, ENG **[39967]** : 1700+, Birmingham, WAR, ENG **[40042]** : PRE 1777, Cricklade, WIL, ENG **[18310]**
BOUNCH : 1650-1750, Brockford, SFK, ENG **[16383]**
BOUND : 1750-1800, Stepney, LND, ENG **[13326]** : PRE 1800, London, MDX, ENG **[10493]**

BOUNDY : ALL, AUS **[31152]** : PRE 1810, Altarnun, CON, ENG **[18325]** : PRE 1880, Ladock & St.Columb Minor, CON, ENG **[36643]** : ALL, Landulph & Pillaton, CON, ENG **[31152]** : 1750S, Perranzabuloe, CON, ENG **[31373]** : 1800-1900, Perranzabuloe, CON, ENG **[42747]** : ALL, St.Neot & St.Cleer, CON, ENG **[31152]** : ALL, WORLDWIDE **[36569]**
BOURKE : Michael, 1867+, Bathurst, NSW, AUS **[31762]** : Kate, 1877+, Bathurst, NSW, AUS **[31762]** : James, 1868+, Evans Plains, NSW, AUS **[31762]** : Mary, 1871+, Evans Plains, NSW, AUS **[31762]** : 1887+, Grenfell, NSW, AUS **[11763]** : 1848+, Sofala, NSW, AUS **[10141]** : Mary, 1833-1880, Yass, NSW, AUS **[10470]** : John, 1834+, Yass, NSW, AUS **[10470]** : Ruby May, 1900+, Melbourne, VIC, AUS **[40052]** : 1865+, Rutherglen, VIC, AUS **[11763]** : John, 1866+, Rutherglen, VIC, AUS **[11763]** : PRE 1866, Castleconnell, LIM, IRL **[12153]** : Edmund, PRE 1800, Pallas Grean, LIM, IRL **[29745]** : 1700-1900, Killala, MAY, IRL **[17584]** : Mary, PRE 1833, ROS, IRL **[10470]** : PRE 1870, Drumwood, TIP, IRL **[11763]** : Hannah, 1800+, Killaloe & Ballina, TIP & CLA, IRL **[42479]** : 1700S+, LIM, IRL & NZ **[37286]**
BOURN : 1750-1850, Canterbury, KEN, ENG **[45186]** : 1850+, LND & MDX, ENG **[45186]**
BOURNE : 1860S, Bulli, NSW, AUS **[12318]** : 1838+, Wollombi, NSW, AUS **[11034]** : William Cruse, 1200-1700, CHS, ENG **[16681]** : 1600-1830, Hothfield, KEN, ENG **[12318]** : Sarah, 1790+, Woodchurch, KEN, ENG **[10822]** : 1857-1890, Paddington, MDX, ENG **[30896]** : PRE 1838, Rode, SOM, ENG **[11034]** : 1700+, SRY, ENG **[28813]** : PRE 1880, Morden, SRY, ENG **[30896]** : 1890+, Wandsworth, SRY, ENG **[30896]** : 1700+, Balcombe, SSX, ENG **[17931]** : 1791-1871, Ewhurst, SSX, ENG **[46269]** : 1887+, Newhaven, SSX, ENG **[46269]** : 1500S+, KEN & LND, ENG & USA **[22796]** : 1700+, DUB, IRL **[28813]** : 1600S, MA, USA **[15521]**
BOURNMAN : 1812-1865, Stroud, GLS, ENG **[21504]**
BOURQUIN : 1866-1915, Sittingbourne, KEN, ENG **[35008]**
BOUSFIELD : 1600-1756, Ravenstonedale, WES, ENG **[11684]**
BOUSQUIE : 1700+, FRA **[26662]**
BOUSQUIER : 1700+, FRA **[26662]**
BOUSTEAD : 1750-1850, Carlisle, CUL, ENG **[44241]**
BOUSTRED : ALL, WORLDWIDE **[39307]**
BOUSTRED (see One Name Section) [39307]
BOUTCHART : Thomas, C1715, St.Vigeans, ANS, SCT **[10035]**
BOUTELL : PRE 1805 Marylebone, MDX, ENG **[38987]**
BOUTH : PRE 1720, Flixborough, LIN, ENG **[13004]**
BOUTS : ALL, London, ENG **[36262]** : 1750+, Bromley, KEN, ENG **[36262]**
BOUTWELL : PRE 1805, Marylebone, MDX, ENG **[38987]**
BOVEIRD : Esther, 1821, IRL **[99545]**
BOVER : 1650-1900, LEI, ENG **[40033]**
BOVIARD : 1680+, Thame, OXF, ENG **[33642]**
BOVIL : Jane, C1775-1836, North Ferriby, YKS, ENG **[27325]**
BOVY : PRE 1815, Liege, LGE, BEL **[33567]**
BOW : PRE 1850, DOR, ENG **[28275]** : 1797+, Leigh, DOR, ENG **[21479]**
BOWATER : Job, C1850-60, Coseley, STS, ENG **[41185]**
BOWBEER : Isaac, 1700-1994, Milverton & Any, SOM & ALL, ENG & AUS **[20444]**
BOWCHER : 1700-1800S, Crediton, DEV, ENG **[11411]**
BOWCOCK : 1750S, Leek, STS, ENG **[19647]**
BOWDEN : 1876+, Bolwarra, NSW, AUS **[11060]** : William, 1833+, Hobart & Sydney, TAS & NSW, AUS **[36665]** : Mary, 1820, Glossop, DBY, ENG **[12060]** : 1700S, Chagford, DEV, ENG **[40257]** : PRE 1829, Devonport, DEV, ENG **[16701]** : John, PRE 1750, Honiton, DEV, ENG **[28907]** : PRE 1880, Plymouth, DEV, ENG

[46451] : PRE 1750, Sandford, DEV, ENG [10493] : 1800+, North & South Molton, DEV & SOM, ENG [38697] : 1830, Clifton, GLS, ENG [46307] : John & James, 1870-1950, Plumstead, KEN, ENG [27066] : 1830+, Shoreditch, MDX, ENG [31720] : ALL, Middleton Stony & Chesterton, OXF, ENG [31152] : C1850, Southwark, SRY, ENG [31720] : PRE 1850, Brighton, SSX, ENG [46307] : PRE 1864, STS, ENG [44175] : PRE 1820, Compton Chamberlayne, WIL, ENG [36543] : Ann, 1770-1870, Saddleworth Area, WRY, ENG [99433] : William, PRE 1833, Dublin, IRL [36665] : ALL, Kildare, KID, IRL [10937] : William, 1833+, Dublin & San Francisco, DUB & CA, IRL & USA [36665] : 1855, Auckland, NZ [46307] : 1897+, Canterbury, NZ [20925] : 1900+, Wellington, NZ [39672]

BOWDITCH : ALL, High Littleton, SOM, ENG [36084]
BOWELL : PRE 1800, London, MDX, ENG [36200]
BOWEN : C1870, Luton, BDF, ENG [43841] : Susannah, 1700-1850, GLS & WOR, ENG [27039] : 1650+, Burghill & Hereford, HEF, ENG [18038] : 1800S, Canterbury, KEN & MDX, ENG [25093] : Elizabeth, PRE 1851, Bolton, LAN, ENG [30880] : 1750+, Camden Town, LND, ENG [39620] : PRE 1850, Condover & Dorrington, SAL, ENG [25093] : PRE 1880, Madeley, SAL, ENG [35015] : PRE 1900, Egham & Southwark, SRY, ENG [25093] : PRE 1860, ENG & NZ [46352] : George, PRE 1860, Greenwich, MDX, ENG & SCT [39227] : Eleanore, PRE 1820, LEX, IRL [32190] : William, 1800-35, Rathkaele, LIM, IRL [37619] : Margaret, 1800S, TIP, IRL [13681] : PRE 1800, Kilmoyer, TIP, IRL [99036] : 1800+, AYR & RFW, SCT [28140] : Edward Dewitt, 1858, Cleveland, OH, USA [17005] : Sarah, 1700S, Schuylkill Co., PA, USA [22756] : 1700S, VA, USA [24168] : ALL, Gower, GLA, WLS [26149] : 1800-1881, Swansea, GLA, WLS [45675] : 1800-1881, Swansea, GLA, WLS [45675]
BOWER : 1870+, Newcastle, NSW, AUS [40792] : ALL, Ashover, DBY, ENG [39389] : John, PRE 1750, Norton, Staveley & Eckington, DBY, ENG [16233] : PRE 1780, Worth Matravers, DOR, ENG [41277] : PRE 1837, LIN, ENG [19568] : PRE 1850, Hillingdon, MDX, ENG [28210] : C1550, Halifax, WRY, ENG [30310] : PRE 1870, YKS, ENG [44947]
BOWERING : 1762, North Wingfield, DBY, ENG [30714] : PRE 1866, Poole, DOR, ENG [11594] : Walter, PRE 1845, HAM, ENG [11594] : 1800+, Lambeth, LND, ENG [46357]
BOWERMAN : Thomas, 1700, Charlbury, OXF, ENG [22799] : ALL, WORLDWIDE [28568]
BOWERMAN (see One Name Section) [28568]
BOWERS : 1876-1990, Ipswich, QLD, AUS [32314] : PRE 1700, Ashover & Quarndon, DBY, ENG [15823] : C1800, Chelmsford, ESS, ENG [34782] : PRE 1870, Prestbury & Congleton, GLS & CHS, ENG [21387] : 1600+, GLS & KEN, ENG [21802] : 1820S, Manchester, LAN, ENG [28060] : ALL, Blackheath, LND, ENG [20773] : 1780+, MDX, ENG [45159] : 1850, NFK, ENG [97805] : PRE 1800, NFK, ENG [46452] : PRE 1900, Great Waldingfield, SFK, ENG [20773] : 1750S, Audley, STS, ENG [19647] : 1700S, Hilderstone & Cheddleton, STS, ENG [15823] : 1840+, Stafford & Milwich, STS, ENG [15823] : Reginald, 1920+, Aston, WRY, ENG [25427]
BOWES : Madeline, 1920-1980, Redcliffe & Brisbane, QLD, AUS [41041] : 1877+, ENG [28098] : PRE 1878, DUR, ENG [20925] : George, 1700, Biddick Hall, Houghton Spring, DUR, ENG [37542] : PRE 1890, Hammersmith, MDX, ENG [43842] : PRE 1860, Stonegrave, NRY, ENG [45227] : PRE 1710, Kidderminster, WOR, ENG [19818] : Mary, PRE 1850, Omagh, TYR, IRL [21175] : 1876+, NZ [20925] : ALL, NZ [28098]
BOWES LYON : 1700, Houghton le Spring, DUR, ENG [37542]
BOWETT : 1750-1850, Great Wratting, SFK, ENG [46409]

BOWEY : Wm, C1800-1805, Sunderland, DUR, ENG [44085]
BOWHEY : ALL, Bristol, GLS, ENG [44148]
BOWIE : Oswald, 1854, Morden, MAN, CAN & SCT [16842] : John, 1864, King Edward, ABD, SCT [16149] : John, 1730-1900, Straiton, AYR, SCT [16842] : PRE 1850, Lasswade, MLN, SCT [37499] : 1800+, Loanhead, MLN, SCT [40792] : 1790-1865, St.Ninians & Falkirk, STI, SCT [21207]
BOWKER : 1800+, Kyneton, VIC, AUS [12467] : ALL, Worthenbury, CHS, ENG [20729] : PRE 1860, Kinver, STS, ENG [99012] : 1700-1880, Bangor on Dee, FLN, WLS [20729]
BOWLER : PRE 1733, Fingest, BKM, ENG [26366] : 1650-1750, Abingdon, BRK, ENG [32042] : 1650-1800, Hitchin, HRT, ENG [36552] : Richard, C1750, Deptford, KEN, ENG [30111] : 1800-1830, Hounslow, MDX, ENG [34664] : PRE 1875, London, MDX, ENG [24945] : ALL, Battersea, SRY, ENG [29471] : 1736-1915, Alton, STS, ENG [18613] : ALL, KER, IRL [21183]
BOWLES : James, C1864, (Miner), NSW, AUS [10054] : Edward, 1750+, BRK, ENG [16559] : Ruth, 1800+, BRK, ENG [16559] : PRE 1820, Longcot, BRK & WIL, ENG [27219] : 1700+, DOR & SOM, ENG [31017] : ALL, Deal, KEN, ENG [21395] : PRE 1757, Yalding, KEN, ENG [10740] : Justice, 1700+, Great Yarmouth, NFK, ENG [99177] : Pamela, 1805, Salisbury, WIL, ENG [10102] : Anne, 1830+, FER, IRL [45127] : James, 1800S, Silvermines, TIP, IRL [10054]
BOWLEY : PRE 1800, Isleworth, MDX, ENG [21505] : 1800+, London, MDX, ESS & SRY, ENG [21505] : PRE 1850, Monks Eleigh, SFK, ENG [21505]
BOWMAN : 1798+, Richmond & Hunter Valley, NSW, AUS [10492] : 1870+, Kanyaka & Mount Bryan, SA, AUS [14346] : 1840-2001, One Tree Hill & Wallaroo, SA & QLD, AUS [14346] : 1854+, Ballarat, VIC, AUS [99174] : 1847-1900, Dunolly, VIC, AUS [99174] : Geo. Strang, 1880, Ascot Vale, VIC, AUS & ENG [14346] : 1860+, Manvers Twp, ONT, CAN [15845] : 1850+, Simcoe Co., ONT, CAN [15845] : 1600+, Boltongate, CUL, ENG [26761] : 1800+, Boltongate, CUL, ENG [26761] : PRE 1900, Great Salkeld, CUL, ENG [34844] : ALL, Shebbear, DEV, ENG [43691] : 1860+, Darlington, DUR, ENG [26761] : PRE 1790, Chatham, KEN, ENG [46251] : 1750-1920, MDX & KEN, ENG [18861] : 1700+, High Fells, NBL, ENG [26761] : 1800+, Horton by Blyth, NBL, ENG [35147] : C1740, Newburn, NBL, ENG [10070] : PRE 1900, Eakring, NTT, ENG [27522] : PRE 1900, East Markham, NTT, ENG [27522] : PRE 1900, Tuxford, NTT, ENG [27522] : 1820, Askham, WES, ENG [44941] : 1850+, Devizes, WIL, ENG [10194] : ALL, CAM, ENG & AUS [46262] : 1800-1890, Southampton, HAM, ENG & AUS [14346] : Julia, 1830-1900, ENG & RUS [46507] : PRE 1820, Aberdeen & Slains, ABD, SCT [37058] : William, C1740-1807, Ballater & Crathie, ABD, SCT [41477] : Ann, C1774-1859, Crathie, ABD, SCT [41477] : 1700-1880, Kirriemuir, ANS, SCT [14346] : William, 1709, Panbride, ANS, SCT [13153] : C1792, New Kilpatrick, DNB, SCT [28140] : 1805+, Barony, LKS, SCT [28140] : 1750-1860, Quorn & Mount Bryan, INV, SCT & AUS [14346] : Geo. Strang, 1880, WORLDWIDE [14346]
BOWMAR : 1700+, Kirkby in Ashfield, NTT & LEI, ENG [18895]
BOWMER : 1700-1900, St.Oswalds, DUR, ENG [19865]
BOWN : 1926, Brisbane, QLD, AUS [36768] : 1800S, Melcombe Regis, DOR, ENG [14208] : PRE 1800, Motcombe, DOR, ENG [39651] : Susannah, 1700-1850, GLS & WOR, ENG [27039] : PRE 1815, Nottingham, NTT, ENG [29373] : Richard, 1700-1850, OXF & GLS, ENG [27039] : 1800-1900, Rugby, WAR, ENG [18670] : ALL, WORLDWIDE [18851]
BOWNESS : 1766+, St.Dunstan in West, MDX, ENG [27719]

BOWRA : PRE 1830, KEN, ENG **[11536]**
BOWSER : C1817+, Bethnal Green & Mile End, MDX & ESS, ENG **[31902]** : 1800+, Coxwold, YKS, ENG **[20975]**
BOWSKILL : PRE 1750, NTT, ENG **[14733]**
BOWSTEAD : 1820+, Cheltenham & Worcester, GLS & WOR, ENG **[39096]**
BOWTELL : PRE 1820, Great Shelford, CAM, ENG **[39506]** : C1818, Barley, ESS, ENG **[18378]**
BOWTIN : ALL, WORLDWIDE **[43317]**
BOWYER : PRE 1850, Brinkley, CAM, ENG **[46415]** : PRE 1860, Macclesfield, CHS, ENG **[31153]** : 1300-2005, CHS & STS, ENG **[43877]** : 1800-1870, ESS, ENG **[34790]** : 1780-1860, Dunmow, ESS, ENG **[17191]** : 1700-1900, GLS, ENG **[12401]** : PRE 1860, Kemsing & Wrotham, KEN, ENG **[43842]** : Abraham, 1832, Oswestry, SAL, ENG **[41027]** : 1700+, Leek & Norton Stoke, STS, ENG **[29989]** : William, C1815, Aston Juxta & Birmingham, WAR, ENG **[31193]**
BOX : William, 1795+, Stoke Damerel, DEV, ENG **[13177]** : 1830+, Ealing & Brentford, MDX, ENG **[19458]** : Mary, 1835-1850, London, MDX, ENG **[21104]** : Francis, C1829, Swaffham, NFK, ENG **[33766]** : PRE 1850, Stone, STS, ENG **[45857]** : 1700-1850, Christian Malford, WIL, ENG **[35017]**
BOXAL : C1770, Elstead, SRY, ENG **[28479]**
BOXALL : 1800-1850, Hanworth, MDX, ENG **[30071]** : 1800-1900, MDX, SRY & LND, ENG **[33021]** : C1870, Wallworth, SRY, ENG **[45388]** : Mary, PRE 1715, SSX, ENG **[35343]** : Martha, PRE 1840, SSX, ENG **[46163]** : 1700-1800, Petworth, SSX, ENG **[30071]** : 1800+, LND, ENG & NZ **[46306]** : ALL, WORLDWIDE **[16875]**
BOXHALL : C1780 West Chiltington SSX, ENG **[21479]**
BOXSELL : Joseph, 1844+, Nelsons Plains, NSW, AUS **[10846]**
BOXSHALL : 1700+, Abinger & Wooton, SRY, ENG **[44938]**
BOXWELL : 1800+, WEX, IRL **[28813]**
BOYACK : 1669+, Dundee, ANS, SCT **[35823]**
BOYANTON : ALL, ENG & AUS **[43395]**
BOYCE : James, 1846-1886, Willoughby, NSW, AUS **[34140]** : ALL, Tiverton, DEV, ENG **[13855]** : ALL, Topsham, DEV, ENG **[13855]** : Thomas, 1810-1860, Nursling & Southampton, HAM, ENG **[38086]** : PRE 1837, NFK, ENG **[30823]** : PRE 1719, Blundeston, SFK, ENG **[19165]** : ALL, Lowestoft, SFK, ENG **[18713]** : 1860-1890S, Belfast, ANT, IRL **[10303]** : PRE 1800, LDY, IRL **[32405]** : Jane, 1794+, WORLD-WIDE **[39527]**
BOYD : 1788+, AUS **[11839]** : John Nathan, 1850+, AUS **[40831]** : John, 1830+, Broken Hill, NSW, AUS **[40831]** : John Henry, 1870+, Broken Hill, NSW, AUS **[40831]** : John Nathan, 1880+, Broken Hill, NSW, AUS **[40831]** : Benjamin, 1870+, Dubbo, NSW, AUS **[40831]** : Thomas, 1826+, Sydney, NSW, AUS **[30653]** : 1826+, Sydney, Tweed River, Tabulum, NSW, AUS **[42226]** : Thomas, 1826+, Turramurra, NSW, AUS **[11839]** : Thomas, 1826+, Turramurra & Sydney, NSW, AUS **[11839]** : John Henry, 1850+, SA, AUS **[40831]** : John Henry, 1850+, VIC, AUS **[40831]** : ALL, Melbourne & Terang, VIC, AUS **[33533]** : PRE 1900, Fredericton, NB, CAN **[28762]** : Thomas, C1850, St.John, NB, CAN **[28762]** : Elizabeth, 1839, Lanark, ONT, CAN **[16821]** : Rebecca, ALL, Aldermaston, BRK, ENG **[25072]** : ALL, Manchester, LAN, ENG **[25787]** : Alice, 1880-1890, Holloway & Dalston, MDX, ENG **[14874]** : 1780+, Bury St.Edmunds, SFK, ENG **[46345]** : Nathaniel, 1775-1830, IRL **[42448]** : PRE 1880, IRL **[36821]** : ALL, Carrickfin & Bumbeg, ANT, IRL **[33533]** : John, 1786, Keady, ARM, IRL **[16822]** : 1780-1830S, COR, IRL **[46300]** : Richard, PRE 1840, COR, IRL **[15902]** : PRE 1850, Killybegs, DON, IRL **[11839]** : William, C1790, Londonderry, DRY, IRL **[28763]** : ALL, Newton, DRY, IRL **[46329]** : PRE 1850, FER, IRL **[98631]** : James,

PRE 1792, Killarney, KER, IRL **[11839]** : William, PRE 1850, Kilkenny, KIK, IRL **[34249]** : 1760-1850, MOG, IRL **[13546]** : PRE 1856, Monaghan, MOG, IRL **[13315]** : 1800-1900, Ballinvilla, ROS, IRL **[17217]** : 1790+, Dalry & Dalrymple, AYR, SCT **[29954]** : William, 1800-1900, Dunfermline & Inverkeithing, FIF, SCT **[39012]** : 1858, Glasgow, LKS, SCT **[44941]** : 1650+, Newton, MLN, SCT **[36655]** : ALL, Errol, PER, SCT **[46454]** : C1800, Greenock & Kilmalcolm, RFW, SCT **[45699]** : William, 1740-1821, Muiravonside, STI, SCT **[39012]** : Agnes, C1800, Polmont, STI, SCT **[37568]** : William, 1600-1850, Linlithgow, WLN, SCT **[39012]** : Margaret, 1760-1820, Linlithgow, WLN, SCT **[39012]** : 1200+, WORLDWIDE **[11839]**
BOYDEN : ALL, Rochford, ESS, ENG **[38488]** : 1840+, Wollerton & Hodnet, SAL & MDX, ENG **[39227]** : PRE 1820, STS, ENG **[19641]**
BOYDEN (see One Name Section) [38488]
BOYED : PRE 1860, Richmond, VA, USA **[39642]**
BOYER : John, PRE 1764, Stoke St.Mary, SOM, ENG **[10508]** : ALL, Kent, MD, USA, FRA & ENG **[22882]**
BOYES : 1650-1800, Lastingham, NRY, ENG **[46440]** : PRE 1846, Applegarth, DFS, SCT **[19486]**
BOYKETT : 1853+, Adelaide, Prospect, SA, AUS **[46265]** : 1857+, Geelong, Emerald Vic, AUS **[46265]** : Chas & Cath., C1860-1905, South Melbourne, VIC, AUS **[10203]** : ALL, WORLDWIDE **[46265]**
BOYLAND : 1800+, Eaton Socon, BDF, ENG **[28269]**
BOYLE : Peter, ALL, AUS **[99598]** : 1840+, Yass, NSW, AUS **[11572]** : Richard, 1854+, Portland, VIC, AUS **[34643]** : Richard, PRE 1870, Truro, CON, ENG **[34643]** : John, 1820+, Whitehaven, CUL, ENG **[14290]** : 1500+, East Down & Braunton, DEV, ENG **[19254]** : John, ALL, Manchester, LAN, ENG **[99598]** : 1830S, Robertsbridge, SSX, ENG **[28060]** : Jane, 1849, Sheffield, WRY, ENG **[39247]** : Thomas, 1820, IRL **[39247]** : ALL, IRL **[39994]** : 1830+, Dublin, IRL **[12481]** : 1850-1875, Dublin, IRL **[30071]** : PRE 1840, Dungloe, DON, IRL **[11572]** : PRE 1850, Dungloe, DON, IRL **[12915]** : Sarah, 1858, Kernan, DOW, IRL **[10194]** : Elizabeth, 1804, Maghera, LDY, IRL **[11783]** : 1820, Klineen, TIP, IRL **[21669]** : PRE 1810, Klineen, TIP, IRL **[25853]** : PRE 1850, Clonoe, TYR, IRL **[22753]** : James, 1819+, Enniskillen, FER & MLN, IRL & SCT **[36800]** : 1840, Auckland, NZ **[21669]** : C1820, FIF, SCT **[46324]** : James, PRE 1841, Edinburgh, MLN, SCT **[36800]** : 1780+, New Luce, WIG & AYR, SCT **[99598]**
BOYLES : 1908+, Melbourne, VIC, AUS **[40052]** : E., 1845+, Marston, BDF, ENG **[10650]** : Sarah, 1851-1891, Marston, BDF, ENG **[10650]** : John, 1856, Marston, BDF, ENG **[10650]** : M., 1880, Marston, BDF, ENG **[10650]** : Annie Maria, ALL, Marston, BDF, ENG **[10650]** : 1500+, East Down & Braunton, DEV, ENG **[19254]** : 1800+, Thurlaston, LEI, ENG & CAN **[15845]** : 1860+, Falkirk, STI, SCT & AUS **[40052]**
BOYNES : PRE 1833, Ashburton, DEV, ENG **[25764]** : C1700-1870, Choppington, DUR, ENG **[31116]**
BOYNS : PRE 1850, Hasketon & Marlsford, SFK, ENG **[45036]**
BOYS : 1650+, ESS, ENG **[15409]** : PRE 1900, Bridgwater, SOM, ENG **[41880]**
BOYSWORTH : 1800-1860, Stanly & Montgomery Cos., NC, USA **[22846]**
BOYTER : 1700-1850S, Kilrenny, FIF, SCT **[36435]**
BOYTON : Walter Ernest, 1880, Gundagai & Coolamon, NSW, AUS **[99573]** : 1900+, London, ENG **[13188]**
BRABANT : 1900+, NSW, AUS **[39647]** : 1800S, Sunderland, DUR, ENG **[25616]** : PRE 1870, GLS, ENG **[39647]** : 1900+, LND, ENG **[39647]** : 1900+, YKS, ENG **[39647]**
BRABBS : Charles, 1850-1930, Holborn, MDX, ENG **[25484]**
BRABENDER : PRE 1831, Helensburgh, DNB, SCT **[11813]**

BRABHAM : 1600-1900, London, LND & ALL, ENG **[20444]**
BRABINER : 1880+, Leeds, YKS, ENG **[33901]**
BRABROOKE : ALL, SFK, ENG **[39642]**
BRABY : Henry, PRE 1800, Alfold, SRY, ENG **[37200]**
BRACE : 1800S, Much Hadham, HRT, ENG **[45639]** : 1750-1850, Sawbridgeworth, HRT, ENG **[45639]** : 1800+, Sawbridgeworth, HRT, ENG **[35649]**
BRACEGIRDLE : 1700-1800, London, ENG **[39616]** : 1800+, Macclesfield, CHS, ENG **[30120]** : William, 1800S, Lewisham, KEN, ENG **[39616]**
BRACEWELL : 1800+, Keighley, WRY, ENG **[25998]**
BRACEY : PRE 1780, SFK, ENG **[18896]** : 1760-1840, SOM, ENG **[26186]**
BRACHE : 1860+, Capetown, RSA **[21131]**
BRACHER : John, C1785, Kidderminster, WIL, ENG & John, 1823-1840S, Salisbury, WIL, ENG **[22409]**
BRACKEN : 1840-1860, TAS, AUS **[12231]** : ALL, Plymouth, DEV, ENG **[44300]** : Fanny, 1800+, Dublin, IRL **[12027]**
BRACKENBURY : John, PRE 1800, LIN, ENG **[10699]** : PRE 1900, LIN, ENG **[39239]**
BRACKLEY : PRE 1800, Chesham, BKM, ENG **[32294]** : S., 1800-1830, High Wycombe, BKM, ENG **[45874]**
BRADBEAR : C1830, Bedminster, SOM, ENG **[99012]**
BRADBURN : 1772, Macclesfield & Chester, CHS, ENG **[44726]** : 1840, Newcastle upon Tyne, NBL, ENG **[44726]**
BRADBURY : 1800-1900, Helston & Penzance, CON, ENG **[45849]** : 1750+, Penzance, CON, ENG **[44061]** : 1650, Chelmorton, DBY, ENG **[15916]** : PRE 1900, LAN, ENG **[21539]** : ALL, Burnage, LAN, ENG **[17654]** : 1870-1950, Manchester, LAN, ENG **[36528]** : PRE 1900, LEI, ENG **[42773]** : PRE 1850, Lincoln, LIN, ENG **[31316]** : 1721+, Market Drayton, SAL, ENG **[32724]** : PRE 1900, Wandsworth, SRY, ENG **[21539]** : Benjamin, 1790S, Saddleworth, YKS, ENG **[27066]** : C1770, Sheffield, YKS, ENG **[41370]**
BRADD : ALL, Bishop Stortford, HRT & ESS, ENG **[19766]**
BRADDOCK : Charlotte, C1839, Ashton under L Yne, LAN, ENG **[10706]** : PRE 1780, Cheddleton & Leek, STS, ENG **[15823]** : Ann, C1750+, Rocester, STS, ENG **[27325]**
BRADEN : PRE 1720, Westham, SSX, ENG **[42083]** : C1850, Eastwood, RFW, SCT **[25645]**
BRADFIELD : 1853+, Yapeen, VIC, AUS **[11733]** : 1750-1850, Sutton Courteney, BRK, ENG **[30071]** : PRE 1852, Wimbledon, ESS, ENG **[11733]** : 1800+, WIL, ENG **[13800]** : PRE 1748, Monkton Farleigh, WIL, ENG **[13004]**
BRADFORD : 1850+, Euroa, VIC, AUS **[33642]** : 1700-1900, Horton & Wraysbury, BKM, ENG **[41511]** : 1800+, DEV, ENG **[40319]** : 1800-1846, Broadclyst, DEV, ENG **[17400]** : C1820, St.Budeaux & East Stonehouse, DEV, ENG **[33642]** : PRE 1855, Hucknall & Nottingham, NTT, ENG **[42967]** : PRE 1690, SSX, ENG **[42083]** : 1690-1910, Eastbourne, SSX, ENG **[42083]** : 1820-1940, Sheffield, WRY, ENG **[45534]**
BRADLEY : 1833+, Maitland, NSW, AUS **[20641]** : James, 1788, Sydney, NSW, AUS **[20542]** : 1788+, Sydney, NSW, AUS **[46331]** : 1840+, Sydney, NSW, AUS **[38005]** : William, 1841+, Sydney, NSW, AUS **[39015]** : 1850+, Sydney, NSW, AUS **[46331]** : C1790, Sydney, NSW, AUS **[10985]** : 1841, Windsor, NSW, AUS **[38627]** : 1800S, Kilmore, VIC, AUS **[11411]** : 1700-1900, Belize City, BR.HONDURAS **[33500]** : 1840-1900, Darlington Twp, ONT, CAN **[25428]** : PRE 1765, London, ENG **[46331]** : Thomas, PRE 1750, Leverington & Newton, CAM, ENG **[41377]** : Stephen, C1772-1847, Leverington & Tyd St.Giles, CAM, ENG **[41477]** : James Cook, 1790, Mottram in Longerdale, CHS, ENG **[13153]** : Thyrza, 1825, Mottram in Longerdale, CHS, ENG **[13153]** : 1844+, Stockport, CHS, ENG **[12237]** : PRE 1860, Penrith, CUL, ENG **[46297]** :

1760, Brampton, DBY, ENG **[17260]** : 1754+, Luppitt, DEV, ENG **[12574]** : 1700-1850, LAN, ENG **[20641]** : C1481, Chipping, LAN, ENG **[18957]** : 1800+, Denby & Manchester, LAN, ENG **[31355]** : David, 1780+, Manchester, LAN, ENG **[31355]** : 1800-1870, Manchester, LAN, ENG **[36528]** : PRE 1793, Pendleton, LAN, ENG **[11866]** : PRE 1860, LAN & CHS, ENG **[25151]** : 1750+, Louth, LIN, ENG **[26932]** : 1765+, LND, ENG **[33454]** : James, 1784, Holborn, LND, ENG **[20542]** : 1817+, Stepney, MDX, ENG **[28495]** : PRE 1820, Acton Scott, SAL, ENG **[32294]** : PRE 1800, Cleobury Mortimer, SAL, ENG **[17763]** : 1800+, Sapiston, SFK, ENG **[10591]** : 1750-1900, Epsom, SRY, ENG **[21231]** : James & Cath., C1800, Wolverhampton, STS, ENG **[34140]** : 1750-1900, Keighley, WRY, ENG **[36242]** : 1800+, YKS, ENG **[38005]** : 1800+, Colne & Bradford, YKS, ENG **[46299]** : Tabitha, C1800, Morley, YKS, ENG **[12878]** : 1800+, CLA, IRL **[45925]** : PRE 1900, Cork City, COR, IRL **[39348]** : David, 1800+, Newry, DOW, IRL **[10260]** : ALL, LIM, IRL **[10610]** : Mary, C1830, Ballynamona, LIM, IRL **[10610]** : James, 1838+, Castletown, MEA, IRL **[99147]** : 1700-1900, Kilskyre, MEA, IRL **[27140]** : 1700-1950, Old Castle, MEA, IRL **[27140]** : 1880+, Newton Stewart, TYR, IRL **[20862]** : 1850+, CBY, NZ **[21231]** : 1810-1890, Milford, MA, USA **[27140]**
BRADNEY : PRE 1900+, St.George'S East, MDX, ENG **[45772]** : PRE 1900+, London & Stepney, MDX, ENG & AUS **[45772]**
BRADOCK : 1700+, CHS & DBY, ENG **[39541]**
BRADSHAW : William, 1850S, Maitland, NSW, AUS **[14113]** : 1900+, London, ENG **[20975]** : John, 1738, Caddington, BDF, ENG **[15785]** : 1600-1800, Eyam, DBY, ENG **[14246]** : Wm & Marian, 1880S, Chelmsford, ESS, ENG **[12320]** : PRE 1860, Atherton, LAN, ENG **[34612]** : John, 1732, Manchester, LAN, ENG **[10318]** : 1750-1850, Manchester, LAN, ENG **[16813]** : PRE 1880, Wigan, LAN, ENG **[45357]** : 1700+, Kirkby Mallory & Enderby, LEI, ENG **[42342]** : 1820-1850, Boston, LIN, ENG **[12802]** : 1800S, Kennington, LND, ENG **[41420]** : 1750+, Rothwell, NTH, ENG **[13461]** : William, 1820, Crookesmoore & Sheffield, YKS, ENG **[14113]** : William, 1830-1873, Skelmanthorpe & Newtown, WRY & NSW, ENG & AUS **[27081]** : PRE 1900, Armagh, ARM, IRL **[29024]** : C1760+, Aileen, TIP, IRL **[46344]** : 1700S, SCT **[11411]** : PRE 1865, Beith, AYR, SCT **[38743]** : 1636+, MA, USA **[32223]** : 1790+, Glasbury, BRE, WLS **[44007]** : 1840S-1850S, Llangattock, BRE, WLS **[16813]** : 1840-1850, North, FLN, WLS **[16813]** : 1830+, Mamhilad & Trevethin, MON, WLS **[44007]**
BRADSWORTH : ALL, WORLDWIDE **[45976]**
BRADWELL : Robert, PRE 1900, Bottisham, CAM, ENG **[27081]** : 1800+, Sheffield, WRY, ENG **[18329]** : Matilda, C1820, Sheffield, WRY, ENG **[18329]**
BRADWICK : Mary, PRE 1850, Whitacre, WAR, ENG **[29939]**
BRADY : Patrick Jos., 1836+, AUS **[10314]** : Terrence, 1841+, NSW, AUS **[10314]** : 1840, Paterson, NSW, AUS **[10314]** : Rose, 1858+, Windsor & Cattai Creek, NSW, AUS **[10470]** : 1838+, Adelaide & Kapunda, SA, AUS **[31332]** : Maryanne, 1800S, Daylesford, VIC, AUS & IRL **[42724]** : 1800-1910, London, ENG **[21227]** : 1700-1900, LAN, ENG **[17535]** : PRE 1850, London, MDX, ENG **[12744]** : PRE 1850, IRL **[31017]** : Daniel, 1800S, Dublin, IRL **[28199]** : James, 1830-1860, Drumcrow & Arvagh, CAV, IRL **[38538]** : Patrick, 1871+, Milltown, CAV, IRL **[38509]** : PRE 1808, Kilmurry, CLA, IRL **[46251]** : 1800-1910, DUB & CLA, IRL **[21227]** : Patrick, 1800S, Ballintoghee, DUB & MEA, IRL **[27686]** : Bartholomew, 1836, Ballintoghee, DUB & MEA, IRL **[27686]** : James, 1800-50S, LIM, IRL **[42897]** : 1879-2005, Napier, HBY, NZ **[46251]** : C1860, Dundee, ANS, SCT **[12371]** : 1850-1900, Dekalb, IL, USA **[23415]**
BRADY (GOODSIR) : Ada, 1910+, North Melbourne, VIC, AUS **[11195]**

BRAGG : 1852+, Port Fairy, VIC, AUS **[11540]** : Philip, PRE 1850, London, ENG **[43800]** : 1700+, Hartland, DEV, ENG **[16254]** : Joseph, C1770, Evershot, DOR, ENG **[13326]** : ALL, Forest Gate, London, ESS, ENG **[17745]** : Wm & Mary, 1791-1866, Chaffcombe & Crewkerne, SOM, ENG **[10203]** : 1870+, Hastings, SSX, ENG **[37181]** : 1830S, Birmingham, WAR, ENG **[12508]** : PRE 1837, Birmingham, WAR, ENG **[42645]**

BRAGGE : PRE 1820, Bristol, GLS, ENG **[36260]**

BRAGINTON : 1700+, Woolford Isworthy, DEV, ENG **[16254]**

BRAHAM : 1850-1880, Grafton, NSW, AUS **[46116]** : 1851+, Warrnambool, VIC, AUS **[35444]** : ALL, Aldeburgh, SFK, ENG **[39272]**

BRAID : 1865+, Wellington, NZ **[14618]**

BRAIDWOOD : Margaret, 1750, Walston, LKS, SCT **[11533]**

BRAIDWOOD-BOAK : 1750+, LKS, SCT **[12236]** : 1750+, Midcalder, MLN, SCT **[12236]**

BRAILSFORD : C1843, Ashover, DBY, ENG **[30714]** : C1800, Matlock & Brailsford, DBY, ENG **[20655]**

BRAIN : ALL, Launceston, TAS, AUS **[28140]** : William, 1800-1900, DUR, NBL & YKS, ENG **[14448]** : 1790-1860, GLS, ENG **[26396]** : Robert, 1680-1729, Hanham, GLS, ENG **[46192]** :Samuel, 1712+, Hanham, GLS, ENG **[46192]** : Tipton, 1746-1811, Hanham, GLS, ENG **[46192]** : Thos Ebnzr, 1776-1854, Hanham, GLS, ENG **[46192]** :1690S, Oldland, GLS, ENG **[46434]** : Ephraim, 1791-1830, LND, ENG **[46192]** : William, 1821+, LND, ENG **[46192]** : Thomas, 1824-1896, Stepney & LND, ENG **[46192]** : C1800, Weston, SOM, ENG **[13004]** : PRE 1800, Stone, STS, ENG **[34420]** : PRE 1815, Minety, WIL, ENG **[45881]** : Ebenezer F., 1819-1864, LND & SA, ENG & AUS **[46192]** : S. Ditchett, 1829-1858, LND & NY, ENG & USA **[46192]**

BRAINE : 1840-1850S, Guelph, ONT, CAN **[45030]**

BRAITHWAITE : PRE 1850, DUR, ENG **[42927]** : 1850S+, Hurnorth on Tees & Darlington, DUR, ENG **[34112]** : Esther, 1869+, Egton cum Newland, LAN, ENG **[39516]** : PRE 1800, London, MDX, ENG **[24945]** : 1800S, UK **[28013]**

BRAKE : 1750+, DOR, ENG **[15289]** : 1700S, Yetminster, DOR, ENG **[42942]** : PRE 1840, Lopen, SOM, ENG **[20773]** : PRE 1900, Nailsea, SOM, ENG **[25162]**

BRAKES : Catherine, 1650-1700, Winchcomb, GLS, ENG **[27039]**

BRAMAH : PRE 1900, Wath upon Dearne, WRY, ENG **[30981]**

BRAMBLE : Jane, 1785-1830, South Cerney, GLS, ENG **[27081]** : Sarah, C1819, East Coker, SOM, ENG **[33766]**

BRAMBLECOMBE:1813 Yealmpton DEV ENG **[14184]**

BRAMFELL : 1700+, ESS, ENG **[25070]**

BRAMHAM : PRE 1900, Wath upon Dearne, WRY, ENG **[30981]** : 1700-1800, YKS, ENG **[38833]**

BRAMLEY : 1800+, DBY, ENG **[40042]** : 1750+, Clitheroe & Whalley, LAN, ENG **[21038]** : ALL, Leicester, LEI, ENG **[28600]** : C1680-1900, Wymeswold, LEI & NTT, ENG **[37795]** : PRE 1840, WRY, ENG **[39815]** : PRE 1700, Fewston, WRY, ENG **[42277]**

BRAMLY : PRE 1830, ENG **[10254]**

BRAMMER : John, 1700+, Cuckney, NTT, ENG **[30889]**

BRAMPTON : 1875+, Narrabri, NSW, AUS **[11430]** : PRE 1900, London, ENG **[41305]** : C1817-1865, Ludlow, SAL, ENG **[32314]**

BRAMWELL : PRE 1840, CUL, ENG **[40696]** : 1750-1800, Paddington, LND, ENG **[25322]** : 1750+, Soho, LND, ENG **[38515]**

BRANAN : 1800-1900, IRL **[15944]**

BRANCH : 1822+, NSW, AUS **[34367]** : PRE 1850, Shoreditch, LND, ENG **[30929]**

BRANCONNIER : 1700-1900, QUE, YUK & SAS, CAN & FRA **[24182]**

BRAND : C1800-1900, Wing, BKM, ENG **[22070]** : C1780, Bottisham, CAM, ENG **[25693]** : 1750-1900, Cambridge, CAM, ENG **[39271]** : C1800, Cambridge, CAM, ENG **[25693]** : 1780-1830, Great Waltham, ESS, ENG **[34790]** : PRE 1852, Henham, ESS, ENG **[34231]** : 1900+, Hornsey, LND, ENG **[44889]** : Johannes, 1300+, Bremen, BRM, GER **[22470]**

BRANDE : 1760, Linton, CAM, ENG **[25693]**

BRANDENBURG : Wilhelmine E., 1850+, PRE & QLD, GER & AUS **[40505]**

BRANDER : 1820-1900, Forgue, ABD, SCT **[13326]** : PRE 1842, Elgin, MOR, SCT **[26833]** : 1650+, Elgin, MOR, SCT & WORLDWIDE **[15740]**

BRANDERBURG : Wilhelmine E., 1850+, PRE & QLD, GER & AUS **[40505]**

BRANDERIFT : PRE 1800, NTT, ENG **[45857]**

BRANDERS : 1800+, Kasterlee, ATW, BEL **[45183]**

BRANDHAM : 1700-1800, Leconfield, ERY, ENG **[45209]**

BRANDIS : 1800+, Wylye, WIL, ENG **[45030]**

BRANDON : ALL, LND & KEN, ENG **[17493]** : 1800S-1900S, Old Ford, MDX, ENG **[45553]** : C1500, Westhall, SFK, ENG **[37565]**

BRANDRAM : ALL, ENG **[17490]**

BRANDT : PRE 1860, Russia, GER & SU **[30488]**

BRANFORD : ALL, NFK & SFK, ENG **[30351]**

BRANGA : 1820+, Calcutta, INDIA **[19905]**

BRANGWIN : 1860+, South Creek, NSW, AUS **[11690]**

BRANN : 1700+, Dover & Folkestone, KEN, ENG **[45767]** : PRE 1800, Hollington, SSX, ENG **[44913]**

BRANNAN : 1810-1930, Liverpool, LAN, ENG **[15944]** : PRE 1860, Whitchurch, SAL, ENG **[34420]** : 1800-1900, IRL **[15944]**

BRANS : PRE 1830, WORLDWIDE **[46001]**

BRANSBY : Charles, 1845-1950, Berrima, NSW, AUS **[34245]** : ALL, East Harling, NFK, ENG **[28585]**

BRANSCOMBE : 1854+, Mudgee, NSW, AUS **[30945]** : PRE 1880, Dawlish, DEV, ENG **[41041]** : William, PRE 1860, Newton Abbot, DEV, ENG **[41041]** : 1750-1850, Oakford, DEV, ENG **[15098]** : PRE 1840, Withycombe Raleigh, DEV, ENG **[30945]**

BRANSFIELD : ALL, Escuminac, NB, CAN **[39712]**

BRANSON : 1800-1880, Hanslope, BKM, ENG **[30120]** : John, C1718, Sherrington, BKM, ENG **[35110]** : 1700-1800, Sawtry, HUN, ENG **[28479]** : PRE 1820, Spalding, LIN, ENG **[37058]** : 1880+, Hardingstone & Northampton, NTH, ENG **[30120]** : 1881, Birmingham, WAR, ENG **[32068]**

BRANT : Mary, C1815, Aston Juxta & Birmingham, WAR, ENG **[31153]** : 1750-1815, Kingsbury & Wilnecote, WAR, ENG **[31153]**

BRANTLEY : ALL, WORLDWIDE **[18700]**

BRANTON : 1850+, Morwenstow, CON, ENG **[15524]**

BRANWELL : 1700-1800, Madron, CON, ENG **[42211]**

BRASH : PRE 1850, London, ENG **[26297]** : PRE 1850, Deptford, LND & KEN, ENG **[26297]** : PRE 1860, Cork, COR, IRL **[26297]** : PRE 1860, Wherick, LIM, IRL **[26297]** : Hugh, C1792, Mid Calder, MLN, SCT **[20635]** : PRE 1850, Edinburgh, MLN & ELN, SCT **[26297]**

BRASHER : Dorcas, 1814+, Wilton by Salisbury, WIL, ENG **[12590]**

BRASON : ALL, WORLDWIDE **[18749]**

BRASSETT : 1800S, SCT **[21195]**

BRASSEY : 1700-1850, Liverpool, LAN, ENG **[45920]**

BRASSFIELD : 1850-1880, MO, USA **[22565]**

BRATHERTON : PRE 1880, Crewe, CHS, ENG **[45879]**

BRATLEY : ALL, WORLDWIDE **[17037]** : ALL, WORLDWIDE **[26932]**

BRATLEY (see One Name Section) [26932]

BRATT : 1800-1994, Wolverhampton, STS & PA, ENG & USA **[28708]**

BRATTON : Robert, 1712-1738, DON, IRL **[24674]**
BRAUMER : Joseph, PRE 1826, Sydney, NSW, AUS **[13000]**
BRAUN : Melchior, PRE 1854, Werbach, BAD, GER **[30653]** : 1800S, Hochdorf, WUE, GER **[25469]**
BRAUNACK : Horlitz, PRE 1850, Rakwitz, PRE, GER **[33728]**
BRAUND (see One Name Section) **[29420]**
BRAUNE : 1870S, Stettin, GER **[21916]**
BRAUSON : ALL, WORLDWIDE **[18749]**
BRAWDLEY : James, C1880, Glasgow, LKS, SCT **[28479]**
BRAWN : 1850+, VIC, AUS **[40135]** : 1830, St.Martins, SAL, ENG **[12222]**
BRAY : ALL, AUS **[46128]** : Frederick, 1873, Newcastle Area, NSW, AUS **[11629]** : 1850+, Sydney, NSW, AUS **[46128]** : 1790+, NSW & QLD, AUS **[11464]** : 1880-1900, London, ENG **[17291]** : 1700S, CAM, ENG **[12831]** : PRE 1789, CAM & HRT, ENG **[19759]** : PRE 1850, CON, ENG **[19613]** : C1800, Altarnun & Launceston, CON, ENG **[29314]** : 1790-1820, Gwennap, CON, ENG **[11912]** : C1720+, Illogan, CON, ENG **[13004]** : PRE 1800, Landulph, CON, ENG **[42518]** : 1650, Redruth, CON, ENG **[12318]** : PRE 1841, St.Austell, CON, ENG **[30880]** : Joseph, 1843-1879, St.Brewards, CON, ENG **[10203]** : PRE 1880, St.Gluvias & Chacewater, CON, ENG **[13511]** : Ellen, 1829-1847, Truro Area, CON, ENG **[12917]** : 1800-1920, Devonport, DEV, ENG **[45841]** : ALL, Portsea, HAM, ENG **[12831]** : PRE 1850, Portsea, HAM, ENG **[46128]** : Mary, C1800-1825, Ledbury, HEF, ENG **[27325]** : PRE 1850, Carlby & Lincoln, LIN, ENG **[25688]** : 1850-1900, Hackney, LND, ENG **[39519]** : ALL, London, MDX, ENG **[41077]** : ALL, Coventry, WAR, ENG **[46443]** : PRE 1800, Nuneaton, WAR, ENG **[19785]** : 1600-1750, Kirkburton, WRY, ENG **[36242]** : PRE 1850, Redruth, St.Neot, CON, ENG & AUS **[14045]** : 1851+, Curraghakimkeen & Doon, LIM, IRL **[21712]** : PRE 1890, Hope, NLN, NZ **[21012]** : 1960+, Nelson, NLN, NZ **[21012]** : ALL, Reefton, WLD, NZ **[21012]** : 1890-1990, Miramar, WTN, NZ **[21012]**
BRAYBON : Mary, 1790-1877, SSX, ENG **[39522]**
BRAYBROOK : 1910+, Simcoe, ONT, CAN **[18529]** : 1849, Sudbury, ESS, ENG **[44292]** : 1900, Sudbury, ESS, ENG **[44292]** : C1840, Cardington, SRY, ENG **[27769]**
BRAYBROOKS : C1809, Cardington, BDF, ENG **[18529]**
BRAYSHAW : James, 1750+, Guiseley, WRY, ENG **[17030]** : 1780+, Idle & Thackley, WRY, ENG **[13481]** : 1700-1750, Kirkby Malham, YKS, ENG **[31826]**
BRAYSON : ALL, WORLDWIDE **[18749]**
BRAYTON : William, 1700S, Heston, MDX, ENG **[10604]**
BRAZENALL : ALL, ENG & USA **[24474]**
BRAZEWELL : PRE 1850, London, MDX, ENG **[33973]** : ALL, Sheffield, YKS, ENG **[33973]**
BRAZIER : ALL, BRK, ENG **[43842]** : 1700S, Chieveley, BRK, ENG **[42466]** : C1760, HRT & OXF, ENG **[20919]** : 1850-1920, Edmonton, MDX, ENG **[17191]** : 1700+, Wandsworth, SRY, ENG **[20569]** : PRE 1800, Dublin City, IRL **[20923]** : 1800S, Killearn, LKS, SCT **[42031]**
BRAZNELL : ALL, ENG & USA **[24474]**
BREACH : PRE 1879, Cooranbong, NSW, AUS **[11059]** : PRE 1795, Arborfield, BRK, ENG **[11059]**
BREADNER : PRE 1860, ARM, IRL **[26881]**
BREAKELL : 1800+, Wigan, LAN, ENG **[36120]**
BREAN : John, C1860, Church Village, CON, ENG **[10119]** : John, C1862, St.Columb Major, CON, ENG **[10119]**
BREAR : 1870-1935, Halifax, YKS, ENG **[21504]**
BREARLEY : 1800-1900S, Rochdale, LAN, ENG **[46258]** : PRE 1770, Gisburn, WRY, ENG **[25688]** :

Fanny, PRE 1854, Ovenden & Sowerby, WRY, ENG **[37445]** : 1846-1900, Halifax, YKS, ENG **[21504]**
BREARLY : 1750-1780, Manchester, LAN, ENG **[12844]**
BREASHUR : 1750+, Ramsbury, WIL, ENG **[45159]**
BRECHTEL : PRE 1850, Lautershausen, BAW, GER **[16286]**
BRECKELL : PRE 1879, Prestwich, LAN, ENG **[11059]**
BRECKELS : PRE 1860, Bradford, ESS, ENG **[36819]**
BRECKON : ALL, YKS, ENG **[27514]**
BREDBURY : 1650-1750, Saddleworth, YKS, ENG **[31826]**
BREDE : C1750, Besse, HEN, GER **[10350]**
BREDEN : Clement, C1799, SSX, ENG **[12165]**
BREDGEMAN : PRE 1642, Terling, ESS, ENG **[43840]**
BREE : Wilhelm, PRE 1820, Berlin, GER **[39461]**
BREED : 1780-1810, Bekesbourne, KEN, ENG **[18001]**
BREEDEN : 1829-1852, Birmingham, WAR, ENG **[41269]**
BREEDON : PRE 1900, LND & MDX, ENG **[39312]**
BREEN : Annie, 1890+, Stratford, VIC, AUS **[46246]** : 1800S, Dublin, IRL **[10675]** : 1800S, Waterford City, WAT, IRL **[31079]** : 1845+, New York & Sacramento, NY & CA, USA **[10675]** : C1880, PA, USA **[28479]**
BREES : Anne, C1803, Llanerfyl, MGY, WLS **[46213]**
BREESON : ALL, WORLDWIDE **[18749]**
BREHAM : PRE 1836, Altenheim, GER **[23605]** : 1836+, Hamilton Co., OH, USA **[23605]**
BREHANEY : PRE 1845, Galway, IRL **[12408]**
BREHEUM : 1680, Bamberg, GER **[12318]**
BREHM : PRE 1836, Altenheim, GER **[23605]** : PRE 1600, Lindau Island, GER **[23605]** : Johan, PRE 1836, Altenheim, BAW, GER **[23605]** : Johan, 1836+, Cincinnati, OH, USA **[23605]** : 1836+, Hamilton Co., OH, USA **[23605]** : Wilhelmina E., 1871+, Hamilton Co., OH, USA **[23605]**
BREILLAT : 1760+, Bristol, GLS, ENG **[10886]**
BREINER : 1840+, PA, USA **[13513]**
BREISE : PRE 1720, Campton, BDF, ENG **[33428]**
BREITHALL : 1850-1930, Westbourne, SSX, ENG **[46283]**
BRELISFORD : PRE 1820, WLS **[30310]**
BRELLISFORD : PRE 1800, Shrewsbury, SAL, ENG **[30310]** : PRE 1820, WLS **[30310]**
BREMMER : PRE 1860, MEK, GER **[37380]**
BREMNER : 1870+, AUS **[97805]** : 1900S, Perth, WA, AUS **[14422]** : 1800-1890, Coleford, GLS, ENG **[17245]** : 1800-1900, Bristol, SOM, ENG **[17245]** : 1780-1830, ABD, SCT **[10460]** : 1800-1920, ABD, SCT **[97805]** : 1700+, Rayne, ABD, SCT **[37236]** : ALL, ANS, SCT **[97805]** : PRE 1871+, Brangan & Boyandie, BAN, SCT **[33949]** : Alexander, 1800, Wick, CAI, SCT **[46325]** : 1700-1800, Strachan, KCD, SCT **[97805]** : 1800S, Glasgow, LKS, SCT **[14422]** : PRE 1800, Speymouth, MOR, SCT **[12395]** : PRE 1800, Black Isle, ROC, SCT **[18500]**
BRENCHLEY : PRE 1798, Brenchley, KEN, ENG **[46251]** : ALL, Charing & Little Chart, KEN, ENG **[20729]** : 1500+, Kingsnorth & Sevington, KEN, ENG **[16433]** : 1500+, Wormshill, KEN, ENG **[16433]**
BREND : PRE 1880, DEV, ENG **[17094]**
BRENDEL : PRE 1912, Leipzig, GER **[14030]**
BRENNAN : James, 1841, Daveys Plains, NSW, AUS **[10428]** : Michael, PRE 1842, Maitland District, NSW, AUS **[10508]** : Michael, 1880+, Petersham, NSW, AUS **[10508]** : Mary, PRE 1842, Sydney, NSW, AUS **[45823]** : 1850+, Dandenong, VIC, AUS **[99183]** : PRE 1855, Kilkishen, CLA, IRL **[10280]** : 1830S, DON, IRL **[31116]** : James, PRE 1905, 1 St.Michaels Terrace, Dublin, DUB, IRL **[26823]** : 1750-1810, Dun Laoghaire, DUB, IRL **[36282]** : Ann, 1824-1805, Gort, GAL, IRL **[40505]** : PRE 1850, Kinvara, GAL, IRL **[25640]** : 1800-1910, Naas & Newbridge, KID, IRL **[30127]** : 1800+, Muckalee, KIK, IRL **[12420]** : Julia, 1780-1860,

LEX, IRL **[39243]** :PRE 1853, Derrynaseera, LEX, IRL **[22683]** : James, PRE 1841, Carroward, ROS, IRL **[10428]** : 1814+, TIP, IRL **[11335]** : C1840, Ballyneale, TIP, IRL **[37880]** : PRE 1877, Borrisokane, TIP, IRL **[46476]** : 1700+, Rochetown, WEM, IRL **[34739]** : Michael, 1774+, Barrymile, WEX, IRL **[28199]** : 1840+, Gorey, WEX, IRL **[14194]** : PRE 1836, WIC, IRL **[39102]** : Ann, 1829-1865, WIC & AUS, IRL & AUS **[40505]** : 1900+, Port Albert, NLD, NZ **[46476]**

BRENNAND : ALL, Liverpool, LAN, ENG **[42209]** : 1500-1800, Slaidburn, WRY, ENG **[18957]** : Francis, C1605, Slaidburn, WRY, ENG **[18957]** : Robert, C1643, Slaidburn, WRY, ENG **[18957]** : William, C1661, Slaidburn, WRY, ENG **[18957]** : ALL, Worldwide **[29187]**

BRENNEKE : PRE 1853, Peine, HAN, GER **[41444]**

BRENNING : 1800S, Wurttemberg, WUE, GER **[41420]**

BRENSCHEIDT : 1700+, Hagen Hamm, WEF, GER **[38488]**

BRENT : Phillip, C1740, Kilkhampton, CON, ENG **[41349]** : ALL, MDX, ENG **[11124]**

BRENTON : 1831+, CON, ENG **[33409]** : 1730-1900, Padstow, CON, ENG **[36435]** : 1680+, Bristol, Newport, RI, USA **[42600]**

BRENTZELL : PRE 1836+, Lauenburg, GER **[14935]** : Conrad, 1788+, Schleswig Holstein, GER **[14935]**

BRERETON :1857+, Malmsbury & Edgecombe, VIC, AUS **[11994]** : PRE 1857, Harthill, CHS, ENG **[11994]**

BREREWOOD : ALL, Chester, CHS, ENG **[17217]**

BRESANI : C1850, ESP **[46467]**

BRESLAUER : ALL, WORLDWIDE **[34582]**

BRESLIN : Mary, C1830, Glenties, DON, IRL **[25396]**

BRESSON : ALL, WORLDWIDE **[18749]**

BRESSOW : 1860+, QLD, AUS **[45087]** : PRE 1860, BRA, GER **[45087]**

BRETHERTON : ALL, Rainhill & Liverpool, LAN, ENG **[21088]**

BRETT : 1800S, CHI **[10273]** : PRE 1800, ESS & SFK, ENG **[19854]** : PRE 1845, London, MDX & SRY, ENG **[37709]** : 1780+, Lyng & Carbrooke, NFK, ENG **[18207]** : 1700-1900, Clopton, SFK, ENG **[26932]** : C1830-1900, Kettle Baston, SFK & LND, ENG **[46457]** : Emanuel, PRE 1870, Birmingham, WAR, ENG **[19064]**

BRETTELL : Henry, PRE 1857, Melbourne, VIC, AUS **[12457]**

BREUNING : ALL, Kassel & Darmstadt, HEN, GER **[21196]** : PRE 1648, Hochdorf, WUE, GER **[37759]** : 1800S, Wurttemberg, WUE, GER **[41420]**

BREW : William, 1888+, Orsett, ESS, ENG **[97805]** : William, 1888+, Hampstead, LND, ENG **[97805]** : PRE 1839, Kilrush, CLA, IRL **[99012]**

BREWARD : Thomas, 1830, Earl Shilton, LEI, ENG **[17203]**

BREWER : 1885+, Bombala, NSW, AUS **[11283]** : 1890-1940, Brisbane, QLD, AUS **[41022]** : PRE 1960, VIC, AUS **[13994]** : C1890, Clifton Hill, VIC, AUS **[13244]** : John, C1760, Ampthill, BDF, ENG **[41500]** : PRE 1900, Shefford & Tingrith, BDF, ENG **[41500]** : 1800-1900, Birkenhead, CHS, ENG **[41022]** : PRE 1719, St.Ervan, CON, ENG **[46251]** : 1860S, Truro, CON, ENG **[13244]** : Elizabeth, 1800+, Exminster, DEV, ENG **[37044]** : 1800S, Kings Nympton & Georgerympton, DEV, ENG **[24981]** : PRE 1900, East Meon, HAM, ENG **[25162]** : PRE 1750, Gillingham, KEN, ENG **[21088]** : 1700-1900, LAN, ENG **[21231]** : 1763, Cockerham, LAN, ENG **[39856]** : Samuel, 1730+, Stepney, LND, ENG **[17030]** : Ann, PRE 1840, Sutton Wick, OXF, ENG **[46245]** : ALL, Salisbury, WIL, ENG **[30543]** : 1780+, Frome, SOM & HAM, ENG & NZ **[20655]**

BREWERTON : PRE 1850, KEN, ENG **[41150]**

BREWIN : 1700-1800, Ashby Folville, LEI, ENG **[28600]**

BREWIS : 1800-1871, Newcastle on Tyne, NBL, ENG **[11718]**

BREWITT : 1770+, Stapleford Tawny, Theydon Mt, ESS, ENG **[45489]** : Richard, C1800, Aberdeen, ABD, SCT **[22203]** : ALL, WORLDWIDE **[22203]**

BREWITT (see One Name Section) **[22203]**

BREWSTER : PRE 1800, LIN, ENG **[19708]** : PRE 1840, TYR, IRL **[10167]**

BRIAN : PRE 1870, Woodnewton, NTH, ENG **[12707]**

BRIANT : ALL, London, ENG **[20773]** : ALL, Cuddington & Haddenham, BKM, ENG **[20013]** : 1680-1720, Cury, CON, ENG **[12318]** : Mary, C1640, Great Bentley, ESS, ENG **[18957]**

BRIARWOOD : ALL, WORLDWIDE **[17217]**

BRICE : 1750-1790, London, ENG **[41950]** : ALL, London, ENG **[40641]** : 1870-1910, Newcastle upon Tyne, NBL, ENG **[40768]** : Wm Stanley, 1930-1999, Wairarapa, NI, NZ **[41266]**

BRICESON : ALL, WORLDWIDE **[18749]**

BRICKDALE : 1500-1700S, Shrewsbury, SAL, ENG **[10046]**

BRICKELL : PRE 1540, Northenden, CHS, ENG **[11059]**

BRICKHAM : PRE 1820, Old Buckenham, NFK, ENG **[42969]**

BRIDAL : PRE 1920, SRY, ENG **[44969]**

BRIDDON : PRE 1850, Crich & South Wingfield, DBY, ENG **[19254]**

BRIDEN : John, 1840+, Luton, BDF, ENG **[25654]** : C1700+, Great Munden, HRT, ENG **[25654]**

BRIDER : ALL, ENG **[45247]** : ALL, NZ **[45247]**

BRIDESON : ALL, WORLDWIDE **[18749]**

BRIDGE : PRE 1900, ENG **[46352]** : PRE 1846, London, ENG **[10740]** : Henry, 1799+, Eccleston & St.Helens, LAN, ENG **[18325]** : 1845+, NZ **[46352]**

BRIDGELAND : ALL, WORLDWIDE **[36212]**

BRIDGEMAN : Ann Agnes, 1879-1958, Perth & Brighton, WA & VIC, AUS **[39243]** : ALL, ENG **[11938]**

BRIDGER : 1945+, Clacton, ESS, ENG **[31079]** : ALL, Bramshott, HAM, ENG **[33920]** : ALL, Headley, HAM, ENG **[33920]** : ALL, Hemel Hempstead, HRT, ENG **[33920]** : ALL, Dartford, KEN, ENG **[33920]** : 1886-1904, Ringwould, KEN, ENG **[46422]** : ALL, Puttenham, SRY, ENG **[33920]** : ALL, Shottermill, SRY, ENG **[33920]** : James, 1800S, SSX, ENG **[46163]** : 1838-1870, Midhurst, SSX, ENG **[46422]** : PRE 1800, Woolbeding, SSX, ENG **[15464]**

BRIDGES : George, 1846+, Hobart, TAS, AUS **[35589]** : 1800+, London, ENG **[29783]** : PRE 1761, Chedworth, GLS, ENG **[37847]** : PRE 1715, St.Stephan, LND, ENG **[40822]** : George, PRE 1846, Farnborough, SOM, ENG **[35589]** : Charles, PRE 1800, SRY, ENG **[25046]** : PRE 1550, Ardingly & West Hoathly, SSX, ENG **[38290]** : ALL, Sheffield, YKS, ENG **[41370]**

BRIDGET : 1851+, Halifax, WRY, ENG **[36928]**

BRIDGEWATER : 1700S, Cumnor, OXF, ENG **[36655]**

BRIDGFORD : 1700-1800, DBY, ENG **[17654]**

BRIDGLAND : ALL, WORLDWIDE **[36212]**

BRIDGLAND (see One Name Section) **[36212]**

BRIDGMAN : PRE 1790, Kingsteignton, DEV, ENG **[30302]** : PRE 1810, St.Budeaux, DEV, ENG **[36503]** : Adolphus, ALL, NY, USA **[99599]**

BRIDLE : PRE 1910, Parkstone & Poole, DOR, ENG **[31323]** : PRE 1910, Ringwood, HAM, ENG **[31323]** : PRE 1920, SRY, ENG **[44969]** : Eva, 1928+, SRY & DOR, ENG **[28096]**

BRIDSON : John, 1773-1854, Arbory, IOM **[40143]** : ALL, WORLDWIDE **[18749]**

BRIEN : PRE 1845, COR, IRL **[31153]** : Timothy, 1780+, Tullamore & Parramatta, OFF & NSW, IRL & AUS **[44567]**

BRIENT : 1600-1900, Breamore, HAM, ENG **[26831]** : PRE 1815, Canterbury, KEN, ENG **[19165]**

BRIER : 1870-1935, YKS, ENG **[21504]**

BRIERLEY : PRE 1800, Oldham, LAN, ENG [43085] : PRE 1800, Rochdale, LAN, ENG [43085] : 1800+, Bradford, WRY, ENG [18372] : 1846-1900, YKS, ENG [21504]
BRIERLY : PRE 1841, Manchester, LAN, ENG [43525] : 1700-1800, Slaithwaite, YKS, ENG [31826]
BRIERS : 1820+, St.Helens, LAN, ENG [39479]
BRIERWOOD : ALL, WORLDWIDE [17217]
BRIGDEN : ALL, AUS & ENG [46318]
BRIGGS : Henry Sparrow, 1823-1866, Burwood, Sydney, NSW, AUS [34140] : PRE 1843, Bridgewater, TAS, AUS [31169] : C1840, Hobart, TAS, AUS [21479] : 1800-1850, Lanark Co., ONT, CAN [25237] : 1600+, Bootle, CUL, ENG [17262] : ALL, DUR, ENG [18851] : PRE 1800, Riccall, ERY, ENG [30981] : 1897+, Buckhurst Hill, ESS, ENG [13471] : 1786-1900, Chatham & Northfleet, KEN, ENG [41109] : C1750, LAN, ENG [25354] : Timothy, C1730-C1800, Thurnham, LAN, ENG [34140] : John, 1750-1821, St.Sepulchres, LND, ENG [34140] : C1829, Wandsworth, MDX, ENG [13984] : 1700-1750, Whissendine, RUT, ENG [14513] : Ann, C1792, SFK, ENG [44160] : 1600+, Dorking, SRY, ENG [27816] : 1800+, Cannock, STS, ENG [34739] : 1783+, Birmingham, WAR, ENG [45608] : 1700+, Coleshill & Wishaw, WAR, ENG [34739] : PRE 1795, Clayton, WRY, ENG [10740] : ALL, Idle, WRY, ENG [40719] : 1800-1900, Leeds, WRY, ENG [27531] : 1800+, Halifax, YKS, ENG [20975] : 1790+, Hatfield & Doncaster, YKS, ENG [36664] : PRE 1850, ANT, IRL [13143] : 1850+, Lyttelton, CHCH, NZ [42112] : 1731+, Haddington, ELN, SCT [21207] : PRE 1800, MLN, SCT [45679] : 1806+, Edinburgh, MLN, SCT [21207]
BRIGHAM : ALL, ERY, ENG [18145] : ALL, WORLDWIDE [30022]
BRIGHT : 1800+, Nenthead & Alston, CUL, ENG [15845] : PRE 1900, DEV, ENG [40683] : 1700+, Langtree, DEV, ENG [19254] : 1650-1750, Wolborough, DEV, ENG [12641] : 1816+, DEV & LND, ENG [34861] : 1800+, ESS, ENG [43733] : C1850, Yarmouth & Iow, HAM, ENG [11716] : PRE 1840+, SAL, ENG [45772] : 1846+, Rodington, SAL, ENG [99598] : 1770+, Kelsale, SFK, ENG [13322] : 1800-1870, Bristol, GLS, ENG & AUS [14346] : 1750-1900, Bandon, COR, IRL [18001] : 1830+, Pottsville, PA, USA [15845] : 1840+, Michaelstone Super Avon, GLA, WLS [19254]
BRIGHTING : 1800-1850, Westminster, MDX, ENG [32017] : PRE 1815, Bungay, SFK, ENG [32017]
BRIGHTMAN : 1759+, Maulden, BDF, ENG [24943]
BRIGHTMORE : 1860+, Sydney, NSW, AUS [46277] : ALL, MDX, ENG [46277]
BRIGHTRIDGE : 1600-1700, Heathfield, SSX, ENG [33347]
BRIGHTWELL : 1800+, Canberwell, SRY, ENG [37834] : 1800+, Westminster, SRY, ENG [37834]
BRIGLAND : ALL, WORLDWIDE [36212]
BRIGNALL : 1800+, Greatham, DUR, ENG [12141] : 1820, Hart, DUR, ENG [12141]
BRILL : 1821+, High Wycombe & Beaconsfield, BKM, ENG [38970]
BRILLARD : Mary Ann, 1844, Newcastle-upon-Tyne, NBL, ENG [39967]
BRILLISFORD : PRE 1800, Shrewsbury, SAL, ENG [30310] : PRE 1820, WLS [30310]
BRIMBLACOMBE : Sarah, C1783+, Exeter, DEV, ENG [10071]
BRIMBLE : 1850+, Newcastle, NSW, AUS [12386] : PRE 1809, Kelston, SOM, ENG [13001] : PRE 1800, Kingston Deverill, WIL, ENG [12386]
BRIMBLECOMBE : William, 1801+, Chagford, DEV, ENG [25770] : PRE 1800, Combeinteignmouth, DEV, ENG [42386]
BRIMELOW : Thomas, 1810+, Warrington, LAN, ENG [31159] : Henry, 1830+, Warrington & Liverpool, LAN, ENG [31159]
BRIMER : PRE 1815, Torryburn, FIF, SCT [31761]

BRIMFIELD : John, 1824+, Hobart, TAS, AUS [35809]
BRIMLOW : Thomas, PRE 1834, LAN, ENG [14448]
BRIMMELL : PRE 1850, City, LND, ENG [34556] : 1840-1920, Southwark & Lambeth, SRY, ENG [34556] : 1800+, Worcester, WOR, ENG [21034] : C1800+, LND, ENG & AUS [33097]
BRIMS : ALL, CAI, SCT [21243] : C1760-1900, Thurso & Dunnet, CAI, SCT [41312] : Margaret, 1925+, Edinburgh, MLN, SCT [12563] : Rita, 1925+, Edinburgh, MLN, SCT [12563]
BRINCKEN : PRE 1910, Erfurt, THU, GER [42643]
BRINDLE : 1800+, Blackburn, LAN, ENG & NZ [44300]
BRINDLEY : 1756, Prestbury, CHS, ENG [18613] : 1800-1900, Market Drayton, SAL, ENG [41214] : 1780-1880, Cannock, STS, ENG [29715] : C1760, Rugely, STS, ENG [29715] : 1845-1900, West Bromwich, STS, ENG [29715]
BRINEGAR : 1850-1870, Bremer Co., IA, USA [22511] : 1830-1850, Carroll Co., IN, USA [22511] : ALL, Surrey Co., NC, USA [22511] : ALL, USA & UK [23128]
BRINER : 1850+, PA, USA [13513]
BRINGHURST : Frances, 1660-66, Great Easton, LEI, ENG [21349]
BRINKETT : 1700S, Horsley, GLS, ENG [14435]
BRINKLEY : 1940, Gympie, QLD, AUS [36768] : PRE 1825, Sudbourne, SFK, ENG [43828]
BRINKWORTH : 1880S, Gloucester, GLS, ENG [36655] : 1700S, Horsley, GLS, ENG [14435] : 1800S, Horsley, GLS, ENG [36655]
BRINN : ALL, NFK, ESS & MDX, ENG [30535]
BRINNICOMBE : PRE 1850, Ashcombe, DEV, ENG [26202] : PRE 1850, Mamhead, DEV, ENG [26202]
BRINSLEY : PRE 1800, Matlock, DBY, ENG [25557]
BRISAC : 1750-1800, London & St.Helier, JSY, CHI & ENG [12641]
BRISBIN : William, 1707-1749, Glasgow, LKS, SCT [24674]
BRISCO : C1820, Bassenthwaite, CUL, ENG [39860]
BRISCOE : 1850+, Sydney, NSW, AUS [25654] : C1796, Bebington, CHS, ENG [30880] : C1800S, South Shields, DUR, ENG [42897] : ALL, Riverdale, WEM, IRL [19844]
BRISCOE-HOUGH : ALL, WORLDWIDE [46218]
BRISDON : ALL, WORLDWIDE [18749]
BRISEN : ALL, WORLDWIDE [18749]
BRISON : ALL, WORLDWIDE [18749]
BRISSENDEN : 1700S, Ticehurst, SSX, ENG [42384]
BRISSINGHAM : 1700, Yoxford, SFK, ENG [17704]
BRISSON : 1633, La Rochelle, AUNIS, FRA [22550] : ALL, WORLDWIDE [18749]
BRISTER : 1800S, WRY, ENG [35988]
BRISTOL : PRE 1908, Farnham, SRY, ENG [40529]
BRISTON : ALL, WORLDWIDE [18749]
BRISTOW : ALL, ENG [34797] : PRE 1800, London, ENG [38676] : 1722+, Hurley & Waltham St.Lawrence, BRK, ENG [41443] : James, PRE 1801, Deptford & Chatham, KEN, ENG [36800] : William, 1770+, Strood & Chatham, KEN, ENG [36800] : 1790+, Woolwich, KEN, ENG [46430] : 1680+, Aunsby & Osbournby, LIN, ENG [41477] : ALL, London, MDX, ENG [37116] : ALL, Kingston & Epsom, MDX & SRY, ENG [43842] : 1790+, MDX, ENG [46340] : ALL, YKS, ENG & AUS [36607] : 1900+, Invercargill, NZ [45916] : ALL, USA [34797]
BRITAIN : Elizabeth, C1813, Chertsey, SRY, ENG [10985]
BRITE : PRE 1760, Godmanchester, HUN, ENG [25747]
BRITIFFE : Norwich, NFK, ENG [33696]
BRITLAND : ALL, Sheffield, YKS, ENG [41370]
BRITNELL : 1850+, VIC, AUS [33847] : 1750+, Bledlow, BKM, ENG [33847] : 1600+, Chinnor, OXF, ENG [33847] : 1700+, Crowell, OXF, ENG [33847]

BRITT : 1841, Mullinahone, TIP, IRL & AUS **[11530]**
BRITTAIN : 1840+, BDF, ENG **[99383]** : 1700+, Peterborough & Leverington, CAM, ENG **[42342]** : George, C1835+, St.Marylebone, MDX, ENG **[25770]** : PRE 1800, Sedgley, STS, ENG **[30138]** : Jas, C1817, Holbeck, YKS, ENG **[46213]** : ALL, Wombwell, YKS, ENG **[41560]** : William, PRE 1800+, Colmworth, BDF, ENG & AUS **[33949]**
BRITTEN : PRE 1860, Salford, BDF, ENG **[39383]** : Charles, 1750+, Bristol & Horfield, GLS, ENG **[30950]** : 1800+, LND & KEN, ENG **[18861]** : ALL, NTH, ENG **[18861]** : John, C1580, Hadleigh, SFK, ENG **[39527]**
BRITTER : 1740-1800, Finsbury, MDX, ENG **[32310]**
BRITTLE : Margaret, 1872+, Sydney, NSW, AUS **[45127]**
BRITTON : PRE 1860, Salford, BDF, ENG **[39383]** : 1700-1800, North Bovey, DEV, ENG **[40257]** : PRE 1784, Darlington, DUR, ENG **[46420]** : 1800+, Sible Hedingham, ESS, ENG **[22248]** : PRE 1854, Olveston, GLS, ENG **[11733]** : Michael, C1860, Wapping, LND, ENG **[10610]** : Daniel, C1890, Wapping, LND, ENG **[10610]** : 1750-1900, MDX, ENG **[27471]** : Arthur, 1858+, Shouldham Thorpe, NFK, ENG **[25654]** : Jas, C1817, Holbeck, YKS, ENG **[46213]**
BRIXEY : C1900, Pimlico, MDX, ENG **[36075]** : PRE 1820, Boulogne, FRA **[36075]** : PRE 1820, Valencienne, FRA **[36075]**
BRIZZEE : ALL, CH **[22725]** : ALL, USA **[22725]** : ALL, WORLDWIDE **[22725]**
BROAD : Joshua, 1820+, Madoc, ONT, CAN **[15638]** : PRE 1850, Vale of White Horse, BRK, ENG **[43033]** : PRE 1830, CHS & STS, ENG **[35186]** : Joshua, PRE 1820, Probus, CON, ENG **[15638]** : Benjamin, ALL, Bristol, GLS, ENG **[37044]** : William & Ann, C1825, Lewisham, KEN, ENG **[36800]** : Mary Ann, 1750+, London City, LND, ENG **[37044]** : 1770-1815, London, MDX, ENG **[15098]** : 1800S, Winsley, WIL, ENG **[25072]** : 1700-1900, WOR, ENG **[39565]** : 1800-1900S, Droitwich, WOR, ENG **[39565]**
BROADBENT : 1800S, VIC, AUS & UK **[28013]** : 1800S, Liverpool, LAN, ENG **[99570]** : ALL, STS, ENG **[20013]** : Joseph, 1810+, Horsforth, WRY, ENG **[34533]** : 1780+, Huddersfield, WRY, ENG **[39249]** : PRE 1750, Huddersfield, WRY, ENG **[21594]** : 1800S, Leeds, WRY, ENG **[46434]** : 1700-1750, Saddleworth, YKS, ENG **[31826]** : ALL, LAN, ENG & AUS **[99109]**
BROADBRIDGE : PRE 1840, Stoke Newington & Finsbury, MDX, ENG **[30535]**
BROADHEAD : Dixon Ben., 1936, Sydney, NSW, AUS **[35025]** : 1900+, St.Peters, HRT, ENG **[46397]** : 1880S, Long Buckby, NTH, ENG **[46397]** : 1740+, Birmingham, WAR, ENG **[22558]** : 1728, Kirkburton, YKS, ENG **[11783]**
BROADHURST : Joseph, 1775-1855, Marthal, CHS, ENG **[37619]** : Edward, C1800-70, Stockport & Poynton, CHS, ENG **[37619]** : 1880S, Kaikoura, MARL, NZ **[42542]**
BROADISH : PRE 1739, Rushmere, St.Andrews, SFK, ENG **[46251]**
BROADLEY : PRE 1860, Leeds, WRY, ENG **[18628]** : C1850, Dunbarton, DNB, SCT **[22182]**
BROADRIBB : PRE 1850, SOM & WIL, ENG **[14012]**
BROADRIBB (see One Name Section) [14012]
BROADVENT : 1780+, Huddersfield, WRY, ENG **[39249]**
BROADWAY : 1700-1860, Clewer, BRK, ENG **[12844]** : 1845+, Pimlico, LND, ENG **[13034]** : Alice, 1754, Cuxham, OXF, ENG **[14290]** : ALL, WOR, ENG **[19641]**
BROBBEL : ALL, Vlaardingen, NL **[42366]**
BROBBEL (see One Name Section) [42366]
BROCK : 1886+, Heston & Hounslow, MDX, ENG **[21243]** : 1800S, Bedminster & Bristol, SOM & GLS, ENG **[40808]** : ALL, IRL **[42466]** : PRE 1850, Kirkwall, OKI, SCT **[12457]**
BROCKBANK : 1750-1850, London, ENG **[30457]** : 1780-1820, Whitehaven, CUL, ENG **[13833]** : 1750-1850, Hull & Brandon, ERY & SFK, ENG **[17642]** : John, 1810+, Ulverston, LAN, ENG **[39516]** : 1700-1850, YKS, ENG **[30257]**
BROCKELHURST : ALL, WORLDWIDE **[18529]**
BROCKEN : PRE 1850, Battersea & Wandsworth, LND & SRY, ENG **[35360]**
BROCKETT : ALL, WORLDWIDE **[26686]**
BROCKIE : PRE 1880, Edinburgh, MLN, SCT **[34522]**
BROCKING : ALL, Battersea & Wandsworth, LND & SRY, ENG **[35360]** : ALL, WORLDWIDE **[35360]**
BROCKLEBANK : C1850+, Kyneton, VIC, AUS **[36652]** : 1650+, CUL, CHS & LAN, ENG **[17162]** : 1750-1850, Hull & Brandon, ERY & SFK, ENG **[17642]** : 1500-1850, YKS, ENG **[30257]**
BROCKLEHURST : PRE 1880, CHS, ENG **[21387]** : C1800, Baslow, DBY, ENG **[13347]** : ALL, WORLDWIDE **[18529]** : **(see One Name Section) [18529]**
BROCKLEYHURST : ALL, WORLDWIDE **[18529]**
BROCKMAN : 1780+, Dover, KEN, ENG **[31305]** : 1800-1900, Dover, KEN, ENG **[41128]**
BROCKWAY : 1874+, VIC & WA, AUS **[45714]** : PRE 1874, DEV & YKS, ENG **[45714]** : 1800S, Shaftesbury, DOR, ENG **[14901]**
BROCKWELL : PRE 1829, Lambeth, SRY & LND, ENG **[16701]**
BROCLISS : 1750+, Wootton Underwood, BKM, ENG **[27393]**
BRODERIBBT : PRE 1700, Milton Clevedon, SOM, ENG **[41370]**
BRODERICK : C1865-1935, Sydney, NSW, AUS **[13801]** : 1840-1850, Renfrew Co., ONT, CAN **[34261]** : 1821, Fermoy, COR, IRL **[20641]** : Mary, PRE 1821, Midleton, COR, IRL **[11279]**
BRODHURST-HILL : ALL, WORLDWIDE **[31273]**
BRODIE : 1820-1920, Lismunga, CLA, IRL **[39123]** : ALL, SCT **[42688]** : Elizabeth, PRE 1820, Ayr, AYR, SCT **[37445]** : PRE 1875, Marnoch, BAN, SCT **[99600]** : 1800S, Edinburgh, MLN, SCT **[46271]** : Francis, 1764-1839, Leith & Edinburgh, MLN, SCT **[35823]** : ALL, SCT & AUS **[46317]**
BRODRIPP : PRE 1700, Milton Clevedon, SOM, ENG **[41370]**
BRODY : 1820-1920, Lismunga, CLA, IRL **[39123]**
BROE : 1800S, Dublin, IRL **[11582]**
BROGDEN : PRE 1760, Burley-in-Wharfedale, WRY, ENG **[34716]** : PRE 1830, Harewood & Dunkeswick, WRY, ENG **[34716]** : C1800, Bradford, YKS, ENG **[30310]**
BROGDON : 1700-1900+, Cripplegate & Melbourne, LND & VIC, ENG & AUS **[33533]**
BROKENBROW : 1750+, Colerne, WIL, ENG **[34440]**
BROKENSHIRE : 1865+, Hamilton, VIC, AUS **[46263]**
BROKER : ALL, KEN & SSX, ENG **[42909]**
BROM : Alice, C1546, KEN, ENG **[10035]**
BROMAN : Cath J., PRE 1723, Gavle, FIN & SWE **[22392]**
BROMELL : Maria, C1880, Limerick City, LIM, IRL **[26430]**
BROMFIELD : PRE 1800, Tattenhall, CHS, ENG **[38826]** : PRE 1780, DEV, ENG **[41147]** : 1800+, Bristol, GLS, ENG **[19694]** : 1750-1900, New Forest, HAM, ENG **[18038]** : PRE 1850, Liverpool, LAN, ENG **[38826]** : 1880+, Liverpool, LAN & HAM, ENG **[18038]** : 1800+, SOM & DEV, ENG **[19694]** : 1730+, Cobham, SRY, ENG **[31923]** : C1700, Newington, SRY, ENG **[40982]**
BROMHEAD : 1760+, Bristol, GLS, ENG **[10886]** : Benjamin, 1806, East Leake, LEI, ENG **[34331]** : Granvil(le), 1770, Wymeswold, LEI, ENG **[34331]** : Joseph, PRE 1845, Nottingham, NTT, ENG **[34331]**
BROMILOW : PRE 1850, Salford & Liverpool, LAN, ENG **[46297]**

BROMLEY : 1844+, Lane Cove, NSW, AUS **[33491]** : 1819+, Richmond, NSW, AUS **[11283]** : 1880+, Sydney, NSW, AUS **[40792]** : ALL, Dowsby, LIN, ENG **[33491]** : John Wm, 1800S, Stepney Green, LND, ENG **[10610]** : Eliza, 1890, Stepney Green, LND, ENG **[10610]** : 1800, Whitechapel, LND, ENG **[11425]** : 1700+, MDX, ENG **[14589]** : ALL, Stratford & Warwick, WAR, ENG **[18972]**
BROMWICH : 1700+, Bridgnorth, SAL, ENG **[39565]** : 1800+, Birmingham, WAR, ENG **[10454]** : 1700+, Rock, WOR, ENG **[39565]**
BRONDLUND : ALL, DEN **[25183]** : ALL, NOR **[25183]**
BRONLUND : 1800+, CAN **[25183]** : ALL, DEN **[25183]** : 1700-1900, Penzance, CON, ENG **[25183]** : ALL, WORLDWIDE **[25183]**
BRONSON : ALL, NB & QUE, CAN **[46371]** : ALL, Pontiac Co., QUE, CAN **[16273]** : ALL, UK **[46371]**
BROOK : 1863+, Newcastle, NSW, AUS **[46280]** : 1860+, Pine Mountain, QLD, AUS **[43792]** : 1872+, Meeth Area, DEV, ENG **[12819]** : 1860+, Blackpool, LAN, ENG **[36492]** : 1750-1800, Mildenhall, SFK, ENG **[30111]** : 1750+, Westham, SSX, ENG **[26410]** : 1750-1900, WRY, ENG **[46440]** : PRE 1860, Huddersfield, WRY, ENG **[43792]** : 1680-1750, Kirkburton, WRY, ENG **[36242]** : PRE 1840, Northowram & Hartshead, WRY, ENG **[36492]** : 1600+, YKS, ENG **[39061]** : PRE 1930, SCT **[30391]** : PRE 1900, OKI, SCT **[30929]**
BROOKBANK : ALL, WORLDWIDE **[30257]**
BROOKBANKS : 1750-1850, London, ENG **[30257]**
BROOKE : 1500+, GLS, ENG **[19744]** : Jane Eliz., 1848+, Maidstone, KEN, ENG **[45317]** : PRE 1840, LND, KEN & CHS, ENG **[31286]** : Walter, PRE 1930+, Tadworth, SRY, ENG **[21472]** : C1770, Hasley, YKS, ENG **[14120]** : 1853+, Wakefield, YKS, ENG **[42594]**
BROOKER : 1750+, BRK, ENG **[29786]** : 1800-1850, Overton, HAM, ENG **[32042]** : ALL, Chalton, KEN, ENG **[42019]** : Sarah, C1800, Maidstone, KEN, ENG **[10054]** : ALL, KEN & SSX, ENG **[42909]** : 1800S, London & MDX, ENG **[25314]** : PRE 1780, Rotherfield, SSX, ENG **[14536]** : Frances, PRE 1800, SSX & KEN, ENG **[36543]** : 1500-1850, SSX & SRY, ENG **[17480]**
BROOKES : 1880+, London, ENG **[36126]** : 1910+, KEN, ENG **[36126]** : PRE 1850, Countesthorpe & Enderby, LEI, ENG **[18569]** : 1750-1800, Loughborough, LEI, ENG **[20178]** : Joshua, C1735+, Holborn St.Andrew, MDX, ENG **[36538]** : PRE 1800, NFK, ENG **[31186]** : PRE 1860, West Winch, NFK, ENG **[45876]** : 1820+, Culworth, NTH, ENG **[36126]** : 1800+, Moreton Pinkney, NTH, ENG **[36126]** : Edward, C1770S, Chinnor, OXF, ENG **[10054]** : 1790S, Great Milton, OXF, ENG **[46414]** : James, 1759-1832, Ipswich, SFK, ENG **[36538]** : 1750+, STS, ENG **[46501]** : PRE 1894, Birmingham, WAR, ENG **[14031]** : 1600+, Heddington, WIL, ENG **[13943]** : 1800-1900, Worcester, WOR, ENG **[41214]** : ALL, NZ **[39920]**
BROOKFEELD : Thomas, 1575, Banks, North Meols, LAN, ENG **[31486]**
BROOKFIELD : C1850+, Bendigo, VIC, AUS **[36751]**
BROOKING : 1700-1750, Wolborough & Coldridge, DEV, ENG **[12641]**
BROOKLING : 1700-1750, Wolborough, DEV, ENG **[12641]** : 1750-1900, Woolborough & Newton Abbot, DEV, ENG **[46412]**
BROOKMAN : 1840-1860, Tallygaroopna, VIC, AUS **[10394]** : PRE 1825, Halliford, SRY, ENG **[15476]** : PRE 1830, Dinton, WIL, ENG **[17921]**
BROOKS : C1928, Coonamble, NSW, AUS **[10330]** : C1846, Louee, NSW, AUS **[10330]** : C1870, Mudgee, NSW, AUS **[10330]** : 1800+, Tamworth, NSW, AUS **[42112]** : 1870+, VIC, AUS **[36126]** : Lawrence, ALL, Streatham & Raglan, VIC, AUS **[45834]** : PRE 1910, Bruce Co., ONT, CAN **[16875]** : PRE 1888, London, ENG **[38517]** : ALL, CHS, ENG **[28813]** : 1800-2004, Carlisle, Cummersdale & London, CUL & LND, ENG **[44241]** : PRE 1800, Whickham, DUR, ENG **[42821]** : ALL, Stanstead, ESS, ENG **[29471]** : 1750S+, Woodford, ESS, ENG **[33331]** : 1800+, Portsea, HAM, ENG **[45030]** : 1800+, Portsmouth, HAM, ENG **[38681]** : 1800+, Isleworth, KEN, ENG **[12547]** : 1800+, LAN, ENG **[28813]** : C1780, Liverpool, LAN, ENG **[28340]** : Henry, C1834+, Manchester, LAN, ENG **[17548]** : Ernest, C1881+, Manchester, LAN, ENG **[17548]** : 1800-1920, Ashby de la Zouch, LEI, ENG **[18857]** : 1500-1900, Breedon on the Hill, LEI, ENG **[18857]** : Elizabeth, 1800-1850, Shoreditch, LND, ENG **[39357]** : PRE 1820, Tynemouth, NBL, ENG **[42821]** : PRE 1800, NFK, ENG **[31186]** : 1800+, Moreton Pinkney, NTH, ENG **[36126]** : PRE 1850, Newton Bromswold, NTH, ENG **[36796]** : PRE 1750, Blidworth, NTT, ENG **[41370]** : Alice, 1887+, Nottingham, NTT, ENG **[17548]** : Harold, 1884+, Nottingham, NTT, ENG **[17548]** : 1790S, Great Milton, OXF, ENG **[46414]** : 1790, Walsham le Willows, SFK, ENG **[26241]** : PRE 1839, Christon, SOM, ENG **[97801]** : ALL, East Harptree, SOM, ENG **[25884]** : PRE 1850, Wells, SOM, ENG **[32907]** : PRE 1875, Wombourn Common, STS, ENG **[16010]** : PRE 1835, WOR, ENG **[25737]** : PRE 1750, Aberley, WOR, ENG **[26360]** : 1800-1900, Worcester, WOR, ENG **[41214]** : 1750+, DOW, IRL **[44409]** : 1856+, Wakefield, NEL, NZ **[36126]** : 1800S, SCT **[11526]** : 1860+, Salem, Linn Co., OR, USA **[24660]** : Eliza, 1800+, PA & IL, USA **[32132]** : 1700-1800S, Moorefield, Hardy Co., VA, USA **[26703]**
BROOKS-DOWSETT : 1891+, Maldon & Heybridge, ESS, ENG **[42366]** : PRE 1841, Topplesfield, ESS, ENG **[42366]**
BROOKSBANK : 1750-1850, London, ENG **[30257]**
BROOM : 1730-1880, Lyme Regis, DOR, ENG **[41367]** : 1700-1850, Hoxne, SFK, ENG **[28536]** : 1600+, STS & SAL, ENG **[39061]** : 1800+, Kingston, WIL, ENG **[38681]**
BROOME : PRE 1860, Kingswinford, STS, ENG **[46396]** : 1940+, Christchurch, NZ **[21712]**
BROOMFIELD : PRE 1780, DEV, ENG **[41147]** : Elizabeth, C1794+, Rochester & Ashurst, KEN, ENG **[21472]**
BROOMHALL : Samuel, 1802, Nantwich, CHS, ENG **[24579]**
BROOMHEAD : PRE 1820, East Leake, NTT, ENG **[41444]** : PRE 1880, Potteries, STS, ENG **[17201]** : PRE 1820, Birmingham, WAR, ENG **[17201]** : 1700S, Wakefield, YKS, ENG **[35184]** : ALL, Wakefield, YKS, ENG **[33901]**
BROOMSGROVE : Anne, 1800-1860, Armitage, STS, ENG **[37633]**
BROPHY : 1853, Yandoit, VIC, AUS **[38624]** : 1830+, Fleshford, KIK, IRL **[39108]**
BROSNAN : 1830-1850, IRL **[46347]** : PRE 1830, Castle Island, KER, IRL **[31067]**
BROSNIHAN : ALL, KER, IRL **[21183]**
BROSTER : 1840+, Leicester, LEI, ENG **[33870]** : 1880+, St.Margarets, LEI, ENG **[33870]** : Eva M., 1881-1907, St.Margarets, LEI, ENG **[33870]** : James & Mary, 1890+, St.Margarets, LEI, ENG **[33870]** : 1788+, Burton on Trent, STS, ENG **[33870]** : George, 1810-1890, Burton on Trent, STS, ENG **[33870]** : Malvina, 1864-1880, Burton on Trent, STS, ENG **[33870]** : Ada, 1866-1880+, Burton on Trent, STS, ENG **[33870]** : Thomas & Eliz, 1805+, Burton upon Trent, STS, ENG **[33870]** : Clara E., 1862+, Burton upon Trent, STS, ENG **[33870]** : ALL, Stoke-on-Trent, STS, ENG **[20587]** : 1800+, Wolverhampton, STS, ENG **[33870]**
BROTHERHOOD : PRE 1850, Chichester, SSX, ENG **[43553]**
BROTHERS : Marianne, 1856+, Gosford, NSW, AUS **[30512]** : Nathan, 1828-1902, North Motton, TAS, AUS **[30512]** : Robert, 1832+, Old Buckenham, NFK, ENG **[30512]** : Thomas, 1790-1860, FER, IRL **[23438]** : Bridgit, 1825-1894, Newtownbutler, FER, IRL **[23438]**

BROTHERSTON : 1800S, Toronto, ONT, CAN & SCT **[98610]**
BROTHERTON : 1820+, Liverpool, LAN, ENG **[42782]** : Christine, PRE 1918, Birmingham, WAR, ENG **[46516]** : 1900+, Hull, YKS, ENG **[42782]**
BROTHWELL : PRE 1850, Boston, LIN, ENG **[37058]** : 1500+, Woolsthorpe-by-Belvoir, LIN, ENG **[45070]**
BROTZMANN : PRE 1876, Rudersdorf, BRA, GER **[13853]**
BROUARD : ALL, GSY, CHI **[32035]**
BROUCHER : 1800-1900, ENG **[36656]** : 1800+, Sunderland, DUR, ENG **[36656]** : 1800-1840, Cardiff, WLS **[36656]**
BROUGH : 1770+, South Wingfield, DBY, ENG **[40792]** : 1800, Alford, LIN, ENG **[26932]** : 1650+, STS, ENG **[18501]** : ALL, WES, ENG **[20738]** : 1650-1950, YKS, ENG **[46440]** : 1800-1900, Dublin, IRL **[46252]** : 1800S, Dublin, IRL **[11582]** : 1860+, Orphir, OKI, SCT **[14513]**
BROUGHALL : 1750S, Newcastle, DUB, IRL **[32471]** : 1800S, Tuckmill, KID, IRL **[32471]**
BROUGHAM : 1800, Burslem, STS, ENG **[31826]** : ALL, WORLDWIDE **[19975]**
BROUGHAM (see One Name Section) [19975]
BROUGHAN : ALL, Tulla, CLA, IRL **[39694]**
BROUGHTON : 1850+, NSW, AUS **[46021]** : 1800+, Sydney, NSW, AUS **[46277]** : ALL, BRK, ENG **[37187]** : ALL, Marcham & Tubney, BRK, ENG **[27958]** : Annie, 1844+, HAM, ENG **[46246]** : PRE 1788, Chatham, KEN, ENG **[10492]** : C1830, Bolton, LAN, ENG **[10610]** : ALL, LEI, ENG **[39336]** : 1792+, St.Margarets, LEI, ENG **[38005]** : PRE 1850, Skipton in Craven, NRY, ENG **[16233]** : 1800-1830, Hockerton, NTT, ENG **[12641]** : 1700-1850S, Dorking, SRY, ENG **[38660]** : PRE 1860, STS & WAR, ENG **[35017]**
BROUN : 1830, UK & SCT **[29198]**
BROUNSTAIN : 1900+, Johannesburg, RSA **[12953]**
BROVERY : PRE 1840, Brighton, SSX, ENG **[32047]**
BROWES : March Mary, 1750S, Norwich, NFK, ENG **[10943]**
BROWN : 1850, Albury, NSW, AUS **[99106]** : Stephen, 1854+, Armidale Metz, NSW, AUS **[30653]** : 1840-1880, Bungay & Wingham, NSW, AUS **[11344]** : 1806-1900, Cattai, NSW, AUS **[11034]** : Alexander, 1890S, Cattai, NSW, AUS **[11034]** : David, 1832+, Jerrys Plains, NSW, AUS **[11034]** : James, 1850+, Mount Kembla, NSW, AUS **[11090]** : Saml Charters, 1890-1940, Petersham & Newcastle, NSW, AUS **[28269]** : Bertie Slade, 1875+, Redfern, NSW, AUS **[10706]** : Margaret, 1850+, Singleton, NSW, AUS **[43057]** : Thomas, 1866+, Stroud & Gloucester, NSW, AUS **[33491]** : 1800-1850, Sydney, NSW, AUS **[42609]** : William, 1830-1840S, Sydney, NSW, AUS **[34939]** : Thomas Noble, 1850+, Sydney, NSW, AUS **[21971]** : Ethel, 1877+, Sydney, NSW, AUS **[10706]** : George, 1860+, Wallsend, NSW, AUS **[40792]** : William, 1788-1920, Wilberforce, NSW, AUS **[14029]** : 1800-1880, Wilberforce, NSW, AUS **[45689]** : Mary Jane, 1845, Windsor, NSW, AUS **[45078]** : Jane, 1825+, Windsor & Orange, NSW, AUS **[45078]** : James Edward, 1888-1957, Rockhampton, QLD, AUS **[13481]** : 1872+, Moonta, SA, AUS **[36742]** : 1850+, Port Pirie & Adelaide, SA, AUS **[10340]** : Catherine, PRE 1855, TAS, AUS **[99012]** : Thomas Birvan, 1830+, Hobart, TAS, AUS **[12539]** : George, 1836+, Hobart, TAS, AUS **[34643]** : 1850S, Hobart, TAS, AUS **[42592]** : George, C1850, Hobart, TAS, AUS **[28763]** : William, C1850, Hobart, TAS, AUS **[40153]** : Ebenezer, 1850+, Launceston, TAS, AUS **[10303]** : Wm, 1833-1887, West Tamar, TAS, AUS **[14918]** : ALL, VIC, AUS **[13231]** : 1845+, Albury & Corryong, VIC, AUS **[12481]** : George, 1845+, Avoca, VIC, AUS **[34643]** : Thomas, 1800+, Ballarat, VIC, AUS **[27763]** : PRE 1835, Bendigo, VIC, AUS **[29780]** : William & Mary, 1858+, Clunes, VIC, AUS **[14548]** : 1850+, Dandenong, VIC, AUS **[99183]** : Frank, 1840+, Darlington & Warrnambool, VIC, AUS **[33533]** : Thomas Birvan, 1847+, Geelong, VIC, AUS **[12539]** : William, 1854-1880, Geelong, VIC, AUS **[12025]** : William, 1880+, Inglewood, VIC, AUS **[42900]** : 1850-1950, Inglewood & Kingower, VIC, AUS **[42900]** : Frank, 1840+, Mortlake, VIC, AUS **[33533]** : ALL, Mortlake & Warrnambool, VIC, AUS **[33533]** : 1857+, Natimuk, VIC, AUS **[12163]** : 1880+, Sandon, VIC, AUS **[39108]** : 1850+, Tallangatta & Yackandandah, VIC, AUS **[12481]** : 1880+, Tarago, VIC, AUS **[12163]** : William, 1800+, Warrnambool & Mortlake, VIC, AUS **[33533]** : Patience, 1832, Hamilton, BERMUDA **[14290]** : Peter, C1820, St.Johns, NFD, CAN **[12025]** : Peter, C1820, NS, CAN **[12025]** : PRE 1873, ONT, CAN **[39939]** : James, C1850, Kingston, ONT, CAN **[10145]** : John, 1856, Montreal, QUE, CAN **[43967]** : Caroline, 1800+, ENG **[19318]** : PRE 1887, ENG **[46327]** : 1830+, London, ENG **[20690]** : Catherine, PRE 1800, London, ENG **[36365]** : John, 1800+, Bedford St.Paul, BDF, ENG **[21321]** : C1800, Cople, BDF, ENG **[27769]** : 1790+, Houghton Conquest, BDF, ENG **[18593]** : PRE 1840, Milton Ernest, BDF, ENG **[36492]** : 1800-1900, Podington, BDF, ENG **[31720]** : 1800, Chenies, BKM, ENG **[37834]** : Rosetta, 1800+, Chenies, BKM, ENG **[37834]** : 1800, Lee Common & Buckland, BKM, ENG **[20914]** : 1700-1800, Abingdon, BRK, ENG **[32042]** : 1830S, Abingdon, BRK, ENG **[11043]** : Margaret, C1800, Hungerford, BRK, ENG **[33642]** : James, 1790+, Reading, BRK, ENG **[29520]** : Jane, C1830-1900S, Reading, BRK, ENG **[29520]** : 1500-1900, Fordham & Soham, CAM, ENG **[19713]** : PRE 1750, Snailwell, CAM, ENG **[33428]** : C1770-1840, Stretham, CAM, ENG **[11536]** : Isaac, 1800+, CHS, ENG **[12653]** : James, ALL, Chester, CHS, ENG **[29471]** : ALL, Macclesfield, CHS, ENG **[29471]** : 1870+, Chacewater & Redruth, CON, ENG **[13481]** : John, C1860, Church Village, CON, ENG **[10119]** : 1650-1750, Gwennap, CON, ENG **[12318]** : William, 1826+, Tywardreath, CON, ENG **[14548]** : George, PRE 1880, Brampton, CUL, ENG **[25246]** : Henry, 1800, Crich, DBY, ENG **[40025]** : 1800+, Heanor, DBY, ENG **[43704]** : 1858, Heanor, DBY, ENG **[37156]** : PRE 1850, Kirk Hallam, DBY, ENG **[41370]** : PRE 1872, Belstone & Sampford Courtenay, DEV, ENG **[36742]** : William, 1780, Combepyne, DEV, ENG **[46356]** : John, 1831, Sidbury, DEV, ENG **[46356]** : 1800-1850, DOR, ENG **[34790]** : Mary, 1820, DOR, ENG **[45541]** : Samuel, 1805+, Dewlish, DOR, ENG **[46268]** : Hannah, 1700-1750, Donhead St.Mary, DOR, ENG **[17203]** : 1750-1840, Powerstock & West Milton, DOR, ENG **[38926]** : Frederick J., 1800+, Woodford, DOR, ENG **[30324]** : Thomas, 1860-1947, DUR, ENG **[42961]** : ALL, DUR, ENG **[18851]** : Jemima, C1860, Evenwood, DUR, ENG **[99012]** : Thos & Mary, PRE 1900S, Hartlepool, DUR, ENG **[25616]** : 1700-1900, St.Johns, Ireshopeburn, DUR, ENG **[19865]** : Mathew, 1825-1892, Stanhope, DUR, ENG **[42961]** : Geo. & Rachel, 1869-1944, Stockton, DUR, ENG **[25616]** : George, 1850-80, Tanfield, DUR, ENG **[41024]** : Annie, 1890S, Waterhouses, DUR, ENG **[19865]** : Jos., PRE 1850, ERY, ENG **[46441]** : 1700-1900, Beeford, ERY, ENG **[33628]** : Jos., 1850+, Driffield, ERY, ENG **[46441]** : William, C1829, Hull, ERY, ENG **[10035]** : 1755+, ESS, ENG **[46328]** : PRE 1850, ESS, ENG **[12707]** : 1800-1850, Prittlewell, ESS, ENG **[34790]** : 1750-1850, South Weald, ESS, ENG **[19270]** : 1754+, Alveston & Thornbury, GLS, ENG **[46203]** : PRE 1840, Cam, GLS, ENG **[34873]** : George, C1827, Dursley, GLS, ENG **[30645]** : PRE 1840, Eastleach Turville, GLS, ENG **[11060]** : PRE 1900, Forest of Dean, GLS, ENG **[20049]** : Robert, PRE 1863, Gloucester, GLS, ENG **[34873]** : Rupert, 1800-1892, Hanley, William, GLS, ENG **[38845]** : PRE 1900, Mickleton, GLS, ENG **[21254]** : PRE 1815, Upper Swell & Lower Swell, GLS, ENG **[18422]** : PRE 1900, Crawley, HAM, ENG **[25162]** : PRE 1750, Heckfield, HAM, ENG **[33500]** : William, 1800+, Whitney & Cheltenham, HEF & GLS, ENG **[33533]** : ALL, Baldock, HRT, ENG **[38488]** : James, 1830-1870, Leverstock Grn & Kings Walden, HRT, ENG **[19461]** : PRE 1811,

St.Albans, HRT, ENG **[19918]** : Thomas, C1780, Tring & Wigginton, HRT, ENG **[20914]** : Samuel, 1800S, Fletton, HUN, ENG **[10252]** : ALL, Sawtry & Alconbury, HUN, ENG **[28479]** : 1800-1860, St.Ives, HUN, ENG **[13326]** : 1800-1900, Yarmouth, IOW, ENG **[30678]** : 1860+, KEN, ENG **[45030]** : 1800, Boughton under Blean, KEN, ENG **[12802]** : 1700+, Canterbury, KEN, ENG **[12802]** : Charles, 1826-1849, Canterbury, KEN, ENG **[11946]** : 1770+, Chislet, KEN, ENG **[12802]** : PRE 1830, Dover, KEN, ENG **[20690]** : 1810-1870, Herne Bay, KEN, ENG **[40509]** : 1800, Herne Hill, KEN, ENG **[12802]** : 1700-1900, Maidstone, KEN, ENG **[21973]** : 1820+, Margate, KEN, ENG **[12802]** : ALL, Medway, KEN, ENG **[41146]** : PRE 1850, Super Widdiham, KEN, ENG **[43842]** : William, 1800-1880, Ashton under Lyne, LAN, ENG **[42900]** : 1850-1900, Astley Green & Leigh, LAN, ENG **[45236]** : PRE 1770, Blackrod, LAN, ENG **[44078]** : John, 1810+, Burnley, LAN, ENG **[45614]** : Richard, C1740, Chorley, LAN, ENG **[16125]** : 1848+, Failsworth, LAN, ENG **[13481]** : 1830+, Failsworth & Manchester, LAN, ENG **[13481]** : PRE 1900, Greenheys, LAN, ENG **[14351]** : Edward, C1830, Rochdale & Bury, LAN, ENG **[12574]** : Thomas Hames, 1837, LEI, ENG **[10706]** : C1800, Woodhouse Eaves, LEI, ENG **[12707]** : Ann, PRE 1850, LIN, ENG **[34716]** : C1700, Burton Coggles & Corby, LIN, ENG **[11536]** : 1835+, Grantham, LIN, ENG **[43816]** : C1771, Hackthorn, LIN, ENG **[28340]** : PRE 1800, Morton-by-Bourne, LIN, ENG **[43816]** : William, C1815, North Clifton, LIN, ENG **[28340]** : PRE 1900, Rippingale, LIN, ENG **[43816]** : 1700-1800, Tealby, LIN, ENG **[26932]** : Henry Albert, 1840S, Tealby, LIN, ENG **[13910]** : John, 1760S-1820S, Wyberton, LIN, ENG **[37978]** : Ann, 1780S-1820S, Wyberton, LIN, ENG **[37978]** : PRE 1840, Lambeth, LND, ENG **[33491]** : PRE 1870, Shoreditch, LND, ENG **[28494]** : Elison, PRE 1879, Westminster, LND, ENG **[41444]** : 1820+, Stepney, LND & MDX, ENG **[12481]** : Luke, 1820-1870, MDX, ENG **[10604]** : William, 1837-1918, MDX, ENG **[43779]** : 1861-1955, Bethnal Green, MDX, ENG **[41109]** : PRE 1820, Edgware, MDX, ENG **[27899]** : ALL, London, MDX, ENG **[16111]** : John, PRE 1800, Shadwell, MDX, ENG **[40822]** : 1800, Shoreditch, MDX, ENG **[30071]** : 1826-1901, St.Luke, MDX, ENG **[41109]** : Mary & Thomas, 1800+, Stepney, MDX, ENG **[12481]** : Charles, 1800+, Stepney, MDX, ENG **[12481]** : 1850+, Stoke Newington, MDX, ENG **[19713]** : 1720-1800, Ninebanks & Allendale, NBL, ENG **[14513]** : PRE 1800, Tweedmouth, NBL, ENG **[19270]** : Robert, PRE 1843, NFK, ENG **[11344]** : Leonora, C1830, Great Witchingham, NFK, ENG **[14268]** : Elizabeth, 1700-1780, Mattishallburgh, NFK, ENG **[40490]** : John, C1830+, Ringland, NFK, ENG **[14268]** : PRE 1850, Ringland, NFK, ENG **[14268]** : Charles, 1829-1891, Allerston & Bedale, NRY, ENG **[46278]** : Hannah, 1824-1900, Bedale, NRY, ENG **[46278]** : 1750-1850, Oswaldkirk, NRY, ENG **[26629]** : 1765+, Oswaldkirk, NRY, ENG **[34981]** : 1790+, Cosgrove, NTH, ENG **[43816]** : John, PRE 1830, East Farndon, NTH, ENG **[43989]** : 1700-1800, Eye, NTH, ENG **[45442]** : PRE 1800, Potterspury, NTH, ENG **[43816]** : PRE 1750, NTT, ENG **[41370]** : 1700-1775, Newark, NTT, ENG **[33347]** : Thomas, 1816-1896, Norwell, NTT, ENG **[34038]** : Everitt A., 1869-1937, Norwell, NTT, ENG **[34038]** : Alfred, C1881-1907, Shardlow, NTT, ENG **[10203]** : 1900S, Worksop, NTT, ENG **[13910]** : Henry, 1870S, Barnby Moor, NTT & YKS, ENG **[13910]** : Fred, ALL, Steeple Aston, OXF, ENG **[29471]** : 1750-1850, Sheriff Hales, SAL, ENG **[13326]** : Ann, PRE 1800, Wellington, SAL, ENG **[19818]** : 1780+, Bramford, SFK, ENG **[34641]** : 1730, Brockdish, SFK, ENG **[17704]** : PRE 1790, Cavenham, SFK, ENG **[33428]** : 1800S, Glemsford, SFK, ENG **[36243]** : 1800, Westleton, SFK, ENG **[17704]** : Frederick, 1820-1900, Bath, SOM, ENG **[34245]** : Elizabeth, PRE 1806, Donyatt, SOM, ENG **[25602]** : 1750-1850, Hawley, SRY, ENG **[32042]** : PRE 1850, London, SRY & MDX, ENG **[41582]** : 1700-1800, Buxted, SSX, ENG **[40490]**

: Robert, PRE 1790, Rotherfield, SSX, ENG **[36365]** : 1800+, Steyning, SSX, ENG **[27919]** : 1800-1850, Abbots Bromley, STS, ENG **[41214]** : Thomas, 1768+, Abbotts Bromley, STS, ENG **[27325]** : 1700-1900, Sharehill, STS, ENG **[38845]** : C1807, Wolverhampton, STS, ENG **[29715]** : George, 1827-1906, Abbots Bromley & Baxenden, STS & LAN, ENG **[27325]** : PRE 1750, Ansley & Shustoke, WAR, ENG **[13657]** : 1881+, Aston & Birmingham, WAR, ENG **[13481]** : John, PRE 1877, Birmingham, WAR, ENG **[34231]** : 1820-1850, East Lavington, WIL, ENG **[11090]** : ALL, Oaksey, WIL, ENG **[46456]** : PRE 1850, Preshute, WIL, ENG **[43137]** : ALL, Swindon & Liddington, WIL, ENG **[46508]** : Charles, 1800-1890, WOR, ENG **[38845]** : 1830+, Bingley, WRY, ENG **[13481]** : PRE 1830, Bradford & Haworth, WRY, ENG **[15823]** : James, 1750-1850, Burton in Lonsdale, WRY, ENG **[27733]** : 1860+, Cleckheaton, WRY, ENG **[13481]** : 1891+, Harrogate, WRY, ENG **[37174]** : 1750+, Idle & Thackley, WRY, ENG **[13481]** : 1772+, Idle & Thackley, WRY, ENG **[13481]** : 1700+, Kirkby Malham & Settle, WRY, ENG **[13481]** : 1900, Sheffield, YKS, ENG **[13910]** : PRE 1850, Whitby, YKS, ENG **[46307]** : Thomas, 1847, Portsmouth, HAM, ENG & AUS **[28013]** : Joseph, PRE 1853, SRY, ENG & AUS **[25794]** : Henry John, 1800+, Lower Edmonton, LND, ENG & NZ **[45943]** : Charles, C1847-1924, Abbots Bromley & Llandudno, STS & CAE, ENG & WLS **[27325]** : William, 1830S, INDIA **[39698]** : Julia C., PRE 1826, Poona & Bombay, MAHARASHTRA, INDIA **[37565]** : Francis, 1780-1850, IRL **[17234]** : John, PRE 1825, Ballymena & Ballinaloob, ANT, IRL **[40822]** : PRE 1880, Belturbet, CAV, IRL **[20935]** : John, 1750-1865, DOW, IRL **[39459]** : Mary, PRE 1856, Dromara, DOW, IRL **[10516]** : 1850S, Magherahamlet, DOW, IRL **[33305]** : PRE 1840S, Waringstown, DOW, IRL **[31293]** : ALL, Kilrea & DRY, IRL **[39994]** : 1800S, Doon, LIM, IRL **[41420]** : William, 1809+, TYR, IRL **[14918]** : Wm, 1809-C1833, Roughens Row Stewartstown, TYR, IRL **[14918]** : C1809+, Stewartstown, TYR, IRL **[14918]** : 1770-1850, WEM, IRL **[34349]** : 1830-1850, Dunedin, NZ **[12231]** : William, 1878+, Onehunga, AKL, NZ **[10846]** : Robert & Jane, 1878+, Palmerston, OTAGO, NZ **[39735]** : 1800-1900, Aberdeen, ABD, SCT **[17400]** : George, PRE 1840, Aberdeen, ABD, SCT **[34643]** : Elspet, 1760+, Kenmay, ABD, SCT **[14760]** : 1700S, Monquhitter & Turriff, ABD, SCT **[21563]** : Andrew, 1766+, Tarves, ABD, SCT **[12953]** : George, 1820+, Tarves, ABD, SCT **[12953]** : Alex., 1875+, Dundee, ANS, SCT **[21854]** : 1880+, Dundee, ANS, SCT **[30182]** : 1700S+, Dunnichen, Tanadice & Kincardine, ANS, SCT **[99298]** : Thomas, PRE 1759, Glasterlaw, ANS, SCT **[13315]** : Thos, 1900+, Newtyle, ANS, SCT **[21854]** : ALL, ANS & FIF, SCT **[25219]** : 1790-1851, Easdale, ARL, SCT **[13591]** : Finlay, 1700S, Inverchaolain, ARL, SCT **[11386]** : Archibald, 1780-1800, Inverchaolain, ARL, SCT **[41444]** : PRE 1864, Islay, ARL, SCT **[20985]** : PRE 1864, Lismore & Appina, ARL, SCT **[20985]** : William, 1828+, AYR, SCT **[12781]** : Catherine, 1831+, AYR, SCT **[12781]** : Jas. Campbell, 1833+, AYR, SCT **[12781]** : David, 1835+, AYR, SCT **[12781]** : Margaret, 1837+, AYR, SCT **[12781]** : Marianne, 1839+, AYR, SCT **[12781]** : Janet Hannah, 1842+, AYR, SCT **[12781]** : 1800+, Barrhill, AYR, SCT **[99600]** : PRE 1760, Dundonald, AYR, SCT **[38234]** : 1795-1830, Gabrochill Farm, Stewarton, AYR, SCT **[45236]** : Janet, 1770-1840, Kilmarnock, AYR, SCT **[41349]** : Andrew, PRE 1830, Largs, AYR, SCT **[12457]** : 1750+, Loudoun, AYR, SCT **[36569]** : PRE 1870, Sorn, AYR, SCT **[20729]** : ALL, Lauder, BEW, SCT **[22248]** : PRE 1860, Durrisfield, DFS, SCT **[42542]** : Thomas, PRE 1860, Thornhill, DFS, SCT **[42752]** : Peter, PRE 1830+, Aberlady, ELN, SCT **[11546]** : Margaret, C1795+, FIF, SCT **[10985]** : Janet, C1790+, Crail, FIF, SCT **[34321]** : William, 1861, Dalgety, FIF, SCT **[44207]** : Peter, 1779+, Dumfermline, FIF, SCT **[37568]** : 1800-1840, Dunfermline & Crossgates, FIF, SCT **[31761]** : James Lumsden, 1800-1940,

Kirkcaldy, FIF, SCT **[46515]** : Lawrence, 1865, Strathmiglo, FIF & ARL, SCT **[44207]** : ALL, Newburgh & Errol, FIF & PER, SCT **[46454]** : James, 1850-1870, Benholm, KCD, SCT **[46515]** : 1800-1860, Fordoun, KCD, SCT **[46515]** : 1850+, Johnshaven, KCD, SCT **[46339]** : Jasper, C1833-1850, Gorbals, LKS, SCT **[35604]** : 1750-1790, Lesmahagow, LKS, SCT **[46339]** : Mary, 1868+, Lesmahagow, LKS, SCT **[21114]** : Agnes, C1800, Stonehouse, LKS, SCT **[13326]** : 1800+, Kirkintilloch & Glasgow, LKS & DNB, SCT **[21394]** : John, PRE 1861, Glasgow, LKS & RFW, SCT **[41768]** : 1890-1950, Bonnyrigg, MLN, SCT **[20958]** : Catherine, C1850, Crammond, MLN, SCT **[11533]** : ALL, Edinburgh, MLN, SCT **[21763]** : David, C1800, Edinburgh, MLN, SCT **[12163]** : PRE 1820, Edinburgh, MLN, SCT **[97805]** ; C1837, Glencorse, MLN, SCT **[12163]** : 1835-1857, Gorebridge, MLN, SCT **[12163]** : William, PRE 1800, Leith, MLN, SCT **[15715]** : 1770+, Midcalder, MLN, SCT **[22248]** : 1890-1950, Newtongrange, MLN, SCT **[20958]** : PRE 1854, Roslin, MLN, SCT **[12163]** : ALL, South Ronaldsay, OKI, SCT **[36435]** : David, 1880, Ardoch, PER, SCT **[44207]** : 1700+, Collace, PER, SCT **[21854]** : David, C1890, Perth, PER, SCT **[44207]** : Daniel, 1811-C1900, Greenock, RFW & DNB, SCT **[41444]** : PRE 1881, Jedburgh, ROX, SCT **[25755]** : Elizabeth, PRE 1841, Balfron, STI, SCT **[10516]** : Christina, PRE 1848, Campsie, STI, SCT **[11546]** : James, 1740-1860, Polmont, STI, SCT **[46425]** : Mary, 1780-1850, Polmont, STI, SCT **[46425]** : Agnes, 1850-1980, St.Ninians, STI, SCT **[20578]** : David, PRE 1830, Leswult, WIG, SCT **[20935]** : James & Marg., C1800S+, WIG & AYR, SCT **[12781]** : Andrew & Cath, C1810+, WIG & AYR, SCT **[12781]** : ALL, FIF, SCT & AUS **[99109]** : 1600S, Newhaven, CT, USA **[15521]** : 1830-40, Carrollton, IL, USA **[24660]** : Wm Lambert, 1927, Maupin, OR, USA **[24674]** : 1805-23, TN, USA **[24660]** : William, 1800-1851, Lafayette, WI, USA & ENG **[24674]** : PRE 1771, Haverfordwest, PEM, WLS **[36821]**

BROWN-PORT : C1860, CON, ENG **[14030]**

BROWN-SHEPHERD : 1919+, Johannesburg, RSA **[12953]**

BROWNE : 1850+, Maitland, NSW, AUS **[10838]** : Richard, 1811+, Newcastle & Sydney, NSW, AUS **[45078]** : 1863+, Richmond River, NSW, AUS **[36607]** : 1850+, Port Pirie & Adelaide, SA, AUS **[10340]** : 1850+, Axedale, VIC, AUS **[11446]** : C1780+, DEV, ENG **[36607]** : Robert, PRE 1900, Liverpool, LAN, ENG **[38826]** : Anne, 1890+, Leicester, LEI, ENG **[46197]** : 1800+, Poplar, MDX, ENG **[32794]** : PRE 1750, Winterton, NFK, ENG **[29373]** : PRE 1600, SSX, ENG **[36543]** : PRE 1900, Troutbeck, WES, ENG **[45054]** : John, 1820+, Hockering & Sydney, NFK & NSW, ENG & AUS **[11827]** : Colin, Halvergate, NFK, ENG & NZ **[20655]** : 1800+, CLA, IRL **[11446]** : Richard, 1750-1850, COR, IRL **[12363]** : C1800, Innishannon, COR, IRL **[18001]** : PRE 1650, Camas, LIM, IRL **[22536]** : Michael, PRE 1877, Effin, LIM, IRL **[34748]** : Patrick, 1800+, Pallas Green, TIP, IRL & AUS **[29867]**

BROWNFIELD : 1788, Redruth, CON, ENG **[33642]**

BROWNHILL : 1859+, Altrincham, CHS, ENG **[28747]**

BROWNING : 1874+, Colwood, VIC, AUS **[40153]** : William, 1891+, Melbourne, VIC, AUS **[40153]** : 1817, Exeter, DEV, ENG **[13731]** : 1700-1800, GLS, ENG **[18780]** : PRE 1850, Longney, GLS, ENG **[18100]** : 1800+, Stroud, GLS, ENG **[21034]** : 1750-1780, HAM, ENG **[17191]** : PRE 1875, King Sombourne, HAM, ENG **[20985]** : PRE 1900, KEN, ENG **[25747]** : PRE 1835, Brandon, SFK, ENG **[44078]** : 1816-1900, SOM, ENG **[21504]** : 1800-1950, Croydon, SRY, ENG **[20416]** : ALL, NZ **[44300]**

BROWNJOHN : 1785+, St.Sepulchre, Holborn, LND, ENG **[39307]**

BROWNJON : PRE 1800, LND, ENG **[32882]**

BROWNLEE : 1818+, Carleton Co., ONT, CAN **[27325]** : 1820+, Limehouse & Poplar, MDX, ENG **[39506]** : PRE 1800, Newcastle upon Tyne, NBL, ENG **[39506]** :

James, 1758-1838, Swanlinbar & Carleton Co., CAV & ONT, IRL & CAN **[27325]** : Alexander, 1797-1870, Swanlinbar & Carleton Co., CAV & ONT, IRL & CAN **[27325]**

BROWNLIE : PRE 1855, Avondale, LKS, SCT **[33608]**

BROWNLOW : 1750+, Paget & Southampton, BERMUDA **[42600]** : 1790+, St.John, NB, CAN **[42600]** : 1800+, Kilrea, Maghera & Duinlane, LDY, IRL **[29747]**

BROWNRIDGE : 1870+, Crewe, CHS, ENG **[41037]**

BROWNRIGG : Elizabeth, 1834+, Dublin, IRL **[14463]** : John & Ellen, PRE 1860, Dublin, IRL **[14463]**

BROWNSILL : 1650-1800, NFK, ENG **[19310]**

BROWNSON : 1850-1895, Matlock, DBY, ENG **[28391]**

BROWSE : 1750-1800, Swainsthorpe, NFK, ENG **[34967]**

BROWSTER : 1700+, Kilrenny, FIF, SCT **[21854]**

BROXTON : 1800-1900, Welshpool, MGY, WLS **[40769]**

BROXUP : 1881+, Westham, ESS, ENG **[46284]** : PRE 1800, Bingley, WRY, ENG **[42277]**

BROZOASKI : 1800S, Petzdorf-Osterodez, BLN, GER **[22796]**

BRUBAKER : John, PRE 1803, Somerset Co., PA, USA **[22753]**

BRUCE : Henry Adam, 1920+, QLD, AUS **[39179]** : James, 1854+, Geelong, VIC, AUS **[18301]** : 1840+, Kilmore, VIC, AUS **[35988]** : Alexander, 1872+, Melbourne, VIC, AUS **[18301]** : Alexander, PRE 1900, Kingston, ONT, CAN **[29515]** : George, 1865+, Peel Co., ONT, CAN **[15596]** : 1830-1991, Point Mara, ONT, CAN **[21243]** : 1829+, Point Mara, Thorah, ONT, CAN **[21243]** : 1900+, London, ENG **[42943]** : Elizabeth, PRE 1788, London, ENG **[98637]** : 1810, DUR, ENG **[43934]** : Ann Maria, 1816, Bradwell near Sea, ESS, ENG **[99590]** : PRE 1700, Dedham, ESS, ENG **[17697]** : ALL, Gravesend, KEN, ENG **[33279]** : PRE 1820, Blackburn, LAN, ENG **[39154]** : Janet, PRE 1832, Liverpool, LAN, ENG **[29187]** : Robert, PRE 1853, Liverpool & Manchester, LAN, ENG **[29187]** : James, C1800-1823, Manchester, LAN, ENG **[46245]** : ALL, East Dereham, NFK, ENG **[42943]** : ALL, SFK, ENG **[42943]** : 1900+, SRY, ENG **[42943]** : George, 1820-1850, Aberdeen, ABD, SCT **[15596]** : C1780-1850, Fyvie & Inverurie, ABD, SCT **[41312]** : C1780+, Leochel & Cushnie, ABD, SCT **[22014]** : C1740+, Old Deer, ABD, SCT **[37499]** : 1800+, Old Machar, ABD, SCT **[13014]** : PRE 1850, Peterhead, ABD, SCT **[31045]** : 1850, St.Nicholas Parish, ABD, SCT **[13014]** : 1820+, Tyrie, ABD, SCT **[30182]** : 1830, Dundee, ANS, SCT **[13014]** : 1954+, Dundee, ANS, SCT **[46259]** : PRE 1825, Dundee, ANS, SCT **[27066]** : ALL, AYR, ABD & LKS, SCT **[26493]** :PRE 1829, King Edward & Gamrie, BAN, SCT **[18325]** : David, 1830, Wick, CAI, SCT **[46325]** : C1800, Inverness, INV, SCT **[27744]** : 1922+, Glasgow, LKS, SCT **[46259]** : ALL, Glasgow, LKS, SCT **[25073]** : 1760-1800, Leith, MLN, SCT **[24567]** : 1845+, Longhope, OKI, SCT **[14513]** : PRE 1851, Stornaway, ROC, SCT **[39154]** : 1800S, SHI, SCT **[46271]** : ALL, St.Ninians, STI, SCT **[18301]** : 1800+, Helmsdale & Port Gower, SUT, SCT **[21243]** : 1800+, Kildonan & Gartymore, SUT, SCT **[21243]** : 1842+, Falkirk, STI, SCT & AUS **[46238]** : George, 1845-1865, USA **[15596]**

BRUFF : 1750+, Enfield, MDX, ENG **[46451]**

BRUFORD : Richard, 1740, Kingston-by-Taunton, SOM, ENG **[21759]** : 1400-1600, Kittisford, SOM, ENG **[13046]** : 1650-1865, West Monkton, SOM, ENG **[13046]** : PRE 1690, West Monkton, SOM, ENG **[19589]**

BRUGGMANN : ALL, Neumunster, SHO, BRD **[19655]**

BRUGGY : 1850+, ALL, IRL **[40816]**

BRUHN : C1843, Copenhagen, DEN **[13019]**

BRUKEWICH : ALL, Cardiff, GLA, WLS **[16370]**

BRULLER : PRE 1800, Strasbourg, ALS, FRA **[14472]**

BRUM : C1800, Radstone, NTH, ENG **[16010]**

BRUMBY : PRE 1810, Blyton, LIN, ENG **[28523]**

BRUMFIELD : 1750-1850, Bromsgrove, WOR, ENG **[30302]**
BRUMLEY : 1890+, Omeo, VIC, AUS **[10699]** : C1800, Dowsby, LIN, ENG **[12707]** : 1750-1840, VA, USA **[24168]**
BRUMMER : PRE 1816, Andorf, GER **[41979]**
BRUMMITT : 1800+, Kirton & Algarkirk, LIN, ENG **[13065]**
BRUMSDEN : ALL, SSX, ENG **[34201]**
BRUMSDON : ALL, SSX, ENG **[34201]**
BRUNDELL : ALL, WORLDWIDE **[98601]**
BRUNDLE : 1750-1900, NFK, ENG **[39430]** : 1700+, Hilgay, NFK, ENG **[36368]**
BRUNDRIGE : 1850-1900, CAN & USA **[45291]**
BRUNDRITT : William, PRE 1791, ENG **[17511]**
BRUNEAU : Lizette, 1837-1900, St.Andrews, MAN, CAN **[41349]**
BRUNELL : 1800+, Nelson, NZ **[42112]**
BRUNELLE : ALL, USA **[21479]**
BRUNET : PRE 1800, Paris & Chantilly, FRA **[14267]**
BRUNGER : PRE 1820, Boughton Blean, KEN, ENG **[18639]**
BRUNING : 1865-1927, Canberra & Sydney, NSW, AUS **[42226]** : Undine M., 1877+, Sydney, NSW, AUS **[42565]** : 1800+, Brussels, BRU, BEL **[42226]**
BRUNN : 1600+, Jettenbach, RPF, BRD **[39096]**
BRUNNER : 1650-1850, Ziegelhausen, BAD, GER **[10408]** : 1705-1725, Frankisch-Crumbach, GHE & HES, GER **[24252]**
BRUNNING : 1600+, Ipswich, SFK, ENG **[46190]**
BRUNSDEN : ALL, SSX, ENG **[34201]**
BRUNSDON : ALL, SSX, ENG **[34201]**
BRUNSON : 1770+, ENG **[46221]**
BRUNTON : 1852+, AUS **[46389]** : 1800+, Tynemouth, NBL, ENG **[46443]** : 1880+, NZ **[46389]** : PRE 1852, INV, SCT **[46389]**
BRUSH : ALL, Rockhampton, GLS, ENG **[18895]** : ALL, KEN, ENG **[31072]** : ALL, MDX, ENG **[31072]** : ALL, SRY, ENG **[31072]**
BRUSHFIELD : 1860+, Chester, CHS, ENG **[24853]** : 1810+, Ashford, DBY, ENG **[24853]** : 1900+, Budleigh Salterton, DEV, ENG **[24853]** : 1880+, Charlton Kings, GLS, ENG **[24853]** : Minnie, 1890+, Charlton Kings, GLS, ENG **[24853]** : Ada, 1890+, Charlton Kings, GLS, ENG **[24853]** : J. Burch, 1840, Cheltenham, GLS, ENG **[24853]** : 1840+, Cheltenham, GLS, ENG **[24853]** : George, 1850+, Cheltenham, GLS, ENG **[24853]** : 1870S, Cheltenham, GLS, ENG **[24853]** : 1940+, Deal, KEN, ENG **[24853]** : 1840+, Spitalfields, MDX, ENG **[24853]** : 1940+, Wellingborough, NTH, ENG **[24853]** : 1930+, Blaenllechau, GLA, WLS **[24853]** : 1900S, Stanleytown, GLA, WLS **[24853]** : 1920+, Taylorstown & Blaenllecha, GLA, WLS **[24853]** : 1920+, Tylorstown, GLA, WLS **[24853]** : 1890+, Cross Keys, MON, WLS **[24853]**
BRUSLAUN : 1700+, Monaseed, WEX, IRL **[20433]**
BRUSNAHAN : 1800-1870, KER & SA, IRL & AUS **[40509]**
BRUTHERTON : PRE 1800, ERY, ENG **[40960]**
BRUTON : ALL, VIC, AUS & ENG **[99036]** : 1800-1870, Bristol, GLS, ENG **[10460]** : 1800-1900, Kingswood, GLS, ENG **[43916]**
BRUTY : PRE 1800, ESS & SFK, ENG **[19854]**
BRYAN : PRE 1800, Liverpool, LAN, ENG **[29373]** : William, 1791, Barkby, Keeham & Beeby, LEI, ENG **[39957]** : C1790, Saddington, LEI, ENG **[22182]** : PRE 1700, Tugby, LEI, ENG **[21349]** : PRE 1750, Glynde, SSX, ENG **[42083]** : 1820+, Birmingham, WAR, ENG **[46472]** : 1800-1850, COR, IRL **[37329]** : C1840, KER, IRL **[32071]** : Matthew, C1840, TIP, IRL **[30653]** : 1800-1850, WAT, IRL **[37329]** : 1800-1850, WEX, IRL **[37329]** : PRE 1853, FER & VIC, IRL & AUS **[28081]**
BRYANT : George, 1860, Hargraves, NSW, AUS **[31450]**

: C1834+, Sydney & Maitland, NSW, AUS **[36751]** : Francis E., 1858+, Ipswich, QLD, AUS **[99599]** : Henry, 1900+, Toowoomba & Roma, QLD, AUS **[99599]** : C1857+, Barnawartha, VIC, AUS **[36751]** : Cecil, 1900+, Salt Spring Island, BC, CAN **[99599]** : Jasper, 1900+, Salt Spring Island, BC, CAN **[99599]** : 1800, Brantford, ONT, CAN **[40257]** : 1800+, London, ENG **[29025]** : Isobel, 1866+, London, ENG **[34315]** : PRE 1749, Amersham, BKM, ENG **[26366]** : ALL, Cuddington & Haddenham, BKM, ENG **[20013]** : PRE 1719, Great Missenden, BKM, ENG **[44111]** : 1700S, CON, ENG **[34704]** : 1650-1850, Cury, CON, ENG **[21597]** : 1680-1745, Cury, CON, ENG **[12318]** : William, 1870+, Marazion, CON, ENG **[21955]** : 1700S, Exeter, DEV, ENG **[24981]** : 1910, Leytonstone, ESS, ENG **[17704]** : Henry, 1808-1900, Kingswood near Bristol, GLS, ENG **[39123]** : 1855-1930, Mangotsfield, GLS, ENG **[39123]** : 1808-1900, St.George, GLS, ENG **[39123]** : PRE 1834, Strode Water, GLS, ENG **[36751]** : 1600-2000, Breamore, HAM, ENG **[26831]** : 1600-1900, Godshillwood, HAM, ENG **[26831]** : Jabez, 1838, HRT, ENG **[16184]** : William, C1797, KEN, ENG **[10604]** : 1770+, Edenbridge, KEN, ENG **[12415]** : C1780, Hollingbourne & Borden, KEN, ENG **[41511]** : PRE 1870, LND, ENG **[14440]** : William, 1910+, Bermondsey, LND, ENG **[32724]** : 1890-1930, Plumstead, LND, ENG **[46472]** : 1800-1900, MDX, ENG **[33671]** : Gerard King, 1880+, Newcastle, NBL, ENG **[99599]** : Reg. Eyre, 1878+, Shotley Bridge, NBL, ENG **[99599]** : Chas Hilary, 1871+, Wylam, NBL, ENG **[99599]** : Basil George, 1873+, Wylam, NBL, ENG **[99599]** : PRE 1870, Rotherfield Greys, OXF, ENG **[28239]** : PRE 1860, SOM, ENG **[35017]** : 1790-1840, Charlinch & Spaxton, SOM, ENG **[10832]** : 1818-1900, Easton-in-Gordano, SOM, ENG **[39123]** : PRE 1900, Pensford, SOM, ENG **[25162]** : 1800+, Withycombe, SOM, ENG **[45847]** : 1800+, Lingfield, SRY, ENG **[12415]** : 1800, Hollington, SSX, ENG **[11533]** : 1848, SSX & MDX, ENG **[28092]** : 1750+, Bradford on Avon, WIL, ENG **[33671]** : 1700-1800, Dauntsey, WIL, ENG **[18657]** : C1800+, West Ham, ESS, ENG & IRL **[45206]** : 1800-1920, Powell Co., KY, USA **[24334]** : 1900+, Benton Harbour, MI, USA **[29025]**
BRYAR : 1720+, St.Just in Penwith, CON, ENG **[36435]**
BRYARS : PRE 1755, Saddington, LEI, ENG **[18787]**
BRYATT : Jeremiah, 1700-1750, Witheridge, DEV, ENG **[30246]**
BRYCE : 1865+, Pine Mountain, QLD, AUS **[43792]** : ALL, London, ENG **[40641]** : 1800-2001, Wolsingham, DUR, ENG **[44368]** : ALL, Alloa & Clackmannan, CLK, SCT **[42698]** : PRE 1850, Alexandria, DNB, SCT **[44078]** : ALL, Braehead, LKS, SCT **[43792]** : ALL, Carnwath, LKS, SCT **[43792]** : James, C1770+, Edinburgh, MLN, SCT **[35823]** : 1800-1850, Kirknewton, MLN, SCT **[42609]** : ALL, Edinburgh, MLN & LKS, SCT & AUS **[13799]**
BRYCESON : ALL, WORLDWIDE **[18749]**
BRYDEN : 1871+, Sydney, NSW, AUS **[34939]** : Thomas, 1820+, Irvine, AYR, SCT **[21971]** : Richard, C1902, Thornhill, DFS, SCT **[13326]**
BRYDIE : Mary, 1780-1860, PER, SCT **[39243]**
BRYDON : 1882+, Auburn, NSW, AUS **[25645]** : 1871+, Whitehaven, CUL, ENG **[25645]** : 1780-1850, Pentcaitland, ELN, SCT **[28906]** : 1820, Edinburgh, MLN, SCT **[29580]** : PRE 1800, Castleton, ROX, SCT **[41499]**
BRYDSON : ALL, WORLDWIDE **[18749]**
BRYERS : PRE 1755, Saddington, LEI, ENG **[18787]**
BRYERWOOD : ALL, WORLDWIDE **[17217]**
BRYSON : 1850-1870, AUS **[17687]** : 1800+, ENG **[27689]** : ALL, IRL **[32720]** : Alexander, ALL, SCT **[41768]** : 1822-1860, Old Kilpatrick, DNB, SCT **[33866]** : PRE 1800, Cumbernauld, DNB, SCT **[22175]** : PRE 1820S, Glasgow, LKS, SCT **[42386]** : C1772, Baldernock, STI, SCT **[28140]** : ALL, WORLDWIDE **[18749]**
BRZOSKA : PRE 1875, Riewalde, GD, POL **[46251]**

BUBB : 1700+, Painswick, GLS, ENG **[25598]** : ALL, Exbury, HAM, ENG **[27868]**
BUBLITZ : PRE 1870, Koslin, POM, GER **[40696]**
BUCH : 1850+, Grob Mahnen, GER **[11715]**
BUCHAN : 1770-1946, Alnwick & Newcastle, NBL, ENG **[11718]** : 1800-1856, Fraserburgh, ABD, SCT **[17400]** : PRE 1820, St.Andrews, FIF, SCT **[46324]** : 1770+, St.Ninians, STI, SCT **[41024]**
BUCHANAN : Andrew, 1832-1914, Seymour Twp, Northumberland Co, ONT, CAN **[99433]** : Anna, 1844-1918, Seymour Twp, Northumberland Co, ONT, CAN **[99433]** : Samuel, 1790-1867, Seymour Twp, Northumberland Co, ONT, CAN & SCT **[99433]** : Isabel B., 1790-1880, Seymour Twp, Northumberland Co, ONT, CAN & SCT **[99433]** : PRE 1864, City of London, ENG **[39594]** : John & Rachel, 1880-1885, Hedley Hope, DUR, ENG **[15885]** : C1852, Brixton, SRY, ENG **[39594]** : Andrew, 1800-1900, Dromore, TYR, IRL **[31476]** : John, 1750+, Dungannon, TYR, IRL **[15885]** : 1900+, AUCK, NZ **[42112]** : Mary, 1770-1848, Isle of Mull & Lorn, ARL, SCT **[16439]** : 1750-1850, Kilmartin & Glassary, ARL, SCT **[20578]** : John, 1890-1920, Maybole, AYR, SCT **[15885]** : Margaret, 1890-1926, Maybole, AYR, SCT **[15885]** : 1880'S, FIF, SCT **[21131]** : John, 1790+, Isle of Skye, INV, SCT **[46388]** : 1850+, Shettleston, LKS, SCT **[21321]** : ALL, Caputh, PER, SCT **[20135]** : 1750+, Johnstone & Kilbarchan, RFW, SCT **[21321]** : 1850+, Boness & Linlithgow, WLN, SCT **[44726]** : PRE 1860, Glasgow, LKS, SCT & NZ **[20690]** : Donald, 1850+, USA **[20578]** : 1870+, Allegheny, PA, USA **[12904]**
BUCHARD : 1635-1681, Ribe, DEN **[34837]**
BUCHECKER : PRE 1900, WORLDWIDE **[29187]**
BUCHHOLDS : 1800+, Ludwigshorst, WPR, GER **[98637]**
BUCHTRUP : 1650-1700, Ebeltoft, DEN **[34837]**
BUCK : Thomas R., 1887+, Sydney, NSW, AUS **[36725]** : Mary Jane, 1890S, Sydney, NSW, AUS **[36725]** : 1781, Colne, LAN, ENG **[13731]** : William, C1846, Manchester, LAN, ENG **[12574]** : 1800+, Camberwell, LND, ENG **[22118]** : 1870+, Mile End, Old Town, LND, ENG **[44774]** : 1850+, NFK, ENG **[44774]** : PRE 1815, Hillington, NFK, ENG **[21232]** : ALL, Stradbroke, SFK, ENG **[31079]** : 1752, Gargrave, YKS, ENG **[13731]** : Thomas R., 1846-1887, Malton, YKS, ENG **[36725]** : Jane, 1890S, Pately Bridge & Grinton, YKS, ENG **[32035]**
BUCKBY : 1724+, Little Bowden, NTH, ENG **[21207]**
BUCKELL : 1700-1800, Good Easter & Writtle, ESS, ENG **[19713]**
BUCKENHAM : ALL, UK **[22333]**
BUCKERIDGE : 1800+, Lambeth, SRY, ENG **[34231]**
BUCKETT : Anne, PRE 1792, Newport, ESS, ENG **[10565]** : 1700-1800, Romsey & Nursling, HAM, ENG **[38086]** : PRE 1880, Peckham, LND, ENG **[46416]**
BUCKHAM : PRE 1860, Durham, DUR, ENG **[33911]**
BUCKINGHAM : PRE 1930, Sydney, NSW, AUS **[28006]** : 1750+, ENG **[34479]** : 1850+, London, ENG **[20975]** : 1734, Hendon, MDX, ENG **[17380]** : C1800, London, MDX, ENG **[12298]** : 1700+, Eynsham, OXF, ENG **[33825]** : 1800-99, Eynsham, OXF, ENG **[20057]** : ALL, Eynsham, OXF, ENG **[34588]** : PRE 1700, Wootton, OXF, ENG **[19481]** : PRE 1845, Wellesbourne, WAR, ENG **[28006]** : PRE 1900, UK **[22333]**
BUCKINGHAM (see One Name Section) [22333]
BUCKLAND : 1852, ENG **[14754]** : ALL, Portsea, HAM, ENG **[12831]** : Esther, 1871, Croydon, LND, ENG **[14306]** : 1820, Nutfield, SRY, ENG **[24943]** : ALL, Reigate & Nutfield, SRY, ENG **[34844]** : William, 1840S, Tandridge, SRY, ENG **[14306]** : 1800-1860, Upavon, WIL, ENG **[12844]** : 1850+, St.Louis, MO, USA **[17403]**
BUCKLE : PRE 1820, London, ENG **[26297]** : 1750-1850, Tewksbury, GLS, ENG **[36033]** : 1690-1740, Manfield, NRY, ENG **[37169]** : PRE 1900, WIL, ENG

[39464] : 1800S, Whittington, WOR, ENG **[37542]** : 1700+, Oswould & Coxwold, YKS, ENG **[20975]**
BUCKLER : C1890, VIC, AUS **[39617]**
BUCKLEY : 1660, Mashbury, ESS, ENG **[17704]** : Mary, 1830, Manchester, LAN, ENG **[46326]** : C1800, Oldham, LAN, ENG **[22536]** : Emma & John, PRE 1840, Leicester, LEI, ENG **[14306]** : 1800, Lambeth, LND, ENG **[26540]** : 1650-1860, STS, BRK & CHS, ENG **[14589]** : Timothy, 1800S, COR, IRL **[38542]** : Thomas, 1815-1840, COR, IRL **[38542]** : PRE 1840, Listowel, KER, IRL **[10254]** : 1800, WIC, IRL **[26340]** : 1800-1890, Tipperary, TIP, IRL & AUS **[45811]** : 1850-1899, IA, USA **[28660]**
BUCKMASTER : PRE 1800, Houghton Regis, BDF, ENG **[28391]**
BUCKNAL : C1720, Hemington, NTH, ENG **[12915]**
BUCKNALL : C1785, LIN, ENG **[38523]**
BUCKNELL : 1900, Maree, NSW, AUS **[99174]**
BUCKSEY : PRE 1850, Alverstoke, HAM, ENG **[40756]**
BUCKTHORP : 1750-1850, HRT, ENG **[19750]** : 1750-1850, LND, ENG **[19750]**
BUDD : 1820S, Newcastle & Wollombi, NSW, AUS **[28060]** : Thomas, 1830+, Wollombi, NSW, AUS **[11530]** : C1855+, Longwood & Melbourne, VIC, AUS **[36751]** : PRE 1870, ESS, ENG **[44018]** : Joan, 1650-1700, Medstead, HAM, ENG **[17907]** : 1750-1870, Tring, HRT, ENG **[19461]** : PRE 1850, Deal, KEN, ENG **[32230]** : Mary, 1870-1860, Bromley, MDX, ENG **[39160]** : C1870, Hounslow, MDX, ENG **[31626]** : C1870, Birmingham, WAR, ENG **[31579]** : Thomas, PRE 1827, ENG & IRL **[11530]** : 1850+, MANAWATU, NZ **[27931]** : ALL, WAIKATO, NZ **[27931]**
BUDDEN : Dorothy, 1620-1660, Charnborne, DOR, ENG **[17203]** : PRE 1910, Ringwood, HAM, ENG **[31323]** : 1860+, Southwark & Lambeth, SRY, ENG **[34556]** : PRE 1850, Chichester, SSX, ENG **[34556]**
BUDDING : PRE 1800, Lydney, GLS, ENG **[33428]**
BUDDIVENT : ALL, AUS & ENG **[32804]**
BUDGE : Joseph, 1840+, Orange, NSW, AUS **[39186]** : 1860-80S, Orange, NSW, AUS **[45078]** : Jos. Hardman, 1846-1915, Windsor & Orange, NSW, AUS **[45078]** : PRE 1800, Southill, CON, ENG **[45142]** : PRE 1800, Ermington, DEV, ENG **[46275]** : 1800+, Godmanchester, HUN, ENG **[10839]** : Elizabeth, PRE 1840, Godmanchester, HUN, ENG **[39186]** : 1780+, Skye, INV, SCT **[12470]** : 1750+, OKI, SCT **[15931]** : 1800-1880, GLA, WLS **[46502]**
BUDGEN : George, 1805-1830S, Bethnal Green, MDX, ENG **[30917]** : George, 1831+, Shoreditch, MDX, ENG **[30917]** : George, PRE 1831, Southwark, SRY, ENG **[30917]**
BUDGETT : PRE 1850, Radstock, SOM, ENG **[16269]**
BUDON : 1760-1800, Doddiscombsleigh, DEV, ENG **[45442]**
BUDWORTH : 1840+, LND & LEI, ENG **[46197]**
BUENO DE MESQUITA : 1800-2000, ENG **[46196]** : 1800-2000, Amsterdam, NOH, NL **[46196]** : 1800-2000, Utrecht, UTR, NL **[46196]**
BUER : William, C1814, London, ENG **[10706]** : Jo. Bradbury, 1842, London, LND, ENG **[10706]**
BUERKLEN : 1700S, Weil Im Schonbuch, BAW, GER **[16286]**
BUFFIN : ALL, BKM & OXF, ENG **[38307]**
BUFTON : 1730+, Llanbister, RAD, WLS **[18301]**
BUGARESTI : 1900+, Weyburn, SAS & GALICIA, CAN & OES **[99433]**
BUGBARD : C1660, Hemel Hempstead, HRT, ENG **[25930]**
BUGBEE : 1750-1850, Harefield & Ruislip, MDX, ENG **[32042]**
BUGBUD : 1820+, Streatham, SRY, ENG **[32035]**
BUGDEN : 1900+, Wallsend, NSW, AUS **[40792]**
BUGG : George, 1800+, AUS **[99177]** : Mary Ann, 1834+, NSW, AUS **[99012]** : 1850+, TAS, AUS **[27850]**

: ALL, Bunyip, VIC, AUS **[99177]** : PRE 1799, Stalbridge, DOR, ENG **[17921]** : ALL, East Bergholt & Roydon, ESS, ENG **[44932]** : ALL, Harby, LEI, ENG **[11092]**
BUGGINS : John, 1770-1850, Shifnal, SAL, ENG **[37181]**
BUIE : John, 1730-40, AYR, SCT **[16842]**
BUIST : 1800, Forfarshire, ANS, SCT **[13014]**
BULBECK : 1700-1800, Romsey & Nursling, HAM, ENG **[38086]**
BULDT : 1800S, PRUSSIA **[14031]**
BULGER : 1861+, Sydney, NSW, AUS **[46308]** : PRE 1900, Liverpool, LAN, ENG **[15400]** : 1830+, Manchester, LAN, ENG **[17637]** : Richard, C1810, IRL **[17637]** : 1800+, CAR, IRL **[20546]**
BULKELEY : 1800+, Brighton, SSX, ENG **[25529]**
BULL : John Wrathall, 1838-1886, SA, AUS **[31153]** : PRE 1809, Buckingham, BKM, ENG **[31923]** : PRE 1813, Winslow, BKM, ENG **[17055]** : ALL, Cubley, DBY, ENG **[31153]** : 1800-1850, Saffron Walden, ESS, ENG **[15409]** : Mary, PRE 1800, Iow, HAM, ENG **[37200]** : C1840, Northwood, HAM, ENG **[13994]** : 1700-1900, Letchmore Heath, HRT, ENG **[38845]** : 1700S-1800S, Little Hadham, HRT, ENG **[36295]** : PRE 1950, IOW & HAM, ENG **[30085]** : 1840+, KEN, ENG **[35089]** : Benjamin, C1800, Bethnal Green, LND, ENG **[27435]** : James, 1800+, Bow, LND, ENG **[34315]** : Alice, 1845+, Bow, LND, ENG **[34315]** : C1728-1760, Eastcheap, LND, ENG **[15409]** : PRE 1811, MDX, ENG **[35089]** : C1840, Hammersmith, MDX, ENG **[36075]** : Joseph, 1827+, Kingsland, MDX, ENG **[34315]** : 1700-1900, London, MDX, ENG **[38845]** : PRE 1840, Paddington, MDX, ENG **[37709]** : 1900, Willesden, MDX, ENG **[17403]** : ALL, Kettlestone, NFK, ENG **[11092]** : PRE 1770, Middleton Cheney, NTH, ENG **[42083]** : John, 1790S, Beckley, SSX, ENG **[10993]** : 1700-1900, Steeple Ashton, WIL, ENG **[38845]** : ALL, Steeple Ashton, WIL, ENG **[32882]** : Mary, PRE 1833, Dublin, IRL **[36665]** : 1755-1830, Utteroxeter & London, MAY & MDX, IRL & ENG **[46055]**
BULLAMORE : 1730+, Whittlesey, CAM, ENG **[42342]**
BULLARD : 1800+, Kelshall, HRT, ENG **[18020]** : 1850+, Therfield, HRT, ENG **[18020]** : John, 1740, Spalding, LIN, ENG **[10318]** : PRE 1860, Norwich, NFK, ENG **[45735]**
BULLAS : ALL, Wentworth, WRY, ENG **[34981]** : C1820, Chapeltown, YKS, ENG **[29715]**
BULLED : 1700S, Thelbridge, DEV, ENG **[20800]**
BULLEN : 1871+, Horsham & Pimpinio, VIC, AUS **[46263]** : 1850+, Sydney, NSW, AUS & NZ **[45032]** : ALL, Torquay, DEV, ENG **[41077]** : 1890+, Durham, DUR, ENG **[46431]** : 1830-1860S, Hereford, HEF, ENG **[46431]** : 1810-1860, London, MDX, ENG **[10272]** : 1890+, Newcastle-upon-Tyne, NBL, ENG **[46431]** : 1600-1900, Cobham & Dorking, SRY, ENG **[35561]** : 1800-1900, Woking, SRY, ENG **[44241]** : 1860-1890S, Dublin, IRL **[46431]**
BULLER : 1800-1870, Holborn, LND, ENG **[17006]** : 1700-1850, Halesworth, SFK, ENG **[17006]**
BULLERMORE : 1700S-1900S, Honing, NFK, ENG **[21788]**
BULLERWELL : ALL, WORLDWIDE **[98674]**
BULLEY : 1800S, Morpeth District, NBL, ENG **[28060]** : 1800S, Smallburgh & Catfield, NFK, ENG **[28060]**
BULLIMORE : 1850+, Leyton, ESS, ENG **[26399]** : 1700-1800, Erpingham, NFK, ENG **[26399]** : 1700-1800, Trunch, NFK, ENG **[32505]** : 1850+, Southwark, SRY, ENG **[26399]**
BULLIVANT : 1840-1900, Islington (West), MDX, ENG **[38526]**
BULLOCK : Joseph, 1840+, Bathurst, NSW, AUS **[10647]** : 1700+, Woburn, BDF, ENG **[19458]** : ALL, CAM & NFK, ENG **[44948]** : 1717, Prestbury, CHS, ENG **[18613]** : ALL, Mid, CON, ENG **[37044]** : PRE 1900, Leek, DBY, ENG **[14351]** : John, 1819, Arlingham, GLS, ENG **[33301]** : Noah, 1820, Cheltenham, GLS, ENG **[33301]** : Priscilla, 1854, Cheltenham, GLS, ENG **[33301]** : George, 1861 Cheltenham, GLS, ENG **[33301]** : Mary, 1914, Cheltenham, GLS, ENG **[33301]** : 1800+, Gloucester, GLS, ENG **[33301]** : 1780S-1810, Tibberton, GLS, ENG **[19918]** : 1780S-1810, Tibberton, GLS, ENG **[36655]** : 1900S, Barrow in Furness, LAN, ENG **[38285]** : Henry, 1800-1900, Southwark, LND, ENG **[46362]** : James, 1810-1870, London, MDX, ENG **[10272]** : PRE 1910, SRY, ENG **[44969]** : PRE 1900, Cannock, STS, ENG **[19818]** : PRE 1890, Alderton, WIL, ENG **[46508]** : Thomas, 1767-1817, Bishops Cannings, WIL, ENG **[10485]** : PRE 1825, Bishops Cannings, WIL, ENG **[14076]** : 1870+, Swindon, WIL, ENG **[46508]** : Mary, C1766, Martley, WOR, ENG **[14094]** : 1710+, Barnoldswick & Gisburn, WRY, ENG **[21038]** : Edwin & Martha, 1880+, Kimberworth, YKS, ENG **[41358]** : C1690, Newsholme, YKS, ENG **[38285]** : 1760-1848, Paythorn, YKS, ENG **[38285]** : 1800+, Bradford, YKS & TAS, ENG & AUS **[21394]** : 1800S+, Tarson, ARM, IRL **[46395]** : Edwin, 1850+, Pontypool, MON, WLS **[41358]** : Chas & Sarah, 1857+, Sowhill, Trevethin & Pontypool, MON, WLS **[41358]**
BULLOCKE : Samuel, 1881+, Bristol, GLS, ENG **[37044]**
BULLOUGH : 1700-1800, Leeds, WRY, ENG **[31826]**
BULMAN : PRE 1810, Wetheral, CUL, ENG **[28907]**
BULMER : Thomas, ALL, St.Oswalds, DUR, ENG **[19865]** : John, 1700-1743, St.Oswalds, DUR & NRY, ENG **[19865]** : 1700-1799, Guisborough, NRY, ENG **[19865]**
BULMER (see One Name Section) **[19865]**
BULPIT : PRE 1800, HAM, ENG **[20458]** : PRE 1800, Lockerley, HAM, ENG **[20458]**
BULPORT : ALL, London, ENG **[39046]**
BULSTRODE : ALL, WORLDWIDE **[39307]**
BULT : 1700S, Kingston, SOM, ENG **[26580]** : ALL, NL **[11938]**
BUMSTEAD : PRE 1700, Naughton, SFK, ENG **[33664]**
BUNBURY : ALL, IRL **[13004]**
BUNCE : C1857+, Melbourne, Talbot & Amherst, VIC, AUS **[36751]** : George, 1845+, CAN **[44946]** : Louisa T., PRE 1850, ENG **[26439]** : 1700-1900, Ashbury, BRK, ENG **[44946]** : Walter, 1850+, Islington, LND, ENG **[13229]** : Wm., 1854+, Islington, LND, ENG **[13229]** : Geo, 1825+, Ickenham & Islington, MDX, ENG **[13229]** : Charles, 1863+, Islington, MDX, ENG **[13229]** : Edward, 1869+, Islington, MDX, ENG **[13229]** : PRE 1800, Burbage, WIL, ENG **[20458]** : PRE 1800, WIL & HAM, ENG **[20458]** : ALL, WORLDWIDE **[13229]**
BUNCH : 1830-70, Bogata, COLOMBIA **[30078]** : ALL, Yateley, HAM, ENG **[18145]** : PRE 1700, Lincoln & Stamford, LIN, ENG **[30078]** : 1860-89, Claygate, SRY, ENG **[30078]** : (see One Name Section) **[30078]**
BUNDY : PRE 1880, Holborn, LND, ENG **[11716]**
BUNGE : C1840, Wieren, HAN, GER **[12573]**
BUNGEY : Charles, 1773, Alderbury, WIL, ENG **[10318]**
BUNION : PRE 1800, HRT, ENG **[17094]**
BUNKER : William, 1886+, Marulan, NSW, AUS **[34024]** : Ebenezer, 1844+, Menangle, NSW, AUS **[34024]** : Samuel, 1862+, Menangle, NSW, AUS **[34024]** : Joseph, 1790+, Stevington, BDF, ENG **[34024]** : Ebenezer, 1800+ Stevington, BDF, ENG **[34024]** : 1700+, Westoning, BDF, ENG **[17480]** : 1700+, Amersham, BKM, ENG **[13461]** : PRE 1780, Little Hempston, DEV, ENG **[42386]** : ALL, Greenwich, KEN, ENG **[31152]** : John Pepler, 1840-1918, SRY, ENG **[31152]** : ALL, Newington, SRY, ENG **[31152]**
BUNKLE : John, 1780+, Norwich, NFK, ENG **[39212]** : Maria, 1804-1840, Norwich, NFK, ENG **[39212]**
BUNKOWSKI : 1700+, POL **[10295]** : 1800+, VOLHYNIA, UKR **[10295]**
BUNN : 1850+, QUE, CAN **[99570]** : 1700+, DOR, ENG **[40135]** : PRE 1760, Bovingdon, HRT, ENG **[33428]** :

BUN

PRE 1850, Costessey, NFK, ENG **[99570]** : Richard, 1824+, Dersingham, NFK, ENG **[25654]** : PRE 1800, Ormesby near Filby, NFK, ENG **[19050]** : PRE 1840, Bungay, SFK, ENG **[44913]** : John, 1755, Delgany, WIC, IRL **[10318]**

BUNNETT : PRE 1900, ENG **[17490]** : ALL, Binham, NFK, ENG **[27431]**

BUNNEY : PRE 1857, St.Stephen in the Brannel, CON, ENG **[46381]** : 1800+, Barsby, LEI, ENG **[28600]** : ALL, Costock, NTT, ENG **[34967]** : ALL, Cotgrave, NTT, ENG **[34967]** : PRE 1810, Bedworth, WAR, ENG **[39336]**

BUNNIARD : PRE 1700, Sutton Valence, KEN, ENG **[21088]**

BUNNIFORD : ALL, ENG **[29664]**

BUNNY : 1800S, St.Stephen in the Brannel, CON, ENG **[46381]**

BUNSTER : 1830+, Hobart, TAS, AUS **[11877]**

BUNT : John, PRE 1834, Liskeard, CON, ENG & AUS **[45357]**

BUNTAIN : Agnes, C1837, Kilmalcolm, RFW, SCT **[22206]**

BUNTING : ALL, Ashover, DBY, ENG **[46307]** : 1890+, Cheshunt, HRT, ENG **[21431]** : C1810, Heachem, NFK, ENG **[16701]** : 1750+, Kings Lynn, NFK, ENG **[21431]** : Sarah, 1778-1804, Daventry, NTH, ENG **[12011]** : 1890+, Basingstoke, SRY, ENG **[21431]**

BUNWORTH : 1850+, Hamilton, VIC, AUS **[44292]** : 1806+, COR, IRL **[44292]**

BUNYAN : 1800S+, Penrith, NSW, AUS **[11707]** : ALL, Barkway, HRT, ENG **[39564]** : ALL, SFK, ENG **[39564]**

BUNYARD : 1800+, Maidstone, KEN, ENG **[21218]**

BURASHNIKOV : ALL, RUS **[30981]**

BURBACH : PRE 1750, Thrussington, LEI, ENG **[28600]**

BURBECK : 1680-1750, York, ERY, ENG **[21906]**

BURBERRY : 1750-1850, Betchworth, SRY, ENG **[33847]**

BURBIDGE : 1950, Moonee Ponds, VIC, AUS **[99573]** : PRE 1850, Portsea & Portsmouth, HAM, ENG **[39429]** : 1800-1850, LEI, ENG **[46502]** : PRE 1810, LEI, ENG **[30880]** : 1840-1859, Camberwell, SRY, ENG **[10232]** : PRE 1890, Amesbury & Ludgershall, WIL, ENG **[18422]** : 1800, LEI, ENG & WLS **[46197]**

BURBOISE : 1830-1835, London, ENG **[97806]**

BURBOROUGH : 1800+ Kiddington OXF, ENG **[44202]**

BURBRIDGE : PRE 1850, Portsea & Portsmouth, HAM, ENG **[39429]** : PRE 1820, HUN, ENG **[25747]** : PRE 1900, Woolwich, KEN, ENG **[45036]**

BURCH : ALL, KEN, ENG **[33279]** : ALL, Woodnesborough, KEN, ENG **[33279]**

BURCHAM : 1842, Wrentham, SFK, ENG **[21727]**

BURCHATT : ALL, WORLDWIDE **[17497]**

BURCHELL : 1800+, NSW, AUS **[20970]** : PRE 1796, BRK, ENG **[19127]** : PRE 1900, Lambeth, SRY, ENG **[19892]** : PRE 1780, SSX, ENG **[19165]** : PRE 1850, Calne, WIL, ENG **[32907]**

BURCHETT : 1700+, SSX, ENG **[35343]** : ALL, SSX, ENG **[17497]** : 1400-1650, Eastbourne, SSX, ENG **[17497]** : ALL, USA & ENG **[45228]**

BURCHILL : PRE 1804, Downend & Mangotsfield, GLS, ENG **[31761]** : 1800+, SRY, ENG **[42647]** : C1818, Wakefield, YKS, ENG **[46321]** : 1800+, COR, IRL & AUS **[46328]**

BURD : Jean, C1804, Old Deer, ABD, SCT **[30182]**

BURDACK : 1857-1930S, King Williams Town, CAPE, RSA **[35294]**

BURDEKIN : 1748-1860, Mansfield, NTT, ENG **[36299]** : 1718-1895, Horbury & York, YKS, ENG **[36299]**

BURDEN : Johanna, ALL, AUS **[10664]** : William, 1852, High Wycombe, BKM, ENG **[10650]** : Albert Henry, 1886, High Wycombe, BKM, ENG **[10650]** : Albert Edward, 1905, High Wycombe, BKM, ENG **[10650]** : Annie Maria, 1905, High Wycombe, BKM, ENG **[10650]** : George, C1832, High Wycombe, BKM, ENG **[10650]** : Janet, 1562, Houghton le Spring, DUR, ENG **[10035]** : PRE 1790, Portsea, HAM, ENG **[21765]** : 1750+, Maidstone & Rolvenden, KEN, ENG **[10664]** : 1750+, Queenborough, KEN, ENG **[10664]** : PRE 1900, Chadlington, OXF, ENG **[45607]** : Isaac, 1858, Rowde, WIL, ENG **[14094]** : Isaac, 1858, Rowde, WIL, ENG **[14094]** : PRE 1880, Rowde, WIL, ENG **[99174]** : C1800-90S, Wilcot, WIL, ENG **[42897]** : 1750+, Kidderminster, WOR, ENG **[19818]**

BURDETT : PRE 1840, Cosby, LEI, ENG **[15929]** : PRE 1850, Oadby, LEI, ENG **[19785]** : ALL, Binley & Coventry, WAR, ENG **[12363]** : Samuel, PRE 1860, Coventry, WAR, ENG **[45125]** : 1850-1950, SSX, ENG, IRL & INDIA **[30248]** : ALL, WORLDWIDE **[25627]**

BURDIS : 1800-1890, Gateshead, DUR, ENG **[46448]**

BURDITT : PRE 1800, Cottingham, NTH, ENG **[18861]**

BURDUS : William, PRE 1854, Nottingham, NTT, ENG **[31510]**

BURFIELD : 1700-1850, Sompting, SSX, ENG **[15464]**

BURFOOT : 1800, London, ENG **[99832]**

BURGARESTA : 1900+, Winnipeg, MAN & GALICIA, CAN & OES **[99433]**

BURGE : Nathaniel, 1850+, TAS, AUS **[33948]** : Elsie, 1897+, TAS, AUS **[33948]** : PRE 1931, TAS, AUS **[33948]** : PRE 1700, Marnhull, DOR, ENG **[17921]** : PRE 1800, Duntisbourne, GLS, ENG **[46275]** : 1840S, Claverham, SOM, ENG **[46281]** : ALL, SCT **[36188]**

BURGES : 1700-1850, Ticehurst, SSX, ENG **[45037]**

BURGESS : 1794-1815, NSW, AUS **[28081]** : PRE 1840, NSW, AUS **[46199]** : 1838+, Bathurst, NSW, AUS **[33490]** : 1840+, Hunter River, NSW, AUS **[11060]** : ALL, Sydney, NSW, AUS **[46373]** : C1850, Sydney, NSW, AUS **[39155]** : PRE 1860, Wollongong, NSW, AUS **[11284]** : 1860+, Young, NSW, AUS **[11284]** : 1911+, Coen, QLD, AUS **[31762]** : PRE 1840, TAS, AUS **[46199]** : Henry, 1815-1835, Hobart, TAS, AUS **[28081]** : Oliver, 1890+, AUS & CHINA **[45808]** : 1850+, Bentinck Twp, ONT, CAN & SCT **[99522]** : Richard, 1820-1900, ENG **[38707]** : George, C1840+, ENG **[44269]** : Frederick, 1860S, London, ENG **[14306]** : PRE 1880, CHS, ENG **[36551]** : ALL, Adlington, CHS, ENG **[33237]** : C1700, Balterley, CHS, ENG **[19647]** : PRE 1820, ESS, ENG **[38517]** : PRE 1900, Manningtree, ESS, ENG **[31014]** : Martha, C1725, Wix, ESS, ENG **[39471]** : PRE 1800, ESS & HRT, ENG **[17184]** : ALL, Chilton Candover, HAM, ENG **[15793]** : C1840, Portsmouth, HAM, ENG **[28479]** : PRE 1801, Stoke Charity, HAM, ENG **[13960]** : 1750-1900, KEN, ENG **[39386]** : 1840-1900, Blackburn, LAN, ENG **[45920]** : 1837+, Manchester, LAN, ENG **[44269]** : C1868-1890S, Warrington, LAN, ENG **[29854]** : 1800+, Wigan, LAN, ENG **[42308]** : 1850-1930, Acton, MDX, ENG **[98674]** : PRE 1830, Kings Lynn, NFK, ENG **[29854]** : PRE 1890, Leeds, NRY, ENG **[44078]** : Reuben, 1850+, Rushden, NTH, ENG **[21104]** : Edward Reg., 1890+, Rushden, NTH, ENG **[21104]** : William, PRE 1800+, NTT, ENG **[42961]** : 1750+, SOM, ENG **[11690]** : 1798-1835, SRY, ENG **[14918]** : Ruth, C1884-1930, Wandsworth, SRY, ENG **[19892]** : PRE 1840, Petworth, SSX, ENG **[38290]** : 1837+, Seaford, SSX, ENG **[38290]** : 1730S, Westfield, SSX, ENG **[46282]** : David, 1780+, Westfield, SSX, ENG **[10049]** : 1620-1720, Lichfield & Shenstone, STS, ENG **[32505]** : 1800-1900, Dunchurch, WAR, ENG **[18670]** : 1860+, Keighley, WRY, ENG **[25998]** : George, 1819+, Malton, YKS, ENG **[31296]** : Oliver, 1867-1890S, ENG & AUS **[45808]** : Henry, PRE 1843, Carlow, CAR, IRL **[10071]** : 1850+, Ballyvaughan, CLA, IRL **[10731]** : 1800-1830, Tullamore, MOG, IRL **[44229]** : Ann, 1834-1888, Tulla, CAR, IRL & AUS **[29867]** : 1750-1860, Inch, Mochrum, WIG, SCT **[16096]**

BURGIN : 1800S, MDX, ENG **[17511]**

BURGMAN : Ernst Ludvic, 1800+, London, KEN & ALL, ENG **[20444]**

BURGOYNE : C1790, Blackawton, DEV, ENG [21161] : 1750-1850S, Newton Abbot, DEV & DOR, ENG [36935] : ALL, Lyonshall, HEF, ENG [27492]
BURK : Ellen, 1855, Collingwood, ONT, CAN [15882]
BURKART : 1806+, GER [13853]
BURKE : John, 1846+, Bathurst, NSW, AUS [31762] : Patrick, 1851+, Bathurst, NSW, AUS [31762] : James & Daniel, 1852+, Bathurst, NSW, AUS [31762] : Kate, 1877+, Bathurst, NSW, AUS [31762] : Margaret, 1881+, Burraga, NSW, AUS [31762] : Sara, 1884+, Burraga, NSW, AUS [31762] : C1842, Illawarra, NSW, AUS [25616] : Austin, 1890+, Lithgow, NSW, AUS [31762] : Michael, 1844+, Lithgow & Bathurst, NSW, AUS [31762] : Mary, 1885+, Mullion Creek, NSW, AUS [31762] : Gertrude, 1895+, Peak Hill, NSW, AUS [31762] : Margaret, 1883+, Spring Valley, NSW, AUS [31762] : 1913, Sydney, NSW, AUS [10280] : 1820+, Beaudesert & St.Helier, JSY, CHI [44602] : 1800S, South Shields, DUR & NBL, ENG [42909] : 1840-1900, Liverpool & Warrington, LAN, SLI & MAY, ENG & IRL [20578] : PRE 1860, IRL [31636] : 1800+, Skibbereen, COR, IRL [46302] : Colman, C1770-1883, Mickelenburgh, DUB, IRL [42479] : Francis, C1790, Rathfarnham, DUB, IRL [42479] : PRE 1820, DUB & GAL, IRL [46402] : Francis, C1790-1850, GAL, IRL [42479] : Wm Birmingham, PRE 1842, GAL, IRL [25616] : Colman, PRE 1850, GAL, IRL [42479] : Winifred, PRE 1862, GAL, IRL [35589] : Mark, PRE 1825, Ballyglunin, GAL, IRL [45833] : James, PRE 1840, Holly Mount, GAL, IRL [46426] : Elizabeth, PRE 1850, Holly Mount, GAL, IRL [46426] : C1830, Ballina, MAY, IRL [12084] : 1800+, Hollyford, TIP, IRL [30527] : 1800-1850, Loughton, TIP, IRL [42609] : 1845, Templemore, TIP, IRL [99012] : PRE 1870, Dungarvan, WAT, IRL [25688] : 1800S, Waterford City, WAT, IRL [31079] : ALL, Waterford City, WAT, IRL [46195] : PRE 1800, SCT [11091] : 1875+, Dundee, ANS, SCT [46259] : Bodelia, 1780+, Dumbarton & Dublin, LKS & DUB, SCT & IRL [42479]
BURKEY : ALL, CHS, ENG [36952]
BURKINSHAW : C1760, Ecclesfield, WRY, ENG [17626]
BURKITT : John, PRE 1800, Hull, ERY, ENG [10054]
BURKLE : PRE 1880, Merthyr Tydfil, GLA, WLS [45881]
BURLAND : 1700-1830, Shoreditch, LND, ENG [46420] : 1700+, East London, MDX, ENG [16527] : James, 1770, Stogursey, SOM, ENG [17203]
BURLEIGH : PRE 1830, Bristol, GLS, ENG [31316]
BURLEY : PRE 1690, Lidlington, BDF, ENG [33428] : Dan. Oyens, 1865-1890, Plymouth & Collingwood, DEV, ENG [13031] : PRE 1780, Lincoln, LIN, ENG [31316] : PRE 1865, Enniskillen, FER, IRL [37052] : PRE 1865, Killesher, FER, IRL [37052]
BURLING : 1800+, London, MDX & SRY, ENG [33021]
BURLINGAME : 1833-43, Wayne Co., MI, USA [23367] : PRE 1821, Chenango Co., NY, USA [23367]
BURLINGHAM : PRE 1800, Wattisfield, SFK, ENG [42969]
BURLISON : 1700+, Bywell, NBL, ENG [10346] : 1850+, Chirton, NBL, ENG [10346] : 1750+, Heddon on the Wall, NBL, ENG [10346]
BURLTON : 1830, Gloucester, GLS, ENG [28802]
BURMAN : Ethel, 1886+, Bookongoree, SA, AUS [30501] : Garnald, 1886-1975, Bookongoree, SA, AUS [30501] : Charles Henry, 1880-1966, Canowie, SA, AUS [30501] : Walter Upsall, 1881-1964, Canowie, SA, AUS [30501] : Susan, 1884-1976, Canowie, SA, AUS [30501] : Arthur, 1878-1958, Mongalata, SA, AUS [30501] : Robt Stanley, 1899+, Terowie, SA, AUS [30501] : Wm Sheriff, 1890-1917, Ulooloo, SA, AUS [30501] : Evelyn, 1893+, Ulooloo, SA, AUS [30501] : Nellie May, 1896-1972, Ulooloo, SA, AUS [30501] : Harriett May, 1891+, Warcongee, SA, AUS [30501] : Olive, 1888-1976, Yarcowie, SA, AUS [30501] : C1870, Melbourne, VIC, AUS [10985] : C1806, London, ENG [10985] : 1750+, Stroud, GLS, ENG [21504] : John, 1843+, Leverton & Boston, LIN, ENG [30501] : 1670S+, Tanworth, WAR, ENG [10985] : 1860+, RSA [22090] : 1700+, Newtyle, ANS, SCT [20594]
BURMEISTER : C1665, Rehna, MSW, GER [11319]
BURN : C1830, London, ENG [46495] : 1800+, Stepney, LND, ENG [37250] : 1800+, London, MDX, ENG [37250] : 1800+, Shadwell, MDX, ENG [37250] : PRE 1850, Old Hartley, NBL, ENG [40970] : C1790, Stamford Bridge, YKS, ENG [46495] : 1700S, Lerwick, SHI, SCT [11411]
BURNAGE : 1800-1875, Bedford & Bigglesware, BDF, ENG [46433] : PRE 1850, Stevenage, HRT, ENG [37116] : PRE 1700, Walkern, HRT, ENG [19216]
BURNAND : Lily, 1920+, ENG & USA [28533]
BURNARD : 1790+, Reading, BRK, ENG [42665] : 1780-20, CON, ENG [24660] : 1600S-1700S, DEV, ENG [38833] : C1750-1825, HAM, ENG [42665]
BURNE : 1700+, Falmouth, CON, ENG [26580]
BURNELL : 1860+, Mornington, VIC, AUS [42615] : Cecil, 1900S+, BRK, ENG [33007] : 1800-1856, Dublin & Sydney, IRL & AUS [40480] : 1700-1900, Trefecca & All, BRE & R AD, WLS [30351]
BURNES : Walter, 1875-1900, Euroka & Kempsey, NSW, AUS [10565] : Frances, 1900-1919, Wickham, NSW, AUS [10565]
BURNESS : ALL, ABD, SCT [34588]
BURNET : Janet Jessie, 1851+, AUS [10647] : George Hay, 1851+, AUS [10647] : C1850+, AUS [10647] : 1750-1850, Lostwithiel, CON, ENG [13833] : 1840-1870, Frodsham, LAN, ENG [42863] : 1880S, West Derby, LAN, ENG [42863] : 1800-1900, Stepney, LND, ENG [13833] : PRE 1900, Wensleydale, NRY, ENG [30310] : 1830-1900, Walworth, SRY, ENG [13833] : 1809+, Haddington, ELN, SCT [10647] : Jean Johnston, 1829+, Haddington, ELN, SCT [10647] : Andrew A., 1794+, SCT & AUS [10647]
BURNETT : 1859, Moreton Bay, QLD, AUS [99047] : James, PRE 1850, Quebec, QUE, CAN [38615] : ALL, ENG [17493] : PRE 1875, London, ENG [21312] : 1870+, Hartlepool, DUR, ENG [42238] : PRE 1900, LIN, ENG [39541] : 1750+, London, MDX, ENG [42238] : PRE 1900, Wensleydale, NRY, ENG [30310] : 1775+, SFK, ENG [13461] : 1830+, Coxwold, YKS, ENG [20975] : C1820-1850, Birr, OFF, IRL [46381] : William, PRE 1823, ABD, SCT & AUS [25794]
BURNEY : C1837, Cockermouth, CUL, ENG [14747] : ALL, Manchester, LAN, ENG [30944]
BURNHAM : ALL, London, ENG [13855] : 1875+, LND, ENG [39891] : PRE 1850, Oxford, STS & OXF, ENG [29989] : 1617+, Hartford Co., CT, USA [23872]
BURNIE : 1700+, Longhope, OKI, SCT [14513]
BURNIKELL : ALL, South Shields, DUR, ENG [39479] : ALL, Sunderland, DUR, ENG [39479] : 1790, Staithes, NRY, ENG [39479]
BURNINGHAM : 1850-1920, Holybourne, HAM, ENG [28363] : PRE 1900, SRY & SSX, ENG [36543]
BURNISTON : 1800-1900, Old Basing, HAM, ENG [99598] : 1700-1850, YKS, ENG [99598]
BURNS : 1820+, Aberdeen, NSW, AUS [33921] : Peter, 1846, Berrima, NSW, AUS [40865] : James, 1842-1928, Berrima & Sydney, NSW, AUS [40865] : ALL, Hunter Region, NSW, AUS [36607] : Alfred, 1878-1907, Orange & Sydney, NSW, AUS [40865] : John, 1872-1938, Sofala & Sydney, NSW, AUS [40865] : 1800+, Sydney, NSW, AUS [30944] : Joseph, 1890, Sydney, NSW, AUS [40865] : William, 1890, Sydney, NSW, AUS [40865] : Arthur, 1883-1940, Sydney & Melbourne, NSW, AUS [40865] : 1860S, Brunswick, VIC, AUS [12318] : PRE 1860, Mitiamo, VIC, AUS [31715] : 1870+, Sanford, MAN, CAN [43967] : 1783-1880, Digby Co., NS, CAN [22262] : 1820-1870, Lanark Co., ONT, CAN [43967] : Robert, 1887, West Ham, ESS, ENG [10993] : PRE 1850, Manchester, LAN, ENG [21218] : ALL, Tweedmouth & Spittal, NBL, ENG

[10967] : 1866-1932, YKS, ENG **[12367]** : PRE 1900, YKS, ENG **[19656]** : 1800S, IRL **[34704]** : PRE 1900, IRL **[34906]** : Isabella, 1816-1878, Belfast, ANT, IRL **[35638]** : Rose, PRE 1841+, Carlow, CAR, IRL **[10998]** : 1820S, CAV, IRL **[12318]** : PRE 1850, Kilrush, CLA, IRL **[46200]** : Peter, 1844-1860, DON, IRL **[23438]** : Lawrence, 1830S, DOW, IRL **[46163]** : 1700-1900S, Londonderry, LDY, IRL **[21195]** : PRE 1850, Fintona, TYR, IRL **[10740]** : 1859-1880, CGH, RSA **[20703]** : ALL, AYR, SCT **[26493]** : John, PRE 1800, Stonehouse, LKS, SCT **[11650]** : PRE 1820, Kilsyth, STI, SCT **[43967]** : PRE 1842, Stirling, STI, SCT **[10740]** : 1839, Falkirk, STI, SCT & AUS **[46238]** : 1800-1854, Kilsyth, STI, SCT & AUS **[46238]** : James Turner, 1835+, Dearborn Co., IN, USA **[23605]** : Anna, 1837+, Dearborn Co., IN, USA **[23605]** : Jane, 1843, West Harrison, Dearborn Co., IN, USA **[23605]** : James Turner, 1835+, Hamilton Co., OH, USA **[23605]** : Anna, 1837+, Hamilton Co., OH, USA **[23605]**
BURNSIDE : PRE 1850, Coonabarabran, NSW, AUS **[28210]** : 1811, Sydney, NSW, AUS **[13853]** : 1660+, Bishop Auckland, DUR, ENG **[26524]** : Ambrose, 1780+, Shincliffe & Darlington, DUR, ENG **[26524]** : PRE 1850, Newtown Stewart, TYR, IRL **[28210]** : PRE 1850, Newton Stewart, DFS, SCT **[28210]**
BUROW : 1870+, Beenleigh, QLD, AUS **[14120]** : PRE 1800, Cremzow, BRA, GER **[14120]**
BURR : Richard, 1860+, Queenscliff & Brunswick, VIC, AUS **[41228]** : 1800-1900, Cople, BDF, ENG **[18670]** : Richard, 1800-1860, Shillington, BDF, ENG **[41228]** : Richard, 1811+, Hemel Hempstead, HRT, ENG **[99598]** : William, 1874+, Watford, HRT, ENG **[99598]** : ALL, Brenchley, KEN, ENG **[46418]** : 1800+, Tunbridge Wells, KEN, ENG **[46418]**
BURRAGE : 1700-1800, Horsham, SSX, ENG **[15464]**
BURRALL : 1700S, CON, ENG **[34704]**
BURRAS : 1750+, Leeds & Beverley, YKS, ENG **[19429]**
BURRASTON : PRE 1828, Cork, COR, IRL **[45127]**
BURRELL : 1820S, Windsor, NSW, AUS **[13244]** : Elizabeth, PRE 1856, Blue Quarries, DUR, ENG **[22753]** : Samuel, C1670, Lanchester, DUR, ENG **[38579]** : 1650-1740, Sedgefield, DUR, ENG **[12641]** : 1855+, Burnley, LAN, ENG **[22305]** : Borrill, 1700-1850, Wigan, LAN, ENG **[22305]** : PRE 1636, Billinghay, LIN, ENG **[19902]** : John, 1804+, Gosforth, NBL, ENG **[22753]** : 1780-1900, Sternfield, SFK, ENG **[20660]** : C1800, MLN, SCT **[99177]**
BURRETT : ALL, Clerkenwell, MDX, ENG **[38498]**
BURRIDGE : PRE 1650, Moulsoe, BKM, ENG **[33428]** : PRE 1871, DEV, ENG **[12547]** : John, 1700+, Ilminster, SOM, ENG **[26817]** : 1600+, Horsham, SSX, ENG **[15464]**
BURRIN : 1760, Cumnor, OXF, ENG **[36655]**
BURRISS : PRE 1800, Gowran, KIK, IRL **[31297]**
BURROUGH : PRE 1760, Lupitt, DEV, ENG **[10493]** : 1700-1900, SOM, ENG **[18150]** : 1850-1860, Compton Dundon, SOM, ENG **[29468]**
BURROUGHS : Thomas, C1730, SFK, ENG **[18957]**
BURROWS : 1860-90, Newcastle, NSW, AUS **[46384]** : 1890+, Carlton, VIC, AUS **[46384]** : PRE 1850, Grappenhall, CHS, ENG **[20874]** : ALL, St.Helens, LAN, ENG **[38934]** : 1700-1820, LND, ENG **[46420]** : PRE 1890, Long Buckby, NTH, ENG **[34876]** : 1700-1800, Deddington, OXF, ENG **[15464]** : 1880-1900, Eye, SFK, ENG **[37809]** : 1770+, Ufford, SFK, ENG **[10125]** : C1800, SOM, ENG **[46324]** : PRE 1851, Pensford, SOM, ENG **[13358]** : 1800-1880, STS, ENG **[17012]** : 1650-1720, Sedgeberrow, WOR, ENG **[30138]** : C1900+, Sheffield, WRY, ENG **[41271]** : PRE 1800, Gowran, KIK, IRL **[31297]** : 1830+, Kilnaslee, TYR, IRL **[44202]** : Anna, C1840+, KS, USA **[34421]**
BURRS : 1780-1830, Foolow, Eyam, DBY, ENG **[38668]**
BURRY : ALL, Southampton, HAM, ENG **[39180]** : ALL, WIL, ENG **[39180]** : PRE 1800, All Cannings, WIL, ENG **[13034]**

BURSLEM : 1400-2005, LEI & STS, ENG **[43877]**
BURSON : 1800+, Milton under Wychwood, OXF, ENG **[45866]** : 1800+, Shipton under Wychwood, OXF, ENG **[45866]**
BURSTALL : 1898+, Brisbane, QLD, AUS **[28000]**
BURSTON : ALL, GLA, WLS **[46217]** : William, 1840-1930, Cardiff, GLA, WLS **[46217]** : Mary, 1866-1940, Cardiff, GLA, WLS **[46217]**
BURT : 1830+, AUS **[11124]** : 1840+, Woolwich & Gladesville, NSW, AUS **[10839]** : 1810-1940, CON, ENG **[42807]** : 1700S, Phillack, CON, ENG **[42863]** : PRE 1660, Tiverton, DEV, ENG **[21594]** : 1847, Shroton, DOR, ENG **[30543]** : Annie Eliz., 1800+, Upper Parkstone, DOR, ENG **[38546]** : 1800+, Harbledown, KEN, ENG **[19458]** : Abraham, 1700S, Montacute, SOM, ENG **[35225]** : PRE 1830, SOM & WIL, ENG **[11124]** : PRE 1850, Ninfield, SSX, ENG **[39671]** : ALL, CBY, NZ **[39671]** : 1700-1900, Dysart, FIF, SCT **[31960]** : BURT (see One Name Section) **[42807]**
BURTCHETT : ALL, USA & ENG **[45228]**
BURTELL : PRE 1750, West Farleigh, KEN, ENG **[43842]**
BURTENSHAW : 1750-1850S, Botolphs, SSX, ENG **[46432]** : 1790+, Botolphs & Eastbourne, SSX, ENG **[36212]** : PRE 1800, Edburton, SSX, ENG **[32017]** : PRE 1760, New Timber, SSX, ENG **[32017]** : 1700-1800S, Newtimber, SSX, ENG **[46432]** : 1880S, Steyning, SSX, ENG **[46432]** : ALL, London & Terang, LND & VIC, ENG & AUS **[33533]**
BURTENSHAW COX : John, C1800, East Chiltington, SSX, ENG **[25700]**
BURTLE : 1780, Rockville, Montgomery, MD, USA **[32203]**
BURTOFT : 1700S, Holme Valley, WRY, ENG **[19921]**
BURTON : 1800-1870, North Plantagenet Twp, ONT, CAN **[16708]** : PRE 1830, Toddington & Wootton, BDF, ENG **[32945]** : 1790+, Reading, BRK, ENG **[42665]** : C1790-1900, DBY, ENG **[35237]** : 1906, Sunderland, DUR, ENG **[17580]** : ALL, HAM, ENG **[39386]** : 1860+, Alverstoke, HAM, ENG **[30022]** : ALL, Barham, HUN, ENG **[46433]** : PRE 1800, Somersham, HUN, ENG **[14733]** : 1650+, Egerton, KEN, ENG **[20975]** : 1800S, Lewisham, KEN, ENG **[46460]** : 1835+, Medway Towns, KEN, ENG **[17175]** : 1862-1900, Rochester, KEN, ENG **[38082]** : Mary Ann, 1863, Tudeley, KEN, ENG **[13838]** : Edward, 1750+, Belchford & West Ashby, LIN, ENG **[10822]** : 1800+, Louth, LIN, ENG **[13377]** : Isaac, 1836+, Belchford & Dinnington, LIN & NBL, ENG **[10822]** : George, PRE 1900, Blackheath, LND, ENG **[11650]** : PRE 1815, Epping Forest, LND, ENG **[11797]** : 1900S, Sydenham, LND, ENG **[46460]** : 1785, London, MDX, ENG **[28092]** : PRE 1795, Westminster, MDX, ENG **[13471]** : PRE 1791, Walsham, NFK, ENG **[11145]** : PRE 1900, Northampton, NTH, ENG **[43991]** : 1500-1700S, Atcham, SAL, ENG **[10046]** : 1700+, Stradbroke, SFK, ENG **[31079]** : ALL, SOM & HAM, ENG **[30022]** : Frances, 1800-1890, London & Southwark, SRY, ENG **[46254]** : Sophia, 1835+, Dallington & Hailsham, SSX, ENG **[45769]** : George, C1850, Eastbourne, SSX, ENG **[30111]** : PRE 1800, Warbleton, SSX, ENG **[19782]** : 1750-1800, Tisbury, WIL, ENG **[26629]** : 1790S, Tisbury, WIL, ENG **[41511]** : 1700-1850, Dent & Garsdale, YKS, ENG **[28570]** : 1790-1820, York, YKS, ENG **[45679]** : PRE 1847, ENG & IRL **[46327]** : 1870-75, Cobh, COR, IRL **[44196]** : 1870-75, Queenstown, COR, IRL **[44196]** : 1870-1950, NZ **[30022]** : PRE 1910, Napier, HBY, NZ **[46398]** : PRE 1939, Nelson, NLN, NZ **[46398]**
BURTON MONK : 1780+, KEN & SSX, ENG **[46391]**
BURTONWOOD : PRE 1900, LAN, ENG **[25046]**
BURTT : 1700-1900, Dysart, FIF, SCT **[31960]**
BURVILL : 1910-2003, Folkestone, KEN, ENG **[45767]**
BURWASH : 1820-1870, Clerkenwell, MDX, ENG **[18216]**

BURY : PRE 1890, Sydney, NSW, AUS **[39985]** : 1890+, Brisbane, QLD, AUS **[13358]** : PRE 1750, Darwen, LAN, ENG **[45758]** : PRE 1845, Darwen & Preston, LAN, ENG **[28474]** : ALL, Eye & Yaxley, SFK, ENG **[31079]**

BUS : 1700S, SSX & KEN, ENG **[33331]**

BUSBY : PRE 1850, Wootton, BDF, ENG **[43582]** : PRE 1800, BKM, ENG **[19568]** : 1600+, NFK, ENG **[41244]** : 1600S, Norwich, NFK, ENG **[15521]** : 1700-1800, Murcott, OXF, ENG **[30138]** : 1800-1830, Danby Wiske & York, YKS, ENG **[11425]** : 1620+, MA, USA **[41244]**

BUSCH : 1840, Reppenhagen, MEK, GER **[25529]** : 1868-1878, Dunedin, OTG, NZ **[21356]**

BUSCHMANN : 1894+, GER **[33409]**

BUSH : Sarah, C1735+, Worth & Langton Matravers, DOR, ENG **[41477]** : George, 1830+, Poole & Christchurch, DOR & WIL, ENG **[19588]** : 1750+, Berden & Manuden, ESS, ENG **[45489]** : 1850-1900, Woodford, ESS, ENG **[25322]** : 1850-1900, Bethnal Green, LND, ENG **[25322]** : 1800+, NFK, ENG **[98612]** : C1650-C1700, Nottingham, NTT, ENG **[26665]** : 1500+, SOM, ENG **[16505]** : 1700+, East Harptree, SOM, ENG **[16505]** : PRE 1840, Hinton Charterhouse, SOM, ENG **[44921]** : 1770-1855, Keynsham, SOM, ENG **[12844]** : PRE 1810, North Bradley, WIL, ENG **[44921]** : George, 1830+, Fordingbridge, HAM, ENG & WORLDWIDE **[19588]** : C1820, Glasgow, LKS, SCT **[25693]**

BUSHBY : C1800, Liverpool, LAN, ENG **[10277]** : ALL, Barton, WES, ENG **[44815]**

BUSHE : C1750, Belfast, ANT, IRL **[25693]** : C1820, Glasgow, LKS, SCT **[25693]**

BUSHEL : PRE 1750, Fladbury, WOR, ENG **[31316]**

BUSHELL : 1790+, AUS **[14029]** : 1876+, Warialda, NSW, AUS **[30776]** : Alice, C1854, Bristol, GLS & SOM, ENG **[16802]** : ALL, Walmer, KEN, ENG **[36466]** : 1790-1870, Pimlico, LND, ENG **[13471]** : PRE 1900, Birmingham, STS & WAR, ENG **[43991]** : C1780, Northville, SD, USA **[30127]**

BUSHEY : ALL, QUE, CAN **[98660]**

BUSHNELL : 1700+, Headington, OXF, ENG **[39565]** : Richard, C1813+, Headington, OXF, ENG **[27395]**

BUSIKO : 1800+, Sterlitch, MEK, GER **[13853]** : ALL, WORLDWIDE **[13853]**

BUSING : ALL, WORLDWIDE **[31355]**

BUSS : 1800-1840, Ardleigh, ESS, ENG **[19458]** : PRE 1700, KEN, ENG **[19270]** : PRE 1840, Hawkhurst, KEN, ENG **[45146]** : 1790+, LND & SFK, ENG **[25354]** : PRE 1900, London, MDX, ENG **[32294]** : 1800S, Burwash, SSX, ENG **[10697]** : 1740-1790, North Chapel, SSX, ENG **[19759]** : PRE 1721, Trotton, SSX, ENG **[19759]**

BUSSELL : 1840S, Burstock & Beaminster, DOR, ENG **[11870]** : 1700S, Curland, SOM, ENG **[11870]**

BUST : 1800+, Bury, LIN, ENG **[21975]** : 1866+, Christchurch, NZ **[21975]**

BUSTEED : 1500+, Tewkesbury, GLS, ENG **[24902]** : 1700+, COR, IRL **[10775]** : ALL, Macroom, COR, IRL **[24902]**

BUSTIN : 1840-1880S, Middleton Cheney, NTH, ENG **[42083]** : 1790-1820, Towcester, NTH, ENG **[42083]** : PRE 1790, WAR, ENG **[42083]**

BUSZARD : William, 1700-1860, Leicester, LEI, ENG **[22640]**

BUTCHART : Thomas, C1670, Barry, ANS, SCT **[10035]**

BUTCHER : 1800+, Old Warden & Haynes, BDF, ENG **[45707]** : PRE 1800, Letcombe Regis, BRK, ENG **[43033]** : William John, ALL, Ely, CAM, ENG **[21915]** : Robert Samuel, ALL, Manea, CAM, ENG **[21915]** : PRE 1860, ESS, ENG **[39642]** : Deborah, 1826, Braintree & Terling, ESS, ENG **[33443]** : George, C1773, Gosfield, ESS, ENG **[14023]** : Chas Ezra, 1866+, Terling & Walthamstow, ESS, ENG **[33443]** : PRE 1827, KEN, ENG **[46296]** : Martin, 1700S, Westerham, KEN, ENG **[43057]** : PRE 1800, Dalton-in-Furness, LAN, ENG **[46307]** : PRE 1915, Islington, LND, ENG **[18967]** : 1800-1900, St.Pancras, LND, ENG **[30678]** : 1800-1860, Bethnal Green, MDX, ENG **[31979]** : 1830+, MDX & WIL, ENG **[34440]** : ALL, Norwich, NFK, ENG **[27431]** : PRE 1806, Lowestoft, SFK, ENG **[43840]** : 1900, Martock, SOM, ENG **[14959]** : 1800+, Merriott, SOM, ENG **[30491]** : Conrad, 1836+, Meimbressen & NSW, GER & AUS **[46192]**

BUTCHERS : 1800-1900, KEN, ENG **[18657]** : PRE 1850, Mountfield, SSX, ENG **[18657]**

BUTE : Lucy, 1810+, HUN, ENG & AUS **[38624]**

BUTHEE : PRE 1870, Kingsthorpe, NTH, ENG **[43792]**

BUTLER : 1854+, NSW, AUS **[31877]** : 1840S, Hardwick, NSW, AUS **[11256]** : Ann, 1862, Richmond, NSW, AUS **[28199]** : Thomas, 1862-1910, Richmond, NSW, AUS **[28199]** : 1925-1930, Sydney, NSW, AUS **[32444]** : C1810, Sydney, NSW, AUS **[10985]** : Joseph, C1770, Windsor, NSW, AUS **[10649]** : C1880, Bundamba & Villeneuve, QLD, AUS **[38132]** : C1860+, Bendigo & Inglewood, VIC, AUS **[36751]** : ALL, Aettenschwil, AG, CH **[35935]** : 1800S, High Wycombe, BKM, ENG **[21934]** : PRE 1850, BRK, ENG **[19481]** : 1700+, Binfield, BRK, ENG **[20742]** : 1700-1800, East Ilsley, BRK, ENG **[44196]** : 1787+, Wokingham, BRK, ENG **[41443]** : PRE 1800, Alwington, DEV, ENG **[42386]** : PRE 1770, Bideford, DEV, ENG **[42386]** : 1815-1870, Broadwinsor, DOR, ENG **[39042]** : PRE 1840, Swanage, DOR, ENG **[28443]** : Hannah, PRE 1802, Thorpe le Soken, ESS, ENG **[14733]** : 1800+, HAM, ENG **[20546]** : ALL, Bishopstoke & Southampton, HAM, ENG **[45489]** : 1750-1850, Kingsclere, HAM, ENG **[39271]** : 1700-1750, HAM & DOR, ENG **[38926]** : PRE 1867, Watford, HRT, ENG **[17745]** : 1700+, Benenden, KEN, ENG **[35280]** : Samuel, PRE 1822, Canterbury, KEN, ENG **[12547]** : 1810-1870, Bolton, LAN, ENG **[32444]** : Sarah Ellen, 1800S-1950S, Heywood, LAN, ENG **[43996]** : PRE 1900, LIN, ENG **[12905]** : 1787-1820, Boston, LIN, ENG **[29715]** : 1780-1840, Freiston, LIN, ENG **[29715]** : 1670-1780, Sibsey, LIN, ENG **[29715]** : 1660-1760, Stickney, LIN, ENG **[29715]** : Ellen, 1900-1925, LND, ENG **[44196]** : PRE 1825, LND, ENG **[31186]** : 1800-1880, Bethnal Green, LND, ENG **[16811]** : PRE 1785, Shoreditch, LND, ENG **[28149]** : PRE 1828, Somers Town, LND, ENG **[12321]** : Thos & Harriet, 1890-1900, Westham, LND, ENG **[99573]** : Henry, 1900-1910, MDX, ENG **[44196]** : 1850+, Hackney, MDX, ENG **[11870]** : 1740-1800, St.Pancras & Finsbury, MDX, ENG **[32310]** : 1700+, Blickling, NFK, ENG **[25427]** : 1800S, Salford, NTH, ENG **[21796]** : 1700-1850, Kirklington, NTT, ENG **[33347]** : John, 1700-1800, Ardley, OXF, ENG **[27039]** : 1880+, Bicester, OXF, ENG **[37267]** : Anne, 1855-1880, OXF & BR, ENG **[44196]** : 1700-1750, Martock, SOM, ENG **[15289]** : PRE 1680, Darlaston, STS, ENG **[17626]** : PRE 1841, Walsall, STS, ENG **[20068]** : 1800+, Bedworth, WAR, ENG **[10394]** : PRE 1831, Birmingham, WAR, ENG **[20068]** : C1834, Devizes, WIL, ENG **[42239]** : C1756+, WOR & LND, ENG **[41271]** : 1790-1850, Doncaster, WRY, ENG **[32310]** : PRE 1820, Whiston, YKS, ENG **[44078]** : 1865+, Wallsend, NBL, ENG & IRL **[20578]** : C1807+, BRK, ENG & NZ **[41297]** : ALL, Kilcar, DON, IRL **[46311]** : Teresa, PRE 1870, Oranmore, GAL, IRL **[11692]** : PRE 1863, KIK, IRL **[36751]** : 1850+, OFF, IRL **[37713]** : PRE 1850, Cashel, TIP, IRL **[36120]** : William, C1841, Clonoulty, TIP, IRL **[41270]** : ALL, Gorey, WEX, IRL **[12186]** : 1920+, Louisville, KY, USA **[44649]** : PRE 1800, MD, USA **[23895]** : ALL, PA & MA, USA **[29570]**

BUTLIN : 1770+, Rothwell, NTH, ENG **[42342]**

BUTSON : 1750-1900, Crantock, CON, ENG **[42747]** : 1700-1900, Cubert, CON, ENG **[42747]** : 1700-1900, Padstow, CON, ENG **[42747]** : 1700-2000, St.Agnes, CON, ENG **[42747]** : 1750-1900, St.Columb Minor, CON, ENG **[42747]** : 1750-1850, Chester le Street, DUR, ENG **[13647]**

BUTT : Judy, 1930+, Perth, WA, AUS **[34315]** : Susan,

1930+, CAN **[34315]** : C1830, London, ENG **[46495]** : PRE 1845, Bristol, GLS, ENG **[17697]** : PRE 1700, Norton, GLS, ENG **[18100]** : 1800-1870, LND & MDX, ENG **[34790]** : PRE 1837, East Brent, SOM, ENG **[17697]** : PRE 1840, Weston, SOM, ENG **[46362]** : Thomas, PRE 1800, Midhurst, SSX, ENG **[37200]** : 1870-1910, Rotherham, YKS, ENG **[46520]**
BUTTANSHAW : ALL, WORLDWIDE **[19454]**
BUTTAR : 1850+, Northumberland & Quinte Isle, ONT, CAN **[99522]**
BUTTELMANN : C1800+, Nesse, HAN, GER **[34321]**
BUTTENSHAW : ALL, WORLDWIDE **[19454]**
BUTTER : 1800+, FOR, SCT **[45916]**
BUTTERFIELD : Barnet, 1849+, Sydney, NSW, AUS **[10790]** : Ruth, 1860, London, ENG **[36112]** : PRE 1850, Flitton & Luton, BDF, ENG **[35561]** : PRE 1838, Hatfield, HRT, ENG **[19759]** : PRE 1800, Hunslet Leeds, WRY, ENG **[37058]** : 1850+, Shipley, WRY, ENG **[26752]** : ALL, YKS, ENG **[18919]** : Stephen, PRE 1880, Bentham, YKS, ENG **[27289]**
BUTTERILL : 1800, Birmingham, WAR, ENG **[18128]**
BUTTERS : 1800+, Plymouth, DEV, ENG **[20730]** : 1800-1920, East End, LND, ENG **[24902]** : 1700+, SCT **[36826]**
BUTTERWORTH : ALL, ENG **[22176]** : 1800+, Hull, ERY, ENG **[18329]** : 1700S, LAN, ENG **[34704]** : 1894, Atherton, LAN, ENG **[46264]** : 1840-1900S, Walsden & Rochdale, LAN, ENG **[46258]** : 1800-1900, Clapham, SRY, ENG **[21597]** : PRE 1750, Cawthorne, WRY, ENG **[16233]** : 1800+, YKS, ENG **[21504]** : 1700+, Heywood & Sydney, LAN & NSW, ENG & AUS **[11827]**
BUTTERY : 1810-15, Leeds, WRY, ENG **[46420]**
BUTTLE : 1843+, NSW, AUS **[41242]** : ALL, SOM, ENG **[12831]**
BUTTLER : 1800+, CHS, ENG **[29954]** : Sarah, C1700, Stapleford, NTT, ENG **[18957]**
BUTTOLPH : ALL, SOM, ENG **[12831]**
BUTTON : 1700S, Milton, BRK, ENG **[14901]** : PRE 1809, South Ockendon, ESS, ENG **[19918]** : 1806+, Hawkhurst, KEN, ENG **[46321]** : ALL, LIN, ENG **[18378]** : Thomas, C1753, Market Rasen, LIN, ENG **[16802]** : Sarah, 1770-1860, Westminster, LND, ENG **[20729]** : 1920+, Wembley, MDX, ENG **[45916]** : PRE 1700, Peasenhall, SFK, ENG **[42752]** : 1700+, Stradbroke, SFK, ENG **[31079]**
BUTTONS : 1800-1850, Kentisbear, DEV, ENG **[10286]**
BUTTONSHAW : ALL, WORLDWIDE **[19454]**
BUTTONSHAW (see One Name Section) **[19454]**
BUTTRESS : 1750-1870, NFK, ENG **[28609]**
BUTTREY : PRE 1847, Ercall Magna, SAL, ENG **[18967]**
BUTTRICK : 1865+, WI, USA **[21479]**
BUTTS : 1840+, Sydney, NSW, AUS **[46359]**
BUTWELL : ALL, TAS, AUS **[10454]** : ALL, Lapworth, WAR, ENG **[10454]**
BUXTON : Mary, 1829-1888, Great Wakering, ESS, ENG **[37633]** : James, 1805-1855, Tillingham, ESS, ENG **[37633]** : 1800+, Newark, NTT, ENG **[18372]** : 1750+, Stanningfield, SFK, ENG **[30449]** : 1700+, Stradbroke, SFK, ENG **[31079]** : 1800+, Bradford, WRY, ENG **[18372]**
BUZZA : PRE 1860, Gwennap & Carharrack, CON & VIC, ENG & AUS **[11912]**
BUZZACOTT : 1700-1840, Tiverton & Honiton, DEV, ENG **[46200]**
BUZZARD : Robert, 1750-1855, Leicester, LEI, ENG **[22604]**
BYARS : 1760-1850, Forfar, ANS, SCT **[46425]**
BYAST : 1800+, KEN, ENG **[44954]**
BYATT : ALL, Ashby de la Zouch & Alton, LEI & STS, ENG **[27219]**
BYE : PRE 1831, Wantage, BRK, ENG **[27437]** : Sarah, 1823+, Newmarket, CAM, ENG **[25310]** : John, 1715+,

Stetchworth, CAM, ENG **[25310]** : Mathew, 1725+, Stetchworth, CAM, ENG **[25310]** : 1790S, Deptford, KEN, ENG **[42083]** : 1750-1900, Larling, NFK, ENG **[26629]** : George, 1810, Sarum, WIL, ENG **[25616]** : 1800+, Rotherham & Sheffield, WRY, ENG **[25427]**
BYERLEY : PRE 1800, Portsea, HAM, ENG **[13008]**
BYERS : 1855+, TAS, AUS **[12236]** : 1855+, Oatlands, TAS, AUS **[12236]** : 1870+, Kyneton, VIC, AUS **[43804]** : 1896-1940, Horsforth, WRY, ENG **[13922]** : 1894-1901, West Ardsley, WRY, ENG **[13922]** : 1870-1895, Middlesbrough, YKS, ENG **[13922]** : 1800-1830, Hoddam, DFS, SCT **[43804]** : PRE 1855, WLN & MLN, SCT **[12236]**
BYFIELD : C1800, Folksworth & Morborne, HUN, ENG **[10252]** : Elizabeth, PRE 1723, Chilwell, NTT, ENG **[14733]** : ALL, WAR & STS, ENG **[39386]**
BYFORD : Mary, 1860-1910, Great Wakering, ESS, ENG **[37633]** : PRE 1850, London, MDX, ENG **[39186]** : ALL, Glemsford, SFK, ENG **[39642]** : Wm Gardner, 1825, Bermondsey, SRY, ENG **[10650]** : Emily, 1859+, Bermondsey, SRY, ENG **[10650]** : ALL, Bermondsey, SRY, ENG **[45736]** : PRE 1809, River & Tillington, SSX, ENG **[45736]**
BYGRAVE : 1790+, Norwich & Sutton, NFK, ENG **[31902]**
BYNE : Margaret, C1790, Barry, ANS, SCT **[10035]**
BYNG : ALL, WORLDWIDE **[39092]**
BYNNES : Thomas, 1600, Wakefield, YKS, ENG **[10318]**
BYRCH : PRE 1800, Adisham, KEN, ENG **[25306]**
BYRCHET : 1400-1650, Eastbourne, SSX, ENG **[17497]**
BYRCHETT : 1450-1650, Rye, SSX, ENG **[17497]**
BYRES : Robert, 1770, Abercorn, WLN, SCT **[11533]**
BYRNE : Anne, C1804-C1850, Berrima, NSW, AUS **[40865]** : Peter, C1846, Berrima, NSW, AUS **[40865]** : Patrick, C1804-1879, Berrima & Sofala, NSW, AUS **[40865]** : James, 1842-1928, Berrima & Sydney, NSW, AUS **[40865]** : Jane, 1844-1926, Berrima & Sydney, NSW, AUS **[40865]** : Bridget, PRE 1855, Cowra, NSW, AUS **[37847]** : Frank, 1870+, Hay, NSW, AUS **[33542]** : James, 1850-1920, Murwillumbah, NSW, AUS **[34847]** : Sarah, 1880-1960, Murwillumbah, NSW, AUS **[34847]** : Peter, 1830+, Singleton, NSW, AUS **[33542]** : Ann, 1804+, Sydney, NSW, AUS **[30653]** : Frank, 1898+, Sydney, NSW, AUS **[33542]** : Patrick, C1804-1879, Sydney, NSW, AUS **[40865]** : 1850+, Bacchus Marsh, VIC, AUS **[12327]** : Frank, 1860+, Ballarat, VIC, AUS **[33542]** : Frank, 1850+, Maryborough, VIC, AUS **[33542]** : Patrick, 1870+, Maryborough, VIC, AUS **[33542]** : Gregory, 1870+, Maryborough, VIC, AUS **[33542]** : Ellen Cath., 1855-1912, Melbourne & Dashai, VIC & BAL'STAN, AUS & INDIA **[39243]** : 1809-C1869, North Burgess Twp, Lanark Co., ONT, CAN **[33867]** : 1800+, Wells, SOM, ENG **[34440]** : Mary, C1850, Wakefield, WRY, ENG **[11718]** : Denis, 1840+, Belgaum, KARNATACK, INDIA **[39243]** : James, 1830+, IRL **[41223]** : James, C1842, IRL **[40865]** : Hugh & John, 1800-1920, Dublin, IRL **[34847]** : James & Sarah, 1860-1875, Dublin, IRL **[34847]** : Patrick, 1770-1775, CAR, IRL **[40996]** : 1820+, Bagenalstown, CAR, IRL **[16783]** : Maria, 1840+, Cork City, COR, IRL **[99599]** : James, C1850, Mahalide, DUB, IRL **[26823]** : 1830+, Ballynamona, LIM, IRL **[10610]** : C1820, Dromin & Bulgaden, LIM, IRL **[10610]** : ALL, Knock, MAY, IRL **[12401]** : Patrick, C1804-1840, WEX & WAT, IRL **[40865]** : Anne, C1804-1850, WEX & WAT, IRL **[40865]** : Patrick, C1804-1840, WEX & WAT, IRL **[40865]** : Henry, 1773-1822, WEX & WIC, IRL **[33867]** : Patrick, 1770-1775, WIC, IRL **[40996]** : Edward, C1767, Ballyalusk, WIC, IRL **[42479]** : Edward, C1767, Ballylusk (Ballylug), WIC, IRL **[26823]** : PRE 1830, Rathdrum, WIC, IRL **[11866]** : Denis, 1853, Dushan, BALUCHISTAN, PAKISTAN **[39243]** : John, 1750-1820, Amlwch, AGY, WLS **[99433]**
BYRNES : Peter, 1846, Berrima, NSW, AUS **[40865]** : James, 1842-1928, Berrima & Sofala, NSW, AUS **[40865]** : James, 1842-1928, Berrima & Sydney, NSW,

AUS **[40865]** : Patrick, 1875-1900, Euroka & Kempsey, NSW, AUS **[10565]** : Frank, 1870+, Hay, NSW, AUS **[33542]** : John Lucas, 1892+, Kempsey & Newcastle, NSW, AUS **[10565]** : David, 1820, Parramatta, NSW, AUS **[31510]** : ALL, Reefton & Sydney, NSW, AUS **[45823]** : Peter, 1830+, Singleton, NSW, AUS **[33542]** : Frank, 1898+, Sydney, NSW, AUS **[33542]** : Frank, 1860+, Ballarat, VIC, AUS **[33542]** : Frank, 1850+, Maryborough, VIC, AUS **[33542]**

BYRNES (see BURNS) : **[10998]**

BYROM : 1750-1850, Great Budworth, CHS, ENG **[28948]**

BYRON : Wm, 1855+, Kiama & Ulladulla, NSW, AUS **[11366]** : John Joseph, 1860+, Cranbourne & Melbourne, VIC, AUS **[14163]** : 1870+, Huby & Leeds, YKS, ENG **[42634]** : Michael, 1820-1863, Cashel & Castleblake, TIP, IRL **[14163]** : 1820S-1860S, Tipperary & Bansha, TIP, IRL **[14388]**

BYRYTON : 1550-1625, Much Cowarne, HEF, ENG **[29715]** : 1500-1575, Stoke Lacy, HEF, ENG **[29715]**

BYSH : 1850-1900, East London, ENG **[10646]** : 1650-1750, Burstow, SRY, ENG **[33347]** : 1840+, Dormansland, SRY, ENG **[12415]** : 1770+, Horne, SRY, ENG **[12415]** : 1700-1750, Tandridge Horne, SRY, ENG **[10646]** : 1700-1900, East Grinstead, SSX, ENG **[10646]**

BYSSHE : 1550-1650, Worth, SSX, ENG **[20919]**

BYTH : C1838, Aberdour, ABD, SCT **[27780]**

BYTHELL : 1843, Crickhowell, BRE, WLS **[46213]**

BYWATERS : 1750, BDF, ENG **[44105]** : ALL, Sandy, BDF, ENG **[42362]**

BYWELL : 1780+, Haltwhistle, NBL, ENG **[46298]** : 1700+, Grinton; Reeth, NRY, ENG **[46298]**

CABAN : ALL, LIN, ENG **[99036]**

CABBAN : ALL, USA **[19789]** : ALL, WORLDWIDE **[19789]** : CABBAN (see One Name Section) **[19789]**

CABBURN : 1830+, Bury St.Edmunds, SFK, ENG **[33847]**

CABELL : PRE 1890, WIL, ENG **[46296]**

CABLE : Elizabeth, PRE 1761+, Rochester, KEN, ENG **[21472]** : 1800, Crewkerne, SOM, ENG **[17580]** : PRE 1790, Lopen, SOM, ENG **[10565]** : 1790, Great Durnford, WIL, ENG **[17580]** : PRE 1860, Forfar, ANS, SCT **[31045]** : 1800-1900, Forfar & Dundee, ANS, SCT **[17926]**

CABLES : 1800-1900, Forfar & Dundee, ANS, SCT **[17926]**

CADARETTE : 1880, Amherstburg, ONT, CAN **[32203]**

CADBY : ALL, Birmingham, ENG **[26540]**

CADDEL : 1815+, Gravesend, KEN, ENG **[27919]**

CADDELL : C1755, Heddington, WIL, ENG **[11912]**

CADDIE : PRE 1760, Holwell, DOR, ENG **[17921]** : 1750+, Buncle, BEW, SCT **[13129]**

CADDLE : 1770-2004, Carlisle, Rutherglen & Glasgow, CUL & LKS, ENG & SCT **[44241]**

CADDY : 1800S, CON, ENG **[12231]** : 1800-1900, Broadwinsor, DOR, ENG **[39042]** : 1890-1950, Dorcester & Broadwinsor, DOR, ENG **[17291]**

CADE : PRE 1850, Eaton, BKM, ENG **[99590]** : 1700+, West Ashby, LIN, ENG **[10822]**

CADEE : 1860+, Cranbourne, VIC, AUS **[99183]**

CADEL : 1700+, Great Marlow, BKM, ENG **[19895]**

CADENACI : ALL, LND, ENG **[36287]** : ALL, Brighton, SSX, ENG **[36437]**

CADIEU : 1852+, USA **[99433]**

CADLE : Joseph, 1850+, Dandenong, VIC, AUS **[99183]**

CADMAN : PRE 1800, Winster, DBY, ENG **[18569]** : 1840S, Hampstead & Marylebone, MDX, ENG **[14113]** : 1700+, NFK, ENG **[36368]** : 1750S-1840S, Shifnal, SAL, ENG **[37978]** : 1700-1950, Wellington, SAL, ENG **[41943]** : 1800+, Wednesbury, STS, ENG **[27492]** : ALL, WAR, ENG **[99036]** : 1850-1900, Kingswinford, WOR, ENG **[41943]**

CADOTTE : 1800+, SAS & MAN, CAN **[24182]**

CADWALADER : 1800S Llanderfel MER, WLS **[19905]**

CADY : 1811, East Chatham, NY, USA **[29203]**

CAFFEL : David, 1850-1918, West Hartlepool, DUR, ENG **[99522]**

CAFFELL : James, 1789, Beckington, SOM, ENG **[10993]**

CAFFEY : ALL, Firmount & Clane, KID, IRL **[42326]**

CAFFYN : ALL, LND, ENG **[46195]**

CAGGETT : ALL, St.Peter Port, GSY, CHI **[46402]** : PRE 1863, Sheppey Is., KEN, ENG **[46402]**

CAGNESS : 1800S, COR, IRL & AUS **[33245]**

CAGNEY : Mary, C1857, Islington, MDX, ENG **[35225]** : 1800S, COR, IRL & AUS **[33245]**

CAHALLEN : PRE 1855, Gort, GAL, IRL **[45357]**

CAHERLY : 1800+, LOG, IRL **[13625]**

CAHILL : 1836+, Darlington & The Rocks, NSW, AUS **[10839]** : 1880+, Mackay, QLD, AUS **[44270]** : John, C1940, London & Lambeth, SRY, ENG **[31552]** : Mary, PRE 1830, Lislea, CAV, IRL **[10565]** : Andrew, C1800, Malahide, DUB, IRL **[26823]** : 1800+, Ballyraght, KIK, IRL **[44270]** : Richard, 1858+, Dunnamry, KIK, IRL **[10263]** : James, 1800+, Trecastle, KIK, IRL **[44270]** : 1700+, Clonlismullen & Rathleasty, TIP, IRL **[20433]**

CAHIR : 1875, Echuca, VIC, AUS **[31709]** : 1852-1900, Geelong, VIC, AUS **[31709]** : 1790-1852, Ennis, CLA, IRL **[31709]**

CAHOON : 1700S, Liverpool, NS, CAN **[15521]** : 1720+, MA, USA **[41244]** : 1700S, Eastham, MA, USA **[15521]**

CAIN : 1850+, Gosford & Sydney, NSW, AUS **[10790]** : Martin, C1842, Neurea, NSW, AUS **[11034]** : Bridget, C1855, Sydney, NSW, AUS **[10985]** : C1855, Sydney, NSW, AUS **[10985]** : 1866, Gympie, QLD, AUS **[36768]** : 1880S, Aylesbury, BKM, ENG **[40668]** : PRE 1830, CON, ENG **[42730]** : 1700S, Stalisfield, KEN, ENG **[20729]** : 1800-1840, Poplar, MDX, ENG **[46347]** : Mary Ann, C1822+, Penrith, CUL, ENG & IRL **[11718]** : 1800S, DOW, IRL **[10460]** : 1750-1900, Binghamstown & Clogher, MAY, IRL **[20703]** : 1850S, Tipperary, TIP, IRL **[41420]** : PRE 1840, Douglas, IOM, UK **[36115]** : PRE 1860, Kirk Michael, IOM, UK **[36115]** : ALL, USA **[17535]**

CAINE : Bridget, C1900, Brisbane, QLD, AUS **[30653]** : C1800+, IOM **[43844]**

CAINES : PRE 1850, DOR, ENG **[28275]**

CAINS : 1800+, YKS, ENG **[26629]**

CAINS (see One Name Section) **[26629]**

CAIRD : David, 1902, Brisbane, QLD, AUS **[14094]** : Sarah, 1700+, Montrose, ANS, SCT **[10698]**

CAIRENS : 1800-1900, YKS, ENG **[26629]**

CAIRNCROSS : 1800-1880, Dundee, ANS, SCT **[34349]**

CAIRNEY : James, 1820+, Paisley, RFW, SCT **[34321]**

CAIRNS : Margaret, C1877, Melbourne, VIC, AUS **[25658]** : 1797-1853, Whitby Twp., ONT & YKS, CAN & ENG **[24943]** : James, 1840+, Frizington, CUL, ENG **[38449]** : 1840+, Antrim, ANT, IRL **[34245]** : 1839-2005, ARM, IRL **[46251]** : PRE 1850, Newtownards, DOW, IRL **[12707]** : C1870, WEM, IRL **[25658]** : 1820+, CLA, IRL & AUS **[33921]** : 1874-2005, Wellington & Masterton, WTN, NZ **[46251]** : Alexander, 1750-1760, SCT **[26629]** : Dougald, 1839+, SCT **[98601]** : 1760+, Longformacus & Duns, BEW, SCT **[21207]** : 1839-2005, Glasgow, LKS, SCT **[46251]** : PRE 1800, MLN & ARL, SCT **[18301]** : C1770, Fowlis Wester, PER, SCT **[25979]** : Lawrence, 1850+, Perth, PER, SCT **[21971]**

CAISSY : Roger, 1650+, Acadia, PEI & NS, CAN **[10261]** : 1758+, St.Malo & St.Servan, IL. ET VILAINE, FRA **[10261]**

CAITHNESS : C1825, Forfar, ANS, SCT & AUS **[10350]**

CAKE : 1800-1860, London, MDX & LEI, ENG **[33021]**

CALAHAN : 1800S, Tralee, KER, IRL **[27686]**

CALASBY : 1890-1930, Sheffield, WRY, ENG **[45534]**

CALBERSON : PRE 1700, SCT **[15014]** : C1870, Mishawaka, IN, USA **[15014]** : C1920, New York, NY, USA **[15014]** : C1850, Scranton, PA, USA **[15014]** : ALL, WORLDWIDE **[15014]**
CALBERSON (see One Name Section) [15014]
CALBERT : C1853, Sydney, NSW, AUS **[39155]** : C1860, Yandoit, VIC, AUS **[39155]**
CALCOTT : C1700-1850, Soulbury, BKM, ENG **[22070]**
CALCROFT : PRE 1762, Great Gonerby, LIN, ENG **[17037]**
CALCUTT : ALL, ENG **[42943]**
CALDCLEUGH (see One Name Section) [27388]
CALDECOAT : 1700, Meldreth, CAM, ENG **[46325]**
CALDECOTT : Fred, 1883-1941, LND, ENG **[22122]** : Rosa, 1843-1890, LND & LAN, ENG **[22122]** : Fred, 1883-1941, Kimberley & Johannesburg, RSA **[22122]**
CALDECUTT : Thomas, C1835-1900, LAN, ENG **[22122]**
CALDELARI : 1800+, Rancate, TI & NEU, CH **[37749]**
CALDER : 1880+, Hobart, TAS, AUS **[21258]** : PRE 1850, Marylebone, LND, ENG **[19785]** : 1750S, Stepney, MDX, ENG **[28060]** : 1820-1850, Innishannon, COR, IRL **[18001]** : C1864+, ONT, NZ **[34321]** ; 1820+, ABD, SCT **[45030]** : ALL, ABD, BAN & ELN, SCT **[46454]** : ALL, Castletown, CAI, SCT **[97801]** ; 1863, Crail, FIF, SCT **[34321]** : 1780+, Inverness, INV, SCT **[20742]** : PRE 1821, Edinburgh, MLN, SCT **[13799]** : Alexandrina, 1810-1830, Dallas, MOR, SCT **[39243]** : 1830+, Forres, MOR, SCT **[20742]** : ALL, WLN & MLN, SCT **[46454]**
CALDERARI (see : Caldelari), **[37749]**
CALDERWOOD : 1760+, Barr by Girvan, AYR, SCT **[44043]**
CALDICOTT : Catherine M., 1900+, Lambeth, LND, ENG **[17676]** : 1850+, Birmingham, WAR, ENG **[30107]**
CALDICUTT : 1800+, Kempsey, WOR, ENG **[30107]**
CALDWALL : ALL, SAL, WOR & HEF, ENG **[38907]**
CALDWEL : 1800, Lochwinnoch, RFW, SCT **[44105]**
CALDWELL : 1870+, Maryborough, QLD, AUS **[11282]** : 1850+, Ballarat, VIC, AUS **[42615]** : 1830+, Belleville, ONT, CAN **[17012]** : 1700S, Charlottenburg, ONT, CAN **[17012]** : 1800-1825, Eccles, LAN, ENG **[36126]** : PRE 1900, Warrington, LAN, ENG **[11282]** : ALL, NTT, STS & WAR, ENG **[38907]** : Hugh, 1839-1866, IRL **[99440]** : 1800S, Manorhamilton, LET, IRL **[99545]** : C1830+, TYR, IRL & AUS **[98674]** : Agnes, 1820S, Barr, AYR, SCT **[32050]** : PRE 1860, Eldersie, RFW, SCT **[42615]** : Hugh, PRE 1866, Chicago, IL, USA **[99440]** : 1700S, Cherry Valley, NY, USA **[17012]**
CALE : James, C1900-1920, London, ENG **[46272]** : Moses, PRE 1800, WLS & IRL **[46272]**
CALFE : William, 1800+, London, ENG **[10054]**
CALGHER : ALL, Sils Chur, GR, CH **[11582]**
CALHOUN : 1880-1960, WA, USA **[45291]**
CALKIN : 1700+, SAL, ENG **[17196]**
CALL : 1800-1850, INV, SCT **[42609]**
CALLABY : PRE 1900, NFK & LND, ENG **[29354]**
CALLADINE : James, 1775, Wargrave, BRK, ENG **[39967]**
CALLAGHAN : 1845+, Sydney, NSW, AUS **[31923]** : Francis, 1866+, Dalby, QLD, AUS **[36725]** : Peter, 1874, Dalby, QLD, AUS **[36725]** : John, 1881, Dalby, QLD, AUS **[36725]** : Veronica M., 1901+, Dalby, QLD, AUS **[36725]** : Thomas, 1873+, Longreach & Brisbane, QLD, AUS **[36725]** : 1842, TAS, AUS **[99187]** : Veronica M., 1920, Melbourne, VIC, AUS **[36725]** : 1870+, Gateshead, DUR, ENG **[28670]** : ALL, Newcastle-upon-Tyne, NBL, ENG **[36126]** : 1880+, YKS & DUR, ENG **[36126]** : John, 1830S, CAV, IRL **[14188]** : Francis, C1841, Mullaghmore, CAV, IRL **[99114]** : C1800, COR, IRL **[32016]** : PRE 1845, COR, IRL **[31923]** : 1805+, Carrigaline, COR, IRL **[21207]** : PRE 1795, Cork, COR, IRL **[40218]** : PRE 1850, Glanworth, COR, IRL **[22683]** : Cornelius, 1800S, Limerick & Charleville, COR, IRL **[30876]** : Timothy, ALL, Newtown & Shandrum, COR, IRL **[30876]** : C1890, Springville, COR, IRL **[13869]** : PRE 1855, Gort, GAL, IRL **[45357]** : John, 1800+, Dungarvan, WAT, IRL **[31580]** : ALL, Waterford, WAT, IRL **[41554]** : 1880+, ELN, SCT **[27842]**
CALLAHAN : 1800+, Grenagh, COR, IRL **[34221]**
CALLAN : John, 1884+, West Ham, ESS, ENG **[44968]** : Mabel Beatr., 1887+, West Ham, ESS, ENG **[44968]** : John, C1884, Fulham, MDX, ENG **[44968]**
CALLANAN : 1820+, Kapunda, SA, AUS **[20975]** : Mary, 1856-1915, Kapunda, SA, AUS **[20975]** : PRE 1850, Cork City, COR, IRL **[99052]** : 1800+, Kinvara, GAL, IRL **[13037]** : PRE 1836, OFF, IRL **[11773]**
CALLANDER : 1750-1850, Belfast, ANT, IRL **[30985]** : 1840+, Glasgow, LKS, SCT **[10516]** : 1800-1900, Edinburgh, MLN, SCT **[30985]**
CALLAR : ALL, VIC, AUS **[35240]**
CALLAWAY : 1830-1850, CON, ENG **[12231]** : 1800-1900, KEN, ENG **[40033]**
CALLCOTT : 1900+, Newcastle-upon-Tyne, NBL, ENG **[14513]** : ALL, SAL & CHS, ENG **[29113]**
CALLEN : PRE 1900, Raphoe, DON, IRL **[12708]** : PRE 1860, St.Johnstone, DON, IRL **[12708]**
CALLEY : 1850+, FIF, SCT **[13358]**
CALLICE : 1750-1850, Mexborough, YKS, ENG **[13326]**
CALLIGHAR : 1850+, Bungaree, SA, AUS **[33846]**
CALLINAN : Bridget, PRE 1845, Little Plains, Monaro, NSW, AUS **[13101]** : 1750-1850S, Newmarket, CLA, IRL **[27689]**
CALLISTER : Wm Crellin, 1820-1877, IOW & VIC, ENG & AUS **[39243]** : C1760, Malew, IOM **[20914]**
CALLOW : 1770-1850, Dartford, KEN, ENG **[46427]** : 1840-2000, Deptford & Lewisham, KEN, ENG **[46427]** : 1850-2000, Greenwich, KEN, ENG **[46427]** : PRE 1880, Birmingham, WAR, ENG **[34231]** : PRE 1850, IOM **[25329]** : 1700+, Maughold, IOM **[20742]**
CALLOWAY : PRE 1820, KEN, ENG **[46346]**
CALNAN : 1842, TAS, AUS **[99187]** : 1853, Avoca, VIC, AUS **[99187]** : 1800, Cork, COR, IRL **[99187]** : 1800+, Dunmanway, COR, IRL **[44175]**
CALNEK : 1800+, JAMAICA, W.INDIES **[34797]** : ALL, WORLDWIDE **[34797]**
CALQUHOWN : 1700S, ELN, SCT **[33245]**
CALTON : PRE 1800, Barlow, DBY, ENG **[17626]** : 1750+, Wirksworth, DBY, ENG **[42643]**
CALVEN : 1853, Stradbroke, SFK, ENG **[31079]**
CALVER : PRE 1900, ESS, ENG **[17094]** : 1852-1938, Stepney, MDX, ENG **[33867]** : PRE 1800, SFK, ENG **[39312]** : 1750, Peasenhall, SFK, ENG **[17704]** : 1800-1900, Wenhaston, SFK, ENG **[45735]**
CALVERLEY : 1750-1850, Green Hammerton, YKS, ENG **[13833]**
CALVERLY : ALL, Ashover, DBY, ENG **[46307]**
CALVERT : 1830+, Lanercost, CUL, ENG **[14513]** : 1670S, LAN, ENG **[34704]** : C1800, Great Harwood, LAN, ENG **[43844]** : PRE 1830, Great Harwood, LAN, ENG **[44078]** : Charles, 1886, Manchester, LAN, ENG **[41027]** : PRE 1900, LND & SRY, ENG **[19613]** : 1775-1900, Byker, Newcastle, NBL, ENG **[46503]** : PRE 1870, Scarborough, NRY, ENG **[46441]** : PRE 1850, St.Saviour, SRY, ENG **[19613]** : PRE 1850, Keighley & Haworth, WRY, ENG **[15823]** : PRE 1870, YKS, ENG **[25737]** : Elizabeth, C1783+, Knaresborough, YKS, ENG **[19964]** : 1700-1850, North Allerton, YKS, ENG **[40802]** : Robert, 1800+, St.Dennis, YKS, ENG **[41027]** : ALL, Swaledale, YKS, ENG **[34505]**
CALWAY : ALL, SOM & GLS, ENG **[36181]**
CAM : C1720-1770, LIN, ENG **[11536]**
CAMAISH : 1750+, Bride, IOM, UK **[42782]**
CAMBERS : 1800-1900, Cople, BDF, ENG **[18670]** : 1800-1900, Old Warden, BDF, ENG **[46313]**

CAMBIE : PRE 1860, TIP, IRL **[97805]**
CAMBRIDGE : 1880S+, Sydney, NSW, AUS **[46319]** : 1940+, BC, CAN **[46319]** : 1940+, Toronto, ONT, CAN **[46319]** : 1920S+, ENG **[46319]**
CAMBRY : 1550-1650, Great Rissington, GLS, ENG **[33347]**
CAME : PRE 1830, Blackawton & Dartmouth, DEV, ENG **[19727]**
CAMELY : 1848-1885, Dundee, ANS, SCT **[45900]**
CAMERON : ALL, AUS **[10046]** : John, C1840-45, Abercrombie River, NSW, AUS **[11540]** : Alexander, 1845+, Mendooran, NSW, AUS **[31762]** : John, 1858+, Mendooran, NSW, AUS **[31762]** : C1840+, Mendooran, NSW, AUS **[11540]** : 1850+, Redbank & Taree, NSW, AUS **[40994]** : C1850S, Gawler Town, SA, AUS **[13004]** : Gilbert, 1898+, Boort, VIC, AUS **[22409]** : Hugh, 1850S, Dunkeld & Penshurst, VIC, AUS **[11530]** : Robert, 1861, Gherunghap, VIC, AUS **[22409]** : 1880S, Mornington, VIC, AUS **[42615]** : Hugh & Ewen, 1812+, Red River Settlement, MAN, CAN **[17030]** : PRE 1905, Bruce Co., ONT, CAN **[16875]** : Grace, 1800+, Pendleton, ONT, CAN **[17030]** : 1858+, St.Catharines, ONT, CAN **[16267]** : 1890+, NZ **[13857]** : Mary, 1870+, Dunedin, NZ & AUS **[31159]** : 1810-1820, Stallenbosch, RSA **[12321]** : 1770-1820, SCT **[39994]** : C1800, Fort William, SCT **[12391]** : PRE 1848, Inverness, SCT **[20874]** : Allan, 1777, Stanton, SCT **[12321]** : 1840+, Strathdon & Glenmuick, ABD, SCT **[13857]** : Lizzie, 1860+, ANS, SCT **[43492]** : 1815+, Ardimunich & Aekmorton, ARL, SCT **[40994]** : Sarah, 1791, Kilchoan, ARL, SCT **[10993]** : Alexander, 1800S, Kilmallie, ARL, SCT **[11540]** : 1730+, Strone, ARL, SCT **[33825]** : Sarah, 1820-1910, Ballachulish, ARL & INV, SCT **[12716]** : 1826, Fordyce, BAN, SCT **[13857]** : ALL, Fort William, INV, SCT **[46195]** : 1800-1850, Inverness, INV, SCT **[12434]** : Angus, C1807, Keppoch, INV, SCT **[10604]** : PRE 1855, Kilmallie, INV, SCT **[30987]** : 1842, Lochaber, INV, SCT **[45687]** : 1800+, Snizort Skye, INV, SCT **[46201]** : John & Agnes, 1798+, Glasgow, LKS, SCT **[28140]** : 1800+, Glasgow, LKS, SCT **[20970]** : John, 1800-1870, Glasgow, LKS, SCT **[41444]** : Sarah, 1785, Fortingall, PER, SCT **[10998]** : Duncan, 1785, Fortingall, PER, SCT **[10998]** : ALL, Killichonan, Dull & Carie, PER, SCT **[20729]** : Andrew, 1823+, Paisley, RFW, SCT **[22409]** : Joseph Lang, 1826+, Paisley, RFW, SCT **[22409]** : John Connell, 1850, Paisley, RFW, SCT **[22409]** : John, C1790, Paisley, RFW, SCT **[22409]** : C1870, Paisley, RFW, SCT **[34651]** : Angus, 1820-40, Greenock & Glasgow, RFW & LKS, SCT **[26458]** : Colin, 1800-1850S, Strontian, ARL, SCT & AUS **[46384]** : 1800+, LKS & NSW, SCT & AUS **[29786]** : Nancy Ladner, 1890, Boston, MA, USA **[26458]** : 1780-1810, Beaver Co., PA, USA **[23415]** : 1750-1770, Chester Co., PA, USA **[23415]** : 1772-1780, Cumberland Co., PA, USA **[23415]**
CAMIES : Dinah, 1748-1819, Bentworth, HAM, ENG **[17907]**
CAMLEY : 1850+, Renfrew Co., ONT, CAN **[42927]** : PRE 1830, IRL **[42927]** : Mary, 1848-1885, Kilkeel, DON, IRL **[45900]**
CAMM : Jane, 1803+, Sydney, NSW, AUS **[39015]** : PRE 1845, Bourn, CAM, ENG **[45111]** : ALL, Wolverhampton, STS, ENG & AUS **[46317]** : ALL, WORLDWIDE **[42170]**
CAMMACK : 1861, Saxilby, LIN, ENG **[37617]**
CAMMAS : Joan, 1570-1638, Medstead, HAM, ENG **[17907]**
CAMMISH : 1840+, Scarborough, YKS, ENG **[34641]**
CAMMOCK : 1700-1800, Coningsby, LIN, ENG **[29715]**
CAMP : 1700-1800, DBY, ENG **[17540]** : Philip, C1740-1800, DEV, ENG **[25354]**
CAMPAIN : 1850+, Brunswick, VIC, AUS **[42296]**
CAMPANA : ALL, Metti, PARMA, ITL **[30065]**
CAMPBELL : Margaret, 1830+, AUS **[28813]** : Walter, 1870+, AUS **[28813]** : C1870+, NSW, AUS **[24449]** : John, 1872-1899, Armidale & Wellingrove, NSW, AUS **[34245]** : 1845+, Bombala, NSW, AUS **[11283]** : John, 1872-1899, Glen Innes, NSW, AUS **[34245]** : Henry, C1857, Hartley, NSW, AUS **[29314]** : Andrew G., PRE 1885, Hay, NSW, AUS **[42453]** : 1834-1843, Norfolk Island, NSW, AUS **[11283]** : Margaret, 1826, Sydney, NSW, AUS **[39155]** : C1870, Wattle Flat near Bathurst, NSW, AUS **[11716]** : James & Henry, 1859+, Brisbane, QLD, AUS **[28000]** : Keith Bruce, 1960+, Beaumont, SA, AUS **[39179]** : Peter, 1855+, Oatlands, TAS, AUS **[12236]** : James, 1853, (Lady Kennaway Ship), VIC, AUS **[10054]** : 1853+, Camperdown, VIC, AUS **[12163]** : 1860+, Geelong, VIC, AUS **[99174]** : 1856+, North Hamilton, VIC, AUS **[12163]** : Margaret, 1850S, Prahran, VIC, AUS **[99298]** : William, 1905+, ALB, CAN **[45631]** : Alexander, 1928-1943, Victoria, BC, CAN **[15785]** : Alexander, 1852-1942, Winnipeg, MAN, CAN **[15785]** : 1770+, NS, CAN **[41244]** : Clara L., 1878, Bruce Co., ONT, CAN **[99545]** : Dougald, 1846-1889, Craigleith, Grey Co., ONT, CAN **[31486]** : Alexander, 1847-1870, London, ONT, CAN **[15785]** : 1843+, Simcoe Co., ONT, CAN **[99433]** : Dugald, 1850+, Howick, QUE, CAN **[15885]** : Alexander, 1900-1929, Saskatoon, SAS, CAN **[15785]** : 1900-1913, Dawson City, YT, CAN **[99433]** : PRE 1814, Southampton, HAM, ENG **[19270]** : 1965+, Manchester, LAN, ENG **[16783]** : PRE 1835, Manchester, LAN, ENG **[46453]** : PRE 1840, Manchester, LAN, ENG **[34612]** : PRE 1850, Manchester, LAN, ENG **[31923]** : 1800-1835, St.George East, LND, ENG **[13014]** : Isabella, 1800S, Stepney, LND, ENG **[37692]** : Alexander, 1700S, North Shields, NTH, ENG **[43057]** : 1800-1900, SSX, ENG **[22114]** : 1860S, Port Stanley, FALKLAND IS. **[46519]** : Bon, PRE 1946, IRL **[99545]** : ALL, Belfast, ANT, IRL **[12186]** : PRE 1840, Carnmoney, ANT, IRL **[33428]** : James, C1840, Derrykeighan, ANT, IRL **[20935]** : PRE 1900, Upper Falls, ANT & DOW, IRL **[27219]** : John, C1790, ARM, IRL **[25654]** : C1820, CAR, IRL **[29314]** : 1800S, Bailieborough, CAV, IRL **[28000]** : William, 1840S, Killybegs, DON, IRL **[42168]** : Lewis, 1783+, GAL, IRL **[45631]** : 1773+, Lower Badoney, TYR, IRL **[39984]** : William, 1812-1889, Mornington Twp, Perth, TYR, IRL & CAN **[31446]** : John, 1867+, Lower Badoney, TYR, IRL & USA **[39984]** : 1894-1900, Campbeltown, RSA **[41109]** : Angus, 1800+, SCT **[33584]** : Charles, PRE 1800, SCT **[44999]** : PRE 1920, Glasgow, SCT **[33816]** : William, C1860, Rathen, ABD, SCT **[30182]** : James & Henry, 1850S, Dundee, ANS, SCT **[28000]** : PRE 1850, Dundee, ANS, SCT **[30310]** : C1800-1840, ARL, SCT **[33628]** : John, PRE 1820, Barrichbeyan, Craignish, ARL, SCT **[15787]** : Dougald, 1806+, Bowmore, Isle of Islay, ARL, SCT **[31486]** : PRE 1852, Creich, Mull, ARL, SCT **[12163]** : PRE 1800, Inverary, ARL, SCT **[22182]** : 1790-1852, Iona, ARL, SCT **[12163]** : ALL, Kilfinichen & Kilvickeon, ARL, SCT **[38498]** : PRE 1834, Kilmartin, ARL, SCT **[37594]** : Malcolm, 1855, Lochgilphead, ARL, SCT **[44207]** : James, C1856, Lochgilphead, ARL, SCT **[44207]** : PRE 1838, Morvern, ARL, SCT **[10948]** : Dougald, 1806+, Paisley, ARL, SCT **[31486]** : Ann, C1800, Port Ellen, ARL, SCT **[20914]** : William, 1700+, AYR, SCT **[19318]** : PRE 1870, Crosshill, AYR, SCT **[39479]** : Mary, C1818, Kirkoswald & Coylton, AYR, SCT **[14627]** : John, 1725+, Muirkirk, AYR, SCT **[30603]** : 1750+, Rothesay, BUT, SCT **[20970]** : C1820, Dollar, CLK, SCT **[10634]** : Archibald, C1800, Dumfries, DFS, SCT **[99106]** : 1750-1900, Cardross, DNB, SCT **[44072]** : 1770-1790, Old Kilpatrick, DNB, SCT **[25979]** : James, 1830+, Auchterderran, FIF, SCT **[21114]** : PRE 1835, Glenelg, INV, SCT **[40970]** : PRE 1850, Harris, INV, SCT **[37321]** : PRE 1844, Parish Petty, INV, SCT **[99433]** : ALL, Skye, INV, SCT **[27752]** : James, 1790+, Dalry, KKD, SCT **[28190]** : Mary, 1856+, Barony, LKS, SCT **[46246]** : William, 1700-1800, Glasgow, LKS, SCT **[12716]** : 1750-1870S, Glasgow, LKS, SCT **[36655]** : James, 1800-50, Glasgow, LKS, SCT **[10286]** : Kezia

Clare, 1820-1880, Glasgow, LKS, SCT **[41349]** : Frederick, 1829-1866, Glasgow, LKS, SCT **[41349]** : ALL, Glasgow, LKS, SCT **[12186]** : Flora, C1830, Glasgow, LKS, SCT **[39820]** : PRE 1855, Glasgow, LKS, SCT **[41372]** : C1810, Motherwell, LKS, SCT **[10985]** : 1750+, LKS & AYR, SCT **[28813]** : 1780+, Loanhead, MLN, SCT **[40792]** : James, PRE 1860, Penicuik, MLN, SCT **[25246]** : George, PRE 1700+, South Leith, MLN, SCT **[12363]** : PRE 1900, Forres, MOR, SCT **[45199]** : ALL, PER, SCT **[27752]** : ALL, Aberfoyle, PER, SCT **[27752]** : Sarah, 1820-1844, Kilmacolm, RFW, SCT **[15885]** : 1790-1840, Paisley, RFW, SCT **[25979]** : 1800+, Paisley, RFW, SCT **[21321]** : 1810+, Paisley, RFW, SCT **[18207]** : Frederick, 1829-1866, Paisley, RFW, SCT **[41349]** : 1800-1850, Pollokshields, RFW, SCT **[16096]** : Colin, 1895, Greenock, RFW & ARL, SCT **[44207]** : John, PRE 1860, Arderseir, ROC, SCT **[45199]** : 1780+, Barvas, ROC, SCT **[33506]** : PRE 1870, Plockton, ROC, SCT **[99600]** : C1750, Stirling, STI, SCT **[22182]** : Donald, 1791-1830, Pittintrail, SUT, SCT **[15785]** : Alexander, 1820-1844, Rogart, SUT, SCT **[15785]** : PRE 1840, Portpatrick, WIG, SCT **[46478]** : 1800+, SCT & AUS **[44409]** : Donald, C1800+, Tobermorey, Mull, ARL, SCT & AUS **[41271]** : Jessie, 1862, Glasgow, LKS & QLD, SCT & AUS **[44999]** : John, 1835-1873, ABD, NBL & DUR, SCT & ENG **[33584]** : 1800+, Tyree & Lochnell, ARL, SCT & NZ **[37286]** : 1893+, Port of Menteith & Callander, PER, SCT & RSA **[41109]** : 1820S, Burlington, NJ, USA **[26149]** : Charles F., 1867+, Hamilton Co., OH, USA **[23605]** : Wm. F., 1867+, Hamilton Co., OH, USA **[23605]** : 1800+, Brownsville, Fayette Co., PA, USA **[26761]** : Lachlan, 1900, San Antonio, TX, USA **[15785]** : James (Miss), C1800, WORLDWIDE **[38546]**

CAMPION : 1870+, Bathurst & Sydney, NSW, AUS **[10822]** : 1851+, Maitland, NSW, AUS **[44160]** : 1700-1800, North Thorsby, LIN, ENG **[42863]** : John, PRE 1790, MDX, ENG **[33584]** : C1790, NTT, ENG **[37795]** : Alfred, PRE 1845, Camberwell, SRY, ENG **[35297]**

CAMPKIN : PRE 1775, HRT, ENG **[39651]**

CAMPLEMAN : William, PRE 1800, Hull, ERY, ENG **[10054]**

CAMPLING : ALL, WORLDWIDE **[32804]**

CAMPTON : ALL, WORLDWIDE **[18521]**

CANARIS : ALL, AUS & USA **[26091]**

CANCUTT : 1700+, ENG **[41037]**

CANDEE : 1639+, CT & NY, USA **[23872]**

CANDISH : ALL, WORLDWIDE **[10790]**

CANDLISH : 1770, CUL, ENG & SCT **[30093]**

CANDY : 1800+, St.Just Penwith, CON, ENG **[26193]** : 1700S, Cloford, SOM, ENG **[14306]**

CANE : Daniel, 1812+, Cork, COR, IRL **[39179]**

CANHAM : 1850+, Hatfield, HRT, ENG **[18168]** : PRE 1870, Sutton Bridge, LAN, ENG **[38178]** : 1700+, NFK, ENG **[25427]** : PRE 1800, NFK, ENG **[42019]**

CANK : PRE 1896, ENG **[14030]**

CANN : 1790+, DEV, ENG **[46500]** : ALL, Bradworthy, DEV, ENG **[16254]** : 1700S, Crediton, DEV, ENG **[42718]** : 1860+, Swansea, GLA, WLS **[46500]**

CANNANE : Patrick, C1840, Derrynaveagh & Oatfield, CLA, IRL **[10705]**

CANNEE : 1770, North Allerton, NRY, ENG **[13853]**

CANNEL : 1750+, IOM **[11690]**

CANNELL : John Thomas, 1811+, IOM **[30880]** : William Henry, PRE 1870, IOM **[30880]** : C1800, Douglas, IOM **[20914]** : C1760, Malew, IOM **[20914]** : PRE 1860, Kirk Michael, IOM, UK **[36115]**

CANNICOTT : PRE 1800, Wells, SOM, ENG **[31316]** : William, 1740+, Donyatt, WIL, ENG **[31510]**

CANNING : 1620-1800, ESS, ENG **[39651]** : 1800+, West Mill, HRT, ENG **[99052]** : William, 1800+, Liverpool, LAN, ENG **[21088]** : PRE 1800, IRL **[12395]** : 1800+, Aghawoney, DON, IRL **[25998]** : 1800+, Kilmacrenan, DON, IRL **[25998]** : 1800+, Beith, AYR, SCT **[12395]**

CANNINGS : PRE 1900, Bighton, HAM, ENG **[25162]** : Mary, PRE 1825, Melksham, WIL, ENG **[42940]**

CANNON : 1870+, Mooloolaba, QLD, AUS **[14032]** : 1700S, Horsley, GLS, ENG **[19921]** : PRE 1900, Bexley, KEN, ENG **[34277]** : PRE 1850, Shorne, KEN, ENG **[34277]** : PRE 1900, Sutton-At-Hone, KEN, ENG **[34277]** : 1850+, Limehouse & Poplar, MDX, ENG **[45734]** : PRE 1846, Bramley, SRY, ENG **[27769]** : William, PRE 1850, Wakefield, WRY, ENG **[39429]** : ALL, WORLDWIDE **[45261]**

CANSFIELD : 1750-1850, Idle, YKS, ENG **[33347]**

CANT : 1850+, Kensington, LND, ENG **[31305]** : PRE 1850, St.Pancras & Kensal Town, MDX, ENG **[31305]** : ALL, Great Gonerby, LIN, ENG & AUS **[12182]** : PRE 1880, Inverkeithing, FIF, SCT **[41499]** : John, C1600+, Edinburgh, MLN, SCT **[35823]** : 1870+, Leith, MLN, SCT **[41499]**

CANTAN : 1700-2000, KEN, ENG **[14463]**

CANTELL : 1800+, Whole Island, JSY, CHI **[30086]** : 1700+, Southampton, HAM, ENG **[30086]**

CANTER : 1820-1860, St.George, LND, ENG **[39155]**

CANTERBURY : ALL, Bath, SOM, ENG **[12186]**

CANTIZE : Elizabeth, 1500S, Canterbury, KEN, ENG **[22796]**

CANTOPHER : ALL, Calcutta, BENGAL, INDIA **[41128]**

CANTRELL : ALL, DBY, ENG **[41370]** : ALL, Sheffield, YKS, ENG **[41370]** : ALL, YKS & DBY, ENG **[19854]** : PRE 1848, COR, IRL **[17745]**

CANTWELL : Michael, 1839+, Boorowa & Hovells Creek, NSW, AUS **[10998]** : C1850S+, Forest Creek & Hovells Creek, NSW, AUS **[10998]** : Edward, 1827-1887, Marsden, NSW, AUS **[13446]** : James, 1802-1870, Marulen, NSW, AUS **[13446]** : Patrick, 1858+, Adelaide, SA, AUS **[13446]** : James, 1831-1900, Bublacowie, SA, AUS **[13446]** : 1826+, TAS, AUS **[13446]** : 1850+, VIC, AUS **[36751]** : 1800-1826, OXF, ENG **[13446]** : 1700-1850, TIP, IRL **[43491]** : PRE 1850, Borrisoleigh, TIP, IRL **[36751]** : C1800+, Diakfield & Fethard, TIP, IRL **[10998]** : Michael, PRE 1832+, Gortnahoe, TIP, IRL **[10998]** : Michael, C1800-1830S, Killenaule, TIP, IRL **[10998]**

CANTWELL (see One Name Section) **[13446]**

CANTY : 1800+, ENG & IRL **[41880]** : PRE 1860, Dublin, IRL **[45881]** : PRE 1833, LIM, IRL **[11866]** : William, PRE 1910, RSA **[45881]**

CANWARDEN : 1625-1700, Wellingborough, NTH, ENG **[33347]**

CANWELL : 1700S, Alwalton, HUN, ENG **[10252]**

CAPALDO : ALL, Campo Di Giove, ABR, ITL **[22618]**

CAPEL : ALL, NSW, AUS **[13845]** : PRE 1828, Long Buckby & Stowenine Ch., NTH, ENG **[14076]** : 1800S, Cumnor, OXF, ENG **[36655]**

CAPELIN : PRE 1815, Bobbing, Upchurch, KEN, ENG **[18639]**

CAPENESS : 1840-1860, Settle, YKS, ENG **[33347]**

CAPET : ALL, WORLDWIDE **[26662]**

CAPEWELL : 1835+, Sydney & Yass, NSW, AUS **[46375]** : PRE 1820, Tamworth, STS, ENG **[46375]**

CAPLAN : 1900-1935, Manchester, LAN, ENG **[36656]**

CAPLE : 1860+, NSW, AUS **[12395]** : 1858-1896, Sydney, NSW, AUS **[12395]** : PRE 1860, Winscombe & Banwell, SOM, ENG **[12395]**

CAPLETON : PRE 1815, Bobbing, Upchurch, KEN, ENG **[18639]**

CAPLING : PRE 1900, KEN & SSX, ENG **[18921]**

CAPON : PRE 1850, Norwich, NFK, ENG **[11797]**

CAPP : 1550-1750, Great Chesterford, ESS, ENG **[11425]** : PRE 1800, Bermondsey, SRY, ENG **[41163]**

CAPPER : PRE 1750, Bromyard, HEF, ENG **[29715]** : 1820-1860, Market Drayton, SAL, ENG **[46501]** : PRE 1900, Whitchurch, SAL, ENG **[40026]**

CAPPITT : ALL, WORLDWIDE **[26662]**

CAPPS : PRE 1800, West Dereham, NFK, ENG **[28443]** : PRE 1957, MO & ND, USA **[45228]**
CAPPUR : PRE 1830, Whitewell, FLN, WLS **[40026]**
CAPRON : 1870+, Bristol, GLS, ENG **[10303]**
CAPSEY : 1700-1850, UK **[42799]**
CAPUA : 1700-1850, ENG **[46196]** : Rachel, C1800, London, ENG **[25700]**
CARBERRY : ALL, Paisley, RFW, SCT **[46443]**
CARBERY : ALL, Paisley, RFW, SCT **[46443]**
CARBIS : 1850+, AUS **[40816]** : 1800-1860, Paul, CON, ENG **[12589]**
CARBRY : ALL, Paisley, RFW, SCT **[46443]**
CARBURY : Elizabeth, 1830+, Bandon, COR, IRL **[45145]** : John, 1800+, Corravreeda, COR, IRL **[45145]** : ALL, Old Monkton, LKS, SCT **[46443]**
CARBUTT : C1800S, Stockton, YKS, ENG **[11526]**
CARD : 1868-1938, Woodbridge, ONT, CAN **[29528]** : PRE 1870, Chelmsford & Sandon, ESS, ENG **[38826]** : PRE 1820, Norwich, NFK, ENG **[31302]**
CARDEN : 1856-1900, London, SRY, ENG **[17109]** : 1700-1800, YKS, ENG **[17109]**
CARDIFF : 1850+, VIC & NSW, AUS **[99010]** : PRE 1850, IRL **[99010]**
CARDLE : PRE 1855, Stoke Damerel, DEV, ENG **[45111]**
CARDNO : 1800-1830, Aberdeen, ABD, SCT **[10037]** : 1820S-1950S, Aberdeen, ABD, SCT **[35294]** : 1700+, Fraserburgh, ABD, SCT **[10037]**
CARDON : Susannah, C1820-60, London, ENG **[13188]**
CARDOZA : ALL, WORLDWIDE **[40752]**
CARDOZO : ALL, WORLDWIDE **[40752]**
CARDUS : Elizabeth, 1840+, Whittlesey, HUN, ENG **[99174]** : 1700-1870, WRY, ENG **[99174]**
CARE : 1656+, Cowden & Sevenoaks, KEN, ENG **[34140]**
CARELESS : 1800-1850, Dudley, WOR, ENG **[17535]**
CAREW : 1863+, QLD, AUS **[12395]** : PRE 1860, Hobart, TAS, AUS **[39092]** : 1800+, Kilkenny, KIK, IRL **[12395]** : PRE 1850, TIP, IRL **[20974]** : PRE 1800, Clonmel, TIP, IRL **[12395]** : PRE 1850, TIP, IRL & AUS **[39092]**
CAREY : 1840+, Morpeth & Hexham, NSW, AUS **[42600]** : 1820+, Hobart, TAS, AUS **[29520]** : C1860+, Rutherglen, VIC, AUS **[36751]** : 1920+, Toronto, ONT, CAN **[15042]** : 1870+, Montreal, QUE, CAN **[15042]** : 1798-1855, Devonport & Stoke Damerel, DEV, ENG **[46457]** : 1850+, ESS, ENG **[15042]** : 1700+, Canterbury, KEN, ENG **[15042]** : Mary Watt, 1795, Canterbury, KEN, ENG **[10604]** : PRE 1840, KEN & SRY, ENG **[14733]** : John, 1700-1890, Kensington, LND, ENG **[41266]** : 1830+, Tottenham, MDX, ENG **[15042]** : James, PRE 1900, MDX, SRY & SSX, ENG **[25747]** : 1700+, Hooe & Ninfield, SSX, ENG **[30120]** : Paddy, 1790, Killaloe, CLA, IRL **[10610]** : 1850-1900, Mallow, COR, IRL **[33373]** : Sarah, 1795-1865, Mallow & Mitchelstown, COR, IRL **[13481]** : PRE 1806, Bellmullet, Doulough Point, MAY, IRL **[14030]** : Mary, PRE 1853, Banagher, OFF, IRL **[46245]** : C1800, Cashel, TIP, IRL **[25770]** : PRE 1853, Mullingar, WEM, IRL **[34748]** : 1880S, NLD, NZ **[43772]** : 1820+, Inveresk & Legerwood, ELN & BEW, SCT **[39928]** : Ann, 1850+, Edinburgh, MLN, SCT **[14760]**
CARFRAE : 1840+, AUS **[11124]** : 1850+, Burwood, NSW, AUS **[11124]** : ALL, MLN, SCT **[11124]**
CARGILL : C1830, Montrose, ANS, SCT **[39573]**
CARICKSON : Jane, 1780+, Stony Stratford, BKM, ENG **[28036]** : Jane, 1780+, Passenham, NTH, ENG **[28036]**
CARINE : ALL, IOM **[22456]**
CARIS : John D., 1880, Newcastle, DUR, ENG **[44939]**
CARL : Bernhardt, 1834-1854, Hamburg State, HBG, GER **[41629]**
CARLE : 1690+, St.John, NB, CAN **[42600]** : PRE 1850, Bristol, SOM, ENG **[13046]**

CARLESS : 1882+, Ravenswood, QLD, AUS **[99012]**
CARLETON : ALL, CUL, LAN & WES, ENG **[45906]** : 1700+, WES, ENG **[36126]**
CARLEY : PRE 1620, Isleham, CAM, ENG **[33428]** : PRE 1820, KEN, ENG **[45876]**
CARLILE : John, C1900, Melbourne, VIC & SA, AUS **[39083]**
CARLILE (see One Name Section) [39083]
CARLILL : 1760-1820, Whitby & Staithes, YKS, ENG **[28906]**
CARLIN : 1893+, Newcastle, NSW, AUS **[46280]** : 1880S, Warrnambool, VIC, AUS **[46221]** : C1823, Eastwood, NTT, ENG **[30714]**
CARLISLE : 1830+, Sydney, NSW, AUS **[44156]** : Ucilla, 1857-1904, Geelong, VIC, AUS **[46320]** : 1850-1900, ONT, CAN **[99025]** : 1870S, LAN, ENG **[13591]** : PRE 1850, Sheffield, WRY, ENG **[17350]**
CARLON : Annie, 1868+, Maitland, NSW, AUS **[25396]** : C1860, Maitland, NSW, AUS **[25396]** : C1879, Newcastle, NSW, AUS **[25396]** : Patrick, PRE 1859, Glenties, DON, IRL **[25396]**
CARLSEN : 1870+, Bundaberg & Charters Towers, QLD, AUS **[29236]** : Henry, 1860-1880, Stavanger, NOR **[21104]** : Henry, 1880+, Edinburgh, MLN, SCT **[21104]**
CARLSON : PRE 1855, Oskarshamn, KALMAR, SWE **[26955]** : Sven Johann, 1820S-2000S, Misterhult, KALMAR, SWE & AUS **[43996]**
CARLTON : 1855-1900, Bruce Co., ONT, CAN **[16365]** : 1855-1910, Grey Co., ONT, CAN **[16365]** : 1870-1910, Muskoka, ONT, CAN **[16365]** : ALL, CUL, LAN & WES, ENG **[45906]** : PRE 1870, Appleby, WES, ENG **[36126]** : 1755, Sutton in the Forest, YKS, ENG **[39856]** : 1800+, Cashel, TIP, IRL & AUS **[33921]**
CARLYLE : Jane, 1800+, Anderston, LKS, SCT **[28184]**
CARLYLE (see One Name Section) [39083]
CARLYON : John, 1794-1860, Falmouth, CON, ENG **[33584]+**
CARMALT : 1800+, Brook Hill (near Londonderry), LDY, IRL **[27842]**
CARMAN : PRE 1840, Cawston, NFK, ENG **[12460]** : PRE 1830, South Lopham, NFK, ENG **[42969]** : PRE 1835, Stanton, SFK, ENG **[42969]** : ALL, SSX, ENG **[46391]** : ALL, Barcombe, SSX, ENG **[20742]**
CARMICHAEL : Vera Maureen, 1943+, AUS **[45699]** : 1850+, Halifax, ERY, ENG **[36020]** : ALL, Hull, ERY, ENG **[36020]** : Sophia, PRE 1852, MDX, ENG **[34042]** : Thomas, PRE 1860, MDX, ENG **[34042]** : Harriet, PRE 1865, Mile End, MDX, ENG **[34042]** : PRE 1900, Doncaster, YKS, ENG **[36020]** : 1800-1870, Lislea, DRY, IRL **[21746]** : 1700+, Balquhidder, PER, SCT **[37236]** : PRE 1880, Dundee, ROC, SCT **[39820]**
CARMODY : 1853+, Brisbane, QLD, AUS **[46266]** : Thomas, 1850+, Melbourne, VIC, AUS **[12424]** : ALL, LND, ENG **[99598]** : 1800+, Gortclohy, KER, IRL **[36261]** : C1850, WAT, IRL **[26612]**
CARNABY : ALL, WORLDWIDE **[46419]**
CARNALL : PRE 1880, London, MDX, ENG **[46451]**
CARNE : PRE 1875, Budock, CON, ENG **[46251]** : 1700S, Maker, CON, ENG **[36950]** : ALL, SRY, ENG **[29471]** : ALL, Battersea, SRY, ENG **[29471]** : Thomas, 1820, Bermondsey, SRY, ENG **[35649]** : ALL, Lambeth, SRY, ENG **[29471]**
CARNEBY : ALL, WORLDWIDE **[46419]**
CARNEGIE : Catherine, 1860+, ENG **[97806]** : Catherine, 1860+, ENG **[97806]**
CARNELL : PRE 1714, Feniton, DEV, ENG **[10493]** : Elizabeth, C1791, Bredon, LEI, ENG **[18957]**
CARNEY : PRE 1861, Ipswich, QLD, AUS **[29774]** : 1855, Ballarat, VIC, AUS **[12058]** : PRE 1900, Belfast, ANT, IRL **[36528]** : PRE 1842, Kilkenny, KIK, IRL **[29774]**
CARNIEAL : 1800+, London, MDX, ENG **[10303]**
CARNOCHAN : H., PRE 1815, Kirkgunzeon, KKD, SCT **[12563]**

CARNSEW : 1700-1900, CON, ENG **[99052]** : 1800+, St.Kevern, CON, ENG **[21394]**
CARPENDALE : PRE 1790, Langar, NTT, ENG **[46441]**
CARPENTER : C1850, Liverpool, NSW, AUS **[10230]** : 1700-1750, Wolborough, DEV, ENG **[12641]** : 1750+, Portsea, HAM, ENG **[25427]** : ALL, HEF, ENG **[39386]** : ALL, Leigh, KEN, ENG **[11588]** : 1850+, Tunbridge Wells, KEN, ENG **[11588]** : 1800S, Thorganby, LIN, ENG **[39984]** : PRE 1860, Clerkenwell, LND, ENG **[28494]** : Elizabeth, 1796, Ealing, LND, ENG **[14184]** : 1800-1920, Kensal Green, LND, ENG **[41136]** : 1700+, Clerkenwell, MDX, ENG **[26022]** : 1750-1850, Bleadon, SOM, ENG **[17532]** : PRE 1650, Runnington, SOM, ENG **[10493]** : 1750-90, Taunton, SOM, ENG **[36282]** : ALL, SRY, ENG **[44815]** : ALL, Roehampton, SRY, ENG **[39564]** : ALL, Hastings, SSX, ENG **[39564]** : PRE 1863, Deverill, WIL, ENG **[11707]** : PRE 1854, Trowbridge, WIL, ENG **[15400]** : 1600-1750, Bromsgrove, WOR, ENG **[12641]** : 1850+, Big Prairie, MI, USA **[14513]** : 1700-1900, Berks Co., PA, USA **[25428]**
CARR : 1830+, NSW, AUS **[27634]** : 1850+, NSW, AUS **[13585]** : 1845+, Cudgegong, NSW, AUS **[27634]** : Edward, 1855-1875, Willoughby, NSW, AUS **[34140]** : 1860+, Brisbane, QLD, AUS **[13622]** : C1890, Devonport, TAS, AUS **[13244]** : 1826-1904, Launceston, TAS, AUS **[46343]** : 1850+, VIC, AUS **[13622]** : Robert, C1851, East Melbourne, VIC, AUS **[44279]** : Mary Ann, PRE 1875, East Melbourne, VIC, AUS **[44279]** : C1880, ENG **[13854]** : Elsie, 1919, London, ENG **[26430]** : 1800+, Eversholt, BDF, ENG **[42979]** : 1800S, Flitwick, BDF, ENG **[46193]** : Eustace C., 1904+, Flitwick, BDF, ENG **[42979]** : C1810, Colnbrook, BKM, ENG **[42557]** : PRE 1850, Darley Dale, DBY, ENG **[44078]** : 1850+, Burnfoot, DUR, ENG **[10330]** : 1800S, Heworth, DUR, ENG **[46193]** : John, PRE 1800, South Shields, DUR, ENG **[39386]** : Harry, C1870, Sunderland, DUR, ENG **[26430]** : 1780+, Eastrington, ERY, ENG **[30120]** : 1650-1850, Heslington, ERY, ENG **[30137]** : 1800S, Sancton, ERY, ENG **[11716]** : 1820+, Hatfield, HRT, ENG **[42600]** : Albert, 1901+, Beckenham, KEN, ENG **[42979]** : Henry J., 1901+, Beckenham, KEN, ENG **[42979]** : Annie L., 1901+, Beckenham, KEN, ENG **[42979]** : Maud E., 1901+, Beckenham, KEN, ENG **[42979]** : Alfred, 1901+, Beckenham, KEN, ENG **[42979]** : Emma, 1901+, Beckenham, KEN, ENG **[42979]** : William H., 1891+, Bromley, KEN, ENG **[42979]** : Elizabeth, 1891+, Bromley, KEN, ENG **[42979]** : Ernest, 1891+, Bromley, KEN, ENG **[42979]** : Florence, 1891+, Bromley, KEN, ENG **[42979]** : Sydney, 1901+, Bromley, KEN, ENG **[42979]** : Thomas H., 1820-1905, Bolton, LAN, ENG **[33584]** : C1838+, Hulme & Manchester, LAN, ENG **[17548]** : PRE 1850, Manchester, LAN, ENG **[13622]** : Jane, C1800, Alford, LIN, ENG **[18957]** : 1850+, Spalding, LIN, ENG **[46403]** : Hannah, 1700+, Stepney & Bethnal Green, LND, ENG **[17676]** : Crawford, 1800+, London, MDX, ENG **[22175]** : 1790-1820, Newcastle on Tyne, NBL, ENG **[12641]** : PRE 1870, Newcastle-on-Tyne, NBL, ENG **[27842]** : 1800+, North Shields, NBL, ENG **[14194]** : 1838, Rothbury, NBL, ENG **[13019]** : PRE 1870, Barford, NFK, ENG **[46403]** : 1850-1900, Norwich, NFK, ENG **[34651]** : Augustus Fred, 1884+, Swaffham, NFK, ENG **[13065]** : 1800S, Frome, SOM, ENG **[36950]** : Vince, PRE 1838, Maresfield, SSX, ENG **[11797]** :1700S, WES, ENG **[21221]** : 1800+, Keighley, WRY, ENG **[25998]** : PRE 1800, Barnsley, WRY & DUR, ENG **[16233]** : 1740S, Fenston, YKS, ENG **[12318]** : 1815+, Sevenoaks, KEN, ENG & AUS **[34140]** : Ellen, 1790-1808, LAN, ENG & AUS **[46225]** : 1700+, Hexham & Edinburgh, NBL & MLN, ENG & SCT **[37236]** : 1800-1850, ARM, IRL **[12434]** : PRE 1870, ARM, IRL **[40914]** : 1800+ARM, IRL **[12434]** : PRE 1850, Cluness, CAV & MOG, IRL **[13584]** : Thomas, PRE 1850, Ballinasloe & Tuam, GAL, IRL **[41089]** : Thomas, PRE 1950, Dunmore & Kiltivna, GAL, IRL **[41089]** : Michael, 1820+, KIK, IRL **[40534]** : 1800+, Kilkenny, KIK, IRL **[13585]** : 1780S, Ardboe, TYR, IRL **[42542]** : 1874+, NZ **[20925]** : PRE 1875, Leeston, CBY, NZ **[40914]** : Ann, 1800-1840, Arbroath, ANS, SCT **[16075]** : 1800+, Collace, PER, SCT **[25529]** : David, PRE 1940, Chicago, IL, USA **[41089]** : Patrick, PRE 1940, Providence, RI, USA **[41089]**
CARRETT : 1900S, Quadring, LIN, ENG **[20938]**
CARRICK : 1847-1890, Noarlunga, SA, AUS **[31153]** : James Todd, PRE 1847, ARM, IRL **[31153]** : ALL, CLA, IRL & AUS **[44300]**
CARRIDGE : 1700S, Lympstone, DEV, ENG **[34140]**
CARRIE : 1800+, CLA, IRL **[45925]** : 1800, Caerlarerock, KKD, SCT **[13914]**
CARRIER : Isabel, 1800+, Les Cayes, STE. DOMINGUE, CARIBBEAN **[22470]** : PRE 1846, Longstanton, CAM, ENG **[39860]** : ALL, Faversham, KEN, ENG **[46460]** : 1860+, Faversham & Eastry, KEN, ENG **[38082]**
CARRIERE : Jamme Dit, 1687+, QUE & ONT, CAN **[16123]**
CARRIERE (see One Name Section) **[16123]**
CARRIGAN : ALL, NSW, AUS **[28150]** : 1800+, CLA, IRL **[45925]**
CARRINGTON : PRE 1698, ENG **[13868]** : ALL, London, ENG **[13855]** : 1650-1900, Northeast, ESS, ENG **[16383]** : William, 1856+, Great Gransden, HUN, ENG **[25654]** : 1750+, Chelmondiston, SFK, ENG **[16383]** : 1600+, Leeds, YKS & CHS, ENG **[13868]** : 1830+, New Plymouth, TRK, NZ **[35935]**
CARRION : Josef, 1650+, Cartagena, ESP **[22470]**
CARRISON : C1770, NFK, ENG **[46324]**
CARROL : PRE 1850, COR, IRL **[22130]**
CARROLL : 1898+, AUS **[46310]** : 1926+, AUS **[46310]** : Michael, C1920, Mascot & Sydney, NSW, AUS **[30653]** : Michael, 1880+, Nymagee, NSW, AUS **[30653]** : Joseph, 1852+, Sydney, NSW, AUS **[31580]** : Joseph, 1850+, Ballarat, VIC, AUS **[41228]** : Patrick, 1852+, Bendigo & Kyneton, VIC, AUS **[30653]** : Timothy Peter, 1850+, Geelong, VIC, AUS **[41228]** : Henry, C1862, Kyneton, VIC, AUS **[30653]** : 1780+, VIC & KID, AUS & IRL **[40480]** : Mary Ann, 1822, Newington Butts, LND, ENG **[10318]** : Mary, PRE 1880, Killaloe, CLA, IRL **[34643]** : 1850S, Bruree, LIM, IRL **[34748]** : C1819, MEA, IRL **[45687]** : Peter, C1828, Clonee & Dunboyne, MEA, IRL **[26823]** : C1838, Killeevan, Rawdeerpark, MOG, IRL **[36751]** : William, 1800+, Enniscorthy, WEX, IRL **[31580]** : 1780+, LIM, IRL & AUS **[46262]** : ALL, Loughkeen, TIP, IRL & AUS **[44256]** : William, 1840, PA, USA **[16819]**
CARRULTERS : PRE 1814, Kilbarchan, RFW, SCT **[35218]**
CARRUTHERS : C1850, West Maitland, NSW, AUS **[12371]** : PRE 1870, Arthuret, CUL, ENG **[46505]** : PRE 1817, Carlisle, CUL, ENG **[37847]** : 1850-1930, Grays, ESS, ENG **[45847]** : Johnson, 1800+, Liverpool, LAN, ENG **[34641]** : 1800-1900, Gilling, NRY, ENG **[34981]** : ALL, Great Musgrave, WES, ENG **[34981]** : C1800, Dumfries, DFS, SCT **[30120]** : 1800-1910, Ballieston & Glasgow, LKS, SCT **[21227]** : 1800-20, Lanark, LKS, SCT **[45082]** : PRE 1814, Kilbarchan, RFW, SCT **[35218]**
CARSE : John, 1880+, Melbourne, VIC, AUS **[32035]** : Sarah, 1860-1900, Ballygowan, DOW, IRL **[40490]**
CARSON : William, 1800-1850, ANT, IRL **[13326]** : PRE 1860, ANT, IRL **[26881]** : ALL, Dundee, ANS, SCT **[11092]** : 1750+, Thornhill, DFS, SCT **[13129]**
CARSTAIRS : 1830+, Kingsbarns & Crail, FIF, SCT **[34321]**
CARSWELL : 1858+, HBY, NZ **[25538]** : 1853+, WRP, NZ **[25538]** : 1852+, WTN, NZ **[25538]** : 1795-1850, Dunlop, ELN, SCT **[99047]** : PRE 1852, FIF, SCT **[25538]** : 1800+, Glasgow, LKS, SCT **[21394]**
CART : PRE 1880, Orton on the Hill, LEI, ENG **[19179]**
CARTAGENA : Juan, PRE 1835, Caracas, VENEZUELA **[22470]**

CARTE : PRE 1900, VIC, AUS **[14268]** : PRE 1880, Orton on the Hill, LEI, ENG **[19179]** : ALL, WORLDWIDE **[14268]**

CARTER : Elizabeth, 1800S, Broke, NSW, AUS **[46309]** : ALL, Broke, NSW, AUS **[12182]** : 1840+, Hunter Valley, NSW, AUS **[32908]** : 1872+, Uralla, NSW, AUS **[11715]** : 1816+, Warkworth, NSW, AUS **[13828]** : 1850+, VIC, AUS **[12481]** : William, 1888, Melbourne, VIC, AUS **[99599]** : Thomas, C1845, Uralla, NSW & SSX, AUS & ENG **[42466]** : Robert, 1800, CAN **[28513]** : 1850S+, ENG **[44726]** : ALL, Central London, ENG **[37125]** : 1800S, Beaconsfield, BKM, ENG **[18273]** : 1700+, Cookham, BRK, ENG **[46460]** : 1830+, Reading, BRK, ENG **[38681]** : PRE 1760, Uffington, BRK, ENG **[27219]** : 1809, Caldecot, CAM, ENG **[37156]** : PRE 1850, Castle Camps, CAM, ENG **[41163]** : Samuel, 1789, Whittlesey, CAM, ENG **[14290]** : Charles, PRE 1783, Whittlesey, CAM, ENG **[14290]** : PRE 1850, CHS, ENG **[36551]** : C1840, Burton, CHS, ENG **[39573]** : ALL, Frodsham, CHS, ENG **[20135]** : ALL, Wincham, CHS, ENG **[30281]** : 1750-1900, Camborne, CON, ENG **[20835]** : James, PRE 1800, Egloshayle, CON, ENG **[13031]** : Thomas, 1700-1800, Gwinear, CON, ENG **[26580]** : 1800+, Whitehaven, CUL, ENG **[46250]** : PRE 1849, DEV, ENG **[14348]** : 1800+, Exeter, DEV, ENG **[44072]** : PRE 1850, Meavy, DEV, ENG **[24873]** : John, 1800+, ESS, ENG **[39527]** : James, ALL, ESS, ENG **[11213]** : Mary, 1740-1790, Gesting Thorpe, ESS, ENG **[37633]** : ALL, Bitton, GLS, ENG **[44007]** : PRE 1833, Bristol, GLS, ENG **[41477]** : PRE 1900, HAM, ENG **[45046]** : 1500+, Netley & Hound, HAM, ENG **[16505]** : James, 1822, Portsmouth, HAM, ENG **[17580]** : 1800+, South Stoneham, HAM, ENG **[16505]** : 1770-1820, Ardeley, HRT, ENG **[10646]** : 1840-1900, Bengeo, HRT, ENG **[10646]** : 1700-1800S, Wallington & Clothall, HRT, ENG **[10697]** : 1840+, KEN, ENG **[12481]** : Tom, 1888+, Folkestone, KEN, ENG **[99599]** : Muriel, 1902+, Folkestone, KEN, ENG **[99599]** : Wallace, 1902+, Folkestone, KEN, ENG **[99599]** : 1800S, LAN, ENG **[34704]** : 1800+, Wavertree & Liverpool, LAN, ENG **[12481]** : C1800, Leicester, LEI, ENG **[22182]** : Baron Lawr., PRE 1745, LEI & LND, ENG **[41477]** : Henry, PRE 1835, Bermondsey, LND, ENG **[44111]** : 1800+, Camberwell, LND, ENG **[46357]** : ALL, Camberwell, LND, ENG **[37125]** : ALL, Peckham, LND, ENG **[37125]** : PRE 1850, Southgate & Edmonton, LND, ENG **[45036]** : ALL, Westminster, LND, ENG **[37125]** : 1800+, Woodford, LND, ENG **[36710]** : 1790-1930, Chelsea, MDX, ENG **[38980]** : 1860+, Chelsea, MDX, ENG **[25770]** : Charles, C1860, Kensington, MDX, ENG **[25770]** : Peter, 1785, NFK, ENG **[46326]** : Sarah, 1815, NFK, ENG **[46326]** : Edward, 1861+, East Rudham, NFK, ENG **[25654]** : C1780, Bilsdale, NRY, ENG **[19862]** : PRE 1800, Richmond, NRY, ENG **[36505]** : PRE 1800, OXF, ENG **[45857]** : PRE 1690, Witney, OXF, ENG **[33428]** : PRE 1800, OXF & BRK, ENG **[30612]** : 1550-1750, Barningham, SFK, ENG **[10850]** : Sarah, PRE 1770, Debenham, SFK, ENG **[36275]** : 1800-1850, Thurlow, SFK, ENG **[13014]** : Joseph, 1796, Weare, SOM, ENG **[13828]** : 1850+, Brighton, SSX, ENG **[11715]** : 1600-1900, Pulborough & Petworth, SSX, ENG **[20967]** : 1660-1800, Leigh & Checkley, STS, ENG **[19713]** : Obadiah, 1836-1897, WIL, ENG **[10485]** : 1830+, Bradford on Avon, WIL, ENG **[26101]** : PRE 1850, Calne, WIL, ENG **[32907]** : C1700, Cannings, WIL, ENG **[11113]** : Thomas, PRE 1841, Fighelean, WIL, ENG **[33766]** : PRE 1800, Horningsham, WIL, ENG **[30589]** : PRE 1870, Warminster, WIL, ENG **[41136]** : 1800, Zeals, WIL, ENG **[40499]** : 1740-1800, Meltham, WRY, ENG **[46201]** : 1700+, Arkengarthdale, YKS, ENG **[28513]** : ALL, Danby, Lastingham, YKS, ENG **[33901]** : 1825+, Wigan, LAN & VIC, ENG & AUS **[34119]** : Rose, PRE 1855, IRL **[42893]** : PRE 1863, WEX, IRL **[13143]** : William, 1800, Leaville, USA **[28513]** : 1854+, Allegan & Casco, MI, USA **[46269]** : William, 1750S, West Bend, OH, USA **[16842]** : William, 1800S, Haddington, Phila Co., PA, USA **[22756]** : Wm, C1750S, Washington Co., PA & OH, USA **[16842]**

CARTHEW : 1795+, Gwithian, CON, ENG **[12481]** : 1830+, St.Blazey, CON, ENG **[12481]**

CARTHY : PRE 1850, London, MDX, ENG **[24945]** : PRE 1850, Borrisokane, TIP, IRL **[10493]**

CARTIN : Mary, PRE 1837, LDY, IRL **[10399]**

CARTLAND : ALL, WORLDWIDE **[16811]**

CARTLEDGE : 1750+, STS, ENG **[18501]** : 1700+, Stoke on Trent & Burslem, STS, ENG **[46299]**

CARTLIDGE : 1800S, Burslem, STS, ENG **[16149]** : 1700+, Stoke on Trent & Burslem, STS, ENG **[46299]**

CARTLITCH : 1700+, Stoke on Trent & Burslem, STS, ENG **[46299]**

CARTMELL : 1700-1900, SCT **[43491]**

CARTRWRIGHT : ALL, Kingswinford, STS, ENG **[44223]**

CARTWRIGHT : 1878-1883, Northcote, QLD, AUS **[14197]** : PRE 1950, Hobart & Bothwell, TAS, AUS & ENG **[11873]** : C1830, St.Oswald Chester, CHS, ENG **[14197]** : C1750+, Hornchurch, ESS, ENG **[27719]** : 1530, Royston, HRT, ENG **[35184]** : 1800+, Tring, HRT, ENG **[29783]** : C1844, Bolton, LAN, ENG **[14197]** : PRE 1860, LIN, ENG **[18042]** : John, PRE 1850, Chelsea, LND, ENG **[18042]** : PRE 1830, Brighton, SSX, ENG **[31302]** : PRE 1800, Draycott in the Moors, STS, ENG **[19641]** : 1700+, Wombourn, STS, ENG **[15793]** : 1650-1700, Bromsgrove & Stourbridge, WOR, ENG **[41039]** : C1730, Holmfirth, YKS, ENG **[39573]**

CARTY : Charlotte H., C1840, Sydney, NSW, AUS **[10102]** : C1868+, Yandoit, VIC, AUS **[36751]** : 1870S, Dublin, IRL **[39672]** : ALL, Sligo, SLI, IRL **[21088]** : ALL, Courthill, Borrisokane, TIP, IRL **[25702]** : Michael, 1800+, Ballymure, WIC, IRL **[25489]** : 1800+, Wellington, NZ **[39672]**

CARUERTH : PRE 1666, St.Gluvias, CON, ENG **[46251]**

CARVELL : ALL, Everdon, NTH, ENG **[19542]** : 1750-1850, Newnham, NTH, ENG **[19542]**

CARVER : 1810, Bristol, GLS, ENG **[18340]** : 1750-1850, LEI, ENG **[28609]** : 1690+, Ibstock, LEI, ENG **[21207]** : John, 1842-1910, Melton Mowbray, LEI, ENG **[20793]** : Isaac, 1563-1640, Boston, LIN, ENG **[20793]** : 1830S, Brompton, MDX, ENG **[18340]** : ALL, London & NFK, ENG **[18005]** : ALL, Over Silton & Sessay, NRY, ENG **[42974]** : 1700+, Frostenden, SFK, ENG **[36435]** : 1853, Stradbroke, SFK, ENG **[31079]** : 1820-1920, Burton & Worth, SSX, ENG **[46313]** : 1770, Atherstone, WAR, ENG **[18340]** : 1400-1700, Doncaster, YKS, ENG **[20793]** : Robert, C1540-C1610, Doncaster, YKS, ENG **[20793]** : Simon, 1735-1825, Northallerton, YKS, ENG **[20793]** : William, 1766+, Northallerton, YKS, ENG **[20793]** : Robert, 1787-1845, Madras, INDIA **[20793]** : 1650-1900, JAMAICA **[20793]** : Robert Wm. I., 1838-1907, Napier, HB, NZ **[20793]** : 1630-1900, MA, USA **[20793]** : Robert, 1594-1680, Marshfield, MA, USA **[20793]** : 1682-1900, PA, USA **[20793]**

CARVIN : PRE 1850, IRL **[45614]**

CARWITHEN : Digory, PRE 1600, London, ENG **[44149]** : Digory, PRE 1600, MDX, ENG **[44149]**

CARWOOD : 1600-2004, Melbourne, VIC & QLD, AUS **[18005]** : 1800-2004, London, MDX, ENG **[18005]** : 1600-1850, Norwich, NFK, ENG **[18005]** : 1750, Watlington, OXF, ENG **[28092]** : 1600-1800, Biggar, LKS, SCT **[18005]** : 1840-1870, Rhea, TN, USA **[18005]** : 1550-2004, WORLDWIDE **[18005]**

CARWOOD (see One Name Section) **[18005]**

CASARTELLI : 1800+, Liverpool, LAN, ENG **[30823]**

CASASOLA : 1860+, Manchester, LAN, ENG **[10886]**

CASBOURN : 1816-1870, Kintbury, BRK, ENG **[99174]** : 1860-1875, Oxford, OXF, ENG **[99174]**

CASE : 1500+, CUL & LAN, ENG **[17162]** : PRE 1801, Putney, SRY, ENG **[26253]** : 1800+, PA, USA **[15931]**

CASELTON : 1900+, Bromley, KEN, ENG **[33542]**
CASEY : C1870, Bowna, NSW, AUS **[98674]** : 1871+, Cooma & Adaminaby, NSW, AUS **[10263]** : 1860S, Kayuga, NSW, AUS **[42375]** : C1830, Liverpool, NSW, AUS **[10177]** : C1850, Carlisle, CUL, ENG **[34612]** : 1800+, Coventry, WAR, ENG **[45866]** : PRE 1856, Huddersfield, YKS, ENG **[45893]** : 1850+, Tamul Nadu & Madras, INDIA **[26382]** : 1800S, Mitchelstown, COR, IRL **[39102]** : Margaret, 1840+, Mitchelstown, COR, IRL **[14163]** : Johanna, C1830+, Killarney, KER, IRL **[38548]** : PRE 1830, Kilkenny, KIK, IRL **[10277]** : PRE 1870, Adare, LIM, IRL **[98674]** : 1850+, COR, IRL & AUS **[98674]** : 1860-1900, Boston, MA, USA **[23523]**
CASH : 1750+, Knutsford, CHS, ENG **[12084]** : C1675, Rothwell, LIN, ENG **[17037]** : John, 1805-1876, Stafford, STS, ENG & AUS **[46225]**
CASHATT : 1800-1900, OH, USA **[28614]**
CASHIN : 1680+, Braddan, IOM **[20742]**
CASHMAN : 1850+, Sydney, NSW, AUS **[35989]** : PRE 1835, COR, IRL **[26745]** : Daniel, PRE 1845, COR, IRL **[41456]** : PRE 1840, Glanmire, COR, IRL **[41456]** : 1790-1860, Rathcormac, COR, IRL **[35989]**
CASHMORE : PRE 1836, London, ENG **[11662]** : 1800+, London & Worcester, MDX & WOR, ENG **[39096]** : 1790+, Birmingham, WAR, ENG **[18128]**
CASKETER : C1790, Weeley, ESS, ENG **[37024]**
CASKIE : ALL, NZ **[20909]** : ALL, Dunoon, ARL & DNB, SCT **[20909]** : ALL, WORLDWIDE **[20909]**
CASLAKE : ALL, ENG **[11213]**
CASLEY : 1840S, Sydney, NSW, AUS **[20556]** : PRE 1725, CON, ENG **[31186]** : PRE 1830, Morvah, CON, ENG **[20742]** : PRE 1840, Penwith, CON, ENG **[46383]** : ALL, IRL **[28134]** : PRE 1853, CAV, IRL **[28134]**
CASON : 1690-1900, Langham, ESS, ENG **[13430]** : PRE 1740, Bovingdon, HRT, ENG **[33428]**
CASPER : Amelia, 1847, London, ENG **[11662]** : PRE 1853, PRE, GER **[11662]**
CASS : ALL, Yarpturk & Holycross, VIC & TIP, AUS & IRL **[45823]** : 1900+, Breaston, DBY, ENG **[44947]** : 1840+, Walworth, SRY, ENG **[30107]**
CASSADY : PRE 1846, Port Fairy, VIC, AUS **[40615]**
CASSELL : 1850+, Rotherhithe, LND, ENG **[17514]** : PRE 1839, Nottingham, NTT, ENG **[20068]**
CASSELLS : ALL, Belfast & Tannaghmore North, ANT & ARM, IRL **[27219]** : PRE 1881, Kilmarnock, AYR, SCT **[25755]**
CASSELS : 1918+, BC, CAN **[14435]** : 1800+, DNB, SCT **[14435]** : ALL, WORLDWIDE **[19035]**
CASSERLEY : 1800-1999, Killucan, WEM, IRL **[41266]**
CASSEY : Mary, 1830+, Waterford, WAT, IRL **[21155]**
CASSIDY : 1870, Jimbour, QLD, AUS **[13869]** : Thomas, C1850, Gawler, SA, AUS **[13004]** : 1800+, ONT, CAN **[16362]** : 1850+, DUR, ENG **[46382]** : ALL, IRL **[16757]** : 1800+, DON, IRL **[16362]** : 1850, Tullinteane, DON, IRL **[12222]** : C1840, Corraclare, FER, IRL **[13869]** : 1760-1870S, Galway, GAL, IRL **[23986]** : Elizabeth, 1760-1870S, Galway, GAL, IRL **[23986]** : 1790-1920, Naas, KID, IRL **[30127]** : 1800+, Edinburgh, MLN, SCT **[11478]**
CASSIE : PRE 1850, ABD & KCD, SCT **[27320]**
CASSILES : C1719, Paisley, RFW, SCT **[14030]**
CASSIN : PRE 1853, Derrynaseera, LEX, IRL **[22683]**
CASSON : ALL, CUL, ENG **[46505]** : 1700+, Ulpha, CUL, ENG **[10775]** : ALL, Ulpha, CUL, ENG **[13984]**
CASSWELL : PRE 1852, Ebbw Vale, MON, WLS **[46449]**
CASTEEL : Sarah Cath., 1860+, Morgantown, WV, USA **[26142]**
CASTELL : 1880-1990, Hamilton, ONT, CAN **[26897]**
CASTLE : 1650-1800, BKM, ENG **[38307]** : C1725-1775, DUR & NRY, ENG **[37169]** : 1780+, Hern Hill & Dover, KEN, ENG **[31305]** : PRE 1830, Lyminge-Hythe, KEN, ENG **[25306]** : PRE 1800, Womenswold & Ickham, KEN, ENG **[32230]** : 1700+, Chelsea, LND, ENG **[45671]** : PRE 1839, Nottingham, NTT, ENG **[20068]** : 1545-1657, Shipton under Wychwood, OXF, ENG **[39706]** : Mary, 1800-1900, Holme & Fulstone, WRY, ENG **[20729]** : 1700-99, Hull, YKS, ENG **[20057]** : John, 1700-1860, Kelshall, HRT, ENG & AUS **[28013]** : 1827, Hammersmith, LND, ENG & AUS **[13019]** : 1500-1900+, Fyvie & Rhynie, ABD, SCT **[26897]**
CASTLEDEN : 1859+, Tottenham, ESS, ENG **[28495]**
CASTLEDINE : ALL, ENG **[19481]** : 1670+, Syston, LEI, ENG **[20578]**
CASTLEMAN : 1800-1866, Biggleswade, BDF, ENG **[17436]** : 1800-1866, Wimborn, DOR, ENG **[17436]** : 1800-1866, Stockton, WAR, ENG **[17436]**
CASTLES : 1860+, Young, NSW, AUS **[10314]** : 1788+, Sunderland, DUR, ENG **[20742]** : PRE 1900, Annaloiste & Tannaghmore North, ARM, IRL **[27219]** : 1800S, POL **[30281]**
CASTLETON : C1850+, Tumut, NSW, AUS **[11860]**
CASTLEY : ALL, AUS **[40533]** : PRE 1870, Carlisle, CUL, ENG **[46505]** : PRE 1870, Shap, WES, ENG **[46505]**
CASTLO : C1780-1850, Deptford, KEN, ENG **[42761]**
CASWALL : ALL, ENG **[43881]**
CASWELL : 1849+, Brisbane, QLD, AUS **[13838]** : 1800-1900, Stanton-St-Quinton, WIL, ENG **[44946]** : 1835+, Kidderminster, WOR, ENG **[46297]**
CATALAAN : Petronella, PRE 1850, The Hague, NL **[39745]**
CATALON : Louis, 1700-1800, LGD, FRA **[39745]**
CATAPODE : 1750-1850, ENG **[40996]**
CATCHBILL : 1750-1850, Crowland & Spalding, LIN, ENG **[31761]**
CATCHPOLE : 1859, St.Pancras, LND, ENG **[14306]** : 1700+, SFK, ENG **[39061]**
CATE : PRE 1858, HAM, ENG **[40914]**
CATER : 1647-1672, Elstow & Bromham, BDF, ENG **[41109]** : PRE 1900, CAM, ENG **[28275]** : PRE 1800, Devonport, DEV, ENG **[42518]** : 1600+, Widecombe, DEV, ENG **[10383]** : 1819-1827, Canterbury & Dover, KEN, ENG **[41109]** : ALL, NFK & SFK, ENG **[30351]** : 1672-1852, Stapleton, GLS, ENG & USA **[41109]** : 1857-1939, Port of Menteith & Callander, PER, SCT **[41109]**
CATERAN : Nicholas, C1709, Hetton le Hole, DUR, ENG **[39380]**
CATH : Kerzia, 1750+, Eboney, KEN, ENG **[35280]**
CATHCART : 1867+, VIC, AUS **[25654]**
CATHERALL : 1650+, Luton, BDF, ENG **[18273]**
CATHERINE : C1700, Hetton le Hole, DUR, ENG **[39380]**
CATHIE : 1700+, Gladsmuir, ELN, SCT **[13129]** : 1750+, Haddington, MLN, SCT **[20551]**
CATHRO : 1850+, Wanganui, NZ **[10985]** : C1960, Johannesburg, RSA **[10985]** : C1850, Kilrenny, FIF, SCT **[10985]** : Alexander, C1710, Meigle, PER, SCT **[10035]** : 1800+, WORLDWIDE **[10985]**
CATION : David, 1700-1850, Dundee, ANS, SCT **[35039]**
CATIONS : ALL, WORLDWIDE **[35039]**
CATLIN : Luke, C1855, ENG **[18957]** : ALL, Shirehampton, GLS, ENG **[46464]** : 1890+, Bethnal Green, LND, ENG **[17092]**
CATLING : PRE 1850, ESS, ENG **[38517]** : 1770+, Kenninghall, NFK, ENG **[19865]**
CATON : PRE 1860, Ramsey, HUN, ENG **[36402]** : 1780-1815, Ipswich, SFK, ENG **[17777]**
CATT : 1700-1800, SSX, ENG **[18857]** : 1804+, Brede, SSX, ENG **[46269]** : PRE 1860, Northiam, SSX, ENG **[45089]** : Thomas, 1776, Salehurst, SSX, ENG **[31510]**
CATTANACH : Janet, 1740+, Crathie, ABD, SCT **[41477]**

CATTE : Eliza, 1800+, Brede, SSX, ENG **[11745]**
CATTELL : 1854+, Armidale, NSW, AUS **[32908]**
CATTERALL : Thomas, C1800, Chorley, LAN, ENG **[16125]**
CATTERSON : Samuel Prince, 1850+, Streatham, SRY, ENG **[12320]**
CATTILL : PRE 1820, Tottenham, MDX, ENG **[37156]**
CATTLEY : ALL, WORLDWIDE **[29198]**
CATTLING : PRE 1830, Chesham, BKM, ENG **[19782]**
CATTON : 1800+, Swanscombe, KEN, ENG **[34277]** : Charles, 1700-1900, Shipdham & All, NFK, ENG **[30351]** : 1700-1900, Eyke, SFK, ENG **[34277]** : 1700-1900, Rendlesham, SFK, ENG **[34277]**
CATTS : Thomas, 1760+, Beckley, SSX, ENG **[11745]**
CATTY : ALL, ENG & FRA **[26665]**
CAUCUTT : ALL, AUS **[41037]** : ALL, ENG **[41037]** : 1700+, Hanslope, BKM, ENG **[41037]** : 1850+, Darlington, DUR, ENG **[41037]**
CAUDLE : PRE 1810, Yoxford, SFK, ENG **[39479]**
CAUDRY : C1850, Maldon, VIC, AUS **[11912]** : C1783, All Cannings & Allington, WIL, ENG **[11912]**
CAUDWELL : Theodore, 1825+, Alfreton, DBY, ENG **[27740]**
CAUGHT : 1700+, Portsea, HAM, ENG **[28420]**
CAULCUTT : 1870+, Melbourne & Sydney, VIC & NSW, AUS **[11476]**
CAULDERHEAD : C1832, Edinburgh, MLN, SCT **[35592]**
CAULFIELD : 1800-1900, GIBRALTAR **[99570]**
CAULKIN : 1700-1900, SAL, ENG **[17196]**
CAUNT : 1550-1650, Hathern, LEI, ENG **[34967]** : 1800-1870, Nottingham, NTT, ENG **[39060]** : 1807-1878, Woolaton, NTT, ENG **[46520]**
CAUNTER : PRE 1800, Southill, CON, ENG **[45142]**
CAUSE : ALL, Shoebury, ESS, ENG **[38488]** : Jane, 1820-1901, Plympton & Ashfield, DEV & NSW, ENG & AUS **[10604]**
CAUSER : 1870+, Young, NSW, AUS **[11284]** : 1850+, Maungatoroto, NLD, NZ **[99598]**
CAUSEY : ALL, LAN, ENG **[38934]**
CAUSON : Edward, ALL, AUS **[14346]**
CAUSTON : ALL, ENG **[11349]** : 1750+, Turveston, BKM, ENG **[11349]** : 1850+, Fairstead, ESS, ENG **[11349]** : 1800, Croydon, LND, ENG **[11349]** : 1800+, Highgate, MDX, ENG **[11349]** : 1850S+, SRY, SSX & HAM, ENG **[11349]**
CAUSWAY : 1790, Drury Lane, LND, ENG **[18340]**
CAVANAGH : 1840+, Sydney, NSW, AUS **[31923]** : Patrick, 1869+, Dalby, QLD, AUS **[36725]** : Ellen, PRE 1850, Cootamundra & New Ross, NSW & WEX, AUS & IRL **[45833]** : Hannah, 1800S-2000S, DUR & LAN, ENG **[43996]** : 1880S, LND, ENG **[30281]** : 1880-1950S, London, MDX, ENG **[36295]** : PRE 1820, Drogheda, IRL **[99147]** : Peter, 1814+, ARM, IRL **[25878]** : PRE 1840, ARM, IRL **[31923]** : 1800+, Kilmacrenan, DON, IRL **[36652]** : 1830-1840, Westport, MAY, IRL **[39108]** : 1800+, New Ross, WEX, IRL **[28060]** : Thomas, 1834-1913, TIP, IRL & AUS **[36725]** : PRE 1855, Druma, DUB & WRP, IRL & NZ **[29626]** : PRE 1900, Christchurch, CBY, NZ **[43923]**
CAVE : 1650-1750, Owlpen & Uley, GLS, ENG **[19921]** : Henry, 1790+, Norton, LAN, ENG **[32132]** : 1700-1850, Peterborough, NTH, ENG **[28536]** : 1691+, Newton, WAR, ENG **[10330]** : Henry, 1790+, Pittsburgh, PA, USA **[32132]** : Henry, 1790+, Pittsburgh, PA, OH & MA, USA & ENG **[32132]** : 1904, Swansea, GLA, WLS **[39482]**
CAVE (see One Name Section) [19405]
CAVENAGH : 1750-1840, Dublin & Essex, WEX, SA & NSW, IRL & AUS **[14296]**
CAVENDER : 1880+, LND, ENG **[43733]** : Bernard, 1790+, Whitehaven & Belfast, CUL & ANT, ENG & IRL **[14290]**

CAVIL : 1700-1900, Upley, SOM, ENG **[19853]**
CAVINETT : John, 1800+, Instow, DEV, ENG **[43057]**
CAW : 1750S, Crieff, PER, SCT **[12318]**
CAWLEY : 1790S, St.Pancras, SOM, ENG **[17998]** : ALL, IRL **[19368]** : Mary, PRE 1856, Riverstown, SLI, IRL **[31510]**
CAWOOD : Edward, 1669-1709, Gosberton, LIN, ENG **[20793]** : PRE 1800, Rawcliffe, WRY, ENG **[30981]** : PRE 1800, Rothwell & Wakefield, WRY, ENG **[37058]**
CAWSEY : PRE 1800, Barnstaple, DEV, ENG **[42752]** : ALL, LAN, ENG **[38934]**
CAWTE : 1800+, South Stoneham, HAM, ENG **[45489]**
CAWTHORN : PRE 1831, Gateshead, DUR, ENG **[26366]**
CAWTHORNE : Charles, 1825, Sheffield, WRY, ENG **[39247]**
CAY : PRE 1750, Newcastle, NBL, ENG **[21765]**
CAYGILL : 1700-1900, ENG **[27531]** : ALL, WORLDWIDE **[21149]**
CAZLEY : PRE 1830, Morvah, CON, ENG **[20742]**
CEATON : PRE 1840, Dorking, SRY, ENG **[37058]**
CECIL : ALL, HEF, ENG **[35619]**
CEDERHOLM : C1810, Limehouse, MDX, ENG **[41511]**
CEREGHINO : Albert John, 1911, Alameda, CA, USA **[33416]** : Margaret Inez, 1913, Alameda, CA, USA **[33416]**
CERISIER : ALL, FRA **[34861]**
CERMODEY : PRE 1850, Campbelltown, NSW, AUS **[13914]**
CEROW : 1885+, NY, USA **[44269]**
CEUNEWEELS : ALL, WORLDWIDE **[15013]**
CHADBOURNE : 1500S, Tamworth, STS, ENG **[22796]**
CHADD : PRE 1850, HRT & MDX, ENG **[40871]** : 1870+, Great Yarmouth, NFK, ENG **[31972]**
CHADDERTON : 1600S, Southoe & Chellington, BDF, ENG **[19921]**
CHADDOCK : 1700-1900, Weymouth & Portland, DOR, ENG **[19713]**
CHADWICK : Clara, 1846+, ENG **[99036]** : 1750+, Bury, LAN, ENG **[38934]** : PRE 1800, Bury & Edenfield, LAN, ENG **[44078]** : 1792+, Fylde & Greenhalgh, LAN, ENG **[10016]** : 1835-1845, Heywood, LAN, ENG **[46501]** : 1860S, Shoreditch & Bethnal Green, MDX, ENG **[38362]** : PRE 1700, SSX, ENG **[39651]** : PRE 1840, Skipton, WRY, ENG **[30612]** : 1670-1860, Soyland & Ripponden, WRY, ENG **[10850]**
CHAFER : ALL, Burton on Stather, LIN, ENG **[34981]**
CHAFFEY : PRE 1850, SRY, ENG **[33628]**
CHAILLOU : ALL, FRA **[34861]**
CHALCROFT : 1859+, MON, WLS **[31259]**
CHALIFOUR : Marie, C1700+, QUE, CAN **[27325]**
CHALIFOUX : 1700S, QUE, CAN **[42927]**
CHALK : 1875+, Winnipeg, MAN, CAN **[14715]** : Wm, C1815, Sunderland, DUR, ENG **[44085]** : 1780+, Sunderland, DUR & NBL, ENG **[44078]** : 1750, Witham, ESS, ENG **[17704]** : PRE 1800, Witham, ESS, ENG **[14715]** : George, 1800+, HAM, ENG **[25145]** : Solomon, 1840-1890, HAM, ENG **[25145]** : PRE 1878, Portsmouth & Portsea, HAM, ENG **[27437]**
CHALKE : Eleanor, PRE 1769, Artane, DUB, IRL **[10194]**
CHALKER : 1800+, Weymouth, DOR, ENG **[12415]**
CHALKLEY : Henry, 1831+, Finchley & Lambeth, MDX & SRY, ENG **[29092]**
CHALLENGER : ALL, GLS, ENG **[21795]**
CHALLENOR : 1700S, Pontesbury, SAL, ENG **[28948]**
CHALLICE : PRE 1850, DEV, ENG **[31237]** : 1700+, ESS, ENG **[19318]**
CHALLINOR : 1800+, Denbigh, DEN & QLD, WLS & AUS **[39096]**
CHALLIS : PRE 1900, Borough Green, CAM, ENG

[38826] : 1700+, ESS, ENG [19318] : C1830, Braintree, ESS, ENG [12163]

CHALLIS : 1840, Sudbury, ESS, ENG [44292]

CHALMERS : PRE 1850, ABD, SCT [31045] : 1890+, Aberdeen, ABD, SCT [46395] : 1900+, Aberdeen, ABD, SCT [33820] : PRE 1800, Aberdeen & Slains, ABD, SCT [37058] : PRE 1830, Arbroath, ANS, SCT [13153] : Alexander, 1766, Inverkeilor, ANS, SCT [13153] : All, Abbotshall, FIF, SCT [11092] : 1860+, Cambusnethan, LKS, SCT [36350] : PRE 1850, Carluke, LKS, SCT [36350] : 1830+, Edinburgh, MLN, SCT [13585] : William, 1837+, Denny, STI, SCT [37568] : James, C1800, Denny, STI, SCT [37568] : Thomas, C1800, Polmont, STI, SCT [37568]

CHALUPSKY : 1800S, Zabori, CS [46358]

CHAMBERLAIN : John, 1845-1880S, Melbourne & Darlimurla, VIC, AUS [46116] : PRE 1800, London, ENG [39506] : 1700+, BDF, ENG [13461] : 1700S, Dunstable, BDF, ENG [14901] : ALL, North Hinksey, BRK, ENG [19481] : PRE 1850, Cornwood, DEV, ENG [16425] : John, PRE 1860, Stroud, GLS, ENG [31356] : Thomas, 1700, Bodenham, HEF, ENG [21759] : PRE 1840, HUN & CAM, ENG [35186] : PRE 1763, Lamberhurst, KEN, ENG [10232] : Wm & Jessie, 1894+, Lancaster, LAN, ENG [33870] : PRE 1770, LEI, ENG [12707] : John, 1830-35, Hinkley, LEI, ENG [31356] : 1750+, Kegworthy & Sileby, LEI, ENG [21104] : PRE 1830, Lutterworth, LEI, ENG [30678] : 1825-1900, Marylebone, LND, ENG [34660] : Charles, C1715, Burton Latimer, NTH, ENG [18957] : Sarah, C1800, Wolvey, WAR, ENG [31356] : John, C1800, WAR & LEI, ENG [31356] : PRE 1850, All Cannings, WIL, ENG [13034] : PRE 1730, WIL & DOR, ENG [31017]

CHAMBERLIN : PRE 1800, Medway Towns, KEN, ENG [25306] : PRE 1740, Worksop, NTT, ENG [31316] : 1780+, Cropredy & Banbury, OXF, ENG [21104]

CHAMBERS : 1850+, AUS [40816] : 1903-1910, Lismore, NSW, AUS [27919] : 1895-1899, Marrickville, NSW, AUS [27919] : 1830S, Queanbeyan & Limestone Plains, NSW, AUS [45357] : 1872+, Warrenheip, VIC, AUS [36664] : PRE 1830, Ely, CAM, ENG [17687] : 1660-1800, Fordham & Soham, CAM, ENG [19713] : PRE 1820, Heanor, DBY, ENG [11091] : Joseph, C1790, Trowell, DBY, ENG [18957] : 1707, Buckland, GLS, ENG [18613] : 1831-1840, Bishops Stortford, HRT, ENG [27919] : 1800-1806, Much Hadham, HRT, ENG [27919] : 1800+, Standon, HRT, ENG [25529] : 1840+, KEN, ENG [46386] : Samuel, PRE 1843, Bredgar & Tunstal, KEN, ENG [10399] : 1800+, Hollingbourne, KEN, ENG [42744] : 1805-1950, Lenham & Ulcombe, KEN, ENG [19268] : PRE 1850, Maidstone, KEN, ENG [46255] : PRE 1900, Medway & Gillingham, KEN, ENG [45206] : 1880+, Clayton le Moor & Blackburn, LAN, ENG [44241] : PRE 1880, Bracebridge Heath, LIN, ENG [12707] : 1820-1850, Bethnal Green, LND, ENG [19777] : Mary, 1860-1935, Chelsea, MDX, ENG [39338] : 1800-1830, New Buckenham, NFK, ENG [46520] : 1840-1870, New Buckenham, NFK, ENG [46520] : 1800+, Bishop Monkton, NRY, ENG [18372] : 1700S-1870S, Weldon, NTH, ENG [46295] : PRE 1830, Weldon, NTH, ENG [39515] : PRE 1830, Cossall, NTT, ENG [40696] : 1800S, Eastwood, NTT, ENG [31597] : 1650-1850, NTT, DBY & LAN, ENG [17162] : 1700-1800, Horsham, SSX, ENG [15464] : PRE 1855, Birmingham, WAR, ENG [38178] : 1800+, Bradford, WRY, ENG [18372] : 1850+, Leeds, WRY, ENG [38668] : PRE 1894, YKS, ENG [46296] : 1820-1850, Masham, YKS, ENG [38668] : 1800+, Doonbeg, CLA, IRL [36664] : Archibald, 1831, Banbridge, DOW, IRL [15785] : C1848, Neilston, RFW, SCT [28140] : 1793, VA, USA [24660]

CHAMBLEY : PRE 1800, London, ENG [11797]

CHAMP : PRE 1850, East Hendred, BRK, ENG [26752] : PRE 1950, Camberwell, LND, ENG [26752] : PRE 1875, London, MDX & SRY, ENG [16701] : 1800+, WIL & DOR, ENG [19588] : 1650+, Portarlington, LEX, IRL [19429] : 1800+, WORLDWIDE [19588]

CHAMPANTE : ALL, London, MDX, ENG [33771] : 1800S, Taunton, SOM, ENG [33771]

CHAMPION : 1896+, AUS [46411] : Richard, 1850+, Mount Barker & Kadina, SA, AUS [33642] : C1800, Lambourn, BRK, ENG [33642] : PRE 1638, Breage, CON, ENG [46411] : PRE 1850, Probus, CON, ENG [20556] : 1840+, Redruth, CON, ENG [10394] : Abraham, 1757+, SOM, ENG [30014] : PRE 1750, SOM, ENG [41370] : 1770+, East Brent, SOM, ENG [33825] : George, PRE 1831, Hinton St.George, SOM, ENG [30014] : 1896+, RHODESIA & RSA [46411]

CHAMPKIN : 1700S, Dunstable, BDF, ENG [14901] : 1800S, Southgate, MDX, ENG [14901] : 1800S, Ruthin, DEN, WLS [14901]

CHAMPLEY : PRE 1810, Pickering, NRY, ENG [46375]

CHAMPNEY : ALL, GLS, ENG [39464] : 1750+, Beverley, York, YKS, ENG [18145]

CHAMPNEYS : PRE 1788, Shoreditch, LND, ENG [46251]

CHAN : Lit Chong, 1800+, Har Gee Village, Canton, CHINA & NZ [45943]

CHANCE : 1600-1800, Tingrith, BDF, ENG [17480] : 1750+, Redditch, WOR, ENG [12058]

CHANCELLOR : 1700S, Chew Magna, SOM, ENG [46430]

CHANCEY : PRE 1800, DOR, ENG [16269]

CHANDFLOWER : ALL, NFK, ENG [33696]

CHANDLER : 1840S, Sydney, NSW, AUS [10492] : PRE 1850, BRK, ENG [46164] : PRE 1845, Little Coxwell, BRK, ENG [45881] : C1800, Sonning & Reading, BRK, ENG [46188] : PRE 1700, Minchinhampton, GLS, ENG [43137] : 1831, Randwick, GLS, ENG [46264] : 1800-1900, Exton, HAM, ENG [38737] : 1700-1880, Headley & Alton, HAM, ENG [31967] : 1530-1700, Medstead, HAM, ENG [17907] : 1750+, Gravesend, KEN, ENG [12142] : William, 1800+, Marden, KEN, ENG [30950] : Alex. Chas., 1843+, Liverpool & Preston, LAN, ENG [29092] : 1770-1810, London, MDX, ENG [38737] : 1800, Stepney, MDX, ENG [17998] : 1800+, Stoke St.Milborough, SAL, ENG [46273] : PRE 1900, SFK & NFK, ENG [17493] : C1860, Godalming & Frensham, SRY, ENG [46457] : 1700-1770, Hambledon, SRY, ENG [38737] : 1800S, SSX, ENG [42384] : C1795, Foleshill, St.Lawrence, WAR, ENG [14197] : PRE 1830, Baydon, WIL, ENG [26340] : PRE 1845, Milton Lilbourne, WIL, ENG [45881] : Pamelia, C1854-1924+, Malvern & Llandudno, WOR & CAE, ENG & WLS [27325]

CHANEY : C1786, Washingborough, LIN, ENG [41370] : Daisy, 1926+, USA [22333]

CHANNIN : 1750-1820, Exeter, DEV, ENG [17191]

CHANNING : 1750-1850, Butterleigh & Thorverton, DEV, ENG [17532]

CHANNON : 1850+, Sydney, NSW, AUS [11802]

CHANT : Elizabeth, C1800, DOR, ENG [13326] : 1860-1910, Islington, LND, ENG [31967] : 1800+, Southwark, LND, ENG [36244] : 1750-1890, Milborne Port, SOM, ENG [31967] : C1770, Broad Chalk, WIL, ENG [99012] : 1800+, Chiselborough & W. Chinnock, SOM & NSW, ENG & AUS [39227]

CHANTER : ALL, ENG [21312]

CHANTLER : 1700+, SSX, ENG [13461] : Hannah, 1770+, Wadhurst, SSX, ENG [13828]

CHANTRY : PRE 1800, NTT, ENG [46452] : 1670-1850, Halam & Newark, NTT, ENG [18818]

CHAPLIN : 1830+, Braintree, ESS, ENG [42453] : C1800, KEN, ENG [12391] : PRE 1825, Leicester, LEI, ENG [19785] : C1900, Shoreditch, LND, ENG [40769] : PRE 1850, Great Willingham, NFK, ENG [39642] : Walter, 1875+, Walsingham, NFK, ENG [25654] : James, 1859-1897, Bermondsey, SRY, ENG [10650] : Emily, 1859-1897, Bermondsey, SRY, ENG [10650] : Wm, C1840, Bermondsey, SRY, ENG [10650]

CHAPLOW : 1910+, AUS & CAN [15524]

CHAPMAN : James, 1818-1940, Balmain, NSW, AUS

[10392] : James, 1868-1940, Balmain, NSW, AUS [10392] : John A., 1898+, Balmain, NSW, AUS [10392] : ALL, Currawillinghi, NSW, AUS [13848] : John, 1847-1897, Macleay River, NSW, AUS [10565] : 1800S, Hobart, TAS, AUS [29520] : William, 1895+, Maldon, VIC, AUS [39368] : Edward, 1895+, Maldon, VIC, AUS [39368] : Thomas, 1838+, Portland & Port Fairy, VIC, AUS [12785] : ALL, Pointe Aux Carr, NB, CAN [39712] : 1878+, Guysborough & Halifax, NS, CAN [45714] : 1790+, Haddenham, BKM, ENG [12078] : Mary, 1800-1850, Bray, BRK, ENG [32042] : PRE 1900, Wallingford, BRK, DEV & OXF, ENG [45054] : 1850-1915, CAM, ENG [44036] : PRE 1760, Sawston, CAM, ENG [22550] : PRE 1850, Caldbeck, CUL, ENG [45714] : PRE 1769, Hamsterley, DUR, ENG [46483] : William, C1806+, Teesdale & Romaldkirk, DUR & YKS, ENG [44160] : Robert Martin, 1827-1874, Hull, ERY, ENG [45920] : 1820+, Sculcoates & Hull, ERY, ENG [37149] : PRE 1840, Chingnall, ESS, ENG [24945] : 1750-1800, Finchingfield, ESS, ENG [18001] : 1800S, Mersea, ESS, ENG [46145] : C1850-1908, ESS, BKM & LND, ENG [31902] : Joseph, 1840S-1850S, Stonehouse, GLS, ENG [11860] : 1850-1915, HRT, ENG [44036] : PRE 1750, Glatton, HUN, ENG [41477] : Thomas, C1807+, Benenden, KEN, ENG [45145] : 1800-1850, Bromley, KEN, ENG [12641] : 1900+, Maidstone, KEN, ENG [29426] : Esther, 1740S, Wrotham, KEN, ENG [13910] : 1790-1850, Liverpool & Manchester, LAN, ENG [18861] : ALL, Manchester, LAN, ENG [46479] : PRE 1800, Manchester, LAN, ENG [18702] : PRE 1899, Preston, LAN, ENG [46331] : 1750-1850, Kirby Muxloe, LEI, ENG [34967] : 1750-1850, Long Whatton, LEI, ENG [34967] : Maria, C1800-11, LIN, ENG [28340] : PRE 1800+, Gainsborough, LIN, ENG [15929] : 1750-1900, Lincoln, LIN, ENG [27531] : ALL, Morton, LIN, ENG [15929] : ALL, Holborn, LND, ENG [40641] : 1915-1940, Hornsey, LND, ENG [44036] : Ellen, 1884S, Kennington, LND, ENG [39380] : Elizabeth, C1882, Kennington, LND, ENG [39380] : PRE 1837, Marylebone, LND, ENG [46445] : PRE 1815, London, MDX, ENG [15098] : PRE 1766, Shoreditch, MDX, ENG [19803] : 1750-1800, Turnham Green & Chiswick, MDX, ENG [22241] : David, 1770+, Wapping, MDX, ENG [10392] : Rachael, 1777+, Wapping, MDX, ENG [10392] : Samuel, 1879, NFK, ENG [10846] : C1810-1880, Great Yarmouth & Norwich, NFK, ENG [31902] : 1840-1860, NRY, ENG [43903] : C1750-1850, Middleton by Pickering, NRY, ENG [37149] : 1726+, Brafield on the Green, NTH, ENG [21207] : C1790, Hardingstone, NTH, ENG [34321] : Hannah, C1769, Wilbarston, NTH, ENG [21349] : Ann, 1780+, NTT, ENG [38449] : 1800+, Nottingham, NTT, ENG [15929] : PRE 1860, Glemsford, SFK, ENG [39642] : Samuel, 1700+, Norton, SFK, ENG [12320] : 1457-2005, Bath, SOM, ENG [46251] : 1500+, Milverton, SOM, ENG [19694] : Gulielmi, 1600-1677, Ubley & Wedmore, SOM, ENG [21349] : 1815+, SOM & DEV, ENG [19694] : PRE 1750, Eastbourne, SSX, ENG [42083] : C1870, Birmingham, WAR, ENG [11282] : 1849+, Ravenstonedale, WES & LAN, ENG [45714] : PRE 1800, Horningsham, WIL, ENG [30589] : PRE 1800, North Bradley, WIL, ENG [29172] : Robert, C1800, Harewood, WRY, ENG [39429] : 1750-1820, Linton in Craven, WRY, ENG [18001] : 1700+, YKS & LND, ENG [44954] : Benjamin, 1900+, GLS, ENG & ZIMBABWE [46391] : 1900+, NZ [46331] : Alex D., 1805-1889, Hokianga, NI, NZ [10392] : 1877-2005, Carterton & Masterton, WRP, NZ [46251] : PRE 1805, PA, USA [43967] : Wm C., 1817-1905, Clay, VA, USA [24674] : 1850+, Barry, GLA, WLS [19694]

CHAPPEL : 1860+, Bristol, St.George, SOM, ENG [46238]
CHAPPELL : Charles, 1838, ENG [99545] : 1792, Prestbury, CHS, ENG [18613] : C1790, Northam, DEV, ENG [42384] : PRE 1850, Witham, ESS, ENG [44040] : PRE 1753, Froyle, HAM, ENG [46296] : Henry, 1750+, Deptford, KEN, ENG [25066] : Sarah, C1760+, Deptford,

KEN, ENG [25066] : C1812, St.Botolph Without Aldersgate, LND, ENG [27066] : 1800+, Clerkenwell & Shoreditch, MDX, ENG [44040] : 1800+, Hoxton & Enfield, MDX, ENG [44040] : 1800+, Islington, MDX, ENG [44040] : 1800+, Southwark, SRY, ENG [44040] : W.R., PRE 1960, Newhaven, SSX, ENG [31849] : 1800-1900, Castle Combe, WIL, ENG [46509] : 1800-1900, Silkstone & Hoylandswaine, WRY, ENG [41968] : Agnes Ann, 1858-1930S, Hoylandswaine & Manchester, WRY & LAN, ENG [41968]
CHAPPELLS : 1880, Grindon, STS, ENG [36656]
CHAPPIE : 1700S, SHI, SCT [11411]
CHAPPIN : C1760, Watford, HRT, ENG [24878]
CHAPPLE : Steven Ernest, 1889, NSW, AUS [40807] : PRE 1931, Geelong, VIC, AUS [36624] : 1800-1850, London, ENG [10167] : David, 1860, Ware, BDF, ENG [24981] : PRE 1850, Helston, CON, ENG [11733] : PRE 1800, Meavy, DEV, ENG [24873] : PRE 1800, Berden, ESS, ENG [17670] : 1883+, Poplar, LND, ENG [46238] : Mary, 1831, MDX, ENG [46390] : 1800S, Bethnal Green, MDX, ENG [35561] : PRE 1850, Williton & Taunton, SOM, ENG [10793] : ALL, DEV, ENG & AUS [45146] : Polly, 1900+, San Francisco, CA, USA [12744]
CHAPPLEMAN : 1600+, DEV, ENG [23319]
CHAPPLIN : C1790, Edgbaston, WAR, ENG [46324]
CHARD : Arthur, 1811-1900, Falmouth, CON, ENG [33584] : John, 1806+, Ottery St.Mary, DEV, ENG [10441] : Thomas, C1800, Ottery St.Mary, DEV, ENG [10441] : Isaac, 1850+, Whimple, DEV, ENG [10441] : ALL, WORLDWIDE [10441]
CHARGE : ALL, Hughenden, BKM, ENG [44007]
CHARITY : 1800S, LIN, ENG [36402]
CHARKER : William, 1819+, Cobbitty, NSW, AUS [39015] : Edward, PRE 1820, London, ENG [39015]
CHARLES : PRE 1880, Kyneton, VIC, AUS [29780] : John James, 1854-1919, Kyneton & Thorpdale, VIC, AUS [46116] : 1740-1760, Ottery St.Mary, DEV, ENG [12641] : 1740-1760, Wolborough, DEV, ENG [12641] : 1750-1920, Plymouth & Walthamstow, DEV & ESS, ENG [46412] : 1800+, Hallaton & Whetstone, LEI, ENG [42342] : 1805, Selattyn, SAL, ENG [38696] : C1760, Sheffield, YKS, ENG [41370] : 1890-1990, New York, NY, USA [12641] : Irving, 1890-1990, New York, NY, USA [12641] : PRE 1900, GLA, WLS [29780]
CHARLESTON : Catherine, 1875+, Grafton, NSW, AUS [44567]
CHARLESWOOD : 1700S, Eastrop, WIL, ENG [36655]
CHARLESWORTH : 1850-1940, Crewe, CHS, ENG [41214] : 1800-1920, Warmingham, CHS, ENG [41214] : 1750-1850, Ashton-under-Lyne, LAN, ENG [36282] : 1870, Wigan, LAN, ENG [26340] : ALL, MDX, ENG [42647] : ALL, SRY, ENG [42647] : PRE 1750, Darton & Kirkburton, WRY, ENG [16233] : PRE 1780, Thurlstone & Penistone, WRY, ENG [18236]
CHARLETON : Thomas, C1714-1788, Elsdon & Todholes, NBL, ENG [20661]
CHARLEY : 1765-1860, North Molton & West Buckland, DEV, ENG [25354]
CHARLTON : Lyla, 1916, Gunnedah, NSW, AUS [31676] : 1850S+, Sydney, NSW, AUS [14388] : 1922+, Indooroopilly, QLD, AUS [31762] : 1914+, Many Peaks, QLD, AUS [31762] : 1940+, Wilston, QLD, AUS [31762] : 1800+, Durham, ENG [35444] : PRE 1850, Denham, BKM, ENG [41150] : James, 1850+, Ashton under Lyne, CHS, ENG [99174] : 1721-1830, Chester le Street, DUR, ENG [36127] : 1880-1910, Darlington, DUR, ENG [11424] : 1870-1920, Hartlepool, DUR, ENG [11424] : 1856, Penshaw, DUR, ENG [36127] : C1830, KEN, ENG [43841] : PRE 1800S, St.Brides, LND, ENG [28060] : 1700-1800, Bywell St.Peter, NBL, ENG [10383] : C1680, Ponteland, NBL, ENG [17626] : 1800-1900, Erpingham, NFK, ENG [26399] : William, C1770, Stourton, WIL, ENG [10649] : PRE 1850, Old Swinford & Kidderminster, WOR,

CHARLWOOD : ALL, DUR, NBL & ABD, ENG & SCT [26193]
CHARLWOOD : 1700-1850, Chipstead, SRY, ENG [46313] : PRE 1850, Newdigate, SRY, ENG [43842]
CHARMAN : PRE 1820, SSX, ENG [41372] : PRE 1855, Windlesham, SRY, ENG & SCT [30987]
CHARMLEY : 1700-1900, Mollington & Saughall, CHS, ENG [20729] : ALL, WORLDWIDE [20729]
CHARNES : 1700+, Baddiley, CHS, ENG [36368]
CHARNLEY : 1700-1870S, Tatham & Ulverston, LAN, ENG [15823]
CHARPENTIER : 1600+, St.Etienne du Mont, Paris, FRA [16159]
CHARRETT : PRE 1830 Winchester HAM ENG [18096]
CHARRIOTT : ALL, St.Giles Cripplegate, LND, ENG [17092]
CHART : 1750+, Worth, SSX, ENG [27879]
CHARTER : 1860+, Melbourne, VIC, AUS [13245] : PRE 1800, Meldreth, CAM, ENG [19568] : 1800-1900, Grimsby & Hull, LIN & YKS, ENG [17931] : George, PRE 1904, St.Pancras & Fulham, LND, ENG [30560] : George, PRE 1904, WORLDWIDE [30560]
CHARTERS : 1800-1900, Grimsby & Hull, LIN & YKS, ENG [17931] : 1700-1900, Chatton, NBL, ENG [21198] : Charles, PRE 1853, Toomevara, TIP, IRL [28269]
CHARTIER : PRE 1650, Lafleche, PL, FRA [23518]
CHARVILL : ALL, ENG [32505]
CHARVOLIN : 1750-1909, Chamousset, RHA, FRA [39991] : 1750-1909, L'Arbresle, St.Laurent, RHA, FRA [39991]
CHASE : PRE 1835, HAM, ENG [46383] : PRE 1850, HAM, ENG [46383] : 1500-1750, East Meon, HAM, ENG [43720] : 1740-1840, Portsea, HAM, ENG [43720] : 1900+, ENG [43720] : 1880+, Mitcham, SRY, ENG [43720] : 1840-1880, Brighton, SSX, ENG [43720] : 1900-2004, Port Elizabeth, CPC, RSA [46338]
CHATE : PRE 1720, SSX, ENG [39430]
CHATER : 1907+, North Shields, NBL, ENG [31332] : PRE 1816, Long Buckby, NTH, ENG [18569]
CHATFIELD : PRE 1600-1700, Ashby, ENG [34797] : 1600+, Ashbourne, DBY, ENG [35347] : 1700+, SSX, ENG [13461] : 1800S, Ardingly, SSX, ENG [16513] : 1625+, Guilford, New Haven Co., CT, USA [34797] : 1600-1700, Long Island, NY, USA [34797]
CHATT : PRE 1880, Farnborough, HAM, ENG [16875] : ALL, WORLDWIDE [16875]
CHATTEN : PRE 1900, Bingera, QLD, AUS [10276] : 1800+, Northumberland Co., ONT, CAN [42927] : PRE 1800, NFK & SFK, ENG [42927]
CHATTERON : E., C1754, Legsby, LIN, ENG [16802]
CHATTERTON : 1800+, Etwall, DBY, ENG [34315] : 1700S, Heathcote, DBY, ENG [28948] : Sarah, 1731, Manchester, LAN, ENG [10318] : PRE 1850, WRY, ENG [19613] : 1830-1950, Sheffield, WRY, ENG [45534]
CHATTIN : C1750, Birmingham, WAR, ENG [46491]
CHATWIN : PRE 1819, Birmingham, WAR, ENG [17231]
CHAULK : 1730S, Berners Roding, ESS, ENG [27816]
CHAUNCEY : PRE 1780, BKM, ENG [36821]
CHAVRY : ALL, WORLDWIDE [30917]
CHAWN : PRE 1780, Milton, WIL, ENG [43137]
CHAWNER : 1800S, KEN, ENG [21149]
CHEADLE : 1850+, Sandon, STS, ENG [32794]
CHEAL : ALL, Basted, KEN, ENG [46416] : 1800+, Edenbridge, KEN, ENG [27867] : 1800+, Croydon, SRY, ENG [27867] : 1600+, Godstone, SRY, ENG [27867] : ALL, Lingfield, SRY, ENG [27867] : ALL, East Grinstead, SSX, ENG [27867] : ALL, WORLD-WIDE [27867]
CHEAPMAN : 1500+, Milverton, SOM, ENG [19694]
CHEATHAM : PRE 1800, ENG [23895] : Ralph, PRE 1788, Wolsingham, DUR, ENG [21765]

CHECK : 1748, Elmstead, ESS, ENG [27816]
CHECKLAND : 1874+, Greenwich, KEN, ENG [10634]
CHECKLEY : 1650, Leicester, LEI, ENG [19785] : 1650+, Sapcote & Newbold Verdon, LEI, ENG [20578] : ALL, Girton, NTT, ENG [31972]
CHEDZEY : George, 1700+, Ilminster, SOM, ENG [26817]
CHEEK : 1748, Elmstead, ESS, ENG [27816] : PRE 1883, London, LND, ENG [46296] : 1810-1850, Marylebone, MDX, ENG [35749]
CHEESE : Isabella Ann, 1894+, Liverpool, LAN, ENG [41425] : Alfred, ALL, Liverpool, LAN, ENG [41425] : Isabella Ann, 1894+, Tobercurry, SLI, IRL [41425]
CHEESEMAN : 1600+, ENG [31017] : 1900+, London, ENG [39994] : 1849, Reading, BRK, ENG [46430] : 1700-1800, West Ilsley, BRK, ENG [39271] : J.W., 1880+, Chingford, ESS, ENG [13569] : 1660+, KEN, ENG [34861] : 1780-1850, KEN, ENG [34349] : 1450-1530, Lewisham, KEN, ENG [29715] : PRE 1810, West Hythe, KEN, ENG [99443] : 1800+, London, LND, ENG [13569] : 1770+, LND & KEN, ENG [41239] : 1450-1530, Norwood, MDX, ENG [29715]
CHEESMAN : 1970+, Niagara Falls, ONT, CAN [17012] : ALL, KEN, ENG [18919] : ALL, East Peckham, KEN, ENG [18919] : 1865+, Sutton Valence, KEN, ENG [46229] : ALL, SRY, ENG [98637] : ALL, SSX, ENG [18919] : ALL, WORLDWIDE [18919]
CHEETHAM : 1800+, CHS, ENG [28813] : 1750+, Buxton, DBY, ENG [15916] : Ralph, PRE 1788, LAN, YKS & DUR, ENG [21765] : 1800S, YKS, ENG [46358]
CHEFFER : 1693, Manaccan, CON, ENG [12318] : 1600-1750, Manaccan & St.Keverne, CON, ENG [21597]
CHEFFERS : C1820, St.Keverne, CON, ENG [45794]
CHEFFIELD : PRE 1700, Wing, BKM, ENG [32294]
CHEFFINGS : 1747+, Sloothby, LIN, ENG [28098]
CHEFFINS : 1800S, Portsmouth & Portsea, HAM, ENG [13910]
CHEGWIDDEN : 1850-2000, NSW, AUS [42747] : PRE 1610, Constantine, CON, ENG [46251] : 1775-2000, Crantock, CON, ENG [42747] : 1775-2000, Cubert, CON, ENG [42747] : 1875-2000, Newquay, CON, ENG [42747]
CHEGWYN : PRE 1610, Constantine, CON, ENG [46251]
CHEIN : Isabel, 1750+, Old Aberdeen & Old Machar, ABD, SCT [11745]
CHELDON : Samuel, C1730-1795, Kings Nympton, DEV, ENG [34140]
CHELFORD : PRE 1820, Little Cheverell, WIL, ENG [13622]
CHELLEW : PRE 1750, Ludgvan, CON, ENG [27678]
CHELLINGWORTH : 1800+, Aston, WAR, ENG [18128]
CHELMAN : Ocean, 1840S, Gothenburg, SWE [10705]
CHEN : 1800S, North Sydney, NSW, AUS [46358] : 1700-1800, Moulmein, INDIA [46358]
CHENATEAK : 1800S, North Sydney, NSW, AUS [46358] : 1800-1900, WORLDWIDE [46358]
CHENERY : 1800+, Blo Norton, NFK, ENG [29954]
CHENEY : 1788+, NSW, AUS [14029] : 1800-1900, Wagga, NSW, AUS [27733] : 1600-1850, South Kilworth, LEI, ENG [36033]
CHENHALE : PRE 1700, St.Just, CON, ENG [11873]
CHENOWETH : PRE 1656, St.Columb Major, CON, ENG [46251]
CHEP : James, 1750-1850, Paisley, RFW, SCT [37308]
CHERINGTON : PRE 1720, Uffington, BRK, ENG [27219]
CHERITON : John, 1834, Templeton, DEV, ENG [10441] : Elizabeth, C1830, Tiverton, DEV, ENG [10441] : ALL, WORLDWIDE [10441]
CHERRIE : 1800, Glasgow, LKS, SCT [16706]

CHERRINGTON : PRE 1850, Tipton, STS, ENG **[37066]** : PRE 1850, Dudley, WOR, ENG **[37066]** : William, 1800S, Bath & Melbourne, SOM, ENG & AUS **[13031]**

CHERRY : 1850+, Uralla & Armidale, NSW, AUS **[11715]** : PRE 1900, Surat, QLD, AUS **[13853]** : 1850-1950, Port Adelaide, SA, AUS **[25322]** : Thomas, 1771, Water Stratford, NSW & BKM, AUS & ENG **[42466]** : 1815, Shalstone, BKM, ENG **[11715]** : 1771, Waterstratford, BKM, ENG **[11715]** : PRE 1850, Hull, ERY, ENG **[16370]** : 1750+, Bristol, GLS, ENG **[10886]** : 1750-1850S, Ballybay & Aghnamullen, MOG, IRL **[35604]** : ALL, WORLDWIDE **[44913]**

CHERRY (see One Name Section) **[35604]**

CHERY : PRE 1760, Marange, LOR, FRA **[20178]**

CHESEMAN : 1450-1530, Lewisham, KEN, ENG **[29715]** : 1450-1530, Norwood, MDX, ENG **[29715]**

CHESHIRE : PRE 1850, Whitechurch, BKM, ENG **[26017]**

CHESLYN : Francis, PRE 1820, Derby, DBY, ENG **[45992]**

CHESNEL : PRE 1750, Villamee, BRT, FRA **[20178]**

CHESNEY : Robert, 1780+, Burnham Thorp, NFK, ENG **[10610]** : Samuel, C1700, Stoneykirk, WIG, SCT **[99600]**

CHESSELL : PRE 1800, HAM, ENG **[39554]**

CHESSELLS : 1700+, Lambourne & Angmering, BRK & SSX, ENG **[12950]**

CHESSMAN : ALL, Yetminster, DOR, ENG **[11692]**

CHESTER : 1600-1700, Buckminister & Croxton Keyrail, LEI, ENG **[21349]**

CHESTERTON : 1830+, Goulburn, NSW, AUS **[10399]** : 1800-1860, LEI, ENG **[46502]** : PRE 1830, WAR, ENG **[10399]**

CHESTLE : PRE 1800, IOW, ENG **[20458]** : PRE 1800, Godshill, IOW, ENG **[20458]**

CHESWORTH : PRE 1800, CHS, ENG **[19641]** : 1850+, Ashton in Makerfield, LAN, ENG **[31689]** : 1860+, St.Helens & Haydock, LAN, ENG **[31689]** : 1700S, Whiston, LAN, ENG **[98672]** : 1750+, Whiston, LAN, ENG **[31689]**

CHETTLEBURGH : 1800+, Thorpe-next-Norwich, NFK, ENG **[46349]** : 1875+, OTG, NZ **[46349]**

CHETWOOD : PRE 1800, Wem, SAL, ENG **[20178]**

CHEVIN : PRE 1860, LND, ENG **[14440]**

CHEVRIER : ALL, FRA **[28802]**

CHEW : ALL, ENG **[99556]**

CHEYNE : Isabel, PRE 1770, Peterhead & Monquhitter, ABD, SCT **[22224]** : PRE 1815, Turriff, ABD, SCT **[37058]** : ALL, Tangwick, SHI, SCT **[20594]**

CHIBI : ALL, WORLDWIDE **[16947]**

CHICK : 1810+, London, ENG **[10664]** :PRE 1850, Chardstock, DOR, ENG **[40033]** : 1810+, Portsmouth, HAM, ENG **[10664]** : PRE 1810, Portsmouth, HAM, ENG **[10664]** : PRE 1900, Chiswick, MDX, ENG **[19516]** : PRE 1851, Marylebone, MDX, ENG **[19516]** : C1800, West Chinnock, SOM, ENG **[11813]** : William, 1790+, Winsham, SOM, ENG **[31159]** : 1850-1950, Penarth, GLA, WLS **[39271]**

CHIDLEY : ALL, Medway, KEN, ENG **[41146]**

CHIDLOW : PRE 1850, Prees, SAL, ENG **[20178]** : Daniel, 1790-1815, Brewood, STS, ENG **[20178]**

CHIERRONI : 1800S, Bagni Di Lucca, TUSCANY, ITL **[22756]**

CHIESEMAN : 1780+, KEN, ENG **[34861]**

CHIFFENCE : 1800S, Portsmouth, HAM, ENG **[13910]**

CHIFFENS : 1800S, Portsea, HAM, ENG **[13910]**

CHIKI : ALL, WORLDWIDE **[16947]**

CHILCOTT : ALL, Tintagel, CON, ENG **[20606]** : 1750-1800, MA, USA **[23415]** : 1800-50, WV, USA **[23415]**

CHILD : Eliza, PRE 1840, Beaconsfield, BKM, ENG **[19369]** : 1866+, Edgeworth, GLS, ENG **[13943]** : PRE 1900, Chislehurst, KEN, ENG **[26017]** : 1750-1850, Crowland, LIN, ENG **[12641]** : 1656+, London, MDX, ENG **[13943]** : PRE 1831, Great Yarmouth, NFK, ENG **[43840]** : 1650-1800, SAL, ENG **[40033]** : ALL, Castle Combe & Heddington, WIL, ENG **[13943]** :PRE 1600, Northwick, WOR, ENG **[13943]** : Thomas, PRE 1860, Dewsbury, WRY, ENG & AUS **[44939]**

CHILDERSTON : PRE 1600, Mildenhall, SFK, ENG **[33428]**

CHILDREN : C1800, Barrington, TAS, AUS **[10985]** : PRE 1808, KEN, ENG **[14268]** : ALL, WORLDWIDE **[14268]**

CHILDS : 1800+, ENG **[45850]** : 1787+, London, ENG **[44269]** : PRE 1880, Swallowfield, BRK, ENG **[25142]** : 1758, Hasland & Chesterfield, DBY, ENG **[19304]** : PRE 1758, North Wingfield, DBY, ENG **[19304]** : PRE 1840, DOR, ENG **[34906]** : 1800-1850, Evershot, DOR, ENG **[13326]** : 1750+, Yetminster, DOR, ENG **[21093]** : 1850-1930, Stratford & Woodford, ESS, ENG **[45847]** : 1800+, Woodford, ESS, ENG **[45847]** : C1821, HRT, ENG **[18378]** : PRE 1800, HUN, ENG **[25747]** : PRE 1851, Godmanchester, HUN, ENG **[31413]**

CHILGREN : Minnie Belle, 1900+, Le Seceur, USA **[28957]** : Gustaf Peter, 1892+, Messias Church, Burlington, IA, USA **[28957]** : Henry Sam., 1897+, Englund, MN, USA **[28957]** : Mina Maria, 1900+, Kasota, MN, USA **[28957]** : 1858-C1910, Scandian Grove, Nicollet Co., MN, USA **[28957]** : Albert, 1888+, St.Paul, MN, USA **[28957]** : Maria Sophia, 1910+, St.Peter, MN, USA **[28957]** : Ellen Theod., PRE 1908, Alamogorda, NM, USA **[28957]** : Carl Oscar, 1899-1906, Langford, SD, USA **[28957]** : Ineschri, 1889+, Salt Lake City & St.Paul, UT & MN, USA **[28957]**

CHILLINGWORTH : 1600-1700, OXF, ENG **[18301]**

CHILMAN : PRE 1800, Plaxtol & Maidstone, KEN, ENG **[43842]** : 1800+, Westminster, MDX, ENG **[30071]**

CHILTON : PRE 1850, Little Wenlock, SAL, ENG **[20178]**

CHILVERS : PRE 1816, NFK, ENG **[19127]** : PRE 1855, Gorleston, SFK, ENG **[43843]**

CHIN : ALL, NSW, AUS **[30944]**

CHINCHEN : 1690+, Langton Matravers, DOR, ENG **[41477]**

CHINERY : 1750S, Castle Camps, CAM, ENG **[39573]**

CHING : 1600+, Andover & Vernhams Dean, HAM, ENG **[27958]**

CHINNERY : 1700-1800, Cornard, SFK, ENG **[28513]**

CHINNOCK : 1800-1840, Coker, SOM, ENG **[17291]**

CHIPMAN : C1845, Truro, CON, ENG **[46348]**

CHIPP : 1800-1900, BRK, ENG **[38307]**

CHIPPENDALE : Eliz, 1800-1900, Blackburn, LAN, ENG **[27039]** : PRE 1900, WRY, ENG **[46455]**

CHIPPERFIELD : PRE 1750, Birchanger, ESS, ENG **[11873]**

CHIRME : Ambrose, PRE 1600, High Ercall, SAL, ENG **[19818]**

CHISHOLM : Alexander, C1840, Sydney, NSW, AUS **[12878]** : 1842+, NS, CAN **[99440]** : 1800+, Antigonish Co., NS, CAN **[37206]** : PRE 1900, Heworth, DUR, ENG **[31014]** : 1800, Stanner, NFK, ENG **[10610]** : 1800+, Aberdeen, ABD, SCT **[46265]** : PRE 1860, Turriff, ABD, SCT **[18921]** : PRE 1839, New Halls, AYR, SCT **[40615]** : George, 1839, Fordyce, BAN, SCT **[16834]** : 1800S, Dores, INV, SCT **[37070]** : Helen, 1860S, Edinburgh, MLN, SCT **[31517]** : William, 1795+, Edinburgh & Glasgow, MLN & LKS, SCT **[10340]** : 1900+, New York, NY, USA **[37206]**

CHISLETT : 1880+, MAN, CAN **[45707]** : ALL, Meare & Shepton Mallet, SOM, ENG **[45707]**

CHISMAN : 1700-1900, ENG **[31017]**

CHISNALL : Ethyl, Farnsworth, LAN, ENG **[37617]**

CHISSELL : PRE 1800, HAM, ENG **[39554]**

CHISWELL : 1815+, Chew Magna, SOM & DEV, ENG **[26870]**

CHITTENDEN : ALL, WORLDWIDE [33924]
CHITTENDEN (see One Name Section) [33924]
CHITTENDON : PRE 1872, Ashford, KEN, ENG [46247]
CHITTLEBOROUGH : 1836+, Adelaide, SA, AUS [34660]
CHITTOCK : PRE 1860, ENG [37380]
CHITTY : Joseph, 1793, Stepney, MDX, ENG [27719] : 1750+, SRY, ENG [10664] : Catherine, 1840+, Farnham, SRY, ENG [97806] : Ada, 1860+, INDIA [97806] : Charles, 1863+, NZ [27719]
CHIVERS : 1700S, ENG [42384] : 1800+, London City & Finsbury, MDX, ENG [21207] : 1833+, St.Dunstan, Stepney, MDX, ENG [21207] : 1833+, St.Matthews, Bethnal Green, MDX, ENG [21207] : ALL, London, MDX & SRY, ENG [16701] : 1825+, Southwark, SRY, ENG [21207] : 1800S, Brighton, SSX, ENG [20551] : 1700-1860, Avebury, WIL, ENG [37809] : C1800, Avebury, WIL, ENG [37168] : C1800, Chisledon, WIL, ENG [37168] : PRE 1830, Yalesby, WIL, ENG [38592]
CHIVERTON : PRE 1744, Headley & Selborne, HAM, ENG [13960] : ALL, HAM, SRY & SSX, ENG [13960] : 1812+, Coker, SOM, ENG [17291]
CHOAT : Charles, 1900+, Gravesend, KEN, ENG [10303] : 1800+, Hackney, MDX, ENG [44217]
CHOATE (see One Name Section) [26744]
CHOCU : 1800+, Croix-Moligneaux, PIC, FRA [12382]
CHODAT : ALL, NSW, AUS [28150] : ALL, NEU, CH [28150]
CHOLMELEY : 1700+, Easton, LIN, ENG [42643]
CHOLOT : 1910+, New York, NY, USA [46368]
CHOPPEN : Joyce, ALL, Northolt, MDX, ENG [46516]
CHOPPING : 1850+, Hobart, TAS, AUS [46345] : 1790+, Colchester, ESS, ENG [46345]
CHORLASS : PRE 1800, Leeds & Hunslet, WRY, ENG [42745]
CHORLEY : ALL, Medway, KEN, ENG [41146] : PRE 1850, Prescot, LAN, ENG [19964] : C1820, London, MDX & SRY, ENG [16701] : ALL, Lambeth, SRY, ENG [19655]
CHORLTON : ALL, Burnage, LAN, ENG [17654] : PRE 1880, Gorton, LAN, ENG [40025] : 1830+, Salford, LAN, ENG [29328]
CHOVEAUX : 1800+, Croix-Moligneaux, PIC, FRA [12382]
CHOWN : ALL, ENG [40771] : ALL, WIL, ENG [40771] : ALL, WORLDWIDE [19580]
CHOWNE : 1500S, Plymtree, DEV, ENG [11411] : 1680, Rockbeare, DEV, ENG [46519]
CHREE : PRE 1850, Glenbucket, ABD, SCT [17763]
CHREICHTON : Eva, 1900+, Calgary, ALB, CAN [28755]
CHRISFIELD : ALL, KEN, SRY & LND, ENG [34861]
CHRISMAN : 1880+, KY, USA [35876]
CHRIST : PRE 1801, Strasbourg, ALS, FRA [14472] : 1730-1800, Ulster & Orange Co., NY, USA [24660] : 1700+, Berks Co., PA, USA [22558]
CHRISTANSEN : 1863-1910, Stratford, NZ [46235]
CHRISTENSEN : 1880+, Hervey Bay, QLD, AUS [10978] : PRE 1850, Brydegard, DEN [25853] : 1800+, Vreila, DEN [10978] : 1840+, NZ [42541]
CHRISTIAANSE : Christina, 1780-1860, Capetown, CGH, RSA [20703]
CHRISTIAN : Margaret, ALL, Avoca & Daylesford, VIC, AUS [99093] : 1750-1900, Valby, DEN [27140] : ALL, ENG [31442] : PRE 1872, Manchester, LAN, ENG [46449] : PRE 1850, Louth, LIN, ENG [46449] : ALL, Skillington, LIN, ENG [36127] : 1855-1875, Barrow, RUT, ENG [36127] : 1650-1700, IOM [46440] : 1700S, Braddan, IOM [11291] : C1760, Malew, IOM [20914] : C1850, Carnew, WEX, IRL [11071] : ALL, IOM, UK [45830] : John, C1840, Ramsay, IOM, UK [41270]

CHRISTIANSDATTER : Karen K., 1823+, Fanefjord, SLD, DEN [39588]
CHRISTIANSEN : C1870, FYN, DEN [46248] : Carl, 1904+, Svendborg, FYN, DEN [46248] : Carl, 1790-1840, Stavanger, NOR [21104]
CHRISTIANSON : PRE 1875, Vinger, NOR [29570]
CHRISTIE : C1820+, Hawkesbury, NSW, AUS & NOR [33097] : Charles, PRE 1830, MDX, ENG [10895] : 1794+, Whitechapel, MDX, ENG [28495] : ALL, DRY & MLN, IRL & SCT [26493] : 1854+, Otago, NZ [46401] : 1854+, Saddle Hill, NZ [46401] : C1850-1920, ABD, SCT [46408] : John, 1850+, ANS, SCT [43492] : PRE 1854, Montrose, ANS, SCT [46401] : C1750+, Aberlour, BAN, SCT [22014] : ALL, LKS & RFW, SCT [43933] : John, 1621, Edinburgh, MLN. SCT [24579] : PRE 1850, Elgin, Forres & New Spynie, MOR, SCT [42019] : 1830+, PER, SCT [46395] : 1780-1880, St.Martins, PER, SCT [43857] : ALL, WORLD-WIDE [35836]
CHRISTIN : 1700+, London, LND, ENG [10577]
CHRISTISON : Margaret, 1765-1858, Fettercairn, KCD, SCT [37568]
CHRISTMANN : 1860+, MN & WI, USA [15845]
CHRISTMAS : Alfred Thomas, C1903-1984, Hamilton, ONT, CAN [31476] : ALL, ENG [26686] : PRE 1800, Cambridge, CAM, ENG [30446]
CHRISTOPHER : PRE 1800, SSX, ENG [36543]
CHRISTOPHERS : PRE 1760, Croston, LAN, ENG [36983]
CHRISTOPHERSEN : C1870, FYN, DEN [46248]
CHRISTOPHERSON : John Henry, 1782-1880, London, ENG [39012] : ALL, KEN, ENG [19785] : PRE 1800, Cartmel, LAN, ENG [19785] : Caroline B., 1810-1900, LND, ENG [39012]
CHRISTY : C1865, Sydney, NSW, AUS [10230] : C1820, DOW, IRL [11011]
CHRYSLER : Theresa, ALL, ONT, CAN [17092] : PRE 1840, Chatham, ONT, CAN [25237]
CHUBB : PRE 1940, Montreal, QUE, CAN & USA [39939] : Charles, 1810+, DOR, ENG [45326] : Emma, 1860, DOR, ENG [45326] : 1700S-1870S, Evershot, DOR, ENG [36295] : 1750+, Dinton, WIL, ENG [13129]
CHUDLEIGH : Charlotte, 1824+, DEV, ENG [41223]
CHUDLEY : 1700+, DEV, ENG [12819]
CHUNE : ALL, WORLDWIDE [19580]
CHURCH : Grace, 1905+, NSW, AUS [10340] : C1700-1870, Iver, BKM, ENG [22070] : 1800-1860, Colchester, ESS, ENG [19461] : PRE 1800, Thanet, KEN, ENG [14031] : PRE 1820, Misterton & Stoney Stanton, LEI, ENG [18569] : Joshua, 1844+, Poplar, LND, ENG [34315] : PRE 1830, St.Marylebone & Holborn, LND, ENG [45679] : 1860-1890, LND & ESS, ENG [33021] : 1600, Ormesby St.Margaret, NFK, ENG [33428] : PRE 1700, Tunstall & Catfield, NFK, ENG [43840] : 1800, Leiston, SFK, ENG [17704] : PRE 1700, Chewton Mendip, SOM, ENG [33664]
CHURCHILL : James, C1875+, Sydney, NSW, AUS [30950] : Elizabeth W., C1829, Portugal Cove, NFD, CAN [22409] : Elizabeth, 1821-1840S, St.Johns, NFD, CAN [22409] : Honor, PRE 1836, South River, ONT, CAN [25602] : 1600-1800, Worcester & Dorchester, DOR, ENG [19713] : ALL, DOR & SOM, ENG [15745] : John, C1840, Bristol & Bath, GLS & SOM, ENG [30950] : PRE 1863, Milton Regis, KEN, ENG [18639] : ALL, Deddington & Bladon, OXF, ENG [10705] : PRE 1735, Wayford, SOM, ENG [39042] : 1700-99, Erdington, WAR, ENG [20057] : 1780+, Stratford on Avon, WAR, ENG [12058] : John, 1790, Stratford on Avon, WAR, ENG [12058]
CHURCHMAN : 1700+, Sawston, CAM, ENG [39506] : C1860-1900, West Ham, ESS, ENG [39506] : PRE 1800, Castle Acre, NFK, ENG [27240]
CHURCHOUSE : 1840+, Castle Cary, SOM, ENG [39377]

CHURCHWARD : ALL, WORLDWIDE **[24887]**
CHUTE : Chaloner, 1613+, Sherborne St.John, HAM, ENG **[46246]** : Mary Ann, 1810, Dingle, KER, IRL **[29479]**
CHUTER : 1840+, TAS & VIC, AUS **[14627]** : 1800-1900, London, ENG **[14627]** : 1780-1800, Farnham, SRY, ENG **[38980]**
CHYLES : PRE 1580, Lydlinch, DOR, ENG **[46297]**
CHYNOWETH : Nancy, C1790+, East Newlyn, CON, ENG & NZ **[41297]**
CICERO : PRE 1920, SIC, ITL **[22618]**
CILIOX : 1630-1900, WORLDWIDE **[20200]**
CINOLLY : Catherine, PRE 1840+, Alnwick, ONT, CAN **[28755]**
CIVIDAL : C1750-1900, ITL **[46196]**
CIVIL : PRE 1860, HAM, ENG **[17364]**
CLACK : James, 1761+, Littleport, CAM, ENG **[31510]** : 1750-1820, Woolwich, KEN, ENG **[14246]** : 1870+, London, MDX, ENG **[45042]** : PRE 1720, Clanfield, OXF, ENG **[33428]** : ALL, Overnorton, OXF, ENG **[45042]** : ALL, Swinbrook, OXF, ENG **[20742]** : 1820-1950, RSA **[46466]**
CLACK (see One Name Section) **[46466]**
CLAGGET : Caroline M., 1851-1929, Rockdale, NSW, AUS **[10485]**
CLAGUE : ALL, IOM **[11690]** : 1650+, Ballakilley, Lonan, IOM **[20742]** : 1600+, Ballavarane, Lonan, IOM **[20742]**
CLAKE : ALL, WORLDWIDE **[46502]**
CLAMP : ALL, Market Bosworth, LEI, ENG **[31152]** : PRE 1820, Creak, NFK, ENG **[46452]**
CLAMPETT : 1864+, Boorowa & Grenfell, NSW, AUS **[11763]**
CLANCEY : PRE 1837, Aghada, COR, IRL **[12748]**
CLANCY : William G., 1890+, NSW, AUS **[10340]** : 1850+, Braybrook & Footscray, VIC, AUS **[12481]** : 1860S, Wangaratta, VIC, AUS **[41420]** : ALL, CLA, IRL **[09036]** : PRE 1837, Aghada, COR, IRL **[12748]** : 1800+, GAL, IRL **[12481]** : 1830S, Rosconnell, KIK, IRL **[11715]** : PRE 1850, Cloone & Faughill, LET, IRL **[37880]**
CLANG (see KLANG) : **[28795]**
CLAPHAM : George, 1800+, AUS & NZ **[21563]** : 1800+, Yatton Keynell, WIL, ENG **[38681]** : 1800-1900, Birstall, WRY, ENG **[12641]** : 1580-1850S, Leeds, YKS, ENG **[18895]**
CLAPP : ALL, Walton, SOM, ENG **[22441]** : PRE 1900, Yatton & Congresbury, SOM & DEV, ENG **[15745]**
CLAPPERTON : Mary, 1861, Whitechapel, LND, ENG **[17117]** : Mary, 1839+, Glasgow, LKS, SCT **[17117]**
CLAPPISON : PRE 1800, Catwick, ERY, ENG **[40960]**
CLARANCE : 1400-1950, WORLDWIDE **[17584]**
CLARE : George, 1850, Cockfighters Creek & Maitland, NSW, AUS **[10574]** : George, 1850, Singleton & Warkworth, NSW, AUS **[10574]** : PRE 1834, London, ENG **[18702]** : PRE 1840, Plymouth, ENG **[33816]** : 1750+, Northwich, CHS, ENG **[29854]** : 1800+, Clerkenwell, MDX, ENG **[19614]** : PRE 1800, Birmingham, WAR, ENG **[19614]** : (see One Name : Dominick), **[10114]**
CLARENCE : 1400-1950, WORLDWIDE **[17584]**
CLAREY : 1840+, Morpeth & Hexham, NSW, AUS **[42600]** : 1857+, VIC, AUS **[41430]** :ALL, London, ENG & AUS **[45714]**
CLARIDGE : Maria, C1799, Weymouth, DOR, ENG **[28340]** : 1750-1830, Sevenoaks, KEN, ENG **[30488]** : PRE 1880, LEI, ENG **[46502]** : 1800S, Clapham, LND, ENG **[49996]** : 1700+, Finchley, MDX, ENG **[45159]** : 1700+, Bicester, OXF, ENG **[36368]** : John, PRE 1790, Herne Hill, SRY, ENG **[36365]** : 1750-1830, Tonbridge, SRY, ENG **[30488]**
CLARINGBOLD : ALL, KEN, ENG **[12457]**
CLARINGBOULD : 1826+, Walmer, KEN, ENG **[14194]**

CLARK : PRE 1860, Newcastle, NSW, AUS **[10918]** : PRE 1906, Pyrmont, NSW, AUS **[25396]** : Margaret, PRE 1854, Sofala, NSW, AUS **[40153]** : William, 1824-1851, Bothwell & Kempton, TAS, AUS **[14851]** : 1850-70, Launceston, TAS, AUS **[36282]** : John Hawkins, ALL, VIC, AUS **[99093]** : Alison Olive, 1906+, Brighton, VIC, AUS **[39179]** : 1860-1900, Campbellfield, VIC, AUS **[42296]** : Harry, C1865, Geelong, VIC, AUS **[25396]** : Albert Thos, 1876-1930, Malvern, VIC, AUS **[39179]** : Denise Eliz., 1919+, St.Kilda, VIC, AUS **[39179]** : C1900, Haliburton Co., ONT, CAN **[31626]** : Anne, 1848+, Manitoulin Island, ONT, CAN **[16439]** : Duncan, 1848+, Manitoulin Island, ONT, CAN **[16439]** : William, 1838+, Scarborough, ONT, CAN **[99433]** : 1800S, York Co., ONT, CAN **[42436]** : Jonathon, 1760S-1850S, ENG **[37978]** : ALL, ENG **[46218]** : PRE 1900, Toddington & Milton Bryan, BDF, ENG **[28391]** : Amasa, 1794+, BKM, ENG **[23367]** : 1840+, Eton, BKM, ENG **[17291]** : Thomas, 1770-1841, Great Marlow, BKM, ENG **[20635]** : Thomas, C1790, Western Turville, BKM, ENG **[25654]** : Colin, 1957+, BRK, ENG **[45726]** : G., 1862, Binfield & Bracknell, BRK, ENG **[45726]** : A., 1900, Bracknell, BRK, ENG **[45726]** : G.E., 1904, Bracknell, BRK, ENG **[45726]** : B., 1930, Bracknell, BRK, ENG **[45726]** : T., 1953, Bracknell, BRK, ENG **[45726]** : 1840+, Maidenhead, BRK, ENG **[17291]** : R., 1840, Reading, BRK, ENG **[45726]** : D., 1842, Reading, BRK, ENG **[45726]** : T., 1884, Warfield & Bracknell, BRK, ENG **[45726]** : 1890+, Windsor, BRK, ENG **[17291]** : 1800, Croydon, CAM, ENG **[40055]** : Matthew, 1800-1850S, Rainow, CHS, ENG **[45800]** : C1810, Wilmslow, CHS, ENG **[21161]** : 1779+, CUL, ENG **[46328]** : PRE 1800, DEV, ENG **[46164]** : 1780S-1830S, Topsham & Exeter, DEV, ENG **[18895]** : 1750-1800, Dorchester, DOR, ENG **[22241]** : 1820+, Weymouth, DOR, ENG **[40135]** : PRE 1820, Jarrow-on-Tyne, DUR, ENG **[38728]** : Jane, PRE 1800, Kirk Merrington, DUR, ENG **[17523]** : PRE 1900, Ryton, DUR, ENG **[18500]** : John, PRE 1837, Sunderland, DUR, ENG **[42645]** : 1840+, Hunmanby, ERY, ENG **[97806]** : 1750-1800, York, ERY, ENG **[21906]** : Susan, C1745, ESS, ENG **[39471]** : PRE 1825, ESS, ENG **[38517]** : PRE 1730, Earls Colne & Bocking, ESS, ENG **[36275]** : William, C1830, Great Burstead, ESS, ENG **[34782]** : James, C1780S, Langley, ESS, ENG **[25654]** : PRE 1880, Maldon & Haybridge, ESS, ENG **[38615]** : PRE 1800, Matching, ESS, ENG **[42296]** : PRE 1830, Netteswell, ESS, ENG **[41163]** : Sarah, PRE 1900, Rochford, ESS, ENG **[29745]** : Susan, C1575-1638, Saffron Walden, ESS, ENG **[32050]** : PRE 1813, Yeldham, ESS, ENG **[38615]** : PRE 1880, Stroud & Rodborough, GLS, ENG **[27678]** : 1830-1870, Winchester, HAM, ENG **[41136]** : Joseph, 1850-1900, Winchester, HAM, ENG **[18271]** : PRE 1900, Bengeo & Shephall, HRT, ENG **[19216]** : 1800-1900, St.Albans, HRT, ENG **[41136]** : 1750-1890, Cowes, IOW, HAM, ENG **[46412]** : 1880-1930, Folkestone, KEN, ENG **[45639]** : PRE 1950, Kemsing & Shoreham, KEN, ENG **[43842]** : Joseph, 1900-1930, Ramsgate, KEN, ENG **[18271]** : ALL, LAN, ENG **[15745]** : 1860S, Bootle, LAN, ENG **[41968]** : Mary, C1780, Finsthwaite, LAN, ENG **[13153]** : 1875+, Manchester, LAN, ENG **[41968]** : Mary Speakman, 1835-72, Preston, LAN, ENG **[41968]** : 1759-1900, Preston & Wigan, LAN, ENG **[41968]** : PRE C1875, Preston & Wigan, LAN, ENG **[41968]** : Robert, C1900, Southport, LAN, ENG **[41968]** : Emma, 1800-1830, Leicester, LEI, ENG **[17203]** : C1800, LIN, ENG **[24993]** : Ann, 1840+, Kirton, LIN, ENG **[13065]** : C1770-1880, Pickworth, LIN, ENG **[37795]** : PRE 1850, Bethnal Green, LND, ENG **[41150]** : 1800-1850, LND & MDX, ENG **[34790]** : Frederick, 1825-1875, Bethnal Green & Stepney, MDX, ENG **[39461]** : 1800, Haggerstone, MDX, ENG **[46250]** : William, 1814-1820, Stepney, MDX, ENG **[37188]** : Joseph, 1850-1880, Uxbridge, MDX, ENG **[18271]** : John, PRE 1837, Kelso, NBL, ENG **[42645]** : 1860+, Whitley Bay, NBL, ENG **[11543]** : Eliza, ALL, Fulmodestone, NFK, ENG **[28585]** : 1580-1620, Whitby, NRY,

CLA

ENG [36282] : 1720+, Little Bowden, NTH, ENG [21207] : John, C1780, Egmonton, NTT, ENG [46321] : 1650-1880, Retford, NTT, ENG [41573] : James, 1790+, Deddington, OXF, ENG [25396] : Henry, C1842, Deddington, OXF, ENG [25396] : PRE 1800, Bardwell, SFK, ENG [38178] : C1843, Bury St.Edmunds, SFK, ENG [46370] : 1800-1881, Eyke & Rendlesham, SFK, ENG [14618] : Henry, 1840+, Felixstowe, SFK, ENG [42432] : 1700-1900S, Banwell, SOM, ENG [21195] : 1700-1900S, Burnham on Sea, SOM, ENG [21195] : 1935+, Clevedon, SOM, ENG [33538] : 1730-1750, Cloford, SOM, ENG [14306] : Betty, C1730, Kilmersden, SOM, ENG [10035] : 1800+, North Wootten, SOM, ENG [33506] : PRE 1900, Yatton & Congresbury, SOM, ENG [15745] : C1800, SRY, ENG [34543] : PRE 1795, SRY, ENG [19759] : Dr.William, 1800-1813, Richmond, SRY, ENG [37188] : Mary Ann, PRE 1830, Southwark, SRY, ENG [17486] : 1820-1890, Hastings, SSX, ENG [45639] : Michael, 1857, Rye, SSX, ENG [28092] : 1750+, Seaford & Waldron, SSX, ENG [15823] : John, 1800-1900, Birmingham, STS, ENG [39835] : C1855, West Bromwich, STS, ENG [25396] : William, 1827, Avon Dassett, WAR, ENG [25396] : Henry, 1829, Avon Dassett, WAR, ENG [25396] : Ann, 1832, Avon Dassett, WAR, ENG [25396] : PRE 1820, Bedworth, WAR, ENG [39336] : PRE 1780, Fillongley, WAR, ENG [41372] : 1850+, Bradford, WRY, ENG [18372] : James, Market Weighton, YKS, ENG [37617] : Alexander Jas, 1823, Woolwich, KEN, ENG & AUS [45541] : 1800+, KEN, ENG & NZ [37286] : C1865, ANT, IRL [14430] : Daniel, PRE 1820, CAV, IRL [42479] : 1780-1870, Rossnowlagh, DON, IRL [22707] : C1690, Athlone, WEM & ROS, IRL [14851] : Rice Owen, 1854+, Hodsonville, NZ [20635] : John, 1848-1932, Hastings & Dunedin, NZ & SCT [46192] : Benjamin, PRE 1820, SCT [35186] : Alexander Jas, 1770+, ABD, SCT [45541] : ALL, ABD, SCT [18521] : George, C1830, Cuminestown, ABD, SCT [30182] : 1750S, Ellon, ABD, SCT [14880] : 1800+ Glenmuick, ABD, SCT [13065] : PRE 1857, Dundee, ANS, SCT [11092] : George, 1700+, Panbride, ANS, SCT [21854] : William, 1794+, Beith, AYR, SCT [99433] : William, 1770+, Irvine, AYR, SCT [15885] : Thos & Janet, 1790+, Irvine, AYR, SCT [15885] : Janet, 1850+, Kilwinning, AYR, SCT [15885] : James, 1780-1880, Old Cumnock, AYR, SCT [99055] : Jane/Jean, ALL, Straiton, AYR, SCT [16842] : PRE 1900, DFS, SCT [18521] : Janet, 1700S, ELN, MLN & SEL, SCT [21563] : 1800+, LKS, SCT [22118] : Jane, 1823, Edinburgh, MLN, SCT [25310] : PRE 1842, Elgin, MOR, SCT [26833] : PRE 1883, Rafford, MOR, SCT [34588] : 1700S, PER, SCT [21221] : ALL, PER, SCT [43842] : PRE 1850, PER, SCT [19993] : John, PRE 1798, RFW, SCT [41768] : William, 1800S-1860S, Anderston & Glasgow, RFW, SCT [37978] : C1883+, Selkirk, SEL, SCT [34588] : Henry, 1862-1942, Edinburgh, MLN, SCT & AUS [46192] : Thomas, 1819-1867, Edinburgh, MLN, SCT & CAN [46192] : Jas Alexander, C1801, AYR, SCT & ENG [45541] : PRE 1803, Ayr, AYR, SCT & ENG [18639] : 1840+, Nairn & Deptford, NAI & KEN, SCT & ENG [21394] : 1700-1750, Wintham Co., CT, USA [42429] : PRE 1830, Washington Co., ME, USA [22262] : Centoria, C1800, VA, USA [16947] : Kentura, C1800, VA, USA [16947]

CLARKE : William, 1831, Cargo, NSW, AUS [10035] : Robert A., 1870+, Ilford, NSW, AUS [45795] : Edward John, 1833+, Inverary Park, NSW, AUS [14120] : PRE 1860, Newcastle, NSW, AUS [10918] : John, 1833-1870, Sydney, NSW, AUS [13326] : 1840+, Sydney, NSW, AUS [26410] : 1860+, Sydney, NSW, AUS [13731] : 1900+, Sydney, NSW, AUS [29025] : John, 1850+, SA & NSW, AUS [45699] : 1850+, Penguin, TAS, AUS [12386] : C1856+, Ballarat, VIC, AUS [36751] : 1931, Camberwell, VIC, AUS [46238] : John & Sarah, 1857+, Carlsruhe, VIC, AUS [12917] : 1800S-1998, Dimboola, VIC, AUS [26264] : William, 1853+, Melbourne, VIC, AUS [46321] : ALL, Tooleen, VIC, AUS [99052] : Wm & Jane, ALL, ONT, CAN [16867] : 1818-1881, Pittsburg Twp., ONT, CAN [24943] : C1900, Victoria & Haliburton, ONT, CAN [31626] : PRE 1920, London, ENG [21312] : PRE 1830, Cheddington, BKM, ENG [46519] : PRE 1860, Loughton, BKM, ENG [27678] : PRE 1840, Wokingham, BRK, ENG [99012] : PRE 1810, Cottenham, CAM, ENG [38234] : Mary, PRE 1733, Cottenham, CAM, ENG [14290] : 1660-1900, Soham & Fordham, CAM, ENG [19713] : 1700+, Ashbury, CHS, ENG [34739] : William, 1740+, Etwall, DBY, ENG [34315] : Rebecca, 1780+, Etwall, DBY, ENG [34315] : 1814, Sidmouth, DEV, ENG [13731] : 1700S, ERY, ENG [16430] : PRE 1850, ERY, ENG [40570] : Edward, PRE 1840, ESS, ENG [22207] : PRE 1760, Blackmore, ESS, ENG [33664] : ALL, Maldon & Haybridge, ESS, ENG [38615] : 1851+, Purleigh & Maldou, ESS, ENG [99433] : 1750+, Southminster, ESS, ENG [12641] : William, 1765-1820, Wickham St.Pauls, ESS, ENG [37633] : C1800, Newnham, GLS, ENG [12707] : PRE 1769, Headley, HAM, ENG [13960] : 1830-1870, Winchester, HAM, ENG [41136] : 1800-1900, St.Albans, HRT, ENG [41136] : PRE 1790, HUN, ENG [25747] : PRE 1800, Hilton, HUN, ENG [30996] : ALL, Cliffe, KEN, ENG [34277] : Eliza, 1840S-1850S, Ebony, KEN, ENG [11444] : 1800+, Faversham, KEN, ENG [99052] : Samuel, 1830S-1840S, Tenterden, KEN, ENG [11444] : 1800S, Dalby Magna, LEI, ENG [28600] : 1800+, Leicester, LEI, ENG [42780] : Emma, 1800-1830, Leicester, LEI, ENG [17203] : C1800, LIN, ENG [24993] : 1750-1850, Ashby Launde, LIN, ENG [46271] : 1790-1818, Heckington, LIN, ENG [18818] : PRE 1850, Long Sutton, LIN, ENG [17508] : Thomas, PRE 1814, Newton by Folkingham, LIN, ENG [99012] : PRE 1950, Thorpe, LIN, ENG [32040] : James, C1830-1833, Marylebone, LND, ENG [30645] : Charlotte, 1800, Westminster, LND, ENG [21084] : Sarah, C1855, Deptford, MDX, ENG [14760] : 1840+, London, MDX, ENG [13731] : 1780+, Great Ellingham, NFK, ENG [12386] : PRE 1800, Great Ellingham, NFK, ENG [12385] : 1700+, Ashton, NTH, ENG [46499] : ALL, Blakesley, NTH, ENG [12729] : PRE 1860, East Haddon, NTH, ENG [20985] : Lucy, PRE 1849, Glapthorn, NTH, ENG [99012] : 1742-1848, Witney, OXF, ENG [39706] : PRE 1850, Ashwell & Thistleton, RUT, ENG [28600] : 1900+, Wellington, SAL, ENG [42780] : PRE 1821, SFK, ENG [18896] : PRE 1900, SFK, ENG [39312] : John, PRE 1817, Barrow, SFK, ENG [17055] : 1800-1881, Eyke & Rendlesham, SFK, ENG [14618] : PRE 1830, Willingham, SFK, ENG [19165] : Benjamin, 1800-1830, SOM, ENG [16075] : John, PRE 1780, Churchstanton, SOM, ENG [34212] : 1800+, Pitminster, SOM, ENG [99012] : 1820-1840, Rodney Stoke, SOM, ENG [27087] : John, PRE 1857, Shepton Beauchamp, SOM, ENG [12917] : Jesse, 1830, Gadbrook, SRY, ENG [14715] : George, 1830S, Lambeth, SRY, ENG [46519] : Geo. Andrew, 1840-1850, Norwood, SRY, ENG [46519] : 1780-1870, STS, ENG [34790] : Edward John, 1807+, Wolverhampton, STS, ENG [14120] : PRE 1800, Ansley, WAR, ENG [13657] : PRE 1820, Bedworth, WAR, ENG [39336] : 1850+, Birmingham, WAR, ENG [13731] : 1800S, Coventry, WAR, ENG [27850] : PRE 1900, Troutbeck, WES, ENG [45054] : Esther, PRE 1830, WIL, ENG [28907] : PRE 1750, Cropthorne, WOR, ENG [31316] : 1700+, Kidderminster, WOR, ENG [19818] : George, 1782-1875, Upton on Severn, WOR, ENG [27719] : John Callow, 1840, Upton on Severn, WOR, ENG [27719] : 1850+, Hemingfield & Worsbrough, WRY, ENG [46499] : 1827, Hull, YKS, ENG [39856] : William, 1818+, Kilham, YKS, ENG [46321] : 1820+, Stove, LND & MDX, ENG & AUS [39593] : George, 1850-1860S, Port Stanley, FALKLAND IS. [46519] : PRE 1850, IOM [25329] : PRE 1840, Lisburn & Belfast, ANT, IRL [44471] : Matthew, 1784+, Cavan, CAV, IRL [40042] : 1800S, Mountshannon, CLA, IRL [32035] : 1836-1900, Cork City, COR, IRL [14388] : 1750+, Dublin City, Westland Row, DUB, IRL [43983] : PRE 1845, Lisnaskea, FER, IRL [11733] : 1800-1900, Ahascragh, GAL, IRL [13809] : Honora,

PRE 1842, Ahascragh, GAL, IRL **[45242]** : 1800S, Newrow, KID, IRL **[32471]** : C1823, Garvagh, LDY, IRL **[32405]** : ALL, Maghera, LDY, IRL **[11658]** : 1760-1890, Ballybay & Crieve, MOG, IRL **[13546]** : ALL, WEX, IRL **[10367]** : William, C1835-1918, Duncannon, WEX, IRL **[10367]** : 1863+, Port Chalmers & Dunedin, OTG, NZ **[32035]** :Henry, 1870+, PATAGONIA **[46519]** : 1880-1910, Edinburgh & Penicuik, MLN, SCT **[13546]** : 1750+, Barbados, W.INDIES **[33825]**

CLARKIN : 1830-1850, Lattin, MOG, IRL **[31709]** : William, 1820-1900+, Clones, MOG & ABD, IRL & SCT **[33584]**

CLARKSON : 1800+, NSW & LAN, AUS & ENG **[40480]** : Martha, 1800+, ENG **[13513]** : 1700S, London, ENG **[37155]** : 1700-1800, Pocklington, ERY, ENG **[26629]** : 1820-40, Esher, KEN, ENG **[45082]** : 1800S, LAN, ENG **[34704]** : PRE 1790, Blackrod, LAN, ENG **[44078]** : Robert, 1800-1900, Fleetwood, LAN, ENG **[37308]** : 1850-1962, Middleton, LAN, ENG **[18613]** : ALL, Preston, LAN, ENG **[43933]** : Isabella, PRE 1807, Holborn, LND, ENG **[10276]** : 1808, Edmonton, MDX, ENG **[37155]** : PRE 1800, Middlesmoor, NRY, ENG **[18628]** : 1800S, Muker, NRY, ENG **[20938]** : 1600-1860, Old Malton, NRY, ENG **[43903]** : 1800-1900, Bramshall & Cheadle, STS, ENG **[19371]** : C1800-1830, Upper Gornal, STS, ENG **[18001]** : 1650+, Kingsbury, WAR, ENG **[42699]** : ALL, Silsden, YKS, ENG **[39301]** : Thomas B., 1831-1924, Esher, Wunghnu & Young, SRY, VIC & NSW, ENG & AUS **[12490]** : 1865+, Papakura, NZ **[21727]** : 1850+, CBY, NZ **[34748]** : 1800S-1865, Airdrie, LKS, SCT **[21727]** : PRE 1860, WLN & MLN, SCT **[26493]** : 1800+, Kelso, ROX, SCT & AUS **[35147]**

CLARRIBUTT : PRE 1900, ENG **[16269]**

CLARRIDGE : ALL, WORLDWIDE **[46502]**

CLARRY : PRE 1850, SFK, ENG & FRA **[39815]**

CLARTON : C1860+, Middlesbrough, DUR, ENG **[46495]**

CLARY : William, 1834+, AUS **[41430]** : Michael, PRE 1834, London, ENG **[41430]** : PRE 1850, SFK, ENG & FRA **[39815]**

CLASBY : 1850-1900, Sheffield, WRY, ENG **[45534]**

CLASPAR : ALL, WORLDWIDE **[19088]**

CLASPER : ALL, WORLDWIDE **[19088]**

CLASPER (see One Name Section) **[19088]**

CLATON : Alice, 1700S, Clavering, ESS, ENG **[16378]**

CLATWORTHY : Joan, 1770, Washfield, DEV, ENG **[21759]** : 1800+, Dunster, SOM, ENG **[42699]**

CLAUSSEN : PRE 1850, Nordditmarschen, SHO, GER **[25093]**

CLAXTON : 1800-40, Northaw, HRT, ENG **[24878]** : Charlotte, PRE 1860, KEN, ENG **[12573]** : 1829, Blyth, NBL, ENG **[46483]** :PRE 1850, NFK, ENG **[25559]** : Joseph, 1800+, Burnham, NFK, ENG **[13065]** : 1800-1840, Worstead, NFK, ENG **[17436]** : PRE 1850, Chipping Norton, OXF, ENG **[20742]**

CLAY : Thomas, 1726-1783, Cambridge, CAM & LIN, ENG **[30246]** : 1860+, Liverpool, LAN, ENG **[46386]** : ALL, Farnworth & Halifax, LAN & WRY, ENG **[42209]** : ALL, LND, ENG **[31646]** :1840-1957, Battersea & Wandsworth, LND, ENG **[46457]** : 1850-1950, Bethnal Green, LND, ENG **[37048]** : ALL, NTT, ENG **[21418]** : 1750-1900, Arnold, NTT, ENG **[34967]** : PRE 1800, Dewsbury, WRY, ENG **[37058]** : PRE 1900, Slaithwaite, YKS, ENG **[25162]**

CLAYBAN : ALL, WORLDWIDE **[19088]**

CLAYBER : ALL, WORLDWIDE **[19088]**

CLAYBERT : ALL, WORLDWIDE **[19088]**

CLAYBIN : ALL, WORLDWIDE **[19088]**

CLAYBIRN : ALL, WORLDWIDE **[19088]**

CLAYBIRNE : ALL, WORLDWIDE **[19088]**

CLAYBON : ALL, WORLDWIDE **[19088]**

CLAYBORN : ALL, WORLDWIDE **[19088]**

CLAYBORNE : ALL, WORLDWIDE **[19088]**

CLAYBOURN : ALL, WORLDWIDE **[19088]**

CLAYBOURNE : ALL, WORLDWIDE **[19088]**

CLAYBUARN : ALL, WORLDWIDE **[19088]**

CLAYBUARNE : ALL, WORLDWIDE **[19088]**

CLAYBURN : PRE 1800, Howden, WRY, ENG **[19613]** : ALL, WORLDWIDE **[19088]**

CLAYBURN (see One Name Section) **[19088]**

CLAYBURNE : ALL, WORLDWIDE **[19088]**

CLAYBYN : ALL, WORLDWIDE **[19088]**

CLAYDEN : ALL, ENG **[11938]** : Mary Ann, PRE 1850, ENG **[26439]** : 1770+, Margaret Roding, Nazeing, ESS, ENG **[45489]** : John, 1700+, Henley, OXF, ENG **[14290]**

CLAYDON : ALL, Stetchworth, CAM, ENG **[42209]** : PRE 1900, ESS, ENG **[18147]** :1750-1850, Maldon & Foxheath, ESS, ENG **[32505]**

CLAYFORD : 1600-1800, Barkston, YKS, ENG **[26761]**

CLAYFORTH : 1700+, Church Fenton, YKS, ENG **[26761]**

CLAYNE : PRE 1811, LND & MDX, ENG **[35089]**

CLAYSE : PRE 1811, LND & MDX, ENG **[35089]**

CLAYSON : PRE 1900, Garlee, SA, AUS **[26223]** : Peter, 1870+, VIC, AUS **[26223]** : Wilmore, PRE 1850, NTH, ENG **[26223]**

CLAYTON : John, 1850-90, Porters Retreat, NSW, AUS **[46232]** : John, 1830S, Sydney, NSW, AUS **[29314]** : 1849+, SA & NSW, AUS **[33642]** : 1800S, TAS, AUS **[29198]** : Anne, 1880+, Launceston, TAS, AUS **[11745]** : PRE 1849, Thurleigh, BDF, ENG **[33642]** : ALL, Oldham, LAN, ENG **[43085]** : PRE 1800, Wigan, LAN, ENG **[43085]** : 1700-99, Thorpe Arnold, LEI, ENG **[20057]** : Ann, 1800S, Binbrook, LIN, ENG **[13910]** : Margaret, C1740, Aldermanbury, LND, ENG **[44968]** : 1700-1850, Mansfield, NTT, ENG **[17182]** : PRE 1850, Newington, SRY, ENG **[17486]** : PRE 1715, Chichester, SSX, ENG **[17470]** : 1700+, Badsworth, WRY, ENG **[34981]** : 1700+, Mirfield, WRY, ENG **[42913]** : 1745-1790, Sowerby, WRY, ENG **[44241]** : Emma, 1840+, Wakefield & Horbury, WRY, ENG **[16125]** : ALL, Sheffield, YKS, ENG **[46429]** : John, 1800-30, SRY, ENG & AUS **[46232]** : John, 1800+, Limerick, LIM, IRL **[46492]** : Christopher, 1840+, Limerick, LIM, IRL & Meath, MEA, IRL **[46492]**

CLEAK : William, C1800, Horseferry, LND, ENG **[36800]** : ALL, WORLDWIDE **[46502]**

CLEAL : 1862+, Inverell, NSW, AUS **[46279]** : PRE 1818, Crewkerne, SOM, ENG **[36200]**

CLEAR : 1850+, Launceston, TAS, AUS **[10230]**

CLEARKE : Isabel, 1600S, Eaton Bishop, HEF, ENG **[10993]**

CLEARY : James, 1900, AUS **[99599]** : William, 1878+, Dubbo, NSW, AUS **[31762]** : Olive, 1909+, Brisbane, QLD, AUS **[31762]** : Robert, 1869+, Melbourne, VIC, AUS **[36844]** : 1770+, VIC & KID, AUS & IRL **[40480]** : 1860-1995, AUS & NZ **[20703]** : Mary, 1800-1940, Cork, COR, IRL **[10272]** : Bridget, 1850+, Ematris, MOG, IRL **[10883]** : 1780-2000, Ballingarry, OFF & TIP, IRL **[20703]** : C1836-1870, TIP, IRL **[10460]** : PRE 1850S, TIP, IRL **[45142]** : Anne, 1800S, WEX, IRL **[43996]** : PRE 1850, Wexford, WEX, IRL **[28210]** : James, 1900, NZ **[99599]**

CLEARY (see One Name Section) **[20703]**

CLEATON : PRE 1900, Llanidloes, MGY, WLS **[46462]**

CLEAVE : 1850-1920, Bovey & Dartmouth, DEV, ENG **[19727]** : 900-1900, WORLDWIDE **[24871]**

CLEAVER : 1900, Dubbo, NSW, AUS **[11590]** : George, 1831-1894, Windsor, NSW, AUS **[11781]** : PRE 1920, HAM, ENG **[44969]** : 1850+, Leicester, LEI, ENG **[46197]** : 1600-1700, Harborough Magna, WAR, ENG **[18670]** : F. Reginald, C1900, Kimberley, RSA **[31003]**

CLEE : Thomas, PRE 1848, Birmingham, WAR, ENG **[10485]**

CLEEVE : 1790-1810, Southwark, SRY, ENG **[12641]** : 800-1850, WORLDWIDE **[24871]**

CLEGG : 1895+, Sydney, NSW, AUS **[44300]** : 1800-1900S, Rochdale, LAN, ENG **[46258]** : Hannah, 1820+, Rochdale, LAN, ENG **[45853]** : James, 1830+, Rochdale, LAN, ENG **[45853]** : PRE 1860, Rochdale, LAN, ENG **[45853]**
CLELAND : 1863+, Sydney, NSW, AUS **[31923]** : PRE 1863, Shoreditch, MDX, ENG **[31923]** : 1870+, Waterbury, CT, USA **[31923]**
CLEMENCE : 1600-1700, Great Chesterford, ESS, ENG **[46216]** : PRE 1600, Freckenham, SFK, ENG **[33428]**
CLEMENS : 1866+, Bendigo & Myrtleford, VIC, AUS **[11873]** : PRE 1866, St.Just, CON, ENG **[11873]** : 1859+, Picton & Petone, NZ **[99012]**
CLEMENT : C1770, Kintbury, BRK, ENG **[41212]** : Mary, 1785-1820, Heavitree, DEV, ENG **[27066]** : 1750+, Darlington, DUR, ENG **[46201]** : PRE 1700, Halstead, ESS, ENG **[33664]** : John, PRE 1840, Nutfield & Reigate, SRY, ENG **[41444]** : Catherine, C1820, WAT, IRL **[13326]** : PRE 1900, USA **[22725]** : PRE 1863, NY, USA **[22725]**
CLEMENTS : William, 1775, Soham, CAM, ENG **[44314]** : 1700S, Brixham, DEV, ENG **[46274]** : PRE 1856, Chilworth, HAM, ENG **[13574]** : PRE 1900, Baldock, HRT, ENG **[39383]** : 1700-1900, LAN & CHS, ENG **[11066]** : 1830+, Bethnal Green, LND, ENG **[46308]** : PRE 1847, Islington, LND, ENG **[18967]** : 1790-1850, Westminster, MDX, ENG **[30071]** : 1800-2000, MDX & LND, ENG **[30446]** : PRE 1841, Stogursey, SOM, ENG **[10987]** : 1794, West Bagborough, SOM, ENG **[10209]** : 1816+, Tooley St., SRY, ENG **[46274]** : 1816+, Weston St., SRY, ENG **[46274]** : C1805, Pewsey, WIL, ENG **[17380]** : Elizabeth, 1797, Soham, CAM, ENG & AUS **[44314]** : 1800, St.Pierre, FRA **[45280]** : William, 1850+, Albany, NY, USA **[11066]**
CLEMENTSON : 1870+, Springdallah, VIC, AUS **[10880]** : 1800+, St.Bees, CUL, ENG **[21356]** : PRE 1870, NBL, ENG **[10880]** : PRE 1870, Haltwhistle, NBL, ENG **[10880]**
CLEMETT : PRE 1830, DEV, ENG **[36819]**
CLEMINSON : Wm Thomas, PRE 1910, Lancaster & Blackburn, LAN, ENG **[43941]**
CLEMO : 1700-1900, CON, ENG **[19853]**
CLEMOW : C1837, Oka Village, Deux Montagnes, QUE, CAN **[99418]**
CLEMSON : 1800-1850, Abingdon, BRK, ENG **[30071]** : Henry, 1827+, Brentford, LND, ENG **[41446]** : PRE 1625, Wroxeter, SAL, ENG **[32294]** : 1800S, SRY, ENG **[11411]** : C1750-1850, Dudley & West Bromwich, STS, ENG **[41446]**
CLENDENAN : ALL, IRL **[15793]**
CLENDON : ALL, ENG **[33347]**
CLEOBURY : PRE 1800, Broseley, SAL, ENG **[21175]** : Jane, 1832, Walsall, STS, ENG **[16834]** : George, PRE 1830, Bordesley, WAR, ENG **[16834]**
CLEREHAN : ALL, TIP, IRL **[25072]**
CLERK : PRE 1837, Snodland, KEN, ENG **[42645]**
CLERKE : Elizabeth, 1600-1673, Oakham & North Luffenham, RUT, ENG **[21349]** : 1804+, COR, IRL **[14851]**
CLERKIN : PRE 1850, Drumskelt, MOG, IRL **[34101]**
CLERRY : Mary, 1800-1870, Cork, COR, IRL **[10272]**
CLERY : Thomas, 1840+, Cork City, COR, IRL **[99599]** : Mark, PRE 1865, IRL & AUS **[29187]** : 1880+, Auckland & Thames, NZ **[99599]**
CLETHERO : PRE 1735, Ecclesfield, WRY, ENG **[17626]**
CLEURONS : ALL, FRA **[29664]**
CLEVE : 800-1900, WORLDWIDE **[24871]**
CLEVELAND : 1800-1900, NB & NS, CAN **[45291]** : 1600S+, UK **[40355]**
CLEVERLEY : ALL, Overton, WIL, ENG **[46418]**
CLEVERLY : 1690S, Heddington, WIL, ENG **[11912]**
CLEWES : PRE 1800, Bulkington, WAR, ENG **[19785]**

CLEWLEY : PRE 1845, Milton Regis, KEN & STS, ENG **[18639]** : PRE 1884, Heatn Norris, LAN, ENG **[43935]** : PRE 1810, Alton, STS, ENG **[27219]**
CLEWLOW : William, PRE 1700, Chapel Chorlton, STS, ENG **[35379]**
CLEWS : 1700+, Great Brickhill, BKM, ENG **[18593]** : John, C1830+, KEN & SRY, ENG & IRL **[43523]** : ALL, WORLDWIDE **[43523]**
CLIBBENS : 1800-1881, Barkway, HRT, ENG **[45489]** : 1881+, Leeds, YKS, ENG **[45489]**
CLIBBERY : 1700+, Fulham, MDX, ENG **[46451]**
CLICK : 1800-1830, Tiverton, DEV, ENG **[38970]** : ALL, WORLDWIDE **[46502]**
CLIDERO : 1800+, Northallerton, YKS, ENG **[37213]**
CLIFF : 1840S+, Callington, SA, AUS **[46116]** : 1770-1800, Good Easter, ESS, ENG **[17191]** : Mary, C1795, Claybrook, LEI, ENG **[18957]** : PRE 1840, Wem, SAL, ENG **[33704]** : 1800+, Hanley & Cheadle, STS & CHS, ENG **[18501]** : PRE 1850, Wortley, Leeds, WRY, ENG **[42745]** : PRE 1860, Newtown, MGY, WLS **[34420]**
CLIFFE : PRE 1837, Huddersfield, WRY, ENG **[46436]** : 800-1900, WORLDWIDE **[24871]**
CLIFFORD : PRE 1874, Broken Hill, NSW, AUS **[10035]** : William, 1849-1941, Hexham & Lismore, NSW, AUS **[42676]** : Francis Mary, 1883, Adelaide, SA, AUS **[10035]** : John, 1819-1919, St.Helens, TAS, AUS **[12321]** : C1630, Frampton, GLS, ENG **[19759]** : 1750+, Stow on the Wold, GLS, ENG **[11055]** : 1840+, KEN, ENG **[26612]** : PRE 1900, Kegworth & Diseworth, LEI, ENG **[12707]** : ALL, Eastwood, NTT, ENG **[39389]** : ALL, Souldern, OXF, ENG **[99025]** : Donald, C1920, SRY, ENG **[28479]** : 1800S, Southwark, SRY, ENG **[42516]** : ALL, Bremhill & Calne, WIL, ENG **[42676]** : James, 1787-1833, Compton Bassett, WIL, ENG **[42676]** : William, 1814-1905, WIL, ENG & AUS **[42676]**
CLIFT : 1800+, Dittisham, DEV, ENG **[36456]** : C1820, Lambeth, SRY, ENG **[36075]** : 1770+, Harborne, STS, ENG **[29715]** : ALL, Oldbury, STS, ENG **[21173]** : 1800+, Birmingham, WAR, ENG **[29715]** : 1700-1770, Halesowen, WOR, ENG **[29715]** : 1750-1800, Oldbury, WOR, ENG **[29715]**
CLIFTON : 1825+, Hunter Valley, NSW, AUS **[11034]** : 1750-1900, Thatcham, BRK, ENG **[39271]** : 1850-1900, Derby, DBY, ENG **[17245]** : PRE 1840, Tewkesbury, GLS, ENG **[18168]** : 1783+, Alverstoke, HAM, ENG **[27719]** : Philadelphia, 1802, Hawkhurst, KEN, ENG **[10993]** : 1700-1850, Ashley, NTH, ENG **[17245]** : PRE 1825, Grendon, NTH, ENG **[11034]** : 1800-1850, Guilsborough, NTH, ENG **[17245]** : 1790S, Great Milton, OXF, ENG **[46414]** : PRE 1810, Souldern, OXF, ENG **[43840]** : PRE 1839, Southwark, SRY, ENG **[40615]** : 1800+, ESS, ENG & AUS **[11043]**
CLIMAS : 1860+, Camborne, CON, ENG **[13065]**
CLIMENHAGE : Cathrine, 1764, Bertie, ONT, PA & OH, CAN & USA **[17033]**
CLIMPSON : ALL, BKM, ENG **[13461]** : Edith, C1890, SRY, ENG **[28479]**
CLINCH : Thomas, 1800-1850, Norfolk Island, AUS **[25484]** : Thomas, 1840+, VIC, AUS **[36844]** : Sarah, 1842-1895, VIC, AUS **[36844]** : Thomas, 1800-1900, Geelong, VIC, AUS **[25484]** : 1830+, Bolton Manor, KEN, ENG **[17514]** : William, C1675, Deans Bottom, KEN, ENG **[10035]**
CLINCH-WHEATLAND : PRE 1900, BRK, ENG **[12591]**
CLINKARD : ALL, Toot Baldon & Garsington, OXF, ENG **[38615]** : ALL, Garsington, OXF, ENG & NZ **[46393]**
CLINKSCALES : 1750-1880, BEW & ROX, SCT & AUS **[20770]**
CLINNICK : ALL, Lewannick, CON, ENG **[31349]**
CLINT : PRE 1840, Darley, NRY, ENG **[34871]** : PRE 1800, Pannal, WRY, ENG **[34716]**
CLINTON : Henry, 1819-1906, Richmond & Moree, VIC

& NSW, AUS **[11623]** : 1800-1880, STS, ENG **[46501]** : C1830, DUB, IRL **[12707]**
CLIPSHAM : C1710, LIN, ENG **[28340]**
CLIPSON : PRE 1840, Market Rasen, LIN, ENG **[46441]**
CLISBY : 1838+, SA, AUS **[33642]** : 1923+, Adelaide, SA, AUS **[33642]** : 1800+, Tring & London, HRT & LND, ENG **[33642]** : C1950, Chatham, KEN, ENG **[33642]** : 1700+, Thame & Albury, OXF, ENG **[33642]** : 1800+, London & SRY, ENG **[33642]**
CLISSETT : 1800+, Castlemorton, WOR, ENG **[26022]** : 1871+, Newport, MON, WLS **[26022]**
CLISSOLD : PRE 1860, Rodborough, Stroud & Stonehouse, GLS, ENG **[27678]** : PRE 1781, Stonehouse, GLS, ENG **[98674]**
CLIST : Charles Henry, 1900+, Dandenong, VIC, AUS **[39179]**
CLITHEROE : 1840, Blackburn, LAN, ENG **[28239]** : 1800-1820, Bintree, NFK, ENG **[43967]**
CLIVE : 800-1900, WORLDWIDE **[24871]**
CLIVE (see One Name Section) [24871]
CLOCK : Frank, 1870+, Zion City, ND, USA **[33952]**
CLOCKER : PRE 1750, Alston, CUL, ENG **[17921]**
CLOSE : ALL, Sunderland, DUR, ENG **[42645]** : ALL, GLS, ENG **[17196]** : 1794+, Minchinhampton, GLS, ENG **[14435]** : 1800-1900, Barrow in Furness, LAN, ENG **[20835]** : 1780+, Reeth, NRY, ENG **[15845]** : Thomas, 1821-1907, ANT, IRL & AUS **[46225]**
CLOSEY : 1850+, Bury, LAN, ENG **[44996]** : 1920S, Pawtucket, RI, USA **[44996]**
CLOSEY (see One Name Section) [44996]
CLOTHIER : 1800+, Deptford, KEN, ENG **[21394]** : 1700S, Chew Magna, SOM, ENG **[46430]** : ALL, Street, SOM, ENG **[15793]**
CLOTTERBOOK : C1670 Frampton GLS, ENG **[19759]**
CLOUARD : PRE 1800, St.Aubin Terregatte, BN, FRA **[20178]**
CLOUDESLEY : Jean, PRE 1827, KCD, SCT **[30880]**
CLOUGH : 1800+, LAN, ENG **[34119]** : 1820-1860, Friskney, LIN, ENG **[12231]** : C1800, Bradford, WRY, ENG **[43844]** : 1700+, Bradford, YKS, ENG **[46299]** : PRE 1850, Bramley Wear Leeds, YKS, ENG **[10141]** : 1780-1840, ST.HELENA **[34664]**
CLOUSEN : Henry Henning, 1862+, Creswick, VIC, AUS **[12639]** : PRE 1860S, SHO, BRD **[12950]**
CLOUT : David, 1840-1881, Tumut, NSW, AUS **[39212]**
CLOUTEN : George, 1816-1892, Maitland & Folkestone, NSW & KEN, AUS & ENG **[11623]** : 1800-1850, Folkestone, KEN, ENG **[13326]**
CLOUTIER : ALL, QUE, CAN **[98660]** : 1400-1600, Mortagne, PERCHE, FRA **[26897]**
CLOUTING : John, C1723, SFK, ENG **[18957]**
CLOVER : PRE 1910, SFK, ENG **[33901]** : 1700+, Battisford, SFK, ENG **[13129]**
CLOW : 1800S, Cardigan Bridge, PEI, CAN **[15400]** : 1958+, Tynemouth, NBL, ENG **[46341]** : Geo Sr., PRE 1839, Stratford, St.Andrew, SFK, ENG **[26458]** : 1500+, Dunblane, INV, SCT **[30968]**
CLOWER : 1900+, Ripley, DBY, ENG **[42761]**
CLOWES : 1910+, Macclesfield, CHS, ENG **[30120]**
CLUBB : PRE 1800, Aberdour, ABD, SCT **[18700]** : 1840S, Tyrie, ABD, SCT **[30182]** : Alexander, C1784-1824, Fochabers, MOR, SCT **[34038]** : John, 1818-1893, Fochabers & Sydney, MOR, SCT & AUS **[34038]** : Ann, 1840-1931, Fochabers & Sydney, MOR & NSW, SCT & AUS **[34038]**
CLUDERAY : ALL, Pannal & Leeds, WRY, ENG **[11425]**
CLUES : 1900+, Sale & Johnsonville, VIC, AUS **[11877]**
CLUGSTON : 1780-1840, Newtownhamilton, ARM, IRL **[25830]**
CLUNE : 1870+, Manning River, NSW, AUS **[10985]** : 1870S, Redfern & Sydney, NSW, AUS **[10985]** : Catherine, 1836-1837, Limerick, LIM, IRL **[37745]**

CLUNES : ALL, Portsmouth & Portsea, HAM, ENG **[42645]** : James, C1864, Newhills, ABD, SCT **[15485]** : William, PRE 1864, Newhills, ABD, SCT **[15485]**
CLUNNE : PRE 1900, Mudgee, NSW, AUS **[28210]**
CLUTTERBOOKE : PRE 1624, Eastington, GLS, ENG **[19759]**
CLUTTERBUCK : PRE 1708, Eastington, GLS, ENG **[19759]**
CLUTTON : 1750+, Malpas, CHS, ENG **[45489]**
CLYDE : 1800S, Garvagh, LDY, IRL **[46387]**
CLYDESDALE : Chas, 1902, Glasgow, LKS, SCT **[13591]**
CLYMO : 1840+, Molong, NSW, AUS **[39249]** : 1810+, St.Austel & Camborne, CON, ENG **[39249]**
CLYNE : C1750-1920, ABD, SCT **[46408]** : 1750S, New Deer, ABD, SCT **[30182]** : Alexander, 1700+, Latheron & Wick, CAI, SCT **[46325]**
CLYVE : 800-1700, WORLDWIDE **[24871]**
COAD : 1600-1800, Brannel & St.Austell, CON, ENG **[30120]** : ALL, Mylor, CON, ENG **[39272]** : 1788+, Polperro, CON, ENG **[11425]** : ALL, St.Gluvias, CON, ENG **[39272]** : Edward, 1640, St.Stephen in Brannel, CON, ENG **[39471]** : 1750-1850, Ermington, DEV, ENG **[36456]**
COADY : Richard, 1800-1890, Aghada, COR, IRL **[41266]**
COAKER : ALL, DEV, ENG **[31210]**
COAKLEY : PRE 1850, Enniskean on Bandon, COR, IRL **[35360]**
COALE : 1600S, Shapwick, SOM, ENG **[11690]**
COALES : 1800S, Northampton, NTH, ENG **[30876]**
COAST : 1750-1900, Hothfield, KEN, ENG **[41128]**
COATALEN : ALL, WORLDWIDE **[17535]**
COATES : C1860, Araluen, NSW, AUS **[27899]** : C1832, Ashover, DBY, ENG **[30714]** : 1860+, Crook, DUR, ENG **[45732]** : John, C1821, Crook, DUR, ENG **[10035]** : PRE 1794, Hamsterley, DUR, ENG **[46483]** : Isabella, 1848, Seaham Harbour, DUR, ENG **[10035]** : Alfred, PRE 1899, Sunderland, DUR, ENG **[34249]** : Mary, PRE 1834, Bridlington, ERY, ENG **[12060]** : Ann, C1670, Chedworth, GLS, ENG **[19647]** : ALL, Methwold & Northwold, NFK, ENG **[11462]** : PRE 1840, Falsgrave, Scarborough, NRY, ENG **[41554]** : ALL, Gayle, NRY, ENG **[21418]** : 1660-1840, Hudswell & Aldbrough, NRY, ENG **[45732]** : PRE 1851, Chard, SOM, ENG **[46453]** : Richard Jas, 1880+, Lambeth, SRY, ENG **[35225]** : PRE 1832, Rotherhithe, SRY, ENG **[17553]** : James, 1806, Walworth, SRY, ENG **[10125]** : C1822, Walworth, SRY, ENG **[27899]** : John, C1734, Ellastone, STS, ENG **[27325]** : PRE 1860, WRY, ENG **[35017]** : 1850+, Bradford, WRY, ENG **[18372]** : Mary Ann, C1806, YKS, ENG **[12060]** : PRE 1812, Bradford, YKS, ENG **[25557]** : Henry, 1883+, Christchurch, CBY, NZ **[42366]**
COATON : 1700-1850, Lutterworth, LEI, ENG **[17245]**
COATS : ALL, St.John, NB, LKS & ABD, CAN & SCT **[42019]** : PRE 1851, Chard, SOM, ENG **[46453]** : 1750-1830, Paisley & East Kilbride, RFW, SCT, CAN & USA **[42019]** : PRE 1870, Lancaster, VA, USA **[37380]**
COATSWORTH : C1790-1840, MDX & YKS, ENG **[12413]**
COBB : 1800+, Hobart, TAS, AUS **[46294]** : 1700-1800, Eaton Bray, BDF, ENG **[38840]** : Charles, 1800+, CAM, ENG **[17061]** : 1850-1900, Alton, HAM, ENG **[28363]** : 1800-80, Froyle, HAM, ENG **[28363]** : 1840-1900, Holybourne, HAM, ENG **[28363]** : Thomas, 1765, Strood near Rochester, KEN, ENG **[17005]** : 1820-30, St.Mary le Bone, MDX, ENG **[28363]** : 1770S, Dilham, NFK, ENG **[37187]** : PRE 1850, Dunham, NTT, ENG **[27522]** : PRE 1850, East Drayton, NTT, ENG **[27522]** : Bessie, C1890, SRY, ENG **[28479]** : 1910-50, Sheldon, WAR, ENG **[28363]** : 1800, Kings Court, CAV, IRL **[10947]** : Tom, 1920, San Jose, CA, USA **[28363]** : Tom, 1890-1920, Philadelphia, PA, USA **[28363]**

COBBAN : 1800+, Old Deer, ABD, SCT **[30182]** : ALL, INV, SCT **[36634]** : C1860, Burghead, MOR, SCT **[21149]**

COBBE : C1859, Devonport, DEV, ENG **[36422]** : C1835, Belfast, ANT, IRL **[36422]**

COBBIN : PRE 1850, CAM, ENG **[28275]**

COBBING : PRE 1850, CAM, ENG **[28275]**

COBBLEDICK : ALL, North Petherwin & Whitstone, CON, ENG **[18325]**

COBBY : PRE 1700, Coldwaltham, SSX, ENG **[15464]**

COBCROFT : C1814, Sydney, NSW, AUS **[10985]** : George Mc, 1871+, Warialda, NSW, AUS **[30776]**

COBDEN : Maria, 1800S, Walworth, SRY, ENG **[10790]** : ALL, Chichester, SSX, ENG **[46316]**

COBHAM : PRE 1820, Ware & Great Amwell, HRT, ENG **[45036]** : 1890+, SRY, ENG **[37206]**

COBLE : Maria, 1880S, NFK, ENG **[12386]**

COBLEY : 1889, St.Leonards, NSW, AUS **[10280]** : PRE 1900, London, ENG **[29354]** : Sarah, 1780S, South Molton, DEV, ENG **[37200]** : ALL, Sawtry & Glatton, HUN, ENG **[28479]**

COBURN : PRE 1900, Bangor & Birkenhead, CAE & CHS, WLS & ENG **[42209]**

COCHAUD : ALL, WORLDWIDE **[30917]**

COCHAUD (see One Name Section) [30917]

COCHAUT : 1780+, Port Louis, MAURITIUS **[30917]**

COCHENOUR : C1797, Wentworth Co., ONT, CAN **[99418]**

COCHRAN : 1850+, Sydney, NSW, AUS **[31169]** : ALL, Birkenhead, CHS, ENG **[41146]** : ALL, Barrow in Furness, LAN, ENG **[41146]** : Margaret, PRE 1823+, London, MDX, ENG **[45772]** : Margaret, PRE 1823+, Stepney & St.George'S East, MDX, ENG **[45772]** : PRE 1856, MOG, IRL **[38683]** : PRE 1850, PEE, SCT **[31169]** : ALL, Greenock & Paisley, RFW, SCT **[41146]** : ALL, Paisley, RFW, SCT **[39994]** : 1840-1860, Appanoose Co. & Van Buren Co., IA, USA **[22511]** : 1830-1840S, Marion Co., IN, USA **[22511]**

COCHRANE : 1840+, Armidale, NSW, AUS **[32908]** : 1941+, Bristol, GLS, ENG **[46435]** : 1800-1870, Bailieborough, CAV, IRL **[11023]** : C1813, Clones, MOG, IRL **[14120]** : 1800-1820, Dundee, ANS, SCT **[46458]** : PRE 1825, Lesmahagow & Glasgow, LKS, SCT **[14536]** : Janet, 1794, Paisley, RFW, SCT **[22409]** : ALL, Paisley, RFW, SCT **[39994]** : 1750-1800, Stoneykirk, WIG, SCT **[44998]**

COCK : 1838+, Bathurst, NSW, AUS **[10085]** : 1850+, Clerkness, NSW, AUS **[10085]** : 1850+, Wallabadah, NSW, AUS **[10085]** : ALL, Great Marlow & Hedsor, BKM, ENG **[12917]** : Wm & Athaliah, PRE 1750, Bisham, BRK, ENG **[12917]** : 1881+, Redruth, CON, ENG **[12230]** : 1600-1900, Roche, CON, ENG **[19853]** : 1814+, Roche, CON, ENG **[10085]** : PRE 1880, Sancreed & Gulval, CON, ENG **[11873]** : PRE 1802, St.Austell, CON, ENG **[41471]** : 1700+, St.Pinnock, CON, ENG **[11582]** : C1840, Tavistock, DEV, ENG **[13004]** : 1809-80, LND, ENG **[17420]** : 1600-1750, The Stonhams, SFK, ENG **[16383]** : PRE 1700, Tardebigge, WOR, ENG **[30302]** : ALL, Rhynie, ABD, SCT **[25992]** : 1810-1840, Pathhead, MLN, SCT **[43804]** : ALL, PER & ANS, SCT **[46454]**

COCKAYNE : PRE 1800, Matlock, DBY, ENG **[44078]**

COCKBILL : 1850+, Birmingham, WAR, ENG **[30120]**

COCKBURN : PRE 1797, Lamesley, DUR, ENG **[30612]** : PRE 1810, Berwick, NBL, ENG **[46275]** : PRE 1840, South Leith, ELN, SCT **[27744]** : PRE 1810, Inveresk, MLN, SCT **[39154]**

COCKCROFT : Wm. T., PRE 1870, YKS, ENG **[25046]**

COCKE : 1600+, NFK, ENG **[41244]** : 1600S, Norwich, NFK, ENG **[15521]** : 1620+, MA, USA **[41244]**

COCKEDGE : 1830, Sydney, NSW, AUS **[13914]**

COCKELL : 1800-1890, Medway, KEN, ENG **[18303]**

COCKER : PRE 1850, Beesands & Slapton, DEV, ENG **[31210]** : 1700S, LAN, ENG **[34704]** : 1617+, Soyland & Elland, WRY, ENG **[39307]**

COCKERAM : C1800, Derby, DBY, ENG **[19310]**

COCKERELL : 1800+, Sydney, NSW, AUS & NZ **[37286]** : 1700+, Great Burstead & Little Easton, ESS, ENG **[19713]** : 1750, Kenton, SFK, ENG **[17704]** : PRE 1850, Walberton, SSX, ENG **[39429]**

COCKERILL : ALL, NTH, ENG **[36499]**

COCKERLINE : 1894+, Hull, ERY, ENG **[20936]**

COCKIN : PRE 1800, Spalding Area, LIN, ENG **[17931]** : PRE 1780, WORLDWIDE **[40868]**

COCKING : ALL, CON, ENG **[45830]** : 1760-1785, Normanton, NTT, ENG **[23415]** : 1750-1850, North Muskham, NTT, ENG **[23415]** : ALL, YKS, ENG **[19854]** : PRE 1780, WORLDWIDE **[40868]**

COCKLEY : C1800, Totham, ESS, ENG **[34140]**

COCKRAM : Sophia, C1835, South Molton, DEV, ENG **[16802]** : ALL, DEV, ENG & AUS **[44294]**

COCKROFT : C1700, Bradford, WRY, ENG **[30310]**

COCKS : Horace, 1938+, Moss Vale & Bowral, NSW, AUS **[10793]** : 1780+, Upwell & Barnwell, CAM, ENG **[20970]** : 1800S, Mevagissey, CON, ENG **[25314]** : C1860, Chelsea & Kensington, MDX, ENG **[41212]**

COCKSHUTT : ALL, Westminster & Shoreditch, LND, ENG **[28585]**

CODD : 1700+, Louth, LIN, ENG **[36033]** : 1700+, Market Rasen, LIN, ENG **[30860]** : 1800-1900, Soho & Hammersmith, MDX, ENG **[45886]** : C1850, Ballinabrackey, MEA, IRL **[26193]**

CODDENHAM : PRE 1700, NFK, ENG **[25427]**

CODDINGTON : 1785-1830, Asgarby by Sleaford, LIN, ENG **[14032]** : 1700+, Edenham, LIN, ENG **[14032]** : John & Eliz., 1862+, Kirton, Boston & Sutterton, LIN, ENG **[41358]** : 1815+, Leadenham, LIN, ENG **[14032]** : 1851+, Pinchbeck, LIN, ENG **[14032]**

CODE : 1903, Arthur, ONT, CAN **[44353]** : 1820+, Beckwith Twp., ONT, CAN **[15902]** : George, 1870+, Buckingham Twp, QUE, CAN **[15902]**

CODLIN : Elizabeth, C1777, LIN, ENG **[28340]**

CODMAN : 1700+, NFK, ENG **[36368]**

CODNER : Mary, 1600S+, Marblehead & Salem, MA, USA **[22796]**

CODY : 1830, Wollombi, NSW, AUS **[36749]** : C1835, Castlegar, GAL, IRL **[21712]** : 1900+, Invercargill & Southland, NZ **[21712]** : PRE 1756, MA, USA & ENG **[22565]**

CODYRE : ALL, Galway, GAL, IRL **[20974]**

COE : 1700-1900, London, ENG **[45037]** : PRE 1825, Waterbeach & Ely, CAM, ENG **[11536]** : PRE 1874, Hornchurch, ESS, ENG **[12547]** : Mary, 1802, Long Sutton, LIN, ENG **[10318]** : Charles Wm, 1805, St.Pancras, LND, ENG **[17105]** : Herbert, C1876, Buxton Lamas, NFK, ENG **[39380]** : PRE 1880, Middleton, NFK, ENG **[28443]** : Charles Wm, 1800-1950, Birmingham, WAR, ENG **[17105]** : 1830S, Coventry, WAR, ENG **[17105]**

COELHO : PRE 1850, Oporto, PT & AUS **[10350]**

COEN : ALL, Galway, GAL, IRL **[11918]**

COETZEE : Margharita, C1900, Capetown, W.CAPE, RSA **[32050]** : Wm Pearce, C1920, Capetown, W.CAPE, RSA **[32050]** : Ken. Pearce, C1926, Capetown, W.CAPE, RSA **[32050]**

COFFEE : Christopher, 1800, Edenderry, OFF, IRL **[14959]** : ALL, Cheekpoint, WAT, IRL **[31079]** : ALL, Waterford City, WAT, IRL **[31079]**

COFFEY : 1855+, Frogmore (Nepean), NSW, AUS **[10317]** : James R., 1862, Nottawasaga, ONT, CAN **[15882]** : Jerimiah, 1895, Stayner, ONT, CAN **[15882]** : John, 1850, Church Town, KER, IRL **[15882]** : Marg, 1850, Churchtown, KER, IRL **[15882]** : John, 1850, Glen Carr, KER, IRL **[15882]** : Margret, 1850, Glen Carr, KER, IRL **[15882]** : PRE 1855, Oola, LIM, IRL **[10317]** : 1860S, Ballinasloe, ROS, IRL **[42729]** : ALL, Cheekpoint, WAT, IRL **[31079]** : ALL, Waterford City, WAT, IRL **[31079]**

COFFISON : ALL, WORLDWIDE **[28060]**
COGAN : PRE 1800, SOM, ENG **[16269]**
COGGER : C1770-1850, Newington, LND, ENG **[27899]**
COGGINS : 1700-1800, Bishops Nympton, DEV, ENG **[38840]** : ALL, UK **[46513]**
COGGRAVE : PRE 1860, Eastrington & Howden, ERY, ENG **[34716]** : PRE 1750, Hemingbrough, ERY, ENG **[34716]**
COGHLAN : Edith, 1890-C1960, GLS, ENG **[43052]** : Julia, 1841-C1900, COR, IRL **[43052]** : C1770-C1830, COR, IRL **[43052]** : John, C1793-1860, COR, IRL **[43052]** : Daniel, C1821-1883, COR, IRL **[43052]** : Dennis, C1846-1915, COR, IRL **[43052]** : Johanna, C1848-1918, COR, IRL **[43052]** : 1850, Adare, LIM, IRL **[12460]** : C1813, Clones, MOG, IRL **[14120]** : John, C1841-1907, IRL & RSA **[43052]** : James, C1810-1882, RSA & IRL **[43052]**
COGHLIN : PRE 1900, Southwark, SRY, ENG **[33771]** : ALL, Cork, COR, IRL **[33771]**
COGLAN : Ann, 1731, Bally Modan, COR, IRL **[40490]**
COGLEY : PRE 1870, Kilmore, WEX, IRL **[46200]**
COHEN : 1890S, Mudgee, NSW, AUS **[11590]** : Lyal, 1911+, Newtown, NSW, AUS **[42905]** : Henry, PRE 1940, TAS, AUS **[33454]** : 1800+, Julich, BRD **[19458]** : PRE 1800, London, ENG **[19854]** : PRE 1930, London, ENG **[34906]** : 1800+, St.George in the East, LND, ENG **[27868]** : Daniel, 1822-1890, East London, MDX, ENG **[39745]** : Bridget, C1830, Galway, IRL **[10604]** : Arthur, C1890-1942, Boston, MA, USA & RSA **[31159]**
COHOLAN : ALL, IRL **[43052]**
COKE : 1750-1820, Bristol, GLS, ENG **[12844]**
COKER : ALL, Beesands & Slapton, DEV, ENG **[31210]** : 1750-1850, Bovingdon & Kings Langley, HRT, ENG **[38968]** : Robert, C1795, Stepney, MDX, ENG **[30535]** : 1700-1800S, Hempton, NFK, ENG **[36343]**
COLBERT : 1840+, Munster, IRL **[46500]** : 1860+, Swansea, GLA, WLS **[46500]** : ALL, WORLDWIDE **[46500]**
COLBURN : PRE 1900, USA **[22725]**
COLBY : 1850S, Lambeth, SRY, ENG **[14113]**
COLCHIN : ALL, WORLDWIDE **[99333]**
COLCLOUGH : PRE 1880, Stoke on Trent, STS, ENG **[45879]** : PRE 1871, Tunstall, STS, ENG **[17366]** : PRE 1924, Tunstall & Stoke-on-Trent, STS, ENG **[32011]**
COLCOTT : PRE 1850, IRL **[34739]**
COLDHAM : 1820S, Belcham, ESS, ENG **[11870]** : 1590-1850, KEN, ENG **[45749]**
COLDS : 1780, WLS **[41244]** : 1810S, Llandysul, CGN, WLS **[10948]** : 1810S, MON, WLS **[10948]**
COLDWELL : 1800+, Bethnal Green & Shoreditch, LND, ENG **[37110]** : PRE 1800, Darton & Cawthorne, WRY, ENG **[16233]** : 1815, Holmfirth, YKS, ENG **[39573]** : ALL, TYR, IRL **[99187]**
COLE : 1852-1872, Braidwood, NSW, AUS **[10782]** : 1859-1910, Lithgow, NSW, AUS **[10782]** : 1890+, Newtown & Lidcombe, NSW, AUS **[10782]** : 1870-1890, Surry Hills, NSW, AUS **[10782]** : 1840+, CAN **[30299]** : Solomon, 1800+, Buckingham, QUE, CAN **[15638]** : 1850+, London, ENG **[99570]** : PRE 1900, London, ENG **[41205]** : 1770-1810, BKM, ENG **[39588]** : Frances, 1803, Calverton, BKM, ENG **[17117]** : 1820S, Newport Pagnell, BKM, ENG **[17117]** : 1700-1800, North Crawley, BKM, ENG **[12641]** : 1690+, CAM, ENG **[42282]** : C1745, Babraham, CAM, ENG **[25693]** : PRE 1900, Jacobstow, CON, ENG **[26297]** : PRE 1850, Lanreath, CON, ENG **[31695]** : 1700+, Newlyn, CON, ENG **[11918]** : PRE 1800, St.Enoder, CON, ENG **[11918]** : Susannah, C1815+, Ashprington & Totnes, DEV, ENG **[27325]** : PRE 1700, Dawlish, DEV, ENG **[30299]** : 1800+, North Tawton, DEV, ENG **[40257]** : John & Rachel, 1828+, Plymouth, DEV, ENG **[35235]** : PRE 1600, Slade Cornwood, DEV, ENG **[30299]** : Wm & Hannah, 1850S, West Alvington, DEV, ENG **[25616]** : Eliza, PRE 1830, Gunville, DOR, ENG **[11594]** : 1700S, Colchester, ESS, ENG **[16749]** : 1800+, GLS, ENG **[11918]** : PRE 1800, Avening, GLS, ENG **[26360]** : ALL, North Nibley, GLS, ENG **[18895]** : 1700+, Old Sodbury, GLS, ENG **[45624]** : Charles, PRE 1850, Quedgley, GLS, ENG **[11918]** : Wm., PRE 1850, Quedgley, GLS, ENG **[11918]** : PRE 1900, Cirencester & London, GLS & LND, ENG **[29989]** : ALL, HAM, ENG **[29810]** : 1650-1750, Amport, HAM, ENG **[10850]** : 1740-1800, Longstock, HAM, ENG **[10850]** : Thomas, 1700S, Tarrington, HEF, ENG **[10993]** : Wm Linnington, 1870, Canterbury, KEN, ENG **[16149]** : Samuel G., 1820S, Chatham, KEN, ENG **[16149]** : Frederick, 1880-1930, Eltham, KEN, ENG **[18271]** : Henry Percy, 1874+, Gillingham, KEN, ENG **[16149]** : PRE 1800, Rochester, KEN, ENG **[15409]** : 1690+, LIN, ENG **[42282]** : 1880+, Grimsby, LIN, ENG **[37329]** : George David, C1863, London, LND, ENG **[35379]** : 1800+, Tottenham, MDX, ENG **[17449]** : PRE 1886, Tottenham, MDX, ENG **[31597]** : 1690+, NFK, ENG **[42282]** : Elizabeth, 1750-1850, SFK, ENG **[19179]** : ALL, SFK, ENG **[20773]** : PRE 1900, Beccles & Gisleham, SFK, ENG **[45849]** : George, 1823, Ipswich, SFK, ENG **[11530]** : PRE 1847, Montacute, SOM, ENG **[39377]** : PRE 1853, South Petherton, SOM, ENG **[10254]** : PRE 1821, Weston, SOM, ENG **[25764]** : PRE 1840, Uckfield, SSX, ENG **[43792]** : PRE 1825, West Bromwich, STS, ENG **[44223]** : PRE 1900, ENG & WLS **[27219]** : Charles, 1852-1868, Kamptee, JAULNAH, INDIA **[14627]** : 1709+, Kilcooly, TIP, IRL **[11036]** : Andrew, 1700-1900, UK **[42799]** : William, 1800-1920S, UK **[42799]** : Thomas G., 1850+, UK **[42799]** : Minnie J., 1850+, UK **[42799]** : Chas Samuel, 1850+, UK **[42799]** : Fredk Jasper, 1850-1950, UK **[42799]** : Sarah Ann, 1850-1950, UK **[42799]** : C1760-1840, NJ, USA **[34797]** : 1840+, Syracuse, NY, USA **[30299]** : 1784-1900, Providence, RI, USA **[22891]** : 1800-1880, Lyndon, VT, USA **[22891]** : 1750-1850, Begelly, PEM, WLS **[42863]** : PRE 1852, Pembroke Dock, PEM, WLS **[10782]**
COLE(S) : Charles, 1870+, Bealiba, VIC, AUS **[11284]**
COLEBROOK : PRE 1861, Guildford, SRY, ENG **[44317]** : Walter, 1896+, Tillington & Petworth, SSX, ENG **[21079]** : PRE 1861, Upwaltham, SSX, ENG **[44317]**
COLEBROOKE : 1600S-1700S, Arundel, SSX, ENG **[38833]** : PRE 1750, Midhurst, SSX, ENG **[38833]**
COLEBY : 1844-1881, Caister, NFK, ENG **[35218]** : 1800-1844, Martham, NFK, ENG **[35218]**
COLECHIN : ALL, WORLDWIDE **[99433]**
COLEGATE (see One Name Section) [45207]
COLEMAN : ALL, NSW, AUS **[21418]** : 1850+, Maitland, Moonbi & Junee, NSW, AUS **[26246]** : 1839+, Sydney, NSW, AUS **[10301]** : 1870+, Sydney, NSW, AUS **[44249]** : John D., 1870+, NSW & QLD, AUS **[46261]** : PRE 1860, SA, AUS **[26341]** : John, 1814-1911, Arkell, ONT, CAN **[33866]** : PRE 1822, London, ENG **[40970]** : ALL, BDF, ENG **[39694]** : 1820+, Macclesfield, CHS, ENG **[30120]** : 1700+, Lanivet, CON, ENG **[15524]** : ALL, Great Burstead & Billericay, ESS, ENG **[31689]** : 1780+, Writtle & Billericay, ESS, ENG **[31689]** : 1730S, Longhope, GLS, ENG **[31373]** : PRE 1840, Stroud, GLS, ENG **[20556]** : 1700+, Westbury on Severn, GLS, ENG **[17196]** : PRE 1850, Westbury-on-Severn, GLS, ENG **[35209]** : PRE 1740, Bovingdon, HRT, ENG **[33428]** : 1700-1850, St.Margaret, Lee, KEN, ENG **[30601]** : William, 1700-1750, Tur Langton, LEI, ENG **[17203]** : C1720, LIN, ENG **[28340]** : 1800+, Norwich, NFK, ENG **[21321]** : PRE 1806, Headington & Souldern, OXF, ENG **[43840]** : 1800S, Camberwell, SRY, ENG **[25314]** : PRE 1750, Bexhill, SSX, ENG **[14120]** : 1819+, Brighton, SSX, ENG **[10263]** : 1800+, Shoreham, SSX, ENG **[42342]** : PRE 1810, Birmingham, WAR, ENG **[17231]** : 1760S, Edington, WIL, ENG **[46274]** : 1830S, Worton, WIL, ENG **[46274]** : Samuel, 1849, ENG & AUS **[46261]** : Michael, 1800S, IRL **[26246]** : 1814-1911, Ballymena, ANT, IRL **[33866]** : PRE 1870, COR, IRL **[44249]** : ALL, Dun-

dalk, LOU, IRL **[21418]** : C1800+, MEA, IRL **[43529]** : C1836, Boyle, ROS, IRL **[40668]** : 1850S, Nelson, NZ **[20556]**
COLEN : PRE 1830, GLS, ENG **[31186]**
COLENUTT : AUS **[99545]** : J., 1770-1855, Radegunds & Whitwell, IOW, HAM, ENG **[99545]**
COLES : Thomas, 1850+, Richmond, VIC, AUS **[25072]** : 1770+, London, ENG **[21741]** : 1600-1732, Swanbourne, BKM, ENG **[38970]** : Thomas, PRE 1850, Gloucester, GLS, ENG **[25072]** : ALL, NTH, ENG **[45876]** : 1795+, Dundry & Winscombe, SOM, ENG **[46273]** : ALL, Rode & Road, SOM, ENG **[45215]** : 1800+, Staplegrove, SOM, ENG **[19694]** : 1700-1800, Birmingham, WAR, ENG **[27471]** : PRE 1810, WIL, ENG **[41136]** : William, 1820, UK & AUS **[28013]**
COLESON : PRE 1624, ENG **[15521]**
COLESTON : 1700-1930, UK & IRL **[17651]**
COLEY : 1900+, Montreal, QUE, CAN **[25854]** : C1850-1880, Birmingham, WAR, ENG **[12371]** : 1850+, Rotherham, YKS, ENG **[25854]** : ALL, UK **[42541]**
COLGAN : Michael, 1869, Murrumburrah, NSW, AUS **[10846]** : James, C1877, Clogher, TYR, IRL **[26823]**
COLGRAVE : ALL, Evandale, TAS, AUS **[28140]**
COLHOUN : ALL, Ardstraw, TYR, IRL **[21173]**
COLIER : Robert, 1740, Thwaites, CUL, ENG **[13153]**
COLLARD : 1840+, Hunter River, NSW, AUS **[11060]** : 1850+, Bendigo, VIC, AUS **[27733]** : 1860+, London, ENG **[27993]** : C1788, Barnstaple, DEV, ENG **[33529]** : PRE 1840, Bishops Nympton, DEV, ENG **[11060]** : 1800S, Exeter, DEV, ENG **[27993]** : C1800+, Petham & Faversham, KEN, ENG **[15564]** : 1780+, Liverpool, LAN, ENG **[12653]** : PRE 1820, Southwark, LND, ENG **[17523]** : ALL, MDX, DEV & SOM, ENG **[43842]** : James, 1700-1850, SOM, ENG **[27733]** : 1600+, Wiveliscombe & Kings Nympton, SOM & DEV, ENG **[14208]**
COLLEDGE : ALL, Sunderland, DUR, ENG **[99036]** : 1900, NZ **[46351]**
COLLEGE : 1800+, WAR, ENG **[10394]**
COLLEN : 1888, Lambeth, LND & SRY, ENG **[46445]**
COLLENETTE : 1920S, Mangapehi, KCY, NZ **[42542]**
COLLENS : ALL, ENG **[42688]**
COLLESS : ALL, AUS **[43395]**
COLLET : ALL, Wendover & Weston Turville, BKM, ENG **[11425]** : PRE 1856, St.Malo, IL. ET VILAINE, FRA **[99832]**
COLLETON : PRE 1850, KIK, IRL **[38676]**
COLLETT : 1912+, Brisbane, QLD, AUS **[13558]** : William, 1745+, Buscott, BRK, ENG **[44207]** : PRE 1800, Faringdon, BRK, ENG **[28742]** : PRE 1907, Manchester, LAN, ENG **[13558]** : ALL, St.George East & Whitechapel, LND, ENG **[40668]** : 1700-99, Combe, OXF, ENG **[20057]** : John, PRE 1698, South Wraxall, WIL, ENG **[31510]**
COLLEY : Sarah, 1800S, Hull, ERY, ENG **[37617]** : William, 1800, Lincoln & Saxilby, LIN, ENG **[37617]** : ALL, Dublin, IRL **[33237]** : 1800-1900, Welshpool, MGY, WLS **[40769]**
COLLEYPRIEST : Eliza, C1827, DOR, ENG **[10071]**
COLLIA : PRE 1850, Calabria, ITL **[99443]**
COLLIBEE : PRE 1845, Shoreditch, MDX, ENG **[43828]**
COLLICUTT : 1800+, GLS & OXF, ENG **[34440]**
COLLIE : PRE 1900, Surat, QLD, AUS **[13853]** : Helen Mary, 1857, AUS & ENG **[36112]** : Johanna, 1860+, Montrose, ANS, SCT **[21955]** : 1800+, Banff, BAN, SCT **[21034]** : ALL, Rothiemurchus, INV, SCT **[34921]** : PRE 1850, Dunnottar, KCD, SCT **[15944]** : C1833, Fetteresso, KCD, SCT **[38615]** : 1800+, Kinloss & Alves, MOR, SCT & AUS **[36569]**
COLLIER : 1820+, Lambton Co., ONT, CAN **[43967]** : 1700+, Mursley, BKM, ENG **[44061]** : PRE 1840, Nantwich, CHS, ENG **[45879]** : Rebecca, C1760, Thwaites, CUL, ENG **[13153]** : ALL, Piddletrenthide, DOR, ENG **[44132]** : 1750-1850, Manchester, LAN, ENG **[44078]** : 1830+, Salford, LAN, ENG **[99598]** : Richard, C1824+, Whitby, NRY, ENG **[26007]** : 1711, Gretton, NTH, ENG **[21889]** : PRE 1830, Smithstown & Fasidinin, KIK, IRL **[12153]**
COLLIN : 1855+, Brisbane, QLD, AUS **[46403]** : Ernest, 1900+, CAN **[21989]** : ALL, Soham, CAM, ENG **[40042]** : William, 1862+, Leicester, LEI, ENG **[21989]**
COLLING : C1850, Oakhampton, DEV, ENG **[33529]**
COLLINGE : Abraham, PRE 1869, Manchester, LAN, ENG **[29515]** : ALL, Manchester & Newton Heath, LAN, ENG **[21196]**
COLLINGHAM : PRE 1840, Keighley, WRY, ENG **[46452]**
COLLINGS : 1899-1959, Auburn, NSW, AUS **[14589]** : PRE 1846, CON, ENG **[43525]** : 1700-1900, Lympstone & Littleham, DEV, ENG **[34140]** : C1850, Bristol, GLS, ENG **[12371]** : 1750-1850, West Malling, KEN, ENG **[13326]** : 1750+, Loxton & Compton Bishop, SOM, ENG **[17532]** : ALL, Meare, SOM, ENG **[46116]** : ALL, Waterford, WAT, IRL **[46229]** : ALL, Auckland, NZ **[46229]**
COLLINGWOOD : PRE 1850, NSW, AUS **[13994]** : 1850+, Rosewood, QLD, AUS **[13994]** : 1700-1850, Bluntisham & Somersham, CAM, ENG **[19921]** : 1830+, Macclesfield, CHS, ENG **[20970]** : Esther, 1846+, Newcastle on Tyne, DUR, ENG **[33454]** : 1700+, LIN, ENG **[20909]** : 1700+, LIN, ENG **[20909]** : PRE 1850, LIN, ENG **[13994]** : PRE 1700, Conisholme & N.Somercotes, LIN, ENG **[29515]** : 1700+, Grantham, LIN, ENG **[17366]** : 1700-1800, Sibsey, LIN, ENG **[29715]** : 1680-1700, W.Torrington & S.Somercotes, LIN, ENG **[29715]** : 1800+, Staindrop & Warcop, WES, ENG **[20970]** : PRE 1874, Cardross, LKS, SCT **[39985]** : 1900+, New York, NY, USA **[17366]**
COLLINS : Samuel, 1850+, Albury & Lavington, NSW, AUS **[42900]** : William F., 1850+, Sydney, NSW, AUS **[10340]** : Elizabeth, C1854, Sydney, NSW, AUS **[10489]** : 1855+, Brisbane, QLD, AUS **[46403]** : William, 1888+, Nundah, QLD, AUS **[14002]** : James, 1888, Townsville, QLD, AUS **[14094]** : Isabella, 1892, Townsville, QLD, AUS **[14094]** : 1846+, Burra, SA, AUS **[43525]** : 1800S, Ballarat, VIC, AUS **[31597]** : Thomas Edward, C1855+, VIC & NSW, AUS **[11718]** : 1750, NFD, CAN **[45280]** : 1850-1930, London, ENG **[10339]** : Thomas, PRE 1820, Chesham, BKM, ENG **[35297]** : 1750+, Great Marlow, BKM, ENG **[19895]** : PRE 1850, Wycombe, BKM, ENG **[34277]** : 1781+, East Hanney & Wantage, BRK, ENG **[32724]** : 1850-1930, Newbury, BRK, ENG **[10339]** : C1660+, Gorran, CON, ENG **[13406]** : PRE 1800, Liskeard, CON, ENG **[30138]** : PRE 1790, Clay Cross, DBY, ENG **[42967]** : 1750-1850, North Bovey, DEV, ENG **[40257]** : 1660-1800, Bere Regis, DOR, ENG **[19713]** : ALL, Swanage & Herston, DOR, ENG **[19529]** : PRE 1850, Hatfield Peverel, ESS, ENG **[14715]** : C1843, Cheltenham, GLS, ENG **[33876]** : ALL, Tewkesbury & Wolverhampton, GLS & STS, ENG **[46258]** : C1780-1810, Brown Candover, HAM, ENG **[46457]** : 1800S-1900S, Havant, HAM, ENG **[21788]** : Maria, 1850+, Portsmouth, HAM, ENG **[14252]** : C1840+, KEN, ENG **[30917]** : 1700-1880, Cliffe, KEN, ENG **[36552]** : 1750-1844, Gravesend & Milton, KEN, ENG **[11718]** : 1800-1900, Hawkhurst, KEN, ENG **[30120]** : 1650, Shipbourne, KEN, ENG **[22070]** : 1740-1800, Hollingwood, LAN, ENG **[46515]** : 1800-1890, Manchester, LAN, ENG **[46515]** : ALL, LEI, ENG **[14002]** : James, 1800-1860, Bermondsey, LND, ENG **[27955]** : Edward, 1797-1846, City & East End, LND, ENG **[38584]** : 1790+, Clerkenwell, LND, ENG **[46345]** : Thos Andrew, 1880+, Holborn & St.Giles, LND, ENG **[17676]** : PRE 1830, Lambeth Area, LND, ENG **[46001]** : PRE 1850, Shoreditch, LND, ENG **[19345]** : PRE 1842, LND & MDX, ENG **[46399]** : PRE 1860, London, MDX, ENG **[40533]** : 1810, St.Luke Finsbury, MDX, ENG **[37217]** : 1840S, Stepney, MDX, ENG **[46305]** : PRE 1650, Norwich, NFK, ENG **[33428]** : 1800-1900, Cottesbrooke,

NTH, ENG **[18670]** : ALL, Bunny & Keyworth, NTT, ENG **[14002]** : ALL, Whitchurch, OXF, ENG **[41146]** : 1840, Rickinghall Superior, SFK, ENG **[26340]** : C1840, Bath, SOM, ENG **[36477]** : 1700-1900, Corsley, SOM, ENG **[19513]** : John, 1798, Yeovil, SOM, ENG **[44941]** : 1830, Beddington with Wallington, SRY, ENG **[17580]** : 1840-1900, Horley, SRY, ENG **[46313]** : PRE 1840, Southwark, SRY, ENG **[17523]** : PRE 1760, Thorpe, SRY, ENG **[37200]** : Henry, 1878+, Barcombe, SSX, ENG **[42594]** : Harry, 1878+, Barcombe, SSX, ENG **[42594]** : Lucy, 1883+, Barcombe, SSX, ENG **[42594]** : 1780+, Bexhill, SSX, ENG **[14120]** : Alfred, 1876+, Hamsey, SSX, ENG **[42594]** : Arthur, 1886+, Hamsey, SSX, ENG **[42594]** : Frank, 1890+, Hamsey, SSX, ENG **[42594]** : Albert, 1885+, Hamsey & Uckfield, SSX, ENG **[42594]** : Am, 1775+, Hooe, SSX, ENG **[35343]** : James E., 1875+, Lewes, SSX, ENG **[42594]** : 1700-1860, Pulborough, SSX, ENG **[46313]** : Thomas, PRE 1846, Rottingdean, SSX, ENG **[42594]** : Eli, PRE 1860, Rottingdean, SSX, ENG **[42594]** : James, 1851+, Rottingdean & Lewes, SSX, ENG **[42594]** : Edward, 1908+, Uckfield, SSX, ENG **[42594]** : PRE 1750, Warbleton, SSX, ENG **[19782]** : 1700S, WAR, ENG **[31597]** : Sarah, C1856, Dudley, WAR, ENG **[28151]** : 1750-1850, Dunchurch, WAR, ENG **[43932]** : ALL, WIL, ENG **[34582]** : PRE 1825, Winterslow, WIL, ENG **[46303]** : Wm Magill, PRE 1880, Dublin, IRL **[31786]** : Wm Magill, 1830+, Belfast, ANT, IRL **[31786]** : 1830-1850, County Cavan, CAV, IRL **[46458]** : 1800+, Miltown Malbay, CLA, IRL **[30808]** : James, 1800+, Mullagh, CLA, IRL **[30808]** : PRE 1847, COR, IRL **[31153]** : Timothy, PRE 1880, Abbeystrowry, COR, IRL **[42168]** : Bernard, 1800+, Cork, COR, IRL **[10297]** : PRE 1900, Finglas, DUB, IRL **[42594]** : Daniel, 1838+, KER, IRL **[99298]** : Sally, 1850, Sistrokeel, LDY, IRL **[15594]** : PRE 1860, LEX, IRL **[45962]** : Jane, PRE 1850, LIM, IRL **[29745]** : PRE 1864, Castlegarde, LIM, IRL **[13655]** : 1825, LOU, IRL **[32203]** : John, PRE 1840, Cookstown, TYR, IRL **[31786]** : William, 1770-1820, Donaghenry, TYR, IRL **[31786]** : John Dr, 1800-1850, Moy, TYR, IRL **[31786]** : Julia, PRE 1870, Amsterdam, NL **[11344]** : 1850, Bellshill, LKS, SCT **[17912]** : John, 1832-1835, Hartford, CT, USA **[28151]** : Patrick, 1880+, Woodson Co., KS, USA **[30808]** : Patrick, 1870-1884, Montague, MA, USA **[30808]** : 1840+, Houston Co., TX, USA **[31786]** : Maria, C1840, GLA, WLS **[14252]** : Richard, PRE 1840, GLA, WLS **[14252]**

COLLINSON : Joseph, 1733, Tessdale, DUR, ENG **[40880]** : John, 1788, Thornley, DUR, ENG **[40880]** : PRE 1837, Thornley, DUR, ENG **[30612]** : Joshua, 1753, Prestwich, LAN, ENG **[10318]**

COLLIS : David, 1816-66, Sofala, NSW, AUS **[39212]** : 1830+, Sydney, NSW, AUS **[40781]** : David, 1700+, London, ENG **[39212]** : PRE 1830, DEV, ENG **[40781]** : 1700+, Longburton, DOR, ENG **[13333]** : 1800-1900, Danbury, ESS, ENG **[26399]** : 1800-1900S, HAM & SOM, ENG **[30085]** : 1800-1869, Spilsby & Boston, LIN, ENG **[33347]** : 1550-1850, West Haddon, NTH, ENG **[33347]** : ALL, Arnold, NTT, ENG **[34967]** : James, 1578+, Hailey & Lee Green, OXF & KEN, ENG **[20444]** : 1800-1900, Bethnal Green, SRY, ENG **[26399]** : PRE 1840, Alton & Ellastone, STS, ENG **[27219]** : 1688+, Ellastone, STS, ENG **[33347]** : 1820-1900, WAR, ENG **[34967]** : 1600-1750, Church Lawford, WAR, ENG **[33347]** : PRE 1660, Church Lawford, WAR, ENG **[27219]** : Carey, 1700-1800S, Fermoy, COR, IRL **[11411]** : William, 1649+, Kerry, KER, IRL **[20665]** : 1700-1900, Tralee, KER, IRL **[19853]** : James, PRE 1818, Loghill, LIM, IRL **[31762]**

COLLISON : Ivan, 1911+, Coonamble, NSW, AUS **[31762]** : Herbert, 1907+, Gilgandra, NSW, AUS **[31762]** : 1800+, Essex, ONT, CAN **[15521]** : 1800S, ENG **[15521]** : PRE 1800, LEI, ENG **[39336]** : 1736+, Syresham, NTH, ENG **[21207]**

COLLISS : Abraham, 1850-1933, Temora, NSW, AUS **[39212]**

COLLISTER : Elizabeth, 1850S, Foxdale, IOM **[40880]**

COLLITS : 1800+, Hartley, NSW, AUS **[12904]** : C1770S, Thomastown, KIK, IRL **[12904]**

COLLIVER : 1840, Kingston, DEV, ENG **[12222]** : PRE 1849, Kingston, DEV, ENG **[14127]** : ALL, DEV & LND, ENG **[36569]**

COLLS : James, C1850, Potter & Heigham, NFK, ENG **[33416]**

COLLUM : Zanvill, PRE 1800, Holleschau & Holesov, MORAVIA, CS **[11344]**

COLLYER : 1840+, Maitland & Narrabri, NSW, AUS & IRL **[11530]** : PRE 1840, ENG **[46324]** : PRE 1850, Wokingham, BRK, ENG **[43727]** : Keturah, 1820+, Wisbech, CAM, ENG **[29867]** : 1700+, HAM & SRY, ENG **[44954]** : 1862, Shrewsbury, SAL, ENG **[13984]**

COLMAN : John Bennett, 1913+, Melbourne, VIC, AUS **[35235]** : 1816+, Truro, CON, ENG **[45794]** : 1750+, Ugborough, DEV, ENG **[35649]** : Ellen, 1800-1851, IRL **[99440]**

COLMER : PRE 1800, St.Austell, CON, ENG **[12589]**

COLMER (see One Name Section) **[28314]**

COLOMY : George W., 1830-1880, Dover, NH, USA **[22640]**

COLQUHOUN : 1840S, Alloa, CLK, SCT **[40994]** : 1800+, Glasgow, LKS, SCT **[21132]** : 1750-1850, Eastwood Parish, RFW, SCT **[46252]** : ALL, WORLDWIDE **[15521]**

COLRICK : PRE 1800, SAL, ENG **[18921]**

COLSON : 1800S, HAM, ENG **[19905]** : Henry, 1848-1891, Deptford & Ringwood, KEN & HAM, ENG **[29092]** : PRE 1820, Stowmarket, SFK, ENG **[18100]** : 1500-1650, YKS, ENG **[18100]** : ALL, USA **[25833]**

COLSTON : C1796+, DEV & LND, ENG **[41271]** : PRE 1841, OXF, ENG **[36543]** : Edward, PRE 1859, Litton, SOM, ENG **[14645]**

COLTART : Adam & Isabella, 1778+, Cornhill on Tweed, NBL, ENG **[31296]** : James, 1806+, Cornhill on Tweed, NBL, ENG **[31296]** : 1800+, Selkirk, SCT **[21093]**

COLTON : Mary & Eliz., 1830-1899, Driffield, YKS, ENG **[16581]**

COLTY : Marie La R., ALL, Holyoke, Hampden Co., MA, USA **[44601]**

COLVIL : C1720, Ponteland, NBL, ENG **[10070]**

COLVILLE : PRE 1700, Boldon, DUR, ENG **[17626]**

COLVIN : 1800-1900, Portadown, ARM, IRL **[20730]** : PRE 1861, Applegarth, DFS, SCT **[13584]**

COLWELL : 1736+, East, SSX, ENG **[99418]**

COLWILL : ALL, Devonport, DEV, ENG **[34739]**

COLYER : 1750+, KEN, ENG **[29786]** : 1791-1850, Sevenoaks, KEN, ENG **[16947]** : George Elias, C1800-1900, Westminster, KEN, ENG **[16947]** : C1860-1900, St.Johns Wood, Hampstead, LND, ENG **[16947]**

COMANS : 1840+, Sydney, NSW, AUS **[46468]** : 1850+, VIC & NSW, AUS **[39015]** : 1800+, TIP, IRL **[39015]** : 1800S, Ardmayle, TIP, IRL **[46468]**

COMBELLACK : 1750+, Tregunstis & Wendron, CON, ENG **[12420]**

COMBEN : 1700-1890, Portland, DOR, ENG **[19880]**

COMBER : 1800S, Penshurst, KEN, ENG **[46193]** : 1800+, Moycullen, GAL, IRL **[29720]** : Mark, 1880+, NZ **[29720]**

COMBERBACH : ALL, WORLDWIDE **[45602]**

COMBES : 1650-1750, Frensham, SRY, ENG **[16813]** : PRE 1700, Terwick, SSX, ENG **[15464]**

COMBLEY : PRE 1858, OXF, ENG **[46327]** : PRE 1788, Bath, SOM, ENG **[28557]**

COMBS : 1800-1900, London, ENG **[26612]** : C1798, Burford, OXF, ENG **[21196]** : ALL, Varteg & Trevethin, MON, WLS **[21196]**

COMBY : William, C1730+, Dursley, GLS, ENG **[10071]**

COMER : Ann, C1857-1925, Geelong & Gordon, VIC, AUS **[31159]** : Joan, PRE 1800S, Lewannick, CON, ENG **[40057]** : 1800+, Moycullen, GAL, IRL **[29720]** :

COM 1880+, NZ [29720] : ALL, WORLDWIDE [45261]

COMERFORD : PRE 1854, London, ENG [12391] : PRE 1837, Castlecomer, KIK, IRL [12153] : 1830, Smithstown & Cruackaun, KIK, IRL [12153] : C1874, Golden, TIP, IRL [12153]

COMETTI : 1838+, London & SSX, ENG [11335] : 1858+, WORLDWIDE [11335]

COMISH : PRE 1880, Arbory, IOM [40143]

COMLIDGE : ALL, WORLDWIDE [31302]

COMLY : PRE 1800, West Kington, WIL, ENG [44921]

COMMANE : C1800, CLA, IRL [12707]

COMMERFORD : PRE 1900, JSY, CHI [17720] : 1800-1850, Templemore, TIP, IRL [42609]

COMMINS : 1650+, Dublin, IRL [20444] : Thomas, 1830, Belfast, ANT, IRL [31510] : 1650+, Cork, COR, IRL [20444] : 1650+, Tullamore, OFF, IRL [20444]

COMMON : PRE 1850, DFS, SCT [13585] : 1800+, Lockerbie, DFS, SCT [13585] : 1800+, Tundergarth, DFS, SCT [13585]

COMMYN : 1730-1800, Exeter, DEV, ENG [45442]

COMONT : PRE 1850, WORLDWIDE [46416]

COMORY : Catherine, 1750, Nottingham, NTT, ENG [21759]

COMPLIN : 1800-1850, Wimborne, DOR, ENG [17012] : 1600+, NFK, ENG [26022]

COMPSON : PRE 1830, Cleobury Mortimer, SAL, ENG [17763] : ALL, WORLDWIDE [42967]

COMPTON : 1890+, Sydney, NSW, AUS [13833] : ALL, Milton Keynes, BKM, ENG [46513] : PRE 1822, Wimborne, DOR, ENG [40615] : PRE 1840, Coln St.Aldwyns, GLS, ENG [11060] : C1780, Tetbury, GLS, ENG [11773] : C1810, Ringwood, HAM, ENG [10070] : Ann, PRE 1791+, Rochester, KEN, ENG [21472] : ALL, WAR, ENG [18521] : 1850-1910, WOR, ENG [39536] : 1875+, Auckland, NZ [13833]

COMRIE : John, 1654-1885, Auckland, NZ [39243] : David, 1838-1911, Dunedin & Braco, OTG & PER, NZ & SCT [39243] : PRE 1850, LKS, SCT [31237] : Catherine, ALL, PER, SCT [35297] : John, 1800-1878, Braco, PER, SCT & AUS [39243]

CONATY : Mary, 1812-1832, Sligo, SLI, IRL [28323]

CONCANNON : 1800+, IRL [28140] : 1730+, Aran Islands, GAL, IRL [29720] : 1800+, Moycullen, GAL, IRL [29720] : 1800+, Salahoona & Spiddal, GAL, IRL [29720] : 1840+, Boston, MA, USA [29720] : 1800+, Portland & Augusta, ME, USA [29720]

CONCHE : 1763-1924, Condom, MP, FRA [27180]

CONDER : Herbert, 1900-1950, AUS [99183] : 1600-1800, CAM, ENG [99183]

CONDLIFF : 1700+, Astbury, CHS, ENG [29500] : 1700+, Tideswell, DBY, ENG [29500] : 1800+, Liverpool, LAN, ENG [29500]

CONDON : 1800-50, Cork City, COR, IRL [11366] : PRE 1840, Mitchelstown, COR, IRL [40971] : PRE 1830, Newton, LEX, IRL [10254] : Mary, PRE 1850, Lismore, WAT & COR, IRL [25066]

CONDUCT : 1750+, Bishops Waltham, HAM, ENG [46233]

CONDUITTS : 1600+, Portsea, HAM, ENG [29612]

CONDY : 1800-1850, Plymouth, DEV, ENG [44072] : 1790+, London, SRY & MDX, ENG [29612]

CONEY : PRE 1800, Goldhanger, ESS, ENG [14715] : 1800S, Hagworthington, LIN, ENG [39984] : PRE 1850, Islington, MDX, ENG [30146] : 1870-1900, Huddersfield, WRY, ENG [34797]

CONGLETON : Euphemia, PRE 1830+, Aberlady, ELN, SCT [11546]

CONINGHAM : Lucy, 1860+, Augusta, HAM, ENG [46146]

CONINGSBY : ALL, WORLDWIDE [32040]

CONISBEE : ALL, WORLDWIDE [32040]

CONKLIN : PRE 1790, PA, USA [24792] : PRE 1790, PA, USA [24792]

CONLAN : PRE 1900, Burnley, LAN, ENG [46311] : PRE 1875, SLI, IRL [40871] : 1900+, Stamford, CT, USA [37713]

CONLAY : 1800S+, Deptford, KEN, ENG [33331]

CONLEY : PRE 1815, Bledington, GLS, ENG [99443] : Mary, PRE 1875, Liverpool, LAN, ENG [46426] : 1880-95, Huddersfield, WRY, ENG [34797] : ALL, IRL [34797] : 1880-95, Brooklyn, NY, USA [34797]

CONLIN : 1882+, QLD & NSW, AUS [11718] : 1840-1882, Wakefield, WRY, ENG [11718]

CONLON : Mary, 1800+, Tullamore, OFF, IRL [12027]

CONLONG : ALL, ENG [18921] : PRE 1850, Manchester, LAN, ENG [18921]

CONN : Samuel, 1856+, Winslow, VIC, AUS [46320] : 1840S, Lanark Co., ONT, CAN [22743] : ALL, ABD, SCT [46454]

CONNAUGHTON : PRE 1850, Mullingar, WEM, IRL [30302]

CONNEL : 1750-1800, Alloa, CLK, SCT [13326]

CONNELL : James, C1877, Melbourne, VIC, AUS [13153] : 1700+, Cripplegate, LND, ENG [31079] : C1880, Morpeth & Tring, NBL & HRT, ENG [33642] : 1850+, Birmingham, WAR, ENG [27842] : ALL, Belfast, ANT, IRL [27842] : 1800S, COR, IRL [17650] : Mary, C1803-1827, Cork, COR, IRL [46245] : PRE 1880, Oldcastle, MEA, IRL [42730] : 1697+, AYR, SCT [25070] : 1800+, Dundonald, AYR, SCT [27842] : 1750+, Irvine, AYR, SCT [27842] : 1850+, Glasgow, LKS, SCT [27842] : 1840+, Gourock, RFW, SCT [27842] : 1840+, Greenock, RFW, SCT [27842]

CONNELLY : 1830+, Greendale, NSW, AUS [11092] : 1796+, Wilberforce, NSW, AUS [10276] : 1880-95, Huddersfield, WRY, ENG [34797] : ALL, IRL [34797] : PRE 1830, Holywood, DOW, IRL [11092] : ALL, Athenry, GAL, IRL [46238] : 1834-1898, Carabrown & Curraghlahan, GAL, IRL [21712] : PRE 1850, Tuam, GAL, IRL [28210] : PRE 1830, ROS, IRL [12710] : 1880-95, Brooklyn, NY, USA [34797]

CONNER : PRE 1835, St.Endellion, CON, ENG [34876] : Lewis, 1700S, Marlboro, SC, USA & IRL [23858]

CONNEW : PRE 1860, Calcutta, INDIA [37499]

CONNING : 1830+, Sydney, NSW, AUS [33921]

CONNOCK : ALL, Milborne Port & Yeovil, SOM, ENG [46462]

CONNOLE : PRE 1850, Kilshanny, CLA, IRL [33846]

CONNOLLY : Matthew, PRE 1888, Goodrich Mines, NSW, AUS [30653] : 1834+, Williams River & Cessnock, NSW, AUS [31152] : 1891+, Melbourne, VIC, AUS [10260] : Jeremiah, 1820-1869, Plymouth, DEV, ENG [35110] : Ann Norah, PRE 1895, Woolwich, LND & KEN, ENG [25151] : 1880-95, Huddersfield, WRY, ENG [34797] : ALL, IRL [34797] : Jeremiah, 1800-1826, Bantry, COR, IRL [35110] : Cornelius, C1790, Bantry, COR, IRL [35110] : PRE 1834, Dublin City, DUB, IRL [31152] : 1800+, GAL, IRL [44409] : C1800, Gort, GAL, IRL [29479] : ALL, LIM, IRL [10610] : Margaret, C1830, LIM, IRL [10610] : 1800+, Columbkille, LOG, IRL [16757] : 1750+, Monaghan, MOG, IRL [13585] : 1820-1840, Tullamore, OFF, IRL [14627] : 1840S, Roscommon, ROS, IRL [21131] : PRE 1874, Hamilton, LKS, SCT [12563] : 1880-95, Brooklyn, NY, USA [34797]

CONNOR : Daniel, 1830, Sydney, NSW, AUS [10049] : PRE 1877, Kadina, SA, AUS [99055] : C1808, Stoke Damerel, DEV, ENG [30246] : William, 1875+, Southampton, HAM, ENG [14252] : Ann, PRE 1900, Southampton & Portsmouth, HAM, ENG [14252] : Peter, C1860+, Liverpool, LAN, ENG [99012] : C1780-1850, Islington, LND, ENG [42761] : ALL, Westminster, LND, ENG [28585] : 1700+, COR, IRL [16254] : Patrick, PRE 1827, Woodford, GAL, IRL [31762] : ALL, Killarney, KER, IRL [39694] : 1851+, Curraghakimkeen & Doon, LIM, IRL [21712] : Margaret, 1830, West Meath, WEM, IRL [46325] : 1800+, KER, IRL & AUS [46262] : 1861+, Christchurch, NZ [11335]

CONNORS : Michael, C1827, Tulla & Feakle, CLA, IRL **[41239]** : Hannah, C1839, Tulla & Feakle, CLA, IRL **[41239]** : C1870, KER, IRL **[32071]** : PRE 1800, Gowran, KIK, IRL **[31297]** : 1830+, Curraghakimeen & Doon, LIM, IRL **[21712]** : ALL, WEX, IRL **[13231]** : ALL, WIC, IRL **[13848]**
CONQUEST : PRE 1900, BDF, ENG **[17720]** : PRE 1753, Princes Risborough, BKM, ENG **[26366]**
CONRICK : Johanna, C1846+, Woodstock, VIC, AUS **[12490]** : 1810-30, TIP, IRL **[45082]** : Michael, 1817-1867, Tipperary & Woodstock, TIP & VIC, IRL & AUS **[12490]**
CONROY : 1815+, Sydney, NSW, AUS **[31923]** : PRE 1788, IRL **[14030]** : Catharine, PRE 1818, Limerick, IRL **[39471]** : 1800S, GAL, IRL **[10610]** : 1820+, Portarlington, OFF, IRL **[10263]** : John, 1800S, Waterford, WAT, IRL **[21155]** : Mary, 1800+, Tullamore & Parramatta, OFF & NSW, IRL & AUS **[44567]**
CONRY : ALL, IRL **[10610]** : C1820, Ballynakill & Woodford, GAL, IRL **[10610]** : PRE 1750, ROS, IRL **[43842]**
CONSIDINE : PRE 1838, Six Mile Bridge, CLA, IRL **[11145]** : Martha, C1810, Kilrush, LIM, IRL **[27396]**
CONSTABLE : William, PRE 1811, Harston, CAM, ENG **[14290]** : 1700-1850, Soho, MDX, ENG **[20416]** : PRE 1900, South East London, SRY, ENG **[34277]** : PRE 1600, Horsham, SSX, ENG **[15464]**
CONSTANT : 1850-1950, Acton, MDX, ENG **[98674]**
CONSTANTIN : 1800-1850, Charente, FRA **[22440]**
CONSTANTINE : PRE 1850, Leeds, WRY, ENG **[28210]**
CONTENT : Marie, C1730+, QUE, CAN **[27325]**
CONVERY : John, C1880, Dromore, DOW, IRL **[15485]**
CONVEY : Rose, PRE 1866, Moat, WEM, IRL & AUS **[36634]**
CONWAY : John, 1850S, Sydney, NSW, AUS **[29314]** : C1840+, Hobart, TAS, AUS & NZ **[41297]** : Robert, PRE 1900, Chester & Birkenhead, CHS, ENG **[34980]** : Wm Pugh, PRE 1900, Chester & Atherton, CHS & LAN, ENG **[34980]** : James Owen, PRE 1900, Chester & Leigh, CHS & LAN, ENG **[34980]** : 1700, HAM, ENG **[41590]** : Wm Pugh, PRE 1900, Leigh & Chester, LAN & ENG **[34980]** : PRE 1860, STS & CHS, ENG **[33789]** : PRE 1890, Aston, WAR, ENG **[33789]** : ALL, Chester & Mold, CHS & FLN, ENG & WLS **[34980]** : James, PRE 1860, IRL **[33789]** : PRE 1845, ANT & DOW, IRL **[13245]** : 1850S, CLA, IRL **[36705]** : PRE 1840, MAY, IRL **[33876]** : PRE 1864, Birr, OFF, IRL **[46381]** : 1853, Carrick-on-Suir, TIP, IRL **[40807]** : ALL, Mold Denbigh, DEN & FLN, WLS **[34980]** : James, PRE 1900, Mold & Denbigh, FLN & DEN, WLS **[34980]**
CONYARD : C1810, Martham, NFK, ENG **[30998]**
CONYBEAR : PRE 1950, Plymouth, DEV, ENG **[46498]**
CONYERS : ALL, WORLDWIDE **[29409]** : ALL, WORLDWIDE **[46375]**
CONYERS (see One Name Section) [29409]
COODE : Edward, PRE 1640, St.Stephen in Brannel, CON, ENG **[39471]**
COOK : ALL, AUS **[32044]** : PRE 1905, Boggabilla, NSW, AUS **[28150]** : Ester, 1800S, Combo Creek & Wollar, NSW, AUS **[10998]** : William, 1836+, Hinton & Morpeth, NSW, AUS **[33318]** : Rachael, 1854-1895, Kempsey, Macleay, NSW, AUS **[45806]** : 1838+, Liverpool, NSW, AUS **[29783]** : Isabelle Mary, 1936, Sydney, NSW, AUS **[35025]** : Esther, C1850S+, Wollar & Mudgee, NSW, AUS **[10998]** : Margaret, PRE 1895, Brisbane, QLD, AUS **[31676]** : William, 1800-1890, Hobart, TAS, AUS **[41266]** : ALL, VIC, AUS **[43933]** : Frances, 1860+, Chewton, VIC, AUS **[36433]** : 1800S, Echuca, VIC, AUS **[46265]** : Thomas, 1855+, Geelong, VIC, AUS **[31972]** : 1800+, Melbourne, VIC, AUS **[45925]** : Michael, 1890, Melbourne, VIC, AUS **[36433]** : ALL, ENG **[32044]** : 1830-1860, BDF, ENG **[11729]** : 1800-1900, Blunham, BDF, ENG **[18670]** : John, 1850, Waterbeach, CAM, ENG **[31510]** : PRE 1800, Wheelock & Hassall, CHS, ENG **[35186]** : William, 1800+, DBY, ENG **[14448]** : PRE 1750, Ockbrook, DBY & NTT, ENG **[18096]** : 1780+, Berry Pomeroy, DEV, ENG **[29783]** : 1700S, Sowton, DEV, ENG **[11411]** : 1700S, Stoke Damerel, DEV, ENG **[11091]** : William, 1781, Tavistock, DEV, ENG **[24579]** : Joseph, PRE 1850, DEV & CON, ENG **[12708]** : Agnes, C1583, Bishopwearmouth, DUR, ENG **[10035]** : 1800S, Great Coggeshall, ESS, ENG **[16980]** : 1850+, Hatfield Broad Oak, ESS, ENG **[37631]** : Eliza, 1853, West Mersea, ESS, ENG **[16145]** : 1750-1850, GLS, ENG **[46210]** : ALL, Alvington & Woolaston, GLS, ENG **[21196]** : PRE 1837, Berkeley, GLS, ENG **[26173]** : Thomas, C1830, Gloucester, GLS, ENG **[99443]** : 1700S, Horsley, GLS, ENG **[14435]** : Susannah, 1742, Horsley, GLS, ENG **[27039]** : ALL, Lydney & West Dean, GLS, ENG **[21196]** : 1750+, Randwick & Bristol, GLS, ENG **[33318]** : PRE 1750, Rodborough, GLS, ENG **[43137]** : 1800-1920, Tetbury, GLS, ENG **[25142]** : Benjamin, 1700+, Northwood, Iow, HAM, ENG **[12382]** : ALL, Southampton & Walworth, HAM & SRY, ENG **[42019]** : PRE 1900, Faversham, KEN, ENG **[11282]** : 1819+, Woolwich, KEN, ENG **[12237]** : C1780, Astley & Leigh, LAN, ENG **[19497]** : Joseph, 1800+, Liverpool, LAN, ENG **[99055]** : Geo. Gregson, 1832-1855, Liverpool, LAN, ENG **[99055]** : Dennis, 1880S, Walton-on-Hill, Liverpool, LAN, ENG **[40534]** : Alfred R., 1882+, Walton-on-Hill, Liverpool, LAN, ENG **[40534]** : John, PRE 1694, Anstey, LEI, ENG **[34975]** : 1850+, Leicester, LEI, ENG **[46397]** : PRE 1837, LIN, ENG **[30823]** : Henry, PRE 1840, LIN, ENG **[41163]** : C1882, Deeping St.James, LIN, ENG **[31442]** : 1780, Luddington (Humber), LIN, ENG **[46483]** : PRE 1702, Potterhanworth, LIN, ENG **[19902]** : Mary Ann, PRE 1839, Bishopsgate, LND, ENG **[46447]** : 1927+, Camberwell, LND, ENG **[34556]** : Charles Frith, 1829+, Hammersmith, LND, ENG **[25921]** : George, PRE 1798, Hammersmith, LND, ENG **[25921]** : PRE 1880, Holborn & Finsbury, LND, ENG **[35968]** : Daniel, C1813, St.Leonard'S Shoreditch, LND, ENG **[17676]** : Michael, 1830+, St.Marylebone, LND, ENG **[36433]** : William, 1880S, Fordham, NFK, ENG **[40534]** : ALL, North Pickenham & Ashill, NFK, ENG **[33506]** : 1780+, NRY, ENG **[25998]** : 1750-1800, Irchester, NTH, ENG **[46503]** : 1800S, Northampton, NTH, ENG **[46397]** : 1748-1802, Southwell (Westhorpe), NTT, ENG **[18818]** : 1780S+, Minster Lovell & Leafield, OXF, ENG **[44160]** : 1780S+, Taynton, OXF, ENG **[44160]** : PRE 1800, SFK, ENG **[39312]** : PRE 1841, Assington, SFK, ENG **[36337]** : 1800S, Hoxne & Denham, SFK, ENG **[31079]** : Frederick W., 1900+, Ipswich, SFK, ENG **[43843]** : PRE 1860, SOM, ENG **[28150]** : PRE 1807, Clutton, SOM, ENG **[34466]** : 1750-1800, Winsham, SOM, ENG **[13326]** : Frederick J., 1900+, SRY, ENG **[43843]** : PRE 1880, Kennington, SRY, ENG **[38674]** : Ellen, 1849-1928, SSX, ENG **[15849]** : C1770, Hasley, SSX, ENG **[14120]** : 1800-1850, Dudley, STS, ENG **[46503]** : John, PRE 1850, Ashby de la Zouch, STS & LEI, ENG **[35150]** : PRE 1840, Coughton, WAR, ENG **[31028]** : Jeremiah, C1790, WIL, ENG **[25700]** : 1860S, Bengeworth, WOR, ENG **[36655]** : Sarah Ann, 1840+, WRY, ENG **[14448]** : 1830+, Bradford, YKS, ENG **[45925]** : PRE 1930, St.Marylebone, LND, ENG & AUS **[36433]** : 1830+, NZ **[38290]** : ALL, NZ **[32044]** : PRE 1859, Aberdeen, ABD, SCT **[32017]** : Susan, 1770+, AYR, SCT **[45541]** : PRE 1810+, Kilwinning, AYR, SCT **[10998]** : 1800-1850, FIF, SCT **[12386]** : C1850, Glasgow, LKS, SCT **[10277]** : 1750S, St.Ninians & Airth, STI, SCT **[20578]** : 1960+, Philadelphia, PA, USA **[17012]**
COOKE : Herbert, 1889+, Rockdale, NSW, AUS **[41419]** : Hannah, ALL, Sydney, NSW, AUS **[41454]** : 1880+, Wentworth, NSW, AUS **[11446]** : J. & Ruth, C1850-1899, Melbourne, VIC, AUS **[99093]** : Thomas, 1780-1856, Yass, NSW, AUS & IRL **[44689]** : John, 1823-80, Yass, NSW, AUS & IRL **[44689]** : PRE 1900, Dukinfield, CHS, ENG **[36170]** : PRE 1860, Wheelock & Hassall, CHS, ENG **[35186]** : PRE 1840, Darlington, DUR,

ENG **[35015]** : 1780-1860, Hett, DUR, ENG **[36505]** : 1700+, GLS, ENG **[22737]** : 1850+, Cheltenham, GLS, ENG **[28154]** : 1906+, Sapperton, GLS, ENG **[27958]** : 1820+, Stroud, GLS, ENG **[19921]** : Henry, 1836+, Chipihad, KEN, ENG **[41419]** : 1850+, Leicester, LEI, ENG **[46397]** : PRE 1837, LIN, ENG **[30823]** : PRE 1760, Harmston, LIN, ENG **[31316]** : 1750-1900, LND, ENG **[17480]** : ALL, LND, MDX & ESS, ENG **[42019]** : ALL, North Pickenham & Ashill, NFK, ENG **[33506]** : 1770-1840, Eggleston Abbey, NRY, ENG **[36505]** : 1790-1830, Hutton Rudby, NRY, ENG **[36505]** : 1830-1900, Richmond, NRY, ENG **[36505]** : PRE 1800, Richmond, NRY, ENG **[36505]** : 1750-1800, Irchester, NTH, ENG **[46503]** : ALL, Warsop, NTT, ENG **[41370]** : 1750+, Shrewsbury, SAL, ENG **[46299]** : PRE 1830, Whepstead Area, SFK, ENG **[46445]** : 1800-1850, Dudley, STS, ENG **[46503]** : PRE 1882, Birmingham, WAR, ENG **[18967]** : PRE 1820, Winsley & Bradford on Avon, WIL, ENG **[19921]** : PRE 1780, Feckenham, WOR, ENG **[30138]** : 1870+, Bradford, YKS, ENG **[10346]** : ALL, Branton & Cantley, YKS, ENG **[46499]** : 1800+, Portarlington, LEX, IRL **[19429]** : 1750+, Portarlington, LEX, IRL **[41499]** : PRE 1866, Rathmaline, MEA, IRL **[45242]** : 1750-1900, Kiltinan Castle, TIP, IRL **[45236]** : C1780-1920, Roscrea, TIP, IRL **[41499]** : 1750-1900, Thurles, TIP, IRL **[41499]** : John, 1820+, COR, IRL & AUS **[44689]** : 1860+, Auckland, NZ **[19513]** : Knoxamit, C1850, Glasgow, LKS, SCT **[17763]** : 1600S, Eastham, MA, USA **[15521]** : 1850+, NJ, USA **[41499]** : 1850+, New York, NY, USA **[41499]** : 1850+, Philadelphia, PA, USA **[41499]** : 1600S, Plymouth, MA, USA & ENG **[15521]**

COOKMAN : 1850S, Blandford, DOR, ENG **[18376]** : 1600+, YKS, ENG **[39061]**

COOKSON : Matthew, 1728, Tarvin, CHS, ENG **[24579]** : 1760S, Ashton under Lyme, LAN, ENG **[35184]** : 1700S, Newcastle, NTH, ENG **[19497]** : 1790-1850, Much Wenlock, SAL, ENG **[12641]**

COOKWORTHY : 1700-1900, DEV, ENG **[46271]**

COOLBEAR : 1881+, West Ham, ESS, ENG **[13230]**

COOLEY : Patrick, PRE 1850, Tuam, GAL, IRL **[41089]** : Mary, 1804+, Jackson Co., MO, CA & TN, USA **[24674]**

COOLING : PRE 1820, Taunton, SOM, ENG **[43989]**

COOM : 1800+, Finchley, LND, ENG **[12386]**

COOMB : ALL, SOM, ENG **[41370]**

COOMBE : PRE 1900, Dawlish, DEV, ENG **[41642]** : Mary Ann, 1780-1880, Plymouth, DEV, ENG **[43769]** : 1800+, Bristol, GLS & SOM, ENG **[35186]** : C1835, Bristol, GLS, ENG & AUS **[10350]**

COOMBER : 1700-1850, KEN, ENG **[99433]** : PRE 1850, Woodchurch & High Halden, KEN, ENG **[40569]** : 1700-1850, SRY, ENG **[99433]**

COOMBES : 1860+, Dubbo, NSW, AUS **[10394]** : PRE 1860, London, ENG **[46256]** : Beatrice K., 1852-57, Swinfield, BRK, ENG **[42948]** : Beatrice K., 1871-1937, Penzance, CON, ENG **[42948]** : PRE 1750, Gillingham, DOR, ENG **[10493]** : ALL, Iwerne Minster, DOR, ENG **[30324]** : PRE 1800, Sutton Waldron, DOR, ENG **[17921]** : ALL, Hayes, MDX, ENG **[42948]** : ALL, Ashill, SOM, ENG **[42948]** : C1745, Mells, SOM, ENG **[25693]** : Ernest, C1860, Sutton, SRY, ENG **[28479]** : Mary Ann, PRE 1820, Salisbury, WIL, ENG **[99599]** : PRE 1838, Broadchalke, WIL, ENG & AUS **[45357]** : Frederick Geo, 1861+, Abergavenny & Tredegar, MON, WLS **[42948]** : Beatrice K., 1861+, Abergavenny & Tredegar, MON, WLS **[42948]** : ALL, Abergavenny & Tredegar, MON, WLS **[42948]**

COOMBS : PRE 1940, AUS **[26341]** : 1800-1840, Hartland, DEV, ENG **[46237]** : PRE 1850, Westminster, LND, ENG **[35846]** : 1800-1850, St.Pancras, MDX, ENG **[12915]** : 1850, Bath, SOM, ENG **[12974]** : ALL, Nailsea, SOM, ENG **[21183]** : 1699+, North Petherton, SOM, ENG **[14184]** : PRE 1912, Birmingham, WAR, ENG **[12974]** : 1700-1900, Corsley, WIL, ENG **[22440]** : ALL, Dunedin & Thames, NZ **[21183]** : John, 1840-1920, Springfield, MO, USA **[15596]** :John, 1840-1860, NJ, USA **[15596]** : C1860, Hafddyryhys, MON, WLS **[12974]** : 1800-1880, WORLDWIDE **[37329]**

COON : 1880+, Stawell, VIC, AUS **[32794]**

COONAN : Sarah, 1820-99, Tipperary, TIP, IRL **[38707]**

COONEY : Joseph, 1855-68, Melbourne, VIC, AUS **[39179]** : Thomas, PRE 1880, WOR & WRY, ENG **[25627]** : Thomas, 1800, Dublin, IRL **[39179]** : John, C1809, Clooncah, ROS, IRL & AUS **[44314]** : John, C1841, Clooncah, ROS, IRL & AUS **[44314]** : Ellen, C1842, Clooncah, ROS, IRL & AUS **[44314]** : James, C1844, Clooncah, ROS, IRL & AUS **[44314]**

COOP : PRE 1820S, Bolton, LAN, ENG **[31293]** : Mary, PRE 1834, Bury, LAN, ENG **[25727]** : 1800-1900, Halifax & Sowerby, WRY, ENG **[44241]**

COOPE : 1780-1800, New Mills, DBY, ENG **[34664]**

COOPER : 1830+, AUS **[99040]** : Charles, 1820-1907, Orange, NSW, AUS **[28117]** : 1860-1880, Orange, NSW, AUS **[28117]** : 1835+, Sydney, NSW, AUS **[10820]** : Charles, 1860-1907, Sydney, NSW, AUS **[28117]** :ALL, SA, AUS **[36842]** : 1866+, Hamilton & Geelong, VIC, AUS **[46263]** : 1867, Maldon, VIC, AUS **[40807]** : George, 1901-2003, Hamilton, ONT, CAN **[99443]** : ALL, ENG **[36842]** : PRE 1796, ENG **[36821]** : 1800+, London, ENG **[26022]** : 1700+, Barton, BDF, ENG **[17480]** : PRE 1840, Biggleswade, BDF, ENG **[19258]** : 1700-1840, Borthill & Southill, BDF, ENG **[46433]** : 1840+, Eaton Socon, BDF, ENG **[46433]** : PRE 1700, Newport Pagnall, BKM, ENG **[32294]** : William S., 1800+, BRK, ENG **[99433]** : William, 1830+, BRK, ENG **[46195]** : 1790+, Reading, BRK, ENG **[42665]** : 1800-1850, CAM, ENG **[16362]** : ALL, Cherry Hinton, CAM, ENG **[24981]** : 1600-1900, Fordham & Isleham, CAM, ENG **[19713]** : James, 1800+, Fowlmere & Thriplow, CAM, ENG **[29867]** : John, 1783-1851, Tydd St.Giles, CAM, ENG **[29867]** : 1850+, Newton, CHS, ENG **[31355]** : 1880S, Bodmin, CON, ENG **[27701]** : 1760S, Chesterfield, DBY, ENG **[10460]** : ALL, Duffield & Derby, DBY, ENG **[31646]** : Frederick, PRE 1913, Plymouth, DEV, ENG **[27701]** : 1871+, Tavistock, DEV, ENG **[18724]** : William, 1845+, Sunderland & Lanchester, DUR, ENG **[42961]** : Wm Winter, 1800S, Hull, ERY, ENG **[37617]** : 1900S, ESS, ENG **[46247]** : PRE 1850, ESS, ENG **[41150]** : Ethel Amy, 1888+, Clacton, ESS, ENG **[37633]** : Robert, 1760-1810, Gestingthorpe, ESS, ENG **[37633]** : Elijah, 1859-1929, Great Wakering, ESS, ENG **[37633]** : Robert, 1815-1879, Little Maplestead, ESS, ENG **[37633]** : Martha, 1881-1969, Maldon, ESS, ENG **[37633]** : Florence, 1884+, Maldon, ESS, ENG **[37633]** : John, 1740-1790, Wickham St.Pauls, ESS, ENG **[37633]** : Robert, 1783-1840, Wickham St.Pauls, ESS, ENG **[37633]** : Joseph, 1600-1760, Hawkesbury, GLS, ENG **[12844]** : 1878-2001, Aldershot, HAM, ENG **[44368]** : Elizabeth, PRE 1850, Alton, HAM, ENG **[44078]** : Charles, 1845+, Southampton, HAM, ENG **[14252]** : PRE 1800, Woodcott, HAM, ENG **[43033]** : PRE 1830, HUN, ENG **[25747]** : John, PRE 1920, Hythe, KEN, ENG **[19258]** : William, C1780, Stockbury, KEN, ENG **[10054]** : 1806, Thanet, KEN, ENG **[16980]** : Mary, 1800-1860, Tunbridge, KEN & SRY, ENG **[25484]** : 1830+, LAN, ENG **[10394]** : 1830+, Daresbury, LAN, ENG **[31355]** : Richard Wm, PRE 1910, Liverpool, LAN, ENG **[30880]** : David & James, C1870-1882, Manchester, LAN, ENG **[33373]** : 1800+, Manchester & Clayton Bridge, LAN, ENG **[19415]** : PRE 1830, Warrington, LAN, ENG **[39860]** : 1900+, Widnes, LAN, ENG **[28239]** : PRE 1900, Widnes, LAN, ENG **[28239]** : Henry, C1804, Leicester, LEI, ENG **[30880]** : PRE 1849, Loughborough, LEI, ENG **[99298]** : Thomas, 1796+, Syston, LEI, ENG **[25654]** : PRE 1900, St.Leonards, LND, ENG **[21539]** : ALL, LND, BDF & HRT, ENG **[19656]** : Henry & Sarah, PRE 1850, MDX, ENG **[21539]** : Joseph, 1800+, East London, MDX, ENG **[13319]** : PRE 1880, North London, MDX, ENG **[19258]** : C1800, Wapping, MDX, ENG **[99600]** : 1800-1900, Alnwick, NBL, ENG **[18670]** : 1780-1810, Dickleburgh, NFK,

ENG **[34664]** : PRE 1750, Irstead, NFK, ENG **[33428]** : 1780+, Sheringham, NFK, ENG **[17163]** : C1800, NRY, ENG **[30310]** : 1880+, Wakefield, NRY, ENG **[18724]** : PRE 1818, Nottingham, NTT, ENG **[34231]** : PRE 1830, OXF, ENG **[38968]** : PRE 1890, Oakengates, SAL, ENG **[34420]** : PRE 1800, SFK, ENG **[39312]** : PRE 1800, Lowestoft, SFK, ENG **[19165]** : PRE 1850, SOM, ENG **[30823]** : PRE 1845, Castle Cary, SOM, ENG **[36200]** : 1800+, Richmond, SRY, ENG **[42647]** : C1880, Wandsworth, SRY, ENG **[41372]** : Emma C., 1800-1950, SRY & LND, ENG **[33820]** : 1700-1900, Graffham & East Dean, SSX, ENG **[21655]** : Simpson, 1790+, Newhaven, SSX, ENG **[30880]** : 1700-1800, Petworth, SSX, ENG **[15464]** : ALL, Worth, SSX, ENG **[34981]** : PRE 1840, Stoke, STS, ENG **[29373]** : PRE 1850, Stone, STS, ENG **[45857]** : Wm, 1770-1850, Wallsal, STS, ENG **[46194]** : 1700+, Harbury, WAR, ENG **[17162]** : PRE 1910, Leamington Spa, WAR, ENG **[35209]** : 1800-1900, Nuneaton, WAR, ENG **[46494]** : 1700+, Stratford on Avon, WAR, ENG **[36368]** : PRE 1820, Market Lavington, WIL, ENG **[13034]** : 1700S, WOR, ENG **[15521]** : ALL, YKS, ENG **[42688]** : PRE 1860, YKS, ENG **[12905]** : 1620+, Coxwold, YKS, ENG **[20975]** : C1840, Sheffield, YKS, ENG **[12371]** : Ellen, 1876-1940, ENG & CAN **[42961]** : PRE 1900, Bolton, LAN, ENG & USA **[30880]** : PRE 1855, Karachi, INDIA **[27701]** : 1830+, Belfast, ANT, IRL **[41443]** : PRE 1830, Alt Upper, DON, IRL **[98672]** : C1800, WIC, IRL **[21934]** : ALL, CBY, NZ **[39671]** : 1700-1850, ABD, SCT **[19471]** : 1841, Ordiquhill, BAN, SCT **[13437]** : ALL, Hamilton & Glasgow, LKS, SCT **[21258]** : 1900+, IOM, UK **[28239]** : 1800+, USA **[17163]** : Artemus, PRE 1900, Greenup, KY, USA **[37380]** : 1900+, Detroit, MI, USA **[21655]** : Charles & Lulu, 1900+, Detroit, MI, USA **[21655]** : Henry Poolly, PRE 1900, NY & KS, USA **[30880]** : Elizabeth, 1807+, Chepstow, MON, WLS **[30880]** : William, PRE 1869, Chepstow & Mathern, MON, WLS **[30880]**
COOSE : 1760-1820, West Teignmouth, DEV, ENG **[11661]**
COOT : 1742, Tothill, LIN, ENG **[19921]**
COOTE : ALL, CAM, ENG **[46218]** : John, 1780+, Botisham, Balsham, CAM, ENG **[27081]** : C1845, Mountwessing, ESS, ENG **[22743]** : John, 1822-1868, St.Edmonds, SFK, ENG **[46316]** : William, 1799-1864, Great Wilbraham & Parramatta, CAM & NSW, ENG & AUS **[27081]**
COPE : ALL, ENG **[46218]** : George, PRE 1810, ENG **[34975]** : 1750+, London, ENG **[38697]** : Arthur, PRE 1900, DBY, ENG **[42808]** : James, PRE 1900, DBY, ENG **[42808]** : PRE 1890, Old Basing, HAM, ENG **[40756]** : 1800+, KEN, ENG **[99036]** : PRE 1690, Melton Mowbray, LEI, ENG **[15793]** : James, 1830S, Clerkenwell, MDX, ENG **[41912]** : Alexander, 1780+, Denstone & Rocester, STS, ENG **[27325]** : 1750+, Hanley & Stoke on Trent, STS, ENG **[46399]** : PRE 1840, Stourport, WOR, ENG **[19311]**
COPELAND : James, C1850+, Melbourne, VIC, AUS & USA **[42724]** : Robert, 1735+, London, ENG **[42432]** : Wm Robt, 1775+, London, ENG **[42432]** : 1850+, CHS, ENG **[36126]** : Jane Matilda, 1825+, Bovey Tracey, DEV, ENG **[42432]** : 1800+, Denton, Aycliffe & Darlington, DUR, ENG **[30120]** : 1800+, Aldbrough & Stanwick, NRY, ENG **[30120]** : 1800+, YKS & DUR, ENG **[36126]** : PRE 1900, Tanderagee & Minthone, ARM, IRL **[12708]** : James, C1830+, Enniskillen, FER, IRL & AUS **[42724]** : 1800+, AYR, SCT **[36126]** : 1830+, KKD, SCT **[45127]** : 1800+, WIG, SCT **[36126]**
COPELIN : 1910+, MDX, ENG **[37174]**
COPLAND : Jasper, 1852+, Adelaide, SA, AUS **[45127]** : James, 1857+, Gawler, SA, AUS **[45127]** : 1810-1840, Bombay, INDIA **[46478]** : C1750+, Lumphanan, ABD, SCT **[22014]** : C1780, Tough, ABD, SCT **[22014]** : PRE 1760, Tough, Fintray, ABD, SCT **[46478]** : Jasper, 1830+, KKD, SCT **[45127]**
COPLEY : PRE 1890, Inglewood, VIC, AUS **[16554]** : C1900, Gunnersbury, MDX, ENG **[41212]** : 1780-1799, Knottingley, WRY, ENG **[12641]** : ALL, Sheffield, WRY, ENG **[46422]** :1745+, Wentworth, WRY, ENG **[34981]**
COPP : 1800+, Cullompton & Maiden Newton, DEV & DOR, ENG **[44781]** : C1880, Langport, SOM, ENG **[44781]**
COPPE : 1500S, Baswall, WAR, ENG **[22796]**
COPPEN : 1700, Halstead, ESS, ENG **[46445]**
COPPER : PRE 1850, SOM, ENG **[30823]** : 1810-1850, Knox & Licking Cos., OH, USA **[42429]**
COPPIN : James, 1860+, TAS, AUS **[27850]** : 1860, VIC, AUS **[27850]** : Thomas, PRE 1850, London, ENG **[41471]**
COPPINGER : Ellen, PRE 1900, Iow & Sheerness, HAM & KEN, ENG **[14646]**
COPPLESTONE : John, PRE 1806, Portsmouth, HAM, ENG **[41589]**
COPPOCK : C1840, Great Milton, OXF, ENG **[12573]**
COPSEY : PRE 1860, ESS, ENG **[41136]**
CORALE : Mary, 1800, HRT, ENG **[26399]**
CORBEN : 1780-1840, DOR, ENG **[34790]**
CORBET : Thomas, PRE 1724, Belton, LEI, ENG **[34975]**
CORBETT : 1850+, Braidwood, NSW, AUS **[10260]** : 1893+, Sydney, NSW, AUS **[44249]** : C1840, Wallan, VIC, AUS **[25658]** : Mary, 1720+, Quinton, GLS, ENG **[99174]** : PRE 1830, Cradley & Brockhampton, HEF, ENG **[18422]** : PRE 1795, Stepney, LND, ENG **[35801]** : 1840+, STS & DBY, ENG **[37174]** : 1800+, Killeevan, MOG, IRL **[98674]** : C1820, TIP, IRL **[25658]** : James, 1830S, Waterford, WAT, IRL **[21155]** : Roger, PRE 1875, Waterford, WAT, IRL **[21155]** : ALL, Dromara, Minnigaff & Old Luce, DOW, KKD & RFW, IRL & SCT **[19486]** : Roger, 1900+, Auckland, NZ **[21155]** : 1900+, Capetown, RSA **[45315]** : PRE 1850, INV, SCT **[46164]** : PRE 1900, Edinburgh, MLN, SCT **[45315]** : PRE 1800, Black Isle, ROC, SCT **[18500]**
CORBIN : PRE 1900, HAM, ENG **[99570]**
CORBISHLEY : C1800, BDF, ENG **[43841]** : PRE 1810, Wincle, CHS, ENG **[41372]** : John, 1825+, Macclesfield & Westbury, CHS & TAS, ENG & AUS **[28149]**
CORBIT : ALL, Dromara, Minnigaff & Old Luce, DOW, KKD & RFW, IRL & SCT **[19486]**
CORBY : PRE 1824, Northampton, NTH, ENG **[40615]**
CORBYN : PRE 1820, Bessingham, NFK, ENG **[46420]**
CORCORAN : C1823, COR, IRL **[46316]** : PRE 1850, Cork & Dromtarriff, COR, IRL **[45962]** : PRE 1900, Millstreet & Cullen, COR, IRL **[24382]** : C1833-1944, Carabrown, GAL, IRL **[21712]** : C1833-1944, Castlegar & Bellybeg, GAL, IRL **[21712]** : PRE 1870, Granard, LOG, IRL **[34748]** : William, 1800S, Crossmolina, MAY, IRL **[11061]** : Mary, PRE 1832, Gortnahoe, TIP, IRL **[10998]** : 1820+, Tip near Fawn, TIP, IRL **[36188]** : 1850+, Gore & Southland, NZ **[21712]** : 1880+, Quincy, MA, USA **[24382]**
CORCORY : Ellen, 1867+, Bathurst, NSW, AUS **[31762]**
CORCOTT : PRE 1800, Spitalfields, LND, ENG **[40822]**
CORDELL : PRE 1919, Ongar, ESS & MDX, ENG **[31902]** : 1770-1890, MDX, ENG **[34790]**
CORDEN : PRE 1860, Ipstones, STS, ENG **[40696]**
CORDER : C1860, Rochester, KEN, ENG **[36075]** : C1870, Homerton, MDX, ENG **[36075]**
CORDEROY : ALL, BRK, ENG **[43842]**
CORDERY : ALL, Romford, ESS, ENG **[42362]** : ALL, Harlington, MDX, ENG **[42362]** : 1880+, Ipswich, SFK, ENG **[42362]**
CORDES : PRE 1840, Koblenz, GER **[21727]** : 1840-1900, Thames, NZ **[21727]**
CORDFOY : Sarah, 1788-1848, London, ENG **[46192]**
CORDINER : ALL, Peterhead, MOR, SCT **[17642]**
CORDING : PRE 1900, Wiveliscombe, SOM, ENG **[39464]** : 1850-1920, Wellington, NZ **[22036]**
CORDINGLEY : 1870+, Salford, LAN, ENG **[29328]**

CORDINGLY : PRE 1920, Manchester, LAN, ENG [33704]
CORDREY : 1910+, BRK, ENG [17291]
CORDUKES : 1870+, Ballarat, VIC, AUS [14618] : 1835-1990, Kingston, ONT, CAN [14618] : 1780-1830, York & Sheriff-Hutton, YKS, ENG [14618]
CORDWELL : Samuel, 1817, Sydney, NSW, AUS [11530] : PRE 1873, SRY, ENG [25538]
CORDY : 1800-1900, GLS, ENG [26396] : 1760-1800, Gloucester & Cam, GLS, ENG [18422]
COREN : C1600-1900, Penzance & Gulval, CON, ENG [38901]
COREY : PRE 1836, CLA, IRL [11540] : ALL, WORLDWIDE [33674]
CORFIELD : C1800+, GLS & SOM, ENG [11860] : 1600-1700, Cardington, SAL, ENG [40033]
CORFMAT : ALL, WORLDWIDE [12270]
CORIE : ALL, WORLDWIDE [33674]
CORIN : Philip, 1755, Gulval, CON, ENG [13031] : 1804+, Gulval, CON, ENG [21442] : PRE 1800, Gulval, CON, ENG [42211] : C1600-1900, Penzance & Gulval, CON, ENG [38901]
CORISH : PRE 1870, Kilmore, WEX, IRL [46200]
CORK : William N., C1887, Cornwall, DEV, ENG [17008] : ALL, KEN, ENG [39386] : PRE 1890, Birling, KEN, ENG [46451] : 1800+, Throwley, KEN, ENG [99012] : 1754+, Wichling & Throwley, KEN, ENG [41443] : Francis, 1790+, Norwich, NFK, ENG [40880] : Mary, 1813, Norwich, NFK, ENG [40880] : John, 1815, Norwich, NFK, ENG [40880] : Eliza, 1815, Norwich, NFK, ENG [40880] : Edward, 1824, Norwich, NFK, ENG [40880]
CORKAN : 1750+, IOM [11690]
CORKE : Elizabeth, C1815+, Middlewich & Warrington, CHS & LAN, ENG [28341] : John, C1815+, Middlewich & Warrington, CHS & LAN, ENG [28341] : Ann(E), 1863-1940, Farnworth-Prescot & Warrington, LAN, ENG [28341] : Soloman, C1836+, Little Sankey & Warrington, LAN, ENG [28341] : Ellen, 1834+, Warrington, LAN, ENG [28341]
CORKER : Henry, 1871-1919, VIC, AUS [42890] : Henry, 1908, VIC, AUS [42890]
CORKHILL : 1800+, IOM [11690]
CORKIN : 1830+, Maryborough, QLD, AUS [98637] : 1800+, Armagh, ARM, IRL [98637]
CORKUM : 1716+, NS, CAN & GER[32223]
CORLESS : Edwin Green, 1900-1920, Regina, SAS, CAN [41349] : Thomas, 1880+, Manchester & Salford, LAN, ENG [41349] : ALL, GAL, IRL [29720]
CORLETTE : 1700+, IOM [11690]
CORLISS : 1860+, Boston, MA, USA [29720] : 1860+, Portland, ME, USA [29720]
CORMACK : ALL, GER & ENG [46327]
CORMICAN : PRE 1850, ANT, IRL [12163] : C1831, Crumlin, ANT, IRL [12163]
CORMICK : 1780-1850, Pilton & Barnstaple, DEV, ENG [16813] : 1750-1820, Bandon, COR, IRL [16813]
CORMIE : James, 1800-50, Leuchen, FIF, SCT [10286] : 1750+, Urquhart, MOR, SCT [21854]
CORMODE : ALL, IOM [25329]
CORNABY : ALL, WORLDWIDE [46419]
CORNALL : Mary, 1800, Exeter, DEV, ENG [24981] : PRE 1860, Blackpool, LAN, ENG [41089]
CORNE : 1850+, Bethnal Green, MDX, ENG [13439]
CORNEBY : ALL, WORLDWIDE [46419]
CORNELIUS : Richard, 1790S, Altarnun & Launceston, CON, ENG [29314] : PRE 1850, Cliffe, KEN, ENG [46255] : PRE 1840, Calcutta, INDIA [17626]
CORNELL : ALL, Moree & Bega, NSW, AUS [29810] : C1825, Ashdon, ESS, ENG [30127] : C1800, Lindsell, ESS, ENG [24993] : 1820S-1840, Little Dunmow & Felsted, ESS, ENG [17366] : 1700S Haverhill, Little Wratting, SFK, ENG [11877]

CORNER : PRE 1850, London, ENG [46001] : 1500-1800, Gorran, CON, ENG [21796] : PRE 1920, Brentford, MDX, ENG [44969] : 1810+, Orphir, OKI, SCT [14513] : PRE 1900, GLA, WLS [44969]
CORNES : 1700+, Baddiley, CHS, ENG [36368] : 1780S, Darlaston, STS, ENG [46276]
CORNET : 1833+, St.Julien D'Oddes, RHA, FRA [20140]
CORNETT : 1840-1894, Lansdowne, Leeds Co., ONT, CAN [36292] : PRE 1840, Newton Hamilton, ARM, IRL [36292]
CORNEY : 1850-1950, NSW, AUS [46210] : ALL, Ramsey, HUN, ENG [46417] : 1800-1900, Ramsey Fen, HUN, ENG [46210] : ALL, WORLDWIDE [42170]
CORNFORTH : 1740-1780, Liverton, NRY, ENG [18001] : ALL, Whitby, YKS, ENG [21218]
CORNHILL : ALL, Braughing, HRT, ENG [46329]
CORNICK : ALL, Kilmersdon, SOM, ENG [22441]
CORNISH : Henry, 1849-1870, NSW & VIC, AUS [40143] : PRE 1900, ENG [19613] : PRE 1850, CON, ENG [19613] : PRE 1850S, CON, ENG [16661] : PRE 1845, Kilkhampton, CON, ENG [36624] : PRE 1825, DEV, ENG [46498] : 1540-1650, East Portlemouth, DEV, ENG [10383] : Walter, C1630, East Portlemouth, DEV, ENG [30246] : PRE 1880, Tavistock, DEV, ENG [12229] : Wm George, 1820-29, Burnham on Crouch, ESS, ENG [18549] : 1829+, Harleston, NFK, ENG [18549] : ALL, Worlingworth, SFK, ENG [18549] : Sarah, PRE 1797, Rotherhithe, SRY, ENG [36800] : 1876+, York, YKS, ENG [18549] : 1879-1892, Russell, NZ [12229]
CORNS : Frederick, 1860+, Melrose, ROX, SCT [42479]
CORNTHWAITE : 1700S-1850S, Cartmel & Pennington, LAN, ENG [99093] : C1848, Lancaster, LAN, ENG [21463]
CORNWALL : 1800, Bottisham, CAM, ENG [13853] : Elizabeth, 1650-1723, HAM, ENG [17907]
CORNWALLIS : PRE 1845, Southampton, HAM, ENG [31169] : 1700+, Tonbridge, KEN, ENG [27038]
CORNWELL : James, 1839, Rouse Hill, NSW, AUS [45145] : 1839+, Sydney, NSW, AUS [33490] : 1800-1900, Cambridge, CAM, ENG [36528] : 1895-1925, Cambridge, CAM, ENG [46520] : 1720-1800, Spitalfields, LND, ENG [14618] : 1600-1750, SFK, ENG [19750] : 1750+, SSX, ENG [33490] : Elizabeth, PRE 1690, Framfield, SSX, ENG [36365] : 1812, Lewes, SSX, ENG [36127]
CORONES : ALL, WORLDWIDE [42900]
COROUGH : PRE 1850, DOW & ANT, IRL [10114]
CORP : PRE 1887, SA, AUS [12229] : PRE 1853, London, ENG [12229] : Lizzie, 1850S, Sundsvall, SWE [99174]
CORP(E) : Ann(E), PRE 1798, Rotherhithe, KEN & SRY, ENG [11195]
CORPES : PRE 1800, DUR, ENG [17697] : 1700-1750, Craythorne, NRY, ENG [12641]
CORPS : 1700-1750, Craythorne, NRY, ENG [12641]
CORPSE : 1749+, HAM, ENG [33409] : 1700-1750, Craythorne, NRY, ENG [12641]
CORR : C1855+, Bendigo, VIC, AUS [36751] : PRE 1876, Cork, COR, IRL [18753]
CORRAN : 1800S, Douglas, IOM [43521]
CORRICK : 1800-1870, Chard, SOM, ENG [19530] : 1800+, Taunton, SOM, ENG [10270] : George, 1830, West Monkton, SOM, ENG [31510]
CORRIE : 1860+, Ballarat, VIC, AUS [45925] : 1830+, The Wirral, CHS, ENG [45925] : 1700+, Isle of Wight, HAM, ENG [30968] : 1700+, Kirkbean & Colvend, KKD, SCT [45925]
CORRIGALL : Elspeth, PRE 1808, Harray, OKI, SCT [12563]
CORRIGAN : 1855-1920, Warwick, QLD, AUS [31709] : C1830-1856, Halifax, WRY, ENG [36928] : 1800-1900, CLA, OFF & LEX, IRL [36409] : 1830S, FER,

IRL [10460] : 1800-1900, KIK, IRL [36409] : C1826-1855, Aughmillan, MOG, IRL [31709] : 1800+, Dunaree & Drumberagh, MOG, IRL [12420] : 1790-1840, Cordangan, TIP, IRL [12039] : 1821+, Cordangan, TIP, IRL [41027] : 1800-1900, TIP, LIM & WAT, IRL [36409]
CORRIN : PRE 1840, Liverpool, LAN, ENG [30870] : 1650+, Lonan, IOM [20742]
CORRY : ALL, CON & DEV, ENG [33674] : Thomas, 1823-72, Plymouth, DEV, ENG [46268] : PRE 1820, SOM, ENG [30138]
CORSE : PRE 1853, Ilford, ESS, ENG [46327]
CORSER : PRE 1843, Birmingham, WAR, ENG [11284]
CORSIE : Edith, 1870+, Gulgong, NSW, AUS [11745] : Edith, 1860+, Cunnamulla, QLD, AUS [11745] : Samuel, 1800+, OKI, SCT [11745] : John, 1830+, Stromness, OKI, SCT [11745]
CORSON : 1700-1900, KKD, SCT [26703] : ALL, USA [25833] : **CORSON (see One Name Section)** [25833]
CORSTORPHAN : 1872+, Melbourne, VIC, AUS [31332]
CORSTORPHINE : 1600-1800, Kilrenny, FIF, SCT [36435]
CORTIS : 1560+, Goring, SSX, ENG [20578]
CORTISSOS : Elias, C1800, London, ENG [25700] : Samuel, 1836-1900, London, MDX, ENG [25072] : ALL, London, MDX, ENG [25072]
CORWIN : Matthias, 1590-1633, WAR, ENG [16947] : 1700+, Morris Co., NJ, USA [16947] : Ben, 1750-1821, Morris Co., NJ, USA [16947]
CORY : 1823+, Vacy, NSW, AUS [13377] : 1850-1994, Adelaide, SA, AUS [19993] : 1500-1850, Stratton, CON, ENG [19993] : PRE 1660, Holsworthy, DEV, ENG [13377] : ALL, WORLDWIDE [33674]
CORY (see One Name Section) [33674]
CORYN : ALL, Kenwyn, CON, ENG [42211] : C1600-1900, Penzance & Gulval, CON, ENG [38901]
COSBURN : ALL, Minchinhampton, GLS, ENG [10967] : PRE 1837, Minchinhampton, GLS, ENG [17921]
COSE : PRE 1800, Totnes & Berry Pomeroy, DEV, ENG [34783]
COSGRAVE : 1800-1970, Killasser, MAY, IRL [46515]
COSGROVE : 1880-1950, Blackburn, LAN, ENG [46515] : 1820+, St.James, MDX, ENG [35974] : Honora, 1830+, Ballyvaughan, CLA, IRL [10731] : Patrick, 1800+, KIK, IRL [45803] : C1800-1850, TYR, IRL [28614]
COSH : 1700-1900, Iow, HAM, ENG [20703]
COSIER : 1841+, Ashton & Gananoque, ONT, CAN [10506] : Alfred James, 1880+, Gananoque, ONT, CAN [10506] : C1765, London, ENG [40970] : PRE 1841, Lockerley, HAM, ENG [10506]
COSNAHAN : ALL, IOM [17766]
COSS : 1850+, Balmain & Camperdown, NSW, AUS [34739] : PRE 1800, Plymouth, DEV, ENG [34739] : PRE 1800, Stroud, GLS, ENG [43137]
COSSART : PRE 1465, Rouen, FRA [13655] : PRE 1750, Frankfurt on Oder, GER [13655] : PRE 1864, Ballyminstra, ANT, IRL [13655] : PRE 1750, SCT [13655]
COSSEY : 1860+, Gumeracha & Adelaide, SA, AUS [36742] : PRE 1860, Kenton, DEV, ENG [36742] : 1858-1945, KEN, ENG & AUS [41109] : 1740-1901, Claxton, Earsham & Kirby Cane, NFK, ENG & NZ [41109]
COSSINS : ALL, SSX, ENG [17470]
COSSTICK : 1820+, Croydon, SRY, ENG [10564]
COSTANZO : PRE 1904, Pelermo, SIC, ITL [22618]
COSTAR : 1750+, Appleton, BRK, ENG [34440]
COSTELLO : 1860+, Goulburn, NSW, AUS [45384] : C1855, Sydney, NSW, AUS [39155] : C1860, Yandoit, VIC, AUS [39155] : 1870, Melbourne, VIC & NSW, AUS [33245] : John, 1800+, IRL [46492] : Margaret, 1800+, IRL [46492] : 1830S, CLA, IRL [45384]

COSTELLOE : PRE 1877, Ballyagran, LIM, IRL [34748]
COSTER : Elisabeth, ALL, ENG [30971]
COSTFORD : 1800+, Moreton Pinkney, NTH, ENG [36126]
COSTIN : PRE 1850, Canterbury, KEN, ENG [45186]
COSWAY : ALL, WORLDWIDE [29409]
COSWAY (see One Name Section) [29409]
COTE : Eloise, 1826+, St.Thomas de Montmagny, QUE, CAN [26142]
COTES : 1700S, SSX, ENG [11386]
COTHER : ALL, WORLDWIDE [19454]
COTHER (see One Name Section) [19454]
COTON : 1600+, Birmingham, WAR, ENG [38907]
COTTAM : Ann, 1800+, Blackburn, LAN, ENG [21463] : 1800+, Boston, LIN, ENG [37834] : 1800+, Grimsby, LIN, ENG [37834] : 1850+, Wakefield & Rotherham, YKS, ENG [25572]
COTTE : PRE 1800, Lamorville, LOR, FRA [20178]
COTTER : 1880+, Irvinbank & Rockhampton, QLD, AUS [39249] : 1853+, Hobart, TAS, AUS [27701] : ALL, Mulgrave, VIC, AUS [27749] : 1850+, Bristol, GLS, ENG [39249] : Elizabeth, PRE 1853, Cork, IRL [27701] : 1815+, Dunisky, COR, IRL [36261] : 1815+, Newmarket, COR, IRL [11335]
COTTEREL : 1780+, Easthampstead, BRK, ENG [20742] : PRE 1750, Lupitt, DEV, ENG [10493]
COTTERELL : 1810, Southwark, SRY, ENG [26241] : Job, 1846-1881, Darlaston, STS, ENG [36514]
COTTERILL : PRE 1886, Bampton, DEV, ENG [12391] : Joseph, 1800S, Silverdale, STS, ENG [40880] : Peter, 1828, Silverdale, STS, ENG [40880] : Joseph, 1830S, Silverdale, STS, ENG [40880] : Ann, 1830S, Silverdale, STS, ENG [40880]
COTTESHOE : 1630S-1710S, Great Hale & Little Hale, LIN, ENG [37978]
COTTICE : PRE 1810, Hatfield Peverel, ESS, ENG [14715]
COTTIER : C1820, Braddan, IOM [27240]
COTTINGHAM : 1700+, Faldingworth, LIN, ENG [36071] : 1700+, Faldingworth & Snarford, LIN, ENG [36071] : 1750-1850, Bury St.Edmunds, SFK, ENG [20821] : 1860+, NZ [38290]
COTTINGTON : PRE 1800, Dallington, SSX, ENG [45207]
COTTMAN : John, 1850+, Wimbourne, DOR, ENG [10071]
COTTOM : C1820, Preston, LAN, ENG [45794]
COTTON : 1800+, Wolverton, BKM, ENG [41037] : 1700-1900, St.Columb Minor, CON, ENG [42747] : 1750-1890, Wilne, DBY, ENG [13447] : 1800-1870, Bonchurch, IOW, ENG [27920] : 1700-1800, Grainthorpe, LIN, ENG [30889] : 1800S, Louth, LIN, ENG [19921] : 1852+, Bromley, LND, ENG [12481] : 1700S, Marlesford, SFK, ENG [35184] : Lizzie, 1873+, Burslem, STS, ENG [46370] : Enoch, 1878+, Burslem & Hanley, STS, ENG [46370] : Robert, 1844+, Burslem & Newcastle, STS, ENG [46370] : C1800, Wolstanton & Burslem, STS, ENG [19647] : George, PRE 1832, Coventry, WAR, ENG [41185] : 1860-1890, Driffield, YKS, ENG [16681] : 1800-1830, INDIA [10037] : 1850+, Nelson, NZ [42112] : 1820, Edinburgh, SCT [10037]
COTTRELL : 1880+, Bourke, NSW, AUS [10785] : 1840S, Penrith, NSW, AUS [10785] : 1800S, Yass, NSW, AUS & NZ [42466] : C1837, Manchester, LAN, ENG [10785] : PRE 1854, Ashbrittle, SOM, ENG [25538] : PRE 1750, WIL & DOR, ENG [31017]
COTTRILL : 1800+, Bromsgrove, WOR, ENG [38349] : PRE 1923, Bromsgrove, WOR, ENG [42905]
COUCH : ALL, St.Ives, CON, ENG [18823] : C1800, Truro, CON, ENG [12707]
COUCHE : ALL, WORLDWIDE [46211]
COUCHER : ALL, WORLDWIDE [27719]

COUCHMAN : 1700-1850, Benenden, KEN, ENG **[45037]** : Adam, PRE 1726, Kemsing, KEN, ENG **[36365]**
COUGHLAN : Hannah, PRE 1920, Fermoy, COR, IRL **[25747]** : ALL, Queenstown, COR, IRL **[46195]**
COUGHLIN : C1864+, Bendigo, VIC, AUS **[36751]** : 1840S, KER, IRL **[22743]**
COUGHTREY : 1750-1900, Garstang, LAN, ENG **[30071]**
COULDWELL : 1801+, Penistone, YKS, ENG **[99556]**
COULING : Humphrey, 1753+, Kempsford, GLS, ENG **[26817]** : 1750-1820, Dunstew, OXF, ENG **[12011]**
COULL : 1750-1826, Portgordon, BAN, SCT **[17400]** : PRE 1842, New Spynie, MOR, SCT **[13855]** : 1800+, Spanay, MOR, SCT **[14194]**
COULMAN : 1860+, FL, USA **[45916]** : 1890+, MA, USA **[45916]**
COULSELL : ALL, Marylebone, MDX, ENG **[39271]**
COULSON : 1826-1908, Sydney, NSW, AUS **[46356]** : 1875, Sydney, NSW, AUS **[46356]** : C1900, ENG **[43841]** : C1850, Crook, DUR, ENG **[99012]** : PRE 1870, Hartlepool, DUR, ENG **[25616]** : Robert, 1857, Sunderland, DUR, ENG **[99012]** : C1895, Sunderland, DUR, ENG **[34374]** : Robert, C1850, Hull, ERY, ENG **[99012]** : PRE 1768, Glentham, LIN, ENG **[19902]** : ALL, Scopwick, LIN, ENG **[16010]** : 1770+, Northampton, NTH, ENG **[21207]**
COULT : C1887, Hull, ERY, ENG **[31442]**
COULTER : ALL, Bowraville, NSW, AUS **[11344]** : Eliza, 1859+, Sydney, NSW, AUS **[28134]** : Archibald, 1870+, Bisham, KEN, ENG **[45624]** : ALL, IRL **[28134]** : PRE 1870, Killeggan, ANT, IRL **[11344]** : C1790-1810, Dromara, DOW, IRL **[42804]** : C1790-1810, Dromore, DOW, IRL **[42804]** : ALL, Dundalk, LOU, IRL **[13960]** : PRE 1858, Cloghboy, TYR, IRL **[13960]** : 1850S+, Dalswinton, DFS, SCT **[44726]**
COULTERT : Alexander, 1842-1914, Cornhill on Tweed, NBL, ENG **[31296]**
COULTHARD : 1500+, CUL, ENG **[35240]** : 1500-1700, Carlisle, CUL, ENG **[19993]** : 1800+, DUR, ENG **[45950]** : 1800-1850, Alton, HAM, ENG **[19993]**
COUNSELL : E.M., 1892, Winnipeg, MAN, CAN **[15785]** : 1800+, Blackburn, LAN, ENG **[21463]**
COUNSELLOR : 1780+, South Shields, DUR, ENG **[45183]**
COUP : C1700+, Pinxton, DBY, ENG **[37499]**
COUPAR : 1900+, Bournemouth, HAM, ENG **[19429]** : 1880+, Monasterevan, KID, IRL **[19429]** : 1680+, ANS & FIF, SCT **[25219]** : ALL, PER, SCT **[37168]**
COUPER : 1840+, Chelsea, LND, ENG **[37168]** : 1680+, ANS & FIF, SCT **[25219]** : PRE 1856, Glasgow, LKS, SCT **[38683]** : ALL, PER, SCT **[37168]**
COUPERTHWAITE : 1812+, Barr by Girvan, AYR, SCT **[44043]** : 1836+, Kirkoswald, AYR, SCT **[44043]**
COUPLAND : PRE 1815, Broughton Astley & Markfield, LEI, ENG **[18569]**
COURIER : 1770-1860, LND, ENG **[46300]**
COURLY : C1800-1830, IRL **[36928]**
COURRIER : 1770-1860, LND, ENG **[46300]**
COURSEN : ALL, USA **[25833]**
COURSON : ALL, USA **[25833]**
COURT : Henry, 1766, KEN, ENG **[32559]** : PRE 1800, Dover, KEN, ENG **[17508]** : PRE 1700, Waltham, KEN, ENG **[45962]** : PRE 1850, Salford & Eccles, LAN, ENG **[46453]** : PRE 1820, Thirsk, NRY, ENG **[46453]** : C1800, Eynsham, OXF, ENG **[11366]** : PRE 1740, Wedmore, SOM, ENG **[31316]** : 1830-1880, SOM & BKM, ENG **[46185]** : 1800+, Shrewley, WAR, ENG **[27393]**
COURTENAY : (Lefroy), PRE 1900, TIP, IRL **[29024]** : ALL, WORLDWIDE **[27449]**
COURTENAY (see One Name Section) **[27449]**
COURTENAYE : ALL, WORLDWIDE **[27449]**
COURTILF : 1780S, Botusfleming, CON, ENG **[14627]**

COURTIS : 1750S, Winterton, LIN, ENG **[19921]**
COURTNAI : ALL, WORLDWIDE **[27449]**
COURTNAY : ALL, WORLDWIDE **[27449]**
COURTNEY : PRE 1900, HAM, ENG **[17234]** : PRE 1880, Waterloo, SRY, ENG **[29974]** : ALL, Belfast, ANT, IRL **[46382]** : ALL, Cork, COR, IRL **[27733]** : 1860S, Killarney, KER, IRL **[42729]** : ALL, WORLDWIDE **[41590]** : ALL, WORLDWIDE **[27449]**
COURTRAYE : 1780, Bombay, INDIA **[13437]**
COURTS : 1760+, Cardinham, CON, ENG **[13358]** : ALL, Cardinham, CON, ENG **[31152]**
COUSENS : ALL, Shoreditch & Portsea, LND & HAM, ENG **[18501]** : 1750, Mere, WIL, ENG **[40499]** : Joshua, 1781-1854, Ferrisberg, Addison, VT, USA **[24674]** : 1700S, Freystrop, PEM, WLS **[17117]**
COUSIN : C1795, Cambusnethan, LKS, SCT **[25979]**
COUSINS : PRE 1890, WA, AUS **[36819]** : PRE 1870, Biggleswade, BDF, ENG **[46508]** : 1842+, Abingdon, BRK, ENG **[42282]** : 1700S, CON, ENG **[34704]** : 1800S, Plymouth, DEV, ENG **[36950]** : 1840, Powerstock, DOR, ENG **[34374]** : 1550-1850, ESS, ENG **[19750]** : PRE 1870, Gloucester, GLS, ENG **[43137]** : 1650-1750, LND, ENG **[19750]** : 1700-1800, Sporle, NFK, ENG **[36402]** : 1780+, Oxford, OXF, ENG **[42282]** : 1550-1850, SFK, ENG **[19750]** : 1600-1750, Crewkerne, SOM, ENG **[19750]** : PRE 1850, Frome, SOM, ENG **[43137]** : Andrew, PRE 1732, WIL, ENG **[35225]** : 1680-1780, Neston, WIL, ENG **[35225]** : Isaac, 1628-1702, Sherborn, MA, USA **[24674]**
COUSLEY : 1830-1900, Magherafelt, LDY, IRL **[16708]**
COUTTS : James, C1775+, Crathie, ABD, SCT **[41477]** : Donald, 1781-1869, Glengairn, ABD, SCT **[46320]** : Annie, 1829+, Glengairn, ABD, SCT **[46320]** : 1810, Skene, ABD, SCT **[97805]** : 1800+, Tarnes, ABD, SCT **[35147]** : 1650-1880, Tulliallan, PER & FIF, SCT **[18766]** : PRE 1855, Birse, ABD, SCT & AUS **[14045]**
COUTURE : 1600+, ENG **[45950]**
COUZENS : PRE 1800, NFK, ENG **[31186]** : 1850-1860, Westbourne, SSX, ENG **[46283]**
COVA : ALL, Teglio, ITL & AUS **[44256]**
COVE : C1819, Kings Co., NS, CAN **[99418]** : 1830-1908, Islington, LND, ENG **[25830]** : PRE 1800, Seend, WIL, ENG **[17508]**
COVELL : 1800+, Soham, CAM, ENG **[20655]** : 1700, MA, USA **[41244]**
COVENEY : 1791-1810, Elham & Stanford, KEN, ENG **[41109]**
COVENTRY : 1700-1870, Iron Acton, GLS, ENG **[12844]** : 1800-1900, Bromley by Bow, MDX, ENG **[38307]**
COVENY : C1850+, Silverdale, NSW, AUS **[46387]**
COVERDALE : William W., PRE 1910, ESS, ENG **[25747]** : 1700-1800, Carlton, NRY, ENG **[26629]**
COWAN : Jane, 1879, Melbourne, VIC, AUS **[12467]** : Daniel & Hannah, 1879, Melbourne, VIC, AUS **[12467]** : Barbara Ellen, C1848, Birkenhead, CHS, ENG **[12639]** : 1910-1930, Westham, LND, ENG **[34837]** : PRE 1850, ANT, IRL **[46236]** : 1800, FER, IRL **[19785]** : William, 1890+, NZ **[30985]** : 1856-1889, Coromandel, TVY, NZ **[46236]** : 1796, Kilbrandon, ARL, SCT **[13591]** : ALL, Kilfinichen & Kilvickeon, ARL, SCT **[38498]** : 1840-1940, Ayr, AYR, SCT **[20924]** : PRE 1800, Ayr, AYR, SCT **[26833]** : 1740+, KKD, SCT **[38891]** : 1750-1850, Glasgow, LKS, SCT **[46385]** : C1800, Perth, PER & LKS, SCT **[41658]** : PRE 1861, Mearns, RFW, SCT **[20985]** : PRE 1800, STI, SCT **[14031]** : Filden, 1870-1890, Stirling, STI, SCT **[38538]**
COWAP : William, PRE 1820, Chester, CHS, ENG **[33416]** : Margaret Mary, 1892, San Francisco, CA, USA **[33416]** : Emma Theresa, 1895, San Francisco, CA, USA **[33416]** : Wm Dominic, 1900, San Francisco, CA, USA **[33416]** : Samuel, C1906, San Francisco, CA, USA **[33416]** : Charles R., 1931, New York, NY, USA **[33416]**
COWARD : 1887+, Charters Towers, QLD, AUS **[14194]**

: 1855-1880, Melbourne, VIC, AUS **[46116]** : 1891+, Melbourne, VIC, AUS **[99177]** : Martin, PRE 1868, ENG **[99177]** : 1600-1950, Aldingham, LAN, ENG **[17162]** : Mary Jane, 1800+, Broughton in Furness, LAN, ENG **[31319]** : 1800+, Kirkby, LAN, ENG **[14194]** : 1500+, Kirkby Ireleth & Ulverston, LAN, ENG **[15823]** : 1800+, Liverpool, LAN, ENG **[30120]** : 1850+, Liverpool, LAN, ENG **[30120]** : 1820+, Hinton Charterhouse, SOM, ENG **[44921]** : 1895+, Levens, WES, ENG **[37181]** : ALL, Maiden Bradley, WIL, ENG **[44921]** : ALL, Mere, WIL, ENG **[44921]**

COWBURN : ALL, Bangor, CAE, WLS **[42209]**

COWBURNE : ALL, Bangor, CAE, WLS **[42209]**

COWCHER : 1820-1950S, Westminster & St.Pancras, LND & MDX, ENG **[43620]** : 1800+, London, MDX, ENG **[30065]** : ALL, WORLDWIDE **[27719]**

COWDALL : Ann, PRE 1693, Willstrip, DBY, ENG **[14733]**

COWDEN : C1690+, Oldhamstocks, ELN, SCT **[37499]** : PRE 1852, Paisley, RFW, SCT **[31695]**

COWDERY : 1600+, DOR, ENG & USA **[22737]**

COWDROY : 1750+, Manchester, LAN, ENG **[30968]**

COWE : 1770+, SCT **[21131]** : PRE 1850, ROX & BEW, SCT **[17650]**

COWELL : Alfred, 1880+, Hotham, VIC, AUS **[45769]** : Clarissa, C1820, London, ENG **[16802]** : John, 1750S, Waddesdon, BKM, ENG **[25654]** : ALL, SAL, ENG **[46273]** : 1750, Theberton, SFK, ENG **[17704]** : Joshua, 1790+, Peckham, SRY, ENG **[45769]** : 1800+, Chichester & Birchington, SSX & KEN, ENG **[25077]** : 1850+, Bradford, WRY, ENG **[18372]**

COWEN : PRE 1832, Carlisle, CUL, ENG **[37847]** : PRE 1850, DUR, NBL & YKS, ENG **[17766]** : 1850+, Manchester, LAN, ENG **[99025]**

COWENS : 1800-1850, NBL, ENG **[32882]**

COWIE : PRE 1881, ENG **[22725]** : 1861-1926, Wetherstones, OTG, NZ **[21356]** : C1852-1860, Old Meldrum, ABD, SCT **[21356]** : John, 1759, Ordiquhill, BAN, SCT **[13437]** : 1840+, Kingussie, INV, SCT **[33711]** : ALL, Glasgow, LKS, SCT **[25755]** : 1800+, Hermiston & Currie, MLN, SCT **[13065]** : 1820+, Methven, PER, SCT **[33711]** : PRE 1848, Airth, STI, SCT **[21356]** : ALL, USA & UK **[22725]** : ALL, WORLDWIDE **[22725]**

COWIN : 1750+, Braddan, IOM **[20742]** : 1680+, Maughold, IOM **[20742]** : 1700-1900, Onchon, IOM **[99522]**

COWL : C1800, Liverpool, LAN, ENG **[30120]**

COWLED : ALL, WORLDWIDE **[38546]**

COWLES : C1830-1925, Brooklyn, NY & CT, USA **[22698]**

COWLEY : 1748, Simpson, BKM, ENG **[40055]** : C1800, Lambourn, BRK, ENG **[33642]** : PRE 1750, Ashover, DBY, ENG **[46307]** : PRE 1800, Ashover, DBY, ENG **[46452]** : C1700, Frocester, GLS, ENG **[26360]** : 1830+, Manchester, LAN, ENG **[45803]** : James, 1800-1865, MDX & LND, ENG **[17191]** : John & Mary, PRE 1850, MDX & LND, ENG **[32039]** : 1750-1900, Wardington, OXF, ENG **[19713]** : C1700, Abbots Morton, WOR, ENG **[35042]** : Phillip, 1813+, IOM **[28081]** : PRE 1860, IRL **[12905]** : 1700-1850, LDY, IRL **[21842]** : 1800-1900, Timaru, NZ **[21842]**

COWLING : PRE 1890, Goldhanger, ESS, ENG **[12904]** : PRE 1860, Tolleshunt Major, ESS, ENG **[12904]** : PRE 1780, Burton upon Stather, LIN, ENG **[24873]**

COWLISHAW : 1800+, North Wingfield, DBY, ENG **[37110]**

COWLS : PRE 1805, Walford, HEF, ENG **[46276]**

COWNLEY : 1800S, WOR & STS, ENG **[19691]**

COWPE : 1700+, Samlesbury, LAN, ENG **[28239]**

COWPER : Mary, C1772, Lanchester, DUR, ENG **[38579]** : PRE 1750, Cundall & Norton Leclay, NRY, ENG **[18236]** : 1600+, Coxwold, YKS, ENG **[20975]** : PRE 1720, UK **[30351]**

COX : 1825+, NSW, AUS **[99298]** : Francis, 1899+, Dubbo, NSW, AUS **[11781]** : 1850+, Hunter Valley & Maclean, NSW, AUS **[31237]** : C1830+, Maitland, NSW, AUS **[10146]** : ALL, Mudgee & Sydney, NSW, AUS **[36607]** : John, 1841+, Mulgoa & Cawdor, NSW, AUS **[10801]** : Christiana, 1841+, Mulgoa & Cawdor, NSW, AUS **[10801]** : Sarah Jane, 1850+, Sydney, NSW, AUS **[27289]** : Thomas, 1910+, Brisbane, QLD, AUS **[13358]** : C1846, SA, AUS **[12573]** : Richard, 1800+, Evandale, TAS, AUS **[25489]** : Susan, C1833, Hobart, TAS, AUS **[12878]** : 1892+, Burwood, VIC, AUS **[39015]** : Ellis, 1864+, Euroa, VIC, AUS **[12884]** : John, 1857, Melbourne, VIC, AUS **[43752]** : Elizabeth, PRE 1900, Melbourne, VIC, AUS **[36433]** : 1850+, Melbourne & Ballarat, VIC, AUS **[43779]** : 1902, Perth, WA, AUS **[46260]** : 1800+, ENG **[41880]** : 1700-1900, London, ENG **[45037]** : 1780+, Luton, BDF, ENG **[18593]** : Christopher, 1829, Maulden, BDF, ENG **[11781]** : ALL, Old Warden & Haynes, BDF, ENG **[45707]** : PRE 1820, Stevington, BDF, ENG **[40795]** : 1780+, Hanslope, BKM, ENG **[21394]** : John, 1775, Simpson, BKM, ENG **[40055]** : PRE 1850, Simpson, BKM, ENG **[31237]** : PRE 1750, BRK, ENG **[20909]** : 1800S, Abingdon, BRK, ENG **[14901]** : C1840, Newbury, BRK, ENG **[41212]** : ALL, CAM, ENG **[46218]** : Daniel, 1764, Chatteris, CAM, ENG **[14290]** : William, 1655+, Guilden Morden, CAM, ENG **[25654]** : 1780+, Upwell & Barnwell, CAM, ENG **[20970]** : PRE 1766, Chesterfield, DBY, ENG **[20949]** : Harry, 1877+, Derby, DBY, ENG **[46268]** : 1750-1820, Exeter, DEV, ENG **[17191]** : John, PRE 1846, Tavistock, DEV, ENG **[12573]** : 1945+, East London, ESS, ENG **[42518]** : 1800S, Retendon, ESS, ENG **[18273]** : PRE 1800, GLS, ENG **[34042]** : PRE 1870, GLS, ENG **[39647]** : PRE 1880, GLS, ENG **[29298]** : Ellen, C1850, Avening, GLS, ENG **[31356]** : PRE 1858, Avening, GLS, ENG **[17921]** : 1700-1800, Tytherington, GLS, ENG **[12844]** : ALL, HRT & BKM, ENG **[46513]** : PRE 1820, Farcet, HUN, ENG **[46420]** : PRE 1800, KEN, ENG **[41372]** : 1800+, Sevenoaks, KEN, ENG **[19458]** : 1850S+, Blackburn, LAN, ENG **[34704]** : 1880+, Liverpool, LAN, ENG **[42782]** : PRE 1882, Countesthorpe, LEI, ENG **[18569]** : 1630-1820, Foston, LEI, ENG **[17245]** : William, 1780S, Moulton, LIN, ENG **[33007]** : 1750-1850, Stamford, LIN, ENG **[45442]** : John, 1850-1870, Hackney, LND, ENG **[26524]** : Alice Edith, 1900+, Hackney, LND, ENG **[26524]** : 1800-1900, Mile End, LND, ENG **[46409]** : PRE 1850, Shoreditch, LND, ENG **[30929]** : PRE 1877, Hackney & Walthamstow, LND & ESS, ENG **[18251]** : PRE 1855, Camberwell, LND & SRY, ENG **[25151]** : Regina, 1800S, Ealing, MDX, ENG **[46309]** : PRE 1798, Barton Turf & Stalham, NFK, ENG **[43840]** : 1750+, Sheringham, NFK, ENG **[17163]** : PRE 1820, Wolferton, NFK, ENG **[99036]** : PRE 1840, Nottingham, NTT, ENG **[42967]** : 1750+, OXF, ENG **[42238]** : 1700S, Burcot with Dorchester, OXF, ENG **[14901]** : 1700S, Culham, OXF, ENG **[14901]** : C1790+, Minster Lovell, OXF, ENG **[44160]** : 1560-1690, Shillingford with Warborough, OXF, ENG **[14901]** : 1800-1850, Coker, SOM, ENG **[17291]** : PRE 1767, Crewkerne, SOM, ENG **[36200]** : 1700-1794, Dundry, SOM, ENG **[21349]** : ALL, Glastonbury, SOM, ENG **[29172]** : PRE 1847, Alfriston, SSX, ENG **[18967]** : 1520, Lindfield, SSX, ENG **[17998]** : 1850+, Seaford, SSX, ENG **[38290]** : PRE 1770, STS, ENG **[20068]** : 1800+, Arrow, WAR, ENG **[17486]** : Joseph, 1750+, Birmingham, WAR, ENG **[29198]** : 1700-1800, Newbold on Avon, WAR, ENG **[18670]** : 1800S, Heytesbury, WIL, ENG **[43779]** : PRE 1795, Pewsey, WIL, ENG **[40756]** : 1800S, Eastham, WOR, ENG **[42055]** : 1800+, Brighton, SSX & NSW, ENG & AUS **[46308]** : 1850+, Walsall, STS & QLD, ENG & AUS **[13358]** : ALL, CLA, IRL **[36607]** : PRE 1900S, Coleraine, DRY, IRL **[46414]** : 1750+, Monasterevan, KID & LEX, IRL **[19429]** : C1850, Roscommon, ROS, IRL **[21131]** : C1890, Tramore, WAT, IRL **[21916]** : 1815+, ROS, IRL & AUS **[43656]** : 1750-1840, Paisley, RFW, SCT **[25979]** : PRE 1838, Merthyr Tydfil, GLA, WLS **[31923]**

COX (see COCKS) : [10793]
COX (see One Name Section) [43752]
COXHEAD : William, PRE 1850, Newbury, BRK, ENG **[21175]** : John, PRE 1850, Speen, BRK, ENG **[21175]** : John, PRE 1815, Burford, OXF, ENG **[21175]**
COXON : 1800-1871, Newcastle on Tyne, NBL, ENG **[11718]** : 1920+, Summit, NJ, USA **[34773]**
COYFE : C1773, Tudely & Capel, KEN, ENG **[11319]**
COYLE : Susannah, 1840+, Newcastle, NSW, AUS **[11745]** : Susannah, 1840+, Ipswich, QLD, AUS **[11745]** : 1800-1860, Hartlepool, YKS, ENG **[22305]** : 1800-1860, Thornaby on Tees, YKS, ENG **[22305]** : 1800+, CAV, IRL **[46315]** : 1800S, Mevagh, DON, IRL **[31402]** : PRE 1820, Ashram, TYR, IRL **[25853]** : 1810, Cappagh, TYR, IRL **[21669]** : 1840, Auckland, NZ **[21669]** : 1860+, Auckland, NZ **[42112]** : Anastacia, 1885+, Auckland, NZ **[21155]** : 1850+, Duntocher, DNB, SCT **[31402]**
COYNE : 1840+, Chesterville, ONT, CAN **[16188]** : PRE 1840, Portadown, ARM, IRL **[31067]** : C1850, Kinnegad, WEM, IRL **[26193]**
COYSH : C1880, Eltham, KEN, ENG **[21916]**
COZENS : PRE 1600, Long Crendon, BKM, ENG **[32294]** : 1700S, East & West Ilsley, BRK, ENG **[42466]** : 1770-1800, Walthamstow, ESS, ENG **[34664]** : 1770-1800, NFK, ENG **[34664]** : PRE 1800, NFK, ENG **[31186]** : 1700+, St.Petersburgh, RUSSIA **[29198]**
COZIER : 1700-1785, St.Lucy, BARBADOS, W.INDIES **[21349]**
COZINS : William, 1802, Freystrop, PEM, WLS **[17117]**
CRAB : PRE 1700, North Hill, CON, ENG **[21765]**
CRABB : 1800+, Littleport, CAM, ENG **[11446]** : PRE 1895, Bodmin Land, CON, ENG **[21012]** : PRE 1730, Bobbingworth, ESS, ENG **[22743]** : ALL, WORLDWIDE **[35836]**
CRABBE : ALL, Reefton, WLD, NZ **[21012]** : PRE 1800, Monimail & Edinburgh, FIF, SCT **[27240]**
CRABTREE : 1840+, Jondaryan, QLD, NSW & VIC, AUS **[30601]** : Robert, C1860, LND, ENG **[39380]** : 1800-1850, Tynemouth, NBL, ENG **[30601]** : PRE 1850, Bingley, WRY, ENG **[26752]** : PRE 1770, Calder Valley, WRY, ENG **[18236]** : 1700-1800, Heptonstall, WRY, ENG **[36242]** : 1800-1850, Ovenden, WRY, ENG **[27879]** : 1850+, Saltaire, WRY, ENG **[26752]** : 1700-1850, Halifax, St.Johns Parish, YKS, ENG **[30601]** : ALL, WORLDWIDE **[24942]** : ALL, WORLDWIDE **[39380]**
CRABTREE (see One Name Section) [24942]
CRACE : Cartwright, 1875+, Gawler, SA, AUS **[14346]**
CRACKLE : 1750+, Belton, LIN, ENG **[30120]**
CRACKLEY : PRE 1850, Geldeston, NFK, ENG **[28210]**
CRACKNELL : C1880, ENG **[31579]** : 1760-1790, Manningtree, ESS, ENG **[14733]**
CRADDOCK : 1700+, St.Teath, CON, ENG **[29783]** : C1639, Barnard Castle, DUR, ENG **[99012]** : C1890, Tewkesbury, GLS, ENG **[17794]** : PRE 1840, Staplehurst, KEN, ENG **[34101]** : PRE 1800, LND, ENG **[44996]** : PRE 1900, NRY, ENG **[30310]** : 1600-1900, SAL, ENG **[46312]** : 1580-1900, Cannock, STS, ENG **[46305]** : 1700-1860, Cannock, STS, ENG **[29715]** : 1800-1900, Wolverhampton, STS, ENG **[46305]** : 1600+, YKS, ENG **[39061]**
CRADOCK : PRE 1900, NRY, ENG **[30310]**
CRAFER : PRE 1806, Shoreditch, LND, ENG **[35801]**
CRAFFEY : 1910S, Boston, MA, USA **[42729]**
CRAFFORD : PRE 1700, Loders, DOR, ENG **[17961]**
CRAFT : Samuel, 1800+, Sydney, NSW, AUS **[42565]** : ALL, Hyde Heath, BKM, ENG **[20013]** : ALL, Little Missenden, BKM, ENG **[20013]** : 1640-1720, Basingstoke, HAM, ENG **[10850]** : ALL, Hillingdon & Uxbridge, MDX, ENG **[20013]**
CRAGG : PRE 1600, CUL & WES, ENG **[24873]** : William, 1820+, Lancaster, LAN, ENG **[33870]** : Wm & Agnes, 1860+, Lancaster, LAN, ENG **[33870]** : John, 1873+, Lancaster, LAN, ENG **[33870]** : David, 1880+, Lancaster, LAN, ENG **[33870]** : PRE 1740, SRY, ENG **[36246]** : PRE 1900, SSX, ENG **[34201]**
CRAGGS : 1700-1750, Chester-le-Street, DUR, ENG **[12641]** : 1600+, YKS, ENG **[39061]** : PRE 1850, Kirby Hill, YKS, ENG **[21232]** : PRE 1900, Stockton, YKS, ENG **[21232]**
CRAGIE : PRE 1850, SRY, LND & MDX, ENG **[30535]**
CRAGO : 1700, Cardinham, CON, ENG **[13358]** : 1700S, Kea, CON, ENG **[20800]**
CRAIG : 1840+, Grafton, NSW, AUS **[46331]** : Helen Mary, 1880, Leichhardt & Sydney, NSW, AUS **[99573]** : George, 1828+, Sydney, NSW, AUS **[10699]** : Wm, 1837-1869, Warwick, QLD, AUS **[99026]** : PRE 1870, TAS, AUS **[17921]** : James, 1852+, Steiglitz, VIC, AUS **[38624]** : John, C1795-1847, Cockermouth, CUL, ENG **[43773]** : C1800, Canterbury, KEN, ENG **[11813]** : Julia, 1816-1884, Cheetham Hill & Manchester, LAN, ENG **[43773]** : Hollins John, 1817-1884, Manchester, LAN, ENG **[43773]** : 1895+, Chiswick, LND, ENG **[46386]** : Philipp, PRE 1790, Bristol, SOM, ENG **[46272]** : PRE 1867, Aston, WAR, ENG **[43935]** : PRE 1867, Birmingham, WAR, ENG **[43935]** : PRE 1853, Edgbaston, WAR, ENG **[43935]** : ALL, Worrall & Sheffield, YKS, ENG **[22206]** : 1800S, IOM **[11690]** : 1700S, IRL **[11690]** : Nathaniel, 1840+, Belfast, ANT, IRL **[20578]** : 1821-1871, ARM, IRL **[46251]** : PRE 1820, CAV, IRL **[46331]** : Teague, 1850S, Glenties, DON, IRL **[25396]** : Catherine, 1850+, Glenties, DON, IRL **[25396]** : Samuel, 1850, Sistrokeel, LDY, IRL **[15594]** : PRE 1820, Longford, ROS, IRL **[46331]** : Robert, C1840, ANT, IRL & NZ **[20935]** : 1768, Dunbarton, SCT **[21630]** : PRE 1828, Aberdeen, ABD, SCT **[10699]** : 1720S, Echt, ABD, SCT **[14880]** : 1755, Kilwinning, AYR, SCT **[13497]** : 1810, Muirkirk, AYR, SCT **[10948]** : 1700+, Watten, CAI, SCT **[11043]** : ALL, DFS, SCT **[43935]** : PRE 1860, Kirkmichael, DFS, SCT **[42752]** : C1850-1900S, LKS, SCT **[36655]** : 1821-1871, Glasgow, LKS, SCT **[46251]** : PRE 1870, Hamilton, LKS, SCT **[36350]** : 1840-1890, Lesmahagow, LKS, SCT **[20958]** : 1831, Old Monkland, LKS, SCT **[13497]** : Ann, PRE 1800, Rutherglen, LKS, SCT **[33454]** : 1840-1890, Bonnyrigg, MLN, SCT **[20958]** : Murdock, 1840+, Edinburgh, MLN, SCT **[29745]** : James, PRE 1852, Edinburgh, MLN, SCT **[38624]** : 1890-1920, Lasswade, MLN, SCT **[20958]** : C1700-1850S, Newton, MLN, SCT **[36655]** : 1890-1950, Newtongrange, MLN, SCT **[20958]** : PRE 1850, Culross, PER, SCT **[46398]** : Jeanie, 1838+, Eaglesham, RFW, SCT **[12639]** : Robert, PRE 1800, Kilmacolm, RFW, SCT **[17763]** : ALL, Kilmacolm & Paisley, RFW, SCT **[41146]** : ALL, Paisley, RFW, SCT **[32945]** : PRE 1850, Paisley, RFW, SCT **[11873]** : 1800-1840, Cessford, ROX, SCT **[43967]** : PRE 1860, Stirling, STI, SCT **[21387]**
CRAIGHILL : PRE 1835, Durham, DUR, ENG **[40871]**
CRAIGIE : 1750+, Montrose, ANS, SCT **[41244]** : PRE 1800, Rutherglen, LKS, SCT **[33454]**
CRAIK : Wm Samuel, 1900S, Dunedin, NZ **[10993]** : 1800S, Dumfries, DFS, SCT **[10993]**
CRAIL : ALL, IRL **[22248]**
CRAIN : Mary, 1795-1800S, Tugby & Tilton on the Hill, LEI, ENG **[21349]** : 1750+, Malew, IOM **[20742]**
CRAKE : 1810-1830, Warkworth, NBL, ENG **[97806]**
CRAMADGE : 1600S, BRK, ENG **[42466]**
CRAMER : C1800, London, ENG **[12728]** : Jesse, 1800-1925, Montg & Bucks Cos., PA, USA **[22756]**
CRAMOND : PRE 1800, London, ENG **[20641]** : PRE 1860, London City, ENG **[21161]** : 1834+, ESS, ENG **[21975]** : PRE 1860, ENG & SCT **[20641]** : PRE 1836, SCT & ENG **[20641]**
CRAMP : George, 1850+, Clarence River, NSW, AUS **[13461]** : ALL, KEN, ENG **[25073]** : George, C1887, Stepney, LND, ENG **[39380]** : PRE 1842, SOM, ENG **[11059]** : 1700S, SSX, ENG **[46282]** : 1740-1800, Bedworth, WAR, ENG **[32310]** : ALL, Worldwide **[13461]**

CRAMPHORN : 1880+, KEN & SSX, ENG **[28096]** : 1850+, Redhill, SRY, ENG **[28096]**

CRAMPTON : PRE 1800, CUL, ENG **[25455]** : 1700-1860, Cranbrook, KEN, ENG **[17977]** : 1700+, Dublin, IRL **[43057]** : Terance, 1800S, Ballycroy & Tuam, MAY, IRL **[43057]** : PRE 1850, WEX, IRL **[25455]**

CRAN : 1690+, Forgue, New-Mill & Inverkeithny, ABD, SCT **[43523]**

CRANCH : 1740S, London, ENG **[25070]**

CRANDLEY : 1798-1810, Walton-on-Thames, SRY, ENG **[46216]**

CRANDON : ALL, DEV, ENG **[25455]** : ALL, SOM, ENG **[25455]** : ALL, MA, USA **[25455]**

CRANE : 1600-1700, Wantage, BRK, ENG **[32042]** : ALL, Child Okeford, DOR, ENG **[30543]** : 1600S, Foxton, Peatling Parva & Searsby, LEI, ENG **[21349]** : Sarah Jane, 1850-1899, Sutton St.Edmund, LIN, ENG **[42282]** : C1760, Chediston, SFK, ENG **[31375]** : ALL, Debech, Boulge & Charsfield, SFK, ENG **[99600]** : William, PRE 1780, Pyrford, SRY, ENG **[36365]** : ALL, ENG & AUS **[44256]** : Samuel, 1857+, UK **[14918]**

CRANFIELD : ALL, TAS, AUS **[29810]** : PRE 1800, ESS, ENG **[39642]** : PRE 1800, SFK, ENG **[39642]**

CRANMER : PRE 1837, Sunderland, DUR, ENG **[42645]** : 1770, Kelvedon, ESS, ENG **[16980]** : 1880S, Dover, KEN, ENG **[16980]**

CRANSTON : John, 1793, Castlecomer, KIK, IRL **[10318]** : 1800+, Jedburgh, ROX, SCT **[20135]** : 1680+, Bristol, Newport, RI, USA **[42600]**

CRANSTONE : 1860+, London, ENG **[45227]** : PRE 1730, HAM, ENG **[46296]** : ALL, Crondall, HAM, ENG **[45227]**

CRANTZ : John, ALL, Lynemouth, NBL, ENG **[27081]**

CRAPPER : C1881-1920, Sheffield, YKS, ENG **[46253]**

CRASK : William, C1908, Plymouth, DEV, ENG **[31972]** : ALL, Morston Briston, NFK, ENG **[31972]** : 1780+, Terrington St.Clements, NFK, ENG **[13014]**

CRASKE : ALL, AUS **[17163]** : ALL, CAN **[17163]** : 1800+, London, ENG **[29845]** : Peter, PRE 1800, NFK, ENG **[29845]** : PRE 1820, NFK, ENG **[28443]** : PRE 1810, Lynn, NFK, ENG **[36402]** : ALL, Sheringham, NFK, ENG **[17163]** : ALL, SFK, ENG **[17163]** : PRE 1900, Sudbury & Glemsford, SFK, ENG **[34980]** : ALL, NZ **[17163]** : 1800+, USA **[17163]**

CRASTIN : PRE 1855, SRY & LND, ENG **[45111]** : 1775+, Amsterdam, NL **[45111]**

CRATE : ALL, London, ENG **[37116]** : 1836-1920, Swindon, WIL, ENG **[10070]**

CRATES : PRE 1851, Bristol, GLS, ENG **[19818]**

CRAVEN : C1820-1900, VIC, AUS **[29520]** : 1860-1900S, Benalla, VIC, AUS **[29520]** : 1830+, Prahran, VIC, AUS **[40135]** : 1800S, London, ENG **[11658]** : ALL, LAN, ENG **[17535]** : 1800S, LND, ENG **[29520]** : Robert, 1833+, Islington, LND, ENG **[45847]** : 1830+, Southwark & Islington, LND, ENG **[45847]** : 1700-1850, Kings Lynn, NFK, ENG **[45847]** : PRE 1800, Leeds, WRY, ENG **[10350]** : 1800, Bradford, YKS, ENG **[16149]** : PRE 1869, Halifax, YKS, ENG **[45631]** : Mary, 1845, Thornton, YKS, ENG **[25602]** : 1800+, Wakefield, YKS, ENG **[40135]**

CRAW : Eve, 1804-1865, Renfrew, SCT **[37568]** : 1700+, Hamilton, LKS, SCT **[21258]** : 1850+, Millheugh & Larkhall, LKS, SCT **[21258]**

CRAWFORD : 1885+, Kurri Kurri, NSW, AUS **[45999]** : 1860S, Sydney, NSW, AUS **[46319]** : T. & M., 1885, Sydney, NSW, AUS **[45999]** : John, 1878+, Karcultarby, SA, AUS **[39179]** : ALL, TAS, AUS **[98637]** : Maryann, 1908-34, Bendigo, VIC, AUS **[14163]** : Robert Wigram, 1813-1889, London, ENG **[10301]** : 1700S, Fisketon, LIN, ENG **[20919]** : Thomas, 1856+, LND, ENG **[45999]** : Andrew, 1745-1800, London & Brighton, SSX, ENG **[10301]** : Wm., 1780-1843, London & Bombay, ENG & INDIA **[10301]** : Wm Anderson, 1804-1877, ENG, INDIA & AUS **[10301]** : Charles Gore, 1820-75, Enniskillen, FER, IRL **[21079]** : PRE 1800, Kilkenny, KIK, IRL **[46369]** : ALL, Kilrea & LDY, IRL **[39994]** : Isabella, PRE 1835, Manor Hamilton, LET, IRL **[44319]** : Nicholas, 1700-1750, OFF, IRL **[21079]** : 1700S, Newton Stewart, TYR, IRL **[99570]** : William, 1691-1761, Glasgow, SCT **[24674]** : Alexander, C1800, Campbeltown, ARL, SCT **[10610]** : Archibald, PRE 1800, Campbeltown, ARL, SCT **[10610]** : 1838+, Kilmarnock, AYR, SCT **[35592]** : 1700+, Dunfermline, FIF, SCT **[10301]** : John, PRE 1816, Dunscore, KKD, SCT **[12563]** : PRE 1815, Kirkgunzeon, KKD, SCT **[12563]** : 1700+, Douglas, LKS, SCT **[42600]** : 1780-1890, Glasgow, LKS, SCT **[46306]** : 1700+, Eaglesham, RFW, SCT **[26687]** : 1680-1850, Yetholm, ROX, SCT **[33820]** : Jane, C1791+, Muiravonside, STI, SCT **[12236]** : Elizabeth, 1841+, Glasgow, LKS, SCT & AUS **[25794]** : William, 1800-1836, Fulton & Morrow, OH, NY & IL, USA **[24674]** : 1800, Mifflin Co., PA, USA **[26149]** : William, 1691-1761, VA, USA **[24674]**

CRAWLEY : 1850-1920, QLD, AUS **[25654]** : 1850-1900, Melbourne, VIC, AUS **[17234]** : 1910+, CAN **[25672]** : 1700+, Luton, BDF, ENG **[41103]** : PRE 1800S, HRT, ENG **[45743]** : ALL, Dublin, IRL **[17234]** : C1835-1853, Carrickfergus, ANT, IRL **[12367]** : Patrick, C1790, ARM, IRL **[25654]** : Horace, 1845-1865, Kilkee, CLA, IRL **[17234]** : PRE 1800, Cork, COR, IRL **[38987]** : 1864, LEX, IRL **[25672]** : ALL, LOU, IRL **[17234]** : PRE 1894, Stabannan, LOU, IRL **[25672]** : William, 1870-1910, TIP & WAT, IRL **[17234]** : ALL, IRL & NZ **[45257]** : 1840+, NZ **[17234]**

CRAWSHAW : James, 1830, ENG **[39247]** : 1885, Kearsley & Swinton, LAN, ENG **[37617]** : ALL, Henley upon Thames, OXF, ENG **[20738]** : ALL, WRY, ENG **[41573]**

CRAWSON : ALL, IRL **[26687]**

CRAWTE : ALL, ENG **[44296]**

CRAWTE PEARSON : (See One Name, Section), **[44296]**

CRAZE : 1800, Blackwater, CON, ENG **[10230]** : 1750-1800, Illogan, CON, ENG **[14656]** : PRE 1850, Illogan, CON, ENG **[45849]** : Elizabeth, C1890, Stepney, LND, ENG **[10610]**

CREAGH : C1840, Quin, CLA, IRL **[46360]** : 1840-1880, Cork, COR, IRL **[44229]**

CREAK : 1800S, Toddington & Luton, BDF, ENG **[39102]**

CREANEY : 1700-1900, LIM & LOU, IRL **[38575]** : 1850+, USA **[38575]**

CREASE : ALL, ENG **[17364]**

CREASER : PRE 1750, Acaster Malbis, YKS, ENG **[36033]**

CREASER (see One Name Section) [36033]

CREASEY : 1800, SA, AUS **[40499]** : ALL, Leicester, LEI, ENG **[99600]** : PRE 1607, Billinghay, LIN, ENG **[19902]** : 1750-1850, Hale, LIN, ENG **[32310]** : 1900+, Pareora, SCY, NZ **[99600]**

CREBER : C1760, Stoke Damerel, DEV, ENG **[11698]**

CREECH : PRE 1809, Crewkerne, SOM, ENG **[36200]** : 1800S, IOM **[11411]** : 1790+, USA & UK **[23128]**

CREED : 1849, Sydney, NSW, AUS **[42588]** : 1877+, Inverleigh, VIC, AUS **[13245]** : 1700-1800, Stroud & Horsley, GLS, ENG **[25702]** : ALL, Whissonsett, NFK, ENG **[28585]** : PRE 1820, SSX, ENG **[11344]**

CREEDY : 1820+, Knockatour & Inagh, CLA, IRL **[13828]**

CREEGAN : C1833, Relagh & Cornulla, LET, IRL **[21712]** : C1860-1960, Wreys Bush & Southland, NZ **[21712]** : Walter, ALL, USA **[21712]**

CREEGAN-TOYE : Virginia, 1940+, Providence, RI, USA **[21712]** : Mrs Anna L., 1940+, Providence, RI, USA **[21712]**

CREEK : 1800S, Toddington & Luton, BDF, ENG **[39102]** : ALL, Thriplow & Cherry Hinton, CAM, ENG **[24981]** : 1800+, Newry, DOW, IRL **[20433]**

CREES : 1751+, Coker, SOM, ENG **[17291]**

CREESE : 1750+, Dublin Area, DUB, SCT **[44409]**

CREFFIELD : 1700S, Halstead, ESS, ENG **[30804]** : PRE 1850, Lambeth & Southwark, LND, ENG **[30804]**
CREGAN : PRE 1900, Gateshead & Wallsend, NBL & DOW, ENG & IRL **[29416]**
CREGEEN : 1800+, IOM **[11690]**
CREGOE : 1600+, Gerrans, CON, ENG **[45159]**
CREICH : Andrew, C1550+, Edinburgh, MLN, SCT **[35823]**
CREIGHTON : 1855+, Paterson, NSW, AUS **[42676]** : 1860+, Paterson, NSW, AUS **[11011]** : Teresa, C1870, Melbourne, VIC, AUS **[14627]** : 1800S, Hastings Co., ONT, CAN **[25428]** : Richard, 1842-1855, Whitehaven, CUL, ENG **[42676]** : Richard, 1819-1842, DOW, IRL **[42676]** : James, C1860+, WI, KS & MT, USA **[30985]**
CRELLIN : 1863+, Melbourne, VIC, AUS **[13439]** : 1700-1800, IOM **[46440]** : 1840+, Patrick, IOM **[13439]**
CREMAR : Nancy, 1800-1880, Hudsons Bay, CAN **[41349]**
CREMER : 1800+, Dunmanway, COR, IRL **[44175]**
CRERGH : PRE 1868, Manchester, LAN, ENG **[99433]**
CRESDEE : PRE 1860, Alverstoke, HAM, ENG **[40756]**
CRESPIN : ALL, Lympstone & Modbury, DEV, ENG **[33771]**
CRESSER : 1800+, Birmingham, WAR, ENG **[38681]**
CRESSWELL : PRE 1860, South Yarra, VIC, AUS **[27744]** : 1800+, Great Marlow, BKM, ENG **[30071]** : Elizabeth, PRE 1880, DBY, ENG **[42808]** : ALL, Ashton, LAN, ENG **[11726]** : 1700-1920, Evesham, WOR, ENG **[97801]** : C1830, Worcester, WOR, ENG **[27744]**
CRESSWELL (see One Name Section) [36391]
CRESSWELL : C1700-1750, Fen Dreyton, CAM, ENG **[11536]** : 1700, Chelmorton, DBY, ENG **[15916]** : ALL, Brierley Hill, STS, ENG **[43879]**
CRETELLI : 1880+, ONT, CAN **[99443]** : PRE 1880, Catanzaro Gimigliano, ITL **[99443]**
CRETTE : Angelina, 1849-1870S, WA & VIC, AUS **[97806]** : 1820-1849, Ludlow, SAL, ENG **[97806]**
CREW : 1750-1850, Luton, BDF, ENG **[14618]** : PRE 1800, DOR, ENG **[28275]** : 1750-1810, Barking, ESS, ENG **[14618]** : 1750-1850, HRT, ENG **[14618]** : 1815-1850, Bethnal Green, MDX, ENG **[14618]** : 1810+, Hackney, MDX, ENG **[14618]** : 1835-1925, Islington, MDX, ENG **[14618]** : Elizabeth, C1824, London, MDX, ENG **[39186]** : Rachael, 1795+, Winsham, SOM, ENG **[31159]** : 1700+, SOM & WIL, ENG **[46391]** : 1870-1920, Southwark, Lambeth & Wandsworth, SRY, ENG **[14618]** : Benjamin, 1900+, GLS, ENG & ZIMBABWE **[46391]**
CREWDSON : 1855+, Manchester, LAN, ENG **[13046]**
CREWE : Fred, 1897, Klondike, YT, CAN **[39967]** : PRE 1821, Newcastle under Lyme, STS & CHS, ENG **[17350]**
CREWSON : ALL, IRL **[26687]**
CRIBBEN : 1690+, Broadford, KID, IRL **[43076]** : C1840, MAY, IRL **[28747]**
CRIBBES : C1860, Belfast, ANT, IRL **[36477]**
CRICHTON : C1880S, Walhalla, VIC, AUS **[11540]** : C1780, Arbroath, ANS, SCT **[30310]** : Marion, C1750, Carmylie, ANS, SCT **[13153]** : Jas Clark, 1880+, Newtyle, ANS, SCT **[21854]** : George, 1750-1850, Glasgow, LKS, SCT **[99832]** : PRE 1817, MLN, SCT **[40768]** : PRE 1805, Auchtergaven, PER, SCT **[22248]**
CRICK : 1800S, Toddington & Luton, BDF, ENG **[39102]** : John, 1820S, SFK & MDX, ENG **[40534]**
CRICKETT : Elizabeth, PRE 1800, KEN, ENG **[99174]**
CRICKMORE : 1840+, Carlisle, CUL, ENG **[43792]** : ALL, WORLDWIDE **[32804]**
CRIDLAND : 1700-1850, Bridgwater, SOM, ENG **[18251]**
CRIER : 1805, Wardleworth & Rochdale, LAN, ENG **[34107]**
CRIERS : PRE 1810, LAN, ENG **[46490]**
CRIGHTON : PRE 1885, Melbourne, VIC, AUS **[41979]**

: 1800S, Liverpool, LAN, ENG **[41979]** : John, C1730, Carmylie, ANS, SCT **[13153]** : James, C1830+, Little Dunkeld & Aberfeldy, PER, SCT **[30985]**
CRILLY : ALL, Liverpool, LAN, ENG **[42308]** : Robert, 1821, Castlefin, DON, IRL **[42893]** : C1890, Tipperary, TIP, IRL **[21916]**
CRIMMANS : ALL, Straban, WAT, IRL **[36664]**
CRIMP : Elizabeth, 1766, Marlborough, DEV, ENG **[12974]**
CRIMSLISKE : PRE 1850, DON, IRL **[42721]**
CRINNANE : Bridget, C1820, Moyvane & Glin, KER & LIM, IRL **[26823]**
CRIPPEN : PRE 1780, Canterbury, KEN, ENG **[46251]** : 1883-2005, Napier, HBY, NZ **[46251]**
CRIPPS : 1873-1927, Moonee Ponds, VIC, AUS **[99174]** : 1777+, Kintbury, BRK, ENG **[99174]** : 1800S, Portsmouth, HAM, ENG **[13910]** : 1800+, Teddington, MDX, ENG **[42647]** : PRE 1800, Whitchurch, OXF, ENG **[15464]** : 1750-1850, Witney, OXF, ENG **[32042]** : ALL, Cranleigh, SRY, ENG **[39301]** : 1800+, Richmond, SRY, ENG **[42647]** : William, PRE 1780, Chiseldon, WIL, ENG **[37847]**
CRIPWELL : ALL, Ruddington, NTT, ENG **[40042]**
CRISP : C1800-1850, Soham, CAM, ENG **[20655]** : 1880S, London, MDX, ENG **[33245]** : Alfred, C1857, St.Pancras, MDX, ENG **[39380]** : 1746-1804, Burnham, NFK, ENG **[19908]** : 1740-1790, Catfield, NFK, ENG **[32505]** : 1787-1865, Downham Market, NFK, ENG **[19908]** : 1780+, Yoxford, SFK, ENG **[30127]** : Samuel, 1800-1876, Leeds, YKS, ENG & AUS **[46225]**
CRISPIN : 1860+, Grafton, NSW, AUS **[11839]** : PRE 1834, Exeter, DEV, ENG **[11839]** : 1800+, Totnes, DEV, ENG **[27769]** : 1800+, Weymouth, DOR, ENG **[19713]** : PRE 1840, SOM, ENG **[28557]**
CRISTON : PRE 1790, Brenchley, KEN **[46251]** : PRE 1790, Brenchley, KEN, ENG **[46251]**
CRISTWELL : Rachel, 1700S, Tuscawarus Co., OH, USA **[16378]**
CRISWELL : 1835+, Bolton, LAN, ENG **[26228]** : 1868+, Birmingham, WAR, ENG **[26228]**
CRITCHFIELD : 1720+, NJ, USA **[22565]**
CRITCHLEY : 1839+, NSW, AUS **[10273]** : Giles, 1803, Arlingham, GLS, ENG **[33301]** : PRE 1839, Randwick, GLS, ENG **[10273]** : PRE 1850, Eccleston, LAN, ENG **[98672]** : C1780+, Wheelton & Lancaster, LAN & WIC, ENG, IRL & AUS **[10146]**
CRITOPH : 1800-1900, Rimplingham, NFK, ENG **[45849]**
CRITTAL : David, C1680, Sevenoaks, KEN, ENG **[10054]**
CRITTENDEN : 1839+, Sydney, NSW, AUS **[13584]**
CROAKER : Chas, 1764-1834, Crayford, KEN, ENG **[99055]**
CROAL : William, ALL, SCT **[41768]**
CROCKER : ALL, St.Johns, NFD, CAN **[41205]** : Arscott, 1840+, Bristol, ENG **[17006]** : ALL, CON, ENG **[12819]** : 1814, Boyton, CON, ENG **[18340]** : PRE 1820, Ladock, CON, ENG **[39092]** : Henry, C1821, Werrington, CON, ENG **[25907]** : ALL, DEV, ENG **[12819]** : 1520+, Braunton, DEV, ENG **[42600]** : 1740-1960, Devonport, DEV, ENG **[45841]** : PRE 1800, Docbrooke, DEV, ENG **[46275]** : PRE 1820, High Bickington, DEV, ENG **[42752]** : 1700-1900, North West, DEV, ENG **[17006]** : 1700-1800, Shebbear, DEV, ENG **[17006]** : 1700-1850, Stoke Damerel, DEV, ENG **[27733]** : 1700S, Winkleigh, DEV, ENG **[40257]** : 1770-1850, Mapperton & Netherbury, DOR, ENG **[10832]** : 1830+, Symondsbury, DOR, ENG **[31017]** : 1840-1900, Bromley by Bow, LND, ENG **[17006]** : 1850-1900, Poplar, LND, ENG **[17006]** : 1860-1880, Stepney & Bromley, LND, ENG **[17006]** : 1750-1950, Stepney, MDX, ENG **[39271]** : Sarah Jane, PRE 1830, Stanr, Limehouse & Rotherhithe, MDX & SRY, ENG **[38461]** : 1800+, Bristol & Wellington, SOM, ENG **[30147]** : 1728+, Castle Carey, SOM, ENG **[27919]** : PRE 1771,

Crewkerne, SOM, ENG **[36200]** : PRE 1860, Wayford, SOM, ENG **[31072]** : C1846, SSX, ENG **[99570]** : 1840+, OH, USA **[17006]** : ALL, WORLDWIDE **[45261]**

CROCKETT : 1750-1880, Tring, BKM & HRT, ENG **[19461]** : William, C1780+, Shoreditch, LND, ENG **[10071]** : Ann, PRE 1870S, Lessingham, NFK, ENG **[40057]** : PRE 1870, Birmingham, STS, ENG **[38728]** : Martha J., 1890+, Willenhall, STS, ENG **[33402]** : 1750+, Drumnashier & Castlederg, DON & TYR, IRL **[39227]** : William, 1800+, Pontypool, MON, WLS **[23564]**

CROCKFORD : Stephen, 1800+, Overton, HAM, ENG **[38449]** : John, 1831+, Whitechapel, LND, ENG **[10102]**

CROCKWELL : 1700-1800, East Woodhay, HAM, ENG **[22440]**

CROEL : William, ALL, SCT **[41758]**

CROFFEY : 1860S, Ballinasloe, ROS, IRL **[42729]** : 1960S, Ballinasloe, ROS, IRL **[42729]** : 1880S, Lubber Mclonghlin, ROS, IRL **[42729]** : 1910S, Boston, MA, USA **[42729]**

CROFORTH : 1700-1750, Helperthorpe, YKS, ENG **[32042]**

CROFT : 1855, Sydney, NSW, AUS **[46264]** : 1800+, Fenny Stratford, BKM, ENG **[33506]** : Mary, 1780+, Monkwearmouth, DUR, ENG **[24971]** : 1640-1720, Basingstoke, HAM, ENG **[10850]** : 1840+, Watford, HRT, ENG **[33506]** : 1700+, Benenden, KEN, ENG **[30342]** : 1700+, Cranbrook, KEN, ENG **[30342]** : 1850+, Tenterden, KEN, ENG **[30342]** : 1800S, LAN, ENG **[34704]** : Rebecca C., 1850-1902, Manchester, LAN, ENG **[10574]** : 1800+, Louth, LIN, ENG **[26932]** : Elias(Robert), 1840+, Louth, LIN, ENG **[10574]** : 1700-C1810, Ludborough, LIN, ENG **[11270]** : PRE 1900, Braybrooke, NTH, ENG **[18251]** : 1840-1890, Chilvers Coton, WAR, ENG **[46007]** : PRE 1700, Holt, Ombersley & Cowarne, WOR, HEF & LND, ENG **[18096]** : 1874-1885, Christchurch, CBY, NZ **[33506]** : 1885+, Petone, WTN, NZ **[33506]** : ALL, WORLD-WIDE **[38546]**

CROFTS : PRE 1860, Adelaide, SA, AUS **[20730]** : 1830S, Margate, KEN, ENG **[29580]** : 1882, Old St.Pancras, MDX, ENG **[35025]** : PRE 1900, Braybrooke, NTH, ENG **[18251]** : 1700-1800, Everton, NTT, ENG **[28340]** : PRE 1850, Newbold on Avon, WAR, ENG **[19259]** : 1870+, Oamaru, OTG, NZ **[98612]**

CROFUT : 1890+, OH, USA **[13513]**

CROILL : PRE 1700, Kinnaird by Errol, PER, SCT **[27240]**

CROKER : 1800-1900, Goulburn & Braidwood, NSW, AUS **[27733]** : C1830+, Seacombe, LAN, ENG **[11860]** : PRE 1900, London, MDX, ENG **[32294]** : Joseph, 1750-1850, Bridgwater, SOM, ENG **[17203]** : PRE 1850, INDIA **[27320]** : PRE 1850, IRL & AUS **[27320]**

CROKER(see One Name Section) [27320]

CROLL : C1790, Dundee, ANS, SCT **[34782]** : 1800+, Glasgow, LKS, SCT **[36071]** : ALL, Glasgow & Perth, LKS, PER & DNB, SCT **[19486]**

CROMACK : 1750-1850, Hunslet, WRY, ENG **[27531]** : ALL, YKS, ENG **[42688]**

CROMARTIE : 1700+, Longhope, OKI, SCT **[14513]**

CROMBIE : PRE 1820, Chapel of Garioch, ABD, SCT **[42211]** : PRE 1896, Kirkcaldy, FIF, SCT **[34873]** : PRE 1860, SCT & ENG **[13854]**

CROME : PRE 1903, London, ENG **[21012]** : ALL, ENG & AUS **[31186]** : 1700-1900, Ringelheim & Haverlah, HAN, GER **[42863]**

CROMEY : Margaret, 1870S, Dromore, DOW, IRL **[46121]**

CROMIE : PRE 1900, DOW, IRL **[22536]**

CROMPTON : 1888+, Zillmere, QLD, AUS **[14002]** : Wm Chas W. Hy, 1884+, Plymouth St.Andrews, DEV, ENG **[40690]** : William, 1863+, Bolton & Horwich, LAN, ENG **[40690]** : PRE 1863, Bolton-Horwich & Lostock, LAN, ENG **[40690]** : 1750-1881, Bootle, Liverpool, LAN, ENG **[18251]** : Joseph, 1852+, Liverpool, LAN, ENG **[40690]** : John, PRE 1853+, Liverpool, LAN, ENG **[40690]** : Mary, PRE 1857+, Liverpool, LAN, ENG **[40690]** : Joseph, PRE 1860+, Liverpool, LAN, ENG **[40690]** : ALL, Lostock, LAN, ENG **[40690]** : Joseph, 1821+, Over Hulton, LAN, ENG **[40690]** : ALL, Wigan, LAN, ENG **[40690]** : 1830, Islington, LND, ENG **[17580]** : John Percy, 1886+, Pietermaritzburg, RSA **[40690]**

CROMPTON (see One Name Section) [40690]

CRON : C1890, Melbourne, VIC, AUS **[32035]**

CRONAN : Patk. Francis, ALL, Carlton, VIC, AUS **[12027]** : Hannah, 1845+, Melbourne East & Carlton, VIC, AUS **[12027]** : John, C1837-1879, Hound, HAM, ENG **[25642]**

CRONE : PRE 1870, Maryport, CUL, ENG **[28523]** : 1760-1870, Monkwearmouth, DUR, ENG **[18001]** : 1853+, DFS, SCT **[46217]**

CRONEY : PRE 1820, London, ENG **[26297]**

CRONIN : ALL, Cork, COR, IRL **[33771]** : 1800+, Killarney, KER, IRL **[46265]** : Bridget, C1848, Rathmore, KER, IRL **[20542]**

CRONK : ALL, Bromley, KEN, ENG **[13848]** : 1750-1825, Cowden, KEN, ENG **[25237]**

CROOK : 1800+, Sydney, NSW, AUS **[44202]** : ALL, ENG **[42688]** : PRE 1860, London, ENG **[39985]** : 1669-1747, Morchard Bishop, DEV, ENG **[39706]** : PRE 1866, HAM, ENG **[28443]** : C1759, St.Decumans, SOM, ENG **[12915]** : Edith, C1900, SRY, ENG **[28479]** : Martha, 1840+, Sheffield, YKS, ENG **[44110]** : C1807, York, YKS, ENG **[18001]** : ALL, SCT **[42688]**

CROOKE : 1800+, NSW, AUS **[20569]** : 1700-1800, GA, USA **[20923]**

CROOKES : Ann, 1800-1900, Stalybridge, CHS, ENG **[33973]** : 1800+, Wadsley, YKS, ENG **[99600]** : Hugh, 1840+, Wadsley, YKS, ENG **[99600]**

CROOKS : ALL, Mountsorrel, NSW, AUS **[30944]** : 1870+, QLD, AUS **[45087]** : 1800-1900, Ashton-under-Lyne, LAN, ENG **[33973]** : George, 1780S, Newcastle, NBL, ENG **[21765]** : 1700-1848, Kneesall, NTT, ENG **[18818]** : C1811, SFK, ENG **[43841]** : PRE 1830, Bottisford, SFK, ENG **[17670]** : 1850+, ANT & ARM, IRL **[27219]** : 1650+, BEW, SCT **[45087]**

CROOKSTON : 1850+, SCT **[22248]**

CROOM : ALL, ENG **[11213]**

CROOME : PRE 1825, Dinton, WIL, ENG **[17921]** : PRE 1770, Tisbury, WIL, ENG **[17921]**

CROOT : ALL, Gamlingay, CAM, ENG **[30981]**

CROP : 1784+, Odiham, HAM, ENG **[41443]**

CROPLEY : Sarah, 1720-1780, CAM, ENG **[35343]**

CROPP : 1750-1870, NFK, ENG **[28609]**

CROPPER : 1790S, Hargreavesfold, LAN, ENG **[28060]** : 1780+, Winwick, LAN, ENG **[11144]**

CRORACY : 1880, Tamworth, NSW, AUS **[36749]**

CRORY : William, PRE 1795, Banbridge, DOW, IRL **[39471]**

CROSBIE : PRE 1860, SCT **[12905]** : 1750+, Morton & Penpont, DFS, SCT **[30120]** : C1800, Gatehouse, KKD, SCT **[30120]**

CROSBY : 1800+, Tanfield, DUR, ENG **[40802]** : C1600+, Beckingham, LIN, ENG **[37499]** : C1700, Elston, NTT, ENG **[37795]** : 1475-1550, Bury, SFK, ENG **[29715]** : ALL, Butley, SFK, ENG **[46479]** : 1850+, Coventry, WAR, ENG **[27769]**

CROSCOMBE : PRE 1809, Filleigh, DEV, ENG **[18702]**

CROSEILL : C1840, Vere & Manchester, JAMAICA, W.INDIES **[12298]**

CROSELY : 1600+, Aspley Guise, BDF, ENG **[17480]**

CROSGRAY : ALL, WORLDWIDE **[18303]**

CROSIER : ALL, Warrington, LAN, ENG **[29471]**

CROSKELL : George, 1758-1832, Ellel, LAN, ENG **[99026]**

CROSKERY : 1840+, Downpatrick & Ardglass, DOW, IRL **[24382]**

CROSLEY : 1700S, Thornhill, WRY, ENG **[38833]** : 1796, Thornton, YKS, ENG **[12318]**

CROSS : 1872+, Armidale, NSW, AUS **[30776]** : Charles, 1790+, Hawkesbury, NSW, AUS **[11628]** : Robert, 1828-1864, Hunter Valley, NSW, AUS **[11034]** : Richard, 1850+, Sydney, NSW, AUS **[11623]** : Thomas, 1856+, Windsor, NSW, AUS **[30776]** : 1900S, Wangaratta, VIC, AUS **[14029]** : 1650-1720, Bow Brickhill, BKM, ENG **[12641]** : PRE 1700, Waterbeach, CAM, ENG **[33428]** : PRE 1870, Birkenhead, CHS, ENG **[28907]** : ALL, Northwich, CHS, ENG **[26612]** : Sally Ann, 1800+, Egg Buckland, DEV, ENG **[17196]** : 1700+, Lifton, DEV, ENG **[38005]** : Capt Fredk, 1870S, Brightlingsea, ESS, ENG **[14241]** : PRE 1839, Coaley & Uley, GLS, ENG **[42967]** : 1850+, Tunbridge Wells, KEN, ENG **[19806]** : Rowland, 1860+, Tydd St.Mary, LIN, ENG **[34797]** : C1800, Poplar, LND, ENG **[38515]** : C1890, MDX, ENG **[36075]** : 1850+, Great Yarmouth, NFK, ENG **[34797]** : 1800+, Northampton, NTH, ENG **[19806]** : 1830+, Great Rollright, OXF, ENG **[45866]** : 1820+, Overnorton, OXF, ENG **[45866]** : 1700+, Oxford, OXF, ENG **[45671]** : William, 1750+, Oxford, OXF, ENG **[31580]** : PRE 1841, Rudge, SAL, ENG **[46354]** : 1740+, Sproatley, SAL, ENG **[43775]** : C1815, Battisford, SFK, ENG **[43841]** : PRE 1800, Stanton, SFK, ENG **[13809]** : C1800, Stogursey, SOM, ENG **[25930]** : George, 1800S, Bermondsey, SRY, ENG **[28188]** : Charlotte, 1800S, Bermondsey, SRY, ENG **[28188]** : 1800+, Lingfield, SRY, ENG **[38005]** : Thomas, 1800S, London & SRY, ENG **[28188]** : 1841+, Birmingham, STS, ENG **[46354]** : PRE 1775, STS & DBY, ENG **[31017]** : Rowland, 1880+, Hoyland Nether, YKS, ENG **[34797]** : PRE 1813, Sproatley, YKS, ENG **[11034]** : Queenie, 1910-78, ENG & USA **[28533]** : 1830-1850, Kilmonivaig, INV, SCT **[14388]** : PRE 1820, Glasgow, LKS, SCT **[11091]** : ALL, USA **[22725]** : ALL, MI & NY, USA **[22725]** : ALL, WORLDWIDE **[11043]**

CROSSAN : William, 1830-1900, ENG & RUS **[46507]** : 1820+, Glasgow, LKS, SCT **[25998]** : 1813+, WORLD-WIDE **[98043]**

CROSSAN (see One Name Section) **[46507]**

CROSSE : 1850+, Porangahau, HBY, NZ **[40925]**

CROSSEN : William, 1830-1900, ENG & RUS **[46507]**

CROSSEN (see One Name Section) **[46507]**

CROSSFIELD : C1800, Leeds, YKS, ENG **[43934]**

CROSSLAND : 1800-1990, Stannington, WRY, ENG **[12641]**

CROSSLEY : Samuel, Ringley, LAN, ENG **[37617]** : 1800-1900S, Rochdale, LAN, ENG **[46258]** : Mary, C1792, Rochdale, LAN, ENG **[28151]** : PRE 1900, Swinton & Pendleton, LAN, ENG **[35273]** : 1800+, Todmorden, WRY, ENG **[42507]**

CROSSMAN : 1849+, SA & NSW, AUS **[33642]** : 1700+, CON, ENG **[35240]** : 1760S, Truro, CON, ENG **[31373]** : PRE 1849, DEV, ENG **[33642]** : PRE 1848, Filleigh, DEV, ENG **[18702]** : 1800+, Stoke Damerel, DEV, ENG **[33642]** : 1560-1680, Widecombe, DEV, ENG **[10383]** : 1850+, Bere Ferrers, DEV & CON, ENG **[44857]** : 1900S-1971, Peddie, CAPE, RSA **[35294]**

CROSSWELL : C1780-1800, East Meon, HAM, ENG **[46457]** : PRE 1780, SFK, ENG **[18896]**

CROSTHWAIT : 1800S, Dublin, IRL **[19497]**

CROSTHWAITE : ALL, ENG **[20556]** : ALL, Leeds, YKS, ENG **[46456]** : Leland, 1750+, Dublin, IRL **[20665]** : 1920S, Berkeley, CA, USA **[26149]**

CROTHERS : Joseph, 1900+, Kyton, VIC, AUS **[34249]** : ALL, CON, ENG **[45830]** : 1800S, Lisburn, ANT, IRL **[10698]**

CROTON : ALL, Middleton Stoney, OXF, ENG **[31450]**

CROTTY : PRE 1850, Kilrush, CLA, IRL **[46200]** : 1800S, O'Briensbridge, CLA, IRL **[11684]**

CROUCH : 1840+, Albury, NSW, AUS **[12786]** : 1840+,

Hunter River, NSW, AUS **[11060]** : 1800+, Sydney, NSW, AUS **[12786]** : Harriet, 1886+, Sydney, NSW, AUS **[11024]** : James Richard, PRE 1886, St.Helier, JSY, CHI & UK **[11024]** : Harriet, PRE 1886, St.Helier, JSY, CHI & UK **[11024]** : 1800-1850, London, ENG **[17420]** : John E., 1840+, Lidlington, BDF, ENG **[11736]** : 1700-1880, Pocklington, ERY, ENG **[26629]** : PRE 1835, KEN, ENG **[40218]** : 1800+, Sundridge, KEN, ENG **[35280]** : PRE 1820, Enfield, LND, ENG **[46375]** : 1823-80, Southwark, LND, ENG **[17420]** : Raichel, PRE 1939, Great Glemham, SFK, ENG **[26458]** : Henry, PRE 1853, Crewkerne, SOM, ENG **[27740]** : PRE 1800, East & West Horsley, SRY, ENG **[32040]** : PRE 1840, Catsfield, SSX, ENG **[11060]**

CROUCHER : C1880, Gallymont, NSW, AUS **[10675]** : 1860+, Trunkey Creek & Mitchells Ck, NSW, AUS **[10675]** : C1886, Brisbane, QLD, AUS **[21828]** : 1700+, HAM, ENG **[44954]** : 1800+, Ringwood, HAM, ENG **[20578]** : 1830S, KEN, ENG **[46163]** : PRE 1860, Ashford & Hothfield, KEN, ENG **[10675]** : 1700-1900, Bobbing, Borden & Maidstone, KEN, ENG **[41039]** : 1700S, Westwell, KEN, ENG **[20729]** : 1735-1880, Dorking, SRY, ENG **[19268]** : 1858, Brighton, SSX, ENG **[21828]** : C1747, Cuckfield, SSX, ENG **[21828]** : C1826, Cuckfield, SSX, ENG **[21828]**

CROUCHLEY : C1800, Atherton, LAN, ENG **[33838]**

CROUDACE : ALL, Newcastle upon Tyne, NBL, ENG **[28670]**

CROUDALE : 1879, Sydney, NSW, AUS **[99047]**

CROUGH : PRE 1890, Buninyong, VIC, AUS **[12327]** : C1800, Clonoulty, TIP, IRL **[12327]**

CROUSE : Lovina, 1840-1900, Hazleton, PA, USA **[39012]**

CROUTHAMEL : PRE 1754, BAW, BRD **[25725]** : PRE 1771, Philadelphia, PA, USA **[25725]**

CROW : 1855+, Hobart & Launceston, TAS, AUS **[21258]** : PRE 1850, NS, CAN **[45046]** : 1850+, Wellington Co., ONT, CAN **[15931]** : John, C1800, CAM, ENG **[44314]** : 1795-1825, Good Easter, ESS, ENG **[17191]** : 1700, Rettendon, ESS, ENG **[17704]** : C1740, South Somercotes, LIN, ENG **[17037]** : 1770+, Ufford, SFK, ENG **[10125]** : Mary, 1810+, Ipsley, WAR, ENG **[12058]** : Alice, 1818, Soham, CAM, ENG & AUS **[44314]** : ALL, Mildenhall, SFK, ENG & AUS **[46317]** : Sam, C1816-C1872, Lisburn, ANT, IRL **[19064]** : PRE 1863, WEX, IRL **[44249]** : 1750+, Greenlaw, BEW, SCT **[15931]** : 1700+, Errol, PER, SCT **[20135]** : 1800+, Kelso, ROX, SCT **[15931]** : William, 1860+, Fremont, NE, USA **[15931]** : 1890+, NE, IA & OH, USA **[44963]**

CROWDER : Sarah, PRE 1792, City, LND, ENG **[43989]**

CROWE : 1875-1941, Brisbane, QLD, AUS **[32314]** : 1940+, Toronto, ONT, CAN **[42782]** : ALL, Birkenhead, CHS, ENG **[42782]** : ALL, Liverpool, LAN, ENG **[42782]** : 1730-1960, Bradford, WRY, ENG **[99522]** : 1840-1845, Bhooj, BOMBAY, INDIA **[27678]** : PRE 1850, CLA, IRL **[28210]** : Johnstone, 1837+, Scotshouse, MOG, IRL **[32314]** : 1900S, Andreas, IOM, UK **[42782]** : ALL, Bride, IOM, UK **[42782]** : ALL, Lezayre, IOM, UK **[42782]**

CROWEL : Sarah, ALL, SCT **[41768]**

CROWELL : ALL, Laneast & Altarnun, CON, ENG **[18325]**

CROWFOOT : PRE 1700, Tattenhall, CHS, ENG **[20178]**

CROWHURST : 1810-1850, Illogan & Launceston, CON, ENG **[46360]** : 1850-1900, Plymouth, DEV, ENG **[46360]** : ALL, Snodland, KEN, ENG **[28670]** : 1775-1820, Marylebone, MDX, ENG **[46360]**

CROWL : 1849-1853, SA, AUS **[14268]**

CROWLE : 1849-1852, SA, AUS **[14268]** : 1852+, VIC, AUS **[14268]** : 1850+, Bendigo, VIC, AUS **[12141]** : 1850+, Melbourne & Kyneton, VIC, AUS **[39092]** : 1800+, CON, ENG **[45916]** : PRE 1849, Rundlestone, DEV, ENG **[14268]**

CROWLEY : John, 1800+, Birmingham, WAR, ENG **[17380]** : 1800+, Birmingham, WAR, ENG **[42600]** : Jeremiah, 1796-1820, COR, IRL **[42913]** : PRE 1837, Cork, COR & KID, IRL **[11575]** : PRE 1870, Shanagolden & Kilcosgriff, LIM, IRL **[21196]** : David, 1884, Dryfesdale, DFS, SCT **[99545]**

CROWN : 1760-1870, Monkwearmouth, DUR, ENG **[18001]** : PRE 1815, Hunstanton, NFK, ENG **[26253]**

CROWSON : PRE 1920, LIN, ENG **[39439]**

CROWSTON : 1800+, Scamblesby, LIN, ENG **[26932]**

CROWTHER : ALL, Robertown & Liversedge, WRY, ENG **[42745]** : 1830-1940, Halifax & Northowram, YKS, ENG **[14618]** : PRE 1840, Peterhead, ABD, SCT **[31045]** : 1850+, USA **[16811]**

CROXALL : ALL, Manchester, LAN, ENG **[18549]** : C1800+, STS, ENG **[33097]** : ALL, Redditch, WOR, ENG **[18549]**

CROXFORD : PRE 1800, NTH, ENG **[38523]** : PRE 1750, Tooting Graveney, SRY, ENG **[33428]** : ALL, UT & WA, USA **[38523]**

CROYSDILL : C1790-1900, DBY, ENG **[35237]**

CROZIER : PRE 1860, ESS, ENG **[25747]** : John, 1800+, Ballyclog, TYR, IRL **[28149]** : 1875+, CANTERBURY, NZ **[20925]**

CRUDDAS : PRE C1814, Shields, NBL, ENG **[17626]**

CRUDEN : 1800+, Greenock, RFW, SCT **[10270]** : ALL, SCT & CAN **[39949]**

CRUDGE : 1730-1800, East, DEV, ENG **[45841]**

CRUICKSHANK : James, 1800S, Brussels, ONT, CAN **[16075]** : 1700S, ABD, SCT **[11386]** : 1750-1850, ABD, SCT **[99187]** : 1853+, Cruden, ABD, SCT **[30182]** : 1760-1830, Ellon, ABD, SCT **[13326]** : James, 1750+, Forgue, New-Mill & Inverkeithny, ABD, SCT **[43523]** : Jessie Anne, 1700-1880, Leslie, ABD, SCT **[12716]** : H., 1793-1884, Lumphanan, ABD, SCT **[46320]** : Charlotte, 1800-1840, Glasgow, LKS, SCT **[16075]** : Libbie, 1800S, MI, USA **[16075]**

CRUICKSHANKS : C1837, Neilston, RFW, SCT **[28140]**

CRUIKSHANK : 1752, Rothiemay, BAN, SCT **[16822]**

CRUISE : C1800, Lauder, MLN, SCT **[39928]**

CRUM : Lucinda, 1716, IR, PA & VA, USA **[24674]**

CRUMB : ALL, WORLDWIDE **[16354]**

CRUMP : 1840-1870, Richmond & Hawthorn, VIC, AUS **[12589]** : 1780, Ingrave, ESS, ENG **[17998]** : 1700-1780, Kenderchurch, HEF, ENG **[18422]** : 1800S, KEN, ENG **[12589]** : PRE 1900, KEN & SRY, ENG **[45228]** : PRE 1880, Bethnal Green, MDX, ENG **[17921]** : PRE 1850, Dudleston, SAL, ENG **[20729]** : ALL, Westbromwich, STS, ENG **[45766]**

CRUMPTON : ALL, MDX & SRY, ENG **[17470]**

CRUNDWELL : 1850+, NSW, AUS **[29747]** : C1620-1650, Brenchley, KEN, ENG **[31153]**

CRUSH : 1750+, Sandon & Great Baddow, ESS, ENG **[46267]**

CRUTCH : PRE 1875, Kiddington, OXF, ENG **[39642]**

CRUTCHLEY : PRE 1830, Maitland & Lancaster, NSW & LAN, AUS & ENG **[10246]**

CRUTTENDEN : William, PRE 1770, KEN & SSX, ENG **[10054]** : PRE 1800, Ripe, SSX, ENG **[37155]**

CRUWYS : 1800+, DEV, ENG **[40319]** : 1700+, SOM, ENG **[40319]**

CRUWYS (see One Name Section) **[40319]**

CRUXTON (see One Name Section) **[27342]**

CRYDERMAN : Sarah, 1829+, Osnabruck Twp, ONT, CAN **[29515]**

CRYER : 1805, Wardleworth & Rochdale, LAN, ENG **[34112]**

CRYSLER : John Martin, 1804+, Cramahe, ONT, CAN **[23471]** : M., 1827, Cramahe Twp, ONT, CAN **[23471]** : John Martin, 1804+, Williamsburg, ONT, CAN **[23471]**

CSALAI : 1840+, Dunafoldvar, TOLNA, HU **[23367]**

CSIBI : ALL, WORLDWIDE **[16947]**

CSIKI : ALL, WORLDWIDE **[16947]**

CUBBIN : PRE 1880, Liverpool, LAN, ENG & IOM **[37206]** : ALL, WORLDWIDE **[45830]**

CUBIS : ALL, WORLDWIDE **[25654]**

CUBIS(S) (see One Name Section) **[25654]**

CUBITT : PRE 1900, Sydney, NSW, AUS **[11716]** : 1840+, Hackney, LND, ENG **[40792]** : 1740-1790, Hickling, Sea Palling & Walcott, NFK, ENG **[32505]**

CUDD : PRE 1850, ENG **[37206]**

CUDDY : 1890-1920, MA, USA **[23523]**

CUDLIP : 1800+, Swansea, GLA, WLS **[42570]**

CUDMORE : C1880, Melbourne, VIC, AUS **[26430]** : C1780, Limerick City, LIM, IRL & AUS **[26430]**

CUELEMANS : ALL, WORLDWIDE **[13584]**

CUFF : PRE 1800, DOR, ENG **[17921]** : PRE 1900, Bethnal Green, LND, ENG **[19345]** : PRE 1950, Banwell, SOM, ENG **[33973]**

CUFFE : Ann, 1850, Douro, ONT, CAN **[15882]** : James, 1890, Douro, ONT, CAN **[15882]** : PRE 1800, DOR, ENG **[17921]** : James, 1830, Cork, COR, IRL **[15882]**

CUGGERAN : John, 1833+, Bathurst & Brisbane, NSW & QLD, AUS **[38132]**

CUGLEY : 1840S, Sydney, NSW, AUS **[20556]** : 1800+, GLS, ENG & AUS **[38624]**

CUGNONI : 1860+, Richmond, SRY, ENG **[42647]**

CULBERT : C1890, Belfast, ANT, IRL **[10145]** : PRE 1778, Cupar, FIF, SCT **[19064]**

CULBERTSON : ALL, SCT **[15014]**

CULCAN : C1900, LAN, ENG **[45203]**

CULF : PRE 1800, ENG **[11124]** : 1800+, Earls Colne, ESS, ENG **[36292]** : ALL, ESS & SFK, ENG **[11124]**

CULHANE (see : Colhane), **[15289]**

CULL : 1775-1851, Tewkesbury & Evesham, GLS & WOR, ENG **[46517]** : ALL, Evesham, WOR, ENG **[21934]**

CULLAR : C1800-1900, USA **[22737]**

CULLEN : 1840+, Bathurst, NSW, AUS **[34739]** : Daniel, 1856+, Hunter Valley, NSW, AUS **[14402]** : 1839+, Kings Plains & Blayney, NSW, AUS **[10141]** : 1850+, Adelaide, SA, AUS **[13994]** : James Bryan, C1741-1821, New Norfolk, TAS, AUS **[34140]** : 1880+, Bunbury & Perth, WA, AUS **[39108]** : Eugene, 1800-1900, HAM & KEN, ENG **[30120]** : ALL, Faversham, KEN, ENG **[39386]** : ALL, SOM, ENG **[99036]** : PRE 1850, SOM, ENG **[13994]** : 1700-1900, Huish Episcopi & High Ham, SOM, ENG **[21198]** : PRE 1900, IRL **[39820]** : C1800, Kilmore, ARM, IRL **[46264]** : PRE 1856, Kilmore, ARM, IRL **[44160]** : 1800-1850, Nelson St., Limerick, LIM, IRL **[46503]** : 1700+, Kilmacatramy, SLI, IRL **[34739]**

CULLERNE : 1100+, ENG **[31355]** : PRE 1900, FRA **[31355]**

CULLETON : PRE 1850, KIK, IRL **[38676]**

CULLEY : 1818+, Aylesbury, BKM, ENG **[16783]** : 1800+, Newbury, BKM, ENG **[16783]** : 1870, Southampton, HAM, ENG **[40499]**

CULLIFORD : 1750+, Clevedon & Bristol, SOM, ENG **[14463]**

CULLIMORE : C1760, Tockington, GLS, ENG **[30302]** : 1784-1900, Tytherington, GLS, ENG **[46203]** : 1700+, Yatton Keynell, WIL, ENG **[13943]**

CULLINAN : Andrew, 1830-70, Corofin, CLA, IRL **[37619]**

CULLINANE : C1868, Gympie, QLD, AUS **[29879]**

CULLING : ALL, NFK, ENG **[25559]** : ALL, Keinton Mandeville, SOM, ENG **[99600]**

CULLINGFORD : 1780S, South Raynham, NFK, ENG **[31373]** : ALL, Lamport, NTH, ENG **[25702]**

CULLINGTON : PRE 1900, SFK, ENG **[39312]**

CULLINGWORTH : PRE 1850, Kirkby Overblow, WRY, ENG **[34716]** : 1820+, USA **[34716]**

CULLIS : 1750+, Lanlivery, CON, ENG **[15524]**

CULLMANN : 1600+, Mittleheim, HEN, GER **[10801]**

CULLUM : 1800+, Tavistock, DEV, ENG **[42361]** : 1800+, Lydd, KEN, ENG **[42361]** : Susan, C1730, Pettistree, SFK, ENG **[10125]**
CULLWICK : ALL, WORLDWIDE **[46450]**
CULLY : ALL, Langar, NTT, ENG **[18851]** : C1700, Alton Priors, WIL, ENG **[11113]**
CULMBACHEN : ALL, Gnoien, MEK, GER **[13994]**
CULPECK : C1810, Groton, SFK, ENG **[19392]**
CULPIN : Frances, 1837+, St.Ives, HUN, ENG **[36652]**
CULVER : 1800S, Wayne Co., NY, USA **[32203]**
CULVERHOUSE : 1600-1900, London, ENG **[26831]** : PRE 1761, Cholesbury, BKM, ENG **[26366]** : C1848, Westbury, WIL, ENG **[40472]**
CULVERWELL : PRE 1840, Ottery St.Mary, DEV, ENG **[42821]** : James, PRE 1790, Southampton, HAM, ENG **[41589]**
CULWICK : ALL, WORLDWIDE **[46543]**
CUMBER : Mary, PRE 1735, SSX, ENG **[36543]**
CUMBERBATCH : ALL, WORLDWIDE **[45602]**
CUMBERBATCH (see One Name Section) [45602]
CUMBERLAND : 1700-1750, Hathern, LEI, ENG **[39060]** : 1750+, Shepshed & Loughborough, LEI, ENG **[34140]**
CUMBERLEDGE : ALL, WORLDWIDE **[45602]**
CUMBERLIDGE : PRE 1700, CHS, ENG **[41067]** : ALL, WORLDWIDE **[45602]**
CUMBERPATCH : ALL, WORLDWIDE **[45602]**
CUMBRAE-STEWART : 1830+, AUS & NZ **[34245]**
CUMINE : Margaret, 1800, Marnoch, BAN, SCT **[28151]**
CUMING : PRE 1800, Totnes & Malborough, DEV, ENG **[34783]**
CUMINGS : 1840+, Williams Rv, NSW, AUS **[10485]**
CUMMIN : 1750-1850, Aston Upthorpe, BRK, ENG **[46385]**
CUMMINE : C1800, Old Deer, ABD, SCT **[30182]**
CUMMING : Durant, 1850+, London, ENG **[10577]** : PRE 1800, Malborough, DEV, ENG **[34783]** : Fergus, 1820-1860, Liverpool, LAN, ENG **[42828]** : 1850+, Balham, SRY, ENG **[10577]** : Durant, 1850+, Richmond & Streatham, SRY, ENG **[10577]** : Clementina, C1800, ENG & SCT **[35147]** : 1800+, DOW, IRL **[28813]** : PRE 1850, ABD, SCT **[15944]** : 1792+, Glenmuick, ABD, SCT **[99147]** : PRE 1838, Irvine & Kilwinning, AYR, SCT **[46374]** : William, 1767, Keith, BAN, SCT **[28151]** : 1700-1900, Sorbie, DFS, SCT **[35039]** : PRE 1810, Crieff & Little Dunkeld, PER, SCT **[46297]** : PRE 1870, Methven & Fowlis Wester, PER, SCT **[46297]** : PRE 1810, Monzie & Strathbraan, PER, SCT **[46297]** : 1860, Tulliallan, PER, SCT **[32016]** : ALL, Jedburgh, ROX, SCT **[29810]**
CUMMINGHAM : PRE 1900, Christchurch, CBY, NZ **[43923]** : PRE 1900, Invercargill, SLD, NZ **[43923]**
CUMMINGS : 1840+, Dungog, NSW, AUS **[10085]** : Thomas, 1851-1881, Monk Hesledon & Hutton Henry, DUR, ENG **[45732]** : 1872-80, Ashmansworth, HAM, ENG **[46376]** : 1850-1950, Spalding, LIN, ENG **[29426]** : ALL, Bow, MDX, ENG **[13848]** : Hannah, 1823, Ipswich & Thetford, SFK & NFK, ENG **[11530]** : 1800+, Annick Lodge, AYR, SCT **[43775]** : 1800+, Dalry, AYR, SCT **[43775]** : 1700+, Forres, MOR, SCT **[22248]**
CUMMINS : 1800S, Halifax, NS, CAN **[36161]** : 1830+, St.Peter Port, GSY, CHI **[36161]** : Fredk Charles, 1900+, London, ENG **[12162]** : PRE 1784, Plymouth, DEV, ENG **[36161]** : 1800S, Heworth, DUR, ENG **[46193]** : 1850-60, Ashmansworth, HAM, ENG **[46376]** : ALL, LIN, ENG **[45204]** : PRE 1802, Lincoln, LIN, ENG **[36161]** : C1810, Woolpin, SOM, ENG **[25930]** : Richd Yeates, 1840+, LND & GSY, ENG & CHI **[36161]** : C1896, Dublin, IRL **[16783]** : PRE 1831, Cork, COR, IRL **[98637]** : PRE 1760, Cork City, COR, IRL **[36161]** : PRE 1760, Kilkenny, KIK, IRL **[36161]** : PRE 1807, TIP, IRL **[41979]** : PRE 1880, Dublin & WIC, IRL **[32294]** : 1800+, Llanelly, MGY, WLS **[11159]**
CUMMOCK : ALL, AYR, SCT & NZ **[46393]** : ALL, LKS, SCT & NZ **[46393]** : ALL, RFW, SCT & NZ **[46393]**
CUMMUSKEY : 1800S, MOG, IRL **[46163]**
CUMSTIE : 1780S, Dromore, DOW, IRL **[14388]** : 1800-1900, Oban & Glasgow, ARL & LKS, SCT **[14388]**
CUNDICK : PRE 1805, Long Sutton, SOM, ENG **[46247]**
CUNDIFF : PRE 1800, ENG **[23895]**
CUNDITT : 1700+, Newton Tony, WIL, ENG **[46233]**
CUNDY : 1828+, Launceston, TAS, AUS **[14627]** : PRE 1828, Launceston, CON, ENG **[14627]** : ALL, Lewannick, CON, ENG **[31349]** : 1790S, Liskeard, CON, ENG **[11729]** : 1740-1860S, St.Stephen & Luxulyan, CON, ENG **[45795]** : ALL, CON, ENG & AUS **[14045]**
CUNEEN : Daniel, 1824+, CLA, IRL **[99036]**
CUNICH : 1890+, Grenfell & Parkes, NSW, AUS **[11763]**
CUNINGHAM : 1700-1833, Carluke, LKS, SCT **[38211]**
CUNLIFFE : ALL, LAN, ENG **[46355]** : William, PRE 1840, LAN, ENG **[21989]** : 1900-1980, Stacksteads, LAN, ENG **[46310]**
CUNNEEN : PRE 1852, Drom, TIP, IRL **[34748]**
CUNNING : PRE 1700, North Hill, CON, ENG **[21765]**
CUNNINGHAM : 1800, NSW, AUS **[46198]** : 1850-1900, Sydney, NSW, AUS **[42609]** : James, 1860+, Windsor, NSW, AUS **[25654]** : 1800S, TAS, AUS **[46387]** : Edward, 1818+, South, TAS & VIC, AUS **[13000]** : Cornelius, 1856+, VIC, AUS **[35809]** : ALL, Guysborough & Antigonish, NS, CAN **[45714]** : 1833, Chester, CHS, ENG **[44726]** : C1800, Auckland St.Andrew, DUR, ENG **[11718]** : 1860+, Canningtown, ESS, ENG **[45734]** : 1840+, Bromley & Poplar, MDX, ENG **[14874]** : 1885+, Bromley & Poplar, MDX, ENG **[45734]** : 1700-1850, Lambeth, SRY, ENG **[28536]** : 1840S, Lambeth, SRY, ENG **[14874]** : Josiah, 1875, Halifax, WRY, ENG **[11279]** : ALL, ENG & SCT **[39593]** : 1800-1850, Dublin, IRL **[42609]** : ALL, ANT, IRL **[46355]** : 1750-1850, Carrickfergus, ANT, IRL **[16813]** : 1700-1850, ARM, IRL **[18957]** : 1830+, CAV, IRL **[33711]** : Margaret, 1850+, CAV, IRL **[10119]** : Brigid, PRE 1883, Knockbride, CAV, IRL **[38542]** : Philip, 1800S, Tullawaltra, CAV, IRL **[38542]** : Catherine, 1861-1900S, Tullawaltra, CAV, IRL **[38542]** : PRE 1850, Killybegs, DON, IRL **[11839]** : 1780-1870, Rossnowlagh, DON, IRL **[22707]** : PRE 1900, DOW, IRL **[30310]** : 1800+, Skrene, MEA, IRL **[12481]** : PRE 1850, SLI, IRL **[26981]** : 1800-1890, Killucan, WEM, IRL **[41266]** : 1850-70, Dundee, ANS, SCT **[46202]** : C1840+, Dundee, ANS, SCT **[35823]** : 1898+, AYR, SCT **[46395]** : 1740S, Kilmarnock, AYR, SCT **[25070]** : C1880, Cuthill, ELN, SCT **[10277]** : 1789, Calton Barony, LKS, SCT **[14120]** : C1900, Glasgow, LKS, SCT **[10277]** : 1700S, MLN, SCT **[42466]** : 1750-1800, Corstorphine, MLN, SCT **[10230]** : PRE 1840, Greenock, RFW, SCT **[14874]** : James, ALL, Kelso, ROX, SCT **[45154]** : PRE 1862, Slamannan, STI, SCT **[10277]** : 1780+, WLN, SCT **[29314]** : David, 1840S, Dalmeny, WLN, SCT **[33564]** : 1860, Miami Co., IN, USA **[24725]** : 1800+, OH, USA **[24725]** : 1700-1800, SC, USA **[20923]**
CUNNINGS : 1850+, Oakwood, ONT, CAN **[42634]** : ALL, Shoreditch & Poplar, LND, ENG **[42634]** : 1850+, USA **[42634]**
CUNNINGTON : 1800-1920, North London, ENG **[39445]** : PRE 1770, CAM, ENG **[39835]** : PRE 1770, HUN, ENG **[39835]** : 1700-1750, Crowland, LIN, ENG **[12541]**
CUNYNGHAME : 1700+, WLN, SCT **[29314]** : 1700-1822, WLN, SCT **[10273]**
CUPAR : ALL, PER, SCT **[37168]**
CUPIS : ALL, ENG **[25654]**
CURBISHLEY : PRE 1780, Knutsford, CHS, ENG **[12084]**
CURBY : 1840+, Sydney, NSW, AUS **[35983]** : 1700-1840, Enfield, MDX, ENG **[35989]**
CURCHAIN : ALL, Dunton, BDF, ENG **[13461]**

CURCHIN : ALL, DUR, ENG **[43613]**
CURD : 1871+, Medway Towns, KEN, ENG **[17175]** : PRE 1850, Tunbridge, KEN, ENG **[46255]** : 1900+, Hastings, NZ **[21712]**
CURETON : 1800+, Bromyard, HEF, ENG **[27393]** : PRE 1830, Aston, WAR, ENG **[28907]**
CURGENVEN : 1800S, ENG **[33816]**
CURL : Jonathon, 1843, Hackney, MDX, ENG **[10993]** : Mary, 1760+, Chew Magna, SOM, ENG **[45145]**
CURLE : 1830+, Coldingham, ELN, SCT **[39928]**
CURLEWIS : ALL, WORLDWIDE **[42698]**
CURNANE : Bridget, C1820, Moyvane, KER, IRL **[26823]**
CURNOCK : PRE 1805, Brentford, MDX, ENG **[11866]**
CURNOW : PRE 1848, CON, ENG **[14348]** : 1650-1720, Gwennap, CON, ENG **[12318]** : ALL, St.Just in Pen-with & Towednack, CON, ENG **[41377]** : 1650+, Towednack & St.Ives, CON, ENG **[18766]**
CURPHEY : 1700S, IOM **[11411]**
CURR : John, 1816+, Burwood, NSW, AUS **[11055]**
CURRALL : 1700-1800, Baldock, HRT, ENG **[26399]**
CURRAN : 1848-1887, Bombala, NSW, AUS **[11283]** : 1900+, Quirindi, NSW, AUS **[25654]** : Arthur Wm, 1800+, Fairbank, Gippsland & Melbourne, VIC, AUS **[33533]** : Lily, 1800+, Gippsland & Melbourne, VIC & DEV, AUS & ENG **[33533]** : 1800S, Douglas, IOM **[43521]** : PRE 1850, IRL **[45614]** : PRE 1890, MAY, IRL **[25737]** : Francis, 1830-1888, ARM & NSW, IRL & AUS **[10604]**
CURREL : 1750+, Mid To North, HRT, ENG **[26399]**
CURRELL : William, 1820-1900, London, ENG **[12716]** : 1750+, Mid To North, HRT, ENG **[26399]**
CURREN : PRE 1880, SRY, ENG **[34640]**
CURREY : 1880+, Newcastle, NSW, AUS **[40792]**
CURRICK : ALL, WORLDWIDE **[34582]**
CURRIE : Malcolm, 1835-1865, Nottawasaga Twp, Simcoe Co., ONT, CAN **[31486]** : ALL, Ilford, ESS, ENG **[19258]** : Archibald, 1780, Bellehervie, Isle of Islay, ARL, SCT **[31486]** : Malcolm, 1807, Bellehervie, Isle of Islay, ARL, SCT **[31486]** : Peter (Patk), 1719, Kilnave, Islay, ARL, SCT **[31486]** : John, C1830, Ballantrae, AYR, SCT **[20935]** : William, 1790+, Maybole & Ballantrae, AYR, SCT **[45769]** : 1760-1805, Longformacus, BEW, SCT **[21207]** : John, 1853+, DFS, SCT **[46217]** : PRE 1890, Kirkconnel, DFS, SCT **[30927]** : 1750+, Kilmaronock, DNB, SCT **[42570]** : 1700+, Kirkbean & Colvend, KKD, SCT **[45925]** : PRE 1860, Dalserf & Old Monkland, LKS, SCT **[14422]** : 1820S, Glasgow, LKS, SCT **[11658]** : 1780+, Edinburgh, MLN, SCT **[21207]** : Elizabeth, PRE 1820, Edinburgh, MLN, SCT **[41444]** : C1750-1850, Inneresk with Musselburgh, MLN, SCT **[46253]** : 1800-20, Renfrew, RFW, SCT **[46376]** : 1800-1900, ROX, SCT **[20770]** : 1840-1900, Tillicoutry, STI, SCT **[45199]** : Wm Frazer, C1790, WIG, SCT **[20935]**
CURRIER : 1770-1860, LND, ENG **[46300]**
CURRUTHERS : 1915, Ashington, NBL, ENG **[42474]** : Agnes, 1871+, Glasserton, WIG, SCT **[21955]**
CURRY : 1840+, Penrith, NSW, AUS **[11707]** : 1880+, Redfern, NSW, AUS **[30776]** : 1850S+, Wollongong, NSW, AUS **[11464]** : ALL, VIC, AUS **[42688]** : PRE 1900, London, ENG **[26017]** : Thomas, 1790+, Tiverton, DEV, ENG **[46268]** : ALL, DEV, CON & NFK, ENG **[33674]** : PRE 1870, South Shields, DUR, ENG **[40533]** : PRE 1846, Bristol, GLS, ENG **[28117]** : PRE 1910, Burnley, LAN, ENG **[43525]** : Ralph, C1780, North Shields, NBL, ENG **[19497]** : C1800, Knaresborough, YKS, ENG **[10634]** : 1700-1760, ANT, IRL **[15301]** : 1800+, Armagh, ARM, IRL **[98637]** : 1834, Quinn, CLA, IRL **[99047]** : PRE 1840, Omagh, TYR, IRL **[11707]** : Mary, PRE 1802, Dunoon, ARL, SCT **[41444]** : 1700+, Tiree, ARL, SCT **[29113]** : Elizabeth, PRE 1822, Allanton Parish, BEW, SCT **[13101]** : Edward, 1849-1995, Richmond, Contra Costa, CA, USA **[24674]** : James, 1755-1777, NY, USA **[15301]** : Edward, 1849-1865, Greenbriar & Monroe, VA & TN, USA **[24674]**
CURSON : PRE 1800, Hethersett & Hingham, NFK, ENG **[25352]** : 1700+, Little Ryburgh, NFK, ENG **[38349]**
CURSUE : ALL, London, ENG **[26253]** : ALL, DEV, ENG **[26253]**
CURTAIN : Mary, 1835-1905, Melbourne, VIC & KER, AUS & IRL **[11698]**
CURTHOYS : 1818+, GLS, ENG & AUS **[38624]**
CURTIS : ALL, AUS **[25183]** : Anne Louisa, 1849+, Sydney, NSW, AUS **[42565]** : Marana, 1920+, Sydney, NSW, AUS **[34947]** : 1835+, Launceston, TAS, AUS **[14627]** : John James, C1837, Sydney & Wellington, NSW, AUS & NZ **[39617]** : PRE 1802, London, ENG **[18702]** : 1700-1800, Renhold & Thurleigh, BDF, ENG **[30996]** : 1800-1900, Hearn Hill, DEV, ENG **[99573]** : PRE 1800, DOR, ENG **[45758]** : PRE 1860, DOR, ENG **[45881]** : 1800-1850, Cranborne & Poole, DOR, ENG **[30120]** : 1780S, Maiden Newton, DOR, ENG **[36655]** : 1800S, Moreton, DOR, ENG **[36655]** : 1800S, Winfrith Newburgh, DOR, ENG **[36655]** : Emma, 1800-1850, West Ham & All, ESS, ENG **[10286]** : 1800-1900S, Gloucester, GLS, ENG **[36655]** : John, 1843, Andover, HAM, ENG **[13763]** : ALL, Eling & Dibden, HAM, ENG **[31316]** : 1790-1840, Portsmouth, HAM, ENG **[43853]** : 1850+, Portsmouth, HAM, ENG **[30120]** : PRE 1800, St.Marys Bourne, HAM, ENG **[43033]** : 1700-1900, Lincoln, LIN, ENG **[27531]** : 1700-1850, Bethnal Green, LND, ENG **[16811]** : C1800, Lambeth, LND, ENG **[13326]** : 1890+, Wandsworth, LND, ENG **[42943]** : Isaac, C1812-1835, Norwich, NFK, ENG **[42905]** : ALL, Stokesby, NFK, ENG **[42943]** : ALL, Tunstall, NFK, ENG **[42943]** : 1750-1850, Flintham, NTT, ENG **[17400]** : 1850S, Nottingham, NTT, ENG **[18823]** : 1600+, SFK, ENG **[39061]** : ALL, Monksopen & Framlingham, SFK, ENG **[25183]** : ALL, Chewton Mendip, SOM, ENG **[35177]** : 1750+, Oxhill, WAR, ENG **[29664]** : PRE 1840, Worcester, WOR, ENG **[46272]** : ALL, CON & SA, ENG & AUS **[45626]** : PRE 1886+, Milton Regis & Faversham, KEN, ENG & USA **[18639]** : C1830, Rinnamona, CLA, IRL **[37880]** : ALL, ITL **[25183]** : C1882, Colyton, HBY, NZ & AUS **[39617]**
CURTIS (see COURTIS) : **[19921]**
CURTIS-DUELL : Elizabeth, 1816+, Eling, HAM, ENG **[22853]**
CURWEN : 1810, Pilling, LAN, ENG **[39856]** : PRE 1725, Pilling & Overton, LAN, ENG **[24873]**
CURWOOD : 1750, Watlington, OXF, ENG **[28092]** : 1850, Richmond, SRY, ENG **[12222]**
CURYER : William, C1844, DEV, ENG **[12317]** : C1835, IRL **[12317]**
CURZON-GAMBLE : John, C1793-96, Newport, SAL, ENG **[38548]**
CUSACK : Timothy, PRE 1863, Mulgoa, Picton, Yass & Albury, NSW, AUS **[10470]** : James, 1853+, Windsor & Cattai Creek, NSW, AUS **[10470]** : William, 1869+, Wagga & Sydney, NSW, AUS & IRL **[10470]** : Frederick, 1877+, Yass & Christchurch, NSW, AUS & NZ **[10470]** : ALL, CAV, IRL **[99036]** : Patrick, PRE 1840, Canningstown, CAV, IRL **[42479]** : Timothy, PRE 1854, Taughmaconnell, ROS, IRL **[10470]**
CUSHIN : 1850, Abbeyleix, LEX, IRL **[13437]**
CUSHMAN : 1600S, Plymouth, MA, USA & ENG **[22796]**
CUSS : 1800+, ENG **[17973]** : 1800-1900, Cricklade, WIL, ENG **[44946]** : 1830+, Cricklade, WIL, ENG **[17973]** : PRE 1900, Ashton Keynes, WIL & GLS, ENG **[17973]**
CUSSEN : 1700-1850, KER, IRL **[43491]** : 1700-1850, LIM, IRL **[43491]**
CUSSEN (see One Name Section) [43491]
CUSTANCE : ALL, WORLDWIDE **[30773]**
CUSTON : PRE 1816, Madras, INDIA **[17626]**

CUSTONS : ALL, WORLDWIDE [30773]
CUSWORTH : PRE 1900, YKS, ENG [18806]
CUTBIRD : William, 1700S, ENG [32559]
CUTBUSH : Thomas, 1800+, Highgate, LND, ENG [27038] : 1750-1830, SSX, ENG [16527]
CUTHBERT : Sophia, 1800+, Cheshunt, CAM, ENG [25310] : PRE 1700, North Walsham, NFK, ENG [33428] : 1800, Easton, SFK, ENG [21084] : 1800S, Sheffield, WRY, ENG [21796] : ALL, Tandragee, ARM, IRL [28151] : 1750+, AYR, SCT [27842] : PRE 1850, MLN & ELN, SCT [38309] : PRE 1850, PER, SCT [31045]
CUTHBERTSON : 1900+, Sydney, NSW, AUS [31097] : Sarah, 1800-1850, Alnwick, NBL, ENG [10383] : ALL, SCT [15014]
CUTHELL : PRE 1850, London & Stirling, LND & STI, ENG & SCT [44417]
CUTLER : 1842+, Glamorgan Vale, QLD, AUS [28134] : PRE 1637, Wingrave, BKM, ENG [26366] : 1800+, HAM, ENG [28134] : William, 1811+, Boldre, HAM, ENG [28134] : 1814+, Dartford, KEN, ENG [28134] : PRE 1500, Ipswich, SFK, ENG [33428] : Francis, 1600-1679, Wedmore, SOM, ENG [21349] : PRE 1860, Clapham & Wandsworth, SRY, ENG [45215] : 1840+, Rowley Regis, STS, ENG [28391] : PRE 1860, Halesowen, WOR, ENG [28391] : Benjamin, 1797-1868, London, LND, ENG & AUS [45774]
CUTMORE : 1700-1900, Cressing, ESS, ENG [18498] : 1750-1850, Much Hadham, HRT, ENG [45639] : 1770+, HRT & NSW, ENG & AUS [40480]
CUTRONE : 1800-1920, Martone, CALABRIA, ITL [11661]
CUTTELL : ALL, Babworth, NTT & WRY, ENG [45070]
CUTTEN : C1815-1858, ENG & AUS [31902]
CUTTER : 1830S, Hadstock, ESS, ENG [27369] : 1770+, London, LND, ENG [12788]
CUTTING : 1800-1900, Ditchingham & Great Yarmouth, NFK, ENG [45635] : PRE 1830, Honington, SFK, ENG [17670] : 1550S, Peasenhall, SFK, ENG [35184] : ALL, WIL, ENG [34582] : C1815-1858, ENG & AUS [31902]
CUTTRISS : 1860+, London, ENG & AUS [46373]
CUTTS : 1700S, Stockton on Tees, DUR, ENG [11066] : 1870-1928, Benacre, SFK, ENG [32314]
CUVEK : PRE 1890, Limerick, LIM, IRL [35209]
CUZENS : 1770, Powerstock, DOR, ENG [34374]
CUZONS : 1775+, Bourne, LIN, ENG [46308]
CYMERMAN : ALL, POL [34906]
CZARKOWSKI : PRE 1875, Horodenka, GALICIA, POL [40603]

==

Note: Surnames commencing with D' will also be found in strict alpha order. Names with spaces, eg. DA A... & DE A... will be found in front of DAA and DEA etc.

==

D'ABBADIE : 1700-1850, London, ENG [22440] : 1700-1870, Charente, FRA [22440]
D'AGUILAR : Iris, 1880+, Buenos Aires, ARGENTINA [99440]
D'AMICO : ALL, Campo Di Giove, ABR, ITL [22618]
D'ARCY : Thomas, 1800+, Mount Scott Kilmurry, CLA, IRL [12653] : 1790+, Killusty, TIP, IRL [45236]
D'ASSIG : 1700+, ALS, FRA [46349]
D'AUBIGNE : PRE 1300, Tamworth, STS, ENG [44913]
D'AUVERT : ALL, WORLDWIDE [42900]
D'EGVILLE : ALL, Lyon, RPA, FRA [37542]
D'ERNST : ALL, ENG [17470]
D'ESTOUTEVILLE : 1025, Etoutteville-sur-Mer, FRA [19759]
D'EVLIN : PRE 1860, Dublin, DUB, IRL [43792]
D'OBRY : PRE 1900, DEN [46455] : PRE 1920, ENG [46455]
D'OILLY : 1070, Hook Norton, OXF, ENG [19759] : 1045, Lisieux, FRA [19759]
D'OLIVEIRA : C1865, Oporto, PT [25770]
DA COSTA : Maria, C1780, Lisbon, PT [10705]
DA COSTA RICCI : 1850-1950, ENG [40033]
DABB : ALL, WORLDWIDE [33816]
D'ABBADIE : 1700-1850, London, ENG [22440] : 1700-1870, Charente, FRA [22440]
DABELL : 1820+, Belper, DBY, ENG [21131]
DABNER : ALL, KEN, ENG [17961] : ALL, SRY, ENG [17961]
DACEY : ALL, NSW, AUS [29810] : 1800S, IRL [34704]
DACH : 1700+, Waldlaubersheim, RPR, GER [16383]
DACK : PRE 1830, Shipdham, NFK, ENG [14874] : 1820+, Marshland, NFK & CAM, ENG [14874]
DACRE : 1800-1900, Lambeth, SRY & LND, ENG [43620] : 1750-1850, Kirby Lonsdale, WES, ENG [20835]
DACTMAN : PRE 1850, Hamburg, HBG, GER [32017]
DADDOW : 1700-1840, St.Agnes, CON, ENG [10646]
DADE : 1500+, East Anglia, ENG [16811] : PRE 1800, SFK, ENG [24993]
DADGE : Charles, 1900+, Cheltenham, GLS, ENG [28154]
DADSWELL : 1900+, Tooting, LND, ENG [18724]
DAFTER : 1750-1800, High Wycombe, BKM, ENG [16425]
DAGETT : 1600S, Ripon, YKS, ENG [13731]
DAGG : Thomas, 1847+, Clarendon, ONT, CAN [41438] : PRE 1837, London, ENG [41438] : PRE 1840, Dublin, IRL [41438] : Thomas, 1750+, Modreeny, TIP, IRL [41438]
DAGGER (see DAGGERS) : [30560]
DAGGERS : Alice, 1887+, LAN, ENG [30560] : Alice, 1887+, WORLDWIDE [30560]
DAGLEY : C1798, STS, ENG [43791] : 1700-1800, Alrewas, STS, ENG [34664]
DAGNALL : ALL, CHS, LAN & YKS, ENG [30870]
DAGNALL (see One Name Section) [30870]
DAGNELL : PRE 1900, LND, ENG [42730]
D'AGUILAR : Iris, 1880+, Buenos Aires, ARGENTINA [99440]
DAGWORTHY : 1794-1850S, Bridford, DEV, ENG [10705]
DAHL : PRE 1783, Ronne, BORNHOLM IS., DEN [32017] : Charles, 1836, SHO, GER [10846] : Oscar, 1865, Helsenborg, SWE [37745] : Alfred, C1840-1865, Helsenborg, SWE [37745] : Christina, C1840-1865, Helsenborg, SWE [37745]
DAHLEN : PRE 1800, Lorch, HEN, GER [14045]
DAHMS : 1800+, Rudersdorf, BRA, GER [13853]
DAILHOUX : ALL, NSW, AUS [46309] : 1850+, Yass, Sydney & Lismore, NSW, AUS [10470] : Piere & Gabriel, C1850, Moulins, FRA [10470]
DAIN : 1850+, Molong & Bathurst, NSW, AUS [36643] : PRE 1880, Maidstone & Greenwich, KEN, ENG [45874]
DAINES : 1890+, Hackney & Homerton, MDX, ENG [19727] : PRE 1820, NFK, ENG [46452] : William, 1800-1820, Higham, NFK, ENG [19727] : PRE 1901, Norwich, NFK, ENG [19727]
DAINTON : William, 1700S, Beckington, SOM, ENG [10993]
DAINTREE (see One Name Section) [28906]
DAINTY : ALL, Dudley, STS, ENG [37213]
DAIROLLES : Pierre, 1830S, FRA [10993] : Adrienne, 1863, FRA [10993]
DAISH : C1700, Alton Priors, WIL, ENG [11113]
DAKIN : 1900+, Perth, WA, AUS [32035] : 1760-1840, Knutsford, CHS, ENG [34664] : 1700-1850, Sutton cum Duckmanton, DBY, ENG [14246] : 1820-1880, Chelsea, MDX, ENG [34664] : 1820+, Horsehay & Dawley,

SAL, ENG [36514] : 1720-1740, Hanbury or Rolleston, STS, ENG [34664]
DALBY : PRE 1760, Osmaston, DBY, ENG [44078]
DALE : PRE 1860, Ballarat, VIC, AUS [32017] : 1830+, Macclesfield, CHS, ENG [30120] : 1800-1900, Nantwich & Manchester, CHS, ENG [13546] : PRE 1840, Sandbach, CHS, ENG [19641] : PRE 1840, Wheelock, CHS, ENG [19641] : Sarah Martha, 1860, ERY, ENG [21915] : Emma, 1830+, Norwood, ERY, ENG [21915] : 1800+, Dartford, KEN, ENG [21258] : C1850, Warrington, LAN, ENG [99443] : Margaret, PRE 1700, Croxton Kerrail & Buckminster, LEI, ENG [21349] : 1700+, Belton & Isle of Axholme, LIN, ENG [46499] : ALL, Castle & Little Bytham, LIN, ENG [36492] : 1800-1875, Leadenham, LIN, ENG [36826] : ALL, Westminster, MDX, ENG [44815] : PRE 1900, SFK, ENG [39312] : PRE 1850, Wickham Market & Framlingham, SFK, ENG [43481] : Hannah, 1750+, STS, ENG [35186] : 1850, Newcastle-U-Lyme, STS, ENG [12641] : PRE 1805, Doncaster, WRY, ENG [17763] : PRE 1870, Sheffield & Rotherham, WRY, ENG [26981] : 1800+, Wentworth & Elsecar, WRY, ENG [46499] : PRE 1780, Yarm, WRY, ENG [46478] : 1810+, Halifax, YKS, ENG [20975] : 1875+, Taranaki, NZ [36826] : Sarah, 1790+, Lanark, LKS, SCT [21321]
DALEY : 1841+, Camden, NSW, AUS [41435] : William, 1832, Sydney, NSW, AUS [13437] : 1878+, Warialda, NSW, AUS [30776] : ALL, London, ENG [16111] : 1800-1850, COR, IRL [36435] : C1800, Portlaoise, LEX, IRL [13347]
DALGARNO : ALL, AUS [39671] : ALL, ABD, SCT [39671] : Wm Chrystall, 1854+, Aberdeen, ABD, SCT [30182] : Joseph Wm, PRE 1850, BAN & ABD, SCT [25455]
DALGETY : 1800-20, Bideford, DEV, ENG [45082]
DALGLEISH : 1800+, MLN, SCT [98674] : 1805, Canongate, MLN, SCT [30929] : Hannah, 1799-1899, Yarrow, SEL, SCT [43996]
DALITZ : Mathes, PRE 1858, Werben, GER [11279]
DALKIN : PRE 1881, ENG [22725] : 1600+, Teesside, YKS, ENG [38979] : ALL, USA & UK [22725] : ALL, WORLDWIDE [22725]
DALL : Isabella, C1752, ENG [29774]
DALLAS : George, C1852, Sydney & Merriwa, NSW, AUS [11731] : J.H.A., 1865-1882, Goondiwindi, QLD, AUS [11731] : Margaret, 1822, Cullen, BAN, SCT [14880] : Sophia, 1804, Gamrie, BAN, SCT [14880] : Stewart, 1806, Gamrie, BAN, SCT [14880] : Charles, 1809, Gamrie, BAN, SCT [14880] :George, 1811, Gamrie, BAN, SCT [14880] : PRE 1861, Glasgow, LKS, SCT [25755] : 1860+, Edinburgh, MLN, SCT [46329] : C1920, Alameda, CA, USA [21479]
DALLAWAY : 1780-1850, Reigate, SRY, ENG [41629]
DALLEN : 1830S, ENG [17650]
DALLEY : 1800, Bristol, GLS, ENG [16527]
DALLIMORE : 1850+, Dandenong, VIC, AUS [99183] : ALL, ENG [17470]
DALLISON : 1860+, Sydney, NSW, AUS [38005] : 1792+, Billesdon, LEI, ENG [38005]
DALLY : 1800+, TAS, AUS [29198] :PRE 1793, Chichester, SSX, ENG [18702]
DALLYN : 1750+, West Buckland, DEV, ENG [17532]
DALMAN : 1800+, SWE & AUS [36652]
DALRYMPLE : 1600S+, AYR, SCT [33331]
DALTON : 1850S-1880S, Geelong, VIC, AUS [14388] : Nicholas, 1870, Melbourne, VIC, AUS [11533] : ALL, London, ENG [20773] : 1580-1700, Carlisle, CUL, ENG [10114] : C1850+, Chesterfield & Dronfield, DBY, ENG [43523] : Rev Peter, 1673-1713, Bramley, HAM, ENG [10114] : John, 1775-1800, Kingsclere, HAM, ENG [28323] : C1823, KEN, ENG [14744] : 1770+, Deptford, KEN, ENG [45030] : 1800+, LEI, ENG [33727] : Daniel, 1731-1779, Cowbit, LIN, ENG [20793] : Susanna, 1761-1832, Cowbit & Crowland, LIN, ENG [20793] : Daniel, 1809-1860, Crowland, LIN, ENG [20793] : C1915, Thorganby, LIN, ENG [39984] : PRE 1825, St.Botolph Without Aldgate, LND, ENG [36075] : PRE 1802, Bloomsbury, MDX, ENG [36075] : PRE 1750, Rotherhithe, SRY, ENG [19259] : C1850+, Sheffield, YKS, ENG [43523] : Capt Dominick, PRE 1750, Royal Scots Regt., HAM & OFF, ENG & IRL [10114] : C1823, FRA [14744] : PRE 1840, Cork, COR, IRL [42296] : 1840+, Ballyduff, KER, IRL [35935] : 1855, Tralee, KER, IRL [31453] : 1840, TIP, IRL [20401] : ALL, TIP, IRL [45202] : Michael, C1810+, Golden, TIP, IRL [39083] : ALL, NY & NJ, USA [45202]
DALTON (see One Name Section) [39083]
DALWOOD : 1870, Stoke Sub Hamdon, SOM, ENG [12507]
DALY : 1850+, Newcastle, NSW, AUS [10317] : 1857+, Adelaide, SA, AUS [36742] : 1874-1920, VIC, AUS [45687] : James, 1850+, Daylesford, VIC, AUS [41454] : C1854-1921, Hamilton, VIC, AUS [45687] : 1950+, Ilford, ESS, ENG [35004] : Mary, PRE 1920, Liverpool, LAN, ENG [46426] : Ann, PRE 1860, Belfast, ANT, IRL [10731] : C1800, Drumkilroosk, CAV, IRL [13347] : PRE 1857, Ballyvaughan, CLA, IRL [36742] : PRE 1840, Ennistymon, CLA, IRL [14536] : 1800+, Kinvara & Knoggera, GAL, IRL [13037] : Patrick, ALL, Anglesborough, LIM, IRL [13569] : 1800S, Limerick, LIM, IRL [13347] : Daniel, 1864-1924, Limerick, LIM, IRL [39123] : C1838-1854, LOU, IRL [45687] : PRE 1850, Rathmore, MEA, IRL [10317] : C1849, MOG, IRL [45687] : C1809, Carrickmacross, MOG, IRL [45687] : William, 1890S, OFF, IRL [11590] : PRE 1870, OFF, IRL [46453] : Owen, 1800+, Mornington, WEM, IRL [18301] : Catherine, 1828-93, Multyfarnham, WEM, IRL [18301] : Edward, 1817+, Stonehall, WEM, IRL [18301]
DALZELL : PRE 1784, Mousewald, DFS, SCT [41768]
DALZIEL : 1800+, Longhorsely, NBL, ENG [44938] : John, 1805, Dummiedale & Rerrick, KKD, SCT [16867] : Robert, C1880, Gatehouse of Fleet, KKD, SCT [16867] : John, 1820, Little Knox & Rerrick, KKD, SCT [16867]
DAMEN : PRE 1750, RPF, BRD [20178]
DAMERELL : 1800+, Ugborough, DEV, ENG [27066]
D'AMICO : ALL, Campo Di Giove, ABR, ITL [22618]
DAMM : ALL, ENG & GER [38488]
DAMMON : PRE 1850, DOR, ENG [28275]
DAMMONT : 1600+, SFK, ENG [31079]
DAMON : PRE 1850, DOR, ENG [28275] : 1830+, Long Bredy, DOR, ENG [30107] : 1650+, MA, USA [22737]
DAMS : 1700-1800, Cottingham, NTH, ENG [14513] : PRE 1830, Seaton, RUT, ENG [19515]
DAMSIELL : PRE 1869, WORLDWIDE [40996]
DANAHER : PRE 1840, Limerick City, LIM, IRL [10276] : ALL, Kilcommon, TIP, IRL [36115]
DANBROOK : ALL, SFK, ENG [18018]
DANBY : Samuel, C1814, Elgin Co., ONT, CAN & UK [16802] : 1840S, CAM, ENG [12508] : 1860S, DBY, ENG [12508] : PRE 1850, Woolwich, KEN, ENG [32907] : Thomas, C1750, Legsby, LIN, ENG [16802] : 1880S, Birmingham, WAR, ENG [12508]
DANCASTER : ALL, HAM, ENG [39430] : ALL, SSX, ENG [39430]
DANCE : PRE 1850, HEF, ENG [26493] : 1670+, MDX, NTT & YKS, ENG [30120] : C1770, Collingbourne, WIL, ENG [12060] : 1800S, Maidenhead, BRK, ENG & AUS [42066]
DANCER : 1800, London, MDX, ENG [32068] : PRE 1850, STS, ENG [34906]
DANCY : Elizabeth, C1674, Doddington, KEN, ENG [10035] : ALL, Cuckfield, SSX, ENG [41305]
DANDERSON : 1900-1900, WORLDWIDE [21788]
DANDO : 1850+, Shrewsbury, SAL, ENG [27492] : 1800S, Stone Easton, SOM, ENG [43481]

DANDY : PRE 1650, Combs & Ipswich, SFK, ENG **[10850]**

DANE : 1730-1780, Witton & Ingham, NFK, ENG **[32505]** : 1830+, Nelson, NZ **[42112]**

DANES : PRE 1800, Wendon Lofts, ESS, ENG **[34986]**

DANFORD : 1700-1850, SFK, ENG **[20919]**

DANFORTH : 1900+, DC, USA **[26785]** : 1745+, Middlesex Co., MA, USA **[23367]** : PRE 1788, Fulton Co., NY, USA **[23367]** : PRE 1837, Onondaga Co., NY, USA **[23367]**

DANGER : 1600+, HUN & CAM, ENG **[41477]**

DANGERFIELD : 1650-1835, Kings Stanley, GLS, ENG **[19127]** : PRE 1841, Kings Stanley, GLS, ENG **[30804]** : PRE 1830, Stroud, GLS, ENG **[43137]** : 1790S, Marlborough, WIL, ENG **[11698]**

DANIEL : 1850+, Temora, NSW, AUS **[12708]** : Martha, 1790-1870, Poynton & Worth, CHS, ENG **[37619]** : PRE 1900, Roseland, CON, ENG **[22536]** : 1840+, DEV, ENG **[12708]** : Henry, C1750, Bristol, GLS, ENG **[99114]** : ALL, Sandhurst, GLS, ENG **[15793]** : Robert, 1600+, Cowden, KEN, ENG **[34140]** : 1750-1850, Bethnal Green, LND, ENG **[12641]** : Joseph, 1780+, Lambeth, LND, ENG **[34641]** : ALL, Bethnal Green, MDX, ENG **[41103]** : PRE 1830, Stepney & Shoreditch, MDX, ENG **[17470]** : 1800S, Norwich, NFK, ENG **[21145]** : C1900, Brixton, SRY, ENG **[17403]** : C1800-1870, Lambeth & Southwark, SRY, ENG **[17470]** : PRE 1800, Brighton, SSX, ENG **[46359]** : ALL, Hastings, SSX, ENG **[17203]** : ALL, Hastings, SSX, ENG **[21495]** : 1800S, Horsforth, WRY, ENG **[46434]** : PRE 1879, South Milford, WRY, ENG **[31442]** : PRE 1851, Ryhill, YKS, ENG **[11366]** : ALL, YKS & LIN, ENG **[30773]** : ALL, Dublin, IRL **[37542]** : 1800-1900S, NZ **[21195]** : ALL, Edinburgh, MLN, SCT **[37542]** : ALL, Borth, CGN, WLS **[44007]**

DANIELL : 1775+, Biggleswade, BDF, ENG **[13461]** : ALL, Bethnal Green, MDX, ENG **[41103]** : PRE 1780, Shoreditch, MDX, ENG **[17470]**

DANIELS : George H., PRE 1890, Goulburn, NSW, AUS **[14120]** : 1856+, Highhill Flats, NSW, AUS **[30449]** : James, 1854-1929, Mullaley, NSW, AUS **[30512]** : John B., 1830+, Sydney, NSW, AUS **[40480]** : C1847, Windsor, NSW, AUS **[14120]** : George H., C1847, Windsor, NSW, AUS **[14120]** : 1770+, NSW & SRY, AUS & ENG **[40480]** : ALL, ENG **[44339]** : George Holmes, C1820, Penzance, CON, ENG **[14120]** : PRE 1850, St.Clear, CON, ENG **[45111]** : 1800+, Whitchurch, HEF, ENG **[30449]** : 1850-1925, Alkham, KEN, ENG **[43916]** : C1780, Chatham, KEN, ENG **[14747]** : 1850-1925, Upper Hardes, KEN, ENG **[43916]** : ALL, Eccles, LAN, ENG **[17654]** : 1790S, LND, ENG **[34381]** : 1940+, Islington, LND, ENG **[44889]** : Sarah, 1790, Chiswick, MDX, ENG **[35649]** : 1700-1850, Blickling, NFK, ENG **[38307]** : 1820+, Norwich, NFK, ENG **[13763]** : 1700+, Quatford & Old Swinford, SAL & WOR, ENG **[46194]** : ALL, Molesey, SRY, ENG **[44339]** : 1700-1900, WIL, ENG **[18861]** : Joseph, 1860-1890, WIL, ENG **[18861]** : PRE 1900, WIL, ENG **[29417]** : 1800+, DUB, IRL **[34089]** : Richard, 1850+, Glasgow, LKS, SCT **[39949]** : ALL, GLA, WLS **[44339]**

DANKER : 1855+, Rockhampton, QLD, AUS **[42226]** : ALL, Milow & Rathenow, PRE, GER **[42226]**

DANKIEZ : 1750-1840, Hamburg, HAN, GER **[27140]**

DANKS : Francis, 1770, Ludlow, SAL, ENG **[21759]** : 1726, Tanworth-in-Arden, WAR, ENG **[37138]** : 1775-1825, Halesowen, WOR, ENG **[17449]** : 1733-1938, Tardebigge, WOR, ENG **[37138]**

DANN : 1800-1850, Cambridge, CAM, ENG **[42609]** : PRE 1900, Plymouth, DEV, ENG **[31014]** : PRE 1864, Tavistock, DEV, ENG **[25640]** : PRE 1840, Huntingdon, HUN, ENG **[46236]** : C1800, Poplar, MDX, ENG **[18055]** : Elizabeth, PRE 1797, Nottingham, NTT, ENG **[34975]**

DANNATT : ALL, LIN, ENG **[17037]**

DANNIGER : PRE 1800S, WUE, GER **[45142]**

DANNOCK : 1850+, Kew, VIC, AUS **[34321]** : 1765+, Wymondham, NFK, ENG **[34321]** : 1700, SCT **[34321]**

DANPURE : PRE 1750, ENG **[45186]** : PRE 1900, LND & MDX, ENG **[45186]** : PRE 1750, FRA **[45186]**

DANSER : 1700+, NTH, ENG **[31574]**

DANTER : 1800+, ENG **[41880]** : 1840, Gloucester, GLS, ENG **[28802]**

DANTON : 1590-1870, KEN, ENG **[45749]**

DANVERS : Hopke, ALL, Lewes, SSX, ENG **[22307]**

DANZEY : ALL, WORLDWIDE **[28098]**

DAPPE : ALL, Holborn, LND, ENG **[37321]**

DARBEN : C1800, Lambeth, LND, ENG **[26731]**

DARBOURN : ALL, BRK, ENG **[43727]**

DARBY : ALL, VIC, AUS **[10846]** : 1700+, Hewelsfield, GLS, ENG **[40042]** : George, 1795+, LIN, ENG **[10846]** : Mary Louisa, 1869+, Northampton, NTH, ENG **[33870]** : 1620+, Rowley Regis, STS, ENG **[15823]** : Mary, C1835, Frankley, WOR, ENG **[31153]** : Hugh, 1770-1840, Kilmarnock, AYR, SCT **[41349]** : 1800+, Brecon, BRE, WLS **[17380]**

DARBYSHIRE : 1700-1850, CHS, ENG **[30823]** : PRE 1850, CHS, ENG **[36551]**

DARCEY : 1890+, Chorley, LAN, ENG **[45236]** : John, 1700-1800, Crougham, WEX, IRL **[40490]** : Bridget, 1750-1850, Crougham, WEX, IRL **[40490]**

DARCUS : 1800S, Londonderry, LDY, IRL **[41067]**

DARCY : Thomas, 1856+, Birregarra, VIC, AUS **[12650]** : Anthony, 1860+, Camperdown, VIC, AUS **[12650]** : Luke, 1855+, Modewarre, VIC, AUS **[12650]** : 1890+, LAN, ENG **[45236]** : 1890+, Chorley, LAN, ENG **[45236]** : Michael, 1800+, Kilmorey, CLA, IRL **[12653]** : Patrick, 1840+, Mount Scott, CLA, IRL **[12650]** : 1790+, Killusty, TIP, IRL **[45236]** : 1829-90, Lisvarrinane, TIP, IRL **[45236]**

D'ARCY : Thomas, 1800+, Mount Scott Kilmurry, CLA, IRL **[12653]** : 1790+, Killusty, TIP, IRL **[45236]**

DARE : ALL, AUS **[11658]** : 1860+, Wollongong, NSW, AUS **[45384]** : James, C1815-1884, SRY & NSW, ENG & AUS **[45384]** : ALL, ENG & NZ **[20546]**

DARE (see One Name Section) **[12391]**

DARGAVEL : C1800, AYR, SCT **[14076]** : ALL, DFS, SCT **[15596]**

DARGAVEL (see One Name Section) **[15596]**

DARGAVELL : 1860+, Lexington, KY, USA **[15596]**

DARGUE : 1920+, Redfern, NSW, AUS **[31762]**

DARK : PRE 1835, Barnstaple, DEV, ENG **[11145]** : John & Grace, 1832+, Portsmouth, HAM, ENG **[14548]** : John, C1808, Bradford on Avon, WIL, ENG **[14548]** : 1700+, Broughton Gifford, WIL, ENG **[13857]** : Stephen, 1840+, West Lavington, WIL, ENG **[13857]** : 1700-1800, Offenham, WOR, ENG **[30138]** : Ebenezer, 1824+, WIL; ENG & USA **[13857]**

DARKE : Elizabeth, 1800, London, ENG **[28081]** : Sarah, 1778, Gloucester, GLS, ENG **[13437]**

DARKEN : ALL, NFK, ENG **[33696]**

DARKIN : ALL, Norwich, NFK, ENG **[33696]**

DARKINS (see : Dawkins), **[10998]**

DARL : Harriet, C1799+, Chatham, KEN, ENG **[10071]**

DARLEY : ALL, London, ENG **[42943]** : 1850+, KEN & MDX, ENG **[10340]** : 1750+, Dublin & Bray, IRL **[10340]**

DARLING : William, 1852+, KEN, ENG **[33454]** : 1820+, Manchester, LAN, ENG **[29867]** : 1772+, Ford, NBL, ENG **[12321]** : 1840-1940, Sheffield, YKS, ENG **[18657]** : 1800+, Drumreilly, LET, IRL **[20835]** : 1860+, Cromdale & Grantown, INV & MOR, SCT **[12708]**

DARLINGTON : PRE 1770, Over, CHS, ENG **[31316]** : 1700+, Liverpool, LAN, ENG **[17030]** : Dorothy, 1885+, Manchester, LAN, ENG **[17030]** : Thomas, 1890+, Manchester, LAN, ENG **[17030]**

DARLOW : 1800-1900, Newborough, NTH, ENG **[45442]**

DARMODY : 1867+, Brisbane, QLD, AUS **[28000]** : John, 1858+, VIC, AUS **[28000]** : John, PRE 1853, Banagher, OFF, IRL **[46245]**
DARNAL : 1900, Shoreditch, LND, ENG **[40769]**
DARNELL : PRE 1820, KEN, ENG **[38660]** : 1800+, Great Yarmouth, NFK, ENG **[29025]** : PRE 1788, Northampton, NTH, ENG **[11066]** : 1800-1850, Wadhurst, SSX, ENG **[38660]**
DARNES : PRE 1840, Bourn & Spalding, LIN, ENG **[37058]**
DARNIL : 1750, Trusthorpe, LIN, ENG **[46483]**
DARRALL : Charles, 1920+, Toronto, ONT, CAN **[22753]**
DARRELL : 1640+, Warwick, BERMUDA **[42600]** : 1520+, Little Charte & Calehill, KEN, ENG **[42600]**
DARRIE : 1800+, ROX & BEW, SCT **[17650]**
DARRINGTON : 1800-1900, BDF, ENG **[99433]**
DARROW : Hannah, C1764, Great Sankey, LAN, ENG **[18957]**
DART : 1750+, DEV & SOM, ENG **[30022]** : 1800-1900, Bristol, GLS, ENG **[38840]** : ALL, Waterford City, WAT, IRL **[19844]** : ALL, WORLDWIDE **[30022]**
DARTNALL : ALL, KEN & SRY, ENG **[34861]**
DARTNELL : 1820+, Croydon, SRY, ENG **[34861]**
DARTON : PRE 1853, Plymouth, DEV & CON, ENG **[45772]**
DARTWELL : C1794-1861, Brasted, KEN, ENG **[22698]**
DARVELL : ALL, ENG **[39527]** : PRE 1870, Chesham, BKM, ENG **[31305]**
DARVIL : John, PRE 1743, Chesham, BKM, ENG **[36275]**
DARVILL : 1758, Sarratt & Kings Langley, HRT, ENG **[36275]** : PRE 1800, Harrow, MDX, ENG **[12395]**
DARWENT : C1850, YKS, ENG **[41370]**
DASS : ALL, Orkney, SCT **[14513]**
D'ASSIG : 1700+, ALS, FRA **[46349]**
DATE : PRE 1850, Bridgewater, SOM, ENG **[10793]** : PRE 1850, East Quantox Head & St.Decumans, SOM, ENG **[12915]**
DAUBENEY : 1780+, Melbourne, DBY, ENG **[42961]**
DAUBENSPECK : 1800+, PA, USA **[13513]**
D'AUBIGNE : PRE 1300, Tamworth, STS, ENG **[44913]**
DAUGHERTY : PRE 1800, Bride, IOM, UK **[42782]** : 1810-1834, Monroe Co., NY, USA **[22558]** : 1834+, Medina Co., OH, USA **[22558]**
DAUNCEY : PRE 1850, Coaley & Ulay, GLS, ENG **[42967]**
DAUNT : ALL, Uley, GLS, ENG **[24902]** : 1600+, COR, IRL **[10775]** : ALL, Carigaline, COR, IRL **[24902]** : PRE 1850, Cork, COR, IRL **[16370]**
DAUNTE : PRE 1850, Cork, COR, IRL **[16370]**
DAUSON : PRE 1850, KEN & ELN, ENG & SCT **[31186]**
D'AUVERT : ALL, WORLDWIDE **[42900]**
DAVENANT : PRE 1700, WIL & ESS, ENG **[17763]**
DAVENPORT : 1850-1920, Fryers Creek, VIC, AUS **[36847]** : Sarah, 1870, Wangaratta, VIC, AUS **[36433]** : PRE 1700+, London, ENG **[36847]** : ALL, CHS, ENG **[36528]** : 1820+, Liverpool, LAN, ENG **[42782]** : Martha, 1818, Manchester, LAN, ENG **[29187]** : 1820+, Manchester, LAN, ENG **[42782]** : John, PRE 1837, Manchester, LAN, ENG **[29187]** : PRE 1900, Manchester, LAN, ENG **[36528]** : PRE 1900, Birmingham, WAR, ENG **[27931]** : C1800, Nuneaton, WAR, ENG **[38728]** : 1800S, Bromsgrove & Belbroughton, WOR, ENG **[27780]** : Thomas, PRE 1900, LIM, IRL **[36433]** : George, C1770, Rathkeale, LIM, IRL **[36433]** : 1900+, WAIKATO, NZ **[27931]**
DAVEY : 1895, Charters Towers, QLD, AUS **[36768]** : William, 1870-1906, Copperfield, QLD, AUS **[43775]** : 1850, Adelaide, SA, AUS **[10956]** : Peter, 1862+, Creswick, VIC, AUS **[12950]** : Peter, 1865+, Creswick, VIC, AUS **[12639]** : C1820, Forrabury & Camelford, CON,

ENG **[25658]** : PRE 1809, Kenwyn, CON, ENG **[31574]** : PRE 1850, Sancreed, St.Just & Redruth, CON, ENG **[11873]** : 1750-1840, DEV, ENG **[34349]** : 1800+, Coffinswell, DEV, ENG **[40319]** : 1800+, Dawlish, DEV, ENG **[40319]** : 1750-1870S, Exeter & Landkey, DEV, ENG **[10286]** : 1600+, Molton, DEV, ENG **[23319]** : 1750-1850, Shute, DEV, ENG **[27087]** : 1800-1881, South Molton, DEV, ENG **[45675]** : 1800+, St.Nicholas, DEV, ENG **[42361]** : 1825+, Tiverton, DEV, ENG **[45652]** : 1840S, Romford, ESS, ENG **[34748]** : PRE 1850, South Ockendon, ESS, ENG **[34748]** : 1700+, ESS & LND, ENG **[36071]** : 1750+, HAM & SRY, ENG **[30291]** : 1700-1800, Bovingdon, HRT, ENG **[45883]** : 1880+, LND, ENG **[46415]** : Rebecca, C1786, NFK, ENG **[39430]** : PRE 1850, Caister, NFK, ENG **[29373]** : ALL, Caston & Carbrooke, NFK, ENG **[46415]** : ALL, Tasburgh, NFK, ENG **[46415]** : Rebecca, C1823, Campsey Ash, SFK, ENG **[39186]** : 1838, Bristol, SOM, ENG **[46238]** : 1750+, Nether Stowey, SOM, ENG **[21983]** : Thomas, 1870-1900, Camberwell & Peckham North, SRY, ENG **[38538]** : PRE 1800, SSX, ENG **[39430]** : John, 1854, Brighton, SSX, ENG **[25533]** : 1750+, Laughton, Ripe & Steyning, SSX, ENG **[39042]** : Daniel, 1803, Lewes, SSX, ENG **[25533]** : Abraham, 1821, Lewes & Brighton, SSX, ENG **[25533]** : John, 1854, Alderbury, WIL, ENG **[10318]**
DAVID : ALL, Bad Segeberg, SHO, BRD **[19655]** : 1800-1900, DEV & SSX, ENG **[30071]** : ALL, Holborn, MDX, ENG **[19655]** : PRE 1800, Wormsbrock, SHO, GER **[25969]** : PRE 1850, Bortic Bei Zloezew, SIERADZ, POL **[40603]** : PRE 1890, Kadlub, WIELUN, POL **[40603]** : Rachel, 1794, Llanpumpsaint, CGN, WLS **[39482]** : 1780-1950, Llantwit Major & Llantristant, GLA, WLS **[32505]** : Griffith, 1750-1770, Ffynnonfi Dinas, PEM, WLS **[29468]**
DAVIDGE : PRE 1700, Buckhorne Weston, DOR, ENG **[10493]** : C1700, Buckhorne Western, DOR, ENG **[30246]** : Martha, 1800, Radstock, SOM, ENG **[13031]**
DAVIDOVITZ : Joseph, 1850-1920, Poddembice, SU **[17217]** : Isaac E., 1850-1920, Poddembice, SU **[17217]** : Reuben John, 1896-1902, Poddembice, SU **[17217]**
DAVIDSON : Alf. & Phoebe, 1860+, Brisbane, QLD, AUS **[39735]** : Maxwell, 1850+, Hobart, TAS, AUS **[39017]** : 1870S, Richmond, VIC, AUS **[13244]** : Nancy, ALL, Vancouver, BC, CAN **[16867]** : James, 1826-1845, Colombo & Kandy, CEYLON **[14388]** : ALL, Bewcastle & Stapleton, CUL, ENG **[21196]** : 1750+, Carlisle, CUL, ENG **[38934]** : 1850+, Penrith, CUL, ENG **[25854]** : James, C1849, DUR, ENG **[12165]** : PRE 1840, Toppesfield, ESS, ENG **[12395]** : Alfred, PRE 1860, Warmley, GLS, ENG **[39735]** : 1800+, London, MDX, ENG **[31877]** : C1919, Kilburn, MDX & LND, ENG **[31079]** : 1800+, NBL, ENG **[44078]** : ALL, Clapham & Tatham, WRY & LAN, ENG **[25572]** : Matthew, ALL, ENG & SCT **[25073]** : Isaac E., 1890-1980, IRL **[17217]** : Reuben John, 1897-1980, IRL **[17217]** : PRE 1820, Ballymena, ANT, IRL **[13655]** : PRE 1841, DOW, IRL **[14348]** : 1800S, Rathfriland, DOW, IRL **[41067]** : Eliza, C1832-1912, Boylestone & Abbotts Bromley, MAY, DBY & STS, IRL & ENG **[27325]** : 1858+, NZ **[26870]** : ALL, OTG, NZ **[28361]** : 1750, ABD, SCT **[28081]** : ALL, ABD, SCT **[29324]** : C1800, ABD, SCT **[30182]** : PRE 1810, Aberdeen, ABD, SCT **[37058]** : 1800S, Alford, ABD, SCT **[46395]** : James, 1811, Cruden, ABD, SCT **[10318]** : 1758+, New Machar, ABD, SCT **[26870]** : PRE 1829, Peterhead, ABD, SCT **[17055]** : ALL, AYR, SCT **[28361]** : 1793, Inveravon, BAN, SCT **[13437]** : John, 1810+, Rathven, BAN, SCT **[16834]** : PRE 1873, Canonbie, DFS, SCT **[21365]** : ALL, Pencaitland & Gladsmuir, ELN, SCT **[21563]** : Ness, PRE 1750, Wemyss, FIF, SCT **[33728]** : 1770+, INV, SCT **[20742]** : PRE 1825, Bervie, KCD, SCT **[46303]** : Logie, 1816-1878, Johnshaven, KCD, SCT **[28151]** : 1832, Urr, KKD, SCT **[30714]** : 1750+, LKS, SCT **[43772]** : Martha, C1860, Avondale, LKS, SCT **[13326]** : PRE 1847, Glasgow, LKS, SCT **[10516]** : 1770-1810, Cranston, MLN, SCT

[21563] : Roderick, PRE 1865, Cromarty, ROC, SCT
[41041] : Foster, PRE 1890, Cromarty, ROC, SCT
[41041] : Harriet, PRE 1920, Cromarty, ROC, SCT
[41041] : PRE 1860, Elgin, ROC, SCT **[38743]** : PRE 1850, Galashiels, ROX, SCT **[36437]** : Peter, 1840, Kelso, ROX, SCT **[13177]** : Peter, C1806, Stitchel, ROX, SCT **[13177]** : PRE 1807, WIG, SCT **[12367]** : 1790-1850, Aberdeen, ABD, SCT & AUS **[46219]** : Reuben John, 1896-1902, Poddembice, SU **[17217]** : Helen, 1932, IN & TX, USA **[11736]** : ALL, KS, USA **[28361]**

DAVIE : 1661-1784, Morchard Bishop, DEV, ENG **[39706]** : 1800+, Bocking, ESS, ENG **[45030]** : Robert, PRE 1600, Brnechley, KEN, ENG **[31153]** : PRE 1850, Chapel of Garioch, ABD, SCT **[42211]** : 1800, Midmar, ABD, SCT **[97805]** : PRE 1750, Carstairs, LKS, SCT **[46339]** : 1650-1700, Newton, MLN, SCT **[36655]**

DAVIES : William, C1850+, Bathurst, NSW, AUS **[25654]** : Evan, 1831-1876, Newcastle, NSW, AUS **[10470]** : Merle, 1904+, Werris Creek & Sydney, NSW, AUS **[10470]** : Susannah, C1895, Wollongong, NSW, AUS **[31676]** : 1860-1870, Rockhampton, QLD, AUS **[99125]** : 1920+, Lameroo, SA, AUS **[14346]** : George, 1849-1927, Geelong & Ballarat, VIC, AUS **[41228]** : 1850+, Melbourne, VIC, AUS **[43779]** : C1840+, Hobart, TAS, AUS & NZ **[41297]** : Daniel, 1828, Newcastle, NSW & BRE, AUS & WLS **[11530]** : Emily, 1800S, ENG **[37692]** : Louis, 1900-1930, ENG **[99174]** : PRE 1880, London, ENG **[21906]** : PRE 1900, Bedford, BDF, ENG **[21906]** : 1800+, Chester, CHS, ENG **[46433]** : 1850-1890, Northwich, CHS, ENG **[12641]** : James, 1861-1930S, Runcorn, CHS, ENG **[46278]** : PRE 1800, Tiverton, CHS, ENG **[19415]** : 1750-1850, Beverley, ERY, ENG **[21906]** : Llewellyn, 1940+, Bristol, GLS, ENG **[30603]** : C1778, Hewelsfield, GLS, ENG **[28747]** : C1831, Woolaston, GLS, ENG **[28747]** : Mary, 1750-1850, St.Briavels Hundred, GLS & HEF, ENG **[27039]** : John, 1850+, Southampton, HAM, ENG **[12539]** : 1720-1840, Clifford, HEF, ENG **[18422]** : C1864, Hereford, HEF, ENG **[30998]** : 1750-1800, Orleton, HEF, ENG **[30488]** : Isabella, C1875+, Clifton, LAN, ENG **[17548]** : Annie, C1886+, Farnworth, LAN, ENG **[17548]** : 1830+, Hulme, Manchester, LAN, ENG **[17548]** : William, C1787, Liverpool, LAN, ENG **[10850]** : William, PRE 1850S, Liverpool, LAN, ENG **[40057]** : Edith Emily, 1880+, Pendlebury, LAN, ENG **[17548]** : Joseph, 1869, Swinton, LAN, ENG **[17548]** : Glyndwr, 1892+, Fulham, LND, ENG **[45691]** : 1700+, MDX, ENG **[14589]** : 1850-1900, MDX, ENG **[45291]** : Thomas, PRE 1780, Acton Burnell, SAL, ENG **[37847]** : 1800-1900, Chirbury, SAL, ENG **[40769]** : David, C1800, Madeley, SAL, ENG **[31273]** : PRE 1880, Madeley, SAL, ENG **[35015]** : 1800S, Oswestry, SAL, ENG **[11226]** : PRE 1760, Pontesbury, SAL, ENG **[28474]** : John, C1800+, Sweeney Mountain, SAL, ENG **[34140]** : 1700-1900, Weston Super Mare, SOM, ENG **[19853]** : 1750-1850, Croydon, SRY, ENG **[20416]** : Mary E., 1937, London & Lambeth, SRY, ENG **[31552]** : 1850-1900, Horsham, SSX, ENG **[21906]** : PRE 1850, Lewes, SSX, ENG **[43779]** : ALL, STS, ENG **[43317]** : C1850, Brewood, STS, ENG **[10820]** : ALL, Longton, STS, ENG **[42943]** : ALL, Tipton & West Bromwich, STS, ENG **[45766]** : Elizabeth, PRE 1875, Birmingham, WAR, ENG **[17745]** : Henry, 1850+, WIL, ENG **[99055]** : ALL, YKS, LAN & HUN, ENG **[19656]** : Hannah, 1788-1880, London, LND, ENG & AUS **[45774]** : 1840+, NZ **[33816]** : Helena, ALL, UK **[46505]** : ALL, UK **[35836]** : Isaac, 1832-1900, Bronllys, BRE, WLS **[15710]** : Mary E., 1914+, Devynnock & Maescar, BRE, WLS **[31552]** : Roger, 1800+, Gwenddwr, BRE, WLS **[15710]** : Isaac, 1829-1900, Gwenddwr, BRE, WLS **[15710]** : 1800-1820, Hay, BRE, WLS **[18422]** : Thomas, 1837+, Llanafan Fawr, BRE, WLS **[18301]** : Enoch, 1786+, Llanfihangel Bryn F., BRE, WLS **[15710]** : Alice, 1815+, Llanfrynach, BRE, WLS **[15710]** : 1880-1916, Llanigon, BRE, WLS **[21463]** : Roger, 1800+, Merthyr Cynog, BRE, WLS **[15710]** : 1800+, Talgarth, BRE, WLS **[30386]** : 1750+,

Llandisiliogogo, CGN, WLS **[37156]** : Titus, 1806, Llandyssul, CGN, WLS **[39482]** : 1800-1875, CMN, WLS **[45291]** : Evan, 1831-1876, CMN, WLS **[10470]** : ALL, CMN, WLS **[24474]** : David, 1828+, Berwick, CMN, WLS **[46500]** : Mary, 1800+, Llanarthney, CMN, WLS **[39482]** : PRE 1860, Llandovery, CMN, WLS **[10967]** : Mary, 1801+, Llanfihangel Ar Arth, CMN, WLS **[39482]** : John, 1830+, Llangadog, CMN, WLS **[39482]** : Lazarus, 1820, Llangeler, CMN, WLS **[39482]** : Mary, 1800+, Llanllwni, CMN, WLS **[39482]** : Anne, 1824+, Llanwrda, CMN, WLS **[39482]** : Rachel, 1930+, Pencader, CMN, WLS **[10329]** : Charles, PRE 1837, DEN, WLS **[30823]** : Louis, 1868+, Brymbo, DEN, WLS **[99174]** : 1800S, Chirk, DEN, WLS **[11226]** : 1750+, Sutton near Wrexham, DEN, WLS **[20729]** : Mary, PRE 1800, Wrexham, DEN, WLS **[45949]** : Deborah, 1843, Bangor, FLN, WLS **[20729]** : Nathaniel, 1845, Bangor, FLN, WLS **[20729]** : 1700-1800, Hope, FLN, WLS **[20729]** : Elizabeth, 1825+, GLA, WLS **[41446]** : Sarah, C1836, GLA, WLS **[36994]** : 1960+, Ferndale, GLA, WLS **[24853]** : Martha, 1800+, Gellygaer & Pontlotyn, GLA, WLS **[10610]** : John, PRE 1800, Llanrhidian, GLA, WLS **[45146]** : Mary, PRE 1825, Llanrhidian, GLA, WLS **[16233]** : David, 1850+, Llansamlet, GLA, WLS **[33454]** : Iori, 1917+, Manselton Swansea, GLA, WLS **[46500]** : Anne, 1850+, Merthyr Tydfil, GLA, WLS **[33766]** : John, PRE 1825, Penclawdd, GLA, WLS **[30603]** : 1940+, Pontygwaith, GLA, WLS **[24853]** : Mary Ann, 1914, Pontypridd, GLA, WLS **[39516]** : 1940+, Stanleytown & Pontygwaith, GLA, WLS **[24853]** : Watkin, 1860+, Swansea, GLA, WLS **[30603]** : Walter, 1870+, Swansea, GLA, WLS **[30603]** : 1920+, Tylorstown, GLA, WLS **[24853]** : PRE 1852, Corwen, MER, WLS **[38743]** : C1800, Buttington, MGY, WLS **[99174]** : PRE 1850, Llanidloes, MGY, WLS **[46462]** : PRE 1900, Llanidloes, MGY, WLS **[11066]** : 1820-1850S, Llanfrechfa, MON, WLS **[46374]** : Theophilus, C1880, Monmouth, MON, WLS **[34320]** : Henry, C1910, Monmouth, MON, WLS **[34320]** : Llewellyn, 1850, Rhymney, MON, WLS **[10610]** : 1750+, PEM, WLS **[30391]** : John, 1800-1810, Dinas, PEM, WLS **[29468]** : John, 1808-1811, Ffynnonofi Dinas, PEM, WLS **[29468]** : Enoch, 1830-1850, Pembroke, PEM, WLS **[98674]** : PRE 1860, St.Dogmaels, PEM, WLS **[34873]**

DAVIS : John & Anne, 1856+, NSW, AUS **[99093]** : Asher, 1850+, Braidwood, NSW, AUS **[10102]** : 1909, Cargo, NSW, AUS **[99012]** : 1912, Cudal, NSW, AUS **[99012]** : Isaac, 1852+, Fredericks Valley, NSW, AUS **[31762]** : George, 1870+, Inverell, NSW, AUS **[10883]** : 1900+, Junee & Young, NSW, AUS **[36749]** : John Albert, 1788+, Maitland, NSW, AUS **[42565]** : George, PRE 1888, Mount Rankin & Kelso, NSW, AUS **[25396]** : Mcray, 1875+, Newcastle, NSW, AUS **[46322]** : Samuel, 1870+, Orange, NSW, AUS **[10049]** : George, C1820+, Orange, NSW, AUS **[43523]** : George Sydney, 1870+, Sydney, NSW, AUS **[29747]** : Millicent, 1870+, Sydney, NSW, AUS **[29747]** : George, C1840, Winburndale & Bathurst, NSW, AUS **[25396]** : Frank, 1875+, Brisbane, QLD, AUS **[45992]** : David, 1875+, Brisbane, QLD, AUS **[45992]** : Henry Norman, 1911+, Brisbane, QLD, AUS **[45992]** : PRE 1867, Grantham, QLD, AUS **[13853]** : C1880, Strathpine, QLD, AUS **[29479]** : Henry Malcolm, 1879, Adelaide, SA, AUS **[10035]** : PRE 1879, Adelaide, SA, AUS **[10035]** : 1788-1849, Hobart, TAS, AUS **[14029]** : PRE 1845, Hobart, TAS, AUS **[11575]** : Isaac, 1852+, Ballarat, VIC, AUS **[11662]** : Martha, 1880, Pimpinio, VIC, AUS **[11763]** : James, 1800S, Woodend, VIC, AUS **[99174]** : Rev. S.G., 1886-1944, VIC & NSW, AUS **[39735]** : ALL, AUS & ENG **[46218]** : Samuel, C1840+, Hobart, TAS, AUS & NZ **[41297]** : William, 1847+, Tuscarora & Onondaga, ONT, CAN **[15902]** : 1840+, Waterloo, ONT, CAN **[15521]** : Robt Stephens, 1752-1821, ENG **[28443]** : Thomas, 1828, ENG **[10035]** : ALL, ENG **[21763]** : Harry, 1850+, Birmingham Area, ENG **[99433]** : James, 1800S, London, ENG **[99174]** : Francis, C1840, London, ENG **[16802]** : Eleanor, PRE 1790, London, ENG

[29939] : PRE 1830, London, ENG **[19568]** : Richard, PRE 1859, BKM, ENG **[14029]** : 1700+, Long Wittenham, BRK, ENG **[27867]** : 1826+, Swallowfield, BRK, ENG **[10985]** : ALL, DEV, ENG **[20773]** : Amelia, 1841+, Bishops Tawton, DEV, ENG **[38584]** : Amelia, 1860+, Broadclyst, DEV, ENG **[38584]** : Amelia, 1870+, Colebrooke, DEV, ENG **[38584]** : Edward, 1860+, Honiton, DEV, ENG **[38584]** : Amelia, 1850+, Plymtree, DEV, ENG **[38584]** : 1700-1900, Bere Regis, DOR, ENG **[19713]** : 1800-1850, Swanage, DOR, ENG **[28443]** : 1851-1944, Hull, ERY, ENG **[35218]** : PRE 1851, Hull, ERY, ENG **[35218]** : 1891+, West Ham, ESS, ENG **[38584]** : Moses, C1890, Bath, GLS, ENG **[11658]** : 1820, Gravesend, GLS, ENG **[46282]** : PRE 1800, Hartpury, GLS, ENG **[15793]** : C1778, Hewelsfield, GLS, ENG **[28747]** : PRE 1850, Oldland Common, GLS, ENG **[17697]** : 1800-1850, Olveston, GLS, ENG **[13833]** : James, 1824-41, Prestbury, GLS, ENG **[38584]** : PRE 1850, Southrop, GLS, ENG **[42821]** : PRE 1812, Staunton, GLS, ENG **[17231]** : 1700-1850, Corse, GLS & HEF, ENG **[27039]** : Janet, 1800-1900, Little Dean, GLS & HEF, ENG **[27039]** : PRE 1700, HAM, ENG **[19529]** : PRE 1762, Barton Stacey, HAM, ENG **[13960]** : Harriet, 1843+, Lockerley, HAM, ENG **[22853]** : 1850-1880, Portsmouth, HAM, ENG **[28443]** : Thomas, 1750-1850, HEF, ENG **[27039]** : 1750-1800, Orleton, HEF, ENG **[30488]** : William, 1843+, Cheshunt, HRT, ENG **[14002]** : 1800S, Folksworth, HUN, ENG **[36243]** : 1800+, KEN, ENG **[21802]** : Lydia, 1775, Bermondsey, KEN, ENG **[42282]** : PRE 1855, Gravesend, KEN, ENG **[13869]** : ALL, Greenwich, KEN, ENG **[31646]** : Edward, 1871+, Woolwich, KEN, ENG **[38584]** : George, 1820+, Manchester, LAN, ENG **[25396]** : William, C1753, Leicester, LEI, ENG **[10035]** : James, 1861-82, East End, LND, ENG **[38584]** : Edward, 1961-82, East End, LND, ENG **[38584]** : 1870+, Lambeth, LND, ENG **[27867]** : 1780-1830, Marylebone & St.Pancras, LND, ENG **[17291]** : PRE 1791, MDX, ENG **[11092]** : 1850, Action, MDX, ENG **[13853]** : 1812-1851, Cheapside, MDX, ENG **[35218]** : 1800+, Chelea & London, MDX, ENG **[43678]** : William, 1830-40, Homerton & Hackney, MDX, ENG **[44968]** : Charles, C1830, Kentish Town, MDX, ENG **[17486]** : Eliza, PRE 1884, London, MDX, ENG **[14120]** : PRE 1900, London, MDX, ENG **[32294]** : 1886-1923, Paddington, MDX, ENG **[28495]** : PRE 1816, Paddington, MDX, ENG **[19803]** : Joseph, PRE 1850, Shoreditch, MDX, ENG **[45992]** : 1790-1820, St.Giles, MDX, ENG **[27087]** : Robert, 1809-1856, St.Lukes & Shoreditch, MDX, ENG **[36538]** : 1800+, Wheatley, OXF, ENG **[28495]** : John, C1800+, Sweeney Mountain, SAL, ENG **[34140]** : PRE 1839, Crewkerne, SOM, ENG **[36200]** : 1800-1950, Frome, SOM, ENG **[36710]** : 1830-1860, Roade, SOM, ENG **[44036]** : Meyrick, PRE 1820, Walcot & Bath, SOM, ENG **[38584]** : PRE 1780, Wedmore, SOM, ENG **[31316]** : 1700+, SSX, ENG **[35280]** : 1770-1870, Hastings, SSX, ENG **[39445]** : 1805+, Lamberhurst, SSX, ENG **[11098]** : ALL, STS, ENG **[43317]** : 1800+, Birmingham, WAR, ENG **[42600]** : 1800-1940, Birmingham, WAR, ENG **[37138]** : C1800, Birmingham, WAR, ENG **[24993]** : PRE 1810, Keresley, WAR, ENG **[41372]** : PRE 1800, Radford Semele, WAR, ENG **[19270]** : PRE 1810, Tachbrook, WAR, ENG **[17231]** : James, PRE 1770, Durnford, WIL, ENG **[45231]** : Samuel, C1766+, Melksham, WIL, ENG **[34533]** : Sarah Ann, 1858, Rowde, WIL, ENG **[14094]** : Sarah, 1700-1800, Rushall, WIL, ENG **[22440]** : Thyrsa, 1824, Winterbourne & Dauntsey, WIL, ENG **[10102]** : Joshua, 1801, Winterbourne Earls, WIL, ENG **[10102]** : Isaac, PRE 1852, PRE, GER **[11662]** : PRE 1820S, ANT, IRL **[42436]** : C1850, Portadown, ARM, IRL **[29479]** : 1800+, Tralee, KER, IRL **[44269]** : 1800+, Roscrea, TIP, IRL **[41499]** : Aaron Ham., 1830-1876, DON & VIC, IRL & AUS **[39243]** : 1870-1878, Blueskin Bay, OTG, NZ **[34747]** : 1863+, Invercargill & Dunedin, OTG, NZ **[32035]** : Samuel, 1808, Dalkeith, MLN, SCT **[27719]** : PRE 1860, Monmouth, MLN, SCT **[26264]** : Ellen, 1850+, Henry &

Milo, IL, USA **[24660]** : Asa, 1788-1870, Charlton, MA, USA **[24168]** : 1870+, Detroit, MI, USA **[15521]** : 1760-1850, Durham & Lee, NH, USA **[36664]** : Fulk, 1600-1650, Jamaica, L.I., NY, USA **[24674]** : William, C1870+, Philadelphia, PA, USA **[44269]** : ALL, CMN, WLS **[46218]** : James, 1821-24, Abernant, CMN, WLS **[38584]** : Thomas, 1850+, Llandebie, CMN, WLS **[44411]** : James, 1820-21, Llansaint, CMN, WLS **[38584]** : PRE 1830, Llangynwyd, GLA, WLS **[14733]** : David, 1850+, Llansamlet, GLA, WLS **[33454]** : 1700-1800S, Abergavenny, MON, WLS **[11411]** : PRE 1830, Usk, MON, WLS **[13326]** : Charles, C1800, WORLD-WIDE **[10035]**

DAVISON : 1860+, Chippendale & Sans Souci, NSW, AUS **[11229]** : William, C1870, Parramatta, NSW, AUS **[11783]** : William Geo., 1885-1891, Brisbane, QLD, AUS **[19865]** : 1850-1900, Bendigo, VIC, AUS **[41244]** : 1700-1900, NB & NS, CAN **[45291]** : 1750+, Carlisle, CUL, ENG **[38934]** : 1750-1850, Carlisle, CUL, ENG **[44241]** : 1800S, CUL & WES, ENG **[11229]** : Thomas, 1771-1860S, Heworth & Whickham, DUR, ENG **[19865]** : 1840S-1860S, Houghton le Spring, DUR, ENG **[19865]** : Thomas, 1771-1860S, Houghton le Spring & Tanfield, DUR, ENG **[19865]** : John, 1771-1817, Ryton & Tanfield, DUR, ENG **[19865]** : George, 1836-1891, Seaham Harbour, DUR, ENG **[19865]** : 1750-1820, Sedgefield, DUR, ENG **[30071]** : 1800-1850, Sedgefield, DUR, ENG **[36505]** : William, C1850, Dover, KEN, ENG **[11783]** : C1800-1880, Burgh-le-Marsh, LIN, ENG **[35237]** : James, 1813-1892, Bamburgh & Blyth, NBL, ENG **[46275]** : 1820S-30S, Churton, NBL, ENG **[19865]** : Robert, 1700+, Seahouses, NBL, ENG **[14959]** : PRE 1850, Green Hammerton, YKS, ENG **[37321]** : PRE 1840, ARM, IRL **[41244]** : 1650-1700, SCT **[45291]** : 1830-1870, Rensselaer Co., NY, USA **[38211]** : 1760+, WORLDWIDE **[38546]**

DAVORAN : 1820-1890, CLA, IRL **[98674]**
DAVSON : 1840-50, BRITISH GUIANA **[13046]**
DAVY : 1800-1850, Hundleby, Stickney & Stickford, LIN, ENG **[10286]** : James, Ludford & Lincoln, LIN, ENG **[37617]** : Ernest, 1904+, Sheffield, SAL, ENG **[34024]** : Rebecca, C1823, Campsey Ash, SFK, ENG **[39186]**
DAW : 1854, Sydney, NSW, AUS **[46356]** : Philip, C1845-1888, St.Johns, NFD, SOM & DOR, CAN & ENG **[18325]** : PRE 1800, DOR, ENG **[17184]** : PRE 1750, DOR & SOM, ENG **[18325]** : 1820-1840, Bristol, GLS, ENG **[10886]** : ALL, LND, ENG **[46416]** : 1862, Haselbury Plucknett, SOM, ENG **[34231]** : 1800+, Merriott, SOM, ENG **[30491]** : 1835, Trull, SOM, ENG **[46356]** : Alfred, PRE 1895, Chicago, IL, USA **[18325]**
DAW(E) : ALL, DOR & SOM, ENG **[15745]**
DAWBER : John, 1895+, Birkenhead, CHS, ENG **[11731]** : John, 1852-1874, St.Helens, LAN, ENG **[11731]**
DAWE : 1894+, Broadwater, NSW, AUS **[40153]** : Sampson, C1826, London, ENG **[99440]** : PRE 1818, Gunnislake, CON, ENG **[13004]** : 1800S, Lanlivery, CON, ENG **[15521]** : 1800+, Ottery-St-Mary, DEV, ENG **[44946]** : 1850S, Tiverton, DEV, ENG **[12223]** : 1830+, Burghill, HEF, ENG **[12223]** : C1862, Taunton, SOM, ENG **[40153]**
DAWES : Elizabeth, PRE 1859, Gulgong, NSW & DEV, AUS & ENG **[45833]** : 1770+, Eckington, DBY, ENG **[46493]** : 1700-2005, DBY, LEI & WAR, ENG **[43877]** : PRE 1780, Bramshott, HAM, ENG **[36246]** : 1840+, Manchester, LAN, ENG **[46493]** : William, C1800-50S, Holborn, LND, ENG **[42897]** : PRE 1850, NTT, ENG **[14733]** : 1840+, Handsworth, STS, ENG **[21916]** : Eliz. (Betsy), 1800-1830, Lincoln, London & Hull, YKS, ENG **[30411]** : 1866+, Paris, FRA **[39730]** : 1860S, Brookline, MA, USA **[46359]**
DAWKES : 1790S, Newport Pagnell, BKM, ENG **[11425]**
DAWKING : John, 1820-1860, Hampstead, ESS, ENG **[10604]**
DAWKINGS : 1700-1800, Woodnesborough, KEN, ENG **[45442]**

DAWKINS : Thomas, C1790-1849, ENG **[37188]** : 1800S, Chickerell, DOR, ENG **[30543]** : 1800+, Portsmouth, HAM, ENG **[12415]** : 1750-1900, Bethnal Green, MDX, ENG **[39271]** : PRE 1865, London, MDX, ENG **[16111]** : ALL, Norwich, NFK, ENG **[33696]** : 1700S, Beverley, YKS, ENG **[10958]**

DAWS : 1850+, Inglewood & Llanelly, VIC, AUS **[14733]** : Elizabeth, PRE 1859, Gulgong, NSW & DEV, AUS & ENG **[45833]** : 1800-1860, London, ENG **[21349]** : PRE 1850, NTT, ENG **[14733]**

DAWSON : 1850+, NSW, AUS **[10329]** : 1884+, Menai, NSW, AUS **[46128]** : John, 1837, Moruya, NSW, AUS **[28151]** : 1860+, Orange, NSW, AUS **[10642]** : Henry, C1892, Orange, NSW, AUS **[10428]** : Alfred Ernest, 1872-1930, Randwick, NSW, AUS **[28151]** : James Homer, 1841, Twofold Bay, NSW, AUS **[28151]** : James, 1850+, Melbourne, VIC, AUS **[99093]** : PRE 1850, CAN **[45046]** : 1800+, London, ENG **[25427]** : 1813, London, ENG **[46264]** : PRE 1820, Hungerford, BRK, ENG **[17523]** : Mary, 1813, Fulbourn, CAM, ENG **[14627]** : PRE 1870, CUL & WES, ENG **[34844]** : 1770-1900, Cerne Abbas, DOR, ENG **[18271]** : 1800-1870S, Lynesack & Hamsterley, DUR, ENG **[45732]** : 1700-1900S, St.Johns Chapel, DUR, ENG **[19865]** : PRE 1790, Stanhope, DUR, ENG **[17626]** : Thomas, C1880, Sunderland, DUR, ENG **[30437]** : 1770+, Whitton & Stockton on Tees, DUR, ENG **[11270]** : PRE 1800, ERY, ENG **[40570]** : PRE 1710, Hutton Cranswick, ERY, ENG **[44078]** : 1700-1880, Great Bardfield, ESS, ENG **[18001]** : Thomas, 1745, HEF, ENG **[46275]** : John, 1800-1900, Faversham, KENT, ENG **[18271]** : 1750-1900, Ospringe, KEN, ENG **[18271]** : Hester, 1900+, Tunbridge Wells, KEN, ENG **[19806]** : PRE 1860, Clayton le Moors, LAN, ENG **[27320]** : ALL, Manchester, LAN, ENG **[46479]** : C1850, Preston, LAN, ENG **[43844]** : PRE 1835, Grimsby, LIN, ENG **[26410]** : PRE 1850, Heckington, LIN, ENG **[20974]** : Edward, LIN, ENG **[35379]** : 1760S+, North Scale, LIN, ENG **[20919]** : ALL, Trusthorpe & N.Somercotes, LIN, ENG **[17931]** : ALL, LND, ENG **[31646]** : James, 1800-1850, Bermondsey, LND, ENG **[41266]** : ALL, Houslow, MDX, ENG **[44339]** : 1790-1900, Westminster, MDX, ENG **[30071]** : 1700-1900, Massingham, NFK, ENG **[31960]** : Henry, C1795, Norwich, NFK, ENG **[25455]** : PRE 1760, NFK & SFK, ENG **[19050]** : 1800-1900, Peppard & Henley, OXF & BRK, ENG **[19853]** : 1800, Abbotsleigh, SOM, ENG **[11098]** : PRE 1840, Godalming, SRY, ENG **[46519]** : 1840+, Guildford, SRY, ENG **[46519]** : PRE 1839, Southwark, SRY, ENG **[31413]** : 1800S, Bentilee, STS, ENG **[28948]** : Mary, C1780, Birmingham, WAR, ENG **[46491]** : PRE 1870, Churwell, WRY, ENG **[19064]** : PRE 1884, Sheffield, WRY, ENG **[46128]** : PRE 1850, Shepley & Holme Valley, WRY, ENG **[19921]** : 1700-1750, Alne, YKS, ENG **[33347]** : ALL, Clifton, YKS, ENG **[46479]** : C1800, Frickley Hall, YKS, ENG **[13046]** : 1700S, Kirk Smeaton, YKS, ENG **[14948]** : PRE 1797+, Birchington, KEN, ENG & AUS **[33949]** : PRE 1950, ENG & CAN **[46510]** : PRE 1850, KEN & ELN, ENG & SCT **[31186]** : PRE 1900, WRY, ENG, FRA & BEL **[39815]** : PRE 1779, Patrick, IOM **[28141]** : ALL, IRL **[16757]** : 1870-1900, Belfast, ANT, IRL **[17234]** : PRE 1857, ARM, IRL **[10642]** : 1850S, Cloncovet, CAV, IRL **[34748]** : PRE 1850, SCT **[45046]** : 1770-1840, Tarland & Migvie, ABD, SCT **[25437]** : 1750-1850, Huntly, Kildrummy & Boharm, ABD & MOR, SCT **[20770]** : 1880S, Lowell, MA, USA **[34112]**

DAWTREY : William, 1600-1900, Portsea, HAM, ENG **[20444]**

DAWTRY : William, 1800+, Greenwich & Woolwich, KEN, ENG **[20444]** : 1900, Swansea & All, GLA, WLS **[20444]**

DAY : 1800S, Convict, NSW, AUS **[33245]** : PRE 1950, Tumut, NSW, AUS **[14281]** : 1840-1860, Collingwood, VIC, AUS **[42900]** : 1755+, Halifax, NS, CAN **[45714]** : 1907+, Toronto, ONT, CAN **[46508]** : Frederick, PRE 1900, Biggleswade, BDF, ENG **[45376]** : PRE 1800, Lambourne, BRK, ENG **[43033]** : 1800+, Cambridge, CAM, ENG **[40135]** : 1800S, Chesterton, CAM, ENG **[36243]** : Rebecca, C1842, Weston Colvlle, CAM, ENG **[17511]** : 1850-1950, Derby, DBY, ENG **[46438]** : 1750-1900, Bere Regis, DOR, ENG **[19713]** : Thomas, C1740, West Auckland, DUR, ENG **[38579]** : C1815-1840, Alverstoke, HAM, ENG **[46381]** : Harriet, PRE 1810, Alverstoke, Gosport & Portsea, HAM, ENG **[41589]** : 1800S, Basingstoke, HAM, ENG **[21796]** : PRE 1880, HRT, ENG **[17094]** : ALL, Deal, KEN, ENG **[21395]** : PRE 1840, East Farleigh, KEN, ENG **[42900]** : ALL, Marden & Yalding, KEN, ENG **[41146]** : 1700+, Medway, KEN, ENG **[39386]** : 1800-1900, Rochester, KEN, ENG **[18376]** : ALL, KEN & MDX, ENG **[30823]** : ALL, Boston, LIN, ENG **[45442]** : PRE 1850, Swineshead, LIN, ENG **[18042]** : Frederick, 1900+, Pancras, LND, ENG **[45736]** : Leslie R., 1913+, Pancras & Barnet, LND, ENG **[45736]** : PRE 1860, Stepney, LND, ENG **[28533]** : 1860-1890, Pytchley, NTH, ENG **[45442]** : 1700-1800, Elkesley, NTT, ENG **[28340]** : PRE 1800, OXF, ENG **[36543]** : PRE 1770, Witney, OXF, ENG **[33428]** : PRE 1870, Ipswich, SFK, ENG **[10918]** : PRE 1815, Wattisfield, SFK, ENG **[45732]** : ALL, Huntspill, SOM, ENG **[33973]** : 1680-1900, Mark, SOM, ENG **[44296]** : 1800-1830, Taunton St.James, SOM, ENG **[40808]** : 1750+, Winscombe & Axbridge, SOM, ENG **[17532]** : PRE 1860, Hersham, SRY, ENG **[20974]** : PRE 1900, Wandsworth, SRY, ENG **[31302]** : 1800-1900, Southwark, SRY & MDX, ENG **[17436]** : Patience, C1825, Buxted, SSX, ENG **[31153]** : ALL, Lewes, SSX, ENG **[31302]** : 1800-1870, Wolverhampton, STS, ENG **[45894]** : William, PRE 1900, Birmingham, WAR, ENG **[19513]** : PRE 1850, Bower Chalke, WIL, ENG **[21149]** : Elizabeth, 1790, Wakefield, YKS, ENG **[10318]** : 1700S+, KER, IRL **[21563]** : Keightley, PRE 1780, Castlekeely & Kevinsport, KID & DUB, IRL **[10114]** : Joseph, 1800-1850, Boherard, LEX, IRL **[11912]** : Daniel, 1860-1880, Birr, OFF, IRL **[30701]** : Violet, 1926+, Cincinnati, OH, USA **[22333]** : Elias, 1780-1840, OH & IN, USA **[23564]** : Edward, 1920+, WA, USA **[23564]**

DAY (see One Name Section) **[19513]**

DAYBALL : PRE 1735, Rauceby, LIN, ENG **[28340]**

DAYKIN : 1700-1850, DBY, ENG **[18957]** : PRE 1880, DBY, ENG **[29298]** : 1800+, Linton in Craven, YKS, ENG **[39891]**

DAYNES : William, 1800-1820, Higham, NFK, ENG **[19727]** : ALL, Norwich, NFK, ENG **[33696]**

DAYRELL : ALL, WORLDWIDE **[13869]**

DAYSON : 1825+, London, MDX, ENG **[46349]** : 1881+, Battersea, SRY, ENG **[46349]** : 1700+, YKS, ENG **[46349]**

DE AULNAY : 1018, Lisieux, FRA **[19759]**

DE BEER : Nathan, 1915+, LND, ENG **[17676]**

DE BELMEIS : C1108, Ashby, LEI, ENG **[19759]** : C1108, Tong, SAL, ENG **[19759]**

DE BLUNVIL : PRE 1650, ENG **[10591]**

DE BOOY : ALL, NL **[11938]**

DE BOYER : ALL, LGD, FRA & ENG & USA **[22882]**

DE CARTERET : 1060+, St.Ovens, JSY, CHI **[46328]** : 960-1060, Carteret, BN & HN, FRA **[46328]**

DE CASTRO : 1700-1850, TURKEY **[46196]**

DE CAUX : ALL, ENG **[37116]**

DE CHAMPFLEUR : ALL, NFK, ENG **[33696]**

DE CLIFFORD : C1450, Frampton, GLS, ENG **[19759]**

DE COURTET : Christian, 1800+, Lille, NOR, FRA **[45808]**

DE ENGLEFIELD : 1295, Engelfield, BRK, ENG **[19759]**

DE FLON : 1800+, Newcastle, NSW, AUS **[40792]**

DE FORDESCO : Almira, 1695-1766, Seville, ESP & GIBRALTAR **[30646]**

DE FREITAS : Francis, 1710+, Rochester, KEN, ENG **[37594]** : PRE 1803, Funchal, IS. OF MADEIRA, PT **[13004]**

DE GLANVILLE : 1930-1940, Bournemouth, HAM, ENG **[44229]** : 1905-1920, Malvern, WOR, ENG **[44229]**
DE GRUCHY : George, PRE 1886, St.Helier, JSY, CHI & UK **[11024]**
DE GUERIN : 1670+, St.Peter Port, GSY, CHI **[25529]**
DE HELYON : C1318, Much Marcle, HEF, ENG **[19759]**
DE HOLZINGER : C1770, Trieste & Gorizia, OES & ITL **[17874]**
DE HORNE : PRE 1600, Novakirk, WVL, BEL **[44149]**
DE HUGARD : PRE 1850, FRA & IRL **[10978]**
DE JERSEY : 1480+, CHI **[46328]**
DE JESUS : PRE 1803, Funchal, MADEIRA, PT **[13004]**
DE JONG : Richard, 1850-1890, NL **[23564]**
DE KEMPENEER : PRE 1820, BBT, BEL **[17184]**
DE L'ORME DE L'ISLE : John F. Mary, 1789, St.Pancras, LND, ENG **[35110]**
DE LA COUR : 1700-1750, St.Lawrence, JSY, CHI **[12641]** : 1700S, London, ENG **[22440]**
DE LA MAR : 1800-1950, NL **[46196]**
DE LA ORME : PRE 1790, Bootle, LAN, ENG **[40868]**
DE LA PORTE : ALL, Flanders, FRA **[29001]** : ALL, WORLDWIDE **[21418]**
DE LA ROCQUE : C1362+, JSY, CHI **[46328]**
DE LA RUE : ALL, WORLDWIDE **[16188]**
DE LARDE : Sarah, 1770-1870, USA **[45808]** : 1770-1900S, USA **[45808]**
DE LAROQUE : ALL, London & Croydon, SRY, ENG & FRA **[16693]**
DE LASSEBERGE : PRE 1240, GLS, ENG **[19759]**
DE LAUTOUR : 1730+, ENG, IND & NZ **[40618]** : George, 1890, VANUATU, NEW HEBRIDES **[14241]**
DE LORD : 1750-1850, Dunkirk, NOR, FRA **[20821]**
DE LOZEY : ALL, WORLDWIDE **[39539]**
DE LUCENA : 1770+, Porto, PT **[11340]**
DE MALBANK : 1127, Wich Malbank, CHS, ENG **[19759]**
DE MAULAN : 1008, Meulan, FRA **[19759]**
DE MESTRE : 1820+, Sydney, NSW, AUS **[28006]**
DE MEY : ALL, WORLDWIDE **[99010]**
DE NICOLAS : ALL, LND & MDX, ENG & ESP **[29416]**
DE NIEVA : Fernando, 1700+, Malaga, ESP **[22470]**
DE NOERS : 1165, Great Missenden, BKM, ENG **[19759]**
DE OLIVEIRA : C1865, Oporto, PT **[25770]**
DE PACHIAY : ALL, WORLDWIDE **[36652]**
DE PLESSIS : 1202, Kidlington, OXF, ENG **[19759]**
DE POE PAYNTER : 1890+, London, ENG **[34582]**
DE PUTRON : 1800S, St.Martins, GSY, CHI **[20919]**
DE QUETTEVILLE : 1535+, JSY, CHI **[46328]**
DE RAAY : C1800, London, ENG **[46189]**
DE RITTER : 1800+, Poplar, MDX, ENG **[21394]**
DE ROOS : ALL, RSA **[43050]**
DE ROSA : 1800-1900, AZORES, PT **[20967]**
DE SALIS : 1800-1900S, QLD, AUS **[11411]**
DE SANDFORD : 1187, North Moreton, BRK, ENG **[19759]**
DE SMITT : 1800+, Amsterdam, NL **[19458]**
DE SOUSA : 1830+, AZORES **[46340]** : 1830+, Lisbon, PORTUGAL **[46340]**
DE SOUZA : 1500-1900, Goa & Calcutta, INDIA **[19853]**
DE STUTEVILLE : 1116, Cottingham, HAM, ENG **[19759]** / 1085, Newbold on Avon, WAR, ENG **[19759]**
DE TAVORA : 1700+, PT **[11290]**
DE TERRANEAU : ALL, ENG & INDIA **[43881]**
DE VACHE : 1500+, FRA **[30601]**
DE VESCY : 1045, Calvados, FRA **[19759]**
DE VOS : PRE 1800, ATW, BEL **[20358]**
DE WEIRDT : C1870, Mishawaka, IN, USA **[15014]**

DE WEIRT : C1880, Scranton, PA, USA **[15014]**
DE'ATH : 1900-1950, London, ENG **[40718]**
DEA : 1800S, Boherard, LEX, IRL **[11912]**
DEACON : 1855+, Sydney, NSW, AUS **[10664]** : Mary, 1764, St.L., London, ENG **[28149]** : 1750+, Anthony, CON, ENG **[17196]** : PRE 1850, Stoke Climsland, CON, ENG **[10664]** : 1800-1900, LEI, ENG **[46502]** : C1830, LND, ENG **[13347]** : C1848, Paddington & Shoreditch, LND, ENG **[40668]** : 1850-1900, Clerkenwell, MDX, ENG **[33347]** : 1780-1855, Shoreditch, MDX, ENG **[40615]** : C1810+, Great Houghton, NTH, ENG **[34321]** : 1849, Rhosymedre, DEN & MON, WLS **[40608]**
DEADMAN : PRE 1738, Chobham, SRY, ENG **[46296]**
DEAKIN : PRE 1800, Dawley, SAL, ENG **[32294]** : 1820+, Horsehay & Dawley, SAL, ENG **[36514]** : 1800S, Madeley, SAL, ENG **[17105]** : 1750+, Shrewsbury, SAL, ENG **[46299]** : 1809, Birmingham, STS, ENG **[40608]** : James, C1840, Lanes End, STS, ENG **[27936]** : PRE 1830, Stone, STS, ENG **[34420]** : 1826, YKS, ENG **[36705]** : 1870S, INDIA **[36705]**
DEAL : Elizabeth, 1800, Southwark, SRY, ENG **[14290]**
DEALTRY : PRE 1892, Manchester, LAN, ENG **[33704]** : 1780+, YKS, ENG **[11023]**
DEAMEN : Samuel, 1750+, Bentley, WAR, ENG **[31580]**
DEAN : 1870S, Cassilis, NSW, AUS **[28060]** : William, 1842+, Paddington, NSW, AUS **[41223]** : John Samuel, 1846+, Paddington, NSW, AUS **[41223]** : William, 1799+, Parramatta, Sydney & Windsor, NSW, AUS **[10839]** : 1870+, Sydney, NSW, AUS **[13584]** : Charles A.W., 1871+, Sydney, NSW, AUS **[41223]** : Samuel, 1833+, Windsor, NSW, AUS **[29961]** : ALL, Wollongong & Murwillumbah, NSW, AUS **[32908]** : Thomas, 1750+, London, ENG **[11366]** : Sophia, PRE 1881, High Wycombe, BKM, ENG **[46516]** : PRE 1920, Macclesfield, CHS, ENG **[46381]** : C1731, Macclesfield & Chester, CHS, ENG **[14030]** : C1850, Devonport, DEV, ENG **[28149]** : PRE 1870, Liverpool, LAN, ENG **[13584]** : PRE 1884, Wigan, LAN, ENG **[46449]** : George, 1850-1880, Bethnal Green, LND, ENG **[39616]** : Thos & George, C1790, Finsbury Square, LND, ENG **[11366]** : Sarah, 1830+, Hackney, LND, ENG **[34315]** : Frank, C1900, Kennington, LND, ENG **[39380]** : Ellen, C1900, Kennington, LND, ENG **[39380]** : C1780, St.Leonard Shoreditch, LND, ENG **[11366]** : 1800+, Whitechapel, LND, ENG **[46315]** : ALL, Worksop, NTT, ENG **[28479]** : ALL, Doncaster, WRY, ENG **[31442]** : 1800-1910, Huddersfield & Honley, WRY, ENG **[42974]** : PRE 1980, Leeds, Gateforth & Brayton, WRY, ENG **[29447]** : 1800S, Sheffield, WRY, ENG **[46439]** : Robert, 1845-1921, Scarborough, York & Gateforth, YKS, ENG **[29447]** : 1800S, Bangalore, INDIA **[13591]** : 1790+, USA & UK **[23128]**
DEANE : C1840, Holbrook, NSW, AUS **[39155]** : 1931-1948, Melbourne, VIC, AUS **[39730]** : 1800, CHS, ENG **[12641]** : 1889+, Finsbury Park, LND, ENG **[23367]** : PRE 1825, Richmond, LND, ENG **[46277]** : PRE 1900, Crawley, SSX, ENG **[17511]** : 1800+, Raphoe, DON, IRL **[42829]** : 1850+, Londonderry, LDY, IRL **[42829]**
DEANS : George, 1878+, VIC & NSW, AUS **[18301]** : 1800+, Grantchester, CAM, ENG **[19694]** : PRE 1858, Chirnside, BEW, SCT **[40914]** : 1820+, Glasgow, LKS, SCT **[34321]** : Robert M., 1880+, Glasgow, LKS, SCT **[13065]** : ALL, Hawick, ROX, SCT **[18301]**
DEAR : ALL, AUS **[43453]** : Edmund, PRE 1870, St.Paul Bedford, BDF, ENG **[35297]** : 1770-1870, Weymouth & Southampton, DOR & HAM, ENG **[39539]** : 1700S+, Portsea, HAM, ENG **[29612]** : PRE 1800, Lincoln & Glentham, LIN, ENG **[31316]** : ALL, Camberwell, LND, ENG **[16554]** : Robert, PRE 1760, Woodford, WIL, ENG **[45631]** : PRE 1855, Brechin, ANS, SCT **[46449]** : Mary, C1777, Dundee, ANS, SCT **[13153]** : Isabel, 1764, Inverkeilor, ANS, SCT **[13153]** : William, 1735, Parbride, ANS, SCT **[13153]** : John, C1730, St.Vigeans, ANS, SCT **[13153]**
DEARDEN : 1850+, AUS **[40816]** : 1830S+, Haslingden

& Rochdale, LAN, ENG [34112] : 1700+, Sheffield, WRY, ENG [40816] : 1600+, WRY & LAN, ENG [40816] : ALL, WORLDWIDE [40816]

DEARDON : 1835+, LAN, ENG [44269]

DEARLOVE : 1860+, Islington, MDX, ENG [44857] : ALL, WORLDWIDE [19876]

DEARMAN : Mary, PRE 1748, ENG [10604]

DEARMER : 1820+, Harpenden, HRT, ENG [18593]

DEARSLEY : 1660-1900, Ely, CAM, ENG [19713] : 1822-1881, Colchester, ESS, ENG [19268] : 1800-1850, NFK, ENG [17486]

DEARSLY : 1770S, LND, ENG [46216]

DEASON : PRE 1850, CAN [45046]

DEATH : 1856+, Deloraine, TAS & NSW, AUS [41511] : 1900-1950, London, ENG [40718] : 1660-1800, Fordham & Soham, CAM, ENG [19713] : 1820+, Halstead, ESS, ENG [33443] : 1760-1800, Alconbury & Brington, HUN, ENG [41511] : 1900+, Hackney & Homerton, MDX, ENG [41511] : ALL, Glemsford, SFK, ENG [11213]

DEAVIN : 1840+, Camberwell, LND, ENG [45736] : 1840+, Camberwell, SRY, ENG [45736]

DEBAC : 1800-1900, WORLDWIDE [22440]

DEBACKER : 1700-1800, Lightervelde, WVL, BEL [15013] : ALL, WORLDWIDE [15013]

DEBACKERE : ALL, WORLDWIDE [15013]

DEBBEN : PRE 1820, DOR, ENG [43727]

DEBENHAM : 1840+, Clerkenwell, MDX, ENG [12481] : Susan, 1820S, London, MDX, ENG [10604] : 1830-1900, Debenham, NFK, ENG [25529]

DEBNAM : 1840+, Clerkenwell, MDX, ENG [12481]

DEBOOS : ALL, London, LND, ENG [18521]

DEBROUGH : Alec, C1875, Dunolly, VIC, AUS [12878]

DEBUS : PRE 1867, GER & NZ [20925]

DECELIS : John, 1897-1965, Port Said & Sydney, NSW, EGYPT & AUS [10604] : Luigi, 1860-1930, MALTA [10604]

DECHMONT : 1700-1800S, Carstairs, LKS, SCT [43792]

DECORTET : 1860S, Manchester, LAN, ENG [45770] : 1850-1900, ENG & AUS [45770] : 1810-1860, Lille, FRA & ENG [45770]

DECOURTET : 1860S, Manchester, LAN, ENG [45770] : 1850-1900, ENG & AUS [45770] : 1810-1860, Lille, FRA & ENG [45770]

DEDERICK : 1710-1980, Ulster Co., NY, USA [22698]

DEDMAN : 1890S, Walhalla, VIC, AUS [13244] : 1750-1900, Hull, ERY, ENG [20835] : 1850+, ESS, ENG [44292] : ALL, YKS, ENG [20835]

DEDRICKSON : ALL, Spanish Fork, UT, USA & ICELAND [32419]

DEE : PRE 1861, Avening, GLS, ENG [45264] : Catherine, 1770+, Quinton, GLS, ENG [99174] : 1861+, Nelson, NZ [45264]

DEED : 1800-99, ESS, ENG [24993] : 1800-1903, Lincoln, LIN, ENG [24993]

DEEGAN : Fintan, PRE 1900, Mountrath Spahill, LEX, IRL [26823] : Mary, PRE 1848, TIP, IRL [12573] : John, PRE 1820, TIP & CLA, IRL [42479]

DEEKINGS : 1700-1800, Great Wenham, SFK, ENG [16383]

DEEKS : ALL, Soham, CAM, ENG [40042]

DEELEY : PRE 1891, Reading, BRK, ENG [36466] : PRE 1851, Wallingford, BRK, ENG [36466] : 1750-1850, Adderbury, OXF, ENG [27039] : PRE 1832, Checkendon, OXF, ENG [36466] : PRE 1851, Crowmarsh Gifford, OXF, ENG [36466]

DEELY : 1700-1800, Knowle, WAR, ENG [30302]

DEEPROSE : 1800-1900, Hastings, SSX, ENG [30420]

DEER : 1850-1900, Aberdare, GLA, WLS [37809] : 1880-1900, Llanelly, GLA, WLS [37809] : 1830-1920, Neath, GLA, WLS [37809]

DEERE : 1892+, Rockhampton, QLD, AUS [21712]

PRE 1892, Cappamore, LIM, IRL [21712] : 1892+, Auckland, NZ [21712] : 1750-1840, Llanmaes, GLA, WLS [37809]

DEERING : 1858-1960S, Wooldridge & Peddie, CAPE, RSA [35294]

DEERY : ALL, Castlederg, TYR, IRL [26778]

DEES : 1860-1950, Hartlepool, DUR, ENG [18001] : C1796, Heworth, DUR, ENG [18001] : 1790-1860, Longbenton, NBL, ENG [18001] : 1780-1880, Newcastle upon Tyne, NBL, ENG [18001]

DEFRANCESCO : 1630-1800, CH [20200] : 1630-1870, Kogenheim, ALS, FRA [20200]

DEFRATES : John, 1761-1847, Rochester, KEN, ENG [37594]

DEGARDIN : 1800+, Maretz, NOR, FRA [12382]

DEGEER : PRE 1860, NY, USA [26881]

DEGENHARDT : 1700+, Clausthal, NRW, BRD [36368]

DEGG : PRE 1900, Manchester, LAN, ENG [11282]

DEGROOTE : ALL, WORLDWIDE [15013]

DEGUET : 1851-1925, Lyon, RHA, FRA & AUS [45775]

DEGUETTE : PRE 1750, Ducey, BN, FRA [20178]

D'EGVILLE : ALL, Lyon, RPA, FRA [37542]

DEHAAN : Pearl, 1840-1885, NL [23564]

DEIGHTON : 1870+, London, ENG [36169] : PRE 1856, Rudston, ERY, ENG [20835] : PRE 1790, HRT, ENG [39651] : 1767+, Rudston, YKS, ENG [21975] : 1800S, Rudston, YKS, ENG [13244] : Edward, 1870+, Detroit, MI, USA [16938]

DEIGNAN : 1800S, Sligo, SLI, IRL [30535]

DEIJS : ALL, WORLDWIDE [11938]

DEIN : ALL, NSW, AUS [11716]

DEITER : ALL, ONT, CAN & GER [26704]

DELACY : ALL, YKS, ENG [12467]

DELAHAE : Letecia, ALL, FRA [43773]

DELAMONT : 1800+, Coker, SOM, ENG [17291] : 1700-1900, Haselbury Plucknett, SOM, ENG [14513]

DELANE : Mary, 1780+, Ballyneale, KIK, IRL [13347]

DELANEY : 1830+, Wagga Wagga, NSW, AUS [11572] : Mary E., PRE 1860, Daylesford, VIC, AUS [12223] : 1830S, Wakefield, WRY, ENG [12223] : 1700-20, IRL [24660] : C1810-1840, Borris, CAR, IRL [11912] : John, PRE 1800, DUB & WIC, IRL [44160] : Bernard, 1850S, Durrow, LEX, IRL [12223] : Bridget, PRE 1860, Drumore & Waterford, WAT, IRL [25246] : 1800+, KIK, IRL & RSA [46430] : PRE 1845, Sinker Creek, Greene Co., TN, USA [24660]

DELANO : Cornelius K., 1750+, Utica, NY, USA [25598]

DELAP : 1700+, Duntriveleague, LIM, IRL & ANTIGUA [31486] : ALL, WORLDWIDE [34582]

DELAPORTE : C1755, Stockholm, SWE [12728]

DELARDE : Sarah, 1770-1870, USA [45808] : 1770-1900S, USA [45808] : PRE 1900, LA, USA [45770]

DELARGE : PRE 1850, Liege, LGE, BEL [33567]

DELASSEBERGE : PRE 1240, GLS, ENG [19759]

DELAURE : 1800, Sorel, QUE, CAN [16349]

DELAVA : ALL, WORLDWIDE [15013]

DELAVAL : C1620, London, MDX, ENG [11113] : 1700-1800, La Gorgue, NOR, FRA [15013] : ALL, WORLDWIDE [15013]

DELBRIDGE : 1860, Wallaroo, SA, AUS [46250] : 1852+, Fitzroy, Melbourne, VIC, AUS [35974] : PRE 1850, St.Agnes, CON, ENG [35974]

DELEENAER : PRE 1900, BBT, BEL [17184]

DELEMONT : 1810+, Coker, SOM, ENG [17291]

DELICATE : PRE 1860, YKS, ENG [27320]

DELL : Daniel, 1750-90, ENG [11066] : PRE 1800, Bushey, HRT, ENG [36543] : 1800S, Bermondsey, SRY, ENG [11066] : 1800S, WIL, BRK & GLS, ENG [11066]

DELLA ROCCA : ALL, LND, ENG [41150] : PRE 1840, OXF, ENG [41150]

DELLOW : PRE 1849, Reed, HRT, ENG [34101]

DELMEGE : PRE 1850, Kilcooly, TIP, IRL [10493]

DELMORE : C1820, Tuam, GAL & ROS, IRL **[12327]**
DELMULLE : C1700, WORLDWIDE **[44296]**
DELOSA : PRE 1920, Canneto, LIPARI IS., ITL **[11661]**
DELPORT : ALL, Albanie, CAPE, RSA **[29001]**
DELTOUR : Francoise, 1700+, Spitalfields, LND, ENG **[28149]**
DELUIE : PRE 1850, DEMERARA, BRIT, GUIANA **[16813]**
DELVES : ALL, Edenbridge, KEN, ENG **[98637]** : ALL, Southwark, SRY, ENG **[98637]** : PRE 1860, Hollington, SSX, ENG **[11060]**
DEMAINE : 1830+, Esholt, WRY, ENG **[26752]**
DEMBINSKY : ALL, LITHUANIA **[26493]**
DEMERS : Angelique, C1700+, QUE, CAN **[27325]**
DEMEZA : 1700S, Bromley, KEN, ENG **[46193]** : 1800S, Penshurst & Tonbridge, KEN, ENG **[46193]** : 1700S, Spitalfields & Stepney, LND, ENG **[46193]**
DEMONEY : 1650-1750, NJ, USA **[34797]**
DEMPSEY : PRE 1840, TAS, AUS **[11284]** : 1880+, MDX, SRY & LND, ENG **[31079]** : Elinor, ALL, ARM, IRL **[40618]** : 1790+, Portarlington, LEX, IRL **[19429]** : ALL, Waterford City, WAT, IRL **[31079]** : Darby, 1800-1850, Hilltown, WEX, IRL **[30701]** : PRE 1870, Grahamstown, E. CAPE, RSA **[32017]** : 1850-1900S, Chicago, IL, USA **[31079]**
DEMPSTER : 1700S, HAM, ENG **[26335]** : 1700+, Rayne & Insch, ABD, SCT **[37236]** : PRE 1796, Kinross, KRS, SCT **[15916]**
DEMUTH : PRE 1850, Ipswich, SFK, ENG **[43421]** : PRE 1900, Ipswich, SFK, ENG **[43421]** : PRE 1824, Lautenthal, HAN, GER **[43421]**
DEN BIESEN : ALL, Alverna, GEL, NL **[16661]**
DENALLA : 1850+, Tresivio, LOMBARDY, ITL **[41979]**
DENBIGH : ALL, Idle, WRY, ENG **[40719]**
DENBOLL : 1790-1890, North Hill, CON, ENG **[14346]**
DENBOW : PRE 1830, Washington Co., ME, USA **[22262]**
DENBURY : ALL, MDX, ENG **[39301]**
DENBY : 1860, Brisbane, QLD, AUS **[14120]** : ALL, MDX, ENG **[39301]** : 1883+, Ealing, MDX, ENG **[46279]** : PRE 1900, Baildon, WRY, ENG **[26752]** : PRE 1900, Bingley, WRY, ENG **[26752]** : ALL, Bingley & Baildon, WRY, ENG **[38925]** : PRE 1900, Calverley, WRY, ENG **[26752]** : PRE 1900, Shipley, WRY, ENG **[26752]** : ALL, Edinburgh, MLN, SCT **[42466]**
DENCE : PRE 1600, Cranbrook, KEN, ENG **[13511]**
DENCH : PRE 1850, CON, ENG **[46482]** : 1890-1900, Newcastle-on-Tyne, NBL, ENG **[99573]**
DENCHFIELD : 1800+, Whitechurch, BRK, ENG **[43733]**
DENGATE : 1730-1860, Ticehurst, SSX, ENG **[19268]**
DENHAM : C1858, Ballarat, VIC, AUS **[13984]** : John, C1860, Tedburn St.Mary, DEV, ENG **[46213]** : Wm. Edward, PRE 1904, Belfast, ANT, IRL **[15485]** : John, C1869, Newtownhamitlon, ARM & MOG, IRL **[15485]**
DENHOLM : C1800-1950, Edinburgh, MLN, SCT **[46413]** : C1800-1900, Gorebridge, MLN, SCT **[46413]**
DENING : PRE 1900, ENG **[46463]**
DENIS : PRE 1871, GSY & SARK, CHI **[13584]**
DENISON : PRE 1750, Bradford & Otley, WRY, ENG **[42277]** : PRE 1860, TYR, IRL **[11344]**
DENLEY : ALL, WORLDWIDE **[18780]**
DENMAN : C1900, Launceston, TAS, AUS **[28140]** : ALL, Axmouth, DEV, ENG **[31152]** : PRE 1810, Lopen, SOM, ENG **[10565]**
DENNARD : PRE 1900, Mersham & Aldington, KEN, ENG **[45036]**
DENNE : PRE 1800, Birchington, KEN, ENG **[17508]** : Henry, C1840, Bromley, LND, ENG **[13326]** : PRE 1830, Lambeth, SRY, ENG **[26253]**
DENNEHY : 1800-1870, Newmarket, COR, IRL **[13326]**
DENNERLEY : 1700-1900, Macclesfield, CHS, ENG **[19401]** : Margaret, 1813+, Portsmouth, HAM, ENG **[35110]**
DENNERLEY (see One Name Section) **[19401]**
DENNES : 1600S, Kingston upon Thames, SRY, ENG **[27816]**
DENNET : 1650, Charing, KEN, ENG **[20975]**
DENNETT : 1700+, KEN, ENG **[11690]** : 1650+, Charing, KEN, ENG **[20975]**
DENNEY : Henry, 1850+, Gosford, NSW, AUS **[25654]**
DENNING : 1850-1900, VIC, AUS **[26703]** : 1700-1860, Stoke Lane, SOM, ENG **[26703]** : PRE 1820, Dublin, IRL **[10145]** : ALL, WORLDWIDE **[46463]**
DENNIS : 1882, Caistor Twp, ONT, CAN **[15221]** : ALL, Gravenhurst, BDF, ENG **[35561]** : C1830, Kintbury, BRK, ENG **[41212]** : 1700+, Soham, CAM, ENG **[36368]** : PRE 1830, Altarnun & Lewannick, CON, ENG **[18325]** : 1790S, Kenwyn, CON, ENG **[34138]** : 1800S, Paul, CON, ENG **[97806]** : ALL, Penzance & West Penwith, CON, ENG **[18895]** : 1700-1796, Sancreed, CON, ENG **[27769]** : 1650+, St.Buryan, CON, ENG **[11144]** : 1870-1890, Alfreton & Smalley, DBY, ENG **[35561]** : PRE 1815, Measham, DBY, ENG **[19304]** : 1700-1820, Bratton Fleming, DEV, ENG **[27087]** : 1700-1900, Littleham & Bideford, DEV, ENG **[46443]** : PRE 1800, Silverton, DEV, ENG **[42821]** : 1700-1900, Weymouth, DOR, ENG **[19713]** : PRE 1850, Weymouth & Southampton, DOR & HAM, ENG **[39539]** : John, 1850-1920, ESS, ENG **[10273]** : 1800+, HUN, ENG **[25829]** : C1780, Holton Beckering, LIN, ENG **[20578]** : William, C1850-1920, Westminster, MDX, ENG **[19892]** : PRE 1800, NTT, ENG **[45857]** : PRE 1830, Redgrave, SFK, ENG **[35042]** : 1830-1900, Wookey, SOM, ENG **[27087]** : C1870, Croydon, SRY, ENG **[41212]** : 1600S, Kingston upon Thames, SRY, ENG **[27816]** : 1750-1850, Hatch, WIL, ENG **[14901]** : 1900, Goldthorpe, YKS, ENG **[35561]** : Allen, PRE 1850+, Dade Co., GA, USA **[23605]** : Geo. G., 1818, Trenton, NJ, USA **[35343]**
DENNISON : 1880+, Stockton-on-Tees, DUR, ENG **[29845]** : PRE 1850, Beetham, WES, ENG **[21232]** : ALL, Yeadon, WRY, ENG **[21232]** : 1740+, Hustwait, Coxwold, YKS, ENG **[20975]** : PRE 1840, Melsonby, YKS, ENG **[29845]** : Timothy, 1918, Capetown, RSA **[99570]**
DENNISS : ALL, LIN, ENG **[26932]**
DENNY : C1800, Fingrinhoe, ESS, ENG **[41511]** : Dolly, 1860+, HAM, ENG **[46246]** : PRE 1800, SFK, ENG **[39312]** : 1600 Marlesford, SFK, ENG **[35184]**
DENSIE : 1500-1700, OXF, ENG **[27039]**
DENSY : 1500-1700, OXF, ENG **[27039]**
DENT : 1850+, Bombala, NSW, AUS **[11446]** : 1860S, Penrith, NSW, AUS **[11707]** : Margaret, 1850+, Birmingham Area, ENG **[99433]** : ALL, Littleport, CAM, ENG **[11446]** : PRE 1750, Glatton, HUN, ENG **[41477]** : C1795, KEN, ENG **[14744]** : PRE 1840, LAN, ENG **[13574]** : 1700-1800, Colne, LAN, ENG **[11425]** : C1800, LIN, ENG **[28340]** : 1800-1900, LND, ENG **[17687]** : PRE 1840, MDX, ENG **[42083]** : 1800-1900, Brighton, SSX, ENG **[28708]** : 1800-1900, STS, ENG **[18657]** : 1700-1850, Birmingham, WAR, ENG **[46517]** : 1795-1829, WES, ENG **[14744]** : Matthew, C1786+, Colby, WES, ENG **[41185]** : Parysatis, 1780S, Leeds, YKS, ENG **[32035]** : 1800-1900, Sheffield, YKS, ENG **[18657]**
DENTON : Isabella, 1856+, Sofala, NSW, AUS **[10508]** : Hazel, 1912+, Woollahra, NSW, AUS **[28269]** : PRE 1855, Harlington, BDF, ENG **[11060]** : John Punshon, 1800-1871, West Hartlepool, DUR, ENG **[22090]** : 1750+, ESS & LND, ENG **[44954]** : 1750-1800, Liverpool, LAN, ENG **[25322]** : PRE 1850, Liverpool, LAN, ENG **[46211]** : 1785+, Rochdale, LAN, ENG **[99418]** : PRE 1900, LIN, ENG **[39439]** : 1778+, Finsbury, MDX, ENG **[21207]** : 1750+, Southgate, MDX, ENG **[12078]** : 1720+, St.Andrew, Holborn, MDX, ENG **[21207]** : 1669+, St.Margaret, Westminster, MDX, ENG **[21207]** : 1720+, St.Marylebone, MDX, ENG **[21207]** : 1669+,

DEN

St.Sepulchres, MDX, ENG **[21307]** : 1800-1870S, Birmingham, WAR, ENG **[45800]** : 1750-1800, Bradfield, WRY, ENG **[10037]** : ALL, Sheffield, WRY, ENG **[38452]** : Ann, PRE 1750, Wragby, WRY, ENG **[16233]** : Charlotte, PRE 1850, YKS, ENG **[25046]** : Alfred, 1850-/, Hull & Goldington, YKS & BDF, ENG **[28269]**
DENVER : 1850+, Birmingham, WAR, ENG **[31028]**
DENWOOD : PRE 1900 Cockermouth CUL ENG **[30870]**
DENYER : PRE 1780, SRY, ENG **[36246]** : PRE 1800, Chiddingfold, SRY, ENG **[45046]** : PRE 1850, SSX, ENG **[34906]** : PRE 1850, Chichester, SSX, ENG **[19785]** : Sarah, PRE 1750, Lodsworth, SSX, ENG **[28907]** : 1800-1920, Birdham, SSX, ENG & AUS **[45811]**
DEPKE : PRE 1850, Muhlbanz & Dirschau, WPR, GER **[25093]**
DERBYSHIRE : PRE 1830, Blackrod, LAN, ENG **[36983]** : 1800+, Swinton, LAN, ENG **[13497]**
DERDOWSKI : PRE 1790, Wielki Garc, GD, POL **[21661]**
DEREPAS : 1800+, Paris, FRA **[10340]** : 1800+, Drogheda, LOU, IRL **[10340]**
DERHAM : ALL, Frome & Rode, SOM, ENG **[29172]**
DERKENNE (see One Name Section) [44261]
DERNEK : Joseph, 1871+, Perth Co. & Waterloo Co., ONT, CAN **[15902]**
DERNIE : ALL, Worksop, NTT, ENG **[28479]**
D'ERNST : ALL, ENG **[17470]**
DERRICK : ALL, Bristol, GLS, ENG **[31402]** : PRE 1800, Aston Rowant, OXF, ENG **[37709]** : 1890+, Woolley, SOM, ENG **[26253]** : James, 1836, GAL & MAY, IRL **[29187]**
DERRICOTT : 1750+, STS, ENG **[18501]**
DERRINCOURT : Luker, 1800S, Convict, NSW, AUS **[33245]**
DERRINGTON : PRE 1850, Stoke on Trent, STS, ENG **[29373]**
DERRY : PRE 1976, CAN & USA **[39939]** : PRE 1937, WAR, ENG **[39939]**
DES PRES : 1500-1700, Kortrijck, WVL, BEL **[22114]**
DESBOIS : 1900+, NSW & QLD, AUS **[20862]** : 1750-1950, MDX & LND, ENG **[30446]**
DESBOROUGH : Malo John, 1854-1890, ENG **[36112]** : Lawrence, 1600+, HUN, ENG **[12321]** : George, 1900, Newton Walters, HUN, ENG **[36112]**
DESBROW : PRE 1800, NTH, ENG **[12707]** : PRE 1900, Woodnewton & Oundle, NTH, ENG **[41500]**
DESCHAMPS : Thomas, ALL, WORLDWIDE **[22796]**
DESLANDES : 1800-1850, St.Helier, JSY, CHI **[29468]**
DESOZA : Manoel, 1852-1929, AZORES, PT & AUS **[46225]**
DESROCHERS : 1600-1900, QUE, CAN **[23518]**
DESRUISSEAUX : 1600-1900, QUE, CAN **[23518]**
D'ESTOUTEVILLE : 1025, Etoutteville-sur-Mer, FRA **[19759]**
DETERS : PRE 1888, Papenburg, BRM, BRD **[23518]**
DETLAFF : 1800+, GER & POL **[20874]**
DETLEFSEN : 1865+, East Orange, NJ & NY, USA **[24413]**
DEUBEL : 1700-1800, Ransweiler, RHINELAND, GER **[23415]**
DEUCHARS : 1840+, Dundee, ANS, SCT **[21854]** : 1830S, Auchterarder, PER, SCT **[31517]**
DEUDNEY : ALL, ENG **[29497]**
DEURWART : 1814+, Smithfield & Cripplegate, MDX, ENG **[21207]**
DEUTCHMAN : PRE 1880, Leeds, WRY, ENG **[41005]**
DEVAN : PRE 1850, Renfrew, RFW, SCT **[38111]**
DEVANAH : Catherine, ALL, LDY, IRL **[16757]**
DEVANE : Roger, 1940, Sydney, NSW, AUS **[36705]**
DEVENISH : Elias, PRE 1712, Sydling St.Nicholas, DOR, ENG **[10508]** : C1800, Bath, SOM, ENG **[36422]**

DEVENISH-MEARES : 1827-1900, Wollongong & Sydney, NSW, AUS **[42239]**
DEVENNY : Adam, 1800+, Buckingham, QUE, CAN **[15638]** : PRE 1800, IRL **[15638]**
DEVENPORT : 1800-1900, Edgbaston, WAR, ENG **[18670]**
DEVER : 1850-1950, Hunter Valley, NSW, AUS **[46210]** : 1800-1850, Gweedore & Adoor, DON, IRL **[46210]**
DEVEREAU : 1800S, IRL **[11411]**
DEVERELL : 1800S, Bedford, BDF, ENG **[17511]** : ALL, UK **[15431]**
DEVEREUX : 1800-1900, Campton, BDF, ENG **[18670]** : 1750+, Little & Great Saxham, SFK, ENG **[13461]** : ALL, WEX, IRL **[43933]**
DEVERIA : C1820+, INDIA **[19905]**
DEVERICK : C1800, IRL **[46491]**
DEVERIL : 1873+, NZ **[26410]**
DEVERILL : 1700-1800, Bath, SOM, ENG **[13326]**
DEVERSON : 1750+, Little & Great Saxham, SFK, ENG **[13461]**
DEVERY : ALL, Burnley, LAN, ENG **[46311]** : Peter, PRE 1820, Clonmacnoise, OFF, IRL **[32190]** : Margaret, PRE 1820, Gallen, OFF, IRL **[32190]** : James, PRE 1820, Tisaran, OFF, IRL **[32190]**
DEVESON : 1820, Northfleet, KEN, ENG **[39678]**
DEVEY : Thomas, 1804+, LND, ENG **[25654]** : 1856+, Stepney, LND, ENG **[25654]** : PRE 1850, Pattingham, STS, ENG **[19641]** : John, 1854, Alderbury, WIL, ENG **[10318]** : PRE 1900, Auckland, NZ **[38178]**
DEVINE : Helen, PRE 1857, Melbourne, VIC, AUS **[12457]** : 1800+, Hull, ERY, ENG & AUS **[46262]** : William, PRE 1818, Belfast, ANT, IRL **[30014]** : Susan, ALL, LDY, IRL **[16757]**
DEVIR : PRE 1855, Donegal, DON, IRL **[98637]**
DEVIS : 1750-1850, LND, ENG **[37286]**
DEVITT : PRE 1750, Shustoke, WAR, ENG **[13657]** : ALL, Ballyvraneen & Ennistymon, CLA, IRL **[25702]** : ALL, WORLDWIDE **[25702]**
DEVLIN : 1790S, Dublin, IRL **[46216]** : 1850+, ARM, IRL **[20862]** : PRE 1845, Killygonland, TYR, IRL **[42386]** : 1800+, Moortown & Arboe, TYR, IRL **[12420]**
D'EVLIN : PRE 1860, Dublin, DUB, IRL **[43792]**
DEVONALD : 1860+, Barrow in Furness, LAN, ENG **[17403]**
DEVONPORT : PRE 1780, Sutton Bonnington, NTT & LEI, ENG **[18236]** : PRE 1825, Foleshill, WAR, ENG **[19785]**
DEVONSHIRE : 1700S-1900S, KEN, ENG **[36295]** : 1700S-1900S, London, MDX, ENG **[36295]** : 1780S-1800S, Banbury, OXF, ENG **[36295]**
DEVOR : 1850-1950, Hunter Valley, NSW, AUS **[46210]** : 1800-1850, Gweedore & Adoor, DON, IRL **[46210]**
DEVRIES (EMO) : John & Marg., 1889+, Carlton, VIC, AUS **[11195]**
DEW : 1840+, Sydney, NSW, AUS **[10564]** : PRE 1630, Malborough, DEV, ENG **[26360]** : James, 1829-1905, HEF & ID, ENG & USA **[41340]** : James B., 1853-1933, HEF, ID & ALB, ENG, USA & CAN **[41340]**
DEWAN : Michael, 1855, Collingwood, ONT, CAN **[15882]** : Catharine, 1870, Collingwood, ONT, CAN **[15882]**
DEWAR : 1853+, Melbourne, VIC, AUS **[27719]** : 1750-1850, Clapham, SRY, ENG **[42293]** : Jeremiah, 1811+, SCT **[27719]** : 1700+, Dunfermline, FIF, SCT **[10591]** : 1725-1775, Wemyss, FIF, SCT **[24567]** : PRE 1800, MLN, SCT **[14045]** : 1859, Dunblane, PER, SCT **[10715]** : 1812+, Little Dunkeld, PER, SCT **[27719]** : C1772-, Logierait, PER, SCT **[27719]** : 1800+, Kilmartin, ARL & ONT, SCT & CAN **[20578]**
DEWELL : 1500-2000, KEN & LND, ENG **[45749]**
DEWENDEN : 1700+, Kirkby Malham, WRY, ENG **[13581]**

DEWEY : 1800, RUT & LEI, ENG **[46197]** : 1780-1840, Codford St.Peter, WIL, ENG **[38737]**
DEWHIRST : PRE 1580, Whalley, LAN, ENG **[21594]**
DEWHURST : 1750-1820, Broughton near Preston, LAN, ENG **[30870]** : PRE 1850, Chipping, LAN, ENG **[43085]** : PRE 1900, Haslingden, LAN, ENG **[45735]** : C1850, Manchester, LAN, ENG **[43844]** : C1850, Preston, LAN, ENG **[43844]** : PRE 1900, Stonyhurst, LAN, ENG **[43085]** : 1829-1881, Bedlington, NBL, ENG **[35218]** : Eliz, PRE 1806+, Hepponstall & Skipton, WRY, ENG **[13229]** : Ellen, PRE 1843, Skipton on Craven, YKS, ENG **[43935]**
DEWICK : PRE 1870, Hull, YKS, ENG **[46471]**
DEWING : Richard, C1800, Sall & Weston, NFK, ENG **[13188]**
DEWIS : PRE 1840, Bedworth, WAR, ENG **[31761]** : ALL, Bedworth, WAR, ENG & AUS **[44256]**
DEWITT-BOWEN : Angeline, C1860, Cleveland, OH, USA **[17005]**
DEWSBURY : PRE 1840, Cannock, STS, ENG **[99012]**
DEWSELL : ALL, ENG **[25992]**
DEWSNAP : 1820-1900, Doncaster, YKS & LAN, ENG **[46210]** : 1750-1850, Doncastler, YKS & LAN, ENG **[46210]**
DEWSON : ALL, Lanark, LKS, SCT **[44339]**
DEWSTOW : ALL, CON, ENG **[45830]** : PRE 1752, Cardinham, CON, ENG **[13358]**
DEXTER : 1700S, Liverpool, NS, CAN **[15521]** : PRE 1670, ENG **[15521]** : 1750-1850, LEI & NTT, ENG **[28609]** : 1800+, Kings Lynn, NFK, ENG **[44948]** : 1700S, Barnstable, MA, USA **[15521]** : 1700S, Rochester, MA, USA **[15521]**
DEYNS : ALL, Norwich, NFK, ENG **[33696]**
DEYS : ALL, WORLDWIDE **[11938]**
DHERANT : C1750-1900, NOR, FRA **[46196]**
DI IORIO : ALL, Campo Di Giove, ABR, ITL **[22618]**
DI MAGGIO : ALL, Palermo, SIC, ITL **[22618]**
DI TANA : ALL, Campo Di Giove, ABR, ITL **[22618]**
DIACK : PRE 1900, Aberdeen, ABD, SCT **[41375]**
DIAMOND : William, C1862, Ballarat, VIC, AUS **[31153]** : PRE 1830, South East, DEV, ENG **[40871]** : PRE 1800, DOR, ENG **[17184]** : 1700+, KEN, ENG **[16433]** : C1600-1830, Brenchley, KEN, ENG **[31153]** : 1650+, Great Chart & Kingsnorth, KEN, ENG **[16433]** : PRE 1810, LIM, IRL **[39092]** : Frank, C1860, Glasgow, LKS, SCT **[17005]**
DIAPER : 1880+, Ascot, BRK, ENG **[17291]** : 1895+, Cambridge, CAM, ENG **[43792]** : PRE 1845, ESS, ENG **[38517]** : 1862+, Debenham, SFK, ENG **[43792]**
DIBB : PRE 1900, Baildon, WRY, ENG **[26752]** : PRE 1700, Kirkby Overblow, WRY, ENG **[42277]** : PRE 1900, Shipley, WRY, ENG **[26752]** : ALL, Shipley, WRY, ENG & AUS **[42277]**
DIBBEL : 1800+, Tewkesbury, GLS, ENG **[36003]**
DIBBIN : PRE 1834, Clifton & Bristol, GLS, ENG **[12953]**
DIBBLE : Mary, C1773, CON, ENG **[39380]** : 1810+, Bampton, DEV & WAR, ENG **[18128]** : Mary, 1750-1800, SOM, ENG **[17203]** : PRE 1620, North Petherton, SOM, ENG **[13316]** : C1800, Richmond, SRY, ENG **[28742]** : 1860+, Birmingham, WAR, ENG **[18128]**
DIBBS : George, 1870+, Warrenheip, VIC, AUS **[36844]** : 1750-1820, Marylebone, LND, ENG **[17391]**
DIBELL : Ann, 1800S, London, SRY, ENG **[28188]**
DIBLEY (see One Name Section) **[16188]**
DICE : ALL, Clapham & Battersea, SRY, ENG **[28479]**
DICK : 1898+, Leichhardt, NSW, AUS **[10232]** : 1840+, Port Macquarie, NSW, AUS **[10232]** : 1700+, Cuminestown & Monquhitter, ABD & BAN, SCT **[21563]** : 1800+, Inverkeithing, FIF, SCT **[41349]** : 1800-1900, Kirkcaldy, FIF, SCT **[39303]** : James, C1775, Ayr, LKS, SCT **[10489]** : PRE 1900, Glasgow, LKS, SCT **[20974]** : William, C1791, Cockpen, MLN, SCT **[37568]** : Quintin, 1718-1768, Edinburgh, MLN, SCT **[31486]** : Quintin, 1743-1819, Edinburgh, MLN, SCT **[31486]** : John, C1540+, Edinburgh, MLN, SCT **[35823]** : PRE 1840, Bathgate, WLN, SCT **[10232]** : PRE 1810, Bo'Ness, WLN, SCT **[13574]** : C1695, Carriden, WLN, SCT **[25979]**
DICKEN : 1700-1850, Sutton cum Duckmanton, DBY, ENG **[14246]** : PRE 1848, Rugeley, STS, ENG **[30612]**
DICKENS : Jane, 1809, Mursley, BKM, ENG **[10485]** : PRE 1800, Newton Longville, BKM, ENG **[30768]** : C1800+, Loughborough, LEI, ENG **[37499]** : Sophia, PRE 1849, NTH, ENG **[45893]** : PRE 1830, Brecon, BRE, WLS **[30457]** : 1808-1830S, Crickhowell & Llangattock, BRE, WLS **[30457]**
DICKENSON : John, 1823+, TAS, AUS **[35809]** : Mary, C1747, London, ENG **[36800]** : 1680+, Waltham St.Lawrence, BRK, ENG **[20742]** : PRE 1880, Over, Wharton & Winsford, CHS, ENG **[34373]** : Ann, 1700-1781, Blackheath, ESS, ENG **[21349]** : 1780-1820, Halifax, WRY, ENG **[10037]** : 1780-1850, Rastrick, WRY, ENG **[10037]**
DICKER : 1850+, NFD, CAN **[42361]** : 1800+, Highweek, DEV, ENG **[42361]** : 1800+, Teigngrace, DEV, ENG **[42361]** : PRE 1850, Batcombe, DOR, ENG **[34873]**
DICKERSON : 1832+, Muswellbrook, NSW, AUS **[44160]** : 1830S+, Muswellbrook, NSW, AUS & ENG **[11071]** : Joseph, 1810+, Great Bentley, ESS, ENG **[44160]** : ALL, IA, OH & KS, USA **[32419]** : Sarah, 1750+, Essex Co., MA, USA **[45995]** : Susan, C1800, NJ, USA **[16947]**
DICKESON : 1700-1900, Newington, SRY, ENG **[10252]**
DICKEY : 1765+, NS, CAN & IRL **[32223]**
DICKIE : 1765+, NS, CAN & IRL **[32223]** : C1850, Stoke Newington, MDX, ENG **[27744]** : PRE 1880, Aberdeen, ABD, SCT **[27744]**
DICKINS : Sophia, PRE 1849, NTH, ENG **[45893]**
DICKINSON : 1858+, Hunter Valley, NSW, AUS **[44160]** : 1700S, NB, CAN **[15521]** : 1900+, London, ENG **[46477]** : PRE 1910, London, ENG **[42927]** : PRE 1825, Over, Wharton & Winsford, CHS, ENG **[34373]** : Elizabeth, 1845+, Felling, DUR, ENG **[42961]** : PRE 1721, Witton-le-Wear, DUR, ENG **[17626]** : PRE 1830, Minchinhampton, GLS, ENG **[43984]** : ALL, LAN, ENG **[34704]** : Peter & Mary, 1800-1850, Altcar, LAN, ENG **[12320]** : 1750-1854, Euxton, LAN, ENG **[39536]** : PRE 1850, Liverpool, LAN, ENG **[43779]** : 1750-1850, Manchester, LAN, ENG **[18606]** : 1770S, Manchester, LAN, ENG **[11062]** : C1754+, Warrington, LAN, ENG **[29854]** : 1700+, LAN & CUL, ENG **[10775]** : C1800, Bracebridge, LIN, ENG **[10785]** : 1800S, Newcastle on Tyen, NBL & DUR, ENG **[16706]** : PRE 1850, NBL & YKS, ENG **[42927]** : ALL, Pelsall & Wednesbury, STS, ENG **[45766]** : 1700S, Brough under Stainmore, WES, ENG **[11684]** : 1800S, Methley, WRY, ENG **[46434]** : PRE 1850, Harrogate, YKS, ENG **[35619]** : ALL, Cwm, MON, WLS **[45766]**
DICKMAN : PRE 1850, Kibworth Beauchamp, LEI, ENG **[35619]** : PRE 1900, Kettering, NTH, ENG **[35619]** : 1832, Kelso, ROX, SCT **[28164]**
DICKS : ALL, Plymouth, DEV, ENG **[46462]**
DICKSON : 1800-1880, Windsor, NSW, AUS **[42609]** : 1839+, TAS, AUS **[37321]** : George, 1875, Little River, VIC, AUS **[28190]** : ALL, Chatham, NB, CAN **[39712]** : ALL, Manchester, LAN, ENG **[25787]** : 1800-1850, Kilham, NBL, ENG **[46220]** : Elspeth Hall, 1839-1912, Tynemouth & Earsdon, NBL, ENG **[34835]** : James, PRE C1845, Belfast, ANT, IRL **[10699]** : Andrew, 1788-1848, Killinchy, DOW, IRL **[43773]** : Christiana, 1825-1872, Kilmood, DOW, IRL **[43773]** : 1730-1839, Limerick, LIM, IRL **[37321]** : PRE 1900, SCT **[25151]** : Hugh, 1660-1727, AYR, SCT **[43773]** : PRE 1900, Kilmarnock, AYR, SCT **[20049]** : PRE 1760, Ruthwell, DFS, SCT **[31923]** : C1790+, Ormiston, ELN, SCT **[37499]** : Robert, 1844+, Glasgow, LKS, SCT **[34321]** : PRE 1930, Lesmahagow, LKS, SCT **[45199]** : PRE

1860, MLN, SCT **[43800]** : 1838, Liberton, MLN, SCT **[34651]** : James, 1830+, Carluke, PEE, SCT **[41223]** : James Riddell, 1839-1903, St.Boswells & Tynemouth, ROX & NBL, SCT & ENG **[34835]**

DIDYMOUSE : 1600S, DEV, ENG **[26335]**

DIEDRICKS : PRE 1900, SWE **[39671]**

DIEFFENBACH : PRE 1800, GER **[23895]** : PRE 1800, PA, USA **[23895]**

DIER : C1820, KEN, ENG **[33642]**

DIESSEL : 1858+, Tumbarumba, NSW, AUS **[41435]** : ALL, WORLDWIDE **[41435]**

DIESSEL (see One Name Section) **[41435]**

DIETZ : ALL, LND & HES, ENG & GER **[31646]**

DIFFORD : 1750+, SOM, ENG **[11690]**

DIGBY : 1865+, Lucknow & Gallymont, NSW, AUS **[10675]** : 1853+, Newtown, NSW, AUS **[10675]** : 1830+, Geelong, VIC, AUS **[20975]** : William, 1854+, Bendigo, VIC & NSW, AUS **[11718]** : 1800-1850, London, ENG **[43756]** : Mehetabel, C1755, ESS, ENG **[31153]** : ALL, Great Leighs, ESS, ENG **[10675]** : 1700-1860, Great Stambridge, ESS, ENG **[46425]** : 1810+, Great Leigh & Charing, KEN, ENG **[20975]** : PRE 1900, Lewisham, KEN, ENG **[46451]** : ALL, Cley, NFK, ENG **[31972]** : 1800-1854, Bath & Bristol, SOM, ENG **[11718]** : PRE 1860, Clapham, SRY, ENG **[31302]**

DIGGES : 1856+, Mendooran, NSW, AUS **[31762]**

DIGGINS : Richard, 1800S, London, ENG **[45975]** : PRE 1760, Christow, DEV, ENG **[34783]** : 1800+, Totnes, DEV, ENG **[34783]** : PRE 1880, Canewdon, ESS, ENG **[11873]**

DIGGLE : C1850, Bolton, LAN, ENG **[10937]** : PRE 1870, Bolton & Bury, LAN, ENG **[18500]** : PRE 1750, Bury St.Mary, LAN, ENG **[25737]** : ALL, Oldham & Chadderton, LAN, ENG & AUS **[43996]**

DIGGS : 1856+, Mendooran, NSW, AUS **[31762]**

DIGHTON : 1580-1630, Gloucester, ENG **[24660]**

DIGNAM : 1850-2005, Walcha, NSW, AUS **[99125]**

DIGNAN : Thomas, C1800, Sligo, SLI, IRL **[30535]**

DIGONS : PRE 1800, Boxgrove, SSX, ENG **[15464]**

DIKES : 1680-1800, Colchester & Ipswich, ESS & SFK, ENG **[39815]** : 1680-1800, Hull & Leeds, YKS, ENG **[39815]**

DILKES : PRE 1750, Hoby, LEI, ENG **[28600]**

DILKES (see One Name Section) **[28600]**

DILKS : PRE 1750, Hoby, LEI, ENG **[28600]**

DILLANE : Thomas, 1800-1850, Limerick, LIM, IRL **[13326]**

DILLENBERGER : 1920-60, Chicago, IL, USA **[26098]**

DILLERSTONE : C1820, Frinton, ESS, ENG **[31375]**

DILLEY : ALL, CAM, ENG **[19694]** : 1750+, Mid To North, HRT, ENG **[26399]** : PRE 1815, Sheerness, KEN, ENG **[34782]**

DILLINGHAM : PRE 1800, Lincoln Co., KY, USA **[23895]**

DILLNUTT : PRE 1850, Chatham, KEN, ENG **[21539]**

DILLON : Thomas, 1859-1938, Gunnedah, NSW, AUS **[30512]** : 1850S, Jamberoo, NSW, AUS **[14188]** : Thomas, 1835+, Maitland & Sydney, NSW, AUS **[44160]** : PRE 1850, Manchester, LAN, ENG **[45962]** : C1840, St.George Hanover Sq., MDX, ENG **[11282]** : Catherine, 1869-1942, Larne, ANT, IRL **[27325]** : 1800+, Ballynahuane & Killilagh, CLA, IRL **[12420]** : 1800+, Cragicurden & Killilagh, CLA, IRL **[12420]** : 1800+, Kilfenora & Lisdoonvarna, CLA, IRL **[12420]** : 1800+, Knockeven & Killilagh, CLA, IRL **[12420]** : John, 1820, MEA, IRL **[42325]** : Charles, C1790-1820, SLI & MAY, IRL **[42479]** : Bridget, PRE 1860, Drumore & Waterford, WAT, IRL **[25246]** : Patrick, 1810S, Ballymore, WEM, IRL **[14188]** : PRE 1850, Wexford, WEX, IRL **[28210]**

DILLY : 1750+, Mid To North, HRT, ENG **[26399]**

DILWORTH : PRE 1850, HEF & WOR, ENG **[25151]** : 1700S, Huyton, LAN, ENG **[28948]** : Robert, 1780+, Huyton, LAN, ENG **[38412]** : Elizabeth, 1818+, Huyton, LAN, ENG **[38412]** : ALL, Lancaster & Wyresdale, LAN, ENG **[25572]** : 1815+, Prescot, LAN, ENG **[38412]** : C1800+, Portadown, ARM, IRL **[46344]**

DIMENT : PRE 1800, DOR, ENG **[17184]** : PRE 1740, Corscombe, DOR, ENG **[17961]** : 1740+, Charlinch, SOM, ENG **[43566]**

DIMERY : ALL, Leeds, WRY, ENG & IRL **[38668]**

DIMICK : 1636+, MA, USA **[32223]**

DIMMICK : PRE 1860, SOM, ENG **[25853]**

DIMMOCK : 1865+, Hunter River, NSW, AUS **[11060]** : ALL, Scone & Maitland, NSW, AUS **[37308]** : 1880+, Mackay, QLD, AUS **[37308]** : PRE 1800, Great Brickhill, BKM, ENG **[17523]** : PRE 1850, HRT, ENG **[37116]** : William, C1790-1820S, Essendon, HRT, ENG **[42897]** : ALL, Kimpton, HRT, ENG **[18150]** : Eliza, 1806, Stokenchurch, OXF, ENG **[10054]** : PRE 1880, Fenton, STS, ENG **[45879]**

DIMOCK : 1636+, MA, USA **[32223]**

DIMOND : PRE 1875, Combe St.Nicholas, SOM, ENG **[39377]**

DIMONDE : John, C1600, Brenchley, KEN, ENG **[31153]** : John, C1565, FRA **[31153]**

DINAN : John, 1800+, Mountshannon, GAL, IRL **[14463]** : Ellen, 1860+, NZ **[14463]**

DINE : PRE 1750, Telescombe, SSX, ENG **[15823]**

DINEEN : 1800+, Patrickswell & Knockainy, LIM, IRL **[12420]**

DINGLE : C1800, CON, ENG **[46387]** : 1880, Falmouth, CON, ENG **[21669]** : Elizabeth, 1790, Moreton Hampstead, DEV, ENG **[46325]** : 1850-1940, Camden, LND, ENG **[36242]** : Geo & Frances, 1760+, Bury St.Edmunds, SFK, ENG **[12320]** : 1910, Auckland, NZ **[21669]**

DINGLEY : Samuel, 1900S+, London, ENG **[16938]**

DINGMAN : Richard, 1779-1790, Matilda Twp, Dundas Co., ONT, CAN **[15638]** : 1800-1900, ENG **[22440]**

DINGWALL : PRE 1820, Auchtermuchty, FIF, SCT **[37499]** : PRE 1855, Ceres & Cults, FIF, SCT **[10399]** : PRE 1800, Cupar, FIF, SCT **[36120]** : PRE 1800, Nairn, INV, SCT **[28747]**

DINGWELL : 1880+, Grafton, NSW, AUS **[13481]**

DINING : PRE 1900, ENG **[46463]**

DINNAGE : ALL, Horsham, SSX, ENG **[43453]**

DINNEEN : PRE 1870, LIM, IRL **[12915]**

DINNING : PRE 1900, ENG **[46463]**

DINSDALE : PRE 1880, Gateshead, DUR, ENG **[34873]** : 1700S, Searby, LIN, ENG **[19921]** : Jane, C1808, Lynn, NFK, ENG **[28340]** : 1850-60, Naburn Loch, YKS, ENG **[46376]**

DINSMOOR : William, 1731+, NH, USA **[45995]**

DINSMORE : PRE 1840, St.Stephen, NB, CAN **[26785]**

DINWIDDIE : PRE 1850, Dumfries & Lochmaben, DFS, SCT **[39860]**

DIPLOCK : 1850+, Buxted, SSX, ENG **[17514]** : ALL, Buxted & Maresfield, SSX, ENG **[42909]** : 1800+, Framleigh, SSX, ENG **[17514]** : 1830+, Little Horstead, SSX, ENG **[17514]** : 1700+, Mayfield, SSX, ENG **[10591]**

DIPPELSMANN : ALL, WORLDWIDE **[99114]**

DIPPLE : 1700+, Alvechurch, WOR, ENG **[37138]**

DIPROSE : 1823+, TAS, AUS **[14268]** : 1880-1996, Longford, TAS, AUS **[10985]** : PRE 1824, KEN, ENG **[14268]**

DISHART : ALL, Sts.Andrew & Leonard, FIF, SCT **[10610]**

DISHER : Thomas, 1870, Niagara Peninsula, ONT, CAN **[15513]** : William, 1788-1885, ONT & NJ, CAN & USA **[15513]** : 1750S, Sandy, BDF, ENG **[44105]** : 1800S, Liberton, MLN, SCT **[20800]** : ALL, Edinburgh, MLN, SCT & AUS **[38683]**

DISHINGTON : 1700, Haddington, ELN, SCT **[13129]**

DISNEY : 1850-1914, London, ENG **[27955]** : 1800-

1850, Norton Subcourse, NFK, ENG **[27955]** : PRE 1800, UK **[30299]** : Rose Eliz., 1920+, Quincy, MA, USA **[27955]**
DISTEN : C1850, Mickleton, GLS, ENG **[12974]**
DISTURNAL : ALL, WORLDWIDE **[45766]**
DITCH : PRE 1775, Marston Montgomery, DBY, ENG **[35042]** : Thomas, 1750+, Brede & Udimore, SSX, ENG **[10839]**
DITCHBURN : 1840+, Newcastle on Tyne, NBL, ENG **[30281]** : PRE 1840, Ednam, ROX, SCT **[30281]**
DITMAR : PRE 1810, PA, USA **[24725]**
DITTERICH : 1850S, Maldon, VIC, AUS **[12318]** : 1680-1780, Bamberg, GER **[12318]**
DITTON : PRE 1839, Woodchurch, KEN, ENG & AUS **[45357]**
DITZELL : 1824, Kessel, HESSEN, GER **[13865]**
DIVER : 1850-1950, Hunter Valley, NSW, AUS **[46210]** : 1800-1900, Ballyshannon, DON, IRL **[22707]** : 1800-1850, Gweedore & Adoor, DON, IRL **[46210]**
DIVERS : Eleonor, 1850S, Faversham, KEN, ENG **[37155]**
DIWELL : 1850+, Folkestone, KEN, ENG **[39620]** : 1900+, LND, ENG **[39620]**
DIX : PRE 1850, London, ENG **[37155]** : ALL, Plymouth, DEV, ENG **[46462]**
DIXEY : 1900+, Adelaide, SA, AUS **[27936]** : ALL, ESS, ENG **[29471]** : C1840, Bulmer, ESS, ENG **[38234]** : William, 1794+, St.Pauls, Perth, SCT **[27936]**
DIXIE : 1794+, St.Pauls, Perth, SCT **[27936]**
DIXON : Margaret, 1874-1962, Bega, NSW, AUS **[12032]** : 1850+, Camden, NSW, AUS **[11446]** : 1841-1907, Canberra & Goulburn, NSW, AUS **[42226]** : ALL, Wyong, NSW, AUS **[11446]** : PRE 1874, Goolwa, SA, AUS **[12229]** : 1840+, Kyneton, VIC, AUS **[11718]** : Henry J., 1878-1928, Williamstown, VIC, AUS **[12032]** : 1800-50, Myrtle Creek, NSW, AUS & ENG **[46232]** : 1700+, London, ENG **[17480]** : William, 1840, Hazel Grove & Stockport, CHS, ENG **[42453]** : PRE 1850, Dalston, CUL, ENG **[11282]** : 1700-1800, Haversham, CUL, ENG **[31826]** : Thomas, 1800-1830, Longtown & Berwick on Tweed, CUL, ENG **[11425]** : C1825, Barnstaple, DEV, ENG **[46360]** : Daniel, 1800+, Darlington, DUR, ENG **[42432]** : Elizabeth, 1850+, Durham, DUR, ENG **[42432]** : 1750-1950, Esh Winning, DUR, ENG **[46440]** : 1850+, Gateshead, DUR, ENG **[36505]** : 1730, Sunderland, DUR, ENG **[46483]** : Rachel, 1776, Sunderland, DUR, ENG **[33301]** : John, 1804, Sunderland, DUR, ENG **[42282]** : ALL, Sunderland, DUR, ENG **[11446]** : 1700-1900, Tanfield-Lea, DUR, ENG **[21842]** : ALL, ESS & SFK, ENG **[39541]** : 1700S, Dover, KEN, ENG **[42863]** : PRE 1800, Wingham, KEN, ENG **[30330]** : James Hunter, 1800+, LAN, ENG **[31356]** : 1800S, LAN, ENG **[34704]** : Fanny, 1800+, Bolton, LAN, ENG **[99026]** : John, 1837+, Liverpool, LAN, ENG **[35589]** : Wm Ridley, 1845+, Liverpool, LAN, ENG **[35589]** : PRE 1900, Hawkshead, LAN & WES, ENG **[45054]** : 1700+, West Ashby, LIN, ENG **[10822]** : ALL, NBL, ENG **[18851]** : 1750S-1860, Felkington & Spittal, NBL, ENG **[19865]** : ALL, Ingoe, NBL, ENG **[28670]** : PRE 1900, Newcastle upon Tyne, NBL, ENG **[28670]** : PRE 1870, North Sunderland, NBL, ENG **[36505]** : 1750S-1860, Thornton, Branxton & Norham, NBL, ENG **[19865]** : 1790, Great Yarmouth, NFK, ENG **[26101]** : John, 1631, Kings Cliffe, NTH, ENG **[10318]** : 1800+, Lambeth, SRY, ENG **[97806]** : 1798, Kendal, WES & CUL, ENG **[39856]** : PRE 1800, Adel, WRY, ENG **[10350]** : PRE 1630, Leeds, WRY, ENG **[21594]** : PRE 1800, YKS, ENG **[17763]** : ALL, Bolton Hall & Sheffield, YKS, ENG **[42226]** : ALL, Sheffield, YKS, ENG **[27879]** : 1700-1750, Weston, YKS, ENG **[32042]** : Henry O., 1856-1943, Southampton & Williamstown, HAM & VIC, ENG & AUS **[12032]** : James, 1843+, Liverpool, LAN & VIC, ENG & AUS **[35589]** : 1800-1840, Corofin, CLA, IRL **[11718]** : ALL, Dunlavin, WIC, IRL **[19844]** : Wm, C1888-1899, Derryvullen & Bega, FER & NSW, IRL &

AUS **[12032]** : ALL, RSA, ENG & IRL **[46510]** : Margaret, 1790+, Dumbarton, LKS, SCT **[42479]** : 1820+, Glasgow, LKS, SCT **[34321]** : Bodelia, 1780+, Dumbarton & Dublin, LKS & DUB, SCT & IRL **[42479]** : James, 1780+, Dumbarton & Dublin, LKS & DUB, SCT & IRL **[42479]** : John, 1890+, Kansas City, MO, USA **[39368]** : Annie, 1890+, Kansas City, MO, USA **[39368]** : Annie, 1890+, St.Louis, MO, USA **[39368]** : John, 1890+, St.Louis, MO, USA **[39368]**
DIXON-BROWN : 1800+, Unthank Hall, NBL, ENG **[28670]**
DIXSON : PRE 1800, Marylebone, MDX, ENG **[32882]** : Michael, 1804+, Lambeth, SRY, ENG **[97806]** : ALL, Lambeth & Croydon, SRY, ENG **[97806]**
DOAK : 1750-1850, Colmonell, AYR, SCT **[16096]**
DOANE : 1868+, Georgetown, ONT, CAN **[23605]** : 1824-1868, Walpole, Haldimand Co., ONT, CAN **[23605]** : 1800+, Welland Co., ONT, CAN **[23605]** : 1770-1840, Tolland & West Stafford, CT, USA **[22891]**
DOANE (see One Name Section) **[22891]**
DOBB : Samuel, PRE 1853, Breage, CON, ENG **[10721]**
DOBBIE : Robert, 1870+, London, ENG **[34522]** : PRE 1841, Chatham & Gillingham, KEN, ENG **[18639]** : PRE 1889+, Faversham & Milton Regis, KEN, ENG & NZ **[18639]** : 1800+, Paisley, RFW, SCT **[21321]** : 1800+, Edinburgh, MLN & VIC, SCT & AUS **[20655]** : PRE 1803, Ayr & Govan, AYR & LKS, SCT & ENG **[18639]**
DOBBINS : 1800S, Worcester, WOR, ENG **[11043]**
DOBBRICK : ALL, WORLDWIDE **[10978]**
DOBBS : 1700-1800, LIN, ENG **[41573]** : PRE 1835, Abbeyleix, LEX, IRL **[40914]**
DOBBY : 1700+, Bishop Monkton, NRY, ENG **[18372]** : 1800-1900, Leeds & Bradford, WRY, ENG **[18372]**
DOBLE : C1870+, Mudgee, NSW, AUS **[11540]** : Thomas, C1858, Kangaroo Flat & Bendigo, VIC, AUS **[26430]** : John, C1840, CON, ENG **[26430]** : Philip, C1700, Beaworthy, DEV, ENG **[15564]** : PRE 1800, Feniton, DEV, ENG **[10493]**
D'OBRY : PRE 1900, DEN **[46455]** : PRE 1920, ENG **[46455]**
DOBSON : James & Mary, 1840+, Geelong, VIC, AUS **[41228]** : John, 1850+, WA, VIC & NSW, AUS **[97806]** : 1850-1900, BRK, ENG **[46502]** : PRE 1900, Chester, CHS, ENG **[41208]** : ALL, Nantwich, CHS, ENG **[39949]** : 1800+, Oldham, CHS, ENG **[39949]** : PRE 1800, Penrith, CUL, ENG **[17977]** : 1700+, Barnard Castle, DUR, ENG **[37213]** : John, 1859+, West Heslerton, ERY, ENG **[97806]** : PRE 1820, Croston, LAN, ENG **[36983]** : James & Mary, 1800S, Oldham, LAN, ENG **[41228]** : William, 1850+, Preston, LAN, ENG **[33870]** : 1700-1800, St.Pancras, LND, ENG **[45863]** : Charlotte, ALL, Lambeth, LND & ERY, ENG **[33491]** : PRE 1720, Corbridge, NBL, ENG **[17626]** : 1700-1800, Pickering, NRY, ENG **[39616]** : Richard, 1700-1800S, Pickering, NRY, ENG **[39616]** : John, 1816-1850, Newcastle under Lyme, STS, ENG **[97806]** : PRE 1650, Bradford, WRY, ENG **[21594]** : 1600+, Sowerby, YKS, ENG **[21598]** : William, 1750-1850, Cloone & Mohill, LET, IRL **[12363]** : PRE 1860, Stradbally, LEX, IRL **[13004]**
DOBUNNI : ALL, Bagendon, GLS, ENG & SCT **[18639]**
DOCAS : 1906, Cargo, NSW, AUS **[99012]** : 1877, Hill End, NSW, AUS **[99012]** : 1950, Manildra, NSW, AUS **[99012]** : 1918, Parkes, NSW, AUS **[99012]**
DOCHERTY : 1800+, INDIA **[42829]** : C1787, Belfast, ANT, IRL **[25693]** : Janet Drew, 1854-1918, Glasgow, LKS, SCT **[13591]** : 1873-1918, Glasgow, LKS, SCT **[13591]**
DOCKEN : ALL, Mildenhall, SFK, ENG **[46317]**
DOCKERILL : 1800+, Barkway, HRT, ENG **[35649]** : C1750, Bluntisham cum Earith, HUN, ENG **[13004]**
DOCKERTY : PRE 1845, MAY, IRL **[45614]**
DOCKSEY : 1847+, Boylestone, DBY, ENG **[45584]** : 1830+, Hilton, DBY, ENG **[45584]** : 1901+, Hilton,

DBY, ENG [45584] : 1902+, Edmonton, MDX, ENG **[45584]** : 1882+, Islington, MDX, ENG **[45584]** : 1883+, Norwich, NFK, ENG **[45584]** : 1924+, Punta Gorda, FL, USA **[45584]** : 1902+, WORLDWIDE **[45584]**

DOCKWRAY : Edward, ALL, ENG **[12165]** : PRE 1857, DUR, ENG **[12165]**

DOCOS : 1879, Molong, NSW, AUS **[99012]** :1934, Molong, NSW, AUS **[99012]**

DOCUS : 1874, Hill End, NSW, AUS **[99012]**

DOCWRA : C1800+, LND & MDX, ENG**[41271]**

DOD : C1670, Kidlington, OXF, ENG **[99012]**

DODD : 1870+, Kirkconnell & Sunny Corner, NSW, AUS **[45078]** : 1850S, Orange & Molong, NSW, AUS **[45078]** : 1914+, Portland & Warnervale, NSW, AUS **[45078]** : Henry, 1890+, Sydney, NSW, AUS **[10675]** : 1839+, Mount Barker & Kadina, SA, AUS **[33642]** : Robert, 1850S, Ballarat, VIC, AUS **[10125]** : Robert, 1830+, London, ENG **[11797]** : Ralph, 1830-1905, Audlem & Wistaston, CHS, ENG **[44060]** : C1800, Wilmslow, CHS, ENG **[10350]** : 1700-1930, DEV, ENG **[45841]** : PRE 1850, DOR, ENG **[28275]** : Robert, 1850S, Sheerness, KEN, ENG **[10125]** : PRE 1700, Woolwich, KEN, ENG **[19785]** : Ellen, 1829-1880, Liverpool, LAN, ENG **[46426]** : C1830, Liverpool, LAN, ENG **[45794]** : Samuel, C1860, Liverpool, LAN, ENG **[10675]** : 1750S+, Warrington, LAN, ENG **[42542]** : ALL, Islington, LND, ENG **[13855]** : 1730-1900, Attleborough & Shelfanger, NFK, ENG **[13546]** : 1850+, Kennington, SRY, ENG **[99025]** : 1800, Colehill & Leamington, WAR, ENG **[33642]** : PRE 1811, Edmonscote, WAR, ENG **[97231]** : 1750-1800, Leeds, YKS, ENG **[33838]** : George, C1814, Sedbergh, YKS, ENG **[20542]** : 1750-1950, DOW, IRL **[17234]** : 1800+, Portarlington, LEX, IRL **[19429]** : William, 1780+, Gwenddwr, BRE, WLS **[18301]**

DODDEMEAD : William, PRE 1845, Baltonsborough, SOM, ENG **[12573]**

DODDRELL : 1740-1770, Bridgwater, SOM, ENG **[10832]** : PRE 1750, Shepton Mallet, SOM, ENG **[10832]**

DODDS : 1856, Glen Innes, NSW, AUS **[46264]** : 1850S, Rock River & Port Macquarie, NSW, AUS **[44160]** : 1870+, Sydney, NSW, AUS **[10664]** : Richard W., 1870+, Tweed River, NSW, AUS **[11839]** : 1883-1929, Wagga Wagga & Gunnedah, NSW, AUS **[45078]** : 1870+, Wallsend, NSW, AUS **[40792]** : 1860+, Rockhampton, QLD, AUS **[10664]** : 1910+, VIC, AUS **[33727]** : PRE 1820, London, ENG **[10664]** : 1788, Chester le Street, DUR, ENG **[36127]** : Catherine, C1730-1860, Chester le Street, DUR, ENG **[46400]** : 1750, Lanchester, DUR, ENG **[31826]** : Margaret, C1745, Stanhope, DUR, ENG **[10035]** : 1800+, DUR & NBL, ENG **[33727]** : ALL, NBL, ENG **[20824]** : PRE 1840, NBL, ENG **[10562]** : Ralph, C1800, Alnwick & Longhoughton, NBL, ENG **[11718]** : 1799+, Tynemouth, NBL, ENG **[44160]** : 1700-1900, Tanfield-Lea, NBL & DUR, ENG **[21842]** : 1800-1950, DOW, IRL **[17234]** : 1820+, Chirnside, BEW, SCT **[22175]** : 1700S+, Stow & Traquair, MLN, SEL & PEE, SCT **[21563]**

DODGE : 1600-1800, Exeter, DEV, ENG **[21356]** : 1700+, DEV & CON, ENG **[44409]** : 1800-1900, Isleworth & Heston, MDX, ENG **[28420]** : PRE 1700, Crewkerne, SOM, ENG **[36200]** : Richard, 1600-1675, East Coker, SOM, ENG **[35343]** :1575-1600S, SOM & DOR, ENG & USA **[22796]** : Thomas, 1780-1800, Norwich, CT, USA **[35343]** : Thomas, 1800S, Montpelier, VT, USA **[35343]**

DODGSON : 1820-40, ENG **[24660]** : PRE 1810, ENG **[24560]** : ALL, Bewcastle & Stapleton, CUL, ENG **[21196]** : ALL, LAN, ENG **[99147]** : PRE 1900, Leeds, WRY, ENG **[37049]** : 1800-1860, Brawby, YKS, ENG **[28906]** : 1800-1860, Carrollton, Greene Co., IL, USA **[24660]**

DODIMEAD : PRE 1845, Mells, SOM, ENG **[12573]**

DODMAN : 1853+, Portsea, HAM, ENG **[42940]** : PRE 1820, NFK, ENG **[36543]** : PRE 1900, NFK, ENG **[29298]** : Joseph, PRE 1820, East Raynham, NFK, ENG **[42940]**

DODO : PRE 1850, LOR, FRA **[20178]**

DODS : 1841+, Stow, MLN, SCT **[21563]**

DODSON : 1920S, Windsor, BRK, ENG **[17291]** : 1800S, Swavesey, CAM, ENG **[30996]** : 1870+, Shoeburyness, ESS, ENG **[17291]** : PRE 1960, Southend, ESS, ENG **[18042]** : 1750+, Beckingham, LIN, ENG **[25237]** : 1800-1900, Islington & Spitalfields, LND & MDX, ENG **[46412]** : Ann, 1630S, MDX, ENG **[11698]** : ALL, Bethnal Green, MDX, ENG **[18042]** : 1680-1860, Stanton Lacy, SAL, ENG **[45207]**

DODSWORTH : PRE 1920, LIN, ENG **[39439]**

DODUNSKI : PRE 1822, Wielki Garc, GD, POL **[21661]**

DODWELL : PRE 1842, Maidenhead, BRK, ENG **[39058]**

DOE : 1800+, Miramichi, NB, CAN **[16819]** : PRE 1900, BRK, ENG **[45046]** : Margaret, C1649, KEN, ENG **[10035]** : C1800, Liverpool, LAN, ENG **[12786]**

DOEL : 1870+, Birkenhead, CHS, ENG **[46298]** : PRE 1863, Horningsham, WIL, ENG **[11707]** : 1800+, Salisbury, WIL, ENG **[46298]** : Levi, 1818+, Westbury, WIL, ENG **[99590]**

DOERING : Samuel 1877-1934 Kramer ND USA **[33866]**

DOGGET : ALL, ENG **[46218]**

DOGGETT : 1785+, Flitton & Silsoe, BDF, ENG **[24943]** : PRE 1852, Oakington, CAM, ENG **[11733]**

DOHENY : Anne, 1880+, Ballarat, VIC, AUS **[12467]** : 1800S, Ballyragget, KIK, IRL **[12467]**

DOHERTY : Wm Alfred, 1870-1951, St.George, Warwick & Texas, QLD, AUS **[11623]** : William C., 1839+, Melbourne, VIC, AUS **[99012]** : PRE 1844, Port Fairy, VIC, AUS **[40615]** : 1750+, Manchester, LAN, ENG **[38934]** : Julia, C1853, IRL **[30071]** : 1800S, Portadown, ARM, IRL **[20660]** : 1780+, Cree, Kilrush & Kilkee, CLA, IRL **[12653]** : PRE 1850, Milltown, CLA, IRL **[28210]** : PRE 1840, Dungloe, DON, IRL **[11572]** : 1750-1850, Lisnaskea, FER, IRL **[20821]** : 1880-1950, CA, USA **[45291]**

DOHNAY : Kate, 1800+, Ballyraght, KIK, IRL **[44270]**

DOIDGE : 1800+, Calstock, CON, ENG **[30120]** : 1700S, Bere Ferrers, DEV, ENG **[39573]** : 1500S, Middle Chennock, SOM, ENG **[22796]**

DOIG : Mary, PRE 1850, Dromara, DOW, IRL **[19486]** : ALL, CBY, NZ **[39671]** : Thomas, PRE 1854, Dundee, ANS, SCT **[11546]** : ALL, Eassie & Nevay, ANS, SCT **[46329]** : ALL, Kirriemuir, ANS, SCT **[32243]** : ALL, Kilbarton, DNB, SCT **[21763]**

D'OILLY : 1070, Hook Norton, OXF, ENG **[19759]** : 1045, Lisieux, FRA **[19759]**

DOLAN : C1850-1940, Wigan, LAN, ENG **[17078]** : 1700-1860, IRL **[43903]** : ALL, Killashandra, CAV, IRL **[14188]** : PRE 1900, ROS, IRL **[43842]** : 1855, Ballintober, ROS, IRL & AUS **[42239]** : 1750+, Navan, MEA, IRL & ENG **[43983]**

DOLBEAR : 1770+, Marylebone, MDX, ENG **[19480]** : 1770+, St.Pancras, MDX, ENG **[19480]** : 1770+, Colchester, CT, USA **[19480]** : 1770+, Montville, CT, USA **[19480]** : 1770+, New London, CT, USA **[19480]**

DOLBEARE : 1770+, Marylebone, MDX, ENG **[19480]** : 1770+, St.Pancras, MDX, ENG **[19480]** : 1770+, Colchester, CT, USA **[19480]** : 1770+, Montville, CT, USA **[19480]** : 1770+, Boston, MA, USA **[19480]**

DOLBEARE (see One Name Section) [19480]

DOLBEER : Charles, 1900+, Cassopolis, MI, USA **[23564]**

DOLBEL : ALL, St.Helier, CHI, UK **[12186]**

DOLBY : 1750-1850, Farnsfield, NTT, ENG **[16997]**

DOLDEN : ALL, Medway & Sevenoaks, KEN, ENG **[41146]**

DOLE : PRE 1900, Mudgee, NSW, AUS **[28210]** : PRE 1850, Brisbane, QLD, AUS **[28210]**

DOLEMAN : ALL, Shoreditch, LND, ENG **[39694]**
DOLEZALOVA : 1800S, Zabori, CS **[46358]**
DOLEZSAR : ALL, WORLDWIDE **[17008]**
DOLING : 1800+, Maperton, DOR, ENG **[13037]**
DOLITTLE : 1800S, Dorchester, ONT, CAN **[16813]**
D'OLIVEIRA : C1865, Oporto, PT **[25770]**
DOLL : 1630-1790, Ransweiler, RHINELAND, GER **[23415]**
DOLLACK : Eva, 1800S, HU & YU **[16378]**
DOLLAND : 1890+, London, ENG **[34582]**
DOLLAWAY : 1780-1850, Reigate, SRY, ENG **[41629]**
DOLLEY : PRE 1805, KEN, ENG **[31597]**
DOLLING : 1600+, DOR, ENG **[38979]** : 1600+, HAM, ENG **[38979]** : 1600+, HRT, ENG **[38979]** : 1600+, London, LND, ENG **[38979]** : Percy, 1800+, USA **[38979]** : 1912+, USA & CAN **[39017]** : 1600+, Swansea, CMN, WLS **[38979]**
DOLLING (see One Name Section) **[38979]**
DOLLOWAY : 1780-1850, Reigate, SRY, ENG **[41629]**
DOLLY : PRE 1805, KEN, ENG **[31597]** : 1815+, Merton & Croydon, SRY, ENG **[45754]**
DOLMAGH : PRE 1850, Kilcooly, TIP, IRL **[10493]**
DOLMAN : ALL, AUS **[42688]**
DOLPHER : 1800+, Hamilton Co., OH, USA **[23605]** : George, 1887+, Hamilton Co., OH, USA **[23605]**
DOLTON (see DALTON) : **[28323]**
DOMENICK : 1945+, CAN & USA **[30120]** : 1900+, Wirral, CHS, ENG **[30120]**
DOMETT : 1740+, Combe St.Nicholas, SOM, ENG **[38515]**
DOMINEY : PRE 1850, SOM & HAM, ENG **[30823]**
DOMINICK : PRE 1750, DOR & WIL, ENG **[10114]**
DOMINICK (see One Name Section) **[10114]**
DOMINY : 1750-1850S, Frome, DOR & DEV, ENG **[36935]** : PRE 1850, SOM & HAM, ENG **[30823]**
DOMMER : 1830+, Marinsburger, GER **[23319]**
DOMNEY : ALL, Meare, SOM & ENG **[46116]**
DONAHOE : PRE 1890, Corduff, MOG, IRL **[34101]**
DONAHOO : Ann, 1830S, LAN, ENG **[40143]** : Ann, 1822-1839, IRL **[40143]**
DONALD : Thomas Steele, 1800S, NSW, AUS **[33245]** : PRE 1870, TYR & DOW, IRL **[20925]** : 1869+, NZ **[20925]** : William, PRE 1820, Alvah, BAN, SCT **[20935]** : PRE 1800, Boyne, BAN, SCT **[29024]** : 1800+, Fordyce, BAN, SCT **[10392]** : William, C1840, Mcduff, BAN, SCT **[20935]** : PRE 1820, Durris, KCD, SCT **[43481]**
DONALDSON : Rachel, 1862+, Sydney, NSW, AUS **[11195]** : 1857+, Harriston, ONT, CAN **[17061]** : George, 1830+, Buckingham, QUE, CAN **[15638]** : PRE 1763, Stanhope, DUR, ENG **[17626]** : ALL, LAN, ENG **[45830]** : 1850+, St.Pancras, MDX, ENG **[99599]** : C1820+, Clones, MOG, IRL **[98674]** : Janet, 1800-1850, SCT **[41349]** : George, 1865+, Montrose, ANS, SCT **[21955]** : 1770+, Canonbie, DFS, SCT **[41239]** : ALL, Kirkcaldy, FIF, SCT **[16111]** : PRE 1920, Glasgow, LKS, SCT **[43923]** : George, PRE 1830, Govan, LKS, SCT **[15638]** : 1820, Edinburgh, MLN, SCT **[99599]** : ALL, ROX, SCT **[34588]** : Elizabeth, C1810, Denny, STI, SCT **[37568]** : PRE 1783, Denny, STI, SCT **[44111]** : 1840+, Stirling, STI, SCT **[33816]** : 1800+, MLN, SCT & AUS **[98674]**
DONAT : 1800S, PA, USA **[22558]**
DONAVAN : Mathew, PRE 1820, IRL **[12223]** : PRE 1900, Ballingawn, OFF, IRL **[21254]** : 1800+, Clogheen, TIP, IRL **[26360]**
DONEGAN : 1800S+, Chiswick, LND, ENG **[10893]** : 1750S+, WIC, IRL **[10893]**
DONERDALE : 1800, Bamburgh, NBL, ENG **[14959]**
DONEY : 1840+, Nairne & Moonta, SA, AUS **[36742]** : PRE 1840, Calstock, CON, ENG **[36742]** : PRE 1840, Buckland Monachorum, DEV, ENG **[36742]** : Margaret, PRE 1853, ROS, IRL **[12547]**

DONISTHORPE : C1800+, NTT, ENG & AUS **[12413]**
DONKERSLEY : PRE 1864, Huddersfield, YKS, ENG **[30998]**
DONKIN : Thos Wm, 1825+, Darlington, DUR, ENG **[42432]** : 1775+, WES, ENG **[35444]**
DONLEY : PRE 1870, Chapeltown & Sheffield, WRY, ENG **[46422]** : 1910, Dublin, IRL **[26822]** : William, C1890, Borth, CAE, WLS **[26822]**
DONN : PRE 1875, Coatbridge, LKS, SCT **[11797]**
DONNE : PRE 1850, Shoreditch, MDX, ENG **[41163]** : 1500-1750, Kidwelly, CMN, WLS **[37809]**
DONNELL : PRE 1870, TYR & DOW, IRL **[20925]**
DONNELLAN : PRE 1700, IRL **[20824]**
DONNELLY : Catherine, PRE 1902, Bergalia, NSW, AUS **[12025]** : William, 1843+, Dapto, NSW, AUS **[12025]** : 1856+, Gosford, NSW, AUS **[32720]** : 1928+, Newcastle, NSW, AUS **[31762]** : 1865+, Sydney, NSW, AUS **[32720]** : Isabelle, 1831-1878, St.Joes Island, ONT, CAN **[27325]** : ALL, Newcastle upon Tyne, NBL, ENG **[28670]** : 1800-1840, IRL **[46347]** : PRE 1889, IRL **[12367]** : 1800+, Ballycastle, ANT, IRL **[12802]** : James, 1826-53, Bailieborough, CAV, IRL **[99026]** : John, C1861, Williamstown, GAL, IRL **[26823]** : ALL, LDY, IRL **[32720]** : 1889, Old Kilpatrick, DNB, SCT **[12367]**
DONNERY : 1700, CAV, IRL **[21233]** : ALL, WORLDWIDE **[21233]**
DONNOR : 1700S, Great Carlton, LIN, ENG **[19921]**
DONOGHUE : 1800+, London, ENG **[45950]** : Ann, 1830S, LAN, ENG **[40143]** : Ann, 1822-1839, IRL **[40143]** : Daniel, 1850+, Queenstown, COR, IRL **[17637]**
DONOGUE : 1800+, COR, IRL **[45950]**
DONOHOE : 1850+, Sutton Forest, NSW, AUS **[30776]**
DONOHUE : 1850+, Drimoleague & Dunmanway, COR, IRL **[13828]** : ALL, Detroit, MI, USA **[46514]**
DONOVAN : Mathew, 1824+, Fish River, Goulburn-plains, NSW, AUS **[12223]** : 1860, Shoalhaven, NSW, AUS **[14120]** : Anne, 1850S, Hobart, TAS, AUS **[14463]** : 1870+, Melbourne, VIC, AUS **[13245]** : Mathew, 1840+, Richmond, VIC, AUS **[12223]** : 1840-1920, Bethnal Green, LND, ENG **[39155]** : 1800-1850, Norwich, NFK, ENG **[11280]** : 1800-1900, IRL **[27140]** : PRE 1900, COR, IRL **[98612]** : 1750+, Cork, COR, IRL **[46368]** : PRE 1860, Skibbereen, COR, IRL **[14120]** : 1800-1850, LIM, IRL **[26761]** : Mathew, 1820S, Trim, MEA, IRL **[12223]** : 1820-1872, Trim, MEA, IRL & AUS **[11684]** : 1850-1910, New Orleans, LA, USA **[27140]** : 1800S, Cowbridge Cardiff, GLA, WLS **[14901]**
DONY : Margaret, PRE 1853, ROS, IRL **[12547]**
DOODSON : C1720, Deane, LAN, ENG & AUS **[10350]**
DOODY : C1869, Toowoomba, QLD, AUS **[29479]**
DOOGAN : PRE 1880, Derryhawlaght, FER, IRL **[10493]**
DOOGOOD : 1850-1950, Lozells, WAR, ENG **[28363]**
DOOHAN : 1800, Clondegad, CLA, IRL **[34626]** : PRE 1859, Tullaghobegly, DON, IRL **[39102]**
DOOLAN : 1880+, AUS **[21712]** : 1880+, Rockhampton, QLD, AUS **[21712]** : PRE 1892, Cappamore, LIM, IRL **[21712]** : Owen, PRE 1842, Birr, OFF, IRL **[44279]** : C1855-1920, Lawrence & Otago, NZ **[21712]**
DOOLE : PRE 1585, Coddenham, SFK, ENG **[46251]** : 1866-2005, Holy Country, WAN, NZ **[46251]**
DOOLEY : 1886, Newcastle, NSW, AUS **[42588]** : John, ALL, Avoca & Daylesford, VIC, AUS **[99093]** : 1820+, Over, CHS, ENG **[23895]** : PRE 1850, IRL **[23895]** : Patrk Michael, 1875, Ennis, CLA, IRL **[99106]** : 1800-1900, Clara, OFF, IRL **[22707]** : 1800-1900, Kilbeggan, WEM, IRL **[22707]** : John Harcourt, 1900S, Auckland, NZ **[21155]** : PRE 1880, NY, USA **[23895]** : 1850-1900, Troy, NY, USA **[22707]**
DOOLY : 1800S, Parsonstown, OFF, IRL **[40925]**
DOONAN : 1870+, WC, NZ **[20862]**

DOPSON : 1870+, Boxford, BRK, ENG **[28239]** : PRE 1870, Boxford, BRK, ENG **[28239]** : PRE 1800, Kintbury, BRK, ENG **[28239]**

DORAHY : 1837+, Greendale, NSW, AUS **[10317]** : PRE 1837, Dromore, TYR, IRL **[10317]**

DORAN : PRE 1850, Shoreditch, LND, ENG **[28494]** : PRE 1820, IRL **[18500]** : PRE 1850, IRL **[31636]** : 1700S-1800S, Mullingar, WEM, IRL **[34112]** : 1750-1850, Paisley, RFW, SCT **[20821]**

DORE : 1850+, VIC, AUS **[12481]** : 1750+, Liverpool, LAN, ENG **[12481]** : 1750-1950, London, LND & MDX, ENG **[46412]** : George, C1725, Holcombe, SOM, ENG **[10035]** : 1750+, LIM, IRL **[12481]** : 1750+, Gortnaglogh, LIM, IRL **[12481]** : 1800+, Omaha, NE, USA **[12481]**

DOREY : 1800-1850, East Stoke, DOR, ENG **[39716]** : 1570+, DOR & LND, ENG **[34790]** : PRE 1850, Southampton, HAM, ENG **[24945]**

DORING : 1858-1960S, Wooldridge & Peddie, CAPE, RSA **[35294]**

DORIS : William H., C1854, IRL & SCT **[28533]**

DORKING : PRE 1800, Waltham Abbey, ESS, ENG **[40756]**

DORLING : 1800+, Bury St.Edmunds, SFK, ENG **[18020]** : 1850, Woodbridge, SFK, ENG **[30714]**

DORMAN : 1850S, Wangaratta & Yackandandah, VIC, AUS **[45357]** : PRE 1850, DEV, ENG **[46164]** : 1800S, LIN, ENG **[12144]** : 1800+, ESS, ENG & AUS **[33921]**

DORMER : 1881-1901, Wolverton, BKM, ENG **[21207]** : PRE 1850, Bampton, DEV, ENG **[43842]** : 1819, St.Pancras, MDX, ENG **[21207]** : 1840-1860, St.Pancras & Islington, MDX, ENG **[21207]**

DORMEYER : 1800-1900, Cambria Co., PA, USA **[22846]**

DORNY : 1700S, Wotton U Edge, GLS, ENG **[13731]**

DOROSULIC : Victoria, 1884-1969, Sremska Mitrovica, VOJVODINA, SERBIA **[23032]** : Victoria, 1884-1969, Detroit, MI, USA **[23032]**

DORREL : C1760S, Monks Risborough, BKM, ENG **[25554]**

DORRELL : 1650-1850, BKM & OXF, ENG **[38307]** : 1650-1750, Willersey, GLS, ENG **[33347]** : 1730-1780, Atherstone-on-Stour, WAR, ENG **[33347]** : 1730-1780, Old Stratford, WAR, ENG **[33347]** : 1600-1650, Cleeve Prior, WOR, ENG **[33347]**

DORRIES : PRE 1860, DRY, IRL **[31067]**

DORRINGTON : John, C1759, ESS, ENG **[10035]** : PRE 1775, Epping, ESS, ENG **[41163]** : 1800+, Amesbury, WIL, ENG **[12539]**

DORRITY : C1880, Ballarat, VIC, AUS **[98674]** : C1860, Liverpool, LAN, ENG **[98674]** : PRE 1823, Ballylesson, DOW, IRL **[98674]**

DORS : 1700-1850, Ashwick, SOM, ENG **[22799]**

DORSAL : 1800S, Taunton, SOM, ENG **[21796]**

DORSET : C1785, Haddenham, BKM, ENG **[33642]**

DORSETT : 1700-1890, Madeley, SAL, ENG **[17105]**

DORTON : 1750-1800, SSX, ENG **[36282]**

DORWARD : 1700-1900, SCT **[43491]** : 1750+, ANS, SCT **[41144]**

DORY : 1800, Northington, WIL, ENG **[28239]**

DOSCH : Phillipine, 1948, Ayr, QLD, AUS **[14094]**

DOSWELL : PRE 1790, Berkley, SOM, ENG **[19513]** : 1700-1900, Frome, SOM, ENG **[19513]** : C1900+, USA **[19513]**

DOTY : 1770, NY, USA **[24660]**

DOUBLE : 1910+, CAN **[18896]** : PRE 1800, ESS, ENG **[18896]** : 1790-1855, Wapping & London, LND & ESS, ENG **[42055]**

DOUBLEDAY : 1800, London, ENG **[26833]**

DOUBLET : 1800+, Bow, DEV, ENG **[37250]** : 1800+, London, MDX, ENG **[37250]**

DOUDE : 1700+, ENG **[35240]**

DOUDS : PRE 1850, Clough, ANT, IRL **[11344]**

DOUEY : 1800+, Garvaghy, DOW, IRL **[22536]**

DOUGAL : PRE 1880, BEW, SCT **[13854]**

DOUGALL : 1864+, AUS **[13857]** : PRE 1890, Dunning, PER, SCT **[13857]** : PRE 1840, Eaglesham, RFW, SCT **[36819]**

DOUGAN : 1850S+, VIC, NSW & QLD, AUS **[11464]** : 1850-1900, Hastings Co., ONT, CAN **[41349]** : 1790S-1820S, DEV, ENG **[11464]** : 1700S, Demerara, BR GUIANA, GUYANA **[11464]** : 1800+, Portadown, ARM, IRL **[12142]** : 1800+, Corafin, CLA, IRL **[45769]** : PRE 1800, TORTOLA, W.INDIES **[11464]**

DOUGHENY : 1800S, Ballyragget, KIK, IRL **[12467]**

DOUGHERTY : Robert, 1844+, Cassilis, NSW, AUS **[31762]** : Hugh, 1844+, Laheys Creek, NSW, AUS **[31762]** : Hercules, PRE 1930, Red Hill & Redcliffe, QLD, AUS **[41041]** : 1815-1910, Lanark Co., ONT, CAN **[43967]** : 1850-1930, Belfast, ANT, IRL **[20730]** : Bernard, C1761, DON, IRL **[37619]** : 1800S, Londonderry, LDY, IRL **[41067]**

DOUGHTEY : 1600-1700, SFK, ENG **[18957]**

DOUGHTON : 1800-1850, ENG **[46300]**

DOUGHTY : PRE 1850, Kirton in Holland, LIN, ENG **[20974]** : C1790, London, MDX, ENG **[40982]** : 1750+, Marden, WIL, ENG **[17000]** : PRE 1850, Worcester, WOR, ENG **[19392]**

DOUGLAS : Laura May, 1890+, AUS **[39160]** : George, 1869+, Forbes, NSW, AUS **[31762]** : William, 1873+, Forbes, NSW, AUS **[31762]** : William, 1885+, Burketown, QLD, AUS **[31762]** : George, 1885+, Burketown, QLD, AUS **[31762]** : Mary Theresa, 1898+, Burketown, QLD, AUS **[31762]** : Geo Malcolm, 1898+, Burketown, QLD, AUS **[31762]** : Corinda, 1903+, Burketown, QLD, AUS **[31762]** : Olive, 1909+, Burketown, QLD, AUS **[31762]** : C1880, Nanango, QLD, AUS **[10146]** : Samuel, C1840, Hobart, TAS, AUS **[28763]** : Samuel, PRE 1900, Melbourne, VIC, AUS **[28763]** : Margaret, 1830+, AUS, SCT & NZ **[45154]** : C1822, ONT, CAN **[16984]** : 1794+, Wokingham, BRK, ENG **[41443]** : 1676-1709, Sedgefield, DUR, ENG **[12641]** : George Thomas, 1840+, Hull, ERY, ENG **[21915]** : George Wm, C1865+, Hull, ERY, ENG **[21915]** : 1860, Birkdale, LAN, ENG **[10277]** : John, 1730, LIN, ENG **[40055]** : C1840, Cranford, MDX, ENG **[37024]** : Thomas T., 1869-1870, Whitby, NRY, ENG **[26007]** : ALL, Eynsham, OXF, ENG **[34588]** : ALL, Standlake, OXF, ENG **[46419]** : PRE 1870, DOW, IRL **[97801]** : Janet, C1760, Kilmarnock, AYR, SCT **[39820]** : 1800+, Dumfries, DFS, SCT **[21093]** : John, C1808-1890, Glencairn, DFS, SCT **[99545]** : PRE 1825, Glasgow, LKS, SCT **[41372]** : Wm., C1800, Edinburgh & Glasgow, MLN & LKS, SCT **[15564]** : Archibald, PRE 1860, Blair Athol, PER, SCT **[42905]** : PRE 1860, Black Isle, ROC, SCT **[18500]** : Elizabeth, PRE 1800, STI, SCT **[45199]** : Wm, PRE 1850, Falkirk, STI, SCT **[42821]** : C1805, Rogart, SUT, SCT **[26173]** : Alexander, C1760, WIG, SCT **[28763]** : PRE 1850, Old Luce, WIG, SCT **[28763]** : Peter, PRE 1900, Stranraer & Sandhead, WIG, SCT **[28763]** : PRE 1850, Wood of Dervaird, WIG, SCT **[28763]** : 1775-1910, Glasgow & Sydney, LKS & NSW, SCT & AUS **[46055]** : Wm, 1880-1920, TX, USA **[42821]**

DOUGLASS : 1845, Maitland & Narrabri, NSW, AUS **[11530]** : (Convict), 1858, Pitt Town, NSW, AUS **[11098]** : 1874+, Mackay, QLD, AUS **[44270]** : 1750+, Barnard Castle, DUR, ENG **[15524]** : PRE 1880, NBL, ENG **[30022]** : 1760-1860, North Shields, NBL, ENG **[13447]** : 1550-1710, Henley on Thames, OXF, ENG **[46419]** : ALL, Standlake, OXF, ENG **[46419]** : 1800+, Dumfries, DFS, SCT **[44270]** : 1815, Castledouglas, KKD, SCT **[35365]**

DOULL : 1840+, Middlesbrough, NRY, ENG **[46423]** : C1850S+, Camberwell, SRY & LND, ENG **[41271]** : 1730+, Wick, CAI, SCT **[11043]**

DOUNIE (see One Name Section) **[39594]**

DOURIS : PRE 1860, New York City, NY, USA **[31067]**

DOUSE : PRE 1783, Stickney & Sibsey, LIN, ENG **[41577]** : PRE 1800, MDX, ENG **[31720]**

DOUST : ALL, KEN, ENG **[15409]** : 1770S, Goudhurst, KEN, ENG **[42384]** : PRE 1842, Rye, SSX, ENG **[46001]** : Chas Edward, 1830-1990, Birmingham, WAR, ENG **[17105]** : John, 1700-1800, Bishops Cannings, WIL, ENG **[17105]**
DOUTCH : C1860, Fitzroy, VIC, AUS **[20933]**
DOUTHWAITE : 1840, Whitby, NRY, ENG **[19862]**
DOVE : 1900+, Melbourne, VIC, AUS **[46384]** : PRE 1850, London, ENG **[19876]** : 1700-1800, Whitstable, KEN, ENG **[45442]** : 1800+, St.Pancras, LND, ENG **[12386]** : PRE 1800, Danby & Whitby, NRY, ENG **[33789]** : C1745-1840, Brettenham & Hitcham, SFK, ENG **[46457]** : 1810+, Croydon, SRY, ENG **[14656]** : 1700-1840, Scarborough, YKS, ENG **[43903]** : PRE 1700, YKS & DUR, ENG **[33789]**
DOVELL : ALL, Molland, DEV, ENG **[11371]**
DOVER : James, 1831+, Mount Macquarie, NSW, AUS **[10508]** : William Robt, 1910-1930S, Windsor, BRK, ENG **[44019]** : ALL, HAM, ENG **[44019]** : William, PRE 1790, Hemel Hempstead, HRT, ENG **[10508]** : ALL, LND, ENG **[44019]**
DOW : James, 1860S, Ballarat, VIC, AUS **[12382]** : 1917, Brixton, SRY, ENG **[31079]** : 1830S, Burntisland, FIF, SCT **[31517]** : C1813, Kirkcaldy, FIF, SCT **[31517]** : ALL, Glasgow, LKS, SCT **[20738]** : C1800-1860, Edinburgh, MLN, SCT **[33628]** : ALL, PER, SCT **[43933]** : James, 1822+, Auchterarder, PER, SCT **[12382]** : Robert, 1820, Dunning, PER, SCT **[31510]** : Andrew, 1750+, Findo Gask, PER, SCT **[12382]** : 1780+, Kincardine by Doune, PER, SCT **[21598]** : 1800, Logiealmond Moneydie, PER, SCT **[13014]** : 1700+, Muthill, PER, SCT **[21598]**
DOW(DE)SWELL : 1700-1900, Tetbury, GLS, ENG **[18818]**
DOWD : 1840+, Bathurst & Wellington, NSW, AUS **[11366]** : 1848+, Melbourne, VIC, AUS **[14032]** : 1800S, Crediton, DEV, ENG **[42718]** : 1800+, Elphin, ROS, IRL **[14032]** : 1800-1870, SLI, IRL **[22536]**
DOWDELL : PRE 1910, Mount Gambier, SA, AUS **[26341]** : PRE 1800, WIL, ENG **[26341]**
DOWDEN : 1838, Christchurch, HAM, ENG **[17650]** : 1800+, LND, ENG **[39620]**
DOWDESWELL : Harry C.S., 1895+, Melbourne & Dunedin, VIC, AUS & NZ **[36665]**
DOWDING : 1770-1850, LND, ENG **[17480]** : PRE 1820, Stoke Trister, SOM, ENG **[45679]** : PRE 1800, WIL, ENG **[31186]**
DOWDLE : 1860+, VIC, AUS **[99052]** : 1800-1830, Colan, CON, ENG **[46348]**
DOWDY : 1850+, BKM & NTH, ENG **[43991]**
DOWEL : 1750+, Wyke Regis & Melcombe Regis, DOR, ENG **[17291]**
DOWELL : 1840+, Muswellbrook, NSW, AUS **[44156]** : 1750+, Melcombe Regis & Wyke Regis, DOR, ENG **[17291]** : PRE 1840, Stroud, GLS, ENG **[44156]** : PRE 1880, Thornbury, GLS, ENG **[27955]** : 1600-1750, KEN, ENG **[45962]** : 1930+, Rhyl, DEN, WLS **[42518]**
DOWER : 1750+, LIM, IRL **[12481]**
DOWEY : 1850+, Dromore, DOW, IRL **[22536]**
DOWGLASS : 1550-1750, BRK, ENG **[46419]**
DOWIE : C1780, Arboe, TYR, IRL **[20914]** : C1800, Sorn, AYR, SCT **[20914]** : C1850, Glasgow, LKS, SCT **[20914]**
DOWKER : 1600-1650, Settrington, ERY, ENG **[10037]**
DOWLAND : PRE 1750, Langton Matravers, DOR, ENG **[41177]** : 1700-1900, Ramsgate, KEN, ENG **[19471]**
DOWLING : PRE 1879, Sydney, NSW, AUS **[11890]** : 1870+, Cooktown, QLD, AUS **[46215]** : 1920S, Mareeba, QLD, AUS **[46215]** : John David J., 1908, Carlton, VIC, AUS **[99147]** : Lillian Irene, 1910, Carlton, VIC, AUS **[99147]** : Joseph Edwin, 1849-1938, E. Brunswick, VIC, AUS **[99147]** : Eliz. Margt., 1878, Kilmore, VIC, AUS **[99147]** : Patrick, 1858+, Melbourne, VIC, AUS **[31153]** : 1830-50, Bristol, GLS, ENG

[26524] : 1700+, Chew Magna, SOM, ENG **[26524]** : 1700+, Dundry, SOM, ENG **[26524]** : ALL, KER, IRL **[44815]** : PRE 1858, KIK, IRL **[31153]** : Joseph, C1865, Mountmellick, LEX, IRL **[26823]** : PRE 1892, Cappamore, LIM, IRL **[21712]**
DOWN : John, PRE 1840, Exeter, DEV, ENG **[36365]** : ALL, Bristol, GLS, ENG **[20738]** : 1700-1840, LND, ENG **[46420]**
DOWNE : Katherine, 1680S, Castleton, DOR, ENG **[10993]** : 1475-1575, Ludlow, SAL, ENG **[29715]**
DOWNEND : PRE 1735, Ecclesfield, WRY, ENG **[17626]**
DOWNER : 1800S, London, ENG **[26703]** : PRE 1750, Watford, HRT, ENG **[46414]** : C1805, West Chiltington, SSX, ENG **[18001]**
DOWNES : C1865, Gunning, NSW, AUS **[12371]** : 1830+, Sydney, NSW, AUS **[46331]** : 1870+, St.James, VIC, AUS **[99183]** : 1860+, Winchelsea, VIC, AUS **[99183]** : 1700-1800, Bunbury, CHS, ENG **[28141]** : PRE 1810, Bunbury & Tattenhall, CHS, ENG **[20178]** : PRE 1750, Bonsall, DBY, ENG **[44078]** : PRE 1850, ESS, ENG **[39430]** : PRE 1910, Portsmouth & Gosport, HAM, ENG **[39348]** : PRE 1900, London, MDX, ENG **[39430]** : 1875+, Great Yarmouth, NFK, ENG **[34797]** : 1800+, Wem & Welshampton, SAL, ENG **[20178]** : ALL, STS, ENG **[20824]** : 1750+, SAL, ENG & NZ **[46393]** : 1800-1850, Arvagh, CAV, IRL **[13326]** : ALL, LDY, IRL **[16757]**
DOWNEY : C1870-1900, Balmain, NSW, AUS **[11229]** : 1840+, Maitland, NSW, AUS **[10167]** : PRE 1850, LIM, IRL **[28210]** : PRE 1841, Shanagolden, LIM, IRL **[10276]** : PRE 1840, OFF, IRL **[10167]** : PRE 1865, OFF, IRL **[40914]** : 1800+, Waterford & Parramatta, WAT & NSW, IRL & AUS **[44567]** : PRE 1867, Halswell, CBY, NZ **[40914]**
DOWNHAM : 1700S, Ease & West Ilsley, BRK, ENG **[42466]** : Thomas, 1677, Glinton, NTH, ENG **[10318]**
DOWNIE : 1800S, AYR, SCT **[25314]** : PRE 1840, Arran, BUT, SCT **[28420]** : ALL, FIF, SCT **[13004]**
DOWNIE (see One Name Section) [39594]
DOWNING : C1880, Bendigo, VIC, AUS **[45794]** : PRE 1860, Falmouth, CON, ENG **[21716]** : C1800, Phillack, CON, ENG **[11226]** : PRE 1770, Bideford, DEV, ENG **[42386]** : 1700S, Chittlehampton, DEV, ENG **[40257]** : PRE 1860, Plymouth, DEV, ENG **[21716]** : PRE 1750, IRL **[27320]** : 1750+, COR, IRL **[29113]** : John, 1766-1838, Border Territory, VA & PA, USA **[24674]**
DOWNS : 1830+, Sydney, NSW, AUS **[46331]** : 1800+, Bocking, ESS, ENG **[33443]** : PRE 1910, Portsmouth & Gosport, HAM, ENG **[39348]** : William, C1815, Harrietsham, KEN, ENG **[25770]** : 1800S, Kensington & Fulham, LND & MDX, ENG **[45665]** : ALL, Bethnal Green, MDX, ENG **[43842]** : PRE 1860, Hull & Doncaster, NRY & WRY, ENG **[32040]** : PRE 1860, Glemsford, SFK, ENG **[39642]** : PRE 1900, SRY, ENG **[98612]** : Thomas, 1870+, Southwark, SRY, ENG **[25145]** : PRE 1760, Ecclesfield, WRY, ENG **[17626]** : 1800+, Miltown Malbay, CLA, IRL **[30808]** : 1800S, KY, USA **[24168]**
DOWNTON : C1850, Brixham, DEV, ENG **[10820]** : 1750-1840, Leigh & Yetminster, DOR, ENG **[17291]** : PRE 1800, Huish Episcopi, SOM, ENG **[46275]**
DOWNWARD : 1854+, Bolton, LAN, ENG **[10016]** : 1703+, Hanmer, FLN, WLS **[10016]** : ALL, WORLD-WIDE **[29324]**
DOWRIS : PRE 1860, DRY, IRL **[31067]**
DOWSBY : 1800-1840, Littleport, CAM, ENG **[12786]**
DOWSE : PRE 1710, Therfield, HRT, ENG **[19759]** : C1690, Beesby in the Marsh, LIN, ENG **[29715]** : 1700+, Kyme, LIN, ENG **[17037]** : ALL, Trusthorpe, LIN, ENG **[30065]** : Charles, 1810-1840, Coventry, WAR, ENG **[17105]** : John, 1700-1820, Allington & All Cannings, WIL, ENG **[17105]**
DOWSETT : James, 1748+, Croydon, ENG **[26817]** : ALL, London, ENG **[45834]** : 1700-1800, KEN, ENG

[18957] : 1850+, KEN, ENG [21802] : 1860+, London, MDX, ENG [37267]

DOWSING : 1600-1900, LEI, ENG [12401] : 1700-1850, RUT, ENG [12401]

DOWSON : 1600-1700, Lowe, Whatton, LEI, ENG [30678] : ALL, NRY, ENG [33901]

DOWSWELL : 1854-1911, Newark, NTT, ENG [18818]

DOWTEN : PRE 1850, Southwark, SRY, ENG [39386]

DOWTHWAITE : C1800+, Alne & Easingwold, NRY, ENG [46495] : ALL, Yearsley & Alne, YKS, ENG [46495]

DOWZER : Michael, 1804-1867, Carnew, WEX, WIC & ONT, IRL, CAN & USA [31446]

DOWZER (see One Name Section) [31446]

DOXSEY : Joseph, 1840+, Thames, OXF, ENG [32901] : Louisa, 1840+, Thames, OXF, ENG [32901] : Rose, 1840+, Thames, OXF, ENG [32901] : Marianne, 1847+, Thames, OXF, ENG [32901] : Isaac, 1850+, Thames, OXF, ENG [32901]

DOYLE : 1870+, NSW, AUS [13854] : Peter, C1860+, NSW, AUS [11462] : 1800S, Bourke, NSW, AUS [29612] : 1876+, Walgett & Boomi, NSW, AUS [11462] : 1850+, Kyneton, VIC, AUS [12270] : 1858+, Melbourne, VIC, AUS [13231] : 1859, Smythesdale, VIC, AUS [32016] : Patrick, 1800, Liverpool, LAN, ENG [28199] : Mary Ann, 1832-1909, Manchester, LAN, ENG [33373] : John James, PRE 1835, St.Peter Liverpool, LAN, ENG [35297] : PRE 1865, LND, ENG [46383] : 1850-1920, IRL [34797] : 1750-1850, Dublin, IRL [30137] : ALL, Dublin, IRL [40608] : Julia, PRE 1840, Dublin, IRL [10508] : PRE 1870, Dublin, IRL [13854] : William, C1790, ARM, IRL [25645] : PRE 1853, CAR, IRL [11462] : Esther, C1805+, Tullow, CAR, IRL [10071] : C1840, KER, IRL [32071] : 1750+, KIK, IRL [10261] : 1800-1850, KIK, IRL [12270] : Patrick, C1800, KIK, IRL [31153] : 1800S, Graiguenamanagh, KIK, IRL [39102] : 1800-1820, LEX & CAR, IRL [42296] : PRE 1850, TIP, IRL [42821] : ALL, WEX, IRL [13231] : Margaret, 1750+, Coolboy, WIC, IRL [42479] : 1800-1880, Glenmacnass, WIC, IRL [21906] : 1900-51, Brooklyn, NY, USA [34797] : C1850, GLA, WLS [21131]

DRABBLE : 1700+, Chester, CHS, ENG [46499] : 1600-1800, Eyam, DBY, ENG [14246] : 1700-1750, Old Brampton, DBY, ENG [14246] : 1800+, Liverpool, LAN, ENG [46499]

DRACKER : Sarah, 1860S, LND & MDX, ENG [28060]

DRACKEUP : ALL, WORLDWIDE [38509]

DRACOPPE : ALL, WORLDWIDE [38509]

DRACUP : ALL, WORLDWIDE [38509]

DRACUP (see One Name Section) [38509]

DRACUPP : ALL, WORLDWIDE [38509]

DRAFFIN : 1800+, Down, DOW, IRL [12142] : 1800+, Girvan, AYR, SCT [12142]

DRAGE : PRE 1854, London, MDX, ENG [18896] : 1650-1750, NTH, ENG [18957]

DRAGGS : William, PRE 1837, London, ENG [41438]

DRAGUNOV : ALL, RUS [30981]

DRAINE : 1865, Blackburn, LAN, ENG [14156]

DRAISEY : 1700S, Rodborough, GLS, ENG [19921]

DRAKE : 1850+, VIC & NSW, AUS [11366] : PRE 1870, Braunton, DEV, ENG [26981] : 1750+, Sandford & Zeal Monachorum, DEV, ENG [17532] : PRE 1850, DOR, ENG [28275] : ALL, Ockendon, ESS, ENG [21539] : 1823, Addington, KEN, ENG [27919] : 1814-1819, St.Alphage, Greenwich, KEN, ENG [27919] : PRE 1770, LEI, ENG [11366] : 1823-1827, St.Giles Camberwell, LND, ENG [27919] : ALL, NFK & SFK, ENG [13848] : John, PRE 1620, Broomfield, SOM, ENG [34212] : Thomas, C1811, SRY, ENG [12165] : 1700-1855, Birmingham, WAR, ENG [11366] : PRE 1880, Hunslett, W & Cleckheaton, WRY, ENG [25688] : John, PRE 1881, Allerton, YKS, ENG [25602] : 1800+, Bingham, WIL, ENG & AUS [33921] : Hugh, 1800-1852,

Hillsborough, DOW, IRL [12716] : 1850+, NZ [11366] : 1700S, Dunfermline & Limekilns, FIF, SCT [44296] : 1700+, Jamaica, Newburgh & Long Is., NY, USA [42600] : 1822, Jeff Twp., Scloto Co., OH, USA [24660]

DRAKEFORD : 1800-1900, Cropredy, OXF, ENG [18670]

DRAKEUP : ALL, WORLDWIDE [38509]

DRANE : Zachariah, 1600S, Earls Colne, ESS, ENG [27816]

DRANSFIELD : PRE 1900, Slaithwaite, YKS, ENG [25162]

DRAPER : 1855+, Newcastle & Clifton, NSW, AUS [40792] : PRE 1858, Mersey, CHS & LAN, ENG [12321] : Elizabeth, 1700-1800, Derby, DBY, ENG [23858] : PRE 1850, Berry Narbor, DEV, ENG [32907] : C1812, Combe Martin, DEV, ENG [12163] : 1800+, Marwood, DEV, ENG [12163] : 1700-1800, Ardeley, HRT, ENG [10646] : PRE 1810, Edenbrige & Tonbridge, KEN, ENG [19766] : PRE 1830S, Standish, LAN, ENG [45357] : 1730+, Loughborough & Shepshed, LEI, ENG [12574] : 1800+, Holborn, LND, ENG [40792] : Willliam, PRE 1860, Islington, LND, ENG [10895] : 1780+, Enfield, MDX, ENG [21741] : 1700+, Bagshot, SRY, ENG [19747] : 1800-1870S, Windlesham, SRY, ENG [19747] : ALL, Birmingham, WAR, ENG [43879] : 1700-1799, Rowington, WAR, ENG [20057] : 1780+, Kingston-upon-Hull, YKS, ENG [40792] : 1800S, COR, IRL [17650] : 1761+, Logie & Bridge of Allan, PER, SCT [21207] : 1778+, Falkirk & Gargunnock, STI, SCT [21207] : PRE 1900, MD, USA [23895]

DRAPPER : Anne, PRE 1780, ENG [10604]

DRAUGHON : 1800-1900, New Orleans, LA, USA [27140]

DRAYCON : ALL, UK [18251]

DRAYCOTT : PRE 1840, Mansfield, NTT, ENG [38968]

DRAYSON : ALL, KEN, ENG [33279] : ALL, Woodnesborough, KEN, ENG [33279] : ALL, WORLDWIDE [18251]

DRAYTON : ALL, AUS & ENG [46218] : 1700+, HRT, ENG [38488] : PRE 1900, Hibaldstow, LIN, ENG [11716] : John, 1849+, Grimsby, YKS, ENG [25654]

DREAS : C1720, DEN [34837]

DREDGE : PRE 1820, MDX & LND, ENG [17470] : 1850+, Brixton Deverill, WIL, ENG [31237]

DREGER : 1835-1863, Hanover, HAN, GER [25770]

DREIERS : C1705, Parum, MSW, GER [11319]

DREIJER : PRE 1935, Haarlem, NOH, NL [46360] : 1930-1980, Utrecht, UTR, NL [46360]

DREIKLUFT : 1700-1800S, Lutzelsachsen, BAW, BRD [16286]

DRENNAN : 1780+, LND, ENG & AUS [34245] : PRE 1820, Belfast, ANT, IRL [46346] : PRE 1825, Dalrymple, AYR, SCT [33628]

DRESDEN : PRE 1800, Bethnal Green, MDX, ENG [38987]

DRESSER : 1850-1885, Kelfield, YKS, ENG [14618] : 1680-1880, Whenby, Dalby & Stillingfleet, YKS, ENG [14618]

DREVER : David, PRE 1780, Kirkwall, OKI, SCT [26870]

DREW : Standish, 1840+, Sydney, NSW, AUS [11023] : James, C1880+, CAN [35237] : PRE 1850, ENG [28314] : 1700-1800, Abingdon, BRK, ENG [32042] : 1750-1825, DEV, ENG [27066] : 1700-1900, Marnhull, DOR, ENG [18376] : 1640-1750, Ashperton, HEF, ENG [29715] : 1700-1850, Bromyard, HEF, ENG [29715] : 1664-1712, Canon Frome, HEF, ENG [29715] : 1890+, Manchester, LAN, ENG [29715] : 1865+, Warrington, LAN, ENG [29715] : 1860+, Camberwell, LND, ENG [46431] : 1850+, East London, MDX, ENG [35237] : PRE 1880, Kings Lynn, NFK, ENG [26662] : 1840-1910, Tipton, STS, ENG [29715] : 1800-1900, Birmingham, WAR, ENG [29715] : PRE 1820, Bedwyn, WIL, ENG [35237] : 1800-1850, Calne, WIL, ENG [30491] :

1820+, Chilton Foliat, WIL, ENG **[35237]** : PRE 1820, Stourport, WOR, ENG **[26173]** : 1750+, Sherston, WIL, ENG & AUS **[33921]** : PRE 1856, Cuxhaven, NSA, GER **[31116]** : Rev Dr Thomas, 1800-1870, Limerick, Belfast & Seaforde, DOW, IRL **[10114]** : George, 1820, Dromlohan, LIM, IRL **[11023]** : Geo Langford, 1790-1825, Limerick City, LIM, IRL **[10114]** : 1856-1890S, Castlebar & Newport, MAY, IRL **[99433]** : Jemima, 1927+, WORLDWIDE **[39386]**
DREWEATT : C1700-1900, High Wycombe, BKM, ENG **[38901]** : C1700-1900, Wickham, Reading & Welford, BRK, ENG **[38901]**
DREWERY : 1650-1800, Wroot, LIN, ENG **[12401]** : 1770-1815, Doncaster, WRY, ENG **[32310]**
DREWETT : 1700S, Cumnor & Appleton, BRK, ENG **[19481]** : ALL, ESS, ENG **[43287]** : PRE 1870, Hannington, HAM, ENG **[28494]** : 1830-1900, Dublin, IRL **[18303]** : ALL, WORLDWIDE **[18303]**
DREWS : 1930+, San Jose, CA, USA **[25644]**
DREYER : 1750+, Koln, WEF, GER **[43983]**
DREYFUS : 1880+, Paris, FRA **[45743]** : PRE 1840, ALS, FRA **[45743]**
DRICHLERIN : PRE 1760, GER **[30302]**
DRILLER : ALL, SOM, ENG & NZ **[45357]** : ALL, WORLDWIDE **[40718]**
DRINAN : 1850+, Cootamundra, NSW, AUS **[13800]** : 1840+, Matiland, NSW, AUS **[13800]** : 1815, Cork City, COR, IRL **[13800]**
DRING : John, 1730+, Long Sutton, LIN, ENG **[11745]**
DRINKLE : 1881, Euphrasia Twp, ONT, CAN **[15221]** : Thomas, 1814, YKS, ENG **[15221]**
DRINKWATER : 1860+, Altrincham, CHS, ENG **[28747]** : 1700+, Corse, GLS, ENG **[39565]** : 1750-1850, Manchester, LAN, ENG **[18606]** : 1815, Holt, NFK, ENG **[27780]** : 1800-1900, Aston, WAR, ENG **[39565]** : 1800-1900, Birmingham, WAR, ENG **[39565]**
DRINNAN : 1850+, Cootamundra, NSW, AUS **[13800]** : Maurice, C1815, CLA & COR, IRL **[44689]**
DRISCOL : PRE 1900, WAT, IRL **[29024]**
DRISCOLL : Sarah, C1821-1888, COR, IRL **[43052]** : Daniel, PRE 1852, COR, IRL **[15902]** : PRE 1850, Cork, COR, IRL **[30457]** : 1805+, Knoggera & Kinvara, GAL, IRL **[13037]** : 1841-1850S, Cardiff, GLA, WLS **[30457]**
DRISDALE : PRE 1835, COR, IRL **[11256]**
DRIVER : ALL, Sydney, NSW, AUS **[32908]** : ALL, AUS & ENG **[27081]** : PRE 1650, London, ENG **[38676]** : Thomas, 1668-1727, Fulbourn, CAM, ENG **[27081]** : 1773-1835, Ickleton, CAM, ENG **[11425]** : John, 1701-1773, Fulbourn & Stocking Pelham, CAM & HRT, ENG **[27081]** : James, 1768-1827, Langley, Furneux & Pelham, ESS & HRT, ENG **[27081]** : Cornelius, 1793-1861, Langley & Wimbeldon, ESS & SRY, ENG **[27081]** : John, 1729+, Stocking Pelham, HRT, ENG **[27081]** : ALL, Tonbridge, KEN, ENG **[13461]** : 1750-1800, Lutterworth, LEI, ENG **[17245]** : 1820-1900, Syston, LEI, ENG **[17245]** : 1800+, St.Pancras, MDX, ENG **[27553]** : PRE 1811, Wellinborough, NTH, ENG **[46483]** : 1750-1900, Holbrook, SFK, ENG **[16383]** : ALL, Wimbledon, SRY, ENG **[32908]** : 1700+, SSX, ENG **[13461]** : Geo, 1822+, Birstall, WRY, ENG **[13229]** : John, 1833-1912, Wimbledon & Marrickville, SRY & NSW, ENG & AUS **[27081]**
DRIVER (see One Name Section) **[27081]**
DROLLER : ALL, WORLDWIDE **[40718]**
DRONEY : 1820+, Liscannor, CLA, IRL **[35935]**
DRONFIELD : PRE 1990, Brooklyn, WTN, NZ **[21012]** : ALL, Miramar, WTN, NZ **[21012]**
DRONSFIELD : PRE 1840, Oldham, LAN, ENG **[46375]**
DROOGAN : 1600+, Ballygawley, TYR, IRL **[38979]**
DROSSO : ALL, WORLDWIDE **[18018]**
DROUET : 1790, BRT, FRA **[11530]** : 1700-1800, Port Louis, MAURITIUS **[28906]**
DROUGHT : Thomas 1700, Hinckley, LEI, ENG **[17203]**

DROVER : 1650-1800, MLN, SCT **[22248]** : PRE 1890, MLN, SCT **[14045]**
DROWER : 1800+, Shoreditch, LND, ENG **[42552]** : 1855+, Waipawa, HBY, NZ **[42552]**
DRUCE : 1700-1800, London, ENG **[30488]** : PRE 1814, Clewer, BRK, ENG **[17366]** : 1650-1750, Waltham Abbey, ESS, ENG **[30488]** : 1862, Haselbury Plucknett, SOM, ENG **[34231]**
DRUELL : ALL, ESS, ENG **[17580]**
DRUILLER : 1800+, WORLDWIDE **[40718]**
DRULLER : ALL, WORLDWIDE **[40718]**
DRUMMOND : Robert, 1785+, on Hms Victory At Trafalgar, **[28557]** : 1838+, Bookham & Murrumburrah, NSW, AUS **[11256]** : 1884+, Quirindi, NSW, AUS **[12230]** : Peter, 1852+, Ballarat, VIC, AUS **[11195]** : Geo. Louis P., 1870+, ENG **[39083]** : Elizabeth, C1830, Sunderland, DUR, ENG **[13960]** : Robert, 1818, Chigwell, ESS, ENG **[28557]** : Dr John, 1835+, Manchester, LAN, ENG **[39083]** : Peter, C1793+, Chorlton & Manchester, LAN & NRY, ENG **[39083]** : Jane, 1771, Grinton & Catterick, NRY, ENG **[39083]** : William, 1773+, Grinton & Reeth, NRY, ENG **[39083]** : Michael, C1750+, Reeth & Grinton, NRY, ENG **[39083]** : John, 1781+, Spennithorne, NRY, ENG **[39083]** : Peter, 1793+, Reeth & Spennithorne, NRY & LAN, ENG **[39083]** : Charles, 1857-1953, London & Carlton, MDX & NSW, ENG & AUS **[27081]** : Dr James, 1854-1934, Manchester, LAN, ENG & NZ **[39083]** : Agnes, 1863+, Ards, DOW, IRL **[27666]** : PRE 1865, ARL, SCT **[20985]** : ALL, Dunfermline, FIF, SCT **[45830]** : PRE 1770, Kinross & Saline, KRS, FIF & DFS, SCT **[19486]** : PRE 1838, Dolmany, Cramend Parish, MLN, SCT **[11256]** : PRE 1830, Monziezaird, PER, SCT **[44175]** : 1700S, Perth Rhynd, PER, SCT **[11091]** : PRE 1850, Falkirk, STI, SCT **[42821]**
DRUMMOND (see One Name Section) **[39083]**
DRURY : 1840S, Milton, Nelligan, NSW, AUS **[14113]** : 1700-1820, Duxford St.John, CAM, ENG **[46420]** : 1700+, Goudhurst, KEN, ENG **[21091]** : PRE 1840, Goudhurst, KEN, ENG **[11344]** : 1750-1900, Harrietsham, KEN, ENG **[33838]** : 1700+, Horsmonden, KEN, ENG **[21091]** : Thomas, 1800S, Rolvenden, KEN, ENG **[14113]** : 1837, Sheldwick, KEN, ENG **[35025]** : ALL, Tonbridge, KEN, ENG **[21091]** : PRE 1780, Lutterworth, LEI, ENG **[30678]** : 1764, Caistor, LIN, ENG **[19921]** : C1738, Melton Ross, LIN, ENG **[28340]** : C1900-1920, Peckham, LND, ENG **[18714]** : ALL, MDX & CAM, ENG **[26493]** : PRE 1887, Tynemouth, NBL, ENG **[26223]** : 1860+, Bradfield, SFK, ENG **[18714]** : 1860+, Bury St.Edmunds, SFK, ENG **[18714]** : 1750-1870, Melford, SFK, ENG **[18714]** : 1770-1815, Doncaster, WRY, ENG **[32310]** : PRE 1900, Drumcliffe, SLI, IRL **[46307]**
DRUST : PRE 1811, Barton on Humber, LIN, ENG **[46483]**
DRY : ALL, Launceston, TAS, AUS **[20923]** : ALL, Dublin City, IRL **[20923]**
DRYBROUGH : 1700S, WLN, SCT **[29314]** : 1700S, WLN, SCT **[10273]**
DRYBURGH : 1790+, Dysart, FIF, SCT **[11425]** : 1700S, WLN, SCT **[29314]**
DRYBURN : PRE 1850, SCT **[26082]**
DRYDEN : PRE 1865, Beverley, SA, AUS **[14346]** : Catherine, 1830+, Nenthead, CUL & WES, ENG **[42961]** : 1800+, Bishopwearmouth, DUR, ENG **[20742]** : PRE 1851, Sunderland, DUR, ENG **[20742]** : ALL, Alnwick, NBL, ENG **[21183]**
DRYE : PRE 1735, Sherborne St.John, HAM, ENG **[10493]**
DRYELLY : 1660+, Dunfermline & Auchterderran, FIF, SCT **[11090]**
DRYNAN : PRE 1900, WIG, SCT **[11284]**
DRYSDALE : ALL, Lunenburg, NS, CAN **[39712]** : PRE 1850, SCT **[45679]** : ALL, Dunbar, ELN, SCT **[46329]** : C1830, Dunfermline, FIF, SCT **[12392]** : C1872-1887,

Glasgow, LKS, SCT [40865] : Carfrae, ALL, Edinburgh & South Leith, MLN, SCT [25073]
DU BRELLE : C1690, Athlone, WEM & ROS, IRL [14851]
DU HEAUME : ALL, WORLDWIDE [99600]
DU MOURENCY : PRE 1900, GSY & JSY, CHI [25066]
DU PREEZ : 1700-1800, Sundays River, CAPE, RSA [22114]
DU VAL : 1850+, Birmingham & Aston, WAR, ENG [10839]
DUBBERLEY : PRE 1700, Ruardean, GLS, ENG [46275]
DUBERRY : 1850+, Hackney, MDX, ENG [11870]
DUBERY : 1800+, Croydon, SRY, ENG [39327]
DUBOCK : PRE 1880+, Bethnal Green, LND, ENG [33949]
DUBOIS : PRE 1900, MAURITIUS [10261] : 1877, Mount Vernon, IA, USA [16362] : 1800+, Waverly, IA, USA [16362] : 1880-1913, Rice Lake, Barron Co., WI, USA [99440]
DUBUS : 1800+, Maretz, NOR, FRA [12382]
DUCAS : ALL, Deptford, KEN, ENG [33771] : ALL, London, MDX, ENG [33771]
DUCAT : ALL, WORLDWIDE [17850]
DUCE : 1750-1850, Harlthorpe, ERY, ENG [26629]
DUCHATTEL : 1700+, Canterbury, KEN, ENG [15042]
DUCIE : 1870+, Sydney, NSW, AUS [44249] : 1885, Sydney, NSW, AUS [44249] : PRE 1870, TIP, IRL [44249]
DUCK : PRE 1900, DOR & KEN, ENG [35004] : PRE 1830, Chester-le-Street, DUR, ENG [39479] : 1800, Whitechapel, LND, ENG [46315] : 1900+, MDX & KEN, ENG [35004] : PRE 1800, Mansfield, NTT, ENG [11091] : 1791+, Radford & Nottingham, NTT, ENG [11781] : PRE 1900, SOM & DEV, ENG [35004] : C1781+, SSX, ENG [46328] : PRE 1804, Calne, WIL, ENG [35801] : Thomas, 1841, Calais, FRA [11781]
DUCK (see One Name Section) [35004]
DUCKE : PRE 1800, DOR, ENG [35004] : PRE 1800, SOM & DEV, ENG [35004]
DUCKETT : 1800S, LAN, ENG [34704] : PRE 1840, Clapham & Long Preston, WRY, ENG [25688] : ALL, WORLDWIDE [17850]
DUCKETT (see One Name Section) [17850]
DUCKITT : 1700+, YKS, ENG [19318] : ALL, WORLDWIDE [17850]
DUCKSBURY : 1865+, Illawarra, NSW, AUS [11303]
DUCKWORTH : William, 1843-1904, Maitland, NSW, AUS [45806] : PRE 1920, Goostrey, CHS, ENG [30086] : 1850+, Macclesfield, CHS, ENG [97806] : 1900+, Macclesfield, CHS, ENG [30120] : 1800S, LAN, ENG [34704] : 1750+, Liverpool, LAN, ENG [30870]
DUCROS : ALL, DUR, ENG [46400] : Nicolle, 1600S, Paris, FRA [11692]
DUDDE : 1850+, Metz, ALS, FRA [16286]
DUDDING : 1930+, Rotherham, YKS, ENG [41370] : 1950+, Wrexham, DEN, WLS [41370]
DUDDY : George, C1850+, DON, IRL [34321] : C1850+, DON, IRL & SCT [34321]
DUDGEON : John, 1757-1835, Leith, MLN, SCT [35823]
DUDLEY : PRE 1850, Wootton, BDF, ENG [43582] : 1725-1775, Southwell, NTT, ENG [33347] : 1300-1700, Yanwath, WES, ENG [19975] : 1750-1850, York, WRY, ENG [22241] : C1859, IRL [31442] : PRE 1830, Aylesbury, BKM & SRY, ENG & AUS [42277] : C1859, IRL [31442]
DUDMAN : 1700-1800, Linch, SSX, ENG [15464]
DUELL : Richard, 1737+, HAM, ENG [22853] : John, 1771+, Eling, HAM, ENG [22853] : Elizabeth, 1816+, Eling, HAM, ENG [22853] : Harriet, 1843+, New Forest, HAM, ENG [22853]
DUERDEN : 1800+, Yate Pickup Bank, LAN, ENG [21038]
DUERR : C1800, ENG [28340]

DUFF : PRE 1837, London, ENG [13655] : PRE 1800, St.Allen, CON, ENG [12974] : 1870+, Gatebeck, WES, ENG [19661] : ALL, DOW, IRL [39694] : PRE 1900, MOG, IRL [16661] : 1840-1860, Auckland, NZ [39588] : PRE 1881, Tinwald, DFS, SCT [25755] : 1870-1920, Kirkintilloch, DNB, SCT [21598] : PRE 1870, Lasswade, MLN, SCT [19661] : 1770+, West Tempar & Rannoch, PER, SCT [21598] : Alexander, 1880+, Campsie, STI, SCT [21598] : 1840-1880, Falkirk, STI, SCT [21598] : 1700+, SUT, SCT [46372]
DUFFEE : C1800-70, Islington, LND, ENG [42761]
DUFFELL : 1700S, Steeple Barton, OXF, ENG [98601] : 1800+, SRY, ENG [19268]
DUFFES : ALL, Fort William, INV, SCT [16010] : ALL, Duffus, MOR, SCT [16010] : ALL, Forres, MOR, SCT [16010]
DUFFETT : 1820+, Topsham, DEV, ENG [42453]
DUFFIE : C1850, Pittsburgh Twp., ONT, CAN [15400] : C1830, ARM, IRL [15400]
DUFFIELD : ALL, London, ENG [44148] : 1800-2000, Hurdsfield & Macclesfield, CHS, ENG [36498] : 1800+, Macclesfield, CHS, ENG [30120] : 1740-2000, Rainow & Bollington, CHS, ENG [36498] : 1700-1900, DBY, ENG [17654] : Sarah, C1805, Sculcoates, ERY, ENG [16737] : Sarah, 1821, Grays Thurrock, ESS, ENG [13731] : ALL, St.Brides, LND, ENG [21365] : 1750+, Kelling, NFK, ENG [19310] : 1700S, Thakeham, SSX, ENG [20729] : PRE 1850, Uttoxeter, STS, ENG [35619]
DUFFIN : Thomas, 1830, MDX, ENG [46390]
DUFFIS : ALL, Forres, MOR, SCT [16010]
DUFFUS : PRE 1860, Bendigo, VIC, AUS [11873] : PRE 1800, Calcutta, INDIA [11873] : ALL, ABD, SCT [39671] : 1790S, Alvah, BAN, SCT [43481] : ALL, Forres, MOR, SCT [16010] : PRE 1800, MOR & NAI, SCT [28081] : ALL, WORLDWIDE [45652]
DUFFY : Eliza, 1866+, Dalby, QLD, AUS [36725] : 1830-1861, Pittsburg Twp., ONT, CAN & IRL [24943] : Louisa, 1861+, Stoke Damerel, DEV, ENG [40690] : 1800-1950, Poplar, MDX, ENG [39271] : ALL, IRL [16757] : John Thomas, C1845, Dublin, IRL [20933] : PRE 1867, ARM, IRL [46251] : ALL, Kilbannon, GAL, IRL [46311] : ALL, Trim, MEA, IRL [10664] : ALL, Carrickmacross, MOG, IRL [26072] : C1790S, Calry, SLI, IRL [10116] : Eliza, C1847, Ballymacue, WEM, IRL [36725] : 1874-2005, Wellington & Masterton, WTN, NZ [46251] : PRE 1867, Glasgow, LKS, SCT [46251] : 1800-1900, Lanark & Carluke, LKS, SCT [16757] : PRE 1870, Lasswade, MLN, SCT [19661]
DUFTON : C1770, Drumdollo, ABD, SCT [21934]
DUFTY : 1800S, Jacobstowe, DEV, ENG [28060] : PRE 1850, NTT, ENG [45857]
DUGAN : 1886+, Sydney, NSW, AUS [27719] : 1853+, Melbourne, VIC, AUS [27719] : 1847, Manchester, LAN, ENG [27719] : 1750+, Lisburn, ANT, IRL [13129] : PRE 1809, Kilmurry, CLA, IRL [46251] : PRE 1847, Belfast, DOW, IRL [27719] : PRE 1833, Leharrow, MAY, IRL [10664] : PRE 1833, Newport, MAY, IRL [10664]
DUGAR : ALL, MA, USA [24168] : ALL, WORLDWIDE [24168]
DUGARD : 1850+, Droitwich, WOR, ENG [10731]
DUGDALE : ALL, Blackburn, LAN, ENG [46514] : ALL, Tatham, LAN & WRY, ENG [27727] : Rebecca, 1750-1850, Cloone & Mohill, LET, IRL [12363]
DUGGAN : Nicholas, 1840+, Bourke, NSW, AUS [45699] : 1818, Parramatta, NSW, AUS [20641] : 1830, Sydney & Currawong, NSW, AUS [36749] : 1850-1900, Hastings Co., ONT, CAN [41349] : 1823+, ENG [14754] : C1830, Dublin, IRL [46344] : PRE 1800, Mitchelstown, COR, IRL [36749] : John, 1800+, Falcarragh & Middleton, DON, IRL [10260] : John, 1800+, Gweedore & Letterkenny, DON, IRL [10260] : 1848+, Ballinakill, GAL, IRL [25367] : 1848, Woodford, GAL, IRL [25367]
DUGGIN : 1800-1930, UK [46513]

DUGMORE : 1750-1850, Birmingham, WAR, ENG **[28536]**
DUGUID : 1822+, Sydney, NSW, AUS **[10046]** : Georgina, C1893, Fyvie, BAN, SCT **[33416]**
DUHAN : 1859+, Tillsonburg, ONT, CAN **[99522]** : 1840-1859, CLA, IRL **[99522]**
DUIGENAN : ALL, Ballygar, GAL, IRL **[46311]**
DUKE : Malvina, 1910, Gunnedah, NSW, AUS **[31676]** : 1750-1850S, Launceston, CON & DEV, ENG **[36935]** : Thomas, 1620-1650, KEN, ENG **[36282]** : 1550+, Hawkhurst, KEN, ENG **[10775]** : 1800+, Shoreditch, LND, ENG **[36081]** : PRE 1880, OXF, ENG **[42238]** : 1600-1750, Iden & Playden, SSX, ENG **[33347]** : 1700-1800, Mayfield, SSX, ENG **[33347]** : 1600-1900, West Chiltington & Amberley, SSX, ENG **[20967]** : 1800-1850, IRL **[18708]** : 1701-1800, ARM, IRL **[36282]**
DUKES : 1780+, Birmingham, WAR, ENG **[18128]** : 1700-1900, WOR & STS, ENG **[45749]**
DUKESON : ALL, WORLDWIDE **[19624]**
DULIEU : ALL, MDX, ENG **[17961]**
DULING : ALL, WORLDWIDE **[28568]**
DULLER : ALL, WORLDWIDE **[40718]**
DUMARESQ : 1382+, St.Ovens, JSY, CHI **[46328]**
DUMBLE : 1860-1920, Sunderland, DUR, ENG **[11424]** : 1900-1920, Horwich, LAN, ENG **[11424]**
DUMBRELL : William, C1844, Horsted Keynes, SSX, ENG **[33416]** : 1700-1800, Hurstpierpoint, SSX, ENG **[15464]**
DUMELOW : C1800, DBY, ENG **[42479]**
DUMMER : PRE 1850, HAM & SOM, ENG **[30022]** : 1830-1870, Guildford, SRY, ENG **[42699]** : 1830-1870, SSX, ENG **[42699]**
DUMMETT : 1850+, Plymouth, DEV, ENG **[46250]** : 1800+, NTH, ENG **[36081]**
DUMPER : ALL, WORLDWIDE **[30022]**
DUNANT : 1840+, Wimborne, DOR, ENG **[18301]** : 1840+, Bridgwater, SOM, ENG **[18301]** : 1840+, Llanelly, CMN, WLS **[18301]**
DUNBAR : Murray, 1890+, WA & VIC, AUS **[44939]** : PRE 1926, ONT, CAN **[31323]** : 1800-1850, Dublin, IRL **[13326]** : 1840, Cork City, COR, IRL **[12460]** : James, PRE 1850, Cork City, COR, IRL **[44939]** : PRE 1860, Innishargie, DOW, IRL **[20974]** : 1750+, Glasgow, LKS, SCT **[21802]**
DUNCAN : James, PRE 1765, ENG **[38833]** : 1830+, London, ENG **[14795]** : James, 1830+, London, ENG **[13026]** : George, PRE 1850, DBY, ENG **[36170]** : 1800+, Faversham & Preston, KEN, ENG **[15564]** : Robert, 1800-1900, Liverpool & Toxteth Park, LAN, ENG **[34140]** : 1850S, Seghill & Earsdon, NBL, ENG **[40768]** : 1800S, Dublin, IRL **[19497]** : PRE 1900, Dublin, IRL **[19345]** : PRE 1856, Killybegs, DON, IRL **[11839]** : 1860S, TYR, IRL **[22253]** : 1870S, Dunedin, OTG, NZ **[98672]** : Cecilia, C1855, SCT **[10035]** : PRE 1735, Dumphries, SCT **[23605]** : 1700+, Aberdeen, ABD, SCT **[14795]** : George, 1770+, Aberdeen, ABD, SCT **[13026]** : Elspet, 1820-1832, King Edward Parish, ABD, SCT **[16439]** : 1870, Peterhead, ABD, SCT **[99545]** : 1750+, ANS, SCT **[41244]** : Peter, 1797-1871, Dundee, ANS, SCT **[20135]** : 1800+, Dundee, ANS, SCT **[37267]** : Peter, 1829+, Dundee, ANS, SCT **[20135]** : 1700+, Inverkeilor, ANS, SCT **[10698]** : 1700-1880, Kirriemuir, ANS, SCT **[14346]** : C1790, Menmuir, ANS, SCT **[12084]** : Johanna, 1850+, Montrose, ANS, SCT **[21955]** : Mungo, C1770-1840, Galston, AYR, SCT **[40768]** : C1790, Galston, AYR, SCT **[20914]** : PRE 1800, Galston & Sorn, AYR, SCT **[40768]** : PRE 1838, Kilburnie, AYR, SCT **[13799]** : Isabel, 1854, Marnoch, BAN, SCT **[10318]** : Robert, 1778+, Rothesay, BUT, SCT **[34140]** : Andrew, C1710-1800, St.Andrews, FIF, SCT **[42479]** : C1780, St.Andrews, FIF, SCT **[25979]** : 1750+, Fettercairn, KCD, SCT **[20970]** : 1700+, Strachan, KCD, SCT **[20970]** : 1830, Carnwath, LKS, SCT **[13497]** : PRE 1900, Glasgow, LKS, SCT **[20974]** : Archibald, 1891+, MLN, SCT **[38309]** : 1800, Edinburgh, MLN, SCT **[97805]** : Alexander, 1830+, Edinburgh, MLN, SCT **[42479]** : Andrew, 1860+, Edinburgh, MLN, SCT **[42479]** : Andrew, C1789, Edinburgh, MLN, SCT **[42479]** : PRE 1862, Edinburgh, MLN, SCT **[11839]** : ALL, Aberuthven & Perth, PER, SCT **[37236]** : 1870+, Neilston, RFW, SCT **[40768]** : 1800S, Scotston, RFW, SCT **[98672]** : 1780, SHI, SCT **[17650]** : 1680-1750, Killearn, STI, SCT **[19497]** : 1818+, St.Ninians, STI, SCT **[13497]** : PRE 1812, Carriden, WLN, SCT **[22253]** : Alexander, C1800+, Urquhart & Wollongong, MOR & NSW, SCT & AUS **[33097]** : 1791-1885, Paisley, RFW, SCT & USA **[22698]** : 1850-1925, Sullivan Co., NY, USA **[22698]** : Joseph, 1880, Lykens, PA, USA **[36170]** : 1735+, Augusta Co., VA, USA **[23605]** : 1735, Rockbridge Co., VA, USA **[23605]**
DUNCANSON : 1750+, Kincardine on Forth, FIF, PER & CLK, SCT **[18766]**
DUNCIL : 1800-1920, War Creek, KY, USA **[24334]**
DUNCOMB : 1790+, ENG **[45652]**
DUNCOMBE : 1900+, Elgin Co., ONT, CAN **[34261]** : ALL, WORLDWIDE **[32804]**
DUNDAS : 1940+, HONG KONG **[17514]** : 1800-1950, Aberdeen, ABD, SCT **[27531]** : 1700-1800, Brechin, ANS, SCT **[27531]**
DUNDEDALE : Margaret, 1820, Preston, LAN, ENG **[21759]**
DUNDEE : 1700+, ENG **[35240]**
DUNDERDALE : ALL, WORLDWIDE **[43933]**
DUNDON : Eliza, PRE 1858, Beechworth, VIC, AUS **[40153]**
DUNFORD : PRE 1850, BRK & WIL, ENG **[46164]** : PRE 1739, Gillingham, DOR, ENG **[10493]** : 1860, Powerstock, DOR, ENG **[34374]** : ALL, DOR & SOM, ENG **[15745]** : 1800+, KID, IRL **[31580]**
DUNGATE : 1740, Crowhurst, SSX, ENG **[14120]**
DUNGATTE : PRE 1644, SSX, ENG **[36543]**
DUNGEY : ALL, AUS **[45678]** : ALL, CAN **[45678]** : ALL, ENG **[45678]** : ALL, Cranbrook, KEN, ENG **[45678]** : ALL, INDIA **[45678]** : ALL, NZ **[45678]** : ALL, RSA **[45678]** : ALL, USA **[45678]**
DUNHAM : PRE 1644, Leiden, HOL **[15521]** : 1800-1900, Lexington, Greene Co., NY, USA **[38211]**
DUNINGTON : C1740+, Great Steeping & Brinkhill, LIN, ENG **[41477]** : C1740+, Toynton St.Peter, LIN, ENG **[41477]**
DUNK : PRE 1850, Cobham, KEN, ENG **[30589]**
DUNKER : 1760+, Oiste, HAN, GER **[14627]**
DUNKERLEY : 1700+, Oldham, LAN, ENG **[99418]**
DUNKERTON : PRE 1845, ENG **[46435]**
DUNKIN : John, 1860+, Armidale, NSW, AUS **[11715]** : 1780+, Aylesbury, BKM, ENG **[11715]** : 1812, Long Crendon, BKM, ENG **[11715]** : PRE 1809, Boughton Blean & Dunkirk, KEN, ENG & SCT **[18639]**
DUNKLEY : 1850+, Eudunda, SA, AUS **[14346]** : Peter, 1750+, Lutterworth, LEI, ENG **[38584]** : Henry, 1802+, Lutterworth, LEI, ENG **[38584]** : 1800S, Hackney & Stoke Newington, LND, ENG **[36244]** : 1800-1850, Northampton, NTH, ENG **[13326]** : PRE 1840, Towcester, NTH, ENG **[33704]** : ALL, Winwick & Coppingford, NTH & HUN, ENG **[28479]** : Elizabeth, C1773+, Towcester, OXF, ENG **[36538]** : Henry, 1830+, Taunton, Plymouth & Exeter, SOM, ENG **[38584]** : 1800, Birmingham, WAR, ENG **[36244]**
DUNKS : Elizabeth, 1820-1892, Clerkenwell, MDX, ENG & AUS **[46225]**
DUNLAP : 1750-1900, KEN, ENG **[17926]** : 1740+, Bucks Co., PA, USA **[24725]**
DUNLEAVY : 1800-1860, Larah, CAV, IRL **[22305]**
DUNLOP : John, 1880S, Melbourne, VIC, AUS **[27850]** : Robert, 1822-1857, Tarnagulla, VIC, AUS **[39243]** : Margaret, 1856+, Waanyarra, VIC, AUS **[39243]** : Mary, 1858+, Waanyarra, VIC, AUS **[39243]** : William, 1890+, Toronto, ONT, CAN **[37188]** : ALL, Goderich &

DUN

Toronto, ONT, CAN & SCT **[42436]** : 1750-1900, KEN, ENG **[17926]** : Samuel, C1720, Ballycastle, ANT, IRL **[12802]** : C1800, Ballymena, ANT, IRL **[11661]** : PRE 1850, Tullynamullan, ANT, IRL **[14422]** : Jane, 1820+, Ballyshiel, ARM, IRL **[23379]** : PRE 1750, Bangor, DOW, IRL **[31786]** : 1820-1900, Ballywatt & Portrush, LDY & ANT, IRL **[27304]** : 1800+, Colmonell, AYR, SCT **[99600]** : Adam & James, 1800+, Fenwick & Stewarton, AYR, SCT **[21971]** : PRE 1840, Kilmarnock & Dreghorn, AYR, SCT **[42436]** : 1800, Eccles, BEW, SCT **[26580]** : 1830+, Glasgow, LKS, SCT **[42436]** : 1840-1680, Gorbals, LKS, SCT **[46361]**

DUNLOPE : PRE 1870, New York, NY, USA **[45308]**
DUNMILL : ALL, WORLDWIDE **[29324]**
DUNMO : C1855+, Ballarat & Smythesdale, VIC, AUS **[36751]**
DUNMYER : 1800-1900, Cambria Co., PA, USA **[22846]**
DUNN : PRE 1874, NSW, AUS **[14440]** : 1870+, Murrumbateman, NSW, AUS **[13694]** : 1900, North Sydney, NSW, AUS **[35365]** : Thomas, 1799-2000, Sydney, NSW, AUS **[10985]** : 1850+, Temora, NSW, AUS **[11572]** : 1850+, Tumut, NSW, AUS **[11572]** : Thomas, PRE 1850, Tumut, NSW & TAS, AUS **[45833]** : 1852+, Melbourne, VIC, AUS **[99187]** : C1800, West Putford, DEV, ENG **[12744]** : C1890, Gateshead, DUR, ENG **[41212]** : 1800+, Hetton-le-Hole, DUR, ENG **[40802]** : Ann, 1790-1800, Sunderland, DUR, ENG **[44085]** : 1600-1800, Beverley & Hull, ERY, ENG **[18145]** : C1760-1820, Skipsea & North Frodingham, ERY, ENG **[33628]** : Rachel, 1756, Stroud, GLS, ENG **[14627]** : PRE 1900, Liverpool, LAN, ENG **[30880]** : PRE 1900, Bermondsey, LND, ENG **[35607]** : 1865+, Hornsey, MDX, ENG **[35988]** : John Cully, 1832+, London, MDX, ENG **[35988]** : 1824+, NBL, ENG **[33409]** : 1859, Newcastle on Tyne, NBL, ENG **[40608]** : 1774-1839, Norham, NBL, ENG **[11425]** : C1720, Ponteland, NBL, ENG **[17626]** : PRE 1915, NFK, ENG **[46447]** : 1700, Edgefield, NFK, ENG **[14127]** : 1850S, STS, ENG **[11011]** : PRE 1850, Birmingham, WAR, ENG **[24993]** : 1800+, Highworth, WIL, ENG **[28742]** : PRE 1900, WOR, ENG **[29497]** : C1800, Sheffield, WRY, ENG **[13347]** : PRE 1800, Arnold Hull, YKS, ENG **[36033]** : 1770-1900, Kelfield, YKS, ENG **[14618]** : PRE 1910, Mickelfield, YKS, ENG **[11011]** : PRE 1800, Richmond, YKS, ENG **[25969]** : 1650-1800, Whitgift & Swinefleet, YKS, ENG **[14618]** : 1877, Plymouth, DEV, ENG & AUS **[13019]** : PRE 1850, IRL **[31636]** : Jean, 1836+, Torr, ANT, IRL **[30880]** : 1830-1860, Drumcrow, Arvagh, CAV, IRL **[38538]** : 1700-1900S, St.Johnston, DON, IRL **[21195]** : 1821-1841, KER, IRL **[44368]** : Luke, 1780+, Portarlington & Parramatta, LEX & NSW, IRL & AUS **[44567]** : 1800-1900S, Rakaia, CANT, NZ **[21195]** : PRE 1840, Glasgow, SCT **[13694]** : John, C1820, Cladeville, ARL, SCT **[12878]** : C1800, Galston, AYR, SCT **[12878]** : PRE 1800, Lauder, BEW, SCT **[22248]** : Elizabeth, 1850-1880, Leith, ELN, SCT **[16176]** : William, PRE 1822, Benholm, KCD, SCT **[30880]** : ALL, Irongray, KKD, SCT **[21763]** : C1825, Cambuslang, LKS, SCT **[20914]** : Margaret, C1800+, Glasgow, LKS, SCT **[14672]** : 1840+, Glassford & Glasgow, LKS, SCT **[20914]** : 1850S+, PER, SCT **[46395]** : 1750+, STI, SCT **[21741]** : PRE 1930, Kilsyth, STI, SCT **[45199]** : 1800+, NJ, USA **[34797]**

DUNNE : PRE 1874, NSW, AUS **[14440]** : 1880+, Sydney, NSW, AUS **[29025]** : PRE 1880, Athy, KID, IRL **[18967]** : 1860-1880, Kilfinnane, LIM, IRL **[99125]** : 1800+, Drom & Inch, TIP, IRL **[45714]**

DUNNELL : PRE 1800, NFK, ENG **[43842]**
DUNNET : 1700+, Canisbay, CAI, SCT **[14513]**
DUNNETT : 1600+, Ipswich, SFK, ENG **[16383]** : Ephraim, 1825-1860, Renfrew, Melbourne & Brisbane, RFW, VIC & QLD, SCT & AUS **[10272]**
DUNNIEN : 1775+, IRL & AUS **[33921]**
DUNNING : ALL, Buckland Newton, DOR, ENG **[13799]** : PRE 1800, Winfrith Newburgh, DOR, ENG

[41477] : PRE 1800, Worth Matravers, DOR, ENG **[41477]** : 1780+, Birmingham, WAR, ENG **[29783]** : PRE 1870, ROS, IRL **[46382]** : PRE 1855, Athlone, ROS, IRL **[13004]**

DUNNINGTON : 1680-1820, Thorganby, ERY, ENG **[27087]**
DUNSAYER : 1740-1775, Wemyss, FIF, SCT **[24567]**
DUNSBEE : C1750, Barcheston, WAR, ENG **[17486]**
DUNSCOMBE : Mary Jane, 1856, Cardiff, GLA, WLS **[36275]**
DUNSFORD : PRE 1750, Tiverton, DEV, ENG **[21594]**
DUNSIRE : 1740-1775, Wemyss, FIF, SCT **[24567]**
DUNSMUIR : PRE 1900, AYR, SCT **[29731]**
DUNSTAN : 1890+, Kingston, ONT, CAN **[16167]** : Emma, PRE 1854, Lostwithiel, CON, ENG **[45772]** : PRE 1900, Wendron & Sithney, CON, ENG **[37049]** : 1860+, HAM, ENG **[16167]** : Charlotte, 1812-1880, Falmouth & Glebe, CON & NSW, ENG & AUS **[14672]** : 1800+, Stithians, CON, ENG & NZ **[21394]** : 1850+, Conway, CAE, WLS **[16167]**
DUNSTER : 1600+, Hawkhurst, KEN, ENG **[35280]** : 1700-1850, Tenterden, KEN, ENG **[33021]**
DUNSTILL : 1750-1850, Brighton, SSX, ENG **[20919]**
DUNSTON : Walter, 1888+, Melbourne, VIC, AUS **[36844]** : 1863+, MDX, ENG **[36844]** : 1870+, SSX, ENG **[36844]**
DUNSTONE : 1750+, CON, ENG **[34393]** : 1700-1800, Illogan, CON, ENG **[20835]** : PRE 1700, Blatchington & Eastbourne, SSX, ENG **[42083]**
DUNT : PRE 1750, Halstead, ESS, ENG **[33664]**
DUNTHORN : C1810-1840, Stanground, HUN, ENG **[12011]**
DUNTON : ALL, Hawridge, BKM, ENG **[20914]** : 1800+, Iver, BKM, ENG **[38005]**
DUPEN : 1866+, LND, ENG **[46447]**
DUPERE : 1880-1890, LND, ENG **[46416]**
DUPERRON : PRE 1800, MDX, ENG **[17933]** : ALL, WORLDWIDE **[17933]**
DUPLOCK : 1868+, Hastings, SSX, ENG **[10822]** : Samuel, PRE 1666, Mayfield, SSX, ENG **[36365]**
DUPLOUY : ALL, London, Paris & Alsace, LND, RPA & ALS, ENG & FRA **[44241]**
DUPONT : 1900, NSW, AUS **[13833]** : 1700-1825, ENG **[33347]** : 1800+, Battin, GER **[17000]**
DUPPA : ALL, HEF & KEN, ENG **[12915]**
DURACK : ALL, CLA, IRL **[22207]**
DURANT : 1900S, Nhill, VIC, AUS **[12327]** : 1840+, Ashprington, DEV, ENG **[10577]** : 1882+, Bridlington, ERY, ENG **[46329]** : C1850, Coningsby, LIN, ENG **[14656]** : PRE 1850, SOM & DOR, ENG **[18921]** : 1880S, Leeson, CANTY, NZ **[12327]**
DURANT-CUMMING : 1800, WORLDWIDE **[10577]**
DURANTE : PRE 1631, Leiden, HOL **[15521]**
DURGAN : 1917-1942, SRY, MDX & KEN, ENG **[35225]**
DURHAM : C1895, Hopetoun, VIC, AUS **[12163]** : 1854+, Koroit, VIC, AUS **[12163]** : PRE 1890, Rothwell, ENG **[46398]** : 1800+, DUR & NFK, ENG **[45950]** : ALL, Wiltham, ESS, ENG **[39642]** : Robert, PRE 1820, Godmanchester, HUN, ENG **[34924]** : PRE 1835, London, MDX, ENG **[37709]** : 1850+, Lambeth, SRY, ENG **[30107]** : C1730, Sheffield, YKS, ENG **[41570]** : 1700-1900, Ipswich, London & Dublin, SFK, ESS & MDX, ENG & IRL **[39815]** : C1820, ANT, IRL **[12163]** : C1800, Ballydonaghy, ANT, IRL **[12163]** : Andrew, PRE 1800, Belvedere, DOW, IRL **[31786]** : PRE 1800, Killynaul & Aghloo, TYR, IRL **[31786]** : 1786-1820S, DUB, IRL & AUS **[39249]** : 1890+, Kaitangata, OTG, NZ **[36844]**
DURING : 1830S-1858, Schapow, BRA, BRD **[35294]** : 1858-1960S, Wooldridge & Peddie, CAPE, RSA **[35294]**
DURK : 1700S, Coleridge, DEV, ENG **[40257]**

DURKIN : 1860S, Williamstown, VIC, AUS **[13244]** : 1840-1900, Liverpool, LAN, SLI & MAY, ENG & IRL **[20578]**

DURLICH : PRE 1840, Thrana, UPPER LUSATIA, GER **[26306]**

DURLIN : Elizabeth, C1650S, Sevenoaks, KEN, ENG **[10054]**

DURNAN : James, 1797+, DRY, IRL **[45900]**

DURNFORD : 1750+, WIL, ENG **[11159]** : C1800, WIL, ENG **[33642]**

DURNLEY : John, 1862+, Melbourne, VIC, AUS **[39179]**

DURNO : C1760-1860, Rayne & Fyvie, ABD, SCT **[41312]**

DUROCHER : 1600-1900, QUE, CAN **[23518]**

DUROSE : 1500+, Doveridge, DBY, ENG **[19713]** : 1800+, Checkley & Tean, STS, ENG **[19713]** : 1700+, Leigh & Milwich, STS, ENG **[19713]** : 1850+, Newcastle & Stoke, STS, ENG **[19713]** : 1500+, Uttoxeter & Bramshall, STS, ENG **[19713]** : 1850+, Mendota & St.Paul, MN, USA **[19713]**

DURR : C1800, Carshalton, SRY, ENG **[34543]** : PRE 1810, Elphin, ROS, IRL **[99187]**

DURRANT : 1890+, Melbourne, VIC, AUS **[21321]** : ALL, Colchester, ESS, ENG **[28513]** : 1870+, Plaistow, ESS, ENG **[21321]** : PRE 1820, Hemel Hempstead, HRT, ENG **[39506]** : 1800+, NFK, ENG **[21321]** : Elizabeth, 1797+, Crimplesham, NFK, ENG **[31296]** : PRE 1850, Norwich, NFK, ENG **[37066]** : PRE 1750, Winterton, NFK, ENG **[29373]** : 1830, Wipstead, SFK, ENG **[46007]** : 1700-1800, Woodbridge, SFK, ENG **[26382]** : PRE 1850, SOM & DOR, ENG **[18921]** : 1780S+, Horsham, SSX, ENG **[12327]** : ALL, KEN & NSW, ENG & AUS **[43395]**

DURSTON : ALL, SOM, ENG **[41053]**

DUSMAN : PRE 1832, PA & OH, USA **[22565]**

DUTARQUE : 1620+, Picardie, FRA **[42600]** : 1700+, Berkeley, St.Thomas & St.Denis, SC, USA **[42600]**

DUTCH : 1900+, HRT, ENG **[43843]** :PRE 1850, Ferry Port on Craig, FIF, SCT **[20974]**

DUTCHER : ALL, Bay Duvin, NB, CAN **[39712]**

DUTFIELD : 1800S, Cotheridge, HEF, ENG **[36655]**

DUTHIE : PRE 1861, VIC, AUS **[37847]**

DUTTON : 1880, Forbes, NSW, AUS **[36749]** : 1886, Brisbane, QLD, AUS **[45803]** : C1850, Geelong, VIC, AUS **[12589]** : 1800+, ENG **[39891]** : 1840S, KEN, ENG **[12589]** : 1800+, LAN, ENG **[46355]** : 1830+, LAN, DUR & HEF, ENG **[30248]** : PRE 1900, Ruddington, NTT, ENG **[42634]**

DUVAL : Ida, 1876+, ONT, CAN **[99433]** : PRE 1830, Brest, FRA **[42942]**

DUVALL : PRE 1800, London, MDX, ENG **[36200]** : 1800-1850, Bermondsey, SRY, ENG **[12641]**

DUVI : C1834, Prenzlau, MEK, GER **[45649]**

DUWELN : ALL, Gustrow, MEK, GER **[13994]**

DUXBURY : 1880+, Adamstown, NSW, AUS **[46026]** : 1880+, Robertson, NSW, AUS **[46026]** : 1900+, Sydney, NSW, AUS **[46026]** : PRE 1865, Liverpool, LAN, ENG **[11303]** : Thomas, 1820+, Preston, LAN, ENG **[46026]** : 1800-1840, Samlesbury, LAN, ENG **[36299]**

DUXSON : Ann, C1783-1862, Parson Drove & Leverington, CAM, ENG **[41477]** : ALL, WORLDWIDE **[19624]**

DVORAK : Heather, 1900+, Manly, NSW, AUS **[45824]** : Joseff, 1800+, Belgrade, SERBIA **[45824]**

DWELLY : 1636-1706, Curry Rivel, SOM, ENG **[12413]**

DWIGHT : 1768-1866, Chesham & Great Missenden, BKM, ENG **[38970]**

DWYER : 1861+, Boorowa, NSW, AUS **[42226]** : C1853, Boorowa, NSW, AUS **[10314]** : 1860S, Galong, NSW, AUS **[46468]** : 1872+, Sydney, NSW, AUS **[11839]** : Patrick, 1919, Sydney, NSW, AUS **[36705]** : James Joseph, 1904+, Yamba, NSW, AUS **[36634]** : C1900, Inglewood, QLD, AUS **[37880]** : 1862+, Ipswich, QLD, AUS **[13828]** : Michael, 1880+, Kaimkillenbun, QLD, AUS **[13869]** : 1856, Hobart, TAS, AUS **[10956]** : 1880S, Creswick, VIC, AUS **[13091]** : 1867, Kilmore, VIC, AUS **[42588]** : 1800S, Melbourne, VIC, AUS **[13731]** : Eliza, C1856, Melbourne, VIC, AUS **[13869]** : 1800-1900, Ipswich, QLD & TIP, AUS & IRL **[39229]** : 1800-1850, Bristol, GLS, ENG **[13326]** : 1800S, Bristol, GLS, ENG **[13731]** :1700-1750, Hereford & Kenderchurch, HEF, ENG **[18422]** : PRE 1860, CLA, IRL **[10301]** : 1850-1900, Listowel, KER, IRL **[27955]** : 1600-1860, Shrone & Listowel, KER, IRL **[43903]** : 1840+, Shrone & Listowel, KER, IRL **[35935]** : PRE 1798, KIK, IRL **[31153]** : PRE 1804, Limerick, LIM, IRL **[26906]** : PRE 1860, TIP, IRL **[99052]** : 1800S, Borrisoleigh, TIP, IRL **[13091]** : C1860, Borrisoleigh, TIP, IRL **[12744]** : 1830, Castletown & Yanghall, TIP, IRL **[10610]** : 1820+, Donaskeigh, TIP, IRL **[13828]** : PRE 1855, Donaskeigh, TIP, IRL **[13994]** : 1800S, Grantstown, TIP, IRL **[46468]** : C1810, Lattin, TIP, IRL **[37880]** : Johanna Mary, C1840, Templemore, TIP, IRL **[10102]** : Mary, PRE 1853, Toomevara, TIP, IRL **[28269]** : Edward, C1800, Youghalarra, TIP, IRL **[10610]** : 1840+, TPO, NZ **[33816]**

DWYER (see : O'Dwyer), **[10998]**

DYALL : ALL, IRL **[12905]**

DYAS : ALL, IRL **[13848]**

DYBAL : 1686-1780, West Somerton, NFK, ENG **[46055]** : 1792-1820S, Norwich, NFK, ENG **[40153]** : ALL, Scottow, NFK, ENG **[10610]** : Charles, C1800, Westwick & Sloley, NFK, ENG **[10610]**

DYBAS : PRE 1880, Osalinca, POL **[40603]**

DYCE : PRE 1780, BAN & ABD, SCT **[19064]**

DYCHE : PRE 1800, Burton on Trent, STS, ENG **[35042]**

DYE : 1800-1950, Hoxton & Shoreditch, LND, ENG **[37048]** : 1800+, LND & NFK, ENG **[42771]** : 1700-1900, Great Yarmouth & North Walsham, NFK, ENG **[37048]** : PRE 1817, Stiffkey, NFK, ENG **[29774]**

DYER : 1850+, NSW, AUS **[13584]** : 1855+, Redbanks & Payneham, SA, AUS **[33642]** : ALL, ENG **[12781]** : PRE 1837, ENG **[45893]** : 1800-1900, Braunton, DEV, ENG **[19880]** : PRE 1820, Buckerell, DEV, ENG **[30086]** : Daniel, 1830+, Devonport & Stoke Damerel, DEV, ENG **[32901]** : PRE 1834, Exeter, DEV, ENG **[14076]** : C1700, Otterton, DEV, ENG **[31375]** : Jessie, 1858+, Stoke Damerel & Devonport, DEV, ENG **[32901]** : PRE 1737, DOR, ENG **[17921]** : 1890, Bedminster, GLS, ENG **[11530]** : PRE 1800, East Leach Turville, GLS, ENG **[43033]** : 1680-1800, Horsley, GLS, ENG **[19921]** : PRE 1791, Minchinhampton, GLS, ENG **[38615]** : C1740, Andover & Fordingbridge, HAM, ENG **[40668]** : C1820-30, Isle of Wight, HAM, ENG **[26612]** : 1850+, Southampton, HAM, ENG **[26612]** : PRE 1855, KEN, ENG **[33642]** : William, 1800-1900, Bolton, LAN, ENG **[27039]** : 1840+, Bermondsey & Rotherhythe, LND, ENG **[40668]** : PRE 1885, Bow, LND, ENG **[40668]** : 1890-1915, Kentish Town, LND, ENG **[40668]** : ALL, LND & SRY, ENG **[43656]** : 1850-1900, Acton, MDX, ENG **[45857]** : Elizabeth, 1840-1860, Creech St.Michael, SOM, ENG **[10604]** : PRE 1900, Taunton, SOM, ENG **[30086]** : George, PRE 1820, Ockham, SRY, ENG **[37200]** : 1810-1860, WAR, ENG **[18128]** : Sarah, 1855+, Worcester & Darlaston, WOR & STS, ENG **[36514]** : Philip Chas, 1800+, Rotherhithe, LND, ENG & NZ **[45943]** : C1820, Cambuslang, LKS, SCT **[34651]** : Peter, 1860S, Edinburgh, MLN, SCT **[31517]** : 1870+, Bridgend, GLA, WLS **[30086]** : C1780, Shirenewton, MON, WLS **[40905]**

DYER (see One Name Section) **[46404]**

DYKE : ALL, VIC, AUS **[13231]** : PRE 1880, Stretford & Eccles, LAN, ENG **[34906]** : 1700-1860, Bridgwater, SOM, ENG **[18251]** : PRE 1826, Bilston, STS, ENG **[20068]** : ALL, Flyford, ESS & SA, ENG & AUS **[45626]** : 1871+, USA **[20068]** : Mary, 1809, Mitchell Troy, MON, WLS **[34320]**

DYKES : 1870+, Coopernook, NSW, AUS **[11060]** : 1860+, Mungindi, NSW, AUS **[11034]** : John, 1840-

1996, Sydney, NSW, AUS **[10985]** : John, C1840, Melbourne, VIC, AUS **[10985]** : ALL, Durham, DUR, ENG **[39815]** : Thomas, C1796-1820, St.Lukes, LND, ENG **[46245]** : Samuel, C1800, Westminster, LND, ENG **[99600]** : Esther Mary, 1875+, Buxhall, SFK, ENG **[12739]** : Thomas, 1777, Bramham, YKS, ENG **[34249]** : Sarah, 1840+, Leeds, YKS, ENG **[12739]** : Henry, 1840+, Leeds, YKS, ENG **[12739]**

DYMENT : PRE 1830, Abbotskerswell, DEV, ENG **[40871]** : 1740+, Charlinch, SOM, ENG **[43566]**

DYMER : C1700, Fifield, WIL, ENG **[11113]**

DYMOCK : Maria, 1770+ West End, LND, ENG **[38584]**

DYNON : C1840, COR, IRL **[32016]**

DYSART : 1820S, Dundee, ANS, SCT **[16938]**

DYSON : 1750-1860, Marlow, BKM, ENG **[18216]** : 1770+, Laxton, ERY, ENG **[19905]** : 1750-1830, City of London, MDX, ENG **[18216]** : 1770-1850, Hackney, MDX, ENG **[18216]** : 1620, Tottenham, MDX, ENG **[17998]** : ALL, Clare, SFK, ENG **[36492]** : 1744-1865, WRY, ENG **[19127]** : 1900+, Halifax & Calderdale, WRY, ENG **[21655]** : 1700-1800, High Hoyland, WRY, ENG **[36242]** : 1700-1720, Huddersfield & Almondbury, WRY, ENG **[34664]** : 1740-1880, Slaithwaite, WRY, ENG **[38925]** : 1820, Slaithwaite, WRY, ENG **[26340]** : C1720, Rotherham, YKS, ENG **[41370]**

DZIEKAN : 1800+, Milwaukee, WI & POS, USA, GER & POL **[32132]**

DZIUBA : Josef, 1898+, Gonor, MAN, CAN **[16969]**

EAD : PRE 1750, Shere, SRY, ENG **[36246]**

EADE : ALL, AUS **[27752]** : 1850+, NSW, AUS **[12395]** : 1848+, Bathurst, NSW, AUS **[12395]** : 1860+, Collingwood, VIC, AUS **[12395]** : Lucy, 1800-1850, ENG **[31319]** : ALL, ENG **[27752]** : PRE 1800, Germoe, CON, ENG **[34640]** : PRE 1820, Germoe & Breage, CON, ENG **[12395]** : C1830, Newlynn, CON, ENG **[98672]** : William, 1795, Binstead, HAM, ENG **[44314]** : Thomas, 1800+, London, MDX, ENG **[31319]** : 1750, Yoxford, SFK, ENG **[17704]** : James, 1830, Farnham, SRY, ENG **[44314]** : Emily, 1874, Farnham, SRY, ENG **[44314]**

EADES : PRE 1878, Birmingham, WAR, ENG **[16111]**

EADSFORTH : C1830, Manchester, LAN, ENG **[14184]**

EADY : ALL, WORLDWIDE **[34582]**

EAGAR : Margaret May, 1869-1879, St.Giles, Reading, BRK, ENG **[28237]**

EAGER : James, 1900+, Melbourne, VIC, AUS **[32035]** : ALL, Lewes, SSX, ENG **[46307]**

EAGLE : 1850+, Horsham, VIC, AUS **[11802]** : PRE 1800, Downham Market, NFK, ENG **[13336]** : ALL, NFK & SFK, ENG **[13848]**

EAGLES : ALL, AUS **[13848]** : 1817+, Campbelltown & Appin, NSW, AUS **[34947]** : Tobias, C1655, Hollingbourne, KEN, ENG **[10035]** : PRE 1850, Yalding, KEN, ENG **[32907]**

EAGLESFIELD : 1800+, CUL, ENG **[99570]**

EAGLESHAM : 1760+, Kirkoswald, AYR, SCT **[44043]**

EAGLETON : 1850-1940, Ballinloch, OFF, IRL **[42609]**

EAGLING : PRE 1850, LND, ENG **[31186]** : PRE 1850, NFK, ENG **[26981]**

EAGON : PRE 1900, Athlone, ROS, IRL **[43842]**

EAKIN : ALL, Belmore River, NSW, AUS **[29334]** : ALL, Tirglasson & Claudy, LDY, IRL **[29334]** : ALL, WORLDWIDE **[29334]**

EAKROIDE : 1398, Wadsworth, YKS, ENG **[21975]**

EAMER : C1818, London, ENG **[37565]** : 1775-1885, HAM & WIL, ENG **[17191]**

EAMER (see SEXEY) : **[37565]**

EAMES : 1700-1900, Wembley, MDX, ENG **[21842]** : Louisa, 1800, NFK, ENG **[10610]** : ALL, LEI, ENG & AUS **[99109]** : Robert, 1629-1712, Woburn, MA, USA **[24674]**

EARDLEY : ALL, Horton, Biddulph, Leek & Norton, STS, ENG **[29989]** : 1750-1850, Newcastle under Lyme, STS, ENG **[13546]**

EARL : 1850+, North Sydney, NSW, AUS **[11839]** : PRE 1838, Windsor, NSW, AUS **[10970]** : 1820-75, East Flamboro Twp, ONT, CAN **[25237]** : PRE 1900, BDF, ENG **[19656]** : 1800+, Daresbury, CHS, ENG **[36762]** : PRE 1750, South Huish, DEV, ENG **[34783]** : C1766-1870, Stoke Damerel, DEV, ENG **[26665]** : ALL, GLS, ENG **[22456]** : 1800S, Portsmouth, HAM, ENG **[13910]** : PRE 1800, Dover, KEN, ENG **[17961]** : PRE 1810, Warrington & Burtonwood, LAN, ENG **[36762]** : PRE 1880, Guildford, SRY, ENG **[32040]**

EARLAM : 1800+, Macclesfield & Alderley, CHS, ENG **[30120]**

EARLE : PRE 1880, Carbonear, NFD, CAN **[39716]** : 1700-1900, London, ENG **[14966]** : ALL, GLS, ENG **[22456]** : Eliz Hannah W, 1700-1900, Tidenham, GLS, ENG **[14966]** : 1800-2000, Andover, HAM, ENG **[14966]** : 1600-1900, Beaulieu, HAM, ENG **[14966]** : 1700-1900, Cheriton, HAM, ENG **[14966]** : 1600-1900, Itchen Abbas Stoke, HAM, ENG **[14966]** : 1400-1800, Kingsworthy, HAM, ENG **[14966]** : 1600-1800, Old Alresford, HAM, ENG **[14966]** : 1800-2000, Southampton, HAM, ENG **[14966]** : 1700-1900, Swarraton, HAM, ENG **[14966]** : 1400-1700, Weyhill, HAM, ENG **[14966]** : 1600-1900, Winchester, HAM, ENG **[14966]** : Charlotte, 1793, Sheppey, KEN, ENG **[11698]** : Jane, 1833, Strood, KEN, ENG **[10883]** : 1800-1900, London, MDX, ENG **[30071]** : 1600-1800, Axbridge, SOM, ENG **[14966]** : Alice, 1870+, Southwark, SRY, ENG **[25145]** : ALL, WEX, IRL **[19844]** : 1900-2000, RSA **[14966]** : 1800-1900, St.Arvans, MON, WLS **[14966]**

EARLES : Henry, 1890+, Walhalla, VIC, AUS **[46320]**

EARLEY : 1880+, Liverpool, LAN, ENG **[31079]** : 1800+, DUB, IRL **[31079]** : ALL, Waterford City, WAT, IRL **[31079]**

EARLY : 1800+, Sydenham, LND & KEN, ENG **[42744]** : 1800S, Sligo, SLI, IRL **[30535]**

EARNSHAW : 1850+, Echuca, VIC, AUS **[46265]** : 1804, Dronfield, DBY, ENG **[19304]** : 1800+, Huddersfield, YKS, ENG **[99590]**

EARP : PRE 1900, Over & Nether Whitacre, WAR, ENG **[13597]**

EARY : PRE 1700, Rickinghall, SFK, ENG **[24981]**

EASBY : 1880+, NSW, AUS **[10314]** : 1650-1750, Stokesley, NRY, ENG **[12641]**

EASINGWOOD : ALL, ENG **[29324]**

EASON : 1840+, Pitt Town & Greenwich, NSW, AUS **[42226]** : PRE 1848, Whaplode & Drove, LIN, ENG **[26833]** : 1848+, London, MDX, SRY & ESS, ENG **[17745]** : 1850, Merriott, SOM, ENG **[12222]** : ALL, Merriott, SOM, ENG **[34438]** : ALL, Cork, COR, IRL **[17745]** : PRE 1800, Dunblane, PER, SCT **[45679]**

EASSON : PRE 1800, Dunblane, PER, SCT **[45679]**

EAST : 1830-1950, Hamilton & Newcastle, NSW, AUS **[26396]** : PRE 1850, Chesham, BKM, ENG **[31305]** : 1800+, Ludgershall, BKM, ENG **[19254]** : ALL, Turville, BKM, ENG **[12917]** : 1840, St.Pancras, LND, ENG **[26241]** : PRE 1880, OXF, BRK & MDX, ENG **[37206]** : ALL, WORLDWIDE **[39527]**

EASTAFF : 1800+, Edlesborough, BDF, ENG **[18593]**

EASTAL : 1700+, Whitechapel, LND, ENG **[28149]**

EASTALL : 1700+, Whitechapel, LND, ENG **[28149]**

EASTAUGHFFE : 1880+, Murwillumbah, NSW, AUS **[46215]** : 1850S, Tabulan, NSW, AUS **[46215]** : 1850+, Dalby, QLD, AUS **[46215]** : 1880S, Nerang, QLD, AUS **[46215]**

EASTBROOK : 1700S, Alverdiscott, DEV, ENG **[40257]**

EASTER : John Randolph, 1837+, Charlottetown, PEI, CAN **[26458]** : 1800-1900S, Plymouth, DEV, ENG **[38285]** : ALL, KEN, ENG **[38285]** : Robert, 1820+, Reymerston, NFK, ENG **[10564]** : 1800-1900, Rimplingham, NFK, ENG **[45849]**

EASTERBROOK : Isaac, 1880+, Lithgow, NSW, AUS **[10886]** : PRE 1760, Ashburton, DEV, ENG **[25764]**

EASTERBY : ALL, Kirkdale, NRY, ENG **[39272]** : 1700-1900, Bentham, YKS, ENG **[27289]**

EASTES : C1800S, Dover, KEN, ENG **[28140]**
EASTHAM : John H., 1850+, Preston, LAN, ENG **[33870]**
EASTHOPE : PRE 1860, Wolverhampton, STS, ENG **[21012]**
EASTICK : 1800S, Great Yarmouth, NFK, ENG **[12974]**
EASTLAND : 1820+, Alverstoke, HAM, ENG **[21598]** : 1800S, Duncegreen, KEN, ENG **[46460]** : C1800, Scotton, LIN, ENG **[41370]** : PRE 1750, Ashburnham, SSX, ENG **[19782]**
EASTMAN : John, 1847, Sydney, NSW, AUS **[42893]** : John, 1823, Hanover, GER **[42893]** : ALL, UK **[42541]**
EASTOE : PRE 1650, Winterton, NFK, ENG **[29373]**
EASTON : PRE 1850, ENG **[28314]** : Reginald, 1807-1893, London, ENG **[21442]** : Sarah, C1718, Sherrington, BKM, ENG **[35110]** : ALL, DEV, ENG **[46462]** : PRE 1830, HUN, ENG **[25747]** : John, 1750-1790, St.Paul, Deptford, KEN & SRY, ENG **[38538]** : 1750-1880, LIN, ENG **[41573]** : PRE 1811, Bexhill, SSX, ENG **[14120]** : C1800, Hastings & Bexhill, SSX, ENG **[31626]** : James, C1755, Falkirk, STI, SCT **[45541]** : Mathew, 1850+, Larbert, STI, SCT **[45541]** : ALL, UK **[42541]**
EASTTY : C1800, Ipswich, SFK, ENG **[15715]**
EASTWELL :1810+ Chipping Barnet HRT ENG **[31720]**
EASTWOOD : PRE 1800, ENG **[18500]** : C1800, Mayfield, SSX, ENG **[37880]** : ALL, WRY & STS, ENG **[34790]**
EATHER : 1870+, Merriwa, NSW, AUS **[42905]** : ALL, ENG **[42909]**
EATON : 1840+, Sydney, NSW, AUS **[46359]** : William, 1760-1800, BRK, ENG **[34556]** : 1790-1860, Wantage, BRK, ENG **[34556]** : 1600-1700S, Wilmslow, CHS, ENG **[18895]** : 1660-1800, Mackworth & Sutton, DBY, ENG **[19713]** : PRE 1750, Bobbingworth, ESS, ENG **[22743]** : Thomas, C1870, Hatfield, ESS, ENG **[14023]** : 1745+, Liverpool & West Derby, LAN, ENG **[36299]** : 1830+, Longton & Blackburn, LAN, ENG **[36299]** : ALL, Hackney, MDX, ENG **[39301]** : James, 1850-1880, Nottinghill & Kensington, MDX, ENG **[34556]** : 1835, Bermondsey, SRY, ENG **[41443]** : 1880-1900, Newington & New Cross, SRY, ENG **[34556]** : Martha, 1740+, STS, ENG **[18501]** : 1790+, Ashley, STS, ENG **[46501]** : ALL, Colton, STS, ENG **[42829]** : Samuel, 1820+, Pensax, Ladywood & Birmingham, WAR, ENG **[16433]** : PRE 1857, Titton Brook, WOR, ENG **[13960]** : 1800+, CAPE, RSA **[44947]**
EAVES : C1740-1820, Brettenham & Hitcham, SFK, ENG **[46457]** : Joseph, PRE 1858, Burslem, STS, ENG **[46370]** : 1700-1800, Kenilworth, WAR, ENG **[26955]**
EBBECK : 1849+, Armidale, NSW, AUS **[11476]**
EBBELS : ALL, DEV, ENG & AUS **[28081]**
EBBORN : PRE 1900, Forest of Dean, GLS, ENG **[20049]** : 1820+, Steeple Barton, OXF, ENG **[44202]**
EBBOTT : 1850S, Chewton & Castlemaine, VIC, AUS **[12589]** : 1800-1850, Egloskerry, CON, ENG **[12589]** : PRE 1800, Tresmeer & Tremaine, CON, ENG **[12589]**
EBBS : PRE 1850, HRT, ENG **[37116]**
EBDON : C1800, Budleigh, DEV, ENG **[16701]**
EBENER : Ludwig, C1760, Daaden, NRW, GER **[12878]**
EBERT : PRE 1849, Potsdam, BRA, GER **[14472]**
EBSWORTH : William, 1855-77, Bendigo, VIC, AUS **[39179]** : George Albert, 1895-1956, Melbourne, VIC, AUS **[39179]** : William, 1820+, London, ENG **[39179]** : Thomas, PRE 1811, Winchester, HAM, ENG **[10402]**
ECCLES : 1860+, Kyneton, VIC, AUS **[99600]** : 1800+, Hesket, CUL, ENG **[36656]** : 1700S, LAN, ENG **[34704]** : ALL, Manchester, LAN, ENG **[11918]** : 1800+, Yate Pickup Bank, LAN, ENG **[21038]** : 1800-1860, Birmingham, WAR, ENG **[17535]** : PRE 1860, Ripponden, YKS, ENG **[99600]** :PRE 1813, Edinburgh, MLN, SCT **[38683]**
ECCLESTON : Nancy, PRE 1880, Preston, LAN, ENG **[41349]**

ECCLESTONE : William, 1810+, STS, ENG **[10846]** : ALL, STS, ENG **[10846]**
ECHALAZ : 1700+, ENG **[18895]**
ECHARDT : 1700-1900, GER **[12781]**
ECKEN : 1727+, LND, ENG **[44292]**
ECKERSLEY : 1830+, Witton, CHS, ENG **[30281]** : ALL, Lowton, LAN, ENG **[30281]** : PRE 1840, West Houghton, LAN, ENG **[34612]**
ECKERT : C1864, Brewarrina, NSW, AUS **[14120]** : 1864, Willery, NSW, AUS **[14120]** : 1828+, Eberstadt, WUE, GER **[14120]**
ECKFORD : C1880, Dublin, IRL **[44649]** : ALL, Athy, KID, IRL **[44649]** : 1850+, Auckland, NZ **[10394]** : 1785+, Kelso, ROX, SCT **[44649]**
ECKHARDT : John, 1750+, Leipzig, BRD **[31580]** : PRE 1870, Hatzfeld, HES, GER **[23605]** : PRE 1870, Lindenhof, HES, GER **[23605]** : 1867, Tekendorf, Transylvania, RO **[15987]** : 1865+, Butler Co., OH, USA **[23605]** : 1865+, Hamilton Co., OH, USA **[23605]**
ECOB : C1500+, Wymondham, LEI, ENG **[37156]**
EDDIE : George, 1833, Cullen, BAN, SCT **[16834]**
EDDINGTON : 1800, Glasgow & Kelso, LKS, SCT **[36260]**
EDDISON : 1800S, Leeds, YKS, ENG **[10697]**
EDDLE : PRE 1806, Berkeley, GLS, ENG **[26173]**
EDDY : ALL, CON, ENG **[46498]** : 1675, Gwennap, CON, ENG **[12318]**
EDE : Alfred, 1890, Berwick, VIC, AUS **[99055]** : Alfred, 1897-1907, Perth, WA, AUS **[99055]** : 1700+, St.Pinnock, CON, ENG **[11582]** : Alfred, 1900-1901, Southampton, HAM, ENG **[99055]** : Albert, 1895-1905, Uttoxeter, STS, ENG **[99055]** : Mary, 1813+, Newington, SRY, ENG & AUS **[36433]**
EDELSTEN : 1860+, DEN **[29701]**
EDEN : PRE 1870, London, ENG **[18251]** : 1700+, Bolnhurst, BDF, ENG **[13461]** : 1700+, Soham, CAM, ENG **[18207]** : C1790, Birmingham, WAR, ENG **[28340]** : PRE 1851, Southbroom St.James, WIL, ENG **[14076]**
EDER : ALL, LND, ENG & SLOVENIA **[31646]** : ALL, IN & BAV, USA & BRD **[23858]**
EDEY : 1850+, Dandenong, VIC, AUS **[99183]**
EDGAR : 1873+, Newcastle, NSW, AUS **[46280]** : 1890+, Melbourne, VIC, AUS **[37321]** : John, C1780, Crosthwaite, CUL, ENG **[13153]** : Swithin, 1702, Heigham, NFK, ENG **[13153]** : Matthew, 1730, Norwich, NFK, ENG **[13153]** : C1840-1861, Dudley, WOR, ENG **[21356]** : 1860S, Belfast, ANT, IRL **[37321]** : C1800, Drumgooland, DOW, IRL **[14542]** : 1862+, Dunedin, OTG, NZ **[21356]** : David, PRE 1830, AYR, SCT **[21356]** : 1815-1860, Applegarth, DFS, SCT **[99177]** : 1700+, Colvend, KKD, SCT **[45925]** : 1860+, CA, USA **[38290]**
EDGE : 1700S, Whittington, DBY, ENG **[38362]** : 1700-1800, Nailsworth, GLS, ENG **[25702]** : C1800+, Blackburn, LAN, ENG **[43843]** : PRE 1900, Bolton, LAN, ENG **[45203]** : 1770+, Deane, LAN, ENG **[11144]** : PRE 1875, IRL **[31442]**
EDGECOMBE : 1720-1868, St.Stephens by Saltash, CON, ENG **[45772]** : PRE 1850, Berry Pomeroy, DEV, ENG **[12831]** : 1760+, Ermington, DEV, ENG **[14120]** : 1650+, Tewkesbury, GLS, ENG **[36033]** : C1800, Medway Towns, KEN, ENG **[25306]** : PRE 1850, Malmesbury, WIL, ENG **[36033]** : PRE 1853+, Plymouth, DEV, ENG & AUS **[45772]**
EDGEHILL : PRE 1900, Portsea, HAM, ENG **[45227]**
EDGELEY : 1700-1800, BKM & OXF, ENG **[38307]**
EDGELL : 1800+, Shoreditch, LND, ENG **[36081]**
EDGEWORTH : PRE 1800, WORLDWIDE **[13707]**
EDGHILL : C1840, Wagga, NSW, AUS **[39155]** : PRE 1900, Portsea, HAM, ENG **[45227]** : C1770, Port Laoighise, LEX & OFF, IRL **[39155]**
EDGING : PRE 1795, Newton, SOM, ENG **[46251]**
EDGINGTON : PRE 1875, Worcester, WOR, ENG **[31028]**

EDGLEY : PRE 1840, Nantwich, CHS, ENG **[45879]**

EDINGER : 1790S, London, ENG **[19497]**

EDINGTON : PRE 1750, Branxton, NBL, ENG **[36505]** : 1770+, Greenlaw, BEW, SCT **[18273]**

EDIS : 1750+, Farcet, HUN, ENG **[12708]**

EDKINS : 1820+, SAL, ENG **[30065]** : 1700-1850, Bridgnorth, SAL, ENG **[10367]** : 1580-1700, WAR & WOR, ENG **[22737]**

EDLIN : 1677-1860, Denton, Honnington, LIN, ENG **[18818]** : 1677-1860, Great Gonerby & Allington, LIN, ENG **[18818]**

EDLING (see EDLIN) : **[18818]**

EDMEADS : PRE 1750, Igtham, KEN, ENG **[43842]**

EDMED : 1870S, Sittingbourne, KEN, ENG **[27435]**

EDMENT : 1800+, LKS, SCT **[43772]**

EDMESTON : 1750+, LND, ENG **[21261]** : 1850+, RSA **[21261]** : ALL, WORLDWIDE **[21261]**

EDMISTON : 1820-1900, Carnalridge & Coleraine, LDY & ANT, IRL **[27304]**

EDMOND : PRE 1750, ERY, ENG **[12060]**

EDMONDS : 1855+, Singleton, NSW, AUS **[10565]** : ALL, Sydney, NSW, AUS **[21173]** : 1843+, Merino, VIC, AUS **[28140]** : 1816, London, ENG **[13437]** : PRE 1952, Cambridge, CAM, ENG **[46360]** : C1800, Mawgan in Meneage, CON, ENG **[20919]** : PRE 1820, Kingston & Corfe Castle, DOR, ENG **[46360]** : PRE 1820, Poole, DOR, ENG **[46360]** : 1867-1873, Bristol, GLS, ENG **[46360]** : 1800-1870, Portsea & Gosport, HAM, ENG **[46360]** : PRE 1847, Hereford, HEF, ENG **[18967]** : C1827, KEN, ENG **[11319]** : ALL, Lowestoft, SFK, ENG **[40719]** : ALL, SOM, ENG **[11797]** : Robert, 1785+, Hinton St.George, SOM, ENG **[30014]** : PRE 1850, Lopen, SOM, ENG **[10565]** : PRE 1811, Epsom, SRY, ENG **[28140]** : ALL, Auckland, NZ **[21173]** : 1900+, Cambridge & Auckland, NZ **[46360]** : 1810-1870, Jersey & Guernsey, CHI, UK **[46360]**

EDMONDSON : 1700+, Longtown, CUL, ENG **[38907]** : PRE 1800, Dalton-in-Furness, LAN, ENG **[46307]** : 1650-1750, Halton, LAN, ENG **[31826]** : 1840+, Liverpool, LAN, ENG **[38907]** : ALL, Manchester, LAN, ENG **[46479]** : 1780S, Newchurch, LAN, ENG **[28060]** : 1800-40, Rossendale, LAN, ENG **[11661]** : ALL, YKS & LAN, ENG **[29409]**

EDMONSON : ALL, YKS & LAN, ENG **[29409]**

EDMUNDS : Edwin, 1854+, Hackney, MDX, ENG **[16149]** : Job, C1810, SOM, ENG **[11797]** : 1860+, Angmering, SSX, ENG **[11270]** : PRE 1852, ENG & IRL **[46327]** : Thomas, 1856, Delaware Co., NY, USA **[17008]** : William, 1800, Five Roads, Llanelly, CMN, WLS **[39482]** : 1750+, Llangendeirne, CMN, WLS **[39482]** : PRE 1850, Bedwellty, MON, WLS **[10967]**

EDMUNDSON : 1770S-1840S, Bolton, LAN, ENG **[37978]** : ALL, YKS & LAN, ENG **[29409]** : 1850-1902, Ballywatt & Portrush, LDY & ANT, IRL **[27304]** : 1820-1900, Carnalridge & Coleraine, LDY & ANT, IRL **[27304]**

EDNEY : PRE 1820, Plymouth, DEV, ENG **[46435]** : PRE 1840, East Dean, HAM, ENG **[14127]** : ALL, LND, ENG **[46435]** : George, 1850+, Kennington, SRY, ENG **[21989]** : 1700-1850, Brinkworth, WIL, ENG **[41266]**

EDSER : ALL, WORLDWIDE **[38660]**

EDSON : PRE 1860, Wollaton, NTT, ENG **[39389]**

EDWARD : Robert, 1736, Dunbarney, PER, SCT **[37188]** : Ann, PRE 1800, Llywel, BRE, WLS **[15710]**

EDWARDS : 1840+, Sydney, NSW, AUS **[13584]** : John, 1860+, Wattle Flat & Wellington, NSW, AUS **[36643]** : Robert, 1869-1911, Adelaide, SA, AUS **[37188]** : 1858+, Kooringa, SA, AUS **[11726]** : Edwin, 1841+, Melbourne, VIC, AUS **[36844]** : William, 1841-47, Melbourne, VIC, AUS **[36844]** : Maria, 1841-50, Melbourne, VIC, AUS **[36844]** : Emily, 1875-1952, Melbourne, VIC, AUS **[36844]** : John Henry, 1865, St.Arnaud, VIC, AUS **[13153]** : Henry, C1864, St.Arnaud, VIC, AUS **[13153]** : ALL, Perth & Brisbane, WA & QLD, AUS **[19050]** : 1940S, Kirkland Lake, ONT, CAN **[22743]** : PRE 1850, ENG **[28314]** : 1800, London, ENG **[39678]** : 1842+, London, ENG **[20690]** : Frederic Y., 1842-1903, London, ENG **[17763]** : John Roddick, PRE 1860, London, ENG **[34201]** : Joseph, 1730-1800, BDF, ENG **[39835]** : 1750-1850, Cambridge, CAM, ENG **[33347]** : PRE 1840, Alsager, CHS, ENG **[19641]** : 1820+, Macclesfield, CHS, ENG **[30120]** : PRE 1850, Sandbach, CHS, ENG **[35186]** : John, C1750, CON, ENG **[39380]** : James, 1783, Gulval, St.Erth & Ludgvan, CON, ENG **[13031]** : PRE 1950, Scilly Isles, CON, ENG **[46360]** : William, C1764+, St.Just in Penwith, CON, ENG **[41477]** : Honor, C1791-1869, St.Just in Penwith, CON, ENG **[41477]** : 1715+, St.Just in Penwith & Morvah, CON, ENG **[45689]** : 1800+, Werrington, CON, ENG **[38005]** : 1778+, Workington, CUL, ENG **[21207]** : 1820-1925, Axminster, DEV, ENG **[10886]** : 1800-1900, Hatherleigh, DEV, ENG **[10339]** : 1823+, Hatherleigh, DEV, ENG **[27066]** : PRE 1842, Kingsbridge, DEV, ENG **[20690]** : 1750-1850S, Morchard Bishop, DEV, ENG **[42718]** : Joanne, C1602, Muston, DOR, ENG **[22796]** : C1850, Halstead, ESS, ENG **[22743]** : PRE 1860, Woodford, ESS, ENG **[18264]** : 1700-1900, Bristol, GLS, ENG **[18780]** : George, 1781-1830, Wotton under Edge, GLS, ENG **[11425]** : ALL, GLS & MDX, ENG **[26493]** : PRE 1800, HEF & WOR, ENG **[25151]** : William, PRE 1800, HEF & WOR, ENG **[25151]** : Grant, PRE 1800, HRT, ENG **[20874]** : 1813+, Ashwell, HRT, ENG **[10330]** : 1800+, Kelshall, HRT, ENG **[18020]** : PRE 1800, Little Munden, HRT, ENG **[19216]** : 1800+, Sandon, HRT, ENG **[18020]** : 1800+, Therfield, HRT, ENG **[18020]** : 1800+, Ware, HRT, ENG **[46022]** : PRE 1880, Alconbury, HUN, ENG **[25747]** : 1841+, Charlton, KEN, ENG **[26022]** : 1839, Deptford, KEN, ENG **[31709]** : Sarah, PRE 1830, East Langdon, KEN, ENG **[42979]** : 1881-1930, Gravesend, KEN, ENG **[38980]** : 1800+, Greenwich, KEN, ENG **[13853]** : Eliza, 1900-1919, Pettswood, KEN, ENG **[37188]** : 1820-1880, Ramsgate, KEN, ENG **[38980]** : 1890-1947, Ashton in Makerfield, LAN, ENG **[38285]** : Isabelle, C1862, Fleetwood, LAN, ENG **[22206]** : James, 1840-1850, Liverpool, LAN, ENG **[12844]** : Kate, 1880+, Liverpool, LAN, ENG **[45853]** : Joseph, PRE 1840, Liverpool, LAN, ENG **[13584]** : ALL, Liverpool & Medway, LAN & KEN, ENG **[41146]** : Ann, PRE 1850, Clerkenwell, LND, ENG **[38939]** : 1870+, Nunhead, LND, ENG **[17514]** : Thomas, 1850+, Pimlico, LND, ENG **[16433]** : PRE 1870, Shoreditch, LND, ENG **[28494]** : PRE 1810, St.Andrew Holborn, LND, ENG **[19759]** : Edward, 1850-1870, Islington, MDX, ENG **[17191]** : Edward, 1870-1900, Marylebone, MDX, ENG **[17191]** : PRE 1850, Marylebone, MDX, ENG **[17745]** : PRE 1781, Shoreditch, MDX, ENG **[17470]** : C1780, Westminster, MDX, ENG **[25930]** : ALL, Dickleburgh, NFK, ENG **[18549]** : Henry, PRE 1830, Feltwell, NFK, ENG **[13153]** : John, C1810, Hockwold cum Wilton, NFK, ENG **[13153]** : C1800, Thelton, NFK, ENG **[31375]** : 1750-1800, Ashby St.Ledger, NTH, ENG **[39835]** : PRE 1850, Newton Bromswold, NTH, ENG **[36796]** : Eliza, 1925+, Stapleford, NTT, ENG **[14002]** : Arthur Fredk., 1925+, Stapleford, NTT, ENG **[14002]** : 1750+, OXF, ENG **[30071]** : PRE 1850, Baldon Toot, OXF, ENG **[32907]** : John, 1770-1830, Ludlow, SAL, ENG **[15301]** : Samuel, C1828, Bath, SOM, ENG **[19568]** : PRE 1794, Crewkerne, SOM, ENG **[36200]** : 1700-1850, Bath, SOM & WIL, ENG **[14296]** : PRE 1821, St.Martha on the Hill, SRY, ENG **[46251]** : 1700-1800, Wonersh, SRY, ENG **[46255]** : ALL, Wonersh & Run Common, SRY, ENG **[39301]** : 1870+, Eastbourne, SSX, ENG **[17514]** : 1750-1860, Pett, SSX, ENG **[44913]** : 1700-1800, Rudgwick, SSX, ENG **[15464]** : PRE 1850, Audley, STS, ENG **[35186]** : 1750+, Caverswall, STS, ENG **[19713]** : PRE 1900, Newcastle, Ulyme & Checkley, STS, ENG **[29989]** : 1700-1850, St.Thomas, Birmingham, WAR, ENG **[15301]** : C1600, Brinkworth, WIL, ENG **[30302]** : Hannah, PRE 1760, Great Bedwyn, WIL, ENG **[37847]** : 1850-1900,

Lydiard Millicent, WIL, ENG **[99055]** : William, 1739, Sutton Veny, WIL, ENG **[26817]** : PRE 1900, Warminster, WIL, ENG **[40808]** : C1800, Dudley, WOR, ENG **[24993]** : 1885+, Leeds, YKS, ENG **[20975]** : C1815, DEV & GSY, ENG & CHI **[37156]** : 1800+, Pipe Ridware & Walsall, STS, VIC & AKL, ENG, AUS & NZ **[20655]** : 1800S, INDIA **[38833]** : Mackenzie, 1870S, INDIA **[38833]** : John, 1850S, Foxdale, IOM **[40880]** : James, 1826-53, Dundee, ANS, SCT **[99174]** : 1700S-1850, Inverness, INV, SCT **[38833]** : 1898+, Falkirk, STI, SCT & AUS **[40052]** : Thomas, 1860S, Foxdale, IOM, UK **[40880]** : Pauline Lake, 1993, Lansdowne, PA, USA **[37188]** : 1840+, USA & ENG **[45853]** : Rice, 1600S, Salem, MA, USA & WLS **[22796]** : John, 1830+, Pentraeth, AGY, WLS **[20665]** : Thos & Sarah, 1810-1840+, BRE, WLS **[18422]** : 1940+, Ffair Rhos, CGN, WLS **[24853]** : 1970+, Llandudoch, CGN, WLS **[24853]** : David, 1853, Llanelly, CMN, WLS **[39482]** : James, 1801, Llangynnog, CMN, WLS **[39482]** : Theodosia, 1830, St.Clears, CMN, WLS **[39482]** : 1800S, Chirk, DEN, WLS **[38285]** : Thomas, 1891+, Gilfach Goch, GLA, WLS **[20665]** : PRE 1850, Llanwonno & Gower, GLA, WLS **[16233]** : Humphrey, C1755, Neath, GLA, WLS **[33766]** : John, 1863+, Pontrhydyfen, GLA, WLS **[20665]** : C1805, Llandrinio, MON, WLS **[19902]** : 1790, Llanover, MON, WLS **[12460]** : Elizabeth, 1791+, Llanover, MON, WLS **[41024]** : PRE 1850, Monmouth, MON, WLS **[19785]** : 1960+, Abercuch, PEM, WLS **[24853]** : 1740-1786, Carew, PEM, WLS **[36821]**

EDWORTHY : PRE 1900, DEV, ENG **[26704]** : 1750+, Lapford, DEV, ENG **[11144]** : 1770+, Worlington, DEV, ENG **[36569]**

EDYE : PRE 1800, Stoke Damerel, DEV, ENG **[19785]**

EDYVANE : William, C1800, Padstow, CON, ENG **[25907]**

EEKHOF : ALL, NL **[11938]**

EELES : PRE 1800, BRK, ENG **[45857]**

EGALTON : C1900, Ilford, ESS, ENG **[27719]** : 1811+, Poplar, MDX, ENG **[27719]**

EGAN : 1883+, Ipswich, QLD, AUS **[28000]** : C1841+, Corinella & Eganstown, VIC, AUS **[36751]** : 1860+, Richmond, VIC, AUS **[25072]** : Daniel, 1870+, Ballarat, VIC & ALL, AUS **[19588]** : ALL, IRL **[46311]** : PRE 1840, IRL **[16984]** : 1900+, Dublin, IRL **[31079]** : 1850+, Moycullen, GAL, IRL **[29720]** : 1700-1850, TIP, IRL **[43491]** : 1750-1850, Clonmel, TIP, IRL **[42913]** : ALL, Clooneen Upper, TIP, IRL **[25072]** : Hannah, 1880, Philadelphia, PA, USA **[29720]**

EGEL : 1775, Kay, BRA, PRE **[10318]**

EGERT : ALL, ALS & LOR, FRA **[28708]**

EGERTON : C1850, Warrington, LAN, ENG **[28742]** : 1750-1850, Brighton, SSX, ENG **[33820]**

EGGBEER : 1860+, Berrima, NSW, AUS **[11098]** : John, 1816, SOM, ENG **[10846]**

EGGER : PRE 1807, Eggersriet, SG, CH **[37759]**

EGGERT : 1800S, Karow, PSA, GER **[14012]** : 1700+, Grunberg, UCKERMARK, GER **[13853]**

EGGIE : 1850-1897, Kirriemuir, ANS, SCT **[32243]** : 1750-1866, Tannadice & Kingoldrum, ANS, SCT **[32243]**

EGGIE (see One Name Section) [32243]

EGGINTON : 1920+, Newcastle, NSW, AUS **[46322]** : 1860+, Ballarat, VIC, AUS **[10310]** : ALL, Birmingham, WAR, ENG **[46322]** : PRE 1920, MON, WLS **[46322]**

EGGLESHAW : 1700+, DBY, ENG **[40042]**

EGGLESTON : 1800+, Easington, DUR, ENG **[22090]** : 1880+, CA, USA **[26785]**

EGGLESTONE : 1800-1850, Weardale, DUR, ENG **[27879]** : PRE 1850, ERY, ENG **[40570]** : PRE 1831, Bredgar, KEN, ENG **[13511]**

EGGLETON : 1820, Sydney, NSW, AUS **[39678]** : 1866, Hope Valley, SA, AUS **[28164]** : 1750-1850, Great Hampden, BKM, ENG **[32042]**

EGLES : 1500+, SSX, ENG **[28420]**

EGLI : PRE 1926, Mile End & Bermondsey, MDX, ENG **[13511]**

EGLON : John, 1841+, Whitby, NRY, ENG **[28323]** : Thomas, 1750-1781, Ingleton, WRY, ENG **[28323]** : Richard, PRE 1780, UK **[28323]**

EGLSTON : 1600-1999, UK **[46513]**

EGRET : PRE 1700, ATW, BEL **[20458]**

EHRHARDT : 1850+, Birmingham, WAR, ENG **[26665]** : PRE 1850, Malchin & Dargun, MEV, GER **[26665]**

EHRLICH : 1810+, BAD, GER **[23208]** : Ernest, 1820-1890, BAD, GER **[23208]** : Ernest, 1820-1890, Ironton, OH, USA **[23208]**

EHRMANN : 1630-1800, Nordheim, ALS, FRA **[20200]**

EICH : Duchene, 1778-1943, Ensheim, SAA, BRD **[27180]**

EICHHOLZ : PRE 1850, Klosowa, EL, POL **[21661]**

EIERMAN : PRE 1853, BAD, GER **[28660]**

EIGHTEEN : PRE 1800, NFK & SFK, ENG **[32391]** : PRE 1800+, SFK, ENG **[32391]**

EIJKEL : ALL, Brabant, NL **[30446]**

EINON : Elizabeth, 1800+, Llanfair or Llwyn, CGN, WLS **[39482]**

EINSIEDEL : PRE 1912, VIC & NSW, AUS **[36624]** : PRE 1912, Lusatia, PRE & PSA, GER **[36624]** : PRE 1912, Gorlitz, SIL, GER **[36624]** : PRE 1892, Zittau, SIL, GER **[36624]**

EISLER : ALL, New York City, NY, USA **[42943]**

EIVES : 1760+, Waltham St.Lawrence, BRK, ENG **[20742]**

EKENHEAD : 1750-1832, Belfast, ANT & DOW, IRL **[30713]**

EKHARDT : John, 1838+, Sydney, NSW, AUS **[31580]** : C1834, London, ENG **[46316]**

EKINS : 1750+, Pertenhall, BDF, ENG **[26540]** : 1830+, Ware, HRT, ENG **[26410]** : John, 1804, Northampton, NTH, ENG **[31720]** : 1820+, Wellingborough, NTH, ENG **[31720]**

ELAAND : ALL, YKS, ENG **[36033]**

ELAMORE : PRE 1837, Sunderland, DUR, ENG **[42645]**

ELAND : 1850+, Wallaroo & Adelaide, SA, AUS **[25764]**

ELBERT : 1829-1914, Hepe-Dauesstadt, GER **[22698]** : 1829+, Brooklyn, NY, USA **[22698]**

ELCOCK : ALL, WORLDWIDE **[29502]**

ELCOCK (see One Name Section) [29502]

ELCOCKS : ALL, WORLDWIDE **[29502]**

ELCOX : ALL, WORLDWIDE **[29502]**

ELDEN : Walter & Rich, 1870+, Melbourne, VIC, AUS **[11994]** : Walter, PRE 1870, Great Yarmouth, NFK, ENG **[11994]**

ELDER : 1780+, Halkirk, CAI, SCT **[33711]** : 1800+, Thurso, CAI, SCT **[33711]** : PRE 1850, INV, SCT **[46389]** : C1710, Carnwath, LKS, SCT **[25979]** : Andrew, 1834+, Lossiemoleth, MOR, SCT **[21955]** : Sophia, 1789, St.Ninians, STI, SCT **[14094]**

ELDERFIELD : 1920S, Toronto, ONT, CAN **[99036]** : PRE 1850, BRK, ENG **[99036]** : 1550+, Harwell, BRK, ENG **[30071]**

ELDERKIN : 1830S, Elton, HUN, ENG **[46433]**

ELDERTON : 1750+, Cranbourne, DOR, ENG **[23367]** : 1831+, Hatfield, HRT, ENG **[23367]** : PRE 1869, Shenley, HRT, ENG **[23367]** : 1831-57, Salisbury, WIL, ENG **[23367]**

ELDRED : 1900+, Melbourne, VIC, AUS **[22536]** : 1790-1800, Colchester, ESS, ENG **[14306]** : PRE 1800, Spalding, LIN, ENG **[17931]**

ELDREDGE : 1660, MA, USA **[41244]**

ELDRIDGE : 1788+, AUS **[44261]** : 1778+, SA, VIC & WA, AUS **[42238]** : ALL, Princes Risborough, BKM, ENG **[37603]** : PRE 1800, St.Albans, HRT, ENG **[37116]** : 1850+, Sheerness, KEN, ENG **[18168]** : William, 1870+, Tunbridge Wells, KEN, ENG **[46418]** : 1840S, Bermondsey, SRY, ENG **[35592]** : PRE 1820,

Southwark, SRY, ENG **[19101]** : ALL, SSX, ENG **[42238]** : ALL, Battle, SSX, KEN & MDX, ENG **[44261]**

ELDRIDGE (see One Name Section) **[44261]**

ELEMENT : 1760+, St.Albans, HRT, ENG **[41163]**

ELEY : John, 1818-1895, Derby, ENG **[11279]** : C1812, Hilton & Marston on Dove, DBY, ENG **[30998]** : ALL, Ashleworth, GLS, ENG **[27492]** : 1780+, Ledbury, HEF, ENG **[46400]** : ALL, Shrewsbury, SAL, ENG **[27492]** : 1600+, Dudley, WOR, ENG **[27492]** : Hannah, PRE 1800, Dewsbury, WRY, ENG **[42277]** : 1900+, Ver-eeniging, TVL, RSA **[27492]** : 1750+, Oystermouth, GLA, WLS **[27492]** : 1700+, Trevithin, MON, WLS **[27492]** : 1800+, Llanstadwell, PEM, WLS **[27492]**

ELFORD : 1850+, Essex, ONT, CAN **[15521]** : PRE 1850, CON, ENG **[15521]** : ALL, Buckland Monachorum, DEV, ENG **[28140]**

ELGAR : PRE 1830, Hythe, KEN, ENG **[25036]**

ELGIE : ALL, Oxford Co. & Elgin Co., ONT, CAN & ENG **[42436]**

ELIFRITZ : PRE 1800, GER **[16947]** : George, 1800+, Hampshire Co., VA, USA **[16947]**

ELIOT : Bennett, PRE 1600, Wilford, ESS, ENG **[28614]** : PRE 1750, Rynsford, KEN, ENG **[43842]** : 1800+, Sabden & Padiham, LAN, ENG **[21038]**

ELIS : ALL, NL **[11938]**

ELISSALDE : 1880+, ENG **[34479]** : 1800+, Bayonne, FRA **[34479]**

ELKINS : Mathew, C1830, Windsor, NSW, AUS **[10649]** : 1800+, Farnham, SRY, ENG **[46345]** : ALL, WORLD-WIDE **[30022]**

ELL : James, 1855+, AUS **[46309]**

ELLABY : Henry, PRE 1850, Sheffield & Mosbrough, WRY, DBY & HUN, ENG **[16233]**

ELLACOMBE : ALL, WORLDWIDE **[18057]**

ELLACOTT : PRE 1850, North Petherwin & Boyton, CON, ENG **[18325]**

ELLANEY : 1810+, LND, ENG **[46294]**

ELLASCHUK : Dora, PRE 1896, OES **[99545]**

ELLCOCK : ALL, WORLDWIDE **[29502]**

ELLEN : 1800-1900, Crowle, LIN, ENG **[39445]**

ELLENDON : 1880+, Maryborough, QLD, AUS **[99106]**

ELLERAY : ALL, LAN & WES, ENG **[30560]** : ALL, ENG & AUS **[33533]**

ELLERBECK : ALL, LAN & YKS, ENG **[42209]**

ELLERKER : 1780-1860S, St.Mary Whitechapel, MDX, ENG **[44998]** : ALL, Danby, NRY & ERY, ENG **[37149]** : 1750-1900, St.Olave & St.Thomas, SRY, ENG **[44998]**

ELLERY : PRE 1900, Saltash, CON, ENG **[31014]** : PRE 1860, St.Columb Minor, CON, ENG **[42721]** : 1800+, Manchester, LAN, ENG **[44270]**

ELLEY : PRE 1865, St.Giles, MDX, ENG **[31715]** : PRE 1865, Battersea, SRY, ENG **[31715]**

ELLICE : 1800+, ENG **[46189]** : Henry, 1745-1800, Puttenham, SRY, ENG **[35343]** : C1800, SCT **[46189]**

ELLICK : PRE 1834, Birmingham, WAR, ENG **[11444]** : Ann, 1738+, South Wraxall, WIL, ENG **[31510]**

ELLICOMBE : ALL, WORLDWIDE **[18057]**

ELLICOTT : 1800, Sydney, NSW & DEV, AUS & ENG **[32068]**

ELLIFRITZ : C1750-99, Harrison Co., VA, USA **[16947]**

ELLINGER : 1700-1850, Mainz, RPF, GER **[46196]**

ELLINGHAM : 1850-1950, Walthamstow & Hempstead, ESS & HRT, ENG **[46412]**

ELLINGTON : C1880+, SFK, ENG **[46229]**

ELLIOT : 1820+, ENG **[21504]** : 1830-189S, ENG **[99041]** : 1780-1848, DOR, ENG **[41349]** : Mary, 1770-1840, Medomsley, DUR, ENG **[41349]** : George, 1861+, Hertford, HRT, ENG **[25654]** : Ann, 1792-1832, Spittal, NBL, ENG **[19265]** : PRE 1850, Omagh, TYR, IRL **[36115]** : Christopher, 1830-1870, Glasgow, LKS, SCT **[99832]** : PRE 1850, RFW, MLN & PER, SCT **[36188]** : 1750-1860, ROX, SCT **[41499]** : ALL, ROX, SCT **[12781]** : Jane, C1765+, ROX, SCT **[34588]** : 1750-1850, Castleton, ROX, SCT **[41499]** : ALL, ROX & SEL, SCT **[21196]** : C1750-1860, Greene Co., NY & MA, USA **[24413]** : Isaac, 1800-1839, Stark Co., OH, USA **[28614]** : Benjamin, C1694-1780, York Co., PA, USA **[28614]** : Isaac, C1756-C1800, York Co., PA, USA **[28614]**

ELLIOTT : 1840+, Bombala, NSW, AUS **[10564]** : John, 1825+, Buttai, NSW, AUS **[11055]** : 1848+, Gundagai, NSW, AUS **[14194]** : 1857-1940, Norwood & Payneham, SA, AUS **[31153]** : C1856+, Ballarat, VIC, AUS **[36751]** : Theresa, 1870+, Maryborough, VIC, AUS **[33542]** : C1860, Newstead, VIC, AUS **[34543]** : PRE 1855, ONT, CAN **[39939]** : 1830+, ENG **[24980]** : George. Thos, PRE 1840, ENG **[24980]** : PRE 1871, London, ENG **[25457]** : C1784-1810, Dunstable, BDF, ENG **[31153]** : C1800-1860, Aylesbury, BKM, ENG **[31153]** : 1840S, Great Linford, BKM, ENG **[10460]** : 1820S, St.Columb, CON, ENG **[21131]** : C1790, North Wingfield, DBY, ENG **[30714]** : PRE 1810, Swanwick, DBY, ENG **[19025]** : PRE 1850, Plymouth, DEV, ENG **[45886]** : ALL, DOR, ENG **[25616]** : PRE 1840, Sixpenny Handley, DOR, ENG **[13347]** : 1830+, Symondsbury, DOR, ENG **[30107]** : PRE 1795, Bradley Burn, DUR, ENG **[30612]** : 1823, Chester le Street, DUR, ENG **[36127]** : John, C1642, Gateshead, DUR, ENG **[10035]** : Hannah, 1850+, Sunnyside & Stanhope, DUR, ENG **[12027]** : 1660+, Sherbourne St.John, HAM, ENG **[20742]** : 1700+, Tadley, HAM, ENG **[20742]** : 1949S, Winchester, HAM, ENG **[46447]** : 1900+, Deal, KEN, ENG **[44072]** : 1700-1840, Rochester, KEN, ENG **[36552]** : C1873, Wouldham, KEN, ENG **[99570]** : ALL, Manchester, LAN, ENG **[32040]** : PRE 1781, Ashby de la Zouch, LEI, ENG **[20606]** : 1829-1893, LND, ENG **[32405]** : PRE 1850, LND, ENG **[31186]** : 1949+, MDX, ENG **[46447]** : PRE 1855, Newcastle, NBL, ENG **[20974]** : ALL, Newcastle on Tyne, NBL, ENG **[46369]** : PRE 1820, Rothbury, NBL, ENG **[11055]** : 1750+, Stamfordham, NBL, ENG **[14194]** : 1812, Bulwell, NTT, ENG **[99573]** : Julia, PRE 1840, Nottingham, NTT, ENG **[34201]** : PRE 1840S, South Petherton, SOM, ENG **[98637]** : PRE 1838, St.Olaves, SRY, ENG **[19759]** : 1700-1900, Billingshurst, SSX, ENG **[35561]** : John, 1840+, Cuckfield, SSX, ENG **[31018]** : 1700+, Elsted, SSX, ENG **[21394]** : 1900+, Hove, SSX, ENG **[42342]** : PRE 1820, Shelfield, STS, ENG **[17231]** : C1793, WIL, ENG **[12165]** : PRE 1900, Salisbury, WIL, ENG **[29354]** : 1750-1850, Wilton, WIL, ENG **[28536]** : PRE 1800, Illingworth, WRY, ENG **[21655]** : 1800+, Ovenden Halifax, WRY, ENG **[21655]** : PRE 1900, Swinton, WRY, ENG **[35619]** : 1700+, YKS, ENG **[19318]** : 1700-1900, Allerthorpe, YKS, ENG **[46252]** : 1700S, Campsall, YKS, ENG **[14948]** : PRE 1850, Greenhead, YKS, ENG **[46297]** : Julia, PRE 1840, Sheffield, YKS, ENG **[34201]** : 1600+, GLS, ENG & USA **[22737]** : 1800+, Lurgan, ARM, IRL **[42342]** : PRE 1871, Edinmore, FER, IRL **[35592]** : PRE 1800, Enniskillen, FER, IRL **[21934]** : Grimes, 1830+, Askill, LET, IRL **[16075]** : 1800-1850, LET & FER, IRL **[16075]** : 1829-1893, Napier, NZ **[32405]** : ALL, SCT **[36188]** : William, PRE 1848, Glasgow, LKS, SCT **[11594]** : Robert, PRE 1860, Glasgow, LKS, SCT **[11594]** : George H., 1850-1913, Logan Co., OH, USA **[28614]** : Francis, C1795-1855, Logan Co., OH, USA **[28614]** : C1856, Philadelphia, PA, USA **[35592]**

ELLIS : 1890-1910, West Wyalong, NSW, AUS **[10782]** : C1840, Yass, NSW, AUS **[11661]** : 1884-1890, Rockhampton, QLD, AUS **[10782]** : 1860+, Creswick, VIC, AUS **[13447]** : 1890S-1900S, Fremantle, WA, AUS **[12589]** : ALL, ENG **[44815]** : PRE 1850, London, ENG **[38676]** : PRE 1850, London, ENG **[19656]** : PRE 1840, Oxford, ENG **[12710]** : Chaly, 1890, BKM, ENG **[46246]** : 1820+, Abingdon, BRK, ENG **[30612]** : PRE 1840, Reading, BRK, ENG **[24087]** : ALL, Duddington, CAM, ENG **[39642]** : PRE 1900, Wirral, CHS, ENG **[33789]** : PRE 1816, Madron & Ludgvan, CON, ENG

[42721] : C1800, Morvah, CON, ENG **[27769]** : 1800+, Penzance, CON, ENG **[11144]** : 1830S, St.Erth, CON, ENG **[14306]** : PRE 1840, Clay Cross, DBY, ENG **[42967]** : PRE 1800, DEV, ENG **[39647]** : Thomas, 1805-09, Charleton, DEV, ENG **[46246]** : PRE 1750, Exeter, DEV, ENG **[18861]** : 1800-1920, Bridlington, ERY, ENG **[39445]** : PRE 1785, Kimbolton, HUN, ENG **[24981]** : 1720-1800, All Hallows, Hoo, KEN, ENG **[36552]** : PRE 1824, Bexley, KEN, ENG **[26752]** : PRE 1880, Canterbury, KEN, ENG **[16554]** : 1880+, Rochester, KEN, ENG **[17027]** : 1800+, Leicester, LEI, ENG **[20546]** : PRE 1900, Leicester, LEI, ENG **[45054]** : 1800-1850, LIN, ENG **[39445]** : PRE 1789, Kettlethorpe, LIN, ENG **[19902]** : 1790-1840, Navenby, LIN, ENG **[46305]** : PRE 1735, Rauceby, LIN, ENG **[28340]** : 1770+, Ropsley, LIN, ENG **[45689]** : PRE 1750, Swineshead, LIN, ENG **[18042]** : 1825-1955, Camberwell, LND, ENG **[26752]** : 1800-1870, Shadwell, LND, ENG **[25322]** : 1860-1890, St.Pancras, LND, ENG **[10782]** : 1800S, LND, MDX & SRY, ENG **[12589]** : 1850-1950, Acton, MDX, ENG **[98674]** : C1850, Aldgate, MDX, ENG **[36075]** : Edmund, 1800-1860, Isleworth, MDX, ENG **[35343]** : John, 1809-1869, Sunbury, MDX, ENG **[46246]** : James, 1815-1886, Whitton, MDX, ENG **[35343]** : 1700+, NFK, ENG **[40135]** : 1750-1860, Burnham Market, NFK, ENG **[10782]** : John, PRE 1787, South Repps, NFK, ENG **[46246]** : ALL, Duddington, NTH, ENG **[39642]** : 1800+, Awsworth, NTT, ENG **[40802]** : ALL, Strelley, NTT, ENG **[40802]** : 1840, Wickham Skieth, SFK, ENG **[18340]** : 1860+, Epsom, SRY, ENG **[11870]** : 1830-1900, Great Bookham, SRY, ENG **[25322]** : PRE 1861, Guildford, SRY, ENG **[44317]** : Henry, 1745-1800, Puttenham, SRY, ENG **[35343]** : Edmund, 1780-1800, Puttenham, SRY, ENG **[35343]** : Mary, C1780-1813+, Hailsham, SSX, ENG **[41477]** : ALL, Tipton, STS, ENG **[27492]** : Sarah, 1811, Devizes, WIL, ENG **[10276]** : 1850+, Yardley, WOR, ENG **[27492]** : 1700+, Bramley, WRY, ENG **[42913]** : PRE 1850, Ecclesfield, WRY, ENG **[26981]** : 1800, Huddersfield, WRY, ENG **[42974]** : PRE 1820, Sheffield, WRY, ENG **[42331]** : 1830+, Burnsall & Salterforth, YKS, ENG **[36299]** : Sarah, 1814+, Longley Wooldale & Holmfirth, YKS, ENG **[38357]** : C1800, Sheffield, YKS, ENG **[13347]** : 1700-1800, Weaverthorpe, YKS, ENG **[32042]** : Henry, C1813-1886, Hailsham, SSX, ENG & AUS **[41477]** : 1800S, Moneycanon, TYR, IRL **[11690]** : 1848+, Collingwood, NLN, NZ **[25998]** : ALL, Dunedin, OTG, NZ **[42913]** : 1720-50, Rochester, NH, USA **[25833]** : 1680-1720, NJ & PA, USA **[22565]** : 1700-1850, Hawarden, FLN, WLS **[20729]** : PRE 1860, Holywell, FLN, WLS **[45881]** : PRE 1870, FLN & DEN, WLS **[33789]** : 1750+, St.George, GLA, WLS **[25998]** : 1800+, St.Nicholas, GLA, WLS **[25998]** : PRE 1800, Dolgellau, MER, WLS **[42752]**

ELLISON : 1872+, Penrith, NSW, AUS **[31762]** : Ann, ALL, Eccles, LAN, ENG **[41468]** : 1800+, Newcastle, NBL, ENG **[42665]** : PRE 1880, Birmingham, WAR, ENG **[16111]** : ALL, Sutton Coldfield, WAR, ENG **[37213]** : 1840-1880, Settle, YKS, ENG **[33347]** : ALL, ANT, IRL **[34921]** : ALL, Ramelton, DON, IRL **[20606]** : 1830-50, Fivemiletown, TYR, IRL **[11661]** : ALL, Auckland, NZ **[34921]**

ELLISS : PRE 1850, YKS & ALL, ENG **[30351]**

ELLISTON : PRE 1800, ESS, ENG **[18896]** : PRE 1858, Margaretting, ESS, ENG **[41456]** : PRE 1870, Gloucester, GLS, ENG **[46519]** : 1800+, Shoreditch & West Ham, LND, ENG **[25354]** : 1697-1862, Samford, SFK, ENG **[38082]**

ELLITT : 1850+, Camberwell, SRY, ENG **[37834]**

ELLSON : PRE 1800, Turville, BKM, ENG **[12917]** : John, 1758+, Bicester, OXF, ENG **[12917]** : 1800+, Thame, OXF, ENG **[12917]** : John, PRE 1758, Hillmorton, WAR, ENG **[12917]**

ELLWOOD : C1900, East London, MDX, ENG **[35237]**

ELMES : PRE 1850, SRY, ENG **[29417]** : 1600-1900, Storrington & West Chiltington, SSX, ENG **[20967]**

ELMS : ALL, VIC, AUS **[13231]** : 1600, North, DEV, ENG **[40257]** : 1700+, Bexley, KEN, ENG **[32009]** : ALL, MDX, ENG **[13231]** : 1930+, Stanleytown, GLA, WLS **[24853]**

ELMSLEY : C1800, YKS, ENG **[30310]**

ELMSLIE : James, C1725+, Loanhead, ABD, SCT **[13026]** : 1750-1850, Kirknewton, MLN, SCT **[12144]**

ELMSLY : James, C1680, Old Machah, ABD, SCT **[13026]**

ELMSTONE : C1750+, Tenterden, KEN, ENG **[29783]**

ELMY : 1820, Chediston, SFK, ENG **[17704]**

ELPE : C1875, Sabile, LAT, LAT **[46467]**

ELPHICK : 1839+, Lane Cove, NSW, AUS **[11462]** : 1710, Framfield & Hooe, SSX, ENG **[20975]** : ALL, Hastings, SSX, ENG **[11462]** : ALL, Salehurst & Hastings, SSX, ENG **[33901]**

ELPHINSTONE : C1790, ENG **[14851]**

ELSBURY : 1800+, Bishop Auckland, DUR, ENG **[40802]** : PRE 1806, Weston Zoyland, SOM, ENG **[30987]**

ELSE : C1834, Ashover, DBY, ENG **[30714]**

ELSKE : 1700+, Crimean War, RPF, BRD **[22114]**

ELSLEY : PRE 1850, Bromley, SRY, ENG **[28239]** : 1870, Hastings, SSX, ENG **[28239]**

ELSOM : 1700+, HRT, ENG **[28013]** : 1780+, Kirton-in-Lindsey, LND, ENG **[46321]**

ELSON : 1910+, Cornwall, ONT, CAN **[17794]** : 1860+, London, ONT, CAN **[10145]** : C1670, Steeple Morden, CAM, ENG **[19759]** : 1766+, SRY, ENG **[19268]** : C1870, Coventry, WAR, ENG **[17794]** : 1800S, Grand Borough, WAR, ENG **[17794]**

ELSTERMANN : 1830S, SIL, GER **[34138]**

ELSTON : ALL, Crediton, DEV, ENG **[42718]**

ELSUM : 1700+, Whittlesey, CAM, ENG **[21394]**

ELSWORTH : 1870-1910, London, ENG **[36528]** : PRE 1890, Burton Leonard, WRY, ENG **[36528]** : 1800+, Burton Leonard & Harrogate, YKS, ENG **[42744]**

ELTHAM : ALL, Eynsham, OXF, ENG **[46368]**

ELTON : Anne, 1800+, Warrnambool & Mortlake, VIC, AUS **[33533]** : PRE 1866, Forest of Dean, GLS, ENG **[31972]** : 1500-1600, Ledbury, HEF, ENG **[29715]** : Anne, 1800+, Woodstock & Cheltenham, OXF & GLS, ENG **[33533]**

ELTONHEAD : ALL, LND, ENG **[19844]**

ELTRINGHAM : PRE 1825, Tanfield, DUR, ENG **[35218]** : 1825-1870, Bedlington, NBL, ENG **[35218]**

ELVER : 1790+, Alberton, SOM, ENG **[99012]** : ALL, Street, SOM, ENG **[22441]** : 1720+, Weare, SOM, ENG **[10634]**

ELVERSON : 1770-1850, Lambeth, SRY, ENG **[10646]**

ELVERY : PRE 1900, Ash & Sandwich, KEN, ENG **[29024]**

ELVIDGE : ALL, AUS **[31332]** : 1812-1850, Kilham & Burton Fleming, YKS, ENG **[31332]**

ELVIN : 1790+, Halstead, ESS, ENG **[20569]**

ELWELL : 1840S+, Maitland, NSW, AUS **[10492]**

ELWIN : ALL, DUR, NFK & NBL, ENG **[46382]** : ALL, Dover, KEN, ENG **[99174]** : ALL, Faversham, KEN, ENG **[99174]** : Jeken, 1800S, Shoreditch, LND, ENG **[99174]**

ELWORTHY : 1550+, DEV, ENG **[39307]** : 1700-1800S, Exeter, DEV, ENG **[11411]** : 1826-1914, Lynton & Countisbury, DEV, ENG **[11781]** : PRE 1826, Molland, DEV, ENG **[11781]**

ELY : PRE 1853, Ballingdon, ESS, ENG **[99177]** : PRE 1900, LND & MDX, ENG **[39312]** : Jousha, 1710, Hunterdon, NJ, USA **[24725]** : 1790+, USA & UK **[23128]**

EMARY : 1800S, LND, ENG **[20919]**

EMBERSON : 1750+, Great Waltham, ESS, ENG **[20578]** : Samuel, PRE 1900, ESS & SRY, ENG **[25747]** : PRE 1860, LND & ESS, ENG **[17766]** : Josiah, PRE 1900, LND & MDX, ENG **[25747]**

EMBERTON : 1800-1900, Salford, LAN, ENG **[36528]** : 1600S, Red Street & Audley, STS, ENG **[19471]**

EMBLETON : 1850+, Newcastle upon Tyne, NBL, ENG **[44938]** : PRE 1900, Leeds, YKS, ENG **[46128]**

EMBRY : C1690, Sawtry, HUN, ENG **[28479]** : PRE 1870, STS, ENG **[46272]** : PRE 1870, MGY, WLS **[46272]**

EMENS : PRE 1855, Thatcham, BRK, ENG **[37049]**

EMERSON : 1860+, Sydney, NSW, AUS **[40781]** : 1890+, Atherton Tablelands, QLD, AUS **[41039]** : 1700+, Stanhope, DUR, ENG **[13422]** : PRE 1860, NFK, ENG **[40781]** : 1800+, Dufton, WES, ENG **[13422]** : PRE 1865+, South Eston, YKS, ENG **[13422]** : PRE 1850, Portadown, ARM, IRL **[41039]** : PRE 1880, DOW, IRL **[20925]** : John, 1820+, LOU, IRL **[25484]** : Thomas, 1800+, FER & VIC, IRL & AUS **[28081]**

EMERTON : PRE 1860, Shenley, BKM, ENG **[27678]**

EMERY : 1853+, Melbourne, VIC, AUS **[13447]** : Edward Alfred, 1865, Melbourne, VIC, AUS **[39179]** : C1500-1600S, Romsey, HAM, ENG **[22796]** : C1710, Sawtry, HUN, ENG **[28479]** : 1700+, Woodhurst, HUN, ENG **[19895]** : 1949+, LND, ENG **[31079]** : Mary, 1800+, St.Pancras, LND, ENG **[21854]** : C1700, Ashwick, SOM, ENG **[25693]** : C1810, Ashwick, SOM, ENG **[25693]** : Robert, C1860, Wedmore, SOM, ENG **[33416]** : PRE 1850, STS, ENG **[45857]** : 1800+, Enniskillen, FER, IRL **[26261]** : 1870-1935, Napier, NZ & AUS **[21423]** : 1816+, UK & AUS **[28013]** : 1870-1935, MA, USA **[21423]**

EMINSON : 1700+, Great Gonerby, LIN, ENG **[36127]**

EMLY : ALL, UK **[20556]**

EMM : C1790, Broad Chalk, WIL, ENG **[99012]**

EMMANUEL : B.N., 1870-1900, Sydney, NSW, AUS **[25484]**

EMMERSON : 1800-40, Myrtle Creek, NSW, AUS **[46232]** : 1700+, Ramsgate, KEN, ENG **[17514]** : PRE 1850, Dunholme, LIN, ENG **[30981]** : 1790+, Newcastle upon Tyne, NBL, ENG **[20742]** : ALL, NFK, ENG **[44948]** : 1854+, South Eston, YKS, ENG **[13422]** : 1800-40, London, ENG & AUS **[46232]** : 1940+, HONG KONG **[17514]** : PRE 1880, DOW, IRL **[20925]** : 1869+, NZ **[20925]**

EMMERY : Thomas, 1820, Earl Shilton, LEI, ENG **[17203]**

EMMET : Robert, PRE 1895, Sydney, NSW, AUS **[10276]**

EMMETT : C1790-1820S, Newcastle on Tyne, NBL, ENG **[40768]**

EMMS : PRE 1850, Kings Lynn, NFK, ENG **[39515]** : ALL, Norwich, NFK, ENG **[42943]**

EMO : Robt & Marg., 1772-1871, Gorthullen & Enniskillen, FER, IRL **[11195]**

EMPSON : PRE 1800, NFK, ENG **[31186]** : 1800-1900, Pleasley Hill, NTT, ENG **[45070]**

EMSLEY : PRE 1850, Pudsey, WRY, ENG **[42752]** : C1800, YKS, ENG **[30310]**

EMSLIE : PRE 1772, RSA **[40218]** : 1700+, ABD, SCT **[15944]**

ENCUFF : 1800-1850, GSY, CHI **[10273]**

ENDACOTT : PRE 1860, DEV, ENG **[26881]**

ENDALL : 1700-1850, Horley North & Chipping Norton, OXF, ENG **[41228]** : 1800-1900, Radway, WAR, ENG **[41228]**

ENDERBY : 1800S, Toft & Comberton, CAM, ENG **[36243]** : John Marshall, 1801-1847, Lincoln, LIN, ENG **[13026]**

ENDERCOTT : PRE 1819, Holme & Chagford, DEV, ENG **[25764]**

ENDERS : 1880+, Melbourne, VIC, AUS **[46319]** : 1940+, BC, CAN **[46319]** : 1940+, Toronto, ONT, CAN **[46319]** : 1920+, ENG **[46319]** : 1700-1800, Sitters, RHINELAND, GER **[23455]** : 1960+, WA, USA **[46319]**

ENDERSBY : Pierce, 1800S, Gamlingay & Caxton, CAM, ENG **[16075]**

ENDICOTT : ALL, Axminster, DEV, ENG **[11588]**

ENDSLEY : 1820-1855, Shelby Co., IN, USA **[45308]**

ENG : 1800+, Canton, CHINA & NZ **[45943]**

ENGEBRETSEN : Kristian, 1870-80+, AMERICA & NOR **[41948]** : Hans Sigvart, 1890S+, AMERICA & NOR **[41948]** : Nils Edward, 1870-80S, NOR **[41948]** : Bolette Marie, 1880-90+, NOR **[41948]** : Anna Elise, 1890S, near Oslo, NOR **[41948]** : Caroline, 1870-01, MOSS, NOR **[41948]** : Ole, 1829, Rygge Parish, MOSS, NOR **[41948]** : Martine, 1831, Rygge Parish, MOSS, NOR **[41948]** : Baltzel, 1834, Rygge Parish, MOSS, NOR **[41948]** : Bernhard, 1844, Rygge Parish, MOSS, NOR **[41948]** : Ingebret, 1857, Rygge Parish, MOSS, NOR **[41948]** : Ole Anton, 1860, Rygge Parish, MOSS, NOR **[41948]** : Ole Martin, 1870-80+, OH, USA & NOR **[41948]**

ENGLAND : 1895, Charters Towers, QLD, AUS **[36768]** : PRE 1840, Bridport, DOR, ENG **[37156]** : PRE 1840, KEN, ENG **[18007]** : 1840-1885, Sittingbourne, KEN, ENG **[18007]** : 1885-1895, Camberwell, LND, ENG **[18007]** : 1800+, MDX, ENG **[46294]** : 1890+, Enfield, MDX, ENG **[18007]** : Elizabeth, C1831-1859, NFK, ENG **[26007]** : Elizabeth C1831-1859, Whitby, NRY, ENG **[26007]** : 1700S, Lopen, SOM, ENG **[43582]** : PRE 1840, WIL & HAM, ENG **[37174]** : 1800S, Ackworth, WRY, ENG **[46434]** : PRE 1720, Hooton Pagnell, WRY, ENG **[31316]** : ALL, Pontefract, WRY, ENG **[39307]** : PRE 1837, Saxton in Elmet, WRY, ENG **[17366]** : C1820, Knocknamuckly & Bessbrook, ARM, IRL **[27240]** : 1800S, Portadown, ARM, IRL **[46145]** : 1800S, Seagoe, ARM, IRL **[16145]** : 1800+, UK **[11166]** : 1800-1900, UK **[46371]**

ENGLEDOW : PRE 1900, SFK, ENG **[45949]**

ENGLEFIELD : Alfred, 1850+, Portsmouth, HAM, ENG **[35280]** : 1850-1930, Shoreditch, LND, ENG **[41367]**

ENGLEHEARST : 1800S, East London, LND, ENG **[46434]**

ENGLESFIELD : 1390-1400, Rycote, OXF, ENG **[19579]**

ENGLISH : 1840+, Bathurst, NSW, AUS **[34739]** : Margaret, 1920, Leichhardt, NSW, AUS **[10314]** : 1842+, Sydney, NSW, AUS **[25070]** : C1845, Greta, VIC, AUS **[45794]** : James, C1870, Lara, VIC, AUS **[12884]** : 1830-1920, Melbourne, NSW, VIC & LIM, AUS & IRL **[40480]** : Thomas, PRE 1876, Fenelon & Kinmount, ONT, CAN **[42940]** : 1810-1840, BRK, ENG **[17191]** : PRE 1850, Gateshead, DUR, ENG **[34873]** : Elizabeth, 1821+, Stanhope & Heathery Cleugh, DUR, ENG **[42961]** : PRE 1840, Barking, ESS, ENG **[10303]** : PRE 1840, Messing, ESS, ENG **[14536]** : PRE 1800, KEN & SSX, ENG **[17490]** : 1840+, St.Pancras, MDX, ENG **[10303]** : PRE 1800, NFK, ENG **[19050]** : 1750-1850, Peterborough, NTH, ENG **[28536]** : PRE 1857, Stowmarket, SFK, ENG **[12884]** : ALL, SFK & LND, ENG **[19766]** : Thomas, 1786, Walworth, SRY, ENG **[10993]** : 1800+, ARM, IRL **[20742]** : 1860S, Knockbreda, DOW, IRL **[30972]** : Denis, PRE 1878, Caherciveen, KER, IRL **[45242]** : Letitia, 1830-1900, LDY, IRL **[46388]** : PRE 1850, Cloghan, OFF, IRL **[10493]** : Norah, 1800+, Clonmel & Castleblake, TIP, IRL **[14163]** : 1700+, Coppaquin, WAT, IRL **[34739]**

ENKEMEIER : 1890S, New York, NY, USA **[25725]**

ENNIS : 1900+, Bolton, ONT, CAN **[25077]** : 1750+, London & Southwark, ENG, UK **[25077]** : 1890+, Rye & Brede, SSX & KEN, ENG **[25077]** : 1900+, Swindon, WIL, ENG **[25077]** : C1750-1850, IRL **[25077]** : 1750+, Wicklow, WIC, IRL **[25077]**

ENNIS (see One Name Section) **[25077]**

ENOCH : 1700-1800, Grandborough, WAR, ENG **[18670]**

ENRIGHT : 1850-1900, Goulburn, NSW, AUS & IRL **[99047]** : PRE 1860, Glin, LIM, IRL **[28523]** : 1874, Shanagolden, LIM, IRL **[21630]** : ALL, Shanagolden & Kilcolman, LIM, IRL **[21196]**

ENSBEY : 1783, Croydon, CAM, ENG **[40055]**
ENSBY : C1865, Dunedin, NZ **[21727]**
ENSLOW : 1760, NS & NY, CAN, USA & ENG **[24182]**
ENSOR : PRE 1850, GLS, ENG **[28557]** : 1800+, LEI, ENG **[17687]** : William, PRE 1795, Wolverhampton, STS, ENG **[13153]**
ENSTE : PRE 1750, Warstein, NRW, BRD **[99443]**
ENSTEN : ALL, WORLDWIDE **[31072]**
ENSTEN (see One Name Section) **[31072]**
ENSUM : 1600+, Hitchin, HRT, ENG **[38488]**
ENTENMANN : 1800S, Binningen, WUE, GER **[14113]**
ENTICKNAP : PRE 1832, Lynchmere, SSX, ENG **[46296]**
ENYON : C1757, Great Shelford, CAM, ENG **[19816]**
EPARVIER : 1850-1984, Saint-Laurent-D'Agny Mornant, RHA, FRA **[39991]**
EPLAT : 1700-1800, Illogan, CON, ENG **[12413]**
EPTON : C1850, Greenbank, ENG **[31626]** : ALL, LIN, ENG **[12182]**
ERASMUS : Samuel Jacob., 1831, Vitenhagg, RSA **[10428]** : Isabella, 1880, Aberdeen, CAPE, RSA **[10428]** : 1948-2005, Worcester, WESTERN CAPE, RSA **[99570]**
ERBS : Constance B., 1930-1981, Hialeah & Dade, FL, USA **[34556]**
ERHARD : Johan Georg, 1864+, USA **[16739]**
ERHARDT : 1855-1859, Brisbane, NSW, AUS **[13994]** : PRE 1900, Kaferthal, WUE, GER **[13994]**
ERHART : 1855-1859, Brisbane, NSW, AUS **[13994]** : 1859+, Allora, QLD, AUS **[13994]**
ERICKSON : Albert, 1855+, SWE **[45127]** : 1880+, USA **[46199]**
ERIKSEN : PRE 1820, Gaarslev, DEN **[25853]** : 1880+, Larvik, NOR **[46199]** : 1880+, USA **[46199]**
ERIKSON : C1850, SMALAND, SWE **[32071]**
ERIKSSON : Eric, PRE 1860+, Stockholm, SWE **[45772]**
ERLAM : 1800S, Manchester, LAN, ENG **[11062]**
ERLANDSEN : PRE 1830, Lillehamer, NOR **[13657]**
ERLE : 1400-1800, Kingsworthy, HAM, ENG **[14966]**
ERLE (see EARLE) : **[14966]**
ERNST : William, PRE 1916, Clifton, QLD, AUS **[99026]** : PRE 1770, BE, CH **[17470]** : ALL, ENG **[17470]** : PRE 1859, Holborn, LND, ENG **[13471]** : Erendste, 1750-1850, Cape Town, RSA **[20703]**
ERNSTZEN : 1750-1900, Cape Town, RSA **[20703]**
ERRINGTON : PRE 1745, Heighington, DUR, ENG **[46423]** : George, C1796, South Hylton, DUR, ENG **[44085]**
ERSKINE : 1839+, AUS & RSA **[17350]** : 1850-1950, SCT **[44078]** : PRE 1870, SCT **[46383]** : 1800+, Old Machar, ABD, SCT **[13422]** : PRE 1880, Alloa, CLK, SCT **[44921]** : 1600+, Lochgelly, FIF, SCT **[15740]** : C1800, Wigtown, KKD, SCT **[42466]** : 1860, Stranraer, WIG, SCT **[26731]**
ERSWELL : 1700-1850, ESS, ENG **[39522]**
ERVIN : ALL, WORLDWIDE **[41950]**
ERWIN : 1832+, IRL **[39167]** : 1770-1920, Lusk & Sydney, DUB & NSW, IRL & AUS **[46055]**
ESCHULZE : Ludwig, 1800+, AUS **[17687]**
ESCOTT : PRE 1835, Dunster, SOM, ENG **[19759]** : Thomas, 1806+, Taunton, SOM, ENG **[21759]**
ESCREET : Jane, PRE 1800, Hull, ERY, ENG **[10054]**
ESDAILE : 1700-1900, Manchester, LAN, ENG **[19513]**
ESDON : 1750-1820, Blairdrummond, PER, SCT **[35190]**
ESPENER : 1750+, UK **[36071]**
ESPEY : ALL, UK, AUS & NZ **[13855]**
ESPIE : 1820+, TAS, AUS **[13855]** : ALL, VIC, AUS & NZ **[13855]** : ALL, TYR, IRL **[13855]** : ALL, UK, AUS & NZ **[13855]**
ESPIE (see One Name Section) **[13855]**
ESPLIN : 1860+, AUS **[45916]** : PRE 1900, SCT **[27678]**
: ALL, Polmont, STI, SCT **[42019]** : 1850+, UT, USA **[45916]**
ESSAM : 1700-1800, London, ENG **[17875]** : 1750-1850, St.Georges Hanover Square, LND, ENG **[17006]** : 1800-1850, Sunbury, MDX, ENG **[17006]** : PRE 1900, Thorpe Malsor, NTH, ENG **[14031]** : PRE 1920, Woodford, NTH, ENG **[14031]** : 1800-1850, Chertsey, SRY, ENG **[17006]**
ESSELTINE : ALL, Oxford Co. & Elgin Co., ONT, CAN & ENG **[42436]**
ESSEN : Jane, C1843-45, MDX, ENG **[37745]**
ESSER : ALL, NL **[11938]**
ESSERY : 1841+, Abbotsham, DEV, MDX & GLS, ENG **[46308]**
ESSEX : 1800+, Poole, DOR, ENG **[15289]** : PRE 1842, Islington, MDX, ENG **[37024]**
ESSLER : 1850S, Duneane, ANT, IRL **[14880]**
ESSON : ALL, St.Nicholas, ABD, SCT **[44815]**
ESTEN : ALL, Bermuda, W.INDIES **[16677]**
ESTES : PRE 1900, PA & NY, USA **[22725]**
ESTLIN : James, C1756, Hinckley, LEI, ENG **[41185]**
ESWORTHY : PRE 1760, Stockleigh Pomeroy, DEV, ENG **[10493]**
ETCHELLS : Amelia, PRE 1900, LAN, ENG **[25046]**
ETCHINGHAM : ALL, WORLDWIDE **[23895]**
ETESON : 1870+ Leeds & Bradford, WRY, ENG **[42974]**
ETHERIDGE : Ann, 1720S, Ashperton, HEF, ENG **[10993]** : C1820, Dicklebury, NFK, ENG **[40982]** : 1700-1800, Horsham, SSX, ENG **[15464]** : 1830-60, Kidderminster, WOR, ENG **[41024]**
ETHERINGTON : ALL, AUS **[34119]** : 1833+, Sydney, NSW, AUS **[31923]** : PRE 1833, Sunninghill, BRK, ENG **[31923]** : PRE 1782, Froxfield, HAM, ENG **[31923]** : PRE 1790, Hawkley, HAM, ENG **[31923]** : ALL, HAM, SSX & SRY, ENG **[42641]** : PRE 1772, Cobham, SRY, ENG **[31923]** : 1800+, Bermondsey & Southwark, SRY & SSX, ENG **[34119]**
ETTLES : Jane, 1830S, Gamrie, BAN, SCT **[14880]**
ETTRIDGE : 1800-1875, Bethnal Green, LND, ENG **[39357]** : 1750-1900, Islington, LND, ENG **[39357]** : 1800-1875, Shoreditch, LND, ENG **[39357]** : 1800-1900, Enfield, MDX, ENG **[39357]**
ETTY : John, C1790+, Moor Crichel, DOR, ENG **[35823]**
EUDEY : PRE 1850, Camborne, CON, ENG **[44078]**
EUESDEN : James, C1800, Edmonton, MDX, ENG **[10649]**
EULIE : 1750+, PER, SCT **[46372]**
EUREN : C1750-1799, St.Ives, CON, ENG **[34140]**
EURICH : ALL, WORLDWIDE **[22422]**
EUSTACE : PRE 1750, Great Milton, OXF, ENG **[18100]** : Edward, 1795+, Stokenchurch, OXF, ENG **[10054]** : Patrick, 1820+, Cashel, TIP, IRL **[33443]** : 1840+, Cashel, TIP, IRL **[33443]**
EVA : John, 1781-1830, Falmouth, CON, ENG **[40143]** : 1700+, Gwinear, CON, ENG & AUS **[45652]**
EVAN : Margaret, 1805, Llanelly, CMN, WLS **[39482]**
EVANS : Elizabeth, C1848, NSW, AUS **[34924]** : William, PRE 1810, NSW, AUS **[34924]** : Wm Edwards, 1861+, South Coast & Sydney, NSW, AUS **[11197]** : 1804, Sydney, NSW, AUS **[46264]** : Eliza, 1832, Sydney, NSW, AUS **[10460]** : C1806, Sydney, NSW, AUS **[10985]** : 1906+, Cairns, QLD, AUS **[38486]** : Thomas Lloyd, 1873-1930, Charters Towers, QLD, AUS **[14163]** : 1887, Gympie, QLD, AUS **[36768]** : 1870-1930, Rockhampton, QLD, AUS **[46305]** : C1855, SA, AUS **[10460]** : Stephen, 1860+, Deloraine, TAS, AUS **[32945]** : Thomas Lloyd, PRE 1871, Sandhurst & Ballarat, VIC, AUS **[14163]** : 1900+, Fremantle, WA, AUS **[12386]** : 1700-1900, Belize City, BR.HONDURAS **[33500]** : William H., 1914+, Montreal, QUE, CAN **[37181]** : PRE 1860, JSY, CHI **[34876]** : PRE 1845, London, ENG **[41103]** : PRE 1730, Wootton, BDF, ENG **[33428]** : ALL, Chester, CHS, ENG **[29471]** : Mary, C1670, DEV, ENG **[14448]** : 1880+, Harberton, DEV,

ENG **[36503]** : Sarah, C1800, Wimborne Minster, DOR, ENG **[13326]** : PRE 1800, DOR & WIL, ENG **[31186]** : 1870S, Houghton le Spring, DUR, ENG **[46220]** : John, 1808, Eastington & Alkerton, GLS, ENG **[33301]** : Sophia, 1808, Eastington & Alkerton, GLS, ENG **[33301]** : Charles, 1813, Frampton-on-Severn, GLS, ENG **[33301]** : Mary, 1816, Frampton-on-Severn, GLS, ENG **[33301]** : John, 1808, Leonard Stanley, GLS, ENG **[33301]** : Sarah, C1863, Winterbourne, GLS, ENG **[46213]** : 1800+, Basingstoke & Portsea, HAM, ENG **[21394]** : 1800+, Monk Sherbourn, HAM, ENG **[21394]** : PRE 1827, Selborne, HAM, ENG **[19892]** : 1810-1870, HEF, ENG **[46305]** : PRE 1860, Goodrich, HEF, ENG **[11282]** : James, 1800, St.Albans, HRT, ENG **[42453]** : PRE 1880, Peckham & Deptford, KEN, ENG **[12223]** : 1960+, Liverpool, LAN, ENG **[24853]** : William, C1800+, LND, ENG **[46321]** : Clara, PRE 1835, Finsbury, LND, ENG **[41438]** : Alfred Wm, C1863, Marylebone, LND, ENG **[17511]** : 1750-1870, Borough & Bermondsey, LND & MDX, ENG **[46200]** : PRE 1837, London, MDX, ENG **[30768]** : Phoebe, 1790-1820, Newgate, MDX, ENG **[11912]** : 1870+, Skelton, NRY, ENG **[38486]** : 1800+, Alberbury, SAL, ENG **[42780]** : PRE 1850, Madeley, SAL, ENG **[35015]** : C1801, Middleton, SAL, ENG **[19902]** : 1836, More, SAL, ENG **[18613]** : PRE 1834, Oswestry, SAL, ENG **[19902]** : 1800S, Glemsford & Cavendish, SFK, ENG **[36243]** : PRE 1850, Syleham, SFK, ENG **[42969]** : C1700, Cheddar, SOM, ENG **[39573]** : PRE 1810, Bermondsey, SRY, ENG **[19803]** : C1800, Newington, SRY, ENG **[26731]** : PRE 1830, Newington, SRY, ENG **[37049]** : Philadelphia, 1764, Woodmancote, SSX, ENG **[10993]** : PRE 1750, Seighford & Ranton, STS, ENG **[15823]** : Ellen, C1700+, Snelston & Ellastone, STS, ENG **[27325]** : 1786+, Wednesfield, STS, ENG **[46276]** : 1710-1820, Birmingham, WAR, ENG **[46494]** : 1960, Bulkington, WAR, ENG **[24853]** : PRE 1800, Foleshill, WAR, ENG **[39336]** : PRE 1750, WIL, ENG **[20458]** : Maria, C1830, Rostock, MEK, GER **[25396]** : William, 1790-1825, CAV, IRL **[42448]** : Francis, C1827-1874, Limerick, LIM, IRL **[46203]** : Frances, 1812, Deralossory, WIC, IRL **[10318]** : Mary, C1833+, TIP & NSW, IRL & AUS & NZ **[41297]** : 1814, AL, USA **[23208]** : Mary Ann, 1816-1854, Florence, AL & KY, USA **[23208]** : PRE 1850, Wilkes Co., GA, USA **[23605]** : Mary, PRE 1850, Wilkes Co., GA, USA **[23605]** : 1700-1800, NC, TN & AR, USA **[24168]** : John Edgar, 1846, Jersey City, NJ, USA **[99545]** : 1814, Cincinnati, OH, USA **[23208]** : 1800-1850, Overton, TN, USA **[24168]** : Mary, C1831, Cardiff, GLA **[40472]** : Wm & Margaret, 1821+, Fadoglwyd & Llanfaethlu, AGY, WLS **[14163]** : Wm & Margaret, 1821, Llanfaethlu, AGY, WLS **[14163]** : William, 1800+, Holyheaagy, AGY & CAE, WLS **[14163]** : PRE 1880, BRE, WLS **[20909]** : 1890+, Talgarth, BRE, WLS **[30486]** : 1800S, Ystradfellte, BRE, WLS **[31373]** : 1800+, Caernarfon & Llanwnda, CAE, WLS **[46477]** : Thomas, 1750+, Llanberis, CAE, WLS **[10049]** : Anne, 1800-1880, CGN, WLS **[46502]** : Rachel, 1800-1880, CGN, WLS **[46502]** : Benjamin, 1800+, Cefnwrenfach & Tregaron, CGN, WLS **[18301]** : Dafydd, 1830S, Cwmbern, CGN, WLS **[39247]** : 1940+, Llangeitho, CGN, WLS **[24853]** : 1860+, Ystrad Meurig, CGN, WLS **[24853]** : ALL, CMN, WLS **[24474]** : PRE 1850, CMN, WLS **[33500]** : Thomas, 1803, Llanarthney, CMN, WLS **[39482]** : C1826, Llangwad, CMN, WLS **[43841]** : George, 1850+, Llanelli, CMN, WLS **[38740]** : James, 1830-1860, Llanfihangel ar Arth, CMN, WLS **[39482]** : James, 1793+, Llangeler, CMN, WLS **[39482]** : John, 1843, Llanpumpsaint, CMN, WLS **[39482]** : ALL, Llanybyther, CMN, WLS **[30071]** : 1840+, Liangollen, DEN, WLS **[38486]** : PRE 1850, Llansilin, DEN, WLS **[20178]** : ALL, GLA, WLS **[24474]** : Charles E.B., C1832, GLA, WLS **[36994]** : 1940+, Abertridwr, GLA, WLS **[24853]** : 1890+, Blaenllechau & Ferndale, GLA, WLS **[24853]** : 1950+, Cardiff, GLA, WLS **[24853]** : PRE 1875, Cwmavon, GLA, WLS **[30086]** : 1750-1800, Llanblethlian, GLA, WLS **[32505]** : Maria, C1848, Maesteg,

GLA, WLS **[13984]** : Jane, C1826, Merthyr Tydfil, GLA, WLS **[33766]** : 1930+, Mountain Ash, GLA, WLS **[24853]** : 1862+, Festiniog, MER, WLS **[38486]** : 1840+, Berriew, MGY, WLS **[17078]** : 1600-1750, Cwmyranel, MGY, WLS **[26149]** : Edward, 1750+, Llandrinio, MGY, WLS **[42780]** : PRE 1850, Llanfair, MGY, WLS **[26223]** : 1800-1900, Manafon & Llanwyddell, MGY, WLS **[17926]** : 1860+, Pennal, MGY & MER, WLS **[24853]** : Robert, 1875+, Brecon, MON, WLS **[45791]** : C1840, Newcastle, MON, WLS **[11282]** : 1830+, Haverfordwest, PEM, WLS **[38740]** : 1600-1800, Glan Elan, RAD, WLS **[26149]** : 1790-1800, Nantmel, RAD, WLS **[12641]** : Elizabeth, 1824+, GLA, WLS & AUS **[46285]** : Wm, 1822-1882, Briton Ferry, GLA, WLS & AUS **[46285]** : Jane, 1849-1923, Cardiff, GLA, WLS & AUS **[46285]**

EVANSON : ALL, Birkenhead, CHS, ENG **[27867]** : PRE 1870, Englesea Brook & Crewe, CHS, ENG **[34373]** : ALL, IRL **[27867]** : ALL, WORLDWIDE **[27867]**

EVE : PRE 1800, ESS, ENG **[17184]** : PRE 1870, Maidstone, KEN & HRT, ENG **[39539]** : C1800, Lambeth, SRY, ENG **[36075]**

EVELING : 1850-1920, Walthamstow & Dartford, ESS & KEN, ENG **[46412]**

EVENETT : Richard, 1829-1895, Clerkenwell, MDX, ENG & AUS **[46225]**

EVENS : PRE 1860, JSY, CHI **[34876]** : Percival, 1830-1900, Camberwell, SRY, ENG **[39012]**

EVERALL : 1811-1840, Knutsford, CHS, ENG **[25830]** : ALL, SAL, ENG **[46459]**

EVERARD : 1827-1890, Spalding, LIN, ENG **[44229]** : C1865, Randalstown, MEA, IRL **[37938]**

EVERED : ALL, Forncett & Tivetshall, NFK, SFK & ESS, ENG **[28585]**

EVEREST : 1720+, Cowden, KEN, ENG **[99418]** : 1780-1830, Pevensey, SSX, ENG **[12039]**

EVERETT : 1876+, Yass, NSW, AUS **[46322]** : 1850+, Geelong, VIC, AUS **[33727]** : 1855+, Inverleigh & Pomporfeit, VIC, AUS **[11877]** : William, 1800+, ESS, ENG **[11797]** : 1800-2000, ESS, ENG **[14463]** : PRE 1900, GLS, ENG **[46322]** : 1800-1900, Rickmansworth, HRT, ENG **[46513]** : 1820+, Shoreditch, MDX, ENG **[10287]** : ALL, NFK, ENG **[34606]** : PRE 1870, SFK, ENG **[38660]** : ALL, Glemsford & Cavendish, SFK, ENG **[10287]** : PRE 1851, Stansfield, SFK, ENG **[14348]** : ALL, East Harling, NFK, SFK & ESS, ENG & AUS **[28585]**

EVERINGHAM : 1896+, Moorland, NSW, AUS **[11060]**

EVERITT : 1750+, London, ENG **[29113]**

EVERSON : PRE 1880, ENG **[31169]** : PRE 1900, SFK, ENG **[39312]** : PRE 1700, Thorndon, SFK, ENG **[42969]**

EVERTON : 1800S, Bardney, LIN, ENG **[46437]**

EVERTS : Roswell, 1786, Augusta Twp, ONT, CAN **[15638]**

EVERY : C1855, Brecon, BRE, WLS **[46213]**

EVES : 1750-1800, Spelderst, KEN, ENG **[10339]** : 1800-1870, Liverpool, LAN, ENG **[30870]**

EVESON : James, 1750-1850S, Stourbridge, WOR, ENG **[10286]** : PRE 1725, York City, YKS, ENG **[33664]**

EVETTS : 1700+, WAR, ENG **[36826]** : 1870+ Taranaki, NZ **[36826]**

EVILAN : 1660-1730, HEF, ENG **[34790]**

EVINSON : John, 1856+, Wrenbury, CHS, ENG **[41089]** : John, 1910+, USA **[41089]** : Rosannah, 1910+, USA **[41089]**

EWALD : ALL, AUS **[13848]**

EWAN : Mary, 1898, Brisbane, QLD, AUS **[14094]**

EWART : 1889+, VIC, AUS **[39015]** : PRE 1840, Bewcastle, CUL, ENG **[46505]** : 1800-1840, Belfast, ANT, IRL **[42609]** : 1860S, Dumfries, DFS, SCT **[40994]** : 1800+, Buittle & Kelton, KKD, SCT **[18372]** : 1700S-1800S, Crawford, LKS, SCT **[40257]**

EWBANKE : PRE 1800, Raby, DUR, ENG **[15524]**

EWEN : 1800+, Canterbury, KEN, ENG **[15042]** : 1800+, Pimlico, MDX, ENG **[15042]** : PRE 1800, Briston, NFK, ENG **[14227]** : PRE 1900, Aberdeen, ABD, SCT **[40795]**

EWENCE : PRE 1840, WIL, ENG **[36543]**

EWENS : Elizabeth, C1775, Brighton, SSX, ENG **[33373]** : 1800+, Harting, SSX, ENG **[19458]** : 1700-1900, Devizes, WIL, ENG **[46509]**

EWERS : C1790, DUR, ENG **[36075]** : 1810-1900, MDX, ENG **[34790]**

EWING : 1855-1863, Melbourne, SA & VIC, AUS **[32017]** : PRE 1855, BDF, ENG **[32017]** : PRE 1855, Edinburgh, SCT **[32017]** : Alex, 1854, Gamrie, BAN, SCT **[16149]** : Archibald, 1700-1800, St.Ninians, STI, SCT **[12363]**

EWINGS : PRE 1850, Stamford, LIN, NTH & LND, ENG **[18096]**

EWINGTON : 1906+, Lambeth, SRY, ENG **[45736]**

EWINS : Harriet, C1860, Southampton, HAM & SRY, ENG **[28479]**

EWY : ALL, Dmetre, LVIVOBLAST, UKR **[16969]** : 1900+, St.James, MN, USA **[16969]**

EXCELL : 1840+, TPO, NZ **[33816]**

EXELBY : C1600, CON, ENG **[14030]**

EXON : PRE 1929, Bath, SOM, ENG **[36624]**

EXTON : Richard, 1832-C1910, Sewstern, LEI, ENG **[20793]** : Thomas, 1791+, Colsterworth, LIN, ENG **[20793]** : Thomas, 1819-1897, Deeping St.James, LIN, ENG **[20793]** : Thomas, 1736-1809, Hambleton, RUT, ENG **[20793]** : William, 1790-1822, Hambleton, RUT, ENG **[20793]** : Mary, 1792-1875, Hambleton, RUT, ENG **[20793]**

EYEARS : 1849+, Robertson, NSW, AUS **[28134]** : PRE 1849, Thornford, DOR, ENG **[28134]**

EYERS : 1850-54, near Harrold, BDF, ENG **[40615]** : PRE 1849, Thornford, DOR, ENG **[28134]** : PRE 1822, Wimborne, DOR, ENG **[40615]** : PRE 1870, Enford, WIL, ENG **[19064]** : Eli, 1800S, Westbury, WIL, ENG **[43481]**

EYKEL : ALL, WORLDWIDE **[30446]**

EYKELBOSCH : ALL, WORLDWIDE **[30446]**

EYLES : C1870, East End, LND, ENG **[43841]**

EYNON : PRE 1920, Nottingham, NTT, ENG **[17697]** : Elizabeth, 1800, WLS **[39482]** : PRE 1910, Swansea, GLA, WLS **[17697]**

EYNON-LEWIS : C1800-1990S, Newton Abbot & Torquay, DEV, ENG **[36072]**

EYRE : Wm. Gladstone, C1862, Brunswick, VIC, AUS **[10721]** : PRE 1840, Heanor, DBY, ENG **[37156]** : PRE 1870, Billesdon & Leicester, LEI, ENG **[15929]** : PRE 1875, Humberstone, LEI, ENG **[15929]** : 1800+, NTT, ENG **[42665]** : William, 1833+, Bilston, STS, ENG **[10721]** : Jane, 1849, Batley, WRY, ENG **[20729]** : 1780-1800, Ecclesfield, WRY, ENG **[12641]** : PRE 1830, YKS, ENG **[19854]** : 1800S, ENG & AUS **[33245]** : 1800S, UK & AUS **[33245]**

EZARD : C1750-1850, Foxholes, ERY, ENG **[33628]**

EZRA : 1700S-1800S, London & KEN, ENG **[30093]**

FABBY : 1800-1870, Liverpool, LAN, ENG **[12641]**

FABER : 1860+, Sydney, NSW, AUS **[13584]**

FACER : ALL, AUS **[43395]** : Thomas, 1776, West Haddon, NTH, ENG **[30014]** : John, 1871+, Bradford, WRY, ENG **[30014]**

FACEY : Richard, 1866+, Wingate, DUR, ENG **[43437]** : C1800, London, MDX, ENG **[10705]**

FACKRELL : ALL, Bridgwater, SOM, ENG **[32720]**

FADDIE : 1834-1949, Montrose, ANS, SCT **[13591]**

FAEHRMANN : ALL, Hahndorf, SA, AUS **[43453]**

FAGAN : 1870+, Maitland, NSW, AUS **[11055]** : ALL, Dublin, IRL **[38452]**

FAGET : 1706-1816, Mouchan, MP, FRA **[27180]**

FAGG : 1700+, KEN, ENG **[11690]** : ALL, KEN, ENG **[44132]**

FAHEY : PRE 1850, Limerick, IRL **[12710]** : PRE 1840, Galway, GAL, IRL **[11572]**

FAHY : 1826+, Port Macquarie, NSW, AUS **[10232]** : PRE 1826, CLA, IRL **[10232]** : 1780-1900, Corrandulla, GAL, IRL **[20703]** : Bridget, 1900S, USA **[20703]** : Catherine, 1900S, USA **[20703]**

FAIR : C1835, Sydney, NSW, AUS **[29479]** : 1830S, Sheerness, KEN, ENG **[28098]** : C1812, Hollymount, MAY, IRL **[29479]**

FAIRALL : 1800+, Caterham, SRY, ENG **[29092]** : 1700+, SSX, ENG **[11629]** : PRE 1839, Icklesham, SSX, ENG & AUS **[45357]**

FAIRBAIRN : 1770-1810, Isleworth, MDX, ENG **[20551]** : 1900, London, MDX, ENG **[40752]** : 1780, Oldhamstock, ELN, SCT **[97805]** : 1750-1860, FIF, SCT **[20919]**

FAIRBAIRNS : PRE, 1810, Knottingley, WRY, ENG **[28523]**

FAIRBRASS : ALL, WORLDWIDE **[41590]**

FAIRBROTHER : 1800S, Manchester, LAN, ENG **[11062]** : 1870+, Warrington, LAN, ENG **[29854]** : 1800+, Mitchelstown, COR, IRL **[13481]**

FAIRCHILD : 1700+, West Buckland, DEV, ENG **[17532]** : 1767-1860, Barrowby & Grantham, LIN, ENG **[18818]** : 1767-1860, Great Gonerby, LIN, ENG **[18818]** : Ephraim, 1860-1863, Jones Co., IA, USA **[16947]** : C1850, Berkshire Valley, Morris Co., NJ, USA **[16947]**: Ephraim, 1827-60 Morris Co. NJ USA **[16947]**

FAIRCLOUGH : PRE 1820, Warrington, LAN, ENG **[42752]** : PRE 1780, Wigan, LAN, ENG **[31316]** : PRE 1860, WOR & WAR, ENG **[26881]** : PRE 1830, Bailieborough, CAV, IRL **[36608]**

FAIRER : 1500-1700S, Kendal, WES, ENG **[11411]**

FAIRESS : PRE 1900, Gateshead & Wallsend, NBL & DOW, ENG & IRL **[29416]**

FAIRFAX (see One Name Section) **[30078]**

FAIRFIELD : 1870S, Liverpool, LAN, ENG **[30093]** : 1830+, New Bridge, WIC, IRL **[45030]**

FAIRFOOT : PRE 1820, Whitechapel, MDX, ENG **[33428]**

FAIRFULL : PRE 1880, FIF, SCT **[46128]**

FAIRGRIEVE : PRE 1850, Cockpen, MLN, SCT **[14045]**

FAIRGUFF : 1800+, LDY, IRL **[16757]**

FAIRHALL : 1800+, AUS & NZ **[11629]** : 1800+, CAN & USA **[11629]** : 1500+, SSX, ENG **[11629]** : PRE 1839, Icklesham, SSX, ENG **[45357]** : ALL, Brede, SSX, ENG & AUS **[12182]**

FAIRHALL (see One Name Section) **[11629]**

FAIRHEAD : PRE 1810, Kelvedon, ESS, ENG **[46445]** : 1750-1800S, Prittlewell & Southend, ESS, ENG **[11349]**

FAIRHOLM : PRE 1800, Carmichael, LKS, SCT **[33608]** : C1720+, Duddington, MLN, SCT **[37499]**

FAIRHURST : ALL, Southend, ESS, ENG **[18007]** : 1860-1875, Hatfield, HRT, ENG **[18007]** : 1810-1840, Standon, HRT, ENG **[18007]** : 1770-1800, LAN, ENG **[18007]** : 1850+, Enfield, MDX, ENG **[18007]** : 1840-1850, Tooting, SRY, ENG **[18007]**

FAIRLAMB : ALL, Grinton, YKS, ENG **[11729]**

FAIRLAND (see : Fairlamb), **[11729]**

FAIRLEY : ALL, NSW, AUS **[29810]** : 1837+, Braidwood, NSW, AUS **[29961]** : ALL, Medomsley & Houghton le Spring, DUR, ENG **[31152]** : 1760, Bothal, NBL, ENG **[17626]** : PRE 1852, Hamilton, LKS, SCT **[27719]** : 1800+, Edinburgh, MLN, SCT **[16757]**

FAIRLIE : 1700-1900, Carlisle, CUL, ENG **[20824]** : Rachel, 1850+, Dungannon, TYR, IRL **[15885]** : 1800+, Drum, DOW, IRL & AUS **[40480]** : 1700-1860, Buchylvie & Kippen, STI, SCT **[44060]**

FAIRMAN : 1800+, London, ENG **[38697]** : 1800-1900, East Hanningfield, ESS, ENG **[34651]** : PRE 1900, Chelsea, LND, ENG **[36994]**

FAIRS : C1770, SFK, ENG **[43841]** : Samuel, ALL, Lawshall, SFK, ENG **[37044]** : C1858, Brighton, SSX, ENG **[17570]**

FAIRSERVICE : 1600S-1700S, AYR & LKS, SCT [16358]
FAIRTHORNE : 1800+, AUS [26439] : Thomas, PRE 1850, London, ENG [26439]
FAIRTHWAITE : 1600-1700, Caton, LAN, ENG [31826]
FAIRWEATHER : 1840, Eden, NSW, AUS [11284] : 1700-1800, LIN, ENG [28340] : 1820-1850, Arbroath, ANS, SCT [13014] : 1840-1920, Dundee, ANS, SCT [13014] : 1800+, Forfar, ANS, SCT [12641] : 1770+, Glamis, ANS, SCT [10070] : 1790-1820, St.Vigeans, ANS, SCT [13014] : ALL, WORLDWIDE [45261]
FAITHFULL : 1500-1850, HAM, ENG [17480] : PRE 1800, LND & MDX, ENG [19259]
FAKE : PRE 1900, NFK, ENG [29298]
FALAHEE : ALL, WORLDWIDE [18895]
FALCONBRIDGE : PRE 1823, Allesley, WAR, ENG [12391]
FALCONER : 1800+, Pittenweem, FIF, SCT [44932] : PRE 1830, Inverness, INV, SCT [39154] : 1739+, Glenbervie, KCD, SCT [46329] : PRE 1860, Edinburgh, MLN, SCT [31297] : 1770+, Ardclach, NAI, SCT [12708] : PRE 1835, Gollanfield, NAI, SCT [36608]
FALDING : PRE 1885, Ecclesfield, YKS, ENG [46374]
FALDO : PRE 1700, BDF, ENG [39651]
FALKENBERG : 1720-1800, Lemvig Morborg, RINKOBING, DEN [99570] : ALL, Kalisch, PRE, GER [12707]
FALKENBERG (VON) : PRE 1800, Beistad, NORDTRONDELAG, NOR [99570]
FALKENER : Lyon, PRE 1750, ENG [26439]
FALL : 1700+, Leveringotn & Thorney, CAM, ENG [41477] : PRE 1730, Castor & Maxey, NTH, ENG [41477]
FALLA : 1850+, Creswick, VIC, AUS [12229] : 1850-1900, St.Sampsons & The Vale, GSY, CHI [20919] : PRE 1835, Edinburgh, MLN, SCT [12229]
FALLE : 1700-1800, St.Helier, JSY, CHI [12641]
FALLON : 1912+, Philadelphia, PA, USA [46259]
FALLOON : C1900, Charters Towers, QLD, AUS [99106]
FALLOWFIELD : 1700+, Hull, YKS, ENG [43775]
FALLOWS : Ann Nancy, 1750-1800, Northwich, CHS, ENG [11731] : 1700S, Hawkshead & Kirkby Ireleth, LAN, ENG [15823]
FALSHAW : 1760-1830, LND, ENG [34790]
FALVEY : ALL, ENG [46412] : 1800+, Tralee, KER, IRL [25396]
FAMILTON : PRE 1780, Jedburgh, ROX, SCT [13574]
FANCOTE : 1800+, Smethwick, Birmingham, ENG [46001]
FANCOURT : 1815, Billesdon, LEI, ENG [27780]
FANCY : Jane, C1820, DOR, ENG [34320]
FANDONI : ALL, ITL [12950]
FANE : PRE 1850, HAM, ENG [16269] : 1100-1700S, Tonbridge & Monmouth, SSX & MON, ENG [11411]
FANGET : 1800-1868, Vocance, Savas, Villevocance, RHA, FRA [39991]
FANING : 1808-1901, Newcastle, NSW, AUS & CHI [46055]
FANNEN : PRE 1820, TIP, IRL [25853]
FANNING : 1840S, Hobart, TAS, AUS [28060] : Thomas, 1858+, Melbourne, VIC, AUS [10428] : Kings Co., NS, CAN [45280] : 1850+, Southwark, SRY, ENG [19747] : 1750-1850, South, IRL [19747] : 1800-1910, Dublin North, DUB, IRL [21227] : Thomas, 1858, Kilmacow, KIK, IRL [10428] : 1850-1900S, Waterford City, WAT, IRL [31079] : Johanna, PRE 1908, IRL & AUS [29187] : 1760-1790, MA, USA [22565]
FANNON : 1870+, Beechworth, VIC, AUS [36749] : 1800+, Castlerea, ROS, IRL [36409]
FANO : 1800-1950, BEL [46196] : C1750-1900, ENG & TURKEY [46196] : 1800-1900, Paris, RPA, FRA [46196] : C1750-1900, Venezia, ITL [46196] : 1800-

1950, Amsterdam, NOH, NL [46196]
FANSHAWE : C1828, Bath, SOM, ENG [14645]
FANSLOW : PRE 1844+, Tarnewitz, MEK, GER & NZ [20672]
FANTIN : 1859+, Ailleux, RHA, FRA [20140]
FANTOM : PRE 1841, Stockport, CHS, ENG [28474]
FARADAY : 1600-1700, Nether Kellett, LAN, ENG [46494]
FARBY : ALL, CAM, ENG [46317]
FARDELL : 1800+, Wisbech & London, CAM & LND, ENG [21394]
FARDLEY : C1800-1900, Macclesfield, CHS, ENG [46381]
FARDY : ALL, AUS [46309]
FARELL : PRE 1820, Banglere, EAST INDIES [25627]
FAREN : 1891-1900, DUR, ENG [31259]
FAREY : PRE 1900, ENG [15745]
FARGHER : 1750+, IOM [11690] : 1800, Derbyhaven, MALEW, IOM [12222]
FARIS : David, C1820+, CAV, IRL [42724]
FARISH : 1850-1970, Lexton, Dunolly & Bealiba, VIC, AUS [45089] : 1850-1970, Prahran, VIC, AUS [45089] : PRE 1850, Kirkmahoe, DFS, SCT [36120] : 1800-1900, Greenock & Kirkconnel, RFW & DFS, SCT [45089]
FARLEY : 1900+, QLD, AUS [13358] : 1870+, Cardinham, CON, ENG [13358] : 1820S, Andover & Abbotts Ann, HAM, ENG [11870] : 1810-1930, Deptford, KEN, ENG [46427] : C1800, Hawkhurst, KEN, ENG [42384] : William, PRE 1800, Hawkhurst, KEN, ENG [10054] : 1830-1880, St.Clement Danes, LND, ENG [46427] : 1840-1900, Shoreditch, MDX, ENG [46427] : 1800-1888, St.Pancras, MDX, ENG [35749] : 1880-1930, Croydon, SRY, ENG [46427] : 1750+, Walton & Weybridge, SRY, ENG [28420] : 1871+, Wandsworth, SRY, ENG [35749] : PRE 1820, Ticehurst, SSX, ENG [11060] : 1700-1850, Kempsey, WOR, ENG [46427] : 1700-1850, Severnstoke, WOR, ENG [46427] : 1700S, DEV & NSW, ENG & AUS [42466] : 1750-1800S, Malahide, DUB, IRL [99600] : James, PRE 1860, Drumully, FER, IRL [27666] : 1800-50S, WEM, IRL [42897]
FARLOW : PRE 1900, Stoughton, SSX, ENG [25162]
FARMANER : 1860+, Brighton, SSX, ENG [35749]
FARMER : ALL, AUS [34119] : 1860-1865, Fryerstown, VIC, AUS [34747] : 1840+, London, ENG [13358] : 1800-1900, Cotleigh, DEV, ENG [18150] : James, 1874+, Hammersmith, LND, ENG [45736] : 1828+, Islington, LND, ENG [46308] : PRE 1820, St.George in East, LND, ENG [45736] : Edward, 1790+, Stepney, LND, ENG [34315] : George Henry, 1821, Stepney, LND, ENG [34315] : Ellen, 1864+, Stepney, LND, ENG [34315] : PRE 1820, MDX, ENG [36543] : 1800-1826, Shrewsbury, SAL, ENG [34119] : Francis, PRE 1840, Mayfield, STS, ENG [31153] : Robert, PRE 1800, WAR, ENG [45736] : C1825-1925, Birmingham, WAR, ENG [13801] : 1850-1900, Coventry, WAR, ENG [35209] : 1815, Aldbourne, WIL, ENG [26340] : PRE 1700, Bromham, WIL, ENG [11866] : PRE 1900, Ombersley, WOR, ENG [44223] : 1890+, Leamington Spa, WAR, ENG & AUS [35209] : 1800+, Dublin, IRL [40668] : ALL, Enniskillen, FER, IRL [32720] : James, 1840-1900, Smithborough, MOG, IRL [37633] : 1900-1940, Reefton, WLD, NZ [34747]
FARMERY : 1700-1880, LIN, ENG [41573] : C1839, Benniworth, LIN, ENG [27369] : ALL, Searby & Waltham, LIN, ENG [19921]
FARMERY (see One Name Section) [19921]
FARMILO : PRE 1837, Horsley, GLS, ENG [45242]
FARMILOE : Marion, 1860-1900, London, ENG [42948] : Benjamin, ALL, GLS, ENG [42948] : Marion, 1837-42, Horsley, GLS, ENG [42948] : Marion, 1837-42, Stroud District, GLS, ENG [42948]
FARNCOMBE : ALL, SSX, ENG [31646]

FARNELL : ALL, Sutton Coldfield, WAR, ENG **[13461]**
FARNFIELD : 1750-1830, Woolwich, KEN, ENG **[46425]** : William, PRE 1820S, Woolwich, LND, ENG **[46464]** : George, PRE 1750, Cranley, SRY, ENG **[46464]** : Richard, PRE 1815, Horsham, SSX, ENG **[46464]**
FARNFULL : PRE 1800, Cranley, SRY, ENG **[43842]**
FARNHAM : 1780-1825, Coker, SOM, ENG **[17291]**
FARNOM : Collins, PRE 1737, Launceston, CON, ENG **[36665]**
FARNSWORTH : ALL, VIC & NSW, AUS **[14463]** : C1808, Bagthorpe & Selston, NTT, ENG **[30714]** : 1780-1830, Mansfield-Woodhouse, NTT, ENG **[46305]** : David, PRE 1840, Wednesbury, STS, ENG **[14463]** : Abrhm & Hannah, 1808+, Birmingham, WAR, ENG **[14463]**
FARNWORTH : Alfred, 1913, Bury, LAN, ENG **[30876]** : 1800S, Chorley, LAN, ENG **[30876]** : ALL, Leyland, LAN, ENG **[38934]**
FARO : 1780+, West Wittering, SSX, ENG **[21394]**
FARQUARSON : Ellen, 1800-1900, ENG **[28237]**
FARQUHAR : ALL, ABD, SCT **[34588]** : Will, 1700-1820, Gilcomston, ABD, SCT **[22756]**
FARQUHARSON : William, 1843, Morpeth, NSW, AUS **[11629]** : 1800-1850, TAS, AUS **[42211]** : PRE 1850, Tullymet, PER, SCT **[17061]**
FARQUISON : PRE 1838, Tullymet, PER, SCT **[17061]**
FARR : Bart, 1800S, Canborough & Cayuga, ONT, CAN **[15902]** : John, PRE 1900+, Tisdale, SAS, CAN **[23471]** : 1730-1800, HAM, ENG **[17191]** : 1724, Clodock, HEF, ENG **[17380]** : C1800, MDX, ENG **[28533]** : John & Eliz., PRE 1800, Salford Priors, WAR, ENG **[42773]** : ALL, WIL, ENG **[39180]** : 1700-1900, Castle Combe, WIL, ENG **[38575]** : PRE 1800, WOR, GLS & WAR, ENG **[42773]** : ALL, Bellshill, ARL, SCT **[39994]**
FARRA : 1700-1900, Whepstead & Lawshall, SFK, ENG **[36243]**
FARRAGE : PRE 1840, Newcastle, NBL, ENG **[35218]** : PRE 1790, Rothbury, NBL, ENG **[35218]**
FARRAGHER : 1750+, IOM **[11690]**
FARRAH : C1820, YKS, ENG **[19568]**
FARRANCE : 1700-1800, Cavendish & Hawkedon, SFK, ENG **[10287]**
FARRAND : Richard, 1614, Hatfield Broad Oak, ESS, ENG **[10194]** : 1780, Manchester, LAN, ENG **[35184]**
FARRANDS : 1600-1800+, Stapleford, NTT, ENG **[41185]**
FARRANT : 1800-1900S, DEV, ENG **[21195]** : John, 1700-1800, West Malling, KEN, ENG **[17109]** : PRE 1870, Great Livermere, SFK, ENG **[19064]** : PRE 1811, Stoke St.Clare, SFK, ENG **[26253]**
FARRAR : 1800+, Rainton Gate, DUR, ENG **[40802]** : 1780-1900, Horsforth, WRY, ENG **[38668]** : 1777+, Wakefield, WRY, ENG **[38259]** : C1810, Boston Spa & Bramham, YKS, ENG **[46495]** : 1800+, North Allerton, YKS, ENG **[40802]**
FARRAWAY : Mary, 1834-1860, LND, ENG **[10485]**
FARREL : 1855-1900, VIC, AUS **[12434]** : 1800-1850, Liverpool, LAN, ENG **[12434]** : 1800-1850, Manchester, LAN, ENG **[12434]** : ALL, Tullylish, DOW, IRL **[25073]** : 1835-1908, KIK, IRL **[14754]**
FARRELL : 1883+, Casino, NSW, AUS **[39102]** : Timothy, 1838+, Maitland, NSW, AUS **[10883]** : 1850+, Maitland, NSW, AUS **[46290]** : C1816, Sydney, NSW, AUS **[29479]** : 1855-1900, Liverpool, LAN, ENG **[12434]** : 1800-1850, Liverpool, LAN, ENG **[12434]** : 1800-1850, Manchester, LAN, ENG **[12434]** : 1800-1900, Paddington, MDX, ENG **[30071]** : 1830S, Newcastle on Tyne, NBL, ENG **[21889]** : 1750-1890, NFK, ENG **[12434]** : 1800+, Birmingham, WAR, ENG **[18128]** : C1797, Dublin, IRL **[29479]** : C1900, Dublin, IRL **[30120]** : C1850, Lisburn, ANT, IRL **[11813]** : 1800S, Tinnahinch, CAR, IRL **[39102]** : Robert, 1811-1853, Enniskillen, FER, IRL **[10203]** : 1750-1850, Lisnaskea, FER, IRL **[20821]** : James, 1830+, GAL, IRL **[41089]** : C1860, Williamstown, GAL, IRL **[26823]** : Bridget, PRE 1842, KIK, IRL **[29774]** : 1800S, Graiguenamanagh, KIK, IRL **[39102]** : 1800+, Kilkenny, KIK, IRL **[46201]** : PRE 1883, KIK & DUB, IRL **[39102]** : PRE 1840, MEA, IRL **[34640]** : PRE 1850, Clara, OFF, IRL **[46200]** : PRE 1800, ROS, IRL **[43842]** : ALL, Waterford City, WAT, IRL **[31079]** : John, 1800+, IRL & SCT **[46163]** : Anna, 1860-1910S, New York City, NY, USA **[23986]** : 1860-1910S, New York City, NY, USA **[23986]**
FARRELL (see FERRELL) : **[11092]**
FARRELLY : 1850+, Johnstown, MEA, IRL **[33245]** : 1800-50S, WEM, IRL **[42897]**
FARRER : 1700+, Sunderland, DUR, ENG **[22090]** : Charlotte, 1800-1900S, Wellingborough, NTH, ENG **[30876]** : 1700-1900, Whepstead & Lawshall, SFK, ENG **[36243]** : 1500-1700S, Kendal, WES, ENG **[11411]** : 1780-1900, Horsforth, WRY, ENG **[38668]** : C1720, Halifax, YKS, ENG **[30310]** : C1826, Sheffield, YKS, ENG **[41370]** : 1890+, WORLDWIDE **[32039]**
FARRIER : ALL, DEV, ENG **[19641]** : PRE 1817, Eastry, KEN, ENG **[19918]** : ALL, WORLDWIDE **[19641]**
FARRIER (see One Name Section) **[19641]**
FARRINGDON : 1800-1850, Chiswick & Turnham Green, MDX, ENG **[22241]**
FARRINGTON : 1750-1850, Chiswick & Turnham Green, MDX, ENG **[22241]**
FARROW : Lewis Parker, 1830-1840, Windsor, BRK, ENG **[20178]** : 1800+, CAM & LIN, ENG **[30248]** : PRE 1860, Howden, ERY & LIN, ENG **[20178]** : PRE 1837, ESS, HRT & MDX, ENG **[19568]** : 1750-1890, NFK, ENG **[25654]** : C1834-1858, Norwich, NFK, ENG **[27431]** : PRE 1850, Northampton, NTH, ENG **[21716]** : PRE 1800, Glemsford, SFK, ENG **[39642]** : 1700-1900, Whepstead & Lawshall, SFK, ENG **[36243]** : 1806, Selsey, SSX, ENG **[44941]**
FARRUGIA : PRE 1874, Valletta, MALTA **[27437]**
FARTHING : James Wm, 1854, Hobart, TAS, AUS **[13914]** : 1890+, Manatoulin Island, ONT, CAN **[15793]** : 1750+, Westleigh, DEV, ENG **[15793]**
FARWELL : 1750+, Symondsbury, DOR, ENG **[30107]**
FASANA : C1800-90, Salford & Manchester, LAN, ENG **[44045]**
FATHERS : 1600-1850 Charlton Horethorne, SOM, ENG **[14589]** : 1500-1850, Henstridge, SOM, ENG **[14589]**
FAUCHON : 1800-1900, LND, ENG **[36656]** : PRE 1720, Melle, BRT, FRA **[20178]**
FAUGIER : 1800-1920, Montelimar, FRA **[25322]**
FAULCONER : 1845-1906, Poona, BOMBAY, INDIA **[27678]**
FAULDING : ALL, ERY & LIN, ENG **[18766]**
FAULDS : 1820+, MOR, SCT **[21131]** : PRE 1851, Eastwood, RFW, SCT **[25645]**
FAULKNER : PRE 1900, London, ENG **[19613]** : 1700-1800S, Wing, BKM, NTH & BDF, ENG **[42909]** : ALL, Ringwood, HAM, ENG **[31323]** : Sarah, PRE 1900, Manchester, LAN, ENG **[29515]** : 1800+, Adderbury, OXF, ENG **[41454]** : Sarah, 1750+, Cuddesdon, OXF, ENG **[14290]** : Henry, C1830-1890, Willenhall, STS, ENG **[33402]** : William, C1780, Birmingham, WAR, ENG **[17637]** : 1800-99, Badsey, WOR, ENG **[20057]** : 1800-1920, Dudley, WOR, ENG **[17535]** : 1800S, Ballymena, ANT, IRL **[36655]**
FAULKNOR : 1800S, ENG **[99055]** : 1800S, Portsmouth, HAM, ENG **[99055]** : PRE 1730, Greenwich, KEN, ENG **[99055]** : 1800S, Ramsgate, KEN, ENG **[99055]**
FAULKS : ALL, NSW, AUS **[30944]**
FAULL : Lavinia, 1893+, Orange, NSW, AUS **[10428]** : 1800+, Crowan, CON, ENG **[99177]** : ALL, Redruth, CON, ENG **[26301]** : PRE 1850, Redruth, CON, ENG **[10967]** : 1800+, St.Agnes, CON, ENG **[25070]** : ALL, TRK, NZ **[20909]**
FAULX : PRE 1850, Oakham, RUT, ENG **[39429]**
FAUMICHON : PRE 1700, BN, FRA **[20178]**

FAUNTLEROY : ALL, CON, ENG **[14030]**
FAUSSETT : 1600+, Dartford, KEN, ENG **[20594]**
FAWBERT : 1800+, NRY, ENG **[25998]** : 1800+, YKS & LAN, ENG **[36126]**
FAWCETT : 1848+, Daylesford, VIC, AUS **[10141]** : Richard, 1700S, Sydney, NSW, AUS & ENG **[42466]** : PRE 1820, Hunmanby, ERY, ENG **[22227]** : ALL, KEN, ENG **[44132]** : 1803, Baldersdale, NRY, ENG **[20938]** : 1790S, Arnside, WES, ENG **[35184]** : PRE 1850, WRY, ENG **[39815]** : PRE 1770, Leeds, WRY, ENG **[42974]** : Thomas, C1785+, YKS, ENG **[14252]** : William, 1850-1870, Appleton le Moors, YKS, ENG **[14252]**
FAWDINGTON : ALL, ENG **[33347]** : 1650-1716, Skipwith, ERY, ENG **[33347]**
FAWELL : C1836, Stockton, DUR, ENG **[39617]**
FAWKE : PRE 1857, Lutterworth, LEI, ENG **[44175]**
FAWKENER : 1700+, Shrewsbury, SAL, ENG **[10978]**
FAWKNER : 1804-1840, Hobart & Launceston, TAS, AUS **[14733]** : PRE 1801, Birmingham, STS & WAR, ENG **[14733]**
FAY : ALL, Hull, ERY, ENG **[31442]** : Catherine, 1830-1860, Cheadle, STS, ENG **[33789]** : Catherine, 1830-1860, Newcastle under Lyne, STS, ENG **[33789]** : Charles, PRE 1860, IRL **[33789]** : Catherine, PRE 1860, IRL **[33789]**
FAYE : C1754, Dublin, IRL **[40970]**
FAYERS : 1837+, Penrith & Enfield, NSW, AUS **[29961]** : ALL, East London, MDX, ENG **[37044]** : ALL, Lawshall, SFK, ENG **[37044]**
FAZACKERLY : Mary, C1850, Preston, LAN, ENG **[41349]**
FAZAKERLEY : 1860+ Manchester, LAN, ENG **[46493]**
FAZAKERLY : Nicholas, 1700S, Prescot, LAN, ENG **[13031]**
FEACEY : 1740, Metfield, SFK, ENG **[17704]**
FEAMSTER : Mary, 1780-1800, VA, USA **[24674]**
FEARBY : George, 1800+, Dringhouses & Terrington, YKS, ENG **[11023]** : Ann, 1800+, Dringhouses & Terrington, YKS, ENG **[11023]**
FEARN : 1860+, Kanyaka, SA, AUS **[14346]** : 1840+, Chillaston, DBY, ENG **[46448]** : 1700+, Ashton, NTH, ENG **[46499]**
FEARNLEY : PRE 1841, Esholt, YKS, ENG **[10664]** : PRE 1820, Guiseley, YKS, ENG **[10664]**
FEARNSIDE : ALL, YKS, ENG **[29409]**
FEARNSIDES : PRE 1790, Leeds, WRY, ENG **[42974]** : ALL, YKS, ENG **[29409]**
FEARON : Joseph, 1745+, Brigham, CUL, ENG **[14290]** : ALL, Gilcrux, CUL, ENG **[21442]** : C1820, Lorton, CUL, ENG **[27240]** : 1850S, Nelson, NZ **[20556]**
FEATHERBY : C1750, Chatham, KEN, ENG **[14747]**
FEATHERS : James Barnet, 1874+, Glasgow, LKS, SCT **[21854]**
FEATHERSTONE : 1700-1799, St.Johns Chapel, DUR, ENG **[19865]** : PRE 1760, Stanhope, DUR, ENG **[17626]** : 1750+, KEN, ENG **[35280]** : Jesse, C1800, KEN, ENG **[10035]** : Florence Mary, 1887+, East Rainham, KEN, ENG **[10035]** : 1800+, Manchester, LAN, ENG **[22118]** : ALL, NBL, ENG **[42943]** : William, 1777-1855, Maplebeck, Fishponds & Mansfield, NTT, ENG **[39860]**
FEATHERSTONHAUGH : Michael, C1585, Stanhope, DUR, ENG **[10235]**
FEAVER : Mary, 1600S, Abbotsbury, DOR, ENG **[22796]**
FECHNER : 1800, Gloockzen, BRA, GER **[13853]** : 1800+, Rudersdorf, BRA, GER **[13853]** : PRE 1820, Purben, SIL, GER **[26306]**
FEDAK : PRE 1900, Jaroslaw, Wietlin, PR, POL **[16349]**
FEDDIN : PRE 1850, Bury, LAN, ENG **[45735]**
FEDELE : 1890S, South Tyrol, ITL **[12039]**
FEE : ALL, CAV, IRL **[26517]** : 1815-30, FER, ENG **[36705]**
FEEKINGS : 1840+, Dover, KEN, ENG **[18329]**

FEENEY : Thomas, 1840+, Molong, NSW, AUS **[10049]** : 1924, Sydney, NSW, AUS **[44249]** : ALL, Sligo, SLI, IRL **[30535]**
FEETUM : ALL, DUR, ENG **[26981]**
FEGAN : Arthur, 1851+, Dundee, ANS, SCT **[12382]** : Thomas, 1871+, Dundee, ANS, SCT **[12382]**
FEHRENBACH : ALL, ENG & GER **[27514]**
FEICKERT : 1750-1800, Ransweiler, RHINELAND, GER **[23415]**
FEIST : 1840+, Nuriootpa, SA, AUS **[38626]** : PRE 1850, Reigate, SRY, ENG **[36437]** : 1690-1800, Ardingly & West Hoathly, SSX, ENG **[38290]**
FELDINGER : PRE 1700, Baden, BAD, GER **[99443]**
FELDWICK : ALL, SSX, ENG **[36543]**
FELGATE : C1830, Kings Lynn, NFK, ENG **[10820]** : PRE 1800, SFK, ENG **[43727]**
FELIX : Margaret, PRE 1856+, AUS & ENG **[30971]**
FELIX (see ADSETT One : Name Section), **[30971]**
FELKIN : Helen, C1856, Beeston, NTT, ENG **[39083]**
FELL : 1750S, Chelmsford, ESS, ENG **[17998]** : ALL, Southam & Napton, WAR, ENG **[39530]** : ALL, Crosscrake & Lowther, WES, ENG **[31152]** : PRE 1764, Hull, YKS, ENG **[17933]** : PRE 1905, Glasgow, LKS, SCT **[45199]**
FELLINDER : 1755, Winchcombe, GLS, ENG **[17380]**
FELLINGHAM : 1700+, LAN, ENG **[38934]** : PRE 1850, LND, ENG **[39588]**
FELLMAN : 1800-1875, GER **[23161]** : 1870-1940, Cleveland, OH, USA **[23161]**
FELLOWS : 1720-1800, London, MDX, ENG **[33347]** : PRE 1810, Weldon, NTH, ENG **[39515]** : 1750-1800, Ditton Priors, SAL, ENG **[30488]** : 1700-1850, Batheaston, SOM, ENG **[46509]** : PRE 1868, WAR, ENG **[32405]** : PRE 1868, Napier, NZ **[32405]**
FELLS : PRE 1850, Marston Moretaine, BDF, ENG **[43582]**
FELSELL : C1800, Keysoe, BDF, ENG **[22182]**
FELTHAM : PRE 1830, Tortworth, GLS, ENG **[35527]** : ALL, Boldre, HAM, ENG **[35527]** : ALL, Hordle, HAM, ENG **[35527]** : 1750-1850S, Frome, SOM, DEV & DOR, ENG **[36935]**
FELTIS : 1826, Bombala, NSW, AUS **[13019]** : 1780+, WEX, IRL **[13019]**
FELTON : 1880+, Sydney, NSW, AUS **[40781]** : ALL, Mclaren Vale, SA, AUS **[21088]** : PRE 1880, LND, ENG **[40781]** : 1800S, SAL, ENG **[20766]** : PRE 1700, Wolverhampton, STS, ENG **[17626]** : 1820-1880, Birmingham, WAR, ENG **[32444]**
FENBY : 1750-1850, Bridlington, ERY, ENG **[20821]**
FENDICK : PRE 1860, Northwold, NFK, ENG **[19908]**
FENE : 1600+, FRA **[29113]**
FENELEY : 1700-1820, YKS, ENG **[36282]**
FENEMORE : 1800-1900, Tring, HRT, ENG **[19275]**
FENLEY : 1850+, SSX & HAM, ENG **[20967]**
FENN : 1700-1850, London, ENG **[30137]** : 1820-1920, Manningtree & Mistley, ESS, ENG **[28391]** : 1810, Shoreditch, LND, ENG **[18340]** : 1700-1880, Soho, LND, ENG **[41573]** : PRE 1780, Hedenham, NFK, ENG **[19050]** : 1800S, Glemsford, SFK, ENG **[36243]** : 1640-1720, Walsham le Willows, SFK, ENG **[10850]**
FENNELL : PRE 1900, LND & MDX, ENG **[39312]** : 1800S, TIP, IRL **[11582]**
FENNER : C1859+, Melbourne, VIC, AUS **[36751]** : 1898+, ONT & MAN, CAN **[37321]** : 1700-1850, BKM, ENG **[38307]** : 1816+, Henbury, GLS, ENG **[37321]** : 1750+, Marylebone, MDX, ENG **[45690]** : PRE 1850, MDX & SRY, ENG **[42019]** : PRE 1859, Sudbourne, SFK, ENG **[36751]** : 1830+, Brighton & Chichester, SSX, ENG **[45690]** : PRE 1900, Rotherfield, SSX, ENG **[14536]**
FENNESSY : 1800+, Cork, COR, IRL **[13037]**
FENNEY : C1835, Sydney, NSW, AUS **[29479]** : C1806, Shanes Castle, ANT, IRL **[29479]**

FENNIHOUSE : ALL, WORLDWIDE **[20824]**
FENNING : ALL, KEN, ENG **[11213]**
FENSOM : PRE 1850, Toddington & Milton Bryan, BDF, ENG **[28391]**
FENTIMAN : 1900+, Nundah, QLD, AUS **[14002]**
FENTON : 1800+, AUS **[33727]** : 1800+, Rawdon, NS, CAN **[24382]** : PRE 1920, Midland, ONT, CAN **[23471]** : 1746+, NS, CAN & ENG **[32223]** : ALL, Benwick, CAM, ENG **[21763]** : 1680S-1740S, Penrith, CUL, ENG **[37978]** : C1800, Ockbrook, DBY, ENG **[11813]** : 1830, Barking, ESS & LND, ENG **[43934]** : 1850, Barking, ESS & LND, ENG **[43934]** : 1750+, Balderstone, LAN, ENG **[45949]** : PRE 1850, Leicester, LEI, ENG **[18042]** : 1740+, NTT, DBY & YKS, ENG **[31003]** : ALL, West Bromwich, STS, ENG **[29715]** : PRE 1825, Birmingham, WAR, ENG **[11726]** : C1920, Oldbury, WOR, ENG **[29715]** : William, PRE 1860, CON, ENG & WLS **[12321]** : Sir William, C1700, IRL **[31003]** : Sir Maurice, C1650, Mitchelstown, COR, IRL **[31003]** : Lady Eliz., C1660, Mitchelstown, COR, IRL **[31003]** : Richard, C1700, IRL & WLS **[31003]** : Reginald, 1880+, Kimberley, RSA **[31003]** : Agnes, 1840+, Edinburgh, MLN, SCT **[20635]** : John, C1850, Fishguard, PEM, WLS **[31003]** : Richard, C1800, Fishguard & St.Davids, PEM, WLS **[31003]**
FENWICK : 1808, Ayton Banks, DUR, ENG **[36127]** : Simon, C1720, East Rainton, DUR, ENG **[13026]** : PRE 1690, Corbridge, NBL, ENG **[17626]** : 1846+, Perth, PER, SCT **[19486]**
FEORE : C1830, ENG **[14030]**
FERDINAND : Albert H.C., C1880, Kelso & Paterson, NSW, AUS **[11731]** : PRE 1875-1911, NSW & QLD, AUS **[11726]** : Albert H.C., 1835-1875, Sementina & Bulyond, TI, CH **[11726]**
FEREDAY : 1846+, Georgetown, TAS, AUS **[13177]**
FERGIE : PRE 1848, Gorbals, LKS, SCT & ENG **[46327]**
FERGUS : ALL, SCT **[22248]**
FERGUSON : Mary Agnes, 1882-1915, Sydney, NSW, AUS **[31720]** : Peter & Reb., 1852-1906, Windeyer, NSW, AUS **[10203]** : C1870, Red Hill & Gympie, QLD, AUS **[11718]** : Thomas, C1860-1929, Fitzroy, VIC, AUS **[12490]** : C1853+, Heathcote, VIC, AUS **[13177]** : 1800-1900, Halifax Co., NS, CAN **[22262]** : Duncan, 1860-1880, Erin, ONT, CAN **[33866]** : PRE 1961, ONT, CAN & SCT **[39939]** : 1790+, Leigh-on-Sea, ESS, ENG **[44963]** : 1800+, Ballincollig, COR, IRL **[21218]** : 1800+, Dublin, DUB, IRL **[12728]** : Robert, 1840-1882, Limavady & Fitzroy, LDY & VIC, IRL & AUS **[12490]** : 1800-1900, Kilninver, ARL, SCT **[99040]** : 1804-1888, Portnahaven, ARL, SCT **[33866]** : 1780-1860, Kilwinning, AYR, SCT **[45236]** : PRE 1870, Maybole, AYR, SCT **[21218]** : 1780-1874, Old Cumnock, AYR, SCT **[11718]** : 1750+, Alloa, CLK, SCT **[21741]** : 1760, Kirkconnel, DFS, SCT **[44941]** : 1770+, Abdie & Markinch, FIF, SCT **[11090]** : 1800+, Dunfermline, FIF, SCT **[11090]** : PRE 1800, Dunfermline, FIF, SCT **[45679]** : Thomas, 1800, Dalry, KKD, SCT **[14760]** : John, 1850+, Dalry, KKD, SCT **[14760]** : PRE 1880, Cambuslang, LKS, SCT **[98672]** : PRE 1850, Glasgow, LKS, SCT **[16370]** : John, 1826-1855, Govan, LKS, SCT **[31720]** : James, C1830, New Monkland, LKS, SCT **[20935]** : C1770-1880, Rutherglen, LKS, SCT **[34651]** : Haig, 1862-1934, Edinburgh, MLN, SCT **[35823]** : Duncan, 1800, Perth, PER, SCT **[31510]** : Margaret, 1858, Redhill, RFW, SCT **[14094]** : John, C1804-1830S, Renfrew & Glasgow, RFW & LKS, SCT **[45795]** : Peter, PRE 1867+, Muirkirk, LKS, SCT & AUS **[33449]**
FERGUSSON : PRE 1850, IRL **[41305]** : 1800+, AYR, SCT **[29113]** : ALL, Balmerino, FIF, SCT **[11092]** : John, 1790S+, Alloa, PER, SCT **[16938]**
FERIBEE : PRE 1790, Lambourne, BRK, ENG **[43033]**
FERLEY : PRE 1750, Avening, GLS, ENG **[17921]**
FERMOY : ALL, WORLDWIDE **[43317]**
FERN : Agnes, 1700, Cockerham & Preston, LAN, ENG **[13031]** : 1860-1934S, Stepney Green, LND, ENG **[99040]**
FERNAL : PRE 1900, London, MDX, ENG **[32294]**
FERNAN : PRE 1720, DOR, ENG **[25853]**
FERNANCE : 1790+, London & St.Albans, MDX, ENG & AUS **[29867]**
FERNANDES : ALL, Sandal, WRY, ENG **[11270]** : 1820S-1860S, Wakefield, WRY, ENG **[11270]** : 1780-1810, Porto, PT **[11270]**
FERNEE : ALL, North London, MDX, ENG **[19258]**
FERNEY : ALL, North London, MDX, ENG **[19258]**
FERNIE : PRE 1760, FIF, SCT **[19064]**
FERNLEY : 1800+, Bendigo, VIC, AUS **[13800]**
FERNNAU : 1700-1900, GER **[27471]**
FERNS : George, 1821-1899, Liverpool, LAN, ENG **[37181]**
FERNSTROM : 1700-1800, Goteborg, SWE **[29172]**
FERRABY : 1700-1900, LIN, ENG **[18150]**
FERRALL : 1778+, TAS, AUS **[42238]** : ALL, ESS, ENG **[42238]**
FERRAND : 1700+, Bishopgate, LND, ENG **[28149]**
FERRAR : Jane 1842+ Hammersmith LND ENG **[25921]**
FERRE : ALL, USA, FRA & ENG **[22882]**
FERRELL : ALL, Holywood, DOW, IRL **[11092]**
FERRER : PRE 1766, Filleigh, DEV, ENG **[18702]**
FERRERA : 1880-1920, Shanghai, CHINA **[45360]**
FERRI : ALL, Trpanj, C & NZ **[21365]**
FERRIE : 1800-1900, DBY, ENG **[16706]** : 1800-1900, LKS, SCT **[16706]**
FERRIER : ALL, Aberlemno, ANS, SCT **[11092]** : 1770, Barry, ANS, SCT **[13014]** : ALL, Kinnell, ANS, SCT **[44060]** : 1788+, Montrose, ANS, SCT **[41443]** : John, C1770, Fettercairn, KCD, SCT **[37568]** : C1800, Glasgow, LKS, SCT **[34321]** : Alexander, 1795+, STI, SCT **[37568]**
FERRIS : ALL, New England, NSW, AUS **[32908]** : 1880+, Bundaberg & Brisbane, QLD, AUS **[46266]** : 1770-1870, Truro, CON, ENG **[46360]** : PRE 1850, Lyneham & Bradenstoke, WIL, ENG **[19254]** : PRE 1860, WIL & GLS, ENG **[35225]** : PRE 1900, Gateshead & Wallsend, NBL & DOW, ENG & IRL **[29416]** : 1700+, Larne, ANT, IRL **[14795]** : Mary, C1819, FER, IRL **[99106]** : PRE 1860, Enniskillen, FER, IRL **[14795]**
FERRY : 1859+, Maitland, NSW, AUS **[34626]** : PRE 1735, Chittlehampton, DEV, ENG **[18702]** : ALL, LND, ENG **[46416]** : PRE 1859, Falcarragh, DON, IRL **[34626]** : ALL, USA, FRA & ENG **[22882]**
FESTON : ALL, WORLDWIDE **[31646]**
FETHERGILL : ALL, WORLDWIDE **[36847]**
FETHERS : 1750-1850, Liverpool, LAN, ENG **[25322]**
FETHERSTON : 1860+, Coburg, ONT, CAN **[13481]** : Joseph, 1860-1886, Aylesbury, BKM, ENG **[13481]** : Jospeh, 1860-1886, Clifton, Bristol, SOM, ENG **[13481]** : 1800+, Mitchelstown & Cork, COR, IRL **[13481]** : 1650+, Longford, LOG, IRL **[13481]** : 1650+, Westmeath, WEM, IRL **[13481]** : 1850+, Glasgow, LKS, SCT **[13481]** : 1866+, Chicago, IL, USA **[13481]**
FETHERSTONE : 1780-1830, Dublin, IRL **[11661]**
FETTERS : 1800-1850, DON & LDY, IRL **[45291]**
FEUCHT : ALL, BAW, FRG **[22422]**
FEUERHERDT : PRE 1840, Carow, POS, GER **[26306]**
FEVAN : 1700-1800, SOM, ENG **[44196]**
FEVEN : 1700-1800, SOM, ENG **[44196]**
FEVER : 1750-1850, Benenden, KEN, ENG **[45037]**
FEVERS : C1800, YKS, ENG **[41270]**
FEVIAN : 1700-1800, SOM, ENG **[44196]**
FEVIEN : 1700-1800, SOM, ENG **[44196]**
FEVIN : 1700-1800, SOM, ENG **[44196]**
FEVRE : 1700-1850, Peterborough, NTH, ENG **[28536]**
FEW : ALL, Isle of Ely, CAM, ENG **[15409]**
FEWBERT : Mary, 1620-1650, Shapwick, DOR, ENG **[17203]**

FEWINGS : C1800, Devonport, DEV, ENG **[25930]**
FEWKES : ALL, Lambeth, SRY, ENG **[46362]**
FEWLASS : ALL, WORLDWIDE **[39874]**
FEWLESS : ALL, USA **[39874]**
FEWSTER : PRE 1800, Scarborough, YKS, ENG **[39092]**
FEWTRILL : ALL, WORLDWIDE **[30022]**
FFLAYE : 1500-1620, Calne, WIL, ENG **[32505]**
FFOWLE : PRE 1720, Egerton, KEN, ENG **[19275]**
FIASCHI : Alice, C1900+, Kings Cross, Sydney, NSW, AUS **[25921]**
FIBBENS : ALL, Steyning, SSX, ENG **[10822]**
FICARRA : PRE 1920, Perrina, LIPARI IS., ITL **[11661]**
FICHNER : Sarah, 1700S, Dover, KEN, ENG **[26817]**
FICK : ALL, Braddan, IOM, UK **[42782]** : ALL, German, IOM, UK **[42782]** : ALL, Patrick, IOM, UK **[42782]**
FICKE : ALL, Braddan, IOM, UK **[42782]** : ALL, German, IOM, UK **[42782]** : ALL, Patrick, IOM, UK **[42782]**
FIDDAMAN : PRE 1856, NFK, ENG **[46447]**
FIDDES : 1750-1900, Westruther & Morebattle, BEW & ROX, SCT **[20770]**
FIDDICK : 1800+, CON, ENG **[10956]**
FIDDLER : ALL, Preston, LAN, ENG **[42634]** : 1829+, Longhope, OKI, SCT **[14513]**
FIDLER : 1835+, TAS, AUS **[36643]** : 1840-1870, Glenorchy, TAS, AUS **[10394]** : John, 1790-1835, ENG **[36643]** : 1800-1850, Hazelgrove, CHS, ENG **[46439]**
FIELD : Thomas, 1800+, Mudgee, NSW, AUS **[46026]** : 1860+, Mudgee, NSW, AUS **[46026]** : 1900, Sydney, NSW, AUS **[28164]** : Wm & Emma, 1850S+, West Maitland, NSW, AUS **[10697]** : Jane, 1862-1893, Maryborough, QLD, AUS **[41221]** : 1820+, Hobart, TAS, AUS **[28081]** : PRE 1865, Geelong, VIC, AUS **[44279]** : George, 1782, Naigara & Susquehanna, ONT & PA, CAN & USA **[15513]** : 1850, ENG **[28164]** : 1770-1800, Burnham, BKM, ENG **[12641]** : 1800+, Olney, BKM, ENG **[18884]** : 1817+, Cambridge, CAM, ENG **[46269]** : Mary Ann, PRE 1860, Comberton, CAM, ENG **[41468]** : 1650-1750, Wolborough, DEV, ENG **[12641]** : 1750+, Wolborough, DEV, ENG **[46412]** : PRE 1837, Sunderland, DUR, ENG **[42645]** : 1700+, Laindon & Writtle, ESS, ENG **[19713]** : PRE 1800, HAM, ENG **[13960]** : Stephen, PRE 1800, Bighton, HAM, ENG **[13960]** : 1700-1822, Sandon, HRT, ENG **[19759]** : 1750-1900, Stevenage, HRT, ENG **[37809]** : James, 1750-1850, Herne & Whitstable, KEN, ENG **[39461]** : PRE 1827, Maidstone, KEN, ENG **[40218]** : 1800-50, Bolton, LAN, ENG **[30120]** : Edward, 1806+, Hackney & Lambeth, LND, ENG **[45736]** : 1800+, Westham, LND, ENG **[97805]** : Alice, 1700S, MDX & SOM, ENG **[10993]** : Mary Ann, C1785, Hockwold cum Wilton, NFK, ENG **[13153]** : William, PRE 1740, Hookwold cum Wilton, NFK, ENG **[13153]** : Thomas, PRE 1842, SOM, ENG **[44279]** : C1808, Ashwick, SOM, ENG **[25693]** : James, C1790+, Bath, SOM, ENG **[43566]** : 1800+, Chertsey & Egham, SRY, ENG **[21563]** : 1700-1850, Ticehurst, SSX, ENG **[45037]** : 1700-99, Erdington, WAR, ENG **[20057]** : ALL, WIL, ENG **[13231]** : ALL, Huddersfield, WRY, ENG **[42974]** : 1800-1900, Leeds, WRY, ENG **[17535]** : 1700-1850, Skelmanthorpe, WRY, ENG **[36242]** : 1700-1900, Dewsbury, YKS, ENG **[13326]** : 1850, Dublin, IRL **[16783]** : 1896-1970, Peddie, CAPE, RSA **[35294]** : Jane, 1819-1862, Glasgow & Rothesay, LKS & BUT, SCT **[41221]** : Rebecca, 1782, Susquehanna, PA, USA **[15513]** : ALL, WORLDWIDE **[38546]**
FIELDEN : PRE 1800, LAN, ENG **[31186]**
FIELDER : PRE 1850, Onondaga, ONT, CAN **[33564]** : PRE 1800, Riccall, ERY, ENG **[30981]** : 1800-1900, Bethnal Green, SRY, ENG **[26399]** : 1850+, Lambeth, SRY, ENG **[26399]** : PRE 1800, Beckley, SSX, ENG **[11344]** : Elizabeth, 1800+, Cork, COR, IRL **[10297]**
FIELDHOUSE : 1700-1880, WES, ENG **[41573]**

FIELDING : 1800-1900, Paulerspury, NTH, ENG **[30120]** : 1850+, Shaule, GAL, IRL **[40807]**
FIELDS : 1750-1900, LIN, ENG **[19876]** : 1800+, Clones, MOG, IRL **[41027]** : 1600+, Ballygawley, TYR, IRL **[38979]** : 1830-40S, Dundee, ANS, SCT & AUS **[44689]** : John, 1760-1800, Russell, VA, USA **[24674]** : 1790+, VA & KY, USA **[23128]** : 1790+, USA & UK **[23128]**
FIELDSEND : ALL, DBY, ENG **[38259]** : 1860-1930, Sheffield, WRY, ENG **[45534]** : ALL, Hull & Morley, YKS, ENG **[38259]** : PRE 1822, Rotherham & Wakefield, YKS, ENG **[38259]**
FIEST : 1600+, Horsham, SSX, ENG **[15464]**
FIEVE : 1853+, BEL **[39167]** : 1890, London, ENG **[39167]**
FIFE : 1790+, Forfar, ANS, SCT **[12641]** : C1860, Paisley, RFW, SCT **[34651]** : ALL, WORLDWIDE **[18851]**
FIFIELD : PRE 1840, Gloucester, GLS, ENG **[25072]** : 1820S, Pershore, WOR, ENG **[39573]**
FIGG : ALL, St.Albans, HRT, ENG **[37603]** : C1754, Iping, SSX, ENG **[19816]**
FIGGINS : C1720-1840, Vernhams Dean, HAM, ENG **[10850]**
FIGTREE : C1904, Sydney, NSW, AUS **[29479]**
FILBY : 1863-1932, Grenfell, NSW, AUS **[11270]** : 1842+, Sydney, NSW, AUS **[11270]** : 1857, Bethnal Green, MDX, ENG **[11270]** : ALL, Easton, NFK, ENG **[11270]**
FILCOCK : ALL, Macclesfield, CHS, ENG **[29471]**
FILES : 1850+, VIC, AUS **[43779]** : PRE 1850, Eccles, LAN, ENG **[46128]** : PRE 1850, SOM, ENG **[43779]** : PRE 1837, Bristol, SOM, ENG **[19568]**
FILLERY : George, 1836, Hartfield, SSX, ENG **[25533]** : 1600-1750, Slaugham, SSX, ENG **[45883]**
FILLINGHAM : PRE 1900, Prescot & St.Helens, LAN, ENG **[19964]** : C1700, LIN, ENG **[28340]**
FILLIS : 1750-1860, BRK & WIL, ENG **[36533]**
FILLITER : 1830S+, Belleville, ONT, CAN **[39368]**
FILMER : PRE 1840, ENG **[39027]** : ALL, Cliffe, KEN, ENG **[34277]**
FILSELL : C1800, Keysoe, BDF, ENG **[22182]**
FILSON : PRE 1860, DOW, IRL **[39027]**
FILTNESS : ALL, WORLDWIDE **[38326]**
FINCH : 1750-1900, London, ENG **[39445]** : PRE 1800, BKM, ENG **[19270]** : 1750-1800, ESS, ENG **[34790]** : 1750-1850, ESS, ENG **[39522]** : 1780+, Chelmsford, ESS, ENG **[17998]** : 1780+, Little Waltham, ESS, ENG **[18273]** : 1600-1720, Oxenton, GLS, ENG **[30138]** : Sarah, C1780, Gosport, HAM, ENG **[44085]** : PRE 1900, Croston & Parbold, LAN, ENG **[36983]** : PRE 1810, Thorpe Abbotts, NFK, ENG **[42969]** : 1800S, Britwell, OXF, ENG **[33245]** : PRE 1880, SFK, ENG **[26981]** : PRE 1900, SFK, ENG **[39312]** : PRE 1850, Richmond, SRY, ENG **[32907]** : 1900-1930, Cincinnati, OH, USA **[30138]**
FINCHAM : PRE 1905, London, ENG **[45317]** : PRE 1600, Isleham, CAM, ENG **[33428]** : PRE 1600, Terling, ESS, ENG **[43840]** : ALL, Attleborough, NFK, ENG **[42745]** : 1700-1850, Larling, NFK, ENG **[36033]** : ALL, WORLDWIDE **[42170]**
FINCHER : 1800-1900, AUS **[35042]** : 1500-1900, ENG **[35042]** : 1700+, Quarrendon, BKM, ENG **[23367]** : 1750+, Shoreditch, MDX, ENG **[20742]**
FINCHERS : 1850+, London, ENG **[15944]** : 1600+, Tring, HRT, ENG **[15944]**
FINDEMOIS : 1885+, Chaulnes, PIC, FRA **[12382]**
FINDER : Priscilla, 1750-1800, Okeford Fitzpaine, DOR, ENG **[17203]**
FINDLATER : ALL, IRL **[13231]** : ALL, WIG, SCT **[13231]**
FINDLAY : PRE 1850, Bermondsey, LND, ENG **[99177]** : PRE 1840, Rotherhithe, SRY, ENG **[99177]** : 1788, Brechin, ANS, SCT **[13591]** : John, PRE 1865, Dundee, ANS, SCT **[46388]** : 1788-1875, Montrose, ANS, SCT

[13591] : Jane, 1840+, Montrose, ANS, SCT [21955] : C1710, Kilmarnock, AYR, SCT [25693] : PRE 1770, Loudoun, AYR, SCT [40768] : 1750+, Sorn & Catrine, AYR, SCT [36800] : Alexander, C1860, Elgin, INV, SCT [33416] : 1700-1800, KCD, SCT [10273] : 1800+, LKS, SCT [43772] : Wm Seggie, 1860+, Edinburgh, MLN, SCT [33564] : 1780-1830, Paisley, RFW, SCT [15301] : 1840S, Dalmeny, WLN, SCT [33564]

FINDON : 1700-1800, BDF, ENG [44105]

FINDON (see One Name Section) [41512]

FINELETTER : 1835-1880, TAS, AUS [46300] : 1835-1880, VIC, AUS [46300] : 1770-1850S, ENG [46300]

FINET : ALL, WORLDWIDE [38019]

FININLEY : ALL, WRY, ENG [30589]

FINKBEINER : PRE 1575, Baiersbronn, WUE, GER [37759]

FINKLE : 1800-1900, DUR, ENG [18657] : 1800-1900, YKS, ENG [18657]

FINLATOR : Elizabeth, 1800S, Glasgow, LKS, SCT [16938]

FINLAY : 1863+, AUS [13231] : John & Margt, 1848+, Melbourne, VIC, AUS [28140] : Isabella, C1826, Durham, DUR, ENG [10035] : PRE 1800, Alnwick, NBL, ENG [45758] : 1825+, LND, ENG & AUS [44689] : C1830S, Kildallen, CAV, IRL [11860] : 1790-1890, Red Hills, CAV, IRL [46212] : C1830S, Templeport, CAV, IRL [11860] : PRE 1862, Clare, DOW, IRL [20729] : ALL, Clare & Tullylish, DOW, IRL [21563] : John, PRE 1848, LIM, IRL [28140] : Robert, 1800-50, Dundee, ANS, SCT [46388] : John, PRE 1865, Dundee, ANS, SCT [46388] : C1710, Kilmarnock, AYR, SCT [25693] : C1790, FIF, SCT [46324] : PRE 1900, Dairsie, FIF, SCT [29497] : Margaret, 1836, KKD, SCT [40055] : ALL, WRY, SCT [13231] : John, PRE 1833, Carriden, WLN, SCT [44111]

FINLAYSON : John, 1790+, Carmichael, LKS, SCT [21971] : 1800S, Edinburgh, MLN, SCT [42466] : Janet, 1840, Inveresk, MLN, SCT [14760]

FINLEY : Mathew, C1820, London, ENG [10649] : 1860+, Bathgate, MLN, SCT [99318]

FINLOW : 1700-1840, Stafford, STS, ENG [17977]

FINMORE : PRE 1604, Brinkworth, WIL, ENG [30302]

FINN : 1940-1989, Manly, Sydney, NSW, AUS [12386] : C1666, Chilham, KEN, ENG [14542] : 1840-1940, Bethnal Green, LND, ENG [39155] : PRE 1850, Rye, SSX, ENG [20949] : 1825-1940, Saxony, GER [22698] : 1700-2000, KER, IRL [43491] : PRE 1842, Castlegregory, KER, IRL [11024] : Michael, C1770, Tralee, KER, IRL [10649] : 1900+, Southland, NZ [21712] : C1825-1940, Dutchess Co. & Ulster Co., NY, USA [22698]

FINNEGAN : Michael, C1869, Williamstown & Ballymoe, GAL, IRL [26823]

FINNEMORE : 1700-1850, Birmingham, WAR, ENG [16559]

FINNER : ALL, IRL [11938]

FINNETT : PRE 1869, Bethnal Green, LND, ENG [44111] : ALL, WORLDWIDE [38019]

FINNEY : 1850+, Gresley, LEI, ENG [19713] : 1800-2000, STS, ENG [19368]

FINNIE : 1850+, VIC, AUS [20970] : 1800+, Aberdeen, ABD, SCT [20970] : 1772+, Old Deer, ABD, SCT [30182]

FINNIGAN : 1830-1880, Whitehaven, CUL, ENG [28670] : ALL Newcastle upon Tyne NBL ENG [28670]

FINNIKIN : William, 1809, Alton, STS, ENG [16822] : ALL, WORLDWIDE [43317]

FINNINGLEY : ALL, WRY, ENG [30589]

FINNISS : 1800+, NB, CAN [99433] : 1750+, KEN, ENG [99433]

FION : PRE 1800, LOR, FRA [20178]

FIRBANK : ALL, Leeds, WRY, ENG [18549]

FIRMAN : 1800-1900, East Hanningfield, ESS, ENG [34651] : 1700-1780, Bury St.Edmunds, SFK, ENG [32009]

FIRMIN : 1700, Tollehunt Major, ESS, ENG [17704] : PRE 1750, Tollehunt Major, ESS, ENG [14715] : 1680-1750, ESS & SFK, ENG [17191] : 1800+, Cavendish, SFK & MDX, ENG [39307]

FIRMSTONE : 1664-1679, Ellesmere, SAL, ENG [14184] : ALL, WORLDWIDE [14184]

FIRNS : 1780+, STS, ENG [46328]

FIRSTBROOK : 1820S, St.Erth, CON, ENG [46116]

FIRTH : 1800, NSW, AUS [46198] : William, PRE 1847+, Parramatta, NSW, AUS [10998] : 1860+, Mount Surprise, QLD, AUS [42277] : 1900, Adelaide, SA, AUS [46198] : 1800S, Mount Elephant, VIC, AUS [11411] : 1875+, Manchester, LAN, ENG [26870] : PRE 1900, WRY, ENG [46455] : PRE 1800, Barnsley, WRY, ENG [16233] : PRE 1795, Clayton, WRY, ENG [10740] : PRE 1850, Huddersfield, WRY, ENG [42277] : 1860+, Rotherham & Sheffield, WRY, ENG [45209] : 1720-1760, Sowerby, WRY, ENG [44241] : C1780, Cliff, YKS, ENG [39573] : 1650-1800, Slaithwaite, YKS, ENG [31826] : Thomas Henry, C1845, St.Martin Nicklesgate, YKS, ENG [26870] : C1690, Wath-on-Dearne, YKS, ENG [41370] : 1900+, AUCK, NZ [42112]

FISCHEL : ALL, CZ [10301]

FISCHER : 1800S, Gunnedah, NSW, AUS [33245] : 1895+, Hunter River, NSW, AUS [11060] : 1850+, Lower Clarence, NSW, AUS [99036] : Christian, PRE 1800, Hobaeck, DEN [45769] : 1880+, Salford, LAN, ENG [15289] : PRE 1800, Kochensteinfeld, GER [30302] : PRE 1870, Hannover, HAN, GER [41128] : PRE 1840, Hirschfeld, KSA, GER [33567] : ALL, Marxhagen, RAMBOW, GER [13994] : 1680+, Neckarsulm, WUE, GER [14032]

FISH : C1920, Leichhardt, NSW, AUS [11011] : 1855+, Sydney, NSW, AUS [11011] : 1800+, Wilden, BDF, ENG [21321] : PRE 1799, Thorley, HRT, ENG [45631] : PRE 1850, Blackburn & Darwen, LAN, ENG [43844] : C1823, Thornton Curtis, LIN, ENG [18378] : 1880, SFK, ENG [13694]

FISHER : Marg Sinclair, 1914-1930, AUS [39581] : Herbert, 1850+, Sydney, NSW, AUS [11543] : Charles, 1867+, Port Lincoln, SA, AUS [35988] : 1800S, Sorell, TAS, AUS [42542] : Mary, 1850+, Melbourne, VIC, AUS [11543] : Wm Ramsey, 1900+, Melbourne, VIC, AUS [35988] : William, 1850+, Wangaratta, VIC, AUS [36260] : Thomas, 1855+, BC, CAN [16867] : 1585+, ENG [11736] : C1900, All, ENG [43523] : Archibald, 1800+, London, ENG [13188] : Annie, C1833, Flitwick, BDF, ENG [45999] : Robert, C1800, BKM, ENG [10649] : 1800-1900, Childrey & Lyford, BRK, ENG [44241] : 1700-1850, Leckhampstead, BRK, ENG [39271] : 1800S, Maidenhead, BRK, ENG [46460] : Robert, 1800+, Doddington, CAM, ENG [43843] : Robert, PRE 1840, Doddington, CAM, ENG [43843] : 1800+, Graveley, CAM, ENG [31720] : C1850-1875, Birkenhead, CHS, ENG [30996] : PRE 1800, Beckermet & Whitehaven, CUL, ENG [46200] : Stephen, C1730, Crosthwaite, CUL, ENG [13153] : John, PRE 1850, Harrington, CUL, ENG [36260] : Henry, 1770+, Whitehaven, CUL, ENG [14290] : Elizabeth, 1850S, Whitehaven, CUL, ENG [18806] : PRE 1800, Belper, DBY, ENG [35015] : 1840+, Horsley Woodhouse, DBY, ENG [21655] : Edward Wm, 1840+, ESS, ENG [17973] : Adolphus, 1880+, Colchester, ESS, ENG [13065] : Thomas, 1790-1860S, Bristol, GLS, ENG [46362] : PRE 1845, Bristol, GLS, ENG [36115] : 1650+, Uley & Dursley, GLS, ENG [13004] : 1600-1750, Hurstbourne Priors, HAM, ENG [10850] : PRE 1920, Sandon & Therfield, HRT, ENG [39564] : PRE 1800, KEN, ENG [18688] : 1800+, Frindsbury, KEN, ENG [20936] : PRE 1793, Teston, KEN, ENG [10740] : Ann Mary, PRE 1835, LAN, ENG [35297] : Catherine, 1884-1920, Ashton under Lyne, LAN, ENG [26761] : Flossie, 1884-1920, Chorlton cum Medlock, LAN, ENG [26761] : 1830+, Habergham Eaves, LAN, ENG [26761] : Martha, 1791, Warrington, LAN, ENG [42890] : Samuel, C1791, Warrington, LAN, ENG [42890] : C1800, Beckingham, LIN, ENG [37499] : 1800S, Holborn, LND,

FIS

ENG **[30876]** : Thomas, 1901, Islington, LND, ENG **[13065]** : 1800+, South Hackney, LND, ENG **[20936]** : PRE 1816, Stepney & Whitechapel, LND, ENG **[44111]** : PRE 1850, Tooting, LND, ENG **[13034]** : William James, 1900S, Walworth, LND, ENG **[10993]** : George, 1790-1820, Chelsea & Soho, LND & MDX, ENG **[10114]** : Henry, 1800+, MDX, ENG **[17973]** : Edward Wm, 1840+, MDX, ENG **[17973]** : 1850-1855, Hammersmith, MDX, ENG **[30896]** : 1800S, London, MDX, ENG **[42542]** : 1853-1960, Notting Hill, MDX, ENG **[30896]** : PRE 1860, Diss & Gissing, NFK, ENG **[45735]** : 1850+, Kings Lynn, NFK, ENG **[40925]** : 1700+, Norwich, NFK, ENG **[46460]** : 1800S, Oxford, OXF, ENG **[36655]** : James, 1880+, Bures, SFK, ENG **[13065]** : John, 1837-1910, Newmarket, SFK, ENG **[26761]** : John, 1800-1900, Ousden, SFK, ENG **[26761]** : PRE 1780, Monkton Combe, SOM, ENG **[33664]** : Walter, 1753, Camberwell, SRY, ENG **[10993]** : John & Sarah, PRE 1800, Camberwell, SRY, ENG **[10993]** : ALL, Chertsey, SRY, ENG **[30896]** : Green, 1700S, Newington, SRY, ENG **[10993]** : ALL, Birmingham, WAR, ENG **[43879]** : PRE 1900, Birmingham, WAR, ENG **[30248]** : 1700-1861, Kendal, WES, ENG **[18818]** : 1732-1868, Kendal, WES, ENG **[18818]** : 1780, Kendal, WES & CUL, ENG **[39856]** : PRE 1846, High Green, WRY, ENG **[46422]** : PRE 1814, Sheffield, WRY, ENG **[17626]** : 1800+, Kileena, WEX, IRL **[20401]** : 1880S, Wanganui, WAN, NZ **[40925]** : C1887, Mossell Bay, CAPE, RSA **[21084]** : C1880, Pretoria, TVL, RSA **[21084]** : PRE 1780, SCT **[22248]** : 1810S, Rothesay, BUT, SCT **[30724]** : William, 1835, Kinghorn, FIF, SCT **[28151]** : John, 1850-1874, Greenock, RFW, SCT **[39581]** : David, 1874-1914, Greenock, RFW, SCT & ALL **[39581]** : Elisabeth, 1817-1900, Dumfries & Perth, DFS, PER & ONT, SCT & CAN **[31446]** : Adelia Eliza, PRE 1838, Schenectady Co. & Albany Co., NY, USA **[37445]** : Thomas, 1830S, Newport, MON, WLS **[46362]**

FISHLOCK : PRE 1785, Steeple Ashton, WIL, ENG **[11866]** : C1800-50S, Wilcot, WIL, ENG **[42897]**
FISHWICK : 1770-1850S, Whitby, YKS, ENG **[46300]** : 1780-1850, Whitby, YKS, ENG **[34747]** : 1850-1950, Hokitka, WLN, NZ **[34747]**
FISK : 1830, Acton & Bloomsbury, MDX, ENG **[20975]** : 1780+, Blundeston, SFK, ENG **[45183]** : ALL, Butley, SFK, ENG **[46479]** : 1850+, Hoxne, SFK, ENG **[31079]** : PRE 1850, Rumburgh, SFK, ENG **[19457]** : Charles, 1800+, Streatham, SRY, ENG **[45154]** : Charles, 1884+, Streatham, SRY, ENG **[45154]** : Harry, 1890, Streatham, SRY, ENG **[45154]**
FISON : ALL, Ely, CAM, ENG **[46341]**
FITALL : Richard, PRE 1830, Dover & Acrise, KEN, ENG **[41471]**
FITCH : 1780+, Colchester, ESS, ENG **[12415]** : 1876+, Wethersfield, ESS, ENG **[33283]**
FITGIBBON : 1840S, Ennis, CLA, IRL **[46434]**
FITNESS : ALL, KEN & SSX, ENG **[46255]** : ALL, WORLDWIDE **[38326]**
FITT : PRE 1810, ENG **[30773]** : 1810, Shoreditch, LND, ENG **[18340]** : Horace, 1900S, London, MDX, ENG **[45042]** : C1700-1830S, Mattishall, NFK, ENG **[42897]** : PRE 1850, Norwich, NFK, ENG **[11280]** : 1840+, Auckland, NZ **[11280]**
FITTOCK : 1900S, Aberdeen, NSW, AUS **[42375]**
FITTON : ALL, Middleton, LAN, ENG **[25628]**
FITZ : C1800-1880, Grimsby, LIN & ESS, ENG **[33628]**
FITZ EUSTACE : 1123, Knaresborough, YKS, ENG **[19759]**
FITZAKERLEY : ALL, Worksop, NTT, ENG **[20495]**
FITZAKERLEY (see One Name Section) **[20495]**
FITZGERALD : Michael, 1890+, Cobar, NSW, AUS **[31762]** : 1929+, Kahibah, NSW, AUS **[31762]** : 1840+, Monaro, NSW, AUS **[10564]** : Charlotte, 1910, North Sydney, NSW, AUS **[31676]** : 1860+, Windsor, NSW, AUS **[31695]** : 1860+, Wollongong, NSW, AUS **[20862]** : Charles, 1875+, Brisbane, QLD, AUS **[41676]** :

Patrick, 1883+, Brisbane, QLD, AUS **[38132]** : Ida & Ethel, 1883+, Idatown, QLD, AUS **[31762]** : David, 1876+, Bendigo, VIC, AUS **[31762]** : Patrick, PRE 1898, Bendigo, VIC, AUS **[31762]** : 1840-1870, Kyneton, VIC, AUS **[20965]** : Patrick, 1841+, Melbourne, VIC, AUS **[31762]** : Daisy, 1880+, Sandhurst, VIC, AUS **[31762]** : PRE 1845, NB, CAN **[22683]** : 1700-1890, Hants Co. & New England, NS, CAN **[45280]** : ALL, DUR, ENG **[30612]** : C1900, Shenley, HRT, ENG **[19392]** : Wm Maurice, 1843, St.Pancras, MDX, ENG **[10993]** : 1700-1740S, Berwick on Tweed, NBL, ENG **[19865]** : 1700-1740S, Newcastle on Tyne, NBL, ENG **[19865]** : 1750-1830, Norwich, NFK, ENG **[30120]** : C1810-1850, Bradford & Leeds, YKS, ENG **[40569]** : 1700-1900, IRL **[27140]** : 1760, Dublin, IRL **[46216]** : 1800+, Dublin, IRL **[37713]** : 1830+, Waterford, IRL **[21131]** : C1840, Leighlinbridge, CAR, IRL **[99012]** : Ellen, 1815, CLA, IRL **[46325]** : PRE 1883, Ballyvaughan, CLA, IRL **[38132]** : PRE 1860, COR, IRL **[31695]** : 1790-1880S, Ballintlea, COR, IRL **[22835]** : 1790-1880S, Ballyvisteen, COR, IRL **[22835]** : 1790-1880S, Buttevant, COR, IRL **[22835]** : 1790-1880S, Castletownroche, COR, IRL **[22835]** : 1790-1880S, Clogher & Shenagh, COR, IRL **[22835]** : 1700-1880S, Doneraile, COR, IRL **[22835]** : 1790-1880S, Fabahy, COR, IRL **[22835]** : 1790-1880S, Kildorrery, COR, IRL **[22835]** : 1790-1880S, Killavullen, COR, IRL **[22835]** : 1790-1880S, Monanimy, COR, IRL **[22835]** : Jeremiah, C1832, Shanbally, COR, IRL **[13026]** : 1800-1900, Shanballymore, COR, IRL **[22835]** : 1790-1880S, St.Nathlash, COR, IRL **[22835]** : 1790-1880S, Tankardstown, COR, IRL **[22835]** : 1790-1880S, Wrensborough, COR, IRL **[22835]** : PRE 1880, Two Gneeves, COR & KER, IRL **[22683]** : PRE 1843, Castlemain & Dingle, KER, IRL **[46251]** : 1800+, Newtownsandes, KER, IRL **[29747]** : 1700-1850, Tralee, KER, WAT & DUB, IRL **[14296]** : ALL, Firmount & Clane, KID, IRL **[42226]** : 1700-1850, LIM, IRL **[43903]** : Mary, PRE 1800+, Bruff, LIM, IRL **[11546]** : Rev Patrick, 1807-1857, Cahircorney & Ballingoola, LIM, IRL **[10114]** : 1800+, Camas & Bruff, LIM, IRL **[12420]** : PRE 1808, Loghill, LIM, IRL **[31762]** : 1750+, Newcastle West, LIM, IRL **[35444]** : ALL, Rathjordan, LIM, IRL **[44256]** : ALL, Rossmore, TIP, IRL **[36115]** : Thomas, PRE 1880, Rossmore & Glenough, TIP, IRL **[45833]** : Mary, 1823+, Waterford, IRL & AUS **[45541]** : Mary, 1815-1895, Kilfenora, CLA, IRL & AUS **[29867]** : James, 1830S, Dublin, DUB & VIC, IRL & AUS **[11912]** : Mary, 1800-1825, Clonmel & Sydney, WAT & NSW, IRL & AUS **[10272]** : 1900+, Dunedin, OTG, NZ **[20965]** : 1870-1910, Macetown, OTG, NZ **[20965]** : 1872-2005, Wellington, WTN, NZ **[46251]** : 1858-1940S, Peddie, CAPE, RSA **[35294]** : 1800-1910, New Orleans, LA, USA **[27140]** : 1915-1970, Boston, MA, USA **[23523]** : 1850+, Swansea, GLA, WLS **[46500]**
FITZGIBBON : 1800-1950, NSW, AUS **[35039]** : Johanna, 1820-1889, Orange, NSW & LIM, AUS & IRL **[10367]** : 1870-1900, London, ENG **[41950]** : 1820S, Limerick, IRL **[10367]** : 1840S, Ennis, CLA, IRL **[46434]** : John, 1836, Newtown Sands, KER, IRL **[27686]** : ALL, LIM, IRL **[21196]** : ALL, Waterford City, WAT, IRL **[46195]**
FITZHENRY : 1800S, Graiguenamanagh, KIK, IRL **[39102]** : 1800+, Oulart, WEX, IRL **[46116]** : 1860S+, Christchurch, NZ **[46116]**
FITZJOHN : ALL, HRT, ENG **[37116]** : 1800+, North Woolwich, KEN, ENG **[97805]** : PRE 1850, Peterborough, NTH, ENG **[39429]**
FITZMAURICE : Honora, 1800+, Port Neuf, QUE, CAN & IRL **[32132]**
FITZPATRICK : Susannah, C1844, Braidwood, NSW, AUS **[28151]** : Peter, 1800S, Burragorang, NSW, AUS **[27701]** : Thomas, 1840-1890, Forbes, NSW, AUS **[38542]** : ALL, VIC, AUS **[46300]** : 1850+, Kilmore, VIC, AUS **[13336]** : 1880+, Kyabram, VIC, AUS **[13336]** : Wilhelmina, 1890+, Richmond, VIC, AUS **[12650]** : John, 1895+, Footscray, VIC, NSW & QLD,

AUS **[32996]** : James, 1800-1850, Melbourne, VIC, TAS & FER, AUS & IRL **[10272]** : C1830-1862, Rexton & Richibucto, NB, CAN **[20661]** : Esther, C1869-1886, Manchester, LAN, ENG **[46245]** : Mary, 1849, IRL **[28013]** : Peter, PRE 1819, Dublin, IRL **[27701]** : 1800-1950, CLA, IRL **[36710]** : PRE 1850, Ballyglass, CLA, IRL **[12707]** : 1813+, Sixmilebridge, CLA, IRL **[28098]** : C1830, Churchtown, COR, IRL **[31761]** : PRE 1850, Cork & Dublin, COR & DUB, IRL **[40871]** : John, 1791, FER, IRL **[10102]** : ALL, Drummully, FER, IRL **[46195]** : Susannah, C1817, Magheraculmoney, FER, IRL **[28151]** : Thomas, 1820-1860, LEX, IRL **[38542]** : PRE 1840, Wexford, WEX, IRL **[45949]** : 1800-1880S, SCT **[46300]**

FITZRICHARD : 1155, Warkworth, NTH, ENG **[19759]**
FITZSIMMONDS : PRE 1880, Burslem, STS, ENG & IRL **[31017]**
FITZSIMMONS : 1910+, Sydney, NSW, AUS **[24382]** : 1837+, Clontarf, DUB, IRL **[11781]** : PRE 1810, Omagh, TYR, IRL **[32405]**
FITZSIMONS : 1800+, Downpatrick, Newry, DOW, IRL **[24382]**
FITZWALTER : PRE 1800, Brixton, DEV, ENG **[46275]**
FIXTER : 1850+, Puslinch & London, ONT, CAN **[15931]** : C1850+, Middlesbrough, DUR, ENG **[46495]** : 1750+, Leverton, LIN, ENG **[15931]**
FLACK : C1780, Bottisham, CAM, ENG **[25693]** : 1750-1900, Burwell, CAM, ENG **[39271]** : C1800, Cambridge, CAM, ENG **[25693]** : 1780S+, ESS, ENG **[11628]** : ALL, LND, ENG **[31646]** : 1850+, Clerkenwell, LND, ENG **[12084]** : 1700+, St.Andrews Holborn, MDX, ENG **[36368]** : PRE 1840, SOM, ENG **[17933]** : C1820, Southwark, SRY, ENG **[12084]** : ALL, WORLDWIDE **[26135]**
FLACKE : C1749, Babraham, CAM, ENG **[25693]**
FLADGATE : PRE 1830, Worplesdon, SRY, ENG **[11866]**
FLAHERTY : 1800S, Ennis, CLA, IRL **[46434]** : 1800+, Clooniff, GAL, IRL **[29720]** : 1800+, Stacks Mountain, KER, IRL **[36261]** : PRE 1836, Tralee, KER, IRL **[33237]** : 1850+, CA & PA, USA **[42282]**
FLAHEY : ALL, Stepney, LND, ENG **[20974]**
FLAMANK : ALL, CON, ENG **[14030]** : ALL, CON, ENG & AUS **[12391]**
FLAMSTON : Elizabeth, PRE 1810, ENG **[25616]**
FLAMWELL : 1700-1800, Wolston, WAR, ENG **[18670]**
FLANAGAN : 1833+, NSW, AUS **[41244]** : Hugh, 1860+, Moonbi, NSW, AUS **[26246]** : 1800S, Broadmeadow, VIC, AUS **[41420]** : 1700+, NS, CAN **[41244]** : 1750+, ENG **[41244]** : ALL, CLA, IRL **[36710]** : Hugh, 1800S, Drogheda, LOU, IRL **[26246]** : C1780, OFF, IRL **[10277]** : Mary, 1840-1940, Glasgow, LKS, SCT **[39581]** : ALL, WORLDWIDE **[13231]**
FLANDERS : Margaret, 1854+, Sydney, NSW, AUS **[45127]** : C1730, Downham, CAM, ENG **[17037]** : 1870+, Crewe, CHS, ENG **[41037]** : 1680-1950, Navestock, ESS, ENG **[41136]** : PRE 1810, South Weald, ESS & ALL, ENG **[46490]** : PRE 1800, St.Neots, HUN, ENG **[27920]** : 1821+, Peterborough, NTH, ENG **[41037]**
FLANIGAN : PRE 1862, Goulburn, NSW, AUS **[28006]** : 1860+, Wagga Wagga, NSW, AUS **[28006]** : PRE 1840, IRL **[28006]** : 1800S, Drogheda, LOU, IRL **[26246]** : 1822, Mullingar, WEM, IRL **[34112]**
FLANN : 1700-1900, Portland, DOR, ENG **[19880]** : 1660-1900, Portland & Wyke Regis, DOR, ENG **[19713]**
FLANNAGAN : John, 1838-82, Melbourne & Manchester, VIC & LAN, AUS & ENG **[26430]** : Cornelius, 1810+, Scarriff, CLA, IRL **[46246]**
FLANNAGHAN : 1930+, Wellington & Lower Hutt, WTN, NZ **[21712]**
FLANNERY : John, 1846-1878, Hobart , Geelong & Richmond, TAS & VIC **[12490]** : Mary, 1851-1874, Hobart, Geelong & Richmond, TAS & VIC, AUS **[12490]** : PRE 1900, Limerick, LIM, IRL **[15929]** : John, 1823-1846, Tipperary & Cork, TIP & COR, IRL **[12490]**
FLANNIGAN : Cath, 1830S, LIM, IRL **[11912]**
FLARNA : 1700+, WORLDWIDE **[46497]**
FLASHMAN : ALL, WORLDWIDE **[19744]**
FLASHMAN (see One Name Section) **[19744]**
FLATMAN : PRE 1850, Redgrave & Wortham, SFK, ENG **[35042]**
FLATT : Edith, 1700S, ENG **[19497]** : PRE 1850, Linstead, SFK, ENG **[37066]**
FLAVELL : ALL, Little Bowden, LEI & NTH, ENG **[18569]** : 1750+, Birmingham, WAR, ENG **[19429]**
FLAVIA : Paola, 1850-1943, MALTA **[10604]**
FLAVIN : Mary, 1835+, Fermoy, COR, IRL **[10883]**
FLAXMAN : 1800-2000, ESS, ENG **[14463]** : PRE 1826, Ringstead, NFK, ENG **[14127]** : ALL, Trunch, NFK, ENG **[14127]**
FLAY : C1820, Appleshaw, HAM, ENG **[21828]** : Selina, 1851, Bath, SOM, ENG **[21828]** : 1600-1900, Calne, WIL, ENG **[32505]** : John, C1815, Calne, WIL, ENG **[25700]**
FLEA : Hannah, 1754, Sidbury, DEV, ENG **[40055]**
FLECKNER : 1800S, Thrapston, NTH, ENG **[30876]**
FLEEGE : PRE 1850, Drense, BRA, GER **[14120]**
FLEEMING : C1780, Airlie, ANS, SCT **[25693]**
FLEET : ALL, Kensington, LND, ENG **[41146]**
FLEETWOOD : John, PRE 1750, Ashstead, SRY, ENG **[25046]** : PRE 1850, Stratford upon Avon, WAR, ENG **[44223]**
FLEGG : 1847+, Sydney, NSW, AUS **[11476]** : C1860, Kings Lynn, NFK, ENG **[46447]**
FLEGLER : Valentin, PRE 1850, Hohefeld, BAD, GER **[10054]**
FLEINER : 1853+, Albury, NSW, AUS **[14032]** : 1860+, Mount Perry, QLD, AUS **[14032]** : 1900+, Melbourne, VIC, AUS **[14032]** : 1685+, Kocherturn, WUE, GER **[14032]** : 1710-1850, Neckarsulm, WUE, GER **[14032]**
FLEISCHER : 1773+, Krumher Mersdorf, KMS, DDR **[27180]**
FLEMING : 1850+, Sydney, NSW, AUS **[26335]** : 1860+, SA, AUS **[26335]** : 1840+, Elgin, ONT, CAN **[15521]** : Joseph, PRE 1791, ENG **[14029]** : 1700-1900, HAM, ENG **[26335]** : PRE 1850, St.Helens, LAN, ENG **[13622]** : 1700-1750, Urswick in Furness, LAN, ENG **[31826]** : Mary, C1725, OXF, ENG **[39471]** : PRE 1805, IRL **[20068]** : 1840+, Dublin, IRL **[37713]** : Lucy, C1800, Montrose, IRL **[28188]** : C1800, Drumbess, CAV, IRL **[12084]** : PRE 1850, Castlecomer, KIK, IRL **[13347]** : Catherine, PRE 1814, Kilronan, ROS, IRL **[10565]** : 1540+, Biggar, SCT **[11011]** : C1780, Airlie, ANS, SCT **[25693]** : 1700, Irvine, AYR, SCT **[15464]** : 1801, LKS, SCT **[99147]** : 1600-1800, Biggar, LKS, SCT **[18005]** : 1850+, Glasgow, LKS, SCT **[40135]** : ALL, Hamilton, LKS, SCT **[11043]** : C1850, Hamilton, LKS, SCT **[13622]** : 1750-1850, Stonehouse, LKS, SCT **[13326]** : 1800+, Edinburgh, MLN, SCT **[44932]** : Elizabeth, 1850+, Kilmacolm, RFW, SCT **[15885]** : 1868+, Falkirk, STI, SCT & AUS **[40052]**
FLEMYNG : 1750+, Dublin, IRL **[36161]**
FLESCH : John L., PRE 1840, Boverath, GER **[26458]**
FLESHER : 1870-1970, Cleveland, OH, USA **[22440]**
FLESSER : 1817, Schneidliberg, PRE, GER **[13845]**
FLETCHER : Henry Mossop, 1886+, AUS **[20793]** : Geo & Lucretia, C1830, Sydney, NSW, AUS **[42479]** : 1843, Ultimo, NSW, AUS **[46308]** : Daniel, 1750+, Sackville, NS, CAN **[33952]** : 1750-1900, Isleham, CAM, ENG **[19471]** : Cecil, C1890-C1970, Wrexham, CHS, ENG **[20793]** : 1600-1700, Creed, CON, ENG **[45142]** : ALL, DBY, ENG **[41370]** : C1750-1850, Chesterfield, DBY, ENG **[46253]** : Hannah, PRE 1758, Denby, DBY, ENG **[31003]** : 1850-2000, Ilkeston, DBY, ENG **[41370]** : ALL, Kirk Hallam, DBY, ENG **[41370]** : PRE 1848, Mapperley, DBY, ENG **[34704]** : ALL, West Hallam,

DBY, ENG **[41370]** : 1850+, Portsmouth, HAM, ENG **[46233]** : ALL, HAM, SSX & SRY, ENG **[42641]** : PRE 1800, HUN & CAM, ENG **[35186]** : 1808+, Gravesend, KEN, ENG **[27919]** : Nancy, PRE 1900, LAN, ENG **[25046]** : 1740S-1790S, Bolton, LAN, ENG **[37978]** : Col. Ralph, 1758-1832, Bolton, LAN, ENG **[39429]** : ALL, Manchester, LAN, ENG **[46479]** : Mary, C1809-1860, Manchester, LAN, ENG **[27325]** : Joshua, 1760-1808, Crowland, LIN, ENG **[20793]** : George F., 1869-1904, Crowland, LIN, ENG **[20793]** : 1700-1950, Crowland & Spalding, LIN, ENG **[20793]** : Wm Jessop, 1853-1886, Crowland Grantham, LIN, ENG **[20793]** : Joshua, 1820-1918, Crowland Spalding, LIN, ENG **[20793]** : Joshua, 1795-1849, Crowland Weston, LIN, ENG **[20793]** : 1680-1800, Isle of Axholme, LIN, ENG **[17037]** : Mary, 1792-1876, Weston, LIN, ENG **[20793]** : Robert, 1833-1892, Weston, LIN, ENG **[20793]** : Robert Mossop, 1878-1950, Weston, LIN, ENG **[20793]** : 1750+, LND, ENG **[44954]** : 1800S, Westminster & Holborn, LND, ENG **[11071]** : Howard, 1834-C1910, Newborough, NTH, ENG **[20793]** : Chas. Lenard, 1871+, Newborough & Peterborough, NTH, ENG **[20793]** : Joshua, 1820-1918, Nottingham, NTT, ENG **[20793]** : Ann Jessap, 1827-1911, Nottingham, NTT, ENG **[20793]** : 1850-2000, Stapleford, NTT, ENG **[41370]** : 1700-1800S, Lowestoft, SFK, ENG **[38285]** : PRE 1794, Slindon, SSX, ENG **[11866]** : 1820, Bradley, STS, ENG **[39856]** : John, C1850-1900, Wolverhampton, STS, ENG **[33402]** : 1800-1950, STS & WOR, ENG **[45749]** : PRE 1900, Birmingham, WAR, ENG **[19513]** : ALL, Old Swinford, WOR, ENG **[29172]** : Matthew, PRE 1800, Halifax & East Barnby, WRY, ENG **[37445]** : Henry, C1806-1890S, Midgley, WRY, ENG **[46278]** : Edwin, 1800+, Sheffield, WRY, ENG **[21132]** : Thomas, 1832-C1903, Sheffield, WRY, ENG **[20793]** : 1630S, Bradford, YKS, ENG **[12318]** : 1700-1850, Idle, YKS, ENG **[33347]** : Wm A. Cooper, 1858-C1930, Sheffield, YKS, ENG **[20793]** : Thomas, PRE 1856, KEN, ENG & AUS **[25794]** : 1800S, London, LND & NSW, ENG & AUS **[42466]** : 1800S, Mountshannon, CLA, IRL **[32035]** : Edward Exton, 1854-1926, Wanganui, NZ **[20793]** : 1888+, Mount Albert, AUK, NZ **[13245]** : 1900+, Blackball, WEST COAST, NZ **[31882]** : Joshua, 1859-1940, Cambridge, WKT, NZ **[20793]** : Wm Jessop, 1853-1886, Wellington, WTN, NZ **[20793]** : Hugh, 1770-1847, Isle of Mull, ARL, SCT **[16439]** : ALL, Isle of Mull, ARL, SCT **[13430]** : Robert, 1865, Banff, BAN, SCT **[16149]** : Thomas, 1818+, Philadelphia, PA, USA **[10731]**

FLETT : 1750-1850, Rathven, BAN, SCT **[17400]** : Christina, PRE 1811, Harray, OKI, SCT **[12563]** : 1778+, St.Andrews, OKI, SCT **[12011]**

FLEURY : C1850, Ipswich, SFK, ENG **[99298]**

FLEUTY : 1700+, Sana, BE, CH **[11349]** : 1700S, BE, LND & ESS, CH & ENG **[11349]** : 1875+, Halstead, ESS, ENG **[11349]** : 1800-1900, Witham, ESS, ENG **[11349]** : 1800S, Witham & Halstead, ESS, ENG **[11349]**

FLEWELLYN : PRE 1860, Old Cleve & Williton, SOM, ENG **[32035]** : 1860+, Auckland, NZ **[32035]**

FLICK : PRE 1800, Burnham on Crouch, ESS, ENG **[36952]**

FLICKER : 1770-1800, HAM, ENG **[17191]** : ALL, NZ **[32945]**

FLIGG : ALL, WORLDWIDE **[40960]**

FLIGG (see One Name Section) **[40960]**

FLIGHT : PRE 1700, Kingstanley & Rodborough, GLS, ENG **[19258]**

FLIN : ALL, Whitehaven, CUL, ENG **[21088]**

FLINN : 1870+, Moonta Mines, SA, AUS **[14346]** : 1850S, Bullock Creek, VIC, AUS **[41420]** : 1850+, Portland & Melbourne, VIC, AUS **[14627]** : James, C1832, London, ENG **[14627]** : 1850+, Westminster, MDX, ENG **[30071]** : ALL, Belfast, ANT, IRL **[44815]** : Jane, C1790, St.Marys, DUB, IRL **[10610]**

FLINT : 1835-1875, Canberra, ACT, AUS **[11283]** :

1800+, BDF, ENG **[10775]** : 1730-1830, Godmanchester, HUN, ENG **[12318]** : PRE 1750, Woolwich, KEN, ENG **[19785]** : PRE 1850, Yalding Ashford, KEN, ENG **[43842]** : ALL, Southwark, LND, ENG **[31646]** : PRE 1800, Alton & Bradley, STS, ENG **[27319]**

FLIPPIN : 1800+, LND, ENG **[42771]**

FLITT : ALL, BKM & OXF, ENG **[38307]**

FLITTON : Thomas, C1815, CAM, ENG **[39301]** : 1600+, HRT, ENG **[38488]** : Sarah, 1868, Kelshall, Royston, HRT, ENG **[39301]**

FLOAT : 1600+, Walberton & Yapton, SSX, ENG **[18895]**

FLOCKHART : C1860, STI, SCT **[10277]**

FLOCKTON : 1750+, CHS, ENG **[17875]** : 1750+, LAN, ENG **[17875]** : 1700+, Huddersfield, WRY, ENG **[17875]**

FLOOD : ALL, NSW, AUS **[31886]** : 1834+, Illawarra, NSW, AUS **[11303]** : C1860, Stroud, NSW, AUS **[25645]** : ALL, TAS, AUS **[28140]** : PRE 1834, CAM, ENG **[11303]** : 1750-1850, Exeter, DEV, ENG **[19461]** : PRE 1850, Exeter, DEV, ENG **[46415]** : PRE 1750, Yarcombe & Stockland, DEV, ENG **[39464]** : PRE 1800, Medway Towns, KEN, ENG **[25306]** : PRE 1800, Sheppey, KEN, ENG **[25306]** : C1850, Liverpool, LAN, ENG **[30120]** : ALL, Hoxton, MDX, ENG **[29471]** : Winifred, 1834, WIL, ENG **[31510]** : Winifred, 1830, Peligo, DON, IRL **[31510]** : 1800+, KID, IRL **[46299]** : John, C1816, LIM, IRL **[12025]** : Robert, 1820S, Waterford, WAT, IRL **[11152]** : C1821, Waterford, WAT, IRL **[25645]** : Robert, 1849+, Wellington, NZ **[11152]** : Phillip, 1600S, Newbury, MA, USA & CHS **[22796]** : ALL, WORLDWIDE **[31886]**

FLOOK : ALL, Bristol, SOM & GLS, ENG **[18397]**

FLORACK : Emma, 1855, Bingley, YKS, ENG **[10993]** : 1909, Dresden, SAX, GER **[10993]** : Jacob Joseph, 1823, Bocholt, WEF, GER **[10993]**

FLORANCE : PRE 1840, Corfe Castle, DOR, ENG **[18702]** : PRE 1830, Chichester, SSX, ENG **[18702]**

FLOREY : ALL, St.Ilgen, BAW, BRD **[99187]**

FLORI : ALL, St.Ilgen, BAW, BRD **[99187]** : ALL, St.Elgen, BAD, GER **[13855]**

FLORIAN : Giovanni, 1780+, Treviso, VENETO, ITL **[41349]** : Domenico, 1800+, Treviso, VENETO, ITL **[41349]**

FLORY : 1750-1900, Ipswich, SFK, ENG **[16383]**

FLOSTRAND : 1900+, MN, USA **[99570]**

FLOWER : PRE 1845, London, ENG **[19457]** : ALL, BKM, ENG **[13231]** : John, PRE 1770, LEI, ENG **[39651]** : 1820S, East Retford, NTT, ENG **[13910]** : 1750+, Sutton Bonnington & Bunny, NTT, ENG **[38668]** : 1800+, Timsbury, SOM, ENG **[45707]** : PRE 1845, Timsbury, SOM, ENG **[25354]** : ALL, WORLD-WIDE **[32804]**

FLOWERDAY : ALL, RSA, ENG & ZIM **[46510]** : PRE 1900, WORLDWIDE **[17720]**

FLOWERS : Thomas, 1852+, Beaufort, VIC, AUS **[35809]** : PRE 1770, North Marston, CHS, ENG **[43523]** : 1800+, Heage & Crich, DBY & NTT, ENG **[38668]** : 1800-1900, Shoreditch, LND, ENG **[46409]** : 1850+, Babworth, NTT & YKS, ENG **[13910]** : Thomas K, 1840-1910, TX & TN, USA **[23848]**

FLOYD : C1834, Pitt Town, NSW, AUS **[29479]** : PRE 1856, TAS, AUS **[43481]** : 1701+, NS, CAN & WLS **[32223]** : PRE 1770, ENG **[35273]** : Abel, PRE 1770, ENG **[35273]** : 1880+, Plumstead, ENG **[23872]** : PRE 1750, CHS & DBY, ENG **[35273]** : PRE 1850, Gwinear, CON, ENG **[10967]** : PRE 1770, Barton & Eccles, LAN, ENG **[35273]** : PRE 1770, Patricroft & Flixton, LAN, ENG **[35273]** : Abel, PRE 1750, Salford & Manchester, LAN, ENG **[35273]** : PRE 1770, Salford & Manchester, LAN, ENG **[35273]** : Abel, PRE 1770, Liverpool Area, LAN & CHS, ENG **[35273]** : Frances R., 1820S, St.Giles in Fields, LND, ENG **[18340]** : Thomas, 1751, Kidlington, OXF, ENG **[14290]** : PRE 1750, SAL & STS, ENG **[35273]** : 1850+, Staines, SRY, ENG

[36652] : 1750+, Stoke-on-Trent, STS, ENG [18501] : C1783, Birmingham, WAR, ENG [29437] : PRE 1800, Kidderminster, WOR, ENG [37066] : 1800+, KER, IRL [36652] : PRE 1825, MEA, IRL [37206] : 1850+, Boston, MA, USA & CAN [37206]
FLUCK : John, 1806, Sunderland, DUR, ENG [14627] : ALL, GLS, ENG [22456] : 1820+, Gloucester, GLS, ENG [14627] : William, 1756, Stroud, GLS, ENG [14627] : ALL, Stroud, GLS, ENG [22456] : William, 1700, Westbury-on-Severn, GLS, ENG [14627]
FLUCKE : ALL, GLS, ENG [22456]
FLUCKER : C1860, STI, SCT [10277]
FLUGGE : 1850, Drense, BRA, GER [14340]
FLUNDER : Edward, 1868+, Gananoque, ONT, CAN [10506]
FLUX : PRE 1860, HAM, ENG [99503]
FLYNN : ALL, AUS [43395] : 1850+, NSW, AUS [28150] : 1859+, Jamberoo, NSW, AUS [14188] : William, 1840-1853, Morpeth, NSW, AUS [30512] : Thomas, 1870+, Sydney, NSW, AUS [41223] : Edward, C1870-1930, Brisbane, QLD, AUS [36634] : Bridget, C1862+, Dalby & Warwick, QLD, AUS [26434] : George, 1870+, Toowong, QLD, AUS [29092] : 1850+, Portland & Melbourne, VIC, AUS [14627] : James, C1832, London, ENG [14627] : Bartholomew, C1800, Dublin, IRL [13153] : John William, C1860, Dublin, IRL [26434] : Jane, C1790, St.Marys, Dublin, IRL [10610] : 1800+, Currow, KER, IRL [35935] : 1700-1900, Cork & Portarlington, LEX & MEA, IRL [19853] : Maurice, C1840, Dromreask (Glin) Kilfergus, LIM, IRL [26823] : Thomas, PRE 1848, Lackan, MAY, IRL [32190] : 1700-1900, Cashel & Holy Cross, TIP, IRL [19853] : William, 1780-1900, Thurles, TIP, IRL [43769] : Thomas, 1848+, Bolton, VT, USA [32190] : 1850+, Swansea, GLA, WLS [46500]
FOAN : Thomas, 1820+, DOR, ENG [45326]
FOARD : 1650+, Creed, CON, ENG [42747] : PRE 1850, SSX, ENG [34896]
FOART : Ann, C1645, Slaidburn, WRY, ENG [18957]
FOCK : 1750+, Elmshorn & Kampden, SHO, GER [43523] : 1870+, New York City, NY & NJ, USA [24113]
FODEN : Thos Thornley, PRE 1910, Sydney, NSW, AUS & ENG [10880] : Nathaniel, PRE 1854, Manchester, LAN, ENG [10880]
FOERSTER : 1730-1957, Frankenthal, SAA, BRD [27180]
FOES : Lewis, PRE 1825, St.Georges-in-the-East, MDX, ENG [44111]
FOGARTY : 1822+, Maitland, NSW, AUS [13828] : 1917+, Sydney, NSW, AUS [10314] : Michael, 1822+, West Maitland, NSW, AUS [10562] : ALL, Yangery, Laang & Colac, VIC, AUS [45823] : 1780+, KIK, IRL [10562] : 1822, Kilkenny Town, KIK, IRL [13828] : PRE 1800, TIP, IRL [34042] : 1841+, Cashel, TIP, IRL [10263] : 1780-1850, Drom, TIP, IRL [13681] : PRE 1860, Newcastle, TIP, IRL [10317] : 1780, Roridstown, TIP, IRL [13681] : Daniel, 1800+, Thurles, TIP, IRL [25878]
FOGARTY-CAHILL : Thomas, C1810-1869, Clonlismullen & Drom, TIP, IRL [20433]
FOGARTY-FEGEN : C1800-1940, Ballinlonty & Thurles, TIP, IRL [20433]
FOGE : PRE 1751, Grossenworden, HBG, BRD [11062] : 1760, Grooswerden, OLSTEN, GER [11062]
FOGERTY : 1920, Canowindra, NSW, AUS [10314]
FOGG : PRE 1840, Stockport, CHS, ENG [40756] : 1750-1800, Blackrod, LAN, ENG [33838] : 1770+, Middle Hulton & Deane by Bolton, LAN, ENG [31689]
FOGGE : Alice, 1720+, Ellastone, STS, ENG [27325]
FOGGIN : 1780-1820, Kirby Sigston, NRY, ENG [29328]
FOGLER : 1821+, Bere Ferrers, DEV, ENG [23371]
FOGWELL : ALL, ENG [44260]

FOGWILL : ALL, DEV, ENG [36607]
FOINQUINOS : ALL, WORLDWIDE [18787]
FOINQUINOS (see One Name Section) [18787]
FOKES : PRE 1700, Snailwell, CAM, ENG [33428]
FOLBIGG : 1850+, Clarence River, NSW, AUS [13461] : ALL, WORLDWIDE [13461]
FOLDER : PRE 1800, CUL, ENG [17720] : PRE 1800, LAN, ENG [17720]
FOLEY : ALL, AUS [41531] : 1903, Manly, NSW, AUS [36768] : Laurence, 1830+, Oberon, NSW, AUS [11745] : Daniel, 1851-1859, Sofala, NSW, AUS [11773] : 1840S, Sydney, NSW, AUS [46369] : PRE 1820, Soho, MDX, ENG [36543] : PRE 1860, Old Swinford, WOR, ENG [27678] : C1840, Derrynaveagh Ocallaghans Mill, CLA, IRL [10705] : 1750+, Ballincollig, COR, IRL [46368] : PRE 1850, Ballyhook, COR, IRL [10918] : Hannah & Mary, 1831+, Cobh, COR, IRL [34140] : Laurence, 1800+, SLI, IRL [11745] : Daniel, C1836+, Cappaquin, WAT, IRL [11773] : Elizabeth, C1800, Ballydicken, WEX, IRL [39015] : Edward, 1833-1927, Leighlinbridge, CAR, IRL & AUS [29867] : 1873+, Dundee, ANS, SCT [46259]
FOLKS : 1850, Bishops Stortford, HRT, ENG [12460] : 1800, Stepney, MDX, ENG [12460]
FOLL : C1800, Marston St.Lawrence, NTH, ENG [16010]
FOLLAN : ALL, Dundee, ANS, SCT [46259] : 1924+, Kennoway, FIF, SCT [46259]
FOLLAND : ALL, Dolton, DEV, ENG [17961]
FOLLEN : ALL, Dundee, ANS, SCT [46259]
FOLLENFANT : PRE 1840, Stepney, LND, ENG [11039]
FOLLEY : 1700-1850, LIN, ENG [27531]
FOLLINGTON : ALL, SSX, ENG [34201]
FOLLIOTT : 1764, East Knoyle, WIL, ENG [40807]
FOLLON : ALL, Dundee, ANS, SCT [46259] : ALL, Dumbarton, DNB, SCT [46259] : 1920+, Dunfermline, FIF, SCT [46259] : ALL, Glasgow, LKS, SCT [46259] : ALL, Paisley, RFW, SCT [46259] : 1910+, Scranton, PA, USA [46259]
FOLLY : 1700+, Jacobstow, CAM, ENG [15524]
FOLQUE POSSOLLO : Carl, 1880, Lisbon, PT [36608]
FOOKES : 1750+, Symondsbury, DOR, ENG [30107]
FOORD : 1840+, Tumut, NSW, AUS [14031] : 1830+, CAN [32230] : 1743, Powerstock, DOR, ENG [21889] : PRE 1800, Kingston, KEN, ENG [25306] : PRE 1820, Wingham & Adisham, KEN, ENG [32230] : 1530+, SSX, ENG [30120] : 1800S, Battle, SSX, ENG [45639] : 1800-1900, Ninfield, SSX, ENG [30120] : 1800S, Ore, SSX, ENG [45639]
FOOT : 1820+, Coker, SOM, ENG [17291] : 1750+, Compton & Paunceafoot, SOM, ENG [46393] : PRE 1820, Manor, WIL, ENG [46462]
FOOTE : 1800+, BDF, ENG [99433] : Pasco, C1605+, BDF, ENG [22796] : James, 1820+, DOR, ENG [42829] : 1800+, Islington, LND, ENG [28140] : PRE 1890, Donhead St.Mary, WIL, ENG [41136]
FOOTLITT : PRE 1810, Saffron Walden, KEN, ENG [14440]
FOOTMAN : 1860-1900, Shrawley & Martley, WOR & STS, ENG [17291]
FOOTS : ALL, WORLDWIDE [36749]
FORAN : 1800S, VIC, AUS [11690] : Matthew, 1901+, Manchester, LAN, ENG [32471] : 1800+, Rineen, CLA, IRL [32471] : 1790+, Clonmel, TIP, IRL [36261] : PRE 1832, WORLDWIDE [45796]
FORAN (see CAT I: : Subjects), [32471]
FORBES : 1896, Warwangary, QLD, AUS [13845] : 1858+, Melbourne, VIC, AUS [10642] : 1800-1880, Hackney, City, LND, ENG [40642] : ALL, Longford, IRL [30589] : PRE 1900, LOU, IRL [40683] : 1875+, Christchurch, SOUTH IS., NZ [39891] : 1820+, Eastern Cape, RSA [30589] : ALL, ABD, SCT [34479] : PRE 1900, ABD, SCT [29570] : PRE 1858, Cushnie & Auch-

indoor, ABD, SCT **[10642]** : 1750+, Dundee, ANS, SCT **[21394]** : 1860+, Dundee, ANS, SCT **[21854]** : George, 1863+, Dundee, ANS, SCT **[21854]** : Peter, 1875+, Dundee, ANS, SCT **[21854]** : Arthur, 1700+, Reay & Thurso, CAI, SCT **[12765]** : C1830, Aberlady, ELN, SCT **[10820]** : 1700+, Abdie, FIF, SCT **[21854]** : Mason, 1700S-1800S, Edinburgh, MLN, SCT **[10998]** : Grissel, 1790S+, Edinburgh, MLN, SCT **[10998]** : PRE 1850, Leith & Edinburgh, MLN, SCT **[30589]** : Jean, 1834+, Rothes, MOR, SCT **[22224]** : Alexander, C1834, Rothes, MOR, SCT **[22224]** : Mary, PRE 1855, Rothes, MOR, SCT **[22224]** : PRE 1830, Cromrie, PER, SCT **[27320]** : Alexander, PRE 1850, Rosemarkie, ROC, SCT **[41041]** : Margaret, PRE 1890, Rosemarkie, ROC, SCT **[41041]** : James, PRE 1831, STI, SCT **[33948]** : PRE 1840, Buchanan, STI, SCT **[33628]**

FORBUTT : ALL, WORLDWIDE **[45384]**

FORD : 1854+, Grafton & Drake, NSW, AUS **[13763]** : 1880+, Limbri, NSW, AUS **[26246]** : 1860+, Tenterfield, NSW, AUS **[13763]** : 1850+, VIC, AUS **[33727]** : PRE 1863, Greenough, WA, AUS **[99055]** : Alfred Vernon, 1912, Bucklow, CHS, ENG **[26098]** : Ellen, 1912, Hale, CHS, ENG **[26098]** : John A., 1912, Hale, CHS, ENG **[26098]** : 1850-1950, Cornelly, CON, ENG **[42747]** : 1650-1850, Creed, CON, ENG **[42747]** : 1800-1900, Grampound, CON, ENG **[42747]** : 1800-1950, Mevagissey, CON, ENG **[42747]** : 1875-2000, Perranzabuloe, CON, ENG **[42747]** : 1700-1900, Probus, CON, ENG **[42747]** : 1800-1900, St.Ewe, CON, ENG **[42747]** : 1850-1950, Tregoney, CON, ENG **[42747]** : 1850-1950, Veryan, CON, ENG **[42747]** : PRE 1850, DBY, ENG **[26981]** : 1750+, Windley, DBY, ENG **[42643]** : PRE 1850, Ottery St.Mary, DEV, ENG **[43453]** : 1800-1868, Poltimore, DEV, ENG **[17400]** : C1760, Southams, DEV, ENG **[14542]** : 1700+, DUR, ENG **[33727]** : Alex, 1800-1849, Houghton le Spring, DUR, ENG **[19865]** : 1800+, Bartlow, ESS, ENG **[43720]** : Elizabeth, 1875-85, West Ham, London, ESS, ENG **[17745]** : Fanny, 1870+, Bristol, GLS, ENG **[28154]** : Edward, 1892+, Cheltenham, GLS, ENG **[28154]** : Henry, 1895+, Cheltenham, GLS, ENG **[28154]** : Fanny, 1900-1913, Cheltenham, GLS, ENG **[28154]** : Sarah, 1900-1950, Cheltenham, GLS, ENG **[28154]** : PRE 1850, Cheltenham, GLS, ENG **[40696]** : PRE 1950, HAM, ENG **[31323]** : PRE 1900, Wonston, HAM, ENG **[25162]** : John L., 1858, KEN, ENG **[25878]** : PRE 1800, Elham Valley, KEN, ENG **[25306]** : 1852-1933, MDX, ENG **[42282]** : Alex, 1790S, Islington, MDX, ENG **[19865]** : 1700+, NBL, ENG **[33727]** : John, 1807+, Colebrookdale, SAL, ENG **[36514]** : 1800S, Bishops Lydeard, SOM, ENG **[36950]** : PRE 1800, East Harptree, SOM, ENG **[33664]** : Frances, 1800-1841, SRY, ENG **[46507]** : 1800S, SRY & SSX, ENG **[21221]** : PRE 1850, SSX, ENG **[34906]** : PRE 1800, Wolverhampton, STS, ENG **[18501]** : PRE 1750, WIL, ENG **[13034]** : Fanny, 1885+, Swindon, WIL, ENG **[28154]** : C1800, Upavon, WIL, ENG **[25930]** : PRE 1838, Wath-upon-Dearne, WRY, ENG **[46324]** : Ann, ALL, Bradford, YKS, ENG **[13315]** : 1800+, INDIA **[33727]** : 1800+, GAL, IRL **[21712]** : Thomas, PRE 1854, MAY, IRL **[21989]** : Michael, C1807, Ballinrobe, MAY, IRL **[13763]** : 1800+, NZ **[33727]** : Michael, 1848-1854, Auckland, NZ **[13763]** : Alex, 1770S, Polwarth, BEW, SCT **[19865]** : C1830, Hammondville, USA **[21630]**

FORDE : Jane, PRE 1810, Cork, COR, IRL **[17745]**

FORDER : ALL, AUS **[43395]** : James, 1820S-1900S, ENG **[46254]** : John & James, 1848-1934, Shoreditch, LND, ENG **[46254]** : 1871+, Wanganui, NZ **[45264]** : 1866+, West Coast, NZ **[45264]** : ALL, WORLDWIDE **[45264]**

FORDHAM : 1856, Hobart, TAS, AUS **[10956]** : PRE 1840, ESS, ENG **[38517]** : 1750+, Melton & Holton, SFK, ENG **[13461]** : ALL, Sheffield, YKS, ENG **[46429]**

FORDRED : PRE 1830, Lyminge, KEN, ENG **[25306]**

FORDYCE : PRE 1850, Lerwick, SHI, SCT **[10970]** :

Lucretia, 1838-1916, Superior, NE, USA **[33866]**

FORECAST : PRE 1825, Shoreditch, LND, ENG **[17523]**

FOREMAN : Henry, C1874, ESS, ENG **[25654]** : 1850+, Ashford, KEN, ENG **[30342]** : 1700+, Canterbury, KEN, ENG **[30342]** : 1750+, Chartham, KEN, ENG **[30342]** : 1750+, Chilham, KEN, ENG **[30342]** : 1850+, Faversham, KEN, ENG **[30342]** : 1850+, Herne Bay, KEN, ENG **[30342]** : 1870+, Sandwich, KEN, ENG **[30342]** : 1900+, Whitstable, KEN, ENG **[30342]** : 1800+, Wye, KEN, ENG **[30342]** : 1800+, Barwell & Stapleton, LEI, ENG **[30120]** : ALL, WIL, ENG **[27752]** : ALL, Warminster, WIL, ENG **[27752]**

FOREST : PRE 1825, LND, ENG **[31186]**

FORESTER : Aaron, 1700S, Harlowhill, NBL, ENG **[20661]**

FORET : ALL, Arocjat, NS, CAN **[46368]**

FOREY : PRE 1860, Shere, SRY, ENG **[45036]**

FORINIRICK : 1902+, Melbourne, VIC, AUS **[46217]**

FORISSIER : C1800, St.Romain-Jarez, RHA, FRA **[39991]**

FORMAN : C1730, Sutton St.James, LIN, ENG **[17626]**

FORMANN : 1550+, DEN & NOR **[29701]**

FORMSTON : PRE 1800, Myddle, SAL, ENG **[44078]**

FORNARO : 1900-1950, Trieste, ITL **[14435]**

FORREST : ALL, Bolton, LAN, ENG **[13848]** : 1750-1860, Bermondsey, MDX, ENG **[39271]** : ALL, Alnwick & Rennington, NBL, ENG **[34844]** : PRE 1850, Cradley, WOR, ENG **[41582]** : 1700-1900, Ellon, ABD, SCT **[13326]** : C1790+, New Deer, ABD, SCT **[37499]** : PRE 1875, Peterhead, ABD, SCT **[46277]** : 1620-1780, Gladsmuir, ELN, SCT **[46306]** : Geoffrey, 1909+, Inverness, INV, SCT **[35823]** : PRE 1800, Douglas, LKS, SCT **[31045]** : 1750+, Glasgow, LKS, SCT **[21983]** : Alex, 1880+, Glasgow & Hamilton, LKS, SCT **[20635]** : Simon, 1790+, Lanark, LKS, SCT **[41425]** : Helen, 1790+, Lanark, LKS, SCT **[41425]** : PRE 1800, Wiston & Robertson, LKS, SCT **[33608]** : William, 1810+, Mid Calder & Cramond, MLN, SCT **[20635]** : PRE 1750, St.Cuthbert, Edinburgh, MLN, SCT **[10591]** : James, 1777+, Uphall, WLN, SCT **[20635]** : C1830+, Peterhead, ABD, SCT & AUS **[33097]** : ALL, WORLD-WIDE **[35836]**

FORRESTER : ALL, Windsor, NSW, AUS **[13848]** : 1800+, VIC, AUS **[35240]** : ALL, London, ENG **[29324]** : ALL, English Borders, CUL, ENG **[46505]** : 1800-1850, London, MDX, ENG **[39060]** : ALL, Longton, STS, ENG **[42943]** : PRE 1830, Stoke & Leek, STS, ENG **[29373]** : 1920-1972, Oamaru, N. OTAGO, NZ **[32017]** : 1800+, Beath, FIF, SCT **[35989]** : 1800-1910, Glasgow & Balliston, LKS, SCT **[21227]** : 1800S, Hutchenston, LKS, SCT **[11707]** : 1804, Westerfrew, PER, SCT **[44941]** : 1800S, Drumqharn, STI, SCT **[26955]** : 1600-2005, MLN & STS, SCT & ENG **[43877]** : 1500-2005, WORLDWIDE **[43877]**

FORRESTER (see One Name Section) [46505]

FORRISTER : PRE 1880, Leek, STS, ENG **[29373]** : C1800, Birmingham, WAR, ENG **[28340]**

FORS : 1895+, Sydney, NSW, AUS **[25654]**

FORSAITH : 1700+, Bloxholm, Braintree & London, LIN & ESS, ENG **[20578]**

FORSDICK : ALL, WORLDWIDE **[20655]**

FORSENG : 1930+, Los Angeles, CA, USA **[44249]**

FORSEY : PRE 1850, Stoke Abbott, DOR, ENG **[40033]** : 1700+, Symondsbury, DOR, ENG **[30107]**

FORSHAW : Martha, 1791, Warrington, LAN, ENG **[42890]**

FORSHEW : 1700-1850, Strood, KEN, ENG **[43984]**

FORSHNER : ALL, WORLDWIDE **[17008]**

FORSHNER (see One Name Section) [17008]

FORSSLING : ALL, WORLDWIDE **[29324]**

FORSTER : C1830+, Camperdown, NSW, AUS **[10330]** : Charles S.W., ALL, Landsborough, VIC, AUS **[99177]** : Ernest, 1883, Wattle Creek, VIC, AUS **[99177]** : 1800-1880, Carlisle, CUL, ENG **[44241]** : ALL, English Borders, CUL, ENG **[46505]** : C1808, Stoke Damerel, DEV, ENG **[30246]** : 1740+, DUR, ENG **[11270]** : John, 1802-1842, Hetton Colliery, DUR, ENG **[38769]** : John, 1802-1842, South Hetton, DUR, ENG **[38769]** : 1770-1850, Gravesend, KEN, ENG **[36552]** : C1800, Warrington, LAN, ENG **[28742]** : 1700-1860S, NBL, ENG **[36435]** : Matthew, C1734-1791, Harlowhill, NBL, ENG **[20661]** : Jonathan, 1748-1830, Longbenton, NBL, ENG **[38769]** : 1800+, North Shields, NBL, ENG **[10330]** : Jonathan, 1775-1809, Tynemouth, NBL, ENG **[38769]** : Jonathan, 1809-1860, Wylam, NBL, ENG **[38769]** : C1700, Barsham, SFK, ENG **[31375]** : John, 1760+, Hailsham, SSX, ENG **[35343]** : George, 1861-1870, Saltley, WAR, ENG **[38769]** : 1830, ALS & LOR, FRA **[33628]** : Col Christian, 1690-1711, Monasteraris & Edenderry, OFF, IRL **[10114]** : Frederick, 1817, TIP, IRL **[99177]** : C1829-1857, Liaght, TYR, IRL **[40865]** : C1858-1864, Lisnacloon, TYR, IRL **[40865]** : PRE 1900, SCT **[29497]** : 1800-1900, Coldstream, ROX, SCT **[26629]**

FORSTER (see One Name Section) [46505]
FORSYTH : Robert, 1860S, Ipswich, QLD, AUS **[46263]** : 1800+, Bristol, GLS, ENG **[29409]** : PRE 1870, Kilkeel, DOW, IRL **[14627]** : 1874+, Christchurch, NZ **[21183]** : 1780-1870, Drymen, DNB, SCT **[44060]** : 1800+, Falkland, FIF, SCT **[21233]** : PRE 1900, Edinburgh, MLN, SCT **[14045]** : Janet, 1859, West Plean, STI, SCT **[10297]** : 1800+, SCT & AUS **[35147]**
FORSYTHE : 1880S, Workington, CUL, ENG **[14627]** : PRE 1870, Kilkeel, DOW, IRL **[14627]** : ALL, Gortin, TYR, IRL **[21183]** : William, C1850, Omagh, TYR & DON, IRL **[17005]**
FORT : 1650-1750, Giggleswick, YKS, ENG **[31826]**
FORTESCUE : 1800+, AUS **[33727]** : 1800+, NSW, AUS **[33727]** : 1800+, VIC, AUS **[33727]** : 1800+, ENG **[33727]** : 1850-1950, London, ENG **[12729]** : ALL, CON & DEV, ENG **[14030]**
FORTH : PRE 1850, ERY, ENG **[40570]** : 1500-1600, Hadleigh & Butley, SFK, ENG **[39527]** : PRE 1850, York & Selby, WRY, ENG **[40570]** : Charles, 1850-1890, Detroit, MI, USA & GER **[39227]**
FORTI : Salvatore, C1920, New York, NY, USA **[35110]**
FORTIER : 1830-1900, Prescott, Grenville Co., ONT, CAN **[38211]**
FORTINGTON : 1600-1860, Ely, CAM, ENG **[18018]**
FORTS : PRE 1880, BOHEMIA **[37380]**
FORTUNE : 1800+, ENG **[36081]** : PRE 1900, Glasgow, LKS, SCT **[20974]** : 1800-1900, Lempitlaw, ROX, SCT **[20770]**
FORTY : ALL, Great Shefford, WIL, ENG **[27219]**
FORWARD : 1740-1800, Sutton Waldron, DOR, ENG **[19458]** : PRE 1800, SSX, ENG **[45881]**
FOSCOTT : 1500-1700, Stanwick, NTH, ENG **[39060]**
FOSKETT : 1380-1855, Granborough & Great Horwood, BKM, ENG **[38970]** : 1720-1851, Berkhamsted, North Church, HRT, ENG **[38970]**
FOSS : Mary, 1700S, Argyle, NS, CAN **[22796]** : C1650, Jutland, DEN **[34837]** : PRE 1875, DOR, ENG **[45881]** : 1804+, Cowes, IOW, ENG **[26101]** : 1680+, Ilminster, SOM, ENG **[12078]**
FOSSEY : 1750-1830, Stepney & Shoreditch, MDX, ENG **[42160]**
FOSTER : Harry, 1918+, Buenos Aires, ARGENTINA **[24971]** : Fernleigh, 1920+, NSW, AUS **[42570]** : C1830+, Camperdown, NSW, AUS **[10330]** : 1848+, Forbes, NSW, AUS **[31695]** : Josephine E., 1870+, Sydney, NSW, AUS **[42565]** : 1938, Brisbane, QLD, AUS **[36768]** : 1839+, Low Head & Launceston, TAS, AUS **[40994]** : Johnn, 1860+, Dandenong, VIC, AUS **[99183]** : 1860+, Melbourne, VIC, AUS **[13245]** : 1890+, Edmonton, ALB, CAN **[36292]** : 1840-1900, Elma Twp, Perth Co., ONT, CAN **[36292]** : 1850+, Osnabruck Twp, Dundas Co., ONT, CAN **[99522]** : 1830+, Hertford, ENG **[21131]** : 1800+, BDF, ENG **[99433]** : Pinder, 1835+, Wisbech, CAM, ENG **[31296]** : ALL, English

Borders, CUL, ENG **[46505]** : 1850+, Penrith, CUL, ENG **[25854]** : 1800S, Beerferris, DEV, ENG **[42582]** : PRE 1800, Buckfastleigh, DEV, ENG **[46275]** : 1800S, Exeter, DEV, ENG **[28184]** : 1800+, Plymouth, DEV, ENG **[42570]** : 1881, Burnhope, DUR, ENG **[34374]** : 1730, Hamsterley, DUR, ENG **[46483]** : 1850-1900, Portsmouth, HAM, ENG **[31967]** : PRE 1860, Benington & Preston, HRT & CAM, ENG **[44417]** : PRE 1820, Bearsted, KEN, ENG **[19165]** : Mary, C1694, Rochester, KEN, ENG **[10035]** : 1861+, Woolwich, KEN, ENG **[26022]** : ALL, Lancaster, LAN, ENG **[25572]** : 1850+, Manchester, LAN, ENG **[21131]** : 1860+, Prestwich, LAN, ENG **[18310]** : PRE 1850, Warrington, LAN, ENG **[99443]** : 1700-1900, Wigan, LAN, ENG **[17535]** : Jos. & Hannah, 1790-1850, Husbands Bosworth, LEI, ENG **[39964]** : PRE 1834, Loughborough, LEI, ENG **[31695]** : ALL, LIN, ENG **[21348]** : C1800, LIN, ENG **[28340]** : PRE 1797, Lissington, LIN, ENG **[19902]** : 1795-1860, Newark, Kneesall & Collingham, LIN, ENG **[18818]** : 1800-1833, Bow & London, MDX, ENG **[40994]** : Isabel, C1777+, Harlowhill, NBL, ENG **[20661]** : 1800+, North Shields, NBL, ENG **[10330]** : 1700-1730, Hinderwell, NRY, ENG **[18001]** : PRE 1825, Scalby, NRY, ENG **[21232]** : 1850-1860, Barby, NTH, ENG **[45070]** : 1890-1920, Peterborough, NTH, ENG **[45442]** : C1700-1900, Calverton & Mansfield, NTT, ENG **[38901]** : 1834-1840, Nottingham, NTT, ENG **[31695]** : C1871, Nottingham, NTT, ENG **[30127]** : 1800-1860, Coker, SOM, ENG **[17291]** : Samuel, 1881+, Battersea, SRY, ENG **[31355]** : Silas, 1881+, Cheam, SRY, ENG **[31355]** : 1790-1890, Clapham Pk, SRY, ENG **[17874]** : John, 1800+, Southwark, SRY, ENG **[14290]** : 1800-68, Southwark, SRY, ENG **[46301]** : 1880+, SSX, ENG **[37206]** : 1851+, Hailsham, SSX, ENG **[31355]** : 1750+, Icklesham, Brede & Udimore, SSX, ENG **[10793]** : Felix, 1801, Kirdford, SSX, ENG **[13984]** : William, PRE 1730, Mayfield, SSX, ENG **[36365]** : ALL, STS, ENG **[17196]** : PRE 1800, Bilston, STS, ENG **[19458]** : William, C1840, Rugeley, STS, ENG **[31972]** : 1700-1850, Uttoxeter & Brashall, STS, ENG **[19713]** : William, C1880, Birmingham, WAR, ENG **[31972]** : ALL, Alvechurch, WOR, ENG **[18549]** : C1830, Kidderminster, WOR, ENG **[18310]** : PRE 1750, Calder Valley, WRY, ENG **[18236]** : PRE 1700, Calverley, WRY, ENG **[42277]** : PRE 1670, Ecclesfield, WRY, ENG **[17626]** : 1840+, Leeds, WRY, ENG **[44045]** : Mary, C1804-1875, Midgley, WRY, ENG **[46278]** : 1820S, Morley, WRY, ENG **[44045]** : Sarah, 1752, Giggleswick, YKS, ENG **[24579]** : 1800-1900, Selby, YKS, ENG **[41185]** : 1600-1700S, Wakefield, YKS, ENG **[18895]** : 1840-1848, Calais, FRA **[31695]** : 1700-1800S, Dublin, IRL **[11411]** : Joseph, PRE 1812, Ballyvernstown, ANT, IRL **[12878]** : 1800+, CAV, IRL **[34479]** : 1845, CAV, IRL **[15594]** : PRE 1850, Mota Bower, Carnew, WEX, IRL **[36292]** : PRE 1856, Montego Bay, JAMAICA **[21395]** : 1872+, Carterton, NZ **[44269]** : Reform, PRE 1835, MA, USA **[25455]** : 1880+, Bathurst, Pembina Co., ND, USA **[36292]**

FOSTER (see One Name Section) [46505]
FOTHERGILL : 1700+, Kirkby Lonsdale, CUL, ENG **[21079]** : PRE 1870, NBL, ENG **[31259]** : PRE 1800, Kendal, WES, ENG **[11282]** : ALL, Wortley & Leeds, WRY, ENG **[42745]**
FOTHERINGHAM : PRE 1800S, Saline, FIF, SCT **[40057]** : C1800, Kirkwall, OKI, SCT **[31972]** : Janet, PRE 1800, Tulliallan, PER, SCT **[99174]**
FOUBISTER : 1850+, Kirkwall, OKI, SCT **[14513]**
FOULDINGHAM : Ann, PRE 1780, Leicester, LEI, ENG **[34975]**
FOULDS : 1892, Atherton, LAN, ENG **[46264]** : 1700, LND & MDX, ENG **[30391]** : PRE 1850, Keighley, WRY, ENG **[46452]**
FOULGER : 1850+, Whitchurch & Aylesbury, BKM, ENG **[17291]** : 1860-1900, Liverpool & Wallesey, LAN, ENG **[17291]** : 1840-1930, Holborn & Westminster, LND, ENG **[42993]** : 1760-1890, Marylebone & St.Pan-

cras, LND, ENG **[17291]** : 1800-1900, St.Pancras, LND, ENG **[17291]** : PRE 1800, Banham, NFK, ENG **[17291]** : PRE 1840, Bentley, SFK, ENG **[34101]** : 1850-1910, Malvern, WOR, ENG **[17291]**

FOULKE : PRE 1736, Berks Co., PA, USA **[22565]** : 1600-1993, Bucks Co., PA, USA **[25428]**

FOULKES : 1800-1870, LAN & MDX, ENG **[42986]** : 1700-1850, SAL, ENG **[42986]** : 1750+, Northop, FLN, WLS **[43521]**

FOULLER : C1700, Kingsbarns, FIF, SCT **[25979]**

FOULON : 1630+, Picardie, FRA **[42600]**

FOULSER : 1800+, IRL & AUS **[46294]**

FOULSTONE : PRE 1850, Sheffield, WRY, ENG **[46439]** : C1770, Wath upon Dearne, WRY, ENG **[17626]**

FOUNTAIN : PRE 1850, London, ENG **[12748]** : 1750-1850, Aston Clinton, BKM, ENG **[43769]** : Maria, C1832, Buckingham, BKM, ENG **[25396]** : 1750+, Weston Turville & Wendover, BKM, ENG **[11425]** : 1800-1900, Heston & Hounslow, BKM & MDX, ENG **[21243]** : 1630S-1720S, Thorney & Wisbech, CAM, ENG **[37978]** : C1860, Sawtry, HUN, ENG **[28479]** : 1660S-1720S, Great Hale & Little Hale, LIN, ENG **[37978]** : 1881+, Marlborough, LND, ENG **[46280]** : William, PRE 1880, Bethnal Green, MDX, ENG **[36952]** : Sara, 1855-1918, Brandsburton, YKS, ENG **[40505]** : Olive, C1887, NZ **[11279]** : PRE 1865, Edinburgh, MLN, SCT **[13326]**

FOURCHE : PRE 1750, BEL & LUX **[20178]**

FOURNIER : 1850+, Cavillon, PIC, FRA **[12382]**

FOVARGUE : 1700+, CAM, ENG **[36071]** : 1700+, LIN, ENG **[36071]** : 1700+, NTH, ENG **[36071]**

FOWELL : ALL, CON & DEV, ENG **[18422]**

FOWINKEL : 1800-1900, Westminster, LND, ENG **[38901]**

FOWKE : 1750, Buxton, DBY, ENG **[15916]**

FOWLE : PRE 1720, Egerton, KEN, ENG **[19275]** : PRE 1800, Tonbridge, KEN, ENG **[18688]**

FOWLER : 1860+, Hastings River, NSW, AUS **[11060]** : 1859+, Manning River, NSW, AUS **[11060]** : 1835+, Sydney, NSW, AUS **[46308]** : C1930, Logan Village, QLD, AUS **[99174]** : 1800+, London, ENG **[38697]** : 1750-1850, Henlow, BDF, ENG **[13326]** : 1320+, Shryvenham, BRK, ENG **[19759]** : 1300+, BRK, BKM & GLS, ENG **[42600]** : 1300+, DBY, ENG **[42600]** : Wm & Sophia B, 1806+, Dagenham, ESS, ENG **[38449]** : 1870+, Bristol, GLS, ENG **[46435]** : 1904-20, Southampton, HAM, ENG **[99174]** : PRE 1800, Deal, KEN, ENG **[40868]** : 1500-1800, LIN, ENG **[12401]** : PRE 1881, East Butterwick, LIN, ENG **[43422]** : 1700-1800, Eye, NTH, ENG **[45442]** : 1830-60, Combe, SOM, ENG **[39716]** : 1800-1880, Crewkerne, SOM, ENG **[19678]** : PRE 1930, SRY & LND, ENG **[19345]** : 1700+, Tortington, SSX, ENG **[17514]** : James, C1850-1920, Willenhall, STS, ENG **[33402]** : 1700-1850, Aldbourne, WIL, ENG **[44946]** : 1745+, Filixkick & Driffield, YKS, ENG **[20975]** : PRE 1850, Leeds & Burley Woodhead, YKS, ENG **[33901]** : George, 1855+, York, YKS, ENG **[12739]** : Bridget, C1840, Derrynaveagh Ocallaghans Mill, CLA, IRL **[10705]** : Thomas, 1800, Cappagh, TYR, IRL **[10993]** : PRE 1864, Cappagh, TYR, IRL **[11060]** : PRE 1864, Omagh, TYR, IRL **[11060]** : 1858+, Dunedin, NZ **[21183]** : 1700-1850, Lowlands, SCT **[12144]** : C1830-1858, South Belton, ELN, SCT **[21183]** : 1700+, Jamaica, Newburgh & Long Is., NY, USA **[42600]** : 1700+, Providence, RI, USA **[42600]** : 1850-1890, Cardiff, GLA, WLS **[44946]**

FOWLES : ALL, Portsea, HAM, ENG **[28420]** : Robert, 1789, Barrowford, LAN, ENG **[24579]** : 1800-1850, Dawley, SAL, ENG **[13286]** : PRE 1860, Whitchurch, SAL, ENG **[34420]** : 1700-1900, Pershore, WAR, ENG **[97801]**

FOWLIE 1914+, NZ **[22014]** : C1819+, Fyvie, ABD, SCT **[22014]** : C1780+, Monqhitter, ABD, SCT **[22014]** : Peter, C1744, New Deer, ABD, SCT **[30182]** : John &

Jane, 1800, Strichen, ABD, SCT **[16149]**

FOWLKE : John, 1770, Nottingham, NTT, ENG **[21759]**

FOWNES : 1750+, Birmingham, WAR, ENG **[19429]**

FOX : 1800+, NSW, AUS **[25070]** : 1850, NSW, AUS **[46198]** : 1860S, Porters Retreat, NSW, AUS **[46232]** : 1815+, Sydney & Orange, NSW, AUS **[39249]** : 1930+, Woodburn & Casino, NSW & QLD, AUS **[46373]** : John, 1818+, Hobart, TAS, AUS **[13000]** : ALL, VIC, AUS **[13231]** : John, 1849, Brunswick & Bacchus Marsh, VIC, AUS **[13000]** : PRE 1847, Woodstock, VIC, AUS **[40615]** : James, 1845+, Madoc, ONT, CAN **[41358]** : Emeline, 1881+, Madoc, ONT, CAN **[41358]** : William, 1750+, ENG **[41358]** : 1800+, Redruth, CON, ENG **[10394]** : 1600+, St.Bees, CUL, ENG **[17162]** : 1769, Bakewell, DBY, ENG **[30714]** : C1774, Matlock, DBY, ENG **[19304]** : C1814, Pleasley, DBY, ENG **[30714]** : Robert, PRE 1900, Shirland, DBY, ENG **[42808]** : 1650-1750, Smalldale, DBY, ENG **[14246]** : 1650-1850S, Dartmouth, DEV, ENG **[26335]** : David, PRE 1844, Tavistock, DEV, ENG **[41438]** : 1800S, Newcastle on Tyne, DUR, ENG **[11526]** : 1870-1986, Hull, ERY, ENG **[35218]** : 1805-1844, Patrington, ERY, ENG **[35218]** : PRE 1806, Dilwyn, HEF, ENG **[10948]** : PRE 1770, Rickmansworth, HRT, ENG **[17961]** : 1800+, Canterbury, KEN, ENG **[39416]** : PRE 1900, Chilham, KEN, ENG **[39416]** : C1880, Husbands Bosworth, LEI, ENG **[20923]** : PRE 1850, LIN, ENG **[26981]** : 1600-1800, Bag Enderby, LIN, ENG **[29715]** : 1765-1780, Freiston, LIN, ENG **[29715]** : C1750, Pinchbeck, LIN, ENG **[17626]** : 1600-1750, Somersby, LIN, ENG **[29715]** : PRE 1770, Waddington, LIN, ENG **[31316]** : PRE 1850, Great Ellingham, NFK, ENG **[37049]** : ALL, Coxwold, NRY, ENG **[39272]** : C1809, Weekley, NTH, ENG **[13984]** : PRE 1800, SFK, ENG **[39312]** : Thomas, 1750, Hollesley, SFK, ENG **[36608]** : 1700+, Ringshall, SFK, ENG **[13129]** : PRE 1920, SRY, ENG **[44969]** : PRE 1660, Kingston upon Thames, SRY, ENG **[27816]** : PRE 1880, Lambeth, SRY, ENG **[46451]** : 1820+, Newington, SRY, ENG **[30107]** : ALL, Alrewas, STS, ENG **[33920]** : ALL, Lichfield, STS, ENG **[33920]** : ALL, Tamworth, STS, ENG **[33920]** : ALL, Yoxall, STS, ENG **[33920]** : C1815, Ecclesfield, WRY, ENG **[17626]** : 1750-1838, Out Newton, YKS, ENG **[35218]** : 1700+, Topcliffe by Thirsk & Coxwold, YKS, ENG **[20975]** : 1890+, Dublin, IRL **[31079]** : Margaret, PRE 1855, Armagh, ARM, IRL **[42893]** : 1800+, Fantaglebe & Lisdoonvarna, CLA, IRL **[12420]** : 1790+, DUB, IRL **[39249]** : 1800+, Dublin, DUB, IRL **[19429]** : 1810-30, WEM, IRL & AUS **[46232]** : Michael, 1797+, TIP & ONT, IRL & CAN **[16842]** : PRE 1830, Glasgow, LKS, SCT **[27678]** : Benjamin, 1750+, Batavia, NY, USA **[25598]**

FOX (see One Name Section) **[39594]**

FOXALL : 1700+, Kidderminster, WOR, ENG **[19818]**

FOXCRAFT : 1780, Deptford, KEN, ENG **[13731]**

FOXCROFT : Bartholomew, 1900+, WA & SA, AUS **[29447]** : PRE 1770, Lea & Portarlington, OFF, LEX & KID, IRL **[10114]**

FOXE : 1585-1650, Much Cowarne, HEF, ENG **[29715]** : 1530-1600, Bromfield, SAL, ENG **[29715]** : 1500-1600, Ludlow, SAL, ENG **[29715]** : 1700+, Topcliffe by Thirsk & Coxwold, YKS, ENG **[20975]**

FOXEN : 1720-1810, MD & PA, USA **[24429]**

FOXHALL : 1800+, Alcester, WAR, ENG **[12058]**

FOXHILL : C1800+, Calcutta, INDIA **[37849]**

FOXLEY : 1620-70, London, ENG **[38516]** : C1240, Foxley, BRK, ENG **[19759]** : 1650-1750, CHS, ENG **[19993]** : 1800+, Acton, CHS, ENG **[29664]**

FOXPARKER : Zenieda, 1885-1947, Baku, RUS **[46496]**

FOXTON : Joseph, C1829, Staithes, NRY, ENG **[36994]** : William, C1802, Thirsk, NRY, ENG **[36994]**

FOXWELL : Jane, 1900S, Axminster, DOR, ENG **[30324]** : Hannah, C1820, Croscombe, SOM, ENG **[39377]**

FOXWILL : 1700S, Lympstone & Littleham, DEV, ENG **[34140]**

FOXWORTHY : Thomas, 1800S, Blackawton, DEV, ENG [25907] : 1700S, Loddiswell, DEV, ENG [25616]

FOY : Anthony, PRE 1875, NSW & QLD, AUS [31904] : ALL, CAN [45202] : C1860, ENG [45203] : 1750-1850, Leeds, ERY, ENG [27879] : 1900+, ANT & ARM, IRL [27219] : ALL, CAV, IRL [45202] : Bridget, PRE 1842, Birr, OFF, IRL [44279]

FOYCE : Elizabeth, 1740+, SSX, ENG [35343]

FOYLE : Mary, 1866+, QLD, AUS [45127] : 1750+, Broad Chalk, WIL, ENG [13129] : PRE 1830, Broad Chalke, WIL, ENG [41136]

FOYSTER : PRE 1856, Wisbech, CAM, ENG [41005] : PRE 1856, NFK, ENG [41005]

FRADGLEY : ALL, USA [41582]

FRADSHAM : John, 1750-1880, Atherstone, WAR, ENG [22640]

FRAKE : PRE 1846, Putney, SRY, ENG [19876]

FRAKES : 1765-1786, Washington, PA, USA [24674]

FRAME : 1700-1833, Carluke, LKS, SCT [38211]

FRAMPTON : Mark, 1816, Joel Joel, AUS [99177] : C1822-1880, TAS, AUS & ENG [42730] : PRE 1900, DOR, ENG [28275] : Richard, 1680, Cattistock, DOR, ENG [17203] : 1700S+, Gussage All Saints, DOR, ENG [30543] : 1750-1940, HAM & DOR, ENG [36533] : 1700-1800, Staines & Gussage, MDX & DOR, ENG [12641] : 1670-1750, NY, PA & NJ, USA & ENG [22565]

FRANCE : 1800+, Brixham, DEV, ENG [46274] : 1700S, Plymouth, DEV, ENG [46274] : 1800-1900, Bolton, LAN, ENG [44045] : 1900S, Liverpool, LAN, ENG [46274] : C1760-1800, St.Andrew by the Wardrobe, LND, ENG [13046] : 1810, Southwark, SRY, ENG [16980] : 1860, St.John, Waterloo, SRY, ENG [16980] : 1900-1930, Mirfield, WRY, ENG [46258] : 1800-1900, Sheffield, YKS, ENG [33973] : C1790, Sheffield, YKS, ENG [99012] : ALL, Huddersfield, YKS, ENG & AUS [28513] : 1690, Waterford, WAT, IRL [46274] : 1858+, Oamaru, NTH OTAGO, NZ [45849]

FRANCES : PRE 1900, Tonbridge, KEN, ENG [39383] : PRE 1900, Reigate, SRY, ENG [39383]

FRANCIS : Robert, C1810+, AUS [39083] : 1853+, Goulburn, NSW, AUS [46403] : Joseph, C1880, Jerawa Flat, NSW, AUS [25645] : Arthur Henry, C1900S, Mount Mcdonald, NSW, AUS [39186] : William, 1842+, Para Meadows, Wollongong, NSW, AUS [38449] : Isabella, 1845+, Para Meadows, Wollongong, NSW, AUS [38449] : John, C1840+, Sydney, NSW, AUS [39186] : Henry, 1852+, Beaudesert & Brisbane, QLD, AUS [38132] : 1865+, Rockhampton, QLD, AUS [42226] : ALL, Rockhampton, QLD, AUS [14188] : Charles, C1830+, Robe & Adelaide, SA, AUS [39083] : Phoebe, 1865-1901, Adelaide, SA & VIC, AUS [39083] : 1800+, ENG [46340] : Saml & Maryann, 1818, West Bromwich, BRK & OXF, ENG [38449] : PRE 1900, Wallingford, BRK & OXF, ENG [45054] : 1660-1800, Ely, CAM, ENG [19713] : PRE 1755, CON, ENG [14029] : 1650-1720, Gwennap, CON, ENG [12318] : 1840, Gwennap, CON, ENG [43775] : 1750+, Bradworthy, DEV, ENG [15524] : Jane, 1851, Great Torrington, DEV, ENG [10047] : PRE 1850, Harlow, ESS, ENG [99036] : PRE 1828, Manningtree, ESS, ENG [14733] : PRE 1850, Romford, ESS, ENG [19345] : 1850-1880, Alton, HAM, ENG [10460] : C1700-1800, Bishops Stortford, HRT, ENG [11536] : 1670+, Cowes, IOW, HAM, ENG [43884] : PRE 1900, Tonbridge, KEN, ENG [39383] : Thomas, 1800+, Liverpool, LAN, ENG [40355] : PRE 1900, Surfleet, LIN, ENG [46403] : 1700-1800, Clerkenwell, LND, ENG [46409] : 1800-1900, LND & MDX, ENG [42986] : John, 1650-1850, NFK, ENG [10895] : 1750-1799, Bressingham, NFK, ENG [19865] : PRE 1832, Great Yarmouth, NFK, ENG [12321] : John, 1659-1752, Norwich, NFK, ENG [99443] : 1600-1710, Thornham Magna, SFK, ENG [10850] : 1650+, SOM, ENG [29409] : PRE 1850, Bath, SOM, ENG [42518] : PRE 1900, Reigate, SRY, ENG [39383] : John, 1819+, Walsall, STS, ENG [38449] : Henry, 1821+, Walsall, STS, ENG [38449] : PRE 1900, WAR, LND & WIL, ENG [45228] : PRE 1800, Mere & Stourton, WIL, ENG [19216] : Ellen, 1857-1930, Redruth & Footscray, CON & VIC, ENG & AUS [12032] : C1780, Lurgan, ARM, IRL [12298] : 1800-1912, Menlo, GAL, IRL [21712] : 1850+, NZ [21712] : 1850+, Naseby, OTG, NZ [20965] : David, C1826, Llangathen, CMN, WLS [33766] : PRE 1850, Merthyr Tydfil, GLA, WLS [20965] : Mary-Anna, 1850+, Swansea, GLA, WLS [42828] : Joseph, 1860+, Swansea, GLA, WLS [42828] : Stephen John, 1860+, Swansea, GLA, WLS [42828] : Margaret, PRE 1890, Swansea, GLA, WLS [38939] : Stephen, 1832-1893, Swansea, GLA, WLS [42828] : ALL, WORLDWIDE [40355]

FRANCK : 1750+, ALS, FRA [22118] : 1850+, CAPE & TVL, RSA [22118]

FRANCY : 1830+, Cavan, Durham Co., ONT, CAN [16273]

FRANDSEN : Hans, 1870+, Melbourne, VIC, AUS [42893] : Hans, PRE 1870, Haderslev, SHO, DEN [42893]

FRANES : 1790S, Egerton, KEN, ENG [13910]

FRANEY : 1847+, NSW, AUS [28000] : ALL, Woodnewton & Northampton, NTH, ENG [42745] : 1800+, Kingstown, DUB, IRL [38681]

FRANK : 1940+, Toronto, ONT, CAN [42782] : C1770, Schweinfurt, GER [19568] : PRE 1818, Charleville, COR, IRL [31695]

FRANKE : PRE 1830, Berlin, BLW & BLO, BRD & DDR [11062]

FRANKHAM : PRE 1850, Dodington, GLS, ENG [28557]

FRANKLAND : 1790S+, Liverpool, LAN, ENG [10399] : 1600-1750, Giggleswick, WRY, ENG [42557] : 1750+, Hinderwell & Whitby, YKS, ENG [10399]

FRANKLIN : C1840, Greenham & Newbury, BRK, ENG [31579] : 1760+, Marcham, BRK, ENG [27958] : 1700+, Derby, DBY & SRY, ENG [42919] : ALL, Thaxted, ESS, ENG [45834] : C1900, Westminster, LND, ENG [40769] : 1800+, Islington, MDX, ENG [44217] : PRE 1900, Wembley, MDX, ENG [30929] : C1790+, Whitechapel, MDX, ENG [15409] : PRE 1853, MDX & KEN, ENG [14268] : 1750+, Handborough, OXF, ENG [99036] : PRE 1830, Oxford City, OXF, ENG [43840] : Mary Ann, 1851, Bridge St.Southwark, SRY, ENG [39967] : 1700-1900, Dublin, IRL [99298] : C1870, Chicago, IL, USA [99055]

FRANKLYNE : 1700S, Wootton Bassett, WIL, ENG [42863]

FRANKS : ALL, Grafton, NSW, AUS [40055] : 1800+, Waddesdon, BKM, ENG [38486] : 1871+, Bridlington, ERY, ENG [46329] : 1750-1850, London, MDX, ENG [99433] : 1750+, SOM, ENG [21983] : 1840+, SOM, ENG [40055] : Theophilus, 1820-1900, Dorking, SRY, ENG [99433] : 1750-1850, Wonersh, SRY, ENG [99433] : ALL, Tipton, STS, ENG [45766]

FRANSHAM : ALL, NFK, ENG & NZ [20655]

FRANTZ : PRE 1850, Eilsfeld, WUE, GER [30302]

FRAPE : 1600+, ENG [11736]

FRAPPELL : ALL, Hinton Blewett, SOM, ENG [25884]

FRASCA : 1800-1920, Martone, CALABRIA, ITL [11661]

FRASCH : 1846, Dubuque, IA, USA [32203]

FRASER : ALL, Adelaide, SA, AUS [43453] : C1830+, Launceston & Stanley, TAS, AUS [34321] : 1839+, Caramut, VIC, AUS [44292] : William, 1850+, Heathcote, VIC, AUS [43057] : Andrew, 1837-1881, Melbourne, VIC, AUS [34321] : 1800-1885, Omeo, VIC, AUS [11062] : Simon & Lucy, 1800S, Brisbane, QLD, AUS & SCT [39735] : Susan, 1829+, Niagara & Kingston, ONT, CAN [24943] : Susan, 1829+, Quebec & Amherstburg, QUE, CAN [24943] : PRE 1815, ESS, ENG [37709] : PRE 1820, Deptford, KEN, ENG [42752] : Grace, PRE 1930, Westminster, LND, ENG [36433] : Mary, 1831-1913, CAR, IRL & AUS [46225] : 1860+,

Invercargill, NZ **[36622]** : 1700-1900, Aberdeen, ABD, SCT **[27531]** : 1750+, Aberdeen, ABD, SCT **[36292]** : Alex, 1800S, Aberdeen, ABD, SCT **[11062]** : Andrew, PRE 1835, Aberdeen, ABD, SCT **[34321]** : 1850-C1900, Birse, ABD, SCT **[41312]** : ALL, Fraserburgh, ABD, SCT **[26687]** : James, C1800-C1845, Fyvie & Kintore, ABD, SCT **[41312]** : Robert, C1780-1850, Fyvie & Methlick, ABD, SCT **[41312]** : C1740-C1800, Methlick, ABD, SCT **[41312]** : 1800-1880, Peterculter & Drumoak, ABD, SCT **[43481]** : 1800, Montrose, ANS, SCT **[10715]** : 1814+, Isle of Mull, ARL, SCT **[44292]** : 1789+, Isle of Tyree, ARL, SCT **[44292]** : PRE 1830, CAI & OKI, SCT **[38309]** : 1842+, INV, SCT **[36622]** : 1700+, Dores, INV, SCT **[37236]** : Alexander, PRE 1850, Dores, INV, SCT **[34249]** : Ann, 1834, Fort William, INV, SCT **[12454]** : 1750-1850, Inverness, INV, SCT **[20458]** : Malcolm, 1835, Isle of Skye, INV, SCT **[25878]** : PRE 1873, Kiltarlity, INV, SCT **[21365]** : 1820+, Kirkhill, INV, SCT **[12084]** : Ann, 1839, Urquhart, INV, SCT **[27749]** : Donald, PRE 1839, Urquhart, INV, SCT **[27749]** : 1880+, Grantown, INV & MOR, SCT **[12708]** : 1770S, Fordoun, KCD, SCT **[43481]** : Christina, 1850+, Glasgow, LKS, SCT **[21233]** : 1900+, Glasgow, LKS, SCT **[45308]** : James, 1837+, Kinloss, MOR, SCT **[21854]** : Donald, PRE 1842, Nairn & Inverness, NAI & INV, SCT **[22224]** : Margaret, PRE 1861, Nairn, Inverness & Forres, NAI & INV, SCT **[22224]** : C1830, Paisley, RFW, SCT **[25979]** : 1800-1875, Fortrose, ROC, SCT **[11424]** : 1750-1850, Tain, ROC, SCT **[16096]** : Alexander, 1850, Falkirk, STI, SCT **[25878]** : 1800-1850S, Glendormore & Scourie, SUT, SCT **[35604]** : PRE 1853, Rogart, SUT, SCT **[42721]** : 1716-1775, Uphall, WLN, SCT **[21207]** : James, 1845-1933, Inverurie & Birse, ABD, SCT & NZ **[41312]**

FRASHNEY : ALL, WORLDWIDE **[19328]**
FRATER : 1781, Spittal & Berwick-on-Tweed, NBL, ENG **[11425]** : 1700S, Linlithgow, WLN, SCT **[46216]**
FRAUENFELDER : 1650-1800, Weinheim, BAD, GER **[10408]**
FRAWLEY : Ohn Michael, 1860+, Camperdown, VIC, AUS **[12650]** : Thomas Peter, 1880+, Camperdown, VIC, AUS **[12650]** : James, 1860+, Dandenong, VIC, AUS **[99183]** : Mary, PRE 1858, Crutly, CLA, IRL **[41456]** : C1810, Kilmaley, CLA, IRL **[39154]**
FRAY : 1710+, Ashwater, DEV, ENG **[13574]**
FRAYNE : 1710S, North Tamerton, CON, ENG **[46216]**
FRAZEE : ALL, ENG **[34797]** : ALL, NJ, USA **[34797]**
FRAZER : 1870-80S, Chester-le-Street, DUR, ENG **[46431]** : 1860S, Easington, DUR, ENG **[46431]** : 1875, Felling, DUR, ENG **[46431]** : 1871, Gateshead, DUR, ENG **[46431]** : 1882, Lamesley, DUR, ENG **[46431]** : 1890S, Low Fell, DUR, ENG **[46431]** : 1862, Seaham Harbour, DUR, ENG **[46431]** : 1700-1900, South Shields, DUR, ENG **[19471]** : 1899, Gosport, HAM, ENG **[46431]** : 1877, Newcastle-upon-Tyne, NBL, ENG **[46431]** : ALL, Birmingham, WAR & WOR, ENG **[17217]** : 1824, Carlton Husthwaite, YKS, ENG **[46431]** : 1750+, IRL **[12327]** : ALL, Newtown Hamilton, ARM, IRL **[12182]** : PRE 1890, N. of Lough Key, ROS, IRL **[45308]** : Rev., PRE 1800+, Shanrahan & Waterford, TIP & WAT, IRL **[12327]** : Alexander, 1820S, Arboe, TYR, IRL **[10297]** : Mary, PRE 1830, Borlum, INV, SCT **[36608]** : 1760+, Auldearn, NAI, SCT **[20742]**
FRAZIER : ALL, New England, NSW, AUS **[32908]**
FREAK : PRE 1856, Durweston, DOR, ENG **[14348]** : 1867, Southampton, HAM, ENG **[40499]**
FREAKE (see FREAK) : **[14348]**
FREAKLEY : 1800+, STS, ENG **[18501]**
FREAN : PRE 1870, Kings Lynn, NFK, ENG **[20974]**
FREAR : ALL, CAM & HUN, ENG **[39642]** : ALL, HUN, ENG **[39642]**
FREARSON : 1800+, Idle & Thackley, WRY, ENG **[13481]**
FREDERICK : Christopher, 1836+, Castlereagh, NSW, AUS **[10049]** : 1800-1950, Horley, SRY, ENG **[20416]**

FREDRICKSEN : 1800S, St.Petersburg, SU **[10273]**
FREE : 1750-1900, Cambridge, CAM, ENG **[39271]** : PRE 1700, Hadstock & Great Chesterford, ESS, ENG **[36275]**
FREEBAIRN : PRE 1830, FIF, SCT **[20919]**
FREEBODY : ALL, London, ENG **[44932]**
FREEBORN : 1840, DOR, ENG **[97805]** : PRE 1900, DOR, ENG **[97805]** : 1840+, HAM, ENG **[97805]** : 1830+, Southampton, HAM, ENG **[97805]**
FREEBURN : 1819+, Mulgoa, NSW, AUS **[44156]** : 1819+, Sydney.Luddenham & Penrith, NSW, AUS **[44156]** : PRE 1819, Donegal, DON, IRL **[44156]**
FREELAND : 1865+, London, ONT, CAN **[23367]** : PRE 1800, SRY, ENG **[39554]** : PRE 1920, SRY, ENG **[32040]** : 1600+, West Horsley, SRY, ENG **[27816]** : ALL, LKS, SCT **[16269]**
FREELOVE : PRE 1880, HRT, ENG **[17094]**
FREEMAN : 1887+, Hastings River, NSW, AUS **[11060]** : 1885+, Lismore, NSW, AUS **[31237]** : 1810-1850, Macdonalds Hole, NSW, AUS **[32444]** : Edmund G., C1854, Sutton Forest, NSW, AUS **[39015]** : C1855, Burra, SA, AUS **[27744]** : Mary Ann, PRE 1853, Launceston, TAS, AUS **[11372]** : William, ALL, ONT, CAN **[16802]** : Isaac, C1800, Elgin Co., ONT, CAN **[16802]** : ALL, London, ENG **[42170]** : PRE 1849, Eaton Socon, BDF, ENG **[46249]** : 1700+, Lower Wichendon, BRK, ENG **[33642]** : C1800, Newbury, BRK, ENG **[31579]** : Wm, PRE 1820, Barnwell, CAM, ENG **[35343]** : PRE 1780, Peterborough & Leverington, CAM, ENG **[41477]** : 1600S, Ashmore, DOR, ENG **[14901]** : 1760-1870, Lyme Regis, DOR, ENG **[31761]** : Esther, 1760S, ESS, ENG **[39651]** : PRE 1870, Coggeshall, ESS, ENG **[27744]** : C1841, Fairstead, ESS, ENG **[27744]** : C1840, Pitsea, ESS, ENG **[37024]** : 1700S, Purleigh, ESS, ENG **[42863]** : PRE 1834, Henton, GLS, ENG **[25737]** : Samuel, PRE 1820, HRT, ENG **[25747]** : Hannah, C1810, Buckden, HUN, ENG **[14290]** : David, PRE 1844, KEN, ENG **[39015]** : C1774-1841, Frindsbury, KEN **[36538]** : 1800+, South London, KEN & SRY, ENG **[44217]** : 1780+, Barwell, LEI, ENG **[30120]** : 1858+, Stoke Golding, LEI, ENG **[46238]** : 1770-1860, LND, ENG **[46300]** : PRE 1865, LND, ENG **[46383]** : ALL, Westminster, LND, ENG **[46435]** : Mary Ann, PRE 1853, MDX, ENG **[11372]** : William, 1851+, Holborn, MDX, ENG **[11372]** : Charlotte, 1851+, Holborn, MDX, ENG **[11372]** : 1851+, Holborn, MDX, ENG **[11372]** : 1820S, Shoreditch, MDX, ENG **[11870]** : ALL, SFK, ENG **[46509]** : PRE 1650, Gazely, SFK, ENG **[33428]** : 1850+, Lowestoft, SFK, ENG **[10394]** : PRE 1945, SRY & CAM, ENG **[32040]** : PRE 1945, East Horsley & West Surrey, SRY & CAM, ENG **[32040]** : 1700-1900, Ashurst & West Grinstead, SSX, ENG **[35561]** : 1840+, Brighton, SSX, ENG **[42739]** : 1800-1870, Slinfold, SSX, ENG **[42739]** : PRE 1885, WAR, ENG **[31237]** : Thomas, C1809, Bradford, WIL, ENG **[25770]** : 1817-36, Berrow, WOR, ENG **[46376]** : PRE 1800, Tredington, WOR, ENG **[17508]** : PRE 1860, Halifax, YKS, ENG **[42542]** : Martha, 1850+, Leeds & York, YKS, ENG **[12739]** : 1864+, Waimate, NZ **[31761]** : 1900+, TURKEY **[37267]** : Mary, C1776, Llangathen, CMN, WLS **[33766]**
FREEMANTLE : 1860+, QLD, AUS **[30927]**
FREER : 1800+, Enderby, LEI, ENG **[42342]** : C1835, Caythorpe, NTT, ENG **[18529]**
FREESE : 1880+, GER **[46372]**
FREESON : 1711, Withersfield, SFK, ENG **[42588]**
FREESTONE : 1829, Toft, CAM, ENG **[42588]**
FREETH : 1800+, LND, ENG **[46386]** : 1700-1860, Battersea, LND, ENG **[43903]** : 1800+, Horsell, SRY, ENG **[29417]** : 1750-1860, Harborne, STS, ENG **[37594]** : PRE 1900, WIL, ENG **[29417]**
FREETHY : 1800S, Perranuthnoe, CON, ENG **[99370]**
FREEZE : ALL, CLA, IRL **[34640]**
FREIGANG : 1700+, POL **[10295]**
FREIND : ALL, ENG **[40641]**

FREITAG : Julius, 1825-1875, Cottbus & Senftenberg, BRA, OPR & PRE, GER **[41358]** : Julius, 1825-1875, WPR, GER **[41358]** : Julius, 1909-1929, Aurora, IL, USA **[41358]**

FREITAS : 1830+, Azores, PT **[11827]**

FREKE : 1800, Shaftesbury, DOR, ENG **[19785]**

FRENCH : PRE 1868, Scone, NSW, AUS **[11783]** : 1840, Longford, TAS, AUS **[10985]** : 1918+, WA, AUS **[35749]** : Edward, 1800+, London, ENG **[40042]** : 1700-1830, St.Breward, CON, ENG **[45841]** : John, C1807-1840, Hylton Ferry, DUR, ENG **[44085]** : PRE 1850, ESS, ENG **[45046]** : 1680-1850S, Uley & Leonard Stanley, GLS, ENG **[11860]** : William, 1800-1830, Sawbridgeworth, HRT, ENG **[17203]** : 1750-1850, KEN, ENG **[27802]** : PRE 1880, KEN, ENG **[43733]** : 1800, Greenwich, KEN, ENG **[13853]** : Susan, 1835, Woolwich & Greenwich, KEN, ENG **[10489]** : Thomas, C1800S, Woolwich & Greenwich, KEN, ENG **[10489]** : ALL, Kibworth & Oadby, LEI, ENG **[18042]** : PRE 1837, Camberwell, LND, ENG **[43840]** : 1820-1845, Edgware, MDX, ENG **[18378]** : 1760+, Alkerton, OXF, ENG **[45866]** : PRE 1841, Wardington, OXF, ENG **[46354]** : C1820, Wolvercote, OXF, ENG **[18378]** : 1880-1918, Lambeth, SRY, ENG **[35749]** : 1900+, Reigate & Godstone, SRY, ENG **[17676]** : 1830S, Robertsbridge, SSX, ENG **[28060]** : PRE 1790, South Malling, SSX, ENG **[39042]** : 1841+, Handsworth, STS, ENG **[46354]** : 1800, Zeals, WIL, ENG **[40499]** : PRE 1844, Ballynease, DRY, IRL **[13655]** : 1650+, Lanark, LKS, SCT & AUS **[45146]**

FREND : ALL, WORLDWIDE **[40641]**

FRENEY : 1842+, AUS **[28000]** : PRE 1785, FRA **[30653]** : 1785+, WEX, IRL **[30653]** : 1800+, Bunclody, WEX, IRL **[28000]**

FRENKEL : ALL, Kiduliai, LITHUANIA **[31826]**

FRENZKE : ALL, Ragnit, LITHUANIA **[31826]**

FRESHFIELD : Douglas Wm, 1845-1934, ENG **[10301]**

FRESHNALE : ALL, WORLDWIDE **[19328]**

FRESHNALL : ALL, WORLDWIDE **[19328]**

FRESHNAR : ALL, WORLDWIDE **[19328]**

FRESHNAY : ALL, WORLDWIDE **[19328]**

FRESHNEW : ALL, WORLDWIDE **[19328]**

FRESHNEY : ALL, LIN, ENG **[17037]** : ALL, WORLDWIDE **[19328]**

FRESHNEY (see One Name Section) **[19328]**

FRESHNOR : ALL, WORLDWIDE **[19328]**

FRESHNOW : ALL, WORLDWIDE **[19328]**

FRESHWATER : 1800+, BDF, ENG **[99433]** : 1806, Eaton Socon, BDF, ENG **[45687]** : PRE 1850, ESS, ENG **[33491]**

FRESHWAYE : ALL, WORLDWIDE **[19328]**

FRESKENAY : ALL, WORLDWIDE **[19328]**

FRETE : 1820+, Gue de Velluire, PL, FRA **[20140]**

FRETUS : 1830+, Sydney, NSW, AUS **[11827]**

FREUDENTHAL : 1890+, Camperdown, VIC, AUS **[46368]**

FREW : 1700-1800, Irvine, AYR, SCT **[15464]** : 1797+, St.Quivox, AYR, SCT **[45791]** : PRE 1869, Kilsyth, STI, SCT **[25538]**

FREWIN : 1860+, Newcastle, NSW, AUS **[41454]** : 1840+, Colford, GLS, ENG **[41454]**

FREY : 1800-1870, Groppingen or near Auendorf, BAW, BRD **[23161]** : ALL, Weisslingen, ZH, CH **[22422]**

FRIAR : PRE 1950, Banbridge, DOW, IRL **[20925]** : 1860+, NZ **[20925]** : 1750+, Stow, MLN, SCT **[39928]**

FRICKER : Thos Wm., 1810, London, ENG **[12058]** : ALL, Poole, DOR, ENG **[45317]** : 1790+, LND, ENG **[12058]** : ALL, Camberwell & Walworth, SRY, ENG **[12058]** : Thomas, 1750-1850, London, MDX, ENG **[12058]** : ALL, Camberwell & Walworth, SRY, ENG **[45317]** : Thomas, PRE 1873, Lambeth, SRY, ENG **[14290]**

FRICKER (see One Name Section) **[45317]**

FRICKL : PRE 1849, Potsdam, BRA, GER **[14472]**

FRIDAY : 1780+, Akeley, BKM, ENG **[20578]** : 1780-1870, Chelsea, MDX, ENG **[38980]** : 1500+, OXF & BRK, ENG **[27039]**

FRIEDLANDER : Aron, 1850-1880, HEN, GER **[39730]**

FRIEDMAN : ALL, CS **[46513]** : ALL, CZR **[46513]** : ALL, Ungvar & Munchavo, UKR & HUN **[46513]**

FRIEDRICH : 1850+, WOLH, UKR **[99433]**

FRIEDRICHS : PRE 1800, Bruttig, RPF, BRD **[20178]**

FRIEND : ALL, ENG **[40641]** : PRE 1850, London, ENG **[21539]** : PRE 1840, Wisbech St.Peter, CAM, ENG **[10254]** : 1800-1900, Harberton, DEV, ENG **[35561]** : 1851+, Hatherleigh, DEV, ENG **[11152]** : Charlotte H., PRE 1850, Slapton, DEV, ENG **[31210]** : Nels/Nicholas, 1625-1686, DOR, ENG **[24674]** : 1750-1900, East Kent, KEN, ENG **[19530]** : PRE 1800, Goudhurst, KEN, ENG **[11282]** : 1800S, Oxford, OXF, ENG **[11411]** : 1850, Clopton, SFK, ENG **[26932]** : 1800S, Brede, SSX, ENG **[10697]** : PRE 1839, Salehurst, SSX, ENG **[10697]** : 1870+, NLN, NZ **[42112]** : Andrew, 1661, Frederick, MD, USA **[24674]** : Capt. Joseph, 1755-1827, Augusta, Randolph, VA, USA **[24674]** : Jonas, 1700-1800, Randolph, VA, USA **[24674]** : ALL, WORLDWIDE **[40641]**

FRIEND (see One Name Section) **[40641]**

FRIENDSHIP : 1765+, Hatherleigh, DEV, ENG **[27066]**

FRIER : ALL, ENG **[19216]** : PRE 1800, KEN, ENG **[45962]** : 1850+, Sheerness, KEN, ENG **[18168]** : ALL, CA, USA **[21479]**

FRIGGENS : 1500-1990, CON, ENG **[14268]** : ALL, WORLDWIDE **[14268]**

FRIGGINS : PRE 1800, Bojewyan, CON, ENG **[14268]**

FRIGHT : Sarah Ann, 1855, Sheerness, KEN, ENG **[42979]**

FRINGS : Mary, PRE 1836, Lands End, CON, ENG & BRAZIL **[42893]** : 1800+, WORLDWIDE **[17973]**

FRIOCK : William, PRE 1875, Glasgow, LKS & FOR, SCT **[44939]**

FRIPP : 1820-1880, Bradford Peverel, DOR, ENG **[18861]** : PRE 1727, Tollard Royal, WIL, ENG **[46370]**

FRISBY : 1740-1790, Crowland, LIN, ENG **[12641]** : Hannah & Thos, 1806, Astley & Warbarston, NTH, ENG **[21349]** : Thos & Eliz., 1700S, Preston, RUT, ENG **[21349]**

FRISCH : C1750, Eichelberg, WUE, GER **[14120]**

FRISCHBIER : PRE 1830S, Gunterberg, UCKERMARK, GER **[26306]**

FRISELL : C1800, Inverkip, RFW, SCT **[25979]**

FRISHNEY : ALL, WORLDWIDE **[19328]**

FRISKANEY : ALL, WORLDWIDE **[19328]**

FRISKENAY : ALL, WORLDWIDE **[19328]**

FRISKENEY : ALL, WORLDWIDE **[19328]**

FRISKNEY : ALL, WORLDWIDE **[19328]**

FRISKNEY (see One Name Section) **[19328]**

FRISKNY : ALL, WORLDWIDE **[19328]**

FRISNAY : ALL, WORLDWIDE **[19328]**

FRISNEY : ALL, WORLDWIDE **[19328]**

FRISNY : ALL, WORLDWIDE **[19328]**

FRISSE : C1790, Schmallenberg, NRW, BRD **[99443]**

FRISTON : David, PRE 1800, ERY, ENG **[10054]** : 1718, Withersfield, SFK, ENG **[42588]**

FRITH : 1896+, Freemantle, WA, AUS **[36841]** : C1800-1870, London, ENG **[39745]** : 1920-1935, Aylesbury, BKM, ENG **[36533]** : PRE 1850, CHS, ENG **[36551]** : PRE 1850, DBY, ENG **[36551]** : Soloman, 1810S, Tytherley, HAM, ENG **[37200]** : ALL, LIN & LEI, ENG **[42909]**

FRIZZELL : 1840-1910, Portadown, ARM, IRL **[10070]**

FRIZZLE : PRE 1750, Newcastle upon Tyne, NBL, ENG & SCT **[28552]**

FRODSHAM : William, 1818+, Bunbury, CHS, ENG **[14184]** : C1815, Rushton, LAN, ENG **[30120]**

FROEMMING : 1870S, Stettin, GER **[21916]**

FROESE : 1887-1929, Eydaten, MEMEL, OPR **[99433]**
FROGG : 1800+, Mansfield, NTT, ENG **[35280]**
FROGGATT : 1880-1990, Sydney, NSW, AUS **[13833]** : 1723, Bakewell, DBY, ENG **[30714]** : 1800+, Thornsett, DBY, ENG **[37110]** : 1720+, Wentworth, WRY, ENG **[34981]**
FROGLEY : PRE 1800, Southwark, SRY, ENG **[24945]**
FROHLING : 1800-1860, Bergholz, PRE, GER **[13326]**
FROM : 1661, Aastrup, Hjoerring, DEN **[34837]** : 1636, Kolding, DEN **[34837]** : PRE 1700, Slagelse, DEN **[34837]** : 1865, New York, USA **[34837]**
FROMINGS : C1889+, Camberwell, SRY & LND, ENG **[41271]**
FRONE : John, PRE 1790, Morris Co., NJ, USA **[24725]**
FRONHEIM : PRE 1850, Hamburg, HBG, GER **[32017]**
FROOME : Rose Ellen, C1870, Wanganella Station, NSW, AUS **[12878]**
FROSDICK : PRE 1780, Flegg, NFK, ENG **[33428]** : ALL, WORLDWIDE **[18908]**
FROST : 1882+, Fivedock & Harbord, NSW, AUS **[11071]** : Albert Ernest, C1880, Sydney, NSW, AUS **[28036]** : 1850+, Wollongong, NSW, AUS **[20862]** : 1884+, Wombat, NSW, AUS **[30449]** : 1700-1900, Barton, BDF, ENG **[17480]** : PRE 1851, Burrough Green, CAM, ENG **[14348]** : Kitty, PRE 1920S, CON, ENG **[21765]** : PRE 1855, DBY, ENG **[36402]** : William, PRE 1840, DEV, ENG **[14448]** : PRE 1720, Barnstaple, DEV, ENG **[31316]** : PRE 1800, Brixton, DEV, ENG **[46275]** : 1750+, Kingsbridge, DEV, ENG **[20730]** : 1750+, ESS, ENG **[42986]** : Samuel, 1750+, Brightlingsea, ESS, ENG **[29747]** : PRE 1890, Easthorpe & Messing, ESS, ENG **[14536]** : 1750, Tolleshunt Major, ESS, ENG **[17704]** : PRE 1800, Tolleshunt Major, ESS, ENG **[14715]** : James, 1770, Steep, HAM, ENG **[14023]** : Henry James, C1806, Steep, HAM, ENG **[14023]** : Elizabeth, 1810, Tonbridge, KEN, ENG **[31510]** : George, 1881+, Halliwell, LAN, ENG **[26870]** : 1830, Liverpool, LAN, ENG **[13914]** : ALL, Ormskirk, LAN, ENG **[40905]** : PRE 1830S, Bury St.Edmunds, SFK, ENG **[30449]** : ALL, Butley, SFK, ENG **[46479]** : PRE 1850, Clare, SFK, ENG **[27678]** : PRE 1860, Glemsford, SFK, ENG **[39642]** : 1800S, Wickhambrook, SFK, ENG **[36243]** : Elizabeth, 1810, SOM, ENG **[31510]** : PRE 1850, SOM, ENG **[25853]** : 1800+, Crewkerne, SOM, ENG **[30491]** : John, ALL, Rye, SSX, ENG **[41471]** : PRE 1820, Kidderminster, WOR, ENG **[46272]** : 1700+, Worsbrough, WRY, ENG **[46499]** : C1800-1840, Pilley & Tankersley, YKS, ENG **[11071]** : 1850-1873, Sheffield, YKS, ENG **[13591]** : James, PRE 1841, Wakefield, YKS, ENG **[11213]** : PRE 1850, IRL **[25853]** : James Rev., 1890+, NZ **[26870]** : PRE 1900, Dunedin, OTG, NZ **[43923]** : PRE 1900, Invercargill, SLD, NZ **[43923]** : 1850+, Aberdeen, ABD, SCT **[26870]** : 1800+, St.Nicholas, ABD, SCT **[26870]** : Georg, 1850S, Lanskrona, SWE **[31517]**
FROSTICK : ALL, WORLDWIDE **[18908]**
FROUD : PRE 1900, Longham, DOR, ENG **[42967]**
FRUISH : 1797-1814, Leith, MLN, SCT **[36841]**
FRY : 1866-1899, Hurstville, NSW, AUS **[46116]** : 1800+, Sherbrooke, QUE, CAN **[42570]** : 1800+, Sherbrooke, QUE, CAN **[42570]** : ALL, Newton St.Petrock, DEV, ENG **[16254]** : 1787+, Symondsbury, DOR, ENG **[30107]** : John, 1725+, Leigh, KEN, ENG **[17109]** : 1800+, Westminster, LND, ENG **[12084]** : Emma-Wood, C1800, Bath, SOM, ENG **[43521]** : PRE 1850, Clevedon, SOM, ENG **[42900]** : 1600+, Farnham, SRY, ENG **[38650]** : 1700S, Chichester, SSX, ENG **[28060]** : 1500-1900, SSX & SKEN, ENG **[17480]** : PRE 1840, WEM, IRL **[42570]** : 1885+, Salt Lake City, UT, USA **[30107]**
FRYAR : Mary, 1749, Dover, KEN, ENG **[26817]** : PRE 1800, Wallsend, NBL, ENG **[45614]**
FRYATT : 1950+, Ilford, ESS, ENG **[35004]** : 1800+, Tattingstone, SFK, ENG **[46430]**
FRYE : Oliver, 1870-1935, Tamaqua, PA, USA **[22640]**

FRYER : Martha, ALL, ENG **[28096]** : C1690, Berkeley, GLS, ENG **[19759]** : Annie, 1853+, Cheltenham, GLS, ENG **[17087]** : PRE 1720, Coaley, GLS, ENG **[19759]** : Richard King, C1840, Frethern, GLS, ENG **[17087]** : Richard, 1833, Hever, KEN, ENG **[36112]** : 1700-1800, London, MDX, ENG **[33347]** : 1800S, St.Pancras, MDX, ENG **[44296]** : 1850+, Newcastle upon Tyne, NBL, ENG **[44938]** : PRE 1850, Ripon, YKS, ENG **[43934]** : C1840, Radcliffe on Trent, NTT, ENG & NZ **[41297]** : 1850+, ARM, IRL **[27219]**
FRYFOGEL : 1800+, ONT, CAN **[16034]** : PRE 1850, Gelterkinden, BL, CH **[16034]** : 1800+, PA, USA **[16034]**
FUCHER : ALL, HAM, SSX & SRY, ENG **[42641]**
FUCHS : 1700+, Wuerttemberg, GER **[99433]**
FUDGE : 1830S, Woodside, WOR, ENG **[37321]**
FUGGLE : 1700-1800, Brenchley, KEN, ENG **[31153]** : 1800S, KEN & SSX, ENG **[34906]**
FUGLSANG : PRE 1892, Aalborg, DEN **[14197]**
FULBROOK : 1700+, Brightwalton, BRK, ENG **[27553]** : 1800+, London, MDX, ENG **[30768]**
FULCHER : PRE 1800, Ludham, NFK, ENG **[33428]** : PRE 1850, Norwich, NFK, ENG **[37066]** : PRE 1866, Norwich, NFK, ENG **[21395]**
FULFORD : PRE 1875, St.Kew, CON, ENG **[20974]** : PRE 1850, Lamerton, DEV, ENG **[25093]** : PRE 1750, Eling, HAM, ENG **[31316]** : PRE 1880, Merthyr Tydfil, GLA, WLS **[35015]**
FULHAM : Mary Ann, PRE 1839, AUS **[46309]** : Marianne, PRE 1839, AUS **[46309]** : 1828+, NSW, AUS **[14536]** : Henry, C1838, Sydney, NSW, AUS **[28151]** : PRE 1820, Dublin, IRL **[14536]**
FULK (see FOULKE) : **[22565]**
FULL : 1800-1860, East London, ENG **[17977]**
FULLAGAR : 1882+, Homebush, NSW, AUS **[10330]** : C1813, KEN, ENG **[10330]**
FULLAGER : 1888, NSW, AUS **[14472]** : 1830+, Camperdown, NSW, AUS **[10330]** : 1882+, Homebush, NSW, AUS **[10330]**
FULLALOVE : Louise, 1850+, Manchester, LAN, ENG **[17030]**
FULLARD : 1800S, Melcombe Regis & Portsmouth, SOM & HAM, ENG **[14208]**
FULLARTON : 1840-1880, Gorbals, LKS, SCT **[46361]**
FULLBROOK : 1700+, Letcomb Bassett, BRK, ENG **[27533]**
FULLELOVE : 1700-1880, Ecclesfield, YKS, ENG **[13833]**
FULLER : PRE 1850, NSW, AUS **[46212]** : 1837+, Cabramatta & Camden, NSW, AUS **[11256]** : 1836-1870, Fish River, Bathurst & Kanimbla, NSW, AUS **[45089]** : 1870-2000, Lyndhurst & Mandurama, NSW, AUS **[45089]** : 1800S, Port Arthur, TAS, AUS **[11226]** : PRE 1900, ONT, CAN **[15286]** : Charles, PRE 1835, Bow Church, Stratford, ENG **[22207]** : C1800+, London, ENG **[45895]** : 1700-1800S, Biddenham, BDF, ENG **[22182]** : 1700S, Wootton, BDF, ENG **[43582]** : PRE 1820, Witham, ESS, ENG **[25352]** : Elizabeth, 1750-1850, Medstead, HAM, ENG **[17907]** : 1850+, Portsmouth, HAM, ENG **[46233]** : PRE 1854, Faversham, KEN, ENG **[18639]** : PRE 1800, Nonington, KEN, ENG **[45962]** : 1800S, Hackney, LND, ENG **[21312]** : Henry, PRE 1820, Mile End, LND, ENG **[22207]** : William, 1763, West Ham, LND, ENG **[22207]** : 1780-1850, MDX, ENG **[27087]** : 1820+, Ealing, MDX, ENG **[46430]** : PRE 1830, NFK, ENG **[46452]** : PRE 1800, Downham Market, NFK, ENG **[39515]** : Susanna, 1594-1675, Redenhall, NFK, ENG **[24674]** : Anne, PRE 1800+, SFK, ENG **[41546]** : 1700-1900, Chelmondiston, SFK, ENG **[16383]** : Ajmes, 1800S, Mildenhall, SFK, ENG **[40534]** : PRE 1770, Stowmarket, SFK, ENG **[42752]** : 1825-1860, Frome, SOM, ENG **[27087]** : 1830S, Croydon, SRY, ENG **[43481]** : 1790-1850, Dorking, SRY, ENG **[19268]** : PRE 1880, Wandsworth & Tooting, SRY, ENG **[38592]** :

PRE 1830, Billinghurst, SSX, ENG **[36246]** : PRE 1837, Brede, SSX, ENG **[11256]** : James, 1869, Brighton, SSX, ENG **[29092]** : 1800+, Eastbourne, SSX, ENG **[17514]** : 1730-1800, Hooe, SSX, ENG **[35343]** : PRE 1860, Northiam, SSX, ENG **[45089]** : 1671-1729, Ticehurst, SSX, ENG **[19268]** : 1700-1900, Ticehurst, SSX, ENG **[45037]** : 1800-1860, Ticehurst, SSX, ENG **[34747]** : ALL, SSX, ENG & AUS **[46317]** : Charles, 1808+, East Guilford & Erskine Park, SSX & NSW, ENG & AUS **[31510]** : 1700-1850, Lowlands, SCT **[12144]** : PRE 1900, NY, USA **[15286]** : ALL, NY & RI, USA **[22725]**
FULLERTON : 1860+, AUS **[39027]** : David, C1840, IRL **[11629]** : PRE 1857, Corr & Dunavally, ARM, IRL **[31152]** : ALL, DOW, IRL **[39027]** : 1840-1880, Gorbals, LKS, SCT **[46261]**
FULLUCK : Patience, 1746+, Gatton, SRY, ENG **[26817]**
FULMORE : 1750+, Hants Co., NS, CAN **[99570]**
FULSTONE : Stephen, PRE 1600, Icklington, CAM, ENG **[14290]**
FULTON : 1858+, NSW & VIC, AUS **[44292]** : 1876+, Launceston, TAS, AUS **[44292]** : 1830S-1890S, Fintona & Donacavey, TYR, IRL **[37978]** : Isabel, PRE 1775, AYR, SCT **[41768]** : C1700, Dunlop, AYR, SCT **[25693]** : PRE 1870, BEW, SCT **[13854]** : 1890+, LKS, SCT **[44292]** : 1800, Glasgow, LKS, SCT **[40257]** : PRE 1850, Perth, PER, SCT **[29580]** : 1800S, Paisley, RFW, SCT **[36655]** : PRE 1850, Paisley, RFW, SCT **[17508]** : C1750, Lancaster, PA, USA **[24660]**
FULTOUN : C1736, Kilmaurs, AYR, SCT **[25693]**
FULVIN : PRE 1669, Kirdford, SSX, ENG **[19759]**
FUNK : Schur, 1825, Pommau, HAN, GER **[33728]**
FUNKE : ALL, Twistringen, HAN, BRD **[23858]** : 1800S, Karow, PSA, GER **[14012]**
FUNNELL : PRE 1818, NFK, ENG **[19127]**
FUNSTON : ALL, AUS & NZ **[39920]** : ALL, ENG **[39920]**
FUOCO : PRE 1865, Cosenza, CALABRIA, ITL **[99443]**
FURBER : 1700+, Llanmynech & Llanyblodwel, MGY, WLS **[18038]**
FUREY : 1842+, Sydney, NSW, AUS **[11476]** : Minnie, 1920+, Sydney, NSW, AUS **[12467]** : PRE 1890, GAL, IRL **[24382]** : PRE 1840, Aille, GAL, IRL **[11476]**
FURLONG : 1842, Redfern, NSW, AUS **[40153]** : C1740, Theydon Mount, ESS, ENG **[40982]** : 1780-1850, Belfast, ANT, IRL **[42429]**
FURLONGER : ALL, Chiddingfold & Haslemere, SRY, ENG **[44040]** : PRE 1790, SRY & SSX, ENG **[28533]**
FURMEGER : 1750+, Westerham, KEN, ENG **[35280]**
FURNELL : 1850+, HUN, ENG **[18884]** : 1750+, NTH, ENG **[18884]** : 1870+, NTH, ENG **[18884]** : 1760, Woodford, NTH, ENG **[18884]**
FURNER : 1830+, Goulburn, NSW, AUS **[11802]**
FURNESS : C1700-1900, Chesterfield & Mansfield, DBY & NTT, ENG **[38901]** : PRE 1900, Sadberge, DUR, ENG **[35619]** : 1875+, Warrington, LAN, ENG **[29854]** : C1800+, Eyam, DBY, ENG & AUS **[33097]**
FURNEY : ALL, Coonbeg, LEX, IRL **[19844]**
FURNIFER : 1800S, Macclesfield, CHS, ENG **[35225]** : PRE 1840, Macclesfield, CHS, ENG **[41372]** : 1800S, SAL, ENG **[35225]**
FURNISS : C1700-1900, Chesterfield & Eyam, DBY, ENG **[38901]** : C1890, Burnley, LAN, ENG **[46311]** : ALL, Manchester, LAN, ENG **[43050]**
FURNIVAL : PRE 1829, Liverpool, LAN, ENG **[45308]** : PRE 1850, Audley, STS, ENG **[19641]**
FURNIVALL : PRE 1790, Bedford, BDF, ENG **[37499]**
FURPHY : PRE 1820, Manchester, LAN, ENG **[46453]** : PRE 1880, Manchester, LAN, ENG **[42752]**
FURR : 1800, BDF, ENG **[44105]**
FURSLAND : John, 1750, Bridgwater, SOM, ENG **[17203]**
FURSNEY : ALL, WORLDWIDE **[19328]**

FURUYA : George Taro, 1871-1950, Yamaguchi, JAPAN **[32314]**
FURY : 1838+, NSW, AUS **[10642]** : PRE 1838, DRY, IRL **[10642]**
FURZE : 1700S, Probus, CON, ENG **[31373]** : 1705-1850, Ruan Lanihorne, CON, ENG **[45920]**
FURZER : 1840-1900, SOM, ENG **[19542]** : PRE 1856, SOM, ENG **[40871]** : 1850+, Crewkerne, SOM, ENG **[30491]** : C1800, Middle Chinnock, SOM, ENG **[11813]**
FUSSELL : 1825-1860, Sydney, NSW, AUS **[10782]** : 1800-1900, Bristol, GLS, ENG **[38840]** : PRE 1825, Bristol, GLS, ENG **[10782]**
FUSTE : ALL, ESP **[45228]**
FUTCHER : ALL, HAM, ENG **[17191]** : ALL, HAM, SSX & SRY, ENG **[42641]** : 1890-1930, MDX & LND, ENG **[17191]**
FUTTER : James, 1800-1841, SRY, ENG **[46507]**
FUZZARD : ALL, VIC, AUS **[34921]** : ALL, DOR, ENG **[34921]**
FYFE : 1840+, Sydney, NSW, AUS **[10270]** : 1900+, Sydney, NSW, AUS **[39096]** : 1835, Kilburnie, AYR, SCT **[34651]** : PRE 1835, Glasgow, RFW, SCT **[10270]**
FYFFE : 1800-1900, NSW, AUS **[22036]**
FYLDES : C1800, Manchester, LAN, ENG **[11425]**
FYNN : 1927, Perth, WA, AUS **[14156]**
FYSON : ALL, Ely, CAM, ENG **[46341]**
FYSON-BARWICK : PRE 1863, ENG **[43840]**
GABB : 1700-1850, NSW, AUS **[14296]** : PRE 1860, Stroud, GLS, ENG **[39745]** : 1700-1850, SOM, WIL & GLS, ENG **[14296]**
GABBITAS : C1815, LIN, ENG **[28340]**
GABITES : ALL, NZ **[20909]**
GABLE : PRE 1700, Datchworth, HRT, ENG **[19216]**
GABLER : PRE 1800, Schutteriell, BAD, GER **[11124]**
GABOURY : 1800+, St.Boniface, MAN, CAN **[16159]** : 1800+, Winnipeg, MAN, CAN **[16159]** : 1780+, Maskinonge, QUE, CAN **[16159]**
GABRAEL : 1800-1850, Handsworth, STS, ENG **[36033]**
GABRIEL : 1700S+, Bishops Tawton, DEV, ENG **[40257]** : PRE 1800, Tonbridge, KEN, ENG **[46255]** : ALL, Fermoy, COR, IRL **[19025]** : PRE 1840, Gelligaer, GLA, WLS **[35015]**
GAD : 1800, Stogumber, DEV, ENG **[28164]**
GADBURY : ALL, ENG & AUS **[46262]**
GADD : PRE 1700, Diseworth, LEI, ENG **[12707]** : ALL, LND, ENG **[40499]** : 1600+, Cheddon Fitzpaine, SOM, ENG **[13046]** : C1710, Cheddon Fitzpaine, SOM, ENG **[19759]** : Charlotte, 1750+, Portishead, SOM, ENG **[33766]** : 1800+, Rotherhithe, SRY, ENG **[21394]** : 1860+, Birmingham, WAR, ENG **[42615]**
GADDESDEN : 1826, Caddington, BDF, ENG **[15785]**
GADSBY : 1750, BDF, ENG **[44105]** : ALL, SAL & STS, ENG **[44963]** : PRE 1830, DON, IRL **[12915]**
GADSDEN : C1885-1890, Sydney, NSW, AUS **[24449]** : John, C1759-1800, Bishopgate, LND, ENG **[24449]** : Roger, C1820+, Hendon, MDX, ENG **[24449]** : Roger, C1850-1860, Marylebone, MDX, ENG **[24449]** : Roger, C1860+, St.Pancras, MDX, ENG **[24449]** : John, C1800-1815, Whitechapel, MDX, ENG **[24449]** : C1890-1900, Auckland, NZ **[24449]** : C1900+, Oakland, CA, USA **[24449]**
GAESE : ALL, GER **[18688]**
GAFFEY : 1850+, Sydney, NSW, AUS **[36261]**
GAFFNEY : Peter, C1824, ARM, IRL **[46316]** : Eugene, C1846, Armagh, ARM, IRL **[46316]** : Patrick, 1830-1890S, CAV, IRL **[38542]** : James, PRE 1883, CAV, IRL **[38542]**
GAFNEY : Nicholas, 1800+, London, ONT, CAN **[16559]**
GAGE : William, 1800+, ENG **[17000]** : Hannah, C1769+, Ibsley, HAM, ENG **[25642]** : PRE 1900, LND, ENG **[44947]** : C1850, East Dereham, NFK, ENG **[26430]**

GAGEN : George John, 1861-1890, Toronto, ONT, CAN **[31476]** : George Reader, 1820S, Bow, MDX, ENG **[31476]**
GAGHEN : Michael, 1850S+, Bingera, QLD, AUS **[10276]**
GAHAGAN : 1800-2000, Ballingarry & Lisbryan, OFF & TIP, IRL **[20703]**
GAHAGAN (see One Name Section) [20703]
GAHAN : ALL, AUS **[40153]** : 1854+, Collingwood, VIC, AUS **[40153]**
GAIGER : PRE 1762, Barton Stacey, HAM, ENG **[13960]** : PRE 1789, Martyr Worthy, HAM, ENG **[13960]** : ALL, Southampton, HAM, ENG **[46362]**
GAIN : 1800+, SSX & KEN, ENG **[25077]**
GAINER : George, C1810-1876, Knockbride & Coote Hill, CAV, IRL **[16273]**
GAINES : PRE 1900, Leeds, WRY, ENG **[37049]**
GAINEY : 1850+, VIC, AUS **[31343]**
GAINGER : Richard, ALL, AUS **[12785]** : PRE 1815, DEV & CON, ENG **[12785]**
GAINZER : Elizabeth, 1795, Launcelles, CON, ENG **[12785]**
GAIR : PRE 1915, ENG & SCT **[18500]** : Alexander, C1861, Cawdor, INV, SCT **[22224]** : William, C1840, Inverness & Nairn, INV, SCT **[22224]** : Margaret, C1902, Forres, MOR, SCT **[22224]** : Isabella, PRE 1902, Forres & Cawdor, MOR, NAI & INV, SCT **[22224]** : 1750-1850, Logie Easter, ROC, SCT **[16490]**
GAIT : PRE 1830, SOM, ENG **[46324]**
GAITT : 1800-1857, London, ENG **[20961]** : ALL, LND, ENG **[42771]** : ALL, NZ **[20961]**
GALAGHER : 1841+, Melbourne, VIC, AUS **[11536]** : PRE 1840, DON, IRL **[11536]**
GALASBY : 1890-1930, Sheffield, WRY, ENG **[45534]**
GALBRAITH : 1771+, Gigha, ARL, SCT **[98660]** : ALL, Kilmaronock, DNB, SCT **[42570]** : 1790-1820, TN, USA & CAN **[42429]**
GALE : 1920+, Brisbane, QLD, AUS **[36749]** : 1700-1790, Tiverton, DEV, ENG **[34349]** : 1890-1900, Mapperton, DOR, ENG **[34374]** : ALL, Powerstock, DOR, ENG **[34374]** : Aaron, 1800+, Steventon, HAM, ENG **[25489]** : PRE 1810, HUN, ENG **[25747]** : 1750S, Staughton, HUN, ENG **[44105]** : 1800-95, MDX, ENG **[46461]** : PRE 1770, Horning, NFK, ENG **[33428]** : 1750-1850, Martock, SOM, ENG **[39377]** : C1850, South Petherton, SOM, ENG **[39377]** : Emma, C1860, SRY, ENG **[28479]** : C1700, Alton Priors, WIL, ENG **[11113]** : PRE 1850, Cherill, WIL, ENG **[32907]** : PRE 1900, Leeds, WRY, ENG **[39439]**
GALEA : Catherine, 1847, Cospicua, MALTA **[10604]**
GALEN : Elisabeth, PRE 1845, Rayne, ABD, BAN & MOR, SCT **[36800]**
GALER : C1815, Cambridge, CAM, ENG **[38234]**
GALES : Anne, C1827-1914, SRY & TAS, ENG & AUS **[10604]**
GALEY : 1800+, Little Wilbraham, CAM, ENG **[19694]** : PRE 1860, Gorleston, NFK, ENG **[36126]** : 1850+, Takaka, NLN, NZ **[36126]** : ALL, WORLDWIDE **[36126]**
GALICER : Elizabeth, C1800, Liverpool, LAN, ENG **[10276]**
GALILEE : PRE 1815, Whitby, NRY, ENG **[34782]**
GALL : C1800+, Dugandan, QLD, AUS **[14197]** : 1800S, VIC, AUS & UK **[28013]** : Jeanie, C1855-1905+, London, ENG & SWE **[21292]** : 1785-1850, Newdeer, ABD, SCT **[14197]** : Thomas, 1800-1865, Dundee, ANS, SCT **[13014]** : Charles, 1891+, Civil Parish of King Edward, BAN & ABD, SCT **[25455]** : John & Ann, 1895+, BAN & VIC, SCT & AUS **[25455]**
GALLACHER : Cornelius, PRE 1848, Paisley, RFW, SCT **[31761]**
GALLAGHER : C1839+, Camden, NSW, AUS **[46751]** : 1850, Mudgee, NSW, AUS **[11590]** : 1870+, Parramatta & Lidcombe, NSW, AUS **[11039]** : Thomas, 1860+,

Sydney, NSW, AUS **[46026]** : 1860+, Sydney, NSW, AUS **[45384]** : 1890+, Mildura, VIC, AUS **[36652]** : 1800+, Portland, ONT, CAN **[15596]** : PRE 1900, Barrow-in-Furness, LAN, ENG **[27666]** : PRE 1875, Newcastle-on-Tyne, NBL, ENG **[27842]** : Sarah, 1800S, IRL **[15640]** : William, 1780-1810, Sligo, IRL **[15596]** : Mary, 1830-1890, CAV, IRL **[38542]** : 1820S, Quin-Clooney, CLA, IRL **[34748]** : PRE C1839, DON, IRL **[36751]** : 1800-1850, Adoor & Tullonarbegla, DON, IRL **[46210]** : Bridget, PRE 1875, Dunglow, DON, IRL **[45242]** : PRE 1859, Gweedore, DON, IRL **[34626]** : Joseph, 1800+, Kilmacrenan, DON, IRL **[36652]** : Owen, C1773, Kilteevogue & Cloghan, DON, IRL **[26823]** : PRE 1859, Middletown, DON, IRL **[11039]** : James, 1830+, Tullaghobegly, DON, IRL **[45803]** : PRE 1900, Enniskillen, FER, IRL **[31014]** : Edward, 1840+, KER, IRL **[46026]** : 1800+, LDY, IRL **[27842]**
GALLAHER : Sarah, PRE 1837, Birr, OFF, IRL **[10565]**
GALLAIS : 1800+, Plaintel, NOR, FRA **[99570]**
GALLAND : 1900, Westminster, LND, ENG **[42112]**
GALLARD : 1625+, ENG **[11736]** : PRE 1835, Southborough, KEN, ENG **[40970]**
GALLAUGHER : PRE 2000, IRL **[41425]** : PRE 2000, NZ **[41425]**
GALLEHAWK : 1700+, WORLDWIDE **[19744]**
GALLEHAWK (see One Name Section) [19744]
GALLETLY : 1800-1890, LAN, ENG **[34349]** : ALL, WORLDWIDE **[20909]** : ALL, WORLDWIDE **[38500]**
GALLEY : Mary, 1730-1790, Carlton & Willingham, CAM, ENG **[39644]** : Mary, 1740-1790, Little Bradley, SFK, ENG **[39644]**
GALLIARD : 1700S, DFS, SCT **[11411]**
GALLIE : PRE 1800, Tain, ROC, SCT **[17763]**
GALLIN : 1850S, St.Kilda & Keilor, VIC & DON, AUS & IRL **[11912]** : 1800S, Cronalaghy & Melbourne, DON & VIC, IRL & AUS **[11912]**
GALLINI : 1750+, BRK & MDX, ENG **[42643]** : PRE 1750, Firenze, TOSCANA, ITL **[42643]**
GALLINI (see One Name Section) [42643]
GALLIOTT : C1800, Yeovil, SOM, ENG **[99106]**
GALLIVAN : 1850S, London, ENG **[21889]**
GALLOCHER : 1700+, Glasgow, LKS, SCT **[33608]**
GALLOP : 1800-1850, Hastings, SSX, ENG **[39445]** : 1700-1820, Laughton, SSX, ENG **[45207]** : Henry, 1606+, Pyecombe, SSX, ENG **[40505]** : 1840+, New Plymouth, TNK, NZ **[33816]**
GALLOT : 1800-1900, Melbourne, VIC, AUS **[20821]** : 1750-1850, London, ENG **[20821]**
GALLOWAY : John, 1836+, Berrima, NSW, AUS **[10562]** : Cornelius, 1848+, Sydney, NSW, AUS **[31761]** : Elizabeth, 1828+, London, MDX, ENG **[45976]** : Charles, 1829+, London, MDX, ENG **[45976]** : Mary, 1792+, St.Luke, MDX, ENG **[45976]** : James Edward, 1825+, St.Sepulchre, MDX, ENG **[45976]** : Stephen Wm, 1830+, St.Sepulchre, MDX, ENG **[45976]** : ALL, Calverley, WRY, ENG **[42974]** : Henry, 1795+, Southwark, MDX, ENG & AUS **[45976]** : John, 1799+, Southwark, MDX, ENG & AUS **[45976]** : 1900+, Auckland, NZ **[33608]** : PRE 1765, SCT **[45976]** : 1800+, Dalry, AYR, SCT **[13065]** : 1800S, Monkton, AYR, SCT **[11707]** : 1890+, Troon, AYR, SCT **[33608]** : C1780+, Kennoway & Markinch, FIF, SCT **[37499]** : 1800+, Strathmiglo & Dysart, FIF, SCT **[45976]** : 1800+, Glasgow, LKS, SCT **[33608]** : Henry, 1750-1838, FIF & LND, SCT & ENG **[45976]**
GALLY : PRE 1650, Snailwell, CAM, ENG **[33428]**
GALPIN : 1900+, Sydney, NSW, AUS **[30776]** : ALL, ENG **[17364]** : 1700+, Marnhull, DOR, ENG **[18376]**
GALPIN (see One Name Section) [17364]
GALT : 1823+, Irvine & Kilmarnock, AYR, SCT **[11090]** : PRE 1861, Glasgow & Ayr, LKS & AYR, SCT **[19486]**
GALVIN : C1800-1900, Barnsley & Leeds, YKS, ENG **[40569]** : Thomas, C1770, KER, IRL **[10649]**
GALWAY : 1750-1900, Holywood & Belfast, DOW, IRL

[26897] : Patrick, 1810+, GAL, IRL [46246]
GAMAGE : ALL, London, MDX, ENG [40982]
GAMAGE (see One Name Section) [40982]
GAMBLE : William, PRE 1900, Leeds Co., ONT, CAN [29515] : C1860+, London, ENG [28570] : 1700-1800, DEV, ENG [26335] : C1750-1850, Lockington, LEI, ENG [16997] : 1860-1916, Wood Green, LND, ENG [45973] : John, 1760+, Basford, NTT, ENG [10822] : 1840-1900, West Bromwich, STS, ENG [29715] : 1800-1900, Birmingham, WAR, ENG [29715] : 1840+, Dudley, WOR, ENG [29715] : 1700-1860, Bradford, WRY, ENG [18628] : C1790, Calverley, WRY, ENG [42974] : 1700+, YKS, ENG [34505] : 1800+, Sheffield, YKS, ENG [28570] : PRE 1869, ANT, IRL [13143] : Nancy, PRE 1825, Ballinaloob, ANT, IRL [40822] : Agnes, PRE 1825, Ballymena, ANT, IRL [40822] : PRE 1880, Groaghmore, ANT, IRL [42565] : 1830-1930, Drumcree, ARM, IRL [20730] : 1750+, Castlederg, DON & TYR, IRL [39227] : C1860, Meenagh Hill, TYR, IRL [13960] : 1880+, East Taieri, OTG, NZ [42565]
GAMBLES : C1860+, London, ENG [28570] : PRE 1840, Farsley & Stanningly, WRY, ENG [46452] : 1800+, Sheffield, YKS, ENG [28570]
GAMBREL : ALL, WORLDWIDE [36847]
GAMBRELL : ALL, WORLDWIDE [36847]
GAMBRELL (see One Name Section) [36847]
GAME : PRE 1800, Great Munden, HRT, ENG [17670] : Sarah, 1750-1830, Melford, SFK, ENG [18714] : PRE 1850, Stanstead & Glemsford, SFK, ENG [34980] : PRE 1800, Horsham, SSX, ENG [38660]
GAMLETT : 1600S, ENG [15521]
GAMMAN : 1964, Dartford, KEN, ENG [46356]
GAMMIE : George, 1660, Marnoch, BAN, SCT [10318]
GAMMON : 1700-1750, Wallingford, BRK, ENG [12641]
GAMMONS : 1800-1900, BDF, ENG [18657] : 1780-1800S, Thurleigh, BDF, ENG [20919] : C1770, Portsmouth, HAM, ENG [19392] : 1800-1900, LIN, ENG [18657]
GAMPTON : 1800S, Dittisham, DEV, ENG [14548]
GANDELL : Nicholas, 1782, Radstock, SOM, ENG [13031]
GANDER : PRE 1840, Clayton & Keymer, SSX, ENG [11536] : 1900+, ENG & SCT [27066]
GANDERTON : C1810, Hull, ERY, ENG [31375]
GANDRY : Joseph, PRE 1780, ENG [13868] : William, 1700S, London, MDX, ENG [13868]
GANDY : C1890, QLD, AUS [30653]
GANE : 1850+, Bristol, GLS & SOM, ENG [10340] : 1720-1800, Ashwick, SOM, ENG [27087] : ALL, Wardour, WIL, ENG [20135]
GANGE : 1829+, Coker, SOM, ENG [17291] : PRE 1849, Isle Brewers & Dowlish Wake, SOM, ENG [40795] : 1780+, Sampford Arundel, SOM, ENG [13046]
GANGELL : PRE 1950, AUS [11873]
GANLY : Margaret, C1780, Muckalee, KIK, IRL [42479]
GANNAWAY : ALL, ENG [21505] : PRE 1825, Tewkesbury, GLS, ENG [40696]
GANNON : Thomas, C1895, Sydney, NSW, AUS [10314] : PRE 1850, Shoreditch, MDX, ENG [42518] : 1800+, Enniskillen, FER, IRL [15524]
GANS : Laurette, 1780-1810, Kessel, HEN, GER [39730]
GANSBY : Eleanor, 1800S, North Shields, NBL, ENG [10297]
GANT : 1850+, Ballarat & Geelong, VIC, AUS [99832] : 1750+, Roughton, LIN, ENG [26932] : 1860+, MDX, ENG [17470] : C1877, Fakenham, NFK, ENG [10270] : PRE 1820, SFK, ENG [17470] : PRE 1900, Hadleigh, SFK, ENG [17470]
GANTZEL : ALL, DEN [29701]
GAPPS : 1800+, NFK, ENG [99040]
GARARD : PRE 1739, Ockley & Dorking, SRY, ENG [32017] : PRE 1845, SSX, ENG [32017] : PRE 1891, Oamaru, N. OTAGO, NZ [32017]
GARBER : 1880S, OH, USA [35876]
GARBETT : 1810-1890, Bridgnorth, SAL, ENG [46494] : 1800+, Neen Savage, SAL, ENG [99174] : PRE 1900, Pan Common, SAL, ENG [15929] : 1905-1925, Harrogate, YKS, ENG [46494] : 1800-1890, Leeds & Sheffield, YKS & LAN, ENG [46494]
GARBRAND : PRE 1700, ENG [17763]
GARBUT : 1750-1850, SAL & WOR, ENG [21597]
GARBUTT : 1560+, Hurworth, DUR, ENG [45183] : 1700-1800, Hawnby, NRY, ENG [19865]
GARCIA : Diego, C1821, Jerez de la Frontera, ESP [22470]
GARD : 1700+, CON, ENG [99570] : 1800+, ENG & AUS [44409] : 1800+, COR, IRL [99570] : C1700-1800S, USA [16947]
GARDEN : Mary, 1830, Aberdeen, ABD, SCT [22248]
GARDENER : Sarah, 1780+, London, ENG [13574] : 1700+, Burwell, CAM, ENG [20655] : ALL, Chirbury, SAL, ENG [30491] : 1750-1850, Harkstead, SFK, ENG [16383] : 1730+, Egham & Holybourne, SRY & HAM, ENG [42055] : 1800S, Coventry, WAR, ENG [27850]
GARDINER : C1850+, Coonamble, NSW, AUS [10330] : Robert, 1829, Sydney, NSW, AUS [36725] : Robert, 1850+, Berwick, VIC, AUS [99183] : ALL, Gardiner Point, NB, CAN [39712] : James, 1850+, Dundee, QUE, CAN [26778] : 1800+, London, ENG [36081] : 1895+, Lanchester, DUR, ENG [46400] : 1850-1930, Oakridge & Bisley, GLS, ENG [28363] : PRE 1739, HAM, ENG [46296] : Elizabeth, 1750-1850, Medstead, HAM, ENG [17907] : 1700-1890, Medway, KEN, ENG [18303] : C1870, Edmonton, MDX, ENG [45388] : 1800S, Islington, MDX, ENG [25428] : 1700S, Cumnor, OXF, ENG [36655] : 1800S, Marcham, OXF & GLS, ENG [11912] : John, PRE 1780, Dorking, SRY, ENG [37024] : 1800-1900, SSX, ENG [46371] : 1922-1940, Birmingham, WAR, ENG [28363] : PRE 1730, York City, YKS, ENG [33664] : Frederick, 1810-1890, Bristol & Picton, GLS, SOM & NSW, ENG & AUS [34245] : PRE 1870, COR, IRL [30093] : 1830S, Rathmines, DUB, IRL [30724] : PRE 1875, Castlecomer, KIK, IRL [13347] : William, 1862+, TYR & NSW, IRL & AUS [32996] : PRE 1900, Glasgow, LKS, SCT [25755] : 1840S, PER, SCT [12573] : 1800-1850, Kinnoul & Dunblane, PER, SCT [10715] : James, 1730+, Kilmacolm, RFW, SCT [26778] : PRE 1855, Paisley, RFW, SCT [33628] : James, 1850+, Malone, NY, USA [26778] : Sydney, C1818, Philadelphia, PA, USA [10731] : 1800S, Pontypool, MON, WLS [13731]
GARDINIER : Hendrick, 1770+, Ernestown, ONT, CAN [16167]
GARDNER : Stephen, 1838-1865, Mount Hunter, NSW, AUS [34140] : John, 1815-1864, Sydney, NSW, AUS [36725] : Daniel, 1892+, Sydney, NSW, AUS [41425] : 1830S, Windsor, NSW, AUS [10970] : Walter, 1853+, St.Kilda, VIC, AUS [12639] : Daniel, 1892+, Perth, WA, AUS [41425] : James, 1810+, London, ENG [29198] : Jessie I., 1826+, London, ENG [29198] : Julia, 1870+, London, ENG [34315] : 1700-1900, BKM, ENG [38307] : PRE 1860, Brill, BKM, ENG [18397] : 1500-1650, GLS, ENG [27039] : 1800, Headley, HAM, ENG [33506] : Jonathon, PRE 1850, Monk Sherborne, HAM, ENG [11650] : PRE 1750, Old Basing, HAM, ENG [10493] : PRE 1850, Selbourne, HAM, ENG [44078] : Mary, 1796+, LAN, ENG [39083] : 1800+, LND & MDX, ENG [37169] : Edward, 1781+, Stannington, NBL, ENG [41185] : 1800+, Byfield, NTH, ENG [46311] : Mark, 1800S, Chasleton, OXF, ENG [11594] : 1750+, Shilton, OXF, ENG [19895] : 1820S, Marcham, OXF & GLS, ENG [11912] : 1810+, SRY, ENG [10330] : 1840+, Lambeth, SRY, ENG [10107] : 1800-1900, SSX, ENG [46371] : Henry, PRE 1750, SSX, ENG [41589] : Shadrach, 1800-1854, Ewhurst, SSX, ENG [34140] : 1700-1800, Saddlescombe, SSX, ENG [34140] : PRE 1880, Tipton, STS, ENG [40026] : Gidien, 1840, Tipton, STS & WAR, ENG [40026] : PRE

1840, Birminton, WAR, ENG **[40026]** : PRE 1837, Coventry, WAR, ENG **[10280]** : Thos Scott, PRE 1900, Shipston on Stour, WAR, ENG **[40026]** : 1700-1900, Kidderminster, WOR, ENG **[39565]** : Thomas, 1600S, Weymouth, DOR, ENG & USA **[22796]** : 1864-C1880, Foxhill, NLN, NZ **[33506]** : 1880S+, Maingatainoka & Woodville, WRP, NZ **[33506]** : 1750+, Alexandria, DNB, SCT **[20742]** : 1750+, Luss, DNB, SCT **[20742]** : Daniel, 1871+, Lanark, LKS, SCT **[41425]** : 1820S, Liberton, MLN, SCT **[14627]** : 1741-1756, Ratho, MLN, SCT **[21207]** : ALL, Scone, PER, SCT **[20606]** : Robert, 1890+, Stirling, STI, SCT **[14627]** : PRE 1850, Bo'Ness, WLN, SCT **[13574]** : 1800-1880, Llandyfodwg & Tynewydd, GLA, WLS **[39536]** : ALL, WORLDWIDE **[41590]**

GARFORTH : William, ALL, Oldham, LAN, ENG **[22640]** : PRE 1820, WRY, ENG **[39815]** : PRE 1730, Doncaster, WRY, ENG **[31316]** : 1750+, YKS, ENG **[38934]**

GARGARO : 1860+, Cardiff, GLA, WLS **[45803]**

GARHAM : 1850+, ENG **[29025]**

GARLAND : 1800S, CON, ENG **[34704]** : Charles, C1845, CON, ENG **[38548]** : 1787+, Helston, CON, ENG **[43656]** : 1730-1900, GLS, ENG **[26396]** : PRE 1880, Bristol, GLS, ENG **[29298]** : PRE 1850, Taunton, SOM, ENG **[19064]**

GARLE : PRE 1700, HAM, ENG **[10493]**

GARLEY : ALL, Brixworth, NTH, ENG **[25702]**

GARLICK : 1890S, Mornington, VIC, AUS **[42615]** : PRE 1900, BDF, ENG **[99440]** : C1700+, Kintbury, BRK, ENG **[45895]** : 1730-1800, Sutton Courtnay, BRK & OXF, ENG **[38538]** : PRE 1870, Glossop, DBY, ENG **[18500]** : 1700S, Esprick, LAN, ENG **[37070]** : C1700+, London, MDX, ENG **[45895]** : PRE 1880, WIL, ENG **[42238]** : C1840+, NZ **[45895]**

GARLING : ALL, Stradbroke, SFK, ENG **[31079]**

GARMENT : 1830+, Ponders End, MDX, ENG **[38740]**

GARNAULT : 1684+, London, ENG **[41560]**

GARNER : 1797+, Maulden, BDF, ENG **[24943]** : ALL, Hawridge, BKM, ENG **[20914]** : ALL, CAM, ENG **[39642]** : 1800-1870, Little Downham, CAM, ENG **[36169]** : 1869+, Sale, CHS, ENG **[28747]** : 1890+, Walthamstow, ESS, ENG **[37049]** : C1760, St.Albans, HRT, ENG **[20914]** : Elizabeth, 1820S+, LEI, ENG **[29989]** : PRE 1849, Market Harborough, LEI, ENG **[14076]** : C1650, LIN, ENG **[28340]** : PRE 1850, Bethnal Green & Mile End, MDX, ENG **[37049]** : 1850-1890, Clerkenwell & Islington, MDX, ENG **[37049]** : 1800-1900, Pimlico, MDX, ENG **[45886]** : PRE 1800, NFK, ENG **[45142]** : 1800, Thetford, NFK, ENG **[14959]** : 1890-1910, Nottingham, NTT, ENG **[39873]** : 1700-1900, Brandon, SFK & NFK, ENG **[45886]** : 1846-1876, Rugeley, STS, ENG **[34747]** : PRE 1920, Wolverhampton, WAR, ENG **[39873]** : C1800, Doncaster, YKS, ENG **[41370]** : 1865-2004, Napier, HBY, NZ **[34747]** : 1905-1980, Palmerston North, MWT, NZ **[34747]** : C1800, Trevethin, MON, WLS **[13326]**

GARNET : PRE 1750, Terling, ESS, ENG **[45215]** : 1800+, Thorner, YKS, ENG **[46456]**

GARNETT : PRE 1750, Terling, ESS, ENG **[45215]** : 1750-1850, Ulverston, LAN, ENG **[28906]** : ALL, WES, ENG **[31826]** : 1800+, Thorner, YKS, ENG **[46456]**

GARNHAM : 1850+, Sydney, NSW, AUS **[29025]** : PRE 1847, ESS, ENG **[18896]** : 1750+, LIN, ENG **[46497]** : 1750+, NFK, ENG **[46497]**

GARNON : 1860-1890, LND & MDX, ENG **[17491]**

GAROIS : PRE 1850, BKM, ENG **[45879]**

GARRAD : Robert, C1811+, Sydney & Ulladulla, NSW, AUS **[11197]** : John, 1700S, Wickham Skeith, SFK, ENG **[11197]**

GARRARD : PRE 1865, SAL, ENG **[25151]** : PRE 1800, SFK, ENG **[25151]**

GARRAT : 1750+, Eyeworth & Codicote, BDF & HRT, ENG **[13461]**

GARRAWAY : 1750-1850, Old Sodbury, GLS, ENG **[13326]**

GARRED : PRE 1800, Whitechapel, LND, ENG **[28533]**

GARRETT : 1877+, Townsville, QLD, AUS **[11144]** : John, 1855+, Ballarat, VIC, AUS **[41468]** : 1810-70, Markham Twp., ONT, CAN **[25297]** : Eliza, C1828+, London & St.Marylebone, ENG **[44160]** : PRE 1878, Portsmouth & Portsea, HAM, ENG **[27437]** : John, 1845, Liverpool, LAN, ENG **[41468]** : Ebenezer, ALL, LND, ENG **[42773]** : 1910-1920, Islington, LND, ENG **[44036]** : 1800+, Lambeth, LND, ENG **[21594]** : PRE 1750, Hardingstone, NTH, ENG **[10493]** : PRE 1850, SFK, ENG **[45032]** : 1700S, Shepton Beauchamp, SOM, ENG **[43582]** : ALL, YKS, ENG **[38452]** : C1800, IOM **[43844]** : John, PRE 1845, St.Peter German, IOM **[41468]** : ALL, Magheragall & Lissue, ANT, IRL **[10114]** : PRE 1783, Kilgaran, COR, IRL **[37938]** : 1750-1800, Ballaghmore, LEX, IRL **[10037]** : Sophia, PRE 1854, TAHITI **[31904]**

GARRETY : 1864+, Mudgee, NSW, AUS **[29314]**

GARRICK : 1850+, Melbourne, VIC, AUS **[12237]** : Thomas, 1878, London, ENG **[21765]** : 1830S, Grimsby, LIN, ENG **[12237]** : 1790+, PER, SCT **[39015]** : 1700S, Shetland, SHI, SCT **[19497]**

GARRIE : 1850S, Leith, MLN, SCT **[33564]**

GARRISH : 1828+, Portsmouth, HAM, ENG **[14548]**

GARRISON : Wm Lloyd, ALL, Rochester, NY, USA **[43941]**

GARRITSON : Enslow, 1700+, NS & NY, CAN, USA & ENG **[24182]**

GARROD : 1810-70, Markham Twp, ONT, CAN **[25297]** : Frederick, 1868+, Marylebone, LND, ENG **[26554]** : Betsey, 1830+, St.Pancras, LND, ENG **[16433]** : PRE 1830, St.Pancras, LND, ENG **[28533]** : 1799-1869, Gooderston, NFK, ENG **[46235]**

GARROW : 1850+, ONT, CAN **[16767]** : 1800+, ANS, SCT **[16767]** : 1700-1850, Dollar & Glasgow, MOR & LKS, SCT **[11120]** : 1800+, Coupar Angus, PER, SCT **[16767]**

GARSDEN : PRE 1800, Blackburn, LAN, ENG **[41089]** : ALL, WORLDWIDE **[41089]**

GARSIDE : PRE 1840, Mottram & Stockport, CHS, ENG **[34716]** : 1870+, Halifax, WRY, ENG **[21655]** : PRE 1710, Halifax, WRY, ENG **[10850]** : James, 1787-1850, Lingards, Slaithwaite & Golcar, WRY, ENG **[38925]** : PRE 1900, Slaithwaite, YKS, ENG **[25162]**

GARSTANG : 1750, Manchester, LAN, ENG **[12641]**

GARTELL : 1770-1830, Bishops Caundle, DOR, ENG **[11661]**

GARTH : PRE 1950, Preston, Bolton & Horwich, LAN, ENG **[29447]** : 1800+, NRY, ENG **[25998]**

GARTHWAITE : 1700S Wolsingham DUR ENG **[21765]**

GARTLAND : PRE 1850, MLN, SCT **[39647]**

GARTRELL : 1750-1900, Lezant, CON, ENG **[36242]**

GARTSIDE : 1720-1850, Milnrow & Ogden, LAN, ENG **[10850]** : 1700-1750, Saddleworth, YKS, ENG **[31826]**

GARVAN : C1851, Belfast, ANT, IRL **[45649]**

GARVEY : ALL, Birmingham, WAR, ENG **[43879]** : 1760-1860S, COR, IRL **[23986]** : 1830-1860, Dublin, DUB, IRL **[44045]** : Anthony, 1760-1860S, Galway, GAL, IRL **[23986]** : Rosa, 1760-1860S, Galway, GAL, IRL **[23986]** : Margaret, 1820-1860S, Galway, GAL, IRL **[23986]** : ALL, Boyle, ROS, IRL **[43879]** : 1800, Kinvara, GAL, IRL & AUS **[13569]**

GARVY : ALL, Boyle, ROS, IRL **[43879]**

GARWARD : PRE 1840S, Romford, ESS, ENG **[42542]**

GARWOOD : PRE 1840S, Romford, ESS, ENG **[42542]** : 1700-1900, Brockley, SFK, ENG **[36243]** : PRE 1900, Brockley, SFK, ENG **[43727]** : PRE 1900, Stanstead, SFK, ENG **[39642]**

GASCHUETZ : PRE 1810, Burkhardtswalde, KSA, GER **[33567]**

GASCOIGNE : PRE 1820, Thorpe Salvin, WRY, ENG **[27522]**

GASCOINE : 1800S, London, ENG [42168]
GASCOYNE : 1750+, BRK, ENG [99433] : ALL, LND, ENG [46447] : PRE 1820, Woodsetts, WRY, ENG [27522]
GASH : 1800+, Castle Bytham, LIN, ENG [27533] : 1850+, AUCK, NZ [42112]
GASKELL : PRE 1900, LAN, ENG [20925] : William, 1821-1900, Liverpool, LAN, ENG [46426] : Enoch, 1853-1900, Liverpool, LAN, ENG [46426] : 1700-1900, Pemberton & Wigan, LAN, ENG [42308] : PRE 1840, LND & MDX, ENG [19568]
GASKILL : PRE 1840, LND & MDX, ENG [19568]
GASKIN : ALL, ENG [29664] : 1800+, Nottingham, NTT, ENG [33825] : George, PRE 1870, ENG & AUS [43800] : 1660+, BARBADOS, W.INDIES [23319]
GASS : 1850, Dumfries, DFS, SCT [12222]
GASSON : Thomas, C1801, LND, ENG [39380] : William, PRE 1919, St.Pancras, MDX, ENG [39380]
GATCOMBE : PRE 1800, SOM, ENG [16269] : 1650-1800, North Petherton, SOM, ENG [12413]
GATEAU : 1600+, St.Etienne du Mont, Paris, FRA [16159]
GATELEY : Rosa, 1843-1890, LND & LAN, ENG [22122]
GATER : 1700+, Cadbury, DEV, ENG [39307] : 1617-1707, Morchard Bishop, DEV, ENG [39706]
GATES : 1900+, Newbury, BRK & HAM, ENG [16362] : PRE 1800, Berkhampstead, HRT, ENG [43828] : Walter, 1857-1907, KEN, ENG [33373] : 1831, Frindsbury, KEN, ENG [27919] : 1852+, Gravesend, KEN, ENG [27919] : 1700-1800, Tattingstone, SFK, ENG [16383] : Richard, C1853, SRY, ENG [33373] : 1850+, Camberwell, SRY, ENG [28495] : Wm & John, 1730-1799, SSX, ENG [33373] : Benjamin, 1785-1847, Brighton, SSX, ENG [33373] : 1700-1900, Ninfield, SSX, ENG [30120] : PRE 1700, Upper Beeding, SSX, ENG [38515]
GATFIELD : Samuel, PRE 1730, WOR, ENG [39651]
GATHERCOLE : PRE 1830, Lakenheath, SFK, ENG [46211]
GATHERER : 1860+, Dalry, AYR, SCT [13065]
GATIS : 1780-1900, DUR & NRY, ENG [17907]
GATISS : 1800S, Heworth, DUR, ENG [46193]
GATLAND : 1700+, Lingfield, SRY, ENG [27867]
GATLY : Laura, 1843-1890, LND & LAN, ENG [22122]
GATTON : ALL, WORLDWIDE [20909]
GATWARD : ALL, HRT, ENG [18020] : C1700, Therfield, HRT, ENG [19759]
GATWOOD : 1550-1650, Soham, CAM, ENG [17523]
GAU : Jean Joseph, 1782-1864, Dollendorf, RHINELAND, GER [26458]
GAUCHER : 1765+, St.Damase, QUE, CAN [99545] : 1700S, Tanzac, PCH, FRA [99545]
GAUDET : Josephte, 1800-1870, Montreal, QUE, CAN [27325]
GAUDIE : PRE 1780, Dunrossness, SHI, SCT [38728]
GAUDIN : 1600S-1900S, JSY, CHI [21788] : 1700-1900, JSY, CHI [21788] : 1800S, St.Saviour, JSY, CHI [21788]
GAUDRY : PRE 1790, ENG [13868]
GAUKROGER : 1900S, Halifax, YKS, ENG [38362]
GAUL : William, C1840, Thomastown, KIK, IRL [13026]
GAULD : 1932, Coffs Harbour, NSW, AUS [29334] : 1898-1910, Coraki, NSW, AUS [29334] : 1880-1900, Nerang, QLD, AUS [29334] : 1700-1920, Banff, BAN, SCT [29334] : ALL, WORLDWIDE [28081]
GAULER : PRE 1837, Malmesbury, WIL, ENG [17921]
GAULT : PRE 1600, Dalham, SFK, ENG [33428] : Margaret, 1840+, IRL [41223] : William, 1793+, Enniskillen, FER, IRL & SCT [10297]
GAULTON : 1800S, DEV, ENG [33279] : ALL, SOM, ENG [33279]
GAUNSON : 1800+, Tingwall, SHI, SCT [10564]

GAUNT : Thomas, 1760-1820, Cubley, DBY, ENG [99433] : 1700+, Offord Cluny, HUN, ENG [46341] : 1700+, Offord Darcy, HUN, ENG [46341] : ALL, STS, ENG [26612] : PRE 1700, STS, ENG [18264] : 1600+, Rowley Regis & Stone, STS, ENG [15823] : PRE 1700, WOR, ENG [18264]
GAUNTLETT : 1830-1900, Fladbury, WOR, ENG [41128]
GAUSDEN : PRE 1800, Eastbourne, SSX, ENG [19782]
GAUTHIER : PRE 1901, St.Anne des Pleins, QUE, CAN [23518] : Genevieve, C1780-1840, St.Antoine de Tilly, QUE, CAN [23518] : PRE 1650, Celles sur Belles, PCH, FRA [23518]
GAUTRON : N., 1572+, Larochelle, FRA [44401]
GAUTRY : ALL, ENG [39642]
GAUVIN : 1860+, Charters Towers, QLD, AUS [39186]
GAVAN : 1830+, Muswellbrook, NSW, AUS & IRL [11071] : C1800, Dublin, IRL [10489]
GAVENAS : 1700-1900, Taurage, LITHUANIA [23523]
GAVEY : 1820+, St.Andrews, GSY, CHI [42582] : 1700-1800, JSY, CHI [46402]
GAVIN : 1830+, Hunter Valley, NSW, AUS [44160] : 1880+, MDX, SRY & LND, ENG [31079] : 1820-1890, IRL [98674] : PRE 1840, Kilkearn, CAV, IRL [11039] : 1850+, Killeigh, OFF, IRL [37713] : ALL, Waterford City, WAT, IRL [31079] : John, C1795-1829, Rathdrum, WIC & WEM, IRL [44160] : 1900+, Philadelphia, PA, USA [37713]
GAW : ALL, AYR, SCT [26493] : ALL, Glasgow, LKS, SCT [21763]
GAWKE : PRE 1820, Madras, INDIA [17626]
GAWLEY : 1750-1850S, Aghnamullen, MOG, IRL [35604]
GAWN : 1750-1850, Portsmouth, HAM, ENG [26612]
GAWNE : 1750-1850, Portsmouth, HAM, ENG [26612]
GAWTHORN : PRE 1900, Mudgee, NSW, AUS [28210]
GAWTHORNE : 1800+, AUS [11085] : 1800+, Mudgee, NSW, AUS [11085] : 1800+, Richmond, NSW, AUS [11085] : 1700+, London, ENG [11085]
GAY : Emma, PRE 1860, Feock, CON, ENG [41468] : PRE 1780, Stroud, GLS, ENG [43137] : 1800+, Holborn, LND, ENG [40792] : PRE 1837, Midsomer Norton, SOM, ENG [25142] : PRE 1850, Littleton Drew, WIL, ENG [18657] : 1760+, Bradford on Avon, WIL & SOM, ENG [10287] : 1834+, TYR, IRL [11335] : 1788+, TYR & NSW, IRL & AUS [46308]
GAYDON : 1800S, Islington, LND, ENG [41420]
GAYER : PRE 1800, Dibden, HAM, ENG [31316]
GAYFER : 1700+, SFK, ENG [39061]
GAYFORD : George, 1934, Bankstown, NSW, AUS [30776] : George, PRE 1870+, Ipswich, QLD, AUS [30776] : 1700+, SFK, ENG [39061] : George, PRE 1909+, Auckland, NZ [30776]
GAYFORTH : 1700+, SFK, ENG [39061]
GAYLARD : 1850+, One Tree Hill, SA, AUS [14346] : ALL, SOM, ENG [21348] : 1851, Martock, SOM, ENG [14959] : ALL, NZ [21348] : ALL, WORLDWIDE [12424]
GAYLARD (see One Name Section) [12424]
GAYLEARD : ALL, WORLDWIDE [12424]
GAYLER : 1700S, Little Hadham, HRT, ENG [45639] : 1720-1900, Much Hadham, HRT, ENG [45639] : 1800+, Walberswick, SFK, ENG [38005]
GAYLOR : Thyra, C1910, Sydney, NSW, AUS [26430] : 1810+, Royston, HRT, ENG [24943]
GAYLORD : 1780-1850, ONT, CAN [42429] : 1600S, SOM, ENG [15521]
GAYNON : 1900S, Oldham, LAN, ENG [44996]
GAYNOR : ALL, Trichinopoly, INDIA [45811] : George, C1810-1876, Knockbride & Coote Hill, CAV, IRL [16273]
GAYTON : 1718+, Brafield on the Green, NTH, ENG [21207] : PRE 1900, Coventry, WAR, ENG [45176]

GAZARD : 1600-1850, Horsley & Berkeley, GLS, ENG **[11425]**
GAZE : 1820+, Gloucester, GLS, ENG **[13513]**
GAZELEY : 1780-1880, BKM, ENG **[19750]** : 1780-1880, LND, ENG **[19750]**
GAZEY : 1700-1850, Banbury, OXF, ENG **[27039]**
GEACH : Albert, PRE 1880, ENG **[25747]** : Joseph, PRE 1880, ENG **[25747]** : 1700S, Lanteglos by Fowey, CON, ENG **[12915]**
GEAL : 1700-1800, SRY, ENG **[10287]**
GEALE : C1500, Powerstock, DOR, ENG **[34374]** : PRE 1700, Leatherhead, SRY, ENG **[43842]**
GEAR : PRE 1860, Berrynarbor, DEV, ENG **[30830]** : PRE 1800, Dibden, HAM, ENG **[31316]**
GEAREY : PRE 1840, Edinburgh, MLN, SCT **[33564]**
GEARIN : May, 1892+, Broken Hill, NSW, AUS **[31904]**
GEARING : 1750-1850, Lechlade, GLS, ENG **[32042]**
GEARS : PRE 1870, Dawley, SAL, ENG **[43137]**
GEARY : 1788+, AUS **[44261]** : 1857+, Inglewood, VIC, AUS **[14733]** : 1910+, Landis, SAS, CAN **[16969]** : PRE 1771, Ridgemont, BDF, ENG **[16969]** : ALL, Wendover, BKM, ENG **[37603]** : ALL, Ringwood, HAM, ENG **[31323]** : PRE 1850, Waterloo & Lambeth, LND, ENG **[14733]** : PRE 1900, LND & MDX, ENG **[39312]** : C1800, Hornsey, MDX, ENG **[17798]** : PRE 1860, Hucknall, NTT, ENG **[20985]** : ALL, Dublin & Curragh, DUB, IRL **[16969]** : 1850-1871, Feenagh, LIM, IRL **[99443]** : 1900-1930, Adams Co., IA, USA **[28660]** : 1875+, Herman & Omaha, NE, USA **[16969]**
GEATON : C1844, Devonport, DEV, ENG **[18724]**
GEAVES : 1800+, Barking & East Ham, ESS, ENG **[37110]** : 1900+, Mundersley, NFK, ENG **[30071]**
GEBBETT : 1780+, ESS, ENG **[33628]**
GEBBIE : C1700, Galston, AYR, SCT **[25693]** : PRE 1800, Galston & Kilmarnock, AYR, SCT **[40768]** : C1730, Loudoun, AYR, SCT **[25979]** : C1700, Middlethird, AYR, SCT **[25693]** : 1860+, Galashiels, SEL, SCT **[40768]**
GEBBY : C1700, Galston, AYR, SCT **[25693]** : C1700, Middlethird, AYR, SCT **[25693]**
GEBLER : ALL, AUS **[11124]** : PRE 1800, BAD, GER **[11124]**
GEDDES : PRE 1840S, Lurgan, ARM, IRL **[31293]** : ALL, Rhynie, ABD, SCT **[25992]** : 1775-1820, Dunfermline, FIF, SCT **[24567]** : C1711, Rothiemoon Abernethy, INV, SCT **[13004]** : 1830-2000, Overtown, LKS, SCT **[20703]**
GEDDESON : ALL, WORLDWIDE **[99600]**
GEDDIS : 1815+, Sydney & Hunter Valley, NSW, AUS **[11464]** : 1850+, Wollongong, NSW, AUS **[11464]**
GEDGE : 1700-1800, Great Yarmouth, NFK, ENG **[21788]** : 1700S-1900S, Honing, NFK, ENG **[21788]**
GEDLING : 1850+, Stanley & Rutherglen, VIC, AUS **[36742]** : 1775-1850, London, ENG **[36742]** : 1700+, Nottingham, NTT, ENG **[17030]**
GEDSON : ALL, WORLDWIDE **[99600]**
GEE : PRE 1880, Disley, CHS, ENG **[46375]** : Chris & Eliz., 1851+, DBY, ENG **[33870]** : 1820S, Hayfield, DBY, ENG **[26955]** : 1870+, Woodbury, DEV, ENG **[43691]** : PRE 1870, Manchester & Salford, LAN, ENG **[34844]** : 1800-1850, LEI, ENG **[46502]** : PRE 1830, Chipping Norton, OXF, ENG **[31028]** : PRE 1832, Rathmolyon, MEA, IRL **[46329]** : Henry, 1860+, Philadelphia, PA, USA **[39368]**
GEE KAI : 1800+, Canton, CHINA & NZ **[45943]**
GEEKIE : 1850+, Dundee, ANS, SCT **[15944]** : 1836+, Forfar, ANS, SCT **[15944]**
GEEN : ALL, Georgham, DEV, ENG **[29664]**
GEER : 1580-1635, Heavitree, DEV, ENG **[23371]** : Mary A., 1790+, Etchingham & Henfield, SSX, ENG **[10049]** : 1651+, CT, USA **[23371]** : 1840+, Oneida Twp, Eaton Co., MI, USA **[23371]** : 1810+, NY, USA **[23371]**
GEERINGE : Agnes 1600+ Cuckfield SSX ENG **[40405]**

GEEVES : 1850+, Wombat, NSW, AUS **[12708]** : PRE 1850, Hull & Doncaster, NRY, ENG **[32040]** : William, 1792-1863, CAM, ENG & AUS **[46225]**
GEFFER : 1810+, Grunberg, UCKERMARK, GER **[13853]**
GEGG : 1800+, Shipton, GLS, ENG **[39096]**
GEHLING : PRE 1850, PRE, GER **[26306]** : 1818, Cottbus, BRA, PRE **[10318]**
GEHRIG : 1755+, Altwiesloch, BAD, GER **[10408]** : 1785+, Heddesheim, BAD, GER **[10408]** : 1790+, Neudorf - Martinsthal, HEN, GER **[10408]**
GEHRIG (see One Name Section) [10408]
GEHRKE : ALL, Templean & Gehrkevale, BRA & QLD, GER & AUS **[29236]**
GEIHLICH : C1855, Hammer, SIL, GER **[25693]** : C1855, Jauer, SIL, GER **[25693]** : C1855, Steinau An Oder, SIL, GER **[25693]**
GEIHLING : John, 1860+, Dearborn Co., IN, USA **[23605]** : John, 1860+, Franklin Co., IN, USA **[23605]**
GEILICH : C1855, Hammer, SIL, GER **[25693]** : C1880, Jauer, SIL, GER **[25693]** : C1855, Steinau An Oder, SIL, GER **[25693]**
GEILING : Magdelina, 1860+, Dearborn Co., IN, USA **[23605]**
GEILVOET : 1912, Cobargo, NSW, AUS **[10280]**
GEIR : 1813, PRE **[28164]**
GEISSLER : 1756-1780, Sandach, GER **[99125]**
GEIST : John, 1700S, Montgomery Co., PA, USA **[22756]** : PRE 1771, Philadelphia, PA, USA **[25725]**
GEITZ : Henry, 1862-1919, Allora, QLD, AUS **[99026]**
GELAN : C1809, MOR, ABD & BAN, SCT **[36800]**
GELDER : 1650+, Layston, HRT, ENG **[20919]** : ALL, Pontefract, Snaith & K ellington, WRY, ENG **[39307]**
GELDER (see One Name Section) [18680]
GELEF : PRE 1820, Probus & Ladock, CON, ENG **[39092]**
GELL : PRE 1650, Hopton, DBY, ENG **[19993]** : PRE 1850, WRY, ENG **[19613]** : Ann, 1780-1844, Patrick, IOM **[31296]**
GELLATLY : 1847+, Dundee, ANS, SCT **[19486]** : 1750-1850, Cargill, PER, SCT **[33838]** : 1850-1910, Perth, PER, SCT **[33838]** : ALL, WORLDWIDE **[38500]**
GELLATLY (see One Name Section) [38500]
GELLEN : 1800-1900, IOM **[46440]**
GELLING : 1800-1950, IOM **[46440]**
GEMMELL : 1789+, AYR, SCT **[25070]** : 1800+, Dundonald, AYR, SCT **[21971]** : Mary, C1845, Glasgow, LKS, SCT & IRL **[34321]**
GEMMILS : PRE 1820, Kirkintilloch, DNB, SCT **[42821]**
GENDAL : PRE 1750, St.Just, CON, ENG **[11873]** : PRE 1700, St.Just & St.Bryan, CON, ENG **[11873]**
GENDERS : PRE 1786, Colwich, STS, ENG **[40025]**
GENDLE : 1800S, Plymouth, DEV, ENG **[25314]**
GENDRON : 1840+, Simcoe Co., ONT, CAN **[16159]** : 1750+, St.Martin, QUE, CAN **[16159]** : Rene, 1600+, St.Genard, Niort, POITOU, FRA **[16159]** : Theodore, 1853+, Oscada Co., MI, USA **[16159]**
GENGE : 1829+, Coker, SOM, ENG **[17291]** : 1880-1950, Otago, NZ **[45154]** : ALL, WORLDWIDE **[21149]**
GENNANE (see CANNANE) : [10705]
GENNINGS : 1831, ONT, CAN **[15221]**
GENOWAYS : Joseph M., 1780+, FRA **[23208]** : Joseph M., PRE 1813, Brown Co., OH, USA **[23208]** : Ruth Ann, 1814-1889, Brown Co. & Cincinnati, OH, USA **[23208]**
GENSON : 1600-1700, Stockton, WAR, ENG **[18670]**
GENT : PRE 1800, Astbury, CHS, ENG **[29373]** : PRE 1855, NFK, ENG **[41005]** : PRE 1855, Hilgay, NFK, ENG **[41005]** : Thomas, 1700, Othery, SOM, ENG

[36112] : 1668-1760, Stoke St.Gregory, SOM, ENG [12413] : PRE 1800, Penkridge & Cannock, STS, ENG [29373] : C1850+, Northampton, NTH, ENG & AUS [33097]
GENTLE : ALL, New England, NSW, AUS [32908] : ALL, Glasgow, LKS, SCT [45308]
GENTLEMAN : Wm Russell, 1850-1896, Coatbridge, LKS, SCT [99418]
GENTNER : Johannes, C1868, Toowoomba, QLD, AUS [29479]
GENTRY : Mary, C1800, ESS & HRT, ENG [25747] : 1800+, Welling & Woolwich, KEN, ENG [19713] : PRE 1825, PER & ANS, SCT [38309]
GENTZ : 1850+, Inverell, NSW, AUS [11476]
GEOFF : 1900+, Pondicherry & Calcutta, INDIA [99418]
GEOGHEAN : Margaret, PRE 1820, CLA, IRL [14463]
GEOGHEGAN : 1840+, Maitland, NSW, AUS [10276] : 1800-2000, Ballingarry, OFF & TIP, IRL [20703]
GEORGE : Harriott, 1840+, Goulburn, NSW, AUS [10470] : 1908+, Lockhart, NSW, AUS [46389] : C1857, Burra Burra, SA, AUS [46348] : C1870+, Nanpimo, BC, CAN [21479] : C1870+, Vancouver Is., BC, CAN [21479] : PRE 1922, ONT, CAN [39939] : 1840S, London, ENG [29373] : Henry Pidgeon, C1822+, London, ENG [10071] : 1700+, Riseley, BDF, ENG [13461] : PRE 1810, Twyford, BKM, ENG [18264] : 1700+, Budock, CON, ENG [36368] : 1600-1900, Roche, CON, ENG [19853] : 1830-1992, St.Austell, CON, ENG [19853] : 1700+, St.Teath, CON, ENG [29783] : Wm, 1790-1816, St.Teath, CON, ENG [99522] : Henry, 1845+, Wirksworth, DBY, ENG [36643] : 1880+, Gillingham, KEN, ENG [46391] : PRE 1890, Liverpool, LAN, ENG [29373] : 1800+, LND & KEN, ENG [45950] : PRE 1840, NFK, ENG [29373] : PRE 1760, Repps, NFK, ENG [33428] : ALL, Wellington, SAL, ENG [39272] : 1840+, Chertsey, SRY, ENG [46256] : 1750+, Lambeth & Vauxhall, SRY, ENG [21741] : 1860-1930, Chasetown, STS, ENG [32505] : 1650-1900, Lichfield, Tipton & Shenstone, STS, ENG [32505] : C1800, Tipton, STS, ENG [29715] : 1800-1870, Dudley, WOR, ENG [40509] : 1810+, Kidderminster, WOR, ENG [36643] : 1840+, Worcester, WOR, ENG [46517] : 1860+, Sheffield, WRY, ENG [36643] : William, 1820-1890, London, LND & NSW, ENG & AUS [10604] : 1720-1920, Repps & Fairy Meadow, NFK & NSW, ENG & AUS [46055] : PRE 1900, TVL, RSA [29001] : 1890+, Cowdenbeath, FIF, SCT [11090] : 1830-1992, Grass Valley, CA, USA [19853] : Rachel, 1836-1913, Glanrhys, BRE, WLS [29468] : PRE 1818, GLA, WLS [14268] : 1780+, Usk, MON, WLS [32794]
GEORGESON : Hannah G., 1864+, Gateshead, DUR, ENG [10035] : 1600-1880, Burscough & Ormskirk, LAN, ENG [19964] : James, C1795, Hull, YKS, ENG [10035]
GEORGIOU : Athina, 1940+, Lewisham & Honor Oak, LND, ENG [34556]
GEPPERT : Olive, C1945, Sydney, NSW, AUS [33373]
GERAGHTY : 1800-1900, Ahascragh, GAL, IRL [13809] : Patrick, PRE 1841, Ahascragh, GAL, IRL [45242] : PRE 1850, Ballinasloe, GAL, IRL [13809] : PRE 1836, LOG, IRL [29314] : 1800-1995, Binghamstown & Belmullet, MAY, IRL [20703]
GERHARDT : 1856+, Toowoomba, QLD, AUS [46260] : PRE 1862, Darmstadt, GHE, GER [46260]
GERLOFF : ALL, Mechlenberg, GER [23319] : ALL, POM, GER [23319]
GERMAIN : PRE 1800, Aldham, ESS, ENG [17174] : Jacob, 1750, LND, ENG [43775]
GERMAN : 1700, North Bovey, DEV, ENG [40257] : 1800+, Hamel Hampstead, HRT, ENG [36262] : 1700-1800, Gillingham, KEN, ENG [14737] : PRE 1940, Lewisham, KEN, ENG [36262] : 1800-1900, Bowness, WES, ENG [36409] : PRE 1800, Aberffraw, AGY, WLS [28907]
GERMANI : ALL, LAN, ENG [46355]

GERMANY : PRE 1850, NFK, ENG [24945]
GERMER : 1700-1800, Bredelem, HAN, PRE [14012]
GERMON : 1800S, North Bovey, DEV, ENG [40257]
GERNER : Sarah C., 1821, LND & VIC, ENG & AUS [46192]
GERNON : 1215, Lavington, WIL, ENG [19759]
GEROMI : PRE 1885, HAN, GER & ENG [10516]
GERRARD : C1770, Evershot, DOR, ENG [41511] : 1811+, MDX, ENG [37181] : 1740-1850, Ansty & Swallowcliffe, WIL, ENG [37181] : 1775, Swallowcliffe, WIL, ENG [40807] : 1730+, Aberdour, ABD, SCT [30182]
GERRED : PRE 1580, Hurstpierpoint, SSX, ENG [42083]
GERRIE : PRE 1840, Leith, MLN, SCT [33564]
GERRING : C1759, Vale of the White Horse, BRK, ENG [38615]
GERRISH : 1780+, Windsor, Halifax, NS, CAN & USA [42600] : 1590+, Bristol & Bath, GLS & SOM, ENG [42600] : 1700S, Berwick, ME, USA [25833] : 1630+, Boston, MA, USA & CAN [42600]
GERSS : PRE 1865, London, ENG [42386]
GERSZEWSKI : PRE 1820, Rytel, BY, POL [21661]
GERVASONI : 1860+, Yandoit, VIC, AUS [38624] : PRE 1843, San Gallo, ITL [38624]
GERVINI : PRE 1885, HAN, GER & ENG [10516]
GERVIS : 1750+, DEV, ENG [17750]
GESSFORD : PRE 1850, Dewitt Co., IL, USA [23895] : PRE 1850, VA, USA [23895]
GETHINGS : 1800, WEX, IRL [20401] : 1800+, WORLDWIDE [20401]
GETTY : PRE 1830, Dundalk, LOU, IRL [10270]
GEWIN : Christopher, 1650-1725, Nansemonde Co., VA, USA [27583]
GHANANBURGH : 1900+, Queenstown, Newcastle & Sydney, TAS & NSW, AUS [11530] : 1890, Johannesburg & Capetown, RSA [11530]
GHERARDINI : 1800-1920, Bagni Di Luca, TUSCANY, ITL [22756]
GHEST : C1690, Navenby, LIN, ENG [29715]
GHIOZZI : ALL, WORLDWIDE [16947]
GHOST : 1800S, Portsea, HAM, ENG [29612] : 1800S, Oxford St., LND, ENG [46116]
GIANELLI : 1880, Manildra, NSW, AUS [31877]
GIBB : Louisa, PRE 1900, Wangaratta, VIC, AUS [36433] : ALL, Lingfield, SRY, ENG [27867] : PRE 1700, SSX, ENG [36543] : ALL, SCT [24474] : 1800-1860, Aberdeen, ABD, SCT [19542] : 1862+, Cruden, ABD, SCT [12953] : PRE 1877, Forfar, ANS, SCT [11092] : Margaret, PRE 1800+, Kinrossie, ANS, SCT [11546] : 1800S, AYR, SCT [25070] : ALL, MLN & WLN, SCT [26493] : Mary, PRE 1820, Tulliallan, PER, SCT [99174]
GIBBARD : 1700-2000, London, ENG [28341] : Annie Louisa, 1880+, HEF & LND, ENG [28341] : Nancy May, 1900+, Hampstead, LND, ENG [28341] : Geo Arthur Wm, 1901+, Hampstead, LND, ENG [28341] : George Wm, 1875+, Kilburn, LND, ENG [28341] : 1700-1800, Ardley, OXF, ENG [15464] : George Henry, 1820+, Ledwell & Sandford, OXF, ENG [28341] : Charlotte E., 1820+, Ledwell & Sandford, OXF, ENG [28341] : George Wm, 1869+, Ledwell & Sandford, OXF, ENG [28341] : 1750-1820, Nether Worton, OXF, ENG [46448]
GIBBES : 1500-1600, North Nibley, GLS, ENG [27039]
GIBBESON : PRE 1711, Seatonhouses, NBL, ENG [17626]
GIBBETT : 1780+, ESS, ENG [33628]
GIBBINGS : C1870, East Stonehouse & Devonport, DEV, ENG [18724]
GIBBINS : PRE 1900, Andover, HAM, ENG [25162] : PRE 1900, Stoughton, SSX, ENG [25162] : PRE 1835, Bradford on Avon, WIL, ENG [43137] : 1750-1850,

York, YKS, ENG **[22241]** : Margaret, 1830S, Waterford, WAT, IRL **[21155]** : Elizabeth, 1746-1824, Norwich & Lyme, CT, USA **[27633]**

GIBBON : 1800+, London, ENG **[37250]** : William, 1820-1844+, Shoreditch, MDX, ENG **[37188]** : Sarah, 1820-1844+, Stepney, MDX, ENG **[37188]** : Joseph, 1866+, NBL, ENG **[45573]** : PRE 1800, NFK, ENG **[46452]** : 1750, Chediston, SFK, ENG **[17704]**

GIBBONS : 1839+, Murrumbidgee, NSW, AUS **[46374]** : PRE 1850, Sydney, NSW, AUS **[31169]** : PRE 1900, Sydney, NSW, AUS **[40871]** : 1850+, London, ENG **[33245]** : 1600-1780, Brenchley, KEN, ENG **[31153]** : 1800-1900, Brentford, LND, ENG **[26001]** : PRE 1890, London, MDX, HRT & KEN, ENG **[40871]** : 1800-1850, East Chinnock, SOM, ENG **[39716]** : 1800+, Darlaston, STS, ENG **[45866]** : PRE 1825-55, Box, WIL, ENG **[13004]** : George, C1817, Holt Trowbridge, WIL, ENG **[14548]** : Thomas, 1800+, Cheltenham & Sydney, GLS & NSW, ENG & AUS **[39227]**

GIBBS : 1850+, Mackay, QLD, AUS **[30324]** : 1840+, SA & VIC, AUS **[27958]** : 1850+, Heyfield, Sale & Maffra, VIC, AUS **[11877]** : 1850S, Warrnambool, VIC, AUS **[21889]** : John, 1900+, Winchelsea, VIC, AUS **[10891]** : 1800-1900, Thurlow Twp., ONT, CAN **[17012]** : PRE 1840, London, ENG **[34201]** : PRE 1785, Winslow, BKM, ENG **[17055]** : ALL, Cullompton, DEV, ENG **[33237]** : C1860, Ilfracombe, DEV, ENG **[41212]** : 1790S, Beaminster, DOR, ENG **[21889]** : ALL, Piddle Valley, DOR, ENG **[30324]** : PRE 1890, Stratford & Shoreditch, ESS & LND, ENG **[27842]** : 1600+, Andover & Vernhams Dean, HAM, ENG **[27958]** : C1749, Micheldever & East Stratton, HAM, ENG **[10850]** : 1840S, Portsmouth, HAM, ENG **[13910]** : William, 1800+, Ash, KEN, ENG **[26817]** : 1800S, Plumstead, KEN, ENG **[35561]** : PRE 1850, Shoreditch, LND, ENG **[97806]** : 1818+, Clerkenwell & Tottenham, MDX, ENG **[27719]** : 1820S, London, MDX, ENG **[21889]** : PRE 1835, St.George in East, MDX, ENG **[43828]** : 1800S, Naseby, NTH, ENG **[35561]** : Sarah Ann, 1872, Northampton, NTH, ENG **[16184]** : 1600+, Peterborough, NTH, ENG **[13681]** : PRE 1800, Great Milton, OXF, ENG **[18100]** : PRE 1860, Brighton, SFK, ENG **[36126]** : Ann, 1787, SOM, ENG **[40055]** : Robert, 1700S+, Sturminster Marshall, SOM, ENG **[30324]** : PRE 1860, Wivelscombe & Milverton, SOM, ENG **[15823]** : 1800S, Brighton, SSX, ENG **[41979]** : PRE 1840, Lewes, SSX, ENG **[33911]** : 1800+, Coventry, WAR, ENG **[30107]** : Edward, PRE 1823, WAR & MDX, ENG **[40993]** : 1740+, Amesbury, WIL, ENG **[27719]** : PRE 1810, Amesbury, WIL, ENG **[37880]** : PRE 1813, Amesbury & Salisbury, WIL, ENG **[11877]** : PRE 1800, Highworth, WIL, ENG **[38660]** : C1800, Hullavington, WIL, ENG **[28742]** : Frank, 1866+, Swindon, WIL, ENG **[25654]** : 1600+, Warminster, WIL, ENG **[30324]** : 1750-1850, Wroughton, WIL, ENG **[44946]** : 1857, New Plymouth, NZ **[26833]** : 1840+, Wakefield, NLN, NZ **[36126]** : Charles, 1900S, Mauchline, AYR, SCT **[30324]** : ALL, Eldora, Hardin Co., IA, USA **[30324]** : 1920+, Chicago, IL, USA **[30324]** : Mary Jane, 1900S+, Rock Island, Davenport, IL, USA **[30324]** : 1890+, Norton Shores Muskegon, MI, USA **[30324]** : Orimil, 1807, NY, USA **[99545]**

GIBBS (see One Name Section) **[30324]**

GIBEAU : 1700+, QUE, CAN **[39227]**

GIBLING : 1850+, Dublin, IRL **[37713]**

GIBONEY : 1820S-1880S, Fintona & Donacavey, TYR, IRL **[37978]**

GIBSON : C1880+, Dungon, NSW, AUS **[11540]** : 1862+, Mendooran, NSW, AUS **[31762]** : 1850+, Lexton, VIC, AUS **[28269]** : Annie J., 1900S, Melbourne, VIC, AUS **[21155]** : PRE 1900, London, ENG **[34201]** : PRE 1850, Woburn, BKM, ENG **[11707]** : Thomas, 1740, Bottisham, CAM, ENG **[14290]** : 1600+, Isles of Scilly, CON, ENG **[45159]** : 1700S, CUL, ENG **[21221]** : 1825+, Carlisle, CUL, ENG **[14513]** : 1800+, DEV, ENG **[20909]** : Jane, 1802-1843, DUR, ENG **[45614]** : Robert, 1841+, Houghton le Spring, DUR, ENG **[41185]**

: C1800-1870, Bighton, HAM, ENG **[36126]** : 1820, Sheerness, KEN, ENG **[35649]** : PRE 1820, Beathwaite Green, LAN, ENG **[28239]** : Mary Ann, PRE 1829, Manchester, LAN, ENG **[21129]** : 1800-1880, Melton Mowbray, LEI, ENG **[19614]** : C1780, Grainthorpe, LIN, ENG **[28340]** : 1785+, North Kelsey, LIN, ENG **[20690]** : PRE 1785, South Kelsey, LIN, ENG **[20690]** : 1870-1900, Islington & Edmonton, MDX, ENG **[19614]** : 1860+, London, MDX, ENG **[45042]** : Sarah, 1860-1910, London, MDX, ENG **[45042]** : 1857+, Perivale, MDX, ENG **[27719]** : 1700-1850, Belford, NBL, ENG **[45636]** : ALL, Callaly & Rothbury, NBL, ENG **[20824]** : PRE 1870, NFK, ENG **[29298]** : PRE 1870S, Catfield, NFK, ENG **[40057]** : 1700+, New Malton, NRY, ENG **[19254]** : 1700, Snainton, NRY, ENG **[18145]** : 1800, Worksop, NTT, ENG **[17912]** : PRE 1870, NTT & LEI, ENG **[34844]** : PRE 1818, Cecerena, SOM, ENG **[46251]** : 1870+, Newington, SRY, ENG **[30107]** : 1700+, Horsham, SSX, ENG **[17676]** : PRE 1900, Bromsgrove, WOR, ENG **[44223]** : Henry, 1820+, Scarborough, YKS, ENG **[34641]** : PRE 1851, Winterton, LIN, ENG & NZ **[20690]** : 1800+, ARM, IRL **[20742]** : 1800S, CAV, IRL **[42466]** : 1857+, MBH & NLN, NZ **[36126]** : C1850, SCT **[31442]** : PRE 1870, Aberdeen, ABD, SCT **[17921]** : PRE 1880, Aberdeen & Dundee, ABD & ROC, SCT **[39820]** : 1750, Auchinleck, AYR, SCT **[10948]** : PRE 1800, Beith, AYR, SCT **[12395]** : PRE 1900, Dunure, AYR, SCT **[25755]** : PRE 1850, Stewarton & Dalry, AYR, SCT **[43481]** : Margaret, 1802, Cullen, BAN, SCT **[10318]** : 1840+, Cardross, DNB, SCT **[20742]** : 1800+, Dunfermline, FIF, SCT **[29954]** : 1750-1860, Balmaghie, KKD, SCT **[13922]** : PRE 1800, Kelton, KKD, SCT **[13922]** : 1800-1900, Rerrick, KKD, SCT **[13922]** : 1895-1960, Troqueer, KKD, SCT **[13922]** : PRE 1870, Urr, KKD, SCT **[97801]** : ALL, Airdrie & New Monkland, LKS, SCT **[21196]** : PRE 1850, Carstairs, LKS, SCT **[46339]** : 1760S, Crawford, LKS, SCT **[40257]** : Isabel, 1700, Libberton, LKS, SCT **[11533]** : ALL, Old Monkland & Shotts, LKS, SCT **[21196]** : Susan Ruth, 1829, Edingburgh, MLN, SCT **[40880]** : 1800S, Paisley & Bothkennar, RFW & STI, SCT **[46404]** : 1800+, Dollar, STI, SCT **[44202]** : 1861, Stirling, STI, SCT **[14627]** : PRE 1820, VA, USA **[23895]**

GICQUEL : 1800+, Ploeuc, NOR, FRA **[99570]**

GIDDENS : Mary, PRE 1825, HRT, ENG **[10604]** : George, PRE 1840, Harpenden, HRT, ENG **[21175]**

GIDDES : 1811-1837, Bilston, STS, ENG **[46055]**

GIDDEY : PRE 1800, Braunton, DEV, ENG **[26981]**

GIDDINGS : C1900, Sydney, NSW, AUS **[27899]** : 1800-1860, Kidderminster, HEF, ENG **[25830]** : ALL, Bluntisham cum Earith, HUN, ENG **[39642]** : PRE 1881, WIL, ENG **[46462]** : PRE 1800, Chirton, WIL, ENG **[10562]** : Robert, 1780S, Devizes, WIL, ENG **[39386]** : PRE 1800, Urchfont, WIL, ENG **[10562]**

GIDDINS : William, ALL, Richmond, NSW, AUS **[14646]** : PRE 1800, Whittlesey, CAM, ENG **[40970]**

GIDLEY : Edward, 1839-1909, Bendigo, VIC, AUS **[39123]** : PRE 1830, Bishops Teignton, DEV, ENG **[30302]** : 1600-1750, Buckfastleigh, DEV, ENG **[10383]** : William, 1817+, Christow, DEV, ENG **[41223]** : C1725+, Exeter, DEV, ENG **[41271]**

GIDNEY : 1800+, LND, ENG **[38575]**

GIESCHEN : 1800+, Southwark & Bermondsey, SRY, ENG **[10287]**

GIESLER : PRE 1860, BKM, ENG **[98672]**

GIEVE : Richard, 1700, Litlington, CAM, ENG **[14627]**

GIEVES : Janet, 1872, Lyon, HAM, ENG **[46246]**

GIFFEN : 1800S, ARM, IRL **[12144]**

GIFFORD : 1850+, Queanbeyan, NSW, AUS **[10790]** : C1800, Cambridge, CAM, ENG **[17486]** : 1700-1850S, DOR, ENG **[26335]** : ALL, Somersham, HUN, ENG **[10790]** : PRE 1850, Thanet, KEN, ENG **[34201]** : Sarah, 1845+, SOM, ENG **[16505]** : PRE 1841, Kingsbury Episcopi, SOM, ENG **[20672]**

GIGGIE : 1700+, BAN, SCT **[15944]**

GIGGINS : 1844+, NSW & VIC, AUS **[31413]** : PRE 1844, ESS, ENG **[31413]**

GIGGS : 1700-1900, London, ENG **[21227]**

GILBERT : 1860+, Boorowa & Cowra, NSW, AUS **[11802]** : Louisa, C1900, Brisbane, QLD, AUS **[31676]** : Herbert, C1925, Brisbane, QLD, AUS **[31676]** : 1860-1970, Hobart, TAS, AUS **[18271]** : C1860, Ballarat, VIC, AUS **[13244]** : William, PRE 1879, Kyneton, VIC, AUS **[10047]** : 1850+, Melbourne & Ballarat, VIC, AUS **[10838]** : William, C1834+, Hamilton, ONT, CAN **[10047]** : Elizabeth, ALL, ENG **[46444]** :PRE 1800, Lambourne, BRK, ENG **[43033]** : 1750-1850, Downham, CAM, ENG **[14246]** : PRE 1750, Fordham, CAM, ENG **[17523]** : 1700+, Illogan, CON, ENG **[34505]** : PRE 1850S, Kilkhampton, CON, ENG **[16661]** : 1760S, St.Buryan, CON, ENG **[12589]** : PRE 1860, St.Mawgan in Meneage, CON, ENG **[20919]** : 1658-1700, St.Neot, CON, ENG **[44913]** : Kiturah, 1500-1830, HAM, ENG **[17480]** : PRE 1900, Compton, HAM, ENG **[25162]** : Charles Jesse, PRE 1934, Berkhamsted, HRT, ENG **[18271]** : Jeffery, 1814-1903, New Romney, KEN, ENG **[18271]** : Mary Ann, 1820+, New Romney, KEN, ENG **[18271]** : Elisabeth, 1790-1869, Greenwich, LND, ENG **[35147]** : 1796-1850, Islington, LND, ENG **[46235]** : 1750-1800, MDX, ENG **[35343]** : Mary Ann, 1800-1850, Southwark, MDX, ENG **[18714]** : Jeffery James, 1850-1940, Peterborough, NTH, ENG **[18271]** : 1800+, Mansfield, NTT, ENG **[32804]** : ALL, Newark, NTT, ENG **[21365]** : PRE 1900, Empingham, RUT, ENG **[21365]** : 1850, Kennington, SRY, ENG **[13034]** : 1782+, Storrington, SSX, ENG **[27919]** : PRE 1850, STS, ENG **[45857]** : 1800+, Darlaston, STS, ENG **[45866]** : Elizabeth, C1700, Alton Priors, WIL, ENG **[11113]** : 1880+, Bromsgrove, WOR, ENG **[11213]** : Charles J., 1840-1900, Kings Sombourn, WOR, ENG **[18271]** : 1730+, Helston, CON, ENG & AUS **[43656]** : 1820-1895, Ludgvan, CON, ENG & AUS **[45775]** : 1800, St.Pierre, FRA **[45280]** : PRE 1750, Villamee, BRT, FRA **[20178]** : 1855+, Dublin, IRL **[33825]** : PRE 1900, West Newport, FIF, SCT **[28747]** : Mary, 1600S, Ipswich & Salem, MA, USA & ENG **[22796]** : C1800, Trelleck Grange, MON, WLS **[24993]**

GILBERTSON : 1890+, Parilla, SA, AUS **[14346]** : PRE 1867, Lerwick, SHI, SCT **[46249]**

GILBOY : 1700-1823, Hull, ERY, ENG **[17642]**

GILBY : 1700S-1800S, Lowestoft, SFK, ENG **[38285]**

GILCHER : 1800+, Bosenbach, RPF, BRD **[39096]**

GILCHRIST : Jane, 1822+, Hamilton, ONT, CAN **[15849]** : Sarah, C1800, LND, ENG **[10985]** : George, 1798-1851, NBL, ENG **[15849]** : 1850, Islay, ARL, SCT **[32296]** : 1868-1882, Kilmarnock, AYR, SCT **[13591]** : 1700-1833, Carluke, LKS, SCT **[38211]** : 1700+, Currie, MLN, SCT **[22248]** : Joseph, PRE 1822, Edinburgh, MLN, SCT **[99012]**

GILDER : Robert, 1890+, Beaconsfield, BKM, ENG **[41228]** : Mary Ann, 1799, Gloucester, GLS, ENG **[10993]** : 1830+, Layston, HRT, ENG **[20919]** : Cicely M., 1882-1960, Lewisham, KEN, ENG **[17109]** :ALL, Preston, LAN, ENG **[42634]** : Elizabeth, 1790+, Clerkenwell, LND, ENG **[44968]** : 1880-1900, Westminster, MDX, ENG **[30071]** : 1700-1800+, Polebrook, NTH, ENG **[36402]** : Frederick, 1830-1920, Lambeth, SRY, ENG **[17109]**

GILDER (see One Name Section) **[18680]**

GILDERSLEEVE : 1750-1850, Stutton, SFK, ENG **[16383]**

GILDON : ALL, East Keal & Toynton, LIN, ENG **[33347]**

GILES : C1870, Junee Reefs, NSW, AUS **[10785]** : 1800S, BRK, ENG **[19481]** : 1700+, Falmouth, CON, ENG **[30324]** : C1700-1900, Kingsand, Maker & Rame, CON, ENG **[38901]** : John, 1800+, Truro, CON, ENG **[34643]** : 1626+, Wendron, CON, ENG **[25070]** : C1700-1900, Devonport & Plymouth, DEV, ENG **[38901]** : James, 1820, KEN, ENG **[30917]** : ALL, Ashford & Hothfield, KEN, ENG **[45795]** : Robert, C1900, Canterbury, KEN, ENG **[30917]** : 1800+, Dover, KEN, ENG **[17175]** : PRE 1800, Hothfield, KEN, ENG **[18688]** : 1830+, Chelsea, LND, ENG **[41454]** : 1845+, Stepney, LND, ENG **[17175]** : ALL, Westminster, LND, ENG **[42019]** : 1700-1900, Bethnal Green, MDX, ENG **[46412]** : Stephen, ALL, Tooting, SRY, ENG **[44939]**

GILESPIE : Jean, PRE 1800, Tulliallan, PER, SCT **[99174]**

GILFILLAN : John, C1720, Airth, STI, SCT **[35273]** : 1820-1900, IL, USA **[28614]** : Adam, C1770-C1810, Allegheny Co., PA, USA **[28614]**

GILFORD : 1700+, WIL, ENG **[42507]**

GILHAM : 1840-1900, Sydney, NSW, AUS **[27678]** : PRE 1840, Lambeth, LND, ENG **[27678]** : PRE 1850, Clerkenwell, MDX, ENG **[10303]** : 1780-1880, Great Yarmouth, NFK, ENG **[19461]** : 1900+, Farnham, SRY, ENG **[10303]** : 1820-1890, Oamaru, OTG, NZ **[26955]**

GILHOLM : PRE 1900, NBL, ENG **[39647]** : 1850+, SSX, ENG **[21504]** : PRE 1900, ANS, SCT **[39647]**

GILHOME : 1800+, Eckford, ROX, SCT **[36261]**

GILHOOLEY : 1846+, Boorowa, NSW, AUS **[11763]** : 1876+, Grenfell, NSW, AUS **[11763]** : PRE 1839, TIP, IRL **[11763]**

GILHOOLY : C1800-1900, Boston, MA, USA & IRL **[39092]**

GILKES : ALL, ENG **[30612]** : 1720-1780, Granborough, BKM, ENG **[38970]**

GILKES (see One Name Section) **[30612]**

GILKESON : 1830-1860, OH, USA **[24660]**

GILKINSON : ALL, Omagh, TYR, IRL **[21173]**

GILKISON : ALL, Omagh, TYR, IRL **[21173]** : PRE 1750, Campbeltown, ARL, SCT **[38234]** : C1800, Irvine, AYR, SCT **[38234]** : Eliza, 1807+, Kilmarnock & Edinburgh, AYR & MLN, SCT **[20635]**

GILL : 1850+, Cobar & Gunning, NSW, AUS **[34739]** : 1862, Grafton, NSW, AUS **[42588]** : 1892+, Hastings River, NSW, AUS **[11060]** : Mary Ann, 1820-1900, Williams River, NSW, AUS **[11629]** : 1840-1900, Woodville & Jones Island, NSW, AUS **[11344]** : 1870+, QLD, AUS **[45087]** : 1854, Adelaide, SA, AUS **[40608]** : Frank A., 1930-40, Auburn, VIC, AUS **[39179]** : Frank A., 1930-42, Auburn, VIC, AUS **[39179]** : Edward & Thos, ALL, Bendigo, VIC, AUS **[10822]** : Frank A., 1895+, St.Kilda, VIC, AUS **[39179]** : Silas, 1806-1875, Cobbitty & Sugarloaf, NSW & SSX, AUS & ENG **[11623]** : 1771+, ENG **[38683]** : Ann, C1780, London, ENG **[10649]** : Maria, C1780S, London, ENG **[10054]** : C1800, Eggington, BDF, ENG **[40982]** : 1500-1800, Mevagissey, CON, ENG **[21796]** : John, 1840, St.Dennis, CON, ENG **[99106]** : 1700-1870, Helston, CON & NRY, ENG **[17907]** : 1800-1900, Modbury, DEV, ENG **[21842]** : Ann, 1700-1880, Tipton St.John, DEV, ENG **[12716]** : PRE 1800, Totnes, DEV, ENG **[21842]** : 1750+, Bradford Abbas, DOR, ENG **[46430]** : PRE 1800, Litton Cheney, DOR, ENG **[45881]** : Peter, PRE 1800, Maldon, ESS, ENG **[42366]** : Richard Sylv., 1862+, Woodford, ESS, ENG **[42366]** : Walter, 1881+, Woodford, ESS, ENG **[42366]** : Alfred, 1881+, Woodford, ESS, ENG **[42366]** : 1800+, Appledore, KEN, ENG **[25077]** : George J., 1823+, Greenwich, KEN, ENG **[29092]** : Thomas Edward, 1867+, Liverpool, LAN, ENG **[42366]** : Louisa, 1880+, Liverpool, LAN, ENG **[42366]** : James Macf., 1890+, Liverpool, LAN, ENG **[42366]** : Thos Edward, 1892+, Liverpool, LAN, ENG **[42366]** : Eliza Hope, 1898+, Liverpool, LAN, ENG **[42366]** : 1885+, Warrington, LAN, ENG **[29854]** : ALL, LIN, ENG **[44815]** : PRE 1875, Bethnal Green & Mile End, LND, ENG **[44111]** : 1780-1800, Stepney, LND, ENG **[46007]** : 1750-1800, Shoreditch, MDX, ENG **[33347]** : Ann, 1700-1800, Arkengarthdale, NRY, ENG **[28513]** : 1800+, SOM, ENG **[45087]** : 1800S, Dunster, SOM, ENG **[46437]** : 1700S, Stockland Bristol, SOM, ENG **[12915]** : PRE 1847, Taunton, SOM, ENG **[38683]** : William, PRE 1700, SRY, ENG **[35343]** : James, PRE 1700, Chiddingfold, SRY, ENG **[35343]** : Joseph, 1735+, Godalming, SRY, ENG **[35343]** : James,

GILL : 1760+, Godalming, SRY, ENG **[35343]** : Henry, 1797+, Godalming, SRY, ENG **[35343]** : 1850+, SSX, ENG **[25077]** : PRE 1840, Beckley, SSX, ENG **[11344]** : C1850+, Bradfield, WRY, ENG **[11270]** : ALL, Conisborough, YKS, ENG **[20742]** : PRE 1850, Doncaster, YKS, ENG **[20742]** : 1750-1830, Knottingley, YKS, ENG **[12641]** : PRE 1900, IOM **[39429]** : 1810+, Dublin, IRL **[44649]** : 1830-1890, Tyrells Pass, WEM, IRL **[44229]** : 1800S, Dublin & Sydney, NSW, IRL & AUS **[34739]** : Chas Sadler, 1883+, Christchurch, CBY, NZ **[42366]** : 1900+, PEM, WLS **[46272]**
GILLAM : 1805+, London, ENG **[41037]** : 1820+, Northampton, NTH, ENG **[41037]** : 1810-1870, Coker, SOM, ENG **[17291]**
GILLAN : James Arnold, 1900+, Fremantle, WA, AUS **[36796]** : PRE 1900, Islington, LND, ENG **[45607]** : James, 1830+, Glasgow, LKS, SCT **[36796]** : PRE 1840, Edinburgh, MLN, SCT **[11476]** : ALL, WORLDWIDE **[35836]**
GILLAN (see GILLEN) : **[12729]**
GILLANDERS : Annie, 1846-1911, ROC, SCT **[35110]** : ALL, Contin & Kinlochluichart, ROC, SCT **[21196]**
GILLARD : 1840+, SA & VIC, AUS **[14346]** : William, 1861-1942, DEV, ENG **[43052]** : PRE 1880, DEV, ENG **[30161]** : Jane, PRE 1727, Slapton, DEV, ENG **[21349]** : 1800+, LND, ENG **[43733]** : John, 1827-1897, SOM, ENG **[43052]** : PRE 1900, Huish Episcopi, SOM, ENG **[21254]** : ALL, Martock & Stoke Sub Hamdon, SOM, ENG **[12424]**
GILLASPY : 1890-1930, Sheffield, WRY, ENG **[45534]**
GILLBANKS : 1700-1890, London, MDX, ENG **[20569]**
GILLBERG : ALL, Kristine Goteborg, SWE **[29172]**
GILLBOY : 1700-1923, Hull, ERY, ENG **[17642]**
GILLEAND : PRE 1841, Sydney, NSW, AUS **[10470]**
GILLELAND : PRE 1866, Crosses Castleshane, MOG, IRL **[22207]**
GILLEN : PRE 1860, Cliddesden, HAM, ENG **[43733]** : 1750-1900, Armoy, ANT, IRL **[12729]** : ALL, Ballytaggart, ANT, IRL **[12729]** : 1750-1900, Loughguile, ANT, IRL **[12729]**
GILLESPIE : 1861+, Illawarra, NSW, AUS **[11303]** : 1840+, Yass, NSW, AUS **[11572]** : 1863+, Killarney, QLD, AUS **[30927]** : Mary, 1832, Carngham, VIC, AUS **[99147]** : PRE 1840, Durham, DUR, ENG **[38728]** : 1800, North Shields, NBL, ENG **[14194]** : 1850-1920, Sheffield, WRY, ENG **[45534]** : PRE 1861, ANT, IRL **[11303]** : 1870+, Ballyclare, ANT, IRL **[24382]** : 1700+, COR, IRL **[10775]** : PRE 1840, Dungloe, DON, IRL **[11572]** : Leonard, 1820+, Irvinestown, FER, IRL **[30927]** : ALL, SCT **[23638]** : 1780-1860, St.Andrews, FIF, SCT **[25979]** : Jean, PRE 1800, Tulliallan, PER, SCT **[99174]** : ALL, Greenock & Paisley, RFW, SCT **[41146]**
GILLET : 1870, SOM, ENG **[42474]**
GILLETT : 1892, Broken Hill, NSW, AUS **[14346]** : 1865, Beverley, Jamestown & Quorn, SA, AUS **[14346]** : 1750-1800S, West Stafford, DOR, ENG **[36655]** : PRE 1800, DOR & HAM, ENG **[16269]** : 1840, Penwortham, LAN, ENG **[28239]** : 1800, Trayles, LAN, ENG **[28239]** : 1800, Wrea Green, LAN, ENG **[28239]** : James, PRE 1850, LND, ENG **[17511]** : PRE 1810, SOM, ENG **[34640]** : 1760-1870, Lavington, WIL, ENG & AUS **[14346]**
GILLETTE : 1870+, IA, USA **[15345]**
GILLEY : 1800+, HAM, ENG **[99598]** : 1870+, LND, ENG **[99598]** : 1890+, Leeds, YKS, ENG **[99598]**
GILLFILLAN : 1800-1850, Ross Co., OH, USA **[28614]**
GILLHAM : Charles, 1812, Crayford, KEN, ENG **[11386]**
GILLIAM : 1864+, Coker, SOM, ENG **[17291]** : 1780-1840, TN, USA **[24168]**
GILLIBAN : PRE 1806, LAN, ENG **[11344]**
GILLIE : 1750-1850, Fogo, BEW, SCT **[99598]**
GILLIES : Peter, 1850S, Compton Co., QUE, CAN **[99433]** : 1860+, Kaiapoi, NZ **[33711]** : PRE 1800, SCT **[39459]** : 1800+, Broadford, INV, SCT **[33711]** : ALL, SKYE & INV, SCT **[46454]** : 1833, Canongate, MLN, SCT & AUS **[46238]**
GILLIGAN : PRE 1858, Lochrea, GAL, IRL **[34231]** : C1850, Kinnegad, WEM, IRL **[26193]**
GILLILAND : 1839+, SA, AUS **[30302]** : 1800-1850, Manchester, LAN, ENG **[30302]** : PRE 1900, Armagh, ARM, IRL **[29024]** : PRE 1866, Crosses, Castleshane, MOG, IRL **[22207]**
GILLIN : ALL, WORLDWIDE **[35836]**
GILLIN (see GILLEN) : **[12729]**
GILLINGHAM : PRE 1600, Lydlinch, DOR, ENG **[46297]** : 1830-1900, St.Pancras, MDX, ENG **[19614]** : PRE 1830, Great Yarmouth, NFK, ENG **[19614]** : Ann, 1849, Yeovil, SOM, ENG **[33766]** : 1871-1881, Hull, YKS, ENG **[19614]** : 1820, Limerick, LIM, IRL **[14959]**
GILLINGS : 1890S, Kennington, LND, ENG **[41420]** : PRE 1876, Southwold, SFK, ENG **[36337]**
GILLINGWATER : PRE 1700, SFK, ENG **[39312]** : 1600, Ilketshall St.Andrew, SFK, ENG **[17704]**
GILLISBROWNE : 1580+, Little Saxham, SFK, ENG **[10230]**
GILLIVER : 1730+, Sheepy Magna & Enderby, LEI, ENG **[42342]**
GILLMAN : 1858, Bristol, GLS, ENG **[46264]**
GILLON : ALL, WORLDWIDE **[35836]**
GILLS : PRE 1887, Stepney, LND, ENG **[40970]**
GILLSON : ALL, DEV, ENG **[20587]** : ALL, SCT **[20587]**
GILLVOTT : Ellen, PRE 1800, Hull, ERY, ENG **[10054]**
GILMAN : PRE 1800, Charing, KEN, ENG **[13511]**
GILMARTIN : Hugh, 1885+, Moree, NSW, AUS **[42676]** : Owen, C1900, FL, USA **[42676]**
GILMARTIN (see : Kilmartin), **[11344]**
GILMORE : 1864, Manning River, NSW, AUS **[35365]** : Ellen, PRE 1862, VIC, AUS **[29187]** : PRE 1930, Manchester, LAN, ENG **[33704]** : Elizabeth, PRE 1884, Islington, MDX, ENG **[10998]** : James, C1830, Ballymena, ANT, IRL **[13838]** : Charles, C1840, ARM, IRL **[11372]** : 1807, Killinchy, DOW, IRL **[35365]** : ALL, Kilrea, DRY, IRL **[39994]** : PRE 1830, Mullingar, WEM, IRL **[30302]**
GILMOUR : ALL, Kilrea, DRY, IRL **[39994]** : PRE 1830, Mullingar, WEM, IRL **[30302]** : 1910+, Dundee, ANS, SCT **[46259]** : Margaret, 1800-1900, Dunbarton, DNB, SCT **[12878]** : 1880+, Lanark, LKS, SCT **[16757]** : 1890+, Lanark, LKS, SCT **[16757]** : 1817-1990, Paisley, RFW, SCT **[20924]** : C1790-1880, Paisley, RFW, SCT **[34651]** : PRE 1850, Paisley, RFW, SCT **[31072]** : Magdalen, C1750-1790, Neilston, RFW & AYR, SCT **[40768]**
GILPIN : 1800+, Whole Island, JSY, CHI **[30086]** : C1690, Bexhill, SSX, ENG **[14120]** : 1790-1860, Tullyroan, ARM, IRL & CAN **[42429]**
GILROY : 1800-1870, South Shields, DUR, ENG **[12844]**
GILSON : Lillian May, 1876+, Haldimand Co., ONT, CAN **[15902]** : George, 1849+, Swaffham Prior, CAM, ENG **[39212]** : ALL, DEV, ENG **[20587]** : ALL, ESS, ENG **[34479]** : 1845-1880, Portsea, HAM, ENG **[46427]** : PRE 1840, Kings Ripton, HUN, ENG **[39515]** : 1870-1970, Deptford & Greenwich, LND, ENG **[46427]** : PRE 1720, SFK, ENG **[39506]** : PRE 1829, Holcombe, SOM, ENG **[36246]** : 1800-1900, Birmingham, WAR, ENG **[46427]** : PRE 1835, Buckley, WOR, ENG **[35360]** : 1800S, Birmingham, WAR, ENG & AUS **[11071]** : 1850, MALTA **[46427]** : ALL, SCT **[20587]** : 1629+, MA, USA & ENG **[32223]**
GILTRAP : 1800S, Wexford & Burton on Trent, WEX & STS, IRL & ENG **[11043]** : 1850-1910, NZ **[46300]**
GILTROW : ALL, Leighton Buzzard, BDF, ENG **[46311]**
GILVARRY : Luke, PRE 1900, Ballyshannon, DON, IRL **[26823]** : John, C1877, Cookstown, TYR, IRL **[26823]**

GIMMLER : 1690-1710, Wadern, SAA & RPR, GER [24252]
GIMSON : PRE 1800 Shurdy Camps CAM, ENG [22550]
GINDER : Sophia, PRE 1860, Mile End, MDX, ENG [34042] : Ellen, 1814, Walsall, STS, ENG [16822]
GINGEL : PRE 1750, Brookthorp, GLS, ENG [45215]
GINGELL : PRE 1750, Brookthorp, GLS, ENG [45215] : ALL, Nympsfield & Brookethorpe, GLS, ENG [17470] : PRE 1800, HEF, WIL & ESS, ENG [11873] : C1800+, Bath, SOM, ENG [34140] : 1700+, Bromham & Laycock, WIL, ENG [38575]
GINGER : ALL, Aylesbury, BKM, ENG [31153]
GINGRICH : Peter, 1760-1790, Lancaster, PA, USA [24674]
GINMAN : 1600-1950, Selsey, SSX, ENG [38290]
GINN : ALL, VIC, AUS [13231] : 1760-1810, Launceston, CON, ENG [14627] : James, C1780-1845, Loch Erne, DON & FER, IRL [16273]
GINNS : ALL, Sawtry & Hamerton, HUN, ENG [28479] : PRE 1750, Desborough, NTH, ENG [46375]
GINSBERG : Dora, 1883-1967, Vilna & Boston, MA, USA & LITHUANIA [31159]
GINZLER : PRE 1950, ENG & GER [19064]
GIODESEN : 1544-1626, Aahus, DEN [34837]
GIPPS : PRE 1800, KEN & SAL, ENG [21312]
GIRARD : 1752-1842, St.Laurent Chamousset, Rhone, RHA, FRA [39991]
GIRDLER : 1840S, Twickenham, MDX, ENG [28060]
GIRDLESTONE : 1700S, Holt, NFK, ENG [21349]
GIRLE : ALL, WORLDWIDE [11476]
GIRLING : C1800+, London, MDX, ENG [13799] : PRE 1800, Bungay, SFK, ENG [28060] : PRE 1880, Cookley & Huntingfield, SFK, ENG [45735] : 1538+, Stradbroke, SFK, ENG [31079] : 1830+, SCT & IRL [46321]
GIRODIER : 1777+, St.Didier, Rochefort, RHA, FRA [20140]
GIRON : Leona, PRE 1870, Alsace, LOR, FRA [23032] : Leona, 1870-1953, Herminie Mercer, PA, USA [23032]
GIRSE : PRE 1780, Vasa, FIN [42386]
GIRTON : PRE 1810, LIN, ENG [46452]
GIRVAN : ALL, Lisburn, ANT, IRL [21763] : PRE 1850, DOW, IRL [21221] : PRE 1900, AYR, SCT [29731] : PRE 1900, AYR, SCT [29731]
GIRVIN : 1800+, Ballynure, ANT, IRL [46299]
GISBORNE : George, PRE 1855, Birmingham, WAR, ENG [38542] : Eliz, PRE 1885, Birmingham, WAR, ENG [38542]
GISSING : 1800S, London (Greater), SRY, ENG [12819] : 1780+, Southwark & Peckham, SRY, ENG [12819] : ALL, WORLDWIDE [12819]
GIST : 1700-1750, St.Gennys, CON, ENG [46216]
GITTENS : PRE 1800, Dereham, NFK, ENG [37709] : Sarah, C1772, Shrewsbury, SAL, ENG [10035] : 1700+, SAL, ENG & NZ [46393] : Jane, 1791, At Sea - Ship Mary-Ann, WORLDWIDE [10035]
GITTINS : 1700+, SAL, ENG & NZ [46393] : 1800-1900, Brecon, BRE, WLS [42429] : PRE 1770, Llanllugan, MGY, WLS [35592]
GIVEN : Samuel, 1640-1680, ANT, IRL [24674] : John, 1790, Augusta, VA, USA [24674]
GIVENS : 1900+, WI, USA [21479]
GLADDERS : 1780+, Tanfield, DUR, ENG [41024]
GLADDIS : John, PRE 1760, Isle of Wight, HAM, ENG [41589]
GLADEN : Margaretha, C1812, Menne & Essen, WEF, GER [29479]
GLADMAN : 1800S, Laughton, SSX, ENG [16513] : 1700+, Ipswich, SFK, ENG & AUS [35240] : ALL, WORLDWIDE [36847]
GLADSTONE : C1816, Holborn, MDX, ENG [10252] : 1700-1890, Kirk Yetholm, ROX, BEW & VIC, SCT & AUS [20150]

GLADWELL : 1850, Gravesend, KEN, ENG [26241]
GLAISTER : PRE 1800, Wigton, CUL, ENG [34612]
GLANCY : PRE 1850, Cloone & Faughill, LET, IRL [37880] : 1860+, Dundee, ANS, SCT [46259]
GLANDFIELD : Deborah, 1755, Ipswich, SFK, ENG [11530]
GLANFIELD : 1720-1820, Bratton Clovelly, DEV, ENG [45841] : 1700-1850, Grundisburgh, SFK, ENG [16383] : 1800, Trimley St.Mary, SFK, ENG [45876]
GLANVILLE : Henry, PRE 1950, Fremantle, WA, AUS [35235] : ALL, CON, ENG [21796] : ALL, Camborne, CON, ENG [17436] : 1500+, St.Columb, CON, ENG [30968] : ALL, Exeter, DEV, ENG [99177]
GLARVEY : 1866, Selby, YKS, ENG [31453]
GLASFORD : C1800, Riccarton, AYR, SCT [25693]
GLASGOW : 1780-1810, Westmoreland Co., PA, USA [42429]
GLASS : 1870+, QLD, AUS [45087] : PRE 1810, Crediton, DEV, ENG [30302] : 1800+, Wellington, SOM, ENG [45087] : 1900, WIL, ENG [17973] : ALL, WIL, ENG [34582] : 1850+, Ashton Keynes, WIL, ENG [17973] : 1837, Bratton, WIL, ENG [14935] : PRE 1900, Easton Royal, WIL, ENG [25162] : PRE 1900+, WIL & GLS, ENG [17973] : C1800, Ballinlea, ANT, IRL [12802] : 1840+, Dundee, ANS, SCT [21854] : Ellen, C1813, Bonhill, DNB, SCT [41270] : 1700+, Duffus, MOR, SCT [21854] : 1700S, PER, SCT [26335] : William, 1700-1800, Redgorton, PER, SCT [16997]
GLASSCOCK : PRE 1815, Downham, NFK, ENG [19876] : C1830, Haverhill, SFK, ENG [13763] : PRE 1850, SRY, ENG [19876]
GLASSENBURY : PRE 1840, Horsley, GLS, ENG [45242] : 1770+, Sherborne, GLS, ENG [15042]
GLASSFORD : C1800, Riccarton, AYR, SCT [25693]
GLASSON : 1786, Budock, CON, ENG [35365] : 1850+, Camborne, CON, ENG [19588] : 1800-1820S, Crowan, CON, ENG [42897] : Maria, 1810+, Falmouth, CON, ENG [36368] : Mary, 1881-91, CON & ALL, ENG & AUS [19588]
GLASTER : C1780, London, SRY, ENG [26731]
GLAWSON : 1800-1900, Halifax Co., NS, CAN [22262]
GLAYSHER : 1800+, Chithurst, SSX, ENG [19806]
GLAZEBROOK : PRE 1815, Madeley & Ironbridge, SAL, ENG [46297] : 1700S-1800S, Dudley, WOR, ENG [33559]
GLAZIER : James, 1890, Gulgong, NSW, AUS [10049] : Anne, 1812+, Westfield, SSX, ENG [11745]
GLEAN : PRE 1600, Norwich, NFK, ENG [33428]
GLEASON : 1800S, Hastings Co., ONT, CAN [25428] : 1853+, Burnfoot & Stanhope, DUR, ENG [10330] : C1874, Wolsingham, DUR, ENG [10330]
GLEAVE : PRE 1830, Warrington, LAN, ENG [39860]
GLEDHILL : ALL, Batley, WRY, ENG [19364] : PRE 1750, Bradford, WRY, ENG [42277] : Edmund, PRE 1820, Halifax & Scammonden, WRY, ENG [37445] : 1760-2004, Halifax, Northowram & Queensbury, WRY, ENG [44241] : 1830S, Slaithwaite, WRY, ENG [11444] : 1857-1871, MADRAS, INDIA [11444]
GLEDSTONE : 1867+, Monken Hadley & South Mims, MDX, ENG [12078] : 1859+, Shoreditch, MDX, ENG [12078] : 1730+, Skipton & Carleton in Craven, WRY, ENG [12078]
GLEEDE : PRE 1780, WIL, ENG [39506]
GLEESON : 1842-1848, Queanbeyan, NSW, AUS [11283] : 1700+, IRL [36710] : PRE 1950, Dunmore & Kiltivna, GAL, IRL [41089] : 1800+, TIP, IRL [44409] : 1800, Carriga Togher, TIP, IRL [12327]
GLEIBERMAN : ALL, WORLDWIDE [17200]
GLEICHAUF : 1800S, Rochester, NY, USA [28141]
GLEIG : George, 1757, Arbroath, ANS, SCT [13437]
GLEMHAM : ALL, Glemham, SFK, ENG [39527]
GLEN : 1853+, Melbourne, VIC, AUS [15070] : C1860, NZ [33506] : 1800-1820, Edzell, ANS, SCT [46458] :

1650+, Luss, DNB, SCT **[20742]** : 1769-1840, Inverkeithing, FIF, SCT **[15070] [14030]** : ALL, Dalmeny, MLN, SCT **[15070]** : ALL, Edinburgh, MLN, SCT **[15070]** : 1840+, Edinburgh & Middleton, MLN, SCT **[33506]** : ALL, Linlithgow, WLN, SCT **[15070]** : ALL, Uphall, WLN, SCT **[15070]**
GLENDAY : 1790-1840, Sleaford, LIN, ENG & SCT **[20178]** : PRE 1800, Glamis, ANS, SCT **[20178]** : 1800+, Rescobie, NAI, SCT **[12641]**
GLENDENNING : 1800+, Brampton, CUL, ENG **[35444]** : 1850, Dumfries, DFS, SCT **[12222]**
GLENDINNING : 1874, Drumraighland, LDY, IRL **[15594]** : John, 1800-1870, PER, SCT **[39243]**
GLENIE : Hy & Amelia, 1851+, Adelaide, SA, AUS **[12320]** : 1850+, Heathrow, MDX, ENG **[20742]** : PRE 1800, Wapping, MDX, ENG **[20742]**
GLENISTER : ALL, AUS **[12320]** : 1900+, Perth, WA, AUS **[12320]**
GLENN : 1800+, Dover, KEN, ENG **[27533]** : 1750-1850, LIN, ENG **[44078]** : PRE 2000, Bourne, LIN, ENG **[39564]** : 1800+, Castle Bytham, LIN, ENG **[27533]** : PRE 1861, Coleraine, LDY, IRL **[32405]** : Elisabeth, 1813-1893, Perth, TYR, IRL & CAN **[31446]** : William, 1782, TYR & ONT, IRL & CAN **[31446]**
GLENNIE : PRE 1810, Aberdeen, ABD, SCT **[37058]**
GLENNY : 1800+, Battersea, SRY, ENG **[21394]** : ALL, IRL **[28134]** : 1864+, Milton, CLA, IRL **[28134]**
GLENTON : 1700, Hamsterley, DUR, ENG **[31826]** : 1700+, Marske, NRY, ENG **[13591]**
GLEW : John, 1850+, Manchester, LAN, ENG **[17030]** : 1600+, YKS, ENG **[39061]**
GLIDDEN : 1855, Natick, MA, USA **[32203]**
GLIDE : PRE 1823, Creech St.Michael, SOM, ENG **[30987]**
GLIDEWELL : 1700-1850S, Stagsden, BDF, ENG **[20919]**
GLINDENMAN : 1877-1912S, Holstein, SHO, GER **[99043]**
GLITHERO : 1730+, Great Oakley, NTH, ENG **[12574]** : PRE 1770, Oundle, NTH, ENG **[39515]**
GLIWA : PRE 1860, Osobnicia, KRAKOW, POL **[40603]**
GLOSSOP : 1700+, Chesterfield, DBY, ENG **[20949]** : PRE 1725, Norton, DBY, ENG **[16233]**
GLOSTER : PRE 1780, MDX, ENG **[17470]** : ALL, Tralee, KER, IRL **[34315]** : Mary, ALL, Limerick, LIM, IRL **[31676]** : ALL, WORLDWIDE **[34315]**
GLOVER : 1850-1900, Armidale, NSW, AUS **[42609]** : 1823-1900, Hobart & Port Cygnet, TAS, AUS **[41269]** : 1853-1891, Pyrenees & Avoca, VIC, AUS **[41269]** : PRE 1910, London, ENG **[33901]** : 1874+, Derby, DBY, ENG **[46268]** : 1600-1880S, Parkham, DEV, ENG **[46274]** : 1780-1830, Plymouth, DEV, ENG **[45322]** : 1890S, Plymouth, DEV, ENG **[46274]** : 1880S, Teignmouth, DEV, ENG **[46274]** : 1660-1800, Portland, DOR, ENG **[19713]** : PRE 1750, DOR & WIL, ENG **[31186]** : PRE 1800, New Malton, ERY & NRY, ENG **[18397]** : C1800, Sawtry, HUN, ENG **[28479]** : 1800+, Chatham, KEN, ENG **[21394]** : Martha, 1850+, Greenwich, KEN, ENG **[42453]** : 1796, Trottiscliffe, KEN, ENG **[13019]** : Robert, 1800, LEI, ENG **[14918]** : PRE 1800, LEI, ENG **[24945]** : William, PRE 1770, Ashby Magna, LEI, ENG **[25687]** : Charles, 1818, Mountsorrel, LEI, ENG **[14918]** : PRE 1800, Mountsorrel, LEI, ENG **[13091]** : PRE 1860, LIN, ENG **[12905]** : 1930+, Edmonton & Hornsey, LND, ENG **[44889]** : ALL, Islington, LND, ENG **[21763]** : PRE 1824, Stepney, LND, ENG **[41269]** : PRE 1800, Newcastle upon Tyne, NBL, ENG **[39506]** : Ann, PRE 1776, Oxenden, NTH, ENG **[14290]** : 1733+, Wakefield, WRY, ENG **[38259]** : ALL, ANT, IRL **[46355]** : 1750+, Lisburn, ANT, IRL **[13129]** : PRE 1870, Lisburn, ANT, IRL **[28232]**
GLOVERS : ALL, Lanark, LKS, SCT **[44339]**
GLOYN : 1680+, Gwennap, CON, ENG **[12318]**
GLUTH : 1941, Cootamundra, NSW, AUS **[46264]**

GLUYAS : 1580, Wendron, CON, ENG **[25070]**
GLYDE : PRE 1789, Milbourne Pt, SOM, ENG **[36821]**
GLYNN : 1872+, QLD, AUS **[26301]** : PRE 1870, Bay Bulls, NFD, CAN **[39716]** : ALL, IRL **[26301]** : C1830, Six Mile Bridge, CLA, IRL **[39167]**
GOAD : Mary, C1771+, Brixham, DEV, ENG **[10071]**
GOAFS : Hannah, 1850+, Yass, NSW, AUS **[11745]**
GOAKES : PRE 1818, Wisbech, CAM, ENG **[10918]**
GOARD : 1854+, NSW & VIC, AUS **[33490]** : 1800S, Marhamchurch, CON, ENG **[16984]** : ALL, CON & DEV, ENG **[33490]**
GOASDOUE : 1810+, Caouannec, BRT, FRA **[20140]**
GOAT : ALL, ENG **[40668]** : C1816, Bungay, SFK, ENG **[40668]**
GOATCHER : 1800S, Ashurst, SSX, ENG **[20919]**
GOATLEY : C1800, Newbury, BRK, ENG **[41212]** : 1550-1700, Ashford, KEN, ENG **[34797]**
GOBAR : PRE 1850, Erie Co., NY, USA & FRA **[33567]**
GOBBY : PRE 1890, Toddington & Woburn, BDF, ENG **[28391]**
GOBELIUS : PRE 1750, Bruttig, RPF, BRD **[20178]**
GOBEY : 1850, Adelaide, SA, AUS **[40608]** : ALL, London, ENG **[42170]**
GOBIN : 1500+, WORLDWIDE **[15013]**
GOBLE : 1760+, Broadwater, SSX, ENG **[20578]** : 1700S, Petworth, SSX, ENG **[38833]** : 1730-1780, Worth, SSX, ENG **[46313]**
GOBLE (see One Name Section) [39430]
GOBY : 1850, Adelaide, SA, AUS **[40608]**
GODBEE : 1800+, LND, ENG **[42913]** : 1750+, Norwich, NFK, ENG **[42913]** : 1700+, HUN, ENG & AUS **[10647]**
GODBEHEERE : PRE 1830, Sheffield, WRY, ENG **[42331]**
GODBEHERE : John, Swineshead, LIN, ENG **[37617]**
GODBELL : 1700-1800, Harkstead, SFK, ENG **[16383]**
GODBER : John, PRE 1768, NTT, ENG **[34975]** : 1850+, Sutton-in-Ashfield, NTT, ENG **[12744]**
GODBOLD : 1900-1990, Buckhurst Hill, ESS, ENG **[19859]** : 1850-1900, Battersea, MDX, ENG **[19859]** : 1850-1900, Lambeth, MDX, ENG **[19859]** : 1700-1800, Brundish, SFK, ENG **[19859]** : 1500-1600, Burgh, SFK, ENG **[19859]** : 1800-1850, Dennington, SFK, ENG **[19859]** : 1200-1850, Fressingfield, SFK, ENG **[19859]**
GODBY : 1700+, Wistow, HUN, ENG **[10647]**
GODDARD : PRE 1849, St.Marys & Penrith, NSW, AUS **[11092]** : George, 1852+, Ballarat & Geelong, VIC, AUS **[46263]** : 1840+, London, ENG **[36169]** : PRE 1837, New Mills, DBY, ENG **[28474]** : PRE 1750, Mottisfont, HAM, ENG **[33500]** : C1780, Oakley, HAM, ENG **[13838]** : 1700-1800, Hitchin, HRT, ENG **[26399]** : ALL, Burnage, LAN, ENG **[17654]** : PRE 1800, Kirkby Mallory, LEI, ENG **[31152]** : 1684+, St.Margaret Westminster, MDX, ENG **[21207]** : PRE 1870, Little Ellingham, NFK, ENG **[46462]** : Frances, C1789, Roudham, NFK, ENG **[30302]** : 1600+, SFK, ENG **[31079]** : 1750+, Saxmundham, SFK, ENG **[42913]** : 1600S, Curland, SOM, ENG **[10715]** : 1600S, Staple Fitzpaine, SOM, ENG **[10715]** : 1750-1850, Hawley, SRY, ENG **[32042]** : 1800+, Wandsworth, SRY, ENG **[20569]** : ALL, BARBADOS, W.INDIES **[10715]**
GODDEN : PRE 1900, DOR, ENG **[28275]** : PRE 1960, Southend, ESS, ENG **[18042]** : John, PRE 1790, HAM, ENG **[34924]** : 1600-1850, Folkestone, KEN, ENG **[45639]** : PRE 1801, Hythe, KEN, ENG **[43840]** : 1800+, LND & KEN, ENG **[45950]** : PRE 1910, Bethnal Green, MDX, ENG **[18042]** : PRE 1870, Erle Stoke, WIL, ENG **[19614]** : PRE 1860, Erlestoke, WIL, ENG **[99174]** : Walter, PRE 1890, Folkestone, KEN, ENG & AUS **[44939]** : Danvers, 1870+, Wellington, N.I., NZ & AUS **[44939]**
GODDERSON : ALL, WORLDWIDE **[38019]**
GODDING : PRE 1850, DOR, ENG **[28275]** : PRE 1900, HAM, ENG **[18042]**

GODENCH : ALL, LND, SRY & KEN, ENG **[19454]**
GODESON : ALL, WORLDWIDE **[38019]**
GODFRAY : ALL, St.Ouens, JSY, CHI **[99570]**
GODFREY : C1860S+, Barwang & Murrumburrah, NSW, AUS **[10998]** : Joseph, 1897+, Bathurst, NSW, AUS **[25654]** : 1850+, Sydney, NSW, AUS **[31923]** : 1850+, Yass, NSW, AUS **[11055]** : PRE 1850, BDF, ENG **[19656]** : 1810+, Wokingham, Sunninghill, BRK, ENG **[46435]** : PRE 1700, Whimple, DEV, ENG **[10493]** : 1800, Black Notley, ESS, ENG **[17704]** : 1800+, Bitton, GLS, ENG **[14194]** : 1800+, Benenden, KEN, ENG **[10775]** : PRE 1845, Frittenden, KEN, ENG **[45881]** : 1800+, Liverpool, LAN, ENG **[46493]** : Boyle, C1686-1756, LND, ENG **[26007]** : Boyle, C1686-1756, Covent Garden & Strand, LND, ENG **[26007]** : 1812-1833, Shoreditch, LND, ENG **[34042]** : Elizabeth, C1705+, Tavistock St., Covent Garden, LND, ENG **[26007]** : 1750-1920, NFK, ENG **[19310]** : PRE 1700, OXF, ENG **[13574]** : William, C1830, Sutton, SRY, ENG **[28479]** : 1870+, Walton on Thames, SRY, ENG **[46435]** : PRE 1910, Leamington Spa & Milverton, WAR, ENG **[35209]** : PRE 1855, WIL, ENG **[11060]** : Patrick, PRE 1821+, Carlow, CAR, IRL **[10998]** : PRE 1900, Killarney, KER, IRL **[36819]**
GODIN : ALL, London, ENG & FRA **[46464]**
GODINCH : C1800, Sheerness, KEN, ENG **[19454]** : ALL, LND, SRY & KEN, ENG **[19454]**
GODKIN : 1600-1750, Smalley, DBY, ENG **[20672]** : 1750-1840, Cobh, COR, IRL **[20672]** : PRE 1800, Dungarvan, WAT, IRL **[20672]**
GODLEMENT : ALL, WORLDWIDE **[20416]**
GODLEY : 1750-1850, Brasted & Sundridge, KEN, ENG **[22241]** : 1844, Worsley, LAN, ENG **[13497]** : C1860, Southwark, SSX, ENG **[13497]**
GODLIMAN : PRE 1714, Cookham, BKM, ENG **[44111]** : ALL, Clewer & Dedworth, BRK, ENG **[18397]**
GODSMAN : 1600-1750, Kilrenny, FIF, SCT **[36435]**
GODSON : ALL, Manchester, LAN, ENG **[25787]** : ALL, Fordingbridge, HAM, ENG & AUS **[33920]**
GODSON (see One Name Section) **[17698]**
GODWIN : PRE 1880, Bethnal Green & Mile End, LND, ESS & MDX, ENG **[31902]** : George, 1800S, London, MDX, ENG **[35343]** : Emily R., 1800S, London, MDX, ENG **[35343]** : 1750+, SAL, ENG **[46501]** : 1700S, STS, ENG **[35343]** : 1800-1860, Wolverhampton, STS, ENG **[17291]**
GOEBEL : 1800-1880, New Orleans, LA, USA **[27140]**
GOECKE : Melchior, C1730, Warstein, NRW, BRD **[99443]**
GOERTZ : 1800-1900, Windsor, BRK, ENG **[27920]** : 1700-1850, Buettgen & Korschenbroich, RPR, GER **[33347]**
GOETZ : George, 1889, Kensington, MDX, ENG **[10993]**
GOETZE : 1870+, Sydney, NSW, AUS **[11773]** : 1849, Adelaide, SA, AUS **[11773]** : C1775, London, MDX, ENG **[11773]** : ALL, WORLDWIDE **[11773]**
GOFF : ALL, Stockland, DEV, ENG **[17055]** : 1850S, Christchurch, HAM, ENG **[30724]** : PRE 1830, MDX, ENG **[27219]** : George, PRE 1860, London, MDX, ENG **[14656]** : PRE 1768, Cobham, SRY, ENG **[31923]**
GOGGIN : 1900+, Mackay, QLD, AUS **[44270]** : 1900+, Rockhampton, QLD, AUS **[44270]** : Thomas, 1800+, Skibbereen & Caheragh, COR, IRL **[25878]**
GOGGINS : 1816+, Lorrha, TIP, IRL **[42239]**
GOING : 1850-1900, Elgin Co., ONT, CAN **[16559]** : PRE 1805, Clonlara, CLA, IRL **[36350]** : 1680-1860, TIP, IRL **[42829]**
GOLD : 1826, Sydney, NSW, AUS **[10956]** : 1880+, Poplar, MDX, ENG **[39506]** : John, PRE 1841, Frome, SOM, ENG **[10998]** : 1700-1800, Hampton in Arden, WAR, ENG **[18670]** : Michael, PRE 1720, IRL **[43967]** : C1860, Glasgow, SCT **[28475]** : ALL, Carmichael & Douglas, LKS, SCT **[20587]** : 1760+, Douglas & Lanark, LKS, SCT **[42600]**

GOLD (see GOULD) : **[10998]**
GOLDACRE : PRE 1790, Thorington, ESS, ENG **[38234]** : ALL, WORLDWIDE **[41950]**
GOLDBERG : PRE 1800, Friedersdorf, KSA, GER **[33567]**
GOLDBY : 1800+, NTH & YKS, ENG **[36126]** : 1890+, BRE & RAD, WLS **[36126]**
GOLDEN : 1857, Gateshead, DUR, ENG **[34374]**
GOLDER (see One Name Section) **[27393]**
GOLDFINCH : 1800S, KEN, ENG **[21149]** : PRE 1700, KEN, ENG **[30446]** : 1750-1900, Greenwich & Woolwich, KEN, ENG **[19713]** : 1800+, Margate, KEN, ENG **[38005]** : PRE 1900, Sandwich & Eastry, KEN, ENG **[40569]** : ALL, WORLDWIDE **[17931]**
GOLDFINCH (see One Name Section) **[17931]**
GOLDIE : PRE 1760, Dailly & Maybole, AYR, SCT **[14536]**
GOLDING : Jane Francis, 1824+, London, ENG **[34533]** : PRE 1800, Whittlesey, CAM, ENG **[25559]** : PRE 1900, Over, Wharton & Winsford, CHS, ENG **[34373]** : PRE 1800, ESS, ENG **[19854]** : PRE 1800, Braintree, ESS, ENG **[45215]** : 1850+, Sudbury, ESS, ENG **[44292]** : PRE 1855, Walton-on-Naze, ESS, ENG **[37024]** : 1890+, West Ham, ESS, ENG **[14874]** : PRE 1843, Downham, HAM & SSX, ENG **[27437]** : David, C1832, Lenham, KEN, ENG **[44207]** : ALL, Liverpool, LAN, ENG **[36020]** : PRE 1865, Liverpool, LAN, ENG **[30310]** : William, 1800+, St.Pancras & Bloomsbury, LND, ENG **[17676]** : John, 1770+, Westminster, LND, ENG **[17676]** : C1875, Camberwell & Peckham, SRY, ENG **[37024]** : 1700S+, Ballymore, ARM, IRL **[31886]** : 1700S+, WLS **[31886]** : ALL, WORLDWIDE **[31886]**
GOLDRING : ALL, York Co., ONT, CAN **[40960]** : 1700+, ENG **[31017]** : PRE 1840, ENG **[40960]** : 1760+, DOR, ENG **[13461]** : PRE 1843, Downham, HAM & SSX, ENG **[27437]** : PRE 1860, St.Marylebone, LND & MDX, ENG **[44138]** : ALL, Kingstonupon-Thames, SRY & LND, ENG **[44138]** : 1700-1800, Rogate, SSX, ENG **[15464]** : 1800+, Trotten, SSX, ENG **[21394]** : ALL, WORLDWIDE **[19345]**
GOLDSACK : 1640+, KEN, ENG **[34861]** : ALL, KEN, ENG **[44132]** : 1750+, Dover, KEN, ENG **[34641]**
GOLDSBOROUGH : 1750+, Idle, YKS, ENG **[33347]**
GOLDSBROUGH : PRE 1869, Baildon, WRY, ENG **[26752]**
GOLDSMID : 1740-1890S, East London, MDX, ENG **[39267]**
GOLDSMITH : 1818-1830, Transported, TAS, AUS **[40505]** : Oliver, 1850+, London, ENG **[17061]** : 1850+, London, ENG **[17061]** : James, PRE 1850, London, ENG **[17061]** : 1600-1750, Cottered & Bengeo, HRT, ENG **[26897]** : PRE 1900, KEN, ENG **[19345]** : C1845, Gravesend, KEN, ENG **[34543]** : William, C1840, Tunbridge, KEN, ENG **[13857]** : John, PRE 1750, Wrotham, KEN, ENG **[36365]** : 1700-1850, The Stonhams, SFK, ENG **[16383]** : 1600-1820, Balcombe, SSX, ENG **[36543]** : 1800-1900, Herstmonceux & Hooe, SSX, ENG **[30120]** : Joseph, PRE 1746, Rotherfield, SSX, ENG **[36365]** : ALL, IRL **[20824]** : PRE 1860, WEX, IRL **[43800]**
GOLDSPINK : ALL, NFK & SFK, ENG **[31079]** : ALL, WORLDWIDE **[40771]** (see One Name Section).
GOLDSTONE : 1750-1810, London, ENG **[34664]**
GOLDSTRAW : Samuel, ALL, Leek, STS, ENG **[10937]**
GOLDSWORTHY : 1840-1870, St.Johns, NFD, CAN **[45883]** : PRE 1850, CON, ENG **[18606]** : C1800, Redruth, CON, ENG **[24993]** : PRE 1800, St.Agnes, CON, ENG **[12707]** : 1750-1850, Shaldon, DEV, ENG **[45883]** : 1870-1910, Liverpool, LAN, ENG **[45883]** : PRE 1800, SOM, ENG **[18606]**
GOLDTHORP : PRE 1840, Hartshead, WRY, ENG **[19259]**
GOLDTHORPE : PRE 1760, Shepley & Kirkburton, WRY, ENG **[18236]** : 1760-1780, Thurlstone & Penistone, WRY, ENG **[18236]**

GOLDWELL : 1750+, KEN, ENG **[39386]**
GOLDWYER : 1829, Bristol, GLS, ENG & AUS **[28013]**
GOLGOVSKI : ALL, BELORUSSIA **[31826]**
GOLIGHTLY : PRE 1878, DUR, ENG **[20925]** : 1700-1850, Castle Eden, DUR, ENG **[45636]** : 1700-1850, Chester le Street, DUR, ENG **[45636]** : 1800+, Darlington, DUR, ENG **[46026]**
GOLLA : 1860+, Milwaukee, WI & POS, USA & GER **[32132]**
GOLLAN : 1850+, Tamumu, HBY, NZ **[42552]** : PRE 1880, Glenfintaig & Lochaber, INV, SCT **[31786]** : 1730+, ROC, SCT **[31786]** : PRE 1850, ROC, SCT **[46164]** : 1800+, West Lothian, WLN, SCT **[42552]**
GOLLAR : PRE 1880, Hobart, TAS, AUS **[46398]** : 1880+, Dunedin, OTG, NZ **[46398]**
GOLLEDGE : Thomas, 1790-1836, Windsor & Singleton, NSW, AUS **[42676]** : Thomas, 1811-1880, Windsor & Tamworth, NSW, AUS **[42676]** : 1750-1900, SOM, ENG **[26396]** : ALL, SOM, ENG **[41370]** : Thomas, C1765-1789, GIBRALTAR **[42676]**
GOLLEY : PRE 1855, Stoke Damerel, DEV, ENG **[45111]**
GOLLIKER : 1800+, SRY & MDX, ENG **[13585]**
GOLLINGS (see One Name Section) **[45183]**
GOLLOP : 1780+, DEV, DOR & HAM, ENG **[39539]** : 1800+, Netherbury, DOR, ENG **[99600]**
GOLLY : C1600+, Gorran, CON, ENG **[13406]**
GOLMAN : PRE 1840, Upton Pyne, DEV, ENG **[24981]**
GOMER : 1700S, Kings Nympton, DEV, ENG **[24981]**
GOMERSALL : 1800S, WRY, ENG **[19127]**
GOMERSILL : 1700-1890, London, LND, ENG **[41266]**
GOMERY : 1717, Yalding, KEN, ENG **[10740]**
GOMEZ : Sophia, 1840, WA, AUS **[28013]** : James, 1830, Madrid, ESP **[28013]** : Sophia, 1840, GIBRALTAR **[28013]**
GOMM : PRE 1880, Sherston & Swindon, WIL, ENG **[46508]**
GOMME : PRE 1850, BKM, ENG **[38307]** : ALL, Monks Risborough, BKM, ENG **[37603]**
GOMMO : ALL, WORLDWIDE **[31079]**
GONOUD : C1800, Kilrush, KID, IRL & FRA **[10146]**
GOOCH : 1800+, London, ENG **[46359]** : Emma, 1855+, London, MDX, ENG **[40505]** : PRE 1850, Norwich, NFK, ENG **[41305]** : 1750+, Thornham Magna, SFK, ENG **[32009]** : 1850+, SRY & KEN, ENG **[21221]** : 1922+, Rotherham, YKS, ENG **[41370]**
GOOD : 1861+, Smythesdale, VIC, AUS **[39015]** : 1750-1850, Burton, NB, CAN **[36292]** : 1850, Jacksonville, NB, CAN **[36292]** : 1750+, Pictou, HAM, ENG **[30804]** : PRE 1870, Lincoln & Broughton, LIN, ENG **[39588]** : 1800S, Mile End O.T., LND, ENG **[30804]** : 1840S, Stepney, LND, ENG **[30804]** : 1865-1935, Kensington, MDX, ENG **[25142]** : PRE 1840, London & Coventry, WAR, ENG **[13657]** : PRE 1850, LIM & COR, IRL **[22536]** : 1902+, Wellington, NZ **[39015]** : 1760+, Dundonald, AYR, SCT **[33506]** : PRE 1835, Nether Liberton, MLN, SCT **[39015]**
GOODACRE : 1800-1850, Burwell, CAM, ENG **[13326]**
GOODAIR : PRE 1805, London, ENG **[45758]** : PRE 1800, Stockport, CHS, ENG **[45758]** : PRE 1800, Didsbury, LAN, ENG **[45758]**
GOODALE : 1700-1800S, MLN & ELN, SCT **[33245]**
GOODALL : 1838+, Bathurst, NSW, AUS **[31762]** : James, 1840, Carcoar, NSW, AUS **[28036]** : Sydney, 1879, Cootamundra, NSW, AUS **[28036]** : C1757, Hungerford, BRK, ENG **[10085]** : PRE 1800, Boylestone, DBY, ENG **[31153]** : 1841-1900, Melbourne, DBY, ENG **[30127]** : 1800+, IOW, HAM, ENG **[28036]** : 1700-1800, Newcastle, NTH, ENG **[18670]** : ALL, Nottingham, NTT, ENG **[17884]** : Timothy, C1750, SFK, ENG **[17470]** : 1850-1900, Castleford, YKS, ENG **[31979]** : 1810-1850, Utter Pradesh, BENARES, INDIA **[11090]** : ALL, Errol, PER, SCT **[46454]** : PRE 1850, Dunbar & Haddington, WLN, SCT **[30589]**

GOODARD : PRE 1860, Caddington, BDF, ENG **[45999]** : 1790+, Framfield, SSX, ENG **[20975]**
GOODBAN : ALL, Ratling, Nonington & Eastry, KEN, ENG **[20729]** : ALL, NZ **[97805]**
GOODBAND : ALL, Bluntisham cum Earith, HUN, ENG **[39642]**
GOODBODY : ALL, WORLDWIDE **[17584]**
GOODBODY (see One Name Section) **[17584]**
GOODBOURN : Caroline & Ann, 1760-1780, Dover, KEN, ENG **[31296]**
GOODBURN : 1840+, Sydney, NSW, AUS **[31923]** : PRE 1840, Folkestone, KEN, ENG **[31923]**
GOODBY : PRE 1813, WAR, ENG **[17231]**
GOODCHILD : PRE 1800, Eton, BKM, ENG **[31116]** : 1750S, Bentworth, HAM, ENG **[31373]** : C1790-1850, Bethnal Green, LND, ENG **[17977]** : PRE 1800, Ipswich, SFK, ENG **[15715]** : 1750+, SRY & HAM, ENG **[30391]**
GOODDAY : C1600, Kettlebaston & Hadleigh, SFK, ENG **[39527]**
GOODDENN : PRE 1620, North Petherton, SOM, ENG **[31316]**
GOODDY : 1832, Macclesfield, CHS, ENG **[10516]** : 1832, Prestbury, CHS, ENG **[10516]**
GOODE : John, PRE 1849, Geelong, VIC, AUS **[38624]** : C1700, Warkleigh, DEV, ENG **[34140]** : ALL, SFK, ENG **[19766]** : PRE 1840, London & Coventry, WAR, ENG **[13657]** : 1850S, Coventry, WAR, ENG & AUS **[10715]** : PRE 1820, IRL & AUS **[40868]**
GOODEAR : Stephen, C1823, Basingstoke, HAM, ENG **[46213]**
GOODEN : 1800+, Bolton, LAN, ENG **[29025]** : PRE 1800, Whitchurch, OXF, ENG **[15464]**
GOODENOUGH : Elizabeth, 1833+, Sydney, NSW, AUS **[46263]** : PRE 1865, Buscot, BRK, ENG **[45999]** : 1750-1850, Buscot, OXF, ENG **[32042]**
GOODER : PRE 1841 Bovey Tracey, DEV, ENG **[20985]**
GOODERHAM : PRE 1888+, Alton & Orangeville, ONT & QUE, CAN & ENG **[18639]** : PRE 1888, NFK & SFK, ENG **[18639]** : PRE 1875, Kingston-upon-Thames, SRY & LND, ENG **[44138]**
GOODERIDGE : 1870+, Leeds, YKS, ENG **[36126]**
GOODERSON (see One Name Section) **[28599]**
GOODES : ALL, NSW, AUS **[36607]** : PRE 1836, Ely, HUN, ENG **[14472]**
GOODFELLOW : 1800+, Bewcastle, CUL, ENG **[14513]** : PRE 1797, Fiddleford, DOR, ENG **[13799]** : PRE 1797, Sydling St.Nicholas, DOR, ENG **[13799]** : 1680-1720, Slipton, NTH, ENG **[10850]** : PRE 1838, Broadchalke & Chilmark, WIL, ENG & AUS **[45357]**
GOODGAME : Thomas Betts, 1850+, Windsor, SA, AUS **[26524]**
GOODGE : PRE 1900, London, ENG **[39506]** : 1800+, Littleport, CAM, ENG **[46190]** : 1800+, Hull, YKS, ENG **[46190]**
GOODGER : C1800-1947, LND & BKM, ENG **[22070]**
GOODHEW : Alfred, 1868, AUS **[40880]** : Mary, 1790S, East Malling, KEN, ENG **[40880]** : James, 1800+, East Malling, KEN, ENG **[40880]** : Nicholas, 1830, East Malling, KEN, ENG **[40880]**
GOODHUGH : 1700-1900, Faversham, KEN, ENG **[18271]** : ALL, Hoo, KEN, ENG **[45876]**
GOODIE : PRE 1850, WORLDWIDE **[40868]**
GOODIER : PRE 1800, Stockport, CHS, ENG **[45758]** : PRE 1800, Didsbury, LAN, ENG **[45758]**
GOODING : Charlotte, PRE 1829, London, ENG **[39698]** : 1750+, KEN, ESS & CAM, ENG **[38575]** : PRE 1850, Norwich, NFK, ENG **[37066]** : PRE 1900, Huish Episcopi, SOM, ENG **[21254]**
GOODISON : ALL, IRL **[21261]**
GOODISSON : ALL, IRL **[21261]**
GOODLAD : PRE 1840, Little Barlow & Dronfield, DBY, ENG **[46200]**

GOODLAND : 1800+, North Barrow, SOM, ENG **[39377]**

GOODLOCK : William, 1873+, Bristol, GLS, ENG **[45999]**

GOODLOCK (see One Name Section) [45999]

GOODLUD : 1679-1785, Hemsworth & Pontefract, WRY, ENG **[39307]**

GOODMAN : Henry, 1750-1800, Lidlington, BDF, ENG **[14252]** : Sarah, 1851, Marston, BDF, ENG **[10650]** : PRE 1800, Simpson, BKM, ENG **[31237]** : 1700S, Holsworthy, DEV, ENG **[11091]** : C1730-1860, Berkhamsted, HRT, ENG **[18714]** : 1860-1920, Northfleet, KEN, ENG **[18714]** : 1806, Billesdon, LEI, ENG **[27780]** : 1800+, Dalby Magna, LEI, ENG **[28600]** : 1700-1800, Westborough, LIN, ENG **[33347]** : 1785+, Bethnal Green, LND, ENG **[32882]** : 1770+, Bathley & Cromwell, NTT, ENG **[33347]** : 1840-1890, SRY & BRK, ENG **[11860]** : Maria, 1840-1878, London & Melbourne, LND & VIC, ENG & AUS **[39243]** : A.E., 1904+, IN & TX, USA **[11736]** : Goebel, 1890+, Carlisle & Mccracken Co., KY, USA **[16159]** : 1800+, MS, USA **[16159]** : T.V., 1922+, TN, IN & CA, USA **[11736]**

GOODRICH : Eliz. Mary, 1793+, SFK, ENG **[39307]** : 1780+, CT & NY, USA **[23872]**

GOODRICK : Penelope, 1824-1901, Lewisham & Southery, NFK, ENG **[39964]** : ALL, Birmingham, WAR, ENG **[38681]**

GOODRIDGE : PRE 1852, Southampton, HAM, ENG **[10270]**

GOODRIED : C1750-1850, Buildwas, SAL, ENG **[46253]**

GOODRUM : PRE 1859+, Barnston & Melbourne, QUE & NFK, CAN & ENG **[18639]** : PRE 1840, NFK, ENG **[25559]** : PRE 1888, NFK & SFK, ENG **[18639]**

GOODSALL : 1600, Stock, ESS, ENG **[17704]**

GOODSIR : David, PRE 1775, Kirkcaldy, FIF, SCT **[11195]**

GOODSON : PRE 1850, HRT, ENG **[41136]** : Wm, PRE 1854, Croxton Kerrial, LEI, ENG **[46441]** : Harry, 1911+, Nottingham, NTT, ENG **[46441]** : 1800S, Baltonsborough, SOM, ENG & AUS **[46387]**

GOODWAY-SULLIVAN : Flora, 1850-1870, South London, LND, ENG **[26524]**

GOODWILL : PRE 1865, London, MDX, ENG **[40533]**

GOODWIN : 1865-1926, Ipswich & Toowoomba, QLD, AUS **[32314]** : 1850S+, Ballarat, VIC, AUS **[12950]** : 1900+, Mentone & Melbourne, VIC, AUS **[16010]** : PRE 1865, Reading & Meopham, BRK & KEN, ENG **[27437]** : 1800S-1870S, Derby, DBY, ENG **[37978]** : PRE 1800, Mapleton, DBY, ENG **[27240]** : ALL, Sunderland, DUR, ENG **[18851]** : 1700-1800, Bocking, ESS, ENG **[10646]** : 1800-1900, Southminster, ESS, ENG **[10646]** : 1810S-1865, Stonehouse, GLS, ENG **[32314]** : Thomas, C1820-1953, KEN, ENG **[34221]** : Sarah, PRE 1835, Dover, KEN, ENG **[44279]** : 1770+, Greenwich, KEN, ENG **[17000]** : PRE 1800, Seasalter & Whitstable, KEN, ENG **[18688]** : 1900+, Manchester, LAN, ENG **[46493]** : PRE 1839, Kingsland, LND, ENG **[45111]** : ALL, Cowling, SFK, ENG **[39642]** : PRE 1910, SRY, ENG **[44969]** : 1860-1940, Rotherhithe, SRY, ENG **[42739]** : 1840-1870, Brighton, SSX, ENG **[42739]** : 1680+, Cauldon, STS, ENG **[18501]** : PRE 1880, Burslem, STS & DBY, ENG **[31017]** : PRE 1790, IRL **[36821]** : Ambrose, 1820+, Rathkeale, LIM, IRL **[99183]** : Annie, 1831-1856, Berkeley & Alameda, CA & IN, USA **[24674]** : Thomas, 1853+, Leavenworth, KS, USA **[34221]** : Ellen, 1853-1900, Leavenworth, KS, USA **[34221]** : Margaret, 1687, Berwick, ME, USA **[22796]**

GOODY : ALL, ESS, ENG **[19854]** : PRE 1750, Halstead, ESS, ENG **[33664]** : 1880+, MDX, ENG **[37267]**

GOODYEAR : 1650-1800, DEV, ENG **[25354]** : 1798-1824, Moulton by Spalding, LIN, ENG **[18818]** : ALL, Kilburn, NRY, ENG **[37149]**

GOOLD : 1826, Sydney, NSW, AUS **[10956]**

GOOLDEN : ALL, Banbridge, DOW & ARM, IRL **[31886]** : ALL, WLS **[31886]**

GOOLEY : William, 1876+, QLD, AUS **[27719]** : PRE 1894, Jamieson, VIC, AUS **[27719]** : 1850S, Kilmore, VIC, AUS **[27719]** : Ellen Bridget, C1800, TIP, IRL **[27719]** : William, PRE 1849, TIP, IRL **[27719]** : PRE 1830, Tipperary, TIP, IRL **[13681]**

GOOM : PRE 1800, BRK, ENG **[45857]**

GOORD : 1500-1900, Bobbing & Hartlip, KEN & SSX, ENG **[45886]**

GOOSE : Mary Ann, 1820+, Wisbech, CAM, ENG **[41223]** : PRE 1813, Whittington, LAN, ENG **[19661]** : PRE 1800, Hickling, NFK, ENG **[43840]** : 1850S, SRY, ENG **[21221]**

GOOSEY : ALL, WORLDWIDE **[39395]**

GORBELL : PRE 1852, London, MDX & SRY, ENG **[16701]**

GORDANIER : David, 1800+, Marmora, ONT, CAN **[15638]** : David, 1850+, Elmer, MI, USA **[15638]**

GORDELIER : ALL, WORLDWIDE **[33021]**

GORDILIER : ALL, WORLDWIDE **[33021]**

GORDON : PRE 1915, NSW, AUS **[14440]** : Janet, 1885+, Balmain, NSW, AUS **[10564]** : Margaret, 1860+, Barrington, NSW, AUS **[45699]** : Margaret, PRE 1920, Campsie, NSW, AUS **[27701]** : William, C1905, Ellis Island, NSW, AUS **[22090]** : Jane, PRE 1900, Mulgoa & Wyalong, NSW, AUS **[10470]** : Robert, 1800S, Sydney, NSW, AUS **[13731]** : 1850-2000, Sydney, NSW & QLD, AUS **[10985]** : C1870, Mackay, QLD, AUS **[13244]** : Charles, 1860+, Bendigo, VIC, AUS **[45631]** : Arthur, 1860-1890, Pernambucco, BRAZIL **[10145]** : ALL, Toronto, ONT, CAN **[46303]** : Wm Alex., 1870, Sherbrooke, QUE, CAN **[99545]** : 1800S, Stoke Damerel, DEV, ENG **[12144]** : 1850+, DUR, ENG **[46382]** : Arthur, C1897, Salford, LAN, ENG **[10145]** : 1770, Hanover Square, London, MDX, ENG **[26101]** : 1830+, ANT, IRL **[34440]** : PRE 1860, Belfast, ANT, IRL **[32017]** : PRE 1900, DOW, IRL **[30310]** : David, PRE 1863, Magherahamlet, DOW, IRL **[45125]** : 1770-1900, MOG, ARM & TYR, IRL **[21597]** : 1818+, Belfast, ANT & NSW, IRL & AUS **[46308]** : 1880+, DOW, IRL & NZ **[46306]** : C1900, Glasgow, SCT **[28479]** : 1500+, Abergeldie, ABD, SCT **[20661]** : Margaret, 1500-1900+, Gartly, ABD, SCT **[26897]** : Catherine, C1682, Barry, ANS, SCT **[10035]** : Thomas, 1860+, Dundee, ANS, SCT **[16938]** : 1750+, Inveraven, BAN, SCT **[22014]** : Mary, 1725, Keith, BAN, SCT **[10318]** : PRE 1900, Rothiemay & Huntly, BAN, SCT **[25093]** : Michael, 1786-1873, Gordon, BEW, SCT **[45631]** : 1800S, Fordle, FIF, SCT **[20800]** : ALL, Bervie, KCD, SCT **[46303]** : C1750-1850, Inneresk with Musselburgh, MLN, SCT **[46253]** : Robert, 1870+, Kilmacolm, RFW, SCT **[12382]** : 1770-1880, Assynt, SUT, SCT **[10119]** : Colin, 1780-C1850, Dornoch, SUT, SCT **[22090]** : ALL, Dornoch, SUT, SCT **[13231]** : Colin, 1842+, Embo House, SUT, SCT **[22090]** : William, 1854-1900S, Embo House, SUT, SCT **[22090]** : 1770-1880, Kinlochbervie & Eddrachilliss, SUT, SCT **[10119]** : PRE 1837, Spinningdale, SUT, SCT **[12229]** : PRE 1900, WIG, SCT **[11284]** : 1750-1870, Haddington & Glasglough, ELN & MOG, SCT & IRL **[20770]**

GORDON-SMITH : 1914-1918, (Royal Australian Navy), WORLDWIDE **[34939]**

GORE : 1838+, NSW & QLD, AUS **[46021]** : Rebecca, PRE 1856, NSW & QLD, AUS **[32996]** : 1800-1900, Campton, BDF, ENG **[18670]** : ALL, Kintbury, BRK, ENG **[44007]** : ALL, Newbury, BRK, ENG **[44007]** : 1500-1800, Kirkby, LAN, ENG **[21973]** : 1700-1900, Liverpool, LAN, ENG **[21973]** : ALL, Sutton, LIN, ENG **[46220]** : Mary, 1680-1700, Wellington, SOM, ENG **[17203]** : Samuel, C1812+, Coventry, WAR, ENG **[41185]** : ALL, IRL **[46021]** : C1772, Barrymount, KIK, IRL **[37938]** : PRE 1850, Turlough, MAY, IRL **[11280]**

GOREHAM : PRE 1850, Norwich, NFK, ENG **[37066]**

GOREZYCA : PRE 1850, Dulczowka, GALICIA, POL **[40603]**

GORHAM : PRE 1850, KEN, ENG [43842] : 1668, Leeds, KEN, ENG [13511] : 1650-1850, Kirton, SFK, ENG [34277]

GORING : PRE 1850, Norwich, NFK, ENG [37066] : PRE 1850, SRY, ENG [24980] : 1600-1800, Barcombe & Chailey, SSX, ENG [28420] : 1750-1840, Worth, SSX, ENG [46213]

GORINSKI : 1879+, Gore, SLD, NZ [10119]

GORLIER : ALL, WORLDWIDE [33021]

GORMAN : Henry, 1830+, Castlereagh, NSW, AUS [31510] : C1845, Sydney, NSW, AUS [10277] : 1850+, Sydney & West Wyalong, NSW, AUS [44156] : Wm, 1880+, Marnoo, VIC, AUS [46384] : 1830S, Kilrush, CLA, IRL [28060] : 1800+, Ballymagrorty, DON, IRL [13828] : John, 1837+, Birr, OFF, IRL [46246] : Martha, 1800+, Dubuque, IA, USA [32132]

GORMANN : 1850+, Murtoa & Stawell, VIC, AUS [46384] : 1820+, Tornow, PRE, GER [46384]

GORMLY : PRE 1865, Drumcar, CAV, IRL [37880]

GORNALL : 1776, Lancaster, LAN, ENG [39856] : 1750-1840, Preston, LAN, ENG [11661] : ALL, Wyresdale & Forton, LAN, ENG [25572] : 1860S, LND, ENG [19691] : C1830, Southwark, SRY, ENG [11661]

GORRICK : 1850+, Maitland, NSW, AUS [30776]

GORRIDGE : ALL, KEN, SRY & LND, ENG [19454]

GORRIE : Jane, 1860, Dundee, ANS, SCT [13014] : PRE 1745, Methven, PER, SCT [46297] : 1800-1885, Monydie & Logiealmond, PER, SCT [13014] : 1830+, Perth, PER, SCT [12237] : ALL, PER, SCT & AUS [99036]

GORRINGE : 1840+, Carcoar, NSW, AUS [11536] : PRE 1840, SSX, ENG [11536] : Edward, PRE 1700, Rotherfield, SSX, ENG [36365]

GORROD : PRE 1860, East London, ESS, ENG [17553]

GORROID : 1800-1860, Edinburgh, MLN, SCT [28391]

GORRY : ALL, MEA, IRL [13231] : ALL, WORLDWIDE [13231]

GORSE : 1600-1900, Mackworth & Duffield, DBY, ENG [19713] : 1800-1900, Leigh, STS, ENG [19713]

GORST : 1810-1845, Mickle Trafford, CHS, ENG [13471] : 1660-1900, Northwich & Witton, CHS, ENG [11731] : Philip, 1680-1746, Witton & Northwich, CHS, ENG [11731] : Richard, 1814-1860, Witton & Warrington, CHS, ENG [11731]

GORTON : 1780S-1880S, Long Ashton, SOM, ENG [37978] : PRE 1800, Highworth, WIL, ENG [28742] : ALL, SCT [10254]

GOSDEN : C1800, SSX, ENG [12165] : PRE 1800, Eastbourne, SSX, ENG [19782]

GOSELTINE : 1800+, Swallowfield, BRK, ENG [35749] : PRE 1800, Eversley, HAM, ENG [35749]

GOSHAWKE : 1850+, Auckland, NZ [10394]

GOSLING : 1750-1850, Cheadle, CHS, ENG [18606] : PRE 1890, Clown, DBY, ENG [43453] : 1750-1950, ESS, ENG [18498] : 1800, Bicker, LIN, ENG [32310] : William, PRE 1870, Bermondsey, LND, ENG [36365] : 1770-1820, Richmond, SRY, ENG [38538] : 1603-1639, Penton Grafton, HAM, ENG & USA [22796]

GOSLING (see One Name Section) [18498]

GOSNEY : ALL, Crewkerne, SOM, ENG [18150]

GOSS : 1840+, Falkland Is., SOUTH ATLANTIC [15070] : Richard, 1792-1868, London, ENG [15070] : Leonard, C1800-30+, London, ENG [32050] : PRE 1850, Bodmin, Withiel & Roche, CON, ENG [25469] : 1600-1700S, Malborough, DEV, ENG [43996] : 1830, Islington, LND, ENG [17580] : Philip, 1680-1720, Concord, MA, USA [24674]

GOSSE : 1850-1900, Spanards Bay, NFD, CAN [45280] : 1600-1700S, Malborough, DEV, ENG [43996]

GOSSET : 1704+, London, MDX, ENG [31720]

GOSSIP : 1800+, Monquitter, ABD, SCT [10775] : ALL, BAN & ABD, SCT [14880]

GOSSLIN : ALL, St.Heliers, JSY, CHI [46316]

GOSTELOW : 1800+, Grendon Underwood & Stone, BKM & NSW, ENG & AUS [39227]

GOSTICK : PRE 1835, STS, ENG [25853]

GOTBED : Jane, ALL, Combeinteignhead, DEV, ENG [25700]

GOTERSON : ALL, WORLDWIDE [38019]

GOTHERSON : ALL, WORLDWIDE [38019]

GOTHWAITE : 1800, Castleford, WRY, ENG [32310]

GOTOBED : PRE 1840, Welney, CAM, ENG [19854] : Thomas, 1775-1840, Islington, LND, ENG [39730]

GOTT : PRE 1789, Liverpool, LAN, ENG [11628] : PRE 1859, Idle, WRY, ENG [46429]

GOTTERSON : ALL, WORLDWIDE [38019]

GOTTLING : Theophila, 1831, Gawler, SA, AUS [10318]

GOTTSCHALCK : C1750, Stegelitz, BRA, GER [37795]

GOTTSCHALK : PRE 1873, Adelaide, SA, AUS [13004]

GOUDE : PRE 1800, Cambridge, CAM, ENG [11536]

GOUDGE : PRE 1900, London, ENG [39506] : PRE 1875, Bodmin, Roche & Tywardreath, CON, ENG [25469] : PRE 1850, St.Stephen in Brannel, CON, ENG [25093]

GOUDIE : John, PRE 1800, South Shields, DUR, ENG [39386] : Thomas, 1788, Maybole, AYR, SCT [32050]

GOUGE : PRE 1850, London, ENG [39506] : C1840-1927, LND & BKM, ENG [22070]

GOUGET : 1758-1910, Montigny-les-Arsures, Chaussin, FC, FRA [39991]

GOUGH : C1800+, CHS, ENG [33097] : 1700-1850, HAM & SSX, ENG [44948] : 1770-1850S, Manchester, LAN, ENG [11062] : ALL, Poplar, MDX, ENG [19655] : 1920-60, Mansfield, NTT, ENG [34560] : 1800S, SOM, ENG [98672] : ALL, Tipton, STS, ENG [45766] : PRE 1930, West Bromwich, WAR, ENG [34560] : PRE 1801, Calne, WIL, ENG [26253] : PRE 1850, Cliffe Pypard, WIL, ENG [28742] : 1815+, Kidderminster, WOR, ENG [46194] : 1850-1900, Leeds, WRY, ENG [30998] : Jas., 1845-1855, IRL [30998] : 1790+, Brandon, COR, IRL [10230] : 1790+, Cork & Bandon, COR, IRL [34939] : 1890+, Cardiff, GLA, WLS [33542]

GOUKES : PRE 1818, Wisbech, CAM, ENG [10918]

GOULD : ALL, AUS [43395] : 1826, Sydney, NSW, AUS [10956] : 1837, Sydney, NSW, AUS [10956] : 1861, Taralga, NSW, AUS [10956] : 1860-1870, Gawler & Mount Gambier, SA, AUS [14346] : Daisy Isoline, 1930+, BARBADOS [35089] : 1842+, Durham Co. & Grey Co., ONT, CAN [40960] : 1840+, King Twp, York Co., ONT [37631] : 1805+, Ontario Co., ONT, CAN [43967] : 1880, ENG [20068] : PRE 1920, London, ENG [21312] : PRE 1800, Lambourn, BRK, ENG [33642] : C1750-1850, Charles & High Bray, DEV, ENG [17532] : PRE 1850, Fremington, DEV, ENG [42752] : 1700S, Marwood, DEV, ENG [40257] : PRE 1700, Stockland, DEV, ENG [39464] : 1870+, Ringwood, HAM, ENG [35089] : PRE 1918, Warrington, LAN, ENG [13809] : 1841-1900, Southwark, LND, ENG [17420] : 1800+, Westminster, LND, ENG [45847] : 1850+, Greenwich & Deptford, MDX & KEN, ENG [13513] : PRE 1880, Kings Lynn, NFK, ENG [26662] : James, 1842-46, Angersleigh, SOM, ENG [23471] : 1700-1845, Ashcott, SOM, ENG [14589] : PRE 1850, Evercreech, SOM, ENG [35089] : C1820+, Frome, SOM, ENG [10998] : 1500+, Glastonbury, SOM, ENG [14589] : C1830, North Barrow, SOM, ENG [39377] : James, 1851-61, Trull & Taunton, SOM, ENG [23471] : 1700S, Dunnington, WAR, ENG [27993] : 1700-1800, Hampton in Arden, WAR, ENG [18670] : 1830S, Ballyraham, LDY, IRL [37631] : 1905+, Christchurch, CBY, NZ [21321] : 1880+, USA [20068] : 1720-1805, PA, USA [43967]

GOULD (see GOLD: [10998]

GOULDEN : PRE 1920, SRY, ENG [44369] : C1800, Sheffield, YKS, ENG [41370]

GOULDER : 1850+, Radford, NTT, ENG [12708]

GOULDING : PRE 1900, Over, Wharton & Winsford,

CHS, ENG **[34373]** : Esther, 1798, Arlingham, GLS, ENG **[33301]** : 1850-1950, Spalding, LIN, ENG **[29426]** : PRE 1860, LND, ENG **[34543]**
GOULDRING : ALL, WORLDWIDE **[19345]**
GOULDSMITH : PRE 1800, Rotherfield, SSX, ENG **[31302]**
GOULET : Anne-Irene, 1855+, St.Boniface, MAN, CAN **[16159]** : 1855+, Winnipeg, MAN, CAN **[16159]** : Anne-Irene, 1900+, ONT, CAN **[16159]**
GOULT : ALL, WORLDWIDE **[42170]**
GOURA PANAYOTA : C1947, Cairo, EGYPT **[32307]** : 1947+, GR **[32307]** : 1947+, RSA **[32307]**
GOURD : 1500-1900, Bobbing & Milton, KEN & SSX, ENG **[45886]**
GOURLAY : 1815+, St.Andrews, FIF, SCT **[38683]** : 1700-1860, St.Andrews & Abbotshall, FIF, SCT **[12386]** : PRE 1750, Wemyss, FIF, SCT **[10591]** : 1800-1850, Glasgow, LKS, SCT **[40257]**
GOURLEY : 1750+, NBL & DUR, ENG **[42665]** : 1820+, Dramaul, ANT, IRL **[99114]** : Thomas Shaw, 1853-1900, Ballygowan, DOW, IRL **[40490]** : 1860+, Newcastle, FIF, SCT **[12386]**
GOUSHOW : ALL, ONT & NFD, CAN **[35836]**
GOUT : ALL, WORLDWIDE **[17027]**
GOUTHWAITE : 1800, Castleford, WRY, ENG **[32310]**
GOVAN : ALL, NZ **[39920]** : ALL, SCT **[39920]** : PRE 1912, Avondale, LKS, SCT **[43525]** : 1800-1900, Glasgow, LKS, SCT **[16706]**
GOVE : 1820-1870, ABD, SCT **[10460]**
GOVER : 1700-1760, DOR, ENG **[34790]** : ALL, Mere, WIL, ENG **[46509]**
GOVERNOR : 1800S, Sydney, NSW, AUS **[14127]** : PRE 1881, Moneydig, LDY, IRL **[14127]**
GOVETT : PRE 1880, CON, ENG **[99298]**
GOVIER : 1700S, South Molton, DEV, ENG **[34140]**
GOW : John, 1806+, Sydney, NSW, AUS **[42676]** : 1800S, ANT, IRL **[10460]** : John, C1760, Kilmarnock, AYR, SCT **[39820]** : William, C1830, Kilmaurs, AYR, SCT **[39820]** : William, C1800, Mauchline, AYR, SCT **[39820]** : 1700+, New Kilpatrick, DNB, SCT **[20594]** : 1700+, Glasgow, LKS, SCT **[20594]** : ALL, Glasgow, Ayr & Kilmaurs, LKS, DNB & AYR, SCT **[39820]** : 1870S, Denny, STI, SCT **[13091]** : Ellen, 1800+, Dunblane, PER, SCT & AUS **[12785]**
GOWAN : 1850+, Scarborough, ERY, ENG **[18372]**
GOWANS : ALL, Hamilton & Glasgow, LKS, SCT **[21258]** : PRE 1855, PER, SCT **[11145]** : 1800+, Galashiels, SEL, SCT **[18301]** : C1800, Edinburgh, MLN, SCT & AUS **[10350]**
GOWARD : 1850+, Bega, NSW, AUS **[10564]** : 1750+, St.Luke, MDX, ENG **[45553]**
GOWEN : 1750-1870, NFK, ENG **[28609]**
GOWER : Jesse, 1800S, TAS & VIC, AUS **[25073]** : ALL, KEN, SCT **[25073]** : PRE 1800, KEN, ENG **[18688]** : 1830S, Eltham, KEN, ENG **[18376]** : 1720+, Bridgnorth, SAL, ENG **[28533]** : PRE 1650, Bridgnorth, SAL, ENG **[32294]** : 1700-1820S, Battle, SSX, ENG **[46432]** : PRE 1850, Cuckfield, SSX, ENG **[41136]** : C1830+, GLA, WLS & AUS **[46285]**
GOWERLEY : 1700+, NBL & DUR, ENG **[42665]**
GOWERS : ALL, CAM, ENG **[19694]** : PRE 1867, Stebbing, ESS, ENG **[18147]** : Mary Ann, 1850, Ipswich, SFK, ENG **[11530]**
GOWING : 1750-1870, NFK, ENG **[28609]**
GOWLAND : Robert, PRE 1880, Derby & Kirby-Wiske, DBY & YKS, ENG **[41041]** : C1780S, Stanhope, DUR, ENG **[45732]**
GOWLLAND : 1600-1900, North London, MDX, ENG **[19853]**
GOY : 1750-1800, London, ENG **[33500]**
GRABER : 1800+, Leamington Spa, WAR, ENG **[18020]**
GRABEUIL : 1700-1800, Rochefort, FRA **[22440]**
GRABHAM : ALL, SOM, ENG **[18150]**

GRABY : PRE 1860, Hull & All, YKS & ALL, ENG **[30351]**
GRACE : 1860+, Macleay River, NSW, AUS **[11060]** : 1860+, Nambucca River, NSW, AUS **[11060]** : 1850+, Sydney, NSW, AUS **[10970]** : 1924, Brisbane, QLD, AUS **[36768]** : 1880+, Gawler, SA, AUS **[14346]** : Susannah, 1850+, Ballarat, VIC, AUS **[33542]** : Leslie Ernest, 1920+, Winnipeg, MAN, CAN **[34924]** : PRE 1860, London, ENG **[21505]** : 1700+, DBY, ENG **[40042]** : James, C1770, Exmouth, DEV, ENG **[34924]** : PRE 1730, DOR, ENG **[25853]** : 1810+, HAM, ENG **[28096]** : C1800S, HAM, ENG **[11526]** : PRE 1855, Northwood, IOW, ENG **[11060]** : PRE 1880, SSX, ENG **[18147]** : PRE 1850, Boscombe, WIL, ENG **[32907]**
GRACEY : 1800-1900, Banbridge, DOW, IRL **[45920]**
GRACO : Thomas, 1830+, LND, ENG **[46295]**
GRADDY : Margaret, 1806+, East London, MDX, ENG & IRL **[36538]**
GRADY : 1866+, NSW, AUS **[14029]** : 1823-1900, Brisbane Valley, NSW, AUS **[13326]** : C1810, Lambeth, LND, ENG **[13326]** : PRE 1920, Shrewsbury, SAL, ENG **[33876]** : Bridget, PRE 1850, Dungarvan, KIK, IRL **[35577]** : PRE 1850, MAY, IRL **[33876]**
GRAFTON : 1800-1850, London, ENG **[19993]** : PRE 1860, Stourbridge & Dudley, WOR, ENG **[46304]** : PRE 1820, Whiston, YKS, ENG **[44078]** : PRE 1864, Dunedin, NZ **[46304]**
GRAHAM : 1850, NSW, AUS **[46198]** : George A., 1880+, NSW, AUS **[39015]** : ALL, NSW, AUS **[42688]** : John Bass, PRE 1931, Bowral & Balmain, NSW, AUS **[42905]** : 1850+, Burraga & Cobar, NSW, AUS **[34739]** : John & Robert, 1850S-1900S, Glebe, NSW, AUS **[14388]** : Pheobie, 1835+, Nowra, NSW, AUS **[11745]** : 1851+, Sydney, NSW, AUS **[12561]** : 1820+, Wollongong, NSW, AUS **[11464]** : Elizabeth, ALL, Wollongong, NSW, AUS **[41454]** : Alexander, 1862+, Fortitude Valley, QLD, AUS **[39015]** : William, 1842+, Melbourne, VIC, AUS **[39058]** : William, 1890, VIC & NSW, AUS **[39058]** : George, 1850+, Kilmore, VIC & NSW, AUS **[39058]** : 1880+, Montreal, QUE, CAN **[15042]** : 1895+, ENG **[36656]** : 1830-1875, London, ENG **[25322]** : PRE 1900, Carlisle, CUL, ENG **[46505]** : PRE 1840S, Langdale, CUL, ENG **[31293]** : 1875+, Darlington, DUR, ENG **[30120]** : C1800, St.Lawrence, Canterbury, KEN, ENG **[20923]** : William, 1870+, Manchester, LAN, ENG **[45769]** : Hannah, 1913+, Manchester, LAN, ENG **[30120]** : 1850+, Salford & Manchester, LAN, ENG **[30120]** : 1800-1900, Allendale, NBL, ENG **[30120]** : 1832-1949, Bedlington, NBL, ENG **[35218]** : 1648+, Wickersley, WRY, ENG **[34981]** : PRE 1870, East Witton, YKS, ENG **[30870]** : C1820, IRL **[30310]** : 1800S, Charleville, COR, IRL **[10209]** : 1770+, Mitchelstown & Cork, COR, IRL **[13481]** : Hugh, 1800+, Benagh, DOW, IRL **[12141]** : Jane, C1820-1840, Kilkeel, DOW, IRL **[14627]** : PRE 1850, Newry, DOW, IRL **[12561]** : 1800-1850S, Enniskillen, FER, IRL **[45800]** : 1780-1840, Elphin, ROS, IRL **[11366]** : C1805-1873, TYR, IRL **[14918]** : PRE 1830, TYR, IRL **[11464]** : PRE 1860, Caledonia, TYR, IRL **[39015]** : 1800-1900, TYR, IRL & NZ **[40618]** : PRE 1830, Kilryie, ARL, SCT **[42821]** : Iver, 1780+, North Knapdale, ARL, SCT **[15885]** : 1800S, AYR, SCT **[25314]** : PRE 1825, Roxborough, BEW, SCT **[11866]** : William, C1860, Anstruther Easter, FIF, SCT **[10610]** : Archibald, C1792, Elie, FIF, SCT **[10610]** : Wilhelmina, 1800-1900, Dunfermline, FIF & WIG, SCT **[39012]** : Jane, 1813, Glasgow, LKS, SCT **[27686]** : William, 1850-1900, Glasgow, LKS, SCT **[30701]** : PRE 1850, Rutherglen, LKS, SCT **[28391]** : ALL, Shotts & Cambusnethan, LKS, SCT **[31152]** : Margaret, 1718+, Edinburgh, MLN, SCT **[25310]** : John, 1760+, Edinburgh, MLN, SCT **[25310]** : Catherine, C1830, Edinburgh, MLN, SCT **[13558]** : PRE 1860, Killmadock, PER, SCT **[27320]** : Archibald, C1840-1920, Paisley, RFW, SCT **[37308]** : 1700+, Back & Stornoway, ROC, SCT **[37236]** : Margaret, C1768, STI, SCT **[10489]** : PRE 1703, Fintrie, STI, SCT **[19497]** : ALL, Bathgate, WLN,

SCT **[31152]** : PRE 1830, North Knapdale, ARL & ONT, SCT & CAN **[20578]** : John, 1750-1791, Savannah, GA, USA **[20923]** : 1825, Russellville, KY, USA **[24660]** : 1840+, Springfield, MO, USA **[24660]** : 1895+, TX, USA **[36656]**

GRAHAM-JONES : 1850+, ENG **[30071]**

GRAHAME : 1850, NSW, AUS **[46198]**

GRAINGE : ALL, Aston Clinton, BKM, ENG **[39530]** : ALL, Little Horwood, BKM, ENG **[39530]** : ALL, Newport Pagnell, BKM, ENG **[39530]** : ALL, Tring, BKM, ENG **[39530]** : ALL, Canterbury & Faversham, KEN, ENG **[16554]** : 1780+, Hendon, MDX, ENG **[12078]** : ALL, BRK & OXF, ENG & AUS **[38615]**

GRAINGER : 1700S+, Bromfield, CUL, ENG **[33331]** : 1750-1850, Bessels Leigh, OXF, ENG **[46494]** : PRE 1850, WOR, ENG **[19818]** : 1780, Dudley & Stourbridge, WOR, ENG **[46273]** : 1600+, YKS, ENG **[39061]** : Samuel, ALL, ENG & AUS **[12785]** : James, 1800-1840, Glasgow, LKS, SCT **[16075]** : 1800+, Nethanfoot, LKS, SCT **[16075]** : Robert, 1874+, CO, USA **[16075]**

GRALERT : ALL, Gustrow, MEK, GER **[13994]**

GRALEY : 1860+, Birmingham, WAR, ENG **[46391]** : PRE 1866, Ballyhaunis, MAY, IRL **[46391]**

GRAM : 1760, Bornholm, DEN **[32068]**

GRAMLICH : PRE 1900, Whitechapel, MDX, ENG **[13511]**

GRANBY : 1780-1850, Carshalton, SRY, ENG **[20416]**

GRAND : 1764-1866, Montigny-les-Arsures, Chaussin, FC, FRA **[39991]** : 1840, Larajasse, RHA, FRA **[39991]**

GRANDEY : 1720-1800S, Sixpenny Handley, DOR, ENG **[37200]**

GRANDIN : 1750+, Grouville, JSY, CHI **[21854]**

GRANDINETTI : 1890, Calabria, ITL **[99443]**

GRANDY : PRE 1800, DOR, HAM & SOM, ENG **[37200]** : ALL, WORLDWIDE **[37200]**

GRANGE : PRE 1820, ENG **[28340]**

GRANGER : 1830+, NSW, AUS **[11658]** : 1850+, Sydney, NSW, AUS **[28036]** : ALL, ESS, ENG **[31646]** : C1800, Notley, ESS, ENG **[15715]** : ALL, Iow, HAM, ENG **[11658]** : 1800-1860, IOW, HAM, ENG **[28036]** : 1800-1830, St.Marylebone, MDX, ENG **[34664]**

GRANGY : 1820-1928, Pellevoisin, CEN, FRA **[39991]**

GRANSDEN : 1600+, London, ENG **[34797]** : 1530-1650, Stanstead, KEN, ENG **[34797]** : 1600+, Tonbridge, KEN, ENG **[34797]** : ALL, WORLDWIDE **[34797]**

GRANSOM : Sarah, 1780S, Leatherhead, SRY, ENG **[37200]**

GRANT : 1850+, AUS **[40816]** : C1847, Bathurst, NSW, AUS **[37880]** : PRE 1862, Wollongong, NSW, AUS **[37880]** : Henry, 1870+, Dalby, QLD, AUS **[13869]** : Annie, PRE 1861, VIC, AUS **[37847]** : John, 1870+, Ballarat, VIC, AUS **[99093]** : 1840-1890, Inverness, Cape Breton, NS, CAN **[45280]** : John, 1904+, Regina, SAS, CAN **[16969]** : Maria, 1912, Regina, SAS, CAN **[16969]** : Ann Jane, PRE 1900, London, ENG **[29515]** : PRE 1820, Stockport, CHS, ENG **[42453]** : PRE 1855, DBY, ENG **[36402]** : PRE 1800, DEV, ENG **[33500]** : C1750, Cornworthy, DEV, ENG **[13869]** : 1800+, Dittisham, DEV, ENG **[13869]** : 1700S, East Stoke, DOR, ENG **[42863]** : 1800, Wool, DOR, ENG **[21889]** : 1800+, Buckland, KEN, ENG **[44132]** : James, 1840+, Manchester, LAN, ENG **[45803]** : Martha, PRE 1836, St.Pancras, LND, ENG **[14290]** : PRE 1875, Chiswick, MDX, ENG **[29974]** : C1841, Ealing, MDX, ENG **[28568]** : PRE 1875, Ealing, MDX, ENG **[29974]** : 1820'S, NBL, ENG **[29328]** : 1750+, Rowde, WIL, ENG **[11144]** : 1700-1900, Calcutta, INDIA **[19853]** : Susanne, C1832-1909, ANT, IRL **[27325]** : Mary, 1860, Belfast, ANT, IRL **[26822]** : PRE 1892, Coleraine & Lisburn, DRY & ANT, IRL **[30437]** : PRE 1810, Mooncoin, KIK, IRL **[37206]** : C1810, Moyne, TIP, IRL **[11024]** : Jeremiah, PRE 1858, Tanderagee, ARM, IRL & AUS **[25794]** : PRE 1840, Aberdeen, ABD, SCT

[14422] : 1883+, Alford, ABD, SCT **[46395]** : ALL, St.Fergus, ABD, SCT **[26687]** : PRE 1860, Arbirlot, ANS, SCT **[33911]** : 1680+, Inveraven, BAN, SCT **[22014]** : PRE 1800, Inveravon, BAN, SCT **[37499]** : PRE 1850, Canisbay, CAI, SCT **[42698]** : ALL, Balmerino, FIF, SCT **[11092]** : Catherine, 1800-50, Leslie, FIF, SCT **[10286]** : 1800S, INV, SCT **[38833]** : Simon, PRE 1855, Boleskine, INV, SCT **[27749]** : Alexander, C1851, Croftbeg, INV, SCT **[13004]** : 1800+, Grantown, INV, SCT **[45699]** : PRE 1880, Kingussie & Insh, INV, SCT **[18500]** : PRE 1855, Kirkhill, INV, SCT **[12084]** : Jamesina, 1823-1920, Urquhart, INV, SCT **[39123]** : George, PRE 1885, Urquhart, INV, SCT **[27749]** : PRE 1850, Rickarton, KCD, SCT **[13326]** : PRE 1900, Bellwood & Glen Corse, MLN, SCT **[46462]** : Alexander, PRE 1850, Abernethy, MOR, SCT **[20935]** : George, 1828+, Elgin, MOR, SCT **[21854]** : James (Dr.), 1790-1920, Redcastle, ROC, SCT **[39123]** : 1750+, Taradale, ROC, SCT **[11918]** : John, PRE 1833, Carriden & Bo'Ness, WLN, SCT **[44111]** : John, 1850S, Sundsvall, SWE **[99174]** : Sophia Marie, 1831+, Fort Colvile, WA, USA **[41349]** : ALL, Spanish Fork, OR & UT, USA, ENG & SCT **[32419]**

GRANTHAM : 1750-1840, BKM, ENG **[39588]** : 1800+, West Keal, LIN, ENG **[26932]** : 1800-1880, LND, ENG **[39588]**

GRANTON : PRE 1855, SCT **[24567]**

GRANVILLE : 1700+, Gorran & Mylor, CON, ENG **[13406]** : Mary Anne, PRE 1803, Stoke Damerel, DEV, ENG **[16701]** : 1830+, Birmingham, WAR, ENG **[28495]**

GRAPES : 1730-1930, Potter Heigham, NFK, ENG **[41367]**

GRAS : 1770+, Jettenbach, RPF, BRD **[39096]**

GRASEMANN : 1750-1800, Frankfurt, GER **[30111]**

GRASKE : ALL, AUS **[35235]**

GRASSI : ALL, ENG **[39386]**

GRATION : 1820, Belper, DBY, ENG **[30714]**

GRATTAN : ALL, Tabusintac, NB, CAN **[39712]**

GRATTION : PRE 1847, Louth, MOG, IRL **[98637]**

GRAUMANN : 1750-1850, Neuwied, RPR, GER **[33347]**

GRAUNUS : C1850, PRE **[39167]**

GRAVATT : 1841-1849, South Creek (St.Marys), NSW, AUS **[10399]** : Agnes Mary B., 1833-1841, ENG **[10399]**

GRAVE : John, C1714, Crosthwaite, CUL, ENG **[13153]** : 1700-1800, Crosthwaite & Lyth, WES, ENG **[31826]**

GRAVENALL : ALL, WORLDWIDE **[12231]**

GRAVENER : John, 1700, Hevingham, NFK, ENG **[25427]**

GRAVENOR : John, 1700+, Hainford, NFK, ENG **[25427]**

GRAVES : 1800-1865, ENG **[24334]** : 1600-1650, Ratcliffe near London, ENG **[24660]** : Thomas, PRE 1807, Cottenham, CAM, ENG **[14290]** : 1660-1800, Ely, CAM, ENG **[19713]** : PRE 1790, Grainthorpe, LIN, ENG **[26360]** : PRE 1850, Thurlbey by Newark, LIN, ENG **[28149]** : 1800S, Saham Toney, NFK, ENG **[12974]** : C1850, Worksop, NTT, ENG **[14645]** : Agnes, 1786+, WES, ENG **[27686]** : 1650-1930, Castledawson, DRY, IRL **[44417]** : 1605-53, MA, USA **[24660]** : 1850-1920, Roane Co., TN, USA **[24334]**

GRAVESTOCK : 1728-1840, Berkhamsted Area, HRT, ENG **[38970]**

GRAY : John, 1855+, Hunter Valley, NSW, AUS **[32945]** : George, 1860+, Newtown, NSW, AUS **[34231]** : 1910+, Tamworth, NSW, AUS **[42600]** : 1865+, Ballarat, VIC, AUS **[33846]** : 1900-1910, Ballarat, VIC, AUS **[99125]** : 1855+, Stawell, VIC, AUS **[31923]** : 1835, Sydney, NSW, AUS & ENG **[32068]** : George, 1800+, NSW & LND, AUS & ENG **[40480]** : 1800+, BERMUDA **[42600]** : 1775+, Windsor, Halifax & St.John, NS & NB, CAN & USA **[42600]** : 1840+, St.Helier, JSY, CHI **[44317]** : 1750+, London, ENG **[46501]** : PRE 1800, London, ENG **[10167]** : 1700S, BDF, ENG **[26335]** :

1750-1800, Sandy, BDF, ENG **[44105]** : Henry, 1818, Chalvey, BKM, ENG **[34231]** : Thomas, 1850+, Bainton, CAM, ENG **[45791]** : Robert, 1740, Chatteris, CAM, ENG **[14290]** : ALL, Mylor & Feock, CON, ENG **[30248]** : 1660-1900, Redruth, CON, ENG **[44317]** : 1800-1900, Redruth, CON, ENG **[10646]** : PRE 1740, Kingsteignton, DEV, ENG **[30302]** : Cuthbert, 1830+, DUR, ENG **[36796]** : 1750-1850, Pocklington, ERY, ENG **[26629]** : 1870S, Plaistow, ESS, ENG **[46434]** : 1826+, Bristol, GLS, ENG **[46250]** : George, 1875+, St.Matthews, Bristol, GLS, ENG **[44088]** : Tryphena, ALL, Bristol & Newcastle, GLS & NBL, ENG **[44088]** : ALL, KEN, ENG **[44132]** : PRE 1860, Dover, KEN, ENG **[16783]** : PRE 1750, Wickhambreaux, KEN, ENG **[45962]** : ALL, Husbands Bosworth, LEI, ENG **[18521]** : Rev. George, C1806, Waltham, LIN, ENG **[31003]** : Joseph, 1803-1880, Shoreditch & Bishopgate, LND, ENG **[11425]** : 1870+, Chiswick, MDX, ENG **[30248]** : 1850-1900, Hackney & Bethnal Green, MDX, ENG **[41511]** : Ellen & Tryph, 1875, Chard, SOM, ENG **[44088]** : William, 1800-1850, Lambeth, SRY, ENG **[16947]** : Charles Jos., 1824-1900, Lambeth, SRY, ENG **[16947]** : 1880+, Newington, SRY, ENG **[16783]** : Fanny, C1850-1890, Brighton, SSX, ENG **[16947]** : 1750+, STS, ENG **[46501]** : 1750-1900, Harborne, STS, ENG **[19310]** : 1760-80, Netherhampton, WIL, ENG **[46298]** : PRE 1800, WIL & SOM, ENG **[30351]** : C1700+, Sheffield, WRY, ENG **[45895]** : 1800+, YKS, ENG **[18372]** : 1800+, Westminster & Kensington, LND, ENG & AUS **[42600]** : 1800+, Chinnock & Chiselborough, SOM & ONT, ENG & CAN **[39227]** : 1780, Belfast, ANT, IRL **[32068]** : C1843, Fivemile, ARM, IRL **[45649]** : PRE 1900, Cork, COR & WAT, IRL **[25688]** : PRE 1800, FER, IRL **[33237]** : George, PRE 1797, Trim, MEA, IRL **[11145]** : ALL, CBY, NZ **[39671]** : 1850+, Hororata, CBY, NZ **[21231]** : 1861+, OTAGO, NZ **[44317]** : Clark, 1896+, Dunedin, NZ & AUS **[31159]** : William, 1869+, Milton, OTAGO, NZ & AUS **[31159]** : PRE 1880, SCT **[31323]** : PRE 1756, Cruden, ABD, SCT **[14880]** : PRE 1723, Ellon, ABD, SCT **[14880]** : 1890S, Fetterangus, ABD, SCT **[30182]** : 1800, Foveran, ABD, SCT **[44175]** : Patrick, 1800+, Fraserburgh, ABD, SCT **[11745]** : John, 1780, Udny, ABD, SCT **[43057]** : George, C1645, ANS, SCT **[10035]** : C1800, Arbroath, ANS, SCT **[30310]** : PRE 1780, Rescobie, ANS, SCT **[26360]** : PRE 1880, Kilchorn, ARL, SCT **[16370]** : 1700+, Ayr, AYR, SCT **[42919]** : PRE 1890, Beith, AYR, SCT **[38743]** : C1840, Tarbolton, AYR, SCT **[44105]** : Janet, PRE 1819, Alvah, BAN, SCT **[41468]** : 1727, Fordyce, BAN, SCT **[10318]** : 1700+, Rathven, BAN, SCT **[37236]** : ALL, LKS, SCT **[19656]** : 1750-1900, Cadder, LKS, SCT **[21231]** : 1750-1850, Glasgow, LKS, SCT **[46385]** : 1820-1894, Glasgow, LKS, SCT **[13591]** : PRE 1855, Glasgow, LKS, SCT **[31923]** : 1700+, Longhope, OKI, SCT **[14513]** : PRE 1890, Lochwinnoch, RFW, SCT **[38743]** : PRE 1840, Neilston, RFW, SCT **[38743]** : 1830+, Paisley, RFW, SCT **[33846]** : 1890+, Straits Settlement, SINGAPORE **[42600]** : 1600-1680, Boston, MA, USA **[24660]** : 1840+, Providence, RI, USA **[33846]** : 1680+, Boston, MA, USA & CAN **[42600]**

GRAYBURN : Thomas, C1810+, Hull, YKS, ENG **[42724]**

GRAYDON : Anne, 1869-1900, Littlemount, FER, IRL **[40490]**

GRAYLIN : ALL, WORLDWIDE **[35147]**

GRAYLING : 1610-1900, Navestock, ESS, ENG **[41136]**

GRAYSON : 1700-1900, Lurgan, ARM, IRL & AUS **[12413]**

GRBIC : 1850+, Ivogosce, YU **[42552]**

GRBICH : 1900+, Kaitaia, NZ **[42552]**

GREAGAN : Mary, 1838, Limerick, LIM, IRL **[46202]**

GREALEY : 1860+, Birmingham, WAR, ENG **[46391]** : PRE 1866, Ballyhaunis, MAY, IRL **[46391]**

GREALLY : ALL, IRL **[11938]**

GREALY : 1830+, GAL, IRL & AUS **[26346]**

GREASLEY : ALL, WORLDWIDE **[34975]**

GREATBATCH : 1835+, TAS, AUS **[12561]** : 1800-1860, Shelton, STS, ENG **[12561]**

GREATHEAD : C1850, Thirn, YKS, ENG **[25654]** : ALL, WORLDWIDE **[43613]**

GREATHEAD (see One Name Section) [43613]

GREATHURST : Mary, C1785, ENG **[40859]**

GREATOREX : 1750+, Armitage & Abbots Bromley, STS, ENG **[30120]**

GREATREX : 1700+, Rayleigh & Epping, ESS, ENG **[44040]** : 1850+, Waltham Abbey, ESS, ENG **[44040]**

GREAVES : 1848+, Willaston, SA, AUS **[31574]** : C1880, Goldsborough, VIC, AUS **[45794]** : Gertrude, 1920+, ONT, CAN **[28269]** : PRE 1849, BKM, ENG **[14348]** : 1800+, Haversham, BKM, ENG **[31574]** : 1550+, Shalstone, BKM, ENG **[31574]** : 1800S, East London, LND, ENG **[46434]** : 1535-1581, Abthorpe, NTH, ENG **[31574]** : 1580+, Syresham, NTH, ENG **[31574]** : 1650+, Whitfield, NTH, ENG **[31574]** : 1700-1750, Lowdham, NTT, ENG **[34967]** : PRE 1830, South Scarle, NTT, ENG **[39984]** : 1850+, Ecclesall Bierlow, YKS, ENG **[44857]** : PRE 1890, Ecclesfield, YKS, ENG **[43453]** : PRE 1800, Holmfirth, YKS, ENG **[12142]** : PRE 1850, Rawdon & Guiseley, YKS, ENG **[27802]** : 1881+, Sheffield, YKS, ENG **[24902]** : Anthony, 1852+, Thornley & Verdun, DUR, ENG & CAN **[28269]** : PRE 1870, ENG & NZ **[46352]** : 1800-1835, Middleton & Tonge, LAN, ENG & WLS **[27066]** : 1830+, Venice & Trieste, ITL **[10001]** : 1860+, OES **[10001]**

GREBBY : ALL, LIN, ENG **[26932]** : 1700-1780, Burge & Croft, LIN, ENG **[12844]**

GREEFF : Elizabeth, 1888+, Kimberley, RSA **[22122]**

GREELISH : Thomas, C1810-30, Clonfert, GAL, IRL **[21989]**

GREELY : 1700-1900, MDX & LND, ENG **[30446]**

GREEN : 1860+, Berrima, NSW, AUS **[11098]** : James, C1830, Emu Plains, NSW, AUS **[10649]** : Eliza, 1850+, Glebe, NSW, AUS **[10260]** : Wm & Sarah, 1800S, Grafton, NSW, AUS **[34140]** : ALL, Lawrence, NSW, AUS **[40055]** : Promelia, 1876-1931, Mudgee, NSW, AUS **[28151]** : C1860, Parramatta, NSW, AUS **[13347]** : John & Margt, 1820S, Richmond, NSW, AUS **[28151]** : John, 1836+, Soldiers Flat, NSW, AUS **[43525]** : Sarah, 1812, Sydney, NSW, AUS **[39186]** : 1820+, Sydney, NSW, AUS **[10167]** : Thomas, 1804-1854, Hobart, TAS, AUS **[14733]** : PRE 1860, Hobart, TAS, AUS **[42721]** : 1817-1889, Launceston, TAS, AUS **[46343]** : 1842, Launceston, TAS, AUS **[46343]** : 1845, Launceston, TAS, AUS **[46343]** : 1851, Launceston, TAS, AUS **[46343]** : 1852, Launceston, TAS, AUS **[46343]** : 1855, Launceston, TAS, AUS **[46343]** : 1857, Launceston, TAS, AUS **[46343]** : 1859, Launceston, TAS, AUS **[46343]** : 1861, Launceston, TAS, AUS **[46343]** : 1864, Launceston, TAS, AUS **[46343]** : 1865, Launceston, TAS, AUS **[46343]** : 1854+, Llanelly & Tarnagulla, VIC, AUS **[14733]** : 1817-1889, Melbourne, VIC, AUS **[46343]** : Henrietta, 1800-1900, QUE, CAN **[46185]** : 1817-1889, ENG **[46343]** : 1850+, ENG **[39939]** : Barnaby, 1800+, London, ENG **[46359]** : 1850-80, London, ENG **[27899]** : 1800+, Bolnhurst, BDF, ENG **[39368]** : 1800+, Greensbury, BDF, ENG **[39368]** : 1750-1900, Amersham, BKM, ENG **[45207]** : PRE 1880, High Wycombe, BKM, ENG **[36477]** : PRE 1880, Bucklebury, BRK, ENG **[37049]** : PRE 1920, Hurley, BRK, ENG **[40795]** : C1830, Kintbury, BRK, ENG **[41212]** : PRE 1871, Wantage, BRK, ENG **[28568]** : C1800+, Bassingbourne, CAM, ENG **[34140]** : 1780+, Meldreth, CAM, ENG **[40055]** : ALL, CHS, ENG **[14002]** : Delambert, 1795, Stockport, CHS, ENG **[26580]** : C1790, Baslow, DBY, ENG **[13347]** : 1750-1850, Old Brampton, DBY, ENG **[14246]** : 1700-1800, Scarcliffe, DBY, ENG **[14246]** : 1750-1800, DEV, ENG **[40509]** : PRE 1837, Exeter & Torquay, DEV, ENG **[36072]** : PRE 1800, Totnes & Berry Pomeroy, DEV, ENG **[34783]** : PRE 1850, DOR, ENG **[28275]** : PRE 1725, Ryton,

DUR, ENG [17626] : George, PRE 1840, Chelmsford, ESS, ENG [24945] : Samuel, 1840S, Great Waltham, ESS, ENG [27435] : 1800+, Little Dunmow, ESS, ENG [31689] : 1700, Widford, ESS, ENG [17704] : Mary, 1818-1850, Clifton & Bristol, GLS, ENG [19116] : 1700+, Painswick, GLS, ENG [25598] : 1800S, Southampton, HAM, ENG [97805] : ALL, Southampton, HAM, ENG [39180] : 1750-1900, St.Albans, HRT, ENG [41136] : ALL, Watford & St.Albans, HRT, ENG [42453] : 1703-1784, Needingworth, HUN, ENG [19908] : 1790-1840, Pidley, HUN, ENG [39835] : William, 1800, KEN, ENG [36112] : Henry, 1770-1830, Burnley Area, LAN, ENG [99433] : Thomas, PRE 1810, Nuttall, LAN, ENG [29187] : William, 1860+, St.Helens, LAN, ENG [45803] : C1680, Wymeswold, LEI, ENG [37795] : 1820, Boston, LIN, ENG [12802] : 1797-1891, Dorrington, LIN, ENG [18818] : Sutton, 1800-1870, Great & Little Hale, LIN, ENG [45800] : ALL, Grimsby, LIN, ENG [12467] : 1797-1891, Helpringham & Heckington, LIN, ENG [18818] : PRE 1770, Pinchbeck, LIN, ENG [17626] : ALL, Thorne, LIN, ENG [44815] : Edward, C1860-1915, LND, ENG [22122] : PRE 1850, LND, ENG [41150] : Edith, 1895, Plumstead, LND, ENG [44314] : Florence, 1897, Plumstead, LND, ENG [44314] : Lilian, 1902, Plumstead, LND, ENG [44314] : Leonard, 1904, Plumstead, LND, ENG [44314] : Mary, 1794, Black Hill, MDX, ENG [10993] : William, C1765+, Chelsea St.Luke, MDX, ENG [36538] : John, 1800+, Covent Garden, London, MDX, ENG [13513] : 1871+, Ealing, MDX, ENG [28568] : PRE 1850, Marylebone & St.Pancras, MDX, ENG [45215] : Thomas, 1829, Whitechapel, MDX, ENG [44314] : Wm Lewis, 1800-1865, MDX & LND, ENG [17191] : Louise, C1876, NFK, ENG [40472] : Walter, 1874+, Kings Lynn, NFK, ENG [46447] : Henry, PRE 1890, Kings Lynn, NFK, ENG [46447] : Walter, PRE 1896, South Lynn, NFK, ENG [46447] : Thomas, 1880-1900, Thurne, NFK, ENG [45635] : 1778-1900, Greens Norton, NTH, ENG [19803] : PRE 1880, Maxey, NTH, ENG [36402] : 1880+, Peterborough, NTH, ENG [36402] : 1800+, NTT, ENG [46315] : ALL, Auckley, NTT, ENG [46429] : ALL, Flintham, NTT, ENG [13347] : William, PRE 1836, Nottingham, NTT, ENG [43525] : ALL, OXF, ENG [21348] : Frederick, PRE 1899, Rotherfield Peppard, OXF, ENG [11662] : 1800-1900, Henley, OXF, BKM & BRK, ENG [27039] : PRE 1900, Stanstead, SFK, ENG [39642] : 1750+, Wrentham, SFK, ENG [13422] : George, C1840, London & Kersey, SFK & ESS, ENG [41312] : Jesse, PRE 1860, Bristol, SOM, ENG [39186] : PRE 1700, Chewton Mendip, SOM, ENG [33664] : ALL, Twerton, SOM, ENG [29236] : William, 1760S, Newington, SRY, ENG [10993] : ALL, SSX, ENG [25259] : PRE 1800, East Wittering, SSX, ENG [44913] : 1790-1850, Bloxwich, STS, ENG [31028] : PRE 1880, Longton & Stoke on Trent, STS, ENG [20587] : Joseph, C1800, West Bromwich, STS, ENG [36592] : 1800+, Wolverhampton, STS, ENG [46273] : Thomas, PRE 1802, Warwick, WAR, ENG [14733] : ALL, All Cannings & Devizes, WIL, ENG [39180] : 1690-1740, Calne, WIL, ENG [32505] : ALL, Patney & Calstone, WIL, ENG [39180] : 1800S, Warminster, WIL, ENG [33007] : 1800+, Carlton & Monk Bretton, WRY, ENG [38668] : PRE 1810, Penistone & Silkstone, WRY, ENG [18236] : 1860+, Rotherham & Sheffield, WRY, ENG [45209] : PRE 1830, Sandel Magna, WRY, ENG [38668] : PRE 1820, Barnsley, YKS, ENG [19568] : 1750S, Wakefield, YKS, ENG [35184] : William, 1866, Lambeth, SRY, ENG & CAN [44314] : Henry, 1860-1900, Somerstown & West Ham, MDX & ESS, ENG & NZ [41312] : Fred, 1883-1941, London & Kimberley, ENG & RSA [22122] : Uriah, C1810, Dublin, IRL [34924] : 1830+, Armagh, ARM, IRL [98637] : James, 1800-1870, Newholland, ARM, IRL [15070] : 1830S, DOW, IRL [46163] : PRE 1820S, Corcreeny, DOW, IRL [31293] : 1800-1840, Hillsborough, DOW, IRL [34261] : PRE 1860, Galway, GAL, IRL [20974] : John Charles, 1904+, NZ [34924] : C1865, Dunedin, NZ [21727] : 1870+, Porangahau,

HBY, NZ [42552] : PRE 1900, Buckie, BAN, SCT [45881] : PRE 1900, Newport, MON, WLS [38178]

GREENACRE : 1770-1870, NFK, ENG [25654] : Robert, 1750+, Coltishall, NFK, ENG [25427] : ALL, Kings Lynn, NFK, ENG [44948]

GREENALL : 1815-1875, Ashton in Makerfield, LAN, ENG [29715] : C1790, Newton in Makerfield, LAN, ENG [29715]

GREENAWAY : PRE 1880, Wraysbury, BRK, ENG [35561] : 1800-1900, Portsmouth, HAM, ENG [30120] : C1800, Bishopsgate, LND, ENG [15715] : 1800-1900, London, MDX, ENG [35561] : 1800-1900, Northolt & Wembley, MDX, ENG [19216] : PRE 1900, Stanwell, MDX, ENG [35561] : 1600-1700S, Dorchester, OXF, ENG [34140] : PRE 1800, Dorchester, OXF, ENG [19216] : 1880-1990, Kirkcaldy, FIF, SCT [35561]

GREENBERG : ALL, Leeds, WRY, ENG & LITHUANIA [26493] : 1860+, Westervik, SWE [46199]

GREENBURY : 1840, Whitby, NRY, ENG [19862]

GREENE : 1520-1601, Shipton under Wychwood, OXF, ENG [39706] : 1820-1870, Calcutta, BENGAL, INDIA [46339] : 1870-1950, Serampore, BENGAL, INDIA [46339] : PRE 1820, Dublin, IRL [46339]

GREENER : 1900-1950, LND, ENG [46416]

GREENEY : 1920-1950, Coppull & Eccleston, LAN, ENG [42308]

GREENFIELD : 1890+, West Ham, ESS, ENG [14874] : ALL, Greenwich, KEN, ENG [28150] : PRE 1800, Maidstone, KEN, ENG [46255] : Geo. & Maria, 1870+, Plumstead, KEN, ENG [12320] : 1700-1800, Oxcombe, LIN, ENG [26932] : 1820+, LND, ENG [46386] : C1828-1910, Greenwich, KEN, ENG & AUS [46387]

GREENFIELDS : Alexander, 1950S, MDX, ENG [14627]

GREENHALGH : 1800S, LAN, ENG [19691] : PRE 1900, LAN, ENG [45203] : Ann, C1820, Blackburn, LAN, ENG [10937] : PRE 1800, Bolton & Manchester, LAN, ENG [19415] : Handel, 1860, Bradshaw, LAN, ENG [39527] : 1800+, Bradshaw & Turton, LAN, ENG [27868] : 1780-1860, Bury, LAN, ENG [11661] : 1800-1900, Heaton, Horwich & Bolton, LAN, ENG [30120] : C1800, Liverpool, LAN, ENG [13347] : C1870, Liverpool, LAN, ENG [45203] : Thomas, PRE 1828, Manchester, LAN, ENG [13960] : PRE 1900, Over Darwen, LAN, ENG [45203] : C1800, Tottington, LAN, ENG [27868]

GREENHILL : ALL, ESS, ENG [11588] : ALL, SOM, ENG [29172] : ALL, WIL, ENG [29172]

GREENHORN : PRE 1756, Scoonie, FIF, SCT [31695] : 1800+, Stirling, STI, SCT [14627]

GREENHOW : Thomas, C1790, Castle Sowerby, CUL, ENG [37149] : Sarah, 1761, Greystoke, CUL, ENG [13153] : C1700-1850, Mungrisdale & Greystoke, CUL, ENG [37149] : Thomas, 1730, Penrith, CUL, ENG [13153] : 1700+, Watermillock, CUL, ENG [37149] : Joseph, 1901+, Richmond & Catterick, NRY, ENG [37149] : 1800+, Ormside & Appleby, WES, ENG [37149] : 1900+, Leeds, WRY, ENG [37149]

GREENING : 1700-1900, GLS, ENG [39565] : PRE 1872, Paddington, MDX, ENG [31923]

GREENLAND : 1837+, London, ENG [46233]

GREENLAW : 1790, Alvah, BAN, SCT [43481]

GREENLEAF : 1775-1810, Dunmow, ESS, ENG [17191] : 1750-1950, Bethnal Green, MDX, ENG [39271]

GREENLEES : PRE 1900, Kilwaughter, ANT, IRL [20874]

GREENLY : 1700-1800, London, ENG [12641]

GREENOUGH : PRE 1849, Ardington, BRK, ENG [17511] : C1790, Newton in Makerfield, LAN, ENG [29715] : PRE 1880, Wibsey, WRY, ENG [18628]

GREENSIDES : 1750+, Eastrington, ERY, ENG [30120] : C1878, Kirby Mallory, LEI, ENG [30120] : 1850+, Eastoft, LIN, ENG [30120]

GREENSLADE : 1840-1950 London MDX ENG [30071]

GREENSMITH : 1700-1900, Maltby & Tickhill, WRY, ENG **[32310]**
GREENSTED : ALL, Borden, KEN, ENG **[36127]**
GREENSTOCK : PRE 1780, Folke, DOR, ENG **[46297]**
GREENSTREET : PRE 1756, Lynsted, KEN, ENG **[46251]**
GREENUP : 1800+, Caldbeck, CUL, ENG **[34505]**
GREENWAY : 1750-1850, Bodmin, CON, ENG **[28081]** : 1600S, Minchinhampton, GLS, ENG **[13731]** : C1793, Clyro, RAD, WLS **[99570]** : ALL, WORLDWIDE **[24980]**
GREENWOOD : Irene, 1920-1980, WA & SA, AUS **[29447]** : 1919, Winkfield, BRK, ENG **[31079]** : 1900+, CON, ENG **[31079]** : Anne, C1800, Bristol, GLS & SOM, ENG **[19497]** : PRE 1728, Alton, HAM, ENG **[46296]** : 1650+, Ashton-under-Lyne, LAN, ENG **[38934]** : 1920+, Blackpool, LAN, ENG **[31079]** : 1918-1920S, Fleetwood, LAN, ENG **[31079]** : PRE 1860, Foulridge, LAN, ENG **[45735]** : James, C1806, Haslingden, LAN, ENG **[31003]** : Margaret, C1806, Haslingden, LAN, ENG **[31003]** : Edward, C1807, Haslingden, LAN, ENG **[31003]** : William, 1870+, Liverpool, LAN, ENG **[31003]** : Edward, PRE 1846, Liverpool, LAN, ENG **[31003]** : PRE 1846, Liverpool, LAN, ENG **[31003]** : 1800+, Mile End, LND, ENG **[31079]** : 1970S, Chiswick, MDX, ENG **[31079]** : ALL, MDX & LND, ENG **[31079]** : 1800+, Bethnal Green & Edmonton, MDX & LND, ENG **[31079]** : 1940S, Islington, MDX & LND, ENG **[31079]** : PRE 1900, Nottingham, NTT, ENG **[45054]** : Thomas, 1870, WRY, ENG **[99174]** : 1780-1910, Halifax & Heptonstall, WRY, ENG **[44241]** : Joseph, 1764, Haworth, WRY, ENG **[24579]** : PRE 1800, Haworth & Keighley, WRY, ENG **[15823]** : 1750-1850, Midgley, WRY, ENG **[36242]** : 1800+, Rotherham, WRY, ENG **[45209]** : Rhoda, C1800, Southowram, WRY, ENG **[16125]** : 1780-1910, Stansfield, WRY, ENG **[44241]** : 1800+, Todmorden, WRY, ENG **[42507]** : Wm Joseph, 1700+, Bradford, YKS, ENG & NZ **[45943]** : Eliza, C1830, Newtownards, DOW, IRL **[13558]** : 1960S, MALTA **[31079]**
GREENWOOD (see One Name Section) **[31079]**
GREER : C1880, IRL **[13004]** : ALL, ANT & DON, IRL **[13461]** : 1800+, Kilcar, DON, IRL **[21431]** : 1800S, Mullintor, TYR & ARM, IRL **[36320]**
GREETHAM : PRE 1800, Portsea, HAM, ENG **[38826]** : 1700-1850, Liverpool, LAN, ENG **[38826]** : 1740-1790, Crowland, LIN, ENG **[12641]**
GREEY : James, 1820+, London, ENG **[31849]** : James, 1860+, Branston, LIN, ENG **[31849]**
GREGAN : 1800+, Dalry, KKD, SCT **[45853]**
GREGG : ALL, ENG **[11092]** : 1800S, London, MDX, ENG **[12318]** : 1800+, Tottenham, MDX, ENG **[46190]** : PRE 1850, Northampton, NTH, ENG **[10493]** : PRE 1750, Birmingham, WAR, ENG **[10493]** : Gerard, PRE 1860, Belturbet, CAV, IRL **[27666]** : 1875+, Castlefin, DON, IRL **[27666]** : PRE 1854, Clough, DOW, IRL **[40970]** : Gerard, PRE 1849, Corvaghan, FER, IRL **[27666]** : John, 1884-1963, Limavady, LDY, IRL **[27666]** : Martha, PRE 1869, Hamilton Co., OH, USA **[23605]**
GREGOR : John, PRE 1810, Perth, PER, SCT **[16938]**
GREGORY : Tom, 1918, Anzac, AUS **[19818]** : Lot, 1938, Brisbane, QLD, AUS **[14094]** : Thomas, 1830+, Launceston, TAS, AUS **[45769]** : Thomas, 1900+, Boulder City, WA, AUS **[45769]** : PRE 1850, Northam, ENG **[25992]** : PRE 1730, Waddesdon, BKM, ENG **[40822]** : William, PRE 1800, Cambridge, CAM, ENG **[38243]** : 1750-1850, Stoke Climsland, CON, ENG **[12144]** : C1800, CON & MDX, ENG **[33642]** : 1900+, Eckington, DBY, ENG **[46433]** : 1810, Tideswell, DBY, ENG **[30714]** : PRE 1820, Fremington, DEV, ENG **[42752]** : C1850, HAM, ENG **[31902]** : PRE 1900, East Meon, HAM, ENG **[25162]** : 1760+, Ringwood, HAM, ENG **[10070]** : PRE 1760, Watford, HRT, ENG **[33428]** : 1800S, Birling & Malling, KEN, ENG **[33331]** : C1740, Faversham & Osprenge, KEN, ENG **[15564]** : John, 1800+, Liverpool, LAN, ENG **[45853]** : PRE 1850, Liverpool, LAN, ENG **[15400]** : 1700-1840, LEI, ENG **[38968]** : 1800S, LND, ENG **[44996]** : 1700-1900, Wembley, LND, ENG **[21842]** : PRE 1900, LND & MDX, ENG **[39312]** : PRE 1730, Everdon, NTH, ENG **[40822]** : ALL, Souldern, OXF, ENG **[99025]** : C1808, Whixall, SAL, ENG **[29715]** : 1600-1900, Corsley, SOM, ENG **[19531]** : PRE 1860, Hersham, SRY, ENG **[20974]** : ALL, Molesey, SRY, ENG **[44339]** : 1830-1870, Sedgley, STS, ENG **[29715]** : 1830-1870, Tipton, STS, ENG **[29715]** : 1820, Wolverhampton, STS, ENG **[14948]** : 1500-1700S, Stivichall, WAR, ENG **[10046]** : PRE 1870, Trowbridge, WIL, ENG **[15400]** : PRE 1800, Kimberworth, YKS, ENG **[44078]** : 1800-1900, Sheffield, YKS, ENG **[46433]** : Bridget, 1800-1850, Cork, IRL **[25484]** : Isaac, 1760-1850, Bath, VA, USA **[24674]** : 1676+, Hanmer, FLN, WLS **[10016]**
GREGSON : 1810-1865, Manchester, LAN, ENG **[10886]** : 1785, Pilling, LAN, ENG **[39856]** : 1800S, Rylstone, WRY, ENG **[11386]**
GREHAN : ALL, FRA **[32035]** : ALL, Ballinasloe, CLA & GAL, IRL & AUS **[32035]**
GREIG : Alexander, 1880+, Eden, NSW, AUS **[42724]** : 1908+, Wellington, NSW, AUS **[31762]** : 1840+, Riverton, SA, AUS **[43804]** : 1850-1900, SCY, NZ **[46305]** : 1800, Aberdeen, ABD, SCT **[13014]** : 1895+, Dundee, ANS, SCT **[46259]** : 1770-1790, Muirkirk, AYR, SCT **[46305]** : Alexander, C1812, Dirleton, ELN, SCT **[42897]** : PRE 1860, FIF, SCT **[21149]** : 1790-1840, Pathhead, MLN, SCT **[43804]** : PRE 1900, St.Andrews, MLN, SCT **[33704]** : 1850S, Applecross, ROC, SCT **[46305]** : PRE 1870, Applecross & Lochalsh, ROC, SCT **[33704]** : 1820S, Lochalsh, ROC, SCT **[46305]** : PRE 1813, Bo'Ness, WLN, SCT **[44111]**
GREITE : ALL, WORLDWIDE **[18042]**
GREMP : ALL, WORLDWIDE **[32364]**
GRENFELL : 1850+, Creswick, VIC, AUS **[13447]** : PRE 1800, St.Just, CON, ENG **[11873]** : 1655+, St.Just in Penwith, CON, ENG **[45689]** : 1800+, Birmingham, WAR & CON, ENG **[17951]** : 1760+, Gwennap, CON, WLS **[46500]** : 1850+, Swansea, GLA, WLS **[46500]**
GRENISEN : Greineisen, 1870+, WI, USA **[15845]**
GRENLING : ALL, Stradbroke, SFK, ENG **[31079]**
GRENNAN : 1790+, Dublin, DUB & LND, IRL & ENG **[46430]**
GRENYER : PRE 1800, Worthing & Stanmer, SSX, ENG **[15464]**
GRESHAM : PRE 1870, Lincoln, LIN, ENG **[20919]**
GRESLEY : ALL, STS & LEI, ENG **[29989]**
GRETTON : Sarah, 1804-1856, Newton Linford, LEI, ENG **[45774]**
GREVATT : ALL, SSX, ENG **[19101]**
GREVEN : 1780+, Oiste, HAN, GER **[14627]**
GREVILLE : William C., 1806+, Sydney, NSW, AUS **[41223]** : 1730+, Charlton Kings, GLS, ENG **[28154]** : 1750-1800, Cheltenham, GLS, ENG **[28154]** : 1825+, Cheltenham, GLS, ENG **[28154]** : 1750-1830, Shoreditch & Bethnal Green, MDX, ENG **[42660]** : 1750-1830, Westminster, MDX, ENG **[42660]** : William, 1790-1830, Eldersfield, WOR, ENG **[28154]**
GREVISMUEHS : C1720, Rehna, MSW, GER **[11319]**
GREY : John, 1850S, Murrumbidgee, NSW, AUS **[31877]** : Doris, 1912+, Brisbane, QLD, AUS **[28199]** : Mary Ann, 1822+, Gillingham, KEN, ENG **[11352]** : PRE 1755, Shoreston, NBL, ENG **[33491]** : Frances, 1740S-1778, Tynemouth, NBL, ENG **[38769]** : 1700-1800S, Newtimber, SSX, ENG **[46432]** : William, 1604, Swindon, WIL, ENG **[40055]** : Elizabeth, C1720-1791, Rowley & Little Weighton, YKS, ENG **[27325]** : 1800+, MOG, IRL **[28813]**
GREYGOOSE : 1740-1800, Cavendish, SFK & ESS, ENG **[10287]**
GREYNDOUR : 1335, Newlands, GLS, ENG **[19759]**
GREYSTOCK : 1800-1900, Manchester, LAN, ENG **[41214]**

GRIBBELL : PRE 1800, Illogan & St.Gluvias, CON, ENG **[41177]**

GRIBBEN : ALL, Mount Hawke & St.Agnes, CON, ENG **[99187]** : PRE 1876, Shankill, Belfast, ANT, IRL **[10046]**

GRIBBIN : ALL, Mount Hawke & St.Agnes, CON, ENG **[99187]** : 1800S, St.Agnes, CON, ENG **[25070]** : PRE 1860, St.Agnes, CON, ENG **[20925]**

GRIBBINS : PRE 1860, St.Agnes, CON, ENG **[20925]**

GRIBBLE : ALL, AUS **[29949]** : ALL, ENG **[29949]** : ALL, CON, ENG **[29949]** : PRE 1800, Camborne, CON, ENG **[44078]** : Grace, PRE 1855, Camborne, CON, ENG **[44279]** : 1780+, Gwennap, CON, ENG **[12141]** : Elizabeth, C1725, Illogan, CON, ENG **[13153]** : ALL, DEV, ENG **[29949]** : ALL, Bovey Tracey, DEV, ENG **[29949]** : C1840S, ESS & MDX, ENG **[31902]** : PRE 1880, GLS, ENG **[25142]** : 1843, Stepney, LND, ENG **[40499]** : ALL, WORLDWIDE **[29949]**

GRIBBLE (see One Name Section) [29949]

GRIBBOLL : Richard, C1680, Illogan, CON, ENG **[13153]**

GRICE : 1918, Brisbane, QLD, AUS **[36768]** : ALL, ENG **[46444]** : PRE 1880, ENG **[41136]** : 1600+, Bootle, CUL, ENG **[17162]** : PRE 1850, HEF & WOR, ENG **[25151]** : 1878+, Newton & Preston, LAN, ENG **[42239]** : 1769, Nethersel, LEI, ENG **[13914]** : Fred & Amy, 1900+, Newcastle-on-Tyne, NBL, ENG **[25455]** : PRE 1800, NFK, ENG **[31186]** : 1750+, Sheringham, NFK, ENG **[17163]** : 1850+, Birmingham, WAR, ENG **[45608]**

GRIDLEY : ALL, South Ockendon, ESS, ENG **[33237]** : PRE 1800, Glemsford, SFK, ENG **[34980]** : PRE 1900, Glemsford, SFK, ENG **[39642]** : ALL, Long Melford, SFK, ENG **[33237]**

GRIEG : PRE 1750, Auchterderran, FIF, SCT **[13004]**

GRIER : PRE 1750, Ruthwell, DFS, SCT **[31923]** : 1760-1820, Glasgow & Rutherglen, LKS, SCT **[44241]**

GRIERSON : 1845+, Sydney, NSW, AUS **[31923]** : 1825-1880, INDIA **[17540]** : 1840-50, AYR, SCT **[98601]** : PRE 1784, Mousewald, DFS, SCT **[41768]** : PRE 1845, Ruthwell, DFS, SCT **[31923]** : ALL, Preston Kirk, ELN, SCT **[26301]**

GRIES : 1800+, Strasbourg, ALS, FRA **[25598]**

GRIESDALE : ALL, Cockermouth, CUL, ENG **[21088]**

GRIESINGER : 1853+, Lismore, NSW, AUS **[13943]**

GRIEVE : Evees Isabell, 1860-1920, VIC, AUS **[39243]** : 1860+, Dunolly, Poowong, VIC, AUS **[33846]** : 1850+, SCT **[36826]** : 1700S, FIF, SCT **[20919]** : 1845, Contin & Dingwal, ROC, SCT **[20938]** : Christopher, 1700S, Cavers, ROX, SCT **[20938]** : 1800S, Hawick, ROX, SCT **[20938]** : PRE 1840, Kirktown, ROX, SCT **[33846]** : William, 1817-1880, Dumfries & Perth, DFS, PER & ONT, SCT & CAN **[31446]**

GRIEVES : PRE 1857, Newcastle-on-Tyne, NBL, ENG **[46381]**

GRIFFEN : 1725-1755, HAM, ENG **[17191]** : 1780-1860, Kiddington, OXF, ENG **[12011]** : 1800-60, Claines, WOR, ENG **[46194]**

GRIFFEY : 1800S, Ballarat, VIC, AUS **[33245]**

GRIFFIES : 1750-1880, WOR & HEF, ENG **[21597]**

GRIFFIN : John, 1863+, Duneed, VIC, AUS **[12650]** : John, 1869+, Kyneton, VIC, AUS **[12650]** : Debbie, 1800+, Smithville, Lincoln Co., ONT, CAN **[16439]** : 1800-1860, The Strand, London, ENG **[46229]** : Joseph & Mary, 1800+, West Bromwich, ENG **[38449]** : Mary Ann, 1820+, DOR, ENG **[42829]** : 1850+, Colchester, ESS, ENG **[46345]** : PRE 1786, Shipton, GLS, ENG **[26253]** : 1807, Micheldever, HAM, ENG **[11530]** : 1750+, Standon & Aspenden, HRT, ENG **[27802]** : Mark, 1841-81, Northfleet, KEN, ENG **[31296]** : Beatrice, 1871+, Northfleet, KEN, ENG **[31296]** : 1880S, Beswick, LAN, ENG **[30737]** : 1820S, Bolton, LAN, ENG **[30737]** : James, 1829+, Bolton & Beswick, LAN, ENG **[30737]** : Henry Hartley, 1853-1932, Bolton &

Lancaster, LAN, ENG **[30737]** : 1800+, Lancaster, LAN, ENG **[33870]** : George & Mary, 1881, Lancaster, LAN, ENG **[33870]** : 1780+, Clerkenwell, LND, ENG **[46345]** : 1790+, Hanover Sq., LND, ENG **[46345]** : 1820+, Stepney & Cleveland, LND, ENG **[11039]** : PRE 1870, Bermondsey, LND & SOM, ENG **[21387]** : ALL, NTH, ENG **[31646]** : ALL, Northampton, NTH, ENG **[22441]** : ALL, SOM, ENG **[43317]** : ALL, Ashcott, SOM, ENG **[22441]** : ALL, Glastonbury, SOM, ENG **[22441]** : ALL, Street, SOM, ENG **[22441]** : ALL, Walton, SOM, ENG **[22441]** : ALL, West Pennard, SOM, ENG **[22441]** : Mark, 1790-1884, Croydon, SRY, ENG **[31296]** : C1875, Southwark, SRY, ENG **[15776]** : 1660-1800, Hanbury & Milwich, STS, ENG **[19713]** : Mary Ann, 1801+, Walsall, STS, ENG **[38449]** : 1700-1870, Stoke Prior, WOR, ENG **[28557]** : PRE 1836, IRL **[39856]** : Peter, 1790, CLA, IRL **[12058]** : John, 1840+, Mount Scott, CLA, IRL **[12650]** : 1850S-1880S, Cork City, COR, IRL **[14388]** : John, C1800, Malahide, DUB, IRL **[26823]** : 1800-1860, Castlebar, MAY, IRL **[34783]** : Edward, 1635-1787, Nine Partners, Duchess Co., NY, USA **[16439]** : 1850-1900, Mold, FLN, WLS **[34783]**

GRIFFINE : 1890, Bristol, GLS, ENG **[46202]**

GRIFFITH : 1821+, Wilberforce, NSW, AUS **[14029]** : Robert, 1850-60, Frontenac Co., ONT, CAN **[99433]** : PRE 1850, Backford, CHS, ENG **[19259]** : 1700-1900, Shocklach, CHS, ENG **[20729]** : PRE 1800, Gayton, NTH, ENG **[10493]** : 1850-1900, Birmingham, WAR, ENG **[36292]** : 1820+, Mountcharles, DON, IRL **[26360]** : 1750+, Aberdeen, ABD, SCT **[36292]** : 1700-1800, BARBADOS, W.INDIES **[21349]** : Owen, 1738-1810, Tynllan, AGY, WLS **[37188]** : William, ALL, CAE, WLS **[38452]** : Wm Glynne, 1813+, Llannor, CAE, WLS **[32314]** : Elizabeth, 1798, Llanfairorllwyn, CGN, WLS **[39482]** : Emiah, 1777, Llanfihangel Aberbythych, CMN, WLS **[39482]** : 1770-1840, Llanasa, FLN, WLS **[37181]** : PRE 1830, St.Davids, PEM, WLS **[22227]**

GRIFFITHS : William, 1831+, Hawkesbury, NSW, AUS **[30776]** : James, 1808, Richmond, NSW, AUS **[33454]** : John, 1841+, Sydney, NSW, AUS **[34231]** : 1821+, Wilberforce, NSW, AUS **[14029]** : Harriet, C1860, VIC, AUS **[11783]** : John, C1860, VIC, AUS **[11783]** : James, PRE 1890, VIC, AUS **[33454]** : Thyrza, C1870, Euemmerring, VIC, AUS **[13153]** : Thomas, C1870, Euemmerring, VIC, AUS **[13153]** : John, 1910, Magrath, ALB, CAN **[39967]** : 1819+, Cardigan, NB, CAN **[16819]** : Wilfred, ALL, BRK, ENG **[46516]** : William, 1835+, Malpas, CHS, ENG **[20729]** : 1800S, Nantwich, CHS, ENG **[36528]** : 1700-1900, Shocklach, CHS, ENG **[20729]** : Jane, 1830+, Threapwood, CHS, ENG **[20729]** : Thomas, 1833+, Threapwood, CHS, ENG **[20729]** : 1800+, Tilston, CHS, ENG **[30449]** : C1788, Barnstaple, DEV, ENG **[33529]** : 1788-1875, Bideford, DEV, ENG **[33529]** : 1900-60, Bredenbury, HEF, ENG **[46421]** : 1800-1900, Manchester, LAN, ENG **[36528]** : 1800+, Manchester & Oxford, LAN, CHS & OXF, ENG **[19429]** : Charles, 1820+, St.Lukes, MDX, ENG **[28232]** : John, 1853, Nottingham, NTT, ENG **[11783]** : 1800+, Prees, SAL, ENG **[46272]** : 1700-1900, Telford & Dawley, SAL, ENG **[27678]** : John, 1750-1820, Trewern, SAL, ENG **[34664]** : Thomas, 1812, Bilston, STS, ENG **[13153]** : 1800-1900, Brierly Hill, STS, ENG **[45920]** : 1850+, Wednesbury, STS, ENG **[27492]** : Samuel, PRE 1800, West Bromwich, STS, ENG **[13153]** : ALL, West Bromwich, WAR, ENG **[27492]** : John, 1905, Roysotn, YKS, ENG **[39967]** : 1906+, Sheffield, YKS, ENG **[13439]** : 1900-1980, Port Elizabeth, CPC, RSA **[46338]** : PRE 1860, WLS **[32017]** : 1800-1857, BRE, WLS **[46374]** : 1850S, Beaufort, BRE, WLS **[33305]** : 1820S-1870S, Velindre, BRE, WLS **[33305]** : Ellin, C1822, Bryncroes, CAE, WLS **[27816]** : Griffith, 1650-1750, Llanfihangel ar Aberbythych, CMN, WLS **[39482]** : 1870-1920, Pickhill, DEN, WLS **[20729]** : Martha, 1840+, Wrexham, DEN, WLS **[20729]** : John, 1790+, Briton Ferry, GLA, WLS **[46285]** : PRE 1860, Llantrisant, GLA, WLS **[12071]** : 1850, Llanfair, MGY, WLS **[26323]** : Thos,

C1801, Meifod, MGY, WLS [46213] : Jane, C1802, Meifod, MGY, WLS [46213] : 1800-1900, Begelly & Jeffreyston, PEM, WLS [46272] : 1806+, Bletherston, PEM, WLS [45631] : 1780-1850, Narberth, PEM, WLS [13447] : PRE 1800, RAD, WLS [18301] : 1810S, Boughrood, RAD, WLS [33305] : 1770S-1780S, Llanddewi Fach, RAD, WLS [33305] : Ann, 1825-1858, Briton Ferry, GLA, WLS & AUS [46285]

GRIGG : PRE 1893, Kilkhampton, CON, ENG [36624] : 1760+, St.Columb, CON, ENG [30968] : PRE 1845, Hartland, DEV, ENG [36624] : PRE 1849, Liverpool, LAN, ENG [37174] : Wm & Prudence, 1700-1840, Corfe & Banwell, SOM, ENG [21349]

GRIGGAN : 1800+, Dalry, KKD, SCT [45853]

GRIGGS : Emma, 1840-55, St.Arnaud, SA, AUS [39212] : ALL, Hatfield Broad Oak, ESS, ENG [29471] : 1800, Loughton, ESS, ENG [17704] : ALL, Stansted, ESS, ENG [29471] : 1726-1729, Birchington, KEN, ENG [36841] : 1738-1746, Birchington, KEN, ENG [36841] : 1800+, Greenwich & Deptford, KEN, ENG [29092] : George, 1815+, Kent, KEN, ENG [39212] : 1774-1791, Minster, KEN, ENG [36841] : 1733-1735, St.Nicholas At Wade, KEN, ENG [36841] : 1880+, Streatham, LND, ENG [29092] : 1700S, Newton, NJ, USA [15521]

GRIGOR : 1800+, Elgin, MOR, SCT [13558] : PRE 1850, Elgin, MOR, SCT [12395] : PRE 1800, Black Isle, ROC, SCT [18500]

GRIGORIEV : 1860+, St.Petersburg, RUS [20178]

GRILLS : ALL, WORLDWIDE [31273]

GRILLS (see One Name Section) [31273]

GRIMALDI (see One Name Section) [16693]

GRIME : 1800+, Lancaster & Bentham, LAN & WRY, ENG [25572]

GRIMES : PRE 1850, ENG [28314] : 1700-1870, GLS, ENG [12401] : 1840+, MDX, ENG [17973] : 1800S, Massingham, NFK, ENG [19921] : PRE 1750, Purton, WIL, ENG [39506] : Jane, C1820-1840, Kilkeel, DOW, IRL [14627]

GRIMISON : 1800-1900, ARM, IRL [20370]

GRIMLEY : Wm Greville, 1866+, Dalby & Brisbane, QLD, AUS [36725] : 1750+, London, ENG [46501] : 1700-1900, Leicester, LEI, ENG [38926] : Samuel Oliver, 1808+, LND, ENG [36725] : Wm Greville, 1840, Brixton, LND, ENG [36725] : 1750+, STS, ENG [46501] : 1820S, Sutton Coldfield, WAR, ENG [12508]

GRIMM : Jacob & Charl, 1814, Zyburche, GER & POL [16149]

GRIMMARD : 1700+, CAM, SFK & ESS, ENG [39539]

GRIMMISON : C1800, Leyland, LAN, ENG [17535]

GRIMMOND : 1850-1900, Westminster, MDX, ENG [30071]

GRIMSEY : PRE 1850, ESS, ENG [41150] : 1700+, MDX & SFK, ENG [19759]

GRIMSHAW : 1750-1850, Appleton, CHS, ENG [28948] : PRE 1861, Manchester, LAN, ENG [36819] : ALL, WRY, ENG [27689]

GRIMSTEAD : PRE 1885, Montreal, QUE, CAN [25602] : Thomas, 1747, Wayford, SOM, ENG [25602]

GRIMSTEED : Thomas, 1747, Wayford, SOM, ENG [25602]

GRIMSTER : Thomas, 1747, Wayford, SOM, ENG [25602]

GRIMWADE : PRE 1814, SFK, ENG [18896]

GRIMWOOD : 1834-95, Hornchurch, ESS, ENG [33867] : 1800S, Cockfield, SFK, ENG [28141] : 1700-1850, Weybread, SFK, ENG [28536]

GRINDAL : 1820-1840, Traquair, KKD, SCT [46458]

GRINDELL : PRE 1800, Newland & Flaxley, GLS, ENG [45215]

GRINDLING : ALL, Stradbroke, SFK, ENG [31079]

GRINDROD : PRE 1850, Southwark, KEN, ENG [37024]

GRINGLEY : ALL, YKS & LIN, ENG [19854]

GRINLING : ALL, Stradbroke, SFK, ENG [31079]

GRINNELL : PRE 1800, Dagnall & Edlesborough, BKM, ENG [17523]

GRINNEN : 1908+, Dundee, ANS, SCT [46259]

GRINSDALE : PRE 1680, West Anstey, DEV, ENG [31316]

GRINTON : ALL, WORLDWIDE [24567]

GRISBROOK : 1700-1850, KEN, ENG [43491]

GRISDALE : 1800+, ENG [27879] : 1600+, Matterdale, CUL, ENG [22305] : PRE 1796, Matterdale, CUL, ENG [10699] : 1790+, Bolton, LAN, ENG [22305] : 1796-1842, Bolton, LAN, ENG [10699] : PRE 1870, Haxey, LIN, ENG [13008] : ALL, YKS, NBL & CUL, ENG [27514]

GRISEDALE : 1800+, Lancaster, LAN, ENG [42507]

GRISMAN : 1800-1850, Burghill, HEF, ENG [45800]

GRIST : Elizabeth, PRE 1780, WIL, ENG [28907] : Mary, 1654, Sutton Veny, WIL, ENG [26817]

GRIT : ALL, HAM, ENG [40562]

GRITT : ALL, HAM, ENG [40562]

GROAT : PRE 1850, INV & MOR, SCT [46164]

GROCOCK : 1670+, Sproxton & Leicester, LEI, ENG [42342] : PRE 1750, LEI & NTH, ENG [46375]

GROCOTT : C1800-1990S, Islington, LND, ENG [36072] : PRE 1870, Red Street, STS, ENG [19647]

GROCUTT : PRE 1825, Halesowen, STS, ENG [20874] : C1700-1850, West Bromwich, STS, ENG [41446]

GRODZINSKI : PRE 1900, Horodenka, GALICIA, POL [40603]

GROENING : PRE 1850, Berneburgh, LPZ, DDR [11062] : 1800S, Bernburg, ANH, GER [11062] : 1850, PRE, GER & POL [11062]

GROGAM : 1950+, Kidderminster, WOR, ENG [36020]

GROGAN : C1894, Coolgardie, WA, AUS [45770] : 1896-1900, Kalgoorlie, WA, AUS [45770] : Michael, C1866, Kildare & Maynooth, KID, IRL [26823] : Peter, PRE 1820, Wheery, OFF, IRL [32190]

GROLLET : 1800-1900, FRA [17540] : 1800-1900, INDIA [17540]

GROMANN : 1800-1850, AG, CH [46361]

GRONBECH : Ane Marie, 1770+, Arhus, DEN [25066]

GRONO : Maria, 1800+, Pitt Town, NSW, AUS [11425]

GRONOW : ALL, UK & AUS [41531]

GRONUM : PRE 1800, Hamburg, BAV, GER [22176] : ALL, WORLDWIDE [22176]

GROOBY : 1800-1850, Stapleford, LEI, ENG [27920] : 1700+, Greasley, NTT, ENG [21034] : PRE 1727, STS, ENG [26955]

GROOCOCK : Elizabeth, C1615, Claybrook, LEI, ENG [18957]

GROOM : Ernest D., 1893, BDF, ENG [12230] : Arthur, 1915, BDF, ENG [12230] : PRE 1950, Toddington & Chalgrave, BDF, ENG [28391] : 1700S, London, MDX, ENG [37155] : ALL, Cawston, NTT, ENG [32945] : 1800-1860, SAL & WRY, ENG [46439] : 1700S, Metfield, SFK, ENG [20919] : 1700-1880, WES, ENG [41573]

GROOMBRIDGE : William, 1816+, Canterbury, KEN, ENG [99298] : 1700S, Yalding, KEN, ENG [13910] : PRE 1900, London, MDX, ENG [32294]

GROOME : PRE 1700, Quainton, BKM, ENG [39588] : PRE 1825, Manchester, LAN, ENG [11866] : 1800-1850, SAL, ENG [46439] : Rev. Edward C1735, Castlecomer, KIK, IRL [30246]

GROSE : 1863+, Moonta & Adelaide, SA, AUS [36742] : PRE 1875, Bodmin, Lanivet & Roche, CON, ENG [25469] : Patience, 1776, East Newlyn, CON, ENG [35150] : PRE 1863, Kenwyn & St.Cleer, CON, ENG [36742] : PRE 1850, Kenwyn & Truro, CON, ENG [27678] : PRE 1900, Houghton Co., MI, USA [25469]

GROSS : C1866, Toowoomba, QLD, AUS [29479] : 1760S, Bethnal Green, MDX, ENG [18340] : 1800+, Kessingland, SFK, ENG [19458] : ALL, London, Paris & Alsace, LND, RPA & ALS, ENG & FRA [44281] :

C1822, GER **[29479]** : Annie, 1800+, Kamenka - Kraft, VOLGA, RUSSIA **[42432]**
GROSSE : C1820, Westminster, LND, ENG **[14627]** : 1700-1800, Dessau, ANH, GER **[14627]**
GROSSET : PRE 1800, Lamorville, LOR, FRA **[20178]**
GROSSKREUTZ : 1860+, Dammlang, WPR, GER **[98637]** : 1800+, Klinsdorf, WPR, GER **[98637]**
GROTENHUIS : Henrica, 1800S, Bocholt, WEF, GER **[10993]**
GROTHUSEN : 1817, Woehrden, SHO, BRD **[14120]**
GROTT : Anton, 1881+, Gatton, QLD, AUS **[11718]** : Anton, PRE 1881, Kaushaven, POS, GER **[11718]**
GROUBE : C1800+, NSW & LND, AUS & ENG **[41271]**
GROUNDS : 1817+, Parramatta, NSW, AUS **[31517]** : PRE 1880, March, CAM, ENG **[39642]** : PRE 1900, Somersham, HUN, ENG **[39642]**
GROUNDSELL : ALL, Iow, HAM, ENG **[42570]**
GROUNDWATER : 1840+, Orphir, OKI, SCT **[14513]**
GROUT : 1750+, Bray, BRK, ENG **[19895]** : ALL, Grays, ESS, ENG **[34479]** : 1850+, Poplar & Islington, LND, ENG **[13008]**
GROVE : ALL, Swaffham, NFK, ENG **[30589]** : PRE 1840, Combe Down, SOM, ENG **[42518]** : Henry, 1783-1847, Bristol, GLS, ENG & INDIA **[46464]** : PRE 1832, Rutherglen, LKS, SCT **[14030]**
GROVER : PRE 1770, Kings Langley, HRT, ENG **[36275]** : Henry, 1800+, Beckenham, KEN, ENG & NZ **[45154]** : 1776+, Sussex Co., NJ, USA **[23872]**
GROVES : 1800+, Colo, NSW, AUS **[13853]** : 1800+, Ballarat, VIC, AUS **[43656]** : 1800-1900, City of London, ENG **[46409]** : John, C1760, London, ENG **[10054]** : 1750+, LND, ENG **[45950]** : PRE 1780, London, MDX, ENG **[36200]** : PRE 1840, NRY & WRY, ENG **[37174]** : 1700-1800, SAL, ENG **[40033]** : 1828, Catcott, SOM, ENG **[13984]** : 1800-1900, Ss. Philips & Jacob, Bristol, SOM, ENG **[38840]** : 1800+, Gantondale, YKS, ENG **[11055]** : PRE 1850, KER, IRL **[42821]** : 1800S, Polk Co., IA, USA **[16378]**
GROWENT : C1830S, Peterborough, CAM, ENG **[42897]**
GROZ : C1866, Toowoomba, QLD, AUS **[29479]** : C1822, GER **[29479]**
GRUBB : ALL, BRK, ENG **[27749]** : John, PRE 1833, Bray, BRK, ENG **[27749]** : Walter Mathew, 1879, Maidenhead, BRK, ENG **[27749]** : Thomas, PRE 1819, Newbury, BRK, ENG **[27749]** : John, PRE 1874, Newbury, BRK, ENG **[27749]** : Elizabeth, 1870+, Walsall, STS, ENG **[11405]** : 1800-1850, Fillongley, WAR, ENG **[13326]** : PRE 1860, WIL, ENG **[44077]** : PRE 1850, Ferry Port on Craig, FIF, SCT **[20974]**
GRUBER : PRE 1900, BAV, GER **[99522]** : PRE 1800, Niederauroff, HEN, GER **[25969]**
GRUBHAM : Jane & Jenny, PRE 1776, Donyatt, SOM, ENG **[25602]**
GRUBY : 1790-1834, Chingford, ESS, ENG **[45754]** : 1719+, Waltham Abbey, ESS, ENG **[45754]**
GRUCHY : 1836+, NS, CAN **[98660]**
GRUENHOLZ : C1940, IN, USA **[11736]**
GRUMMANT : PRE 1880, Walworth Common, SRY, ENG **[21716]**
GRUMMITT : PRE 1800, Houghton Conquest, BDF, ENG **[20874]**
GRUNDIE : 1700, Hamsterley, DUR, ENG **[31826]**
GRUNDY : 1870S, Lamesley, DUR, ENG **[39479]** : 1860S, Pelton, DUR, ENG **[39479]** : 1800+, Manchester, LAN, ENG **[20655]** : ALL, Manchester, LAN, ENG **[46479]** : ALL, Wigan, LAN, ENG **[31316]** : PRE 1820, Worsley, LAN, ENG **[28523]** : 1800+, Broughton Astley, LEI, ENG **[40242]**
GRUNDZELEWSKI : ALL, WORLDWIDE **[22796]**
GRUNEWALD : PRE 1900, GER **[46346]**
GRUNSON : ALL, NBL & DUR, ENG **[10967]**
GRUNTON : ALL, WORLDWIDE **[24567]**

GRUNWALD : ALL, LND & MDX, ENG **[31079]**
GRUNWELL : 1835, Horsforth, YKS, ENG **[30714]**
GRUTZMACHER : 1850-1900, Berlin, GER **[17006]**
GRUZOSKY : 1700-1991, Sako near Bardjov, CZEK **[23161]**
GRYLLS : ALL, WORLDWIDE **[31273]**
GRYLLS (see One Name Section) : **[31273]**
GUBBENS : PRE 1820, DOR, ENG **[46420]**
GUBBINS : ALL, OXF, ENG **[41053]**
GUDGEER : 1788-1824, Moulton by Spalding, LIN, ENG **[18818]**
GUDGEON : ALL, Ickleford, HRT, ENG **[18260]** : 1800+, Liverpool, LAN, ENG **[31079]** : ALL, Southgate, LND, ENG **[18260]** : 1800+, Baildon, WRY, ENG **[26752]** : 1800+, Waterford City, WAT, IRL **[31079]** : ALL, WORLDWIDE **[18260]**
GUDGIN : PRE 1880, Clophill, BDF, ENG **[41500]** : 1700-1750, Pullokhill, BDF, ENG **[12641]** : ALL, WORLDWIDE **[18260]**
GUDGSON : 1700-1750, Pullokhill, BDF, ENG **[12641]**
GUELDER (see One Name Section) : **[18680]**
GUELDNER : ALL, Frankenhausen & Rudolstadt, PRE **[14012]**
GUELPH : 1800-1900, WORLDWIDE **[30147]**
GUENARD : Georges, PRE 1769, St.Georges, BRT, FRA **[22470]** : Andres, 1800+, Mayaguez, PUERTO RICO **[22470]**
GUERSOUILLE : PRE 1840, Paris, RPA, FRA **[33567]**
GUESS : 1840-1901, Norfolk Island, AUS **[99055]**
GUEST : 1840-1901, Norfolk Island, AUS **[99055]** : 1820S, NSW, AUS **[31116]** : George, 1832+, Richmond, NSW, AUS **[30512]** : 1860S, Heidelberg, VIC, AUS **[46294]** : C1850, Crewe & Altrincham, CHS, ENG **[26731]** : 1850+, Portsmouth, HAM, ENG **[46233]** : C1690, Navenby, LIN, ENG **[29715]** : 1800+, Stafford & Tasmania, STS, ENG **[46294]** : John, 1820, Tipton, STS, ENG **[21759]** : 1700-1850, West Bromwich, STS, ENG **[46233]** : 1800+, Bromsgrove, WOR, ENG **[30281]** : Joseph, 1750-1850, Halesowen, WOR, SAL & WAR, ENG **[25145]** : 1700+, Worsbrough & Hemingfield, WRY, ENG **[46499]** : 1700+, Conisborough & Hellaby, YKS, ENG **[46499]**
GUETTINGER : 1880+, Lewiston, ID, USA **[16383]**
GUFFEY (see McGUFFEY) : **[23856]**
GUGGENHEIMER : C1750-1790S, BAD, GER **[99433]** : 1800+, Black Sea, TAURIEN-TAURID, RUS **[99433]**
GUIBARA : ALL, Richmond, SRY, ENG **[41128]** : ALL, Glasgow, LKS, SCT **[41128]**
GUIHT : Cecile, 1890-1962, Paris, FRA **[20140]**
GUILD : PRE 1800, Longformacus, BEW, SCT **[42296]**
GUILFORD : 1850, Harrow-on-the-Hill, LND, ENG **[12223]** : C1870, Wellington, NZ **[11716]**
GUILFOYLE : 1818+, Tullamore, OFF, IRL **[14627]**
GUILLET : Jean, PRE 1780, St.Helier, CHI, UK **[11692]**
GUILLIAM : PRE 1825, Saint Servan, BRT, FRA **[33567]**
GUILLOT : 1885+, Chaulnes, PIC, FRA **[12382]**
GUINAN : 1850+, Halifax, WRY, ENG **[36928]**
GUINEA : 1860S, Braidwood, NSW, AUS **[10574]** : 1850S, Kiama, NSW, AUS **[10574]** : 1870S, Nerang, QLD, AUS **[10574]** : 1800S, Abbeyfeale & Newcastle West, LIM, IRL **[10574]**
GUINEY : Margaret, 1878+, NSW & VIC, AUS **[45127]** : Margaret, PRE 1878, Cork, COR, IRL **[45127]**
GUISCHARD : 1744-1796, Stoke Damerel, DEV, ENG **[44229]**
GUISE : 1800S, Droitwich & Hanbury, WOR, ENG **[46194]**
GUISELEY : ALL, WORLDWIDE **[18806]**
GUISELEY (see One Name Section) : **[18806]**
GULEY : PRE 1800, LND & MDX, ENG **[25627]**
GULLETT : 1600-1900, DEV, ENG **[11582]**

GULLETT (see One Name Section) **[11582]**
GULLEY : C1800, Maningford Bruce, WIL, ENG **[34140]**
GULLIFORD : 1780-1840, Tisbury, DOR, ENG **[43853]** : 1750-1900, MDX, ENG **[38660]** : 1800S, Burnham, SOM, ENG **[35225]**
GULLIFORTH : ALL, HRT, ENG **[37116]**
GULLIVER : ALL, LND, ENG **[46415]** : 1700-1850, Bowerchalke, WIL, ENG **[36656]**
GULLOCK : Alice, 1581-1629, Morchard Bishop, DEV, ENG **[39706]** : 1850+, John O'Groats, CAI, SCT **[45982]** : ALL, WORLDWIDE **[19624]**
GULLON : ALL, YKS, ENG **[45227]**
GULLY : PRE 1830, New Mills & Glossop, DBY, ENG **[25557]** : 1700+, Chittlehampton, DEV, ENG **[14208]**
GULSTONE : 1750-1820, London, ENG **[38926]**
GUM : ALL, WIL, ENG **[34582]**
GUMB : C1810, GIBRALTAR **[39155]**
GUMLEY : 1880+, Sydney, NSW, AUS **[31877]** : C1715, ENG **[28340]**
GUMM : PRE 1880, Sherston & Swindon, WIL, ENG **[46508]**
GUMMOW : 1700+, CON, ENG **[10698]** : PRE 1842, St.Columb Major, CON, ENG **[21716]**
GUN : PRE 1875, Latheron, CAI, SCT **[46389]**
GUNDERSEN : 1850+, Oslo, NOR **[13657]** : 1800+, Nordre Odalen, HEDMARK, NOR **[20967]**
GUNDERSON : PRE 1924, Sydney, NSW, AUS **[44249]** : 1864+, Christchurch, CBY, NZ **[21321]** : 1924+, Los Angeles, CA, USA **[44249]**
GUNDLACH : C1900, Hackney, LND, ENG **[40769]**
GUNDRY : PRE 1860, Phillack, CON, ENG **[36842]**
GUNKER : 1840, BLN, GER **[36664]**
GUNN : 1804+, Hobart & New Norfolk, TAS, AUS **[14733]**: John, C1880, Tarnagulla, VIC, AUS **[14023]**: ALL, Pointeauxcarr, NB, CAN **[39712]** : PRE 1850, Ashen & Clare, ESS, ENG **[27678]** : 1800+, Stock, ESS, ENG **[35649]**; PRE 1802, NFK, ENG **[14733]**: Robert, 1700-1778, Mattishallburgh, NFK, ENG **[40490]** : 1850, Ballingarry, TIP, IRL **[12460]** : Catherine, 1782, East Clyth Latheron, CAI, SCT **[46325]** : PRE 1820, SUT, SCT **[46372]** : 1800+, Dalchalm, SUT, SCT **[46201]** : ALL, Ness, WIG, SCT **[36778]**
GUNNEL : David, PRE 1790, Cottenham, CAM, ENG **[14290]**
GUNNELL : 1600-1900, WOR, ENG **[46517]**
GUNNER : 1800+, Edenbridge, KEN, ENG **[19806]** : 1881+, St.Mary Cray, KEN, ENG **[13230]** : 1840, Hackney, MDX, ENG **[46431]** : PRE 1818, Warwick, WAR, ENG **[11658]**
GUNNING : 1940+, CAN **[30612]** : ALL, ENG **[23319]** : PRE 1845, London, MDX, ENG **[30612]** : 1820+, Brooklyn, NY, USA **[23319]** : ALL, WORLDWIDE **[23319]**
GUNNION : 1790S-1860S, Workington, CUL, ENG **[37978]**
GUNNY : 1815+, DUB & NSW, IRL & AUS **[46308]**
GUNSON : 1750-1880, NRY & DUR, ENG **[17907]**
GUNSTON : Robert, 1700, Cumnor, BRK, ENG **[14290]**
GUNSTONE : PRE 1770, Stannington & Bedlington, NBL, ENG **[31152]** : Richard, 1746-1792, Headington, OXF, ENG **[27125]** : ALL, Melksham, WIL, ENG **[42940]**
GUNTER : 1840S, Maitland, NSW, AUS **[14113]** : Hubert Allen, 1700+, English Bicknor, GLS, ENG **[99418]**
GUNTHER : PRE 1830, Rohrbach, BAD, GER **[33876]**
GUNTHORPE : 1862, Grafton, NSW, AUS **[42588]** : 1850-1890S, Hereford, HEF, ENG **[46400]** : 1901+, Hastings, SSX, ENG **[46400]** : 1830S, Sheffield, YKS, ENG **[42588]**
GUNTON : 1770S, Somersham, CAM, ENG **[19921]**
GURD : ALL, Fordingbridge, HAM, ENG **[33920]** : PRE 1820, WIL, ENG **[36543]**
GURDEN : PRE 1836, Elsfield & Marston, OXF, ENG **[43840]**
GURDIN : ALL, Elsfield & Marston, OXF, ENG **[43840]**
GURDON : 1400-1960, Cranworth & Assington, NFK & SFK, ENG **[25688]**
GURLEY : 1860, Newcastle, NSW, AUS **[12386]**
GURNETT : Jane Maria, PRE 1850, KEN, ENG **[34221]**
GURNEY : James, 1800+, London, ENG **[29198]** : 1780-1815, CON, ENG **[24660]** : 1800-1880, Bovingdon, HRT, ENG **[38968]** : John, PRE 1700, Rickmansworth, HRT, ENG **[36365]** : 1700+, Sturry, KEN, ENG **[20949]** : 1750+, Whitechapel & Bethnal Green, MDX, ENG **[30855]** : ALL, SFK & LND, ENG **[19766]** : 1800-1940, Newington, Peckham & Lambeth, SRY, ENG **[30855]** : PRE 1840, Leamington Spa, WAR, ENG **[17231]** : PRE 1837, Warwick, WAR, ENG **[17231]** : PRE 1808, IRL **[26306]**
GURR : 1800S, TAS, AUS **[29198]** : PRE 1800, ENG **[46455]** : 1750+, Crayford, KEN, ENG **[46430]** : 1810-1860, Dover, KEN, ENG **[19268]** : PRE 1700, Alciston, SSX, ENG **[19782]**
GUSCOTT : Eliz, PRE 1820, Egg Buckland, DEV, ENG **[10604]**
GUST : John, 1750+, Stettin, POM, GER **[35343]**
GUSTAFSON : PRE 1890, QLD, AUS & SWE **[28150]**
GUT : Jakob, C1600, Schlattingen, SH, CH **[22409]**
GUTEKUNST : PRE 1589, Gundringen, WUE, GER **[37759]**
GUTHRIE : Mary, 1828-1878, Waanyarra, VIC, AUS **[39243]** : ALL, Leeds, YKS, ENG **[46456]** : 1780+, Loch Erne, DON & FER, IRL **[16273]** : 1860+, Christchurch, NZ **[14127]** : 1880-C1915, Burkes Pass & Mount Nessing, SCY, NZ **[33506]** : 1880-C1915, Timaru, SCY, NZ **[33506]** : 1890+, RSA **[29001]** : Francis, 1716+, Monifieth, ANS, SCT **[21854]** : C1800, Coylton, AYR, SCT **[16842]** : 1760+, Dundonald & Kilwinning, AYR, SCT **[33506]** : 1846-C1852, Kilmarnock, AYR, SCT **[33506]** : 1790+, Kilwinning, AYR, SCT **[33506]** : PRE 1860, Ochiltree, AYR, SCT **[14127]** : C1760, Tranent, ELN, SCT **[10820]** : 1750-1850, Tain, ROC, SCT **[16096]** : 1860+, Sorbie, Whitthorn & Kirkinner, WIG, SCT **[33506]** : Annie, 1818-1907, Glasgow, LKS, SCT & AUS **[46225]**
GUTSCHE : ALL, Crossen on Oder & Griesel, BRA, PRE **[14012]**
GUTTEREL : 1800+, Chatham, KEN, ENG **[22090]** : 1800+, RSA **[22090]**
GUTTERIDGE : 1800+, Reading, BRK, ENG **[42665]**
GUY : PRE 1725, CON, ENG **[31186]** : C1830+, St.Just Penwith, CON, ENG **[26193]** : 1650-1820, St.Minver, CON, ENG **[36435]** : Robert, C1563, DUR, ENG **[10035]** : PRE 1860, South Weald, ESS, ENG **[46490]** : 1840+, Pinchbeck, LIN, ENG **[14032]** : PRE 1871, Worle, SOM, ENG **[42474]** : 1839-1948, Reigate, SRY, ENG **[18147]** : 1740-1780, Icklesham, SSX, ENG **[45207]** : PRE 1850, Rotherfield, SSX, ENG **[18147]** : 1645-1724, Tamworth, STS, ENG **[17350]** : Elizabeth, 1830, Ravenstonedale, WES, ENG **[24579]** : C1809+, Worcester City, WOR, ENG **[41271]** : John, 1816, Stockton-on-Tees, YKS, ENG **[44941]** : ALL, Liverpool, LAN & MON, ENG & WLS **[38907]** : ALL, FRA **[46490]** : 1750-1900, Portadown & Tanderagee, ARM, IRL **[18038]** : Neil, 1787+, Beith, AYR, SCT **[26778]** : Jean, 1819+, Kilwinning, AYR, SCT **[26778]** : Jean, 1890+, Valley, NE, USA **[26778]**
GUYATT : William, 1875+, Newbury, BRK, ENG **[32307]** : Thomas, 1930+, Bishop Stortford, HRT, ENG **[32307]** : William, C1895, Chard, SOM, ENG **[32307]** : William, 1895+, Stourton, WIL, ENG **[32307]**
GUYE : PRE 1890, TAS & LND, AUS & ENG **[11873]**
GUYER : PRE 1800, Addingham, WRY, ENG **[25572]**
GUYMER : ALL, Thurlow, SFK, ENG **[12071]**
GWARNA : Rozalia, 1821, Wolka Bedkowska, SIERADZ, POL **[40603]**

GWILLAM : Thomas, 1770, Powick, WOR, ENG [17203]
GWILLIAM : 1890+, Crewe, CHS, ENG [41037] : 1750+, HRT, ENG [99433] : 1900+, Redditch, WOR, ENG [41037]
GWILLIM : 1750+, ESS, ENG [99433] : 1680, HEF, ENG [39516] : 1600+, Llangarren, HEF, ENG [39516] : 1750+, London, MDX, ENG [99433] : Joseph, 1800+, St.Leonards, London, MDX, ENG [99433] : 1750+, WLS [99433] : 1790S, Llangiwg, GLA, WLS [31373]
GWYNNE : James, 1816, Killythancier, ENG [99114] : PRE 1800, CMN, WLS [24887]
GYBBES : William, 1500-1650, North Nibley, GLS, ENG [27039]
GYE : Robert, C1563, DUR, ENG [10035]
GYLES : 1600-1900, St.Ives, CON, ENG [33331]
GYLLIATT : 1750+, Moorby, LIN, ENG [14032]
GYMER : William, 1770, Sharrington, NFK, ENG [25427]
GYMORE : PRE 1650, Freckenham, SFK, ENG [33428]
GYNN : 1760-1810, Launceston, CON, ENG [14627]
HAACK : ALL, QLD, AUS & GER [99109] : 1845, Keil Holstein, PRE, GER [13845]
HAAS : Peter, 1850-1866, El Paso, IL, USA [99443]
HABBERTON : 1800+, NFK, ENG [20546]
HABECK : 1860S, Klotzin, Kr Cammin, POM, GER [14513]
HABERFIELD : PRE 1815, Bristol, GLS, ENG [26955]
HABNER : Mathes, PRE 1834, Werben, GER [11279]
HACKER : 1775-1785, USA [23415]
HACKERMAN : 1850+, Chiswick, MDX, ENG [46492]
HACKET : 1800-1850, CLA, IRL [46361]
HACKETT : 1863+, Boorowa & Binalong, NSW, AUS [42226] : 1860S, Porters Retreat, NSW, AUS [46232] : 1900+, Rayleigh, ESS, ENG [46190] : 1840+, HAM & SSX, ENG [43720] : 1800+, Islington, LND, ENG [46190] : C1870, Marylebone, MDX, ENG [31375] : 1834-1857, GAL, IRL [34042] : 1847, Cashel, TIP, IRL [12223] : ALL, Glasgow, LKS, SCT & IRL [39820] : 1910-1990, USA [46361]
HACKING : C1800, Blackburn, LAN, ENG [43844] : ALL, Rochdale, LAN, ENG [40719]
HACKLETON : 1802+, CGN, WLS [39167]
HADDEN : James, 1864-1939, Sydney, NSW, AUS [30512] : 1800-1900, New Pitsligo, ABD, SCT [17400]
HADDLESEY : 1475+, Hemingborough, YKS, ENG [36033]
HADDOCK : C1860, Chester, CHS, ENG [13497] : 1800-1820, Woolwich, KEN, ENG [31709] : C1830, Bolton, LAN, ENG [13497] : 1855, Deane by Bolton, LAN, ENG [13497] : Edward, PRE 1870, Wednesbury, STS, ENG [10937]
HADDON : Joseph, C1820, Gateshead, DUR, ENG [38579] : 1800+, Yaxley & Peterborough, HUN, ENG [13065] : PRE 1841, Marylebone, MDX, ENG [19516] : Elizabeth, 1785, Naseby, NTH, ENG [43057] : 1800+, Woodstock, OXF, ENG [19458] : Janet, 1770S, Uphall, WLN, SCT [20635]
HADDOW : PRE 1700, Carmichael, LKS, SCT [33608] : ALL, Pettinain, LKS, SCT [26493]
HADFIELD : 1700-1850, London, ENG [43932] : 1700-1850, Calne, WIL, ENG [32505]
HADDRILL : 1760-1810, Calne & Bremhill, WIL, ENG [32505]
HADDY : 1770+, LAN & NSW, ENG & AUS [40480]
HADEN : PRE 1900, HEF & WOR, ENG [25151] : 1800+, Brewood & Wednesfield, STS, ENG [46276] : Elizabeth, ALL, Birmingham, WAR, ENG [46444] : PRE 1887, Wrexham, DEN, WLS [40914]
HADFIELD : C1770, Stockport, CHS, ENG [19964] : C1700, DBY, ENG [10350] : C1900, NZ [10350]
HADLAND : 1820+, Hartwell, NTH, ENG [41203]
HADLEY : PRE 1819, Guysborough & Manchester, NS, CAN [45714] : PRE 1784, Margaretting, ESS, ENG [10399] : 1800S, Little Marcle, HEF, ENG [46400] : 1900+, Kingston on Thames, SRY, ENG [45681] : 1600-1860, SSX, DEV & SOM, ENG [14589] : C1835, Handsworth, STS, ENG [39155] : ALL, Oldbury, STS, ENG [21173] : 1800+, Wolverhampton, STS, ENG [17850] : 1840-1895, West Bromwich & West Ham, STS & LND, ENG [39155]
HADRILL : ALL, ENG [19806]
HADWIN : Ann, C1647, Hollingbourne, KEN, ENG [10035] : 1940+, Liverpool, LAN, ENG [42782]
HAFFNER : 1900+, Glebe, NSW, AUS [42905]
HAFTKE (see HALFKA) : [10119]
HAGAN : 1800S, ARM & TYR, IRL [42909] : PRE 1840, DUB, IRL [29626] : ALL, LOG, IRL [97805]
HAGARTY : PRE 1820, DRY, IRL [26410]
HAGBOM : PRE 1800, Tammisaari, UUSIMAA, FIN [46383] : PRE 1790, STOCKHOLM, SWE [46383]
HAGELL : Hudson Bay Co, PRE 1850, London, ENG [20919]
HAGEN : 1880+, Waverly, NSW, AUS [11229] : 1856+, Beechworth & Jamison, VIC, AUS [11229] : ALL, Susel, SHO, BRD [11229] : 1850-1856, London, ENG [11229] : 1830-1850S, Hamburg, HBG, GER [11229] : 1800-1850, Bergholz, PRE, GER [13326]
HAGENOW : 1700+, Deven, MEK, GER [11036]
HAGER : PRE 1880, GER & BRD [36188]
HAGERTY : PRE 1850, Exmouth, DEV, ENG [37052]
HAGGAR : 1882, Epping, ESS, ENG [13497] : 1831, Frating, ESS, ENG [13497] : C1780S, Langley, ESS, ENG [25654]
HAGGAR (see One Name Section) [45607]
HAGGARS : ALL, Preston, LAN, ENG [42634]
HAGGART : 1750+, Dundee, ANS, SCT [21983]
HAGGER : 1750+, Great Chishall & Chrishall, CAM & ESS, ENG [12574] : 1800S, Therfield, HRT, ENG [28013] : PRE 1760, Therfield, HRT, ENG [45607] : PRE 1855, Therfield, HRT, ENG [19759]
HAGGER (see One Name Section) [45607]
HAGGERTY : 1841-1958, Cornwall, NY, USA [22698]
HAGGETT : 1853+, Sydney, NSW, AUS [11071] : 1800S, LND, ESS & YKS, ENG [11071] : Annie, 1853+, SOM, ENG [12539]
HAGGIS : 1500-1800, BDF, ENG [19656] : C1780, Holborn, MDX, ENG [46369]
HAGGITT : 1750-1850, Beverley, ERY, ENG [20821] : 1600-1750, Scarborough, NRY, ENG [38926]
HAGON : 1775-1850, Kings Lynn, NFK, ENG [39357]
HAGREEN : 1800+, ESS, ENG [17687]
HAGTHORPE : 1590-1700, Little Snoring, NFK, ENG [19310]
HAGUE : C1836, Prestbury, CHS, ENG [18529] : 1802, New Mills & Glossop, DBY, ENG [25557] : 1670+, Rilston, WRY, ENG [42699] : 1700+, Wentworth, WRY, ENG [46499] : 1800S, Sheffield, YKS, ENG [14113]
HAGUES : 1766, Walton & Chesterfield, DBY, ENG [19304]
HAHN : Caroline J., 1813-1877, Sachsen, GER [10485] : 1700-1820, Berks & Montg Cos., PA, USA [22756] : ALL, WORLDWIDE [36188]
HAIDLE : 1855+, Sydney, NSW, AUS [13994] : ALL, Stetten, WUE, GER [13994]
HAIGH : Wm., 1855+, Manning River, NSW, AUS [11060] : 1880+, Penrith, NSW, AUS [10277] : C1900, Sydney, NSW, AUS [10277] : PRE 1900, North, QLD, AUS [10277] : 1909+, Bridlington, ERY, ENG [46329] : 1750+, Howden, ERY, ENG [99036] : PRE 1855, Liverpool, LAN, ENG [10277] : 1700-1836, Shoreditch, LND, ENG [41266] : PRE 1855, Doncaster, WRY, ENG [11060] : 1800+, Horbury, WRY, ENG [45690] : Jos. Buckley, PRE 1888, Huddersfield, WRY, ENG [10721] : 1780-1820, Kirkburton, WRY, ENG [42699] : PRE

1820, Royston, WRY, ENG **[35015]** : ALL, Saddleworth, YKS, ENG **[18895]** : Samuel, 1700-1830, Sheffield, YKS, ENG **[41266]** : 1650+, West Bretton, YKS, ENG **[14589]**

HAIGHLE : 1700-1880, Kirkcudbright, KKD, SCT **[26703]**

HAIL : 1870+, New York Co., NY, USA **[28609]**

HAILES : James Webb, 1847+, SA, AUS **[10506]** : James Webb, PRE 1847, Old Weston, HUN, ENG **[10506]** : PRE 1850, Crockenhill, KEN, ENG **[39479]** : 1600-1775, Navenby, LIN, ENG **[29715]** : C1700, Neen Savage, SAL, ENG **[11113]**

HAILEY : 1800-1860, Little Kimble, BKM, ENG **[11425]** : PRE 1870, Sherborne, DOR, ENG **[29745]** : 1600-1800, Emmington, OXF, ENG **[38307]**

HAILLER : 1700-1800, Shipley, SSX, ENG **[15464]**

HAILLOR : PRE 1860, Goudhurst, KEN, ENG **[19806]**

HAIMES : ALL, CON, ENG **[18075]**

HAINE : ALL, SOM, ENG **[19165]** : 1746+, Coker, SOM, ENG **[17291]**

HAINES : 1816+, Sydney, NSW, AUS **[12904]** : Rebecka, 1723-1797, ONT & NY, CAN & USA **[15513]** : 1800-1950, Newbury, BRK, ENG **[19713]** : 1750-1800, Shrivenham, BRK, ENG **[11912]** : PRE 1725, Marnhull, DOR, ENG **[17921]** : PRE 1850, GLS, ENG **[44078]** : 1830S, Cheltenham, GLS, ENG **[13377]** : ALL, St.Philip & Jacob, Bristol, GLS, ENG **[44088]** : Charles, 1830S, St.Martin in the Fields, LND, ENG **[18340]** : 1800+, LND & NFK, ENG **[42771]** : PRE 1720, Northleigh, OXF, ENG **[19481]** : ALL, Sullington & Storrington, SSX, ENG **[20729]** : ALL, Wiston, Kirdford & Thakeham, SSX, ENG **[20729]** : PRE 1833, Alcester, WAR, ENG **[27842]** : 1850, Wilton, WIL, ENG **[44292]** : 1800-1900S, Slingsby, YKS, ENG **[21195]** : 1800+, Mallow, COR, IRL **[13037]**

HAINS : 1700-1900, Devonport, NBL, ENG **[21842]**

HAINSWORTH : 1889+, Stanstead Abbots, HRT, ENG **[35749]** : PRE 1800, NFK, ENG **[10116]** : 1871-1889, Leamington, WAR, ENG **[35749]** : PRE 1871, Aberford, WRY, ENG **[35749]** : PRE 1830, Bradford, WRY, ENG **[19542]** : PRE 1830, YKS, ENG **[30310]**

HAIR : 1700-1840, AYR, SCT **[34748]** : Agnes, 1710-1790, Yetholm, ROX, SCT **[20770]**

HAIRD : 1760-1850, Great Bardfield, ESS, ENG **[18001]**

HAIRS : 1900+, Townsville, QLD, AUS **[14188]** : 1880S, Stoke Climsland, CON, ENG **[14188]**

HAISELDEN : C1811, Burwash, SSX, ENG **[11060]** : PRE 1700, East Grinstead, SSX, ENG **[19782]**

HAISELL : PRE 1847, Lydd, KEN, ENG **[18967]**

HAISMAN : C1850, Stepney, MDX, ENG **[13681]**

HAISTE : 1750-1850, Idle, YKS, ENG **[33347]**

HAITER : ALL, Tollard Royal, WIL, ENG **[13347]**

HAKE : PRE 1700, Buckland St.Mary, SOM, ENG **[27769]**

HAKENS : Elizabeth, 1700-1750, Trull, SOM, ENG **[17203]**

HALBIG : 1860-1916, BRD, GER **[45973]**

HALBORROW : 1700+, Gloucester, GLS, ENG **[46418]**

HALCRO : C1800, Sunderland, DUR, ENG **[38728]**

HALCROW : 1795+, Bressay, SHI, SCT **[11098]** : Janet, C1799, Sandwick & Cunningsburgh, SHI, SCT **[27686]**

HALDANE : Katharine, 1800-1887, Haddington, ELN, SCT **[39243]**

HALDEMAN : 1790+, USA & UK **[23108]**

HALDEN : 1840+, VIC, AUS **[98637]** : PRE 1840, Paisley, RFW, SCT **[98637]**

HALDON : PRE 1770, Astbury, CHS, ENG **[31416]**

HALDRED : Charlotte, PRE 1824, Exeter, DEV, ENG **[33454]**

HALE : 1800+, Emberton, BKM, ENG **[18884]** : PRE 1660, Moulsoe, BKM, ENG **[33428]** : Winifred, 1850-1900, Cheltenham, GLS, ENG **[39730]** : Jane, 1797, Mitcheldean, GLS, ENG **[26580]** : PRE 1840, Datch-

worth, HRT, ENG **[42518]** : PRE 1905, Crockenhill, KEN, ENG **[39416]** : William, 1800+, Deptford, KEN, ENG **[20665]** : PRE 1875, Cassington & Oxford, OXF, ENG **[17234]** : PRE 1850, Yatton, SOM, ENG **[39416]** : 1900-1935, Hastings, SSX, ENG **[39416]** : PRE 1900, Kingswinford, STS, ENG **[44223]** : 1800+, Trowbridge, WIL, ENG **[97806]** : 1730-1787, Hipswell, WRY, ENG **[12641]**

HALEIDA : 1870+, Cuyahoga, OH, USA **[28609]**

HALES : Jacob, C1667, East Malling, KEN, ENG **[10035]** : 1600-1775, Navenby, LIN, ENG **[29715]** : PRE 1900, Newington & Bermondsey, LND, ENG **[18397]** : PRE 1900, Tacolneston, NFK, ENG **[18397]** : 1800-1900, Thurne & Great Yarmouth, NFK, ENG **[45635]** : 1600-1830, NFK, SFK & ESS, ENG **[19853]**

HALEWOOD : ALL, WORLDWIDE **[26612]**

HALEY : 1900, Boonberoi, NSW, AUS **[99573]** : C1870+, Gulgong, NSW, AUS **[11540]** : 1893, Melbourne, VIC, AUS **[99573]** : George, 1800+, Augusta Twp, ONT, CAN **[15638]**

HALFACRE : Ann, 1830S, Highbury, LND, ENG **[37200]**

HALFKA : 1879+, Gore, SLD, NZ **[10119]** : 1830-1880, Swarozyn, Tczew (Dirschau), GD, POL **[10119]**

HALFORD : William, 1800, Upton on Severn, WOR, ENG **[17203]**

HALFPAPP : Fredrich, 1800-1851, Natzeehagh, POM, GER **[40490]**

HALFPENNY : John, 1800+, SAL & STS, ENG **[40357]** : ALL, WORLDWIDE **[40235]**

HALFYARD : PRE 1750, Whimple, DEV, ENG **[10493]**

HALHED : ALL, WORLDWIDE **[43881]**

HALIFAX : Thomas, 1914+, SCT **[35823]**

HALIHAN : Bridget, 1790+, Kalline, OFF, IRL **[11745]**

HALKETT : 1400+, SCT **[33825]**

HALKYARD : 1840+, Ashton & Oldham, LAN, ENG **[28420]** : 1850+, Oldham, LAN, ENG **[13037]**

HALL : Joseph, 1876+, AUS **[46310]** : ALL, Broke, NSW, AUS **[12182]** : James & Ethel, 1900S, Merewether, NSW, AUS **[39735]** : John, 1850+, Orange, NSW, AUS **[10141]** : 1833, Sydney, NSW, AUS **[10956]** : 1863+, Sydney, NSW, AUS **[44249]** : Henry, 1886, Sydney, NSW, AUS **[28151]** : 1900+, Brisbane, QLD, AUS **[42239]** : Phylis, C1935, Brisbane, QLD, AUS **[42239]** : PRE 1890, Brisbane, QLD, AUS **[14351]** : 1860+, Warwick, QLD, AUS **[30927]** : Alice, 1896-1943, SA, AUS **[46318]** : Robert, 1839+, Adelaide, SA, AUS **[31413]** : 1835-1890, Mount Barker & Wistow, SA, AUS **[20770]** : Johannes, 1830+, Hobart Town, TAS & VIC, AUS **[34249]** : Henry Wm., 1850-1900, Melbourne & Perth, VIC & WA, AUS **[22707]** : Claude, 1885, CAN **[16681]** : 1940+, Duncan, BC, CAN **[42739]** : Ira, 1825-1960, Little Current, ONT, CAN **[99443]** : 1800S, Mersea Twp, ONT, CAN **[15521]** : 1840+, Tecumseth Twp, Simcoe Co., ONT, CAN **[37631]** : 1820+, Whitby Twp., ONT, CAN **[23319]** : 1914+, Moose Jaw, SAS, CAN **[42739]** : 1910-1950, Tisdale, SAS, CAN **[42739]** : 1796, ENG **[15521]** : Thomas, PRE 1800, London, ENG **[44314]** : Elizabeth, PRE 1882, London, ENG **[46245]** : 1700+, BKM & HRT, ENG **[22118]** : Wm, 1829, Burwell, CAM & LIN, ENG **[99545]** : Mary, PRE 1800, CHS, ENG **[35186]** : 1828+, Kingsley, CHS, ENG **[41027]** : 1800-1900, Haelstrom, CON, ENG **[46210]** : PRE 1800, St.Just, CON, ENG **[11873]** : PRE 1800, St.Just, CON, ENG **[11873]** : Tudor, 1760S-1840S, Derby, DBY, ENG **[37978]** : Mary, PRE 1750, Honiton, DEV, ENG **[28907]** : PRE 1800, Ottery St.Mary, DEV, ENG **[42821]** : Mary, 1800-1850, Ottery St.Mary & Cambridge, DEV & CAM, ENG **[19694]** : PRE 1870, Bournemouth, DOR, ENG **[13914]** : 1811, Gateshead, DUR, ENG **[10956]** : PRE 1830, Jarrow & South Shields, DUR, ENG **[28523]** : Robert, 1631, Stanhope, DUR, ENG **[10035]** : Lowinger, C1700, Stanhope, DUR, ENG **[10035]** : 1800-1900, Bishop Burton, ERY, ENG **[42739]** : 1850-1900, Burton Agnes, ERY, ENG **[42739]** : PRE 1750,

Burton Fleming, ERY, ENG [25352] : Lillian, 1880-1900, Hull, ERY, ENG [16681] : Maude & Harold, 1880-1900, Hull, ERY, ENG [16681] : Harold, 1893, Hull & Lambert St, ERY, ENG [16681] : 1893, Jupon Hall, York & Kingston, ERY, ENG [16681] : 1800-1900, Nunkeeling, ERY, ENG [42739] : 1800-1900, Skern, ERY, ENG [42739] : 1800-1900, South Newbold, ERY, ENG [42739] : 1800-1900, Barking, ESS, ENG [10832] : 1700-1750, Bristol, GLS, ENG [25322] : 1800+, Northleach, GLS, ENG [44946] : Margaret, PRE 1713, Willersley, GLS, ENG [21349] : C1740, Long Sutton, HAM, ENG [13960] : William, 1843, Portsea, HAM, ENG [28151] : ALL, HEF, ENG [18307] : 1800+, Avenbury, HEF, ENG [35444] : PRE 1840, Great Stukeley, HUN, ENG [39515] : Henry, C1846, Newport, IOW, ENG [28151] : 1750-1880, Dover, KEN, ENG [45639] : 1600-1800, Folkestone, KEN, ENG [45639] : 1880-1930, Folkestone, KEN, ENG [45639] : 1700+, LAN, ENG [46355] : PRE 1855, Blackley, LAN, ENG [14948] : Hugh, PRE 1825, Liverpool, LAN, ENG [40822] : ALL, Warrington, LAN, ENG [29471] : 1800+, Ashby de la Zouch, LEI, ENG [13406] : ALL, Harby, LEI, ENG [11092] : 1790, Knighton, LEI, ENG [27780] : Samuel, 1789-1865, Crowland, LIN, ENG [20793] : PRE 1850, Heckington, LIN, ENG [20974] : C1747, Ingham, LIN, ENG [28340] : 1700-1850, North Scarle, LIN, ENG [20919] : ALL, LND, ENG [31646] : PRE 1800, Bethnal Green, LND, ENG [17523] : PRE 1860, Hyde Park, LND, ENG [14440] : Sydney Lister, 1878+, West Ham, LND, ENG [27955] : 1800-20, Whitechapel, LND, ENG [30804] : 1700+, MDX, ENG [44409] : William, 1780+, East London, MDX, ENG [31319] : 1800S, Islington, MDX, ENG [25428] : Thomas, 1750-1840, London, MDX, ENG [22707] : 1810-1844, Shoreditch, MDX, ENG [37052] : 1800-2000, MDX & LND, ENG [30446] : PRE 1900, NBL, ENG [14351] : ALL, Belford, NBL, ENG [36505] : Jane, C1750+, Berwick upon Tweed, NBL, ENG [46387] : Joseph, 1868, Blyth & Earsdon, NBL, ENG [34835] : Tom, 1872, Cullercoat & Tynemouth, NBL, ENG [34835] : Jane, 1839+, Earsdon, NBL, ENG [34835] : Joseph, C1760+, Eglingham, NBL, ENG [34835] : Isabella, 1847+, Holywell & Earsdon, NBL, ENG [34835] : Matthew, 1852+, Holywell Earsdon, NBL, ENG [34835] : PRE 1860, Newcastle, NBL, ENG [11890] : Capt. Matthew, 1887-1932, Tynemouth & North Shields, NBL, ENG [34835] : Richard, 1814+, Earsdon & Dawdon, NBL & DUR, ENG [34835] : Isabella, C1814+, Earsdon & Dawdon, NBL & DUR, ENG [34835] : Tom, 1844-1921, Earsdon & South Shields, NBL & DUR, ENG [34835] : Elizabeth, 1813-1871, Howden & Trimdon, NBL & DUR, ENG [45614] : C1750-1800, Diss, NFK, ENG [17174] : William, 1870+, Gorleston, NFK, ENG [27955] : Doris Jessie, 1900+, Great Yarmouth, NFK, ENG [27955] : Elizabeth, 1700-1800, Shipdham & Area, NFK, ENG [30351] : PRE 1850, Whittlesey, NFK, ENG [25559] : 1678+, Little Bowden, NTH, ENG [21207] : 1600-1700, Nottingham & Newark, NTT, ENG [42863] : 1750+, Orston & Elton on the Hill, NTT, ENG [10287] : William, C1765+, Bicester, OXF, ENG [36538] : 1725+, Chipping Norton, OXF, ENG [36569] : Jonathon, 1770, Holton, OXF, ENG [28092] : Mary Ann, PRE 1831, Oxford, OXF, ENG [14290] : PRE 1800, Rollright, OXF, ENG [42296] : James, PRE 1830, Woodstock, OXF, ENG [28742] : PRE 1763, Hodnet, SAL, ENG [39042] : Hannah, 1860+, Hoxne, SFK, ENG [31079] : 1740S, SOM, ENG [40808] : 1826-1900, Bridgwater, SOM, ENG [21504] : 1800+, Camely & Timsbury, SOM, ENG [19694] : 1750+, Mark, SOM, ENG [21504] : William, PRE 1840, Paulton & Taunton, SOM, ENG [11546] : ALL, SOM, DEV & CAM, ENG [19694] : 1800-1880, Brixton, SRY, ENG [21906] : PRE 1800, Camberwell, SRY, ENG [40868] : PRE 1719, Thursley, SRY, ENG [46296] : 1700-1840, Brighton, SSX, ENG [41136] : ALL, Buxted & Maresfield, SSX, ENG [42909] : 1750-1800, Hampton, SSX, ENG [22241] : Ann, C1722-1799, Ellastone, STS, ENG [27325] : 1650+, Fradswell & Milwich, STS, ENG [15823] : 1600S, Grindon, STS, ENG [15823] : Thomas, C1840, Harborne, STS, ENG [10649] : 1700+, Keele, STS, ENG [34739] : 1600S, Lichfield, STS, ENG [13731] : 1850+, Newcastle & Stoke, STS, ENG [19713] : Richard, C1820-1852, Willenhall, STS, ENG [33402] : Abraham, C1830+, Willenhall, STS, ENG [33402] : Felix, C1835+, Willenhall, STS, ENG [33402] : Caroline, C1836+, Willenhall, STS, ENG [33402] : Sarah, C1838+, Willenhall, STS, ENG [33402] : Emily, C1840+, Willenhall, STS, ENG [33402] : 1700+, Longton, STS, WAR & LEI, ENG [38907] : PRE 1863, Bedworth & Berkswell, WAR, ENG [31761] : PRE 1820, Birmingham, WAR, ENG [21505] : PRE 1840, Birmingham, WAR, ENG [11280] : 1800+, WES, ENG [34682] : ALL, WIL, ENG [39180] : Edward, 1818+, Devizes, WIL, ENG [42239] : 1700-1850, Grittleton, Christian Malford, WIL, ENG [35017] : PRE 1825, Sherston, WIL, ENG [46508] : 1800S, Birstall & Bierley, WRY, ENG [15823] : 1800-1850, Horbury & Ossett, WRY, ENG [46440] : ALL, Bradfield & Sheffield, YKS, ENG [46323] : 1700-1870, Brandesburton, YKS, ENG [14032] : Fredric Henry, 1860, Hull, YKS, ENG [16681] : Claude, 1885, Hull, YKS, ENG [16681] : PRE 1850, Leeds, YKS, ENG [33901] : 1800+, Sheffield, YKS, ENG [14002] : Rebecca, PRE 1860, Thorpe Hesley, YKS, ENG [41471] : William, 1888+, Southwark, MDX, ENG & AUS [42239] : Henry, 1875+, Cambridge & Chesterton, CAM, ENG & NZ [19694] : Jean, 1835-1914, Aughnacleagh, ANT, IRL [24971] : Hugh, PRE 1825, Ballymena, ANT, IRL [40822] : 1760-1800, ARM, IRL [20730] : PRE 1852, Lurgan, ARM, IRL [40615] : 1800S, Moira & Lurgan, DOW & ARM, IRL [28060] : 1770+, Aghaveagh, FER, IRL [12574] : 1800+, Thurles, TIP, IRL [12420] : PRE 1900, Strabane, TYR, IRL [14422] : PRE 1863, WEX, IRL [44249] : 1800+, Killeevan, MOG, IRL & AUS [98674] : Mary Ann, 1870+, Wellington, NZ [21321] : 1685-1850S, Auchterless, ABD, SCT [11386] : James & Alexr, 1800+, Forgue & Inverkeithny, ABD, SCT [43523] : 1750-1870, Oxnam, BEW & ROX, SCT [20770] : Mary, 1830-1890, Bothwell, LKS, SCT [14346] : PRE 1900, Glasgow, LKS, DNB & RFW, SCT [46350] : 1840, Wilton, ROX, SCT [32068] : PRE 1800, SHI, SCT [29417] : PRE 1820, Sciberscross, SUT, SCT [42386] : 1840-1900, Tenby, PEM, WLS [42863] : ALL, WORLDWIDE [18851]

HALL (see One Name Section) [16681]

HALLAM : 1788+, TAS & NSW, AUS [46267] : 1840+, AUS & NZ [46267] : ALL, CHS, ENG [14002] : 1750-1850, Long Whatton, LEI, ENG [34967] : PRE 1860, Loughborough, LEI, ENG [12707] : 1880+, NTT, ENG [34321] : 1780-1860S, Costock, NTT, ENG [46267] : 1780-1860S, East & West Leake, NTT, ENG [46267] : 1780+, St.Marys Nottingham, NTT, ENG [46267] : 1700-1800, Sutton Bonnington, NTT, ENG [34967] : 1800+, NTT & LIN, ENG [46267] : 1830, Newcastle-U-Lyme, STS, ENG [12641] : 1840+, TPO, NZ [33816]

HALLAWAY : Frederick, 1920, Winnipeg & Ochre River, MAN, CAN [17005]

HALLBARD : PRE 1810, Wells, SOM, ENG [31316]

HALLDIN : Elisabeth, 1878+, SWE [22392]

HALLETT : PRE 1800, DOR, ENG [17184] : 1700-1780, SOM, ENG [44150] : PRE 1850, West Chinnock, SOM, ENG [40533]

HALLGARTH : PRE 1875, LIN, ENG [25538] : 1875+, HBY, NZ [25538]

HALLIBURTON : Andrew & Janet, 1800-1850, Earlston, BEW, SCT [42479] : Margaret, 1830+, Gattonside & Melrose, ROX, SCT [42479] : Isabella, 1840+, Gattonside & Melrose, ROX, SCT [42479] : Janet, 1861, Gattonside & Melrose, ROX, SCT [42479]

HALLIDAY : 1800+, Sydney, NSW, AUS [30601] : 1862, Young, NSW, AUS [35365] : 1881, East Flamboro, ONT, CAN [15221] : 1820-1920, Faringdon, BRK, ENG [43984] : 1910-1920, Cirencester, GLS, ENG [43984] : C1740, Kings Stanley, GLS, ENG [19759] : 1700-1890, Minchinhampton, GLS, ENG [43984] : PRE

1700, Minchinhampton, GLS, ENG **[43984]** : ALL, Liverpool, LAN, ENG **[10937]** : ALL, LAN & GLS, ENG **[36181]** : 1700+, Clapham, SRY, ENG **[30601]** : 1800-1900, Christian Malford, WIL, ENG **[44946]** : Robert, 1816, IRL **[15221]** : 1809, Dumfries, DFS, SCT **[35365]** : PRE 1800, Johnstone, DFS, SCT **[22253]** : ALL, DFS, SCT & AUS **[46262]**

HALLIER : PRE 1800, GLS, ENG **[45614]**

HALLIFAX : ALL, ENG **[11282]** :C1840, Penrith, CUL, ENG **[11282]** : PRE 1800, Wigton, CUL, ENG **[11282]** : C1860, Witton Gilbert, DUR, ENG **[11282]** : PRE 1860, Woolwich, KEN, ENG **[11282]** : PRE 1880, Manchester, LAN, ENG **[11282]** : PRE 1887, Salford, LAN, ENG **[11282]** : C1860, Wigan, LAN, ENG **[11282]** : PRE 1900, Birmingham, WAR, ENG **[11282]** : PRE 1840, Great Musgrave, WES, ENG **[11282]**

HALLINAN : ALL, CLA, IRL **[32720]**

HALLING : PRE 1880, Hull, ERY, ENG **[11575]**

HALLINGDALE : 1800S, Brighton Keymer, SSX, ENG **[15931]**

HALLIS : C1850, Sydney, NSW, AUS **[13347]**

HALLIWELL : 1850-70, Astley Green, LAN, ENG **[45236]** : 1870-1900, Chorley, LAN, ENG **[45236]** : 1800-50, Standish, LAN, ENG **[45236]** : PRE 1829, Halifax, WRY, ENG **[13004]**

HALLORAN : 1800S, CLA, IRL **[21221]**

HALLOWELL : 1760-1860, North Shields, NBL, ENG **[13447]**

HALLOWS : C1768, Great Longstone, DBY, ENG **[30714]** : 1700+, Rochdale & Hollinwood, LAN, ENG **[13481]**

HALLPIKE : 1700-1800, Giggleswick, WRY, ENG **[31826]**

HALLS : 1800, Mount Bures, ESS, ENG **[17704]** : PRE 1800, Radwinter, ESS, ENG **[34986]** : C1870, Gorleston, SFK, ENG **[17174]** : C1900, Lambeth, SRY, ENG **[17174]** : 1750-1800, Bedworth, WAR, ENG **[32310]**

HALLYBURTON : ALL, Cargill, PER, SCT **[20135]**

HALPENNY : 1830, Gloucester, ONT, CAN **[16822]**

HALPIN : ALL, AUS **[31152]** : C1884, Sydney, NSW, AUS **[29479]** : ALL, Birkenhead, CHS, ENG **[31152]** : ALL, Liverpool, LAN, ENG **[31152]** : Honora, 1880, CLA, IRL **[12058]** : ALL, DUB, IRL **[31152]**

HALSAL : ALL, German, IOM, UK **[42782]**

HALSALL : PRE 1850, St.Helens, LAN, ENG **[19964]** : ALL, German, IOM, UK **[42782]**

HALSE : 1800+, Truro, CON, ENG **[39891]** : PRE 1850, Sowton, DEV, ENG **[27868]** :PRE 1850, MEK, GER **[37380]**

HALSEY : John, PRE 1800, Sandridge, HRT, ENG **[41163]**

HALSTEAD : Henry, 1700-1840, Briercliffe, LAN, ENG **[99433]**

HALSTON : 1800S, Paddington & Marylebone, LND, ENG **[36244]**

HALSTON (see One Name Section) [36244]

HALTON : PRE 1900, Hobart, TAS, AUS **[31597]** : ALL, VIC, AUS **[31597]** : 1745+, North Allerton, NRY, ENG **[13853]** : Sarah, PRE 1795, Leeds, WRY, ENG **[37847]** : 1600+, Teesside, YKS, ENG **[38979]**

HALVORSEN : Jensine, C1848+, Arhus, DEN **[25066]** : Hanne, C1850+, Arhus, DEN **[25066]** : Petrea, C1853+, Arhus, DEN **[25066]** : Niels, PRE 1870, Arhus, DEN **[25066]** : Karen Eliz., 1867+, Arhus & Copenhagen, DEN **[25066]** : Patricia, PRE 1900, Copenhagen, DEN **[25066]** : Anders, 1770+, Trondheim, NOR **[25066]**

HALYARD : PRE 1762, MDX, ENG **[44111]**

HAM : 1800+, NSW, AUS **[32908]** : 1800-1850, Abingdon, BRK, ENG **[12641]** : 1811-1900, Tavistock, DEV, ENG **[38980]** : John, C1800, Teignmouth, DEV, ENG **[13326]** : 1800-1900, Peppard & Henley, OXF & BRK, ENG **[19853]** : 1820-1880, Cheddar, SOM, ENG **[33973]** : George, 1770+, Goring, OXF, ENG & AUS **[12182]**

HAMBLEN : ALL, WORLDWIDE **[19349]**

HAMBLETON : PRE 1750, Kingston upon Thames, SRY, ENG **[19259]**

HAMBLETT : ALL, Lapley, STS, ENG **[20824]** : PRE 1845, Springfield, MA, USA **[21716]**

HAMBLEY : 1750-1850, Mawgan & Padstow, CON, ENG **[34782]** : ALL, WORLDWIDE **[19349]**

HAMBLIN : PRE 1845, Castle Cary, SOM, ENG **[36200]** : ALL, WORLDWIDE **[19349]**

HAMBLING : ALL, WORLDWIDE **[19349]**

HAMBLY : 1870+, VIC, AUS **[12561]** : PRE 1840, London, ENG **[13868]** : 1700-1800+, Bodmin & Lanivet, CON, ENG **[25469]** : 1700+, Redruth, CON, ENG **[33642]** : ALL, DEV & CON, ENG **[12561]** : PRE 1850, Ipswich, SFK, ENG **[13868]** : ALL, WORLDWIDE **[19349]**

HAMBLY (see HAMLEY) : **[22088]**

HAMBLYN : 1700+, Holsworthy, DEV, ENG **[22088]** : ALL, WORLDWIDE **[22088]** : ALL, WORLDWIDE **[19349]**

HAMBY : ALL, Rastrick & Roberttown, WRY, ENG **[42745]**

HAMER : 1834+, Sydney & Orange, NSW, AUS **[39249]** : PRE 1820S, Bolton, LAN, ENG **[31293]** : PRE 1871, Bolton, LAN, ENG **[17654]** : William, PRE 1820, Bury, LAN, ENG **[36762]** : ALL, Rochdale, LAN, ENG **[40719]** : 1820+, Salford & Manchester, LAN, ENG **[36762]** : 1782+, Huddersfield & Elland, WRY, ENG **[39249]** : PRE 1800, Llangurig, MGY, WLS **[11066]** : PRE 1843, Nantmel, RAD, WLS **[18018]**

HAMES : Arthur, 1850, AUS **[99114]** :PRE 1845, Hinton St.Mary, DOR, ENG **[14463]** : John, 1700, Sturminster Marshall, DOR, ENG **[17203]**

HAMEY : Walter, 1900+, Crumpsall, LAN, ENG **[35343]**

HAMILL : PRE 1888, ANT, IRL **[10280]** : Annie, C1830, Armagh, ARM, IRL **[39820]** : PRE 1846, Seaforde, DOW, IRL **[10209]**

HAMILTON : ALL, Maitland & Sydney, NSW, AUS **[46373]** : 1860+, Morpeth, NSW, AUS **[11098]** : 1850+, Mullengandra, NSW, AUS **[36260]** : 1880+, Redfern, NSW, AUS **[46026]** : Alexander, 1880+, St.Peters, NSW, AUS **[41223]** : 1860+, Helidon, QLD, AUS **[13838]** : 1916+, Woombye, QLD, AUS **[13838]** : 1800+, VIC, AUS **[40135]** : William, 1841+, Melbourne, VIC, AUS **[45992]** : Isabella, 1841+, Melbourne & Geelong, VIC, AUS **[45992]** : 1800+, Perth, WA, AUS **[45626]** : Winifred, 1912+, Perth, WA, AUS **[45992]** : Jas. Stanley, ALL, Brampton, ONT, CAN **[43941]** : 1900+, Graniteville, QUE & ONT, CAN **[21038]** : William, 1816+, CUL, ENG **[10731]** : PRE 1860, Ashford, KEN, ENG **[39416]** : PRE 1900, Canterbury, KEN, ENG **[39416]** : PRE 1860, Dover, KEN, ENG **[39416]** : C1823, Barrow on Humber, LIN, ENG **[18378]** : C1787, Holborn, MDX, ENG **[14618]** : 1880-1915, Islington & Camden Town, MDX, ENG **[14618]** : 1835-1865, Marylebone, MDX, ENG **[14618]** : 1790-1912, St.Pancras, MDX, ENG **[14618]** : Hugh, C1800-1850, Berwick, NBL, ENG **[13188]** : PRE 1800, Bath, SOM, ENG **[39464]** : PRE 1850, Weston & Bath, SOM, ENG **[43882]** : 1860-1865, Rye, SSX, ENG **[39416]** : 1800S, IRL **[25314]** : Convict, 1808, ANT, IRL **[11098]** : 1830S, Belfast, ANT, IRL **[12318]** : Robert, 1840+, Belfast, ANT, IRL **[46026]** : PRE 1830, ARM, IRL **[12408]** : 1800+, Blackwater & Parteen, CLA, IRL **[29720]** : Francis, PRE 1680, DON, IRL **[46464]** : 1800+, Raphoe, DON, IRL **[12011]** : 1856+, Ballynahinch, DOW, IRL **[10516]** :PRE 1862, Clare, DOW, IRL **[20729]** : PRE 1856, Dromara, DOW, IRL **[10516]** : 1850S, Dromore, DOW, IRL **[42804]** : 1800+, Rathfriland, DOW, IRL **[11098]** : 1700-1800S, Tullylish, DOW, IRL **[21563]** : Alexander, 1879+, Tullylish, DOW, IRL **[13838]** : 1700-1850, Waringstown, DOW, IRL **[45146]** : PRE 1830, DOW & ANT, IRL **[39459]** : ALL, Londonderry, DRY, IRL **[39994]** : 1800S, FER, IRL **[46221]** : Mary, 1833, FER, IRL **[13153]** : 1830S, Coleraine, LDY, IRL **[34739]** : PRE 1808, Loghill, LIM, IRL

[31762] : PRE 1900, LOU & DUB, IRL [37174] : Martha, PRE 1841, TYR, IRL [45772] : 1750-1850, Cappagh, TYR, IRL [11060] : C1800, Laught, TYR, IRL [12163] : Hugh, C1820, Laught, TYR, IRL [12163] : PRE 1860, Laught, TYR, IRL [12904] : C1800, Mournebeg, TYR, IRL [12904] : Lilla Rose, 1880+, Gore, SI, NZ [11476] : Wm Arthur, 1900+, Cape Town, RSA [27955] : PRE 1790, Muirhead, SCT [16984] : 1750+, AYR, SCT [27842] : PRE 1900, AYR, SCT [29731] : Margaret, PRE 1858, Ayr, AYR, SCT [44279] : 1770-1816, Kilmarnock, AYR, SCT [99600] : C1700, New Cumnock, AYR, SCT [25693] : 1820+, Morton, DFS, SCT [30120] : Margaret, 1789+, Dumfermline, FIF, SCT [37568] : C1800, Barony, LKS, SCT [25693] : 1700-1833, Carluke, LKS, SCT [38211] : David, 1820S, Glasgow, LKS, SCT [16309] : William, 1830+, Glasgow, LKS, SCT [16309] : C1820, Glasgow, LKS, SCT [26731] : PRE 1850, Lesmahagow, LKS, SCT [20729] : 1850+, Stonehouse, LKS, SCT [13591] : Walter, 1755+, Edinburgh, MLN, SCT [10647] : PRE 1850, Edinburgh, MLN, SCT [38178] : PRE 1800, Hamilton, MLN, SCT [43882] : PRE 1860, Bridgetown, PER, SCT [12707] : PRE 1800, Edinburgh, WLN, SCT [43882] : 1800+, Darvel, AYR, SCT & AUS [36569] : ALL, Dalbeattie & Colvend, KKD, SCT & AUS [42466] : Hugh, PRE 1800, Paisley, RFW, SCT & IRL [13031] : 1850+, Portland, ME, USA [29720] : C1850+, Allegheny, PA, USA [12904]

HAMILTON SWINTON : 1800S, NTT, ENG [16309]

HAMKINS : 1800S, LND, ENG [17511]

HAMLET : PRE 1830, Gillingham, KEN, ENG [10516] : ALL, Combe Down, SOM, ENG [42518]

HAMLETT : Thomas, 1800-1900, Wolstanton, STS, ENG [43769]

HAMLEY : PRE 1832, Lydford, DEV, ENG [14268] : ALL, WORLDWIDE [19349]

HAMLEY (see One Name Section) [19349] : Section), [22088]

HAMLIN : 1700+, Stonehouse, GLS, ENG [21091] : 1700+, Wotten under Edge, GLS, ENG [21091] : ALL, WORLDWIDE [19349]

HAMLY : Susannah, PRE 1800, DEV, ENG [19766]

HAMLYN : 1830+, Drewsteignton, DEV, ENG [35444] : 1789+, Lydford & Widecombe, DEV, ENG [36622] : 1700S+, Paschoe & Exeter, DEV, ENG [33331] : 1780+, Plymouth, DEV, ENG [38919] : 1878+, NZ [36622] : ALL, WORLDWIDE [19349]

HAMLYN (see HAMLEY) : [22088]

HAMM : 1800-1900, Milborne Port, SOM, ENG [46409] : ALL, GER [26799] : Emily, 1905, Dublin, IRL [23471]

HAMMAT : 1885, Williamstown, SA, AUS [35365] : 1812, Chacewater, CON, ENG [35365]

HAMMELL : 1814+, Sydney & Maitland, NSW, AUS [34231] : 1700-1840, CAV, IRL [98640]

HAMMER : 1871+, Sydney, NSW, AUS [43752]

HAMMER (see One Name Section) [43752]

HAMMERSLEY : 1850S, Bangor, TAS, AUS [13091] : 1870-1994, CHILE [27471] : 1820-1930, Islington, MDX, ENG [27471] : 1750-1880, Bermondsey, SRY, ENG [27471] : 1750-1880, Rotherhithe, SRY, ENG [27471] : 1600+, Cheddleton & Leek, STS, ENG [15823] : 1840S, Hanley, STS, ENG [13091] : ALL, WORLDWIDE [34790]

HAMMERTON : 1750+, Guildford, SRY, ENG [27816]

HAMMETT : 1845+, VIC, AUS [12481] : 1800+, DEV, ENG [12481] : 1780+, Iddesleigh, DEV, ENG [12481] : ALL, Kimpton, HRT, ENG [18150]

HAMMILL : PRE 1830, Sancreed & Ludgvan, CON, ENG [11873] : PRE 1814, Belfast, ANT, IRL [34231]

HAMMOND : 1850, NSW, AUS [46198] : PRE 1842, Goulburn, NSW, AUS [14197] : Alfred, 1892-1910, Merrylands, NSW, AUS [10650] : 1870-1890, Tenham Stn, QLD, AUS [14197] : 1898+, Townsville, QLD, AUS [45803] : 1870+, Alma, SA, AUS [12025] :

C1859, Coromandel Valley, SA, AUS [12025] : 1860+, Dandenong, VIC, AUS [99183] : 1700+, Aylesbury, BKM, ENG [33642] : PRE 1785, Ely, CAM, ENG [19803] : Charles, 1850+, Steeple Morden, CAM, ENG [25654] : Cornelius, 1855+, Steeple Morden, CAM, ENG [25654] : 1800-1900, Macclesfield, CHS, ENG [30120] : 1840+, Killamarsh & Eckington, DBY, ENG [24902] : 1710, Instow, DEV, ENG [40257] : ALL, Richmond, DUR, ENG [38449] : 1811-1897, Doddinghurst, ESS, ENG [35218] : PRE 1880, Doddinghurst, ESS, ENG [46383] : ALL, Ongar, ESS, ENG [31902] : PRE 1860, HRT, ENG [17094] : Peter, C1700, Goudhurst, KEN, ENG [10054] : 1920S, Hawkhurst, KEN, ENG [37200] : PRE 1700, Stourmouth, KEN, ENG [45962] : PRE 1800, Tunbridge Wells, KEN, ENG [14197] : C1700, Marshchapel, LIN, ENG [17037] : 1700-1900S, Islington & Marylebone, MDX, ENG [17291] : Joseph, 1835-1850, London, MDX, ENG [21104] : Mary, 1835-1850, London, MDX, ENG [21104] : 1700-1900S, Paddington, MDX, ENG [17291] : 1700-1850, East Ruston, NFK, ENG [32505] : C1800, NRY, ENG [30310] : ALL, Eaton under Heywood, SAL, ENG [11213] : ALL, Little Stretton, SAL, ENG [11213] : Louisa, PRE 1832, Bury St.Edmunds, SFK, ENG [14290] : Henry, 1800+, SRY, ENG [10650] : Leslie Henry, 1834-1896, Bermondsey, SRY, ENG [10650] : Emily, 1859, Bermondsey, SRY, ENG [10650] : Leslie Henry, 1889, Bermondsey, SRY, ENG [10650] : Alfred, 1892, Bermondsey, SRY, ENG [10650] : C1850+, Poling, SSX, ENG [11270] : PRE 1850, South Bersted, SSX, ENG [39429] : Samuel, 1780+, STS & NTT, ENG [29989] : ALL, Birmingham, WAR, ENG [11213] : PRE 1800, Foleshill, St.Lawrence, WAR, ENG [14197] : PRE 1820, Calverley, WRY, ENG [42974] : 1885+, Harrogate, YKS, ENG [46284] : Uriel, ALL, WORLDWIDE [21104]

HAMMONDS : 1750+, Bristol, GLS, ENG [15289] : ALL, Shrewsbury, SAL, ENG [11213] : PRE 1881, Ruhaburn, DEN, WLS [43422]

HAMON : ALL, SAS & ONT, CAN & FRA [24182]

HAMP : Mary Ann, ALL, Holcombe & Clapham, OXF & SRY, ENG [44939] : PRE 1850, Stratford upon Avon, WAR, ENG [44223]

HAMPSEY : C1900, Glasgow, SCT & IRL [28479]

HAMPSHIRE : C1860, Mount Torrens & Birdwood, SA, AUS [12470] : 1780+, Haslemere, SRY, ENG [12470] : 1850-1899, KS, USA [28660]

HAMPSON : Elizabeth, 1840+, AUS [26439] : ALL, Horwich & Bolton, LAN, ENG [36983] : PRE 1860, Leigh, LAN, ENG [45999] : 1700+, Liverpool, LAN, ENG [38907] : PRE 1851, Liverpool, LAN, ENG [15400] : Ann, 1820+, LIN, ENG [39179] : 1870+, Bradford & Manchester, YKS & LAN, ENG [45999]

HAMPSTEAD : Jane, C1808, Harefield, MDX, ENG [30971]

HAMPTON : C1860, Deloraine, TAS, AUS [41511] : 1860, Kilmore, VIC, AUS [13569] : PRE 1800, CON, ENG [12905] : 1800S, Liskeard, CON, ENG [14045] : PRE 1840, ESS, ENG [41511] : PRE 1890, Nazeing, ESS, ENG [25142] : ALL, South Wandsworth, SRY, ENG [25073] : C1600, Dudley, WOR, ENG [24873] : ALL, KEN & NSW, ENG & AUS [43395] : PRE 1862, Lurgan, DOW [20729] : Moses, 1800S, DOW & ARM, IRL [21563] : C1862, Tullylish & Lurgan, DOW & CANTY, IRL & NZ [21563] : Nancy Warren, PRE 2000, KS, USA [34221]

HAMSHAR : C1822, MDX & SRY, ENG [17470]

HAMSTON : PRE 1830, Holborn, LND, ENG [42083]

HAMWOOD : PRE 1888, QLD, AUS & ENG [12392]

HANAN : 1895+, Invercargill, STHLD & OTG, NZ [32035]

HANCHARD : George Wm, 1876-1937, Mudgee, NSW, AUS [28151] : Daniel, 1771, Bethnal Green, LND, ENG [28151]

HANCHETT : ALL, Lambourn, ESS, ENG [37110]

HANCOCK : Ann, 1861+, AUS [43779] : George, 1913,

Greta, NSW, AUS **[10035]** : Ann, 1820, Sydney, NSW, AUS **[10985]** : 1855+, Wallaroo, Burra & Gawler, SA, AUS **[25764]** : 1850+, Ballarat, VIC, AUS **[12142]** : George, C1873, Ballarat, VIC, AUS **[10035]** : 1860-1920, Chiltern, VIC, AUS **[37278]** : 1800S, ENG **[17480]** : C1830S, ENG **[15286]** : PRE 1800, Astbury, CHS, ENG **[31316]** : Robert, PRE 1840, CON, ENG **[41471]** : C1850, Crowan, CON, ENG **[39573]** : C1832, Redruth, CON, ENG **[10634]** : PRE 1832, Redruth, CON, ENG **[12408]** : 1750+, Bradworthy, DEV, ENG **[15524]** : PRE 1840, Combe Martin, DEV, ENG **[43934]** : 1700+, South Molton & Bishops Nympton, DEV, ENG **[14208]** : PRE 1800, DOR, ENG **[45758]** : ALL, Horsley & Nailsworth, GLS, ENG **[25702]** : 1740-1814, Ringwood & Romsey, HAM, ENG **[38086]** : ALL, KEN, ENG **[38575]** : Jas Cornewall, 1920-1930, Manchester, LAN, ENG **[36466]** : 1750+, Neslam, Billingborough, LIN, ENG **[17000]** : William, 1790+, Stepney, LND, ENG **[34315]** : Sophia, 1821, Stepney, LND, ENG **[34315]** : 1770-1830S, London, MDX, ENG **[37278]** : 1800+, London, MDX, ENG **[12142]** : 1750-1900, MDX & LND, ENG **[45749]** : PRE 1830, Worksop, NTT, ENG **[31316]** : 1700-1820, Worksop & Darfolds, NTT, ENG **[10114]** : John, 1836, Kilmersden, SOM, ENG **[10035]** : George, C1801, Kilmersden, SOM, ENG **[10035]** : 1796+, Shipham, SOM, ENG **[46273]** : 1750+, Lambeth, SRY, ENG **[21741]** : C1750, Wolstanton, STS, ENG **[19647]** : Vivian, 1891-1895, Aston, WAR, ENG **[36466]** : PRE 1818, Birmingham, WAR, ENG **[36466]** : PRE 1870, Beetham, WES, ENG **[21232]** : 1800S, Heywood, WIL, ENG **[18207]** : 1750-1850, Melksham, WIL, ENG **[26001]** : PRE 1880, Sheffield, WRY, ENG **[39081]** : 1550-1800, Sheffield & Harthill, WRY, ENG **[10114]** : ALL, Yeadon, WRY, ENG **[21232]** : PRE 1810, Bentham, YKS, ENG **[21232]** : 1750+, PEM, WLS **[30391]**

HANCOCKS : 1840+, Foxley, HEF, ENG **[45652]**
HANCORN : 1600+, Whitney, HEF, ENG **[12915]** : 1700+, Stoke, KEN, ENG **[12915]**
HANCOX : 1750+, Coventry, WAR, ENG **[20578]** : 1800-1850, Coventry, WAR, ENG **[13326]** : 1570-1997, Tysoe, WAR, ENG **[37138]** : 1800-1875, Tysoe, WAR, ENG **[34147]**
HAND : 1800-1900, Bristol, GLS, ENG **[18657]** : 1700-1850, Wotton-under-Edge, GLS, ENG **[18657]** : 1750-1850, Alverstoke, HAM, ENG **[18657]** : PRE 1850, Liverpool, LAN, ENG **[30870]** : 1800+, LND, ENG **[42771]** : 1750-1900, Calne, WIL, ENG **[32505]** : PRE 1895, Calne, WIL, ENG **[11866]** : Susan, 1800-1880, LND & NSW, ENG & AUS **[10604]**
HANDASYDE : 1700+, Wooler, NBL, ENG **[46461]**
HANDCOCK : C1830S, ENG **[15286]** : PRE 1800, Astbury, CHS, ENG **[31316]** : PRE 1700, Ryton, DUR, ENG **[17626]** : 1740-1814, Ringwood & Romsey, HAM, ENG **[38086]**
HANDCOCK (see One Name Section) [13004]
HANDFORTH : 1800+, Bradford & Leeds, WRY, ENG **[18372]**
HANDLEY : 1840+, Windsor, NSW, AUS **[31695]** : Thomas, PRE 1849, Aldwark & Brassington, DBY, ENG **[31003]** : 1860+, Emneth, NFK, ENG **[33846]** : 1750-1850, Mansfield & Nottingham, NTT, ENG **[39060]** : Elijah C., 1791, Broseley, SAL, ENG **[10485]** : 1880+, Charsfield, SFK, ENG **[33846]** : PRE 1850, Bradley & Norton, STS, ENG **[35619]** : PRE 1800, Leek, STS, ENG **[19641]** : C1840+, Oswaldtwistle, LAN & CHS, ENG & NZ **[41197]** : PRE 1840, TIP, IRL **[31695]**
HANDRAK : 1800+, Strega, PRE, GER **[11543]**
HANDS : 1750-1820, Weston-Sub-Edge, GLS, ENG **[30138]** : 1800-1900, Dartford, KEN, ENG **[42557]** : 1800-1900, Godalming & Woking, SRY & KEN, ENG **[42557]** : 1700-1900, Midhurst & Chichester, SSX, ENG **[42557]**
HANDT : ALL, SA, AUS & GER **[99036]**
HANDY : PRE 1900, Gaspe, QUE, CAN **[39939]** : PRE 1821, JSY, CHI **[39939]** : 1700-90, Blockley, WAR,

ENG **[46194]** : PRE 1860, Clifford Chambers, WAR, ENG **[27678]** : PRE 1831, KER, IRL **[29314]**
HANDYSIDE : 1750+, Arbroath, ANS, SCT **[46461]**
HANDYSIDES : 1850+, YKS, ENG **[18372]**
HANEY : 1700S, CON, ENG **[12144]**
HANFORTH : 1800+, Bradford & Leeds, WRY, ENG **[18372]**
HANGER : PRE 1836, Rushden, NTH, ENG **[11284]**
HANK : 1800S, BAVARIA, GER **[32130]** : 1860-1931, Nassau Co., NY, USA **[32130]**
HANKE : Rozalia, 1821, Freudenau, POL **[40603]**
HANKEY : PRE 1770, Over, CHS, ENG **[31316]**
HANKIN : Mary, 1700-1800, Medstead, HAM, ENG **[17907]**
HANKINS : Henry, 1800-1870, Truro, CON, ENG **[12844]**
HANKINSON : Georgina, 1886+, Manchester, LAN, ENG **[17030]**
HANKS : 1700-1850, Malmesbury, WIL, ENG **[36033]**
HANLAN : PRE 1830, Enniskillen, FER, IRL **[46346]**
HANLEY : Mary, C1843, Golden, TIP, IRL **[41270]** : 1800, Manchester, LAN, ENG **[46453]** : Anne, C1804-1850, IRL **[40865]** : ALL, Antrim, ANT, IRL **[39994]** : Honor, 1800+, Mallow, COR, IRL **[44693]** : Honor, 1800+, Mallow, COR, IRL **[44693]** : C1817, Newry, DOW, IRL **[10277]** : PRE 1860, Ballyfoyle, KIK, IRL **[13828]** : Anne, C1804-1850, WEX & WAT, IRL **[40865]** : 1874+, Dundee, ANS, SCT **[46259]** : 1820+, Glasgow, LKS, SCT **[25998]**
HANLOW : C1817, Newry, DOW, IRL **[10277]**
HANLY : 1904, Sangamon Co., IL, USA **[32203]**
HANN : PRE 1800, Stoke Abbot, DOR, ENG **[37024]** : Abraham, 1790S, Montacute, SOM, ENG **[35225]**
HANNA : C1881+, Melbourne, VIC, AUS **[36751]** : ALL, Napan, NB, CAN **[39712]** : 1750, Lisburn, ANT, IRL **[13129]** : PRE 1860, Annaloiste, ARM, IRL **[27219]** : PRE 1881, DUB, IRL **[36751]** : PRE 1835, Londonderry, LDY, IRL **[10948]** : 1700-1800, Irvine, AYR, SCT **[15464]** : PRE 1820, Jefferson Co., OH, USA **[16378]** : 1700-1800, TN, USA **[24168]** : 1780-1840, Greene, TN, USA **[24168]**
HANNAFIN : 1800+, WORLDWIDE **[28000]**
HANNAFORD : PRE 1900, Cooma & Braidwood, NSW, AUS **[27678]** : PRE 1860, DEV, ENG **[26881]** : PRE 1860, Princetown, DEV, ENG **[27678]** : 1700-1984, South Brent, DEV, ENG **[43853]** : PRE 1840, South Hams, DEV, ENG **[19457]** : 1780+, Widecombe & Lydford, DEV, ENG **[36622]** : C1830, Waltham Abbey & Edmonton, ESS, ENG **[26360]** : C1750-1850, Islington, LND, ENG **[42761]**
HANNAH : 1800S, Ballarat & Bendigo, VIC, AUS **[11411]** : John, 1817-1890, Lanark Co., ONT, CAN **[33867]** : 1806+, Carlisle, CUL, ENG **[21207]** : 1791+, Whitehaven, CUL, ENG **[21207]** : 1750+, Sheringham, NFK, ENG **[17163]** : Jane, PRE 1865, Cranagh, DON, IRL **[36608]** : John, 1800+, Glasserton, WIG, SCT **[21955]** : Peter, 1856+, Glasserton, WIG, SCT **[21955]** : 1800+, Inch, WIG, SCT **[30120]** : C1860, Stranraer, WIG, SCT **[26731]**
HANNAHS : ALL, WORLDWIDE **[16811]**
HANNAM : C1780, Reading, BRK, ENG **[13347]** : PRE 1840, Fifehead Magdalen, DOR, ENG **[42331]** : ALL, Bristol, GLS, ENG **[36952]**
HANNAN : 1790-1880S, Ballydoyle, COR, IRL **[22835]** : 1790-1880S, Ballyguyroe, COR, IRL **[22835]** : 1790-1880S, Ballynahalisk, COR, IRL **[22835]** : 1790-1880S, Ballynoe, COR, IRL **[22835]** : 1790-1880S, Carrigleagh, COR, IRL **[22835]** : 1700-1800, Castlemartyr, COR, IRL **[40257]** : 1790-1880S, Doneraile, COR, IRL **[22835]** : 1790-1880S, Farahy, COR, IRL **[22835]** : 1790-1880S, Shanballymore, COR, IRL **[22835]** : 1790-1880S, Tankardstown, COR, IRL **[22835]** : 1790-1880S, Wallstown, COR, IRL **[22835]** : PRE 1854, Killahurler,

WIC, IRL **[10970]** : 1790-1880S, Meadstown, COR, IRL & AUS **[22835]** : 1800-1900, Killargue, LET, IRL & USA **[39083]**
HANNAN (see One Name Section) **[39083]**
HANNANT : William, 1700-1850, NFK, ENG **[45949]** : 1700-1850, Little Barningham, NFK, ENG **[45949]**
HANNAY : 1800-1900, Melcombe Regis & Weymouth, DOR, ENG **[18857]** : 1750-1800, Holborn, LND, ENG **[12641]** : 1750-, Sorbie, WIG, SCT **[21207]**
HANNELL : ALL, WORLDWIDE **[10441]**
HANNER : Mary Ann, 1820-1845, Dover, Athens, OH, USA **[24674]**
HANNEY : 1900, Adelaide, SA, AUS **[13994]** : 1870+, VIC, AUS **[13994]** : 1850+, Albany, WA, AUS **[46021]** : PRE 1870, IRL **[13994]**
HANNIGAN : PRE 1880, Athy, KID, IRL **[18967]** : C1862, Brutt, LIM, IRL **[45649]**
HANNON : 1867-1900, Castlemaine, VIC, AUS **[31709]** : 1800+, IRL **[36409]** : 1790-1830, Doneraile, COR, IRL **[31709]** : 1840+, Newmarket, COR, IRL **[13828]** : 1750-1845, Ballybricken, LIM, IRL **[42913]**
HANNSOME : Susannah, PRE 1800, Midhurst, SSX, ENG **[37200]**
HANOVER : Lydia, 1850-1930, ENG **[37692]** : George, 1700s, Holcombe Rogus, DEV, ENG **[37692]** : Phillip, 1800, Holcombe Rogus, DEV, ENG **[37692]** : Suzanna, 1800S, Holcombe Rogus, DEV, ENG **[37692]** : ALL, WORLDWIDE **[37692]**
HANRAHAN : C1858, Redbank & Ipswich, QLD, AUS **[29479]** : 1860+, Ballarat, VIC, AUS **[33846]** : C1750-1850, CLA, IRL **[35604]** : PRE 1850, Kilshanny, CLA, IRL **[33846]** : PRE 1835, Knock, CLA, IRL **[10508]** : C1840, Lixnan & Newtown Sandes, KER, IRL **[29479]** : 1842, Thomastown, KIK, IRL **[31453]** : 1780+, GAL, IRL & AUS **[39249]**
HANSCH : PRE 1883, Kassel, HES, GER **[20800]**
HANSCHKE : PRE 1860, Rackel, UPPER LUSATIA, GER **[26306]**
HANSCOM : George, 1800, WORLDWIDE **[25070]**
HANSCOMBE : 1600S, BDF, ENG **[26335]** : 1850+, HRT, ENG **[21131]**
HANSELL : PRE 1843, Weymouth, DOR, ENG **[33237]**
HANSEN : 1841+, Port Macquarie & Sydney, NSW, AUS **[40153]** : Johannes F.L., 1869-1940, QLD, AUS **[40505]** : 1850+, Ballarat, VIC, AUS **[26228]** : ALL, Moen, DEN **[44815]** : 1840+, Assens, ODENSE, DEN **[37267]** : 1842+, Apenrade & Schleswick, DEN & AUS **[43656]** : 1800-1870, Nordstrand & Flensburg, SHO, GER **[42863]** : Johannes A., 1800-1892, PRE & QLD, GER & AUS **[40505]** : C1850+, SHO, GER & AUS **[98674]** : PRE 1890, Bay of Islands, NLD, NZ **[21012]** : 1800S, Richfield, UT, USA **[46437]**
HANSFORD : 1837+, NSW & VIC, AUS **[11658]** : C1843, Geelong & Melbourne, VIC, AUS **[35042]** : 1840+, Melbourne, VIC, AUS **[36643]** : PRE 1900, DOR, ENG **[28275]** : PRE 1700, Loders, DOR, ENG **[17961]** : 1700+, Portland, DOR, ENG **[37267]** : 1814-1824, Shipton Gorge, DOR, ENG **[27919]** : 1770+, Stoke Abbot & Broadwindsor, DOR, ENG **[36643]** : 1850-1871, Walditch, DOR, ENG **[27919]** : ALL, DOR & SOM, ENG **[15745]**
HANSLIP : ALL, ENG **[30543]**
HANSLOW : ALL, WORLDWIDE **[11226]**
HANSON : Caroline, PRE 1877, Sydney, NSW, AUS **[45772]** : 1700-1900, DEN & SCT **[46271]** : Wybra, C1590, Marendorf, ENG **[22796]** : PRE 1900, Stockport, CHS, ENG **[30929]** : 1700-1900, DUR, ENG **[45636]** : 1838+, LEI & STS, ENG **[39336]** : Ann, PRE 1850, Barling, LIN, ENG **[41468]** : 1780S-1820S, Boston & Wyberton, LIN, ENG **[37978]** : 1700+, Stewton, LIN, ENG **[36033]** : PRE 1820, Mattersey, NTT, ENG **[31316]** : Ralph, PRE 1800, Churchstanton, SOM, ENG **[34212]** : ALL, SRY, ENG **[44815]** : 1800+, Great Barr, STS, ENG **[46194]** : PRE 1838, WAR, ENG **[39336]** : 1800+, Birmingham, WAR, ENG **[46391]** : PRE 1800,

Barnsley & Sandal Magna, WRY, ENG **[16233]** : Martha, PRE 1900, YKS, ENG **[25046]**
HANSORD : 1700+, ENG **[19156]** : 1800S, Boston, LIN, ENG **[41067]**
HANTON : 1901+, Dundee, ANS, SCT **[46259]**
HANWELL : ALL, ENG **[17642]** : ALL, WORLDWIDE **[17642]**
HANWELL (see One Name Section) **[17642]**
HAPGOOD : PRE 1700, Basingstoke, HAM, ENG **[10493]** : Thomas, 1817+, Marksbury & Milton, SOM & NSW, ENG & AUS **[26430]**
HAPIMANA : PRE 1884, Rotorua, NZ **[21716]**
HAPPERT : PRE 1800, Garbenheim, HEN, GER **[33567]**
HARAN : ALL, Paisley, RFW, SCT **[34651]**
HARBARD : 1820S, Clewer, BRK, ENG **[16980]** : 1860S, Deptford & Greenwich, KEN, ENG **[16980]**
HARBART : PRE 1800, CUL, ENG **[17720]** : PRE 1800, NBL, ENG **[17720]**
HARBER : James, C1786, Eynsford, KEN, ENG **[13838]**
HARBERT : Lucy, C1775, Brightwalton, BRK, ENG **[17637]** : 1660+, East Newlyn, CON, ENG **[30968]** : PRE 1830, ERY, ENG **[34716]** : PRE 1820, Kirkby Overblow & Riccall, WRY, ENG **[34716]**
HARBOR : PRE 1800, SFK, ENG **[25747]**
HARBORD : PRE 1700, West Somerton, NFK, ENG **[33428]**
HARBORN : C1850+, Hamsterley, DUR, ENG **[99012]**
HARBOROUGH: 1800 Edlesborough BDF ENG **[18593]**
HARBOTTEL : 1300-1700, NBL, ENG **[19576]**
HARBOTTLE : 1300-1700, NBL, ENG **[19576]**
HARBOUR : 1800+, London, ENG **[26022]** : ALL, Knotting, BDF & NTH, ENG **[44138]** : Elizabeth, C1819, Sutton At Hone, KEN, ENG **[13838]** : PRE 1850, Lingfield, SRY, ENG **[37052]**
HARBOURN : PRE 1760, HAM, ENG **[20458]** : PRE 1820, Southampton, HAM, ENG **[20458]**
HARBURN : Ann, 1830+, Carlton, YKS, ENG **[45145]**
HARBY : 1600-1700, Cambridge, CAM, ENG **[33347]**
HARD : PRE 1830, South Brent, DEV, ENG **[19457]**
HARDACRE : 1700-1800, Long Preston & Hellifield, WRY, ENG **[42557]**
HARDCASTLE : Jane, 1750, Sunderland, DUR, ENG **[24971]**
HARDEBECK : ALL, Ankum, HAN, BRD **[23858]** : ALL, Schwagstorf, HAN, BRD **[23858]**
HARDEN : 1880+, Chatham, KEN, ENG **[46386]** : PRE 1850, Highgate & Hornsey, MDX, ENG **[44889]** : Mary, 1820+, Chichester, SSX & PEM, ENG & WLS **[31159]**
HARDERN : 1700-1856, Sheffield, ERY, ENG **[17642]**
HARDEVELD : ALL, NL **[11938]**
HARDEY : 1850+, Harden, NSW, AUS **[11055]**
HARDGREAVES : 1780+, Buxted, SSX, ENG **[30120]** : 1800-1850, Buxted, SSX, ENG **[30120]**
HARDGROVE : Ant. & Cecilia, 1911, Narrabri, NSW, AUS **[14163]**
HARDIE : David, 1915, Manly, NSW, AUS **[11590]** : Jane Ann, PRE 1880, Brampton, CUL, ENG **[25246]** : PRE 1830, Clerkenwell, MDX, ENG **[42518]** : 1880+, Auckland, NZ **[21707]** : 1700-1800, Edinburgh, SCT **[16559]** : 1770, Newburgh, ABD, SCT **[26101]** : 1800S, Preston, ELN, SCT **[21727]** : James, 1780+, Edinburgh, MLN, SCT **[28190]** : 1843, Paisley, RFW, SCT **[34651]**
HARDIER : John, 1567, NTH, ENG **[22796]**
HARDIMAN : 1800+, NSW, AUS **[29786]** : 1750-1800, Salisbury, WIL, ENG **[25322]**
HARDING : 1850S, Tooborac, VIC, AUS **[12237]** : 1830, BKM, ENG **[13914]** : William, C1836, Great Marlow, BKM, ENG **[12317]** : 1830+, Great Missenden, BKM, ENG **[46345]** : 1700+, Buckland Brewer, DEV, ENG **[16254]** : 1700-1800, Hartland, DEV, ENG **[16254]** : 1850+, Shaldon, DEV, ENG **[21431]** : 1700+, Woolfardisworthy, DEV, ENG **[16254]** : 1820+, Symondsbury,

DOR, ENG **[30107]** : William John, 1862+, West Ham, ESS, ENG **[45920]** : PRE 1800, GLS, ENG **[19613]** : PRE 1850, Cam, GLS, ENG **[34873]** : 1830+, Marshfield, GLS, ENG **[46274]** : ALL, Rodmarton & Duntingbourne, GLS, ENG **[46418]** : ALL, South Cerney & Kemble, GLS, ENG **[46418]** : PRE 1840, Tibberton, GLS, ENG **[28557]** : ALL, Bramshott, HAM, ENG **[33920]** : ALL, Headley, HAM, ENG **[33920]** : ALL, Micheldever, HAM, ENG **[33920]** : Thomas, C1730, Southampton, HAM, ENG **[39386]** : PRE 1820, Studham, HRT, ENG **[17523]** : 1915+, KEN, ENG **[44132]** : 1820S, Bethnal Green, LND, ENG **[46434]** : PRE 1900, Clerkenwell, LND, ENG **[45607]** : 1800-1900, Islington, LND, ENG **[44889]** : 1800-1900, Shoreditch, LND, ENG **[44889]** : C1840, Stepney, LND, ENG **[11813]** : PRE 1850, Highgate & Hornsey, MDX, ENG **[44889]** : 1845-1930, London, MDX, ENG **[30120]** : Job, C1823, Bury St.Edmunds, SFK, ENG **[14851]** : C1841, SOM, ENG **[12573]** : 1840, Bath, SOM, ENG **[25529]** : PRE 1750, Martock, SOM, ENG **[45690]** : PRE 1688, Seavington & Lopen, SOM, ENG **[46391]** : ALL, South Petherton, SOM, ENG **[18150]** : ALL, Haslemere, SRY, ENG **[33920]** : C1820, Lambeth, SRY, ENG **[14197]** : ALL, Shottermill, SRY, ENG **[33920]** : PRE 1720, SSX, ENG **[36246]** : ALL, Linchmere, SSX, ENG **[33920]** : George, 1750-1830, Siddlesham, SSX, ENG **[45920]** : ALL, Mow Cop, STS, ENG **[31116]** : 1900+, Durban, RSA **[45690]**

HARDING PHELPS : 1865+, Cheltenham, GLS, ENG **[28557]**

HARDINGHAM : PRE 1850, Broome & Ellingham, NFK, ENG **[42721]**

HARDISTY : 1585-1775, Fewston, YKS, ENG **[12318]** : Elizabeth, C1700, Knaresborough, YKS, ENG **[19964]**

HARDMAN : Mary Jane, 1845+, Windsor, NSW, AUS **[45078]** : ALL, CHS, ENG **[20729]** : ALL, Cheshire, CHS, ENG **[46479]** : PRE 1900, Bury, LAN, ENG **[45308]** : C1830, Croft, LAN, ENG **[41511]** : PRE 1900, Liverpool, LAN, ENG **[19259]**

HARDS : 1800-1850, Burstow, SRY, ENG **[46313]** : 1750-1820, Cuckfield, SSX, ENG **[46313]**

HARDSTAFF : PRE 1760, NTT, ENG **[38968]** : PRE 1800, NTT, ENG **[41370]** : PRE 1800, Linby, NTT, ENG **[41370]** : ALL, WORLDWIDE **[45851]**

HARDSTAFF (see One Name Section) **[45851]**

HARDWICK : ALL, ENG **[20068]** : 1780+, London, ENG **[12904]** : 1903+, London, ENG **[40135]** : 1839, Lincoln, LIN, ENG **[44113]** : ALL, Allerston & Pickering, NRY, ENG **[18145]** : 1800-1950, Wolverly, WOR, ENG **[45894]** : PRE 1900, Leeds & Birstall, WRY, ENG **[18397]** : 1700+, Leeds, YKS, ENG **[46456]** : William, ALL, GLA, MON & LND, WLS & ENG **[19766]**

HARDWICK (see One Name Section) **[20068]**

HARDWIDGE : ALL, SOM, ENG **[36081]** : Mary, 1815-1895, Huntspill, SOM, ENG **[33973]**

HARDY : 1836, NSW, AUS **[31877]** :1844+, Dungog & Nabiac, NSW, AUS **[45689]** : Jackson, 1860S, Grafton, NSW, AUS **[10303]** : C1850+, Don, TAS, AUS **[11536]** : Wm, 1857, (Horizon Ship), VIC, AUS **[10054]** : Flore, 1940-1950, Benalla, VIC, AUS **[45770]** : Nixon, 1900S, London, ENG **[21155]** : PRE 1850, Stockport, CHS, ENG **[36983]** : 1700S, Aveton Gifford, DEV, ENG **[11091]** : PRE 1800, Blackawton, DEV, ENG **[34783]** : 1800-1820, Devonport, DEV, ENG **[34664]** : 1800+, Broadwey, DOR, ENG **[11827]** : 1785-1850, Wareham, DOR, ENG **[30120]** : 1970+, Newfield, DUR, ENG **[99036]** : 1800-1810S, Wethersfield, ESS, ENG **[45030]** : 1600-1800, GLS, ENG **[27039]** : James, 1830-1900, Manchester, LAN, ENG **[45770]** : Flore, 1860-1870, Manchester, LAN, ENG **[45770]** : 1790+, Evedon, LIN, ENG **[46437]** : PRE 1820, Stamford, LIN & NTH, ENG **[18096]** : Virginie, 1870+, LND, ENG **[46026]** : George Wm, 1890-1910, St.Pancras & Lambeth, MDX & SRY, ENG **[35225]** : Jane, C1878, NBL, ENG **[11197]** : PRE 1820, Kirby in Cleveland, NRY, ENG **[45227]** : PRE 1860, Newark on Trent, NTT, ENG **[11536]** : Wm Erasmus, 1800-1820, SOM, ENG **[34664]** : John, PRE 1767, Taunton, SOM, ENG **[10508]** : PRE 1850, Stockingford, WAR, ENG **[11575]** : 1800S, YKS, ENG **[15521]** : John, 1835, YKS, ENG **[28802]** : 1795-1818, Bishop Burton, YKS, ENG **[15521]** : Robert, 1811, Bridlington, YKS, ENG **[28802]** : Henry, 1800, Loughrea & Cahartrim, GAL, IRL **[43057]** : PRE 1870, SCT **[46383]**

HARE : 1842+, NSW, AUS **[10301]** : 1860+, NSW, AUS **[10230]** : 1816-70, Sydney & Camden, NSW, AUS **[42226]** : Richard, 1700, Holnest, DOR, ENG **[17203]** : C1790, Brigg, LIN, ENG **[28340]** : C1800, Bermondsey, LND, ENG **[19759]** :PRE 1777, Stepney, LND, ENG **[19759]** : 1800+, MDX, ENG **[35147]** : PRE 1873, SFK, ENG **[46296]** : 1700+, St.John, SRY, ENG **[19759]** : PRE 1820, Eccleshill & Calverley, WRY, ENG **[42974]** : C1827, Great Ouseburn, WRY, ENG **[31442]** : 1800+, Cootehill, CAV, IRL **[10301]** : ALL, Sanquhar, DFS, SCT **[20587]**

HARES : 1800+, Chewton Mendip, SOM, ENG **[46435]** : 1820-1900, MON, WLS **[46435]**

HAREUTHER : ALL, GER **[99556]**

HARFORD : 1860+, Newcastle upon Tyne, NBL, ENG **[37713]** : PRE 1870, Bridgwater, SOM, ENG **[41128]** : Elizabeth, 1842+, Weymouth & Westbury, DOR & TAS, ENG & AUS **[28149]**

HARFORD(E) : 1500-1625, Bosbury, HEF, ENG **[29715]**

HARGER : 1700-1800, Giggleswick, WRY, ENG **[31826]**

HARGEST : 1650+, HEF & SAL, ENG **[18038]** : 1840+, NZ **[30351]** : 1900+, PA & ALL, USA **[30351]** : 1650+, BRE & MON, WLS **[18038]** : PRE 1800, BRE & RAD, WLS **[30351]** : 1650+, WORLDWIDE **[18038]**

HARGOOD : ALL, Peckham, SRY, ENG **[21763]**

HARGOT : C1810, Bradford, WRY, ENG **[30310]**

HARGRAVE : PRE 1815, QUE, CAN **[31186]** : George, 1843, Bramley & Leeds, YKS, ENG **[21828]** : ALL, Bramley & Leeds, YKS, ENG **[21828]** : 1877-1930, Auckland & North Carlton, VIC & NSW, NZ & AUS **[46055]**

HARGRAVES : PRE 1820, LAN, ENG **[10350]**

HARGREAVE : Wm Lupton, 1870+, Kyneton, VIC, AUS **[39179]**

HARGREAVES : 1900S, LAN, ENG **[34704]** : PRE 1900, Accrington & Altham, LAN, ENG **[45735]** : Duckworth, PRE 1870, Blackburn, LAN, ENG **[10937]** : 1600-1800, Burnley, LAN, ENG **[22305]** : PRE 1900, Burnley & Liverpool, LAN, ENG **[42209]** : Margaret, 1806-71, Chorley, LAN, ENG **[16125]** : 1850+, Guide, LAN, ENG **[21463]** : PRE 1890, Manchester & Blackrod, LAN, ENG **[36983]** : 1800+, MDX, ENG **[12386]** : PRE 1750, Bradford & Bingley, WRY, ENG **[42277]** : PRE 1840, Lothersdale, WRY, ENG **[46452]** : 1700+, Shipley, WRY, ENG **[26752]** : 1700S, Burnsall, YKS, ENG **[16149]** : ALL, Southowram, YKS, ENG **[33901]**

HARGROVE : C1812+, West Wickham, CAM, ENG **[11462]** : ALL, Whitehaven, CUL, ENG **[21088]**

HARIBASH : 1700-1991, Cliova, CZEK **[23161]**

HARINGTON : 1800S, WI, USA **[16430]**

HARKER : PRE 1890, Sunderland, DUR, ENG **[17697]** : Ann, C1794, North Newbald, ERY, ENG **[21915]** : 1830+, Burnley, LAN, ENG **[13731]** : 1800+, Colne, LAN, ENG **[13731]** : PRE 1800, Greenhowhill & Pateley Bridge, NRY, ENG **[17697]** : PRE 1800, Swainby, NRY, ENG **[46423]** : 1735, Castle Bolton, YKS, ENG **[13731]** : 1850+, MO, AR & KS, USA **[44963]**

HARKES : C1880, Dunbar, ELN, SCT **[10277]**

HARKIN : 1800+, Ballygastel & Lisdoonvarna, CLA, IRL **[12420]**

HARKINS : 1822+, NSW, AUS **[41244]** : 1790+, IRL **[41244]** : 1820-1900, Lismunga, CLA, IRL **[39123]**

HARKNESS : PRE 1850, Deansgate, Manchester, LAN, ENG **[19415]** : Whitesmith, PRE 1820, LAN & YKS, ENG **[19415]** : George, PRE 1820, LAN & YKS, ENG **[19415]** : PRE 1800, YKS, ENG **[19415]** : 1760-1800, SCT **[15301]**

HARLAND : ALL, Newcastle, NSW, AUS **[32720]** : Richard, 1900+, Melbourne, VIC, AUS **[32035]** : ALL, DUR, ENG **[32720]** : Jn Whitfield, 1850-1900, LND & SRY, ENG **[20003]** : 1820S-1850S, Lindfield & Walworth, SSX & SRY, ENG **[11444]** : 1800+, DOW, IRL **[29954]** : Richard, 1890+, Christchurch, CBY, NZ **[32035]**

HARLAYS : PRE 1720, BRT, FRA **[20178]**

HARLE : 1780-1840, NBL, ENG **[44150]**

HARLESS : C1800, Brocks Gap, VA, USA **[46467]**

HARLEY : PRE 1850, LND, ENG **[31186]** : 1700-1900, Evesham, WOR, ENG **[97801]** : PRE 1860, Kingsbridge & Southpool, DEV, ENG & AUS **[21161]** : PRE 1800, KRS & MLN, SCT **[46164]** : 1760, Bothkennar, Dunipace & Denny, STI, SCT **[21307]**

HARLING : 1880+, Vancouver, BC, CAN **[42516]** : Hannah, 1700+, Sundridge, KEN, ENG **[35280]** : 1800S, Great Yarmouth, NFK, ENG **[37187]** : PRE 1825, Great Yarmouth, NFK, ENG **[43843]** : William, ALL, NFK & SFK, ENG **[43843]** : 1700+, Frostenden, SFK, ENG **[36435]** : 1800S, Clapham, SRY, ENG **[42516]** : 1750+, Godstone, SRY, ENG **[42516]** : 1900+, Nelson, NLN, NZ **[42516]**

HARLOCK : PRE 1711, Benenden, KEN, ENG **[14029]** : John, 1774, Tuddenham, SFK, ENG **[14290]**

HARLOW : 1800S, Walthamstow, ESS, ENG **[99570]** : ALL, LEI, ENG **[21348]**

HARLOWE : 1790+, Gravesend, KEN, ENG **[13574]** : Sarah, 1790+, Covent Garden, LND, ENG **[13574]**

HARM : ALL, Bad Segeberg, SHO, BRD **[19655]**

HARMAN : 1872+, Hunter River, NSW, AUS **[11060]** : C1910+, Richmond, VIC, AUS **[34321]** : 1500S, ENG **[15521]** : Charles, C1830+, London, ENG **[34321]** : C1840+, London, ENG **[34321]** : ALL, Godalming, SRY, ENG **[44138]** : 1870+, Kingston-upon-Thames, SRY, ENG **[44138]** : C1690, Penhurst, SSX, ENG **[14120]** : 1770-1900, Pett, SSX, ENG **[45207]**

HARMER : 1800+, NSW, AUS **[43733]** : 1770+, NSW & NFK, AUS & ENG **[40480]** : 1850-1900, Stroud, GLS, ENG **[28154]** : 1900+, Stroud, GLS, ENG **[28154]** : 1700-1900, Hitchin, HRT, ENG **[26399]** : PRE 1770, NFK, ENG **[28400]** : 1770+, Coltishall, NFK, ENG **[28400]** : PRE 1780, Irstead, NFK, ENG **[33428]**

HARMON : James, 1500S, Sanderstead, SRY & LND, ENG **[22796]** : 1600+, YKS, ENG **[39061]** : PRE 1861, Erie Co., NY, USA **[33567]**

HARMS : 1850, Fassifern, QLD, AUS **[38681]** : 1700-1800S, Milton, KEN, ENG **[46460]**

HARMSWORTH : William, 1882, Rockhampton, QLD, AUS **[14094]** : Henry, C1833, Tadley, HAM, ENG **[14094]**

HARNETT : Ann, PRE 1800, KEN, ENG **[41471]** : PRE 1800, Lenham, KEN, ENG **[21088]**

HARNEY : PRE 1930, ROS, IRL **[43842]** : ALL, ROS, IRL & ENG **[46382]**

HARNIS : C1775, LIN, ENG **[28340]**

HAROLD : ALL, Ballycastle, ANT, IRL **[31072]** : ALL, DRY, IRL **[35297]** : John, PRE 1820, SCT **[35297]**

HARP : 1650, Peasenhall, SFK, ENG **[17704]**

HARPAM : ALL, KEN, ENG **[42641]**

HARPER : 1814+, Sydney, NSW, AUS **[31923]** : John, C1820, Sydney, NSW, AUS **[10985]** : Theresa, 1850+, Eyres Flat, SA, AUS **[34643]** : Henry & Ellen, 1847-1877, SA & VIC, AUS **[12917]** : 1890+, Kanowna, WA, AUS **[20965]** : 1890+, Perth, WA, AUS **[20965]** : 1700+, Perth, ONT, CAN **[23848]** : 1800+, Perth, ONT, CAN **[23848]** : 1850+, Peterborough, ONT, CAN **[23848]** : PRE 1800, Pavenham & Ravensden, BDF, ENG **[30996]** : 1650-1800, Bodmin, CON, ENG **[23161]** : Steph. & Mary, 1800S, CON & DEV, ENG **[12917]** : Henry, PRE 1841, St.Austell & Bere Alston, CON & DEV, ENG **[12917]** : James, C1800-1850, Plymouth, DEV, ENG **[46282]** : 1800+, Southampton, HAM, ENG **[20043]** : James, 1850+, Southampton, HAM, ENG **[46362]** : 1859-1885, Plumstead, KEN, ENG **[45754]** : 1754, London City & Aldgate, LND, ENG **[45754]** : C1800, Westminster, LND, ENG **[12084]** : 1750+, MDX, ENG **[44043]** : 1750+, Kensington, MDX, ENG **[34440]** : Will, 1790, London, MDX, ENG **[28092]** : 1800S, London, MDX, ENG **[98672]** : 1790-1856, Shoreditch, MDX, ENG **[45754]** : Emma, 1850+, Rodington, SAL, ENG **[41027]** : ALL, Peckham, SRY, ENG **[42362]** : C1770, Ashow, WAR, ENG **[29715]** : 1800S, Coventry, WAR, ENG **[27850]** : PRE 1820, Birdwell, WRY, ENG **[35015]** : James, Wilson, 1800S, IRL **[15640]** : PRE 1860, Ballymena, ANT, IRL **[20965]** : 1841+, Carrickfergus, ANT, IRL **[46329]** : 1750+, CAV, IRL **[23848]** : 1700+, Cootehill, CAV, IRL **[23848]** : 1830, Saintfield, DOW, IRL **[26241]** : PRE 1783, MEA, IRL **[14030]** : PRE 1814, MEA, IRL **[31923]** : 1700-1800, Ematris, MOG, IRL **[23848]** : Eliz., 1855, TYR, IRL **[99545]** : 1800+, NZ **[23848]** : Henry & Harriet, 1841-1847, New Plymouth & Auckland, NZ **[12917]** : 1860+, Naseby, OTG, NZ **[20965]** : 1850-1942, Auchterless & Huntly, ABD, SCT **[33820]** : ALL, BAN, SCT **[39671]** : Agnes, 1829, Unst, SHI, SCT **[12165]** : Susannah, 1812+, Montgomery, MGY, WLS **[31159]** : Henry, 1833, Monmouth, MON, WLS **[34320]**

HARPER (see One Name Section) **[23848]**

HARPHAM : ALL, KEN, ENG **[42641]** : 1900+, USA **[27879]**

HARPOUR : ALL, ENG & WLS **[42724]**

HARPUM : ALL, KEN & LND, ENG & ITL **[42641]**

HARPUR : 1850-1920+, Liverpool, LAN, ENG **[37181]** : ALL, ENG & WLS **[42724]** : Samuel S., 1812-1855, Dublin, IRL **[37181]** : Robert T., 1869-1928, Belfast, ANT, IRL **[23848]** : 1800-1900, Belfast & Holywood, ANT & DOW, IRL **[23848]** : 1750+, CAV, IRL **[23848]** : 1800-1900+, Ballinasloe, GAL, IRL **[37181]** : 1750+, MOG, IRL **[23848]** : ALL, AYR, SCT **[42724]** : 1741-1900S, Borgue, DFS, SCT **[99440]**

HARRAD : 1812+, Burton upon Trent, STS, ENG **[26932]**

HARRARAN : Ann, 1900, Kesh, FER, IRL **[34847]**

HARRES : PRE 1819, Stock Gabriel, DEV, ENG **[25764]**

HARRIDAN : 1850S, Port Sorell, TAS, AUS **[26246]**

HARRIDANCE : 1750, Ashingdon, ESS, ENG **[17704]**

HARRIES : 1760+, Oiste, HAN, GER **[14627]** : 1750-1900, Bonymaen, GLA, WLS **[34797]** : C1750-1900, Llansamlet, GLA, WLS **[34797]** : 1750-1805, Narberth, PEM, WLS **[34797]** : John, 1810+, Pwllcrochan, PEM, WLS **[46272]** : 1700-1800, St.Dogwells, PEM, WLS **[12641]**

HARRIGAN : C1890, Williamstown, VIC, AUS **[13244]** : PRE 1850, Goleen, COR, IRL **[22683]** : 1845+, Portland, ME, USA **[29720]**

HARRIMAN : 1845+, West Hartlepool, DUR, ENG **[46307]** : PRE 1850, Lockington, LEI, ENG **[12707]** : PRE 1850, Mountsorrel, LEI, ENG **[46307]** : 1800+, Escrick & York, YKS, ENG **[46495]**

HARRINGTON : 1850+, Kilmore, VIC, AUS **[11055]** : 1850-1911, Ancaster, ONT, CAN **[46472]** : PRE 1920, HAM, ENG **[44969]** : 1850+, Bristol, SOM, ENG **[27868]** : John, C1795, Bantry, COR, IRL **[35110]** : Caskey, ALL, Castletownbere, COR, IRL **[46195]** : Caobach, ALL, Castletownbere, COR, IRL **[46195]** : C1814, Ballincorty, KER, IRL **[13869]** : 1860S, Fedamore, LIM, IRL **[21889]** : 1800+, TIP, IRL **[11055]** : PRE 1850, TIP, IRL **[12710]** : PRE 1880, Nenagh, TIP, IRL **[12710]** : 1870-1940, Fall River, MA, USA **[23523]** : 1640+, RI, USA **[32223]**

HARRIOT : Andrew, 1830+, Sydney, NSW, AUS **[14472]** : Andrew, 1804+, Glasgow, LKS, SCT **[14472]** : Andrew, PRE 1830, Dalkeith, MLN, SCT **[14472]**

HARRIOTT : James, PRE 1787, London, ENG **[36800]**

HARRIS : PRE 1930, AUS **[46377]** : Thomas, 1870-1890, Botany, NSW, AUS **[36112]** : Wm C., 1862+, Hunter Valley, NSW, AUS **[10345]** : ALL, Ilford, NSW, AUS **[11802]** : Wm., 1833-1903, Sydney, NSW, AUS

[11060] : C1860, Sydney, NSW, AUS [17921] : George & Sarah, 1879+, Truro & Kapunda, SA, AUS [14548] : 1877+, Breadalbane, TAS, AUS [28140] : 1844+, Carrick, TAS, AUS [28140] : ALL, Launceston, TAS, AUS [28140] : Rosa, 1878, Ballarat, VIC, AUS [36275] : Isobel, C1900, Camberwell, VIC, AUS [10891] : 1873+, Jung, Nhill & Bleakhouse, VIC, AUS [11877] : William, C 1800, Maroondjuha, VIC, AUS [13153] : Ann J., 1857-1926, Sand Ballast Ground, VIC, AUS [12032] : Ann J., 1857-1926, Williamstown, VIC, AUS [12032] : C1815, Bertie Twp, ONT, CAN [16010] : 1826-1837, Niagara, ONT, CAN [15521] : 1855+, Oxford Co. & Elgin Co., ONT, CAN [42436] : 1837+, Wellington, ONT, CAN [15521] : 1800S, ENG [17480] : 1851+, London, ENG [20690] : 1750+, BKM, ENG [44726] : ALL, Fulmer, BKM, ENG [37603] : PRE 1900, Reading, BRK, ENG [29642] : 1700-1890, Shefford & Welford, BRK, ENG [26533] : PRE 1900, Bluntisham cum Earith, CAM, ENG [39642] : 1800S, CON, ENG [34704] : 1800+, Altarnun, CON, ENG [20970] : PRE 1850, Newlyn East, CON, ENG [36742] : 1800S, Penzance, CON, ENG [14045] : PRE 1820, Redruth, CON, ENG [12707] : 1700+, St.Columb Major, CON, ENG [21741] : ALL, S..Columb Minor, CON, ENG [46311] : PRE 1850, DEV, ENG [26981] : PRE 1830, Ashburton & Deanprior, DEV, ENG [13584] : 1690-1900, Ashwater, DEV, ENG [45841] : PRE 1820, Bere Ferrers, DEV, ENG [20672] : PRE 1832, Buckfastleigh, DEV, ENG [36742] : PRE 1861, Cheriton Fitzpaine, DEV, ENG [11726] : John, PRE 1900, Cockwood, DEV, ENG [41041] : Mary, PRE 1900, Cockwood, DEV, ENG [41041] : Alfred Edward, PRE 1890, Cofton, DEV, ENG [41041] : 1700-1900, Crediton & Tiverton, DEV, ENG [43853] : Samuel, 1810+, Dartington, DEV, ENG [41223] : Emma Maria, PRE 1905, Dawlish, DEV, ENG [41041] : William, 1800+, East Devon, DEV, ENG [37044] : Mary Ann, PRE 1900, Exeter, DEV, ENG [41041] : Albert, PRE 1920, Exeter, DEV, ENG [41041] : Walter George, PRE 1920, Exeter, DEV, ENG [41041] : PRE 1900, Exeter, Dawlish & Mamhead, DEV, ENG [41041] : PRE 1850S, Hartland, DEV, ENG [16661] : Wm Richard, PRE 1900, Kenton, DEV, ENG [41041] : John, C1800+, Lifton, DEV, ENG [15564] : Richard, PRE 1870, Middlewood, DEV, ENG [41041] : Amy Walke, C1797, Newton Ferrers, DEV, ENG [25907] : 1700+, Newton St.Petrock, DEV, ENG [16254] : Richard, ALL, Okehampton, DEV, ENG [37044] : Richard, C1750+, Stoke Damerel, DEV, ENG [25066] : 1750-1850, Tiverton, DEV, ENG [15098] : John Henry, PRE 1930, Dawlish & Bournemouth, DEV & DOR, ENG [41041] : Clifford, PRE 1960, Bournemouth, DOR, ENG [41041] : PRE 1850, Fordington, DOR, ENG [32907] : 1850, Bromfield, ESS, ENG [35649] : Martha, 1770, Colchester, ESS, ENG [16149] : PRE 1820, Maldon, ESS, ENG [40696] : Daniel, PRE 1850, GLS, ENG [39429] : Mary, 1820, Deerhurst & Tewkesbury, GLS, ENG [24853] : 1840+, East Dean, GLS, ENG [46276] : 1840S, Gloucester, GLS, ENG [36655] : 1650-1750, Owlpen & Uley, GLS, ENG [19921] : 1700-1850, Tetbury, GLS, ENG [14296] : PRE 1850, Portsea & Portsmouth, HAM, ENG [39429] : Daniel, C1785, Portsmouth, HAM, ENG [39429] : C1800, Sherborne St.John, HAM, ENG [13960] : 1800+, Walford, HEF, ENG [46276] : 1600S-1700S, HEF, DEV & WAR, ENG [33331] : PRE 1820, Buckland & Dover, KEN, ENG [20690] : Sarah Ann, C1760+, Deptford, KEN, ENG [25066] : Henry, 1840+, Erith & Greenwich, KEN, ENG [33331] : 1820-1870, Northfleet, KEN, ENG [39678] : Alice, 1550-1650, Tonbridge, KEN, ENG [34797] : 1830S, Ulverston, LAN, ENG [46221] : Ann, C1818, Leicester, LEI, ENG [39186] : Sarah, PRE 1807, Loughborough, LEI, ENG [34975] : PRE 1860, LIN, ENG [36402] : PRE 1930, LND, ENG [46377] : C1700-1860, Camberwell, LND, ENG [19759] : Joseph A., 1808+, Woolwich, LND, ENG [14672] : Mary Ann S., 1808+, Woolwich, LND, ENG [14672] : William, 1810+, Woolwich, LND, ENG [14672] : Alice Jane, 1850-1898, Clapham, LND & MDX, ENG [45665] : Ellen, 1850S, Clerkenwell, MDX,

ENG [36112] : Samuel, 1700S, London, MDX, ENG [33331] : 1790-1910, London, MDX, ENG [11827] : 1750-1950, London & MDX, ENG [46412] : 1700-1900, Marylebone, MDX, ENG [41136] : PRE 1850, Shoreditch, MDX, ENG [17921] : 1775-1825, Teddington, MDX, ENG [17553] : PRE 1894, NFK, ENG [46296] : Joan, C1603, Great Yarmouth, NFK, ENG [22796] : PRE 1780, Ludham, NFK, ENG [33428] : PRE 1850, NTT, ENG [29373] : PRE 1850, Nottingham, NTT, ENG [41305] : PRE 1720, OXF, ENG [43840] : PRE 1828, Eynsham, OXF, ENG [30612] : 1700+, Headington, OXF, ENG [39565] : ALL, Oxford, OXF, ENG [37603] : ALL, Oxford & Beckley, OXF, ENG [44241] : 1500-1900, Witney & Hailey, OXF & ALL, ENG [20444] : PRE 1850, Donington, SAL, ENG [43137] : PRE 1900, Shrewsbury, SAL, ENG [45176] : 1750+, Little Saxham & Holton, SFK, ENG [13461] : George & John, C1834, Bath, SOM, ENG [14548] : James & Mary, 1774-1800, Chard, SOM, ENG [10203] : C1815, Kewstoke, SOM, ENG [25930] : 1800+, Southwark, SRY, ENG [28140] : PRE 1860, Walworth, SRY, ENG [36543] : Edw. & Sydney, 1800-1950, Brighton, SSX, ENG [20919] : C1800, Kingswinford, STS, ENG [46305] : Henry, ALL, Birmingham, WAR, ENG [46444] : ALL, Birmingham, WAR, ENG [46444] : 1700-1890, Hilperton & Baydon, WIL, ENG [36533] : PRE 1850, Mildenhall, WIL, ENG [36337] : 1800+, Semley, WIL, ENG [11802] : 1820, Semley, WIL, ENG [26241] : PRE 1790, WOR, ENG [15521] : PRE 1710, Harvington, WOR, ENG [31316] : PRE 1810, Kidderminster, WOR, ENG [46297] : 1840S, Sheffield, YKS, ENG [29373] : PRE 1865, ENG & AUS [36188] : Edward, C1824-1913, Brighton & Donald, SSX & VIC, ENG & AUS [14672] : 1800, Wigan & Pembroke, LAN & PEM, ENG & WLS [11530] : Stephen, 1780S+, Comilla & Tipperah, BENGAL, INDIA [33331] : ALL, COR, IRL [37286] : PRE 1900, Kilmallock, LIM, IRL [22536] : David, C1830, LOG, IRL [13153] : William, PRE 1830, LOG, IRL [13153] : Edward, C1790-1855, Kiln & Dublin, CAV & DUB, IRL & ENG [14672] : 1870+, Auckland, NZ [20690] : 1820+, Eastern Cape, RSA [30589] : ALL, ANS, SCT [44060] : George, C1840-1922, Edinburgh, MLN, SCT [39601] : 1850+, CO, USA [22536] : 1808-1874, La Harpe, IL, USA [33866] : Jos, C1800, Albany, NY, USA [16010] : ALL, BARBADOS, W.INDIES [10715] : John, 1804+, Llannon, CMN, WLS [39482] : 1780-1880, GLA, WLS [42966] : 1750-1900, Bonymaen, GLA, WLS [34797] : Ann, C1749, Lisvane, GLA, WLS [34320] : C1750-1900, Llansamlet, GLA, WLS [34797] : 1800-1854, MON, WLS [46374] : Thomas, 1861+, Llangwm, MON, WLS [34320] : Jephtha, 1800+, Llansoy, MON, WLS [34320] : Elizabeth, 1804, Llansoy, MON, WLS [34320] : Anne, 1861+, Llansoy, MON, WLS [34320] : Elizabeth, 1861+, Llansoy, MON, WLS [34320] : Trevor, 1913+, Monmouth, MON, WLS [34320] : 1800-1925, Ton Pentre, MON & GLA, WLS [21227] : 1750-1850, Narberth, PEM, WLS [34797] : 1800-1881, Neyland & Haverfordwest, PEM, WLS [45675] : ALL, WORLDWIDE [42641]

HARRIS (see : Harries), [12641]

HARRISON : Jane, 1820, Sydney, NSW, AUS [13000] : 1900+, Sydney, NSW, AUS [29025] : 1818-1900, Windsor, Parramatta & Sydney, NSW, AUS [46210] : ALL, SA, AUS [35988] : ALL, VIC, AUS [42688] : 1867+, Burwood, VIC, AUS [27749] : PRE 1867, Burwood, VIC, AUS [27749] : Edmund, 1902, London, ENG [99177] : John, 1830, Burwell, CAM, ENG [24707] : Richard, 1790+, Downham, CAM, ENG [24707] : 1800S, Lymm, CHS, ENG [46437] : 1700S, CUL, ENG [21221] : Joshua, ALL, CUL, ENG [42780] : 1750+, Bridekirk, CUL, ENG [42780] : 1700-1900, Carlisle, CUL, ENG [46505] : 1845+, Carlisle, CUL, ENG [36643] : Mary A., 1853, Kirkbampton, CUL, ENG [42780] : 1800+, Kirkbride, CUL, ENG [42780] : PRE 1750, Cubley, DBY, ENG [35042] : Thomas, C1800+, Derby, DBY, ENG [39083] : 1842, Foolow, DBY, ENG [30714] : 1800-1850, Ilkeston, DBY, ENG [30491] :

Eliza, 1847-1910, DUR, ENG **[42961]** : Elizabeth, 1868-1961, DUR, ENG **[42961]** : John, PRE 1874, DUR, ENG **[43082]** : 1824, Darlington, DUR, ENG **[40807]** : Joseph, 1816+, Stanhope & Heathery Cleugh, DUR, ENG **[42961]** : 1700S, Streatlam, DUR, ENG **[37155]** : C1880, Wolsingham, DUR, ENG **[11716]** : Mary Jane, 1800S, DUR & NBL, ENG **[43996]** : PRE 1920, DUR & NBL, ENG **[30446]** : 1650+, ERY, ENG **[16430]** : 1700-1800, Pickering, ERY, ENG **[18145]** : PRE 1900, Manningtree, ESS, ENG **[30022]** : 1750-1850, Kings Stanley, GLS, ENG **[46210]** : C1840-1920, Ashford & Kingsnorth, KEN, ENG **[40569]** : 1910-1990, Rochester, KEN, ENG **[20924]** : 1865+, Sydenham, KEN, ENG **[37255]** : Simon, 1770-1830, Whitstable, KEN, ENG **[39461]** : 1810-1850+, Whitstable, KEN, ENG **[32794]** : Eleanor, 1750-1840, Whitstable & Herne Bay, KEN, ENG **[39461]** : 1800S, LAN, ENG **[34704]** : 1850+, Barrow in Furness, LAN, ENG **[20835]** : C1800, Liverpool, LAN, ENG **[14513]** : James, PRE 1830, Manchester, LAN, ENG **[17654]** : 1800-1900, Skelmersdale, LAN, ENG **[12641]** : Mary, PRE 1779, East Norton, LEI, ENG **[21349]** : 1800+, Boston & Grantham, LIN, ENG **[43816]** : 1780-1820, Deeping St.James, LIN, ENG **[10252]** : Ann, 1830, Lincoln, LIN, ENG **[39967]** : 1800, Saxilby, LIN, ENG **[37617]** : 1800+, Spridlington, LIN, ENG **[36071]** : PRE 1840, Wragby, LIN, ENG **[41163]** : Sophia, C1811, LND, ENG **[25654]** : 1750+, Tottenham, LND, ENG **[21394]** : George Percy, 1892+, West Ham, LND, ENG **[27955]** : PRE 1897, Chelsea, MDX, ENG **[36624]** : 1880S, Shoreditch, MDX, ENG **[37155]** : Alexdr & Jane, 1870+, Ashington, NBL, ENG **[11197]** : PRE 1865, Newcastle on Tyne, NBL, ENG **[35527]** : PRE 1897, Diss, NFK, ENG **[36624]** : C1830, Terrington, NFK, ENG **[27369]** : Eliz., 1800+, Weston Longville, NFK, ENG **[46436]** : PRE 1901, Wiggenhall St.Marys, NFK, ENG **[11827]** : PRE 1800, Sinderby, NRY, ENG **[17763]** : ALL, OXF, ENG **[34588]** : 1829+, Coker, SOM, ENG **[17291]** : 1840S, Lambeth, SRY, ENG **[41554]** : 1870S, Lambeth, SRY, ENG **[41554]** : Hannah, 1896-1930S, Lambeth, Brixton & Leatherhead, SRY, ENG **[39964]** : 1850-90, Woldingham, SRY, ENG **[36071]** : Geo & Alice, 1896+, Burton upon Trent, STS, ENG **[33870]** : 1700-1900, Stoke on Trent, STS, ENG **[19368]** : Mary A., 1836+, West Bromwich, STS, ENG **[17449]** : George, 1849, Birmingham, WAR, ENG **[34212]** : PRE 1815, Birmingham, WAR, ENG **[17231]** : PRE 1850, WOR & SAL, ENG **[17200]** : Sml, 1786+, Batley, WRY, ENG **[13229]** : John, 1800, Huddersfield, WRY, ENG **[11530]** : William, 1786-1802, Ripon, WRY, ENG **[17763]** : 1700-1850, Settle, WRY, ENG **[20835]** : Abraham, 1881+, Soothill, WRY, ENG **[13229]** : Henry, 1850+, Soothill & Batley, WRY, ENG **[13229]** : 1746, Catterick, YKS, ENG **[13437]** : James, 1790, Giggleswick, YKS, ENG **[21759]** : Michael, 1800+, Hull, YKS, ENG **[45824]** : Henry, 1800+, Hull, YKS, ENG **[45824]** : Catherine, PRE 1880, Kirby-Wiske, YKS, ENG **[41041]** : PRE 1820, Nun Monkton, YKS, ENG **[25737]** : 1700+, Ramsgill, YKS, ENG **[28513]** : 1813, Sheffield, YKS, ENG **[46429]** : John, 1800+, Sheffield & Brodsworth, YKS, ENG **[36643]** : 1800-1850, York, YKS, ENG **[36033]** : Eliza, C1829-1926, Derby, DBY & WAR, ENG & AUS **[39083]** : George, C1817-1876, Warrington, LAN, ENG & AUS **[42890]** : ALL, Sephton, LAN, SA & NSW, ENG & AUS **[45626]** : 1850+, ENG & CAN **[36084]** : 1890+, Lahore, INDIA **[30071]** : 1800+, Belfast, ANT, IRL **[44299]** : 1800+, Monasterevan, KID, IRL **[19429]** : Catharine, C1790, IOM, UK **[41500]** : Nathan, 1930+, Evansville, IL, USA **[24707]** : Lillian E., 1880+, WI, USA **[24707]** : James, 1860-1934, Edgerton, WI, USA **[24707]** : John, 1860+, Edgerton & Janesville, WI, USA **[24707]** : 1750-1900, Bonymaen, GLA, WLS **[34707]** : C1750-1900, Llansamlet, GLA, WLS **[34797]**

HARRISON ALIAS JONES : Jane, PRE 1820, Nottingham, NTT, ENG **[13000]**

HARRISSON : PRE 1800, WAR, ENG **[13657]**

HARROD : 1800-1860S, London, ENG **[21349]**

HARROLD : PRE 1850, Dursley & Woodmancote, GLS, ENG **[18422]** : 1800, Kings Ripton, HUN, ENG **[39515]** : ALL, Folkestone, KEN, ENG **[18168]** : 1840+, Dereham, NFK, ENG **[30127]** : PRE 1830, NC, USA **[23895]** : 1800-60 Westmoreland Co., PA, USA **[22846]**

HARROP : 1700S, Great Horwood, BKM, ENG **[42466]** : ALL, Birmingham, WAR, ENG **[43879]**

HARROWER : PRE 1750, Dunfermline, FIF, SCT **[10591]** : 1784-C1832, Fort Augustus, INV, SCT **[33867]**

HARRY : PRE 1820, Lelant, CON, ENG **[12229]** : PRE 1770, Ludgvan & Penwith, CON, ENG **[27678]** : 1500-1900, Morvah & St.Just in Penwith, CON, ENG **[19843]** : PRE 1867, Mousehole, CON, ENG **[14645]** : C1755, Mullion, CON, ENG **[14030]** : 1750-1800, Redruth, CON, ENG **[10646]** : 1832, St.Gluvias, CON, ENG **[13019]** : 1800-1920, Fulham & Marylebone, MDX, ENG **[19614]** : PRE 1855, St.Brides Minor, GLA, WLS **[14733]**

HARSANT : C1800-1900, LND, ENG **[30645]** : C1500-1900, SFK, ENG **[30645]**

HARSTON : 1850-1920, Tottenham & Edmonton, MDX, ENG **[46412]** : PRE 1810, NTT, ENG **[46452]** : 1850+, Cropwell Bishop, NTT, ENG **[36710]**

HART : Sarah & John, 1835+, Sydney, NSW, AUS **[33402]** : 1902, QLD, AUS **[13845]** : PRE 1960, VIC, AUS **[13994]** : Henry, 1849, Sterling North, SA, AUS & ENG **[44689]** : Thomas, 1600S, Milton Ernest, BDF, ENG **[17117]** : Thomas, 1700S, Astwood, BKM, ENG **[17117]** : ALL, Whittlesey, CAM, ENG **[99036]** : 1750S, Gwennap, CON, ENG **[12318]** : 1700-1850S, Bridport, DOR, ENG **[26335]** : PRE 1860, Durham, DUR, ENG **[28523]** : 1800-1900, Sunderland, DUR, ENG **[20923]** : Henry, 1851-1910, Prittlewell, ESS, ENG **[37633]** : 1800+, Rayne, ESS, ENG **[31689]** : 1700, Rettendon, ESS, ENG **[17704]** : Oscar, 1750-1880S, West Ham & Stepney, ESS, ENG **[10286]** : 1800-1870, Rodmorton, GLS, ENG **[36126]** : PRE 1850, HUN, ENG **[25747]** : ALL, Folkestone, KEN, ENG **[18168]** : Frances, 1757+, Goudhurst, KEN, ENG **[10054]** : PRE 1910, Horwich & Blackrod, LAN, ENG **[36983]** : PRE 1780, Wigan, LAN, ENG **[31316]** : C1728, LIN, ENG **[38523]** : Jane, 1850-1923, Balham, LND, ENG **[42168]** : A., 1850+, Fulham, LND, ENG **[42799]** : 1850-1930S, Islington, LND, ENG **[45736]** : Henry, 1911+, Islington, LND, ENG **[45736]** : 1830+, Enfield, MDX, ENG **[45754]** : 1800-1900, St.Georges Parish, MDX, ENG **[46338]** : Henry, 1960+, NFK, ENG **[45736]** : C1800, Worlingworth, SFK, ENG **[28340]** : Emma, 1835-1840, Newington, SRY, ENG **[14627]** : Frederick, 1850-70S, Southwark, SRY, ENG **[45736]** : Thomas, 1820+, SOM, ENG & AUS **[24289]** : 1800S, ANT, IRL **[32130]** : Mary, PRE 1845, COR, IRL **[12819]** : ALL, Gort, GAL, IRL **[46311]** : 1800S, TYR, IRL **[44996]** : 1860+, Upper Moutere, NLN, NZ **[36126]** : 1930+, Wellington & Lower Hutt, WTN, NZ **[21712]** : 1860-1920, AYR, SCT **[32130]** : PRE 1850, Rothesay, BUT, SCT **[26955]** : PRE 1785, Paisley, RFW, SCT **[14030]** : 1745-1800, Kirkinner, WIG, SCT **[10046]** : ALL, UK **[43613]** : 1800-1920S, Detroit, ME, USA **[26785]** : 1600S, Beverly, MA, USA & ENG **[22796]**

HARTE : C1900, Cork, COR, IRL **[25306]** : PRE 1900, Limerick, LIM, IRL **[25306]**

HARTEN : 1800S, Mullahoran, CAV, IRL **[34438]** : ALL, WORLDWIDE **[34438]**

HARTFIELD : PRE 1850, East Grinstead, SSX, ENG **[26017]**

HARTH : 1820+, Frankfurt & Bockenheim, HES, BRD **[39096]**

HARTIGAN : 1850+, VIC, AUS **[10642]** : C1800+, LND, ENG & AUS **[33097]**

HARTLAND : PRE 1773, Ledbury, HEF, ENG **[28557]** : 1835+, Much Wenlock, SAL, ENG **[28557]** : 1800+, Wolverhampton, STS, ENG **[27393]** : 1773-1890, Upton on Severn, WOR, ENG **[28557]**

HARTLEIGH : C1300, Hartley, BRK, ENG **[19759]**

HARTLEY : C1858, Ipswich, QLD, AUS **[14197]** : PRE 1867, Jondaryan, QLD, AUS **[14197]** : 1868, Maryborough, QLD, AUS **[36768]** : Thomas, C1790-70, Poynton & Worth, CHS, ENG **[37619]** : 1700+, Falmouth, CON, ENG **[21091]** : 1712+, Stroud, GLS, ENG **[42282]** : 1775+, Deptford, KEN, ENG **[42282]** : 1820S, Bolton, LAN, ENG **[30737]** : 1840S+, Burnley & Rochdale, LAN, ENG **[34112]** : C1776, Colne, LAN, ENG **[18001]** : PRE 1850, Colne, LAN, ENG **[27678]** : 1880S+, Littleborough & Rochdale, LAN, ENG **[34112]** : 1700+, Manchester, LAN, ENG **[45624]** : 1800S, Manchester, LAN, ENG **[30876]** : 1883+, Manchester, LAN, ENG **[33245]** : 1500+, Manchester & Rochdale, LAN, ENG **[28420]** : 1830-1950, Rossendale, LAN, ENG **[46310]** : 1789+, Bodicote, OXF, ENG **[14197]** : ALL, SFK, ENG **[39642]** : 1800S, Glemsford, SFK, ENG **[36243]** : 1700+, Long Preston, Gargrave, WRY, ENG **[21038]** : 1600-1900, Haworth, YKS, ENG **[45639]** : ALL, Keighley, YKS, ENG **[42570]** : 1750-1900, Leeds, YKS, ENG **[19713]** : 1825, Thornton in Craven, YKS, ENG **[34112]** : PRE 1900, Lancaster, LAN, ENG & SCT **[45054]** : 1800+, MAN, NZ **[21091]**

HARTMAN : 1780-1850, Lennox & Addington Co., ONT, CAN & GER **[42429]**

HARTMANN : 1774-1814, Frankisch-Crumbach, GHE & HES, GER **[24252]**

HARTNELL : 1700+, Churchstanton, DEV, ENG **[99012]**

HARTNET : Mary, 1803, CAV, IRL **[31486]**

HARTOP : John, PRE 1714, Keyham, LEI, ENG **[34975]** : PRE 1820, Bedworth, WAR, ENG **[39336]** : PRE 1820, Bedworth, WAR, ENG **[31761]**

HARTREE : 1800S, SOM, ENG **[46001]**

HARTSHORN : PRE 1860, Aylesbury, BKM, ENG **[12223]**

HARTSHORNE : PRE 1881, STS, ENG **[37174]**

HARTSOCK : PRE 1840, KY, USA **[24168]**

HARTUP : ALL, Maker, CON, ENG **[31646]** : ALL, KEN, ENG **[34277]**

HARTWELL : PRE 1850, Ridgemont, BDF, ENG **[27802]** : PRE 1865, Taunton, GLS, ENG **[46304]** : 1800-1880, STS, ENG **[21597]**

HARTWIG : ALL, Toowoomba, QLD, AUS **[99026]** : C1850, London, MDX, ENG **[10290]** : C1750, Besse, HEN, GER **[10350]**

HARVEY : 1788+, AUS **[29786]** : PRE 1930, AUS **[46377]** : ALL, Coonabarabran, NSW, AUS **[28210]** : 1800S+, Drayton, QLD, AUS **[13799]** : 1925-1942, Toowoomba, QLD, AUS **[13591]** : 1845+, Launceston, TAS, AUS **[11526]** : 1850S+, Ballarat, VIC, AUS **[40153]** : 1850+, Geelong, Bendigo & Melbourne, VIC, AUS **[11994]** : C1800, Brill, BKM, ENG **[14076]** : 1730-1850, Cambridge, CAM, ENG **[33347]** : PRE 1850, Tydd St.Giles, CAM, ENG **[25559]** : PRE 1820, CON, ENG **[11873]** : 1730S, Crowan, CON, ENG **[12318]** : 1700-1850, Paul, CON, ENG **[46255]** : 1600-1870, Penwith, CON, ENG **[27678]** : 1700+, Roche, CON, ENG **[21741]** : Mary, C1760+, Sennen & St.Just in Penwith, CON, ENG **[41477]** : 1700-1860, St.Just in Penwith, CON, ENG **[36435]** : 1815-1910, Falmouth & Plymouth, CON & DEV, ENG **[30120]** : ALL, Mapperley, DBY, ENG **[39389]** : PRE 1750, Whittington & Denby, DBY, ENG **[16233]** : PRE 1850, Torquay & South East, DEV, ENG **[40871]** : George, 1750-1800, Iwerne Minster, DOR, ENG **[17203]** : 1750+, DOR & WIL, ENG **[46372]** : George, 1820S, Great Holland, ESS, ENG **[18700]** : 1800+, Leigh on Sea, ESS, ENG **[21312]** : 1600-1900, Horsley, GLS, ENG **[43805]** : ALL, Horsley & Nailsworth, GLS, ENG **[25702]** : ALL, Iow, HAM, ENG **[11658]** : PRE 1700, Walkern, HRT, ENG **[19216]** : 1700-1880, KEN, ENG **[42986]** : C1800, East Wickham, KEN, ENG **[26731]** : 1840-1900, Clerkenwell & Hackney, MDX, ENG **[18216]** : Maria, PRE 1860, Islington, MDX, ENG **[36275]** : PRE 1864, Cockthorpe & Wells, NFK, ENG **[38826]** : 1835, East Dereham, NFK, ENG **[19862]** : C1830, Norwich, NFK, ENG **[26430]** : PRE 1850, Outwell, NFK, ENG

[25559] : 1835, Wymondham, NFK, ENG **[19862]** : 1750+, Orston & Elton, NTT, ENG **[10287]** : 1800S, Sutton, SFK, ENG **[13799]** : C1770+, Kingsbury Episcopi, SOM, ENG **[36126]** : 1830, Brighton, SSX, ENG **[14156]** : ALL, Lewes, SSX, ENG **[31302]** : 1900+, Worthing, SSX, ENG **[31302]** : C1670, Cannock, STS, ENG **[46305]** : 1800+, Longton & Normacot, STS, ENG **[19713]** : 1800S, Rugeley, STS, ENG **[27780]** : PRE 1900, Rugeley, STS, ENG **[35619]** : PRE 1800, WAR, ENG **[18521]** : 1820+, Bloxwich & Birmingham, WAR, ENG **[42600]** : PRE 1825, Upton Warren, WOR, ENG **[17201]** : 1830S, ARM, IRL **[14188]** : PRE 1840, Killeshandra, CAV, IRL **[33428]** : PRE 1890, LOU, IRL **[30248]** : 1866+, Auckland, NZ **[41297]** : 1872+, Rakaia, CBY, NZ **[39672]** : 1856+, Moutere, NLN, NZ **[36126]** : PRE 1880, Alloa, CLK, SCT **[44921]** : PRE 1860, FIF, SCT **[21149]** : PRE 1880, Birsay, OKI, SCT **[46402]** : PRE 1882+, Paisley & Glasgow, RFW & LKS, SCT **[33949]** : C1750-1860, Greene Co., NY & MA, USA **[24413]**

HARVIE : 1840+, VIC & NSW, AUS **[12884]** : PRE 1860, Ashburton, DEV, ENG **[12884]** : 1800+, Barrhill, AYR, SCT **[99600]** : Andrew, 1720, St.Monance, FIF, SCT **[10610]** : 1850+, Airdrie, LKS, SCT **[44060]** : 1700-1827, Chalmerston, PER, SCT **[35190]** : 1700-1880, Buchlyvie & Kippen, STI, SCT **[44060]**

HARVISON : 1800+, Enniscorthy, WEX, IRL **[36261]**

HARWARD : 1850+, AUS **[29198]**

HARWIN : ALL, ENG **[44300]**

HARWOOD : Julia, PRE 1887, Bruny Island, TAS, AUS **[10604]** : 1851+, Geelong, VIC, AUS & ENG **[25794]** : PRE 1775, London, ENG **[11536]** : C1700-1850, Cambridge, CAM, ENG **[11536]** : 1700-1920, Weston & Clothall, HRT, ENG **[37809]** : 1940, Gravesend, KEN, ENG **[46356]** : PRE 1852, Darwen, LAN, ENG **[38936]** : 1850+, Manchester, LAN, ENG **[38936]** : James, C1830, Bulby & Hawthorpe, LIN, ENG **[11024]** : 1700-1800, London, LND, ENG **[12641]** : 1850S, Willisden, MDX, ENG **[30457]** : 1700-1812, Banbury, OXF, ENG **[26932]** : PRE 1840, Salisbury, WIL, ENG **[45489]** : Patrick, C1827-1884, GAL & TAS, IRL & AUS **[11024]** : 1940+, Pontygwaith, GLA, WLS **[24853]** : Davison, ALL, WORLDWIDE **[38546]**

HASELDEN : 1850+, Prahran, VIC, AUS **[46221]** : 1750-1850, London, ENG **[20821]** : 1820+, Ashton, LAN, ENG **[46221]** : Charles, PRE 1850, Chorley, LAN, ENG **[41150]**

HASELL : 1850+, Caramut, VIC, AUS **[44726]** : 1850+, Ipswich, SFK, ENG **[44726]**

HASETINE : 1730+, Gilling-by-Helmsley, YKS, ENG **[20975]**

HASKELL : 1800+, Masterton, WRP, NZ **[39672]**

HASKETT : ALL, Borrisokane, TIP, IRL **[21254]** : ALL, Modrenny, TIP, IRL **[21254]**

HASKINS : Abraham, 1781, Kingswood & Bitten, GLS, ENG **[31510]** : Lot, 1821-1900, HAM & SSX, ENG **[38086]** : PRE 1730, Stepney, MDX, ENG **[43828]** : 1840+, Chichester, SSX, ENG **[38086]**

HASLAM : 1600+, Ashover & Barlow, DBY, ENG **[45070]** : PRE 1850, DOR & WIL, ENG **[31186]** : ALL, Barrow-in-Furness, LAN, ENG **[46307]** : PRE 1837, Manchester & Newton Heath, LAN, ENG **[21196]** : PRE 1860, Greasley, NTT, ENG **[20985]** : ALL, Nottingham, NTT, ENG **[10790]** : PRE 1825, Teversall, NTT, ENG **[25764]** : Leah Ann, PRE 1888, IOM, UK **[99600]**

HASLEDEN : James, 1854-1928, London, MDX, ENG **[37633]** : John, 1812-1880, St.Lukes, MDX, ENG **[37633]**

HASLER : 1800S, Great Waltham, ESS, ENG **[18273]** : 1806-1811, Birchington, KEN, ENG **[36841]** : 1805, Minster, KEN, ENG **[36841]** : 1816-22, Minster, KEN, ENG **[36841]** : PRE 1911, Tottenham, MDX, ENG **[32017]**

HASLETON : John, 1790-1850, London, MDX, ENG **[37633]**

HASLETT : PRE 1900, Londonderry, LDY, IRL **[33608]** : 1860+, Auckland, NZ **[33608]**
HASLEWOOD : Sally, 1800+, Bridgnorth, SAL, ENG **[43989]**
HASNOD : 1590-1800, Canterbury, KEN, ENG **[45749]**
HASSAL : ALL, Brede, SSX, ENG **[29426]**
HASSALL : 1798-1900, Parramatta & Cobbitty, NSW, AUS **[11425]** : 1700+, Acton, CHS, ENG **[36368]** : 1500-1780, Audlem, CHS, ENG **[19993]** : PRE 1870, Crewe, CHS, ENG **[34373]** : 1730-1900, Tarvin, CHS, ENG **[19993]** : Frank, 1877+, Manchester & Hulme, LAN, ENG **[17548]** : William, 1879+, Manchester & Hulme, LAN, ENG **[17548]** : Sydney R., 1880+, Manchester & Hulme, LAN, ENG **[17548]** : 1800+, Redditch, WOR, ENG **[37138]** : 1750+, Coventry & Parramatta, WAR & NSW, ENG & AUS **[20578]** : ALL, WORLDWIDE **[19993]**
HASSALL (see One Name Section) **[19993]**
HASSAN : Arab Fredk, 1907+, Bourke, NSW, AUS **[39179]** : 1840+, Maryhill, ONT, CAN **[16819]** : PRE 1840, IRL **[16819]**
HASSARD : ALL, ENG & USA **[17763]**
HASSE : PRE 1750, London, ENG **[11366]**
HASSEL : ALL, Brede, SSX, ENG **[29426]**
HASSELL : 1890+, Adelaide, SA, AUS **[14306]** : John, 1750-1780, ENG **[17203]** : 1790-1840, Colchester, ESS, ENG **[14306]** : PRE 1890, Somersham, HUN & KEN, ENG **[14733]** : PRE 1850, Leicester, LEI, ENG **[14306]** : PRE 1800, Stamford, LIN, ENG **[14306]** : 1830S, Portman Square, LND, ENG **[14306]** : Mary, 1797, Norton Maireward, SOM, ENG **[45145]** : 1800S, Rye, SSX, ENG **[29426]** : ALL, SABA, W.INDIES **[14306]**
HASSETT : PRE 1855, Kilkishen, CLA, IRL **[10280]** : 1800+, Cork, COR, IRL **[36710]**
HASSLER : Sophia, 1840+, WI, USA **[16286]**
HASSNIP : Susanna, 1820+, Sibsey, LIN, ENG **[30501]** : James, 1700-50, Spilsby, Halton Holegate, LIN, ENG **[10286]**
HASTED : 1650-1800, London, ENG **[17875]** : Annie, ALL, Southampton, HAM, ENG **[10993]** : 1650-1750, Whitechapel, MDX, ENG **[17875]** : 1625-1720, Barningham, SFK, ENG **[10850]**
HASTEING : ALL, IRL **[38285]** : ALL, IOM, UK **[38285]**
HASTIE : PRE 1930, MLN, ELN & PEE, SCT **[46377]**
HASTIN : ALL, IRL **[38285]** : ALL, IOM, UK **[38285]**
HASTINGS : George, 1800-1950, VIC, AUS **[45808]** : 1780-1890, DBY & LIN, ENG **[36533]** : 1800-1900, LAN, ENG **[19767]** : 1985, Newcastle upon Tyne, NBL, ENG **[29774]** : 1760-1800, Foulden, NFK, ENG **[46235]** : 1700-1900, Yarmouth, NFK, ENG **[45920]** : 1800+, CLA, IRL **[12420]** : 1750+, Ballyvalley & Killaloe, CLA, IRL **[20433]** : 1750+, Fort Henry, TIP, IRL **[20433]**
HASTON : ALL, LKS, SCT **[34651]**
HASWELL : PRE 1880, Southern England & HEF, ENG **[17763]**
HATCH : Richard, PRE 1600, Bread St., London, ENG **[41845]** : Rev Samuel, 1700S, Stony Stratford, BKM, ENG **[41845]** : Emanuell, 1610-70, Warfield, BRK, ENG **[41845]** : Richard, PRE 1600, Whitchurch, DOR, ENG **[41845]** : Francis, 1700S, Harwich, ESS, ENG **[41845]** : 1500-1600, Terling, ESS, ENG **[41845]** : James, 1750-1810, Woodford Bridge, ESS, ENG **[41845]** : Richard, PRE 1600, Tewkesbury, GLS, ENG **[41845]** : Emanuell, 1610-70, Woolhope, HEF, ENG **[41845]** : PRE 1827, Wateringbury, KEN, ENG **[41471]** : ALL, Eccleston & Adlington, LAN, ENG **[31316]** : 1825, London, MDX, ENG **[38696]** : 1750-1800, Harefield, MDX & HRT, ENG **[10287]** : 1806-40, East Grinstead, SSX, ENG **[11270]** : 1500-1600, Bredon, WOR, ENG **[41845]** : C1800, Dublin, IRL **[10145]** : Hezekiah, 1820-80, Suffolk, NY, USA **[41845]**
HATCHARD : PRE 1840, Swanage, DOR, ENG **[28443]**

HATCHER : John, C1820, Melbourne, VIC, AUS **[10102]** : Emma Jane H., 1872, Wodonga West, VIC, AUS **[10102]** : 1600+, London, ENG **[34797]** : 1840-1900, Broadwey, DOR, ENG **[11827]** : 1550-1650, Tonbridge, KEN, ENG **[34797]** : 1800+, Farley & Adelaide, WIL & SA, ENG & AUS **[38546]**
HATCHETT : 1850+, Sandon, HRT, ENG **[18020]**
HATCHFIELD : ALL, ENG **[46465]**
HATCHMAN : 1780-1850, London, ENG **[20641]**
HATFIELD : 1800+, ERY, ENG **[15289]** : 1800+, Loughborough, LEI, ENG **[44202]** : PRE 1840, Old Malton, NRY, ENG **[41554]** : ALL, Cottingham, NTH, HUN & LEI, ENG **[24981]** : 1660+, Elizabeth, NJ, USA **[34797]**
HATHAWAY : 1810+, Lambeth, LND, ENG **[30120]** : PRE 1850, Southwark, SRY, ENG **[43828]** : John, C1800, Birmingham, WAR, ENG **[17637]**
HATHERLEY : 1896+, AUS **[46411]** : PRE 1800, Totnes, DEV, ENG **[34783]**
HATHERLY : 1700+, Launcells, CON, ENG **[15524]** : PRE 1776, DOR, ENG **[41589]**
HATHEWEY : 1364, Hellens, HEF, ENG **[19759]**
HATKISS : 1780+, Sedgley & Bilston, STS, ENG **[19458]**
HATLEY : PRE 1900, Shoreditch, LND, ENG **[18397]** : PRE 1900, Shutford, OXF, ENG **[18397]**
HATRICK : 1750+, Kilmacolm, RFW, SCT **[26778]**
HATSBY : C1810, Plymouth, DEV, ENG **[25930]**
HATT : 1750-1830, BRK & WIL, ENG **[25354]** : 1800-1940, Limehouse & Stratford, MDX, ENG **[30855]**
HATTERSLEY : PRE 1790, Ecclesfield, YKS, ENG **[46297]**
HATTON : Walter, 1837+, ENG **[17117]** : Lydia, Waltham St.Lawrence, BRK, ENG **[39706]** : 1900+, Newton Abbot, DEV, ENG **[42361]** : 1850+, Tormohun, DEV, ENG **[42361]** : 1850+, Torquay, DEV, ENG **[42361]** : PRE 1880, Cheltenham, GLS, ENG **[16233]** : John, 1650-1800, Forest of Dean, GLS, ENG **[17117]** : PRE 1910, Blackrod & West Houghton, LAN, ENG **[36983]** : Margery, C1780, Liverpool, LAN, ENG **[31003]** : 1830-1900, Horncastle, LIN, ENG **[26149]** : 1750-1800, SРY, ENG **[17540]** : PRE 1870, Bidford, WAR, ENG **[20841]** : PRE 1820, Nuneaton, WAR, ENG **[38728]** : John, 1800-1900, South Wales, MON, WLS **[17117]**
HATZARD : Catherine, 1850+, Grafton, NSW, AUS **[44567]**
HAU : Katy, 1875-1900, Little Current, ONT, CAN **[99443]**
HAUCK : C1800, Odessa, CRIMEA, RUS **[99433]**
HAUENSTEIN : 1873+, Temora, NSW, AUS **[31923]** : ALL, Tegerfelden, AG, CH **[31923]** : ALL, Unterendingen, AG, CH **[31923]**
HAUG : PRE 1740, Rommelshausen, WUE, GER **[13336]**
HAUGH : 1817+, KKD, SCT **[46340]**
HAUGHEY : 1830+, Greenock, RFW, SCT **[36244]**
HAUGHTON : 1800S, Ballarat & Bendigo, VIC, AUS **[11411]** : C1590, DBY, ENG **[41370]** : PRE 1650, Norton & Horsley, DBY, ENG **[16233]**
HAUNTON : 1730, Burgate, SFK, ENG **[17704]**
HAUPS : PRE 1750, Poltersdorf & Ellenz, RPF, BRD **[20178]**
HAUPT : ALL, ENG **[41582]** : ALL, LND, ENG **[43317]**
HAUXWELL : 1600+, YKS, ENG **[39061]** : ALL, WORLDWIDE **[34374]**
HAVELOCK : Sarah, 1800+, London, ENG **[12058]**
HAVENHAND : PRE 1860, WRY & DBY, ENG **[35017]**
HAVER : 1750+, Columbia Co., NY, USA **[24413]**
HAVERS : ALL, Trowse & Norwich, NFK, ENG **[27431]**
HAVERTY : James, 1830, Killshanny, CLA, IRL **[25878]**
HAVILAND : 1820+, St.John & Fredericton, NB, CAN **[16819]** : PRE 1820, DRY, IRL **[16819]** : Milo, 1900-1930, Long Beach, CA, USA **[23564]**
HAW : PRE 1698, Belchford, LIN, ENG **[19902]** : 1850+,

Armley, WRY, ENG **[27689]** : Jean, 1835-1914, Aughnacleagh, ANT, IRL **[24971]**

HAWE : PRE 1900, MOG, IRL **[22536]**

HAWES : 1836, NSW, AUS **[31877]** : 1750-1850, Edlesborough, BKM, ENG **[17523]** : Martha, PRE 1861, Lelant, CON, ENG **[35150]** : Francis, PRE 1883, Lelant, CON, ENG **[35150]** : Thomas, PRE 1750, Wix, ESS, ENG **[39471]** : 1600-1700, Berkhampstead, HRT, ENG **[19275]** : 1800-1900, Great Gaddesden, HRT, ENG **[45883]** : 1700-1900, Tring, HRT, ENG **[45883]** : 1800S, East Wickham, KEN, ENG **[35561]** : PRE 1945, Burnham Market, NFK, ENG **[30437]** : 1800S, Bradwell, SFK, ENG **[28420]** : 1790+, Haverhill, SFK, ENG **[22558]** : 1700-1800, MA, USA **[24168]** : 1796+, Swansea, GLA, WLS **[46500]**

HAWFORD : ALL, Wooton & Weston Favell, NTH, ENG **[25702]**

HAWGATE : 1700+, WAR, ENG **[13461]**

HAWK : 1800+, Sydenham, LND & KEN, ENG **[42744]**

HAWKE : 1700+, ONT & PA, CAN & USA **[25598]** : PRE 1850, Lewannick & Altarnun, CON, ENG **[18325]** : 1780-1890, North Hill, CON, ENG **[14346]** : 1750-1850, North Petherwin, CON, ENG **[45920]** : 1850+, St.Teath, CON, ENG **[40673]** : Elizabeth, PRE 1860, Launceston & Terang, CON, VIC & SA, ENG & AUS **[14346]**

HAWKEN : 1800+, Bodmin, CON, ENG **[34641]** : Elizabeth, 1821-1877, Lanteglos & Michaelstow, CON, ENG **[10203]**

HAWKER : 1910+, Sydney, NSW, AUS **[46279]** : 1830+, North Leach, GLS, ENG **[46279]** : 1700S, Portsmouth, HAM, ENG **[17511]** : 1891+, Woolwich, KEN & LND, ENG **[46279]** : 1800-1900, Curry Mallet, SOM, ENG **[20703]** : Thomas, PRE 1840, WRY, ENG **[14448]** : John, PRE 1680, YKS, ENG **[14448]** : C1840-1870, New York, NY, USA **[46221]**

HAWKES : 1860+, Mordialloc, VIC, AUS **[12639]** : 1700+, Cuddington, BKM, ENG **[33642]** : ALL, Greatleighs, ESS, ENG **[10675]** : 1600+, GLS & SAL, ENG **[17951]** : 1800, Leicester, LEI, ENG **[46197]** : Louisa, 1865+, MDX, ENG **[35988]** : 1805+, Wooton, OXF, ENG **[44202]** : 1700-1900, OXF, NTH & WAR, ENG **[27039]** : PRE 1820, Bilston, STS, ENG **[30678]** : 1800-1900, Birmingham, WAR, ENG **[46385]** : 1600+, Birmingham, WAR, WOR & STS, ENG **[17951]** : PRE 1850, Knaresborough, WRY, ENG **[42745]**

HAWKESFORD : 1750-1860, Birmingham, WAR, ENG **[46494]**

HAWKEY : 1850+, Essex, ONT, CAN **[15521]** : PRE 1850, CON, ENG **[15521]**

HAWKHEAD : 1700-1740, Wakefield, WRY, ENG **[12844]**

HAWKIN : 1800S, St.Columb, CON, ENG **[21796]**

HAWKING : 1750-1800, Redruth, CON, ENG **[34349]** : Ann S., 1750-1850, DEV & CON, ENG **[20003]**

HAWKINGS : C1805-1825, Devonport & Venton, DEV, ENG **[46457]** : PRE 1830, Tiverton & Bampton, DEV & SOM, ENG **[30535]**

HAWKINS : 1815+, Brisbane Waters, NSW, AUS **[10564]** : 1840+, Cooma, NSW, AUS **[10564]** : 1839+, Hunter River, NSW, AUS **[11060]** : PRE 1838, Monaro, NSW, AUS **[10642]** : John, 1860+, Sydney, NSW, AUS **[41223]** : C1854, Sydney, NSW, AUS **[28164]** : William, 1826+, TAS, AUS **[14463]** : ALL, Oxford & Middlesex Cos., ONT, CAN **[42436]** : ALL, ENG **[44815]** : 1700-1800, Chieveley, BRK, ENG **[32643]** : PRE 1750, Inkpen, BRK, ENG **[27899]** : 1830, Wokingham, BRK, ENG **[17998]** : Jane, C1835, CON, ENG **[26430]** : 1720+, St.Austell, CON, ENG **[36435]** : Richard, 1850+, Sydney, CON, ENG **[41223]** : 1800-1890, Dawlish, DEV, ENG **[34349]** : PRE 1830, Tiverton & Bampton, DEV & SOM, ENG **[30535]** : 1780+, DOR, ENG **[33021]** : PRE 1850, DOR, ENG **[28275]** : 1778, Wool, DOR, ENG **[21889]** : PRE 1850, ERY, ENG **[40570]** : PRE 1880, Bristol, GLS, ENG **[17094]** : PRE 1800, Longney, GLS, ENG **[46275]** : Ann, 1800+, Shenington, GLS, ENG **[25396]** : 1800S, Fareham, HAM, ENG **[46274]** : 1830S, Porchester, HAM, ENG **[46274]** : 1700-1900, Portsmouth, HAM, ENG **[30138]** : 1800+, Titchfield, HAM, ENG **[27868]** : PRE 1820, Berkhamsted & Northchurch, HRT, ENG **[17523]** : 1833, Tring, HRT, ENG **[38515]** : William, 1875+, Everton & Liverpool, LAN, ENG **[45999]** : 1890+, Liverpool, LAN, ENG **[30120]** : C1830, Leicester, LEI, ENG **[30120]** : 1800+, LND, ENG **[42771]** : 1800+, Camberwell, LND, ENG **[44948]** : 1600-1720, Clerkenwell, LND, ENG **[18251]** : 1810+, Lambeth, LND, ENG **[30120]** : PRE 1700, Stepney, LND, ENG **[17523]** : 1800, Chelsea, MDX, ENG **[27868]** : Mary, PRE 1890, Hounslow & Heston, MDX, ENG **[46516]** : 1870, London, MDX, ENG **[40752]** : PRE 1845, Bleadon, SOM, ENG **[45707]** : 1800-1820, Meare, SOM, ENG **[17117]** : PRE 1800, Stogursey, SOM, ENG **[12915]** : ALL, Wedmore & Bridgwater, SOM, ENG **[45707]** : 1850+, Lambeth, SRY, ENG **[27868]** : PRE 1885, Walworth & Kennington, SRY, ENG **[40795]** : PRE 1839, Burwash, SSX, ENG **[11060]** : 1800S, Guestling, SSX, ENG **[35561]** : 1700-1900, Ticehurst & Wadhurst, SSX, ENG **[45037]** : 1760+, STS, ENG **[20068]** : PRE 1900, Burton, STS, ENG **[18251]** : 1700-1900, Warminster, WIL, ENG **[41136]** : ALL, Helmsley, YKS, ENG **[46479]** : 1820S, IRL **[25654]** : 1830+, GAL, IRL **[30527]** : PRE 1867, Ballycourcy, WEX, IRL **[14127]** : 1820-1900, Ennis, Botany & Tenterfield, CLA & NSW, IRL & AUS **[11827]** : 1860-90, Carronbridge & Durisdeer, DFS, SCT **[30120]** : 1850+, Edinburgh, MLN, SCT **[30120]**

HAWKIRIDGE : C1859, Hopperton, WRY, ENG **[31442]**

HAWKS : 1600+, Birmingham, WAR, WOR & STS, ENG **[17951]**

HAWKSHAW : Henry, 1900, Blackburn, LAN, ENG **[36350]** : ALL, IRL **[20824]** : PRE 1870, IRL **[36350]** : 1870+, Glasgow, LKS, SCT **[36350]**

HAWKSLEY : ALL, DBY, ENG **[41370]**

HAWKSWORTH : 1825+, Oldham, LAN, ENG **[44649]** : William, PRE 1720, Bradfield, Kirkburton & Barnsley, WRY, ENG **[16233]** : PRE 1800, Leeds, WRY, ENG **[18096]** : PRE 1860, Sheffield, WRY, ENG **[26981]** : 1796-1850S, YKS, ENG **[46374]** : Elizabeth, 1775, Cork City, COR, IRL **[40490]**

HAWLEY : 1660-1850, Leigh & Checkley, STS, ENG **[19713]** : 1830-1940, Sheffield, WRY, ENG **[45534]**

HAWNBY : 1700-1800, LIN & YKS, ENG **[10286]**

HAWORTH : PRE 1930, Bolton, LAN, ENG **[45203]** : 1800+, Edgworth, LAN, ENG **[10394]** : 1800S, Haslington, LAN, ENG **[42168]** : ALL, Rossendale & Bury, LAN, ENG **[38934]** : 1700+, Barnoldswick & Thornton Craven, WRY, ENG **[12078]**

HAWS : 1800-1900, Great Gaddesden, HRT, ENG **[45883]**

HAWSON : 1848, Toowoomba, QLD, AUS **[99012]**

HAWTHORN : 1850+, VIC, AUS **[12025]** : Alfred, 1860, Kilburn, LND, ENG **[36112]** : John, 1823, Tullyloob, DOW, IRL **[12025]** : Thomas & Mary, PRE 1850, Strabane, TYR, IRL **[11195]** : 1700-1908, Peterhead, MOR, SCT **[17642]**

HAWTHORNE : Charlotte, C1900, Launceston, TAS, AUS **[34140]** : ALL, Belfast, ANT & SLI, IRL **[21088]**

HAWTIN : Mary (Minnie), 1862+, Bristol, SOM, ENG **[41349]**

HAWYES : ALL, ENG **[42634]**

HAXTON : 1700S, FIF, SCT **[21221]**

HAXUP : ALL, WORLDWIDE **[30981]**

HAY : Isabel, C1880+, Charlestown, NSW, AUS **[14672]** : 1850+, Hastings, TAS, AUS **[46345]** : David, 1700+, CHS, ENG **[19318]** : 1750+, Birkenhead, CHS, ENG **[19318]** : 1750+, DUR, ENG **[42238]** : 1750+, LAN, ENG **[19318]** : PRE 1855, Lattin, TIP, IRL **[10280]** : 1700+, ABD, SCT **[11090]** : Charles, 1747-1844, Aberdeen, ABD, SCT **[17763]** : PRE 1792, Cruden, ABD, SCT **[14880]** : 1820+, Forgue, ABD, SCT **[46340]** : John, 1840+, Dundee, ANS, SCT **[14627]** : PRE 1881,

HAYES : Dunure, AYR, SCT **[25755]** : John, C1840, Stevenston, AYR, SCT **[14627]** : Mary, 1802, Cullen, BAN, SCT **[10318]** : C1855+, Inveraven, BAN, SCT **[22014]** : 1820+, Keith, BAN, SCT **[46340]** : C1840, Millerhill, FIF, SCT **[11813]** : Ann, PRE 1833, Edinburgh, MLN, SCT **[27701]** : 1800+, Speymouth, MOR, SCT **[38412]** : 1845+, Orphir, OKI, SCT **[14513]** : 1720-1820, Coldstream, ROX, SCT **[26629]** : C1800, Wigtown, WIG, SCT **[30310]** : 1800+, ABD, SCT & AUS **[35240]**

HAYCOCK : PRE 1800, BRK, ENG **[45857]** : 1800S, London, MDX, ENG **[44857]**

HAYCOTT : 1700-1900, Pontyfelin, MON, WLS **[21842]**

HAYDEN : 1840+, AUS **[44299]** : 1850+, NSW, AUS **[10260]** : William, 1810-1880, London, ENG **[33373]** : C1800, Thriplow, CAM, ENG **[12574]** : PRE 1660, ESS, ENG **[39651]** : 1800-50, Barking, ESS, ENG **[35042]** : John, 1862+, Ugley, ESS, ENG **[25654]** : 1860-1890, Chelsea, LND, ENG **[33373]** : ALL, NFK, ENG **[17977]** : Rebecca, 1828-1860, SRY, ENG **[33373]** : 1850+, Birmingham, WAR, ENG **[30107]** : PRE 1850, Borrisoleigh, Inch & Drom, TIP, IRL **[10260]** : 1830+, New Ross, WEX, IRL **[12153]** : PRE 1866, KID, IRL & AUS **[36634]**

HAYDOAN : 1860+, Bristol, GLS, ENG **[45652]**

HAYDON : 1830+, London & Walthamstow, ESS, ENG **[11039]** : 1700-1900, Massingham, NFK, ENG **[31960]** : PRE 1928, SOM, ENG **[31323]** : Thomas, 1800-1897, Bristol, ENG & AUS **[46225]** : Brigid, 1790+, Ballyragget, KIK, IRL **[25700]**

HAYE : PRE 1850, DUR & YKS, ENG **[42927]**

HAYERS : 1750+, STS, ENG **[35186]**

HAYES : Thomas (See, SUB CAT. I), **[26382]** : William (See, SUB CAT. I), **[26382]** : Patrick, 1822+, NSW, AUS **[10642]** : Thomas, 1850+, Boorowa, NSW, AUS **[11763]** : 1889, Kangaloon, NSW, AUS **[38132]** : James Levi, 1905+, Murwillumbah, NSW, AUS **[38132]** : Timothy, 1920+, Sydney, NSW, AUS **[42226]** : Daniel, 1850+, Waterloo, NSW, AUS **[45624]** : Jane E., 1869, Normanton, QLD, AUS **[14241]** : 1858+, VIC, AUS **[13231]** : William, 1900-1930, Maryborough, VIC, AUS **[42900]** : 1850+, Wedderburn, VIC, AUS **[42900]** : 1890+, ONT, CAN **[34089]** : 1860+, ALD, CHI **[34089]** : 1830+, Cambridge, CAM, ENG **[44132]** : ALL, Saltash, CON, ENG **[31014]** : PRE 1900, Plymouth, DEV, ENG **[31014]** : ALL, ERY, ENG **[13231]** : 1870+, IOW, HAM, ENG **[34089]** : ALL, KEN, ENG **[13848]** : 1800+, Chatham & Gillingham, KEN, ENG **[34089]** : ALL, Leeds, KEN, ENG **[28670]** : 1800+, Rochester & Strood, KEN, ENG **[34089]** : John, 1800+, Wrotham, KEN, ENG **[11797]** : 1812, Lancaster, LAN, ENG **[39856]** : 1790+, Belvoir, LEI, ENG **[44132]** : 1650-1750, Gedney, LIN, ENG **[12641]** : Eleanor, 1840-1914, LND, ENG **[39601]** : Lucy, 1869-1959, LND, ENG **[39601]** : 1870-1925, Battersea, LND, ENG **[26382]** : 1870-1900, Lambeth, LND, ENG **[26382]** : 1870-1900, Newington, LND, ENG **[26382]** : 1825-1900, Peckham, LND, ENG **[26382]** : C1800-1900, St.Anne Soho, LND, ENG **[26382]** : C1700-1900, St.Martin in the Fields, LND, ENG **[26382]** : 1849, London, MDX, ENG **[44999]** : C1800-1900, St.Giles in the Fields, MDX, ENG **[26382]** : Henry, C1820-1900, Whitby, NRY, ENG **[26007]** : 1750-1820, Chinnor, OXF, ENG **[30071]** : 1700+, Belvoir, RUT, ENG **[44132]** : PRE 1850, Clevedon, SOM, ENG **[42900]** : 1800S, Oxford, SOM, ENG **[36950]** : 1810, Pitminster, SOM, ENG **[13437]** : 1800+, Birmingham, WAR, ENG **[17951]** : PRE 1850, Coughton, WAR, ENG **[17201]** : 1750-1845, Frolesworth, WAR, ENG **[43932]** : 1860+, Beverley, YKS, ENG **[34089]** : Daniel, 1800+, IRL **[45624]** : C1850-80, Dublin, IRL **[21916]** : C1820, Waterford, IRL **[21916]** : PRE 1800, Randalstown, ARM, IRL **[21161]** : ALL, COR, IRL **[26382]** : Margaret, C1830, Bandon, COR, IRL **[11372]** : 1700-1850, Charleville & Ballylea, COR, IRL **[26382]** : James, 1827, Rosscarbery, COR, IRL **[25878]** : ALL, DOW, IRL **[27219]** : PRE 1840, LIM, IRL **[36842]** : PRE 1900, Ballingawn, OFF, IRL **[21254]** : PRE 1850, TIP, IRL **[28210]** : John, PRE 1860, Carrigatogher, TIP, IRL **[13101]** : 1800+, Clonmel, TIP, IRL **[34089]** : Mary, 1797, Cork & London, COR & LND, IRL & ENG **[44999]** : Dennis, 1825, Cork & London, COR & LND, IRL & ENG **[44999]** : 1840+, NZ **[34245]** : Ellen, 1856+, Auckland, NZ **[39243]** : PRE 1940, Cardiff, GLA, WLS **[27219]**

HAYES-WILLIAMS : 1840+, NZ & AUS **[34245]**

HAYHAIENS : ALL, WORLDWIDE **[37174]**

HAYHOE : PRE 1847, ESS, ENG **[18896]** : ALL, WORLDWIDE **[35836]**

HAYHURST : 1750-1830, Haslingden, LAN, ENG **[11425]** : 1700-1900, Manchester, LAN, ENG **[31960]** : PRE 1800, Whittington, LAN, ENG **[19661]** : 1800+, Preston Patrick, WES, ENG **[19661]**

HAYLE : 1800-1900, Rochdale, LAN & ALL, ENG **[46258]**

HAYLER : PRE 1860, Goudhurst, KEN, ENG **[19806]** : 1800+, KEN & SSX, ENG **[46430]** : PRE 1700, Shipley, SSX, ENG **[15464]**

HAYLETT : PRE 1820, Great Witchingham, NFK, ENG **[46001]** : PRE 1854, Potter Heigham, NFK, ENG **[12457]**

HAYLOCK : William, PRE 1800, CAM, ENG **[35343]** : PRE 1680, Soham, CAM, ENG **[17523]** : PRE 1680, Soham, CAM, ENG **[33428]** : Rebecca, PRE 1840, Witchford, CAM, ENG **[35343]** : William, 1812-1851, Bury St.Edmunds & Pakenham, SFK, ENG **[14290]** : John, 1774-1875, Tuddenham & Pakenham, SFK, ENG **[14290]**

HAYMAN : 1750+, DEV, ENG **[10775]** : PRE 1900, DEV, ENG **[45227]** : Ann Maria, 1844+, East Budleigh, DEV, ENG **[37044]** : ALL, Ottery St.Mary, DEV, ENG **[42829]** : PRE 1900, DOR, ENG **[28275]**

HAYNE : 1800+, Smallburgh & Hoveton, NFK, ENG **[45847]** : Arthur, PRE 1922, INDIA **[46464]**

HAYNES : 1850+, AUS **[40816]** : 1850+, Luddenham, NSW, AUS **[11256]** : ALL, New England, NSW, AUS **[32908]** : 1850+, Bristol, GLS, ENG **[44857]** : Judith, 1700, Bodenham, HEF, ENG **[21759]** : Thos., PRE 1854, (Carpenter) London & KEN, ENG **[11994]** : ALL, Tunbridge Wells, KEN, ENG **[16947]** : William, C1761, Bond Street, LND, ENG **[16947]** : 1800, St.Marylebone, LND, ENG **[46445]** : 1800+, LND & NFK, ENG **[42771]** : C1872, Hendon, MDX, ENG **[97805]** : C1750, Marylebone, MDX, ENG **[99600]** : John, 1800+, Condover, SAL, ENG **[29198]** : 1840+, Much Wenlock, SAL, ENG **[28557]** : ALL, SOM, ENG **[42688]** : ALL, Bath, SOM, ENG **[33091]** : 1840-1870, Battersea, SRY, ENG **[17191]** : C1870, Brighton, SSX, ENG **[16947]** : PRE 1852, STS, ENG **[40914]** : PRE 1840, Alcester, WAR, ENG **[27842]** : Edward, 1849-1920, Balsall Heath, Birmingham, WAR, ENG **[16947]** : 1800-1900, Manchester & Liverpool, LAN & NSW, ENG & AUS **[46055]** : Joseph, 1900-1946, RSA **[16947]** : Lawrence, 1900-1946, Pretoria, RSA **[16947]** : Joseph Bailey, ALL, WORLDWIDE **[16947]**

HAYNES-LOVELL : ALL, AUS **[33091]** : ALL, ENG **[33091]**

HAYNOR : 1868, London, MDX, ENG **[13591]**

HAYS : Patrick, 1822+, NSW, AUS **[10642]** : 1775-1800, Halifax & Huddersfield, WRY, ENG **[39307]** : ALL, DOW, IRL **[27219]** : Patrick, PRE 1822, LIM, IRL **[10642]** : 1790+, USA & UK **[23128]**

HAYSE : PRE 1900, Borrisokane, TIP, IRL **[21254]**

HAYSOM : ALL, WORLDWIDE **[97805]**

HAYSON : ALL, WORLDWIDE **[97805]**

HAYTER : Richard, PRE 1775, DOR, ENG **[39651]** : 1760+, HAM, ENG **[43720]** : 1810S, Christchurch, HAM, ENG **[30724]** : C1830, Winchester, HAM, ENG **[12084]** : 1750-1850, Salisbury, WIL, ENG **[19461]** : ALL, Tollard Royal, WIL, ENG **[13347]**

HAYTHORN : PRE 1800, Nottingham, NTT, ENG **[29989]**

HAYTHORN-WHITE : C1780, Malton, NRY, ENG **[25930]**

HAYTHORNTHWAITE : ALL, WORLDWIDE **[45906]**
HAYTOCK : ALL, ENG **[34901]** : ALL, Rochdale, LAN, ENG **[34901]**
HAYTON : 1750-1850, North Dalton & Walkington, YKS, ENG **[32042]**
HAYWARD : Jas. Thos, 1883, NSW, AUS **[42890]** : 1820-1875, Sydney, NSW, AUS **[11726]** : 1840+, Sydney, NSW, AUS **[40781]** : Martha, PRE 1928, VIC, AUS **[42890]** : 1800-1900, NB & NS, CAN **[45291]** : C1750, Kintbury, BRK, ENG **[41212]** : C1830, Newbury, BRK, ENG **[41212]** : 1870+, Crewe, CHS, ENG **[41037]** : 1870+, Crewe, CHS, ENG **[41037]** : PRE 1750, DOR, ENG **[25853]** : C1800, Sherborne, DOR, ENG **[11661]** : 1800+, Yetminster, DOR, ENG **[46430]** : PRE 1900, ESS, ENG **[17094]** : ALL, Edgeworth, GLS, ENG **[46418]** : PRE 1900, Hawkesbury, GLS, ENG **[35177]** : ALL, Kingsclere, HAM, ENG **[46435]** : 1824+, Tidcombe, HAM, ENG **[11335]** : PRE 1850, Thanet, KEN, ENG **[17508]** : PRE 1820, Marylebone, LND, ENG **[11726]** : C1910, Chiswick, MDX, ENG **[41212]** : PRE 1680, Filby, NFK, ENG **[33428]** : PRE 1750, Beckbury, SAL, ENG **[10493]** : 1800-1900, Wellington, SAL, ENG **[46298]** : PRE 1804, Ipswich & Stowmarket, SFK, ENG **[26665]** : 1800+, Crewkerne, SOM, ENG **[11152]** : 1550-1600, Hailsham, SSX, ENG **[33347]** : 1700S, WIL, ENG **[19127]** : PRE 1840, Marden & Chirton, WIL, ENG **[45036]** : Jessie, 1800+, Sutton Benger, WIL, ENG **[21079]** : 1770S, Westbury, WIL, ENG **[46216]** : Eunice, C1840, MI, USA **[15485]**
HAYWOOD : PRE 1900, TAS, AUS **[99600]** : PRE 1930, VIC, AUS **[99600]** : PRE 1882, ENG **[46296]** : PRE 1880, DBY, ENG **[29298]** : 1800+, Lowgates & Staveley, DBY, ENG **[45070]** : 1800+, South Normanton, DBY, ENG **[46448]** : 1800+, Sampford Courtenay, DEV, ENG **[43691]** : PRE 1876, KEN, ENG **[99600]** : Sarah, 1800, LEI, ENG **[17203]** : 1820S, LND & MDX, ENG **[28060]** : John, C1815, Shoreditch & Bethnal Green, MDX, ENG **[17470]** : 1800-1900, Shrewsbury, SAL & WAR, ENG **[18128]** : 1865+, Coker, SOM, ENG **[17291]** : PRE 1830, Birmingham, WAR, ENG **[30678]** : 1880+, IL & OK, USA **[43691]**
HAZARD : John, 1792+, Sydney, NSW, AUS **[33402]** : Ann, C1810, Sydney, NSW, AUS **[33402]** : Sarah, C1810, Sydney, NSW, AUS **[33402]** : Catherine, C1810, Sydney, NSW, AUS **[33402]** : 1820, Edlesborough, BDF, ENG **[18593]** : 1700-1800, Melbourne, DBY, ENG **[34967]** : John, C1770, Cork, COR, IRL **[33402]**
HAZEL : PRE 1840, GLS, ENG **[29298]**
HAZELDEN : PRE 1803, Goudhurst, KEN, ENG **[36072]**
HAZELDINE : C1815, SOM, ENG **[46324]**
HAZELGROVE : 1840-60, Bathurst, NSW, AUS **[33490]**
HAZELL : ALL, AUS **[46309]** : PRE 1800, ENG **[12395]** : PRE 1700, Wicken, CAM, ENG **[33428]** : John, PRE 1800, Bristol, GLS, ENG **[34211]** : C1796, Bures, SFK, ENG **[27816]** : ALL, WIL & MON, ENG & WLS **[39386]**
HAZELTON : 1800+, Great Stambridge & Prittlewell, ESS, ENG **[42744]**
HAZELWOOD : Mary, PRE 1840, Chipping Warden, NTH, ENG **[12457]** : 1800-1850, Tadcaster, YKS, ENG **[35218]**
HAZEN : ALL, WORLDWIDE **[35341]**
HAZLE : 1650-1800, Penn, BKM, ENG **[10591]** : John, PRE 1800, Bristol, GLS, ENG **[34211]**
HAZLEDINE : ALL, Nottingham, NTT, ENG **[10790]**
HAZLEDON : C1750-1820, KEN, ENG **[11536]**
HAZLEHURST : John, 1877, Ipstones, STS, ENG **[16822]**
HAZON : ALL, WORLDWIDE **[35341]**
HAZZARD : John, C1760-1790, Cork, COR, IRL **[33402]**
HEACOCK : 1810+, IRL **[13004]**
HEAD : 1800-1900, Toowoomba, QLD, AUS **[41022]** : 1857+, Burra & Kadina, SA, AUS **[33642]** : Edward, 1850+, Melbourne, VIC, AUS **[36260]** : 1780+, London, ENG **[36847]** : 1700-1800, Chieveley, BRK, ENG **[42643]** : PRE 1800, CON, ENG **[11873]** : 1800+, Lanteglos & Redruth, CON, ENG **[33642]** : 1800S, Middlescough, CUL, ENG **[14113]** : 1800S, Penrith & High Hd Middlescough, CUL, ENG **[14113]** : C1700-1813, Isle of Sheppey, KEN, ENG **[12915]** : PRE 1800, Tonbridge, KEN, ENG **[17931]** : PRE 1820, Hampstead, LND, ENG **[46339]** : ALL, Whymondham, NFK, ENG **[38259]** : Mary, 1806-1830, SRY, ENG **[37052]** : ALL, SSX, ENG **[25073]** : PRE 1770, SSX, ENG **[42083]** : 1770-1840, Eastbourne, SSX, ENG **[42083]** : 1800S, WIL, ENG **[16430]** : 1900+, Christchurch, CBY, NZ **[42565]**
HEADING : ALL, Bourn, CAM, ENG & AUS **[13799]**
HEADLAM : PRE 1900, Whitby, NRY, ENG **[36170]**
HEADLEY : 1790-1820, Stannington, NBL, ENG **[18001]** : Samuel, 1800+, VA, IL, NE & PA, USA **[32132]**
HEAGERTY : 1800S, Cork, COR, IRL **[40257]**
HEAL : 1750+, Shirwell, DEV, ENG **[27492]** : 1700+, Stoke River, DEV, ENG **[27492]** : 1800, Calbourne, IOW, ENG **[12222]**
HEALD : 1760-1850, Sheffield, WRY, ENG **[46305]**
HEALE : PRE 1850, London, MDX, ENG **[10581]**
HEALES : ALL, WORLDWIDE **[21594]**
HEALEY : 1840+, Maitland, NSW, AUS **[46375]** : 1860, Manning River, NSW, AUS **[10985]** : Thomas, C1840+, Mulgoa, NSW, AUS **[11540]** : 1860+, Bendigo & Echuca, VIC, AUS **[99052]** : Benjamin, 1700-1800S, Rochdale, LAN, ENG **[16309]** : PRE 1835, Swayfield, LIN, ENG **[25688]** : 1760+, Holton Beckering, LIN & NTH, ENG **[20578]** : John, 1810-81, Stoke Doyle, NTH, ENG **[20578]** : 1600-1800, Emmington, OXF, ENG **[38307]** : Richard, 1777-1852, Hambleton, RUT, ENG **[20793]** : Robert Lee, 1822-C1900, Hambleton, RUT, ENG **[20793]** : 1800-1865, STS, ENG **[44998]** : PRE 1849, Drumoland, CLA, IRL **[10985]** : 1800-1865, COR, IRL **[44998]** : 1850+, Dublin, DUB, IRL **[16783]** : 1800S, IRL & UK **[16309]** : 1800S, Bolshoi Ochta, RUSSIA **[16309]**
HEALY : Ann, C1860, Manning River, NSW, AUS **[10985]** : Thomas, C1840+, Mulgoa, NSW, AUS **[11540]** : 1850+, Dalby, QLD, AUS **[46215]** : Annie, 1891+, St.George, QLD, AUS **[32996]** : Patrick, 1847+, Geelong, VIC, AUS **[12223]** : PRE 1831, Doonass, CLA & LIM, IRL **[10280]** : 1860-80, Mitchellstown, COR, IRL **[99125]** : Matthew, 1750-1820, DUB, IRL **[40996]** : PRE 1847, Cashel, TIP, IRL **[12223]** : 1860-1930, Fall River, MA, USA **[23523]**
HEAMS : 1800+, HEF, ENG **[31259]**
HEANAN : 1800+, DOW, IRL **[25998]**
HEANEY : 1850+, Melbourne, VIC, AUS **[46265]** : PRE 1818, ENG **[26306]**
HEAP : 1800, LAN, ENG **[34704]** : 1875-1943, Accrington, LAN, ENG **[46310]** : 1837-1900, Accrington & Spotland, LAN, ENG **[46310]** : 1850-1950, Bacup, LAN, ENG **[46310]** : 1830-1900, Ramsbottom, LAN, ENG **[46310]** : 1837-1900, Rochdale, LAN, ENG **[46310]** : 1850-1950, Rossendale, LAN, ENG **[46310]** : 1875-1943, Stacksteads, LAN, ENG **[46310]** : 1750+, Yate & Pickup Bank, LAN, ENG **[21038]** : 1700+, Yatebank, Haslingden, Darwen, LAN, ENG **[21038]** : 1940-1976, NZ **[46310]** : 1900-1999, LAN, NZ & UK **[46310]**
HEAPHY : Martin, 1930, Sydney, NSW, AUS **[36705]** : 1800+, COR, IRL & NZ **[37286]** : ALL, WORLDWIDE **[17027]**
HEAPPEY : ALL, Wolverhampton, STS, ENG **[27931]** : 1870+, NZ **[27931]**
HEAPS : 1800-1900, Macclesfield, CHS, ENG **[30120]**
HEAPY : Thomas, 1875+, DBY, ENG **[42961]**
HEARD : 1830+, London, ENG **[44932]** : 1800S, Kilkhampton, CON, ENG **[46265]** : 1820+, DEV, ENG

[26540] : 1700+, Hartland, DEV, ENG [16254] : George, 1775, Saxlingham, SFK, ENG [42828] : Edward, 1805+, Saxlingham, SFK, ENG [42828] : George, 1810+, Saxlingham, SFK, ENG [42828] : 1840S, Bradford, YKS, ENG [43481] : 1600S, Kittery, ME, USA & ENG [22796]

HEARDING : PRE 1800, Alwington, DEV, ENG [42386]

HEARFIELD : 1750+, Hull, YKS, ENG [22305] : 1750+, Market Weighton, YKS, ENG [22305]

HEARL : Daisy Maria, PRE 1940, Swindon, WIL, ENG [14646]

HEARLEY : ALL, LIM, IRL [32720]

HEARMAN : John, PRE 1830, Bethnal Green, LND, ENG [36365]

HEARN : 1800-1880, BKM, ENG [39522] : 1800+, Tingewick, BKM, ENG [34641] : 1750+, DEV & HRT, ENG [10775] : 1600-1675, Hurstbourne Priors, HAM, ENG [10850] : 1750+, Canterbury, KEN, ENG [19458] : John, 1707+, Ingo, NBL, ENG [37188] : PRE 1800, Stowmarket, SFK, ENG [42752]

HEARNDON : PRE 1725, Maidstone & Milton, KEN, ENG [13511]

HEARNE : 1890+, Sydney, NSW, AUS [28150] : Lillian, 1889, London, ENG [30014] : PRE 1900, HAM, ENG [28150] : 1840, Bushey & Watford, HEF, ENG [42453] : Nathaniel, PRE 1720, Rickmansworth, HRT, ENG [42453] : 1816, Limehouse, MDX, ENG [46356]

HEARSEY : 1840+, London, ENG [46256]

HEART : C1720, Bo'Ness, WLN, SCT [25979]

HEARYSON : PRE 1650, Whickham, DUR, ENG [17626]

HEASLIP : C1800+, NSW, AUS [44296] : Benjamin, C1800, Newgrove, CAV, IRL [10610] : Benjamin, C1833+, Parish Kells, CAV & SA & VIC, IRL & AUS [41297] : Benjamin, 1863+, Auckland & Cambridge, NZ [41297]

HEASMAN : PRE 1889, Woolwich, LND, ENG [11866] : 1840-1900, London, MDX, ENG [41629] : 1800-1850, Cowfold & Balcombe, SSX, ENG [38660] : 1800, East Grinstead, SSX, ENG [17580] : Richard, PRE 1740, Mayfield, SSX, ENG [36365]

HEATH : 1870-1920, Charters Towers, QLD, AUS [20835] : 1800+, BKM, ENG [46359] : 1840-1900, Chesham & Marlow, BKM, ENG [18216] : 1750-1900, West Wycombe, BKM, ENG [18216] : PRE 1850, DEV, MDX & ESS, ENG [42019] : ALL, Westcliff, ESS, ENG [18042] : 1800-1900, Andover, HAM, ENG [30855] : 1690+, South Stoneham, HAM, ENG [18273] : 1881+, Gravesend, KEN, ENG [13230] : 1815-1989, Riverhead, KEN, ENG [19268] : PRE 1839, Rolvenden, KEN, ENG [10232] : 1800S, Shoreditch, LND, ENG [46434] : 1800+, Stoke Newington, MDX, ENG [19713] : 1860-1920, Tottenham & Hackney, MDX, ENG [18216] : PRE 1900, Shrewsbury, SAL, ENG [45176] : 1700+, SSX, ENG [13461] : ALL, Leek & Horton, STS, ENG [29989] : 1800+, Newcastle & Stoke, STS, ENG [19713] : 1800+, Shelton, STS, ENG [20835] : 1780-1820, Stoke upon Trent, STS, ENG [45800] : PRE 1740, Talke, STS, ENG [19647] : 1800+, Birmingham, WAR, ENG [16362] : 1712-1825, Alvechurch, WOR, ENG [37138] : James, C1800, Birmingham & Melbourne, WAR & VIC, ENG & AUS [28188] : Ronald, PRE 1932, Lagos, NIGERIA [18042] : 1840+, Auckland, NZ [33816]

HEATHCOATE : 1800-1830, Bradfield, WRY, ENG [42699]

HEATHCOCK : PRE 1900, Stourbridge, WOR, ENG [45054]

HEATHCOTE : 1800-1900, LIN, ENG [20793] : PRE 1880, MDX, ENG [33628]

HEATHER : ALL, ENG [42909] : PRE 1700, SRY, ENG [36246] : 1600-1765, Northchapel, SSX, ENG [19759] : James, PRE 1800S, Slindon, SSX, ENG [46163]

HEATHERBELL : William, 1861+, Shrewsbury, SAL, ENG [41349]

HEATHERINGTON : 1700-1950, Newcastle on Tyne, NBL, ENG [98660]

HEATLEY : PRE 1850, Myddle, SAL, ENG [39042]

HEATON : 1828+, Launceston, TAS, AUS [44292] : Mary Ann, 1829, London, ENG [11698] : 1780+, Sunderland, DUR, ENG [44078] : 1800S, LAN, ENG [34704] : 1800S, Abbey Village & Withnell, LAN, ENG [33331] : PRE 1740, Bolton, LAN, ENG [36983] : 1800S, Chorley, LAN, ENG [33331] : PRE 1830, Horwich, LAN, ENG [18702] : PRE 1800, Ormskirk, LAN, ENG [36983] : 1800S, Goulceby, LIN, ENG [46437] : PRE 1740, Birstall, WRY, ENG [18236] : ALL, Sheffield & Coventry, WRY & WAR, ENG [46422] : ALL, YKS, ENG [18540] : 1800S, Bradford, YKS, ENG [11526] : 1790+, East Cowton, YKS, ENG [44292] : ALL, Halifax, YKS, ENG [27802]

HEAVEN : 1848+, Sydney, Lismore & Casino, NSW, AUS [11197] : PRE 1718, Kings Stanley, GLS, ENG [19759] : Thomas & Ann, PRE 1850, Kings Stanley, GLS, ENG [11197] : PRE 1830, Wickwar, GLS, ENG [46397] : 1770-1840, Bristol, SOM, ENG [19759]

HEAVER : George, 1800-1850, NSW, SA & SRY, AUS & ENG [35589] : ALL, Cobham & Ryarsh, KEN, ENG [30589]

HEAVISIDE : PRE 1716, Auckland, DUR, ENG [17626]

HEAVISIDES : 1700-1800, Alston, CUL, ENG [19865]

HEBARD : PRE 1880, MDX, ENG [25151]

HEBB : 1800+, Waltham, LEI, ENG [12950]

HEBBARD : 1830-1860, Bedfont, MDX, ENG [99125]

HEBBERT : C1750-1850, London, ENG [46265]

HEBBLEWHITE : 1750-1900, Sculcoates & Hull, ERY, ENG [11425] : C1800-1840, Hull, ERY & YKS, ENG [18766] : 1850+, Greenwich, KEN, ENG [20949]

HEBBURN : PRE 1650, NBL, ENG [17626]

HEBDEN : C1820-1860, Hobart, TAS, AUS [39092] : C1850-1900, Queenscliff & Melbourne, VIC, AUS [39092] : 1700, London, ENG [13407] : PRE 1800, Coverham, NRY, ENG [26752] : PRE 1800, Stalling Busk, NRY, ENG [26752] : PRE 1750, London & SOM, ENG [30147] : 1700+, YKS, ENG & AUS [39092]

HEBEL : 1770+, Bosenbach, RPF, BRD [39096]

HEBRON : 1904, Gateshead, DUR, ENG [46431] : 1880, Windy Nook, DUR, ENG [46431] : 1933, Tynemouth, NBL, ENG [46431]

HECKENBURG : PRE 1810, Devonport & Plymouth, DEV, ENG [12298] : PRE 1810, Kingston-on-Hull, YKS, ENG [12298]

HECKLIN : PRE 1900, Liverpool, LAN, ENG [26007]

HECTOR : 1860+, Dundonald, AYR, SCT [39096] : 1840-1940, Largs, AYR, SCT [34651]

HEDDERLY : ALL, UK [39386]

HEDDINGTON : 1800+, Launceston, TAS, AUS [10664] : PRE 1850, Wapping, LND, ENG [10664]

HEDDLE : 1740+, Kirkwall & Longhope, OKI, SCT [14513]

HEDGE : 1800+, NFK, ENG [42829] : Mary, 1700S, Northampton, NTH, ENG [17548]

HEDGECOCK : 1854+, Bayswater, MDX, ENG [28495]

HEDGELAND : 1815+, Butterleigh, DEV, ENG [99012] : 1751+, Morchard Bishop & Bradninch, DEV, ENG [41443]

HEDGER : 1900+, NSW, AUS [25151]

HEDGES : PRE 1742, Quainton, BKM, ENG [26366] : Philip, 1780, Cardiff, GLA, WLS [34320]

HEDLEY : ALL, Medomsley & Houghton le Spring, DUR, ENG [31152] : ALL, Horton-by-Blythe & Bedlington, NBL, ENG [31152] : ALL, Lee St.John, NBL, ENG [31152] : PRE 1914, Newcastle, NBL, ENG [99570] : 1790-1820, Stannington, NBL, ENG [18001] : PRE 1900, NRY, ENG [42730]

HEEKES : 1869+, Woolwich, KEN, ENG [17291]

HEEL : 1940+, Wellingborough, NTH, ENG [24853]

HEELEY : 1600+, Honley, WRY, ENG [20967]

HEELY : 1600+, Honley, WRY, ENG **[20967]**
HEENAN : 1850+, Old Monkland, LKS, SCT **[25998]**
HEENEY : 1850+, QUE, CAN **[16559]**
HEEPER : Susanna, 1800-1900, Nassau & Grafton, HES & NSW, GER & AUS **[44567]**
HEESOM : 1870+, Warrington, LAN, ENG **[12481]**
HEFFER : 1800-1950, Reigate, SRY, ENG **[20416]**
HEFFERAN : 1800+, Headford, GAL, IRL **[37250]** : 1800+, Headford, GAL, IRL **[37250]**
HEFFERNAN : 1858+, Carcoar, NSW, AUS **[34626]** : Thomas, 1839-1923, Goulburn, NSW, AUS **[99026]** : Sydney Arthur, C1915, Lithgow, NSW, AUS **[36592]** : C1840-50, Shoalhaven, NSW, AUS **[11540]** : ALL, IRL **[34797]** : PRE 1858, Doon, LIM, IRL **[34626]** : Betty, PRE 1840, Galbally, LIM, IRL **[12223]** : 1700-1850, TIP, IRL **[43903]** : C1890-1970, Jersey City, NJ, USA **[34797]**
HEFFIRAN : 1800+, Headford, GAL, IRL **[37250]** : 1800+, Kilikilverly, GAL, IRL **[37250]**
HEFFRON : 1800+, ENG & AUS **[44409]**
HEFREN : C1860+, Kempsey, NSW, AUS **[11540]** : C1880+, Sydney, NSW, AUS **[11540]**
HEGARTY : 1865-1897, Surry Hills, NSW, AUS **[11270]** : 1840+, St.Kilda, VIC, AUS **[12748]** : PRE 1837, Aghada, COR, IRL **[12748]** : John, 1854-1919, Garranes, COR, IRL **[33085]** : 1834-1890, Drapersrown, DRY, IRL **[11270]** : Martin, 1865, Crossmolina, MAY, IRL **[11061]** : C1810, Rathcormac, COR & TAS, IRL & AUS **[10146]**
HEGENER : PRE 1800, Strasbourg, ALS, FRA **[14472]**
HEGER : Simon, ALL, Etzgerstrith, BAV, BRD **[23858]**
HEGERTY : PRE 1850, Exmouth, DEV, ENG **[37052]**
HEGGADON : 1740+, Germansweek, DEV, ENG **[45841]**
HEGGART : 1880-1940, Listowel, CLA, IRL **[46503]**
HEGGARTY : 1940+, CAN **[46477]** : Jeremiah, 1767+, KER, IRL **[40534]** : 1940+, Scotsdale, AZ, USA **[46477]**
HEGGATON : 1740+, Germansweek, DEV, ENG **[45841]**
HEGGEN : PRE 1850, Island-Magee, ANT, IRL **[10392]**
HEGGIE : 1847+, Barony, LKS, SCT **[14435]** : 1887+, Govan, LKS, SCT **[14435]**
HEGGINBOTH : Maria, PRE 1820, SCT **[35297]**
HEGGS : Walter, C1900, Blackpool, LAN, ENG **[21129]** : Oliver, C1880, Longsight, LAN, ENG **[21129]** : Oliver, PRE 1870, Leicester, LEI, ENG **[21129]**
HEGNER : ALL, WORLDWIDE **[22422]**
HEGSTROM : 1910+, Jackson, MI, USA **[17514]**
HEHR : Michael, 1785-1885, Alt Posttal, BESSARABIA, RUSSIA **[42432]**
HEIDELBERG : Fred, 1840+, WI, USA **[16286]**
HEIDENREICH : PRE 1854, Berlin, BLW & BLO, BRD & DDR **[11062]**
HEIDMAN : ALL, USA **[22725]**
HEIDTMANN : ALL, WORLDWIDE **[11729]**
HEIFNER : ALL, Bendigo, VIC, AUS **[45823]**
HEIGH : Richard, 1855+, ONT, CAN **[37181]** : Richard, 1824-1855+, Levens & Beathwaite Green, WES, ENG **[37181]**
HEIGHTON : 1850+, Enderby, LEI, ENG **[42342]**
HEIGHWAY : PRE 1820, Madeley, SAL, ENG **[45489]** : 1700+, Madeley, SAL, ENG & NZ **[37326]**
HEIL : 1870+, New York Co., NY, USA **[28609]**
HEILBERG : PRE 1833, Trondheim, SOR-TRONDE-LAG, NOR **[42386]**
HEIMBROD : C1893, NZ **[39617]**
HEIN : PRE 1860, Pozen, BRD **[24474]** : ALL, Leipzig, DDR **[24474]** : ALL, GER **[24474]** : ALL, POL & USA **[24474]** : ALL, RUSSIA **[24474]**
HEINEMANN : Marie, 1860+, Beechworth, VIC, AUS **[35589]** : PRE 1885, Suderode & Quedlingburg, SAN,

BRD **[22227]** : Marie, 1860+, HBG, GER **[35589]** : ALL, Frankenburg, HEN, GER **[13855]**
HEINEY : PRE 1900, WORLDWIDE **[23895]**
HEINRICH : Wilhelm, PRE 1893, Sydney, NSW, AUS **[45127]** : 1777, Glogau, SIL, PRE **[10318]**
HEINRICHSEN : PRE 1860, Hanover, HAN, GER **[14618]**
HEINZ : 1600-1900, ENG, POL & GER **[24871]** : PRE 1850, Binsfeld, RHINELAND, PRUSSIA **[43050]**
HEIPLE : 1700-1900, GER & USA **[22737]**
HEIRMAN : John, PRE 1830, Bethnal Green, LND, ENG **[36365]**
HEISE : 1800S, Tucheim, PSA, GER **[14012]**
HEISECKE : PRE 1827, Zellefield, BRD **[45127]**
HEITMAN : John, 1857-1937, Elma & South Wales, NY, USA **[17033]**
HEITMANN : Clan Society, ALL, Asendorf, DIEPHOLZ, GER **[17033]** : Frederick Wm, 1877-1960, South Wales & Elma, NY, USA **[17033]**
HELBERG : 1830S-1910S, Trondheim, SOR-TRONDE-LAG, NOR **[42386]**
HELDERS : Harry, 1880, HOLLAND **[28092]**
HELDMANN : 1716-1794, Frankisch-Crumbach, GHE & HES, GER **[24252]**
HELEY : 1777, Winkleigh, DEV, ENG **[40257]** : 1750-1850, Almondbury, WRY, ENG **[46440]**
HELION : 1800-1900, Clara, OFF & WEM, IRL **[22707]**
HELLABY : Richard, PRE 1787, Longford, DBY, ENG **[31003]**
HELLAWELL : 1700-1800, Stannington, WRY, ENG **[12641]**
HELLEN : John, 1780-1870, Cork City & Aghada, COR, IRL **[41266]**
HELLER : Johann H., 1770-1813, Wiesbaden-Hesse, GER **[32243]** : PRE 1800, PRE, GER **[99570]**
HELLEWELL : Dora, 1900S, YKS, ENG **[16309]**
HELLIAR : PRE 1850, ENG **[28314]**
HELLIER : 1800, East Coker, SOM, ENG **[12415]**
HELLINGS : 1750-1880, CON, ENG **[19750]** : 1780-1880, LND, ENG **[19750]** : PRE 1800, Walcot & Bath, SOM, ENG **[29172]**
HELLMUTH : PRE 1864, SAXE-ALTENBURG, GER **[14030]**
HELLYAR : PRE 1900, East Coker, SOM, ENG **[28557]**
HELLYER : 1880+, Sydney, NSW, AUS **[45384]** : PRE 1800, Gillingham, DOR, ENG **[10493]** : 1750-1850, Nether Compton, DOR, ENG **[14246]**
HELM : 1883+, Toronto, ONT, CAN **[46436]** : PRE 1780, Croston, LAN, ENG **[36983]** : 1850+, Lawrence, NZ **[44774]**
HELME : PRE 1880, WOR, ENG **[19179]**
HELMS : 1800-1860, Union & Anson Cos., NC, USA **[22846]**
HELPS : 1700+, London, ENG **[21983]** : Louisa, PRE 1879, WIL, ENG **[35225]** : 1700+, JAMAICA, W.INDIES **[21983]**
HELSDON : 1750-1850, Catfield, NFK, ENG **[34797]**
HELSENITZ : 1820, Rakau, PRE **[28164]**
HELSON : 1770-1870 Germansweek, DEV, ENG **[45841]**
HELSTROP : 1738, Birkby, NRY, ENG **[19865]** : ALL, WORLDWIDE **[19865]**
HELYAR : 1800, East Coker, SOM, ENG **[12415]** : 1800+, Yeovil, SOM, ENG **[13037]**
HEMBRY : PRE 1920, ESS, ENG **[13008]**
HEMING : PRE 1900, Studley, WAR, ENG **[21254]**
HEMINGBROUGH : 1800-1900, Worsbrough, WRY, ENG **[12641]**
HEMINGWAY : PRE 1800, Dronfield & Chesterfield, DBY, ENG **[28523]** : PRE 1800, Haddlesey & Birkin, WRY, ENG **[28523]** : PRE 1820, Leeds, WRY, ENG **[37058]** : PRE 1780, Lightcliffe & Spen Valley, WRY, ENG **[18236]**

HEMINGWAY (see One Name Section) [28523]

HEMMANT : PRE 1870S, Long Sutton, LIN, ENG **[11658]**

HEMMING : 1800-1900, Walthamstow, ESS, ENG **[28391]** : 1864-1900, Ouinton, GLS, ENG **[21504]**

HEMMINGS : 1860+, Dandenong, VIC, AUS **[99183]** : 1800-1900, Mangotsfield, GLS, ENG **[18657]** : PRE 1850, STS, ENG **[18657]** : ALL, Birmingham, WAR, ENG **[11870]** : 1830+, Blaina, GLA, WLS **[17998]**

HEMPEL : 1830-1945, Berlin & Detroit, WPR & BRA, GER & USA **[39227]**

HEMPHILL : 1800+, Castlederg, TYR, IRL **[12904]** : James, 1800+, Castlederg, TYR, IRL **[28190]** : PRE 1868, Killeter, TYR, IRL **[12904]**

HEMPKEN : 1800+, Maybole, AYR, SCT **[13569]**

HEMPSEED : 1800+, Torryburn, FIF, SCT **[13569]**

HEMPSHALL : 1800S, Ordsall, NTT, ENG **[13910]**

HEMPTON : Eleanor, 1900, Sydney, AUS **[37692]**

HEMS : 1780+, Westminster, LND, ENG **[46477]**

HEMSLEY : PRE 1900, WRY, ENG **[35619]**

HEMSTRITCH : ALL, HAM, ENG **[19529]**

HEMSWELL : ALL, LIN, ENG **[31316]**

HEMSWORTH : 1600-1850, Retford & Ordsall, NTT, ENG **[19310]** : PRE 1700, IRL **[13707]**

HEMUS : PRE 1870, Birmingham, WAR, ENG **[21387]** : 1870+, Auckland, AKD, NZ **[21387]**

HEMUS (see One Name Section) [21387]

HENBEST : ALL, WORLDWIDE **[46454]**

HENCE : 1818+, Sydney, NSW, AUS **[31923]** : PRE 1818, Cosby, LEI, ENG **[31923]**

HENDEE : 1780-1810, Saratoga Co. & Monroe Co., NY, USA **[22558]** : 1840+, Medina Co., OH, USA **[22558]**

HENDER : PRE 1620, Boscastle, CON, ENG **[19064]**

HENDERSHOTT : 1770+, Morris & Sussex, NJ, USA **[24725]**

HENDERSON : Margaret, ALL, NSW, AUS **[29810]** : John, C1880, Horsham, VIC, AUS **[13153]** : Hugh, C1850, Melbourne, VIC, AUS **[13153]** : George, C1950, North Coburg, VIC, AUS **[13153]** : 1800-1900, ONT & MAN, CAN **[16706]** : PRE 1880, JSY, CHI **[32945]** : Ann Ware, C1828, ENG **[45199]** : Isabella, C1841, CHS, ENG **[10642]** : William, C1841, CHS, ENG **[10642]** : PRE 1730, Chester le Street, DUR, ENG **[17626]** : PRE 1873, West Auckland, DUR, ENG **[40871]** : 1700-1800, Wolsingham, DUR, ENG **[31826]** : 1930+, Iow & Portsmouth, HAM, ENG **[46498]** : Jane, PRE 1807, Deptford, KEN, ENG **[31003]** : John (Wm), 1850, KEN, SRY & MDX, ENG **[31210]** : Isabella, PRE 1840, LAN, ENG **[10642]** : ALL, Salford, LAN, ENG **[99598]** : PRE 1840, Paddington, MDX, ENG **[37709]** : John, 1800S, Newcastle on Tyne, NBL, ENG **[12363]** : 1780S-2000S, Bishopton, DUR, ENG & AUS **[43996]** : Bridget, PRE 1866, IRL **[36543]** : Margaret, 1800-1834, Templepatrick, ANT, IRL **[11425]** : Hannah, C1800+, ARM & ANT, IRL **[45703]** : Hugh, PRE 1830, Newry, DOW, IRL **[13153]** : 1837+, FER, IRL **[99570]** : 1819-1903, TYR, IRL **[25367]** : 1890+, Cookstown, TYR, IRL **[25367]** : 1872+, OTAGO, NZ **[39928]** : PRE 1750, Cruden, ABD, SCT **[14880]** : 1700-1800, Latheron, CAI, SCT **[16813]** : C1790, Kirkgunzeon, DFS, SCT **[42384]** : 1700-1750, FIF, SCT **[24567]** : 1700S, Aberdour & Dunfermline, FIF, SCT **[42466]** : 1800-1850, Dunfermline, FIF, SCT **[10591]** : 1750-1850, Kirkinner, FIF, SCT **[36435]** : C1780+, Markinch, FIF, SCT **[37499]** : William, 1820S, Wemyss, FIF, SCT **[31517]** : C1830, Glasgow, LKS, SCT **[34321]** : C1880, Edinburgh, MLN, SCT **[11319]** : 1600S, Inverkie, MLN, SCT **[36655]** : PRE 1870, Lasswade, MLN, SCT **[19661]** : 1750-1850, North Leith, MLN, SCT **[42609]** : Elizabeth, 1818, St.Cuthberts, Edinburgh, MLN, SCT **[39967]** : ALL, Paisley, RFW, SCT **[31210]** : PRE 1830, Paisley, RFW, SCT **[46449]** : PRE 1840, Paisley & Glasgow, RFW & LKS, SCT **[43934]** : PRE 1800, Bowden, ROX, SCT **[26437]** : 1700S, SHI, SCT **[11411]** : David, PRE 1830S, Stirling, STI, SCT **[98637]** : 1800-1900, NY, USA **[16706]**

HENDERSON (DRUMMOND) : Helen, 1916+, Prahran East, VIC, AUS **[11195]**

HENDEY : 1700S, CON, ENG **[15521]**

HENDL : 1863+, Puhoi, NZ **[42552]**

HENDLEY : Nathaniel, C1730, Bradbourne, DBY, ENG **[31003]** : ALL, Otham & Maidstone, KEN, ENG & AUS **[46317]**

HENDREN : David, 1850-1868, Mulgoa & Penrith, NSW, AUS **[11023]** : 1820S, Lisburn, ANT, IRL **[31517]**

HENDRICKSON : 1800+, NSW, AUS & FIN **[29786]** : ALL, Grimsby, LIN, ENG **[12467]** : Separate, 1780-1845, Johnson, IN, USA **[23858]**

HENDRIE : Thomas, 1882+, Rose Park, SA, AUS **[12639]** : PRE 1838, Wigton, CUL, ENG **[11718]** : PRE 1900, Clapham, SAL & LAN, ENG & SCT **[45772]** : PRE 1850, AYR, SCT **[26493]** : PRE 1850, Glasgow, LKS, SCT **[11091]**

HENDRIKS : ALL, NL **[11938]** : ALL, Norden, EAST-FRI, NL **[25787]**

HENDRON (see HENDREN) : **[27879]**

HENDRY : 1760S-1800S, Hillsborough, DOW, IRL **[37978]** : 1800S, Drumcliff, SLI, IRL **[46387]** : James, C1790, Kennethmont, ABD, SCT **[36800]** : Elisabeth, C1841, Rayne, ABD, SCT **[36800]** : 1850+, Arbroath, ANS, SCT **[44060]** : PRE 1820, Oathlaw, ANS, SCT **[44060]** : 1720+, Boyndie & Banff, BAN, SCT **[14880]** : PRE 1850, BAN & ABD, SCT **[25455]** : ALL, BEW, AYR & MLN, SCT **[26493]** : ALL, Airdrie, LKS, SCT **[41305]** : 1800-1850, Glasgow, LKS, SCT **[44060]** : 1850+, Wishaw, LKS, SCT **[20933]** : PRE 1900, Glasgow, LKS, DNB & RFW, SCT **[46350]** : PRE 1900, Dallas, MOR, SCT **[21365]** : 1750+, Auchterhouse, PER, SCT **[21854]**

HENDY : 1850-2005, GSY, CHI **[39519]** : 1800, Boxford, BRK, ENG **[28239]** : PRE 1900, Athy, KID, IRL **[14351]**

HENERY : 1800+, Cloonown & Athlone, ROS, IRL **[13004]** : C1800, Drumquin, TYR, IRL **[46356]**

HENGLER : PRE 1800, London, ENG **[46256]**

HENION : Jane, 1800-1860, Newark, NJ, USA **[35589]**

HENLEY : Henry, 1760+, DEV, ENG **[33671]** : PRE 1800, Abbotskerswell & South East, DEV, ENG **[40871]** : 1820-1860, Axminster, DEV, ENG **[10886]** : 1750-1820, LAN, ENG **[34664]** : 1800-1850, Hackney & Bethnal Green, LND, ENG **[34664]** : Henry, 1760+, SOM, ENG **[33671]** : PRE 1875, Horsham, SSX, ENG **[35592]** : PRE 1875, WIL, ENG **[31349]** : 1700-1900, Dudley, WOR & STS, ENG **[45749]** : 1700-1900, Duleek, MEA, IRL **[19853]**

HENLY : PRE 1500, Brinkworth, WIL, ENG **[30302]**

HENMAN : 1750-1830, KEN, ENG **[41943]** : 1750-1830, Maidstone, KEN, ENG **[41943]**

HENNAND : Eliz. Maria, 1730, London, ENG **[11698]**

HENNELL (see HANNELL) : **[10441]**

HENNENMANN : ALL, Pom, OPR, GER & USA **[24474]**

HENNESSEY : PRE 1816, Saint Johns, NFD, CAN **[29774]** : C1845, Mitchells Town, COR, IRL **[31153]** : ALL, Shanagolden, LIM, IRL **[13994]** : PRE 1885, Ballyporeen, TIP, IRL **[31715]**

HENNESSY : Maurice, 1830+, Dubbo, NSW, AUS **[10562]** : 1850+, Yass, NSW, AUS **[46468]** : ALL, QLD, AUS **[14188]** : PRE 1860, Ballinasloe, GAL, IRL **[13809]** : C1800, Rathdowney, LEX, IRL **[13014]** : John, 1823-27, Mount Trenchard, LIM, IRL **[37745]** : Richard, PRE 1822, Clonmel, TIP, IRL **[10562]** : 1800+, Clonoulty, TIP, IRL **[46468]** : 1800-1820, Waterford, WAT, IRL **[30071]** : Sarah, 1911, Auckland, NZ **[37745]** : Walter, 1920+, Auckland, NZ **[37745]**

HENNIKER : ALL, WORLDWIDE **[17027]**

HENNING : 1849+, Adelaide, SA, AUS **[14472]** : C1893, Middleton, YKS, ENG **[10330]** : PRE 1776, Berlin,

BRA, GER **[14472]** : Georg F., 1838+, Potsdam, BRA, GER **[14472]**

HENNINGHAN : 1800+, Preston, LAN, ENG **[42634]**

HENRICKSON : 1893+, Grimsby, LIN, ENG **[12467]** : C1860, Stepney, MDX, ENG **[14618]**

HENRIE : David, 1808, Foveran, ABD, SCT **[28151]**

HENRIGHT : Margaret, 1819-1871, LIM, IRL **[43773]**

HENRIKSEN : Gustav, PRE 1861, Swling, VESTFOLD, NOR **[41468]** : Gustav, 1861-1877, San Francisco, CA, USA **[41468]**

HENRIQUES : ALL, London, MDX, ENG **[40752]**

HENRIQUES CARDOZOS : ALL, Portsmouth, HAM, ENG **[40752]**

HENRIQUES-CARDOZA : 1775, London & Portsmouth, MDX & HAM, ENG **[40752]**

HENRIZI : PRE 1800, Friesenheim, RPF, BRD **[20178]**

HENRY : 1850+, Dungowan, NSW, AUS **[26246]** : Colin & Alex, C1860S+, Glebe, NSW, AUS **[10998]** : Robert, C1860S+, Glebe & Forest Lodge, NSW, AUS **[10998]** : 1855+, Frontenac, ONT, CAN **[15476]** : Fred, PRE 1832, London, ENG **[43213]** : Ruth, 1890S-1900S, Dalton-in-Furness, CUL, ENG **[37978]** : John, 1780S-1850S, Bolton, LAN, ENG **[37978]** : 1800+, Liverpool, LAN, ENG **[42507]** : John, 1880S, Liverpool, LAN, ENG **[32307]** : Eleanor, C1890, Liverpool, LAN, ENG **[32307]** : Ruth, 1890S-1900S, Manchester, LAN, ENG **[37978]** : Leo, 1946+, Husbands Bosworth, LEI, ENG **[32307]** : PRE 1900, Gainsborough, LIN, ENG **[43422]** : Isaac, 1750-1840, London, MDX, ENG **[12844]** : PRE 1860, Dresden, GER **[98672]** : PRE 1848, IRL **[24943]** : PRE 1840, ANT, IRL **[15476]** : 1700+, Donegore, ANT, IRL **[11036]** : PRE 1850, ARM, IRL **[15400]** : John, 1780S-1850S, Hillsborough, DOW, IRL **[37978]** : PRE 1910, Edinmore, FER, IRL **[35592]** : C1750, Enniskillen, FER, IRL **[42384]** : PRE 1860, Kilrea, LDY, IRL **[44639]** : John, 1850+, Dungarvan, WAT, IRL **[32307]** : Eleanor, C1895, Waterford, WAT, IRL **[32307]** : John, 1850+, Woodstown, WAT, IRL **[32307]** : John, 1850+, Passage, WAT & COR, IRL **[32307]** : Elizabeth, 1831, Foveran, ABD, SCT **[28151]** : Robert, PRE 1814+, Arbroath & Dundee, ANS, SCT **[10998]** : PRE 1850, AYR, SCT **[26493]** : 1840-1860, Moncton, AYR, SCT **[15476]** : 1720+, Boyndie & Banff, BAN, SCT **[14880]** : 1800+, Macduff & Gamrie, BAN, SCT **[14880]** : Catherine, C1850, Beauly, INV, SCT **[39386]** : ALL, Airdrie, LKS, SCT **[41305]** : 1800S, Cambusnethan, LKS, SCT **[36655]** : Alex, 1814+, Edinburgh, MLN, SCT **[10998]** : 1700+, Falkirk, STI, SCT **[10775]** : 1900+, NY, USA **[22725]**

HENSGEN : Gerlach, 1759, Daaden, NRW, GER **[12878]**

HENSHALL : 1700+, Acton, CHS, ENG **[36368]** : 1750+, Childwall, LAN, ENG **[12786]** : 1800-1900, SILESIA, POL **[19471]** : ALL, WORLDWIDE **[34582]**

HENSHAW : 1840+, Albury, NSW, AUS **[12786]** : 1840+, Sydney, NSW, AUS **[12786]** : PRE 1650, BKM, LAN & CHS, ENG **[10116]** : 1800-1840, Liverpool, LAN, ENG **[12786]** : 1660-1800, Uttoxeter & Leigh, STS, ENG **[19713]** : Robert, C1857, Cambusnethan, LKS, SCT **[12025]**

HENSLEY : 1796, Pitt Town, NSW, AUS **[13853]**

HENSLOW : PRE 1796, Maidstone, KEN, ENG **[12728]**

HENSMAN : 1800-1861, JSY, CHI **[27678]** : 1650, Peatling Magna, LEI, ENG **[19785]** : C1830+, NTH, ENG **[34321]**

HENSON : 1700-1800, Melbourne, DBY, ENG **[34967]** : PRE 1850, Croxton Keyrial, LEI, ENG **[20551]** : C1841, Old Basford, NTT, ENG **[30714]** : Richard, PRE 1838, Willoughby-on-the-Wolds, NTT, ENG **[34975]**

HENSTON : PRE 1900, BKM, ENG **[31072]**

HENSTONE : PRE 1900, BKM, ENG **[31072]**

HENTGES : PRE 1700, RPF, BRD **[20178]**

HENTON : 1800S, NTT, ENG **[33007]** : Elizab Eth, 1800-1860, DOW, IRL **[41349]**

HENTSCHEL : ALL, Posen, POL **[44932]**

HENTY : Mary Ann, 1823+, Barcome & Lewes, SSX, ENG **[40052]** : 1852+, Lewes, SSX, ENG **[40052]** : 1750+, West Tarring, Lewes & Brighton, SSX, ENG & AUS **[40052]**

HENVILL : 1600, Little Cheney, DOR, ENG **[35184]**

HENWOOD : 1700+, South East, CON, ENG **[45841]** : PRE 1800, St.Agnes, CON, ENG **[20672]** : Thomas, 1700+, St.Teath, Camelford, CON, ENG & NZ **[45943]**

HENZELL : May, 1958+, Watford, HRT, ENG **[12953]**

HEPBURN : John, 1905+, Toronto, ONT, CAN **[12563]** : 1750S-1850S, CHI **[21261]** : 1700+, LND, ENG **[21261]** : 1800S, Stepney, LND, ENG **[29612]** : PRE 1845, Lonmay, ABD, SCT **[27780]** : PRE 1832, AYR, SCT **[46249]** : 1825+, Gamrie, BAN, SCT **[30182]** : John, PRE 1905, Alloa, CLK, SCT **[12563]** : 1872+, Tillicoultry, CLK, SCT **[12563]** : Isabella, 1790+, Abbotshall, FIF, SCT **[45769]** : 1700-1833, Carluke, LKS, SCT **[38211]**

HEPENSTALL : PRE 1810, Birkin, WRY, ENG **[28523]**

HEPFER : 1866+, Clinton Co., MI, USA **[23371]** : 1847+, Washtenaw Co., MI, USA **[23371]**

HEPINSTALL : Ann 1819+ Newcastle WIC IRL **[25878]**

HEPPEL : 1760-1830, ENG **[44150]**

HEPPLE : Robert, C1770, Ponteland, NBL, ENG **[38579]**

HEPPLEWHITE : PRE 1850, Heworth, DUR, ENG **[27289]**

HEPTINSTALL : PRE 1850, Birmingham, WAR, ENG **[18264]**

HEPWORTH : John, PRE 1800, Barnsley & Cawthorne, WRY, ENG **[16233]** : 1700+, Batley, WRY, ENG **[20967]** : 1810-1850, Halifax, WRY, ENG **[10037]** : 1800-1860, Huddersfield, WRY, ENG **[10037]** : PRE 1800, Leeds, YKS, ENG **[36033]** : PRE 1841, Leeds, YKS, ENG **[42594]** : 1840+, Freeport, Armstrong Co., PA, USA **[20967]**

HERALD : 1875, Boston, MA, USA **[15916]** : 1875, New York, USA **[15916]**

HERBERT : James, 1856+, Ballarat, VIC, AUS **[12025]** : Ralph, PRE 1931, Fitzroy, VIC, AUS **[12025]** : C1810, Reading, BRK, ENG **[40925]** : PRE 1800, CUL, ENG **[17720]** : Rosanna, 1790, GLS, ENG **[46275]** : PRE 1850, Minchinhampton, GLS, ENG **[10967]** : 1800+, HEF, ENG **[30449]** : 1770+, Stepney, LND, ENG **[21741]** : 1750-1850, East London, MDX, ENG **[16527]** : PRE 1800, NBL, ENG **[17720]** : 1750-1800, Sudbury, SFK, ENG **[12641]** : ALL, CBY, NZ **[39671]** : 1850+, Herbertville & Dannevirke, HBY, NZ **[40925]** : PRE 1850, MN & OH, USA **[29570]** : PRE 1840, Crickhowell, BRE, WLS **[34873]** : C1768, Llangovan, MON, WLS **[17380]**

HERBERTSON : Frank, 1920+, Bundaberg, QLD, AUS **[31762]**

HERBISON : 1700+, Kilbride, ANT, IRL **[11036]**

HERBST : PRE 1800, SHO, BRD **[17134]**

HERBSTREIT : Christian, 1751+, Eisenbach, BAD, GER **[13026]** : Christian, 1720+, Ober Glottertal, BAD, GER **[13026]** : Philipp, 1815+, Rudenberg, BAD, GER **[13026]**

HERCKELBOUT : ALL, WORLDWIDE **[39815]**

HERCOCK : ALL, Kingscliffe, NTH, ENG **[46403]**

HERD : 1860+, Port Augusta, SA, AUS **[33846]** : C1850, Sunderland, DUR, ENG **[33846]** : 1860+, Dunedin, NZ **[33846]** : 1800-1950, Aberdeen & Monymusk, ABD, SCT **[33820]** : PRE 1860, Peterhead, ABD, SCT **[33846]** : Isobel, C1772, Peterhead & Boyndie, ABD, SCT **[22224]** : John, C1772, Peterhead & Boyndie, BAN & ABD, SCT **[22224]** : Betsy, PRE 1823, Beath, FIF, SCT **[38627]** : PRE 1790, Abernethy, PER, SCT **[12060]** : 1815, Paisley, RFW, SCT **[34651]** : C1800+, Rathven, BAN, SCT & AUS **[33097]**

HERDMAN : 1728-1761, Auchterarder, PER, SCT **[21207]**

HERDSFIELD : ALL, London, ENG **[34201]** : ALL, Derby, DBY, ENG **[34201]**

HEREN : C1843, Portadown, ARM, IRL **[45649]**
HEREWARD : 1858+, Boorowa, NSW, AUS **[42226]**
HERGEN : 1750-1850, Molsheim, ALS, FRA **[33347]**
HERIOT : Thomas, 1800+, Edinburgh, MLN, SCT **[14760]**
HERITAGE : 1800-2000, ENG **[30446]** : Henry & Anne, 1800+, Northbourne, KEN, ENG **[43752]** : Ann, ALL, Bicester, OXF, ENG **[12917]** : 1280+, WORLDWIDE **[27394]** (see One Name Section) **[27394]** : see One Name Section), **[43752]**
HERIVEL : ALL, ALD, CHI **[21479]**
HERLIN : ALL, WORLDWIDE **[22207]**
HERLING : ALL, WORLDWIDE **[22207]**
HERMAN : PRE 1800, Candlesby, LIN, ENG **[44078]**
HERMANSSEN : 1700-1900, MEK, GER **[21973]**
HERMES : PRE 1700, Poltersdorf & Ellenz, RPF, BRD **[20178]**
HERMISTON : 1814-1881, Greenlaw, BEW, SCT **[35218]**
HERNER : 1753-1970, Waterloo Co., ONT, CAN **[22698]** : 1880-1896, La Porte, NE, USA **[22698]** : 1753-1991, Sullivan Co., NY, NE & ONT, USA & CAN **[22698]**
HERON : 1875+, Clunes & Melbourne, VIC, AUS **[36751]** : 1800+, London, ENG **[11662]** : John, 1707+, Ingo, NBL, ENG **[37188]** : C1870, Walworth, SRY, ENG **[45388]** : PRE 1875, Groomsport & Bangor, DOW, IRL **[36751]** : 1822, DUB, IRL **[20401]** : PRE 1900, AYR & WIG, SCT **[16661]** : 1800-1875, Inch, AYR & WIG, SCT **[16096]** : ALL, KKD & WIG, SCT **[20824]**
HERRAMAN : 1842+, Adelaide & Glenelg, SA, AUS **[31332]**
HERRICANE : ALL, WORLDWIDE **[29324]**
HERRICK : 1800, Caistor, LIN, ENG **[30065]** : 1800-1850, Stanmore, MDX, ENG **[17553]** : ALL, Tullamore, OFF & ALL, IRL & NZ **[20546]** : 1800S, Columbia Co., NY, USA **[22743]**
HERRIDGE : Leonard, 1700S, Aston Rowant, OXF, ENG **[34140]**
HERRIES : 1890+, St.Quivox, AYR, SCT **[45791]** : ALL, DFS, KKD & WIG, SCT **[45791]** : ALL, Garlieston & Dunscore, DFS, KKD & WIG, SCT **[19486]** : PRE 1855, Glencairn & Applegarth, DFS, KKD & WIG, SCT **[19486]**
HERRING : ALL, Trewin, CON, ENG **[31349]** : PRE 1895, Tring, HRT, ENG **[10721]** : 1800+, Waddingham, LIN, ENG **[36071]** : C1850, Bethnal Green, MDX, ENG **[45553]** : C1690, Dinnington, NBL, ENG **[10070]** : 1778-1846, NFK, ENG **[25654]** : ALL, Stradbroke, SFK, ENG **[31079]**
HERRINGTON : (Policeman), 1800S, London, ENG **[12327]** : 1880-1940, Egham, SRY, ENG **[36533]** : 1800S, WIL, ENG **[16430]**
HERRIOT : Andrew, 1814, Glasgow, LKS, SCT **[14472]** : Andrew, PRE 1836, Dalkeith, MLN, SCT **[14472]** : 1700-1780S, Dunblane & Strathaven, PER & LKS, SCT **[14388]** : ALL, WORLDWIDE **[45261]**
HERRMANN : PRE 1875, Dargun, MEK, GER **[10880]** : 1825+, Schmoellen & Zullichau, PRE **[31355]**
HERROD : 1840+, VIC, AUS **[36844]** : Samuel, 1840+, Geelong, VIC, AUS **[36844]**
HERROLD : 1800-1860, Westmoreland Co., PA, USA **[22846]**
HERRON : 1830S, Chiswick, LND, ENG **[43481]**
HERSANT : C1500-1900, SFK, ENG **[30645]**
HERSEY : PRE 1800, Chiddingfold, SRY, ENG **[36246]**
HERSHER : 1700-1900, GER **[12781]**
HERSOM : 1860+, Westham, ESS, ENG **[46284]**
HERVEY : Malachi, 1869, Springs, VIC, AUS **[12058]**
HERWARD : 1852+, Newcastle under Lyme, STS, ENG & IRL **[46391]**
HERWIG : Daniel, 1900+, Maryborough, VIC, AUS **[10891]**

HERWIN : ALL, WORLDWIDE **[99573]**
HESLAM : ALL, Barrow-in-Furness, LAN, ENG **[46307]**
HESLIN : PRE 1792, Dublin, IRL **[11628]** : 1800-1850, LET, IRL **[21906]**
HESLIP : C1800, MLN, SCT **[12163]** : C1815, PEE, SCT **[12163]**
HESLOP : PRE 1740, Longhoughton, NBL, ENG **[17626]** : Ellen, C1845, Belfast, ANT, IRL **[41270]** : 1760S, Mordington, BEW, SCT **[21218]**
HESP : ALL, WORLDWIDE **[19624]**
HESPE : 1770-1850, Oldenburg, OLD, GER **[25830]** : ALL, WORLDWIDE **[19624]**
HESSE : 1700+, Karow, PSA, GER **[14012]**
HESSIE : Hannah, PRE 1813-49, Jamaica & Bahamas, W.INDIES **[23471]**
HESSION : ALL, Tuam, GAL, IRL **[46282]**
HESSLETINE : 1730+, Gilling-by-Helmsley, YKS, ENG **[20975]**
HESSON : ALL, IRL **[26687]**
HESTER : 1800+, Holborn, MDX, ENG **[19458]** : 1880+, Teddington, MDX, ENG **[42647]** : ALL, OXF, ENG **[34588]** : 1800-99, Oxford, OXF, ENG **[20057]**
HETHERINGTON : 1879-1917, Brisbane, QLD, AUS **[32314]** : 1855-1865, Bagshot, VIC, AUS **[34747]** : 1720-1920, Brampton, CUL, ENG **[34747]** : 1800S, Carlisle, CUL, ENG **[25572]** : ALL, Whitehaven, CUL, ENG **[27689]** : 1857-1879, Jarrow, DUR, ENG **[32314]** : 1800S, Richmond, NRY, ENG **[46434]** : 1800+, SLI, IRL **[27066]** : 1850+, Irvinestown, TYR, IRL **[10647]**
HETHERNGTON : 1880-1940, Deniliquin, NSW, AUS **[34747]**
HETREED : 1800+, Killarney, KER, IRL **[18303]**
HEUBNER : 1800+, Stargard, POM, POL **[26817]**
HEUCK : 1750-1850, Alsaic, OPR & WFR, GER **[27140]** : 1800-1880, Brookhaven, MS, USA **[27140]**
HEUELER : 1800, Binswanger, GER **[11590]**
HEUER : C1817, Woehrden, SHO, GER **[14120]**
HEULEY : 1880S, Buckland Common, BKM, ENG **[15286]**
HEUR : 1817, SHO, BRD **[14120]**
HEURTEBISE : Andre, Marin, C1650-1700, St.Remy de Sille, Sarthe, LE MANS & ME, FRA **[16123]**
HEVER : ALL, Cobham & Ryarsh, KEN, ENG **[30589]**
HEW : PRE 1750, Haslemere, SRY, ENG **[36246]**
HEWAN : C1800, Tintern, WEX, IRL **[12327]**
HEWARD : 1700-1800S, Witley, SRY, ENG **[13910]** : 1700S, Kirdford, SSX, ENG **[13910]** : 1700+, Lurgashall, SSX, ENG **[13910]**
HEWENS : 1815, Tysoe, WAR, ENG **[25878]**
HEWER : 1800+, ENG **[35240]** : Grace, 1789, Kempsford, GLS, ENG **[26817]**
HEWETSON : Joseph, C1860, Maldon, VIC, AUS **[13153]** : Henry, 1758, Embleton, CUL, ENG **[13153]**
HEWETT : 1840+, South Para, SA, AUS **[36847]** : ALL, Tylden, VIC, AUS **[36847]** : Chas Shallum, 1832+, Nundle, NSW & SA, AUS & NZ **[38546]** : 1840+, Adelaide, SA, AUS & NZ **[38546]** : PRE 1839, Barking, ESS, ENG **[17055]** : 1700-1900, HAM, ENG **[45863]** : 1837+, Portsmouth & Iow, HAM, ENG **[46233]** : 1750-1870, NFK, ENG **[28609]** : PRE 1850, Great Yarmouth, NFK, ENG **[45553]** : PRE 1855, Reigate, SRY, ENG **[18147]** : 1700+, South Pool & Adelaide, DEV & SA, ENG & AUS **[38546]**
HEWISON : PRE 1840S, North Shields, NBL, ENG **[98637]** : PRE 1803, Ponteland, NBL, ENG **[26366]** : 1700+, Borrowby & Leake, YKS, ENG **[34505]**
HEWITSON : William, C1765, CUL, ENG **[13153]** : John, 1794, Embleton, CUL, ENG **[13153]** : PRE 1840, Keswick, CUL, ENG **[18702]** : PRE 1720, Stanhope, DUR, ENG **[17626]** : 1800+, Ulleswater, WES, ENG **[46355]**
HEWITT : 1886, Albury, NSW, AUS **[46202]** : 1852+, Shoalhaven, NSW, AUS **[30014]** : Mary Ann, 1840S,

Sydney, NSW, AUS **[11195]** : Isabella Wise, 1845+, Sydney, NSW, AUS **[11195]** : 1860+, Nebo, QLD, AUS **[14188]** : 1800S-1998, Warracknabeal, VIC, AUS **[26264]** : C1800+, Hawkesbury, NSW & LIN, AUS & ENG **[33097]** : 1800+, Doncaster, ENG **[46448]** : 1800+, Iver, BKM, ENG **[38005]** : 1750-1800, Reading, BRK, ENG **[37709]** : 1700+, St.Breock & Lanivet, CON, ENG **[21741]** : C1814-1850, Stoke Damerel, DEV, ENG **[26665]** : 1700-1900, HAM, ENG **[45863]** : 1780-1860, Thanet, KEN, ENG **[34349]** : Joseph, 1795+, Warrington, LAN, ENG **[28341]** : Mary, 1800S, Warrington, LAN, ENG **[28341]** : Ann, C1818+, Warrington & Manchester, LAN, ENG **[28341]** : 1823, Coleorton, LEI, ENG **[27780]** : 1850+, Bethnal Green, MDX, ENG **[45553]** : 1880, London, MDX, ENG **[28092]** : 1790+, Banham, NFK, ENG **[17291]** : William, 1860S, Northampton, NTH, ENG **[46202]** : 1800+, Welford, NTH, ENG **[12950]** : PRE 1782, NTT, ENG **[18851]** : 1800S, Taunton, SOM, ENG **[46247]** : 1750S, Ecclesehall, STS, ENG **[19647]** : PRE 1820, Bedworth, WAR, ENG **[31761]** : PRE 1850, WIL, ENG **[38660]** : 1789, Rotherham, YKS, ENG **[39856]** : 1830S, ARM, IRL **[14188]** : PRE 1850, Kilmore, ARM, IRL **[12744]** : 1855+, Lesmahagow, LKS, SCT **[99600]** : C1766-1850, Edinburgh, MLN, SCT **[26665]** : ALL, WORLDWIDE **[38546]**

HEWLANDS : ALL, Alderton & Luckington, WIL, ENG **[46509]**

HEWLETT : C1750, Dorchester, DOR, ENG **[30246]** : 1845, Bristol, GLS, ENG **[99282]** : 1900+, Much Birch, HEF, ENG **[31259]** : 1840, Norwood, SRY, ENG **[18340]**

HEWLINGS : PRE 1790, Stonehouse, GLS, ENG **[43137]**

HEWLITT : Susannah, 1787, St.Mary de Lode, GLS, ENG **[11530]**

HEWS : 1800, South Fambridge, ESS, ENG **[17704]** : William, 1650+, Stepney, LND, ENG **[28149]** : Marthe, 1727+, Stepney, LND, ENG **[28149]**

HEWSON : PRE 1870, Breedon, LEI, ENG **[28391]** : PRE 1820, Sunderland, NBL, ENG **[20974]** : Henry, C1790, Wymondham, NFK, ENG **[14627]** : Henry, 1820-1846, London, SRY, ENG **[14627]**

HEX : Diana, 1650, Pitminster, SOM, ENG **[17203]**

HEY : Betty, C1800, LAN & WRY, ENG **[14448]** : 1860+, Huddersfield & Honley, WRY, ENG **[42974]** : PRE 1837, Halifax, YKS, ENG **[45631]**

HEYBORN : ALL, WORLDWIDE **[19949]**

HEYBORNE : ALL, WORLDWIDE **[19949]**

HEYBOURN : ALL, Bledlow, BKM & OXF, ENG **[19949]** : ALL, WORLDWIDE **[19949]**

HEYBOURN (see One Name Section) **[19949]**

HEYBOURNE : ALL, WORLDWIDE **[19949]**

HEYBURN : ALL, WORLDWIDE **[19949]**

HEYDEN : 1800+, Balmain, Sydney, NSW, AUS **[30601]** : 1700-1850, Liverpool, LAN, ENG **[30601]**

HEYDON : ALL, NFK, ENG **[17977]**

HEYES : C1805, ENG **[36075]** : C1840, Somerstown, MDX, ENG **[36075]**

HEYL : Amelia, 1867+, JSY, CHI **[45326]** : Ernest, 1872+, DEV, ENG **[45326]**

HEYLAND : Ann Kyffin, 1837-1880, Georgetown, GUYANA **[39243]** : Kyffin, 1810-1870, GUYANA & NZ **[39243]**

HEYLER : 1897+, Coker, SOM, ENG **[17291]** : 1800-1840, Stourport-on-Severn, WOR, ENG **[17291]**

HEYLIN : 1700+, Dacre, CUL, ENG **[22305]**

HEYMANSON : ALL, ENG **[26493]**

HEYWARD : ALL, TAS, AUS **[98637]**

HEYWOOD : 1820+, Carlisle, CUL, ENG **[45183]** : 1800+, Lowgates & Staveley, DBY, ENG **[45070]** : 1850+, Jarrow, DUR, ENG **[45183]** : PRE 1840, Bolton, LAN, ENG **[36983]** : 1820+, Heywood, LAN, ENG **[99418]** : 1700+, Little Heaton & Prestwich, LAN, ENG **[99418]** : 1800-1850, Manchester, LAN, ENG **[18861]** : 1800+, Manchester, LAN, ENG & NZ **[20655]**

HIAM : PRE 1840, Alcester, WAR, ENG **[41372]** : ALL, WORLDWIDE **[11692]**

HIBBARD : 1800S, Bradford Co., PA, USA **[25833]**

HIBBEARD : PRE 1850, Bradford on Avon, WIL, ENG **[41136]**

HIBBERD : PRE 1900, London, ENG **[19656]** : William, 1830+, Faringdon, Longcot & Fernham, BRK & ALL, ENG **[19588]** : Henry, 1700+, Wilton, WIL, ENG & WORLDWIDE **[19588]**

HIBBERT : PRE 1820, CHS, ENG **[44078]** : 1600-1800, Monyash, DBY, ENG **[14246]** : PRE 1900, Ashton-under-Lyne, LAN, ENG **[36170]** : 1850-1900, Manchester, LAN, ENG **[12641]** : PRE 1880, Warrington, LAN, ENG **[34420]** : James, PRE 1803, Westhoughton, LAN, ENG **[29187]**

HIBBITT : C1780, Exton, RUT, ENG **[37156]**

HIBBS : ALL, Tarraville, VIC, AUS **[99093]**

HIBELL : PRE 1920, STS & WAR, ENG **[14045]** : 1780-1830, Chapel Hill, MON, WLS **[17535]**

HICHISSON : ALL, WORLDWIDE **[46416]**

HICK : PRE 1850, YKS, ENG **[25737]**

HICKENBOTTOM : 1880+, AUS **[46272]** : 1850+, Houghton Regis, BDF, ENG **[46272]** : PRE 1870, Leighton Buzzard, BDF, ENG **[46272]**

HICKEY : 1800-1900S, NSW, AUS **[44296]** : 1863+, Araluen & Wyndham, NSW, AUS **[34231]** : 1849+, Wollombi & Maitland, NSW, AUS **[11684]** : Mary, PRE 1886, Geeveston, TAS, AUS **[10361]** : PRE 1880, Bethnal Green, MDX, ENG **[18042]** : James, 1800+, Dublin, IRL **[38979]** : 1938, Dublin, IRL **[10280]** : Mary, 1790-1850, CLA, IRL **[13229]** : 1830S, CLA, IRL **[12318]** : John, 1818+, Ballyvaughan, CLA, IRL **[10731]** : C1780, Braffa & Milltown Malbay, CLA, IRL **[29479]** : John, C1850, O'Briensbridge, CLA, IRL **[20542]** : 1800+, Derrygoolin, GAL, IRL **[12802]** : PRE 1863, Woodford, GAL, IRL **[34231]** : C1830, Blackwater, LIM, IRL **[27780]** : PRE 1870, Caherconlish, LIM, IRL **[12748]** : 1800+, Limerick, LIM, IRL **[17000]** : PRE 1850, Rossmore, TIP, IRL **[36115]** : Elizabeth, 1755, Delgany, WIC, IRL **[10318]**

HICKINBOTHAM : C1840, SFK, ENG **[39155]**

HICKLING : 1860+, VIC, AUS **[45925]** : PRE 1800, LEI, ENG **[12707]** : 1700+, Salford & Leicester, LEI, ENG **[45925]** : 1900+, NZ **[45925]**

HICKMAN : 1860+, Georges River, NSW, AUS **[10970]** : 1850+, Sydney, Grenfell & Yass, NSW, AUS **[10340]** : ALL, NB, CAN **[25457]** : C1565, Downham, CAM, ENG **[17037]** : 1900+, Bramshott, HAM, ENG **[37267]** : 1800+, Petersfield, HAM, ENG **[37267]** : ALL, Portsmouth, HAM, ENG **[41205]** : 1750+, Romney Marsh, KEN, ENG **[33671]** : 1880+, Manchester, LAN, ENG **[37267]** : PRE 1740, Northampton, NTH, ENG **[11066]** : ALL, Tipton, STS, ENG **[34682]** : PRE 1800, Birmingham, WAR, ENG **[17231]** : 1800S, INDIA **[19905]** : 1800+, OH & IA, USA **[99433]**

HICKMORE (see One Name Section) **[28599]**

HICKMOTT : 1840+, Gosfield Twp, Essex Co., ONT, CAN **[37631]** : C1820, KEN, ENG **[28340]** : ALL, Lamberhurst, KEN, ENG **[11715]**

HICKOX : ALL, USA **[22725]**

HICKS : 1840+, North Coast, NSW, AUS **[11060]** : PRE 1853, Geelong, VIC, AUS **[98674]** : 1700-1850, Annapolis Co., NS, CAN **[22262]** : 1882, Niagara, ONT, CAN **[15221]** : 1850-1950, Buckingham, BKM, ENG **[20416]** : 1700-1850, Lambourn, BRK, ENG **[14246]** : 1730-1780, West Hanney, BRK, ENG **[34664]** : PRE 1720, CON, ENG **[15521]** : Jane, 1780-1860, North Hill, CON, ENG **[14346]** : PRE 1870, North Petherwin & Launceston, CON, ENG **[18325]** : Grace, 1750-1850, St.Marys Scilly, CON, ENG **[17907]** : 1800-1850, St.Mary, DEV, ENG **[41022]** : ALL, ESS, ENG **[34790]** : PRE 1820, GLS, ENG **[10664]** : PRE 1800, Cam & Cromhall, GLS, ENG **[39464]** : Jane, 1700-1760, Hor-

ton, GLS, ENG **[12844]** : PRE 1900, Ross-on-Wye, HEF & GLS, ENG **[40535]** : Stephen, 1800+, Greenhythe, KEN, ENG **[11159]** : 1800S, Hawkhurst, KEN, ENG **[11425]** : ALL, KEN, DEV & CON, ENG **[18921]** : 1890, LND, ENG **[15594]** : 1800-1820, Chelsea, MDX, ENG **[34664]** : 1800+, Hackney, MDX, ENG **[46190]** : C1820, Thetford, NFK, ENG **[11813]** : PRE 1763, Roxby, NRY, ENG **[46423]** : PRE 1820, Bruern, OXF, ENG **[10664]** : PRE 1825, Clapham & Wandsworth, SRY, ENG **[45215]** : 1740+, Icklesham, Northiam & Udimore, SSX, ENG **[10793]** : 1750+, Castleford, YKS, ENG **[21431]** : 1800+, BENGAL & HAM, INDIA & ENG **[99433]** : Mary, 1782, Delgany, WIC, IRL **[10318]** : 1861, WLS **[15594]**
HICKSON : 1840+, Morpeth, NSW, AUS **[11098]** : PRE 1800, CHS, ENG **[19415]** : PRE 1706, LEI, ENG **[39651]** : PRE 1870, Holborn, MDX, ENG **[38674]** : Convict, 1814, STS, ENG **[11098]** : 1800S, Kilorglin, KER, IRL **[46358]**
HIDDENS : Margery, 1628, Zennor, CON, ENG **[13031]**
HIDDERLEY : 1800-1900, Macclesfield, CHS, ENG **[30120]**
HIDDLESTONE : 1780-1860, North & South Shields, DUR, ENG **[31979]**
HIDE : 1100-1800, CHS, DBY & SAL, ENG **[43877]** : PRE 1850, Welford, GLS, ENG **[21254]** : Ruth, 1666-1725, Shirlett, Barrow, SAL, ENG **[19818]** : PRE 1750, Ockham, SRY, ENG **[37200]** : PRE 1700, West Horsley, SRY, ENG **[37200]** : PRE 1900, Henfield, SSX, ENG **[20729]** : 1700-1800, Rogate, SSX, ENG **[15464]** : 1100-1800, WIL, ENG **[43877]**
HIDE (see HYDE) : **[28006]**
HIDER : 1700-1850, Frindsbury, KEN, ENG **[46255]**
HIE : C1900, Hamilton Co., ONT, CAN **[28755]**
HIERONYMI : 1850-1875, Bingen, RPR, GER **[24252]**
HIETT : Charles, 1700-1840, Wellington & London, SOM & ALL, ENG **[20444]**
HIGBED : 1800+, Chesham, BKM, ENG **[46345]**
HIGBID : 1896+, LND, ENG & AUS **[10470]**
HIGEL : 1630-1800, Kuttolsheim, ALS, FRA **[20200]**
HIGERTY : PRE 1850, Exmouth, DEV, ENG **[37052]**
HIGGENS : PRE 1750, Romney Marsh, KEN, ENG **[18688]**
HIGGERSON : ALL, Sydney, NSW, AUS **[46249]**
HIGGIN : ALL, Lancaster, LAN, ENG **[97805]** : Maria Hope, 1870+, Wellington, NZ **[13481]**
HIGGINBOTHAM : 1800+, DBY, ENG **[34111]** : 1750+, St.Petersburg, RUS **[29198]**
HIGGINBOTTOM : 1700S, Manchester, LAN, ENG **[28948]**
HIGGINS : Johannah, 1842+ & Araluen & Braidwood, NSW, AUS **[33218]** : Catherine, 1840+, Araluen, Gulgong & Marrickville, NSW, AUS **[33318]** : C1860, Tumut, NSW, AUS **[39155]** : C1910+, Brisbane, QLD, AUS **[36751]** : 1890+, Goomeri, QLD, AUS **[30927]** : John, PRE 1888, Emu Bay, TAS, AUS **[30927]** : 1800+, Oatlands, TAS, AUS **[29664]** : 1660+, BARBADOS **[23319]** : 1750-1850, BKM, ENG **[42986]** : PRE 1901, Tarrington, HEF, ENG **[44138]** : 1840S, Gravesend, KEN, ENG **[20938]** : 1876, Gravesend, KEN, ENG **[99047]** : C1885+, Marylebone, LND, ENG **[36751]** : PRE 1880, MDX, ENG **[44969]** : Wm H., 1832+, Hardingstone, NTH, ENG **[32901]** : PRE 1850, Marston, OXF, ENG **[46202]** : 1800+, SAL, ENG **[13004]** : PRE 1800, Broseley, SAL, ENG **[21375]** : C1750, Evesham, WOR, ENG **[35042]** : 1880+, Halifax, WRY, ENG **[36928]** : PRE 1830+, SOM, ENG & AUS **[33949]** : PRE 1840, Corofin, CLA, IRL **[39092]** : 1700S, COR, IRL **[15521]** : PRE 1859, Grenagh, COR, IRL **[34221]** : 1840-1920, Downpatrick, DOW, IRL **[24382]** : ALL, Kilkeel, DOW, IRL **[46238]** : PRE C1885, Rathmines, DUB, IRL **[36751]** : 1700-1800, Templemichael, LOG, IRL **[13428]** : 1860+, Ballaghaderreen & Magheeboy, MAY & ROS, IRL **[21712]** : 1860+, Magheraboy & Ballaghadereen, MAY & ROS, IRL **[21712]** : George,

1850S, Up, MI, USA **[34393]** : 1890+, Brooklyn, NY, USA **[18884]**
HIGGINSON : ALL, Sydney, NSW, AUS **[46249]** : Richard, C1785, ENG **[17486]** : 1900-2000, Hitchin, HRT, ENG **[46272]** : PRE 1860, Liverpool, LAN, ENG **[42752]** : 1800+, St.Helens & Prescot, LAN, ENG **[19713]** : 1800-1900, Prees, SAL, ENG **[46272]** : 1880+, Wimbledon, SRY, ENG **[35749]** : 1700-1817, Bushbury, STS, ENG **[46276]** : ALL, Ballinderry & Magheragall, ANT, IRL **[10114]**
HIGGISON : ALL, Sydney, NSW, AUS **[46249]**
HIGGO : PRE 1850, Penzance, CON, ENG **[45849]**
HIGGS : William, 1856, Randwick, NSW, AUS **[10072]** : 1800-1950, London, ENG **[40718]** : William, PRE 1856, BRK, ENG **[10072]** : ALL, Bristol, GLS, ENG **[19101]** : 1750+, Sherston, GLS, ENG **[38349]** : Matthew, C1760, Southampton, HAM, ENG **[14252]** : PRE 1830, Boston, LIN, ENG **[27678]** : PRE 1725, South Stoke & Reading, OXF & BRK, ENG **[27066]** : 1750-1850, Lambeth, SRY, ENG **[12641]** : 1630+, Trysull, STS, ENG **[46273]** : 1750+, Luckington, WIL, ENG & AUS **[33921]** : 1800-1850, Ballyragget, KIK, IRL **[10037]** : 1850-1880, Ossory, KIK, IRL **[10037]** : 1840+, NLN, NZ **[25529]**
HIGH : Jane, 1891, Melbourne, VIC, AUS **[99177]** : PRE 1800, Blofield, NFK, ENG **[43840]**
HIGHAM : 1820+, Goulburn, NSW, AUS **[13585]** : 1840, Sydney, NSW, AUS **[46356]** : 1750+, London, ENG **[36169]** : PRE 1870, St.Helens, LAN, ENG **[34612]** : C1816, Wigan, LAN, ENG **[46356]** : 1750+, NTH, ENG **[45916]** : 1770+, Woodford Halse & Greens Norton, NTH, ENG **[18207]** : PRE 1800, Bramfield, SFK, ENG **[36169]**
HIGHFIELD : William, PRE 1800, Wolstanton & Stoke-on-Trent, STS, ENG **[35379]**
HIGHT : PRE 1900, Broughton, NTH, ENG **[39671]** : ALL, CBY, NZ **[39671]**
HIGMAN : PRE 1880, Belowda, CON, ENG **[20965]** : PRE 1880, Kernick, CON, ENG **[20965]**
HIGNEY : Bridget, C1840-70, Derrynaveagh O'Callaghans Mil, CLA & LIM, IRL **[10705]**
HIGSON : 1850+, Sydney, NSW, AUS **[40135]** : 1810+, LAN, ENG **[40135]** : 1700+, Middle Hulton & Deane by Bolton, LAN, ENG **[31689]**
HILBORNE : PRE 1900, Huish Episcopi, SOM, ENG **[21254]**
HILBURD : PRE 1800, SOM, ENG **[39464]**
HILDEBRAND : 1750+, Nieder Weisel, HES, GER **[13129]**
HILDEBRANT : 1780-1850, NJ & OH, USA **[42429]**
HILDEN : PRE 1800, Gayton, NFK, ENG **[28443]**
HILDER : 1908+, Gunning, NSW, AUS **[31762]**
HILDITCH : ALL, Haslington & Barthomley, CHS, ENG **[31316]** : 1870+, Horwich & Bury, LAN, ENG **[31316]**
HILES : 1820-1840, Frocester & Gloucester, GLS, ENG **[14627]** : PRE 1800, HEF & SAL, ENG **[43677]**
HILGELAND : 1700+, Hagen Hamm, WEF, GER **[38488]**
HILL : 1858+, Bathurst, NSW, AUS **[26410]** : Ellen, 1867+, Bathurst, NSW, AUS **[31762]** : Edward, 1900+, Broken Hill, NSW, AUS **[11763]** : 1820+, Kelso, NSW, AUS **[33921]** : John & Sarah, 1800+, Newcastle & Sydney, NSW, AUS **[10839]** : Leona A., 1937+, North Sydney, NSW, AUS **[11195]** : John, 1811-63, Sydney, NSW, AUS **[39212]** : Benjamin, 1816-1834, Sydney, NSW, AUS **[45806]** : Mary, 1813-1860, Sydney & Parramatta, NSW, AUS **[10272]** : Thomas, 1812-86, Tumut, NSW, AUS **[39212]** : 1870+, Toowoomba, QLD, AUS **[13869]** : 1888, Adelaide, SA, AUS **[31332]** : 1864+, VIC, AUS **[39058]** : Rowland, 1876+, Ararat & Ballarat, VIC, AUS **[38624]** : 1860+, Hamilton & Geelong, VIC, AUS **[46263]** : 1865+, Melbourne, VIC, AUS **[21243]** : Prudence, 1850, Portland, VIC, AUS **[43057]** : John & James, 1850+, Portland, VIC, AUS **[43057]** : James, 1850-1890, Seymour, VIC, AUS **[99298]** : Henry,

1830+, AUS, SCT & NZ **[45154]** : Daniel, 1860, Bay du Vin, NB, CAN **[39712]** : 1830S, Carleton Pl., ONT, CAN **[22743]** : ALL, Delaware, ONT, CAN **[26704]** : John & Nancy, 1740-1816, ENG **[16681]** : Wm Thos, 1750+, ENG **[17676]** : 1800+, ENG **[37329]** : John Mich, 1800+, London, ENG **[10049]** : Henry, 1840S, London, ENG **[43935]** : Roger, PRE 1839, London, ENG **[43935]** : 1800+, Barton, BDF, ENG **[17480]** : PRE 1700, Wootton, BDF, ENG **[33428]** : William, 1786-1862, Aylesbury, BKM, ENG **[10203]** : ALL, Chalfont St.Peter, BKM, ENG **[44889]** : 1750-1800, Reading, BRK, ENG **[37709]** : 1700-1800, Steventon, BRK & OXF, ENG **[27039]** : ALL, Constantine & Falmouth, CON, ENG **[99298]** : ALL, Constantine & Falmouth, CON, ENG **[31152]** : ALL, Helligan, CON, ENG **[14030]** : Mary, 1827, Hartshorne, DBY, ENG **[39967]** : ALL, Ticknall, DBY, ENG **[14002]** : ALL, DEV, ENG **[26704]** : John, 1730+, Beaworthy & Halwell, DEV, ENG **[15564]** : Tristram, 1795+, Beaworthy & Northlew, DEV, ENG **[15564]** : 1880, East Stonehouse, DEV, ENG **[33825]** : PRE 1810, Hatherleigh, DEV, ENG **[14268]** : 1700-1850, Northlew, DEV, ENG **[14268]** : 1800S, Plymouth, DEV, ENG **[46462]** : PRE 1860, Rundlestone, DEV, ENG **[14268]** : C1780, Hornchurch, ESS, ENG **[19568]** : 1862+, Bristol, GLS, ENG **[45707]** : 1800S, Cam, GLS, ENG **[36655]** : 1820-30, Bristol, GLS & SOM, ENG **[45082]** : Samuel, C1800, Portsea, HAM, ENG **[13910]** : 1685-1780, Avenbury, HEF, ENG **[29715]** : 1650-1730, Bromyard, HEF, ENG **[29715]** : C1730, Canon Frome, HEF, ENG **[29715]** : Jessie, C1847, Erith, KEN, ENG **[14627]** : David, 1810-50, Woolwich, KEN, ENG **[38926]** : Thomas, 1799-1860, Tunbridge, KEN & SRY, ENG **[25484]** : Charles, PRE 1840, LAN, ENG **[14448]** : Elizabeth, C1870, Warrington, LAN, ENG **[11731]** : C1815, Winwick, LAN, ENG **[99418]** : PRE 1850, Broxholme, LIN, ENG **[30981]** : 1900+, Gratham, LIN, ENG **[37978]** : PRE 1805, Quadring & Spalding, LIN, ENG **[40529]** : C1770, Stamford, LIN, ENG **[28479]** : 1750S, Winterton, LIN, ENG **[19921]** : Benjamin Robt, 1860+, LND, ENG **[10846]** : Mary, 1895, Paddington, LND, ENG **[30645]** : George, 1895, Paddington, LND, ENG **[30645]** : Albert, 1895, Paddington, LND, ENG **[30645]** : Moses, C1860, St.Pancras, LND, ENG **[17380]** : Daniel, PRE 1823, Wandsworth, LND, ENG **[12321]** : Elizabeth, PRE 1861, MDX, ENG **[10604]** : John, C1775-1830, Chelsea, MDX, ENG **[36538]** : 1800, Hendon, MDX, ENG **[43935]** : George, PRE 1875, London, MDX, ENG **[24945]** : Richard, C1824, Westminster, St.Margarets, MDX, ENG **[26173]** : John, 1700S, North Shields, NBL, ENG **[43057]** : Eliza, PRE 1880, Wombleton, NRY, ENG **[17008]** : 1830+, Kettering, NTH, ENG **[10303]** : 1500-1700, Bensington, OXF, ENG **[27039]** : PRE 1800, Somerton, OXF, ENG **[15464]** : Coendox, 1840S, Ludlow, SAL, ENG **[27919]** : 1800-1900, Madeley, SAL, ENG **[45070]** : Elizabeth, PRE 1750, Wellington, SAL, ENG **[19818]** : PRE 1850, Flowton, SFK, ENG **[43727]** : Thomas, 1740-1800S, Ipswich, SFK, ENG **[39212]** : John, PRE 1840, Bath (Builder), SOM, ENG **[17366]** : 1840S, Burrington, SOM, ENG **[18376]** : 1840-1852, Coker, SOM, ENG **[17291]** : PRE 1862, Timsbury, SOM, ENG **[45707]** : Jessie, 1865, Camberwell, SRY, ENG **[14627]** : PRE 1850, Kingston, SRY, ENG **[28494]** : 1830S, Walton on Thames, SRY, ENG **[46402]** : PRE 1800, Walworth, SRY, ENG **[33846]** : PRE 1825, STS, ENG **[34906]** : ALL, Brierley Hill, STS, ENG **[43879]** : PRE 1900, Burton on Trent, STS, ENG **[44223]** : David, C1820, Wednesbury, STS, ENG **[45999]** : John, C1793, Willenhall, STS, ENG **[17380]** : ALL, Atherstone, WAR, ENG **[25854]** : 1880S, Birmingham, WAR, ENG **[42615]** : Joseph, PRE 1840, Birmingham, WAR, ENG **[46272]** : PRE 1827, Devizes, WIL, ENG **[40756]** : ALL, Erstontown Sherston Magna, WIL, ENG **[29172]** : PRE 1840, Hannington, WIL, ENG **[38660]** : PRE 1800, Westbury, WIL, ENG **[45215]** : 1800S, WOR, ENG **[16430]** : 1840S, Chaddesley Corbett, WOR, ENG **[11684]** : Richard, 1820+, Droitwich, WOR, ENG **[10731]** : Letitia,

1832, Lower Sapey, WOR, ENG **[36275]** : PRE 1900, Old Swinford, WOR, ENG **[45054]** : PRE 1800, Shrawley, WOR, ENG **[13960]** : PRE 1850, Stourbridge, WOR, ENG **[36543]** : David, C1860, Bradford, WRY, ENG **[19127]** : PRE 1850, Swinefleet, WRY, ENG **[25688]** : PRE 1820, Thorpe Salvin, WRY, ENG **[31316]** : Herbert, 1887+, Tong, WRY, ENG **[19127]** : 1860+, Bradford & Manchester, YKS & LAN, ENG **[45999]** : Isaac, 1869+, Bradford & Manchester, YKS & LAN, ENG **[45999]** : John, 1810+, Essex & Hawkesbury, ESS & NSW, ENG & AUS **[10272]** : 1740+, Bristol, GLS, ENG & AUS **[45652]** : Jane, C1863, Belfast, ANT, IRL **[11783]** : PRE 1757, Islandmagee, ANT, IRL **[21934]** : 1800+, ARM, DRY & LDY, IRL **[21943]** : Jane, 1790-1840, Dromara, DOW, IRL **[42804]** : PRE 1860, Nurney, KID, IRL **[13869]** : ALL, Castlecomer, KIK, IRL **[28140]** : Rowland, PRE 1876, TIP, IRL **[38624]** : James, 1700+, Rathdrum, WIC, IRL & NZ **[45943]** : Henry, 1850S, Auckland, NZ **[43935]** : Roger, PRE 1877, Omaio, NZ **[43935]** : 1800-1860, SCT **[37329]** : PRE 1800, Kintore, ABD, SCT **[10591]** : David & Mary, 1820-1830, Dundee, ANS, SCT **[14627]** : David, 1808-1818, Kirkoswald & Coylton, AYR, SCT **[14627]** : ALL, Annan, DFS, SCT **[25755]** : 1800-1860, Glasgow, LKS & RFW, SCT **[37329]** : PRE 1864, Edinburgh, MLN, SCT **[39058]** : 1800-1860, Paisley, RFW, SCT **[37329]** : PRE 1837, Paisley, RFW, SCT **[45631]** : Mary & Marian, 1600-1820, Kirkliston, WLN, SCT **[39012]** : Alec/X., 1865-1920, Leith & Melbourne, MLN, SCT, AUS & NZ **[45154]** : John, 1800+, Briton Ferry, GLA, WLS **[33766]** : PRE 1900, Cardiff, GLA, WLS **[34873]** : PRE 1808, Trevethin, MON, WLS **[43840]** : ALL, WORLDWIDE **[35836]**

HILL (see One Name Section) [29481]

HILL-MANNING : 1700-1860, Mothel, WAT, IRL **[43725]**

HILL-PRICE : PRE 1800, Coleford, GLS, ENG **[34042]**

HILLAM : 1700-1850 Peterborough, NTH, ENG **[28536]**

HILLARD : ALL, Shepton Beauchamp, SOM, ENG **[12917]**

HILLARY : 1600+, YKS, ENG **[39061]**

HILLAS : ALL, NSW, AUS **[10492]** : Barbara, 1801+, Sydney, NSW, AUS **[11023]** : John, 1801+, Sydney, NSW, AUS **[11023]**

HILLDERSON : Mary, 1500S, DEV & LND, ENG **[22796]**

HILLER : 1840-1886, Broadstairs, KEN, ENG **[99174]** : PRE 1830, Lambeth, LND, ENG **[44913]** : 1860S, Stepney, LND, ENG **[46434]**

HILLERBY : PRE 1820, Bempton & Bridlington, ERY, ENG **[22227]**

HILLERY : John, 1850+, Reath, Marrick, NRY, ENG & AUS **[10883]**

HILLHOUSE : Elizabeth, 1700S, Otley, YKS, ENG **[10993]**

HILLIAR : 1859+, Macleay River, NSW, AUS **[10970]** : 1770-1855, Horsington, SOM, ENG & AUS **[45652]**

HILLIARD : 1800S, Southwark, LND, ENG **[18273]** : 1796-1850, Bethnal Green, MDX, ENG **[38970]** : PRE 1900, Kosciusko Co., IN, USA **[23367]**

HILLIER : ALL, BRK, ENG **[31646]** : 1760+, Marcham, BRK, ENG **[27958]** : PRE 1800, Gillingham, DOR, ENG **[10493]** : C1800, Martyr Worthy, HAM, ENG **[27868]** : 1800, Stourton, WIL, ENG **[40499]** : 1700, West Knoyle, WIL, ENG **[40499]** : 1850-1900, Zeals, WIL, ENG **[40499]**

HILLING : PRE 1821, SFK, ENG **[18896]**

HILLINGS : Thomas, 1760+, Hillington, NFK, ENG **[25654]**

HILLMAN : 1820+, Lambton Co., ONT, CAN **[43967]**

HILLOCK : 1840+, NSW, AUS **[13854]** : C1805, ARM, IRL **[13854]**

HILLS : 1800-1880, Burwell, CAM, ENG **[13326]** : 1782+, West Wickham, CAM, ENG **[11462]** : 1700-1850, ESS, ENG **[42986]** : 1891+, Shoeburyness, ESS,

ENG **[17961]** : 1852+, Sandon, HEF, ENG **[11435]** : PRE 1858, Hertford, HRT, ENG **[18018]** : C1800, Sawtry, HUN, ENG **[28479]** : 1750+, KEN, ENG **[29198]** : 1846+, Ash, KEN, ENG **[30896]** : PRE 1855, Ashford, KEN, ENG **[41372]** : 1790+, Bexley, KEN, ENG **[32009]** : 1885+, Chevening, KEN, ENG **[30896]** : William, PRE 1810, Frindsbury & Dover, KEN, ENG **[17961]** : PRE 1880, New Cross Gate, KEN, ENG **[46451]** : 1800+, Stanstead, KEN, ENG **[30896]** : John, 1714, Wrotham, KEN, ENG **[36365]** : 1900S, Custom House, LND, ENG **[11444]** : John Leslie, 1847+, MDX & ESS, ENG **[29198]** : John, PRE 1880, Bransdale, NRY, ENG **[17008]** : 1800S-1850S, Blewbury, OXF, ENG **[11444]** : Thomas John, 1861, SRY, ENG **[41948]** : PRE 1800, London, SRY, ENG **[34612]** : C1889, Camberwell, SRY & LND, ENG **[41271]** : ALL, Hastings & Pett, SSX, ENG **[45207]** : ALL, WIL, ENG **[45247]** : Henry, 1786-1858, SSX, ENG & AUS **[46225]** : C1800-1900, ROX, SCT **[41499]** : PRE 1850, IOM, UK **[34612]** : Amy, 1600S, Charlestown, MA, USA & ENG **[22796]**

HILLYARD : Mary, 1785-1853, London, MDX, ENG **[39160]**

HILLYER : 1800+, Hartwell, NTH, ENG **[41037]**

HILTON : 1810+, Windsor, NSW, AUS **[26833]** : 1937+, Mundaring, WA, AUS **[39108]** : Samuel James, 1800+, NS, CAN **[99433]** : Anne, 1823, ENG **[46326]** : 1860+, LAN, ENG **[21504]** : 1875+, LAN, ENG **[17087]** : PRE 1850, LAN, ENG **[17766]** : Alice, PRE 1900, LAN, ENG **[25046]** : 1799+, Aspull, LAN, ENG **[32724]** : 1894, Atherton, LAN, ENG **[46264]** : PRE 1850, Clayton Bridge, LAN, ENG **[19415]** : 1750+, Culcheth, LAN, ENG **[12641]** : Wm & Sarah, 1760-1835, Oldham, LAN, ENG **[27066]** : 1800-1870S, Oldham, LAN, ENG **[17291]** : 1800S, NTH, ENG **[21796]** : Ann, 1768-1839, Pakenham, SFK, ENG **[14290]** : PRE 1810, Putney, SRY, ENG **[26833]** : 1825+, Brierley Hill, STS, ENG **[29328]** : PRE 1760, Rotherham, YKS, ENG **[46297]**

HIM : Sam A.H., 1800-1904, QLD, AUS & CHINA **[10604]**

HIMBURY : PRE 1850, London & Dorset, DOR, ENG **[19529]**

HIMPFEN : 1850-1950, WORLDWIDE **[17973]**

HINCHCLIFF : 1700-1900, Kirkburton & Skelmanthorpe, WRY, ENG **[36242]**

HINCHCLIFFE : PRE 1930, YKS, ENG **[31323]** : 1770, Bradford, YKS, ENG **[20975]** : 1770+, Pudsey & Richmond, YKS, ENG **[20975]**

HINCHCO : Benyon, 1829, Newcastle under Lyme, STS, ENG **[23858]**

HINCHLIFFE : PRE 1930, YKS, ENG **[31323]** : 1791, Rotherham, YKS, ENG **[39856]**

HINCKLE : 1800+, WV, USA **[23319]**

HINCKS : 1860+, Newcastle, NSW, AUS **[40792]** : 1800+, Minsterley, SAL, ENG **[40792]**

HIND : 1822+, Sydney, NSW, AUS **[31579]** : C1790, HAM, ENG **[31579]** : 1700+, Great Ponton, LIN, ENG **[36292]** : 1700+, Stroxton, LIN, ENG **[36292]** : 1800S, Brackley, NTH, ENG **[42466]** : PRE 1830, Oxton, NTT, ENG **[34101]** : 1600+, Burton in Kendal, WES, ENG **[22305]** : 1860+, Marquette, MI, USA **[36456]** : ALL, WORLDWIDE **[18260]**

HINDE : PRE 1880, LND & MDX, ENG **[25747]** : PRE 1850, Portland, DOR, ENG & SCT **[17061]**

HINDER : ALL, ENG **[16867]** : John, PRE 1880, INDIA **[16867]**

HINDHAUGH : ALL, WORLDWIDE **[26072]**

HINDING : ALL, WORLDWIDE **[16378]**

HINDLE : Margaret, C1830, Burnley, LAN, ENG **[27289]** : ALL, Preston, LAN, ENG **[42634]** : 1700S, Rishton, LAN, ENG **[34704]**

HINDLEY : 1750-1800, Astley, LAN, ENG **[34664]** : 1880+, Liverpool, Wigan & Hindley, LAN, ENG **[44141]**

HINDMARCH : 1750-1850, South Shields, DUR & NBL, ENG **[28536]**

HINDMARSH : 1800-1900, Carlisle, CUL, ENG **[39229]** : PRE 1850, DUR, ENG **[36120]** : PRE 1837, Sunderland, DUR, ENG **[42645]** : Alexander, PRE 1850, Cromarty, ROC, SCT **[41041]** : Harriet, PRE 1860, Cromarty, ROC, SCT **[41041]**

HINDS : PRE 1843, Sydney, NSW, AUS **[45357]** : 1800+, Derby, DBY, ENG **[19310]** : PRE 1850, AYR, SCT **[12707]** : Elizabeth, 1900+, Santa Clara, CA, USA **[17030]**

HINDSON : C1861+, Clunes, VIC, AUS **[36751]** : PRE C1861, Hebburn, DUR, ENG **[36751]**

HINDWOOD : 1600-1700, ESS, ENG **[18957]**

HINE : 1861, Collingwood, VIC, AUS **[46238]** : 1704+, Ludgershall, BKM, ENG **[13763]** : 1824, NFK, ENG **[46238]**

HINES : 1836+, Sutton Forest & Murrumburrah, NSW, AUS **[11256]** :1815+, Clophill, BDF, ENG **[24943]** : PRE 1845, Cambridge, CAM, ENG **[11890]** : PRE 1900, Eye & Mellis, SFK, ENG **[43727]** : 1800+, Holbrook, SFK, ENG **[13422]** : PRE 1860, Birmingham, WAR, ENG **[14646]** : 1600-1800, Bucks Co., PA, USA **[22756]**

HINEY : PRE 1830, IRL **[11797]**

HINGARTY : C1845, Yass & Gouldbrun, NSW, AUS **[29479]** : C1820, Templemore, TIP, IRL **[29479]**

HINGERBY : C1845, Yass & Goulburn, NSW, AUS **[29479]** : C1820, Templemore, TIP, IRL **[29479]**

HINGERTY : C1845, Yass & Goulburn, NSW, AUS **[29479]** : C1820, Templemore, TIP, IRL **[29479]**

HINGLEY : Benjamin, 1860, Ballarat, VIC, AUS **[12141]** : 1812+, Lancaster, ENG **[12141]** : PRE 1860, Rowney Regis & Dudley, STS, ENG **[19304]** : ALL, STS & WOR, ENG **[46273]** : ALL, WOR & STS, ENG **[41582]**

HINGSTON : PRE 1840, DEV, ENG **[42730]** : 1800S, London, MDX, ENG **[42516]** : PRE 1900, Sutton, SRY, ENG **[38178]**

HINKINSON : 1800-1850, West Bromwich, STS, ENG **[36033]**

HINKLE : 1800+, WV, USA **[23319]**

HINKLEY : ALL, KEN, ENG **[30022]** : ALL, KEN & SSX, ENG **[17493]**

HINKS : ALL, ENG **[11938]** : PRE 1881, Birmingham, WAR, ENG **[43422]**

HINKSMAN : C1800, Claines, WOR, ENG **[30120]**

HINMAN : Henry, 1850+, Maitland, NSW, AUS **[11055]** : 1800+, Thane, OXF, ENG **[11055]**

HINSHELWOOD : 1700-1833, Carluke, LKS, SCT **[38211]**

HINSON : 1630+, Southampton, BERMUDA **[42600]** : 1790+, Chesham, BKM, ENG **[46345]** : 1720+, Solihull, WAR, ENG **[42600]**

HINTON : John, 1840+, Maitland & Burraga, NSW, AUS **[29314]** : 1870+, York Co., ONT, CAN **[46075]** : 1830S, City of London, MDX, ENG **[11912]** : 1800+, Hayden, NTH, ENG **[15042]** : Dorothy, PRE 1727+, Nuneham-Courtenay, OXF, ENG **[11546]** : 1800+, Barford, WAR, ENG **[15042]** : John, 1555+, Newnham, WIL, ENG **[26817]** : PRE 1850, Kidderminster, WOR, ENG **[46297]** : PRE 1820, Ribbesford, WOR, ENG **[46297]**

HINTZ : C1895, Toowoomba, QLD, AUS **[29479]** : C1860, Kleinarker, GER **[29479]** : Juliana, 1800-1840, Lubeck, GER **[40490]**

HINXMAN : ALL, WORLDWIDE **[37174]**

HIORNS : 1900+, Leeds, YKS, ENG **[36126]**

HIPATHITE : Ann, C1833+, Rickmansworth, HRT, ENG **[30971]**

HIPPISLEY : PRE 1850, London, MDX, ENG **[41582]** : PRE 1777, Chewton Mendip, SOM, ENG **[35177]**

HIPWELL : 1700-1850, South Kilworth, LEI, ENG **[36033]** : ALL, LND, ENG **[31646]** : PRE 1800, Oundle, NTH, ENG **[41477]** : ALL, Danesfort, LEX, IRL **[44256]**

HIRCOCK : ALL, Kingscliffe, NTH, ENG **[46403]**
HIRD : 1830-1840, Irton, CUL, ENG **[18818]** : 1860-88, Lytham, LAN, ENG **[18818]** : 1700-1820, Grasmere & Little Langdale, WES, ENG **[18818]** : 1800+, Bingley, Bradford & Haworth, WRY, ENG **[42974]**
HIRNING : ALL, Munsingen, WUE, GER **[13848]**
HIRONS : 1830-1900, Aston, WAR, ENG **[42055]**
HIRST : Horace, 1890+, ENG **[24980]** : 1900+, Bolton, LAN, ENG **[38486]** : PRE 1840, Hatfield, WRY, ENG **[24873]** : 1850+, Meltham, WRY, ENG **[46201]** : ALL, Mirfield, WRY, ENG **[24980]** : 1700+, Cantley, YKS, ENG **[46499]** : 1840+, Harewood, YKS, ENG **[38486]** : William, 1800-1950, Eden Dale, AKL, NZ **[21079]**
HIRTH : ALL, Rotenfels & Gaggenau, BAW, BRD **[12182]**
HISCOCK : 1800+, London, ENG **[19318]** : 1815-1840, Hounslow & Isleworth, MDX, ENG **[42660]** : 1770-1850, Shoreditch & Bethnal Green, MDX, ENG **[42660]** : 1850-1880, Tottenham & Hackney, MDX, ENG **[18216]** : 1770-1845, Westminster & Kensington, MDX, ENG **[42660]**
HISCOKE : 1770-1900, Shoreditch & Bethnal Green, MDX, ENG **[42660]** : 1840-1900, Richmond & Kew, SRY, ENG **[42660]** : Elizabeth, 1874-1899, Dunedin, OTG, NZ **[39601]**
HISCOX : C1816, Almondsbury, GLS, ENG **[99012]** : 1833+, Pilton, SOM, ENG **[34231]**
HISCUTT : 1800-70, Bethnal Green, LND, ENG **[44045]**
HISHON : 1800-1845, Limerick, IRL **[46347]**
HISLOP : ALL, DUR, ENG **[21763]** : PRE 1930, NBL & DUR, ENG **[46377]** : 1910+, Dundee, ANS, SCT **[46259]** : PRE 1850, Tarbolton, AYR, SCT **[41305]** : 1700S, Edinburgh, MLN, SCT **[46434]** : PRE 1930, MLN, ELN & PEE, SCT **[46377]**
HITCHBORN : C1810-1860, Stanground, HUN, ENG **[12011]**
HITCHCOCK : ALL, ENG **[46218]** : PRE 1850, Waddesdon & Cuddington, BKM, ENG **[46001]** : 1800, South Molton, DEV, ENG **[26101]** : 1800-1850, Allington, DOR, ENG **[19401]** : 1700-99, Spelsbury, OXF, ENG **[20057]** : Mary, 1830+, SOM, ENG **[46195]** : 1820S, Streatham, SRY, ENG **[32035]** : PRE 1850, Dauntsey, WIL, ENG **[46509]**
HITCHCOX : 1765-1880S, Middleton Cheney, NTH, ENG **[42083]** : PRE 1710, WAR, ENG **[42083]**
HITCHELL : 1600-1900, Birkenhead & Liverpool, CHS, ENG **[26703]**
HITCHEN : 1866, Coppenhall, CHS, ENG **[13838]** : PRE 1850, LAN & WRY, ENG **[46324]**
HITCHENS : PRE 1834, Parramatta, NSW, AUS **[10280]** : PRE 1800, St.Jst & St.Bryan, CON, ENG **[11873]** : PRE 1920, London, MDX, ENG **[44969]** : 1780+, Frome, SOM, ENG **[20655]**
HITCHFIELD : 1903+, CAN **[46465]** : 1700-1800, Long Sutton, SOM, ENG **[46465]** : 1719+, MD & VA, USA **[46465]**
HITCHING : 1850+, Tottenham, MDX, ENG **[14874]**
HITCHINGS : Elizabeth, 1815, SSX, ENG **[17497]**
HITCHINS : 1750-1830, Falmouth, CON, ENG **[18251]** : ALL, St.Agnes, CON, ENG **[13129]** : 1830+, Great Yarmouth, NFK, ENG **[18251]** : PRE 1920, SRY, ENG **[44969]** : 1800+, WLS **[41244]** : 1819-1859, CMN & MON, WLS **[10948]**
HITCHMAN : 1800+, ENG **[41280]**
HITT : Sarah, 1815+, Exeter, DEV, ENG **[28184]** : Mary, 1856+, Exeter, DEV, ENG **[28184]**
HITZEL : ALL, ONT, CAN & GER **[26704]**
HIX : C1795, Pitcombe, SOM, ENG **[39377]**
HIXON : PRE 1860, Woodchurch & High Halden, KEN, ENG **[40569]**
HIZLOP : Margaret, PRE 1774, Crawforjohn, LKS, SCT **[22224]**
HJORTH : PRE 1680, Torekov, SWE **[18310]**
HNATIUK : PRE 1860, POL **[99443]**

HOAD : Trayton, 1845, Balmain, NSW, AUS **[28151]** : PRE 1850, KEN, ENG **[45698]** : William, 1900-1920, Hounslow, MDX, ENG **[17436]** : PRE 1800, Battle & Penhurst, SSX, ENG **[41589]** : PRE 1839, Marburton, SSX, ENG **[10232]** : John, 1813, Wartling, SSX, ENG **[28151]** : PRE 1700, Wartling, SSX, ENG **[19782]** : ALL, Thakeham, Isleworth & Portsea, SSX, MDX & HAM, ENG **[17436]**
HOADLEY : Clarissa, 1900+, London, ENG **[12142]** : 1750+, Swanscombe, KEN, ENG **[12142]**
HOAR : 1750-1850, Saltash, CON, ENG **[19530]** : PRE 1850+, Plymouth, DEV, ENG **[99522]**
HOARD : 1700S, Milton, KEN, ENG **[46460]**
HOARE : 1883, Coolac, NSW, AUS **[46264]** : ALL, Goulburn, NSW, AUS **[13347]** : 1801+, Sydney & Appin, NSW, AUS **[10394]** : 1862, Kyneton, VIC, AUS **[21712]** : 1600+, Andover & Vernhams Dean, HAM, ENG **[27958]** : C1900, Selborne, HAM, ENG **[16513]** : 1840+, Medway Towns, KEN, ENG **[17175]** : 1880+, LND, ENG **[17175]** : ALL, Ockley, SRY, ENG **[13347]** : PRE 1590, Hurstpierpoint, SSX, ENG **[42083]** : 1800-1900, Great Bedwyn & Wilton, WIL, ENG **[45317]** : PRE 1826, KER, IRL **[10918]** : 1828+, Galbally, LIM, IRL **[21712]** : 1850+, Lawrence & Otago, NZ **[21712]** : 1900+, Lawrence, Tainui & Otago, NZ **[21712]** : C1850-1945, Lower Hutt, NZ **[21712]** : 1850+, Lower Hutt & Wellington, NZ **[21712]** : 1850+, Tuapeka Flat & Otago, NZ **[21712]** : 1850+, Tuapeka, Gabriels Gully & Otago, NZ **[21712]** : 1900+, Fielding & Palmerston North, MWT, NZ **[21712]** : ALL, PEM, WLS **[17175]**
HOBB : John, 1771+, Stracathro, ANS, SCT **[17763]**
HOBBART : 1830S, Leamington, WAR, ENG **[12318]**
HOBBINS : ALL, WORLDWIDE **[13231]**
HOBBIS : ALL, Wantage, BRK, ENG **[17027]**
HOBBS : 1864+, Glen Innes, NSW, AUS **[13763]** : 1864, Goulburn, NSW, AUS **[34231]** : 1791+, Hawkesbury, NSW, AUS **[11628]** : 1815+, Hawkesbury, NSW, AUS **[45689]** : Robert, 1791+, Pitt Town, NSW, AUS **[11034]** : 1850+, Tamworth, NSW, AUS **[10394]** : C1900, CAN **[40472]** : PRE 1800, Bideford, DEV, ENG **[39464]** : PRE 1850, Horton, GLS, ENG **[10399]** : 1740+, Kingstanley, GLS, ENG **[45795]** : C1800, Alverstoke, HAM, ENG **[13910]** : 1709+, Little Stukely, HUN, ENG **[13763]** : ALL, Horsmonden, KEN, ENG **[43792]** : Thomas, PRE 1800, Milton Regis, KEN, ENG **[25046]** : 1850+, LND, ENG **[25854]** : PRE 1791, Bishopsgate, MDX, ENG **[11034]** : Eliza Emily, C1813, London, MDX, ENG **[14120]** : PRE 1790, London, MDX, ENG **[11628]** : Joseph, 1795, Tottenham, MDX, ENG **[11034]** : C1845, Carhampton, SOM, ENG **[40472]** : ALL, Frome, SOM, ENG **[40472]** : ALL, Kilmersdon, SOM, ENG **[22441]** : C1760, Mells, SOM, ENG **[22441]** : 1800S, Mudford, SOM, ENG **[10399]** : 1820+, Timsbury & Littleton, SOM, ENG **[45707]** : 1850S, Blockley, WAR, ENG **[46194]** : 1850-1900, Ladywood, WAR, ENG **[28363]** : 1900-20, Lozells, WAR, ENG **[28363]** : ALL, WIL, ENG **[34582]** : C1800+, North Bradley, WIL, ENG **[98674]** : PRE 1750, Stert, WIL, ENG **[13034]** : ALL, Barnaboy, OFF, IRL **[19844]** : ALL, USA **[40472]**
HOBBY : ALL, AUS **[30543]** : ALL, Milford-on-Sea, HAM, ENG **[30543]** : PRE 1840+, SAL, ENG **[45772]** : ALL, UK **[30543]**
HOBDAY : 1777, Chatham, KEN, ENG **[10318]** : 1750+, Brentford, MDX, ENG **[45690]** : 1800+, Richmond, SRY, ENG **[45690]** : C1800, Hastings, SSX, ENG **[31626]** : 1700-1750, Ombersley, WOR, ENG **[12641]**
HOBERG : 1800+, MN & SAS, USA & CAN **[99433]**
HOBLEY : D., 1927, Ascot, BRK, ENG **[45726]** : S., 1903, Bracknell, BRK, ENG **[45726]** : D., 1905, HAM, ENG **[45726]** : F., 1876, Oxford, OXF, ENG **[45726]**
HOBSON : PRE 1850, CAM, ENG **[31186]** : PRE 1800, Norton, DBY, ENG **[16233]** : 1870+, Barnard Castle, DUR, ENG **[37169]** : PRE 1830, Holborn, LND, ENG **[46445]** : 1840-1910, London, MDX, ENG **[22707]** : 1800S, Oxford, OXF, ENG **[11411]** : 1600-1900, WRY,

ENG **[45749]** : PRE 1750, Ecclesfield, WRY, ENG **[17626]** ; George, 1750-1815, Leeds, WRY, ENG **[22707]** : 1790S, Cottingham, YKS, ENG **[46220]** : John William, 1842+, Leeds, YKS, ENG **[99298]** : ALL, Sheffield, YKS, ENG **[46323]**
HOBSTER : ALL, ENG **[29715]**
HOBUSCH : PRE 1750, Dessau, Sachsen-Anhalt, GER **[11366]**
HOCH : ALL, NSW, AUS **[31904]** : PRE 1829, Baden, BAV, GER **[31904]**
HOCHLOFF : Botil, 1880, RUS **[29701]**
HOCHREUTENER : PRE 1859, Goldach, SG, CH **[37759]**
HOCK : PRE 1800, Froxfield, HAM, ENG **[15464]**
HOCKADAY : John, 1740+, Tavistock, DEV, ENG **[13031]**
HOCKENHULL : PRE 1820, CHS, ENG **[35186]**
HOCKEY : PRE 1780, London, ENG **[19275]**
HOCKIN : William, 1810+, Chacewater, CON, ENG **[36368]** : 1730-1830, DEV & CON, ENG **[12144]**
HOCKING : Emily Jane, 1940+, Leichhardt, NSW, AUS **[10314]** : 1907, Parkes, NSW, AUS **[35365]** :1900, Wallaroo, SA, AUS **[14346]** : PRE 1854, CON, ENG **[34704]** : 1750+, Camborne, CON, ENG **[31574]** : C1834, Gwennap, CON, ENG **[27744]** : 1750-1850, Illogan, CON, ENG **[10646]** : William, 1750-1820, Maker, CON, ENG **[20003]** : PRE 1885, Newlyn East, CON, ENG **[36742]** : 1800-1850, Redruth, CON, ENG **[41022]** : 1839, St.Just in Penwith, CON, ENG **[35365]** : ALL, CON, LND & MDX, ENG **[34790]** : Ann S., 1750-1850, DEV & CON, ENG **[20003]**
HOCKINGS : PRE 1841, London, ENG **[99012]**
HOCKINS : 1700-1800, Wadhurst, SSX, ENG **[45037]**
HOCKLEY : Samuel, 1792+, Sydney, NSW, AUS **[29961]** : ALL, Little Dunmow, ESS, ENG **[42362]** : PRE 1800, Stalisfield, KEN, ENG **[13004]** : Edward, 1848+, Orrell, LAN, ENG **[45154]** : 1870+, Naburn, YKS, ENG **[42362]** : Edward, 1800+, Liverpool & Plymouth, LAN & DEV & NZ **[45154]**
HOCKLY : Edward, 1848+, Orrell, LAN, ENG **[45154]** : Kathleen, 1849, Orrell, LAN, ENG **[45154]** : Edward, 1800+, Liverpool & Plymouth, LAN & DEV, ENG & NZ **[45154]** : Carrie, ALL, NZ & ENG **[45154]**
HODD : Lois, 1785+, ENG **[42940]**
HODDER : PRE 1900, DOR, ENG **[28275]** : PRE 1792, Bradpole, DOR, ENG **[17961]** : 1800S, Bath, SOM, ENG **[21788]** : 1700-1900, Frome, SOM, ENG **[19513]**
HODGE : 1870+, Hillston, NSW, ENG **[11729]** : Alison, 1850+, Ballarat, VIC, AUS **[99174]** : 1849+, Daylesford, VIC, AUS **[12223]** : C1850, CON, ENG **[99600]** : PRE 1850, Davidstow, CON, ENG **[18325]** : 1700S, Launceston, CON, ENG **[14627]** : PRE 1849, St.Erth, CON, ENG **[12223]** : PRE 1740, Cotleigh, DEV, ENG **[10493]** : 1700S, Crediton, DEV, ENG **[11411]** : 1780-1840, Cruwys Morchard, DEV, ENG **[18128]** : C1750, Silverton, DEV, ENG **[30246]** : Sarah, 1763, Tedburn St.Mary, DEV, ENG **[14094]** : PRE 1850, Benenden, KEN, ENG **[18657]** : 1890-1900, Fulham, LND, ENG **[44036]** : 1750-1800, Long Buckby & Spratton, NTH, ENG **[38926]** : Roy, 1920+, NZ **[44072]** : 1840+, Auckland, NZ **[33816]** : Matthew, PRE 1700, Muirkirk, AYR, SCT **[30603]** : C1740, Old Cumnock, AYR, SCT **[25693]** : C1740, Sorn, AYR, SCT **[25693]** : 1700+, Cardross, DNB, SCT **[44072]** : 1740-1850, Kilrenny, FIF, SCT **[36435]** : 1700+, Kinross, FIF, SCT **[44072]** : 1800+, Limekilns, FIF, SCT **[29954]** : 1700+, Glasgow, LKS, SCT **[44072]** : PRE 1834, Edinburgh, MLN, SCT **[99174]** : 1700-1850, Paisley, RFW, SCT **[44072]** : 1700-1900, Rumney, NH, USA **[15301]**
HODGEKISS : PRE 1850, Birkenhead, CHS, ENG **[10918]** : PRE 1850, Stepney, MDX, ENG **[10918]** : PRE 1850, STS, ENG **[10918]** : PRE 1850, Wolverhampton, STS, ENG **[10918]**
HODGEKISS (see : Subjects I:), **[10918]**
HODGEN : PRE 1865, Manchester, LAN, ENG **[43582]** :

1890-1940, INDIA **[30071]** : 1800S, Lisburn, ANT, IRL **[43582]**
HODGENS : 1860+, Melbourne, VIC, AUS **[32035]**
HODGES : 1877+, Humula, NSW, AUS **[14029]** : 1850+, Muswellbrook, NSW, AUS **[10329]** : 1855+, Smithfield, NSW, AUS **[10399]** : PRE 1900, ENG **[30161]** : 1750+, Mevagissey, CON, ENG **[26580]** : 1800+, Broadwinsor, DOR, ENG **[39042]** : 1840+, East Dean, GLS, ENG **[46276]** : PRE 1830, Wickwar, GLS, ENG **[46397]** : C1800, HAM, ENG **[13591]** : PRE 1790, Dover, KEN, ENG **[30246]** : 1700-1840, Frindsbury, KEN, ENG **[36552]** : George, C1790+, Maidstone, KEN, ENG **[15564]** : 1790, Offham, KEN, ENG **[46007]** : PRE 1800, Wentnor, SAL, ENG **[17763]** : PRE 1835, Crewkerne, SOM, ENG **[39042]** : PRE 1860, Trent & Mudford, SOM, ENG **[10399]** : ALL, Southwark, SRY, ENG **[39694]**
HODGESON : 1840+, Sheffield, YKS, ENG **[24902]**
HODGESS : 1833-1950, Tavistock, DEV, ENG **[40615]**
HODGETTS : 1865-1930, Landsborough, VIC, AUS **[41269]** : 1815-45, KEN, ENG **[41269]** : 1900S, Birmingham, WAR, ENG **[42615]** : 1800+, Sutton Coldfield, WAR, ENG **[37213]** : 1790-1820, WOR, ENG **[41269]**
HODGKIN : 1868+, Newcastle on Tyne, NBL & DUR, ENG **[13046]** : 1750+, Ruddington, NTT, ENG **[40042]**
HODGKINS : ALL, Oxford, OXF, ENG **[44241]** : PRE 1850, Uttoxeter, STS, ENG **[35619]**
HODGKINSON : PRE 1820, Astbury, CHS, ENG **[31316]** : ALL, Ashbourne, DBY & STS, ENG **[17884]** : 1840-1890, LAN, ENG **[11729]** : ALL, Brinsley, NTT, ENG **[39389]** : ALL, LAN & VIC, ENG & AUS **[99036]**
HODGKISS : 1800+, Kidderminster, WOR, ENG **[27393]**
HODGKISS (see : Hodgekiss), **[10918]**
HODGSON : 1880+, Queanbeyan & Sydney, NSW, AUS **[44160]** : Minnie, 1800+, Lower Mitcham, SA, AUS **[45824]** : Wm Matthew, 1870, Cope Cope, VIC, AUS **[13153]** : C1880, Melbourne, VIC, AUS **[10350]** : Howard, 1880+, Hamilton, ONT, CAN **[42780]** : Clarence, 1880+, Toronto, ONT, CAN **[42780]** : Mary A., 1880+, Toronto, ONT, CAN **[42780]** : 1763-1832, Lac des Chats, QUE, CAN **[29528]** : ALL, Bromfield, CUL, ENG **[40802]** : Isaac, PRE 1800, Crosthwaite, CUL, ENG **[13153]** : 1700-1800, Moresby, CUL, ENG **[17162]** : Joseph, 1755, Mungrisdale, CUL, ENG **[13153]** : Margaret, 1823, DUR, ENG **[10035]** : William, C1800, DUR, ENG **[10035]** : William, C1784, Auckland St.Andrew, DUR, ENG **[10035]** : 1830+, Darlington, DUR, ENG **[44160]** : Richard, PRE 1826, Darlington, DUR, ENG **[29774]** : 1800+, Esh & Witton Gilbert, DUR, ENG **[40802]** : 1830+, Middleton-in-Teesdale, DUR, ENG **[44160]** : Robert, PRE 1879, Morehouse, DUR, ENG **[45242]** : 1700-1899, St.Oswalds & Cockfield, DUR, ENG **[19865]** : PRE 1780, Stanhope, DUR, ENG **[17626]** : PRE 1850, Stockton-on-Tees, DUR, ENG **[35619]** : Thomas, 1840+, Sunderland, DUR, ENG **[29939]** : C1820-1880, ERY, ENG **[33628]** : Joseph, 1882+, Bristol, GLS, ENG **[39516]** : 1750-1800, Dover, KEN, ENG **[39416]** : Joseph, 1857+, Egton cum Newland, LAN, ENG **[39516]** : C1834, Heysham & Poulton le Sands, LAN, ENG **[30998]** : ALL, Manchester, LAN, ENG **[30944]** : PRE 1800, Preston, LAN, ENG **[27240]** : Jane, 1890, Toxteth, LAN, ENG **[39516]** : George W., 1897, Toxteth, LAN, ENG **[39516]** : C1803, Tealby, LIN, ENG **[19902]** : 1780-1850, Marylebone, MDX, ENG **[42643]** : Robert, 1800-1830, Arkengarthdale, NRY, ENG **[45732]** : Albert, 1845+, Bowness, WES, ENG **[39516]** : John, 1745+, Kendal, WES, ENG **[39516]** : Edward, 1798, Kendal, WES, ENG **[39516]** : Elizabeth, 1841+, Kendal, WES, ENG **[39516]** : Thomas, 1830, Staveley, WES, ENG **[39516]** : Mary, 1835+, Staveley, WES, ENG **[39516]** : 1750+, Idle, WRY, ENG **[33347]** : 1800+, Idle & Thackley, WRY, ENG **[13481]** : 1720-

1850, YKS, ENG **[28533]** : C1850+, Bradford & Halifax, YKS, ENG **[31902]** : Margaret, 1855, Huddersfield, YKS, ENG **[39516]** : Eleanor J., 1857, Huddersfield, YKS, ENG **[39516]** : Thomas A., 1859, Huddersfield, YKS, ENG **[39516]** : Christopher G, 1860, Huddersfield, YKS, ENG **[39516]** : Isabella M., 1863, Huddersfield, YKS, ENG **[39516]** : 1700-1900, North Allerton, YKS, ENG **[40802]** : Ellen Eliz., C1865, Scarborough, YKS, ENG **[10102]** : C1800, Manchester, LAN, ENG & AUS **[10350]** : 1850-1970, Carlisle & Lloydminster, CUL & SAS, ENG & CAN **[44241]** : Joseph, 1700+, LAN, ENG & NZ **[45943]** : George A., ALL, Glasgow, LKS, SCT **[39516]** : Walter N., ALL, Greenock, RFW, SCT **[39516]** : PRE 1900, USA **[22725]** : Doris, 1914, Pontypridd, GLA, WLS **[39516]** : Mary Ann, 1914, Pontypridd, GLA, WLS **[39516]** : Joseph, Chepstow, MON, WLS **[39516]** : Jessie, 1872, Chepstow, MON, WLS **[39516]** : Phoebe Ann, 1873+, Chepstow, MON, WLS **[39516]** : Clara J., 1874+, Chepstow, MON, WLS **[39516]** : Clara, 1875, Chepstow, MON, WLS **[39516]** : Flora, 1875, Chepstow, MON, WLS **[39516]** : George, 1877+, Chepstow, MON, WLS **[39516]** : George, 1878, Chepstow, MON, WLS **[39516]** : Jane, 1880, Chepstow, MON, WLS **[39516]** : Frederick W., 1880+, Chepstow, MON, WLS **[39516]** : Frederick, 1881, Chepstow, MON, WLS **[39516]** : George W., 1883, Chepstow, MON, WLS **[39516]** : Merab, 1850+, Newchurch, MON, WLS **[39516]** : Rosabell, 1887+, Tintern, MON, WLS **[39516]**

HODGYETH : PRE 1760, Tipton, STS, ENG **[17626]**

HODGKINSON : PRE 1800, Clapham & Lawkland, NRY, ENG **[28474]** : PRE 1840, Walworth, SRY, ENG **[39564]**

HODSDON : C1615, Hodsdon, HRT, ENG & USA **[22796]**

HODSOLL : Elisabeth, 1795-1880, Camberwell, SRY, ENG **[35147]**

HODSON : 1840-1890, VIC & NSW, AUS **[11280]** : 1700-1850, Cambridge, CAM, ENG **[33347]** : John Bourne, PRE 1860, Liverpool, LAN, ENG **[11280]** : PRE 1845, St.Pancras, LND, ENG **[32017]** : 1780-1850, Holborn, MDX, ENG **[33347]** : PRE 1840, Nottingham, NTT, ENG **[29373]** : ALL, STS, ENG & AUS **[33097]**

HOEFLER : ALL, DEN **[29701]**

HOESSER : Susanna, 1800-1900, Nassau & Grafton, HES & NSW, GER & AUS **[44567]**

HOEY : PRE 1920, Sunderland, DUR, ENG **[14743]** : PRE 1920, Bradford, WRY, ENG **[14743]** : PRE 1850, Birr, OFF, IRL **[14743]**

HOFFMAN : Adam, C1880, Warwick & Killarney, QLD, AUS **[29479]** : PRE 1880, Ludwigsburg & Bonnigheim, BAD & WUE, GER **[37445]**

HOFFMANN : Herrmann, PRE 1850, Hanover, HAN, GER **[16010]** : Herrmann, C1850, Buffalo, NY, USA **[16010]**

HOFLER : ALL, DEN **[29701]**

HOFTON : PRE 1750, Lillieshall, SAL, ENG **[17626]**

HOG : George, C1670, ANS, SCT **[10035]** : C1740, Pencaitland, ELN, SCT **[10820]**

HOGAN : 1880+, Cowra, NSW, AUS **[11802]** : 1865+, Forest Reefs, NSW, AUS **[10125]** : 1850+, Maitland, NSW, AUS **[39102]** : 1852+, Maitland, NSW, AUS **[10301]** : Thomas, 1860+, Sydney, NSW, AUS **[11476]** : Michael, 1884+, Sydney, NSW, AUS **[30950]** : Margaret, C1823, Sydney, NSW, AUS **[13407]** : 1860-1900, George Town, SA, AUS **[32794]** : PRE 1840, Greenwich, KEN, ENG **[39338]** : 1820-1895, MDX, ENG **[39338]** : 1860+, Sheffield, YKS, ENG **[30457]** : 1890-1904, INDIA **[30457]** : ALL, IRL **[20556]** : PRE 1850, IRL **[46352]** : PRE 1850, IRL **[23895]** : 1750+, CLA, IRL **[11918]** : ALL, CLA, IRL **[25702]** : Ann, PRE 1845, CLA, IRL **[41456]** : PRE 1800, Cork, COR, IRL **[30457]** : Margaret, 1800+, Michelstown, COR, IRL **[14163]** : Mary, 1800+, Roebuck, DUB, IRL **[45699]** : C1831-1861, Ballindooly & Castlegar, GAL, IRL **[21712]** : PRE 1860, Bruff, LIM, IRL **[46200]** : 1700-1850, Bansha, TIP, IRL **[43491]** : 1800-1860, Clogheen, TIP, IRL **[32009]** : PRE 1840, Golden, TIP, IRL **[42296]** : PRE 1850, Kilcommon, TIP, IRL **[36115]** : Jeremiah, C1840+, Pukane, TIP, IRL **[30950]** : Denis, 1811+, Tipperary, TIP, IRL **[10125]** : Daniel, 1807-1877, Kilmoon CLA, IRL & AUS **[29867]** : 1800+, TIP, IRL & AUS **[43656]** : 1850S, NZ **[20556]** : 1850+, Clive, NZ **[46352]** : C1840-1900, Invercargill & Southland, NZ **[21712]** : 1900+, Lower Hutt & Wellington, WTN, NZ **[21712]** : PRE 1880, NY, USA **[23895]**

HOGARTH : 1800+, Greystoke, CUL, ENG **[13473]** : ALL, Makerston, ROX, SCT **[22248]**

HOGBEN : 1800-1900, London, ENG **[22707]** : 1600-1750, Canterbury, KEN, ENG **[43029]** : 1750-1850, Thanet, KEN, ENG **[43029]** : 1900, London, MDX, ENG **[40752]**

HOGBERG : 1800+, MN & SAS, USA & CAN **[99433]**

HOGBIN : 1600-1750, Canterbury, KEN, ENG **[43029]** : 1750-1850, Thanet, KEN, ENG **[43029]**

HOGBURN : PRE 1865, East Hampstead, BRK, ENG **[99545]**

HOGG : Hugh T., C1858+, Redfern & Paddington, NSW, AUS **[30950]** : Cyril E.S., C1927, Sheerness, KEN, ENG **[11152]** : ALL, Bolton, LAN, ENG **[13848]** : Ann, PRE 1900, Manchester, LAN, ENG **[29515]** : 1840-1950, Chiswick, MDX, ENG **[33820]** : 1670, Wortham, SFK, ENG **[17704]** : C1808, SRY, ENG **[45687]** : Macdonald Jn, 1811+, Lambeth, SRY, ENG **[33679]** : Alexander Geo, 1844+, Lambeth, SRY, ENG **[33679]** : Mary A. Alex., 1878+, Lambeth, SRY, ENG **[33679]** : 1600+, YKS, ENG **[39061]** : 1700+, IRL **[39994]** : C1800, Lisburn, ANT, IRL **[11813]** : Robert, C1795, Athelstaneford, ELN, SCT **[10203]** : ALL, Dunfermline, FIF, SCT **[42698]** : Andrew, C1825, Glasgow, LKS, SCT **[30950]** : C1860, Paisley, RFW, SCT **[34651]** : 1800-1870, Eckford, ROX, SCT **[40509]** : PRE 1820, Hawick, ROX, SCT **[13422]** : C1750, Fauldshope, SEL, SCT **[38234]** : 1700-1850, Larbert & Glasgow, STI & LKS, SCT **[20578]** : 1700-1880, Catrine & Haddington, AYR, ELN & PER, SCT & NZ **[20770]** : 1890S+, WORLDWIDE **[46395]**

HOGGAN : ALL, FIF, SCT **[27752]** : ALL, Dunfermline, FIF, SCT **[27752]** : Martha, PRE 1808, Dunfermline, FIF, SCT **[11195]** : C1750, Denny, STI, SCT **[42384]**

HOGGARD : PRE 1880, Hull, ERY, ENG **[11575]**

HOGGART : ALL, Terang, Warrnambool & Geelong, VIC, AUS **[33533]**

HOGGARTH : John, C1755, Stanhope, DUR, ENG **[10035]** : John, C1768, Shap, WES, ENG **[10035]**

HOGGET : Ann, 1812-1880, Darlington, DUR, ENG **[17907]**

HOGGETT : John, 1768, Shap, WES, ENG **[10035]**

HOGNO : 1854+, NSW, AUS **[11036]**

HOGWOOD : ALL, WORLDWIDE **[18967]**

HOGWOOD (see One Name Section) **[18967]**

HOHMAN : Joseph, 1836+, Dearborn Co., IN, USA **[23605]**

HOILE : ALL, KEN, ENG **[29113]** : ALL, Hougham & Sandwich, KEN, ENG **[40569]**

HOLAHAN : ALL, LIM, IRL **[13848]**

HOLBOURN : 1650-1850, Heslington, ERY, ENG **[30137]** : 1700-1750, Edwinstowe, NTT, ENG **[23415]** : PRE 1860, Bradford on Avon, WIL, ENG **[41136]**

HOLBROKE : 1900, London, LND, ENG **[32296]**

HOLBROOK : 1750-1850, Stratford, ESS, ENG **[18861]**

HOLCOMBE : Corbetta, C1890, London, MDX, ENG **[11152]** : 1850+, St.Saviour, SRY, ENG **[12641]**

HOLDAWAY : Mary Ann, C1850, London, MDX, ENG **[39155]** : ALL, WORLDWIDE **[45261]**

HOLDEN : 1871, Osprey Twp, ONT, CAN **[15221]** : Richard, C1700, Runcorn, CHS, ENG **[18957]** : PRE 1840, Sawley, DBY, ENG **[42331]** : 1830+, LAN, ENG **[42782]** : Elizabeth Ann, 1800-1900, Blackburn, LAN,

HOL

ENG [27039] : Samuel, 1800-1900, Blackburn, LAN, **ENG [27039]** : ALL, Blackburn, LAN, **ENG [10937]** : 1865, Bury, LAN, ENG **[10937]** : PRE 1880, Liverpool, LAN, ENG **[37206]** : Elizabeth, 1800+, Oldham, LAN, ENG **[40355]** : Thomas, PRE 1827, Over Darwen, LAN, ENG **[10937]** : Robert, 1878-1948, Pendleton, LAN, ENG **[10485]** : PRE 1838, Spilsby, LIN, ENG **[21716]** : PRE 1700, Barrow, SFK, ENG **[38674]** : 1800-1900, Mitcham, SRY, ENG **[20416]** : 1700-1800, Harting, SSX, ENG **[45863]** : ALL, Hellingly, SSX, ENG **[46282]** : 1800+, Horsham, SSX, ENG **[36033]** : William, PRE 1740, Kirdford, SSX, ENG **[28907]** : 1600S-1800S, Erdington, WAR, ENG **[33331]** : Mary Ann, 1800S, YKS, ENG **[16184]** : 1800S, Halifax, YKS, ENG **[42542]** : 1800S, Holmfirth & Shepley, YKS, ENG **[10399]** : John, PRE 1850, ENG & AUS **[43800]** : PRE 1852, Kilwaughter, ANT, IRL **[13046]** : 1930+, Wellington & Lower Hutt, WTN, NZ **[21712]**

HOLDEN (see One Name Section) [16096]

HOLDENBY : 1850+, ONT, CAN **[40960]** : ALL, Rowley Par, ERY, ENG **[40960]** : ALL, USA **[40960]**

HOLDER : 1860+, Bathurst, NSW, AUS **[10820]** : 1886, Newcastle, NSW, AUS **[42588]** : James, 1884, Bendigo, VIC, AUS **[13801]** : 1700+, GLS, ENG **[22737]** : 1700-1800, GLS, ENG **[27039]** : PRE 1750, GLS, ENG **[39464]** : PRE 1800, GLS, ENG **[45614]** : C1750-1900, Long Ashton, SOM, ENG **[13801]** : 1700-1800, Easebourne, SSX, ENG **[36950]** : 1700-1800, Iping, SSX, ENG **[36950]** : C1800, WIL, ENG **[33642]** : John, PRE 1835, Abersychan, MON, WLS **[28369]**

HOLDERNESS : PRE 1880, London Area, ENG **[19064]**

HOLDEYCHE : ALL, WORLDWIDE **[42989]**

HOLDHAM : 1800+, Brackley, NTH, ENG **[99418]**

HOLDICH : ALL, WORLDWIDE **[42989]**

HOLDICH (see One Name Section) [42989]

HOLDICHE : ALL, WORLDWIDE **[42989]**

HOLDICK : ALL, WORLDWIDE **[42989]**

HOLDING : George, 1820, London, ENG **[99174]** : 1800S, Penshurst, KEN, ENG **[46193]** : PRE 1840, Blackburn, LAN, ENG **[11733]**

HOLDITCH : ALL, WORLDWIDE **[42989]**

HOLDOM : 1800+, LND, ENG **[15409]** : 1800+, Brackley, NTH, ENG **[99418]** : 1862+, Walworth, SRY, ENG **[15409]**

HOLDRIDGE : ALL, WORLDWIDE **[42989]**

HOLDSTOCK : PRE 1847, Lydd, KEN, ENG **[18967]** : C1750, LIN, ENG **[28340]** : PRE 1900, Hove, SSX, ENG **[27769]**

HOLDSWORTH : 1800+, Quebec City, QUE, CAN **[26778]** : 1700S, Dartmouth, DEV, ENG **[18895]** : 1750-1800, Barrowby, LIN, ENG **[37795]** : ALL, LND, ENG **[46413]** : ALL, Binham, NFK, ENG **[27431]** : 1682-1831, Burnham, NFK, ENG **[19908]** : PRE 1800, NTT, ENG **[46452]** : PRE 1530, Halifax, WRY, ENG **[21594]** : Sarah, PRE 1800, Halifax, WRY, ENG **[37445]** : 1750-1850, Huddersfield, WRY, ENG **[10037]** : PRE 1800, Skipton, WRY, ENG **[28474]** : 1800S, South Kirby, WRY, ENG **[46434]** : 1750+, YKS, ENG **[21504]** : 1800+, YKS, ENG **[26778]**

HOLDWAY : PRE 1720, Basing, HAM, ENG **[10493]**

HOLDYCHE : ALL, WORLDWIDE **[42989]**

HOLE : 1750-1800, Berkeley, GLS, ENG **[13326]** : 1800S, SOM, ENG **[46537]** : 1800-1900, Withypool, SOM, ENG **[34651]**

HOLEMEISTER : PRE 1870, BBT, BEL **[17184]**

HOLEUR : PRE 1770, Ste Marie-Aux-Chenes, LOR, FRA **[20178]**

HOLFORD : 1800-1840, Shoreditch, MDX, ENG **[46347]**

HOLGATE : ALL, Hurley, Tilehurst & Bisham, BRK, ENG **[12917]** : 1770S, Winchester, HAM, ENG **[46216]** : 1810-1870, Bolton, LAN, ENG **[32444]** : PRE 1845, Goldshaw Booth & Burnley, LAN, ENG **[12710]** : PRE 1772, Hightown, WRY, ENG **[40871]** : PRE 1833, Warley, WRY, ENG **[10740]** : John, 1819, Horton in Ribblesdale, YKS, ENG **[39247]** : C1818, Waddington, YKS, ENG **[36299]**

HOLIDAY : 1700-1800, Leeds, WRY, ENG **[31826]** : PRE 1851, York, YKS, ENG **[39856]**

HOLIFIELD : PRE 1756, Netherton & Appleton, BRK, ENG **[19481]**

HOLINGER : 1700+, Bennwil, BL, CH **[25979]**

HOLLA : 1650-1750, St.Just in Penwith, CON, ENG **[36435]**

HOLLAMBY : Martha, C1801+, Maidstone & Hadlow, KEN, ENG **[36538]**

HOLLAND : 1840+, Hunter Valley, NSW, AUS **[11707]** : ALL, Geelong, VIC, AUS **[46490]** : PRE 1880, CHS, ENG **[36551]** : C1875, Gawsworth, CHS, ENG **[44649]** : 1790+, St.Giles in the Heath, CON, ENG **[10785]** : 1800+, Chesterfield & Kilburn, DBY, ENG **[42761]** : C1864, Clay Cross, DBY, ENG **[30714]** : 1820-1850, Chittlehampton, DEV, ENG **[10886]** : 1814+, Tamerton Foliott, DEV, ENG **[10785]** : PRE 1800, DOR & DEV, ENG **[15745]** : Rachel, 1796-1849, Rencombe & Norton, GLS, ENG **[10203]** : 1500-1850, HAM, ENG **[17480]** : 1750-1850, Medstead, HAM, ENG **[17907]** : 1820-1864, Bury, LAN, ENG **[20919]** : 1800+, Crompton, LAN, ENG **[99418]** : 1800-1830, Liverpool, LAN, ENG **[34837]** : 1600-1700, Padiham, LAN, ENG **[22305]** : 1700+, Upholland & Wigan, LAN, ENG **[42308]** : PRE 1859, Walton on the Hill, LAN, ENG **[46251]** : C1844, Coalville, LEI, ENG **[30714]** : Richard, PRE 1765, Slawston, LEI, ENG **[34975]** : 1750-1860, Saint Bride, LND, ENG **[45920]** : PRE 1820, Whitechapel, LND, ENG **[14536]** : 1850+, Bethnal Green, MDX, ENG **[13439]** : 1823-1890, Kensington, MDX, ENG **[39338]** : Capt. David, 1820S, Poplar, MDX, ENG **[31476]** : PRE 1850, Geldeston, NFK, ENG **[28210]** : 1817-1916, Castleacre & Durham, NFK & DUR, ENG **[99125]** : 1821+, Cranford St.Andrews, NTH, ENG **[14348]** : 1900+, Nottingham, NTT, ENG **[42761]** : PRE 1900, SAL, ENG **[46459]** : 1700-1750, Stoke by Nayland, SFK, ENG **[17486]** : Elizabeth, 1791+, SOM, ENG **[30014]** : Susanna, 1700-1800, Bridgwater, SOM, ENG **[17203]** : 1820-1860, Long Sutton, SOM, ENG **[25322]** : 1600-1900, Middle Chinnock, SOM, ENG **[42913]** : Susan, PRE 1835, South Pemberton, SOM, ENG **[37847]** : PRE 1850, Capel, SRY, ENG **[43842]** : 1920+, Worcester Park, SRY, ENG **[19806]** : PRE 1870, Catsfield, SSX, ENG **[30678]** : Matthew, 1750-1830, Horsham, SSX, ENG **[35343]** : 1700+, Lancing, SSX, ENG **[29612]** : 1800+, Sheffield, WRY, ENG **[18329]** : James, C1820, Sheffield, WRY, ENG **[18329]** : C1795, Lane Head, YKS, ENG **[99418]** : Annie, 1800+, ARM, IRL **[41425]** : William, ALL, ARM, IRL **[41425]** : Thos John, PRE 1900, ARM, IRL **[41425]** : Kate Ann, 1920+, Skibbereen, COR, IRL **[34883]** : John William, 1925+, Skibbereen, COR, IRL **[34883]** : 1900S, NZ **[42761]** : 1800-1950, Glasgow & Dunbarton, LKS & DNB, SCT & IRL **[39820]** : Marion, C1880, Glasgow & Dunbarton, LKS & DNB, SCT & IRL **[39820]** : C1879+, PA, USA **[44269]** : 1870+, Philadelphia, PA, USA **[44269]** : Kate Ann, 1920+, WORLDWIDE **[34883]** : John William, 1925+, WORLDWIDE **[34883]**

HOLLAND-SPINKS : 1800-99, London, LND & SRY, ENG **[46445]**

HOLLANDS : 1800S, NSW, AUS **[33245]** : PRE 1830, KEN, ENG **[39506]** : ALL, Ardingly, SSX, ENG **[41205]** : PRE 1756, Bishopstone, SSX, ENG **[29612]**

HOLLAS : C1850, Sydney, NSW, AUS **[13347]** : C1830, Lancaster, LAN, ENG **[13347]**

HOLLENBACH : 1935+, Rayleigh, ESS, ENG **[41163]**

HOLLENSWORTH : PRE 1900, Flintham & Sibthorpe, NTT, ENG **[39439]**

HOLLETT : 1700+, Bradninch, DEV, ENG **[12950]** : Robert, C1800+, Littleham, DEV, ENG **[34140]**

HOLLEY : Herbert, 1870+, Armidale, NSW, AUS **[41425]** : Herbert, 1830+, ENG **[41425]**

HOLLICK : ALL, Coventry, WAR, ENG **[31972]**
HOLLIDAY : 1790+, Balmain, Sydney, NSW, AUS **[30601]** : 1840+, Sydney, NSW, AUS **[35989]** : 1860S, London, ENG **[13008]** : PRE 1731, Faringdon, BRK & WIL, ENG **[27219]** : William, C1791, Great Orton, CUL, ENG **[41185]** : C1800, Maryport, CUL, ENG **[39860]** : PRE 1870, Woodford, ESS, ENG **[18264]** : 1940+, Liverpool, LAN, ENG **[42782]** : PRE 1850, London, MDX, ENG **[18264]**
HOLLIDGE : ALL, WORLDWIDE **[42989]**
HOLLIER : 1600-1840, STS, ENG **[43903]** : ALL, WORLDWIDE **[18018]**
HOLLIER (see One Name Section) [18018]
HOLLINGS : 1800+, Holborn, LND, ENG **[13065]** : 1900, Bishops Castle, SAL, ENG **[11530]** : John, 1817, Leeds, WRY, ENG **[11530]** : 1831, Wakefield & Sandal, WRY, ENG **[11530]** : ALL, Guiseley, YKS, ENG **[46429]**
HOLLINGSWORTH : 1800S, ESS, ENG **[12327]** : 1800+, Sandon, HRT, ENG **[18020]** : PRE 1800, Walkern, HRT, ENG **[19216]** : PRE 1900, LIN, ENG **[39439]** : PRE 1900, Flintham & Sibthorpe, NTT, ENG **[39439]** : 1840-1900, Birmingham, WAR, ENG **[30120]** : 1700+, Rathfriland, DOW, IRL **[11098]** : ALL, WEX, IRL **[25073]** : 1900+, AUCK, NZ **[42112]** : C1800, WORLDWIDE **[20933]**
HOLLINGWORTH : 1868+, Collingwood & Fitzroy, VIC, AUS **[46280]** : ALL, Ashover, DBY, ENG **[46307]** : PRE 1700, Ashover, DBY, ENG **[15823]** : ALL, Kent, KEN, ENG **[46229]** : ALL, Hollingworth, LAN, ENG **[46229]** : PRE 1900, Flintham & Sibthorpe, NTT, ENG **[39439]** : 1600-1700, Lambley, NTT, ENG **[34967]**
HOLLINS : 1775+, Gosport & Portsea, HAM, ENG **[16075]** : C1750, LIN, ENG **[38523]** : 1600+, Leigh & Ellastone, STS, ENG **[19713]**
HOLLINSWORTH : PRE 1900, Flintham & Sibthorpe, NTT, ENG **[39439]**
HOLLIOAK : 1850S, Ballarat, VIC, AUS **[46265]**
HOLLIS : John Webb, 1841+, AUS **[36188]** : C1850, Sydney, NSW, AUS **[13347]** : PRE 1811, Boylestone, DBY, ENG **[28660]** : PRE 1850, Eggington, DBY, ENG **[38936]** : Jane, 1820, Hartshorne, DBY, ENG **[39967]** : 1750+, KEN, ENG **[19744]** : PRE 1837, Walton on Thames, SRY, ENG **[46402]** : 1800S, Aston & Birmingham, WAR, ENG **[46439]** : PRE 1870, WIL, ENG **[34640]** : ALL, BKM, BRK & VIC, ENG & AUS **[99036]**
HOLLISTER : PRE 1800, Lydiard Tregoze, WIL, ENG **[42821]**
HOLLISTON : 1860-1910, Wolford, ONT, CAN **[16365]**
HOLLOWAY : James, 1822-1883, Sydney, NSW, AUS **[10273]** : 1800S, NFD, CAN **[22558]** : 1800+, Barton, BDF, ENG **[17480]** : 1750-1850, Aston Upthorpe, BRK, ENG **[46385]** : PRE 1850, Clayhidon, DEV, ENG **[34221]** : Albert, C1850, GLS, ENG **[45203]** : PRE 1880, GLS, ENG **[45203]** : James, PRE 1822, Bristol, GLS, ENG **[10273]** : PRE 1790, IOW, ENG **[27219]** : PRE 1920, Bolton, LAN, ENG **[45203]** : 1850+, Kennsington, MDX, ENG **[40807]** : PRE 1832, Shoreditch, MDX, ENG **[37709]** : C1870, Street, SOM, ENG **[45203]** : 1800+, Dulwich, SRY, ENG **[46509]** : 1770+, STS, ENG **[16433]** : 1800+, Birmingham, WAR, ENG **[16433]** : C1880, Birmingham, WAR, ENG **[45203]** : PRE 1650, WIL, ENG **[11873]** : PRE 1800, WOR, ENG **[45857]** : 1550+, KEN & NSW, ENG & AUS **[29396]**
HOLLOWELL : ALL, WORLDWIDE **[30022]**
HOLLOWS : 1700+, Rochdale & Hollinwood, LAN, ENG **[13481]**
HOLLY : PRE 1900, ENG & WLS **[27219]** : 1800S, New York, NY, USA **[10675]**
HOLLYER : Mary, 1776-1826, Binfield, BRK, ENG **[43773]** : ALL, WORLDWIDE **[18018]**
HOLLYER (see One Name Section) [18018]
HOLLYWOOD : 1860-1930, Plymouth, DEV, ENG **[43916]**

HOLM : PRE 1882, Christiania, NOR **[38743]** : 1700-1800, Kilmalcolm, RFW, SCT **[34349]**
HOLMAN : 1860-1930, CON, ENG **[45973]** : ALL, Gwennap, CON, ENG **[13845]** : 1880S, Kilburn, MDX, ENG **[42647]** : Rose, 1780+, NFK, ENG **[46326]** : PRE 1840, Southwark, SRY, ENG **[19876]**
HOLME : 1889-1970, SA, AUS **[32794]** : PRE 1855, Manchester, LAN, ENG **[46277]** : Thomas, 1780S, Salford & Eccles, LAN, ENG **[19497]** : 1790+, Garsdale, YKS, ENG **[28570]**
HOLMES : 1817+, NSW, AUS **[11124]** : 1828+, NSW, AUS **[13857]** : 1838+, NSW, AUS **[34119]** : 1817+, Sydney, NSW, AUS **[11124]** : 1850+, Sydney, NSW, AUS **[13584]** : 1850+, Sydney & Coraki, NSW, AUS **[10675]** : PRE 1900, Sydney & Newcastle, NSW, AUS **[29024]** : 1820+, Yass, NSW, AUS **[11572]** : C1830, Yass, NSW, AUS **[39155]** : 1920+, Perth, WA, AUS **[12729]** : Jane, 1823-1910, ONT, CAN **[15849]** : William, PRE 1847, Bartonville, ONT, CAN **[15849]** : Daniel, PRE 1849, Port Credit, ONT, CAN **[15849]** : PRE 1850, Prescott Co., ONT, CAN **[31636]** : 1760+, London, ENG **[45652]** : William, 1779-1851, London, ENG **[17763]** : ALL, Slapton, BKM, ENG **[12729]** : C1852, Alfreton, DBY, ENG **[30714]** : 1810-1900, Heanor, DBY, ENG **[38362]** : 1869, Langley, DBY, ENG **[38362]** : ALL, Langley & Heanor, DBY, ENG **[39389]** : Sarah, C1800, New Mill, DBY, ENG **[12600]** : 1820S-1940S, Stanton in Peak, DBY, ENG **[30889]** : 1739-1850, Youlgreave, DBY, ENG **[30889]** : PRE 1800, Moltons, DEV, ENG **[37200]** : Dorothy, 1740, Houghton-le-Spring, DUR, ENG **[37542]** : 1800-1900, Forest of Dean, GLS, ENG **[44072]** : PRE 1815, Droxford & Romsey, HAM, ENG **[41477]** : 1750-1900, Billington, HRT, ENG **[12729]** : 1864+, Canterbury & Rochester, KEN, ENG **[38082]** : C1780-1860, Leigh, KEN, ENG **[18714]** : Sarah, PRE 1808, Lower Hardres, KEN, ENG **[10508]** : Elizabeth, PRE 1747+, Rochester, KEN, ENG **[21472]** : PRE 1820, Eccleston, LAN, ENG **[31316]** : 1860+, Liverpool, LAN, ENG **[28570]** : William, C1800, Ormskirk, LAN, ENG **[13857]** : PRE 1817, Ormskirk, LAN, ENG **[11124]** : PRE 1800, Hose, LEI, ENG **[12707]** : PRE 1871, Boston, LIN, ENG **[33876]** : 1871-1900, Lincoln, LIN, ENG **[33876]** : 1800S+, Roughton, LIN, ENG **[28134]** : C1780, Spridlington, LIN, ENG **[28340]** : John, 1764+, Holborn, LND, ENG **[28149]** : Nathan, C1740-1800, Holborn, LND, ENG **[28149]** : Ann, 1820-1845, Bloomsbury, MDX, ENG **[17191]** : John, 1800-1820, Stepney & Ratcliffe, MDX, ENG **[39461]** : PRE 1750, Caister on Sea, NFK, ENG **[33428]** : ALL, Kings Lynn, NFK, ENG **[25628]** : Frances, 1847, Norwich, NFK, ENG **[25533]** : 1800+, Copmanthorpe, NRY, ENG **[46456]** : Ann, 1678, Kings Cliffe, NTH, ENG **[10318]** : PRE 1750, Little Bowden, NTH, ENG **[10493]** : C1928, Basford, NTT, ENG **[38362]** : 1900S, Bulwell, NTT, ENG **[38362]** : Wolstan, 1886, Eastwood, NTT, ENG **[38362]** : ALL, Tithby, NTT, ENG **[36710]** : PRE 1850, Worfield, SAL, ENG **[10493]** : Agnes, 1876+, Beccles, SFK, ENG **[43843]** : 1700-1850, Kessingland, SFK, ENG **[26932]** : PRE 1850, Bristol, SOM, ENG **[18251]** : PRE 1850, Wells & Bedminster, SOM, ENG **[41477]** : Saintes, PRE 1641, SRY, ENG **[36477]** : 1800+, Newcastle & Stoke, STS, ENG **[19713]** : ALL, Stoke on Trent, STS, ENG **[43317]** : PRE 1800, Birmingham, WAR, ENG **[30972]** : PRE 1850, WRY, ENG **[39815]** : 1800+, Keighley, WRY, ENG **[17449]** : Hartley, C1810+, YKS, ENG **[31902]** : 1700+, Branton & Cantley, YKS, ENG **[46499]** : 1790+, Garsdale, YKS, ENG **[28570]** : Abraham, 1800+, Hull, YKS, ENG **[45824]** : Rachel, 1800+, Hull, YKS, ENG **[45824]** : Rhoda, 1800+, Hull, YKS, ENG **[45824]** : Sarah, 1840, Leeds, YKS, ENG **[99590]** : 1900+, Leeds, YKS, ENG **[46456]** : ALL, Leeds & Birmingham, YKS, ENG **[10675]** : Joseph, 1790, Scarborough, YKS, ENG **[18498]** : PRE 1820+, KEN, ENG & AUS **[99573]** : PRE 1780, Leeds, WRY, ENG & AUS **[10350]** : 1764+, Keighley, YKS, ENG & AUS **[13799]** : PRE 1850, CAR, IRL **[31636]** : 1700-1920, Tullybranigan, DOW, IRL **[30713]** : 1750+, West Meath, MEA,

IRL **[13129]** : PRE 1900, TIP, IRL **[29024]** : 1800+, THAMES, NZ **[42112]** : C1840S, Galloway, SCT **[11729]** : 1820-1912, Kilbarchan, RFW, SCT **[32314]** : 1700S, Kilmacolm, RFW, SCT **[37070]** : Wm., 1840+, Douglas, IOM, UK **[12027]** : PRE 1900, Chicago, IL, USA **[26072]** : PRE 1874, OH, USA **[22565]**
HOLMHEAD : Amie, 1700-60, Lympstone, DEV, ENG **[34140]**
HOLMLES : PRE 1745, Trusthorpe, LIN, ENG **[46483]**
HOLMS : 1750-1850, Saint Sidwell, DEV, ENG **[46214]**
HOLMSTROM : 1850+, Malmo, SWE **[44781]**
HOLNESS : 1890+, AUS **[99036]** : 1750+, KEN, ENG **[19744]** : 1800+, WORLDWIDE **[99036]**
HOLSWORTH (see One Name Section) **[18665]**
HOLT : 1850+, AUS **[40816]** : 1833+, Campbelltown & Murrumburrah, NSW, AUS **[11256]** : 1854+, Geelong, VIC, AUS **[10647]** : 1800+, Dover, KEN, ENG **[18329]** : Jane, 1800+, Bolton, LAN, ENG **[43775]** : 1850S, Burnley, LAN, ENG **[42507]** : PRE 1869, Grizlehurst & Rochdale, LAN, ENG **[39860]** : 1850-1910, Littleborough, LAN, ENG **[33838]** : PRE 1800, Pilkington, Prestwich & Bury, LAN, ENG **[18500]** : Charles, 1800+, Rochdale, LAN, ENG **[10647]** : William, PRE 1859, Rochdale, LAN, ENG **[39860]** : PRE 1800, Stubby Lee, Rochdale, LAN, ENG **[28060]** : ALL, North London, MDX, ENG **[18150]** : 1850+, Walsall, STS, ENG **[27492]** : PRE 1835, Rushall & Birmingham, STS & WAR, ENG **[42967]** : PRE 1900, Horbury, WRY, ENG **[38833]** : PRE 1900, Rothwell, WRY, ENG **[38833]** : PRE 1900, Thornhill, WRY, ENG **[38833]** : 1750+, LAN, ENG & AUS **[10647]** : John, 1854, Dunedin, OTAGO, NZ **[12454]** : Barzillai, 1700-1785, MA, USA **[15301]**
HOLTBY : PRE 1850, Rillington & Scampston, ERY, ENG **[19259]**
HOLTHAM : 1930+, MON, WLS **[31259]**
HOLTOM : PRE 1820, Cherington, WAR, ENG **[30138]**
HOLTON : PRE 1900, TAS, AUS **[31597]** : PRE 1850, Bradwell, BKM, ENG **[39429]** : PRE 1880, Calverton, BKM, ENG **[39429]** : ALL, HRT, ENG **[37116]**
HOLYDAGGER : PRE 1685, Tiverton, DEV, ENG **[21594]**
HOLYER : PRE 1820, Soham, CAM, ENG **[17523]** : ALL, WORLDWIDE **[18018]**
HOLYER (see One Name Section) **[18018]**
HOLZER : 1800S, Erbach, NASSAU, GER **[12974]**
HOLZGREFE : C1840, Hankinsbuttal, HAN, GER **[12573]**
HOLZHAUSER : Andreas, PRE 1850, Hohefeld, BAD, GER **[10054]**
HOLZMANN : 1800+, Kleinschmalkalden, THU, BRD **[41443]**
HOMAN : PRE 1840, SRY, ENG **[19876]** : 1800+, Mallow, COR, IRL **[13037]**
HOMANN : PRE 1849, Potsdam, BRA, GER **[14472]**
HOMBERG : 1860-1900, New Orleans, LA, USA **[27140]**
HOME : 1800+, NSW, AUS & SCT **[29786]** : ALL, SAL, ENG **[18921]** : 1840-1940, Windlesham, SRY, ENG **[18921]** : PRE 1745, Duns, BEW, SCT **[19270]** : PRE 1745, Edinburgh, MLN, SCT **[19270]**
HOMER : 1840S, Birmingham, WAR, ENG **[12508]**
HOMES : ALL, London, ENG **[17977]** : 1800S, HEF & WOR, ENG **[16430]**
HOMEWOOD : 1826, Borden, KEN, ENG **[41443]** : Elizabeth, 1763, Eynsford, KEN, ENG **[13838]** : Thomas, C1800, SRY, ENG **[14023]**
HOMEYER : W.L., PRE 1892, VIC, AUS **[14241]**
HONDROS : ALL, WORLDWIDE **[42900]**
HONE : PRE 1830, Grays Inn, LND, ENG **[31067]** : PRE 1800, Bath, SOM, ENG **[31067]** : 1600S-1700S, Woking, SRY, ENG **[38833]** : Nathaniel, 1718, Dublin, IRL **[20665]**
HONEY : 1760-1780, Launceston, CON, ENG **[43853]** :

PRE 1800, Borden & Maidstone, KEN, ENG **[13511]** : ALL, MALTA **[45811]**
HONEYBUN : ALL, DOR, ENG **[17961]**
HONEYMAN : 1741-1751, Falkland, FIF, SCT **[14880]**
HONEYWELL : Ernest H., PRE 1901, ENG **[25457]** : 1850+, Ashburton, DEV, ENG **[40746]**
HONEYWILL : Ernest H., PRE 1901, ENG **[25457]** : ALL, Trowbridge, WIL, ENG **[40472]**
HONIBORN : ALL, DOR, ENG **[17961]**
HONIGKE : 1700-1725, Dessau, ANH, GER **[14627]**
HONISS : 1767-1850, Biddenden, KEN, ENG **[19268]**
HONORE : 1700+, Frederica, VEJLE, DEN **[17000]**
HONOUR : C1750, Charlton-on-Otmoor, OXF, ENG **[38234]**
HONRINE : PRE 1840, Toxteth, Liverpool, LAN, ENG **[10277]**
HONSINGER : 1700S-1994, Grand Isle, VT, USA **[25428]**
HONYWILL : ALL, Trowbridge, WIL, ENG **[40472]**
HOO : ALL, ENG **[19458]**
HOOD : 1870+, CAN **[34861]** : 1750-1850, DBY & LEI, ENG **[28609]** : 1780+, Dover, KEN, ENG **[34861]** : 1760S, Soho, MDX, ENG **[37321]** : 1700-1850, Spitalfields, MDX, ENG **[46412]** : Isaac, 1815, Bath, SOM, ENG **[14392]** : Ann, 1850, Bath, SOM, ENG **[14392]** : C1814, Mount Hill, ANT, IRL **[13046]** : 1750+, Newtown Stewart, TYR, IRL & SCT **[39227]** : 1700-1850, SCT **[19471]** : ALL, Glasgow, LKS, SCT **[21763]** : PRE 1882, Govan, LKS, SCT **[25672]** : Huth, 1860+, PA, USA **[15845]**
HOODLESS : C1735, Welbourne, LIN, ENG **[37156]**
HOOK : Annie Eliz., 1872-1960, Geelong & Brunswick, VIC, AUS **[35235]** : ALL, ONT, CAN **[16269]** : PRE 1830, Gloucester, GLS, ENG **[26173]** : 1830, Taynton, GLS, ENG **[39516]** : PRE 1800, Westbury-on-Severn & Tibberton, GLS, ENG **[45176]** : 1700+, Loughborough, LEI, ENG **[38349]** : PRE 1820, NFK, ENG **[18896]** : 1600S, Easton, NFK, ENG **[11270]** : 1800+, Farnham, SRY, ENG **[38349]** : PRE 1730, Slattared, SWE **[18310]**
HOOKE : 1694-1920, Deeping St.James & Crowland, LIN, ENG **[20793]** : PRE 1860, MDX, ENG **[45874]**
HOOKER : C1775, Bexley, KEN, ENG **[26731]** : 1850-1950, Hollingbourne, KEN, ENG **[29426]** : John, PRE 1860, KEN & SRY, ENG **[43800]** : C1803, Westbourne, SSX, ENG **[19816]**
HOOKEY : PRE 1950, Hastings, SSX, ENG **[39416]**
HOOKINS : 1700S, Sowton, DEV, ENG **[13731]** : PRE 1779, Sowton, DEV, ENG **[13731]**
HOOKS : Ellen Ann, 1864+, South Shields, DUR, ENG **[34533]** : John, 1700+, Newry, DOW, IRL & NZ **[45943]**
HOOKWAY : PRE 1810, Sanford, DEV, ENG **[27634]**
HOOLE : Wm, 1844, Port Macquarie, NSW, AUS **[10846]** : 1859, Goondiwindi, QLD, AUS **[34626]** : George, 1820S, Middlewich, CHS, ENG **[10297]** : 1800-1920, Northwich & Widnes, CHS & LAN, ENG **[30120]** : George, 1850S, Bradford, WRY, ENG **[10297]**
HOOLEY : 1750-1850, DBY, ENG **[28609]**
HOOLTON : John & Eliz., PRE 1820, Burton on Trent, STS, ENG **[14463]**
HOOPER : 1855+, Fryerstown, VIC, AUS **[12084]** : George, 1865+, Melbourne & Sydney, VIC & NSW, AUS **[12884]** : Wm, C1617, ENG **[22796]** : PRE 1860, CON, ENG **[36842]** : PRE 1820, Penstraze, CON, ENG **[12084]** : 1650-1750, DEV, ENG **[26335]** : ALL, DEV, ENG **[40257]** : PRE 1880, DEV, ENG **[30161]** : 1840+, Bere Ferrers, DEV, ENG **[44857]** : 1750+, Bow & Zeal Monachorum, DEV, ENG **[17532]** : PRE 1834, Exeter, DEV, ENG **[14076]** : 1700+, Holsworthy, DEV, ENG **[15524]** : PRE 1900, Plymouth, DEV, ENG **[46498]** : PRE 1820, Topsham, DEV, ENG **[16425]** : 1700+, Woolsery, DEV, ENG **[16254]** : 1800S, Houghton-le-Springs, DOR, ENG **[97806]** : ALL, DOR & HAM, ENG **[40871]** : 1860+, Cheltenham, GLS, ENG **[28154]**

: 1900+, Cheltenham, GLS, ENG **[28154]** : Susannah, 1780+, Painswick, GLS, ENG **[28269]** : Joseph, PRE 1853, Shipton, GLS, ENG **[26253]** : 1850+, Stroud, GLS, ENG **[28154]** : PRE 1787, Watford, HRT, ENG **[27899]** : PRE 1800, KEN, ENG **[18147]** : 1859+, Stepney, LND, ENG **[25654]** : 1800-1925, Islington, MDX, ENG **[18147]** : 1700S, Stepney, MDX, ENG **[28060]** : PRE 1850, Bristol, SOM, ENG **[20672]** : PRE 1808, Sutton Mallet, SOM, ENG **[30987]** : 1750+, Yeovil, SOM, ENG **[15289]** : 1800-1900, Bermondsey, SRY, ENG **[18147]** : 1700-1900, SSX, ENG **[18147]** : 1820+, WIL, ENG **[46340]** : George, PRE 1865, WIL, ENG **[12884]** : ALL, Atworth, WIL & GLS, ENG **[44815]** : 1870-1930, Eastham & Kidderminster, WOR, ENG **[42055]** : ALL, Abbas & Temple Combe, SOM, ENG & NZ **[46393]** : Sarah, 1650, Reading & Lynn, MA, USA **[22796]**

HOOTON : 1813, LAN, ENG **[28092]**

HOPALUIK : Wasyl, 1862+, UKR, CAN & OES **[42961]**

HOPALUK : ALL, GALICIA, UKR & CAN **[42961]**

HOPCRAFT : 1700+, Shillington, BDF, ENG **[17480]** : PRE 1870, Nottingham, NTT, ENG **[39873]**

HOPE : Ernest C., 1930S, Borden, WA, AUS **[17794]** : Ernest C., 1940S, Lake Grace, WA, AUS **[17794]** : 1700-1800, ENG **[16706]** : 1650-1800, Auckland St.Helen, DUR, ENG **[45636]** : Edward, ALL, DUR & YKS, ENG **[99093]** : 1819-1886, Fairford, GLS, ENG **[42239]** : 1700S, Sandon, HRT, ENG **[19759]** : PRE 1840, Bolton le Moors, LAN, ENG **[11071]** : PRE 1840, Worsley, LAN, ENG **[34612]** : Anne, PRE 1773, Rotherfield, SSX, ENG **[36365]** : 1800, Blockley, WOR, ENG **[17794]** : PRE 1880, YKS, ENG **[25737]** : 1820+, Haddington & Edinburgh, SCT **[29954]**

HOPFER : 1802+, Kuppingen, WUE, GER **[23371]**

HOPGOOD : PRE 1900, HAM, ENG **[30022]** : PRE 1850, KEN, ENG **[30823]** : 1600-1850, Chute, WIL, ENG **[99433]**

HOPKIN : PRE 1870, Birmingham, WAR, ENG **[32405]** : PRE 1820, Bridgend & Llangeinor, GLA, WLS **[30351]**

HOPKINS : 1856+, Sydney, NSW, AUS **[31579]** : John, PRE 1772, Brittens, ESS, ENG **[27719]** : PRE 1861, Avening, GLS, ENG **[45264]** : 1570-1575, Huelsfield, GLS, ENG **[19759]** : 1700+, Painswick, GLS, ENG **[25598]** : PRE 1810, Portsea, HAM, ENG **[28420]** : 1800-20, HUN, ENG **[39835]** : PRE 1820, HUN, ENG **[39835]** : William, PRE 1806, Boughton, KEN, ENG **[31003]** : Thomas, 1818, Chatham, KEN, ENG **[12382]** : PRE 1700, Deptford, KEN, ENG **[19785]** : John Wm, 1800-5, Bishopsgate, LND & MDX, ENG **[39461]** : PRE 1810, West Wittering, SSX, ENG **[21161]** : 1800-1853, Westbourne, SSX, ENG **[46283]** : 1700-1880, Aston Cantlow, WAR, ENG **[97801]** : 1800+, Long Itchington, WAR, ENG **[97801]** : 1700-1920, Wotton Wawen, WAR, ENG **[97801]** : 1800+, Tydd St.Giles & Sydney, CAM, ENG & AUS **[29867]** : PRE 1869, ANT, IRL **[13143]** : PRE 1840, DUB & LOU, IRL **[27320]** : Richard, PRE 1845, Moyne & Tinahely, WIC, IRL **[16273]** : 1861+, Nelson, NZ **[45264]** : 1632+, MA, USA **[15521]** : PRE 1860, Gorseinon, GLA, WLS **[12071]** : 1800S, Margam, GLA, WLS **[18207]** : 1790-1881, Swansea, GLA, WLS **[45675]**

HOPKINSON : Bertram, 1937, Ashover, DBY, ENG **[30714]** : C1850, Ashover, DBY, ENG **[30714]** : 1600-1800, Luddington, LIN, ENG **[42092]** : C1860+, WRY, ENG **[45895]** : 1800+, Swinefleet, WRY, ENG **[42092]** : 1800-1830, Wakefield, WRY, ENG **[46305]**

HOPLEY : Walter, 1910-1940, NSW, AUS **[11408]** : C1850, Sydney, NSW, AUS **[29479]** : 1800+, Liverpool, LAN, ENG **[21034]**

HOPLOCK : ALL, GALICIA, UKR & CAN **[42961]**

HOPPER : 1900+, Balmain, NSW, AUS **[10564]** : ALL, DEV, ENG **[17094]** : ALL, Bradworthy, DEV, ENG **[16254]** : 1600, Auckland St.Andrew, DUR, ENG **[31826]** : 1750-1800, Winchcomb, GLS, ENG **[27039]** : PRE 1800, Maidstone, KEN, ENG **[38987]** : C1754, Weldale, NRY, ENG **[10209]** : PRE 1800, SSX & DUR, ENG **[17766]** : Philip, 1800-1850, Newark, NJ, USA **[35589]** : Cornelius S., 1833+, Newark, NJ & VIC, USA & AUS **[35589]**

HOPPING : 1750-1850, Saint Sidwell, DEV, ENG **[46214]** : 1790-1805S, Saint Sidwell, DEV, ENG **[46214]** : John, 1820S, Saint Sidwell, DEV, ENG & AUS **[46214]** : Henry, 1830S, Saint Sidwell, DEV, ENG & AUS **[46214]**

HOPPIT : C1757, Great Shelford, CAM, ENG **[19816]**

HOPPS : 1850+, New Monkland, LKS, SCT **[20660]**

HOPPY : 1700-1800, Cardington, BDF, ENG **[18670]** : 1700-1800, Gransden, CAM, ENG **[18670]**

HOPS : PRE 1850, ARM, IRL **[20660]** : 1800+, New Monkland, LKS, SCT **[20660]**

HOPSON : PRE 1887, Manchester, LAN, ENG **[18665]** : PRE 1830, Holborn, LND, ENG **[46445]** : 1816, Shipton-by-Beningborough, NRY, ENG **[18665]** : 1856, Yhork, NRY, ENG **[18665]**

HOPSON (see One Name Section) [18665]

HOPWOOD : Jasper, C1780, Foxton, CAM, ENG **[12878]** : Joseph, 1841+, Manchester & Warrington, LAN, ENG **[28341]** : Wm Banton, C1816+, Warrington & Manchester, LAN, ENG **[28341]** : Ann, C1818+, Warrington & Manchester, LAN, ENG **[28341]** : Elizebeth, C1842+, Warrington & Manchester, LAN, ENG **[28341]** : PRE 1850, Mold, Chester & Leigh, CHS, LAN & FLN, ENG & WLS **[34980]**

HORA : ALL, WORLDWIDE **[19156]**

HORAN : Michael, 1843, Norfolk Island, AUS **[29939]** : Thomas, 1870S, Bathurst, NSW, AUS **[29939]** : Thomas, 1910+, St.Marys, NSW, AUS **[11745]** : PRE 1860, Sydney, NSW, AUS **[13854]** : John, 1837+, Wellington, NSW, AUS **[11745]** : Michael, 1842+, Berrima & Moreton Bay, NSW & QLD, AUS **[29939]** : 1800S, COR & KER, IRL **[17650]** : PRE 1850, Eglish, OFF, IRL **[46210]** : John, 1818+, Kalline, OFF, IRL **[11745]**

HORAY : PRE 1900, Liverpool, LAN, ENG **[41089]** : PRE 1900, Ballinasloe & Tuam, GAL, IRL **[41089]** : ALL, WORLDWIDE **[41089]**

HORDER : Edwin, 1832-1861, Murrurundi, NSW, AUS **[30512]** : PRE 1900, DOR, ENG **[43727]**

HORE : 1880+, NSW, AUS **[46322]** : 1790+, CON, ENG **[36435]** : PRE 1890, CON, ENG **[46322]** : PRE 1800, Somerton, OXF, ENG **[15464]** : 1680+, PEM, WLS **[17175]**

HOREY : PRE 1900, Liverpool, LAN, ENG **[41089]** : PRE 1900, Ballinasloe & Tuam, GAL, IRL **[41089]** : ALL, GAL & OFF, IRL **[10114]** : ALL, WORLDWIDE **[41089]**

HORGAN : Bridget, 1830, Douro, ONT, CAN **[15882]** : ALL, Tralee, IRL **[25702]** : Brigit, 1825, Doneraile, COR, IRL **[15882]** : PRE 1900, KER, IRL **[39694]**

HORGER : 1700-1800, Britenauuer, BAW, GER **[30302]**

HORIGAN : PRE 1850, COR, IRL **[12457]**

HORLER : C1740, Stoke Lane, SOM, ENG **[25693]**

HORLEY : 1800+, WA, AUS **[43523]**

HORN : PRE 1870, Flitwick, BDF, ENG **[19064]** : 1740-1775, Andover, HAM, ENG **[17191]** : 1700-1900, KEN, ENG **[45749]** : William, PRE 1820, Rochester, KEN, ENG **[37594]** : PRE 1860, Liverpool, LAN, ENG **[42752]** : 1830S, Mossley & Manchester, LAN, ENG **[12327]** : 1700+, NFK, ENG **[31079]** : 1800S, Thrapston, NTH, ENG **[30876]** : 1700S, Pakefield, SFK, ENG **[38285]** : 1894, SRY, ENG **[12367]** : PRE 1767, Birmingham, WAR, ENG **[17231]** : PRE 1816, Brougham, WIL, ENG **[14076]** : 1750+, Bradford, YKS, ENG **[46299]** : 1858-1930S, Peddie District, CAPE, RSA **[35294]** : 1760, Kirkintilloch, DNB, SCT **[29580]** : C1690, Kirkintilloch, DNB, SCT **[21934]** : Grace, 1821, Kirkcaldy, FIF, SCT **[11386]** : 1700+, Lanark, Bothwell & Glasgow, LKS, SCT **[14346]** : PRE 1875, LKS, RFW & STI, SCT **[43881]** : PRE 1850, Strablane, STI, SCT **[41039]**

HORNBLOW : PRE 1855, Blunsdon, WIL, ENG **[45881]**

HORNBUCKLE : PRE 1700, West Bridgford & Plumtree, NTT, ENG **[10287]**

HORNBURG : Frierrich, PRE 1787+, GER **[30971]** : Sophia, 1866-1899+, Mecklenberg, MST, GER **[30971]** : Sophie C.C., PRE 1826+, Mecklenberg-Strelitz, MST, GER **[30971]**

HORNBURG (see One : Benecke One, Name Sec.), **[30971]**

HORNBY : PRE 1900, Welford, GLS, ENG **[21254]** : 1763, Cockerham, LAN, ENG **[39856]** : 1800+, Dalby Magna, LEI, ENG **[28600]** : 1700+, YKS, ENG **[19318]**

HORNE : Christian, 1830-1840, DEN **[97805]** : Peter & Christn, 1830-1840, DEN **[97805]** : 1800-1900, London, ENG **[22036]** : ALL, Brenchley, KEN, ENG **[44815]** : 1560+, Little Chart, KEN, ENG **[42600]** : Peter, 1830-1840, LAN, ENG **[97805]** : 1812-1837, Holt, NFK, ENG **[27431]** : 1798, Norwich, NFK, ENG **[46264]** : 1750-1850, Stafford, STS, ENG **[10697]** : 1650-1800, Aldbourne, WIL, ENG **[44946]** : Roger, PRE 1845, Buckholt & Allington, WIL, ENG **[42967]** : PRE 1900, WOR, ENG **[35619]** : 1700-1800S, Birmingham, WOR, ENG **[10697]** : ALL, KEN, ENG & AUS **[46317]** : Peter, 1830+, Mexico City, MEX **[97805]** : Elizabeth, 1830+, Mexico City, MEX **[97805]** : Christian, 1867-1944, Mexico City, MEX **[97805]** : PRE 1820, ANS, SCT **[38309]** : George, C1724, Marnoch, BAN, SCT **[33416]** : C1690, Kirkintilloch, DNB, SCT **[21934]** : Peter, 1830-1840, LKS, SCT **[97805]** : PRE 1875, LKS, RFW & STI, SCT **[43881]** : 1750-1820, York Co., ME, USA **[26149]** : 1830+, USA **[97805]** : Peter, 1867+, NM, USA **[97805]** : Christian, 1867+, NM, USA **[97805]** : Peter, 1830+, WLS **[97805]** : Christian, 1830+, WLS **[97805]** : Peter, 1830-1840, WLS **[97805]**

HORNEBLOW : 1800+, Chiswick, MDX, ENG **[30248]**

HORNEFER : PRE 1840, Clausthal, OLD, GER **[26306]**

HORNEMAN : 1800+, LND, ENG & NZ **[37286]** : 1600-1800, NOR & DEN **[37286]**

HORNER : PRE 1816, Sydney, NSW, AUS **[29783]** : 1870+, Castlemaine, VIC, AUS **[11733]** : Matilda C., PRE 1870, London, ENG **[34201]** : PRE 1870, Gloucester, GLS, ENG **[11733]** : Mary, 1750+, LEI, ENG **[13229]** : ALL, LEI, ENG **[18521]** : 1800, Grimsby & Gainsborough, LIN, ENG **[10610]** : C1830, Shoreditch, LND, ENG **[34543]** : 1885+, Newcastle upon Tyne, NBL, ENG **[36498]** : PRE 1680, Irstead, NFK, ENG **[33428]** : John, 1795+, Kirkby Malzeard & Wake Hill, WRY, ENG **[13026]**

HORNIBLOW : PRE 1900, Worcester, WOR, ENG **[39671]** : ALL, CBY, NZ **[39671]**

HORNING : ALL, Schwaigern, GER **[26761]** : 1760+, Pittsburgh & Lancaster, PA, USA **[26761]**

HORNSBY : 1800+, Dalby Magna, LEI, ENG **[28600]** : 1722, Burton upon Stather (Humber), LIN, ENG **[46483]**

HORNSEY : 1775-1900, East London, ENG **[10646]**

HOROBIN : 1750-1850, Cambridge, CAM, ENG **[14901]** : PRE 1920, Macclesfield, CHS, ENG **[46381]**

HORRELL : PRE 1830, Redruth, CON, ENG **[46375]** : 1870+, Cardiff, GLA, WLS **[46500]**

HORRIDGE : PRE 1830, Middleton, LAN, ENG **[18702]**

HORRIGAN : Cath, PRE 1850, Ballarat, VIC, AUS **[31424]** : Cath, PRE 1850, ENG & IRL **[31424]**

HORROCKES : Elizabeth, C1631, Whalley, LAN, ENG **[18957]**

HORROCKS : PRE 1840S, Bolton, LAN, ENG **[31293]** : 1850+, Salford, LAN & NSW, ENG & AUS **[11827]**

HORROX : ALL, Exeter, DEV, ENG **[36084]** : PRE 1820, Keighley, WRY, ENG **[46452]**

HORSEFIELD : 1800-1990, Stannington, WRY, ENG **[12641]**

HORSEMAN : 1860+, Franklinford & Yandoit, VIC, AUS **[36751]** : ALL, BKM & OXF, ENG **[38307]** : ALL, Eyrecourt, GAL, IRL & AUS **[44256]**

HORSENAIL : 1670-1800, Great Waltham, ESS, ENG **[44913]**

HORSEPOLE : ALL, Kingscliffe, NTH, ENG **[46403]**

HORSEPOOL : C1840, Bingham, NTT, ENG **[13347]**

HORSEY : Grace, 1660S, London, MDX, ENG **[11698]** : James, 1792, Babington, SOM, ENG **[36325]**

HORSFALL : William, 1885+, Halifax, WRY, ENG **[21655]** : Clement, 1918+, Halifax, WRY, ENG **[21655]** : 1500+, Halifax & Calderdale, WRY, ENG **[21655]** : Ann & Alice, 1918+, Halifax & Calderdale, WRY, ENG **[21655]** : PRE 1700, Heptonstall, WRY, ENG **[21655]** : 1837, Huddersfield, WRY, ENG **[26340]** : ALL, WORLDWIDE **[21655]**

HORSFIELD : 1900, Wickham, NSW, AUS **[43775]**

HORSFORD : PRE 1854, DEV, ENG **[44014]**

HORSHAM : 1636-1750, Widecombe, DEV, ENG **[39706]**

HORSINGTON : 1700-1783, Locking & Winscombe, SOM, ENG **[21349]** : ALL, Wells, SOM, ENG **[45707]** : ALL, WORLDWIDE **[41073]**

HORSLEY : Elizabeth, 1775, Soham, CAM, ENG **[44314]** : PRE 1845, ERY, ENG **[44014]** : Cecily, 1790-1842, Lambeth, MDX, ENG **[45920]** : 1600+, Milwich, STS, ENG **[15823]**

HORSMAN : 1700-1900, Wembley, MDX, ENG **[21842]** : 1800+, Kilburn, YKS, ENG **[20975]** : ALL, Eyrecourt, GAL, IRL & AUS **[44256]**

HORSPOLE : ALL, Kingscliffe, NTH, ENG **[46403]**

HORSPOOL : PRE 1850, Billesdon, LEI, ENG **[15929]**

HORSTENDAHL : PRE 1870, Hemer & Iserlohn, NRW, GER **[25151]**

HORSWELL : PRE 1875, Mawgan, CON, ENG **[26297]**

HORSWILL : 1780+, Ermington, DEV, ENG **[16425]** : 1775-1800, Harford, DEV, ENG **[16325]**

HORT : ALL, WORLDWIDE **[99036]**

HORTON : 1791+, AUS **[13853]** : William, 1885+, Dubbo, NSW, AUS **[13853]** : 1820S, Windsor, NSW, AUS **[13244]** : 1814, Lambspond, ONT, CAN **[15221]** : 1861, Osprey Twp, ONT, CAN **[15221]** : 1660, Halstead, ESS, ENG **[17704]** : 1700-1900, Bitton & Hanham, GLS, ENG **[19713]** : 1750+, KEN, ENG **[16811]** : ALL, Chartham, KEN, ENG **[42943]** : 1720-85, Chatham & Rochester, KEN, ENG **[38516]** : 1830+, Manchester, LAN, ENG **[38936]** : 1750-1850, LIN, ENG **[44078]** : Harry, C1924, Bow, LND, ENG **[12317]** : 1850+, Stoke Newington, MDX, ENG **[19713]** : PRE 1830, Shifnal, SAL, ENG **[38936]** : John, C1862, Bermondsey, SRY, ENG **[12317]** : John, C1820, Newington Butts, SRY, ENG **[12317]** : John Alfred, C1848, Rotherhithe, SRY, ENG **[12317]** : ALL, Cuckfield, SSX, ENG **[41205]** : 1750-1850, Darlaston, STS, ENG **[21463]** : John A., 1871+, Ashted, WAR, ENG **[12317]** : 1800+, Birmingham, WAR, ENG **[42600]** : 1800S-1870S, Birmingham, WAR, ENG **[37978]** : 1800-1900, Middle Tysoe, WAR, ENG **[34747]** : 1800S-1870S, Alvchurch, WOR, ENG **[37978]** : PRE 1900, Bromsgrove, WOR, ENG **[44223]** : 1760, WEX, IRL **[15221]** : Nicholas, 1789, WEX, IRL **[15221]** : 1874-1994, Rangiora, CBY, NZ **[34747]** : 1990-2004, Hastings, HBY, NZ **[34747]**

HORTOP : 1600-1900, Germansweek, DEV, ENG **[45841]**

HORWELL : ALL, WORLDWIDE **[46428]**

HORWELL (see One Name Section) [46428]

HORWILL : ALL, WORLDWIDE **[99010]** : ALL, WORLDWIDE **[46428]**

HORWILL (see One Name Section) [46428]

HORWOOD : Samuel, 1750-1800, ENG **[34664]** : 1700-1900, Luton, BDF, ENG **[38840]** : PRE 1900, Northwood, HAM, ENG **[13994]** : PRE 1800, Berkhamsted & Northchurch, HRT, ENG **[17523]** : 1800-1900, Marylebone, MDX, ENG **[41136]**

HOSACK : Elspet, 1697, Fordyce, BAN, SCT **[16822]**

HOSE : William, 1796-1850, RUT, ENG **[12716]** : PRE 1800, Newington, SRY, ENG **[27802]**

HOSEY : 1800+, TIP, IRL **[46391]**

HOSFORD : 1863+, Goulburn & Parramatta, NSW, AUS

[30945] : PRE 1850, Castlemartyr, COR, IRL [30945]
HOSKEN : 1800S, St.Allen, CON, ENG [25314] : PRE 1700, St.Just, CON, ENG [11873]
HOSKENS : PRE 1850, Swansea, GLA, WLS [46374]
HOSKIN : Ann, C1834, CON, ENG [15524] : James, PRE 1800, Gwennap, CON, ENG [99012] : 1800-1850, Lostwithiel, CON, ENG [43916]
HOSKING : 1930S, Grafton, NSW, AUS [35365] : PRE 1810, Germoe, CON, ENG [34640] : C1750, Lelant, CON, ENG [27240] : 1750-1800, Redruth, CON, ENG [10646] : PRE 1900, Saltash, CON, ENG [31014] : 1830S, St.Hilary, CON, ENG [35365] : 1770-1850, St.Just in Penwith & Madron, CON, ENG [18766] : PRE 1800, South Brent, DEV, ENG [17189] : PRE 1850, South Brent, DEV, ENG [19457]
HOSKINS : Dorothy, 1690, Zennor, CON, ENG [13031] : 1800+, FLN, WLS [46299]
HOSKINSON : 1700+, WLS [46299]
HOSPITAL : C1860, Sawtry, HUN, ENG [28479]
HOSSACK : PRE 1879, Manchester, LAN, ENG [12321]
HOSSFELD : PRE 1800, Gittersdorf, HEN, GER [33567]
HOSTLER : PRE 1900, Downham, CAM, ENG [34980] : ALL, HRT, ENG [37116]
HOSTRAWSEN : Margaret, 1797+, WORLDWIDE [45900]
HOTALING : PRE 1800+, Ulster Co., NY & NJ, USA [22698]
HOTCHIN : ALL, WORLDWIDE [21218]
HOTCHKIN : PRE 1840, Spalding, LIN, ENG [37058]
HOTCHKISS : C1800, Westminster, LND, ENG [11661]
HOTHERSALL : PRE 1900, LAN, ENG [40570]
HOTSON : George, PRE 1886, Westmarden, SSX, ENG [11195]
HOTTEN : 1700S, Probus, CON, ENG [31373]
HOUCHELL : PRE 1900, SFK, ENG [39312]
HOUCHEN : Harriet, 1800+, Thelveton, NFK & SFK, ENG [25484]
HOUCHIN : PRE 1800, Braintree & Terling, ESS, ENG [45215] : 1750+, Great Ellingham, NFK, ENG [12386]
HOUDE : 1600-1900, QUE, CAN [23518] : Julien, C1814, St.Antoine de Tilly, QUE, CAN [23518] : Joseph, C1785, Ste. Croix, QUE, CAN [23518] : PRE 1617, Manou Perche, CEN, FRA [23518] : Aime, 1925-1932, Detroit, MI, USA [23518]
HOUDE (see One Name Section) [23518]
HOUDIN : PRE 1800, ELN, SCT [31186]
HOUDONE : PRE 1800, ELN, SCT [31186]
HOUGH : ALL, ENG [46218] : Wm & Sarah, 1740-1820, Knutsford, CHS, ENG [16681] : PRE 1780, LAN, ENG [28907] : 1800-1900, Chorley, LAN, ENG [17535] : 1890-1940S, Salford, LAN, ENG [34773] : 1870+, Blaina, MON, WLS [31259]
HOUGHMAN : C1800, Rockingham Co., VA, USA [46467]
HOUGHTALING : 1840-1925, Ulster Co., NY & NJ, USA [22698]
HOUGHTON : 1890+, AUS [21093] : 1820-1880, Longford, TAS, AUS [10303] : Isaac & Wm, PRE 1820, Coveney, CAM, ENG [35343] : Maria, PRE 1650, Norton & Horsley, DBY, ENG [16233] : C1821, LAN, ENG [41242] : James, 1794, Ditton, LAN, ENG [24579] : 1812, Lancaster, LAN, ENG [39856] : 1940S, Liverpool, LAN, ENG [21093] : PRE 1868, Manchester, LAN, ENG [38259] : PRE 1850, St.Helens, LAN, ENG [98672] : 1800S, Walton-le-Dale, LAN, ENG [13910] : PRE 1850, Whiston, LAN, ENG [18325] : 1820, Wigan, LAN, ENG [11530] : 1800-1900, Hastings, SSX, ENG [21842] : 1868+, Wakefield, WRY, ENG [38259] : 1890+, RSA [21093] : ALL, Lancaster, MA & NH, USA [32419]
HOUGUET : 1892+, Narrabri, NSW, AUS [31762]
HOULBOURNE : 1810S, Liverpool, LAN, ENG [30724]
HOULD : 1600-1900, QUE, CAN [23518]

HOULDER : PRE 1900, SRY, ENG [40683]
HOULDITCH : ALL, WORLDWIDE [42989]
HOULDITCH (seeHOLDICH : One Name Sec., [42989]
HOULDSWORTH : ALL, LND, ENG [46413]
HOULE : 1600-1900, QUE, CAN [23518]
HOULGRAVE : PRE 1850, LAN, ENG [25737]
HOULIHAN : Henry, PRE 1900, Preston, LAN, ENG [41349] : PRE 1840, COR, IRL [41244]
HOULLE : 1600-1900, QUE, CAN [23518]
HOULT : 1800-1900, Belton, LEI, ENG [30678] : 1650-1800, Retford, NTT, ENG [41573]
HOULTON : 1700S, Wrawby, LIN, ENG [19921]
HOUNSELL : 1890+, Wagga Wagga, NSW, AUS [41435] : 1700, Powerstock, DOR, ENG [34274]
HOURIGAN : 1860+, Brisbane, QLD, AUS [46403] : ALL, CLA, IRL [99036] : 1800+, Parteen, CLA, IRL [29720] : PRE 1864, Castlegarde, LIM, IRL [13655]
HOUSDEN : 1720S, Housden in Linton, CAM, ENG [34138]
HOUSE : 1830+, TAS & VIC, AUS [46021] : 1600-1900, Thatcham, BRK, ENG [39271] : 1700+, SOM, ENG [46021] : PRE 1776, Bishops Hull, SOM, ENG [19759] : PRE 1850, Drayton, SOM, ENG [13622] : Mary, 1760, Kingston-by-Taunton, SOM, ENG [21759] : C1740, West Monkton, SOM, ENG [13046] : PRE 1811+, SOM, ENG & AUS [33949]
HOUSEGO : 1750+, SFK, ENG [36435]
HOUSEL : 1770-1830, Hunterdon Co., NJ, USA [24413]
HOUSELEY : Wm Henry, C1860-C1920, CAN [20793] : Fanny Maria, 1864-1957, Brampford Speke, DEV, ENG [20793]
HOUSEMAN : 1700-1830, Telfit, NRY, ENG [13591] : 1700-1790, Burleigh, OXF, ENG [46001]
HOUSLEY : C1841, Ashover, DBY, ENG [30714] : ALL, DBY & NTT, ENG [36710] : C1810, Bagthorpe & Selston, NTT, ENG [30714] : ALL, Ecclesfield, WRY, ENG [34981]
HOUSTON : 1930+, NSW, AUS [40925] : 1900+, CAN [12708] : Robert, 1840-1880, Caledon, ONT, CAN [33866] : 1800S, Omagh, TYR, IRL [40925] : 1880+, Mahoenui, TNK, NZ [40925] : 1750-1850, Beth, AYR, SCT [46478] : 1730S-1864, Kilbirnie, AYR, SCT [46374] : PRE 1840, Kilburnie, AYR, SCT [13799] : John, 1793-1864, Dumfermline, FIF, SCT [37568] : 1735+, Lochwinnoch, RFW, SCT [33866] : ALL, Edinburgh, MLN, SCT & AUS [13799]
HOVE : 1600S-1700S, Woking, SRY, ENG [38833]
HOVELL : PRE 1800, NFK & SFK, ENG [41150]
HOVICK : C1850+, ENG [12781] : C1850+, USA [12781]
HOW : 1780+, Pavenham, BDF, ENG [33825] : PRE 1715, IOW, ENG [27219] : ALL, Luxborough, SOM, ENG [37044]
HOWARD : John, 1848+, Goulburn & Taralga, NSW, AUS [10145] : George, 1832-1894, Tumut, NSW, AUS [39212] : 1800+, Watson Bay & Windsor, NSW, AUS [34739] : John, 1808-1891, Yass, NSW, AUS [39212] : 1880+, Brisbane, QLD, AUS [34438] : David, 1860+, Stanley, TAS, AUS [10506] : 1840-1860, VIC, AUS [46300] : 1848-1875, Melbourne, VIC, AUS [13377] : 1827, London, BKM, ENG [28164] : 1600-1900, BDF, ENG [19656] : PRE 1800, BKM, ENG [34739] : Samuel, 1775+, Great Marlow, BKM, ENG [10506] : Samuel, 1807+, Hedgerley, BKM, ENG [10506] : 1700-1800, Wooburn, BKM, ENG [15098] : Richard, C1800, Brinkley, CAM, ENG [10145] : 1800+, Chester, CHS, ENG [21034] : C1838, Bakewell, DBY, ENG [30714] : 1800+, ESS, ENG [40135] : William, 1860S, Chelmsford, ESS, ENG [36112] : PRE 1848, Woolwich, KEN, ENG [13377] : Racheal, 1746, LAN, ENG [25737] : Elizabeth, 1800S, LAN, ENG [43996] : 1750+, Banks, North Meols, LAN, ENG [31486] : 1840-90, Liverpool, LAN, ENG [46298] : 1850-1900, Liverpool, LAN, ENG

HOW

[46298] : C1860, Liverpool, LAN, ENG **[12744]** : James Miller, PRE 1860, Liverpool, LAN, ENG **[30510]** : PRE 1850, Manchester, LAN, ENG **[18702]** : Thomas, 1830, Wigan, LAN, ENG **[11530]** : 1800-1900, Clerkenwell, LND, ENG **[46409]** : 1720-1800, London, MDX, ENG **[33347]** : PRE 1850, Blofield, NFK, ENG **[13347]** : Charlotte, 1910-1950, Great Yarmouth, NFK, ENG **[18714]** : 1850+, Terrington, NFK, ENG **[14874]** : PRE 1800, NTT, ENG **[34640]** : PRE 1800, SFK, ENG **[46409]** : Robert, 1740-1790, Little Bradley, SFK, ENG **[39644]** : PRE 1864, Sternfield & Sweffling, SFK, ENG **[18018]** : C1800, Dorking, SRY, ENG **[46344]** : C1842, St.Mary Newington, SRY, ENG **[36075]** : ALL, Thorpe, SRY, ENG **[28585]** : 1800-1875, Burslem, STS, ENG **[41214]** : PRE 1850, STS & WAR, ENG **[43991]** : 1800, Bradford, WIL, ENG **[12327]** : Edward Chas, PRE 1816, Sheffield & Woolwich, YKS & KEN, ENG **[36800]** : 1830+, Carlton & Yass, CAM & NSW, ENG & AUS **[11043]** : Edward, PRE 1803, Douai Flandre, NOR, FRA **[36800]** : 1800S, Blackstock, COR, IRL **[34438]** : ALL, OFF & GAL, IRL **[44256]** : 1880-1930, NZ **[21423]** : 1862+, Christchurch, NZ **[34438]** : Thomas, 1800-1820, AYR, SCT **[36282]** : Eliza, 1824-45, AYR, SCT **[36282]** : Thomas, 1800-1920, LKS, SCT **[36282]** : 1800-1920, NY, USA **[21423]** : Stephen, 1650-1720, GLA, WLS **[44963]**

HOWARTH : William, 1919+, AUS **[29515]** : 1810+, NSW, AUS **[21563]** : PRE 1850, Belmont & Bolton, LAN, ENG **[44078]** : PRE 1900, Bolton, LAN, ENG **[44045]** : 1800-1900, Chorley, LAN, ENG **[17535]** : 1770+, Heaton Norris, LAN, ENG **[21563]** : 1800+, 1790+, Liverpool, LAN, ENG **[45769]** : William, PRE 1918+, Liverpool, LAN, ENG **[29515]** : Fanny, PRE 1918+, Liverpool, LAN, ENG **[29515]** : Prudence, PRE 1828, Manchester, LAN, ENG **[13960]** : PRE 1847, Manchester, LAN, ENG **[33704]** : Thomas, PRE 1900, Manchester, LAN, ENG **[29515]** : Walter, PRE 1900+, Manchester, LAN, ENG **[29515]** : Thomas, PRE 1900+, Manchester, LAN, ENG **[29515]** : William, PRE 1919, Manchester, LAN, ENG **[29515]** : John, 1800S+, Manchester & Oldham, LAN, ENG **[40355]** : 1820S+, Middleton & Rochdale, LAN, ENG **[34112]** : 1800-1900, Rochdale, LAN, ENG **[46258]** : ALL, Rossendale & Bury, LAN, ENG **[38934]**

HOWAT : C1830, Ayr, AYR, SCT **[25693]** : C1770, Old Cumnock, AYR, SCT **[25693]** : 1800+, Inverkeithny, BAN, SCT **[99040]**

HOWATT : William, 1800S, Gamrie, BAN, SCT **[16149]**

HOWCROFT : 1700-1800S, Hempton, NFK, ENG **[36243]**

HOWDEN : ALL, LIN, ENG **[44955]**

HOWDONE : PRE 1800, ELN, SCT **[31186]**

HOWE : 1806, Brisbane Waters, NSW, AUS **[10985]** : 1850+, Kangaroo Point, QLD, AUS **[14120]** : C1850, Adelaide, SA, AUS **[13326]** : PRE 1800, CUL, ENG **[46483]** : 1800S-50S, Bakewell, DBY, ENG **[42897]** : 1794+, Hoo & Sheppey, KEN, ENG **[12915]** : PRE 1850, London, MDX, ENG **[32294]** : Robert, C1800-1850, Thetford, NFK, ENG **[28141]** : PRE 1775, Glemsford, SFK, ENG **[34980]** : PRE 1820, Moulton, SFK, ENG **[25559]** : 1830, SOM, ENG **[14120]** : PRE 1830, SOM, ENG **[14120]** : 1800-1900, Banwell, SOM, ENG **[33973]** : 1750-1850, Bath, SOM, ENG **[16813]** : John, ALL, Luxborough, SOM, ENG **[37044]** : 1800+, Southwark & Newington, SRY, ENG **[12915]** : Elizabeth, 1800S, YKS, ENG **[43996]** : C1800+, Carrowduff & Milltown Malbay, CLA, IRL **[13004]** : 1802, KIK, IRL & AUS **[41242]** : John, 1900+, Carlsbad, CA, USA **[37044]** : PRE 1870, NY, USA **[43967]**

HOWEL : 1700-1850, Potterne & Poulshot, WIL, ENG **[37809]**

HOWELL : C1850, Sydney, NSW, AUS **[39155]** : Elizabeth, 1859+, TAS, AUS **[33948]** : Miles, PRE 1820, London, ENG **[34924]** : PRE 1810, Plymouth, DEV, ENG **[42518]** : 1720-1870, Topsham, DEV, ENG **[45841]** : 1900+, Leyton, ESS, ENG **[42518]** : PRE 1850, GLS, ENG **[33901]** : ALL, Alvington & Woolaston, GLS, ENG **[21196]** : 1650-1800, Horsley, GLS, ENG **[14296]** : ALL, Lydney & St.Briavels, GLS, ENG **[21196]** : PRE 1850, Wotton-under-Edge, GLS, ENG **[18657]** : James, PRE 1800, HEF, ENG **[42479]** : 1800, St.Neots, HUN, ENG **[39515]** : PRE 1752, Milton, KEN, ENG **[13511]** : Norman, 1913+, Manchester, LAN, ENG **[17548]** : Thomas, C1887+, Manchester, LAN, ENG **[17548]** : 1830-1860, Louth, LIN, ENG **[12231]** : 1800S, Harmondsworth, MDX, ENG **[46434]** : ALL, Roehampton, SRY, ENG **[46416]** : 1800-1860, Avebury, WIL, ENG **[37809]** : 1800-1850, Sherston Magna, WIL, ENG **[13326]** : ALL, Coity, GLA, WLS **[44007]** : Benjamin, 1828-1880, Llansamlet, GLA, WLS **[29468]** : PRE 1900, Llanidloes, MGY, WLS **[40683]** : C1816-1899, Shirenewton, MON, WLS **[40905]**

HOWELL-HUNTER : PRE 1833, LND, ENG **[46416]**

HOWELLS : 1890-1940S, Salford, LAN, ENG **[34773]** : Daniel, PRE 1817, Diddlebury, SAL, ENG **[10699]** : 1800+, Stoke St.Milborough, SAL, ENG **[46273]** : PRE 1870, Keighley, WRY, ENG **[18806]** : William, 1839+, Grey Orchard, Kyffig, CMN, WLS **[29468]** : William, 1839+, Trevaughn Kyffig, CMN, WLS **[29468]** : 1800S, Maesteg, GLA, WLS **[46437]** : 1920+, Stanleytown, GLA, WLS **[24853]** : 1800-1900, Meifod, MGY, WLS **[40769]** : William, 1839, Trevaughn, PEM, WLS **[29468]** : ALL, WORLDWIDE **[10978]**

HOWELS : John, C1780-1800, SSX & HAM, ENG **[30111]**

HOWES : 1908+, Bridlington, ERY, ENG **[46329]** : 1870-1900, LND, ENG **[46305]** : 1820-1840, Fulham, LND, ENG **[12039]** : 1700-1800, Great Yarmouth, NFK, ENG **[17174]** : 1750-1920, Great Yarmouth, NFK, ENG **[41367]** : 1820-1850, Great Yarmouth, NFK, ENG **[46305]** : Robert, PRE 1777, Great Yarmouth, NFK, ENG **[40942]** : 1700+, Necton, NFK, ENG **[36368]** : 1700+, Sporle, NFK, ENG **[36368]** : 1800-1900, Wymondham, NFK, ENG **[26629]** : 1835, Wymondham, NFK, ENG **[19862]** : 1700+, Hadleigh, SFK, ENG **[34641]** : 1650-1800, Ipswich St.Peter, SFK, ENG **[16383]** : 1760+, Goring, BRK & NFK, ENG & AUS **[45652]** : 1870-1900, Geraldine, SCY, NZ **[46305]** : C1850-1997, New Haven & New York, CT & NY, USA & ENG **[15740]** : ALL, WORLDWIDE **[41590]**

HOWET : 1800+, Ordiquhill, BAN, SCT **[99040]**

HOWETT : PRE 1800, ENG **[46452]**

HOWEY : 1890+, Melbourne, VIC, AUS **[46402]** : PRE 1880, North Shields, NBL, ENG **[46402]**

HOWFIELD : 1882-1960, Swansea, GLA, WLS **[37809]**

HOWIE : Ellen, 1890+, Hay & Sydney, NSW, AUS **[42453]** : Matthew, C1894, Sydney, NSW, AUS **[40865]** : Matthew, C1930, Bowen, QLD, AUS **[40865]** : PRE 1815, Insch, ABD, SCT **[26173]** : William, 1865, Dundee, ANS, SCT **[40865]** : James, C1810-C1885, Dundee, ANS, SCT **[40865]** : Alexander, C1852-1870, Dundee, ANS, SCT **[40865]** : Matthew, C1854, Dundee, ANS, SCT **[40865]** : Charles, C1858, Dundee, ANS, SCT **[40865]** : Jessie, C1860, Dundee, ANS, SCT **[40865]** : Elizabeth, C1863, Dundee, ANS, SCT **[40865]** : Helen, C1868, Dundee, ANS, SCT **[40865]** : Andrew, PRE 1881, Galston, AYR, SCT **[10699]** : C1831, Kilmarnock, AYR, SCT **[14645]** : 1697+, Riccarton, AYR, SCT **[25070]** : Margaret, C1873, Glasgow, LKS, SCT **[40865]** : Alexander, C1877, Glasgow, LKS, SCT **[40865]** : Jessie, C1850, Perth, PER, SCT **[40865]** : James, C1850, Perth, PER, SCT **[40865]** : Jessie, C1830-1924, Perth & Edinburgh, PER & MLN, SCT **[40865]**

HOWIS : ALL, NTT, ENG **[38968]** : 1800S, Arnold & Bulwell, NTT, ENG **[46439]**

HOWISON : PRE 1800, Hyndford, LKS, SCT **[33608]**

HOWKINS : ALL, WAR & LND, ENG **[44947]**

HOWLAND : 1750+, ESS, ENG **[25070]** : 1860+, Margate, KEN, ENG **[25070]** : 1600+, YKS, ENG **[39061]**

HOWLANE : 1830, Boughton, KEN, ENG **[28013]**

HOWLE : 1700-1900, SAL & STS, ENG **[19368]**

HOWLET : PRE 1700, Bedlow, BKM, ENG **[16425]** : PRE 1720, Hitchenden, BKM, ENG **[16425]** : PRE 1690, Worlington, SFK, ENG **[33428]**

HOWLETT : 1800, Waterbeach, CAM, ENG **[10998]** : PRE 1680, Seamer, ERY, ENG **[33664]** : 1800-1900, Manningtree, ESS, ENG **[35561]** : Edmund W., 1843-1910, Bermondsey, LND, ENG **[29092]** : 1780-1800, Dickleburgh, NFK, ENG **[34664]** : PRE 1860, Norwich, NFK, ENG **[43967]** : 1700-1800, Brantham, SFK, ENG **[35561]** : 1770+, Exning, SFK, ENG **[18207]** : 1700+, South Elmham & Shipmeadow, SFK, ENG **[28060]**

HOWLEY : 1650-1750, IOM **[46440]** : 1870+, Ennistymon, CLA, IRL **[46389]** : PRE 1890, Ennistymon & Lahinch, CLA, IRL **[46389]** : Catherine, 1836, SLI, IRL **[42168]** : C1850, Waterford, WEX, IRL **[30998]** : 1870-1920, USA & CAN **[46389]**

HOWORTH : PRE 1710, Whitwell, DBY, ENG **[31316]**

HOWSE : PRE 1845, Fyfield & Appleton, BRK, ENG **[19481]** : Elizabeth, 1816, GLS, ENG **[26817]** : PRE 1800, OXF, ENG **[19481]** : 1545-1700S, Cropredy, OXF, ENG **[42083]** : PRE 1850, Old Woodstock, OXF, ENG **[32907]** : 1700-99, Wootton, OXF, ENG **[20057]**

HOWSIN : ALL, ENG **[33347]**

HOWSLEY : ALL, DBY & NTT, ENG **[36710]**

HOWSON : 1850+, Byker, NBL, ENG **[37213]** : ALL, ENG & AUS **[43395]**

HOXLAND : PRE 1730, Dulverton, SOM, ENG **[31316]**

HOY : C1848, Hunter Valley, NSW, AUS **[10146]** : ALL, ENG **[18260]** : ALL, London, MDX, ENG **[41077]** : John, 1758-1826, Great Bradley, SFK, ENG **[39644]** : PRE 1850, Island-Magee, ANT, IRL **[10392]** : 1850S, Chicago, IL, USA **[12744]**

HOYE : Charles, 1851+, Cambridge, CAM, ENG **[39644]** : James, 1866+, Cambridge, CAM, ENG **[39644]** : Charles, 1874+, Cambridge, CAM, ENG **[39644]** : Joseph Taylor, 1829+, Stetchworth, CAM, ENG **[39644]** : William, 1832+, Stetchworth, CAM, ENG **[39644]** : John, 1835+, Stetchworth, CAM, ENG **[39644]** : Chas Albert, 1899+, West Ham, LND, ENG **[39644]** : Joseph, 1905+, West Ham, LND, ENG **[39644]** : James, 1908+, West Ham, LND, ENG **[39644]** : Cyril, 1911+, West Ham, LND, ENG **[39644]** : Norman George, 1913+, West Ham, LND, ENG **[39644]** : Ann, 1799+, Great Bradley, SFK, ENG **[39644]** : John, 1801+, Great Bradley, SFK, ENG **[39644]** : John, 1801-1866, Great Bradley, SFK, ENG **[39644]** : Mary Ann, 1804+, Great Bradley, SFK, ENG **[39644]** : William, 1807+, Great Bradley, SFK, ENG **[39644]** : Maria, 1809+, Great Bradley, SFK, ENG **[39644]** : Jemima, 1812+, Great Bradley, SFK, ENG **[39644]** (see One Name Section).

HOYES : 1690-1750, Bassingham, LIN, ENG **[29715]**

HOYLAND : James, PRE 1841, LAN, ENG **[25046]** : PRE 1850, Chapeltown & Sheffield, WRY, ENG **[46422]** : Benjamin, PRE 1750, YKS, ENG **[25046]** : Joseph, PRE 1800, YKS, ENG **[25046]** : Benjamin, PRE 1823, YKS, ENG **[25046]** : 1850+, Ecclesall Bierlow, YKS, ENG **[44857]** : ALL, Sheffield, YKS, ENG **[46429]**

HOYLE : 1820-1900, Barnstaple & Tawstock, DEV, ENG **[10886]** : 1800+, Blackburn, LAN, ENG **[44269]** : 1800+, Rochdale, LAN, ENG **[44269]** : 1815+, Rochdale, LAN, ENG **[34112]** : PRE 1870, Rochdale, LAN, ENG **[46490]** : ALL, MDX, ENG **[99036]** : 1800+, Halifax, WRY, ENG **[44269]**

HOYNE : PRE 1800, KIK, IRL **[31153]**

HOYSE : 1690-1750, Bassingham, LIN, ENG **[29715]**

HOYSTEND : 1770+, Lenham, KEN, ENG **[20975]**

HOYT : 1500S, West Hatch, SOM, ENG **[15521]** : 1600S, Stamford, CT, USA **[15521]**

HRYMALUK : PRE 1875, Horodenka, GALICIA, POL **[40603]**

HUB : PRE 1900, SHO, BRD **[17134]**

HUBBALL : 1740-1830, Wolverhampton, STS, ENG **[46494]**

HUBBARD : 1800+, Grays, ESS, ENG **[46430]** : Elinor, 1500S, Rolvenden, KEN, ENG **[22796]** : 1700-1850, Ashby Magna, LEI, ENG **[28536]** : Christiana, 1816-1834, Great Yarmouth, NFK, ENG **[11731]** : Frances, 1700S, Quidenham, NFK, ENG **[24981]** : 1860+, Marquette, MI, USA **[36456]**

HUBBERT : ALL, London, ENG **[19481]**

HUBBLE : 1830S, Brasted, KEN, ENG **[37052]** : 1859-1881, Deptford, KEN, ENG **[37052]** : 1816+, Tunbridge, KEN, ENG **[45794]**

HUBER : ALL, Munsingen, WUE, GER **[13848]**

HUBERT : 1750+, St.Martin, JSY, CHI **[21854]** : 1840, St.Pierre, FRA **[45280]** : Jessie D., 1843+, Dumfries, DFS, SCT **[41425]**

HUCKBODY : Sarah, C1715+, Morton by Bourne, LIN, ENG **[41477]**

HUCKETT : C1828, ENG **[14030]**

HUCKLE : 1800+, BDF, ENG **[99433]** : 1700-1800S, Biddenham, BDF, ENG **[22182]**

HUCKLEBRIDGE : PRE 1820, SOM, ENG **[46247]**

HUCKLESTONE (see One Name Section) **[36543]**

HUDD : PRE 1796, Trowbridge, WIL, ENG **[46251]** : PRE 1860S, WIL & GLS, ENG **[35225]**

HUDDART : 1800+, Whitehaven, WES, ENG **[46026]**

HUDDLE : 1800+, ESS, ENG **[39891]**

HUDDLESTON : ALL, Lancaster, LAN, ENG **[25572]**

HUDDY : 1800S, Moulton, DEV, ENG **[28060]**

HUDGELL : ALL, Stanford Rivers, ESS, ENG **[33664]**

HUDSON : ALL, Scone, NSW, AUS **[37308]** : 1885+, Sydney, NSW, AUS **[97806]** : 1901+, Brisbane, QLD, AUS **[28000]** : C1860, Adelaide, SA, AUS **[10350]** : Ralph L, 1842-1915, Blackwood & South Melbourne, VIC & YKS, AUS & ENG **[12490]** : PRE 1814, Stony Stratford, BKM, ENG **[17055]** : 1750-1850, ESS, ENG **[46448]** : 1700+, HRT, ENG **[17480]** : 1700+, KEN, ENG **[19744]** : 1840+, Bexleyheath, KEN, ENG **[39477]** : Joseph, C1680, East Peckham, KEN, ENG **[41511]** : Mary, C1760, Warrington, LAN, ENG **[39471]** : ALL, Boston, LIN, ENG **[39471]** : PRE 1900, LND, ENG **[20773]** : PRE 1790, London, MDX, ENG **[19803]** : Barbara, C1770, Alnwick, NBL, ENG **[11718]** : 1700+, Blanchland, NBL, ENG **[12574]** : PRE 1900, Great Yarmouth, NFK, ENG **[17364]** : PRE 1841, Redcar, NRY, ENG **[36492]** : 1800-1850, Nottingham, NTT, ENG **[21034]** : Sarah, PRE 1755, Oxford, OXF, ENG **[36543]** : 1751-1871, Witney, OXF, ENG **[39706]** : PRE 1715, Witney, OXF, ENG **[33428]** : PRE 1840, Lambeth, SRY, ENG **[39479]** : 1775-1840, Hartfield, SSX, ENG **[25237]** : 1870, Burton on Trent, STS, ENG **[19862]** : C1880, Birmingham, WAR, ENG **[12371]** : 1800+, Stoneleigh, WAR, ENG **[27393]** : 1855-1900, Frith Common & Lindridge, WOR, ENG **[42055]** : 1830-1880, Bradfield, WRY, ENG **[42699]** : 1750-1820, Fishlake, WRY, ENG **[46448]** : PRE 1885, YKS, ENG **[97806]** : 1730+, Thirsk, YKS, ENG **[20975]** : PRE 1855, MDX, ENG & AUS **[10350]** : ALL, Ahoghill, ANT, IRL **[21254]** : ALL, Casheltown, ANT, IRL **[21254]** : ALL, Port Glenone, ANT, IRL **[21254]** : 1800, Cavan, CAV & CLA, IRL **[13037]** : 1800-1900, CAPE, RSA **[22114]** : C1820, Glasgow, LKS, SCT **[11813]** : 1875-1900, Cambridge, MA, USA **[22262]** : 1850-1875, Brooklyn, NY, USA **[22262]** : John, 1796-1870, Loudoun & Tuscarawas, VA & IA, USA **[23858]**

HUDSPETH : PRE 1865, AUS & ENG **[46321]**

HUDSTONE : Jane, PRE 1800, Slindon, SSX, ENG **[46163]**

HUEBNER : 1850-1910 Cuyahoga Co. OH, USA **[28660]**

HUEGDON : ALL, WORLDWIDE **[38082]**

HUEGDON (see One Name Section) **[38082]**

HUELIN : 1600S-1900S, JSY, CHI **[21788]**

HUET : 1880+, Brisbane, QLD, AUS **[13558]** : PRE 1799, Bethnal Green, MDX, ENG **[13558]**

HUETT : 1800S, Taunton, SOM, ENG **[46247]**

HUETTNER : 1622-1889, Steinbach, BAV, GER **[24252]**

HUEY : PRE 1880S, IRL **[31293]**

HUFF : ALL, CAN, USA & ENG **[24474]** : 1700+, Marshfield & Tormarton, GLS, ENG **[34440]** : Ann, 1800+, Weston, HRT, ENG **[45145]** : 1800+, Weston Longville, NFK, ENG **[45145]** : PRE 1850, Croome D'Abitot, WOR, ENG **[15793]** : 1790+, USA & UK **[23128]**

HUFFMAN : ALL, York Co., ONT, CAN **[40960]**

HUFTON : 1750+, Warsop, NTT, ENG **[41370]**

HUGDON : 1837-1878, Bloomsbury, LND, ENG **[38082]**

HUGGAN : 1857-1917, Footscray, VIC, AUS **[46116]**

HUGGETT : C1624, Brenchley, KEN, ENG **[31153]** : 1550-1750, Lingfield Godstone, SRY, ENG **[10646]** : 1650-1750, East Grinstead, SSX, ENG **[10646]**

HUGGINS : PRE 1800, BRK, ENG **[45857]** : 1810-1940, CON, ENG **[42807]** : PRE 1800, Newent, GLS, ENG **[14045]** : PRE 1800, Boston, LIN, ENG **[28742]** : 1650S-1750S, Market Deeping & Boston, LIN, ENG **[37978]** : 1800, Stoke Holy Cross, NFK, ENG **[12460]** : 1890-1920, Newborough, NTH, ENG **[45442]** : 1850, Guildford, SRY, ENG **[33245]** : 1700-1800, Burwash, SSX, ENG **[45037]** : 1820+, Hastings, SSX, ENG **[30107]** : 1850+, Hastings, SSX, ENG **[10822]** : 1910+, Glasgow, RFW, SCT **[37978]**

HUGGLESTON : 1780+, LND, ENG **[46306]**

HUGHAN : Gordon, 1850-80, Taeri Mouth, DUNEDIN, NZ **[26098]**

HUGHES : William, 1870+, NSW, AUS **[31904]** : 1840+, Bathurst, NSW, AUS **[29314]** : 1825+, Luddenham, NSW, AUS **[44156]** : 1854+, Luddenham, NSW, AUS **[10399]** : 1880S+, Parramatta & Granville, NSW, AUS **[10399]** : 1850+, Penrith, NSW, AUS **[99052]** : 1825+, South Creek (St.Marys), NSW, AUS **[10399]** : 1825+, South Creek (St.Marys), NSW, AUS **[44156]** : Thomas, 1800, Sydney, NSW, AUS **[11715]** : 1840+, Wollombi, NSW, AUS **[10085]** : Jackson, 1810-1840, Wollongong, NSW, AUS **[20606]** : 1900+, QLD, AUS **[13853]** : Thomas, 1807+, TAS, AUS **[11715]** : Louisa, 1800S, Bagdad, TAS, AUS **[41228]** : 1760-1810, Halifax, NS, CAN **[38980]** : 1830-1875, Lanark Co., ONT, CAN **[25237]** : Charlotte, 1820, Liverpool, ENG **[39247]** : PRE 1800, London, ENG **[38676]** : 1813+, Newbury, BKM, ENG **[16783]** : PRE 1820, BRK, ENG **[20909]** : PRE 1860, Lechlade, GLS, ENG **[45227]** : 1700-1800, Winchcomb, GLS, ENG **[27039]** : 1850+, Highclere, HAM, ENG **[16783]** : PRE 1700, Redbourn, HRT, ENG **[46445]** : PRE 1800, Meersham, KEN, ENG **[21088]** : 1740+, Wickling, KEN, ENG **[20975]** : Hugh, 1830+, Liverpool, LAN, ENG **[10399]** : Ellis, 1830-1900+, Liverpool, LAN, ENG **[37181]** : Robert, C1780, Liverpool, LAN, ENG **[31003]** : 1800-1830, Manchester, LAN, ENG **[20606]** : PRE 1834, Manchester, LAN, ENG **[99433]** : Catherine, PRE 1794, Walton on the Hill, LAN, ENG **[28907]** : 1800-1875, Warrington, LAN, ENG **[11424]** : Mary, 1856-1924, Warrington, LAN, ENG **[10102]** : 1850+, Islington, LND, ENG **[45227]** : 1800+, Paddington, LND, ENG **[46421]** : Walter, 1860+, LND & MDX, ENG **[26007]** : 1860-1910, Chelsea, MDX, ENG **[46421]** : 1800-50, Limehouse, MDX, ENG **[16980]** : 1750-1860, Stepney, MDX, ENG **[39271]** : Wm Foll, PRE 1830, Greatworth, NTH, ENG **[16010]** : Wm Foll, PRE 1830, Marston St.Lawrence, NTH, ENG **[16010]** : PRE 1850, Oswestry, SAL, ENG **[40822]** : William, PRE 1820, Oswestry & Llanymynech, SAL, ENG **[16233]** : PRE 1820, Hadleigh & Layham, SFK, ENG **[17470]** : C1730-1820, Bishops Hull & Wellington, SOM, ENG **[17532]** : ALL, Frome, SOM, ENG **[46443]** : PRE 1800, Brighton, SSX, ENG **[41979]** : 1780+, Beechingstoke, WIL, ENG **[10399]** : PRE 1825, Beechingstoke, WIL, ENG **[44156]** : 1800+, Trowbridge, WIL, ENG **[46443]** : Eliza, C1844+, WOR, ENG **[34321]** : 1850+, Bromsgrove, WOR, ENG **[37138]** : PRE 1835, Kempsey, WOR, ENG **[41372]** : PRE 1700, Kingswinford, WOR, ENG **[15464]** : 1810-1860, Leeds, WRY, ENG **[44963]** : Thomas, 1806-1883, Broomsberrow, WOR, ENG & AUS **[34321]** : Grace, 1830S, INDIA **[10116]** : 1850-1900, Belgaum, INDIA **[20660]** : PRE 1830, Ulster, IRL **[27667]** : 1780-1830S, COR, IRL **[46300]** : 1800+, Cork, COR, IRL **[13037]** : PRE 1835, Cork, COR, IRL **[32017]** : 1800+, Inch, DOW, IRL **[21431]** : PRE 1900, DRY & ANT, IRL **[19656]** : 1800+, Fieldstone, LOU, IRL **[34261]** : PRE 1865, Rathmolyon, MEA, IRL **[46329]** : 1930+, Christchurch, NZ **[21712]** : 1930+, Wellington & Lower Hutt, WTN, NZ **[21712]** : 1912+, Dundee, ANS, SCT **[46259]** : John, 1780-1839, Cockpen, MLN, SCT **[22248]** : 1690-1994, Berks Co., PA, USA **[25428]** : James, 1600-1800, Bucks Co., PA, USA **[22756]** : 1860, WLS **[41244]** : PRE 1871, Amlwch, AGY, WLS **[30996]** : PRE 1824, Beaumaris, AGY, WLS **[19902]** : 1750-1800, Llanddyfnan, AGY, WLS **[44963]** : 1840+, Llangaffo, AGY, WLS **[42782]** : 1840+, Llangenwein, AGY, WLS **[42782]** : Abigail, 1820-1850, Llangattock, BRE, WLS **[46400]** : William, 1850S, Llangattock, BRE, WLS **[46400]** : 1900+, Llanigon, BRE, WLS **[21463]** : PRE 1880, Bangor, CAE, WLS **[22182]** : William, 1809, Llandygai, CAE, WLS **[38452]** : ALL, Gwnnws, CGN, WLS **[35527]** : PRE 1860, Llanafan, CGN, WLS **[35527]** : 1790+, Tregaron, CGN, WLS **[37156]** : PRE 1850, Glyn Ceiriog, DEN, WLS **[20178]** : Hugh, 1700+, Llangernyw, DEN, WLS **[11159]** : Hugh, 1775+, Llangernyw, DEN, WLS **[99055]** : Robert, C1780, Rhyl, DEN, WLS **[31003]** : 1800S, Maesteg, GLA, WLS **[46437]** : ALL, Merthyr Tydfil, GLA, WLS **[35527]** : ALL, Treorchy, GLA, WLS **[35527]** : PRE 1780, Begelly, PEM, WLS **[46272]** : PRE 1821, Tenby, PEM, WLS **[10280]**

HUGHEY : PRE 1855, Ardaver, TYR, IRL **[12904]** : PRE 1857, Killeter, TYR, IRL **[12904]**

HUGHF : 1618, Staindrop, DUR, ENG **[46483]**

HUGHS : PRE 1800, West Ilsley, BRK, ENG **[27678]**

HUGKULSTONE : 1780+, LND, ENG **[46306]** : 1600-1899, Marylebone, MDX, ENG **[36543]**

HUGKULSTONE (see One Name Section) **[36543]**

HUGLESTON : 1850S, SAL, ENG **[31373]**

HUGO : 1860+, Adelaide, SA, AUS **[36643]** : 1830+, Hobart & Meander, TAS, AUS **[36643]** : 1750+, Lostwithiel & Bodmin, CON, ENG **[36643]**

HUHN : 1924+, Landshut, BAV, GER **[23371]** : PRE 1889, Landshut, BAV, GER **[23371]** : 1750S, OES & GER **[99433]**

HUIJGENS : ALL, Halsteren, Bergen-Op-Zoom, NBT, NL **[42948]**

HULANCE : PRE 1850, Alderton, WIL, ENG **[18657]** : ALL, Alderton & Luckington, WIL, ENG **[46509]**

HULBERT : ALL, Broken Hill, NSW, AUS **[44300]** : 1855+, Nambucca River, NSW, AUS **[11060]** : 1836+, Windsor & Colo, NSW, AUS **[43529]** : 1775-1950, ENG **[45291]** : C1830+, Cheltenham, GLS, ENG **[43529]** : ALL, Kilby, LEI, ENG **[18569]** : Joseph, PRE 1852, Bethnal Green, LND, ENG **[10345]** : C1830+, Shoreditch, LND, ENG **[10345]** : C1818+, Bath, SOM, ENG **[43529]** : PRE 1878, Atworth, WIL, ENG **[14076]** : PRE 1855, Boscombe, WIL, ENG **[11060]** : PRE 1850, Luckington, WIL, ENG **[18657]** : 1885-1925, USA **[45291]**

HULCOOP : 1800+, Greywell & Newnham, HAM, ENG **[36261]** : ALL, Southgate, LND, ENG **[18260]** : ALL, WORLDWIDE **[18260]**

HULET : ALL, WORLDWIDE **[15745]**

HULFORD : 1800-1900, Odiham, HAM, ENG **[28391]**

HULKS : Mary-Ann, 1827+, Sydney, NSW, AUS **[11745]** : Mary-Ann, 1800+, Liverpool, LAN, ENG **[11745]**

HULL : 1800+, DOR, ENG **[26761]** : 1841, Nether Compton, DOR, ENG **[39377]** : PRE 1797, Lamesley, DUR, ENG **[30612]** : William, 1781-1858, Weldon & Northampton, NTH, ENG **[36538]** : Mary, 1750S, Great Wratting, SFK, ENG **[24981]** : 1800S, SRY, ENG **[15286]** : PRE 1825, WIL, ENG **[31349]** : PRE 1900, Christian Malford, WIL, ENG **[41136]** : William, PRE 1700, Lisburn, ANT, IRL **[10114]** : C1812, NY & RI, USA **[22565]**

HULLETT : 1780+, Huntington, HEF, ENG **[42643]**
HULLEY : ALL, Stockport, CHS, ENG **[25073]**
HULME : PRE 1860, London, ENG **[99052]** : PRE 1860, CHS, ENG **[46375]** : PRE 1830, LAN, ENG **[41242]** : PRE 1860, LAN, ENG **[20925]** : Mary E., 1907+, Manchester, LAN, ENG **[39386]** : ALL, Shoreditch, LND, ENG **[20773]** : 1700+, Thursfield & Mowcop, STS, ENG **[34739]** : 1905+, NZ **[20925]** : 1900+, USA **[20925]**
HULSE : 1800S, Melbourne, DBY, ENG **[46437]** : 1788+, Belgrave, LEI, ENG **[42961]** : ALL, Stoke on Trent, STS, ENG **[20587]** : 1800-1850, Stoke upon Trent, STS, ENG **[45800]** : PRE 1850, Swinton, WRY, ENG **[35619]**
HULSTON : 1750+, Birmingham, WAR, ENG **[45690]**
HUMAN : PRE 1700, Solingen, WEF, GER **[40218]** : ALL, RSA **[40218]**
HUMAN (see One Name Section) **[40218]**
HUMBER : Thomas, 1770, Preston, LAN, ENG **[13031]**
HUMBERSTONE : PRE 1820, Eaton Socon, BDF, ENG **[38234]** : 1750+, LIN, ENG **[30065]**
HUMBLE : ALL, DUR, ENG **[24474]** : Elizabeth, 1860+, NBL, ENG **[45573]**
HUMBLEY : 1837+, Sydney & Lismore, NSW, AUS **[13584]** : ALL, HUN, ENG **[13584]**
HUMBY : Harriet, 1843+, South Stoneham, HAM, ENG **[22853]**
HUME : 1830+, NSW, AUS **[41242]** : Parkerpresley, 1900+, Melbourne, VIC & ALL, AUS **[19588]** : PRE 1777, Durham, DUR, ENG **[39856]** : PRE 1840, Greenwich & Hollingbourne, KEN, ENG **[14733]** : C1854, Christchurch, SRY, ENG **[10270]** : 1777, Overton, YKS, ENG **[39856]** : C1817, Edinburgh, MLN, SCT **[35592]** : Peter, C1834, Edinburgh, MLN, SCT **[10270]** : Euphemia, 1829, Leith, MLN, SCT **[42893]** : John, C1800S, North Leith, MLN, SCT **[42893]** : ALL, Portobello & Edinburgh, MLN, SCT **[25073]**
HUMES : 1800+, Chester-le-Street & Stanley, DUR, ENG **[40802]**
HUMFFRAY : 1850+, Ballarat, VIC, AUS **[99600]**
HUMM : ALL, East London, MDX, ENG **[29328]**
HUMMELL : Paul Algernon, 1813+, Nottingham, NTT, ENG **[39179]**
HUMMERSTON : 1850+, Ararat, VIC, AUS **[42919]**
HUMMERSTON (see = Hummerstone), **[18007]**
HUMMERSTONE : PRE 1840, Hertford, HRT, ENG **[18007]** : 1840+, Enfield, MDX, ENG **[18007]**
HUMPHERIES : PRE 1850, Gosberton & Spalding, LIN, ENG **[40529]**
HUMPHREY : ALL, Toongabbie, VIC, AUS & ENG **[42698]** : 1885+, London, ENG **[13034]** : 1800-1900, Houghton Regis, BDF, ENG **[46272]** : 1900-2000, Houghton Regis, BDF, ENG **[46272]** : ALL, DUR & HAM, ENG **[46382]** : 1850+, DUR & NBL, ENG **[33727]** : PRE 1880, Steeple Bumpstead, ESS, ENG **[21149]** : 1870, ESS & LND, ENG **[44292]** : PRE 1850, Biddenden, KEN, ENG **[21741]** : PRE 1900, Norwood Green, MDX, ENG **[21254]** : PRE 1880, Weston by Weedon, NTH, ENG **[25142]** : William, PRE 1850, Epsom, SRY, ENG **[11546]** : Ann, 1750-1814, SRY & MDX, ENG **[29354]** : Joanne, C1576, South Petherton, SOM, ENG & USA **[22796]** : Mary, 1840S, Strabane, TYR, IRL **[37200]** : C1780, Riccarton, AYR, SCT **[25693]**
HUMPHREYS : 1850+, Sydney, NSW, AUS **[46277]** : PRE 1800, Bristol, GLS, ENG **[46348]** : PRE 1800, Wheathampstead, HRT, ENG **[21345]** : PRE 1850, Greenwich, KEN, ENG **[46277]** : 1800-1900, Rochester, KEN, ENG **[12641]** : PRE 1853, Manchester, LAN, ENG **[39042]** : 1880-1890, Chelsea, MDX, ENG **[39338]** : PRE 1780, London, MDX, ENG **[40493]** : 1750-1850, Arnold, NTT, ENG **[34967]** : 1901-1913, Oswestry, SAL, ENG **[39042]** : 1850-1880, SOM, ENG **[39338]** : 185+, Richmond, SRY, ENG **[42647]** : 1840-1900, Budbrooke, WAR, ENG **[39303]** : 1750-1920, Feckenham, WOR, ENG **[97801]** : 1762, WIC, IRL **[10985]** : 1830-1900+, Philadelphia, PA, USA **[10329]** : Dr Edward, 1857-1918, Philadelphia, PA, USA **[10329]** : 1900+, Llandyssul, CGN, WLS **[10329]** : 1850+, Pencader, CMN, WLS **[10329]** : 1800+, MGY, WLS **[10329]** : 1860+, Pennal, MGY & MER, WLS **[24853]**
HUMPHRIES : C1806, Brisbane Waters, NSW, AUS **[10985]** : 1840+, Gunning, NSW, AUS **[41435]** : 1793+, Sydney, NSW, AUS **[31923]** : 1802, Watsons Bay, NSW, AUS **[10985]** : 1860, Smythesdale, VIC, AUS **[99052]** : 1838-1912, Fenny Stratford, BKM, ENG **[38925]** : Thomas, 1838-1912, Crewe, CHS, ENG **[38925]** : Ralph, C1750+, GLS, ENG **[25654]** : PRE 1800, Bibury, GLS, ENG **[46275]** : 1770-1850, Gosport, HAM, ENG **[46306]** : ALL, Ledbury & Stoke Edith, HEF, ENG **[44138]** : PRE 1840, Manchester, LAN, ENG **[28911]** : PRE 1900, LND, ENG **[41150]** : PRE 1840, Twickenham, LND & MDX, ENG **[14351]** : Hannah, 1840S, St.Pancras, MDX, ENG **[10303]** : 1680-1740, Sutton-under-Brailes, WAR, ENG **[39706]** : 1800+, Melksham, WIL, ENG **[34641]** : 1800S, Shrawley, WOR, ENG **[46358]** : PRE 1793, Dublin, IRL **[31923]**
HUMPHRIS : Edmund & Mary, 1800S, OXF, ENG **[39735]** : John, 1784+, Notton & Lacock, WIL, ENG **[31510]**
HUMPHRISS : PRE 1900, Lighthorne, WAR, ENG **[29626]**
HUMPHRY : Jane, C1780, Bocking, ESS, ENG **[27816]**
HUMPHRYES : 1800-1900, Bethnal Green, MDX, ENG **[40996]**
HUMPHRYS : 1880S, Albury & Junee, NSW, AUS **[26246]** : PRE 1867, Penzance, CON, ENG **[14645]** : 1700+, WIL, ENG **[19744]** : Wm, PRE 1820, Dublin, IRL **[37938]** : C1865, Greghill, CAR, IRL **[37938]** : 1798-1800S, Ballyhaise, CAV, IRL **[37938]** : 1799+, Ballyhaise, CAV, IRL **[26246]** : 1800S-1900S, Ballyhaise House, CAV, IRL **[37938]** : PRE 1751, FER, IRL **[37938]** : 1762, WIC, IRL **[10985]** : Anderson, 1880+, CAV, IRL & CAN **[26246]**
HUMPIDGE : C1790, Hartpury, GLS, ENG **[16947]**
HUNDLEBY : 1700-1900, LIN, ENG **[99433]**
HUNGERFORD : PRE 1800, Bristol, GLS, WIL & LND, ENG **[18096]**
HUNN : PRE 1836, Acle, NFK, ENG **[11145]**
HUNNIBAL : PRE 1767, Birdbrook, ESS, ENG **[26253]**
HUNSTAND : Susan, ALL, USA **[45834]**
HUNT : Caroline, 1850+, AUS **[21989]** : 1900+, Kurri Kurri, NSW, AUS **[40792]** : Henry, C1860+, Mudgee, NSW, AUS **[11540]** : 1800S, Parramatta, NSW, AUS **[46437]** : Joseph, 1836, Sydney Lane Cove, NSW, AUS **[11773]** : 1850S, Burra & Kooring, SA, AUS **[11628]** : Mona, 1800+, Campbell Town, TAS, AUS **[25489]** : William, PRE 1889, Hobart, TAS, AUS **[10361]** : 1870+, Geelong, VIC, AUS **[32035]** : Caroline, PRE 1846, ENG **[21989]** : PRE 1800, Little Marlow, BKM, ENG **[37049]** : 1700-1770, Abingdon, BRK, ENG **[12641]** : 1750-1800, Wallingford, BRK, ENG **[12641]** : 1700-1800, Sawston, CAM, ENG **[36292]** : PRE 1875, Budock, CON, ENG **[46251]** : 1880+, Gulval, CON, ENG **[13358]** : 1800S, Denby, DBY, ENG **[46437]** : ALL, DEV, ENG **[98601]** : 1800S, DOR, ENG **[11386]** : William, PRE 1795, DOR, ENG **[39651]** : 1800+, East Orchard, DOR, ENG **[14463]** : William, 1809, Gillingham, DOR, ENG **[44941]** : 1800+, Earls Colne, ESS, ENG **[36292]** : C1815-1840, Alverstoke, HAM, ENG **[46381]** : PRE 1860, Southampton, HAM, ENG **[45489]** : ALL, HRT, ENG **[17094]** : PRE 1800, HRT, ENG **[37116]** : Rebecca, C1800, St.Albans, HRT, ENG **[25747]** : 1800+, HUN & BDF, ENG **[36126]** : Humphrey, 1759-60, KEN, ENG **[99443]** : C1800, KEN, ENG **[13694]** : PRE 1900, KEN, ENG **[27769]** : PRE 1850, Bath, KEN, ENG **[25853]** : Catherine, C1615, Brenchley, KEN, ENG **[31153]** : PRE 1715, Folkestone, KEN, ENG **[36072]** : Francis, C1860+, Kent, KEN, ENG **[99174]** : 1680-1750, Rochester, KEN, ENG **[36552]** : John Mitchell, 1820S+, Woolwich, KEN, ENG **[11628]** : 1700+, LAN, ENG **[46355]** : 1810+,

Manchester, LAN, ENG **[38452]** : PRE 1809, Hathern, LEI, ENG **[42773]** : 1750-1950, Leicester, LEI, ENG **[17162]** : Thos & Ann, 1860+, Leicester, LEI, ENG **[42773]** : ALL, LND, ENG **[31646]** : C1870, Hackney, LND, ENG **[31332]** : Richard, 1800+, London City, LND, ENG **[37044]** : PRE 1850, LND & SRY, ENG **[45186]** : Richard, ALL, Finsbury & St.Lukes, MDX, ENG **[37044]** : PRE 1860, Hoxton & St.Botolph, MDX, ENG **[44040]** : 1860+, Islington, MDX, ENG **[12481]** : Walter, 1830+, London, MDX, ENG **[28232]** : Richard, ALL, St.Pancras, MDX, ENG **[37044]** : PRE 1873, Willesden, MDX, ENG **[44111]** : 1770-1870, NFK, ENG **[28609]** : 1843-1900, Yarmouth, NFK, ENG **[46520]** : 1817+, Fernham, OXF, ENG **[11335]** : 1750+, Shilton, OXF, ENG **[19895]** : PRE 1820, Banwell, SOM, ENG **[30147]** : 1780+, Cameley & Hinton Blewitt, SOM, ENG **[36084]** : Joseph, C1800+, East Quantoxhead, SOM, ENG **[11540]** : 1700+, Hinton Blewett, SOM, ENG **[25884]** : C1813, Langport, SOM, ENG **[36422]** : 1700+, Pitcombe, SOM, ENG **[39377]** : C1824, Somerton, SOM, ENG **[36422]** : PRE 1770, Stone Easton, SOM, ENG **[21916]** : 1800-1880, Wandsworth, SRY, ENG **[37049]** : Walter, 1830+, Brighton, SSX, ENG **[28232]** : 1800S, Petworth, SSX, ENG **[13091]** : PRE 1800, Grinshill, STS, ENG **[20874]** : Rosa Victoria, 1891+, Harborne, STS, ENG **[30560]** : Eleanor Jane, 1871+, Birmingham, WAR, ENG **[30560]** : 1700-1800S, Exhall, WAR, ENG **[46194]** : John, PRE 1856, Stratford on Avon, WAR, ENG **[14120]** : PRE 1850, Stretton on Fosse, WAR, ENG **[14120]** : C1719, Broad Hinton, WIL, ENG **[41443]** : C1814, Shalbourn, WIL, ENG **[99174]** : PRE 1750, Fladbury, WOR, ENG **[31316]** : PRE 1875, Magheraboy & Ballaghaderreen, MAY & ROS, IRL **[21712]** : PRE 1875, SLI, IRL **[21712]** : PRE 1830, Wexford, WEX, IRL **[31904]** : C1900+, Waikaka, Gore & Southland, NZ **[21712]** : 1875-2005, Napier, HBY, NZ **[46251]** : 1800+, USA **[21712]** : C1950, Port Jervis, NY, USA **[22618]**

HUNTER : ALL, Tanja & Bega, NSW, AUS **[11214]** : James, 1870-1900S, Melbourne, VIC, AUS **[14388]** : PRE 1890, ENG **[46463]** : 1750-1800+, Bucks & Little Missenden, BRK, ENG **[45850]** : 1700-1900, Maidenhead, BRK, ENG **[45850]** : C1826, Swallowfield, BRK, ENG **[10985]** : 1750+, Redruth, CON, ENG **[33642]** : Rbt. Haswell, ALL, DUR, ENG **[19865]** : Maryann, C1820, Haswell, DUR, ENG **[19865]** : 1800+, Houghton-le-Spring, DUR, ENG **[46431]** : 1859, Shincliffe, DUR, ENG **[46431]** : Margaret, 1840+, Washington, DUR, ENG **[28269]** : 1750-1870, Durham, DUR & NBL, ENG **[17907]** : 1820, Whitehaven, LND, ENG **[14156]** : C1762, North Walsham, NFK, ENG **[40153]** : PRE 1838, Oswaldkirk, NRY, ENG **[19116]** : C1817, Heddon-on-the-Wall, NTH, ENG **[19392]** : PRE 1837, Coventry & Foleshill, WAR, ENG **[21196]** : C1827, Halifax, WRY, ENG **[14645]** : ALL, CON, ENG & AUS **[11214]** : Thomas, 1890+, Houghton le Spring & Verdun, DUR & ONT, ENG & CAN **[28269]** : William, 1738-1760, ENG & SCT **[30560]** : William, PRE 1760, Happisburgh, NFK, ENG & SCT **[30560]** : Janet, 1800S, IRL **[15640]** : James, C1829, IRL **[10489]** : 1800+, Larne, ANT, IRL **[46403]** : C1770, Groomsport, DOW, IRL **[25693]** : PRE 1852, LDY, IRL **[36742]** : C1820, TYR, IRL **[12163]** : 1800+, Lislaird, TYR, IRL **[12163]** : C1830, Strabane, TYR, IRL **[34543]** : ALL, Coleraine, DRY, IRL & NZ **[17234]** : 1887+, Mount Roskill, AUK, NZ **[13245]** : ALL, SCT **[42688]** : PRE 1860, SCT **[39027]** : 1760+, Ayr, AYR, SCT **[36244]** : C1697, Riccarton, AYR, SCT **[25693]** : William, 1830+, Sorn, AYR, SCT **[30603]** : 1639+, Alloa, CLK, SCT **[34522]** : Thomas M., 1822-1886, Alloa, CLK, SCT **[34522]** : C1850, Dunbarton, DNB, SCT **[22182]** : C1800, Dunfermline, FIF, SCT **[31761]** : C1855, Blairingone & Fossoway, KRS, SCT **[10634]** : 1797-1855, Carmyle, LKS, SCT **[31720]** : 1869-1907, Wishaw, LKS, SCT **[33867]** : 1830+, Greenock, RFW, SCT **[46221]** : C1800-1840, Galashiels, SEL, SCT **[28420]** : James, 1820+, Greenock, RFW, SCT & AUS **[45154]** : 1700-1760, FIF, SCT & ENG **[45850]** : John, 1715-60, VA, USA **[39368]** : John, 1715-60, JAMAICA, W.INDIES **[39368]**

HUNTINGFORD : PRE 1880, SRY, ENG **[32040]**
HUNTINGFORD (see One Name Section) [37070]
HUNTINGTON : 1740-1900, Holme Cultram, CUL, ENG **[36127]** : 1680-1750, Thursby, CUL, ENG **[36127]** : 1818-1862, Wigton, CUL, ENG **[36127]** : 1790-1870, Garstang, LAN, ENG **[30071]**
HUNTLEY : 1850-1900, East Bolden, DUR, ENG **[46503]** : Robert, 1800S, Greenwich, LND, ENG **[46163]** : PRE 1900, SSX, ENG **[40683]** : ALL, Etchingham, SSX, ENG **[12182]** : 1700-1800, Horsham, SSX, ENG **[15464]** : 1700+, Robertsbridge, SSX, ENG **[11629]**
HUNWICK : 1930S, Portland, OR, USA **[38826]**
HURD : PRE 1860, Frome & Shepton Mallet, SOM, ENG **[45036]**
HURDLESTONE : PRE 1760, Wallingham, NFK, ENG **[39515]**
HURFORD : 1600+, DEV, ENG **[12819]** : 1600+, Upottery & Luppitt, DEV, ENG **[45690]** : 1850+, Bristol, GLS, ENG **[45690]** : John, 1720, Ilminster, SOM, ENG **[26817]** : ALL, WORLDWIDE **[12819]**
HURKETT : Thomas, 1840+, Enford, WIL, ENG **[46330]** : ALL, Enford, WIL, ENG **[46330]**
HURLBURT : PRE 1900, USA **[22725]**
HURLE : 1700-1900, Greenwich, KEN, ENG **[27471]** : 1850-1920, Shoreditch, MDX, ENG **[27471]**
HURLESTONE : 1690+, Tanworth, WAR, ENG **[10985]**
HURLEY : C1850, London, ENG **[43529]** : 1765+, Luffitt, DEV, ENG **[12574]** : 1750-1800, Stogursey, SOM, ENG **[17203]** : 1800+, Doonbeg, CLA, IRL **[36664]** : Thomas, C1810, WEM, IRL **[10035]**
HURLIN : ALL, WORLDWIDE **[22207]**
HURLING : ALL, WORLDWIDE **[22207]**
HURLSTONE : 1857+, Tylden, Kyabram & Collingwood, VIC, AUS **[11877]** : PRE 1857, Melbury Osmond, SOM, ENG **[11877]**
HURNE : PRE 1800, Westbury-on-Severn, GLS, ENG **[45176]**
HURRELL : 1820S, Petworth, ESS, ENG **[11870]** : 1750-1850, Lawshall, SFK, ENG **[46409]** : PRE 1815, Wattisfield, SFK, ENG **[42969]**
HURREN : James, 1860S, Erin Twp, ONT, CAN **[31476]** : 1500-1900, SFK & KEN, ENG **[17480]**
HURREY : 1750+, Spalding, LIN, ENG **[12574]**
HURRY : 1851+, LND, ENG **[42755]** : 1788-1851, Ditchingham, NFK, ENG **[42755]** : 1824-1851, Norwich, NFK, ENG **[42755]**
HURST : 1818+, Hawkesbury, NSW, AUS **[11628]** : Rachel, 1854+, Hobart, TAS, AUS **[10361]** : Benjamin, PRE 1854, Hobart, TAS, AUS **[10361]** : 1860+, Toronto, ONT, CAN **[16167]** : Charles Wm., PRE 1890, Toronto, ONT, CAN **[15485]** : Charles Wm, 1860S, ENG **[15485]** : 1500+, Leckhampstead, BKM, ENG **[34641]** : ALL, BKM, OXF & MDX, ENG **[25749]** : PRE 1800, DOR, ENG **[19259]** : 1790+, Broughton, HAM, ENG **[46250]** : 1800-1900, New Forest, HAM, ENG **[19859]** : PRE 1820, Sankey, LAN, ENG **[29854]** : 1860+, Warrington, LAN, ENG **[29854]** : 1800-1824, Wigan, LAN, ENG **[12641]** : 1700+, Gainsborough & Haxey, LIN, ENG **[42761]** : 1870-1930, St.George in East, LND, ENG **[19859]** : 1750-1850, Godalming, SRY, ENG **[31967]** : PRE 1880, Fenton & Cheadle, STS, ENG **[45879]** : ALL, Iow, HAM, GLA & MON, ENG & WLS **[19766]** : 1800+, Drumurray, FER, IRL **[45030]** : Hannah, C1850, OH, USA **[16947]** : George, 1810-1820, Adams Co., PA, USA **[16947]** : Hannah, C1820-1850, Adams Co., PA, USA **[16947]** : 1850, Lancaster Co., PA, USA **[23319]**
HURSTFIELD : Randle, 1848, Ararat, VIC, AUS **[27740]** : Randle, PRE 1848, Stockport, CHS, ENG **[27740]**
HURT : 1800-1900, Stoke Newington, MDX, ENG

[20416] : 1674, Eakring, NTT, ENG [30714] : 1800, Sutton in Ashfield, NTT, ENG [18783] : Mary, PRE 1750, Sheffield, WRY, ENG [16233] : ALL, WORLD-WIDE [18783]

HURT (see One Name Section) [30714]

HURTUBISE : Augustin, 1880+, Outaouais, Pontiac, Otter Lake, ONT & QUE, CAN [16123] : Elzear, 1880+, Outaouais, Pontiac, Otter Lake, ONT & QUE, CAN [16123] : Elzear, 1880+, Outaouais, Pontiac, Otter Lake, ONT & QUE, CAN [16123]

HURWITZ : 1880+, London, ENG [46404]

HUSBAND : 1860S, Lancaster, LAN, ENG [14880] : 1780+, Cupar & St.Andrews, FIF, SCT [14880] : PRE 1850, Leuchars, FIF, SCT [44296] : PRE 1860, Vere & Manchester, JAMAICA, W.INDIES [12298]

HUSCROFT : ALL, YKS, ENG [38259]

HUSE : PRE 1800, Appleford, BRK, ENG [27678] : 1600-1800, Wootton Bassett, WIL, ENG [33347]

HUSFELT : PRE 1900, SHO, BRD [17134] : PRE 1900, DEN [17134]

HUSK : ALL, ENG [17553] : PRE 1820, Boxted, SFK, ENG [17553]

HUSON : 1780-1810, HAM, ENG [17191]

HUSS : ALL, Hindon, WIL, ENG [46462]

HUSSEY : Oliver, 1880S, Charters Towers, QLD, AUS [39186] : ALL, BRK, ENG [21312] : PRE 1880, Kingsclere, HAM, ENG [39186] : 1750-1850, Manchester, LAN, ENG [18606] : 1790-1850, Madeley, SAL, ENG [17449] : Daniel, PRE 1850, SRY, ENG [25046] : 1800+, Knockarridane, KER, IRL [36261]

HUST : 1750-1850, Stratford, ESS, ENG [18861]

HUSTED : 1830-1910, Clark Co., OH, USA [26149]

HUSTEDT : 1730+, Oiste, HAN, GER [14627]

HUSTLER : 1700+, Rodley, WRY, ENG [42913]

HUSTON : Elizabeth, C1806, Sorel, QUE, CAN [25455] : PRE 1850, Clough, DOW, NIR [17234] : Elizabeth, C1806, MOG, IRL [25455]

HUTCH : PRE 1920, Ilkeston, DBY, ENG [39873] : PRE 1920, Nottingham, NTT, ENG [39873]

HUTCHENS : C1760, Nutley & Chilton Candover, HAM, ENG [46457] : PRE 1762, Crewkerne, SOM, ENG [36200]

HUTCHEON : ALL, BAN, ABD & MLN, SCT [26493] : 1760S+, Laurencekirk & Marykirk, KCD, SCT [10399]

HUTCHESON : ALL, VIC, AUS [26493] : 1785+, ENG [13315] : PRE 1900, BAN, SCT [25992] : ALL, BAN, ABD & MLN, SCT [26493] : Janet, 1800, Tulliallan, PER, SCT [10883] : PRE 1880, Paisley, RFW, SCT [43934]

HUTCHFIELD : 1956+, QUE, CAN [46465] : PRE 1800, SOM, ENG [46465] : PRE 1806, Wheathill, SOM, ENG [46465] : PRE 1750, WLS [46465]

HUTCHIN : 1773-1808, Hackney, MDX, ENG [10399] : 1775-1820, Hornsey, MDX, ENG [10399] : C1860, Norwich & Bungay, NFK, ENG [46445]

HUTCHINGS : 1860S, Bankstown, NSW, AUS [27701] : 1790+, Alphington & Ipplepen, DEV, ENG [19727] : Robert, PRE 1790, Dartmouth & All, DEV, ENG [19727] : 1817+, Lydford, DEV, ENG [11152] : 1700+, Moreton Hampstead & Ipplepen, DEV, ENG [19727] : 1754, Newton St.Cyres, DEV, ENG [46356] : C1840, Smallridge & Axminster, DEV, ENG [45388] : 1800+, Winchester, HAM, ENG [46190] : 1800+, St.James, Westminster, MDX, ENG [43678] : 1800S, Chichester, SSX, ENG [27701]

HUTCHINS : C1800, ENG [46327] : Elizabeth, 1800S, Oakley, BKM, ENG [11034] : 1700-1800, Thatcham, BRK, ENG [39271] : PRE 1680, Ottery St.Mary, DEV, ENG [10493] : 1660-1800, Bere Regis, DOR, ENG [19713] : PRE 1730, ESS, ENG [33664] : 1850S, Hagerstone, LND, ENG [27435] : Charlotte, 1835+, Poplar, LND, ENG [34215] : 1800S, Kensington, LND & MDX, ENG [45665] : PRE 1881, Marylebone, MDX, ENG [41136] : 1700S, Northampton, NTH, ENG

[17548] : PRE 1780, Chiddingfold, SRY, ENG [36246] : ALL, Devizes, WIL, ENG [46509]

HUTCHINSON : Mary Ann, 1860+, Bathurst, NSW, AUS [10647] : 1840+, Menindee & Broken Hill, NSW, AUS [45699] : C1840, Yass, NSW, AUS [11661] : 1872-1963, Charters Towers, QLD, AUS [13591] : 1870+, Darling Downs, QLD, AUS [45078] : 1881, Euphrasia Twp, ONT, CAN [15221] : Alice, PRE 1752, Doddington, CAM, ENG [14290] : PRE 1820, Alston, CUL, ENG [17921] : 1774-C1810, Whitton, DUR, ENG [11270] : PRE 1800, Hunmanby, ERY, ENG [22227] : PRE 1860, Canterbury, KEN, ENG [39416] : PRE 1850, Chillenden, KEN, ENG [39416] : PRE 1800, Dover, KEN, ENG [39416] : PRE 1905, Hawkhurst, KEN, ENG [39416] : 1850-1865, Petham, KEN, ENG [39416] : Mary, C1735, Strood near Rochester, KEN, ENG [17005] : PRE 1800, Blackburn, LAN, ENG [41089] : ALL, Charnock Richard, LAN, ENG [13377] : PRE 1780, Belton, LEI, ENG [30678] : 1840S-1860S, Tottenham & Lambeth, LND, ENG [12039] : 1800S, Islington, LND & MDX, ENG [45665] : 1800S, West London, LND & MDX, ENG [45665] : Saml & Sarah, 1830+, London, MDX, ENG [45078] : 1650-1800, Corbridge, NBL, ENG [10383] : PRE 1700, Corbridge, NBL, ENG [17626] : 1700-1865, Helwith, NRY, ENG [13591] : 1700+, Telfit & Skelton, NRY, ENG [13591] : 1744, Nottingham, NTT, ENG [28092] : 1865-1895, Northiam, SSX, ENG [39416] : 1860-1861, Rye, SSX, ENG [39416] : 1880-1960, St.Leonards, SSX, ENG [39416] : 1822-1872, Wergs & Wolverhampton, STS, ENG [41109] : 1852, Yoxall, STS, ENG [13377] : Mary, 1800+, Staveley, WES, ENG [39516] : C1675, Haworth, WRY, ENG [30310] : 1840+, Sheffield, WRY, ENG [45699] : 1660-1850, Wakefield, WRY, ENG [11270] : PRE 1843, Handsworth, YKS, ENG [46429] : John, 1716-1795, Hunderthwite, YKS, ENG [41349] : John, 1716-1795, Romaldkirk, YKS, ENG [41349] : 1792-1812, IRL [41109] : 1750-1840, Ballymena, ANT, IRL [11661] : 1800+, KID, IRL & AUS [10647] : ALL, SCT [46218] : Thomas, PRE 1800, Tulliallan, PER, SCT [99174] : ALL, UK, USA & CAN [43613] : PRE 1885, Galvaston, TX, USA [39416]

HUTCHISON : Thelma, 1891, NSW, AUS [34947] : 1870+, Hillston, NSW, AUS [11284] : ALL, VIC, AUS [26493] : 1840-1870, Streatham, VIC, AUS [11284] : 1800-1900, St.Pancras, London, ENG [13546] : 1830-1891, Exeter, DEV, ENG [16677] : PRE 1840, TIP, IRL [11284] : Jean, C1806, Fraserburgh & Tyrie, ABD, SCT [22224] : PRE 1830, Peterhead, ABD, SCT [46163] : 1800-1830, St.Vigeans, Arbroath, ANS, SCT [46458] : ALL, BAN, ABD & MLN, SCT [26493] : 1797+, Inverkeithing, FIF, SCT [99174] : 1750-1910, Edinburgh & Penicuik, MLN, SCT [13546] : William, 1791+, Kirkwall, OKI, SCT [26870] : 1820-1840, Longforgan, PER, SCT [46458] : 1700-1850, RFW, SCT [46425]

HUTH : 1860+, QLD, AUS [45087] : PRE 1860, BRA, GER [45087] : 1800+, KSA & PRE, GER [15845] : 1870+, USA [15845]

HUTIN : ALL, WORLDWIDE [20824]

HUTSBY : C1810, Plymouth, DEV, ENG [25930]

HUTSON : 1750+, Bromley, KEN, ENG [11062]

HUTT : 1750-1870, Kingston Bagpuze & Abingdon, BRK, ENG [30071] : PRE 1800, OXF, ENG [38968] : 1600-1900, Oxford, OXF, ENG [26831] : ALL, Whitchurch Hill & Reading, OXF & BRK, ENG [41146] : 1854+, FIF, SCT [21114]

HUTTNER : 1622-1889, Steinbach, BAV, GER [24252]

HUTTON : 1880+, Newcastle, NSW, AUS [33491] : PRE 1908, Sydney, NSW, AUS [46249] : 1700-1830, Penrith, CUL, ENG [46425] : 1700-1800, Copford, ESS, ENG [28513] : Margery, C1780, Liverpool, LAN, ENG [31003] : 1850S, Stockport, LAN, ENG [39573] : 1900+, LEI & GLS, ENG [37267] : 1670-1720, Great Steeping, LIN, ENG [29715] : 1700-1800, Toynton, LIN, ENG [29715] : Matilda, 1820S, MDX, ENG [39698] : PRE 1800, Guisborough, NRY, ENG [46423] :

1780-1850, Roxby, NRY, ENG [17907] : 1760+, Oxford, OXF, ENG [36569] : PRE 1800, BEW, SCT [19270] : Wm Hardy, PRE 1850, Dunfermline, FIF, SCT [99600] : 1730-1775, Wemyss, FIF, SCT [24567] : PRE 1745, Edinburgh, MLN, SCT [19270] : PRE 1870, Edinburgh, MLN, SCT [33491]
HUULEGAARD : PRE 1700, Rorup, DEN [34837]
HUXHAM : C1860, Birkenhead, CHS, ENG [13004]
HUXTABLE : ALL, DEV, ENG [41590] : 1550+, Bratton Fleming & Challacombe, DEV, ENG [17532] : 1600+, Charles, DEV, ENG [17532] : ALL, Kings Nympton, DEV, ENG [12182] : ALL, North & South Molton, DEV, ENG [40472] : ALL, Warkleigh, DEV, ENG [12182] : ALL, Bristol & Adelaide, DEV & SA, ENG & AUS [38546]
HUYGENS : PRE 1870, BBT, BEL [17184] : ALL, Brussels, BBT, BEL [42948] : ALL, London, ENG [42948] : ALL, Bristol, GLS, ENG [42948] : ALL, Halsteren, Bergen-Op-Zoom, NBT, NL [42948]
HYAM : Juliet, 1880S, Pimlico, MDX, ENG [11344] : Juliet, 1830S, St.Giles, MDX, ENG [11344] : Sophia, 1850S, St.Giles, MDX, ENG [11344]
HYAMS : 1740-1890S, East London, MDX, ENG [39745]
HYATT : Thomas Joseph, ALL, ENG [28096] : Henry, ALL, ENG [28096] : Elizabeth, ALL, ENG [28096] : 1910, Leytonstone, ESS, ENG [17704] : 1800+, MDX & LND, ENG [28096] : 1850S, NC, USA [26785]
HYDE : PRE 1900, Bombala, NSW, AUS [31676] : PRE 1776+, Sydney, NSW, AUS [28006] : PRE 1776, ENG [28006] : 1750-1850, London, ENG [30137] : Joseph, PRE 1840, CHS, ENG [31676] : 1780-1880, Nantwich, CHS, ENG [13546] : 1600-1800, CHS, DBY & LEI, ENG [43877] : 1100-1800, CHS, DBY & SAL, ENG [43877] : PRE 1870, Bishops Cleeve, GLS, ENG [39564] : 1820-1940, Manchester, LAN, ENG [13546] : PRE 1900, Clapham, LND, ENG [19345] : PRE 1810, Chertsey, SRY, ENG [37200] : C1800-1920, Birmingham, WAR, ENG [41208] : 1100-1800, WIL, ENG [43877] : Lucretia, 1600, WIL, ENG [21079] : 1840-1900S, Evesham & Birmingham, WOR & WAR, ENG [46258] : Anthony, Sheffield, YKS, ENG [37617] : C1868, ARM, IRL [99118]
HYETT : Ann, 1700, Westbury-on-Severn, GLS, ENG [14627] : 1800S, Claines, WOR, ENG [37542] : 1675+, Crowcombe & Stogumber, SOM, ENG & AUS [12413]
HYLAND : ALL, ENG & AUS [46317] : 1840-99, Birmingham, WAR, ENG & IRL [46194]
HYLES : PRE 1800, HEF & SAL, ENG [43677]
HYMAN : PRE 1900, London, ENG [19854]
HYMAS : 1750S, Castle Camps, CAM, ENG [39573] : 1834, Southend, ESS, ENG [27780]
HYNDMAN : 1830-1940S, NSW, AUS [45360] : 1870-1920, Hong Kong, CHINA [45360] : 1850-1900, Macau, CHINA [45360] : 1880-1930, Shanghai, CHINA [45360] : 1750-2000, Maghera, DRY, IRL [20703] : 1920-50S, Manila, PHILIPPINES [45360] : 1920-40, Alberquerque, NM, USA [45360]
HYNE : 1650-1750, Slapton, DEV, ENG [21349]
HYNES : ALL, QLD, AUS [33816] : 1886+, Arichat, NS, CAN [46368] : 1750-1950, Kings Lynn & Exeter, NFK & DEV, ENG [46408] : George, 1848, CLA, IRL [33085] : 1850S, Kinvarragh, GAL, IRL & AUS [45357]
HYSLOP : ALL, Gosport & Iow, HAM, ENG [21046] : ALL, Sanquhar, DFS, SCT [20587] : PRE 1800, Cowdenbeath, FIF, SCT [36819] : 1790S, Lesmahagow, LKS, SCT [14536]
I'ANSON : ALL, YKS, ENG [39565]
IASON : 1800S, Stanner, NFK, ENG [10610]
IBBESON : 1800+, Barnsley, YKS, ENG [10775]
IBBETT : ALL, WORLDWIDE [37049]
IBBOTSON : 1818+, Sydney, NSW, AUS [40781] : 1700-1800, Aysgarth, NRY, ENG [13833] : 1760+, Bradfield, WRY, ENG [12641] : PRE 1800, Cracoe, WRY, ENG [25688] : PRE 1810, Rotherham, WRY, ENG [46439] :

1700+, Skipton, WRY, ENG [42699] : PRE 1818, YKS, ENG [40781]
IBBOTT : 1830S+, Bothwell, TAS, AUS [41430] : Joseph, 1843+, Torquay, DEV, ENG [34315] : Mary, 1809, St.Helens, YKS, ENG [34315]
IBBOTTSON : 1806, Rylstone, WRY, ENG [11386]
IBERSON : PRE 1840, Wincobank, WRY, ENG [44078]
ICK : ALL, SAL, ENG [46400]
IDDON : 1850+, Barrow in Furness, LAN, ENG [17403] : 1800, Tarleton, LAN, ENG [17403]
IDEN : 1810+, Rochester, KEN, ENG [18376]
IDIENS : PRE 1800, Trysull, STS, ENG [18018]
IFOULD : ALL, DOR, HAM & SSX, ENG [42641]
IGGLESDEN : ALL, Medway & Lenham, KEN, ENG [41146]
IGGULDEN : 1768-1793, Deal, KEN, ENG [36841] : 1836-1873, Siberswold, KEN, ENG [36841] : 1877+, Buffalo, NY, USA [36841]
IGOE : 1860-1880, Castlemaine, VIC, AUS [31709] : Annie Mary, 1848, LOG, IRL [20825] : PRE 1850, LOG, IRL [20825] : 1840, Ballymahon, LOG, IRL [31709] : 1800-1840, Longford, LOG, IRL [20825]
IKIN : 1800+, Sydney, NSW, AUS [44202] : PRE 1807, Sydney, NSW, AUS [37847] : PRE 1875, CHS, ENG [34906] : PRE 1800, Wellington, SAL, ENG [19818] : 1750+, Whitchurch, SAL, ENG [44202]
ILACK : Jane, 1700-1800, CON, ENG [21079]
ILES : 1820-1840, Frocester & Gloucester, GLS, ENG [14627] : 1750-1850, Lechlade, GLS, ENG [32042] : 1800+, WIL, ENG [27219] : Mary, C1800, Purton, WIL, ENG [14627]
ILIFF : 1768+, Stretton Parva, LEI, ENG [46116]
ILIFFE : Edward, 1857+, (Per John Bunyan), NSW, AUS [10998] : 1700-1850, Kibworth, LEI, ENG [10998] : Edward, 1856+, Kibworth, LEI, ENG [10998] : 1664+, Kibworth Beauchamp, LEI, ENG [21207] : ALL, Little Bowden, NTH, ENG [45795]
ILLEDGE : PRE 1870, Wolverhampton, STS, ENG [19064]
ILLIDGE : PRE 1850, London, ENG [13655]
ILLINGWORTH : Alfred, 1800+, LND, ENG [17687] : 1750-1850, Idle, WRY, ENG [33347]
ILLMAN : 1840S, Tandridge, SRY, ENG [14306]
ILLSLEY : PRE 1900, BKM & BRK, ENG [17720] : PRE 1900, Bray, BRK, ENG [35561]
ILSLEY : 1870+, VIC, AUS [33727] : 1890S, HAM, ENG [17027] : 1820-1920, Bermondsey, LND, ENG [46494]
IMHOFF : Daniel, 1864+, Geelong, VIC, AUS [46263] : Elizabeth, 1818, Munchhausen, HES, GER [29479]
IMIG : PRE 1700, RPF, BRD [20178]
IMLAH : 1750-1850, Mortlach, BAN & ABD, SCT [20770]
IMMS : 1700S, Ringmer, SSX, ENG [13731]
IMPEY : PRE 1800, BDF, ENG [17523]
IMRIE : ALL, TAS, AUS [28140] : ALL, Kirkcaldy, FIF, SCT [16111] : 1800, Collace, PER, SCT [25529] : 1840S, Crieff, PER, SCT [13091] : 1800-1900, Perth, PER, SCT [46252] : John Barton, C1857+, Columbus, OH, USA [30985]
INALL : 1800S, Launceston, TAS, AUS [14948] : PRE 1830, London, ENG [14948]
INCE : PRE 1781, Wantage, BRK, ENG [43840] : C1833, Sankey, LAN, ENG [31689] : Joseph, 1773+, Stepney, LND, ENG [11055] : 1800+, Bromsgrove, WOR, ENG [38349] : 1800S, Bromsgrove, WOR, ENG [42718]
INCH : Sarah Jane, 1800+, Melbourne, VIC, AUS [33533] : Charles, 1860+, Mortlake & Warrnambool, VIC, AUS [33533] : PRE 1860, Glemsford, SFK, ENG [39642] : Henry, 1800+, Hamford, Warrnambool & Mortlake, ESS & VIC, ENG & AUS [33533] : Sarah Jane, 1800+, Mortlake & Warrnambool, ESS & VIC, ENG & AUS [33533] : William, 1800+, Clare, SFK,

ENG & AUS [33533] : James, 1800+, Clare, Warrnambool & Mortlake, SFK & VIC, ENG & AUS [33533] : Hugh, PRE 1900, SCT [25602]
IND : ALL, ENG [18260]
INETT : ALL, WORLDWIDE [41271]
INFIELD : PRE 1600, SSX, ENG [36543]
INFUSINI : 1800-1920, Martone, CALABRIA, ITL [11661]
ING : William, 1855+, Euroa, VIC, AUS [12884] : PRE 1855, KEN, ENG [12884] : C1840, Hackney, MDX, ENG [31375]
INGE : ALL, KEN, ENG [19806]
INGERSOLE : 1880+, Bathurst, NSW, AUS [11716] : ALL, Brentwood, ESS, ENG [46282]
INGERSOLL : 1754+, Sussex Co., NJ, USA [23872]
INGERSON : 1700-1800, Nymet Tracey, DEV, ENG [43853]
INGERSTON : 1930+, Wellington & Lower Hutt, WTN, NZ [21712]
INGGS : 1700, Downton, WIL, ENG [40499]
INGHAM : 1870+, Gympie, QLD, AUS [36768] : 1700S, Bury & Newchurch, LAN, ENG [28060] : ALL, Liverpool, LAN, ENG [17294] : 1700-1850, Wigan, LAN, ENG [17535] : 1830+, Thirsk, NRY, ENG [36768] : 1800+, Nottingham, NTT, ENG [10947] : Matthew, PRE 1800, Halifax & Salterhebble, WRY, ENG [37445] : PRE 1900, Hartshead & District, WRY, ENG [29447] : PRE 1880, Wrexham, DEN, WLS [17309]
INGLE : 1850+, Cessnock & Pokolbin, NSW, AUS [46249] : 1912-1924, Randwick & Waverley, NSW, AUS [11270] : C1911-1918, Redfern, NSW, AUS [11270] : PRE 1830, London, ENG [39506] : PRE 1849, Eaton Socon, BDF, ENG [46249] : PRE 1830, MDX, ENG [39506] : 1825-1915, Sheffield, WRY, ENG [11270] : 1905-1912, New Town, WGTN, NZ [11270]
INGLEDEW : 1650-1850, Auckland St.Andrew, DUR, ENG [45636] : 1800-1930, Gateshead, DUR, ENG [45636] : 1650-1850, Middleton St.George, DUR, ENG [45636] : 1700-1900, Newcastle upon Tyne, NBL, ENG [45636] : 1700-1850, Stokesley, NRY, ENG [45636] : 1850-1925, Yarm, NRY, ENG [45636]
INGLEFIELD : 1800-1890, Woodchurch, CHS, ENG [17245]
INGLEFINGER : PRE 1852, Dahenfeld, WUE, GER [12974] : PRE 1850, Erlenbach, WUE, GER [12974]
INGLES : PRE 1900, ENG [46350] : 1750+, ANS, SCT [41244] : 1700S, Crawford, LKS, SCT [40257]
INGLETON : 1800+, Smarden, Canterbury & Sturry, KEN, ENG [30855]
INGLEY : ALL, WOR & STS, ENG [41582]
INGLIS : PRE 1900, ENG [46350] : 1840+, Lochlee, ANS, SCT [10785] : 1750-1800, Banff, BAN, SCT [13326] : PRE 1850, FIF, SCT [46164] : 1800+, Dunfermline, FIF, SCT [29954] : ALL, LKS, SCT [42641] : 1700S, Crawford, LKS, SCT [40257] : C1845, Weisdale, SHI, SCT [10785]
INGRAHAM : ALL, IRL [29570]
INGRAIN : C1840, Mold, FLN, WLS [28164]
INGRAM : 1850-1900, Durham Co., ONT, CAN [43967] : PRE 1600, Quainton, BKM, ENG [26366] : PRE 1800, CON, ENG [31186] : PRE 1747, Whalton, DUR, ENG [26366] : PRE 1825, Portsmouth, HAM, ENG [21161] : 1799-1807, North Fleet, KEN, ENG [27719] : 1750-1820, Staplehurst, KEN, ENG [20949] : Owen Skinner, C1777, Strood, KEN, ENG [27719] : 1882, Old St.Pancras, MDX, ENG [35025] : 1811+, Poplar, MDX, ENG [27719] : 1750-1800, Uxbridge, MDX, ENG [26382] : 1800-1850, Newcastle-upon-Tyne, NBL, ENG [26382] : PRE 1870, Tipton, STS, ENG [38728] : PRE 1725, Ryton on Dunsmore, WAR, ENG [41372] : PRE 1870, Portsea, HAM, ENG & NZ [21161] : 1700S+, IRL [31886] : 1750-1850, Aberdeen, ABD, SCT [26382] : PRE 1834, Foveran, ABD, SCT [44175] : 1700S, VA, USA [24168] : ALL, WORLDWIDE [31886]

INGRAMS : ALL, Kemsing, KEN, ENG [43842]
INGREY : 1860S+, AUS [10330] : ALL, BDF & HRT, ENG [10330] : ALL, KEN & CAM, ENG [10330] : ALL, USA [10330] : ALL, WORLDWIDE [10330]
INGS : 1851-1861, Melbourne, VIC, AUS [21183] : 1800, Fordingbridge, HAM, ENG [40499] : PRE 1850, Brewham & Penselwood, SOM, ENG [45679] : PRE 1851, Wincanton, SOM, ENG [21183] : 1861+, Dunedin, NZ [21183]
INHAM : ALL, ENG [11092]
INMAN : 1880+, Sydney, NSW, AUS [10790] : Ann, C1640, DUR, ENG [10035] : ALL, Ashford, KEN, ENG [10790] : PRE 1859, Bradford, YKS, ENG [36819] : PRE 1850, Selby, Brayton & Grinton, YKS, ENG [32035]
INNES : William, 1800+, Parramatta, NSW, AUS [44689] : Mary, 1809+, Yass, NSW, AUS [45127] : 1700+, Simcoe, ONT & MOR, CAN & SCT [15740] : PRE 1870, Carlisle, CUL, ENG [46505] : ALL, Farlam, CUL, ENG [46505] : 1800S, Newcastle, NBL, ENG [46193] : William, 1769+, LND, ENG & IRL [44689] : Janet, 1880-1910, Glasgow, SCT [16176] : ALL, Leith, SCT [36847] : Elizabeth, PRE 1798, Tyrie & Fraserburgh, ABD, SCT [22224] : C1820, Aberlour, BAN, SCT [22014] : 1750-1800, Banff, BAN, SCT [13326] : PRE 1730, MLN & ELN, SCT [35297] : PRE 1820, Elgin, MOR, SCT [15476]
INNIS : C1800, Edinburgh, MLN, SCT [10350]
INNOCENT : C1750, Alfreton, DBY, ENG [10350]
INSCH : Hugh, PRE 1900, SCT [25602] : PRE 1841, Cruden, ABD, SCT [25602]
INSKIP : 1840, Bengo, HRT, ENG [99433] : 1600+, BDF & NSW, ENG & AUS [29786]
INSKOE : 1750+, Wolverhampton, STS, ENG [18501]
INSLEY : 1841, Sutton Coldfield, WAR, ENG [25878]
INSULL : 1700+, Tanworth, WAR, ENG [10985]
INVERARITY : 1600, WORLDWIDE [13437]
INWOOD : 1816, NSW, AUS [31877] : 1800-1850, Alton, HAM, ENG [21034] : 1500-1600, Medstead, HAM, ENG [17907] : PRE 1850, St.Dunstan, LND, ENG [46476] : 1850+, Christchurch, CBY, NZ [46476]
ION : ALL, Kendal, WES, ENG [99598]
IRDALE : PRE 1840, Huddersfield, WRY, ENG [42974]
IREDALE : 1700S, Leighton Buzzard, BDF, ENG [38833] : 1800+, Woburn, BDF, ENG [31319] : PRE 1840, Huddersfield, WRY, ENG [42974] : 1664+, Huddersfield & Elland, WRY, ENG [39307] : ALL, YKS, ENG & AUS [18325]
IRELAND : PRE 1820, CUL, ENG [15929] : 1720-1800, Lazonby, CUL, ENG [36127] : Mary, C1831, Painswick, GLS, ENG [30645] : ALL, Croyland, LIN, ENG [28802] : Curtis, 1767, Market Deeping, LIN, ENG [28802] : ALL, MDX, ENG [24980] : Wm Montague, 1889, London, MDX, ENG [28802] : PRE 1750, Castor & Maxey, NTH, ENG [41477] : 1850S, Milton, OXF, ENG [21131] : 1790-1850, Ripon & North Allerton, WRY & NRY, ENG [42974] : Frances, 1850+, Skerne, YKS, ENG [34249] : PRE 1860, HRT, ENG & AUS [14045] : ALL, ANS, SCT [18521] : 1809+, Dundee, ANS, SCT [21854] : 1760-1800, Ferryport-on-Tay, FIF, SCT [11425] : 1600+, St.Monance, FIF, SCT [21854] : PRE 1840, Balmaghie, KKD, SCT [38683] : 1600+, Murthly, PER, SCT [21854] : 1900+, De Kalb, USA [17514] : Isaac, 1774-1855, Albany, NY, USA [37619]
IRETON : ALL, ENG [23638] : ALL, IRL [23638] : ALL, USA [23638]
IRETON (see One Name Section) [23638]
IRISH : John, PRE 1800, West Country, ENG [26439] : ALL, Hinton St.George, SOM, ENG [46391]
IRLAM : 1660-1730S, Bowdon, CHS, ENG [11062] : PRE 1825, Manchester, LAN, ENG [11062]
IRLAND : Lily, 1800+, Gippsland & Melbourne, VIC & DEV, AUS & ENG [33533]
IRONMONGER : C1685, Aylesbury, BKM, ENG

[33642] : Richard, 1700+, DBY, ENG [17087] : 1790+, Shoreditch, MDX, ENG [11870]

IRONS : 1845+, Currency Creek, SA, AUS [12786] : 1870+, Nhill, VIC, AUS [12786] : PRE 1750, Cranfield, BDF, ENG [33428] : 1740+, Littleport, CAM, ENG [12786] : 1700+, Maidford, NTH, ENG [99475] : Thomas, 1800S, Kellswater, ANT, IRL [15785]

IRONSIDE : James, 1800+, Ashogle & Turriff, ABD, SCT [16439] : 1860+, Laurencekirk, ABD, SCT [16167] : 1700+, New Deer, ABD, SCT [16167]

IRVIN : C1800, St.Bees, Whitehaven & Bolton, CUL, ENG [27868]

IRVINE : Margaret, 1864, Sydney, NSW, AUS [16439] : C1855+, Tarnagulla, VIC, AUS [36751] : PRE 1850, VIC, AUS & ENG [11873] : Eleanor, C1830-1862, Rexton & Richibucto, NB, CAN [20661] : C1800, St.Bees, Whitehaven & Bolton, CUL, ENG [27868] : C1816, Sunderland, DUR, ENG [38728] : PRE C1855, St.Lukes, LND, ENG [36751] : C1800+, Larne, ANT, IRL [20661] : Ann, 1770-1859, Ashogle & Turriff, ABD, SCT [16439] : William, 1770-1832, Drumoak, ABD, SCT [16439] : Alexander, C1770-1841, Forgue & New Deer, ABD, SCT [16439] : William, 1770-1832, King Edward, ABD, SCT [16439] : William, 1770-1832, New Deer, ABD, SCT [16439] : Christina A., 1835-1849, New Pitsligo, ABD, SCT [16439] : William, 1835-1849, New Pitsligo, ABD, SCT [16439] : 1800S, Tyrie, ABD, SCT [30182] : 1700-1800, Irvine, AYR, SCT [15464] : PRE 1900, Kilmarnock, AYR, SCT [45199] : Alex, 1860+, St.Monance, FIF, SCT [21854] : ALL, ALL, MCT [11124] : PRE 1850, Stromness, OKI, SCT [31972] : 1800S, Nesting, SHI, SCT [14045] : ALL, WORLDWIDE [35836]

IRVING : 1840+, AUS [39431] : 1800+, Arlecdon & Dearham, CUL, ENG [29954] : 1820+, Upperby, CUL, ENG [14513] : 1880+, Gateshead, DUR, ENG [14513] : 1900+, Chislehurst, KEN, ENG [39431] : 1830+, Deptford, KEN, ENG [39431] : 1830+, Greenwich, KEN, ENG [39431] : 1830+, Lee, KEN, ENG [39431] : 1830+, Sheerness, KEN, ENG [39431] : 1830+, Woolwich, KEN, ENG [39431] : 1830+, Lambeth, SRY, ENG [39431] : PRE 1768, Burgh by Sands, CUL & DFS, ENG & SCT [17933] : 1700S, Lochvale, DFS, SCT [11411] : Edward, 1792-1834, Annan & Glasgow, DFS & LKS, SCT [35823] : PRE 1850, Newton, LKS, SCT [39431] : PRE 1850, Edinburgh, MLN, SCT [39431] : Wm Walter, 1860-1870, WORLDWIDE [15070]

IRWIN : 1850+, AUS [40816] : 1830+, Maitland, NSW, AUS [25396] : Cornelius, 1844+, Maitland, NSW, AUS [25396] : ALL, Maitland, NSW, AUS [46373] : ALL, Singleton, NSW, AUS [33491] : PRE 1877, Singleton, NSW, AUS [41456] : 1850-1950, Brisbane, QLD, AUS [22036] : ALL, TAS, AUS [98637] : 1910, Dundalk, ONT, CAN [44353] : 1800+, Elora, Kincardine & St.Thomas, ONT, CAN [45202] : C. Hamilton, 1845, Port Hope, ONT, CAN [44353] : ALL, Huron Co., ONT, CAN & IRL [42436] : C1840, Barnstaple, DEV, ENG [12163] : C1800, Combe Martin, DEV, ENG [12163] : 1851+, Marwood, DEV, ENG [12163] : C1860, Winkleigh, DEV, ENG [12163] : PRE 1860, ANT, IRL [45679] : 1700-1900, Belfast, ANT, IRL [22036] : 1800+, Port Glenone, ANT, IRL [13422] : PRE 1855, Drumcree, ARM, IRL [43582] : PRE 1860, CAV, IRL [45202] : C1817, O'Dorney, KER, IRL [25396] : 1800+, Tralee, KER, IRL [25396] : C1802, Dundalk, LOU, IRL [13960] : C1850, Clogher, TYR, IRL [31972] : Thomas, 1830S, Drumcree & Mount Druitt, ARM & NSW, IRL & AUS [31510] : 1750-1860, ARM, IRL & CAN [42429] : 1800+, NY & NJ, USA [45202]

IRWIN (see IRVIN) : [27868]

ISAAC : 1800, Chittlehampton, DEV, ENG [40257] : 1733, Melcombe Regis, DOR, ENG [21889] : 1773, Radipole, DOR, ENG [21889] : 1800-1900S, LND & ENG [44296] : 1800S, Guildford, SRY, ENG [11411]

ISAACS : 1850+, Bristol, GLS, ENG [43566] : 1800+, MDX, ENG [43566] : 1740+, East London, MDX, ENG [39745] : 1780-1840, Shoreditch & Christchurch, MDX, ENG [45159] : PRE 1837, Great Yarmouth, NFK, ENG [19568] : 1830+, Swansea, GLA, WLS [43775]

ISACKSEN : PRE 1780, DEN [19568] : 1841+, Hamburg, GER [19568]

ISARD : ALL, ENG [23319] : 1800-1850, Chislehurst, KEN, ENG [46220] : 1700+, Croydon, SRY, ENG [23319]

ISBELL : Richard, C1784, Thrushelton, DEV, ENG [36665]

ISEMINGER : Russell, 1900+, Westville & Chicago, IN & IL, USA [23564]

ISHERWOOD : PRE 1825, Bedford, BDF, ENG [30014] : C1800, Blackbury, LAN, ENG [43844] : 1800, Bolton & Outwood, LAN, ENG [37617] : Mary, PRE 1820, Turton, LAN, ENG [30880]

ISITT : PRE 1910, ENG [21539] : Robert, 1900, KEN, ENG [21539] : ALL, YKS, ENG [21539]

ISLES : 1760+, Dundee & Fowlis, ANS, SCT [20970] : 1840+, Forfar, ANS, SCT [20970]

ISLIP : C1900, Brighton, SSX, ENG [30120]

ISON : Sarah, PRE 1802, Wellington, SAL, ENG [19818]

ISRAEL : Catherine, 1815-1881, Sydney, NSW, AUS [39212] : PRE 1850, Windlesham, SRY, ENG [18921]

ISRAEL DE VITA : 1800-1950, NL [46196]

ISSBEHN : C1749, Hamburg, HBG, GER [22470]

ISTED : 1820+, Beckenham, KEN & LND, ENG [46399] : 1700+, Brighton, SSX, ENG [46399]

IVALL : 1650-1800, Wield, HAM, ENG [17907]

IVES : 1865+, SA, AUS [36622] : 1887+, WA, AUS [36622] : C1840, HAM, ENG [36622] : 1800-80, Froyle, HAM, ENG [28363] : ALL, Aylsham, NFK, ENG [38307] : 1800, Swanton Abbot, NFK, ENG [10610] : Robert, C1770, Swanton Abbot, NFK, ENG [10610] : Elizabeth, 1760+, Thurgarton, NFK, ENG [25427] : 1700, Yoxford, SFK, ENG [35184] : 1700, Yoxford, SFK, ENG [17704] : 1750-1950, Baildon, WRY, ENG [26752] : 1750-1950, Shipley, WRY, ENG [26752] : ALL, ENG & AUS [12905] : 1700S, Salem, MA, USA [22796]

IVESON : 1800+, Gayle, NRY, ENG [42507] : PRE 1840, Gayle, NRY, ENG [36492]

IVETT : John, C1800, Alconbury, HUN, ENG [28479]

IVEY : 1780-1870, Camborne, CON, ENG [13447] : 1770+, St.Austell, CON, ENG [12708] : PRE 1693, St.Merryn, CON, ENG [46251] : 1860+, Gillingham, KEN, ENG [43884]

IVIN : 1750+, LND, ENG [46221]

IVINEY : 1940+, Toronto, ONT, CAN [42782]

IVOREIGH : ALL, ENG [17540]

IVORY : PRE 1862, Hobart, TAS, AUS [26410] : 1600-1800, NFK, ENG [17540] : ALL, Cork, COR, IRL [26410] : ALL, WORLDWIDE [35039]

IVORY (see One Name Section) [17540]

IVRY : ALL, ENG [17540]

IZARD : ALL, ENG [23319] : 1660+, Cape May, NJ, USA [23319]

IZATT : PRE 1830, St.James, MDX, ENG [45874]

IZZARD : C1860S, Gosford, NSW, AUS [25654] : ALL, East Anglia, ENG [26686]

JAAP : 1680+, Wemyss, FIF, SCT [11090]

JABLONSKI : 1830-1880, Swarozyn, Tczew (Dirschau), GD, POL [10119]

JACK : Margaret, 1864+, NSW, AUS [11372] : PRE 1810, LND & MDX, ENG [45186] : ALL, ANT, IRL [34921] : John, 1819-1823, Astrahan, RUS [30603] : PRE 1810, SCT [45186] : Alex, 1850, King Edward, ABD, SCT [16149] : Margaret, 1832+, Forfar, ANS, SCT [20665] : 1700-1800, Irvine, AYR, SCT [15464] : 1826, Fordyce, BAN, SCT [16822] : 1800-1870, Cumbernauld, DNB, SCT [40768] : William, 1812, Cupar, FIF, SCT [27289] : 1730+, Marykirk, KKD, SCT [10698] : ALL, Nemphlar, LKS, SCT [46339] : Adam,

PRE 1800, West Linton, PEE, SCT [30603] : James, 1780+, Drumkilbo & Meigle, PER, SCT [20665] : 1846+, ROC, SCT [44209] : James, C1844, Cromarty, ROC, SCT [11372] : Helen, 1817, Falkirk, STI, SCT [42829]

JACKA : 1865-1895, Chewton, VIC, AUS [12589] : 1998-1907, Clifton Hill, VIC, AUS [12589] : 1835-1870, Redruth, CON, ENG [12589] : PRE 1800, St.Buryan & St.Sithney, CON, ENG [12589]

JACKERMAN : 1600-1700, Onehouse, SFK, ENG [16383]

JACKES : 1850-1892, Blyth, NBL, ENG [35218]

JACKMAN : PRE 1860, Winslow, BKM, ENG [27678] : PRE 1775, CON, ENG [19803] : 1700-1900, DEV, ENG [21504] : Mabel, PRE 1815, HAM, ENG [41477] : ALL, Great Yarmouth, NFK, ENG [40641] : ALL, Stowmarket, SFK, ENG [46329] : PRE 1800, Burbage, WIL, ENG [43727]

JACKS : ALL, Pronstorf, SHO, BRD [19655]

JACKSON : 1801-1850, Airds, NSW, AUS [10782] : C1838, Kurrajong, NSW, AUS [10085] : 1900+, Leichhardt, NSW, AUS [10303] : Ezekiel, 1862-1875, Macleay River, NSW, AUS [45806] : William, 1877+, Orange & Lewis Ponds, NSW, AUS [11623] : 1825+, Orphans School, NSW, AUS [10303] : Robert, 1862+, Queanbeyan, NSW, AUS [11462] : George, 1860+, Redfern, NSW, AUS [10303] : 1801-1850, Sydney, NSW, AUS [10782] : 1915+, Sydney, NSW, AUS [99012] : 1832-1860S, NSW & VIC, AUS [46374] : Ruth, 1900S+, Beamsville, ONT, CAN [17033] : PRE 1880, ENG [39027] : George Thomas, 1870, London, ENG [16184] : PRE 1820, London, ENG [45679] : Matthew, PRE 1854, Hauxton, CAM, ENG [41444] : ALL, Whitlesey, CAM, ENG [30281] : 1820-1863, Over, CHS, ENG [46468] : PRE 1880, Pott Shrigley, CHS, ENG [36528] : PRE 1720, Wybunbury, CHS, ENG [19641] : 1800S, Armboth, CUL, ENG [10303] : Samuel, 1780-1840, Derby, DBY, ENG [35042] : PRE 1870, Derby, DBY, ENG [45766] : 1700-1900, Handley, DBY, ENG [38452] : C1798, Hognaston, DBY, ENG [18529] : Maria, 1838, Upottery, DEV, ENG [39377] : PRE 1660, Ryton, DUR, ENG [17626] : William, C1780-1790, Sunderland, DUR, ENG [44085] : Wm George, C1820, Sunderland, DUR, ENG [44085] : PRE 1850, Saffron Walden, ESS, ENG [19785] : 1840+, Theydon Mount, ESS, ENG [45489] : 1890, Waltham Abbey, ESS, ENG [31720] : C1818, Buckland, HRT, ENG [18378] : PRE 1850, Buntingford, HRT, ENG [45489] : PRE 1820, Brampton, HUN, ENG [25969] : 1840S+, Barnsley, LAN, ENG [10893] : C1899, Heaton Norris, LAN, ENG [18529] : 1900-1909, Hindley Green, LAN, ENG [46449] : PRE 1860, Leyland, LAN, ENG [19304] : 1872-1900, Manchester, LAN, ENG [46449] : PRE 1860, Manchester, LAN, ENG [34612] : PRE 1708, North Meols, LAN, ENG [29328] : C1875, Oldham, LAN, ENG [18529] : 1840S+, Stalybridge, LAN, ENG [10893] : PRE 1860, Warrington, LAN, ENG [34420] : ALL, Melton Mowbray, LEI, ENG [42362] : 1700-99, Saltby, LEI, ENG [20057] : ALL, LIN, ENG [12401] : PRE 1668, Billinghay, LIN, ENG [19902] : 1800S, Brigg, LIN, ENG [15931] : 1800+, North Reston, LIN, ENG [17030] : PRE 1820, Skirbeck, LIN, ENG [21716] : C1830, Strubby, LIN, ENG [10785] : 1850-1900, Bethnal Green, LND, ENG [17977] : PRE 1930, Islington, LND, ENG [37603] : 1850, Stepney, LND, ENG [31720] : PRE 1843, Stepney, LND, ENG [14795] : Maria, PRE 1857, Peckham, LND & SRY, ENG [16701] : Emma & Henry, 1800S, Kensington, MDX, ENG [21349] : 1850+, London, MDX, ENG [20949] : Martha, 1800S, Diss, NFK, ENG [36402] : PRE 1840, Methwold, NFK, ENG [14268] : ALL, Methwold & Northwold, NFK, ENG [11462] : PRE 1900, Welney, NFK, ENG [25559] : Mary, C1824, Wretton, NFK, ENG [30302] : Magnus, ALL, Richmond, NRY, ENG [14918] : C1840, Whitby, NRY, ENG [19392] : John, 1756, Kings Cliffe, NTH, ENG [10318] : Francis, 1815-1881, Southwell, NTT, ENG [14918] : 1700S, Whitechurch, SAL, ENG [42909] : 1750-1800, Cavendish, SFK, ENG [34140] : PRE 1800, Streatham, SRY, ENG [19259] : PRE 1900, Audley, STS, ENG [19641] : PRE 1857, Bromley, STS, ENG [40970] : 1750-1800, Shenstone, STS, ENG [28948] : ALL, Tipton & West Bromwich, STS, ENG [45766] : C1816, Wolverhampton, STS, ENG [10721] : ALL, Birmingham, WAR, ENG [45766] : ALL, Birmingham, WAR, ENG [45766] : ALL, Birmingham, WAR, ENG [43879] : George, PRE 1850, Birmingham, WAR, ENG [46272] : ALL, Small Heath & Yardley, WAR, ENG [45766] : PRE 1845, Kirkby Stephen, WES, ENG [28523] : PRE 1800, Wootten Bassett, WIL, ENG [15823] : Elizabeth, PRE 1770, Bradford, WRY, ENG [42277] : ALL, Church Fenton, WRY, ENG [18397] : PRE 1840, Huddersfield & Leeds, WRY, ENG [39860] : Lily May, PRE 1900S, Humberside, WRY, ENG [25246] : PRE 1830, Newby & Clapham, WRY, ENG [25572] : PRE 1850, Sandal, WRY, ENG [35015] : Sarah T., 1830+, Sheffield, WRY, ENG [46422] : PRE 1900, Sheffield, WRY, ENG [30929] : John, C1650, Slaidburn, WRY, ENG [18957] : 1700-1900, Whitgift, WRY, ENG [25688] : 1700-1900, YKS, ENG [99298] : Jane, C1700, Bolton & Bowland, YKS, ENG [31153] : PRE 1800, Farndale, YKS, ENG [33901] : PRE 1770, Guiseley, YKS, ENG [21594] : Ralph, 1750+, Humbleton, YKS, ENG [43775] : PRE 1850, Scarborough & Leeds, YKS, ENG [20974] : Cosai, 1800S, Sheffield, YKS, ENG [34042] : Thomas, PRE 1910, Sheffield, YKS, ENG [34042] : 1750-1850, Walkington, YKS, ENG [32042] : Joseph, 1811-1919, ENG & AUS [46192] : Thomas, PRE 1850, LND, ENG & AUS [34249] : 1750+, WIL & NSW, ENG & AUS [40480] : 1847+, Kamptee, INDIA [28098] : 1841+, Nelson, NZ [20635] : PRE 1870, ANS & KCD, SCT [46303] : 1880+, Dailly, AYR, SCT [44292] : 1810-1840, Cadder, LKS, SCT [12039] : C1790, Cambuslang, LKS, SCT [20914] : 1750-1880, Glasgow, LKS, SCT [25755] : PRE 1820, Glasgow, LKS, SCT [11091] : Janet, C1830, Lesmahagow, LKS, SCT [13326] : PRE 1900, Blairgowrie, PER, SCT [43842] : Ezekiel, 1836-1862, Kennebec, ME, USA [45806]

JACKSON-WILKS : 1820+, Nailsworth, GLS, ENG [19480]

JACOB : 1836+, Adelaide & Rowland Flat, SA, AUS [31332] : PRE 1850, ENG [28314] : ALL, DEV & CON, ENG [17200] : PRE 1800, IOW, ENG [20458] : PRE 1800, Brading, IOW, ENG [20458] : 1800-1900, Bloxwich, STS, ENG [34606] : PRE 1870, Neath & Glasgow, LKS, SCT [38178] : John, 1850+, Pontlotyn & Rhymney, GLA & MON, WLS [10610]

JACOBI : PRE 1840, Zellerfeld, HARZ, GER [26306]

JACOBS : 1840S, Brisbane Waters, NSW, AUS [11716] : Henry, 1850+, Adelaide, SA, AUS [34643] : 1830+, Richmond, TAS, AUS [21598] : 1850+, Dandenong, VIC, AUS [99183] : William, 1850+, Rushworth & Sandhurst, VIC, AUS [12917] : PRE 1900, St.Arnaud, Rochford & Bendigo, VIC, AUS [11873] : C1880, St.Kilda, VIC, AUS [13004] : 1700-1840, Chattam Is., NB & NS, CAN [43903] : 1800-1950, ENG [46196] : PRE 1850, London, ENG [39506] : 1770+, Ashbury, BRK, ENG [12470] : ALL, DEV & CON, ENG [17200] : ALL, Hull, ERY, ENG [21915] : PRE 1860, Canewdon, ESS, ENG [11873] : PRE 1920, Clanfield, HAM, ENG [39348] : PRE 1900, Havant, HAM, ENG [39348] : PRE 1870, Iow, HAM, ENG [42570] : George, PRE 1802, Romsay, HAM, ENG [99012] : ALL, IOW, ENG [42570] : PRE 1820, IOW, ENG [20458] : PRE 1850, St.Pancras, LND, ENG [13585] : 1700+, NFK, ENG [25427] : James Alfred, ALL, Great Yarmouth, NFK, ENG [21915] : James, ALL, Great Yarmouth, NFK, ENG [21915] : John, ALL, Bath, SOM, ENG [12917] : Betty, 1770, Croscombe, SOM, ENG [39377] : 1800-1890, Christchurch & Auckland, NZ [43903] : PRE 1890, Dunedin, OTAGO, NZ [40615] : 1845, CGH, RSA [33642] : Wm, 1800, Basseleg, MON, WLS [10610]

JACOBSEN : C1876+, Beechworth, VIC, AUS [36751] :

Christina, C1840+, GER **[12032]** : PRE C1876, Holstein, GER **[36751]** : Sverre J., 1916, East Fredrikstad, NOR **[41948]** : Solveig J., 1922, Horton, NOR **[41948]**
JACOM : 1800-1900, Bloxwich, STS, ENG **[34606]**
JACQUEMIN : PRE 1800, Deuxnouds-Aux-Bois, LOR, FRA **[20178]**
JACQUES : Josephte, C1720+, Montreal, QUE, CAN **[27325]** : C1740-1800, Mungrisdale & Greystoke, CUL, ENG **[37149]** : 1850-1892, Blyth, NBL, ENG **[35218]**
JACQUESSON : PRE 1790, Chalons sur Marne, CHA, FRA **[14267]**
JACQUET : 1857+, Vancia, Rhone, RHA, FRA **[20140]**
JAFFRAY : Frank, 1851+, Cuminestown, ABD, SCT **[16149]** : PRE 1863, Fyvie, ABD, SCT **[21356]** : 1700+, St.Ninians, STL, SCT **[18301]**
JAFFREY : PRE 1863, Fyvie, ABD, SCT **[21356]** : 1773-1862, Whitsome, BEW, SCT **[30889]** : David, 1855+, Haddington, ELN, SCT **[30889]**
JAFREY : 1780-1820, Chirnside & Fogo, BEW, SCT **[42948]**
JAGER : PRE 1844, Rottenburg, BAV, GER **[19905]**
JAGGARD : PRE 1600, Rede, SFK, ENG **[33428]**
JAGGER : PRE 1855, Barnsley, WRY, ENG **[34906]** : PRE 1836, Queensbury, WRY, ENG **[10740]** : 1780-1850, Thurgoland, WRY, ENG **[10037]**
JAGO : PRE 1869, Sydney, NSW, AUS **[25640]** : Thomas, 1780+, Laneast & Chudleigh, CON & DEV, ENG **[10610]** : 1800S, DEV, ENG **[42582]** : Jane, C1850, Chudleigh, DEV, ENG **[10610]** : 1700-1900, Egg Buckland, DEV, ENG **[11582]** : Elijah, PRE 1850, Chudleigh & Laneast, DEV & CON, ENG **[10610]** : Walter, 1850+, Dunmow, ESS, ENG **[10610]** : 1770-1800, Bandon, COR, IRL **[18001]**
JAHN : ALL, Adelaide, SA, AUS **[43453]** : ALL, Clausthal, HAN, GER **[43453]**
JAHNKE : PRE 1839, Cremzow, BRA, GER **[14120]**
JAKES : 1800+, BDF, ENG **[99339]**
JAKEWAY : PRE 1880, South Hamlet, GLS, ENG **[33704]**
JAKINS : PRE 1865, BKM, ENG **[11536]**
JAKOBSEN : Bjarne Johnny, 1918, Horten, NOR **[41948]** : Rolf Stene, 1920, Horten, NOR **[41948]**
JALES : Anne, C1827-1914, SRY & TAS, ENG & AUS **[10604]**
JAMES : John, 1887+, NSW, AUS **[31904]** : John, C1810, NSW, AUS **[31904]** : 1840, Blaxland, NSW, AUS **[32068]** : 1900+, Broken Hill, NSW, AUS **[44300]** : 1882+, Glebe & Woollarra, NSW, AUS **[42905]** : C1837, Illawarra, NSW, AUS **[11303]** : John, PRE 1847, Sodwalls, NSW, AUS **[31904]** : C1789, Sydney, NSW, AUS **[10985]** : William, 1870, Rockhampton, QLD, AUS **[43775]** : Ellen Jane, 1853, Brompton, SA, AUS **[10035]** : 1847+, Woodside & Blakiston, SA, AUS **[31332]** : Richard, 1880, Campbell'S Creek, VIC, AUS **[14094]** : 1870+, Coleraine, VIC, AUS **[21746]** : Joseph, 1851+, Melbourne, VIC, AUS **[21183]** : 1850-1860, Renfrew Co., ONT, CAN **[34261]** : Charles, 1758+, London, ENG **[12321]** : PRE 1775, London, ENG **[38676]** : PRE 1835, London, ENG **[32017]** : 1800-1900, North Crawley, BKM, ENG **[12641]** : ALL, BRK, ENG **[31646]** : 1889+, Chatteris, CAM, ENG **[43843]** : PRE 1900, Tavistock, CHS, ENG **[30929]** : 1650-1750, CON, ENG **[21597]** : Thomas, 1840-1875, CON, ENG **[39012]** : PRE 1800, CON, ENG **[11873]** : 1800S, Bugle, CON, ENG **[14227]** : PRE 1860, Cubert, CON, ENG **[12391]** : James, PRE 1843, Germoe & St.Hilary, CON, ENG **[36800]** : C1700+, Gorran, CON, ENG **[13406]** : Samuel, 1800S, Liskeard, CON, ENG **[25907]** : James, PRE 1805, Perranuthnoe & Germoe, CON, ENG **[36800]** : PRE 1830, St.Austell, CON, ENG **[14127]** : PRE 1841, St.Just, CON, ENG **[12408]** : William, PRE 1850, St.Just, CON, ENG **[14306]** : 1720-1870, St.Just in Penwith, CON, ENG **[36435]** : PRE 1900, St.Just in Penwith, CON, ENG **[45689]** : 1680S, Stithians, CON, ENG **[12318]** : 1657+, Wendron, CON, ENG **[25070]** : Mary, 1810, Clisthydon, DEV, ENG **[25533]** : 1701+, Halberton, DEV, ENG **[41443]** : Susannah, C1887, DEV & CON, ENG **[17008]** : Thomas, 1775-1850, Philadelphia, DUR, ENG **[36994]** : Walter, C1829, Philadelphia, DUR, ENG **[36994]** : PRE 1837, Sunderland, DUR, ENG **[42645]** : James, PRE 1800, Great Wakering, ESS, ENG **[27899]** : Alfred, 1828-1880, Rochford, ESS, ENG **[46321]** : PRE 1809, Brockworth, GLS, ENG **[16938]** : ALL, North Nibley, GLS, ENG **[18895]** : 1800+, Sherborne, GLS, ENG **[15042]** : William, 1799+, St.Briavels, GLS, ENG **[40042]** : PRE 1720, Pamber, HAM, ENG **[10493]** : PRE 1850, HEF, ENG **[35619]** : James, C1780, Hentland, HEF, ENG **[42479]** : 1850+, HEF & BDF, ENG **[45707]** : George, 1851+, Baldock, HRT, ENG **[25654]** : PRE 1800, HUN, ENG **[19708]** : PRE 1850, Kimbolton, HUN, ENG **[19708]** : PRE 1848, Boughton Blean & Dunkirk, KEN, ENG **[18639]** : Elizabeth, PRE 1800, Shipbourne, KEN, ENG **[36365]** : PRE 1832, Manchester & Salford, LAN, ENG **[99433]** : PRE 1740, LEI, NTT & DBY, ENG **[18236]** : 1850S, Bethnal Green, MDX, ENG **[16980]** : PRE 1840, Marylebone, MDX, ENG **[38987]** : PRE 1810, Tottenham, MDX, ENG **[17670]** : 1840+, Brackley, NTH, ENG **[41430]** : 1720+, Finmere, OXF, ENG **[15042]** : 1700-1750, Oxford, OXF, ENG **[12641]** : Joseph, 1811-1882, Warboro, OXF, ENG **[11731]** : PRE 1773, Westwell, OXF, ENG **[26366]** : 1750, SOM, ENG **[32068]** : 1650-1880S, Croscombe, SOM, ENG **[39377]** : C1730, East Harptree, SOM, ENG **[21916]** : ALL, Hinton Blewett, SOM, ENG **[25884]** : ALL, Kilmersdon, SOM, ENG **[22441]** : 1741, Bletchingley, SRY, ENG **[45754]** : 1800-20, Hailsham, SSX, ENG **[45082]** : 1660+, Cheadle & Dilhorne, STS, ENG **[19713]** : 1830-1870, Wednesbury, STS, ENG **[21746]** : Harriet, PRE 1880, Birmingham, WAR, ENG **[38939]** : C1750, Ogbourne St.George, WIL, ENG **[28742]** : Mary, PRE 1820, Bermondsey, SRY, ENG & AUS **[45357]** : William, 1850-1920, CON, ENG & NZ **[39012]** : 1700-1844, Ballycrystal, WEX, IRL **[14127]** : John Andrew, PRE 1912, Cust, CANTY, NZ **[42518]** : ALL, TARANAKI, NZ **[21348]** : Weir, 1940S, SCT **[15845]** : C1780, Edinkillie, MOR, SCT **[10277]** : Thomas, 1855-1875, Hazleton, PA, USA **[39012]** : Thomas, 1855-1875, Stockton & Hazleton, PA, USA **[39012]** : Benjamin, PRE 1840, WLS **[24980]** : Martha, PRE 1850, WLS **[24980]** : 1840-1850S, Carmarthen, WLS **[15845]** : Alice, PRE 1800, Brecon, BRE, WLS **[15710]** : John, 1800-1880, CGN, WLS **[46502]** : Elizabeth, 1901+, Aberystwith, CGN, WLS **[33542]** : Nathaniel, 1798, Llanguanog, CMN, WLS **[17380]** : Amos, C1710, Llangunnock, CMN, WLS **[17380]** : PRE 1880, Northop, FLN, WLS **[22182]** : 1800+, GLA, WLS **[37156]** : Frederick, 1870+, Swansea, GLA, WLS **[27492]** : 1650+, MON, WLS **[29409]** : PRE 1900, Bedwellty & Mynyddislwyn, MON, WLS **[10967]** : Essex, C1850, Newport, MON, WLS **[37168]** : 1700-1900, Pontypool, MON, WLS **[21842]** : 1800+, Pontypool, MON, WLS **[32794]** : Stephen, 1836+, Haverford West, PEM, WLS **[27492]** : 1750-1820, Haverfordwest, PEM, WLS **[12641]** : James, 1800, Haverfordwest, PEM, WLS **[27492]** : James, 1901+, Pembroke, PEM, WLS **[33542]** : Samuel, 1850+, Solva, PEM, WLS **[42828]** : PRE 1900, Cardigan & St.Dogmaels, PEM & CGN, WLS **[43842]** : PRE 1890, Cregrina, RAD, WLS **[14744]**
JAMESON : 1904+, Goldfields & Perth, WA, AUS **[11718]** : 1720-1904, Penrith & Kirkoswald, CUL, ENG **[11718]** : Hannah, C1874, Peckham & Lambeth, LND & SRY, ENG **[16701]** : 1750-1850, London, MDX, ENG **[46561]** : ALL, Penrith & Ipswich, CUL & QLD, ENG & AUS **[29236]**
JAMIE : C1800, Arbroath, ANS, SCT **[30310]**
JAMIESON : 1857+, Corop & Rochester, VIC, AUS **[27802]** : ALL, CHS, ENG **[34901]** : Caleb, 1800+, Hawkhurst, KEN, ENG **[35280]** : 1700+, Cork, COR, IRL **[10577]** : 1800+, Irwinstown, TYR, IRL **[45030]** : 1809, Craigie, AYR, SCT **[10948]** : 1750+, Kingarth & Rothesay, BUT, SCT **[20970]** : PRE 1881, Airdrie, LKS,

SCT [10948] : PRE 1850, Glasgow, LKS, SCT **[41372]** : PRE 1900, Glasgow, LKS, SCT **[20974]** : PRE 1885, Kinning Park, LKS, SCT **[25672]** : Janet, 1780-1860, Edinkillie & Forres, MOR, SCT **[39243]** : 1750+, RFW, SCT **[46021]** : 1700+, Eaglesham, RFW, SCT **[26687]** : 1800+, Morebattle, ROX, SCT **[20135]** : C1760-C1860, Brae & Scalloway, SHI, SCT **[27802]** : Ellen, C1807, Sandwick & Cunningsburgh, SHI, SCT **[27686]** : 1771+, South Yell, SHI, SCT **[11098]** : 1770+, RFW & LKS, SCT & AUS **[28108]**

JAMME : ALL, Calvados, BN, FRA **[16123]** : Pierre, 1650+, Lantheuil Bayeux Caen, BN, FRA **[16123]**

JAMME DIT CARRIERE : Pierre, 1687+, Montreal, Lachine & St.Hermas, QUE, CAN **[16123]**

JAMPEN : 1860+, Geelong, VIC, AUS **[13447]**

JAMSON (see One Name Section) **[34211]**

JANE : C1700, CON, ENG **[14030]** : PRE 1809, Lanhydrock, CON, ENG **[14548]** : Nicholas, PRE 1600, Lanreath, CON, ENG **[39471]** : 1700-1800, Maker, CON, ENG **[36950]**

JANES : 1800S, Belbroughton, WOR, ENG **[42718]**

JANIKOWSKI : PRE 1850, Muhlbanz & Dirschau, WPR, GER **[25093]**

JANNAUD : ALL, ENG & FRA **[28361]** : ALL, FRA & ENG **[28361]**

JANNAUX : ALL, ENG & FRA **[28361]** : ALL, FRA & ENG **[28361]**

JANSEN : ALL, RSA **[29001]**

JANSON : Elizabeth, C1690+, Lymm & Bowdon, CHS, ENG **[41177]** : PRE 1750, Safsaas, KOPPARBERG, SWE **[16425]**

JAP : 1680+, Wemyss, FIF, SCT **[11090]**

JAQUEMAIN : 1870S, Paris, FRA **[12328]**

JAQUES : 1850+, AUS **[19457]** : 1730-1870, Silk Willoughby & Bitchfield, LIN, ENG **[10287]** : ALL, WIL & GLS, ENG **[12748]**

JAQUET : ALL, JAMAICA, W.INDIES **[17933]** : ALL, WORLDWIDE **[17933]**

JARAM : 1800S, Cowick Snaith, WRY, ENG **[22743]**

JARDINE : 1825-1900, NB, CAN **[45291]** : ALL, Chatham, NB, CAN **[39712]** : PRE 1900, Carlisle, CUL, ENG **[46505]** : ALL, LAN, ENG **[27514]** : PRE 1900, Garvaghy, DOW, IRL **[22536]** : Joseph, 1820S, Annan, DFS, SCT **[46261]** : 1600-50, Applegarth, DFS, SCT **[14747]** : PRE 1823, Glencairn, DFS, SCT **[19486]** : PRE 1830, Johnstone, DFS, SCT **[11091]** : 1800+, DFS & KKD, SCT **[42919]** : 1820+, Glasgow, LKS, SCT **[25998]** : ALL, Strathaven & Ayr, LKS & AYR, SCT **[21258]**

JAREK : 1800-1910S, Odrzykon, KS, POL **[22511]** : 1800-1920S, Frysztak, RZ, POL **[22511]**

JARMAINE : ALL, South Weston, OXF, ENG **[16254]**

JARMAN : C1670, Steeple Morden, CAM, ENG **[19759]** : PRE 1800, Aldham, ESS, ENG **[17174]** : ALL, SFK, ENG **[39642]** : PRE 1859, Beccles, SFK, ENG **[10270]** : ALL, Great Thurlow, SFK, ENG **[42362]**

JARMIN : ALL, SFK, ENG **[39642]** : 1700-1900, Glemsford, SFK, ENG **[36243]** : 1720, Glemsford, SFK, ENG **[35184]** : PRE 1775, Glemsford, SFK, ENG **[34980]**

JARRETT :1840+, Ballina, NSW, AUS **[44156]** : PRE 1837, London, ENG **[12321]** : C1800-1900, Meopham & Ash, KEN, ENG **[45206]** : PRE 1840, SSX, ENG **[34906]**

JARVIE : 1810+, Slamannan & Cumbernauld, STI & DNB, SCT **[29092]**

JARVIS : Henry K., 1838+, Sydney, NSW, AUS **[29961]** : Robert, 1840+, Sydney, NSW, AUS **[41454]** : 1840+, Sydney, NSW, AUS **[41454]** : 1850+, Ballarat, VIC, AUS **[46265]** : 1800-1870, GSY, CHI **[12844]** : 1800S, Marlow, BKM, ENG **[46519]** : 1789+, Penn, BKM, ENG **[41443]** : 1700-1850, DEV, ENG **[15098]** : John, C1815+, Haberton, DEV, ENG **[27325]** : PRE 1750, Malborough & South Huish, DEV, ENG **[34783]** : 1800-1850, Stokenham, DEV, ENG **[41022]** : 1800S, Saffron Walden, ESS, ENG **[46265]** : 1865+, Crayford, KEN, ENG **[11946]** : Charles, 1860+, Highbury, MDX, ENG **[46519]** : 1800+, Shoreditch, MDX, ENG **[19713]** : 1700-1850, St.Marylebone, MDX, ENG **[19759]** : ALL, Stepney, MDX, ENG **[18713]** : PRE 1760, Great Bircham, NFK, ENG **[21232]** : PRE 1930, Hillington, NFK, ENG **[21232]** : 1600-2005, NRY, ENG **[43877]** : 1800+, Banbury, OXF, ENG **[41454]** : William, 1800+, Banbury, OXF, ENG **[41454]** : Robert, 1830+, Banbury, OXF, ENG **[41454]** : ALL, Souldern, OXF, ENG **[99025]** : PRE 1870, SAL, ENG **[22536]** : PRE 1800, Whitchurch, SAL, ENG **[34420]** : ALL, Bredfield, SFK, ENG **[99600]** : 1834, SRY, ENG **[36821]** : ALL, YKS, ENG **[21232]** : 1820S, Great Totham, ESS, ENG & AUS **[10715]** : ALL, ABD, LKS & MLN, SCT **[26493]** : PRE 1872, Christian Co., IL, USA **[23605]** : 1840+, IN, USA **[23605]** : 1830+, Guernsey Co., OH, USA **[23605]** : William, PRE 1855, Washington Co., OH, USA **[23605]** : ALL, Rhosllanerchrugog, DEN, WLS **[46635]**

JASPER : Sarah, C1818+, ENG **[30971]** : James, PRE 1818+, ENG **[30971]** : PRE 1710, Cuby with Tregony, CON, ENG **[21594]** : 1780-1800, North Hill, CON, ENG **[12318]** : PRE 1880, South Weald, ESS, ENG **[46383]** : ALL, South Cerney, GLS, ENG **[46418]** : Richard, 1839+, Manchester, LAN, ENG **[12236]** : Alfred, 1850+, Manchester, LAN, ENG **[12236]** : 1600+, Stoke Golding, LEI, ENG **[46418]** : 1740, Northampton, NTH, ENG **[46418]** : ALL, Gilsfield, MGY, WLS **[46418]**

JAUNAY : ALL, WORLDWIDE **[14267]**

JAUNAY (see One Name Section) **[14267]**

JAXON : Sarah, PRE 1729, Grealsey, NTT, ENG **[14733]**

JAXTON : PRE 1800, ANS & KCD, SCT **[46303]**

JAY : Gwynne Devere, 1883+, Sydney, NSW, AUS **[42565]** : 1901, ESS, ENG **[44292]** : C1800, Kimbolton, HEF, ENG **[27868]** : 1750+, Kingsand, HEF, ENG **[44061]** : C1800, Stoke Lacey, HEF, ENG **[27868]** : Albert, 1800+, LND, ENG **[17687]** : 1700-1900, Wembley, MDX, ENG **[21842]** : 1700+, Mettingham, SFK, ENG **[44061]** : 1750+, Carshalton & Croydon, SRY, ENG **[21741]** : 1850, Wilton, WIL, ENG **[44292]**

JAYE : 1700-1900, Crickingham, SFK, ENG **[46181]** : 1700-1900, Crowfield, SFK, ENG **[46181]**

JAYES : 1800+, Aston, HRT, ENG **[38488]**

JAYNES : 1600+, Gloucester, GLS, ENG **[36033]**

JEAFFRESON : PRE 1750, SFK, ENG **[26665]**

JEAKINS : 1833, Great Stukely, HUN, ENG **[42588]**

JEAL : 1790-1840, Orpington, KEN, ENG **[14618]** : PRE 1910, SRY, ENG **[45046]** : 1865-1880, Camberwell, SRY, ENG **[14618]** : PRE 1700, Billinghurst, SSX, ENG **[15464]**

JEALOUS : PRE 1690, Hemsby, NFK, ENG **[33428]**

JEANES : 1750+, DOR, ENG **[21093]**

JEANS : PRE 1900, DOR, ENG **[43727]** : Hannah, PRE 1810, Radipole & Misterton, SOM & DOR, ENG **[18325]** : ALL, Greenwich & Woolwich, KEN & NY, ENG & USA **[42019]**

JEARY : 1750+, Westminster & Whitechapel, MDX, ENG **[30855]** : 1750-1850, Camberwell, SRY, ENG **[30855]** : 1820+, Eastern Cape, RSA **[30589]**

JECKS : 1860+, CAN **[17366]**

JEEVES : PRE 1891, Blunham, BDF, ENG **[28557]**

JEFFEARD : 1550-1700 Constantine CON ENG **[21597]**

JEFFERIES : 1859+, Carlsruhe, VIC, AUS **[12229]** : 1750-1900, Shrivenham, BRK, ENG **[18038]** : PRE 1804, Downend & Mangotsfield, GLS, ENG **[31761]** : PRE 1830, Oldland Common, GLS, ENG **[17697]** : PRE 1850, Siston & Bitton, GLS, ENG **[17697]** : PRE 1850, SOM, ENG **[31186]** : 1750-1850, Cheddar, SOM, ENG **[31967]** : Hopke, PRE 1868, Lewes, SSX, ENG **[22207]** : 1800+, Birmingham, WAR, ENG **[16362]** : Harry, PRE 1871, WIL, ENG **[22207]** : 1600-1900, Highworth & Stratton St.Marg., WIL, ENG **[18038]** : 1800, Keevil, WIL, ENG **[26540]** : PRE 1859, SWE **[12229]**

JEF

JEFFERIS : 1840+, Wick & Bridge Yate, GLS, ENG **[10886]**

JEFFERSON : 1690-1850, Sebergham, CUL, ENG **[13430]** : 1500-1700, Whitehaven, CUL, ENG **[99600]** : 1600-1830, Howden, ERY, ENG **[27087]** : PRE 1810, South Weald, ESS, ENG **[14715]**

JEFFERY : William, 1826+, Berrima, NSW, AUS **[10562]** : 1850+, St.Peter Port, GSY, CHI **[14513]** : 1831+, London, ENG **[36072]** : 1500-1900, Breage, St.Keverne & W Penwith, CON, ENG **[19843]** : 1650-1780, Creed & Probus, CON, ENG **[23161]** : C1750-1800, Illogan, CON, ENG **[14656]** : 1800+, St.Teath, CON, ENG **[40673]** : PRE 1855, Milton Abbot & Stoke Damerel, DEV, ENG **[36742]** : PRE 1850, Ottery St.Mary, DEV, ENG **[42821]** : ALL, Arkesden, ESS, ENG **[32945]** : 1816, HUN, ENG **[14156]** : PRE 1674, KEN, ENG **[36072]** : ALL, Folkestone, KEN, ENG **[18168]** : ALL, Folkestone & Dover, KEN, ENG **[36072]** : 1750+, Yalding, KEN, ENG **[44202]** : William, PRE 1826, Shoreditch, LND, ENG **[10562]** : 1740-1800, Daventry, NTH, ENG **[12011]** : PRE 1770, Witney, OXF, ENG **[33428]** : 1750+, Haselbury Plucknett, SOM, ENG **[14513]** : Nicholas, 1675+, SSX, ENG **[35343]** : C1800, Brighton, SSX, ENG **[19174]** : 1550-1650, Southease, SSX, ENG **[33347]** : PRE 1850, Wolverhampton & Birmingham, STS & WAR, ENG **[43991]** : Abraham, 1763, Ilminster & Donyatt, WIL, ENG **[31510]** : George, 1880, Sheffield, WRY, ENG **[39247]** : 1881-91, CON & ALL, ENG & AUS **[19588]**

JEFFERYES : PRE 1881, Godalming, SRY, ENG **[44138]** : PRE 1881, Kingston upon Thames, SRY, ENG **[44138]**

JEFFORD : PRE 1793, Sheerness, KEN, ENG **[19127]** : Samuel, 1829+, Camberwell, SRY, ENG **[41185]**

JEFFRAY : 1800-1860, Alva, STI, SCT **[11718]** : 1700+, St.Ninians, STI, SCT **[18301]**

JEFFREY : ALL, Napoleons Lead, VIC, AUS **[12186]** : C1860, Sandhurst, VIC, AUS **[14656]** : Malcolm, 1848+, Holland Twp, MAN, CAN **[30889]** : Angus, 1854-1936, Holland Twp, MAN, CAN **[30889]** : William, 1857-1897, Holland Twp, MAN, CAN **[30889]** : William, 1877-1947, Holland Twp, MAN, CAN **[30889]** : John R., 1895-1964, Rosehill & Macgregor, MAN, CAN **[30889]** : David, 1898-1968, Rosehill Twp, MAN, CAN **[30889]** : Philip, 1838-1914, ONT, CAN **[30889]** : Phillip, 1873+, ONT, CAN **[30889]** : John, 1852-1926, King Twp, ONT, CAN **[30889]** : David Phillip, 1890+, King Twp, ONT, CAN **[30889]** : John T., 1896+, King Twp, ONT, CAN **[30889]** : Charles L., 1883-1964, King Twp & N.York, ONT, CAN **[30889]** : John, 1839-1895, Saugeen Twp, ONT, CAN **[30889]** : David, 1866-1922, Saugeen Twp, ONT, CAN **[30889]** : Archibald, 1868+, Saugeen Twp, ONT, CAN **[30889]** : John A., 1870+, Saugeen Twp, ONT, CAN **[30889]** : William D., 1874-1928, Saugeen Twp, ONT, CAN **[30889]** : David A., 1909-1969, Saugeen Twp, ONT, CAN **[30889]** : Walter W., 1910+, Saugeen Twp, ONT, CAN **[30889]** : John, 1910+, Saugeen Twp, ONT, CAN **[30889]** : John, 1852-1926, Vaughan & King, ONT, CAN **[30889]** : Philip, 1837-1914, Vaughan & Toronto, ONT, CAN **[30889]** : David, 1799-1894, Vaughan Twp, ONT, CAN **[30889]** : William, 1802-1879, Vaughan Twp, ONT, CAN **[30889]** : John, 1806-1878, Vaughan Twp, ONT, CAN **[30889]** : David, 1851-1933, Vaughan Twp, ONT, CAN **[30889]** : Phillip, 1846-1932, MAN, CAN & USA **[30889]** : Philip, 1873+, Saugeen & N.Dakota, ONT & ND, CAN & USA **[30889]** : Philip, 1846-1932, Vaughan, Kansas & Grandview, ONT, KS & MAN, CAN & USA **[30889]** : PRE 1850, Camborne, CON, ENG **[13065]** : George E., 1902+, West Hartlepool, DUR, ENG **[30889]** : 1842+, Winlaton, DUR, ENG **[30889]** : May, C1840, Sawtry, HUN, ENG **[28479]** : PRE 1850, Chillingham, NBL, ENG **[45111]** : PRE 1880, Glendale, NBL, ENG **[20919]** : Adam P., 1842-1899, Newcastle, NBL, ENG **[30889]** : Charles H., 1868-1927, Newcastle, NBL, ENG **[30889]** : George D., 1874-1918, Newcastle, NBL, ENG **[30889]** : Charles H., 1893-1953, Newcastle, NBL, ENG **[30889]** : 1780+, Hartwell, NTH, ENG **[41037]** : Lucy, 1799+, Wivelsfield, SSX, ENG **[40505]** : George, 1880, Sheffield, WRY, ENG **[39247]** : 1780-1820, Chirnside & Fogo, BEW, SCT **[42948]** : 1720-1759, Coldingham, BEW, SCT **[30889]** : 1759-1842, Hutton, BEW, SCT **[30889]** : 1800+, Canisbay, CAI, SCT **[13558]** : Barbara, 1830S, Glasgow, LKS, SCT **[10428]** : 1800+, Melrose, Stow & St.Boswells, ROX & MLN, SCT **[21563]**

JEFFREYS : Judge, ALL, ENG **[20919]** : C1812, Liverpool, LAN, ENG **[14513]** : 1700-1830, London, MDX, ENG & WLS **[20919]** : PRE 1866, Neath, GLA, WLS **[39395]**

JEFFRIES : 1828+, Newcastle & Dowlais, NSW & GLA, AUS & WLS **[11425]** : C1837, Shoreditch, MDX, ENG **[28340]** : 1810+, Wortwell, NFK, ENG **[40807]** : PRE 1900, Birmingham, WAR, ENG **[36169]**

JEFFRY : ALL, Elmdon, ESS, ENG **[18378]** : Pheobe, 1776, Lamberhurst, KEN, ENG **[25533]**

JEFFS : PRE 1800, BRK, ENG **[19481]** : Sydney, ALL, Bozeat, NTH, ENG **[30876]** : ALL, Wellingborough, NTH, ENG **[30876]** : 1700S, Appleton, OXF, ENG **[36655]** : 1725+, Burford, OXF, ENG **[99598]** : PRE 1800, WAR, ENG **[18521]** : ALL, CBY, NZ **[39671]** : PRE 1877, WORLDWIDE **[21012]**

JEFKINS : 1729, Sydenham & Aston Rowant, OXF, ENG **[28092]**

JEFRANCE : PRE 1700, North Petherton, SOM, ENG **[31316]**

JEFSOP : Ann Brown, 1830+, Wysall, NTT, ENG **[10203]**

JEKEN : PRE 1800, KEN, ENG **[99174]**

JEKYLL : ALL, NSW, AUS **[32945]** : 1650-1700, Westminster, LND, ENG **[27920]** : PRE 1740, Stowe & Boston, MA, USA **[27920]**

JELLEFF : 1650-1820, Catherington & Chidham, HAM & SSX, ENG **[20578]**

JELLEY : 1800-1855, Leicester, LEI, ENG **[43932]** : 1800-1900, Worplesdon, SRY, ENG **[18657]**

JELLICO : PRE 1820, LND & MDX, ENG **[32882]**

JELLIFF : Marjorie L., 1896+, London, ENG **[44019]** : ALL, HAM, ENG **[44019]** : 1839+, HRT, ENG **[44019]** : 1860+, WAR, ENG **[44019]**

JELLIFFE : ALL, HAM, ENG **[44019]** : 1839+, HRT, ENG **[44019]** : 1860+, WAR, ENG **[44019]**

JELLIS : 1750+, BKM, ENG **[22118]**

JELLY : Jane, 1877+, Glasserton, WIG, SCT **[21955]**

JELLYMAN : 1800-1900, Hazingdean, GLS, ENG **[25529]** : 1872-1902, Stratford, NZ **[46235]**

JEM : Maria, 1790+, ENG **[28557]**

JEMMESON : John, 1850, Speeton, YKS, ENG **[34492]**

JENEW : ALL, ENG & FRA **[28361]**

JENKENSON : 1800+, Hahndorf, SA & VIC, AUS **[35240]**

JENKIN : 1850+, Burra, SA, AUS **[44300]** : Thomas, C1860, Ballarat, VIC, AUS **[13153]** : 1850+, Daylesford, VIC, AUS **[42721]** : Hurford H., 1880+, Perth, WA, AUS **[38919]** : James, 1800+, CON, ENG **[38919]** : Norah, PRE 1773, CON, ENG **[29774]** : PRE 1800, CON, ENG **[34640]** : PRE 1837, Illogan, CON, ENG **[20672]** : 1780+, Kenwyn, CON, ENG **[31332]** : PRE 1780, Madron, CON, ENG **[41477]** : PRE 1860, Madron, CON, ENG **[42721]** : PRE 1900, Morvah & Sancreed, CON, ENG **[45689]** : 1880S, Penzance, CON, ENG **[27701]** : PRE 1900, Penzance & St.Day, CON, ENG **[45849]** : 1700+, Perranzabuloe, CON, ENG **[13857]** : Thomas, 1831, St.Ives, CON, ENG **[13153]** : Nellie, PRE 1906, Plymouth, DEV, ENG **[27701]** : William, PRE 1800, Llywel, BRE, WLS **[15710]** : 1800+, Dinas Powis, GLA, WLS **[25998]**

JENKING : 1850+, Blackpool, LAN, ENG **[46190]** : 1800+, Birmingham, WAR, ENG **[46190]**

JENKINS : John, 1864+, Brisbane Water, NSW, AUS **[25654]** : 1861+, Ipswich, QLD, AUS **[13800]** : 1910+, Humbug Scrub, SA, AUS **[14346]** : PRE 1900, Windsor,

SA, AUS **[26223]** : 1870S, Windsor, VIC, AUS **[46221]** : C1760-1811, Aylesbury, BKM, ENG **[19908]** : PRE 1851, Truro, CON, ENG **[10740]** : 1780-1840, DEV, ENG **[46502]** : PRE 1850, Barnstaple, DEV, ENG **[46453]** : 1800S, Dartmouth, DEV, ENG **[33771]** : ALL, West Ham, ESS, ENG **[33771]** : Robert, PRE 1810, Isle of Wight, HAM, ENG **[41589]** : ALL, HEF, ENG **[18307]** : PRE 1812, Weston-under-Penyard, HEF, ENG **[46275]** : ALL, Charlton, KEN, ENG **[33771]** : 1850+, Blackpool, LAN, ENG **[46190]** : Thomas J., 1867-1889, Hoxton, LND, ENG **[17553]** : 1812, SAL, ENG **[11783]** : 1840S, Bristol, SOM, ENG **[13046]** : PRE 1840, Edburton, SSX, ENG **[32017]** : John, 1788-1838, Hednesford, STS, ENG **[38530]** : Sarah, 1790-1806, Hednesford, STS, ENG **[38530]** : Alice, 1798, Hednesford, STS, ENG **[38530]** : Sarah, 1790, Wolverhampton, STS, ENG **[38530]** : Joseph, 1849, Bidford, WAR, ENG **[11783]** : 1800+, Birmingham, WAR, ENG **[46190]** : C1790, Birmingham, WAR, ENG **[28340]** : 1700S, WIL, ENG **[42384]** : 1810, Kidderminster, WOR, ENG **[27919]** : John Henry, 1840-1886, Cowes & Ballarat, IOW & VIC, ENG & AUS **[39243]** : C1736+, Yatton, SOM, ENG & AUS **[98674]** : PRE 1840, Abbeyleix, LEX, IRL **[10254]** : 1860-1877, Queenstown & Ross Town, SOUTH ISLAND, NZ **[20923]** : 1750+, St.Ninians, STI, SCT **[20578]** : Nancy, 1840-1900, Jeffersonville, IN, USA **[23564]** : 1890+, PA, USA **[11090]** : 1860+, WI, USA **[21479]** : William, 1830+, BRE, WLS **[15710]** : Edward, 1800-1854, Trecastle, BRE, WLS **[15710]** : 1840, St.Clears, CMN, WLS **[13914]** : PRE 1900, Bridgend, GLA, WLS **[34560]** : PRE 1860, Llanharry, GLA, WLS **[12071]** : 1800, Margam, GLA, WLS **[39536]** : ALL, Mesteg, GLA, WLS **[29172]** : PRE 1926, Nottage & Porthcawl, GLA, WLS **[31323]** : 1960+, Stanleytown, GLA, WLS **[24853]** : 1750-1850, Swansea, GLA, WLS **[46001]** : Martha, C1850, Pontlotyn & Rhymney, GLA & MON, WLS **[10610]** : C1600, Panteg, MON, WLS **[19816]**

JENKINSON : 1800S, TAS, AUS **[33245]** : 1900+, ONT, CAN **[45202]** : 1600-1700, Ely, CAM, ENG **[19270]** : 1800-2000, Greenwich & Leytonstone, KEN & ESS, ENG **[46412]** : 1700+, LEI & LIN, ENG **[43756]** : 1800+, Fulbeck & Barrowby, LIN, ENG **[13065]** : 1600-1700, City, LND, ENG **[19270]** : Sarah, 1829, Bucknall, STS, ENG **[38530]** : Geo., 1792, Hednesford, STS, ENG **[38530]** : C1800, Sprotborough, WRY, ENG **[30981]** : C1900, Swinton, WRY, ENG **[30981]**

JENKS : 1880+, Minyip, VIC, AUS **[46384]** : Robert, 1820-1860S, Paddington, LND & MDX, ENG **[46384]** : 1800-1950, Birmingham, WAR, ENG **[46438]**

JENKYN : James, 1799, Penzance, CON, ENG **[13153]** : Thomas, 1831, St.Ives, CON, ENG **[13153]**

JENKYNS : 1780, Childerditch, ESS, ENG **[21479]** : C1860, Vinland, WI, USA **[21479]**

JENMAN : 1800+, Selsey, SSX, ENG **[34543]**

JENNER : 1850+, Carcoar, NSW, AUS **[46315]** : 1800+, London, ENG **[19318]** : 1830+, Ashford, KEN, ENG **[39891]** : C1800S, Bradger, KEN, ENG **[11526]** : 1800S, Chiddingstone, KEN, ENG **[46193]** : 1870+, East Grinstead, SSX, ENG **[28096]** : 1700-1800, Framfield, SSX, ENG **[46220]** :1700+, Icklesham, SSX, ENG **[11629]** : 1800-1850, Lewes, SSX, ENG **[46220]** : 1600-1700, Mayfield, SSX, ENG **[46220]** : 1850-1900, WIL, ENG **[43916]**

JENNETT : Henry, 1880+, Raymond Terrace, NSW, AUS **[30512]**

JENNINGS : 1858+, Bathurst, NSW, AUS **[26410]** : C1836, Illawarra, NSW, AUS **[11303]** : 1887+, Maitland & Wellington, NSW, AUS **[45699]** : George, 1825+, Mulgoa & Penrith, NSW, AUS **[10470]** : 1600+, Smiths, Somerset & Southampton, BERMUDA **[42600]** : Elizabeth, C1757, Aylesbury, BKM, ENG **[31153]** : 1850+, Steeple Claydon, BKM, ENG **[38486]** : PRE 1800, Wendover, BKM, ENG **[33428]** : 1670-1880, Gwennap St.Just, CON, ENG **[10646]** : C1730, St.Just in Roseland, CON, ENG **[13358]** : PRE 1800, Bradworthy, DEV, ENG **[15524]** : C1821, Exeter, DEV, ENG **[46431]** : 1857, Tiverton, DEV, ENG **[46431]** : ALL, ESS, ENG **[34790]** : 1900+, Portsmouth, HAM, ENG **[46431]** : 1890, Winchester, HAM, ENG **[46431]** : 1800-1850, Deptford, KEN, ENG **[17191]** : PRE 1836, LEI, ENG **[11303]** : 1840-1890, Clerkenwell, MDX, ENG **[17191]** : PRE 1880, OXF, ENG **[42238]** : Katherine, 1700-1760, Somerton, OXF, ENG **[27039]** : Jane, 1800+, Wincanton, SOM, ENG **[39243]** : 1580+, Church Eaton, STS & SAL, ENG **[20824]** : Hannah, PRE 1760, Bingley, WRY, ENG **[42277]** : C1830, Bradford, WRY, ENG **[46324]** : C1600, YKS, ENG **[30310]** : ALL, Doncaster, YKS, ENG **[25457]** : ALL, Halifax, YKS, ENG **[25457]** : 1830-1850, Maharashta, Bombay, INDIA **[12589]** : PRE 1860, ARM, IRL **[25725]** : Andrew, 1825, Rathfriland, DOW, IRL **[21759]** : Bridget, 1825+, Ballinrobe, MAY, IRL **[10049]**

JENNINGS-BRAMLY : PRE 1830, Tunbridge Wells, KEN, ENG **[10254]** : C1920S, Killiney, DUB, IRL **[10254]**

JENNO : ALL, ENG & FRA **[28361]**

JENSDATTER : Ellen, PRE 1900, Arhus, DEN **[25066]** : PRE 1840, Brydegard, DEN **[25853]**

JENSEN : Peter & Edith, 1890+, Wantirna & Northcote, VIC, AUS **[12032]** : PRE 1855, Hjermeslev, DEN **[46396]** : 1838-1873, Lumdby, DEN **[46235]** : Jens Peter, 1830, Saamby, RINGSTEAD, DEN **[14120]** : Hanne Ligne, 1855+, Saamby, RINGSTEAD, DEN **[14120]** : Peter, C1840, GER **[12032]** :1840+, Wesselburen, SHO, GER **[38681]**

JENSON : 1850+, VIC, AUS **[99040]** : 1600-1700, Stockton, WAR, ENG **[18670]**

JENT : 1720+, BAD, GER **[15845]**

JENVEY : PRE 1750, HAM, ENG **[19259]**

JENYNS : 1500+, Churchill, SOM, ENG **[12728]**

JEOFFROY : 1800+, London, ENG **[39506]**

JEPHCOTT : 1500-1600, WAR, ENG **[18957]** : Nicholas, C1500, Ansty, WAR, ENG **[18957]**

JEPHS : PRE 1800, WAR, ENG **[18521]**

JEPSON : George, 1700-1800S, DBY, ENG **[36402]** : John, PRE 1708, Heanor & Alfreton, DBY, ENG **[34975]** : 1800+, Peterborough, NTH, ENG **[36402]** : 1800S, Blackburn, LAN, ENG & AUS **[33245]**

JERMAN : 1860-1960, NZ **[44998]** : PRE 1800, Aberffraw, AGY, WLS **[28907]**

JERMEY : ALL, WORLDWIDE **[36081]**

JERMY : ALL, NFK, ENG **[24945]** : PRE 1850, South Walsham, NFK, ENG **[24945]** : ALL, WORLDWIDE **[24945]**

JERMYN : 1750-1800, Assington, SFK, ENG **[17174]**

JEROME : 1750+, Reading, BRK, ENG **[19747]** : 1800-1900, Reading, BRK, ENG **[19747]** : 1550+, Yattendon, BRK, ENG **[19747]** : 1750-1850, Yattendon, BRK, ENG **[19747]** : PRE 1900, HAM, ENG **[19529]** : 1700-1800S, Binstead & Portsmouth, IOW & HAM, ENG **[21765]** : 1800+, Henley on Thames, OXF, ENG **[19747]** : 1850-1900, Henley on Thames, OXF, ENG **[19747]**

JEROMES : Mary, C1821, Buckingham, BKM, ENG **[25396]**

JERRAMS : PRE 1800, Gainsborough, LIN, ENG **[15929]**

JERRARD : 1740-1850, Ansty & Swallowcliffe, WIL, ENG **[37181]**

JERRETT : PRE 1900, Wonston, HAM, ENG **[25162]**

JERROLD : Samuel, 1750+, London, ENG **[42432]** : Douglas Wm, 1800+, London, ENG **[42432]** : Thos, 1825+, DEV & LND, ENG **[42432]**

JERVIS : 1840S, Hobart, TAS, AUS **[46359]** : ALL, Islington, MDX, ENG **[38498]** : PRE 1870, SAL, ENG **[22536]** : ALL, UK **[21312]** : 1890+, RI, USA **[22536]**

JESNEY : ALL, WORLDWIDE **[19328]**

JESS : 1700-1800S, Birmingham, WOR, ENG **[22070]**

JESSAP : Richard, 1738+, Rauceby, LIN, ENG **[20793]**

JESSER : 1750-1860, London, ENG **[13326]**

JESSON : Ann, 1784, ENG [16842] : 1800-1900, WOR, ENG [19368]

JESSOP : PRE 1683, Billinghay, LIN, ENG [19902] : Ann, 1828-1928, Spalding & Crowland, LIN, ENG [20792] : 1750-1850, Attleborough, NFK, ENG [12641] : PRE 1850, Great Hockham, NFK, ENG [14948] : 1800-1840, Norwich, NFK, ENG [25529] : Ann Brown, 1830+, Wysall, NTT, ENG [10203] : PRE 1850, Eriswell, SFK, ENG [14948] : PRE 1770, Huntingfield, SFK, ENG [21594] : ALL, Clayton West & High Hoyland, WRY, ENG [42974] : ALL, Hemsworth, WRY, ENG [38968]

JESSOP (see JEFSOP) : KEN, ENG [13848]

JESSUP : John, C1660-1693, Cowden, KEN, ENG [34140] : PRE 1800, Felkirk, YKS, ENG [18806] : Herman, 1850+, Lansing, MI, USA [99433]

JESTER : 1900-1940, Harris Co., TX, USA [28660]

JEUKEN : ALL, WORLDWIDE [11726]

JEUTE : PRE 1860, Guben, BRA, GER [46396] : PRE 1860, Ratzebuhr, POM, GER [46396] : PRE 1860, Ratzebuhr, PRE, GER [46396]

JEVES : Richard, 1700, Litlington, CAM, ENG [14627]

JEWEL : PRE 1850, Mamhead, DEV, ENG [26202]

JEWELL : PRE 1860, St.Mawgan in Meneage, CON, ENG [20919] : ALL, Totnes, DEV, ENG [25073] : 1500-1900, HAM, ENG [17480] : PRE 1800, HRT, ENG [41163] : 1780-1850, SFK, ENG [16811] : PRE 1935, VA, USA [18700]

JEWESS : 1865+, KEN, ENG [46386]

JEWETT : PRE 1680, Ebchester, DUR, ENG [17626]

JEWHURST : 1770+, SSX, ENG [36435]

JEWISH : 1800, STS, ENG [14227]

JEWKES : PRE 1800, STS, ENG [20874] : ALL, Dudley, WOR, ENG [20874] : 1700-1900, WOR & STS, ENG [45749]

JEX : Joseph, PRE 1850, Chatham, KEN, ENG [21175] : 1730S-1870, Costessey & Swanton Morley, NFK, ENG & CAN [17366]

JIGGENS : Samuel, C1854, Lambeth, SRY, ENG [10706]

JILLARD : PRE 1880, DEV, ENG [30161]

JINMAN : 1700-1850, Selsey, SSX, ENG [38290]

JOADE : PRE 1600, KEN, ENG [45962]

JOB : 1850S, Ballarat, VIC, AUS [12318] : PRE 1870, Falmouth, CON, ENG [33564] : 1600-1820, Gwennap, CON, ENG [12318] : 1750, Mylor, CON, ENG [43775] : C1830, St.Agnes, CON, ENG [13244] : PRE 1788, Birmingham, WAR, ENG [17231]

JOBE : PRE 1850, Gwennap, CON, ENG [20672] : 1850+, Bere Alston, DEV, ENG [20672]

JOBLING : Eleanor, C1808, Durh, DUR, ENG [10956] : John, 1703, Chester le Street, DUR, ENG [10035] : Ann, 1825, Chester le Street, DUR, ENG [10035] : Eleanor, 1825, Gateshead Fell, DUR, ENG [10956] : PRE 1820, Stockton, DUR, ENG [46420]

JOBSON : George, 1872+, Bathurst, NSW, AUS [25654] : 1800S+, Dalderby, LIN, ENG [28134] : 1800S+, Haltham, LIN, ENG [28134]

JOCELYN : ALL, WORLDWIDE [18498]

JOEL : 1756, Ilford, ESS, ENG [14156]

JOFFROY : PRE 1800, London, ENG [39506]

JOGGETT : ALL, Taunton, SOM, ENG [33771]

JOHANNESEN : Gustav, PRE 1851, NOR & AUS [25794]

JOHANNSEN : 1885+, Smythesdale & Clunes, VIC, AUS [36751] : 1700+, Drelsdorf, SHO, GER [10634] : Andreas, 1833-1873, Christiania, NOR [29867]

JOHANSDTR : Cath Broman, PRE 1723, Gavle, FIN & SWE [22392]

JOHANSEN : 1800+, SWE [29025]

JOHANSON : C1850, SMALAND, SWE [32071]

JOHANSSON : 1830-1880, O.Land, SWE [42699]

JOHN : C1720+, Redruth, CON, ENG [13004] : 1670S, Wendron, CON, ENG [25070] : 1960+, Charlton Kings, GLS, ENG [24853] : Sarah, 1813, Brown Co., OH, USA [23208] : Thos Griffith, PRE 1754, Llanfihangel Aberbythych, CMN, WLS [39482] : Jenkin, PRE 1800, Eglwysilan & Llanwono, GLA, WLS [16233] : 1930+, Llanbradach, GLA, WLS [24853] : Howell, PRE 1800, Penclawdd, GLA, WLS [30603] : 1780+, St.Nicholas GLA, WLS [25998] : 1870+, Treherbert, GLA, WLS [46274] : 1750-1850, Camrose, PEM, WLS [46212] : 1840+, Melthyr Tydfil Lower, PEM, WLS [31259] : 1800-1881, Neyland, PEM, WLS [45675] : C1800+, St.Marys Tenby, PEM, WLS [21563]

JOHNS : Gwendolin, 1915+, Sydney, NSW, AUS [11783] : Edward, 1850-1880, Hindmarsh, SA, AUS [14306] : ALL, Ross, TAS, AUS [99298] : 1750-1850, London, ENG [20919] : ALL, CON, ENG [45830] : PRE 1831, CON, ENG [40871] : PRE 1840, CON, ENG [31297] : 1730, Mevagissey, CON, ENG [21594] : 1750-1800, Paul, CON, ENG [46255] : C1810, Redruth, CON, ENG [10634] : 1700-1796, Sancreed, CON, ENG [27769] : 1800+, St.Austell, CON, ENG [21218] : Edward & Edwin, 1830S, St.Erth, CON, ENG [14306] : PRE 1773, Wendron, CON, ENG [29774] : 1750-1850, Beaford, DEV, ENG [18378] : James, PRE 1855, Plymouth, DEV, ENG [12884] : PRE 1850, Chipping Campden, GLS, ENG [39564] : 1850-1900, Poplar, MDX, ENG [41128] : C1833, SRY, ENG [11783] : 1800S, Birmingham, WAR, ENG [42718] : 1800+, Evesham, WOR, ENG [39564] : ALL, Cardiff, GLA, WLS [27219]

JOHNSDAUGHTER : 1758, SHI, SCT [17650]

JOHNSEN : 1900, SWE [33409]

JOHNSON : 1849, NSW, AUS [39167] : Colin, 1902+, Ballina & Casino, NSW, AUS [42676] : Owen, 1860+, Bathurst & Casino, NSW, AUS [42676] : James, 1828+, Braidwood, NSW, AUS [12025] : William, 1845+, Dry Plains & Monaro, NSW, AUS [12025] : Ada, 1886+, Lismore, NSW, AUS [40505] : Cornelius, 1900+, Lithgow, NSW, AUS [25654] : Eileen Gladys, C1915, Lithgow, NSW, AUS [36592] : John, 1858+, Lower Turon & Sofala, NSW, AUS [11773] : James, PRE 1848, Monaro, NSW, AUS [12025] : Thomas, 1856+, Mount Dangar, NSW, AUS [46280] : 1840S, New England, NSW, AUS [13845] : John, 1870+, Newcastle, NSW, AUS [10297] : James, 1839, Parramatta, NSW, AUS [20542] : Mary, 1803-1876, Sydney, NSW, AUS [39212] : 1930+, Sydney, NSW, AUS [29025] : John, 1820+, Newcastle, NSW & TAS, AUS [21594] : Mary-Ann, 1874+, Bannockburn, VIC, AUS [22409] : William, 1860+, Beechworth, VIC, AUS [36433] : 1850+, Ollera, Guyra & Tamworth, NSW, AUS & ENG [42600] : John, C1773-C1812, Niagara Peninsula, ONT, CAN [15513] : Joseph, C1795+, Niagara Twp., ONT, CAN [15513] : Henry, 1744-1808, ONT, CAN & USA [15513] : Emily, 1850, Cambridge, ENG [10985] : 1850+, East London, ENG [12641] : 1800+, Bedford St.Mary, BDF, ENG [21321] : 1800-1900, Tempsford, BDF, ENG [18670] : 1880S, BRK, ENG [15286] : PRE 1860, Reading & Wokingham, BRK, ENG [10114] : PRE 1800, Uffingdon, BRK, ENG [43033] : 1830S, Wallingford, BRK, ENG [38833] : 1800S, Wokingham, BRK, ENG [42542] : C1800, Chatteris, CAM, ENG [17486] : PRE 1888, Swaffham Bulbeck, CAM, ENG [46247] : 1650-1900, Wisbech & Cambridge, CAM, ENG [33347] : PRE 1900, Bollington, CHS, ENG [45176] : Thomas & John, 1800S, Kelsall & Tarvin, CHS, ENG [13031] : PRE 1870, Scaleby, Carlisle, CUL, ENG [11877] : Catherine or, C1788, Church Broughton, DBY, ENG [31003] : Eliza, 1847-1850, Eckington, DBY, ENG [45070] : 1660-1850, Mackworth, DBY, ENG [19713] : Reuben, 1890+, Ilkeston, DBY & NTT, ENG [36710] : Wm, 1881, Bradninch, DEV, ENG [14627] : Wm., 1870S, Exeter & Paignton, DEV, ENG [14627] : PRE 1850, Holsworthy, DEV, ENG [36503] : William, PRE 1880, Monmouth, DEV, ENG [36433] : Wm, 1841, Payhembury, DEV, ENG [14627] : PRE 1850, DUR, ENG [36120] : Prudence, 1830, Bishopwearmouth, DUR, ENG [12141] : 1850, Chester le Street, DUR, ENG [19862] : PRE 1840, Gateshead,

DUR, ENG [27842] : 1700-1750, Middleton in Teesdale, DUR, ENG [37169] : William, C1861, Shildon, DUR, ENG [21828] : Robert, C1861, Shildon, DUR, ENG [21828] : Sarah, C1861, Shildon, DUR, ENG [21828] : 1700-1800, Sunderland, DUR, ENG [45636] : Edward, C1824, Sunderland, DUR, ENG [13960] : Robert, C1903, Yarm, DUR, ENG [21828] : PRE 1900, South Shields, DUR & NBL, ENG [34844] : 1869-1996, Hull, ERY, ENG [35218] : PRE 1869, Hull, ERY, ENG [35218] : Appelonia, 1700-1790, ESS, ENG [39522] : PRE 1800, ESS, ENG [33664] : 1800S, Grace Farm, Newport, ESS, ENG [41439] : PRE 1762, Great Dunmow, ESS, ENG [18147] : 1800S, Alverstoke, HAM, ENG [13910] : 1800S, Portsea & Botley, HAM, ENG [13910] : PRE 1879, Great Amwell, HRT, ENG [14076] : Mary, 1895+, North London & Barnet, HRT, ENG [32307] : Wm Henry, 1830S, KEN, ENG [33007] : 1800-1860, East Peckham & Tonbridge, KEN, ENG [18714] : William, 1800S+, Higham, KEN, ENG [33007] : 1830+, Knowsley, LAN, ENG [13471] : PRE 1850, Liverpool, LAN, ENG [13914] : PRE 1860, Liverpool, LAN, ENG [29373] : 1750-1850, Manchester, LAN, ENG [18606] : 1780+, Manchester, LAN, ENG [12641] : PRE 1768, Pendleton, LAN, ENG [11866] : Elizabeth, C1805, Penketh, LAN, ENG [18957] : PRE 1829, Preston, LAN, ENG [28140] : Lucy, 1844-1902, Salford & Eccles, LAN, ENG [16125] : PRE 1880, Stretford, LAN, ENG [34906] : 1800+, Swinton & Manchester, LAN, ENG [10886] : Samuel, 1700-1810, Leicester, LEI, ENG [39060] : 1857+, Lutterworth, LEI, ENG [44175] : PRE 1900, Market Harborough, LEI, ENG [39642] : David, 1811-1850S, Markfield, LEI, ENG [10071] : C1850, Shepshed, LEI, ENG [30714] : 1720+, Beckingham, LIN, ENG [37156] : Mary, 1840, Boston & Digby, LIN, ENG [42453] : Thomas, 1720, Gedney, LIN, ENG [10318] : Robert Garfit, PRE 1830, Gedney, LIN, ENG [14267] : PRE 1900, Gedney Hill, LIN, ENG [98672] : PRE 1850, Mumby, LIN, ENG [36033] : 1730+, Sempringham, LIN, ENG [17000] : 1840-1850, Skegness, LIN, ENG [35218] : PRE 1750, Sutton St.James, LIN, ENG [17626] : PRE 1800, LND, ENG [31186] : John, PRE 1865, Battersea, LND, ENG [25151] : Ernest, 1880+, Bermondsey, LND, ENG [41943] : Wm., 1850+, Hendon, LND, ENG [13065] : Henry, 1858, Southwark, LND, ENG [21828] : Edward Lionel, 1800+, Stepney, LND & MDX, ENG [39307] : 1900-1950, Hammersmith, MDX, ENG [20416] : Elizabeth, 1800+, London, MDX, ENG [31319] : 1840-1870, Marylebone, MDX, ENG [37049] : C1850-1900, St.Marylebone, MDX, ENG [19585] : 1850+, St.Pancras, MDX, ENG [28391] : William, C1800, Burradon, NBL, ENG [38579] : PRE 1880, Newcastle-on-Tyne, NBL, ENG [27842] : George, PRE 1870, Seaton Delaval, NBL, ENG [10297] : 1750+, Bedingham & Broome, NFK, ENG [44061] : 1830S, Houghton, NFK, ENG [22743] : 1910-1970, Norwich, NFK, ENG [37809] : 1780+, Poringland, NFK, ENG [30855] : 1750+, Sheringham, NFK, ENG [17163] : 1780+, Trowsenewton & Norwich, NFK, ENG [30855] : PRE 1846, Blakesley, NTH, ENG [10740] : 1800S, Hellidon, NTH, ENG [42615] : 1798+, Kettering, NTH, ENG [21207] : 1826+, Northampton, NTH, ENG [21207] : 1750-1825, Wollaston, NTH, ENG [33347] : 1500-1700, Banbury, OXF, ENG [27039] : PRE 1815, Oxford, OXF, ENG [36543] : PRE 1832, Oxford City, OXF, ENG [43840] : Eliz. Sophia, 1850+, Oxford & Marcham, OXF & BRK, ENG [27958] : PRE 1880, Charsfield, SFK, ENG [33846] : PRE 1870, Ipswich, SFK, ENG [45036] : 1900, SRY, ENG [38737] : 1780-1800, Hersham, SRY, ENG [46298] : C1800-1820, Kingston-on-Thames, SRY, ENG [19585] : 1850-1912, Mitcham, SRY, ENG [18147] : Mary Ann, 1820-1842, Newington, SRY, ENG [14627] : 1800-1900, Peckham, SRY, ENG [20416] : PRE 1850, Wimbledon, SRY, ENG [18147] : PRE 1850, Horsham, SSX, ENG [36246] : 1820-1870, Doveridge, STS, ENG [36528] : PRE 1850, Ipstone, STS, ENG [40696] : ALL, Ipstones & Milton, STS, ENG [29989] : Thomas, PRE 1755, Lichfield, STS,

ENG [38987] : PRE 1800, Sandon, STS, ENG [19641] : PRE 1860, Stafford, STS, ENG [15823] : PRE 1850, West Bromwich, STS, ENG [37066] : Philip, 1850+, Birmingham, WAR, ENG [38833] : 1870S, Birmingham, WAR, ENG [42615] : 1800-1850, Coventry, WAR, ENG [30302] : 1860S, Rowington, WAR, ENG [42615] : Sarah, 1750-1800, Woodford, WIL, ENG [22440] : PRE 1886, Dudley, WOR, ENG [38743] : 1700+, Hemingfield, WRY, ENG [46499] : Elizabeth, PRE 1700, Kirkburton, WRY, ENG [16233] : 1835-C1915, Leeds & Sheffield, WRY, ENG [11270] : 1700-99, YKS, ENG [40719] : William, C1800-1875, Heworth & Nunburnholme, YKS, ENG [41271] : William, C1844, Horsforth & Leeds, YKS, ENG [21828] : C1854, Thirn, YKS, ENG [25654] : 1700-1800, Winteringham, YKS, ENG [32042] : 1790+, Deal & Nonington, KEN, ENG & AUS [42600] : ALL, Prescott & Liverpool, LAN, ENG & AUS [46317] : C1800, Worplesdon & Adelaide, SRY & SA, ENG & AUS [38546] : 1800+, Hanover, GER [45652] : ALL, Dublin, IRL [27842] : 1850+, Lea, LEX & KID, IRL [19429] : Elizabeth, 1840+, MOG, IRL [46195] : 1920-1940, Grange, TYR, IRL [22253] : 1840+, Invercargill, SLD, NZ [42542] : 1840+, EAST CAPE, RSA [22175] : 1700+, Port Ellen, ARL, SCT [20914] : 1870-1885, Dunbar, ELN, SCT [27842] : ALL, SHI, SCT [21442] : John, PRE 1853, SWE [11773] : PRE 1900, Gothenberg, SWE [29024] : C1875, SMALAND, SWE [32071] : Olaf/Olief, 1840+, Stockholm & Grafton, NSW, SWE & AUS [44567] : Francis, 1830-1900, Lynn, MA, USA [22640] : Jeremiah, C1720-1755, Long Island, NY, USA [15513] : 1900+, New York, NY, USA [20401] : Tom, PRE 1930, Tilly Foster, NY, USA [41785] : Joseph, 1800-1920, Philadelphia, PA, USA [22640] : Eveline, 1825-1864, Philadelphia, PA, USA [22640] : 1600+, RI, USA [42927] : Mary Lee, 1895+, Birdville, TX, USA [26142] : 1700-1800, St.Lucy, BARBADOS, W.INDIES [21349] : C1780, CGN, WLS [39167] : Catherine, 1888+, Newport, Risca & Nottingham, MON & NTT, WLS & ENG [28341]

JOHNSON (see One Name Section) [15513]
JOHNSTON : 1861+, Kiama, NSW, AUS [28134] : Thomas, 1856+, Mount Dangar, Worondi, NSW, AUS [46280] : 1840S+, Orange & Nyngan, NSW, AUS [13694] : 1864+, Robertson, NSW, AUS [28134] : 1839+, SA, AUS [36841] : James, PRE 1858, Longford, TAS, AUS [12321] : Arthur & Louise, 1907+, Rosevale, TAS, AUS [28140] : Ann, 1860S, Corfu Reef, VIC, AUS [39243] : Peter, 1850+, Horsham, VIC, AUS [10564] : Mary Ann, C1851, Richmond & Melbourne, VIC, AUS [40143] : Robert, 1860S, Willowmavin, VIC, AUS [13244] : 1848+, Sydney, NSW & FER, AUS & IRL [11043] : Solomon, 1857-1950, Lac la Biche, ALB, CAN [41349] : Alexandre, 1862-1920, Lac la Biche, ALB, CAN [41349] : Emma, 1882-1950, Lac la Biche, ALB, CAN [41349] : Charles, 1829-1900, St.Andrews, MAN, CAN [41349] : James, 1823+, Tabusintac, NB, CAN [16819] : PRE 1900, Clearwater, ONT, CAN [16875] : PRE 1886, Oxford Co., ONT, CAN [33952] : 1830+, Sherbrooke, QUE, CAN [42570] : James, 1830+, CUL, ENG [32996] : 1853+, Halewood, LAN, ENG [13471] : 1812+, Bayswater, LND, ENG [22175] : PRE 1860, London, LND, ENG [46398] : John, PRE 1823, Southwark, LND, ENG [98637] : Margaret, PRE 1870, Newcastle upon Tyne, NBL, ENG [16233] : PRE 1890, Tynemouth, NBL, ENG [29774] : 1785-1890, West Dereham, NFK, ENG [30302] : PRE 1810, Chichester, SSX, ENG [20974] : 1846+, Ulster, IRL [99040] : 1700-1850, Belfast, ANT, IRL [11120] : 1800+, Culban, ANT, IRL [46477] : PRE 1830, Tamybrake, ANT, IRL [12084] : 1800-80, CAV, IRL [21418] : Margaret, 1700-1800, Castlefin, DON, IRL [42893] : C1850, St.Johnstown, DON, IRL [26731] : John, PRE 1900, Comber, DOW, IRL [27666] : 1840, Orangefield, DOW, IRL [12460] : 1750-1900, Drumsara, DRY, IRL [13326] : PRE 1864, Drumkeeran, FER, IRL [28134] : 1800-1865, Killesher, FER, IRL [15098] : 1750-1900, Kinawley, FER, IRL [15098] : 1800+, Kilrea, LDY, IRL

JOH [21093] : PRE 1830S, Maghera, LDY, IRL [11658] : 1750+, Lea & Portarlington, LEX, IRL [19429] : 1800S, Granard, LOG, IRL [21418] : 1840S-1880S, Drumragh & Omagh, TYR, IRL [37978] : 1850-90, Fivemiletown, TYR, IRL [46232] : 1920-1940, Grange, TYR, IRL [22253] : 1800+, WEM, IRL [42570] : 1800+, Castlederg, TYR, IRL & NZ [39227] : Albert E.J., C1903+, NZ [28134] : 1920+, Auckland, NZ [46477] : 1862+, Balclutha, NZ [46352] : 1850-1865, Christchurch, NZ [10230] : C1784-1813, Aberdour & Pitsligo, ABD, SCT [27780] : 1700+, Old Deer, ABD, SCT [21854] : 1790+, Old Machar, ABD, SCT [13422] : Kennneth G., 1872+, Dundee, ANS, SCT [21854] : Jessie, 1877+, Dundee, ANS, SCT [21854] : Alex., 1880+, Dundee, ANS, SCT [21854] : ALL, ANS & FIF, SCT [25219] : Sarah, 1820+, Dundonald, AYR, SCT [15885] : PRE 1800, BEW, SCT [46352] : PRE 1850, Allanton, BEW, SCT [46339] : 1750+, Cranshaws, BEW, SCT [13129] : Margaret, 1820+, Duns, BEW, SCT [10297] : Margaret, 1735+, Mey, CAI, SCT [20606] : Margaret, 1820S, Annan, DFS, SCT [46261] : James, PRE 1823, Annan, DFS, SCT [16819] : ALL, FIF, SCT [19064] : ALL, Balmisrone & Arngask, FIF, SCT [46454] : ALL, Irongray, KKD, SCT [21763] : PRE 1840, Carnwath, LKS, SCT [45146] : 1840S+, Glasgow, LKS, SCT [13799] : 1857, Glasgow, LKS, SCT [13591] : 1900+, Glasgow, LKS, SCT [46302] : PRE 1750, Glasgow, LKS, SCT [45308] : PRE 1882, Govan, LKS, SCT [25672] : 1790-1804, Currie, MLN, SCT [36841] : 1804-1813, Edinburgh, MLN, SCT [36841] : PRE 1800, Edinburgh, MLN, SCT [40868] : Robert, 1800-1880, OKI, SCT [41349] : 1825+, Longhope, OKI, SCT [14513] : ALL, Errol & Dunning, PER, SCT [46454] : 1800, Wilton, ROX, SCT [14966] : 1830+, Hillswick, SHI, SCT [10564] : 1762+, Bothkennar & Falkirk, STI, SCT [21207] : PRE 1808, Bo'Ness, WLN, SCT [44111] : PRE 1840, Bo'Ness, WLN, SCT [13574] : 1850+, Chippewa Co., MI, USA [36456] : Robert, C1860-1925, Toledo, OH, USA [35638] : C1900, OR, USA [27780]

JOHNSTONE : 1870+, Braidwood, NSW, AUS [20975] : 1800+, Redfern, NSW, AUS [11229] : 1860+, QLD, AUS [46398] : Mary Ann, PRE 1880, VIC, AUS [41471] : C1850, Portland, VIC, AUS [39155] : PRE 1830, DEV, ENG [12457] : Mary Jane, PRE 1855, Holsworthy, DEV, ENG [36503] : James, PRE 1860, ESS, ENG [11408] : Elizabeth, 1860-1880, Redhill, KEN, ENG [11408] : 1871+, Lancaster, LAN, ENG [26173] : George, 1840-80, Manchester, LAN, ENG [38926] : Charlotte, 1800+, Eas Tlondon, MDX, ENG [31319] : 1800-1850, Drumsara, DRY, IRL [13326] : 1660+, Lisbellaw, FER, IRL [15740] : 1920-1940, Grange, TYR, IRL [22253] : 1860+, Dunedin, OTG, NZ [46398] : 1860+, Mosgiel, OTG, NZ [46398] : Robert, 1810+, Aberdeen, ABD, SCT [16938] : 1850S, Irvine & Dunfermline, AYR & FIF, SCT [11090] : PRE 1900, BAN, SCT [29024] : Helen, 1700-1950, DFS, SCT [26897] : 1750+, Lochmaben, DFS, SCT [35444] : 1700-1900, Rerrick, DFS, SCT [26173] : PRE 1740, Ruthwell, DFS, SCT [31923] : Margaret, 1800-1900, Dunbarton, DNB, SCT [12878] : 1800-1850, Inverness, INV, SCT [46458] : 1830-1870, Inverness, INV, SCT [46458] : Elizabeth, 1700-1950, KKD, SCT [26897] : 1600+, Glasgow, LKS, SCT [14589] : PRE 1850, Stirling, STI, SCT [42643] : ALL, DFS, SCT & AUS [46231] : C1830, SCT & ENG [46327] : Robert K., 1845-1950, Buffalo & Williamsvale, NY, USA [26897]

JOINER : 1870, Forest of Dean, GLS, ENG [97805] : ALL, HRT, ENG [18378] : William, C1880-1920, Willenhall, STS, ENG [33402] : William, C1880-1920, Dronfield, YKS, ENG [33402] : 1870, Glencoe, SCT [97805]

JOINT : ALL, South Brent, DEV, ENG [19457]

JOIST : 1870S, London, ENG [15594]

JOKUBAITIS : 1700-1900, OPR, GER [23523] : 1700-1900, Taurage, LITHUANIA [23523]

JOLLAND : 1670-1765, Hemswell & Friesthorpe, LIN, ENG [17037]

JOLLEY : PRE 1825, Canterbury, KEN, ENG [34906] : ALL, LAN, ENG [41370] : 1700-1900, London, MDX, ENG [45886] : ALL, YKS, ENG [41370]

JOLLIFFE : 1895+, Birkenhead, CHS, ENG [46298] : 1900+, Willaston, CHS, ENG [46298] : 1800S, Tremaine, CON, ENG [20606] : 1700+, Week St.Mary, CON, ENG [15524] : 1700S, Shorwell, IOW, ENG [46430] : 1780+, Liverpool, LAN, ENG [46298]

JOLLY : Elizabeth, 1900, VIC, AUS [99177] : 1700+, London, ENG [19486] : PRE 1825, Canterbury, KEN, ENG [34906] : 1740-1870, Bolton, LAN, ENG [39536] : PRE 1840, Wattisfield, SFK, ENG [42969] : ALL, SSX, ENG [34906] : 1700+, Port Arlington & Dublin, LEX & DUB, IRL [19486] : 1789, Old Machar, ABD, SCT [13014]

JONAS : 1847+, Port Adelaide, SA, AUS [31332] : Benjamin, 1870S, Ballarat, VIC, AUS [25700] : Isaac, PRE 1825, London, MDX, ENG [25700] : Maurice, 1897-1902, Leeds, YKS, ENG [17109] : Benjamin, 1895-95, Timaru, NZ [25700] : Maurice, PRE 1860, PRE [17109] : Maurice, 1860-1897, Edinburgh, MLN, SCT [17109] : Henry E., 1875-1900, Edinburgh, MLN, SCT [17109]

JONASSON : PRE 1872, Fredrikstad, NOR [13809]

JONES : 1850-1900, Bathurst, NSW, AUS [42609] : Bill, 1845+, Burwood, NSW, AUS [11055] : Alfred, 1800S, Cobargo, NSW, AUS [43521] : Elizabeth, 1840+, Dubbo & Bourke, NSW, AUS [45699] : 1860+, Gundagai, NSW, AUS [11572] : William Lloyd, C1850, Hoxton Park, NSW, AUS [43521] : 1866+, Maitland, NSW, AUS [30776] : Matilda, PRE 1874, Mudgee, NSW, AUS [37847] : 1850+, Sydney, NSW, AUS [13584] : Gertrude A.M., 1872+, Sydney, NSW, AUS [42565] : C1839+, Sydney, NSW, AUS [12904] : John Ernest, C1851+, Sydney, NSW, AUS [30512] : George, 1850+, Uralla, NSW, AUS [13461] : William, C1800, Woonona, NSW, AUS [43521] : Thomas, 1850+, Yass, NSW, AUS [11745] : Sarah Jane, C1888-1890, Sydney & Brisbane, NSW & QLD, AUS [31003] : 1900+, Rockhampton, QLD, AUS [42226] : 1820-1860, Adelaide, SA, AUS [42609] : 1860+, Clare, Port Augusta, SA, AUS [33846] : Ebenezer, PRE 1865, Kapunda, SA, AUS [13984] : Benjamin, 1796+, Hobart, TAS, AUS [14029] : Bartholomew, 1850S, Hobart, TAS, AUS [27701] : Eulalie, 1890-1940, Benalla, VIC, AUS [45770] : M., 1870+, Sandhurst, VIC, AUS [39108] : Ellen, 1870-1970, Smeaton & Ballarat, VIC, AUS [41228] : PRE 1878, Warrnambool, VIC, AUS [21012] : Mary, 1836, Newcastle, Dowlais, NSW & GLA, AUS & WLS [11530] : 1820-1900, NB, CAN [45291] : 1910+, Hamilton, ONT, CAN [27842] : I. Hutchfield, PRE 1978, Swift Currant, SAS, CAN [46465] : Morton Trevor, 1937+, ENG [34883] : Edmund, ALL, ENG [24980] : Thos, 1810, London, ENG [12058] : Margaret, 1850-1872, London, ENG [46507] : Ebenezer, C1830, London, ENG [25645] : David, 1828, Bletchley, BKM, ENG [44941] : PRE 1750, Chesham, BKM, ENG [19782] : Ann, 1790-1810, Highworth, BRK, ENG [12363] : PRE 1900, Birkenhead, CHS, ENG [28474] : C1790, Burton, CHS, ENG [39573] : Charles, 1750, Chester & Tarvin, CHS, ENG [13031] : James, 1809+, Stockport, CHS, ENG [28341] : Thomas, 1838-1860, Stockport, CHS, ENG [28341] : 1900+, Stockport & Marple, CHS, ENG [18372] : E. Hutchfield, 1893+, Tranmere, CHS, ENG [46465] : William, C1810, Wilmslow, CHS, ENG [21161] : William, 1800-1855, Brixham, DEV, ENG [42913] : Marian Buller, 1880S, Great Baddon Park, ESS, ENG [12320] : 1830+, ESS & MDX, ENG [34790] : 1650+, Bristol, GLS, ENG [15289] : Emma, C1843, Bristol, GLS, ENG [17676] : 1780-1850, Forest of Dean, GLS, ENG [38970] : ALL, St.Briavels, GLS, ENG [15409] : 1700-1850, Brading, Iow, HAM, ENG [36950] : PRE 1850, Eling, HAM, ENG [31316] : PRE 1850, Portsea, HAM, ENG [18150] : Thomas, 1824, Portsmouth, HAM, ENG [25533] : John, 1847-1906, Winchester, HAM, ENG [18271] : Arthur, 1880+, Winchester, HAM, ENG [18271] : 1860S, Lugwardine, HEF, ENG [42718] : Frederick, 1800+, Marden, HEF, ENG [46397] : David

Morgan, C1810, Walterstone, HEF, ENG **[17380]** : Sussanah, C1780-1807+, West, HEF, ENG **[18422]** : ALL, Canterbury, KEN, ENG **[21348]** : John, 1780-1850, Faversham, KEN, ENG **[18271]** : 1875-1900, Forest Hill, KEN, ENG **[42739]** : 1870-1875, Lee, KEN, ENG **[42739]** : PRE 1900, Maidstone, KEN, ENG **[11282]** : Edward, 1922, Risboro & Folkestone, KEN, ENG **[25329]** : John, 1773, Wittersham, KEN, ENG **[10993]** : Mary, 1812+, Deane by Bolton & Wigan, LAN, ENG **[31003]** : Edward, 1750+, Liverpool, LAN, ENG **[43521]** : Catherine, 1750+, Liverpool, LAN, ENG **[43521]** : Job, 1800S, Liverpool, LAN, ENG **[43521]** : Ann, 1800S, Liverpool, LAN, ENG **[43521]** : William, 1834+, Liverpool, LAN, ENG **[31003]** : Mary, 1920S, Liverpool, LAN, ENG **[17012]** : Thomas Wm. B., C1810+, Liverpool, LAN, ENG **[12904]** : Hugh, C1840, Liverpool, LAN, ENG **[31003]** : PRE 1880, Liverpool, LAN, ENG **[46251]** : Abraham, PRE 1900, Liverpool, LAN, ENG **[19289]** : James & Emma, 1800-1870, Liverpool & Ashton under Lyme, LAN, ENG **[24873]** : William, 1800S, Liverpool St.Peters, LAN, ENG **[43521]** : Ruth, 1800S, Liverpool St.Peters, LAN, ENG **[43521]** : 1800S, Newton Heath, LAN, ENG **[38696]** : PRE 1850, Oldham, LAN, ENG **[32907]** : John & Mary J, 1889+, Prestwich, LAN, ENG **[29328]** : Benjamin, 1830+, Warrington, LAN, ENG **[28341]** : George, 1837+, Warrington, LAN, ENG **[28341]** : Catherine, 1860+, Warrington, LAN, ENG **[28341]** : David Lewis, 1880+, Warrington, LAN, ENG **[12481]** : David, 1880+, Warrington, LAN, ENG **[12481]** : James, C1800-1880, Warrington, LAN, ENG **[28341]** : James, C1830+, Warrington, LAN, ENG **[28341]** : Thomas, C1840+, Warrington, LAN, ENG **[28341]** : Mary, 1812+, Wigan & Liverpool, LAN, ENG **[31003]** : Thomas, 1812+, Wigan & Liverpool, LAN, ENG **[31003]** : John, 1790S-1860S, Liverpool & Seacombe, LAN & CHS, ENG **[11860]** : Mary, C1810+, Warrington & Cheshire, LAN & CHS, ENG **[28341]** : 1780+, Warrington, LAN & CUL, ENG **[28341]** : James, C1809-79, Warrington, LAN & CUL, ENG **[28341]** : Sarah, 1780-1820, Leicester, LEI, ENG **[17203]** : 1800-1850, LND, ENG **[42609]** : 1840-1860, LND, ENG **[12231]** : 1800-1810, Holborn, LND, ENG **[36821]** : Thomas, 1822, Newington Butts, LND, ENG **[10318]** : 1850+, Ratcliffe, LND, ENG **[42542]** : 1787, Shoreditch, LND, ENG **[17580]** : Frederick, 1817-1853, Spitalfields, LND, ENG **[10399]** : ALL, London, MDX, ENG **[16111]** : PRE 1834, London, MDX, ENG **[40615]** : 1790, Westminster, MDX, ENG **[36084]** : Thomas, 1810+, Westminster, MDX, ENG **[12058]** : Alfred, PRE 1852, Nottingham, NTT, ENG **[10399]** : Elizabeth, 1800+, Chetwynd, SAL, ENG **[17196]** : ALL, Clungunford, SAL, ENG **[42943]** : ALL, Frodesley, SAL, ENG **[42943]** : 1800-1880, Ludlow, SAL, ENG **[45207]** : Herbert H., 1888+, Ludlow, SAL, ENG **[42780]** : Mary, 1764-C1784, Meole Brace, SAL, ENG **[39964]** : William, 1830S, Munslow, SAL, ENG **[14513]** : 1800+, Oswestry, SAL, ENG **[27842]** : PRE 1815, Pontesbury, SAL, ENG **[28474]** : 1800+, Selattyn, SAL, ENG **[27842]** : Henry, PRE 1851, Shrewsbury, SAL, ENG **[46324]** : Mary, PRE 1760, Wellington, SAL, ENG **[19818]** : C1828, Wem, SAL, ENG **[13004]** : 1740-1850, Shapwick, SOM, ENG **[27087]** : 1905+, Battersea, SRY, ENG **[35927]** : PRE 1860, Lambeth, SRY, ENG **[11282]** : 1890-1900, Penge, SRY, ENG **[42739]** : PRE 1850, Waterloo, SRY, ENG **[32294]** : PRE 1860, SSX, ENG **[33846]** : Stephen, 1740+, Crowhurst, SSX, ENG **[14120]** : Morton Trevor, 1937+, Worthing, SSX, ENG **[34883]** : Elizabeth, PRE 1800, STS, ENG **[13657]** : PRE 1850, Bilston, STS **[37066]** : Mary Ann, 1820S-1880S, Pennett & Kinswinford, STS, ENG **[37978]** : 1700-1800, Rowley Regis, STS, ENG **[27087]** : 1840, Stafford, STS, ENG **[19862]** : Charlotte, 1837+, Stoke, Shelton, Hanley & Burslem, STS, ENG **[46370]** : Mary Anne, 1820, Tipton, STS, ENG **[21759]** : PRE 1850, Yoxall, STS, ENG **[41128]** : Catherine, C1940+, Beeston & Nottingham, STS & NTT, ENG **[28341]** : PRE 1890, Coventry, WAR, ENG **[27842]** : Phoebe, 1800-1833, St.George, Birmingham, WAR, ENG **[15301]** : Mary Ann, 1820+, Bradford, WIL, ENG **[43566]** : William, 1845+, Bradford, WIL, ENG **[43566]** : C1800, Little Hinton, WIL, ENG **[43792]** : PRE 1770, Bromsgrove, WOR, ENG **[30302]** : 1750-1800, Claines, WOR, ENG **[12641]** : 1800S, Dudley, WOR, ENG **[33559]** : Mary Ann, 1820S-1880S, Dudley, WOR, ENG **[37978]** : 1881, Worcester, WOR, ENG **[28568]** : 1800+, Bradford & Leeds, WRY, ENG **[18372]** : PRE 1853, New Wortley & Leeds, WRY, ENG **[40529]** : Bartholomew, PRE 1855, Hull, YKS, ENG **[27701]** : Bella, 1890+, ENG & WLS **[23564]** : Robert, C1790+, Warrington, LAN, ENG & WLS **[28341]** : Sarah, C1790+, Warrington, LAN, ENG & WLS **[28341]** : John, PRE 1800, LAN & CUL, ENG & WLS **[28341]** : George, 1863-1934, Warrington & Newport, LAN & MON, ENG & WLS **[28341]** : Humphreys, PRE 1830, SAL, DEN & MER, ENG & WLS **[17189]** : John, 1830S, Dromara, DOW, IRL **[42804]** : John, C1750-1820, Dromara, DOW, IRL **[42804]** : Samuel, C1780-1860, Dromara, DOW, IRL **[42804]** : Jane, C1790-1840, Dromara, DOW, IRL **[42804]** : Agnes, C1820-1900, Dromara, DOW, IRL **[42804]** : Arthur, C1820-1910, Dromara, DOW, IRL **[42804]** : Thomas, C1860-1910, Dromara, DOW, IRL **[42804]** : Deveraux, 1870, Christchurch, CBY, NZ **[17189]** : 1875-2005, Napier, HBY, NZ **[46251]** : PRE 1887, Masterton, WRP, NZ **[46251]** : Mary, 1850+, SCT **[11745]** : Catherine, 1875+, Glasgow, LKS, SCT & AUS **[22392]** : Mary, 1900-1920, Eastern, USA **[17012]** : 1754+, MA & NY, USA **[23872]** : 1900+, New York, NY, USA **[18372]** : Deveraux, 1870, OH, USA **[17189]** : 1808+, WLS **[41027]** : Moses, C1800, WLS **[19750]** : Hannah, 1750-1800, Merthyr Tydfil, WLS **[27039]** : John, 1800+, North, WLS **[11745]** : 1780-1820, Holyhead, AGY, WLS **[21418]** : Thomas, 1820+, Holyhead, AGY, WLS **[11745]** : James Lewis, 1881, Llechcynfarwydd, AGY, WLS **[44353]** : David, 1800S, Mt.Pleasant, Brecon, BRE, WLS **[42863]** : 1800+, Talgarth, BRE, WLS **[30086]** : C1851, Bangor, CAE, WLS **[28568]** : Margaret, 1700-1800, Llanddeiniolen, CAE, WLS **[38452]** : Evan, 1795+, Llangunllo, CGN, WLS **[39482]** : 1750-1820, Tregaron, CGN, WLS **[37156]** : Elizabeth, C1802, Tregaron, CGN, WLS **[37156]** : 1880+, Ystrad Meurig, CGN, WLS **[24853]** : 1830+, CMN, WLS **[46007]** : David, 1790-1820, Abergwili, CMN, WLS **[17523]** : Theopholus, 1782, Abernant, CMN, WLS **[39482]** : Daniel, 1850+, Carmarthen, CMN, WLS **[27492]** : C1838, Llanegwad, CMN, WLS **[43841]** : David, 1797-1840, Llanfihangel Ar Arth, CMN, WLS **[39482]** : Daniel, 1789+, Llangendeirne, CMN, WLS **[39482]** : Abraham, PRE 1890, Llangunnor, CMN, WLS **[19289]** : Esther, 1833, Llanpumpsaint, CMN, WLS **[39482]** : Mary, John, 1814+, Llanstephen, CMN, WLS **[39482]** : Mary, 1807, Penboyr, CMN, WLS **[39482]** : William, 1807+, Penboyr, CMN, WLS **[39482]** : Daniel & Jane, 1850+, Peniel, CMN, WLS **[27492]** : Cecilia, 1800+, Swansea, CMN, WLS **[38979]** : Thomas, PRE 1840, Tiresgob, CMN, WLS **[40822]** : Owen, 1800-1900, DEN, WLS **[17654]** : Jane, C1820, Denbigh, DEN, WLS **[39096]** : Edward, PRE 1855, Llanelidan, DEN, WLS **[39860]** : Mary Louisa, C1844, Llangollen, DEN, WLS **[18957]** : Hugh, C1820, Llanrhaedr, DEN, WLS **[31003]** : PRE 1835, Rhosllenerchrugog & Wrexham, DEN, WLS **[35273]** : ALL, Rhosymedre, DEN, WLS **[40608]** : Wm. Lloyd, 1850-1900, Wrexham, DEN, WLS **[17654]** : Mary, C1810, Wrexham, DEN, WLS **[31003]** : PRE 1830, Wrexham, DEN, WLS **[44639]** : 1880, FLN, WLS **[99012]** : Richard, C1807, Brynpolyn, FLN, WLS **[19289]** : Job, 1800S, Holywell, FLN, WLS **[43521]** : 1830, Holywell, FLN, WLS **[13497]** : Edward, 1750+, Northop, FLN, WLS **[43521]** : 1700-1850, Northrop, FLN, WLS **[14901]** : Richard, PRE 1820, St.Asaph, FLN, WLS **[19289]** : Richard, PRE 1851, Whitford, FLN, WLS **[19289]** : 1850-1950, Bonymaen, GLA, WLS **[34797]** : PRE 1815, Bryncethyn, GLA, WLS **[13914]** : PRE 1830, Coychurch, GLA, WLS **[14733]** : ALL, Dowlias, GLA, WLS **[24474]** : James, 1800-1880, Llandyfodwg & Tynewydd, GLA, WLS **[39536]** :

C1850-1900, Llansamlet, GLA, WLS **[34797]** : Lewis, 1812-1854, Merthyr Tydfil, GLA, WLS **[22511]** : Ann Davis, 1814-1880, Merthyr Tydfil, GLA, WLS **[22511]** : 1870+, Mountain Ash, GLA, WLS **[30086]** : 1950+, Pontygwaith, GLA, WLS **[24853]** : 1790-1881, Swansea, GLA, WLS **[45675]** : 1850-1950, Swansea, GLA, WLS **[34797]** : E. Hutchfield, 1862+, Dolgelly, MER, WLS **[46465]** : PRE 1850, Llanfihangel Y Traethau, MER, WLS **[42752]** : C1860-75, Berriew & Welshpool, MGY, WLS **[30998]** : PRE 1900, Llanfyllin, MGY, WLS **[20178]** : Mary, 1835-1845, Llanidloes, MGY, WLS **[46501]** : 1800-1900, Meifod, MGY, WLS **[40769]** : 1680-1810, Mochdre, MGY, WLS **[17245]** : C1800, Newtown, MGY, WLS **[45203]** : Mary Ann, 1830-1900, MON, WLS **[23564]** : Philip, 1800, Aberystruth, MON, WLS **[12058]** : C1844, Bassaleg, MON, WLS **[19816]** : Emily, 1840-1880, Chepstow, MON, WLS **[21854]** : PRE 1740, Cwmcarvan, MON, WLS **[33428]** : Martha & Jas., 1809, Llanfrechfa, MON, WLS **[19865]** : Elizabeth, 1809, Llanfrechfa, MON, WLS **[19865]** : C1800, Usk, MON, WLS **[13326]** : PRE 1900, Cardigan & St.Dogmaels, PEM & CGN, WLS **[43842]** : 1797+, Llanbister, RAD, WLS **[31259]** : Elenor, 1840+, Llangynllo, RAD, WLS **[27492]** : Elizabeth, 1827+, Bettws-Y-Coed & Stawell, CAE & AGY, WLS & AUS **[12785]** : Evan, 1820+, Llanfihangel, CMN, WLS & AUS **[45770]** : C1800-1835, Llanelli, GLA, WLS & NZ **[20655]**

JONES-GALLAGHAR : Catherine, C1920+, Newport, MON & NSW, WLS & AUS **[28341]**
JONQUE : ALL, WORLDWIDE **[28060]**
JONSSON : PRE 1872, Upper Pasteral, DALSLAND, SWE **[13809]**
JOPE : PRE 1900, South, DEV, ENG **[19457]** : John, PRE 1860, CON & IOW, ENG & CHI **[43800]**
JOPLIN : PRE 1660, Newcastle, NBL, ENG **[17626]**
JOPLING : PRE 1800, Washington, DUR, ENG **[36505]**
JOPP : Yvonne A., 1890+, SSX, ENG **[10301]**
JOPSON : 1800S Blackburn, LAN, ENG & AUS **[33245]**
JORDAN : 1842+, Moscheto Island & Newcastle, NSW, AUS **[39102]** : 1870+, Kyneton, VIC, AUS **[12467]** : PRE 1840, Deptford, ENG **[11733]** : 1790-1830, Amersham, BKM, ENG **[45207]** : PRE 1800, Chatteris, CAM, ENG **[25559]** : Ann, 1790+, Downham, CAM, ENG **[24707]** : 1600-1700, Germansweek, DEV, ENG **[45841]** : C1850, Maldon, ESS, ENG **[38615]** : Martha Jane, PRE 1835, Charlton Kings, GLS, ENG **[28269]** : 1600-1900, KEN, ENG **[45749]** : PRE 1820, Milton, KEN, ENG **[18967]** : 1836-42, Liverpool, LAN, ENG **[39102]** : 1700-1800, Stamford, LIN, ENG **[28479]** : 1800, Shoreditch, LND, ENG **[17704]** : 1800+, London & West Hackney, MDX, ENG **[37250]** : 1800-1900, St.Luke Finsbury, MDX, ENG **[30071]** : ALL, Ducklington, OXF, ENG **[46509]** : PRE 1770, SFK, ENG **[45876]** : PRE 1860, Dulverton, SOM, ENG **[31316]** : 1850, SRY & OXF, ENG **[33245]** : 1800+, Perry Barr, STS, ENG **[46194]** : PRE 1850, WAR, ENG **[44223]** : 1800+, Buscott, WIL, ENG **[27219]** : 1835, Louth, IRL **[32203]** : PRE 1836, Ballon, CAR, IRL **[39102]** : C1750, Abbeyleix, LEX, IRL **[14851]** : William, 1832+, Drumcullan, LIM, IRL **[34249]** : PRE 1815, TIP, IRL **[11866]** : 1850-1880, AL, USA **[24660]** : 1820+, Wise & Russell Co., VA, USA **[24660]** : 1880+, Beaumaris, AGY, WLS **[30120]**
JORDEN : 1800S, Manchester, LAN, ENG **[28948]**
JORDON : 1904+, Bellingen, NSW, AUS **[11060]** : 1750-1900, Ballymoney, ANT, IRL **[30713]** : Martin, 1862, Crossmolina, MAY, IRL **[11061]**
JORGENSDATTER : C1827, Gelsted, ODENSE, DEN **[25692]**
JORGENSEN : Victor Albert, 1922+, Petersham & Hurstville, NSW, AUS **[42905]** : PRE 1875, Tinningstedlt, SHO, BRD **[13809]** : ALL, Moen, DEN **[44815]**
JORGENSON : PRE 1868, DEN **[24725]**
JORINI : 1800S, Barnes, SRY, ENG **[14948]** : 1800S, Milan, ITL **[14948]**

JORY : John, 1800+, Truro, CON, ENG **[34643]**
JOSCELYNE : ALL, WORLDWIDE **[36533]**
JOSCELYNE (see One Name Section) [18498]
JOSE : 1831+, CON, ENG **[33409]** : 1870+, Churchill, SOM, ENG **[27920]**
JOSEPH : ALL, ENG **[17200]** : 1813+, Bridgend, GLA, WLS **[11918]** : ALL, Maesteg, GLA, WLS **[11918]**
JOSEPHSON : 1800, London, MDX, ENG & AUS **[32068]**
JOSHUA : Alfred, ALL, Guildford, SRY, ENG **[17008]**
JOSHUASON : ALL, ENG **[36170]**
JOSLIN : 1750-1840, Exeter, DEV, ENG **[17191]** : 1700-1900, Cressing, ESS, ENG **[18498]** : 1700-1900, Rivenhall, ESS, ENG **[18498]** : PRE 1850, ESS & HRT, ENG **[17184]** : 1750-1890, Norwich, NFK, ENG **[46229]** : 1700+, Plymouth, DEV, ENG & AUS **[25598]** : 1849-1907, Auckland, NZ **[46229]**
JOSLIN (see One Name Section) [18498]
JOSLYN : ALL, WORLDWIDE **[18498]**
JOSS : 1762-1781, Monquhitter, ABD, SCT **[14880]**
JOSSELIN : PRE 1720, Melle, BRT, FRA **[20178]**
JOSSELYN : ALL, WORLDWIDE **[18498]**
JOTHAM : 1800+, Bristol & Middlesex, MDX, ENG **[46294]**
JOUGHIN : 1750+, IOM **[11690]**
JOUNQUAY : ALL, WORLDWIDE **[28060]**
JOURDAIN : 1686+, Hanley Castle, WOR, ENG **[13731]**
JOURDAN : Ann 1790+, Downham, CAM, ENG **[24707]**
JOWERS : ALL, AUS & NZ **[38734]** : ALL, UK **[38734]**
JOWERS (see One Name Section) [38734]
JOWETT : 1925+, Bribie & Brisbane, QLD, AUS **[44963]** : 1800S, Bluntisham & Colne, HUN, ENG **[30998]** : 1800, Bradford, WRY, ENG **[26101]** : 1800-1900, Hunslet & New Wortley, WRY, ENG **[44963]** : 1800+, YKS, ENG **[18372]** : 1800S, Leeds, YKS, ENG **[17511]** : 1890+, Leeds, YKS, ENG **[20975]** : 1925+, NZ **[44963]**
JOWSEY : ALL, ENG **[21232]** : C1827, Stepney, MDX, ENG **[18075]** : 1700-1800, Allerston, YKS, ENG **[21232]**
JOY : PRE 1700, Marston Moretaine, BDF, ENG **[33428]** : PRE 1800, Alverdiscott, DEV, ENG **[19254]** : C1900, Damerham, WIL, ENG **[34374]** : 1770+, Bedale, YKS, ENG **[11039]**
JOYCE : C1850, Goulburn, NSW, AUS **[39155]** : John, C1770, Sydney, NSW, AUS **[25658]** : C1840, Belfast, VIC, AUS **[25658]** : James, 1862+, Gisborne, VIC, AUS **[39179]** : ALL, ENG **[46382]** : 1260, Clearwell, GLS, ENG **[19759]** : 1800+, Whitechurch, HAM, ENG **[43733]** : 1834-70, Westminster, MDX, ENG **[42168]** : PRE 1820, Headington, OXF, ENG **[38968]** : 1700-1800, SSX, ENG **[35343]** : 1803, Melksham, WIL, ENG **[11098]** : 1879+, Trowbridge, WIL, ENG **[14935]** : Hannah, 1820+, Huddersfield, WRY, ENG **[14918]** : David, C1808-1851, LND, ENG & IRL **[42168]** : C1820, IRL **[25658]** : Thomas, PRE 1860, COR, IRL **[28907]** : Elizabeth, PRE 1860, COR, IRL **[28907]** : Katherine, 1860+, Kilmore, WEX, IRL **[43492]** : 1850-1950, NZ **[38290]**
JOYES : ALL, Reigate, SRY, ENG **[34844]**
JOYNER : 1880+, Sydney, NSW, AUS **[10260]** : James, 1890+, QLD, AUS **[10260]** : Susan, PRE 1635, Cottenham, CAM, ENG **[14290]** : Cornelius, 1788, Gloucester, GLS, ENG **[12317]** : PRE 1870, HRT, ENG **[37174]** : ALL, LEI, ENG **[43085]** : Wm. Thomas, C1826, Rotherhithe, SRY, ENG **[12317]** : PRE 1900, Wakefield, YKS, ENG **[43085]** : PRE 1880, Tuam, GAL, IRL **[10260]**
JOYNSON : 1790-1850, West Wycombe, BKM, ENG **[12641]** : PRE 1750, CHS, ENG **[12641]** : William, 1830+, Manchester, LAN, ENG **[41027]**
JOYNT : ALL, IRL **[46351]** : ALL, NZ **[46351]** : 1840+, Auckland, NZ **[33816]** : 1650-1900, WORLDWIDE **[17584]**

JUB : PRE 1810, Althorpe, LIN, ENG **[42331]**
JUBB : C1780, Blyton, LIN, ENG **[28340]**
JUCHAU : ALL, ENG **[30560]**
JUDD : PRE 1940, AUS **[26341]** : PRE 1800, Hatfield Forest, ESS, ENG **[41103]** : C1760, Margaret Roding, ESS, ENG **[12707]** : PRE 1804, Broughton, HAM, ENG **[38987]** : 1850, Newforest, HAM, ENG **[30065]** : C1800, Northwood, HAM, ENG **[13994]** : 1800+, HRT, ENG **[44269]** : C1810+, Beauchamp & Thetford, ESS & NFK & SA, ENG & AUS **[41297]**
JUDE : ALL, KEN, ENG **[29198]** : C1850, LND, ENG **[34543]** : 1660+, Longbenton, NBL & DUR, ENG **[10070]** : PRE 1815, Mildenhall, SFK, ENG **[19025]**
JUDGE : James, 1834, Rolvenden, KEN, ENG **[32050]** : Maryann, C1840, Smarden, KEN, ENG **[32050]** : John Henry, C1882, Smarden, KEN, ENG **[32050]** : 1800S, Ticehurst, SSX, ENG **[18857]** : John, 1790+, Tysoe, WAR, ENG **[12382]**
JUDIESCH : PRE 1850, Prenzlau, PRE, GER **[99570]**
JUDKINS : John Barrett, PRE 1850, ENG **[17511]** : 1800+, NTH, ENG **[45916]**
JUDSON : PRE 1850, London, ENG **[19613]** : PRE 1850, Shoreditch, LND, ENG **[19613]** : 1850S, Eastwell, NTT, ENG **[20938]** : Dallus, 1874-1940, RI, USA **[37633]**
JUEL : C1760, Roskilde, DEN **[34837]**
JUGGINGS : 1800-1900, MDX, ENG **[28340]**
JUGGINS : 1800+, Bromsgrove, WOR, ENG **[38349]**
JUKES : 1730-1830, Tipton, STS, ENG **[18001]** : 1830-1860, Upper Gornal, STS, ENG **[18001]** : 1700-1900, WOR & STS, ENG **[45749]**
JULEFF : PRE 1820, Ladock, CON, ENG **[39092]**
JULER : 1879+, Lowestoft, SFK, ENG **[31972]**
JULIAN : John, 1853, Macleay River District, NSW, AUS **[13000]** : PRE 1860, CON, ENG **[15521]** : PRE 1850, Mawgan in Meneage, CON, ENG **[20835]** : 1786+, Withiel, CON, ENG **[46247]** : 1840+, New Plymouth, TRK, NZ **[35935]**
JULIEN : 1817, CON, ENG **[33409]** : 1790+, St.Austell, CON, ENG **[36435]**
JULIFF : Clara, PRE 1900, Truro & Falmouth, CON, ENG **[33454]**
JULIFFE : PRE 1820, Ladock, CON, ENG **[39092]** : PRE 1750, Truro, CON, ENG **[46375]**
JULL : 1750-1800, Ightham, KEN, ENG **[13326]**
JUMENTIER : ALL, NORMANDY, FRA **[16693]**
JUNG : PRE 1750, Merl, RPF, BRD **[20178]** : 1756-1919, Ensheim, SAA, BRD **[27180]** : 1756-1919, Honskirch, LOR, FRA **[27180]** : 1850S, Atterndorf, HAN, GER **[11062]** : 1800S, Grossworden, OLSTEN, GER **[11062]** : ALL, WORLDWIDE **[17200]**
JUNGBLUTH : PRE 1840, Gurzenich & Obermaubach, RPR, GER **[33567]**
JUNGE : 1800+, Ballarat, VIC, AUS **[11062]** : 1800+, Grossworden, HAN, BRD **[11062]** : 1824+, HAN, GER **[11062]**
JUNIPER : 1821-1911, Hythe, KEN, ENG **[46472]**
JUNKENSON : 1700+, Borthwick, MLN, SCT **[14208]**
JUNKIN : PRE 1800, Gargunnock, STI, SCT **[20578]**
JUNNER : Donald Camp., 1866-1937, Melbourne, VIC, AUS **[39243]**
JUNOR : ALL, VIC, AUS **[28096]** : ALL, ROC, SCT **[28096]**
JUPP : Bargemen, 1850+, Medway River, KEN, ENG **[13513]** : 1800+, Westerham, KEN, ENG **[46311]** : PRE 1820, Dorking & Reigate, SRY, ENG **[37058]** : 1800-1900, SSX, ENG **[20578]** : PRE 1820, SSX, ENG **[11536]** : 1500-1800, Horsham, SSX, ENG **[14589]** : 1830+, Ichingfield, SSX, ENG **[10947]** : C1752, Lewes, SSX, ENG **[11060]**
JURD : 1700, Fareham, HAM, ENG **[35184]** : 1780-1820, St.Mary Extra, Southampton, HAM, ENG **[38086]**
JURY : 1800S, St.Mawgan, CON, ENG **[21796]** : C1860, Plumstead, KEN, ENG **[46348]** : ALL, LND, ENG

[31646] : ALL, Bexhill, SSX, ENG **[16010]** :PRE 1750, Bexhill, SSX, ENG **[11059]** : 1900+, Wellington, NZ **[21712]**
JUST : PRE 1741, North Tuddenham, NFK, ENG **[17366]**
JUSTICE : 1800+, Iver, BKM, ENG **[38005]** : C1800, Bristol, GLS & SOM, ENG **[25930]** : 1880+, Hillingdon, MDX, ENG **[38005]** : 1800+, Holton, OXF, ENG **[38005]**
JUSTO : 1600-1850, Aleppo, TURKEY **[19853]**
JUSTUS : Clarissa, 1855+, Washington Co., OH, USA **[23605]**
JUTTEN : ALL, WORLDWIDE **[17508]**
JUTTON : ALL, WORLDWIDE **[17508]**
JUTTON (see One Name Section) **[17508]**
KABELITZ : PRE 1850, Tucheim, PSA, GER **[34101]**
KADMAN : PRE 1750, Dawley, SAL, ENG **[32294]**
KADWELL : Fredrick R.S., 1887+, London, ENG **[39527]** : 1400-1850, KEN, ENG **[19789]** : ALL, WORLDWIDE **[19789]**
KAGIN : PRE 1850, DOW, IRL **[21221]**
KAHN : 1700+, Arheilgen, HEN, GER **[16383]**
KAHTS : ALL, WORLDWIDE **[43053]**
KAHTS (see One Name Section) **[43053]**
KAHTZ : ALL, WORLDWIDE **[43053]** : ALL, WORLDWIDE **[43053]**
KAIGHIN : 1650-1700, IOM **[46440]**
KAIN : Patrick, 1800+, AUS **[32804]** : 1850+, Beechworth, VIC, AUS **[36749]** : 1845+, DFS, SCT **[39891]**
KAINE : 1840-1870, AYR, SCT **[98601]**
KAINES : PRE 1880, LND, ENG **[12229]**
KAIZER : Henry William, 1865, Caewarra, NSW, AUS **[11629]**
KALBER : 1600+, Oedheim, GER **[11159]**
KALEY : PRE 1835, London, MDX, ENG **[24945]**
KAMMERER : PRE 1894, Sax, SG, CH **[37759]**
KANE : 1872+, Warrenheip, VIC, AUS **[36664]** : PRE 1880, Bushmills, ANT, IRL **[18700]** : PRE 1866, Rathmaline, MEA, IRL **[45242]** : 1850S, Tipperary, TIP, IRL **[41420]** : 1880-1980, NZ **[20703]** : 1840-1870, AYR, SCT **[98601]**
KANEY : 1820, BAD, GER **[23208]**
KANGAS : Sanna, 1900-1920, St.Louis Co., MN, USA **[17055]**
KANNENBERG : ALL, GER **[24474]** : ALL, USA **[24474]**
KANNIN : PRE 1828, Woodford, GAL, IRL **[31762]**
KANT : 1838, Konitz, POM, PRE **[15987]**
KAPP : PRE 1850, Nieder Olm-Mainz, RPF, BRD **[32907]**
KAPTEIN : ALL, Sakiai, LITHUANIA **[31826]**
KARL : Eberhard, 1814-1854, Hamburg State, HBG, GER **[41629]** : Bernhardt, 1834-1854, Hamburg State, HBG, GER **[41629]**
KARLE : 1800+, BAW, GER **[99114]**
KARLI : 1800+, Villigen, AG, CH **[31923]**
KARNAGHAN : ALL, AUS **[32804]**
KARNOVSKY : ALL, ENG & LITHUANIA **[26493]**
KARPAY : ALL New York NY USA & Lithuania **[26493]**
KARRON : PRE 1800, IOM **[43844]**
KARSPERSEN : Marie, 1790-1840, Stavanger, NOR **[21104]**
KASCHULA : ALL, WORLDWIDE **[46510]**
KASPAR : Ernest, C1870, EUROPE **[16802]**
KASPERSON : C1860, Hagryd, SWE **[12744]**
KAST : 1850, OH, USA **[23319]**
KASY : Elizabeth, 1856-1881, Chesterfield, DBY, ENG **[45893]**
KATHAGE : PRE 1850, WEF, GER **[29745]**
KATON : Harriet, 1800S, Bankstown, NSW, AUS **[27701]** : C1839, Cowpasture & Campbelltown, NSW, AUS **[29479]**

KATZ : ALL, WORLDWIDE **[43053]**
KAUERMANN : PRE 1850, Wengern, WEF, GER **[29745]**
KAVANAGH : Annie, 1878, VIC, AUS **[46202]** : Patrick, ALL, AUS & IRL **[46202]** : Ellen, PRE 1850, Cootamundra & New Ross, NSW & WEX, AUS & IRL **[45833]** : PRE 1880, COR, IRL **[44968]** : Rich, 1820, Fermoy, COR, IRL **[15882]** : Tom, 1840, Fermoy, COR, IRL **[15882]** : PRE 1900, Druma, DUB, IRL **[29626]** : PRE 1843, Castlemain & Dingle, KER, IRL **[46251]**
KAVANAUGH : Tom, 1850, Douro, ONT, CAN **[15882]**
KAWA : PRE 1900, Jaroslaw, Wietlin, PR, POL **[16349]**
KAY : PRE 1800, Barnard Castle, DUR, ENG **[39506]** : 1750+, Staxton, ERY, ENG **[45626]** : Peggy, 1760-1830, Burnley Area, LAN, ENG **[99433]** : 1830-1900, Holcombe, LAN, ENG **[46310]** : 1870-1900, Liverpool, LAN, ENG **[44955]** : Richard, 1816-1884, Stodday & Lancaster, LAN, ENG **[30737]** : John, PRE 1840, Bethnal Green, LND & MDX, ENG **[25627]** : C1830, Warmington, WAR, ENG **[10820]** : PRE 1780, Doncaster, WRY, ENG **[31316]** : PRE 1900, Leeds & Honley, WRY, ENG **[18397]** : PRE 1840, Leeds & Tong, WRY, ENG **[25352]** : Martha, 1836, Low Moor, WRY, ENG **[10297]** : PRE 1850, Sheffield & Rotherham, WRY, ENG **[26981]** : 1650-1750, Kilburn, YKS, ENG **[33347]** : 1800S, ENG & SCT **[42466]** : C1820, Kilmarnock, AYR, SCT **[34543]** : C1750, Duns, BEW, SCT **[36422]** : 1810+, Dysart, FIF, SCT **[10303]** : 1800+, Edinburgh, MLN, SCT **[46349]** : ALL, PER, SCT **[43933]** : PRE 1850, Malew, IOM, UK **[42209]**
KAY (see **KEY**) : **[25979]**
KAYE : 1862, ENG **[26761]** : ALL, London, ENG **[38840]** : 1800+, Bolton, LAN, ENG **[29500]** : 1800+, Bury, LAN, ENG **[29500]** : 1850+, West Derby, LAN, ENG **[29500]** : 1850-1930, Batley, WRY, ENG **[20729]** : Robert, 1827+, Flockton, WRY, ENG **[99174]** : George, 1750-1850, Holme & Holmfirth, WRY, ENG **[20729]** : Arthur, 1832, Holme & Holmfirth, WRY, ENG **[20729]** : 1700-1900, Holme, Holmfirth, WRY, ENG **[20729]** : 1600+, Honley, WRY, ENG **[20967]** : 1800-1930, Morley, WRY, ENG **[20729]** : George, 1805+, Ossett, WRY, ENG **[99174]** : 1850-1870, High Hoyland, YKS, ENG **[26761]**
KAYES : C1820, Rathdowney, LEX, IRL **[13014]**
KAYS : 1860+, Lancefield, Nagambie & Gisborne, VIC, AUS **[33533]**
KEA : 1800-1850, Skirbeck, LIN, ENG **[12844]**
KEABLE : 1800+, Great Yarmouth, NFK, ENG **[45553]** : 1730+, Somersham, SFK, ENG **[13868]**
KEADIE : PRE 1780, Wemyss, FIF, SCT **[10591]**
KEADY : Patrick, C1880, Nagambie, VIC, AUS **[10470]**
KEAISE : PRE 1820, Probus & Ladock, CON, ENG **[39092]**
KEAN : 1870, Warwick, QLD, AUS **[26410]** : 1830-1890, Dalmellington, AYR, SCT **[16708]** : 1830-1890, Kirkmichael, AYR, SCT **[16708]** : 1890+, Glasgow, LKS, SCT **[46302]**
KEANE : C1860, Holbrook, NSW, AUS **[39155]** : 1876+, Mackay, QLD, AUS **[46260]** : 1880-2000, AUS & NZ **[20703]** : C1780, Braffa & Milltown Malbay, CLA, IRL **[29477]** : 1800+, Doonbeg, CLA, IRL **[36664]** : 1800+, LIM, IRL **[39015]** : 1800-1900, Binghamstown & Clogher, MAY, IRL **[20703]** : PRE 1886, Cappoquin, WAT, IRL **[10329]** : 1880+, Swansea, GLA, WLS **[10329]**
KEAREY : 1820+, Hobart, TAS, AUS **[29520]**
KEARLE : PRE 1844, Creech St.Michael, SOM, ENG **[30987]** : PRE 1844, North Petherton, SOM, ENG **[30987]**
KEARLEY : PRE 1800, Cranborne & Edmondsham, DOR, ENG **[20458]** : PRE 1800, Iow, HAM & DOR, ENG **[20458]** : PRE 1800, HAM, DOR & IOW, ENG **[20458]**
KEARNEY : 1890, Broken Hill, NSW, AUS **[31904]** : PRE 1861, Ipswich, QLD, AUS **[29774]** : 1860+, Avoca, VIC, AUS **[13569]** : Mary, 1870+, Melbourne, VIC, AUS **[42893]** : 1900-1920, Montreal, QUE, CAN **[36528]** : Patrick, PRE 1870, Liverpool, LAN, ENG **[42893]** : PRE 1900, Belfast, ANT, IRL **[36528]** : 1801+, CLA, IRL **[35444]** : PRE 1800, Magheralin, DOW, IRL **[27240]** : 1830-1850, Castle Island, KER, IRL **[46347]** : PRE 1842, Kilkenny, KIK, IRL **[29774]** : 1800+, LEX, IRL **[37713]** : C1877, Ballygawley, TYR, IRL **[26823]** : John, ALL, Kilbeggan, WEM, IRL **[13569]** : James, C1876+, Glasgow & Greenock, LKS & RFW, SCT **[34321]** : 1880+, CT, USA **[37713]**
KEARNS : Michael, 1823+, Bathurst, NSW, AUS **[46263]** : Wm Henry, 1900S, Melbourne, VIC, AUS **[21155]** : 1890+, Liverpool, LAN, ENG **[21131]** : 1890S, St.Helens, LAN, ENG **[21131]** : 1860+, Roscommon, IRL **[21131]** : Catherine, C1840, CAV, IRL **[27936]** : Festy, 1800S, Galway, GAL, IRL **[21155]** : 1800+, Kinvara, GAL, IRL **[13037]** : 1800-1845, Kilmore LOU, IRL **[99052]** : Owen, PRE 1820, MOG, IRL **[33085]** : Phillip, 1837-8, Aghabog, MOG, IRL **[33085]** : 1860+, Cloonshanville, ROS, IRL **[21131]** : Mary, 1832, Red Rover, IRL & AUS **[10276]**
KEARNY : Mary, PRE 1870, Liverpool, LAN, ENG & AUS **[42893]**
KEARSE : PRE 1800, Stanlake, OXF, BRK & BKM, ENG **[43082]**
KEARSE (see One Name Section) **[43082]**
KEARTON : PRE 1770, Alston, CUL, ENG **[17921]**
KEARY : PRE 1840, KEN & SRY, ENG **[14733]**
KEAST : 1850+, Ballarat, VIC, AUS **[42900]** : 1900-2000, Allet, CON, ENG **[42747]** : 1900-2000, Perranzabuloe, CON, ENG **[42747]** : 1800-2000, St.Allen, CON, ENG **[42747]** : 1800-1850, St.Noet, CON, ENG **[42900]** : Helen, 1840+, Launceston & Falkirk, STI, SCT **[40052]**
KEASTS : PRE 1820, Probus & Ladock, CON, ENG **[39092]**
KEAT : 1700-1800, Long Wittenham, BRK, ENG **[27039]**
KEATES : Thirza, C1835, Wellington, SOM, ENG **[34320]**
KEATH : 1853+, VIC, AUS **[97806]** : 1859+, Queenscliff & Pyramid Hill, VIC, AUS **[31413]** : PRE 1853, CAM, ENG **[97806]** : PRE 1859, Old Malton, YKS, ENG **[31413]** : ALL, WORLDWIDE **[31413]**
KEATING : 1852-1900, Bungaree, VIC, AUS **[34748]** : C1828, London, MDX, ENG **[29477]** : C1820, Dublin, IRL **[12371]** : C1830, Muckalee & Coalbaun, KIK, IRL **[12153]** : Mary, 1835+, Milford, LIM, IRL **[99036]** : Thomas, 1800, Killalee, MOG, IRL **[15638]** : PRE 1800, Ardfinnan, TIP, IRL **[41979]** : 1800S, Borrisoleigh, TIP, IRL **[10698]** : PRE 1852, Borrisoleigh, TIP, IRL **[34748]** : PRE 1841, Limerick, IRL & AUS **[14348]** : 1850-1870, Evanston, IL, USA **[22683]**
KEAVENEY : 1800+, IRL **[36409]**
KEAY : 1800+, Wem, SAL, ENG **[13004]** : 1830+, Wednesbury, STS, ENG **[45183]**
KEDDIE : 1800-1900, Forfar, ANS, SCT **[46425]** : PRE 1850, Peebles, PEE, SCT **[20672]** : 1800-1920, Glasgow, RFW, SCT **[46425]** : 1800-1900, Oxnam, ROX, SCT **[20770]**
KEDSLIE : ALL, WORLDWIDE **[42436]**
KEDWARD : 1845-1996, Cwmtillery & Kington, MON & HEF, WLS & ENG **[10485]**
KEEBLE : ALL, ESS, ENG **[11349]** : 1800S, Kelvedon & Markstey, ESS, ENG **[11349]** : 1800+, Witham & Romford, ESS, ENG **[11349]** : PRE 1900, SFK, ENG **[39312]** : PRE 1880, Aldham & Ipswich, SFK, ENG **[14536]**
KEEFE : 1840+, Boorowa, NSW, AUS **[10839]** : 1840+, VIC, AUS **[12270]** : John, PRE 1950, CAN **[39395]** : Denis, PRE 1950, CAN **[39395]** : ALL, LND, ENG **[31646]** : Jeremiah, C1810, St.Marys, Shandon, COR, IRL **[14672]** : Mary Ann, 1830-1895, St.Marys, Shandon, COR & VIC, IRL & AUS **[14672]** : Denis, PRE 1950, USA **[39395]**

KEEFFE : 1840+, VIC, AUS **[12270]** : PRE 1866, COR, IRL **[39395]** : PRE 1859, Mourneabbey, COR, IRL **[34221]** ; Anne, 1840+, Tullylease, COR, IRL **[10883]**

KEEGAN : 1820-1900, Dublin & Drogheda, LOU, IRL **[24382]** : 1850, MAY, IRL **[24382]** : 1800+, IRL & ENG **[46430]**

KEEL : 1600-1750, Chislet & Wickhambreaux, KEN, ENG **[45962]**

KEELAN : 1850+, Woodend, VIC, AUS **[11446]** : 1900, Cootehill, CAV, IRL **[26822]** : ALL, Carrickmacross, MOG, IRL **[11446]**

KEELER : PRE 1900, Selling, KEN, ENG **[11282]** : C1863, Peckham, MDX, ENG **[11282]**

KEELEY : James, 1860, Sydney, NSW, AUS **[28151]** : 1800S, East London, LND, ENG **[28151]** : 1700+, Harmondsworth, LND, ENG **[28151]** : 1840S, Ethea, LIM, IRL **[25725]**

KEELING : 1820, VIC, AUS & UK **[28013]** : PRE 1870, Market Drayton, SAL, ENG **[34373]** : Jana, 1650+, Abbots Bromley, STS, ENG **[36592]** : 1600-1750, Lea Marston, WAR, ENG **[31153]**

KEELY : 1900-1950, Cohuna, VIC, AUS **[12270]** : James, 1800S, Diss, NFK, ENG **[36402]** : Catherine, 1830-1870, Banagher & Birr, OFF, IRL **[30701]**

KEEMISH : 1800-1815, Marylebone, MDX, ENG **[17486]**

KEEN : Eliza, 1850+, Bendigo, VIC, AUS **[25700]** : Marion, 1825, Edingham, ENG **[46326]** : C1750-1850, Ibstone, BKM, ENG **[22070]** : 1750-1787, Wingrave, BKM, ENG **[37052]** :1750+, Ottery St.Mary, DEV, ENG **[19694]** : 1800+, GLS, ENG **[46326]** : PRE 1865, HAM & OXF, ENG **[29354]** : PRE 1790, Harmondsworth, MDX, ENG **[33428]** : PRE 1850, London, MDX, ENG **[10493]** : 1820-1840, St.Pancras, MDX, ENG **[37052]** : 1800+, SRY, ENG **[44948]** : 1750+, Witley & Northchapel, SRY & SSX, ENG **[13910]** : Samuel, 1821, Tamworth, STS, ENG **[46326]** : ALL, Northchurch, HAM, ENG & AUS **[44256]**

KEENAN : Mary, 1835+, Berrima, NSW, AUS **[10562]** : 1700+, DOW, IRL **[21231]** : ALL, Clones, FER, IRL **[14002]** : Cathrn. Mcgee, C1830-1900S, Castletown & Ballyfin, LEX, IRL **[41968]** : 1900S+, Portlaoise, LEX, IRL **[41968]** : 1750-1840, Ballyclog, TYR, IRL **[13326]** : C1850+, Clonave, WEM, IRL **[27325]** : 1836-1922, Castletown & Ballyfin, LEX, IRL & AUS **[41968]** : 1850+, OTG, NZ **[21231]** : 1850+, Aberdeen, ABD, SCT **[25992]** : James, C1840, SCT & IRL **[39820]**

KEENE : Rebecca, PRE 1750, Bledlow, BKM, ENG **[36275]** : 1790+, Dinton, BKM, ENG **[19803]** : 1800-1900, Hackney, LND, ENG **[46409]** : PRE 1900, Fulham, MDX, ENG **[46451]** : 1700+, NTH, ENG **[42643]** : PRE 1803, Ashton Keynes, WIL, ENG **[46411]**

KEENES : 1600-1800, BDF, ENG **[26335]**

KEENIHAN : 1800-2000, Norwood, Magill & Mount Barker, SA, AUS **[14346]**

KEENS : 1840+, Luton, BDF, ENG **[18593]** : 1700S, MDX & HRT, ENG **[16358]**

KEEP : PRE 1900, Sydney, NSW, AUS **[32945]** : C1840, ENG **[11319]** : Mary, 1815+, Lidlington, BDF, ENG **[14252]** : 1700S, Marston Moretaine, BDF, ENG **[43582]** : 1850+, KEN, ENG **[12802]** : 1700S, Shiplake, OXF, ENG **[18273]**

KEETLEY : 1800+, Southwell & Adelaide, NTT & SA, ENG & AUS **[25529]**

KEGLER : ALL, MEK, GER **[23319]**

KEGLEY : ALL, VA & KY, USA **[23128]**

KEHELY : 1840-1853, WA & SA, AUS **[20546]** : 1800+, IRL & NZ **[20546]**

KEHLEM : PRE 1790, Dusseldorf, RPR, GER **[33567]**

KEHOE : 1800+, Bagenalstown, CAR, IRL **[16783]** : ALL, WEX, IRL **[26612]**

KEIGHLEY : C1800, Bradford, WRY, ENG **[43844]** : 1760-1850, Calverley, WRY, ENG **[44045]**

KEIGHTLEY : PRE 1780, IRL **[10114]**

KEIHONE : C1850-1900, Gundagai, NSW, AUS **[13801]**

KEIL : ALL, Worksop, NTT, ENG **[41370]**

KEILAR : 1800+, Glasgow, LKS, SCT **[21233]**

KEILLAR : 1800+, LKS, SCT **[21233]**

KEILY : ALL, Bombay, INDIA **[41128]**

KEIR : 1840S+, Sydney, NSW, AUS **[26410]** : 1750-1820, Caputh, PER, SCT **[38500]** :1750-1850, Perth, PER, SCT **[33838]** : 1778+, Falkirk, STI, SCT **[21207]**

KEIRCE : ALL, WORLDWIDE **[39092]**

KEIRLE : PRE 1844, Creech St.Michael, SOM, ENG **[30987]** : PRE 1844, North Petherton, SOM, ENG **[30987]**

KEITH : 1800+, Aberdeen, ABD, SCT **[37110]** : PRE 1820, Aberdeen, ABD, SCT **[37058]** : 1750+, Old Deer, ABD, SCT **[15524]** : 1750+, Stuartfield & Cruden, ABD, SCT **[15524]** : C1806, Isle of Islay, ARL, SCT **[31486]** : 1853, Banner, VA, USA **[24660]**

KELCEY : PRE 1800, Kenilworth, WAR, ENG **[42773]**

KELER : Karolina, PRE 1880, Kadlub, WIELUN, POL **[40603]**

KELL : 1750-1800, Westminster, LND, ENG **[18303]** : PRE 1820, NBL, ENG **[21387]** : C1740, Ravensfield, YKS, ENG **[31153]** : Ellen/Helen, 1800, Belfast, ANT, IRL **[46325]** : PRE 1888, Templecorran, ANT, IRL **[10280]** : Hester, 1692, Bally Modan & Bandon, COR, IRL **[40490]** : PRE 1800, Southend, ESS, ENG **[14031]**

KELLAHER : 1870-1900, London, ENG **[41950]**

KELLAM : PRE 1840, WA, AUS **[28013]** : PRE 1840, GIBRALTAR **[28013]**

KELLAND : ALL, Lapford Area, DEV, ENG **[39307]** : C1750-1850, Thorverton, DEV, ENG **[17532]**

KELLARD : ALL, KER, IRL **[45811]**

KELLAS : ALL, Cabrach, ABD, SCT **[25992]**

KELLAWAY : PRE 1850, Hilton, DOR, ENG **[45207]**

KELLEHER : 1800-1900, Melbourne, VIC, AUS **[27733]** : 1800-1846, Milstreet, COR, IRL **[22891]**

KELLER : PRE 1889, Covington, Kenton Co., KY, USA **[24660]** : 1790-1900, Somerset Co., PA, USA **[22753]** : 1877, WI, USA **[98660]**

KELLET : 1880+, Bolton, LAN, ENG **[36656]** : C1850, Bradford, WRY, ENG **[43844]**

KELLETT : 1800, DUR, ENG **[99475]** : ALL, Portsea, HAM, ENG **[42645]** : 1800, LAN, ENG **[99475]** : ALL, Tunstall, LAN, ENG **[44815]** : 1750+, YKS, ENG **[99475]** : 1800+, LAN, ENG, RSA & AUS **[34119]** : William, 1800-1844, Oldcastle, MEA, IRL **[41221]** : ALL, IRL & AUS **[12905]**

KELLIE : PRE 1800, DFS, SCT **[30391]** : 1750+, Urquhart, MOR, SCT **[21854]**

KELLIE (see KELLY) : **[40768]**

KELLINGTON : 1920S, Hull, ERY, ENG **[12467]**

KELLMAN : 1700-1800, BARBADOS, W.INDIES **[21349]**

KELLNER : 1849+, NSW, AUS **[31413]** : PRE 1849, GER **[31413]**

KELLOCK : 1800-1900, Kinghorn, FIF, SCT **[39303]** : 1800+, North Leith, MLN, SCT **[36664]**

KELLOUGH : 1736+, PA, USA **[24725]**

KELLOW : PRE 1700, Newport Pagnall, BKM, ENG **[32294]** : 1800+, DEV, ENG **[40319]**

KELLS : William, ALL, IRL **[41340]** : 1700+, Balbriggan, DUB, IRL **[42582]** : ALL, WORLDWIDE **[16875]**

KELLY : 1878-2000, NSW, AUS **[20703]** : Edward, 1890-1920, Bankstown, NSW, AUS **[46232]** : Edward, 1850-1890S, Forbes & Parkes, NSW, AUS **[38542]** : Rose, 1869-1900S, Forbes & Parkes, NSW, AUS **[38542]** : Edward John, 1873-1900S, Forbes & Parkes, NSW, AUS **[38542]** : Louisa, 1876-1900S, Forbes & Parkes, NSW, AUS **[38542]** : Thomas, 1860S, Grafton, NSW, AUS **[10303]** : 1873, Gundagai, NSW, AUS **[26241]** : 1860+, Narrabri, NSW, AUS **[31762]** : Evan & Daisy, 1887+, Narrabri, NSW, AUS **[31762]** : William, C1846, Sydney, NSW, AUS **[34221]** : 1850-1950,

Tenterfield, NSW, AUS **[31709]** : Patrick, 1850+, Wellington, NSW, AUS **[11745]** : Hugh, C1880, QLD, AUS **[25654]** : Roseanne, 1859, Adelaide, SA, AUS **[42893]** : Bridget, 1870S, Ballarat, VIC, AUS **[34748]** : Margaret, 1860+, Keilor, VIC, AUS **[42893]** : James, C1802, ENG **[40859]** : John, C1827, ENG **[40859]** : Richard, C1832, ENG **[40859]** : William, C1836, ENG **[40859]** : Edward, 1891+, Matlock, DBY & WRY, ENG **[46410]** : Mahala, 1898+, Matlock, DBY & WRY, ENG **[46410]** : Edward Alex., 1899+, Matlock, DBY & WRY, ENG **[46410]** : Kathleen, 1902+, Matlock, DBY & WRY, ENG **[46410]** : Anthony, 1903+, Matlock, DBY & WRY, ENG **[46410]** : Ann, 1907+, Matlock, DBY & WRY, ENG **[46410]** : William, 1803+, Clayhidon, DEV, ENG **[34221]** : George, 1808+, Clayhidon, DEV, ENG **[34221]** : PRE 1714, Dalton in Furness, LAN, ENG **[19661]** : Michael, C1855+, MDX, ENG **[12819]** : 1850+, Poplar & Stepney, MDX, ENG **[14874]** : PRE 1700, Richmond, MDX, ENG **[43842]** : John, 1871+, Stepney & Poplar, MDX, ENG **[45734]** : 1840+, Byker, NBL, ENG **[40768]** : Michael, 1861+, SRY, ENG **[12819]** : PRE 1853, Norwood, SRY, ENG **[19116]** : 1800+, Peckham Area, SRY, ENG **[12819]** : Edward, C1920, Doncaster, WRY, ENG **[46410]** : 1650-1900, IOM **[46440]** : Richard & Henry, 1765-1879, Arbory, IOM **[31296]** : James, C1802, IRL **[40859]** : John, C1827, IRL **[40859]** : Richard, C1832, IRL **[40859]** : William, C1836, IRL **[40859]** : PRE 1850, IRL **[27219]** : Cornelius, PRE 1855, IRL **[42893]** : Michael, 1800+, (Occupation - Weaver), IRL **[12819]** : Mortimer, 1790+, CLA, IRL **[12058]** : 1840+, Liscannor, CLA, IRL **[35935]** : 1850S, O'Callaghans Mills, CLA, IRL **[34748]** : 1820+, Mount Charles, DON, IRL **[26360]** : Henry, 1830+, DOW, IRL **[46246]** : Chas. Henry, PRE 1850, Belfast, DOW, IRL **[21155]** : Mary, PRE 1850, Belfast, DOW, IRL **[21155]** : 1800, Killyleagh, DOW, IRL **[14156]** : Ellen, 1840S-1865, Draperstown, DRY, IRL **[11270]** : PRE 1850, DUB, IRL **[26981]** : 1800-1840, FER, IRL **[25830]** : 1800S, GAL, IRL **[31597]** : Anthony, C1830+, GAL, IRL **[46410]** : Edward, C1862+, GAL, IRL **[46410]** : John, 1800+, Ballyara & Bullaun, GAL, IRL **[12327]** : C1800, Gort, GAL, IRL **[29479]** : Anne, PRE 1863, Oughterard, GAL, IRL **[25725]** : 1700+, KID, IRL **[28813]** : Simon, 1820-1898, Dublin, KID, IRL **[40505]** : Peter, C1800, Rathcoffey (Moors Town), KID, IRL **[26823]** : 1780+, Kilkenny, KIK, IRL **[13046]** : 1800-1900, LIM & COR, IRL **[31709]** : Walter, 1841, MAY, IRL **[28092]** : 1750-1996, Binghamstown, Belmullet & Leame, MAY, IRL **[20703]** : 1860S, Cloonshanville, ROS, IRL **[21131]** : Catherine, 1800S, TIP, IRL **[13681]** : ALL, TIP, IRL **[25702]** : John, C1835, Borrisokane, TIP, IRL **[30127]** : Lawrence, C1804-1840, Cashel, TIP, IRL **[25770]** : PRE 1841, Donaghmore, TYR, IRL **[39984]** : PRE 1890, Waterford, WAT, IRL **[35360]** : Thomas, 1800-1920, Ballinastoe, WIC, IRL **[12844]** : Simon, 1830-1898, Monasterevin, KID & QLD, IRL & AUS **[40505]** : Edward, 1850-90, Fivemiletown, TYR, IRL & AUS **[46232]** : 1850+, OTAGO, NZ **[21906]** : Robert, 1800, Straiton, AYR, SCT **[28190]** : PRE 1850, DFS, SCT **[30391]** : 1750-1950, Callegary, INV, SCT **[14246]** : 1800-1850, Fort William, INV, SCT **[21906]** : 1800+, Isle of Skye, INV, SCT **[36569]** : ALL, Skye, INV, SCT **[27752]** : Andrew, 1845-50, Glasgow, LKS, SCT **[21132]** : Peter, C1790-1840, Gorbals, LKS & MLN, SCT **[40768]** : PRE 1860, Linwood, RFW, SCT **[42615]** : C1860, Paisley, RFW, SCT **[34651]** : 1750, WIG, SCT **[14156]** : William, 1800+, Newton Stewart, WIG, SCT **[21132]** : John, 1854, North Milton, WIG, SCT **[28190]** : Edward, 1850-90, Glasgow, LKS, SCT & AUS **[46232]** : Edward, PRE 1891, UK **[46310]** : 1900+, Hartford, CT, USA **[12327]** : Virtue, 1794+, Stephentown, Kellys Cnr & Polo, NY & IL, USA **[32132]** : 1790+, USA & IRL **[23128]** : Morgan, C1830+, WORLDWIDE **[12819]**

KELOSKY : Charles, 1845-1920, Monteagle Valley, ONT, CAN **[99433]** : Charles, 1845-1920, PRE, GER **[99433]**

KELPIEN : ALL, WORLDWIDE **[26799]**

KELSALL : Harry, 1860+, ENG **[27066]** : C1773-1835S, Burtonwood, LAN, ENG **[29854]** : C1700-1850, Stoke upon Trent, STS, ENG **[13801]** : ALL, WORLDWIDE **[34790]**

KELSEY : 1940+, Hitchen, HRT, ENG **[44889]** : PRE 1900, Haxey, LIN, ENG **[13008]** : 1700+, SSX, ENG **[39430]**

KELSO : James, 1800S, AUS **[44319]** : Hugh, 1861, Sydney, NSW, AUS **[28151]** : James, 1850+, Yandoit, VIC, AUS **[38624]** : James, 1800, GLS, ENG & AUS **[38624]** : James & Sarah, ALL, Tamlaght O'Creeley, LDY, IRL **[28151]** : ALL, AYR, SCT **[30830]** : ALL, AYR, SCT **[98637]** : 1780S, Irvine, AYR, SCT **[44319]** : ALL, Glasgow, LKS, SCT **[98637]**

KELTER : Mary, PRE 1845, Geelong, VIC, AUS **[44279]** : James, PRE 1842, WAT, IRL **[44279]** : 1800+, Waterford, WAT, IRL **[32794]**

KELTON : PRE 1818, NFK, ENG **[19127]** : John, PRE 1840, SCT **[12457]**

KELUSKY : John, 1870-1940, Bancroft, ONT, CAN **[99533]**

KELWAY : William, 1600+, Saltash, CON, ENG **[13031]** : Henry, 1700-32, Plymouth, DEV, ENG **[13031]**

KEMBER : 1650-1750, Letcombe Regis, BRK, ENG **[32042]** : 1770+, Keynes, SSX, ENG **[11098]**

KEMBERY : 1745-1880, SOM, ENG **[26396]**

KEMP : ALL, Cooma & Tumut, NSW, AUS **[11214]** : John, 1800+, Parramatta, NSW, AUS **[10839]** : Frederick, 1870+, Melbourne, VIC, AUS **[12884]** : Thomas, 1870+, Melbourne & Eldorado, VIC, AUS **[32035]** : 1924-1970, Coolgardie & Kalgoorlie, WA, AUS **[14346]** : 1831, ONT, CAN **[15221]** : ALL, ENG **[25183]** : C1700+, London, ENG **[45811]** : 1650-1672, Leckhamsted, BKM, ENG **[44061]** : PRE 1900, Dukinfield, CHS, ENG **[36170]** : ALL, Mousehole, CON, ENG **[18823]** : 1500-1900, Sancreed, Madron & Lelant, CON, ENG **[19843]** : PRE 1800, DEV, ENG **[23319]** : PRE 1850, ERY, ENG **[40570]** : 1870+, Dagenham & Shenfield, ESS, ENG **[42362]** : 1840, Great Coggeshall, ESS, ENG **[17704]** : ALL, Great Waltham & Felsted, ESS, ENG **[42362]** : PRE 1840, Little Yeldham, ESS, ENG **[38700]** : Sarah, 1750-1850, Medstead, HAM, ENG **[17907]** : PRE 1850, HRT, ENG **[37116]** : Judith, 1750-1820, KEN, ENG **[39522]** : PRE 1850, Sandwich, KEN, ENG **[41305]** : 1820+, KEN & MDX, ENG **[30248]** : PRE 1840, LIN, ENG **[34716]** : PRE 1870, Westminster, LND, ENG **[12884]** : ALL, LND & MDX, ENG **[31209]** : Elizabeth, PRE 1816, Bishopsgate, LND, ESS & MDX, ENG **[31902]** : 1700+, Shoreditch & Stepney, MDX, ENG **[31079]** : 1820+, Hackney, MDX & LND, ENG **[31079]** : Hannah Maria, PRE 1836, Great Yarmouth, NFK, ENG **[36608]** : 1750+, Cotgrave, NTT, ENG **[12786]** : PRE 1700, Carleton, SFK, ENG **[33664]** : 1700-1730, Ipswich, SFK, ENG **[46216]** : 1865+, Walworth & Newington, SRY, ENG **[31079]** : 1700S+, Burwash & Ticehurst, SSX, ENG **[33331]** : PRE 1900, Dallington, SSX, ENG **[39416]** : Mary Jane, 1856-1943, London & WIL, ENG **[41340]** : 1800-1900, Leeds & Castleford, YKS, ENG **[31979]** : 1894+, Aberdeen, ABD, SCT **[30182]** : 1800+, Airth, STI, SCT **[42829]** : 1750+, Falkirk, STI, SCT **[42829]** : 1800-1870, Edinburgh, WLN, SCT **[21034]** : 1858, Duddingston, MLN, SCT & AUS **[38627]** : Joseph, 1880, Lykens, PA, USA **[36170]**

KEMPE (see KEMP) : **[19843]**

KEMPSTER : ALL, BDF, ENG **[25073]** : 1838, Huyton, LAN, ENG **[31709]**

KEMPTHORNE : 1650-1700, Mullion, CON, ENG **[10646]**

KEMPTON : PRE 1850, IRL **[38111]**

KEMSLEY : PRE 1880, KEN, ENG **[43733]** : 1600+, Aylesford, KEN, ENG **[10295]**

KENCHINGTON : 1750-1800, Fordingbridge, HAM, ENG **[38086]**

KENDAL : 1880+, Narrandera & Wagga, NSW, AUS **[27733]** : 1899+, Wagga Wagga, NSW, AUS **[41435]** : 1850-1900, Rutherglen, VIC, AUS **[27733]** : 1830-1870, Hull, ERY, ENG **[38737]** : 1700+, Sutton Cheney, LEI, ENG **[28600]** : 1780-1820, Ashby, LIN, ENG **[38737]** : 1700-1900, Kirkby Lonsdale & Barbon, WES, ENG **[27733]** : James, PRE 1760, WOR, ENG **[39651]** : 1840-1900, Lawkland & Giggleswick, WRY, ENG **[27733]**

KENDALL : Ethel, 1887+, Sydney, NSW, AUS **[10846]** : 1850+, Whites Forest, SA, AUS **[14346]** : 1850+, Ballarat & Geelong, VIC, AUS **[32035]** : John, 1860, Coburg, VIC, AUS **[32035]** : Henry, 1776-1875, London, ENG **[17763]** : ALL, CON, ENG **[13430]** : 1700+, St.Allen, CON, ENG **[10698]** : 1800+, Whitehaven, CUL, ENG **[20655]** : 1700S, Stour Provost & East Stour, DOR, ENG **[14901]** : John James, 1870, Walney, LAN, ENG **[31356]** : John, C1820, Walney, LAN, ENG **[31356]** : PRE 1880, LIN, ENG **[20909]** : 1780-1840, Waddington, LIN, ENG **[38737]** : William, 1773+, Isleworth & Teddington, MDX, ENG **[39307]** : 1729, Arthingworth, NTH, ENG **[21207]** : 1750+, Little Bowden, NTH, ENG **[21207]** : 1694+, Weston by Welland, NTH, ENG **[21207]** : John, 1801+, Walsall, STS, ENG **[10846]** : 1785+, Idle & Thackley, WRY, ENG **[13481]** : PRE 1789, YKS, ENG **[46483]** : ALL, Selby, Reeth & Grinton, YKS, ENG **[32035]** : PRE 1860, York, YKS, ENG **[18500]**

KENDEL : PRE 1880, LIN, ENG **[20909]**

KENDELL : PRE 1880, LIN, ENG **[20909]** : 1900, Stanleytown, GLA, WLS **[24853]** : Martha Jane, 1872, Beaufort, MON, WLS **[24853]** : 1890+, Cross Keys, MON, WLS **[24853]** : Edwin, 1870, Beaufort, MON & BRE, WLS **[24853]**

KENDLE : C1791, Godalming, SRY, ENG **[19268]**

KENDRICK : 1866-1900, Melbourne, VIC, AUS **[21727]** : 1860S, Liverpool, ENG **[21727]** : 1830+, Gravesend, Pimlico & St.Pancras, KEN & LND, ENG **[16433]** : PRE 1800, SAL, ENG **[29397]** : 1800S, Madeley, STS, ENG **[42615]** : 1800S, Pattingham, STS, ENG **[42615]** : ALL, Stone, STS, ENG **[29397]** : PRE 1840, Walsall, STS, ENG **[20068]** : 1860S, WAR, ENG **[42615]** : 1880+, Birmingham, WAR, ENG **[42615]** : 1874-1936, Dunedin, OTAGO, NZ **[21727]** : 1864-1871, Adams Flat, SOUTHLAND, NZ **[21727]** : 1830S, Whitford & Mostyn, FLN, WLS **[21727]** : ALL, WORLDWIDE **[29397]** : PRE 1800, WORLDWIDE **[40868]**

KENDRICK (see One Name Section) [29397]

KENDSEN : Guneld, 1850-1860S, NOR **[38542]**

KENEALLY : W., 1860-1890, Kilea, TIP, IRL **[99298]**

KENEARY : 1834, CLA, IRL **[28098]**

KENEBY : ALL, WORLDWIDE **[36477]**

KENEDY : 1800-1850, Loughhall, ARM, IRL **[12434]** : 1800-1860, TYR, IRL **[12434]** : PRE 1850, Renfrew, RFW, SCT **[38111]**

KENERLEY : ALL, WORLDWIDE **[34373]**

KENKNIGHT : PRE 1800, KEN, ENG **[25306]**

KENMUIR : ALL, WORLDWIDE **[99440]**

KENNABY : ALL, WORLDWIDE **[36477]**

KENNARD : 1790+, DEV, ENG **[45916]** : 1785+, Avenbury, HEF, ENG **[35444]** : 1720-1780, Guestling, SSX, ENG **[45207]**

KENNAUGH : 1856+, Collingwood, VIC, AUS **[40453]**

KENNEDY : 1855+, Bombala, NSW, AUS **[29810]** : 1797+, Liverpool & Parramatta, NSW, AUS **[39249]** : 1865+, Manning River, NSW, AUS **[11060]** : William, 1908+, Sydney, NSW, AUS **[39985]** : Catherine, 1830S, Sydney & Bathurst, NSW, AUS **[10125]** : C1860, Deloraine, TAS, AUS **[41511]** : 1800S, VIC, AUS **[11411]** : 1841+, Bridgewater, VIC, AUS **[14435]** : 1840, Brighton, VIC, AUS **[33245]** : 1860+, Hotham, VIC, AUS **[13681]** : Katharine, 1820+, Middlesex Co. ONT, CAN & IRL **[42436]** : 1850+, South Shields, DUR, ENG **[33490]** : PRE 1700, Ockenden, ESS, ENG **[19975]** : PRE 1700, Rochford, ESS, ENG **[19975]** : 1800S, Glendale, NBL, ENG **[20919]** : Anne, 1800+, IRL **[10260]** : 1785-1841, Ballymena, ANT, IRL **[14435]** : C1870, Drumafivey, ANT, IRL **[26731]** : 1800-1850, ARM, IRL **[12434]** : Sarah, C1822, ARM, IRL **[46316]** : 1844+, Lisnadill, ARM, IRL **[14880]** : Maria, PRE 1849, Drumgoon, CAV, IRL **[11145]** : C1843, Cork, COR, IRL **[45649]** : 1761, Letterkenny, DON, IRL **[37938]** : 1850, Newry, DOW, IRL **[24792]** : 1780+, DUB, IRL **[39249]** : Honora, 1834, Tralee, KER, IRL **[27686]** : 1836, Kilkenny, KIK, IRL **[31453]** : David, 1790-1830, LDY, IRL **[46388]** : James, 1820-90, LDY, IRL **[46388]** : John, 1820-90, LDY, IRL **[46388]** : William, 1830-90, LDY, IRL **[46388]** : Isabella, 1830-90, LDY, IRL **[46388]** : Robert, PRE 1860, LDY, IRL **[46388]** : Ross, PRE 1860, LDY, IRL **[46388]** : PRE 1820, LEX, IRL **[32190]** : C1830, TIP, IRL **[12371]** : John, PRE 1836, TIP, IRL **[29810]** : 1800+, Ahenny, TIP, IRL **[13828]** : PRE 1852, Bawnmore, TIP, IRL **[39015]** : PRE 1849, Cashel, TIP, IRL **[41456]** : 1800+, Cashel & Rosegreen, TIP, IRL **[46391]** : PRE 1840, Clonmel, TIP, IRL **[10167]** : John, ALL, Cornode, TIP, IRL **[99298]** : Michael, 1800S, Sandymount, TIP, IRL **[13681]** : 1800-1860, TYR, IRL **[12434]** : Mary, 1832, Wexford, WEX, IRL **[16184]** : PRE 1900, Nenagh, TIP, IRL & AUS **[39092]** : 1895+, Southland, NZ **[46395]** : PRE 1799, Kilmallee, SCT **[99047]** : 1770+, ANS, SCT **[25219]** : 1750S, FIF, SCT **[24567]** : C1830-1860, FIF, SCT **[46381]** : C1775, Glengarry, INV, SCT **[13014]** : 1800S, Leck, INV, SCT **[20938]** : Agnes, 1775, Glasgow, LKS, SCT **[43775]** : 1800-1900, Glasgow, LKS, SCT **[17926]** : James, 1829-1928, Glasgow, LKS, SCT **[39985]** : George, 1850-1880, Glasgow, LKS, SCT **[38542]** : 1850-1900, Glasgow, LKS, SCT **[17926]** : James, PRE 1880, Glasgow, LKS, SCT **[38542]** : Margaret, C1770, Cramond, MLN, SCT **[11533]** : 1700-1800, Stroma, OKI, SCT **[46402]** : William, 1877+, PER, SCT **[27936]** : C1830-1860, PER, SCT **[46381]** : John & Mary, 1820+, St.Pauls, PER, SCT **[27936]** : PRE 1850, Renfrew, RFW, SCT **[38111]** : PRE 1840, WIG, SCT **[12395]** : PRE 1900, Wigtown, WIG, SCT **[11284]** : James, C1825+, Little Dunkeld & Washington, PER & KS, SCT & USA **[30985]** : 1900-2005, CA, USA **[24792]** : Olive, 1820+, Pottsville, PA, USA **[32190]**

KENNEDY (see One Name Section) [32190]

KENNEFICH : 1800S, COR, IRL **[11684]**

KENNEFICK : 1800S+, COR, IRL & AUS **[10146]**

KENNERLEY : ALL, WORLDWIDE **[34373]**

KENNERLEY (see One Name Section) [34373]

KENNERLY : PRE 1750, Marsden, WRY, ENG **[10850]** : ALL, WORLDWIDE **[34373]**

KENNET : PRE 1700, Stourmouth, KEN, ENG **[45962]**

KENNET-WERE : PRE 1916, Sidmouth, DEV, ENG **[13046]**

KENNETT : 1750+, BRK, ENG **[99433]** : Henry, 1810-1850, KEN & LND, ENG **[30830]**

KENNEWEELS : ALL, WORLDWIDE **[15013]**

KENNEWELL : ALL, Grantham, LIN, ENG **[12182]**

KENNEY : Rose, 1800-1900, Brisbane, QLD, AUS **[28237]** : 1870-1890, Sheffield, WRY, ENG **[45534]**

KENNIARD : 1785+, Avenbury, HEF, ENG **[35444]**

KENNINGTON : ALL, BRK, ENG **[43727]** : Edna, 1941-1967, Wellington, NZ **[39455]** : Mark, 1941-1967, Wellington, NZ **[39455]**

KENNISH : PRE 1850, IOM **[25329]** : 1780, Santon, MALEW, IOM **[12222]**

KENNON : 1800+, Brisbane, QLD, AUS **[16559]** : 1700-1800, Birmingham, WAR, ENG **[16559]**

KENNY : C1880, Bega, NSW, AUS **[13326]** : C1837, Sydney & Illawarra, NSW, AUS **[11303]** : Ann, 1850+, Yass, NSW, AUS **[10470]** : ALL, Ravenswood, QLD, AUS **[46311]** : 1850S, Ballarat, VIC, AUS **[42615]** : 1900+, Liverpool, LAN, ENG **[42782]** : 1820-1900, Sheffield, WRY, ENG **[45534]** : ALL, IRL **[11938]** : 1800+, Newmarket, COR, IRL **[44921]** : ALL, LEX, IRL **[19844]** : ALL, Ballinrobe, MAY, IRL **[21418]** :

ALL, OFF, IRL **[46311]** : PRE 1820, Ballinasloe, ROS, IRL **[40993]** : PRE 1880, TIP, IRL **[46476]** : ALL, Athlone, WEM, IRL **[46311]** : 1880+, Avondale, AKD, SCT **[46476]** : 1850+, Dundee, ANS, SCT **[46259]**
KENRICK : PRE 1800, SAL, ENG **[29397]** : ALL, Stone, STS, ENG **[29397]** : C1830-1840, OH, USA **[22565]** : ALL, WORLDWIDE **[29397]**
KENSELLA : PRE 1860, IRL **[26341]**
KENSETT : 1880+, Norwood, LND, ENG **[36656]**
KENSINGTON : ALL, WORLDWIDE **[21418]**
KENT : 1861+, Tamworth, NSW, AUS **[31695]** : Thomas, 1833+, Bow Brickhill, BKM, ENG **[25654]** : PRE 1849, Cookham, BRK, ENG **[31695]** : Philip, ALL, Mid, CON, ENG **[37044]** : Nicholas, 1729, St.Dennis, CON, ENG **[13031]** : 1700-1790, St.Minver, CON, ENG **[36435]** : Sarah Grace, 1852, Barnstaple, DEV, ENG **[99545]** : 1700-1820, Colchester, ESS, ENG **[18251]** : 1700+, HAM & WIL, ENG **[44954]** : PRE 1900, KEN, ENG **[46399]** : John, 1800, Thurnby cum Bushby, LEI, ENG **[17203]** : PRE 1820, Piccadilly, LND, ENG **[12084]** : C1750-1850, Southwark, LND, ENG **[27899]** : PRE 1900, West Hackney, LND, ENG **[19345]** : 1680+, Albury & Thame, OXF, ENG **[33642]** : ALL, SFK, ENG **[37125]** : 1820+, Rotherhithe, SRY, ENG **[18251]** : 1850-1950, Penarth, GLA, WLS **[39271]**
KENTISH : ALL, Little Bardfield Hall, ESS, ENG **[11726]** : 1870S, St.Botolph, SRY, ENG **[32035]**
KENTON : 1600S, BRK, ENG **[42466]** : ALL, BRK, ENG **[31646]** : 1800-1990, Brentford, Heston & Hounslow, MDX, ENG **[21243]** : 1800-1900, Hammersmith, MDX, ENG **[21243]** : Sarah, PRE 1820, Newington, SRY, ENG **[17637]**
KENVIN : 1700-1800, Llangatock, MON, WLS **[45863]**
KENWARD : ALL, AUS **[11588]**
KENWARD (see One Name Section) [11588]
KENWAY : 1780-1860, DOR, ENG **[33021]**
KENWORTHEY : 1700, Saddleworth, YKS, ENG **[31826]**
KENWORTHY : Rose, 1895+, Eaglehawk, VIC, AUS **[21955]** : Edward, C1770, Stockport, CHS, ENG **[19964]** : 1670-1850, Marsden & Scammonden, WRY, ENG **[10850]** : ALL, Saddleworth, WRY, ENG **[31826]** : 1780-1850, Saddleworth, Delphi, YKS, ENG **[43804]** : William, PRE 1857, LAN, ENG & AUS **[25794]**
KENYON : Thomas, 1820+, Church, LAN, ENG **[16125]** : 1891+, Eastbourne, SSX, ENG **[37174]** : PRE 1850, Halifax, WRY, ENG **[46463]** : 1850S, Huddersfield, WRY, ENG **[18806]** : ALL, Sheffield, YKS, ENG **[46323]** : ALL, WORLDWIDE **[19088]**
KENYON (see One Name Section) [19088]
KENZEY : 1846+, Dudley, STS, ENG **[41024]**
KENZIE : PRE 1840, Dawley, SAL, ENG **[30996]** : 1881, Rowley Regis, STS, ENG **[30996]**
KENZLER : PRE 1910, Mulheim, GER **[14031]**
KEOGH : Kathleen, 1905, Ganmain, NSW, AUS **[99177]** : 1900+, LND, ENG **[99040]** : Anna, 1820+, Dublin, IRL **[41024]** : PRE 1880, Feakle, CLA, IRL **[31715]** : 1840S, GAL, IRL **[34748]** : ALL, KIK, IRL **[40668]** : C1850, Kilkenny & Callan, KIK, IRL **[40668]** : C1850, Thomastown & Piltown, KIK, IRL **[40668]** : C1800, TIP, IRL **[10146]**
KEOHLAR : PRE 1880, Enniscorthy, WEX, IRL **[39015]** : James, 1845+, USA **[39015]**
KEOUGH : Timothy, ALL, Shepparton, VIC, AUS **[99177]** : 1800S, O'Briensbridge, CLA, IRL **[11684]**
KER : PRE 1700, Dun, ANS, SCT **[26360]** : William, C1730+, Gateshaw & Kelso, BEW, SCT **[35823]**
KERAGE : 1700S, Lympstone, DEV, ENG **[34140]**
KERCHEVALL : 1625-1810, Balderton, NTT, ENG **[33147]**
KERFOOT : 1800-1900, Great Budworth, CHS, ENG **[41214]** : 1800-1900, Manchester, LAN, ENG **[41214]**
KERIDGE : 1700S, Lympstone, DEV, ENG **[34140]**
KERIN : PRE 1883, Liscannor, CLA, IRL **[38132]** : 1860S, Castle Island, KER, IRL **[42729]** : PRE 1880, Ballyvaughan, CLA, IRL & AUS **[39092]**
KERKHOVE : PRE 1880S, Amsterdam, NOH, NL **[39745]**
KERKIN (see One Name Section) [13406]
KERLEY : PRE 1840, Christchurch, HAM, ENG **[29745]** : Jemima, 1816-1899, SOM, ENG **[10604]**
KERLIN : 1870+, QLD, AUS **[45087]** : C1840, Sharnk, GER **[13473]**
KERMAN : ALL, LIN, ENG **[41573]**
KERMOND : C1926, Coonamble, NSW, AUS **[10330]** : C1850, New England District, NSW, AUS **[10330]** : 1780S, Hibaldstow, LIN, ENG **[10460]** : 1800+, Stepney, LND, ENG **[10330]** : 1820S, Stepney, LND, ENG **[10460]**
KERN : 1884, Scott Co., VA, USA **[24660]**
KERNAGHAN : 1827+, Liverpool, LAN, ENG & AUS **[98674]**
KERNAHAN : Eliza Jane, PRE 1850, Belfast, ANT, IRL **[11783]**
KERNAN : C1800, Drumkilroosk, CAV, IRL **[13347]**
KERNEY : 1801+, CLA, IRL **[35444]**
KERNICK : Mary, C1800, Plymouth, DEV, ENG **[39380]**
KERR : James, 1863+, Parramatta, NSW, AUS **[11039]** : Robert, 1838+, Sydney & Maitland, NSW, AUS **[13000]** : 1880+, Wollongong, NSW, AUS **[10297]** : 1842, Melbourne, VIC, AUS **[10985]** : 1800-70, Brantford, ONT, CAN **[25237]** : 1850S, Alnwick, NBL, ENG **[10297]** : C1820, Calcutta, INDIA **[37499]** : Patrick, 1790-1825, IRL **[42448]** : 1775+, Loughguile, ANT, IRL **[46477]** : C1860, Cork, COR, IRL **[29479]** : Moses, PRE 1839, DOW, IRL **[99010]** : 1857+, Waringstown, DOW, IRL **[46395]** : 1800S, FER, IRL **[46221]** : 1700S, Gorteen, FER, IRL **[46221]** : 1670S, Granshagh, FER, IRL **[46221]** : 1780S, Ardboe, TYR, IRL **[42542]** : 1865+, Clevedon, AKL, NZ **[20587]** : 1848+, SCT **[39928]** : 1800S, Ayr, SCT **[25314]** : Elsie Robb, 1871+, Peterhead, ABD, SCT **[25455]** : 1832-1871, Montrose, ANS, SCT **[13591]** : PRE 1800, Kilmarnock & Ayr, AYR, SCT **[10715]** : PRE 1800, Newton, AYR, SCT **[19064]** : 1740-1810, Stewarton, AYR, SCT **[45236]** : PRE 1881, Stewarton, AYR, SCT **[25755]** : Elizabeth, 1795+, Straiton, AYR, SCT **[33454]** : PRE 1869, BAN & ABD, SCT **[25455]** : George, 1820S, Duns, BEW, SCT **[10297]** : 1780+, Durrisdeer, DFS, SCT **[40257]** : PRE 1870, Ecclefechan, DFS, SCT **[14422]** : ALL, Sanquhar, DFS, SCT **[20587]** : John Black, PRE 1850, Kirkconnel, KKD, SCT **[20551]** : 1851+, Dalserf, LKS, SCT **[20587]** : PRE 1860, Hamilton, LKS, SCT **[11039]** : John, C1800, Kirkliston, MLN, SCT **[11533]** : Robert, 1833+, Lasswade, MLN, SCT **[13000]** : 1800+, Loanhead, MLN, SCT **[40792]** : Margaret, 1720+, Newton, MLN, SCT **[14760]** : Peter, 1880+, Abernyte, PER, SCT **[21854]** : 1750-1820, Caputh, PER, SCT **[38500]** : Geo., 1860+, Cargill, PER, SCT **[21854]** : PRE 1810, ROX, SCT **[14733]** : C1830, Denny, STI, SCT **[14645]** : 1800S-1880S, Kippen, STI, SCT **[37978]** : Charles, 1870-1920, Stranraer, WIG, SCT **[26098]**
KERR-HODGE : 1900-2000, Paisley, RFW, SCT **[44072]**
KERRIDGE : ALL, Burgate, SFK, ENG **[46490]** : PRE 1800, Stanton, SFK, ENG **[42969]**
KERRIGAN : C1850, West Maitland, NSW, AUS **[12371]** : PRE 1880, Manchester, LAN, ENG **[46453]** : C1825-1850, WEM, IRL **[12371]**
KERRISK : 1800+, Currow, KER, IRL **[35935]**
KERRISON : PRE 1850, NFK, ENG **[46452]**
KERRUISH : 1650-1750, IOM **[46440]**
KERSEY : ALL, SFK, ENG **[37125]**
KERSFORD : ALL, KIK, IRL **[28140]**
KERSHAW : Albert, 1866+, Goulburn, NSW, AUS **[28151]** : Abraham, ALL, Goulburn, NSW, AUS **[28151]** : ALL, Woodford, ESS, ENG **[41103]** : PRE 1840, Manchester, LAN, ENG **[18702]** : 1750-1850, Oldham, LAN, ENG **[22536]** : Ralph, 1800+, Oldham,

LAN, ENG [27066] : Joshua, C1792, Rochdale, LAN, ENG [28151] : John, PRE 1825, Shuttleworth, LAN, ENG [10937] : Mary, 1800+, York & Sydney, YKS & NSW, ENG & AUS [10272]
KERSHLER : 1852+ Campbelltown, NSW, AUS [10782]
KERSLAKE : PRE 1851, Yarncombe, DEV, ENG [46453] : Thomas, 1770, London, MDX, ENG [37745]
KERSLEY : Anne, 1705-1759, HAM, ENG [17907]
KERSWELL : 1870, Burragorang, NSW, AUS [10801] : 1874-1916, Burragorang, NSW, AUS [11283]
KERWIN : PRE 1850, EAST KEN, ENG [17508]
KESSELL : 1600-1830, St.Austell, CON, ENG [19853] : 1800S, Gulval, CON, ENG & AUS [14045]
KESSEY : ALL, AUS [46309] : PRE 1863, Bathurst, NSW, AUS [46309]
KESSLER : ALL, Ungvar & Munchavo, UKR & HUN [46513]
KESTELL : 1800-1900, DEV, ENG [38840]
KESTER : 1700, Hardwick, CAM, ENG [44105]
KESTLE : PRE 1855, Budock, CON, ENG [37052]
KETCHAM : 1753+, NY, USA [23872]
KETLE : PRE 1685, KEN & SSX, ENG [45874]
KETLEY : Elisabeth, 1860+, St.Leonards Shoreditch, LND, ENG [10883]
KETT : Dennis, 1850+, NSW & VIC, AUS [13177] : PRE 1857, CLA, IRL [36742]
KETTEL : 1910+, Sealchart & Ightham, KEN, ENG [45874] : A., 1883-1893, London East, MDX, ENG [45874]
KETTEMAN : PRE 1950, LND, ENG [19656] : PRE 1950, GER [19656]
KETTERINGHAM : 1700-1880, NFK, ENG [26662]
KETTLE : C1650, Kelshall, HRT, ENG [19759] : ALL, Holborn, LND & MDX, ENG [30248] : PRE 1700, Filby, NFK, ENG [33428] : C1770, Abbas Combe, SOM, ENG [30246] : 1800+, Guildford, SRY, ENG [20949] : 1750-1850, Lisnaskea, FER, IRL [20821]
KETTLER : ALL, ENG & GER [38488]
KETTLEWELL : 1695+, Grainsby & Binbrook, LIN, ENG [13481]
KEVAN : 1700+, Chelmsford, ESS, ENG [44132]
KEVILL : Thomas, 1700-1850, CON, ENG [45920]
KEW : 1850+, Stroud, GLS, ENG [43720] : 1920+, Elstree, HRT, ENG [43720] : 1800S, ENG & NZ [13857]
KEWLEY : 1790+, Braddan, IOM, UK [42782]
KEWN : PRE 1820, Liverpool, LAN, ENG [30768]
KEY : 1800S, Hobart Town, TAS & NSW, AUS [46387] : 1800+, London, ENG [29198] : PRE 1840, London, ENG [11280] : Mary, PRE 1690, St.Stephen in Brannel, CON, ENG [39471] : 1850+, Bromley, KEN, ENG [29198] : Andrew, 1850S, Islington, MDX, ENG [39247] : PRE 1750, Westminster, MDX, ENG [42277] : 1780, NTH, ENG [45916] : C1700, St.Andrews & Leuchars, FIF, SCT [25979]
KEYES : PRE 1850, ESS, ENG [21539] : 1820-1860, Rathdowney, LEX, IRL [13014]
KEYLOCK : John, C1730, HRT, ENG [25654]
KEYMER : PRE 1800, Kirton, SFK, ENG [45876]
KEYS : Bella, 1852-1939, Windsor, NSW, AUS [28199] : 1853-1900, Geelong, Bendigo & Ballarat, VIC, AUS [13014] : Bridget, 1840, INDIA [39343] : 1800+, Lisbanoe, ARM, IRL [42829] : 1820-1853, Rathdowney, LEX, IRL [13014] : 1700+, Limerick, LIM, IRL [30968] : Bridget, 1853, Dushai, BALUCHISTAN, PAKISTAN [39243]
KEYSER : PRE 1800, York Co., PA, USA [23319]
KEYTE : 1660-80, Broad Campden, GLS, ENG [39706] : PRE 1850, Chelsea, LND, ENG [27678] : PRE 1830, Ilmington & Stratford, WAR, ENG [40993] : PRE 1860, Stratford on Avon, WAR, ENG [27678]
KEYWOOD : 1830-1870, Southampton, HAM, DOR & SRY, ENG [39539]

KEYWORTH : Elizabeth, 1750-1800, Shoreditch & Nottingham, NTT & MDX, ENG [39461] : 1800+, Sheffield & Stannington, WRY, ENG [18329] : C1800, Sheffield, YKS, ENG [46189]
KEYWORTH (see One Name Section) [39083]
KHOKHLOV : ALL, RU & UZBEKISTAN [29701]
KIBBLE : 1835+, Launceston, TAS, AUS [34321]
KIBBLEWHITE : PRE 1860, Purton, WIL, ENG [32017] : 1882-1889, Sukkur, INDIA [32017]
KIBELKA : PRE 1880+, Launen & Wirkieten, MEMEL, OPR [99433]
KIBELL : 1850+, Beechworth, VIC, AUS [36260] : PRE 1840, Waddesdon, BKM, ENG [36260]
KIBIT : ALL, ENG [37168]
KIBLINGER : 1760+, Berks Co., PA, USA [24725]
KICKHAM : PRE 1860, Windgap, KIK, IRL [13828]
KICKS : 1800+, East London, LND & MDX, ENG [42744]
KID : PRE 1820, FIF & KRS, SCT [45679]
KID(D) : 1790+, Coxwold, YKS, ENG [20975]
KIDD : 1852+, Laang & Geelong, VIC, AUS [28140] : 1820+, Chesterton & Wimpole, CAM, ENG [19694] : ALL, Medway, KEN, ENG [17745] : 1740-1765, Gargrave, WRY, ENG [18001] : Louisa, 1800S, Cawthorne, YKS, ENG [16309] : Guy, 1800S, Cawthorne, YKS, ENG [16309] : 1835, Rye, SSX, ENG & AUS [38627] : 1750-1850, Desert Martin, DRY, IRL [18303] : ALL, Castlecomer, KIK, IRL [28140] : 1800+, RSA [21233] : 1800S, Bolshoi Ochta, RUSSIA [16309] : 1700+, West Calder & Edinburgh, MLN, SCT [21233] : PRE 1860, PER, SCT [98672] : John, 1750S, Auchterarder, PER, SCT [12382] : Robert, 1800+, Montrose, ANS, SCT & IRL [28188]
KIDDALL : ALL, HRT, ENG [38488]
KIDDER : 1700S, Medford, Mdx Co., MA, USA [22743]
KIDDIE : 1840, Owestry, SAL, ENG [13694]
KIDDLE : ALL, Rockland, NFK, ENG [42019] : 1828+, Gillingham, DOR, ENG & NZ [41297]
KIDGER : ALL, WORLDWIDE [43523]
KIDNER : C1780+, Yatton, SOM, ENG [98674]
KIDNEY : John, C1800, IRL [37568]
KIEFER : 1740S+, Durmersheim, BAD, GER [15845]
KIEHNE : 1900+, Dundee, NSW, AUS [11715]
KIEL : Elizabeth, PRE 1839, ALS & LOR, FRA [23605] : 1830-1890, Alloa, CLK, SCT [16708]
KIELAR : 1858, Merthyr Tydfil, GLA, WLS [41443]
KIELEY : ALL, Gawler, SA, AUS [13004]
KIELOW : PRE 1830, Turnow, KSA, GER [26306]
KIELY : 1840+, Glendon Brook & Singleton, NSW, AUS [34947] : 1760+, Kilduff, KER, IRL [36261] : PRE 1860, LIM, IRL [37321]
KIEM : ALL, RHEINGAU, GER [25329] : ALL, Neiderwallof, RHEINGAU, GER [42909]
KIER : C1832-1900, London, ONT, CAN [17078] : 1790+, Eaglesham, RFW, SCT [17078]
KIERNAN : 1750-1850, Manchester, LAN, ENG [44078] : Louisa, C1848-1912, IRL [43052] : 1850+, Lake Placid, FL, USA [20401]
KIERSTED : PRE 1940, St.John, NB, CAN [99012]
KIFF : 1600+, HRT & LND, ENG [44077]
KIFT : C1760, Middlezoy, SOM, ENG [13004]
KIGHTLY : 1800+, Passenham, NTH, ENG [31574]
KILBOURNE : PRE 1820, WORLDWIDE [40868]
KILBRAITH : 1810-1890, Newry, DOW, IRL [20924]
KILBURN : 1700+, Rothwell & Leeds, YKS, ENG [46456]
KILBY : 1850+, Launceston, TAS, AUS [11226] : 1800S, London, ENG [11226] : ALL, East Ham, ESS, ENG [37110] : 1750-1800, Ramsey, IOM, UK [11226]
KILDEA : ALL, Woodford, GAL, IRL [25702]
KILFORD : ALL, Ammesbury, WIL, ENG [39348]
KILFOYLE : 1818+, Tullamore, OFF, IRL [14627]

KILGOUR : 1860S, Nelson, NZ **[20556]** : PRE 1870, ELN, SCT **[46382]** : C1710+, Orwell, KRS, SCT **[37499]**
KILIAN : 1730S, Doberlug, SIL, GER **[34138]**
KILJAN : C1850, PRE **[39167]**
KILL : 1806-1890, Putney, SRY, ENG **[35008]**
KILLAR : PRE 1870, Ternopol Galicia, OES & POL **[99443]** : C1880, St.Denis Maurice, PA, USA **[34939]**
KILLCOWEN : Thomas, 1820-1900, Whitechapel, MDX, ENG **[25484]**
KILLEAN : Pat, 1790-1870, Lilydale, VIC, AUS **[39243]**
KILLEEN : 1800+, PEI, CAN **[45671]** : 1700+, IRL **[45671]** : 1850+, Ballyconry, CLA, IRL **[10731]** : 1800+, Doonbeg, CLA, IRL **[36664]** : PRE 1850, MAY, IRL **[46514]** : **(see One Name Section) [28117]**
KILLERBY : 1720-1790, WRY, ENG **[34790]**
KILLEY : 1600+, IOM **[46440]**
KILLIAN : 1600-1700+, RPE, GER **[22114]** : 1700-1800, Zommerlock in de Falk, RYN, NL & RSA **[22114]**
KILLINGBECK : C1780, Drax, WRY, ENG **[16273]**
KILLINGLY : C1700, Stapleford, LEI, ENG **[14513]**
KILLOCH : PRE 1863, Mearns, RFW, SCT **[99600]**
KILLOOLEY : 1844+, Bombala, NSW, AUS **[11283]** : John, C1820, Mulllingar, WEM, IRL **[25616]**
KILMARTIN : PRE 1860, ROS, IRL **[11344]**
KILMER : 1800+, Elgin Co., ONT, CAN **[23319]**
KILMINSTER : PRE 1864, Sydney, NSW, AUS **[38683]** : PRE 1820, Dursley, GLS, ENG **[43137]**
KILMURRAY : Frances, C1905, Newtown, NSW, AUS **[10314]**
KILPATRICK : Joseph, 1905-1960, AUS **[45247]** : ALL, ARM, IRL **[45247]** : 1830, DOW, IRL **[46163]** : ALL, NZ **[45247]** : 1700+, Lanark, LKS, SCT **[42600]**
KILPIN : ALL, ENG **[18168]**
KILROY : 1842+, Hunter River, NSW, AUS **[10565]** : 1850-60S, Ballinheglish, ROS, IRL **[42729]** : PRE 1842, Kilronan, ROS, IRL **[10565]**
KILTON : 1850+, NE, USA **[15931]**
KILVINGTON : C1815, LIN, ENG **[13584]** : ALL, Cundall, NRY, ENG **[42974]** : 1600+, YKS, ENG **[39061]** : 1850+, Thirsk, YKS, ENG **[28755]**
KIMBALL : 1700-1850, Banbury, OXF, ENG **[27039]**
KIMBELL : PRE 1850, OXF, ENG **[45857]**
KIMBER : 1855+, Hunter River, NSW, AUS **[11060]** : 1890+, Muttama, NSW, AUS **[41435]** : ALL, ENG **[41582]** : PRE 1795, Reading, BRK, ENG **[37709]** : PRE 1855, Fairford, GLS, ENG **[11060]** : 1700-1900, Cirencester & Swindon, GLS & WIL, ENG **[46509]** : 1750-1910, Brown Candover & Petersfield, HAM, ENG **[46457]** : C1769, Eling, HAM, ENG **[41443]** : PRE 1815, Tonbridge, KEN, ENG **[46296]** : John, 1800+, Whitechapel & Bethnal Green, LND, ENG **[17676]** : PRE 1720, SSX, ENG **[29354]** : PRE 1800, WIL, ENG **[13034]** : Robert, C1823, Charleston, SC, USA **[10054]**
KIMBERLEY : 1884, Horsham, VIC, AUS **[46202]** : PRE 1770, Bromsgrove & Knowle, WOR, ENG **[30302]**
KIMBERLIN : 1870+, Crewe, CHS, ENG **[41037]**
KIMBLE : PRE 1800, Kintbury, BRK, ENG **[43842]**
KIMMEL : PRE 1730, Somerset Co., PA, GER **[22753]**
KIMMINS : ALL, London, Sydney & Glasgow, LND, NSW & LKS, ENG, AUS & SCT **[42466]**
KIMMIS : 1700-1850, UK **[42799]**
KIMSEY : ALL, WORLDWIDE **[43317]**
KINAMORE : 1849-1857, Murringo, NSW, AUS **[11444]** : PRE 1849, GAL, IRL **[11444]**
KINCAID : PRE 1840, DRY, IRL **[10167]**
KINCH : ALL, Leeds & Grenville, ONT, CAN **[17092]** : 1790+, Oxford Co., ONT, CAN **[17092]** : ALL, CAR, IRL **[17092]**
KINCHEN : 1800+, Chatham, KEN, ENG **[42744]**
KINCHINGTON : 1750-1800, Fordingbridge, HAM, ENG **[38186]**

KINDER : ALL, DBY, ENG **[18823]** : PRE 1860, Glossop & Hayfield, DBY, ENG **[34716]** : PRE 1840, Horwich, DBY, ENG **[34716]** : Rebecca, C1750, Kirkby in Ashfield, NTT, ENG **[39706]**
KINDRED : C1906 West Hartlepool, DUR, ENG **[10918]**
KINDT : C1730S, Richmond Twp, Berks Co., PA, USA **[16842]**
KINEFECK : C1800, COR, IRL **[10146]**
KING : 1850S+, Cooks River, NSW, AUS **[11715]** : John, 1860, Dapto, NSW, AUS **[11061]** : Martha Mary, 1869+, Singleton, NSW, AUS **[10822]** : John, 1869+, St.Peters, NSW, AUS **[41223]** : Thomas, C1929, Stanwell Park, NSW, AUS **[31517]** : Ellen Eileen, 1905, Sydney, NSW, AUS **[11061]** : John & Mary, 1890-1905, Sydney (Riley Street), NSW, AUS **[11061]** : 1880+, Wagga & Crookwell, NSW, AUS **[10697]** : 1880+, Warialda, NSW, AUS **[30776]** : 1880+, QLD, AUS **[43395]** : ALL, Geelong, VIC, AUS **[46490]** : 1851-1865, Melbourne, VIC, AUS **[33347]** : 1856+, Port Albert, VIC, AUS **[12223]** : Michael, 1850+, Portland, VIC, AUS **[34643]** : Michael, 1900+, Denmark, WA, AUS **[34643]** : Thomas, 1784+, ENG **[37188]** : Jane, 1784+, ENG **[37188]** : 1740+, London, ENG **[25070]** : PRE 1800, Goddington, BDF, ENG **[18884]** : 1690-1750, Haines (or Haynes), BDF, ENG **[12641]** : 1700S, Penn, BKM, ENG **[18273]** : 1700-1850, Quainton, BKM, ENG **[45608]** : 1756+, Quainton, Whitchurch & Weedon, BKM, ENG **[41443]** : ALL, Iver & West Drayton, BKM & MDX, ENG **[10822]** : 1852-1922, Kintbury, BRK, ENG **[99174]** : PRE 1856, Newbury, BRK, ENG **[12223]** : 1800S, BRK, GLS & WIL, ENG **[16430]** : C1800, Cambridge, CAM, ENG **[25693]** : 1793, Sawston, CAM, ENG **[42588]** : PRE 1900, Soham, CAM, ENG **[28275]** : 1790S, CON, ENG **[25070]** : PRE 1830, Colenso, CON, ENG **[28523]** : Philip, C1726+, Launceston, CON, ENG **[41271]** : 1700-1900, DEV, ENG **[18780]** : C1830, Buckfastleigh, DEV, ENG **[44430]** : 1700S, Rewe & Bradninch, DEV, ENG **[24981]** : C1750-1850, Zeal Monachorum, DEV, ENG **[17532]** : 1800-1850, Wimborne Minster, DOR, ENG **[13326]** : 1700-1800S, Winbourne Minster, DOR, ENG **[36655]** : C1811, Byker, DUR, ENG **[17626]** : 1867+, Hull, ERY, ENG **[20936]** : PRE 1700, ESS, ENG **[19259]** : PRE 1750, ESS, ENG **[33664]** : PRE 1859, ESS, ENG **[12367]** : Jane, 1815, Bocking, ESS, ENG **[16822]** : PRE 1770, Langley, ESS, ENG **[34986]** : 1500-1900, GLS, ENG **[12401]** : ALL, GLS, ENG **[18851]** : Charlotte, PRE 1820, Bristol, GLS, ENG **[46362]** : 1600+, Andover & Vernhams Dean, HAM, ENG **[27958]** : ALL, Lymington, HAM, ENG **[37168]** : PRE 1838, HRT, ENG **[19759]** : 1800+, Stocking Pelham, HRT, ENG **[21394]** : 1750+, KEN, ENG **[19744]** : 1839+, KEN, ENG **[11335]** : Dorothy, ALL, KEN, ENG **[44019]** : PRE 1850, KEN, ENG **[46199]** : PRE 1900, Ashford & Great Chart, KEN, ENG **[40569]** : 1755+, Aylesford, KEN, ENG **[11098]** : ALL, Brenchley, KEN, ENG **[44815]** : ALL, Brenchley, KEN, ENG **[19806]** : 1780+, Eboney, KEN, ENG **[35280]** : PRE 1788, Hunton, KEN, ENG **[10740]** : PRE 1830, Kemsing, KEN, ENG **[43842]** : 1800+, Rochester, KEN, ENG **[43733]** : William, PRE 1820, Billesdon, Tugby & East Norton, LEI, ENG **[21349]** : Everett & Mary, PRE 1779, East Norton, LEI, ENG **[21349]** : John, PRE 1807, Loughborough, LEI, ENG **[34975]** : C1780, Amley, LIN, ENG **[37795]** : 1920-1960, Brigg, LIN, ENG **[42863]** : PRE 1825, LND, ENG **[31186]** : 1881-1901, Camberwell, LND, ENG **[46416]** : 1800-1920, Islington, LND, ENG **[24902]** : 1860-1930, Islington, LND, ENG **[42055]** : PRE 1865, Pancras & Marylebone, LND, ENG **[37174]** : 1700-1840, Tottenham, LND, ENG **[46420]** : Frances Eliz., 1850+, Wapping, LND, ENG **[17676]** : PRE 1850, LND & MDX, ENG **[19259]** : 1700-1851, London, MDX, ENG **[33347]** : 1811-1896, St.Pancras, MDX, ENG **[33347]** : 1800S, East Bilney, NFK, ENG **[46460]** : PRE 1870, Kings Lynn, NFK, ENG **[20974]** : PRE 1783, Ingleby Arncliffe, NRY, ENG **[46423]** : PRE 1800, Whitby, NRY, ENG **[42745]** : 1840+, Wellingborough, NTH,

ENG **[18884]** : ALL, Yardley Hastings & Rushden, NTH, ENG **[44138]** :1843, OXF, ENG **[46202]** : 1850-1910, Bicester, OXF, ENG **[45608]** : ALL, Chesterton & Bicester, OXF, ENG **[31152]** : 1800-1900, Somerton, OXF, ENG **[27039]** : 1700+, Sydenham, OXF, ENG **[40042]** : Elizabeth, C1738, SFK, ENG **[31153]** :ALL, Butley, SFK, ENG **[46479]** : C1790, East Bergholt, SFK, ENG **[38234]** : Ann, 1839+, Henstead, SFK, ENG **[42828]** : C1830, Otley, SFK, ENG **[38234]** : 1725, Peasenhall, SFK, ENG **[17704]** : PRE 1858, Stoke by Nayland, SFK, ENG **[21395]** : 1740-1770, Sudbury, SFK, ENG **[17191]** : 1700, SOM, ENG **[21504]** : PRE 1860, Hinton Charterhouse, SOM, ENG **[44921]** : PRE 1840, Kingston upon Thames, SRY, ENG **[19259]** : PRE 1870, Lambeth, SRY, ENG **[40795]** : 1790+, Arundel, SSX, ENG **[34641]** : James, 1831, Arundel, SSX, ENG **[41223]** : 1720-1800, Beckley, SSX, ENG **[36435]** : William, PRE 1839, Burwash & Brightling, SSX, ENG **[10697]** : 1900+, Crowborough, SSX, ENG **[19806]** : 1820+, Frant, SSX, ENG **[19806]** : James, 1785+, Rye, SSX, ENG **[10697]** : PRE 1870, Warbleton, SSX, ENG **[19064]** : 1910+, Birmingham, WAR, ENG **[45608]** : PRE 1881, Birmingham, WAR, ENG **[11282]** : PRE 1848, Farnborough, WAR, ENG **[12223]** : PRE 1800, Pershore, WAR, ENG **[97801]** : 1830, Ashley, WIL, ENG **[26101]** : John, 1670, Bishopstrow, WIL, ENG **[11113]** : 1780-1900, Castle Combe, WIL, ENG **[34140]** : PRE 1860, Hilcott, WIL, ENG **[46399]** :PRE 1850, Mere, WIL, ENG **[46509]** : PRE 1820, West Kington, WIL, ENG **[44921]** : Thomas, C1800S, Wilcot, WIL, ENG **[42897]** : Sydney, 1790-1841, WOR & ESS, ENG **[41271]** : John, 1800S, (Surveyor) Bradford, YKS, ENG **[10993]** : C1820, Barnoldswick, YKS, ENG **[36299]** : Robert, 1700S, Bradford, YKS, ENG **[10993]** : 1700+, BDF & NSW, ENG & AUS **[29786]** : 1830-1840S, Ashburton & Buckfastleigh, DEV, ENG & AUS **[45714]** : Charles, PRE 1820, MDX, ENG & AUS **[45357]** : William, 1800-1860, London & Melbourne, MDX & VIC, ENG & AUS **[10272]** : William, 1848-1911, Newcastle on Tyne, NBL, ENG & AUS **[12182]** : Mary, 1802-1862, North Creake, NFK, ENG & AUS **[41477]** : Norfolk, 1789-1839, ENG & USA **[41271]** : 1800+, Avignon & Marseilles, PCA, FRA **[33347]** : 1800S, Douglas, IOM **[11411]** : C1843, Milltown, CLA, IRL **[11319]** : C1860, Tuam, GAL, IRL **[11684]** : PRE 1900, Limerick, LIM, IRL **[25306]** : Michael, PRE 1860, Granard, LOG, IRL **[34643]** : PRE 1840, Claremorris, MAY, IRL **[22683]** : PRE 1846, Fintona, TYR, IRL **[10740]** : 1790-1870, Grange, TYR, IRL **[30808]** : 1860-1880, Mullingar, WEM, IRL **[99125]** : 1850-1930, Shillelagh, WIC, IRL **[42863]** : PRE 1821, IRL, ENG & SCT **[25764]** : 1858+, Christchurch, NZ **[11335]** : Frederick, 1900+, Wellington, NZ **[10822]** : 1880+, AKD, NZ **[46236]** : 1800S, SCT **[33279]** : 1850+, Rosneath, ARL, SCT **[46497]** : ALL, Beith, AYR, SCT **[42913]** : 1700S-1800S, Gladsmuir & Pencaitland, ELN, SCT **[21563]** : PRE 1900, FIF, SCT **[43881]** : 1850+, Glasgow, LKS, SCT **[46497]** : PRE 1900, LKS, RFW & ANS, SCT **[43881]** : Beatrice, PRE 1800, Edinburgh, MLN, SCT **[14760]** : Thomas, 1800+, Newton, MLN, SCT **[14760]** : Beatrix, 1820+, Newton, MLN, SCT **[14760]** : James, 1780+, RFW, SCT **[46372]** : 1840+, Eaglesham, RFW, SCT **[17078]** : PRE 1860, Portadown, SHI, SCT **[46236]** : ALL, UK **[29409]** : Philadelphia, C1830S+, UK & USA **[41271]** : Herbert, 1890+, Los Angeles, CA, USA **[99599]** : Nancy, 1836-1857, Mason, KY, USA **[24168]** : Hannah, C1701, Cambridge & Charlestown, MA, USA **[22796]** : Henry, C1838, Chester, PA, USA **[12025]** : 1800+, GLA, WLS **[44963]** : PRE 1860, Cwm Twrch, GLA, WLS **[41446]** : Thomas, 1800S, Trevethin, MON, WLS **[16149]** : ALL, WORLDWIDE **[18780]**

KINGABY : 1840-56, Maitland, NSW, AUS **[31695]** : 1826-40, Parramatta, NSW, AUS **[31695]** : PRE 1795, London, ENG **[31695]**
KINGDOM : 1790-1822, London, MDX, ENG **[12641]**
KINGDON : ALL, ENG **[18702]** : PRE 1820, North Molton, DEV, ENG **[46519]** : 1890, Islington, MDX, ENG **[46519]**

KINGERY : Peter, 1795-1804, Lancaster, PA, USA **[24674]**
KINGGETT : George, 1850-1885, Eling, HAM, ENG **[25642]** : James, 1858-1907, Eling, HAM, ENG **[25642]** : James, 1813-1883, Minstead, HAM, ENG **[25642]** : George, C1885-1926, Wimbledon, SRY, ENG **[25642]**
KINGHORN : 1800-1900, SCT **[45261]** : PRE 1890, FIF, SCT **[34873]** : 1700+, Inveresk, MLN, SCT **[36655]** : ALL, WORLDWIDE **[45261]**
KINGMAN : Ann & George, 1700S, Castleton, DOR, ENG **[10993]**
KINGS : Joseph C., PRE 1900, ESS, LND & MDX, ENG **[25747]** : 1800S, WOR, ENG **[39565]** : 1800-1920, Bretforton, WOR, ENG **[97801]**
KINGSBOROUGH : 1800S, Drumcree, ARM, IRL **[13857]**
KINGSBURY : PRE 1800, SOM & DOR, ENG **[19708]** : ALL, WORLDWIDE **[19708]**
KINGSFORD : 1757, St.Margarets Cliffe, KEN, ENG **[99598]**
KINGSLEY : C1853, Braidwood, NSW, AUS **[25645]** : ALL, ENG **[21312]**
KINGSTON : Edward, 1870, Melbourne, VIC, AUS **[39179]** : 1880+, VIC & NSW, AUS **[39058]** : PRE 1855, St.Dunstan, Stepney, MDX, ENG **[45242]** : ALL, Wellingborough, NTH, ENG **[41146]** : 1800+, Great Bedwyn, WIL, ENG **[12415]** : 1800S, COR, IRL **[17650]** : ALL, Skibbereen & Bantry, COR, IRL **[39058]**
KINGWELL : 1600-1750, Ashburton, DEV, ENG **[26335]** : Richard, 1829-52, Bishops Orchard, DEV, ENG **[12182]**
KINGWILL : C1810, Devonport, DEV, ENG **[25930]**
KINKELA : ALL, Rukavac, C & NZ **[21365]**
KINLEY : C1760, Malew, IOM **[20914]**
KINLOCH : PRE 1750, Methven, PER, SCT **[46297]**
KINMAN : 1700-1800S+, London, MDX, ENG **[33331]**
KINN : Thomas, C1590, Claybrook, LEI, ENG **[18957]**
KINNA : Mary, 1870+, Kyneton, VIC, AUS **[12650]**
KINNAIRD : ALL, ANS & FIF, SCT **[25219]**
KINNEAR : PRE 1833, SA, AUS **[11866]** : 1860+, Port Augusta, SA, AUS **[27850]** : Timothy, C1820, CLA, IRL **[27850]** : ALL, ANS & FIF, SCT **[25219]**
KINNEBY : ALL, WORLDWIDE **[36477]**
KINNER : PRE 1820, Stroud, GLS, ENG **[43137]**
KINNERSLEY : PRE 1805, Stepney, MDX, ENG **[14127]**
KINNESTON : ALL, Manchester, LAN, ENG **[25787]**
KINNEY : PRE 1830, Washington Co., ME, USA **[22262]**
KINNINMONTH : 1900+, QLD, AUS **[44270]**
KINNISH : John, 1805-1848, IOM **[42780]**
KINNORK : 1870+, Askeaton, LIM, IRL **[10330]**
KINNS : 1600-1800, BDF, ENG **[26735]**
KINROSS : PRE 1800, Dunblane, PER, SCT **[20551]**
KINSELA : 1840+, Rose Bay, NSW, AUS **[11229]** : ALL, Bree & Ballyhough, WEX, IRL **[11229]**
KINSELLA : Martin, 1825+, Windsor, NSW, AUS **[29961]** : PRE 1860, IRL **[26341]** : PRE 1900, IRL **[34906]** : Mary 1890-1950 Glasgow, LKS, SCT **[39581]**
KINSELLE : PRE 1860, IRL **[26341]** : PRE 1860, LEX, IRL **[26341]**
KINSEY : 1810+, Salford & Manchester, LAN, ENG **[36762]** : 1780-1810, Warrington, LAN, ENG **[36762]** : Jeremiah, 1790, WLS **[10035]** : PRE 1880, MGY, WLS **[20909]** : John, C1828, Romney, Bedwelty, Iron Works, MON, WLS **[10035]**
KINSMAN : ALL, SCT **[22248]**
KINTON : Sarah, 1800+, Plumstead, KEN, ENG **[99590]** : 1800-1900, Hammersmith & Heston, MDX, ENG **[21243]**
KINVIG : Wm & Isabella, PRE 1881, IOM **[30880]**
KINZETT : 1780S-1840S, Kineton, WAR, ENG **[20800]**

KIPLING : 1850-1890, Hobart, TAS, AUS **[31979]** : Benjamin, 1820-1900, QUE, CAN **[46185]** : Mary, 1850-1935, QUE, CAN **[46185]** : John, 1825-1915, ENG **[46185]** : Mary, 1850-1935, ENG **[46185]** : 1820-1900, Middleton in Teesdale, DUR, ENG **[31979]** : 1800-40, London, MDX, ENG **[37278]** : 1780-1840, Arkengarthdale, NRY, ENG **[31979]** : 1700-1950, ENG & CAN **[46185]** : Rudyard, 1865-1936, WORLDWIDE **[46185]**

KIPP : Karl F.W., 1896-1971, Potsdam, BRA, GER **[11623]**

KIPPS : PRE 1840, Greenwich, KEN, ENG **[17637]**

KIRBY : John, C1912+, Rockdale, NSW, AUS **[10345]** : 1857+, Gayndah & Bundaberg, QLD, AUS **[46266]** : Sarah, 1800, Histon, CAM, ENG **[24981]** : ALL, Newmarket, CAM, ENG **[42209]** : PRE 1860, ERY, ENG **[33628]** : 1750-1850, GLS, ENG **[25354]** : William, 1845+, KEN, ENG **[10846]** : Emma, 1865+, Faversham, KEN, ENG **[10846]** : 1750-1850, LEI, ENG **[28609]** : 1860-1920, LND, ENG **[46250]** : 1800-1900, Bethnal Green, MDX, ENG **[31979]** : 1790, Soho, MDX, ENG **[26101]** : 1800+, Newington & Camberwell, SRY & LND, ENG **[45847]** : 1800-1900, Peckham, SRY & LND, ENG **[45847]** : 1750-1850, YKS, ENG **[99187]** : ALL, YKS, ENG **[30773]** : 1800-1900, Stroud, GLS, ENG & RSA **[22114]** : James, C1854, Bray, DUB, IRL **[28151]** : 1800-1850, Limerick, LIM, IRL **[29720]** : John & Margt, 1893-1912, TRK, NZ **[10345]** : ALL, UK **[46373]** : 1850+, Portland, ME, USA **[29720]** : 1865+, St.Louis, MO, USA **[14440]**

KIRCHER : ALL, BAW, FRG **[22422]**

KIRCHOFF : C1770, Holme-Olstrup, DEN **[34837]**

KIRGATH : PRE 1800, Gainsborough & Thorne, LIN & WRY, ENG **[25688]**

KIRK : 1850+, Melbourne, VIC, AUS **[13569]** : 1800S, Waterdown, ONT, CAN **[40257]** : PRE 1850, Gravesend, KEN, ENG **[46255]** : ALL, LIN, ENG **[25992]** : William, C1780, LIN, ENG **[42897]** : 1790-1840, Everton, NTT, ENG **[45209]** : 1800S, Nottingham, NTT, ENG **[12231]** : PRE 1815, Hanley, STS, ENG **[37709]** : 1820S-1890S, Sheffield, WRY, ENG **[11270]** : 1860+, Sheffield, WRY, ENG **[45209]** : PRE 1808, Wakefield, WRY, ENG **[40529]** : Bessie, ALL, Tanvally, DOW, IRL **[46261]** : 1800S, MOG, IRL **[40257]** : Agnes, C1845, Belfast, ANT, IRL & AUS **[45541]** : 1860+, Foxton, MWT, NZ **[10399]** : James, ALL, Oakley, SCT **[45154]** : Thomas, 1760S, Inverary & Glenaray, ARL, SCT **[36762]** : 1700+, Alloa, CLK, SCT **[13569]** : 1618+, Dunfermline, FIF, SCT **[36762]** : 1800+, Hazelton Walls, FIF, SCT **[36762]** : 1800+, Kelton, KKD, SCT **[10399]** : 1760+, Edinburgh, MLN, SCT **[36762]** : 1825+, Paisley, RFW, SCT **[10399]** : 1700+, Torryburn, FIF, SCT & AUS **[13569]** : Thomas, 1790+, Airdrie, LKS, SCT & NZ **[45154]**

KIRKBY : Edith & Thos., 1873+, Blackwood or Daylesford, VIC, AUS **[12027]** : Geo Richard, 1874+, Daylesford, VIC, AUS **[12027]** : Wm Bernard, 1881+, Daylesford, VIC, AUS **[12027]** : Millicent A., 1878+, Kyneton, VIC, AUS **[12027]** : PRE 1840, Caton, LAN, ENG **[45308]** : Robert, 1750+, LIN, ENG **[31580]** : ALL, Hogsthorpe, LIN, ENG **[36033]** : 1866+, Dunedin, NZ **[34042]**

KIRKER : Alexander, PRE 1815, Belfast & Banbridge, ANT & DOW, IRL **[39291]** : PRE 1900, SCT **[29664]**

KIRKHAM : James, 1850+, Sydney, NSW, AUS **[11066]** : 1860+, Narre Warren, VIC, AUS **[99183]** : C1825, Macclesfield, CHS, ENG **[36422]** : PRE 1890, DBY, ENG **[29298]** : 1700-1800, Dunmow, ESS, ENG **[19713]** : PRE 1880, Liverpool, LAN, ENG **[11066]** : John, C1790-C1850, Hogsthorpe, LIN, ENG **[20793]** : 1800S, Highley, SAL, ENG **[17092]** : 1850-1950, Arley, STS, ENG **[17092]**

KIRKHOPE : ALL, SCT **[18521]**

KIRKLAND : 1830-1900, Grenville Co., ONT, CAN **[16365]** : 1825-90, Wolford, ONT, CAN **[16365]** : PRE 1830, ARM, IRL **[16365]** : 1750-, Irvine, AYR, SCT **[21233]**

KIRKMAN : 1842+, Sydney, NSW, AUS **[11071]**

KIRKPATRICK : 1887+, Kilmore, VIC, AUS **[46279]** : Adam Crooks, 1854+, Mornington, VIC, AUS **[28140]** : 1800+, Route & Turnagrove, ANT, IRL **[46477]** : C1858, Kilskeery, TYR, IRL **[35592]** : PRE 1850, DFS, SCT **[38500]** : C1810, Gretna Green, DFS, SCT **[11716]** : 1854+, Greenock, RFW, SCT **[22140]**

KIRKTON : PRE 1920, Northampton, NTH, ENG **[34876]** : PRE 1890, Old Machar, ABD, SCT **[34876]**

KIRKUP : ALL, Pittsworth, QLD, AUS **[11446]** : 1860+, Cambridge, CAM, ENG **[11446]** : ALL, Newcastle, NBL, ENG **[11446]**

KIRKWOOD : Bob, 1884+, Upper Hutt & Wellington, NZ **[45703]** : Alex, C1854+, OTAGO, NZ **[45703]** : Catherine, C1880+, OTAGO, NZ **[45703]** : Jack, 1887+, Balclutha, OTAGO, NZ **[45703]** : PRE 1813, Largs, AYR, SCT **[44111]** : 1700+, Kilbarchan, RFW, SCT **[20914]** : 1750-1850, Paisley, RFW, SCT **[39994]** : 1800+, Falkirk, STI, SCT **[40052]** : PRE 1870, West Port & Kilsyth, STI, SCT **[39985]**

KIRLAND : PRE 1835, Catrine, AYR, SCT **[46249]**

KIRMAN : ALL, LIN, ENG **[41573]**

KIRSCHLER : 1595-1852, Gemmingen, BAW, BRD **[10782]** : PRE 1852, Ilvesheim & Seckenheim, BAD, GER **[10782]**

KIRSHAW : Mary, 1800+, York & Sydney, YKS & NSW, ENG & AUS **[10272]**

KIRTLAND : 1625-1750, West Haddon, NTH, ENG **[33347]** : C1750-1850, Bletchingdon, OXF, ENG **[31153]**

KIRTON : PRE 1770, Alston, CUL, ENG **[17921]** : ALL, Newcastle upon Tyne, NBL, ENG **[28670]** : C1750, Slaggyford, NBL, ENG **[13473]**

KIRWAN : 1800+, DUB, IRL **[34089]** : Thomas, 1838, TIP, IRL **[16149]** : Catherine, 1805+, Cornode, TIP, IRL **[99298]** : 1839-1861, Silvermines & Nenagh, TIP, IRL **[11425]**

KISBEE : PRE 1820, Barnwell, NTH, ENG **[41477]**

KISKY : 1840+, KEN, ENG **[12802]**

KISS : ALL, NSW, AUS **[11860]** : 1770S, Warwick, WAR, ENG **[11860]** : ALL, Warwick, WAR, ENG **[11658]**

KISSANE : 1840S, Listowel, KER, IRL **[21889]**

KITCH : 1700-1750, North Petherton, SOM, ENG **[12413]**

KITCHEN : Thomas, 1913-1914, Cornwall, ONT, CAN **[17794]** : William, 1851-1930, Bainton, ERY, ENG **[40505]** : 1600-1730, Hallington, LIN, ENG **[29715]** : 1670+, Upton & Southwell, NTT, ENG **[41370]** : 1780-1850, Wellow, NTT, ENG **[33347]** : 1725-1800, Empingham, RUT, ENG **[33347]** : 1700S, Lambeth, SRY, ENG **[18895]** : ALL, WAR, ENG **[17794]** : 1840+, Birmingham, WAR, ENG **[17794]** : 1780+, Stratford upon Avon, WAR, ENG **[17794]** : 1800-1850, Warwick, WAR, ENG **[17794]** : 1830+, Bradford & Shipley, WRY, ENG **[13481]** : ALL, Kaitaia, NLD, NZ **[98612]**

KITCHENER : PRE 1750, Campton, BDF, ENG **[33428]** : C1795, Lambeth, SRY, ENG **[26731]** : 1820, Norwood, SRY, ENG **[18340]** : Hannah, 1900S, Johannesburg, RSA **[12467]**

KITCHENHAM : 1800-1920, KEN, ENG **[26897]**

KITCHENSIDE : James, PRE 1768+, ENG **[30971]** : Ann, PRE 1802, Fetcham, SRY, ENG **[30971]**

KITCHIN : 1600-1730, Hallington, LIN, ENG **[29715]** : 1695-1710, Salmonby & Low Toynton, LIN, ENG **[29715]** : 1700-1770, West Ashby, LIN, ENG **[29715]**

KITCHING : William, 1851-1930, Bainton, ERY, ENG **[40505]** : PRE 1807, Cheshunt, HRT, ENG **[38683]** : 1700-1770, West Ashby, LIN, ENG **[29715]**

KITCHINGMAN : ALL, Minster in Thanet, KEN, ENG **[36127]** : 1815-1860, Hackney, MDX, ENG **[36127]**

KITE : Thomas, 1840+, Bathurst, NSW, AUS **[42565]** : 1700S, Modbury, DEV, ENG **[14267]** : 1800-1900, Yate, Berkeley & Stone, GLS, ENG **[18857]** : ALL, Bapchild,

KEN, ENG **[46460]** : 1750-1900, KEN & LND, ENG **[45749]** : PRE 1850, Twickenham, MDX, ENG **[43033]** : 1800-1900S, Croydon, SRY, ENG **[46460]** : PRE 1860, Stratford on Avon, WAR, ENG **[27678]**

KITELEY : 1786-1871, Willen, BKM, ENG **[32314]**

KITLEY : PRE 1852, Aveley, ESS, ENG **[34748]** : 1750+, Bath, WIL, ENG **[33825]**

KITNEY : 1820+, Aylesford, KEN, ENG **[11098]** : PRE 1852, Aylesford, KEN, ENG **[46402]**

KITSON : 1874+, QLD, AUS **[13853]** : ALL, London, ENG **[21716]** : 1800+, Greenwich, KEN, ENG **[13853]** : 1820+, Leeds, WRY, ENG **[13853]** : ALL, Yeadon, YKS, ENG **[35527]** : 1800, USA **[13853]** : ALL, WORLDWIDE **[13853]**

KITT : 1780+, MDX & LND, ENG **[44781]**

KITTIER : 1700+, Blandford Forum, DOR, ENG **[15289]**

KITTO : 1850+, VIC, AUS **[18354]** : PRE 1766, CON, ENG **[18354]**

KJAR : ALL, DEN **[21348]**

KLAMMER : PRE 1945, Klagenfurt, KAR, OES **[36543]**

KLANG : 1900+, Forest City, Winnebogo Co., IA, USA **[28957]**

KLAUN : 1800-1900, Baden, GER **[23161]**

KLEEMAN : PRE 1875, Hamburg, GER **[14030]** : 1830, Baden, BAD, GER **[41420]** : 1699+, Reutlingen, WUE, GER **[12039]**

KLEINFELDT : 1819+, Stendal, PRE, GER **[13230]**

KLEINIG : PRE 1840, Cortnitz, UPPER LUSATIA, GER **[26330]**

KLEINKNECHT : Aaron, 1871+, ONT, CAN **[15902]** : George, 1820+, Waterloo Co. & Perth Co., ONT, CAN **[15902]** : Susannah, 1850+, Waterloo Co. & Perth Co., ONT, CAN **[15902]** : Hannah, 1850+, Waterloo Co. & Perth Co., ONT, CAN **[15902]** : George, PRE 1818, Lehrensteinsfeld, WUE, GER **[15902]** : George, 1818+, Lancaster Co., PA, USA **[15902]**

KLEINSCHMIDT : 1860+, QLD, AUS **[45087]** : PRE 1860, BRA, GER **[45087]** : 1890S, Uckermark, PRE, GER **[13845]**

KLEIST : 1770-1870, Bergholz, PRE, GER **[13326]**

KLEMM : 1760+, Heslach, WUE, GER **[11144]**

KLERKER : 1860-1900, Grafton & Tenterfield, NSW, AUS & GER **[44567]**

KLEYSER : 1800+, ENG **[33347]** : 1750-1875, BAD, GER **[33347]**

KLIGGE : ALL, Paderborn, WEF, GER **[21088]**

KLINCK : 1785, Albany, NY, USA **[15594]**

KLINE : 1855+, Maitland, NSW, AUS **[40781]** : PRE 1855, Frankfurt, GER **[40781]**

KLINGBIEL : 1600-1800, MSW, GER **[21973]** : ALL, PRE, GER **[12707]**

KLINGE : 1856+, QLD, AUS **[99026]**

KLINGNER : 1845+, Manchester, LAN, ENG **[98637]** : 1850+, Berlin, BRA, GER **[98637]** : 1830+, Burg, PRE, GER **[98637]** : 1850+, Belfast, ANT, IRL **[98637]** : 1850+, Edinburgh, MLN, SCT **[98637]**

KLOPPENBURG : ALL, GER **[99556]**

KLUBERDANZ : 1835-1860, Pfaffenhausen, BAV, GER **[24252]**

KNABENBAUER : PRE 1922, Hagen, NRW, BRD **[12563]**

KNAGGS : ALL, UK **[29497]** : ALL, Trinidad & Tobago, W.INDIES **[29497]**

KNAPMAN : 1870, Sydney, NSW, AUS **[28164]** : PRE 1810, Holme & Stuckfield, DEV, ENG **[25764]** : PRE 1900, South Brent, DEV, ENG **[19457]**

KNAPP : Edmund, 1600-1700, ENG **[33500]** : ALL, Reading, BRK, ENG **[40641]** : 1650-1800, Winchester, HAM, ENG **[33500]** : PRE 1940, Islington & Bethnal Green, MDX & LND, ENG **[43842]** : 1800+, SSX, ENG **[19806]** : ALL, Mainhardt, BAW, FRG **[22422]** : 1790,

Oberlaudenbach, HEPPENHEIM, GER **[31453]** : PRE 1860, NY & VT, USA **[26881]**

KNAPTON : 1627, Chalton Marshall, DOR, ENG **[21889]** : 1680S, Fordington, DOR, ENG **[21889]**

KNAUF : 1859+, Glen Innes, NSW, AUS **[13763]** : C1800, Schmalkalden, THU, GER **[13763]**

KNEALE : Thomas, 1820+, CON, ENG & IOM **[34393]** : ALL, IOM, UK **[38285]** : Thomas, 1863+, Ontmagon Co., MI, USA **[34393]**

KNEEBONE : James, 1860+, Whorouly, VIC, AUS **[36433]** : 1650, Menheniot, CON, ENG **[18340]** : William, PRE 1860, St.Columbs Minor, CON, ENG **[36433]** : 1800, Lifton, DEV, ENG **[18340]** : ALL, ENG & WLS **[44125]**

KNEEBONE (see One Name Section) **[44125]**

KNEEN : PRE 1840, Douglas, IOM, UK **[36115]**

KNELL : PRE 1900, London, ENG **[45227]**

KNELLER : Thomas, PRE 1778, Kingsworthy, HAM, ENG **[13960]**

KNEVETT : PRE 1832, Old Brentford, MDX, ENG **[19918]**

KNIBBS : John, 1829, ENG **[36112]**

KNIBLO : C1800-23, Kirkmaiden & Stoneykirk, WIG, SCT **[12367]**

KNICKAL : Mary, 1710, Lezayre, IOM **[28081]**

KNICKLE : Lunenburg, NS, CAN **[45280]** : 1729+, NS, CAN & GER **[32223]**

KNIES : ALL, Gustrow, MEK, GER **[13994]**

KNIFE : ALL, ENG **[11282]**

KNIFFON : PRE 1750, Marston Moretaine, BDF, ENG **[33428]**

KNIGHT : 1854+, NSW, AUS **[38290]** : 1855+, Hastings River, NSW, AUS **[11060]** : 1830+, Illawarra, NSW, AUS **[11303]** : 1855+, Manning River, NSW, AUS **[11060]** : Thomas, 1850+, Mulgoa, NSW, AUS **[10049]** : 1880S-1930, Sydney, NSW, AUS **[44998]** : 1900+, VIC, AUS **[31355]** : 1850, Geelong, VIC, AUS **[31709]** : Florence, 1885+, Melbourne, VIC, AUS **[31424]** : PRE 1900, Collingwood, ONT, CAN **[40960]** : Lawrence, ALL, London, ENG **[28096]** : C1740+, London, ENG **[45811]** : 1780-1900, London & Suburbs, ENG **[46513]** : PRE 1855, Westoning, BDF, ENG **[11060]** : 1700-1800, Newbury, BRK, ENG **[22440]** : 1750-1840, Reading, BRK, ENG **[46201]** : 1820, Chester, CHS, ENG **[31709]** : 1800+, CON, ENG **[29786]** : 1700+, Roche, CON, ENG **[21741]** : ALL, CUL, ENG **[45830]** : Sarah, 1810+, Sampford Peverell, DEV, ENG **[43566]** : 1600+, Widecombe, DEV, ENG **[10383]** : PRE 1700, Yarcombe, DEV, ENG **[27769]** : ALL, DEV, SOM & CON, ENG **[42641]** : 1800+, DOR, ENG **[31017]** : 1775+, Almer & Dorchester, DOR, ENG **[13461]** : 1800-1820, Foulness, ESS, ENG **[42211]** : C1700-1900, Shelford, Foulness Is., ESS, ENG **[38901]** : 1800-1900S, East London, ESS & MDX, ENG **[33331]** : PRE 1750, Bristol, GLS, ENG **[31316]** : Eva, 1870+, Bristol, GLS & SOM, ENG **[16802]** : C1775-1850, East Meon, HAM, ENG **[46457]** : 1790+, Gosport, HAM, ENG **[46430]** : 1600-1900, Soberton, HAM, ENG **[26831]** : 1750-1900, Huntingdon, HUN, ENG **[22176]** : George, C1543, KEN, ENG **[10035]** : James William, 1879-1893, Bromley, KEN, ENG **[21349]** : 1800-1865, Tonbridge, KEN, ENG **[17191]** : PRE 1870, LAN, ENG **[25737]** : Robt, 1800+, LEI, ENG **[13229]** : Samuel, C1840, Ayleston Hall, LEI, ENG **[14851]** : 1780+, Enderby & Thurlaston, LEI, ENG **[42342]** : Richard, C1754, Billingborough & Sibsey, LIN, ENG **[41477]** : C1680+, Nocton & Osbournby, LIN, ENG **[41477]** : 1620+, Wellingore & Welbourn, LIN, ENG **[41477]** : PRE 1875, Fulham, LND, ENG **[39588]** : 1800-1900, Islington, LND, ENG **[34660]** : 1850, Kensington & Notting Hill, LND, ENG **[40499]** : Jane, C1865, Twickenham, MDX, ENG **[25770]** : PRE 1840, Westminster, MDX, ENG **[22176]** : PRE 1700, Horsey, NFK, ENG **[33428]** : 1700+, NTH, ENG **[46021]** : PRE 1700, Walgrave, NTH, ENG **[31424]** : 1750-1900, Nottingham, NTT, ENG **[22176]** :

PRE 1820, Uppingham, RUT, ENG [39515] : James T., 1835-1918, Bath, SOM, ENG [37181] : Joshua, C1838, Chard, SOM, ENG [16802] : PRE 1820, Ilchester, SOM, ENG [25969] : 1820-90, Yeovil, SOM, ENG [37278] : 1860+, Headley, SRY, ENG [28096] : 1850+, Lingfield, SRY, ENG [28096] : 1600-1900, London, SRY, ENG [26831] : PRE 1800, Bolney, SSX, ENG [38290] : 1800+, Cuckfield, SSX, ENG [38290] : 1740-1820, Fairlight, SSX, ENG [45207] : 1700-1800, Horsted Keynes, SSX, ENG [33347] : 1811+, Itchingfield, SSX, ENG [19268] : C1830, Petworth, SSX, ENG [11303] : 1840-1900, Pulborough, SSX, ENG [46393] : PRE 1900, Rogate, SSX, ENG [25162] : Caroline, 1830+, SSX & SRY, ENG [28096] : John, 1840+, SSX & SRY, ENG [28096] : Eliza, 1840+, SSX & SRY, ENG [28096] : ALL, SSX & SRY, ENG [28096] : Joseph, ALL, SSX & SRY, ENG [28096] : 1700+, Biddulph & Wolstanton, STS, ENG [15823] : 1735+, Milwich, STS, ENG [15823] : PRE 1850, Birmingham, WAR, ENG [11572] : 1800, Aldbourne, WIL, ENG [26340] : Kate, 1850+, Shrewton, WIL, ENG [31424] : 1864, Brightside, YKS, ENG [10956] : C1800, Epsom, SRY, ENG & IRL [46327] : 1856-90, Newplymouth, NZ [37278] : 1820+, Huntly, ABD, SCT [35147] : 1850+, Denver, CO, USA [38290] : 1800-1850, Glyntaff, GLA, WLS [22440]
KNIGHTON : PRE 1790, South Normanton, DBY, ENG [42967] : PRE 1800, Weldon, NTH, ENG [39515]
KNIGHTS : Ruth, C1770, Buckland, HRT, ENG [12878] : Mary Jane, 1879-1893, Bromley, KEN, ENG [21349]
KNIPE : 1860+, Manchester, LAN, ENG [46493] : 1860+, Salford, LAN, ENG [46493]
KNIPPENBERG : ALL, NL [11938]
KNOCK : 1700+, SFK, ENG [39061]
KNOEDLER : ALL, BAW, FRG [22422]
KNOLAN : C1812, Hollymount, MAY, IRL [29479]
KNOLCK : 1714-1744, Heide, SHO, GER [24252]
KNOLL : PRE 1820, Walldorf, BAY, GER [37380]
KNOLLS : 1750+, Maryculter, ABD, SCT [98612]
KNOOP : 1818+, GER & RUS [29701]
KNOP : PRE 1870S, Pomerau, GER [98637]
KNOPF : C1850, PRE [39167]
KNOPP : PRE 1830, VA, USA [23845]
KNORR : C1845, Nassau, HEN, GER [11716]
KNOTT : 1800+, DEV, ENG [46498] : George, PRE 1838, Bury, LAN, ENG [10937] : PRE 1850, Hurst, LAN, ENG [38936] : 1700+, Biddulph, STS, ENG [34739]
KNOWLAN : C1812, Hollymount, MAY, IRL [29479]
KNOWLER : William, 1800+, Canterbury, KEN, ENG [37594] : Felix Fredk, 1905+, Sutton, SRY, ENG [37594]
KNOWLES : James, PRE 1852, Parramatta, NSW, AUS [10428] : C1880, London, ENG [31579] : PRE 1772, Tansley & Matlock, DBY, ENG [19304] : John, PRE 1826, Plymouth, DEV, ENG [11062] : 1934+, Slad, GLS, ENG [46518] : PRE 1851, Kington, HEF, ENG [46518] : 1800-1890S, Woolwich, KEN, ENG [11062] : 1790+, Bolton le Moors, LAN, ENG [10394] : C1836+, Chorley & Blackburn, LAN, ENG [36299] : 1800+, Wavertree, Liverpool, LAN, ENG [12481] : ALL, Wyresdale, LAN, ENG [25572] : PRE 1850, Boston, LIN, ENG [25151] : 1750-1890, LND, SRY & BDF, ENG [21597] : PRE 1790, NFK, ENG [19481] : ALL, SSX, ENG [36543] : 1700+, WRY, ENG [46440] : C1820, Sheffield, YKS, ENG [41370] : 1700+, IOM [46440] : 1850+, Christchurch, CBY, NZ [33820] : 1750+, Maryculter, ABD, SCT [98612]
KNOWLTON : 1644+, Ipswich & Beverly, MA, USA & ENG [22796]
KNOX : 1850+, Glebe, NSW, AUS [11023] : Joseph, 1860, Wentworthville, NSW, AUS [11023] : Jas & Nathan, 1930S, Toronto, ONT, CAN [31476] : 1818, LAN, ENG [35025] : 1800S, Bethnal Green, LND, ENG [30876] : 1700-1900, Sheffield, YKS, ENG [31882] : ALL, Dromara, DOW, IRL [21442] : C1750-1900, Kil-

rea, DRY, IRL [39994] : ALL, FER, IRL [20935] : Joseph, 1846+, Drumquin, TYR, IRL [11023] : ALL, Belturbet, CAV, IRL & NZ [20935] : Peter, C1750, Rathen, ABD, SCT [10649] : PRE 1850, Glasgow, LKS, SCT [17763] : 1742-C1818, Paisley & Glasgow, RFW & LKS, SCT [17763]
KNUCKEY : 1850-1880, Norwood, SA, AUS [14306] : PRE 1583, St.Erth, CON, ENG [46251] : 1600+, Stithians, CON, ENG [11582]
KNUDSEN : C1827, Gelsted, ODENSE, DEN [25693]
KNUTCHEY : ALL, WORLDWIDE [12539]
KNUTER : 1780+, MEV, BRD & GER [36188]
KNUTTER : 1780+, MEV, BRD & GER [36188] : ALL, WORLDWIDE [36188]
KNUTTON : ALL, Birmingham, WAR, ENG [43879]
KOCH : Christina, 1848+, GER [41349] : 1813-1882, Pamprin, MSW, GER [12367]
KOEFOED : PRE 1700, Bornholm, DEN [34837]
KOEGLER : 1850S, Leipzig, GER [22743]
KOENIG : PRE 1801, Strasbourg, ALS, FRA [14472]
KOEPP : 1700+, GER [10295] : 1800+, VOLHYNIA, UKR [10295]
KOESTER : ALL, Gustrow, MEK, GER [13994]
KOHEN : Albert, 1886+, Annandale, NSW, AUS [10846]
KOHNKE : ALL, Kalten Kirchen, SHO, GER [33237]
KONKEL : 1930S, POL [21630]
KOPP : PRE 1850, Furtwangen, BAD, GER [33876]
KOPPE : PRE 1860, Hamburg, GER [38743]
KOPPR : Fredrika, 1830+, Iserlohn, WEF, GER [99174]
KORBER : 1800, GER [14227]
KORIE : 1800S, HU & YU [16378]
KORN : PRE 1800, Oberheimbach, HEN, GER [14045]
KORNMAN : ALL, HES, GER [31646]
KORNOSKY : 1700-1991, Dravce & Uzhorod, UKRAINE [23161]
KOSITZ : ALL, WORLDWIDE [35974]
KOSLOWSKY : Charles, 1845-1920, Monteagle Valley, ONT, CAN [99433] : Charles, 1845-1920, PRE, GER [99433]
KOSSATZ : C1842, LITH, GER [21727]
KOSTYNIUK : PRE 1860, Sniatyn, OES & POL [99443]
KOSZYKOWSKI : PRE 1860, Horodenka, GALICIA, POL [40603]
KOTZE : 1650S, GER [22118] : 1700+, CAPE & TVL, RSA [22118]
KOUTSOUKIS : ALL, GREECE [46001]
KOWALEWSKI : 1789+, Gore, SLD, NZ [10119]
KOWALSKI : Kitty (Hurley, 1940+, Miami, FL, USA [34883]
KOWIN : 1800+, Cambridge, CAM, ENG [40135]
KRAEFFT : ALL, Hamburg, GER & AUS [32035]
KRAFT : 1870+, Rockhampton & Townsville, QLD, AUS [11319] : C1848, Buffalo & Great Lakes, NY, USA [11319]
KRAG : PRE 1850, VEJLE, DEN [17134]
KRAMMER : PRE 1880, MEK, GER [37380]
KRANKER : PRE 1840, Lasland, DEN [42698]
KRANSTAUBER : 1770+, Oldendorf, OLD, GER [17000]
KRANTZ : John A., 1889+, Salt Lake City & St.Paul, UT & MN, USA [28957]
KRATZENBERG : PRE 1850, Bischhausen, HES, BRD [17745] : 1850+, London, MDX & SRY, ENG [17745]
KRAUS : ALL, Neulussheinn, BAD, GER [15070] : 1700-1860, Kassel, HES, GER [39012] : Paulus, 1650-1730, Schleiz, REU, GER [15070]
KRAUSE : 1770S, GER [34138]
KRAUSHAAR : Alfred, C1883, NSW, AUS [10610]
KRAUSS : 1859+, Warialda & Glen Innes, NSW, AUS [13763] : ALL, Neulussheinn, BAD, GER [15070] : Paulus, 1650-1730, Schleiz, REU, GER [15070]

KRAUT : Martin, 1700+, Jagstfeld, GER **[11159]**
KRAYCHY : ALL, Chortkui, GALICIA, OES **[99556]**
KREBSBACH : Joannes, 1730, Herresbach, RPF, GER **[26458]**
KREIDLER : 1700+, Wuerttemberg, WUE, GER **[99433]**
KREIJ : Henrik Johan, 1700S, Reval & Svartaa, ESTLAND & FIN **[22392]** : Fredr Hindr, PRE 1718, FIN & SWE **[22392]** : Otto Robert, 1900, Glasgow, LKS, SCT **[22392]** : Nils Theodor, 1901+, Glasgow, LKS, SCT & AUS **[22392]** : Agnes Lovisa, 1904+, Glasgow, LKS, SCT & AUS **[22392]** : Nils Teodor, PRE 1907, Glasgow, LKS, SCT, SWE & AUS **[22392]** : Eric, 1750+, Falun, SWE **[22392]** : Otto Gustaf, 1707+, Gavle, SWE **[22392]** : Joens, 1700S, Kalvsvik, SWE **[22392]** : Anders Peter, 1854+, Ulrica, SWE **[22392]** : Johan Albert, 1857+, Ulrica, SWE **[22392]** : Karl Oskar, 1862+, Ulrica, SWE **[22392]** : Henrik W., PRE 1823, Malmoe, SWE & GER **[22392]** : Philip, 1863+, NY, USA **[22392]** : Charles, 1873+, NY, USA **[22392]** : Maria, 1878+, NY, USA **[22392]** : Albert Fabian, 1861+, NY, USA & SWE **[22392]** : Carl Fabian, C1861+, NY, USA & SWE **[22392]** : ALL, WORLDWIDE **[22392]**
KREJ : ALL, WORLDWIDE **[22392]**
KRELLE : 1800+, London City, ENG **[17092]**
KREMP : ALL, ALS, FRA **[32364]** : ALL, WORLDWIDE **[32364]**
KREMPP : ALL, ALS, FRA **[32364]** : ALL, WORLDWIDE **[32364]**
KRESKEN : PRE 1800, Rositz, ALTENBURG, GER **[45111]** : 1775+, Amsterdam, NL **[45111]**
KREUTZ : ALL, Wien, OES **[15745]** : ALL, WORLDWIDE **[15745]**
KREUTZMANN : ALL, MEK, GER **[13994]**
KREY : Ludvig Henrik, PRE 1705, RPF, BRD & SWE **[22392]** : Hans, 1700S, DEN **[22392]** : ALL, Reval, ESTLAND **[22392]** : Fredr Hindr, PRE 1718, FIN & SWE **[22392]** : ALL, Rostock & Stralsund, MEK, GER **[22392]** : ALL, Stettin, POM, GER **[22392]** : August F.W., PRE 1886, PRE, GER **[22392]** : Johan Bernard, C1825, Rostock, Gbrg, MEK, GER & SWE **[22392]** : Johan, PRE 1656, Kilberg, POM, GER & SWE **[22392]** : ALL, Riga, LETTLAND **[22392]** : Hans H., 1600S, NOR **[22392]** : Jochum N., PRE 1770, NOR **[22392]** : Jochum C., PRE 1767, NOR & SCT **[22392]** : Nils Teodor, PRE 1907, Glasgow, LKS, SCT, SWE & AUS **[22392]** : Henrik, PRE 1658, SWE **[22392]** : Georg Niclas, 1700S, Stockholm, SWE **[22392]** : Eva Carolina, 1874+, SWE & USA **[22392]** : Oskar Fredrik, 1876+, SWE & USA **[22392]** : ALL, WORLDWIDE **[22392]**
KREYE : PRE 1875, Munster, GER **[18700]**
KRIDLER : 1800S+, PA, MI & OH, USA **[99433]**
KRIEGER : 1852+, Grafton, NSW, AUS **[11839]** : PRE 1852, Berkheim, WUE, GER **[11839]**
KRIEGLER : ALL, USA & OES **[29570]**
KRIJTENBURG : ALL, NL **[11938]**
KRIPPS : 1750-1800, Eastern, USA **[17012]**
KRISKE : PRE 1800, Rositz, ALTENBURG, GER **[45111]**
KRISTAN : PRE 1880, Klagenfurt Area, KAR, OES **[36543]**
KROEMER : 1715-1740, Borstel, HEN, GER **[24252]**
KROG : PRE 1877, Hjorring, DEN **[13828]**
KROGER : PRE 1850, SHO, GER **[46383]**
KROGH : PRE 1894, Alborg, DEN **[14197]**
KROMER : 1715-1740, Borstel, HEN, GER **[24252]**
KROPF : ALL, NL **[11938]**
KROPFF : ALL, NL **[11938]**
KROSCHEL : 1820, Skampe, PRE **[28164]**
KROUSE : 1700-1860, Kassel, HES, GER **[39012]** : Lovina, 1840-1900, Hazleton, PA, USA **[39012]**
KRPAN : Anica, C1864, Lovinac Lika, GRACAC, CROATIA **[23032]**
KRUG : ALL, Reims & Mainz, FRA & GER **[14267]**

KRUGER : PRE 1845, Stebbe or Stibbe, POM, GER **[14076]**
KRUGH : 1800-1900, Ipswich, QLD & BAV, AUS & GER **[39229]**
KRUMINS : C1900, Riga, LAT, LAT **[46467]**
KRUMREY : 1804, Cremzow, GER **[14120]** : 1735, Gollmitz, GER **[14120]**
KRUPA : PRE 1900, Jaroslaw, Wietlin, PR, POL **[16349]**
KRUPNICK : Arthur, C1890-1942, Boston, MA, USA & RSA **[31159]**
KRUSE : 1800-1830, Welplage, HAN, GER **[24252]** : C1800, Ahrenshoft, SHO, GER **[10634]**
KRUSS : Heinrich, PRE 1852, Heligoland, GER **[10276]**
KUCHEL : 1787, Zullichau, BRA, PRE **[10318]**
KUCHENBUCH : 1890+, Delmenhorst, BRE, GER **[46360]**
KUHN : 1855+, East Kangaloon & Sydney, NSW, AUS **[36751]** : Gabriel, 1850+, Sydney, NSW, AUS **[11152]** : PRE 1855, Frankfurt on Maine, GER **[36751]** : PRE 1880, GER & BRD **[36188]**
KUHNE : Anne, 1800+, QUE, CAN **[17109]**
KUHNEL : C1870, Peterswald, BOHEMIA, OES **[10634]**
KULYK : ALL, GALICIA, UKR & CAN **[42961]**
KUNDE : 1780S, Nemitz, POM, GER **[14513]** : 1800+, Zarpen, SHO, GER **[14513]**
KUNECKA : 1900+, USA **[42943]**
KUNELLIS : 1850-1950, Wirkieten, MEMEL, OPR **[99433]**
KUNKELMANN : 1739-1763, Frankisch-Crumbach, GHE & HES, GER **[24252]**
KUNKLER : ALL, NSW, AUS **[11159]**
KUNST : 1700+, Grunberg, UCKERMARK, GER **[13853]**
KURTZ : 1860-1920, Bolechowice, KR, POL **[13014]**
KURZ : C1840, Brzezie, KR, POL **[13014]**
KUSCH : 1880+, Prince Albert & Regina, SAS, CAN & POL **[24182]**
KUSS : PRE 1900, BRD **[34986]**
KWASIGROCH : 1830+, POS & WI, GER & USA **[32132]**
KWIATKOWSKI : 1837+, Sobiescrznie, POL **[11715]**
KYD : Robert, 1738, Barry, ANS, SCT **[13153]**
KYDD : ALL, DUR, ENG **[21763]** : PRE 1850, Arbroath, ANS, SCT **[11366]**
KYLE : John, C1829-1902, Bowen, QLD, AUS **[40865]** : C1830, Durham, DUR, ENG **[38728]** : James Edward, 1850+, Eardon, NBL, ENG **[46448]** : James Edward, 1850+, IRL **[46448]** : Mary, 1806-1882, Aughnacleagh, ANT, IRL **[24971]** : 1750+, Port Glenone, ANT, IRL **[20967]** : C1840, Clonmel, TIP, IRL **[12084]** : John, C1829-1902, Lisnacloon, TYR, IRL **[40865]** : 1860-1920, Shelby Co., MO, USA **[26149]**
KYLIN : PRE 1820, Vejle, DEN **[25853]**
KYNASTON : PRE 1880, SAL, ENG **[25142]** : PRE 1790, Oswestry, SAL, ENG **[28474]**
KYNNER : PRE 1720, Stroud, GLS, ENG **[43137]**
KYNNERSLEY : 1650-1785, Uttoxeter & Burton, STS, ENG **[18251]**
KYNOCH : C1750, ABD, SCT **[10350]** : 1800-1900, New Deer, ABD, SCT **[33820]** : 1700+, ABD & KCD, SCT & AUS **[10647]**
KYNVIN : 1800-1850, Paddington, LND, ENG **[45863]** : 1770-1800, Soho, LND, ENG **[45863]** : 1780S, Dorking, SRY, ENG **[45863]** : 1700-1800, Llangatock, MON, WLS **[45863]**
KYTE : 1800-1900, Yate, Berkeley & Stone, GLS, ENG **[18857]** : Susan, PRE 1710, Cardington, SAL, ENG **[19818]**
KYZER : 1763-1820, PA, USA **[22565]**

Note: Surnames commencing with L' will also be found in strict alpha order. Names with spaces, eg. LA A... & LE A... will be found in front of LAA and LEA etc.

L'ESTRANGE : 1700+, Dublin, IRL **[37236]** : 1800, Edenderry, OFF, IRL **[14959]**
L'HEUREUX : 1850+, Colchester Twp, Essex Co., ONT, CAN **[37631]**
LA CHANCE : ALL, NY & VT, USA, CAN & FRA **[22882]**
LA RIVIERE : Felias, 1824+, St.Anne, IL, USA **[26142]**
LA ROCHE : ALL, ENG **[40771]**
LA RUE : 1600-1660, BN, FRA **[16188]** : ALL, WORLDWIDE **[16188]**
LA ZOUCHE : PRE 1133, North Molton, DEV, ENG **[19759]**
LABAN : PRE 1851, Kington, HEF, ENG **[46518]**
LABRUM : 1800+, ENG **[17973]**
LABUN : PRE 1851, Kington, HEF, ENG **[46518]**
LACE : 1600+, IOM **[46440]** : 1760+, German, IOM **[31296]** : 1780+, German & Patrick, IOM **[17535]** : ALL, USA **[17535]**
LACEY : PRE 1900, ENG **[46255]** : PRE 1850, London, ENG **[41500]** : PRE 1897, London, ENG **[45743]** : 1700-1950, Ilkeston, DBY, ENG **[40802]** : ALL, Plymouth, DEV, ENG **[46498]** : 1700+, Bristol, GLS, ENG **[41477]** : 1750+, Wotton under Edge, GLS, ENG **[11425]** : PRE 1820, Wotton under Edge, GLS, ENG **[46498]** : PRE 1857, HAM, ENG **[14348]** : 1800-1890, Woolwich, KEN, ENG **[46425]** : 1800-1890, Woolwich, KEN, ENG **[46425]** : 1825-1850, North Walsham, NFK, ENG **[34556]** : 1800+, Bath, SOM, ENG **[40802]** : PRE 1802, Bitton, SOM, ENG **[13004]** : 1930+, Weston Super Mare & Bristol, SOM, ENG **[19694]** : 1850+, YKS, ENG **[27533]** : Olive Jessie, 1910+, USA **[34556]** : Lillian Emily, 1910+, USA **[34556]** : Lena Helen, 1904+, New York, NY, USA **[34556]** : Constance B., 1907-1930, New York, NY, USA **[34556]** : Edith Phyllis, 1908+, New York, NY, USA **[34556]** : Ernest, 1912+, New York, NY, USA **[34556]** : Alice, 1914+, New York, NY, USA **[34556]**
LACHENAUD : 1878-1967, Uzerche, Condat-Ganaveix, LMS, FRA **[39991]**
LACHMAN : 1750-1850, Montg Co., PA, USA **[22756]**
LACHMUND : 1865+, VIC, AUS **[26228]**
LACK : ALL, Yardley Hastings & Rushden, NTH, ENG **[44138]**
LACKEN : ALL, Ballina & Ardnaree, MAY & SLI, IRL **[10114]**
LACKINGTON : 1800-1900, Melbourne, VIC & ALL, AUS **[20444]** : ALL, Santiago, CHILE **[20444]** : 1300+, Exeter, DEV, ENG **[20444]** : 1600-1700, Whimple, DEV, ENG **[20444]** : ALL, ENG & AUS **[31902]** : 1900-1960S, New York, NY, USA **[20444]**
LACKY : PRE 1854, CAV, IRL **[45242]**
LACONDEMINE-MERMAZ : Renee-Eugenie, 1705-1911, Lyon, FRA **[20140]**
LACROIX : Louis V., 1851, St.Helier, JSY, CHI **[31356]**
LACY : C1757, Iwade, KEN, ENG **[12915]** : PRE 1780, Brompton, YKS, ENG **[13657]**
LAD : 1800S, KEN, ENG **[33506]** : PRE 1700, KEN, ENG **[45962]**
LADBURY : 1820+, Evesham, WOR, ENG **[18884]**
LADD : Hy Burroughs, 1790+, London, ENG **[21971]** : James, C1840, Sutton, SRY, ENG **[28479]**
LADDS : ALL, ENG **[39386]** : 1850+, Waddingham, LIN, ENG **[15931]**
LADGROVE : ALL, ENG **[99316]**
LADNER : PRE 1860, Madron, CON, ENG **[42721]** : PRE 1830, St.Buryan, CON, ENG **[41177]** : Andrew, 1750-1780, New York City, NY, USA **[26458]**
LADSON : 1850-1900, Chatteris, CAM, ENG **[40718]** : 1800-1900, HUN & LIN, ENG **[40718]**

LADYMAN : 1700-1800, Crosthwaite, CUL, ENG **[31826]** : ALL, Hawkshead, LAN, ENG **[31826]**
LAFANTASIE : 1800S, QUE, CAN **[42927]**
LAFFEASE : Susan, 1820-1880S, Quebec City, QUE & ONT, CAN **[24943]**
LAFFETTIE : 1911, Bristol, GLS, ENG **[46202]** : 1880S, Paris, FRA **[46202]**
LAFFIN : PRE 1858, Goolwa, SA, AUS **[12229]**
LAFLAMME : 1800+, QUE, CAN **[22853]** : 1860+, RI, USA **[22853]** : Exzilda (Ida), 1860+, VT, USA **[22853]**
LAFLIN (see One Name Section) [46459]
LAFOND : 1884+, Boen, RHA, FRA **[20140]**
LAGAR : PRE 1855, STS, ENG **[46383]**
LAGDON : PRE 1830, Sandon, HRT, ENG **[39564]**
LAGERSEN : 1878, Beitstad, NOR **[98660]**
LAGIMODIERE : 1750+, QUE, SAS & MAN, CAN & FRA **[24182]**
LAHEY : 1800+, Trecastle, KIK, IRL **[44270]**
LAHN : PRE 1850, Tucheim, PSA, GER **[34101]**
LAHY : Esther, 1890+, Normanton, QLD, AUS **[31762]**
LAIDLAW : Elizabeth S., PRE 1910, Manns Land Blantyre, LKS, SCT **[14646]** : James, PRE 1910, Smellies Land Blantyre, LKS, SCT **[14646]** : Walter, C1740, Hallyard, PEE, SCT **[31486]** : ALL, Hawick, ROX & DFS, SCT **[21196]** : 1800+, SEL, SCT **[45030]** : C1700, Craik, SEL, SCT **[38234]**
LAIDLER : 1700+, Durham, DUR, ENG **[19727]** : 1830+, Acton & Hampton Court, MDX, ENG **[19727]** : 1830+, East Molesley, SRY, ENG **[19727]**
LAIDLOW : 1750-1850, Knaresdale, NBL, ENG **[14513]**
LAIGHT : ALL, Inkberrow, WOR, WAR & BKM, ENG **[46262]**
LAINE : 1800S, Oulu, FIN **[99545]**
LAING : 1860+, Wallsend, NSW, AUS **[40792]** : 1885+, Hobart, TAS, AUS **[21258]** : Thos Thompson, PRE 1880, Mudgee, NSW & LND, AUS & ENG **[45833]** : 1860+, DUR, ENG **[99177]** : 1808-1811, Auckland, DUR, ENG **[42755]** : Elizabeth, 1830+, Darlingotn & Stockton, DUR, ENG **[46330]** : William, 1836+, Darlington & Stockton, DUR, ENG **[46330]** : ALL, Darlington & Stockton, DUR, ENG **[46330]** : 1837-1910, Stockton, DUR, ENG **[42755]** : 1813-1820, Whitburn, DUR, ENG **[42755]** : Gerald Hugh, 1911+, Hull, ERY, ENG **[42755]** : Theo. Cecil, 1915+, Hull, ERY, ENG **[42755]** : 1849+, Redcar, NRY, ENG **[42755]** : 1880-1935, Leeds, WRY, ENG **[42755]** : William, 1800-80, Scarborough, YKS, ENG **[46229]** : 1800-1904, Aston, WAR, ENG & AUS **[45775]** : John, 1880-1920, Auckland, NZ **[46229]** : 1860-1900, Thames, NZ **[21727]** : 1861+, Dunedin, OTG, NZ **[20936]** : 1800-1860, Aberdeen, ABD, SCT **[21727]** : Peter, 1750S, BEW, SCT **[16842]** : ALL, FIF, SCT **[28140]** : 1750-1850, Carnbee, FIF, SCT **[17400]** : William, 1820+, Edinburgh, MLN, SCT **[14760]** : PRE 1845, Edinburgh, MLN, SCT **[12408]** : PRE 1852, Edinburgh, MLN, SCT **[13245]** : PRE 1800, Liberton, MLN, SCT **[31786]** : ALL, Kirkliston & Kirknewton, MLN & WLN, SCT **[26493]** : C1840, PER, SCT **[11319]** : PRE 1840+, Hawick, ROX, SCT **[13422]** : 1800+, Carron, STI, SCT **[40792]** : PRE 1860, Denny, STI, SCT **[45679]** : 1800+, Falkirk, STI, SCT **[20970]** : 1700+, Polmont, STI, SCT **[20970]** : 1700S, Legerwood, BEW & ONT, SCT & CAN **[16842]** : Alexander, 1850+, USA **[26493]**
LAIRD : 1860+, Grafton, NSW, AUS **[30927]** : 1860+, Stanthorpe, QLD, AUS **[30927]** : ALL, Burra & Adelaide, SA, AUS **[11628]** : 1850+, Horsham, VIC, AUS **[10564]** : 1851, Tollcross, LKS, SCT **[13497]** : PRE 1820, Kilmalcolm, RFW, SCT **[44078]** : 1700+, Paisley, RFW, SCT **[30927]**
LAISHLEY : 1850+, Elgin, ONT, CAN **[15596]** : 1800+, OH, USA **[15596]**
LAIT : ALL, Brailes, WAR, BKM & WOR, ENG **[46262]**
LAITY : ALL, Penzance, CON, ENG **[31972]**
LAKE : C1755, ENG **[18067]** : C1755, Chester, CHS,

ENG **[18067]** : C1750, DEV, ENG **[18067]** : ALL, Halberton, DEV, ENG **[33237]** : 1780+, Plymouth, DEV, ENG **[13336]** : Robert, 1713-1778, South Pool & Wembury, DEV, ENG **[30246]** : 1750, Winkleigh, DEV, ENG **[40257]** : 1700-1900, Portland, DOR, ENG **[19880]** : C1780, Tring & Wigginton, HRT, ENG **[20914]** : C1755, LAN, ENG **[18067]** : 1820-1860, St.George, LND, ENG **[39155]** : 1870-1900, Kensington, MDX, ENG **[36528]** : 1799, Framingham Pigot, NFK, ENG **[40153]** : PRE 1920, Swaffham, NFK, ENG **[36528]** : PRE 1900, Wandsworth, SRY, ENG **[36543]** : C1755, STS, ENG **[18067]** : ALL, IRL **[29570]**

LAKE-GRANGE : 1910+, TX, USA **[28340]**

LAKER : 1850+, Portsmouth, HAM, ENG **[44889]** : 1750-1900, KEN & LND, ENG **[45749]** : William, PRE 1880, Kensington, LND, ENG **[25794]** : 1700-1900, West Grinstead, SSX, ENG **[35561]**

LAKEY : PRE 1839, Great Witchingham, NFK, ENG **[17366]** : PRE 1839, West Bradenham, NFK, ENG **[17366]** : Mary Ann, 1810+, SOM & DOR, ENG **[18325]**

LAKIN : C1871, Illawarra, NSW, AUS **[11303]** : 1860+, Melbourne, DBY, ENG **[30127]** : C1871, Cannock, STS, ENG **[11303]** : 1700-1800, Weeford, STS, ENG **[31153]** : Elizabeth, C1768, Atherstone & Wilnecote, WAR, ENG **[31153]**

LAKING : PRE 1840, Beesby & Somercotes, LIN, ENG **[34716]**

LAKINGTON : 1500-1700, Exeter & Totnes, DEV, ENG **[20444]**

LALANCE : 1780+, Washington Co., OH, USA & FRA **[22846]**

LALANDE : 1800, St.Pierre, FRA **[45280]**

LALLANCE : 1780+, Meigs & Gallia Cos., OH, USA & FRA **[22846]**

LALLEMONT : 1790+, London, MDX, ENG & AUS **[29867]**

LALLY : 1882+, AUS **[31761]** : PRE 1800, Ballynakill, GAL, IRL **[14197]** : 1880-1920, Caranea, GAL, IRL **[29426]** : 1820+, Galway, GAL, IRL **[31761]**

LALONDE : PRE 1870, Montreal, QUE, CAN **[23518]**

LALOR : C1845, Dublin, IRL **[21916]** : Fintan, 1800S, Mountrath, LEX, IRL **[26823]**

LAMAN : 1600-1900, London, ENG **[21504]** : 1700+, Finchley, MDX, ENG **[45159]**

LAMAR : 1880+, Whitley Co., IN, USA **[22846]**

LAMB : George, 1878+, Crookwell, NSW, AUS **[31762]** : Michael, C1770+, Hawkesbury, NSW & DUB, AUS & IRL **[33097]** : Thomas, 1845+, Hamilton, ONT, CAN **[32009]** : 1700S, Sandy, BDF, ENG **[18884]** : ALL, CHS, ENG **[13848]** : Samuel, 1815+, Northen, CHS, ENG **[35110]** : 1600+, Northwich, CHS, ENG **[29854]** : Thomas, C1740, Runcorn, CHS, ENG **[18957]** : 1800+, Walton Inferior, CHS, ENG **[29854]** : 1800-1910, Carlisle, CUL, ENG **[44241]** : 1800-30, Bishops Caundle, DOR, ENG **[11661]** : PRE 1800, Sherborne, DOR, ENG **[25853]** : 1800+, Kilnwick, ERY, ENG **[25644]** : PRE 1830, Eynesbury, HUN, ENG **[39515]** : PRE 1837, Halling, KEN, ENG **[42645]** : 1900+, Sevenoaks, KEN, ENG **[27492]** : William, C1845, Oldham, LAN, ENG **[35110]** : John, 1817, London, MDX, ENG **[13591]** : John Stewart, 1826-1868, London, MDX, ENG **[13591]** : 1700-1850, Belford, NBL, ENG **[45636]** : 1850-1920, Warkwarth, NBL, ENG **[45636]** : ALL, Norwich, NFK, ENG **[26264]** : Wm, 1800+, NTT, ENG **[97805]** : George, 1817+, Hockerton, NTT, ENG **[97805]** : Elizabeth, 1819+, Hockerton, NTT, ENG **[97805]** : James, 1824+, Hockerton, NTT, ENG **[97805]** : Henry, 1826+, Hockerton, NTT, ENG **[97805]** : 1853+, Nottingham, NTT, ENG **[97805]** : 1872-76, Nottingham, NTT, ENG **[97805]** : 1800+, Great Malvern, WOR, ENG **[10822]** : ALL, DUR, ENG, USA & CAN **[43613]** : 1700+, Monquhitter, ABD, SCT **[21563]** : Isabella, C1826+, Kilmarnock, AYR, SCT **[32050]** : 1700-1850, Stichill, BEW, SCT **[32009]** : 1761+, Haddington, ELN, SCT **[21207]** : ALL, Glasgow, LKS, SCT **[25073]** : C1849, Glasgow, LKS, SCT **[25693]** : 1700+, Collace, PER, SCT **[20135]** : 1830+, Kincardine by Doune, PER, SCT **[41024]** : PRE 1840, Falkirk, STI, SCT **[35273]** : PRE 1880, PEM, WLS **[30391]**

LAMB HANCOCK : PRE 1862, AUS **[25764]**

LAMBARD : John Samuel, 1832+, Melbourne, VIC, AUS **[39179]** : John Samuel, 1798+, Islington, LND, ENG **[39179]**

LAMBART : 1850+, Great Western, VIC, AUS **[42919]**

LAMBELL : PRE 1840, ENG **[98674]** : 1850S, HAM, ENG **[10460]**

LAMBERT : 1840+, Manning River, NSW, AUS **[11060]** : 1862+, Brisbane, QLD, AUS **[13439]** : 1854+, VIC & NSW, AUS & NZ **[11718]** : PRE 1860, Masham & Bristol, QUE, CAN **[42927]** : 1865-1900, London, ENG **[21504]** : 1700-2000, CAM & HUN, ENG **[45749]** : PRE 1754, Gawsworth, CHS, ENG **[40025]** : 1865+, Oborne, DOR, ENG **[38412]** : James, C1740, Stanhope, DUR, ENG **[38579]** : 1700-2000, ESS, ENG **[45749]** : PRE 1810, Corringham, LIN, ENG **[28523]** : 1772, Pinchbeck, LIN, ENG **[13984]** : 1650-1800, Wroot, LIN, ENG **[12401]** : PRE 1900, St.Johns Wood, Hampstead, LND, ENG **[16947]** : John, 1782, Hornsey, MDX, ENG **[24579]** : 1700-2000, MDX & LND, ENG **[45749]** : PRE 1866, Woodton, NFK, ENG **[41444]** : Robert, PRE 1814, SFK, ENG **[19766]** : PRE 1840, Hasketon & Woodbridge, SFK, ENG **[45036]** : C1750+, Ringshall, Willisham, SFK, ENG **[42758]** : 1800-1900, Bermondsey, SRY, ENG **[12641]** : Wm & Charlotte, 1790+, London & SRY, ENG **[14627]** : PRE 1840, Arlington, SSX, ENG **[31302]** : PRE 1840, Hollington, SSX, ENG **[11060]** : PRE 1850, Bradley, STS, ENG **[33704]** : 1820+, Shipley, WRY, ENG **[26101]** : 1700S, Beverley, YKS, ENG **[27993]** : ALL, Hollington, SSX, ENG & AUS **[12182]** : 1800S, COR, IRL **[17650]** : 1832-1857, Banagher, TIP, IRL **[13439]** : PRE 1835, New Ross & Carnach, WEX, IRL **[40993]** : Richard, 1811-1830, MON, WLS **[28557]** : 1800-1925, Monmouth, MON & GLA, WLS **[21627]** : Byng, ALL, WORLDWIDE **[16947]**

LAMBERTON : 1900-1950, Ashford, KEN, ENG **[41943]** : 1750-1850, Canterbury, KEN, ENG **[41943]** : Charles, 1800+, Canterbury, KEN, ENG **[41943]** : 1850-1900, Wye, KEN, ENG **[41943]**

LAMBETH : C1820, London, MDX, ENG **[36075]**

LAMBIE : 1750+, Riccarton, AYR, SCT **[25070]** : PRE 1900, Stevenston, AYR, SCT **[45199]** : PRE 1900, Glasgow, LKS, SCT **[20974]** : Dilys, 1980S, ZIMBABWE **[31079]**

LAMBLE : 1650-1800, Dartmouth, DEV, ENG **[26335]**

LAMBOURN : PRE 1800, BRK, ENG **[19481]**

LAMBOURNE : PRE 1850, BKM, ENG **[18264]** : 1600-1700S, Cumnor, OXF, ENG **[36655]** : 1800S, Cumnor, OXF, ENG **[36655]** : 1800S, Summertown, OXF, ENG **[36655]** : 1900S, Quetta, LAHORE, INDIA **[36655]**

LAMBRICK : 1700-1800, CON, ENG **[21597]** : 1715, CON, ENG **[12318]**

LAMBSHEAD : ALL, DEV, ENG **[14448]**

LAMBSTER : ALL, WORLDWIDE **[13910]**

LAMBURN : 1800+, Stoughton, SSX, ENG **[21394]**

LAMERTON : 1860+, Bathurst, NSW, AUS **[11446]** : 1890+, Parkside, SA & QLD, AUS **[14346]** : PRE 1950, Plymouth, DEV, ENG **[46498]** : ALL, GLS, ENG **[11860]**

LAMFORD : 1840-1880, DOR, ENG **[44196]**

LAMIN : ALL, Harby, LEI, ENG **[11092]**

LAMING : 1800+, Gosport, HAM, ENG **[35089]**

LAMITSCHKA : 1880+, QLD, AUS **[11144]** : Johann F., ALL, GER **[30971]** : Annie Johanna, 1870+, Lugux, SAXONY, GER **[30971]**

LAMITSCHKA (see : Benecke One, Name Sec.), **[30971]**

LAMMAS : 1500-1800, OXF, BRK & BKM, ENG **[27039]**

LAMMEY : 1800, TYR, IRL **[19785]**
LAMONT : Duncan, 1832-1840, Buenos Aires, ARGENTINA **[24971]** : 1834-1883, Orange, NSW, AUS **[32017]** : PRE 1840, Sydney, NSW, AUS **[32017]** : Duncan, 1823-1827, Liverpool, LAN, ENG **[24971]** : Jane Duncan, 1825+, Liverpool, LAN, ENG **[24971]** : 1780+, WIL, ENG **[46372]** : Thos Reynolds, 1826-1898, London & Greenock, RFW, ENG & SCT **[24971]** : 1750+, Comber & Moneyrea, DOW, IRL **[23848]** : PRE 1834, SCT **[32017]** : C1815, Old Machar, ABD, SCT **[13326]** : Colin, C1725-1753, Inverregain & Inverchaolain, ARL, SCT **[24971]** : PRE 1880, Tiree, ARL, SCT **[38500]** : Colin, 1754-1851, Inverchaolin & Greenock, ARL & RFW, SCT **[24971]** : Duncan, 1792-1814, Greenock, RFW, SCT **[24971]** : Daniel, 1798-1816, Greenock, RFW, SCT **[24971]** : 1816-1837, St.Louis, MO, USA **[24971]** : Ellen Frances, 1835-81, St.Louis & Philadelphia, MO & PA, USA **[24971]** : Duncan, 1840-1865, Brooklyn, NY, USA **[24971]**
LAMONTAGNE : Mary Sarah, C1779, Quebec City, QUE, CAN **[35379]**
LAMP : 1960+, Elgin, USA **[17514]**
LAMPARD : 1750+, HAM & WIL, ENG **[44948]** : 1800+, Fisherton Anger, WIL, ENG **[42919]** : 1800-1900, Salisbury, WIL, ENG **[46298]** : 1700+, Stratford Sub Castle, WIL, ENG **[42919]**
LAMPERT : John, C1846, Higham, SOM, ENG **[25907]**
LAMPHEE : ALL, DEV, ENG **[46001]**
LAMPHIRE : PRE 1850, Cleveland, OH, USA **[37380]**
LAMPITT : 1880+, Wolverton & Bradwell, BKM, ENG **[21207]** : 1854+, St.Pancras & Islington, MDX, ENG **[21207]** : 1860-1881, Brighton, SSX, ENG **[21207]**
LAMPKIN : 1810S, London, ENG **[13008]**
LAMPLOUGH : PRE 1850, ERY, ENG **[40570]**
LAMPLUGH : 1500S+, Dovenby & Lamplugh, CUL, ENG **[33331]**
LAMPMAN : Robert, C1802-1880, ONT, CAN **[15513]**
LAMPORT : PRE 1840, Farnham, SRY, ENG **[11866]** : 1825+, Fifield Bavant, WIL, ENG **[40807]**
LAMPRELL : 1853+, VIC, AUS **[36751]** : PRE 1851, Wratting, SFK, ENG **[36751]**
LAMPRELL (see One Name Section) [36751]
LAMPSTER : ALL, WORLDWIDE **[13910]**
LAMSLEY : 1850+, Portsmouth, HAM, ENG **[46233]**
LAMSTER : 1800+, Walton le Dale, LAN, ENG **[13910]** : ALL, WORLDWIDE **[13910]**
LAMY : 1721, Berthier, QUE, CAN **[22550]**
LANAWAY : 1800-1850S, Horley, SRY, ENG **[43620]**
LANCASHIRE : 1881+, Sydney, NSW, AUS **[27634]** : 1830+, Newington, SRY, ENG **[27634]**
LANCASTER : C1850, Sculcoates, ERY, ENG **[38523]** : 1788, Old Romney, KEN, ENG **[13984]** : 1830S, Leyland, LAN, ENG **[34704]** : PRE 1800, Rainhill, LAN, ENG **[21916]** : Sarah, 1780+, Norwich, NFK, ENG **[39212]** : 1800+, Birmingham, WAR, ENG **[39536]** : PRE 1700, Morland, WES, ENG **[41477]** : Alderson, 1870+, IA, USA **[15845]**
LANCE : 1870+, AUS **[46389]** : PRE 1875, Rotterdam, NL **[46389]** : ALL, WORLDWIDE **[42320]**
LANCE (see One Name Section) [42320]
LANCEMAN : 1850, ANS, SCT **[99047]**
LANCETT : 1890+, New Tredegar, MON, WLS **[46400]**
LANCHBURY : Janet, 1750-1850, Upper Slaughter, GLS, ENG **[27039]**
LAND : Mary Ann, 1830, ENG **[30917]** : Thomas, C1810, ENG **[30917]** : Ellenor, 1789+, DBY, ENG **[11197]** : 1700S, Doveridge, DBY, ENG **[15521]** : PRE 1850, Tiverton, DEV, ENG **[44160]** : ALL, Torquay, DEV, ENG **[41077]** : Robert, PRE 1857, Portland, DOR, ENG **[17061]** : PRE 1900, KEN & SRY, ENG **[45228]** : Mary Ann, 1840-50, Shoreditch, MDX, ENG **[30917]** : C1800, Guiseley, WRY, ENG **[10350]** : C1750, Wakefield, WRY, ENG & AUS **[33097]** : C1800+, Yeadon, YKS, ENG & AUS **[33097]**

LANDALE : ALL, Launceston & Hobart, TAS, AUS **[20923]** : C1800, Pathhead, FIF, SCT **[20923]**
LANDALL : Catherine, 1870+, Dover, KEN, ENG **[31296]** : Charles, 1780+, Dover, KEN, ENG **[31296]** : James & Chas., 1810+, Dover, KEN, ENG **[31296]** : Henry, 1816+, Dover, KEN, ENG **[31296]** : Isaac, 1832+, Dover, KEN, ENG **[31296]**
LANDALL (see One Name Section) [31296]
LANDAMAN : Karl, 1800S, Kakskerta, TURKU PORI, FIN **[45773]**
LANDAMERE : 1800+, NFK, ENG **[38307]**
LANDEMAN : Karl, 1800S, Kakskerta, TURKU PORI, FIN **[45773]**
LANDER : PRE 1800, Faringdon, BRK, ENG **[28742]** : 1900+, Ripley, DBY, ENG **[42761]** : 1770+, Walsall, STS, ENG **[42600]** : PRE 1800, WIL & HAM, ENG **[31186]** : PRE 1900, Uddingston, LKS, SCT **[31297]**
LANDERGREN : Brita, 1878, SALA, SWE **[33301]**
LANDERMAN : Karl, 1800S, Kakskerta, TURKU PORI, FIN **[45773]**
LANDERS : 1827, London, ENG **[25640]**
LANDI : ALL, WORLDWIDE **[42320]**
LANDMAN : Karl, 1800S, Kakskerta, TURKU PORI, FIN **[45773]**
LANDO : ALL, WORLDWIDE **[42320]**
LANDON : PRE 1800, HEF, ENG **[11113]** : 1500-1800, Aberford, YKS, ENG **[21088]**
LANDRIGAN : 1800-1980, Wagga Wagga, NSW, AUS **[44998]**
LANDSBURY : 1700-1800, Dorchester, OXF & BRK, ENG **[27039]**
LANDSCHEIT : ALL, DOR, ENG **[28275]**
LANDSEER : ALL, UK **[39994]**
LANDVEREHT : Mary Ellen, 1861+, ONT, CAN & UK **[99433]**
LANE : 1850+, Morpeth & Quirindi, NSW, AUS **[33318]** : 1840+, Tamworth, NSW, AUS **[42600]** : 1840+, Tamworth, NSW, AUS **[42600]** : 1890+, Wickham, NSW, AUS **[33318]** : 1860+, Brisbane & South Pine, QLD, AUS **[46266]** : George, 1850+, Bacchus Marsh, VIC, AUS **[14733]** : 1840+, Patricks Plains & Scone, NSW, AUS & ENG **[42600]** : Adam, C1820+, ONT, CAN **[15513]** : Maud, 1863+, JSY, CHI **[45326]** : Avis, 1867+, JSY, CHI **[45326]** : Amelia, 1867+, JSY, CHI **[45326]** : 1650+, Wokingham, BRK, ENG **[18766]** : C1830, Sawston, CAM, ENG **[39506]** : 1740-1840S, St.Blazey, CON, ENG **[45795]** : James, PRE 1855, Tuckingmill, CON, ENG **[44279]** : ALL, DEV, ENG **[43882]** : Josiah, C1750, DEV, ENG **[41349]** : PRE 1850, DEV, ENG **[43882]** : 1600S, Paignton, DEV, ENG **[26335]** : PRE 1830, Plymouth, DEV, ENG **[21161]** : PRE 1800, Totnes & Berry Pomeroy, DEV, ENG **[34783]** : 1800+, DOR, ENG **[45950]** : Sarah, 1838, DOR, ENG **[10489]** : PRE 1850, DUR, ENG **[14733]** : 1870+, Newcastle upon Tyne, DUR, ENG **[40994]** : PRE 1796, Chaceley, GLS, ENG **[17231]** : 1800+, Painswick, GLS, ENG **[33825]** : PRE 1800, HEF, ENG **[44223]** : Thomas, PRE 1824, Leominster, HEF, ENG **[36275]** : Charles, PRE 1850, KEN, ENG **[12424]** : 1900+, Chiswick, LND, ENG **[17420]** : 1861-1920, Staines, MDX, ENG **[17420]** : 1841-1909, Westminster, MDX, ENG **[17420]** : 1795-1870, Burton Joyce (Bulcote), NTT, ENG **[18818]** : 1795-1870, Southwell, NTT, ENG **[18818]** : PRE 1830, OXF, ENG **[17420]** : Elizabeth, PRE 1823, Litton, SOM, ENG **[14645]** : ALL, Pitminster, SOM, ENG **[22441]** : 1770, Southwark, SRY, ENG **[46007]** : ALL, STS, ENG **[44223]** : 1600+, King Bromley, STS, ENG **[20594]** : Brigadier F., 1888-1963, Birmingham, WAR, ENG **[39860]** : ALL, Birmingham, WAR, ENG **[44223]** : 1700+, Tisbury, WIL, ENG **[20135]** : PRE 1800, WOR, ENG **[44223]** : PRE 1830, Old Swinford, WOR, ENG **[27678]** : 1780+, Brancaster & Burnham Deepdale, NFK, ENG & AUS **[42600]** : 1845-1870, Belfast, ANT, IRL **[40994]** : Esther, 1802, Bandon, COR, IRL **[40490]** : Johanna, 1840+, LIM, IRL

[46195] : 1800+, Cookstown, Unagh & Tatnagilta, TYR, IRL **[40994]** : Mary E., 1820-1868, Rockport, Essex Co., MA, USA **[45995]** : 1700S, NJ, USA **[15521]** : 1900+, Albany, NY, USA **[26897]** : Edward, 1600-1700, Philadelphia Co., PA, USA **[22756]**

LANESBURY : James, C1824-1884, Scone, NSW, AUS **[10485]**

LANEY : Thomas, 1800S, Wagga & Kyama Creek, NSW, AUS **[10697]** : 1700S-1800S, Herriard & Old Basing, HAM, ENG **[10697]**

LANFEAR : ALL, GLS, SOM & WIL, ENG **[46273]** : Charlotte, C1800, SOM & WIL, ENG **[12165]**

LANG : 1870+, Wallsend, NSW, AUS **[40792]** : PRE 1850, Cornwood, DEV, ENG **[46462]** : Grace & Samuel, 1819+, Dittisham, DEV, ENG **[14548]** : 1800-1850, Marystow, DEV, ENG **[13833]** : 1790-1920, Topsham, DEV, ENG **[45841]** : ALL, Accrington & Altham, LAN, ENG **[45735]** : ALL, South Petherton, SOM, ENG **[12182]** : 1750-1850, Belturbet, CAV, IRL **[10037]** : Jane, 1837-1885, Dumbarton & Glasgow, DNB & LKS, SCT **[40865]** : 1813+, LKS, SCT **[27719]** : ALL, Craignethan & Crossford, LKS, SCT **[20729]** : Rachel, C1840, Glasgow, LKS, SCT **[39820]** : ALL, Lesmahagow, LKS, SCT **[20729]** : 1800S, Shotts, LKS, SCT **[12424]** : 1700S, Kilmacolm, RFW, SCT **[37070]** : William, 1815+, Kilmacolm, RFW, SCT **[15885]** : James, 1850+, Kilmacolm, RFW, SCT **[15885]** : 1800+, Carron, STI, SCT **[40792]**

LANG QUAY : 1800, QLD, AUS **[13853]**

LANGBRIDGE : 1750+, Bideford & Torrington, DEV, ENG **[19461]**

LANGDALE : 1700-1900, Barnet, HRT, ENG **[18147]**

LANGDON : 1500+, Georgeham & Braunton, DEV, ENG **[42600]** : PRE 1800, DOR & SOM, ENG **[16269]** : 1808+, Coker, SOM, ENG **[17291]** : ALL, Minehead, SOM, ENG **[32035]** : 1780+, Old Cleeve, SOM, ENG **[18207]** : ALL, Old Cleeve, SOM, ENG **[39017]** : 1675+, Boston, MA, USA **[42600]** : 1776-84, Long Island, NY, USA **[24660]**

LANGE : PRE 1891, Hope, NLN, NZ **[21012]** : Elisabeth, 1878+, SWE **[22392]**

LANGENBACH : C1829, Beutelsbach, WUE, GER **[13586]**

LANGER : C1847, Potsdam, BRA, GER **[14472]**

LANGERAK : ALL, WORLDWIDE **[16034]**

LANGFIELD : 1700S, London, ENG **[38833]**

LANGFORD : West, PRE 1840, London, ENG **[33728]** : 1700-1850, Shefford & Welford, BRK & WIL, ENG **[36533]** : 1700+, Boscastle & Padstow, CON, ENG **[34782]** : ALL, Gravesend, KEN, ENG **[10367]** : 1819+, Boston & Algarkirk, LIN, ENG **[41443]** : ALL, OXF, ENG **[34588]** : 1600-1700, Cardington, SAL, ENG **[40033]** : PRE 1850, Tilstock & Whitchurch, SAL, ENG **[34682]** : 1750-1800, Stoke St.Gregory, SOM, ENG **[12413]** : 1830-99, Droitwich, WOR, ENG **[46194]** : PRE 1860, Pershore & Birlingham, WOR, ENG **[18264]** : PRE 1850, KER & LIM, IRL **[10114]**

LANGHORN : 1730S, Cherry Hinton, CAM, ENG **[24981]**

LANGLEY : 1850+, NSW, AUS **[14346]** : PRE 1750, London, ENG **[46399]** : PRE 1800, London, ENG **[26833]** : PRE 1800, Little Marlow, BKM, ENG **[19782]** : Jon. Webber, C1820-1890, BRK, ENG **[31153]** : 1678-1765, Wokingham, BRK, ENG **[19908]** : Thomas, 1700+, Thriplow, CAM, ENG **[29345]** : PRE 1841, Birkenhead, CHS, ENG **[28474]** : PRE 1800, Iwerne Minster, DOR, ENG **[17921]** : ALL, Liverpool, LAN, ENG **[46493]** : 1896+, Manchester, LAN, ENG **[46493]** : 1800+, LND, ENG **[44954]** : ALL, St.Pancras, MDX, ENG **[18713]** : PRE 1850, NFK, ENG **[46447]** : James, 1814+, Snettisham, NFK, ENG **[26654]** : Joseph, C1740, Kilmersden, SOM, ENG **[10035]** : PRE 1820, Litton, SOM, ENG **[10209]** : PRE 1800, Frensham, SSX, ENG **[15464]** : 1700+, Nether Whitacre, WAR, ENG **[30107]** : PRE 1700, Dudley, WOR, ENG **[15464]**

LANGLOIS : PRE 1870, St.Sampson, GSY, CHI **[31574]** : PRE 1874, St.Lawrence, JSY, CHI **[46476]** : 1874+, Napier, HBY, NZ **[46476]**

LANGMAID : ALL, Lansallos, CON, ENG **[15524]** : ALL, WORLDWIDE **[15524]**

LANGMAN : ALL, TRK, NZ **[20909]**

LANGMUIR : 1700S, Abbey Paisley, RFW, SCT **[42698]**

LANGRIDGE : PRE 1900, Portsmouth & Fareham, HAM, ENG **[41205]** : 1803, KEN, ENG **[10956]** : 1800S, SSX, ENG **[20766]** : Caroline, C1870, SSX, ENG **[33416]**

LANGRISH : PRE 1751, Hinton Ampner, HAM, ENG **[13960]** : C1780, Petersfield, HAM, ENG **[99180]** : 1600+, SSX, ENG **[15289]** : PRE 1900, Stoughton, SSX, ENG **[25162]**

LANGSFORD : ALL, St.Neot, CON, ENG **[31152]**

LANGSHAW : Henry, 1700S+, Liverpool, LAN, ENG **[40355]** : Elizabeth, 1820, Manchester, LAN, ENG **[21759]** : PRE 1875, Manchester, LAN, ENG **[38676]** : ALL, WORLDWIDE **[40355]**

LANGSTAFF : Elizabeth, 1715-1780, Romaldkirk, YKS, ENG **[41349]**

LANGSTONE : Jane, PRE 1850, Hobart, TAS, AUS **[10361]**

LANGSTRETH : ALL, Leck & Tunstall, YKS & LAN, ENG **[28570]**

LANGTHORNE : 1795, Pinner, MDX, ENG **[46250]** : 1935, Rochester, NY, USA **[46250]**

LANGTON : 1881+, Maryborough, QLD, AUS **[36115]** : 1600-1750, LAN, ENG **[18957]** : Robert, C1639, Chipping, LAN, ENG **[18957]** : PRE 1860, Harmondsworth, LND, ENG **[41444]** : PRE 1800, Folkton, NRY, ENG **[19254]**

LANGTREE : ALL, Oldcastle, MEA, IRL **[98637]**

LANGTRY : ALL, Oldcastle, MEA, IRL **[98637]**

LANGWORTHY : 1800+, Mevagissey, CON, ENG **[11039]** : William, PRE 1760, DEV, ENG **[14448]** : PRE 1876, Newton Abbot, DEV, ENG **[10317]** : C1820S, Stoke Damerel & Teignmouth, DEV, ENG **[33642]** : 1800, Bristol, GLS, ENG **[18340]**

LANHAM : 1850+, Brisbane & Nambour, QLD, AUS **[13585]** : ALL, HAM, ENG **[99598]** : PRE 1870, Hanover Square, LND, ENG **[12884]** : 1790+, Deptford, MDX, ENG **[13585]**

LANKENAU : C1860, Melbourne, VIC, AUS **[99177]**

LANKFER : 1888+, Sydney, NSW, AUS **[44249]**

LANKIER : C1900, Shoreditch, LND, ENG **[40769]**

LANKOW : 1600-1800, Elmenhorst, MSW, GER **[21973]**

LANKSHEAR : PRE 1890, Hackney, MDX, ENG **[32011]**

LANNEN : PRE 1889, North Melbourne, VIC, AUS **[27719]** : 1840S, Manchester, LAN, ENG **[27719]** : ALL, USA **[10454]** : ALL, Philadelphia, PA, USA **[10454]** : ALL, WORLDWIDE **[10454]**

LANNIGAN : 1840+, Binda, NSW, AUS **[46260]** : 1800-1850, Shoreditch, MDX, ENG **[46347]**

LANNING : 1820+, Monroe Twp. Guernsey Co., OH, USA **[15787]**

LANNING (see One Name Section) **[15787]**

LANO : PRE 1850, Portland, DOR, ENG & SCT **[17061]**

LANSDOWN : PRE 1800, SOM, ENG **[39464]**

LANSER : ALL, AUS & ENG **[10167]** : ALL, PRE & LUX **[10167]**

LANTZ : 1750+, Lunenburg, NS, CAN **[24382]** : 1711+, NS, CAN & GER **[32223]** : ALL, WORLDWIDE **[42320]**

LANYON : PRE 1850, Illogan, CON, ENG **[12481]** : Elizabeth, PRE 1850, Illogan, CON, ENG **[12481]** : 1580+, St.Just in Penwith, CON, ENG **[36835]**

LANZ : ALL, WORLDWIDE **[42320]**

LANZO : PRE 1870, Calabria, ITL **[99443]**

LAPHAM : Sarah, C1815, SOM, ENG **[25770]** : 1750+, Armagh Area, ARM, IRL **[44409]**

LAPIERRE : PRE 1850, Renfrew Co., ONT, CAN [42927]
LAPIGE : ALL, Melling, LAN, ENG [31826]
LAPLEY : James, 1500-1650, Alderley, GLS, ENG [27039]
LAPPAN : C1813, Derryloran, TYR, IRL [10209]
LARABIE : ALL, WORLDWIDE [15298]
LARABIE (see One Name Section) [15298]
LARBALESTIER : 1600-1750, St.Helier, JSY, CHI [12641]
LARBEY : 1800+, Godalming, SRY, ENG [33007] : PRE 1722, Haslemere, ENG [46296]
LARBY : 1800-1900, Godalming, SRY, ENG [31967]
LARCHET : Mary Ann, 1850, Bethnal Green, MDX, ENG [39247]
LARCOM : 1700S, Beverly, MA, USA & ENG [22796]
LARCOMBE : PRE 1870, Stowey & Chew Magna, SOM, ENG [20923]
LARDER : C1840, Strubby, LIN, ENG [10785]
LARDNER : 1830-1870, Dublin, IRL [44229]
LARGE : ALL, ENG [34797] : PRE 1875, CHS, ENG [34906] : PRE 1900, Southampton, HAM, ENG [99590] : Charles, 1871+, Hunstanton, NFK, ENG [25654] : PRE 1840, Stone, STS, ENG [34420] : John, 1700S, Allesley, WAR, ENG [17105] : 1770+, Kingston upon Hull, YKS, ENG [27993] : 1800S, OFF, TIP & COR, IRL [11411]
LARHAM : 1830+, Wimblington, CAM, ENG [43843] : 1900+, Lowestoft, SFK, ENG [43843]
LARK : PRE 1840S, Southill, CON, ENG [45142]
LARKEN : PRE 1700, Chislet, KEN, ENG [45962]
LARKIN : 1838+, Campbelltown, NSW, AUS [11284] : ALL, Sydney, NSW, AUS [45823] : 1840S, VIC, AUS [26246] : C1860, Bendigo & Melbourne, VIC, AUS [26430] : PRE 1900, London, ENG [28391] : 1800+, CAM, ENG [19694] : PRE 1900, Radlett & Aldenham, HRT, ENG [28391] : PRE 1838, Horsmonden, KEN, ENG [11284] : PRE 1860, Camberwell & Lambeth, SRY, ENG [28391] : 1800-1900, Burwash, Brede & Ticehurst, SSX, ENG [18857] : 1780+, Ewhurst, SSX, ENG [21971] : PRE 1855, Londonderry, DRY, IRL [31067] : PRE 1900, New York City, NY, USA [31067]
LARKINS : 1868+, Bundarra, NSW, AUS [11781] : C1840-1860, Sydney & Rylestone, NSW, AUS [45823]
LARMER : ALL, Drumskelt, MOG, IRL [34101]
LARNER : 1750-1850S, Thame, OXF, ENG [39565] : 1800S, SRY, ENG [25314]
LAROCHELLE : Michel, 1790, St.Vallier, CAN [44401] : PRE 1850, Pontiac Co., ONT, CAN [42927] : 1850+, Renfrew Co., ONT, CAN [42927] : 1700-1900, Quebec, QUE, CAN [44401] : 1500-1700, Port Larochelle, FRA [44401] : 1900-2001, Holyoke, Hampden Co., MA, USA [44401] : Elphege, ALL, Holyoke, Hampden Co., MA, USA [44401] : Absolon, ALL, Holyoke, Hampden Co., MA, USA [44401] : Simeon, ALL, Holyoke, Hampden Co., MA, USA [44401]
LARRATT : 1800-1900, Nottingham & Mansfield, NTT, ENG [26662] : ALL, WORLDWIDE [26662]
LARREEM : Elizabeth, PRE 1830, HAM, ENG [34924]
LARRETT : Anna Keziah, C1849, Eyke, SFK, ENG [11698]
LARSEN : Lucy, 1896+, Melbourne & Lyonville, NSW & VIC, AUS [45154] : Michael, 1858+, VIC, AUS [45154] : Robert, 1882+, VIC, AUS [45154] : Frank, 1884+, VIC, AUS [45154] : Alfred, 1886+, VIC, AUS [45154] : PRE 1900, DEN [31636] : 1750-1900, Copenhagen, DEN [27140] : Jens Alfred M, PRE 1886, Longelse & Lindelse, LANGELAND, DEN [37445] : C1850, Kauslunde, ODENSE, DEN [25693] : Niels Jorgens, 1816+, Fanefjord, SLD, DEN [39588] : PRE 1860, Gjerpen, NOR [46396] : Maria, C1850+, Gothenburg, SWE [26434] : PRE 1900, MN, USA [31636] : 1800-1900, Brookhaven, MS, USA [27140]
LARSON : 1880+, Hunter River, NSW, AUS [11460]

LARST : PRE 1816, Stanningfield, SFK, ENG [30449]
LARTER : C1810, Bacton, NFK, ENG [12974] : PRE 1870, Bacton & Diss, NFK, ENG [46471] : PRE 1780, Kelsale, SFK, ENG [36337] : C1800+, SFK, ENG & AUS [33097]
LARWAY : 1857+, Scarborough, ONT, CAN [99433] : 1800+, Bridgewater, SOM, ENG [99433]
LARWOOD : PRE 1700, Hemsby, NFK, ENG [33428] : 1700-1850, Wendling & All, NFK, ENG [30351]
LASEY : 1750-1850, Bromsgrove, WOR, ENG [30302]
LASHAM : PRE 1730, Selborne, HAM, ENG [13960]
LASHBROOK : PRE 1850, DEV, ENG [22536] : 1880+, Los Angeles, CA, USA [22536]
LASHFORD : 1800-1930, Melbourne, VIC, AUS [11424]
LASKEN : 1600S, Salem, MA, USA & ENG [22796]
LASKY : ALL, DEV, ENG [30589]
LASLETT : Manger, PRE 1850, Ash, KEN, ENG [33728]
LASS : 1880+, ESS, ENG [28557] : 1868+, Tonbridge Wells, KEN, ENG [28557]
LASSAN : 1800S, WORLDWIDE [25070]
LASSEN : 1840-1880, Flensburg, DEN [40996]
LAST : 1840+, TAS & VIC, AUS [26228]
LATCHFORD : 1693-1790, Dunstable, BDF & HRT, ENG [38970] : PRE 1850, Boxmoor, HRT, ENG [36164] : PRE 1850, Hemel Hempstead, HRT, ENG [36164] : PRE 1850, Two Waters, HRT, ENG [36164]
LATHAM : Emma, C1800, Chester, CHS, ENG [33416] : ALL, Exeter, DEV, ENG [36084] : 1800S, Minchinhampton, GLS, ENG [19921] : 1800+, Bolton, LAN, ENG [45203] : 1840, Bolton, LAN, ENG [45203] : 1700S, Chorley & Standish, LAN, ENG [30876] : 1800+, Coppul, LAN, ENG [45203] : 1800+, MDX, ENG [45030] : 1850+, SAL, ENG [27492] : ALL, STS & CHS, ENG [25329] : ALL, MON, WLS [25329]
LATHBURY : 1800+, Brackley, OXF, ENG [37267]
LATHEY : Sarah, PRE 1830, DOR, ENG [17961]
LATHROP : 1562-1640, Greetham, LIN, ENG [29715] : 1580-1650, Partney & Candlesby, LIN, ENG [29715]
LATHROPE : 1876+, Sydney, NSW, AUS [11229] : 1700+, Ottery St.Mary, DEV, ENG [11229]
LATIMER : 1860+, Liverpool, LAN, ENG [30120] : C1850, ENG & IRL [46327] : 1800+, CAV & DOW, IRL [45202]
LATONE : Garrick L., 1931+, Melbourne, VIC, AUS [39179]
LATRAVERSE : 1800, Sorel, QUE, CAN [16349]
LATTA : ALL, Paisley, RFW, SCT [42943]
LATTER : 1850+, Grey Co., ONT, CAN [16875] : PRE 1900, ENG [39386] : Chas N., 1900+, London, ENG [29198] : 1700-1900, Bromley, KEN, ENG [34277] : 1700-1850, Lamberhurst, KEN, ENG [45037] : Thomas, C1875+, Wateringbury, KEN, ENG [36538]
LATTIMER : 1600+, Barnard Castle, DUR, ENG [37213] : 1830+, LND, ENG [46345]
LATTIMORE : 1770+, HRT & LND, ENG [42329] : PRE 1813, Birmingham, WAR, ENG [10345] : Catherine, PRE 1814, Warwick & Birmingham, WAR, ENG [14646]
LATTIN : PRE 1800, Morristown, KID, IRL [40993]
LAU : Conrad, C1890, Euroa, VIC, AUS [99174]
LAUBE : 1750+, Neidergarorbe, BRA, GER [46294]
LAUCHLAN : PRE 1800, Beith, AYR, SCT [19064] : PRE 1900, Glasgow, LKS, DNB & RFW, SCT [46350]
LAUDAN : C1811, Bresegard, MSW, GER [12367]
LAUDEN : PRE 1800, NTH, ENG [18861]
LAUDER : PRE 1800, Berwick North, ELN, SCT [44060] : 1800+, Glasgow, LKS, SCT [44060] : 1750+, PER, SCT [10394] : 1800+, RFW, SCT [28813]
LAUESEN : Niels, C1700, Hejls, VEJLE, DEN [17134]
LAUGHARNE : 1750+, PEM, WLS [44043]
LAUGHEAD : PRE 1850, Bailieborough, CAV, IRL [33564]

LAUGHER : William James, 1887+, Wandiligong, VIC, AUS **[39179]** : ALL, Malvern & Leigh, WOR, ENG **[30589]**
LAUGHLAN : William, 1820, DOW, IRL **[21759]**
LAUGHLIN : 1800-1900, Ashton-under-Lyne, LAN, ENG **[33973]** : 1700-1847, Glenarm, ANT, IRL **[15301]** : C1700-1900, Lower Badoney, TYR, IRL **[39984]**
LAUGHTON : 1881+, Slough, BRK, ENG **[42744]** : 1800+, Stonesfield & Witney, OXF, ENG **[42744]** : 1600-1860, Holm & Paplay, OKI, SCT **[43903]**
LAUGHTON (see One Name Section) [42744]
LAUNCE : ALL, WORLDWIDE **[42320]**
LAUNDER : 1660-1800, Bramshall & Uttoxeter, STS, ENG **[19713]**
LAUNDERS : PRE 1880, OXF, ENG **[42238]**
LAURENCE : William, 1750-1850, Leicester, LEI, ENG **[17203]** : 1800-1820, Fordoun Kincardine, KCD, SCT **[46458]**
LAURENCERY : 1819+, St.Romain D'Urfe, RHA, FRA **[20140]**
LAURENSON : 1780+, Bressay, SHI, SCT **[11098]**
LAURENT : 1886-1996, Tunapuna, TRINIDAD, W.INDIES **[35218]** : PRE 1886, Tunapuna, TRINIDAD, W.INDIES **[35218]**
LAUREY : C1780-1850, CON, ENG **[33628]**
LAURIE : 1870+, Manning River, NSW, AUS **[11060]** : 1828, Dalkieth, SCT **[99147]**
LAUZON : ALL, CAN & USA **[15298]**
LAUZON (see One Name Section) [15298]
LAVALEE : Melanie, 1864-1920, Lac la Biche, ALB, CAN **[41349]**
LAVENDER : ALL, Bilston, STS, ENG **[39272]**
LAVER : Albert J., 1860+, Walhalla, VIC, AUS **[46320]** : 1760, Great Burstead, ESS, ENG **[17998]** : 1700-1900, Aller & Stoke St.Gregory, SOM, ENG **[12413]** : 1700-1900, Braintree & Bocking, ESS, ENG & AUS **[12413]**
LAVERCOMBE : 1550+, Bratton Fleming, DEV, ENG **[17532]**
LAVERICK : 1800+, ENG **[21802]**
LAVERIE : 1860, Mochrum, WIG, SCT **[26763]**
LAVERS : PRE 1790, Dean Prior & Modbury, DEV, ENG **[10383]**
LAVERTY : 1900S, Duntocher, DNB, SCT **[31402]**
LAVERY : ALL, Gateshead & Newcastle, NBL, ENG **[29416]** : PRE 1860, Portadown, ARM, IRL **[31067]** : 1790-1856, DOW, IRL **[14435]**
LAVILLE : 1915+, Aubignas, Ardeche, RHA, FRA **[20140]**
LAVIN : PRE 1850, COR, IRL **[23895]** : PRE 1870, MAY, IRL **[21387]** : 1870+, AKD & WTN, NZ **[21387]**
LAVINGTON : Frances, PRE 1700, ENG **[13868]** : ALL, Mildenhall & Newton Longville, WIL & BKM, ENG **[18895]**
LAVIS : ALL, SOM, ENG **[99036]**
LAVY : PRE 1700, Basingstoke, HAM, ENG **[10493]**
LAW : Thomas Wm, 1900+, AUS **[99177]** : James, 1900+, AUS **[99177]** : 1878+, Jondaryan, QLD, AUS **[13869]** : Jack & Hazel, C1920+, CAN **[33402]** : Rev. James, 1845-1862, Rexton & Richibucto, NB, CAN **[20661]** : PRE 1850, ONT, CAN & CAN **[26704]** : 1700-1900, ENG **[30446]** : ALL, Fowlmere, CAM, ENG **[34986]** : PRE 1855, Litlington, CAM, ENG **[13869]** : ALL, Litlington & Bassingbourn, CAM, ENG **[34986]** : ALL, Steeple Morden, CAM, ENG **[34986]** : 1670+, Billingham, DUR, ENG **[11270]** : ALL, Ashdon, ESS, ENG **[34986]** : ALL, Great Chesterfield, ESS, ENG **[34986]** : ALL, Langley & Clavering, ESS, ENG **[34986]** : ALL, Newport, ESS, ENG **[34986]** : ALL, Wicken Bonhunt, ESS, ENG **[34986]** : ALL, Hadhams, HRT, ENG **[34986]** : ALL, Pelhams, HRT, ENG **[34986]** : ALL, Reed & Therfield, HRT, ENG **[34986]** : ALL, Thriplow, HRT, ENG **[34986]** : Pleasant, PRE 1840, Bethersden, KEN, ENG **[11587]** : 1819+, Cranwell, LIN, ENG **[34981]** : 1700-1800, Deeping Fen, LIN, ENG **[45442]** : William, C1830, London, MDX, ENG **[40982]** : PRE 1830, London, MDX, ENG **[32294]** : ALL, Duddington, NTH, ENG **[34981]** : 1720S, Moreton Pinkney, NTH, ENG **[39573]** : PRE 1870, Moreton Pinkney, NTH, ENG **[46476]** : Jack & Nora, C1900-1930, Willenhall, STS, ENG **[33402]** : 1800+, Idle & Thackley, WRY, ENG **[13481]** : C1840, Sheffield & Stannington, WRY, ENG **[18329]** : 1800+, Lisburn, ANT, IRL **[10698]** : Robert, C1800-1856, Ballywillan & Portrush, ANT & LDY, IRL **[20661]** : 1870+, Tua Marina, NLD, NZ **[46476]** : 1858, Dalry, AYR, SCT **[35025]** : ALL, FIF, SCT **[11781]** : Mary, 1800-50, Glasgow, LKS, SCT **[10286]** : Elizabeth, 1850+, Buffalo, NY, USA **[16938]**
LAWDY : PRE 1800, North Molton, DEV, ENG **[37200]**
LAWES : ALL, ENG **[46218]** : 1850-1900, Mutford, SFK, ENG **[45849]** : 1770+, Overton, WIL, ENG **[46340]** : 1800+, Overton, WIL, ENG **[46418]**
LAWFORD : 1800+, Salisbury, WIL, ENG **[99600]**
LAWLER : PRE 1850, KIK, IRL **[22130]** : Ellen, C1827, Abbyleix, LEX, IRL **[22409]** : 1750+, Bristol Lincoln, ME, USA **[46302]**
LAWLESS : PRE 1852, Lancaster, LAN, ENG **[11059]** : 1800+, Warrington, LAN, ENG **[29854]** : Caroline, C1867, St.Pancras, MDX, ENG **[39380]** : Mary Ann, 1880-1900, Southwark, SRY, ENG **[37619]** : PRE 1852, IRL **[11059]** : Margaret, 1800+, Dublin, IRL **[38979]** : Catherine, 1770+, Borris, CAR, IRL **[16819]** : 1790-1850S, KIK, IRL **[35604]** : PRE 1840, Claremorris, MAY, IRL **[22683]**
LAWLEY : 1800-1880, Bridgnorth, SAL, ENG **[10037]**
LAWLOR : James, 1905, Finley, NSW, AUS **[99177]** : Vincent, 1931, Finley, NSW, AUS **[99177]** : 1865+, Tenterfield, NSW, AUS **[13994]** : 1880+, Darling Downs, QLD, AUS **[13994]** : PRE 1870, LIM, IRL **[42730]** : PRE 1865, Askeaton, LIM, IRL **[13994]** : Thomas, ALL, TIP, IRL **[99177]**
LAWMAN : PRE 1800, Sandon, HRT, ENG **[12904]**
LAWNCE : ALL, WORLDWIDE **[42320]**
LAWRANCE : Mary, C1866, South Molton, DEV, ENG **[29236]** : 1800-1880, Oldham, LAN, ENG **[17291]** : 1820-1860, Chelsea, LND, ENG **[39730]** : ALL, Chilvers Coton & Walstanton, WAR & STS, ENG **[29236]** : 1700+, YKS & SAL, ENG **[29409]** : ALL, ESS, ENG & AUS **[39593]**
LAWRENCE : Richard, 1880, NSW, AUS **[11408]** : 1853+, Sydney, NSW, AUS **[31579]** : 1867+, Sydney, NSW, AUS **[13854]** : 1880+, Brunswick, VIC, AUS **[98637]** : Wm Irving, 1875+, Daylesford, VIC, AUS **[10141]** : Jacob, 1849+, Geelong, VIC, AUS **[28232]** : Edward John, 1872+, Melbourne, VIC, AUS **[43989]** : 1660+, BARBADOS **[23319]** : 1800+, London, ENG **[13008]** : Wm Henry, PRE 1853, London, ENG **[45893]** : PRE 1853, London, ENG **[45893]** : PRE 1870, Sutton, BDF, ENG **[39642]** : PRE 1828, BRK, ENG **[30612]** : 1600-1900, Thatcham, BRK, ENG **[39271]** : 1600-1850, Thatcham & Newbury, BRK, ENG **[31579]** : ALL, CAM, ENG **[39642]** : 1800S, Ely, CAM, ENG **[36402]** : Richard, PRE 1840, CON, ENG **[11408]** : PRE 1850, Boyton, CON, ENG **[18325]** : 1500-1900, St.Keverne, St.Hilary & Ludgvan, CON, ENG **[19843]** : 1817, Nazeing, ESS, ENG **[17580]** : ALL, GLS, ENG **[24980]** : 1885+, Bristol, GLS, ENG **[46435]** : ALL, Hannington, HAM, ENG **[46435]** : PRE 1867, Lymington, HAM, ENG **[27437]** : 1700+, HRT, ENG **[17480]** : George, 1868+, Chatham, KEN, ENG **[40534]** : 1800-1890, Oldham, LAN, ENG **[17291]** : 1800+, Market Harborough, LEI, ENG **[28600]** : C1820, Swineshead, LIN, ENG **[11813]** : Robert, 1830S, LND, ENG **[30093]** : 1870, Greater London, LND, ENG **[43934]** : Wallace Geo., PRE 1857, Islington, MDX, ENG **[27955]** : PRE 1876, London, MDX, ENG **[43934]** : PRE 1850, Shoreditch, MDX, ENG **[33428]** : John, 1800+, Stepney, MDX, ENG **[43989]** : 1750+, Ashton, NTH, ENG **[46499]** : 1700-1900, Brightwell Baldwin, OXF, ENG **[35561]** :

LAW PRE 1850, Norton Wood, SAL, ENG [19647] : 1700, Great Wratting & Poslingford, SFK, ENG [24981] : 1750+, SFK & WFK, ENG [17951] : Jacob, 1800+, Curry Rival, SOM, ENG [28232] : ALL, Merriott, SOM, ENG [30491] : PRE 1900, Merriott, SOM, ENG [35177] : Jacob, PRE 1849, South Petherton, SOM, ENG [28232] : PRE 1811, Udimore, SSX, ENG [40970] : PRE 1850, Audley, STS, ENG [19647] : PRE 1850, Birmingham, WAR, ENG [10141] : PRE 1886, Birmingham, WAR, ENG [16111] : 1800, Bradford on Avon, WIL, ENG [12222] : 1828, Droitwich, WOR, ENG [27780] : PRE 1900, Leeds, WRY, ENG [18397] : PRE 1900, Skelton-by-York, YKS, ENG [18397] : 1800-1840, Belfast, ANT, IRL [42609] : 1876+, Wellington, NZ [43934] : 1800S, Aberdeen, SCT [98660] : 1700+, Old Deer, ABD, SCT [15524] : Alexander, 1774, Fordyce, BAN, SCT [16834] : 1840+, WLS [24980] : PRE 1880, Bedwellty, MON, WLS [10967] : PRE 1850S, Pembroke Dock, PEM, WLS [98637]

LAWRENSON : 1830S, Blackburn, LAN, ENG [14045]

LAWRIE : John, C1809, Peterhead, ABD, SCT [22224] : Christian, PRE 1835, Peterhead, ABD, SCT [22224] : PRE 1854, Leith, MLN, SCT [40768] : PRE 1850, Falkirk, STI, SCT [41499]

LAWRINSON : 1820+, Warrington, LAN, ENG [29854]

LAWRY : 1850+, Chewton, VIC, AUS [42721] : 1850+, Daylesford, VIC, AUS [42721] : 1800-1950, Budock Water, CON, ENG [42747] : 1825-1950, Constantine, CON, ENG [42747] : 1700-2000, Falmouth, CON, ENG [42747] : 1850-1950, Gwennap, CON, ENG [42747] : 1775+, Mabe, CON, ENG [42747] : 1800-1950, Mabe, CON, ENG [42747] : PRE 1850, Madron, CON, ENG [42721] : PRE 1840, Penzance, CON, ENG [46383] : 1875-1975, Perranzabuloe, CON, ENG [42747] : 1850-1950, Redruth, CON, ENG [42747] : PRE 1850, St.Agnes, CON, ENG [42721] : 1900-1975, St.Allen, CON, ENG [42747] : PRE 1675, St.Merryn, CON, ENG [46251] : 1650-1990, Tywardreath & Gorran, CON & NSW, ENG & AUS [20578]

LAWS : PRE 1884, London, ENG [99012] : 1850-1900, Chatteris, CAM, ENG [46433] : ALL, DOR, ENG [18168] : Charles, 1800S, HAM, ENG [45975] : 1800+, Stamfordham, NBL, ENG [99543] : Green, C1790+, Fakenham, NFK, ENG [13026] : 1800+, Stoke, STS, ENG [19713]

LAWSON : 1850+, Enmore & Sydney, NSW, AUS [10790] : 1850+, VIC, AUS [10329] : Alex Storrick, ALL, VIC, AUS [41430] : 1750+, Nova Scotia & Boston, CAN & USA [99418] : 1829, ENG [43863] : 1800-1900, BDF, ENG [18657] : Samuel, PRE 1800, Whaplode Drove, LIN, ENG [12060] : ALL, Wooton & Weston Favell, NTH, ENG [25702] : C1860, SRY, ENG [45203] : 1800-1840, Otley, WRY, ENG [13430] : C1809, Otley, WRY, ENG [26731] : PRE 1660, Calverley, YKS, ENG [21594] : PRE 1800, IOM [19259] : 1870-1960, Dunedin, OTG, NZ [44998] : Eliza, 1800, ANS, SCT [27686] : PRE 1834, Craigyloch, ANS, SCT [40615] : 1900+, Dundee, ANS, SCT [28755] : PRE 1850, Dundee, ANS, SCT [41430] : 1750-1880, Catrine, AYR, SCT [20770] : David, 1780S, Kirkmahoe, DFS, SCT [27686] : 1780-1810, Ceres & Pittenweem, FIF, SCT [14880] : Adam, C1806, Kirkcudbright, KKD, SCT [27686] : 1836-1850+, Aberdeen, ABD, SCT & AUS [39985] : 1840-1864, Franklin Co., OH, USA [22558] : 1864-1870, Cumberland, PA, USA [22558]

LAWTON : Jack, 1920+, AUS [21131] : 1813+, Walton Superior, CHS, ENG [29854] : 1800+, Manchester, LAN, ENG [46493] : 1800+, SAL, ENG [10562] : PRE 1890, Woore, SAL, ENG [45879] : Daniel, 1853+, Burslem & Newcastle, STS, ENG [46370] : PRE 1750, Madeley, STS, ENG [19647] : ALL, Leeds & Wortley, WRY, ENG [42745] : 1808, Wakefield, WRY, ENG [11530] : 1860+, COR, IRL [21131] : 1860+, Midleton, COR, IRL [21131]

LAWTY : PRE 1900, Hunmanby, YKS, ENG [15929]

LAX : George, C1620, Chester le Street, DUR, ENG [10035]

LAXSTEIN : Georgiana, C1820, Tranquebar, MADRAS, INDIA [10610]

LAY : PRE 1900, London & BKM, ENG [15745] : 1850-1930, LND & KEN, ENG [46502] : PRE 1818, Northampton, NTH, ENG [40615] : PRE 1870, Nottingham, NTT, ENG [39873]

LAYBURN : C1850, Otley, YKS, ENG [26193]

LAYCOCK : Elizabeth, 1896-1961, DUR, ENG [42961] : 1860+, Brighton, SSX, ENG [12481] : Shaw, 1800-1960, Thornhill Lees, WRY, ENG [25688] : ALL, Bolton Percy, YKS, ENG [17977] : ALL, Tadcaster, YKS, ENG [17977] : Abraham, 1847+, YKS & DUR, ENG [42961] : Aarron, 1874-1928, DUR & ONT, ENG & CAN [42961]

LAYDEN : 1819+, CLA, IRL [25767]

LAYFIELD : 1700-1900, Nidderdale, YKS, ENG [19964] : Robert, 1800, Sligo, IRL [26580]

LAYING : Marion, 1660, STI, SCT [11533]

LAYLAND : 1790S, Hollins Green, LAN, ENG [17998] : C1840, Warrington, LAN, ENG [17998] : ALL, Malvern Link, WOR, ENG [30589]

LAYMAN : 1700S, North Bovey & Chagford, DEV, ENG [40257]

LAYMON : ALL, South Weald, ESS, ENG [43792]

LAYNG : ALL, Kingstown & Castlebar, DUB, MAY & SLI, IRL [27219]

LAYT : ALL, Rylesbury, BKM, WAR & WOR, ENG & AUS [46262]

LAYTON : George, 1800+, Portland, NSW, AUS [28036] : PRE 1855, ENG [38178] : 1722+, Quainton, BKM, ENG [41443]

LAYZELL : 1830-1890, Grays, ESS, ENG [38980]

LAZARUS : ALL, Lincoln, LIN, ENG [17200] : David, 1760+, Llangeler, CMN, WLS [39482]

LAZENBY : C1800-1840, Seaham Harbour, DUR, ENG [12011] : PRE 1780, Spaldington, ERY, ENG [36821]

Note: Surnames commencing with L' will also be found in strict alpha order. Names with spaces, eg. LA A... & LE A... will be found in front of LAA and LEA etc.

LE BLANC : 1900+, AUS [21093] : 1845+, Arichat, NS, CAN [46368] : 1900S, CBY, NZ [21093]

LE CHAT : PRE 1800, St.James, BN, FRA [20178] : PRE 1800, St.Senier de Beuvron, BN, FRA [20178]

LE CORNEY : ALL, DEV, ENG [46231]

LE DESPENSER : 1230, Great Rollright, OXF, ENG [19759]

LE FEBRE : PRE 1840, Koblenz, GER [35343]

LE FEYVRE : 1360-1414, Vinchelez, JSY, CHI [46328]

LE FORT : Eliz. Ann, 1790S, Southwark, SRY, ENG [11698]

LE FOWLER : 1218, Shryvenham, BRK, ENG [19759]

LE GEYT : 1750-1850, KEN, MDX & JSY, ENG & CHI [14296] : PRE 1810, WORLDWIDE [18354]

LE GRANGE : 1850-1952, Christchurch, CBY, NZ [34747]

LE GRESLEY : 1830+, JSY, CHI [99570] : PRE 1800, St.Helier, JSY, CHI [40993]

LE LIEVRE : 1750-1880, St.Martins, GSY, CHI [20919] : 1700+, JSY, CHI & AUS [10647]

LE MAITRE : ALL, Twickenham, MDX, ENG [37185]

LE MARINEL : 1800-1891, Grouville, JSY, CHI [46472]

LE MASURIER : ALL, St.Helier, JSY, CHI [43792]

LE MOAL : 1827+, Caouannec, BRT, FRA [20140] : 1864+, St.Etienne, RHA, FRA [20140]

LE MOR : 1700+, ENG [29113]

LE MOTTEE : PRE 1879, CHI [20925]

LE NOIR : 1800+, Africhat, NS, CAN [46368]

LE PAGE : Rachel, C1700-1800, GSY, CHI [41446]

LE PIEZ : ALL, WORLDWIDE [39539]

LE QUESNE : C1440+, JSY, CHI [46328]

LE RICHE : 1800S, St.Saviour, JSY, CHI **[20800]**
LE ROFFSIGNOL : 1800, JSY, CHI **[97805]**
LE RUEZ : 1860+, JSY, CHI **[11152]** : ALL, London, ENG **[21131]**
LE SAGE : Pierre, C1675-1750, Spitalfields, LND, ENG **[28149]**
LE SONGEUR : PRE 1750, St.Aubin Terregatte, BN, FRA **[20178]**
LE STRANGE ; Henri, 1800+, AUS **[17687]** : Henri, 1800+, London, ENG **[17687]**
LE TELLIER : PRE 1832, St.Hellier, JSY, CHI **[32017]** : PRE 1832, FRA **[32017]**
LE TISSER : PRE 1860, Adelaide, SA, AUS **[11408]**
LE VAUX : ALL, WORLDWIDE **[17217]**
LEA : 1897+, Dungog, NSW, AUS **[11060]** :1750+, London, ENG **[29786]** : Benjamin, 1770-1800, London, ENG **[32559]** : PRE 1810, CON, ENG **[15521]** : William, PRE 1800, Redbourn, HRT, ENG **[36365]** : ALL, Kirkby Mallory, LEI, ENG **[31152]** : ALL, Market Bosworth, LEI, ENG **[31152]** : 1700+, Bath, SOM, ENG **[36262]** : John, 1788+, Codsall & Wolverhampton, STS, ENG **[46273]** : ALL, Great Somerford, WIL, ENG **[36262]** : PRE 1850, Great Somerford, WIL, ENG **[18657]** : ALL, Lea, WIL, ENG **[36262]** : ALL, WOR, ENG **[46446]** : PRE 1750, Old Swinford & Kidderminster, WOR, ENG **[19818]** : John, C1827, Halifax, WRY, ENG **[14645]**
LEA RAYNER : 1900+, SRY, ENG **[28570]**
LEABERRY : 1790+, Newport Pagnell, BKM, ENG **[44061]**
LEACH : Elizabeth, 1873-1948, QLD, AUS **[32996]** : 1800S, Portage la Prairie, MAN, CAN **[17027]** : Charles Ralfs, 1900+, ENG **[42940]** : PRE 1840, London, ENG **[38926]** : PRE 1850, London, ENG **[28523]** : Job, C1830+, Bow Brickhill, BKM, ENG **[25654]** : PRE 1870, Whaddon, BKM, ENG **[45879]** : PRE 1850, Morchard Bishop, DEV, ENG **[19641]** : 1881+, Bournemouth & Holdenhurst, HAM, ENG **[42940]** : 1881+, Portsea, HAM, ENG **[42940]** : 1700+, Dobbin & Rochdale, LAN, ENG **[34112]** : PRE 1880, Rochdale, LAN, ENG **[46490]** : 1800+, Bethnal Green, MDX, ENG **[35147]** : 1800-1900, MDX & ESS, ENG **[45749]** : John, 1835, NFK, ENG **[16184]** : PRE 1760, Hedenham, NFK, ENG **[19050]** : ALL, NFK & SFK, ENG **[19050]** : PRE 1830, Suliland & Otley, SFK, ENG **[38592]** : PRE 1813, Wixoe, SFK, ENG **[26253]** : 1800-1850, Kingston upon Thames, SRY, ENG **[42940]** : John, 1785+, Salisbury & Amesbury, WIL, ENG **[42940]** : PRE 1850, Bingley, Wilsden & Thornton, WRY, ENG **[42277]** : PRE 1820, Leeds, WRY, ENG **[37058]** : 1800+, Allerton & Wilsden, YKS, ENG **[39096]** : 1750-1890, Undercliffe & Alverthorpe, YKS, ENG **[46001]** : 1890S+, CA, USA **[34112]**
LEACHMAN : 1670-1715, Edlington, LIN, ENG **[29715]** : 1715-1735, Fulletby & Claxby Pluckacre, LIN, ENG **[29715]** : 1600-1700, Harrington, LIN, ENG **[29715]** : 1745-1785, Wilksby & Coningsby, LIN, ENG **[29715]** : 1785-1840, Wrangle, LIN, ENG **[29715]**
LEACK : 1800+, Lancaster, LAN, ENG **[17403]**
LEADBEATER : ALL, WORLDWIDE **[25183]**
LEADBETTER : 1750-1850, Chipping Campden, GLS, ENG **[20057]** : C1700+, Banks, North Meols, LAN, ENG **[31486]** : 1820-1860, Prescot, LAN, ENG **[13471]** : PRE 1850, STS, ENG **[45857]** : ALL, Lichfield, STS, ENG **[17884]**
LEADER : 1830+, Ilford, NSW, AUS **[11802]** : ALL, London, ENG **[45722]** : 1750-1825, Colchester, ESS, ENG **[31967]** : 1820-1850, Maidstone, KEN, ENG **[31967]** : PRE 1750, Leire, LEI, ENG **[25627]**
LEADON : 1803, Londonderry, DRY, IRL **[31453]**
LEAFE : 1766-1775, Covent Garden, MDX, ENG **[45754]** : 1799-1812, Isleworth, MDX, ENG **[45754]**
LEAH : PRE 1860, CHS & STS, ENG **[31316]** : 1700-1850, Sancreed, CON, ENG **[46255]** : 1790S, Stockport, LAN, ENG **[39573]**

LEAHY : 1850+, Araluen, NSW, AUS **[11684]** : 1908, Melbourne, VIC, AUS **[45078]** : C1844, Werribee & Bacchus Marsh, VIC, AUS **[36751]** : PRE 1863, Greenough, WA, AUS **[99055]** : 1870, Norwich, NFK, ENG **[14156]** : 1830S, GIBRALTAR **[21131]** : C1815, Churchtown, COR, IRL **[31761]** : 1850+, Skibbereen, COR, IRL **[34883]** : Maura, 1927+, Skibbereen, COR, IRL **[34883]** : 1790-1840, Youghal, COR, IRL **[12039]** : Michael, 1842+, KER, IRL **[10846]** : ALL, KER, IRL **[39694]** : 1700-1850, TIP, IRL **[43491]** : 1824, Bourney, TIP, IRL **[32203]** : 1820, Clonmel, TIP, IRL **[21131]** : C1850, Solohead, TIP, IRL **[45794]** : 1820, Lismore, WAT, IRL **[21131]**
LEAHY (see HOLLAND) : **[34883]**
LEAK : ALL, Buttercrambe, YKS, ENG **[15929]**
LEAKE : 1800+, Kirton & Algarkirk, LIN, ENG **[13065]** : Charles, 1860+, Staines, MDX, ENG **[13065]** : ALL, NY, USA **[29570]**
LEAKER : PRE 1700, Winterton, NFK, ENG **[29373]**
LEALL : C1750-1800, Gosport & Iow, HAM, ENG **[22241]**
LEALMAN : PRE 1800, Kirkbymoorside, YKS, ENG **[33901]**
LEAM : 1840-1900, Stepney, MDX, ENG **[39155]**
LEAMAN : C1840-1940, Dawlish & South Brent, DEV, ENG **[44119]** : C1850-1880, Torquay & Plymouth, DEV, ENG **[44119]** : 1700-1800, Widdecombe in the Moor, DEV, ENG **[45442]**
LEAMY : 1900+, Dover & London, KEN & LND, ENG **[30120]**
LEAN : 1650-1800, Gwennap, CON, ENG **[12318]** : PRE 1865, Truro, CON, ENG **[20800]**
LEANEY : 1700S-1800S, Herriard, HAM, ENG **[10697]** : 1800+, Hastings, SSX, ENG **[30107]**
LEANING : 1640-1840, Wrawby, LIN, ENG **[21504]**
LEAPER : 1840-1900, Deptford, KEN, ENG **[35846]** : PRE 1800, YKS, ENG **[35846]** : PRE 1820, UK **[43677]**
LEAR : C1876, Derby City, DBY, ENG **[38362]** : 1892+, DEV, ENG **[22456]** : PRE 1720, Bridford, DEV, ENG **[30302]** : ALL, GLS, ENG **[40472]** : PRE 1900, GLS, ENG **[18521]** : 1840+, Pancras, LND, ENG **[45736]** : 1840, Shoreditch, MDX, ENG **[38362]** : 1900S, Bulwell, NTT, ENG **[38362]** : C1790-1817, WAR, ENG **[45736]**
LEARMOND : PRE 1900, Jedburgh, ROX, SCT **[30929]**
LEARMONTH : 1900S, SCT **[26580]** : Henry, 1800+, Greenlaw, BEW, SCT **[26580]**
LEARNER : PRE 1800, Matlask, NFK, ENG **[14267]**
LEARY : Isaac, 1841-1863, Sydney, NSW, AUS **[39015]** : 1912-1918, Perth, WA, AUS **[46202]** : 1911, Bristol, GLS, ENG **[46202]** : 1839, Canion, IRL **[26761]** : Thomas, PRE 1841, WEX, IRL **[39015]** : 1863+, Palmerston North, MWT, NZ **[39015]** : 1864, Boston, MA, USA **[26761]**
LEASE : James, PRE 1630, Westham, SSX, ENG **[36365]**
LEASK : 1800+, Strichen, ABD, SCT **[26687]** : ALL, SHI, SCT **[17650]**
LEATHAM : 1890+, Greta & Granville, NSW, AUS **[10297]** : 1850S, Little Ouseburn, WRY, ENG **[10297]**
LEATHART : 1800+, Bayswater, LND, ENG **[11055]**
LEATHER (see One Name Section) **[19171]**
LEATHERBY : ALL, WORLDWIDE **[39386]**
LEATHERN : 1750+, Dowland & Iddesleigh, DEV, ENG **[17532]**
LEATHLEY : PRE 1800, Leeds, WRY, ENG **[42745]**
LEAVER : 1800S, Blackburn, LAN, ENG **[34704]** : 1850, Wigan, LAN, ENG **[39479]** : John Thomas, 1862-1911, Birmingham, WAR, ENG **[25642]** : PRE 1881, Birmingham, WAR, ENG **[43422]** : ALL, Tisbury, WIL, ENG **[20135]** : 1880+, Swale & Sheffield, YKS, ENG **[20975]**
LEAVERS : ALL, DBY, ENG **[30085]**
LEAVERSUCH : 1775-1850, HAM & WIL, ENG **[17501]**

LEAVY : 1835, Mullingar, WEM, IRL **[25878]**
LEAYCRAFT : ALL, USA **[32296]**
LEBARRE : PRE 1845, Carleton Pl, ONT, CAN **[22743]**
LEBERT : C1839, Prenzlau, MEK, GER **[45649]**
LEBETER : ALL, Ilkeston, DBY, ENG **[30491]**
LEBHERZ : ALL, Grobbottwar, BAD & WUE, GER & AUS **[36634]**
LEBLANC : 1645, Acadia, QUE, CAN **[16159]** : Daniel, 1626+, Pabos, QUE, CAN **[16159]** : ALL, CAN & USA **[15298]**
LEBLANC (see One Name Section) [15298]
LEBOUVIER : ALL, WORLDWIDE **[17027]**
LECHE : ALL, ENG **[30880]** : William, PRE 1822, CHS & LAN, ENG **[30880]**
LECHMERE : C1860+, Bethnal Green, LND, ESS & MDX, ENG **[31902]**
LECHNER : 1820S, KSA, GER **[21727]** : 1850+, NZ **[21727]**
LECKENBY : C1837+, Knaresborough, YKS, ENG **[27719]**
LECKER : PRE 1880S, Amsterdam, NOH, NL **[39745]**
LECKIE : PRE 1761, Auchtertool, FIF, SCT **[18766]**
LECKY : PRE 1840, Dublin, IRL **[12884]**
LECOMBER : C1800+, ESS, KEN & LND, ENG **[30985]**
LEDBETTER : 1750+, LIN & WOR, ENG **[42282]**
LEDDOPT : 1600-1700, FIF, SCT **[36435]**
LEDDRA : 1700+, St.Ives, CON, ENG **[18766]**
LEDEL : PRE 1756, GER **[10001]** : 1750+, NOR & SWE **[10001]**
LEDERMANN : 1606+, Gundelfingen, BAV, GER **[23371]** : 1850+, Sandusky Co., OH, USA **[23371]**
LEDGARD : Benjamin, 1840+, Mirfield, WRY, ENG **[16125]**
LEDGER : Matthew, C1720, DUR, ENG **[38579]** : PRE 1720, Ulcombe, KEN, ENG **[19275]** : 1650-1750, Heathfield, SSX, ENG **[33347]**
LEDGERWOOD : William, 1860+, Geelong, VIC, AUS **[39179]**
LEDINGHAM : 1700S, Cushnie, BAN, SCT **[16149]** : John Reid, 1823-1930, Govan & Drummoyne, LKS & NSW, SCT, AUS & FIJI **[46055]**
LEDNER : ALL, Medway & Lenham, KEN, ENG **[41146]**
LEDSAM : PRE 1850, COR, IRL **[39027]**
LEDSOM : 1870-1990, Liverpool, LAN, ENG **[46412]**
LEDUC : 1600-2001, Montreal, QUE, CAN **[44401]**
LEDWARD : 1700S, Wilmslow, CHS, ENG **[18895]** : 1790-1850S, Ashton under Lyne, LAN, ENG **[18895]**
LEE : 1849+, Glebe, NSW, AUS **[10046]** : John, C1820+, Hunter Valley, NSW, AUS **[10146]** : 1800+, Sydney, NSW, AUS **[21594]** : Hannah, 1821, Sydney, NSW, AUS **[13437]** : 1864+, Sydney, NSW, AUS **[36607]** : C1900, Bundaberg, QLD, AUS **[10277]** : Thomas, 1884+, Dalby, QLD, AUS **[36634]** : 1850+, Burra, SA, AUS **[44300]** : William, 1857+, Smythesdale, VIC, AUS **[12650]** : John & Fred, 1890S, Toronto, ONT, CAN **[31476]** : Elizabeth, C1780, JSY, CHI **[13153]** : 1750+, London, ENG **[29786]** : Richard, C1822, London, ENG **[10706]** : 1820S, Dukinfield, CHS, ENG **[40025]** : 1700-1891, Alston, CUL, ENG **[17642]** : 1700-1850, Mapperley, DBY, ENG **[34967]** : 1700-1850, West Hallam, DBY, ENG **[34967]** : Charles, C1860+, Nottingham, DBY & NTT, ENG **[34321]** : PRE 1865, Devonport, DEV, ENG **[35527]** : 1800S, Drewsteignton, DEV, ENG **[21349]** : 1700S, Kingston, DEV, ENG **[11091]** : 1750+, Stoke River, DEV, ENG **[27492]** : Robert, 1920+, Sunderland, DUR, ENG **[46400]** : 1600-1750, Bishops Waltham, HAM, ENG **[25145]** : 1750-1850, Owslebury, HAM, ENG **[25145]** : William, PRE 1800, Redbourn, HRT, ENG **[36365]** : PRE 1900, Crockenhill, KEN, ENG **[39416]** : PRE 1810, Herne, KEN, ENG **[25930]** : 1800-1850, Minster & Ramsgate, KEN, ENG **[22241]** : 1720+, Orpington, KEN, ENG **[20975]** : Betsy, C1820, Church, LAN, ENG **[16125]** : 1600-1900, Nelson & Colne, LAN, ENG **[27678]** : 1790+, Orrell & Shevington, LAN, ENG **[42308]** : 1820S, Bottesford, LEI, ENG **[46305]** : 1770S, Hinckley, LEI, ENG **[46305]** : 1760-1820, Fisketon, LIN, ENG **[20919]** : 1840-1860, Navenby, LIN, ENG **[46305]** : PRE 1865, Islington, LND, ENG **[35527]** : PRE 1865, Marylebone, LND, ENG **[35527]** : Joshua, C1820, Whitechapel, LND, ENG **[10649]** : Emily Jane, 1860+, Hackney, MDX, ENG **[43492]** : Isaac, PRE 1850, Stepney, MDX, ENG **[38833]** : Mary Ann, PRE 1880, London & Brighton, MDX & SSX, ENG **[44939]** : Isabel, C1760+, Eglingham, NBL, ENG **[34835]** : 1650+, Hexham, NBL, ENG **[46440]** : PRE 1800, Norham, NBL, ENG **[33491]** : 1850+, Kings Lynn, NFK, ENG **[21431]** : 1840+, NTT, ENG **[34321]** : PRE 1792, Rolleston, NTT, ENG **[46441]** : PRE 1852, Shrewsbury, SAL, ENG **[18967]** : George, 1795-1871, Bury St.Edmunds, SFK, ENG **[36538]** : Terah, 1825+, Croydon, SRY, ENG **[99036]** : Elizabeth, 1855+, Guildford, SRY, ENG **[99433]** : PRE 1700, Leatherhead, SRY, ENG **[43842]** : PRE 1800, SSX, ENG **[46163]** : PRE 1900, Lancing, SSX, ENG **[33826]** : Michael, C1818, London & Brighton, SSX, ENG **[44939]** : John, 1788+, Codsall & Wolverhampton, STS, ENG **[46273]** : 1750-1850, Birmingham, WAR, ENG **[19310]** : C1800+, Halesowen, WOR, ENG **[37499]** : 1730-1790, WRY, ENG **[34790]** : 1850-1900, Bingley & Barnoldswick, WRY, ENG **[27678]** : PRE 1850, Birstall, WRY, ENG **[42745]** : 1700-1800, Leeds, WRY, ENG **[31826]** : C1845-1880, Sheffield, WRY, ENG **[18329]** : ALL, Thornhill Lees, WRY, ENG **[99573]** : PRE 1850, Holmfirth, YKS, ENG **[45949]** : ALL, LAN, ENG & AUS **[99109]** : Eliz. Mary, 1836, LND & SRY, ENG & AUS **[33949]** : Louisa M., 1959+, Seale & Orangeville, SRY & ONT, ENG & CAN **[99433]** : PRE 1800, IRL **[27320]** : 1700+, Monasterevan, KID, IRL **[19429]** : John, 1700S, Aghabog, MOG, IRL **[15638]** : Francis, PRE 1900, Clones Gransha Beg, MOG, IRL **[15638]** : PRE 1850, ROS, IRL **[45264]** : Edward, 1735+, WAT, IRL **[31486]** : PRE 1896, Christiansand, NOR **[18702]** : 1940+, Auckland, NZ **[13591]** : 1880+, Marton, NZ **[45264]** : 1850+, Riverton, NZ **[45264]** : 1880-1940, Martin, MWT, NZ **[46305]** : John, 1820-1896, Dunfermline, FIF, SCT **[31476]** : 1800+, RFW, SCT & AUS **[44938]** : Mary Ann, 1862+, UK **[99433]** : Clara, 1864+, UK **[99433]** : 1800+, Ramsey, IOM, UK **[42782]** : 1900+, USA **[46351]**
LEE BRYCE : ALL, Brisbane, QLD, AUS **[13799]**
LEECE : ALL, IOM **[45830]**
LEECH : 1950+, Bendigo, VIC, AUS **[46368]** : 1870+, Inglewood & Wedderburn, VIC, AUS **[42900]** : PRE 1900, London, ENG **[26017]** : 1600-1850, BDF & SFK, ENG **[42900]** : PRE 1820, Barthomley, CHS, ENG **[31316]** : 1860-1900, LAN, ENG **[17012]** : PRE 1900, Islington, LND, ENG **[45607]** : George, C1790+, Enfield, MDX, ENG **[36538]** : PRE 1820, Caister & Winterton, NFK, ENG **[29373]** : PRE 1760, Hemsby, NFK, ENG **[33428]** : PRE 1900, Norwich, NFK, ENG **[26017]** : 1860+, Thetford, NFK, ENG **[28495]** : Ann, C1800, OXF, ENG **[25654]** : ALL, Grundisburgh, SFK, ENG **[26932]** : PRE 1830, Suliland & Otley, SFK, ENG **[38592]** : PRE 1900, Brighton, SSX, ENG **[29974]** : 1800+, Wortley, WRY, ENG **[12641]** : Edward, PRE 1854, London, ENG & AUS **[45772]** : 1800+, Larne, ANT, IRL **[46403]** : PRE 1900, COR, IRL **[29974]**
LEECH (see LEACH) : **[16184]**
LEECRAFT : ALL, Beaufort, NC, USA **[32296]** : ALL, BERMUDA, W.INDIES **[32296]**
LEEDEN : ALL, WORLDWIDE **[17511]**
LEEDER : ALL, Elmswell, SFK, ENG **[11802]**
LEEDHAM : PRE 1700, Hinkley, LEI, ENG **[19785]** : ALL, Eltham, LIN, ENG **[46417]**
LEEDS : 1846-1850, Gravesend, KEN, ENG **[35218]** : ALL, Brandeston, SFK, ENG **[32035]** : 1875-1920, Bermondsey, SRY, ENG **[35218]**

LEEK : William, 1796, Brewood, STS, ENG **[34140]** : 1800+, Codsall, STS, ENG **[10820]**

LEEKS : 1700-1900, Glemsford & Stanstead, SFK, ENG **[36243]**

LEEMING : 1930S, Sydney, NSW, AUS **[13473]** : C1800+, Blackburn, LAN, ENG **[43844]** : 1760+, Leeds & Horsforth, YKS, ENG **[20975]**

LEEN : 1800+, Ballingcollig, KER, IRL **[36261]** : 1800+, Stacks Mountain, KER, IRL **[36261]**

LEES : ALL, AUS **[43395]** : 1850, Maitland, NSW, AUS **[20641]** : Joh. & Louise, 1850S, Singleton, NSW, AUS **[14113]** : James, 1851+, Sydney, NSW, AUS **[39015]** : 1800+, Worcester, ENG **[16362]** : 1800+, DUR, ENG **[45950]** : ALL, Clarksfield, LAN, ENG **[11726]** : PRE 1822, Manchester, LAN, ENG **[30612]** : PRE 1820, Hinkley, LEI, ENG **[30678]** : PRE 1750, Madeley, SAL, ENG **[32294]** : 1800+, Wednesbury, STS, ENG **[17449]** : PRE 1850, STS, WAR & SRY, ENG **[45228]** : 1800-1900, Birmingham, WAR, ENG **[30678]** : Thomas, 1830+, Birmingham, WAR, ENG **[39015]** : 1830+, Peterworth, WAR, ENG **[46269]** : PRE 1900, Dudley, WOR, ENG **[39015]** : 1780-1860, Birstall & Halifax, WRY, ENG **[25354]** : 1750-1800, Saddleworth, YKS, ENG **[31826]** : Thomas, 1864+, Hamilton, WKT, NZ **[39015]** : ALL, SCT **[29497]** : 1780-1830, New Cumnock, AYR, SCT **[46478]** : 1800-1900, BEW & ROX, SCT **[20770]** : C1850, Aberlady, ELN, SCT **[10820]** : ALL, LKS, SCT **[14002]** : 1800S, Galashiels, SEL, SCT **[25314]** : 1850+, Lewsalt, WIG, SCT **[46478]** : C1860, Stranraer, WIG, SCT **[26731]** : ALL, Trinidad & Tobago, W.INDIES **[29497]**

LEESE : 1850-1950, Checkley & Longton, STS, ENG **[19713]** : PRE 1850, Rugeley, STS, ENG **[35619]** : William John, 1854+, Stafford, STS, ENG **[99036]** : C1836, IRL **[26731]**

LEESON : Mary, C1777-1800, Aylesbury, BKM, ENG **[31153]** : C1901, Leigh on Sea, ESS, ENG **[41109]** : PRE 1819, Barrowby, LIN, ENG **[39386]** : 1871-1937, Mile End & Bethnal Green, MDX, ENG **[41109]** : Isaac, 1779-1848, Nottingham, NTT, ENG **[10399]**

LEETHAM : 1830+, ENG & AUS **[99040]**

LEEVES : 1500+, Stoke Abbot, DOR, ENG **[17514]** : 1500+, Cranbrook, KEN, ENG **[17514]** : 1500+, Wrington, SOM, ENG **[17514]** : 1500+, Dorking, SRY, ENG **[17514]** : 1600+, Heathfield, SSX, ENG **[17514]** : 1670+, Tortington, SSX, ENG **[17514]** : 1500+, Uckfield, SSX, ENG **[17514]**

LEFCARIDIS : 1900+, AUS & USA **[26091]** : ALL, KASTELLORIZION, GR **[26091]**

LEFCOVITCH : C1900, Westminster, LND, ENG **[40769]**

LEFEBVRE : Martine, 1881, Medonte, ONT, CAN **[15882]** : C1615, Manou Perche, CEN, FRA **[23518]** : ALL, WORLDWIDE **[15013]**

LEFEVER : ALL, WORLDWIDE **[15013]**

LEFEVERE : ALL, WORLDWIDE **[15013]**

LEFEVRE : ALL, WORLDWIDE **[15013]**

LEFFMANN : Jenny, PRE 1885, Viersin, RPR, GER **[44019]**

LEFKARITIS : ALL, CYPRUS **[26091]** : ALL, USA & BRAZIL **[26091]**

LEFLEY : ALL, Wingfield, SFK, ENG **[13461]**

LEFOWLER : PRE 1218, Shryvenham, BRK, ENG **[19759]**

LEFTLEY : 1850S, Pulham St.Mary, NFK, ENG **[18593]** : C1775, Brockdish & Barking, NFK & ESS, ENG **[34782]**

LEGARTH : ALL, WORLDWIDE **[21563]**

LEGASSICKE : 1500-1850, ENG **[31323]**

LEGASWICKE : 1700S, Charlton & Holbeton, DEV, ENG **[26135]**

LEGATE : Susannah, 1800, Gravesend, KEN, ENG **[14392]** : 1800+, Milton Via Gravesend, KEN, ENG **[11946]** : PRE 1661, Tonbridge, KEN, ENG **[13511]** :

C1805, St.Marylebone, LND, ENG **[11946]**

LEGEZA : 1700-1991, WORLDWIDE **[23161]**

LEGG : 1840+, York Co. & Bruce Co., ONT, CAN **[16875]** : 1600-1900, Marcham, BRK, ENG **[27958]** : ALL, Scilly Isles, CON, ENG **[28140]** : 1700+, DOR, ENG **[31017]** : 1800+, Askerswell, DOR, ENG **[99832]** : PRE 1840, Milton Abbas, DOR, ENG **[16875]** : PRE 1800, Bristol, GLS, ENG **[17490]** : PRE 1840, HAM, DOR & WIL, ENG **[36543]** : 1830S, LND, ENG **[37321]** : ALL, Guildford & Croydon, SRY, ENG **[17436]**

LEGGAT : 1820+, Belper, DBY, ENG **[21131]**

LEGGATE : ALL, LIN, ENG **[45204]**

LEGGATT : C1850, ENG **[46491]**

LEGGE : 1700S, DOR, ENG **[19127]** : 1770, North Stoneham, HAM, ENG **[40499]** : 1860+, Abingdon, OXF & BRK, ENG & NZ **[27958]** : ALL, BAN & ABD, SCT **[16149]**

LEGGETT : 1860-70, Bet Bet, VIC, AUS **[32794]** : 1570-1780, Ash & Canterbury, KEN, ENG **[36762]** : 1730-1840, Fordwich & Ramsgate, KEN, ENG **[36762]** : 1800-1851, Ramsgate, KEN, ENG **[32794]** : C1835, Bermondsey, LND & KEN, ENG **[14120]** : John, PRE 1850, Great Yarmouth, NFK, ENG **[27955]** : ALL, SFK, ENG **[37125]** : C1850, Claydon, SFK, ENG **[41430]** : 1880-1920, Reigate & Redhill, SRY, ENG **[45767]** : 1800-1860, Poyntz Pass, ARM, IRL **[42609]**

LEGGO : 1500-1900, Ludgvan, CON, ENG **[19843]** : 1500-1900, Madron, St.Just & Sithney, CON, ENG **[19843]**

LEGH : 1800-1900, DEV & CHS, ENG **[45889]**

LEGROVE : Thomas, 1783, ENG **[28802]** : Charles, 1780-1790, Hackney, LND, ENG **[28802]** : ALL, Shadwell, LND, ENG **[28802]** : 1790, Deptford, MDX, ENG **[28802]** : William, 1750-1780, Shadwell, MDX, ENG **[28802]** : Fredk Charles, 1890-1900, RSA **[28802]**

LEHAY : 1690+, QUÉ, CAN **[99440]**

LEHEY : C1840, Liverpool, LAN, ENG **[10277]**

LEHIR-LAFONTAINE : 1780, Pondichery, FRA **[11530]**

LEHMANN : 1855+, Lobethal, SA, AUS **[35974]** : 1838+, Nuriootpa, SA, AUS **[38626]** : PRE 1855, Crossen, BRA, GER **[35974]** : 1800+, Baroi, POSEN, GER **[38626]** : 1800+, Bomst, POSEN, GER **[38626]**

LEHMITZ : 1824-1850, Pamprin, MSW, GER **[12367]**

LEHOUX : 1600-1900, QUE, CAN **[23518]**

LEHRKE : 1930+, Wellington & Lower Hutt, WTN, NZ **[21712]**

LEHRLE : PRE 1920, Glasgow, LKS, SCT **[38178]**

LEIBIG : 1816, Schreiberau, PRE **[28164]**

LEICESTER : PRE 1850, Warrington, LAN, ENG **[99043]**

LEICHT : C1860+, Swan Hill, VIC, AUS **[34321]** : C1730+, Clausthal, HAN, GER **[34321]**

LEIGH : 1860+, Ballarat & Geelong, VIC, AUS **[99055]** : ALL, St.Brelade & St.Aubin, JSY, CHI **[41477]** : 1763, Over Peover, CHS, ENG **[18613]** : 1700-1800S, DEV, ENG **[11411]** : 1680-1850, Blackrod, LAN, ENG **[33838]** : 1800S, Liverpool, LAN, ENG **[99570]** : PRE 1830, Islington, MDX, ENG **[18700]**

LEIGHTON : 1750-1820, Earsdon, NBL, ENG **[13447]** : 1700-1850, Barford, NFK, ENG **[41266]** : Samuel, 1794+, Norwich, NFK, ENG **[10399]** : 1800-1850, Sedbergh, WRY, ENG **[21598]** : C1790, Menmuir, ANS, SCT **[12084]** : 1820-1900, Dumfries, DFS, SCT **[21598]**

LEIH : 1858-1920S, Wooldridge & Peddie, CAPE, RSA **[35294]**

LEIPER : 1750-1950, Rhynie & Aberdeen, ABD, SCT **[20770]** : 1700-1800, Dalserf, LKS, SCT **[14656]**

LEIRENNE : PRE 1850, Cork City, COR, IRL **[99052]**

LEISHMAN : PRE 1830, SCT **[41372]** : C1890, Glasgow, LKS, SCT **[14656]** : PRE 1850, STI, SCT **[41456]** : PRE 1800, Polmont, STI, SCT **[21161]** : ALL, UK & USA **[29497]**

LEITCH : John, 1846-1928, Erin Twp., ONT, CAN **[31476]** : 1800+, Larne, ANT, IRL **[46403]** : John, PRE 1850, Londonderry, LDY, IRL **[18301]** : Archibald, C1781-1862, Islay, ARL, SCT **[31476]** : PRE 1850, Strachur, ARL, SCT **[22182]** : Burrel, 1752-1829, Fochabers, MOR, SCT **[34038]** : Christian, C1795-1873, Fochabers, MOR, SCT **[34038]** : PRE 1830, Greenock, RFW, SCT **[10165]** : John, 1850S+, Paisley, RFW, SCT **[18301]**

LEITCHER : PRE 1867, CON, ENG **[20985]**

LEITH : 1725+, Kincardine, SCT **[12953]** : ALL, Monquhitter, ABD, SCT **[21563]** : ALL, St.Nicholas, ABD, SCT **[44815]** : PRE 1875, Balgowan, PER, SCT **[99600]**

LEITHEAD : PRE 1825, ROX, SCT **[21196]**

LEIVERS : PRE 1850, Greasley & Selston, NTT, ENG **[19254]**

LELLIOTT : George, 1826, SSX, ENG **[11386]**

LEMAR : PRE 1800, Canterbury, KEN, ENG **[25306]**

LEMASURIER : Jean, PRE 1745, St.Helier, JSY, CHI **[26458]**

LEMBACH : 1600+, Mittleheim, HEN, GER **[10801]**

LEMEN : 1800-1927, Peterhead, MOR, SCT **[17642]**

LEMESURIER : PRE 1900, Gaspe, QUE, CAN **[39939]**

LEMKE : Huf, PRE 1855, Czerniejewo, PRE, GER **[33728]**

LEMOINNE : PRE 1800, Deuxnouds-Aux-Bois, LOR, FRA **[20178]**

LEMON : 1822+, Campbelltown & Murrumburrah, NSW, AUS **[11256]** : 1880+, Norwood, SA, AUS **[14346]** : PRE 1780, DEV, ENG **[22536]** : George, PRE 1850, LND, ENG **[38939]** : John, 1750, London, MDX, ENG **[44999]** : James, 1800+, London, MDX, ENG **[44999]** : Ellen, 1899, London & Sydney, MDX & NSW, ENG & AUS **[44999]** : Thomas, PRE 1850, ANT & COR, IRL **[38939]** : 1800-1927, Peterhead, MOR, SCT **[17642]**

LEMONE : ALL, FRA **[29664]**

LEMONS : ALL, Sheffield, WRY, ENG **[45534]**

LEMONT : PRE 1822, DOW, IRL **[11356]**

LEMP : ALL, AUS & ENG **[10330]** : C1857, BEL **[10330]** : 1850S+, ENG **[10330]** : C1854+, Battersea, SRY, ENG **[10330]** : C1858, Hamburg, GER **[10330]**

LENANE : 1750+, Milltown Malbay, CLA, IRL **[11062]** : 1830+, Borrisokane, TIP, IRL **[11062]**

LENEAN : Michl & Cath, 1800S, Limerick, IRL **[28188]**

LENEHAN : PRE 1850, Ballyhooly, COR, IRL **[22683]** : Anne, 1820+, Ballyfarnan, ROS, IRL **[11745]** : Kate, 1800S, Limerick & Sydney, NSW, IRL & AUS **[28188]**

LENEY : 1865+, Allora, QLD, AUS **[13994]** : PRE 1900, ENG **[13994]**

LENIHAN : 1864+, Ipswich, QLD, AUS **[13828]** : PRE 1864, Tullylease, COR, IRL **[13828]**

LENKAWSKI : ALL, WORLDWIDE **[34582]**

LENNAN : John, 1800+, IRL **[29092]**

LENNANE : 1840+, Tumut, NSW, AUS **[11062]** : 1800, CLA, IRL **[11062]** : PRE 1900, CLA, IRL **[21218]**

LENNARD : PRE 1820, Exeter, DEV, ENG **[46236]** : PRE 1750, KEN, ENG **[19270]** : 1700-1780, Marfleet, YKS, ENG **[13326]** : 1850-1935, AKD, NZ **[46236]** : 1900-1940, Te Aroha & Waihou, WKT, NZ **[46236]**

LENNIE : Catherine, 1800S, Limerick & Sydney, NSW, IRL & AUS **[28188]** : 1800S, Barony, LKS, SCT **[41439]** : C1730+, Duddingston, MLN, SCT **[37499]** : PRE 1870, Lasswade, MLN, SCT **[19661]**

LENNIE (see LINAY) : 1850, Prahran, VIC, AUS **[12027]**

LENNON : PRE 1889, North Melbourne, VIC, AUS **[27719]** : PRE 1870, Dublin, IRL **[97805]** : 1840S, Borris, CAR, IRL **[28060]** : PRE 1870, KIK, IRL **[97805]** : PRE 1950, ROS, IRL **[43842]** : PRE 1870, WIC, IRL **[97805]**

LENNOX : 1870+, ONT, CAN **[35186]** : 1780+, SRY, ENG **[35186]** : 1690-1760, Loudoun, AYR, SCT **[25979]**

LENOX : C1830, Thornton le Street, NRY, ENG **[46495]**

LENTELL : 1790-1915, Gateshead, DUR, ENG **[39123]**

LENTON : Joseph, 1838, Campbelltown, NSW, AUS **[10072]** : Joseph, 1828, Richmond, NSW, AUS **[10072]** : C1800, Chilvers Coton, WAR, ENG **[13326]** : 1800S, Coventry, WAR, ENG **[27850]** : Joseph, PRE 1828, Coventry, WAR, ENG **[10072]**

LENZ : ALL, WORLDWIDE **[42320]**

LEO : 1800+, Kilmallock, LIM, IRL **[34641]**

LEONARD : ALL, Emu Bay, TAS, AUS **[25072]** : Catherine, PRE 1844, London, ENG **[10565]** : 1800-1860, Aston, Birmingham, WAR, ENG **[17535]** : 1700-1900, CLA, IRL **[99298]** : C1830S, FER, IRL **[11526]** : PRE 1838, MEA, IRL **[10664]** : John, 1880+, Dundee, ANS, SCT **[21854]** : William, 1830-1890, MA, USA **[32130]** : 1630-1700, Rehoboth, MA, USA **[24660]** : 1880-1900, Dutchess Co., NY, USA **[32130]** : 1840-1860, Long Island, NY, USA **[32130]**

LEOPARD : Jessie M., 1868, Brighton & Hurstpierpoint, SSX, ENG **[20729]** : Charles Wm, 1858, Hurstpierpoint, SSX, ENG **[20729]** : ALL, West Grinstead, Hurstpierpoint, SSX, ENG **[20729]**

LEOPOLD : PRE 1860, VIC, AUS **[32017]** : PRE 1849, Hamburg, HBG, GER **[32017]** : PRE 1906, BOKOVINA, OES **[16947]**

LEPENNELL : ALL, WORLDWIDE **[42900]**

LEPPARD : PRE 1800, London & Southwark, MDX, SRY & SFK, ENG **[17490]**

LERCH : PRE 1800, Lubeck, LUE, GER **[25969]** : PRE 1800, Ahrensbok, SHO, GER **[25969]**

LERIE : Ann, C1800, AYR, SCT **[39820]**

LEROY : 1720+, GSY, CHI **[12708]**

LESERF : C1890+, West Ham, ESS, MDX & LND, ENG **[31902]**

LESLEY : PRE 1850, Bideford, DEV, ENG **[32907]**

LESLIE : 1800+, Isle of Sheppey, KEN, ENG **[17175]** : William, C1800+, Warrington, LAN, ENG **[28341]** : Dinah, C1830+, Warrington, LAN, ENG **[28341]** : C1800, Dromara, DOW, IRL **[14542]** : 1700-1900, Killarney, KER, IRL **[21842]** : 1800S-1900S, KER, IRL & NZ **[21563]** : PRE 1900, Old Deer, ABD, SCT **[18521]** : 1750+, Dundee, ANS, SCT **[21983]** : 1850-1950, AYR, SCT **[44078]** : James, C1720, BAN, SCT **[14880]** : James, 1745, Fordyce, BAN, SCT **[14880]** : Theodore, 1766, Marnoch, BAN, SCT **[10318]** : PRE 1880, FIF, SCT **[33628]** : 1800, Monimail, FIF, SCT **[21854]** : ALL, Duffus & Elgin, MOR, SCT **[42019]** : PRE 1850, Falkirk, STI, SCT **[38500]** : ALL, Glasgow, LKS, SCT & NZ **[45257]**

LESLIGHT : Jacob, 1800S, Edinburgh, MLN, SCT **[43521]**

LESSEL : ALL, Inverurie, ABD, SCT **[12953]**

LESSITER : 1700-1950, Stanton St.Quinton, WIL, ENG **[41156]**

LESSLIE : 1767-1836, Aberdeen, ABD, SCT **[13591]** : 1700, Banff, BAN, SCT **[26101]**

LESTER : 1780+, St.John, NB, CAN & USA **[42600]** : PRE 1800, Twyford, BKM, ENG **[18264]** : William, C1806+, Wellow, HAM, ENG **[13026]** : 1600-1750, Shepshed, LEI, ENG **[34967]** : Sarah, C1780, Abbots Bromley & Yoxall, STS, ENG **[27325]** : 1700+, Tipton & Wednesfield, STS, ENG **[18501]** : 1750+, NY, USA & CAN **[42600]**

LESWELL : 1780-1820, ESS, ENG **[34790]**

LETCH : 1700+, Finchingfield, ESS, ENG **[19895]**

LETCHER : PRE 1866, CON, ENG **[19818]** : PRE 1867, CON, ENG **[20985]**

LETHABY : ALL, WORLDWIDE **[39386]**

LETHBRIDGE : Amelia Sarah, 1831-1922, DEV & CHS, ENG **[34111]**

LETHERBY : PRE 1860, COR, IRL **[12457]** : ALL, WORLDWIDE **[39386]**

LETHIEULLIER : 1700+, London Area, ENG **[12819]**

LETISSER : John, 1860-1900, VIC, AUS **[11408]**

LETLEY : ALL, ENG **[24980]**
LETT : William, 1802-1835, Penrith & Sydney, NSW, AUS **[34140]** : PRE 1925, Nuntin, VIC, AUS **[35592]**
LETTELIER : 1700+, London Area, ENG **[12819]**
LETTINE : 1850+, Hastings & London, SSX, ENG **[39046]**
LETTRELL : ALL, WORLDWIDE **[30120]**
LETTS : 1770+, Rothwell, NTH, ENG **[42342]** : 1800+, Leamington, WAR, ENG **[45794]**
LEUCHS : 1828, Nuremberg, GER **[12318]**
LEUGNER : ALL, FRA **[29664]**
LEVASON : ALL, ENG **[41880]**
LEVENS : George, PRE 1882, Emerald Hill, VIC, AUS **[39058]** : 1866+, Melbourne, VIC, AUS **[39058]** : C1820, Warwick & Leamington, WAR, ENG **[45769]** : PRE 1866, Greenock, RFW, SCT **[39058]**
LEVER : PRE 1884, Toronto, ONT, CAN **[18639]** : ALL, London, ENG **[44148]** : C1700+, London, ENG **[45811]** : PRE 1867, Greenwich, KEN, ENG **[18639]** : 1780S-1850S, Ainsworth, LAN, ENG **[37978]** : 1800, Bolton, LAN, ENG **[28239]** : Hannah, 1702, Manchester, LAN, ENG **[10318]** : PRE 1860, Preston, LAN, ENG **[28239]** : PRE 1841, Standish & Chorley, LAN, ENG **[43082]** : PRE 1810, Nottingham, NTT, ENG **[18851]** : 1800, Richmond, SRY, ENG **[12222]** : Charlotte, 1820-1915, WIL & NSW, ENG & AUS **[10604]**
LEVERAGE : 1750-1900, NFK & SFK, ENG **[28609]**
LEVERETT : 1800S, Thrapston, NTH, ENG **[30876]**
LEVERIDGE : 1750-1900, NFK & SFK, ENG **[28609]** : 1800+, Westbury, WIL, ENG **[22088]**
LEVERINGTON : PRE 1760, Wisbech, CAM, ENG **[37058]** : 1800S, Runcton Holme, NFK, ENG **[46397]** : 1800S, Wereham, NFK, ENG **[46397]**
LEVERS : Henry, 1830S, Heanor, DBY, ENG **[38362]**
LEVERSTONE : 1700-1850, ENG **[30111]**
LEVERSUCH : 1775-1850, HAM & WIL, ENG **[17191]**
LEVERTON : PRE 1666, St.Gluvias, CON, ENG **[46251]**
LEVESON : 1450-1600, Wolverhampton, STS, ENG **[29715]**
LEVET : ALL, CAM, ENG & NZ **[20655]**
LEVETT : 1700+, SFK, ENG **[13694]** : PRE 1750, SSX, ENG **[19782]** : PRE 1800, Chichester, SSX, ENG **[19270]**
LEVEY : 1820+, Dungog, NSW, AUS **[40055]** : 1800, Liverpool, LAN, ENG **[13694]**
LEVI : ALL, WORLDWIDE **[17200]**
LEVICK : PRE 1850, Holmesfield, DBY, ENG **[14948]** : 1830+, Stapleton, YKS, ENG **[14948]**
LEVIN : C1848, St.Luke, MDX, ENG **[45649]**
LEVINGS : 1903+, Dubbo, NSW, AUS **[31762]**
LEVITT : ALL, Stebbing, ESS, ENG **[44963]** : ALL, Grimsby, LIN, ENG **[46456]** : 1700+, Leeds, YKS, ENG **[46456]**
LEVKNECHT : C1776, Goldbee, MSW, GER **[11319]**
LEVY : 1835-1873, Geelong, VIC, AUS **[30945]** : Samuel, 1790, London, ENG **[31904]** : Samuel, PRE 1815, London, ENG **[30014]** : PRE 1850, London, ENG **[30945]** : ALL, LND, ENG **[45863]** : 1895+, Bethnal Green, LND, ENG **[33538]** : 1800S, Hackney, LND, ENG **[44996]** : 1886+, Mile End Old Town, LND, ENG **[33538]** : PRE 1840, Spitalfields, LND, ENG **[33538]** : 1920+, Stratford, LND, ENG **[33538]** : ALL, WORLD-WIDE **[17200]**
LEWCOCK : 1830, SFK, ENG **[25145]** : Amelia, 1860, York, YKS, ENG **[25145]**
LEWELLEN : 1800+, MO, USA **[35876]**
LEWENDON : PRE 1850, London, MDX, ENG **[24945]**
LEWER : PRE 1800, Billingshurst, SSX, ENG **[15464]**
LEWES : 1837, Petone, WEL, NZ **[14156]**
LEWIN : 1700+, Woolwich, KEN & MDX, ENG **[31079]**
LEWINGTON : ALL, OXF, ENG **[12917]** : William, PRE 1800, YKS, ENG **[25700]**

LEWIS : George, ALL, Castlereagh, NSW, AUS **[10049]** : PRE 1875, Cooranbong, NSW, AUS **[11059]** : 1881+, Mendonoran, NSW, AUS **[31762]** : Edwin, C1865+, Silverdale, NSW, AUS **[46387]** : PRE 1850, Brisbane, QLD, AUS **[28210]** : 1871-1900, Freestone Creek, QLD, AUS **[32314]** : Llewellyn, 1872+, Digby, VIC, AUS **[46246]** : 1865+, Tarnagulla, VIC, AUS **[12237]** : 1800+, ONT, CAN **[25598]** : Mary Ann, 1843+, ENG **[45900]** : John, ALL, ENG **[43775]** : Charles Henry, 1844+, London, ENG **[12237]** : George, C1790, London, ENG **[20729]** : 1770S-1871, Willen, BKM, ENG **[32314]** : 1750-1860, Weaverham, CHS, ENG **[45883]** : 1800-1850, Illogan, CON, ENG **[14268]** : 1860+, St.Ives, CON, ENG **[20970]** : 1600-1850, Barnstaple & Ilfracombe, DEV, ENG **[14296]** : PRE 1795, Burrington, DEV, ENG **[17961]** : Elizabeth, PRE 1804+, Dartmouth, DEV, ENG **[45772]** : C1800-1990S, Newton Abbot & Torquay, DEV, ENG **[36072]** : 1800-1850, Okehampton, DEV, ENG **[41214]** : 1800-1870, Plymouth, DEV, ENG **[41214]** : 1800-1900, DOR, ENG **[28275]** : PRE 1810, ESS, ENG **[18896]** : 1870+, Barking, ESS, ENG **[44932]** : PRE 1850, Stebbing, ESS, ENG **[45857]** : William, PRE 1841, Randwick, GLS, ENG **[30804]** : PRE 1861, Portsea, HAM, ENG **[30804]** : John, C1850+, Southampton, HAM, ENG **[25642]** : PRE 1800, Tarrington, HEF, ENG **[46275]** : Thomas, PRE 1781, Shoreham, KEN, ENG **[36365]** : 1800-1850, Frodsham, LAN, ENG **[42863]** : Richard, PRE 1850, Shrewsbury & Liverpool, LAN & SAL, ENG **[41150]** : 1830S, Bethnal Green, LND, ENG **[17977]** : 1825+, Bethnal Green & Poplar, LND, ENG **[44913]** : PRE 1850, Hackney, LND, ENG **[20729]** : Alice, PRE 1900, London, LND, ENG **[36433]** : PRE 1800, Shoreditch, LND, ENG **[32294]** : PRE 1847, St.John Paddington, LND, ENG **[14430]** : PRE 1800, Shoreditch, MDX, ENG **[45962]** : PRE 1854, St.Pancras, MDX, ENG **[12915]** : ALL, North Aston, OXF, ENG **[99025]** : PRE 1880, Bridgnorth, SAL, ENG **[22262]** : PRE 1870, Worthen, SAL, ENG **[19641]** : PRE 1800, Boxford, SFK, ENG **[17670]** : PRE 1852, Lopen & Chard, SOM, ENG **[10297]** : William, ALL, Shepton Mallet, SOM, ENG **[33091]** : Henry, PRE 1852, Wincanton, SOM, ENG **[10297]** : PRE 1825, Rotherhithe, SRY, ENG **[17637]** : ALL, Bilston, STS, ENG **[39272]** : 1848-1890, Handsworth, STS, ENG **[29715]** : 1815+, Handsworth & West Bromwich, STS, ENG **[30147]** : 1800S, Wolverhampton, STS, ENG **[28141]** : 1780-1850, Birmingham, WAR, ENG **[29715]** : PRE 1712, Birmingham, WAR, ENG **[10493]** : Thomas, 1840-60, Winson Green, WAR, ENG **[35042]** : Esther, C1764, Collingbourne Ducis, WIL, ENG **[34924]** : PRE 1800, Purton, WIL, ENG **[39506]** : C1800+, Alvechurch, WOR, ENG **[12011]** : PRE 1850, Bromsgrove, WOR, ENG **[30147]** : PRE 1800, Onnisborough, YKS, ENG **[46429]** : C1800, Ludlow, SAL, ENG & WLS **[11813]** : Henry James, 1804, Kilkenny, KIK, IRL **[16184]** : PRE 1870, Wexford, WEX, IRL **[40696]** : Catherine E., 1823+, Grahamstown, CAPE, RSA **[37188]** : 1700S, Liberton, MLN, SCT **[29236]** : 1750+, SCT & AUS **[44409]** : 1840-1930, Mount Carmel, PA, USA **[19641]** : George, 1810S, Philadelphia, PA, USA **[25725]** : 1750+, Gwynfe & Llangadog, CMN, WLS **[20970]** : William, 1738, Laugharne, CMN, WLS **[39482]** : Jonah, 1819, Llanfihangel Abercowin, CMN, WLS **[39482]** : Dafydd, 1850+, Llanstephen, CMN, WLS **[99174]** : C1819, Hope, FLN, WLS **[46483]** : Henry, 1700S, Cardiff, GLA, WLS **[19497]** : 1855+, Cardiff, GLA, WLS **[29001]** : Thos Dodding, PRE 1852, Cardiff, GLA, WLS **[46491]** : David, 1800+, St.Brides Minor, GLA, WLS **[20665]** : 1800+, Swansea, GLA, WLS **[14268]** : PRE 1800, Swansea, GLA, WLS **[22182]** : John, 1787-1839, Mamhilad & Trevethin, MON, WLS **[44007]** : PRE 1820, Newport, MON, WLS **[30457]** : 1830S, Rudbaxton, PEM, WLS **[17117]** : 1800, St.Davids, PEM, WLS **[19785]** : William, 1826, St.Dogmaels, PEM, WLS **[13984]** : 1760+, Trefgarn, PEM, WLS **[17117]** : Essex, 1804, Trefgarn, PEM, WLS **[17117]** : 1750S+, Knighton, RAD, WLS **[10893]** : 1750-1800, Llan-

stephan, RAD, WLS **[21463]** : 1800S+, Whitton, RAD, WLS **[10893]** : Henry, 1800S, Rumney, MON, WLS & AUS **[46387]**
LEWIS-BOWEN : 1900+, Boncath, PEM, WLS **[30071]**
LEWORTHY : PRE 1841, Bratton Fleming, DEV, ENG **[46453]**
LEWRY : 1800+, Slaugham, SSX, ENG **[17514]**
LEWTHWAITE : 1730+, DEV & CUL, ENG **[45841]**
LEXEY (see SEXEY) : **[37565]**
LEY : PRE 1831, Geelong, VIC, AUS **[98674]** : 1750+, Meethe, DEV, ENG **[40257]** : Sarah, PRE 1747, Talaton, DEV, ENG **[28907]** : ALL, Topsham, DEV, ENG **[18168]** : PRE 1900, Lenton, NTT, ENG **[42634]**
LEYBOURN : Samuel, 1770-1840, Muggleswick, DUR, ENG **[41349]** : Samuel, 1770-1840, LAN, ENG **[41349]**
LEYDEN : 1836, Shoalhaven, NSW, AUS **[31453]**
LEYDON : 1900+, Wellington & Lower Hutt, WTN, NZ **[21712]**
LEYLAND : PRE 1840, CHS, ENG **[28907]** : PRE 1840, Aspull & Wigan, LAN, ENG **[34612]** : William, 1830+, Eccleston, LAN, ENG **[45803]** : Fred, 1831-1892, Liverpool, LAN & LND, ENG **[22122]**
LEYS : William 1871+, New Pitsligo, ABD, SCT **[30182]**
LEZES : PRE 1600, Chapel en le Frith, LAN, ENG **[11726]**
LIBERTY : ALL, ENG **[32559]**
LICHTE : PRE 1800, FRA & GER **[15286]**
LICHTI : PRE 1800, FRA & GER **[15286]**
LICHTWARK : ALL, WORLDWIDE **[37692]**
LIDBETTER : PRE 1700, SSX, ENG **[19782]**
LIDDALL : 1840S, MDX, ENG **[15286]** : 1800S, Edinburgh, MLN, SCT **[13591]**
LIDDARD : ALL, West Bromwich, STS, ENG **[45766]**
LIDDELL : 1880+, Sydney, NSW, AUS **[35989]** : 1850, Moliagul, VIC, AUS **[43934]** : C1920, Medicine Hat, ALB, CAN **[16513]** : PRE 1850, Melkridge & Haltwhistle, NBL, ENG **[26072]** : Thomas, PRE 1825, Newcastle upon Tyne, NBL & DUR, ENG **[16233]** : James, 1825-1845, Cramlington, NTH, ENG **[28323]** : 1750-1850, Bromsgrove, WOR, ENG **[30302]** : C1880, Coleraine, LDY, IRL **[16513]** : 1900, Raglan, WKT, NZ **[43934]** : 1800+, Linlithgow, MLN, SCT **[35989]** : Katherine, 1720, Kilsyth, STI, SCT **[11533]** : Margaret, PRE 1789, Kilsyth, STI, SCT **[44211]** : 1743, St.Ninians, STI, SCT **[13497]**
LIDDELOW : PRE 1850, Norwich, NFK, ENG **[46001]**
LIDDIARD : ALL, Wednesbury, STS, ENG **[45766]**
LIDDICOAT : PRE 1557, Roche, CON, ENG **[46251]** : 1700+, St.Erth, CON, ENG **[45159]**
LIDDLE : 1847, Sydney & Bathurst, NSW, AUS **[13914]** : Edward, C1790, Irwon, DUR, ENG **[38579]** : Thomas, PRE 1825, Newcastle upon Tyne, NBL & DUR, ENG **[16233]** : PRE 1845, SRY, ENG **[34543]** : 1850-1950, Mitcham, SRY, ENG **[20416]**
LIDDY : PRE 1860, CLA, IRL **[34640]** : Johanna, 1830, Killaloe, CLA, IRL **[13229]** : PRE 1850, Tulla, CLA, IRL **[21221]** : Matthew, 1800+, Killaloe, CLA & LIM, IRL **[13229]**
LIDGER : PRE 1800, SRY & SSX, ENG **[32040]**
LIDGEY : C1766, Redruth, CON, ENG **[13004]**
LIDIARD : ALL, GLS, ENG **[46335]**
LIDSTER : PRE 1860, Hett, DUR, ENG **[36505]** : ALL, North Frodingham, ERY, ENG **[34981]** : 1800+, Sheffield, YKS, ENG **[38488]**
LIDSTON : 1600-1700S, Dartmouth, DEV, ENG **[18895]**
LIDSTONE : PRE 1860, London, MDX, ENG **[33876]**
LIDWELL : Thomas, 1854, Port Cygnet, TAS, AUS **[20433]** : C1800-1855, Clonmore & Cormackstown, TIP, IRL **[20433]** : 1700+ Templemore TIP, IRL **[20433]**
LIEB : ALL, Beinwil, AARGAU AG, CH **[35935]**
LIEBAU : PRE 1880, Dessau, Sachsen Anhalt, GER **[11366]**
LIERSCH : ALL, WORLDWIDE **[15298]**

LIEVENS : PRE 1840, Lier & Mechelen, ATW, BEL **[20458]**
LIFE : 1900+, Shaldon, DEV, ENG **[21431]**
LIFECHILD : 1650-1800, Falmouth & St.Enoder, CON, ENG **[23161]**
LIFLY : Elizabeth, PRE 1747, Burton on the Hill, GLS, ENG **[21349]**
LIGGETT : 1851, Belper, DBY, ENG **[30714]**
LIGHT : 1830-1870, Melcombe Regis & Wyke Regis, DOR, ENG **[17291]** : Sarahann, 1845+, Southampton, HAM, ENG **[14252]** : 1800-1900, Liverpool, LAN, ENG **[17245]** : 1730-1832, Claverley, SAL, ENG **[17245]** : John, PRE 1770, Chelvey, SOM, ENG **[37545]** : PRE 1830, Croydon, SRY, ENG **[36477]** : 1800-1900, WIL, ENG **[41943]** : Annie, 1800+, Aberystwith & Bristol, CGN, WLS **[31319]**
LIGHTBODY : 1920, Banstead, SRY, ENG **[21598]** : Margaret, PRE 1942, IRL **[99545]** : ALL, Tullyrone, ARM, IRL **[13845]** : 1700-1825, DOW, IRL **[16096]**
LIGHTBURN : 1686+, Hanley Castle, WOR, ENG **[13731]**
LIGHTFOOT : ALL, ENG **[10846]** : Thomas, 1830+, CHS, ENG **[10846]** : ALL, CHS, ENG **[34901]** : John, C1800, LAN, ENG **[30880]** : Rodger, 1789, Orrell, LAN, ENG **[24579]** : PRE 1800, MDX & LND, ENG **[45962]** : Albert, 1880-1905, Biddulph, STS, ENG **[39455]** : PRE 1800, WRY, ENG **[28523]** : John, 1800, Beal, YKS, ENG **[41089]** : 1700S, Fife, FIF, SCT **[42466]**
LIGHTON : 1680-1735, MLN, SCT **[24567]**
LIGHTOWLER : PRE 1887, Hulme, LAN, ENG **[45893]** : John, PRE 1874, Huddersfield, YKS, ENG **[45893]**
LIGHTWING : 1600+, ENG **[16811]**
LIKISS : 1770+, Coxwold, YKS, ENG **[20975]**
LILBURN : 1860-1930, Dunedin, OTG, NZ **[44998]** : 1700+, OKI, SCT **[44998]**
LILE : PRE 1830, St.Davids & Fishguard, PEM, WLS **[22227]**
LILEY : Sarah, 1856+, Hornsey & Islington, MDX, ENG **[13229]** : Ellen, 1856+, Stoke Newington & Islington, MDX, ENG **[13229]**
LILFORD : ALL, Hammersham, HUN, ENG **[45070]**
LILL : 1790+, LIN, ENG & CAN **[99433]**
LILLECROFT : PRE 1800, Kilkhampton, CON, ENG **[15524]**
LILLEY : William, C1840, London, ENG **[39527]** : 1750-1850, Ardleigh, ESS, ENG **[30889]** : PRE 1857, Walthamstow, ESS, ENG **[37024]** : C1800, Stragglesthorpe, LIN, ENG **[37499]** : John, C1800, MDX, ENG **[12165]** : PRE 1860, SOM, ENG **[25853]** : PRE 1850, WRY & NTT, ENG **[31316]** : 1800-2000, Maghera, DRY, IRL **[20703]** : ALL, WORLDWIDE **[26686]**
LILLIE : 1770S, Glasgow, LKS, SCT **[14306]** : C1809, Shotts, LKS, SCT **[13799]**
LILLIOTT : George, 1826, SSX, ENG **[11386]**
LILLISTONE : PRE 1850, LND, ENG **[41150]** : PRE 1830, SFK, ENG **[41150]**
LILLY : 1800+, Carbonear, NFD, CAN **[39716]** : C1880, ENG **[40905]** : ALL, CON, ENG **[16947]** : PRE 1754, Weeley, ESS & SFK, ENG **[37024]** : ALL, Cheltenham, GLS, ENG **[40905]** : 1700+, SOM, ENG **[15289]** : 1850+, Newington, SRY, ENG **[16947]** : ALL, NZ **[40905]** : C1840, Shirenewton, MON, WLS **[40905]**
LILLYWHITE : C1850, Newtown, HAM, ENG **[41212]** : PRE 1878, Clerkenwell, MDX, ENG **[11628]**
LILWALL : 1752-1807, Dilwyn, HEF, ENG **[45754]**
LIMAGE : ALL, Sawtry, HUN, ENG **[28479]**
LIMB : 1800-1850, Dartford, KEN, ENG **[39616]**
LIMBRICK : 1796+, Thornbury, GLS, ENG **[46273]**
LIMER : 1800-1900, Sawtry, HUN, ENG **[28479]**
LIMERICK : C1795, IRL **[25693]** : 1840+, Hamilton, LKS, SCT **[36350]** : PRE 1837, Hamilton, LKS, SCT **[10270]**

LIMINGTON : 1800, Calne, WIL, ENG [12222]
LIMOGES : PRE 1640, Bordeux, GIRONDE, FRA [22550]
LINACRE : PRE 1760, Ormskirk, LAN, ENG [36983]
LINAKER : ALL, CAN [34773]
LINBECK : Bridget, 1896+, Sydney, NSW, AUS [10470]
LINCOLN : PRE 1840, London, MDX & SRY, ENG [37709] : ALL, Bawdeswell & Swanton Morley, NFK, ENG [34844] : PRE 1860, Norwich, NFK, ENG [46476] : 1760S, Bungay, SFK, ENG [37187] : 1860+, Tonsonby, AKD, NZ [46476] : Nancy, PRE 1820, Suffolk Co., MA, USA [23605] : Nancy, PRE 1814, Sulfolk Co. & Boston, MA, USA [23605]
LIND : Tomas, 1750+, DEN [13358] : PRE 1800, Trier, GER [18688] :PRE 1844, Oslo, NOR [13358] : PRE 1900, Gothenberg, SWE [29024]
LINDALE : C1717, LIN, ENG [38523] : 1700+, Birmingham, WAR, ENG [38907]
LINDAMAN : Karl, 1800S, Kakskerta, TURKU PORI, FIN [45773]
LINDBERG : 1800-1865, Goteborg & Bohus, SWE [24413]
LINDBLAD-OLSON : Ellen Augusta, 1877+, Miller & Gary, IN, USA [28957]
LINDEMAN : Karl, 1800S, Kakskerta, TURKU PORI, FIN [45773]
LINDER : ALL, ENG [19165] : PRE 1830, Lowestoft, SFK, ENG [36337]
LINDERMAN : C1720, Unkenbach, GER [24660] : 1730, Orange & Mont Co., NY, USA [24660]
LINDLEY : George, 1850S, Ste.Brigide, QUE, CAN [99433] : PRE 1863, Timperley & Altrincham, LAN, ENG [41477] : PRE 1840, Stanley & Wakefield, WRY, ENG [40529] : 1800-1870, Wakefield, YKS, ENG [31979]
LINDNER : C1857+, Hamilton & Mount Gambier, VIC & SA, AUS [34321] : C1800+, Guschau, PRE, GER [34321]
LINDOE : ALL, NFK & SFK, ENG [19165]
LINDON : PRE 1710, North Petherton, SOM, ENG [31316]
LINDOW : PRE 1790, Knapperthaw & Hawkswell, LAN, ENG [11718] : ALL, NFK & SFK, ENG [19165]
LINDQUIST : PRE 1830, Vaasa, VAASA LAANI, FIN [46383] : Peter, PRE 1870, Kalmar, KALMAR, SWE [21505]
LINDRIDGE : 1915+, Epsom, AKL, NZ [21079]
LINDSAY : 1840S, Cardington & Wellington, NSW, AUS [11344] : C1860, Devonport, TAS, AUS [99174] : C1830, Hobart, TAS, AUS [46491] : 1830-1883, Launceston, TAS, AUS [99174] : Henry, PRE 1771, Dorking, SRY, ENG [99012] : 1900+, Sheffield, YKS, ENG [21321] : Janet, PRE 1900, Clapham, SAL & LAN, ENG & SCT [45772] : 1750-1900, Holywood & Belfast, DOW, IRL [26897] : 1870+, Kilkenny, KIK, IRL [21131] : 1700-1900, LDY, IRL [21973] : PRE 1837, Isle of Skye, SCT [11344] :John, 1840-1900, Dundee, ANS, SCT [11425] : Richard, C1896, Dundee, ANS, SCT [16834] : PRE 1840, ANS & FIF, SCT [44014] : John, C1830, Dalry, AYR, SCT [20935] : 1790S+, Kilmarnock, AYR, SCT [10399] : John, C1800, DFS, SCT [21989] : PRE 1840, Abdie & Newburgh, FIF, SCT [34231] : 1846+, Crail, FIF, SCT [34321] : David, C1815, St.Monance & Crail, FIF, SCT [34321] : John, PRE 1858, Lochmaben, KKD, SCT [12457] : James, PRE 1860, Cambusnethan, LKS, SCT [20935] : 1840, Glasgow, LKS, SCT [34651] : Agnes, PRE 1910, Hamilton, LKS, SCT [14646] : PRE 1844, Barony, LKS & AYR, SCT [21196] : David, 1745-1800, Edinburgh, MLN, SCT [15564] : 1800+, Paisley, RFW, SCT [21321] : 1770+, ROX, SCT [21131] :1840+, Borders, ROX, SCT [21131] : 1900+, Kearny, NJ, USA [21321] : PRE 1837, New Providence, BAHAMAS IS., W.INDIES [11344]
LINDSEY : 1854-1900, Toowoomba, QLD, AUS [27920] : PRE 1700, Cogges, OXF, ENG [33428] : 1800-1850, Oakham, RUT, ENG [27920] :PRE 1850, Mallow, COR, IRL [29612]
LINE : 1750-1800, PA, USA [99025]
LINEGAR : C1824, Godalming, SRY, ENG [19268]
LINEHAM : PRE 1860, BDF, ENG [10978] : 1890S+, Sheffield, WRY, ENG [11270]
LINEKAR : ALL, CAN [34773] : Simon, 1912+, Winnipeg, MAN, CAN [34773] :1912+, ONT, CAN [34773] : 1912+, QUE, CAN [34773] : ALL, Birkenhead, CHS, ENG [34773] : ALL, Hoylake, CHS, ENG [34773] : Daniel, 1900+, RSA [34773]
LINES : 1838, Pitstone, BKM, ENG [12367] : 1700-1900, Stow, GLS, ENG [26831] : 1920S, Southsea, HAM, ENG [31305] : PRE 1840, St.Albans, HRT, ENG [31305] : 1862+, Tring, HRT, ENG [12367] : PRE 1800, SFK, ENG [39312] : 1700, Chediston, SFK, ENG [17704] : 1840S-1910S, Aston & Birmingham, WAR, ENG [37978]
LINFIELD : 1700-1800, Horsham, SSX, ENG [15464]
LINFOOT :1600+, YKS, ENG [26761] : 1800-1920, Acomb, YKS, ENG [26761] : 1920S, Acomb, YKS, ENG [10591] : 1700+, Great Ouseburn, YKS, ENG [26761] : 1800-1920, York, YKS, ENG [26761]
LINFORD : 1750S, Colmworth, BDF, ENG [44105]
LING : 1660+, SFK, ENG [44077] : Minter, 1700+, SFK, ENG [31079] : John, C1817, SFK, ENG [46316] : ALL, Butley, SFK, ENG [46479] : ALL, Hoxne, Eye & Stradbroke, SFK, ENG [31079] : 1600-1850, The Stonhams, SFK, ENG [16383] : 1700S-1900S, SFK & NFK, ENG [31079] : 1800-1900, Coleshill, WAR, ENG [18670] : 1853+, Roath, GLA, WLS [31079]
LINGARD : John, 1785-C1870, Stockport, CHS, ENG [20793] : PRE 1800, Horwich & Chapel-en-le-Frith, DBY, ENG [34716] : Alex. Rowson, 1816-C1890, Millgate, LAN, ENG [20793] : 1800-1900, Salford, LAN, ENG [36528] : 1700+, LIN, ENG [30065] : 1785-1856, Thornton, YKS, ENG [12318] : Rodger Rowson, 1848-1927, CLA, IRL [20793]
LINGE : 1750+, Elvenden & Thetford, SFK, ENG [32009]
LINGHAM : PRE 1800, Earls Shilton, LEI, ENG [30678]
LINGLEY : PRE 1800, Glemsford, SFK, ENG [39642]
LINGWOOD : PRE 1800, Ludham, NFK, ENG [33428]
LININGTON : ALL, WORLDWIDE [19127]
LINK :Jack, 1890+, Canton, OK, USA [23564]
LINKE : ALL, AUS [43395]
LINKLATER : 1856, Victoria, BC, CAN [44353] : ALL, NZ [20909] : 1891, Balfour Village, OKI, SCT [44353] : PRE 1840, Harray, OKI, SCT [46402] : 1700+, Stromness, OKI, SCT [10346] : ALL, SHI, SCT [20909] : 1870+, Portland, OR, USA [10346]
LINNEGAR : ALL, AUS [29810]
LINNELL : 1900, Paulerspury, NTH, ENG [30120]
LINNETT : 1700+, NTH, WAR & LEI, ENG [31355]
LINNEY : 1700-1850, BKM, ENG [42986] : 1700+, Ashton under Lyne, LAN, ENG [40993]
LINNING : PRE 1900, Grebin, SHO, GER [41041]
LINNINGTON : PRE 1840, Swanage, DOR, ENG [28443] : 1800S, Newport, IOW, HAM, ENG [16149] : ALL, WORLDWIDE [19127]
LINNITT :ALL, LEI, WAR & NTH, ENG [31355]
LINSCOTT : Thomas, 1750+, Lympstone, DEV, ENG [30950]
LINSELL : C1700-1850, Birchanger & Stansted, ESS, ENG [11536]
LINSKEY : 1830+, MAY, IRL [30527]
LINSLEY : John, 1814+, Windsor, NSW, AUS [30512]
LINSTEAD : 1830S, Bedford, BDF, ENG [27816]
LINTERN : C1795, Ditcheat, SOM, ENG [15776]
LINTHERN : C1830, Marstow, SOM, ENG [15776]
LINTHWAITE : 1780-1810, Leicester, LEI, ENG [17203] : 1800+, Marylebone, LND, ENG [12386]

LINTIN : 1800S, Rotherham, YKS, ENG **[10697]**
LINTLOP : William, 1872, NS, CAN **[16149]**
LINTON : Ethel, 1908, North Sydney, NSW, AUS **[31676]** : 1830+, Alnwick Twp, Northumberland, ONT, CAN **[37631]** : 1830+, Hamilton Twp, Northumberland, ONT, CAN **[37631]** : C1700-1750, Fen Dreyton, CAM, ENG **[11536]** : PRE 1750, Alford, LIN, ENG **[13008]** : C1750, Slaggyford, NBL, ENG **[13473]** : 1870+, SSX, ENG **[37206]** : 1800S, Rotherham, YKS, ENG **[10697]** : Sarah, PRE 1795, Banbridge, DOW, IRL **[39471]** : 1794+, DFS, SCT **[40781]** : ALL, Carmichael & Douglas, LKS, SCT **[20587]**
LINTOTT : 1800+, Hartley Maudit, HAM, ENG **[39386]**
LINZEE-SMITH : PRE 1800, Stoke Damerel & Devonport, DEV, ENG **[38901]**
LIPINSKI : 1876-2005, Carterton & Masterton, WRP, NZ **[46251]** : PRE 1875, Kokozski, GD, POL **[46251]**
LIPMAN : PRE 1841, London, MDX & SRY, ENG **[40615]**
LIPP : PRE 1580, Schietingen, WUE, GER **[37759]**
LIPPARD : Dora Harriet, PRE 1913, Lewisham, LND, ENG **[19064]**
LIPPERT : 1700-1940, Kisszekely, TOLNAU, HU **[27616]** : 1700-1940, Kocsola, TOLNAU, HU **[27616]**
LIPPIATT : William, 1920S, DBY, ENG **[32035]** : William, C1790+, Bath, SOM, ENG **[34331]**
LIPPITT : Henry, 1730-1750, WOR, ENG **[17203]**
LIPSCOMB : PRE 1850, Godstow, BRK, ENG **[40683]** : ALL, MDX, ENG **[39301]**
LIPSCOMBE : PRE 1900, ENG **[13994]** : ALL, ESS, ENG **[45204]** : ALL, LND, ENG **[45204]** : ALL, MDX, ENG **[45204]**
LIPSETT : SLI, IRL **[34261]** : 1800S, Glasgow, LKS, ENG **[11918]**
LIPSEY : 1840-1850, Brougham Twp, ONT, CAN **[34261]** : ALL, Koln, New Hampton & Westport, NSW, GER, AUS & NZ **[33920]** : 1790, SLI, IRL **[34261]**
LIPSIE : 1790, SLI, IRL **[34261]**
LIPSKI : ALL, Newcastle, NSW, AUS **[33920]** : ALL, Koln & Buller, GER & NZ **[33920]**
LIPSON : PRE 1836, Weymouth, DOR, ENG **[26306]**
LIPTROTT : 1648-1688, Northwich, Chester & Runcorn, CHS, ENG **[26665]** : C1695-1800, Nuneaton, WAR, ENG **[26665]**
LIQUORISH : PRE 1900, London, ENG **[34201]** : PRE 1800, Sudbury, SFK, ENG **[42752]**
LISHMAN : PRE 1800, Cartmel, LAN & WES, ENG **[30880]** : PRE 1860, Sheffield, WRY, ENG **[42331]**
LISK : Mary, 1840+, Middleton, COR, IRL **[10883]** : 1840+, WI, USA **[21479]**
LISLE : 1850, Alnwick, NBL, ENG **[14959]** : 1850-1925, Birmingham, WAR, ENG **[28363]** : 1910-50, Sheldon, WAR, ENG **[28363]** : 1830-60, Aberdale, GLA, WLS **[28363]** : John, 1800-1890, Trevethin, GLA, WLS **[28363]**
LISLES : 1660-1800, Soham & Fordham, CAM, ENG **[19713]**
LISTER : 1852+, Ballarat, VIC, AUS **[11733]** : 1780+, St.John, NB, CAN & USA **[42600]** : 1700+, DOR, ENG **[13461]** : 1818-1890, Durham, DUR, ENG **[36505]** : 1860+, Gateshead, DUR, ENG **[36505]** : PRE 1850, Alnwick, NBL, ENG **[11733]** : PRE 1850, North Shields, NBL, ENG **[11733]** : ALL, SFK, ENG **[18150]** : 1700-1800, Batley, WRY, ENG **[20729]** : C1848, South Milford, WRY, ENG **[31442]** : 1700S, Darrington & Darton, YKS, ENG **[43934]** : 1800S, Hull, YKS, ENG **[43934]** : PRE 1800, Leeds, YKS, ENG **[33901]** : C1800, Pontefract & Leeds, YKS, ENG **[43934]** : C1800, Kettle, FIF, SCT **[30310]** : 1750+, NY, USA & CAN **[42600]**
LITCHFIELD : ALL, Clavering & Elmdon, ESS, ENG **[11628]** : Maria, 1820, Leicester, LEI, ENG **[21759]** : 1814+, Radford, NTT, ENG **[11781]** : PRE 1800, Kidderminster, WOR, ENG **[46315]**

LITSCHER : 1800+, Sevelen, SG, CH **[19905]**
LITSON : ALL, UK **[17449]**
LITT : 1910-1930S, New York City, NY, USA **[23986]**
LITTEN : James, 1861, Sydney, NSW, AUS **[11386]** : PRE 1847, Exmouth, DEV, ENG **[37052]** : 1834, Holborn, MDX, ENG **[27719]** : C1804+, Highworth, WIL, ENG **[27719]**
LITTLE : 1840, Casino, NSW, AUS **[99036]** : 1858+, Lower Turon, NSW, AUS **[11773]** : Robert, 1841-1888, Sydney & Casino, NSW, AUS **[32996]** : James, 1900+, Walkerville, ONT, CAN **[33952]** : 1750-1850, Lambourn, BRK, ENG **[14246]** : Thomas, 1780+, CUL, ENG **[17480]** : Matthew, 1851-71, Burgh by Sands, CUL, ENG **[41185]** : Thomas, 1891+, Houghton le Spring, DUR, ENG **[41185]** : 1765-1865, Good Easter, ESS, ENG **[17191]** : 1865-1890, Ongar, ESS, ENG **[17191]** : PRE 1850S, Bristol, GLS, ENG **[19964]** : Walter, 1660, Cheltenham, GLS, ENG **[39949]** : William, 1800+, Cheltenham, GLS, ENG **[39949]** : Samuel, 1850-1870S, Cheltenham, GLS, ENG **[39949]** : William, 1870+, Cheltenham, GLS, ENG **[39949]** : 1700+, Chatham, KEN, ENG **[38681]** : 1830-1890, Preston, LAN, ENG **[35846]** : 1780+, LND, ENG **[17480]** : 1700S, Carbrooke, NFK, ENG **[38833]** : 1750+, Sheringham, NFK, ENG **[17163]** : 1600S, Broad Hinton, WIL, ENG **[34731]** : 1700-1850, Christian Malford, WIL, ENG **[35017]** : PRE 1850, YKS, ENG **[36952]** : 1864+, Dunedin, OTAGO, NZ **[45945]** : William, 1770+, DFS, SCT **[17480]** : PRE 1840, DFS, SCT **[18521]** : PRE 1830, Dumfries, DFS, SCT **[35846]** : 1800+, Kirkpatrick-Fleming, DFS, SCT **[99600]** : Robert, 1821-1841, KKD, SCT **[32996]** : PRE 1840, KKD, SCT **[99036]** : Elizabeth, 1801, Siddicks, KKD, SCT **[10993]** : 1800+, Glasgow, LKS, SCT **[40135]** : ALL, Edinburgh, MLN, SCT **[27752]** : 1800S, Paisley, RFW, SCT **[26264]** : Margaret, C1714+, ROX, SCT **[44588]** : Robert, 1848+, Glasserton, WIG, SCT **[21955]** : Reginald, 1850+, Newtown, MGY, WLS **[11159]**
LITTLEBOY : Thomas, C1858, CAM, ENG **[33416]**
LITTLEBURY : ALL, WORLDWIDE **[36033]**
LITTLECHILD : ALL, WORLDWIDE **[27369]**
LITTLECHILD (see One Name Section) [27369]
LITTLEFAIR : PRE 1810, Whitby, NRY, ENG **[34782]**
LITTLEFIELD : ALL, ENG **[31323]** : ALL, London, ENG **[31323]** : ALL, HAM, ENG **[31323]** : Sarah, PRE 1800, HAM, ENG **[37200]** : 1820, Streatham, SRY, ENG **[18340]** : PRE 1780, Sunbury, SRY, ENG **[33428]** : ALL, WAR, ENG **[31323]** : ALL, WORLDWIDE **[31323]**
LITTLEJOHN : James, 1844-1924, Brunswick, VIC, AUS **[41228]** : PRE 1610, Crewkerne, SOM, ENG **[36200]** : 1700-1850, Lambeth, SRY, ENG **[34277]** : ALL, Arbroath, ANS, SCT **[41228]** : 1790+, Dundee, ANS, SCT **[41430]** : 1750, Rothiemay, BAN, SCT **[16822]** : 1830-1880, Bothwell, LKS, SCT **[14346]** : PRE 1836, Bothwell, LKS, SCT **[41039]**
LITTLEJOHNS : PRE 1850, Lezant & South Petherwin, CON, ENG **[25093]**
LITTLER : PRE 1900, Peterbourgh, SA & VIC, AUS **[45032]** : 1840+, Waratah, TAS, AUS **[45032]**
LITTLETON : 1800+, Plymouth, DEV, ENG **[20730]**
LITTLEWOOD : PRE 1890, Rochdale, LAN & SFK, ENG **[45032]** : PRE 1800, Aldgate, MDX, ENG **[38987]** : PRE 1861, Dudley, STS, ENG **[43422]** : 1800-1900, Kendal & Scalthwaiterigg, WES, ENG **[44963]** : 1800-1900, Kirkheaton & Mirfield, WRY, ENG **[44963]** : C1810, Sheffield, WRY, ENG **[46305]**
LITTLEY : ALL, Colyton, DEV, ENG **[24980]** : ALL, WORLDWIDE **[24980]**
LITTMANN : PRE 1860, Heicar, HAN, GER **[14227]**
LITTON : Charlotte, PRE 1850, Topsham & Woodbury, DEV, ENG **[42453]**
LIVER : 1790-1860, Garstang & Salford, LAN, ENG **[30071]**
LIVERMORE : 1800, Chingford, ESS, ENG **[17998]** :

C1822, Lambeth, LND, ENG **[14744]**
LIVERSAGE : PRE 1818, Allington, DEN, WLS **[46483]**
LIVERSIDGE : PRE 1750, Tadcaster, WRY, ENG **[33664]**
LIVESEY : 1800+, Salford, WAR, STS & LAN, ENG **[38907]**
LIVETT : PRE 1700, Snailwell, CAM, ENG **[33428]**
LIVINGS : Bertie, 1900-1995, ENG **[28237]**
LIVINGSTON : 1870+, Kingston & Unionville, ONT, CAN **[31079]** : 1830S, Dublin, IRL **[26149]** : C1790S, Kinfauns, PER, SCT **[16938]**
LIVINGSTONE : 1821+, Sydney & Bathurst, NSW, AUS **[39249]** : John, 1831-1913, Sydney, NSW & TYR, AUS & IRL **[10367]** : 1870+, Kingston & Unionville, ONT, CAN **[31079]** : Jane, 1810-1862, Sydney, NSW & TYR, AUS & IRL **[10367]** : ALL, Castlederg, TYR, IRL **[12071]** : 1800+, ARL, SCT **[39249]** : John, 1837+, Irvine, AYR, SCT **[42894]** : 1826+, Gorbals, LKS, SCT **[42894]** : Daniel, 1827+, Gorbals, LKS, SCT **[42894]** : Elizabeth, 1829+, Gorbals, LKS, SCT **[42894]** : 1800, Kirkliston, MLN, SCT **[11533]** : 1800+, RFW & LKS, SCT **[46372]** : 1770+, Kilsyth, STI, SCT **[36569]** : 1700+, Ballachulish, ARL, SCT & NZ **[37286]**
LIVINGSTONE-LEARMONTH : 1783+, Parkhall, STI, SCT **[34748]**
LIVOCK : John, 1807, Wreningham, NFK, ENG **[10993]**
LIVSAY : ALL, Wigan, LAN, ENG **[38907]**
LIVSEY : ALL, Liverpool, LAN, ENG **[38907]**
LIZARS : ALL, WORLDWIDE **[20655]**
LJUNGBERG : Georg, 1850S, Lanskrona, SWE **[31577]**
LLEACHINE : C1790-1880, Bonymaen, GLA, WLS **[34797]** : C1790-1880, Swansea, GLA, WLS **[34797]**
LLEWELLING : 1800S, BRK, ENG **[42466]**
LLEWELLYN : 1800-1900, Bristol, GLS, ENG **[13447]** : PRE 1890, Bristol, GLS, ENG **[19064]** : ALL, Holborn, LND, ENG **[40641]** : 1700+, Llansamlet, GLA, WLS **[39536]** : Mary, 1834+, Swansea, GLA, WLS **[42828]** : 1880, Treforest, GLA, WLS **[40752]** : 1800-1850, Whitchurch, GLA, WLS **[29468]** : PRE 1880, PEM, WLS **[30391]**
LLEWELYN : 1790S, Llandaff, GLA, WLS **[42542]**
LLOYD : PRE 1840, London, ENG **[27320]** : Jeremiah, PRE 1860, Oving, BKM, ENG **[10790]** : James, 1810-1870, Poynton & Worth, CHS, ENG **[37619]** : 1780+, Blackmore, ESS, ENG **[38005]** : 1800S, Coleford, GLS, ENG **[14045]** : 1600+, Micheldene, GLS, ENG **[46282]** : Matthew, 1879-1925, Southampton, HAM, ENG **[19678]** : 1800-1840, HEF, ENG **[39730]** : 1870-1900, Deptford, KEN, ENG **[42083]** : 1800+, Liverpool, LAN, ENG **[19429]** : 1800-50, Liverpool, LAN, ENG **[30120]** : Robert, C1780, Liverpool, LAN, ENG **[31003]** : C1800-1830, Liverpool, LAN, ENG **[11729]** : PRE 1830, Liverpool, LAN, ENG **[46211]** : PRE 1827, Manchester, LAN, ENG **[11572]** : PRE 1780, Clerkenwell, LND, ENG **[21594]** : 1840S, Islington, LND, ENG **[42083]** : C1845, Notting Hill, MDX, ENG **[18001]** : John, 1788+, Shiffnal, SAL, ENG **[36514]** : 1700+, Wem, Dawley & Horsehay, SAL, ENG **[36514]** : Joyce, 1857+, Horsehay & Darlaston, SAL & STS, ENG **[36514]** : James, 1800S, SFK, ENG **[14448]** : PRE 1860, SRY, ENG **[34640]** : PRE 1900, STS, ENG **[12905]** : 1840+, Handsworth, STS, ENG **[18128]** : 1700-1900, Ombersley, WOR, ENG **[39565]** : 1882+, Alliance, OH, USA **[30086]** : PRE 1840, Brecon, BRE, WLS **[30086]** : Rachel, 1850+, Llanegugo, CMN, WLS **[99174]** : Robert, 1786, Brynkenrick & St.George, DEN, WLS **[31003]** : PRE 1850, Llanelian, DEN, WLS **[18606]** : Robert, 1624, Aberwyd, DEN, WLS **[31003]** : 1800+, GLA, WLS **[11918]** : 1809+, Bridgend, GLA, WLS **[11918]** : Wm & Mary, 1810+, Eglwysillan & Caerphilly, GLA, WLS **[11918]** : Sarah, 1800, Merthyr Tydfil, GLA, WLS **[14163]** : 1810+, Merthyr Tydfil, GLA, WLS **[30086]** : 1600-1730, Gwestydd, MGY, WLS **[26149]** : PRE 1800, Llangurig, MGY, WLS **[11066]** : 1800-1900, Meifod, MGY, WLS **[40769]**

LNU : Elizabeth, 1678-1770, Flashing, Long Island, NY, USA **[24674]**
LOADER : 1700S, Lillington, DOR, ENG **[10252]** : 1700+, East London, LND, ENG **[46434]** : 1800+, Stepney & Limehouse, LND & MDX, ENG **[42744]** : 1700-1900, Bethnal Green, MDX, ENG **[39271]** : 1700-1900, Idminston, WIL, ENG **[41136]**
LOAN : C1800, Rockingham Co., VA, USA **[46467]**
LOANE : 1820+, NSW & TAS, AUS **[34245]** : PRE 1850, Bandon, COR, IRL **[26785]** : 1800+, Innishannon, COR, IRL **[45145]**
LOARING : 1800-1840, DEV, ENG **[46237]** : C1780+, Thorverton, DEV, ENG **[37499]** : 1800S, Tiverton & Exeter, DEV, ENG **[46439]** : 1780-1810, Margate & Thanet, KEN, ENG **[46346]** : 1800-1900, Skewen, GLA, WLS **[46439]** : ALL, WORLDWIDE **[25749]**
LOBB : Charles J., 1881+, MDX, ENG **[26228]** : Thomas, 1700S, Pickenham, NFK, ENG **[46246]** : Elizabeth, 1722+, South Repps, NFK, ENG **[46246]** : 1870, Birmingham, WAR, ENG **[26228]**
LOBBAN : PRE 1846+, Auchindoir, ABD & BAN, SCT, USA & AUS **[33949]**
LOBJOIT : ALL, WORLDWIDE **[19035]**
LOBLEY : Richard, 1860+, Collingwood, VIC, AUS **[11994]** : Richard, PRE 1860, Liverpool, LAN, ENG **[11994]** : 1730-1875, Batley & Birstall, WRY, ENG **[18766]**
LOCHHEAD : Marion, C1850, Paisley, RFW, SCT **[45920]**
LOCHRAN : 1850S, Cambusnethan, LKS, SCT **[13591]**
LOCK : 1852+, Sydney, NSW, AUS **[13584]** : 1800+, London, ENG **[43756]** : PRE 1800, Chittlehampton, DEV, ENG **[18702]** : PRE 1850, Deanprior, DEV, ENG **[13584]** : 1740-1800, North Molton, DEV, ENG **[25354]** : PRE 1850, South Molton, DEV, ENG **[10303]** : PRE 1800, West Anstey, DEV, ENG **[31316]** : PRE 1812, Yarcombe, DEV, ENG **[34212]** : Doris Annie, PRE 1940, Dagenham, ESS, ENG **[40026]** : 1800+, Andover, HAM, ENG **[18005]** : ALL, Elton, HUN, ENG **[42943]** : PRE 1840, Northfleet, KEN, ENG **[10721]** : 1850+, Brentford & Chiswick, MDX, ENG **[31305]** : Caroline, 1840, London, MDX, ENG **[28802]** : ALL, Yarwell, NTH, ENG **[42943]** : ALL, Yarwell, NTH, ENG **[45876]** : ALL, Curry Rivel, SOM, ENG **[12831]** : 1850-1930, Milverton & Langford Budville, SOM, ENG **[19727]** : ALL, Somerton, SOM, ENG **[22441]** : ALL, Walton, SOM, ENG **[22441]** : 1700-1800, Elstead, SRY, ENG **[28479]** : PRE 1900, Colwich, STS, ENG **[31028]** : ALL, DEV, ENG & AUS **[44294]** : PRE 1850, Belfast, ANT, IRL **[14306]**
LOCKARD : 1800S, Antrim, IRL **[34739]**
LOCKE : 1886+, Queanbeyan, NSW, AUS **[14120]** : 1865+, Fremantle, WA, AUS **[10263]** : 1800+, London, ENG **[43756]** : 1700-1850, DBY, ENG **[18957]** : 1700-1850S, Dartmouth, DEV, ENG **[26335]** : 1800S, Dean Prior & Buckfastleigh, DEV, ENG **[16430]** : Charles, PRE 1853, Morton in Marsh, GLS, ENG **[14120]** : Jonas, 1856, London, MDX, ENG **[14120]** : 1720-1780, Stoke & Wayford, SOM, ENG **[39042]** : PRE 1900, Hove, SSX, ENG **[22130]** : PRE 1850, LIM, IRL **[10114]** : Walter, PRE 1870, East Kilbride, LKS, SCT **[44939]**
LOCKER : James, 1750-1777, Penrith, CUL, ENG **[28323]** : 1680+, STS, ENG **[18501]**
LOCKERY : 1880+, Molong, NSW, AUS **[99012]**
LOCKET : Mary, PRE 1820, ENG **[44939]** : PRE 1700, Horsham, SSX, ENG **[43842]**
LOCKETT : ALL, DOR, ENG **[13231]**
LOCKEY : ALL, Stockton & Sedgefield, DUR, ENG **[46330]** : Jane, C1830, Stockton & Sedgefield, DUR, ENG **[46330]** : PRE 1800, Washington, DUR, ENG **[22753]** : PRE 1890, Newcastle, NBL, ENG **[34844]**
LOCKHARD : 1830+, Donaghmore, TYR, IRL **[44202]** : C1707, Kilmarnock, AYR, SCT **[25693]**
LOCKHART : John, 1800-1860, ARM, IRL **[41349]** :

LOCKIE : John, 1800-1860, DOW, IRL **[41349]** : ALL, AYR, SCT **[25693]** : C1720, Kilmarnock, AYR, SCT **[25693]** : Margaret, 1730+, North Leith, MLN, SCT **[14760]** : 1828, North Leith, MLN, SCT **[22550]**

LOCKIE : 1700-1850, Mertoun & Morebattle, BEW & ROX, SCT **[20770]**

LOCKLEY : Frederck, 1862+, Braidwood & Burwood, NSW, AUS **[33318]**

LOCKWOOD : Ann, 1826+, JSY, CHI **[10194]** : 1790+, London, ENG **[46233]** : 1860+, Bristol, GLS, ENG **[46203]** : PRE 1725, Frodingham, LIN, ENG **[13004]** : ALL, Hoveton St.John & Weasenham, NFK, ENG **[28585]** : 1700+, Worksop, NTT, ENG **[46499]** : ALL, Worksop, NTT, ENG **[46203]** : PRE 1650, Medlesham, SFK, ENG **[26665]** : PRE 1820, Stowmarket, SFK, ENG **[42752]** : 1780-1880, Halifax, WRY, ENG **[44241]** : PRE 1860, Kellington, WRY, ENG **[19254]** : 1700-1800, Wakefield, WRY, ENG **[46440]** : 1800+, Branton & Cantley, YKS, ENG **[46499]** : ALL, Holmfirth & Kirkburton, YKS, ENG **[42634]** : PRE 1900, Honley, YKS, ENG **[25162]** : Ann, 1854, WEX, IRL **[10194]**

LOCKYER : PRE 1750, Darley Dale, DBY, ENG **[44078]** : ALL, Newton Ferrers, DEV, ENG **[46220]** : 1600-1900, Bere Regis, DOR, ENG **[19713]** : PRE 1785, Poole, DOR, ENG **[18702]** : ALL, Cobham, KEN, ENG **[42739]** : 1800-1850, Maidstone & Greenwich, KEN, ENG **[31967]** : 1700-1800, Meopham, KEN, ENG **[42739]** : ALL, Liverpool, LAN, ENG **[46220]** : 1650-1850, LIN, ENG **[41573]** : 1700-2000, Wells, SOM, ENG **[28185]**

LOCRAFT : ALL, WORLDWIDE **[32296]**

LODDER : Gilbert, PRE 1731, DOR, ENG **[39651]** : ALL, WORLDWIDE **[11938]**

LODEY : PRE 1850, Moltons, DEV, ENG **[37200]**

LODGE : Henry, 1836+, Liverpool & Sydney, NSW, AUS **[11530]** : 1830+, TAS, AUS **[26540]** : C1860, Reading, BRK, ENG **[26731]** : 1787, Cockerton, DUR, ENG **[46483]** : PRE 1800, Great Canfield, ESS, ENG **[26540]** : 1800, St.Mary de Lode, GLS, ENG **[11530]** : Jane, 1700-1900, Twining, GLS, ENG **[27039]** : 1840-1934, Northfleet & Gravesend, KEN, ENG **[41109]** : C1700-1900, Backwell & Winford, SOM, ENG **[46203]** : PRE 1860, Winterburn Stoke, WIL, ENG **[40914]** : 1750, Wombell, WRY, ENG **[26540]** : PRE 1875, Richmond, NLN, NZ **[40914]**

LODWICH : Martha, 1720+, Llanarthney, CMN, WLS **[39482]**

LOE : PRE 1850, Boston, LIN, ENG **[33704]** : 1600S, Rugeley, STS, ENG **[13731]**

LOECHEL : Herrmann, 1900+, Wustermark, BRA, GER **[11623]**

LOEVENBALK : PRE 1538, Viborg, DEN **[34837]**

LOEWENTHAL : 1800S, Schneidemahl, POL **[46116]**

LOFFMAN : PRE 1780, Vasa, FIN **[42386]**

LOFT : PRE 1838, Gillingham, KEN, ENG **[10516]**

LOFTHOUSE : 1800+, Bradford, YKS, ENG **[46299]** : PRE 1800, Tadcaster, YKS, ENG **[17977]**

LOFTS : 1859, East Maitland, NSW, AUS **[10956]** : 1700+, CAM, ENG **[10956]** : 1700-1850, Downham, CAM, ENG **[14246]** : 1837, Duxford, CAM, ENG **[10956]**

LOFTUS : ALL, NBL, ENG **[46369]** : 1800-1900, Galway, GAL, IRL **[36409]** : 1850, KIK, IRL **[34249]** : ALL, Killyon, MEA, IRL **[19344]**

LOGAN : Grace, 1847-1924, Hullett Twp, Huron Co., ONT, CAN & SCT **[31446]** : Susanna, 1790+, IRL **[26778]** : 1830S-1870S, Kildallen, CAV, IRL **[11860]** : C1850, DON, IRL **[16010]** : 1855+, Cruden, ABD, SCT **[30182]** : C1710+, Longside, ABD, SCT **[37499]** : PRE 1800, Ayr, AYR, SCT **[44105]** : John, PRE 1792, Straiton, AYR, SCT **[33454]** : PRE 1840, Dalziel, LKS, SCT **[32017]** : PRE 1830, Glasgow, LKS, SCT **[31297]**

LOGGIE (see LOGIE) : **[16819]**

LOGIE : 1780+, Miramichi, NB, CAN **[16819]** : PRE 1780, Redhall & Bauds, MOR, SCT **[16819]**

LOGUE : 1900S, Hinton, NSW, AUS **[42375]** : 1750, IRL **[36821]** : 1800+, Kilmacrenan, DON, IRL **[25998]** : 1800S, Strabane, TYR, IRL **[16980]**

LOHMANN : PRE 1900, DEN **[17134]** : Anne Marie, 1776-1835, Hameln, HAN, GER **[32243]**

LOKE : ALL, ENG **[30560]**

LOKES : ALL, ENG **[30560]**

LOMAS : 1800-1935, Gawsworth, CHS, ENG **[18613]** : 1880+, Macclesfield, CHS, ENG **[30120]** : C1750, Wilmslow, CHS, ENG **[10350]** : ALL, Ashover, DBY, ENG **[45070]** : 1750-1850, Manchester, LAN, ENG **[44078]** : 1820-1881, Wollaton, NTT, ENG **[46520]**

LOMAX : 1895-1996, Benfieldside, DUR, ENG **[35218]** : 1940+, Southampton, HAM, ENG **[46493]** : ALL, Bolton, LAN, ENG **[35218]** : ALL, Halliwell, LAN, ENG **[35218]** : ALL, Heaton, LAN, ENG **[35218]** : 1810S, Liverpool, LAN, ENG **[30724]** : ALL, Manchester, LAN, ENG **[46493]** : 1820, LND, ENG **[10985]** : 1800+, Westminster, LND, ENG **[46294]** : 1840+, Wanganui, NZ **[10985]**

LOMBARD : PRE 1800, Lavigneville, LOR, FRA **[20178]**

LOMBERG : Georg, 1850S, Lanskrona, SWE **[31517]**

LOMMATZSCH : PRE 1820, Wolkau, KSA, GER **[33567]**

LONDON : Robert, 1870-1915, Deptford, KEN, ENG **[17109]** : Robert, PRE 1860, Hildenborough, KEN, ENG **[17109]** : 1850+, Islington, LND, ENG **[19318]** : 1650-1750, Oxford, OXF, ENG **[12641]** : John R., 1820+, Sculcoates, YKS, ENG **[46320]**

LONDORS : PRE 1920, Barkingside, ESS, ENG **[43525]**

LONDSBOROUGH : 1800-1900S, Bishop Wilton, ERY, ENG **[25644]**

LONERGAN : 1840+, Hay, NSW, AUS **[99052]** : 1850+, Bendigo, VIC, AUS **[99177]**

LONEY : Tom, C1810+, ARM, IRL **[45703]** : John, C1840+, ARM & VIC, IRL & AUS **[45703]**

LONG : Maria Ann, 1870+, Boggabri, NSW, AUS **[11055]** : 1880, Hartley, NSW, AUS **[35025]** : 1840+, Sydney, NSW, AUS **[27634]** : 1860+, Sydney, NSW, AUS **[40795]** : Samuel, 1800-1880, Dalby & Roma, QLD, AUS **[10604]** : 1850+, Adelaide, SA, AUS **[33642]** : 1800S, Emu Bay, TAS, AUS **[26264]** : 1850+, Bairnsdale, VIC, AUS **[10394]** : 1850+, Anderdon Twp, Essex Co., ONT, CAN **[37631]** : 1820S, Augusta Twp, Grenville Co., ONT, CAN **[37631]** : Martha, 1849, ENG **[99545]** : 1881, London, ENG **[28568]** : 1700+, Membury, DEV, ENG **[31152]** : PRE 1781, Yarcombe, DEV, ENG **[34212]** : 170S, Bridport, DOR, ENG **[43582]** : PRE 1810, Brayton & Hunmanby, ERY, ENG **[22227]** : 1800+, Chigwell, ESS, ENG **[35147]** : C1781, Dursley & Uley, GLS, ENG **[13004]** : 1725+, Great Badminton, GLS, ENG **[10886]** : ALL, North Nibley, GLS, ENG **[18895]** : 1809-1825, Painswick, GLS, ENG **[14542]** : PRE 1850, Wallington, HRT, ENG **[39564]** : John, 1800+, Weston, HRT, ENG **[45145]** : PRE 1880, Milton & Borden, KEN, ENG **[13511]** : Mary Ann, 1891+, Islington, LND, ENG **[18724]** : PRE 1810, Terrington St.John, NFK, ENG **[37499]** : 1800+, Weston Longville, NFK, ENG **[45145]** : 1800+, NTT, ENG **[42665]** : PRE 1865, Hanborough, OXF, ENG **[28568]** : PRE 1850, Combe Down, SOM, ENG **[42518]** : PRE 1800, Foxcote, SOM, ENG **[44639]** : PRE 1830S, Lopen, SOM, ENG **[43582]** : 1840-1908, Brighton, SSX, ENG **[43620]** : PRE 1762, Rowde, WIL, ENG **[11866]** : 1700+, Gwennap & Stoke Climsland, CON, ENG & AUS **[12413]** : 1790+, LND, ENG & NZ **[46309]** : PRE 1860, DON, IRL **[44721]** : PRE 1850, TIP, IRL **[43800]** : C1820, Toomevara, TIP, IRL **[29479]** : PRE 1900, COR, IRL & AUS **[42730]** : ALL, DUB, IRL & AUS **[99109]** : 1660+, MA, USA **[41244]** : 1880+, Allegheny, PA, USA **[12904]**

LONGBOTTOM : C1830, Bath, SOM, ENG **[14645]** : 1800+, Hunsworth & Bradford, YKS, ENG **[46299]**

LONGCROFT : PRE 1930, LND, ENG **[45199]**

LONGDEN : PRE 1865, Macclesfield, CHS, ENG [41372] : C1781, Darley, DBY, ENG [30714] : C1805, North Wingfield, DBY, ENG [30714]
LONGDON : 1500-1600, Hawkesbury, GLS, ENG [30302]
LONGE : Elizabeth, 1500-1600, North Nibley, GLS, ENG [27039]
LONGFORD : PRE 1800, Kemble & Stroud, WIL & GLS, ENG [45679]
LONGHURST : PRE 1800, Ash-next-Ridley, KEN, ENG [34277] : PRE 1850, Dartford, KEN, ENG [34277] : PRE 1850, Fawkham, KEN, ENG [34277] : PRE 1900, Hartley, KEN, ENG [34277] : PRE 1850, Meopham, KEN, ENG [34277] : ALL, West Kingsdown, KEN, ENG [34277] : 1800-1900, Woolwich, KEN, ENG [34277] : C1826, SRY, ENG [14744] : 1600S, Betchworth & Shere, SRY, ENG [27816] : 1803-1929, SRY & SSX, ENG [19268]
LONGLAND : 1700-1900, ENG [46185] : Edmund, 1830-1920, ENG [46185] : PRE 1700, ENG [33789] : PRE 1900, Woolwich, KEN, ENG [45036] : 1865-1950, NTH, ENG [46185] : PRE 1800, Yardley Hastings, NTH, BDF & BKM, ENG [33789]
LONGLANDS : Sarah, C1740-1821, Parson Drove, CAM, ENG [41477]
LONGLEY : PRE 1850, Newenden, KEN, ENG [18657] : Elizabeth, 1800, Tonbridge, KEN, ENG [31510] : PRE 1704, SSX, ENG [39651] : John, PRE 1700, Kirkburton, WRY, ENG [16233] : ALL, Sheffield, WRY, ENG [34981] : C1840+, Nottingham, NTT, ENG & NZ [41297]
LONGMAN : 1840+, Sydney, NSW, AUS [13584] : 1850-1950, Hull, ERY, ENG [28363]
LONGMORE : ALL, Dalby & Narandera, QLD & NSW, AUS [33533]
LONGSHAW : 1800S, Shipton-under-Wychwood, OXF, ENG [20919]
LONGSTAFF : 1800+, Darlington, DUR, ENG [44078]
LONGSTREET : 1700-2000, Trowbridge, WIL, ENG [38769]
LONGSTRETH : 1840S, Coaley, GLS, ENG [46414]
LONGTINE : 1800+, St.Philippe, QUE, CAN [39227]
LONGUET : 1800S, LND, ENG [44996]
LONGWOOD : 1600, Knottingley, WRY, ENG [11530]
LONGWORTH : 1778, Wigan, LAN, ENG [31453]
LONIE : Athol, 1967, London, ENG [16149] : PRE 1858, Edinburgh, SCT [21906]
LONNON : PRE 1860, HRT, ENG [45881]
LONSDALE : 1890-1920, Bendigo, VIC, AUS [45770] : Mary, 1815+, ENG & AUS [46192]
LOOBY : PRE 1850, Cashel, TIP, IRL [99052]
LOOKER : 1850+, AUS [45111] : William, 1870+, Narrawong, VIC, AUS [25654] : 1840, Maidenhead, BKM, ENG [19862] : PRE 1820, Welford, BRK, ENG [10399] : ALL, Foxton, CAM, ENG [45111] : PRE 1870, Warrington, LAN, ENG [20874] : C1685, Falmer, SSX, ENG [11060] : C1818-1840S, Preshute, WIL, ENG [10399]
LOONEY : ALL, Malew & Douglas, IOM, UK [42209]
LOOSE : C1840, Doveridge, DBY, ENG [21479] : C1800, Holkham, NFK, ENG [21479]
LOOSLEY : 1794, Thame, OXF, ENG [28092]
LOPAS : John, 1837, LND, ENG [10846]
LOPES : 1815+, Westbury, WIL, ENG [13046]
LORAM : PRE 1900, DEV, ENG [29974]
LORAN : PRE 1900, DEV, ENG [29974] : 1850+, Ealing, MDX, ENG [29974]
LORD : 1873-1920, Newcastle, NSW, AUS [20938] : 1810+, TAS, AUS [37321] : Wm Rhodes, 1846-1860, London, ENG [12716] : 1700+, Weston Underwood, BKM, ENG [18884] : 1750+, Elham, KEN, ENG [29500] : 1850+, Ramsgate, KEN, ENG [29500] : 1800+, Sellinge, KEN, ENG [29500] : 1800S, LAN,

ENG [34704] : James, 1830S, Bacup, LAN, ENG [20938] : 1850S, Bacup, LAN, ENG [20938] : John, 1722-1850, Crawshawbooth, LAN, ENG [11425] : Edmund, C1816, Lancaster, LAN, ENG [12878] : Henry, C1800-1850, Liverpool, LAN, ENG [33219] : 1850+, Newchurch & Rochdale, LAN, ENG [46258] : 1905-1990, Rawtenstall, LAN, ENG [46310] : PRE 1834, Rochdale, LAN, ENG [27066] : ALL, Newcastle upon Tyne, NBL, ENG [28670] : PRE 1800, SFK, ENG [39312] : 1800+, Northiam, SSX, ENG [29500] : ALL, German, IOM, UK [42782] : 1825+, IOM, UK & AUS [33921] : 1780S, PEM, WLS [37321]
LORENZEN : PRE 1850, Flensburg, SHO, DEN [26785] : Jacob, PRE 1865, Delve & Rendsburg, SHO, GER [41041] : C1870-1900, Santa Cruz, CA, USA [26785]
LORIE : 1900-1940, Capetown, CAPE, RSA [39730]
LORIMER : Marion, PRE 1790, Sanquhar, DFS, SCT [30603] : 1790+, BAN & LKS, SCT & AUS [28108]
LORING : ALL, WORLDWIDE [25749]
LORINGE : ALL, WORLDWIDE [25749]
LORKING : Emma-Wood, C1900, Randwick, NSW, AUS [43521] : Alfred, C1830, ESS, ENG [43521] : 1580-1900, Cavendish, SFK, ENG [10287]
LORNEY : PRE 1800, PER, SCT [24567]
LORNIE : PRE 1800, PER, SCT [24567]
LORRAINE-OSBORNE : J., 1891+, AUS [40505] : John, 1884+, Brisbane, QLD, AUS [40505] : J., 1891+, NZ [40505]
LORRIMER : ALL, Carlisle, CUL, ENG [46505] : ALL, Farlam, CUL, ENG [46505]
LORRING : ALL, WORLDWIDE [25749]
LOTHIAN : Daniel, PRE 1850, Douglas, LKS, SCT [13101] : 1600+, SCT & RSA [22211]
LOTON : 1850+, Ballarat, VIC, AUS [13447] : 1780-1860, MAY, IRL [13447]
LOTT : 1700-1800, Tenterden, KEN, ENG [26612] : 1800-1850, Brantham, SFK, ENG [13430] : ALL, WORLDWIDE [42170]
LOTTERING : ALL, RSA [29001]
LOUCH : PRE 1840, Portsmouth, HAM, ENG [18303]
LOUDEN : William, PRE 1919, Carnarvon, WA, AUS [42893] : Thomas, PRE 1889, Fremantle, WA, AUS [42893] : Henry, PRE 1892, Kovno, POL [42893]
LOUDON : 1700+, ARL, SCT [29113] : 1800S, Hamilton, LKS, SCT [36655] : David, PRE 1848, NAI, ANS & MOR, SCT [99600]
LOUGAN : Sarah, 1800, Cockermouth, CUL, ENG [14747]
LOUGH : 1800S, Aughnacloy, CAV, IRL [42466]
LOUGHEED : 1850+, Dublin, IRL [37713]
LOUGHLIN : PRE 1840, Castleconnell, LIM, IRL [12153]
LOUGHNANE : ALL, Kilbarron, TIP, IRL [46195]
LOUGHRAN : 1800-1830, Liverpool, LAN, ENG [98674] : PRE 1800, Donaghmore, TYR, IRL [26822] : PRE 1800, Raeskmore, TYR, IRL [26822]
LOUIS : Charles F., 1855+, Gunnedah, NSW, AUS [11023] : Charles F., 1840+, FRA [11023]
LOUND : ALL, Thorpe Hesley, WRY, ENG [46422]
LOUNDES : PRE 1837, Philadelphia, PA, USA [46251]
LOUTHE : Robert, 1448, Sawtry, CAM, ENG [10194] : Thomas, 1553, Crettingham, SFK, ENG [10194]
LOUTITT : 1800+, CAI, SCT [21093]
LOUTTIT : George, PRE 1811, Harray, OKI, SCT [12563]
LOVATT : ALL, STS, SAL & WAR, ENG [20824]
LOVE : 1885, Sydney, NSW, AUS [11059] : 1791-1827, Sydney & Appin, NSW, AUS [10394] : James, C1858, VIC, AUS [99147] : Margaret, 1885, East Williams, ONT, CAN [15785] : Patrick, 1800+, QUE & NY, CAN, USA & IRL [32132] : C1732, ENG [14030] : C1840, Smallridge & Axminster, DEV, ENG [45388] : PRE 1870, Chardstock & Kitbridge, DOR, ENG [38826] :

ALL, HRT, ENG **[19655]** : PRE 1800, Farnham, SRY, ENG **[43792]** : ALL, Long Ditton, SRY, ENG **[43792]** : C1800-1880, Drumcree, ARM, IRL **[37795]** : ALL, DRY, IRL **[45830]** : C1860, Meenagh Hill, TYR, IRL **[13960]** : 1800S, WEX, IRL **[26703]** : 1820-1890, Beith, AYR, SCT **[46478]** : PRE 1865, Beith, AYR, SCT **[38743]** : PRE 1832, Dalry, AYR, SCT **[38743]** :1799, Irvine, AYR, SCT **[46478]** : PRE 1861, Glasgow, LKS & RFW, SCT **[41768]** : Jean, C1748, Airth, STI, SCT **[45541]** : PRE 1809, Campsie, STI, SCT **[44111]** : 1800+, Slamannan & Dumfermline, STI & FIF, SCT **[29092]** : James, 1760S, Charlotte, VA, USA **[23858]**

LOVEBURRUN : 1650-1750, Auckland St.Helen, DUR, ENG **[45636]**

LOVEDAY : PRE 1880, London, ENG **[21716]** : ALL, ESS, ENG **[29471]** : 1850, Great Chishill, ESS, ENG **[34626]** : 1870S, Hounslow, MDX, ENG **[42647]** : 1863, Norwich, NFK, ENG **[12318]** : C1300, Sherbourne, OXF, ENG **[19759]** : 1880+, Kingston, SRY, ENG **[42647]** : 1880+, Mortlake, SRY, ENG **[42647]**

LOVEGROVE : 1700-1900, Eton & Upton-cum-Chalvey, BKM, ENG **[33347]** : 1850-1920, Newington, HAM, ENG **[38737]** : John, 1770, Sherfield on Loddon, HAM, ENG **[28802]**

LOVEJOY : 1850S, Portsmouth, HAM, ENG **[13910]** : 1800+, Poplar, MDX, ENG **[32794]** : 1800S, Shoreditch, MDX, ENG **[13910]** : 1830-1860, OH, USA **[24660]**

LOVEKIN : 1810+, Holborn, LND, ENG **[37371]**

LOVELACE : Jack, 1891+, AUS **[40505]** : 1860S, VIC, AUS **[13244]** : 1800S, Bath, SOM, ENG **[13244]** : John, 1884+, Brighton, SSX, ENG **[40505]** : Jack, 1891-1950, Brighton, SSX, ENG **[40505]** : Jack, 1891+, NZ **[40505]**

LOVELESS : Martha, 1847+, Brighton, SSX, ENG **[40505]** : 1790+, USA & UK **[23128]**

LOVELL : Joseph, 1887+, Sydney, NSW, AUS **[12025]** : 1850+, Huon, TAS, AUS **[44726]** : Richard, 1800+, London, ENG **[17092]** : ALL, BDF, ENG **[46021]** : Thomas, 1750+, Bozeat, BDF, ENG **[43057]** : John, 1820+, Wing, BKM, ENG **[45803]** : PRE 1800, Bristol, GLS, ENG **[19818]** : Jenny, 1761-1836, Winchester, HAM, ENG **[32901]** : 1800+, Bethnal Green, LND, ENG **[17092]** : ALL, St.Giles Cripplegate, LND, ENG **[17092]** : 1890S, West Hackney, LND, ENG **[17092]** : PRE 1880, NTH, ENG **[43733]** : PRE 1810, Chipping Norton & Warden, OXF, ENG **[41589]** : Elizabeth, 1802, Alderbury, WIL, ENG **[10318]** : Margery, 1600S, Salem & Naumkeag, MA, USA & ENG **[22796]**

LOVELOCK : 1780+, ENG **[13513]** : Herbert, 1895-1916, Clapham & Kensington, LND & MDX, ENG **[45665]** : 1820-1900, East London, MDX, ENG **[16527]** : PRE 1800, WIL, ENG **[11873]** : 1500-1900, WORLD-WIDE **[46513]**

LOVERDE : 1870+, New Orleans, LA, USA **[34393]**

LOVERIDGE : PRE 1800, Musbury, DEV, ENG **[31746]**

LOVERING : Wm Thomas, 1880, Ottery St.Mary, DEV, ENG **[10441]** : Wm Harris, 1807+, Tallaton, DEV, ENG **[10441]** : James, 1830+, Tallaton, DEV, ENG **[10441]** : 1700-1950, Barnstaple & Ilfracombe, DEV, CON & NSW, ENG & AUS **[14296]** : ALL, WORLDWIDE **[10441]**

LOVETT : Matilda, PRE 1890, Bourke, NSW, AUS **[27289]** : PRE 1800, South Moor, DUR, ENG **[31116]** : 1900+, East London, ESS, ENG **[42518]** : ALL, Epping, ESS, ENG **[29471]** : ALL, Poplar, MDX, ENG **[29471]** : Thomas, 1843+, St.Olave & Bermondsey, SRY, ENG **[20665]** : ALL, Sutton Coldfield, WAR, ENG **[13461]**

LOVEY : Alphonse, 1800+, Woolwich, KEN, ENG **[12653]**

LOVIE : 1750, Pitsligo, ABD, SCT **[24637]**

LOVING : Bosilease, 1835+, Chippewa Falls, WI, USA **[26142]**

LOVSELEY : 1780-1890, London, ENG **[45811]**

LOW : Abraham, 1840+, London, ENG **[23367]** : ALL, Hartlepool, DUR, ENG **[39272]** : PRE 1800, Dawley, SAL, ENG **[32294]** : John, 1795-1866, Aberdeen, ABD, SCT **[32243]** : Alexander, 1817, Cruden, ABD, SCT **[10318]** : David, 1822, Dundee, ANS, SCT **[10318]** : ALL, Buckie, BAN, SCT **[39272]** : ALL, Balmerino, FIF, SCT **[11092]** : PRE 1850, ABD & KCD, SCT & AUS **[27320]** : 1800+, Dalby, IOM, UK **[23367]** : 1711+, Hanmer, FLN, WLS **[10016]**

LOWE : ALL, NSW, AUS **[32908]** : Sarah & John, C1821, Cobbitty, NSW, AUS **[33402]** : Sarah & Robt, 1821+, Parramatta, NSW, AUS **[33402]** : Ann, PRE 1860, TAS, AUS **[14463]** : William, ALL, Fingal, TAS, AUS **[26540]** : C1800+, Hawkesbury, NSW & NTT, AUS & ENG **[33097]** : 1880-1900, Wycombe, BKM, ENG **[46232]** : PRE 1870, Knutsford & Wilmslow, CHS, ENG **[27219]** : 1800+, Bugsworth, DBY, ENG **[36126]** : PRE 1800, Denby & Chesterfield, DBY, ENG **[46374]** : PRE 1822, Tudhoe, DUR, ENG **[30612]** : PRE 1850, Woodford, ESS, ENG **[18264]** : 1854+, Bolton, LAN, ENG **[10016]** : PRE 1841, Standish & Chorley, LAN, ENG **[43082]** : David Albert, 1881-1912, East Ham & Bow, LND, ENG **[43941]** : 1800S, Newington, LND, ENG **[46460]** : 1700+, London, MDX, ENG **[99570]** : PRE 1837, Great Yarmouth, NFK, ENG **[43840]** : 1730-1830, Beeston, NTT, ENG **[35042]** : C1845, Nottingham, NTT, ENG **[10634]** : 1900-20, Wimbledon, SRY, ENG **[46232]** : 1840, Dudley, STS, ENG **[32016]** : PRE 1850, Newcastle under Lyme, STS, ENG **[43137]** : 1800+, Wolstanton, STS, ENG **[46448]** : 1800+, Aston, Birmingham, WAR, ENG **[10454]** : C1832, Hampton, WAR, ENG **[28340]** : Jn Sampson D., 1871-1881, Birmingham & Bromley, WAR, WOR & LND, ENG **[43941]** : John, PRE 1800, Halesowen, WOR, ENG **[43941]** : ALL, Halesowen & Dudley, WOR, ENG **[29172]** : 1800+, Halifax, WRY, ENG **[26540]** : 1800S, Sheffield & Stannington, WRY, ENG **[18329]** : Thomas, PRE 1796, Bradford, YKS, ENG **[10485]** : 1840+, Dublin, IRL **[30968]** : 1800+, Kirkmichael, PER, SCT **[15931]** : 1926+, PA, USA **[45199]** : 1711+, Hanmer, FLN, WLS **[10016]** : 1832, Holywell, FLN, WLS **[13497]**

LOWELL : 1460+, Portbury, SOM, ENG **[42600]** : 1460+, Yardley, Clevedon & Walton, WOR & SOM, ENG **[42600]** : 1639+, Newbury, MA, USA **[42600]**

LOWEN : PRE 1808, Bramfield, HRT, ENG **[12408]**

LOWENS : 1750+, Southgate, MDX, ENG **[12078]**

LOWERY : 1860S, Hastings Co., ONT, CAN **[34261]** : PRE 1840, Whickham, DUR, ENG **[46402]** : David, 1800, IRL **[34261]**

LOWGAR : PRE 1750, Catfield, NFK, ENG **[33428]**

LOWINS : 1750+, Southgate, MDX, ENG **[12078]**

LOWIS : 1700-1900, Walesby, LIN, ENG **[41573]**

LOWN : 1800S, Suffield, NFK, ENG **[12386]** : PRE 1800, Chilwell & Attenborough, NTT, ENG **[14733]**

LOWNDES : 1800S, Market Drayton, SAL, ENG **[28948]** : ALL, Oldcastle, MEA, IRL **[98637]** : PRE 1837, Philadelphia, PA, USA **[46251]**

LOWNDS : 1750S, Wolstanton, STS, ENG **[19647]**

LOWNE : ALL, Marthan, NFK, ENG **[46311]**

LOWREY : 1860S, Lennox-Addington, ONT, CAN **[34261]** : 1850S, Tipperary, TIP, IRL **[41420]**

LOWRIE : James, 1800+, KEN, ENG **[43057]** : PRE 1821, ANT, IRL **[20587]** : 1820+, Muirkirk & Glenbuck, AYR, SCT **[20587]**

LOWRY : John, 1850-1880, Craigieburn, VIC, AUS **[12011]** : PRE 1856, London, ENG **[26833]** : ALL, DUR, ENG **[36120]** : ALL, CUL, ENG & IRL **[27514]** : John, 1800+, Drumcrow, DON, IRL **[12011]** : PRE 1800, UK **[30299]** : 1850+, Pittsburgh, PA, USA **[17061]**

LOWSON : PRE 1850, Dundee, ANS, SCT **[18521]**

LOWTEN : 1850-1950, Liverpool, LAN, ENG **[45920]**

LOWTHER : 1800+, SCT & AUS **[44409]**

LOWTON : 1860S, Wigan, LAN, ENG **[42308]**

LOXHAM : PRE 1800, Cote, LAN, ENG **[24873]**

LOXLEY : 1750+, Rotherham, WRY, ENG **[12641]**

LOXTON : Gideon, 1753+, SOM, ENG **[16505]** : ALL, East Harptree & Wells, SOM, ENG **[16505]** : 1500+, WORLDWIDE **[16505]**
LOY : PRE 1861, Ipswich, QLD, AUS **[29774]** : John, 1879, Dunolly, VIC, AUS **[12878]** : 1680-1700, Bradfield & Sheffield, WRY, ENG **[12641]**
LOYER : 1900+, Drumhella, ALB, CAN **[20975]**
LOYING : 1750+, SOM, ENG **[11690]**
LOYNS : 1700-1800, Dunchurch, WAR, ENG **[18670]**
LOYST : ALL, WORLDWIDE **[16802]**
LOZEY : ALL, WORLDWIDE **[39539]**
LUBBOCK : 1740-1900, Barton Turf & Smallburgh, NFK, ENG **[32505]** : 1740-1900, Irstead, NFK, ENG **[32505]**
LUBKE : ALL, GER **[99298]**
LUCAS : 1870+, Sydney, NSW, AUS **[10167]** : Rosina, 1856-1900, Goondiwindi, QLD, AUS **[11731]** : ALL, Hobart, Chiltern & Beechworth, TAS & VIC, AUS **[45823]** : 1800, CAN **[21084]** : 1920S, Toronto, ONT, CAN **[36952]** : 1830-1880, Mingan, QUE, CAN **[20825]** : 1840-1865, Mingan, QUE, CAN **[20825]** : Mary Ann, 1860, Mingan, QUE, CAN **[20825]** : Elizabeth, 1770+, St.Helier, JSY, CHI **[40993]** : ALL, BRK & OXF, ENG **[17493]** : ALL, Castle & Shudy Camps, CAM & ESS, ENG **[45070]** : C1700, Lostwithiel, CON, ENG **[21765]** : PRE 1840, Feltham, DOR, ENG **[46297]** : 1760-1820, Sherborne, DOR, ENG **[44689]** : PRE 1840, Tarrant Grenville, DOR, ENG **[31877]** : 1700-1900, Great Oakley, ESS, ENG **[25428]** : 1800+, Southampton, HAM, ENG **[46294]** : PRE 1800, KEN, ENG **[17712]** : ALL, Beckenham, KEN, ENG **[34277]** : ALL, Bexley, KEN, ENG **[34277]** : ALL, Bromley, KEN, ENG **[34277]** : PRE 1839, Eltham, KEN, ENG **[39479]** : PRE 1800, Greenwich, KEN, ENG **[21084]** : 1808, Hove, KEN, ENG **[13984]** : ALL, Southfleet, KEN, ENG **[34277]** : 1881+, Woolwich, KEN, ENG **[31355]** : Sarah, 1857-1878, Pendleton, LAN, ENG **[10485]** : PRE 1800, Bethnal Green, MDX, ENG **[36952]** : 1700+, Westminster, MDX, ENG **[45159]** : PRE 1870, East Haddon, NTH, ENG **[20985]** : PRE 1810, Port Milborne, SOM, ENG **[46297]** : 1780-1850, East Grinstead, SSX, ENG **[10646]** : PRE 1700, Petworth, SSX, ENG **[36543]** : 1700-1900, North Bradley, WIL, ENG **[30351]** : C1825, Trowbridge, WIL, ENG **[15400]** : PRE 1870, Bethnal Green & London, MDX, ENG & AUS **[39092]** : Andrew, 1832-1916, ENG & IRL **[41340]** : 1800+, London, ENG & IRL **[99418]** : 1800, IRL **[20825]** : Capt R.N., C1775, Dublin, IRL **[31486]** : 1815-1900, Milltown, OFF, IRL **[46212]** : 1800+, Edinburgh, MLN, SCT **[46448]** : ALL, GLA, WLS **[46217]** : Thomas, 1866-1940, Cardiff, GLA, WLS **[46217]** : William, 1902-70, Cardiff, GLA, WLS **[46217]** : Rachel, 1800-1900, Abergavenny, MON, WLS **[27039]** : 1700+, Llangattock Nigh Usk, MON, WLS **[20594]**
LUCCROFT : ALL, WORLDWIDE **[32296]**
LUCENA : 1700+, Porto, PT **[11270]**
LUCHFORD : 1815+, Rochester & Holborough, KEN, ENG **[14618]** : 1795-1845, Snodland, KEN, ENG **[14618]** : 1815+, Strood & Halling, KEN, ENG **[14618]**
LUCIE : Caroline, 1781-1852, Hameln, HAN, GER **[32243]**
LUCK : 1880+, Appin & Wagga Wagga, NSW, AUS **[34947]** : ALL, KEN, ENG **[41582]** : ALL, Yalding & Wateringbury, KEN, ENG **[43842]** : 1750-1800, Manfield, NRY, ENG **[12641]** : ALL, Cranley, SRY, ENG **[43842]**
LUCKERIFT : ALL, WORLDWIDE **[32296]**
LUCKES : PRE 1860, Devonport, DEV, ENG **[10492]**
LUCKETT : 1700-1800, GLS, ENG **[19542]** : 1750-1850, Moreton in Marsh, GLS, ENG **[19542]** : 1830-1900, Hammersmith, MDX, ENG **[19542]** : ALL, Hastings, SSX, ENG **[39564]**
LUCKHURST : ALL, KEN, ENG **[17712]** : PRE 1820, KEN, ENG **[39506]** : 1845+, Faversham, KEN, ENG **[21971]** : 1700-1850, Sevenoaks, KEN, ENG **[28536]** :

1726+, KEN & TAS, ENG & AUS **[11827]**
LUCKHURST (see One Name Section) [17712]
LUCKIN : 1560, Good Easter, ESS, ENG **[17998]** : 1540, High Easter, ESS, ENG **[17998]**
LUCKING : PRE 1830, Doddinghurst, ESS, ENG **[27769]**
LUCKING (see One Name Section) [17998]
LUCKINS : 1870+, Islington, MDX, ENG **[14618]** : Henry, PRE 1884, Sussex, SSX, ENG **[10102]**
LUCKL : ALL, TOL, HU **[32230]**
LUCKRAFT : ALL, WORLDWIDE **[32296]**
LUCOCK : 1830, Liverpool, LAN, ENG **[38868]** : 1700+, SFK, ENG **[25145]**
LUCRAFT : ALL, WORLDWIDE **[32296]**
LUCRAFT (see One Name Section) [32296]
LUCY : Mary, 1862, Stratford, VIC, AUS **[46246]**
LUDBROOK : 1650, Peasenhall, SFK, ENG **[17704]**
LUDECKE : PRE 1875, Hagen, NRW, GER **[12563]** : Carl, PRE 1871, Wilhelmshaven, OLD, GER **[12563]**
LUDEKE : Carl, PRE 1871, Wilhelmshaven, OLD, GER **[12563]**
LUDGATE : ALL, Eton, BKM, ENG **[45803]**
LUDLAM : 1700-1880, Leicester & Oadby, LEI, ENG **[32310]** : Frances, 1750+, Longborough, LEI, ENG **[10839]** : C1700+, Sheffield, WRY, ENG **[45895]**
LUDLOW : 1700-1900, Iffley & Abingdon, BRK, ENG **[19614]** : PRE 1770, Aldbourne, WIL, ENG **[99433]**
LUDTKE : PRE 1875, Hagen, NRW, BRD **[12563]** : Carl, PRE 1871, Wilhelmshaven, OLD, GER **[12563]** : Carl, PRE 1871, OPR, GER **[12563]**
LUDWINSKI : 1800-1918, Czestochowa, POL **[27616]** : 1800-1918, Ciechanowiec, BIALYSTOK, POL **[27616]**
LUEBKEN : C1679, Pogress, MSW, GER **[11319]**
LUEDECKE : PRE 1875, Hagen, NRW, GER **[12563]** : Carl, PRE 1871, Wilhelmshaven, OLD, GER **[12563]**
LUFF : 1868+, Kaimkillenbun, QLD, AUS **[13869]** : 1910+, Nanango, QLD, AUS **[43792]** : C1830, Sunninghill, BRK, ENG **[13869]** : PRE 1865, Portsmouth, HAM, ENG **[29354]** : 1800-1895, London, LND, ENG **[34747]** : Henry, PRE 1850, SRY, ENG **[25046]** : 1850+, Richmond, SRY, ENG **[35649]** : PRE 1850, Iping, SSX, ENG **[36950]** : PRE 1770, Lurgashall, SSX, ENG **[28907]** : 1700-1800, Trotton, SSX, ENG **[15464]** : 1879+, Hunslet, YKS, ENG **[43792]** : 1860-1995, Westport, WLD, NZ **[34747]**
LUFFE : PRE 1760, LEI, ENG **[11366]**
LUFFMAN : PRE 1900, Whiteparish, WIL, ENG **[19457]**
LUFKIN : 1800, Colchester, ESS, ENG **[17580]**
LUGG : C1783, Mawgan in Meneage, CON, ENG **[29774]** : PRE 1749, Tiverton, DEV, ENG **[13657]**
LUGGE : PRE 1710, St.Keverne, CON, ENG **[14030]**
LUGTON : ALL, WORLDWIDE **[42052]**
LUGTON (see One Name Section) [42052]
LUHRS : PRE 1850, Stade, HAN, GER **[37380]**
LUIJTERS : ALL, NL **[11938]**
LUJA : ALL, DEN **[29701]**
LUKAS : 1760-1820, Sherborne, DOR, ENG **[44689]**
LUKE : 1600-1880, Penwith, CON, ENG **[27678]** : Mary Jane, 1830-1870, St.Breock, CON, ENG **[20003]** : PRE 1806, Bristol, GLS & WIL, ENG **[40970]** : 1790S, Stretton Parva, LEI, ENG **[46116]** : 1820-1900, Glasgow, LKS, SCT **[21598]** : 1780-1820, Kincardine-by-Doune, PER, SCT **[21598]** : 1700+, Lecropt, STI, SCT **[21598]**
LUKEHURST : PRE 1800, EAST SSX, ENG **[17508]**
LUKEN : 1750+, Amsterdam, NL **[17000]**
LUKER : PRE 1787, Chedworth, GLS, ENG **[37847]** : ALL, Stroud & Bibury, GLS, ENG **[45795]**
LUKER DERRINCOURT : 1800S, Convict, NSW, AUS **[33245]**
LUKEY : ALL, WORLDWIDE **[26439]**
LUKSIC : C1904, Sydney, NSW, AUS **[29479]**
LUKSSON : ALL, Gasborn, VARMLAND, SWE **[16425]**

LULAND : PRE 1700, Doncaster, WRY, ENG [31316] : ALL, WORLDWIDE [11827]
LUMB : 1770+, Scammonden, WRY, ENG [12574] : 1600-1700S, Wakefield, YKS, ENG [18895] : 1851+, Wakefield, YKS, ENG [42594] : 1816+, Walton & Leeds, YKS, ENG [42594]
LUMBIS : 1700-1800, Sutton, BDF, ENG [44105]
LUMGAIR : 1850S, Dundee, ANS, SCT [36260]
LUMLEY : 1872+, Tamworth, NSW, AUS [30776] : Margaret, C1548, Stanhope, DUR, ENG [10035] : 1855+, Chelsea, MDX, ENG [46221] : 1820+, Kennington, SRY, ENG [46221] : 1750-1810, Catterick, Melsonby, YKS, ENG [38668] : 1800+, Leeds & Grimstone, YKS, ENG [38668]
LUMM : 1800-1830, Bushey, HRT, ENG [24878]
LUMMIS : PRE 1870, Hopton, SFK, ENG [25142]
LUMPKIN : 1600S, MA, USA [15521]
LUMSDAIN : 1760+, Dunfermline, FIF, SCT [11090]
LUMSDEN : 1832-1900, Hobart & Kempton, TAS, AUS [46203] : 1760+, Dunfermline, FIF, SCT [11090] : 1794-1824, Edinburgh, MLN, SCT [46203] : 1824-1857, Elgin, MOR, SCT [46203] : C1700-1800, Elgin, MOR, SCT [36634]
LUMSDON : ALL, Leeds, Ponteland & Durham, YKS, NBL & DUR, ENG [33901]
LUNA : C1850, ESP [46467]
LUND : C1836, London, ENG [14747]
LUNGBERG : Georg, 1850S, Lanskrona, SWE [31517]
LUNN : 1853+, Sydney & Bathurst, NSW, AUS [11039] : 1700+, Hurst, BRK, ENG [11159] : 1761+, Hurst, BRK, ENG [41443] : 1800+, Crondall, HAM, ENG [42112] : 1800-1870, KEN, ENG [13546] : 1700-1900, Lawton, LAN, ENG [22070] : ALL, Pirbraight, SRY, ENG [31323] : ALL, Lichfield, STS, ENG [39272] : 1800+, Bedale & Ripon, YKS, ENG [11039] : PRE 1853, YKS, LND & DBY, ENG [11039]
LUNNIS : 1750, Yoxford, SFK, ENG [17704]
LUNNON : 1770-1840, Stepney, LND, ENG [13326]
LUNT : C1850, Holbrook, NSW, AUS [39155] : C1820, Sydney, NSW, AUS [39155] : 1800+, Liverpool, LAN, ENG [18251] : Nicholas, C1800, Liverpool, LAN, ENG [10276]
LUOMA : Jaako, PRE 1912, VASSA, FIN [17055] : Jaako, 1900-1920, St.Louis Co., MN, USA [17055]
LUPTON : Moses, C1800, Ripon, NRY, ENG [38579] : 1800-1900, Cawood, WRY, ENG [12641] : 1700+, Linton, YKS, ENG [39891] : 1650, CT, USA [24792] : PRE 1790, PA, USA [24792]
LURRINGS : 1700, Hadleigh, ESS, ENG [17704]
LUSCOMBE : ALL, Dawlish, DEV, ENG [38660] : 1750+, Somerton, SOM & DEV, ENG [44319]
LUSH : George, 1840+, Goolwa, SA, AUS [41468] : 1600+, London, ENG [21504] : C1714, Cann, DOR, ENG [30246] : John, 1600, Donhead St.Mary, DOR, ENG [17203] : George, PRE 1840, Bramley, SRY, ENG [41468] : ALL, UK & AUS [41531] : ALL, WORLD-WIDE [26001]

LUSH (see One Name Section) [26001]
LUSHER : Mary 1770+ Wymondham NFK ENG [34321]
LUSKEY : 1650-1720, North Hill, CON, ENG [12318]
LUSTED : 1760+, Mayfield, SSX, ENG [13828]
LUSTIG : PRE 1850, LND & MDX, ENG [45186] : PRE 1840, BAV, GER [45186]
LUSTY : 1600+, GLS, ENG [21802] : 1750-1850, King Stanley, GLS, ENG [14435] : 1800-1850, Minchinhampton, GLS, ENG [14435] : 1850+, LKS, SCT [14435]
LUSTYK : PRE 1890, POL [34906]
LUTCHFORD : 1770, Snodland, KEN, ENG [14618]
LUTENOR : ALL, Newcastle, DUR, ENG [41128] : ALL, Glasgow, LKS, SCT [41128]
LUTEY : 1690-1790, St.Just in Penwith, CON, ENG [36435]

LUTGE : 1858-1940S, Peddie, CAPE, RSA [35294]
LUTH : PRE 1800, Goldenbeck, SHO, GER [25969]
LUTHER : 1800S, Gatton, QLD, AUS [11043] : PRE 1840+, SAL, ENG [45772]
LUTHERBURROW : 1798+, Sydney, NSW, AUS [31877]
LUTHJE : PRE 1800, Goldenbeck, SHO, GER [25969] : 1878-1912, Holstein, SHO, GER [99433]
LUTLEY : 1600-1900, Buckland St.Mary, SOM, ENG [18150]
LUTTON : 1842+, Sydney, NSW, AUS [12561] : PRE 1830, ANT, IRL [99174] : Mary Jane, PRE 1830, DOW, IRL [99174] : PRE 1842, Newry, DOW, IRL [12561]
LUTTRELL : 1800+, Macclesfield & Dublin, CHS & DUB, ENG & IRL [30120]
LUTZ : PRE 1800, BE, CH [17470] : Heinrich, PRE 1860, Muschenheim, HES, GER [41041]
LUTZEN : C1801, Bresegard, MSW, GER [12367]
LUVEK : PRE 1890, Limerick, LIM, IRL [35209]
LUXFORD : James, 1840+, Dunheved, NSW, AUS [11745] : James, 1830+, Ewhurst, SSX, ENG [11745] : 1812, Lewes, SSX, ENG [44941]
LUXON : PRE 1800, CON & DEV, ENG [44968] : PRE 1850, Hemyock, DEV & SOM, ENG [30987] : PRE 1870, Bristol, GLS, ENG [44968] : C1860-1900, Poplar & Mile End, MDX, ENG [44968]
LUXTON : 1800-1900, Newton St.Cyres, DEV, ENG [38840]
LVIINGSTONE : PRE 1800, Torosay, ARL, SCT [26464]
LYAL : ALL, ANS & FIF, SCT [25219]
LYALL : William, 1850+, Launceston, TAS, AUS [34643] : William, 1880+, Edenhope, VIC, AUS [34643] : 1850-1950, LND & KEN, ENG [46502] : ALL, MDX, ENG [21183] : ALL, ANS & FIF, SCT [25219] : 1730-1770, Marykirk & Laurencekirk, KCD, SCT [10399] : PRE 1900, Glasgow, LKS, SCT [20974] : 1750-1800, PER, SCT [24567] : ALL, Errol & Crichton, PER & MLN, SCT [46454]
LYDALL : ALL, Monks Risborough, BKM, ENG [37603]
LYDDELL : 1750-1850 Bromsgrove WOR, ENG [30302]
LYDER : ALL, BARBADOS, W.INDIES [10715]
LYDFORD : ALL, HAM, ENG [33920]
LYDIARD : PRE 1800, WIL, ENG [38660]
LYDIATE : PRE 1881, Runcorn, CHS, ENG [28474]
LYDON : Peter, PRE 1860, Clifden, GAL, IRL [11587]
LYE : 1840+, Rochdale, LAN & SOM, ENG [46258] : 1650-1750, Chelmarsh, SAL, ENG [12641]
LYELL : 1850+, Collessie, FIF, SCT [13358]
LYLE : John, C1705, Kilbarchan, RFW, SCT [10035]
LYMBERY : Robert, 1810S, St.Pancras, LND, ENG [37200] : PRE 1800, Kill St.Nicholas, WAT, IRL [37200]
LYMBURNER : Betsey, 1800S, Canborough & Cayuga, ONT, CAN [15902]
LYMER : PRE 1900, Stoke on Trent, STS, ENG [29989]
LYMPOSS : C1815, Rotherhithe, SRY, ENG [19392]
LYNAM : Patrick, C1800, Dublin, IRL [10489] : 1822, Dublin, DUB, IRL [10489]
LYNAS : PRE 1892, Toombridge, ANT, IRL [30437] : 1850+, Newry, ARM & YKS, IRL & ENG [39096]
LYNASS (see LYNESS) : [37565]
LYNCH : PRE 1860, AUS [26341] : Thomas, 1841+, Burragorang, NSW, AUS [27701] : Bridget, 1850, Cockfighters Creek & Maitland, NSW, AUS [10574] : Bridget, 1850-1888, Coonamble, NSW, AUS [10574] : Michael, 1880S, Prospect, NSW, AUS [27701] : Bridget, 1850, Singleton & Warkworth, NSW, AUS [10574] : 1837+, Sydney, NSW, AUS [46308] : 1880+, Cooktown, QLD, AUS [46215] : C1900, Mount Perry, QLD, AUS [13347] : Eileen, 1920-1980, Redcliffe & Brisbane, QLD, AUS [41041] : 1850S, SA, AUS [36842] : James, 1860S, Port Pirie, SA, AUS [35988] :

Walter, 1871-1908, Melbourne, VIC, AUS **[11692]** : 1890+, Leyton, ESS, ENG **[28495]** : PRE 1825, Stalisfield, KEN, ENG **[13004]** : Michael, PRE 1840, Manchester, LAN, ENG **[17637]** : William, 1860+, Liverpool, LAN & WAR, ENG **[46391]** : 1882+, Stepney, LND & MDX, ENG **[28495]** : PRE 1881+, Christchurch & Battersea, SRY, ENG **[33949]** : ALL, IRL **[16757]** : Thomas, PRE 1840, Limerick, IRL **[27701]** : C1840, North, IRL **[14076]** : 1850+, ARM, IRL **[99600]** : 1800-1850, Ballyjamesduff, CAV, IRL **[26761]**: James, 1797+, Castlerahan, CAV, IRL **[26761]** : C1828+, Killane & Bailieborough, CAV, IRL **[28495]** : William, PRE 1821, Midleton, COR, IRL **[11279]** : Bartholomew, PRE 1855, Midleton, COR, IRL **[11279]** : William, PRE 1860, Moville, DON, IRL **[46391]** : Mary Ann, C1865, Derry, DRY, IRL **[20495]** : PRE 1900, Oranmore, GAL, IRL **[11692]** : Mary, 1829, Gorsebridge, KIK, IRL **[38449]** : Margaret, 1827+, LIM, IRL **[33085]** : 1840S, Askeaton, LIM, IRL **[21889]** : 1800S, Charleville, LIM, IRL **[13347]** : 1800S, Limerick, LIM, IRL **[13347]** : C1900, Miltown, LIM, IRL **[13347]** : 1800S, Temple Braiden, LIM, IRL **[13347]** : Mary, 1878-1904, Ross, MEA, IRL **[46426]** : Michael, PRE 1878, Ross, MEA, IRL **[46426]** : 1820+, TIP, IRL **[10394]** : C1830, Barr by Govan, AYR, SCT **[14076]** : 1850+, Kirkfieldbank & Lesmahagow, LKS, SCT **[16757]** : PRE 1860, WLS **[36842]**

LYND : Alice Scott, PRE 1891, Valperaise, CHILE **[35110]**

LYNDALE : 1800-1930S, Birmingham, WAR & GLS, ENG **[38907]**

LYNDALL : 1800-1930S, London, MDX & WAR, ENG **[38907]**

LYNDAMAN : Karl, 1800S, Kakskerta, TURKU PORI, FIN **[45773]**

LYNDEMAN : Karl, 1800S, Kakskerta, TURKU PORI, FIN **[45773]**

LYNDMAN : Karl, 1800S, Kakskerta, TURKU PORI, FIN **[45773]**

LYNDON : ALL, AUS **[26540]** : 1870+, Bealiba, VIC, AUS **[14795]** : 1940+, London, ENG **[14795]** : PRE 1870, London, ENG **[14795]** : Lucy, 1700-1800, WAR, ENG **[20793]** : Mary, 1729-1800, Tanworth, WAR, ENG **[20793]** : Lucy, 1730-1800, Worcester, WOR, ENG **[20793]**

LYNE : Richard, 1788-C1840, NSW & TAS, AUS **[20923]** : 1729-1800, Golant, CON, ENG **[43916]** : C1630+, Padstow, CON, ENG **[29783]**

LYNEHAM : 1860+, NSW, AUS **[10978]** : 1800+, Lidlington, BDF, ENG **[10978]** : 1700-1800, Chicherly, BKM, ENG **[17117]**

LYNESS : PRE 1849, Seagoe & Lurgan, ARM, IRL **[37565]** : Herbert C., 1895-1965, KS, USA **[23564]** : William, 1850-1895, NY, USA **[23564]**

LYNHAM : PRE 1800, Skegby, NTT, ENG **[41370]**

LYNN : PRE 1846, Launceston, TAS, AUS **[40615]** : 1860S, Ballarat, VIC, AUS **[12318]** : 1820S, Montreal, QUE, CAN **[12318]** : Walter, 1825+, Gateshead, DUR, ENG **[11476]** : Sarah, 1800S-1930S, YKS, ENG & AUS **[43996]** : 1800S, ANT, IRL **[32130]** : PRE 1907, Enniskillen, FER, IRL **[46370]**

LYNOKE : Richard, 1821+, Cessnock, NSW, AUS **[11745]**

LYNSKEY : 1800+, GAL, IRL **[30527]** : PRE 1867, GAL, IRL **[27955]** : 1830+, MAY, IRL **[30527]**

LYON : 1800-1950, ENG **[46196]** : PRE 1757, Chatteris, CAM, ENG **[26253]** : John, 1730, Houghton-le-Spring, DUR, ENG **[37542]** : ALL, Warboys, HUN, ENG **[26253]** : 1820+, Manchester, LAN, ENG **[10886]** : 1850+, Manchester, LAN, ENG **[12071]** : 1760+, Upton, LIN, ENG **[42582]** : 1760+, Stepney, MDX, ENG **[42582]** : C1800, Old Deer, ABD, SCT **[30182]** : Willima, C1825, Glamis, ANS, SCT **[46326]** : Janet, C1825, Glamis, ANS, SCT **[46326]** : 1700S, Greenwich, CT, USA **[15521]** : David, 1754-C1840, Greenwich, CT, USA **[27633]**

LYONS : 1900+, Annandale, NSW, AUS **[25396]** : 1880, Mudgee, NSW, AUS **[11590]** : Cornelius, C1866, Mudgee, NSW, AUS **[29314]** : PRE 1840, Parramatta, NSW, AUS **[32017]** : Edmond, 1850+, Pyrmont, NSW, AUS **[25396]** : 1790+, Sydney, NSW, AUS **[31923]** : Richard, 1788-C1840, NSW & TAS, AUS **[20923]** : Ellen, PRE 1860, Creswick, VIC, AUS **[41471]** : 1700-1850, London, ENG **[45883]** : 1790+, London, ENG **[34119]** : 1840+, London, ENG **[34582]** : PRE 1800, Bristol, GLS, ENG **[31316]** : 1890+, Manchester, LAN, ENG **[31079]** : PRE 1790, Holborn, LND, ENG **[31923]** : 1850S+, Whitechapel, LND, ENG **[44726]** : ALL, NFK, ENG **[11092]** : Francis, PRE 1854, Worle, SOM, ENG **[28190]** : PRE 1840, POS & SIL, GER **[34582]** : 1890+, Dublin, IRL **[31079]** : Mary, 1800+, Mitchelstown, COR, IRL **[40792]** : ALL, GAL, IRL **[43933]** : 1800+, Galway, GAL, IRL **[11918]** : Ann, PRE 1855, Tynagh, GAL, IRL **[35589]** : C1880, KER, IRL **[32071]** : Matthew, PRE 1865, KER, IRL **[29314]** : PRE 1880, Duagh, KER, IRL **[22753]** : 1930+, Auckland, NZ **[21712]**

LYSAGHT : PRE 1830, Corofin, CLA, IRL **[11718]** : 1800+, Cork, COR, IRL **[45681]**

LYSAUGHT : 1860S, Penrith, NSW, AUS **[11707]**

LYSCOM: 1900+, Hornsea, ERY, ENG **[25644]**

LYSNE : 1880-1914, Laardal, TELEMARK, NOR **[99433]**

LYSTER : C1880+, Orange, NSW, AUS **[11540]**

LYTLE : 1700-1900, WI, USA **[99433]**

LYTMAN : Ales, 1600-1670, Medstead, HAM, ENG **[17907]**

LYTTON : Ann Lucretia, 1820S, Fort William, Calcutta, INDIA **[10610]**

==
Note: Surnames commencing with the prefix MAC or MC will be found in strict alpha order within M. MAC & MC sections should both be consulted.
==

MABB : Sarah, 1730+, Wadhurst, SSX, ENG **[13828]**

MABBETT : C1500-1700, GLS, ENG **[30302]** : 1750+, Hackney, MDX, ENG & AUS **[44689]**

MABBIT : Alfred, 1853+, Baldock, HRT, ENG **[25654]**

MABBOTT : 1850+, NSW, AUS **[41244]** : 1700-1850, GLS, ENG **[41244]**

MABELL : ALL, Stoke Golding, LEI, ENG **[46418]**

MABER : 1833+, NSW, AUS **[10664]** : PRE 1833, SOM, ENG **[10664]**

MABEY : 1696+, Powerstock, DOR, ENG **[46387]**

MABLY : 1750-1850, Minver, CON, ENG **[19713]** : 1630-1800, St.Minver, CON, ENG **[36435]**

MABON : ALL, SCT **[29810]** : Helen, ALL, BEW, SCT **[16842]**

MACARTHUR : Margaret, C1870, ANT, IRL **[99522]** : Francis, 1800-1910, UK **[46371]**

MACARTNEY : C1850, Clogher, TYR, IRL **[31972]**

MACARTY : PRE 1915, LAN, ENG **[19369]**

MACAULAY : Neil, 1797-1830, Isle of Skye, INV, SCT **[46388]** : 1780-1900, Paisley & Glasgow, RFW, SCT **[46404]**

MACAULEY : 1840+, DON, IRL **[16010]** : 1840+, Londonderry, DRY, IRL **[16010]**

MACAULY : Neil, 1830-66, Clarence River, NSW, AUS **[46388]**

MACBETH : PRE 1880, Lochalsh, ROC, SCT **[13868]**

MACBREARITY : 1825+, Sunderland, NBL, ENG **[13473]**

MACCARTHY : 1884+, Sydney, NSW, AUS **[45699]** : C1840, COR, IRL **[31153]** : 1840+, Fethard, TIP, IRL **[45699]** : Maud, C1880, WORLDWIDE **[45699]**

MACCHARLES : ALL, CAN **[16145]** : ALL, SCT **[16145]** : ALL, USA **[16145]**

MACCLESFIELD : 1500+, Chesterton & Meare, STS, SAL & CHS, ENG **[20824]**

MACCONDACH : 1800+, Old Machar, ABD, SCT [28184]
MACCOWAN : ALL, Kilmore & Kilbride, ARL, SCT [38498]
MACCRUMMEN : PRE 1778, Isle of Skye, ROC, SCT [42386]
MACDERMID : 1900+, CAN, AUS & NZ [44072] : Mary, 1765+, Isle of Islay, ARL, SCT [31486] : 1800+, Glasgow, LKS, SCT [44072]
MACDONALD : 1878, Wattle Flat, NSW, AUS [13914] : C1845, Yass & Goulburn, NSW, AUS [29479] : William, C1864, Foster, VIC, AUS [14023] : PRE 1850, Carlisle, CUL, ENG [34612] : PRE 1870, Manchester, LAN, ENG [34612] : 1900+, Invercargill, SLD, NZ [43923] : 1880+, Johannesburg, RSA [98601] : 1880+, Capetown, CAPE, RSA [11349] : 1700S, Skye, SCT [37070] : Rev. Patrick, 1800, Kilmore & Kilbride, ARL, SCT [12222] : Capt. Alex., 1800-1865, Tobermory, Mull, ARL, SCT [16439] : Marion, 1800-1870, Tobermory, Mull, ARL, SCT [16439] : 1780+, Inveraven, BAN, SCT [22014] : PRE 1900, Alloa, CLK, SCT [43923] : Effie, C1790, FIF, SCT [21563] : 1700-1800S, Eigg, INV, SCT [11411] : 1700+, Inverness, INV, SCT [37236] : 1800-1900, Inverness, INV, SCT [20458] : Margaret, C1810, Inverness, INV, SCT [20458] : PRE 1840, Inverness, INV, SCT [13377] : 1700+, Keppoch, Fersit & Lochaber, INV, SCT [10340] : PRE 1852, Kilmuir, Skye, INV, SCT [25538] : PRE 1900, Kiltarlity, INV, SCT [21365] : 1700+, Kiltarlity & Kilmorack, INV, SCT [37236] : Robert Nicol, C1888-1933, Blackfriars, LKS, SCT [10119] : Robert Nicol, C1888-1933, Dundee, LKS, SCT [10119] : 1700-1900, Glasgow, LKS, SCT [17926] : 1809+, Glasgow, LKS, SCT [98601] : Robert, C1888, Westport & Dundee, LKS & ANS, SCT [10119] : Jn of Fersit, 1775+, Edinburgh, MLN, SCT [10340] : PRE 1870, Cromdale, MOR, SCT [21365] : Archibald, 1750-1850, St.Johns, PER, SCT [45920] : 1750-1850, Urquhart, ROC, SCT [20458] : 1700+, Kilmartin, ARL, SCT & NZ [37236] : Malcolm, C1806, Williamsburg, VA, USA [25354]
MACDONNEL : 1790S, Allerton, LAN, ENG & IRL [20444]
MACDONNELL : ALL, Tynekill, IRL [27867] : 1800, Keppoch Line, INV, SCT [12322]
MACDOUGAL : 1840S, Eligin & Forres, MOR, SCT [20635]
MACDOUGELL : Catherine, 1803-31, PEI, CAN [26458]
MACDUFF : ALL, Scone & Strathbraan, PER, SCT [37236]
MACE : ALL, ENG [29664] : 1730+, Potton & Sutton, BDF, ENG [21207] : 1732+, Olney, BKM, ENG [21207] : 1900, Derby, DBY, ENG [39515] : 1900, Sandiacre, DBY, ENG [39515] : ALL, Hyton, DUR, ENG [17687] : PRE 1800, Daglingworth, GLS, ENG [27219] : C1780, Alconbury, HUN, ENG [41511] : C1760, Brenchley, KEN, ENG [11319] : C1830, LND, ENG [26731] : 1800+, NBL, ENG [17687] : PRE 1730, Marham, NFK, ENG [39515] : 1700-1900, OXF, ENG [45749] : PRE 1850, Wolverhampton, STS, ENG [19064] : 1750-1900, WOR & STS, ENG [45749] : 1800-1900, WRY, ENG [45749] : C1840, MADEIRA, PT [35935]
MACEFIELD : ALL, WORLDWIDE [20824]
MACEY : PRE 1900, Plymouth, DEV, ENG [31014] : C1750, SOM, ENG [41370] : C1789, Fisherton de la Mere, WIL, ENG [27719] : C1800, Fisherton de la Mere, WIL, ENG [37880]
MACFARLANE : Tom, 1850+, Melbourne, VIC, AUS [11543] : Rachel, 1850+, Melbourne, VIC, AUS [11543] : PRE 1835, Mull, ARL, SCT [11366] : ALL, Glasgow, LKS, SCT [39694]
MACFETRIDGE : 1850+, Kilrea, DRY, IRL [39994]
MACGILLIE : ALL, Cork, COR, IRL [46514]
MACGILLIVRAY : Wm., 1850+, Petersham, NSW, AUS [11745] : 1820+, Ballarat, VIC, AUS [11745] : Wm., 1700+, SCT [11745] : John, 1750+, Inverness, SCT [11745] : 1800+, Isle of Skye, INV, SCT [30527] : 1700+, Kiltarlity & Kilmorack, INV, SCT [37236]
MACGILLOWAY : ALL, WORLDWIDE [18168]
MACGREGOR : PRE 1800, Gougham Head, PER, SCT [12707]
MACGREGOR-SKINNER : John F., 1843+, Wallasea, CHS, ENG [28036] : Arthur C., 1878, West Derby, LAN, ENG [28036]
MACHELL : PRE 1700, Morland, WES, ENG [41477]
MACHIN : William, C1794, Deptford, KEN, ENG [35147] : Elisabeth, 1827-1900, Greenwich, LND, ENG [35147] : Simon, 1792+, Llanfair Waterdine, SAL, ENG [36514] : PRE 1885, Sheffield, WRY, ENG [19902] : C1799, Sheffield, YKS, ENG [41370]
MACHRAY : C1800, Aberdeen, ABD, SCT [41370]
MACINDOE : ALL, USA [21479]
MACINTYRE : Elizabeth, 1780, Petty, NAI, SCT [36608]
MACK : Robert, C1870, London, ENG [14023] : Robert, 1800, Marsham, NFK, ENG [14023]
MACKANESS : 1700+, NTH, ENG [17850]
MACKARELL : PRE 1800, Chiddingfold, SRY, ENG [36246]
MACKAY : 1840-1880, Bungay & Wingham, NSW, AUS [11344] : C1865, Corowa, NSW, AUS [13869] : 1860+, Nambucca River, NSW, AUS [11060] : C1864, Sydney, NSW, AUS [37565] : 1850+, Calvert, QLD, AUS [13994] : 1886+, Charleville, QLD, AUS [13869] : 1881-1891, Cape Breton Is., NS, CAN [99125] : Christina, 1942, Greenwood & Brisbane, BC & QLD, CAN & AUS [10610] : Edmund, C1800, COR, IRL [35035] : PRE 1890, Bodel, KIK, IRL [11366] : Cpt Robert, C1800, St.Marys, LIM, IRL [10145] : 1850-1950S, Timaru, CANTY, NZ [35604] : ALL, Touchar & Cumineston, ABD, SCT [21563] : Neil, 1820+, Campbeltown, ARL, SCT [12141] : 1800+, CAI, SCT [21233] : PRE 1840, Thurso, CAI, SCT [11344] : PRE 1900, Edinburgh, MLN, SCT [19542] : 1774-1847, Dingwall, ROC, SCT [42386] : 1700+, Resolis & Inverness, ROC & INV, SCT [37236] : PRE 1865, Dornoch-Assynt, SUT, SCT [13994] : 1750-1850S, Duartmore, SUT, SCT [35604] : ALL, MON, WLS [46322]
MACKELLAR : 1830+, Sydney, NSW, AUS [33921] : PRE 1900, ARL, SCT [27666]
MACKENDER : 1790-1840S, Nottingham, NTT, ENG [39060]
MACKENNEY : PRE 1720, SRY, ENG [35343]
MACKENNY : John, 1700+, SRY, ENG [35343] : Jane, 1748-1800, Godalming, SRY, ENG [35343]
MACKENZIE : 1838, Sydney, NSW, AUS [30944] : 1842+, Melbourne & Port Phillip, VIC, AUS [44160] : 1900+, Antigonish Co., NS, CAN [37206] : 1830+, Lochaber Co., ONT, CAN [31636] : 1900+, Montreal, QUE, CAN [26870] : PRE 1940, Toronto, ONT, CAN & USA [39939] : C1800+, Medway, KEN, ENG [45206] : 1881+, St.Pancras, LND, ENG [26870] : 1880, West Bromwich, STS, ENG [41024] : 1850-1900, Georgetown, DEMERARA, BRIT, GUIANA [11345] : ALL, HAMILTON, NZ [30944] : C1825, New Machar, ABD, SCT [26870] : William, 1800, Borlum, INV, SCT [36608] : Thomas, 1828, Borlum, INV, SCT [36608] : 1810-1863, Eigg, INV, SCT [27678] : ALL, Edinburgh, MLN, SCT [29001] : 1800-1850, Muthill, PER, SCT [16813] : Margaret, 1827+, Dingwal, ROC, SCT [98601] : Kenneth, 1812+, Lochcarron & Isle of Ewe, ROC, SCT [31159] : 1700+, Stornoway & Rosskeen, ROC, SCT [37236] : 1800S, Farr, SUT, SCT & NZ [46401]
MACKERELL : 1770-1830, York, YKS, ENG [45679]
MACKERILL : ALL, Halifax, YKS, ENG [26228]
MACKETT : George, PRE 1805, London, ENG & AUS [25794]
MACKEY : C1844, Sydney, NSW, AUS [13984] : David, 1850+, Port Phillip, VIC, AUS [10508] : Daniel, 1854+, Sandhurst, VIC, AUS [10508] : 1770+, NSW & KID,

AUS & IRL [40480] : 1790+, GLS, ENG [46315] : Jane Duncan, 1881-1899, Liverpool, LAN, ENG [24971] : Ann, 1830S, CLA, IRL [11386] : Patrick, PRE 1816, Pallas Green, LIM, IRL [10508]

MACKIE : C1800, Portsea, HAM, ENG [40982] : William, C1820, London, MDX, ENG [40982] : 1810, Armagh, ARM, IRL [46264] : James & Elspet, 1803, Foveran, ABD, SCT [28151] : 1800S, Strichen & Botriphnie, ABD & BAN, SCT [25093] : ALL, ANS & FIF, SCT [25219] : 1750-1860, FIF, SCT [20919] : C1880-1900, FIF, SCT [15776] : 1700+, Kennoway, Ceres & Largo, FIF, SCT [11090] : PRE 1830, Glasgow, LKS, SCT [11091] : C1860, Paisley, RFW, SCT [34651] : PRE 1800, Kilmuir, ROC, SCT [27240] : 1800+, Kirkcowan, WIG, SCT [38412] : ALL, Kirkmaiden, WIG, SCT [21442] : 1830+, Newton Stewart, WIG, SCT [38412]

MACKIN : PRE 1820, Drogheda, IRL [99147] : 1750-1800S, Dublin, DUB, IRL [99600]

MACKINDER : 1500-1900, LIN, ENG [99433]

MACKINNEL : C1790, Ecclefechan, DFS, SCT [14747] : Jemima, C1790, Troqueer, KKD, SCT [14747]

MACKINNEY : 1800-99, Brisbane, QLD, AUS [28237]

MACKINNON : C1880, Sydney, NSW, AUS [34939] : ALL, SKYE & INV, SCT [46454]

MACKINTOSH : 1840+, Clunes, VIC, AUS [99177] : C1824, Tickhill, WRY, ENG [31442]

MACKLAN : 1850+, Little Eltham, VIC, AUS [13622] : PRE 1850, DBY, ENG [13622]

MACKLESTON : ALL, WORLDWIDE [19368]

MACKLEWAIN : 1800S, Ramelton, DON, IRL [20606]

MACKLEY : ALL, Garthorpe, LEI, ENG [17449]

MACKLIN : PRE 1915, ONT, CAN [39939] : Ann, 1700-1780, Beechingstoke, WIL, ENG [17105] : C1850, Banbridge, DOW, IRL [16513]

MACKLOW : 1750-1880, ENG [35042]

MACKLYSE : Daniel, C1800S, Sydney, NSW, AUS [25654]

MACKNEMAY : ALL, WORLDWIDE [12707]

MACKRISS : 1700-1800, LIN, ENG [26932]

MACKS : 1870, Sydney, NSW, AUS [31709] : 1840, Hanover, HAN, GER [31709]

MACLAREN : 1800S, London, ENG [11226] : C1830, Bogroy, INV, SCT [11226] : 1700+, Dores & Balquhidder, INV & PER, SCT [37236]

MACLEAN : ALL, ANT, IRL [20587] : 1790S, Isle of Mull, ARL, SCT [15594] : PRE 1820, Kilwinning, AYR, SCT [46490] : Alexander, 1840+, Glasgow, LKS, SCT [21132] : PRE 1820, Dowally, PER, SCT [38500] : PRE 1778, Isle of Skye, ROC, SCT [42386] : ALL, Lochbroom, ROC, SCT [37236]

MACLEARY : C1848, Armoy, ANT, IRL [26731]

MACLELLAN : 1750-1850, Paisley, RFW, SCT [39994]

MACLENNAN : 1800-1890, Wakefield & Gateshead, YKS & DUR, ENG [46442] : 1800-1890, ROC, SCT [46442] : PRE 1825, Contin, ROC, SCT [21196]

MACLEOD : Francis Huton, PRE 1900, INDIA [19647] : 1850+, Belturbet, CAV, IRL [16370] : PRE 1850, Cavan, CAV, IRL [16370] : PRE 1850, Cork, COR, IRL [16370] : PRE 1850, Garadice, LET, IRL [16370] : 1775+, Snizort, INV, SCT [16370] : Rev. Malcolm, 1779+, Snizort, INV, SCT [16370]

MACMAINS : 1600+, IRL [23379]

MACMASTER : PRE 1855, Kilmallie, INV, SCT [30987] : PRE 1855, Kilmonivaig, INV, SCT [30987]

MACMEANS : 1600+, IRL [23379]

MACMILLAN : Bab(B)Ington, 1770+, FL, NY & NS, USA & CAN [24182]

MACNAB : Maurice, 1910-1940, Pacific Palisades, CA, USA [17079]

MACNAMARA : 1830+, Sydney, NSW, AUS [41454] : 1800S, Melbourne, VIC, AUS [11411] : 1850+, Melbourne, VIC, AUS [41454] : Patrick, 1900-1915, London, ENG [15596] : ALL, Kidderminster, WOR, ENG [31323] : PRE 1850, CLA, IRL [27320] : PRE 1822, Cork, COR, IRL [36072] : Arthur, 1890-1950, St.Louis, MO, USA [15596]

MACNAUGHTEN : PRE 1870, Belhelvie, ABD, SCT [46408]

MACNEIL : 1870S, Dunedin, NZ [21727] : 1750+, North Knapdale, ARL & NC, SCT & USA [20578]

MACNEVIN : 1860+, Sydney, NSW, AUS [41454] : ALL, Dublin, IRL [41454]

MACNIVEN : ALL, Muckairn, ARL, SCT [38498]

MACNORGAN : ALL, NSW, AUS [11729]

MACPHADEN : Allan, C1800-1891, Tiree, ARL, SCT [34038] : John, 1833-1900, Tiree & Newcastle, ARL & NSW, SCT & AUS [34038]

MACPHERSON : James, 1838+, NSW, AUS [46359] : John, 1840+, Sydney & Hinton, NSW, AUS [46359] : Urquhart, 1861+, VIC, AUS [41223] : 1860+, Carlton & Kew, VIC, AUS [12831] : 1839-1900, Edinburgh, MDX, ENG [35218] : 1780-1870S, Inveraven, BAN, SCT [22014] : PRE 1950, Glasgow, DNB & LKS, SCT [18500] : C1844, Abdie, FIF, SCT [10119] : PRE 1800, INV, SCT [39459] : PRE 1850, INV, SCT [18500] : 1840, Laggan, INV, SCT [12222] : 1778-1847, Dingwall, ROC, SCT [42386] : Donald, 1750-1799, Gailable, Kildonan, SUT, SCT [31446]

MACQATTIE : 1790-1900, ANS, SCT [46388]

MACQUEEN : 1700-1800, ABD, SCT [18708] : ALL, Isle of Skye, INV, SCT [38449] : Robert, PRE 1900, Lossiemouth, MOR, SCT [38449]

MACRAE : 1850+, AUS [40816] : C1940, York, YKS, ENG [41370] : ALL, SCT [40816] : 1848+, ROC, SCT [46395] : Catherine, 1825+, Lochcarron & Isle of Ewe, ROC, SCT [31159] : PRE 1830, Plockton, ROC, SCT [21161] : Duncan, C1818, Kintail & Greenock, ROC & RFW, SCT [18325]

MACREA : PRE 1860, Scullamus, INV, SCT [29626]

MACRITCHIE : C1791, Clunie, PER, SCT [27719]

MACRO : 1780-1850, Denham, SFK, ENG [25354]

MACROSSAN : 1890+, Brisbane, QLD, AUS [36841]

MACROW : C1870, Port Sorell, TAS, AUS [39155] : C1850, NFK, ENG [39155]

MACSORLEY : C1840, North, IRL [14076]

MACSWINEY : PRE 1870, Dublin, IRL [21916]

MACSWINNEY : C1873, London, MDX, ENG [11152]

MACTAGGART : PRE 1855, ABD & STI, SCT [14045]

MACWHIRTER : David, 1700-1800, Ayr, AYR, SCT [34748]

MADAN : ALL, WORLDWIDE [20824]

MADDAFORD : PRE 1870, Ballarat, VIC, AUS [40871] : PRE 1867, Calstock & Lifton, CON & DEV, ENG [40871] : Henry Dan, 1800-1880, Plymouth, DEV, ENG [43769] : ALL, DEV, SOM & CON, ENG [42641]

MADDEFORD : ALL, DEV, SOM & CON, ENG [42641]

MADDEN : Edwin, C1897, Newtown, NSW, AUS [28151] : Edwin, C1871, Redfern, NSW, AUS [28151] : Wm & Charlotte, C1832, Sydney, NSW, AUS [28151] : 1850+, Tumit & Gunning, NSW, AUS [34739] : John, PRE 1861, Waverley, NSW, AUS [10846] : 1845+, Wollombi, NSW, AUS [10301] : PRE 1950, South River, ONT, CAN [25602] : PRE 1885, Montreal, QUE, CAN [25602] : PRE 1840, London, LND, OXF & NTH, ENG [20824] : ALL, IRL [34797] : Mary, C1774, Dublin, IRL [25654] : 1800S, Tuam & Togherbeg, GAL, IRL [12327] : James, 1840+, Nicker, LIM, IRL [29745] : 1700+, Kells County, MEA, IRL [34739] : PRE 1820, TIP & LIM, IRL [46396] : 1800+, Waterford City, WAT, IRL [10301] : 1800+, GAL, IRL & AUS [33921] : C1890-1970, Jersey City, NJ, USA [34797] : C1890-1970, Brooklyn, NY, USA [34797]

MADDEN (see One Name Section) [20824]

MADDER : 1870+, CAN [39949] : ALL, ENG [39949] : 1790+, Beechamwell & Castle Acre, NFK, ENG [33506]

MADDERN : PRE 1800, Sancreed, CON, ENG **[46255]** : 1500-1900, St.Buryan, St.Hilary & Sennen, CON, ENG **[19843]** : PRE 1865, LND, ENG **[99598]**

MADDERS : PRE 1840, South Tawton, DEV, ENG **[36742]**

MADDICK : Mary, 1720S-1820S, Malborough, DEV, ENG **[43996]**

MADDING : ALL, WORLDWIDE **[20824]**

MADDINSON : ALL, WORLDWIDE **[20824]**

MADDISON : William, PRE 1830, Gateshead, DUR, ENG **[22248]** : Peter, C1610, Stanhope, DUR, ENG **[10035]** : Lowinger, C1640, Stanhope, DUR, ENG **[10035]** : PRE 1870, Wolsingham, DUR, ENG **[11039]** : Elias (Dring), 1812+, Boston, LIN, ENG **[30501]** : Ellis, 1841+, Boston, LIN, ENG **[30501]** : Edward Kirkby, 1898+, Boston, LIN, ENG **[30501]** : Elias, C1870+, Boston, LIN, ENG **[30501]** : Henry, 1867+, Boston & Frithville, LIN, ENG **[30501]** : Eliza, 1845+, Sibsey & Boston, LIN, ENG **[30501]** : PRE 1800, Barnwell, NTH, ENG **[41760]** : 1800S, Peterborough, NTH, ENG **[36112]**

MADDOCK : C1860, Brisbane, QLD, AUS **[14120]** : 1880+, Alviston, ONT, CAN **[42780]** : Richard, ALL, ENG **[30971]** : Thomas, C1806+, Callington, CON, ENG **[30971]** : PRE 1806, Callington, CON, ENG **[14120]** : Mary, PRE 1836+, Callington, CON, ENG **[30971]** : PRE 1800, Churchston, DEV, ENG **[46275]** : PRE 1778, Shaugh Prior, DEV, ENG **[36503]** : 1800-1900, Wrockwardine Wood, SAL, ENG **[42780]** : Ruth, Bradford, YKS, ENG **[37617]**

MADDOCKS : 1797, Mackworth, DBY, ENG **[30714]** : 1800-1900, London, MDX, ENG **[46338]** : 1780+, Nottingham, NTT, ENG **[33825]** : Walter, PRE 1880, Welshpool & Walcot, SAL, ENG **[44939]**

MADDOX : Thomas, PRE 1800, Hereford, HEF, ENG **[30603]** : Annie A., PRE 1861+, Speldhurst & St.Pancras, KEN & MDX, ENG **[21472]** : ALL, SAL, ENG **[42943]** : Robert, PRE 1650, Prees, SAL, ENG **[44939]** : PRE 1844, Lingfield, SRY, ENG **[46296]** : James, 1724, Llanarthney, CMN, WLS **[39482]** : Thomas, 1800, Llanarthney, CMN, WLS **[39482]**

MADDREN : 1874+, NZ **[99598]**

MADEN : 1750S, Greens in Bacup, LAN, ENG **[28060]** : ALL, WORLDWIDE **[20824]**

MADERS : Alexander, C1884, Aberdeen, ABD, SCT **[22224]** : Elspet, PRE 1858, New Pitsligo & Boyndie, ABD & BAN, SCT **[22224]** : John, C1840, Boyndie & New Pitsligo, BAN & ABD, SCT **[22224]**

MADGE : 1700-1900, DEV, ENG **[14268]** : 1600-1780, Meeth, DEV, ENG **[10383]** : PRE 1815, Bristol, GLS, ENG **[41477]** : PRE 1800, ENG, IRL & SCT **[20824]** : 1700-1900, Swansea, GLA, WLS **[14268]**

MADGWICK : 1500-1800, DOR & SSX, ENG **[15289]** : ALL, Alton, HAM, ENG & NZ **[20546]** : ALL, WORLDWIDE **[15715]**

MADHEAD : 1560-1850, SFK, HAM & SSX, ENG **[38514]**

MADIGAN : PRE 1890, CLA, IRL **[46389]** : Mary, C1852-1946, LIM, IRL & AUS **[45714]**

MADIN : Francis, PRE 1800, Wingerworth, DBY, ENG **[25627]** : ALL, WORLDWIDE **[20824]**

MADINE : ALL, WORLDWIDE **[20824]**

MADSEN : Mary, 1830, Saamby, RINGSTEAD, DEN **[14120]** : Paul, 1890-1920S, Redmond, UT, USA **[45360]**

MAEER : ALL, Budleigh, DEV, ENG **[19655]**

MAEERS : PRE 1852, London & Budleigh, SRY & DEV, ENG **[16701]**

MAFFIN : 1650-1900, Northeast, ESS, ENG **[16833]**

MAFFREY : 1843-1926, Condat-Ganaveix, LMS, FRA **[39951]**

MAGEE : Roseanne, C1870, Carcoar, NSW, AUS **[25396]** : 1870+, Goolma, Gulgong & Mudgee, NSW, AUS **[44156]** : Rose, 1860, Queanbeyan, NSW, AUS **[25396]** : 1840+, Sydney, Luddenham & Penrith, NSW, AUS **[44156]** : 1870+, Wellington, NSW, AUS **[44156]** : Will, 1800S, Chesley, ONT, CAN **[16075]** : 1780+, Stepney, MDX, ENG **[42582]** : 1780-1855, Stepney, MDX, ENG **[17191]** : PRE 1840, IRL **[44156]** : C1800, ANT, IRL **[20730]** : Agnes, 1856-1938, Belfast, ANT, IRL **[34038]** : Samuel, 1790-1845, Keady, ARM, IRL **[15070]** : Rose, PRE 1859, Cloghaneely, DON, IRL **[25396]** : Mary, C1858, Longtower, DRY, IRL **[20495]** : Hannah, PRE 1835, Enniskillen, FER, IRL **[12547]** : John, 1784-1885, Lancaster, PA, USA **[22565]** : 1794, Washington Co., TN, USA **[24660]** : Daniel, 1745-1820, PA, USA & IRL **[22565]**

MAGENITY : Mary, 1818-1874, Newry, DOW, IRL & AUS **[29867]**

MAGENNIS : 1826+, NSW, AUS **[34947]**

MAGER : 1800+, LND, ENG **[39620]** : ALL, VOLGA, RU **[99556]**

MAGGS : John, 1842+, Kings Lynn, NFK, ENG **[25654]** : PRE 1808, Bathwick, SOM, ENG **[30987]** : PRE 1816, Wilotn, WIL, ENG **[45631]**

MAGHIE : 1780+, Stepney, MDX, ENG **[42582]**

MAGILL : James, 1870-1890, Belfast, IRL **[16616]** : Elinor, 1777+, Ballooly, DOW, IRL **[46261]** : PRE 1911, Katesbridge, DOW, IRL **[46261]** : 1830-1860, Belfast, ANT, IRL & CAN **[42429]**

MAGINNESS : PRE 1850, LND, ENG **[37321]**

MAGNER : 1850+, Ballygriffin, COR, IRL **[38681]**

MAGNUS : 1847, London, ENG **[11662]** : Simon, 1880S, Shadwell, LND, ENG **[10610]** : PRE 1853, Goslin, PRE, GER **[11662]**

MAGNUSKI : 1800-1870, Kalisz, KL, POL **[17907]**

MAGNUSON : Albrekt, 1900-1930, Miami, FL, USA & SWE **[22392]**

MAGNUSSEN : 1790+, Leck, SHO, GER **[43523]**

MAGOR : 1800+, St.Day & Adelaide, CON & SA, ENG & AUS **[38546]**

MAGRATH : 1914+, Leamington Spa, WAR, ENG **[16783]** : Francis, 1800+, Ballycastle, ANT, IRL **[11587]** : 1800+, Bagenalstown, CAR, IRL **[16783]**

MAGRIN : Henry, 1845, Bourbon, REUNION, FRA **[36778]**

MAGRIN (see One Name Section) [36778]

MAGUIRE : 1887+, Coonabarabran, NSW, AUS **[11462]** : 1850S, Melbourne, VIC, AUS **[11912]** : James, 1850, Buckingham, QUE, CAN **[15638]** : ALL, ENG **[46218]** : 1850S, Bethnal Green & Hobart, MDX & TAS, ENG & AUS **[11912]** : ALL, London, COR, ENG & IRL **[18688]** : ALL, CAV, IRL **[99036]** : Patrick, PRE 1850, Black Lion, CAV, IRL **[15638]** : Thomas, 1800, Enniskillen, FER, IRL **[15638]** : PRE 1950, Dunmore & Kiltivna, GAL, IRL **[41089]** : 1820, Fieldstone, LOU, IRL **[34261]** : 1850, Bellshill, LKS, SCT **[17912]**

MAHADY : 1800+, CAN **[13625]** : 1800+, ENG **[13625]** : 1800-1860, Dublin, DUB, IRL **[13625]** : ALL, Columbkille & Granard, LOG, IRL **[16757]** : 1800-1860, Granard & Longford, LOG, IRL **[13625]** : 1800-1860, Ballina, MAY, IRL **[13625]** : 1800-1860, Roscommon, ROS, IRL **[13625]** : 1800-1860, Mullingar, WEM, IRL **[13625]** : 1800+, SCT **[13625]** : 1860+, Edinburgh, MLN, SCT **[16757]** : 1800+, USA **[13625]**

MAHADY (see One Name Section) [13625]

MAHAFFEY : C1600-1900, Loughbrickland, DOW, IRL **[11034]**

MAHANNAH : John, 1765+, PA, USA & IRL **[32132]**

MAHARRY : William, C1800, Drumgalvin, DOW, IRL **[13026]**

MAHEDY : 1800+, CAN **[13625]** : 1800+, IRL **[13625]** : 1800-1860, Dublin, DUB, IRL **[13625]** : 1800-1860, Granard & Longford, LOG, IRL **[13625]** : 1800-1860, Ballina, MAY, IRL **[13625]** : 1800-1860, Roscommon, ROS, IRL **[13625]** : 1800-1860, Mullingar, WEM, IRL **[13625]** : 1800+, SCT **[13625]** : 1800+, USA **[13625]**

MAHER : James, 1827-1903, Bundarra, NSW, AUS

[11781] : 1865+, Bundarra, NSW, AUS **[11781]** : Rose Marie, 1893, Largs, NSW, AUS **[10993]** : James, 1816, Sydney, NSW, AUS **[31877]** : Enid Mary, 1923+, Melbourne, VIC, AUS **[28140]** : PRE 1850, Mount Moriac, VIC, AUS **[28210]** : 1840-1850, Renfrew Co., ONT, CAN **[34261]** : Kate, 1916+, Montreal, QUE, CAN **[16783]** : John Joseph, 1935+, Montreal, QUE, CAN **[16783]** : 1830-1860, Heath & Reach, BDF, ENG **[43804]** : 1818+, Dublin, IRL **[16783]** : PRE 1900, Dublin, IRL **[29024]** : James, 1827-1903, CAR, IRL **[11781]** : 1795-1800S, Kilfenora, CLA, IRL **[99040]** : 1827-64, Kilrush, CLA, IRL **[36705]** : PRE 1843, KIK, IRL **[11866]** : 1800+, TIP, IRL **[46299]** : PRE 1850, TIP, **[28210]** : PRE 1850, Borrisoleigh, TIP, IRL **[12744]** : ALL, TIP & CLA, IRL **[99036]** : 1800+, Upperchurch, TIP, IRL & AUS **[33921]** : 1904, Joliet, Will Co., IL, USA **[32103]**
MAHLBERG : Henry, 1832, WEF, GER **[25878]**
MAHNEY : John, C1856, Creswick, VIC, AUS **[33085]**
MAHODY : 1800+, CAN **[13625]** : 1800-1860, Granard & Longford, LOG, IRL **[13625]** : 1800-1860, Ballina, MAY, IRL **[13625]** : 1800-1860, Roscommon, ROS, IRL **[13625]** : 1800-1860, Mullingar, WEM, IRL **[13625]** : 1800+, USA **[13625]**
MAHON : 1867+, IRL **[39167]** : Andrew, PRE 1818, IRL **[29939]** : Eliza, PRE 1849, Carlow, IRL **[43213]** : C1850, DON, IRL **[16010]** : 1830+, GAL, IRL **[30527]**
MAHONEY : John, PRE 1841, Maitland, NSW, AUS **[31904]** : Daniel, 1868, Richmond, NSW, AUS **[10314]** : Mary Ann, C1865, Richmond, NSW, AUS **[10314]** : 1890-1960, Rockhampton, QLD, AUS **[46305]** : Mary, 1800S, Adelaide, SA, AUS **[28199]** : John, C1856, Creswick, VIC, AUS **[33085]** : 1700-1800, Cavan, CAV, IRL **[21796]** : C1800, COR, IRL **[46491]** : 1840-1860, Clonakilty, COR, IRL **[12039]** : 1800+, Drimoleague, COR, IRL **[13828]** : C1840, Cahirciveen, KER, IRL **[32071]** : PRE 1900, Dinmore, WAT, IRL **[29024]**
MAHONY : John, 1900S, Temora, NSW, AUS **[36705]** : C1800, Tralee, KER, IRL **[25396]** : 1850-1890, TIP, IRL **[46305]** : C1840-1900, TIP, IRL **[39092]**
MAHY : 1830+, St.Andrews, GSY, CHI **[13065]**
MAI : PRE 1830, Neukirch, BAD, GER **[37759]**
MAIBACKER : C1800, GER **[34543]**
MAIDEN : ALL, Brixton & Lambeth, LND, ENG **[16554]** : 1700-1844, Elmbridge, WOR, ENG **[17400]** : 1700-1880, Hartlebury, WOR, ENG **[27087]** : PRE 1800, ENG & IRL **[20824]**
MAIDENS : PRE 1820, Hilborough, NFK, ENG **[46452]**
MAIDMENT : 1870+, Meadows & Echunga, SA, AUS **[14346]** : 1700+, Ashmore, DOR, ENG **[10775]** : PRE 1840, Sixpenny Handley, DOR, ENG **[13347]** : ALL, HAM & DOR, ENG **[39386]** : 1800+, Woolwich & Plumstead, KEN, ENG **[37138]** : 1801+, Fulham, MDX, ENG **[31305]** : Jane, 1813+, Donhead St.Mary, WIL, ENG **[34533]** : ALL, Mere, WIL, ENG **[46509]** : ALL, WORLDWIDE **[14346]**
MAIDWELL : 1600-1666, Great Easton Medborne on Holt, LEI, ENG **[21349]**
MAIL : 1897+, Rookwood, NSW, AUS **[14589]**
MAILLARDET : ALL, ENG & FRA **[28361]** : ALL, FRA & ENG **[28361]**
MAILLARDOTT : ALL, ENG & FRA **[28361]**
MAILLER : 1800+, Kinross, KRS, SCT **[39593]**
MAIN : 1850+, WA & VIC, AUS **[14656]** : 1875+, Melton Mowbray, LEI, ENG **[45734]** : Mary, 1750-1850, IRL **[16757]** : 1830+, Footdee, ABD, SCT **[46217]** : Ellen, 1780+, Dalgety, FIF, SCT **[11195]** : PRE 1790, Airdrie, LKS, SCT **[12298]** : C1840, Larkhall, LKS, SCT **[14656]** : PRE 1866, Inverkip, RFW, SCT **[13336]**
MAINARDI : ALL, WORLDWIDE **[32364]**
MAINMAN : ALL, WORLDWIDE **[19964]**
MAINPRIZE : 1792-1872, Whitby Twp, ONT & YKS, CAN & ENG **[24943]**
MAINS : 1790+, CAN **[23379]** : 1600+, IRL **[23379]** :

Robert, ALL, IRL **[23379]** : 1700+, Belfast & Londonderry, ANT & LDY, IRL **[23379]** : Robert, 1800+, Ballymore, ARM, IRL **[23379]** : Joseph, 1790+, Ballyshiel, ARM, IRL **[23379]** : 1790+, Ballyshiel & Tandragee, ARM, IRL **[23379]** : ALL, SCT **[23379]** : 1790+, SCT & IRL **[23379]** : Robert, 1810-1837, SCT & IRL **[23379]** : 1800+, Grand Island, NY, USA **[23379]** : Robert, 1800-1850, Grand Island, NY, USA **[23379]** : Robert, 1810-1838, WORLDWIDE **[23379]** : ALL, WORLDWIDE **[23379]**
MAINS (see One Name Section) **[23379]**
MAINWARING : PRE 1840, Over Peover, CHS, ENG **[37565]** : 1880-1990, Bournemouth, DOR, ENG **[21243]** : ALL, Manchester, LAN, ENG **[99025]**
MAIOR : PRE 1700, Hatherop, GLS, ENG **[30039]**
MAIR : 1850+, Tamworth, NSW, AUS **[10340]** : PRE 1850, Belhelvie, ABD, SCT **[25992]** : Marion, 1740, Irvine, AYR, SCT **[14747]** : PRE 1850, BAN & ABD, SCT **[25455]** : PRE 1760, Cupar, FIF, SCT **[14880]** : 1700-1900, Glasgow, LKS, SCT **[17926]** : PRE 1815, Lanark, LKS, SCT **[14030]** : PRE 1850, Paisley, RFW, SCT **[41305]**
MAIRE : PRE 1800, Warrington, LAN, ENG **[20874]**
MAIRS : James, 1850S, Madoc, Hastings Co., ONT, CAN **[41349]**
MAISEY : PRE 1800, Shilton, BRK, ENG **[28742]** : 1700+, WLS **[27492]** : 1850+, Maesteg, GLA, WLS **[27492]**
MAISH : ALL, ENG **[11658]**
MAISTER : PRE 1860, Armidale, NSW, AUS **[10165]**
MAITLAND : 1900+, Sydney, NSW, AUS **[39096]** : 1800-20, Chapel of Garioch, ABD, SCT **[45082]** : 1750+, Cruden, ABD, SCT **[15524]**
MAJOR : 1900S, Wellington Co., ONT, CAN **[15931]** : 1800-1900, Greenham, BRK, ENG **[30120]** : PRE 1830, Bideford, DEV, ENG **[19254]** : PRE 1850, Batcombe, DOR, ENG **[34873]** : 1890+, Bournemouth & Hounslow, DOR & MDX, ENG **[21243]** : PRE 1850, Fairford, GLS, ENG **[30039]** : PRE 1700, Hatherop, GLS, ENG **[30039]** : PRE 1920, Lechlade, GLS, ENG **[30039]** : PRE 1830, Aldenham & Elstree, HRT, ENG **[10664]** : 1800S, Horsington & Waddingham, LIN, ENG **[15931]** : 1894-1991, Brentford, MDX, ENG **[21243]** : 1851+, Marylebone, MDX, ENG **[17291]** : PRE 1800, Brize Norton, OXF, ENG **[33428]** : PRE 1885, Cardiff, GLA, WLS **[34873]**
MAKANT : 1660S-1730S, Harwood & Bolton, LAN, ENG **[37978]**
MAKEMEAD : 1837-1922, Marham, NFK, ENG **[46235]**
MAKER : 1850-1950, Sydney & Cowra, NSW, AUS **[13833]** : 1850+, Brandis, BRD **[44932]** : 1700+, Lifton, DEV, ENG **[13833]**
MAKI : Matti, PRE 1920, Kuortane, VASSA, FIN **[17055]**
MAKIN : 1780S-1840S, Bolton, LAN, ENG **[37978]**
MAKINS : 1600-1777, Epworth, LIN, ENG **[38285]**
MAKINSON : 1800-1900, Bolton, LAN, ENG **[18498]** : PRE 1850, Catskill, NY, USA **[36983]**
MAKLEIN : C1740, Ulster & Orange Co., NY, USA **[24660]**
MAKON : 1750S-1800S, Bolton, LAN, ENG **[37978]**
MALAM : ALL, YKS, ENG **[12467]**
MALASCH : 1840+, Halton Co., ONT, CAN **[15845]**
MALAYTO : 1850+, Manila, PHILIPPINES **[24382]**
MALBON : 1800-1900, Uttoxeter & Checkley, STS, ENG **[19713]**
MALBROUGH : 1800+, Edmonton, MDX, ENG **[17380]**
MALCHOW : 1796+, Bresegard, MSW, GER **[12367]**
MALCOLM : William, C1730-1860, Aberdeen, ABD, SCT **[32243]** : 1800-1861, Old Machar, ABD, SCT **[46449]** : 1770-1875, St.Vigeans, Arbroath, ANS, SCT **[13014]** : 1850+, John O'Groats, CAI, SCT **[45982]** : 1836-1840, Longforgan, PER, SCT **[46458]** : PRE 1800, UK **[43677]**

MALCOLMSEN : 1800+, DOW, IRL **[35444]**
MALCOLMSON : PRE 1880, Portadown, ARM, IRL **[25672]**
MALCOM : James, 1800S, Nairn, NAI, SCT **[36634]**
MALCOMSON : 1800-1950, Portlaw, WAT, IRL **[41785]** : 1700+, Longhope, OKI, SCT **[14513]**
MALDONADO : C1850, ESP **[46467]**
MALE : 1800, CON, ENG **[44072]** : PRE 1800, Kingswinford, STS, ENG **[24873]**
MALES : PRE 1850, London, ENG **[19656]** : 1800+, Sarratt, HRT, ENG **[33846]** : 1880+, Charsfield, SFK, ENG **[33846]** : John, PRE 1720, UK **[10604]**
MALET : ALL, ENG **[43882]** : PRE 1750, USA **[43882]**
MALETTA : 1800-1950, Cosenza, ITL **[98660]**
MALHAM : 1600S, Laughton, SSX, ENG **[19782]**
MALIGNY : ALL, WORLDWIDE **[34315]**
MALIN : Sarah, PRE 1858, Kniveton, DBY, ENG **[31003]** : 1800S, Fair Head, ANT, IRL **[32130]** : 1830+, Moate, WEM, IRL **[12786]**
MALINSKY : 1852, Schenckenburg, GER **[15987]**
MALIVOIRE : 11853+, MDX, ENG **[46308]**
MALKOM : PRE 1800, UK **[43677]**
MALLABAR : PRE 1860, Gateshead, DUR, ENG **[39479]** : C1800, Hanbury, STS, ENG **[21479]**
MALLALIEU : 1650-1750, Saddleworth, YKS, ENG **[31826]**
MALLAM : PRE 1820, Long Crendon, BKM, ENG **[37709]** : PRE 1680, Ponteland, NBL, ENG **[17626]** : PRE 1850, Oxford, OXF, ENG **[39429]** : 1835+, MOG, IRL **[26246]**
MALLARD : 1872+, Penrith, NSW, AUS **[31762]** : John, PRE 1851+, Northampton, NTH, ENG **[41589]** : Joseph/Josh, 1865+, Warwick, WAR, ENG **[41589]** : 1880+, Kidderminster, WOR, ENG **[46297]**
MALLENDER : ALL, Rochester, KEN, ENG **[29328]**
MALLESCH : C1880+, Sydney, NSW, AUS **[36751]** : C1857+, Beechworth, VIC, AUS **[36751]**
MALLET : ALL, ENG **[43882]** : 1500-1900, St.Gluvias, CON, ENG **[19843]** : 1800-1830, Seething, NFK, ENG **[13585]** : PRE 1750, USA **[43882]**
MALLET (see One Name Section) **[43882]**
MALLETT : ALL, ENG **[43882]** : ALL, ENG **[43882]** : ALL, Woodbridge, SFK, ENG **[45876]** : PRE 1850, Tysoe, WAR, ENG **[17508]** : William, 1820-1920, Dudley, WOR, ENG **[43769]** : PRE 1750, USA **[43882]**
MALLEY : PRE 1840S, IRL **[45142]**
MALLIN : 1790S-1860, West Bromwich, STS, ENG **[14388]**
MALLINDER : 1790-1830, Barlborough & Killamarsh, DBY, ENG **[30457]**
MALLINSON : C1700-1860, Penrith, CUL, ENG **[27899]** : PRE 1823, YKS, ENG **[11866]**
MALLON : PRE 1856, VIC, AUS **[10642]** : Mary, PRE 1812, Newcastle upon Tyne, NBL, ENG **[29774]** : 1810-1890, Mornant, Saint-Andre-la-Cote, RHA, FRA **[39991]** : 1800-70, Dungannon, TYR, IRL **[37278]** : 1800+, Kildress & Arboe, TYR, IRL **[12420]**
MALLORY : 1700-1850, Hutton Buscell, YKS, ENG **[30137]**
MALLOWS : Robert, PRE 1820, Bridgham & West Harling, NFK, ENG **[24981]**
MALLYON : PRE 1850, ESS, ENG **[99570]**
MALMGRON : 1890-1950, Woollahra, NSW, AUS **[21746]**
MALONE : Thomas, 1840S, Shoalhaven, NSW, AUS **[34939]** : PRE 1820, IRL **[23319]** : PRE 1830, DOW, IRL **[21356]** : ALL, Carrickmacross, MOG, IRL **[26072]** : Susan, 1820-1887, Kilmanaheen, CLA, IRL & AUS **[29867]** : Bridget, 1818-1893, Ennistymon & Bega, CLA & NSW, IRL & AUS **[12032]** : Michael, 1800S, WEM, IRL & SCT **[10698]**
MALONEY : 1833+, Thornsbury, ONT, CAN **[41349]** : PRE 1864, Toronto, ONT, CAN **[99570]** : 1865-1890, Folkestone, KEN, ENG **[17191]** : 1800+, Manchester, LAN, ENG **[29328]** : C1870-1900, MDX & LND, ENG **[17191]** : 1800+, Wheatley, OXF, ENG **[38307]** : 1819, Limerick, IRL **[31453]** : ALL, Moanreel, CLA, IRL **[25702]** : Patrick, PRE 1845, Newmarket, CLA, IRL **[11587]** : 1780-1820, Inishannon & Cork, COR, IRL **[17191]** : 1800-1920, Kilborin, COR, IRL **[24902]** : PRE 1880, DRY, IRL **[42730]** : John, 1800+, LIM, IRL **[41349]** : PRE 1900, Waterford, WAT, IRL **[29024]** : 1800-1850, Aberdeen, ABD, SCT **[17191]**
MALONY : Michael, 1821+, CLA, IRL **[33085]**
MALORTIE : 1700S, London, ENG **[38833]**
MALOY : C1851, Belfast, ANT, IRL **[45649]**
MALPAS : 1800-1850, Kingswood, GLS, ENG **[43916]** : PRE 1812, Tewkesbury, GLS, ENG **[17231]** : 1840+, Brighton, SSX, ENG **[45078]** : PRE 1800, Gnosall, STS, ENG **[19647]**
MALPASS : 1790, Rugeley, STS, ENG **[27780]** : Edward, C1850, WOR, ENG **[14448]** : Edward, C1850, WRY, ENG **[14448]**
MALPUS : 1650-1800, Evesham, WOR, ENG **[19471]**
MALSBURY : 1700-1900, London, MDX, ENG **[45886]**
MALSTER : PRE 1835, SFK, ENG **[41372]**
MALTBY : 1800+, London, ENG **[38697]** : PRE 1840, Derby, DBY, ENG **[39873]** : George, PRE 1800, Hull, ERY, ENG **[10054]** : PRE 1860, Nottingham, NTT, ENG **[39873]** : PRE 1900, OXF & YKS, ENG **[17493]**
MALTHOUSE : PRE 1850, Ripley, WRY, ENG **[36742]**
MALTMAN : 1870-1902, Ipswich & Newcastle, QLD & NSW, AUS **[11718]** : 1900+, Goldfields, WA, AUS **[11718]** : 1761+, Logie & Dunblane, PER, SCT **[21207]** : 1800-1873, Alva & New Monkland, STI & LKS, SCT **[11718]**
MALTUS : PRE 1760, Farthingoe, NTH, ENG **[42083]**
MALUISH : ALL, ENG **[42643]**
MAMMO : ALL, MALTA **[31646]**
MAMMOTT : Ann, C1800, DBY, ENG **[11197]**
MAN : John, PRE 1741, Earls Colne, ESS, ENG **[36275]**
MANASSE : PRE 1825, West Ham, ESS, ENG **[18702]**
MANATON : 1500-1800, CON, ENG **[31273]** : 1500-1800, DEV, ENG **[31273]**
MANAU : ALL, FRA **[32364]**
MANAUD : ALL, FRA **[32364]**
MANAUT : ALL, FRA **[32364]**
MANAUTE : ALL, FRA **[32364]**
MANAUX : ALL, FRA **[32364]**
MANBY : PRE 1800, SFK, ENG **[39312]**
MANCER : PRE 1850, London, ENG **[39642]** : PRE 1860, Staplehurst, KEN, ENG **[13838]** : PRE 1870, MDX, ENG **[39588]** : 1800, Northiam, SSX, ENG **[13853]**
MANCHESTER : PRE 1857, Harby, LEI, ENG **[11092]**
MANDALE : C1750, Lorton & Wythop, CUL, ENG **[27240]**
MANDELL : C1700, St.Marylebone, LND, ENG **[11113]**
MANDER : 1700-1800, Ardley, OXF, ENG **[15464]** : Susannah, 1700-1800, Banbury, OXF, ENG **[27039]** : William, 1750-1850, Banbury, OXF, ENG **[27039]**
MANDERS : PRE 1850, VIC, AUS **[12707]**
MANFIELD : James, 1838+, Sydney, NSW, AUS **[10880]** : James, PRE 1850, Holcombe Rogus, DEV, ENG **[10880]**
MANGAN : Mary E., 1883-1968, Ballarat & Williamstown, VIC, AUS **[12032]** : C1800+, Parramatta & Windsor, NSW, AUS & IRL **[43529]** : ALL, IRL **[25702]** : C1800+, MEA, IRL **[43529]** : James, 1845-1890, Wicklow & Ballarat, WIC & VIC, IRL & AUS **[12032]**
MANGARD : 1700-1790, Bethnal Green, MDX, ENG **[38970]**
MANGELSDORF : Menzel, 1850, Tucheim, PRE, GER **[33728]**
MANGHAM : Charles, PRE 1810, YKS, ENG **[41471]** :

ALL, Wentworth & Rotherham, YKS, ENG **[11071]**
MANGIN : PRE 1800, Avillers, LOR, FRA **[20178]**
MANGOLD : ALL, GER **[32035]** : ALL, Witzenhausen & Kassel, GER & AUS **[32035]**
MANGUAL : Rafael, PRE 1770, Llerida, ARAGON, ESP **[22470]** : Agustin, 1770+, Mayaguez, PUERTO RICO **[22470]**
MANIFOLD : 1680+, Cauldon, STS, ENG **[18501]**
MANIKA : 1898+, Rosthern, SAS & GALICIA, CAN & OES **[99433]**
MANING : PRE 1650, Horsey, NFK, ENG **[33428]**
MANION : 1849+, Boorowa, NSW, AUS **[42226]** : 1800+, Headford, GAL, IRL **[37250]**
MANKOWSKI : PRE 1799, Wielki Garc, GD, POL **[21661]**
MANKTELOW : ALL, SSX, ENG **[19806]** : 1800-1920, Wadhurst & Eastbourne, SSX, ENG **[43720]**
MANLEY : James, 1880+, Menindee, NSW, AUS **[45699]** : 1880+, Sydney, NSW, AUS **[11229]** : Sarah, 1911, Sydney, NSW, AUS **[33542]** : 1888, Hobart, TAS, AUS **[46281]** : 1878+, Beechworth & Jamieson, VIC, AUS **[11229]** : John, 1880+, London, ENG **[33542]** : PRE 1841, Hemyock, DEV, ENG **[46453]** : 1870+, Plymouth, DEV, ENG **[33542]** : PRE 1850, Tiverton, DEV, ENG **[28340]** : 1840+, Huntingdon, HUN, ENG **[33542]** : John, 1860+, Eltham, LND, ENG **[33542]** : 1906+, Salford, LAN, ENG **[29328]** : Sarah, 1909+, Camdentown, LND, ENG **[33542]** : Sarah, 1903+, Cannington, LND, ENG **[33542]** : Robert, PRE 1880, Westminster, LND, ENG **[38939]** : 1760+, Hillingdon, MDX, ENG **[16527]** : 1772, Corsham, WIL, ENG **[14156]** : 1800+, COR, IRL **[34221]** : PRE 1850, Cork, COR, IRL **[30457]** : 1800-1850S, MAY, IRL **[35604]** : John, 1860-1930, Cork & Melbourne, COR & VIC, IRL & AUS **[10272]**
MANLY : Philip, 1750+, BRK & MDX, ENG **[39307]** : 1800+, Birr & Roscrea, OFF & TIP, IRL **[29747]**
MANN : Charles, ALL, VIC, AUS **[41471]** : 1832+, Adelaide Twp, Middlesex Co., ONT, CAN **[15787]** : 1815+, Yarmouth Twp, Elgin Co., ONT, CAN **[15787]** : Ethel, 1891-1905, Montreal, QUE, CAN **[99522]** : 1700S, CON, ENG **[12144]** : 1800-1850, Paul, CON, ENG **[20660]** : PRE 1820, DEV, ENG **[43677]** : C1850, Colchester, ESS, ENG **[17174]** : ALL, Cam, GLS & WIL, ENG **[44815]** : Catherine, 1815, Manchester, LAN, ENG **[13347]** : 1840+, LEI & STS, ENG **[39336]** : Harry, 1880+, LND, ENG **[43989]** : 1901+, Bermondsey, LND, ENG **[32724]** : PRE 1841, Uxbridge, MDX, ENG **[32724]** : Francis, 1750+, Bodham, NFK, ENG **[25427]** : PRE 1840, NTH & WAR, ENG **[39336]** : 1700-1900, Woodstock, OXF, ENG **[39565]** : ALL, Boulge & Charsfield, SFK, ENG **[99600]** : ALL, Dallinghoe, SFK, ENG **[99600]** : 1804, Dunsfold, SRY, ENG **[38624]** : 1780+, Epsom, SRY, ENG **[11870]** : Matthew, PRE 1800, Battle & Penhurst, SSX, ENG **[41589]** : 1800-1900, North Chapel, SSX, ENG **[31967]** : 1580-1780, Harbury, WAR, ENG **[42083]** : C1800-1830, Harbury, WAR, ENG **[12011]** : PRE 1840, Stourport, WOR, ENG **[46297]** : 1850+, Leeds, YKS, ENG **[21091]** : Freidrick, PRE 1905, Ludwigsburg & Bonnigheim, BAD & WUE, GER **[37445]** : PRE 1900, AYR, SCT **[29731]** : PRE 1800, INV, SCT **[25428]** : 1910-1930, Stranraer, WIG, SCT **[26098]** : ALL, WORLDWIDE **[22725]**
MANNALDI : ALL, WORLDWIDE **[32364]**
MANNARDI : ALL, RC, CALABRIA, ITL **[32364]** : ALL, Reggio Calabria, RC, CALABRIA, ITL **[32364]** : ALL, WORLDWIDE **[32364]**
MANNERS : Anne, 1827+, Turville, BKM, ENG **[33679]** : 1600, Halstead, ESS, ENG **[17704]**
MANNERS ASTLEY : ALL, ENG **[46256]**
MANNING : PRE 1839, Penrith, NSW, AUS **[11707]** : Margaret, C1840+, Sydney, NSW, AUS **[39186]** : 1906+, Brisbane, QLD, AUS **[28000]** : Emily, 1892, London, ENG **[15785]** : PRE 1900, London, ENG **[19345]** : 1700+, Cherry Hinton, CAM, ENG **[13065]** : PRE 1650, Fordham, CAM, ENG **[33428]** : William, 1800, Stow cum Quy, CAM, ENG **[31510]** : Harriet, 1810+, Stow-cum-Quay & Quoi, CAM, ENG **[31510]** : 1750-1850, Swaffham Bulbeck, CAM, ENG **[12641]** : Thomas, 1800S, DEV, ENG **[14448]** : PRE 1810, Colne Engaine, ESS, ENG **[33704]** : PRE 1900, Wrabness & Manningtree, ESS, ENG **[28391]** : Sarah, 1800S, ESS & SFK, ENG **[14448]** : ALL, Nailsworth, GLS, ENG **[25702]** : ALL, Liverpool, LAN, ENG **[42209]** : Walter, 1870+, Shoreditch & Hackney, LND, ENG **[45736]** : 1700-1870, Denford & Woodford, NTH, ENG **[38926]** : 1700-1800, Orlingbury, NTH, ENG **[33347]** : PRE 1900, Towcester, NTH, ENG **[33704]** : 1700+, SFK, ENG **[39061]** : Margaret, 1790, SFK, ENG **[45876]** : 1800S, Fenningham, SFK, ENG **[46434]** : 1800, Theberton, SFK, ENG **[17704]** : 1600-1900, Stowmarket, SFK & NFK, ENG **[31882]** : Daniel, PRE 1813, Buckland St.Mary, SOM, ENG **[10699]** : 1850-1900, Birmingham, WAR, ENG **[38926]** : PRE 1800, WIL, ENG **[13034]** : PRE 1860, LEX, IRL **[20909]** : 1750+, TIP, IRL **[21983]** : Sarah, 1667, Salem & Ipswich, MA, USA **[22796]**
MANNINGTON : 1500-1800, CON, ENG **[31273]**
MANNION : 1800+, Headford, GAL, IRL **[37250]** : 1800+, Killursa, GAL, IRL **[37250]** : 1800+, Galway, GAL, MAY & ROS, IRL **[36409]**
MANNIX : ALL, CLA, IRL **[35876]** : 1840S, LIM, IRL **[21889]**
MANNOOCH : Eliz. Ann, PRE 1827, Newington, SRY, ENG **[17637]**
MANNS : 1750+, Andover, HAM, ENG **[10839]** : PRE 1895, Brunsbuttel, SHO, GER **[46383]**
MANO : ALL, FRA **[32364]**
MANOARDI : ALL, RC, CALABRIA, ITL **[32364]** : ALL, Reggio Calabria, RC, CALABRIA, ITL **[32364]** : ALL, WORLDWIDE **[32364]**
MANSBRIDGE : Ann(E), 1809, Nately Scures & Mapledurwell, HAM, ENG **[10697]**
MANSELL : PRE 1800, Watford, HRT, ENG **[25747]** : PRE 1888, Lilleshall, SAL, ENG **[15464]** : PRE 1689, Seale, SRY, ENG **[46296]** : C1835, Handsworth, STS, ENG **[39155]** : 1840-1860, West Bromwich, STS, ENG **[39155]** : 1800S, Dudley, WOR, ENG **[33559]**
MANSER : PRE 1851, Balmain, NSW, AUS **[10232]** : 1825+, Wateringbury, KEN, ENG **[25237]** : ALL, Great Yarmouth, NFK, ENG **[15640]** : 1800, Northiam, SSX, ENG **[13853]** : PRE 1839, Northiam, SSX, ENG **[10232]**
MANSERGH : Johanna, 1844-1906, Tipperary & Williamstown, TIP & VIC, IRL & AUS **[12032]**
MANSFIELD : Charles, 1858-1901, Singleton, NSW, AUS **[11034]** : Fred. George, 1902+, Sydney, NSW, AUS **[10880]** : PRE 1845, Hobart, TAS, AUS **[31169]** : 1838+, Sydney, NSW, AUS & ENG **[10880]** : 1800, London, ENG **[13407]** : PRE 1858, Balsham, CAM, ENG **[11034]** : 1800S, Chesterton, CAM, ENG **[36243]** : James, ALL, Linton, CAM, ENG **[37044]** : 1718, Derby, DBY, ENG **[38515]** : James, PRE 1850, Holcombe Rogus, DEV, ENG **[10880]** : 1680, Fareham, HAM, ENG **[35184]** : John, ALL, East London, MDX, ENG **[37044]** : C1770, Corton, SFK, ENG **[31375]** : 1700-1810, Godalming, SRY, ENG **[19759]** : 1700-1740, Kirdford, SSX, ENG **[19759]** : George, 1830-1905, Harrogate, YKS, ENG **[12739]** : Ambrose Wm, 1860+, Harrogate, YKS, ENG **[12739]** : Alice, 1870+, Leeds & Harrogate, YKS, ENG **[12739]** : 1912+, Gisborne, HBY, NZ **[33816]**
MANSON : PRE 1900, NSW, AUS **[40795]** : 1800-1900, Oamaru & Wellington, NZ **[20578]** : James, ALL, SCT **[45834]** : 1750S, ABD, SCT **[11386]** : C1790-1880, Dunnet, CAI, SCT **[41312]** : 1849+, Glasgow, LKS, SCT **[19486]** : 1790+, Fara, OKI, SCT **[14513]** : 1789+, Bressay, SHI, SCT **[11098]** : John Clarke, 1800-1880, Lerwick, SHI, SCT **[12716]**
MANSSEN : 1800S, HBG, GER **[21796]**

MANSTED : ALL, Elsonor, DEN **[46316]**
MANT : 1702+, HAM, ENG **[27719]**
MANTEL : ALL, Old Warden, BDF, ENG **[45707]**
MANTELL : 1700+, KEN, ENG **[11690]** : ALL, Mersham, KEN, ENG **[26612]**
MANTLE : 1830, Lachlan River, NSW, AUS **[10948]** : William, 1850+, Maitland, NSW, AUS **[11745]** : Cicely, 1811+, Sandwich, KEN, ENG **[17109]** : PRE 1800, Hose, LEI, ENG **[12707]** : 1800S, SAL, ENG **[19691]** : Joseph, 1796+, Cork, IRL **[11745]**
MANTON : 1700-1900, Shoreditch, MDX, ENG **[28479]** : 1700-1800, Cottesbrooke, NTH, ENG **[18670]** : 1700-1850, RUT, ENG **[12401]** : PRE 1900, Snitterfield, WAR, ENG **[44223]**
MANUARDI : ALL, RC, CALABRIA, ITL **[32364]** : ALL, Reggio Calabria, RC, CALABRIA, ITL **[32364]** : ALL, WORLDWIDE **[32364]**
MANUEL : William, 1840+, New England, NSW, AUS **[13461]** : 1800+, Sydney, NSW, AUS & NZ **[37286]** : ALL, Almer, DOR, ENG **[13461]** : 1800-1880, Marylebone, MDX, ENG **[43804]** : ALL, WORLDWIDE **[13461]**
MANUELL : Thomas, 1839, Gwennap, CON, ENG **[31356]**
MANUHARDY : ALL, WORLDWIDE **[32364]**
MANWALD : ALL, GER **[32364]**
MANWARING : PRE 1800, Brenchley, KEN, ENG **[31153]** : ALL, Manchester, LAN, ENG **[99025]**
MANWELL : PRE 1850, Swanage & Poole, DOR, ENG **[20835]**
MANZ : PRE 1860, Guben, BRA, GER **[46396]** : PRE 1860, Ratzebuhr, POM, GER **[46396]** : PRE 1860, Ratzebuhr, PRE, GER **[46396]** : PRE 1860, Okonek, SZ, POL **[46396]**
MAPLE : 1700-1900, Thakeham, SSX, ENG **[35561]**
MAPLES : 1716-1725, Bassingham, LIN, ENG **[29715]** : 1600-1800, Navenby, LIN, ENG **[29715]**
MAPP : ALL, SAL, ENG **[42943]**
MAPPERSON : PRE 1853, Castle Bytham, LIN, ENG **[11733]**
MAPPIN : 1850+, MDX, ENG **[38307]**
MAPSON : 1750-1860, Kingston Bagpuze, BRK, ENG **[30071]**
MAPWELL : 1750-1820, Stratford, ESS, ENG **[18861]**
MARCH : 1750-1805, Taplow, BKM, ENG **[13681]** : PRE 1740, Sturminster Newton, DOR, ENG **[46297]** : 1700-1750, DUR, NRY & CUL, ENG **[37169]** : 1780-1830, ESS, ENG **[17191]** : 1800+, Bexley, KEN, ENG **[12142]** : 1600+, Drayton, NFK, ENG **[12142]** : PRE 1830, WES, ENG **[39815]**
MARCHAM : 1830-1900, Swindon, WIL & MDX, ENG **[30248]**
MARCHANT : 1890+, Mendooran, NSW, AUS **[31762]** : PRE 1832, London, ENG **[41103]** : PRE 1850, London, ENG **[30022]** : 1800-1850, DEV, ENG **[45889]** : 1700-1850, ESS, ENG **[26335]** : 1800S, Eynesford & Footscray, KEN, ENG **[35561]** : ALL, Deptford, KEN & LND, ENG **[18713]** : Ann, C1780+, Kingsdown & Bromley, KEN & WIL, ENG **[21472]** : PRE 1770, Spitalfields, LND, ENG **[11066]** : 1910-1940, Wandsworth, LND, ENG **[34660]** : 1860+, Notting Hill Gate, MDX, ENG **[41103]** : 1890-1920, Redhill, SRY, ENG **[34660]** : 1750+, SSX, ENG **[39430]** : 1800-1900, Brede, SSX, ENG **[29426]** : ALL, Brightling, SSX, ENG **[18713]** : 1860+, Brighton, SSX, ENG **[28400]** : Mary, 1736+, Poynings, SSX, ENG **[40505]** : PRE 1860, Slindon, SSX, ENG **[28400]** : Lucy, PRE 1835, Wolverhampton, STS, ENG **[11546]** : 1830+, Kidderminster, WOR, ENG **[29328]** : PRE 1920, Wolverhampton, STS, ENG & AUS **[31902]** : C1779-1992, Sevenoaks, KEN, ENG & USA **[22698]** : 1857-1925+, Brooklyn & Laurence, NY, USA **[22698]**
MARCHBANK : 1800+, Lesmahagow, LKS, SCT **[21114]**

MARCHE : C1780-1820, Cape Breton, NS, CAN **[42942]**
MARCHMENT : PRE 1841, Andover, HAM, ENG **[12060]** : PRE 1810, Upavon, WIL, ENG **[12060]** : ALL, WORLDWIDE **[12060]**
MARCKS : PRE 1849, Potsdam, BRA, GER **[14472]**
MARCROFT : C1720, Swinton, YKS, ENG **[41370]**
MARCROSSAN : 1925+, Sydney, NSW, AUS **[36841]**
MARCUS : 1830+, ESS, KEN & LND, ENG **[18096]** : ALL, HBG, GER **[25787]**
MARDELL : 1700+, HRT, ENG **[17480]** : 1600-1900, Datchworth, HRT, ENG **[19216]** : PRE 1890, Sacombe, HRT, ENG **[19254]** : PRE 1600, Shephall, HRT, ENG **[19216]**
MARDEN : PRE 1900, Maidstone, KEN, ENG **[29024]**
MARDLE : PRE 1850, Stevenage, HRT, ENG **[37116]**
MARE : C1800, Cheriton Fitzpaine, DEV, ENG **[12744]** : Mares, 1750-1850, Stoke Damerel, DEV, ENG **[22305]** : 1750+, Hanley & Stoke on Trent, STS, ENG **[46299]**
MAREK : PRE 1850, Wolka Bedkowska, SIERADZ, POL **[40603]**
MARFLITT : PRE 1825, Hutton Bushel, YKS, ENG **[21232]**
MARGAN : 1860, Sydney, NSW, AUS **[39678]**
MARGERISON : PRE 1795, Teversall, NTT, ENG **[25764]**
MARGESON : C1827+, Chorley, LAN, ENG **[36299]** : 1800S+, Hoghton, Withnell & Brindle, LAN, ENG **[33331]**
MARGINSON : 1879+, Hartley, NSW, AUS **[31762]** : 1890+, Melbourne, VIC, AUS **[31762]**
MARGNI : ALL, WORLDWIDE **[22422]**
MARGRIE : George, 1823, Lambeth, LND, ENG **[10706]**
MARIA : Francisco, 1796+, Lisbon, PT **[25770]**
MARICHAL : Heloise, 1800+, Jerez de la Frontera, ESP **[22470]**
MARIES : ALL, ENG **[12058]** : 1700+, Rowington, WAR, ENG **[12058]**
MARINAN : C1800, Carrowduff & Milltown Malbay, CLA, IRL **[13004]**
MARINER : 1820+, London, ENG **[45227]** : PRE 1900, Portsea & Portsmouth, HAM, ENG **[45227]**
MARINO : Louis, 1830+, CAN **[26142]**
MARIOTT : ALL, NTT, ENG **[36710]**
MARJORAM : Robert, 1830S, Bredfield, SFK, ENG **[10125]**
MARJORIBANKS : 1890-1920, Glasgow, SCT **[16176]**
MARK : Rachel, 1850-1860S, London, MDX, ENG **[45042]** : Robert, 1850-1860S, London, MDX, ENG **[45042]** : Benjamin, 1800-1820, West Winch, NFK, ENG **[14733]**
MARKELL : Richard, PRE 1800, Stone Arabia, NY, USA **[29515]**
MARKER : PRE 1700, Ostra Fagelvik, VARMLAND, SWE **[16425]**
MARKEWICKE : Thomas, PRE 1620, Rotherfield, SSX, ENG **[36365]**
MARKHAM : Self, 1926-1933, Sydney, NSW, AUS **[99573]** : 1850-1920, London, ENG **[16358]** : ALL, Nottingham, NTT, ENG **[18851]** : ALL, YKS, ENG **[36033]**
MARKLAND : Matland, 1750-1850, Wigan, LAN, ENG **[22305]**
MARKS : 1860-1920, Forbes & Grenfell, NSW, AUS **[11344]** : Nancy, PRE 1900, Wangaratta, VIC, AUS **[36433]** : 1670-1760, Quainton, BKM, ENG **[39588]** : 1750+, CON, ENG **[33825]** : 1830+, ESS, KEN & LND, ENG **[18096]** : ALL, GLS, ENG **[22456]** : 1800+, London & Bristol, GLS, ENG **[46357]** : Joseph, PRE 1870S, Spitalfields, MDX, ENG **[11344]** : Sarah, 1820, South Petherton, SOM, ENG **[31510]** : PRE 1890, South Petherton, SOM, ENG **[46451]** : 1650+, West Buckland & Crowcombe, SOM, ENG **[12413]** : PRE 1790, Abber-

ley, WOR, ENG **[26360]** : 1800-1900, Shrawley, WOR, ENG **[99570]** : PRE 1850, Ballinderry, LDY, IRL **[16365]** : Joseph, ALL, OFF, IRL **[41471]** : Samuel, PRE 1793, Amsterdam, NL **[11344]**
MARKWELL : PRE 1850, Wainfleet, LIN, ENG **[27769]**
MARKWICK : PRE 1885, SRY, ENG **[33628]** : 1600, Hamsey, SSX, ENG **[19796]** : 1864+, Maresfield, SSX, ENG **[19796]** : 1724+, Uckfield, SSX, ENG **[19796]**
MARKWICK (see One Name Section) [19796]
MARLAND : ALL, Preston, LAN, ENG **[43933]**
MARLBOROUGH : 1742, Hendon, MDX, ENG **[17380]**
MARLES : ALL, Barnstaple, DEV, ENG **[45734]** : 1800+, Devonport, DEV, ENG **[45734]** : 1860+, Millwall & Poplar, MDX, ENG **[45734]**
MARLEY : John, 1851-1881, Gateshead, DBY, ENG & AUS **[46125]**
MARLIN : ALL, Pilton, DEV, ENG **[43421]**
MARLOR : PRE 1860, Worsley, LAN, ENG **[18310]** : Samuel, ALL, WORLDWIDE **[38707]**
MARLOW : ALL, ENG **[37116]** : George, 1780-1850, Fordingbridge, HAM, ENG **[38086]** : Sarah, 1800+, Fordingbridge, HAM, ENG **[38086]** : C1820-1860, Fordingbridge & Southampton, HAM, ENG **[31902]** : PRE 1780, Dallington, NTH, ENG **[30678]** : ALL, Fordingbridge, HAM, ENG & AUS **[33920]**
MAROT : PRE 1644, Auge, POI TOU, FRA **[22550]**
MAROTTE : PRE 1644, Auge, POI TOU, FRA **[22550]**
MARQUAND : ALL, St.Andrews, GSY, CHI **[13065]**
MARQUET : 1857+, Dungog, NSW, AUS **[11476]**
MARQUICK : 1800-60, Eastbourne, SSX, ENG **[37052]**
MARR : 1700-1820, Ulverston, LAN, ENG **[28906]** : C1800, ABD, SCT **[30182]** : PRE 1840, Methlick, ABD, SCT **[46396]** : 1800-1890, Old Kilpatrick, DNB, SCT **[28906]**
MARRATT : ALL, LIN, ENG **[26932]**
MARRECO : 1892, Scarborough, YKS, ENG **[11270]**
MARRINAN : 1860S, Kilrush, CLA, IRL **[28060]** : 1800S, Rineen & Cooraclare, CLA, IRL **[32471]**
MARRINAN (see CAT I: : Subjects, [32471]
MARRINER : PRE 1850, Farringdon, HAM, ENG **[44078]** : PRE 1881, Tottenham, LND, ENG **[36072]**
MARRINGTON : ALL, WORLDWIDE **[29027]**
MARRIOT : 1650-1900, The Stonhams, SFK, ENG **[16383]**
MARRIOTT : C1860, Melbourne, VIC, AUS **[45794]** : Thomas, 1808, DBY, ENG **[10706]** : PRE 1890, Shirland, DBY, ENG **[43453]** : C1799, South Normanton, DBY, ENG **[30714]** : PRE 1884, Cransley, NTH, ENG **[25538]** : 1780-1830, Daventry, NTH, ENG **[12011]** : 1700+, Granby & Whatton, NTT, ENG **[10287]** : PRE 1800, Kirkby in Ashfield, NTT, ENG **[41370]** : PRE 1800, Skegby, NTT, ENG **[41370]** : George, 1937, London & Lambeth, SRY, ENG **[31552]** : 1830+, Sheffield, WRY, ENG **[46305]** : John Oats, PRE 1870, Huddesford, YKS, ENG **[34249]**
MARRIS : ALL, Adelaide, Terang & Melbourne, SA & VIC, AUS **[33533]** : ALL, LIN, ENG **[33533]** : 1800S, Walcot, LIN, ENG **[21796]**
MARRISON : PRE 1890, Stratford & Shoreditch, ESS & LND, ENG **[27842]**
MARRLY : 1600-1700, Constantine, CON, ENG **[21597]**
MARRON : Mary, 1870, San Francisco, CA, USA **[33416]**
MARROTT : Sarah, 1810-1842, Fulham, MDX, ENG **[37052]**
MARROW : PRE 1880, Hull, ERY, ENG **[35015]**
MARROWS : PRE 1800, Rand, LIN, ENG **[12707]**
MARRY : 1877-1975, Lyon, L'Arbresle, Savigny, RHA, FRA **[39991]**
MARSCHAN : 1870+, AUS **[31762]** : 1920+, Orangeville, NSW, AUS **[31762]** : 1890+, Eastwood, SA, AUS **[31762]** : PRE 1839, ENG **[31762]** : PRE 1839, FRA **[31762]** : PRE 1839, GER **[31762]**

MARSDEN : 1850, Burragorang, NSW, AUS **[99047]** : 1895, Newtown, NSW, AUS **[99047]** : 1800+, Sydney, NSW, AUS **[45384]** : 1810, Toddington, BDF, ENG **[99047]** : 1820, Cockermouth, CUL, ENG **[34042]** : C1766, Norton, DBY, ENG **[41370]** : 1800-1950, Old Brampton, DBY, ENG **[14246]** : 1740+, LAN, ENG **[34119]** : Ada, 1898-1950, Ancoats, LAN, ENG **[33373]** : 1800+, Clitheroe, LAN, ENG **[18372]** : 1840+, Edgworth & Belmont, LAN, ENG **[25572]** : 1700-1820, Latham & Croston, LAN, ENG **[19964]** : 1890+, Lower Darwen, LAN, ENG **[21463]** : 1800+, Manchester, LAN, ENG **[15289]** : John, 1775-1860, Oldham, LAN, ENG **[22640]** : 1880-1930, Rishton, LAN, ENG**[46515]** : 1790-1890, Tockholes, LAN, ENG **[21463]** : Wm, 1873, Brentford, MDX, ENG **[20924]** : 1800-1840, Masham, NRY, ENG **[18628]** : ALL, Holmfirth, WRY, ENG **[18549]** : 1840-1850, Knaresborough, WRY, ENG **[18628]** : 1850+, Leeds, WRY, ENG **[18628]** : 1750-1800, Middlesmoor, WRY, ENG **[18628]** : 1780+, Sheffield, WRY, ENG **[12641]** : 1700-1860, Sykes, WRY, ENG **[46515]** : PRE 1700, Whitewell, WRY, ENG **[46515]** : 1761+, Barnoldswick & Salterforth, YKS, ENG **[36299]** : 1840-1860, Dewsbury, YKS, ENG **[13326]** : 1750+, Huddersfield, YKS, ENG **[17163]** : C1800-1900, Sheffield, YKS, ENG **[37795]** : ALL, WORLDWIDE **[18549]** : ALL, WORLDWIDE **[18628]**
MARSDEN (see One Name Section) [18628]
MARSH : 1825+, Bathurst & Blayney, NSW, AUS **[10998]** : Esther, 1873+, Blayney & Carcoar, NSW, AUS **[10998]** : 1895+, Hunter River, NSW, AUS **[11060]** : Elizabeth, 1837+, Hobart, TAS, AUS **[13407]** : 1880+, Darwin, NT & NSW, AUS & ENG **[14346]** : Joseph, 1780-1820, ENG **[42448]** : PRE 1920, Tipton, ENG **[46414]** : PRE 1880, BRK & HAM, ENG **[20909]** : PRE 1835, Linton, CAM, ENG **[17189]** : 1918+, Crewe, CHS, ENG **[41037]** : 1700-1860, Ashdon, ESS, ENG **[17977]** : 1800+, Bisley, GLS, ENG **[14435]** : 1860+, Littleworth, GLS, ENG **[14435]** : 1830+, Minchinhampton, GLS, ENG **[14435]** : 1822+, Froxfield, HAM, ENG **[24943]** : 1750+, Portsea & Gosport, HAM, ENG **[22241]** : 1700-1900, KEN, ENG **[45749]** : PRE 1850, Canterbury, KEN, ENG **[45698]** : 1760-1840, Goodnestone, KEN, ENG **[13326]** : PRE 1800, Bolton, LAN, ENG **[36983]** : PRE 1850, Liverpool, LAN, ENG **[11066]** : John, 1750+, Leake, LIN, ENG **[41438]** : 1840+, Bethnal Green & Shadwell, LND & MDX, ENG **[19727]** : PRE 1840, Stepney, LND & MDX, ENG **[19727]** : PRE 1800, Kensington & Westminster, MDX, ENG **[45215]** : 1790-1820, Hockerton, NTT, ENG **[12641]** : 1800+, Glastonbury, SOM, ENG **[46273]** : ALL, Glastonbury & Street, SOM, ENG **[29172]** : Edward, 1770, South Petherton, SOM, ENG **[31510]** : James, 1830S, South Petherton, SOM, ENG **[31510]** : 1800S, Crowhurst, SSX, ENG **[46193]** : 1918+, Eastbourne, SSX, ENG **[41037]** : Catherine, C1809-1893, Hanley, STS, ENG **[46278]** : 1600-1850, West Bromwich, STS, ENG **[27733]** : 1800-1990, Stannington & Bradfield, WRY, ENG **[12641]** : C1800, YKS, ENG **[11783]** : Matilda, 1847, Madras, INDIA **[42829]**
MARSHAL : 1750+, Benenden, KEN, ENG **[35280]**
MARSHALL : William H.G., PRE 1920, Brisbane, QLD, AUS **[41041]** : 1830-1890, Hobart, TAS, AUS **[31979]** : 1850+, Bellarine, VIC, AUS **[42296]** : 1840+, AUS & NZ **[46267]** : 1820-1880S, Quebec City, QUE & ONT, CAN **[24943]** : 1700S, BRK, ENG **[42466]** : ALL, Wokingham, BRK, ENG **[46516]** : Elizabeth, C1780-1825, March & Leverington, CAM, ENG **[41477]** : Alice, 1808+, Lewannick, CON, ENG **[40057]** : Connick, 1900, Liskeard, CON, ENG **[10441]** : 1800+, Truro, CON, ENG **[46311]** : PRE 1850, Findern, DBY, ENG **[38936]** : 1870+, Sparrowpit, DBY, ENG **[38936]** : C1800, Cornwood, DEV, ENG **[25930]** : Armenal, 1900+, DEV & CON, ENG **[10441]** : 1885+, Sunderland, DUR, ENG **[46342]** : PRE 1830, Alverstoke, HAM, ENG **[40914]** : 1830-1850, St.Albans, HRT, ENG **[20578]** : PRE 1811, St.Albans, HRT, ENG **[19918]** : John, C1725, Barham, HUN, ENG **[10850]** : 1730-1770,

Leighton Bromswold, HUN, ENG **[10850]** : Thomas, PRE 1640, KEN, ENG **[27667]** : PRE 1850, Hougham & Hinxhill, KEN, ENG **[40569]** : PRE 1722, Milton & Borden, KEN, ENG **[13511]** : C1870, Elsham, LIN, ENG **[13046]** : PRE 1786, Haxey, LIN, ENG **[13004]** : 1780+, Navenby, LIN, ENG **[46267]** : 1800-1850, Rotherhithe, LND, ENG **[21034]** : C1817, MDX, ENG **[28340]** : Wm H., 1820+, Wapping, MDX, ENG **[17637]** : Anderson, C1816, Norham, NBL, ENG **[36665]**: C1775, Aysgarth, NRY, ENG **[30310]** : 1775-1805, Middleton Tyas, NRY, ENG **[37169]** : 1840, Whitby, NRY, ENG **[19862]** : Edmund, PRE 1860, Chipping Warden, NTH, ENG **[12457]** : 1800+, Warmington, NTH, ENG **[38681]** : 1780+, NTT, ENG **[46267]** : 1780-1860, Costock, NTT, ENG **[46267]** : 1780-1860S, East & West Leake, NTT, ENG **[46267]** : 1700-1800, Lowdham, NTT, ENG **[34967]** : 1780+, Nottingham, NTT, ENG **[46267]** : PRE 1824, Nottingham, NTT, ENG **[14120]** : 1500-1725, Little Tew, OXF, ENG **[46503]** : PRE 1860, Bermondsey, SRY, ENG **[37049]** : William, 1820+, Compton, SRY, ENG **[10125]** : 1740+, Dorking, SRY, ENG **[19268]** : 1800+, Woking, SRY, ENG **[10125]** : C1825-1960, Frensham & Wrecclesham, SRY & HAM, ENG **[46457]** : Elizabeth, 1700-1770, Nether Whitacre, WAR, ENG **[17105]** : Edward, 1850+, Nether Whitacre, WAR, ENG **[29939]** : PRE 1800, Tredington, WAR, ENG **[42296]** : PRE 1800, Whatcote, WAR, ENG **[42296]** : PRE 1900, WIL, ENG **[17182]** : C1800, Guiseley, WRY, ENG **[10350]** : 1885+, YKS, ENG **[46267]** : PRE 1850, Halifax, YKS, ENG **[14948]** : 1780+, Welwick & Patrington, YKS, ENG **[10070]** : Lucy Sarah A., ALL, NFK & ALB, ENG & CAN **[41340]** : 1880+, Ilfracombe, DEV, ENG & NZ **[46306]** : 1700S+, ARM, IRL **[31886]** : 1840S, CAV, IRL **[15594]** : PRE 1740, Bridestown, COR, IRL **[36161]** : Ellen, 1830+, Cork, COR, IRL **[99600]** : John, PRE 1860, Ballyblack, DOW, IRL **[27666]** : C1830, Kingslist, DOW, IRL **[10070]** : C1780, Arboe, TYR, IRL **[20914]** : PRE 1800, Dromore, TYR, IRL **[10492]** : 1796+, FER & NSW, IRL & AUS **[46308]** : Mary, PRE 1800, Inisclin, FER & NSW, IRL & AUS **[40993]** : C1800-1900, BEW, SCT **[46413]** : PRE 1800, Alloa & East Calder, CLK & MLN, SCT **[42698]** : 1800+, Kirkpatrick Fleming, DFS, SCT **[99600]** : Jessie, 1836-1886, Tranent, ELN, SCT **[34522]** : Alexander, 1794+, Falkland & Freuchie, FIF, SCT **[20665]** : C1750+, Markinch, FIF, SCT **[37499]** : 1700-1800, KCD, SCT **[20578]** : PRE 1890, Glasgow, LKS, SCT **[14656]** : ALL, Edinburgh, MLN, SCT **[46413]** : ALL, Kirknewton & Mid Calder, MLN, SCT **[26493]** : 1700+, Perth, PER, SCT **[20135]** : 1650-1720, Paisley, RFW, SCT **[34349]** : 1650-1720, Paisley, RFW, SCT **[34349]** : Thomas, PRE 1822, Baldernock, STI, SCT **[44111]** : 1830+, Causewayhead, STI, SCT **[41024]** : 1790+, Durness, SUT, SCT **[46340]** : 1880, Iola, IL, USA **[15594]** : John, PRE 1650, MA, USA **[27667]** : 1700-1800, Worcester Co.& Washington Co., MA & UT, USA **[42429]** : 1850S, Fort Edward, NY, USA **[26149]**

MARSHALLSAY : ALL, Weymouth, DOR, ENG **[41590]**

MARSHAM : 1700-1850, Thatcham, BRK, ENG **[39271]**

MARSHELL : Margaret, 1740-1820, Muiravonside, STI, SCT **[39012]**

MARSHLAIN : ALL, UK **[19179]**

MARSHLAND : ALL, UK **[19179]**

MARSHMAN : 1800+, ENG **[46451]** : C1800, Hilperton, WIL, ENG **[15400]**

MARSKALL : PRE 1800, Hampstead Norris, BRK, ENG **[43013]**

MARSLAND : PRE 1820, Disley, CHS, ENG **[38936]** : PRE 1850, LAN, ENG **[11280]**

MARSOM : 1780+, BDF, ENG **[42329]**

MARSON : ALL, Flintham, NTT, ENG **[46417]**

MARSTON : 1800-1830, Cockermouth, CUL, ENG **[34042]** : 1820-1838, Cockermouth, CUL, ENG **[34042]** : PRE 1800, St.Albans, HRT, ENG **[41163]** : PRE 1700, Tugby, LEI, ENG **[21349]** : PRE 1800, Leigh, STS, ENG **[19641]** : 1850+, Dudley, WOR, ENG **[17535]** : 1831, NY, USA **[34042]**

MARTEL : 1735+, Monestier, Ardeche, RHA, FRA **[39991]**

MARTELL : 1750-1800, Portsea, HAM, ENG **[42940]** : PRE 1869, Camberley, SRY, ENG **[19296]**

MARTELLI : 1700-1880, London, ENG **[20919]** : ALL, IRL **[45257]** : 1700-1880, Milltown, KER, IRL **[20919]** : PRE 1700, Florence, ITL **[20919]**

MARTEN : 1740+, Redruth, CON, ENG **[43775]** : Joseph, 1840'S, Bridgnorth, SAL, ENG **[31476]** : PRE 1658, Crewkerne, SOM, ENG **[36200]**

MARTENS : C1880, Beenleigh, QLD, AUS **[14120]** : 1848+, SA, AUS **[40781]** : PRE 1848, GER **[40781]** : PRE 1850, Drense, BRA, GER **[14120]**

MARTENSON : Andrew, 1884+, Center City, MN, USA **[28957]**

MARTIENS : 1800+, MEV, BRD & GER **[36188]** : 1760+, DEN **[36188]** : 1760+, SWE **[36188]** : ALL, WORLDWIDE **[36188]** : ALL, WORLDWIDE **[36188]**

MARTIENSEN : 1824+, MEV, BRD & GER **[36188]** : ALL, WORLDWIDE **[36188]**

MARTIN : 1850, NSW, AUS **[46198]** : 1850S, Boorowa, NSW, AUS **[10297]** : James, C1855-1909, Moree, NSW, AUS **[11623]** : Albert, 1884-1960, Narrabri, NSW, AUS **[11623]** : Owen, 1791+, Sydney, NSW, AUS **[29961]** : Harriet, 1858+, Tamworth, NSW, AUS **[28000]** : Ernest, 1912+, Burketown, QLD, AUS **[31762]** : Corinda, 1912+, Burketown, QLD, AUS **[31762]** : Dorothy, 1913+, Burketown, QLD, AUS **[31762]** : Johann, 1875, Rockhampton, QLD, AUS **[14094]** : Mary & Maria, 1841, Adelaide, SA, AUS **[14627]** : 1854-1902, Burra & Kadina, SA, AUS **[31332]** : W.C., 1920+, Glenelg, SA, AUS **[27850]** : James, 1863+, Kadina, SA, AUS **[27850]** : PRE 1933, Kadina & Glenelg, SA, AUS **[31332]** : PRE 1900, Geelong, VIC, AUS **[29780]** : Samuel, 1840-1880S, Emerald Hill, VIC & TAS, AUS **[44693]** : C1800S, ENG **[36075]** : Maryanne, 1780+, Woburn, BDF, ENG **[31319]** : 1800+, Quainton, BKM, ENG **[45608]** : John, 1800+, Hungerford, BRK, ENG **[14760]** : 1800+, Newbury, BRK, ENG **[45489]** : Elizabeth, 1775, Wargrave, BRK, ENG **[39967]** : Mary, C1730, Cambridge, CAM, ENG **[30246]** : Robert, 1813, Fulbourn, CAM, ENG **[14627]** : Thomas, 1814+, Fulbourn, CAM, ENG **[14627]** : Anne, C1862, Fulbourn, CAM, ENG **[14627]** : PRE 1900, Soham, CAM, ENG **[28275]** : 1650-1800, CON, ENG **[21597]** : Sophie, PRE 1890, CON, ENG **[36433]** : PRE 1836, Falmouth, CON, ENG **[25764]** : Harriet, 1830+, Kea, CON, ENG **[34393]** : 1800S, Liskeard Area, CON, ENG **[11582]** : 1820-1900, Perranarworthal, CON, ENG **[10646]** : ALL, Perranarworthal, CON, ENG **[27850]** : PRE 1800, Sancreed, CON, ENG **[11873]** : PRE 1900, St.Agnes, CON, ENG **[44119]** : 1600-1750, Stithians, CON, ENG **[12318]** : 1800+, Penrith, CUL, ENG **[45489]** : 1802, Matlock, DBY, ENG **[19304]** : 1600S, DEV, ENG **[26335]** : Faithful, PRE 1840, North Bovey, DEV, ENG **[17637]** : PRE 1810, St.Budeaux, DEV, ENG **[36503]** : PRE 1850, Stoke in Teignhead, DEV, ENG **[10492]** : James, C1828, Taverstock, DEV, ENG **[35235]** : PRE 1850, Totnes & Berry Pomeroy, DEV, ENG **[34783]** : PRE 1880, Darlington, DUR, ENG **[17697]** : 1800-1900, Burton Fleming & Walkington, ERY, ENG **[45209]** : Hannah, 1750-1850, ESS, ENG **[39522]** : Frank, 1871+, Braintree, ESS, ENG **[33443]** : 1850S, Plaistow, ESS, ENG **[33305]** : 1850S-1860S, Walthamstow, ESS, ENG **[33305]** : Thomas, 1840+, Bristol, GLS, ENG **[44857]** : John, 1840S, Bristol, GLS, ENG **[28420]** : 1800-1860, Bristol & Clifton, GLS, ENG **[12039]** : 1819-1886, Fairford, GLS, ENG **[42239]** : 1800'S, Gloucester, GLS, ENG **[36655]** : ALL, GLS & SOM, ENG **[30085]** : PRE 1820, Whitchurch, HAM, ENG **[30742]** : PRE 1820, Witton, HUN, ENG **[12915]** : C1800, Ash, KEN, ENG **[30896]** : Robert, 1800+, Pembury, KEN, ENG **[45145]** : ALL, Plaxtol & Wrotham, KEN, ENG **[43842]** : 1750+, Preston by Wingham, KEN, ENG **[33506]** :

C1800, Rochester, KEN, ENG **[36075]** : 1750-1920, Stone by Dartford & Meopham, KEN, ENG **[17926]** : 1750-1920, Swanscombe, KEN, ENG **[17926]** : ALL, Atherton, LAN, ENG **[21763]** : PRE 1860, Bedford, LAN, ENG **[20925]** : John, ALL, Farnworth, LAN, ENG **[10937]** : Isaac, PRE 1887, Liverpool, LAN, ENG **[30880]** : Isabella, PRE 1920, Liverpool & Westhoughton, LAN, ENG **[11158]** : PRE 1870, Manchester, LAN, ENG **[38676]** : PRE 1850, Much Hoole, LAN, ENG **[45949]** : 1800+, Salford, LAN, ENG **[45949]** : PRE 1800, Sandground, LAN, ENG **[11718]** : PRE 1850, Warton (Fylde), LAN, ENG **[45949]** : John, 1773+, Husbands Bosworth, LEI, ENG **[35110]** : Mary, 1915+, Weston, LIN, ENG **[20793]** : ALL, LND, ENG **[31079]** : 1700+, Cripplegate & Shoreditch, LND, ENG **[31079]** : 1870S, Islington, LND, ENG **[33305]** : 1800, Shoreditch, LND, ENG **[17704]** : 1700+, Whitechapel & Stepney, LND, ENG **[31079]** : ALL, Harlesden, MDX, ENG **[44339]** : 1840S, Homerton, MDX, ENG **[33305]** : 1800S, London, MDX, ENG **[99570]** : Leonard, 1869+, London, MDX, ENG **[33443]** : Frederick, C1866, Twickenham, MDX, ENG **[25770]** : PRE 1750, Allendale, NBL, ENG **[17921]** : PRE 1900, NFK, ENG **[17364]** : 1840S-1860S, Gaywood, NFK, ENG **[33305]** : 1790S, Grimstone, NFK, ENG **[33305]** : PRE 1895, Northhampton, NTH, ENG **[38178]** : 1700-1800, Arnold, NTT, ENG **[34967]** : 1800+, Bures St.Mary, SFK, ENG **[33443]** : 1770+, Clare, SFK, ENG **[33443]** : PRE 1870, Ipswich & Bealings, SFK, ENG **[45036]** : PRE 1820, Kettlebaston, SFK, ENG **[17174]** : Ann, PRE 1800, SOM, ENG **[28907]** : 1800+, Kilmersdon, SOM, ENG **[10506]** : PRE 1850, Queen Camel, SOM, ENG **[32907]** : 1860+, SOM & DEV, ENG **[33542]** : 1800-1870, Bermondsey, SRY, ENG **[12641]** : C1840, Bermondsey, SRY, ENG **[20935]** : Annie, 1881, Camberwell, SRY, ENG **[14627]** : ALL, Elstead & Banstead, SRY, ENG **[28479]** : 1855, Kensington, SRY, ENG **[40608]** : Chas Alfred, 1881, London & Croydon, SRY, ENG **[10705]** : PRE 1850, Brighton, SSX, ENG **[46307]** : 1800+, Eastbourne, SSX, ENG **[17514]** : 1400+, Framfield & Waldron, SSX, ENG **[17514]** : Eliza, 1830+, Frant, SSX, ENG **[45145]** : Jesse, 1830+, Hailsham, SSX, ENG **[45769]** : 1800+, Hailsham & Heathfield, SSX, ENG **[17514]** : PRE 1900, Hastings, SSX, ENG **[39416]** : PRE 1900, Steyning, SSX, ENG **[27769]** : Edmund, C1837+, Brightling & Harbledown, SSX & KEN, ENG **[21472]** : 1700-1870, Burslem, STS, ENG **[17201]** : 1800-1880, WAR & WOR, ENG **[36126]** : 1800-1900, Bowness, WES, ENG **[36409]** : PRE 1820, WIL, ENG **[13622]** : 1790+, Compton Chamberlayne, WIL, ENG **[99298]** : Edward, C1700, Great Bedwyn, WIL, ENG **[14760]** : Joseph, C1750, Great Bedwyn, WIL, ENG **[14760]** : 1800+, Redditch, WOR, ENG **[17201]** : 1860+, Rotherham, WRY, ENG **[45209]** : John, 1800+, York, YKS, ENG **[43733]** : 1700+, CON, ENG & AUS **[35240]** : Samuel, 1800+, DEV, ENG & AUS **[44693]** : 1780+, Bournemouth, DOR, SOM & HAM, ENG & AUS **[39539]** : 1770-1855, Horsington, SOM, ENG & AUS **[45652]** : James, PRE 1832, Dublin, IRL **[10565]** : PRE 1845, Dublin, IRL **[46445]** : 1850+, ANT, IRL **[36826]** : John, 1819+, Randalstown, ANT, IRL **[41554]** : 1790+, ARM, IRL **[40618]** : 1813+, ARM, IRL **[25830]** : Joseph, 1820, Drumlane, CAV, IRL **[10297]** : Samuel, 1689, Bally Modan, COR, IRL **[40490]** : PRE 1850, Milford, DON, IRL **[13574]** : 1830+, St.Johnstone, DON, IRL **[12708]** : PRE 1864, Ballybrick, DOW, IRL **[22253]** : 1790+, Drumbo, DOW, IRL **[36652]** : 1780-1880, Magheralin, DOW, IRL **[13546]** : ALL, Derry, DRY, IRL **[11729]** : Bridget, 1800-1854, Tynagh, GAL, IRL **[25489]** : Michael, PRE 1855, Tynagh, GAL, IRL **[35589]** : Patrick, PRE 1855, Tynagh, GAL, IRL **[35589]** : 1690-1750, KIK, IRL **[10832]** : PRE 1860, LIM, IRL **[12915]** : PRE 1846, LOU, IRL **[14029]** : 1780-1880, Crieve & Castle Blayney, MOG, IRL **[13546]** : ALL, Sligo, SLI, IRL **[43879]** : Paddy, PRE 1860, Ardboe, TYR, IRL **[26823]** : PRE 1900, Athlone, WEM, IRL **[11716]** : 1900-1920S, Bray, WIC, IRL **[11729]** : 1870+, Charleston & Invercargill, NZ **[17514]** : 1800+, Christchurch, NZ **[17514]** : 1870+, Tekopuru & Christchurch, NZ **[17514]** : Alex. C., 1880+, Hokianga, NI, NZ **[10392]** : Elizabeth Ann, 1842-1917, Omapere, NI, NZ **[10392]** : C1800, MADEIRA IS., PT **[10230]** : John, 1795, SCT **[99106]** : PRE 1753, Cruden, ABD, SCT **[14880]** : PRE 1797, Dundee, ANS, SCT **[46251]** : John, 1701-1772, Liff & Anstruther, ANS & FIF, SCT **[35823]** : ALL, Abbotshall, FIF, SCT **[11092]** : C1740, Kennoway, FIF, SCT **[37499]** : 1790S, Kingsbarns, FIF, SCT **[12318]** : John, 1769-1837, Kirkcaldy, FIF, SCT **[35823]** : Samuel, 1740-1829, Monimail, FIF, SCT **[35823]** : PRE 1850, INV, SCT **[46164]** : Donald, PRE 1854, Isle of Skye, INV, SCT **[11781]** : 1800+, Glasgow, LKS, SCT **[36071]** : Mathew, C1800-1860, Glasgow, LKS, SCT **[19529]** : Robert, 1800, Lanark, LKS, SCT **[42693]** : David, 1737-1997, Edinburgh, MLN, SCT **[35823]** : 1820S, Edinburgh, MLN, SCT **[12318]** : 1700-1800, Iveresk, MLN, SCT **[43903]** : Ellis, 1738-1816, Leith, MLN, SCT **[35823]** : PRE 1900, Paisley, RFW, SCT **[11873]** : James, 1860+, Glasserton, WIG, SCT **[21955]** : PRE 1900, USA **[22725]** : 1900+, Elgin, USA **[17514]** : Marvin, 1890-1920+, Calumet, MI, USA **[34393]** : Elias B., 1870, Lancaster, PA, USA **[39712]** : Alice, PRE 1834, WLS **[10565]** : James, 1860+, Cardiff, WLS **[33542]** : ALL, Overton, FLN, WLS **[30880]** : Maria, PRE 1910, Overton, FLN, WLS **[30880]** : C1850-1900, Swansea, GLA, WLS **[44119]**

MARTIN (see One Name Section) **[17514]** : Section), **[44119]**

MARTIN-MUDLE : 1800+, London, MDX, ENG **[43733]**

MARTIN-SMITH : PRE 1850, Norwich, NFK, ENG **[37066]**

MARTINDALE : 1707-1763, Studham & Toddington, BDF, ENG **[38970]** : C1850, Liverpool, LAN, ENG **[99570]** : ALL, YKS, ENG **[28570]**

MARTINEAU : ALL, Wisbech, CAM, ENG **[41560]** : ALL, ENG & SCT **[41560]** : PRE 1720, Villamee, BRT, FRA **[20178]** : 1850-1900, Tonnay Charente, PCH, FRA **[41560]**

MARTINGALE : 1790, Nutfield, BDF, ENG **[24943]**

MARTINHOLM : 1700+, Avondale, LKS, SCT **[26687]**

MARTINSEN : ALL, WORLDWIDE **[36188]**

MARTLEW : 1720+, SSX, ENG **[30889]**

MARTYN : Elizabeth, C1780, Gulval, CON, ENG **[13031]** : 1781, Halwill, DEV, ENG **[18340]** : 1780S-1860S, Werrington, DEV, ENG **[18340]**

MARVELL : 1600-1700, Foxton & Lubenham, LEI, ENG **[21349]**

MARWALD : 1900, Nuriootpa, SA, AUS **[14346]**

MARWICK : ALL, ENG & USA **[44300]**

MARWOOD : C1859+, Melbourne, VIC, AUS **[36751]** : 1830-1850, Axminster, DEV, ENG **[10886]** : ALL, LIN, ENG **[26932]** : PRE 1859, Stainsacre & Whitby, YKS, ENG **[36751]**

MARY : 1762-1842, Monestier, Annonay, Ardeche, RHA, FRA **[39991]**

MARYON : PRE 1780, ESS, ENG **[33664]**

MARZOHL : 1855+, Lismore, NSW, AUS **[13943]** : 1600+, Littau, LU, CH **[13943]**

MASCEW : 1650-1800, YKS, ENG **[14744]**

MASCHMANN : 1890+, Bad Kreuznach, RPF, GER **[16286]**

MASCUE : 1670-1725, YKS, ENG **[14744]**

MASEFIELD : 1800-1870, Dudley, WOR, ENG **[40509]** : ALL, WORLDWIDE **[20824]**

MASEFIELD (see One Name Section) **[20824]**

MASEY : 1780+, Bristol, GLS, ENG & AUS **[34245]**

MASH : PRE 1800, HUN, ENG **[19708]** : 1780-1800, Kingston St.Mary, SOM, ENG **[40808]** : Barbara, 1800S, Crossmolina, MAY, IRL **[11061]**

MASHFORD : 1850-1900, Gosberton, LIN, ENG **[29426]**

MASIC : Dujo, 1880-1967, Licko Cerje, GRACAC, CROATIA **[23032]** : Francis, C1910, Evelett, St.Louis Co., MN, USA **[23032]** : Francis, C1920, Ashland, WI, USA **[23032]**

MASICH : Dewey, 1880-1967, Lovinac, LIKA, CROATIA **[23032]** : Dewey, 1880-1967, Detroit, MI, USA **[23032]**

MASICH DEWEY : 1880-1967, Eveleth, St.Louis, MN, USA **[23032]**

MASINI : PRE 1835, London, ENG **[46411]**

MASKELL : 1900+, BDF, ENG **[12230]** : 1800, Motcombe, DOR, ENG **[19785]** : PRE 1830, Canterbury, KEN, ENG **[30678]** : Stephen, 1806, Cliffe Pypard, WIL, ENG **[14184]**

MASKEW : C1845, LAN, ENG **[14744]** : 1550-1880, YKS, ENG **[14744]**

MASLEN : 1850+, Peachey Belt, SA, AUS **[33642]** : ALL, WIL, ENG **[39180]** : PRE 1850, Devizes, WIL, ENG **[34581]** : C1800, North Newnton & Urchfont, WIL, ENG **[33642]**

MASLIN : Charles, 1870+, Auburn, SA, AUS **[27850]** : ALL, All Cannings, WIL, ENG **[39180]** : PRE 1820, Marden & Chirton, WIL, ENG **[45036]**

MASON : 1800+, Raymond Terrace, NSW, AUS **[13347]** : James, 1850+, Campbells Creek, VIC, AUS **[33542]** : C1850, Yan Yean, VIC, AUS **[13244]** : 1749-1880, Halifax Co., NS, CAN **[22262]** : ALL, Toronto, QUE, CAN **[45766]** : PRE 1900, ENG **[16661]** : Caroline, 1840, London, ENG **[25072]** : PRE 1725, Little Wilbraham, CAM, ENG **[19516]** : 1600-1800, St.Just in Penwith, CON, ENG **[19843]** : 1700-1860, Little Eaton, DBY, ENG **[27087]** : 1700S, Dartmouth, DEV, ENG **[18895]** : 1700-1800, Manaton, DEV, ENG **[40257]** : ALL, Totnes, DEV, ENG **[30248]** : 1800-1900, Foulness Island, ESS, ENG **[19859]** : 1850-1950, Great Wakering, ESS, ENG **[19859]** : PRE 1910, Mistley & Harwich, ESS, ENG **[14733]** : 1800-1840, Waltham Abbey, ESS, ENG **[10230]** : 1890+, KEN, ENG **[34089]** : Isabella, C1812-1868, Brasted & Maidstone, KEN, ENG **[36538]** : 1800-1860, Maidstone, KEN, ENG **[31967]** : 1860-1900, Woolwich, KEN, ENG **[31967]** : John, PRE 1895, Preston, LAN, ENG **[41349]** : 1800-1870, New Sleaford, LIN, ENG **[46313]** : PRE 1800, Spalding, LIN, ENG **[46428]** : C1800, Spridlington, LIN, ENG **[24993]** : 1800-1910, Islington, LND, ENG **[31967]** : John, PRE 1828, Shoreditch & St.Leonards, LND, ENG **[44111]** : 1800-1900, Southwark, LND, ENG **[39357]** : 1870-1890, Islington, MDX, ENG **[17291]** : C1850, London, MDX, ENG **[21479]** : PRE 1832, Shoreditch, MDX, ENG **[37709]** : 1700-1800, London, MDX, CUL & WES, ENG **[14296]** : 1775-1850, Kings Lynn, NFK, ENG **[44077]** : PRE 1880, North Lynn & West Winch, NFK, ENG **[14733]** : 1800S, Long Buckby, NTH, ENG **[46397]** : 1800+, Luddington, NTH, ENG **[31720]** : 1789+, Weldon, NTH, ENG **[31720]** : 1750-1800, East Bridgeford, NTT, ENG **[17400]** : 1780+, Whatton, NTT, ENG **[10287]** : PRE 1700, Deddington, OXF, ENG **[25151]** : 1850+, Tiddington, OXF, ENG **[34089]** : C1700-1900, Glemsford, SFK, ENG **[30645]** : C1700-1900, Hartest & Hawkedon, SFK, ENG **[30645]** : 1800-1880, Lambeth, Camberwell, SRY, ENG **[46478]** : 1800S, Madeley, STS, ENG **[42615]** : C1700, Walsall, STS, ENG **[18067]** : C1800, Birmingham, WAR, ENG **[13347]** : Sarah, PRE 1855, Birmingham, WAR, ENG **[38542]** : 1700-1900S, Birmingham, WOR, ENG **[39565]** : 1840+, Droitwich, WOR, ENG **[10731]** : 1700-1750, Norton & Lenchwick, WOR, ENG **[35042]** : 1700S, Bolton Castle, YKS, ENG **[13731]** : ALL, Broughton, YKS, ENG **[18895]** : 1790+, Dent, YKS, ENG **[28570]** : Thomas, 1863+, Ingleton, YKS, ENG **[33870]** : 1800+, Silsden, Skipton, YKS, ENG **[39301]** : 1733+, KER & COR, IRL **[27719]** : 1700+, Moon, KID, IRL **[12728]** : 1870, Christchurch, NZ **[10230]** : 1840+, Banks Peninsular, CANTY, NZ **[27931]** : 1870-1906, Dundee, ANS, SCT **[46449]** : C1650+, Oldhamstocks, ELN, SCT **[37199]** : 1830-1870, Paisley, RFW, SCT

[46449] : 1870+, Clydach Vale, GLA, WLS **[30086]**

MASSEE : 1750+, Rillington, ERY, ENG **[45626]**

MASSER : PRE 1800, Foleshill, WAR, ENG **[19785]**

MASSEY : 1825+, Elgin Co., ONT, CAN **[16559]** : Mary, 1803+, Etwall, DBY, ENG **[34315]** : PRE 1850, Warrington, LAN, ENG **[11282]** : 1800-1900, Newport, SAL, ENG **[27435]** : 1750+, STS, ENG **[44649]** : 1800-1900, Stafford, STS, ENG **[27435]** : William, C1830-1870, Willenhall, STS, ENG **[33402]** : C1730, IRL **[13004]** : C1830, COR, IRL **[25658]** : C1830, Limerick, LIM, IRL **[10820]** : John, 1857-1916, AYR, SCT **[45973]** : ALL, UK **[42541]** : ALL, WORLDWIDE **[17886]**

MASSICKS : 1832+, Urswick, LAN, ENG **[19661]**

MASSICOTTE : George, 1860-1950, QUE, CAN **[46185]**

MASSIE : 1750, Belhelvie, ABD, SCT **[24637]** : ALL, WORLDWIDE **[17886]**

MASSINGHAM : ALL, Woolwich & Dartford, KEN, ENG **[30589]**

MASSON : 1887+, NSW, AUS **[26301]** : C1820, Emneth, NFK, ENG **[11813]** : ALL, INV, SCT **[26301]** : Margt Bella, PRE 1900, Lossiemouth, MOR, SCT **[38449]**

MASSY : James, ALL, Elgin Co., ONT, CAN **[16559]** : 1st Baron, 1700-1788, Duntrileague, LIM, IRL **[31486]**

MASTER : PRE 1700, Cranbrook & Tonbridge, KEN, ENG **[43842]**

MASTERS : 1852+, East Maitland, NSW, AUS **[10345]** : 1837+, Gundaroo, NSW, AUS **[10793]** : 1837+, NSW & VIC, AUS **[10793]** : 1890+, London, ENG **[21261]** : PRE 1900, Lezant & Cramlington, CON, ENG **[25093]** : PRE 1875, Liskeard, CON, ENG **[20974]** : ALL, Watford, HRT, ENG **[46282]** : 1800+, Bexleyheath, KEN, ENG **[39479]** : PRE 1770, Lydd, KEN, ENG **[36072]** : Margaret M., 1938, LND, ENG **[12165]** : 1750+, Yeovil, SOM, ENG **[15289]** : 1800+, SOM & GLS, ENG **[45707]** : PRE 1840, Lambeth, SRY, ENG **[39479]** : 1800+, Icklesham, SSX, ENG **[11629]** : PRE 1837, Peasmarsh, Brede & Icklesham, SSX, ENG **[10793]** : 1800-1900, Marton, WAR, ENG **[18670]** : 1800, Bath, WIL, ENG **[33825]** : PRE 1849, Donhead & St.Andrew, WIL, ENG **[10345]** : C.J. & Wm, 1900-1960, Swindon, WIL, ENG **[39964]** : 1850+, COR, IRL **[21261]** : 1860+, Auckland, NZ **[21261]** : 1860+, Wellington, NZ **[21261]**

MASTERSON : C1863+, Bendigo & Inglewood, VIC, AUS **[36751]** : 1800+, ENG **[16811]** : PRE 1860, IRL **[31297]** : PRE C1863, KIK, IRL **[36751]**

MASTORMAN : 1880-1920, Darlington, DUR, ENG **[11424]**

MATCHETT : 1700+, Smisby, DBY, ENG **[13406]** : 1800S, Cavan, IRL **[28006]**

MATE : 1660-1800, Bere Regis, DOR, ENG **[19713]** : 1800+, Islington, MDX, ENG **[35042]** : C1786, Dunkerque, NORD, FRA **[35042]**

MATHAMS : 1800+, SFK, ENG **[16811]**

MATHER : C1750, Sawley, DBY, ENG **[13326]** : 1850-1900, Littleborough, LAN, ENG **[33838]** : 1800, Walton-le-Dale, LAN, ENG **[13910]** : 1800+, TIP, IRL **[30527]** : George, 1900-2000, RSA **[14966]** : 1800-1900, Wilton, ROX, SCT **[14966]**

MATHERS : William Hy., PRE 1849, Lurgan & Seagoe, ARM, IRL **[37565]** : Christian, C1885, Aberdeen, SCT **[22224]** : Elizabeth, C1919, Foveran, ABD, SCT **[22224]** : Chas Wallace, PRE 1924, New Deer, Ellon & Peterhead, ABD, SCT **[22224]** : John, C1810, Peterhead, ABD, SCT **[22224]** : Alexander, C1840, Peterhead, ABD, SCT **[22224]** : 1750-1840, Llanfihangel Ar Arth, CMN, WLS **[37156]**

MATHESON : 1850+, AUS **[99010]** : 1840S+, NSW, AUS **[34947]** : Alexander, ALL, Lucindale, SA, AUS **[99010]** : 1890S, VIC, AUS **[13091]** : Angus, 1857, Macedon, VIC, AUS **[10428]** : 1800+, ONT, CAN **[31079]** : Norman, ALL, ENG **[99010]** : 1800S-1870S, Whitehaven, CUL, ENG **[37978]** : 1830S-1890S, Bury,

LAN, ENG **[37978]** : 1880+, SHO, GER **[31079]** : C1811-1862, Aberdeen, ABD, SCT **[10367]** : Alexander, PRE 1900, Bowling, DNB, SCT **[11587]** : PRE 1880, Anstruther, FIF, SCT **[33628]** : PRE 1810, Inverness, INV, SCT **[39154]** : 1800-1850, Isle of Skye, INV, SCT **[36295]** : C1820-1845, Isle of Skye, INV, SCT **[45823]** : PRE 1820, Isle of Skye, INV, SCT **[11866]** : Martha, 1800+, ROC, SCT **[28096]** : 1842+, ROC, SCT **[42594]** : C1815, Urray, ROC, SCT **[99570]** : 1700+, SUT, SCT **[46372]** : Alexander, 1871, Creich, SUT, SCT **[10428]**

MATHEW : PRE 1840, Aberdeen, ABD, SCT **[17921]** : PRE 1810, GLA, WLS **[11918]**

MATHEWS : John, 1850-1900, Hastings Co., ONT, CAN **[41349]** : PRE 1850, Newbury, BRK, ENG **[21175]** : Sophia, PRE 1800, Speen, BRK, ENG **[21175]** :Henry, C1880, Spondon, DBY, ENG **[17087]** : John, 1816+, Cheltenham, GLS, ENG **[17087]** : ALL, Newport, low, HAM, ENG **[21046]** : 1650-1880, LAN, ENG **[41573]** : 1830-1850, Chelsea, LND & MDX, ENG **[45665]** : 1800S, Fulham, LND & MDX, ENG **[45665]** : John, 1790-1830, West Kensington, LND & MDX, ENG **[45665]** : 1800S, West Kensington, LND & MDX, ENG **[45665]** : PRE 1860, London, MDX, ENG **[21505]** : PRE 1870, Richmond, SRY, ENG **[46451]** : 1860+, Birmingham, WAR, ENG **[46373]** : ALL, Horningsham, WIL, ENG **[30589]** : C1700-20, London, ENG & IRL **[27320]** : Patrick, 1800S, MEA, IRL **[30535]** : 1800S, North Dublin, DUB & MEA, IRL & USA **[30535]** : 1870+, Allegheny, PA, USA **[12904]** : 1700-1800, St.Lucy, BARBADOS, W.INDIES **[21349]**

MATHEWSON : PRE 1850, LDY & TYR, IRL **[11536]** : 1700, Perth, PER, SCT **[13091]**

MATHIAS : William, 1870+, Birkenhead, CHS, ENG **[31159]** : PRE 1775, Altwiesloch, BAD, GER **[10408]** : James, 1830+, Kells, KER & PEM, IRL & WLS **[31159]** : 1830-1850, Cardiff, GLA, WLS **[46374]** : George, 1772+, Milford, PEM, WLS **[31159]**

MATHIAS (see One Name Section) **[31159]**

MATHIESEN : 1872+, Brisbane & Drake, QLD & NSW, AUS **[13584]** : PRE 1870, Redding, Ribe, DEN **[13584]**

MATHIESON : ALL, ABD, SCT **[10367]** : 1800+, Oyne, ABD, SCT **[21079]** : 1700-1997, Kintyre, ARL, SCT **[10119]** : Isabella, 1815+, Isle of Skye, INV, SCT **[45769]** : PRE 1860, Scullamie, SUT, SCT **[29626]** : 1850+, MA, USA **[21038]**

MATHISON : 1880+, NSW, AUS **[10978]** : 1700+, Peebles, PEE, SCT **[10978]**

MATIER : Robert, PRE 1780, Banbridge, DOW & ANT, IRL **[39471]**

MATKIN : 1800-1860, Sleaford, LIN, ENG **[46313]**

MATLAND : PRE 1800, CAM, ENG **[12950]**

MATLOCK : C1825-1880, AL, USA **[23848]**

MATON : PRE 1800, Salisbury, WIL, ENG **[18702]**

MATOS : 1800, Pico, AZORES, PT **[40608]**

MATSON : 1850+, Adelaide, SA, AUS **[36842]** : PRE 1860, NS, CAN **[36842]** : 1880+, ONT, CAN **[31079]** : ALL, Dean, BDF, ENG **[44105]** : Sarah, ALL, Borden, KEN, ENG **[44939]** : PRE 1790, Bridlington, YKS, ENG **[33454]** : 1863+, Kiel, SHO, GER **[31079]** : 1800S+, Waterford City, WAT, IRL **[31079]** : ALL, SCT **[36842]** : ALL, USA **[36842]**

MATTES : 1700+, Waldlaubersheim, RPR, GER **[16383]**

MATTEWS : PRE 1880, Brinkworth, WIL, ENG **[46508]**

MATTEY : 1770-1847, HEF, ENG **[45754]**

MATTHEW : Catherine, PRE 1683, Cottenham, CAM, ENG **[14290]** : 1700-1850, North, CON, ENG **[45841]** : 1700S, ERY, ENG **[16430]** : 1800+, Edinburgh, MLN, SCT **[30120]**

MATTHEWMAN : PRE 1850, WRY, ENG **[35017]** : PRE 1850, Stainforth, YKS, ENG **[12707]**

MATTHEWS : C1865, Parramatta, NSW, AUS **[10460]** : Fanny, 1893+, Mile End, SA, AUS **[14346]** : 1850+, Melbourne, VIC, AUS **[32035]** : 1840+, Cambridge, CAM, ENG **[46269]** : 1852-1880, Birkenhead & Tranmere, CHS, ENG **[37181]** : 1800-1850, CON, ENG **[34790]** : PRE 1850, Redruth, CON, ENG **[12707]** : Elizabeth, C1845, Saint Levan, CON, ENG **[14645]** : ALL, Sithney, CON, ENG **[38498]** : 1820S, St.Columb, CON, ENG **[21131]** : PRE 1900, St.Pinnock, CON, ENG **[31014]** : Sarah, 1795, Crosthwaite, CUL, ENG **[13153]** : Joseph, C1770, Crosthwaite, CUL, ENG **[13153]** : 1600+, Broadwidger, Virgin Stow, DEV, ENG **[21655]** : C1860-1880, Plymouth, DEV, ENG **[99174]** : 1500+, St.Giles on Heath, DEV, ENG **[21655]** : Gideon, 1800-1900, Werrington, DEV, ENG **[21655]** : C1750, Beaminster, DOR, ENG **[38515]** : 1825+, Gillingham, DOR, ENG **[40807]** : PRE 1820, Hambledon & Meonstoke, HAM, ENG **[39348]** : 1650-1750, Much Hadham, HRT, ENG **[45639]** : 1750+, St.Helens, IOW, ENG **[18207]** : 1750+, St.Helens, IOW, HAM, ENG **[42643]** : William, C1800, KEN, ENG **[32035]** : Elizabeth, 1800-1860, Liverpool, LAN, ENG **[42828]** : Anne, 1800-1860, Liverpool, LAN, ENG **[42828]** : 1800-1900, Liverpool, LAN, ENG **[18038]** : Joseph, 1800-1900, West Derby, LAN, ENG **[42828]** : 1800+, LND, ENG **[12386]** : C1830, LND, ENG **[34543]** : 1800-1900, Bethnal Green, LND, ENG **[46409]** : 1850S, Bethnal Green, LND, ENG **[39588]** : William, 1800S, Shoreditch, LND, ENG **[99174]** : 1812+, Southwark, LND, ENG **[46269]** : 1800+, Steeple Barton, OXF, ENG **[12011]** : PRE 1860, Broseley, SAL, ENG **[21175]** : PRE 1800, Church Stretton, SAL, ENG **[11213]** : John, 1834-36, Shrewsbury, SAL, ENG **[37181]** : PRE 1700, Wrockwardine, SAL, ENG **[21175]** : Elizabeth, 1762, Bath, SOM, ENG **[32050]** : 1700-1850, Bristol, SOM, ENG **[14296]** : C1790, SRY, ENG **[28479]** : ALL, Streatham, SRY, ENG **[32035]** : Frank, 1883-1903, Biddulph, STS, ENG **[39455]** : PRE 1856, Coventry, WAR, ENG **[46422]** : C1800, Trowbridge, WIL, ENG **[36762]** : Wm, 1849, WOR, ENG **[35225]** : Albert, 1853+, Dudley, WOR, ENG **[32901]** : Helen Luke, PRE 1800, Worcester, WOR, ENG **[12060]** : 1780S-1850S, Wroxhall, WOR, ENG **[37978]** : Louisa, 1700+, Wakefield, WRY, ENG **[21132]** : PRE 1860, Attercliffe, YKS, ENG **[39348]** : ALL, Sheffield, YKS, ENG **[46323]** : 1880S, CON & VIC, ENG & AUS **[28013]** : PRE 1846, Ballyheelin, CAV, IRL **[13838]** : PRE 1860, Ballybrian, DOW, IRL **[27666]** : PRE 1884, LOU & DUB, IRL **[37174]** : C1800, Laught, TYR, IRL **[12163]** : 1905+, Pittsburg, PA, USA **[12904]** : 1750-1840, Llanfihangel Ar Arth, CMN, WLS **[37156]** : John, 1835-1851, Llangollen & Wrexham, DEN, WLS **[37181]** : 1800S, Overton & Cloy, FLN, WLS **[30996]** : 1800+, Neath, GLA, WLS **[46311]**

MATTHEY : ALL, NEU, CH **[36120]**

MATTINGLEY : 1800+, BRK, ENG **[43720]** : 1800+, Shoreditch, LND, ENG **[43720]** : PRE 1800, Goring, OXF, ENG **[15464]**

MATTINGLY : ALL, Uffington, BRK, ENG **[38615]** : ALL, Vale of White Horse, BRK, ENG **[38615]** : James, 1734+, Salem, MA, USA & CAN **[22796]**

MATTINSON : 1800S-1870S, Whitehaven, CUL, ENG **[37978]** : 1830S-1890S, Bury, LAN, ENG **[37978]**

MATTOCK : Robert, 1800-1870, Brompton Regis, SOM, ENG **[39060]**

MATTOCKS : C1810+, Great Brickhill, BKM, ENG **[33506]** : PRE 1825, Yalding, KEN, ENG **[43842]**

MATTS : ALL, LEI, ENG **[17511]** : 1800, Pico, AZORES, PT **[40608]** : ALL, WORLDWIDE **[17511]**

MATTS (see **MATTOS**) : **[10739]**

MATTSON : 1870+, AUCK, NZ **[42112]**

MATUM : 1700-1800S, Maidstone, KEN, ENG **[44296]**

MATURIN : ALL, WORLDWIDE **[21418]**

MATUSIK : 1800-1900, KR, POL **[22511]** : 1870-1890S, Krosno, KS, POL **[22511]** : 1800-1900, NS, POL **[22511]** : 1800-1900, TA, POL **[22511]** :Joseph, 1920-1930S, Nashua, NH, USA **[22511]**

MATYEAR : ALL, WORLDWIDE **[25142]**

MAUCH : Louisa, C1869, Toowoomba, QLD, AUS **[29479]** : Johannes, 1808, Feuerback, GER **[29479]**

MAUDE : John, 1800S, Bagdad, TAS, AUS [41228] : Arthur, 1890+, Ballarat, VIC, AUS [41228] : Arthur Jas, 1890+, Clunes, VIC, AUS [41228] : PRE 1894, ENG [46296]

MAUDER : PRE 1857, Bromley, STS, ENG [40970]

MAUDSLEY : ALL, LAN, ENG [14002] : Richard, 1800+, Holme, WES, ENG [14002] : ALL, YKS, ENG [14002]

MAUER : PRE 1890, Dragsavac, SLOVENIA, YU [28660]

MAUGER : Daniel, ALL, St.Martins, GSY, CHI [13065]

MAUGHAN : 1850+, DUR, ENG [41244] : ALL, Sunderland, DUR, ENG [39272]

MAULE : PRE 1840, Glastonbury, SOM, ENG [11594]

MAULSBURY : 1843+, O'Connell, NSW, AUS [33490]

MAUNDER : 1810-1870, NSW, AUS [46300] : John & Mary, 1761-1846, Cruwys Morchard, DEV, ENG [34140] : PRE 1875, Malborough, DEV, ENG [25538] : 1700-1850, Salcombe Regis, DEV, ENG [33847] : PRE 1730, Cogges, OXF, ENG [33428]

MAUNTON : 1800-1900, Bromley, KEN, ENG [34277] : PRE 1850, Birmingham, WAR, ENG [34277]

MAURER : C1770, Schwabbach, WUE, GER [14120]

MAURICE : C1862, St.Anne, QUE, CAN [40970] : PRE 1755, Sutton Bonnington, NTT & LEI, ENG [18236] : PRE 1900, Kinswinford, STS, ENG [44223] : 1880+, Paris, FRA [45743] : PRE 1815, Turriff, ABD, SCT [37058]

MAVIN : ALL, WORLDWIDE [16188]

MAW : PRE 1800, York, YKS, ENG [18310]

MAWBY : PRE 1800, Gilmorton, LEI, ENG [36033]

MAWDITT : 1700-1800S, Heavitree & Honiton, DEV, ENG [42897]

MAWER : ALL, LIN, ENG [45204] : PRE 1800, LIN, ENG [38523] : PRE 1800, Friskney, LIN, ENG [21594] : PRE 1721, Helpringham, LIN, ENG [38523] : Henry, 1824-1890, Louth, LIN, ENG [38925] : C1750, Sleaford, LIN, ENG [38523] : Sarah Ann, PRE 1943, Nottingham, NTT, ENG [17366]

MAWHINNEY : PRE 1800, Magheralin, DOW, IRL [27240] : 1850+, Dundee, ANS, SCT [21321]

MAWSON : 1800+, CUL, ENG [36826] : 1800+, Sunderland, DUR, ENG [13473]

MAXEY : 1750-1810, Bedford, BDF, ENG [17676] : 1800-50, Clonmel, TIP, IRL [10167]

MAXFIELD : PRE 1780, Wellington, SAL, ENG [19818] : PRE 1800, Wellington, SAL, ENG [20178]

MAXIM : 1800+, LND & NFK, ENG [42771]

MAXTED : 1896-1940, West Ham, ESS, ENG [41109] : 1850+, Dover, KEN, ENG [27533] : ALL, Ickham, KEN, ENG [32230] : PRE 1800, Ickham, KEN, ENG [45962] : 1810-1949, Stanford & Dover, KEN, ENG [41109] : 1800-1860, Woodnesborough, KEN, ENG [45442]

MAXUM : PRE 1800, WIL, ENG [39506]

MAXWELL : John & Theresa, 1856+, Mulgoa & Burragorang, NSW, AUS [10801] : Thomas, 1850+, Buninyong & Ballarat, VIC, AUS [28081] : 1840-1880S, Birkenhead, CHS, ENG [17012] : 1750, Thornhill, DFS, SCT [13129] : ALL, Kirkcowan, KKD, SCT [19486] : PRE 1869, Minnigaff & Penninghame, KKD & WIG, SCT [19486] : Thomas, 1700-1850, Barony, LKS, SCT [12144] : PRE 1870, Kilsyth, STI, SCT [99600] : 1735-1850, Westfield, Union Co., NJ, USA [34797]

MAY : 1809+, Campbelltown, NSW, AUS [12395] : 1791+, Hawkesbury, NSW, AUS [10046] : 1850+, Newcastle, NSW, AUS [12386] : ALL, ENG [45204] : 1675-1728, Wokingham, BRK, ENG [19908] : ALL, Wokingham, BRK, ENG [10114] : 1750-1800, Feock, CON, ENG [10646] : PRE 1850, Launceston, CON, ENG [26297] : PRE 1875, Liskeard, CON, ENG [20974] : 1700-1770, Mylor, CON, ENG [11366] : 1780-1880, Newlyn East, CON, ENG [43853] : 1800S, Perranzabuloe, CON, ENG [31373] : 1800-1900, Carlisle & Gloucester, CUL & GLS, ENG [39229] : John, PRE 1800, DEV, ENG [25066] : Fanny, 1848+, Devonport, DEV, ENG [46225] : Richard, PRE 1865, Exeter, DEV, ENG [44296] : C1700, Northam, DEV, ENG [42384] : 1711+, Thelbridge & Witheridge, DEV, ENG [39307] : 1700-1780, Werrington, DEV, ENG [43853] : PRE 1760, Werrington, DEV, ENG [26297] : C1800, Maldon, ESS, ENG [15715] : 1700-1770, GLS, ENG [30302] : PRE 1800, Oakshott, HAM, ENG [15464] : PRE 1820, Gravesend, KEN, ENG [13034] : ALL, Sutton Cheney, LEI, ENG [31152] : 1800+, Hackney, MDX, ENG [45553] : Mabel Jessie, 1915+, MDX & ESS, ENG [33679] : C1700S-1800, Towcester, NTH, ENG [36538] : PRE 1830, Lowestoft, SFK, ENG [36537] : PRE 1800, SOM, ENG [46260] : C1750, Puxton, SOM, ENG [19759] : C1789, Yatton, SOM, ENG [19759] : 1750-1800, Elstead, SRY, ENG [19759] : PRE 1800, SSX, ENG [45046] : PRE 1840, WIL, ENG [45046] : 1800+, Devizes, WIL, ENG [46201] : Sarah, 1800+, GLS & MON, ENG & WLS [22456] : Carl F.A., 1830, Belmsdorf, PSA, GER [44941] : PRE 1809, WIC, IRL [12395] : 1860+, Mahurangi, NTH IS., NZ [11280] : PRE 1860, Brechin & Montrose, ANS, SCT [11280] : 1878+, Dundee, ANS, SCT [46259] : Victor D., 1900+, Santa Clara, CA, USA [17030] : 1831-1900, Clark Co., OH, USA [26149] : C1750, Brocks Gap, Rock Co., VA & WV, USA [46467]

MAYALL : 1800-1860, Hartlebury, WOR, ENG [27087] : PRE 1820, Ribbesford, WOR, ENG [27087] : PRE 1850, YKS & LAN, ENG [19259]

MAYBANK : Sarah, PRE 1786, Godalming, CAM, ENG [14290]

MAYBERY : John, 1800+, Finvoy, ANT, IRL [10054]

MAYBREY : ALL, MON, WLS [21196]

MAYDEN : PRE 1800, ENG, IRL & SCT [20824]

MAYDON : PRE 1800, ENG, IRL & SCT [20824]

MAYDWELL : John Francis, 1600-1660, Great Easton, LEI, ENG [21349] : Robert, PRE 1800, Somerby, LEI, ENG [25700]

MAYER : 1780-1810, St.George Hanover Square, LND, ENG [13014] : 1750-1865, London, MDX, ENG [33547] : 1700+, Hanley & Stoke on Trent, STS, ENG [46299] : 1850+, Timisoara, HU [19905]

MAYERS : ALL, Bucklebury, BRK, ENG [16513] : 1860+, Stourport & Kidderminster, WOR, ENG [46297]

MAYERSBACH : 1780, London, ENG [35649]

MAYES : ALL, Cardington, BDF, ENG [36020] : ALL, Cople, BDF, ENG [36020] : PRE 1800, Cople, BDF, ENG [27769] : 1800, Everton, BDF, ENG [44105] : PRE 1800, CAM, ENG [39642] : John, 1830-1900, Whithaven, CUL, ENG [99440] : ALL, Little Maplestead, ESS, ENG [29471] : PRE 1850, HUN, ENG [39642] : 1770-1810, NFK, ENG [44150] : 1880+, Wellingborough, NTH, ENG [36020] : 1680S, Homersfield, SFK, ENG [46216] : ALL, Woodbridge, SFK, ENG [45876]

MAYFIELD : ALL, Norwich, NFK, ENG [42943] : PRE 1854, Arnold, NTT, ENG [46441] : C1790, Newark, NTT, ENG [28340]

MAYGER : ALL, KEN & SOM, ENG [46255]

MAYHEAD : ALL, LND, ENG [29324] : 1600-1850, SFK, HAM & SSX, ENG [38514]

MAYHEU : ALL, Stradbroke, SFK, ENG [31079]

MAYHEW : PRE 1700, Bentworth, HAM, ENG [10493] : ALL, Stowmarket, SFK, ENG [45489] : ALL, Stradbroke, SFK, ENG [31079]

MAYHO : Daniel, 1770+, Quainton, BKM, ENG [43769] : Thomas, 1780-1850, Quainton, BKM, ENG [43769]

MAYJOR : PRE 1875, Liskeard, CON, ENG [20974] : PRE 1850, Lamerton & Bridestowe, DEV, ENG [25093]

MAYLAM : Mary Anne, ALL, Chelsea, MDX, ENG [10469]

MAYLOTT : 1820-1920, WOR, ENG [43769]

MAYN(E) : 1782+, St.Just in Penwith, CON, ENG [45689]

MAYNARD : 1900+, Mildura, VIC, AUS **[20923]** : 1600, Quethiock & Menheniot, CON, ENG **[26580]** : 1830+, Bere Alston, DEV, ENG **[38681]** : PRE 1850, Loughton, ESS, ENG **[11124]** : PRE 1800, Beaulieu, HAM, ENG **[34581]** : 1700+, Tenterden, KEN, ENG **[35280]** : ALL, LND & SSX, ENG **[19345]** : PRE 1850, Norwich, NFK, ENG **[32907]** : Mary, 1750-1830, Ardley, OXF, ENG **[27039]** : 1700S, Kingston & Yeovil, SOM, ENG **[26580]** : 1786-1810, East Grinstead, SSX, ENG **[36282]** : 1840S, GIBRALTAR, ESP **[38740]**

MAYNE : Daisy, 1905+, Sydney, NSW, AUS **[33542]** : 1890+, Mildura, VIC, AUS **[20923]** : PRE 1800, St.Just in Penwith, CON, ENG **[14268]** : 1850-1890, Devenport, DEV, ENG **[44229]** : 1800-1850, Limpsfield, SRY, ENG **[20923]** : ALL, Heic, INDIA **[20923]** : 1790-1840, Tullamore, MOG, IRL **[44229]** : PRE 1800, Powis House, CLK & STI, SCT **[20923]**

MAYNER : 1800-1900, Alverstoke, HAM, ENG **[28479]**

MAYO : 1833-1900, NSW, AUS **[37308]** : 1830+, Central Tilba & Sydney, NSW, AUS **[44567]** : 1900S, Sydney, NSW, AUS **[44296]** : PRE 1780, ENG **[25853]** : John Erskine, C1770-1850, St.Georges, East London, ENG **[37308]** : PRE 1800, Chesham, BKM, ENG **[19782]** : PRE 1835, Chesham, BKM, ENG **[11890]** : C1770, DOR, ENG **[11661]** : 1800-1900, GLS, ENG **[45889]** : Joseph, 1840-1900, Westbury-on-Severn, GLS, ENG **[45889]** : 1600S, Boston, MA, USA **[15521]**

MAYOCK : Winifred, 1865, Crossmolina, MAY, IRL **[11061]**

MAYOR : 1700-1760, London, ENG **[25322]** : C1820, Amsterdam, NL **[19568]**

MAYOS : 1600-1840, HEF, ENG **[34790]**

MAYOTT : 1630-1750, Barlaston & Burslem, STS, ENG **[15823]**

MAYS : C1760, Luton, BDF, ENG **[18018]** : PRE 1900, SFK, ENG **[39312]** : ALL, Haverhill, SFK, ENG **[12071]** : 1800-1850, Stowmarket & Coddenham, SFK, ENG **[32009]** : ALL, Woodbridge, SFK, ENG **[45876]** : ALL, Henlow, BDF, ENG & AUS **[46317]**

MAYSEY : Sarah, 1500-1750, Cirencester, GLS, ENG **[27039]**

MAYSTON : 1750-1830 LND MDX & SRY ENG **[46001]**

MAYSTONE : 1750-1830, London, MDX & SRY, ENG **[46001]**

MAYTUM : John, 1783+, Islington, LND, ENG **[10054]**

MAZLIN : Donald, 1823-1920, Sydney, NSW, AUS **[36112]**

MAZZARATI : 1800+, London, ENG & ITL **[38907]**

MAZZUR : PRE 1919, Johannesburg, RSA **[12953]**

===
Note: Surnames commencing with the prefix MAC or MC will be found in strict alpha order within M. MAC & MC sections should both be consulted.
===

MCADAM : 1900+, Winnipeg, MAN, CAN **[43804]** : PRE 1900, Liverpool, LAN, ENG **[37174]** : ALL, Armagh, ARM, IRL & AUS **[42466]** : 1750+, Auchans & Dundonald, AYR, SCT **[10715]** : PRE 1847, Glasgow, LKS, SCT **[10516]** : 1885-1901, Roath, Cardiff, GLA, WLS **[43804]**

MCALEER : ALL, Termonmaguirk, TYR, IRL **[46195]**

MCALEESE : 1876+, NSW, AUS **[46477]**

MCALISTER : 1780-1800, Dundalk, LOU, IRL **[13833]** : 1770-1900S, Jura & Islay, ARL & NSW, SCT & AUS **[25830]**

MCALLAN : PRE 1890, Dublin, IRL **[46352]** : PRE 1800, SCT **[12144]** : 1750-1860, Glasgow, LKS, SCT **[12144]**

MCALLISTER : 1870+, Newcastle, NSW, AUS **[10317]** : 1800+, Sydney, NSW, AUS **[40745]** : 1912+, Charters Towers, QLD, AUS **[31762]** : PRE 1848, Ballintoy, ANT, IRL **[10046]** : PRE 1800, LOU, IRL **[40781]** : PRE 1860, Glasgow, LKS, SCT **[13326]** : ALL, UK **[42541]**

MCALPIN : Mccomb, PRE 1850, Armagh, ARM, IRL **[33728]**

MCALPIN(E) : C1870-1900, Poplar, LND, ENG **[18714]** : C1850-1880, SCT **[18714]**

MCALPINE : 1860+, Caledonia, ONT, CAN **[33564]** : PRE 1840, DOW, IRL **[13655]** : 1700-1900, Glassary & Kilmartin, ARL, SCT **[20578]** : C1830+, Glasgow, LKS, SCT **[34321]** : PRE 1850, Buchanan & Drymen, STI, SCT **[33628]** : Matthew, PRE 1850, Falkirk, STI, SCT **[33564]**

MCANANY : Patrick, 1830+, Cookstown, TYR, IRL **[29745]** : Charles, 1800+, Glasgow, LKS, SCT **[29745]**

MCANDREW : C1780, Falkland, FIF, SCT **[30310]**

MCANERIN : 1875+, Barnet, HRT, ENG **[17061]** : William, ALL, FER, IRL **[17061]** : PRE 1875, Mulnasuget, FER, IRL **[17061]**

MCANN : Ann, ALL, Horwich & Lostock, LAN, ENG **[40690]** : Ann, 1835+, Liverpool, LAN, ENG **[40690]**

MCANNALLY : PRE 1880, ARM, IRL **[41425]**

MCAPPION : 1850+, Hill End, NSW, AUS **[13694]**

MCARA : PRE 1820, Currie, MLN, SCT **[22248]**

MCARTHUR : Neil, 1840+, NSW, AUS **[46359]** : 1852+, Clunes, VIC, AUS **[12163]** : PRE 1800, ARL, SCT **[12163]** : Christopher, PRE 1852, ARL, SCT **[12163]** : 1827+, Kentra Mull, ARL, SCT **[12163]** : C1825, Glasgow, LKS, SCT **[12163]** : 1854, Glasgow, LKS & ARL, SCT **[40608]** : Margaret, PRE 1798, RFW, SCT **[41768]**

MCARTHY : Bridget, 1838, CLA, IRL **[44693]** : John, 1800+, Mallow, COR, IRL **[44693]** : Bridget, 1838, Mallow, COR, IRL **[44693]**

MCARTNEY : ALL, Nelson, NELSON, NZ **[21873]**

MCASH : 1750-1850, Errol, PER, SCT **[16096]**

MCATAMNEY : 1830-1860, Ballynease Strain, DRY, IRL **[38538]** : 1830-1860, Ballyscullion, DRY, IRL **[38538]**

MCAULAY : PRE 1780+, Paisley, RFW, SCT **[46404]**

MCAULEY : William, 1865+, Cowper, NSW, AUS **[36634]** : William, 1840+, Sydney, NSW, AUS **[36634]** : C1830-1862, Rexton & Richibucto, NB, CAN **[20661]** : 1800-1835, Belfast, ANT, IRL **[20825]** : James, 1832, Belfast, ANT, IRL **[20825]** : 1800+, Carnlough, ANT, IRL **[36655]** : C1780+, Larne, ANT, IRL **[20661]** : PRE 1850, Belfast, DOW, IRL **[20825]** : PRE 1900, Aghadowey, DRY, IRL **[46414]** : PRE 1850, Londonderry, LDY, IRL **[10740]** : C1835, Strabane, TYR, IRL **[10516]**

MCAULIFFE : 1845, Blayney, NSW, AUS **[10141]** : Dominick, 1866+, Charters Towers, QLD, AUS **[36796]** : PRE 1854, Cork, COR, IRL **[34221]** : PRE 1854, Newmarket, COR, IRL **[34221]**

MCAUSLAN : 1800+, Clachan, ARL, SCT **[30927]**

MCAUSLAND : 1700+, SCT **[21504]**

MCBEAN : 1800+, Nairn, SCT **[15740]** : 1825+, ABD, SCT **[44292]**

MCBEATH : 1800+, Bilbster, CAI, SCT **[11043]** : PRE 1839, Thurso, CAI, SCT **[10317]** : Janet, 1860+, Wick, CAI, SCT **[10392]**

MCBEATTY : 1880+, Nymagee, NSW, AUS **[36749]**

MCBETH : PRE 1900, Bendigo, VIC, AUS **[14268]** : Jane, 1855-1875, ONT, CAN **[41349]** : Jane, 1820-1860, DOW, IRL **[41349]** : PRE 1900, AYR, SCT **[29731]** : PRE 1900, Wick, CAI, SCT **[14268]** : PRE 1900, DFS, SCT **[29731]** : 1800S, LKS, SCT **[10706]**

MCBIRNIE : ALL, Kirkcaldy, FIF, SCT **[45070]**

MCBRIAR : ALL, Bairnsdale, VIC, AUS **[42829]**

MCBRIDE : 1850+, TAS & NSW, AUS **[34739]** : 1865+, Geelong, VIC, AUS **[13245]** : ALL, Gulf Creek & Cobar, NSW, AUS & NZ **[28150]** : 1840-90, Quebec, CAN **[22707]** : 1820S, Pimlico, LND, ENG **[34739]** : PRE 1770, Old Park, ANT, IRL **[38936]** : 1800-1900, ARM, IRL **[22114]** : ALL, Tannaghmore, ARM, IRL **[27219]** : ALL, DON, IRL **[28150]** : 1800-1900, Rossnowlagh, DON, IRL **[22707]** : PRE 1870, Newtownards, DOW, IRL **[45308]** : ALL, MOG, IRL

[21418] : 1800-1900, Capetown, CAPE, RSA [22114] : 1850+, Dundee, ANS, SCT [21321] : 1860S, AYR, SCT [29580] : 1800S, Kincardine, KCD, SCT [37542] : 1850-1890, Glasgow, LKS, SCT [21418]
MCBROOM : 1781+, Barr, SCT [11098]
MCBURNEY : 1800+, Garvaghy, DOW, IRL [22536]
MCBURNIE : PRE 1900, SCT & ENG [27514]
MCCAA : 1800S, DFS, SCT [10698]
MCCABE : 1870S, Kayuga, NSW, AUS [42375] : C1840, London, ENG [12371] : 1830+, Liverpool, LAN, ENG [42782] : 1820-1840, IRL [46458] : Margaret, PRE 1775, Ballymony, ANT, IRL [16378] : 1800+, CAV, IRL [45202] : Henry, 1850, Enniskillen, FER, IRL [11061] : 1750-1900, Drogheda, LOU, IRL [46461] : PRE 1829, Clones, MOG, IRL [14120] : PRE 1920, Glasgow, LKS & DNB, SCT [46382]
MCCAFFREY : 1850+, QLD, AUS [12481] : 1850+, VIC, AUS [12481] : 1850+, Windham Twp, Norfolk Co., ONT, CAN [37631] : 1800+, Red Hills, CAV, IRL [12481] : 1800+, Mill Town, DUB & CAV, IRL [12481] : 1800S, Correll, FER, IRL [46266] : 1820+, Enniskillen, FER, IRL [12481] : 1830S, Tyrone Co., TYR, IRL [37631]
MCCAGUE : John, 1880-1925, Caledon, ONT, CAN [37619]
MCCAHAREY : 1700-1900, Tedavnet, MOG, IRL [26897]
MCCAHERY : 1700-1900, Tedavnet, MOG, IRL [26897]
MCCAHILL : 1800+, Ballyjamesduff, CAV, IRL [26761]
MCCAIG : 1850+, Melbourne & Jamieson, VIC, AUS [30830] : 1800S, ONT, CAN [15521] : 1800S, Clarke Twp, ONT, CAN [15521] : 1850+, Liverpool, LAN, ENG [30120] : 1700S, SCT [15521] : 1780+, Dumfries, DFS, SCT [30120]
MCCALL : James, 1800S, Kilclooney, ARM, IRL [99522] : PRE 1900, AYR, SCT [25755] : 1855+, Kilmarnock, AYR, SCT [30120] : PRE 1800, Sanquhar, DFS, SCT [14536] : 1839-2005, Glasgow, LKS, SCT [46251] : 1750-1850, Greenock, RFW, SCT [20770]
MCCALLUM : 1830-1866, Sydney & Lane Cove, NSW, AUS [42226] : Margaret, 1850-1941, ONT, MT & KS, CAN & USA [30985] : PRE 1860, Inverkeithing, FIF, SCT [43792] : Margaret, PRE 1770+, Saline, FIF, SCT [11546] : Malcolm, 1840+, Barony & Glasgow, LKS, SCT [21971] : 1820-1850, Glasgow, LKS, SCT [21727] : 1830S, Glasgow, LKS, SCT [29580] : John, 1800+, Stirling & Larbert, STI, SCT [14627]
MCCALMAN : Alexander, PRE 1782, Muckairn, ARL, SCT [10508]
MCCAMISH : PRE 1840, Stewartstown, TYR, IRL [42296]
MCCANDLISH : PRE 1830, SCT [30093]
MCCANN : ALL, NSW, AUS [36842] : C1875, Barnoldswick, YKS, ENG [36299] : C1819, IRL [36299] : ALL, Antrim, ANT, IRL [45811] : C1872, Belfast, ANT, IRL [26612] : C1862, Armagh, ARM, IRL [45649] : PRE 1900, Armagh, ARM, IRL [29024] : 1790+, Kirkubbin, DOW, IRL [29954] : 1800-1900, Ballykelly, DRY, IRL [20821] : Ann, C1830, Rathmines, DUB, IRL [14627] : Patrick, 1802-1841, Drumsnat, MOG, IRL [10203] : ALL, ARM, IRL & AUS [45652] : Peter, 1770-1806, Monaghan, Sydney & Windsor, MOG & NSW, IRL & AUS [10272]
MCCANNELL : Barbara, C1786-1833, Islay, ARL, SCT [31476] : 1700+, Isle of Islay, ARL, SCT [30968]
MCCARDLE : 1700-1880, ARM, IRL [29447]
MCCARNEY : 1820, NSW, AUS [46198] : PRE 1830, IRL [31297]
MCCARRAN : 1800S, DON, IRL [46202]
MCCARROLL : ALL, Ballymena, ANT, IRL [21088]
MCCARRON : 1800+, Ramelton & Parramatta, DON & NSW, IRL & AUS [44567]
MCCARRY : 1700-1900, Montreal, QUE, CAN [26897] : 1700-1950, Quebec, QUE, CAN [26897]

MCCARTER : 1800+, IRL [40925] : PRE 1920, Glasgow, LKS, SCT [31045]
MCCARTHY : Ellen, 1853+, Maitland, NSW, AUS [25396] : Mary, C1858, Rosebrook & Maitland, NSW, AUS [25396] : John James, 1850-1860, St.Kilda, VIC, AUS [29187] : 1843+, Peterborough, ONT, CAN [15521] : 1940+, Bridport & Poole, DOR, ENG [42329] : 1790+, Cripplegate & City, LND, ENG [42329] : 1880+, Southwark, LND, ENG [42329] : William, 1830S, Conroys Gap, IRL [14392] : 1825-1900, Dublin, IRL [17234] : Bridget, 1775+, CAR, IRL [99055] : Bridget, 1838, CLA, IRL [44693] :John, 1820+, Ballyogan, CLA, IRL [33245] : 1830+, COR, IRL [10394] : PRE 1850, COR, IRL [15521] : PRE 1920, Carrigaline & Courtmacsherry, COR, IRL [35360] : Patrick J., 1831, Cork, COR, IRL [29187] : 1800S, Drimoleague, COR, IRL [39058] : John, 1800+, Mallow, COR, IRL [44693] : Bridget, 1838, Mallow, COR, IRL [44693] : Johanna, 1800+, Mitchelstown, COR, IRL [14163] : C1825, Youghal, COR, IRL [40153] : PRE 1920, Cork & Midleton, COR, KER & LIM, IRL [35360] : 1800S, GAL, IRL [34947] : ALL, KER, IRL [44815] : PRE 1880, Castlegregory (Maharees), KER, IRL [35360] : Lucy, 1830-60, Glen Flesk, KER, IRL [37619] : PRE 1859, Killorglin & Dingle, KER, IRL [46251] :Mary, 1834+, Tralee, KER, IRL [25396] : Daniel, PRE 1853, Tralee, KER, IRL [25396] : PRE 1890, Murroe & Cappamore, LIM, IRL [35360] : Thomas, 1840, Bulgaden & Goulburn, LIM & NSW, IRL & AUS [10610] : Mary, C1779-1866, TIP, IRL & AUS [42890] : Dennis, C1819-1893, TIP, IRL & AUS [42890] : PRE 1900, WORLDWIDE [16111]
MCCARTNEY : PRE 1850, Hulme, Manchester, LAN, ENG [19415] : 1809, Liverpool, LAN, ENG & IRL [33245] : ALL, ANT, IRL [46355] : 1820S, Belfast, ANT, IRL [28060] : 1870+, ARM, IRL [27219] : Sarah, PRE 1825, Londonderry, DRY, IRL [28763] : C1850, Clogher, TYR, IRL [31972] : PRE 1850, AYR, SCT [29731] : PRE 1850, Craigie, AYR, SCT [21149] : George, C1760, New Cumnock, AYR, SCT [28763] : 1860+, Tarbolten, AYR, SCT [46395] : PRE 1850, DFS, SCT [29731] : 1900+, Philadelphia, PA, USA [19415]
MCCASKILL : 1760-1900, Gairloch, ROC, SCT [13326] : John, 1780+, Lewis, ROC, SCT [11745]
MCCASSEY : 1859+, Strabane, TYR, IRL [33506]
MCCAUGHLEY : Charles, 1790, ARM, IRL [12058]
MCCAUGHTRIE : 1750-1850, Saintfield, DOW, IRL [10698]
MCCAULEY : Owen, 1825-1843, Morpeth, NSW, AUS [34140] : James, 1870+, Dublin, IRL [33245] : Thomas, 1800S, ANT, IRL [45975] : 1700-1800S, ARM, IRL [42296] :Thomas, 1800S, TYR, IRL [45975]
MCCAULY : PRE 1840, Belfast, ANT, IRL [20738]
MCCAW : PRE 1900, Bellaghy, DRY, IRL [21539] : PRE 1880, Portglenone, LDY, IRL [21539]
MCCAWLEY : Owen, 1825-1843, Morpeth, NSW, AUS [34140]
MCCAY : 1800+, Armoy, ANT, IRL [33443] : James, 1850+, Armoy, ANT, IRL [33443]
MCCHLEARY : C1841, Borland & Old Luce, WIG, SCT [19759]
MCCLAFFERTY : Hannah, 1860+, Falcarragh, DON, IRL [10260]
MCCLASKEY : PRE 1800, PA, USA [24792]
MCCLATCHIE : ALL, St.Quivox, AYR, SCT & AUS [46317]
MCCLAUCHLAN : PRE 1769, Mull & Skye, ARL & INV, SCT [35218]
MCCLAY : C1800, Strabane, TYR, IRL [34543]
MCCLEAN : 1800+, Dromore, DOW, IRL [22536]
MCCLEARY : 1830+, Manchester, LAN, ENG [31762] : 1790S, Old Luce, WIG, SCT [19759]
MCCLELLAN : PRE 1790, Parton, KKD, SCT [14733] : PRE 1900, WIG, SCT [11284]
MCCLELLAND : 1800S, Ballymena, ANT, IRL [36655]

: Sarah, 1800+, ARM, IRL **[28149]** : ALL, Lurgan, ARM, IRL **[11692]** : Jane, PRE 1840, Rostrevor, DOW, IRL **[38234]** : PRE 1900, AYR, SCT **[31045]** : PRE 1900, LKS, SCT **[31045]** : 1900S, Broxburn, WLN, SCT **[36655]**

MCCLEMENT : PRE 1880, IRL **[39027]**

MCCLENNAN : Christina, 1865+, Ballarat, VIC & ALL, AUS **[19588]** : ALL, Auckland & NLD, NZ **[43772]**

MCCLEVERTY : PRE 1865, Dromore, DOW & ANT, IRL **[41444]**

MCCLINCHEY : 1830S, DON, IRL **[11912]**

MCCLINTOCK : 1847, Sodwalls, NSW, AUS **[31904]** : 1730-1880, Lebally & Enniskillen, FER, IRL **[13546]** : Alexander, 1740-1840, Lebally & Pubble, FER, IRL **[13546]**

MCCLISE : PRE 1855, Londonderry, DRY, IRL **[31067]**

MCCLOUD : John, PRE 1788, Warrington, LAN & CHS, ENG **[98637]**

MCCLOUGHEN : 1800-1890, Birr, OFF, IRL **[46300]**

MCCLOUGHTEN : 1800-1890, Birr, OFF, IRL **[46300]**

MCCLOUNAN : ALL, AUS **[14346]**

MCCLOUNIE : 1840+, Penpont, DFS, SCT **[30120]**

MCCLOY : 1833, Dublin, IRL **[31453]**

MCCLUNG : Jane, ALL, Clogher, TYR, IRL **[40618]**

MCCLURE : ALL, ANT, IRL **[34921]** : PRE 1900, Ahoghill, ANT, IRL **[21254]** : 1800+, Loughguile, ANT, IRL **[46477]** : PRE 1870, Killinchy, DOW, IRL **[40914]** : 1800, Killyleagh, DOW, IRL **[14156]** : PRE 1870, Ballymoughan, DRY, IRL **[99570]** : PRE 1908, Leeston, CBY, NZ **[40914]** : PRE 1800, Tioga Co., NY, USA **[28660]**

MCCLURG : 1837, Belfast, DOW, IRL **[14156]** : ALL, Kirkmaiden, WIG, SCT **[13231]**

MCCLUSKEY : C1830, Glasgow, LKS, SCT **[39820]**

MCCLUSKY : PRE 1873, Auckland, NZ **[26955]**

MCCLYMONT : 1850+, Sydney, NSW, AUS **[43752]** : 1870, Manchester, LAN, ENG **[37267]** : 1850+, Invercargill, NZ **[43752]** : PRE 1800, AYR, SCT **[33628]** : 1780+, Colmonell, AYR, SCT **[43752]** : PRE 1800, Kirkmichael & Maybole, AYR, SCT **[14536]**

MCCLYMONT (see One Name Section) **[43752]**

MCCOIST : 1885+, Killarney, QLD, AUS **[30927]** : ALL, WORLDWIDE **[30927]**

MCCOLL : 1858, Clifton Hills, VIC, AUS **[44292]** : 1800-1850, ARL, SCT **[99545]** : 1800+, Glasgow, LKS, SCT **[40135]** : ALL, RFW, SCT **[26410]** : 1700+, Ballachulish, ARL, SCT & NZ **[37286]**

MCCOLM : C1800-1830, AYR, SCT **[33628]** : Wilhelmina, 1820+, Glasserton, WIG, SCT **[21955]**

MCCOMB : 1650-1850, ENG **[19880]** : 1700-1900, IRL **[19880]** : 1860S, Knockbreda, DOW, IRL **[30972]** : PRE 1860, Claudy, DRY, IRL **[38615]** : 1650-1900, RSA **[19880]** : C1800-1880, AYR, SCT **[33628]**

MCCOMBE : PRE 1840, Cumber Claudy, DRY, IRL **[45111]** : PRE 1950, Stevenston, AYR, SCT **[45199]** : 1890S, UK **[20551]**

MCCOMBIE : 1850-1900, Aberdeen, ABD, SCT **[33838]**

MCCONACHY : PRE 1841, Claudy, DRY, IRL **[38615]**

MCCONAUGHY : ALL, Ballymoney, ANT, IRL **[20738]**

MCCONKEY : 1742+, Tullyard, MOG, IRL **[36751]** : John, 1750, Tullyard, MOG, IRL **[15638]** : PRE 1874, ANT, IRL & NZ **[20690]**

MCCONNACHIE : PRE 1850, BAN, SCT **[25992]**

MCCONNEL : 1810+, Barr, SCT **[11098]**

MCCONNELL : Anne, 1880+, Ballarat, VIC, AUS **[12467]** : 1850+, Castlemaine, VIC, AUS **[46395]** : 1800-1950, Plumstead & Woolwich, KEN, ENG **[19713]** : 1800-1900, Liverpool, LAN, ENG **[41128]** : William, PRE 1840, Ballyvernstown, ANT, IRL **[12878]** : 1800+, ANT & DRY, IRL **[21418]** : PRE 1780, ARM, IRL **[45127]** : James, 1720+, Grey Abbey, Abbey Head, DOW, IRL **[43523]** : PRE 1840, LDY, IRL **[46324]** :

PRE 1900, Londonderry, LDY, IRL **[18354]** : PRE 1800, LIM & COR, IRL **[22536]** : PRE 1850, Belfast, ANT & AYR, IRL & SCT **[16233]** : 1800+, SCT **[36826]** : PRE 1830, Monkton, AYR, SCT **[20738]** : 1860-90, Glasgow, LKS, SCT **[21418]** : Thomas, C1800, Inverkip, RFW, SCT **[99600]** : 1900+, OH, USA **[13513]**

MCCOOEY : C1850+, Mulgoa, Camden & Goulburn, NSW, AUS **[36751]**

MCCOOK : C1815, Drumdollagh, ANT, IRL **[26731]**

MCCOOKE : 1800S-1994, Sheep Hills, VIC, AUS **[26264]** : ALL, TYR, IRL **[26264]**

MCCORD : PRE 1880, Longford, LOG, IRL **[33428]**

MCCORDIC : 1860+, SD, USA **[33952]**

MCCORDOCK : PRE 1820, DON, IRL **[33952]**

MCCORGRAY : ALL, WORLDWIDE **[45199]**

MCCORKLE : PRE 1800, Glasgow, LKS, SCT **[41150]**

MCCORMACK : 1944+, AUS **[21712]** : 1830+, Sydney, NSW, AUS **[99832]** : 1800-1900, QLD, AUS & IRL **[39229]** : C1830S, IRL **[15286]** : 1800-1850, Dublin, IRL **[42609]** : 1863+, Knock, CLA, IRL **[10508]** : Sara, C1850, O'Briensbridge, CLA, IRL **[20542]** : John, PRE 1894, 1 Albert Place, Dublin, DUB, IRL **[26823]** : Christopher, C1848, Swords, DUB, IRL **[26823]** : PRE 1860, Aghadowey, LDY, IRL **[36350]** : 1800-1900, Longford, LOG, IRL **[33428]** : Agnes, 1850+, Tulsk, ROS, IRL **[40996]** : Daniel, 1850-1900, Tulsk, ROS, IRL **[40996]** : Bridget, C1835, WEM, IRL **[10035]** : 1830S, South Uist, INV, SCT **[12237]**

MCCORMARK : 1890+, Dunedin & Otago, NZ **[21712]**

MCCORMICK : 1867, Kilmore, VIC, AUS **[42588]** : 1840, Brighton, VIC, AUS & IRL **[33245]** : Mary, PRE 1855, IRL **[36543]** : 1800S, Armoy, ANT, IRL **[32130]** : Bridget, C1800-1850, Armagh Co., ARM, IRL **[45703]** : 1800+, Richill, ARM, IRL **[20914]** : Margaret, C1825+, ARM & ANT, IRL **[45703]** : 1700+, Dublin & Sydney, NSW, IRL & AUS **[34739]** : PRE 1864, Islay, ARL, SCT **[20985]** : PRE 1860, Clydebank, LKS, SCT **[40868]** : 1800S, Glasgow, LKS, SCT **[40925]**

MCCOSH : Janet, ALL, Coylton, AYR, SCT **[16842]**

MCCOSKER : 1870+, Brisbane, QLD, AUS **[28000]** : Mary, 1830+, DOW, IRL **[46246]**

MCCOURT : C1850-1900, Chester, CHS, ENG **[17078]** : Luke, 1828, Monaghan, MOG, IRL **[43773]**

MCCOWAN : 1800-1900, Elgin, ONT & MAN, CAN **[16706]** : 1800S, SCT **[16706]** : 1700S, Kilbrandon, ARL, SCT **[13591]**

MCCOY : Mary M., 1798-1850, Sydney, NSW, AUS **[36725]** : 1750+, Dublin & Sligo, DUB & SLI, IRL **[19429]** : John, PRE 1830, LIM, IRL **[35297]** : Alexander, 1750-1900, Binghamstown & Belmullet, MAY, IRL **[20703]** : Elliot, 1800+, Clones, MOG, IRL **[98612]** : C1846-1865, Wanganui, WAN, NZ **[98612]** : Alexander, 1750-1800, Aberdeen, ABD, SCT **[20703]**

MCCRACKEN : 1850+, Maryborough, VIC, AUS **[33542]** : James, 1835+, ANT, IRL **[14672]** : PRE 1850, Dromore, DOW, IRL **[22536]** : David, 1830+, TYR, IRL **[29664]** : ALL, Portpatrick, WIG, SCT **[21442]**

MCCRATH : 1850+, VIC, AUS **[45142]**

MCCRAW : PRE 1800, Inverkeithing, FIF, SCT **[41499]**

MCCREA : 1840+, TYR, IRL **[25367]** : 1800-1880, Keenaghan & Leckpatrick, TYR, IRL **[46007]** : PRE 1834, Strath, INV, SCT **[29626]** : Sybella, C1825, Hamilton, LKS, SCT **[12574]**

MCCREADY : 1800-1950, Sydney, NSW, AUS **[38845]** : 1920-1960, TAS, AUS **[38845]** : 1780-1860, Durham, DUR, ENG **[38845]** : 1820-1880, South Shields, DUR & NBL, ENG **[38845]** : 1800-1950, Doncaster, YKS, ENG **[38845]** : 1800-1956, Glasgow, LKS, SCT **[38845]** : 1800-1940, Edinburgh, MLN, SCT **[38845]**

MCCREEDY : Daniel, PRE 1900, Whitehill, DRY, IRL **[27666]**

MCCRINDLE : 1750-1850, AYR, SCT **[22248]** : PRE 1900, AYR, SCT **[99570]**

MCCRORACY : 1880, Tamworth, NSW, AUS **[36749]**

MCCRORIE : ALL, AYR, SCT **[26493]**
MCCROSSAN : Neil, 1800S, Omagh, TYR, IRL **[17005]**
MCCRUTCHIE : ALL, WORLDWIDE **[16254]**
MCCRYSTAL : 1809+, Mauchline, AYR, SCT **[31877]**
MCCUAIG : ALL, INV, SCT **[13422]** : PRE 1830, Glenelg, INV, SCT **[13422]**
MCCUBBIN : PRE 1853, Glasserton, WIG, SCT **[14045]**
MCCUBBINS : 1800-1850, Moreton Pinkney, NTH, ENG **[36126]**
MCCUDDEN : 1800+, Loughall, ARM, IRL **[46315]**
MCCUE : John & Owen, 1830-1890, Tullagho Begley, DON, IRL **[41266]** : 1830-1890, New York, NY, USA **[41266]**
MCCULLAGH : 1830S, Rathfriland, DOW, IRL **[30724]** : 1800+, Annaghmore & Arboe, TYR, IRL **[12420]**
MCCULLEN : Thomas, C1858, Clones, MOG, IRL **[28533]**
MCCULLOCH : 1890S, Galt, ONT, CAN **[25457]** : 1830+, Clerkenwell, MDX, ENG **[45159]** : ALL, Leeds, WRY, ENG **[37603]** : Dugald, 1841, Glenorchy & Inishail, ARL, SCT **[25878]** : 1800+, AYR, SCT **[45199]** : 1800-1900, Girvan, AYR, SCT **[13326]** : PRE 1900, Kilmarnock, AYR, SCT **[45199]** : 1800+, St.Quivox & Ayr, AYR, SCT **[45791]** : Lucy (Louise), 1800S, Abdie, FIF, SCT **[44296]** : 1700+, Inverness, INV, SCT **[45159]** : PRE 1820, Kingussie, INV, SCT **[18500]** : 1700S, LKS, SCT **[12144]** : 1800S, Glasgow, LKS, SCT **[37070]** : 1700+, Port of Menteith, PER, SCT **[21233]** : Elizabeth, C1760, WIG, SCT **[28763]** : PRE 1900, WIG, SCT **[11284]**
MCCULLOCK : C1877, Edinburgh, MLN, SCT **[31442]**
MCCULLOGH : Samuel, 1850, Buckingham, QUE, CAN **[15638]**
MCCULLOUGH : 1700-1847, ANT, IRL **[15301]** : 1800+, Broughshane, ANT, IRL **[21091]** : 1880+, Banbridge, DOW, IRL **[35444]** : 1800+, Benagh, DOW, IRL **[12141]** : 1800+, Garvaghy, DOW, IRL **[22536]** : 1700-1900, LDY, IRL **[21842]**
MCCULLOW : ALL, Glenmacoffer, TYR, IRL **[46195]**
MCCULLY : ALL, Belfast, ANT, IRL **[46355]** : ALL, Lurgan, ARM, IRL **[46355]**
MCCUMSTIE : 1750-1850, DOW & ARL, IRL & SCT **[14388]**
MCCURDY : 1838+, Ballina & Sydney, NSW, AUS **[45699]** : C1800+, Ballycastle, ANT, IRL **[45699]** : Isabella, 1819+, Kilmalcolm, RFW, SCT **[45699]**
MCCURLEY : ALL, WORLDWIDE **[19064]**
MCCURRACH : 1700+, Rathven & Aberdeen, BAN & ABD, SCT **[37236]**
MCCUSKER : 1860+, Keady & Kilcreevy, ARM, IRL **[45732]**
MCCUTCHEON : ALL, Castlederg, TYR, IRL **[12071]**
MCCUTCHIN : 1800-1900, Glasgow & Barony, LKS, SCT **[14388]**
MCDADE : Mary, PRE 1875, DON, IRL **[10891]** : PRE 1910, Dumbarton, DNB, SCT **[31045]**
MCDAID : 1890+, Newton Stewart, TYR, IRL **[20862]**
MCDANIEL : PRE 1900, WORLDWIDE **[22725]**
MCDARD : 1900+, Armadale, WLN, SCT **[20862]**
MCDAVITT : PRE 1850, DON, IRL **[39647]**
MCDERBY : PRE 1920, WEM, IRL **[44045]**
MCDERMID : PRE 1863, Campbeltown, ARL, SCT **[99600]**
MCDERMOTT : 1856-1881, DBY, ENG **[45893]** : 1800-1900, Chatham, KEN, ENG **[39386]** : PRE 1900, Burnley, LAN, ENG **[46311]** : Harry, 1891+, South Shields, NBL, ENG **[45893]** : 1901+, Westoe, NBL, ENG **[45893]** : ALL, IRL **[16757]** : Thomas, PRE 1856, IRL **[45893]** : Margaret, 1867+, Mulligavan, CAV, IRL **[10102]** : Michael, C1800-1850, TYR, IRL **[28614]** : 1750-1850, Killene, WEM, IRL **[14246]** : 1920+, NZ **[37206]** : PRE 1830, Glasgow, LKS, SCT **[31297]** : Michael, 1870+, Kikrfieldbank & Lesmahagow, LKS, SCT **[16757]** : Margaret, 1870+, Kirkfieldbank & Lesmahagow, LKS, SCT **[16757]** : Joseph, 1901+, USA **[45893]**
MCDIARMAID : Margaret, 1778, KKD, SCT **[14760]**
MCDIARMED : Duncan, PRE 1852, Kilmonivaig, INV, SCT **[34249]**
MCDIARMID : 1930, Sydney, NSW, AUS **[36705]** : 1807-1869, Benbecula, INV, SCT **[33866]** : PRE 1850, PER, SCT **[29580]** : PRE 1850, Tullymet, PER, SCT **[17061]**
MCDICKEN : 1850+, CUL, ENG **[99418]**
MCDONAGH : C1870, IRL **[12367]**
MCDONALD : 1838, NSW, AUS **[25070]** : C1870-1901, Coonabarabran, NSW, AUS **[11462]** : 1885+, Taree, NSW, AUS **[11060]** : 1840+, Wollombi, NSW, AUS **[10085]** : 1865+, Kilkivan, QLD, AUS **[13377]** : 1863-1870, Oxley, QLD, AUS **[13377]** : 1860+, Adelaide, SA, AUS **[14754]** : 1852+, Buangor, VIC, AUS **[25538]** : PRE 1862, Geelong, VIC, AUS **[11866]** : Catherine, 1838-1885, Gippsland, VIC, AUS **[39243]** : ALL, Gippsland & Melbourne, VIC, AUS **[33533]** : 1870S, Nathalia, VIC, AUS **[12237]** : Donald, 1899+, Warrnambool, VIC, AUS **[46320]** : Ranald, C1820-1857, Rexton & Richibucto, NB, CAN **[20661]** : Jane, 1847+, ONT, CAN **[15849]** : Mary, 1824+, Bruce Co., ONT, CAN **[99433]** : 1833+, Halton Co., ONT, CAN **[15476]** : Daniel, PRE 1864, Huron Twp, Ripley, ONT, CAN **[23471]** : Mary, 1861, Ripley Kincardine, ONT, CAN **[23471]** : 1820+, Thornbury, ONT, CAN **[16273]** : C1820-1880, Pittsburg Twp, ONT, CAN & IRL **[24943]** : PRE 1851, Wigton, CUL, ENG **[27437]** : 1790-1880, Liverpool, LAN, ENG **[18708]** : 1840-1850, Liverpool, LAN, ENG **[18708]** : PRE 1800, St.Giles in the Fields, MDX, ENG **[33428]** : Duncan, 1810+, ENG & SCT **[46326]** : Elizabeth, PRE 1870, Liverpool, LAN, ENG & SCT **[37445]** : 1790-1880, Dublin, IRL **[18708]** : C1780+, Ballycastle, ANT, IRL **[20661]** : George, C1825, Glasnevin, DUB, IRL **[46321]** : 1840, Camross, LEX, IRL **[41968]** : 1856-1900, Camross, LEX, IRL **[41968]** : Eliz. Mcevoy, 1856-1900, Camross, LEX, IRL **[41968]** : Eliz. Mcevoy, C1840, Camross, LEX, IRL **[41968]** : C1841, Durrow, LEX, IRL **[45687]** : John, 1780-1860, OFF, IRL **[39243]** : PRE 1795, Mullingar, WEM, IRL **[11866]** : Alexander, 1850+, NZ **[10329]** : Ann, 1850+, Masterton, NZ **[10329]** : 1876+, Wanganui, WAN, NZ **[10399]** : 1780+, SCT **[11745]** : ALL, SCT **[46350]** : 1800+, Aberdeen, ABD, SCT **[13377]** : PRE 1930, Peterhead, ABD, SCT **[31014]** : ALL, Angus, ANS, SCT **[26301]** : John, PRE 1841, Dundee, ANS, SCT **[37445]** : 1867-1908, Ballachulish, ARL, SCT **[13591]** : PRE 1833, Islay, ARL, SCT **[15476]** : PRE 1820, Isle of Tiree, ARL, SCT **[16273]** : 1800-50, Kentra, ARL, SCT **[46384]** : C1818, Kentra, ARL, SCT **[45687]** : Lachlan, C1780+, Kilninian & Kilmore, ARL, SCT **[99433]** : Isabella, 1827+, Oban, ARL, SCT **[33085]** : Capt. Alex., 1800-1865, Tobermory, Mull, ARL, SCT **[16439]** : Marion, 1800-1870, Tobermory, Mull, ARL, SCT **[16439]** : David, C1835, Largs, AYR, SCT **[11152]** : 1800S, Thurso, CAI, SCT **[97806]** : Robert, PRE 1770+, Saline, FIF, SCT **[11546]** : Beatrix, PRE 1800S, Saline, FIF, SCT **[40057]** : 1817+, Wemyss, FIF, SCT **[31517]** : 1750-1850, Ardvasar, INV, SCT **[14246]** : 1700+, Dores & Daviot, INV, SCT **[37236]** : 1800S, Eigg, INV, SCT **[99440]** : PRE 1900, Inverness, INV, SCT **[99600]** : 1700+, Isle of Skye, INV, SCT **[30968]** : Christina, PRE 1820, Isle of Skye, INV, SCT **[45769]** : Christina, 1800S, Leek, Glengarry, INV, SCT **[12363]** : Alexander, 1800S, Leek, Glengarry, INV, SCT **[12363]** : 1780S+, Laurencekirk, KCD, SCT **[10399]** : 1700-1900, Glasgow, LKS, SCT **[17926]** : 1867-1913, Glasgow, LKS, SCT **[13591]** : David, C1810, Dalkeith, MLN, SCT **[11152]** : 1824+, Edinburgh, MLN, SCT **[26301]** : Elizabeth, 1874+, Gilmerton, MLN, SCT **[12221]** : 1761+, Logie, PER, SCT **[21207]** : Alexander, C1822, Dingwal, ROC, SCT **[41270]** : C1840, Invergordon, ROC, SCT **[11813]** : PRE 1900, Isle of Lewis, ROC, SCT **[46350]** : 1700S, Roxburgh, ROX, SCT **[46434]** :

PRE 1855, Spinningdale, SUT, SCT **[12229]** : PRE 1900, Tongue, SUT, SCT **[31014]** : 1700+, ABD & KCD, SCT & AUS **[10647]** : PRE 1860, Applecross, ROC, SCT & NZ **[21161]** : Paul, 1870+, Cleveland, OH, USA **[16938]**

MCDONALD-BUTT : C1842, Sydney, NSW, AUS **[10230]**

MCDONELL : John, 1818, INV, SCT **[33867]**

MCDONNELL : James, C1850, Yass, NSW, AUS **[42913]** : 1800+, Bagenalstown, CAR, IRL **[16783]** : James, 1800-1850, COR, IRL **[42913]** : 1850, Carrickmacross, MOG, IRL **[11533]** : 1850-1900, Natal, RSA **[34349]** : PRE 1850, Glengarry, INV, SCT **[25428]**

MCDONOUGH : C1860+, Melbourne, VIC, AUS **[45794]** : Catherine, PRE 1864, Woodford & Warrnambool, VIC, AUS **[45823]** : Mary, PRE 1847, Galway, GAL, IRL **[25072]**

MCDOUGAL : 1860+, OTG, NZ **[20965]** : Findlay, 1800S, Aberdeen, ABD, SCT **[13591]** : PRE 1860, Rothesay, BUT, SCT **[20965]**

MCDOUGALL : Saml & Georgiana, 1868+, Sofala & Dubbo, NSW, AUS **[39735]** : 1800S, Saddleworth, SA, AUS **[26264]** : 1820+, Hobart, TAS, AUS **[28081]** : 1849+, Tambo Valley, VIC, AUS **[10046]** : Jas, PRE 1870, Melbourne, VIC, AUS & SCT **[32405]** : John, 1830+, Thorah Twp, ONT, CAN **[31486]** : 1830+, Thorah Twp, Ontario Co., ONT, CAN **[31486]** : 1870+, Dunedin, OTG, NZ **[20936]** : John, 1826-1854, ARL, SCT **[46388]** : 1840-1877, Ballachulish, ARL, SCT **[13591]** : PRE 1845, Islay, ARL, SCT **[15476]** : PRE 1860, Islay, ARL, SCT **[20985]** : Alexander, 1765+, Isle of Islay, ARL, SCT **[31486]** : John, 1765+, Isle of Islay, ARL, SCT **[31486]** : Christina, 1790+, Isle of Islay, ARL, SCT **[31486]** : John, 1790+, Isle of Islay, ARL, SCT **[31486]** : Mary, 1814, Isle of Islay, ARL, SCT **[31486]** : PRE 1800, Isle of Islay, ARL, SCT **[31486]** : PRE 1800, Isle of Mull, ARL, SCT **[26264]** : 1700S, Seil & Easdale, ARL, SCT **[10046]** : C1760-1880, ARL & DNB, SCT **[33628]** : Christian, C1810, AYR, SCT **[10891]** : PRE 1860, Rothesay, BUT, SCT **[20965]** : ALL, LKS, SCT **[43933]** : 1829, Glasgow, LKS, SCT **[21630]** : PRE 1905, Glasgow, LKS, SCT **[25151]** : 1851+, Paisley, RFW, SCT **[20985]** : C1800, Paisley & Edinburgh, RFW & MLN, SCT **[11319]**

MCDOULL : PRE 1841, SCT **[46423]**

MCDOW : 1800+, Lunenburg, NS, CAN **[45280]**

MCDOWALL : 1880S, Cooktown, QLD, AUS **[46215]** : 1900S, Laura, QLD, AUS **[46215]**

MCDOWELL : 1823-1902, South Gower Twp., ONT & ANT, CAN & IRL **[24943]** : PRE 1835, ANT, IRL **[11092]** : Andrew, 1800-1852, Taylors Town Co. & Grange Co., ANT, IRL **[12716]** : Charity, 1765, CAV, IRL **[31486]** : Patrick, 1790-1870, Killarney, KER, IRL **[39243]** : Julia, 1820-1880, Killarney, KER, IRL **[39243]**

MCEACHIN : 1840+, NLN, NZ **[25529]**

MCEACHERN : ALL, Kilfinichen & Kilvickeon, ARL, SCT **[38498]**

MCEACHON : 1600-1700, Isle of Skye, INV, SCT **[19759]**

MCELDERRY : PRE 1775, Londonderry, LDY & ANT, IRL **[16378]**

MCELDOWNEY:1800+ Tullyclenagh TYR IRL **[25529]**

MCELGUNN : PRE 1850, Killesher, FER, IRL **[12915]**

MCELHENNY : 1750-1850, Glasgow, LKS, SCT **[46385]**

MCELLEN : Wm & Jane R.K., 1870+, Kincardine O'Neil, ABD, SCT **[25455]**

MCELLIGET : PRE 1875, TAS, AUS & IRL **[40871]**

MCELNEA : ALL, Monaghan, MOG, IRL **[13315]** : ALL, NJ, USA **[13315]**

MCELNIA : PRE 1860, IRL **[45796]**

MCELROY : 1875+, Newcastle-upon-Tyne, NBL, ENG **[46233]** : PRE 1850, Lisnaskea, FER, IRL **[11733]** : 1870S, Larkhall, LKS, SCT **[36655]**

MCELWEE : ALL, Londonderry, DRY, IRL **[44339]**

MCENTEE : PRE 1800, LND, ENG **[36842]**

MCEVOY : C1874, Sydney & Armidale, NSW, AUS **[40971]** : 1850+, VIC, AUS **[14268]** : PRE 1840, Kilkenny, KIK, IRL **[14268]** : Elizabeth, C1810-1900, Camross, LEX, IRL **[41968]** : C1800, Portlaoise, LEX, IRL **[13347]**

MCEWAN : Hugh, 1862+, Maryborough, QLD, AUS **[41221]** : John, C1780+, Glasgow, LKS, SCT **[41221]** : Hugh, 1819-1862, Glasgow & Rothesay, LKS & BUT, SCT **[41221]** : Thomas, 1775+, PER, SCT **[39243]** : C1813, Auchterarder, PER, SCT **[37024]**

MCEWEN : Robert, PRE 1952, Burwood, NSW, AUS **[41221]** : John, 1870-1913, Camden, Goulburn & Campbelltown, NSW, AUS **[41221]** : 1874+, Mendooran, NSW, AUS **[31762]** : Robert, 1862+, Maryborough & Mackay, QLD, AUS **[41221]** : Margaret, 1852-1913, Melbourne, VIC, AUS **[36844]** : Andrew, 1852-56, Melbourne, VIC, AUS **[36844]** : Janet, 1852-59, Melbourne, VIC, AUS **[36844]** : Thomas, 1820+, Drumbanagher & Ararat, ARM & VIC, IRL & AUS **[11827]** : James Fraser, PRE 1911, Kingston, JAMAICA **[41221]** : 1830+, Dundee, ANS, SCT **[21131]** : PRE 1800, Kirkmichael, AYR, SCT **[14536]** : John, 1842-1864, Rothesay, BUT, SCT **[41221]** : PRE 1861, Aberfeldy, PER, SCT **[22550]** : Alexander, 1803+, Comrie, PER, SCT **[40534]** : ALL, WORLDWIDE **[35836]**

MCFADDEN : 1850-1870, Carleton Co., Marlborough Twp, ONT, CAN **[16708]** : 1810-1870, Leeds & Grenville Co., ONT, CAN **[16708]** : 1770-1820, ARM, IRL **[16708]** : Bernard, 1840+, Magheraculmoney, FER, IRL **[29867]** : ALL, NY, SD & NE, USA **[29570]** : C1880S, Allegheny, PA, USA **[12904]**

MCFADYEN : 1838+, Maitland & Bolwarra, NSW, AUS **[40994]** : Allen, 1861+, Newcastle & Kerry, NSW & QLD, AUS **[34038]** : Hector, 1863-1922, Newcastle & Perth, NSW & WA, AUS **[34038]** : Edward, 1800S, ANT, IRL **[10993]** : Bridget, ALL, Falcarragh & Letterkenny, DON, IRL **[10260]** : PRE 1860, ARL, SCT **[32017]** : 1800+, Isle of Coll, ARL, SCT **[40994]** : 1750+, Tiree, ARL, SCT **[29113]** : Allan, 1800-1891, Tiree, ARL, SCT **[34038]** : John, 1833-1900, Tiree & Newcastle, ARL & NSW, SCT & AUS **[34038]** : PRE 1870, Mull, ARL, SCT & NZ **[21161]**

MCFARLAN : 1800+, Edinburgh, MLN, SCT **[44175]** : 1650-1850, STI, SCT **[19656]**

MCFARLAND : Thomas, 1880+, Grenfell, NSW, AUS **[10314]** : 1879+, Sunderland, DUR, ENG **[42557]** : C1865, Newcastle-on-Tyne, NBL, ENG **[42557]** : C1825, Dublin, IRL **[42557]** : 1820+, Glencoppogagh, TYR, IRL **[46007]** : James, 1832+, Strabane, TYR, IRL & AUS **[99093]**

MCFARLANE : C1850, Bungendore, NSW, AUS **[10820]** : Elizabeth, 1840+, Maitland, NSW, AUS **[10314]** : Robert, 1850+, Maitland, NSW, AUS **[10314]** : 1850+, Ballarat & Geelong, VIC, AUS **[32035]** : Dugald, 1836, Howick, QUE, CAN **[15885]** : 1820S, Belfast, ANT, IRL **[14306]** : PRE 1860, LET, IRL **[46490]** : ALL, Cape Province, RSA **[46446]** : Dugald, 1770-1870, Kilcalmonell, ARL, SCT **[15885]** : PRE 1836, Kilcalmonell & Kynton, ARL, SCT **[11658]** : Janet, 1825, Tarbert, ARL, SCT **[11530]** : 1700+, Buchanan, DNB, SCT **[20594]** : Margaret, 1790-1837, Gorbals, LKS, SCT **[46268]** : ALL, PER, SCT **[46446]** : ALL, PER, SCT **[12707]** : Henry, 1810+, Eastwood, RFW, SCT **[45769]** : 1850-60, Renfrew, RFW, SCT **[46376]** : 1790+, St.Ninians, STI, SCT **[41024]** : PRE 1920, Armadale, WLN, SCT **[40795]** : PRE 1846, ARL, SCT & AUS **[25794]**

MCFARLING : 1850-1900, Kadina, SA, AUS **[14306]**

MCFARRELLAND : ALL, WORLDWIDE **[22725]**

MCFEAHY : 1875, Sydney, NSW, AUS **[31709]** : 1840-1860, IRL **[31709]**

MCFEAT : PRE 1775, Gartmore, Port of Menteith, PER, SCT **[19586]**

MCFEE : C1850, Wigtown, WIG, SCT **[30310]**

MCFETRIDGE : 1830, Ballymena, ANT, IRL **[46325]**
MCFIE : Margaret, 1871-1962, Rooty Hill & Brisbane, NSW & QLD, AUS **[34038]** : Alexander, C1850, Dunedin, OTAGO, NZ **[12454]** : 1850, Ayr, AYR, SCT **[14959]** : Alexander, 1803-1853, Rothesay, BUT, SCT **[34038]** : Alexander, 1834, Fort William, INV, SCT **[12454]** : Hugh, 1838-1908, Glasgow & Sydney, LKS & NSW, SCT & AUS **[34038]**
MCGAAN : 1750-1850, Sorn & Catrine, AYR, SCT **[20770]** : 1800+, Sorn & Riccarton, AYR, SCT **[21971]**
MCGACHIE : Robert, 1862-1902, Beith, AYR, SCT **[28237]** : Herbert, 1832-1930, Beith, AYR, SCT & ENG **[28237]**
MCGAHAN : 1700, MOG, IRL **[40257]**
MCGALL : 1845, MAURITIUS **[46260]**
MCGANN : 1800-1920, Ogulla, ROS, IRL **[39123]**
MCGARAHAN : James Thomas, 1872-1912, Sydney, NSW, AUS **[30512]**
MCGARRITY : PRE 1840, Ballyclog, TYR, IRL **[13326]**
MCGARRY : 1831, Sligo, SLI, IRL **[46356]**
MCGARVEY : PRE 1870, Enniskillen, FER, IRL **[46453]** : Charlotte, 1818-1882, Magherafelt, LDY, IRL & AUS **[29867]**
MCGAUCHIE : 1850-1985, Bagshot, VIC, AUS **[34747]**
MCGAUGHEY : 1800S, ARM, IRL & SCT **[25314]**
MCGAURAN : 1800+, Southwark, LND, ENG **[19101]**
MCGAUVRAN : 1820-1900, QUE, CAN **[46185]**
MCGAVIN : 1760-1860, Irvine, AYR, SCT **[37308]**
MCGAW : 1700S, Glenluce, WIG, SCT **[42466]**
MCGAY : 1833+, New York, NY, USA **[16527]**
MCGEAGH : 1750+, Cookstown, TYR, IRL **[16527]** : 1833+, PA, USA **[16527]**
MCGECHIE : 1800+, Newbattle, MLN, SCT **[14208]**
MCGEE : Louisa Smith, 1827-1898, Marrickville, NSW, AUS **[10203]** : 1840+, Sydney, Luddenham & Penrith, NSW, AUS **[44156]** : PRE 1920, VIC, AUS **[26228]** : 1860-1890, Geelong, VIC, AUS **[14388]** : PRE 1900, Flamborough East, Nelson Twp, ONT, CAN **[26704]** : PRE 1900, Kent Co., ONT, CAN **[26704]** : PRE 1870, ENG **[46455]** : 1800-1860, MDX & LND, ENG **[17191]** : PRE 1840, IRL **[44156]** : PRE 1870, IRL **[46455]** : Frank, 1868, DON, IRL **[46202]** : 1830+, Mourn, DOW, IRL **[42582]** : 1790+, Rathfriland, DOW, IRL **[11098]** : Hannah, PRE 1835, Enniskillen, FER, IRL **[12547]** : William, 1820S, TYR, IRL **[14188]** : 1830S-50S, Ardstraw, TYR, IRL **[14388]** : C1820+, MAY & TAS, IRL, AUS & USA **[10146]** : 1750-1850, Tarbolton, AYR, SCT **[16096]**
MCGEOCH : ALL, WORLDWIDE **[20824]**
MCGEOCH (see One Name Section) [20824]
MCGEOGHEGAN : Andrew, 1830-1860, Moville, DON, IRL **[36608]** : Andrew, 1800, Three Trees, DON, IRL **[36608]** : 1860-1870, Londonderry, LDY, IRL **[36608]**
MCGEOHEGAN : William, 1830-1860, Muff, DON, IRL **[36608]** : Andrew, 1860, Bogtown, LDY, IRL **[36608]**
MCGEORGE : ALL, KKD, SCT **[21038]** : 1700-1850, Kirkpatrick Durham, KKD, SCT **[26703]** : PRE 1810, Parton, KKD, SCT **[14733]**
MCGHEE : PRE 1850, ANT, IRL **[14472]** : Mary, C1858, Derry, DRY, IRL **[20495]** : PRE 1840, Tamlaght, DRY, IRL **[11092]**
MCGHIE : ALL, Cooktown, QLD, AUS **[13315]** : 1830+, Whitechapel, LND, ENG **[42582]** : 1800-1850, LND & MDX, ENG **[17191]** : ALL, Hamilton, LKS, SCT **[13315]** : PRE 1770, Hamilton, LKS, SCT **[25979]**
MCGIBBON : PRE 1830, Belfast, Saintfield & Comber, ANT & DOW, IRL **[10114]** : 1770-1850, Kilarrow, ARL & PER, SCT **[25830]** : 1849+, Old Monkland, LKS, SCT **[12950]** : 1750+, PER, SCT **[21233]** : 1846, Callander, PER, SCT **[12950]**
MCGIFFAN : ALL, Maybole, AYR, SCT **[21218]**

MCGILCHRIST : 1700+, STI, SCT **[40042]**
MCGILL : 1888, Gympie, QLD, AUS **[36768]** : Francis, 1890+, Buninyong, VIC, AUS **[36844]** : Francis, 1840+, Geelong, VIC, AUS **[36844]** : 1853+, Heidelberg, VIC, AUS **[31972]** : 1800+, Houghton, DUR, ENG **[37213]** : 1800S, ANT, IRL **[32130]** : 1830-1860, Belfast, ANT, IRL **[42429]** : 1800, Tullow, CAR, IRL **[16822]** : PRE 1853, Forfar, ANS, SCT **[31972]** : 1860-1895, Largs, AYR, SCT **[32130]** : PRE 1850, MLN, SCT **[38309]** : PRE 1850, MLN & WLN, SCT **[26493]** : 1890, Long Island, NY, USA **[32130]**
MCGILLICUDDY : PRE 1839, KER & COR, IRL **[14536]**
MCGILLIVRAY : 1700S, Ardnamurchan & Mull, ARL, SCT **[10998]** : Jane, 1837, Cullen, BAN, SCT **[10318]** : 1800-2000, FIF, SCT **[43491]**
MCGILVERIE : Donald, 1770, Ardnamurchan, ARL, SCT **[10993]**
MCGILVRA : 1805+, Kentra, Mull, ARL, SCT **[12163]** : 1800+, Glasgow, LKS, SCT **[12163]**
MCGILVRAY : John, 1850S, Wingham, NSW, AUS **[10993]**
MCGINITY : 1800+, DOW, IRL **[25998]**
MCGINLEY : Bridget, 1800-25, DON, IRL **[37619]** : Hugh, 1860S, DON, IRL **[31476]**
MCGINNES : PRE 1840, Cumber Claudy, DRY, IRL **[45111]** : 1859+, Glasgow, LKS, SCT **[46199]** : 1859+, Glasgow, LKS & RFW, SCT **[46199]**
MCGINNIS : 1850+, Pittsburgh, PA, USA **[23319]**
MCGINTY : 1850+, Newcastle-on-Tyne, NBL, ENG **[27842]** : 1820S+, Achille, MAY, IRL **[14959]** : 1800+, MOG, IRL **[27842]** : 1880+, ELN, SCT **[27842]** : ALL, LKS, SCT **[32720]**
MCGIRL : James, 1820-45, LET, IRL **[37619]**
MCGIRR : 1820+, DON, IRL **[12708]**
MCGIVERN : 1850+, Newcastle-upon-Tyne, NBL, ENG **[39835]** : 1836-1860, TYR, IRL **[39835]**
MCGLASHAN : 1845+, LET, IRL **[43989]** : PRE 1800, Glassary, ARL, SCT **[21161]** : 1760+, Crieff, PER, SCT **[43989]** : Duncan, 1780+, Gargunnock, STI, SCT **[43989]**
MCGLASSON : ALL, ROX, SCT **[34588]**
MCGLEN : 1880S, Cooktown, QLD, AUS **[46215]** : C1830, Cloone, LET, IRL **[21712]** : C1830, Relagh & Cornulla, LET, IRL **[21712]**
MCGLONE : 1800S, ARM & TYR, IRL **[42909]** : 1908-1913, Glasgow, LKS, SCT **[13591]**
MCGLOUGHLIN : ALL, Sligo, SLI, IRL **[21088]**
MCGLYN : 1880S, Cooktown, QLD, AUS **[46215]**
MCGLYNN : 1876, Mittagong, NSW, AUS **[42588]** : 1880S, Cooktown, QLD, AUS **[46215]** : Daniel, C1773, Cloghan & Kilteevogue, DON, IRL **[26823]** : PRE 1850, LET, IRL **[10254]** : C1830, Cloone, LET, IRL **[21712]** : C1830, Relagh & Cornulla, LET, IRL **[21712]** : PRE 1850, ROS, IRL **[10254]**
MCGOGGAN : PRE 1865, Londonderry, LDY, IRL **[36608]**
MCGOLDRICK : C1860, IRL **[12367]**
MCGONIGLE : 1800+, Ballyshannon, DON, IRL **[42979]** : Margaret, 1907-1995, RFW, SCT & AUS **[42676]**
MCGOUGH : C1800, Dundalk, LOU, IRL **[13960]**
MCGOVERN : ALL, CAV, IRL **[21195]** : PRE 1900, Oldcastle, MEA, IRL **[42730]** : Martin, PRE 1860, SLI, IRL **[26142]** : 1800S, Hokitika, WEST COAST, NZ **[21195]** : Charolette, 1900+, Bracketville, TX, USA **[26142]**
MCGOWAN : Clara Carol, 1811+, Parramatta, NSW, AUS **[10272]** : 1800S, Singleton, NSW, AUS **[33245]** : James, 1858+, Warragul, VIC, AUS **[35897]** : 1800+, Liverpool, LAN, ENG **[30120]** : 1881, Pontefract & York, YKS, ENG **[45078]** : 1800, Hannahstown, ANT, IRL **[16822]** : PRE 1900, Lurgan, ARM & DOW, IRL **[21539]** : Cecelia, PRE 1832, Cork, COR, IRL **[43213]** :

1785+, Rathfriland, DOW, IRL **[11098]** : 1800S, FER, IRL **[26246]** : 1915, Newton Stewart, DFS, SCT **[14156]** : PRE 1841, Glasgow, LKS, SCT **[10516]** : 1840+, Cockpen & Lasswade, MLN, SCT **[45078]** : C1822, Port Glasgow, RFW, SCT **[10516]** : 1770, WIG, SCT **[14156]**

MCGOWN : PRE 1748, Paisley, RFW, SCT **[14030]**

MCGRANAGHAN : 1800S, Fannad, DON, IRL **[31402]**

MCGRATH : John, PRE 1845, Little Plains, Monaro, NSW, AUS **[13101]** : John Dominic, 1870-1890, Sydney, NSW, AUS **[34101]** : John, 1930+, QLD, AUS **[30653]** : C1878, Gympie, QLD, AUS **[29479]** : 1901+, Ipswich, QLD, AUS **[28000]** : 1850+, VIC, AUS **[26228]** : James, 1890+, Euroa, VIC, AUS **[13101]** : Norman Wm, 1899+, Glen Wills, VIC, AUS **[13101]** : 1820+, Melbourne, VIC, AUS **[27879]** : William, 1888+, Melbourne, VIC, AUS **[13101]** : John Leslie, 1856+, Omeo, VIC, AUS **[13101]** : Thos Michael, 1894+, Panmure, VIC, AUS **[13101]** : 1850+, Vancouver, BC, CAN **[35561]** : ALL, Southampton, HAM, ENG **[41103]** : ALL, Winchester, HAM, ENG **[41103]** : 1915+, Surbiton, SRY, ENG **[41103]** : Francis, PRE 1852, Dublin, IRL **[11587]** : 1800+, Bagenalstown, CAR, IRL **[16783]** : 1800+, Inagh, CLA, IRL **[13828]** : C1828, Mitchelstown, COR, IRL **[29479]** : PRE 1880, Newry, DOW, IRL **[31045]** : PRE 1840, Harolds Cross, DUB, IRL **[46354]** : 1810+, Kilkenny, KIK, IRL **[13004]** : 1800+, LIM, IRL **[27879]** : PRE 1840, LIM, IRL **[41103]** : Michael, ALL, Abbeyfeale, LIM, IRL **[99298]** : PRE 1850S, TIP, IRL **[45142]** : Michael, 1818, Castleton, TIP, IRL **[28036]** : Patrick, 1744+, Portroe, TIP, IRL **[10261]** : ALL, New Ross, WEX, IRL **[35561]** : 1830+, Newbawn, WEX, IRL **[30527]** : 1850-60, Wexford, WEX, IRL **[36528]** : 1800+, FER, IRL & AUS **[33921]** : 1875-1920, Glasgow, LKS, SCT **[31045]**

MCGRATH (see One Name Section) [10261]

MCGRAW : PRE 1850, Liverpool, CHS, ENG **[41305]**

MCGREAVEY : 1800-1900, MAY, IRL **[15944]**

MCGREAVY : 1830-1930, Liverpool, LAN, ENG **[15944]**

MCGREEHAN : C1840, Dromore, DOW, IRL **[11813]**

MCGREGOR : 1880+, Brewarrina, NSW, AUS **[10793]** : 1878+, Hillston & Forbes, NSW, AUS **[45714]** : PRE 1873, Ipswich, QLD, AUS **[11718]** : Theresa, C1854, Hobart, TAS, AUS **[11698]** : 1840+, Kilmore, VIC, AUS **[35988]** : 1855+, Melbourne & Benalla, VIC, AUS **[10793]** : 1830, Sydney, NSW, AUS & SCT **[32068]** : 1794+, Guysborough & Manchester, NS, CAN **[45714]** : 1850S-1870S, Dromara, DOW, IRL **[33305]** : 1800+, Garvaghy, DOW, IRL **[22536]** : 1850S, Magherahamlet, DOW, IRL **[33305]** : Mary, 1820S, Strabane, TYR, IRL **[11195]** : PRE 1920, Glasgow, SCT **[33816]** : 1700S, Aberdeen, ABD, SCT **[26335]** : 1700-1900S, Kirriemuir, ANS, SCT **[21796]** : Sarah, 1700S, Ardnamurchan, ARL, SCT **[10993]** : Duncan, PRE 1803, Kilmore & Kilbride, ARL, SCT **[10508]** : PRE 1852, Row & Luss, DNB, SCT **[10793]** : John, C1800-1873, Airdrie, LKS, SCT **[11718]** : Jane, PRE 1860, Glasgow, LKS, SCT **[39186]** : Duncan, 1861+, Maryhill, LKS, SCT **[46268]** : 1700S, Inveresk, MLN, SCT **[42466]** : PRE 1854, Nairn, NAI, SCT **[41005]** : 1837-1840, Crieff, PER, SCT **[27919]** : 1831, Dull, PER, SCT **[27919]** : 1800S+, Dundee & Blairgourie, PER, SCT **[13406]** : 1833-1835, Monzie, PER, SCT **[27919]** : PRE 1831, Eaglesham, RFW, SCT **[36819]** : 1750+, ROC, SCT **[11918]** : ALL, ROC, SCT **[13245]** : Hector, C1800, ROC, SCT **[13326]** : 1884, Cromarty, ROC, SCT **[35025]** : PRE 1820, Urray, ROC, SCT **[11918]** : Janet, C1800, Denny, STI, SCT **[37568]** : Malcolm, C1849-1922, Lochaber, INV, SCT & AUS **[45714]** : 1750+, Carriden & Bo'Ness, WLN, SCT & AUS **[34440]**

MCGREGOR-SKINNER : John F, 1905, Sydney, NSW, AUS **[28036]**

MCGREVEY : 1830-1870, Liverpool, LAN, ENG **[15944]** : 1800-1830, MAY, IRL **[15944]**

MCGROGAN : ALL, Ballymena, ANT, IRL **[32945]**

MCGRUDER : Anne Mary, 1936, AUS **[21712]**

MCGRUER : C1840, INV, SCT **[39601]** : C1800, Kilmonivaig & Glengarry, INV, SCT **[13014]**

MCGRUTHER : 1875-1893, Glasgow, STS, ENG **[13922]** : 1879+, Callander, SCT **[46342]**

MCGUFFEY : 1600-2003, WORLDWIDE **[23856]**

MCGUFFEY (see One Name Section) [23856]

MCGUFFIE : PRE 1860, Kirkmichael, DFS, SCT **[42752]** : 1795+, Withorn, WIG, SCT **[38683]**

MCGUFFOG : C1800, Kirkmaiden, WIG, SCT **[12367]**

MCGUIGAN : Mary Cecilia, 1800-1900, Mountjoy, TYR, IRL **[22753]**

MCGUINESS : 1867-1890, Gosford, NSW, AUS **[25654]** : Joseph, 1874+, Bristol, GLS, ENG **[34315]** : PRE 1855, DON, IRL **[45199]**

MCGUINNES : 1880+, SA, AUS **[46199]**

MCGUINNESS : 1826+, NSW, AUS **[34947]** : ALL, Liverpool, LAN, ENG **[46220]** : 1867+, DOW, IRL **[33538]** : 1700+, Dublin Area, DUB, IRL **[44409]**

MCGUINNIS : Patrick, C1810+, Sydney, NSW, AUS **[25654]**

MCGUIRE : Catherine, C1796, Sydney, NSW, AUS **[25654]** : PRE 1820, Hobart, TAS, AUS **[28081]** : 1850+, Durham Co., ONT, CAN **[43967]** : ALL, Wallsend & South Shields, DUR & NBL, ENG **[42909]** : ALL, IRL **[16757]** : C1820, Belfast, ANT, IRL **[26731]** : PRE 1850, Knockbride, CAV, IRL **[43967]** : 1800S, Newry, DOW, IRL **[16149]** : ALL, LOG, IRL **[46218]** : PRE 1820, Ashram, TYR, IRL **[25853]** : 1840+, Edinburgh, MLN, SCT **[16757]** : Bridget, 1840+, Edinburgh, MLN, SCT **[16757]**

MCGUIRK : C1854, TYR, IRL **[31332]** : 1800S, Rathdrum, WIC, IRL **[12231]**

MCGUIRMIN : PRE 1791, North Knapdale, ARL, SCT **[39985]**

MCGURK : 1800S, Gateshead, DUR, ENG **[46193]**

MCGURREN : 1750+, Coolmony, FER, IRL & AUS **[33921]**

MCHARDIE : 1850+, TRK & WAN, NZ **[26493]** : ALL, ANS, SCT **[26493]**

MCHARDY : ALL, AUS **[13857]** : Mary, C1777+, Crathie, ABD, SCT **[41477]** : 1700+, Strathdon, ABD, SCT & NZ **[13857]**

MCHATTIE : 1833-1841, QUE, CAN **[15476]** : PRE 1850, Dyke, MOR, SCT **[15476]**

MCHEATH : ALL, ENG & USA **[39920]**

MCHENRY : PRE 1820, IRL **[23319]**

MCHUGH : 1850+, Sydney, NSW, AUS **[44639]** : 1909+, Tumut & Sydney, NSW, AUS **[40153]** : PRE 1850, London, MDX, ENG **[46111]** : John & Owen, 1830-1890, Tullaghbegley, DON, IRL **[41266]** : PRE 1862, Tuam, GAL, IRL **[27955]** : Mary, 1858, Crossmolina, MAY, IRL **[11061]** : 1840-50S, Touroe, ROS, IRL **[42729]** : 1830-1890, New York, NY, USA **[41266]**

MCHUTCHEON : Gilbert, PRE 1779, Patrick, IOM **[28141]**

MCHUTCHIN : 1800S, Castletown, IOM **[28141]** : 1800-1900, Glasgow & Barony, LKS, SCT **[14388]**

MCHUTCHISON : 1800-1900, Glasgow & Barony, LKS, SCT **[14388]**

MCILHOIS : 1755, Burnhouse of Plean, STI, SCT **[41024]**

MCILLREE : C1929, Victoria, BC, CAN **[37938]**

MCILMAIL : ALL, DOW, IRL **[24382]**

MCILRAITH : 1750+, Ayr, AYR, SCT **[22175]**

MCILRATH : ALL, Castlevennon, DOW, IRL **[46261]**

MCILROY : Wm Henry, PRE 1880, Manchester & Liverpool, LAN, ENG **[30880]** : Bridget, PRE 1855, IRL **[36543]** : Hugh, 1851, Belfast, ANT, IRL **[28092]** : Anne Jane, C1869, Newtownhamilton, ARM & MOG, IRL **[15485]** : Patrick, PRE 1850, WEX, IRL **[30880]** : William Henry, 1880+, New York, USA **[30880]**

MCILVANIE : ALL, WORLDWIDE **[17027]**

MCILVEEN : 1760+, Barr by Girvan, AYR, SCT **[44043]**
MCILVENNY : 1820, Glenarm, ANT, IRL **[26822]**
MCILVRIDE : PRE 1750, Muthill, PER, SCT **[39593]**
MCILWAINE : ALL, ANT, IRL **[18145]**
MCILWRICK : PRE 1920, QLD, AUS **[11408]**
MCINDEOR : 1780-1838, Kilarrow, ARL, SCT **[25830]**
MCINDOE : PRE 1864, Islay, ARL, SCT **[20985]**
MCINELY : 1700-1900, IRL **[39698]**
MCINERNEY : PRE 1875, CLA, IRL **[46389]** : 1820, WIC, IRL **[26340]**
MCINNES : George, 1800+, Huntly, ABD, SCT **[42829]** : Neil, ALL, Islay & Campbell Town, ARL, SCT **[29236]** : PRE 1852, INV, SCT **[46389]** : Eliza, C1812, Broadford, Skye, INV, SCT **[10604]** : PRE 1800, Drumfern, INV, SCT **[12707]** : Malcolm, 1820+, Isle of Skye, INV, SCT **[45769]** : PRE 1830+, Isle of Skye, INV, SCT **[13422]** : PRE 1850, Isle of Skye, INV, SCT **[41221]** : PRE 1860, Barony, LKS, SCT **[29626]** : PRE 1800, Glasgow, LKS, SCT **[40795]** : Mary, 1770-1830, PER, SCT **[39243]** : PRE 1840, Eaglesham, RFW, SCT **[36819]**
MCINTOSH : Florence K., 1910+, NSW, AUS **[34947]** : Robert, 1853-1904, Dollys Creek & Darlimurla, VIC, AUS **[46116]** : Robert, 1850S, VIC, AUS & SCT **[44689]** : John, 1850S, Yackandandah, VIC, AUS & SCT **[44689]** : 1880-1930, Leighton Buzzard, BDF, ENG **[30127]** : John, C1807, DRY, IRL **[44689]** : John, 1807, Down Hill, DRY, IRL **[41027]** : George F., 1890+, NZ & AUS **[34947]** : 1850+, Claremont & Capetown, RSA **[45635]** : Catherine, 1845+, AYR, SCT **[36796]** : Niel, ALL, John O Groats, CAI, SCT **[99590]** : PRE 1805, Edinburgh, ELN, SCT **[44111]** : 1800-1870, Abernethy, INV, SCT **[17400]** : PRE 1800, Ardersier, INV, SCT **[39154]** : John, 1840-1900, Urquhart, INV, SCT **[39123]** : PRE 1900, Grantown, INV & MOR, SCT **[12708]** : C1832, Cadder & Airdrie, LKS, SCT **[10634]** : 1800+, Glasgow, LKS, SCT **[45635]** : John, 1800-1900, Glasgow, LKS, SCT **[39123]** : 1780+, Dyke, MOR, SCT **[41027]** : 1747, Auldearn, NAI, SCT **[16822]** : ALL, Bangor, CAE, WLS **[41128]**
MCINTYRE : 1880+, NSW, AUS **[34947]** : 1848+, Gerringong, NSW, AUS **[10260]** : 1898, Harden, NSW, AUS **[42588]** : Colin, 1890+, West Wallsend, NSW, AUS **[41223]** : Angus & Sarah, 1852-1900, Penola, SA, AUS **[12716]** : C1833, Fingal, TAS, AUS **[29479]** : 1870+, Ballarat & Geelong, VIC, AUS **[32035]** : Donald, 1820+, Aldborough, ONT, CAN **[15885]** : Mary Jane, PRE 1943, Ooty, CAMMOND, INDIA **[40690]** : 1800+, Bailieborough, CAV, IRL **[11446]** : PRE 1844, DRY & ANT, IRL **[13655]** : PRE 1848, Banagher, OFF, IRL **[10260]** : PRE 1850, Eglish, OFF, IRL **[46200]** : PRE 1920, Donemana, TYR, IRL **[22253]** : Rebecca, 1875, Dunedin, OTAGO, NZ **[12454]** : 1700+, Appin, ARL, SCT **[14208]** : C1792, Ardchattan, ARL, SCT **[29479]** : C1830, Badenoch, ARL, SCT **[29479]** : C1757, Camusnaherie, ARL, SCT **[29479]** : C1820, Fort William, ARL, SCT **[29479]** : C1810, Glencoe, ARL, SCT **[29479]** : PRE 1830, Glenoe, ARL, SCT **[10254]** : Janet, 1818+, Killarrow, ARL, SCT **[15885]** : Flora, 1816, Mull, ARL, SCT **[31402]** : 1700+, Tiree, ARL, SCT **[29113]** : Angus & Jane, 1800-1950, Ballachulish & Kilmallie, ARL & INV, SCT **[12716]** : 1750+, Sliddery & Kilmory, BUT, SCT **[33506]** : 1890+, Auchtertool, FIF, SCT **[11090]** : 1700-1800, Ardvasar, INV, SCT **[14246]** : PRE 1850, Fort William, INV, SCT **[12707]** : Duncan, 1750-1810, Inverness, INV, SCT **[12716]** : 1830+, KCD, SCT **[46340]** : John, PRE 1850, Glasgow, LKS, SCT **[41150]** : PRE 1850, Killin, PER, SCT **[22550]** : PRE 1880, Perth, PER, SCT **[98672]** : C1858, Perth City, PER, SCT **[46398]** : PRE 1858, Perth City, PER, SCT **[46398]** : 1800+, RFW & AYR, SCT **[11090]** : ALL, Kirkcolm, WIG, SCT **[13231]** : PRE 1850, Eastwood, RFW, SCT & NZ **[21161]**
MCISAAC : 1850+, VIC, AUS **[33727]** : 1830S, Glasgow, LKS, AUS **[29580]** : ALL, WORLDWIDE **[43836]**
MCIVER : 1862+, Inverell, NSW, AUS **[46279]** : ALL, ONT, CAN **[16254]** : William (Don), 1841-1925, Moneymore, LDY, IRL **[15070]** : C1850, ARL, SCT **[41979]** : PRE 1849, Gorbals, LKS, SCT **[11733]** : 1840+, ROC, SCT **[46279]**
MCIVOR : PRE 1810, DON, IRL **[37206]** : 1838, Grange, WAT, IRL **[31453]**
MCJANNET : 1800+, KKD, SCT **[21038]**
MCKAI : C1849, SCT **[26731]**
MCKASTY : John, 1930+, Aquebogue & Long Island, NY, USA **[41425]** : Joy Arvesta, 1978+, Aquebogue & Long Island, NY, USA **[41425]**
MCKAY : 1890+, Ariah Park, NSW, AUS **[46279]** : 1950+, Darlington Point, NSW, AUS **[46279]** : 1840+, Wallerawang, NSW, AUS **[10317]** : 1860+, Mount Perry, QLD, AUS **[14032]** : William, 1911, Port Douglas, QLD, AUS **[11372]** : Wm George, 1885+, Port Adelaide, SA, AUS **[10506]** : James, 1855+, VIC, AUS **[25794]** : 1855+, Lancefield, VIC, AUS **[46279]** : Hugh, 1855-1875, ONT, CAN **[41349]** : 1850-1860S, Plympton, ONT, CAN **[16984]** : Isabella Mcd., 1861, Ripley Kincardine, ONT, CAN **[23471]** : PRE 1805, GSY, CHI **[45614]** : 1800-1850, Barnstaple, DEV, ENG **[25322]** : 1805+, NBL, ENG **[45614]** : 1850+, Ecclesall & Bierlow, YKS, ENG **[45614]** : 1800+, Armoy, ANT, IRL **[33443]** : 1800+, Mosside, ANT, IRL **[33443]** : Alexander, 1750-1850, Binghamstown & Geesala, MAY, IRL **[20703]** : PRE 1834, JAMAICA **[17933]** : Hugh, 1820-1860, SCT **[41349]** : C1849, SCT **[26731]** : Alexander, 1750-1900, Aberdeen, ABD, SCT **[20703]** : PRE 1865, Aberdeen, ABD, SCT **[38309]** : 1700S-1800S, Monquhitter & Aberdour, ABD, SCT **[21563]** : 1800+, ANS, SCT **[22088]** : 1800-1860, Dundee, ANS, SCT **[19542]** : Hugh, 1800+, Lockerbie, DFS, SCT **[15301]** : PRE 1814, Newkilpatrick, DNB, SCT **[11946]** : PRE 1831, Inverkeithing, FIF, SCT **[10317]** : 1850+, Grantown, INV & MOR, SCT **[12708]** : 1800+, Glasgow, LKS, SCT **[11946]** : John, 1785+, Edinburgh, MLN, SCT **[11090]** : PRE 1845, Aberfoyle & Brig O'Turk, PER, SCT **[18766]** : Barr Head, RFW, SCT **[42721]** : ALL, Greenock, RFW, SCT **[42676]** : Samuel, C1910, Greenock, RFW, SCT **[42676]** : Janet, PRE 1860, Greenock, RFW, SCT **[18325]** : John, PRE 1865, ROC, SCT **[11372]** : PRE 1829, Kincardine, ROC, SCT **[19542]** : 1800+, Uig & Barvas, ROC, SCT **[33506]** : 1824+, Clyne, SUT, SCT **[46279]** : 1750-1850, Durness, SUT, SCT **[21906]** : 1750-1850, Tounge, SUT, SCT **[21906]**

MCKAY (see MACKAY) : **[11344]**
MCKEACHIE : PRE 1744, Tongland, KKD, SCT **[19759]**
MCKEAN : ALL, SCT **[20824]**
MCKEAND : John, 1825, Bolton, LAN, ENG **[46326]** : Charles, 1828, Manchester, LAN, ENG **[46326]** : Amelia, 1849, ENG & SCT **[46326]** : ALL, SCT **[20824]** : PRE 1800, Newton Stewart, WIG, SCT **[28763]** : Clara, 1863, IOM, UK **[46326]**
MCKEAVER : 1838, Grange, WAT, IRL **[31453]**
MCKECHIE : C1750, Delbeattie, KKD, SCT **[19759]** : C1750, Haugh of Urr & Old Luce, KKD & WIG, SCT **[19759]**
MCKECHNIE : 1800-1890S, SCT **[99040]** : ALL, Kilfinichen & Kilvickeon, ARL, SCT **[38498]** : ALL, Glasgow, LKS, SCT **[98637]** : 1750-1890, Waterville, ME, USA **[26082]**
MCKEE : 1860+, Liverpool, LAN, ENG **[30870]** : Margaret, 1873, Belfast, ANT, IRL **[25770]** : 1800+, DOW, IRL **[29954]** : PRE 1880, Ballynaskeagh, DOW, IRL **[22253]** : 1840+, Kilkeel, DOW, IRL **[46477]** : C1825-1865, Glasgow, LKS, SCT **[30870]** : 1800S, Havensville, KS, USA **[35876]** : 1800+, Centre Co., PA, USA **[22846]**
MCKEEVER : Alice, 1882-1900, Dublin, MEA, IRL **[46426]** : 1750+, ARL, SCT **[22558]**
MCKELLAR : Duncan, 1760+, ARL, SCT **[11386]** : C1800, Inverary, ARL, SCT **[11813]** : Mary, PRE 1800, Kilmodan, ARL, SCT **[41444]**

MCKELVIE : 1830S, IRL **[15640]** : ALL, IRL **[15640]** : C1838, DOW, IRL **[12367]** : James, 1830S, Neilston, RFW, SCT **[15640]** : 1825-1832, Kirkcolm, WIG, SCT **[12367]** : 1750-1850, Stoneykirk, WIG, SCT **[16096]** : 1851-1861, Stoneykirk, WIG, SCT **[12367]** : PRE 1825, Stoneykirk, WIG, SCT **[12367]** : 1869, Stranraer, WIG, SCT **[12367]**
MCKENNA : 1900+, Birtley, DUR, ENG **[25854]** : 1800-1890, DON, IRL **[34349]** : Saragh, C1880, Dromore, DOW, IRL **[15485]** : 1820S, MOG, IRL **[21131]** : 1800+, Tullagh More, TYR, IRL **[10209]** : Mgt, PRE 1930, Flushing Meadows, NY, USA **[41785]**
MCKENNEY : 1800+, Dublin, IRL **[19429]**
MCKENNITT : ALL, DON, IRL **[16513]**
MCKENZIE : PRE 1880, Orange, NSW, AUS **[41456]** : 1840, Sodwall, NSW, AUS **[10985]** : 1838, Sydney, NSW, AUS **[30944]** : Agnes, 1890, Drouin, VIC, AUS **[13014]** : 1800S, Willowmavin, VIC, AUS **[13244]** : 1830+, Pictou, NS, CAN **[46260]** : 1850-1900, Kincardine, ONT, CAN **[99570]** : Mary Ann, 1827+, Ormstown, QUE, CAN **[37568]** : 1876, Matlock, DBY, ENG **[25557]** : 1830-1855, Bristol, GLS, ENG **[26335]** : H.H., C1870-1900, LND, ENG **[18714]** : 1800+, Blyth, NBL, ENG **[35147]** : C1800+, Medway, KEN, ENG & SCT **[45206]** : ALL, HAMILTON, NZ **[30944]** : 1862+, Waitotara, WAN, NZ **[40925]** : PRE 1900, SCT **[46350]** : Mary, 1835+, Inverness, SCT **[33085]** : George, 1895+, Dundee, ANS, SCT **[21854]** : PRE 1875, Glen Isla, ANS, SCT **[99600]** : 1830S, Kirriemuir, ANS, SCT **[30724]** : James, 1820+, Oban, ARL, SCT **[21971]** : 1750+, Ardrossan & Stevenston, AYR, SCT **[34119]** : Charles, 1787, Cullen, BAN, SCT **[10318]** : C1850, Watten, CAI, SCT **[39928]** : 1800+, Luss, DNB & STI, SCT **[16783]** : 1850+, FIF, SCT **[28747]** : Christina, C1840, Inverness, INV, SCT **[39154]** : Margaret, PRE 1830, Inverness, INV, SCT **[16938]** : ALL, Isle of Skye, INV, SCT **[45834]** : Sarah Ann, ALL, Isle of Skye, INV, SCT **[45834]** : Duncan, 1860+, Govan & Glasgow, LKS, SCT **[21971]** : ALL, MLN, SCT **[43933]** : 1800S, Edinburgh, MLN, SCT **[46358]** : 1820S, Liberton, MLN, SCT **[14627]** : Mary, PRE 1839, Nairn & Inverness, NAI & INV, SCT **[22224]** : PRE 1835, PER & ANS, SCT **[44014]** : C1850, Dingwal, ROC, SCT **[11813]** : 1700S-1850, Dingwall, ROC, SCT **[38833]** : ALL, Gairloch, ROC, SCT **[26301]** : Murdock, C1776+, Gairloch, ROC, SCT **[14918]** : PRE 1900, Isle of Lewis, ROC, SCT **[46350]** : C1786, Kilroy, ROC, SCT **[99570]** : 1790S, Locharron, ROC, SCT **[46305]** : Donald, PRE 1840, Rosskeen, ROC, SCT **[39154]** : Rodk., 1740-1850, Urray, ROC, SCT **[15436]** : 1825-1854, Urray, ROC, SCT & AUS **[98674]**
MCKEOGH : Bridget, PRE 1856, Birdhill, TIP, IRL **[35589]**
MCKEON : 1850+, Ipswich, QLD, AUS **[13994]** : PRE 1900, Kingstown, Elphin, ROS, IRL **[13994]**
MCKEONE : Dudley, 1890+, Narrandera, NSW, AUS **[34643]**
MCKEOUGH : 1830-1990, New York, NY, USA **[41266]**
MCKEOWN : 1850+, Belfast, ANT, IRL **[27219]** : 1750+, Carnmoney, ANT, IRL **[20967]** : 1800-1900, Derrymore, ANT, IRL **[44294]** : 1700-1880, ARM, IRL **[29447]** : 1850S, Gilford, DOW, IRL **[21889]** : 1800+, Killough & Ardglass, DOW, IRL **[12420]**
MCKERCHAR : PRE 1850, Tullymet, PER, SCT **[17061]** : PRE 1790 Kenmore, PER, SCT & NZ **[21161]**
MCKERCHER : 1823+, TAS, AUS **[46021]** : 1857+, SCT **[46021]** : 1700+, SCT **[46021]**
MCKERLIE : 1817+, Sorbie, WIG, SCT **[34748]**
MCKERROW : John, C1835+, Manchester, LAN, ENG **[39083]** : PRE 1815, Auchinleck, AYR, SCT **[11718]** : PRE 1850, Muirkirk, AYR, SCT **[20729]**
MCKEW : Bridget, 1820-1900, Whitechapel, MDX, ENG **[25484]** : Mary, 1840-1912, Omagh North & Cooma, TYR & NSW, IRL & AUS **[10604]**
MCKEY : PRE 1805, GSY, CHI **[45614]** : 1805+, NBL, ENG **[45614]**

MCKIDD : PRE 1880, Coupar, ANS, SCT **[22550]**
MCKIE : ALL, Arthuret, CUL, ENG **[46505]** : 1800+, Bolton, LAN, ENG **[46306]** : ALL, LND, ENG & SCT **[31646]** : PRE 1850, Isle of Skye, INV, SCT **[46505]** : 1820S, Glasgow, LKS, SCT **[46216]** : 1800+, WIG, SCT **[46306]** : ALL, Kirkmaiden, WIG, SCT **[21442]**
MCKIERNAN : PRE 1860, Londonderry, DRY, IRL **[31067]**
MCKIEVOR : George, 1900, Douro, ONT, CAN **[15882]**
MCKILLICAN : PRE 1820, Ardersier, INV, SCT **[39154]**
MCKILTY : Ellen, 1840, PA, USA **[16819]**
MCKINLAY : 1890+, VIC, AUS **[35988]** : 1866+, NZ **[35988]** : PRE 1830, Portree, Isle of Skye, ARL, SCT **[46490]** : PRE 1870, Kilwinning, AYR, SCT **[46490]** : 1800S, Orphir, OKI, SCT **[46402]** : PRE 1835, PER & ANS, SCT **[44014]** : PRE 1870, RFW, SCT **[46490]** : 1700S, Kikliston, Dalmeny & Linlithgow, WLN, SCT **[42698]** : ALL, WORLDWIDE **[35836]**
MCKINLEY : Mary A., 1839-1879, Liverpool & Tantawanglo, NSW, AUS **[12032]** : 1820+, Chippawa, ONT, CAN **[26778]** : George, 1775+, IRL **[26778]** : 1800+, Culraney & Cushendun, ANT, IRL **[12802]**
MCKINNEL : 1844+, Canongate, MLN, SCT & AUS **[46238]**
MCKINNELL : C1833, Parton, KKD, SCT **[30714]**
MCKINNEY : 1850, Eden, ANT, IRL **[21669]** : 1880, Auckland, NZ **[21669]** : 1870, Calderhead, LKS, SCT **[21669]** : ALL, PA, USA **[27752]**
MCKINNON : C1840, Dunmore, NSW, AUS **[10277]** : Winifred, 1842+, Mulgoa, Picton & Junee, NSW, AUS **[10470]** : 1830+, Sydney, NSW, AUS **[42226]** : 1860, Walgett, NSW, AUS **[10277]** : 1881+, Atherton, QLD, AUS **[30927]** : John, 1800+, Euroke, VIC, AUS **[11587]** : Malcolm, 1804+, Lochiel & Alexandria, ONT, CAN **[17005]** : Elizabeth, C1670, SCT **[37568]** : PRE 1860, ARL, SCT **[46389]** : 1750+, Campbeltown, ARL, SCT **[28420]** : C1773, Coll, ARL, SCT **[99106]** : 1790-1820, Duirinish, INV, SCT **[14388]** : John Mctailor, C1760, Eigg & Isle of Skye, INV, SCT **[17005]** : 1750-1900, Fort William, INV, SCT **[13546]** : C1849, Isle of Skye, INV, SCT **[11813]** : Ewen, 1800, Kilninvaig, INV, SCT **[31510]** : Norman, 1830-1850, Kilmonivaig, INV, SCT **[14388]** : C1800, Sleat, INV, SCT **[12707]** : PRE 1827, Glasgow, LKS, SCT **[35218]** : Hector, 1801-1864, Tiree & Newcastle, ARL & NSW, SCT & AUS **[34038]** : Margaret, 1838-1910, Tiree & Newcastle, ARL & NSW, SCT & AUS **[34038]** : Margaret, C1813-1901, Tiree & Newcastle, ARL & NSW, SCT & AUS **[34038]**
MCKIRDY : 1750-1850, Largs, AYR, SCT **[20821]** : 1750+, Rothesay, BUT, SCT **[20970]** : Archibald, C1852-1934, Glasgow, LKS, SCT **[34038]** : Claire, C1878-, Glasgow & Sydney, LKS & NSW, SCT & AUS **[34038]**
MCKISSOCK : PRE 1900, WIG, SCT **[11284]**
MCKITRICK : 1850-1950, BC & QUE, CAN **[45291]**
MCKITTRICK : PRE 1920, St.Kilda, Melbourne, VIC, AUS **[40795]**
MCKNAIRE : 1400+, Glasgow, LKS, SCT **[42600]**
MCKNIGHT : Mes, C1899, Brisbane, QLD, AUS **[11731]** : Thomas, 1835-1895, Liverpool, LAN, ENG **[11726]** : James, 1870-1895, Liverpool, LAN, ENG **[11726]** : PRE 1850, Liverpool, LAN, ENG **[38936]** : PRE 1860, IRL **[38936]** : Archibald, 1803, TYR, IRL **[29092]** : Jane, PRE 1801, Old Deer, ABD, SCT **[22224]** : PRE 1830, Lochmaben, DFS, SCT **[12457]** : Jessie, C1857+, Irongray, KKD, SCT **[99545]** : 1860+, Airdrie & Slamannan, LKS & STI, SCT **[29092]**
MCKONE : 1810+, Sydney, NSW, AUS **[31923]**
MCKOY : C1800, Portlaoise, LEX, IRL **[13347]**
MCKUNE : PRE 1784, Cummertrees, DFS, SCT **[42755]**
MCKYE : 1800+, Glasgow, LKS, SCT **[40135]**
MCLACHLAN : C1860, Maitland, NSW, AUS **[29479]** : James & Jane, 1860+, Charters Towers, QLD, AUS **[39186]** : Alexander, 1840-1880, Caledon, ONT, CAN

[33866] : 1900+, Birkenhead, CHS, ENG [45853] : 1850+, Liverpool, LAN, ENG [45853] : Thomas, 1901+, Liverpool, LAN, ENG [45853] : Hilda, 1901+, Liverpool, LAN, ENG [45853] : Winifred, 1780+, IRL [11745] : Michael, 1806, IRL [45853] : PRE 1900, Galloway, SCT [27514] : PRE 1860, ARL, SCT [46389] : C1828, Corpach, ARL, SCT [29479] : C1820, Fort William, ARL, SCT [29479] : 1700+, Isle of Islay, ARL, SCT [30968] : Marion, 1812+, Kilmeny, Islay, ARL, SCT [31762] : 1800+, New Galloway, DFS, SCT [45853] : 1750-1850, Abernethy, INV, SCT [17400] : PRE 1857, Glasgow, LKS, SCT [36543] : James, PRE 1860, Glasgow, LKS, SCT [39186] : 1814-1826, Lochwinnoch, RFW, SCT [33866] : 1800+, SCT & IRL [42919] : 1600+, SCT & RSA [22211]

MCLAGAN : ALL, Clunie, PER, SCT [20135]

MCLAGEN : C1751, Logierait, PER, SCT [27719]

MCLANDRISH : Christina, 1810-1860, Edinkillie, MOR, SCT [39243] : Findlay, 1770-1860, Contin & Edinkillie, ROC & MOR, SCT [39243]

MCLARDY : 1800+, Belfast, ANT, IRL [36826] : 1800+, SCT [36826]

MCLAREN : 1840+, Huon, TAS, AUS [32882] : 1850+, St.Catharines, ONT, CAN [16167] : 1840-1886, Thames & Coromandel, TVY, NZ [46236] : Jessie, 1840-1880, Scone, ANS, SCT [32243] : 1830+, Scone, AYR, SCT [99174] : John, 1800, Glengarry, INV, SCT [43057] : 1700-1880, Gorbals, Glasgow, LKS, SCT [20641] : C1750-1850, Blairgowrie, PER, SCT [16167] : C1832, Kincardine by Doune, PER, SCT [10634] : 1780-1830, Perth, PER, SCT [32882] : 1800+, Rattray, PER, SCT [16167] : John, C1800-1870, Kinfauns, PER & ANS, SCT [32243] : 1800, Balfron, STI, SCT [97805] : PRE 1807, Denny, STI, SCT [44111] : James, C1820+, Little Dunkeld & Fondulac, PER & WI, SCT & USA [30985]

MCLARTY : C1830, Craignish, ARL, SCT [45794] : PRE 1800, Killean & Kilchenzie, ARL, SCT [10610] : C1791, Rothesay, BUT, SCT [22206]

MCLATCHIE : 1700+, IRL [19318] : 1700+, AYR, SCT [19318]

MCLAUCHLAN : C1900, Gisborne, NZ [10985] : 1800+, SCT & IRL [42919]

MCLAUGHLAN : PRE 1863+, Glasgow, LKS & RFW, SCT [33949] : PRE 1825, Paisley, RFW, SCT [41372] : 1800+, Rothesay, BUT, SCT & IRL [42919]

MCLAUGHLIN : Daniel, 1840+, Goulburn, NSW, AUS [10562] : 1840+, Penrith, NSW, AUS [10230] : 1840-1900, Darlington Twp, ONT, CAN [25428] : 1750-1810, Woolwich, KEN, ENG [14246] : Margaret Jane, PRE 1860, Derrykeighan, ANT, IRL [27666] : 1800S, Glenravel, ANT, IRL [32130] : 1800-1900, Ballykelly, DRY, IRL [20821] : PRE 1850, Limavady, DRY, IRL [99573] : PRE 1825, Londonderry, LDY, IRL [45098] : PRE 1840, LIM, IRL [39092] : PRE 1844, Lower Badoney, TYR, IRL [39984] : 1920+, Boston, MA, USA [36295] : 1890-1990, Brooklyn, NY, USA [32130] : 1780+, VA & IN, USA [34782]

MCLAURIN : 1750+, Arran, BUT, SCT & AUS [33921]

MCLAY : PRE 1919, VIC, AUS [33948] : David, PRE 1831, STI, SCT [33948]

MCLEAN : Julia Mary, 1800S, NSW, AUS [33245] : 1830+, NSW, AUS [36435] : James, 1867-1916, Bathurst, NSW, AUS [10203] : 1842+, Moruya, NSW, AUS [10970] : 1845+, Sydney, NSW, AUS [31923] : 1800+, Sydney, NSW & VIC, AUS [30601] : James N., 1835-1909, Sydney & Williamstown, NSW & VIC, AUS [12032] : 1850+, Sydney, NSW [26228] : C1920, Buangor, VIC, AUS [99052] : William J., 1865-1932, Sandridge & Williamstown, VIC, AUS [12032] : 1878, VIC & SA, AUS [38624] : 1870-1925, Melbourne, VIC & CAV, AUS & IRL [20770] : 1800S, Baddeck, NS, CAN [15400] : C1800S, ONT, CAN [15286] : Hugh, 1820+, Pendleton, ONT, CAN [17350] : PRE 1820, London, ENG [28006] : PRE 1930S, Coleraine, DRY, IRL [46414] : ALL, Sandymount, DUB, IRL [42226] : Samuel, 1820, Turlough, MAY, IRL [16184] : PRE 1857, Coolagranagh, MOG, IRL [10642] : C1808-1880, Roscrea, TIP, IRL [10367] : James, PRE 1855, Toomebridge, ANT, IRL & AUS [25794] : Agnes, PRE 1855, SCT [11145] : PRE 1720, Braemar, ABD, SCT [17745] : 1800-1838, Aintuim & Mull, ARL, SCT [40994] : 1725+, Campbeltown, ARL, SCT [13461] : PRE 1850, Coll, ARL, SCT [15476] : PRE 1850, Coll, ARL, SCT [26228] : 1800+, Creich, ARL, SCT [12163] : 1700S, Inverchaolain & Dunoon, ARL, SCT [11386] : 1800+, Iona, ARL, SCT [12163] : 1800-1837, Morven & Tobermory, ARL, SCT [40994] : Donald, C1790, Mull, ARL, SCT [12163] : PRE 1852, Mull, ARL, SCT [12163] : Charles, 1700-1850, Tobermory, ARL, SCT [21842] : 1791+, AYR, SCT [20933] : 1796, Fordyce, BAN, SCT [16822] : 1860+, DFS, SCT [39891] : PRE 1845, DFS, SCT [31923] : PRE 1850, INV, SCT [46164] : 1840-1870, Ardersier, INV, SCT [46458] : Neil, 1800S, Isle of Skye, INV, SCT [30972] : PRE 1840, Strath, Skye, INV, SCT [10970] : 1840-1870, Urquhart, INV, SCT [46458] : 1840+, Parton, KKD, SCT [39891] : Barbara, C1800, Glasgow, LKS, SCT [13591] : C1810, Glasgow, LKS, SCT [14030] : Margaret, C1820, Glasgow, LKS, SCT [34321] : Alexander, PRE 1832, Glasgow, LKS, SCT [10273] : PRE 1860, Milton & Glasgow, LKS, SCT [20800] : ALL, MLN, SCT [45626] : Agnes, PRE 1834, PER, SCT [11145] : 1800-1880, Caputh, PER, SCT [33838] : 1830, Greenock, RFW, SCT [46264] : 1750+, ROC, SCT [11918] : Mary, 1815, ROC, SCT [16184] : 1810-1850, Lochalsh & Lochcarron, ROC, SCT [12039] : ALL, North Leith, MLN & SA, SCT & AUS [45626] : Flora, C1840+, Kilninian & Kilmore, ARL & NY, SCT & USA [99433] : Margaret, C1842+, Kilninian & Kilmore, ARL & NY, SCT & USA [99433] : Catherine, C1844+, Kilninian & Kilmore, ARL & NY, SCT & USA [99433]

MCLEAN-CAMPBELL : 1871, Perth, Vasse, Wagin & Beverley, WA, AUS [43523]

MCLEANS : Duncan & Mary, 1750-1860, Uisken, Mull, ARL, SCT [16439]

MCLEARY : 1887-1959, ONT, CAN [39939]

MCLEES : C1838, Portpatrick, WIG, SCT [26731]

MCLEESE : 1840S, Saratoga, NY, USA [26149]

MCLEISH : PRE 1863, Glasgow, LKS, SCT [26833]

MCLELLAN : 1760-1900, NB & NS, CAN [45291] : 1700-1760, LDY & DON, IRL [45291] : 1700-1800, Stevenston, AYR, SCT [15464]

MCLENAGHAN : Catherine, 1890, Bay du Vin & Aubernville, NB, CAN [39712]

MCLENNAN : 1861+, NSW, AUS [42594] : 1850S-1960S, Stawell, VIC, AUS [14388] : ALL, ONT, CAN [29570] : Isabel, PRE 1840, Rothes & Cawdor, INV, SCT [22224] : 1820S-1850S, Strathglass, INV, SCT [14388] : 1836+, ROC, SCT [42594] : Janet, 1740-1850, Arcan, ROC, SCT [15436] : 1826, Cromarty, ROC, SCT [35025] : PRE 1837, Fodderty, ROC, SCT [41438] : PRE 1826, Inverinate, ROC, SCT [20800] : 1750-1850, Lochalsh & Lochcarron, ROC, SCT [12039] : PRE 1835, Sallachy, ROC, SCT [46321]

MCLEOD : 1857+, Dungog, NSW, AUS [33491] : ALL, VIC, AUS [42688] : 1853+, Broadford, VIC, AUS [11684] : Margaret, 1849, Sidney, NS, CAN [42434] : ALL, Loanend & Norham, NBL, ENG [33491] : 1777, Noss, SCT [11098] : ALL, ABD, SCT [26493] : Elspet, 1750+, Old Machar, ABD, SCT [14760] : Hector, 1800+, Portree, Isle of Skye, ARL, SCT [12744] : PRE 1877, Portree, Isle of Skye, ARL, SCT [25672] : John, PRE 1830, Pulteneytown, CAI, SCT [10392] : Jane, 1827+, Wick, CAI, SCT [10392] : 1850S, Durrisdeer, DFS, SCT [42542] : 1850+, Fort William, INV, SCT [99600] : Roderick, 1845+, Isle of Skye, INV, SCT [34249] : 1813+, Portree, INV, SCT [12953] : C1820, Skye, INV, SCT [12470] : Margaret, 1835+, Snizort, INV, SCT [12182] : PRE 1855, ROC, SCT [13245] : 1740+, Fodderty, SUT, SCT [46458] : 1830, Lairg, SUT, SCT [12222] : ALL, Borv, WIG, SCT [36778]

MCLERAN : 1770S, Alloa, CLK, SCT [12318]

MCLERNON : John, C1800, ANT, IRL **[14747]** : 1700-1900, Carmavey, ANT, IRL **[46252]**

MCLEWIN : 1880+, Epping, ESS, ENG **[28557]**

MCLOUGHLIN : C1870, West Derby & Liverpool, LAN, ENG **[30302]** : Mary Mabel, 1939, CLA, IRL **[10993]** : ALL, WEM, IRL **[26301]**

MCLUCKIE : 1854+, Beechworth, VIC, AUS **[13473]** : PRE 1854, Glasgow, LKS, SCT **[13473]** : 1790+, Kippen, STI, SCT **[14435]**

MCLUNARY : 1850+, Pittsburgh, PA, USA **[23319]**

MCLURE : Jane, 1780+, Tralee, KER, IRL **[10049]** : ALL, Isle of Skye, INV, SCT **[31402]** : 1850+, Cadder, LKS, SCT **[31402]**

MCMACHON : 1800+, Dundee & Blairgowrie, PER, SCT **[13406]**

MCMAHON : James, PRE 1904, Braidwood, NSW, AUS **[45772]** : Thomas Gore, 1865+, Casino, NSW, AUS **[11839]** : 1860+, Cooma & Majors Creek, NSW, AUS **[43529]** : 1930+, Darlinghurst & Paddington, NSW, AUS **[43529]** : Edward, C1880, Newtown, NSW, AUS **[25654]** : Mary Jane, 1880+, Robertson, NSW, AUS **[46026]** : 1840, Shoalhaven, NSW, AUS **[31453]** : 1801+, Sydney, NSW, AUS **[31923]** : Owen, 1804+, Sydney, NSW, AUS **[30653]** : Bart, 1840+, Sydney, NSW, AUS **[10303]** : Patk & Winif., 1857, Sydney, NSW, AUS **[28151]** : Owen, 1834+, Turramurra & Pymble, NSW, AUS **[11839]** : John, 1865+, Camperdown, VIC, AUS **[12650]** : 1800-1900, Ipswich, QLD, AUS & IRL **[39229]** : ALL, IRL **[16757]** : Terence, PRE 1870, IRL **[43529]** : PRE 1841, Loughgilly, ARM, IRL **[39984]** : 1790-1880, Red Hills, CAV, IRL **[46212]** : ALL, CLA, IRL **[16757]** : Mary, PRE 1821, CLA, IRL **[45833]** : PRE 1850, CLA, IRL **[28210]** : PRE 1850, Newmarket on Fergus, CLA, IRL **[46200]** : Thomas, 1840+, LIM, IRL **[46026]** : Mary Jane, 1860+, LIM, IRL **[46026]** : ALL, LIM, IRL **[16757]** : 1800-1850, LIM & CLA, IRL **[29720]** : 1800+, MOG, IRL **[12420]** : 1790-1860, Aghadreenan, MOG, IRL **[46212]** : John, 1790+, Mount Carron & Moruya, CLA, IRL & AUS **[29867]** : 1840+, Kirkfieldbank & Lesmahagow, LKS, SCT **[16757]** : 1845+, Portland, ME, USA **[29720]**

MCMAINS : 1600+, SCT **[23379]**

MCMANAWAY : 1800+, Castlereagh & Wellington, COR & ROS, IRL & NZ **[40993]**

MCMANN : C1800-1850, Berwick, NBL, ENG **[13188]**

MCMANUS : John, PRE 1849, Merotherie, NSW, AUS **[46245]** : James, 1788, Sydney Cove, NSW, AUS **[20542]** : C1860, Tumut, NSW, AUS **[39155]** : PRE 1880, Mitiamo, VIC, AUS **[31715]** : James, 1786, Portsmouth, HAM, ENG **[20542]** : PRE 1788, Portsmouth, HAM, ENG **[33454]** : 1830+, IRL **[33409]** : John, C1822-1849, IRL **[46245]** : 1830+, Cormeen, CAV, IRL **[99187]** : ALL, Sligo, SLI, IRL **[43879]** : William, 1865+, Paisley & Glasgow, RFW & LKS, SCT **[34847]** : John, C1822-1849, USA **[46245]** : John, C1822-1849, New Orleans, LA, USA **[46245]** : David, 1865+, Bangor, MN, USA **[34847]**

MCMASTER : 1835-1850, Rich Hill, ARM, IRL **[14268]** : PRE 1840, SCT **[14268]** : ALL, AYR, SCT **[26493]** : PRE 1855, Kilmallie, INV, SCT **[30987]** : PRE 1855, Kilmonivaig, INV, SCT **[30987]** : James, 1861, Falkirk, STI, SCT **[41223]** : 1700-1800, Stoneykirk, WIG, SCT **[44998]**

MCMASTERS : 1840, Longford, TAS, AUS **[10985]**

MCMATH : 1700-1997, Machrihanish & Kintyre, ARL, SCT **[10119]**

MCMEANS : 1600+, IRL & SCT **[23379]**

MCMEGHAN : 1800+, Bangor, DOW, IRL **[46344]**

MCMICHAEL : J.E., 1881, Liverpool, LAN, ENG **[26098]** : James M., 1881, Liverpool, LAN, ENG **[26098]**

MCMILLAN : 1860S, Pomeroy & Goulburn, NSW, AUS **[11344]** : Robert, 1911+, Coralynn, VIC, AUS **[99832]** : Hugh, 1852+, Mansfield, VIC, AUS **[34249]** : Anthony, 1860, Melbourne, VIC, AUS **[33245]** : 1880, Manchester, LAN, ENG **[26098]** : PRE 1860, Dungannon, TYR, IRL **[11344]** : 1830-1860, Belfast, ANT, IRL & CAN **[42429]** : 1800, Isle of Mull, ARL, SCT **[99522]** : PRE 1850, Isle of Skye, ARL, SCT **[46352]** : 1700-1850, Kintra, Isle of Mull, ARL, SCT **[21842]** : 1700-1850, Tobermory, Isle of Mull, ARL, SCT **[21842]** : 1832+, Corpach, INV, SCT **[46321]** : 1800+, Greenock, RFW, SCT **[10394]** : ALL, Bathgate, Falkirk & Slamannan, WLN & STI, SCT **[27514]** : ALL, WORLDWIDE **[35836]**

MCMILLEN : James, 1850+, Dean, VIC, AUS **[99832]**

MCMILLIN : PRE 1850, SLI, IRL **[21221]**

MCMINN : 1800+, Girthon & Dumfries, DFS, SCT **[46281]** : PRE 1850, Glasgow, LKS, SCT **[38111]**

MCMONAGLE : PRE 1868, Letterkenny, DON, IRL **[19727]**

MCMONIGLE : PRE 1868, Letterkenny, DON, IRL **[19727]**

MCMORDIE : ALL, WORLDWIDE **[14880]**

MCMORDIE (see : Subjects I:), **[14880]**

MCMULLAN : 1830+, Sydney, NSW, AUS **[10230]** : ALL, Portglenone, ANT, IRL **[29172]** : 1800+, Killough, DOW, IRL **[24382]**

MCMULLEN : Mary, 1818-1878, Huntingdon, QUE, CAN **[37568]** : Anne, PRE 1838, Ballygawley, TYR, IRL **[41456]**

MCMURDIE : 1790+, London, ENG **[29954]**

MCMURDO : 1828, Kelton, KKD, SCT **[30714]**

MCMURRAY : 1860, Morpeth, NSW, AUS **[11098]** : 1800+, Lurgan, ARM, IRL **[99600]** : 1800+, Barr, AYR, SCT **[11098]**

MCMURREN : 1824-1870S, South Gower Twp., ONT & ANT, CAN & IRL **[24943]**

MCMURRICH : James, C1865, Poplar, LND, ENG **[33005]**

MCMURTRIE : 1872, Prestwick, AYR, SCT **[10985]**

MCMURTRY : C1850, Aghadowey, DRY, IRL **[35649]**

MCNAB : Mary Theresa, 1862+, Forbes, NSW, AUS **[31762]** : Hector, 1864+, Forbes, NSW, AUS **[31762]** : James, 1860+, Kelso, NSW, AUS **[31762]** : Mary Ann, 1878+, Burketown, QLD, AUS **[31762]** : 1800+, Campbeltown, ARL, SCT **[33711]** : Duncan, 1800, Islay, ARL, SCT **[28802]** : Alexander, 1811+, Kilberry, ARL, SCT **[31762]** : 1700S, PER, SCT **[21221]**

MCNABB : James, 1860+, Forbes, NSW, AUS **[31762]** : Mary Theresa, 1862+, Forbes, NSW, AUS **[31762]** : Hector, 1864+, Forbes, NSW, AUS **[31762]** : Mary Ann, 1878+, Burketown, QLD, AUS **[31762]** : 1855+, Riwaka, NZ **[12321]**

MCNAIR : PRE 1841, Sydney, NSW, AUS **[10470]** : Marion, 1840-1880, Torphichen, LAN, ENG **[32444]** : PRE 1891, Gateshead, NBL, ENG **[34873]** : 1400+, Glasgow, LKS, SCT **[42600]** : PRE 1881, Glasgow, LKS, SCT **[14422]** : 1868+, Greenock, RFW, SCT **[13422]**

MCNAIR (see One Name Section) **[34873]**

MCNALLY : 1814+, NSW, AUS **[10642]** : C1830, Illawarra, NSW, AUS **[10642]** : Charles, 1873, Spring Hill, VIC, AUS **[12058]** : 1860, Tower Hill, VIC, AUS **[25658]** : PRE 1880, Dublin, IRL **[32294]** : Peter, 1790+, ARM, IRL **[12058]** : Annie, 1830+, ARM, IRL **[41425]** : 1840, WIC, IRL **[25658]**

MCNAMARA : Patrick, 1845-1937, Bega, NSW, AUS **[12032]** : Wm, 1869-1957, Bega, NSW, AUS **[12032]** : Patrick, PRE 1850, Berry Park, NSW, AUS **[13153]** : C1845-1855, Gilmore Creek & Tumut, NSW, AUS **[13801]** : C1840-1845, Gobarralong, NSW, AUS **[13801]** : C1885-1905, Gundagai & Tumut, NSW, AUS **[13801]** : 1900+, Metz, NSW, AUS **[46279]** : C1842+, Pitt St., Sydney, NSW, AUS **[42239]** : 1800-1900, Tarcutta & Yass, NSW, AUS **[27733]** : ALL, Dublin, IRL **[10367]** : Denis, 1700-1850, CLA, IRL **[27733]** : ALL, CLA, IRL **[44815]** : Bridget, C1835, CLA, IRL **[11698]** : PRE 1850, Ennis, CLA, IRL **[13377]** : Patrick,

MCN

PRE 1800, KIK, IRL **[13129]** : PRE 1860, Limerick, LIM, IRL **[36819]** : Edward, 1813+, SLI, IRL **[34249]** : Patrick, 1911+, Auckland, NZ **[37745]**
MCNAMEE : 1865+, Sydney, NSW, AUS **[20862]** : Walter, C1860+, Liverpool, LAN, ENG **[11860]**
MCNATTY : PRE 1850, DOW, IRL **[21221]** : ALL, WORLDWIDE **[21221]**
MCNAUGHT : C1800, Gatehouse, KKD, SCT **[30120]**
MCNAUGHTON : John, 1835+, London, MDX, ENG **[28184]** : Albert, 1867+, London, MDX, ENG **[28184]** : PRE 1860, Applegarth, DFS, SCT **[13584]** : 1800-1850, Inverness, INV, SCT **[12434]** : 1830-1870, Glasgow, LKS, SCT **[12434]** : 1830-1870, Glasgow, LKS, SCT **[12434]** : Daniel, 1750+, Edinburgh, MLN, SCT **[25310]** : David, 1823, Edinburgh, MLN, SCT **[25310]** : John, 1816+, Perth, PER, SCT **[20665]**
MCNAY : James & Wm, PRE 1879, Melbourne, VIC, AUS **[26098]**
MCNEA : David, PRE 1830, IRL **[29515]**
MCNEAL : PRE 1860, London, MDX, ENG **[46211]**
MCNEARY : PRE 1892, Garvagh, LDY, IRL **[36350]**
MCNEE : Agnes, 1892, Bonhill, DNB, SCT **[44207]** : Marion, 1897, Strathblane, STI, SCT **[44207]**
MCNEICE : 1800+, Belfast, ANT, IRL **[42507]** : PRE 1860, Portadown, ARM, IRL **[31067]**
MCNEIL : 1855+, Redbank & Taree, NSW, AUS **[40994]** : John, 1816, NS, CAN **[40994]** : 1840-1900, Inverness, Cape Breton, NS, CAN **[45280]** : PRE 1860, London, MDX, ENG **[46211]** : 1800-1890, Hoddam, Dalton, DFS, SCT **[43804]** : 1800+, Croy Dalcross, NAI, SCT **[12641]** : PRE 1750, Muthill, PER, SCT **[39593]**
MCNEILL : 1880+, NSW, AUS **[34119]** : Margaret, 1890-1900S, ONT, CAN **[32130]** : 1800S, Fair Head, ANT, IRL **[32130]** : David, 1800, Newgrove, CAV, IRL **[10610]** : ALL, SCT **[24174]** : 1800+, Med, SCT **[97805]** : PRE 1863, Campbeltown, ARL, SCT **[99600]** : 1750+, Ardrossan & Stevenston, AYR, SCT **[34119]** : ALL, Glasgow, LKS, SCT **[99187]** : 1761+, Logie, PER, SCT **[21207]**
MCNEILLAGE : Arch, 1801+, Campbeltown, ARL, SCT **[33584]**
MCNEISH : PRE 1863, Sydney, NSW, AUS **[44249]**
MCNICHOL : C1960, Vancouver, BC, CAN **[22618]** : PRE 1875, Barnsley, WRY, ENG **[39554]**
MCNICHOLL : Thomas, 1850+, Clonfeacle, ARM, IRL **[30808]**
MCNICKLE : 1800-1900, Loughgall, ARM, IRL **[30808]** : 1800S, Lower Badoney, TYR, IRL **[39984]**
MCNICOL : George, 1800S, Wick, CAI, SCT **[12363]** : PRE 1859, Killin, PER, SCT **[22550]**
MCNIECE : 1800-40, Ballymena, ANT, IRL **[11661]**
MCNIELL : PRE 1855, Crieff, PER, SCT **[45111]**
MCNIVEN : 1700+, Morven, ARL, SCT **[14208]** : 1800+, Glasgow, LKS, SCT **[40925]**
MCNULTY : ALL, IRL **[46217]** : Esther Mary, 1800+, MAY, IRL **[43057]**
MCOMISH : ALL, Edinburgh, MLN, SCT **[99093]**
MCONIE : PRE 1850, Gartmore, PER, SCT **[26955]**
MCOWEN : C1850, Blackburn & Wigan, LAN, ENG **[43844]**
MCPARTLAND : C1862, Armagh, ARM, IRL **[45649]** : C1830S, Kildallen, CAV, IRL **[11860]**
MCPAUL : 1820+, DON, IRL **[11335]**
MCPEARSON : 1830S, Tyree, ARL, SCT **[10948]**
MCPHAIL : John, 1830+, Hobart & Sale, TAS & VIC, AUS **[13461]** : 1800+, Queens Co., PEI, CAN **[31786]** : 1789, Ardaphuir, ARL, SCT **[13591]** : PRE 1815, Mull, ARL, SCT **[13134]** : 1800S+, Arrochar, DNB, SCT **[28134]** : 1840S+, Tarbet, DNB, SCT **[28134]** : PRE 1811, Eilanreach, INV, SCT **[40970]**
MCPHATTER : 1800+, Puslinch, ONT, CAN **[15931]**
MCPHEE : PRE 1900, Geelong, VIC, AUS **[29780]** : Catherine, C1815, Woolwich, KEN, ENG **[10694]** : PRE 1855, St.Dunstan, Stepney, MDX, ENG **[45242]** : 1815-30, FER, IRL **[36705]** : PRE 1830, Kilchattan, ARL, SCT **[45242]** : PRE 1881, Oban, ARL, SCT **[25755]** : PRE 1900, Isle of Skye, INV, SCT **[29780]** : PRE 1900, Glasgow, LKS, SCT **[20974]**
MCPHERSON : Evan, 1870-1920, Melbourne & Ballina, NSW, AUS **[43769]** : 1842+, Sydney, NSW, AUS **[10085]** : Duncan, 1861, Gawler & One Tree Hill, SA, AUS **[14346]** : Donald, PRE 1860, Ararat, VIC, AUS **[27740]** : Alexander, 1855+, Rokewood, VIC, AUS **[12785]** : 1830+, Shepparton & Morang, VIC, AUS **[42698]** : Donald, ALL, Talyoon & Ararat, VIC, AUS **[99010]** : ALL, Gillingham & Rochester, KEN, ENG **[31152]** : 1780+, Rochester, KEN, ENG **[29328]** : Saraha, 1800-1852, LAN, ENG **[17109]** : 1820+, MDX, ENG **[43989]** : 1840-1930, Aberdeen & Glendronach, ABD, SCT **[33820]** : PRE 1860, ARL, SCT **[46389]** : Jean (Jane), PRE 1826, Barrichbeyan, Craignish, ARL, SCT **[15787]** : PRE 1900, Aberlour, BAN, SCT **[21365]** : PRE 1876, INV, SCT **[26301]** : 1835-1905, Benbecula, INV, SCT **[33866]** : Evan, 1800+, Kingussie, INV, SCT **[43769]** : Duncan, 1861, Laggan, INV, SCT **[14346]** : 1800S, Edinburgh, MLN, SCT **[21630]** : 1876+, Edinburgh, MLN, SCT **[26301]** : Angus, PRE 1802, Callander, PER, SCT **[12785]** : PRE 1890, Perth, PER, SCT **[13471]** : Alexander, C1800, Greenock, RFW, SCT **[10270]** : 1817-1860, Johnstone, RFW, SCT **[12367]** : ALL, Gairloch, ROC, SCT **[26301]** : James, 1780-1832, Invergordon, ROC, SCT **[15785]** : PRE 1854, Laggan & Struan, INV & VIC, SCT & AUS **[36800]** : Alexander, 1806+, Callander & Rokewood, PER & VIC, SCT & AUS **[12785]** : Flora, C1788+, Kilninian & Kilmore, ARL & PEI, SCT & CAN **[99433]**
MCPHILLAMY : Lilian, 1893, NSW, AUS **[34947]**
MCPIKE : C1830, Belfast, ANT, IRL **[20914]** : C1800, Garvagh, LDY, IRL **[20914]**
MCPOLAN : PRE 1850, DOW, IRL **[12710]**
MCQUADE : 1852-1862, Hobart, TAS, AUS **[46491]** : PRE 1880, Emerald Hill, VIC, AUS **[46491]** : PRE 1852, Queenstown, COR, IRL **[46491]** : 1814+, WEM, IRL **[46491]**
MCQUAKER : C1800, Ballantrae, AYR, SCT **[16096]**
MCQUALTER : 1850+, Ballan, VIC, AUS **[46388]** : 1790-1900S, ANS, SCT **[46388]**
MCQUARRIE : 1800S, Eigg, INV, SCT **[99440]**
MCQUATTIE : 1790-1900, ANS, SCT **[46388]**
MCQUEEN : 1800, Newry, DOW, IRL **[21038]** : 1850+, Tapanui, NZ **[46352]** : PRE 1850, SCT **[46352]** : 1700-1800, ANS, SCT **[18708]** : Mary, 1803, Belleharvie, Isle of Islay, ARL, SCT **[31486]** : Florence, 1719+, Kilnave, Islay, ARL, SCT **[31486]** : Christian, 1810, Logie, PER, SCT **[12974]** : ALL, WORLDWIDE **[35836]**
MCQUELLEN : PRE 1880, Clones, MOG, IRL **[28533]** : Philip, 1800-1900, IRL & SCT **[28533]**
MCQUELLIN : Philip, 1800-1900, IRL & SCT **[28533]**
MCQUESTION : PRE 1840, Old Park, ANT, IRL **[38936]**
MCQUESTON : ALL, ANT, IRL **[12831]**
MCQUILLAN : PRE 1860 Carnlough, ANT, IRL **[33428]**
MCQUIRE : PRE 1860, Leeds, YKS, ENG **[99598]**
MCQUISTEN : PRE 1850, IRL **[38936]**
MCQUISTON : ALL, Belfast, ANT, IRL **[12831]**
MCQUOIN : ALL, LND, ENG **[46195]**
MCRAE : PRE 1820, London, ENG **[28006]** : ALL, ABD, SCT **[39672]** : James, 1887+, Dundee, ANS, SCT **[21854]** : Colin, 1798-1877, BAN, SCT **[28151]** : Alexander, 1838-1896, Boyndie, BAN, SCT **[28151]** : C1780-1850, ROC, SCT **[33628]** : Margaret, C1800, ROC, SCT **[13326]** : 1800S, Applecross, ROC, SCT **[20800]** : ALL, Kilmarnock, INV, SCT & AUS **[45652]**
MCRAY : ALL, Pontynewynydd, MON, WLS **[46322]**
MCREADIE : 1800-1850, Glasgow, LKS, SCT **[46458]**
MCRITCHIE : 1855+, Sydney, NSW, AUS **[39015]** : 1790+, PER, SCT **[39015]**

MCROBERTS : PRE 1900, SCT & ENG **[27514]**
MCROBIN : 1690+, Broadford, KID, IRL **[43076]**
MCSHANE : 1849+, Morpeth & Dungog, NSW, AUS **[45689]**
MCSHERRY : 1820-1900, Downpatrick, DOW, IRL **[24382]**
MCSKIMMING : ALL, SA, AUS **[36842]** : ALL, SCT **[36842]** : 1800, Barr by Girvan, AYR, SCT **[28164]**
MCSWAN : 1600-1800, Barbados, W.INDIES **[21349]**
MCSWEENEY :1965+, Chorlton, LAN, ENG **[16783]** : 1800+, Limehouse, LND & MDX, ENG **[42744]** : 1900+, Islington, MDX, ENG **[16783]** : 1830, IRL **[16783]** : Richard, 1800+, Galway, GAL, IRL **[42744]**
MCSWEENY : PRE 1850, KER, IRL **[45962]**
MCTAGGART : 1850+, VIC, AUS **[10232]** : 1852+, Ballarat, VIC, AUS **[46263]** : 1850-1930, Benfieldside, DUR, ENG **[35218]** : 1900-1960, Chopwell, DUR, ENG **[35218]** : 1840-1880, Newcastle, NBL, ENG **[35218]** : 1780-1850, ARL, SCT **[25830]** : PRE 1769, Mull & Skye, ARL & INV, SCT **[35218]** : PRE 1840, Annan & Dornock, DFS, SCT **[97806]** : 1827-1840, Glasgow, LKS, SCT **[35218]** : PRE 1800, Govan, RFW & LKS, SCT **[40868]** : 1760+, Knapdale & Glasgow, ARL, LKS & ONT, SCT & CAN **[20578]**
MCTAVISH : 1750S, Appin, ARL, SCT **[14208]** : Donald, 1800-1860, Kilmonivaig & Glengarry, INV, SCT **[13014]**
MCTIER : 1800+, Dalrymple, AYR, SCT **[29954]**
MCTOMINAY : 1860-1900, Dumbarton (Row), DNB, SCT **[38538]**
MCUILL : ALL, SCT **[24637]**
MCVAY :1869+, Melbourne, VIC, AUS **[12371]** : C1840, Cavan, CAV, IRL **[12371]**
MCVEAN : Duncan, 1800-1850, PER, SCT **[12716]**
MCVEIGH : 1800+, Frontenac Co., ONT, CAN **[16145]**
MCVICAR : 1821+, Lanark Co. & Bruce Co., ONT, CAN **[16875]** : PRE 1800, Inverary, ARL, SCT **[22182]** : 1800+, Glasgow, LKS, SCT **[36071]** : PRE 1821, Glasgow, LKS, SCT **[16875]**
MCVITTY : 1900+, Hanborough, OXF, ENG **[46368]**
MCVORAN : 1782-1807, Jura, ARL, SCT **[25830]**
MCVORRAN : PRE 1850, Islay, SCT **[12707]**
MCVOY : C1800, Portlaoise, LEX, IRL **[13347]**
MCWALTER : Robert, 1850+, Ballan, VIC, AUS **[46388]** : 1790-1900, ANS, SCT **[46388]** : Robert, PRE 1850, Liff, ANS, SCT **[46388]**
MCWARD : PRE 1859, Cloghaneely, DON, IRL **[25396]**
MCWATERS : ALL, AYR, SCT & AUS **[32882]**
MCWATTIE : 1790-1900, ANS, SCT **[46388]**
MCWHA : ALL, WORLDWIDE **[14422]**
MCWHINNEY :1850+, Dundee, ANS, SCT **[21321]**
MCWHIRTER : 1800+, Ballantrae, AYR, SCT **[45769]** : Mary, 1750+, Newton Stewart, WIG, SCT **[21132]**
MCWILLIAM : James, 1877, Buenos Aires, ARGENTINA **[26098]** : Alexander, 1859, Sydney, NSW, AUS **[26098]** : Jean, 1950, Wharf St.Dukinfield, CHS, ENG **[26098]** : William, 1950, Wharf St.Dukinfield, CHS, ENG **[26098]** : 1845+, Peterhead, ABD, SCT **[30182]**
MCWILLIAMS :1850+, SRY & KEN, ENG **[21221]**
MEACHAM : PRE 1835, Finsbury, LND, ENG **[11256]**
MEACHER : PRE 1950, Winchester, HAM, ENG **[45032]**
MEAD : 1850+, Sydney, NSW, AUS **[28150]** : 1850+, VIC, AUS **[11873]** : PRE 1725, Chesterton, CAM, ENG **[11536]** : Ann, PRE 1850, DEV, ENG **[14448]** : 1800+, Kingsteignton, DEV, ENG **[42361]** : PRE 1725, Buckhorn Weston, DOR, ENG **[10493]** :1650-1750, Buckhorne Western & E.Orchard, DOR, ENG **[30246]** : PRE 1850, Brantry, ESS, ENG **[11873]** : 1800+, Leytonstone, ESS, ENG **[10891]** : PRE 1800, HRT, ENG **[11873]** : William, 1795, St.Albans, HRT, ENG **[10276]** : ALL, Weedon, NTH, ENG **[28150]** : ALL, Highham, SOM, ENG **[99025]** : Isaac, 1800+, Wincanton, SOM, ENG **[39243]** : 1800S, Floore, NTH, ENG & AUS **[46387]**
MEADE : Sarah, 1863+, Ballarat, VIC, AUS **[12650]** : Ellen, 1856+, Birregarra, VIC, AUS **[12650]** : Winifred, 1860+, Camperdown, VIC, AUS **[12650]** : Bridget, 1858+, Smythesdale, VIC, AUS **[12650]** : PRE 1850, Ilminster, SOM, ENG **[20672]** : 1850-1871, Limerick, LIM, IRL **[99443]** : PRE 1832+, Callan, KIK, IRL & AUS **[33949]** : 1871-1920, Chicago, IL, USA **[99443]**
MEADEN : George, PRE 1890, Plymouth & Clapham, DEV & SRY, ENG **[44939]** : PRE 1660, Chaldon Herring, DOR, ENG **[46297]** : Anne, 1873, West Lulworth, DOR, ENG **[34320]** : Arthur, 1880+, Clapham, SRY, ENG **[44939]**
MEADLE : PRE 1800, Hackney, LND, ENG **[46375]**
MEADON : 1641, Owermoigne, DOR, ENG **[21889]**
MEADOWS : Isaac, 1800S, Newport Pagnell, BKM, ENG **[12363]** : 1800+, GLS, ENG **[10775]** : Frederick, 1794-1862, Gosport, HAM, ENG **[37308]** : PRE 1890, Liverpool, LAN, ENG **[39430]** : James, 1765+, Somersby, LEI, ENG **[10049]** : Mary Ann, PRE 1850, Wymondham, NFK, ENG **[12320]** : 1800+, Thrapston, NTH, ENG **[36126]** : PRE 1800, Hadleigh, SFK, ENG **[17670]** : C1770-1900, Birmingham, WAR, ENG **[13801]**
MEADS : PRE 1800, BKM & BRK, ENG **[17720]** : Alice, 1850+, Southampton, HAM, ENG **[35280]** : 1760+, Whittlebury, NTH, ENG **[18207]** : 1800-1840, Birstall, YKS, ENG **[13430]**
MEADUS : 1800S, HAM, ENG **[12831]**
MEADWELL : 1700-1800, Stamford, LIN, ENG **[45442]**
MEAGER : Walter, 1855+, Sandhurst, VIC, AUS **[25794]**
MEAGHER : Mary, 1837-1890, QLD, AUS & IRL **[36725]** : ALL, TAS, AUS & NZ **[33920]** : 1840-1850, Renfrew Co., ONT, CAN **[34261]** : 1750-1860, Liverpool, LAN, ENG **[26831]** : 1800S, CLA, IRL **[21221]** : 1827-64, Leadmore & Kilrush, CLA, IRL **[36705]** : PRE 1880, Queenstown, COR, IRL **[99174]** : 1700-1850, Killenaule, TIP, IRL **[26831]** : PRE 1880, Mitcheltown, TIP, IRL **[99174]** : 1832+, Nenagh, TIP, IRL **[14754]** : 1780-1820, Roscrea, TIP, IRL **[45082]** : 1880S, Westford, WI, USA **[12744]**
MEAGRE : PRE 1750, Houghton Conquest, BDF, ENG **[14267]**
MEAKER : 1850+, Bega, NSW, AUS **[99052]** : C1880, Bega, NSW, AUS **[13326]**
MEAKINS :1650-1800, Cambridge, CAM, ENG **[33347]**
MEAL : PRE 1850, Slaithwaite, WRY, ENG **[24873]**
MEALER : PRE 1890, Birkenhead, CHS, ENG **[22182]**
MEALEY : 1844-1899, Sydney, NSW, AUS **[46316]** : 1845+, Simcoe Co., ONT, CAN **[16075]** : PRE 1850, Ross Harbour, FER, IRL **[16075]**
MEALICE : George, C1700, Foveran, ABD, SCT **[13026]**
MEALY : 1845+, Simcoe Co., ONT, CAN **[16075]** : PRE 1850, Ross Harbour, FER, IRL **[16075]**
MEAN : 1800-1840, Poplar, LND, ENG **[17977]**
MEANE : PRE 1800, CON, ENG **[11873]**
MEANEY : Lawrence, 1920+, Redfern, Sydney, NSW, AUS **[25246]**
MEANLEY : Alice, 1870+, London, ENG **[34315]**
MEANY : Edward, PRE 1840, Drumore & Waterford, WAT, IRL **[25246]** : Lawrence, PRE 1870, Waterford, WAT, IRL **[25246]**
MEANY (see One Name Section) [25246]
MEAR : C1800, Cheriton Fitzpaine, DEV, ENG **[12744]** : 1700S, Thakeham, KEN, ENG **[20729]**
MEARES : Rev. M.D., 1825+, Sydney, NSW & COR, AUS & IRL **[42239]** : 1800S, Johnstown, USA **[44296]**
MEARING : 1800S, Spettisbury, DOR, ENG **[11152]** : 1800+, Sturminster Marshall, DOR, ENG **[11152]** : 1700-1800, Crowland, LIN, ENG **[12641]**
MEARNS : C1810-1850+, ANT, IRL **[22698]** : 1875-1920, SCT **[21418]** : 1850+, NE & IL, USA **[22698]** : 1848-1991, Sullivan Co., NY & NE, USA **[22698]**

MEARS : ALL, HAM, ENG **[39180]** : ALL, Bishops Waltham & Bursledene, HAM, ENG **[39180]** : PRE 1860, Botley, HAM, ENG **[41136]** : ALL, Botley & Cosham, HAM, ENG **[39180]** : ALL, Titchfield & Curdridge, HAM, ENG **[39180]** : 1740S-1790S, Great Hale & Little Hale, LIN, ENG **[37978]** : ALL, Stepney, LND, ENG **[33237]** : 1800-1900, Bethnal Green, MDX, ENG **[46338]** : 1800+, OXF, ENG **[14959]** :ALL, Stoke by Clare, SFK, ENG **[33237]** : 1850S, Bristol, SOM, ENG **[12744]** : ALL, Thames Ditton, SRY, ENG **[18042]** : C1800, FER, IRL **[32016]**
MEASE : 1700-1880, Croxton Kerrial, LIN, ENG **[12844]**
MEASHAM : 1800+, Loulton, DBY, ENG **[46448]**
MEATHAM : ALL, IL, USA **[24182]**
MEATS : ALL, WORLDWIDE **[18851]**
MEBAN : 1800S, Kilmoyle, ANT, IRL **[20800]**
MECHLIN : 1600S, GER **[29701]**
MEDCALF : Joseph, 1804, Dublin City, DUB, IRL **[10297]**
MEDDINGS : ALL, WORLDWIDE **[46517]**
MEDENS : 1600-1800, DOR, ENG **[46517]**
MEDHURST : PRE 1900, KEN, ENG **[44969]** : 1500S+, Leigh, KEN, ENG **[34140]** : William, PRE 1691, Mayfield, SSX, ENG **[36365]**
MEDINS : ALL, WLS **[46517]**
MEDLAND : 1700+, DEV & LND, ENG **[44954]**
MEDLEN : 1850, Cornwall, CON, ENG **[46256]**
MEDLEY : Charles Saml, C1798+, ENG **[12781]** : PRE 1850S, ENG **[12781]**
MEDLICOTT : 1800-1870, Ratlinghope, SAL, ENG **[31709]** : 1700+, Wentnor, SAL, ENG **[42780]**
MEDLOCK : 1700+, Biggleswade, BDF, ENG **[14874]** : C1864, HUN, ENG **[45687]** : 1800+, Kings Lynn, NFK, ENG **[14874]** : 1900-20, Bengal, INDIA **[14874]**
MEDWAY : Alice, PRE 1750, London, ENG **[38833]**
MEDWORTH : 1750+, Wisbech, CAM, ENG **[21394]**
MEE : 1800+, Warrington, LAN, ENG **[10775]** : PRE 1700, Diseworth, LEI, ENG **[12707]** : ALL, Awsworth, NTT, ENG **[40802]** : Hannah, 1770, Nottingham, NTT, ENG **[21759]**
MEECH : PRE 1750, Bridport, DOR, ENG **[14267]** : 1740-1770, Yetminster, DOR, ENG **[13326]** : 1800-1850, Portsmouth, HAM, ENG **[31979]**
MEECHUM : 1800S, Plumstead, KEN, ENG **[35561]**
MEEHAN : 1788+, AUS **[44261]** : Bridget, 1854+, Sydney, NSW, AUS **[12884]** : 1850S, Sheenboro, QUE, CAN **[16980]** : 1700-1900, IRL **[39698]** : ALL, CLA, IRL **[44815]** : Catherine, C1810+, St.Marys & Shandon, COR, IRL **[14672]** : C1830, Galway, GAL, IRL **[31761]** : Bridget, PRE 1855, TIP, IRL **[12884]** : 1800-1880, Newport, TIP, IRL **[18303]** : 1880-1900, Berkshire Co., MA, USA **[18303]**
MEEHIN : ALL, Belfast, ANT, IRL **[21131]**
MEEK : ALL, DUR & NBL, ENG **[18851]** : John, 1850-1900, Cheltenham, GLS, ENG **[39730]** : 1750-1820, Topcliffe, NRY, ENG **[26629]**
MEEKIN : 1800+, Bollington, CHS, ENG **[16433]**
MEELBY : ALL, DEN **[29701]**
MEENS : Mary, 1815, Newton, NFK, ENG **[10993]**
MEERLEVE : ALL, WORLDWIDE **[15013]**
MEERT : PRE 1820, BBT, BEL **[17184]**
MEES : Jacobi, PRE 1722, Dollendorf, RHINELAND, GER **[26458]**
MEESON : 1600+, Stafford, STS, ENG **[15823]**
MEETEN : 1700-1900, Thakeham & Shipley, SSX, ENG **[35561]**
MEGGS : John, 1861-1942, VIC, AUS **[45808]** : 1841, Winterbourne, GLS, ENG **[46238]** : Sarah, 1811+, Shoreditch, MDX, ENG **[31720]** : Nicholas, 1770-1820, USA **[45808]** : Sarah, 1770-1870, USA **[45808]** : Emily, 1830+, USA **[45808]** : John, 1820-1901, USA & AUS **[45808]** : Augustus, 1820-1901, USA & AUS **[45808]** : PRE 1900, VA, USA & AUS **[45770]**

MEGOW : ALL, Berlin & Szczecin, BLN & SZ, GER **[15745]** : ALL, WORLDWIDE **[15745]**
MEHARRY : PRE 1850, Killinchy in the Woods, DOW, IRL **[38111]**
MEIER :Gustave, 1884+, QLD, AUS **[10232]** : Edward, PRE 1899, QLD, AUS **[10232]** : Gustave, PRE 1884, BE, CH **[10232]** : 1870+, Queens Co., NY, USA **[28609]**
MEIERS : PRE 1870, Norden, HBG, BRD **[21906]**
MEIGHAN : Bridget, 1854+, Sydney, NSW, AUS **[12884]** : James, PRE 1820, Drogheda, IRL **[99147]** : Bridget, PRE 1855, TIP, IRL **[12884]**
MEIGHANAN : ALL, IRL **[25702]**
MEIJER : PRE 1800, Oldenburg, NSA, GER **[45111]**
MEIKLE : C1807, Kilmarnock, AYR, SCT **[14645]**
MEIKLEJOHN : 1866+, VIC, AUS **[12561]** : 1860+, NZ **[12561]** : 1700S, SCT **[12144]** : 1770+, Halkirk, CAI, SCT **[12561]** : 1700+, Saline, FIF, SCT **[10591]** : 1800S, Dunblane, PER, SCT **[20551]**
MEILLION : 1890+, Sydney, NSW, AUS **[46373]**
MEIN : ALL, SCT **[46505]** : ALL, Canonbie, DFS & CUL, SCT & ENG **[46505]**
MEINARDI : ALL, WORLDWIDE **[32364]**
MEINSHEIN : PRE 1820, HBG, GER **[36112]**
MEIRLEVE : ALL, WORLDWIDE **[15013]**
MEIRLEVEDE : ALL, WORLDWIDE **[15013]**
MEISENHELTER : 1882, Toowoomba, QLD, AUS **[29459]**
MEISNER : C1800, Meichow, BRA, GER **[37795]**
MEISSNER : 1834, Stolzenberg, BRA, GER **[27780]** : PRE 1850, Werdau, SAN, GER **[37380]**
MEISTER : Franziska, 1820-1900, Baldersheim, GER **[28199]**
MEJER : 1750-1900, Safsnas, KOPPARBERG, SWE **[16425]** : PRE 1760, Ostra Fagelvik, VARMLAND, SWE **[16425]**
MELANO : 1831-1895, Turin, ITL **[14754]**
MELAVEN : 1819+, AUS **[32190]** : 1819+, QUE, CAN **[32190]** : Thomas, PRE 1820, Killagally, OFF, IRL **[32190]** : PRE 1820, Wheery, OFF, IRL **[32190]** : Michael, PRE 1820, Erie, PA, USA **[32190]** : ALL, WORLDWIDE **[32190]**
MELAVEN (see One Name Section) [32190]
MELBOURNE : Hannah, 1760+, Duffield, DBY, ENG **[10054]** : 1500-1600, Prestwold, LEI, ENG **[34967]** : 1820+, Thornage, NFK, ENG **[13034]** : 1860+, Littleton, TIP, IRL **[10085]**
MELCHERT : 1700-1900, Schlowe, POM, GER **[27140]** : PRE 1880, Stolp, POM, GER & AUS **[14045]** : 1850-1890, New Orleans, LA, USA **[27140]**
MELDRUM : 1871+, Manning River, NSW, AUS **[11060]** : C1860+, Crail, FIF, SCT **[34321]** : PRE 1840, FIF & KRS, SCT **[45679]**
MELHUISH : 1830-1900, Melbourne, VIC, AUS **[20770]** : 1700-1850, Exeter, DEV, ENG **[30137]** : PRE 1800, Spreyton, DEV, ENG **[19641]** : 1550+, Washfield, DEV, ENG **[21759]** : Jacob, 1820, Kennington, London, SRY, ENG **[21759]**
MELIA : John, ALL, Norbury, CHS, ENG **[28341]** : Catherine, C1840+, Stockport, CHS, ENG **[28341]** : Catherine, 1840+, Warrington & Stockport, LAN & CHS, ENG **[28341]** : 1800-1830, Athlone, WEM, IRL **[46212]**
MELLIN : PRE 1850, Nantes, PL, FRA **[10918]**
MELLING : 1800+, Billinge, LAN, ENG **[12641]**
MELLIS : PRE 1800, Cairnie, ABD, SCT **[10591]**
MELLISH : 1850+, CAN **[45681]** : ALL, East London, MDX, ENG **[29328]** : C1826, Cocklake & Wedmore, SOM, ENG **[10634]** : 1790+, Wedmore, SOM, ENG **[99012]**
MELLISSA : PRE 1835, HUN & CAM, ENG **[41877]**
MELLON : 1850+, TYR, IRL **[11023]**
MELLOR : 1880+, Ballarat, VIC, AUS **[36796]** : Thomas, 1879+, Cheadle & Manchester, CHS & LAN, ENG

[43935] : Thomas Slater, 1830+, Ashbourne, DBY, ENG **[35988]** : PRE 1870, Chapel en le Frith, DBY, ENG **[38936]** : Alice, 1793, Manchester, LAN, ENG **[10318]** : PRE 1810, Grindon, STS, ENG **[40025]** : 1800S, Coventry, WAR, ENG **[27850]** : Mary, C1812, Kidderminster, WOR, ENG **[27936]** : PRE 1843, Golcar, WRY, ENG **[46436]** : 1788+, Huddersfield & Halifax, WRY, ENG **[39307]** : Betty, 1790S, Saddleworth, YKS, ENG **[27066]**

MELLORS : John, 1795+, Oakthorpe, LEI, ENG **[17087]** : Joseph, 1800S, Bulwell, NTT, ENG **[16309]**

MELLROSS : 1880+, NSW, AUS **[13584]** : 1860+, VIC, AUS **[13584]** : PRE 1860, Applegarth & New Galloway, DFS, SCT **[13584]**

MELLSOP : ALL, OFF, IRL **[28098]**

MELNICZUK : ALL, GALICIA, UKR **[99556]**

MELNYCHUK : ALL, GALICIA, UKR & CAN **[99556]**

MELOSH : 1840+, Halton Co., ONT, CAN **[15845]**

MELSTED : ALL, DEN & GER **[29701]**

MELTON : ALL, Long Sutton, LIN, ENG **[11658]** : PRE 1830, Heacham, NFK, ENG **[25559]** : 1800S, Thrapston, NTH, ENG **[30876]**

MELVEN : James, PRE 1840, Aberdeen, ABD, SCT **[10383]**

MELVILLE : James, C1852-1900, Brisbane, QLD, AUS & IRL **[39083]** : 1880+, Deptford, LND, ENG **[28400]** : 1820S, Shepherds Bush, LND, ENG **[46216]** : PRE 1880, IRL **[28400]** : John, C1825+, Dublin, IRL & AUS **[39083]** : Mary, 1800-50, Kennoway, FIF, SCT **[10286]** : PRE 1650, Logie, FIF, SCT **[12060]** : 1700+, St.Andrews, FIF, SCT **[12386]** : ALL, Errol, PER, SCT **[46454]**

MELVIN : 1885+, Charters Towers, QLD, AUS **[14194]** : 1890+, Ingham & Croydon, QLD, AUS **[14194]** : 1800-1930, Liverpool, LAN, ENG **[45037]** : 1880+, Hull, YKS, ENG **[14194]** : Jos. Dalgarno, 1852, Gamrie, BAN, SCT **[14880]** : Jas Gossip, 1854, Gamrie, BAN, SCT **[14880]** : Sarah Donald, 1856, Gamrie, BAN, SCT **[14880]** : John, 1858, Gamrie, BAN, SCT **[14880]** : Barbara Hay, 1860, Gamrie, BAN, SCT **[14880]** : Barbara+, Leith, MLN, SCT **[14194]**

MELZ : PRE 1838, Zeinsdorf, WPR, GER **[29001]**

MEMBERY : PRE 1842, Dinnington & Crewkerne, SOM, ENG **[10399]** : 1841+, NZ **[10399]**

MEMBREY : ALL, London, ENG **[12186]**

MEMORY : 1700+, Broadhempston, DEV, ENG **[30107]**

MEMSIE : Alex, 1859, Monquhitter, ABD, SCT **[16149]**

MENARY : ALL, ARM, IRL **[40618]** : ALL, Market Hill, ARM, IRL **[20766]**

MENCEL : PRE 1880, Kadlub, WIELUN, POL **[40603]**

MENCHI : 1850-1920, Pistoia, ITL **[37278]**

MENDHAM : 1750+, LIN, ENG **[42282]** : C1800, NFK, ENG **[42384]**

MENEGOLA : ALL, Castione, SONDRIO, ITL & AUS **[44256]**

MENGIN : PRE 1800, Avillers, LOR, FRA **[20178]**

MENHIRE : Robert, PRE 1700, St.Breock, CON, ENG **[39071]**

MENNIE : 1850+, Melbourne, VIC, AUS **[11994]** : 1868+, Port Melbourne, VIC, AUS **[11994]** : PRE 1850, Aberdeen, SCT **[11994]**

MENOGUE : 1800+, KIK, IRL **[29249]**

MENROU : ALL, Dabitiai, SAKIRI, LITHUANIA **[31826]**

MENSAL : ALL, St.Pancras, MDX, ENG **[38833]** : ALL, Huntly, ABD, SCT **[38833]**

MENSFORTH : 1600-1800, Belford, NBL, ENG **[45636]** : ALL, WORLDWIDE **[30022]**

MENSLEY : ALL, ENG **[30120]**

MENTIPLAY : ALL, Pittenweem, FIF, SCT **[44932]**

MENZ : 1850+, Kingsbelt, SA, AUS **[11543]** : 1854+, Yorke Peninsula, SA, AUS **[11543]** : ALL, SA, AUS & GER **[99036]** : 1800+, Tucheim, BRA, GER **[11543]**

MENZEL : 1860S, Nakel, POS, GER **[16513]**

MENZIE : C1830-1860, Kincardine O'Neil & Birse, ABD, SCT **[41312]**

MENZIES : ALL, VIC, AUS **[42688]** : William Bruce, 1850S, ENG & SCT **[32559]** : 1782, SCT **[21630]** : C1830-1860, Kincardine O'Neil & Birse, ABD, SCT **[41312]** : William, C1788, ANS, SCT **[10035]** : 1800S, Dundee, ANS, SCT **[11425]** : PRE 1870, CLK, SCT **[41005]** : PRE 1870, Inverkeithing, FIF, SCT **[41005]** : PRE 1870, KRS, SCT **[41005]** : James, 1825, Auchtergaven, PER, SCT **[36446]** : 1750-1900, Paisley, RFW, SCT **[36655]** : PRE 1870, STI, SCT **[41005]**

MEOPHAM (see **MEPHAM**) : **[11344]**

MEPHAM : ALL, KEN, ENG **[44815]** : ALL, Bex Hill, SSX, ENG **[11344]**

MEPHRINGHAM : Anthony, PRE C1800, Nottingham, NTT, ENG **[14440]**

MEPPEN : PRE 1880, Poplar & Stepney, MDX, ENG **[14874]** : ALL, WORLDWIDE **[45734]**

MERAZZI : PRE 1835, Cagno, CO, ITL **[37759]**

MERCER : 1860+, Barrington, TAS, AUS **[10891]** : Alexander, PRE 1870, Sydney, NSW, AUS & ENG **[45772]** : 1800+, Eboney, KEN, ENG **[35280]** : PRE 1797, Folkestone, KEN, ENG **[31923]** : PRE 1800, Horsmunden & Marden, KEN & SSX, ENG **[17490]** : PRE 1820, Burtonwood & St.Helens, LAN, ENG **[19964]** : PRE 1900, Great Harwood, LAN, ENG **[45054]** : PRE 1850, LND, ENG **[19613]** : Henry, 1806+, London, MDX, ENG **[11152]** : 1900+, Newcastle upon Tyne, NBL, ENG **[37713]** : PRE 1700, Sudborough, NTH, ENG **[10850]** : 1790+, WRY, ENG **[11270]** : 1800+, Bradford, WRY, ENG **[18372]** : 1800+, Dublin, IRL **[37713]** : 1902+, Greymouth, NZ **[10891]** : Robert, 1873, Dunedin, OTAGO, NZ **[12454]** : Eliza, 1873, Dunedin, OTAGO, NZ **[12454]** : 1800+, Glasgow, LKS, SCT **[21394]** : 1890S+, WORLDWIDE **[46395]**

MERCHANT : 1700+, Painswick, GLS, ENG **[25598]** : 1800-1900, Winstone, GLS, ENG **[34660]** : 1880+, Birmingham, WAR, ENG **[46194]**

MEREDITH : 1800+, Macclesfield, CHS, ENG **[15289]** : James, PRE 1860, HEF, ENG **[30535]** : Thomas, PRE 1844, Liverpool, LAN, ENG **[25737]** : 1790+, Marylebone, LND, ENG **[13800]** : 1700-1900, SAL, ENG **[19368]** : 1850S, Clun, SAL, ENG **[30896]** : 1850+, Brighton, SSX, ENG **[13800]** : 1850S, West Bromwich, STS & WOR, ENG **[30535]** : 1820-1900, Wolverhampton, WAR, ENG **[34747]** : 1810-1860, Hartlebury, WOR, ENG **[27087]** : PRE 1789, Kempsey, WOR, ENG **[38683]** : 1820S, Shrawley, WOR, ENG **[39573]** : Jane, 1795-1836, Stoke Damerel & Plymouth, DEV, ENG, WLS & AUS **[45774]** : 1850S, Ballyduff, LEX, IRL **[33305]** : 1840-1910, Dunedin, OTG, NZ **[34747]**

MEREWEATHER : 1800-1850, Bristol, SOM & GLS, ENG **[10001]**

MEREWETHER : William, 1750-1840, Froxfield, WIL, ENG **[37308]**

MERIALL : 1600+, (with Hutchinson), WRY, ENG **[11270]**

MERIDETH : Jemima, 1800+, MS, USA **[26778]** : 1800+, TN, USA **[26778]** : Jemima, 1800+, TN, USA **[26778]**

MERINTON : ALL, WORLDWIDE **[29027]**

MERITON : ALL, WORLDWIDE **[29027]**

MERKLE : 1840-1940, Minersville, PA, USA **[19641]**

MERLEVE : ALL, WORLDWIDE **[15013]**

MERLEVEDE : 1500-1600, Elverdinge, WVL, BEL **[15013]** : 1500-1600, Poperinge & Reninge, WVL, BEL **[15013]** : 1500-1600, Boeschepe, NOR, FRA **[15013]** : ALL, WORLDWIDE **[15013]**

MERLEVELDE : ALL, WORLDWIDE **[15013]**

MERMAGEN : Carl, 1800+, Haselbach, COLOGNE, GER **[27038]** : Patrick, 1800+, New York, NY, USA **[27038]**

MERRALL : 1800+, Leicester, LEI, NTH & KEN, ENG **[30147]**
MERREDEW : ALL, WORLDWIDE **[26817]**
MERRETT : 1800S, Randwick & Stroud, GLS, ENG **[99040]**
MERRIAT : Alice, 1620-1678, Weston Patrick & Medstead, HAM, ENG **[17907]**
MERRICK : 1854+, VIC, AUS **[28098]** : 1700S, MDX, ENG **[42909]** : 1910+, Belfast, ANT, IRL **[28098]** : 1779, COR, IRL **[28098]** : 1852, Tallow, COR, IRL **[28098]** : 1822, Youghal, COR, IRL **[28098]** : ALL, Auckland, NZ **[28098]** : ALL, SOUTH ISLAND, NZ **[39891]**
MERRIE : 1750+, Sanquhar & Mauchline, DFS & AYR, SCT **[36800]**
MERRIFIELD : 1800S, Truro, CON, ENG **[20800]** : 1756-1830, Kenton, DEV, ENG **[34349]**
MERRIGAN : 1850+, VIC, AUS **[99010]** : John, PRE 1848, WIC, IRL **[11372]**
MERRIHEW : 1780-1810, Long Island, NY, USA **[24660]**
MERRILL : PRE 1900, Clapham, LND & SRY, ENG **[19345]** : PRE 1890, Long Buckby, NTH, ENG **[34876]**
MERRIMAN : Thomas, 1822, Leicester, LEI, ENG **[34331]** : 1850+, LND, ENG **[46375]**
MERRIN : 1900+, Dublin, IRL **[41499]**
MERRING : 1700+, Lamorran, CON, ENG **[34505]**
MERRINGTON : ALL, WORLDWIDE **[29027]**
MERRISON : PRE 1890, NFK, ENG **[28443]**
MERRIT : 1700-1790, KEN, ENG **[18303]**
MERRITT : John, 1829-1886, Gippsland, VIC, AUS **[39243]** : Stephen, 1790-1860, Chatham, ONT, CAN **[39243]** : 1900+, Stoke Newington, LND, ENG **[18020]** : ALL, Whitchurch, OXF, ENG **[41146]** : Frances, PRE 1666, Salehurst, SSX, ENG **[36365]**
MERRONEY : 1800+, KEN, ENG **[46386]**
MERRONY : 1860+, DUR, ENG **[46386]** : 1750+, KEN & LND, ENG **[46386]**
MERRY : 1750-1900, London, ENG **[22036]** : PRE 1715, Chatteris, CAM, ENG **[26253]** : PRE 1800, Nuneaton, WAR, ENG **[19785]**
MERRYFUL : PRE 1730, DEV, ENG **[34349]**
MERRYGAME : 1600-1800, Kingsbridge, DEV, ENG **[26335]**
MERRYMAN : 1800+, Merthyr Tydfil, GLA, WLS **[30086]**
MERSOM : 1800S, BRK, ENG **[42466]**
MERSON : ALL, AUS **[39920]** : ALL, HRT, ENG **[39920]** : ALL, Enfield, MDX, ENG **[39920]** : ALL, Finsbury, MDX, ENG **[39920]** : ALL, Shoreditch, MDX, ENG **[39920]** : 1850, Wivelisombe, SOM, ENG **[36244]** : ALL, NZ **[39920]** : 1750-1900, Huntly, ABD, SCT **[33820]** : ALL, WORLDWIDE **[39920]**
MERTHYR : 1800S, SSX, ENG **[44996]**
MERTON : ALL, Constantine & Falmouth, CON, ENG **[31152]** : PRE 1820, Sunderland, NBL, ENG **[20974]**
MERTZ : 1756-1780, Darmstadt, HES, GER **[99125]**
MERZ : 1855+, Penrith, NSW, AUS **[11476]**
MESKELL : 1840+, Sydney, NSW, AUS **[20401]**
MESKILL : 1870+, Suffolk & Chelsea, MA, USA **[20401]**
MESSENGER : PRE 1640, London, ENG **[27667]** : 1580+, Burbage & Sapcote, LEI, ENG **[20578]** : PRE 1640, LIN, ENG **[27667]** : PRE 1640, NFK, ENG **[27667]** : PRE 1870, Thame, OXF, ENG **[45722]** : PRE 1640, YKS, ENG **[27667]** : 1800+, OH, USA **[26761]**
MESSER : 1750, St.Olave Southwark, SRY, ENG **[99598]**
MESSERLY : C1820-30, Berne, CH **[16365]** : 1845-50, Herkimer Co., NY, USA **[16365]** : 1850-1900, Monroe Co., OH, USA **[16365]**
MESSERVY : ALL, Beaudesert & St.Helier, JSY, CHI **[46402]**
MESSIER : PRE 1840, Laprairie & Varennes, QUE & MI, CAN & USA **[39227]** : 1600+, Vascoevil & Rouen, HN, FRA **[39227]**
MESSITER : 1860S, Launceston, TAS, AUS **[34112]**
MESTER : 1835, Brecon, BRE, BRD **[99047]**
METAYER (see One Name Section) [25142]
METCALF : 1780S+, Chester le Street, DUR, ENG **[34112]** : 1700-1800, Holborn, LND, ENG **[12641]** : PRE 1800, NRY, ENG **[30310]** : 1700+, YKS, ENG **[39061]** : 1800+, Aysgarth, YKS, ENG **[11684]**
METCALFE : PRE 1920, London, ENG **[42170]** : Michael, C1730, Hull, ERY, ENG **[39429]** : PRE 1840, Warton, LAN, ENG **[46396]** : 1680-1800, Hudswell, NRY, ENG **[45732]** : 1800+, Muker & Ivelet, NRY, ENG **[12574]** : C1845, Green Hammerton, WRY, ENG **[31442]** : 1870+, Halifax, WRY, ENG **[21655]** : 1800+, Keighley, WRY, ENG **[17449]** : 1600+, YKS, ENG **[39061]** : George, 1696, Arncliffe, YKS, ENG **[24579]** : ALL, Lunds, YKS, ENG **[28570]** : PRE 1850, Moss, YKS, ENG **[45714]**
METHERELL : Charity, 1765+, Clawton, DEV, ENG **[10071]**
METHERINGHAM : Anthony, PRE C1800, Nottingham, NTT, ENG **[14440]** : Joseph, 1740-1830, Retford & Arnold, NTT, ENG **[39461]**
METTAM : 1855+, Hunter District, NSW, AUS **[11152]** : ALL, Chesterfield, DBY, ENG **[46307]** : ALL, Walesby, NTT, ENG **[46307]** : ALL, Sheffield, YKS, ENG **[46307]**
METTNER : C1854, Steinau An Oder, SIL, GER **[25693]**
METTRICK : 1800S, Holmfirth, YKS, ENG **[10399]**
METTYER (see One Name Section) [25142]
METYARD : PRE 1800, DOR, ENG **[10492]**
METZOLDT : ALL, WORLDWIDE **[45315]**
METZOLDT (see One Name Section) [45315]
MEUGENS : ALL, WORLDWIDE **[46461]**
MEURANT : Ferdinand, 1800+, Sydney, NSW, AUS **[29961]**
MEURERS : PRE 1800, RPF, BRD **[20178]**
MEVILL : PRE 1800, Newburgh, FIF, SCT **[44014]**
MEW : 1600-1800, Calbourne, Iow, HAM, ENG **[36950]** : PRE 1835, Ringwood, HAM, ENG **[39554]** : PRE 1900, IOW, ENG **[19345]** : 1900+, LIN, ENG **[39554]** : ALL, WORLDWIDE **[39554]**
MEW (see One Name Section) [39554]
MEWES : 1700+, LND & MDX, ENG **[44077]** : ALL, Wandsworth, SRY, ENG **[44077]** : PRE1860, Colberg, POM, GER **[40696]**
MEWES (see MUSE) : [27514]
MEWHA : PRE 1840, Connor, ANT, IRL **[12084]** : ALL, WORLDWIDE **[14422]**
MEWIS : 1812-1863, Birmingham, WAR, ENG **[27919]**
MEYER : 1855+, Worondi, NSW, AUS **[46280]** : PRE 1800, Brussel, BBT, BEL **[33567]** : 1800S, Grossenworden, HAN, BRD **[11062]** : PRE 1790, Brook & Oderquart, HBG, BRD **[11062]** : Joseph, 1850+, Waterloo & Wellington Co., ONT, CAN **[16819]** : PRE 1860, Mile End Old Town, MDX, ENG **[10516]** : 1850-1920, Whitechapel, MDX, ENG **[27471]** : Joseph, PRE 1850, ALS, FRA **[16819]** : PRE 1850, Tucheim, PSA, GER **[34141]** : 1750-1900, Safsnas, KOPPARBERG, SWE **[16425]** : PRE 1760, Ostra Fagelvik, VARMLAND, SWE **[16425]**
MEYERDORF : Pauline, PRE 1860, PRE **[17109]**
MEYLER : Catherine, 1752-1834, Pwllcaerog, PEM, WLS **[29468]** : Ann, 1712-1781, St.Davids, PEM, WLS **[29468]**
MEYRELEVEDE : ALL, WORLDWIDE **[15013]**
MEYRICK : PRE 1850, SRY, ENG **[18921]** : Henry, PRE 1857, Lambeth, SRY, ENG **[27955]** : 1800-1900, ENG & NZ **[39593]**
MEZALUCK : ALL, WORLDWIDE **[16378]**
MICHAEL : Ann, C1801, Llangathen, CMN, WLS **[33766]** : 1700+, MON, WLS **[29409]**

MICHAELSON : ALL, WORLDWIDE **[31902]**
MICHALEWICZ : ALL, POL **[42943]** : 1900+, USA **[42943]**
MICHALIUK : PRE 1860, Galicia, POL **[99443]**
MICHEL : 1854+, Raymond Terrace, NSW, AUS **[46280]** : PRE 1730, Mevagissey, CON, ENG **[21594]**
MICHELIN : ALL, MDX, ENG **[42647]** : ALL, SRY, ENG **[42647]**
MICHELL : Joseph, 1720+, Gwennap, CON, ENG **[12141]** : PRE 1810, Gwinear, CON, ENG **[10967]** : William, 1842+, Redruth, CON, ENG **[25654]** : 1800S, St.Ives, CON, ENG **[18823]** : PRE 1700, Chichester, SSX, ENG **[43842]** : C1760, WEX, IRL **[16984]**
MICHELLI : 1770+, Trieste, OES & ITL **[17874]**
MICHELSON : 1865+, Copenhagen, DEN **[46372]**
MICHIE : 1812+, Longside, ABD, SCT **[30182]** : Andrew, 1891+, New Pitsligo, ABD, SCT **[30182]** : Jean, 1732, Strathdon, ABD, SCT **[13437]** : 1750+, ANS, SCT **[41244]** : Robert, 1800-50, Kennoway, FIF, SCT **[10286]** : 1800S, Strathdon, ABD, SCT & NZ **[13857]**
MICKAN : PRE 1810, Cortnitz, KSA, GER **[26306]**
MICKELBURGH : 1850, Tamworth, NSW, AUS **[10985]** : 1800, NFK, ENG **[10985]**
MICKLEJOHN : ALL, Watten & Wick, CAI, SCT **[44339]**
MICKLETHWAITE : 1800S, YKS, ENG **[16430]** : ALL, YKS, ENG **[41370]** : 1873, Marsborough, YKS, ENG **[35025]**
MICKLEY : 1800-1900, Birkenhead, CHS, ENG **[41022]**
MIDDAP : ALL, TAS, AUS **[27850]**
MIDDLEBROOK : 1860+, Sunnidale Twp, Simcoe Co., ONT, CAN **[37631]** : 1800+, Morley, YKS, ENG **[37631]**
MIDDLEHURST : 1750-1800, Hindley, LAN, ENG **[17535]**
MIDDLEMAS : ALL, Hastings, SSX, ENG **[20766]** : 1921+, SARAWAK, MALAYSIA **[20766]** : 1939+, RSA & KEYNA **[20766]**
MIDDLEMAS (see One Name Section) [20766]
MIDDLEMISS : 1840S-1920S, York, YKS, ENG **[37978]**
MIDDLETON : 1820+, NSW, AUS **[34245]** : John, 1859+, St.Peters, NSW, AUS **[41223]** : 1920+, WA, AUS **[28400]** : 1870-1900, Derby, DBY, ENG **[17926]** : 1700-1900, Swadlincote, DBY, ENG **[26932]** : 1855+, Ryton, DUR, ENG **[41024]** : C1834, Bristol, GLS & SOM, ENG **[28568]** : 1860-1920, Millbrook, HAM, ENG **[10070]** : 1840-1870, Portsmouth, HAM, ENG **[28400]** : ALL, HUN, ENG **[28400]** : ALL, Yaxley, Glatton & Elton, HUN, ENG **[28400]** : 1800-1900, Ashton-under-Lyne, LAN, ENG **[33973]** : John Jones, 1865-1935, Platt Bridge, LAN, ENG **[39455]** : John, 1884-1954, Platt Bridge, LAN, ENG **[39455]** : George, PRE 1861, Ulverston, LAN, ENG **[10361]** : 1700-1900, Great Glen & Leicester, LEI, ENG **[17926]** : 1820-1940, Bethnal Green, LND, ENG **[37048]** : C1820, Marylebone, MDX, ENG **[13336]** : 1750-1860S, MDX & SRY, ENG **[34245]** : James, 1775, Garveston, NFK, ENG **[46326]** : 1750+, Sheringham, NFK, ENG **[17163]** : Jesse, 1812, Wakefield, NFK, ENG **[46326]** : 1700-1850, Scarborough, NRY, ENG **[99522]** : C1886, Carlton, NTT, ENG **[18529]** : PRE 1850, SAL, ENG **[19854]** : PRE 1850, Ash, Load, SOM, ENG **[34873]** : C1834, Bedminster, SOM, ENG **[28568]** : 1700-1820, Pitminster, SOM, ENG **[27087]** : 1870+, Brighton, SSX, ENG **[28400]** : 1700-1900, Barton under Needwood, STS, ENG **[26932]** : C1775, Bromwich, STS, ENG **[25930]** : PRE 1881, Birmingham, WAR, ENG **[43422]** : 1820+, Erdington & Birmingham, WAR, ENG **[42600]** : 1820+, Kings Norton, WAR, ENG **[42600]** : Susannah, 1861+, Kendal, WES, ENG **[10361]** : C1790-1850, Sheffield, WRY, ENG **[45895]** : Edwin, 1875+, Bradford, YKS, ENG **[28149]** : PRE 1819, Gilford, DOW, IRL **[25764]** : Clarence, 1899-1961, NZ **[39482]** :

Mervyn, 1915+, NZ **[34245]** : 1700+, Aberdeen, ABD, SCT **[14795]** : PRE 1780, Chapel of Garioch, ABD, SCT **[37058]** : John, C1790, Schoolhill, Broadford, ABD, SCT **[13026]** : James, 1840+, Glasgow, LKS, SCT **[10564]** : 1830+, Leswalt, WIG, SCT **[46404]** : 1905+, Brooklyn, NY, USA **[12904]** : 1890+, Allegheny, PA, USA **[12904]** : 1856, Brecon, BRE, WLS **[28568]**
MIDDLEWOOD : 1750+, London, ENG **[26022]**
MIDELTON : 1700-1820, Pitminster, SOM, ENG **[27087]**
MIDGLEY : 1850+, Koroit, VIC, AUS **[14618]** : William, 1800+, ENG **[27066]** : PRE 1880, Calder Valley, WRY, ENG **[18236]** : PRE 1850, Keighley, WRY, ENG **[46452]** : PRE 1800, Leeds, WRY, ENG **[10350]** : 1730-1850, Collingham, YKS, ENG **[14618]**
MIDMORE : ALL, Tonbridge, KEN, ENG **[13461]** : 1700+, SSX, ENG **[13461]**
MIDWINTER : 1800S, GLS & OXF, ENG **[16309]** : 1850+, London, MDX, ENG **[44857]** : 1700-1770, Cuddeston, OXF, ENG **[12641]** : John, 1759+, WAR, ENG **[16309]** : 1800S, Bolshoi Ochta, RUSSIA **[16309]**
MIDWOOD : 1850+, Pontefract, YKS, ENG **[21431]**
MIEL : 1860+, NSW, AUS **[13854]** : PRE 1867, ENG **[13854]**
MIER : 1800+, London, ENG **[46302]** : 1800+, Haverfordwest, PEM, WLS **[46302]**
MIERENDORFF : PRE 1850, HBG, GER **[10918]**
MIERENDORFF (see : Subjects I:), [10918]
MIETZ : 1800-1875, PRE, GER **[23161]**
MIGHALL : 1750+, Horsted Keynes, SSX, ENG **[27533]**
MIGHELLS : 1600-1800, Lowestoft, SFK, ENG **[38840]**
MIHILL : 1860+, Newport, ESS, ENG **[11152]** : George, 1846+, WORLDWIDE **[11152]**
MILAM : George, PRE 1783, Crondall, HAM, ENG **[41589]** : 1700+, Farnham, SRY, ENG **[43057]**
MILBANK : 1600, Mashbury, ESS, ENG **[17704]** : George, ALL, MDX, ENG **[43057]**
MILBORNE : 1860-1890, St.Peter Port, GSY, CHI **[18378]** : 1860-1870, Plumstead, KEN, ENG **[18378]** : 1800-1890, Frome, SOM, ENG **[18378]**
MILBOURN : William, C1810, Leeds, YKS, ENG **[38579]**
MILBOURNE : 1820+, Thornage, NFK, ENG **[13034]** : C1818, Cuddagh, LEX, IRL **[10085]**
MILBURN : Ann, C1800-1850, DEV & CON, ENG **[20003]**
MILDENHALL : 1700+, Newbury, BRK, ENG **[13129]**
MILDON : 1790+, DEV, ENG **[42329]** : 1700, Chittlehampton, DEV, ENG **[40257]** : 1870+, Stanmore, MDX, ENG **[42329]**
MILDOON : PRE 1850, Exeter, DEV, ENG **[32907]**
MILDRED (see One Name Section) [17470]
MILDWATER : ALL, Sydney, NSW, AUS **[11197]** : PRE 1850, Sherborne, Long Burton, DOR & LND, ENG **[11197]**
MILDWATERS : 1600-1870, Sherborne, Horsley & Hereford, DOR, GLS & HEF, ENG **[14296]**
MILDWATERS (see : Millwaters), [19921]
MILE : 1800+, KEN, ENG **[99036]**
MILEHAM : James, 1800+, Parramatta, NSW, AUS **[42479]** : 1800+, Smallburgh & Dilham, NFK, ENG **[45847]** : James, PRE 1797, ENG & FRA **[42479]**
MILEMAN : 1750S, St.Albans, HRT, ENG **[16980]** : ALL, WORLDWIDE **[16980]**
MILES : Albert Ernest, 1879, Sydney, NSW, AUS **[28036]** : Edward, 1850S, (Immigrant), VIC, AUS **[10054]** : C1805-1830S, ENG **[31902]** : Amos, 1800S, BDF, ENG **[30645]** : 1780-1850, BKM, ENG **[11424]** : 1750-1900, BRK & WIL, ENG **[17182]** : Elizabeth, 1840+, Plymouth, DEV & CON, ENG **[44072]** : ALL, Shaftesbury & Tisbury, DOR & WIL, ENG **[46454]** : 1756-1860, Minchinhampton & Staverton, GLS, ENG **[46276]** : PRE 1900, Michelderver, HAM, ENG **[25162]**

: 1800-1900, Portsmouth, HAM, ENG **[31967]** : 1800+, KEN, ENG **[38660]** : 1700+, Borden, KEN, ENG **[38681]** : 1700-1890, Chevening, KEN, ENG **[46460]** : 1700-1850, Nonington, KEN, ENG **[20729]** : PRE 1850, KEN & SSX, ENG **[30823]** : PRE 1835, Manchester, LAN, ENG **[39042]** : 1850-1900, Acton, MDX, ENG **[45857]** : Herbert, 1899, London, MDX, ENG **[10993]** : PRE 1900, Shepton Mallet, SOM, ENG **[41370]** : 1760-1820, Croydon, SRY, ENG **[17977]** : 1800+, Penge, SRY, ENG **[46460]** : PRE 1780, SSX, ENG **[41589]** : PRE 1850, SSX, ENG **[38660]** : 1700-1900, Broadwater & Worthing, SSX, ENG **[46427]** : 1750-1870, Chichester, SSX, ENG **[46427]** : 1750-1870, Cocking, SSX, ENG **[31967]** : 1860+, Wolverhampton, STS, ENG **[46276]** : C1828+, Bradford on Avon, WIL, ENG **[22014]** : ALL, Easterton & Heytesbury, WIL, ENG **[39180]** : PRE 1868, Leith, ELN, SCT **[27744]** : PRE 1800, Cramond, MLN, SCT **[39154]** : 1848-1856, Jamestown, ST.HELENA IS. **[22014]**

MILESON : PRE 1850, ENG **[45186]**

MILFORD : Anne, 1862, London, ENG **[21765]**

MILGATE : PRE 1850, Lydd, KEN, ENG **[17697]** : ALL, WORLDWIDE **[38326]**

MILHAM : 1839+, Sydney, NSW, AUS **[10270]** : PRE 1839, Ewhurst, SSX, ENG **[10270]**

MILHENCH : 1770-1900, WIG, SCT & ENG **[46306]**

MILK : 1700-1800, Shipdham, NFK, ENG **[32009]**

MILL : PRE 1850, CON, ENG **[19613]** : PRE 1790, DEV, ENG **[46452]** : 1830S, Poulton le Sands & Bare, LAN, ENG **[30998]**

MILLAR : 1886-1960, VIC & NSW, AUS **[46249]** : PRE 1862, Devonport, DEV, ENG **[22253]** : PRE 1862, Plymouth, DEV, ENG **[22253]** : David, 1850-1918, West Hartlepool, DUR, ENG **[99522]** : Mary, 1800+, Kempsford, GLS, ENG **[26817]** : 1800+, LIN, ENG **[28098]** : PRE 1865, Brixton, LND, ENG **[22253]** : 1850-1950, Putney, LND, ENG **[22253]** : 1900+, East, SSX, ENG **[39383]** : 1700+, Broughshane, ANT, IRL **[21091]** : PRE 1850, CAV, IRL **[12710]** : PRE 1850, Innishargie, DOW, IRL **[20974]** : PRE 1855, SCT **[32017]** : 1800+, Old Aberdeen, ABD, SCT **[11144]** : PRE 1900, ANS, SCT **[39383]** : 1750-1850, Kinnell, ANS, SCT **[16096]** : Elizabeth, PRE 1830, Largs, AYR, SCT **[12457]** : 1753+, Channelkirk & Westruther, BEW, SCT **[21207]** : C1700, St.Andrews, FIF, SCT **[25979]** : PRE 1835, LKS, SCT **[46249]** : 1850-1930, Partick, Glasgow, LKS, SCT **[44229]** : 1800S, Cockpen, MLN, SCT **[14045]** : Ross, 1850+, Edinburgh, MLN, SCT **[13065]**

MILLARD : 1900+, Albury, NSW, AUS **[46389]** : ALL, Bedford, BDF, ENG **[46433]** : 1850+, Eversholt, BDF, ENG **[46433]** : ALL, Flitwick & Kempston, BDF, ENG **[46433]** : 1770-1820, Bristol, GLS, ENG **[30302]** : Charles, PRE 1881, Nailsworth, GLS, ENG **[46516]** : William, C1777+, North Nibley, GLS, ENG **[10071]** : PRE 1881, Pebworth, GLS, ENG **[46516]** : 1882+, Liverpool, LAN, ENG **[39058]** : Charles, PRE 1881, Hammersmith & Great Bookham, LND & SRY, ENG **[46516]** : PRE 1845, MDX, ENG **[42019]** : Susannah, 1800-1900, Chelsea, MDX, ENG **[21079]** : Robert, PRE 1805, SOM, ENG **[10880]** : Thomas, 1810, East Horrington, SOM, ENG **[22799]** : Thomas, 1750-1850, Horrington & Binegar, SOM, ENG **[22799]** : 1740-1800, Wedmore, SOM, ENG **[27087]** : 1840-1900, Bethnal Green, MDX, ENG & NZ **[41312]** : 1847, Cookstown, SLI & MAY, IRL **[39058]** : ALL, WORLDWIDE **[46516]**

MILLBERRY : 1850+, Launceston, TAS, AUS **[10230]**

MILLBURN : PRE 1840, Dumfries, DFS, SCT **[13914]**

MILLEDGE : 1800+, Holborn & Clerkenwell, MDX, ENG **[34440]**

MILLEN : James, 1800S, Penrith, NSW, AUS & IRL **[44319]** : 1840-1915, Sittingbourne, KEN, ENG **[35008]** : 1750+, Somerton, SOM & DEV, ENG **[44319]** : 1873-1950, Auckland, NZ **[37278]**

MILLER : 1850-1950, NSW, AUS **[46210]** : Henry, 1850, Balmain, NSW, AUS **[43057]** : ALL, Byron Bay, NSW, AUS **[38627]** : 1800-1870, Sydney, NSW, AUS **[42863]** : 1810+, Sydney & Bathurst, NSW, AUS **[11773]** : Tobias, 1857+, West Maitland, NSW, AUS **[31152]** : Edmund King, 1848-1911, Adelaide, SA, AUS **[31153]** : 1879+, Mile End & Norwood, SA, AUS **[14346]** : 1852+, Mount Torrens & Maitland, SA, AUS **[36742]** : 1830+, Hobart, TAS, AUS **[46359]** : Magdalena, 1890+, Strahan, TAS, AUS **[39017]** : John, 1890+, Strahan, TAS, AUS **[39017]** : 1916, King Lake, VIC, AUS **[11707]** : Charles, 1856, Mcivor, VIC, AUS **[44774]** : Mary, 1862, Prahran, VIC, AUS **[44774]** : 1881+, Albany, WA, AUS **[46021]** : Alexander, 1897-1935, Thebarton & Port Broughton, SA, AUS & SCT **[14346]** : Jacob, C1850, Fugo Isle, NFD, CAN **[99522]** : 1700S, Ernesttown, ONT, CAN **[17012]** : George, C1860S, Frontenac Co., ONT, CAN **[16802]** : 1940+, Toronto, ONT, CAN **[42782]** : Robert, 1817-1870, Bruce Co. & Grey Co., ONT, CAN & SCT **[27325]** : J.C., C1820-1901, Apenrade, SHO, DEN **[39601]** : William, PRE 1863+, Oslos, DEN & GER **[30971]** : Louisa, 1840, London, ENG **[40880]** : Richard, 1800+, Shelton, BDF, ENG **[36402]** : Edward, C1882+, Bow Brickhill, BKM, ENG **[25654]** : PRE 1880, BRK & HAM, ENG **[20909]** : 1625-1800, Downham, CAM, ENG **[17037]** : PRE 1880, Birkenhead, CHS, ENG **[22182]** : 1738+, Tintagel, CON, ENG **[20606]** : 1800-1900, Wigton, CUL, ENG **[46443]** : PRE 1800, DEV, ENG **[44947]** : Richard, 1850-1900, Brixham, DEV, ENG **[12716]** : 1910+, Plymouth, DEV, ENG **[18724]** : 1840+, Bridport, DOR, ENG **[46500]** : 1650-1800, Melbury Osmond, DOR, ENG **[13326]** : 1773, Melcombe Regis, DOR, ENG **[21889]** : 1750-1850, Melcombe Regis & Wyke Regis, DOR, ENG **[17291]** : 1860+, Oborne, DOR, ENG **[38412]** : 1718, Powerstock, DOR, ENG **[21889]** : 1850+, Poyntington, DOR, ENG **[38412]** : 1700+, Symondsbury, DOR, ENG **[30107]** : 1785+, Stisted, ESS, ENG **[31689]** : William, 1810+, Maisey-Hampton, GLS, ENG **[26817]** : PRE 1853, Andover, HAM, ENG **[36742]** : Samuel, 1600S-1700S, Southampton, HAM, ENG **[38833]** : 1800-1850, Southampton, HAM, ENG **[33347]** : PRE 1900, Bishop Stortford, HRT, ENG **[45046]** : C1600-75, Maidstone, KEN, ENG **[34797]** : 1700+, LAN, ENG **[38934]** : C1840+, Blackburn, LAN, ENG **[44269]** : ALL, Lancaster, LAN, ENG **[25572]** : 1740-1870, Withnell, LAN, ENG **[39536]** : 1800+, LIN, ENG **[28098]** : 1740+, Croft & Skegness, LIN, ENG **[20975]** : PRE 1841, Croft & Skegness, LIN, ENG **[43422]** : PRE 1900, LND, ENG **[45046]** : Daniel, PRE 1844, London, MDX, ENG **[14045]** : ALL, Shoreditch & Bethnal Green, MDX, ENG **[31152]** : 1700+, MDX & NTH, ENG **[46021]** : ALL, NBL, ENG **[46443]** : 1750-1820, Earsdon, NBL, ENG **[13447]** : William, 1774, Bramerton, NFK, ENG **[44774]** : PRE 1800, Castle Acre, NFK, ENG **[27240]** : PRE 1860, Dersingham, NFK, ENG **[46447]** : Samuel, 1830, Lakenham & Norwich, NFK, ENG **[44774]** : 1775+, Finedon, NTH, ENG **[13461]** : William, C1812, Nether Heyford, NTH, ENG **[40143]** : Ann, 1790-1840, Nottingham, NTT, ENG **[39060]** : John, PRE 1860, Nottingham, NTT, ENG **[10399]** : Edmund, C1770-1810, Walsham le Willows, SFK, ENG **[31153]** : Charles, 1825+, Wangford, SFK, ENG **[44774]** : C1850, SRY, ENG **[15286]** : 1800-1845, Southwark & Walworth, SRY, ENG **[31153]** : 1795+, Burwash, SSX, ENG **[26410]** : C1816, Laughton, Alfreston Ripe, SSX, ENG **[41443]** : George, PRE 1902, Dudley, STS, ENG **[11594]** : PRE 1860, Poulton, WIL, ENG **[27219]** : PRE 1850, North Deighton, WRY, ENG **[19064]** : 1750-1840, Ballymena, ANT, IRL **[11661]** : Tobias, PRE 1857, Corr & Dunavally, ARM, IRL **[31152]** : ALL, Loughgall, ARM, IRL **[31152]** : 1850+, Ballyshannon, DON, IRL **[44269]** : John R., 1865+, Londonderry, LDY, IRL **[42432]** : Martha, 1865+, Londonderry, LDY, IRL **[42432]** : Andrew, 1870-1910, Londonderry, LDY, IRL **[42432]** : PRE 1870, Abbeyleix, LEX, IRL **[46296]** : 1895+, Mountmellick, LEX, IRL **[44269]** : PRE 1850, Banagher, OFF, IRL **[10493]** : Samuel, 1847-1937, NZ **[35823]** : 1896+, Arrowtown, NZ **[46279]** : Edith, 1870,

Dunedin, NZ **[44774]** : Sarah, 1874, Lawrence, NZ **[44774]** : 1840+, Wellington, WLN, NZ **[25538]** : John, 1830+, CAPE, RSA **[22175]** : 1800+, The Kowie & Grahamstown, CAPE, RSA **[44947]** : 1800-1900, Renton, SCT **[13546]** : William, 1815-1905, Broughty Ferry, ANS, SCT **[35823]** : PRE 1900, AYR, SCT **[29731]** : C1690, Loudoun, AYR, SCT **[25979]** : C1770, CAI, SCT **[42384]** : Thomas, C1800, Thurso & Wick, CAI, SCT **[11773]** : William, 1850, Wick, CAI, SCT **[46325]** : William, 1851+, Wick, CAI, SCT **[10392]** : John (Hon.), C1820, Kinsleith, FIF, SCT **[10119]** : James, 1777-1860, Newtyle & Monikie, FIF, SCT **[35823]** : 1800-1900, Glasgow, LKS, SCT **[16706]** : PRE 1807, Glasgow, LKS, SCT **[14030]** : PRE 1864, Glasgow, LKS, SCT **[26833]** : PRE 1875, Glasgow, LKS, SCT **[41372]** : PRE 1900, Glasgow, LKS, SCT **[36505]** : 1778, Edinburgh, MLN, SCT **[21630]** : James, 1812-1864, Edinburgh, MLN, SCT **[35823]** : Ross, 1850+, Edinburgh, MLN, SCT **[13065]** : PRE 1910, Edinburgh, MLN, SCT **[41499]** : PRE 1850, Forres, MOR, SCT **[33846]** : John, 1793+, Forgendenny, PER, SCT **[20665]** : PRE 1840, Paisley, RFW, SCT **[25538]** : PRE 1850, Paisley, RFW, SCT **[31045]** : C1800-1900, Bowden, ROX, SCT **[41499]** : ALL, Cavers, Teviothead, ROX, SCT **[21196]** : 1820+, LKS, SCT & AUS **[43656]** : 1800-2001, Glasgow, LKS, SCT & AUS **[14346]** : Robert, PRE 1880, Bothwell & Mile End, LKS & SA, SCT & AUS **[14346]** : Alexander, 1867-1879, Uddingston & Glenelg, LKS & SA, SCT & AUS **[14346]** : 1850-1936, Lapeer Co., MI, USA **[16159]** : Wilson E., 1930+, Bayonne, NJ, USA **[26870]** : C1715-1850, Scotch Plains, NJ, USA **[34797]** : Maria, 1858-1935, Elma & Olean, NY, USA **[17033]** : Alexander Geo, 1884+, Elma & Olean, NY, USA **[17033]** : Emma W.E., 1877+, Olean, NY, USA **[17033]** : Charles J., 1879-1946, Olean, NY, USA **[17033]** : Marie Auguste, 1889+, Olean, NY, USA **[17033]** : Robert, 1887, Olean & Elma, NY, USA **[17033]** : Maud, 1891+, Olean & Elma, NY, USA **[17033]** : Penina, 1840+, Meadville, PA, USA **[26870]** : PRE 1840, Gelligaer, GLA, WLS **[35015]** : 1870+, Swansea, GLA, WLS **[46500]** : PRE 1880, Tredegar, MON, WLS **[35015]**

MILLER (see One Name Section) **[30971]**
MILLER-WILLIAMS : ALL, ENG **[45945]**
MILLERCHIP : 1800+, Coventry, WAR, ENG **[30107]**
MILLES : 1700+, Buston, KEN, ENG **[37236]**
MILLET : ALL, Stepney, LND, ENG **[39694]**
MILLETT : ALL, Macclesfield & Prestbury, CHS, ENG **[40025]** : C1630, Little Cawthorpe, LIN, ENG **[17037]**
MILLEY : Thomas, 1750-1800, ENG **[42448]**
MILLGATE : ALL, Beckley, SSX, ENG **[26301]**
MILLICAN : PRE 1860, CUL, ENG **[40619]**
MILLICHAMP : ALL, Bitterley, SAL, ENG **[46400]**
MILLIE : 1750-1800, Wemyss, FIF, SCT **[10037]**
MILLIGAN : 1877+, Sydney, NSW, AUS **[40781]** : James, 1849-1931, Sorrell, TAS, AUS **[99832]** : PRE 1845, Liverpool, LAN, ENG **[25737]** : PRE 1877, FER, IRL **[40781]** : 1780-1850S, Londonderry, LDY, IRL **[35604]** : ALL, DRY, IRL & AUS **[99036]**
MILLIKEN : Agnes, C1900, Melbourne, VIC, AUS **[10891]** : PRE 1841, Carrickfergus, ANT, IRL **[46329]** : PRE 1900S, Aghadowey, DRY, IRL **[46414]**
MILLIN : James, 1800S, Penrith, NSW, AUS & IRL **[44319]** : 1750+, Somerton, SOM & DEV, ENG **[44319]**
MILLINGTON :1840+, Pinchbeck, LIN, ENG **[14032]** : PRE 1847, Islington, LND, ENG **[18967]** : Mark, PRE 1860, SAL, ENG **[10895]** : 1750, Whixall, SAL, ENG **[43775]** : Elizabeth, 1824, Aston Cantlow, WAR, ENG **[28151]** : 1800+, Trowbridge, WIL, ENG **[13622]** : 1775-1850, Dudley, WOR, ENG **[17449]** : 1840+, Straits Settlement, SINGAPORE **[42600]**
MILLIS : 1800S, Leicester, LEI, ENG **[42542]**
MILLISSA : PRE 1835, HUN & CAM, ENG **[41177]**
MILLITON : PRE 1600, Pengersick, CON, ENG **[19460]**
MILLMAN : 1845+, VIC, AUS **[12367]** : 1852+,

St.Kilda, VIC, AUS **[13681]** : 1800+, DEV, ENG **[12481]** : 1750+, Chagford & Okehampton, DEV, ENG **[12481]** : 1850+, Holbeton, DEV, ENG **[43691]** : 1600-1750, Bromyard, HEF, ENG **[13681]** : 1750-1800, Much Wenlock, SAL, ENG **[13681]** : 1800S, Kidderminster, WOR, ENG **[13681]**
MILLON : ALL, OKI, SCT **[40618]**
MILLOY : Archibald, 1860+, Erin, ONT, CAN **[33866]**
MILLS : C1870+, Coonamble, NSW, AUS **[11540]** : Mary Ann & John, 1830S, Goulburn, NSW, AUS **[14113]** : 1873+, Mendooran, NSW, AUS **[31762]** : Reuben, C1880+, Mudgee, NSW, AUS **[11540]** : Michael, 1853+, Daylesford, VIC, AUS **[28232]** : John, 1847+, Hawthorn, VIC, AUS **[99298]** : 1857+, Kirkstall, VIC, AUS **[12454]** : ALL, Black River Bridge, NB, CAN **[39712]** : PRE 1800, Hillesden, BKM, ENG **[19270]** : 1650+, Quainton, BKM, ENG **[33642]** : Catharine, 1800, Gorran, CON, ENG **[26580]** : ALL, Gorran, CON, ENG **[12454]** : 1750-1900S, Mevagissey, CON, ENG **[21796]** : ALL, St.Goran, CON, ENG **[12454]** : ALL, Tregavarras, CON, ENG **[12454]** : 1800+, Sourton, DEV, ENG **[38005]** : PRE 1820, DOR, ENG **[17184]** : PRE 1860, South Shields, DUR, ENG **[30351]** : PRE 1830, Dedham, ESS, ENG **[43453]** : 1800, Mount Bures, ESS, ENG **[17704]** : PRE 1860, Waltham Abbey, ESS, ENG **[40756]** : 1800+, Bristol, GLS, ENG **[45690]** : 1871+, Ebley, GLS, ENG **[30804]** : ALL, Nympsfield, GLS, ENG **[17470]** : ALL, Shurdington, GLS, ENG **[46493]** : PRE 1787, East Worldham, HAM, ENG **[46296]** : Joe, PRE 1861, Havant, HAM, ENG **[30804]** : ALL, Portsea, HAM, ENG **[46493]** : PRE 1890, Ashford & Great Chart, KEN, ENG **[40569]** : 1700-1850, Benenden, KEN, ENG **[45037]** : 1900+, Bexley Heath, KEN, ENG **[46493]** : PRE 1841, Bobbing, KEN, ENG **[18639]** : ALL, Boughton Monchelsea, KEN, ENG **[28670]** : PRE 1837, Cuxton, KEN, ENG **[42645]** : 1650+, Kingsnorth, KEN, ENG **[40569]** : Thomas, 1800-1900, Woolwich, KEN, ENG **[46425]** : 1750, Bury St.Mary, LAN, ENG **[25737]** : Sarah, 1775, Bury St.Mary, LAN, ENG **[25737]** : Horatio, 1798-1854, Hollinwood, LAN, ENG **[13481]** : Samuel, 1814-1856, Hollinwood, LAN, ENG **[13481]** : 1760+, Newton Heath & Rochedale, LAN, ENG **[13481]** : PRE 1860, Radcliffe, LAN, ENG **[36983]** : PRE 1900, Marylebone & Holborn, LND, ENG **[46415]** : Michael, PRE 1852, Somers Town, MDX, ENG **[28232]** : 1813-1851, St.Pancras, MDX, ENG **[37052]** : 1780+, Denver, NFK, ENG **[34119]** : PRE 1850, Earls Barton, NTH, ENG **[21716]** : 1790-1813, Warsop, NTT, ENG **[37052]** : ALL, West Leake & East Leake, NTT, ENG **[14002]** : 1850+, Hoxne, SFK, ENG **[31079]** : 1700, Sibton, SFK, ENG **[17704]** : 1880S, Bristol, SOM, ENG **[14188]** : PRE 1800, Wells, SOM, ENG **[19165]** : Elizabeth, 1780-1805, Reigate, SRY, ENG **[41629]** : ALL, Banstead & Alverstoke, SRY & HAM, ENG **[28479]** : Dinah, 1840+, Battle, SSX, ENG **[39042]** : 1780-1850, Bolney & Albourne, SSX, ENG **[39042]** : Harcourt, 1840-1920, Brighton, SSX, ENG **[46425]** : 1700-1800, Rogate, SSX, ENG **[15464]** : ALL, Uckfield, SSX, ENG **[46493]** : 1827-1848, Stedham, SSX & SRY, ENG **[46457]** : 1600+, Hilderstone, STS, ENG **[15823]** : 1700-1800, Leigh & Checkley, STS, ENG **[19713]** : Joice, PRE 1800, West Bromwich, STS, ENG **[13153]** : 1800+, Aston Cantlon & Birmingham, WAR, ENG **[36762]** : Ernest Bert., 1800+, Birmingham, WAR, ENG **[43733]** : 1800+, Ely, CAM, ENG & AUS **[34119]** : Jane, PRE 1832, IRL **[10846]** : 1800+, MOG, IRL **[12420]** : C1820, Clones, MOG, IRL **[34543]** : Charles, PRE 1861, Cookstown (Killymoon St.), TYR, IRL **[26823]** : 1790+, Talgarth, BRE, WLS **[15409]** : 1860S, Berriew, MGY, WLS **[30998]** :(see One Name Section).
MILLSOM : 1866+, Collingwood & Fitzroy, VIC, AUS **[46280]**
MILLSON : Eleanor, C1780, Boston, LIN, ENG **[13326]**
MILLWARD : PRE 1780, Alfreton, DBY, ENG **[12084]** : PRE 1800, Ashover, DBY, ENG **[46307]** : 1680, Hartington, DBY, ENG **[15916]** : ALL, Hackney, MDX,

MILL ENG [21348] : Louisa, 1834+, STS, ENG [36433] : 1765, Alstonfield, STS, ENG [18613] : Joseph, 1810-1830, Handsworth, STS, ENG [22799] : Maria, 1830-50, Handsworth, STS, ENG [22799] : 1800S, Coventry, WAR, ENG [27850]
MILLWATER : 1700-1900, Horsley, GLS, HEF & MDX, ENG [14296]
MILLWATERS :1740S, Horsley, GLS, ENG [19921] : PRE 1730, Horsley, GLS, ENG [26360]
MILLYARD : 1800-1900, SSX, ENG [44955]
MILLYNN : 1830+, Moate, WEM, IRL [12786]
MILNE : 1857+, Sydney, NSW, AUS [10492] : Hazel, 1930+, Sydney, NSW, AUS [28269] : 1852+, Clydesdale, VIC, AUS [28624] :Harry Selfe, 1895+, Woollahra & Eadie Creek, NSW, AUS & PNG [28269] : 1860+, Cheadle & Manchester, CHS & LAN, ENG [43935] : Donald, 1900+, Cheadle & Manchester, CHS & LAN, ENG [43935] :PRE 1925, SRY, ENG [44969] : C1841, Halifax, YKS, ENG [14030] : James, 1805, Swinton, YKS, ENG [43935] : PRE 1843, SCT [43935] : PRE 1816, ABD, SCT [30823] : 1900+, Aberdeen, ABD, SCT [26173] :PRE 1857, Aberdeen, ABD, SCT [10492] : ⊦700+, Aberdeen & Insch, ABD, SCT [37236] : PRE 1852, Logie Coldstone, ABD, SCT [38624] : 1820-1860, Peterhead, ABD, SCT [13326] : James, 1750-1850, ANS, SCT [46372] : 1800S, Forfar, ANS, SCT [25070] : C1781, Forfar, ANS, SCT [26173] :Elisabeth, 1844-1917, Aberdeen, BAN & ABD, SCT [33584] : James, PRE 1725, Fetteresso, KCD, SCT [25602] : 1775-1785, Garvock, KCD, SCT [10399] : PRE 1900, Edinburgh, MLN, SCT [45315] : ALL, MLN & PER, SCT [43933] : PRE 1820, Speymouth, MOR, SCT [12395] : 1860+, Greenock, RFW, SCT [21131] : John, PRE 1860, ROX, SCT [43935] : John, 1750S, Melrose, ROX, SCT [43935] : 1800S, Melrose, ROX, SCT [43935] :PRE 1770, Melrose, ROX, SCT [22550] : Sydney, 1874+, Hot Springs, AR, USA [43935]
MILNER : 1974+, Brisbane, QLD, AUS [13439] : ALL, CUL, ENG [20738] : 1825+, Derby, DBY, ENG [13439] : William, 1860S, Bridlington, ERY, ENG [27435] : 1800-1850, Harrietsham, KEN, ENG [33838] : ALL, Leeds, KEN, ENG [28670] : 1875+, Tonbridge, KEN, ENG [28670] : Harriet, 1783-1851, Willesden, MDX, ENG [37308] :PRE 1853, Norwood, SRY, ENG [19116] : ALL, Storrington, SSX, ENG [38926] : 1903+, Birmingham, WAR, ENG [13439] : ALL, WES, ENG [20738] : Thomas, PRE 1880, Sheffield, WRY, ENG [39348] : Dr Robert H., 1842, Wakefield, WRY, ENG [99026] : Christiana, PRE 1900, Attercliffe, YKS, ENG [39348] : 1800, Leeds, YKS, ENG [33245] :PRE 1820, Skirpenbeck & Sand Hutton, YKS, ENG [15929] : 1700+, Swaledale, YKS, ENG [34505] : 1800-1850, Chepstow, MON, WLS [44036]
MILNES : ALL, Blackburn, LAN, ENG [46514] : PRE 1900, Birmingham, WAR, ENG [35561] : Richard, PRE 1725, Barnsley & Darton, WRY, ENG [16233] : James, C1830, Bradford, YKS, ENG [28149]
MILNWARD : ALL, DBY, ENG [41370]
MILROY : ALL, SCT [20824]
MILSOM : PRE 1850, GLS, ENG [39464] : 1600-1900, Bitton & Hanham, GLS, ENG [19713] : PRE 1826, Holt, WIL, ENG [35177]
MILSON : 1840+, Westminster, MDX, ENG [30107]
MILSTED : PRE 1800, Helston, CON, ENG [19785] : 1740, Tenterden, KEN, ENG [19785]
MILTON : 1746+, Barking, ESS, ENG [36261] : C1850, East London, MDX, ENG [45553] : 1800, Brighton, SSX, ENG [19806]
MILWARD : ALL, DBY, ENG [41370] : 1680, Hartington, DBY, ENG [15916] : PRE 1700, Norton, DBY, ENG [16233] : 1825-1900, Wick, GLS, ENG [46503] : C1775, Birmingham, WAR, ENG [99012] : PRE 1700, Fladbury, Church Lench, WOR, ENG [31316]
MILWAY : 1700-1800S, Milton, KEN, ENG [46460]
MIMMS : ALL, NFK, ENG [28361]

MINAGHAN : Bridget, 1840+, CLA, IRL [46026]
MINARDI : ALL, WORLDWIDE [32364]
MINDELSOHN : ALL, WORLDWIDE [17200]
MINDHAM : C1750+, Terrington St.John, NFK, ENG [37499]
MINEHAN : 1918+, Cobar, NSW, AUS [31762] : Sarah A., 1800+, ENG [10295]
MINER : C1910+, SAS, CAN [99545] : PRE 1910, IRL [99545] : 1800+, MA, USA [99545]
MINERS : C1800, CON, ENG [37795]
MINES : Benjamin, 1843+, Prospect, NSW, AUS [13407] : William, 1823, Sydney, NSW, AUS [13407] : Henry, 1883+, Brisbane, QLD, AUS [13407] : C1883, Brisbane, QLD, AUS [13407] :ALL, AUS & ENG [13407] : Benjamin, PRE 1843, AUS, ENG & IRL [13407] : Thomas, PRE 1833, BKM, ENG [13407] : Stephen, 1806+, Minchinhampton & Corsley, GLS & WIL, ENG [13407] : George, PRE 1782, WIL, ENG [13407] : C1843-1883, Corsley & Warminster, WIL, ENG [13407] : C1865, Warminster, WIL, ENG [13407] : George, PRE 1782, WORLDWIDE [13407]
MINES (see One Name Section) [13407]
MINETHORPE : 1700S, Thrybergh, YKS, ENG [11270]
MINETY : ALL, WIL, ENG [39180]
MING (see One Name Section) [17553]
MINGINS : 1900+, London, ENG & NZ [21227]
MINISTER :PRE 1841, Great Yarmouth, NFK, ENG [36295]
MINKLEY : 1800+, Leicester, LEI, ENG [46197]
MINNAGE : ALL, WORLDWIDE [31067]
MINNE : ALL, NFK, ENG [28361] : 1500+, WORLDWIDE [15013]
MINNEY : 1750S, Cardington, BDF, ENG [18884]
MINNICK : Mary Murphy, 1851-1910, Durham City, DUR, ENG [23438]
MINNITT : ALL Kyngh & Annaghbeg, TIP, IRL [20433]
MINNOCK : 1890, Clara, OFF, IRL [11590]
MINNS : Charles E., 1866, ERY, ENG [97806] : ALL, NFK, ENG [28361] : PRE 1837, Broome & Thwaite, NFK, ENG [26007]
MINOGUE : 1850+, VIC, AUS [46230] : 1830-1850, East Clare, CLA, IRL [46230]
MINORGAN : PRE 1770, Auchterderran, FIF, SCT [13004]
MINS : ALL, NFK, ENG [28361]
MINSELL : PRE 1765, Breedon on the Hill, LEI, DBY & STS, ENG [18236]
MINSHAL : 1700-1746, Whitchurch, SAL, ENG [46276]
MINSHALL : 1600-1850, ENG [46312]
MINSHAW : 1800+, Birmingham, WAR, ENG [10839]
MINSHELL : PRE 1765, Breedon on the Hill, LEI, DBY & STS, ENG [18236]
MINSON : 1700, Kingstone, SOM, ENG [37168]
MINTAM : ALL, LND, ENG [31079]
MINTER :1700-1900, NFK & SFK, ENG [31079] : 1800+, Bungay, SFK, ENG [44061] : 1600+, Eye, Yaxley & Hoxne, SFK, ENG [31079]
MINTERN :1700+, COR, IRL [40257] :PRE 1830, Monkstown, COR, IRL [20672]
MINTO : 1840S-1990S, Spennymoor, DUR, ENG [19865] : 1738, Alwinton, NBL, ENG [19865] : 1900+, Edinburgh, MLN, SCT [28184] : 1700+, Oxnam, ROX, SCT [19865]
MINTON : 1800-1870, KEN & SAL, ENG [33021] : Cecilia Pozzo, 1860-1900, KEN, MDX & LND, ENG [33021] :ALL, Liverpool, LAN, ENG [41146] : Catherine, 1830S, LIN, ENG [34924] : ALL, Church Stretton, SAL, ENG [11213]
MINTY : 1880+, London & Fulham, MDX, ENG [12230] : Jane, C1770S, WIL, ENG [10054] : C1800+, Methlick, ABD, SCT [22014] : Emily, PRE 1860, SCT & ENG [39247]

MIOSGE : ALL, Palmer, SA, AUS **[11344]**
MIREHOUSE : PRE 1800, Gilcrux & Parsonby, CUL, ENG **[27240]**
MIRES : Cornelius, 1840-1860, Clogheen, TIP, IRL **[32009]**
MIRO : Maria, PRE 1770, Llerida, ARAGON, ESP **[22470]**
MIRRIE : 1750+, Sorn & Catrine, AYR, SCT **[36800]**
MIRRINGTON : ALL, WORLDWIDE **[29027]**
MISKIMMINS (see : Skimins), **[12367]**
MISKIN : ALL, Guildford, SRY, ENG **[13315]**
MISSELBROOK : 1800+, Gosport, HAM, ENG **[29354]**
MISSEN : ALL, ENG **[45261]**
MISSENDEN : 1860+, Harpenden, HRT, ENG **[43792]**
MISSIMER : 1720-1920, Chester & Montg Cos., PA, USA **[22756]**
MIST : PRE 1843, HAM, ENG **[46316]** : 1750+, Abbots Ann, HAM, ENG **[18273]**
MITCHAM : PRE 1900, Bruton, SOM, ENG **[19513]**
MITCHARD : 1870+, Twillingate, NFD, CAN **[15596]**
MITCHEL : 1720-1820, Peterhead, ABD, SCT **[13326]** : Robert, 1753, Alloa, CLK, SCT **[24971]** : John, 1760+, Carsphairn, KKD, SCT **[16867]** : Margaret, 1805, Dummidale & Rerrick, KKD, SCT **[16867]**
MITCHELL : PRE 1930, AUS **[46377]** : 1820+, NSW, AUS **[41242]** : Isabella, 1879+, Bathurst, NSW, AUS **[10470]** : John, C1850, Bathurst, NSW, AUS **[25654]** : James, 1840+, Sydney, NSW, AUS **[10297]** : 1849-1900, Sydney, NSW, AUS **[41269]** : William, 1859, Sydney, NSW, AUS **[11386]** : 1800S, Wollombi, NSW, AUS **[28060]** : 1870+, Ipswich, QLD, AUS **[43792]** : 1870+, Moggill, QLD, AUS **[43792]** : James Maxwell, 1850+, Kadina, SA, AUS **[14306]** : 1850+, Melbourne, VIC, AUS **[46302]** : Joseph Geo, 1865+, Melbourne, VIC, AUS **[39243]** : ALL, Melbourne, VIC, AUS **[21763]** : C1827, NB, CAN **[99418]** : 1840+, Burin, NFD, CAN **[45280]** : 1820-1880, Hope Twp & Fenelon Twp, ONT, CAN & IRL **[42429]** : ALL, London, ENG **[21763]** : 1790+, North Meathie, ENG **[36664]** : Mary, PRE 1730, BKM, ENG **[36275]** : Matthew, 1820S, CON, ENG **[14306]** : PRE 1830, CON, ENG **[31297]** : 1766-1840, Altarnum, CON, ENG **[24660]** : 1800+, Calstock, CON, ENG **[30120]** : C1818, Gunnislake, CON, ENG **[13004]** : 1800+, Redruth, CON, ENG **[38681]** : 1800+, Redruth, CON, ENG **[10394]** : C1860, St.Agnes, CON, ENG **[14656]** : PRE 1693, St.Eval, CON, ENG **[46251]** : 1870+, Duffield & Alfreton, DBY, ENG **[42919]** : C1818, Tavistock, DEV, ENG **[13004]** : Isaac, PRE 1850, Topsham, DEV, ENG **[42453]** : PRE 1750, DOR, ENG **[17921]** : Anthony, 1873, Bovington Wool, DOR, ENG **[34320]** : C1880, Winterbourne St.Martin, DOR, ENG **[34320]** : PRE 1750, Brancepeth, DUR, ENG **[17626]** : 1817-1861, Waltham Abbey, ESS, ENG **[45754]** : C1810, near Bristol, GLS, ENG **[11773]** : 1782-1793, Ware, HRT, ENG **[45754]** : 1700-1720, Sibson cum Stibbington, HUN, ENG **[12641]** : ALL, Beckenham, KEN, ENG **[43792]** : ALL, Bromley, KEN, ENG **[43792]** : C1800, Chatham, KEN, ENG **[14747]** : ALL, Chelsfield, KEN, ENG **[43792]** : 1800+, Stamford, LIN, ENG **[46299]** : PRE 1853, Stamford & Peterborough, LIN, ENG **[46435]** : 1800+, LND, ENG **[42771]** : PRE 1860, Bethnal Green & Grays Inn, LND, ENG **[14733]** : James, 1885+, Greenwich, LND, ENG **[31018]** : PRE 1830, Smithfield, LND, ENG **[45679]** : 1800-1900, London, MDX, ENG **[36543]** : 1790+, Minster Lovell, OXF, ENG **[44160]** : 1700-1800, Somerton, OXF, ENG **[15464]** : 1700+, Bath, SOM, ENG **[36262]** : ALL, Bath, SOM, ENG **[12186]** : PRE 1816, Laymore, SOM, ENG **[36200]** : 1700-1800, Merriott, SOM, ENG **[30491]** : 1830+, Clapham, SRY, ENG **[38833]** : 1700-1740, Dunsfold, SRY, ENG **[19759]** : C1811, Lambeth, SRY, ENG **[38833]** : 1892-1914, Merton, SRY, ENG **[45754]** : John, C1800, SSX, ENG **[30111]** : C1810+, Angmering, SSX, ENG **[11270]** : 1730-1790, Cuckfield, SSX, ENG **[46313]** : 1800, East Grinstead, SSX, ENG **[17580]** : 1800S, Hastings, SSX, ENG **[46193]** : 1800+, Leeds & Morley, WRY, ENG **[38259]** : PRE 1850, Rotherham, WRY, ENG **[30981]** : 1820-1920, Sheffield, WRY, ENG **[45534]** : ALL, Halifax, YKS, ENG **[20766]** : Ann, 1840S, Huddersfield, YKS, ENG **[18806]** : Henry, 1823+, INDIA **[13800]** : James, PRE 1840, Killera, ARM, IRL **[10297]** : PRE 1850, Coleraine, LDY, IRL **[15793]** : 1780-1803, Dublin & MOG, IRL **[36821]** : 1870+, Wanganui, NZ **[46302]** : Stella Tas., 1885+, Invercargill, SI, NZ **[11476]** : 1873+, TNK, NZ **[33816]** : 1700+, Aberdeen & Insch, ABD, SCT **[37236]** : PRE 1850, Kennethmont & Insch, ABD, SCT **[99440]** : John, 1700-1880, Leslie, ABD, SCT **[12716]** : 1730+, Old Deer, ABD, SCT **[30182]** : 1650-1740, Aberlemno, ANS, SCT **[13574]** : C1878, Arbroath, ANS, SCT **[31442]** : William, 1790, Coupar Angus, ANS, SCT **[27686]** : Esther, 1825+, Coupar Angus, ANS, SCT **[27686]** : 1780-1830, St.Vigeans, Arbroath, ANS, SCT **[13014]** : 1770-1850S, Dundee, ANS & PER, SCT **[46300]** : PRE 1833, Campbeltown, ARL, SCT **[40615]** : ALL, AYR, SCT **[26410]** : PRE 1850, BAN, SCT **[15944]** : James, 1800-50, Falkland, FIF, SCT **[10286]** : PRE 1790, Newburgh, FIF, SCT **[44014]** : 1880+, Grantown, INV & MOR, SCT **[12708]** : 1700-1800S, Glasgow, LKS, SCT **[11411]** : 1800+, Glasgow, LKS, SCT **[40135]** : 1870+, Glasgow, LKS, SCT **[46302]** : Jean, C1820, Lesmahagow, LKS, SCT **[13326]** : C1800, Strathaven, LKS, SCT **[20914]** : 1829+, Kirknewton & Penicuik, MLN, SCT **[14194]** : 1864-1917, Elgin, MOR, SCT **[39984]** : 1800-1870, Kirkwall, OKI, SCT **[46302]** : 1752, Dunipace & Denny, STI, SCT **[21207]** : 1800+, Edinburgh, WLN, SCT **[21034]** : James Alex., C1832+, Stoneham & Speldhurst, KCD & KEN, SCT & ENG **[21472]** : 1750+, Loudoun, AYR, SCT & NZ **[46306]** : 1845-70, Marshall Co., IL, USA **[24660]** : ALL, Livermore, ME, USA **[39712]**
MITCHELLS : 1800-1900, Lowestoft, SFK, ENG **[38840]**
MITCHELMORE : ALL, DEV, ENG **[39386]** : PRE 1800, Stokenham, DEV, ENG **[31349]**
MITCHENER : Susannah, 1776+, Andover, HAM, ENG **[10839]**
MITCHENOR : 1800+, Parramatta, NSW, AUS **[44689]** : PRE 1802, MDX, ENG **[44689]**
MITOUR : PRE 1800, Lamorville, Lettanche, LOR, FRA **[20178]**
MITTEN : PRE 1810, Rochdale, LAN, ENG **[17626]**
MITTENS : PRE 1850, Bethnal Green, LND, ENG **[19345]**
MITTON : Agnes, 1870S, Hulme, LAN, ENG **[41349]** : Martha, 1873-1900, Hulme, LAN, ENG **[41349]** : Robert, 1860-1880, Moss Side, LAN, ENG **[41349]**
MIVILLE : 1640+, QUE, CAN **[42927]** : PRE 1650, CH **[42927]**
MIX : PRE 1900, USA **[22725]**
MIXER : 1700-1800, MA, USA **[24168]**
MIXTER : PRE 1800, ESS, ENG **[38517]**
MIZEN : C1805, Monkton Farleigh, WIL, ENG **[13004]**
MOAKES : PRE 1744, Biddenham, BDF, ENG **[22182]** : ALL, Blackfriars, Southwark & Lambeth, LND, ENG **[18895]**
MOAKSON : George, 1780-1830, Stepney & Ratcliffe, MDX & YKS, ENG **[39461]**
MOATE : ALL, WORLDWIDE **[99298]**
MOATS : ALL, ENG **[44300]**
MOBBERLEY : 1600-1850, Oldswinford & Stourbridge, WOR, ENG **[27678]** : 1850-90, Auckland, NZ **[27678]**
MOBBS : 1790-1900, Pennant Hills & Carlingford, NSW, AUS **[11425]** : 1798+, Sydney, NSW, AUS **[31923]** : 1800-1900, Clapton, MDX, ENG **[46338]** : 1800-1900, Hackney, MDX, ENG **[46338]** : ALL, Kings Lynn, NFK, ENG **[25628]** : 1650+, NTH & LEI, ENG **[17162]** : 1890-1940, Port Elizabeth, CPC, RSA **[46338]**
MOBERLY : 1750+, St.Petersburg, RUSSIA **[29198]**
MOCABEE : 1790+, USA & UK **[23128]**
MOCATTA : ALL, WORLDWIDE **[10492]**

MOCHRIE : PRE 1800, Glasgow, LKS, SCT [14422]
MOCK : 1600-1950, DEV, ENG [19880]
MOCKETT : ALL, Sheppey, KEN, ENG [15409]
MOFFAT : 1800, High Offley, STS, ENG [45690] : Wm, 1800+, Marden Baxton, YKS, ENG [99093] : PRE 1850, Belfast, ANT, IRL [27842] : James Smith, 1868-1948, ANS, SCT [39243] : PRE 1810, Forfar, ANS, SCT [31045] : PRE 1850, AYR & RFW, SCT [27842] : ALL, DFS, SCT [18521] : Jean, 1810, Scarbrae & Dryfesdale, DFS, SCT [27686] : 1700-1800S, KKD, SCT [26703] : 1650-1730, Inveresk, MLN, SCT [36655] : ALL, UK & IRL [46406]
MOFFAT (see One Name Section) [46406]
MOFFATT : 1820-1900, Beddington, SRY, ENG [34651] : C1750+, Duddington, MLN, SCT [37499]
MOFFITT : 1830-1870, Birkenhead, CHS, ENG [17012]
MOGER : ALL, Bath, SOM, ENG [99036] : PRE 1775, Mere, WIL, ENG [31186]
MOGFORD : ALL, Gillingham, KEN & DEV, ENG [46262] : 1800-50, Old Cleeve, SOM, ENG [37168] : 1700+, Wellington, SOM, ENG [37168] : ALL, DEV, ENG & AUS [44294] : 1835-1920, Newport, MON, WLS [37168]
MOGG : 1790-1860, Bridgwater, SOM, ENG [10832]
MOGGRIDGE : 1800-2000, MDX & LND, ENG [30446]
MOGINIE : 1839, Little Hadham, HRT, ENG [27919] : 1742-1809, London, MDX, ENG [27919]
MOHR : 1850+, NSW & QLD, AUS [34119] : Reimer, 1856+, VIC & WAS, AUS [34947] : PRE 1850, Laubenheim-Mainz, RPF, BRD [32907] : ALL, GER [20556] : 1725+, Laubenheim & Ebersheim, GER [34119]
MOIR : PRE 1870, Sherburn, DUR, ENG [34876] : PRE 1920, Chatham, KEN, ENG [34876] : 1770S, ABD, SCT [11386] : 1830+, Dundee, ANS, SCT [21131] : 1850+, Dundee, ANS, SCT [18521] : James, PRE 1800, KCD, SCT [25602] : 1770-1905, Strachan & Lumphanan, KCD & ABD, SCT [41312] : ALL, PER, SCT [18521] : 1837-1900, Dovecotland, PER, SCT [99174]
MOLCHER : 1700+, Simpson, BKM, ENG [46499]
MOLE : 1920+, QLD, AUS [36749] : C1750-1850, Iver, BKM, ENG [22070] : PRE 1800, MDX & LND, ENG [30446] : Charlotte E., 1820+, Ledwell & Sandford, OXF, ENG [28341] : 1700-2000, STS, ENG [28341] : 1800+, Birmingham, WAR, ENG [38681] : 1700-1770, Worcester, WOR, ENG [12641]
MOLEN : ALL, WORLDWIDE [28599]
MOLES : PRE 1800+, Lambourn, BRK, ENG [37250]
MOLESWORTH : PRE 1640, CON, ENG [19064]
MOLEY : 1700-1850, High Halstow, KEN, ENG [36552]
MOLINEUX : 1790+, Prestbury, CHS, ENG [46468]
MOLKENTINE : 1838, West, PRE [15987]
MOLL : ALL, Berlin, Breslau & Rhineland, BLN & SIL, GER [18688] : 1860S, Duns, OES [12039]
MOLLARD : 1700-1750, St.Hillary, CON, ENG [10646] : PRE 1879, Tavistock, DEV, ENG [12229] : 1880-1890, Auckland, NZ [12229] : 1879-1892, Russell, NZ [12229]
MOLLEN : ALL, WORLDWIDE [28599]
MOLLER : PRE 1900, Bundaberg, QLD, AUS [10277] : 1840+, Cape Clear, VIC, AUS [42698] : PRE 1795, Ronne, BORNHOLM IS., DEN [32017] : J.C., 1821-1901, Apenrade, SHO, DEN [39601] : Hang Herman, PRE 1710+, Westfalia, WEF, GER [30971] : PRE 1840, Schleswig Holstein, SHO, GER & DEN [42698]
MOLLER (see MILLER) : One Name Sec., [30971]
MOLLETT : Edith, C1591, Abbotsbury, DOR, ENG [22796]
MOLLISON : 1750-1850, Inverkeillor, ANS, SCT [16096] : PRE 1874, Glasgow, LKS, SCT [43935]
MOLLOY : C1865+, Franklinford & Yandoit, VIC, AUS [36751] : 1830S, East, GAL, IRL [43481] : PRE C1865, Lakefield, GAL, IRL [36751]

MOLOHON : PRE 1785 St.Marys Co. MD, USA [32203]
MOLONEY : ALL, Ennistymon, CLA, IRL [25702] : 1800+, Clooniff, GAL, IRL [29720] : PRE 1880, Duagh - Foildarrig, KER, IRL [22753]
MOLONY : PRE 1844, Port Fairy, VIC, AUS [40615] : 1900S, London, MDX, ENG [45042]
MOLOUGHNEY : 1800+, TIP, IRL [44409]
MOLYNEAUX : 1863, Wigan, LAN, ENG [30714]
MOLYNEUX : Thomas, 1796, Liverpool, LAN, ENG [24579] : C1800, Ribchester & Preston, LAN, ENG [43844] : Elizabeth, 1840-1920, Amblecote, STS, ENG [46217]
MOMAN : ALL, NL [13461]
MOMFRIES : PRE 1863, GSY, CHI [99052]
MONAGHAN : C1760, IRL [25693] : C1860, IRL [12367] : C1837, CLA, IRL [27780] : ALL, DUB, IRL [44815] : 1814-1930, Granard, LOG, IRL [14388] : 1889-1896, Old Kilpatrick & Duntocher, DNB, SCT [12367] : 1898-1936, Glasgow, LKS, SCT [12367] : C1860, Tregaron, CGN, WLS [44649]
MONAGLE : 1830S, LDY, IRL [31116]
MONAHAN : C1866+, Goulburn, NSW, AUS [36751]
MONCAS : 1830+, London, ENG [41500] : 1750+, Liverpool, LAN, ENG [41500]
MONCRIEF : C1750, Redgorton, PER, SCT [25979]
MONCUR : 1940+, Liverpool, LAN, ENG [42782] : 1820-1840, Mains, ANS, SCT [46458]
MONDAY : C1800, Sheerness, KEN, ENG [46356]
MONEFELDT : 1890+, New Brighton, CHS, ENG [37713] : 1880+, CT, USA [37713]
MONEY : PRE 1853, Thetford, CAM, ENG [14029] : 1800+, Liverpool, LAN, ENG [99590] : 1800+, Barsham, NFK, ENG [15524]
MONFORTE : George T., 1865, Newport, GLA, WLS [39380]
MONGER : PRE 1860, BRK, ENG [43842]
MONHAM : PRE 1850, WORLDWIDE [19767]
MONK : 1800S, Echuca, VIC, AUS [46265] : ALL, Sheerness, KEN, ENG [25329] : 1780+, KEN & SSX, ENG [46391] : 1840+, Warrington, LAN, ENG [17078] : PRE 1850, Mowsley, LEI, ENG [36033] : 1880-1930, Bethnal Green & Shoreditch, LND, ENG [42993] : 1750, Enfield, LND, ENG [43775] : PRE 1820, Downham Market, NFK, ENG [39515] : PRE 1851, Lambeth, SRY, ENG [42019] : PRE 1700, Broadwater, SSX, ENG [39430]
MONKHOUSE : PRE 1800, Longsleddale, WES, ENG [21916] : 1800+, Newport, MON, WLS [21916]
MONKS : 1700+, LAN, ENG [38934] : PRE 1940, Bethnal Green, MDX & LND, ENG [43842] : Mary, C1800, Malahide, DUB, IRL [26823]
MONRO : PRE 1850, Dundee, ANS, SCT [38500] : PRE 1780, BAN, SCT [39459]
MONSETTE : 1830, Locarno, LU, CH [99047]
MONSIEUR : Mary, C1800+, Brodsworth, YKS, ENG [45145]
MONSON : ALL, ENG [21149] : 1840+, NZ [44998]
MONSTIFORD : PRE 1880, Aldershot, SRY, ENG [31715]
MONTAG : ALL, Schwetzingen, BAW, GER [16286]
MONTAGUE : William, 1800S, AUS [25070] : 1770-1790, Little Marlow, BKM, ENG [12641] : C1800+, KEN & ENG [41271] : 1830, London City, LND, ENG [14156] : 1797+, St.Pancras, LND, ENG [12327] : 1853, Bethnal Green, LND & ESS, ENG [14156] : PRE 1860, MDX, ENG [25259] : PRE 1750, Ickenham, MDX & BKM, ENG [37709] : 1700+, TYR, IRL [46461]
MONTEITH : 1720+, Beath, FIF, SCT [10591] : Jane, 1700-1850, Edinburgh, MLN, SCT [35039] : William G., 1864-1947, Glasgow & Gardenvale, LKS & VIC, SCT & AUS [12490]
MONTESSI : C1870, ITL [46467]

MONTEYRIMART : 1854+, Villard, RHA, FRA **[20140]**

MONTGOMERY : 1862+, Wagga Wagga, NSW, AUS **[28006]** : PRE 1900, Adelaide, SA, AUS **[13994]** : 1900+, Kyneton, VIC, AUS **[36847]** : ALL, ONT, CAN **[35836]** : Joseph, 1891+, Grey Co., ONT, CAN **[15902]** : 1841+, Mono Twp & Peel Co., ONT, CAN **[15902]** : ALL, Ashby-de-la-Zouch, LEI, ENG **[36847]** : PRE 1850, Kirdford, SSX, ENG **[38926]** : PRE 1830, Cavan, IRL **[28006]** : PRE 1830, Ballymena, ANT, IRL **[27678]** : PRE 1900, Belfast, ANT, IRL **[36528]** : ALL, ARM, IRL **[25073]** : PRE 1850, Passage West, COR, IRL **[27320]** : George, PRE 1841, FER, IRL **[15902]** : John, PRE 1841, Aghalurcher, FER, IRL **[15902]** : 1700S+, Stratford, WIC, IRL **[31886]** : 1811, Ormiston, ELN, SCT **[21630]** : ALL, Ormiston & Pencaitland Tranent, ELN, SCT **[21563]** : C1848, LKS, SCT **[34651]** : PRE 1848, Glasgow, LKS, SCT **[31761]** : 1840+, Eaglesham, RFW, SCT **[17078]** : ALL, Greenock & Paisley, RFW, SCT **[41146]** : 1820+, STI, SCT **[10394]** : PRE 1802, WIG, SCT **[12367]** : 1810-1920, New Orleans, LA, USA **[27140]** : 1700-1890, SC, USA **[27140]**

MONTHREAU : C1797, Calcutta, INDIA **[11462]**

MONTJOY : C1800, Drumquin, TYR, IRL **[46356]**

MONTMAIN : 1806-1934, Mornant, Larajasse, RHA, FRA **[39991]** : 1860-1934, Soucieu en Jarrest, RHA, FRA **[39991]**

MONTT : C1875, Huehuetenango, GUA, GUA **[46467]**

MOOAR : ALL, NZ & GER **[20556]**

MOODIE : ALL, Alloa, CLK, SCT **[13569]** : ALL, SHI, SCT **[21442]**

MOODY : 1898+, Bellingen, NSW, AUS **[11060]** : C1828, Sydney, NSW, AUS **[29479]** : 1846+, Adelaide & Hindmarsh, SA, AUS **[25764]** : 1700+, BARBADOS **[23319]** : ALL, Reading, BRK, ENG **[25073]** : C1811, Exeter, DEV, ENG **[29479]** : PRE 1850, Driffield, ERY, ENG **[22227]** : 1850+, Southampton, HAM, ENG **[13034]** : 1830-1875, Redbourne, HRT, ENG **[19461]** : PRE 1950, IOW & HAM, ENG **[30085]** : C1909, Grimsby, LIN, ENG **[13046]** : PRE 1801, Bermondsey, LND, ENG **[25764]** : 1870+, MDX, HRT & CAM, ENG **[17449]** : PRE 1920, SRY, ENG **[44969]** : PRE 1850, Alderton, WIL, ENG **[46508]** : 1700S, Ardstraw, TYR, IRL **[46308]** : Samuel, 1732, NH, USA **[11797]**

MOON : 1856+, Sydney, NSW, AUS **[12561]** : 1650-1800, Landulph, CON, ENG **[45841]** : PRE 1900, KEN, ENG **[25747]** : PRE 1800, Marden, KEN, ENG **[41554]** : John, 1780-1800S+, KEN & SSX, ENG **[33331]** : PRE 1780, Eccleston, LAN, ENG **[31316]** : Charlotte, PRE 1880, Kensington, LND, ENG **[25794]** : George, C1750, Laverton, SOM, ENG **[35379]** : 1830S, Godalming, SRY, ENG **[12561]** : PRE 1850, Frant, SSX, ENG **[18657]** : 1650-1850, Mayfield, SSX, ENG **[33347]** : PRE 1800, STS & DBY, ENG **[31017]** : John, PRE 1900, Great Habton, YKS, ENG **[36433]** : 1800+, TYR, IRL **[28813]** : 1700-1810, MA, USA **[24168]**

MOONEY : PRE 1877, Singleton, NSW, AUS **[41456]** : 1860+, Framlingham, VIC, AUS **[13037]** : 1830S, Liverpool, LAN, ENG **[37155]** : Ed, 1809, Dublin, IRL **[26822]** : 1800-1900, Whitehall, IRL **[39229]** : 1830S, Belfast, ANT, IRL **[37155]** : 1790-1850, DON, IRL **[20703]** : Elizabeth, C1879, Derry, DRY, IRL **[20495]** : Michael, 1828+, Woodford, GAL, IRL **[31762]** : William, PRE 1858, OFF, IRL **[41456]** : 1800+, ROS, IRL **[13037]** : 1772, WIC, IRL **[10985]** : 1830-1860, WIC, IRL **[44045]** : PRE 1800, WIC, IRL **[31923]** : ALL, ARM, IRL & AUS **[99109]**

MOONIE : 1800-1991, LKS, SCT **[20703]**

MOONLIGHT : ALL, ANS, SCT **[44060]** : ALL, KCD, SCT **[44060]**

MOOR : ALL, AG, CH **[22422]** : PRE 1850, Redruth, CON, ENG **[33628]** : PRE 1800, Ottery St.Mary, DEV, ENG **[42821]** : Hannah, PRE 1785, Blyth, NTT, ENG **[34111]** : 1810+, Coxwold, YKS, ENG **[20975]**

MOORCOCK : 1911+, AUS **[21563]** : ALL, WORLD-WIDE **[21563]**

MOORCROFT : C1894, Southport, LAN, ENG **[12367]** : 1850-1950, Lambeth, LND & SRY, ENG **[46503]** : C1900, DOW, IRL **[46503]**

MOORE : Ada, 1875, NSW, AUS **[10846]** : Hazel, 1932, Ashfield, NSW, AUS **[31676]** : 1850-1995, Bells Creek, NSW, AUS **[14346]** : James, PRE 1939, Cremorne, NSW, AUS **[25396]** : C1900, Eden, NSW, AUS **[31676]** : Edmund, 1815+, Freemans Reach, NSW, AUS **[10276]** : James, 1855, Glebe, NSW, AUS **[10985]** : Margaret, 1880, Guyra, NSW, AUS **[28036]** : Alfred, 1920, Moree, NSW, AUS **[31676]** : William Hy, 1850, Sydney, NSW, AUS **[39678]** : Margaret, PRE 1842, Sydney, NSW, AUS **[10470]** : John, 1863+, Winburndale & Bathurst, NSW, AUS **[25396]** : James, 1876+, Winburndale & Bathurst, NSW, AUS **[25396]** : John, 1845+, Wollombi, NSW, AUS **[28036]** : Margaret, 1875, Brisbane, QLD, AUS **[31676]** : John, PRE 1875, Brisbane, QLD, AUS **[31676]** : 1910+, Mareeba, QLD, AUS **[46215]** : James, 1890S, Kadina, SA, AUS **[46202]** : Robert, 1884-88, Mount Barker & Port Broughton, SA, AUS **[14346]** : Thomas, 1880S, Snowtown, SA, AUS **[46202]** : 1830S+, TAS, AUS **[12905]** : 1800+, Hobart, TAS, AUS **[25529]** : Robert, 1800S, Bendigo, VIC, AUS **[97805]** : Martin, 1800S, Bendigo, VIC, AUS **[97805]** : C1880, Katamatite, VIC, AUS **[45794]** : Thomas, 1856-1903, Kilmore, VIC, AUS **[25770]** : 1868-1960, Rochester, VIC, AUS **[99177]** : Robert, 1854-1860, Horsham & Clare, VIC & SA, AUS **[14346]** : Rose, 1820-1900, Lithgow, NSW & ARM, AUS & IRL **[10604]** : Rebecca, 1836-1912, Sydney, NSW & TYR, AUS & IRL **[10367]** : 1640, Warwick, BERMUDA **[42600]** : C1845-50, Wolford, ONT, CAN **[16365]** : James, 1800S, London, ENG **[13031]** : Joseph, 1851-1933, London, ENG **[41340]** : 1800+, BRK, ENG **[37250]** : ALL, Faringdon, BRK & WIL, ENG **[27219]** : C1800, Castle Camps, CAM, ENG **[39573]** : 1700+, Ely, CAM, ENG **[16362]** : PRE 1830, Stockport, CHS, ENG **[42453]** : 1765+, Redruth, CON, ENG **[13004]** : C1800, Yetminster, DOR, ENG **[12744]** : PRE 1850, DOR & DEV, ENG **[18100]** : 1750, West Hanningfield, ESS, ENG **[17704]** : PRE 1880, GLS, ENG **[17094]** : 1700-1980, Bristol, GLS, ENG **[41136]** : M.T., 1890+, St.Philip & Jacob, Bristol, GLS, ENG **[44088]** : ALL, Iow, HAM, ENG **[11071]** : 1710S, Cranbrook, KEN, ENG **[31373]** : PRE 1666, Leeds, KEN, ENG **[13511]** : Thomas, 1750, Maidstone, KEN, ENG **[13031]** : 1856+, Minster, KEN, ENG **[26022]** : John, 1832-1840, Rochester, KEN, ENG **[27919]** : C1850, Liverpool, LAN, ENG **[29715]** : Annie Ethel, 1883, Leicester, LEI, ENG **[33870]** : George, PRE 1801, Nailstone, LEI, ENG **[10071]** : 1780-1850, Ealing, LND, ENG **[44913]** : 1850+, Lambeth, LND, ENG **[18884]** : 1910+, Stoke Newington, LND, ENG **[33538]** : 1800+, West Hackney, LND, ENG **[37250]** : PRE 1850, Woolwich, LND, ENG **[25151]** : 1800+, Chelsea, MDX, ENG **[21394]** : Charles, 1800+, Highgate, MDX, ENG **[45992]** : John & Mary, C1800-1850, London & Staines, MDX, ENG **[10634]** : 1700+, NBL, ENG **[97805]** : 1750-1800, Heddon on the Wall, NBL, ENG **[28670]** : PRE 1840, NFK, ENG **[29774]** : 1800-99, Norwich Area, NFK, ENG **[46445]** : ALL, Winfarthing, NFK, ENG **[21442]** : ALL, Bugbrooke, NTH, ENG **[38523]** : C1700, Kislingbury, NTH, ENG **[38523]** : 1700S, SFK, ENG **[40355]** : ALL, Bath, SOM, ENG **[12186]** : Enoch, C1725, Kilmersden, SOM, ENG **[10035]** : John, 1780-1800, Wellington, SOM, ENG **[17203]** : Charles, 1850+, Epsom, SRY, ENG **[45992]** : Edward, 1800+, Newington, SRY, ENG **[25145]** : 1870, Rotherhithe, SRY, ENG **[18884]** : 1750-1900, SSX, ENG **[45863]** : 1700S, Billingshurst, SSX, ENG **[21221]** : ALL, Hastings, SSX, ENG **[39564]** : 1875+, Worth, SSX, ENG **[10564]** : Dinah, PRE 1790, STS, ENG **[35186]** : PRE 1800, STS, ENG **[18501]** : 1830+, Sedgley, STS, ENG **[46007]** : ALL, Tamworth, STS, ENG **[33920]** : 1700-1900, WAR, ENG **[45749]** : 1850+, Bedworth, WAR, ENG **[30107]** : PRE 1830, Birmingham, WAR, ENG **[20178]** : PRE 1900, Birmingham, WAR, ENG **[38663]** : Humphrey, 1755-C1825, Tanworth, WAR, ENG **[20793]** : Henry, 1825+, Aston,

MOO

WOR, ENG **[99174]** : Ann, 1800-1820, Eldersfield, WOR, ENG **[28154]** : Humphrey, 1720-1800, Worcester, WOR, ENG **[20793]** : 1700-1900, WOR & STS, ENG **[45749]** : 1900-1940, Sheffield, WRY, ENG **[45534]** : PRE 1840, Thorne & Swinefleet, WRY, ENG **[25688]** : Alice, C1800, YKS, ENG **[14448]** : 1750-1850, Hawes, YKS, ENG **[28570]** : C1840, Braddan & Douglas, IOM **[20914]** : 1840+, Patrick, IOM **[13439]** : PRE 1900, IRL **[34906]** : C1850, Carrickfergus, ANT, IRL **[14241]** : 1730+, Larne & Kilwaughter, ANT, IRL **[16075]** : James, 1830S, CLA, IRL **[25396]** : PRE 1848, Eglantine House, DOW, IRL **[37938]** : Mary, PRE 1840, Londonderry, LDY, IRL **[14306]** : C1800, Oughteragh, LET, IRL **[20914]** : John, PRE 1900, Knockorina (Ossory), LEX, IRL **[26823]** : Thomas, C1830, Moroe, LIM, IRL **[25770]** : 1700+, Banagher, OFF, IRL **[10493]** : 1750+, Tisaran, OFF, IRL **[10493]** : 1800S, TYR, IRL **[10367]** : PRE 1800, Ardstraw, TYR, IRL **[22253]** : PRE 1900, Loughnease, TYR, IRL **[22253]** : James, 1750S, WIC, IRL **[46202]** : Robert, 1800+, IRL & UK **[34505]** : George, 1890+, Dunedin, OTAGO, NZ **[45703]** : John, 1881+, Capetown, RSA **[16075]** : John, PRE 1845, Glasgow, LKS & RFW, SCT **[31676]** : Captain, 1820, Rosemount, SCT & IRL **[10145]** : John, 1852, Lowell, MA, USA **[31676]** : 1800S, Camrose, Tenby & Slebech, PEM, WLS **[21563]** : ALL, WORLD-WIDE **[40355]**

MOORE-WILTON : 1800, Liskeard, CON, ENG **[30876]**

MOOREHOUSE : PRE 1820, Thurlstone, WRY, ENG **[44078]**

MOORES : Peter, 1826+, Manchester, LAN, ENG **[35235]**

MOORHOUSE : PRE 1870, WRY, ENG **[24980]** : ALL, Holme Valley, WRY, ENG **[19921]** : Thomas, PRE 1881, Huddersfield, YKS, ENG **[25602]** : Thomas, C1882+, IRL **[44269]** : 1910+, Frankford, OFF, IRL **[44269]** : C1920+, Glasgow, LKS, SCT **[44269]**

MOORISH : 1700+, DEV, ENG **[23319]**

MOORS : PRE 1800, WIL, ENG **[31186]**

MOORY : PRE 1800, Boxgrove, SSX, ENG **[15464]**

MOPPETT : George, 1811-1896, Brighton, SSX, ENG **[11279]** : Richard, 1854-1886, Brighton, SSX, ENG **[11279]** : Mary Lydia, 1879+, Brighton, SSX, ENG **[11279]** : 1860+, Ovingdean, SSX, ENG **[38486]** : 1860+, Rottingdean, SSX, ENG **[38486]**

MORAN : 1823+, Hawkesbury, NSW, AUS **[41242]** : 1840, Sydney, NSW, AUS **[10956]** : 1866+, Rockhampton & Howard, QLD, AUS **[39249]** : 1800-1900, TAS, AUS **[14966]** : 1819+, Sydney, NSW & MAY, AUS & IRL **[41242]** : 1840+, Chesterville, ONT, CAN **[16188]** : Thomas, 1842+, Guelph, ONT, CAN **[16819]** : 1837+, Aston & Over, CHS, ENG **[39249]** : C1900, Islington, MDX, ENG **[17174]** : PRE 1860, Birmingham, WAR, ENG **[46251]** : PRE 1900, Gateshead & Wallsend, NBL & DOW, ENG & IRL **[29416]** : C1800-1850, IRL **[16188]** : 1821+, Dublin, IRL **[10263]** : Thomas, PRE 1842, Knockabrana, CAR, IRL **[16819]** : 1805, Gowran, KIK, IRL **[10956]** : C1757, SLI, IRL **[41242]** : PRE 1825, Mullingar, WEM, IRL **[17174]** : 1822-1950, Rathowen, WEM, IRL **[14388]** : 1884-2005, Palmerston North, MWT, NZ **[46251]**

MORANT : Edith Rosa, PRE 1850, ENG **[26439]** : William, PRE 1750, HAM, ENG **[41589]**

MORBEY : ALL, WORLDWIDE **[19369]**

MORBEY (see One Name Section) [19369]

MORCOM : 1700+, Truro, CON, ENG **[39891]**

MORCOMB : 1855+, Moonta, Auburn & Adelaide, SA, AUS **[33642]** : 1650-1720, Gwennap, CON, ENG **[12318]**

MORCOMBE : 1700+, CON, ENG **[39891]** : 1700-1870, Probus, CON, ENG **[13430]** : 1770+, Highampton, DEV, ENG **[18207]**

MORDEN : C1800, Wentworth Co., ONT, CAN **[99418]** : Sammuel, C1665+, London, ENG **[99545]**

MORE : Thomas, 1500, Chelsea, LND, ENG **[11279]**

MOREL : PRE 1750, St.Aubin Terregate, BN, FRA **[20178]**

MOREL DE VILLE : ALL, Paris, FRA **[44149]** : ALL, ALS, FRA **[44149]** : ALL, LOR, FRA **[44149]**

MORELAND : 1850+, VIC, AUS **[12481]** : 1860+, KEN, ENG **[34089]** : 1890-1920, Hindley Green, LAN, ENG **[46449]** : 1800+, MDX, ENG **[12481]** : C1840, Great Yarmouth, NFK, ENG **[36622]** : 1800, SRY, ENG **[12481]** : 1800+, MAURITIUS **[34089]** : 1852-1881, Ebbw Vale, MON, WLS **[46449]**

MORESBY : 1600+, Barnard Castle, DUR, ENG **[37213]**

MORETON : Samuel, 1800+, NFD, CAN **[21854]** : Samuel, 1800+, NS, CAN **[21854]** : Samuel, 1800+, Epping, ESS, ENG **[21854]**

MOREY : Edgar, 1896+, Bendigo, VIC, AUS **[13574]** : C1860, Dawlish, DEV, ENG **[41642]**

MORGAN : 1868, Mudgee, NSW, AUS **[11319]** : 1886, Newcastle, NSW, AUS **[42588]** : 1849+, O'Connell & Bathurst, NSW, AUS **[33490]** : Henry & Margt, 1860, Allansford, VIC, AUS **[12716]** : Mary Ann, C1851, East Melbourne, VIC, AUS **[44279]** : Joseph, 1895-1902, Killaloe, ONT, CAN **[37619]** : 1864, Peterborough, ONT, CAN **[15521]** : C1834, London, ENG **[11319]** : C1858, Monmouth, DEV, ENG **[21975]** : PRE 1900, DOR, ENG **[28275]** : PRE 1800, Stanhope, DUR, ENG **[15793]** : 1830S, Bristol, GLS, ENG **[10948]** : Gabriel, 1900-1948, Bristol, GLS, ENG **[34748]** : 1830S, Cockroach Lane, Kingswood, GLS, ENG **[46007]** : 1650-1770, Dursley, GLS, ENG **[14435]** : PRE 1870, Dursley & Frampton, GLS, ENG **[18422]** : Jane, PRE 1844, Forest of Dean, GLS, ENG **[28557]** : Alice, PRE 1860, Forest of Dean, GLS, ENG **[28557]** : PRE 1800, Littledean, GLS, ENG **[45215]** : Isaac, 1780-1840, Lydney, GLS, ENG **[28557]** : Michael, C1840, HAM, ENG **[33416]** : 1750-1820S, Abbeydore, HEF, ENG **[45800]** : PRE 1760, Peterchurch, HEF, ENG **[33428]** : George, C1790, KEN, ENG **[10035]** : 1780+, Charing, KEN, ENG **[42329]** : C1800, Bolton, LAN, ENG **[10610]** : 1850+, Gorton, LAN, ENG **[19310]** : Ann, 1780+, Hinckley, LEI, ENG **[31580]** : 1750-1850, Lincoln, LIN, ENG **[39271]** : PRE 1900, Shoreditch, LND, ENG **[30929]** : PRE 1850, Tottenham, LND, ENG **[45857]** : PRE 1820, St.Marylebone, MDX, ENG **[40615]** : PRE 1777, Tottenham, MDX, ENG **[45631]** : PRE 1799, Tottenham, MDX, ENG **[33490]** : 1800+, Willesden & London, MDX, ENG **[43678]** : PRE 1800, Ipsden, OXF, ENG **[15464]** : PRE 1820, Dawley, SAL, ENG **[35015]** : 1800, Ludlow, SAL, ENG **[16527]** : 1700-1900, Corsley, SOM, ENG **[19513]** : James, 1880-1900, Southwark, SRY, ENG **[37619]** : 1750+, Chichester, SSX, ENG **[27868]** : William, 1780, Lichfield, STS, ENG **[13031]** : 1900+, Wolverhampton, STS, ENG **[17291]** : 1848+, Kibroney, DOW, IRL **[46395]** : ALL, Dundalk, LOU, IRL **[21418]** : 1870S, Papanui, CBY, NZ **[21975]** : C1750, Lumphanan, ABD, SCT **[22014]** : James, 1680-1721, Preston, CT, USA **[27633]** : James, 1850S+, Patchaque, NY, USA **[17033]** : Celesta, 1852+, Patchaque, NY, USA **[17033]** : Mary B., 1890S+, Patchaque, NY, USA **[17033]** : 1865+, Alliance, OH, USA **[30086]** : Joseph, 1600S, Salem & Beverly, MA, USA & ENG **[22796]** : 1850+, Aberystwyth, CGN, WLS **[99025]** : William, 1843+, CMN, WLS **[44411]** : Ann, 1784, Llanfihangel Aberbythych, CMN, WLS **[39482]** : 1800-1850S, Eglwysilan, Colliers Arms, GLA, WLS **[29468]** : 1750-1800, Llanblethian, GLA, WLS **[32505]** : Rees, 1800-1880, Merthyr Tydfil, GLA, WLS **[30086]** : PRE 1860, Merthyr Tydfil, GLA, WLS **[10967]** : 1870+, Mountain Ash, GLA, WLS **[10893]** : 1870S+, Nantymoel, GLA, WLS **[10893]** : 1800-1881, Swansea, GLA, WLS **[45675]** : 1800S+, Newtown, MGY, WLS **[10893]** : PRE 1850, Newtown, MGY, WLS **[40822]** : 1750-1890, Aberhafesp & Montgomery, MON, WLS **[17926]** : 1860S, Cooymb, Pontypool, MON, WLS **[46007]** : Ann, 1803+, Kilgwrrwg, MON, WLS **[29468]** : PRE 1760, Llandewirhydderch, MON, WLS **[33428]** : PRE 1855, Llantrisent, MON, WLS **[36115]** : C1858, Newport, MON, WLS **[21975]** : John, 1851, Pontypool, MON, WLS **[16149]** : William, C1825-1900, GLA, CMN & NSW, WLS & AUS **[10604]** : ALL, WLS & ENG **[36710]** : C1840, Llanelli, GLA, WLS & NZ **[20655]**

MORGANS : John, 1850+, CMN, WLS **[44411]** : William, C1800, PEM, WLS **[37156]**

MORIARTY : John, 1860+, Bathurst, NSW, AUS **[46309]** : PRE 1858, Ardfert, KER, IRL **[37938]** : John, PRE 1860, Ballylongford, KER, IRL **[46309]** : Michael, PRE 1860, Ballylongford, KER, IRL **[46309]** : Mary, PRE 1860, Ballylongford, KER, IRL **[46309]** : 1900+, Tralee, KER, IRL **[33279]** : PRE 1850, Tralee, KER, IRL **[42331]** : PRE 1858, Ventry, KER, IRL **[37938]** : 1870+, Tinwald, SI, NZ **[13809]**

MORICE : 1728-1761, Auchterarder, PER, SCT **[21207]**

MORING : PRE 1899, Rotherfield Peppard, OXF, ENG **[11662]**

MORISON : ALL, SCT **[46350]** : 1750S, Montrose, ANS, SCT **[24567]** : 1720+, Gamrie, BAN, SCT **[14880]** : 1790+, Grange, BAN, SCT **[46340]** : PRE 1800, Cupar, FIF, SCT **[46396]** : PRE 1900, Isle of Lewis, ROC, SCT **[46350]**

MORLAND : ALL, WORLDWIDE **[35836]**

MORLET : PRE 1750, Seuzey, LOR, FRA **[20178]**

MORLEY : George, 1800S, AUS **[99545]** : 1800-1910, Newcastle, NSW, AUS **[46371]** : 1910+, Melbourne, VIC, AUS **[31762]** : Thomas, 1880+, Ballarat, VIC & ALL, AUS **[19588]** : Thomas, 1904+, WA, AUS **[31762]** : 1900+, Perth, WA, AUS **[31762]** : 1925+, SAS, CAN **[99545]** : 1700S, CON, ENG **[12144]** : 1800+, Newton Solney, DBY, ENG **[45584]** : Mary, 1780S-1850S, Bishopton, DUR, ENG **[43996]** : George, C1700, Leyton, ESS, ENG **[10649]** : 1714+, Portsmouth, HAM, ENG **[19127]** : George, 1830+, Beeby, LEI, ENG **[30233]** : Hanson, PRE 1826, Coningsby, LIN, ENG **[41471]** : C1800, Radcliffe, NTT, ENG **[28340]** : Charles, 1810, Sne(I)Nton, NTT, ENG **[41845]** : 1600-1900, Tythby & Whatton, NTT, ENG **[10287]** : ALL, Willoughby on the Wolds, NTT, ENG **[18851]** : 1830, Burgate, SFK, ENG **[12460]** : PRE 1600, Mildenhall, SFK, ENG **[33428]** : 1800, SSX, ENG **[36282]** : George, 1886, Stoke on Trent, STS, ENG **[99545]** : 1800-99, WRY, ENG **[40719]** : PRE 1700, York City, YKS, ENG **[33664]** : ALL, Mildenhall, SFK, ENG & AUS **[46317]**

MORLING : PRE 1850, Aldeburgh & Leiston, SFK, ENG **[14536]**

MORONEY : 1870+, Gundagai, NSW, AUS **[41435]** : John A.E., C1834+, CLA, IRL **[22853]** : 1853+, MA, USA **[22853]**

MORONY : Michael, 1865-1898, Araluen & Gulgong, NSW, AUS **[33318]** : PRE 1860, IRL **[31636]**

MORPETH : William, PRE 1779, Allendale, NBL, ENG **[29774]** : 1800+, Longbenton, NBL, ENG **[44938]**

MORPHET : 1800S, Leighlinbridge, CAR, IRL **[12639]**

MORPHETT : 1800S, NSW, AUS **[46387]** : Patrick, 1849+, VIC, AUS **[12639]** : 1750-1920, Tenterden, KEN, ENG **[13546]**

MORRALL : 1680-1720, Pickhill, NRY, ENG **[43853]** : PRE 1800, Much Wenlock, SAL, ENG **[21175]** : 1500-1950, Studley, WAR, ENG **[46438]**

MORREL : Mary A., 1881, London, ENG **[15785]**

MORRELL : Robert, 1750-1850, Morebath, DEV, ENG **[39060]** : Thomas, C1740, West Auckland, DUR, ENG **[38579]** : PRE 1910, SOM, ENG **[33973]** : ALL, YKS, ENG **[42634]** : John, 1800-1900, Leyburn, YKS, ENG **[19678]** : PRE 1930S, DRY, IRL **[46414]**

MORRICE : PRE 1827, Gosport & Portsea, HAM, ENG **[10508]** : Mary, 1650-1700, Medstead, HAM, ENG **[17907]** : PRE 1680, Wolstanton, STS, ENG **[19647]** : ALL, Footee, ABD, SCT **[46217]**

MORRILL : C1760, Linton, CAM, ENG **[25693]** : 1640-1850, Waterville, ME, USA **[26082]**

MORRIS : Roy Humphrey, 1889+, Glebe, NSW, AUS **[42905]** : Henry, C1870, Gosford, NSW, AUS **[25654]** : 1870, Grenfell, NSW, AUS **[11729]** : George, 1830S, Illawarra, NSW, AUS **[41228]** : PRE 1860, Maitland, NSW, AUS **[10167]** : Herbert, C1950, Newtown, NSW, AUS **[30653]** : Thornton Art., 1869-1950, Redfern & St.Leonards, NSW, AUS **[42905]** : 1800-1900S, Sydney, NSW, AUS **[46358]** : John Humphrey, 1831+, Sydney, NSW, AUS **[42905]** : Herbert, C1915, Waverley, NSW, AUS **[30653]** : PRE 1862, West Maitland, NSW, AUS **[11890]** : John Rendall, 1843+, Sydney, Hobart & Geelong, NSW, TAS & VIC, AUS **[42905]** : John, C1880, Toowoomba, QLD, AUS **[30653]** : William, PRE 1836, Launceston, TAS, AUS **[44279]** : 1850S, Bendigo, VIC, AUS **[10167]** : William Henry, 1870S, Lancefield, VIC, AUS **[44279]** : 1800+, Melbourne, VIC, AUS **[45925]** : William, ALL, Melbourne, VIC, AUS **[46217]** : 1800-1865, Mingan, QUE, CAN **[20825]** : 1830-1880, Mingan, QUE, CAN **[20825]** : Charles, 1860, Mingan, QUE, CAN **[20825]** : Lewis Charles, 1863-1942, Mingan, QUE, CAN **[20825]** : 1750-1825, London, ENG **[18708]** : James, 1800-1850, London, ENG **[12716]** : John Humphrey, PRE 1817, London, ENG **[42905]** : PRE 1850, Newbury, BRK, ENG **[45857]** : PRE 1830, CHS, ENG **[35186]** : Jeremiah, PRE 1833, Lelant, CON, ENG **[35150]** : 1850, Radbourne, DBY, ENG **[30065]** : PRE 1800, Sherborne, DOR, ENG **[25853]** : 1700-1800, Great Burstead, ESS, ENG **[19713]** : Susan, PRE 1847, Romford, ESS, ENG **[36608]** : 1680+, Beckford, GLS, ENG **[21598]** : 1840S, Cheltenham, GLS, ENG **[45541]** : PRE 1800, Lydney, GLS, ENG **[33428]** : Henry, PRE 1853, Alverstoke, HAM, ENG **[42594]** : Thomas, 1829+, Portsmouth, HAM, ENG **[10508]** : PRE 1820, Portsmouth, HAM, ENG **[11890]** : Walter, 1800+, Romsey, HAM, ENG **[10577]** : 1750+, HUN, ENG **[30281]** : 1800+, KEN, ENG **[16811]** : 1850+, Goudhurst, KEN, ENG **[28098]** : 1800-1890S, Plumstead, KEN, ENG **[11062]** : PRE 1870, Bolton, LAN, ENG **[18325]** : 1800+, Bradshaw, LAN, ENG **[27868]** : PRE 1950, Farnworth, LAN, ENG **[42209]** : Mary Ann, C1849+, Liverpool & Tranmere, LAN & CHS, ENG **[21472]** : PRE 1900, Leicester, LEI, ENG **[45054]** : John, C1811, LND, ENG **[10035]** : John, 1768, Eastcheap, LND, ENG **[27920]** : 1840+, Lower Clapton, LND, ENG **[14851]** : 1800-1900, Marylebone, LND, ENG **[30996]** : PRE 1788, Shoreditch, LND, ENG **[46251]** : 1700+, Southwark, LND, ENG **[34797]** : C1815, St.Marylebone, LND, ENG **[13326]** : ALL, LND & MDX, ENG **[31079]** : PRE 1880, LND & SOM, ENG **[31186]** : Rev Joseph, 1791-1833, Feltham, MDX, ENG **[27920]** : 1800-1900, NFK, ENG **[18708]** : 1800+, Peterborough, NTH, ENG **[30281]** : PRE 1755, Sutton Bonnington, NTT & LEI, ENG **[18236]** : ALL, SAL, ENG **[46459]** : 1700+, Edgmond, SAL, ENG **[46276]** : C1795, Newport, SAL, ENG **[36422]** : C1800-1900S, Preston Gubbals, SAL, ENG **[46253]** : PRE 1850, Waters Upton, SAL, ENG **[39042]** : 1843, Kennington & Lambeth, SRY, ENG **[30996]** : 1750-1900, Southwark, SRY, ENG **[34797]** : PRE 1837, Lewes, SSX, ENG **[18147]** : Elizabeth, PRE 1872, Lewes & Eastbourne, SSX, ENG **[42594]** : PRE 1825, Birmingham, WAR, ENG **[17231]** : William, PRE 1835, Birmingham, WAR, ENG **[44279]** : John, PRE 1780, Porton, WIL, ENG **[28907]** : Phoebe, C1790, Westbury, WIL, ENG **[10610]** : 1720, Worcester, WOR, ENG **[21598]** : 1890+, YKS, ENG **[31079]** : PRE 1850, Hull & Sheffield, YKS, ENG **[44078]** : PRE 1857, Sheffield, YKS, ENG **[45823]** : John, PRE 1860, LND, ENG & AUS **[42730]** : 1800S, Cound & Little Wenlock, SAL, ENG & AUS **[11071]** : 1850+, Walsall, STS & GLS, ENG & AUS **[45541]** : Charles, ALL, IRL **[20825]** : 1820S, GAL, IRL **[10460]** : 1850+, Newton Stewart, TYR, IRL **[20862]** : PRE 1850, WEX, IRL **[25455]** : L.C.J., 1888-1953, Auckland, NZ **[20825]** : C1800-1940, Auckland, NZ **[46253]** : 1872-2005, Wellington & Masterton, WTN, NZ **[46251]** : Mary, PRE 1798, Sandquhar, DFS, SCT **[22224]** : Rabina, 1760+, Elie, FIF, SCT **[10610]** : PRE 1860, Inverkeithing, FIF, SCT **[41499]** : 1725+, St.Andrews, FIF, SCT **[10715]** : PRE 1815, Perth, PER, SCT **[11145]** : 1760S, Abercorn,

WLN, SCT **[39573]** : 1820+, Dunino, FIF, SCT & AUS **[36569]** : 1900+, Chicago, IL, USA **[20862]** : 1670+, Monmouth Co., NJ & NY, USA **[22558]** : Rev John, 1813+, Brecon, BRE & CMN, WLS **[39083]** : William, PRE 1839, CAE, WLS **[38452]** : Robert, ALL, Abergwyngregin, CAE, WLS **[38452]** : 1790-1900, Llanbadarn Fawr, CGN, WLS **[38925]** : Anne, 1725, Llanddowror, CMN, WLS **[39482]** : PRE 1900, Bridgend, GLA, WLS **[34560]** : 1700+, Llanmynech & Carreghova, MGY, WLS **[18038]** : PRE 1851, Llandenny, MON, WLS **[46518]** : PRE 1837, MON, CMN & GLA, WLS **[44014]** : 1750-1850, Narberth, PEM, WLS **[34797]**

MORRISH : 1780+, London, ENG **[43775]** : 1800S, CON, ENG **[11918]**

MORRISON : 1840-1890, Goonal, NSW, AUS **[13326]** : Ellen & Samuel, 1880S-1940S, Surry Hills, NSW, AUS **[11270]** : C1880, Mount Gambier, SA, AUS **[99052]** : Alexander, 1821+, Hobart, TAS, AUS **[99093]** : 1860+, Ballarat, VIC, AUS **[11733]** : PRE 1890, TAS & LND, AUS & ENG **[11873]** : Anne, 1840-1893, Albany, WA, AUS & ENG **[29867]** : 1800+, Werneth, CHS, ENG **[19310]** : ALL, Durham, DUR, ENG **[46479]** : PRE 1800, Hull, ERY, ENG **[19270]** : PRE 1840, Bristol, GLS, ENG **[19818]** : 1800+, Bromley, KEN & MDX, ENG **[19713]** : Elizabeth, 1800S, INDIA **[21132]** : Emma, 1850+, INDIA **[21132]** : PRE 1860, Londonderry, ANT, IRL **[21161]** : 1800-1850S, Enniskillen, FER, IRL **[45800]** : James, 1790-1850, MOG, IRL **[42448]** : 1820S, WIC, IRL **[11912]** : 1841, FER, IRL & AUS **[13019]** : 1600+, SCT **[29417]** : ALL, SCT **[46350]** : 1750+, Inverury, ABD, SCT **[12953]** : 1750S, Montrose, ANS, SCT **[24567]** : PRE 1845, Islay, ARL, SCT **[15476]** : Alexander, 1780-1850, Keith, BAN, SCT **[21132]** : 1780S, Alloa, CLK, SCT **[12318]** : PRE 1820, Tullibody, CLK, SCT **[40768]** : 1700-1830, Dunbarton, DNB, SCT **[20919]** : PRE 1800, Cupar, FIF, SCT **[46396]** : PRE 1840, Leslie, FIF, SCT **[46374]** : John, 1850S, Glasgow, LKS, SCT **[30701]** : PRE 1900, Glasgow, LKS, SCT **[36543]** : William, PRE 1765, Leith, MLN, SCT **[30603]** : PRE 1860, Elgin, MOR, SCT **[11733]** : 1882, Greenock, RFW, SCT **[36244]** : ALL, Barvas, ROC, SCT **[20766]** : PRE 1900, Isle of Lewis, ROC, SCT **[46350]** : 1600+, SHI, SCT **[29417]** : ALL, SKYE & INV, SCT **[46454]** : PRE 1840, Eddrachillis, SUT, SCT **[10165]** : 1851+, Elgin, MOR, SCT & AUS **[42019]** : PRE 1800, Elgin & Rothes, MOR, MDX & ESS, SCT & ENG **[42019]** : C1830, ABD, SCT & NZ **[43934]** : John, 1775-1850, Kirk German, IOM, UK **[37181]** : Jemima, ALL, WORLDWIDE **[22796]**

MORRISS : James, 1775, Barnack, NTH, ENG **[10318]** : PRE 1830, WAR, ENG **[28907]**

MORRISSEY : Patrick, 1850+, Scone, NSW, AUS **[45624]** : Patrick, 1800+, IRL **[45624]** : PRE 1880, IRL **[99598]**

MORROGH : 1650+, Cork City, COR, IRL **[20433]** : 1700+, Lisbon, PT **[20433]**

MORROW : PRE 1865, Bailieborough, CAV, IRL **[33564]** : Joseph, C1802+, TYR, IRL **[12781]** : Maria, C1825+, TYR, IRL **[12781]** : James, C1827+, TYR, IRL **[12781]** : PRE 1850, TYR, IRL **[16554]** : 1850-1900, Leith, MLN, SCT **[14513]** : Mary, C1840, SCT & IRL **[39820]** : James, 1830-1903, Mount Pulaski, Logan, IL, USA **[24674]** : John, 1795-1842, Onondaga & Syracuse, NY, USA **[24674]** : 1908+, PA, USA **[13513]**

MORRYS : PRE 1628, Tonbridge, KEN, ENG **[13511]**

MORSE : 1830S, Shrivenham, BRK & OXF, ENG **[11912]** : 1790-1850, Stroud, GLS, ENG **[10273]** : PRE 1793, Wickenby, LIN, ENG **[19902]** : ALL, NFK, ENG **[42943]** : PRE 1840, Purington & Bridgwater, SOM, ENG **[44296]** : 1800S, MA, USA **[24168]** : Harriet, 1823-1860, MA, USA **[24168]** : 1750-1850, Canton, MA, USA **[22891]** : ALL, Fishguard, PEM, WLS & AUS **[42466]**

MORSHEAD-SYMONS : Henry, 1825, St.Germans, CON, ENG **[99590]**

MORTEN : 1760-1820, Penn, BKM, ENG **[46237]**

MORTER : ALL, ESS, ENG **[40752]** : 1870, London, MDX & ESS, ENG **[40752]**

MORTIMER : 1860S, Pomeroy & Goulburn, NSW, AUS **[11344]** : PRE 1833, TAS, AUS **[11866]** : 1823-1895, ENG **[14754]** : 1750-, DEV, ENG **[44409]** : C1850, Exeter, DEV, ENG **[27868]** : Timothy, PRE 1780, York, ERY, ENG **[17763]** : James Thomas, PRE 1800, Lambeth, LND, ENG **[25700]** : PRE 1773, Brentford, MDX, ENG **[11866]** : ALL, NTT & DBY, ENG **[36710]** : 1830-1920, Ipswich, SFK, ENG **[45635]** : PRE 1860, Clondevaddock, DON, IRL **[11344]** : 1880+, Christchurch, CBY, NZ **[21321]** : 1800+, Strathdon, ABD, SCT **[15931]**

MORTIMORE : Harriet, 1700S, Oakley, BKM, ENG **[11034]** : 1600-1800, Slapton, DEV, ENG **[26335]**

MORTLEMAN : PRE 1768, Sudbury, SFK, ENG **[28907]**

MORTLOCK : PRE 1855, NFK, ENG **[41005]** : PRE 1850, Shimpling & Glemsford, SFK, ENG **[34980]**

MORTON : 1840+, Goulburn, NSW, AUS **[34739]** : PRE 1895, ONT, CAN **[39939]** : 1797-1886, Hope Twp, ONT, CAN & IRL **[99522]** : 1810-1900, Catford Bridge, London, ENG **[13014]** : 1760-1820, Penn, BKM, ENG **[46237]** : C1880-1920, Eyam Woodlands, DBY, ENG **[46253]** : C1700, Abbotsham, DEV, ENG **[42384]** : 1700+, Ashton, LAN, ENG **[34739]** : 1750+, LND, ENG **[44954]** : Mary, 1807+, Cornhill on Tweed, NBL, ENG **[31296]** : C1850, Kings Lynn, All Saints, NFK, ENG **[13014]** : 1780+, St.Stephens, Norwich, NFK, ENG **[13014]** : 1750-1850, East Retford, NTT, ENG **[46271]** : 1781-1849, Southwell, NTT, ENG **[18818]** : ALL, SAL, ENG **[18921]** : 1600-1800, The Stonhams, SFK, ENG **[16383]** : ALL, WOR, ENG **[46446]** : 1700-1850, Bradfield, WRY, ENG **[36242]** : PRE 1680, Thorpe Salvin, WRY, ENG **[31316]** : ALL, Heckmonwike, YKS, ENG **[38452]** : Eliza, PRE 1840, IRL **[29939]** : 1800+, Newton Butler, FER, IRL **[14002]** : 1820-1875, Galston, AYR, SCT **[32314]** : 1720-1850, Loudoun, AYR, SCT **[46306]** : PRE 1820, ELN, SCT **[38309]** : C1900, Leith, MLN, SCT **[41499]** : 1800-1860, Stanly & Montgomery Cos., NC, USA **[22846]**

MORTON (see One Name Section) [46446]

MORVAN : PRE 1830, Lugwardine, HEF, ENG **[40756]**

MOS : ALL, NL **[11938]**

MOSCROP : 1792-1880, North Mymms & Teddington, HRT & MDX, ENG & SCT **[42967]**

MOSEDALE : 1800+, Newton Heath & Failsworth, LAN, ENG **[13481]**

MOSELEY : 1886, Carcoar, NSW, AUS **[44249]** : 1886+, Sydney, NSW, AUS **[44249]** : PRE 1810, DEV, ENG **[30823]** : 1750-1890, GLS, ENG **[26396]** : 1628-62, Chipping Campden, GLS, ENG **[39706]** : PRE 1886, Maidstone, KEN, ENG **[44249]** : 1700-1800, Dawley, SAL, ENG **[18670]** : 1863, Birmingham, WAR, ENG **[35025]** : 1700+, Birmingham, WAR & WOR, ENG **[25598]**

MOSELY : PRE 1810, DEV, ENG **[30823]**

MOSEN : PRE 1600, GLS, ENG **[43840]**

MOSENTHAL : 1900+, Breslau (Now Wroclaw), POL **[39730]**

MOSES : 1870+, Crewe, CHS, ENG **[41037]** : Saul, PRE 1820, Deptford, KEN, ENG **[19854]** : 1800, London, MDX, ENG **[32068]** : PRE 1840, London, MDX, ENG **[40615]** : 1908, Rhymney, MON, WLS **[13497]**

MOSEY : PRE 1820, Skirpenbeck, YKS, ENG **[15929]**

MOSHER : 1600+, Manchester, CHS, ENG **[99570]** : 1630S, RI, USA **[99570]**

MOSLEY : 1770+, ENG **[18128]** : PRE 1810, DEV, ENG **[30823]** : 1780+, Holborn, LND & MDX, ENG **[18128]** : 1813, Rotherham, YKS, ENG **[39856]**

MOSMAN : 1850+, NZ **[11011]** : 1700+, Lesmahagow, LKS, SCT **[11011]** : 1600+, MLN, SCT **[11011]** : 1500+, PEE, SCT **[11011]** : 1800S, W.INDIES **[11011]**

MOSS : Ellen, 1830+, AUS **[36551]** : 1850+, AUS

[44299] : 1840+, Lismore, NSW, AUS **[13584]** : 1850+, Sydney, NSW, AUS **[29025]** : 1800-1900, Roma, QLD, AUS **[41022]** : 1800-1900, Toowoomba, QLD, AUS **[41022]** : 1837+, Melbourne, VIC, AUS **[14435]** : 1860+, Werribee, VIC, AUS **[14435]** : Hannah, 1910+, Edmonton, ALB, CAN **[41089]** : Thomas, 1910+, Edmonton, ALB, CAN **[41089]** : Isabella, 1830, ENG **[46326]** : (Jewish), PRE 1900, Liverpool & London, ENG **[19854]** : PRE 1900, CHS, ENG **[36551]** : 1700-1850S, Macclesfield, CHS, ENG **[29025]** : PRE 1880, Nantwich, CHS, ENG **[42752]** : ALL, CON, ENG **[46498]** : 1800-1880, DOR, ENG **[34790]** : PRE 1850, ESS, ENG **[11536]** : 1870+, Colchester, ESS, ENG **[17931]** : 1820-1850+, St.Peters & Ramsgate, KEN, ENG **[36762]** : Thomas, 1819+, Eccles, LAN, ENG **[99052]** : PRE 1800, Manchester, LAN, ENG **[36551]** : PRE 1850, Warrington, LAN, ENG **[42745]** : 1750+, Bethnal Green, LND, ENG **[17977]** : 1700S, Shadwell, LND, ENG **[19497]** : Ann, 1750-1850, Banbury, OXF, ENG **[27039]** : 1770+, Kingsley, STS, ENG **[14435]** : 1770-1835, Leek, STS, ENG **[14435]** : PRE 1840, Wolverhampton, STS, ENG **[13584]** : ALL, Crosby Ravensworth, WES, ENG **[20738]** : PRE 1800, Ossett & Dewsbury, WRY, ENG **[42277]** : PRE 1900, Thurstonland, YKS, ENG **[25162]** : Ernest, 1890-1926, Mythir (Merthyr), ENG & WLS **[99440]** : John, 1828-1832, DON & TYR, IRL **[33085]** : Bernard, C1800, DON & TYR, IRL **[33085]** : C1806, Termonamongan, TYR, IRL **[10209]** : PRE 1920, Yokohama, JAPAN **[14351]** : Bernard, 1818+, NZ **[33085]** : 1800-1920, Edinburgh, MLN, SCT **[29025]**

MOSS (see One Name Section) **[29025]**
MOSSENDEN : PRE 1800, RUT, ENG **[12401]**
MOSSENDUE : PRE 1800, RUT, ENG **[12401]**
MOSSLEY : ALL, Manchester, LAN, ENG **[33973]**
MOSSMAN : ALL, BEW, SCT **[21183]**
MOSSOP : 1500+, ENG **[17162]**
MOSTYN : PRE 1700, IRL & WLS **[20824]**
MOTH : PRE 1750, Basingstoke, HAM, ENG **[33428]** : 1750+, Yateley, HAM, ENG **[13430]**
MOTHERSHALL : 1650-1750, Craythorne, NRY, ENG **[12641]**
MOTHERSOLE : PRE 1930, HRT, ENG **[41041]** : Edwin, PRE 1900, Berkhamsted, HRT, ENG **[41041]** : Harry, PRE 1930, Berkhamsted, HRT, ENG **[41041]** : ALL, WORLDWIDE **[39386]**
MOTHERWELL : PRE 1800, St.Ninians, STI, SCT **[45199]**
MOTLER : PRE 1800, WORLDWIDE **[20401]**
MOTT : 1920+, Broken Hill, NSW, AUS **[31762]** : 1700, Feering, ESS, ENG **[17704]** : PRE 1710, Great Dunmow, ESS, ENG **[18147]** : PRE 1820, Woodnesborough, KEN, ENG **[32230]** : ALL, Cowlinge, SFK, ENG & AUS **[46262]** : Agnes, 1800S, IRL **[15640]** : ALL, WORLDWIDE **[34790]**
MOTTERSHAW : C1600, DBY, ENG **[41370]**
MOTTERSHEAD : Samuel, 1780-1850, Adlington, CHS, ENG **[37619]**
MOTTISHAW : ALL, NTT, ENG **[38968]**
MOTTRAM : 1800+, Nowra, NSW, AUS **[30968]** : James, C1770, ENG **[13657]** : 1915+, Fordcombe, KEN, ENG **[19806]** : 1860+, Liverpool, LAN, ENG **[44649]** : PRE 1800, Waterfall & Waterhouses, STS, ENG **[36492]**
MOUAT : PRE 1780, Dunrossness, SHI, SCT **[38728]** : 1700S, Lerwick, SHI, SCT **[11411]**
MOUCHER : 1850+, Brisbane, QLD, AUS **[34438]** : PRE 1860, Misterton, ENG **[34438]**
MOUL : 1700+, Plymouth, DEV, ENG **[25598]**
MOULD : John, 1800+, Parramatta & Seven Hills, NSW, AUS **[11623]** : Thomas, 1847-1927, Seven Hills & Texas, NSW & QLD, AUS **[11623]** : Thomas, ALL, Sudbury & Coppenhall, DBY & CHS, ENG **[11197]** : 1760-1860, NBL, ENG **[36435]** : C1810-1910, Bramham & Leeds, YKS, ENG **[36299]**
MOULDEN : PRE 1865, MDX, ENG **[34479]**

MOULDER : 1787+, Chesham, BKM & HRT, ENG **[38970]** : PRE 1900, Tunworth & Oakley, HAM, ENG **[43842]**
MOULDER (see One Name Section) **[27399]**
MOULDEY : ALL, WORLDWIDE **[21175]**
MOULDS : 1800+, Uraidla, SA, AUS **[45626]** : Simon, 1776-1843, Parramatta, NSW & MDX, AUS & ENG **[11623]**
MOULE : 1840, Kneesworth, CAM, ENG **[99433]** : 1700S, Witcham, CAM, ENG **[19921]** : 1830S, Barkway, HRT, ENG **[37321]** : 1700-1900, Chislehurst, KEN, ENG **[19853]** : PRE 1850, Walsham le Willows, SFK, ENG **[42967]** : 1700-1770, Worcester, WOR, ENG **[12641]**
MOULES : PRE 1865, LND & LIN, ENG **[10699]**
MOULTON : 1850S, NSW, AUS **[33245]** : 1850S, Ipswich, SFK, ENG **[36260]** : 1700+, Birmingham, WAR, WOR & YKS, ENG **[25598]**
MOUNCEY : 1600-1850, Aldgate, LND, ENG **[37048]**
MOUNFIELD : John, 1790-1850, CHS, ENG **[41349]**
MOUNSER : 1820+, Lambeth, LND, ENG **[46321]**
MOUNT : PRE 1700, Chislet, KEN, ENG **[45962]**
MOUNTAIN : ALL, Essendon, VIC, AUS **[11424]** : ALL, South Melbourne, VIC, AUS **[11424]** : 1793+, QUE, CAN **[11726]** : PRE 1850, Woolwich, KEN, ENG **[11424]** : ALL, Thwaite, NFK, ENG **[11726]** : 1700+, YKS, ENG **[36081]**
MOUNTCASTLE : 1850+, Sydney, NSW, AUS **[31169]** : 1870+, Brisbane, QLD, AUS **[31169]**
MOUNTFORD : 1806, St.Johns, NB, CAN **[99047]** : Samuel, PRE 1860, LND, ENG **[99012]** : John Thomas, 1860+, Burslem & Hanley, STS, ENG **[46370]** : William, 1863+, Burslem & Hanley, STS, ENG **[46370]** : George, 1867+, Burslem & Hanley, STS, ENG **[46370]** : Sarah Ann, 1874+, Burslem & Hanley, STS, ENG **[46370]** : Sarah, 1853+, Burslem & Newcastle, STS, ENG **[46370]** : ALL, Norton & Bagnall Endon, STS, ENG **[29989]** : Thomas, PRE 1856, Tunstall, STS, ENG **[46370]** : Harriet, PRE 1858, Tunstall, STS, ENG **[46370]**
MOUNTJOY : ALL, CON & DEV, ENG **[15524]** : 1600+, Biddestone, WIL, ENG **[13943]**
MOUNTJOY-SMITH : Poppy, 1900-1917, Paddington, LND, ENG **[39964]**
MOUNTNEY : 1720-1810, Woodhouse, LEI, ENG **[39060]**
MOUNTSEER : 1800S, Wereham, NFK, ENG **[46397]**
MOUNTSTEVEN : PRE 1700, Pitminster, SOM, ENG **[27769]**
MOUSLEY : 1800+, Battersea, SRY, ENG **[21394]**
MOUSSET : 1700+, London, ENG **[42919]**
MOUTRAY : C1868, Fort Singleton, MOG, IRL **[37938]**
MOVERLEY : ALL, Stepney, LND, ENG **[21348]** : ALL, NZ **[21348]**
MOWAT : 1920S, Tenterfield, NSW, AUS **[25654]** : ALL, Brockville, ONT & OKI, CAN & SCT **[15740]** : PRE 1800, CAI, SCT **[12386]** : 1800-1991, Thurso & Bowermadden, CAI, SCT **[21243]** : ALL, LKS & AYR, SCT **[43933]** : ALL, Edinburgh, MLN, SCT **[21243]**
MOWBERRY : PRE 1826, Almondbury, WRY, ENG **[46436]**
MOWBRAY : 1800+, DEV & CON, ENG **[44072]**
MOWERS : Alex, PRE 1870+, Brighton & Waubaushene, ONT, CAN **[23471]** : Mary Naomi, PRE 1882, Dereham Twp, Oxford Co., ONT, CAN **[23471]** : 1890, Dresden & Chatham, ONT, CAN **[23471]** : 1900-1931, Parry Sound, ONT, CAN **[23471]**
MOWERS FENTON : ALL, Waubaushene, ONT, CAN **[23471]**
MOWFORTH : PRE 1900, Hull & North Ferriby, YKS, ENG **[27325]** : John, C1695+, Knedlington, YKS, ENG **[27325]**
MOWLAM : 1835+, Langton Herring, DOR, ENG **[30543]**

MOWLE: John Henry, 1841-1911, Armidale Area, NSW, AUS **[34140]** : 1700-1850, Carbrooke, NFK, ENG **[34140]**
MOWLEM : ALL, WORLDWIDE **[20835]**
MOWLEY : 1750+, Greasley, NTT, ENG **[21034]**
MOWLING : 1810-1820, Spitalfields, LND, ENG **[17977]**
MOXAN : Martha, C1820, West Bromwich, STS, ENG **[36592]**
MOXEY : Elizabeth, 1825+, St.Martin, JSY, CHI **[42432]** : William, PRE 1817, Spiriton, DEV, ENG **[10485]** : 1750-1850, Wandsworth, LND, ENG **[38840]** : ALL, SOM, ENG **[41053]**
MOXON : 1800S, Blackburn, LAN, ENG **[25572]**
MOXON (see One Name Section) [41073]
MOY : 1826+, Maitland, NSW, AUS **[40781]** : 1700+, NFK, ENG **[19310]** : PRE 1826, NFK, ENG **[40781]** : PRE 1800, Combs & Barningham, SFK, ENG **[38178]**
MOYE : 1750+, Brompton & Kensington, LND & MDX, ENG **[99600]**
MOYER : C1750, Rockingham Co., VA, USA **[46467]**
MOYLAN : ALL, NSW, AUS **[31886]** : 1800S, MAY, IRL **[39058]** : Hannah Maria, 1860-1880, Birr, OFF, IRL **[30701]**
MOYLE : 1846+, Clarence River, NSW, AUS **[30927]** : 1856+, QLD, AUS **[30927]** : Joseph, C1870, Lara, VIC, AUS **[12884]** : 1700-1750, CON, ENG **[21597]** : Stephen, PRE 1750, Constantine & Wendron, CON, ENG **[29774]** : 1700S, Gwennap, CON, ENG **[12318]** : C1801, Gwennap, CON, ENG **[41297]** : 1660+, Minver & Mabyn, CON, ENG **[19713]** : 1536+, Wendron, CON, ENG **[25070]** : Thomas, 1775-1860, Wendron, CON, ENG **[33866]** : ALL, Wendron, CON, ENG **[99600]** : 1880+, Stockton, DUR, ENG **[46423]**
MOYLES : Bridget, 1860, Crossmolina, MAY, IRL **[11061]**
MOYNA : 1860-1870, AKL, NZ **[97805]**
MOYSE : PRE 1725, Landulph, CON, ENG **[19803]**
MOYSES : 1700-1850, LIN, ENG **[41573]**
MROZOWICZ : PRE 1870, Tuczempy, RZESZOW, POL **[40603]**
MSIKIN : PRE 1786, Chislehurst, KEN, ENG **[13315]**
MUATT : PRE 1860, Haddington, ELN, SCT **[24981]**
MUCHET : PRE 1800, Lurgan, ARM, IRL **[28060]**
MUCKAWAY : ALL, ENG & AUS **[43395]**
MUCKEL : Mary Ann, C1863, Bathurst, NSW, AUS **[25396]** : Maryann, 1813+, Edinburgh, MLN, SCT **[25396]**
MUCKLEJOHN : 1830+, Pictou, NS, CAN **[99600]** : 1830+, PEI, CAN **[99600]** : 1750+, Wick, CAI, SCT **[99600]**
MUCKLESTON : ALL, WORLDWIDE **[19368]**
MUCKLESTON (see One Name Section) [19368]
MUCKLESTONE (see : Muckleston), **[19368]**
MUCKLEWIN : 1790-1860, Bath, SOM, ENG **[28557]**
MUCKLOW : PRE 1800, WOR & HEF, ENG **[35042]**
MUDD : 1880+, Hunter River, NSW, AUS **[11060]** : Selina, PRE 1900, DEV & YKS, ENG **[36433]** : PRE 1700, WORLDWIDE **[20824]**
MUDDEN : ALL, OXF, NTH & LND, ENG **[20824]** : ALL, WORLDWIDE **[20824]**
MUDDING : ALL, WORLDWIDE **[20824]**
MUDFORD : PRE 1850, Middle Chinnock, SOM, ENG **[40533]** : 1700+, West Chinnock Area, SOM, ENG **[21091]**
MUDGAN : ALL, WORLDWIDE **[20824]**
MUDGE : 1900+, Port Lincoln, SA, AUS **[38626]** : 1700, North Bovey, DEV, ENG **[40257]** : Thomas, 1750-1864, Ovington & Northington, HAM, ENG **[32901]** : William, 1814-1875, Swarraton & Cheriton, HAM, ENG **[32901]** : 1500S, Cuxton, Cliffe & Strood, KEN, ENG **[16358]** : Sydney H.M., 1860+, Kilburn, MDX, ENG **[32901]** : ALL, WORLDWIDE **[32901]**

MUDGEN : ALL, WORLDWIDE **[20824]**
MUDGIN : ALL, WORLDWIDE **[20824]**
MUDIE : 1800+, Luncarty, PER, SCT **[33825]**
MUDIN : ALL, WORLDWIDE **[20824]**
MUDWIN : ALL, WORLDWIDE **[20824]**
MUELLER : Bernard, C1720, Warstein, NRW, BRD **[99443]** : 1800+, Stemberg, MEK, GER **[11036]** : 1825-1855, Wadern, SAA & RPR, GER **[24252]** : 1840, Dubuque, IA, USA **[32203]** : Maria, 1858-1935, Elma & Olean, NY, USA **[17033]** : Wilhem, 1851+, Olean, NY, USA **[17033]**
MUERR : Elizabeth, C1868, DUR & NBL, ENG **[11197]**
MUGFORD : PRE 1800, Morwenstow, CON, ENG **[15524]** : Elizabeth, 1800-60, Exeter & Kentisbear, DEV, ENG **[10286]** : 1700+, Plymouth, DEV & ONT, ENG & CAN **[25598]**
MUGGERIDGE : 1800+, Tunbridge Wells, KEN, ENG **[21091]**
MUGGLETON : 1800S, Stow cum Quy, CAM, ENG **[27369]**
MUGLER : 1800+, WUE, GER **[29092]**
MUGRIDE : 1730+, Framfield, SSX, ENG **[20975]**
MUHLDORFF : George, 1840+, VIC, AUS **[10610]** : ALL, Copenhagen, DEN **[10610]** : Col. Mathias, C1750, Copenhagen, DEN **[10610]** : Joshua, 1820, Fort William, CALCUTTA, INDIA **[10610]**
MUHLDORFF VON : Col. Mathias, C1800, Tranquebar Fort St.George, MADRAS, INDIA **[10610]**
MUIR : 1881+, Blackbutt, QLD, AUS **[46280]** : C1820, Benalla, VIC, AUS **[99052]** : Thomas, 1820-1870, ONT, CAN **[39949]** : 1890-1920, Birmingham, WAR, ENG **[39303]** : 1860-1920, Kidderminster, WOR, ENG **[39303]** : C1830, Mull, ARL, SCT **[16947]** : 1800S, Straiton & Maybole, AYR, SCT **[10715]** : PRE 1860, Thornhill, DFS, SCT **[42752]** : Thomas, 1770-1820, LKS, SCT **[39949]** : 1800S, LKS, SCT **[31237]** : PRE 1860, Dalserf, LKS, SCT **[29626]** : C1830, Glasgow, LKS, SCT **[12573]** : C1813, Tallcross, LKS, SCT **[14030]** : 1790+, MLN, SCT **[99052]** : 1750-1900, Eday, N. Ron, Sanday, OKI, SCT **[46001]** : Margaret, ALL, Kirkwall, OKI, SCT **[12457]** : PRE 1826, Eastwood, RFW, SCT **[14422]** : 1800-1900, Paisley, RFW, SCT **[39303]** : C1800, SCT & NZ **[39928]**
MUIRDEN : James, 1855, Savoch, ABD, SCT **[28151]** : Alexander, 1866, Bourtie, BAN, SCT **[28151]** : Helen Wilson, 1890, Bourtie, BAN, SCT **[28151]**
MUIRHEAD : 1870+, CAN **[34321]** : PRE 1839, Barking, ESS, ENG **[17055]** : 1830+, Ballooly, DOW, IRL **[46261]** : C1835, Crail & Glasgow, FIF & LKS, SCT **[34321]** : C1859, Parton, KKD, SCT **[30714]** : Robert, 1765+, STI, SCT **[10846]** : Margaret, C1760, Falkirk, STI, SCT **[45541]** : Alexander, 1790+, St.Ninians, STI, SCT **[10846]** : ALL, Penicuik, MLN & SA, SCT & AUS **[45626]**
MULBERRY : PRE 1800, Marylebone, MDX, ENG **[45215]**
MULCAHY : PRE 1866, Adelaide, SA, AUS **[13004]** : Thomas, 1750-1850, COR, IRL **[13326]** : PRE 1850, Mitchelstown, COR, IRL **[37321]** : 1800+, Milltown, KER, IRL **[12802]** : 1840, Ballyglasheen, TIP, IRL **[10610]** : PRE 1800, Thurles, TIP, IRL **[99036]** : 1820-60, Kilross, TIP, IRL & AUS **[46232]**
MULDOON : 1850, Kingscourt, CAV, IRL **[21669]**
MULE : ALL, DEN **[29701]**
MULFORD : 1835, Wokingham, BRK, ENG **[17998]**
MULHALL : 1700-1850S, KIK, IRL **[35604]**
MULHEARN : C1850+, Myalla & Nimmitabel, NSW, AUS **[43529]** : C1800+, IRL **[43529]**
MULHERN : 1858+, Limavady, DRY, IRL **[20933]** : PRE 1892, ME, USA **[22565]**
MULHERON-LILLEY : 1874+, Hobart, TAS, AUS **[46280]**
MULHOLLAND : Mary Ann, 1878, Newtown, NSW, AUS **[28151]** : 1841+, Sydney, NSW, AUS **[34231]** :

Joseph, 1866, Sydney, NSW, AUS **[28151]** : 1830-1860, Hastings Co., ONT, CAN **[34261]** : ALL, Salford, LAN, ENG **[36169]** : PRE 1855, IRL **[36543]** : C1830, ANT, IRL **[12163]** : PRE 1870, ROS, IRL **[36169]** : ALL, Dundee, ANS, SCT **[11092]** : PRE 1899, Glasgow, LKS, SCT **[36543]** : 1900+, Lake Placid, FL, USA **[20401]**
MULKERRIN : 1800+, Moycullen, GAL, IRL **[29720]**
MULL : 1800S, Ringelheim & Haverlah, HAN, GER **[42863]**
MULLANE : Henry L., C1900+, NSW, AUS **[14672]** : 1830-1890, Rathmore, KER, IRL **[23523]**
MULLANY : PRE 1810, Churn, GAL, IRL **[27955]**
MULLARD : 1855+, Maitland & Newcastle, NSW, AUS **[42453]** : ALL, Wistanstow & Stokesay, SAL, ENG **[42453]** : 1800S, Farnham, SRY, ENG **[11159]**
MULLEN : 1880, Mudgee, NSW, AUS **[11590]** : Thomas, 1841+, Sydney, NSW, AUS **[39015]** : Ann, 1860+, Brisbane, QLD, AUS **[33443]** : 1860S, Ballaarat, VIC, AUS **[12508]** : 1800+, Manchester, LAN, ENG **[33443]** : John, C1830, WAT, IRL **[13326]** : Jervis, PRE 1841, WEX, IRL **[39015]** : 1880-1930, Detroit, MI, USA **[16559]**
MULLENS : 1879+, Brewarrina, NSW, AUS **[29783]** : 1600S, Ashmore, DOR, ENG **[14901]** : 1800+, FER, IRL **[29783]**
MULLER : PRE 1750, Sheffield, WRY, ENG & GER **[16233]** : 1750-1875, Neudorfchen, GER **[23161]** : PRE 1859, Freiburg, BAD, GER **[37759]** : 1730+, Nesse & Loxstedt, HAN, GER **[34321]** : 1710-1730, Losheim, SAA & RPR, GER **[24252]** : Johann, 1769+, Veslos, WEF, GER **[30971]** : Sylvester, PRE 1832, Siebenach, WUE, GER **[45833]** : Conrad, 1827+, Oslos, Veslos, WEF, GER & DEN **[30971]**
MULLER (see MILLER : One Name Sec., **[30971]**
MULLET : ALL, SFK, ENG **[46459]** : 1800+, WEX, IRL **[20401]**
MULLETT : William, C1837, Dorchester, DOR, ENG **[13838]** : ALL, Frampton Cotterell, GLS, ENG **[15793]**
MULLEY : Benjamin, 1735-1800, ENG **[42448]** : 1860+, Bishopwearmouth, DUR, ENG **[39522]** : 1660-1800, ESS, ENG **[39522]** : PRE 1840, Saxmundham, SFK, ENG **[39479]** : 1790S, Wenhaston, SFK, ENG **[39479]**
MULLHOLLAND : PRE 1800, ANT, IRL **[12163]**
MULLICAN : PRE 1788, Mullaghbrack, ARM, IRL **[45127]**
MULLIGAN : C1840, Preston, LAN, ENG **[21479]** : ALL, IRL **[16757]** : William, 1830S, Banbridge, DOW, IRL **[12917]** : ALL, Columbkille, LOG, IRL **[16757]** : 1800+, SLI, IRL **[21479]** : Edward, 1800-1869, Croughan, WEX, IRL **[40490]** : 1900+, Wellington, NZ **[42112]** : 1860+, Lanark, LKS, SCT **[16757]** : Peter, 1860+, Edinburgh, MLN, SCT **[16757]**
MULLIN : ALL, CHS, ENG **[46001]**
MULLINGER : 1700S, Blo Norton, NFK, ENG **[21765]**
MULLINICKS : 1800S, NY, USA **[15321]**
MULLINS : 1879+, Brewarrina, NSW, AUS **[29783]** : 1800-1840, East Indies Co., E.INDIES **[29426]** : Jane, ALL, ENG **[13657]** : PRE 1950, Barming, KEN, ENG **[29426]** : 1800+, Maidstone, KEN, ENG **[29426]** : C1810, Carrownamaddra, CLA, IRL **[37880]** : 1800-1900, Ennistymon, CLA, IRL **[23523]**
MULLISS : 1700-1950, WAR & LEI, ENG **[17162]**
MULLONEY : 1820S, GAL, IRL **[12318]**
MULQUEENY : 1850+, NSW, AUS **[34947]**
MULRAY : 1850+, AUS **[13446]**
MULRY : 1850+, AUS **[13446]**
MULVANEY : John, 1837, MEA, IRL **[42479]**
MULVIHILL : 1800+, Listowel, KER, IRL **[35935]**
MUMBY : Eva, 1918+, Parramatta, NSW, AUS **[37149]** : Florey, 1901+, Sculcoates & Hull, ERY, ENG **[37149]**
MUMFORD : Reginald, PRE 1900, South Normanton, DBY, ENG **[42808]** : PRE 1800, Waltham Abbey, ESS, ENG **[40756]** : 1876+, Chelsea & Fulham, MDX, ENG **[27719]** : C1790+, Daventry, NTH, ENG **[37499]** : Robert, 1733+, Edwardstone, SFK, ENG **[34140]** : 1700+, Groton, SFK, ENG **[34140]** : C1800, Chobham, SRY, ENG **[27868]** : 1625+, RI, USA & ENG **[32223]**
MUMMERY : 1850+, VIC, AUS **[36260]** : PRE 1850, Margate, KEN, ENG **[36260]**
MUNCEY : PRE 1890, Bassingbourne, CAM, ENG **[34876]** : Eliza, 1872-1892, Cambridge, CAM, ENG **[39455]** : Joshua, PRE 1757, Shepreth, Haslingfield & Histon, CAM, ENG **[24981]**
MUNCIE : PRE 1900, AUS **[29731]** : PRE 1900, AYR, SCT **[29731]** : PRE 1900, LKS, SCT **[29731]** : PRE 1950, Lackawanna Co., PA, USA **[29731]** : PRE 1900, Luzerne Co., PA, USA **[29731]**
MUNCK : PRE 1786, Obermuespach, ELO, GER **[37759]**
MUNDAY : ALL, London, ENG **[45722]** : C1790-1879, Buckland & Wendover, BKM, ENG **[17366]** : 1700-1900, Stour Provost, DOR, ENG **[14901]** : PRE 1900, HAM, ENG **[19529]** : PRE 1900, Hatfield, HRT, ENG **[37116]** : 1840+, London, MDX, ENG **[21321]** : 1857+, Paddington, MDX, ENG **[17366]** : 1850-1920, Willesden, MDX, ENG **[18216]** : PRE 1870, Thame, OXF, ENG **[45722]** : Mary Ann, C1830, Evercreech, SOM, ENG **[13326]** : Benjamin, 1820, Camberwell, SRY, ENG **[11533]** : 1800-1880, Reigate, SRY, ENG **[18216]** : PRE 1700, SSX, ENG **[19782]** : Patrick, 1804+, DRY, IRL **[99036]**
MUNDEE : C1880, Paisley & Glasgow, RFW & LKS, SCT **[11319]**
MUNDEN : 1875-1890, London, ENG **[27899]** : 1875-1890, MDX, ENG **[27899]** : PRE 1830, Walgrave, NTH, ENG **[27899]**
MUNDEY : 1700-1900, Meonstoke, HAM, ENG **[26831]**
MUNDLE : ALL, Ryton, DUR & NBL, ENG **[32882]**
MUNDY : 1800+, ENG **[27879]** : PRE 1800, BRK, ENG **[45857]** : ALL, Uffington, BRK, ENG **[38615]** : PRE 1850, Vale of the White Horse, BRK, ENG **[38615]** : 1859+, Keelby, LIN, ENG **[44209]** : Patrick, 1804+, DRY, IRL **[99036]**
MUNFORD : PRE 1610, Crewkerne, SOM, ENG **[36200]**
MUNGEAM : ALL, KEN, ENG **[41582]**
MUNGER : ALL, Buckingham, BKM, ENG **[37603]**
MUNGOMERY : PRE 1850, Passage West, COR, IRL **[27320]**
MUNGOVAN : 1900+, Wellington, NZ **[40795]**
MUNKIN : PRE 1735, Stutton, SFK, ENG **[14733]**
MUNKMAN : PRE 1710, Watton, ERY, ENG **[44078]**
MUNN : 1874+, SA, AUS **[46199]** : PRE 1840, Edlesborough & Dagnall, BKM, ENG **[17523]** : PRE 1835, KEN, ENG **[46199]** : 1765, Headcorn & Lenham, KEN, ENG **[19268]** : C1800, Edinburgh, SCT **[11661]** : PRE 1840, Greenock & Rothesay, RFW & BUT, SCT **[20770]**
MUNNERY : 1870+, Menindee, NSW, AUS **[44300]** : 1700-1900, West Grinstead, SSX, ENG **[35561]**
MUNNIK : ALL, RSA **[43050]**
MUNNINGS : ALL, Aldeburgh, SFK, ENG **[39272]** : John, 1779, Hintlesham, SFK, ENG **[11698]**
MUNNIS : 1800+, ANT, IRL **[46477]**
MUNNOCH : George, 1900+, MAN, CAN **[16159]** : George, 1900+, ONT, CAN **[16159]**
MUNNS : PRE 1900, London, ENG **[42170]** : Jeremiah, PRE 1601, Cottenham, CAM, ENG **[14290]** : PRE 1835, KEN, ENG **[46199]** : C1850, Ramsgate, KEN, ENG **[31375]** : ALL, Holborn & Kensington, MDX, ENG **[45215]**
MUNRO : 1840+, Bomaderry, NSW, AUS **[46359]** : 1850, LAN, ENG **[45264]** : Finlay, C1755-60, St.Giles in the Fields, MDX, ENG **[10850]** : 1846-1870, Mhow, INDIA **[12589]** : 1863+, Christchurch, NZ **[40781]** : C1790, Airlie, ANS, SCT **[25693]** : C1800, Montrose, ANS, SCT **[10785]** : PRE 1800, Glassary & Applecross, ARL, SCT **[21161]** : PRE 1850, Inverary, ARL, SCT **[22182]** : C1830, Ayr, AYR, SCT **[25693]** : C1800, Aberlour, BAN, SCT **[22014]** : William, C1840,

Ordiquhill, BAN, SCT **[33416]** : C1860, Black Isle, INV, SCT **[27744]** : 1800-1900, Inverness, INV, SCT **[20458]** : Hugh, PRE 1850, Inverness, INV, SCT **[20458]** : C1850, Glasgow, LKS, SCT **[25693]** : PRE 1850, Glasgow, LKS, SCT **[38111]** : PRE 1920, Glasgow, LKS, SCT **[43923]** : PRE 1900, Glasgow & Dundee, LKS, ABD & ROC, SCT **[39820]** : PRE 1821, Edinburgh, MLN, SCT **[13799]** : 1700+, Forres, MOR, SCT **[22248]** : 1750+, Auchtergaven, PER, SCT **[22248]** : PRE 1805, Auchtergaven, PER, SCT **[22248]** : 1750-1850, Kiltearn, ROC, SCT **[20458]** : Hugh, PRE 1820, Kiltearn, ROC, SCT **[20458]** : 1800-1840, Falkirk, STI, SCT **[12589]** : 1800+, Dornoch, SUT, SCT **[46201]** : Alexander, 1740-1832, ROC, SCT & CAN WEST **[15436]** : 1900, North Andover, MA, USA **[25693]**

MUNROE : Catherine, PRE 1836, NS, CAN & ENG **[44111]**

MUNROW : 1850, LAN, ENG **[45264]**

MUNSEY : PRE 1733, Kelshall, HRT, ENG **[19759]**

MUNSIE : PRE 1900, AUS **[29731]** : PRE 1900, ONT, CAN **[29731]** : PRE 1900, DFS, SCT **[29731]** : PRE 1820, Penpont, DFS, SCT **[40871]** : PRE 1900, Luzerne Co., PA, USA **[29731]**

MUNSON : 1800-1850S, Plymouth, DEV, ENG **[38086]** : 1800-1900, Plymouth, DEV, ENG **[46412]** : 1790-1850, CHI, UK **[38086]**

MUNT : PRE 1900, Ipswich, QLD, AUS **[27325]** : 1800+, Elstree, HRT, ENG **[42453]** : PRE 1900, Cuddesdon, OXF, ENG **[27325]**

MUNTON : ALL, AUS **[13994]** : PRE 1900, Boston, LIN, ENG **[13994]** : 1860+, Dalston & Hackney, MDX, ENG **[11349]**

MUNYARD : C1770, London & Deptford, KEN, ENG **[10634]**

MUNZER : ALL, ENG **[17151]**

MURCH : C1874, ENG **[21630]** : 1602-1868, DEV, ENG **[19127]** : PRE 1700, Chagford, DEV, ENG **[19785]**

MURCHE : ALL, LND, ENG **[46416]**

MURCHIE : 1906+, Kilwhinnie, AYR, SCT **[46421]**

MURCHISON : Wm Gordon, 1873, Ballarat, VIC, AUS **[12539]** : Malcolm, 1822, INV, SCT **[12539]** : 1750+, Isle of Skye, INV, SCT **[30527]**

MURCOTT : John, 1855-1860, Melbourne, VIC, AUS **[12454]** : John, 1850, London, MDX, ENG **[12454]** : Rebecca, 1850, London, MDX, ENG **[12454]** : PRE 1736, Cubbington, WAR, ENG **[26955]** : John, 1860-1875, Dunedin, OTAGO, NZ **[12454]** : Rebecca, 1875, Dunedin, OTAGO, NZ **[12454]**

MURDOCH : 1922-1980, NSW, AUS **[44998]** : 1890+, Brighton, SSX, ENG **[37206]** : ALL, IRL **[16757]** : 1855+, ABD, SCT **[30182]** : 1800+, Ayr, AYR, SCT **[45791]** : 1800-1870, Kelso, ROX, SCT **[40509]** : 1700-1900, WIG, SCT **[44998]**

MURDOCK : William, 1820, Leicester, LEI, ENG **[21759]** : C1810, Motherwell, LKS, SCT **[10985]**

MURFIN : 1800+, BDF, ENG **[99433]** : Mary Ann, 1851, Dudley, WOR & STS, ENG **[14184]**

MURFITT : 1600, Soham, CAM, ENG **[14918]**

MURFITT : C1700-1850, Stretham, CAM, ENG **[11536]**

MURGATROYD : 1800+, Haworth, WRY, ENG **[27879]** : 1840+, Idle, WRY, ENG **[13481]**

MURIE : Janet, PRE 1770+, Lime-Kilns, FIF, SCT **[11546]** : PRE 1861, Glasgow, LKS, SCT **[19486]** : John, 1851+, Perth, PER, SCT **[16938]** : Ann, 1861+, Perth, PER, SCT **[16938]** : ALL, Perth, Kinross & Saline, PER, KRS & FIF, SCT **[19486]**

MURISON : ALL, Fraserburgh, ABD, SCT **[26687]**

MURKET : 1750, Abbots Ripton, HUN, ENG **[39515]**

MURKIN : 1780, Wimbish, ESS, ENG **[18340]**

MURLEY : 1800-1860, Bradninch, DEV, ENG **[44946]** : 1860+, Ottery St.Mary, DEV, ENG **[10441]** : 1840+, Cattistock, DOR, ENG **[42761]** : 1800-1900, Cardiff, GLA, WLS **[44946]**

MURLON : PRE 1800, Steep, HAM, ENG **[15464]**

MURNER : Christian, 1846+, South Easthope Twp, ONT, CAN **[15902]**

MURPHY : John Joseph, PRE 1872, Campbelltown & Sutton Forest, NSW, AUS **[45357]** : Patk Joseph, 1870-1935, Morpeth, NSW, AUS **[10993]** : John, 1847+, Nowra, NSW, AUS **[10260]** : 1881+, Parramatta, NSW, AUS **[10317]** : Mary, 1826, Sydney (Ship Lady Rowena), NSW, AUS **[34140]** : Mary Ann, 1861, Aubingny & Toowoomba, QLD, AUS **[44941]** : Patk Joseph, 1870-1935, Goondiwindi, QLD, AUS **[10993]** : 1850+, TAS & VIC, AUS **[26228]** : 1798-1880, Halifax Co., NS, CAN **[22262]** : PRE 1900, QUE, CAN **[31636]** : Michael, 1850-1922, Witton-Gilbert, DUR, ENG **[23438]** : C1840, London, MDX, ENG **[12744]** : Richard, 1840-1870, Newcastle on Tyne, NBL, ENG **[10895]** : 1847+, Southwark, SRY, ENG **[34626]** : 1700-1800, Southam & Old Stratford, WAR, ENG **[33347]** : John, PRE 1830, Hull, YKS, ENG **[31882]** : Margaret, 1838-1917, Bristol & Glasgow, GLS & LKS, ENG & SCT **[34038]** : Hugh, C1800S, IRL **[33506]** : Andrew Robert, PRE 1858, IRL **[33506]** : PRE 1900, IRL **[31636]** : Daniel, C1845-1893, Larne, ANT, IRL **[27325]** : 1750-1835, CLA, IRL **[12408]** : Michael, 1830-1880, CLA, IRL **[23438]** : 1870S, Connolly, CLA, IRL **[36705]** : 1820-1860, Quinn, CLA, IRL **[99047]** : Jeremiah, C1820, COR, IRL **[30071]** : PRE 1860, Ballandangan & Glanworth, COR, IRL **[39102]** : Lawrence, PRE 1900, Buttevant, COR, IRL **[29187]** : Tim, C1826, Cork, COR, IRL **[37745]** : PRE 1900, Limerick, COR, IRL **[21254]** : PRE 1850, Mitchelstown, COR, IRL **[39102]** : 1850+, Queenstown, COR, IRL **[46339]** : William, C1812, DOW, IRL **[27289]** : PRE 1850, DOW, IRL **[12710]** : Richard, PRE 1850, Downpatrick, DOW, IRL **[10895]** : PRE 1880, Derryhawlaght, FER, IRL **[10493]** : Daniel, PRE 1881, Ardfert, KER, IRL **[10317]** : Eleanor, C1780, Castle Comer, KIK, IRL **[13153]** : Kieran, 1780-1850, Kilkenny, KIK, IRL **[33847]** : PRE 1830, Kilkenny City, KIK, IRL **[22262]** : 1850, Kiltubbrid, LET, IRL **[34626]** : PRE 1860, LIM, IRL **[37321]** : 1830S, Abbeyfeale, LIM, IRL **[25725]** : PRE 1862, Galbally, LIM, IRL **[21712]** : 1830+, ROS, IRL **[39672]** : PRE 1885, Stewartstown, TYR, IRL **[16875]** : 1840S, Killea, WAT, IRL **[21889]** : 1800S, Waterford City, WAT, IRL **[31079]** : Patrick, 1802+, Toberclare, WEM, IRL **[40057]** : 1700+, Carne, WEX, IRL **[36368]** : 1800+, New Ross, WEX, IRL **[28060]** : Ellen, 1820S, Wexford, WEX, IRL **[45078]** : John, 1840+, WIC, IRL **[10263]** : Stephen, 1770+, Dublin & Court, DUB, IRL & AUS **[44567]** : Mary, PRE 1920S, WEX, IRL & AUS **[43996]** : 1840S+, WGTN, NZ **[39672]** : Maryann, C1854-1912, Glasgow & Bristol, LKS & GLS, SCT & ENG **[34038]** : PRE 1824, Martletwy, PEM, WLS **[31923]**

MURRAM : C1800, Pulborough, SSX, ENG **[21479]**

MURRANT : PRE 1900, East Meon & Clanfield, HAM, ENG **[39348]**

MURRAY : Eliza, PRE 1841, Bathurst, NSW, AUS **[11024]** : Eliza, C1842, Carcoar, NSW, AUS **[11024]** : Peter, C1851, Carcoar, NSW, AUS **[11024]** : 1877, Cargo, NSW, AUS **[10141]** : ALL, Casino & Lismore, NSW, AUS **[46373]** : Eliza, 1842, Kelso, NSW, AUS **[11024]** : Michael, 1844+, Macleay River, NSW, AUS **[45806]** : Richard, 1880-1926, Maitland, NSW, AUS **[11462]** : William, 1838-1893, Marrickville, NSW, AUS **[46316]** : Edgar, 1873+, Marrickville, NSW, AUS **[46316]** : 1855, Mudgee, NSW, AUS **[35025]** : Timothy, 1850-1920, Sydney, NSW, AUS **[42226]** : Thomas, 1885-1940, Sydney & Woollahra, NSW, AUS **[42226]** : ALL, Yass, NSW, AUS **[10699]** : 1930-45, Brisbane, QLD, AUS **[99174]** : 1863+, Oxley & Beaudesert, QLD, AUS **[45078]** : PRE 1923, Evandale, TAS, AUS **[11890]** : Mary Anne, 1859+, VIC, AUS **[39015]** : Henry, 1854+, Ballarat, VIC, AUS **[36844]** : 1852+, Bendigo, VIC, AUS **[99174]** : 1850-1870, Maryborough, VIC, AUS **[99174]** : C1875+, Phillip Island, VIC, AUS **[12728]** : Kennedy, 1764+, NSW & TAS, AUS & SCT **[11827]** : Ivy (Mrs), 1912-2000, Toronto, ONT, CAN

[19678] : Christian, 1800+, Quebec City, QUE, CAN **[26778]** : PRE 1760, Barthomley, CHS, ENG **[31316]** : PRE 1830, West Kirby, CHS, ENG **[32017]** : ALL, KEN, SRY & MDX, ENG **[31210]** : 1870-1900, LAN, ENG **[44955]** : ALL, Liverpool, LAN, ENG **[38936]** : 1850+, Manchester, LAN, ENG **[42758]** : Eliza, 1838-85, Rotherhithe, LND, ENG **[46268]** : 1796+, Uxbridge & Hillingdon, MDX, ENG **[14851]** : PRE 1838, NBL, ENG **[44014]** : PRE 1840, NBL, ENG **[44014]** : 1800+, Mansfield, NTT, ENG **[32804]** : 1800+, IRL **[36409]** : ALL, IRL **[38936]** : Geo & Fanny, 1800+, Dublin, IRL **[12027]** : James, 1828-45, Lisburn, ANT, IRL **[99174]** : PRE 1839, Dunlickney, CAV, IRL **[39015]** : James, 1800+, Annagh, CAV, IRL **[11152]** : 1800+, Cavan, CAV, IRL **[13037]** : Mary Agnes, 1850-1877, Bunratty, CLA, IRL **[32720]** : Timothy, 1800+, Cork, COR, IRL **[10272]** : Theresa, 1839-1846, FER, IRL **[33085]** : Frank, C1810, FER, IRL **[33085]** : 1800-1910, Limerick, LIM, IRL **[21207]** : PRE 1880, Corduff, MOG, IRL **[34101]** : Brigid, 1840-1870, Banagher & Birr, OFF, IRL **[30701]** : Mary & Patk., 1830+, Tullamore, OFF & LEX, IRL **[12027]** : PRE 1900, Athlone, ROS, IRL **[43842]** : ALL, Nenagh & Youghalarra, TIP, IRL **[42226]** : 1800+, Waterford City, WAT, IRL **[30071]** : John & Mary, 1800+, Wem & Tullamore, WEM, IRL **[12027]** : Elizabeth, 1835-1892, Cork & Melbourne, COR & VIC, IRL & AUS **[10272]** : Gladys May, 1896-1932, Wanganui, NZ **[10993]** : Margaret, 1823+, Drumblade, ABD, SCT **[42829]** : 1750+, Longside, ABD, SCT **[15524]** : PRE 1800, Udny, ABD, SCT **[37499]** : Janet, 1822, Dundee, ANS, SCT **[10318]** : James, C1849, AYR, SCT **[99174]** : 1800, Ayr, AYR, SCT **[26833]** : 1800+, Ayr, AYR, SCT **[36244]** : PRE 1780, Cumnock, AYR, SCT **[11366]** : 1700-1800, Stevenston, AYR, SCT **[15464]** : ALL, Banff & Turriff, BAN & ABD, SCT **[46454]** : 1800+, CAI, SCT **[21093]** : 1790-1900, Dunnet, CAI, SCT **[41312]** : PRE 1832, Wick, CAI, SCT **[20800]** : John, PRE 1772, Eskdale, DFS, SCT **[16819]** : 1700-1870, Kilrenny, FIF, SCT **[36435]** : PRE 1900, Abernethy, INV, SCT **[12708]** : Rachel, PRE 1800, Garvoc, KCD, SCT **[99174]** : John, 1778, KKD, SCT **[14760]** : 1840+, Glasgow, LKS, SCT **[44202]** : PRE 1850, Glasgow, LKS, SCT **[42758]** : William, 1830+, Lesmahagow, LKS, SCT **[31402]** : Christian, 1800+, Duddingston, MLN, SCT **[26778]** : PRE 1860, Edinburgh, MLN, SCT **[38178]** : 1700+, Monzie, PER, SCT **[31402]** : ALL, Ness, ROC, SCT **[20766]** : 1700+, Resolis, ROC, SCT **[37236]** : PRE 1780, Shawbost, ROC, SCT **[33428]** : William, ALL, ROX, SCT **[46316]** : John, PRE 1730+, Spittal on Rule (Farm), ROX, SCT **[12781]** : 1750+, Creich, SUT, SCT **[21233]** : 1700, Loth, SUT, SCT **[13091]** : PRE 1853, Rogart, SUT, SCT **[42721]** : Helen, 1840+, Glasserton, WIG, SCT **[21955]** : Isabella, 1831+, Arbuthnott, KCD & VIC, SCT & AUS **[31159]** : 1860-1910S, Brooklyn, NY, USA **[23986]** : 1860-1910S, New York City, NY, USA **[23986]** : Charles, 1860-1910S, New York City, NY, USA **[23986]** : 1700-1770, Prince George Co., VA, USA **[10832]**

MURRAY (see One Name Section) **[44955]**

MURRAY-SHERRIFF : Thomas, 1860+, Uxbridge, MDX, ENG **[14851]**

MURRELL : 1872+, Sandford, VIC, AUS **[14754]** : 1800+, ENG **[36081]** : PRE 1700, Lassington, GLS, ENG **[45176]** : 1760+, Yateley, HAM, ENG **[13430]** : Convict, 1800, ESS & NSW, ENG & AUS **[33245]**

MURRIE : 1850, Calderhead, LKS, SCT **[21669]**

MURRIHY : 1800S, Warrnambool, VIC, AUS **[33245]**

MURRISH : Richard, PRE 1806, Madron & Towednack, CON, ENG **[35150]**

MURRULL : PRE 1850, Kingsdown, KEN, ENG **[12457]**

MURRY : 1800+, IRL **[36409]**

MURTAGH : Patrick, PRE 1894, DUB, IRL **[26823]** : Mary, 1830+, Athlone, ROS, IRL **[36749]** : James, 1806+, SLI, IRL **[27936]** : C1806, Skreen, SLI, IRL **[39985]**

MURTELL : 1842+, East Molsey, SRY, ENG **[40746]** : 1900+, Brighton, SSX, ENG **[40746]** : 1770-1840, Chichester, SSX, ENG **[40746]**

MURTINE : ALL, Constantine & Falmouth, CON, ENG **[31152]**

MURTON : ALL, Mawnan, CON, ENG **[99298]** : 1770-1820, St.Clement, CON, ENG **[10646]** : PRE 1800, Froxfield, HAM, ENG **[15464]**

MURTOUGH : Mary, PRE 1880, Gateshead, DUR, ENG & AUS **[44939]**

MUSCAT : ALL, MALTA **[31646]**

MUSE : PRE 1850, CUL & NBL, ENG **[27514]**

MUSGRAVE : 1730-1800, Spitalfields & Shoreditch, LND, ENG **[14618]** : 1770-1845, Finsbury, MDX, ENG **[14618]** : 1830-1900, Islington, MDX, ENG **[14618]** : 1770+, Shoreditch, MDX, ENG **[14618]** : 1740-1765, Spitalfields, MDX, ENG **[14618]** :PRE 1800, NFK, ENG **[31186]** : Thomas, 1785, WES, ENG **[27686]** : 1800S, Moor Monckton, YKS, ENG **[11011]** : PRE 1840, Fintona, TYR, IRL **[13326]** : Mary Jane, 1902+, WORLDWIDE **[37174]**

MUSGROVE : 1750+, Plymouth, DEV, ENG **[30107]** : Harriett, 1830S, SOM, ENG **[14188]** : 1828 , Oving, SSX, ENG **[17420]** : 1600+, YKS, ENG **[39061]**

MUSHEN : PRE 1850, WAR, ENG **[44223]**

MUSHINSKI : ALL, USA **[41582]**

MUSK : C1700-1830, Shropham, NFK, ENG **[42897]**

MUSKETT : ALL, Holt, NFK, ENG **[33696]**

MUSSELL : 1700-1900, HAM & SSX, ENG **[17480]** : 1700-1800, West Dean, WIL, ENG **[46298]** : 1800-30, West Harnham, WIL, ENG **[46298]**

MUSSELMAN : 1800-1830, Markham Twp., ONT, CAN **[25237]**

MUSSELWHITE : 1860+, Southwark & Lambeth, SRY, ENG **[34556]**

MUSSEN : ALL, ANT & DOW, IRL **[10114]** : 1800S, Portadown, ARM, IRL **[97805]** : ALL, WORLDWIDE **[10114]**

MUSSEN (see One Name Section) **[10114]**

MUSSER : Hans (John), PRE 1752, Lancaster Co., PA, USA **[22753]**

MUSSON : ALL, Harby, LEI, ENG **[11092]** : C1800, Drayton Bassett, STS, ENG **[38728]** : C1850-1920, Birmingham, WAR, ENG **[13801]**

MUSTARD : 1830+, Pictou, NS, CAN **[99600]** : 1795+, Markham, ONT, CAN **[16813]** : 1830+, PEI, CAN **[99600]** : PRE 1800, Cromarty, ROC, SCT **[16813]** : 1800+, Nigg, ROC, SCT **[99600]**

MUSTO : Abraham, 1796+, St.Michaels, WIL, ENG **[11745]** : Ethel, 1900+, Newport, WLS **[11745]**

MUSTON : 1800-1900, LEI, ENG **[43932]** : 1700-1800, Atherstone, WAR, ENG **[43932]** : 1700-1800, Mancetter, WAR, ENG **[43932]**

MUSTY : Levi, C1807, Painswick, GLS, ENG **[36665]** : Levi, PRE 1838, Newport, MON, WLS **[36665]** : Henry, 1838-1901, Newport & Painswick, MON & GLS, WLS & ENG **[36665]**

MUTCH : James, 1870+, NZ **[37880]** : 1670+, Logie Buchan & Peterhead, ABD, SCT **[46393]** : Jean, C1808, Peterhead, ABD, SCT **[22224]** : C1800, Rayne, ABD, SCT **[37880]**

MUTER : PRE 1780, Stonehouse, LKS, SCT **[25979]**

MUTIMER : C1820, Wissett, SFK, ENG **[28340]**

MUTSCHLER : PRE 1780, Handschuhsheim, BAD, GER **[10408]**

MUTTON : PRE 1840, Laneast, CON, ENG **[24660]** : PRE 1857, Stoke Climsland, CON, ENG **[46285]** : 1840+, Henry, Marshall Co., IL, USA **[24660]**

MUXLOW : ALL, LIN, ENG **[26410]**

MUXWORTHY : PRE 1810, Chittlehampton, DEV, ENG **[18702]**

MYALL : C1830, Bermondsey, ENG **[20935]**

MYATT : 1780+, STS, ENG **[18501]**

MYCROFT : 1700-1850, DBY & NTT, ENG **[17182]**

MYE : Joseph, 1872+, Ambryoy, New Hebrides, VANUATU [**32314**]
MYER : Chas Ernest, 1900+, South London, LND, ENG [**26524**]
MYERS : PRE 1900, Sydney, NSW, AUS [**10581**] : Henry, 1800+, Amherst, Talbot & Marjorca, VIC, AUS [**45834**] : 1821+, Baulkamaugh, VIC, AUS [**99298**] : 1830, Bayfield, ONT, CAN [**40257**] : Joseph, 1850+, Waterloo & Wellington Co., ONT, CAN [**16819**] : 1800+, London, ENG [**34119**] : Joseph, 1840S, Whitehaven, CUL, ENG [**25072**] : PRE 1786, Cartmel, LAN, ENG [**30880**] : PRE 1800, Dalton-in-Furness, LAN, ENG [**46367**] : 1770-1840, Liverpool, LAN, ENG [**11366**] : PRE 1870, Liverpool, LAN, ENG [**30310**] : ALL, LND, ENG [**45863**] : 1700-1900, MDX, ENG [**21788**] : 1800S-1900S, Mile End Old Town, MDX, ENG [**21788**] : C1810-1888, Helmsley & York, YKS, ENG [**36299**] : Letitia, 1770-1800, IRL [**40996**] : Cornelius, 1840-1860, Clogheen, TIP, IRL [**32009**] : 1780+, Amsterdam, NOH, NL [**34119**] : Henry, 1790+, New York, NY, USA [**45834**] : Leonard, PRE 1830, New York, NY, USA [**45834**] : 1820-1825, Knox & Lickins Cos., OH, USA [**42429**]
MYHILL : Harriet, C1860, Tarnagulla, VIC, AUS [**14023**]
MYLAND : 1900+, Lambeth, SRY, ENG [**19101**]
MYLECHARANE : ALL, ENG & AUS [**43395**]
MYLES : 1840S, ARM & TYR, IRL [**13845**] : PRE 1890, Ballina, MAY, IRL [**25737**] : 1800+, Clogheen, TIP, IRL [**26360**]
MYLNWARD : ALL, DBY, ENG [**41370**]
MYLWARD : ALL, DBY, ENG [**41370**]
MYNGS : ALL, NFK, ENG [**28361**]
MYNNE : ALL, NFK, ENG [**28361**]
MYNNES : ALL, NFK, ENG [**28361**]
MYNORS : 1700S, Stafford, STS, ENG [**15823**]
MYNOTT : 1780+, Sawston & Barnwell, CAM, ENG [**20907**]
MYOTT : 1700S, Stone & Barlaston, STS, ENG [**15823**]
MYRAM : C1820, Billinghurst, SSX, ENG [**21479**]
MYRE : PRE 1800, Dalton-in-Furness, LAN, ENG [**46307**]
NADDY : Anne, ALL, Dungarvan, KIK, IRL [**35577**]
NADEN (see One Name Section) [**17654**]
NADIN (see One Name Section) [**17654**]
NAEDIGER : Gottfried, PRE 1880, Waterloo Co., ONT, CAN, GER & USA [**16233**]
NAGHTEN : 1800S, Tullamore, OFF, IRL [**36260**]
NAGLE : 1850+, Warrnambool & Penshurst, VIC, AUS [**46384**] : 1800-1850, Mallow, COR, IRL [**22891**]
NAILER : 1790+, Chelsea, MDX, ENG [**29954**]
NAIRN : William, 1860-1880, Won Wron, VIC, AUS [**39243**] : Suzannah, PRE 1800, Shoreditch, LND, ENG [**14646**] : 1840+, IRL [**12728**] : ALL, Stewarton, AYR, SCT [**25755**] : Alexander, 1780-1860S, Edinkillie, MOR, SCT [**39243**] : William, 1810-1860, Edinkillie & Califer, MOR, SCT [**39243**] : 1700+, Dundee, ANS, SCT & NZ [**37286**]
NAISBITT : 1800-1900, Poplar & Hackney, LND, ENG [**39519**]
NAISH : ALL, WIL, ENG [**39180**] : PRE 1871, Bishopstone(Swin), WIL, ENG [**43792**] : 1600S, LIM, IRL [**16677**]
NALDER : ALL, UK [**42541**]
NANCARROW : 1720+, Redruth, Illogan & Camborne, CON, ENG [**13004**] : ALL, CON, ENG & AUS [**12905**] : ALL, WORLDWIDE [**45830**]
NANCE : PRE 1800, Perranzabuloe, CON, ENG [**12589**] : PRE 1800, Perranzabuloe, CON, ENG [**12589**]
NANKERVIS : PRE 1850, St.Just in Penwith, CON, ENG [**45111**] : PRE 1900, St.Just in Penwith, CON, ENG [**45689**]
NANKIVELL : ALL, WORLDWIDE [**46482**]

NANSEN : Emil, PRE 1897, Rochdale & Berlin, LAN, ENG & GER [**39860**]
NANTON : ALL, St.Vincent, W.INDIES [**16677**]
NAPIER : ALL, SCT [**25992**] : PRE 1830, SCT [**31297**] : C1750-1850, Inneresk with Musselburgh, MLN, SCT [**46253**] : ALL, WORLDWIDE [**26135**]
NAPIETEK : PRE 1770, Brusy, GD, POL [**21661**]
NAPPER : PRE 1843, London, ENG [**41979**] : PRE 1900, Islington, LND, ENG [**45607**] : C1800, SOM, ENG [**15776**] : 1700S, Seavington St.Mary, SOM, ENG [**43582**]
NAPPY : PRE 1850, YKS, ENG [**40570**]
NARBURY : C1830, Edbaston, WAR, ENG [**31579**]
NARMER : PRE 1720, Kemsing, KEN, ENG [**36365**]
NARRAMORE : 1730-1856, South Brent, DEV, ENG [**43853**]
NASH : 1850+, St.Marys, NSW, AUS [**10317**] : 1860+, High Wycombe, BKM, ENG [**45874**] : Charles, 1866+, Weedon, BKM, ENG [**25654**] : 1756+, Plymouth, DEV, ENG [**16677**] : 1700S, Aldham, ESS, ENG [**27816**] : ALL, Audley End, ESS, ENG [**18378**] : 1800+, Bristol, GLS, ENG [**29409**] : 1820S, Portsea, HAM, ENG [**28006**] : C1800, Aylesford, KEN, ENG [**33838**] : PRE 1850, KEN & SSX, ENG [**11066**] : 1700-1800, LIN, ENG [**28340**] : 1780-1830, Rippingale, LIN, ENG [**45800**] : 1820S, Bloomsbury, LND, ENG [**45388**] : ALL, Southgate, LND, ENG [**18260**] : ALL, Edmonton & Enfield, MDX, ENG [**18260**] :PRE 1860, Shoreditch, MDX, ENG [**28391**] : 1700-99, Wootton, OXF, ENG [**20057**] : 1850-1860, Battersea, SRY, ENG [**13430**] : 1880, Surbiton, SRY, ENG [**13034**] : 1800+, SSX, ENG [**16783**] : PRE 1860, Funtington, SSX, ENG [**39383**] : 1860S, Uttoxeter, STS, ENG [**28391**] : C1800, Hilperton, WIL, ENG [**15400**] : ALL, Stratton St.Margaret & Longcot, WIL, ENG [**27219**] : 1830+, Stourbridge, WOR & STS, ENG [**46273**] : PRE 1870, DOW & ANT, IRL [**39459**] : PRE 1756, Limerick, LIM, IRL [**16677**] : Barbara, 1800S, Crossmolina, MAY, IRL [**11061**] : PRE 1860, Oola, TIP, IRL [**46200**]
NATHAN : PRE 1800, London, ENG [**11662**]
NATHUSIUS : Malvino C., 1895+, Melbourne & Dunedin, VIC, AUS & NZ [**36665**]
NATION : George, 1790-1830, Morebath & Bampton, DEV, ENG [**10203**] : William, 1700-1750, Taunton, SOM, ENG [**17203**] : PRE 1830, Taunton & All, SOM, ENG [**46375**]
NATTRASS : PRE 1766, Pickhill, NRY, ENG [**46483**]
NAUGHTON : ALL, Sydney & Mudgee, NSW, AUS [**36607**] : 1800S, Ennis, CLA, IRL [**46434**] : ALL, Longford, LOG, IRL [**29810**] : PRE 1920, Clonellan, ROS, IRL [**43842**]
NAUGLER : 1800-1870, Lunenburg, NS, CAN [**45280**]
NAUNTON : ALL, London, ENG [**38697**] : PRE 1800, SFK, ENG [**39312**] : PRE 1739, Rushmere, St.Andrews, SFK, ENG [**46251**]
NAVIN : 1800+, Newton North, TIP, IRL [**99036**]
NAWKER : 1800S, Cheltenham, GLS, ENG [**46221**]
NAWTHROP : 1785-1885, Halifax, Shelf & Coley, WRY, ENG [**44241**]
NAY : PRE 1842, Newington, SRY, ENG [**37024**] : William, 1891-1913, Chicago, IL, USA [**26098**] : Louise, 1891-1917, Chicago, IL, USA [**26098**] : Florence, 1917, Chicago, IL, USA [**26098**]
NAYLOR : PRE 1810, Hull & Driffield, ERY, ENG [**22227**] : PRE 1680, Eling, HAM, ENG [**31316**] : 1840S, Broughton, LIN, ENG [**31373**] : 1790+, Chelsea, MDX, ENG [**29954**] : PRE 1838, Stepney, MDX, ENG [**17055**] : 1852+, Westminster, MDX, ENG [**12802**] : ALL, Welney, NFK, ENG [**42282**] : William, PRE 1840, Southwell, NTT, ENG [**99600**] : PRE 1850, Sedgley, STS, ENG [**30147**] : PRE 1836, Bradford, WRY, ENG [**19542**] : PRE 1843, Gildersome & Leeds, WRY, ENG [**40529**] : PRE 1790, Rotherham, WRY, ENG [**44078**] : William, 1796+, Sowerby Bridge, WRY, ENG [**16125**] : 1770-1860, Warley & Sowerby, WRY, ENG [**44241**] :

C1720, Doncaster, YKS, ENG **[41370]** : 1830, Halifax, YKS, ENG **[13471]** : Thomas, PRE 1908, IA, USA **[22227]** : John, PRE 1908, NY, USA **[22227]** : Richard, PRE 1908, OR, USA **[22227]**

NEAGLE : 1800-60, Ennistymon, CLA, IRL & AUS **[46384]**

NEAL : 1650-1750, Pullonhill, BDF, ENG **[12641]** : 1700+, Winslow, BKM, ENG **[43523]** : Henry, PRE 1850, Wisbech, CAM, ENG **[21175]** : 1750+, GLS, ENG **[21504]** : C1797, Westbury-on-Severn, GLS, ENG **[18075]** : Judith, 1805+, KEN & SSX, ENG **[17676]** : PRE 1825, Newcross & Deptford, KEN, SRY & MDX, ENG **[16010]** : 1750+, LEI, ENG **[44377]** : 1820S, Leicester, LEI, ENG **[14306]** : William, 1830+, Newbold Verdon, LEI, ENG **[41185]** : Ann, 1880+, Newbold Verdon, LEI, ENG **[41185]** : Wm Kitchen, 1846-1915, LIN, ENG **[10485]** : Patrick, 1850-1925, Lambeth, LND, ENG **[36994]** : James, 1890-1952, Lambeth, LND, ENG **[36994]** : 1830+, LND & ESS, ENG **[21463]** : 1760, Stody, NFK, ENG **[46216]** : PRE 1850, Stody, NFK, ENG **[10046]** : C1811, NTH, ENG **[41242]** : 1780-1880, Daventry, NTH, ENG **[27879]** : Henry, PRE 1800, Newark, NTT, ENG **[21175]** : 1821+, Coker, SOM, ENG **[17291]** : James, 1890-1952, Carshalton, SRY, ENG **[36994]** : Ruth Eliz., C1878-C1968, Croydon & Tadworth, SRY, ENG **[21472]** : 1850, Lambeth, SRY, ENG **[27879]** : 1820+, Munter Connaught, CAV, IRL **[99036]** : PRE 1840, CLA, IRL **[31067]** : Patrick, 1850-1925, Cork, COR, IRL **[36994]**

NEALE : PRE 1860, Camden, NSW, AUS **[10277]** : 1848+, QLD, AUS **[13799]** : James, 1796-1811, Hawkesbury, NSW & MEA, AUS & IRL **[10272]** : 1775+, Rettendon, ESS, ENG **[31689]** : William Henry, PRE 1847, Romford, ESS, ENG **[36608]** : Mary, PRE 1840, Horsley, GLS, ENG **[45242]** : 1800, Stroud, GLS, ENG **[21504]** : C1797, Westbury-on-Severn, GLS, ENG **[18075]** : ALL, Rickmansworth, HRT, ENG **[42453]** : 1800-1900, St.Albans, HRT, ENG **[46409]** : C1930, Bromley, KEN, ENG **[44889]** : PRE 1838, Goudhurst, KEN, ENG **[10277]** : Thomas, PRE 1840, Liverpool, LAN, ENG **[46426]** : Ann, PRE 1851, Liverpool, LAN, ENG **[46426]** : 1821+, Coker, SOM, ENG **[17291]** : 1700S, Alfold, SSX, ENG **[18895]** : PRE 1860, WOR, STS & WAR, ENG **[27678]** : PRE 1840, CLA, IRL **[31067]** : Mary, 1800-1811, Clonmel & Hawkesbury, WAT & NSW, IRL & AUS **[10272]**

NEALL : 1830-1880, St.Sepulchre, LND, ENG **[39616]**

NEAME : 1900+, Victoria, BC, CAN **[27993]**

NEARY : PRE 1790, Stepney, MDX, ENG **[33428]**

NEASE : 1880+, Shenandoah Co., VA, USA **[22846]**

NEATE : 1700-1900, Castle Combe, WIL, ENG **[38575]** : George, 1750+, Cherhill, WIL, ENG **[13857]** : 1500-1550, Nettleton, WIL, ENG **[30302]** : 1797+, Poulshot, WIL, ENG **[11098]** : ALL, WIL, BRK & LND, ENG **[12748]**

NEATE (see One Name Section) **[12748]**

NEAVE : PRE 1800, Liverpool, LAN, ENG **[18606]** : 1750-1850, Manchester, LAN, ENG **[18606]** : PRE 1880, NFK, ENG **[26662]**

NEAVES : 1850-1950, Cambridge, CAM, ENG **[39271]**

NEBE : ALL, WORLDWIDE **[43523]**

NEBINGER : PRE 1831, Pfalz, RPF, BRD **[25725]**

NECK : ALL, ENG **[27868]**

NECOLLINS : PRE 1800, CON, ENG **[31186]**

NEDEN (see One Name Section) **[17654]**

NEDIN (see One Name : Sec. Naden), **[17654]**

NEEDHAM : 1848, Adelaide, SA, AUS **[12237]** : 1800+, DBY, ENG **[36081]** : PRE 1800, Beeley, DBY, ENG **[18569]** : ALL, Liverpool, LAN, ENG **[21149]** : 1800+, Nottingham & Manchester, LAN & NTT, ENG **[28269]** : 1740+, Queniborough, LEI, ENG **[42342]** : Joseph, C1850-1920, East London, MDX, ENG **[39745]** : C1900, Sheffield, YKS, ENG **[41212]** : 1942+, Philadelphia, PA, USA **[39180]**

NEEDLES : 1750+, Colsworth, NTH, ENG **[44061]**

NEEDS : Robert, 1850+, Pontypridd, GLA, WLS **[31018]**

NEEL : 1600-1750, St.Lawrence, JSY, CHI **[12641]** : 1700+, Plymouth, DEV, ENG **[17196]**

NEELY : 1690+, Londonderry, DRY & NTT, IRL & ENG **[39994]**

NEENAN : PRE 1900+, Williamstown, VIC, AUS **[12327]** : C1800+, LND, MDX & ESS, ENG **[31902]**

NEGRI : 1850+, London & All, ENG **[30065]** : ALL, Iggio, near Parma, ITL **[30065]**

NEGUS : ALL, East Anglia, ENG **[26686]** : Mary, PRE 1720, Cottenham, CAM, ENG **[14290]** : ALL, Walthamstow, ESS, ENG **[17092]**

NEHMER : 1800-1857, Teschendorf, PRE, GER **[40490]**

NEHOFF : 1860-2000, Tuapeka Mouth, NZ **[34581]**

NEIBLING : PRE 1850, WUE, GER **[14227]**

NEICE : 1910, Leytonstone, ESS, ENG **[17704]**

NEIGHBOR : ALL, WORLDWIDE **[20003]**

NEIGHBOUR : 1750-1850, BKM, ENG **[15098]** : 1700S, Dodbrooke, DEV, ENG **[26335]** : ALL, WORLDWIDE **[20003]**

NEIGHBOUR (see One Name Section) **[20003]**

NEIL : PRE 1880, Plymouth, DEV, ENG **[19101]** : PRE 1855, ANT, IRL **[41005]** : 1840S, DRY, IRL **[11270]** : ALL, LDY, IRL **[16757]** : 1870+, WEM, IRL & USA **[46367]** : 1800, Symington, AYR, SCT **[44105]** : 1840+, Lanark, LKS, SCT **[16757]** : PRE 1900, Glasgow, LKS, DNB & RFW, SCT **[46350]** : Catherine, 1820, Stirling, STI, SCT **[25878]**

NEILD : PRE 1840, Mossley, LAN, ENG **[31761]**

NEILEY : 1850+, QLD, AUS **[42570]** : 1800+, Stranorlar, DON, IRL **[42570]** : 1850+, WESTLAND, NZ **[42570]**

NEILL : 1800+, Tuena & Goulburn, NSW, AUS **[34739]** : PRE 1855, ANT, IRL **[41005]** : Jane, C1800, Malahide, DUB, IRL **[26823]** : 1870+, WEM, IRL & USA **[46367]** : PRE 1900, Glasgow, LKS, DNB & RFW, SCT **[46350]**

NEILLEY : ALL, WORLDWIDE **[42570]**

NEILLIE : 1700+, Fort George & Paisley, RFW, SCT **[34739]**

NEILSEN : PRE 1870, Uhlebull, SHO, BRD **[13809]** : PRE 1880, Kalmar, KLM, SWE **[40914]**

NEILSON : Ninian, 1850, West Wallsend, NSW, AUS **[10883]** : 1840+, Hobart, TAS, AUS **[38683]** : C1890, VIC, AUS **[39617]** : Agnes C.W., 1890S-1930S, Manchester, LAN, ENG **[41968]** : PRE 1820, Kilmore, DOW, IRL **[10270]** : 1820+, NOR **[29954]** : PRE 1890, SLD, NZ **[40914]** : PRE 1807, Carnwath, LKS, SCT **[44111]** : 1820, East Kilbride, LKS, SCT **[12460]** : PRE 1860, Lesmahagow, LKS, SCT **[31045]** : Sophia, C1804, Edinburgh, MLN, SCT **[12639]** : PRE 1840, Edinburgh, MLN, SCT **[38683]** : C1800+, Liberton, MLN, SCT **[37499]** : 1790S-1840S, Kippen, STI, SCT **[37978]** : ALL, Kirkintilloch, STI, SCT **[99590]** : Ellen, 1837+, Glasserton, WIG, SCT **[21955]** : 1750-1800, Stoneykirk, WIG, SCT **[44998]** : 1827, Canongate, MLN, SCT & AUS **[46238]** : PRE 1807, Edinburgh, MLN, SCT & AUS **[38683]**

NEISTEROWSKI : PRE 1850, Klosowa, EL, POL **[21661]**

NEKERVIS : Charles, 1760-1828, St.Just in Penwith, CON, ENG **[41477]** : William, 1794-1848, St.Just in Penwith, CON, ENG **[41477]**

NEKERWIS : 1650-1730, St.Just in Penwith, CON, ENG **[36435]**

NELIS : PRE 1800, Brussel, BBT, BEL **[33567]**

NELMES : 1700+, GLS, ENG **[41244]** : Esau, PRE 1828+, Swindon, WIL, ENG & AUS **[33949]**

NELSON : 1855+, Clunes & Melbourne, VIC, AUS **[36751]** : Richd Wm C.C., PRE 1830, ENG **[39083]** : 1770-1850, Carlisle, CUL, ENG **[44241]** : ALL, Great Salkeld & Lazonby, CUL, ENG **[34844]** : 1750-1850, Derby, DBY, ENG **[26629]** : Frank, 1904-10, Swadlincote, DBY, ENG **[46229]** : ALL, DOR, ENG **[13231]** : PRE 1870, DUR, ENG **[31259]** : 1800-1900, Pockling-

ton, ERY, ENG **[26629]** : 1750-1790, West Hanningfield, ESS, ENG **[34790]** : 1700S, Chorley, LAN, ENG **[20919]** : C1760, Colne, LAN, ENG **[11425]** : Edwin, 1866-1910, Hindley, LAN, ENG **[46229]** : William, 1834-1894, Leigh, LAN, ENG **[46229]** : 1780-1835, Manchester, LAN, ENG **[46055]** : PRE 1865, Manchester, LAN, ENG **[43582]** : ALL, Lancaster & Giggleswick, LAN & WRY, ENG **[25572]** : C1770, Crowle, LIN, ENG **[17037]** : 1869, Hattenlaw, NBL, ENG **[10985]** : 1900+, Tynemouth, NBL, ENG **[14513]** : 1750-1885, Wymondham, NFK, ENG **[27431]** : C1829, YKS, ENG **[99012]** : PRE 1750, York, YKS, ENG **[18145]** : 1800S, ARM, IRL **[43582]** : Andrew, C1800+, Mount Charles & Ballyshannon, DON, IRL **[35638]** : 1800+, Garvaghy, DOW, IRL **[22536]** : ALL, Enniskillen, FER, IRL **[35638]** : PRE 1855, Killeevan, Rawdeerpark, MOG, IRL **[36751]** : 1870+, Sligo, SLI, IRL **[35638]** : PRE 1750, Craigmonaghan, TYR, IRL **[10270]** : PRE 1870, Dromara & Old Luce, DOW & WIG, IRL & SCT **[19486]** : 1800+, IRL & UK **[34505]** : Frank, 1910-80, Auckland & Akaihau, NLD, NZ **[46229]** : Edwin, 1910-30, Hikurangi & Okaihau, NLD, NZ **[46229]** : 1830+, St.Petersburg, RUS **[10303]** : Robert (Dr.), 1885-1910, Colmonell, AYR, SCT **[16096]** : 1800+, Creetown, KKD, SCT **[21038]** : 1843, Dalbeattie, KKD, SCT **[34651]** : ALL, Bogside, LKS, SCT **[97801]** : PRE 1880, Kalmar, KLM, SWE **[40914]** : 1900+, De Kalb, USA **[17514]** : Olaf (Edvard), 1870+, Lowell, MA, USA **[28957]** : James Monroe, C1847, Jackson Co., MS, USA **[10721]** : 1800+, Hudson Co., NJ, USA **[34797]** : 1700+, Secaucus, NJ, USA **[34797]** : 1700+, Union Co., NJ, USA **[34797]**
NELSTROP : 1750-1850, London, ENG **[41950]**
NEPGEN : ALL, WORLDWIDE **[22176]**
NERGAARD : 1820S, Trondheim, NOR **[21630]**
NERNEY : Thomas, 1891-1941, SCT, AUS & IRL **[39581]** : Thomas, 1891-1941, USA **[39581]** : Nicholas Ber., 1880-1940, WORLDWIDE **[39581]** : Flora Alice, 1884-1940, WORLDWIDE **[39581]** : Thomas, 1893-1941, WORLDWIDE **[39581]**
NESBIT : ALL, CAV, IRL **[45202]** : 1800-1900, KID, IRL **[41499]**
NESBITT : 1830+, Woodstock, ONT, CAN **[46481]** : ALL, Keady, ARM, IRL **[21763]** : 1700-1900, ARM & MEA, IRL **[31486]** : ALL, CAV, IRL **[45202]** : PRE 1820, Tipperary, TIP, IRL **[98637]** : PRE 1841, Loudon, AYR, SCT **[11256]**
NESFIELD : 1900-1920, ENG **[29426]**
NESTER : 1830+, Ulster, IRL **[46294]** : 1800+, CLA, IRL **[46250]**
NESTOR : 1850+, SA, AUS **[46250]** : 1800+, CLA, IRL **[46250]** : Thomas, C1780-1850S, CLA, IRL **[42897]**
NETHAWAY : 1700-1750, Dutchess & Schoharie Cos., NY, USA **[24413]**
NETHERCOTE : 1800, Moulton, NTH, ENG **[12460]**
NETHERSOLE : Elizabeth, C1655, East Malling, KEN, ENG **[10035]**
NETHERWAY : 1800-1900, Dunkeswell, DEV, ENG **[18150]** : C1780, Iddesleigh, DEV, ENG **[12163]**
NETHERY : 1800+, Enniskillen, FER, IRL **[36261]**
NETTELL : PRE 1850, Illogan, CON, ENG **[18606]**
NETTLE : PRE 1850, Illogan, CON, ENG **[18606]**
NETTLEFOLD : PRE 1850, London, ENG **[38676]** : PRE 1900, Abinger, SRY, ENG **[19806]**
NETTLEM : ALL, Barton upon Humber, LIN, ENG **[20690]**
NETTLETON : 1878+, Sydney, NSW, AUS **[10470]** : Robt Glan., 1907-1970, Newport, VIC, AUS **[35235]** : ALL, ENG **[34716]** : PRE 1850, Bradford, WRY, ENG **[10270]** : 1700+, WORLDWIDE **[14672]**
NEUMAN : 1800-1880, Amsterdam, UTR, NL **[42609]**
NEUMANN : 1860+, Grunberg, GER **[13853]** : PRE 1815, Lusatia, POL, PSA, GER **[36624]** : PRE 1891, Gorlitz, SIL, GER **[36624]**
NEUTH : 1650+, London, ENG **[17933]**

NEVARD : 1700+, ESS, ENG **[11213]**
NEVE : PRE 1880, NFK, ENG **[26662]**
NEVIL : 1600+, Coker, SOM, ENG **[17291]**
NEVILE : PRE 1900, YKS, ENG **[19785]**
NEVILL : 1800-1920, South London, ENG **[99109]** : 1790-1860, St.Lukes, MDX, ENG **[17191]** : 1600+, Coker, SOM, ENG **[17291]** : 1600+, Lichfield & Shenstone, STS, WAR & WOR, ENG **[17951]**
NEVILLE : PRE 1860, Marylebone, LND, ENG **[19542]** : PRE 1832, Bloxham, OXF, ENG **[14120]** : 1780-1850, Henley on Thames, OXF, ENG **[19542]** : 1900+, Yarnton, OXF, ENG **[46368]** : 1600+, Coker, SOM, ENG **[17291]** : 1600+, Lichfield & Shenstone, STS, WAR & WOR, ENG **[17951]** : 1800S, KID, IRL **[10367]** : PRE 1820, MOG, IRL **[20974]**
NEVILLE (see One Name Section) **[17951]**
NEVIN : ALL, Tickhill & Sheffield, YKS, ENG **[24902]** : Patrick, C1818, GAL, IRL **[21989]** : 1830+, Tullamore, OFF, IRL **[98637]**
NEVIS : 1600+, Coker, SOM, ENG **[17291]**
NEW : 1850+, Maitland, NSW, AUS **[10838]** : PRE 1800, Oakshott, HAM, ENG **[15464]** : PRE 1794, KEN & WIL, ENG **[43840]** : PRE 1830, WAR, ENG **[10254]** : PRE 1860, Evesham, WOR, ENG **[46490]**
NEWALL : Hannah, PRE 1805, CHS & SAL, ENG **[30880]**
NEWBERRY : 1720, DEV, ENG **[13694]** : PRE 1700, Frisby on Wreake, Thrussington, LEI, ENG **[10287]** : 1600-1850, Rearsby, Loughborough, LEI, ENG **[10287]** : 1800S, Preston Capes, NTH, ENG **[21796]** : 1710-1850, Granby & Elton, NTT, ENG **[10287]** : ALL, Lowestoft, SFK, ENG **[43840]** : C1725, Ashow, WAR, ENG **[29715]** : 1700-1850, PA, RI & NY, USA **[29570]**
NEWBERY : 1839+, Goulburn & Sydney, NSW, AUS **[11802]** : 1860-2000, Emberton, BKM, ENG **[41037]** : 1860+, Hanslope, BKM, ENG **[41037]** : 1700-1870, LND & SSX, ENG **[17480]** : ALL, Hampton, MDX, ENG **[11802]** : PRE 1840, Hampton Court, MDX, ENG **[46374]**
NEWBEY : William, PRE 1851+, Paddington, MDX, ENG **[13229]** : Mary Ann, 1828, Henham, SFK, ENG **[13229]**
NEWBOLD : 1886, Lithgow, NSW, AUS **[35025]** : David, C1820-1850, London, ENG **[13188]** : ALL, Coleorton & Packington, LEI, ENG **[31152]** : ALL, Ibstock, LEI, ENG **[31152]** : ALL, Market Bosworth & Barlestone, LEI, ENG **[31152]**
NEWBOLT : PRE 1800, LIN, ENG **[46455]**
NEWBOULT : PRE 1900, LIN, ENG **[46455]** : ALL, WRY, ENG **[46455]**
NEWBULL : Sarah, 1700+, Frittenden, KEN, ENG **[35280]**
NEWBURY : 1800+, Sydney, NSW, AUS **[46249]** : 1860+, BKM, ENG **[41037]** : 1860+, Emberton, BKM, ENG **[41037]** : PRE 1850, Quidhampton, WIL, ENG **[46355]**
NEWBY : PRE 1730, Mumby cum Chapel, LIN, ENG **[41477]** : Mary Ann, 1828+, Henham, SFK, ENG **[13229]** : Harriett, 1800+, Walworth & Sheerness, SRY & KEN, ENG **[10125]**
NEWCOMB : 1700+, Barnard Castle, DUR, ENG **[34505]** : 1700+, Heighington, DUR, ENG **[34505]** : Francis, C1605, St.Albans, HEF, ENG & USA **[22796]**
NEWCOMBE : 1800-1900, Halifax Co., NS, CAN **[22262]** : James, 1840+, Elgin Co., ONT, CAN **[33952]** : 1870+, Derby, DBY, ENG **[46435]** : 1800+, DEV, ENG **[46498]** : 1700-1800, Exeter, DEV, ENG **[45442]** : 1896+, Birmingham, WAR, ENG **[46435]** : 1820+, Islington, MDX, ENG & AUS **[12413]**
NEWELL : C1850, Maitland, NSW, AUS **[12371]** : 1750+, BKM, ENG **[30071]** : ALL, HAM, ENG **[44948]** : ALL, KEN, SRY & MDX, ENG **[31210]** : John, 1860+, Stanhoe, NFK, ENG **[25654]** : C1800S, SRY, ENG **[11526]** : 1860-1940, Barnes, SRY, ENG **[36477]** : 1770+, Birmingham, WAR, ENG **[37138]** :

1800-2000, Redditch, WOR, ENG **[37138]** : 1693+, Rathfriland, DOW, IRL **[11098]** : 1750-1880, MOG, ARM & TYR, IRL **[21597]** : PRE 1857, Aberhafesp & Newtown, MGY, WLS **[39042]**
NEWEY : 1600-1750, CON, ENG **[21597]** : 1800-1930, Birmingham, WAR, ENG **[27533]**
NEWHAM : PRE 1800, Grantham, LIN & LEI, ENG **[10272]** : C1860, Carlton, NTT, ENG **[18529]** : PRE 1760, WIL, ENG **[39651]**
NEWHOOK : ALL, WORLDWIDE **[36533]**
NEWILL : 1750+, Meols Brace, SAL, ENG **[45594]**
NEWIN : PRE 1800, Carisbrooke, HAM, ENG **[13994]**
NEWING : 1750-1850, KEN, ENG **[39522]** : PRE 1900, Deal & Canterbury, KEN, ENG **[41147]** : ALL, Sandwich, KEN, ENG **[32230]**
NEWINGTON : 1800+, Chilham, KEN, ENG **[30342]**
NEWIS : Robert, 1780, Shepton Beauchamp, SOM, ENG **[31510]**
NEWITT : PRE 1900, Singleton, NSW, AUS **[14031]** : C1800, Moreton Pinkney, NTH, ENG **[39573]**
NEWLAND : 1700-1800, Chaddersley Corbett, WOR, ENG **[39565]** : Alice, C1817, Edinburgh, MLN, SCT **[11152]** : Ann, C1820-1897, Rathven & Sydney, MOR & NSW, SCT & AUS **[34038]**
NEWLANDS : ALL, Booval & Ipswich, QLD, AUS **[29236]** : 1800+, Glasgow, LKS, SCT **[33825]** : ALL, Bathgate & Bo'Ness, WLN, SCT **[29236]**
NEWLING : 1722+, Ickleton & Duxford, CAM, ENG **[11425]**
NEWLOVE : 1700+, Harpham & Great Driffield, ERY, ENG **[19254]**
NEWLYN : Frederick, 1878+, HAM, ENG **[21563]** : 1850+, LND & MDX, ENG **[21221]**
NEWMAN : William, 1814+, Austin Ferry, TAS, AUS **[13000]** : 1851+, Melbourne, VIC, AUS **[11536]** : Rose Edith, 1939, Melbourne, VIC, AUS **[14094]** : PRE 1900, London, ENG **[13008]** : Jesse, 1852+, Abingdon Piggotts, CAM, ENG **[25654]** : 1700+, Dartmouth, DEV, ENG **[18895]** : ALL, Poole, DOR, ENG **[20773]** : PRE 1840, ESS, ENG **[28494]** : 1830+, Great Clacton, ESS, ENG **[46345]** : PRE 1900, Sible Hedingham, ESS, ENG **[29416]** : C1750-1850, Stansted, ESS, ENG **[11536]** : 1650, Stock, ESS, ENG **[17704]** : 1840+, Slaughter, GLS, ENG **[46194]** : Aaron, 1800, Thornbury, GLS, ENG **[14094]** : James, 1834, Thornbury, GLS, ENG **[14094]** : Samuel, 1876, Thornbury, GLS, ENG **[14094]** : Hannah, C1749, Thornbury, GLS, ENG **[14094]** : 1850-1950, Bournemouth, HAM, ENG **[18271]** : Joseph, C1768, Portsea & Portsmouth, HAM, ENG **[39429]** : 1700+, HRT, ENG **[38488]** : PRE 1845, HRT, ENG **[11536]** : PRE 1900, Bishops Stortford, HRT, ENG **[13008]** : PRE 1825, Stevenage, HRT, ENG **[17745]** : PRE 1850, Plaxtol, KEN, ENG **[32907]** : George, 1860+, Plumstead, LND, ENG **[10883]** : 1850-1950, Chiswick, MDX, ENG **[33820]** : 1840-1900, Holborn, MDX, ENG **[34783]** : PRE 1847, Pondersend, MDX, ENG **[32017]** : PRE 1770, Shoreditch, MDX, ENG **[11866]** : PRE 1800, Kingston & Richmond, MDX & SRY, ENG **[43842]** : 1820-1850S, Great Yarmouth, NFK, ENG **[34783]** : ALL, Farthinghoe, NTH, ENG **[30589]** : Wm, 1790-1801, OXF, ENG **[13000]** : PRE 1871, OXF, ENG **[10280]** : PRE 1790, Cavendish, SFK, ENG **[34783]** : 1840+, Milton, SOM, ENG **[46250]** : 1700-1900, Godalming, SRY, ENG **[31967]** : C1800, Witley & Singleton, SRY & SSX, ENG **[13910]** : ALL, SSX, ENG **[25259]** : Thomas, 1847, Iping, SSX, ENG **[12639]** : PRE 1800, West, SSX, ENG **[19259]** : PRE 1824, Downton, WIL, ENG **[19766]** : PRE 1900, Easton Royal, WIL, ENG **[25162]** : 1700+, Westbury, WIL, ENG **[14194]** : PRE 1800, Wotton River & Preshute, WIL, ENG **[43137]** : 1800, Kempsey, WOR, ENG **[43934]** : Roseanna, 1883, Belfast, IRL **[14094]** : 1800, Coleraine, LDY, IRL **[14094]** : Ellen, C1860, LIM, IRL **[14094]** : C1800S, TIP, IRL **[10146]** : 1800S, Thurles & Drombane, TIP, IRL & AUS **[10146]** : 1800-1880, Amsterdam, UTR, NL **[42609]** : ALL, ZAMBIA

[46510] : ALL, ZIMBABWE **[46510]**
NEWMARCH : C1780, LIN, ENG **[13004]**
NEWNHAM : ALL, KEN, ENG **[36127]** : 1742-1900, Chatham, KEN, ENG **[36127]** : Saul, 1827+, Strood, KEN, ENG **[10883]** : 1780-1820, SSX, ENG **[13326]** : ALL, SSX, ENG **[25259]** : PRE 1820, Ardingley, SSX, ENG **[17931]**
NEWNS : Henry, 1840-1900, CHS, ENG **[41349]**
NEWPORT : PRE 1850, Butleigh, SOM, ENG **[40033]**
NEWSHAM : John, PRE 1848, Sydney (Tallow Chand.), NSW & TAS, AUS **[36800]** : William John, C1855, Sydney & Invercargill, NSW, AUS & NZ **[36800]** : Sarah Ann, 1860, Lancaster, LAN, ENG **[33870]**
NEWSOM : John, PRE 1838, TAS, AUS **[36800]** : PRE 1850, Westminster & Chelsea, LND, ENG **[36800]** : John, PRE 1838, London, MDX, ENG **[36800]**
NEWSOME : Peter, 1871-1945, Brunswick, VIC, AUS **[35235]** : Chas Kitch., 1915-1982, Melbourne, VIC, AUS **[35235]** : 1700+, Batley, WRY, ENG **[20967]**
NEWSON : PRE 1820, NFK, ENG **[25559]** : 1700+, SFK, ENG **[46341]** : C1750, South Cove, SFK, ENG **[31375]**
NEWSUM : Caroline, 1818, Clerkenwell, MDX, ENG **[27719]** : Lucy, 1808, Holborn, MDX, ENG **[27719]**
NEWTON : C1860+, Kempsey, NSW, AUS **[11540]** : Charlotte, 1840+, Maitland, NSW, AUS **[11745]** : 1840+, Muswellbrook, NSW, AUS **[10820]** : 1866+, Newcastle, NSW, AUS **[36607]** : 1836+, Melbourne, VIC, AUS **[12915]** : Hodgson, 1860+, Whorouly, VIC, AUS **[36433]** : PRE 1910, London, ENG **[39027]** : 1800-1900, Haelstrom, CON, ENG **[46210]** : 1700S, Launceston, CON, ENG **[14627]** : Hodgson, PRE 1890, Harrington, CUL, ENG **[36433]** : PRE 1732, Chesterfield, DBY, ENG **[17626]** : 1850+, Killamarsh, DBY, ENG **[24902]** : 1850, Dunkeswell, DEV, ENG **[26101]** : Jane, 1800S, Teignmouth, DEV, ENG **[13031]** : George, PRE 1830, DUR, ENG **[22753]** : PRE 1830, Hetton le Hole, DUR, ENG **[10581]** : 1800+, Hull, ERY, ENG **[25644]** : C1800+, Hull, ERY, ENG **[20936]** : 1600+, Westbury on Severn, GLS, ENG **[27719]** : 1650-1760, HEF, ENG **[34790]** : C1800, Hemel Hempstead, HRT, ENG **[45736]** : C1815, Chatham, KEN, ENG **[12915]** : PRE 1860, Harbledown & Whitstable, KEN, ENG **[42967]** : 1800+, Manchester, LAN, ENG **[99177]** : C1650, LIN, ENG **[28340]** : Edmund, 1810+, Long Sutton, LIN, ENG **[11745]** : C1810, Long Sutton, LIN, ENG **[10820]** : 1860+, Lambeth, LND, ENG **[17175]** : 1843+, Pancras, LND, ENG **[45736]** : 1750+, MDX, ENG **[45159]** : 1871, St.Johns Church, MDX, ENG **[29528]** : William, PRE 1789, Hexham, NBL, ENG **[29774]** : 1700-1900, Ninebanks & Allendale, NBL, ENG **[44513]** : C1780, Ovingham-on-Tyne, NBL, ENG **[20936]** : ALL, Nottingham & Colston Bassett, NTT, ENG **[20606]** : PRE 1850, Lewes, SSX, ENG **[41136]** : 1800-1900, Brierley Hill, STS, ENG **[17912]** : 1700+, Asby, WES, ENG **[11684]** : Kay, PRE 1850, Leeds, WRY, ENG **[33728]** : 1800-1990, Stannington, WRY, ENG **[12641]** : PRE 1848, Killaloe, CLA, IRL **[11540]** : Nathan, C1810+, Centre Twp, Morgan Co., OH, USA **[24449]** : David, C1890+, Washington Co., OH, USA **[24449]** : Benjamin, 1865-1908, Bargoed, GLA, WLS **[15710]** : Benjamin, 1865-1908, St.Harmons, RAD, WLS **[15710]**
NEWTON-MASON : 1836, Walsall, STS, ENG **[18067]** : 1836, Birmingham, WAR, ENG **[18067]**
NEX : Charles, ALL, ENG **[39698]** : 1600+, Bradninch, DEV, ENG **[12950]**
NEYLON : 1840-1862, Liscannor, CLA, IRL **[98674]**
NG : 1800+, Canton, CHINA & NZ **[45943]**
NGA MAHANGA : ALL, Taranaki, NZ **[20985]**
NIBLETT : PRE 1850, GLS, ENG **[34873]** : 1800+, Cinderford, GLS, ENG **[17951]** : Sophia, 1808, Frampton-on-Severn, GLS, ENG **[33301]** : Richard, 1692, Leonard Stanley, GLS, ENG **[33301]** : Betty, 1739, Leonard Stanley, GLS, ENG **[33301]** : 1700+, South Cerney, GLS, ENG **[46418]**

NIBLOCK : 1853+, Truro & Maitland, SA, AUS **[36742]** : PRE 1853, CAV, IRL **[36742]** : William, PRE 1880, Groomsport, DOW, IRL **[35297]** : 1800-1823, Kirkmaiden & Stoneykirk, WIG, SCT **[12367]**

NICE : Thomas, 1792, Copford, ESS, ENG **[27686]** : Thomas, 1819, Marks Tey & Colchester, ESS, ENG **[27686]** : 1700S, Wickham St.Paul, ESS, ENG **[22743]** : Thomas, 1800+, Southwark, LND, ENG **[27686]**

NICHALSON : PRE 1750, Wensleydale, NRY, ENG **[21149]**

NICHOL : 1860+, Hobart & Launceston, TAS, AUS **[21258]** : Thomas, PRE 1835, CAN **[33491]** : ALL, London & Westminster, ONT, CAN **[34588]** : William, 1815+, Liverpool, LAN, ENG **[99012]** : ALL, NBL, ENG **[34588]** : John, 1810+, Cambray, NOR, FRA **[99012]** : John, 1851-1880, Belfast, ANT, IRL **[34038]** : Thomas, 1872-1890, Belfast, ANT, IRL **[34038]** : Samuel, 1874+, Belfast, ANT, IRL **[34038]** : ALL, ANT & DRY, IRL **[21418]** : Patrick, 1879-1934, Belfast & Sydney, ANT & NSW, IRL & AUS **[34038]** : Patrick J., 1879-1934, Glasgow, LKS, SCT **[34038]** : PRE 1867, Edinburgh, MLN, SCT **[33491]** : 1700+, Castleton, ROX, SCT **[41499]** : ALL, Castleton, ROX, SCT **[34588]**

NICHOLA : C1870, Clarence River Ulmarra, NSW, AUS **[10146]**

NICHOLAS : 1840, NSW, AUS **[46198]** : 1860+, Stanthorpe, QLD, AUS **[13377]** : 1820+, TAS, AUS **[13855]** : C1826, Penzance, CON, ENG **[14645]** : PRE 1800, Redruth, CON, ENG **[46247]** : 1800+, Liverpool, LAN, ENG **[13377]** : 1850+, Hyssington, SAL, ENG **[30491]** : PRE 1750, Wentnor, SAL, ENG **[19641]** : 1800+, Llandilo, CMN, WLS **[30086]** : 1850, Merthyr Tydfil, GLA, WLS **[30086]** : PRE 1822, Llantilio Crossenny, MON, WLS **[13855]**

NICHOLI : C1860, NSW, AUS & IRL **[10146]**

NICHOLL : C1700, St.Keverne, CON, ENG **[14030]** : 1750+, Sandon & Great Baddow, ESS, ENG **[46267]** : PRE 1840, Northowram, WRY, ENG **[26752]** : PRE 1870, Ballymena & Belfast, ANT, IRL **[44417]**

NICHOLLS : 1908+, Ariah Park, NSW, AUS **[46279]** : C1864+, Forbes & Parkes, NSW, AUS **[36751]** : ALL, Adelaide, SA, WA & VIC, AUS **[45626]** : ALL, ENG **[46218]** : 1850S, Great Linford, BKM, ENG **[10460]** : William, C1800, CON, ENG **[25654]** : 1680-1740, Gwennap, CON, ENG **[12318]** : ALL, St.Agnes & Mount Hawke, CON, ENG **[12917]** : Richard, 1790, Unilelant & Ludgvan, CON, ENG **[13031]** : 1841+, Bere Alston, DEV, ENG **[12917]** : Samuel, C1829, Brixton, DEV, ENG **[25907]** : 1811-1900, Tavistock, DEV, ENG **[38980]** : C1700-1800, Birchanger, ESS, ENG **[11536]** : C1638, Longtown, HEF, ENG **[19392]** : PRE 1800, Broxbourne, HRT, ENG **[17961]** : Sarah, C1798, Nettleden, HRT, ENG **[10485]** : 1850-1870, Bethnal Green, LND, ENG **[46432]** : Clarke, C1803, Paddington, LND, ENG **[14851]** : 1850S, Westminster, LND, ENG **[46432]** : 1750-1850S, Lambeth, MDX, ENG **[46432]** : PRE 1900, MDX, HRT & KEN, ENG **[25329]** : PRE 1840, Great Yarmouth, NFK, ENG **[36543]** : 1822+, Tong, SAL, ENG **[46276]** : ALL, South Wandsworth, SRY, ENG **[25073]** : 1830S, Southwark & Newington, SRY, ENG **[34112]** : PRE 1799, STS, ENG **[20068]** : 1800+, Tamworth, STS, ENG **[17951]** : PRE 1800, Tipton, STS, ENG **[18501]** : 1822+, Wednesfield, STS, ENG **[46276]** : 1700-1850, Wolverhampton, STS, ENG **[28536]** : 1700+, Kidderminster, WOR, ENG **[19818]** : PRE 1725, Rotherham, YKS, ENG **[46297]** : 1800+, Clogh, FER, IRL **[14513]**

NICHOLS : 1858+, QLD & NSW, AUS **[41039]** : Hannah, 1874+, Toronto, ONT, CAN **[17030]** : PRE 1800S, Newlyn East, CON, ENG **[45142]** : PRE 1860, Penzance, CON, ENG **[30457]** : ALL, St.Agnes & Mount Hawke, CON, ENG **[12917]** : PRE 1800, St.Buryan, CON, ENG **[41477]** : PRE 1800S, St.Enoder, CON, ENG **[45142]** : C1804, Bishops Nympton, DEV, ENG **[40472]** : John, PRE 1850, Brixton, DEV, ENG **[25907]** : PRE 1900, Ardleigh, ESS, ENG **[43727]** : Joshua, PRE 1850, Harbledown, KEN, ENG **[21104]** : Isabel, 1767, Marchester, LAN, ENG **[10318]** : 1800-1880, Leicester, LEI, ENG **[17245]** : 1700S-1800S, Enfield & Southgate, MDX, ENG **[10697]** : PRE 1850, Hammersmith, Ealing & Brentford, MDX, ENG **[43842]** : 1740+, Southgate, MDX, ENG **[12078]** : PRE 1880, Mildenhall, SFK, ENG **[17094]** : PRE 1800, Tamworth, STS, ENG **[30678]** : 1800+, Birmingham, WAR, ENG **[21431]** : 1825+, Droitwich, WOR, ENG **[10731]** : PRE 1800, Bracford, WRY, ENG **[34782]** : PRE 1900, MDX, HRT & KEN, ENG & AUS **[25329]** : 1800+, Canterbury, KEN, ENG & NZ **[37286]** : Joshua, 1851+, Nelson, NZ **[21104]** : 1850, Kilrenny, FIF, SCT **[10985]** : 1800-1840, Steuben Co., NY, USA **[28660]**

NICHOLSON : Ruth, 1905, Burwood, NSW, AUS **[31676]** : Thomas, 1890, Croydon, NSW, AUS **[31676]** : Edward, 1890, Croydon, NSW, AUS **[31676]** : William, 192C, Croydon, NSW, AUS **[31676]** : James, 1938, Croydon, NSW, AUS **[31676]** : ALL, Rylestone & Sydney, NSW, AUS **[45823]** : Albert, 1861+, Sydney, NSW, AUS **[25654]** : Eric, 1950, Sydney, NSW, AUS **[31676]** : 1850+, Geelong, VIC, AUS **[33727]** : 1800S, Baddeck, NS, CAN **[15400]** : Arch. & Margt, 1849, Cape Breton & Sidney, NS, CAN **[42434]** : PRE 1874, Gateshead, ENG **[46296]** : 1910+, Tranmere, CHS, ENG **[34773]** : C1800, Stoke Climsland, CON, ENG **[33642]** : Abraham, 1756, Kirkoswald, CUL, ENG **[13153]** : 1700-1850, Penrith, CUL, ENG **[46425]** : 1900+, Seaham, DUR, ENG **[25854]** : 1800+, Sunderland, DUR, ENG **[44078]** : PRE 1930, Bolton & Wigan, LAN, ENG **[29447]** : PRE 1840, Manchester, LAN, ENG **[42745]** : PRE 1800, LIN, ENG **[19025]** : 1800+, Rotherhithe, LND, ENG **[38349]** : 1860+, Burradon, NBL, ENG **[45183]** : ALL, Tynemouth, NBL, ENG **[46443]** : PRE 1800, Grinton, NRY, ENG **[19270]** : 1600+, Asby, WES, ENG **[11684]** : ALL, Arkendale, WRY, ENG **[42745]** : 1880S, Ecclesall Bierlow, WRY, ENG **[11270]** : 1800-1900, Northowram, WRY, ENG **[27879]** : C1850, YKS, ENG **[28755]** : George, PRE 1880, YKS, ENG **[31676]** : ALL, Bedale, YKS, ENG **[31676]** : 1700S, Bolton Castle, YKS, ENG **[13731]** : PRE 1750, North Anston, YKS, ENG **[19025]** : George, 1820, Preston, LAN, ENG & SCT **[21759]** : 1580+, Ballow & Bangor, DOW, IRL **[31786]** : Thomas, PRE 1855, WIC & WEX, IRL **[10699]** : 1800S, Rathdrum, WIC, IRL & AUS **[11071]** : George, C1900, Johannesburg, RSA **[31676]** : Elizabeth, 1795-1860, Aberdeen, ABD, SCT **[38707]** : Samuel, PRE 1850, Isle of Skye, INV, SCT **[45769]** : 1852-1908, South Uist, INV, SCT **[33866]** : Helen, 1808, Dalkeith, MLN, SCT **[27719]** : ALL, Dornoch-Assynt, SUT, SCT **[13994]** : 1780+, Isle of Skye, INV, SCT & AUS **[36569]** : 1780, Dunblane, PER, SCT & IRL **[10715]** : 1890+, Hillsdale, NY, USA **[34773]** : 1980+, Hudson, NY, USA **[34773]** : 1870-1915, Pleasant Valley, NY, USA **[34773]** : 1980+, Valatia, NY, USA **[34773]**

NICKEAS : 1930+, Sydney, NSW, AUS **[11011]**

NICKELLS : C1787+, Colchester, ESS, ENG **[26665]** : PRE 1787, Ipswich, SFK, ENG **[26665]**

NICKERSON : 1830-1845, St.John, NB, CAN **[15521]** : 1770+, NS, CAN **[41244]** : 1760-1830, Liverpool, NS, CAN **[15521]** : 1845+, Elgin, ONT, CAN **[15521]** : PRE 1640, NFK, ENG **[41244]** : PRE 1639, Norwich, NFK, ENG **[15521]** : 1640+, MA, USA **[41244]** : PRE 1780, Chatham, MA, USA **[15521]**

NICKLAS : PRE 1800, CHS, ENG **[11536]**

NICKLESON : 1750-1870, Hyssington, SAL, ENG **[30491]**

NICKLIN : 1820+, Walsall, STS, ENG **[45866]**

NICKOLLS : 1800S, Weymouth, DOR & DEV, ENG **[36935]**

NICKS : Warwick, 1920+, CAN **[41349]** : PRE 1760, Broad Clyst, DEV, ENG **[21594]**

NICKSEY : ALL, WORLDWIDE **[30161]**

NICKSEY (see One Name Section) **[30161]**

NICOL : 1865+, South Brisbane & Maryborough, QLD, AUS **[13481]** : 1829+, Mitchelstown & Cork, COR, IRL

[13481] : PRE 1850, Fetternear, ABD, SCT [42211] : 1850-1950, Skene, ABD, SCT [17926] : 1700-1850, ANS, SCT [22248] : Thomas, 1839, Dundee, ANS, SCT [10318] : 1700+, Inverkeillor, ANS, SCT [10698] : 1750-1850, Liff, Forfar & Rescobie, ANS, SCT [17926] : 1856+, Alloway, AYR, SCT [46395] : James, PRE 1858, Kilmory, Arran, BUT, SCT [44279] : PRE 1775, Canonbie, DFS, SCT [11718] : 1820+, Deninno, FIF, SCT [10985] : 1700S, PER, SCT [30972] : 1700+, Inchture & Methven, PER, SCT [13481] : 1700+, Perth, PER, SCT [21854] : PRE 1800, Black Isle, ROC, SCT [18500] : C1866, Dundee, ROC, SCT [39820] : Mary Agnes, 1935+, New York, NY, USA [16783]

NICOLL : 1850-1950, Skene, ABD, SCT [17926] : PRE 1840, Dundee, ANS, SCT [29580] : 1750-1850, Liff, Forfar & Rescobie, ANS, SCT [17926] : 1800+, St.Vigeans, ANS, SCT [45681]

NICOLLE : PRE 1750, St.Aubin Terregatte, BN, FRA [20178]

NICOLSON : PRE 1800, Holbeck, Hunslet & Leeds, WRY, ENG [42745] : PRE 1872, SCT [31323] : 1700+, Longhope, OKI, SCT [14513] : ALL, Twatt, SHI, SCT [18018] : ALL, SKYE & INV, SCT [46454] : PRE 1839, Tongue, SUT, SCT [20800]

NIDDRIE : 1864+, Pukekohe, AKD, NZ [46476] : PRE 1864, Marykirk, KCD, SCT [46476]

NIEDERSTEIN : 1760-1810, Bonn, RPR, GER [24252]

NIELD : PRE 1840, Mossley, LAN, ENG [31761]

NIELSEN : 1880+, Bowen Hills, QLD, AUS [14120] : Anders, 1880+, Bowen Hills, QLD, AUS [14120] : Henry L., 1860+, Mitta Valley, VIC, AUS [13000] : C1861, Copenhagen, DEN [39617] : 1800S, Tuendal & Copenhagen, DEN [13000] : Anders, 1854+, Boeskilde, SJULLAND, DEN [14120] : C1854, Boeskilde, SJULLAND, DEN [14120] : Hemming, 1850-1874, Fanefjord, SLD, DEN [39588] : 1820+, NOR [29954]

NIELSON : 1840-1873, Lumdby, DEN [46235]

NIEMANN : PRE 1860, Tucheim, PSA, GER [14012]

NIES : Sabina, PRE 1864, Westerhausen, BAD & WUE, GER [36634]

NIETO : David, 1654-1700, Livorno, TUSCANY, ITL [42724] : Abraham H., 1838+, NY, USA & JAMAICA [42724]

NIEVA : PRE 1711, Malaga, ESP [22470]

NIEWANDT : 1800+, Hahndorf, SA & VIC, AUS [35240]

NIFFENECKER : ALL, Neuchatel, CH [44299]

NIGHTINGALE : Reginald, 1880+, Riverina, NSW, AUS [34643] : 1880S, Sydney, NSW, AUS [10970] : C1894, Hobart, TAS, AUS [26193] : PRE 1855, Thatcham, BRK, ENG [37049] : Agnes A., PRE 1920, ESS, ENG [25747] : PRE 1850, Preston & Samlesbury, LAN, ENG [43844] : PRE 1860, LND, ENG [27931] : ALL, NTH, ENG [36499] : ALL, Reigate, SRY, ENG [36437] : 1775-1850, Darlaston, STS, ENG [17449] : 1775-1850, Tipton, STS, ENG [17449] : ALL, Birmingham, WAR, ENG [43879] : PRE 1800, Birmingham, WAR, ENG [17508] : 1840-80, Whitneltacre, WAR, ENG [38592] : Sarah, 1820+, Sculcoates, YKS, ENG [46320] : C1880, Newry, ARM, IRL [26193] : Peter, 1758, VA, USA [34699]

NIHILL : ALL, Six Mile Bridge, CLA, IRL [41146]

NILES : PRE 1840, Campbell Co., KY, USA [28660]

NILSDOTTER : Stina Cath., 1800S, KALMAR, SWE [43996]

NILSSON : 1800S, SWE [13845] : PRE 1800, Safsnas, KOPPARBERG, SWE [16425]

NIMMO : 1890, Pancras, MDX, ENG [30071] : Helen, 1765+, STI, SCT [10846] : 1700+, Fauldhouse, WLN, SCT [21231]

NIMOT (see NIMOTH) : [21365]

NIMOTH : ALL, Chottschow, POM, GER [21365]

NIND : 1890+, Clerkenwell, LND, ENG [17092] : PRE 1873, London, MDX, ENG [18896]

NINHAM : PRE 1900, Reigate, SRY, ENG [36437]

NIPOND : PRE 1850, Skipton, NRY, ENG [16233]

NIPPARD : ALL, ENG [17364]

NIPPERESS : ALL, AUS [43395]

NISBET : 1873+, Sydney, NSW, AUS [13584] : PRE 1850, New Glasgow, PEI, CAN [46476] : PRE 1840, DON, IRL [42821] : ALL, Canty, NZ [45945] : 1876+, Christchurch, CANTY, NZ [45945] : 1850+, Kaeo, NLD, NZ [46476] : 1750-1850, SCT [26082] : PRE 1841, Loudon, AYR, SCT [11256] : PRE 1840, Mauchline, AYR, SCT [44078] : PRE 1866, Edinburgh, ELN, SCT [13584] : 1700+, FIF, SCT [36435] : 1820S, LKS, SCT [16984] : Alexander, C1600+, Edinburgh, MLN, SCT [35823] : 1700S, SHI, SCT [11411] : 1850-1950, Pittsfield, MA, USA [26082]

NISBETH : PRE 1840, DON, IRL [42821]

NISBETT : Janet, C1854, Auckland, NZ [99590]

NISH : 1888, Oban & Glasgow, ARL & LKS, SCT [37565]

NISSEN : Carsten, 1868, Als, DEN [99147]

NITSCHKE : 1787, Zullichau, BRA, PRE [10318]

NITZ : ALL, Stojentin, POM, GER [21365]

NIVEN : PRE 1840, Kirkoswald, AYR, SCT [21218] : PRE 1800, Orwell, KRS, SCT [19064]

NIX : PRE 1831, Heydor cum Kelby, LIN, ENG [41438]

NIXEY : ALL, WORLDWIDE [30161]

NIXEY (see One Name Section) [30161]

NIXON : 1850S+, NSW & VIC, AUS [11464] : 1840S-1860S, TAS, AUS [11464] : Samuel, 1850S, Beechworth, VIC, AUS & IRL [42724] : 1800+, CAN [45895] : PRE 1740, Fulmer, BKM, ENG [33428] : 1800+, Carlisle, CUL, ENG [38681] : 1800+, Burnley, LAN, ENG [42507] : C1740, Barkston, LIN, ENG [37795] : 1700S, LND, ENG [11464] : Charles, 1840, London, MDX, ENG [40942] : 1870+, London, MDX, ENG [45895] : Ann, PRE 1844, Bladon, OXF, ENG [10705] : Charles, PRE 1836, Bath, SOM, ENG [40942] : C1580+, CAV, IRL [45895] : 1700-1900, COR, IRL [45863] : 1700-1900, DUB, IRL [45863] : 1690S+, Finglass, DUB, IRL [11464] : C1580+, FER, IRL [45895] : 1750-1850, Lisnaskea, FER, IRL [20821] : C1780+, MEA, IRL [45895] : 1800S, Killeshandra & Cavan, CAV & NSW, IRL & AUS [42466] : 1760-1860, Manorhamilton, LET, IRL & AUS [42724] : 1800+, USA [45895] : 1869+, San Francisco, CA, USA [21479]

NOACK : Martin H., 1908, Townsville, QLD, AUS [14094]

NOAD : Jane, 1775, London, MDX, ENG [37745] : PRE 1890, Rode, SOM, ENG [46296]

NOADES : 1800+, Therfield, HRT, ENG [18020] : 1850+, Kentish Town, LND, ENG [18020]

NOAKE : Edward, 1600S, Sherborne, DOR, ENG [10993] : Thomas, 1739, Sherborne, DOR, ENG [10993] : 1745-1770, Good Easter, ESS, ENG [17191]

NOAKES : 1854-1874, Rossmore, NSW, AUS [11283] : 1900-1930, Derby, DBY, ENG [18857] : 1850-1920, Gloucester, GLS, ENG [18857] : 1700-1900, Brede & Burwash, SSX, ENG [18857] : 1700+, Lamberhurst, SSX, ENG [35280] : Catherine, C1831-1900, Willenhall, STS, ENG [33402] : John, C1833-1900, Willenhall, STS, ENG [33402] : C1900, Auckland, NZ [10793]

NOBBS : ALL, MDX, ENG [99036]

NOBEL : 1800S, Altenburg, SAB, GER [12974]

NOBES : 1600-1950, Hambledon, HAM, ENG [26831] : C1900, Pimlico, LND, ENG [36075]

NOBIS : 1700-1800, Steventon, BRK & OXF, ENG [27039] : 1650-1720, Ransweiler, RHINELAND, GER [23415]

NOBLE : Albert, C1911+, Sydney, NSW, AUS [19865] : 1873+, Emerald Hill & South Melbourne, VIC, AUS [45078] : Ann, 1850S, Melbourne, VIC, AUS [12424] : 1930+, ONT, CAN [39672] : 1800+, Northumberland Co., ONT, CAN [16842] : Ann, 1792, March, CAM, ENG [14290] : PRE 1800, Carlisle, CUL, ENG [34612]

: C1740-1800, Mungrisdale & Greystoke, CUL, ENG **[37149]** : 1700-1800, CUL, WES & YKS, ENG **[14296]** : 1800+, DUR, ENG **[45950]** : Henry, 1860-1880, Crawleyside & Aycliffe, DUR, ENG **[19865]** : 1740S, Hurworth on Tees, DUR, ENG **[34112]** : 1840+, Weardale, DUR, ENG **[19865]** : 1680+, Aldham, ESS, ENG **[27816]** : C1818, Chigwell, ESS, ENG **[46447]** : PRE 1815, Deal, KEN, ENG **[36466]** : 1847, Dover, KEN, ENG **[36466]** : PRE 1792, Elham, KEN, ENG **[36466]** : ALL, Liverpool, LAN, ENG **[39058]** : 1860+, LND, ENG **[46447]** : 1880+, West Ham, LND, ENG **[42362]** : Daniel, 1808-1897, Fersfield, NFK, ENG **[19865]** : 1700-1900, Fersfield & Bressingham, NFK, ENG **[19865]** : Henry, 1880-1890, Hulands, Bowes, NRY, ENG **[19865]** : 1700-1900, Peterborough, NTH, ENG **[28536]** : 1541+, Great Livermore, SFK, ENG **[19865]** : 1800-1900, Sutton, SRY, ENG **[28536]** : PRE 1800, Bedworth, WAR, ENG **[31761]** : James, 1823+, IRL **[99433]** : PRE 1800, IRL **[13707]** : 1800+, ANT, IRL **[46267]** : Alexander, C1783, Enniskillen, FER, IRL **[16842]** : ALL, ABD, SCT **[39672]** : ALL, Broadsea, ABD, SCT **[24637]** : 1750-1850, Fraserburgh, ABD, SCT **[17400]** : 1813+, New Pitsligo, ABD, SCT **[30182]** : ALL, INV, SCT **[26301]** : PRE 1820, Edinburgh, MLN, SCT **[46339]** : 1840-1870S, Edinburgh & Lasswade, MLN, SCT **[45078]** : 1800S, RFW, SCT **[18273]** : ALL, Fraserburgh & Cruden, ABD, SCT & NZ **[46393]** : 1850-70, Aurora, IN, USA **[12974]** : 1800S, NY, USA **[13707]**

NOBLET : PRE 1850, Nantes, PL, FRA **[10918]**
NOBLET (see : Subjects I:), **[10918]**
NOBS : Ann, 1650-1750, Longworth, BRK, ENG **[27039]**
NOCK : PRE 1760, Broseley, SAL, ENG **[10493]** : 1840+, STS, ENG **[99433]** : 1843+, Tipton, STS, ENG **[97806]** : 1800+, Birmingham, WAR, ENG **[21091]**
NOCKELS : PRE 1850, NFK, ENG **[46415]**
NOCKLES : PRE 1828, Barton Turf & Smallburgh, NFK, ENG **[43840]**
NOEL : ALL, Benwick, CAM, ENG **[21763]**
NOGHTER : Alice, 1830-1906, Dungannon, TYR & DUR, IRL & ENG **[45614]**
NOHILLY : PRE 1880, Tuam, GAL, IRL **[10260]**
NOICE : 1880S, Sydney, NSW, AUS **[28006]** : 1840S, London, ENG **[28006]**
NOISE : 1750+, Broad Chalk, WIL, ENG **[13129]**
NOKES : ALL, SSX, ENG **[31646]**
NOLAN : 1836-1850S, Sydney, NSW, AUS **[11444]** : C1835, Sydney, NSW, AUS **[29479]** : 1848, Tamworth, NSW, AUS **[26833]** : 1879+, Brisbane, QLD, AUS **[46403]** : Mary, PRE 1800, East London, MDX, ENG **[19258]** : Mary, PRE 1800, IRL **[19258]** : Jeremiah, C1802, CAR, IRL **[35110]** : Patrick, C1860, Borris, CAR, IRL **[11912]** : C1820, Kells, KID, IRL **[29479]** : 1826-1864, LEX, IRL **[99125]** : C1812, Hollymount, MAY, IRL **[29479]** : Lawrence, C1808+, CAR, IRL & AUS **[10998]** : Catherine, 1846-1904, Six-Mile-Bridge & Bega, CLA & NSW, IRL & AUS **[12032]**
NOLAND : Mary, PRE 1800, IRL **[19258]**
NOLES : ALL, Clapham, SRY, ENG **[38668]**
NOLLER : 1890-1945, London, ENG **[37809]** : PRE 1950, Steeple Bumstead, ESS, ENG **[39642]** : ALL, SFK, ENG **[36180]**
NOLTE : Christoff, 1855, Klein Dohren, GER **[99832]**
NOON : PRE 1800, Little Houghton, NTH, ENG **[30678]** : PRE 1818, Northampton, NTH, ENG **[40615]** : C1845, SLI, IRL **[22565]**
NOONAN : C1850-1900, Leeds, WRY, ENG **[30998]** : PRE 1860, IRL **[31636]** : ALL, CLA, IRL **[44815]** : Ann, ALL, COR, IRL **[33091]** : C1820, COR, IRL **[25654]** : PRE 1830, Old Head of Kinsale, COR, IRL **[25725]** : 1803+, TIP, IRL **[43656]** : PRE 1809, Waterford, WAT, IRL **[40970]**
NOONE : 1850S, Melbourne, VIC, AUS **[25658]** : 1820, Peterburg, GAL, IRL **[25658]**
NOORDHOEK : 1700S, Vlaardingen, NL **[42466]**

NOOTH : 1650+, London, ENG **[17933]** : PRE 1700, Wells, SOM, ENG **[17933]**
NORBURN : ALL, MDX, ENG **[26493]**
NORBURY : 1900+, Manchester, LAN, ENG **[46493]**
NORCLIFF : 1600+, YKS, ENG **[36033]**
NORCROSS : C1818+, Barnoldswick, YKS, ENG **[36299]**
NORDQUIST : John, 1917+, Ettalong, NSW, AUS **[31762]**
NORDSTROM : ALL, AUS **[27850]** : Carl M., 1850+, Helsingborg, SWE **[27850]**
NORFOLK : PRE 1810, Leeds & Wakefield, WRY, ENG **[37058]** : 1850-60, Naburn Loch, WRY, ENG **[46376]**
NORGATE : 1700-1850, Bentworth, HAM, ENG **[17907]** : PRE 1800, Smallburgh, NFK, ENG **[43840]**
NORIE : 1650+, Crail, FIF, SCT **[36435]** : 1700+, Crail, FIF, SCT **[36569]**
NORKET : PRE 1750, UK **[13034]**
NORKETT : 1800S+, Melbourne, VIC, AUS **[20933]**
NORLEY : 1850-1915, Footscray, KEN, ENG **[42166]**
NORMAN : PRE 1880, Newtown, NSW, AUS **[10277]** : 1910+, Sydney, NSW, AUS **[39985]** : Henry, 1886+, Hobart, TAS, AUS **[12639]** : 1840+, Melbourne, VIC, AUS **[46277]** : Alice, PRE 1601, Cottenham, CAM, ENG **[14290]** : Mary, 1750+, Chester, CHS, ENG **[13031]** : Arthur, 1822, DEV, ENG **[12639]** : 1800+, Waresley, HUN, ENG **[40802]** : William & Ada, 1894+, St.Margarets, LEI, ENG **[33870]** : Robert, C1800, LND, ENG **[25654]** : 1800S, MDX, ENG **[14045]** : 1700-1850, Denton, NFK, ENG **[34660]** : Jane, 1783, Syresham, NTH, ENG **[99418]** : PRE 1800, SFK, ENG **[25747]** : 1760, Homersfield, SFK, ENG **[35184]** : Ellen E.L., PRE 1870, Yeovil, SOM, ENG **[34643]** : Ralph, 1785+, Croydon & Hornsey, SRY & MDX, ENG **[39307]** : 1820S, Selmeston, SSX, ENG **[25654]** : PRE 1850, Newbold on Avon, WAR, ENG **[19259]** : 1840-1900, YKS, ENG **[46277]** : ALL, ENG & AUS **[36188]** : PRE 1840, Rathmichael, DUB, IRL **[39154]** : PRE 1820, VA, USA **[23895]** : John, PRE 1900, Newport, MON, WLS **[34643]**
NORMAN (see One Name Section) **[45767]**
NORMANDEAU : Augustin, C1700+, QUE, CAN **[27325]**
NORMANTON : William & Eli, 1600-1700, Lubenham, LEI, ENG **[21349]** : 1660-2004, Halifax, Warley & Sowerby, WRY, ENG **[44241]**
NORMANTON (see One Name Section) **[44241]**
NORMILE : 1800+, Limerick, LIM, IRL & AUS **[11827]**
NORMINGTON : William & Eli, 1600-1700, Lubenham, LEI, ENG **[21349]** : 1660-2004, Halifax, Warley & Sowerby, WRY, ENG **[44241]**
NORMINGTON (see One Name Section) **[44241]**
NORMINTON : 1660-2004, Halifax, Warley & Sowerby, WRY, ENG **[44241]**
NORMINTON (see One Name Section) **[44241]**
NORMONTON : 1660-2004, Halifax, Warley & Sowerby, WRY, ENG **[44241]**
NORMOYLE : PRE 1844, Doonbeg & Kilrush, CLA, IRL **[12392]**
NORRIE : 1800S, Peterhead, ABD, SCT **[21630]** : ALL, Monifieth, ANS, SCT **[45906]** : PRE 1900, STI & MOR, SCT **[45199]**
NORRINGTON (see One Name Section) **[18364]**
NORRIS : James, 1848-1853, Amherstburg, ONT, CAN **[24943]** : James, 1848-1870, Niagara & Kingston, ONT, CAN **[24943]** : James, 1844-1848, Que City, St.Giles & La Colie, QUE, CAN **[24943]** : 1500+, ENG **[23371]** : 1796+, Cholesbury, BKM, ENG **[21207]** : ALL, East Hendred & Harwell, BRK, ENG **[20013]** : 1800+, Newbury, BRK, ENG **[45489]** : 1800S, Child Okeford, DOR, ENG **[31877]** : 1790-1850, Lyme Regis, DOR, ENG **[38980]** : PRE 1860, Hull (Kingston upon Hull), ERY, ENG **[40795]** : 1820, HAM, ENG **[30093]** : 1750-1850, Overton, HAM, ENG **[32042]** : PRE 1762, Portsea,

HAM, ENG [18702] : 1800-1900, Ledbury, HEF, ENG **[27325]** : Sarah, 1759, Sarratt & Kings Langley, HRT, ENG **[36275]** : 1750+, KEN, ENG **[19744]** : 1800+, KEN, ENG **[39015]** : 1800+, LAN, ENG **[38934]** : PRE 1900, Bolton, LAN, ENG **[29447]** : ALL, Burnage, LAN, ENG **[17654]** : PRE 1813, Spalding, LIN, ENG **[17626]** : 1700-1830, Rotherhithe, LND, ENG **[46420]** : John, 1800+, NTH, ENG **[31580]** : C1900-1930, Mitcham, SRY, ENG **[19892]** : PRE 1860, Brede, SSX, ENG **[39416]** : PRE 1855, Mildenhall, WIL, ENG **[36337]** : 1750+, Old Swinford, WOR, ENG **[17535]** : 1850S-1950S, WRY, ENG **[11270]** : Mary, C1595, Newbury, BRK, ENG & USA **[22796]** : PRE 1870, IRL **[46463]** : 1811-1828, Londonderry, DRY, IRL **[24943]** : PRE 1849, Cashel, TIP, IRL **[41456]** : C1859, Littleton, TIP, IRL **[10085]** : 1635+, MA, USA **[23371]** : 1830+, Wayne Co., MI, USA **[23371]** : 1800-1865, Morris Co., NJ, USA **[23371]** : 1790-1800, Sussex Co., NJ, USA **[23371]** : 1800-1865, Seneca Co., NY, USA **[23371]**

NORRISH : William, 1830+, Crediton, DEV, ENG **[33456]**

NORRY : 1780, Newcastle, NBL, ENG **[44726]**

NORSTEDT : 1840-1940, Mount Carmel, PA, USA **[19641]**

NORTH : William, 1825+, Berrima, NSW, AUS **[10562]** : George, 1857+, Sydney, NSW, AUS **[45631]** : 1840S, Sorell, TAS, AUS **[42542]** : Samuel, 1920, CAN **[36170]** : ALL, London, ENG **[37603]** : ALL, BRK, HAM & WIL, ENG **[25749]** : Lawrence, PRE 1727, Basingstoke, HAM, ENG **[45631]** : 1871+, Stockbridge, HAM, ENG **[45631]** : William, PRE 1805, Baldock, HRT, ENG **[10114]** : Elizabeth, C1690S, Addington, KEN, ENG **[10054]** : PRE 1796, Gillingham, KEN, ENG **[18639]** : ALL, Barrowby, LIN, ENG **[39389]** : Bertie, ALL, Northolt, MDX, ENG **[46516]** : 1800-1890S, Shoreditch & London, MDX, ENG **[35604]** : 1850+, Willesden, MDX, ENG **[45916]** : PRE 1850, Norwich, NFK, ENG **[17182]** : PRE 1866, OXF, ENG **[46296]** : 1800+, Thame, OXF, ENG **[39565]** : William, PRE 1825, Urchfont, WIL, ENG **[10562]** : PRE 1800, Woodford, WIL, ENG **[45631]** : Catherine, 1778, Wroughton, WIL, ENG **[14184]** : PRE 1815, Tankersley, YKS, ENG **[46297]**

NORTHALL : 1800+, Tipton, STS, ENG **[34682]** : 1800+, Dudley, WOR, ENG **[34682]**

NORTHARD : ALL, WORLDWIDE **[44104]**

NORTHARD (see : Nothard), **[44104]**

NORTHCOTE : 1830+, London, ENG **[29198]** : PRE 1800, DEV, ENG **[30299]**

NORTHCOTT : 1700+, DEV, ENG **[44954]** : PRE 1744, Holsworthy, DEV, ENG **[46251]** : PRE 1800, Holsworthy, DEV, ENG **[11582]** : 1842-2005, New Plymouth, TNK, NZ **[46251]** : 1850+, WAIKATO, NZ **[27931]**

NORTHCROFT : PRE 1780, UK **[13034]**

NORTHEY : 1800S, Chacewater, CON, ENG **[14548]** : 1800+, Chasewater, CON, ENG **[39539]** : PRE 1860, Kea & St.Cleer, CON, ENG **[36742]** : Frank, ALL, London & Mayfield, LND & SSX, ENG **[44939]**

NORTHMEAD : 1800-1900, Cambridge, CAM, ENG **[36528]**

NORTHOVER : Susan, 1790-1850, Corfe Castle, DOR, ENG **[46055]** : Alice, 1896, Stoke-under-Ham, SOM, ENG **[32307]** : Alice, C1890, Stourton, WIL, ENG **[32307]**

NORTHROP : 1820+, Bradford, WRY, ENG **[26101]**

NORTHWAY : PRE 1870, Bishops Leighton & Dewlish, DEV, ENG **[41136]**

NORTON : 1854+, Sofala, NSW, AUS **[40153]** : Sidney, 1900+, SA, AUS **[35809]** : 1850+, Willunga, SA, AUS **[40673]** : Ferdinand, 1856+, TAS, AUS **[35809]** : 1760-1820, Penn, BKM, ENG **[46237]** : PRE 1742, Quainton, BKM, ENG **[26366]** : PRE 1900, Chesterfield, DBY, ENG **[20729]** : 1925+, Chingford, ESS, ENG **[19727]** : William Geo., 1820S, Bristol, GLS, ENG **[40153]** : PRE 1750, KEN, ENG **[18688]** : 1700S, Wrotham, KEN, ENG **[13910]** : PRE 1850, Finsbury, LND, ENG

[26001] : PRE 1900, Shooters Hill, LND, ENG **[39439]** : 1844-1860, Shoreditch & Bethnal Green, LND, ENG **[19727]** : 1882+, Hackney, MDX, ENG **[19727]** : PRE 1766, Shoreditch, MDX, ENG **[19803]** : PRE 1800, Morningthorpe, NFK, ENG **[10591]** : C1880, Worthing, SSX, ENG **[31579]** : Richard, PRE 1856, West Bromwich, STS, ENG **[35809]** : 1800-1890, Birmingham, WAR, ENG **[46494]** : PRE 1850, Rugby, WAR, ENG **[46256]** : C1790, Masborough, YKS, ENG **[41370]** : 1820-1880, Sheffield, YKS, ENG **[13326]** : 1820+, Cashel, TIP, IRL **[33443]** : Margaret, ALL, Baltinglass, WIC, IRL **[25489]** : 1865, NLD, NZ **[43772]** : C1830-1850, ME, USA **[26785]**

NORVAL : PRE 1838, Glasgow & Strathblane, LKS & STI, SCT **[19486]**

NORWOOD : 1789-1860, Berkhamsted, HRT, ENG **[19268]** : 1900+, Brentford, MDX, ENG **[37834]** : ALL, London, MDX, ENG **[16111]** : ALL, London, MDX, ENG **[16111]** : Eliza, C1827-1900, Oundle & Barnwell, NTH, ENG **[41477]** : 1860+, Wandsworth, SRY, ENG **[46372]** : ALL, Birmingham, WAR, ENG **[16111]** : 1850+, ANT, IRL **[46477]** : Mary J., 1845+, Rockport, Essex Co., MA, USA **[45995]**

NORWORD : 1840+, COR, IRL **[46372]**

NOSE : PRE 1900, SLOVENIA, YU **[28660]**

NOSEWORTHY : Spaniards Bay, NFD, CAN **[45280]**

NOSSETER : Mary, 1700S, Closworth, SOM, ENG **[10993]**

NOSSITER : 1700S, DEV, ENG **[38833]**

NOSWORTHY : Leo, 1923+, Balmain, NSW, AUS **[39179]** : William, 1858-1889, Bendigo, VIC, AUS **[39179]** : John, 1797+, Manaton, DEV, ENG **[39179]**

NOTHARD : ALL, WORLDWIDE **[44104]**

NOTHARD (see One Name Section) **[44104]**

NOTHER : ALL, WORLDWIDE **[36182]**

NOTHERS : ALL, WORLDWIDE **[36182]**

NOTLEY : 1850+, NSW, AUS **[28108]** : 1900+, London, ENG **[12270]**

NOTMAN : 1750+, Edinburgh, MLN, SCT **[46408]**

NOTT : 1770+, Ledbury, HEF, ENG **[45030]** : PRE 1850, Burford, SAL, ENG **[37066]** : PRE 1850, SOM, ENG **[31186]** : PRE 1800, Somerton & Bristol, SOM, DEV & GLS, ENG **[44319]**

NOTTINGHAM : 1800+, Old Warden, BDF, ENG **[16145]**

NOURBOURN : PRE 1840, Manchester, LAN, ENG **[31676]** : Margaret, 1852, Lowell, MA, USA **[31676]**

NOVAGLIA : ALL, Bianzane, ITL **[44256]**

NOWELL : Caroline, 1808, Exmouth, DEV, ENG **[34924]** : 1775-1825, Bitton, GLS, ENG **[46503]** : 1700-1900, Wick, GLS, ENG **[46503]** : C1777, Shoreditch, LND, ENG **[12728]** : ALL, London, MDX, ENG **[41077]** : ALL, Bath, SOM, ENG **[41077]** : ALL, Combe Down, SOM, ENG **[42518]** : C1660+, Box, WIL, ENG **[13004]**

NOWLAN : 1837+, Boorowa, NSW, AUS **[11763]** : 1860+, Fish River & Reids Flat, NSW, AUS **[11763]** : C1835, Sydney, NSW, AUS **[29479]** : C1820, Kells, KID, IRL **[29479]** : 1830, Doon, LIM, IRL **[34626]** : C1812, Hollymount, MAY, IRL **[29479]** : John, 1790+, TIP, IRL **[11763]** : Lawrence, C1808+, CAR, IRL & AUS **[10998]**

NOWLAND : Johanna, 1852-1875+, Lochinvar & Gunnedah, NSW, AUS **[10998]** : Lawrence, PRE 1875+, Tamworth & Gunnedah, NSW, AUS **[10998]** : Mary, PRE 1800, East London, LND, ENG **[19258]**

NOWLEY : ALL, GLS, ENG **[11860]**

NOXON : 1666+, NY, USA **[23872]**

NOYE : 1570-1700, St.Just in Penwith, CON, ENG **[36435]**

NOYES : 1790+, LND, ENG **[38970]** : 1890S, Lowell, MA, USA **[34112]**

NUCATOR : PRE 1781, Dundee, ANS, SCT **[46251]**

NUD : C1723, Grisleham, SFK, ENG **[38285]**

NUGATOR : Amelia, 1790 Chatham, KEN, ENG **[10318]**
NUGENT : 1840+, Sydney, NSW, AUS **[12786]** : 1840+, Wagga Wagga, NSW, AUS **[12786]** : 1840+, Yass, NSW, AUS **[12786]** : PRE 1900, Tarnagulla, VIC, AUS **[42296]** : 1800-1900, London, MDX, ENG **[30302]** : 1900+, Newcastle-upon-Tyne, NBL, ENG **[37713]** : 1800-1840, Kingstown, DUB, IRL **[12786]** : PRE 1900, Bodal, KIK, IRL **[11366]** : PRE 1850, Ardagh, LIM, IRL **[11684]** : PRE 1830, Hospital, LIM, IRL **[42913]** : ALL, Clonlost, WEM, IRL **[19844]** : 1800-1860, Slievecorragh, Baltinglass, WIC, IRL **[20919]**
NULTY : ALL, WORLDWIDE **[14029]**
NUMMEY : 1700+, Newry, DOW, IRL **[21038]**
NUNAN : C1860, Cahirciveen, KER, IRL **[32071]**
NUNES : ALL, London, MDX, ENG **[40752]**
NUNES-CARDOZO : 1663, London, MDX, ENG **[40752]**
NUNLEY : 1800+, Raunds, NTH, ENG **[31720]**
NUNN : 1840+, Sydney, NSW, AUS **[10394]** : 1780+, London, ENG **[25070]** : ALL, LND, ENG **[10846]** : John, C1812+, Southwark, LND, ENG **[10846]** : William, 1810-1870, NFK, ENG **[38707]** : 1770S, Bungay, SFK, ENG **[28060]** : PRE 1850, Buxhall & Ipswich, SFK, ENG **[45489]** : 1810+, Chevington, SFK, ENG **[38674]** : PRE 1817, Glemsford, SFK, ENG **[22743]** : PRE 1750, Hargrave, SFK, ENG **[38674]** : PRE 1770, Huntingfield, SFK, ENG **[21594]** : PRE 1800, Whepstead, SFK, ENG **[38674]**
NUNNERY : PRE 1900, LND & MDX, ENG **[39312]**
NURGE : 1570-1871, Dohreen, WEF, GER **[24252]**
NURSE : 1850+, Jarrow, DUR, ENG **[37213]** : 1850+, South Shields, DUR, ENG **[37213]** : 1870-1910, Horwich, LAN, ENG **[29447]** : 1845-1903, Westminster, MDX, ENG **[17420]** : ALL, NFK, ENG **[37213]** : PRE 1900, West Dereham, NFK, ENG **[29447]** : ALL, Weybourne, NFK, ENG **[37213]** : 1800+, Brighton, SSX, ENG **[25529]** : ALL, Llanelly, CMN, WLS **[44007]**
NURSS : 1800, London, SRY, ENG **[40608]**
NUTBROWN : 1600+, Howden, ERY, ENG **[42092]**
NUTCHE : ALL, WORLDWIDE **[12539]**
NUTCHEY : 1800-1900, SRY, ENG **[26399]** : 1800+, Beverley, YKS, ENG **[26399]** : ALL, WORLDWIDE **[12539]**
NUTCHIE : ALL, WORLDWIDE **[12539]**
NUTCHY : ALL, WORLDWIDE **[12539]**
NUTH : 1650+, London, ENG **[17933]**
NUTHALL : PRE 1850, NFK, ENG **[28275]** : PRE 1900, Worksop, NTT, ENG **[18521]**
NUTMAN : 1800+, Ilford, ESS, ENG **[99177]**
NUTT : 1700-1900, Burnham, BKM, ENG **[35561]** : Thomas, 1740-1800, Faversham, KEN, ENG **[15564]** : Hassall, C1754, Blaby, LEI, ENG **[41185]** : Mary Ann, C1886, Edmonton, MDX, ENG **[33766]** : PRE 1800, Somerton & Bristol, SOM, DEV & GLS, ENG **[44319]** : PRE 1860, Belfast, ANT, IRL **[42874]**
NUTTALL : 1884+, Melbourne, VIC, AUS **[22536]** : Joseph, PRE 1900, DBY, ENG **[42808]** : Catherine, PRE 1900, DBY, ENG **[42808]** : Mary Ann, 1815+, Derby, DBY, ENG **[25700]** : Josephine, 1926+, KEN, ENG **[44019]** : Peter Ronald, 1932+, KEN, ENG **[44019]** : PRE 1900, LAN, ENG **[22536]** : ALL, Farnworth, LAN, ENG **[42209]** : 1800+, Haslingden Grane, LAN, ENG **[21038]** : Jane, PRE 1860S, Liverpool, LAN, ENG **[40057]** : PRE 1890, Rochdale, LAN, ENG **[23704]** : 1800, Yate & Pickup Bank, LAN, ENG **[21038]** : Anna Isabella, 1850+, NBL, ENG **[41948]** : ALL, NTT, ENG **[41370]** : John E., 1840-1950, Birmingham, WAR, ENG **[17105]** : PRE 1890, Bradford, WRY, ENG **[46463]** : PRE 1900, Bradford, YKS, ENG **[46463]** : 1860+, Chester, PA, USA **[22536]**
NUTTER : 1840+, Chorlton, LAN, ENG **[46229]** : 1800S, Halifax, YKS, ENG **[46358]** : 1800S, Boston, MA, USA **[46358]** : ALL, WORLDWIDE **[36188]**
NYCSON : PRE 1639, Norwich, NFK, ENG **[15521]**

NYE : 1850+, AUS **[40816]** : ALL, KEN, ENG **[39564]** : PRE 1900, KEN, ENG **[30446]** : George F., 1920+, Tonbridge & Brighton, KEN & SSX, ENG **[40505]** : George, 1867+, Brighton, SSX, ENG **[40505]** : Ellen, 1874+, Brighton, SSX, ENG **[40505]** : Barbara V.B., 1924+, Brighton, SSX, ENG **[40505]** : Frederick, 1810-2004, Preston & Brighton, SSX, ENG **[40505]** : PRE 1790, Upper Beeding, SSX, ENG **[22409]**
NYHAN : 1800+, Dunmanway, COR, IRL **[44175]**
NYXSON : PRE 1639, Norwich, NFK, ENG **[15521]**
==
Note: Surnames commencing with O' are together at the beginning of O. It is essential to also check in the alpha order following the O' names e.g. ODELL (without an apostrophe) is found after ODDY.
==
O'BEIRNE : Agnes, 1840-1860, ROS, IRL **[40996]**
O'BEIRNE (see : Beirne), **[12653]**
O'BLENIS : 1780+, NB, CAN **[16681]** : John & Mary, 1710-1820, Harlem, NY, USA **[16681]**
O'BRIAN : Chas Patrick, PRE 1947, IND **[10441]**
O'BRIEN : Michael, C1870, Boorowa, NSW, AUS **[10314]** : James, 1864-1912, Crookwell, NSW, AUS **[99026]** : 1850+, Forbes, NSW, AUS **[12904]** : Thomas, 1860+, Forbes & Cupal, NSW, AUS **[46391]** : William, 1876+, QLD, AUS **[25654]** : John, 1883, Brisbane, QLD, AUS **[32471]** : 1860+, Moggill, QLD, AUS **[34438]** : 1850+, Rosewood, QLD, AUS **[13994]** : Thomas, 1869+, VIC, AUS **[12950]** : C1870, Ballarat, VIC, AUS **[98674]** : 1850+, Muckleford, VIC, AUS **[11802]** : Annie, 1865, Shepparton, VIC, AUS **[99177]** : Thomas, ALL, Shepparton, VIC, AUS·**[99177]** : C1860+, Wangaratta, VIC, AUS **[36751]** : 1800-1900, Cootamundra, NSW, AUS & IRL **[39229]** : Theo, 1840+, Brislington, SOM, ENG **[33443]** : Alfred, 1800S, Dublin, IRL **[10441]** : 1820-90, Dublin, IRL **[21669]** : Jane, 1810+, Limerick, IRL **[10049]** : PRE 1860, Portadown, ARM, IRL **[34438]** : Esther, 1864, Redhills, CAV, IRL **[27666]** : ALL, CLA, IRL **[44815]** : ALL, CLA, IRL **[25702]** : John, 1850S, Ennistymon, CLA, IRL **[32471]** : C1818, Killinaboy, CLA, IRL **[37880]** : PRE 1840, Oatfield O'Callaghans Mills, CLA, IRL **[10705]** : Margaret, 1860-77, Rineen & Milltown Malbay, CLA, IRL **[32471]** : Patrick, C1820, COR, IRL **[25654]** : PRE 1870, Cork City, COR, IRL **[14348]** : 1800-1880, Meenacladdy, DON, IRL **[46201]** : Ellen, 1840+, Newtown, DRY & DON, IRL **[13828]** : 1820-90, Banagher, DUB, IRL **[21669]** : PRE 1860, Galway, GAL, IRL **[20974]** : 1850+, Tralee, KER, IRL **[33245]** : Patrick, PRE 1864, Clohastin, KIK, IRL **[13868]** : PRE 1880, Graigvenamand, KIK, IRL **[13868]** : C1820, Monaghan, MOG, IRL **[12904]** : PRE 1877, SLI, IRL **[31597]** : Matthew, C1840, TIP, IRL **[30653]** : PRE 1857, TIP, IRL **[39058]** : PRE 1870, Birdhill, TIP, IRL **[98674]** : Thomas, 1800+, Cappawhite, TIP, IRL **[13828]** : John, C1867, Clonmel, TIP, IRL **[22618]** : PRE 1900, Donaskeigh, TIP, IRL **[13994]** : PRE 1900, Drangan, TIP, IRL **[41785]** : PRE 1900, Mullinahone, TIP, IRL **[41785]** : Patrick, 1800+, Killaloe & Ballina, TIP & CLA, IRL **[42479]** : 1700+, TYR, IRL **[44409]** : C1897, Old Bridge, WAT, IRL **[22618]** : John, PRE 1915, Waterford, WAT, IRL **[22618]** : Terence, 1801-1887, Kilmanaheen, CLA, IRL & AUS **[29867]** : Alice, C1830-1850, CLA & VIC, IRL & AUS **[11912]** : 1900+, NZ **[21712]** : 1900+, Lower Hutt, Wellington, NZ **[30527]** : ALL, Fall River, USA **[31597]**
O'BRIEN (see CAT I: : Subjects), **[32471]**
O'BYRNE : John, 1880-1891, Sydney & Woollahra, NSW, AUS **[45806]**
O'CALLAGHAN : ALL, VIC, AUS **[13231]** : 1850-1950, Melbourne, VIC, AUS **[20770]** : 1800S, CLA, IRL **[12121]** : 1900, Cappamore, LIM, IRL **[20401]** : Hannah, 1820+, SLI, IRL **[27936]** : 1840, WORLDWIDE **[20401]**
O'CAVANAGH : 1850+, Mile End, LND, ENG **[30281]** : 1800S, Banagher, OFF, IRL **[30281]**

O'CONNELL : Thomas, 1883+, Oakey, QLD, AUS **[40505]** : 1861+, Geelong, VIC, AUS **[12223]** : Ellen Boyd, 1800+, Landsborough, VIC, AUS **[99177]** : Philipp, 1875+, Lodden Valley, VIC, AUS **[13000]** : Phillippe, 1860+, Moliagul, Sandhurst & Boort, VIC, AUS **[13000]** : PRE 1861, IRL **[12223]** :John, 1800, CLA, IRL **[46325]** : 1800S, Mallow, COR, IRL **[28140]** : 1785, Munster & KER, IRL **[99433]** : 1840S, Ethea, LIM, IRL **[25725]** : John, 1841, TIP, IRL **[99177]** : Phillippe, PRE 1860, TIP, IRL **[13000]** : PRE 1850, Bansbec, TIP, IRL **[20974]**

O'CONNOR : Michael, 1893+, Cobar, NSW, AUS **[31762]** : Geo & Harold, 1895+, Cobar, NSW, AUS **[31762]** : Jane, 1900, Cobar, NSW, AUS **[11763]** : Daniel, 1938+, Garden City, NSW, AUS **[31762]** : Patrick, 1938+, Revesby, NSW, AUS **[31762]** : Daniel, 1830, Sydney, NSW, AUS **[10049]** : 1860+, Sydney, NSW, AUS **[11270]** : Murray, 1920+, Sydney, NSW, AUS **[42226]** : John, 1859+, Bendigo, VIC, AUS **[31762]** : Terence, 1840+, Berwick, VIC, AUS **[99183]** : Patrick, PRE 1864, Eaglehawk, VIC, AUS **[31762]** : 1850+, Waterloo, ONT, CAN **[15521]** : Timothy, 1800+, Woolwich, KEN, ENG **[12653]** : ALL, Westminster, LND, ENG **[28585]** : 1800-1880, IRL **[39229]** : 1890+, Dublin, IRL **[37713]** : 1860, Belfast, ANT, IRL **[26822]** : Mary, C1844, CLA, IRL **[36592]** : 1800+, Feakle & Tulla, CLA, IRL **[41239]** : James, C1830, COR, IRL **[14252]** : William, C1853, COR, IRL **[14252]** : PRE 1850, DOW, IRL **[31297]** : PRE 1900, Struel, DOW, IRL **[97805]** : Ann, 1820+, GAL, IRL **[41089]** : PRE 1863, Oughterard, GAL, IRL **[25725]** : 1850S, KER, IRL **[22743]** : ALL, KER, IRL **[39694]** : Mary, C1835, KER, IRL **[11698]** : PRE 1859, Killorglin & Dingle, KER, IRL **[46251]** : 1840S, Kilcolman, LIM, IRL **[21889]** : 1820+, ROS, IRL **[41089]** : PRE 1850, Elphin, ROS, IRL **[15521]** : PRE 1863, Cloughjordan, TIP, IRL **[10317]** : PRE 1830, Rathdrum, WIC, IRL **[11866]** : 1883-2005, Wellington, WTN, NZ **[46251]** : 1880S, Rensselaer, NY, USA **[22743]**

O'DANIEL : Margaret, C1835, IRL & ENG **[44314]**

O'DAY : 1800-1850, Birr, OFF, IRL **[12408]**

O'DEA : PRE 1820, Saint Johns, NFD, CAN **[29774]** : C1700-C1835, CLA, IRL **[10367]** : ALL, Lissycasey, CLA, IRL **[21173]** : 1800S, Birr & Parsonstown, OFF, IRL **[30701]** : C1820-60, Boherard & Ballyedmond, LEX & VIC, IRL & AUS **[11912]** : Joseph, C1820-60, Ballyedmond & Boherard, LEX, IRL & IOM **[11912]**

O'DEY : 1800-1850, Birr, OFF, IRL **[12408]**

O'DOHERTY (see : Doherty), **[12653]**

O'DONNELL : 1900+, QLD, AUS **[13853]** : 1860S+, Bendigo, VIC, AUS **[12327]** : 1840-1940, Deptford, KEN, ENG **[45863]** : 1790+, Kilmallock, LIM, IRL **[34641]** : PRE 1860, Clogheen & Burncourt, TIP, IRL **[12327]**

O'DONOGHUE : Daniel, 1850+, Queenstown, COR, IRL **[17637]**

O'DONOHUE : 1800+, CLA, IRL **[28134]** : PRE 1865, Carroll, CLA, IRL **[28134]** : 1850+, Drimoleague & Skibbereen, COR, IRL **[13828]** : Thomas, C1810+, Curraghchase, LIM, IRL **[14672]** : Helen, 1831+, Kildimo, LIM, IRL **[14672]** : Mary, 1842+, Stonehall & Kilcornan, LIM, IRL **[14672]** : Bridget, 1838-1897, Stonehall Kilcornan, LIM & VIC, IRL & AUS **[14672]**

O'DOWD : C1836-1870, FER, IRL **[10460]**

O'DRISCOLL : C1821-1888, COR, IRL **[43052]** : PRE 1900, Cork, COR, IRL **[15929]**

O'DWYER : PRE 1802, Limerick, LIM, IRL **[26306]** : Patrick, C1800+, Dualla & Rathclogh, TIP, IRL **[10998]**

O'FARREL : ALL, Stannum, NSW, AUS **[46323]**

O'FARRELL : 1800-1900, Kildare, KID, IRL & AUS **[45811]**

O'FLAHERTY : 1800+, Camus & Rosmuck, GAL, IRL **[42282]**

O'FLANNAGAN : Patrick, C1800, Limerick City, LIM, IRL **[26430]**

O'FLYNN : ALL, ULSTER, IRL **[42745]**

O'GARA : Mary, C1820, ROS, IRL & AUS **[44314]**

O'GORMAN : Ellen, 1840+, Waterloo, NSW, AUS **[45624]** : Ellen, 1800+, IRL **[45624]**

O'GRADY : 1860-1950, Bendigo & Axedale, VIC, AUS **[46200]** : Bridget, 1840+, Lilydale, VIC, AUS **[39243]** : Patrick, 1834+, Yass, NSW, AUS & IRL **[10470]** : C1850-1900, INDIA **[20660]** : James, 1830+, Sligo, IRL **[36749]** : PRE 1862, CLA, IRL **[21183]** : PRE 1860, Kilmaley, CLA, IRL **[46200]** : 1790+, Dublin, DUB, IRL **[39015]** : C1862, Brutt, LIM, IRL **[45649]** : PRE 1800, Kilballyowen, LIM, IRL **[22536]** : Thomas, 1862+, NZ **[21183]**

O'GREADY : 1832-1879, Limerick, IRL & AUS **[39985]**

O'HAGAN : 1850-1900, Glasgow, LKS & RFW, SCT **[19250]**

O'HALLORAN : 1800+, CLA, IRL **[35444]** : Patrick, 1800+, Tulla, CLA, IRL **[25489]** : 1910-1920, (Japanese P.O.W. Ww2), WLS **[26831]**

O'HANLON : PRE 1850, Portadown, ARM, IRL **[31067]**

O'HARA : Henry, 1866+, Brisbane, QLD, AUS **[45127]** : 1851+, Castlemaine, SA, AUS **[46395]** : Annie Owen, PRE 1930, Tyldesley & Leigh, LAN, ENG **[29447]** : Mary, PRE 1930, Tyldesley & Leigh, LAN, ENG **[29447]** : Annie Owen, PRE 1900, ARM & MOG, IRL **[29447]** : Mary, PRE 1900, ARM & MOG, IRL **[29447]** : 1830-1850, County Cavan, CAV, IRL **[46458]** : Henry, PRE 1866, Killarney, KER, IRL **[45127]** : 1842-1862, LIM, IRL **[15521]**

O'HARE : Felix, 1816-1920, Sydney & Camden, NSW, AUS **[42226]** : Mary, C1880, Haslingden, LAN, ENG **[10937]** : 1830+, DOW, IRL **[46395]** : 1800S, Donaghmore, DOW, IRL **[17637]**

O'HEA : PRE 1900, Derreenavarrihy, COR, IRL **[15929]**

O'HENDLEY : 1800-1900, Inverness, Cape Breton, NS, CAN **[45280]**

O'KEEFE : 1840+, Boorowa, NSW, AUS **[10839]** : PRE 1910, Innisfail, QLD, AUS **[14031]** : 1840+, VIC, AUS **[12270]** : C1869+, Wangaratta, VIC, AUS **[36751]** : 1800+, Cashel, TIP, IRL & AUS **[33921]**

O'KEEFFE : Daniel & Luke, 1854-1873, Albury, NSW, AUS **[10047]** : 1840+, VIC, AUS **[12270]** : John, PRE 1950, CAN **[39395]** : Denis, PRE 1950, CAN **[39395]** : Thomas, PRE 1839+, Lambeth, LND, ENG **[11546]** : PRE 1866, COR, IRL **[39395]** : Luke, 1790+, Maryborough & Douglas, COR, IRL **[10047]** : Thomas, PRE 1856, Bruff, LIM, IRL **[11546]** : Denis, PRE 1950, USA **[39395]**

O'KELLEY : 1690, MA, USA **[41244]**

O'KELLY : PRE 1850, IRL **[27219]**

O'LEARY : 1920+, VIC, AUS **[26341]** : Francis, 1866+, Melbourne, VIC, AUS **[46217]** : 1920+, ENG & NZ **[24382]** : William, PRE 1860, Ballyhook, COR, IRL **[10918]** : 1850+, Castleisland, KER, IRL **[33245]** : 1831+, MOG, IRL **[46217]** : 1850-1870, Evanston, IL, USA **[22683]**

O'LEARY (see : Subjects I:), **[10918]**

O'LOUGHLIN : 1849-1860, Bong Bong, NSW, AUS **[46468]** : 1860+, Taralga, NSW, AUS **[46468]** : ALL, Carran, CLA, IRL **[46468]** : 1800+, Feakle & Tulla, CLA, IRL **[41239]** : PRE 1850, Kilshanny, CLA, IRL **[33846]** : PRE 1850, Kinvara, GAL, IRL **[25640]**

O'LOUGHNAN : 1800+, Feakle & Tulla, CLA, IRL **[41239]**

O'MADDEN : 1600+, WORLDWIDE **[20824]**

O'MALLEY : 1840+, Bendigo, VIC, AUS **[39891]** : PRE 1840, IRL **[39891]**

O'MARA : C1850, Belfast, VIC, AUS **[25658]** : 1795, Rathdowney, LEX, IRL **[31453]** : C1830, LIM, IRL **[25658]** : 1850S, Cincinnati, OH, USA **[35876]**

O'MAY (see One Name Section) [46407]

O'MEARA : John, 1900, (Forgeland) Mountrath, LEX, IRL **[26823]**

O'MEY : ALL, WORLDWIDE **[46407]**

O'MULLANE : C1800, Cork, COR, IRL **[11319]**
O'NEALE : James, 1809+, Windsor & Parramatta, NSW, AUS **[10272]**
O'NEIL : Thomas, 1900+, Orange, NSW, AUS **[11745]** : James, 1868+, Ballarat, VIC, AUS **[11745]** : Ellen, 1857-1914, London, ENG **[37633]** : PRE 1900, ENG & WLS **[27219]** : PRE 1840, Limerick, IRL **[12710]** : PRE 1840, Limerick, IRL **[12710]** : 1840-1860, Skibbereen, COR, IRL **[97805]** : James, 1840-1865, Barna, GAL, IRL **[14627]** : Bryan, 1789, Ballyneale, KIK, IRL **[13347]** : PRE 1840, LDY, IRL **[16757]** : Ellen, PRE 1820, MOG, IRL **[33085]** : 1870+, WEM, IRL & USA **[46367]** : 1840+, Lanark, LKS, SCT **[16757]**
O'NEILL : 1842-1850S, NSW, AUS **[45541]** : Owen, 1857-1922, Crookwell, NSW, AUS **[99026]** : Peter, 1853+, Gilgandra, NSW, AUS **[31762]** : C1840, Mcleay River, NSW, AUS **[13347]** : C1900, Mullumbimby, NSW, AUS **[13347]** : 1888+, Stroud, NSW, AUS **[36607]** : PRE 1950, Adelaide, SA, AUS **[13994]** : James Henry, PRE 1867, Mersey, TAS, AUS **[45833]** : 1869+, VIC, AUS **[12481]** : James Wren, 1870S, Seymour, VIC, AUS **[45541]** : Patrick, 1800+, Louth, LIN, ENG **[41425]** : PRE 1930, Bow, LND, ENG **[19345]** : 1870+, Bentham & Barnoldswick, YKS, ENG **[36299]** : C1820+, IRL **[36299]** : PRE 1900, Dublin, IRL **[29024]** : PRE 1900, ANT, IRL **[99570]** : 1834+, Kilmore, CLA, IRL **[28098]** : 1800+, Fermoy, COR, IRL **[30527]** : PRE 1840, LDY, IRL **[16757]** : 1840+, MEA, IRL **[12481]** : Lewis, ALL, Tobercurry, SLI, IRL **[41425]** : Isabella Ann, PRE 1894, Tobercurry, SLI, IRL **[41425]** : Owen Eugene, PRE 1890, TYR, IRL **[15485]** : 1850+, WEX, IRL **[30527]** : ALL, Kilmore, WEX, IRL **[35561]** : 1830S, Powerscourt, WIC, IRL **[10209]** : Peter, C1792-1869, Queens Co. & WIC, IRL **[10367]** : 1830-1870S, IRL & AUS **[45541]** : John, 1830S-1900, Ballymacrow & South Melbourne, WIC & VIC, IRL & AUS **[11912]** : 1870+, WEM, IRL & USA **[46367]** : 1800+, RSA **[41425]** : Alice, C1850, Glasgow, LKS, SCT **[30310]** : 1840+, Lanark, LKS, SCT **[16757]** : ALL, Edinburgh, MLN, SCT **[21418]** : ALL, Greenock, RFW, SCT **[42676]** : Agnes, C1909, Greenock, RFW, SCT **[42676]** : Robert Emmet, 1920, Chicago, IL, USA **[35561]** : Eugene, PRE 1904, Chicago, IL, USA **[35561]** : Percy Richard, 1920, St.Paul, MN, USA **[35561]**
O'NEILLE : James, 1840-1865, Barna, GAL, IRL **[14627]**
O'PEIL : Ellen, 1861-1930, Donaghadee, DOW, IRL **[99545]**
O'PRAY : ALL, ENG **[19050]** : ALL, IRL **[19050]**
O'RAFFERTY : 1850+, ARM, IRL **[20862]**
O'RAWE : ALL, ULSTER, IRL **[42745]**
O'REGAN : 1830-1879, Buttevant & Churchtown, COR, IRL **[31761]** : 1879+, Invercargill, NZ **[31761]**
O'REILLY : 1872+, Bathurst, NSW, AUS **[40135]** : John, PRE 1886, Geevestion, TAS, AUS **[10361]** : Mary, PRE 1830, Canningstown, CAV, IRL **[42479]** : Terence, 1800S, DUB, IRL **[25616]** : 1800-1900, MEA, IRL **[22114]** : 1800+, MOG, IRL **[46430]** : 1800-1900, Albany, CAPE, RSA **[22114]**
O'RIORDAN : PRE 1869, IRL **[44175]**
O'RORKE : 1860-1950, Newton, AK, NZ **[46338]** : 1900S, Johanesburg, RSA **[12467]** : Luke, PRE 1927, Johanesburg, RSA **[12467]**
O'ROURKE : 1850+, Boorowa, NSW, AUS **[11572]** : PRE 1850, Limerick, LIM, IRL **[12710]** : PRE 1850, OFF, IRL **[11572]** : Daniel, 1800-1876, IRL & AUS **[46225]** : 1860-1950, Newton, AK, NZ **[46338]**
O'SHANNESSY : PRE 1850, Limerick, LIM, IRL **[12710]**
O'SHAUGHNESSY : Johanna, ALL, AUS **[10664]** : Patrick, 1840S, Oatfield O'Callaghans Mills, CLA, IRL **[10705]** : PRE 1840, Tulla, CLA, IRL **[10664]**
O'SHEA : 1907-13, Adelaide, SA, AUS **[27719]** : 1892+, Mirboo North, VIC, AUS **[27719]** : 1905+, Kalgoorlie & Perth, WA, AUS **[27719]** : 1850+, Queenstown, COR, IRL **[46339]** : George Wm, PRE 1862, Tralee, KER,

IRL **[27719]** : John Mason, PRE 1868, Tralee, KER, IRL **[27719]**
O'SULLIVAN : 1875+, Sydney, Newcastle, Dubbo & Hay, NSW, AUS **[10340]** : C1850, Uralla, NSW, AUS **[13869]** : Maurice Jos., C1880+, Brisbane, QLD, AUS **[26434]** : Matthew, C1862+, Ipswich & Warwick, QLD, AUS **[26434]** : Michael, 1875+, Roma, QLD, AUS **[13869]** : 1870-1990, Toowoomba, QLD, AUS **[23523]** : Laura May, 1890+, Moonee Ponds, VIC, AUS **[39160]** : PRE 1900, Warrnambool, VIC, AUS **[12710]** : 1830-1910, London, ONT, CAN **[23523]** : Honorah, C1845, COR, IRL **[41270]** : 1800-1920, Hillstreet, Cork, COR, IRL **[24902]** : 1800+, Nad & Lyre, COR, IRL **[24902]** : 1800S, Killarney, KER, IRL **[13091]** : PRE 1800, Killorglin, KER, IRL **[13869]** : 1780-1870, Rathmore, KER, IRL **[23523]** : 1830-1870, Tralee, KER, IRL **[97805]** : Patrick, C1840+, Tralee, KER, IRL **[26434]** : PRE 1880, Limerick City, LIM, IRL **[12710]** : PRE 1900, WAT, IRL **[29024]** : T.D., PRE 1850, Tramore, WAT, IRL & AUS **[34249]** : PRE 1880, Blenheim, NLN, NZ **[97805]**
O'TOOLE : 1876+, AUS **[26301]** : C1851+, Salisbury West & Bendigo, VIC, AUS **[36751]** : ALL, IRL **[26301]** : C1900, Dublin, IRL **[21916]** : PRE 1827, WEX, IRL **[25640]** : Simon, 1840-1907, LIM & VIC, IRL & AUS **[39243]** : ALL, WORLDWIDE **[44996]**

===

Note: Surnames commencing with O' are together at the beginning of O. It is essential to also check in the alpha order following the O' names e.g. ODELL (without an apostrophe) is found after ODDY.

===

OAG : 1780-1880, Hobart, TAS, AUS & UK **[21423]** : 1850-1920, Home Hill, AUS, NZ & SCT **[21423]** : 1700S, Wick, CAI, SCT **[11043]**
OAK-HANCOCK : ALL, ENG **[38575]**
OAKDEN : PRE 1810, DBY, ENG **[28660]** : PRE 1850, Manchester, LAN, ENG **[34612]** : PRE 1840, Stoke on Trent, STS, ENG **[34612]**
OAKENFOLD : ALL, WORLDWIDE **[19744]**
OAKENFOLD (see One Name Section) [19744]
OAKENFULL : ALL, WORLDWIDE **[19744]**
OAKENFULL (see One Name Section) [19744]
OAKES : ALL, Congleton, CHS, ENG **[31116]** : 1700-1900, Hatherton & Nantwich, CHS, ENG **[13546]** : John W., 1832+, LAN, ENG **[11158]** : Mary Ann, 1874-1938, Westhoughton, LAN, ENG **[11158]** : Edwin, 1880+, Kensington, MDX, ENG **[46400]** : Thomas, 1900, OH, USA **[11158]**
OAKLEIGH : 1800S, KEN, ENG **[11690]**
OAKLEY : Alexander, 1880+, Port Adelaide, SA, AUS **[14346]** : 1790-1850, New Norfolk & Glenorchy, TAS & VIC, AUS **[39227]** : 1940+, Toronto, ONT, CAN **[42782]** : ALL, ENG **[26686]** : 1700-1800, West Ilsley, BRK, ENG **[39271]** : PRE 1800, DEV, CON & SOM, ENG **[27066]** : 1650-1750, ESS, ENG **[39522]** : 1700-1850, Medstead, HAM, ENG **[17907]** : ALL, Stoke Edith & Tarrington, HEF, ENG **[44138]** : 1750S, St.Albans, HRT, ENG **[16980]** : 1800+, Walsall, LND, ENG **[46357]** : PRE 1850, Scarning, NFK, ENG **[25559]** : 1800-99, Yapton, SSX, ENG **[20057]** : 1850-1900, Chesterton, STS, ENG **[28948]** : 1700S, Penkridge, STS, ENG **[28948]** : 1700+, Beoley, WOR, ENG **[14672]** : James, 1750+, Dudley, WOR, ENG **[11587]**
OAKMAN : PRE 1853, CAM, ENG **[14029]**
OAKWELL : PRE 1918, LND, ENG **[36624]** : PRE 1918, Islington, MDX, ENG **[36624]** : PRE 1918, Bath, SOM, ENG **[36624]**
OAMGEE : PRE 1850, Bethnal Green, MDX, ENG **[38987]**
OATES : PRE 1880, Blackwood, VIC, AUS **[33704]** : 1800+, Redruth, CON, ENG **[11918]** : PRE 1800, St.Just, CON, ENG **[11873]** : 1700-1902, Hull & Alston, ERY & CUL, ENG **[17642]** : 1853, Bentley, YKS, ENG **[44726]** : 1800-1900, Norton & Sheffield, YKS, ENG

[45070] : 1750+, Welbury, YKS, ENG **[40042]** : PRE 1900, IOM **[43844]**

OATIS (see OTIS) : **[15301]**

OATS : 1875+, Chiltern, VIC, AUS **[12237]** : 1780-1870, Camborne, CON, ENG **[13447]** : 1600-1850, Penwith, CON, ENG **[27678]** : 1850S, St.Just, CON, ENG **[12237]** : PRE 1800, St.Just, CON, ENG **[11873]** : 1650-1800, St.Just in Penwith, CON, ENG **[36435]**

OATY : 1600S, Cam, GLS, ENG **[13731]**

OBANK : 1600-2005, YKS, WORLDWIDE **[43877]**

OBEE : C1900, Newmarket, ONT, CAN **[16513]** : 1800S, Maidstone, KEN, ENG **[16513]** : ALL, Marden & Yalding, KEN, ENG **[41146]**

OBER : Wm, 1590S, Abbotsbury, DOR, ENG & USA **[22796]**

OBERIN : C1840S, Enschede, HAN, GER & AUS **[35240]**

OBERSDORF : Nicolas, PRE 1820, Bettingen, BAD, GER **[41041]**

OBERTELLI : ALL, ENG **[27514]**

OBRIEN : PRE 1821, Ennis, CLA, IRL **[98674]** : Thomas, 1800+, Limerick, COR, IRL **[10049]**

OCHILTREE : 1845+, LND, ENG **[46447]**

OCKENDEN : 1830+, London, MDX, ENG **[16010]** : ALL, Bexhill, SSX, ENG **[16010]** : 1830+, Brighton, SSX, ENG **[16010]** : 1600-1900, Albourne, Cheam & Ewell, SSX & SRY, ENG **[17236]**

OCOCK : 1750S, Silverton, DEV, ENG **[34140]**

OCONNOR : PRE 1866, TIP, IRL **[11866]**

ODDEY (see ODDY) : **[18236]**

ODDIE (see ODDY) : **[18236]**

ODDY : 1800-1930, Lymm, CHS, ENG **[21129]** : PRE 1790, Batley & Birstall, WRY, ENG **[18236]** : 1790-1860, Birstall & Spen Valley, WRY, ENG **[18236]** : 1740-1900, Halifax, Shelf & Environs, WRY, ENG **[44241]** : C1780, Hampsthwaite & Spofforth, WRY, ENG **[11425]** : 1842+, Huddersfield, WRY, ENG **[18236]**

ODDY (see One Name Section) **[18236]**

ODELL : 1800-1900, Houghton Regis, BDF, ENG **[18670]** : ALL, Ballynahill, LIM, IRL **[44256]**

ODGER : ALL, WORLDWIDE **[35638]**

ODGER (see AUGER One : **Name Section)**, **[35638]**

ODGERS : John, PRE 1720, Lanhydrock, CON, ENG **[39471]** : PRE 1680, Stithians, CON, ENG **[46251]** : 1700S, Wendron, CON, ENG **[11582]** : 1900+, Napier, NZ **[46360]** : ALL, WORLDWIDE **[35638]**

ODY : 1850-1914, NSW, AUS **[46371]** : 1846+, Cheltenham, GLS, ENG **[27719]** : C1816, Chippenham, WIL, ENG **[27719]**

OESCHGER : ALL, WORLDWIDE **[22422]**

OESCHLE : PRE 1832 Wuertemberg BAW BRD **[25725]**

OETKE : 1750-1900, Luneberg, HAN, GER **[12144]**

OFFEN : PRE 1700, KEN, ENG **[19270]** : PRE 1847, Dover, KEN, ENG **[36072]** : PRE 1700, SSX, ENG **[19270]**

OFFICER : 1848+, Kelso, OTG, NZ **[20965]** : 1848+, Waitati, OTG, NZ **[20965]** : PRE 1880, Montrose, ANS, SCT **[20965]** : ALL, SCT & NZ **[46393]**

OFFIELD : ALL, WORLDWIDE **[17977]**

OFFILER : Wm & Eliz., 1810-1881, Radford, NTT, ENG **[10203]**

OFIELD : 1780+, LEI & RUT, ENG **[37156]** : ALL, WORLDWIDE **[17977]**

OFSTIE : 1880+, MN, USA **[99570]**

OGDEN : John, PRE 1850, (Sea Captain), ENG **[19415]** : PRE 1850, London, ENG **[15715]** : 1700S+, Ashton under Lyne, LAN, ENG **[10893]** : 1800+, Salford & Manchester, LAN, ENG **[19415]** : PRE 1750, WRY, ENG **[35619]** : PRE 1800, Wakefield, YKS, ENG **[19415]** : 1800-1900, Saddleworth, YKS, LAN & CHS, ENG **[18726]** : 1786, St.Marys Co.., MD, USA **[32203]** : 1600S, Elizabethtown, NJ, USA **[15521]**

OGILVIE : 1855+, Mount Lindsey, QLD, AUS **[46280]** : 1800-1900, NBL, ENG **[32882]** : 1800-1850S, Killybegs, DON, IRL **[46300]** : ALL, Dundee, ANS, SCT **[46329]**

OGILVY : ALL, Dundee, ANS, SCT **[46329]** : John, 1739-1826, Kirriemuir, ANS, SCT **[99093]** : PRE 1900, Bendochy & Blairgowrie, PER & ANS, SCT **[43842]** : 1600S, SHI, SCT **[11411]**

OGLETHORPE : 1874+, Bathurst & Sunny Corner, NSW, AUS **[45078]**

OGRADY : 1850+, Balmain, NSW, AUS **[11229]** : C1750-1850, Mayo, MAY, IRL **[11229]**

OHM : ALL, Milow & Rathenow, PRE, GER **[42226]**

OKE : ALL, CON, ENG **[99036]** : Margaret, PRE 1805, Launceston, CON, ENG **[36665]** : PRE 1850, Exeter, DEV, ENG **[45146]** : PRE 1800, Sherborne, DOR, ENG **[16269]**

OKEEFFE : PRE 1817, Ennis, CLA, IRL **[98674]**

OKILL : PRE 1850, Chatham, KEN, ENG **[21175]** : PRE 1800, Tonbridge, KEN, ENG **[21175]**

OKINS : 1700, Hardwick, CAM, ENG **[44105]**

OLAUGHLIN : 1700-1847, Glenarm, ANT, IRL **[15301]**

OLCKERS : PRE 1735, Rendsburg, SHO, BRD **[29001]**

OLD : 1840+, Millthorpe, NSW, AUS **[29961]** : 1816+, Stoke Goldington, BKM, ENG **[41037]** : ALL, Aston Tirrold, BRK, ENG **[18168]** : 1600-1750, CON, ENG **[21597]** : 1630-1730, Constantine, CON, ENG **[12318]** : PRE 1648, St.Merryn, CON, ENG **[46251]** : PRE 1850, DOR, ENG **[45881]** : 1850-1915, Greenwich, LND, ENG **[42166]** : 1850-1915, New Eltham, LND, ENG **[42166]** : ALL, SOM, ENG **[42166]** : PRE 1840, Dinnington, SOM, ENG **[29961]** : 1700+, Kingston, SOM, ENG **[11085]**

OLDBURY : 1700-1900, Nottingham, NTT, ENG **[21504]** : 1700-1900, WAR, ENG **[21504]**

OLDE : 1800+, Bathurst, NSW, AUS **[11085]** : 1840+, Millthorpe, NSW, AUS **[29961]** : 1800+, Sydney, NSW, AUS **[11085]**

OLDEN : 1900+, Truro, NS, CAN **[16145]** : 1850+, Leighton Buzzard, BDF, ENG **[16145]** : 1850+, Ridgemount, BDF, ENG **[16145]** : 1700-1800, Frampton Cotterell, GLS, ENG **[16145]**

OLDER : 1700+, SSX, ENG **[18895]** : 1700-1800, Easebourne, SSX, ENG **[36950]** : 1700-1800, Iping, SSX, ENG **[36950]**

OLDERSHAW : PRE 1700, LEI, ENG **[12707]** : 1700-1800, Stapleford, NTT, ENG **[22070]**

OLDERY : 1800+, DEV, ENG **[17000]**

OLDFEILD : John, C1790, Old Brampton, DBY, ENG **[20542]**

OLDFIELD : PRE 1900, Coonamble, NSW, AUS **[28210]** : Sarah Anne, 1800+, CAM, ENG **[21915]** : 1750-1880, LAN, ENG **[41573]** : Eliza Jane, 1862+, Warrington, LAN, ENG **[11731]** : PRE 1800, WRY, ENG **[31316]** : James, PRE 1806+, Skipton, WRY, ENG **[13229]**

OLDHAM : John, 1787, London, ENG **[30111]** : PRE 1900, Hyde, CHS, ENG **[45176]** : 1700-1900, LAN, ENG **[19368]** : Edmund, 1790+, Rochdale, LAN, ENG **[45853]** : Samuel, 1826+, Rochdale, LAN, ENG **[45853]** : 1750+, Rochdale & Liverpool, LAN, ENG **[45853]** : PRE 1920, Lincoln, LIN, ENG **[18042]** : 1820+, Attenborough, NTT, ENG **[21131]** : 1650-1850, Melton, SFK, ENG **[19471]** : ALL, Liverpool, LAN, ENG & AUS **[46317]**

OLDING : C1700+, Deptford, ENG **[41271]** : PRE 1660, Eling, HAM, ENG **[31316]**

OLDMAN : ALL, Newton Flotman, NFK, ENG **[34967]**

OLDREY : 1800+, DEV, ENG **[17000]**

OLDRIDGE : ALL, WORLDWIDE **[42989]**

OLDRIDGE (see HOLDICH : One Name Sec., **[42989]**

OLDS : 1800+, St.Just, CON, ENG **[44175]**

OLEBAR : 1780+, Puddington, BDF, ENG **[21218]**

OLEFORD : Anne, C1700, Ilminster, SOM, ENG **[26817]**

OLESDATTER : Ane Marg., 1850S, Ruds-Vedby, SLD, DEN **[39588]**
OLEYNILE : 1630+, Fulham, MDX, ENG **[46451]**
OLIFFE : C1700-1850, Aylesbury, BKM, ENG **[44296]**
OLIPHANT : 1700+, FIF, SCT **[36375]** : 1800S, Edinburgh, MLN, SCT **[20551]**
OLIVANT : 1750+, Gilling-by-Richmond, YKS, ENG **[20975]**
OLIVE : 1870, Sydney, NSW, AUS **[13584]** : PRE 1844, Crowan, CON, ENG **[37052]** : 1600+, Gerrans, CON, ENG **[45159]** : 1750-1830, Canterbury, KEN, ENG **[42913]** : PRE 1760, Tunstall, KEN, ENG **[13511]** : PRE 1800, Bury, LAN, ENG **[44078]** : Margaret, 1790-1847, SSX, ENG **[39522]**
OLIVER : 1850-1880, Sydney, NSW, AUS **[13326]** : 1828+, TAS, AUS **[46021]** : C1800, Barrington, TAS, AUS **[10985]** : 1925+, Natimuk, VIC, AUS **[14346]** : C1870, Carberry, MAN, CAN **[41349]** : C1900, Toronto, ONT, CAN **[25693]** : 1740, ENG **[31580]** : 1700-1900, London, ENG **[21231]** : 1600-1750, Chearsley, BKM, ENG **[38307]** : 1780-1830, Reading, BRK, ENG **[18766]** : 1780-1836, Falmouth, CON, ENG **[12318]** : 1810, Liskeard, CON, ENG **[43934]** : 1700S, Maker, CON, ENG **[36950]** : 1776+, Wendron, CON, ENG **[33007]** : 1740-1900, Bewcastle, CUL, ENG **[37809]** : C1810, Egloskerry, DEV, ENG **[46348]** : 1700+, Heighington, DUR, ENG **[34505]** : 1729-1900S, Merrington, DUR, ENG **[19865]** : 1770, Hornchurch, ESS, ENG **[26241]** : 1800-1900, HAM, ENG **[19471]** : ALL, Bramshaw, HAM, ENG **[30543]** : Mary Ann, PRE 1820, Portsea & Portsmouth, HAM, ENG **[41589]** : ALL, HEF, ENG **[18307]** : PRE 1700, Hexton, HRT, ENG **[17720]** : PRE 1800, Grantham, LIN, ENG **[33846]** : PRE 1720, Corbridge, NBL, ENG **[17626]** : John, 1823, Earsdon, NBL, ENG **[10489]** : 1770+, Ford, NBL, ENG **[21321]** : PRE 1700, Stonesfield, OXF, ENG **[36543]** : PRE 1770, Sudbury, SFK, ENG **[42752]** : 1879, Brixton & Lambeth, SRY, ENG **[10489]** : ALL, Newington, SRY, ENG **[31152]** : 1830S, Chichester, SSX, ENG **[28060]** : 1720-1820, Warbleton, SSX, ENG **[45207]** : Elizabeth, 1780-1800, STS, ENG **[13326]** : C1816, Rolleston, STS, ENG **[30998]** : PRE 1900, Coventry, WAR, ENG **[29626]** : Elizabeth, C1834, East Harsley, YKS, ENG **[33416]** : 1700+, Kirk Smeaton, YKS, ENG **[44078]** : Sarah, 1836, Eskeradooey, TYR, IRL **[10993]** : Mary Jane, 1829, Tullygiven, TYR, IRL **[10489]** : 1850+, Hororata, CBY, NZ **[21231]** : ALL, AYR, SCT **[25693]** : C1700-1900, Kilmarnock, AYR, SCT **[25693]** : Isaac, PRE 1839, Kirkmichael, AYR, SCT **[99147]** : 1800-1900, Riccarton, AYR, SCT **[25693]** : 1800-1900, Tarbolton, AYR, SCT **[25693]** : C1890, Glasgow, LKS, SCT **[25693]** : ALL, Edinburgh, MLN, SCT **[21763]** : 1800+, Johnstone & Kilbarchan, RFW, SCT **[21321]** : 1750-1880, Hownam, ROX, SCT **[20770]** : PRE 1900, Linlithgow, WLN, SCT **[19064]** : C1850, Chicago, IL, USA **[25693]** : ALL, WORLDWIDE **[18260]**

OLIVER (see One Name Section) [12508]
OLIVEY : 1600+, Gerrans, CON, ENG **[45159]**
OLK : ALL, GER **[26799]**
OLLEY : ALL, Gimmingham, NFK, ENG **[27431]** : 1800S, Trenningham, NFK, ENG **[26264]**
OLLIER : PRE 1880, CHS, ENG **[21387]**
OLLIFFE : 1837+, Sydney, NSW, AUS **[30945]** : PRE 1836, Cork City, COR, IRL **[30945]**
OLLINGTON : Thomas, 1800+, Cressingham, NFK, ENG **[25489]** : 1900, Cressingham, NFK, ENG **[14959]** : 1860-1910, Thetford, NFK, ENG **[28495]**
OLLIVANT : 1660S-1760S, Hesket-in-the-Forest, CUL, ENG **[37978]**
OLLIVER : 1550+, Lyminster & Ferring, SSX, ENG **[20578]**
OLMSTEAD : 1800S, Ottawa, ONT, CAN **[16430]** : 1700S, MA, NY & VT, USA **[16430]** : 1900+, MT, USA **[17012]**

OLNEY : 1700+, Codicote, HRT, ENG **[13461]**
OLOFOR : PRE 1700, Hexton, HRT, ENG **[17720]**
OLRICH : 1850+, NSW, AUS **[41244]**
OLRICK : 1850+, NSW, AUS **[41244]**
OLSEN : 1890+, AUS **[39027]** : 1860-1881, Christiania, NOR **[42557]** : PRE 1869, Christiania, NOR **[15400]** : PRE 1890, Farsund, NOR **[39027]** : PRE 1869, Hokksund, NOR **[15400]** : 1824+, Oslo, NOR **[13657]** : 1800S, Oslo & Bergen, NOR **[34112]** : Andrew, 1887+, Auckland, NZ **[99599]**
OLSON : Frederick, 1800+, Tetney & Grimsby, LIN, ENG **[31849]** : Frederick, 1786+, Wismar, MEK, GER **[31849]** : Peter, 1890-1960, Miller & Gary, IN, USA **[28957]** : Otto, 1901+, Miller & Gary, IN, USA **[28957]** : Arnold Daniel, 1904+, Miller & Gary, IN, USA **[28957]** : Margaret, 1909+, Miller & Gary, IN, USA **[28957]** : Clarence Mill, 1911+, Miller & Gary, IN, USA **[28957]**
OLSON-SCHUSTER : Betty Anna, 1895+, Miller & Gary, IN, USA **[28957]**
OLVAR : PRE 1710, St.Austell, CON, ENG **[21594]**
OLVER : ALL, NSW, AUS **[26410]** : William, C1825, Liskeard, CON, ENG **[13763]** : 1590-1700, St.Minver, CON, ENG **[36435]** : 1800+, DEV, ENG **[40319]** : 1850-1900, East Stonehouse, DEV, ENG **[56322]**
OLYETT : 1850+, Shadwell, LND, ENG **[18884]**
OMALLEY : ALL, ENG **[99598]** : PRE 1860, IRL **[99598]**
OMAN : 1820-1870, Churchill, MAN, CAN **[44889]**
OMAND : 1836+, Longhope, OKI, SCT **[14513]**
OMAY : 1750-1850, Campbelltown, ARL, SCT **[12413]** : ALL, WORLDWIDE **[46407]**
OMEY : ALL, WORLDWIDE **[46407]**
ONEIL : C1850, Cahirciveen, KER, IRL **[32071]**
ONEILL : 1820+, Munter Connaught, CAV, IRL **[99036]** : ALL, CLA, IRL **[10367]**
ONELY : 1700-1800, Carlton, BDF, ENG **[18670]**
ONGLEY : C1670+, Brenchley, KEN, ENG **[11319]** : 1870S, Wandsworth, SRY, ENG **[32035]**
ONION : Francis, C1700-1730, ENG **[40996]** : 1800+, Littlebury & Saffron Walden, ESS, ENG **[28060]** : 1800+, Holborn, LND, ENG **[17092]**
ONIONS : Elizabeth, 1820+, Prestbury, GLS, ENG **[28154]** : 1875+, Great Yarmouth, NFK, ENG **[34797]** : PRE 1880, Madeley, SAL, ENG **[31014]**
ONLY : Ann, PRE 1875, Pembroke, BERMUDA **[14290]**
ONYETT : PRE 1800, Kingscliffe, NTH, ENG **[25559]**
OOMES : ALL, NL **[11938]**
OOMS : ALL, NL **[11938]**
OOSTERMAN : PRE 1800, Albany, NY, USA **[16010]** : PRE 1800, Fonda, NY, USA **[16010]**
OOSTMAN : Herman, 1800S, Bremen, GER **[42893]**
OPENSHAW : PRE 1900, Bolton, LAN, ENG **[29447]** : 1850S-1900S, Bolton & Salford, LAN, ENG **[37978]** : 1850S-1900S, Manchester & Prestwich, LAN, ENG **[37978]**
OPIE : 1800S, Redruth & Gwennap, CON, ENG **[11877]**
OPPEDISANO : PRE 1920, Martone, CALABRIA, ITL **[11661]**
ORAM : Thomas Henry, 1855+, St.Leonards Shoreditch, LND, ENG **[10883]** : 1800S, Stepney, LND, ENG **[43481]** : ALL, Enford, WIL, ENG **[46330]** : Sarah, C1840, Enford, WIL, ENG **[46330]** : 1800+, SSX & SA, ENG & AUS **[31332]** : David, C1730, SCT **[10035]** : PRE 1800, Barry, Forfar, ANS, SCT **[10035]**
ORANGE : James, PRE 1800, Coolbanagher, LEX, IRL **[10276]**
ORCHARD : Chas Orlando, 1848, AUS **[41430]** : 1865-1880, Grafton & Manly, NSW, AUS **[11773]** : 1842-1859, Pugwash, NS, CAN **[11773]** : Thomas & Ann, 1770+, Lower Winchendon, BKM, ENG **[44449]** : 1760+, Swanbourne, BKM, ENG **[38449]** : 1836, Illogan & Port Reath, CON, ENG **[11773]** : 1700+, Maw-

gan, CON, ENG **[41446]** : PRE 1850, Truro, CON, ENG **[41430]** : PRE 1880, Southampton, HAM, ENG **[39383]** : Mary, 1780+, NTT, ENG **[38449]** : C1800, Bath, SOM, ENG **[13326]** : PRE 1800, Bromham, WIL, ENG **[46296]** : PRE 1691, Longcot, WIL, ENG **[27219]** : 1650-1725, Minety, WIL, ENG **[33347]** : C1780-1860, Warminster, WIL, ENG **[28420]**
ORCHISTON : PRE 1841, Aberdeen, ABD, SCT **[43481]**
ORE : 1700-1800, Ruthven & Cairnie, ABD, SCT **[10591]**
OREFICE : C1750-1900, Venezia, ITL **[46196]**
ORELLANA : C1850, ESP **[46467]**
OREM : PRE 1900, Barry, ANS, SCT **[10035]**
ORFEUR : 1500S+, CUL, ENG **[33331]**
ORFORD : 1750-1800, DEV, ENG **[16425]** : 1800-1850, Prescot & St.Helens, LAN, ENG **[12641]** : ALL, NFK, ENG **[99093]**
ORGAN : William, 1830+, Central Tilba & Wollongong, NSW, AUS **[44567]** : ALL, GLS, ENG **[41053]** : PRE 1860, GLS, ENG **[46373]** : ALL, North Nibley, GLS, ENG **[18895]** : PRE 1750, Batheaston, SOM, ENG **[14267]** : William, 1830+, Gls 28Th Regt of Foot, GLS & NSW, ENG & AUS **[44567]**
ORGILL : PRE 1800, Burton on Trent, STS, ENG **[38833]** : PRE 1750, STS & DBY, ENG **[31017]** : 1790-1900, CGN, WLS **[38925]**
ORIELLY : PRE 1860, LET, IRL **[46490]**
ORMAN : 1700-1800, Sawtry, HUN, ENG **[28479]**
ORMANBY : Elizabeth, C1760, Thwaites, CUL, ENG **[13153]**
ORME : 1800-1900, Clewer, BRK & OXF, ENG **[27039]** : PRE 1880, CHS, ENG **[36551]** : Sarah, PRE 1762, Longford, DBY, ENG **[31003]** : PRE 1790, Bootle, LAN, ENG **[40868]**
ORMEROD : Grace, 1810+, Burnley, LAN, ENG **[45614]** : ALL, WORLDWIDE **[28060]**
ORMES : PRE 1900, Liverpool, LAN, ENG **[30870]**
ORMESHER : 1880+, Bolton, LAN, ENG **[29328]**
ORMOND : 1800S, Stevenston, AYR, SCT **[99298]**
ORMROD : 1820-1880, Selside, YKS, ENG **[46494]**
ORPWOOD : 1700-1800, Abingdon, BRK, ENG **[32042]** : ALL, WORLDWIDE **[40683]**
ORPWOOD (see One Name Section) **[40683]**
ORR : Andrew John, 1840-1860, Inverbrackie, SA & VIC, AUS **[30830]** : ALL, Kent Co. & Perth Co., ONT, CAN & IRL **[42436]** : 1800+, Armoy, ANT, IRL **[33443]** : 1900+, ANT & ARM, IRL **[27219]** : ALL, ARM, IRL **[13845]** : 1760-1880, Innishannon, COR, IRL **[18001]** : 1700-1950, Dundonald & Dunlady, DOW, IRL **[26897]** : Mary, 1819, Fermarch, FER, IRL **[10054]** : 1700-1800, LDY, IRL **[21973]** : 1860-1930, Magherafelt, LDY, IRL **[16708]** : John, 1905, Bloemfontein, RSA **[44207]** : William, C1900, Kilmarnock, DNB, SCT **[44207]** : James, 1866-1900, Kilmaronock & Drymen, DNB & STI, SCT **[44207]** : Annie, C1873-1914, Kilmaronock & Drymen, DNB & STI, SCT **[44207]** : Peter 1841, LKS, SCT **[32017]** : PRE 1850, Carmunnock, LKS, SCT **[38111]** : Robert, 1728, Houston & Killellan, RFW, SCT **[10035]** : ALL, Port Glasgow, RFW, SCT **[42676]** : James, 1881, Drymen, STI, SCT **[44207]** : John, C1916, Drymen, STI, SCT **[44207]**
ORREILL : PRE 1861, London, ENG **[10280]**
ORREL : 1900, Tarnagulla, VIC, AUS **[42296]**
ORRELL : 1700+, Deane, LAN, ENG **[11144]**
ORREY : PRE 1850, Chester, CHS, ENG **[34773]** : PRE 1850, Macclesfield, CHS, ENG **[34773]** : ALL, UK **[34773]**
ORRILL : 1850+, Clay Cross, DBY, ENG **[24902]** : ALL, Burbage, LEI, ENG **[24902]**
ORRIN : ALL, MDX, ENG **[39301]**
ORRY : PRE 1850, Chester, CHS, ENG **[34773]** : PRE 1850, Macclesfield, CHS, ENG **[34773]** : ALL, Manchester, LAN, ENG **[34773]** : ALL, Salford, LAN, ENG **[34773]** : ALL, UK **[34773]**

ORTH : 1800-1900, ALS, GER **[19471]** : 1890S, New York, NY, USA **[25725]**
ORTON : 1800-1880, London, MDX, ENG **[34783]** : 1800+, Great Yarmouth, NFK, ENG **[34783]** : 1780-1850, Gorleston & Lowestoft, SFK, ENG **[34783]** : 1800, Birmingham, STS, ENG **[40608]** : Thomas, PRE 1730, YKS, ENG **[43800]** : John, PRE 1830, YKS, ENG **[43800]** : **ORTON** (see One Name Section) **[34606]**
OSBALDESTON : 1826, Blackburn, LAN, ENG **[26340]**
OSBERG : Matthew J., 1886+, Forbes & Orange, NSW, AUS **[40505]**
OSBOLDSTONE : Eliza, 1884-1965, Footscray & Thornbury, VIC, AUS **[12032]** : William, 1833-1896, Ipswich & Footscray, SFK & VIC, ENG & AUS **[12032]**
OSBORN : 1900+, AUS **[33279]** : 1880+, Beechworth, VIC, AUS **[14795]** : ALL, Odell, BDF, ENG **[46116]** : PRE 1860, Toddington & Chalgrave, BDF, ENG **[28391]** : PRE 1770, Fulmer, BKM, ENG **[33428]** : PRE 1800, Shudy Camps, CAM, ENG **[41163]** : PRE 1860, South Shields, DUR, ENG **[30351]** : ALL, Plaistow & Bromley, KEN, ENG **[33279]** : ALL, KEN & SRY, ENG **[33279]** : PRE 1800, LIN, LEI & NTH, ENG **[26662]** : 1800+, Bromley Bow, MDX, ENG **[11229]** : C1750-C1880, NFK & SFK, ENG **[37169]** : PRE 1700, SFK, ENG **[33664]** : ALL, Norton, SFK, ENG **[43792]** : PRE 1750, Chiddingfold, SRY, ENG **[19759]** : PRE 1800, Salehurst, SSX, ENG **[10116]** : 1770S, Clent, STS, ENG **[16980]** : 1800+, Kirkwall, OKI, SCT **[46302]** : 1600+, Long Island, NY, USA **[34797]**
OSBORN (see One Name Section) **[10116]**
OSBORNE : Wilfred, 1891+, AUS **[40505]** : William, 1891+, AUS **[40505]** : 1850+, Brisbane, QLD, AUS **[34438]** : 1860S, Port Curtis, QLD, AUS **[34438]** : John, 1852+, SA, AUS **[12539]** : PRE 1850, ENG **[45111]** : PRE 1900, St.Denis, CON, ENG **[25093]** : PRE 1900, St.Breward In Brannel, CON, ENG **[25093]** : Solomon, 1737, Holme Cultram, CUL, ENG **[14290]** : PRE 1652, Brailsford, DBY, ENG **[31003]** : 1700-1850, Hartshorne, DBY, ENG **[19471]** : William, PRE 1758, Sutton-on-the-Hill, DBY, ENG **[31003]** : PRE 1706, Tissington, DBY, ENG **[31003]** : James, C1814-1839, Chagford, DEV, ENG **[10485]** : 1600-1860, Crediton, DEV, ENG **[14589]** : 1834+, Hull, ERY, ENG **[20936]** : 1750-1800, GLS, ENG **[26396]** : PRE 1832, Clifton & Bristol, GLS, ENG **[12953]** : PRE 1850, Wigginton, HRT, ENG **[30022]** : 1840-1880, Great Gransden, HUN, ENG **[32505]** : 1600-1700, Ashford, KEN, ENG **[34797]** : ALL, KEN & SRY, ENG **[33279]** : 1700+, Cripplegate, LND, ENG **[31079]** : Sam Brook, C1880S, Kensington, London, MDX, ENG **[15564]** : PRE 1850, Nacton, SFK, ENG **[34101]** : 1700+, Frome, SOM, ENG **[36710]** : 1700-1800, Merriott, SOM, ENG **[30491]** : ALL, Merriott, SOM, ENG **[34438]** : PRE 1690, Norton Sub Hamdon, SOM, ENG **[34438]** : William, 1810S, Godalming, SRY, ENG **[33279]** : Joseph, 1841+, Brighton, SSX, ENG **[40505]** : George, 1841+, Brighton, SSX, ENG **[40505]** : Georges, 1854-1910, Brighton, SSX, ENG **[40505]** : Ada, 1872+, Brighton, SSX, ENG **[40505]** : John, 1884+, Brighton, SSX, ENG **[40505]** : Michael, 1884+, Brighton, SSX, ENG **[40505]** : Wilfred, 1891-1950, Brighton, SSX, ENG **[40505]** : Agnes, 1600+, Cuckfield, SSX, ENG **[40505]** : William, 1780-1805, Dyke Farm, SSX, ENG **[40505]** : Thomas, 1650-1710, Nentimber, SSX, ENG **[40505]** : John, 1520+, Poynings, SSX, ENG **[40505]** : Thomas, 1581-1639, Poynings, SSX, ENG **[40505]** : Thomas, 1613-1671, Poynings, SSX, ENG **[40505]** : William, 1653-1715, Poynings, SSX, ENG **[40505]** : William, 1736+, Poynings, SSX, ENG **[40505]** : George B., 1798+, Poynings, SSX, ENG **[40505]** : Mabel L., 1874-2004, Preston, SSX, ENG **[25969]** : PRE 1830, Saddlescombe, SSX, ENG **[25969]** : 1800S, Sedlescombe, SSX, ENG **[28232]** : Geo Godolphin, 1895+, Steyning, SSX, ENG **[40505]** : Samuel, PRE 1830, Purton, WIL, ENG **[37847]** : PRE 1900, Sheffield, WRY, ENG **[39348]** : John, 1817-1852, Leeds, YKS, ENG **[12539]** : Arabella,

OSB

1839, WIL, ENG & NZ **[41340]** : 1860S, Annacolty, LIM, IRL **[21889]** : PRE 1829, Dernaseer, TYR, IRL **[10492]** : Isabella, C1810+, Edenfogary (Omagh), TYR, IRL **[11195]** : William, 1891+, NZ **[40505]** : 1800+, Kirkwall, OKI, SCT **[46302]** : 1600+, Long Island, NY, USA **[34797]**

OSBOURNE : PRE 1866, Swaffham Bunbeck, CAM, ENG **[46247]** : 1650, Writtle, ESS, ENG **[17704]** : 1700+, Clee, LIN, ENG **[30860]** : PRE 1826, Eastoft, LIN, ENG **[20936]**

OSBURN : 1800+, Kirkwall, OKI, SCT **[46302]**

OSCROFT : 1700-1900, Arnold, NTT, ENG **[34967]**

OSEMAN : 1700-1800, Bromyard, HEF, ENG **[29715]** : PRE 1820, Bromyard, HEF, ENG **[37499]**

OSGARBY : 1700S, North Kelsey & Searby, LIN, ENG **[19921]**

OSGERBY : 1800-1900, ERY, ENG **[26399]**

OSHANNASSY : 1850+, Geelong, VIC, AUS **[32794]** : 1800+, Ballinrobe, MAY, IRL **[32794]**

OSLAND : 1800+, Manningford, WIL, ENG **[10394]**

OSLER : 1800-1890, London, ENG **[43903]**

OSMAN : 1800+, Chelmsford, ESS, ENG **[40319]** : Joseph & Eliza, 1780-1805, Marylebone, LND, ENG **[31296]** : 1800S, WIL, ENG **[19127]**

OSMAND : ALL, VIC, AUS **[11159]** : ALL, DEV, ENG **[11159]**

OSMOND : 1904+, Goulburn, NSW, AUS **[31762]** : PRE 1800, DOR, ENG **[40033]** : C1800, Broadwindsor, DOR, ENG **[21149]** : Samuel, C1795, London, MDX, ENG **[99106]** : PRE 1830, SOM, ENG **[34640]** : PRE 1850, SOM, ENG **[38178]**

OSSETT : 1750-1900, Leeds, YKS, ENG **[19713]**

OSTBY : ALL, MN, USA **[99570]**

OSTENFELDT : C1770, Rendsburg, SHO, GER **[34837]**

OSTERBERG : 1862-1913, Porsgrunn, TELEMARK, NOR **[99433]**

OSTLER : 1800-1880, Uplyme, DEV, ENG **[46420]** : ALL, HRT, ENG **[37116]** : 1800-1880, West Ham, LND, ENG **[46420]**

OSTROM : 1800+, ONT, CAN **[16362]**

OSULLIVAN : PRE 1830, Castle Gregory, KER, IRL **[21594]**

OSWALD : 1700+, Gateshead, DUR, ENG **[30601]**

OTIS : 1750-1850, MA, USA **[15301]**

OTT : 1700, GER **[24660]**

OTTAWAY : PRE 1800, KEN, ENG **[11066]**

OTTER : 1800, PRE, GER **[34042]**

OTTERBURN : ALL, Kirkby Moorside, NRY, ENG **[33664]**

OTTERY : 1740+, Kingstone & Ilminster, SOM, ENG **[12078]** : ALL, WORLDWIDE **[26817]**

OTTEWILL : ALL, KEN & MDX, ENG **[26493]**

OTTLEY : PRE 1880, Navestock, ESS, ENG **[41136]** : 1790-1920, IRL **[30127]**

OTTO : 1880+, Peachester, QLD, AUS **[13622]** : Arthur Herman, 1900+, Adelaide, SA, AUS **[39179]** : Joseph, 1895-1910, Bilshausen, HEN, GER **[39730]** : PRE 1860, Zwickau, WPR, GER **[13622]** : PRE 1718, SWE & FIN **[22392]**

OTWAY : ALL, ENG **[20923]**

OUDSHOORN : 1915, Camberwell, LND, ENG **[16947]**

OUGHTON : 1600+, Portsmouth & Botley, HAM, ENG **[13910]** : 1800+, Little Ryburgh, NFK, ENG **[38349]** : 1700-1850, Kingsbury & Birmingham, WAR, ENG **[24871]**

OULD : 1800-1928, Phillack & Hayle, CON, ENG **[11425]**

OULE : 1600-1900, QUE, CAN **[23518]**

OUNSWORTH : ALL, ENG **[29471]**

OUSBY : C1800, CUL, ENG **[11716]**

OUSLEY : Hy & Susanna, 1800S, Thurlbear, SOM, ENG **[12320]**

OUSTON : ALL, ENG **[30560]**

OUTEN : PRE 1900, Rochford & Canewdon, VIC & ESS, AUS & ENG **[11873]**

OUTHWAITE : PRE 1900, DUR, ENG **[46455]** : 1800+, Lambeth, SRY, ENG **[26399]** : PRE 1900, WRY, ENG **[46455]** : 1800+, Beverley, YKS, ENG **[26399]**

OUTON : 1760-1810, Stepney, MDX, ENG **[17191]**

OUTRAM : 1600+, AFRICA & NZ **[39160]** : Arthur, 1853-1900, Sydney, NSW, AUS **[39160]** : Geo Frederick, 1885+, Sydney, NSW, AUS **[39160]** : Wm Lesley, 1892+, Sydney, NSW, AUS **[39160]** : Malcolm Jas, 1900+, Sydney, NSW, AUS **[39160]** : Kevin, 1923-2004, Fremantle, WA, AUS **[39160]** : ALL, DBY & NTT, ENG **[39160]** : William, 1780-1860, MDX, ENG **[39160]** : James, 1826+, Bromley, MDX, ENG **[39160]** : Fredk Henry, 1830-1853, Bromley, MDX, ENG **[39160]** : William Henry, 1841-1853, Poplar, MDX, ENG **[39160]** : 1600+, ENG & CAN **[39160]**

OUTRAM (see One Name Section) **[39160]** : Section), **[39160]**

OUTRIDGE : ALL, TAS, AUS & ENG **[34844]**

OUTRIM : 1891+, St.Mary Cray, KEN, ENG **[13230]**

OUTTRIM : 1850+, Maryborough, VIC, AUS **[21155]** : ALL, CAN, AUS, NZ, ENG **[39160]** : ALL, WORLD-WIDE **[21155]**

OUVRY : 1760-1800, London, ENG **[43857]**

OVENDEN : C1740, Canterbury, KEN, ENG **[14747]** : 1850-1915, New Eltham, LND, ENG **[42166]** : 1800S, St.Clement & Westminster, MDX, ENG **[46301]** : 1800S, St.Pancras, MDX, ENG **[46301]** : 1850-1915, Brighton, SSX, ENG **[42166]**

OVENS : PRE 1850, ROX & BEW, SCT **[17650]**

OVER : ALL, Finchampstead, BRK, ENG **[18145]** : ALL, Yateley & Eversley, HAM, ENG **[18145]**

OVERALL : 1800+, Great Bardfield, ESS, ENG **[13473]**

OVERALL (see One Name Section) **[19025]**

OVERAN : 1860-1900S, Melbourne, VIC, AUS **[32794]**

OVERELL : PRE 1850, Kelverdon, ESS, ENG **[11873]**

OVERLOVE : 1750S, Creechurch, MDX, ENG **[28060]**

OVERRYE : 1570-1700, ENG **[30085]**

OVERS : PRE 1850, Windsor, NSW, AUS **[13585]** : 1800+, Warwick, WAR, ENG **[13585]**

OVERTON : John, 1840+, Redfern, NSW, AUS **[10072]** : John, PRE 1840, Carlisle, CUL, ENG **[10072]** : Mary, 1798-1876, Burgh le Marsh & Sibsey, LIN, ENG **[41477]** : 1700-1837, East Keal, LIN, ENG **[33347]** : 1830-1860, Friskney, LIN, ENG **[12231]** : Joseph John, 1868+, Hammersmith, MDX, ENG **[25642]** : 1700-1850, Onibury & Culmington, SAL, ENG **[30488]** : 1700-1800, Shifnal, SAL, ENG **[18670]** : C1850, Stanton Lacy, SAL, ENG **[30488]** : PRE 1910, SRY, ENG **[44969]** : 1800S, WOR, ENG **[16430]**

OVERY : PRE 1850, KEN, ENG **[19529]**

OVINTON : PRE 1700, Longbenton, NBL, ENG **[17626]**

OWEN : 1850+, Bathurst, NSW, AUS **[31972]** : Thomas, 1849+, Cowra & Cobar, NSW, AUS **[10261]** : Hugh, 1830S, Parramatta, NSW, AUS **[32794]** : Thomas, C1855, Collingwood, VIC, AUS **[10706]** : John, 1873+, Port Melbourne, VIC, AUS **[10706]** : Master Captn, ALL, CHILE **[44353]** : Thomas, 1830+, London, ENG **[10706]** : 1850+, London, ENG **[43678]** : PRE 1800, BKM, ENG **[45857]** : 1850, Thatcham, BRK, ENG **[34374]** : PRE 1834, Wantage, BRK, ENG **[27437]** : Alfred, 1815-1900, Dalwood, DEV, ENG **[39123]** : PRE 1760, Pamber, HAM, ENG **[10493]** : Ann, 1800-1900, Ashton under Lyne, LAN, ENG **[26761]** : 1800S, Haydock, LAN, ENG **[42582]** : Alfred, 1815-1900, Liverpool, LAN, ENG **[39123]** : 1900+, Manchester, LAN, ENG **[46493]** : ALL, Bethnal Green, MDX, ENG **[43842]** : 1850-1865, Charterhouse, MDX, ENG **[17191]** : Henry, 1800-1850, London, MDX, ENG **[11280]** : PRE 1800, NTH, ENG **[45857]** : 1900+, NTT, ENG **[36126]** : PRE 1800, OXF, ENG **[45857]** : Sarah, PRE 1850, Oswestry, SAL, ENG **[16233]** : PRE 1750,

Shifnal, SAL, ENG **[32294]** : 1800-1950, Bristol, SOM, ENG **[26396]** : ALL, Longton, STS, ENG **[42943]** : 1785+, Chipping Norton, OXF, ENG & AUS **[36569]** : C1905, Bantry, COR, IRL **[37938]** : 1650-1860, WLS **[14589]** : Owen, PRE 1900, Aberffraw, AGY, WLS **[35273]** : William, C1805, Amlwch, AGY, WLS **[27816]** : Margaret, 1800+, Fadoglwyd & Llanfrethlu, AGY, WLS **[14163]** : 1850+, Aberech, CAE, WLS **[46433]** : Catherine, 1881, Bangor, CAE, WLS **[44353]** : PRE 1915, Llanberis, CAE, WLS **[33538]** : 1800-1900, Penbryn, CGN, WLS **[39482]** : Margaret, 1777, Llanelly (Five Roads), CMN, WLS **[39482]** : PRE 1835, Marchwiel, DEN, WLS **[20729]** : PRE 1835, Rhosllanerchrugog & Wrexham, DEN, WLS **[35273]** : 1800+, Overton, FLN, WLS **[20729]** : 1840+, Gelligaer, GLA, WLS **[46274]** : Robt & Sarah, 1833, Merthyr Tydvil, GLA, WLS **[14163]** : 1800S, Swansea, GLA, WLS **[31373]** : David, PRE 1849, Swansea, GLA, WLS **[10261]** : 1700-1800, Llanfihangel, MGY, WLS **[19993]** : 1830+, Llangerig, MGY, WLS **[46274]** : C1800, Machynlleth, MGY, WLS **[10350]** : 1750S+, Newtown, MGY, WLS **[10893]** : 1840S, Tredegar, MON, WLS **[11444]** : PRE 1850, PEM, WLS **[41150]**

OWEN (see One Name Section) **[10261]**

OWENS : 1792+, Campbelltown, NSW, AUS **[12395]** : Hugh, 1830S, Parramatta, NSW, AUS **[12424]** : 1910, Brisbane, QLD, AUS **[36768]** : 1850+, VIC, AUS **[12270]** : Robert, 1800+, Melbourne, VIC, AUS **[29937]** : C1880, Melbourne, VIC, AUS **[31579]** : 1890+, Oxford & York Co., ONT, CAN **[16075]** : C1870, London, ENG **[31579]** : 1850, Thatcham, BRK, ENG **[34374]** : C1900, Chester Moor, DUR, ENG **[34374]** : 1860S, Liverpool, LAN, ENG **[46220]** : PRE 1811, Oswestry, SAL, ENG **[11890]** : 1800S, Worcester, WOR, ENG **[46236]** : Charles, 1800+, DUB, IRL **[40618]** : ALL, DUB, IRL **[40618]** : 1800-1850, FER, IRL **[12270]** : Sarah, C1840, Maynooth, KID, IRL **[26823]** : George, 1750-1850, LIM, IRL **[40618]** : C1838, Julianstown, MEA, IRL **[13960]** : Robert, 1800+, Amlwch, AGY, WLS **[29937]** : PRE 1900, Holyhead, AGY, WLS **[42209]** : Richard, 1810+, Llanfwr, AGY, WLS **[46246]** : Hugh, 1809+, Llangelynin & Gyffin, CAE, WLS **[21955]** : John, 1767+, Penyrallt & Tregaron, CGN, WLS **[18301]** : PRE 1760, Rhosllanerchrugog & Wrexham, DEN, WLS **[35273]** : PRE 1792, FLN, WLS **[12395]** : 1800+, Overton, FLN, WLS **[20729]** : 1840+, Gelligaer, GLA, WLS **[46274]** : 1825, Llanfihangel, MGY, WLS **[18613]** : 1830+, Llangerig, MGY, WLS **[46274]** : 1750S+, Newtown, MGY, WLS **[10893]** : 1815, Welshpool, MGY, WLS **[26340]**

OWER : PRE 1807, Perth, PER, SCT **[20690]** : 1807-1854, Dundee, ANS, SCT & AUS **[20690]**

OWERS : PRE 1900, London, MDX, ENG **[33876]**

OWLETT : 1800+, Milton, Lynstead & Faversham, KEN, ENG **[15564]**

OWSLEY : Elizabeth, C1597, South Petherton, SOM, ENG & USA **[22796]**

OWSTON : ALL, ENG **[30560]**

OWTRAM : ALL, CAN, AUS, NZ & UK **[39160]**

OXENBURY : ALL, Powerstock, DUR, ENG **[34374]**

OXENHAM : ALL, ENG **[33091]**

OXFORD : ALL, Ashmore, DOR, ENG **[21149]** : PRE 1780, Ashmore, DOR, ENG **[17921]** : PRE 1900, HAM, ENG **[19529]**

OXLEY : PRE 1740, Lanchester, DUR, ENG **[17626]** : ALL, ESS, ENG **[19655]** : PRE 1839, Rolvenden, KEN, ENG **[10785]** : 1720-1820, Woodhouse, LEI, ENG **[39060]** : 1800S, Sheffield, WRY, ENG **[46439]** : 1850+, Sheffield, YKS, ENG **[24902]**

OXTOBY : 1800-1850, ERY, ENG **[34664]** : PRE 1760, Middleton-on-the-Wolds, ERY, ENG **[44078]** : ALL, Millington & Warter, YKS, ENG **[34981]**

OZANNE : PRE 1710, St.Sampson, GSY, CHI **[38987]**

OZZARD : PRE 1800, Guernsey, GSY, CHI **[18857]** : 1700-1900, Ower Moigne & Weymouth, DOR, ENG **[18857]** : PRE 1800, Worth & Langton Matravers, DOR, ENG **[41477]** : C1850-1950, Bath, SOM, ENG **[18857]**

PAASCH : C1880, Berlin, GER **[44384]**

PACE : ALL, Bury St.Edmunds & Mitcham, SFK, NFK & SRY, ENG **[28585]** : 1830-1840, Bilston, STS, ENG **[29715]** : PRE 1800, Hanley & Burslem, STS, ENG **[18501]** : 1700-1850, Shareshill, STS, ENG **[29715]** : PRE 1871, Tunstall, STS, ENG **[17366]** : 1865-1910, West Bromwich, STS, ENG **[29715]** : 1830+, Willenhall, STS, ENG **[29715]**

PACK : 1750-1850, London, ENG **[21312]** : Lennard, PRE 1800, Etchingham, SRY, ENG **[25046]**

PACKARD : 1680+, Dennington, SFK, ENG **[31079]** : Frank, 1890+, Brockton, MA, USA **[10049]**

PACKER : 1904-1955, Gundagai, NSW, AUS **[28199]** : John A., 1904-1955, Sydney, NSW, AUS **[28199]** : Albert John, 1840+, Adelaide, SA, AUS **[33219]** : Eliza, 1880+, Mundalla, SA, AUS **[14346]** : 1800-1850, London, ENG **[25529]** : 1600S, KEN, ENG **[16358]** : C1800, Potterspury, NFK, ENG **[13347]** : C1780, Bristol, GLS, ENG & AUS **[10350]**

PACKHAM : Harry, 1920+, Sydney, NSW, AUS **[43525]** : 1700-1900, SFK, SRY & SSX, ENG **[46001]**

PACKMAN : 1600+, KEN, ENG **[36126]** : 1800+, Swanscombe, KEN, ENG **[36126]** : C1865+, MBH & CBY, NZ **[36126]**

PACKWOOD : 1850+, Liverpool, LAN, ENG **[30768]** : PRE 1840, Rhyl, FLN, WLS **[30768]**

PADBURY : ALL, ENG **[11213]** : 1884+, Allegan & Casco, MI, USA **[46269]**

PADDINGTON : ALL, WORLDWIDE **[33347]**

PADDISON : 1700-1800, Tealby, LIN, ENG **[26932]**

PADDON : PRE 1790, Kingsteignton, DEV, ENG **[30302]**

PADDY : 1700-1900, CON, ENG **[14268]**

PADEN : C1770, Old Cumnock, AYR, SCT **[25693]**

PADFIELD : 1800-1900, Coleford, SOM, ENG **[26396]**

PADGET : ALL, Perth, AUS **[33279]** : 1700-1800, London, MDX, CUL & WES, ENG **[14296]** : ALL, Batley, WRY, ENG **[38452]** : Samuel, 1823+, Follifoot & Pannal, WRY, ENG **[13026]**

PADGETT : 1860+, Timaru, NZ **[13407]**

PADLEY : PRE 1900, HAM, ENG **[44969]** : 1620-1820S, Everton & Kirkby, NTT, ENG **[18895]** : 1840S, Mott Haven, NY, USA **[46221]**

PADMOS : 1320-2003, WORLDWIDE **[16102]**

PAESLER : ALL, BRA, GER **[14012]**

PAGAN : PRE 1850, Truro, CON, ENG **[12707]**

PAGDIN : 1700-1880, NTT, ENG **[41573]** : PRE 1800, Thorpe Salvin, WRY, ENG **[31316]**

PAGE : 1855-1903, Bathurst & Port Macquarie, NSW, AUS **[42226]** : ALL, TAS, AUS **[39694]** : 1850S, Benalla, VIC, AUS **[46263]** : Edward, 1855-1879, Geelong, VIC, AUS **[39179]** : 1856-1900, Geelong & Carlton, VIC, AUS **[41269]** : John William, 1850-1865, Woodend, VIC, AUS **[39179]** : 1930+, Tamworth & Evans Head, NSW, AUS & ENG **[42600]** : Robert, PRE 1860, ENG **[11213]** : Eleanor, PRE 1828, London, ENG **[10998]** : PRE 1856, London, ENG **[41269]** : ALL, Keysoe, BDF, ENG **[46416]** : 1740-1800, Great Missenden, BKM, ENG **[32310]** : William, 1700-1900, BRK, ENG **[16559]** : 1678-1743, Bray & Binfield, BRK, ENG **[38970]** : C1800, Duffield, DBY, ENG **[30714]** : 1700+, Braintree, ESS, ENG **[19895]** : C1860, Great Clacton, ESS, ENG **[17174]** : Jane, PRE 1844, Langham, ESS, ENG **[11213]** : 1840-1850, Southminster, ESS, ENG **[12641]** : 1820S-1890S, Cheltenham, GLS, ENG **[37978]** : PRE 1848, Fairford, GLS, ENG **[28141]** : PRE 1890, HAM, ENG **[28150]** : PRE 1850, HRT, ENG **[45046]** : 1810+, Bromley, KEN, ENG **[33825]** : PRE 1900, Gravesend, KEN, ENG **[18967]** : John William, 1819+, St.Laurence (Thanet), KEN, ENG **[39179]** : Edward, 1776-1825, St.Nicholas At Wade, KEN, ENG **[39179]** : 1835+, Swanscombe, KEN, ENG **[32794]** : ALL, Woolwich, KEN, ENG **[38681]** : PRE

1850, Liverpool, LAN, ENG [38936] : PRE 1920, LIN, ENG [39439] : ALL, Shoreditch, LND, ENG [39694] : 1750-1820, St.Pancras, MDX, ENG [32310] : John, PRE 1750, NTH, ENG [41589] : 1770-1820, Moulton, NTH, ENG [46305] : 1800-1850, Bridgnorth, SAL, ENG [10037] : 1750-1850, Groton, SFK, ENG [17174] : PRE 1850, Hadleigh, SFK, ENG [17470] : C1750-1800, Wattisfield, SFK, ENG [31153] : Edward, C1801, Rotherhithe, SRY, ENG [17470] : Alfred, 1852+, Beeding & Brighton, SSX, ENG [40052] : Doris Winifd., 1920+, Brighton, SSX, ENG [40052] : 1750+, Brighton, Steyning & Shoreham, SSX, ENG [40052] : William, 1800+, Lewes & Brighton, SSX, ENG [40052] : Ellen Sarah, 1886+, Washington, SSX, ENG [40052] : 1800+, Hobriding, STS, ENG [46448] : PRE 1810, Bedworth, WAR, ENG [39336] : 1730+, Great Somerford, WIL, ENG [36262] : PRE 1850, Great Somerford, WIL, ENG [18657] : Henry, PRE 1851+, Ashburton, DEV & CON, ENG & AUS [45772] : 1790+, Erdington, Aston & Birmingham, WAR & STS, ENG & AUS [42600] : ALL, IRL & ENG [99036] : 1850-1980, WKT, NZ [27931] : John, C1705+, King & Queen & Googhland, VA, USA [27633] : Mary, 1849+, Tintern, MON, WLS [39516]

PAGELSS : C1688, Drefahl, MSW, GER [11319]

PAGEN : 1740-1770, Muirkirk, AYR, SCT [46305] : 1820-1870, Inverness, INV, SCT [12434] : 1800-1850, Glasgow, LKS, SCT [12434]

PAGET : 1800-1850, LND, ENG [13326] : C1870, Haggerstone, MDX, ENG [36075] : C1800, Newcastle on Tyne, NBL, ENG [36075]

PAGETT : C1830-1870, Birmingham, WAR, ENG [12011] : 1800-1820, Halesowen, WOR, ENG [12011]

PAGGETT : C1700, Abbotsham, DEV, ENG [42384]

PAGIT : PRE 1560, Halifax, WRY, ENG [21594]

PAICE : Thomas, 1851-1883, Hobart, TAS, AUS [25072] : Nicholas, 1642, Aldermaston, BRK, ENG [25072] : ALL, Aldermaston, BRK, ENG [25072] : PRE 1770, HAM, ENG [42083] : 1820+, East Meon, HAM, ENG [41500] : 1828+, West Tisted, HAM, ENG [24943] : 1850+, Horsham & Ifield, SSX, ENG [41500]

PAIGE : PRE 1775, Modbury, DEV, ENG [14120]

PAIKI : 1800S, CANTERBURY, NZ [21630]

PAIN : 1700-1900, Childe Okeford, DOR, ENG [18376] : 1800+, ESS, ENG [36435] : Joseph, C1690, Cirencester, GLS, ENG [19497] : 1750-1850, Andover & Overton, HAM, ENG [32042] : ALL, HAM & WIL, ENG [17234] : 1500-1850, KEN, ENG [17480] : Thomas, PRE 1835, Dover, KEN, ENG [17109] : Elizabeth Ann, PRE 1855, Dover, KEN, ENG [17109] : 1750+, Kingsnorth, KEN, ENG [16433] : 1700-1800, Brightwell Baldwin, OXF, ENG [35561] : 1700+, Heathfield, SSX, ENG [17514] : Henry John U., 1837+, Calais, FRA [17109] : 1755+, NOR & SWE [10001]

PAINE : 1837+, NSW, AUS [10793] : 1840+, Gundagai, NSW, AUS [10793] : 1830-1898S, ENG [99040] : 1750-1800, Wingrave, BKM, ENG [19458] : PRE 1850, DOR, ENG [17184] : 1800+, Great Addington, NTH, ENG [36126] : PRE 1600, Lowestoft, SFK, ENG [33428] : PRE 1900, Brede, SSX, ENG [39416] : Martha, 1784, Peasmarsh, SSX, ENG [32050] : ALL, Walsall, STS, ENG [45766] : C1820, Wootton Bassett, WIL, ENG [12470]

PAINES : ALL, ENG [39642] : ALL, MDX, ENG [26493]

PAINTER : PRE 1850, London, ENG [26297] : Robert, C1763, Cambridge, CAM, ENG [30346] : 1700+, DOR, ENG [31017] : 1820+, Stour Provost, DOR, ENG [39327] : PRE 1815, North Sydmonton, HAM, ENG [42083] : ALL, Poplar, MDX, ENG [29471] : ALL, Brierley Hill, STS, ENG [43879] : 1820+, Devizes, WIL, ENG [42139] : 1800-1850, Hannington, WIL, ENG [33973]

PAINTON : ALL, WORLDWIDE [33024]

PAINTY : 1700, York, YKS, ENG [30137]

PAISH : ALL, WORLDWIDE [27087]

PAITANCE : 1600+, Hound, HAM, ENG [16505]

PALAIT : ALL, Sakiai, LITHUANIA [31826]

PALETHORPE : C1888+, Durban, RSA [22122]

PALEY : ALL, St.Endellion, CON, ENG [20606]

PALFREMAN : ALL, AUS [46513] : Elizabeth, 1820-80, Woburn Abbey, BDF, ENG [26007] : 1790-1850, Newcastle & Gateshead, DUR, ENG [46513] : ALL, WORLDWIDE [46513]

PALFREY : 1750S, Lancing, SSX, ENG [29612]

PALIN : C1690+, Welbourne, LIN, ENG [37156] : 1720-1830, Balderton & Cromwell, NTT, ENG [33347]

PALING : 1700S+, LIN, ENG [33007]

PALL : 1700S, Bideford, DEV, ENG [40257]

PALLAS : PRE 1837, Sunderland, DUR, ENG [42645]

PALLET : 1700+, NSW & HRT, AUS & ENG [40480]

PALLETT : C1800, Essendon, HRT, ENG [15715] : 1830-80, London, MDX, ENG [27899]

PALLING : PRE 1850, DUR & SCT, ENG & SCT [43991]

PALLISER : 1800-1880, Castletown, WEX, IRL [30071]

PALLISIER : Jane, C1834, Bristol, GLS, ENG [25770]

PALLISTER : ALL, Wolseley, NWT & SAS, CAN [99433] : Ellen, PRE 1884, YKS, ENG [41471]

PALLOT : 1800S, St.Martins, JSY, CHI [20800] : ALL, Jersey, CHI, UK [99440] : ALL, St.Helier, CHI, UK [12186]

PALMER : Rev. John, 1800+, AUS [10295] : Henry, PRE 1905, Pyrmont, NSW, AUS [11282] : Lillian, 1903+, Sydney, NSW, AUS [29939] : 1890+, Albion & Toowong, QLD, AUS [39096] : 1853+, VIC, AUS [14268] : 1840S, Geelong, VIC, AUS [11526] : 1847, Horsham, VIC, AUS [46202] : Henry, 1860S, Melbourne, VIC, AUS [11282] : 1800-1865, Omeo, VIC, AUS [11062] : 1914, Perth, WA, AUS [46202] : PRE 1900, St.John, NB, CAN [11282] : Gregory, 1580S, ENG [32559] : Rev. Charles, 1850+, ENG [10295] : Charity, PRE 1836, ENG [46245] : Nottingham, 1850+, London, ENG [46359] : Annie, PRE 1875, London, ENG [45317] : 1750-1800, Abingdon, BRK, ENG [32042] : 1750-1850, Hungerford, BRK, ENG [99433] : 1780S, Wallingford, BRK & OXF, ENG [31373] : 1800-1890, Cherry Hinton & Cambridge, CAM, ENG [37049] : Mary, 1719+, Doddington, CAM, ENG [14290] : Andrew, C1770-1841, Holme Cultram & Brigham, CUL, ENG [41477] : PRE 1840, DEV, ENG [46236] : 1700S, Broadhembury, DEV, ENG [34140] : 1750-1810, Exeter, DEV, ENG [42863] : Elizabeth, 1830, Exeter, DEV, ENG [46325] : 1780S, Hatherleigh, DEV, ENG [48060] : PRE 1750, Topsham, DEV, ENG [45874] : 1700+, DEV & LND, ENG [44954] : 1750-1810, DOR, ENG [34790] : PRE 1900, DOR, ENG [28275] : PRE 1861, Pimperne & Puddletown, DOR, ENG [45893] : 1930, Stockton, DUR, ENG [99055] : 1700-1800, Sunderland Bridge & St.Oswalds, DUR, ENG [19865] : ALL, Coln St.Aldwyn, GLS, ENG [19806] : 1700-1850, Froxfield, HAM, ENG [45863] : PRE 1850, Gosport, HAM, ENG [46381] : Richard, 1792+, Portsea, HAM, ENG [36538] : Dorothy, PRE 1915, Portsmouth, HAM, ENG [46516] : Blanche, 1901+, Saltwood, KEN, ENG [42979] : Wm Stern, 1800+, KEN & MDX, ENG [17973] : Thomas, 1800-1830, Barwell, LEI, ENG [17203] : PRE 1880, LND, ENG [17766] : Dorothy, PRE 1915, Fulham, LND, ENG [46516] : 1800-1900, Henley on Thames, LND, ENG [46460] : Arthur, 1800-1912, Willesden, LND, ENG [28237] : C1850, Aldgate, MDX, ENG [36075] : 1500-1575, Kentish Town, MDX, ENG [29715] : C1850, London, MDX, ENG [36075] : 1850-1912, Marylebone & Stoke Newington, MDX, ENG [37049] : 1800-1900, MDX & LND, ENG [30446] : 1901+, NBL, ENG [45893] : PRE 1820, Newcastle upon Tyne, NBL, ENG [28670] : George W., 1901+, Westoe, NBL, ENG [45893] : 1750+, Barnham Broom, NFK, ENG [10591] : PRE 1850, Feltwell, NFK, ENG [14268] : ALL, Honing & Coultishall, NFK, ENG [29172] : Emma Amy, 1802, Mattishallburgh, NFK, ENG [40490]

: PRE 1850, Methwold, NFK, ENG [14268] : 1800-1850, Norwich, NFK, ENG [13326] : 1700S-1800S, NTH, ENG [36295] : 1830+, Earls Barton, NTH, ENG [31720] : PRE 1770, Madeley, SAL, ENG [46297] : PRE 1800, SFK, ENG [39312] : PRE 1829, Eriswell, SFK, ENG [14268] : PRE 1850, Eriswell, SFK, ENG [14948] : 1800+, Hemingstone, SFK, ENG [42758] : PRE 1850, Herringswell, SFK, ENG [36337] : 1750+, SOM, ENG [21983] : C1775, Ashbrittle, SOM, ENG [25930] : ALL, Bath, SOM, ENG [99036] : Charles, PRE 1820, Stoke Sub Hamdon, SOM, ENG [19480] : 1700S, Wemdon, SOM, ENG [17117] : PRE 1860, Wraxall, SOM, ENG [22175] : Elizabeth, 1860S, Lambeth, SRY, ENG [41554] : PRE 1800, Newdigate, SRY, ENG [43842] : PRE 1750, Fenny Compton, WAR, ENG [42083] : 1599, Purton & Shalbourne, WIL, ENG [14184] : Ann, PRE 1852, Wilcot, WIL, ENG [25794] : George, 1771, Wroughton, WIL, ENG [14184] : Thomas, 1811, Wroughton, WIL, ENG [14184] : Job, 1812+, Redditch, WOR, ENG [12058] : Barnabas, 1840+, Redditch, WOR, ENG [12058] : Harvey, 1870+, Redditch, WOR, ENG [12058] : ALL, Stourbridge, WOR, ENG [29172] : Job, 1773+, Tardebigg, WOR, ENG [12058] : 1919+, Doncaster, YKS, ENG [38412] : Richd Elliot, C1800, GAL, IRL [28039] : Thomas, PRE 1841, Birr, OFF, IRL [28039] : Catherine, 1800+, Birr & Springfield, OFF, IRL [28039] : ALL, WAT, IRL [40618] : 1850S, Pietermaritzburg, NATAL, RSA [14268] : PRE 1920, MON, WLS [33816]
PALMER (see One Name Section) [28039]
PALMER-GINGELL : 1831+, WIL, ENG [14184]
PALSER : James & Mary, 1778-1837, Frampton Cotterell, GLS, ENG [10203] : Hugh & Ann, 1685-1761, Wotton under Edge, GLS, ENG [10203]
PALTRIDGE : 1870+, Palmerston North, MWT, NZ [42112]
PALUCH : PRE 1875, Osobnicia, KRAKOW, POL [40603]
PAMPHILION : PRE 1830, LND, ENG [34543]
PAMPLIN : PRE 1900, HAM & BRK, ENG [43892]
PANE : PRE 1851, Birmingam & Aston, WAR, ENG [42967]
PANGRACS : Adam, PRE 1895, CZ [39698]
PANKHURST : 1800S, London, MDX, ENG [42582]
PANKOW : PRE 1890, Stralsund, POM, GER [39588]
PANNACH : PRE 1840, Rachlau, KSA, GER [26306]
PANNELL : David, 1840+, Clare, SA, AUS [14346] : 1870+, Mintaro, SA, AUS [14346] : 1855+, Mintaro, Jamestown & Pt.Pirie, SA, AUS [33642] : PRE 1850, Lympstone & Exeter, DEV, ENG [32882] : 1750-1870, ESS, ENG [42986] : C1880, Pebmarsh, ESS, ENG [22743] : ALL, Steeple Bumpstead, ESS, ENG [21149] : 1820S, Buriton, HAM, ENG [33642] : PRE 1730, Chiddingfold, SRY, ENG [36246] : 1800S, Tangmere, SSX, ENG [99570] : 1850S, CGH, RSA [33642]
PANSFORD : Barbara, 1550-1650, Medstead, HAM, ENG [17907]
PANTER : Thomas, PRE 1800, BDF, ENG [25627] : 1600+, CON, ENG [29786]
PANTING : C1820, Whitechapel, LND, ENG [13347] : 1800S, Witney, OXF, ENG [16358] : C1800, Chiseldon, WIL, ENG [37168] : 1700+, Stratton St.Margaret, WIL, ENG [37168]
PANTON : George, 1800, Lincoln & Gainsboro, LIN, ENG [37617] : C1820S, Cuminestown & Monquhitter, ABD, SCT [21563] : 1740S, Monquhitter & Turriff, ABD, SCT [14880]
PANTRY : PRE 1840, Ashford, KEN, ENG [13008]
PAPALLO : PRE 1920, Martone, CALABRIA, ITL [11661]
PAPE : Ann, PRE 1860, CON, ENG [41471] : Rose, 1700-1800, DEV, LIN & YKS, ENG [10286] : PRE 1815, Quadring & Spalding, LIN, ENG [40529]
PAPLE : PRE 1800, Seaborough, SOM, ENG [11091]
PAPWORTH : William, 1855-1942, Gordon, VIC, AUS [31159] : PRE 1854, Oakington, CAM, ENG [11733] : ALL, Swavesey & Boxworth, CAM, ENG [46433] : 1600-1850, Hitchin, HRT, ENG [36552] : ALL, Ramsey, HUN, ENG [46433] : ALL, Greenwich, LND, ENG [42943] : ALL, CAM, ENG & AUS [46317] : Robert, 1816-1888, Warboys & Gordon, CAM & VIC, ENG & AUS [31159]
PAR : PRE 1700, Slinfold, SSX, ENG [15464]
PARDOE : 1879+, Wolverhampton, STS, ENG [39891] : 1730, Chaddesley Corbet, WOR, ENG [11113] : 1600-1750, Ombersley, WOR, ENG [12641] : 1727+, PA, USA [37156] : 1700+, PEM & GLA, WLS [37156]
PARDON : William, 1750-1810, ENG [34664] : William, 1770-1810, London, ENG [34664] : William, C1792, Stanhope, DUR, ENG [37619]
PARENT : PRE 1860, Masham & Bristol, QUE, CAN [42927]
PARFET : PRE 1800, Foxcote, SOM, ENG [44639]
PARFITT : 1780+, Bath, SOM, ENG [45707] : 1760+, Clutton, SOM, ENG [46276] : PRE 1812, Clutton, SOM, ENG [36466] : PRE 1851, SRY, ENG [10664] : PRE 1851, Banstead, SRY, ENG [10664] : PRE 1830, Woodmansterne, SRY, ENG [10664] : 1837+, Pensnett, STS, ENG [46276] : PRE 1893, Aberdare, GLA, WLS [36466]
PARFLEET : 1800+, Eltham, KEN, ENG [18376]
PARFOOT : PRE 1900, Froxfield, HAM, ENG [25162]
PARGETER : 1700+, BKM, ENG [40042] : ALL, Whaddon, BKM, ENG [45876]
PARGITAR : 1800S, St.Pancras, MDX, ENG [42466]
PARGITER : 1500+, Greetworth, NTH, ENG [10346]
PARHAM : 1720-1741, West Knoyle, WIL, ENG [40499]
PARIS : Adolph, 1860-1900, NY, USA [23564] : 1950+, WA, USA [21093]
PARISH : 1800S, Sydney, NSW, AUS [13845] : PRE 1856, Sydney, NSW, AUS [14197] : Harvey James, 1915+, Yarrawonga, VIC, AUS [39179] : PRE 1865, Guilden Morden, CAM, ENG [38743] : 1700+, Teignmouth, DEV, ENG [13845] : ALL, Hornchurch, ESS, ENG [42362] : PRE 1900, Upminster, Romford, ESS, ENG [42634] : PRE 1850, Woodford, ESS, ENG [18264] : Hannah, 1750+, Great Milton, OXF, ENG [14290] : 1800+, SOM, ENG [45950] : PRE 1820, Haywood, WRY, ENG [26752] : ALL, WORLDWIDE [26686]
PARK : Joseph, 1830+, Murrumbateman, NSW, AUS [11055] : PRE 1869, LAN, ENG [25737] : 1870+, Bristol, SOM, ENG [46500] : PRE 1750, Devizes, WIL, ENG [43137] : ALL, Elland & Wakefield, YKS, ENG [38259] : 1850+, Buncrana, DON, IRL [46500] : Ann, C1810, ABD, SCT [10649] : PRE 1900, Dundee, ANS, SCT [18303] : 1830+, Ayr, AYR, SCT [36244] : Gavin, 1793-1868, Glasgow, LKS, SCT [15785] : Archibald, 1820+, Edinburgh, MLN, SCT [29198] : 1780-1900, Musselburgh, MLN, SCT [20703] : 1800+, St.Margarets Hope, OKI, SCT [14513] : 1771-1806, SEL, SCT [46316] : PRE 1800, WIG, SCT [12395] : 1750+, Stoneykirk & Luce, WIG, SCT [12395] : Omar, 1821, Columbia Co. Sugarloaf Twp., PA, USA [23858]
PARKE : 1866+, NSW, AUS [33454] : C1852+, Ballarat, VIC, AUS [44160] : Edmund, 1850S, Clerkenwell, MDX, ENG [18273] : William Thos, 1761-1847, Covent Garden, MDX, ENG [18273] : 1700-1900, Carlisle, WES, ENG [31960]
PARKER : James, 1850S, Castlereagh, NSW, AUS [13244] : John, 1870-1905, Crookwell, NSW, AUS [28151] : John, 1828-1904, Grafton, NSW, AUS [34140] : 1888+, Hunter River, NSW, AUS [11060] : 1840+, Monaro, NSW, AUS [11197] : William T., 1830+, Petersham, NSW, AUS [11827] : Joseph James, 1859-1889, Sydney, NSW, AUS [34140] : 1886+, West Wallsend, NSW, AUS [12386] : 1802+, Windsor & Bathurst, NSW, AUS [39249] : ALL, Woonona & Wollongong, NSW, AUS [46317] : 1914+, Memerambi, QLD, AUS [13473] : Albert, 1914+, Wallumbilla, QLD,

AUS **[40505]** : 1855+, Burra & Adelaide, SA, AUS **[31332]** : 1851+, Keilor & Numurkah, VIC, AUS **[11994]** : 1850+, Malmsbury, VIC, AUS **[45626]** : 1850-1950, Melbourne, VIC, AUS **[11424]** : ALL, NSW, AUS & IRL **[46373]** : 1850+, Dalhousie, NB, CAN **[19713]** : 1759-1880, Annapolis & Queens Co., NS, CAN **[22262]** : 1800-1900, Inverness, Cape Breton, NS, CAN **[45280]** : 1870+, Durham Co., ONT, CAN **[15845]** : 1820+, Elgin Co., ONT, CAN **[23319]** : 1900+, Elgin Co., ONT, CAN **[34261]** : Alfred, 1853-1926, Toronto, ONT, CAN **[37633]** : 1850+, Gaspe, QUE, CAN **[19713]** : 1700-1900, East London, ENG **[45037]** : C1820, Bletsoe, BDF, ENG **[18529]** : C1845, Ernest Milton, BDF, ENG **[18529]** : 1800-1850, Hanslope, BKM, ENG **[41037]** : ALL, Faringdon, BRK, ENG **[44138]** : PRE 1700, Chippenham, CAM, ENG **[33428]** : PRE 1860S, CHS, ENG **[11043]** : Mary, 1843-1920, Bunbury, CHS, ENG **[10102]** : PRE 1830, Tilstone, CHS, ENG **[34420]** : 1720S-1800S, Plumbland, CUL, ENG **[37978]** : 1700+, Workington, CUL, ENG **[46456]** : 1800+, Newhall & Stapenhill, DBY, ENG **[10287]** : ALL, Crediton, DEV, ENG **[44007]** : PRE 1860, Dartmouth, DEV, ENG **[44007]** : PRE 1850, Hatherleigh, DEV, ENG **[17027]** : 1824+, Sidmouth, DEV, ENG **[44209]** : 1800, Tiverton, DEV, ENG **[14156]** : 1700+, DOR, ENG **[31017]** : PRE 1900, DOR, ENG **[29626]** : 1850+, Affpuddle, DOR, ENG **[19713]** : 1800-1900, Combe Keynes & Lulworth, DOR, ENG **[19713]** : 1600+, Owermoigne, DOR, ENG **[19713]** : 1760-1800, Sherborne, DOR, ENG **[44689]** : 1820+, Sunderland, DUR, ENG **[13473]** : PRE 1797, Sunderland, DUR, ENG **[46483]** : 1850S, Dedham, ESS, ENG **[36212]** : 1500-1700, GLS, ENG **[27039]** : 1750+, GLS, ENG **[44409]** : 1800+, GLS, ENG **[31574]** : PRE 1890, Bristol, GLS, ENG **[17697]** : 1800+, Sapperton, GLS, ENG **[44946]** : C1812, Hereford, HEF, ENG **[46431]** : PRE 1860, Sawbridgeworth & Widford, HRT, ENG **[38743]** : Samuel, C1817, Heaverham, KEN, ENG **[13838]** : PRE 1800, Ickham, KEN, ENG **[25306]** : Lydia, C1766, LAN, ENG **[45127]** : C1830, Blackburn, LAN, ENG **[45203]** : 1700-1850, Brindle & Preston, LAN, ENG **[39536]** : 1840+, Burnley, LAN, ENG **[36492]** : Amelia, C1835+, Liverpool, LAN, ENG **[99174]** : C1840, Liverpool, LAN, ENG **[45649]** : Henry, 1780, Boston, LIN, ENG **[25533]** : John, 1800+, Bourne, LIN, ENG **[25533]** : 1800-60, Caistor, LIN, ENG **[37278]** : PRE 1860, Croft & Thorpe St.Peter, LIN, ENG **[43422]** : Ann, 1780-1820, East Kirkby, LIN, ENG **[10286]** : PRE 1820, Lincoln & Edlington, LIN, ENG **[20178]** : PRE 1820, Peterborough, LIN, ENG **[37187]** : C1800-1920, Blackfriars, LND, ENG **[22070]** : PRE 1900, City of London, LND, ENG **[25142]** : Eleanor, 1803, Hammersmith, LND, ENG **[11113]** : PRE 1836, Stepney, LND, ENG **[40970]** : C1800, Bethnal Green, MDX, ENG **[44649]** : 1800-1900, Islington, MDX, ENG **[46412]** : 1700+, Tyne & Wear, NBL, ENG **[46456]** : 1850+, Aylsham, NFK, ENG **[12386]** : 1830+, Foulden, NFK, ENG **[99832]** : ALL, Norwich, NFK, ENG **[27431]** : William, PRE 1820, Brinsley & Greasley, NTT, ENG **[34975]** : PRE 1880, Worksop, NTT, ENG **[31316]** : PRE 1800, RUT, ENG **[12401]** : C1730, Greetham, RUT, ENG **[37156]** : PRE 1790, Madeley, SAL, ENG **[46297]** : C1820, Assington, SFK, ENG **[17174]** : Samuel, 1798+, Nayland, SFK, ENG **[34140]** : 1840+, Dulverton & West Bagborough, SOM, ENG **[11870]** : James, C1798+, Shepton-Mallett, SOM, ENG **[99174]** : Ann, C1824+, Shepton-Mallett, SOM, ENG **[99174]** : Henry, C1826+, Shepton-Mallett, SOM, ENG **[99174]** : PRE 1870, Stone Easton, SOM, ENG **[17697]** : PRE 1850, Yeovil, SOM, ENG **[26202]** : PRE 1900, Yeovil, SOM, ENG **[29626]** : Nellie, 1925+, SRY, ENG **[28096]** : Robt Augustus, C1864, Battersea, SRY, ENG **[19892]** : PRE 1905, Battersea, SRY, ENG **[19892]** : ALL, Croydon, SRY, ENG **[33279]** : 1830+, Kingstonupon-Thames, SRY, ENG **[44138]** : George, 1810-1842, Newington, SRY, ENG **[14627]** : Charlotte, 1800-1873, East Grinstead, SSX, ENG **[28096]** : PRE 1700, Shipley, SSX, ENG **[15464]** : 1600-1700, Sullington, SSX, ENG **[18001]** : 1600-1900, Washington & Findon, SSX, ENG **[18001]** : 1730-1790, Worth, SSX, ENG **[46313]** : PRE 1660, Ellastone, STS, ENG **[27219]** : PRE 1840, Handsworth, STS, ENG **[38728]** : ALL, Barton, WES, ENG **[44815]** : 1838+, Farleton, WES, ENG **[19661]** : PRE 1800, Firbank, WES, ENG **[19661]** : 1800-1838, Grayrigg, WES, ENG **[19661]** : PRE 1840, Brincliffe & Sheffield, WRY, ENG **[36492]** : PRE 1700, Idle, WRY, ENG **[21594]** : Maria, C1620, Slaidburn, WRY, ENG **[18957]** : Mary, C1740, Slaidburn, WRY, ENG **[18957]** : 1600+, Waddington, WRY, ENG **[21038]** : 1700S, Campsall, YKS, ENG **[14948]** : PRE 1870, Hull, YKS, ENG **[46471]** : Charles, 1863+, Keighley, YKS, ENG **[25654]** : 1800+, Leeds & Swillington, YKS, ENG **[46456]** : ALL, York, YKS, ENG **[46495]** : C1800+, Nantwich, CHS & NSW, ENG & AUS **[33097]** : 1800+, Alverstoke, HAM, ENG & AUS **[44938]** : C1815+, South Stoneham, Bitterne & Hound, HAM, ENG & AUS **[31902]** : 1850-1900, DBY, ENG & NZ **[26955]** : 1780, Dublin, IRL **[39249]** : 1700+, Kells & Connor, ANT, IRL **[45159]** : 1830-1900, Portadown, ARM, IRL **[20730]** : 1800, Tanderagee, ARM, IRL **[26340]** : Thomas, C1825, Lucan, DUB, IRL **[28151]** : 1750-1850, Killene, WEM, IRL **[14246]** : John, 1750-1850, Loudoun, AYR, SCT **[46306]** : 1790-1860, Stewarton, AYR, SCT **[45236]** : 1800-1848, Anstruther, FIF, SCT **[17400]** : C1790, Cambuslang, LKS, SCT **[20914]** : Anne Eliz., 1834-1872, Glasgow, LKS, SCT **[10392]** : Robert, PRE 1850, Hamilton, LKS, SCT **[10270]** : C1840, Leith, MLN, SCT **[27240]** : Janet, 1760+, Glasserton, WIG, SCT **[21955]** : 1800-1880, Portpatrick, WIG, SCT **[46478]** : PRE 1765, Middlesex Co., MA, USA **[22262]** : 1830+, Taffs Wells & Pentyrch, GLA, WLS **[44007]** : ALL, WORLDWIDE **[16254]**

PARKES : 1862+, NSW, AUS **[42594]** : Margaret, 1876, NSW, AUS **[10846]** : ALL, CAN **[45900]** : 1830S, ONT, CAN **[15286]** : George, 1864+, Toronto, ONT, CAN **[45900]** : PRE 1800, DBY, ENG **[27875]** : 1800-1860, ENG **[46306]** : C1890-1940, Catford, LND, ENG **[18714]** : 1900-1920, Plumstead, LND, ENG **[18714]** : C1840-1930, Poplar, LND, ENG **[18714]** : 1800-1870, St.Pancras, MDX, ENG **[18714]** : 1500+, Heathfield, SSX, ENG **[17514]** : ALL, STS, ENG **[24474]** : PRE 1900, Bilston, STS, ENG **[44223]** : 1700-1830, Church Eaton, STS, ENG **[31709]** : ALL, Handsworth, STS, ENG **[21173]** : 1800+, West Bromwich, STS, ENG **[19458]** : 1820S, WAR, ENG **[42615]** : ALL, Ashted, Birmingham, WAR, ENG **[10454]** : Fredk August., 1800+, Aston, Birmingham, WAR, ENG **[10454]** : PRE 1800, Birmingham, WAR, ENG **[38676]** : 1700-1840, Kings Swinford, WAR, ENG **[18714]** : 1717, Dudley, WOR, ENG **[10209]** : 1800-1840, Dudley, WOR, ENG **[27087]** : 1700-1810, Dudley St.Thomas, WOR, ENG **[46420]** : 1700-1810, Halesowen, WOR, ENG **[46420]** : PRE 1800, Sheffield, WRY, ENG **[17875]** : Samuel, 1846+, IRL **[45900]** : ALL, IRL **[45900]**

PARKHOUSE : James, 1750-1856, Halberton & Tiverton, DEV, ENG **[10203]** : PRE 1850, Yardley, WOR, ENG **[36126]**

PARKIN : PRE 1900, Dukinfield, CHS, ENG **[36170]** : 1600+, Millom, CUL, ENG **[17162]** : 1800S, DBY, ENG **[34704]** : 1500-1820, DEV, ENG **[19880]** : 1700+, Bratton Fleming & Swimbridge, DEV, ENG **[17532]** : 1700+, Braunton, DEV, ENG **[19254]** : John, C1760, Witton Gilbert, DUR, ENG **[38579]** : PRE 1800, Boston, LIN, ENG **[17508]** : PRE 1817, NRY, ENG **[45308]** : PRE 1758, Ecclesfield, WRY, ENG **[17626]** : PRE 1810, Hartshead, WRY, ENG **[36170]** : James, PRE 1810, YKS, ENG **[41471]** : PRE 1850, Barwick in Elmet, YKS, ENG **[20974]** : C1820, Doncaster, YKS, ENG **[41370]** : PRE 1841, Wortley, YKS, ENG **[28474]** : 1820-1960, RSA **[19880]**

PARKINS : ALL, AUS **[46231]** : 1700-1850, Marsworth, BKM, ENG **[45883]** : ALL, CON, ENG **[46231]** : Francis A., 1830, Southport, LAN, ENG **[13031]**

PARKINSON : 1854-1980, Brunswick, VIC, AUS

[12318] : Robert, C1855, Dunolly, VIC, AUS **[13153]** : Jane, PRE 1850, ENG **[24980]** : PRE 1813, Long Stanton, CAM, ENG **[39860]** : 1800-1900, Macclesfield, CHS, ENG **[30120]** : 1842-1940, Newcastle upon Tyne, CUL, ENG **[36127]** : William, 1760, St.Bees, CUL, ENG **[13153]** : Robert, 1808, Whitehaven, CUL, ENG **[13153]** : 1800S, Gateshead, DUR, ENG **[12318]** : 1800-1860, New Lambton, DUR, ENG **[36127]** : 1854-1913, Sherburn, DUR, ENG **[36127]** : 1795, Trimdon, DUR, ENG **[12318]** : PRE 1846, Blackburn, LAN, ENG **[26340]** : 1650-1700, Caton, LAN, ENG **[31826]** : Robert, C1477, Chipping, LAN, ENG **[18957]** : PRE 1810, Lancaster & Halton, LAN, ENG **[24873]** : PRE 1820, Middle Hulton, LAN, ENG **[34612]** : 1750+, Wigan, LAN, ENG **[17535]** : PRE 1840, Crowland, LIN, ENG **[41438]** : 1750-1810, NRY, ENG **[37169]** : C1791, Greetham, RUT, ENG **[37156]** : 1700+, Kirkby Malham, WRY, ENG **[13481]** : 1800+, Wormley Hill, WRY, ENG **[46448]** : 1760S, Danby Wiske, YKS, ENG **[12318]** : PRE 1880, Wragby & Felkirk, YKS, ENG **[11366]** : Robert, C1820, Kilkeel, DOW, IRL **[99440]** : PRE 1830, Old Monkland, LKS, SCT **[34543]**

PARKISS : John, PRE 1850, Dalkington, CAM, ENG **[99010]**

PARKMAN : 1865, Southampton, HAM, ENG **[40499]** : 1720-1840, Norton Fitzwarren, SOM, ENG **[27087]**

PARKS : 1880+, QLD, VIC & NSW, AUS **[13584]** : Samuel, 1846+, CAN **[45900]** : ALL, CAN **[45900]** : C1880, ENG **[13854]** : 1720, HAM & SSX, ENG **[30093]** : 1830+, Dover, KEN & LND, ENG **[18329]** : James, 1700-1820, Ticehurst, SSX, ENG **[39522]** : ALL, IRL **[45900]**

PARKWALL : Jas Grievson, 1780-1840, Wolsingham, DUR, ENG **[41349]**

PARKYN : 1800+, St.Erth & Newlyn, CON, ENG **[46311]**

PARKYNS : Emma, 1849+, London, ENG **[16802]**

PARLANE : John, 1840+, NSW, AUS **[10562]** : 1800-1840, Liverpool, LAN, ENG **[10562]**

PARLBY : ALL, WORLDWIDE **[43779]**

PARMAN : ALL, WORLDWIDE **[31316]**

PARMENTER : C1835, London, ENG **[14747]** : PRE 1800, Witham, ESS, ENG **[14715]** : PRE 1850, Clare, SFK, ENG **[11716]**

PARMENTIER : 1700-1750, Dutchess & Schoharie Cos., NY, USA **[24413]**

PARMETER : 1785+, Gosport, HAM, ENG **[11152]**

PARMLEY : 1800+, Garry Gill Gate, CUL, ENG **[13422]** : 1800+, Middleton in Teesdale, DUR, ENG **[13422]**

PARNABY : 1860+, VIC, AUS **[45925]** : 1700-1800+, Leeming Bar & Whenby, NRY, ENG **[45925]**

PARNELL : 1865+, Lower Southgate, NSW, AUS **[10647]** : Mary, 1750-1850, KEN, ENG **[39522]** : 1850+, Kingston, SRY, ENG **[14194]** : 1700+, GLS, ENG & AUS **[10647]**

PARNHAM : James, 1750-1830, NTT & LIN, ENG **[15436]** : Hannah, 1750-1830, NTT & LIN, ENG **[15436]**

PAROTT : PRE 1700, Hutton Cranswick, ERY, ENG **[44078]**

PARR : PRE 1800, BRK, ENG **[45857]** : Margaret, PRE 1813, Kirkdale, LAN, ENG **[31343]** : 1836-1880, Leicester, LEI, ENG **[17245]** : 1750-1800, Redmile, LEI, ENG **[25237]** : PRE 1555, Horton, NTH, ENG **[44913]** : 1820+, WRY, ENG **[99052]** : C1800, Belfast, ANT, IRL **[12728]** : 1860+, RSA **[22090]**

PARR-BURMAN : 1880-1916, East London & Durban, RSA **[22090]** : ALL, WORLDWIDE **[22090]**

PARRATT : Ann, 1834, Farnham, SRY, ENG **[44314]** : ALL, WORLDWIDE **[19812]**

PARRETT : PRE 1800, Rochester, KEN, ENG **[19270]** : ALL, WORLDWIDE **[19812]**

PARRIS : PRE 1820, St.Martin in the Fields, LND, ENG **[17174]** : PRE 1750, Jevington, SSX, ENG **[19782]**

PARRISH : PRE 1900, Upminster, Romford, ESS, ENG **[42634]** : PRE 1850, Woodford, ESS, ENG **[18264]** : ALL, Bromley & Bow, LND, ENG **[42634]** : ALL, WORLDWIDE **[26686]**

PARRITT : ALL, WORLDWIDE **[19812]**

PARRORIUNI : ALL, ITL **[44256]**

PARROTT : Susannah, PRE 1820, Leyton, ESS, ENG **[22207]** : C1905, Battersea, LND, ENG **[10330]** : 1700-1850, Arnold, NTT, ENG **[34967]** : ALL, WORLDWIDE **[19812]**

PARRY : 1830+, Adelaide, SA, AUS **[29198]** : 1860+, Lismore & Camperdown, VIC, AUS **[10046]** : 1880S+, Wahgunyah, VIC, AUS **[10141]** : 1850+, London, ENG **[10820]** : 1835-1870, Bebington, CHS, ENG **[37181]** : 1840-1900, Davenham, CHS, ENG **[17245]** : PRE 1879, Bristol, GLS, ENG **[10141]** : PRE 1760, Peterchurch, HEF, ENG **[33428]** : 1550-1750, London, HEF, WAR & WOR, ENG **[22737]** : Eliza, 1814-1839, Liverpool, LAN, ENG **[38449]** : Robert, 1839-1918, Liverpool, LAN, ENG **[37181]** : 1900, Liverpool, LAN, ENG **[17012]** : PRE 1890, Liverpool, LAN, ENG **[42209]** : 1850+, West Derby, LAN, ENG **[29500]** : PRE 1828, Shoreditch & St.Leonards, LND, ENG **[44111]** : 1900S, Birmingham, WAR, ENG **[42615]** : PRE 1750, WOR, ENG **[30138]** : 1813, Camber, LND, ENG & AUS **[13019]** : 1700+, Gwenddwr, BRE, WLS **[15710]** : 1800+, Llanbeblig, CAE, WLS **[17162]** : 1800S, Chirk, DEN, WLS **[11226]** : 1850+, Clocaenog, DEN, WLS **[29500]** : 1750-1890, Holt, DEN, WLS **[17245]** : 1780-1840, Bagillt, FLN, WLS **[37181]** : 1800+, Llanasa, FLN, WLS **[29500]** : 1800+, Bettws Gwerfil Goch, MER, WLS **[29500]**

PARSELL : Charles, 1860+, Islington, LND, ENG **[25654]**

PARSEY : PRE 1800, SFK, ENG **[30022]**

PARSLEY : PRE 1841, Barnstaple, DEV, ENG **[46453]** : Susan, 1840, Sotterly, SFK, ENG **[12141]** : PRE 1800, Batley, WRY, ENG **[19064]**

PARSLOE : 1840+, Bath, SOM, ENG **[28557]**

PARSLOW : 1700+, Awre, GLS, ENG **[40042]** : 1700S, Cam, GLS, ENG **[13731]** : 1700S, Owlpen & Uley, GLS, ENG **[19921]** : Kate, 1879-1897, Lewisham, LND, ENG **[39455]** : 1820S, Milton, OXF, ENG **[21131]**

PARSONS : Anne, 1868, Ryde, NSW, AUS **[10846]** : 1850+, Sydney, NSW, AUS **[13584]** : William, 1834, Windsor, NSW, AUS **[10846]** : 1800, Adelaide, SA, AUS **[13091]** : PRE 1700, Buckingham, BKM, ENG **[15464]** : PRE 1820, Maidenhead, BRK, ENG **[19727]** : PRE 1700, Chippenham, CAM, ENG **[33428]** : PRE 1890, Roche & St.Austell, CON, ENG **[25469]** : PRE 1870, North Lew, DEV, ENG **[34320]** : 1600-1900, Dorchester, DOR, ENG **[19713]** : George, PRE 1820, East Stour & West Stour, DOR, ENG **[38939]** : 1700S, Gillingham, DOR, ENG **[13091]** : PRE 1750, Iwerne Minster, DOR, ENG **[17921]** : 1751-1850, Owermoigne, DOR, ENG **[19713]** : 1750+, Weymouth & Wyke Regis, DOR, ENG **[19713]** : George, 1800+, DOR & SOM, ENG **[42239]** : PRE 1880, Bristol, GLS, ENG **[19101]** : 1800+, Cinderford, GLS, ENG **[17951]** : 1750-1900S, Corse, GLS, ENG **[39565]** : PRE 1850, Sandridge, HRT, ENG **[41163]** : 1901+, Totland, IOW, ENG **[25367]** : 1848-1899, Canterbury, KEN, ENG **[38082]** : 1800+, Eboney, KEN, ENG **[35280]** : 1880-1920, Manchester, LAN, ENG **[14901]** : 1850-1930, Bow, LND, ENG **[19727]** : 1800-1860, Stepney, LND, ENG **[25322]** : Joseph, 1800+, MDX, ENG **[39015]** : PRE 1780, Cripplegate, MDX, ENG **[33428]** : ALL, Norwich, NFK, ENG **[27431]** : PRE 1800, NTT, ENG **[46452]** : 1600-1700S, Mansfield, NTT, ENG **[18895]** : 1800S, SOM, ENG **[13244]** : Benjamin, 1800S, Binegar, SOM, ENG **[22799]** : 1800-1870S, Coker, SOM, ENG **[17291]** : William, PRE 1830, Portishead, SOM, ENG **[33766]** : Ann, 1700-1720, Wellington, SOM, ENG **[17203]** : PRE 1845, Weston-Super-Mare, SOM, ENG **[45707]** : 1790+, Wookey & Glastonbury, SOM, ENG **[46273]** :

1700-1800, Barnes, SRY, ENG **[15464]** : 1750-1850, Horley, SRY, ENG **[46313]** : 1800-1850, Beckley, SSX, ENG **[33838]** : 1800-1900, Lewes, SSX, ENG **[15715]** : PRE 1800, Lewes, SSX, ENG **[46307]** : 1700-1900, Hixon, STS, ENG **[14901]** : Martha J., 1867+, Willenhall, STS, ENG **[33402]** : John, PRE 1820, WIL, ENG **[39651]** : 1840S, Clarendon, WIL, ENG **[20938]** : PRE 1900, Stratford Tony, WIL, ENG **[41136]** : 1800-50, Westbury, WIL, ENG **[99440]** : C1700-1800, Birmingham & Kings Norton, WOR, ENG **[22070]** : 1800+, Penzance, CON, ENG & AUS **[35240]** : PRE 1850, Cluness, CAV & MOG, IRL **[13584]** : PRE 1800, PA, USA **[24792]** : 1800S, Jimtown, PA, USA **[14901]** : William, 1830+, Briton Ferry, GLA, WLS **[33766]** : 1870+, Cardiff, GLA, WLS **[34320]**

PARSONSON : 1700-1900, KEN, ENG **[17926]**
PARTINGTON : C1800, Astley & Leigh, LAN, ENG **[19497]** : PRE 1848, Bolton, LAN, ENG **[21129]** : 1800+, Leigh, LAN, ENG **[10775]** : C1848, Middleton, LAN, ENG **[21129]**
PARTNER : 1800-1840, ESS, ENG **[17191]**
PARTON : ALL, CON, ENG **[42948]** : PRE 1850, Wellington, SAL, ENG **[19818]** : ALL, Rugeley, STS, ENG **[42948]**
PARTRIDGE : 1890+, Lismore, NSW, AUS **[46260]** : 1810+, St.Helier, JSY, CHI **[10125]** : Joseph, C1810, East Allington, DEV, ENG **[13869]** : 1840S, Bethnal Green, LND, ENG **[17977]** : 1800, Bures, SFK, ENG **[17704]** : 1600S, Woodbridge, SFK, ENG **[35184]** : James, C1800S, Hastings, SSX, ENG **[17005]** : 1800-1900, Birmingham, WAR, ENG **[22036]** : PRE 1880, Birmingham & London, WAR & MDX, ENG **[37206]** : 1800-1950, WOR, ENG **[41582]**
PASCALL : 1835, Wrockwardine, SAL, ENG **[13984]**
PASCARELLA : 1900S, Mckean Co., PA, USA **[22756]**
PASCOE : 1875, Parkes, NSW, AUS **[35365]** : 1836+, SA & WA, AUS **[42238]** : 1864+, London, ENG **[12270]** : 1790-1860, CON, ENG **[36435]** : PRE 1840, CON, ENG **[12905]** : PRE 1810, Budock & Wendron, CON, ENG **[42940]** : PRE 1870, Carharrack, CON, ENG **[13657]** : 1800+, Falmouth, CON, ENG **[44932]** : PRE 1830, Falmouth, CON, ENG **[13574]** : C1800, Gwennap & Redruth, CON, ENG **[38546]** : Ferdinando, 1800S, Truro, CON, ENG **[44296]** : 1900+, Portsmouth, HAM, ENG **[46233]** : Hannah, PRE 1800, Cock Lane, LND & CON, ENG **[14733]** : C1700, ESS, ENG **[44296]**
PASFIELD : Samuel, C1798, Great Wakering, ESS, ENG **[28151]**
PASHEN : 1740-1800, Warmwell, DOR, ENG **[13326]**
PASHLEY : 1800+, London, ENG **[21802]** : PRE 1845, Bethnal Green, MDX, ENG **[17470]** : 1650-1750, Stannington, WRY, ENG **[12641]**
PASK : 1800-1850S, Kilgwrrwg, MON, WLS **[29468]**
PASKALL : 1700-1850, ESS, ENG **[26335]**
PASKE : 1700S, ESS, ENG **[21149]** : PRE 1750, Cwmcarvan, MON, WLS **[33428]**
PASKOWE : PRE 1700, St.Just, CON, ENG **[11873]**
PASLOW : 1800+, SOM, ENG **[11159]**
PASQUILL : Elizabeth, 1864-1934, West Leigh, LAN, ENG **[39455]**
PASS : PRE 1780, Marton & Congleton, CHS, ENG **[25557]** : ALL, Prestbury & Congleton, CHS, ENG **[25557]** : PRE 1828, Loughborough, LEI, ENG **[31695]**
PASSAWAY : 1840+, ESS, ENG **[43989]** : 1840+, LND, ENG **[43989]**
PASSFIELD : PRE 1850, LND, ENG **[29324]**
PASSMORE : ALL, East Whitby & Oshawa, ONT, CAN **[23161]** : 1650-1890, Bodmin & Probus, CON, ENG **[23161]** : 1850+, Manchester, DEV, ENG **[10886]** : PRE 1825, BEW, SCT **[11866]** : ALL, Clinton & Des Moines, IA, USA **[23161]** : 1840-1991, Rochester, Cleveland & Saginaw, NY, OH & MI, USA **[23161]**
PASTE : 1690+, Norbury & Ranton, STS, ENG **[29715]** : 1700-1800, Shareshill, STS, ENG **[29715]**

PATCH : 1800-2000, Hulme, LAN, ENG **[30678]** : PRE 1830, Welford, NTH, ENG **[30678]**
PATCHETT : PRE 1900, LIN, ENG **[39439]** : PRE 1600, YKS, ENG **[30310]**
PATCHIN : 1820, Brighton, SSX, ENG **[28092]**
PATE : ALL, Burnley, LAN, ENG **[36492]**
PATER : John, 1836+, Highworth, WIL, ENG **[10276]**
PATERSON : Annie, C1872, Boorowa, NSW, AUS **[10314]** : 1839+, Gunning, NSW, AUS **[10562]** : 1860+, Mudgee, NSW, AUS **[10317]** : 1885+, Newcastle, NSW, AUS **[41244]** : 1839+, Yass, NSW, AUS **[10562]** : William, 1804-1825, Hobart, TAS, AUS **[14733]** : 1850-1885, Ballarat & Bendigo, VIC, AUS **[41244]** : John, C1900+, CAN **[30985]** : C1800, London, ENG **[15715]** : 1870-1920, Carlisle, CUL, ENG **[45883]** : 1840, Maker, DEV, ENG **[12641]** : 1850-1870, Halifax, WRY, ENG **[45883]** : 1780-1810, Madras, INDIA **[10046]** : 1810+, Dromore, DOW, IRL **[18207]** : 1870+, Waimumu, NZ **[31877]** : 1870+, Wellington, NZ **[33608]** : 1870+, WKT, NZ **[33608]** : 1800-1840, St.Petersburg, RUS **[10303]** : 1820-1850, SCT **[45883]** : Jannet, 1780-1804, Glasgow, SCT **[14733]** : William, PRE 1840, Glasgow, SCT **[14733]** : PRE 1900, ABD, SCT **[29570]** : Elizabeth, C1862, Fyvie & Fraserburgh, ABD, SCT **[22224]** : 1882+, New Pitsligo, ABD, SCT **[30182]** : Jane, C1855, Tyrie, ABD, SCT **[22224]** : George, C1875, Tyrie, ABD, SCT **[22224]** : 1700+, Montrose, ANS, SCT **[41244]** : PRE 1865, Campbeltown, ARL, SCT **[43050]** : PRE 1840, Reay, CAI, SCT **[10562]** : 1800-1820, DFS, SCT **[18708]** : PRE 1830, Johnstone, DFS, SCT **[11091]** : ALL, Kirkcaldy, FIF, SCT **[45070]** : 1700S, Torryburn, FIF, SCT **[42466]** : 1780-1819, Torryburn, FIF, SCT **[25830]** : PRE 1850, Airdrie, LKS, SCT **[28523]** : PRE 1850, Avondale, LKS, SCT **[33608]** : PRE 1820, Carmichael Mill, LKS, SCT **[20672]** : 1800+, East Kilbride, LKS, SCT **[26687]** : John, 1830, Glasgow, LKS, SCT **[34321]** : C1840, Glasgow, LKS, SCT **[12573]** : James, C1853+, Glasgow, LKS, SCT **[34321]** : 1750-1850, Udstonhead, LKS, SCT **[33608]** : PRE 1800, Wiston & Robertson, LKS, SCT **[33608]** : 1750+, Canongate, MLN, SCT **[22248]** : PRE 1850, Collington, MLN, SCT **[25992]** : 1720-1760, Leith, MLN, SCT **[24567]** : 1820+, Peebles, PEE, SCT **[20672]** : C1735, Paisley, RFW, SCT **[25979]** : PRE 1855, Tingwall, SHI, SCT **[10141]** : William, 1779+, St.Ninians, STI, SCT **[10846]** : 1780+, St.Ninians, STI, SCT **[44202]** : John, PRE 1850, Farr, SUT, SCT **[10317]** : PRE 1820, Tongue, SUT, SCT **[10562]** : 1850+, Portpatrick & Leswalt, WIG, SCT **[12367]**
PATEY : ALL, SRY, ENG **[29471]**
PATIENCE : PRE 1895, DOR, ENG **[38517]** : 1600+, Bursledon, HAM, ENG **[16505]**
PATIENT : ALL, Great Easton, ESS, ENG **[40982]**
PATIENTS : 1600+, Hound, HAM, ENG **[16505]**
PATMAN : PRE 1750, CAM, ENG **[39506]**
PATMORE : ALL, AUS & NZ **[11873]** : PRE 1800, ESS, ENG **[11873]** : PRE 1850, Bishops Stortford, HRT, ENG **[11873]**
PATON : 1856+, Campbellfield & Longwood, VIC, AUS **[11994]** : 1850+, Craigieburn & Longwood, VIC, AUS **[11994]** : Isabella, 1800+, SCT **[11745]** : ALL, SCT **[13848]** : Peter, PRE 1841, Kinross, SCT **[11994]** : 1750+, Beith, AYR, SCT & AUS **[33921]** : Elspeth, 1786+, Ancrum, ROX & NBL, SCT & ENG **[34835]**
PATON-GRAY : Wilhemina, 1875+, ABD, SCT **[11745]**
PATRIC : Joseph, 1804, Ochiltree, LKS, SCT **[46326]**
PATRICK : 1870+, VIC, AUS **[26228]** : William, 1700-1800, Burrington, HEF, ENG **[27039]** : PRE 1900, Hounslow, MDX, ENG **[35619]** : PRE 1900, Burton Latimer, NTH, ENG **[35619]** : Emma, 1860+, Castor & Yaxley, NTH, ENG **[32901]** : 1840+, STS, ENG **[99433]** : 1790+, Birmingham, WAR, ENG **[26228]** : PRE 1850, Birmingham, Seale, WAR, ENG **[45857]** : PRE 1870, Belfast, ANT & DOW, IRL **[26228]** : Chalmers, PRE 1800, Markinch, FIF, SCT **[33728]** : ALL, Markinch & Flisk, FIF, SCT **[46454]** : PRE 1797, Kilsyth, STI, SCT

[44111] : 1900+, Buffalo, NY, USA [46517]
PATRICKSON : PRE 1822, Ferbane, OFF, IRL [10263]
PATSTON : PRE 1850, Peterborough, NTH, ENG [45735]
PATTEMORE : ALL, Merriott, SOM, ENG [34438] : ALL, WORLDWIDE [34438]
PATTEN : C1850, London City, ENG [21161] : C1780, Childwell, LAN, ENG [12786] : PRE 1860, Broseley, SAL, ENG [21175] : PRE 1700, Much Wenlock, SAL, ENG [21175] : Patrick, PRE 1875, DON, IRL [10891]
PATTENDEN : Mary, C1760, Strood near Rochester, KEN, ENG [17005] : ALL, WORLDWIDE [33347]
PATTENSON : 1500S+, CUL, ENG [33331]
PATTERSON : 1870S+, Forbes, NSW, AUS [10141] : PRE 1862, Goulburn, NSW, AUS [28006] : Matthew, 1875+, Sydney, NSW, AUS [10564] : 1862+, Wagga Wagga, NSW, AUS [28006] : William, 1804-1825, Hobart, TAS, AUS [14733] : 1800S, Numurkah, VIC, AUS [14127] : 1854+, Portland, VIC, AUS [12223] : PRE 1854, Wyndham, WA, AUS [12223] : Janet, 1846, Caledon Twp, ONT, CAN [31476] : 1850+, Scarborough, ONT, CAN [15931] : Stephen, 1800S, Houghton le Spring, DUR, ENG [41185] : 1700S, Gravesend, KEN, ENG [13731] : PRE 1900, LND, ENG [43727] : 1800-1890, Newcastle, NBL, ENG [46181] : 1800+, Newcastle-upon-Tyne, NBL, ENG [37213] : ALL, Wallsend, NBL, ENG [30589] : PRE 1830, Cavan, IRL [28006] : Mariah, 1819+, Drumahoney, ARM, IRL [33454] : William, 1819+, Drumahoney, ARM, IRL [33454] : 1819+, Newtonhamilton, ARM, IRL [33454] : C1820, DOW, IRL [32016] : PRE 1850, Killinchy in the Woods, DOW, IRL [38111] : 1860+, Ballygawley, TYR, IRL [28006] : Jannet, 1780-1804, Glasgow, SCT [14733] : William, PRE 1804, Glasgow, SCT [14733] : Jane, 1833+, Dundee, ANS, SCT [33085] : PRE 1850, Alloa, CLK, SCT [13622] : 1788-1935, Glasgow, LKS, SCT [22698] : C1830, Old Monkland, LKS, SCT [13497] : 1750+, Cranston, MLN, SCT [22248] : ALL, STI, SCT [10846] : 1773, Gargunnock, STI, SCT [13497] : 1795, St.Ninians, STI, SCT [13497] : Jane, 1867+, Glasserton, WIG, SCT [21955] : 1830+, SWE [12223] : C1850-1933, Sullivan Co., NY, USA [22698]
PATTEY : John & Hannah, 1700S, West Alvington, DEV, ENG [25616]
PATTINGALE : ALL, NFK, ENG & AUS [44948]
PATTINSON : ALL, CUL, ENG [20738] : 1700-1900, Alston, CUL, ENG [46298] : Mary, 1800+, Alston, CUL, ENG [10297] : Isabella, 1760, Greystoke, CUL, ENG [13031] : 1811, Cartmel Fel, LAN, ENG [99147]
PATTISON : PRE 1900, Huntly & Bendigo, VIC, AUS [29780] : 1850+, Welland, ONT, CAN [33564] : 1850-1925, Chester-le-Street, DUR, ENG [41244] : Fanny Wise, C1843-1887, Liverpool, LAN, ENG [36725] : 1700+, Wooler, NBL, ENG [46461] : 1750+, Loughguile & Ballyportery, ANT, IRL [46477] : PRE 1865, Bailieborough, CAV, IRL [33564] : 1800+, Castleton, TIP, IRL [41499] : 1800+, Edinburgh, MLN, SCT [46461] : 1900+, Philadelphia, PA, USA [46477]
PATTISSON : 1700-1850, Witham, ESS, ENG [15715]
PATTON : 1710+, NS, CAN & IRL [32223] : Henery, 1861-1944, Donaghadee, DOW, IRL [99545] : 1800, Crindle, DRY, IRL [35649] : Sarah, 1842+, PA, USA [35649]
PATTRICK : 1670+, WORLDWIDE [25070]
PATTY : James, 1840+, Bailieborough, NSW, AUS & IRL [11023] : Edward, 1800+, Bailieborough, CAV, IRL [11023]
PATULLO : Peter & Wm, 1788+, NSW, AUS [11994] : David J & Geo, 1841+, VIC, QLD & NSW, AUS [11994] : PRE 1841, Dundee, ANS & PER, SCT [11994] : George, 1760+, Dundee & St.Madoes, ANS & PER, SCT [11994]
PAUL : 1832+, Parramatta, NSW, AUS [42913] : PRE 1855, Windsor, NSW, AUS [11425] : 1800, QLD, AUS [13853] : 1800+, CON, ENG [34505] : 1600-1900, Paul & Sancreed, CON, ENG [19843] : 1700+, DOR, ENG [31017] : 1749, Beaminster, DOR, ENG [38515] : 1829+, Manchester, LAN, ENG [38452] : PRE 1850, Stepney, MDX, ENG [17508] : PRE 1830, Taunton, SOM, ENG [46324] : 1830+, Sedgley, STS, ENG [46007] : Jeffery, PRE 1820, Bulkington, WAR, ENG [31028] : C1790+, North Molton, DEV, ENG & NZ [41297] : PRE 1870, Dublin, IRL [44417] : 1750-1850, Bovedy, LDY, IRL [45920] : PRE 1800, ABD, SCT [27320] : ALL, Aberdeen, ABD, SCT [29471] : 1800+, KKD, SCT [42913] : 1600+, Glasgow & Rutherglen, LKS, SCT [21233]
PAULICZKY : ALL, WORLDWIDE [17650]
PAULL : 1700S, CON, ENG [34704] : PRE 1850, CON, ENG [10967] : PRE 1700, Laymore, SOM, ENG [36200] : Henry, PRE 1900, Wellington, NZ [25396]
PAULLEY : ALL, LND, ENG [44019]
PAULLY : ALL, LND, ENG [44019]
PAULSE : Susan J., ALL, Paarl & Capetown, RSA [99036]
PAULSON : John, 1840-1900, Cuckney, NTT, ENG [16997]
PAULSSON : PRE 1786, Torekov, SWE [18310]
PAUTZ : Ernestine, 1850-1910, Monteagle Valley, ONT, CAN [99433] : Ernestine, 1850-1910, PRE, GER [99433]
PAVELOWSKY : Appolonia, PRE 1881, Behle, POS, GER [11718]
PAVEY : 1750-1800, Hampton, MDX, ENG [12641] : 1700-1850, Billingshurst, SSX, ENG [35561] : 1800+, Shipley, SSX, ENG [35561]
PAVITT : 1750-1850, Nether Compton, DOR, ENG [14246]
PAWKSON : PRE 1650, Long Crendon, BKM, ENG [32294]
PAWLEY : C1805, Sydney, NSW, AUS [10985] : C1800, Stoke Demerel, DEV, ENG [10820] : 1800+, Sevenoaks, KEN, ENG [44969] : 1800+, SSX, ENG [44969]
PAWSON : John, 1810+, New Sleaford, LIN, ENG [10049] : 1700-2005, Otley, WRY, ENG [26731] : ALL, Rotherham, WRY, ENG [46422] : ALL, YKS, ENG [46495] : C1800, Whixley & Green Hammerton, YKS, ENG [46495] : ALL, WORLDWIDE [13430]
PAWTHORNE : PRE 1700, Abynworth, SSX, ENG [15464]
PAXEN : 1575-1675, ENG [34797]
PAXFORD : 1700-1800, Stow on the Wold, GLS, ENG [45681] : ALL, WORLDWIDE [13994]
PAXMAN : 1790S, Wenhaston, SFK, ENG [39479]
PAXTON : 1877+, Brisbane, QLD, AUS [14002] : 1870+, VIC, AUS [33727] : ALL, BKM, OXF & NTH, ENG [25749] : C1770-1820, Sherburn, DUR, ENG [12011] : William, C1700, Wolsingham, DUR, ENG [37619] : PRE 1870, Magherally, DOW, IRL [22253] : Walter, 1800+, Parkhead, LKS, SCT [14002]
PAY : C1815-1840, Alverstoke, HAM, ENG [46381] : 1750+, Nonington, KEN, ENG [42600]
PAYARD : 1830S, Uckermarck Polssen, POS, GER [14113]
PAYETTE : 1850S, Brudenell & Eganville, ONT, CAN [16980]
PAYN : 1424+, JSY, CHI [46328] : Thomas, 1800+, Lenham, KEN, ENG [40534] : PRE 1785, Margate, KEN, ENG [19918]
PAYNE : 1857+, NSW, AUS [11690] : 1850+, Grafton, NSW, AUS [99036] : Charlotte, 1840+, Homebush, NSW, AUS [11745] : C1840+, Tumut, NSW, AUS [11860] : 1861+, Brisbane, QLD, AUS [13439] : 1860, Hope Valley, SA, AUS [28164] : John, C1857-1900, Robe, SA, AUS [31153] : John, C1826-1831, TAS, AUS [31153] : 1700-1800, St.Helier, JSY, CHI [12641] : 1800S, London, ENG [25070] : C1899, BDF, ENG [39617] : 1820-1860, St.Neots, BDF, ENG [45442] : 1600-1850, Fordham & Soham, CAM, ENG [19713] :

PAY: 1800, Stogumber, DEV, ENG **[28164]** : 1750-1920, Bridport, DOR, ENG **[41367]** : Henry, 1806+, Portsea, HAM, ENG **[44411]** : Harriet, 1828+, Portsea, HAM, ENG **[44411]** : 1800S, Southampton, HAM, ENG **[46163]** : ALL, IOW, ENG **[46430]** : Edmund, 1750-1820, KEN, ENG **[39522]** : 1800S, Hadlow & Southborough, KEN, ENG **[46193]** : C1850, Woolwich, KEN, ENG **[44384]** : PRE 1850, KEN, BKM & ENG **[19050]** : William, C1615, Claybrook, LEI, ENG **[18957]** : 1800-1841, Hugglescote, LEI, ENG **[17245]** : PRE 1822, Hugglescote, LEI, ENG **[10277]** : 1800+, Melton Mowbray, LEI, ENG **[16167]** : 1870+, Grantham, LIN, ENG **[16167]** : William, ALL, New Sleaford, LIN, ENG **[10049]** : 1776+, Sleaford, LIN, ENG **[99106]** : PRE 1879, LND, ENG **[44249]** : 1850+, Hackney & Bethnal Green, LND, ENG **[17676]** : PRE 1850, Lee Lewisham, LND, ENG **[19050]** : 1750-1850, Rotherhithe & Bermondsey, LND, ENG **[17676]** : 1800, Bethnal Green, MDX, ENG **[16980]** : 1840-1858, Paddington, MDX, ENG **[37052]** : 1829+, St.George in the East, MDX, ENG **[21207]** : 1800-1850, Westminster, MDX, ENG **[42660]** : ALL, Martham, NFK, ENG **[46311]** : 1730+, Greens Norton, NTH, ENG **[19803]** : 1800+, Great Addington, NTH & WRY, ENG **[36126]** : C1840-1850, Nottingham, NTT, ENG **[36126]** : 1800-1900, Brightwell Baldwin, OXF, ENG **[35561]** : 1615-60, Sonning, OXF, ENG **[39706]** : PRE 1867, Barrow, SFK, ENG **[12408]** : 1750-1850, Bentley, SFK, ENG **[16383]** : 1832+, Bury St.Edmunds, SFK, ENG **[13439]** : 1812-1900, Wixoe, SFK, ENG **[45036]** : PRE 1900, Shepton Mallet, SOM, ENG **[41370]** : 1800-1950, Mitcham, SRY, ENG **[20416]** : John, PRE 1870, Peckham, SRY, ENG **[11587]** : James, 1800+, SSX, ENG **[11745]** : John, 1820-1880, SSX, ENG **[39522]** : PRE 1680, SSX, ENG **[46543]** : PRE 1550, Ardingly, SSX, ENG **[38290]** : 1900+, Brighton, SSX, ENG **[40052]** : PRE 1860, Buxted, SSX, ENG **[26017]** : PRE 1850, East Grinstead, SSX, ENG **[26017]** : William Henry, 1873+, Lewes, Brighton & Rustington, SSX, ENG **[40052]** : Sarah, 1820+, Steyning, SSX, ENG **[40052]** : 1800+, Steyning, Brighton & Rustington, SSX, ENG **[40052]** : 1600+, Trotton, SSX, ENG **[15264]** : ALL, Walsall, STS, ENG **[45766]** : C1800, Birmingham, WAR, ENG **[24993]** : C1836, Birmingham, WAR, ENG **[31153]** : Robert, C1858+, Birmingham, WAR, ENG **[38548]** : 1600-1850, Monks Kirby, WAR, ENG **[17245]** : William, C1835, Frankley, WOR, ENG **[31153]** : 1860+, Barnsley, WRY, ENG **[36126]** : 1900+, North Ormesby, YKS, ENG **[36126]** : Wm, 1800S, Sheffield, YKS, ENG **[34042]** : 1890+, Sheffield, YKS, ENG **[36126]** : George, 1790-1860, Salisbury, Airds & Wagga, WIL & NSW, ENG & AUS **[10272]** : C1864, Calcutta, WEST BENGAL, INDIA **[39617]** : Henry, C1871, Barrackpore, CALCUTTA, INDIA & ENG **[39617]** : PRE 1830, Castle Gregory, KER, IRL, AUS & NZ **[21594]** : ALL, WORLDWIDE **[38326]**

PAYNTER : C1720-1750, St.Ives, CON, ENG **[18766]** : Hercules, 1769+, East Hewlyn & St.Botolph, CON & LND, ENG **[14851]** : PRE 1847, Gillingham, KEN, ENG **[18967]** : George, 1800-1850, Lambeth, SRY, ENG **[12320]**

PAYNTON : ALL, WORLDWIDE **[33024]**

PAYS : 1860-1950, Andover, HAM, ENG **[35008]**

PAYTEN : Isaac, 1770+, MDX & LND, ENG & AUS **[28108]**

PAYTON : C1830, All Hallows London, ENG **[40982]** : PRE 1800, Alton, HAM, ENG **[32882]** : PRE 1850, Birmingham, WAR, ENG **[10454]** : 1700-1880, Long Itchington, WAR, ENG **[97801]** : 1780+, Birmingham, WAR & WOR, ENG **[36126]** : 1874+, MBH & TNK, NZ **[36126]**

PAYZANT : 1750-1880, Queens Co., NS, CAN **[22262]**

PEABODY : ALL, Welford & Wigston, NTH & LEI, ENG **[18569]**

PEACE : 1835, Measham, DBY, ENG **[19304]** : 1816-1817, Burton-on-Trent, STS, ENG **[19304]** : ALL, Ossett & Horbury, WRY, ENG **[38259]** : 1830-1875, Dewsbury, YKS, ENG **[20919]** : 1750-1900, Eday, N. Ronaldsay & Sanday, OKI, SCT **[46001]** : 1700+, Greenock, ARL, SCT & NZ **[37286]**

PEACH : 1880+, Sydney, NSW, AUS **[46369]** : 1860+, Macarthur, VIC, AUS **[13245]** : PRE 1800, IOW, ENG **[20458]** : PRE 1800, Whitwell & Carisbrook, IOW, ENG **[20458]** : 1890-1940, Wandsworth, LND, ENG **[34660]** : 1800-1900, Walsham le Willows, SFK, ENG **[34660]** : 1830, Combe St.Nicholas, SOM, ENG **[39377]**

PEACHELL : ALL, WORLDWIDE **[38326]**

PEACHEY : 1660-1800, Soham & Fordham, CAM, ENG **[19713]** : 1660+, Soham & Saffron Walden, CAM & ESS, ENG **[20655]** : ALL, DBY & YKS, ENG **[11071]** : PRE 1755, SSX, ENG **[17470]** : PRE 1800, Kirdford, SSX, ENG **[20729]** : 1800-1900, Durban & Pietermaritzberg, NTL, RSA **[22114]**

PEACHY : PRE 1755, SSX, ENG **[17470]**

PEACOCK : 1879, Sydney, NSW, AUS **[99047]** : 1855+, Melbourne, VIC, AUS **[11536]** : PRE 1700, Gravenhurst, BDF, ENG **[20874]** : PRE 1830, Chesterton, CAM, ENG **[11536]** : 1800+, Soham, CAM, ENG **[40668]** : Thomas, 1860+, Tanfield & Sacriston, DUR, ENG **[46400]** : C1780, ESS, ENG **[12707]** : 1600-1850, GLS, ENG **[27039]** : 1600-1900, Bitton & Hanham, GLS, ENG **[19713]** : PRE 1850, Edenbridge, KEN, ENG **[26017]** : PRE 1900, Lee & Blackheath, KEN, ENG **[26017]** : PRE 1860, Ridley, KEN, ENG **[37049]** : 1700-1800, LIN, ENG **[28340]** : William, 1847+, Tynemouth, NBL, ENG **[25654]** : C1900, NFK, ENG **[46447]** : Thomas, 1700, Arkengarthdale, NRY, ENG **[28513]** : 1750-1850, Swaledale, NRY, ENG **[17907]** : PRE 1780, Northampton, NTH, ENG **[11066]** : Sarah, 1818-91, SAL, ENG **[31296]** : PRE 1900, SRY, ENG **[36126]** : 1700-1900, Stowmarket, SFK, ENG **[31882]** : PRE 1900, SRY, ENG **[28275]** : 1841-1900, Lambeth, SRY, ENG **[14542]** : PRE 1850, Drayton Bassett, STS, ENG **[30678]** : ALL, KEN & NSW, ENG & AUS **[43395]** : C1870-1900, Medway & Gillingham, KEN, ENG & SCT **[45206]** : 1800-1900, Perth, PER, SCT **[46252]** : 1700-1820, Barhead, RFW, SCT **[46252]** : 1840-1940, Eastwood Parish, RFW, SCT **[46252]** : 1700-1860, Paisley Abbey, RFW, SCT **[46252]**

PEAGAM : 1880-1970, Bundaberg, QLD, AUS **[45089]** : 1800-1890, South Molton, DEV, ENG **[45089]**

PEAIRS : ALL, USA **[26382]**

PEAK : PRE 1700, Horwich, LAN, ENG **[46355]**

PEAKE : Charlotte, 1850-1940, ENG **[42961]** : PRE 1630, Snailwell, CAM, ENG **[33428]** : Thomas, ALL, DBY & NTT, ENG **[42961]** : C1850-1900, Liphook, HAM, ENG **[13801]** : PRE 1790, KEN, ENG **[18147]** : PRE 1700, Tugby, LEI, ENG **[21349]** : William, PRE 1800+, NTT, ENG **[42961]** : 1800, Bures, SFK, ENG **[17704]**

PEAKIC : Terezija, C1864, Sremska Mitrovica, VOJVODINA, SERBIA **[23032]**

PEAL : PRE 1730, Barnwell, NTH, ENG **[41477]**

PEAR : 1865+, Marion, IN, USA **[43843]**

PEARCE : 1794+, Seven Hills, NSW, AUS **[10492]** : 1860+, Tumut, NSW, AUS **[11062]** : Harry, 1872+, QLD, AUS **[25654]** : C1811, London, ENG **[98601]** : PRE 1850, BKM, ENG **[19050]** : PRE 1742, Hughenden, BKM, ENG **[26366]** : 1800S, Windsor & Eton, BKM, ENG **[29172]** : PRE 1870, BRK, ENG **[37174]** : Jesse, 1838+, Steeple Morden, CAM, ENG **[25654]** : 1700S, CON, ENG **[34704]** : PRE 1867, CON, ENG **[20985]** : C1830, Budehaven, CON, ENG **[10252]** : 1750+, East Newlyn, CON, ENG **[10698]** : 1629+, Helston, CON, ENG **[25070]** : Henry, 1800S-1870S, Marazion, CON, ENG **[11444]** : Nicholas, 1840S-1860S, Marazion, CON, ENG **[11444]** : PRE 1850, St.Agnes, CON, ENG **[35974]** : 1700-1882, St.Minver & Trebetherick, CON, ENG **[46346]** : 1800+, DEV, ENG **[20909]** : 1850+, Stoke Damerel, DEV, ENG **[20730]** : PRE 1820, DOR, ENG **[17184]** : Mary, 1650+, Bristol, GLS, ENG **[21079]** : 1790-1840, Bristol,

GLS, ENG **[30302]** : 1808, Randwick, GLS, ENG **[46264]** : PRE 1870, Sevenhampton, GLS, ENG **[44040]** : 1700+, HAM, ENG **[44954]** : PRE 1860, HAM, ENG **[41582]** : Mary, C1834, Hambledon, HAM, ENG **[14252]** : PRE 1880, Michelmersh, HAM, ENG **[38290]** : PRE 1830, Kings Caple, HEF, ENG **[44040]** : PRE 1865, Hitchin, HRT, ENG **[46441]** : Matthew, C1765+, Kings Langley, HRT, ENG **[13026]** : PRE 1794, Kings Langley, HRT, ENG **[10492]** : PRE 1837, St.Albans, HRT, ENG **[45743]** :C1841, KEN, ENG **[14744]** : George, 1851+, Chatham, KEN, ENG **[11372]** : 1880+, Lee & Sidcup, KEN, ENG **[38290]** : 1750-1850, Maidstone, KEN, ENG **[29426]** : Henry, C1800, Strood, KEN, ENG **[11372]** : 1850+, Putney, LND, ENG **[41642]** : 1750-1850, Swainsthorpe, NFK, ENG **[34967]** : Richard, 1795, Swainsthorpe, NFK, ENG **[10993]** : PRE 1800, Rotherfield Greys, OXF, ENG **[17931]** : PRE 1840+, SAL, ENG **[45772]** : ALL, Eyke, SFK, ENG **[29426]** : 1780+, Redgrave, SFK, ENG **[41642]** : PRE 1860, Bath, SOM, ENG **[31597]** : John, 1820, Bridgwater, SOM, ENG **[18340]** : PRE 1750, Cannington, SOM, ENG **[31316]** : 1780S, Haselbury Plucknett, SOM, ENG **[14513]** : PRE 1700, Taunton, SOM, ENG **[43842]** : C1840, Newington, SRY, ENG **[45388]** : ALL, Brierley Hill, STS, ENG **[43879]** : PRE 1800, Brierley Hill, STS, ENG **[14227]** : 1845-1855, Rowley Regis, STS, ENG **[29715]** : C1836, Tipton, STS, ENG **[29715]** : 1835-1855, West Bromwich, STS, ENG **[29715]** : PRE 1830, Dudley, WOR, ENG **[20068]** : C1860, Oldbury, WOR, ENG **[29715]** : 1750-1880, WOR & SAL, ENG **[21597]** : PRE 1850, Ossett, WRY, ENG **[42277]** : 1850-1890, Wilsden, WRY, ENG **[42277]** : Francis Marsh, 1842, IRL **[11386]** :Clarence H., 1900S, Christchurch, NZ **[10993]** : 1866+, Dunedin, NZ **[19818]** : 1840+, TRK, NZ **[20909]** : ALL, Perquimans, NC, USA **[26382]**

PEARCEY : 1825+, SRY, ENG **[26410]**

PEARCH : PRE 1840, Malling, KEN, ENG **[41554]**

PEARD : ALL, DEV, ENG **[29664]** : 1830-52, COR, IRL **[36282]**

PEARKES : ALL, ENG **[37049]**

PEARL : 1800S, SFK, ENG **[27993]** : Celia, 1896-1982, Kiev & Boston, MA, USA & RSA **[31159]**

PEARMAIN : PRE 1800, Abington Pigotts, CAM, ENG **[12904]** : 1800+, Bassingbourn, CAM, ENG **[12904]** : 1800+, Steeple Morden, CAM, ENG **[12904]**

PEARMAN : 1835+, NSW, AUS **[46369]** : PRE 1835, LND, ENG **[46369]** : 1885+, Creeting St.Mary, SFK, ENG **[43792]** : 1820-1870, Birmingham, WAR, ENG **[18128]**

PEARN : PRE 1819, Chagford, DEV, ENG **[25770]** : ALL, Manchester, LAN, ENG **[17654]**

PEARS : William (See, SUB CAT. I), **[26382]** : PRE 1923, Campbelltown, TAS, AUS **[11890]** : 1700-1850, ENG **[26382]** : 1660S-1760S, Hesket-in-the-Forest, CUL, ENG **[37978]** : 1700-1800, King William, VA, USA **[26382]**

PEARSE : Henry, 1860+, Sydney, NSW, AUS **[10675]** : 1700+, Jacobstow, CON, ENG **[15524]** : ALL, Walkhampton, DEV, ENG **[31014]** : 1800+, Islington, MDX, ENG **[16167]** : C1760, Whitby, NRY, ENG **[34782]** : C1800, Minehead, SOM, ENG **[32035]** : 1840+, Brockham, SRY, ENG **[16167]** : 1812+, Southwark, SRY, ENG **[41443]** : Henry, C1854, Sacramento, CA, USA **[10675]**

PEARSON : 1940-1970, Canberra, ACT, AUS **[39155]** : C1850, Portland, VIC, AUS **[39155]** : PRE 1870, Hopewell, NB, CAN **[45308]** : Richard, 1850S, Ste.Brigide, QUE, CAN **[99433]** : 1800, Niagara Falls & New York, ONT & NY, CAN & USA **[14208]** : PRE 1950, Kintbury & Tonbridge, BRK & KEN, ENG **[43842]** : C1860, Blencarn, CUL, ENG **[21916]** : 1800+, Carlisle & Brampton, CUL, ENG **[14513]** : 1765+, Whitehaven, CUL, ENG **[21207]** : 1801, Old Brampton & Cutthorpe, DBY, ENG **[19304]** : James, C1790, Jarrow, DUR, ENG **[10035]** : Peter, C1760, Witton Gilbert, DUR, ENG **[38579]** : 1800-1870, Chelmsford, ESS, ENG **[13326]** : William, PRE 1820, Portsea & Portsmouth, HAM, ENG **[41589]** : PRE 1820, Milton, KEN, ENG **[19867]** :ALL, Tonbridge, KEN, ENG **[21312]** : 1800+, KEN, MDX & SRY, ENG **[19744]** : Tabitha, ALL, LAN, ENG **[30880]** : 1790-1897, Hoghton & Blackburn, LAN, ENG **[36299]** : PRE 1860, Rochdale, LAN, ENG **[14744]** : PRE 1900, Markfield, LEI, ENG **[45054]** : 1800+, Frampton, LIN, ENG **[17061]** : PRE 1700, Lincoln, LIN, ENG **[31316]** : 1920-1940, Bethnal Green, LND, ENG **[39155]** : PRE 1820, Brentford, MDX, ENG **[42518]** : PRE 1680, Eglingham, NBL, ENG **[17626]** : PRE 1810, Newcastle, NBL, ENG **[17626]** : PRE 1845, Newcastle upon Tyne, NBL, ENG **[29774]** :PRE 1900, Helperby, NRY, ENG **[20729]** : PRE 1830, Chilwell & Attenborough, NTT, ENG **[14733]** : 1920-02, Worksop, NTT, ENG **[34560]** : 1800S, Wickhambrook, SFK, ENG **[36243]** : Adam, 1881+, Bermondsey, SRY, ENG **[45992]** : Martha, PRE 1804, Croydon, SRY, ENG **[45992]** : 1800-1994, STS, ENG **[28708]** : Mary Ann, C1884, Rowley Regis, STS, ENG **[35379]** : PRE 1820, WAR, ENG **[46324]** : PRE 1820, Brough, WES, ENG **[28523]** : PRE 1835, Huddersfield, WRY, ENG **[46436]** : 1780-1915, Longwood, WRY, ENG **[38925]** : Edward, 1831-1881, Longwood, WRY, ENG **[38925]** : Sarah, 1857-1912, Longwood, WRY, ENG **[38925]** : 1790-1881, Sheffield, WRY, ENG **[45675]** : C1780, Sheffield, WRY, ENG **[46305]** : ALL, YKS, ENG **[18540]** : Thomas, 1800+, Northallerton, YKS, ENG **[11159]** : PRE 1880, Osmotherly, YKS, ENG **[46415]** : PRE 1900, Rotherham, YKS, ENG **[34560]** : C1650-1900S, Maidstone, KEN, ENG & AUS **[44296]** : Tom, 1870-80, Taeri Mouth, DUNEDIN, NZ **[26098]** : 1830S-1860S, Glasgow, LKS, SCT **[12039]** : ALL, Chicago, IL, USA **[14208]**

PEART : ALL, DUR, ENG **[42943]** : ALL, Cowshill, DUR, ENG **[21763]** : PRE 1830, NFK, ENG **[46452]**

PEASE : 1835+, Bexley Heath, KEN, ENG **[32009]** : C1700-1750, Great Melton, Wilton & Shipdham, NFK, ENG **[32009]** : 1750-1850, Thuxton, NFK, ENG **[20578]**

PEASLEY : ALL, ENG **[43317]**

PEASNELL : 1800S, London, ENG **[41845]**

PEAT : Benjamin, PRE 1860, ENG **[45886]**

PEATFIELD : 1800+, Chatham, KEN, ENG **[34231]**

PEATON :1780+, Birmingham, WAR & WOR, ENG **[36126]**

PEATTIE : PRE 1700, Kingsbarns, FIF, SCT **[25979]** : 1700-1900, Largo, FIF, SCT **[21198]**

PECARIC : ALL, Vrata, YUGOSLAVIA **[31442]**

PECHERE : C1376, Oclepychard, HEF, ENG **[19759]**

PECHMANN : C1600, Gusten, HAN, DDR **[1113]**

PECK : 1820-1832, Camden, NSW, AUS **[11283]** : 1880+, Lithgow, NSW, AUS **[31762]** : 1800-2000, Luton, BDF, ENG **[38840]** : ALL, DEV & CON, ENG **[13657]** : 1900-1990, Southend on Sea, ESS, ENG **[19859]** : PRE 1880, MDX, LND & HRT, ENG **[25747]** : Henry, 1700+, NFK, ENG **[25427]** : 1850+, Thornage, NFK, ENG **[13034]** : 1700-1900, Chediston, SFK, ENG **[19859]** : 1500-1800, Halesworth, SFK, ENG **[19859]** : 1650-1800, Harkstead, SFK, ENG **[16383]** : 1793-1820, Stutton, SFK, ENG **[11283]** : 1800S, Wilby, SFK, ENG **[28141]** : 1880-1990, Withersdale, SFK, ENG **[19859]** : 1600S, MA, USA **[15521]**

PECKHAM : Jack, 1920+, Sydney, NSW, AUS **[43525]** : PRE 1920, Ilford, ESS, ENG **[43525]** : 1740+, Aylesford, KEN, ENG **[11098]** : 1700-1800, Stanmer, SSX, ENG **[15464]**

PECKWELL : 1700-1800, Rogate, SSX, ENG **[15464]**

PECRY : 1800+, MDX & SRY, ENG **[34783]** : PRE 1900, RPA, FRA **[34783]**

PEDDELL : Mary, 1600S, Sherborne, DOR, ENG **[10993]**

PEDDER : C1810, Aston, SOM, ENG **[46213]**

PEDDICORD : ALL, IA, USA **[32419]**

PEDDIE : 1780-1850, Edinburgh, MLN, SCT **[13546]**

PEDEN : 1838+, Camden & Goulburn, NSW, AUS **[10801]** : 1600+, ARL, SCT **[10801]** : C1770, Old Cumnock, AYR, SCT **[25693]** : C1746, Sorn, AYR, SCT **[25693]**

PEDERSEN : Jens Peder, 1850S, Ruds-Vedby, SLD, DEN **[39588]** : 1750+, Ullensaker, AKERSHUS, NOR **[20967]**

PEDERSON : 1800+, Vissenbjerg, ODENSE, DEN **[37267]** : PRE 1890, Oslo, NOR **[29570]**

PEDGE : 1725+, Skelling Thorpe, LIN, ENG **[28149]**

PEDGELEY : PRE 1835, Northfleet, KEN, ENG **[24945]**

PEDLER : PRE 1814, Bosnieves, CON, ENG **[43525]**

PEDLEY : Henry, C1825-1890, Goulburn, NSW & HUN, AUS & ENG **[11623]** : 1800S, Selston, NTT, ENG **[98601]**

PEDLOW : PRE 1700, Lurgan & Ballylisk, ARM, IRL **[12298]**

PEDOTT : ALL, WORLDWIDE **[17200]**

PEDRANA : 1850+, Mount Egerton, VIC, AUS **[39108]** : 1850+, Warrenheip, VIC, AUS **[39108]**

PEDRINE : 1900+, Mascot, NSW, AUS **[10564]**

PEE : PRE 1837, Badger & Willey, SAL, ENG **[22262]**

PEEBLES : Mary, 1840S+, Dundee, ANS, SCT **[16938]** : PRE 1821, Kilburney, AYR, SCT **[44111]** : ALL, FIF & ANS, SCT **[43881]** : John, 1796+, Inchture, PER, SCT **[16938]** : James, 1776+, Kilspindie, PER, SCT **[16938]**

PEECE : 1830-1840, Bilston, STS, ENG **[29715]**

PEED : PRE 1825, CAM, ENG **[31186]** : PRE 1830, CAM, NFK & SFK, ENG **[17766]**

PEEK : PRE 1850, Venn Ottery, DEV, ENG **[32907]** : 1800+, Islesworth, MDX, ENG **[16527]** : John, 1799-1838, Poplar, MDX, ENG **[31296]** : C1633, Covehithe, SFK, ENG **[38285]** : ALL, AYR, SCT **[46462]**

PEEL : Geo. Herb. S., 1900+, Balaclava, VIC, AUS **[39179]** : PRE 1880, Shields, DUR, ENG **[37321]** : PRE 1870, Somersham, HUN, ENG **[20841]** : 1800+, Waresley, HUN, ENG **[40802]** : 1685+, Blackburn, LAN, ENG **[99475]** : ALL, Lancaster & Quernmore, LAN, ENG **[25572]** : ALL, Peele Fold & Blackburn, LAN, ENG **[31152]** : 1740+, Yates Bank, LAN, ENG **[99475]** : William, 1804-1850, Gosforth, NBL, ENG **[34556]** : 1700-1800, Giggleswick, WRY, ENG **[31824]** : 1805-15, Leeds, WRY, ENG **[46320]** : ALL, Halifax, YKS, ENG **[26228]** : PRE 1800, Leeds, YKS, ENG **[33901]** : 1850+, ANT, IRL **[27219]** : 1800-1840, Hillsborough, DOW, IRL **[34261]**

PEELER : ALL, ONT, CAN **[40960]** : ALL, QUE, CAN **[40960]** : PRE 1800, Windham, VT, USA **[40960]**

PEEP : PRE 1800, Bristol, GLS, ENG **[10350]**

PEERLESS : PRE 1800, Isle of Grain, KEN, ENG **[25306]** : PRE 1870, Walmar, KEN, ENG **[12457]**

PEERMAN : 1770, Cumnor, OXF, ENG **[36655]**

PEERS : 1800+, CHS, ENG **[36762]** : PRE 1850, Nantwich, CHS, ENG **[42752]** : PRE 1850, Manchester, LAN, ENG **[29845]** : 1780+, Salford & Manchester, LAN, ENG **[36762]** : 1800+, Bloxwich, STS, ENG **[17087]** : 1880+, Wolverhampton, STS, ENG **[29845]** : 1871+, Devizes, WIL, ENG **[29845]** : 1820+, Marylebone, MDX & LND, ENG & NZ **[39593]**

PEERSON : William, PRE 1820, Portsea & Portsmouth, HAM, ENG **[41589]** : C1600, Brenchley, KEN, ENG **[31153]**

PEET : 1849+, South Melbourne & Ballarat, VIC, AUS **[11994]** : 1894+, Perth, WA, AUS **[14440]** : PRE 1849, Derby, DBY, ENG **[11994]** : 1820-1840, Ashton, LAN, ENG **[12641]** : PRE 1850, Ormskirk, LAN, ENG **[18150]** : PRE 1865, Nottingham, NTT, ENG **[14440]** : 1865+, St.Louis, MO, USA **[14440]**

PEET (see One Name Section) [14440]

PEEVER : 1650S, Wolstanton, STS, ENG **[19647]** : PRE 1830, Dodderhill, WOR, ENG **[12457]**

PEGG : 1845+, Clarence River, NSW, AUS **[30927]** : 1880+, Junee, NSW, AUS **[10820]** : 1867+, Bundaberg, QLD, AUS **[30927]** : 1867+, Maryborough, QLD, AUS **[30927]** : C1800, Histon, CAM, ENG **[10820]** : James, PRE 1800, Histon, CAM & LEI, ENG **[24981]** : PRE 1830, Greenwich, KEN, ENG **[45874]** : 1750-1850, Kegworth, LEI, ENG **[34967]** : 1800S, Lowsley, LEI, ENG **[14227]** : John, 1800-1850, Godalming, SRY, ENG **[17203]** : Olive, 1813, Checkley, STS, ENG **[16822]** : ALL, Bulkington, WAR, ENG **[31028]** : 1881+, Uphall & Broxbourn, WLN, SCT **[37149]**

PEGG (see One Name Section) [36498]

PEGLER : 1800-1900, GLS, ENG **[38575]**

PEGLEY : 1850+, Islington & Layton, ESS, ENG **[10793]** : PRE 1845, Shoreditch, LND, ENG **[32017]**

PEGRAM : PRE 1838, Braughing, HRT, ENG **[46329]** : 1800+, Buckland, HRT, ENG **[11335]** : ALL, HRT & ESS, ENG **[45678]**

PEGRUM (see One Name Section) [46369]

PEGUS : 1800-2000, TAS, AUS **[10985]** : 1700+, WORLDWIDE **[10985]**

PEHRSSON : 1830, Varberg, HAL, SWE **[12222]**

PEIER : 1800S, GER **[25469]**

PEILE : ALL, WORLDWIDE **[20416]**

PEIN : 1800+, SWE **[10001]**

PEINY : 1847+, Pontaumur, AUV, FRA **[20140]**

PEIRCE : 1870+, Hamilton, ONT, CAN **[16167]** : 1670, Westleton, SFK, ENG **[17704]** : PRE 1800, SSX, ENG **[39430]** : Emma J., 1850-2004, Brighton, SSX, ENG **[40505]** : Jessie A., 1850-2004, Brighton, SSX, ENG **[40505]** : PRE 1850, Birmingham, WAR, ENG **[14948]** : ALL, Perquimans, NC, USA **[26382]**

PEIRSON : PRE 1800, Danby, Lastingham, YKS, ENG **[33901]**

PEISLEY : Sarah, 1800+, Abercrombie, NSW, AUS **[39186]** : Eliza, 1863, Sydney, NSW, AUS **[10054]**

PEKSA : PRE 1900, Brunn & Mahren, OES **[15745]** : ALL, WORLDWIDE **[15745]**

PELHAM : PRE 1850, Maidstone, KEN, ENG **[21104]** : 1680-1800, YKS, ENG **[17109]** : 1600+, South Duffield, YKS, ENG **[36033]** : 1850+, Auckland, NZ **[21104]**

PELL : C1650-1700, Stamford, LIN, ENG **[11536]** : ALL, LIN & CON, ENG **[10846]** : 1750+, Limehouse, MDX, ENG **[21394]** : 1840, Moulton, NTH, ENG **[12460]**

PELLATT : 1840S-1850S, Ebony, KEN, ENG **[11444]**

PELLESS : PRE 1800, Cliffe, KEN, ENG **[25306]**

PELLETT : 1700+, Benenden, KEN, ENG **[35280]**

PELLEW : PRE 1810, St.Erth, CON, ENG **[34640]**

PELLING : PRE 1896, Plaistow, ESS, ENG **[41103]** : 1860-1896, St.Peter Brighton, SSX, ENG **[41103]** : 1965+, NZ **[41103]**

PELLOW : ALL, CON, ENG **[18823]**

PELLS : PRE 1850, London, MDX, ENG **[32294]** : PRE 1800, SFK, ENG **[26665]**

PELLY : PRE 1800, Poole, DOR, ENG **[17490]**

PELMEAR : ALL, WORLDWIDE **[34505]**

PELTERET : Leger, PRE 1820, LND, ENG **[35297]** : ALL, WORLDWIDE **[35297]**

PEMBER : 1800+, Gloucester, GLS, ENG **[46295]** : 1850+, Hounslow, MDX, ENG **[46295]** : 1700-1850, London, MDX, ENG **[30488]** : 1700-1850, London, SRY, ENG **[30488]**

PEMBERTON : PRE 1885, Liverpool, LAN, ENG **[99570]** : 1860, Newton in Makerfield, LAN, ENG **[11464]** : PRE 1705, Snotley, SFK, ENG **[14733]** : PRE 1900, Stoke upon Trent, STS, ENG **[43137]** : ALL, Greenock, RFW, SCT **[26410]** : ALL, WORLDWIDE **[18851]**

PEMBLE : PRE 1880+, Hobart, TAS & NSW, AUS **[21423]** : 1800+, KEN, ENG **[34479]** : 1700-1880, Boston, MA & NY, USA **[21423]**

PENAMACOR : ALL, WORLDWIDE **[34582]**

PENBERTHY : ALL, Penzance, CON, ENG & AUS **[99036]**

PENBILLY : C1760, Plymouth, DEV, ENG **[14542]**

PENDER : C1880+, Sydney, NSW, AUS **[10699]** : William, 1850+, Scilly Isles, CON, ENG **[99545]** : James, PRE 1883, CON & LAN, ENG **[10699]**
PENDERGAST : 1780+, NSW, AUS **[41244]** : 1833+, Eden, NSW, AUS **[11284]** : 1750+, Dublin, IRL **[41244]** : PRE 1833, TIP, IRL **[11284]**
PENDERS : Anne, PRE 1860, Granard & Columbkille, LOG, IRL **[16757]** : Anne, 1860+, Edinburgh, MLN, SCT **[16757]**
PENDLE : Elizabeth, C1790, Lewis, SSX, ENG **[36538]**
PENDLEBURY : Sarah, C1780, St.Helens, LAN, ENG **[19964]**
PENDRED : 1800S, Hobart, TAS, AUS **[11226]** : C1800, Hammersmith, LND, ENG **[11226]**
PENDREY : 1880+, Coleford, GLS, ENG **[37267]**
PENELLUM : ALL, UK **[19457]**
PENELRICK : ALL, Penzance, CON, ENG **[46498]** : ALL, Exmouth & Exeter, DEV, ENG **[46498]** : ALL, Pontypool, MON, WLS **[46498]**
PENFOLD : 1870+, Balmain, NSW, AUS **[34739]** : 1856+, Camden, NSW, AUS **[31923]** : 1800+, Ashford & Tunbridge, KEN, ENG **[22241]** : PRE 1820, MDX, ENG **[39506]** : ALL, SRY, ENG **[25259]** : ALL, SSX, ENG **[25259]** : ALL, SSX, ENG **[31646]** : ALL, Amgmering, SSX, ENG **[34739]**
PENGELLY : Mabel, 1880+, Walkerton, ONT, CAN **[42780]** : Ann, PRE 1750, East Newlyn, CON, ENG **[35150]** : C1770, Bigbury, DEV, ENG **[14542]** : PRE 1810, Wembury & Brixton, DEV, ENG **[24873]**
PENGILLEY : ALL, AUS **[33091]** : 1700-1800, CON & BRK, ENG **[33331]** : ALL, North Huish, DEV, ENG **[33091]**
PENGILLY : Jane, C1800, Budock, CON, ENG **[13153]** : PRE 1850, Budock & Madron, CON, ENG **[41477]** : 1800, Falmouth, CON, ENG **[99052]**
PENHALLURIACK : William, 1849+, Ballarat, VIC, AUS **[36844]**
PENHALLURICK : 1700-1850, Gwennap & Perranarworthal, CON, ENG **[26580]** : PRE 1795, St.Gluvius, CON, ENG **[42386]**
PENILIGAN : Nancy, 1823+, St.Ewe, CON, ENG **[34533]**
PENISTON : 1850+, Smiths Parish, BERMUDA **[27920]** : 1700-1800, Leeds, WRY, ENG **[31826]** : C1800, Waterford, WAT, IRL **[21916]**
PENKEY : 1800-1900, Ashton-under-Lyne, LAN, ENG **[33973]**
PENLARICK : PRE 1790, ENG **[14029]**
PENMAN : C1789, Berwick upon Tweed, NBL, ENG **[11658]** : PRE 1900, ELN & LKS, SCT **[46382]**
PENN : Richard, 1710-1784, Aston Clinton, BKM, ENG **[11425]** : 1600-1750, Hexton, HRT, ENG **[36552]** : 1700+, Bromley, KEN, ENG **[11062]** : 1700+, Keston, KEN, ENG **[11062]** : 1750-1850, Clapham, SRY, ENG **[11062]** : PRE 1720, SSX, ENG **[19165]** : 1807-1950S, Angmering & Poling, SSX, ENG **[11270]** : Christian, C1608+, Yarmouth, MA, USA & ENG **[22796]**
PENNA : 1864+, Binda, NSW, AUS **[46260]** : 1830+, CON, ENG **[46260]** : 1750-1850, Illogan, CON, ENG **[45849]**
PENNACK : 1680-1780, ESS, ENG **[39522]**
PENNEFATHER : 1850+, TAS, AUS **[42829]** : ALL, STS, ENG **[42829]** : ALL, TIP, IRL **[42829]**
PENNELL : 1833, TAS, AUS **[11590]** : 1840+, Woolwich, KEN, ENG **[12237]**
PENNEY : PRE 1930, AUS **[46377]** : ALL, SA, AUS **[36842]** : ALL, London, ENG **[40641]** : C1770, Exeter, DEV, ENG **[38515]** : 1750+, Hanley, DOR, ENG **[21149]** : Thomas, 1842-1912, Eling, HAM, ENG **[25642]** : Arthur, 1863+, Eling, HAM, ENG **[25642]** : Thomas, 1874+, Eling, HAM, ENG **[25642]** : Frederick Geo, 1878+, Eling, HAM, ENG **[25642]** : Ernest Henry, 1880+, Eling, HAM, ENG **[25642]** : Albert James, 1885-1963, Eling, HAM, ENG **[25642]** : Walter, 1890-1962, Eling, HAM, ENG **[25642]** : Kate, C1872+, Eling, HAM, ENG **[25642]** : Charles, C1876+, Eling, HAM, ENG **[25642]** : Annie Rose, 1916+, Longdown & Eling, HAM, ENG **[25642]** : Thomas Arthur, 1917+, Longdown & Eling, HAM, ENG **[25642]** : Emily May, 1917+_, Longdown & Eling, HAM, ENG **[25642]** : PRE 1800, Pickwell, LEI, ENG **[38968]** : PRE 1860, Bourne, LIN, ENG **[36842]** : 1880+, Kings Lynn, NFK, ENG **[21431]** : 1760-1800, Coker, SOM, ENG **[17291]** : PRE 1850, WOR & SAL, ENG **[17200]** : PRE 1850, Idle, WRY, ENG **[42752]** : PRE 1860, Margate Leeds, YKS, ENG **[36842]** : 1752+, New Gloucester & Guilford, ME, USA **[22891]**
PENNICOTT : PRE 1850, SRY, ENG **[38660]**
PENNIMENT : 1880+, Middleton, SA, AUS **[14346]**
PENNINGTON : David, 1830-1860, CUL & WES, ENG **[41349]** : John, 1941+, LAN, ENG **[31355]** : 1850+, Backbarrow, LAN, ENG **[17403]** : 1700S, Colton, LAN, ENG **[15823]** : David, 1830-1860, Liverpool, LAN, ENG **[41349]** : 1900+, Preston, LAN, ENG **[17403]** : C1790, Birkin, YKS, ENG **[21934]** : Dorothy, PRE 1828, York, YKS, ENG **[34211]** : David, 1830-1860, Dumfries, DFS, SCT **[41349]**
PENNISTONE : 1700-1800, Leeds, WRY, ENG **[31826]**
PENNOCK : 1680-1780, ESS, ENG **[39522]** : PRE 1800, NRY, ENG **[18145]**
PENNY : PRE 1930, AUS **[46377]** : 1839, Taralga, NSW, AUS **[10956]** : ALL, London, ENG **[40641]** : C1820-1881, Rock, St.Minver, CON, ENG **[46346]** : C1820-1881, Tintagel, CON, ENG **[46346]** : 1760S+, Margaretting, ESS, ENG **[10399]** : George, 1847+, Eling, HAM, ENG **[25642]** : Charles, C1838-1872, Eling, HAM, ENG **[25642]** : PRE 1850, Rickmansworth, HRT, ENG **[37116]** : Henry, C1650, East Malling, KEN, ENG **[10035]** : William, 1815-1853, Wigan & Winstanley, LAN, ENG **[37181]** : Mary Limery, C1780, St.Lukes, Finsbury, LND, ENG **[99600]** : William, 1789-1853, Heversham & Levens, WES, ENG **[37181]** : 1810, Donhead St.Mary, WIL, ENG **[10956]** : 1760+, Lockeridge, WIL, ENG **[46340]** : PRE 1850, WOR & SAL, ENG **[17200]** : PRE 1860, Dublin, IRL **[41163]** : 1700S, South Mires, ABD, SCT **[16149]**
PENNYFATHER : 1700+, HRT, ENG **[17480]** : PRE 1800, Codicote, HRT, ENG **[19216]**
PENRICE : PRE 1800, London, ENG **[18861]** : PRE 1900, Bromsgrove, WOR, ENG **[44223]**
PENROSE : PRE 1710, Cuby with Tregony, CON, ENG **[21594]** : Hannah, PRE 1842, Perranarworthal, CON, ENG **[29939]** : C1760-1840, Foxholes, ERY, ENG **[33628]** : PRE 1900, Welton & Hull, YKS, ENG **[27325]**
PENSON : 1600-1850, WORLDWIDE **[46312]** : ALL, WORLDWIDE **[30860]**
PENTECOST : PRE 1730, Totnes, DEV, ENG **[35297]** : 1800S, Newington, LND, ENG **[20919]**
PENTETH : 1500-1700, NRY, ENG **[30137]**
PENTITH : 1500-1700, NRY, ENG **[30137]**
PENTLAND : 1850S, Telemore, OFF, IRL **[41979]** : 1811+, MLN, SCT **[43772]** : PRE 1829, Edinburgh, MLN, SCT **[22550]**
PENTON : 1840S, Woodford, ESS & MDX, ENG **[44968]** : Charles, PRE 1770, HAM, ENG **[41589]** : 1730-1770, Holybourne, HAM, ENG **[42055]**
PENTY : 1650-1850, York, YKS, ENG **[30137]**
PENTY (see One Name Section) **[30137]**
PENWARDEN : ALL, AUS **[12363]** : ALL, ENG **[37692]** : ALL, Taranaki, NZ **[37692]**
PENWARNE : ALL, AUS **[12363]**
PENWILL : 1880+, ENG **[99570]**
PENZER : ALL, Enville, STS, ENG **[21431]** : 1800+, Birmingham, WAR, ENG **[21431]**
PEPALL : 1750+, WIL, ENG **[27219]**
PEPLOE : PRE 1890, ENG **[20641]**
PEPLOE-BIRCH : John, C1730, Garnstone, HEF, ENG

[18540] : Webb, 1826, Weobley, HEF, ENG [18540]
PEPLOW : 1870+, Fulham, MDX, ENG [28495] : 1841-1918, Camberwell, SRY, ENG [28495]
PEPPER : 1853+, Goulburn, NSW, AUS [46403] : 1860-1900, Waterloo, NSW, AUS [13833] : James, 1812+, Lidlington, BDF, ENG [14252] : 1820, Cookham, BRK, ENG [13034] : Henry, 1800+, Abington Pigotts, CAM, ENG [14627] : William, 1773, Bassingbourn, CAM, ENG [14627] : John, 1860+, Portsmouth & Southampton, HAM, ENG [14252] : PRE 1900, Deeping St.James, LIN, ENG [46403] : 1820+, Poplar, LND, ENG [46430] : Beatrice, 1890+, Hastings, SSX, ENG [40505] : 1700+, Waringstown, DOW, IRL & AUS [45146] : Beatrice, 1897+, Glasgow & Brighton, LKS, SCT [40505]
PEPPERELL : 1850S, Dodbrook, DEV, ENG [31349] : 1800+, LND, ENG [99036] : 1800-25, Leeds, WRY, ENG [46420]
PERAH : 1700-1900, RSA [37188]
PERAMAKI : Matti, PRE 1920, Kuortane, VASSA, FIN [17055]
PERCE : Richard, 1717, Hemblington, NFK, ENG [10993]
PERCH : Ellen, 1900S, Sydney, NSW, AUS [41554]
PERCHARD : C1500+, JSY, CHI [46328]
PERCIVAL : 1890+, VIC, AUS [31355] : PRE 1860, London, ENG [11280] : PRE 1835, North Crawley, BKM, ENG [39835] : Thomas, 1750+, Frodsham, CHS, ENG [13031] : 1770-1830, Over, CHS, ENG [30071] : PRE 1815, Warrington, LAN, ENG [19727] : 1830+, Richmond, SRY, ENG [19727]
PERCY : 1800+, New Malton, NRY, ENG [19254] : 1770+, WIL, ENG [46372] : William, 1700-1900, IRL [39698] : C1830, Kilmarnock, AYR, SCT [14645]
PERDUE : PRE 1777, Kings Worthy, HAM, ENG [13960]
PEREIRA : PRE 1920, Perrina, LIPARI IS., ITL [11661]
PERFECT : ALL, St.Johns, NFD, CAN [41205] : 1758+, West Malling, KEN, ENG [22558] : Sarah, C1742+, Melksham, WIL, ENG [34323]
PERFITT : ALL, LND, ENG [43421] : ALL, Wymondham, NFK, ENG [43421]
PERHAM : 1850-1900, TAS, AUS [46252] : 1700-1900, Ashcott, SOM, ENG [46252]
PERIGO : 1800+, Eboney, KEN, ENG [35280] : PRE 1838, KEN & SSX, ENG [25354]
PERKES : 1800-1875, Birmingham, WAR & ALL, ENG [43725] : 1700-1850, WOR, ENG [43725] : C1750, Rowley Regis, WOR, ENG [10350]
PERKIN : 1800+, CHS, DBY & YKS, ENG [39541] : 1830S, Bath, GLS, ENG [34138] : 1650-1750, St.Davids, PEM, WLS [29468]
PERKINS : Patrick, 1876+, QLD, AUS [27719] : 1850+, Ballarat, VIC, AUS [11802] : Patrick, 1864+, Jamieson & Woods Point, VIC, AUS [27719] : 1850+, Olney, BKM, ENG [41037] : PRE 1665, St.Merryn, CON, ENG [46251] : 1750+, ESS, ENG [11690] : ALL, Hornchurch, ESS, ENG [11092] : 1800S+, Prittlewell & Southend, ESS, ENG [11349] : Henry, 1871, HAM, ENG [44196] : PRE 1870, Boldre, HAM, ENG [34581] : ALL, HRT, ENG [17094] : 1880+, Ormskirk, LAN, ENG [40905] : PRE 1750, Deeping St.James, LIN, ENG [12060] : 1822+, Pinchbeck, LIN, ENG [12060] : PRE 1880, London, LND, ENG [17094] : PRE 1840, Bethnal Green, MDX, ENG [30302] : 1725-1800, Shoreditch, MDX, ENG [33347] : 1850+, New Duston, NTH, ENG [41037] : Anne, 1850S Adwell, OXF, ENG [21765] : William, PRE 1850, Milcombe, OXF, ENG [36796] : PRE 1800, Kilmersdon, SOM, ENG [36246] : John, 1760-1850, SRY, ENG [44196] : 1780-1880, STS, ENG [34790] : 1800, Burton upon Trent, STS, ENG [26932] : 1880+, Llanelly, CMN, WLS [40905]
PERKISS : PRE 1800, Canewdon, ESS, ENG [11873]
PERKS : 1650+, Bearley, WAR, ENG [43989] : 1800, Birmingham, WAR, ENG [13347] : 1700-1850, WOR, ENG [43725] : PRE 1720, Harvington, WOR, ENG [31316] : 1831, Redditch, WOR, ENG [37138] : PRE 1850, Stourbridge, WOR, ENG [17189]
PERLEUX : PRE 1820, BBT, BEL [17184]
PERMAN : PRE 1840, Nunton, WIL, ENG [41136]
PERPIC : Mary, 1884-1975, Detroit, MI, USA [23032]
PERPICH : Mary, 1884-1975, Lovinac, LIKA, CROATIA [23032]
PERPLE : ALL, WORLDWIDE [25628]
PERRATT : PRE 1863, Clatworthy, SOM, ENG [99433] : ALL, WORLDWIDE [19812]
PERRAULT : PRE 1860, Masham & Bristol, QUE, CAN [42927]
PERREAULT : Maurice, 1900-1950, KS, USA [23564]
PERRES : PRE 1700, SOM, ENG [41370]
PERRETT : 1839+, Raymond Terrace, NSW, AUS [30945] : 1900-1940, Bristol, GLS, ENG [37278] : PRE 1750, North Nibley, GLS, ENG [30945] : PRE 1800, SOM, ENG [26341] : 1740-1780, Lyng & Stoke St.Gregory, SOM, ENG [12413] : PRE 1863, Clatworthy, SOM, LAN & CON, ENG [99433] : 1760-1840S, Pewsey, WIL, ENG [37278] : ALL, WORLDWIDE [19812]
PERRETT (see One Name Section) [19812]
PERRIMAN : PRE 1850, Ottery St.Mary, DEV, ENG [42821]
PERRIN : Nance, 1970S, Springvale, VIC, AUS [21155] : 1900+, DOR, ENG [41037] : PRE 1850, HUN, ENG [25747] : 1861-1867, Paddington, MDX, ENG [41037] : 1891, Sutton, SRY, ENG [41037] : 1881+, Eastbourne, SSX, ENG [41037]
PERRINS : James, PRE 1800, WOR, ENG [26439] : PRE 1830, Old Swinford, WOR, ENG [27678]
PERRIOR : Mary Ann, 1810+, West End, LND, ENG [38584]
PERRIS : 1800-1900, Curry Mallet, SOM, ENG [20703] : 1700+, WORLDWIDE [14672]
PERRITT : 1860+, AUS [26341] : ALL, WORLDWIDE [19812]
PERRITT R.A.M.C. : Wm & Maud, 1900+, Woolwich, LND, ENG [31018]
PERROT : PRE 1741, Buckhorn Weston, DOR, ENG [10493] : Mark, 1752, Aldbury, HRT, ENG [10485] : PRE 1798, Clatworthy, SOM, ENG [99433] : PRE 1800, Mere, WIL, ENG [31186]
PERROTT : PRE 1841, Stogursey, SOM, ENG [30987] : ALL, WORLDWIDE [19812]
PERRUTT : ALL, WORLDWIDE [19812]
PERRY : 1827+, NSW, AUS [41244] : Robert, 1860+, NSW, AUS [11197] : 1845, Mudgee, NSW, AUS [13437] : George, 1820+, Sydney, NSW, AUS [10790] : Julius, 1840+, Sydney, NSW, AUS [31580] : C1850, Young, NSW, AUS [10314] : C1914, QLD, AUS [10314] : Charles, 1850+, Taabinga & Ipswich, QLD, AUS [30950] : PRE 1900, Tarlee, SA, AUS [26223] : PRE 1900, Unley, SA, AUS [26223] : 1860+, Burra & Broken Hill, SA & NSW, AUS [44300] : 1840, CON, ENG [43934] : 1700S, St.Mabyn, CON, ENG [12744] : PRE 1900, Zennor, Paul, CON, ENG [46255] : 1789, Farway, DEV, ENG [46356] : 1700+, Leigh on Sea, ESS, ENG [19895] : 1700+, GLS, ENG [44043] : 1800-1900, Exton, HAM, ENG [38737] : 1800, Kingsclere, HAM, ENG [22239] : Daniel, C1850, HRT, ENG [30950] : Eliza, 1814-1839, Liverpool, LAN, ENG [38449] : 1870+, Manchester, LAN, ENG [10564] : Philip, 1750+, Hinckley, LEI, ENG [31580] : ALL, Hinckley, LEI, ENG [13855] : 1700-1820, Aldgate, LND, ENG [19759] : PRE 1920, Wells, NFK, ENG [30437] : ALL, Checkendon & Ipsden, OXF, ENG [41146] : PRE 1550, Cropredy, OXF, ENG [42083] : 1870S, Bethall, SAL, ENG [30896] : PRE 1875, Clun, SAL, ENG [30896] : 1870S, Ludlow, SAL, ENG [30896] : 1875-1890, Wellington, SAL, ENG [30896] : 1830+, Eye, SFK, ENG [46321] : 1800, Bristol, SOM, ENG [41590] : 1750+, Haselbury

Plucknett, SOM, ENG **[14513]** : 1700+, Ilminster & Dowlish Wake, SOM, ENG **[12078]** : 1800-1900, Martock, SOM, ENG **[26396]** : PRE 1830, West Monkton, SOM, ENG **[46324]** : 1790+, Wednesbury, STS, ENG **[45866]** : ALL, Birmingham, WAR, ENG **[16111]** : PRE 1840, Birmingham, WAR, ENG **[42518]** : 1820+, Kings Norton, WAR, ENG **[42600]** : 1700+, Arley Kings, WOR, ENG **[13681]** : George, 1830+, Belfast, IRL **[10564]** : 1800, Dublin, IRL **[41244]** : 1700-1900, LEX, IRL **[17584]** : 1804, Offerlane, LEX, IRL **[15594]** : 1800-1870, SLI, IRL **[22536]** : PRE 1900, WAT, IRL **[41147]** : 1864+, Invercargill, NZ **[36841]** : Elizabeth, 1830, W.INDIES **[13457]**

PERRYMAN : ALL, Bovey Tracey, DEV, ENG **[42943]** : ALL, Braunton, DEV, ENG **[27492]** : PRE 1850, Ottery St.Mary, DEV, ENG **[42821]** : PRE 1810, Bath, SOM, ENG **[17174]**

PERSCHKEY : Caroline, 1830-1850, Chelsea, LND & MDX, ENG **[45665]** : James, 1750-1850, Hammersmith, LND & MDX, ENG **[45665]** : John, 1790-1830, Hammersmith, LND & MDX, ENG **[45665]** : 1800S, Hammersmith, LND & MDX, ENG **[45665]**

PERSCHKY : 1800, London, ENG **[13407]**

PERSER : PRE 1840, Pershore, WOR, ENG **[18264]**

PERSON : Charles, 1800S, SWE **[99522]**

PERSTON : 1870+, Auckland, NZ **[97805]**

PERT : 1600-1700, Faringdon, BRK, ENG **[32042]**

PERUTZ : 1840+, Muhlenbrush, GER **[13853]**

PERYMAN : 1850+, AUS **[26439]** : PRE 1850, CON, ENG **[26439]**

PESCH : 1900, Amsterdam, NL **[14959]**

PESHETT : Nora(Holland), 1930+, Skibbereen, COR, IRL **[34883]**

PESTELL : PRE 1818, Shoreditch, LND, ENG **[46247]**

PETCH : John, C1820, Kirton in Lindsey, LIN, ENG **[38579]**

PETCHELL : 1883+, Riverstone & Sydney, NSW, AUS **[11071]** : ALL, LAN, LIN & NTH, ENG **[11071]** : ALL, WORLDWIDE **[38326]**

PETER : ALL, ZH, CH **[22422]** : PRE 1858, Warnitz, PRE, GER **[19880]** : 1700-1900, KRS & KCD, SCT **[46271]**

PETERKEN : C1900, Leyton, ESS, ENG **[36075]** : C1900, London, MDX, ENG **[36075]**

PETERKIN : C1900, Leyton, ESS, ENG **[36075]** : C1900, London, MDX, ENG **[36075]**

PETERS : 1855+, Hamilton, NSW, AUS **[46322]** : Frederick, 1865+, Orange, NSW, AUS **[10141]** : William, 1880+, SA, AUS **[38919]** : 1730, Woehrden, SHO, BRD **[14120]** : Allan, 1800S, Seymour Twp, Northumberland Co, ONT, CAN **[99433]** : Wm Harry, 1875-1966, Seymout Twp, Northumberland Co, ONT, CAN **[99433]** : 1780+, York Co. & King Co., NB, CAN & USA **[42600]** : PRE 1850, London, ENG **[45388]** : 1800+, Astwood, BKM, ENG **[18884]** : Henry, 1830+, CAM, ENG **[24707]** : Mary, 1773, Bassingbourn, CAM, ENG **[14627]** : PRE 1850, Dry Drayton, CAM, ENG **[10141]** : 1881+, Widnes, CHS, ENG **[42782]** : PRE 1844, Falmouth & Stithians, CON, ENG **[28443]** : 1720S, Gwennap, CON, ENG **[12318]** : John, 1700+, Probus & Ladock, CON, ENG **[36368]** : 1800+, Redruth, CON, ENG **[26193]** : 1800S, Redruth, CON, ENG **[30876]** : 1700-1840, St.Agnes, CON, ENG **[10646]** : 1850+, Stithians & Gwennap, CON, ENG **[38919]** : 1750+, DEV, ENG **[29664]** : Elizabeth, 1846+, Devonport, DEV, ENG **[46225]** : 1660-1850, Bitton & Hanham, GLS, ENG **[19713]** : Harriett, 1873-1944, Bristol, GLS, ENG **[39735]** : PRE 1840, Cheltenham, GLS, ENG **[40696]** : Florence, 1877-1952, Hanham, GLS, ENG **[39735]** : Joseph, C1845+, Hanham, GLS, ENG **[39735]** : Thomas, 1810+, Oldland, GLS, ENG **[39735]** : 1700+, Kings Walden, HRT, ENG **[38488]** : PRE 1820, Greenwich, KEN, ENG **[45874]** : 1800S, Snodland, KEN, ENG **[99570]** : ALL, Wouldham & Snodland, KEN, ENG **[39348]** : ALL, Liverpool, LAN, ENG **[42782]** :

PRE 1855, Liverpool, LAN, ENG **[34373]** : 1800-1830, St.George The Martyr, MDX, ENG **[12641]** : 1800+, Bristol, SOM, ENG **[20594]** : 1824+, Walworth, SRY, ENG **[34626]** : Geo. & Edmund, 1800+, Westfield, SSX, ENG **[10822]** : 1840S-1890S, STS, ENG **[37978]** : 1890S-1920S, Birmingham, WAR, ENG **[37978]** : William, PRE 1860, CAM, ENG & AUS **[14045]** : John, 1843-1929, Devonport, DEV, ENG & AUS **[46225]** : 1819-1850, BAV, GER **[23371]** : PRE 1900, Nordditmarschen, SHO, GER **[25093]** : Henry, 1830+, Janesville, Viroqua, WI, USA **[24707]** : 1710+, Long Island, NY & SC, USA & CAN **[42600]** : PRE 1855, MON, WLS **[46322]**

PETERSEN : Bridget, 1870, Muswellbrook, NSW, AUS **[28199]** : 1870+, Brisbane, QLD, AUS **[31715]** : Jorgen, 1884, Townsville, QLD, AUS **[14094]** : 1870+, Rockhampton & Sydney, QLD & NSW, AUS **[44160]** : PRE 1880, Faverwraa (Favrvra), SCHLESWIG, DEN **[31715]** : Frederick, PRE 1838, London, ENG **[20729]** : Peter, PRE 1870, London, ENG **[44160]** : PRE 1900, Bethnal Green, LND, ENG **[20729]** : C1688, Drelsdorf, SHO, GER **[10634]**

PETERSON : David, 1868+, Newcastle, NSW, AUS **[28199]** : 1866, Woodend, VIC, AUS **[14156]** : 1819, NS, CAN **[14156]** : Charles, 1856-1935, Copenhagen, DEN **[46316]** : 1800S, Hull, ERY, ENG **[25644]** : PRE 1900, Bethnal Green, LND, ENG **[20729]** : 1775-1900, Byker & Newcastle, NBL, ENG **[46503]** : Sophia, PRE 1856, Visby, GOTLAND, SWE **[44279]** : John, PRE 1870, Kalmar, KALMAR, SWE **[21505]**

PETFORD : 1700-1850, Beckford, GLS, ENG **[97801]**

PETHERBRIDGE : C1800, Buckfastleigh, DEV, ENG **[27868]** : ALL, Heavitree & Exeter, DEV, ENG **[27868]** : 1900+, Grimsby & Hull, LIN & ERY, ENG **[25644]**

PETHERICK : 1800S, London, MDX, ENG **[36295]** : 1800-1900, Bristol, SOM, ENG **[22440]** : 1750+, Dublin, DUB & DEV, IRL & ENG **[45032]** : 1860S, Nelson, NZ **[14306]**

PETHIG : 1844+, Detmold, NORTH, GER **[44209]**

PETHYBRIDGE : Anne, 1800+, Manaton, DEV, ENG **[39179]**

PETIT : 1729+, St.Didier, Rochefort, RHA, FRA **[20140]**

PETLEY : 1850+, KEN, ENG **[12802]** : 1450-1700, SFK, ENG **[30111]** : 1750-1800, Lavenham, SFK, ENG **[30111]**

PETRE : Lord, 1800-1850, Liverpool, LAN, ENG **[21088]**

PETRIE : John, 1860, Hargraves, NSW, AUS **[31510]** : ALL, Hartlepool, DUR, ENG **[39272]** : ALL, Newcastle, NBL, ENG **[39272]** : 1800-1875, Backside & Huntly, ABD, SCT **[46503]** : 1750-1850, Drumblade, ABD, SCT **[46503]** : 1767+, Craig to Montrose, ANS, SCT **[41443]** : 1840-1850, Guthrie, ANS, SCT **[46458]** : 1800-1820, Monikie, ANS, SCT **[46458]** : ALL, FIF, SCT **[46262]** : 1853+, Edenkillie, MOR, SCT **[44209]** : Margaret, 1800S, UK **[10604]**

PETRITIS : C1800+, Ithaca, GR **[14645]**

PETT : C1800+, Chatham, KEN, ENG **[45206]** : Henrietta Jes, 1850+, LND, ENG **[42362]**

PETTENGEL : 1800+, Hoxne & Doncaster, SFK & WRY, ENG **[31079]**

PETTER : PRE 1870, Walton, SRY, ENG **[28494]** : 1700-1800, Rogate, SSX, ENG **[15464]**

PETTERSEN : 1858-1876, Gothenburg, BOHUS, SWE & US **[14795]**

PETTETT : James, PRE 1865, Greenwich, KEN, ENG **[39348]** : 1850+, Linton near Maidstone, KEN, ENG **[13513]** : ALL, Hastings, SSX, ENG **[39348]**

PETTIFER : Mary, C1895+, Towcester, NTH, ENG **[36538]**

PETTIGREW : C1830, LND, ENG **[34543]** : Elizabeth, ALL, Glasgow, LKS, SCT **[23858]**

PETTIGROVE : 1880-1900, Birmingham, WAR, ENG **[99125]**

PETTINGER : 1871, East Flamboro, ONT, CAN **[15221]**

: George, 1815, ENG **[15221]** : 1765, Belton, LIN, ENG **[14618]** : 1700S, Haxey, LIN, ENG **[13008]**

PETTINGILL : Allan Edward, 1900+, Toft Monks, NFK, ENG **[27955]**

PETTIT : 1850S, Brunswick, VIC, AUS **[12318]** : 1850S, Geelong, VIC, AUS **[12318]** : 1732+, ESS, ENG **[46328]** : 1750+, Molesworth, HUN, ENG **[18884]** : 1800S, Warboys, HUN, ENG **[12318]** : C1900-1920, Peckham, LND, ENG **[18714]** : 1860+, Pancras, MDX, ENG **[34626]** : 1800+, Bozeat, NTH, ENG **[18884]** : Thos. Nathan., 1800, SFK, ENG **[26580]** : PRE 1880, Coddenham, SFK, ENG **[46383]**

PETTITT : C1770, Wadhurst, KEN, ENG **[30107]** : ALL, Witney & Wootton, OXF, ENG **[29172]**

PETTMAN : PRE 1875, Ramsgate, KEN, ENG **[42211]**

PETTS : ALL, HRT, ENG **[17973]** : PRE 1900, The Hadhams, HRT, ENG **[17973]** : PRE 1900, MDX, ENG **[39312]** : 1870+, Birmingham, WAR, ENG **[13439]**

PETTY : C1880, Boorowa, NSW, AUS **[10785]** : Walter, C1890, DBY, ENG **[32035]** : 1700-1900, Portsmouth, HAM, ENG **[31967]** : PRE 1800, Deal, KEN, ENG **[30330]** : C1750-1850, Paddington, MDX, ENG **[42761]** : William, 1790-1835, WAR, ENG **[99055]** : 1840, Birmingham, WAR, ENG **[32068]** : C1850-1875, Birmingham, WAR, ENG **[12371]** : 1750-1800, Nuneaton, WAR, ENG **[13326]** : John, 1789, Burnsall, WRY, ENG **[24579]** : 1698-1850S, Ilkley & Bolton Abbey, WRY, ENG **[11425]** : Mary, 1840+, Leeds, YKS, ENG **[41446]** : Joseph, 1813, VA, USA **[16842]**

PEUNNER : PRE 1854, Altona Hamburg, HBG, BRD **[23518]**

PEVERELLE : 1850-1900, Birmingham, WAR, ENG **[17105]**

PEWSEY : PRE 1800, Burnham, BKM, ENG **[31072]**

PEYMAN (see One Name Section) [39367]

PEYTON : 1780+, Birmingham, WAR & WOR, ENG **[36126]** : Isaac, 1770+, MDX & LND, ENG & AUS **[28108]**

PFEIL : Johan S., 1800+, WORLDWIDE **[12819]**

PFUND : Heinrich, C1705, Hallau, SH, CH **[22409]**

PHAIR : 1830+, Sheerness, KEN, ENG **[28098]** : 1771, COR, IRL **[28098]** : ALL, DOW, IRL **[21563]**

PHARAOH : 1843+, Warragul, VIC, AUS **[12904]** : 1750+, CUL & YKS, ENG **[21802]**

PHARDO : 1500-1800, Bicester, OXF, ENG **[27039]**

PHARO : PRE 1843, Aldershot, HAM, ENG **[27437]**

PHAROA : 1500-1800, Bicester, OXF, ENG **[27039]**

PHAROLE (see FERRELL) : [11092]

PHASOULA : C1830+, Ithaca, GR **[14645]**

PHAYER : 1820+, London & Sunderland, DUR, ENG **[17931]** : ALL, SLI, LND & KEN, IRL & ENG **[17931]**

PHEASANT : ALL, Ilkeston, DBY, ENG **[30491]** : ALL, Leicester, LEI, ENG **[30491]** : Eleanor, 1783, Greatford, LIN, ENG **[25533]** : 1800S, NTH, ENG **[36402]** : 1775-1850, Shenstone, STS, ENG **[17449]** : 1850-1900, Wednesbury, STS, ENG **[17449]**

PHEE : 1850S, New Monkland, LKS, SCT & AUS **[10297]**

PHELAN : 1905-35, Wallsend, NSW, AUS **[25367]** : James, 1852, Bacchus Marsh, VIC, AUS **[25367]** : James, 1902, Daylesford, VIC, AUS **[25367]** : 1900S, Geneva, CH **[31079]** : 1860+, Liverpool, LAN, ENG **[44649]** : James, 1851, Ballinakill, GAL, IRL **[25367]** : William, C1780, Muckalee, KIK, IRL **[42479]** : James, 1822+, LEX, IRL **[25367]** : ALL, Clonmel, TIP, IRL **[34739]** : 1800-1900, Waterford, WAT, IRL **[30071]** : ALL, Waterford City, WAT, IRL **[31079]**

PHELPS : 1842+, Sydney, NSW, AUS **[31923]** : ALL, Sydney, NSW, AUS **[32908]** : 1878, Gainsborough Twp, ONT, CAN **[15221]** : 1800+, ENG **[41880]** : 1800+, Alton Pancras, DOR, ENG **[30324]** : Oliver, C1650-1710, Sturminster Newton, DOR, ENG **[30246]** : PRE 1850, GLS, ENG **[16947]** : PRE 1800, Bulley, GLS, ENG **[45176]** : 1857, Cheltenham, GLS, ENG **[45025]** :

1865+, Cheltenham, GLS, ENG **[28557]** : 1810-1865, Hartpury, GLS, ENG **[28557]** : ALL, North Nibley, GLS, ENG **[18895]** : John, PRE 1840, Pauntley, GLS, ENG **[28557]** : 1806-1851, Thornbury, GLS, ENG **[46203]** : ALL, Camberwell, LND, ENG **[16554]** : PRE 1910, Pancras, LND & KEN, ENG **[38178]** : PRE 1857, Clerkenwell, MDX, ENG **[13336]** : 1812-39, St.Marylebone, MDX, ENG **[19908]** : John, 1750-70, SOM, ENG **[32559]** : Martha, 1823+, Combe Florey, SOM, ENG **[10508]** : Timothy, PRE 1706, Dinnington, SOM, ENG **[10508]** : 1800-1900, Clapham, SRY, ENG **[13833]** : PRE 1842, Landshipping, PEM, WLS **[31923]**

PHELPSE : 1700+, Awre, GLS, ENG **[40042]**

PHEMISTER : 1800+, New Spynie, MOR, SCT **[38412]**

PHENE : ALL, WORLDWIDE **[29113]**

PHIBBS : Bill, 1896, Glanworth, COR, IRL **[15882]** : Tom, 1820, Mitchelstown, COR, IRL **[15882]**

PHILBRICK : PRE 1850, Purleigh, SSX, ENG **[12707]**

PHILCOVICH : C1880, Sremska Mitrovica, VOJVODINA, SERBIA **[23032]**

PHILCOX : 1780-1793, Croydon, SRY, ENG **[45754]**

PHILIP : 1899+, Waverley, NSW, AUS **[42905]** : ALL, Cruden & Old Machar, ABD, SCT **[46454]** : 1700-1900, Peterhead, MOR, SCT **[17642]**

PHILIPS : 1700-1900, Ballymore, IRL **[25183]**

PHILIPSON : 1500-1650, Worlaby by Brigg, LIN, ENG **[18100]** : 1600-1700, OXF, ENG **[18100]** : 1850+, Levens, WES, ENG **[37181]**

PHILLIP : David, 1792+, Newton, MLN, SCT **[45631]** : PRE 1800, Vaynor, GLA, WLS **[14268]**

PHILLIPS : 1850+, AUS **[44299]** : Thomas Steel, 1870+, Balmain, NSW, AUS **[11476]** : 1837+, Monaro, NSW, AUS **[10642]** : C1837, Queanbeyan, NSW, AUS **[10642]** : 1830S, Sydney, NSW, AUS **[46263]** : 1895+, SA, AUS **[46021]** : Thomas, 1857+, Adelaide, SA, AUS **[25310]** : 1854+, Ballarat, VIC, AUS **[14268]** : Flore, 1940-1950, Benalla, VIC, AUS **[45770]** : 1860+, Brunswick, VIC, AUS **[35988]** : James, 1870+, Brunswick, VIC, AUS **[35988]** : 1840S, Geelong, VIC, AUS **[46263]** : William, 1873+, Geelong, VIC, AUS **[46263]** : 1880+, Albany, WA, AUS **[46021]** : Richard, 1830-1900, Perth, WA, AUS **[46263]** : 1930S, Vancouver, BC, CAN **[38826]** : Polly, 1840-1850S, Middlesex, ONT, CAN **[33952]** : Thomas, 1860-1955, ONT, ENG **[46185]** : Algernon, ALL, ENG **[30560]** : Sophia, PRE 1860, ENG **[43800]** : PRE 1820, London, ENG **[19568]** : ALL, Chieveley, BRK, ENG **[46435]** : 1800+, Cambridge, CAM, ENG **[44132]** : ALL, Cambridge & Chesterton, CAM, ENG **[19694]** : 1790-2000, Crantock, CON, ENG **[42747]** : 1790-2000, Cubert, CON, ENG **[42747]** : 1680-1728, Gwennap, CON, ENG **[12318]** : Francis, 1840S, Gwennap, CON, ENG **[11912]** : PRE 1800, Phillack, CON, ENG **[34640]** : PRE 1900, St.Stephen in Brannel & Roche, CON, ENG **[25093]** : 1700S, Stithians, CON, ENG **[12318]** : 1700-1800, Halberton & Tiverton, DEV, ENG **[46200]** : 1800-1850, Plympton, DEV, ENG **[41022]** : PRE 1840, Castle Eden, DUR, ENG **[39479]** : 1881+, Stockton-on-Tees, DUR, ENG **[44014]** : James, 1804+, Langley, ESS, ENG **[25654]** : Eliz, 1824, Bristol, GLS, ENG **[43773]** : 1800, Oddington, GLS, ENG **[28568]** : Hannah Ada S., C1843, GLS & MON, ENG **[11773]** : 1790+, HAM, ENG **[36435]** : PRE 1900, West Meon, HAM, ENG **[25162]** : James, PRE 1825, HEF, ENG **[10642]** : 1880-1905, Blackheath, KEN, ENG **[17874]** : Herman Cole, 1864+, Chatham, KEN, ENG **[16149]** : ALL, Medway, KEN, ENG **[41146]** : Thomas B., 1800+, Mereworth, KEN, ENG **[10392]** : 1800-1900, Sittingbourne, KEN, ENG **[46450]** : 1860-1880S, Oldham, LAN, ENG **[17291]** : 1750+, Saltfleetby, LIN, ENG **[30065]** : 1880+, Bethnal Green, LND, ENG **[40772]** : C1840-1860, St.James & Chelsea, LND, ENG **[26007]** : George Potter, 1830+, St.Pancras, LND, ENG **[40772]** : Rosa Potter, 1850+, St.Pancras, LND, ENG **[35988]** : 1798+, Stepney & Mile End, LND, ENG **[40772]** : C1900, Westminster, LND, ENG **[40769]** : Edward Potter,

1838+, MDX, ENG **[35988]** : Ellen, 1840+, MDX, ENG **[35988]** : Letitia, 1845+, MDX, ENG **[35988]** : 1826+, Kingsland, MDX, ENG **[17874]** : 1840S, London, MDX, ENG **[33331]** : PRE 1860, Pattishall, NTH, ENG **[24878]** : PRE 1850, St.Martins, SAL, ENG **[18921]** : Mary, PRE 1760, Stockton, SAL, ENG **[43989]** : 1777-1782, Dinder, SOM, ENG **[39377]** : PRE 1842, Seavington St.Mary, SOM, ENG **[10399]** : 1800, Southwark, SRY, ENG **[12641]** : PRE 1850, Waterloo, SRY, ENG **[32294]** : PRE 1840, Coldwaltham, SSX, ENG **[20551]** : ALL, Hastings, SSX, ENG **[39564]** : 1819, Birmingham, STS, ENG **[40608]** : 1870S, Chesterton, STS, ENG **[30737]** : Ursula, 1680+, Pushall, STS, ENG **[36592]** : 1880S, Tunstall, STS, ENG **[30737]** : 1800-1860, Sheffield, WAR, ENG **[17291]** : PRE 1850, Amesbury & Devizes, WIL, ENG **[18422]** : 1850+, Dudley, WOR, ENG **[10591]** : 1800-1920, Marlyebone & Trichinopoly, LND, ENG & INDIA **[45811]** : Thomas, 1780+, Magherafelt, LDY, IRL **[12653]** : PRE 1835, Mount Phillips, TIP, IRL **[36350]** : C1700, Ruthwell, DFS, SCT **[38234]** : C1700, Glendevon, PER, SCT **[38234]** : 1800+, USA **[33952]** : Nathan (Dr), 1828+, Griggsville, Pike Co., IL, USA **[23605]** : Nathan (Dr), PRE 1820, Fayette Co., KY, USA **[23605]** : Robert, 1880+, Deckerville, MI, USA **[33952]** : Nathan (Dr), PRE 1820, Orange Co., NC, USA **[23605]** : Samuel, 1700+, NY & MA, USA **[25598]** : John, 1780-1830, Llanwern, BRE, WLS **[39730]** : PRE 1850, Caerphilly, GLA, WLS **[14268]** : ALL, Llandaff, GLA, WLS **[12186]** : 1840+, Merthyr Tydfil, GLA, WLS **[30086]** : PRE 1850, Merthyr Tydfil, GLA, WLS **[35015]** : 1800-1881, Swansea, GLA, WLS **[45675]** : PRE 1800, Vaynor, GLA, WLS **[14268]** : PRE 1860, Bedwellty & Mynyddislwyn, MON, WLS **[10967]** : PRE 1886, Lavair, MON, WLS **[38743]** : PRE 1870, MON, CMN & GLA, WLS **[44014]** : 1800+, Slebech, PEM, WLS **[22127]**

PHILLIPS-SCHONLANKER : 1845-1900, Whitechapel, LND, ENG **[26752]**

PHILLIPSON : PRE 1820, Alston, CUL, ENG **[17921]** : 1800+,.Louth, LIN, ENG **[39539]**

PHILLPOT : 1830-1920, WAR, ENG **[15301]**

PHILP : Mary, PRE 1800, Bodmin & Falmouth, CON, ENG **[40143]** : 1670+, Morchard Bishop, DEV, ENG **[41443]** : ALL, Auchterderran, FIF, SCT **[11092]** : Hugh, 1840+, St.Andrews, FIF, SCT **[16938]** : Jean, 1720, Muiravonside, STI, SCT **[11533]**

PHILPOT : Thomas, C1850, Melbourne, VIC, AUS **[26430]** : C1830, GLS, ENG **[26430]** : 1750-1800, Breamore & Fordingbridge, HAM, ENG **[38086]** : ALL, MDX, ENG **[20949]** : 1820-1840, Limehouse, MDX, ENG **[39506]** : PRE 1890, Bradford, WRY, ENG **[46463]**

PHILPOTT : Mercy, 1822+, Ramsgate, KEN, ENG **[31018]** : C1850, Mount Zephyr, COR, IRL **[26434]**

PHIMESTER : 1800+, Elgin, MOR, SCT **[38412]**

PHIMNAN : Mary Ann, 1820+, DUB, IRL **[36796]**

PHIN : 1850+, Dundee, ANS, SCT **[41430]** : C1830, Liff, ANS, SCT **[41430]** : James, 1800+, Liff & Benvie, ANS, SCT **[21854]**

PHINCHEN : Mary, 1823, Holbeton, DEV, ENG **[12974]**

PHIPPEN : ALL, Northampton, NTH, ENG **[22441]** : 1650+, Bishops Hull & Taunton, SOM, ENG **[17532]** : 1750-1850, Taunton, SOM, ENG **[17303]**

PHIPPS : PRE 1900, London, ENG **[37415]** : PRE 1850, Berkeley, GLS, ENG **[15929]** : PRE 1930, Forest of Dean, GLS, ENG **[15929]** : C1838, Maidstone, KEN, ENG **[32405]** : 1700-1800, Harefield, MDX & SRY, ENG **[10287]** : ALL, Croydon & Elstead, SRY, ENG **[28479]** : 1700-1800, Merton & Wimbledon, SRY, ENG **[10287]** : PRE 1780, Wimbeldon, SRY, ENG **[32017]** : 1830+, Aston & Birmingham, WAR, ENG **[10839]**

PHOCAS : ALL, WORLDWIDE **[42900]**

PHRISKNEY : ALL, WORLDWIDE **[19328]**

PHYSIC : ALL, Hornchurch, ESS, ENG **[11092]**

PHYSICK : 1700+, ESS, ENG **[11690]**

PIALE : Elizabeth, PRE 1800, Otford, KEN, ENG **[36365]**

PIANET : 1832-1867, Cernans, Pupillin, Lemuy, FC, FRA **[39991]** : 1832-1867, Montigny, FC, FRA **[39991]** : 1743-1841, Myon, Courvieres, Doubs, FC, FRA **[39991]**

PICK : ALL, Cromhall, GLS, ENG **[39464]** : William, 1854-1916, LEI, ENG **[42961]** : Nellie, 1880-1965, LEI, ENG **[42961]** : John, 1776-1849, Thurnby & Belgrave, LEI, ENG **[42961]** : PRE 1800, Laughton, LIN, ENG **[25992]** : 1850+, East London, MDX, ENG **[30120]** : PRE 1840, NRY & WRY, ENG **[37174]** : 1800+, Badby, NTH, ENG **[30120]**

PICKAMAN : 1840-1900, Shenfield, ESS, ENG **[41629]**

PICKARD : 1700S, Great Carlton, LIN, ENG **[19921]** : C1920, Enfield, MDX, ENG **[99600]** : PRE 1930, NBL & DUR, ENG **[46377]** : 1800, Coventry, WAR, ENG **[45690]** : PRE 1930, MLN, ELN & PEE, SCT **[46377]**

PICKAVANCE : Margaret, 1839+, Skelmersdale, LAN, ENG **[11158]**

PICKEL : 1870+, Queens Co., NY, USA **[28609]**

PICKEMAN : 1840-1900, Shenfield, ESS, ENG **[41629]**

PICKENS : 1850+, Castlemaine, VIC, AUS **[29937]** : ALL, St.Just, CON, ENG **[29937]**

PICKER : 1855+, Bigga, NSW, AUS **[14032]**

PICKERING : Daniel & Ann, 1828-1891+, Congleton, CHS, ENG **[10203]** : 1810-1860, Little Sutton & Thornton, CHS, ENG **[13471]** : 1800S, Hull, ERY, ENG **[12467]** : 1790-1860, Weeton & Halsham, ERY, ENG **[18001]** : PRE 1800, Newent, GLS, ENG **[45176]** : PRE 1869, Chorlton & Manchester, LAN, ENG **[25737]** : 1800S, Liverpool, LAN, ENG **[12467]** : 1900S, Wigan, LAN, ENG **[38285]** : PRE 1820, Packington, LEI, ENG **[38987]** : PRE 1820, Thurcaston, LEI, ENG **[20178]** : 1800S-1880S, Oakengates & Shrewsbury, SAL, ENG **[37978]** : PRE 1810, Bordley & Skipton, WRY, ENG **[25688]** : PRE 1900, YKS, ENG **[30773]** : 1800-1925, NY, IA & CA, USA **[22737]** : ALL, Halkin & Newcastle, FLN & NSW, WLS & AUS **[42466]**

PICKERSGILL : 1750-1850, YKS, ENG **[99187]**

PICKETT : 1881+, Sydney, NSW, AUS **[27634]** : 1880+, Melbourne, VIC, AUS **[13245]** : 1875+, London, ENG **[27634]** : 1792+, Crediton, DEV, ENG **[27634]** : 1880+, West Ham, London, ESS, ENG **[17745]** : 1800+, LND, ENG **[42771]** : ALL, London & Medway, MDX & KEN, ENG **[17745]** : PRE 1850, Streatham, SRY, ENG **[17745]** : PRE 1900, Alderton, WIL, ENG **[35177]** : John, 1800-1850, KY, USA **[24168]** : Mace, 1720-1780, VA, USA **[24168]**

PICKFORD : PRE 1840, Rainow, CHS, ENG **[41372]** : C1811, Golborne & Winwick, LAN, ENG **[99418]** : Ann, 1820, Islington West, LND & MDX, ENG **[25533]**

PICKING : 1700-1900, London, ENG **[45037]**

PICKLES : PRE 1800, WRY, ENG **[35619]**

PICKMAN : 1830+, London, ENG **[13800]**

PICKNALL : Mary, PRE 1696, Brightling, SSX, ENG **[36365]**

PICKRELL : 1810S, Llandeilo, CMN, WLS **[18207]**

PICKTON : 1770+, Enfield, LND, ENG **[43775]**

PICKUP : 1840S+, Queanbeyan, NSW, AUS **[10893]** : 1880S+, Sydney, NSW, AUS **[10893]** : 1700S, LAN, ENG **[34704]** : Mary, PRE 1850, LAN, ENG **[25046]** : PRE 1913, Burnley, LAN, ENG **[43525]** : 1829, Bury, LAN, ENG **[13984]**

PICKWORTH : ALL, Clerkenwell & Islington, MDX, ENG **[27698]**

PICQUENARD : ALL, NORMANDY, FRA **[16693]**

PICTON : 1878+, Mendooran, NSW, AUS **[31762]** : ALL, Whitchurch & Mapledurham, OXF, ENG **[41146]**

PIDDINGTON : William, 1830-1874, Ealing, MDX, ENG **[34140]** : Albert Edward, 1863-1927, Ealing, MDX, ENG **[34140]** : Johannes, 1740-1816, Kingston Blount, OXF, ENG **[34140]** : PRE 1850, Kingston Blount, OXF, ENG **[34140]**

PIDDLE : Mary, 1600S, Sherborne, DOR, ENG **[10993]**
PIDDUCK : PRE 1842, Shrewsbury, SAL, ENG **[39860]**
PIDER : Thomas Dann, 1871+, Brighton, SSX, ENG **[40505]**
PIDGEON : 1788+, AUS **[39015]** : Nathaniel, 1841+, Sydney, NSW, AUS **[39015]** : ALL, Hurst & Whistley, BRK & SRY, ENG **[38668]** : PRE 1837, Hoxton-Newton, MDX, ENG **[31923]** : PRE 1841, Bunclody & Wexford, WEX, IRL **[39015]** : PRE 1800, WIC, IRL **[39015]**
PIEARS : William (See, SUB CAT. I), **[26382]** : ALL, WORLDWIDE **[26382]**
PIEARS (see One Name Section) [26382]
PIEPENBRINK : PRE 1850, Wengern, WEF, GER **[29745]**
PIEPKORN : Augusta, 1700-1850, Stettin-Stadt, POM, GER **[35343]**
PIEPOL : 1800-1910, Szawli, GURBINIA, LI **[27616]** : 1800-1920, Ciechanowiec, BIALYSTOK, POL **[27616]** : 1895-1910, St.Petersburg, RUS **[27616]**
PIERCE : 1780-1880, Edgmond, SAL, ENG **[46501]** : Jessie A., 1850-2004, Brighton, SSX, ENG **[40505]** : Emma J., 1850-2004, Brighton, SSX, ENG **[40505]** : ALL, Kilmore, WEX, IRL **[35561]** : PRE 1900, USA **[22725]**
PIERCY : 1800+, New Malton, NRY, ENG **[19254]** : PRE 1871, Wantage, OXF, ENG **[10280]** : Elizabeth, C1789+, WAR, ENG **[10985]** : 1750-1850, Riccall, YKS, ENG **[36033]** : PRE 1895, Reading, BRK, ENG & AUS **[10470]**
PIERPOINT : 1600-1750, Pedmore, WOR, ENG **[41039]**
PIERQUIN : PRE 1850, Avillers, LOR, FRA **[20178]**
PIERROT : 1500+, OXF & BRK, ENG **[27039]**
PIERS : William (See, SUB CAT. I), **[26382]** : 1800-1850, Newcastle-upon-Tyne, NBL, ENG **[26382]** : C1700-1850, STS, CHS & LIN, ENG **[26382]** : C1750-1800, Virginia, CAV, IRL **[26382]** : C1750-1800, King William, VA, USA **[26382]**
PIERSON : Robert, 1940S, Fareham, HAM, ENG **[13910]** : Richard, 1775, Yalding, KEN, ENG **[25533]** : Thomas, 1800, Yalding, KEN, ENG **[25533]** : 1700S+, Yalding & Wrotham, KEN, ENG **[13910]** : Naomi, 1836, Wadhurst, SSX, ENG **[25533]**
PIGDON : 1850+, Geelong, VIC, AUS **[31972]** : ALL, Glanton, NBL, ENG **[31972]** : 1770+, OXF, ENG **[46428]**
PIGEON : Exzilda (Ida), 1830+, QUE, CAN **[22853]** : PRE 1850, DEV, ENG **[16269]**
PIGGFORD : ALL, WORLDWIDE **[10978]**
PIGGIN : PRE 1854, Great Yarmouth, NFK, ENG & AUS **[12457]** : ALL, WORLDWIDE **[32804]**
PIGGOT : 1750-1850, Abingdon, BRK, ENG **[12641]**
PIGGOTT : 1750-1850, Abingdon, BRK, ENG **[12641]** : 1700S, Clavering, ESS, ENG **[16378]** : C1780, Langley, ESS, ENG **[25654]** : PRE 1788, Therfield, HRT, ENG **[19759]** : James, 1840+, Rochdale, LAN, ENG **[25533]** : William, 1799+, St.Marylebone, LND, ENG **[13857]** : John, 1846+, St.Marylebone, LND, ENG **[13857]**
PIGHILLS : PRE 1850, WRY, ENG **[35619]**
PIGOT : John Bamford, 1854-1875, SA, VIC & NSW, AUS **[41221]** : 1420-1500, Beachampton, BKM, ENG **[18100]** : James, 1769-1843, (Publisher) Chorlton, LAN, ENG **[41221]** : John Bamford, 1831-1881+, Manchester, LAN, ENG **[41221]** : 1700-1900, Southery & Salthouse, NFK, ENG **[19310]**
PIGOTT : PRE 1880, Salthouse & Cley, NFK, ENG **[44018]** : PRE 1850, Newport, SAL, ENG **[33876]** : Michael, PRE 1845, COR, IRL **[12819]** : PRE 1920, Kells, MEA, IRL **[20841]** : 1880-1910, Brooklyn, NY, USA **[12819]**
PIGRAM : Ruth, 1830+, Therfield, HRT, ENG **[12878]** : PRE 1850, Hillingdon, MDX, ENG **[28210]**
PIGUENIT : 1700-1860, London & Chatham, MDX, KEN & HAM, ENG & FRA **[14296]**
PIKE : 1840+, NSW, AUS **[10301]** : George, 1870-90, Orange, NSW, AUS **[41716]** : Joseph, PRE 1800, Dawlish, DEV, ENG **[41041]** : 1840S-50S, Honiton, DEV, ENG **[44921]** : Elizabeth, PRE 1638, Stockleigh English, DEV, ENG **[28907]** : 1740-1900, Tavistock, DEV, ENG **[45841]** : 1780+, DEV, DOR & HAM, ENG **[39539]** : 1750-1850, Stour Provost, DOR, ENG **[14901]** : Joshua, 1800, Leckford, HAM, ENG **[37155]** : PRE 1900, St.Marys Bourne, HAM, ENG **[43033]** : PRE 1800, Woolwich, KEN, ENG **[45036]** : Hy Mark N., 1849+, London, MDX, ENG **[11594]** : 1939+, Newcastle upon Tyne, NBL, ENG **[17697]** : 1800+, NBL & SFK, ENG **[30022]** : PRE 1800, OXF, ENG **[34640]** : C1744, Combe Florey, SOM, ENG **[10209]** : 1900S, BRK, ENG & CAN **[21765]** : 1800+, Rathangan, KID, IRL **[10301]**
PILAET : PRE 1680, ATW, BEL **[20458]**
PILBEAM : PRE 1780, Slaugham & Ardingly, SSX, ENG **[38290]** : 1630+, Wadhurst & Burwash, SSX, ENG **[30120]**
PILBROW : 1700-1850, Ipswich, SFK, ENG **[28536]**
PILCHER : Sarah, 1750-1810, Whitstable, KEN, ENG **[39461]**
PILGRIM : PRE 1686, ENG **[13868]** : Martha, 1734, Bradwell, BKM, ENG **[10485]** : Dorothy, C1680, Bradfield, ESS, ENG **[39471]** : 1700+, Wethersfield, ESS, ENG **[19895]** : Sarah, 1790S, Greenwich, KEN, ENG **[17637]** : PRE 1820, Tottenham, MDX, ENG **[33428]**
PILKINGTON : PRE 1900, WA, AUS **[14440]** : Edward, PRE 1866, ENG **[20925]** : 1840+, Barrow-in-Furness, LAN, ENG **[38740]** : ALL, WORLDWIDE **[18260]**
PILLENGER : 1760-1900, St.Giles, BRK, ENG **[45850]**
PILLER : PRE 1800, Belstone, DEV, ENG **[30302]** : 1850, LND, ENG **[46345]**
PILLET : Eliza Suzanne, C1770, ENG & FRA **[31003]**
PILLEY : 1700, Tolleshunt Knights, ESS, ENG **[17704]**
PILLING : 1800+, Halliwell, LAN, ENG **[46355]** : 1794-1855, Haslingden, LAN, ENG **[25354]** : C1820, Haslingden, LAN, ENG **[11661]** : 1780+, Halifax & Huddersfield, WRY, ENG **[42974]**
PILLINGER : 1600-1890+, Lechlade, GLS, ENG **[45850]**
PILLNE : 1800+, IRL **[39015]**
PILLON : 1820+, Malden Twp, Essex Co., ONT, CAN **[37631]**
PILLSBURY : Moses, 1645+, Essex Co., MA, USA **[45995]** : Parker, 1742+, Essex Co., MA, USA **[45995]** : Oliver, 1783+, Essex Co., MA, USA **[45995]** : 1700+, ME, USA **[11797]** : Albert E., 1849+, NH & MA, USA **[45995]**
PILLSON : Mary Anne, 1800S, Portsea, HAM, ENG **[41228]**
PILON : ALL, ENG & FRA **[29113]**
PILTON : 1900+, Rotherham, YKS, ENG **[41370]**
PILZKOON : C1900, Westminster, LND, ENG **[40769]**
PIM : ALL, IRL **[17584]**
PIMBLETT : ALL, CHS & LAN, ENG **[40771]**
PIMLETT : ALL, CHS & LAN, ENG **[40771]**
PIMLOTT : PRE 1730, London, ENG **[46399]** : ALL, CHS & LAN, ENG **[40771]**
PINAT : PRE 1810, Cottance, Loire, RHA, FRA **[39991]**
PINCH : Edward & Eliz, 1857+, Bagots Well, SA, AUS **[14548]** : 1800S, London, ENG **[46301]** : PRE 1800, Bodmin, CON, ENG **[11282]** : 1870+, Cornwall, CON, ENG **[46301]** : 1800+, Lambeth, SRY, ENG **[11282]**
PINCHEN : 1852+, Cessnock & Wollombi, NSW, AUS **[46249]** : PRE 1852, Hilcott, WIL, ENG **[46249]**
PINCHES : 1850-1900, Lucton Entire, HEF, ENG **[28948]** : 1800-1850, Wentnor, SAL, ENG **[28948]** : 1800-1850, Wednesfield, STS, ENG **[28948]**
PINCHIN : PRE 1855, Dublin, IRL **[98637]**
PINCOTT : C1800+, WORLDWIDE **[12819]**
PINDER : 1850+, VIC, AUS **[11124]** : 1770+, Owthorne & Roos, ERY, ENG **[34782]** : 1500-1860, Hinderwell &

Staithes, NRY, ENG **[18001]** : 1800-1870, Bolton by Bowland, WRY, ENG **[46515]** : 1720-1800, Slaidburn, WRY, ENG **[46515]** : PRE 1850, Shirescreen, YKS, ENG **[11124]**

PINE : 1850+, South Shields, DUR, ENG **[45183]** : PRE 1756, Bristol, GLS, SOM & DEV, ENG **[10001]** : C1800, Dover, KEN, ENG **[46346]** : 1700+, Folkestone, KEN, ENG **[46346]** : C1818, Bath, SOM, ENG **[21828]**

PINEDO : 1800-1900, Paris, RPA, FRA **[46196]** : C1750-1900, Amsterdam, NOH, NL **[46196]**

PINEO : Obediah, C1790+, CAN & USA **[42724]**

PINER : 1620-1800, Burnham, BKM, ENG **[33347]** : ALL, WORLDWIDE **[39386]**

PINFOLD : 1854+, Maitland, NSW, AUS **[11462]** : ALL, Priors Marston, WAR, ENG **[11462]**

PINGE : Hy & Mary, 1900+, Melbourne, VIC, AUS **[12320]**

PINHORN : 1800S, KEN, ENG **[33245]**

PINION : ALL, LIN, ENG **[18150]**

PINK : PRE 1728, Thursley, SRY, ENG **[46296]** : Thomas, 1920+, New York City, NY, USA **[22618]**

PINKERTON : 1880S, NSW, AUS **[21131]** : Catherine, 1785-1860, Mayfair, LND, ENG **[43853]** : 1750-1920, Rutherglen, LKS, SCT **[10832]**

PINKESS : Elijah, C1847, Liverpool, LAN, ENG **[12025]** : 1874+, Dunedin, NZ **[12025]**

PINKHAM : PRE 1850, Liverpool, LAN, ENG **[30870]**

PINN : 1730, Climping, SSX, ENG **[12641]**

PINN MOUNTAIN : ALL, WORLDWIDE **[21563]**

PINNEGAR : ALL, Stonehouse & Kings Stanley, GLS, ENG **[39564]**

PINNELL : PRE 1580, Brinkworth, WIL, ENG **[30302]**

PINNER : PRE 1900, SFK, ENG **[39312]**

PINNEY : ALL, SOM, ENG **[18150]**

PINNIGER : C1857+, Seymour, Benalla & Melbourne, VIC, AUS **[36751]**

PINNINGTON : PRE 1850, St.Helens & Prescot, LAN, ENG **[46453]**

PINNOCK : C1800S, Thatcham, BRK, ENG **[38452]** : 1700-1800, Ardeley, HRT, ENG **[10340]** : ALL, Nottingham, NTT, ENG **[39386]** : 1800S, WIL, ENG **[16358]**

PINSON : 1850-1950, STS, ENG **[45857]** : 1600-1850, WORLDWIDE **[46312]**

PINSON (see One Name Section) [46312]

PINTO-LEITE : ALL, ENG **[42647]**

PIPE : 1650+, Martock, SOM, ENG **[15289]**

PIPER : 1840, Tumut, NSW, AUS **[26241]** : Harriett, C1835, Launceston, TAS, AUS **[14627]** : 1820S, NFD, CAN **[46236]** : Jemima, 1860+, BKM, ENG **[39386]** : 1800+, Wemborthy & Eggesford, DEV, ENG **[45847]** : 1800+, Winkleigh Coldridge, DEV, ENG **[45847]** : 1880+, Middlesbrough, DUR & NRY, ENG **[46495]** : 1800S, Catherington & Denmead, HAM, ENG **[11071]** : 1920+, Clanfield, HAM, ENG **[38412]** : Samuel, 1725+, KEN, ENG **[17087]** : 1700+, SSX, ENG **[38575]** : ALL, Bodiam & Heathfield, SSX, ENG **[34981]** : John, C1814, Brighton, SSX, ENG **[14627]** : 1800-80, Burwash, SSX, ENG **[11661]** : 1712+, Crowhurst, SSX, ENG **[41443]** : PRE 1800, West Hoathly, SSX, ENG **[17931]** : 1625-1700, Great Bedwyn, WIL, ENG **[17234]** : 1800S, Dudley, WOR, ENG **[11011]** : ALL, Shelsley Walsh, WOR, ENG **[21479]** : ALL, Tellicherry, INDIA **[21479]** : 1830, Saintfield, DOW, IRL **[26421]**

PIPKIN : ALL, WORLDWIDE **[19461]**

PIPKIN (see One Name Section) [19461]

PIPPARD : C1910, SOM, ENG **[15776]**

PIPPIN : PRE 1850, St.Decumans, SOM, ENG **[39464]**

PIPSON : PRE 1840+, Bognor, SSX, ENG **[46353]**

PIQUE : 1600+, London, ENG **[21079]** : 1600+, FRA **[21079]**

PIRIE : John, 1845+, Blayney, NSW, AUS **[10141]** : 1840+, Bookham & Young, NSW, AUS **[11356]** : PRE 1840, London, ENG **[11256]** : James, 1804, Fordoun, KCD, SCT **[28151]**

PIRRET : 1870S, Edinburgh, WLN, SCT **[39573]**

PIRRIE : 1848+, Dunedin, OTG, NZ **[20965]** : PRE 1880, Glasgow, LKS, SCT **[20965]**

PIRT : PRE 1825, Bootle, CUL, ENG **[46483]**

PITCAIRN : PRE 1810, FIF, SCT **[25219]** : 1800+, Cadder, LKS, SCT **[13422]** : 1769+, Kinnaird, PER, SCT **[35823]**

PITCHER : ALL, Aylesbury, BKM, ENG **[31323]** : ALL, BRK, ENG **[31323]** : 1727-1877, Colchester, ESS, ENG **[19908]** : 1760-1860, Colchester, ESS, ENG **[17174]** : PRE 1760, Acrise, KEN, ENG **[13574]** : PRE 1700, Deptford, KEN, ENG **[19785]** : C1865, Rochester, KEN, ENG **[36075]** : C1770+, NFK, ENG **[34321]** : 1600S, Strensham, WOR, ENG **[13731]**

PITCHERS : C1820, Weasenham All Saints, NFK, ENG **[30998]**

PITCHFORD : 1800S, Hythe, KEN, ENG **[45639]** : 1800+, Southwell, NTT, ENG **[41370]** : 1849-1990S, Southwell, NTT, ENG **[18818]** : 1760+, Erdington, Birmingham & Aston, WAR, ENG **[42600]** : 1760+, Solihull, WAR, ENG **[42600]**

PITCHFORK : ALL, Halam & Warsop, NTT, ENG **[18818]** : 1800+, Southwell, NTT, ENG **[41370]** : PRE 1800, Warsop, NTT, ENG **[41370]**

PITCHFORTH : 1860+, Liverpool, LAN, ENG **[46493]**

PITE : ALL, WORLDWIDE **[26665]**

PITFIELD : ALL, DEV, ENG **[18168]** : 1520, Allington, DOR, ENG **[21889]** : 1600S, Fordington, DOR, ENG **[21889]**

PITHER : C1809+, Walton, BRK, ENG & NZ **[41297]**

PITHIE : PRE 1840, WORLDWIDE **[24980]**

PITHOUSE : 1800+, SRY, ENG **[36261]**

PITKEATHLY : Isobell, 1771, Perth, PER, SCT **[11113]**

PITKIN : C1820, Newington, SRY, ENG **[40982]** : ALL, WORLDWIDE **[19461]**

PITKIN (see PIPKIN) : [19461]

PITMAN : PRE 1850, DOR, ENG **[28275]** : 1700+, Portsmouth, HAM, ENG **[30968]** : 1800S, Podimore, SOM, ENG **[13347]**

PITSON : George, 1828+, Baldon March, OXF, ENG **[11546]** : ALL, Bagshot, SRY, ENG **[11546]**

PITT : Wm Henry, C1885+, AUS **[43752]** : George, 1900+, NSW, AUS **[20862]** : John, 1845+, London, ENG **[10697]** : ALL, Derby, DBY, ENG **[33920]** : PRE 1800, Tiverton, DEV, ENG **[35592]** : 1700-1900, Portland, DOR, ENG **[19880]** : 1700+, Cheltenham, GLS, ENG **[17196]** : 1620-1900, HEF, ENG **[34790]** : Abraham, 1771, Lamberhurst, KEN, ENG **[25533]** : Sarah, 1806, Lamberhurst, KEN, ENG **[25533]** : Francis, C1770, Leigh, LAN, ENG **[17637]** : Harriet H., 1833, Ipswich, SFK, ENG **[36592]** : PRE 1792, Crewkerne, SOM, ENG **[36200]** : ALL, Tamworth, STS, ENG **[33920]** : Fanny, PRE 1870, WOR, ENG **[10276]** : John, 1850+, Birmingham, WOR, ENG **[10697]** : Agnes, 1860, Ballymena, ANT, IRL **[46325]** : 1700+, Girvan, AYR, SCT **[19318]** : Malvina, 1850+, Boston, MA, USA **[43752]** : William Henry, 1850+, Boston, MA, USA **[43752]** : David James, 1876, Dowlais, GLA, WLS **[36275]**

PITT (see One Name Section) [43752]

PITTAMS : C1790, Winslow, BKM, ENG **[11860]**

PITTAR : C1700+, Dublin & Calcutta, DUB, IRL & INDIA **[37599]**

PITTAWAY : PRE 1900, WIL & BRK, ENG **[43842]**

PITTENDREIGH : 1800+, St.Fergus, BAN, SCT **[26687]**

PITTERS : PRE 1800, Crawley, HAM, ENG **[18096]**

PITTMAN : ALL, Broke, NSW, AUS **[12182]** : John Benjamin, 1900S, Prince Rupert, BC, CAN **[39712]** : ALL, Pointeauxcarr, NB, CAN **[39712]** : 1790-1890, Holborn, MDX, ENG **[16527]**

PITTS : PRE 1810, Tiverton, DEV, ENG **[28340]** : 1790-

PITT : 1900, Boston, LIN, ENG **[29715]** : 1600-1799, Epworth, LIN, ENG **[38285]** : William, C1755+, North Ferriby & Gilberdyke, YKS, ENG **[27325]** : 1740S-1860S, Northam & Galmpton, DEV, ENG & AUS **[43996]**
PITTY : ALL, East Anglia, ENG **[26686]**
PIVEY : Joseph, 1800+, ENG **[21132]**
PIX : 1860, Neualbeureuth, BAV, GER **[31453]**
PIZZEY : George, PRE 1909, ENG **[46516]** : 1775-1800, Little Marlow, BKM, ENG **[12641]** : George, PRE 1909, Hounslow, MDX, ENG **[46516]** : PRE 1800, Chertsey, SRY, ENG **[37200]**
PLACE : PRE 1600, Mildenhall, SFK, ENG **[33428]** : ALL, GLA, WLS **[44077]**
PLAISTED : PRE 1800, Newnham on Severn, GLS, ENG **[33847]** : 1800-1850, Deptford, KEN, ENG **[33847]**
PLANCHE : John, PRE 1829, London, ENG **[39698]**
PLANK : PRE 1890, Hastings, SSX, ENG **[45036]** : PRE 1840, Marden & Chirton, WIL, ENG **[45036]** : 1790+, USA & GER **[23128]**
PLANOUDI : ALL, SYMI, GR **[26091]**
PLANT : PRE 1800, London, ENG **[45388]** : 1802, Clowne, DBY, ENG **[19304]** : 1900+, Quarrington, DUR, ENG **[25854]** : PRE 1800, Winthorpe & Firsby, LIN, ENG **[41477]** : PRE 1850, Nottingham, NTT, ENG **[14127]** : Joseph, 1750-1800, STS, ENG **[29447]** : 1800+, Leek, STS, ENG **[35280]** : PRE 1776, Pattingham, STS, ENG **[14267]** : PRE 1900, Stafford & Whitchurch, STS, ENG **[29447]** : William, 1800-1900, WRY & LAN, ENG **[14448]** : Elizabeth, C1848, WRY & LAN, ENG **[14448]**
PLANTAIN : ALL, North Hinksey, BRK, ENG **[19481]**
PLANTE : 1890+, Melbourne, VIC, AUS **[14127]** : Alfred, PRE 1900, ENG **[26439]** : PRE 1621, La Rochelle, AUNIS, FRA **[22550]**
PLASSE : 1915+, St.Etienne, Loire, RHA, FRA **[20140]**
PLASTOW : C1836, Windsor, BRK, ENG **[10634]**
PLATEK : PRE 1870, Tuczempy, RZESZOW, POL **[40603]**
PLATER : 1800+, Haddenham, BKM, ENG **[33642]** : 1840+, Walsall, STS, ENG **[13358]**
PLATES : Mary Ann, 1800S, London, MDX, ENG **[16378]**
PLATFOOT : PRE 1850, Bethnal Green, MDX, ENG **[43842]**
PLATT : ALL, Mossley, CHS, ENG **[41959]** : ALL, Uppermill & Saddleworth, CHS, ENG **[41959]** : PRE 1880, Glossop, DBY, ENG **[34716]** : 1800, Scholes, LAN, ENG **[31453]** : William, 1807, Widnes, LAN, ENG **[24579]** : PRE 1837, London, MDX, ENG **[30768]** : PRE 1900, Hanley & Stoke, STS, ENG **[45879]** : Adelaide L., 1800-2000, Ripon, YKS, ENG **[14966]** : William, C1830, Tartaraghan, ARM, IRL **[13857]**
PLATTIN : ALL, Fakenham, NFK, ENG **[28585]**
PLATTS : Hannah, 1800+, Etwall, DBY, ENG **[34315]** : 1600+, South Wingfield, DBY, ENG **[10054]** : PRE 1678, Belton, LIN, ENG **[28340]** : 1800S, West Leake, NTT, ENG **[18857]** : PRE 1750, Ecclesfield, WRY, ENG **[17626]** : ALL, YKS, ENG **[44815]** : 1750-1850, Sheffield, YKS, ENG **[28570]**
PLAYER : PRE 1840, Saffron Walden, ESS, ENG **[18702]** : 1750-1850, Salisbury, WIL, ENG **[99433]**
PLAYFOOT : 1700+, Brenchley, KEN, ENG **[19806]**
PLAYFORD : 1700+, Hawkhurst, KEN, ENG **[19806]** : Sarah, 1820S, KEN & SSX, ENG **[25354]** : 1700+, NFK, ENG **[39015]** : Margaret, C1813+, Witton, NFK, ENG **[11195]**
PLAYFORTH : PRE 1900, YKS, ENG **[19456]**
PLEACE : C1800, Poughill, DEV, ENG **[34140]**
PLEASANCE : PRE 1650, Tuddenham & Brandon, SFK, ENG **[10850]**
PLEASE : Ann, 1772, Eggesford, DEV, ENG **[11144]**
PLEDGER : 1700+, Balsham, CAM, ENG **[12641]** : 1800-1900, Hackney, LND, ENG **[46409]**

PLESTER : 1878, Collingwood, ONT, CAN **[15221]**
PLEWES : PRE 1860, Hornsea, ERY, ENG **[15476]**
PLIMMER : 1780S-1840S, Shifnal, SAL, ENG **[37978]**
PLIMSALL : PRE 1848, Windsor, NSW, AUS **[14120]** : C1840, Penzance, CON, ENG **[14120]**
PLOMBE : 1550, NFK, ENG **[41244]**
PLOOARD : 1800+, ONT, CAN **[99475]** : 1800+, QUE, CAN **[99475]**
PLOUGHMAN : Francis, 1823+, Old Lakenham, NFK, ENG **[33454]** : William, 1823+, Old Lakenham, NFK, ENG **[33454]** : Sarah Ann, 1823+, Old Lakenham, NFK, ENG **[33454]** : 1780+, NRY, ENG **[25998]**
PLOWHEAD : Anna M., 1700S, Berks Co., PA, USA **[22756]**
PLOWIES : Dorothy, 1770-1850, Cowesby, NRY, ENG **[17907]**
PLOWMAN : Daniel, C1860, Orange, NSW, AUS **[39186]** : PRE 1870, BRK, ENG **[45046]** : ALL, Lymington, HAM, ENG **[37168]** : 1650-1770, Newport, SAL, ENG **[46276]** : 1700+, Chichester, SSX, ENG **[45690]**
PLOWRIGHT : 1796, LEI, ENG **[25658]** : 1810+, Ketterine, NTH, ENG **[12141]** : PRE 1860, NTT, ENG **[14440]**
PLOYART : ALL, FRA & DEN **[29701]**
PLUCKNETT : C1780+, Great Torrington & Thorverton, DEV, ENG **[37499]**
PLUMB : Thomas, 1786+, Pitt Town, NSW, AUS **[40055]** : ALL, East Anglia, ENG **[26686]** : PRE 1850, Hempstead Marshall, BRK, ENG **[46509]** : PRE 1850, Swaffham, NFK, ENG **[30589]** : PRE 1667, Chipping Norton, OXF, ENG **[43840]** : PRE 1850, Moulton, SFK, ENG **[25559]** : 1840-1920, Ettington, WAR, ENG **[35209]**
PLUMBE : 1880+, Bicester, OXF, ENG **[37267]**
PLUMER : 1600-1800, SSX, ENG **[28420]**
PLUMERIDGE : ALL, ENG **[22070]**
PLUMKIN : Joseph, 1800+, Billingford, NFK & SFK, ENG **[25484]**
PLUMMER : 1600S, Much Hadham, HRT, ENG **[45639]** : James, 1800S, MDX, ENG **[11159]** : 1820S, SFK, ENG **[34138]** : ALL, Stoke-Holy-Cross, SFK, ENG **[21442]** : William, PRE 1838, St.Ewe, CON & TAS, ENG & AUS **[45833]** : ALL, WORLDWIDE **[39386]**
PLUMPTON : ALL, NBL & DUR, ENG **[25616]** : Joseph, 1800+, Billingford, NFK & SFK, ENG **[25484]**
PLUMRIDGE : ALL, ENG **[22070]** : C1700-1900, BKM, ENG **[30645]** : PRE 1870, Great Marlow, BKM, ENG **[39271]** : 1810-1960, Bisham, BRK, ENG **[39271]**
PLUMRIDGE (see One Name Section) [22070]
PLUMSTEAD : 1700+, ESS, MDX & LND, ENG **[22175]**
PLUMTREE : ALL, LIN, ENG **[30065]**
PLUNKETT : 1830+, Maitland & Newcastle, NSW, AUS **[10839]** : Charles, PRE 1880, TAS, AUS **[14463]** : Anne, 1864+, Geeveston & Honeywell, TAS, AUS **[14463]** : Thomas, PRE 1808+, Burton on Trent, STS, ENG **[14463]** : Elizabeth, 1782-1784, Burton upon Trent, STS, ENG **[14463]** : Thomas, PRE 1841, Wolverhampton, STS, ENG **[14463]** : Thomas, 1841+, Stourbridge, WOR, ENG **[14463]** : 1800+, Drogheda, LOU, IRL **[30968]** : Hon Hy Luke, 1815+, WORLDWIDE **[27719]**
PLYMSHOLE : 1700S, North Bovey, DEV, ENG **[40257]**
POCKLINGTON : 1750-1860, Boston, LIN, ENG **[13326]**
POCKNALL : PRE 1839, Eltham, KEN, ENG **[39479]** : ALL, Crockenhill & Eynsford, KEN, ENG & AUS **[46317]** : ALL, WORLDWIDE **[32296]**
POCKNELL : 1841-1900, South Norwood, SRY, ENG **[17436]**
POCOCK : C1850, London, ENG **[28568]** : John, 1820, Bloomsbury, DBY, ENG **[34315]** : John, 1840+, Derby, DBY, ENG **[34315]** : 1663+, HAM, ENG **[27719]** : 1700-1800, Medway, KEN, ENG **[30093]** : Mary, 1827,

Bloomsbury, LND, ENG **[34315]** : Robert, PRE 1840, SOM, ENG **[22207]** : Charlotte H., 1834, North Pemberton, SOM, ENG **[22207]** : Joseph, PRE 1834, North Pemberton, SOM, ENG **[22207]** : 1822, Wilton, SOM, ENG **[99047]** : Hills, 1863-1900S, SRY, ENG **[41948]** : 1740+, Coulsdon, SRY, ENG **[28568]** : Elizabeth M., 1862, Peckham, SRY & LND, ENG **[41948]** : Sarah(Susanna, 1700+, SSX, ENG **[11629]** : Maria, C1784, SSX, ENG **[33373]** : 1700-1800, Brighton, SSX, ENG **[39327]**

PODBURY : Frederick, 1827, Clifton, GLS, ENG **[12574]**

PODGER : 1700S, Warkleigh, DEV, ENG **[40257]**

PODMORE : PRE 1740, Brereton, CHS, ENG **[31316]** : 1750+, Bishops Offley, STS, ENG **[46501]** : PRE 1800, Sandon, STS, ENG **[19641]** : ALL, WORLDWIDE **[29409]**

POERSOH : PRE 1700, RPF, BRD **[20178]**

POGANY : Lillian Rose, 1920-40, USA **[28533]** : John William, 1920-60, USA **[28533]** : Peter David, 1920-90, USA **[28533]**

POGSON : 1700-1850, LIN, ENG **[12401]** : 1750-1850S, Ailby & Stickney, LIN, ENG **[10286]** : 1700-1850, RUT, ENG **[12401]** : PRE 1900, Slaithwaite, YKS, ENG **[25162]**

POHLMANN : Hans, 1812-1916, SHO, GER **[40505]**

POIDEVIN : Pierre, 1835+, Collector, NSW, AUS **[10562]** : Pierre, PRE 1835, Cherbourg, FRA **[10562]** : Chas Clement, 1780+, Danneville, BN, FRA **[10125]**

POILE : ALL, Southwark, SRY, ENG **[19655]** : PRE 1877, Deptford & West Hoathly, SRY & SSX, ENG **[16701]** : ALL, West Hoathly, SSX, ENG **[19655]**

POINES : 1750+, Standon, HRT, ENG **[30065]**

POINTER : PRE 1800, Brown Candover, HAM, ENG **[13960]** : PRE 1850, Whitchurch, HAM, ENG **[28494]** : 1790+, KEN, ENG **[44132]**

POINTON : 1700+, Church Lawton, CHS, ENG **[34739]** : 1760S, Church Gresley, DBY, ENG **[29373]** : 1700S, Ashby de la Zouch, LEI, ENG **[29373]** : PRE 1850, Nottingham & Basford, NTT, ENG **[29373]** : 1840-1992, Prestwich & Horton, STS, ENG **[18613]**

POINY : PRE 1750, SSX, ENG **[39430]**

POIRIER : ALL, CAN & USA **[15298]**

POIRIER (see One Name Section) [15298]

POKORNEY : PRE 1880, BOHEMIA **[37380]**

POLACK : 1850-1900, NSW, AUS **[46394]** : 1850-1872, San Francisco, CA, USA **[46394]**

POLAND : 1750+, Shaldon, DEV, ENG **[21431]** : 1855, Ardrie, LKS, SCT **[35025]** : C1776, NJ, USA **[16947]** : 1808, Shampaign Co., VA, USA **[16947]**

POLDEN (see POULSEN) [14901]

POLDERVAART : ALL, NL **[11938]**

POLDRACK : C1840, Hochkirch, KSA, GER **[14627]** : 1870S, Radebeul & Dresden, KSA, GER **[14627]**

POLE : ALL, LEI, ENG **[14227]** : 1700, Birstall, LEI, ENG **[14227]** : 1700-1850, Rotherham & Wentworth, YKS, ENG **[19530]**

POLES : 1850-1990, Medway Towns & Herne Bay, KEN, ENG **[19530]** : 1700-1850, Rotherham & Wentworth, YKS, ENG **[19530]**

POLEY : PRE 1600, Badley, SFK, ENG **[10850]** : 1810-1850, Neath, GLA, WLS **[10832]**

POLGLASE : PRE 1700, Breage, CON, ENG **[27240]** : 1800, St.Agnes, CON, ENG **[13057]**

POLGREEN : 1853+, Burra & Moonta, SA, AUS **[36742]** : PRE 1853, Ludgvan, CON, ENG **[36742]**

POLHILL : 1800+, AUS **[33727]** : 1800+, ENG **[33727]** : PRE 1840, Dover, KEN, ENG **[45146]** : 1800+, NZ **[33727]** : 1841-53, Lyttelton, NZ **[45146]**

POLINELLI : ALL, ITL **[44256]**

POLK : 1800-1860, Union Co., NC, USA **[22846]**

POLKINGHORN : 1891, Bendigo, VIC, AUS **[13019]** : C1800, Phillack, CON, ENG **[11326]**

POLKINGHORNE : 1700S, Phillack, CON, ENG **[42863]**

POLKINHORN : 1829, St.Gluvias, CON, ENG & AUS **[13019]**

POLL : C1650-1700, Stamford, LIN, ENG **[11536]** : 1770-1810, NFK, ENG **[44150]**

POLLACK : Eva, 1800S, HU & YU **[16378]** : Andrew, 1836, Londonderry, DRY, IRL **[11783]**

POLLARD : ALL, CON, ENG **[45830]** : PRE 1800, CON, ENG **[11873]** : PRE 1820, Liskeard, CON, ENG **[30138]** : PRE 1875, Liskeard, CON, ENG **[20974]** : 1720, Perranarworthal, CON, ENG **[12318]** : 1500-1900, Zennor, Paul & Sancreed, CON, ENG **[19843]** : Grace Hannah, C1800, Plymouth, DEV, ENG **[11698]** : PRE 1814, Plymouth, DEV, ENG **[43756]** : PRE 1840, South Cerney, GLS, ENG **[34873]** : 1700+, East Meon, HAM, ENG **[19392]** : 1850-1880, Bishopsgate & Hackney, MDX, ENG **[14618]** : 1830-1840, Stepney & Whitechapel, MDX, ENG **[14618]** : C1800+, Northampton, NTH, ENG **[33097]** : ALL, Eastwood, NTT, ENG **[39389]** : 1790-1900, Littlemore, OXF, ENG **[46494]** : PRE 1760, Birstall & Spen Valley, WRY, ENG **[18236]** : PRE 1845, Holbeck & Leeds, WRY, ENG **[40529]** : C1837, Kilmarnock, AYR, SCT **[14645]** : Benjamin, C1830, Denny, STI, SCT **[14645]** : 1850+, USA **[16811]**

POLLARD (see One Name Section) [34873]

POLLEN : 1850-1870, Inglewood, VIC, AUS **[14733]** : PRE 1850, Bermondsey, SRY, ENG **[14733]**

POLLET : 1800S, Mappleton, YKS, ENG **[28140]**

POLLETT : 1780+, Temple Cloud, SOM, ENG **[36084]**

POLLEXFEN : 1750-1830, ENG **[36161]**

POLLEY : Letitia, 1780-1850, SFK & ESS, ENG **[21198]**

POLLITT : Charles, 1740-1830, ENG **[16681]** : 1832+, LAN, ENG **[98674]** : PRE 1800, Barton on Irwell, LAN, ENG **[19415]** : Miles, C1870-1900, Little Bolton, LAN, ENG **[33402]**

POLLOCK : PRE 1890, Townsville, QLD, AUS **[40795]** : 1910+, WA, AUS **[40795]** : 1800S, ENG **[37692]** : 1890+, LND, ENG **[36071]** : ALL, ENG & SCT **[12781]** : ALL, IRL **[26687]** : PRE 1900, Killynaught, TYR, IRL **[22253]** : Sara, 1800S, NZ **[37692]** : 1803+, Tarbolten, AYR, SCT **[46395]** : 1850-90, Inverkeithing, FIF, SCT **[36071]** : PRE 1900, Dunfermline, Glasgow & Greenock, FIF, LKS & RFW, SCT **[42698]** : 1700+, LKS, SCT **[36071]** : 1800, Edinburgh, MLN, SCT **[27769]** : 1700S, Neilston, RFW, SCT **[28140]** : 1631-1881, St.Ninians & Stirling, STI, SCT **[21207]**

POLMEAR : ALL, WORLDWIDE **[34505]**

POLSON : Janet, 1755-1820, Gailable, Kildonan, SUT & ONT, SCT & CAN **[31446]**

POLST : 1800+, Gross-Laeswitz, SILESIA, GER **[38626]**

POLWIN : PRE 1665, Mullion, CON, ENG **[14030]**

POMEROY : PRE 1850, Exeter, DEV, ENG **[46415]** : ALL, Beaminster, DOR, ENG **[17291]** : ALL, Coker, SOM, ENG **[17291]** : 1700-1800, MA, USA **[11813]**

POMEROY-COLLEY : ALL, Dublin, IRL **[33237]**

POMERY : 1800-1900, Beaminster & Coker, DOR & SOM, ENG **[17291]**

POMFREY APPS : Ann, 1760+, Brede, SSX, ENG **[11745]**

POMIE : 1800+, Coupiac, AUV, FRA **[16329]** : PRE 1900, Coupiac, AUV, FRA **[16349]**

POMPHREY : 1892+, Southwark, LND, ENG **[10721]**

PON : Geo, C1808, Chepstow, MON, WLS **[46213]**

POND : Henry, 1750S, Shepton Beauchamp, SOM, ENG **[31510]** : John, 1770, Shepton Beauchamp, SOM, ENG **[31510]** : C1815, WIL, ENG **[31902]** : 1700-1900, Droitwich, WOR, ENG **[39565]** : Geo, C1808, Chepstow, MON, WLS **[46213]**

PONDE : PRE 1600, Dalham, SFK, ENG **[33428]**

PONSFORD : Francis, PRE 1760, ENG **[17511]** : PRE 1820, DEV, ENG **[30138]** : Elias & Samue, 1700-1800, Drewsteignton, DEV, ENG **[21349]**

PONSONBY : 1800+, Marple & Stockport, CHS, ENG

[18372] : PRE 1900, Carlisle, CUL & TAS, ENG, AUS & NZ **[45032]** : Arthur, 1850-1900, WLS **[18714]**
PONT : 1839+, Sydney, NSW, AUS **[10270]** : PRE 1811, Westfield, Battle & Ninfield, SSX, ENG **[10270]**
PONTIN : C1912, Sydney, NSW, AUS **[29479]** : PRE 1900, London, KEN, ENG **[26017]**
PONTON : C1700, Warminster, WIL, ENG **[11113]**
PONTUS : Wm, 1583+ Dover KEN ENG & USA **[22796]**
POOK : 1750-1850, Newton Abbot, DEV, ENG **[33847]** : 1700-1800, Poole, DOR, ENG **[18376]** : ALL, DEV, ENG & AUS **[36569]**
POOK (see One Name Section) [18376]
POOL : Henry, 1875+, Melbourne, VIC, AUS **[10340]** : 1690, Widford, ESS, ENG **[17704]** : PRE 1810, Wedmore, SOM, ENG **[31316]** : 1700-1850, Birmingham, WAR, ENG **[43725]** : PRE 1774, Halifax, WRY, ENG **[39860]** : C1797+, Calcutta, INDIA **[11462]** : 1700-1850, Dublin, IRL **[43725]** : Joshua, 1787+, Rockport, Essex Co., MA, USA **[45995]** : Theodore, 1815-1895, Rockport, Essex Co., MA, USA **[45995]**
POOL(E) : James, 1750-1860, Manchester, LAN & ALL, ENG **[43725]** : James, 1750-1860, Birmingham, WAR & ALL, ENG **[43725]** : James, 1750-1860, Dublin, & ALL, IRL **[43725]**
POOLE : 1832+, Port Stephens & Maitland, NSW, AUS **[11462]** : Jane, 1788, Sydney, NSW, AUS **[20542]** : 1950S, Sydney, NSW, AUS **[46319]** : 1800S, Saddleworth, SA, AUS **[26264]** : Henry, 1883+, JSY, CHI **[45326]** : Edward, 1884+, JSY, CHI **[45326]** : Lucy, 1887+, JSY, CHI **[45326]** : Arthur, 1888+, JSY, CHI **[45326]** : Benjamin, 1830+, ENG **[42724]** : 1950S, ENG **[46319]** : 1800S, Abingdon, BRK, ENG **[14901]** : PRE 1857, Buscott Wick, BRK, ENG **[30330]** : 1700S, Pusey, BRK, ENG **[14901]** : ALL, CAM, ENG **[26264]** : 1700S, Coveney & ALL, CAM, ENG **[35343]** : C1789, High Ongar, ESS, ENG **[40982]** : Sarah, 1800-1920, KEN, ENG **[26897]** : 1700-1850, Manchester, LAN, ENG **[43725]** : PRE 1760, Manchester, LAN & ALL, ENG **[43725]** : PRE 1760, Westminster, LND, ENG **[40822]** : John, 1800, Bethnal Green, MDX, ENG **[45992]** : 1700-1900, Staines, Stanwell & Brentford, MDX, ENG **[36533]** : 1850+, Dawley, SAL, ENG **[46297]** : PRE 1900, Madeley & Ironbridge, SAL, ENG **[46297]** : 1758+, SOM, ENG **[33454]** : 1800+, Bath, SOM, ENG **[36262]** : Jane, 1786, Bishops Hull, SOM, ENG **[20542]** : 1700-1900, Bristol, SOM & GLS, ENG **[11066]** : George, 1700-1800, STS, ENG **[43725]** : 1700-1850, STS, ENG **[43725]** : George, 1700-1800, Birmingham, WAR, ENG **[43725]** : 1700-1850, Birmingham, WAR, ENG **[43725]** : Richard, 1750-1860, Birmingham, WAR & ALL, ENG **[43725]** : George, 1700-1800, WOR, ENG **[43725]** : 1700-1850, WOR, ENG **[43725]** : Jane, 1860+, Redditch, WOR, ENG **[14760]** : 1860-1910, Stourport & Kidderminster, WOR, ENG **[46297]** : 1800, Bolsterstone, WRY, ENG **[12641]** : 1700-1850, Dublin, IRL **[43725]** : 1880+, Dublin, IRL **[46319]** : Richard, 1750-1860, Dublin, DUB & ALL, IRL **[43725]** : PRE 1890, Russell, NLD, NZ **[21012]** : 1900+, Glasgow, LKS, SCT **[46319]** : Aaron, 1760-1820, NY, USA **[24168]** : Agnes Mary, 1897-1997, WORLDWIDE **[43725]** : Patrick, 1898-1998, WORLDWIDE **[43725]** : Thomas, 1900-2000, WORLDWIDE **[43725]**

POOLE (see POOL) : [43725]

POOLEY : Elsie Vict., 1895-1957, Melbourne, VIC, AUS **[35235]** : PRE 1825, CAM, ENG **[31186]** : PRE 1830, CAM, NFK & SFK, ENG **[17746]** : John, 1800, Bethnal Green, MDX, ENG **[45992]**

POOLLY : PRE 1850, Maidstone & Rainham, KEN, ENG **[30880]**

POOLMAN : PRE 1850, DEV, ENG **[41006]** : 1800-1900, Bristol, SOM, ENG **[22440]**

POOR : PRE 1880, Macquarie, NSW, AUS **[31715]** : PRE 1860, Bere Regis, DOR, ENG **[31715]**

POORE : PRE 1870, London, ENG **[46256]** : 1700S, DOR, ENG **[26235]**

POPE : Isabella, 1884+, Gympie, QLD, AUS **[13177]** : 1800S, NS, CAN **[21261]** : 1902+, ONT, CAN **[19516]** : Henry, 1780-1810, ENG **[32559]** : Kezia, 1830+, Ashton Tirrold, BRK, ENG **[11745]** : 1780+, Aston Tirrold, BRK, ENG **[31877]** : PRE 1850, Caxton & Papworth St.Agnes, CAM, ENG **[14874]** : 1800-1825, Camborne, CON, ENG **[10046]** : 1700+, Cardinham, CON, ENG **[13358]** : ALL, DEV, ENG **[21348]** : 1700-1850, Ashburton, DEV, ENG **[26335]** : PRE 1600, Plympton St.Maurice, DEV, ENG **[24873]** : 1824+, Stoke Damerel, DEV, ENG **[39015]** : 1800S, Winkleigh, DEV, ENG **[40257]** : 1890+, Plaistow, ESS, ENG **[14874]** : PRE 1840, Bristol, GLS & SOM, ENG **[25930]** : 1770-1810, Gosport, HAM, ENG **[46457]** : 1750+, Peckham, LND, ENG **[21983]** : 1750-1870, MDX, ENG **[46442]** : 1850+, Hackney, MDX, ENG **[14874]** : 1879+, Hammersmith, MDX, ENG **[19516]** : 1800-2000, MDX & LND, ENG **[30446]** : 1700+, Dickleburgh, NFK, ENG **[31079]** : 1850+, OXF, ENG **[21261]** : ALL, SOM, ENG **[21348]** : Charlotte H., 1850, North Pemberton, SOM, ENG **[22207]** : 1700+, Wraxall, SOM, ENG **[22853]** : John Thomas, 1830+, SRY, ENG **[44774]** : Edmund, 1743+, East Guildford, SSX, ENG **[31510]** : PRE 1820, Stoke upon Trent, STS, ENG **[16425]** : 1800-1920, Calne, WIL, ENG **[41943]** : 1830-1890, INDIA **[21261]** : George Uglo, 1800S, Madras, INDIA **[21261]** : 1840+, DON, IRL **[21131]** : 1840+, Havelock, NELSON, NZ **[21348]** : 1875+, SOUTH IS., NZ **[39891]**

POPELY : ALL, ENG **[37187]** : 1910+, Darenth, KEN, ENG **[37187]** : PRE 1840, Peterborough, LIN, ENG **[37187]**

POPIEL : 1800-1910, Szawli, GURBINIA, LI **[27616]** : 1800-1920, Ciechanowiec, BIALYSTOK, POL **[27616]** : 1895-1910, St.Petersburg, RUS **[27616]**

POPLAND : John R., 1851-1920, Cumnock, AYR, SCT **[10485]**

POPP : 1860+, Hervey Bay, QLD, AUS **[10978]** : PRE 1860, Forchtemberg, WUE, GER **[10978]**

POPPE : 1875-1930, Tottenham, MDX, ENG **[13546]** : 1800+, ENG & GER **[38488]**

POPPER : 1900, Bratislava, SLO **[26241]**

POPPFER : 1940, Brisbane, QLD, AUS **[36768]**

POPPLESTONE : ALL, WORLDWIDE **[19296]**

POPPLESTONE (see One Name Section) [19296]

POPPLETON : PRE 1760, Doncaster, WRY, ENG **[31316]** : C1825, ENG & IRL **[46327]**

POPPLEWELL : Ethel, 1865-1942, Emer & Millbrook, VIC, AUS **[31159]** : PRE 1850, York & Selby, WRY, ENG **[40570]**

PORCH : C1850-1900, IL, USA **[28614]**

PORDUM : 1840S, Seaton Delaval, NBL, ENG **[10297]**

PORRETT : ALL, WORLDWIDE **[19812]**

PORRITT : ALL, WORLDWIDE **[19812]**

PORT : John, 1851+, Hawkesbury, NSW, AUS **[30014]** : ALL, Burton-on-Trent, STS, ENG **[30120]** : 1860+, Birmingham, WAR, ENG **[30120]**

PORTAS : 1884+, Gympie, QLD, AUS **[14032]** : 1700-1830, Benniworth, LIN, ENG **[14032]** : 1850-1890, Hagnaby, LIN, ENG **[14032]**

PORTEOUS : 1825+, ONT, CAN **[40257]** : C1650, Linn Mill, DFS, SCT **[14747]** : 1794-1835, LKS, SCT **[14435]** : C1674, Lesmahagow, LKS, SCT **[14030]** : PRE 1852, Dalkeith, MLN, SCT **[13245]**

PORTER : Richard, 1790+, North Sydney & Parramatta, NSW, AUS **[30653]** : 1862+, Pymble & Sydney, NSW, AUS **[11839]** : 1843+, Sydney, NSW, AUS **[46316]** : 1850+, Camperdown, VIC, AUS **[46368]** : Emma, 1830, Mornington, VIC, AUS **[13229]** : William R., 1900+, Vancouver, BC, CAN **[37181]** : 1800-1900, Spanards Bay, NFD, CAN **[45280]** : PRE 1790, London, ENG **[19481]** : Richard, 1700-1800, Nottingham, ENG **[30653]** : 1800S, Princes Risborough, BKM, ENG **[17717]** : 1660-1850, Fordham & Soham, CAM, ENG **[19713]** : 1825+, Honiton, DEV, ENG **[13046]** : James Gordon, 1900S, Torquay, DEV, ENG **[27686]** : PRE

1840, Sunderland, DUR, ENG **[46339]** : PRE 1900, ESS, ENG **[45607]** : ALL, Witham, ESS, ENG **[15715]** : PRE 1880, GLS, ENG **[29298]** : 1800+, Bristol, GLS, ENG **[41446]** : PRE 1760, Bramshot, HAM, ENG **[36246]** : PRE 1870, Benington, HRT, ENG **[46509]** : ALL, Isle of Sheppey & Dartford, KEN, ENG **[31152]** : PRE 1775, Croston, LAN, ENG **[36983]** : Henry, 1740-1820, Kirkham, LAN, ENG **[37181]** : Ralph, 1770-1856, Kirkham & Liverpool, LAN, ENG **[37181]** : 1800+, Preston, LAN, ENG **[28747]** : 1700S, Standish, LAN, ENG **[30876]** : Harry & Malv., 1894+, St.Margarets, LEI, ENG **[33870]** : 1700-1800, Louth, LIN, ENG **[26932]** : ALL, Marylebone, LND, ENG **[13569]** : 1920+, Peckham & Camberwell, LND, ENG **[30855]** : PRE 1860, LND & MDX, ENG **[46383]** : 1850-1920, Chelsea & Kensington, MDX, ENG **[30071]** : 1750-1850, Norwich & Trowsenewton, NFK, ENG **[30855]** : PRE 1820, Uppingham, RUT, ENG **[39515]** : 1745-1880, SOM, ENG **[26196]** : Sydney Wm, PRE 2000, SRY, ENG **[41425]** : 1700-1800, Rogate, SSX, ENG **[15464]** : PRE 1850, Stafford, STS, ENG **[35619]** : 1800+, Longford, WAR, ENG **[20546]** : PRE 1788, Salisbury, WIL, ENG **[18702]** : 1740+, Trowbridge, WIL, ENG **[36762]** : 1750+, Eastham & Bayton, WOR, ENG **[42055]** : PRE 1878, Barnsley, YKS, ENG **[28747]** : 1850-1950, Bradford & Todmorden, YKS, ENG **[30855]** : Wm, 1800+, Liverpool, LAN, ENG & AUS **[13229]** : John, 1876, Trimulghery, INDIA **[17117]** : 1839+, Calcutta, BENGAL, INDIA **[46339]** : 1820-1870, DON, IRL **[42609]** : Ann, C1790, Londonderry, DRY, IRL **[28763]** : PRE 1900, DRY & ANT, IRL **[19656]** : 1792+, Huntly, ABD, SCT **[25992]** : Thomas, 1770+, Glasgow, LKS, SCT **[27686]** : C1821, Neilston, RFW, SCT **[28140]** : Archie, C1930, Sacramento, CA, USA **[17117]** : PRE 1920, MON, WLS **[33816]**

PORTERFIELD : Walter, C1600+, Edinburgh, MLN, SCT **[35823]**
PORTEUS : ALL, Holywood, DOW, IRL **[11092]**
PORTH : Arthur, 1890+, Islington, LND & ESS, ENG **[33679]** : Charles, 1885+, Romford, LND & ESS, ENG **[33679]** : Louisa, 1884+, St.Pancras, LND & ESS, ENG **[33679]** : Carl, 1880+, Whitechapel, MDX & ESS, ENG **[33679]** : ALL, Frankenthal, BAV, GER **[33679]**
PORTMAN : 1698-1750, Bromyard, HEF, ENG **[29715]**
PORTSMOUTH : 1760S+, BRK, ENG **[33007]** : 1700-1830, Sunninghill, BRK, ENG **[38901]** : PRE 1830, St.Mark, Kennington, LND, ENG **[38901]**
PORTWINE : 1720+, Canterbury & Hythe, KEN, ENG & AUS **[12413]**
POSGATE : ALL, WORLDWIDE **[42092]**
POSICH : PRE 1810, London, ENG **[10116]** : C1760-1810, Palermo, SICILY, ITL **[10116]**
POSKET : ALL, WORLDWIDE **[42092]**
POSKETT : 1856+, Goole, ERY, ENG **[13004]**
POSKITT : ALL, WORLDWIDE **[42092]**
POST : 1849+, New England, NSW, AUS **[11476]** : ALL, ONT & NY, CAN, USA & ENG **[24182]** : 1800+, Wellington, WEL, NZ **[44132]** : PRE 1769, CT, USA **[22565]** : 1800+, Deep River, CT, USA **[44132]** : 1800+, Essex, CT, USA **[44132]**
POSTANS : George, 1800-50, Withington, HEF, ENG **[25700]**
POSTELLE : ALL, WORLDWIDE **[39539]**
POSTGATE : 1851-1861, Hutton Henry, DUR, ENG **[45732]** : ALL, WORLDWIDE **[42092]**
POSTINS : Samuel, 1800-50, Withington, HEF, ENG **[25700]**
POSTLE : 1800S, Blofield, NFK, ENG **[13347]** : ALL, NZ **[13347]**
POSTLETHWAITE : PRE 1800, Osmotherley, LAN, ENG **[11718]**
POSTON : ALL, DUR, ENG **[11658]**
POTARD : 1737+, St.Didier, Rochefort, RHA, FRA **[20140]**
POTASKIE : PRE 1775, SRY, ENG **[11866]**

POTE : PRE 1850, DEV, ENG **[39647]**
POTGIETER : Fredk Petrus, 1860-1953, Alice & Balfour, CAPE, RSA **[35294]** : 1901-1964, East London & Balfour, CAPE, RSA **[35294]**
POTROC : PRE 1840, Rudno, GD, POL **[21661]**
POTROTZ : PRE 1880, Rudno, GD, POL **[21661]**
POTTAGE : ALL, Beverley, ERY, ENG **[21915]** : 1900+, Hull, ERY, ENG **[21915]** : PRE 1840, Market Weighton, ERY, ENG **[21915]** : C1796, North Newbold, ERY, ENG **[21915]**
POTTENGER : ALL, ENG & AUS **[43395]**
POTTER : 1835+, Five Dock, NSW, AUS **[11011]** : 1920S, Surry Hills, NSW, AUS **[11011]** : PRE 1868, Sydney, NSW, AUS **[46249]** : 1926, Brisbane, QLD, AUS **[36768]** : Mercy, 1865-1950, Lyndoch & Portland, SA & VIC, AUS **[35235]** : 1800-1900, Clewer, BRK & OXF, ENG **[27039]** : James, C1800, CON, ENG **[13153]** : 1700-1850, Feock & Mylor, CON, ENG **[11366]** : PRE 1850, St.Erth, CON, ENG **[13153]** : Mary, PRE 1790, DEV, ENG **[98637]** : John A., 1824-1906, Durham City, DUR, ENG **[23438]** : 1800S, Kelvedon & Feering, ESS, ENG **[11349]** : PRE 1860, Portsea, HAM, ENG **[34876]** : 1782, Ware, HRT, ENG **[45754]** : 1838+, Brompton, KEN, ENG **[17175]** : 1780+, Headcorn, KEN, ENG **[17175]** : Mary, PRE 1840, LAN, ENG **[14448]** : Mary, PRE 1850, Ashton under Lyne, LAN, ENG **[40993]** : 1710-1800, Coningsby, LIN, ENG **[29715]** : PRE 1780, NFK, ENG **[19803]** : C1806, Strelley, NTT, ENG **[30714]** : 1800-1900, Banbury, OXF, ENG **[18670]** : Richard, 1750-1850, OXF, BRK & BKM, ENG **[27039]** : Susan, PRE 1730, SFK, ENG **[45876]** : PRE 1890, SFK, ENG **[30391]** : 1800-1900, Godalming, SRY, ENG **[18657]** : ALL, SSX, ENG **[25259]** : 1750+, Battle, SSX, ENG **[30950]** : PRE 1800, Orton, WES, ENG **[41477]** : 1700+, Bramham, YKS, ENG **[46456]** : C1909, Halifax, YKS, ENG **[38362]** : 1840S, Thorner, YKS, ENG **[46456]** : 1814+, NFK, ENG & AUS **[43656]** : 1800+, Oxford, OXF, ENG & AUS **[36569]** : PRE 1850, Tuam, GAL, IRL **[11280]** : Eliz., PRE 1680, RI, USA **[22565]** : Levi, PRE 1790, NY & RI, USA & ENG **[22565]**
POTTERTON : 1790+, Oadby & Wigston, LEI, ENG **[18569]** : PRE 1800, Deenethorpe, NTH, ENG **[18569]**
POTTINGER : PRE 1790, Birmingham, WAR, ENG **[11366]**
POTTON : PRE 1830, ENG **[31902]** : 1800-1920, Boreham, ESS, ENG **[25142]** : James, PRE 1800, Flamstead, HRT, ENG **[41589]**
POTTS : 1800S, ONT, CAN **[15286]** : PRE 1790, Barthomley, CHS, ENG **[31316]** : 1770-1830, Darlington, DUR, ENG **[18484]** : 1750-1800, Patrington, ERY, ENG **[18484]** : 1800, Bolton, LAN, ENG **[46198]** : 1900+, Manchester, LAN, ENG **[16433]** : Isabella, 1700-1780, Alwinton, NBL, ENG **[10383]** : 1750-1850, Berwick, NBL, ENG **[18484]** : PRE 1800, Berwick, NBL, ENG **[18484]** : 1850+, Cowpen & Blyth, NBL, ENG **[12142]** : 1750-1850, Newcastle, NBL, ENG **[18484]** : PRE 1800, Norham, NBL, ENG **[18484]** : 1700-1900S, Newark, NTT, ENG **[21195]** : 1840, Camberwell, SRY, ENG **[25878]** : John, 1760-1856, Mavesyn Ridware, STS, ENG **[37633]** : Marianne, 1835-1895, Mavesyn Ridware, STS, ENG **[37633]** : 1860+, Leeds, WRY, ENG **[18484]** : 1830-1860, Pudsey, WRY, ENG **[18484]** : C1665+, IRL **[13004]** : C1820S, IRL **[15286]** : C1844, Derryone, ARM, IRL **[45649]** : 1800-1900S, WESTLAND, NZ **[21195]** : 1800S, USA **[15286]**
POUCHER : 1750-1850, ENG **[27531]**
POULDEN : 1700S, Fontmell Magna, DOR, ENG **[14901]**
POULSEN : Jens, PRE 1900, Arhus, DEN **[25066]** : Ellen, PRE 1900, Arhus, DEN **[25066]**
POULSON : 1880S, Paddington, MDX, ENG **[42647]** : 1750+, STS, ENG **[17000]**
POULTER : PRE 1850, York & Selby, WRY, ENG **[40570]** : 1880S, Kaikoura, MARL, NZ **[42542]** : ALL, WORLDWIDE **[26686]**

POULTNEY : William, 1780-1820, Leicester, LEI, ENG **[17203]**

POULTON : 1920+, Leichhardt, NSW, AUS **[42226]** : C1855-1945, Richmond & Williamstown, VIC, AUS **[46116]** : ALL, ENG **[38349]** : PRE 1779, Aylesbury, BKM, ENG **[13655]** : PRE 1831, Wendover, BKM, ENG **[17366]** : 1617, Cookham, BRK & GLS, ENG **[19497]** : 1700-1760, Whittleburn, NTH, ENG **[12641]** : PRE 1900, Birmingham, WAR, ENG **[38663]** : 1700+, Little Somerford, WIL, ENG **[38349]**

POULTOR : PRE 1810, Bennington, HRT, ENG **[17094]**

POUND : ALL, ENG **[45204]** : 1800+, Margate, KEN, ENG **[12802]** : PRE 1850, Shoreditch, LND, ENG **[28494]**

POUNDER : Sarah, C1808, Hartlepool, DUR, ENG **[36994]** : PRE 1837, Sunderland, DUR, ENG **[42645]**

POUNDEY : ALL, Landulph, CON, ENG **[31152]**

POUNDS : ALL, East Garston, BRK, ENG **[46330]** : John K., PRE 1805, East Garston, BRK, ENG **[46330]**

POUNTNEY : 1800S, SAL, ENG **[19691]** : 1700-1880, DUB, IRL **[46371]**

POVAH : Francis, C1825+, Wrexham, DEN, WLS **[38548]**

POVEY : George, 1811+, GLS & SOM, ENG **[38584]** : 1800-1900, London & KEN, ENG **[22707]** : 1850-1871, Woolwich, KEN, ENG **[44368]** : C1800, St.Lukes, LND, ENG **[11366]** : Rebecca, C1812, St.Pancras, LND, ENG **[35110]** : PRE 1900, Bedminster & Bristol, SOM & GLS, ENG **[40808]** : PRE 1850, Southwark, SRY, ENG **[19101]**

POWDITCH : Rose Ann, 1820-1910, AUS & NZ **[34245]**

POWELL : 1855, Cootamundra, NSW, AUS **[46264]** : 1836, Maitland, NSW, AUS **[42588]** : 1838+, Sydney, NSW, AUS **[40781]** : Howell, 1850+, Huron Co., ONT, CAN **[15902]** : 1800S, London, ENG **[11226]** : PRE 1875, London, ENG **[26297]** : George, 1700-1796, Eaton Hastings, BRK, ENG **[15070]** : George, 1770-1858, Wantage & Dunsden, BRK & OXF, ENG **[15070]** : 1750S, Brereton, CHS, ENG **[19647]** : ALL, Truro & Kenwyn, CON, ENG **[44119]** : C1800+, DOR, LND & MDX, ENG **[41271]** : 1830S-1870S, Orsett & West Thurrock, ESS, ENG **[18422]** : PRE 1900, GLS, ENG **[46322]** : William, PRE 1850, Gloucester, GLS, ENG **[25072]** : 1774+, St.Briavels & Lydney, GLS, ENG **[21196]** : PRE 1850, Uley, GLS, ENG **[18657]** : 1700-1800, Chilbolton, HAM, ENG **[18273]** : 1750+, HEF, ENG **[16527]** : Jeffrey, PRE 1830, Aconbury & Little Birch, HEF, ENG **[15902]** : Richard, PRE 1800, Hereford, HEF, ENG **[30603]** : 1750-1900, Whitney & Brilley, HEF, ENG **[18422]** : Thomas, C1806, Homer, HRT, ENG **[25654]** : PRE 1850, Manchester, LAN, ENG **[32040]** : ALL, Rochdale, LAN, ENG **[34901]** : 1800+, LND, ENG **[99598]** : 1850-1900, LND, ENG **[12039]** : 1740-1820, St.Georges, MDX, ENG **[35008]** : C1600S-1800, Towcester, NTH, ENG **[36538]** : 1829-1843, OXF, ENG **[25654]** : Annie, 1860+, Nettlebed, OXF, ENG **[30830]** : 1600-1900, SAL, ENG **[46312]** : 1700S, Coalport, SAL, ENG **[28948]** : PRE 1678, Newport, SAL, ENG **[46276]** : 1800-1850, Shrewsbury, SAL, ENG **[18128]** : PRE 1870, Bruisyard, SFK, ENG **[36337]** : Jane, 1760S, Camberwell, SRY, ENG **[10993]** : PRE 1837, Reigate, SRY, ENG **[18147]** : 1800, STS, ENG **[20068]** : ALL, Hifton Heath, STS, ENG **[34901]** : PRE 1816, Birmingham, WAR, ENG **[17231]** : 1830+, Birmingham, WAR & WOR, ENG **[18128]** : 1650-1850, Aldbourne, WIL, ENG **[99433]** : 1800+, Oldbury, WOR, ENG **[31259]** : 1800-1900, Redditch, WOR, ENG **[37138]** : PRE 1800, Wichenford, WOR, ENG **[13960]** : 1750-1850, Worcester, WOR, ENG **[21983]** : 1850+, Worcester, WOR, ENG **[31012]** : 1700-1870, Tulla, CLA, IRL **[36847]** : PRE 1838, LIM, IRL **[40781]** : 1700, Nenagh, TIP, IRL **[20401]** : 1700+, Templemore, TIP, IRL **[20401]** : 1900+, USA **[20401]** : 1825S-1870S, Defynog, BRE, WLS **[33305]** : 1780S, Glasbury, BRE, WLS **[33305]** : 1700-1900, Llandilor Fane & Llangorse,

BRE, WLS **[30351]** : C1806, Partrishow, BRE, WLS **[99570]** : PRE 1880, DEN, WLS **[17094]** : ALL, Kerry, MGY, WLS **[39694]** : 1853, MON, WLS **[20068]** : PRE 1800, Abergavenny, MON, WLS **[40683]** : PRE 1853, Gardiffaith Trevethin, MON, WLS **[20068]** : 1760+, Llangattock Vibon Avel, MON, WLS **[21916]** : ALL, Llangattock-Vibon-Avel, MON, WLS **[25329]** : C1800, Llansoy, MON, WLS **[21916]** : 1830S, Monmouth, MON, WLS **[21916]** : PRE 1900, WORLDWIDE **[22725]**

POWER : Michael, 1840+, Maitland & Narrabri, NSW, AUS **[11530]** : 1880S, Penrith, NSW, AUS **[11707]** : 1850+, Ipswich, QLD, AUS **[13994]** : 1865+, Rockhampton, QLD, AUS **[42226]** : Patrick, 1800, Bendigo, VIC, AUS **[34315]** : 1850+, Bendigo, VIC, AUS **[11446]** : Mary, 1856, Bendigo, VIC, AUS **[34315]** : William, 1850+, Hamilton, VIC, AUS **[34315]** : Thomas, 1860+, Melbourne, VIC, AUS **[36433]** : 1700-1990, Quebec, QUE, CAN **[26897]** : Martha, 1830-1900, ENG **[39012]** : Henry, 1800-1900, London, ENG **[39012]** : PRE 1860, Honiton & Branscombe, DEV, ENG **[33704]** : John Patrick, PRE 1850, Bristol, GLS, ENG **[36433]** : 1860-1960, Blackburn, LAN, ENG **[46515]** : 1750-1900, IRL **[26897]** : John, 1820+, IRL **[36433]** : James, 1800-90, Dublin, IRL **[42226]** : 1892+, Skibbereen, COR, IRL **[15929]** : PRE 1900, Caherconlish, LIM, IRL **[15929]** : 1800, MOG, IRL **[46163]** : PRE 1850, Elphin, ROS, IRL **[13994]** : Catherine, C1800, Clonmel, TIP, IRL **[25700]** : PRE 1840, Dungarvan, WAT, IRL **[10317]** : 1780-1900, Waterford, WAT, IRL **[46515]** : 1800-1900, Waterford, WAT, IRL **[30071]** : 1850-1900S, Waterford City, WAT, IRL **[31079]** : PRE 1800, WIC, IRL **[34640]** : ALL, TIP & COR, IRL & AUS **[46373]** : Mary, ALL, Wellington, NZ **[34315]** : 1900+, Cardiff, GLA, WLS **[31079]**

POWER(S) : James, 1920, Emmaville, NSW, AUS **[11530]**

POWERS : 1650-1750, West Haddon, NTH, ENG **[33347]** : ALL, Birmingham, WAR, ENG **[31028]** : ALL, VA & KY, USA **[23128]**

POWIS : PRE 1850, Birmingham, WAR, ENG **[43033]**

POWLAS : PRE 1800, VA, USA **[23895]**

POWLESLAND : ALL, DEV, ENG **[37206]** : Mary Ann, 1833, Winscombe, SOM, ENG **[21349]**

POWLEY : Joseph, 1834+, Tunstall, NFK, ENG **[43843]** : PRE 1800, Tunstall, NFK, ENG **[43840]**

POWNALL : Jacob, PRE 1790, Bucks Co., PA, USA **[24725]**

POWNEY : 1880, Sydney, NSW, AUS **[36749]**

POWRIE : PRE 1800, Dundee, ANS, SCT **[27240]**

POWTON : 1835+, Husthwaite, NRY, ENG **[46423]**

POYATT : 1700+, Coventry, WAR, ENG **[17196]**

POYNS : 1750+, Standon, HRT, ENG **[30065]**

POYNTER : Thomas, C1800+, Eaton Bray, BDF, ENG **[10071]** : 1830-1950, LND & KEN, ENG **[46502]**

POYNTON : 1860-1900, Rheola, VIC, AUS **[42900]** : C1800+, Bromley, MDX, ENG **[11870]** : ALL, NTT, ENG **[44815]**

POYNTZ : 1750+, Standon, HRT, ENG **[30065]** : 1300+, SSX, ENG **[38290]**

POYSON : PRE 1840, KEN, ENG **[34906]**

PRAGNELL : PRE 1758, HAM, ENG **[17470]**

PRAIN : Bruce, 1750-1850, Dundee, ANS, SCT **[43857]**

PRAIN (see PRAYNE) : **[11707]**

PRANGE : 1780+, Oiste, HAN, GER **[14627]**

PRANGEN : C1746, Stehdorf, HAN, GER **[14627]**

PRANGLE : 1800+, Storrington, SSX & HAM, ENG **[20967]**

PRANKARD : PRE 1750, DOR, ENG **[30246]**

PRATER : 1790-1950, Crantock, CON, ENG **[42747]** : 1600S, Chedworth, GLS, ENG **[19497]**

PRATJE : 1700-1800, GER **[22440]**

PRATLEY : ALL, WORLDWIDE **[38526]**

PRATLEY see One : Name Section), **[38526]**

PRATT : 1883+, Brewarrina, NSW, AUS **[14120]** : 1861+, Goodooga, NSW, AUS **[14120]** : George, 1843-1860, Upper Murray, VIC, AUS **[97806]** : George, 1843-1860, Upper Murray, VIC, AUS **[97806]** : 1820+, Elgin Co., ONT, CAN **[23319]** : 1856+, Streatley, BRK, ENG **[27958]** : PRE 1811, Bottisham, CAM, ENG **[19516]** : 1870S-1940S, Spennymoor, DUR, ENG **[19865]** : 1790-1840, Stratford, ESS, ENG **[12641]** : PRE 1790, Portsea, HAM, ENG **[21765]** : 1780S, Steep, HAM, ENG **[36212]** : PRE 1900, Steep, HAM, ENG **[25162]** : 1700-1820, Hatfield, HRT, ENG **[37809]** : 1810-1930, Stevenage, HRT, ENG **[37809]** : 1750+, Ware, HRT, LND & KEN, ENG **[39539]** : 1830-1860, Lambeth, LND, ENG **[39267]** : 1910+, Hanwell, MDX, ENG **[42647]** : PRE 1844, Gosford, NBL, ENG **[40970]** : 1770S-1803, Patrick Brompton, NRY, ENG **[19865]** : 1850S-60S, Thrintoft, Ainderby & Steeple, NRY, ENG **[19865]** : PRE 1850, Wensleydale, NRY, ENG **[21149]** : Alfred Hiram, 1824+, Nottingham, NTT, ENG **[14120]** : PRE 1630S, Cropredy, OXF, ENG **[42083]** : PRE 1900, West Clandon, SRY, ENG **[19785]** : 1810+, Rogate, SSX, ENG **[36212]** : John, 1800, Wolverhampton, STS, ENG **[19766]** : 1837-1915, Kenilworth, WAR, ENG **[38925]** : Samuel, ALL, Southam, WAR, ENG **[38925]** : 1800+, Downton, WIL, ENG **[43792]** : 1800+, Bradford, WRY, ENG **[18372]** : 1830S, YKS, ENG **[34112]** : Ann Elizabeth, 1830S, Bingley, YKS, ENG **[18806]** : 1725-1775, FIF, SCT **[24567]** : 1876, St.Andrews, FIF, SCT **[34651]** : PRE 1900, Glasgow, LKS, SCT **[45199]** : PRE 1900, USA **[22725]** : William J., 1898+, Olean, NY, USA **[17033]** : Hellin, 1901+, Olean, NY, USA **[17033]** : 1800+, VT, USA **[23319]**
PRATTEN : 1800+, DEV, ENG **[44072]** : Sarah, C1760+, Deptford, KEN, ENG **[25066]** : John, PRE 1800, Deptford, KEN, ENG **[25066]**
PRATTLEY : ALL, WORLDWIDE **[38526]**
PRAUNCE : 1700+, Heanton Punchardon, DEV, ENG **[16254]**
PRAYNE : 1840+, Dubbo, NSW, AUS **[11707]**
PREBBLE : PRE 1860S, Elham, KEN, ENG **[42436]**
PRECIOUS : PRE 1796, Shurdy Camps, CAM, ENG **[22550]** : 1750-1850, York, YKS, ENG **[22241]**
PREDMORE : 1712+, Sussex Co., NJ, USA **[23872]**
PREECE : Basil, 1850-1930, Vancouver, BC, CAN **[99433]** : 1672+, Breinton, HEF, ENG **[21479]** : 1750+, Hereford, HEF, ENG **[36084]** : PRE 1900, Warrington, LAN, ENG **[13809]** : PRE 1900, LND, MDX & HEF, ENG **[39312]** : 1800+, Westminster, MDX, ENG **[36084]** : PRE 1875, SAL, ENG **[20985]** : 1750-1880, GLA, WLS **[46502]**
PREEDY : PRE 1840, ENG **[36543]**
PREEN (see One Name Section) **[46459]**
PREES : 1880+, Randwick, NSW, AUS **[31579]** : 1850+, Birmingham, WAR, ENG **[31579]** : PRE 1800, Loveston, PEM, WLS **[46272]**
PREIS : 1830+, Bosenbach & Jettenbach, RPF, BRD **[39096]**
PRENDABLE : ALL, WORLDWIDE **[12819]**
PRENDERGAST : Jeoffery, 1760-1870S, Galway, GAL, IRL **[23986]** : Thomas, 1820-1870S, Galway, GAL, IRL **[23986]** : Margarite, 1820-1870S, Galway, GAL, IRL **[23986]** : C1800, TIP, IRL **[41979]** : ALL, Clonmel, TIP, IRL **[22618]** : ALL, Stradbally, WAT, IRL **[10454]** : PRE 1857, WEX, IRL **[13143]** : PRE 1900, Philadelphia, PA, USA **[10454]**
PRENDERVILLE : ALL, Dromcolliher, LIM, IRL **[11425]**
PRENDIBLE : ALL, WORLDWIDE **[12819]** : Maurice, 1800S, (Occupation - Cooper), WORLDWIDE **[12819]**
PRENDIVILLE : ALL, WORLDWIDE **[12819]**
PRENDIVILLE (see : Prineville), **[14030]**
PRENTCIE : 1860+, Pettinain, LKS, SCT **[46339]**
PRENTICE : PRE 1850, Shudy Camps, CAM, ENG **[41163]** : 1850-1900, Liverpool, LAN, ENG **[46298]** : 1870-1920, Manchester, LAN, ENG **[36528]** : PRE 1880, Priors Marston, WAR, ENG **[36528]** : PRE 1860, Lesmahagow, LKS, SCT **[46339]**
PRESBER : 1700-1900, Aachen, BRD **[29570]** : 1880-1950, ENG **[29570]**
PRESCOT : Tom, 1810+, Prescot & Eccleston, LAN, ENG **[13471]** : 1750-1800, Sutton near Prescot, LAN, ENG **[13471]** : ALL, MLN, SCT **[26493]**
PRESCOTE : PRE 1620, Clyst Hydon, DEV, ENG **[10493]**
PRESCOTT : PRE 1850, Liverpool, LAN, ENG **[10277]** : John, 1832+, Prescot & Huyton, LAN, ENG **[13471]** : 1700-1900, SFK, SRY & SSX, ENG **[46001]**
PRESDEE : ALL, Worcester, WOR, ENG **[18168]**
PRESLAND : 1800+, Ampthill, BDF, ENG **[12415]** : ALL, Biggleswade, BDF, ENG **[37110]** : 1880+, East Ham, ESS, ENG **[37110]** : 1800+, Deptford St.Paul, KEN, ENG **[46298]**
PRESLEY : George & Emily, PRE 1900, Woodfalls & Redlynch, WIL & HAM, ENG & Worldwide **[19588]**
PRESNELL : 1700-1840, ESS, ENG **[45920]**
PRESS : ALL, YKS, ENG **[46495]**
PRESSLEY : Rosina, 1888+, Woodfalls & Redlynch, CA, USA & CAN **[19588]** : PRE 1940, WORLDWIDE **[19588]**
PREST : Isabell(A), 1800+, HUN & SOM, ENG **[11736]** : PRE 1785, Coatham, NRY, ENG **[46423]** : Nellie Nella, 1800+, Manningham, WRY, ENG **[11736]** : 1800+, Bradford, YKS, ENG **[20975]**
PRESTAGE : PRE 1830, East London, MDX, ENG **[42518]** : ALL, Culworth, NTH, ENG **[28332]** : ALL, Eydon, NTH, ENG **[28332]** : ALL, Priors Hardwick, WAR, ENG **[28332]** : ALL, Southam, WAR, ENG **[28332]** : ALL, Wormleighton, WAR, ENG **[28332]** : 1800+, Bristol & Sydney, GLS & NSW, ENG & AUS **[46055]**
PRESTAL : Joseph, C1770, Lichfield, STS, ENG **[17087]**
PRESTIDGE : ALL, Culworth, NTH, ENG **[28332]** : ALL, Eydon, NTH, ENG **[28332]** : ALL, Priors Hardwick, WAR, ENG **[28332]** : ALL, Southam, WAR, ENG **[28332]** : ALL, Wormleighton, WAR, ENG **[28332]**
PRESTIDGE (see One Name Section) **[28332]**
PRESTON : James, PRE 1863, NSW, AUS **[28237]** : William, 1800-1840, Sydney, NSW, AUS **[25654]** : George, 1874+, Sydney, NSW, AUS **[25654]** : 1700-1900, East London, ENG **[45037]** : James, 1803-1863, London, ENG **[28237]** : 1750+, BRK, ENG **[30071]** : PRE 1860, Coxwell & Faringdon, BRK, ENG **[46508]** : 1700-1850, Greenham, BRK, ENG **[39271]** : PRE 1800, Buckfastleigh, DEV, ENG **[46275]** : PRE 1800, Bristol, GLS, ENG **[31316]** : 1800-1850, Great Barrington, GLS, ENG **[46503]** : PRE 1900, Tewkesbury, GLS, ENG **[18168]** : PRE 1800, GLS & OXF, ENG **[40535]** : 1830S, Therfield, HRT, ENG **[18593]** : James, 1760+, Caton, LAN, ENG **[99055]** : John Wm, C1893, Leicester, LEI, ENG **[35150]** : PRE 1850, Thrussington & Rothley, LEI, ENG **[34682]** : George, PRE 1856, Oundle, NTH, ENG **[30014]** : 1800-1845, Sedgley, STS, ENG **[46501]** : 1800-1900, Wolverhampton, STS, ENG **[27435]** : 1860+, Swindon, WIL, ENG **[46508]** : 1730-1795, Arncliffe & Horton-in-Ribbles, WRY, ENG **[42557]** : PRE 1900, Batley, WRY, ENG **[20729]** : 1755-1795, Giggleswick, WRY, ENG **[42557]** : ALL, YKS, ENG **[41531]** : 1600-1700, Askhambryan & York, YKS, ENG **[18145]** : ALL, Heckmonwike, YKS, ENG **[38452]** : 1700-1800, Thorner, YKS, ENG **[38840]** : 1800+, Oxford, OXF, ENG & AUS **[36569]** : 1800-1910, Belfast, ANT, IRL **[30071]** : 1800-1900, Portadown, ARM, IRL **[20730]** : 1800-1900, Dromore, DOW, IRL **[20730]** : 1800-1910, SCT **[28237]** : 1820-1840, Mains, ANS, SCT **[46458]** : James, PRE 1765, Craigmillar, MLN, SCT **[30603]** : ALL, UK & AUS **[41531]**
PRESTOT : 1770+, Bloxwih, STS, ENG **[17087]**
PRESTWOOD : ALL, ENG **[19818]**
PRETICE : ALL, Falkirk, STI, SCT **[26301]**

PRETIOUS : 1700+, HRT, ENG **[38488]**
PRETT : 1590-1850, KEN, ENG **[45749]** : 1750+, Canterbury, KEN, HRT & ENG **[39539]**
PRETTIES : ALL, Falkirk, STI, SCT **[26301]**
PRETTY : ALL, ENG **[29471]** : 1800S+, SFK, ENG **[31079]** : ALL, Eye, SFK, ENG **[43727]**
PRETTYJOHN : 1650-1800, Harehatch, BRK, ENG **[14589]** : 1600+, Exmouth, DEV, ENG **[14589]** : 1650-1860, Bridgewater, SOM, ENG **[14589]**
PRETYMAN : 1700+, Bury St.Edmunds, SFK, ENG **[13177]**
PREUSS : 1800S, GER & AUS **[33245]**
PREW : Rhoda, 1902+, Sunderland, DUR, ENG **[46342]** : Robert, 1906+, Sunderland, DUR, ENG **[46342]** : Robert, 1879+, Wickham Market, SFK, ENG **[46342]**
PRIAULX : Nicholas, C1720-1830, GSY, CHI **[41446]**
PRICE : Ellen, 1800-1860, Goulburn, NSW, AUS **[10604]** : 1886+, Kemp Creek, NSW, AUS **[30449]** : 1834-1850, Liverpool, NSW, AUS **[10230]** : 1844+, Parramatta, NSW, AUS **[42913]** : C1870, Wallsend & Plattsburg, NSW, AUS **[29479]** : 1890-1925, Rockhampton, QLD, AUS **[46305]** : 1860-70S, Beechworth, VIC, AUS **[44689]** : Wm., 1850+, Bendigo, VIC, AUS **[11918]** : Eliz., 1930+, Maryborough, VIC, AUS **[10891]** : 1875-1890, Melbourne, VIC, AUS **[46305]** : 1650+, St.Peter Port, GSY, CHI **[25529]** : Thomas, 1855, London, ENG **[42453]** : Jane, 1833+, Chester, CHS, ENG **[39179]** : 1832-1902, Willaston & Thornton Hough, CHS, ENG **[27304]** : PRE 1835, Berkeley, GLS, ENG **[26173]** : ALL, West Dean, GLS, ENG **[15409]** : 1770-1890, Clifford, HEF, ENG **[18422]** : PRE 1818, Kington, HEF, ENG **[36466]** : John, 1800-1880, Staunton on Wye, HEF, ENG **[37329]** : G.E., 1800S, Lewisham, KEN, ENG **[46460]** : PRE 1814, Minster on Thanet, KEN, ENG **[37709]** : Eliche, PRE 1855, Liverpool, LAN, ENG **[42893]** : 1680+, Barwell & Barlestone, LEI, ENG **[31152]** : 1817, London, ENG **[99832]** : William, ALL, LND, ENG **[17687]** : 1828, Hoxton, LND, ENG **[18665]** : 1900S, Lewisham, LND, ENG **[46460]** : 1800-1900, Shoreditch, LND, ENG **[39357]** : 1800+, MDX, ENG **[29786]** : 1840S, Stepney, MDX, ENG **[46305]** : PRE 1835, Little Walsingham, NFK, ENG **[18665]** : PRE 1717, NTT, ENG **[34975]** : PRE 1850, Ruddington & Clifton, NTT, ENG **[35619]** : Thomas, 1800-1900, Dudleston, Criftins & Ellesmere, SAL, ENG **[39042]** : PRE 1800, Habberley, SAL, ENG **[28474]** : 1830, Bristol, SOM, ENG **[12641]** : Moses, 1800S, Carston, SOM, ENG **[41039]** : Cecil H.T., 1870+, Coulsdon, SRY, ENG **[36710]** : 1700-1758, London, SRY, ENG **[17109]** : Sarah, 1744, Rotherfield, SSX, ENG **[36365]** : John, PRE 1845, STS, ENG **[10891]** : C1830, Tetenhall, STS, ENG **[37499]** : 1800+, Birmingham, WAR, ENG **[26228]** : ALL, Birmingham & Wolverhampton, WAR & STS, ENG **[46258]** : PRE 1900, WIL, ENG **[29417]** : C1809+, WOR, ENG **[41271]** : 1860+, Netherton, WOR, ENG **[30449]** : 1800-1900, Broseley & Martley, WOR & STS, ENG **[17291]** : Joseph, 1808-1882, Oxford, Bristol & Cooma, GLS & NSW, ENG & AUS **[10604]** : 1818+, East Indies & MADRAS, INDIA **[25529]** : 1820+, Downpatrick, DOW, IRL **[24382]** : Jn Washington, 1800+, Limerick, LIM, IRL **[15098]** : PRE 1798, Clonmel, TIP, IRL **[15098]** : C1842, Dailly, AYR, SCT **[29479]** : C1842, Darly, AYR, SCT **[29479]** : William, 1750+, Kilmarnock, AYR, SCT **[11918]** : 1750+, Glasgow, LKS, SCT **[11918]** : 1815-1865, Columbus, OH, USA **[23415]** : 1780-1810, PA, USA **[23415]** : John, C1795, WLS **[10035]** : Evan, 1800+, Cefngarth & Gwenddwr, BRE, WLS **[18301]** : Mary, 1832+, Garthbrengy, BRE, WLS **[15710]** : John, PRE 1836, Garthbrengy, BRE, WLS **[15710]** : Rev. Thomas, 1760+, Llandefalle, BRE, WLS **[18301]** : Robert, 1730+, Wrexham, DEN, WLS **[34641]** : 1850-1900, Greenfield, FLN, WLS **[45070]** : John, 1800-1880, Merthyr Tydfil, GLA, WLS **[37329]** : Richd & Martha, 1810-1826, RAD, WLS **[18422]** : John, 1800-1880, Broseley, RAD, WLS **[37329]** : Wm, 1835+, GLA, WLS & AUS **[46285]** : Robert, 1824-1916, Cwmarvon, GLA, WLS & AUS **[46285]** : 1808+, GLA, WLS & ENG **[14754]** : 1800+, WORLDWIDE **[37329]**
PRICHARD : Arthur Selwyn, 1910+, BC, CAN **[18354]** : William, 1800+, Bangor, CAE, WLS **[10125]** : Sarah, 1778, Llanrug, CAE, WLS **[38452]**
PRICK : 1660-1800, Soham & Fordham, CAM, ENG **[19713]**
PRICKETT : 1890+, Beachley, GLS, ENG **[37267]** : PRE 1844, WAR, ENG **[31597]** : 1889+, Levens, WES, ENG **[19661]**
PRICKMAN : PRE 1810, Crediton, DEV, ENG **[30302]**
PRIDDETH : PRE 1860, GLS, ENG **[27320]**
PRIDDEY : 1635-1827, Droitwich, WOR, ENG **[45754]**
PRIDDIS : 1894+, Aston & North Birmingham, WAR, ENG **[44209]**
PRIDDLE : 1849+, Raymond Terrace, NSW, AUS **[30945]** : PRE 1830, Kingsbury & South Petherton, SOM, ENG **[30945]**
PRIDE : Charles, 1864, VIC, AUS **[14435]** : 1855+, Geelong, VIC, AUS **[14435]** : Richard C., 1891+, Ballarat, Fitzroy & Collingwood, VIC & ALL, AUS **[19588]** : ALL, Horsley, GLS, ENG **[14435]** : 1819+, Minchinhampton, GLS, ENG **[14435]** : PRE 1801, Penselwood, SOM, ENG **[19918]**
PRIDHAM : ALL, CHI & ENG **[22456]** : 1770+, Chivelstone, DEV, ENG **[41239]**
PRIDIE : Elizabeth, C1810, Kennington, LND, ENG **[25770]** : James, 1700+, Oxford, OXF, ENG **[42282]**
PRIDMORE : 1732+, Desford, LEI, ENG **[21207]** : 1694+, Kibworth Beauchamp, LEI, ENG **[21207]** : 1747+, Little Bowden, NTH, ENG **[21207]**
PRIEBATSCH : ALL, Allenstein, OPR, GER **[38650]**
PRIEBE : 1700-1875, Klein Tromnau & Marienwerder, PRE, GER **[23161]**
PRIES : 1800S, GER & AUS **[33245]**
PRIEST : 1820+, Bristol, GLS, ENG **[43566]** : 1901+, Deptford, KEN, ENG **[17470]** : PRE 1866, NFK, ENG **[17470]** : PRE 1850, Nottingham, NTT, ENG **[34201]** : Thomas, 1814-1865, Harborne, STS, ENG **[37594]** : 1740+, Rowley Regis, STS, ENG **[43566]** : PRE 1855, Birmingham, WAR, ENG **[46383]** : PRE 1860, WOR & WAR, ENG **[26881]** : PRE 1810, Denby & Silkstone, WRY, ENG **[18236]**
PRIESTLEY : ALL, Staveley, DBY, ENG **[38452]** : 1840S-1960, Ryde, IOW, ENG **[14388]** : PRE 1860, Parr, LAN, ENG **[39479]** : 1901, Pemberton, LAN, ENG **[39479]** : 1820S, St.Helens, LAN, ENG **[39479]** : 1880S, Wigan, LAN, ENG **[39479]** : PRE 1900, LIN, ENG **[28340]** : C1650, Hackthorn, LIN, ENG **[28340]** : PRE 1800, Waddington, LIN, ENG **[41438]** : 1700-1860, Bradford & Stainland, WRY, ENG **[15823]** : PRE 1750, Calder Valley, WRY, ENG **[18236]** : Nathan, 1700-1900, Halifax, WRY, ENG **[99174]** : PRE 1800, Lockwood, WRY, ENG **[46436]** : Mary, 1892+, WLS & RSA **[14851]**
PRIESTLY : 1750-1825, Thornton, YKS, ENG **[12318]**
PRIESTMAN : 1800+, YKS, ENG **[46461]**
PRIEUR : 1895, Windsor, ONT, CAN **[32203]**
PRIGG : James, PRE 1817, LND, ENG **[36275]**
PRIGMORE : ALL, Sawtry, HUN, ENG **[28479]**
PRIME : Mary Anne, PRE 1870, Richmond, NSW, AUS & ENG **[44939]** : PRE 1737, Over & Swavesey, CAM, ENG **[30996]** : Sarah, 1800+, Thriplow, CAM, ENG **[29867]** : 1720+, Wimpole, CAM, ENG **[40055]** : PRE 1750, St.Senier de Beuvron, BN, FRA **[20178]**
PRIMETT : ALL, Peckham, LND, ENG **[46247]**
PRIMITT : Thomas, C1790-1795, Beccles & Felixstowe, SFK, ENG **[39471]**
PRIMMER : Harriet, 1824-1898, Stubbington, HAM, ENG **[42168]** : Frederick Wm, 1883+, Burton-on-Trent, HEF, ENG **[41419]** : 1700+, Hawkhurst & Sandhurst, KEN, ENG **[10822]**
PRIMROSE : John, PRE 1817, London, ENG **[41444]**

PRIN : Esther, 1600S-1700S, Malborough, DEV, ENG **[43996]**
PRINCE : ALL, Bendigo, VIC, AUS **[45823]** : 1930, Dunstable, BDF, ENG **[18593]** : 1800S, CON, ENG **[34704]** : PRE 1830, Crondall, HAM, ENG **[37024]** : 1690-1750, Holbeck, WRY, ENG **[44045]** : James & Jane, 1700+, Coxwald, YKS, ENG **[12320]** : 1810-1850, Fenton, YKS, ENG **[13430]** : PRE 1844, Scarborough, YKS, ENG **[40529]** : Sarah, 1835+, York, YKS, ENG **[12739]** : 1700-1800, MA, USA **[24687]**
PRINEVILLE:PRE 1834 Dromcolliher LIM IRL **[14030]**
PRING : ALL, Hemyock, DEV, ENG **[45766]** : 1700-1800, Speldhurst, KEN, ENG **[22241]**
PRINGLE : Electa, C1805, ONT, CAN **[16802]** : George, 1865+, Toronto, ONT, CAN **[15596]** : Frances, 1890+, Toronto, ONT, CAN **[15596]** : PRE 1850, NBL, ENG **[45111]** : C1866, Amble & Broomhill, NBL, ENG **[46281]** : PRE 1930, NBL & DUR, ENG **[46377]** : 1800-1860, Bailieborough, CAV, IRL **[15596]** : 1800S, SCT **[21630]** : PRE 1850, Crail, FIF, SCT **[45111]** : PRE 1930, MLN, ELN & PEE, SCT **[46377]** : George, 1890+, Cleveland, OH, USA **[15596]** : 1930+, JAMAICA, W.INDIES **[21312]**
PRINSEP : Florence, 1860+, LND, ENG **[22122]** : Arthur, C1880, Calcutta, INDIA **[16867]**
PRIOR : Patrk & Danl, 1885+, Sydney, NSW, AUS **[11024]** : William, ALL, Sydney, NSW, AUS **[41454]** : Frederick, 1800-1950, VIC, AUS **[45808]** : 1850-1980, Melbourne, VIC, AUS **[12318]** : 1873+, St.Helier, JSY, CHI & UK **[11024]** : 1700-1770, Abingdon, BRK, ENG **[12641]** : 1870S, Reading, BRK, ENG **[15594]** : 1760+, Sonning, BRK, ENG **[18273]** : C1800, Cambridge, CAM, ENG **[13347]** : ALL, Snavesey, CAM, ENG **[46509]** : James, PRE 1860, CON, ENG **[41471]** : PRE 1857, St.Austell, CON, ENG **[43525]** : 1600+, Wendron, CON, ENG **[11582]** : 1760S, Wendron, CON, ENG **[25070]** : PRE 1540, Wendron, CON, ENG **[46251]** : 1850-1900, Colchester, ESS, ENG **[10339]** : 1800-1850, Langford, ESS, ENG **[39678]** : Hannah, 1804-1826, Old Sodbury & Bristol, GLS, ENG **[10203]** : PRE 1850, Portsmouth & Kingston, HAM & SRY, ENG **[43842]** : PRE 1840, Stanstead, HRT, ENG **[11280]** : PRE 1835, KEN, ENG **[40218]** : 1800S, Maidstone, KEN, ENG **[12318]** : 1915, Peckham, LND, ENG **[34861]** : 1950+, Peckham, LND, ENG **[34861]** : 1850+, St.Pancras, LND, ENG **[34861]** : William, C1800+, Brentford, MDX, ENG **[31305]** : Elizabeth, C1823, Brentford, MDX, ENG **[31305]** : John, 1680-1710, Enfield, MDX, ENG **[39461]** : ALL, Kenninghall, NFK, ENG **[28585]** : 1700-1880, Seavington St.Mary, SOM, ENG **[43582]** : 1800S, Hastings, SSX, ENG **[46193]** : ALL, Hastings & Bexhill, SSX, ENG **[40535]** : 1830-1870, CON, ENG & AUS **[45770]** : PRE 1870, Ballyduff, WAT, IRL **[11024]** : 1817+, Hartford, NJ & CT, USA **[23872]**
PRISK : PRE 1823, Camborne & Helston, CON, ENG **[36800]** : PRE 1749, Wendron, CON, ENG **[46251]**
PRITCHARD : Charles, 1850+, Melbourne, VIC, AUS **[25072]** : ALL, London, ENG **[25072]** : ALL, London, ENG **[19275]** : PRE 1840, Macclesfield, CHS, ENG **[46374]** : ALL, HEF, ENG **[31646]** : 1700, Aymestrey, HEF, ENG **[17704]** : Ann, 1750, Bodenham, HEF, ENG **[21759]** : 1700-1800, Hampton Bishop, HEF, ENG **[46347]** : 1850+, Tarrington, HEF, ENG **[31259]** : 1800+, Grain, KEN, ENG **[39416]** : 1826+, Burnley, LAN, ENG **[45614]** : PRE 1950, Withington, LAN, ENG **[14351]** : Frederick, 1840+, LND, ENG **[46195]** : Emily M., 1899+, West Ham, LND, ENG **[27955]** : PRE 1880, Lambeth, SRY, ENG **[19892]** : ALL, Crumlin, ANT, IRL **[39994]** : PRE 1860, Ards, DOW, IRL **[27666]** : 1860-1880S, Beaufort, BRE, WLS **[33305]** : 1880S-1890S, Llanelly, BRE, WLS **[33305]** : PRE 1840, Aberystwyth, CGN, WLS **[10350]** : PRE 1826, FLN, WLS **[45614]** : PRE 1820, Machynlleth, MGY, WLS **[10350]** : 1900S, Ebbw Vale, MON, WLS **[33305]** : C1800, Mitchell Troy, MON, WLS **[34320]**
PRITCHETT : 1843+, Geelong, VIC, AUS **[31597]** :

1650-1800, Colston Bassett & Langar, NTT, ENG **[10287]** : 1800S, MO, USA **[35876]**
PROBART : 1750+, LND, ENG **[37206]**
PROBAT : 1700S, BRK, ENG **[42466]**
PROBIG : PRE 1863, Petersberg, HAN, GER **[26833]**
PROBIN : C1800, Birmingham, WAR, ENG **[31579]**
PROCAUS : PRE 1866+, Stockholm, SWE & WORLD-WIDE **[45772]**
PROCTER : 1844+, Badgworth, GLS, ENG **[27719]** : 1794+, Norton & Boddington, GLS, ENG **[27719]** : 1720-1871, Colne & Barnoldswick, LAN, ENG **[11425]** : ALL, Great Harwood, LAN, ENG **[14880]** : 1790-1860, Lancaster & Bolton, LAN, ENG **[42557]** : Henry Adam, 1883-1955, Liverpool & Langho, LAN, ENG **[14880]** : ALL, Whalley & Langho, LAN, ENG **[14880]** : ALL, Wyresdale, LAN, ENG **[25572]** : PRE 1850, Audley, STS, ENG **[35186]** : 1700+, Longton & Trentham, STS, ENG **[19713]** : PRE 1800, Bordley & Kirkby Malham, WRY, ENG **[25688]** : 1875+, Bradford, WRY, ENG **[37174]** : 1690-1790, Gigglewick, WRY, ENG **[42557]** : PRE 1840, Kirkby Overblow, WRY, ENG **[34716]** : C1880, Govan, LKS, SCT **[30120]**
PROCTOR : 1880, Euphrasia, ONT, CAN **[15221]** : 1800+, QUE, CAN **[99433]** : 1800+, Ulverston, CUL, ENG **[30449]** : PRE 1850, Stockton, DUR, ENG **[46423]** : ALL, Woolaston & Alvington, GLS, ENG **[21196]** : ALL, Winchcomb, GLS & MON, ENG **[21196]** : 1700-1800, Ware, HRT, ENG **[30246]** : Joseph, 1786, Claughton, LAN, ENG **[15221]** : PRE 1840, NRY & WRY, ENG **[37174]** : PRE 1850, SRY, ENG **[18921]** : PRE 1870, Bromleyhurst, STS, ENG **[99600]** : 1700+, Longton & Trentham, STS, ENG **[19713]** : C1830, Sheffield & Owlerton, WRY, ENG **[18329]** : Margaret, C1880-1917, Dunedin, OTG, NZ **[39601]**
PRODGER : 1844-1926, Llansilin, SAL, ENG **[38696]**
PROE : ALL, IRL **[38934]**
PROFITT : 1700+, St.Minver, CON, ENG **[36435]**
PROHM : PRE 1900, Danzig, GER **[46375]**
PROLE : ALL, Georgham, DEV, ENG **[29664]**
PROOM : 1700-1850, Stutton & East Bergholt, SFK, ENG **[16383]**
PROPERE : 1850-1920, Brusselles, BEL **[25322]**
PROPERJOHN : ALL, SOM, ENG **[41425]**
PROPHERJOHN : 1850, ENG **[26223]**
PROPHET : 1850+, Wormit, FIF, SCT **[20135]**
PROSPEROCOCO : ALL, Campo Di Giove, ABR, ITL **[22618]**
PROSS : 1800-1900, Poplar, MDX, ENG **[41128]**
PROSSER : 1800+, Clare, SA, AUS **[14346]** : Edith May, 1915, Stockbridge, HAM, ENG **[33301]** : 1750-1820, Kentchurch, HEF, ENG **[18422]** : 1760-1870, Kilpeck, HEF, ENG **[35209]** : Elinor, 1813-1900, Kilpeck, HEF, ENG **[35209]** : PRE 1950, Tarrington, HEF, ENG **[44138]** : 1890+, Ramsgate, KEN, ENG **[35209]** : 1740-1820, St.Georges, MDX, ENG **[35008]** : Clara, 1860+, WOR, ENG **[14918]** : Thomas, 1774-1817, Blarney, COR, IRL & AUS **[29867]** : ALL, Fintray, ABD, SCT **[42211]** : PRE 1800, Brecon, BRE, WLS **[34873]**
PROSSOR : ALL, IRL **[12905]**
PROTHERO : C1811, Neath, GLA, WLS **[10832]** : John, 1795+, Cregrina & Aberedw, RAD, WLS **[18301]**
PROTHEROE : Mehtuselah, 1724, Llanddowror, CMN, WLS **[39482]** : John, 1748+, Llanddowror, CMN, WLS **[39482]**
PROUD : C1800, London East, MDX, ENG **[18075]** : 1750+, Craythorn & Tadcaster, YKS, ENG **[46495]** : PRE 1850, Enniscorthy, WEX, IRL **[39015]** : William, 1850+, USA **[39015]**
PROUDFOOT : 1882+, Liverpool, LAN, ENG **[19902]** : PRE 1850, Salehurst, SSX, ENG **[40971]** : James, C1836, Berwick on Tweed, NBL, ENG & SCT **[99026]** : PRE 1882, Dumfries, DFS, SCT **[19902]** : 1800S, Glasgow, LKS, SCT **[13799]**

PROUDLEY : ALL, WORLDWIDE **[30860]**
PROUDLOCK : Margaret, 1843+, Earsdon, ENG **[34835]** : Isabella, 1838+, Eglingham, NBL, ENG **[34835]** : George, C1785+, Eglingham, NBL, ENG **[34835]** : Mary, C1814-1876, Eglingham & Earsdon, NBL, ENG **[34835]** : Joseph, 1814-1880, Eglingham & Holywell, NBL, ENG **[34835]** : George, 1840-1912, Eglingham & Holywell, NBL, ENG **[34835]** : Margaret, 1786+, Eglingham & Wallsend, NBL, ENG **[34835]** : Joseph, 1853-1917, Tynemouth & Holywell, NBL, ENG **[34835]** : John, 1848+, Warkworth & Holywell, NBL, ENG **[34835]** : Ann, 1850-1889, Warkworth & Tynemouth, NBL, ENG **[34835]** : Eliza, 1845-1911, Earsdon & South Shields, NBL & DUR, ENG **[34835]**
PROUDLOVE : 1800-1850, Oddrooe, CHS, ENG **[19401]** : PRE 1800, Sandbach, CHS, ENG **[45176]**
PROUDMAN : ALL, ENG **[18540]** : John, 1920+, Leicester, LEI, ENG **[18540]** : ALL, WORLDWIDE **[18787]**
PROUGHTON : 1776+, WORLDWIDE **[32039]**
PROUSE : PRE 1800, Aveton Gifford, DEV, ENG **[11091]** : 1700+, Clovelly & Buckland Brewer, DEV, ENG **[19254]** : Richard, 1700+, Aveton Gifford, DEV, ENG & NZ **[45943]**
PROUT : PRE 1844, Lewannick, CON, ENG **[13574]** : 1750+, Plymouth, DEV, ENG **[12413]** : PRE 1820, Salcombe, DEV, ENG **[10383]** : 1700S, Horsley, GLS, ENG **[13731]** : Wm Crowell, 1907+, Gwinn, MI, USA **[18325]**
PROVAN : 1871+, SLD, NZ **[25538]** : PRE 1871, Kilsyth, STI, SCT **[25538]**
PROVERBS : Benjamin, 1850+, Deloraine, TAS, AUS **[36643]**
PROVINCE : ALL, Westerleigh, GLS, ENG **[44007]** : 1881+, Llwynypia, GLA, WLS **[44007]**
PROVINS : ALL, Westeleigh, GLS, ENG **[44007]**
PROVIS : Matthew, PRE 1877, ENG **[23564]** : Thomas, 1790-1830, Frome, SOM, ENG **[23564]** : C1780-1860, Warminster, WIL, ENG **[28420]** : 1850+, Pontypool, MON, WLS **[23564]**
PROVOST : C1760, Beaubassin, PIC, FRA **[23518]**
PROW : 1600-1800, IRL **[46325]** : ALL, IRL **[38934]**
PROWSE : 1890+, AUS **[46508]** : 1860+, Talbot, VIC, AUS **[42296]** : 1870S, Biggleswade, BDF, ENG **[46508]** : ALL, DEV, ENG **[40871]** : ALL, Plymouth, DEV, ENG **[44300]** : PRE 1870, Swanscombe, KEN, ENG **[46508]** : PRE 1900, LND, ENG **[17511]** : PRE 1886, Pancras, LND, ENG **[46508]** : 1870+, Aston, WAR, ENG **[46508]** : 1886+, Swindon, WIL, ENG **[46508]**
PRPIC : Manda, C1884, Thunder Bay, ONT, CAN **[23032]** : Kata, C1865, Licko Cerje, GRACAC, CROATIA **[23032]** : Marija, 1885-1975, Lovinac Lika, GRACAC, CROATIA **[23032]** : Mary, 1884-1975, Whiting, IN, USA **[23032]** : Marija, 1884-1975, Eveleth, MN, USA **[23032]**
PRPICH : Mary, 1884-1975, Licko Cerje, GRACAC, CROATIA **[23032]**
PRUDEN : PRE 1860, Bethnal Green, MDX, ENG **[32011]** : 1860+, Christchurch, CANTY, NZ **[32011]**
PRUDHOE : ALL, WORLDWIDE **[43863]**
PRUM : 1550-1725, Stowmarket, SFK, ENG **[16383]**
PRYCE : Peter, 1760+, Chirbury, SAL, ENG **[42516]** : 1810+, WLS **[41027]** : 1800+, Churchstoke, MGY, WLS **[42516]**
PRYDE : 1800+, Falkland & Leslie, FIF, SCT **[21233]**
PRYER : 1800+, Stockland, DEV, ENG **[25427]**
PRYICE : C1880, Melbourne, VIC, AUS **[26430]**
PRYKE : PRE 1850, SFK, ENG **[25151]** : Lilian, 1850-1999, Brandon, SFK, ENG **[17642]**
PRYOR : Frederick, 1800-1950, VIC, AUS **[45808]** : PRE 1540, Wendron, CON, ENG **[46251]** : 1820-90, Shaftesbury, DOR, ENG **[46194]** : 1850+, St.Pancras, LND, ENG **[34861]** :PRE 1847, Ickenham, MDX, ENG **[44111]** : 1830-1870, CON, ENG & SCT **[45704]**

PSAILA : Rosarie, ALL, WORLDWIDE **[10604]**
PTOLEMY : 1883, Inverell, NSW, AUS **[36768]**
PUCKETT : ALL, Charminster, DOR, ENG **[30324]**
PUCKLE : PRE 1580, London, ENG **[33428]** : 1890, SSX, ENG **[34748]**
PUCKNELL : PRE 1840, LND, ENG **[41150]**
PUDDEN : 1854+, Coker, SOM, ENG **[17291]**
PUDDEPHATT : PRE 1850, BKM, ENG **[19050]**
PUDDICK : 1830S, London, MDX, ENG **[30724]** : 1830+, SSX, ENG **[11270]** : 1790, Compton, SSX, ENG **[18593]**
PUDDIFOOT : C1800, Saratt, HRT, ENG **[45736]**
PUENNER : PRE 1854, Krempe-Hamburg, HBG, BRD **[23518]**
PUFFER : 1640+, Sapcote & Desford, LEI, ENG **[20578]** : ALL, WORLDWIDE **[20578]**
PUGH : 1850, Sydney, NSW, AUS **[13914]** : Ann, PRE 1900, ENG **[25151]** : PRE 1800, Upton Bishop, HEF, ENG **[14045]** : PRE 1870, Bacup, LAN, ENG **[46471]** : 1800-1850, LND, ENG **[42900]** : PRE 1850, Clunbury, SAL, ENG **[33237]** : C1850, Wolverhampton, STS, ENG **[31902]** : Joseph, 1780+, Birmingham, WAR, ENG **[25145]** : 1850S, Hordington, WOR, ENG **[40025]** : C1750-1850, Martley & Wichenford, WOR, ENG **[37795]** : Thomas, C1720, Gwenddwr, BRE, WLS **[18301]** : PRE 1860, Mold & Ruthin, DEN, WLS **[46471]** : 1750+, Ruabon, DEN & MGY, WLS **[25145]** : 1950+, Porth, GLA, WLS **[24853]** :PRE 1780, Llanenddwyn, MER, WLS **[42752]** : 1800-60, Churchstoke, MGY, WLS **[38926]** : 1800S, DEN & TAS, WLS & AUS **[25073]**
PUGSLEY : C1814, Black Torrington, DEV, ENG **[12163]** : C1800+, Georgham, DEV, ENG **[12163]** : 1800-1900, Great Torrington, DEV, ENG **[13809]**
PUGSON : PRE 1700, Hathern, LEI, ENG **[39060]**
PUHLMANN :ALL, London, ENG **[46418]** : ALL, Lincoln, LIN, ENG **[46418]** : ALL, Berlin, BLW, GER **[46418]**
PULFORD : Sarah, 1840-1900, CHS, ENG **[41349]** : Ann & John, PRE 1840, LAN, ENG **[14448]** : 1800+, Leicester, LEI, ENG **[27689]**
PULHAM : 1800-1850, Feltham, MDX, ENG **[30071]**
PULL : PRE 1720, Ludham, NFK, ENG **[33428]**
PULLAR : C1800, Little Dunkeld, PER, SCT **[99600]**
PULLBROOKE : PRE 1900, Mudgee, NSW, AUS **[28210]**
PULLEN : 1880+, Blayney, NSW, AUS **[43772]** : 1860+, Carcoar, NSW, AUS **[43772]** : 1880+, Cowra, NSW, AUS **[43772]** : 1800S, Hunter Valley, NSW, AUS **[43772]** : 1840+, Mudgee, NSW, AUS **[43772]** : 1870+, Stroud, NSW, AUS **[43772]** : ALL, Hobart & Launceston, TAS, AUS **[43772]** : 1950S, Ottawa, ONT, CAN **[22743]** : 1800, Bishops Frome, ENG **[22241]** : 1800+, Marcham, BRK, ENG **[27958]** :PRE 1800, KEN, ENG **[29417]** : 1800+, Frome, SOM, ENG **[46443]** : 1750-1800, Petworth & Kirdford, SSX, ENG **[39327]** : 1700+, Castle Combe, WIL, ENG **[38575]** : ALL, Trowbridge, WIL, ENG **[46643]**
PULLEY : Kathleen E., 1850+, London, ENG **[17109]** : C1750-1850, Northampton, NTH, ENG **[17548]** : 1800+, Feckenham, WOR, ENG **[12058]** : PRE 1910, ENG & AUS **[41221]**
PULLEYN : PRE 1800, Hampsthwaite, NRY, ENG **[34716]**
PULLIN : 1832+, AUS **[38575]** : PRE 1700, Coggeshall, ESS, ENG **[45215]** : 1855+, London, MDX, ENG **[46349]** : 1700+, Castle Combe, WIL, ENG **[38575]** : C1850, Pontypool, MON, WLS **[37168]**
PULLING : Joseph, C1843, Bristol, GLS, ENG **[10706]** : 1800+, Bishops Frome, HEF, ENG **[22241]** : ALL, Lugwardine, HEF, ENG **[31646]** : William, 1842, Bristol, SOM, ENG **[10706]**
PULMAN : 1800S, Honiton, DEV, ENG **[12467]**
PULPERE : PRE 1700, CON, ENG **[11873]**

PULSFORD : 1840+, Adelaide & Wallaroo, SA, AUS **[25764]**
PUMEROY : 1800-1900, Beaminster & Coker, DOR & SOM, ENG **[17291]**
PUMFLEET : Louise, PRE 1940, Dagenham, ESS, ENG **[40026]**
PUMMELL : ALL, ENG **[30612]**
PUMMELL (see One Name Section) **[30612]**
PUMPHREY : ALL, ESS, ENG **[43317]**
PUNCH : 1500+, Cork City & Sydney, COR & NSW, IRL & AUS **[46055]**
PUNCHARD : C1795, Rattlesden, SFK, ENG **[43841]**
PUNT : 1756+, NFK, ENG **[40772]** : 1756+, Shelfanger, NFK, ENG **[40772]** : PRE 1756, SFK, ENG **[40772]** : PRE 1694, Yaxley, SFK, ENG **[40772]**
PUNTER : ALL, ENG **[37168]**
PUNTON : John, 1870+, Newcastle, NSW, AUS **[10072]** : John, 1864+, Ballarat, VIC, AUS **[10072]** : PRE 1850, Gateshead, DUR, ENG **[12950]** : John, 1864, Newcastle on Tyne, NBL, ENG **[10072]** : ALL, SCT **[12950]** : 1880+, Girvan, AYR, SCT **[30985]**
PUPIER : C1800, Pollionnay, Grezieu-Varenne, RHA, FRA **[39991]**
PURBRICK : PRE 1900, LND, ENG **[45607]** : PRE 1900, SRY, ENG **[45607]**
PURCELL : 1880+, Carcoar, NSW, AUS **[99052]** : Catherine, 1866, Walcha, NSW, AUS **[10846]** : 1790-1860, BRK, ENG **[42986]** : 1700-1800S, SRY, ENG **[11411]** : John & Betty, 1800S, IRL **[12223]** : PRE 1829, Castlecomer, KIK, IRL **[13347]** : C1800, Muckalee, KIK, IRL **[46356]** : C1800-1830, Ballyedmond & Johnstown, LEX & KIK, IRL **[19912]** : PRE 1841, Galbally, LIM, IRL **[12223]** : 1800+, TIP, IRL & AUS **[33921]**
PURCHASE : 1860S, Woodend & Euroa, VIC, AUS **[99174]** : 1600-1900, Bere Regis, DOR, ENG **[19713]** : PRE 1900, Trysull, STS, ENG **[19641]**
PURCHES : 1830-1930S, HAM & SSX, ENG **[30085]**
PURCIL (see PURCELL) : **[12223]**
PURDIE : ALL, TRK, NZ **[20909]** : Agnes, PRE 1770, MLN & LKS, SCT **[20635]**
PURDOM : 1840S, Seaton Delaval, NBL, ENG **[10297]**
PURDY : C1910, Camperdown, NSW, AUS **[10330]** : 1877+, Coonamble, NSW, AUS **[10330]** : 1838+, Penrith, NSW, AUS **[10330]** : ALL, Oxford Co., ONT, CAN & USA **[42436]** : 1700-1800, ENG **[16706]** : 1796+, NFK, ENG **[10330]** : PRE 1829, ANT, IRL **[99433]**
PURKIS : 1897+, London, ENG **[12270]** : 1700-1850, Roxwell, ESS, ENG **[30137]**
PURKISS : ALL, ENG **[19458]** : 1760S, Buxhall, SFK, ENG **[35184]**
PURNELL : William, 1816-71, Sydney, NSW, AUS **[42226]** : ALL, Berkeley, GLS, ENG **[42226]** : ALL, Bristol, GLS, ENG **[44088]** : PRE 1800, Bristol, GLS, ENG **[17490]** : ALL, North Nibley, GLS, ENG **[18895]** : Geo & Rosina, 1890+, St.Philip & Jacob, Bristol, GLS, ENG **[44088]** : 1800+, Stepney & Mile End, LND, ENG **[40772]** : 1803, Southwark, SRY, ENG **[40772]** : Mary Ann, 1855-1900, MON, WLS **[23564]**
PURPEL : ALL, WORLDWIDE **[25628]**
PURPLE : PRE 1875, NFK, ENG **[25559]** : ALL, WORLDWIDE **[25628]**
PURPLE (see One Name Section) **[25628]**
PURRATT : ALL, WORLDWIDE **[19812]**
PURRETT : ALL, WORLDWIDE **[19812]**
PURRIER : PRE 1800, WORLDWIDE **[17720]**
PURSE : 1780, Beaulieu, HAM, ENG **[37168]** : 1800, Bursledon, HAM, ENG **[37168]** : ALL, Lymington, HAM, ENG **[37168]**
PURSER : 1800S, Worthing, SSX, ENG **[28269]** : PRE 1820, Harthlebury, WOR, ENG **[46297]** : PRE 1840, Pershore, WOR, ENG **[18264]** : PRE 1890, Stourport & Kidderminster, WOR, ENG **[46297]**
PURSEY : Eleanor, 1800S, UK **[39698]**

PURSSELL : Roger, ALL, BED, ENG **[17765]** : 1750+, BKM, ENG **[22118]** : ALL, BKM, ENG **[31323]** : ALL, St.Albans, HRT, ENG **[17745]**
PURSSEY : PRE 1820, Canterbury & Dover, KEN, ENG **[17523]** : PRE 1800, Wye, KEN, ENG **[17523]**
PURTELL : C1858, Redbank & Ipswich, QLD, AUS **[29479]** : ALL, Cashel & Rosegreen, TIP, IRL **[46391]**
PURTILL : 1849+, Waverly, NSW, AUS **[11229]** : C1858, Redbank & Ipswich, QLD, AUS **[29479]** : ALL, LIM, IRL **[11229]** : 1790+, Kilcornan, LIM, IRL **[11229]**
PURTILL (see One Name Section) **[11229]**
PURTON : 1800+, Wootten River, WIL, ENG **[12415]**
PURVES : C1840+, Melbourne, VIC, AUS **[36751]** : ALL, Berwick, BEW, SCT **[37542]** : 1836, Whitebank near Eccles, BEW, SCT **[28164]** : 1830S, Borders, ROX, SCT **[21131]** : 1730, Kelso, ROX, SCT **[37542]**
PURVEY : Francis, 1750-1820, Finsbury, LND, ENG **[40490]** : PRE 1700, SSX, ENG **[39430]**
PURVIS : 1920+, Hamilton, ONT, CAN **[27842]** : Wardle, 1900+, Ascot, BRK, ENG **[27842]** : Potts, 1900+, Ascot, BRK, ENG **[27842]** : 1800S, South Shields, DUR, ENG **[10210]** : 1800S, South Shields, DUR, ENG **[44105]** : PRE 1841, South Shields, DUR, ENG **[36492]** : 1700+, Newcastle on Tyne, NBL, ENG **[11684]** : Wardle, 1850+, SAL, ENG **[27842]** : Potts, 1850+, SAL, ENG **[27842]** : Helena, 1846, Nenagh, TIP, IRL **[31781]**
PURYER : PRE 1805, Ockley, SRY, ENG **[22743]** : PRE 1800, WORLDWIDE **[17720]**
PUSCH : Georg Franzis, 1813, Erbach, HEN, GER **[28151]**
PUSEY : PRE 1800, Burnham, BKM, ENG **[31072]**
PUSTANYK : 1902+, Fairview, ALB & GALICIA, CAN & OES **[99433]**
PUSTELNIK : 1902+, Weyburn, SAS & GALICIA, CAN & OES **[99433]**
PUSTELNYK : 1902+, Fairview, ALB & GALICIA, CAN & OES **[99433]**
PUTLAND : 1852+, Gundagai, NSW, AUS **[14120]** : PRE 1800, Westham, SSX, ENG **[14120]** : 1800+, SSX & SRY, ENG **[37267]**
PUTMAN : PRE 1780, HRT, ENG **[36275]**
PUTNAM : John & Sarah, 1700+, Amersham, BKM, ENG **[12320]** : PRE 1800, Hughenden, BKM, ENG **[36477]** : 1700-1800, Northchurch, HRT, ENG **[12320]**
PUTTNAM : 1850-2000, Northampton, NTH, ENG **[41037]**
PUTTOCK : 1830+, SSX, ENG **[11270]**
PUXTY : ALL, SSX, ENG **[42909]**
PYATT : ALL, London, MDX, ENG **[37116]** : 1700-1900, STS, ENG **[19368]** : 1800-1850, Birmingham, WAR, ENG **[18128]**
PYBUS : C1800-1900, Bakewell, DBY, ENG **[46253]** : C1800-1900, Holmesfield, DBY, ENG **[46253]** : 1750-1850S, St.Leonards, Shoreditch, LND, ENG **[35604]** : 1900+, Harmondsworth, MDX, ENG **[36020]** : 1840S, YKS, ENG **[34112]**
PYCROFT : PRE 1830, HAM, ENG **[40914]**
PYE : 1800, Kirkcaldy, FIF, SCT **[26833]** : 1800, Glasgow, LKS, SCT **[26833]**
PYKE : PRE 1900, London, ENG **[45227]** : 1700-1790, Axminster, DEV, ENG **[38980]** : 1700-1730, Upottery, DEV, ENG **[38980]** : 1791-1860, Farnham, SRY, ENG **[38980]**
PYLE : Thomas, 1700S, Whitchurch, HAM, ENG **[39730]** : C1816, Marylebone & St.Pancras, LND, ENG **[40663]**
PYM : ALL, Topsham, DEV, ENG **[18168]**
PYMAN : 1840+, Adelaide & Kapunda, SA, AUS **[43523]** : Thomas, 1790, Stowmarket & Creeting St.Mary, SFK, ENG **[43523]**
PYMM : 1800+, Westminster, LND, SRY & MDX, ENG **[30248]**

PYNE : 1860+, Grenfell, Mudgee & Sydney, NSW, AUS [31116] : PRE 1756, Bristol, GLS, SOM & DEV, ENG [10001] : 1872+, Plumstead, KEN, ENG [13984] : ALL, CLA, IRL [32720] : 1755+, NOR [10001]
PYNEGAR : ALL, WORLDWIDE [40042]
PYNER : ALL, WORLDWIDE [39386]
PYNIGAR : 1830, Nottingham, NTT, ENG [17884]
PYOT : 1700+, Inverkeilor, ANS, SCT [10698]
PYOTT : C1700, ELN, SCT [20923]
PYPER (see : Subjects I:), [14880]
PYRAH : PRE 1820, Adwalton, WRY, ENG [19064] : 1828-1894, Dewsbury, YKS, ENG [98660]
PYRKE : 1800+, Battersea, SRY, ENG [10330] : 1830+, Newington, SRY, ENG [10330]
QUADLING : ALL, Attleborough, NFK, ENG [42745]
QUAID : 1800-1900S, KIK, IRL [21195] : 1900S, NZ [21195]
QUAIFE : 1875+, Rockhampton & Townsville, QLD, AUS [11319] : 1776+, Tudely, Brenchley & Maidstone, KEN, ENG [11319]
QUAIL : C1880S, Cooma, NSW, AUS [10350] : 1890, Strangford, DOW, IRL [24382] : PRE 1920, Glasgow, LKS, SCT [24382]
QUAIT : 1800+, Storrington, SSX, ENG [20967]
QUANCE : PRE 1750, Spreyton, DEV, ENG [19641]
QUANDT : 1700-1800+, Schurow, POM, GER [25469] : 1900+, Wayne Co., MI, USA [25469]
QUANTOCK : ALL, WORLDWIDE [38019]
QUARENDON : ALL, WORLDWIDE [20416]
QUARMAN : 1790+, Bristol, GLS, ENG [10886]
QUARMBY : 1750-1850, Almondsbury, YKS, ENG [36033]
QUARRELL : 1800-1900, DOR, HAM & SOM, ENG [44241]
QUARREY : ALL, WORLDWIDE [24878]
QUARRIE : 1750-1880, Hownam, ROX, SCT [20470] : ALL, WORLDWIDE [24878]
QUARRY : C1750, Stanbridge, BDF, ENG [24878] : C1700, Edlesborough, BKM, ENG [24878] : 1750-1800, Elstree, HRT, ENG [24878] : ALL, WORLD-WIDE [24878]
QUARTERMAIN : PRE 1850, ENG [30446] : Thos & Mary, 1790, Romford, ESS, ENG [38449] : Mary Ann, 1791, Romford, ESS, ENG [38449] : Thomas, 1797, Romford, ESS, ENG [38449]
QUARTERMAINE : 1600-1750, BKM & OXF, ENG [38307] : 1700+, OXF, ENG [40042]
QUARTERMAN : ALL, NZ [39891]
QUARY : ALL, WORLDWIDE [24878]
QUAST : PRE 1870, GER [14030]
QUAYLE : ALL, LAN, ENG [45830] : ALL, IOM [46440] : ALL, IOM [45830] : PRE 1900, Peel, IOM [45054]
QUEEN : PRE 1877, Kilmarnock, AYR, SCT [25672] : Catherine, 1888+, Glasgow, LKS, SCT [29745]
QUELCH : 1878+, Charters Towers, QLD, AUS [14194] : 1800+, LND, ENG [44998] : 1865+, Harrow, MDX, ENG [14194] : 1840+, Ibstone, OXF, ENG [14194] : 1500+, OXF & BRK, ENG [27039] : 1855+, Compton, SRY, ENG [14194] : Phil, 1817, Petworth, SSX, ENG [31018]
QUESNEL : PRE 1870, Masham & Bristol, QUE, CAN [42927]
QUESSY : Roger, 1650+, Acadia, PEI & NS, CAN [10261] : 1758+, St.Malo & St.Servan, IL. ET VILAINE, FRA [10261] : 1788+, MAURITIUS [10261] : 1788+, REUNION [10261] : 1788+, Mahe & Silhouette Island, SEYCHELLES [10261]
QUESSY (see One Name Section) [10261]
QUESTED : 1850+, Action, MDX, ENG [13853]
QUICK : William, 1841+, Maitland, NSW, AUS [42724] : PRE 1750, Madron, CON, ENG [39464] : 1700S+, St.Ives, CON, ENG [33331] : James, 1790+, Cruwys Morchard, DEV, ENG [34140] : Caleb, 1700S-1800S, Poughill, DEV, ENG [34140] : Wm & Grace, 1720S-1788, Poughill Area, DEV, ENG [34140] : John, 1824-1900+, Tiverton, DEV, ENG [34140] : 1800-1810, Holborn, LND, ENG [36821]
QUIGG : 1848+, Canterbury, NSW, AUS [11462] : PRE 1848, Dunseverick, ANT, IRL [11462] : PRE 1860, Kilrea, LDY, IRL [44639]
QUIGGIN : PRE 1900, TAS & VIC, AUS [10145] : 1850-1860, London, ONT, CAN [10145] : 1850-1860, Loughborough Twp, ONT, CAN [10145] : PRE 1800, Kirk Michael, IOM [10145]
QUIGLEY : James, 1870+, Taroom, QLD, AUS [30950] : 1800+, QLD, NSW & ANT, AUS & IRL [40480] : 1830+, Renfrew Co., ONT, CAN [42927] : Thomas B., 1700+, London, ENG [30950] : PRE 1830, IRL [42927] : 1830+, Boyle or Claire, ROS, SLI & MEA, IRL [10705] : John, 1810+, Borrisokane, TIP, IRL [30950] : C1835, Fethard, TIP, IRL [39617] : Bridget, 1800+, Nenagh, TIP, IRL [13101] : Joseph, PRE 1830, Wexford, WEX, IRL [31904] : C1875, New Plymouth, TNK, NZ [39617] : 1830-1866, TAHITI [31904]
QUILLIAM : 1700S, Patrick, IOM [11411]
QUILLINAN : 1840+, Carron, TIP, IRL [34626] : PRE 1840, Clonoulty, TIP, IRL [14197]
QUILTER : C1820-1840, London, ENG [19585] : 1700-1850, ESS, ENG [26335] : Peter, PRE 1820, ESS, ENG [17687] : C1800-1820, Springfield, ESS, ENG [19585] : Mary, C1780, St.Osyth, ESS, ENG [27686]
QUIN : 1860+, TAS, AUS [36643] : 1700+, IRL [21231] : C1830, ARM, IRL [41443] : 1800+, CAV, IRL [21431] : PRE 1839, Charleville, COR, IRL [31695] : ALL, LDY, IRL [16757] : 1839-1899, TYR, IRL [32314] : 1800+, Lanark, LKS, SCT [16757]
QUINBY : 1800+, Mitcham, SRY, ENG [29092]
QUINCE : 1853+, Binda, NSW, AUS [14032] : 1790+, Gosberton, LIN, ENG [14032] : 1820+, Quadring, LIN, ENG [14032]
QUINE : ALL, London, ENG [39530] : ALL, Lonan, IOM, UK [39530] : ALL, Santon & Douglas, IOM, UK [39530]
QUINEY : PRE 1800, Salford Priors, WAR, ENG [30138] : PRE 1800, Stratford upon Avon, WAR, ENG [10699] : 1700+, Feckenham, WOR, ENG [97801]
QUINLAN : C1860, Gundagai, NSW, AUS [14197] : 1865+, Sydney, NSW, AUS [11839] : ALL, Sydney, NSW, AUS [21173] : PRE 1850, London, MDX, ENG [36543] : C1810, Buttevant, COR, IRL [31761] : Thomas, 1790+, Ballyragget, KIK, IRL [25700] : 1820+, Kilmallock, LIM, IRL [34641] : Michael, 1800+, TIP, IRL [46391] : 1830, Cashel, TIP, IRL [20641] : Johanna, 1800+, Clonmel & Cashel, TIP, IRL [14163] : C1820, Clonoulty, TIP, IRL [14197] : PRE 1900, Toomevara, TIP, IRL [21254] : PRE 1849, IRL & AUS [10280]
QUINN : William, 1810, Maitland, NSW, AUS [31904] : 1841, Maitland, NSW, AUS [31904] : Mona, 1931+, Sydney, NSW, AUS [29939] : 1880+, Tumbarumba, NSW, AUS [41435] : Patrick, 1842+, TAS, AUS [12574] : Michael, 1870+, Inverleigh & Geelong, VIC, AUS [12467] : Honora, 1870+, Inverleigh & Geelong, VIC, AUS [12467] : Edward, 1800-2000, YKS, ENG [19368] : 1800-1860, Hartlepool, YKS, ENG [22305] : 1820-1900, Bolton, LAN, ENG & IRL [44045] : 1820+, Inagh, CLA, IRL [13828] : ALL, DON, IRL [16757] : Sarah, PRE 1868, Meenagrave & Binmore, DON, IRL [26823] : ALL, LDY, IRL [16757] : C1800, MOG, IRL [34543] : Bridget, 1830+, Tullamore, OFF, IRL [10564] : Bridget, 1800+, TIP, IRL [12653] : ALL, TYR, IRL [16757] : C1825, TYR, IRL [41511] : 1800+, Moortown & Arboe, TYR, IRL [12420] : 1870+, Newton Stewart, TYR, IRL [20862] : 1800+, KIK & KID, IRL & AUS [33921] : 1800+, Lanark, LKS, SCT [16757]
QUINNELL : PRE 1800, KEN, SSX & SRY, ENG [30093]
QUINONES : C1850, ESP [46467]

QUINTON : 1790+, ENG **[46451]** : ALL, Downton, WIL & LND, ENG **[19766]**
QUIRK : C1889+, Swan Hill & Kerang, VIC, AUS **[34321]** : 1840+, Bristol, GLS, ENG **[25529]** : 1750-1850, Liverpool, LAN, ENG **[30870]** : John, PRE 1854, Cork, COR, IRL **[45127]**
QUIRKE : Patrick, 1800S, Banagher, OFF, IRL **[30701]** : John J., 1880-1941, Birr & Parsonstown, OFF, IRL **[30701]**
QUY : Simon, ALL, ESS, ENG **[17687]**
QUYE : 1800+, Barking & East Ham, ESS, ENG **[37110]**
RAABE : 1860+, QLD, AUS **[45087]** : 1870-1970, Bendigo, VIC, AUS **[27769]**
RAATZ : 1800+, Dammlang, WPR, GER **[98637]**
RABBETTS : PRE 1820, WIL, ENG **[18096]**
RABBITS : PRE 1800, Kingsclere, HAM, ENG **[43033]** : 1700S-1800S, Maningford Bruce, WIL, ENG **[34140]**
RABEY : James, 1827-1895, St.Arnaud, VIC, AUS **[39212]**
RABIG : 1870+, Windorah, QLD, AUS **[26833]**
RABJOHN : 1878+, Ontario Twp, ONT, CAN **[46301]** : PRE 1878, Ecclesall B., YKS, ENG **[46301]**
RABJOHNS : 1840-1990, NSW, AUS **[43805]** : ALL, ENG **[39920]** : 1600-1900S, Bradninch, DEV, ENG **[43805]** : 1600-1900, Bromley, KEN, ENG **[43805]** : ALL, WORLDWIDE **[43805]**
RABJOINT : 1700, North Bovey, DEV, ENG **[40257]**
RABOT : 1800, St.Pierre, FRA **[45280]**
RABY : 1887-1948, Brisbane, QLD, AUS **[32314]** : 1850+, North, ENG **[12141]** : Anne, 1790+, North Newbold, ERY, ENG **[21915]** : C1870, Foston, LIN, ENG **[31332]** : James, 1700+, Norwich, NFK, ENG **[39212]** : John, 1762-1830, Norwich, NFK, ENG **[39212]** : Robert, 1800+, Great Oakley, NTH, ENG **[12141]** : 1800+, Kettering, NTH, ENG **[12141]** : ALL, Tallow Hill, WOR, ENG **[97801]** : 1830S-1887, Morley, YKS, ENG **[32314]**
RABY (see LARABIE) : **[15298]**
RABY (see One Name Section) **[39212]**
RACE : PRE 1920, ENG **[43863]** : PRE 1776, Middleton & Teesdale, DUR, ENG **[40529]** : PRE 1860, Wells, NFK, ENG **[38826]**
RACEY : ALL, WORLDWIDE **[19585]**
RACHELSON : PRE 1900, London, MDX, ENG **[19854]**
RACHER : ALL, WORLDWIDE **[30981]**
RACKLEY : ALL, Rickmansworth, HRT, ENG **[18260]**
RACKLIFF : ALL, Rickmansworth, HRT, ENG **[18260]**
RACKSTRAW : 1717+, London, ENG **[27919]** : Martha, 1854+, High Wycombe, BKM, ENG **[10650]** : Samuel, C1832, High Wycombe, BKM, ENG **[10650]**
RACLIFFE : Joseph, 1859+, Burslem & Hanley, STS, ENG **[46370]**
RACZ : 1910, HUNGARY **[24382]**
RADBOURN : 1800-1850, OXF, ENG **[46348]**
RADCLIFFE : 1850+, Fryers Creek, VIC, AUS **[10394]** : 1750-1850, IOM **[46440]** : PRE 1900, Andreas, IOM **[45054]**
RADDE : 1800S, Schurow, POM, GER **[25469]**
RADDEKER : ALL, WORLDWIDE **[33816]**
RADFORD : 1852+, Paddington, NSW, AUS **[42905]** : PRE 1850, DEV, ENG **[39647]** : 1800-1900, Brandinch, DEV, ENG **[44946]** : 1882, Chettiscombe & Tiverton, DEV, ENG **[36244]** : 1790+, Exeter, DEV, ENG **[45982]** : ALL, Tiverton, DEV, ENG **[44815]** : 1800+, Warkleigh, DEV, ENG **[45982]** : 1800-1845, KEN, ENG **[17191]** : PRE 1735, Potterhanworth, LIN, ENG **[19902]** : Seaton, 1880+, Camberwell, LND, ENG **[45847]** : 1830-1860, Shoreditch, LND, ENG **[18001]** : 1800+, Great Bradley, SFK, ENG **[45847]** : 1850, Milverton, SOM, ENG **[36244]** : 1870-1930, Peckham & Camberwell, SRY, ENG **[45847]** : Elizabeth, PRE 1680, Wadhurst, SSX, ENG **[36265]**
RADIGAN : 1850+, Waterloo, ONT, CAN **[15521]** : PRE 1850, Elphin, ROS, IRL **[15521]**
RADLEY : 1800-2000, ESS, ENG **[14463]** : 1800S, St.Pancras, LND, ENG **[40668]** : 1762, Morden, SRY, ENG **[45754]**
RADMORE : ALL, WORLDWIDE **[36180]**
RADMORE (see One Name Section) **[36180]**
RAE : Walter, 1905+, AUS **[10731]** : 1850, Emerald Hill, VIC, AUS **[13833]** : C1860, Liverpool, LAN, ENG **[10731]** : 1760-1860, ENG & AUS **[43800]** : Walter, C1880, Liverpool, LAN, ENG & AUS **[10731]** : 1800-1890, DON, IRL **[34349]** : PRE 1820, Aberdeen, ABD, SCT **[26173]** : James, PRE 1830, Aberdeen, ABD, SCT **[43941]** : James, 1850-1855, Corpach, ARL, SCT **[41468]** : James, PRE 1850, Alvah, BAN, SCT **[41468]** : ALL, Edrom & Gavinton, BEW, SCT **[46339]** : James, 1818-1833, Alloa, CLK, SCT **[41468]** : 1750-1850, Canonbie, DFS, SCT **[45920]** : PRE 1860, Thornhill, DFS, SCT **[42752]** : PRE 1833, Glasgow, LKS, SCT **[14030]** : 1800+, Edinburgh, MLN, SCT **[39015]** : C1820, Edinburgh, MLN, SCT **[40807]** : James, PRE 1830, Stirling, STI, SCT **[43941]**
RAEBURN : 1900+, NZ **[14440]** : PRE 1825, ELN, SCT **[31186]**
RAFFERTY : 1864+, Grafton, NSW, AUS **[46369]** : 1860+, NSW & VIC, AUS **[20862]** : C1864, VIC, AUS **[46369]** : 1850+, ARM, IRL **[20862]**
RAFTERY : 1820-1850, Bethnal Green, MDX, ENG **[38970]**
RAGEN : 1891+, Sydney, NSW, AUS **[10345]**
RAGG : 1700+, Leatherhead, SRY, ENG **[21221]**
RAGUSINI : PRE 1900, Trieste, ITL **[36842]**
RAHAL : PRE 1853, CAV, IRL **[13143]**
RAHIL : PRE 1853, CAV, IRL **[13143]**
RAIFSTANGER : ALL, WORLDWIDE **[11476]**
RAILTON : 1800+, CUL, ENG **[99570]** : 1800+, Manchester, LAN & NTT, ENG **[46315]** : PRE 1850, Ham, SRY, ENG **[28494]**
RAIMENT (see Rayment : One Name), **[41641]**
RAIMOND (see Rayment : One Name), **[41641]**
RAINALS : C1800, SRY, ENG **[99106]**
RAINBIRD : 1860+, AUS **[17697]** : PRE 1800, SFK, ENG **[17697]**
RAINBIRD (see One Name Section) **[17697]**
RAINBOW : 1750+, Hampstead & Marylebone, LND, ENG **[10399]** : Josiah, C1801, Adderbury, OXF, ENG **[28151]**
RAINBURD : PRE 1800, North Weald, ESS, ENG **[41163]**
RAINDELL : PRE 1850, Crewkerne, SOM, ENG **[30491]**
RAINE : 1700+, CUL & DUR, ENG **[10775]** : PRE 1876, DUR, ENG **[46374]** : Dora, 1900+, Sunderland, DUR, ENG **[46400]** : 1700+, Washington & Penshaw, DUR, ENG **[28269]** : Isaac, 1810S, Middleton in Teesdale, NBL, ENG **[10297]**
RAINER : 1800, London, ENG **[13407]** : ALL, Bilsington, KEN, ENG **[33279]** : Brigitta, 1878+, EUROPE **[16802]**
RAINES : William, 1800-1870, ENG **[30111]** : 1800+, Castle Rising, NFK, ENG **[44948]** : 1800-1840, Ballyhay, COR, IRL **[42863]** : 1650-1830, Mallow & Cork, COR, IRL **[30111]**
RAINEY : Samuel, PRE 1900, Port Arthur, TAS, AUS **[31676]** : Jas & Isabella, 1800-1852, ANT, IRL **[12716]** : PRE 1850, Fernisky, ANT, IRL **[14422]** : Samuel, PRE 1828, Donaghadee, DOW, IRL **[31676]**
RAINFORD : PRE 1900, Wirral, CHS, ENG **[39416]** : 1800, Weeton, LAN, ENG **[28239]**
RAINFORTH : 1700-1800, LIN, ENG **[28340]**
RAINHAM : 1840+, NSW, AUS **[27634]** : PRE 1840, Gravesend, KEN, ENG **[27634]**
RAINS : 1800S, Little Addington, NTH, ENG **[26264]** : 1700S, Wollaston, NTH, ENG **[26264]**
RAINSFORD : PRE 1900, Athy, KID, IRL **[14351]**

RAISBECK : PRE 1800, ENG **[18354]**
RAISEY : ALL, WORLDWIDE **[19585]**
RAISIN : PRE 1800, SOM, ENG **[31116]** : ALL, Hatfields, WRY, ENG **[44815]**
RAISON : C1830, Dinnington, SOM, ENG **[10565]** : 1800-1900, Milborne Port, SOM, ENG **[46409]**
RAISTRICK : 1750-1900, WRY, ENG **[45749]** : 1750-1900, Idle & Calverley, WRY, ENG **[33347]** : PRE 1850, Idle & Thackley, WRY, ENG **[13481]** : ALL, Bradford, YKS, ENG **[46429]**
RAIT : 1890+, London, ENG **[34582]** : Mary, 1800, Cruden, ABD, SCT **[10318]**
RAITHBY : ALL, LIN, ENG **[45204]**
RALEVICH : ALL, BELORUSSIA **[31826]**
RALEVICIUTE : ALL, BELORUSSIA **[31826]**
RALF : 1800+, Zarpen, SHO, GER **[14513]**
RALFS : 1819-1835, Kingston, ONT, CAN **[42940]** : ALL, ENG **[42940]** : 1850+, Liverpool, LAN, ENG **[30120]** : 1835-1853, Amesbury, WIL, ENG **[42940]**
RALLEY : PRE 1800, WAR, ENG **[39336]**
RALLINGS : 1900+, AUS **[10581]** : PRE 1900, London, MDX, ENG **[10581]**
RALPH : Wilhelmina, 1890+, Richmond, VIC, AUS **[12650]** : PRE 1800, Crowan, CON, ENG **[18606]** : 1815+, St.Agnes, CON, ENG **[25070]** : 1800S, KEN, ENG **[46220]** : James, C1835, KEN, ENG **[12025]** : PRE 1890, Boughton Blean & Faversham, KEN, ENG **[18639]** : 1745, Maidstone, KEN, ENG **[22558]** : 1810+, Preston by Wingham, KEN, ENG **[33506]** : Hannah, PRE 1843, IRL **[40057]** : C1850, River Hutt, NZ **[12025]** : 1750+, New York City, NY, USA **[22558]**
RALPHS : (Born At Sea), 1840+, Balmain & Sydney, NSW, AUS **[10839]** : PRE 1800, Shrewsbury, SAL, ENG **[30310]**
RALSTON : PRE 1900, Glasgow, LKS, SCT **[43923]** : William, C1700, Auchenlorlie & Paisley, RFW, SCT **[13014]**
RALTON : PRE 1850, Ham, SRY, ENG **[28494]**
RAMAGE : James, ALL, VIC, AUS **[12884]** : 1840+, Violet Town & Melbourne, VIC, AUS **[12884]** : 1854+, Ollera & Guyra, NSW, AUS & SCT **[42600]** : 1800S, Glasgow, SCT **[11715]** : James, PRE 1860, Maybole, AYR, SCT **[12884]** : PRE 1860, ELN & MLN, SCT **[38309]** : C1800+, FIF, SCT **[36607]** : C1855, Fossoway, KRS, SCT **[10634]** : Hugh, 1750+, Edinburgh, MLN, SCT **[28190]** : 1768+, Eddleston, PEE, SCT **[98674]** : Hugh, 1805+, Tarbat by Fearn & Edinburgh, ROC, SCT **[28190]** : 1700+, Biggar, Lanark & Cambusnethan, LKS, SCT & AUS **[42600]**
RAMAGH : 1790-1850, LDY, IRL **[46388]**
RAMM : ALL, Horncastle, LIN, ENG **[28585]**
RAMPLIN : ALL, SFK, ENG **[30022]**
RAMPLING : 1858+, Stonham Earl, SFK, ENG **[43792]**
RAMPONI : Angelo, 1898+, Benno, ITL **[25310]**
RAMPTON : PRE 1750, Monk Sherborne, HAM, ENG **[10493]** : Anthony, PRE 1850, Monk Sherborne, HAM, ENG **[11650]** : 1700-1910, Whitchurch & Overton, HAM, ENG **[10850]**
RAMSAY : 1830+, Hobart, TAS, AUS **[43656]** : 1800+, Puslinch, ONT, CAN **[15931]** : 1835-1900, Great Shelford, CAM, ENG **[45036]** : PRE 1805, NBL, ENG **[44014]** : PRE 1800, Norwich, NFK, ENG **[45036]** : 1800-1865, Bury St.Edmunds, SFK, ENG **[45036]** : C1800+, Lincoln, LIN & NSW, ENG & AUS **[33097]** : 1880S, Drummuck, ANT, IRL **[36655]** : 1800+, Kells, ANT, IRL **[36655]** : John, 1830-1869, Aberdeen, ABD, SCT **[33584]** : Agnes, 1830+, Dundee, ANS, SCT **[16938]** : Janet, C1837, Kirriemuir, ANS, SCT **[10706]** : 1900-1920, Ballantrae, AYR, SCT **[20958]** : 1780-1850, Dalmellington, AYR, SCT **[20958]** : PRE 1881, Dounune, AYR, SCT **[25755]** : 1780-1850, Straiton, AYR, SCT **[20958]** : Ann, C1825, Glasgow, LKS, SCT **[12639]**
RAMSBOTTOM : 1834-1898, LAN, ENG **[42168]** : 1800+, Ramsbottom, LAN, ENG **[46433]**

RAMSDALE : 1700-1900, Carlton, NRY, ENG **[26629]** : PRE 1800, YKS, ENG **[25969]**
RAMSDELL : PRE 1830, Washington Co., ME, USA **[22262]**
RAMSDEN : 1700-1800, Enfield, MDX, ENG **[28149]** : 1750-1800, Sheffield, WRY, ENG **[12641]** : 1850+, Shipley, WRY, ENG **[26752]** : 1800+, Calverley, YKS, ENG **[20975]**
RAMSELL : ALL, ENG **[44300]**
RAMSEY : Mary, 1750-1850, Lanchester, DUR, ENG **[17907]** : 1750-1850, MDX, ENG **[44078]** : James, 1816+, London, MDX, ENG **[99106]** : 1850+, Buckna, ANT, IRL **[36655]** : 1800S, Carnstroan, ANT, IRL **[36655]** : 1800S, Tullaghgarley, ANT, IRL **[36655]**
RAMSTEAD : C1800, Stepney, LND, ENG **[28149]**
RAMSTEADT : 1851+, South Hamlet, GLS, ENG **[38970]**
RANCE : ALL, ENG **[25992]** : James, 1866-1920, London, ENG **[46426]** : Fanny, 1804-1888, High Wycombe & Wimbledon, BKM & SRY, ENG **[27081]** : Henry, 1780-1830, Abingdon, BRK, ENG **[46426]** : C1830-1940, Fulham, LND, ENG **[22070]** : 1857, St.George Hanover Square, MDX, ENG **[27719]** : Frederick, 1824-1840, Dunshaughlin, MEA, IRL **[46426]** : Cilla, 1855-1870, Valetta, MALTA **[46426]** : Henry, PRE 1929, Cook Town, IL, USA **[46426]**
RAND : 1840+, Stratford, ESS, ENG **[46430]** : 1600-1900, SFK, ENG **[19750]** : PRE 1900, SFK, ENG **[39312]**
RANDA : 1885-1920S, Lom, OPPLAND, NOR **[99433]**
RANDAL : PRE 1830, Morton in Marsh, GLS, ENG **[14120]** : Rebecca, C1780, SSX, ENG **[12165]**
RANDALL : PRE 1950, Hobart, TAS, AUS **[11873]** : PRE 1950, ENG **[11873]** : 1700-1800, BDF, ENG **[26335]** : PRE 1800, Cranfield, BDF, ENG **[42745]** : C1700-2000, Wing & Toddington, BKM & BDF, ENG **[22070]** : 1800+, Appleford, BRK, ENG **[30324]** : C1811, Lyme Regis, DOR, ENG **[31761]** : ALL, Weymouth, DOR, ENG **[41590]** : PRE 1860, Margaret Roding, ESS, ENG **[12707]** : 1780+, Dursley, GLS, ENG **[32882]** : PRE 1800, KEN, ENG **[20458]** : PRE 1800, Chiddingstone & Penshurst, KEN, ENG **[20458]** : 1700S, Isle of Sheppey, KEN, ENG **[12915]** : 1820+, Stow, LIN, ENG **[25529]** : 1870+, Bethnal Green, LND, ENG **[18020]** : 1750-1800, Chelsea, MDX, ENG **[30488]** : 1880+, Charsfield, SFK, ENG **[33846]** : John Griffith, 1833, Ipswich, SFK, ENG **[36592]** : PRE 1750, Witley, SRY, ENG **[36246]** : 1750-1850, Chichester, SSX, ENG **[44078]** : PRE 1844, Trowbridge, WIL, ENG **[28568]** : 1800+, Toronto, DOR & WIL, ENG & WORLDWIDE **[19588]**
RANDALL (see : Randle), **[12641]**
RANDALS : 1800S, Ballymena, ANT, IRL **[36655]**
RANDLE : C1700-2000, Wing, BKM, ENG **[22070]** : Ann, 1800-1830, Barwell, LEI, ENG **[17203]** : 1760+, Hartwell, NTH, ENG **[41037]** : PRE 1820, WAR, ENG **[39336]** : 1800+, Bedworth, WAR, ENG **[30107]** : C1825, Bedworth, WAR, ENG **[18529]** : 1600-1750, Ombersley, WOR, ENG **[12641]** : 1830, Coventry, WAR, ENG & AUS **[10715]**
RANDLES : Lucinda, 1890+, Loraine, OH, USA **[33952]**
RANDS : ALL, ENG **[46218]** : PRE 1830, Strood, KEN, ENG **[46211]** : PRE 1900, SFK, ENG **[39312]**
RANFORD : 1850+, AUS **[39027]** : ALL, ENG **[39027]** : Eli, 1819+, North Cerney, GLS, ENG **[45999]**
RANGELEY : ALL, ENG **[34716]**
RANGER : Thomas, PRE 1650, SSX, ENG **[39651]**
RANKEN : 1750+, Lisboy, DRY, IRL **[35649]**
RANKIN : 1800+, Tibooburra, NSW, AUS **[35988]** : C1850, Kangaroo Point, QLD, AUS **[14120]** : 1850+, VIC, AUS **[26228]** : Dorothy, 1919+, VIC, AUS **[11716]** : 1850+, Melbourne & Ballarat, VIC, AUS **[10838]** : 1891+, St.Mary Cray, KEN, ENG **[13230]** : 1830-1830, Dublin, IRL **[99187]** : C1880, Blenheim, NZ **[11716]** : 1800+, Dunoon & Kilmun, ARL, SCT

[99832] : PRE 1850, Oban, ARL, SCT [26228] : PRE 1774, Tobermory, ARL, SCT [16938] :1720+, Gamrie, BAN, SCT [14880] : PRE 1775, Calton Barony, LKS, SCT [14120] : 1800+, Glasgow, LKS & ARL, SCT [13461] : 1800+, RFW, SCT [28813] : 1806, RFW, SCT [99187] : Paul, 1850+, Linwood & Paisley, RFW, SCT [10822] : PRE 1850, Paisley, RFW, SCT [11716] : ALL, KY & VA, USA [24168] : 1826, PA, USA [22565]

RANKINE : 1800-1850, Moorefield, KID, IRL [21906] : C1809, Berwick, BEW, SCT [14030] : C1834, New Monkland, LKS, SCT [14030]

RANN : John, C1700, Birmingham, WAR, ENG [28141] : James, PRE 1750, Birmingham, WAR, ENG [28141]

RANNARD : ALL, ENG [10801]

RANNSBURG : ALL, Aachen, BRD [29570]

RANSBY : 1700-1800, ESS & SFK, ENG [10646]

RANSFORD : 1718+, Lincoln Inn Chapel, Holborn, MDX, ENG [21207]

RANSLEY : ALL, ENG [21505] : 1860+, NZ [21505]

RANSOM : PRE 1858, Balmain, NSW, AUS [10232] : PRE 1800, KEN, ENG [45881] : 1750+, Lenham, KEN, ENG [21741]

RANSOME : 1830S, Boughton, KEN, ENG [28013] : 1750-1870, NFK, ENG [28609] : Samuel, 1843+, Shernborne, NFK, ENG [25654] : ALL, Shernbourne, NFK, ENG [46447]

RANSON : 1790+, Sunderland, DUR, ENG [17874] : PRE 1785, Wainfleet & Thorpe St.Peter, LIN, ENG [41477] : C1795-1820, Hitcham, SFK, ENG [46457] : 1870-1950, Karachi, INDIA [30071]

RANTENBERG : PRE 1849, Potsdam, BRA, GER [14472]

RANTOUL : ALL, Sunderland, DUR, ENG [39272]

RAPCHUK : George, PRE 1896, OES [99545]

RAPER : C1835, Sydney, NSW, AUS [29479] : C1840+, QLD & NSW, AUS [11860] : C1833, Hobart, TAS, AUS [29479] : John, PRE 1820, York, ERY, ENG [17763] : C1800-1850S, Bristol, GLS, ENG [11860] : 1700+, YKS, ENG [40042] : 1800S+, YKS, ENG [33007] : Henry, PRE 1654, Pickhill, YKS, ENG [17763] : C1800, Dublin, IRL [29319]

RAPHAEL : Rebecca, C1733, Genoa, ITL & GIBRALTA [30246] : ALL, WORLDWIDE [46446]

RAPHELL : 1780+, Westcote, GLS, ENG [45866]

RAPKINS : PRE 1800, Whitchurch, OXF, ENG [15464]

RAPLEY : 1818-1830, Transported, NSW, AUS [40505] : PRE 1850, LND, ENG [31186]

RAPP : C1850, London, MDX, ENG & GER [10350] : C1770, Colmar, ALS, FRA [10350] : C1830, Kritznast, BAV, GER [10350] : 1800S, Imsbach, RPR, GER [25469] : 1900+, Wayne Co., MI, USA [25469]

RAPPORT : PRE 1890, Bialystock, POL & SU [30488]

RAPSON : Edward, C1725, Illogan, CON, ENG [13153] : PRE 1900, Illogan & St.Gluvias, CON, ENG [41477]

RAREDON : ALL, Bournemouth, HAM, ENG [31152] : ALL, Westminster & St.Pancras, MDX & LND, ENG [31152]

RASBERRY : Walter, 1857+, Gayton, NFK, ENG [25654]

RASDELL : PRE 1855, Dublin, IRL [43525]

RASEY : ALL, WORLDWIDE [19585]

RASHLEIGH : PRE 1870+, Ballarat, VIC, AUS [12728] : 1600-1750, CON, ENG [21597]

RASHLEY : 1690S, Constantine, CON, ENG [12318]

RASKI : 1800+, Zarpen, SHO, GER [14513]

RASMUSSEN : C1853, Nysted, LOLLAND, DEN [14030] : Ane Marie, 1890-1930S, Perry, UT, USA [45360]

RASON : Elizabeth, 1816-1882, ONT, CAN & ENG [15513]

RASTIN : William, C1850+, Southampton, HAM, ENG [25642]

RASTRICK : 1650-1900, WRY, ENG [45749]

RATASCHAK : PRE 1933, Bremen, BRM, BRD [23518]

RATCLIFF : 1660-1800, Duffield & Mackworth, DBY, ENG [19713] : ALL, Sandwich & Woodnesborough, KEN, ENG [32230] : ALL, DEV, ENG & AUS [44294]

RATCLIFF(E) : George, PRE 1856, Burslem & Hanley, STS, ENG [46370]

RATCLIFFE : PRE 1880, Great Missenden, BKM, ENG [13546] : 1700-1900, Bishops Teignton, DEV, ENG [19513] : 1800+, Dover, KEN, ENG [18329] : 1800S, LAN, ENG [34704] : Jas, 1800+, Manchester, LAN, ENG [13229] : C1800, Rochdale, LAN, ENG [22536] : Mary, 1860+, Burslem & Hanley, STS, ENG [46370] : Elijah, PRE 1856, Burslem & Hanley, STS, ENG [46370] : ALL, Worcester, WOR, ENG [18168] : 1790+, Kilburn, YKS, ENG [20975]

RATFORD : ALL, ESS, ENG [15409]

RATHBONE : C1910+, ESS, MDX & LND, ENG [31902] : 1887+, Birmingham, WAR, ENG [46373] : ALL, CHS, ENG & IRL [20824]

RATHBORN : ALL, CHS, ENG & IRL [20824]

RATHBOURNE : 1750-1850, Manchester, LAN, ENG [18606]

RATHJE : 1770-1850, Oldenburg, OLD, GER [25830]

RATHNOW : PRE 1854, Berlin, BLW & BLO, BRD & DDR [11062] : C1800-1860, PRE, GER [11062]

RATHS : 1730-1800, Corschenbroich, RPR, GER [33347]

RATTEI : PRE 1870, Neckla Hauland, POSEN, POL [14012]

RATTENBURY : 1750+, Iddesleigh, DEV, ENG [17532] : ALL, WORLDWIDE [29810]

RATTER : C1776, Shetland, SHI, SCT [19497]

RATTERY : PRE 1837, Gateshead, NBL, ENG [42645] : PRE 1837, SCT [42645]

RATTEY : PRE 1900, HAM, ENG [43727] : PRE 1870, Posen, POS, POL [14012]

RATTLE : 1800+, Ipswich, SFK, ENG [32391] : PRE 1800, Woodbridge & Melton, SFK, ENG [32391] : William, C1800, Bath & Bristol, SOM, ENG [11718]

RATTRAY : 1800-1960, CAN & USA [17012] : 1700+, Dundee, ANS, SCT [21854] : James, C1818, Dundee, ANS, SCT [22203] : James, C1840-1897, Kirriemuir, ANS, SCT [32243] : 1900+, Long Beach, CA, USA [17012]

RATTUE : 1700-1930, Laverstock, WIL, ENG [41136]

RAVELL : PRE 1800, Bungay, SFK, ENG [46399]

RAVEN : 1880S, Strzelecki, VIC, AUS [12318] : 1750, Black Notley, ESS, ENG [17704] : 1820S, LEI, ENG [30972] : PRE 1794, Rockland All Saints, NFK, ENG [19918] : Gervas, C1756, Shelford, NTT, ENG [26870] : 1840S, Schelwig, HAN, GER [12318]

RAVENHILL : 1840+, Hereford, HEF, ENG [10564] : Harriet, 1872+, Manchester, LAN, ENG [10564]

RAVENSCROFT : 1750-1900, London, ENG [39445] : 1825+, Kidderminster, WOR, ENG [46004]

RAVEY : Alice Louisa, 1880-1900, Burton-upon-Trent, STS, ENG [38840]

RAVNELL : ALL, WORLDWIDE [30645]

RAW : 1700+, Swaledale, YKS, ENG [34505]

RAWBONE : 1700-1920, Stockton, WAR, ENG [17436]

RAWCLIFFE : ALL, ENG [45042]

RAWES : 1759+, CUL, ENG [46328]

RAWLE : 1700-1950, ENG [46185] : Samuel, 1810-1890, DEV & CON, ENG [46185] : 1800-1875, MDX, ENG [19461]

RAWLES : 1660-1800, Bere Regis, DOR, ENG [19713]

RAWLING : 1820S, Newcastle-upon-Tyne, NBL, ENG [12950] : 1785, Lockton, NRY, ENG [10209] : 1785, Normanby, NRY, ENG [10209]

RAWLINGS : Frederick, 1914+, Sydney, NSW, AUS [32996] : 1925-2000, Perranzabuloe, CON, ENG [42747] : 1860-1960, St.Allen, CON, ENG [42747] : 1716+, St.Just in Penwith, CON, ENG [45689] : 1750+, Plymouth, DEV, ENG [30107] : PRE 1685, Tiverton,

RAW

DEV, ENG **[21594]** : PRE 1845, Nazing, ESS, ENG **[32017]** : PRE 1794, Stambourne, ESS, ENG **[32017]** : PRE 1850, HEF, ENG **[35619]** : Samuel, PRE 1830, Elton, HEF, ENG **[28742]** : 1700-1770, Much Cowarne, HEF, ENG **[12461]** : C1800, Morborne & Alwalton, HUN, ENG **[10252]** : Frederick, 1888+, LND, ENG **[32996]** : PRE 1880, Newington, LND, ENG **[30022]** : PRE 1848, Edmonton, MDX, ENG **[32017]** : 1700S, Upton, NTH, ENG **[10252]** : PRE 1775, Ilminster, SOM, ENG **[18150]** : PRE 1810, Cubbington, WAR, ENG **[17231]** : PRE 1837, Tachbrook, WAR, ENG **[17231]** : PRE 1806, Calne, WIL, ENG **[26253]** : 1860+, Westland, NZ **[30022]**

RAWLINS : 1829+, NSW, AUS **[26540]** : 1700S, **[27993]** : 1800, Bedford, BDF, ENG **[26540]** : Thomas, 1846+, Exeter, DEV, ENG **[22175]** : 1870S, Bethall, SAL, ENG **[30896]** : ALL, Clun, SAL, ENG **[30896]** : Thomas, 1788-1860, Bath & Wells, SOM, ENG **[32050]** : Wm & George, C1780-1797, Bath & Wells, SOM, ENG **[32050]** : Thomas, 1762, Everley (Everleigh), WIL, ENG **[32050]**

RAWLINSON : 1870+, Hamilton, TAS, AUS **[12467]** : PRE 1790, Blackrod, LAN, ENG **[36983]** : 1700-1800, Kirkby, LAN, ENG **[21973]**

RAWLS : Caroline, C1818, DOR, ENG **[10706]**

RAWLYN : 1610-1720, St.Just in Penwith, CON, ENG **[36435]**

RAWORTH (see ROWORTH) : **[18236]**

RAWSON : 1850-1900, Goulburn, NSW, AUS & IRL **[99047]** : John, 1800+, Cockatoo Island, Sydney, NSW, AUS & NZ **[45943]** : 1750+, Matlock, DBY, ENG **[42643]** : 1770-1840, Basford, NTT, ENG **[13326]** : PRE 1811, Mansfield, NTT, ENG **[25764]** : Hannah, 1730-1800, Nottingham, NTT, ENG **[39060]** : 1708+, Idle & Bradford, WRY, ENG **[13481]** : Thomas, 1770+, Leeds, YKS, ENG **[46246]** : C1822, Edinburgh, MLN, SCT **[35592]**

RAY : PRE 1850, Campbelltown, NSW, AUS **[28210]** : C1800, St.Bees, Whitehaven & Moresby, CUL, ENG **[27868]** : PRE 1850, Sunderland, DUR, ENG **[99036]** : PRE 1750, Wonston & Bullington, HAM, ENG **[10850]** : C1830, Liverpool, LAN, ENG **[34543]** : PRE 1840, Preston, LAN, ENG **[11773]** : 1800+, Poplar & Hackney, MDX, ENG **[19713]** : 1750-1800, Cuddeston & Oxford, OXF, ENG **[12641]** : PRE 1850, Forest Hill & Cuddesdon, OXF, ENG **[38968]** : 1820S, Croydon, SRY, ENG **[46478]** : ALL, Southwark, SRY, ENG **[42362]** : William, PRE 1860, ENG & AUS **[43800]** : 1750+, Belfast, ANT, IRL **[27868]**

RAYBOLD : ALL, WOR, ENG **[41582]**

RAYBOULD : ALL, WOR, ENG **[41582]** : 1797+, Dudley, WOR, ENG **[46273]** : PRE 1880, Dudley, WOR, ENG **[37183]**

RAYCRAFT : 1760+, Bristol, GLS, ENG **[45652]** : 1780-1900, LND, ENG **[19750]**

RAYMANT (see Rayment : One Name), **[41641]**

RAYMEN (see Rayment : One Name), **[41641]**

RAYMENT (see One Name Section) [41641]

RAYMER : Jonathan, PRE 1790, ESS & SFK, ENG **[28907]**

RAYMON : 1800+, Jersey, CHI, UK **[39108]**

RAYMOND : 1890+, AUS **[11166]** : PRE 1920, AUS **[11873]** : 1896+, Coffs Harbour, NSW, AUS **[11060]** : James, 1840+, Paterson & Gresford, NSW, AUS **[11731]** : 1850+, QLD, AUS **[11166]** : 1855+, Burra & Kadina, SA, AUS **[33642]** : C1875, Vevey, VAUD, CH **[19392]** : 1800+, London, ENG **[39506]** : 1780+, Great Torrington, DEV, ENG **[33642]** : 1780+, Whitchurch & Tavistock, DEV, ENG **[33642]** : PRE 1850, Halstead, ESS, ENG **[11873]** : PRE 1840, Great Gransden, HUN, ENG **[13574]** : C1830, Barrow, SOM, ENG **[15776]** : James, 1812-1832, Urchfont, WIL, ENG **[11726]** : PRE 1865, DUB, IRL **[21365]** : PRE 1837, Riversdale, KER, IRL **[37938]** : 1850+, UK **[11166]**

RAYMOND (see Rayment : One Name), **[41641]**

RAYMONT (see Rayment : One Name), **[41641]**

RAYNE : PRE 1854, Edinburgh, MLN, SCT **[46381]**

RAYNER : Thomas, 1840+, Clarence River, NSW, AUS **[13461]** : 1828+, Sydney, NSW, AUS **[11658]** : William, 1767-1850, Norfolk Island & TAS, AUS **[12716]** : 1924, ENG **[46202]** : William, 1724-1786, London, ENG **[12716]** : Samuel John, 1837, London, ENG **[34315]** : 1850-1950, London, ENG **[44078]** : 1700+, Littleport, CAM, ENG **[26022]** : ALL, Chignall St.James, ESS, ENG **[13569]** : PRE 1800, Sandon, HRT, ENG **[39564]** : ALL, KEN, ENG **[33279]** : PRE 1800, KEN, ENG **[36466]** : PRE 1700, Chilham & Challock, KEN, ENG **[41147]** : PRE 1832, Fordwich, KEN, ENG **[36466]** : 1300-1950, Hythe, KEN, ENG **[21088]** : PRE 1800, Sturry, KEN, ENG **[17508]** : Israel, 1775, Manchester, LAN, ENG **[14184]** : 1775+, LIN, ENG **[13461]** : PRE 1880, Kirton, LIN, ENG **[11575]** : 1800+, Bethnal Green, MDX, ENG **[13569]** : PRE 1850, West Tofts, NFK, ENG **[25559]** : PRE 1750, Beccles, SFK, ENG **[42518]** : PRE 1830, Little Cornard, SFK, ENG **[15409]** : 1700S, Rushmere, SFK, ENG **[38285]** : PRE 1800, St.Giles & Camberwell, SRY, ENG **[40868]** : 1800-1900, Wakefield, WRY, ENG **[44963]**

RAYNEY : William, C1810, MDX, ENG **[34321]** : Mary, 1833, London, MDX, ENG **[34321]**

RAYNHAM : C1740, Hitcham, SFK, ENG **[46457]**

RAYNOR : PRE 1900, Bendigo & Halstead, VIC & ESS, AUS & ENG **[11873]** : 1600S, Speen, BRK, ENG **[42466]** : 1900S, Bury, LAN, ENG **[38362]** : 1930S, Bury, LAN, ENG **[38362]** : PRE 1880, Kirton, LIN, ENG **[11575]** : 1875+, NTT, ENG **[42665]** : PRE 1800, NTT, ENG **[45857]** : Charles, 1750, Nottingham, NTT, ENG **[21759]** : Catherine, 1782, Nottingham, NTT, ENG **[21759]** : 1900S, Hoyland, YKS, ENG **[38362]**

RAYSON : 1790S, Wormingford & Fingringhoe, ESS, ENG **[11425]** : 1815+, Hoxne, SFK, ENG **[31079]**

RAZEE : ALL, WORLDWIDE **[19585]**

RAZEY : C1800-50S, Alton, WIL, ENG **[42897]** : ALL, WORLDWIDE **[19585]**

RAZEY (see One Name Section) **[19585]**

REA : Hugh, 1860+, Clarence River, NSW, AUS **[13461]** : Hannah, PRE 1800, London City, MDX, ENG **[18042]** : PRE 1770, Kidderminster, WOR, ENG **[19818]** : 1750+, Ballymena, ANT, IRL **[13461]** : Alexander, 1835, Tulnahinnion, ANT, IRL **[24971]** : 1700-1850, ARM & MOG, IRL **[14296]** : 1860+, Westland, NZ **[30022]**

REABURN : PRE 1825, ELN, SCT **[31186]**

READ : 1818+, NSW, AUS **[41244]** : 1863+, Morpeth, NSW, AUS **[46468]** : 1860+, Sydney, NSW, AUS **[10970]** : William, 1878+, Adelaide, SA, AUS **[28232]** : Alfred, 1894+, Northcote, VIC, AUS **[28232]** : James, 1830-1880, Fremantle, WA, AUS **[13447]** : 1750+, ENG **[44409]** : Cozens, C1750, Lower Winchendon, BKM, ENG **[13026]** : 1750-1800, North Crawley, BKM, ENG **[12641]** : William, C1848+, Quainton, BKM, ENG **[13026]** : 1810+, Tingewick, BKM, ENG **[18207]** : 1700-1900, Gillingham, DOR, ENG **[46509]** : PRE 1750, Gillingham, DOR, ENG **[10493]** : Sarah, PRE 1800, ESS, ENG **[14747]** : 1860+, Chelmsford, ESS, ENG **[25352]** : 1700-1900, Great Oakley, ESS, ENG **[25428]** : PRE 1860, HRT & ESS, ENG **[41136]** : PRE 1810, KEN, ENG **[34906]** : Maris, 1750, Dover, KEN, ENG **[26817]** : ALL, LIN, ENG **[45204]** : PRE 1870, Islington, LND, ENG **[17189]** : PRE 1811, London, Saint Pancras, LND, ENG **[46251]** : Eliza, 1800-1900, MDX, ENG **[38833]** : Joseph, 1830+, Bethnal Green, MDX, ENG **[46330]** : Roseanna, C1840-1920, Bethnal Green, MDX, ENG **[46330]** : William, PRE 1878, Marylebone, MDX, ENG **[28232]** : 1750-1870, NFK, ENG **[28609]** : 1730+, Diss, NFK, ENG **[26007]** : C1830, Great Yarmouth, NFK, ENG **[40982]** : PRE 1870S, Lessingham, NFK, ENG **[40057]** : 1750-1850, South Walsham, NFK, ENG **[38307]** : PRE 1750, Burnsall, NRY, ENG **[16363]** : William, C1884, Hinderwell, NRY, ENG **[13026]** : 1730+, Ixworth, SFK, ENG **[26007]** : PRE 1800, Needham Market, SFK, ENG **[25352]** : Lewis, 1730+, Palgrave & Ixworth, SFK, ENG **[26007]** : John, 1738+, Wortham, SFK, ENG **[26007]** : William, 1766-1852, Wortham, SFK, ENG **[26007]** : Edmund, PRE 1815, Wortham, SFK, ENG **[26007]** : ALL, Meare, SOM, ENG **[46116]** : 1700+, Staplegrove, SOM, ENG **[19694]** : 1855, SRY, ENG **[40982]** : 1820-1850, Sunbury, SRY, ENG **[17189]** : Jane, PRE 1850, SSX, ENG **[25046]** : PRE 1850, Cannock, STS, ENG **[17201]** : 1880S, Birmingham, WAR, ENG **[46414]** : William, 1881+, Staveley, WES, ENG **[39516]** : PRE 1840, Donhead St.Mary, WIL, ENG **[41136]** : C1800+, Farley, WIL, ENG **[38546]** : Edwin Lewis, 1854-1915, London & WIL, ENG **[41340]** : William, PRE 1878, Sheffield, YKS, ENG **[28232]** : Eliza, 1790+, Benares, INDIA **[38833]** : 1790+, IRL **[41244]** : Alice, 1870+, Wellington, NZ **[21321]**

READ (see REID) : **[11729]**

READE : C1785-1810, Liverpool, NS, CAN **[15521]** : ALL, Blackwood, Horton & Leek, STS, ENG **[29989]**

READER : C1770, London, ENG **[21934]** : ALL, KEN, ENG **[42641]** : 1800+, Brandon, SFK, ENG **[46430]**

READING : ALL, ENG **[18861]** : PRE 1880, Bierton, BKM, ENG **[17745]** : 1880+, Forest Gate, London, ESS, ENG **[17745]** : Amos, 1815-1901, MDX & SRY, ENG **[18861]** : PRE 1700, Terwick, SSX, ENG **[15464]** : Joseph, 1780-1820, Birmingham, WAR, ENG **[18861]** : T.R., PRE 1855, Doneraile, COR, IRL **[14290]** : Thomas, PRE 1836, Doneraile & St.Pancras, COR & LND, IRL & ENG **[14290]**

REAH : C1700, Ferryhill, DUR, ENG **[19862]**

REAKES : ALL, SOM, ENG **[41370]**

REAL : 1870, Hospital, LIM, IRL **[20401]** : 1890+, NZ **[21712]**

REALEY : 1780-1840, Newport, IOW, HAM, ENG **[20919]**

REALL : 1850, NM, USA **[20401]**

REANEY : 1500+, Norton & Chesterfield, DBY, ENG **[43816]** : 1885+, Grantham, LIN, ENG **[43816]** : 1800+, Sheffield, WRY, ENG **[43816]**

REAPER : 1700+, Grange, BAN, SCT **[15793]**

REARDON : Ellen, PRE 1842, AUS **[46245]** : 1800S, NSW, AUS **[10173]** : Andrew, 1851+, Sydney (Per Sarah), NSW, AUS **[10998]** : James, 1866-1894, Adelaide, SA, AUS **[31153]** : Mary, 1800+, London, ENG **[33245]** : Ellen, C1817-1841, IOW, ENG **[46245]** : ALL, ENG & IRL **[45247]** : PRE 1866, COR, IRL **[31153]** : 1837+, Bandon, COR, IRL **[99298]** : C1800-1830S, Raymore, KER, IRL **[10998]** : Bridget, C1830, TIP, IRL **[13326]** : PRE 1850, TIP, IRL **[28210]** : Margaret, 1780+, Knockavilla, TIP, IRL **[13681]** : ALL, NZ **[45247]**

REASEY : ALL, WORLDWIDE **[19585]**

REAVEL : ALL, ENG **[26686]**

REAVELL : ALL, ENG **[26686]**

REAVES : 1800S, Ibstock, LEI, ENG **[34739]**

REAY : 1850-1990, Melbourne, VIC, AUS **[22753]** : ALL, ENG **[45945]** : PRE 1734, Brampton, CUL, ENG **[17933]** : 1800, Chester-le-Street, DUR, ENG **[40802]** : C1950, Durham, DUR, ENG **[45945]** : 1867+, South Shields, DUR, ENG **[45945]** : 1760-1860, ENG & AUS **[43800]**

REBAIR : 1820+, Newcastle upon Tyne, NBL, ENG **[40768]**

REBAIR (see RIBEIRO) : **[40768]**

REBBECK : 1700-1900, Frome, SOM, ENG **[22440]** : 1700+, Donhead, WIL, ENG **[40807]** : ALL, WORLDWIDE **[22440]**

REBBECK (see One Name Section) **[22440]**

REBNER : ALL, Papartynai, SAKIAI, LITHUANIA **[31826]**

REBNERIS : ALL, Sakiai, LITHUANIA **[31826]**

REBOLLEDO : Teresa, 1800+, Jerez de la Frontera, ESP **[22470]**

REBOW : 1600-1870, Wivenhoe & Horley, ESS & SRY, ENG **[25688]**

RECK : 1800-1850, Wexford, WEX, IRL **[30701]**

RECORD : ALL, London, ENG **[36180]**

RECORDON : ALL, UK, FRA & CH **[18895]**

REDBERG : 1880+, Indianola, Warren, IA, USA **[13763]**

REDBURG : 1890+, Kitsap Co., WA, USA **[13763]**

REDDAN : PRE 1850, CLA, IRL & AUS **[27320]**

REDDIN : 1870+, Ballarat, VIC, AUS **[40135]** : 1800, Yaughal, COR, IRL **[40135]**

REDDING : ALL, Aylesbury, BKM, ENG **[37603]** : 1800-1832, Kirkby Lonsdale, WES, ENG **[30998]** : PRE 1868, NZ **[40914]** : PRE 1700, Massachusetts, USA **[24792]**

REDDISH : C1835, Manchester, LAN, ENG **[45649]** : Arthur & Louisa, 1844-1901+, Mansfield & Basford, NTT, ENG **[10203]** : Richard, 1830+, Nottingham, NTT, ENG **[45769]**

REDDOCH : 1795, Barony, LKS, SCT **[97805]**

REDDY : George Chas, 1890+, Melbourne, VIC, AUS **[39179]** : 1810S, CON, ENG **[42730]**

REDFERN : PRE 1750, Alfreton, DBY, ENG **[10350]** : PRE 1770, Norbuiry & Roston, DBY, ENG **[44078]** : PRE 1850, Hulme & Manchester, LAN, ENG **[19415]** : Lavinia, PRE 1870, Manchester, LAN, ENG **[19415]** : PRE 1855, Manchester Hulme, LAN, ENG **[30330]** : PRE 1860, Camberwell, SRY, ENG **[12707]**

REDFORD : 1790S-1850S, Bolton, LAN, ENG **[37978]** : PRE 1812, Teddington, MDX, ENG **[42967]**

REDFORD-SIDDY : C1870, LAN, ENG **[21129]**

REDGATE : 1700-1900, Arnold, NTT, ENG **[34967]** : ALL, Bullwell, NTT, ENG **[32945]**

REDGE : ALL, Hyssington, SAL, ENG **[30491]**

REDGEWELL : 1800-1900, Sible Hedingham, ESS, ENG **[19859]**

REDGRAVE : Martha Jane, 1803-1849, Olney, BKM, ENG **[45774]**

REDGROVE : ALL, Newington, LND, ENG **[27867]** : ALL, Croydon, SRY, ENG **[27867]** : Elizabeth, PRE 1860, Coventry, WAR, ENG **[45125]** : ALL, WORLDWIDE **[27867]**

REDHEAD : C1800-1900, Waddingham, LIN, ENG **[11575]**

REDKNAP : PRE 1920, Richmond, SRY, ENG **[46451]**

REDMAN : 1852+, VIC, AUS **[46328]** : George, 1811-1894, Jerrys Plains, NSW & YKS, AUS & ENG **[11623]** : PRE 1750, Kempston, BDF, ENG **[33428]** : 1700-1800, Romsey, HAM, ENG **[38086]** : 1780+, KEN, ENG **[42329]** : 1700+, Billingshurst, SSX, ENG **[45671]** : 1790-1855, Chichester, SSX, ENG **[46328]** : Elizabeth, PRE 1800, Melksham, WIL, ENG **[41589]** : 1700-1750, YKS, ENG **[31826]** : 1940+, Belfast & Lisburn, DOW, IRL **[45671]**

REDMAYNE : PRE 1850, Penrith, CUL, ENG **[17977]** : ALL, Thornton in Lonsdale, LAN, ENG **[17977]**

REDMOND : Lucy, 1905-1960, Zeehan & St.Kilda, TAS & VIC, AUS **[30830]** : Mary, 1800+, ENG **[10295]** : 1800S, Liverpool, LAN, ENG **[33245]** : Thomas, C1840, Ballygarret, WEX, IRL **[20542]**

REDMORE (see RADMORE) : **[36180]**

REDPATH : PRE 1850, Durham, DUR, ENG **[28523]** : 1750+, Athelstaneford, ELN, SCT **[39017]** : 1700S, Melrose, ROX, SCT **[25314]**

REDSELL : 1800-1875, Darenth, KEN, ENG **[34277]** : PRE 1850, Gravesend, KEN, ENG **[34277]** : PRE 1800, Ifield, KEN, ENG **[34277]** : PRE 1900, Shorne, KEN, ENG **[34277]** : PRE 1900, Southfleet, KEN, ENG **[34277]**

REDSHAW : PRE 1638, Dalbury Lees, DBY, ENG **[31003]**

REDSTONE : ALL, WORLDWIDE **[36081]**

REDWAY : 1850+, DEV, ENG **[27993]** : 1880+, RSA **[27993]**

REDWOOD : PRE 1700, KEN, ENG **[45962]** : 1800-1900, SOM & DEV, ENG **[24902]** : 1500, ENG & USA **[32068]**

REDYCLIEFE : ALL, DEV, ENG & AUS **[44294]**

REECE : PRE 1920, Clowne & Staveley, DBY, ENG **[28391]** : ALL, Bury, LAN, ENG **[10937]** : Samuel, 1801+, Fayette Co., PA, USA **[26142]**

REED : William, 1950+, Shadforth, NSW, AUS **[11745]** : Emily, 1909, Sydney, NSW, AUS **[45823]** : 1750+, NSW & OFF, AUS & IRL **[39229]** : 1660+, BARBADOS **[23319]** : John, 1860+, ENG **[11745]** : William, 1910+, Newbridge, ENG **[11745]** : 1700-1850, March, CAM, ENG **[12844]** : 1750S, Lezant, CON, ENG **[12318]** : 1750S, North Hill, CON, ENG **[12318]** : 1750+, St.Agnes, CON, ENG **[21983]** : PRE 1850, Truro, CON, ENG **[12391]** : PRE 1880, DBY, ENG **[29298]** : PRE 1846, Braunton, DEV, ENG **[10740]** : Thomas, C1830-1890, Wiveliscombe, DEV, ENG **[46362]** : 1830+, Sunderland, DUR, ENG **[20578]** : 1800S, ERY, ENG **[16430]** : Ada, ALL, Hull, ERY, ENG **[21915]** : 1832, Barking, ESS, ENG **[21630]** : 1833-1876, Saffron Walden & Littlebury, ESS, ENG **[17548]** : Thomas, C1830-1890, Bristol, GLS, ENG **[46362]** : PRE 1837, Tormarton, GLS, ENG **[42940]** : Thomas, PRE 1840, Harpenden, HRT, ENG **[21175]** : Thomas, PRE 1800, Hatfield, HRT, ENG **[21175]** : C1900, Bromley, KEN, ENG **[13869]** : Michael, 1800, Mersham, KEN, ENG **[34315]** : William, 1833+, Mersham, KEN, ENG **[34315]** : Thomas, 1820, LND, ENG **[25654]** : PRE 1730, Bishopgate, LND, ENG **[28149]** : ALL, MDX, ENG **[42019]** : C1784, MDX, ENG **[10705]** : PRE 1900, Soho, MDX, ENG **[25162]** : 1800-1840, Stanmore, MDX, ENG **[18018]** : 1800-60, Newcastle upon Tyne, NBL, ENG **[40768]** : PRE 1900, SOM, ENG **[25162]** : John Hancock, PRE 1841, Rotherhithe, SRY, ENG **[17637]** : 1750-1850, SSX, ENG **[33021]** : 1800+, Brede, SSX, ENG **[10506]** : 1700+, Chailey & Barcombe, SSX, ENG **[99418]** : 1899+, Eastbourne, SSX, ENG **[37174]** : Mary, C1800, Robertsbridge, SSX, ENG **[39280]** : C1867, Hull, YKS, ENG **[14030]** : C1840, Kingston upon Hull, YKS, ENG **[10230]** : 1700-1825, IRL **[43756]** : Temple, 1900+, WORLDWIDE **[13869]**

REEDA : PRE 1800, Rylstone, WRY, ENG **[25688]**

REEDE : PRE 1630, Dilham, NFK, ENG **[33428]**

REEDER : 1700-1840, Wells-next-the-Sea, NFK, ENG **[43984]** : PRE 1700, Wells-next-the-Sea, NFK, ENG **[43984]**

REEDY : 1836+, MAY, IRL **[46197]**

REEK : 1860-1916, LND, ENG **[45973]**

REEKES : PRE 1780, WIL, ENG **[41589]**

REEKIE : ALL, ANS & FIF, SCT **[25219]** : 1800+, Kinross, KRS, SCT **[39593]**

REEKS : PRE 1780, WIL, ENG **[41589]**

REES : David Convict, 1818+, Parramatta, NSW, AUS **[11023]** : David William, C1840, Melbourne, VIC, AUS **[40807]** : 1850-1890, London, ENG **[27531]** : ALL, Templecloud, DEV, ENG **[46443]** : 1880+, Bury, LAN, ENG **[46443]** : 1700-1900, Stretford, LAN, ENG **[21231]** : PRE 1830, Southwark, SRY, ENG **[37024]** : 1900+, Coventry, WAR, ENG **[46443]** : 1870+, Christchurch, CBY, NZ **[21231]** : Mary, 1831+, Henllan, CGN, WLS **[39482]** : PRE 1900, Llanboidy, CMN, WLS **[25162]** : David, 1797, Penboyr & Llangeler, CMN, WLS **[39482]** : Thomas, PRE 1850, Gower, GLA, WLS **[45146]** : Benjamin, 1840S-1896, Halfway Llansamlet, GLA, WLS **[29468]** : John, 1800-1810, Llondeilofach, GLA, WLS **[29468]** : 1850S, MON, WLS **[11707]** : PRE 1855, MON, WLS **[46322]** : PRE 1860, St.Dogmaels, PEM, WLS **[34873]** : C1842, GLA, WLS **[46285]** : John, 1830+, Haverfordwest & Melbourne, PEM & VIC, WLS & AUS **[45154]**

REESE : Hugh O., 1848+, Fayette Co., PA, USA **[26142]** : John Henry, 1883+, Uniontown, PA, USA **[26142]** : C1825, Saint Nicholas, GLA, WLS **[29314]**

REEVE : 1800+, NSW, AUS **[13429]** : 1800S, Yackandandah, VIC, AUS **[46358]** : ALL, London, ENG **[21395]** : 1800+, BDF, ENG **[40135]** : PRE 1870, Plymouth, DEV, ENG **[33564]** : PRE 1826+, Ashburton, DEV & CON, ENG **[45772]** : 1700S, GLS, ENG **[19127]** : 1700-1800S, Gloucester, GLS, ENG **[46358]** : PRE 1730, HUN, ENG **[25747]** : PRE 1830, Ashford, KEN, ENG **[20949]** : John, PRE 1802+, Paddington & Southwark, MDX & SRY, ENG **[21472]** : 1760-1810, Earsham, NFK, ENG **[37187]** : ALL, East Harling, NFK, ENG **[28585]** : PRE 1800, Hedenham, NFK, ENG **[19050]** : C1800-1850, Lyng, NFK, ENG **[13188]** : C1816, Whittington, NFK, ENG **[27369]** : ALL, NFK & SFK, ENG **[19050]** : ALL, Norwich, NFK & SFK, ENG **[36180]** : 1760-1810, Bungay, SFK, ENG **[37187]** : 1840+, Ipswich, SFK, ENG **[31079]** : PRE 1600, Mildenhall, SFK, ENG **[33428]** : 1600+, SFK, NTH & YKS, ENG **[39061]** : 1600-1900, Lea & Cleverton, WIL, ENG **[21655]** : Harriet, 1800+, Leeds, WRY, ENG **[25489]** : 1820S, Christchurch, CTBY, NZ **[39573]** : PRE 1800, Martletwy, PEM, WLS **[31923]** : 1920+, WORLDWIDE **[37187]**

REEVES : 1827+, NSW, AUS **[14268]** : Henry, 1850-1870, Camden, NSW, AUS **[10604]** : 1887, Grenfell, NSW, AUS **[11763]** : 1853+, Hunter River, NSW, AUS **[11060]** : 1865+, Manning River, NSW, AUS **[11060]** : 1841+, TAS, AUS **[14268]** : 1830, Barrington, TAS, AUS **[10985]** : James, 1900+, Melbourne, VIC, AUS **[10470]** : Joseph, C1735+, QUE, CAN **[27325]** : Jane, 1790+, South East, ENG **[11055]** : James, 1781, Pulloxhill, BDF, ENG **[31018]** : PRE 1750, BKM, ENG **[27678]** : PRE 1841, Buckland & Aston Clinton, BKM, ENG **[14268]** : 1850+, Thornbury, GLS, ENG **[46273]** : James, 1816, KEN, ENG **[26817]** : Thomas, 1800+, Hawkhurst & Camden, KEN, ENG **[21971]** : 1800-1850, East Lydford, SOM, ENG **[20923]** : ALL, Norwood, SRY, ENG **[46414]** : 1860, Chichester, SSX, ENG **[99052]** : Richard, C1820, West Bromwich, STS, ENG **[36592]** : PRE 1850, West Bromwich, STS, ENG **[44223]** : Elizabeth, 1870+, West Bromwich, STS, ENG **[44939]** : 1820+, Birmingham, WAR, ENG **[26228]** : ALL, Birmingham, WAR, ENG **[43879]** : ALL, Chiseldon, WIL, ENG **[36181]** : 1820S, Pershore, WOR, ENG **[39573]** : James, PRE 1895, Reading, BRK, ENG & AUS **[10470]** : PRE 1865, ENG & WLS **[20985]** : 1800+, OH, IA & SAS, USA & CAN **[99433]**

REGAN : 1841+, Double Bay & Rose Bay, NSW, AUS **[11229]** : C1871+, Goulburn, NSW, AUS **[36751]** : ALL, Newcastle, NSW, AUS **[32720]** : 1860+, Wollombi, NSW, AUS **[10085]** : 1864+, Bowen, QLD, AUS **[44270]** : 1900+, Mackay, QLD, AUS **[44270]** : Ellen, C1790, COR, IRL **[13326]** : 1830-1879, Buttevant & Churchtown, COR, IRL **[31761]** : PRE 1870, Cork & Dromtarriff, COR, IRL **[45962]** : ALL, LIM, IRL **[32720]** : ALL, Ballyhough & Bree, WEX, IRL **[11229]** : 1879+, Invercargill, NZ **[31761]** : John, C1880-1938, Glasgow, LKS, SCT **[10485]**

REGGETT : C1815-30, ARM, IRL **[16365]**

REGISTER : PRE 1780, NFK, ENG **[98672]**

REGNAND : PRE 1873, Valletta, MALTA **[27437]**

REHBOLD : ALL, Erbach, HEN, GER **[28151]**

REIBEY (see One Name Section) **[39212]**

REICHAN : 1800+, Dimboola, VIC, AUS **[11543]** : 1800+, Strega, GER **[11543]**

REICHARDT : 1800+, Flensburg, GER **[13853]** : PRE 1583, Schietingen, WUE, GER **[37759]**

REICHOW : 1859, Creslin, POM, GER **[31453]**

REID : Charles, C1855+, Macleay River, NSW, AUS **[39186]** : Daniel, C1840+, Reids Flat, NSW, AUS **[11860]** : 1850+, VIC, AUS **[26228]** : 1860, Ballarat, VIC, AUS **[12318]** : James Jordan, 1850, Bendigo, VIC, AUS **[25700]** : 1858+, Hazel Glen, VIC, AUS **[10394]** : C1860, Hobart, TAS, AUS & NZ **[10350]** : 1800-1900, NB & NS, CAN **[45291]** : 1850+, Artemesia Twp, Grey Co., ONT, CAN **[37631]** : Mary, PRE 1854, Lostwithiel, CON, ENG **[45772]** : 1820-1840, LND, ENG **[11729]** : 1800-1880, Chelsea, LND, ENG **[19361]** : PRE 1841,

SFK, ENG **[31904]** : PRE 1857, Scarborough, YKS, ENG **[31169]** : David, PRE 1856, Islington, LND, ENG & AUS **[34249]** : 1700-1825, IRL **[43756]** : James Jordan, C1820, Dublin, IRL **[25700]** : John, C1790, Londonderry, DRY, IRL **[28763]** : 1750-1900, Reskatirriff, TYR, IRL **[30713]** : 1780+, Portadown, ARM, IRL & NZ **[20660]** : William G., ALL, Capetown, RSA & SCT **[99036]** : ALL, SCT **[42688]** : Richard, 1750+, Edinburgh, SCT **[16559]** : PRE 1850, ABD, SCT **[11873]** : C1820, Aberdeen, ABD, SCT **[26173]** : PRE 1850, Aberdeen, ABD, SCT **[38309]** : 1800S, Cluny, ABD, SCT **[21934]** : 1750-1850, Tarland & Migvie, ABD, SCT **[25237]** : PRE 1850, Arbroath & Montrose, ANS, SCT **[11366]** : 1750–1850, Inverarity, ANS, SCT **[16096]** : Mary, C1800, Islay, ARL, SCT **[29236]** : Margaret, PRE 1815, AYR, SCT **[41768]** : PRE 1860, Peterhead, AYR, SCT **[40914]** : 1700S, Sorn, AYR, SCT **[20729]** : C1790, Sorn, AYR, SCT **[20914]** : David, 1823+, Tarbolton & Stair, AYR, SCT **[45791]** : 1750-1800, Gamrie, BAN, SCT **[13326]** : 1800S, Wick, CAI, SCT **[11043]** : 1800+, Dalkeith & Borthwick, ELN, SCT **[14208]** : PRE 1850, FIF, SCT **[46164]** : C1750+, Coaltown & Balgonie, FIF, SCT **[37499]** : 1830S, Dunfermline, FIF, SCT **[12318]** : 1730+, Falkland & Cupar, FIF, SCT **[14880]** : 1800+, Leven, FIF, SCT **[44932]** : David, C1670, INV, SCT **[37568]** : PRE 1850, Avondale, LKS, SCT **[33608]** : William, 1874+, Barony, LKS, SCT **[12781]** : 1700+, Glasgow, LKS, SCT **[42600]** : 1800+, Glasgow, LKS, SCT **[46403]** : PRE 1854, Edinburgh, MLN, SCT **[12408]** : William, PRE 1890, Edinburgh, MLN, SCT **[14045]** : William, C1795, Musselburgh, MLN, SCT **[36422]** : PRE 1800, Houston, RFW, SCT **[44078]** : C1750-1855, ROC & SUT, SCT **[33628]** : Eliza, C1800, Auchenclay Farm, WIG, SCT **[28763]** : William, 1740, Abercorn, WLN, SCT **[11533]** : 1780S, Gorebridge, Glasgow, WLN, SCT **[14208]** : 1812+, SCT & AUS **[46328]** : Margaret, 1839, Glasgow, LKS, SCT & CAN **[15785]**
REIDEL : George, 1879+, Brisbane, QLD, AUS **[25829]**
REIDY : PRE 1840, Kilmaley, CLA, IRL **[39154]** : 1840+, Miltown Malbay, CLA, IRL **[30808]** : Kate, PRE 1890, OH, USA **[15485]**
REIGNOLDS : 1690, Norwich, NFK, ENG **[17704]** : PRE 1800, SFK, ENG **[39312]**
REIJNTJES : PRE 1860, Arnhem, GEL, NL **[99174]**
REILLEY : Edward, 1800S, Sydney, NSW, AUS **[33245]**
REILLY : 1800S, Sydney, NSW, AUS **[33245]** : C1870, Sydney & Berrima, NSW, AUS **[31579]** : Robert, 1833, Ramsay, ONT, CAN **[16822]** : 1820, Dublin, IRL **[39678]** : Francis, 1800, CAV, IRL **[11590]** : 1871+, CAV, IRL **[36622]** : PRE 1853, Lislea, CAV, IRL **[10565]** : C1830, DUB, IRL **[25658]** : 1800+, Hollyford, TIP, IRL **[30527]** : Edward, C1750, Ballyduff, WIC, IRL **[10345]** : PRE 1849, IRL & ENG **[46327]** : Michael M., C1800-1880, Edinburgh West Church, MLN & NSW, SCT & AUS **[14672]**
REILY : 1820+, WIL, ENG **[46340]** : Cath. N., C1793-C1865, COR, IRL **[43052]**
REIMANN : 1750+, Sargan, GER **[46294]**
REIMERS : 1690-1700, Woerden, SHO, GER **[24252]**
REINBOLD : 1800S, Nordditmarschen, SHO, GER **[25093]**
REINBOLT : PRE 1860, Erie Co., NY, USA & GER **[33567]**
REINERS : 1900+, NY & NJ, USA **[45202]**
REINHARD : 1700+, Heddesheim, BAD, GER **[10408]** : 1600+, Ziegelhausen, BAD, GER **[10408]**
REINHARDT : 1850+, SAS & NS, CAN **[24182]**
REINICK : ALL, Gustrow, MEK, GER **[13994]**
REINING : ALL, Gustrow, MEK, GER **[13994]**
REINMUTH : 1850+, AUS **[11166]** : 1850+, QLD, AUS **[11166]** : 1850+, FRA **[11166]** : 1850+, GER **[11166]** : 1800+, OES **[11166]**
REINOLDS : C1700-1750, SSX, ENG **[11536]**
REIS : PRE 1800, Friesenheim, RPF, BRD **[20178]** :

1901+, EGYPT **[44077]** : 1800+, Liverpool, LAN, ENG **[44077]** : 1885+, Hammersmith, LND, ENG **[44077]** : PRE 1850, FRA **[44077]** : Gottried A., PRE 1884, Tauber Bischofsheim, BAD & WUE, GER **[36634]**
REISZ : PRE 1840, Oldenberg, WUE & OLD, GER **[43523]**
REKAR : PRE 1850, Dulczowka, GALICIA, POL **[40603]**
RELF : 1800+, Lewisham & Catford, LND, ENG **[30855]** : 1700-1960, SSX, ENG **[30855]**
RELFE : 1700-1850, Rotherfield, SSX, ENG **[30855]**
RELPH : C1816, Greystoke, CUL, ENG **[13473]** : PRE 1840, Greenwich, KEN, ENG **[46402]**
RELTON : PRE 1840, ESS, ENG **[28494]** : PRE 1850, Ham, SRY, ENG **[28494]**
REMBOLTZ : 1730-1780, Korschenbroich, RPR, GER **[33347]**
REMILTON : 1800-1900, QLD, AUS & IRL **[39229]**
REMINGTON : Robert, 1887+, Perth, WA, AUS **[27289]** : ALL, YKS & LIN, ENG **[18766]**
REMLINGER : 1800+, Biberach, WUE, GER **[13853]**
REMNANT : PRE 1859, Godalming, SRY, ENG **[46251]** : PRE 1821, St.Martha on the Hill, SRY, ENG **[46251]** : 1864-2005, Nelson, NLN, NZ **[46251]**
REMUS : 1750+, Hansfelde, POM, POL **[26817]**
RENARD : 1800+, Baildon, WRY, ENG **[26752]** : 1800+, Shipley, WRY, ENG **[26752]**
RENCHER : 1860+, London, ENG **[44270]**
RENDALL : PRE 1872, Litton, SOM, ENG **[14645]** : ALL, SRY, HAM & DOR, ENG **[42641]** : 1700+, UK **[36071]**
RENDELL : 1700+, DOR, ENG **[31017]** : PRE 1800, Yeovil, SOM, ENG **[16269]** : ALL, SRY, HAM & DOR, ENG **[42641]**
RENDER : ALL, YKS, ENG **[33664]**
RENDERS : 1890+, Lambeth, LND, ENG **[35649]**
RENDLE : PRE 1860, Newton Abbot, DEV, ENG **[22536]** : Jane, 1800S, Teignmouth, DEV, ENG **[13031]** : John, 1800S, Teignmouth, DEV, ENG **[13031]** : PRE 1800, Bradford on Tone, SOM, ENG **[43842]** : John Thomas, 1860+, Tregare, MON, WLS **[33443]**
RENESON : PRE 1848, Bromley, MDX, ENG **[31923]**
RENFREE : 1860+, Dandenong, VIC, AUS **[99183]**
RENFREW : C1700, Paisley, RFW, SCT **[25979]** : ALL, WORLDWIDE **[18260]**
RENKENS : ALL, Wijchen, GEL, NL **[16661]**
RENN : ALL, ENG **[46455]**
RENNEY : 1700-1800, Kinnell, ANS, SCT **[16096]**
RENNIE : 1790+, Old Machar, ABD, SCT **[38681]** : 1700S, Pitsligo, ABD, SCT **[16149]** : 1803-71, Barony, LKS, SCT **[40768]** : 1700-1833, Carluke, LKS, SCT **[38211]** : 1800+, Glasgow, LKS, SCT **[46497]** : PRE 1850, Edinburgh, MLN, SCT **[43057]**
RENNISON : PRE 1839, Toxteth, LAN, ENG **[19902]** : 1700-1800, Tadcaster, NRY, ENG **[26629]** : C1839, DUB, IRL **[13984]**
RENOUF : 1610+, St.Andrews, GSY, CHI **[46328]** : PRE 1900, JSY, CHI **[25747]**
RENSHAW : 1852+, VIC, AUS **[97806]** : 1795, Chesterfield, DBY, ENG **[19304]** : 1800+, Ridgeway, DBY, ENG **[24902]** : Curtis, PRE 1900, South Normanton, DBY, ENG **[42808]** : Samuel, PRE 1900, South Normanton, DBY, ENG **[42808]** : ALL, Manchester, LAN, ENG **[29328]** : 1560+, Honley & Thornhill by Dewsbury, WRY, ENG **[20967]** : 1890+, Sheffield, YKS, ENG **[24902]**
RENTEL : ALL, Sintautai, LITHUANIA **[31826]**
RENTON : 1850+, Burra & Moonta, SA, AUS **[36742]** : PRE 1850, St.Cleer & St.Germans, CON, ENG **[36742]** : 1780-1820, ST.HELENA **[34664]**
RENTSCH : 1800-1850, Kupritz & Hochkirch, KSA, GER **[14627]**
RENWICK : ALL, AUS **[32908]** : 1800, NSW, AUS

[46198] : 1700-1800, Alston & Carigill, CUL, ENG **[19865]** : C1790, Bothwell, LKS, SCT **[12878]**
RENYOLDS : 1790-1846, Bristol, GLS, ENG **[25830]**
RENZELMANN : Sophie, 1828, Amtdiebholz, HAN, GER **[44941]**
RESEIGH : PRE 1750, CON, ENG **[31186]** : 1720-1800, St.Just in Penwith, CON, ENG **[36435]**
RESEIGN : PRE 1750, CON, ENG **[31186]**
RETALLACK : 1855+, Ballarat, VIC, AUS **[13447]** : Francis, 1865, Campbells Creek, VIC, AUS **[14094]** : 1700S, CON, ENG **[34704]** : 1800-1900, Perranzabuloe, CON, ENG **[42747]**
RETALLICK : William, ALL, Roche & St.Austell, CON, ENG **[41271]**
RETALLOCK : 1800, St.Columb, CON, ENG **[30968]**
RETCHFORD : James, PRE 1776, Oxenden, NTH, ENG **[14290]** : James, PRE 1803, Nottingham, NTT, ENG **[14290]** : James, PRE 1831, Studley, WAR, ENG **[14290]**
RETFORD : PRE 1870, NBL, ENG **[10383]**
RETINGER : ALL, PSA, GER **[44149]** : ALL, POL **[44149]**
RETTALOCK : 1700+, St.Columb, CON, ENG **[30968]**
REUBENS : ALL, Middlesbrough, ERY, ENG & LITHUANIA **[26493]** : ALL, Vilkaviskis, LITHUANIA **[26493]**
REUEN : 1700-1850 Corschenbroich, RPR, GER **[33347]**
REULE : PRE 1860, Hohenhaslach, WUE, GER **[29236]**
REUTER : C1848, Hehhfeld, BAW, GER **[14030]**
REVEL : C1760, Gateshead, DUR, ENG **[17626]**
REVELEY : PRE 1760, Tanfield, DUR, ENG **[17626]** : PRE 1800, London, MDX, ENG **[32294]** : PRE 1800, Chatton, NBL, ENG **[36505]** : 1820+, Rotherhithe, SRY, ENG **[37138]**
REVELL : PRE 1900, ENG **[32040]** : PRE 1800, Woodton, NFK, ENG **[10591]** : 1700S, Everton, NTT, ENG **[18895]** : 1800-1900, Bungay, SFK, ENG **[44229]** : PRE 1880, Metfield, SFK, ENG **[45735]** : C1850, Avoca, WIC, IRL **[42698]**
REVENELL : ALL, WORLDWIDE **[30645]**
REVENING : ALL, ENG **[38926]**
REVET : 1600S, Brandestone, SFK, ENG **[35184]**
REVILL : 1760+, Southwell, NTT, ENG **[25529]** : 1850, Mendham, SFK, ENG **[18593]** : Mary Ann, 1854+, Sheffield, WRY, ENG **[99433]** : Alfred, ALL, Sheffield, WRY, ENG **[99433]**
REVITT : 1850, Shifnal, SAL, ENG **[99556]** : 1800-1990, Stannington, WRY, ENG **[12641]**
REVNELL : ALL, WORLDWIDE **[30645]**
REW : 1600+, DEV, ENG **[23319]** : PRE 1800, Molton, DEV, ENG **[23319]** : PRE 1770, Wye, KEN, ENG **[17523]**
REX : ALL, SOM, ENG **[41370]** : William, 1800-1900, Taunton, SOM, ENG **[17203]** : 1790+, YKS, ENG **[33454]**
REXWORTHY : ALL, North Petherton & Cannington, SOM, ENG **[31316]** : ALL, WORLDWIDE **[31316]**
REY : ALL, Bonneville, FRA **[28802]** : PRE 1810, Paris, RPA, FRA **[33567]**
REYNELL : 1300-1900, DEV & ALL, ENG & AUS **[20444]** : 1585-1997, Mullingar, MEA, WEM & ALL, IRL **[20444]**
REYNISH : 1900S, CBY, NZ **[21345]**
REYNOLDS : 1867-1886, NSW, AUS **[25654]** : 1875+, Bombala, NSW, AUS **[11283]** : 1840+, Goulburn, NSW, AUS **[11572]** : 1840, Sodwall, NSW, AUS **[10985]** : 1850+, Sydney, NSW, AUS **[46275]** : 1791+, Windsor, NSW, AUS **[46280]** : 1880S, Walhalla, VIC, AUS **[13244]** : 1860+, ALB, CAN **[46277]** : Alberta, PRE 1891, Clinton, ONT, CAN **[17008]** : ALL, Huron & Bruce, ONT, CAN **[42436]** : 1750-1850, Kingston, Frontenac Co., ONT, CAN **[36292]** : Alburty, C1856-1924, CAN & USA **[17008]** : 1821, ENG **[28164]** : ALL, Monks Risborough, BKM, ENG **[37603]** : PRE 1900, Stoke Hammond, BKM, ENG **[46277]** : PRE 1840, Balsham, CAM, ENG **[46415]** : 1800S, Constantine, CON, ENG **[32230]** : 1675-1745, Gwennap, CON, ENG **[12318]** : 1700+, Padstow, CON, ENG **[10698]** : 1750-2000, Perranzabuloe, CON, ENG **[42747]** : 1700-1880, Perranzabuloe, CON, ENG **[34349]** : ALL, Budleigh, DEV, ENG **[22456]** : ALL, Shoebrook, DEV, ENG **[22456]** : PRE 1820, Latchingdon, ESS, ENG **[32230]** : 1700-1846, Bristol, GLS, ENG **[25830]** : 1750-1850, Wonston, HAM, ENG **[32042]** : PRE 1900, Wonston, HAM, ENG **[25162]** : 1750-1800, Orleton, HEF, ENG **[30488]** : PRE 1785, Royston, HRT, ENG **[22550]** : 1800, KEN, ENG **[41242]** : 1800+, Lamberhurst, KEN, ENG **[19806]** : 1820+, Sandwich & Woodnesborough, KEN, ENG **[32230]** : John, 1800+, Bethnal Green, LND, ENG **[38357]** : PRE 1830, Croydon, LND, ENG **[26955]** : 1860+, Wapping & Peckham, LND, ENG **[30804]** : William, C1769, London, MDX, ENG **[25654]** : PRE 1821, London, MDX & SRY, ENG **[16701]** : John, 1750+, NFK, ENG **[25427]** : 1700-1800, Aslacton, NFK, ENG **[18376]** : 1821-1904, Crimpsham, NFK, ENG **[46235]** : 1794-1837, Foulden, NFK, ENG **[46235]** : 1851-1880, Siadsett, NFK, ENG **[46235]** : 1800-1980, NTH, ENG **[27039]** : PRE 1870, Nottingham & Grantham, NTT & LIN, ENG **[25688]** : Richard, 1750, Ludlow, SAL, ENG **[21759]** : 1840+, Ipswich, SFK, ENG **[31079]** : 1840S, Mendlesham, SFK, ENG **[30804]** : C1700-1750, SSX, ENG **[11536]** : 1860S, Birmingham, WAR, ENG **[12508]** : Joseph, 1834-1899, Corsham, WIL, ENG **[39964]** : Geo & Hannah, 1830-1895, Swindon, WIL, ENG **[39964]** : 1892-1958, Stratford, NZ **[46235]** : 1950+, RSA **[37187]** : David, 1832, Clydey & Llanelly, CMN, WLS **[39482]** : John, 1798, Llanwinio, CMN, WLS **[39482]**
REYNOLDS (see One Name Section) **[24943]**
REYS : Louis, C1780, Lisbon, PT **[10705]** : Maria, C1780, Lisbon, PT **[10705]**
REZZA : 1880+, New Orleans, LA, USA **[34393]**
RHEES : PRE 1800, Dolgellau, MER, WLS **[42752]**
RHEINLANDER : PRE 1860, Plaistow, ESS, ENG **[10516]**
RHIND : C1802, BAN, SCT **[35592]**
RHOADES : PRE 1866, Dudley, WOR, ENG **[46297]** : Adam, 1600-1800, Chester & Delaware Cos., PA, USA **[22756]**
RHODE : 1650-1700, Ebeltoft, DEN **[34837]** : PRE 1770, Raciaz, BY, POL **[21661]**
RHODEN : ALL, Chester, CHS, ENG **[46433]** : 1800+, Christleton, CHS, ENG **[46433]** : 1800, Hope, FLN, WLS **[46433]**
RHODES : John, 1861-1910, Toronto, ONT, CAN **[37633]** : John, 1813-1880, ENG **[37633]** : 1743+, Weedon, BKM, ENG **[23367]** : PRE 1800, Winster & Wirksworth, DBY, ENG **[18569]** : John Edwin, C1885, LEI, ENG **[35150]** : ALL, MDX, ENG **[39180]** : PRE 1820, Hucknall Torkard, NTT, ENG **[28391]** : PRE 1900, Nottingham, NTT, ENG **[28391]** : 1750+, Baildon, WRY, ENG **[26752]** : 1800+, Bradford & Leeds, WRY, ENG **[18372]** : PRE 1815, Pontefract, WRY, ENG **[35015]** : 1800-1830, Rothwell & Wakefield, WRY, ENG **[44045]** : ALL, Bramham, Leeds & Easingwold, YKS, ENG **[18549]** : PRE 1878, Wath, YKS, ENG **[28747]** : ALL, Prophetstown, IL, USA & CAN **[18549]**
RHODY : James, 1878+, Olean, NY, USA **[17033]** : Leona M., 1895-1938, Olean, NY, USA **[17033]**
RHYND : ALL, Kirkcaldy, FIF, SCT **[45070]**
RHYS : 1700-1750, Laleston, GLA, WLS **[39536]**
RIACH : C1780+, Leochel & Cushnie, ABD, SCT **[22014]** : Margaret, 1744, Keith, BAN, SCT **[10318]**
RIAL : 1840, Albury, NSW, AUS **[39155]**
RIAL (see One Name Section) **[39155]**
RIBBENS : C1820, Drayton, NFK, ENG **[31375]**
RIBBINS : Maria, 1800-1823, Gravesend, KEN, ENG **[34221]**

RIBBONS : 1850+, Ballarat, VIC, AUS **[36796]** : C1820, Drayton, NFK, ENG **[31275]** : PRE 1850, Felthorpe, NFK, ENG **[36796]**

RIBEIRO : Emanuel, PRE 1820, PT **[40768]**

RIBENE : PRE 1830, DOR, ENG **[28557]**

RIBY : C1760-1820, Foxholes, ERY, ENG **[33628]**

RICARD : PRE 1700, Pezenans, HERAULT, FRA **[16349]**

RICE : 1863+, Rockhampton, QLD, AUS **[42226]** : James Edwin, 1858, Dutton, SA, AUS **[25117]** : James, 1858, Dutton, SA, AUS **[25117]** : Joseph, 1861, Dutton, SA, AUS **[25117]** : Fred, 1863, Dutton, SA, AUS **[25117]** : William, 1867, Dutton, SA, AUS **[25117]** : Levi, 1872, Dutton, SA, AUS **[25117]** : Walter, 1874, Dutton, SA, AUS **[25117]** : Frank Edwin, 1881, Dutton, SA, AUS **[25117]** : Jane Eliz., 1891, Dutton, SA, AUS **[25117]** : Edwin George, 1905, Dutton, SA, AUS **[25117]** : Elva Jean, 1907, Dutton, SA, AUS **[25117]** : Thomas, 1865, Eudunda, SA, AUS **[25117]** : Effie Eileen, 1890, Gawler, SA, AUS **[25117]** : George, 1857, Truro, SA, AUS **[25117]** : PRE 1860, Hobart, TAS, AUS **[42721]** : Anna, 1800+, QUE & ONT, CAN **[16842]** : PRE 1880, ENG **[41136]** : C1800, London, ENG **[15715]** : William, 1704, Waddesdon, BKM, ENG **[25117]** : Thomas, 1737, Waddesdon, BKM, ENG **[25117]** : William, 1763, Waddesdon, BKM, ENG **[25117]** : Joseph, 1826, Waddesdon, BKM, ENG **[25117]** : John, 1829, Waddesdon, BKM, ENG **[25117]** : Edwin, 1830, Waddesdon, BKM, ENG **[25117]** : Ezra, 1837, Waddesdon, BKM, ENG **[25117]** : Abel, 1839, Waddesdon, BKM, ENG **[25117]** : Obadiah, 1842, Waddesdon, BKM, ENG **[25117]** : Levi, 1846, Waddesdon, BKM, ENG **[25117]** : Ellen Jane, 1850+, DEV, ENG **[22456]** : 1809-1870, Barnstaple, DEV, ENG **[33529]** : PRE 1850, Cullompton, DEV, ENG **[16269]** : PRE 1850, Mamhead, DEV, ENG **[26202]** : 1662-1750, Kington, HEF, ENG **[29715]** : 1800-1820, Westminster, LND, ENG **[13326]** : 1800-1900, Bethnal Green, MDX, ENG **[36456]** : 1800+, London, MDX, ENG **[42226]** : 1750-1850, Peterborough, NTH, ENG **[28536]** : PRE 1740S, Ringmer, SSX, ENG **[42083]** : PRE 1850, Waddesdon, BKM & SA, ENG & AUS **[42698]** : C1900, Dublin, IRL **[30071]** : 1840S, Borris, CAR, IRL **[28060]** : George M., 1820-1900, Lismunga, CLA, IRL **[39123]** : 1850-1900, Fermoy, COR, IRL **[30071]** : 1806, Kanturk, COR, IRL **[13037]** : 1835+, Kanturk, COR, IRL **[12237]** : 1800+, Mallow, COR, IRL **[13037]** : 1860-1870, New Orleans, LA, USA **[27140]** : 1840+, WI, USA **[21479]**

RICH : C1830+, NSW, AUS **[24449]** : 1872+, Grenfell, NSW, AUS **[45078]** : Elizabeth, PRE 1854, Williamstown, VIC, AUS **[42893]** : Elizabeth, PRE 1797, Cottenham, CAM, ENG **[14290]** : Robert, PRE 1836, Lands End & Penzance, CON, ENG **[14542]** : C1820, Peckham, KEN, ENG **[33642]** : 1650+, Mulbarton, NFK, ENG **[12470]** : James, C1820-1850, Churchstanton, SOM, ENG **[34212]** : PRE 1600, Lydeard St.Lawrence, SOM, ENG **[34212]** : C1900, Bexhill by the Sea, SSX, ENG **[99600]** : 1820-60, GIBRALTAR **[99570]** : Experience, 1702-1770, Brookfield, MA, USA **[24674]** : 1780+, Cilcain, DEN, WLS **[19905]** : ALL, WORLDWIDE **[15521]**

RICHARD : 1750+, Luneville, LOR, FRA & ENG **[43983]** : 1820-1860, Hamilton Co., OH, USA **[22511]**

RICHARDS : 1860+, Bathurst, NSW, AUS **[40781]** : John, 1850S, Neville, NSW, AUS **[39186]** : 1840+, Newcastle, NSW, AUS **[41454]** : Richard, PRE 1853, Sydney, NSW, AUS **[10470]** : 1890S+, Adelaide, SA, AUS **[26223]** : Evan, 1862-1898, Ballarat, VIC, AUS **[14733]** : C1850, Collingwood, VIC, AUS **[17921]** : 1853+, Rokewood, VIC, AUS **[26202]** : 1600+, BERMUDA **[42600]** : 1819+, Cardigan, NB, CAN **[16819]** : Thomas, 1800S, London, ENG **[37692]** : Ann, 1774+, CON, ENG **[16947]** : Thomasin, 1800+, CON, ENG **[43775]** : 1650-1750, Helston, CON, ENG **[21597]** : Rebecca, 1800S, Liskeard, CON, ENG **[25907]** : 1800-1850, Madron, CON, ENG **[41446]** : 1600-1850, Paul & Perranuthnoe, CON, ENG **[19783]** : 1790+, Penzance &

Madron, CON, ENG **[44061]** : C1831, Ruan Minor & Grade, CON, ENG **[14030]** : 1800+, Dawlish, DEV, ENG **[40319]** : John, PRE 1820, Kingsteignton, DEV, ENG **[41041]** : 1750+, Langtree, DEV, ENG **[19254]** : 1700+, Petrockstow, DEV, ENG **[40319]** : Thomas, PRE 1850, Plymouth, DEV, ENG **[14646]** : 1700+, Thorverton, DEV, ENG **[40319]** : 1804, Winterbourne Abbas, DOR, ENG **[30543]** : ALL, Gosport, HAM, ENG **[21046]** : 1700+, KEN, ENG **[11690]** : Webb, 1740S, KEN, ENG **[10506]** : Capt Thomas, 1780+, Bermondsey, KEN, ENG **[11195]** : Francis, PRE 1900, Gillingham, KEN, ENG **[14646]** : William, 1800S, Seasalter & Canterbury, KEN, ENG **[42967]** : George, PRE 1900, Sheerness, KEN, ENG **[14646]** : Robert, PRE 1900, Sheerness, KEN, ENG **[14646]** : Edward Chas., PRE 1907, Sheerness, KEN, ENG **[14646]** : Ann(E), PRE 1798, Rotherhithe, KEN & SRY, ENG **[11195]** : William, 1800, LEI, ENG **[21348]** : PRE 1820, Emington, LEI, ENG **[18096]** : PRE 1830, Breedon on the Hill, LEI, DBY & NTT, ENG **[18236]** : James, 1725-1890, Shoreditch, LND, ENG **[39730]** : 1800+, LND & SRY, ENG **[45950]** : 1800-1890, Willesden, MDX, ENG **[20569]** : 1940+, Wellingborough, NTH, ENG **[24853]** : PRE 1850, Wellington, SAL, ENG **[19818]** : PRE 1854, Wollerton, SAL, ENG **[39042]** : PRE 1870, Ipswich, SFK, ENG **[46416]** : 1770+, Milverton, SOM, ENG **[46328]** : PRE 1850, Clapham, SRY, ENG **[26202]** : 1800+, Lambeth, SRY, ENG **[19101]** : PRE 1900, SSX, ENG **[42594]** : 1800-1846, Brighton, SSX, ENG **[46520]** : Annie, PRE 1906, Uckfield, SSX, ENG **[42594]** : PRE 1850, STS, ENG **[39642]** : 1770+, Brierley Hill, STS, ENG **[45866]** : PRE 1850, Handsworth, STS, ENG **[34231]** : PRE 1860, Sedgley, STS, ENG **[19304]** : 1800S, Stourbridge, STS, ENG **[20766]** : C1883, Wordsley, STS, ENG **[20766]** : 1750-1845, Birmingham, WAR, ENG **[18378]** : 1817+, Bourton-on-the-Hill, GLS & NSW, ENG & AUS **[46308]** : 1800S, Hokitiki, NZ **[37692]** : PRE 1854, Simonstown, CGH, RSA **[26202]** : 1864+, PA, USA **[37156]** : 1790+, Lampeter, CGN, WLS **[37156]** : C1800, Taliesin, CGN, WLS **[17486]** : 1800+, GLA, WLS **[37156]** : Evan, 1830-1862, Coity, GLA, WLS **[14733]** : Thomas, 1820+, Dowlais, GLA, WLS **[41454]** : Mary Ann, 1855-1871, Llansantffraid, GLA, WLS **[14733]** : William & Ann, 1830-1924, Nantyglo, GLA, WLS **[10203]** : Samuel, 1825+, Swansea, GLA, WLS **[42828]** : 1850, Llanfair, MGY, WLS **[26223]** : PRE 1880, Llanfair, MGY, WLS **[26223]** : Thomas, 1800+, Llanidloes, MGY, WLS **[18301]** : PRE 1780, Llandewi Rhydderch, MON, WLS **[33428]** : Sarah, 1888+, Newport, MON, WLS **[11745]** : Mary, 1836, PEM, WLS **[27492]** : William, 1800+, Haverfordwest, PEM, WLS **[27492]** : Wm, 1800+, Haverfordwest, PEM, WLS **[27492]**

RICHARDSON : 1840+, NSW & VIC, AUS **[41221]** : PRE 1920, Hobart, TAS, AUS **[11873]** : 1860S, Port Sorell, TAS, AUS **[12424]** : 1860+, Dockers Plains, VIC, AUS **[99177]** : Geo, 1845+, Geelong & Daylesford, VIC, AUS **[29937]** : Malachi, C1900, Melbourne, VIC, AUS **[11946]** : William, 1880+, Pitt Meadows, BC, CAN **[16867]** : PRE 1883, ONT, CAN **[39939]** : Wm & Tom, 1851+, Wellington Co., ONT, CAN **[16867]** : PRE 1900, JSY, CHI **[25747]** : 1800+, ENG **[39672]** : 1811+, ENG **[39167]** : PRE 1850, ENG **[11873]** : 1700+, Lake District, ENG **[39672]** : PRE 1800, Amersham, BKM, ENG **[32294]** : PRE 1936, Brookside & Ascot, BRK, ENG **[46516]** : 1700-1800, Wantage, BRK, ENG **[32042]** : 1700-1800, Wantage, BRK, ENG **[32042]** : Charles, PRE 1968, Winkfield & Windsor, BRK, ENG **[46516]** : Elsie, PRE 1968, Winkfield & Windsor, BRK, ENG **[46516]** : 1834+, CUL, ENG **[43656]** : C1795, CUL, ENG **[99106]** : 1920-1940, Ilkeston, DBY, ENG **[39873]** : PRE 1750, Chester le Street, DUR, ENG **[17626]** : ALL, Durham, DUR, ENG **[46479]** : Isabel, 1820+, Sunderland, DUR, ENG **[29939]** : 1860-1875, Sunderland, DUR, ENG **[17973]** : PRE 1850, Hayton & Bielby, ERY, ENG **[42745]** : PRE 1960, ESS, ENG **[18042]** : PRE 1855, Brentwood, ESS, ENG **[33491]** : 1800S, Saffron Walden, ESS, ENG **[28060]** : 1780S,

Huntley, GLS, ENG **[31373]** : PRE 1850, Hawley, HAM, ENG **[25329]** : ALL, KEN, ENG **[25329]** : 1750-1850, Aylesford, KEN, ENG **[41943]** : 1750-1850, Barming, KEN, ENG **[41943]** : 1750-1850, Boughton Monchelsea, KEN, ENG **[41943]** : 1750-1850, Ditton, KEN, ENG **[41943]** : 1750-1850, East Farleigh, KEN, ENG **[41943]** : 1809+, Halstead, KEN, ENG **[11946]** : John, PRE 1808+, Halstead, KEN, ENG **[11946]** : Ann Fry, 1799+, Leigh, KEN, ENG **[17109]** : 1750-1850, Maidstone, KEN, ENG **[41943]** : PRE 1750, Molash & Chilham, KEN, ENG **[41147]** : C1700, Rolvenden, KEN, ENG **[42384]** : 1750-1850, West Farleigh, KEN, ENG **[41943]** : 1870, Manchester, LAN, ENG **[37467]** : Ann, PRE 1823, Barrow-upon-Soar, LEI, ENG **[34975]** : PRE 1800, Pickwell, LEI, ENG **[38968]** : PRE 1850, Belton, LIN, ENG **[30981]** : ALL, Great Sturton, LIN, ENG **[30065]** : 1850+, Lincoln, LIN, ENG **[20975]** : 1800S, Lissington, LIN, ENG **[46437]** : 1840-1940, Bermondsey, LND, ENG **[41943]** : PRE 1850, Clerkenwell, LND, ENG **[28494]** : Susannah, 1807+, Shoreditch, LND, ENG **[37110]** : PRE 1850, Bethnal Green, MDX, ENG **[18042]** : 1830+, East London, MDX, ENG **[16527]** : PRE 1880, Hackney, MDX, ENG **[18042]** : Edward, PRE 1831, Haggerston, MDX, ENG **[41103]** : Joseph, 1700+, Limehouse, MDX, ENG **[39368]** : 1710-1880, Alnwick, NBL, ENG **[21669]** : 1870+, Hartwell, NTH, ENG **[41037]** : C1874, Arnold, NTT, ENG **[18529]** : PRE 1925, SRY, ENG **[44969]** : Mary Ann, PRE 1829, Newington, SRY, ENG **[14290]** : PRE 1846+, Rotherhithe, SRY, ENG **[11946]** : PRE 1800, Maresfield, SSX, ENG **[17931]** : 1790+, Mayfield & Framfield, SSX, ENG **[20975]** : 1800, Coventry, WAR, ENG **[12327]** : PRE 1910, WES, ENG **[41221]** : PRE 1825, WIL, ENG **[31186]** : 1580+, WRY, ENG **[11270]** : PRE 1810, Hunslet, Leeds, WRY, ENG **[42745]** : William, PRE 1850, Rotherham, WRY, ENG **[25627]** : C1830, Burnsall, YKS, ENG **[36299]** : 1700+, Coxwold, YKS, ENG **[36033]** : 1700+, Huddersfield, YKS, ENG **[36368]** : Harman, 1760-1850, York, YKS, ENG **[36033]** : PRE 1900, SOM, KEN & TAS, ENG & AUS **[42730]** : 1850-1900, Karachi, INDIA & NZ **[20660]** : David, 1800S, IRL **[15640]** : C1900, Tavanagh & Portadown, ARM, IRL **[20578]** : 1600-1900, Lisburn, DOW, IRL **[17584]** : 1800+, DUB, IRL **[12728]** : 1810-1910, Tynan & Ballarat, ARM & VIC, IRL & AUS **[20770]** : Malachi, 1874, Dunedin, NZ **[11946]** : 1840S, Forde & Wanganui, NZ **[39672]** : 1850-1950, New Plymouth, TARANAKI, NZ **[41943]** : William, PRE 1851, Dumfries, SCT **[16867]** : 1800+, Dalbeattie, KKD, SCT **[21038]** : William, PRE 1851, Parton Mill, KKD, SCT **[16867]** : C1790, Troqueer, KKD, SCT **[14747]** : PRE 1830, Windham, CT, USA **[19916]** : 1830+, Madison Co., NY, USA **[19916]**

RICHE : William, 1831-1880, Torque, DEV, ENG **[37633]**

RICHENS : 1880S, Port Germein, SA, AUS **[14306]** : 1871, Croydon, LND & SRY, ENG **[14306]**

RICHER : 1700+, SFK, ENG **[39061]**

RICHES : John, 1800+, Kensington, LND, ENG **[45824]** : Marion, 1800+, Kensington, LND, ENG **[45824]** : 1760S, Anmer, NFK, ENG **[25654]** : 1800S, Corpusly, NFK, ENG **[33245]** : ALL, Winterton, NFK, ENG **[15640]** : Henry, 1833+, Wolferton, NFK, ENG **[25654]** : 1800S, Corpusly, NFK, ENG & AUS **[33245]** : Edward, 1840+, Wood Dalling, NFK, ENG & AUS **[34249]**

RICHINGS : 1600-1900, Yate, Berkeley & Stone, GLS, ENG **[18857]**

RICHISON : 1700-1730, Dublin, IRL **[23415]**

RICHMOND : C1870-1900, West Ham, ESS, ENG **[45206]** : 1869+, Pimlico, LND, ENG **[46321]** : C1851, Stapleford, NTT, ENG **[30714]** : 1600-99, Studley, WAR, ENG **[20057]** : Alias Webb, C1500, WIL, ENG **[12748]** : 1880S, Bramham, YKS, ENG **[30457]** : 1600+, Coxwold, YKS, ENG **[20975]** : 1850S, New-milns, AYR, SCT **[13591]**

RICHTER : Fredrick, C1831-90, Waterloo Twp, ONT, CAN & GER **[16125]** : 1704-1783, Krumher Mersdorf, KMS, DDR **[27180]**

RICK : 1850+, Nottingham, NTT, ENG **[18823]** : 1900+, RSA **[29198]** : 1900+, ZIMBABWE **[29198]**

RICKABY : PRE 1775, Sedgefield, DUR, ENG **[17523]**

RICKARBY : ALL, WORLDWIDE **[33245]**

RICKARD : ALL, VIC, AUS **[35240]** : Helena, 1920S, Boxhill & Melbourne, VIC, AUS **[21155]** : Ann, PRE 1840, Astwood, BKM, ENG **[43792]** : Elizabeth, 1820+, Wing, BKM, ENG **[45803]** : John Anthony, C1830, Brannel, CON, ENG **[36592]** : 1750-1850, Mylor, CON, ENG **[11366]** : PRE 1800, Pillaton Area, CON, ENG **[28443]** : PRE 1850, Probus, CON, ENG **[20556]** : 1830-1860, Redruth, CON, ENG **[46310]** : C1800, St.Agnes, CON, ENG **[13244]** : PRE 1865, Truro, CON, ENG **[99298]** : 1800S, Tywardreath, CON, ENG **[45795]** : 1860-1890, LAN, ENG **[46310]** : 1800, Sterlitch, MEK, GER **[13853]** : 1900-1980, USA **[46310]**

RICKARDS : Sophia, C1860, Gloucester, GLS, ENG **[20542]** : 1870S, Otago, NZ **[20556]**

RICKERBY : ALL, WORLDWIDE **[33245]**

RICKETTS : 1700S, Horsley, GLS, ENG **[13731]** : ALL, Birmingham, WAR, ENG **[43879]** : ALL, YKS, ENG **[40719]** : Isabel, PRE 1841, Sprouston, ROX, SCT **[42890]**

RICKETTS (see One Name Section) **[19905]**

RICKEY : PRE 1808, Clones, MOG, IRL **[11145]**

RICKIE : ALL, ANS & FIF, SCT **[25219]**

RICKWOOD : 1700-1900, Marylebone, MDX, ENG **[46001]** : PRE 1880, Kingsthorpe, NTH, ENG **[43792]**

RIDDEL : PRE 1800, Castleton, ROX, SCT **[41499]**

RIDDELL : 1660+, Worwick & Paget, BERMUDA **[42600]** : George, PRE 1906, Perth, ONT, CAN **[31446]** : 1800+, ENG **[34479]** : 1860+, Barnstaple, DEV, ENG **[21218]** : 1800+, Enfield & Edmonton, MDX, ENG **[21218]** : George, 1833-1906, MOG & FER, IRL & CAN **[31446]** : 1700+, ABD, SCT **[34479]** : 1700S, Kincardine O'Neil, ABD, SCT **[16149]** : James, 1806, Rhynie & Essie, ABD, SCT **[28151]** : 1858+, Glengarry, INV, SCT **[46395]** : PRE 1910, Edinburgh, MLN, SCT **[41499]** : 1700+, Castleton, ROX, SCT **[41499]** : C1800-1900, Gattonside, ROX, SCT **[41499]**

RIDDIFORD : PRE 1850, Brendon, DEV, ENG **[19513]** : C1840, Swindon, WIL, ENG **[19513]**

RIDDING : PRE 1871, Keighley, WRY, ENG **[30998]**

RIDDLE : 1700+, Cardinham, CON, ENG **[13358]** : PRE 1830, Tavistock, DEV & CON, ENG **[46375]** : 1755+, Great Oakley, NTH, ENG **[12574]** : PRE 1830, TYR, IRL **[10642]** : 1858+, Glengarry, INV, SCT **[46395]** : 1800-2000, ROX, SCT **[41499]** : 1700-1850, Castleton, ROX, SCT **[41499]** : C1812, Kelso, ROX, SCT **[28164]**

RIDDLES : ALL, ENG & AUS **[26017]**

RIDDY : Winifred, 1917+, Stagsden, BDF, ENG **[18540]** : ALL, Stagsden, BDF, ENG **[18540]**

RIDENOUR : 1830+, Licking Co., OH, USA **[45308]**

RIDEOUT : James, 1870+, Twillingate, NFD, CAN **[15596]** : 1700S-1890S, Ashmore, DOR, ENG **[36295]** : 1665-1850, Bournemouth, DOR, ENG **[15596]** : 1750-1840, Tollard Royal, WIL, ENG **[25354]** : ALL, WORLDWIDE **[18276]**

RIDER : 1750+, Devonport, DEV, ENG **[18724]** : 1750-1870, Stoke Dameral & Plymouth, DEV, ENG **[29113]**

RIDERSBERG : PRE 1880, Rotterdam, NL **[46389]**

RIDEWOOD : ALL, WORLDWIDE **[20824]**

RIDGE : 1800S, Tunbridge Wells, KEN, ENG **[46193]**

RIDGERS : PRE 1850, HAM, ENG **[45227]**

RIDGEWAY : 1800+, Hyde & Marple, CHS, ENG **[18372]** : Samuel, 1709+, VA, USA **[32132]**

RIDGLEY : John, C1830, Richards Castle, HEF, ENG **[38579]**

RIDGMAN : John, PRE 1841, Bude Inn, Stratton, CON, ENG **[36665]** : C1830S Egloskerry, CON, ENG **[36665]**

RIDGWAY : 1850+, Mount Brown, Quorn, SA, AUS **[14346]** : 1860+, Virginia & Quorn, SA, AUS **[14346]** :

: 1880+, Quorn, SA & VIC, AUS **[14346]** : PRE 1890, Abbotsford, Gawler & Strathalbyn, VIC, SA & WA, AUS **[14346]** : 1700+, BKM, ENG **[18895]** : 1800-1879, Sheffield, WRY, ENG **[34416]**

RIDINGS : James, 1833, Newton Heath, LAN, ENG **[10318]** : 1830+, Oldham, LAN, ENG **[10886]** : ALL, Auckland, NZ **[33816]**

RIDLER : 1791+, London, MDX, ENG **[31720]**

RIDLESDALE : 1650-1750, ESS, ENG **[18957]**

RIDLEY : 1842+, AUS **[46269]** : Ralph, 1885+, Carcoar, NSW, AUS **[39179]** : ALL, St.Pancras, LND, ENG **[18713]** : C1860, Alnwick, NBL, ENG **[41212]** : PRE 1830, Callerton, NBL, ENG **[34873]** : PRE 1891, Gateshead, NBL, ENG **[34873]** : Thomas, 1873, Newcastle on Tyne, NBL, ENG **[46496]** : Thomas, PRE 1773, Parksend, NBL, ENG **[46496]** : 1750-1900, Ipswich, SFK, ENG **[28536]** : 1800-1900, Georgetown, DEMERARA, BRIT, GUIANA **[16813]** : PRE 1841, Gorey, WEX, IRL **[11726]** : 1880+, Allegan & Casco, MI, USA **[46269]**

RIDLINGTON : PRE 1838, CAM, LIN & RUT, ENG **[21161]** : PRE 1800, Spalding, LIN, ENG **[26662]**

RIDOLE : 1825+, ONT, CAN **[41299]**

RIDOUT : 1500+, Folke, DOR, ENG **[18276]** : 1500+, Fontmell Magna, DOR, ENG **[18276]** : 1500+, Holnest, DOR, ENG **[17203]** : 1600+, Middlemarsh, DOR, ENG **[18276]** : 1600+, Minterne Magna, DOR, ENG **[18276]** : 1500+, Sherborne, DOR, ENG **[18276]** : ALL, Sherborne, DOR, ENG **[18276]** : PRE 1840, Sherborne, DOR, ENG **[29745]** : 1700+, Holwell, SOM, ENG **[18276]** : 1740-1750, Weston Bampfylde, SOM, ENG **[18276]** : ALL, WORLDWIDE **[18276]**

RIDOUT (see One Name Section) **[18276]**

RIDOUTT : ALL, WORLDWIDE **[18276]**

RIDSDALE : Ambrose, PRE 1800, Darlington, DUR, ENG **[41349]** : PRE 1905, Durham, DUR, ENG **[40871]**

RIECK : C1800-1870, Gollin & Templin, BRA, GER **[37795]**

RIEDEL : 1830+, Weigilsdorf & Langenbielan, SIL, GER & POL **[36188]**

RIEDSTRA : ALL, WORLDWIDE **[16034]**

RIEDSTRA (see One Name Section) **[16034]**

RIEGELS : 1600-1800, NOR & DEN **[37286]**

RIELEY : George, C1780+, Edinburgh West Church, MLN, SCT **[14672]** : Michael M., C1800-1880, Edinburgh West Church, MLN & NSW, SCT & AUS **[14672]**

RIELLY : 1700S+, Magherafelt, LDY, IRL **[31886]**

RIEMER : 1874, Tekendorf, Transylvania, RO **[15987]**

RIEWE : Eva, 1850+, GER **[10295]** : Eva, 1850+, POL **[10295]** : Eva, 1850+, VOLHYNIA, UKR **[10295]**

RIFI : PRE 1850, QUE, CAN **[27325]**

RIFON : 1900-1993, USA **[26662]**

RIGAUD : ALL, Oxford, OXF, ENG **[30071]**

RIGAUT : PRE 1850, Poilley & Villamee, BRT, FRA **[20178]** : 1800+, St.Petersburg, RUSSIA **[20178]**

RIGBY : 1830S, Carlisle, CUL, ENG **[12011]** : C1900, Bolton, LAN, ENG **[45203]** : 1810S, Liverpool, LAN, ENG **[30724]** : PRE 1900, Liverpool, LAN, ENG **[30310]** : 1700S, Middleton, LAN, ENG **[42542]** : 1820, Warrington, LAN, ENG **[97805]** : Peter, 1824, Wigan, LAN, ENG **[10610]** : 1600+, IA, UT & LAN, USA & ENG **[22137]**

RIGDEN : Thomas, 1790, Canterbury, KEN, ENG **[10604]** : 1831-1919, Dover, KEN, ENG **[46268]**

RIGG : 1700-1740, ENG **[23415]** : 1840+, Rochdale, LAN, ENG **[46258]** : Robert, 1728+, Bishopsgate, LND, ENG **[37188]** : John, 1900S, Tottenham, MDX, ENG **[10252]**

RIGGS : 1900+, Sydney, NSW, AUS **[29025]** : George, PRE 1800, DOR, ENG **[39286]**

RIGLER : PRE 1800, WORLDWIDE **[17364]**

RIGNAL : C1770, Alconbury cum Weston, HUN, ENG **[13004]**

RIGNEY : ALL, OFF, IRL **[46311]** : James, PRE 1843, OFF, IRL **[40057]**

RILEY : C1840-1872, Gundagai, NSW, AUS **[13801]** : John, 1792+, Parramatta & Kurrajong, NSW, AUS **[10345]** : 1800S, Sydney, NSW, AUS **[33245]** : Edward, 1800S, Sydney, NSW, AUS **[33245]** : 1800-1850, TAS, AUS **[46219]** : Elizabeth, PRE 1854, Hobart, TAS, AUS **[10361]** : PRE 1897, Reefton & Bawn, NSW & CAV, AUS & IRL **[45823]** : 1840-1900, St.Martins, GSY, CHI **[20919]** : 1750-1850, Hull, ERY, ENG **[17642]** : 1800-1840, Deal, KEN, ENG **[99174]** : PRE 1750, Deptford, KEN, ENG **[21594]** : 1800+, LAN, ENG **[38934]** : 1800-1850, Droylsden, LAN, ENG **[12641]** : Betty, 1800+, Lancaster, LAN, ENG **[12878]** : 1800+, Lancaster, LAN, ENG **[42507]** : Ratcliffe, 1835, Oswaldtwistle, LAN, ENG **[42168]** : PRE 1800, Rochdale, LAN, ENG **[19785]** : 1799, Wigan, LAN, ENG **[31453]** : 1750+, LEI, ENG **[38934]** : Edward, 1755+, LND, ENG **[10345]** : Edward, PRE 1800, London Area, LND, ENG **[14646]** : 1850-1950, Spitalfields & Stepney, LND, ENG **[37048]** : 1780-1860S, St.Mary Whitechapel, MDX, ENG **[44998]** : Robert, C1800-1840, Worksop, NTT, ENG **[13801]** : 1840-1900, St.Olave & St.Thomas, SRY, ENG **[44998]** : PRE 1900, Audley, STS, ENG **[19641]** : PRE 1835, Cannock & Penkridge, STS, ENG **[20068]** : 1850S-60S, Longton, STS, ENG **[44921]** : C1836, Bedworth, WAR, ENG **[18529]** : Hannah, 1870, WRY, ENG **[99174]** : 1840S-50S, Huddersfield, WRY, ENG **[44921]** : ALL, ENG & AUS **[43395]** : John Francis, 1808-1869, Liverpool, LAN & CHS, ENG & AUS **[45774]** : 1834+, Dublin, IRL **[28495]** : C1830, DUB, IRL **[25658]** : 1770-1860, FER, IRL **[34349]** : 1800+, New Ross, KIK, IRL **[17000]** : 1920-1940, Grange, TYR, IRL **[22253]** : 1800-1840, Connaught & London, MAY & MDX, IRL & ENG **[46055]** : 1800-1840, Auchmithie, ANS, SCT **[99174]** : Michael M., C1800-1880, Edinburgh, MLN & NSW, SCT & AUS **[14672]**

RIMES : William, C1820+, Henley on Thames, OXF, ENG **[10071]**

RIMMER : ALL, LAN, ENG **[29328]**

RINARD : 1880+, Lewiston, ID, USA **[16383]**

RINCH : 1790+, LIN, ENG & CAN **[99433]**

RING : 1780-1900, Bermondsey, LND, ENG **[26752]** : PRE 1635, Ufford, SFK, ENG **[15521]** : PRE 1840, Dublin, IRL **[11280]** : 1830S, KIK, IRL **[45384]**

RINGE : ALL, LND, ESS & SFK, ENG **[19454]**

RINGE (see One Name Section) **[19454]**

RINGER : 1830S, Lambeth, SRY, ENG **[30724]**

RINGHAM : PRE 1800, HUN, ENG **[26662]** : PRE 1800, LIN, LEI & NTH, ENG **[26662]**

RINGLAN : 1863-1930, Woodbridge, ONT, CAN **[29528]**

RINGROSE : C1859, Hobart, TAS, AUS **[21479]** : 1765-1820S, Burnby & South Cave, ERY, ENG **[37278]** : 1820-1950, Caistor, LIN, ENG **[37278]** : Ann, 1801+, Naseby, NTH, ENG **[41185]** : Samuel, PRE 1850, Nottingham, NTT, ENG **[34201]** : PRE 1840, Scarriff, CLA & GAL, IRL **[11476]**

RINGSTEAD : C1800, Holkham, NFK, ENG **[21479]**

RINGUET : PRE 1880, Bordeaux, FRA **[31715]** : PRE 1880, MAURITIUS **[31715]**

RINGWOOD : ALL, Hethel & Wreningham, NFK, ENG **[39564]** : ALL, Bury St.Edmunds, SFK, ENG **[39564]**

RINTOUL : John, 1794+, London, ENG **[11827]**

RIORDAN : Margaret, 1889, Glebe, NSW, AUS **[30950]** : 1881+, West Maitland, NSW, AUS **[30950]**

RIOUX : ALL, QUE, CAN **[15118]**

RIPLEY : John, C1880, Stockton-on-Tees, DUR, ENG **[99600]** : 1850-1900, Deal & Smarden, KEN, ENG **[30855]** : 1850-1900, Whitwell & Dover, KEN, ENG **[30855]** : 1700-1800, Lowfields, NRY, ENG **[31826]** : 1750-1850, Hailsham, SSX, ENG **[30855]** : George, 1845+, Kendal, WES, ENG **[99433]** : ALL, YKS, ENG **[40719]** : C1700, Middleham, YKS, ENG **[30310]**

RIPP : 1740-1780, Berstheim, ALS, FRA & GER **[24252]**

RIPPER : Hannah Maria, 1807-1893, Stawell, VIC, AUS [35235] : 1800S, Padstow, CON, ENG [35235] : 1800+, Bexley, KEN, ENG [12142] : PRE 1800, NFK, ENG [46452] : 1600+, Attleborough, NFK, ENG [12142]
RIPPINGTON : ALL, Marston & Oxford, OXF, ENG [43840]
RIPPON : Jacobus, C1770, Lanchester, DUR, ENG [38579]
RISDON : PRE 1750, DEV, ENG [19064] : PRE 1800, Bradworthy, DEV, ENG [15324]
RISEBOROUGH : ALL, Corpusty, NFK, ENG [27431] : PRE 1900, SFK, ENG [39312]
RISHMAN : PRE 1800, Rogate, SSX, ENG [15464]
RISLEY : PRE 1920, LAN, ENG [20925]
RISTE : PRE 1777, KEN & SSX, ENG [30823]
RITCHIE : C1820, Camden, NSW, AUS [39155] : Robert, 1823-1841, Sutton Forest, NSW, AUS [99026] : Margaret, C1675, DUR, ENG [10035] : James, 1800S, Larne, ANT, IRL [16075] : PRE 1802, LDY, IRL [99570] : Jno G. & Jane, 1850-1905, Kumara & Hokitika, WESTLAND, NZ [12716] : ALL, ABD, SCT [18521] : Ann, C1860S, Newhills, ABD, SCT [15485] : 1830, Dundee, ANS, SCT [46458] : Robert, 1700-1900, Galston, Kilmarnock & Stewartton, AYR, SCT [12716] : 1800, Irvine, AYR, SCT [44105] : 1780S, Kingsbarns, FIF, SCT [12318] : James, 1870+, St.Andrews, FIF, SCT [16938] : PRE 1832, Rutherglen, LKS, SCT [14030] : PRE 1900, Newlands, PEE, SCT [21365] : Robert, 1840+, Newburgh, NY, USA [16075]
RITSON : C1825, Sunderland, DUR, ENG [38728] : Mary Jane, PRE 1864, Ninebanks, NBL, ENG [10880]
RITTER : PRE 1820, Asheville, NC, USA [23895]
RITTY : 1800S, Alverstoke, HAM, ENG [13910]
RITZAU : 1855+, Yandoit, VIC, AUS [38624] : PRE 1855, Branshweig, GER [38624]
RIVENHALL : 1750-1900, Cambridge, CAM, ENG [28536]
RIVERS : 1900+, Mackay, QLD, AUS [44270] : 1800+, CON, ENG [44270] : 1800+, DEV, ENG [44270] : PRE 1890, Danbury & Great Burstead, ESS, ENG [45036] : Richard, 1793-1865, St.Martin-in-the-Fields, MDX, ENG [31476] : PRE 1780, Badingham, SFK, ENG [36337] : 1600-1850, Ipswich, SFK, ENG [19270] : 1818+, Needham Market, SFK, ENG [43792] : PRE 1760, Whitton, SFK, ENG [33664] : 1840+, Brighton, SSX, ENG [44270] : PRE 1850, WIL, ENG [46164] : 1850+, Worcester, WOR, ENG [31305]
RIVES : Joseph, C1735+, QUE, CAN [27325]
RIVETT : PRE 1800, CHS, ENG [20178] : Roger, PRE 1820, Bridgham & Kenninghall, NFK, ENG [24981]
RIVINAC : ALL, WORLDWIDE [20178]
RIVINACH : 1600+, Poltersdorf, RPF, BRD [20178]
RIVINGTON : PRE 1800, Barlborough & Bolsover, DBY, ENG [30457] : 1850-1920, Killamarsh, DBY, ENG [30457] : 1850-1920, Sheffield, YKS, ENG [30457]
RIVITT : 1798+, Wilby & Grendon, NTH, ENG [21207]
RIVLIN : ALL, WORLDWIDE [30488]
RIX : ALL, LND, ENG [27931] : 1750+, NFK, ENG [34321] : Stephen, 1700S, Norwich, NFK, ENG [10993] : ALL, Tittleshall, NFK, ENG [28585] : PRE 1845, SRY & MDX, ENG [33628] : PRE 1830, Easton Royal, WIL, ENG [45881] : 1800-1900, WOR, ENG [46252] : ALL, CBY, NZ [27931]
RIXON : 1690, Chinnor, OXF, ENG [28092]
ROACH : 1830S, NSW, AUS [10277] : 1870+, Raymond Terrace, NSW, AUS [29361] : Capt. John, 1820+, Melbourne & Seymour, VIC, AUS [11587] : John (R.N.), 1780+, ENG [11587] : ALL, London, ENG [40042] : Frances, 1670, East Newlyn, CON, ENG [35150] : ALL, St.Ives, CON, ENG [18823] : 1760+, Plymouth, DEV, ENG [30107] : 1800S, Alverstoke, HAM, ENG [13910] : C1810, NFK, ENG [10610] : John Robert, 1806, Southwark, SRY, ENG [36275] : 1800+, LND, ENG & COR, ENG, AUS & IRL [40480] : Henrietta, 1630+, IRL [21079] : John, 1800, IRL [10277] : David, 1800S, COR, IRL [45975] : 1800-1826, Mallow, COR, IRL [22891] : Patrick, 1847, Kilkenny, KIK, IRL [99590] : PRE 1870, GLA, WLS [12071]
ROACH (see ROCHE) : [11839]
ROANTREE : 1650-1830, Drung, CAV, IRL [12844]
ROARKE : PRE 1850, Cloone & Faughill, LET, IRL [37880]
ROBB : Peter, 1843+, ONT, CAN [16867] : 1740+, HUN, ENG [42282] : 1818, NFK, ENG [42282] : 1800+, Lislaird, TYR, IRL [12163] : James, 1800-1850, SCT [41349] : 1891, Aberdeen, SCT [16783] : PRE 1850, ABD, SCT [15944] : C1800-1890, Aberdeen, ABD, SCT [45895] : C1810, Insch, ABD, SCT [26173] : 1800-1900, Kirriemuir & Dundee, ANS, SCT [11425] : 1768, Rothiemay, BAN, SCT [16822] : ALL, Fife, FIF, SCT [45070] : 1700+, KCD, SCT [15944] : Catherine, PRE 1800, Dunnottar, KCD, SCT [25602] : 1750-1850, LKS, SCT [19656] : 1700-1850, Glasgow, LKS, SCT [20919] : Peter, PRE 1843, Cargill, PER, SCT [16867] : Rebecca, 1816+, Kilspindie, PER, SCT [16938] : Jane, C1790, Paisley, RFW, SCT [22409] : PRE 1790, Bo'Ness, WLN, SCT [25979]
ROBBERDS : 1840+, Sydney, NSW, AUS [46277] : PRE 1845, Norwich, NFK, ENG [46277]
ROBBERSON : Abedaego, 1700S, NC, USA & UK [23858]
ROBBIE : 1800+, AUS [99010] : 1700+, ABD, SCT [99010] : 1830S, Kirriemuir, ANS, SCT [30724]
ROBBINS : 1860+, Sydney, NSW, AUS [12561] : 1853+, NSW, QLD & VIC, AUS [11860] : 1860S, Ararat, VIC, AUS [12744] : 1700+, London, ENG [42919] : PRE 1930, BED, ENG [44969] : 1700+, Hanslope, BKM, ENG [41037] : 1860+, Olney, BKM, ENG [41037] : PRE 1855, Ravenstone, BKM, ENG [10141] : 1800+, Stoke Goldington, BKM, ENG [41037] : C1800-1850S, Winslow, BKM, ENG [11860] : 1870+, Crewe, CHS, ENG [41037] : 1750+, Bradworthy, DEV, ENG [15524] : John, C1849, Kingston, DEV, ENG [36592] : PRE 1700, Weare Giffard, DEV, ENG [19641] : 1700S, Chedworth, GLS, ENG [19497] : 1600-1900, Hambledon, HAM, ENG [26831] : 1860, Kensington, LND & SRY, ENG [40608] : 1800-1900, London, MDX, ENG [26831] : PRE 1850, Blackley, NTH, ENG [99177] : 1700+, Hartwell, NTH, ENG [41037] : 1850+, New Duston, NTH, ENG [41037] : 1870+, New Duston, NTH, ENG [41037] : 1800+, Northampton, NTH, ENG [41037] : 1800+, Northampton, NTH, ENG [41037] : George, 1850+, Bath, SOM, ENG [21132] : Mary A. Alex., 1847+, Lambeth, SRY, ENG [33679] : PRE 1800, Stretton on Fosse, WAR, ENG [19254] : 1750-1850, Wilcot, WIL, ENG [42897] : ALL, Wootton Bassett, WIL, ENG [33347] : PRE 1814, Ballyduff, KIK, IRL [37938] : 1600-2003, WORLDWIDE [23856]
ROBBINS (see One Name Section) [23856]
ROBE : 1740+, AUS [42282]
ROBEIJNS : Joannes, 1600+, Herten, WELLEN, BEL [39730]
ROBERSON : 1852+, Wapengo & Bega, NSW, AUS [11214] : 1821+, Waterbeach, CAM, ENG [11214]
ROBERT : 1823+, Sydney, NSW, AUS [13584] : 1900, Kadina, SA, AUS [14346] : Nicholas, 1826+, GSY, CHI [41446] : PRE 1823, GSY, CHI [13584] : PRE 1860, St.Peter Port, GSY, CHI [20919] : ALL, Leeds, WRY, ENG [31826] : Margaret, PRE 1800, Arbuthnot, KCD, SCT [25602]
ROBERTON : ALL, Glasgow, LKS, SCT [39994]
ROBERTS : Esther, C1900, Balmain, NSW, AUS [11716] : 1827-90, Cobbitty, NSW, AUS [33490] : Mary A., 1800S, Rocky River & Glen Innes, NSW, AUS [10697] : Chas James, 1821+, Sydney, NSW, AUS [42565] : Henry, 1840+, Sydney, NSW, AUS [42565] : Hy Clarence, 1851+, Sydney, NSW, AUS [42565] : Meluotto, 1853+, Sydney, NSW, AUS [42565] : Chas Warman, 1874+, Sydney, NSW, AUS [42565] : Roy

Reginald, 1881+, Sydney, NSW, AUS **[42565]** : Donald, 1940S, Sydney, NSW, AUS **[11011]** : John, C1839-1899, The Oaks, NSW, AUS **[34140]** : 1864+, Wollombi, NSW, AUS **[10085]** : 1865+, North, QLD, AUS **[10277]** : Sarah, 1839+, Golden Grove & Wandearah, SA, AUS **[31413]** : Margaret, 1850+, Windsor, SA, AUS **[26524]** : 1820-1930, Hobart, TAS, AUS **[31979]** : 1853-1857, Recherche Bay, TAS, AUS **[10646]** : Lydia, 1852+, VIC, AUS **[10699]** : James, 1860+, Amphitheatre, VIC, AUS **[28232]** : ALL, Benalla, VIC, AUS **[29520]** : 1850+, Castlemaine, VIC, AUS **[12039]** : 1855+, Castlemaine, VIC, AUS **[39015]** : PRE 1854, Castlemaine, VIC, AUS **[14733]** : W., 1900+, Collingwood, VIC, AUS **[39108]** : J.W., 1858+, Creswick, VIC, AUS **[39108]** : 1857-1900, Gippsland, VIC, AUS **[10646]** : James, 1839+, Melbourne, VIC, AUS **[12639]** : Walter, C1910, Melbourne, VIC, AUS **[11011]** : 1838+, Melbourne & Ballarat, VIC, AUS **[39108]** : John, 1863+, Melbourne & Matlock, VIC, AUS **[35589]** : Catherine, 1863+, Melbourne & Matlock, VIC, AUS **[35589]** : 1850+, Mordialloc, VIC, AUS **[12639]** : 1860+, Stawell, VIC, AUS **[31923]** : Sarah, 1863-1942, ENG **[43052]** : Harriet, 1870+, ENG **[34245]** : PRE 1830, Ampthill, BDF, ENG **[10664]** : 1850+, Windsor, BRK, ENG **[40135]** : 1870-1890S, Tranmere, CHS, ENG **[38868]** : PRE 1870+, CON, ENG **[41425]** : 1700+, Boconnoc, CON, ENG **[11582]** : 1800+, Boscawell, CON, ENG **[26193]** : 1800, Camborne, CON, ENG **[12222]** : PRE 1850, Cornelly, CON, ENG **[41425]** : C1801, Gwennap, Kenwyn, CON, ENG **[41297]** : PRE 1850, Lanivet, Roche & St.Austell, CON, ENG **[25469]** : 1830-1860, Lanreath, CON, ENG **[12231]** : 1600-1700, Liskeard, CON, ENG **[41590]** : Peter, 1700, Ludgvan, CON, ENG **[13031]** : 1716+, St.Just in Penwith, CON, ENG **[45689]** : PRE 1850, Withiel, Colan, Kenwyn & St.Erme, CON, ENG **[25469]** : C1825, Alphington, DEV, ENG **[20935]** : ALL, Stoke Damerel, DEV, ENG **[28140]** : 1800+, Thorverton & Exeter, DEV, ENG **[17532]** : PRE 1810, Darlington, DUR, ENG **[46420]** : 1850-1881, ESS, ENG **[25830]** : 1800+, Gloucester, GLS, ENG **[36655]** : 1800S, Tewkesbury, GLS, ENG **[36655]** : 1820S-1890S, Treemton-on-Severn, GLS, ENG **[37978]** : PRE 1673, Woolstone, GLS, ENG **[15521]** : ALL, GLS & SOM, ENG **[18780]** : Isaac, 1860S, Southampton, HAM, ENG **[10125]** : Samuel, 1700-1800, Burrington, HEF, ENG **[27039]** : PRE 1853, HRT, ENG **[39539]** : 1827+, KEN, ENG **[10085]** : ALL, Dover, KEN, ENG **[28140]** : PRE 1850, Farleigh, KEN, ENG **[41039]** : C1822, Rye, KEN, ENG **[10330]** : Philadelphia, 1830+, Tunbridge Wells, KEN, ENG **[10102]** : PRE 1870, Bacup, LAN, ENG **[46471]** : Jane, 1790S-1820S, Liverpool, LAN, ENG **[37978]** : ALL, Liverpool, LAN, ENG **[46462]** : 1700+, Manchester, LAN, ENG **[10499]** : PRE 1821, Manchester, LAN, ENG **[33490]** : ALL, Middleton, LAN & CON, ENG **[25628]** : PRE 1730, St.Margarets, LEI, ENG **[11366]** : Frances, PRE 1804, Osbournby, LIN, ENG **[28323]** : 1800S, Willoughton, LIN, ENG **[15931]** : 1780+, LND, ENG **[29520]** : John, 1840S, Chelsea, LND, ENG **[27435]** : 1780-1830, Finsbury, LND, ENG **[31979]** : C1880, Lambeth, LND, ENG **[46447]** : 1815+, Limehouse, LND & MDX, ENG **[28495]** : 1815+, Ratcliffe, LND & MDX, ENG **[28495]** : 1800-1900, Stepney, LND & MDX, ENG **[28495]** : PRE 1865, London, MDX, ENG **[10277]** : Geo. Charles, 1820S, Poplar, MDX, ENG **[17637]** : James, PRE 1859, Westminster, MDX, ENG **[28232]** : PRE 1850, Newcastle upon Tyne, NBL, ENG **[45796]** : 1780S, Stody, NFK, ENG **[46216]** : PRE 1820, Broughton, OXF, ENG **[31028]** : 1780-1860, Thame, OXF, ENG **[38307]** : PRE 1800, Oswestry, SAL, ENG **[32294]** : 1800S, Pontesbury, SAL, ENG **[28948]** : 1800-1830, Shrewsbury, SAL, ENG **[18128]** : 1800S, Worthen, SAL, ENG **[28948]** : 1800+, Chelmondiston, SFK, ENG **[13422]** : PRE 1840, Yoxford, SFK, ENG **[11797]** : 1844+, Coker, SOM, ENG **[17291]** : 1800-1820, London & Lambeth, SRY, ENG **[39108]** : PRE 1840, Hamilton, STS, ENG **[38708]** : PRE 1800, Cubbington, WAR, ENG **[10046]** :

1780, Eatington, WAR, ENG **[37138]** : C1800, Maningford Bruce, WIL, ENG **[34140]** : ALL, WOR, ENG **[34921]** : 1650-1750, Cotheridge, WOR, ENG **[12641]** : PRE 1900, Halesowen, WOR, ENG **[45054]** : PRE 1820, Pershore & Birlingham, WOR, ENG **[18264]** : 1810-1950, Redditch, WOR, ENG **[37138]** : PRE 1660, Hooton Pagnell, WRY, ENG **[31316]** : PRE 1800, Leeds, WRY, ENG **[42745]** : ALL, Wortley & Hunslet, WRY, ENG **[42745]** : Charles Waid, 1805, Hornsea, YKS, ENG **[28140]** : ALL, Huddersfield, YKS, ENG **[30773]** : PRE 1900, Keighley, YKS, ENG **[10967]** : C1690, Newsholme, YKS, ENG **[38285]** : PRE 1865, Rawmarsh, YKS, ENG **[10277]** : 1914+, Rotherham, YKS, ENG **[41370]** : C1800-1900, Sheffield, YKS, ENG **[37795]** : 1829, CON & VIC, ENG & AUS **[28013]** : 1800+, Bristol, GLS, ENG & AUS **[36569]** : 1700-1890, Ewyas Harold & Grosmont, HEF & MON, ENG & WLS **[18422]** : 1874+, Lyttelton, CBY, NZ **[26193]** : John L., 1870+, Hutt-Wellington, HUTT, NZ **[39108]** : 1843+, Uitenhage & Port Elizabeth, RSA **[28140]** : Jane Wylie, C1834, Edinburgh, MLN, SCT **[12639]** : Sarah Jane, C1837-1855, Barrhead, RFW, SCT **[14733]** : ALL, Boston, MA, USA **[14227]** : 1900+, Houghton & Wayne Co., MI, USA **[25469]** : 1600S, Dover Neck, NH, USA **[15521]** : R. Hutchfield, 1876+, Manitowoc Co., WI, USA **[46465]** : 1750+, Balbour Co., WV, USA **[23319]** : William, 1800+, Holyhead, AGY, WLS **[10125]** : Elin, 1833+, Tyddyn, AGY, WLS **[21955]** : David, 1856+, CMN, WLS **[44411]** : PRE 1860, Wrexham, DEN, WLS **[31923]** : 1800+, Newmarket, FLN, WLS **[46299]** : 1680-1760, GLA, WLS **[44963]** : 1850S, GLA, WLS **[10460]** : Martha, 1866, Merthyr Tydfil, GLA, WLS **[17117]** : PRE 1860, Dolgellau, MER, WLS **[42752]** : PRE 1800, Mallwyd, MER, WLS **[42752]** : PRE 1850, Pennal, MER, WLS **[17486]** : 1822, Tal-Y-Llyn, MER, WLS **[18613]** : PRE 1850, Llanrhaidr, MGY, WLS **[20178]** : 1800+, Mochore, MGY, WLS **[34641]** : PRE 1880, Llantrisent, MON, WLS **[36115]** : James, 1795, Rudbaxton, PEM, WLS **[17117]** : Isaac, 1800, Rudbaxton, PEM, WLS **[17117]** : Ann, 1857-1932, Cardiff, GLA & GLS, WLS & ENG **[16125]** : **ROBERTS** (see One Name Section).

ROBERTSHAW : 1680-1770, Thornton, YKS, ENG **[12318]**

ROBERTSON : 1880, Mudgee, NSW, AUS **[11098]** : Isabella, 1853+, Shoalhaven, NSW, AUS **[11745]** : 1870+, Stanthorpe, QLD, AUS **[13377]** : Joseph, 1890S, Adelaide, SA, AUS **[14306]** : George, 1900+, Adelaide, SA, AUS **[45791]** : Maryann, 1840, Goolwa, SA, AUS **[41468]** : 1844-1861, Franklin, TAS, AUS **[11594]** : 1800S, Durham Co., ONT, CAN **[16273]** : 1780-1790, PE, CAN **[46271]** : ALL, ENG **[18260]** : C1850, Southampton, HAM, ENG **[99600]** : Joseph, 1849, Lambeth, LND, ENG **[14306]** : 1820S, Stepney, LND, ENG **[44996]** : ALL, Tottenham, LND, ENG **[18260]** : 1750-1850, Westminster & Shoreditch, LND & MDX, ENG **[43620]** : 1850+, Uxbridge, MDX, ENG **[16527]** : 1850+, Bethnal Green & Shoreditch, MDX & LND, ENG **[31079]** : William, 1700+, Briningham, NFK, ENG **[17000]** : 1870, Auckland, NZ **[21727]** : Joseph, 1880S, Auckland, NZ **[14306]** : Gatheral, 1883, Dunedin, OTAGO, NZ **[12454]** : Louisa, 1883, Dunedin, OTAGO, NZ **[12454]** : 1870+, Dunedin, OTG, NZ **[21356]** : Patrick, 1856-1867, Aberdeen, ABD, SCT **[21356]** : PRE 1880, Aberdeen, ABD, SCT **[13377]** : Patrick, 1804-1841, Craigdam, ABD, SCT **[21356]** : Patrick, 1846-1856, Culsalmond, ABD, SCT **[21356]** : George, PRE 1833, Culsalmond, ABD, SCT **[21356]** : 1743+, Ellon, ABD, SCT **[14880]** : C1790, Huntly, ABD, SCT **[37499]** : George, 1845-1887, Lonmay, ABD, SCT **[21356]** : 1800, New Deer, ABD, SCT **[97805]** : 1700S, Stonehaven, ABD, SCT **[46271]** : PRE 1900, Dundee, ANS, SCT **[18521]** : PRE 1900, Dundee, ANS, SCT **[11092]** : Jannet, C1718, St.Vigeans, ANS, SCT **[10035]** : 1800+, Tarbolton, AYR, SCT **[45791]** : PRE 1820+, Banff, BAN, SCT **[46353]** : Wm., 1800-1820, Cullen, BAN, SCT **[14306]** : Sophia, 1767, Fordyce, BAN, SCT **[16822]** : Margaret, 1869, Keith,

BAN, SCT **[10318]** : PRE 1835, Eccles, BEW, SCT **[35218]** : 1881-1996, Greenlaw, BEW, SCT **[35218]** : PRE 1850, Cumbrae, BUT, SCT **[13622]** : 1700-1880, ELN, SCT **[21727]** : 1700, Haddington, ELN, SCT **[13129]** : 1714+, Haddington, ELN, SCT **[21207]** : 1700+, Crieff, FIF, SCT **[39928]** : 1800-1880, Dunfermline, FIF, SCT **[31761]** : 1800+, Milnathort, FIF, SCT **[13004]** : 1820S, St.Andrews, FIF, SCT **[10460]** : PRE 1820, Alvie, INV, SCT **[18500]** : PRE 1800, Isle of Skye, INV, SCT **[34042]** : ALL, Castle Douglas, KKD, SCT **[44042]** : C1802, LKS, SCT **[97801]** : 1700-1900, Glasgow, LKS, SCT **[21973]** : 1870S, Glasgow, LKS, SCT **[42693]** : PRE 1800, Glasgow, LKS, SCT **[45308]** : PRE 1900, Glasgow, LKS, SCT **[20974]** : 1830+, Hamilton, LKS, SCT **[13622]** : Andrew, PRE 1931, Partick, LKS, SCT **[33948]** : Dr William, 1721-1793, Edinburgh, MLN, SCT **[17763]** : 1800S, Edinburgh, MLN, SCT **[42693]** : Grace, 1824+, Edinburgh, MLN, SCT **[41444]** : 1830+, Edinburgh, MLN, SCT **[16527]** : ALL, Leith, MLN, SCT **[18260]** : 1600+, Newton, MLN, SCT **[36655]** : 1830+, Longhope, OKI, SCT **[14513]** : 1815-1834, PER, SCT **[99125]** : PRE 1800, Auchterarder, PER, SCT **[12707]** : 1800+, Methven, PER, SCT **[33711]** : John, 1740+, Perth, PER, SCT **[21356]** : Jessie, C1830-1924, Perth & Edinburgh, PER & MLN, SCT **[40865]** : Janet, C1830-1924, Perth & Edinburgh, PER & MLN, SCT **[40865]** : PRE 1860, RFW, SCT **[42615]** : 1768-1800S, Dingwall, ROC, SCT **[42386]** : 1814-1915, Ednam, ROX, SCT **[35218]** : ALL, SHI, SCT **[21442]** : 1790+, Bressay, SHI, SCT **[11098]** : 1764+, Dolting, SHI, SCT **[11098]** : PRE 1807, STI, SCT **[44181]** : PRE 1860, Alvie & Struan, INV & VIC, SCT & AUS **[36800]** : ALL, WORLDWIDE **[18260]**

ROBESON : PRE 1856, Reigate, SRY, ENG **[10516]**
ROBICHAUD : 1850+, ONT & QUE, CAN **[42927]**
ROBIDOUX : 1800+, Malden Twp, Essex Co., ONT, CAN **[37631]**
ROBILLIARD : 1800-1870S, GSY, CHI **[99040]**
ROBIN : 1870S, Chiltern, VIC, AUS **[12237]** : 1580+, CHI **[46328]** : 1802+, St.Peter Port, GSY, CHI **[12237]**
ROBINET : Francoise, C1795+, QUE, CAN **[27325]**
ROBINS : 1860+, Sydney, NSW, AUS **[12561]** : 1853+, NSW, QLD & VIC, AUS **[11860]** : 1700+, London, ENG **[42919]** : Joseph, PRE 1860, London, ENG **[12561]** : PRE 1800, Buckingham, BKM, ENG **[15464]** : 1700+, Hanslope, BKM, ENG **[41037]** : 1850+, Newton Blossomville, BKM, ENG **[41037]** : 1850+, Olney, BKM, ENG **[41037]** : 1750-1850, Aston Upthorpe, BRK, ENG **[46385]** : 1700+, Letcomb Regis, BRK, ENG **[27533]** : PRE 1840, CON, ENG **[12905]** : 1700-1840, St.Austell & Probus, CON, ENG **[13430]** : ALL, DOR, ENG **[41590]** : PRE 1900, DOR, ENG **[38517]** : 1600-1900, Hambledon, HAM, ENG **[26831]** : 1710+, Egerton, KEN, ENG **[20975]** : Charlotte, PRE 1850, Hastings, KEN, ENG **[39348]** : 1750-1900, Milton, Sittingbourne, KEN, ENG **[39386]** : 1800-1900, Pimlico, LND, ENG **[26831]** : Joseph, C1850, Stepney, MDX, ENG **[99600]** : 1700+, Hartwell, NTH, ENG **[41037]** : 1870+, New Duston, NTH, ENG **[41037]** : David, C1850, Stanton Harcourt, OXF, ENG **[13960]**
ROBINSON : 1859+, NSW, AUS **[41242]** : ALL, NSW, AUS **[46373]** : 1878, Coree, NSW, AUS **[46260]** : 1880+, Glebe, NSW, AUS **[34739]** : John, 1849+, Hawkesbury & Balmain, NSW, AUS **[10790]** : 1791-1860, Sydney & Appin, NSW, AUS **[10394]** : 1863+, Balaklava & Adelaide, SA, AUS **[46360]** : 1865+, TAS, AUS **[46260]** : John, 1820+, Oatlands, TAS, AUS **[29664]** : James, 1950+, VIC, AUS **[10314]** : W. V., 1861-1909, Melbourne, VIC, AUS **[25310]** : 1860+, Williamstown, VIC, AUS **[31072]** : 1902, Perth, WA, AUS **[46260]** : Ann, 1792+, Sydney, NSW, AUS & ENG **[41271]** : Richard, C1759+, NSW & LND, AUS & ENG **[41271]** : PRE 1850, Demerara, B.GUIANA **[31072]** : Philip, C1874, Petrolia Lambton Co., ONT, CAN **[23471]** : 1835-1880, Toronto, ONT, CAN **[98640]** : 1800+, Charlottetown, PEI, CAN **[21394]** : PRE 1850, Montreal, QUE, CAN **[31072]** : Wm, ALL,

St.Lukes, Finsbury, ENG **[17092]** : C1820, Bletsoe, BDF, ENG **[18529]** : 1700-1850, Carlton & Chellington, BDF, ENG **[19921]** : C1845, Ernest Milton, BDF, ENG **[18529]** : 1891+, Newbury, BRK, ENG **[46349]** : PRE 1920, Reading, BRK, ENG **[46360]** : PRE 1880, Sonning, BRK, ENG **[37049]** : 1800S, Cambridge, CAM, ENG **[36243]** : PRE 1850, Tydd St.Giles, CAM, ENG **[35527]** : PRE 1880, CHS, ENG **[34906]** : George, 1848+, Little Budworth, CHS, ENG **[41027]** : PRE 1800, Wrenbury, CHS, ENG **[28141]** : PRE 1850, Ashton under Lyne, CHS & LAN, ENG **[31761]** : PRE 1800, Alston, CUL, ENG **[17921]** : 1680-1830S, Greystoke, CUL, ENG **[35989]** : 1830-1910, Penrith, CUL, ENG **[35989]** : Isabel, 1750, Wetheral, CUL, ENG **[13031]** : C1800, Staveley, DBY, ENG **[19310]** : 1800-1900, Swadlincote, DBY, ENG **[16706]** : PRE 1790, Tideswell, DBY, ENG **[40025]** : John, PRE 1800, Durham, DUR, ENG **[43991]** : Margaret Ann, C1875, Haswell, DUR, ENG **[38449]** : Cawood Lewis, 1879+, Houghton le Spring, DUR, ENG **[20793]** : William, C1560, Houghton le Spring, DUR, ENG **[10035]** : C1786-1992, Ireshopeburn, DUR, ENG **[22698]** : Hanna, 1760-1820, Lanchester, DUR, ENG **[17907]** : Alfred Cawood, 1902+, Holme, ERY, ENG **[20793]** : 1750+, Spennithorne, ERY, ENG **[36710]** : 1700+, Leigh on Sea, ESS, ENG **[19895]** : Bertie Cawood, 1882-1969, Southend on Sea, ESS, ENG **[20793]** : John, PRE 1820, GLS & KEN, ENG **[29664]** : PRE 1786, HAM, ENG **[46296]** : 1800+, Therfield, HRT, ENG **[18020]** : ALL, Bluntisham cum Earith, HUN, ENG **[39642]** : 1800, Calborne, IOW, ENG **[12222]** : Joseph, 1814, Deptford, KEN, ENG **[13731]** : Robert, PRE 1820, Minster & Rochester, KEN, ENG **[22207]** : Esther, 1850+, Snodland, KEN, ENG **[45624]** : Nancy, 1800+, Ashton & Manchester, LAN, ENG **[42900]** : 1750+, Banks, North Meols, LAN, ENG **[31486]** : Margaret, PRE 1759, Cartmel & Staveley, LAN, ENG **[30880]** : PRE 1820, Flookburgh, LAN, ENG **[13574]** : Thomas Hulme, 1770-1850, Liverpool, LAN, ENG **[45920]** : 1840-1860, Liverpool, LAN, ENG **[11303]** : 1870+, Liverpool, LAN, ENG **[30120]** : PRE 1800, Manchester, LAN, ENG **[31116]** : 1770-1820, Penny Bridge, Lancaster, LAN, ENG **[38668]** : 1811+, Preston, LAN, ENG **[41242]** : C1760, Preston, LAN, ENG **[11661]** : 1840+, Stalybridge, LAN, ENG **[14536]** : 1900+, Standish & Wigan, LAN, ENG **[42308]** : 1800-2004, Stretford, LAN, ENG **[44104]** : C1797+, Warrington, LAN, ENG **[29854]** : 1750-1790, East Allington, LEI, ENG **[46305]** : 1700-1900, LIN, ENG **[12401]** : PRE 1900, LIN, ENG **[39439]** : PRE 1672, Billinghay, LIN, ENG **[19902]** : John, 1748-1821, Gosberton, LIN, ENG **[20793]** : Cawood, 1784-1854, Gosberton Spalding, LIN, ENG **[20793]** : 1800-1830, Market Deeping, LIN, ENG **[32310]** : PRE 1836, Nettleham, LIN, ENG **[46441]** : Robert, 1653-1706, Pinchbeck, LIN, ENG **[20793]** : PRE 1851, Roxby, LIN, ENG **[20690]** : Ann Jessop, 1827-1911, Spalding Crowland, LIN, ENG **[20793]** : PRE 1800, Hackney, LND, ENG **[40822]** : William, 1800+, St.Bride, LND, ENG **[17092]** : ALL, St.Giles, Cripplegate, LND, ENG **[17092]** : PRE 1900, LND & MDX, ENG **[39312]** : Richard, 1825-1880, MDX, ENG **[17191]** : ALL, Clerkenwell, MDX, ENG **[17092]** : PRE 1836, NBL, ENG **[46374]** : 1850+, Newcastle on Tyne, NBL, ENG **[30281]** : Morris, 1850+, Newcastle-on-Tyne, NBL, ENG **[30281]** : 1855+, Newcastle-on-Tyne, NBL, ENG **[46360]** : 1750-1850, Ninebanks & Allendale, NBL, ENG **[14513]** : William, 1700+, Briningham, NFK, ENG **[17000]** : 1800+, NRY, ENG **[21802]** : John, PRE 1800, Yarm, NRY, ENG **[38833]** : Henry, PRE 1840, York, NRY, ENG **[17637]** : PRE 1838, Cossall, NTT, ENG **[40696]** : William, PRE 1827, East Retford, NTT, ENG **[11024]** : Jane, 1730-1810S, Nottingham, NTT, ENG **[39060]** : PRE 1820, Stowmarket, SFK, ENG **[42752]** : William, 1890+, Epsom, SRY, ENG **[17092]** : 1750-1850, Chichester, SSX, ENG **[45636]** : 1700-1800, Horsham, SSX, ENG **[15464]** : George, 1879-1938, Birmingham, STS, ENG **[37637]** : 1660-1800, Leigh, STS, ENG **[19713]** :

1800+, Meerbrook, STS, ENG [44649] : Samuel, 1830+, Stone & Darlaston, STS, ENG [28557] : 1800-1850, West Bromwich, STS, ENG [30147] : 1800, Wolstanton, STS, ENG [32310] : 1880+, Wolverampton, STS, ENG [43991] : C1800, Wolverhampton, STS, ENG [46305] : 1892+, Birmingham, WAR, ENG [46517] : 1770-1820, Milthorp, Burton, WES, ENG [38668] : PRE 1820, Orton, WES, ENG [41477] : Walter, 1500-1750, Trowbridge, WIL & ALL, ENG [20444] : Abel, 1854-1929, Halesowen, WOR, ENG [37633] : Samuel, 1860+, Stoke Prior, WOR, ENG [28557] : PRE 1900, Bramham, WRY, ENG [18397] : PRE 1912, Halifax, WRY, ENG [45631] : John, PRE 1835, Snaith, WRY, ENG [38833] : 1800S, YKS, ENG [34704] : Samuel, 1850, Farnham, YKS, ENG [18806] : PRE 1810, Hackness, YKS, ENG [21232] : Liddy, 1752+, Hampsthwaite, YKS, ENG [19964] : C1800, Hull, YKS, ENG [41370] : Eleanor Maria, 1860+, Ingleton, YKS, ENG [33870] : Elizabeth, C1730-1757, Kirkleavington, YKS, ENG [16997] : 1770-1840, Knaresborough & Farnham, YKS, ENG [10832] : Edwin, PRE 1831, Leeds, YKS, ENG [45631] : Mary, C1710-1739, Osmotherley, YKS, ENG [16997] : C1800, Sheffield, YKS, ENG [41370] : Robert, 1800+, Manchester & Sydney, LAN & NSW, ENG & AUS [11827] : PRE 1900, YKS & VIC, ENG & AUS [12905] : ALL, ANT, IRL [34921] : Fanny, 1830+, Armoy, ANT, IRL [33443] : Hugh, C1839, Ballymena, ANT, IRL [13984] : 1800+, Broughshane, ANT, IRL [21091] : Richard, PRE 1840, ARM, IRL [31153] : Mary Ellen, PRE 1866, Drumilling, ARM, IRL [45125] : 1800+, Portadown, ARM, IRL [20660] : C1833, Bangor, DOW, IRL [14542] : PRE 1850, Crossgar, DOW, IRL [38111] : James, 1650+, Moneylane, DOW, IRL [20444] : John, 1650+, Waterask, DOW, IRL [20444] : Patrick, 1600-1997, Clough, DOW & ALL, IRL [20444] : Thomas, 1650-1997, Downpatrick, DOW & ALL, IRL [20444] : Richard, 1700-1997, Kilmegan, DOW & ALL, IRL [20444] : 1830+, Dublin, DUB, IRL [46360] : C1810, Aghaveagh, FER, IRL [12574] : John, 1800S, Enniskillen, FER, IRL [10790] : 1690+, Broadford, KID, IRL [43076] : PRE 1850, Glenboy, LET, IRL [14536] : 1750+, Parsonstown (Birr), OFF, IRL [46360] : 1800+, Athlone, ROS, IRL [46360] : John Jennings, 1900-1990, Clough, DOW, IRL & ENG [20444] : Joseph, 1830S, Port Nicholson, NZ [13731] : James, 1837, Queen Charlotte Sound, NZ [13731] : 1800+, Portage Co., OH, USA [26761] : James, C1800, RI, USA [45920] : Eric Cawood, C1915-1961, Swansea, GLA, WLS [20793] : PRE 1800, Swansea, GLA, WLS [22182]

ROBLEY : PRE 1780, Froxfield, HAM, ENG [31923] : PRE 1772, Cobham, SRY, ENG [31923]

ROBOTTOM : PRE 1850, Hitchin, HRT, ENG [35561] : ALL, STS, ENG [44223] : 1825+, Ansley, WAR, ENG [30086] : 1865+, Merthyr Tydfil, GLA, WLS [30086]

ROBSON : 1800S, Sydney & Armagh, NSW & ARM, AUS & IRL [42466] : 1780-1881, Penrith, CUL, ENG [11718] : Mary, 1850S, DUR, ENG [46423] : PRE 1865, DUR, ENG [25151] : 1830S, Bishopwearmouth, DUR, ENG [30724] : Richard, C1813, Darlington, DUR, ENG [10035] : PRE 1900, Durham, DUR, ENG [10035] : PRE 1850, Hamsterley, DUR, ENG [34682] : Honor Brown, C1833, Jarrow, DUR, ENG [10035] : 1750-1800, Monkwearmouth, DUR, ENG [18001] : 1700-1800, South Shields, DUR, ENG [18001] : 1800+, Bag Enderby, LIN, ENG [17037] : C1785, Little Aseby, LIN, ENG [17037] : 1800S, Medlam, LIN, ENG [19624] : 1750-1850, LND, ENG [30488] : Isaac, 1780-1800S, Clapton & Hackney, LND, ENG [21261] : 1800+, NBL, ENG [34641] : PRE 1837, NBL, ENG [44014] : PRE 1870, NBL, ENG [31259] : PRE 1800, Bywell & Healey, NBL, ENG [34682] : C1788, Cholerton, NBL, ENG [44368] : PRE 1850, Lesbury, NBL, ENG [14948] : Thomas, 1850+, Newcastle upon Tyne, NBL, ENG [40768] : PRE 1862, Newcastle upon Tyne, NBL, ENG [10918] : John, C1798+, Ovingham, NBL, ENG [20661] : Anthony, C1816-1888, Prudhoe, NBL, ENG [20661] : 1780-1820S, St.Johns, Newcastle, NBL, ENG [19865] :

Joseph, 1800+, Newcastle upon Tyne, NBL & DUR, ENG [40768] : 1700-1900, Ampleforth, NRY, ENG [19624] : 1700-1900, Slingsby, NRY, ENG [19624] : 1700-1900, Wrelton, NRY, ENG [19624] : PRE 1769, Norham, NTH, ENG [35218] : PRE 1800, SFK, ENG [39312] : 1750-1850, SRY, ENG [30488] : Mary, C1910, SRY, ENG [28479] : ALL, Wednesbury, STS, ENG [34682] : 1600+, YKS, ENG [39061] : 1700-1850, Oxnam, ROX, SCT [20770]

ROBSON (see : Subjects I:), [10918]

ROBY : 1850+, Liverpool, LAN, ENG [46281]

ROBYNS : PRE 1900, St.Just in Penwith, CON, ENG [45689]

ROCH : 1884-1983, Ottawa, ONT, CAN [33866] : PRE 1890, PEM, WLS [22227]

ROCHAT : August, 1870, CH [28151] : Marguerite, 1870, CH [28151]

ROCHE : C1900, Sydney, NSW, AUS [39985] : David, 1800S, Scarborough, NRY, ENG [45975] : PRE 1815, Aghada, COR, IRL [11839] : ALL, Kiltankin, TIP, IRL & AUS [46262]

ROCHELEAU : 1861, Amherstburg, ONT, CAN [32203]

ROCHESTER : Henry, 1842+, Durham, ENG [34939] : PRE 1900, MDX, ENG [44969]

ROCHETT : William, 1820+, DOR, ENG [45326]

ROCHFORD : PRE 1840, Claremorris, MAY, IRL [22683] : 1800S, IRL, AUS & ENG [30093]

ROCHFORT : Frank, 1770-1860, Westminster, LND, ENG [20729]

ROCHON : 1800+, Terrebonne & Montreal, QUE, CAN [10394]

ROCK : 1780+, DEV, DOR & HAM, ENG [39539] : 1875+, Tarrington, HEF, ENG [44138] : PRE 1800, Upton Bishop, HEF, ENG [14045] : 1890+, Manchester, LAN, ENG [46493] : 1700S, Birmingham, WAR, ENG [18895] : 1900S, Ballymena, ANT, IRL [36655]

ROCKE : 1900+, Walton on Thames, SRY, ENG [37834]

ROCKETT : PRE 1900, Ballyneale, TIP, IRL [22618] : PRE 1900, Carrick on Suir, TIP, IRL [22618] : PRE 1900, Deerpark, WAT, IRL [22618]

ROCKLEY : ALL, NTT, ENG [34967] : ALL, Arnold, NTT, ENG [34967] : ALL, Lowdham, NTT, ENG [34967] : ALL, DEV, ENG & AUS [44294]

ROCKLIFF : PRE 1780, Alford, LIN, ENG [14948] : PRE 1850, Kirk Smeaton, YKS, ENG [14948]

ROCKWELL : PRE 1895, PA, USA [22725]

ROCKWOOD : PRE 1800, LAN, ENG [16269]

ROD : 1700-1900, Portland, DOR, ENG [19880]

RODA : PRE 1870, Rytel, BY, POL [21661]

RODAN : 1800S, DON, IRL [46202]

RODD : PRE 1800, Morwenstow, CON, ENG [15524] : 1700-1900, Portland, DOR, ENG [19880]

RODDA : PRE 1700, CON, ENG [11873] : 1750, Breage, CON, ENG [26228] : 1900-2000, Crantock, CON, ENG [42747] : 1900-2000, Cubert, CON, ENG [42747] : 1700-1900, Gulval, CON, ENG [19859] : 1700-1900, Morvah (Morval), CON, ENG [42747] : 1850-2000, Newquay, CON, ENG [42747] : 1800-1900, St.Blazey, CON, ENG [19859] : 1825-1900, St.Blazey, CON, ENG [42747] : 1860-2000, St.Columb Minor, CON, ENG [42747]

RODDAM : PRE 1774, Chester le Street, DUR, ENG [10918] : PRE 1850, Lanchester, DUR, ENG [10918] : Mary, 1750-1800, Portsmouth, HAM, ENG [28117]

RODDY : PRE 1850, Loughglinn, ROS, IRL [19647]

RODE : C1800, ANT, IRL [11661]

RODEN : ALL, ENG [17350] : PRE 1800, Broseley, SAL, ENG [21175] : PRE 1774, Wellington, SAL, ENG [19818]

RODERICK : 1950+, Aberystwth, CGN, WLS [24853] : 1815+, Caron, CGN, WLS [24853] : 1870+, Devils Bridge, CGN, WLS [24853] : 1840+, Llangwyrfon, CGN, WLS [24853] : 1900+, Tony Pandy, GLA, WLS [24853]

RODES : William, 1717+, Doddington, CAM, ENG **[14290]**
RODFORD : C1840, Martock, SOM, ENG **[10785]**
RODGER : 1908, Brisbane, QLD, AUS **[36768]** : 1900+, Preston, ONT, CAN **[37834]** : PRE 1880, Forgan, FIF, SCT **[14045]** : 1700+, St.Andrews, FIF, SCT **[35989]** : 1700S, St.Monans & Anstruther, FIF, SCT **[10715]**
RODGERS : 1835+, Illawarra, NSW, AUS **[11303]** : L.C.E., 1860+, Sydney, NSW, AUS **[14026]** : Mary, 1843-1896, CON & DUR, ENG **[45614]** : PRE 1850, Liverpool, LAN, ENG **[32907]** : 1800-1850, Sedgeley, STS, ENG **[12641]** : 1800-1990, Stannington, WRY, ENG **[12641]** : PRE 1835, GAL, IRL **[11303]** : PRE 1860, Oola, TIP, IRL **[46200]** : 1700-1800S, Lisbon, PT **[44296]** : 1800+, Edinburgh, MLN, SCT & NZ **[21258]**
RODGERS (see ROGERS) : **[12223]**
RODGETT : PRE 1850, Blackburn, LAN, ENG **[43844]**
RODHAM : 1850-1900, Weston Super Mare, SOM, ENG **[13046]**
RODHAM (see : Roddam), **[10918]** : Subjects I:), **[10918]**
RODHOUSE : PRE 1900, London, ENG **[41073]**
RODMAN : Jonah, 1824+, Southern, TAS, AUS **[13000]** : 1700+, GLS, ENG **[13000]**
RODWAY : 1600-1700, GLS, ENG **[30302]**
RODWELL : 1850-1930, Andover, HAM, ENG **[35008]**
ROE : Jn Fairchild, 1845-82, Collingwood, VIC, AUS **[39177]** : PRE 1630, Waterbeach, CAM, ENG **[33428]** : PRE 1750, Snelston, DBY, ENG **[44078]** : 1700-1850, Boldre, HAM, ENG **[34581]** : 1700+, Barkby, LEI, ENG **[44077]** : 1825+, City, LEI, ENG **[44077]** : ALL, LND, ENG **[44019]** : PRE 1900, Shoreditch, MDX, ENG **[18042]** : C1750+, Great Houghton, NTH, ENG **[34321]** : 1800+, Rothwell & Harrington, NTH, ENG **[21207]** : 1600S-1700S, Burton on Trent, STS, ENG **[38833]** : Sarah, 1860-1919, Hardingstone, NTH, ENG & AUS **[34321]** : Mary Ann, C1832, Dublin, IRL **[34924]** : PRE 1870, Abbeyleix, LEX, IRL **[46296]**
ROEBUCK : Elizabeth, C1800, DBY, ENG **[14448]** : 1600+, Honley, WRY, ENG **[20967]** : 1800, Huddersfield, WRY, ENG **[18665]** : 1600-1750, Kirkburton, WRY, ENG **[36242]** : PRE 1870, Thurlstone, YKS, ENG **[31761]** : ALL, WORLDWIDE **[20909]**
ROEBUCK (see One Name Section) **[22206]** : Section), **[18665]**
ROEHRIG : 1850+, QLD, AUS **[13853]** : ALL, WORLDWIDE **[13853]**
ROELOFS : ALL, NL **[11938]** : PRE 1880S, Amsterdam, NOH, NL **[39745]**
ROEN : Bridget, 1843-1900S, LEX, IRL **[41968]**
ROESLER : 1859, Coeslin, POM, GER **[31453]**
ROESSEL : PRE 1911, VIC & NSW, AUS **[36624]**
ROFE : 1839+, Sydney, NSW, AUS **[10301]** : ALL, KEN & SSX, ENG **[17493]** : PRE 1839, Salehurst, SSX, ENG **[10301]**
ROFF : Henry Burgess, 1880+, Bourke, NSW, AUS **[39179]** : James, 1819+, London, ENG **[39179]** : Phebe, 1810+, NJ, USA **[34797]**
ROFFEY : John H.A., 1800+, AUS **[99177]** : 1900, SRY, ENG **[32296]** : Judith, C1720, Gatton, SRY, ENG **[26817]** : ALL, WORLDWIDE **[99177]**
ROFS : PRE 1800, Huntly, ABD, SCT **[25992]**
ROGAN : 1880+, Dubbo, NSW, AUS **[11366]** : 1850, Bombay, INDIA **[30071]** : Rosanna, 1826+, IRL **[99106]** : 1800S, Rush & Skerries, DUB, IRL **[12327]**
ROGERS : 1840-1880, Bombala, NSW, AUS **[10394]** : 1865-1880, Forbes, NSW, AUS **[31695]** : Thomas, 1850+, Oberon, NSW, AUS **[29314]** : PRE 1920, Parramatta, NSW, AUS **[31695]** : 1840-46, Sydney, NSW, AUS **[31695]** : 1848+, Sydney & Gosford, NSW, AUS **[10790]** : 1888+, Geebung, QLD, AUS **[14002]** : 1849, North Adelaide & Goodwood, SA, AUS **[25764]** : 1845+, TAS, AUS **[29810]** : William, 1917+, Kalgoorlie, WA, AUS **[33866]** : ALL, TAS, AUS & NZ **[43933]** : 1820+, Chippawa, ONT, CAN **[26778]** : ALL, ENG **[45204]** : PRE 1900, London, ENG **[41073]** : 1600-1800, Amersham, BKM, ENG **[38840]** : 1670-1814, Great Missenden & Chesham, BKM, ENG **[38970]** : 1680-1720, High Wycombe, BKM, ENG **[16425]** : ALL, Princes Risborough, BKM, ENG **[38840]** : 1800S, BRK, ENG **[17027]** : Mary, C1740, Runcorn, CHS, ENG **[18957]** : 1837+, Breage, CON, ENG **[33866]** : PRE 1840S, Illogan, CON, ENG **[15823]** : PRE 1820, Lezant, CON, ENG **[26297]** : 1770+, Mawgan in Meneage, CON, ENG **[41446]** : Mary, PRE 1834, St.Erme, CON, ENG **[35150]** : PRE 1849, St.Erth, CON, ENG **[12223]** : 1800S, Launceston, CON & DEV, ENG **[36935]** : PRE 1820, Ashwater, DEV, ENG **[26297]** : 1780+, Dittisham, DEV, ENG **[13869]** : 1700+, Plymouth, DEV, ENG **[25598]** : 1835-60, Plymouth, DEV, ENG **[46268]** : 1700-1750, Ugborough, DEV, ENG **[12641]** : Robert, C1760, Chickerell, DUR, ENG **[10035]** : PRE 1900, GLS, ENG **[17493]** : 1660-1850, Bitton & Hanham, GLS, ENG **[19713]** : 1830, Bristol, GLS, ENG **[26101]** : 1800S, HAM, ENG **[17027]** : Herbert, 1873-1925, Sholing & Southampton, HAM, ENG **[14252]** : Rachael, 1813+, Southampton, HAM, ENG **[14252]** : George, C1835, Southsea, HAM, ENG **[14252]** : William, PRE 1850, Hertford, HRT, ENG **[34201]** : C1800, KEN, ENG **[12707]** : 1861-1881, Pennington, LAN, ENG **[15823]** : PRE 1880, Stretford & Eccles, LAN, ENG **[34906]** : William, PRE 1850, Bethnal Green, LND, ENG **[34201]** : PRE 1850, Fulham, MDX, ENG **[25538]** : PRE 1930, Shoreditch, MDX, ENG **[27219]** : 1800S, St.Pancras, MDX, ENG **[21934]** : 1800S, Westminster, MDX, ENG **[45215]** : 1700-1900, MDX & LND, ENG **[30446]** : 1700-1850, Newcastle upon Tyne, NBL, ENG **[19471]** : ALL, Nottingham & Sneinton, NTT, ENG **[10790]** : 1700-1800, Upper Heyford, OXF, ENG **[15464]** : PRE 1841, Kinnerley, SAL, ENG **[28474]** : PRE 1865, Wem, SAL, ENG **[34373]** : Elizabeth, PRE 1840, Stourbridge, SAL & WOR, ENG **[17189]** : 1750-1840, Lavenham, SFK, ENG **[24878]** : 1700-1800, Lowestoft, SFK, ENG **[38840]** : 1825+, Clutton, SOM, ENG **[22175]** : PRE 1820, Weston, SOM, ENG **[25764]** : 1714-1850, Yeovil, SOM, ENG **[19127]** : 1800+, Bermondsey & Lambeth, SRY, ENG **[17493]** : Matilda, C1918, Croydon, SRY, ENG **[99114]** : William, C1900, Mayfield, SSX, ENG **[99114]** : C1915, Salehurst, SSX, ENG **[99114]** : ALL, Blymhill, STS, ENG **[20824]** : C1849, Trowbridge, WIL, ENG **[40472]** : C1820, Kidderminster, WOR, ENG **[24993]** : PRE 1850, WOR & SAL, ENG **[17200]** : PRE 1620, Doncaster, WRY, ENG **[31316]** : C1870, Whitworth, YKS, ENG **[12367]** : PRE 1848, Calais & Lille, FRA **[10790]** : Henry, 1826+, IRL **[26778]** : Hannah, 1830+, IRL **[26778]** : PRE 1910, DON, IRL **[25853]** : 1800+, Letterboy, FER, IRL **[29314]** : ALL, CLA, IRL & ENG **[44815]** : C1900, Houhora, NLD, NZ **[32016]** : PRE 1800, Anstruther, FIF, SCT **[31695]** : J., 1840+, Boston, MA, USA **[16075]** : 1850+, Gloucester, MA, USA **[20967]** : PRE 1900, St.Florence, PEM, WLS **[25162]**
ROGERSON : PRE 1820, Northwich, CHS & LAN, ENG **[22182]** : James, PRE 1848, Rochdale, LAN, ENG **[10937]** : 1800-1900, Frome, SOM, ENG **[19513]** : PRE 1900, Felkirk, WRY, ENG **[28391]** : 1750-1820, Stannington, WRY, ENG **[12641]** : George, PRE 1836, MAURITIUS **[30014]** : 1750+, DFS, SCT **[16559]**
ROGLES : PRE 1800, Oberroden, HES, BRD **[20178]**
ROHDE : 1800, Tucheim, PSA, GER **[14012]**
ROILE : 1650+, Chichester, SSX, ENG **[20578]**
ROKER : 1700+, Witley, SRY, ENG **[13910]**
ROLES : 1770-1870, Evercreech, SOM, ENG **[13326]**
ROLESTONE : Ann, 1820+, Bridford, DEV, ENG **[44567]**
ROLF : 1750-1850, Brill, BKM, ENG **[30138]** : PRE 1820, Brill, BKM, ENG **[14076]** : Benjamin, 1710+, Essex Co., MA, USA **[45995]**
ROLFE : 1886, Twofold Bay, NSW, AUS **[46202]** : John, 1800S, TAS, AUS & ENG **[42724]** : PRE 1850, Marlow,

BKM, ENG **[15098]** : PRE 1940, Bournemouth, DOR, ENG **[40026]** : 1600, Brenchley, KEN, ENG **[19806]** : 1750+, Sellinge, KEN, ENG **[29500]** : Joseph, 1680, Feltwell, NFK, ENG **[40026]** : William, 1710, Feltwell, NFK, ENG **[40026]** : Thomas, 1640, Methwold, NFK, ENG **[40026]** : Henry Edward, 1842, Bardwell Ash, SFK, ENG **[40026]** : Frederick, 1870, Bardwell Ash, SFK, ENG **[40026]** : Wm Chris., 1870, Bardwell Ash, SFK, ENG **[40026]** : PRE 1850, Bury St.Edmunds, SFK, ENG **[40026]** : William, 1816-17, Great Barton, SFK, ENG **[40026]** : Alfred James, 1840, Great Barton, SFK, ENG **[40026]** : PRE 1850, Great Barton, SFK, ENG **[40026]** : Ernest Albert, 1870, Napoeliean, Bardwell Ash, SFK, ENG **[40026]** : PRE 1738, Chichester, SSX, ENG **[18702]**

ROLL : PRE 1852, Norwich, NFK, ENG **[18896]**

ROLLAND : PRE 1813, Cameron & Kilconquhar, FIF, SCT **[14880]**

ROLLASON : 1790-1903, Erdington & West Bromwich, STS & WAR, ENG **[14388]** : 1807-1854, Birmingham & Coventry, WAR, ENG **[11214]**

ROLLESTON : 1850+, Strabane, TYR, IRL **[33506]**

ROLLETT : 1700+, LIN, ENG **[29715]**

ROLLINGS : 1800S, Bethnal Green, LND, ENG **[36244]** : 1850-1950, Islington, MDX, ENG **[10252]** : 1750-1900, Peterborough, NTH, ENG **[10252]** : 1780+, Upton & Ailsworth, NTH, ENG **[10252]** : PRE 1870, Kerry, MGY, WLS **[30896]**

ROLLINS : 1750+, Wellingborough, NTH, ENG **[17163]** : 1844-71, Birtsmorton & Dudley, WOR, ENG **[46376]** : PRE 1870, Montgomery, MGY, WLS **[30896]**

ROLLINSON : 1827+, Point Piper & Woollahra, NSW, AUS **[11229]** : ALL, Warrington, LAN, ENG **[11229]** : PRE 1750, Swarby, LIN, ENG **[10287]**

ROLLINSON (see One Name Section) **[11229]**

ROLLISON : PRE 1750, Dudley, WOR, ENG **[27678]**

ROLLITT : 1700+, LIN, ENG **[29715]** : 1729+, Navenby, LIN, ENG **[29715]**

ROLLO : PRE 1786, Madras, INDIA **[17626]** : 1830+, St.Andrews, FIF, SCT **[11090]**

ROLLS : PRE 1800, Kingston, SRY, ENG **[28742]**

ROLLSTON : Margaret, 1896+, Killylea, ARM, IRL **[34024]**

ROLTON : PRE 1840, ESS, ENG **[28494]**

ROMAINE : 1800-1900, Bere Regis, DOR, ENG **[19713]**

ROMARY : 1833, Tunbridge Wells, KEN, ENG **[21630]**

ROMERIL : 1854+, VIC, AUS **[12186]** : ALL, St.Helier, CHI, UK **[12186]**

ROMERN : ALL, Mutlitz, PRE, GER **[42226]**

ROMETCH : 1872+, Hobart, TAS, AUS **[97806]**

ROMILLY : ALL, WORLDWIDE **[41560]**

RONALD : PRE 1863, Southend, ARL, SCT **[99600]**

RONALDSON : 1888-1900, Dunbar, ELN, SCT **[35218]** : PRE 1850, Gladsmuir, ELN, SCT **[25992]** : 1817-1881, Bracadale, INV, SCT **[35218]**

RONAN : ALL, Johns Well, KIK, IRL **[10261]**

RONAN (see One Name Section) **[10261]**

RONE : 1840+, Runcorn, CHS, ENG **[46278]** : 1868+, Marsden, WRY, ENG **[46278]**

RONEY : 1835-1900, Renfrew, CO, CAN **[98660]**

RONKSLEY : 1750-1990, Stannington, WRY, ENG **[12641]**

RONNEBECK : 1923+ Middlesbrough YKS ENG **[13922]**

ROOD : 1700+, Arksey, YKS, ENG **[46349]**

ROOF : 1800-1850, Maldon, KEN, ENG **[39678]**

ROOFE : 1710-1810, Aylsham, NFK, ENG **[38307]**

ROOHAN : Bridget, 1843-1900S, LEX, IRL **[41968]**

ROOK : Elizabeth, 1650-1700, Hinton, HAM, ENG **[17907]** : Eleanor, 1880, Kensington, MDX, ENG **[37155]** : 1700-1800, Terwick, SSX, ENG **[15464]** : 1830-1900, Swindon, WIL, ENG **[30147]**

ROOKE : 1700+, ENG **[26022]** : C1750+, Saffron Walden, ESS, ENG **[36182]**

ROOM : 1750-1890, Storwood, ERY, ENG **[17642]**

ROOME : 1750-1850, LND, ENG **[19750]** : 1780-1830, Kings Lynn, NFK, ENG **[17977]**

ROONEY : PRE 1830, Portadown, ARM, IRL **[31067]** : PRE 1870, Grahamstown, E. CAPE, RSA **[32017]**

ROOS : 1855+, Gresford, NSW, AUS **[40994]** : 1800-1900, Haarlemmarmeer, NOH, NL **[22114]**

ROOSE : PRE 1810, Laneast, CON, ENG **[18325]** : Elizabeth, PRE 1730, Lanhydrock, CON, ENG **[39471]** : ALL, Lanteglos by Camelford, CON, ENG **[20606]** : ALL, St.Endellion, CON, ENG **[20606]** : 1700+, St.Endellion & Camelford, CON, ENG **[20660]** : 1700-1800, Kneesall, NTT, ENG **[18818]**

ROOSEBOOM : ALL, NL **[11938]**

ROOT : Samuel, 1800+, London, MDX, ENG **[26817]**

ROOTE : 1700-1800, MA, USA **[11813]**

ROOTES : PRE 1800, SSX, ENG **[11066]**

ROOTS : William, 1800S, Hornchurch, ESS, ENG **[21349]** : Thomas, 1700-1800, Lambourne, ESS, ENG **[21349]** : John, PRE 1800S, Lambourne, ESS, ENG **[21349]** : PRE 1800S, Lambourne & Hornchurch, ESS, ENG **[21349]** : ALL, Luddesdown, KEN, ENG **[28670]**

ROPER : 1851+, Hobart, TAS, AUS **[46280]** : William, C1820, Whitehaven, CUL, ENG **[13153]** : PRE 1829, Ashburton, DEV, ENG **[25764]** : PRE 1733, Gillingham, DOR, ENG **[10493]** : PRE 1840, Weymouth, DOR, ENG **[14031]** : Jed, 1750, Hythe [Smuggler], KEN, ENG **[21079]** : PRE 1850, Nottingham, NTT, ENG **[11279]** : PRE 1800, Hadleigh, SFK, ENG **[17470]** : 1804, Ipswich, SFK, ENG **[44941]** : 1700-1800, Wherstead, SFK, ENG **[16383]** : 1900+, AUCK, NZ **[42112]**

RORISON : ALL, WORLDWIDE **[10280]**

RORKE : Sarah, 1852+, Redfern, NSW, AUS **[10072]** : 1700+, Waterford, IRL **[15793]** : Sarah, PRE 1852, Ballinasloe, GAL, IRL **[10072]**

ROSAMOND : PRE 1820, Eaton Socon, BDF, ENG **[25969]**

ROSBOROUGH : PRE 1870, Dublin, IRL **[97805]** : 1700-1900, Claudy & Lisbunny, LDY, IRL **[21973]**

ROSCOE : Mary, C1790, Ringley, LAN, ENG **[19497]** : 1700S, Kendal, WES, ENG **[99570]**

ROSE : 1847+, Bingara, NSW, AUS **[30776]** : 1855+, Gresford, NSW, AUS **[40994]** : PRE 1850, Mulgoa, NSW, AUS **[13585]** : Robert, 1800S, Pitt Town, NSW, AUS **[28199]** : William, C1860, Sydney, NSW, AUS **[11783]** : 1850+, Brisbane, QLD, AUS **[13585]** : PRE 1875, Coromandel Valley, SA, AUS **[46383]** : PRE 1800, St.Helier, JSY, CHI **[40993]** : ALL, BKM, ENG **[29497]** : PRE 1881, Chesham, BKM, ENG **[46462]** : 1750-1850, Great Marlow, BKM, ENG **[39271]** : PRE 1830, Derby & Nottingham, DBY & NTT, ENG **[30147]** : Richard, 1700-1710, Sturminster Newton, DOR, ENG **[17203]** : Philis, 1780S, Middleton, DUR & NBL, ENG **[19685]** : PRE 1860, Canewdon, ESS, ENG **[11873]** : Rachel, 1700+, Lydiard Tregoze, GLS, ENG **[40055]** : ALL, Nutley, HAM, ENG **[15793]** : 1775+, KEN, ENG **[27066]** : ALL, Cliffe, KEN, ENG **[34277]** : 1800+, Ulcombe, KEN, ENG **[42744]** : 1800+, Preston, LAN, ENG **[33870]** : William, 1822+, Preston, LAN, ENG **[33870]** : 1840+, Leicester, LEI, ENG **[30147]** : ALL, LND, SRY & SFK, ENG **[30391]** : 1850S-1930S, Woolwich, MDX, ENG **[20057]** : 1740-1900, Attleborough & Starston, NFK, ENG **[13546]** : 1850+, Norwich, NFK, ENG **[41642]** : 1800-1850, Seething, NFK, ENG **[13585]** : PRE 1890, Peterborough, NTH, ENG **[45735]** : Thomas, C1773, SAL, ENG **[44689]** : ALL, East Bergholt & Bentley, SFK, ENG **[43727]** : 1789+, Dorking, SRY, ENG **[42239]** : PRE 1840, Pirbright, SRY, ENG **[31153]** : 1800-1900, Southwark, SRY & MDX, ENG **[17436]** : C1840, Heathfield, SSX, ENG **[37880]** : C1810, Mayfield, SSX, ENG **[37880]** : 1830-1870, Lichfield, STS, ENG **[30147]** : PRE 1755, Rotherham, YKS, ENG **[46297]** : PRE 1800, Thirkleby by Thirsk, YKS, ENG **[30147]** : 1780+, LAN, ENG & AUS **[34245]** : Eliza, PRE 1860, Wandsworth, LND, ENG & AUS **[44939]** : James, 1837-1902, London & Gippsland,

LND & VIC, ENG & AUS **[39243]** : Thomas, 1770+, SAL & WAR, ENG & AUS **[28108]** : William, 1700+, Leeds, YKS, ENG & NZ **[45943]** : 1810+, Mothell, KIK, IRL **[12141]** : Henry, C1807, Mullingar, WEM, IRL **[25616]** : PRE 1860, Forfar, ANS, SCT **[31045]** : PRE 1850, Arbroath, ANS & FIF, SCT **[11575]** : PRE 1800, Abernethy, INV, SCT **[35592]** : Lauchlan, 1775-1857, Leith, MLN, SCT **[10392]** : 1850, Culrain, ROC, SCT **[20975]** : 1800S, KY, USA **[24168]** : William, 1840-1870, KY, USA **[24168]** : John, 1700S, Harrison Co., VA, USA **[24168]**

ROSEBOOM : ALL, NL **[11938]**
ROSEBRIDGE : ALL, KEN, ENG **[42645]**
ROSEBY : Joseph, C1760-1800, Longbenton & Newcastle, NBL, ENG **[44085]**
ROSELT : Peter Fredk., 1815+, Cape Colony, RSA **[43525]**
ROSEMAN : 1800+, London, MDX & SRY, ENG **[33021]**
ROSENBERG : Simon, PRE 1880, London, ENG **[11662]** : 1800+, Linchitz & Leczyca, POL **[11662]**
ROSENBOHM : 1800S, Newcastle, NBL, ENG **[21765]**
ROSENDALE : 1700-1900, CAM, ENG **[45863]**
ROSENFELD : Herbert, 1890+, NSW, AUS **[10340]**
ROSENTHAL : PRE 1827, Riefensbeck, BRD **[45127]** : 1840-1861, LND, ENG **[35749]** : 1861+, Wandsworth, SRY, ENG **[35749]** : ALL, Greifswald, POM, GER **[35749]**
ROSENVINGE : ALL, DEN **[29701]**
ROSER : PRE 1858, Selters, HES, GER **[26833]**
ROSETTA : PRE 1860, Launceston, TAS, AUS **[14031]**
ROSEWARNE : PRE 1829, St.Blazey, CON, ENG **[46411]** : 1785+, Helston, CON, ENG & AUS **[43656]** : 1890+, USA **[21479]**
ROSEWELL : 1850S, ENG **[19876]** : ALL, Bisham & Tilehurst, BRK, ENG **[12917]** : PRE 1784, Walton & Shepperton, LND, ENG **[35968]** : 1700S, Hackney, MDX, ENG **[11476]** : 1700S, Shepperton, MDX, ENG **[12917]**
ROSHONG : Philip, 1700S, Limerick, Montgomery Co., PA, USA **[22756]**
ROSIER : C1800, Lambourne & Hungerford, BRK, ENG **[28742]** : Sarah Ann, 1855, Newbury, BRK, ENG **[27747]**
ROSIERE : PRE 1700, Stowmarket, SFK, ENG **[33664]**
ROSIN : 1800S, Posen, POL **[30281]**
ROSKELL : 1800S, North Meols, LAN, ENG **[37070]**
ROSKELLY : PRE 1890, Liskeard, CON, ENG **[34876]**
ROSKILLY : PRE 1890, Liskeard, CON, ENG **[34876]**
ROSKOSCH : 1858-1930S, Peddie, CAPE, RSA **[35294]**
ROSKROW : ALL, Redruth, CON, ENG **[33642]**
ROSS : 1920, Bingara, NSW, AUS **[99055]** : Isabella, 1837+, Sydney, NSW, AUS **[10675]** : John Thomas, 1850+, Sydney, NSW, AUS **[10340]** : John, C1850+, NSW & VIC, AUS **[45703]** : Bridget, C1850+, NSW & VIC, AUS **[45703]** : C1870+, QLD, AUS **[17548]** : Hugh, 1845+, Dalby, QLD, AUS **[13869]** : Samuel, PRE 1930, Eidsvold & Brisbane, QLD, AUS **[41041]** : D H Mck, 1866+, Stanthorpe, QLD, AUS **[13558]** : James, 1861-1925, Alberton, VIC, AUS **[39243]** : Wm Nairn, 1864-1940, Alberton, VIC, AUS **[39243]** : Dan, 1870+, Ballarat, VIC, AUS **[32035]** : Murdoch, 1865+, Geelong, VIC, AUS **[99174]** : Murray, 1865+, Geelong, VIC, AUS **[99174]** : Alfred, 1873-1917, Gippsland, VIC, AUS **[39243]** : George Alex, 1869-1941, Melbourne, VIC, AUS **[39243]** : Ebenezer, 1877-1966, Melbourne, VIC, AUS **[39243]** : 1856+, Muckleford, VIC, AUS **[11802]** : Joan, 1970S, Reservoir, VIC, AUS **[21155]** : James, 1867-1943, Warragul, VIC, AUS **[39243]** : Catherine, 1855-1880, VIC & OTAGO, AUS & NZ **[45703]** : Jessie, 1800S, Oxford Co., ONT, CAN **[42436]** : Catherine, 1800-1878, Williamstown & Glengarry, ONT, CAN **[27325]** : John, C1800, Auckland St.Andrew, DUR, ENG **[11718]** : Francisca, 1600S,

Bishops Frome, HEF, ENG **[10993]** : 1881+, Greenwich, KEN, ENG **[97806]** : Mary Ann, 1850+, Manchester, LAN, ENG **[17548]** : Anne, 1859+, Manchester, LAN, ENG **[17548]** : C1835-1965, Manchester, Hulme, LAN, ENG **[17548]** : 1800-1830, Leicester, LEI, ENG **[29328]** : Johanne, PRE 1859, Lauenburg-Luneburg, HAN, GER **[25921]** : 1850S, Belfast, ANT, IRL **[32035]** : William, C1840+, ARM, IRL **[45703]** : John, C1800+, Armagh & Belfast, ARM, IRL **[45703]** : James, C1825+, Kilmore, ARM, IRL **[45703]** : C1854, Richill, ARM, IRL **[20914]** : ALL, COR, IRL **[18688]** : Mary Agnes, 1914+, Skibbereen, COR, IRL **[34883]** : Agnes, 1915+, Skibbereen, COR, IRL **[34883]** : ALL, Skibbereen & Bantry, COR, IRL **[39058]** : Joseph, 1885-1916, Skibbereen Area, COR, IRL **[34883]** : PRE 1840, Rosscairn & Enniskillen, FER, IRL **[12327]** : Robert, C1843+, IRL & NZ **[45703]** : PRE 1850, Aberdeen, ABD, SCT **[99600]** : 1800-1880, Huntly, ABD, SCT **[33820]** : Jean, PRE 1830, Tyrie, Old Deer & Fraserburgh, ABD, SCT **[22224]** : 1900+, Dundee, ANS, SCT **[46259]** : PRE 1820, Isle of Islay, ARL, SCT **[40795]** : 1876+, Girvan, AYR, SCT **[30985]** : D H Mck, 1800+, Wick, CAI, SCT **[13558]** : Helen, 1780+, Saline, FIF, SCT **[40057]** : John, C1810, Elgin, INV, SCT **[33416]** : Marjory, C1800, Elgin, INV, SCT **[33416]** : C1800, Inverness, INV, SCT **[10675]** : 1800+, LKS, SCT **[28813]** : Archibald, PRE 1870, Barrhead & Glasgow, LKS, SCT **[41041]** : Alexander, C1840+, Gorbals, Colston & Glasgow, LKS, SCT **[30985]** : Ellen, C1800, Edinburgh, MLN, SCT **[45774]** : Isobel, PRE 1769, Edinburgh, MLN, SCT **[17763]** : PRE 1785, Edinburgh, MLN, SCT **[38683]** : 1750-1850, MOR, SCT **[99187]** : David, 1805-1875, Dallas, MOR, SCT **[39243]** : 1865+, Longhope, OKI, SCT **[14513]** : ALL, South Ronaldsay, OKI, SCT **[36435]** : 1700+, Perth & Coupar Angus, PER, SCT **[37236]** : Isabella Jane, 1890S-1940S, Glasgow, RFW, SCT **[37978]** : Jeane, 1814, Greenock, RFW, SCT **[24971]** : 1750+, ROC, SCT **[21233]** : Thomas, PRE 1755, Calrossie, ROC, SCT **[17763]** : 1750S-1817, Dingwall, ROC, SCT **[42386]** : 1750-1850, Kiltearn, ROC, SCT **[20458]** : 1800+, Kincardine, ROC, SCT **[13869]** : Mcfarquhar, 1788, Muir of Ord, ROC, SCT **[10209]** : ALL, SKYE & INV, SCT **[46454]** : 1750-1900, Altass, SUT, SCT **[21233]** : PRE 1850, Dornoch, SUT, SCT **[38111]** : ALL, Rosehall, Cretch, SUT, SCT **[21218]** : Ann, C1803-62, Inverness & Amroth, INV & PEM, SCT & WLS **[17763]** : Mary Ann, 1815, Madison Co., KY, USA **[16842]** : C1870+, NY, USA **[17548]** : C1750-1850, PA & MD, USA & IRL **[22737]** : Elizabeth, PRE 1830, St.Thomas, W.INDIES **[44939]** : Mary Agnes, 1914+, WORLDWIDE **[34883]** : Agnes, 1915+, WORLDWIDE **[34883]**

ROSSBERRY : Elizabeth, 1867-1900, Beith, AYR, SCT **[28237]**
ROSSEL : PRE 1815, Lusatia, PSA, GER **[36624]** : PRE 1911, Gorlitz, SIL, GER **[36624]**
ROSSELL : C1800, Risley, DBY, ENG **[11813]**
ROSSER : Fred., PRE 1837, London, ENG **[10891]** : C1880-1960, Auckland, NZ **[46253]** : PRE 1820, Swansea, GLA, WLS **[22182]**
ROSSETER : Mary, 1700S, Closworth, SOM, ENG **[10993]**
ROSSIE : ALL, South Ronaldsay, OKI, SCT **[36435]**
ROSSITER : 1800+, NSW, AUS **[29786]** : 1900+, London, ENG **[46368]** : 1800-1940, Blandford, DOR, ENG **[41943]** : 1650-1850, Child Okeford, DOR, ENG **[41943]** : 1800+, Hackney, LND, ENG **[36081]** : 1800+, Shoreditch, LND, ENG **[36081]** : 1800-1870, Frome Sellwood, SOM, ENG **[10383]** : Mark, 1830+, Ogle Co., IL & WEX, USA & IRL **[32132]**
ROSSKOPF : 1830-1850, Fritz-Las, Hessia Capel, HES, BRD **[24660]** : 1855-1883, Covington, KY, USA **[24660]**
ROSSON : 1750-1890, Sandbach, CHS, ENG **[41039]** : 1750-1890, London, MDX, ENG **[41039]**
ROSSOW : 1814, POM, PRE **[15987]**

ROST : 1900+, OH, USA **[13513]**
ROSTER : PRE 1900, LND & MDX, ENG **[39987]**
ROSTILL : C1850-1880, Birmingham, WAR, ENG **[12371]**
ROSTRON : Ann, PRE 1813, Bolton, LAN, ENG **[10699]** : PRE 1900, Bolton, LAN, ENG **[45054]**
ROSWORN : PRE 1829, St.Austell, CON, ENG **[46411]**
ROTE : ALL, WORLDWIDE **[16947]**
ROTH : 1858-1960, Mudgee, NSW, AUS **[31709]** : PRE 1856, Heilig Kreutzsteinach, BAD, BRD **[11797]** : 1500-1800, LIN, ENG **[12401]** : C1800-1857, Wilhelmsfeld, BAD, GER **[31709]** : William, 1860-1910S, New York City, NY, USA **[23986]** : 1860-1910S, New York City, NY, USA **[23986]**
ROTHACKER : ALL, Schwetzingen, BAW, GER **[16286]**
ROTHERHAM : 1800+, Sheffield & Worrall, YKS, ENG **[46229]** ; 1880+, Auckland, NZ **[46229]**
ROTHERY : 1600+, CUL, ENG **[36826]** : PRE 1850, Ennerdale, CUL, ENG **[21257]** : 1864+, NZ **[36826]**
ROTHERY (see One Name Section) **[36826]**
ROTHON : 1891+, VIC, AUS **[36622]** : 1898+, WA, AUS **[36622]** ; 1827+, London, ENG **[36622]** : 1750-1850, Limehouse, MDX, ENG **[10832]**
ROTHSCHILD : 1830S, London, ENG **[19568]** : ALL, GER **[19568]** : 1700+, Heldenbergen, HEN, GER **[16383]** ; ALL, WORLDWIDE **[32804]**
ROTHWELL : 1800+, ENG **[36409]** : PRE 1700, Ropley, HAM, ENG **[37168]** : Samuel, 1780+, Margate, KEN, ENG **[16309]** : 1840-1880, Bury & Rochedale, LAN, ENG **[46258]** : Mary, C1759-1836, Greater Manchester & Blackburn, LAN, ENG **[41477]** : ALL, Haslingden & Accrington, LAN, ENG **[45735]** : ALL, Liverpool, LAN, ENG **[37542]** : Edward, 1750-1850, Manchester, LAN, ENG **[43769]** : PRE 1900, Manchester, LAN, ENG **[19064]** ; 1820, Shackleford, SRY, ENG **[37168]** : PRE 1720, Batley & Spen Valley, WRY, ENG **[18236]** ; Samuel, 1780+, WEX, IRL **[16309]** : William, 1700S-1800S, WEX & KIK, IRL **[16309]**
ROTTENBURY : 1700, North Bovey, DEV, ENG **[40257]**
ROTTMAN : ALL, WORLDWIDE **[16842]**
ROTTON : Walter, 1800-1864, Tooting & Newington, LND, ENG & AUS **[45774]**
ROUGH : 1800-1900, Edinburgh, MLN, SCT **[30120]**
ROUGHSEDGE : ALL, Manchester, LAN, ENG **[16616]**
ROUGHTON : 1900+, USA & CAN **[17012]**
ROUGVIE : ALL, WORLDWIDE **[26082]**
ROULLIER : PRE 1800, St.James, BN, FRA **[20178]**
ROULSTON : 1850+, Strabane, TYR, IRL **[33506]**
ROUMSLEY : Patricia, 1850+, Haldiman, ONT, CAN **[28755]**
ROUND : George, 1910, Cobalt, ONT, CAN **[39967]** : Henry, ALL, Wooburn, BKM, ENG **[12716]** : PRE 1860, SAL, ENG **[27678]** ; 1850+, STS, ENG **[40792]** : 1810-1830, Cleobury Mortimer, STS, ENG **[17291]** : 1800-1980S, Wolverhampton, STS, ENG **[17291]** : 1835-1900, Stourport-on-Severn, WOR, ENG **[17291]** : PRE 1860, WOR, WAR & STS, ENG **[27678]** : George, 1930, Royston, YKS, ENG **[39967]**
ROUNSIVALL : 1600+, St.Minver, CON, ENG **[36435]**
ROURKE : Lawrence, 1849+, (Per Success), NSW, AUS **[10998]** : Thomas, 1849+, (Per Success), NSW, AUS **[10998]** ; Mary, 1840+, Parramatta, NSW, AUS **[10998]** : Mary, PRE 1840, Tullamore, OFF, IRL **[10998]**
ROUS : 1740-1800, Kelsale, SFK, ENG **[20919]**
ROUSE : 1900S, Petersham & Sydney, NSW, AUS **[31079]** ; 1660+, London, ENG **[31079]** : PRE 1814, Kenwyn, CON, ENG **[43525]** : ALL, Truro, CON, ENG **[31079]** ; 1800+, ESS, ENG **[31079]** : 1800-1900, Brentwood, ESS, ENG **[46409]** : Emma, 1880+, Portsmouth, HAM, ENG **[31079]** : 1700S-1800S, Woolwich, KEN, ENG **[31079]** : Floretta S.A., 1850-60, Leicester, LEI, ENG **[22799]** : Charles F., 1850-60, Leicester, LEI, ENG **[22799]** : 1700-1850, Sleaford, LIN, ENG **[28536]** : 1860+, LND, ENG **[46386]** : 1700+, MDX & SRY, ENG **[31079]** : ALL, NBL, ENG **[10967]** : PRE 1860, Oulton & Corpusty, NFK, ENG **[10967]** : 1660+, NFK, SFK & KEN, ENG **[31079]** : ALL, Alderminster, WOR, ENG **[28232]** : Joseph, 1880+, Evesham, WOR, ENG **[28232]** : 1840+, GIBRALTAR **[31079]** : 1900+, AUCK, NZ **[42112]**
ROUSEK : PRE 1850, Sabanovic, BENESCHAV, BOHEMIA **[28660]**
ROUSEL : 1500+, SOM, ENG **[16505]** : Ann, 1784+, East Harptree, SOM, ENG **[16505]**
ROUSSEAU : 1850-1900, Shoreditch, LND, ENG **[46412]**
ROUSSEL : 1800+, Coupiac, AUV, FRA **[16349]**
ROUSSIN : Louise, 1816+, S.S. Marie, ONT, CAN **[16159]**
ROUTCLIFFE : ALL, DEV, ENG & AUS **[44294]**
ROUTLEDGE : Annie, 1816-1900, Redcar, NRY, ENG **[17907]** : 1800S, East Raunton, YKS, ENG **[34112]**
ROUTLY : PRE 1695, Tavistock, DEV, ENG **[46251]** : ALL, DEV, ENG & AUS **[44294]**
ROW : 1700S, CUL, ENG **[16358]** : 1770-1860, Stoke Damerel, DEV, ENG **[44229]** : 1700-1850, Boldre, HAM, ENG **[34581]** : PRE 1800, HUN, ENG **[25747]**
ROWAN : Archibald, 1892, Townsville, QLD, AUS **[14094]** : Anthony, 1850+, West Derby, LAN, ENG **[11159]** : 1700-1850, Birmingham, WAR, ENG **[19471]** : 1825, Newry, ARM, IRL **[35365]** : 1830-1900, Portadown, ARM, IRL **[20730]** : 1840+, St.Quivox, AYR, SCT **[99832]** : 1881, Douglas, LKS, SCT **[20587]**
ROWART : C1790, Dundonald & Kilmarnock, AYR, SCT **[11783]**
ROWATT : PRE 1750, Pinchbeck, LIN, ENG **[17626]**
ROWBOTTOM : Thomas, 1880+, Echuca, VIC, AUS **[39179]** ; 1820+, London, ENG **[39179]** : 1800+, Stevenage, HRT, ENG **[35561]** : PRE 1850, LIN, ENG **[17182]** : PRE 1812, Holmfirth, WRY, ENG **[45949]**
ROWCLIFF : ALL, DEV, ENG & AUS **[44294]**
ROWCLIFFE : 1700S, Kings Nympton, DEV, ENG **[24981]** : ALL, LAN, ENG **[44294]** : ALL, DEV, ENG & AUS **[44294]**
ROWCLIFFE (see One Name Section) **[44294]**
ROWCROFT : 1800+, Thornsett, DBY, ENG **[37110]**
ROWDEN : ALL, ENG **[13994]** : 1770-1790, Seasalter, KEN, ENG **[45442]**
ROWE : Crystal L., 1937+, Goulburn, NSW, AUS **[11195]** : John, 1825+, Launceston, TAS, AUS **[14627]** : Thomas, 1835, Portland, VIC, AUS **[34249]** : Richard, 1800S, London, ENG **[27993]** : PRE 1881, London, ENG **[45893]** : 1800-1850S, BKM & HRT, ENG **[19461]** : 1750-70, CON, ENG **[24660]** : ALL, CON, ENG **[45834]** : 1880, Altarnun, CON, ENG **[10985]** : 1850-2000, Colan, CON, ENG **[42747]** : Roger, 1751-1812, Laneast, CON, ENG **[14627]** : John, 1785-1825, Laneast & Launceston, CON, ENG **[14627]** : PRE 1790, Launcells, CON, ENG **[46251]** : Sampson, 1719-1778, Lewannick, CON, ENG **[14627]** : William, 1822+, Luxulyan, CON, ENG **[34533]** : Eliz. Jane, 1853+, Luxulyan, CON, ENG **[34533]** : Thomas, PRE 1825, Penzance, CON, ENG **[39651]** : 1800-2000, Perranzabuloe, CON, ENG **[42747]** : 1850-2000, Perranzabuloe, CON, ENG **[42747]** : 1850-2000, St.Columb Minor, CON, ENG **[42747]** : PRE 1800, St.Just, CON, ENG **[11873]** : PRE 1820, St.Just, CON, ENG **[46236]** : PRE 1800, St.Just & Breage, CON, ENG **[11873]** : 1750+, St.Just & Sancreed, CON, ENG **[33642]** : 1780-1851, St.Levan & St.Paul, CON, ENG **[11946]** : 1770+, Wendron, CON, ENG **[25070]** : 1750-1850, Duffield, DBY, ENG **[34967]** : 1700+, Bulkworthy, DEV, ENG **[16254]** : PRE 1750, Exeter, DEV, ENG **[18861]** : 1700+, Lifton, DEV, ENG **[13833]** : PRE 1860, Lydford, DEV, ENG **[27678]** : 1700-2000, Boldre, HAM, ENG **[34581]** : 1700-1850, Tring, HRT, ENG **[45883]** : PRE 1839, Canterbury, KEN, ENG **[14031]** : PRE 1850, Maltby le

ROW

Marsh & Yarburgh, LIN, ENG **[34716]** : 1823-1897, MDX, ENG **[17470]** : C1862, Bethnal Green, MDX, ENG **[17470]** : PRE 1855, SFK, ENG **[17470]** : Elizabeth, 1770S, Boulge, SFK, ENG **[10125]** : 1800+, WIL, ENG **[29354]** : James, 1820+, Madron, CON, ENG & AUS **[46225]** : John, 1800+, St.Keverne, CON, ENG & AUS **[38546]** : 1800+, St.Keverne & Adelaide, CON & SA, ENG & AUS **[38546]** : Frederick, 1835-1875, DEV, ENG & NZ **[27678]** : Eliza, 1800+, Tablask & Parramatta, WIC & NSW, IRL & AUS **[44567]** : George, 1897+, NZ **[11946]** : 1848-1868, AKD, NZ **[46236]** : 1868-1911, Thames, TVY, NZ **[46236]** : 1836-1926, Henry, IL, USA **[14627]**

ROWELL : 1750+, Barnard Castle, DUR, ENG **[34505]** : C1890, Gateshead, DUR, ENG **[41212]** : 1800S, Holybourne, HAM, ENG **[16980]** : PRE 1800, HUN, ENG **[18700]** : 1750S, Bulwick, NTH, ENG **[21889]** : 1732, Gretton, NTH, ENG **[21889]**

ROWEN : 1800+, Moyne, CLA, IRL **[11159]**

ROWETT : 1790+, East Looe, CON, ENG **[39015]** : 1850+, Carlinville, IL, USA **[39015]**

ROWLAND : Pauline J.A., 1912-76, Randwick, NSW, AUS **[10993]** : Sarah, 1844-1915, Sydney & Casino, NSW, AUS **[32996]** : 1880+, Eurelia, SA, AUS **[44300]** : George, PRE 1834, London, ENG **[10998]** : PRE 1850, London, ENG **[18702]** : PRE 1770, Childrey, BRK, ENG **[43033]** : PRE 1860, Duckinfield, CHS, ENG **[13481]** : ALL, DEV, ENG **[42829]** : John, PRE 1854, Uffculme & Upottery Whimple, DEV, ENG **[11650]** : PRE 1800, Upottery, DEV, ENG **[10493]** : George, 1810+, Bristol, GLS, ENG **[10998]** : John, PRE 1809+, Bristol (Shoemaker), GLS, ENG **[10998]** : 1800+, Denby & Manchester, LAN, ENG **[31355]** : George, 1780+, Manchester, LAN, ENG **[31355]** : 1750-1850, Rochdale, LAN, ENG **[12844]** : William, PRE 1740, Warrington, LAN, ENG **[39471]** : Sarah, 1834-1844, LEI, ENG **[32996]** : 1700-1850, Lambeth, MDX, ENG **[45920]** : Eliza, C1833, London, MDX, ENG **[10998]** : John, PRE 1834+, London, MDX, ENG **[10998]** : 1800+, Berwick on Tweed, NBL, ENG **[42919]** : PRE 1820, Hexham, NBL, ENG **[38728]** : C1700-1950, Great Yarmouth, NFK, ENG **[34797]** : Eliza, C1813+, Chertsey, SRY, ENG **[10998]** : PRE 1880, Wandsworth, SRY, ENG **[31302]** : PRE 1800, Holt, Ombersley & Cowane, WOR, HEF & LND, ENG **[18096]** : 1610+, Coxwold, YKS, ENG **[20975]**

ROWLANDS : 1800+, London, ENG **[11690]** : Elizabeth, PRE 1884-97, London, MDX, ENG **[10998]** : Geo, 1877-1884, London & Islington, MDX, ENG **[10998]** : 1800+, WLS **[11690]** : PRE 1860, Holyhead Sailors, AGY, WLS **[11994]** : 1805, St.Harman, RAD, WLS **[18613]**

ROWLE : ALL, Halifax, YKS, DUR & NBL, ENG **[30601]**

ROWLERSON : ALL, ENG **[39386]**

ROWLES : PRE 1900, ENG **[17027]** : PRE 1800, Elmore, GLS, ENG **[45176]** : PRE 1845, OXF, ENG **[36543]** : 1810+, Bedminster, SOM, ENG **[43566]** : 1790+, Portisead & Portbury, SOM, ENG **[43566]**

ROWLET : 1750-1850, Peterborough, NTH, ENG **[28536]**

ROWLETT : PRE 1750, HUN, ENG **[41377]**

ROWLEY : 1890+, AUS **[46231]** : Capt. Thomas, 1806, Sydney, NSW, AUS **[34140]** : Isaac, C1720, ENG **[32559]** : Thomas, PRE 1790, ENG **[25354]** : 1800+, London, ENG **[40792]** : Abraham, PRE 1801, London, ENG **[30014]** : ALL, Eastwood, NTT, ENG **[39389]** : William, C1800, Dawley Magna, SAL, ENG **[21759]** : PRE 1835, Cannock & Penkridge, STS, ENG **[20068]** : PRE 1810, Crossland, Huddersfield, YKS, ENG **[33901]** : 1750-1850, Weaverthorpe & Harpham, YKS, ENG **[32042]** : James, 1780-1835, IRL **[22640]** : James H., 1780-1844, Paisley, RFW, SCT **[22640]** : 1700+, East Haddam, CT, USA **[24413]**

ROWLING : Alfred, 1854+, VIC, AUS **[25654]**

ROWLINGSON : 1890+, Poplar, MDX, ENG **[21916]**

ROWLINSON : 1900, Sydney, NSW, AUS **[13407]**

ROWNEY : 1840+, Campbelltown & Payneham, SA, AUS **[33642]** : 1800-1900, Dalkey & Gawler, SA, AUS **[27733]** : ALL, BDF, ENG **[27733]** : 1800, Sharnbrook, BDF, ENG **[33642]** : William, C1800, WRY, ENG **[14448]**

ROWNTREE : 1800-1850, Chelsea & Westminster, LND, ENG **[19461]** : PRE 1800, YKS, ENG **[36952]**

ROWORTH : PRE 1892, LEI, NTT & LIN, ENG **[18236]** : ALL, Wymeswold, LEI, NTT & LIN, ENG **[18236]**

ROWORTH (see One Name Section) [18236]

ROWSE : 1660+, London, ENG **[31079]** : 1790+, St.Austell, CON, ENG **[12708]** : ALL, Truro, CON, ENG **[31079]** : 1660+, NFK, SFK & KEN, ENG **[31079]**

ROWSELL : Joseph, C1790+, Enfield, MDX, ENG **[36538]** : 1500+, SOM, ENG **[16505]** : Robert, 1790+, SOM, ENG **[30014]** : ALL, SOM, ENG **[43317]** : C1800, Chard, SOM, ENG **[10705]**

ROWSON : 1680-1730, Beesby in the Marsh, LIN, ENG **[29715]** : 1700-1745, East Keal, LIN, ENG **[29715]** : 1750-1800, Hagworthingham, LIN, ENG **[29715]** : 1700-1780, Toynton, LIN, ENG **[29715]**

ROWSWELL : Elizabeth, PRE 1737, Cudworth, SOM, ENG **[10508]**

ROXBURGH : PRE 1780, Galston, AYR, SCT **[40768]**

ROY : 1850+, Lobethel & Eden Valley, SA, AUS **[11763]** : 1875+, Pimpinio & Horsham, VIC, AUS **[11763]** : 1795+, Woolwich, KEN, ENG **[15476]** : 1836-1849, Islington, LND, ENG **[27769]** : PRE 1846, Posen, POS, PRE **[11763]** : 1760S, Boharm, ABD, SCT **[21934]** : Catherine, C1829, Fort Augustus, INV, SCT **[41270]** : 1800+, Edinburgh, MLN, SCT **[27769]** : ALL, Elgin, MOR, SCT **[42019]** : PRE 1800, Elgin, MOR, SCT **[15476]** : PRE 1855, Crieff, PER, SCT **[45111]** : PRE 1830, Methven, PER, SCT **[17933]**

ROY-AUDY : Jacques, C1813-1883, Ottawa & Montreal, ONT & QUE, CAN **[27325]**

ROYAL : 1850+, Sydney, NSW, AUS **[29025]** : 1750+, LAN, ENG **[11690]** : 1700-1850S, Pendleton, LAN, ENG **[29025]** : 1800-1900, Bath & Walcot, SOM, ENG **[19614]** : 1810-1880, Eastham & Lindridge, WOR, ENG **[42055]**

ROYALL : 1852+, Sydney, NSW, AUS **[39015]** : Frances C., 1899+, Sydney, NSW, AUS **[11195]** : 1700-1800, Greenwich, KEN, ENG **[27471]** : 1760+, NFK, ENG **[39015]** : Paul & Mary, 1791+, Norwich, NFK, ENG **[11195]** : Margaret, C1813+, Witton, NFK, ENG **[11195]**

ROYCE : 1700-1850, Spalding, LIN, ENG **[28536]** : 1700-1850, Peterborough, NTH, ENG **[28536]** : 1800-1900, Peterborough, NTH, ENG **[34651]** : 1700-1850, Oakham, RUT, ENG **[19921]**

ROYDEN : PRE 1875, Liverpool, LAN, ENG **[15400]**

ROYDON : 1700, Macclesfield, CHS, ENG **[35184]**

ROYLE : PRE 1889+, Bathurst, NSW, AUS **[45772]** : 1800S, Derby, DBY, ENG **[13377]** : 1850S, Burnley, LAN, ENG **[42507]** : 1800+, Manchester, LAN, ENG **[11062]** : 1800+, Manchester, LAN, ENG **[28269]** : 1800+, Manchester, LAN, ENG **[21431]** : 1840, Manchester, LAN, ENG **[99047]** : ALL, ENG & AUS **[43395]**

ROYSTE : PRE 1700, Hathern, LEI, ENG **[39060]**

ROYSTON : 1800-1835, CAM, ENG **[45834]** : PRE 1700, NTT, ENG **[14733]** : PRE 1770, Hoyland, WRY, ENG **[17626]** : ALL, YKS, ENG **[40719]** : Hannah, 1820-1860, Bingley & Otley, YKS, ENG **[30830]**

ROZAN : 1800S, Posen, POL **[30281]**

ROZEE : 1840S, Bethnal Green, MDX, ENG **[11444]**

RUBBERT : Carl, 1857-1927, St.Paul, MN, USA **[33866]**

RUBINS : 1750-1850, Gosberton, LIN, ENG **[14032]**

RUBY : 1830S-1887, Rastrick, YKS, ENG **[32314]** : ALL, Cork City, IRL **[38681]**

RUCK : 1800+, London, ENG **[46359]** : ALL, Ospringe

& Faversham, KEN, ENG **[15564]** : PRE 1880, Ingelfingen, WUE, GER **[41163]**
RUCKSTUHL : 1800-1900, Montg & Bucks Cos., PA, USA **[22756]**
RUDALL : C1768, Lapford, DEV, ENG **[41443]**
RUDD : PRE 1850, Campbelltown, NSW, AUS **[28210]** : Mary, 1846+, Gunning, NSW, AUS **[42724]** : 1860-1900, Redfern, NSW, AUS **[10070]** : ALL, ENG **[24980]** : 1650-1850, CUL, ENG **[46461]** : ALL, Frizington, CUL, ENG **[38449]** : ALL, Penrith, CUL, ENG **[20738]** : ALL, Burnage, LAN, ENG **[17654]** : 1800+, Ulverston, LAN, ENG **[17403]** : PRE 1840, MDX, ENG **[24980]** : 1600S, Norwich, NFK, ENG **[15521]** : PRE 1762, Stalham, NFK, ENG **[43860]** : 1750-1840S, Nottingham, NTT, ENG **[39060]** : ALL, Appleby, WES, ENG **[20738]** : Isabella, 1856+, York, YKS, ENG **[12739]**
RUDDEL : Letitia, 1775-1800, Hilmarton, WIL, ENG **[27920]**
RUDDELL : PRE 1840, Magheragall, ANT, IRL **[39984]**
RUDDICK : PRE 1850, CUL & NBL, ENG **[27514]**
RUDDIMAN : 1750S, London, ENG **[21261]**
RUDDLE : PRE 1920, KEN, ENG **[42170]** : PRE 1870, YKS, ENG **[25737]**
RUDDOCK : PRE 1880, Whitehaven, CUL, ENG **[37321]**
RUDELL : 1775-1800, Hilmarton, WIL, ENG **[27920]**
RUDELT : Christina, 1820+, Leisnig, SAX, DDR **[99012]** : C1840, Leisnig, PSA, GER **[99012]** : Christiane A., 1840+, Seifersdorf, PSA, GER **[99012]**
RUDENS : ALL, Melbourne, VIC, AUS **[14227]** : PRE 1880, LEI, ENG **[14227]**
RUDGE : Elizabeth, 1877, Cheltenham, GLS, ENG **[33301]** : PRE 1840, Northampton, NTH, ENG **[21084]**
RUDINGER : C1700-1800, Westernhausen, BAD & WUE, GER **[36634]**
RUDKIN : 1770, Bagenalstown, CAR, IRL **[16783]**
RUDOLPH : PRE 1765, Eberstadt, WUE, GER **[14120]**
RUE : 1822+, Bathurst, NSW, AUS **[12395]** : PRE 1770, Wye, KEN, ENG **[17523]** : PRE 1810, Glasgow, LKS, SCT **[12395]**
RUEBENACH : 1600+, Poltersdorf, RPF, BRD **[20178]**
RUECKERIN : 1735+, Krumher Mersdorf, KMS, DDR **[27180]**
RUECKERT : 1819+, Kirchhausen, GER **[13853]**
RUECROFT : Alderson, 1800+, ENG **[15845]**
RUEGG : 1750+, KEN, ENG **[45950]**
RUEHL : ALL, UK **[36538]**
RUEL : ALL, Fulham & Shepherds Bush, MDX, ENG **[36538]**
RUFFE : 1700-1750, Nantmel, RAD, WLS **[12641]**
RUFFEITT : ALL, ESS, ENG **[31646]**
RUFFELL : PRE 1900, KEN & ESS, ENG **[25747]**
RUFFHEAD : 1860, VIC, AUS **[28013]**
RUFFIN : PRE 1820, Gosport, HAM, ENG **[42752]**
RUFFOLD : PRE 1816, Wandsworth, SRY, ENG **[38987]**
RUGG : C1750+, Montacute, SOM, ENG **[39377]**
RUGMAN : PRE 1900, SRY, ENG **[25992]**
RUGULLIS : PRE 1880, Launen, MEMEL, OPR **[99433]**
RUHL : ALL, HES, GER **[31646]**
RUITER : 1658, NL **[38696]**
RULE : 1830, Lachlan River, NSW, AUS **[10948]** : ALL, CON, ENG **[34393]** : 1800+, Camborne, CON, ENG **[36435]** : Stephen, PRE 1816, Camborne, CON, ENG **[25794]** : Alice, 1800-1823, Illogan, CON, ENG **[25310]** : C1800, St.Keverne, CON, ENG **[17189]** : PRE 1881, Annan, DFS, SCT **[25755]** : 1800+, MI, WI & CA, USA **[34393]** : 1850+, Iowa Co., WI, USA **[34393]**
RULF : PRE 1850, Tucheim, PSA, GER **[14012]**
RULSON : 1780-1840, Leicester, LEI, ENG **[38737]**
RUMBALL : Ralph, 1700-1781, Long Wittenham, BRK,
ENG **[27039]** : 1700-1800, Long Wittenham, BRK & OXF, ENG **[27039]** : PRE 1750, Clavering, ESS, ENG **[34986]** : 1850+, St.Albans, HRT, ENG **[15289]** : 1660+, Kedington, SFK & ESS, ENG **[39307]**
RUMBELOW : PRE 1750S, Romansleigh, DEV, ENG **[34140]**
RUMBLE : C1863, Binalong, NSW, AUS **[29479]** : C1851, Bristol, ENG **[99174]** : 1700-1900, Epping, ESS, ENG **[45037]** : C1851, Stapleton, GLS, ENG **[99174]** : 1770+, Stoke, KEN, ENG **[41239]** : 1861+, Oxford, OXF, ENG **[99174]** : 1750-1850, Dorchester, OXF & BRK, ENG **[27039]**
RUMILLY : 1850+, London, ENG **[41560]**
RUMMERY : 1700S, Salehurst, SSX, ENG **[42384]**
RUMNER : ALL, USA **[22725]**
RUMP : 1860-1885, Wittenburg & Dummerhutte, MSW, GER **[12367]**
RUMPF(H) : Michael, 1834-1913, Meimbressen & NSW, GER & AUS **[46192]** : Conrad, 1836+, Meimbressen & NSW, GER & AUS **[46192]**
RUMSBY : PRE 1820, Norwich, NFK, ENG **[36260]**
RUNACRES : 1870+, Plumstead, KEN, ENG **[32009]** : 1850S, Aldgate, LND, ENG **[32009]** : Frances, PRE 1700, SFK, ENG **[27522]** : PRE 1850, Thrandeston, SFK, ENG **[32009]**
RUNCIE : C1800+, Cullen, NSW & BAN, AUS & SCT **[33097]** : PRE 1875, Cullen, BAN, SCT **[46277]**
RUNCIMAN : 1840-1920, Birkenhead, CHS, ENG **[26612]** : C1850, SCT **[39928]** : ALL, Dunbar, ELN, SCT **[26612]**
RUNDLE : John Robins, 1840+, Adelaide, SA, AUS **[14627]** : Herman Corn., 1857+, Tanunda, SA, AUS **[39179]** : PRE 1850, ENG **[28314]** : John Robins, C1816, Lostwithiel, CON, ENG **[14627]** : 1700-1800, Bratton Clovelly, DEV, ENG **[45841]** : 1700+, Holsworthy, DEV, ENG **[22088]** : James, 1840S, Plymouth, DEV, ENG **[31476]**
RUNHAM : PRE 1776, Whittesford, CAM, ENG **[22550]**
RUNJEET : Sadyr, 1870, Kanmantoo, SA, AUS **[14241]**
RUNNACLES : Frances, PRE 1700, SFK, ENG **[27522]**
RUNNALLS : 1685+, St.Breward, CON, ENG **[99832]**
RUNNEGAR : ALL, WORLDWIDE **[18042]**
RUSBY : PRE 1800, Darton, Denbydale & Wragby, WRY, ENG **[16233]** : PRE 1850, Hatfield, WRY, ENG **[42752]**
RUSCA : 1850+, Manila, PHILIPPINES **[24382]**
RUSCOE : 1600-1850, ENG **[46312]**
RUSDEN : PRE 1800, Stepney, MDX, ENG **[13574]**
RUSE : 1810+, CON, ENG **[12481]** : 1850-1950, Plymouth, DEV, ENG **[46412]**
RUSH : 1850, NSW, AUS **[46198]** : Mary, 1880+, Woolomin, NSW, AUS **[11745]** : ALL, ENG **[39642]** : 1920S, Tring, HRT, ENG **[33642]** : 1880+, LND, ENG **[46386]** : PRE 1890, Battersea & Wandsworth, LND & SRY, ENG **[35360]** : PRE 1870, Gazeley, SFK, ENG **[35360]** : PRE 1830, Oakley, SFK, ENG **[42969]** : Hugh, 1840+, Belfast, ANT & TYR, IRL **[11745]** : Matthew, 1840, Carroward, ROS, IRL **[10428]** : Mary, 1850+, TYR, IRL **[11745]**
RUSH-GRIMWOOD : 1811-C1860S, Hitcham, SFK, ENG **[33867]**
RUSHFORTH : Mary, 1806+, Coniston, LAN, ENG **[39516]**
RUSHIN : ALL, LEI, ENG **[21348]**
RUSHMAN : 1700-1800, Rogate, SSX, ENG **[15464]**
RUSHMER : PRE 1824, NFK, ENG **[43779]**
RUSHTON : PRE 1840S, Scone, NSW, AUS **[10948]** : 1830-40, Melbourne, VIC, AUS **[28948]** : PRE 1832, ENG **[45796]** : PRE 1850, Bolton, LAN, ENG **[18325]** : PRE 1860, Nottingham, NTT, ENG **[39873]** : PRE 1850, STS & SAL, ENG **[27678]** : 1700+, STS, SAL & CHS, ENG **[18501]** : PRE 1850, WOR & WAR, ENG **[27678]** : PRE 1860, Brompton, YKS & WAR, ENG **[13657]**

RUSHWORTH : PRE 1812, Bradford, WRY, ENG **[19542]**

RUSK : ALL, NSW, AUS **[11124]** : 1850+, Ballydugan & Knockamuckley, DOW, IRL **[99600]** : PRE 1830, Maghera, LDY, IRL **[21356]**

RUSS : PRE 1880, East Lambrook, SOM, ENG **[14127]** : C1765, Kingsbury Episcopi, SOM, ENG **[21934]** : PRE 1865, Yeovil, SOM, ENG **[39539]** : 1850+, Gartly, ABD, SCT **[46340]**

RUSSEL : Louisa, PRE 1888, Ballarat, VIC, AUS **[31424]** : Jane, 1811, Teston, KEN, ENG **[40880]** : Louisa, PRE 1888, ENG & SCT **[31424]** : 1740S, Auchinleck, AYR, SCT **[10948]**

RUSSELL : 1840+, Binda, NSW, AUS **[45624]** : 1862, Forbes, NSW, AUS **[10956]** : ALL, Maitland, NSW, AUS **[33491]** : Margaret, 1860+, Oakey Creek near Cargo, NSW, AUS **[10141]** : 1800-1900, TAS, AUS **[14966]** : George, 1870+, Gippsland, VIC, AUS **[46321]** : ALL, South Melbourne, VIC, AUS **[11424]** : George, PRE 1860, NB, CAN & AUS **[43800]** : ALL, ENG **[39180]** : PRE 1718, ENG **[14029]** : William, 1853, London, ENG **[38668]** : PRE 1773, Steventon, BRK, ENG **[31695]** : PRE 1800, Gamlingay, CAM, ENG **[30981]** : John, C1800, Penrith, CUL, ENG **[11718]** : ALL, DEV, DOR & SOM, ENG **[31017]** : PRE 1850, DOR, ENG **[28275]** : ALL, Poole, DOR, ENG **[39180]** : PRE 1890, Portland, DOR, ENG **[34876]** : 1750-1870, Stinsford, DOR, ENG **[45207]** : 1600+, Stonehouse, GLS, ENG **[21034]** : Edward, PRE 1840, Brixton & Southampton, HAM, ENG **[46362]** : ALL, Stamshaw & Portsea, HAM, ENG **[39180]** : James, 1750, KEN, ENG **[26817]** : PRE 1790, Chatham, KEN, ENG **[42083]** : 1800-1900, Deptford, KEN, ENG **[42083]** : ALL, Egerton & Isle of Sheppey, KEN, ENG **[21741]** : PRE 1800, Farningham, KEN, ENG **[43842]** : PRE 1813, Marden, KEN, ENG **[20766]** : 1800+, North Fleet, KEN, ENG **[99418]** : PRE 1762, Dalton in Furness, LAN, ENG **[19661]** : C1840, Manchester, LAN, ENG **[45649]** : 1790+, Kibworth, LEI, ENG **[12141]** : George, 1840+, LND, ENG **[46321]** : 1830+, Bethnal Green, LND, ENG **[17977]** : PRE 1800, Lambeth, LND, ENG **[13657]** : 1790-1870S, Southwark, LND, ENG **[42083]** : PRE 1735, Brockhall, NTH, ENG **[42083]** : 1800+, Deenethorpe, NTH, ENG **[12141]** : PRE 1838, Kilsby, NTH, ENG **[14076]** : Walter, C1777, Bath, SOM, ENG **[35379]** : 1740-1880, Coleford, SOM, ENG **[26396]** : ALL, Wells & Frome, SOM, ENG **[39180]** : 1750-1850, Lambeth, SRY, ENG **[18861]** : Agatha, 1850S, Newcross, SRY, ENG **[46325]** : 1800-1880, West Bromwich, STS, ENG **[11424]** : 1800+, WAR, ENG **[46197]** : 1870-1910, WAR, ENG **[39536]** : PRE 1791, WAR, ENG **[11092]** : Jacob, PRE 1787, Birmingham, WAR, ENG **[29939]** : C1805, Kidderminster, WOR, ENG **[13838]** : Mary Ann, 1840+, WRY, ENG **[14448]** : 1805+, Idle & Skipton, WRY, ENG **[13481]** : 1860+, Leeds, WRY, ENG **[38668]** : 1836, Dublin, IRL **[10956]** : ALL, Lattin, TIP, IRL **[10280]** : C1840, Killeter, TYR, IRL **[12904]** : 1750+, Mount Russell & Buenos Aires, COR, IRL & ARGENTINA **[20433]** : Alexander, C1865+, Auckland, NZ & SCT **[22090]** : William, C1865, Dunedin, NZ & SCT **[22090]** : PRE 1847, Dunbarton, DNB, SCT **[11684]** : 1700-1800, FIF, SCT **[36435]** : 1890S, Dunfermline, FIF, SCT **[45541]** : 1800-1870, Newmains, LKS, SCT **[28420]** : 1770-1850, Old Monkland, LKS, SCT **[25979]** : 1760+, Alves, MOR, SCT **[36569]** : 1800-1890, New Elgin & Bishopmill, MOR, SCT **[22090]** : Elizabeth, 1765, Larbert, STI, SCT **[10489]** : 1830S, NJ & PA, USA **[22565]** : 1850S, Fort Edward, NY, USA **[26149]**

RUSSELL-SMITH : ALL, Auckland, NZ & AUS **[45652]**

RUSSEN : 1750-1850, Romsey, HAM, ENG **[38086]** : PRE 1850, Twickenham, MDX, ENG **[41005]**

RUSSON : PRE 1800, WOR, ENG **[35619]**

RUST : 1850+, Clayhidon, DEV, ENG **[34221]** : 1850-1900, Salford & Manchester, LAN, ENG **[44045]** : 1830-60, Bethnal Green, LND, ENG **[44045]** : 1895+, Leeds, WRY, ENG **[44045]** : ALL, ABD, SCT **[34588]** : 1700-1900, KCD, SCT **[10273]** : ALL, KCD, SCT **[34588]** : 1990S, WLS **[34221]** : ALL, WORLDWIDE **[32804]**

RUSTEN : ALL, WOR & SAL, ENG **[46277]**

RUSTON : 1750S, Wrawby, LIN, ENG **[19921]** : 1837+, Lambeth, SRY, ENG **[10706]** : 1760-1840, Southwark, SRY & MDX, ENG **[41511]** : 1874+, Napier, HKY & AKL, NZ **[41511]**

RUTHER : PRE 1830, Berkeley, GLS, ENG **[26173]**

RUTHERFORD : John Watson, 1832, NBL, ENG **[14448]** : 1850+, NBL, ENG **[30022]** : PRE 1870, NBL, ENG **[31259]** : 1800S, Chatton & Greendykes, NBL, ENG **[21198]** : PRE 1830, Lakenheath, SFK, ENG **[46211]** : 1700-1850, Lisburn, ANT, IRL **[11120]** : Alexander, 1900+, Johannesburg, RSA **[10194]** : Myrtle, 1920S, Johannesburg, RSA **[10194]** : PRE 1870, SCT **[31259]** : 1800S, Abertarff, INV, SCT **[20938]** : Alexander, 1758-1845, Jedburgh, ROX, SCT **[10194]** : PRE 1850, Bridge of Allen, STI, SCT **[12707]**

RUTHERFURD : 1900S, VIC, AUS **[10145]** : Thomas, 1740S, BARBADOS **[10194]** : Henry, PRE 1870, Dundas, ONT, CAN **[10145]** : C1830-1870, BRT & BN, FRA **[10145]** : 1700S, Jedburgh, ROX, SCT **[10145]** : ALL, ROX, SCT & AUS **[36607]**

RUTHVEN : PRE 1855, Torryburn, FIF, SCT **[22253]**

RUTLAND : 1800+, Doddinghurst, ESS, ENG **[27769]** : 1750+, Bilsby & Huttoft, LIN, ENG **[44938]**

RUTLEDGE : 1840+, Sydney, NSW, AUS **[46359]** : C1882, London, ENG **[11319]** : ALL, Castlederg, TYR, IRL **[12071]**

RUTLEY : 1820-40, Dover, KEN, ENG **[45082]**

RUTNAM : 1900+, ENG **[45202]**

RUTT : PRE 1800, London, ENG **[15715]** : 1800S, LND, ENG **[11411]** : PRE 1850, Paddington & Fulham, LND, ENG **[30678]**

RUTTER : 1905-1951, Broken Hill, NSW, AUS **[46116]** : 1855+, Wilberforce & Sydney, NSW, AUS **[40971]** : C1700-1800, Iver, BKM, ENG **[22070]** : PRE 1855, Toft, CAM, ENG **[40971]** : ALL, Ludgvan, CON, ENG **[46116]** : 1800+, DUR & NBL, ENG **[33727]** : John, 1811, Manchester, LAN, ENG **[10846]** : 1700-1900, LIN, ENG **[12401]** : Mary, 1727+, Newburn, NBL, ENG **[37188]** : 1800+, Burslem, STS, ENG **[46299]** : ALL, Sheffield, YKS, ENG **[28570]** : C1800+, Toft & Barrington, CAM, ENG & AUS **[43529]** : Daniel, C1917, Poverty Bay, NZ **[40971]**

RUTTLE : 1830+, Smith Falls, ONT, CAN **[36292]**

RUTTLEY : 1860+, Mayfield & Newcastle, NSW, AUS **[11229]**

RUXTON : PRE 1900, Dublin & Castlebar, MAY, IRL **[27219]**

RUZA : ALL, LATVIA **[31424]**

RYALL : 1800, NSW, AUS **[13584]** : PRE 1800, DOR, ENG **[45758]** : PRE 1766, Gillingham, DOR, ENG **[10493]** : 1800+, Stalbridge, DOR, ENG **[18376]** : C1700, LIN, ENG **[28340]** : 1780-1830, LND, ENG **[32882]** : 1700+, Corton Denham, SOM, ENG **[14589]** : 1700-1800, Henstridge, SOM, ENG **[18376]** : 1830-1880, Eastham & Lindridge, WOR, ENG **[42055]** : Ellen, PRE 1860, Mitchelstown & Fermoy, COR, IRL **[11587]**

RYALLS : Elizabeth, PRE 1800, Norton & Staveley, DBY & WRY, ENG **[16233]**

RYAN : Michael, 1819-1838, Airds, NSW, AUS **[11034]** : Martin, 1859+, Bathurst, NSW, AUS **[31762]** : Anne, 1862+, Bathurst, NSW, AUS **[31762]** : Michael, 1864+, Bathurst, NSW, AUS **[31762]** : John & Kate, 1866+, Bathurst, NSW, AUS **[31762]** : ALL, Belmore River, NSW, AUS **[29334]** : 1848, Blowring, NSW, AUS **[11062]** : C1853, Boorowa, NSW, AUS **[10314]** : Margaret, PRE 1865+, Braidwood, NSW, AUS **[45772]** : Daniel K, 1879+, Bundarra, NSW, AUS **[11781]** : Wally, 1900+, Bundarra, NSW, AUS **[11781]** : Mary, PRE 1850, Carcoar, NSW, AUS **[31904]** : Lanty, 1850+,

Cowra, NSW, AUS [11802] : 1880+, Dubbo & Orange, NSW, AUS [36847] : ALL, Dungog, NSW, AUS [32720] : Daniel, 1840+, Eden, NSW, AUS [11284] : 1836, Jamberoo, NSW, AUS [31453] : Michl & Johanna, 1839, Maitland, NSW, AUS [11781] : John, 1842-1856, Parramatta, NSW, AUS [11034] : John, 1841+, Redfern, NSW, AUS [33847] : 1853+, Sydney, NSW, AUS [10301] : 1900+, Sydney, NSW, AUS [20401] : John, 1856-1894, Uralla, NSW, AUS [11034] : Daniel & Cathne, 1869+, Vegetable Ck & Emmaville, NSW, AUS [10699] : 1926, Wellington, NSW, AUS [36768] : 1852+, Brisbane, QLD, AUS [13407] : Patrick & Thos., ALL, Toowoomba & Brisbane, QLD, AUS [14113] : 1838-1880, Glenorchy, TAS, AUS [10394] : 1860S, Creswick, VIC, AUS [13091] : PRE 1874, Creswick, VIC, AUS [39015] : Margaret, 1860-1910, Geelong, VIC, AUS [11692] : 1850+, Geelong, Donald & Birchip, VIC, AUS [39015] : 1750+, Trinity, Trinity Bay, NFD, CAN [39716] : C1814, London, ENG [10740] : 1870+, South Shields, DUR, ENG [43983] : PRE 1879, Prestwich, LAN, ENG [11059] : PRE 1850, LND, ENG [31186] : John, PRE 1880, LND, ENG [45186] : Stephen, C1860S, Poplar, MDX, ENG [15485] : Elzth Amelia, PRE 1890, Poplar, MDX, ENG [15485] : Martin, 1816+, IRL [31762] : Patk & Brgt, 1850, IRL [34315] : Martin, 1820+, CLA, IRL [46246] : Honora, 1826-1833, COR, IRL [37745] : PRE 1835, Cork, COR, IRL [11572] : PRE 1860, Cork, COR, IRL [41305] : Mary, 1850, St.Margarets, DUB, IRL [26822] : William, 1820-55, Eyrecourt, GAL, IRL [12011] : 1780+, KIK, IRL [10261] : PRE 1850, LIM, IRL [45186] : Rev Thomas, 1770-1805, Ballingoola & Cahircorney, LIM, IRL [10114] : 1890, Cloonteen, LIM, IRL [20401] : Simon, 1829, Kilrush, LIM, IRL [27936] : 1700+, Kylegorrif, LIM, IRL [20401] : Johanna, 1830-70, Oola, LIM, IRL [37619] : Johannah, PRE 1800, Pallas Grean, LIM, IRL [29745] : 1700+, Shanacloone, LIM, IRL [20401] : 1800+, MEA, IRL [46262] : Michael, 1800+, TIP, IRL [12653] : 1800+, TIP, IRL [39015] : 1830+, TIP, IRL [29954] : 1870S, TIP, IRL [46305] : Hanora, ALL, TIP, IRL [32720] : ALL, TIP, IRL [45202] : PRE 1863, TIP, IRL [44249] : PRE 1850, Boher, TIP, IRL [19641] : 1700-1850, Borrisoleigh, TIP, IRL [43491] : 1820-1850S, Cappawhite, TIP, IRL [14388] : 1840+, Carron, TIP, IRL [34626] : James, C1800, Cashel, TIP, IRL [10146] : Johanna, C1880, Clonmel, TIP, IRL [22618] : Cornelius, 1750+, Dolla, TIP, IRL [32720] : Barney, C1800S, Drombane, TIP, IRL [10146] : Rua, PRE 1872, Glenough, Rossmore, TIP, IRL [45833] : Mary, C1810+, Golden, TIP, IRL [39083] : PRE 1840, Golden, TIP, IRL [42296] : 1830+, Hollyford, TIP, IRL [30527] : ALL, Nenagh, TIP, IRL [12186] : Catherine, 1832-38, Newport, TIP, IRL [10489] : 1800-1900, Templemore, TIP, IRL [46338] : James, PRE 1840, Templemore, TIP, IRL [33847] : 1850, Templemore & Ballysorrel, TIP, IRL [14113] : 1700-1900, Thurles, TIP, IRL [29334] : 1800+, Thurles, TIP, IRL [41499] : Bridget, 1836+, Thurles, TIP, IRL [12539] : Mary Agnes, 1836, Tipperary, TIP, IRL [28199] : Patrick, 1838, Tipperary, TIP, IRL [28199] : 1700-1850, Two Mile Borris, TIP, IRL [43491] : Catherine, PRE 1820, TIP & CLA, IRL [42479] : 1830+, Newbawn, WEX, IRL [30527] : Thomas, PRE 1908, IRL & AUS [29187] : 1775+, Ballycahill, TIP, IRL & AUS [33921] : 1776-1920, Nenagh & Liverpool, TIP & NSW, IRL & AUS [46055] : 1900+, NZ [21712] : Theresa, 1880+, Wellington, NZ [34315] : 1800+, Lake Placid, FL, USA [20401] : 1850-1910, New Orleans, LA, USA [27140] : 1900, New York, NY, USA [20401]

RYAN-BARRY : C1909, Adelaide, SA, AUS [33642]

RYBOT : ALL, ENG [21312]

RYCROFT : C1735-1754, Barham, HUN, ENG [10850] : PRE 1820, Liverpool, LAN, ENG [29373] : 1730+, Bradford & Idle, WRY, ENG [13481]

RYDE : 1880+, Port Macquarie, NSW, AUS [11715] : John, C1850, TAS, AUS [10649] : Richard, 1881, Camberwell, SRY, ENG [14627]

RYDELL : PRE 1850, Horsporth, WRY, ENG [46452]

RYDER : Wm & Lizzie, C1910, Toronto, ONT, CAN [31476] : 1600-1900, Lambourn & Hungerford, BRK, ENG [28742] : 1600+, CHS & LAN, ENG [30111] : 1794-1853, East Allington, DEV, ENG [32314] : 1780-1860, DEV & YKS, ENG [40718] : 1881+, Spennymoor, DUR, ENG [37174] : C1825-1881, South Stoneham & Southampton, HAM, ENG [31902] : 1840-1940, Hoxton & Shoreditch, LND, ENG [37048] : 1800+, Kinvara & Connemara, GAL, IRL [13037] : 1700S, MA, USA [15521]

RYDINGS : John, 1751, Manchester, LAN, ENG [10318]

RYE : PRE 1820, Adisham, KEN, ENG [25306] : 1700, Stelling, KEN, ENG [45639] : 1800-1850, Womenswold, KEN, ENG [45639] : 1700-1800, Culworth, NTH, ENG [27920] : John, 1730-1800, Nottingham, NTT, ENG [39060] : 1761-1800, Bath, SOM, ENG [27920] : PRE 1830, Wolverhampton, WAR, ENG [39873]

RYLAND : 1800S, London, ENG [11226] : 1800-1900, Greater, LND, ENG [22707]

RYLATT : Mary, 1878, Anvil Creek, Greta, NSW, AUS [10035] : John, C1843, Crook Co., DUR, ENG [10035] : James, C1820, LIN, ENG [10035]

RYLE : PRE 1880, CHS, ENG [36551] : 1850S, Burnley, LAN, ENG [42507] : PRE 1880, Manchester & Liverpool, LAN, ENG [36551] : PRE 1850, London, LND & MDX, ENG & IRL [29416] : 1900+, Stamford, CT, USA [37713]

RYLEY : Elizbeth, PRE 1854, Hobart, TAS, AUS [10361]

RYMAN : PRE 1820, Bruern, OXF, ENG [10664]

RYMER : 1700+, Banks, North Meols, LAN, ENG [31486] : PRE 1820, Whitby, NRY, ENG [42331] : 1700+, Coxwold, YKS, ENG [36033]

RYNIKER : 1860+, Geelong, VIC, AUS [13447] : 1900+, Geelong, VIC, AUS [46263]

RYNN : 1820-1850S, Ennistymon & Tower Hill, CLA & VIC, IRL & AUS [14388]

RYNNE : C1800-1850, Ennistymon, CLA, IRL [11860]

RYNOR : ALL, Stepney, LND, ENG [39694]

RYRIE : Catherine, 1800, Wick, CAI, SCT [46325]

RYTHER : 1600-1800, Sherburn in Elmet, YKS, ENG [26761]

RZESZCZYNSKI : PRE 1800, Raciaz, BY, POL [21661]

SABATHIER : PRE 1900, Coupiac, AUV, FRA [16349]

SABBERTON : PRE 1860, Hatfield, HRT, ENG [41136]

SABIN : ALL, Westminster, MDX, ENG [13336]

SABINE : William, 1650+, Titchfield, HAM, ENG [17030] : William, 1800+, Islington, LND, ENG [17030]

SABOE : PRE 1900, HU & YU [16378]

SABOLAH : 1790+, Sydney, NSW, AUS [31923] : PRE 1790, Holborn, LND, ENG [31923]

SACK : 1900+, AUS [36169] : 1700+, London, ENG [36169] : 1705-1850, Canterbury, KEN, ENG [36169] : 1750-1900, SRY, ENG [36169]

SADD : Sarah, PRE 1777, ESS, ENG [36275]

SADDINGTON : 1800S, Thrapston, NTH, ENG [30876]

SADDLER : C1780+, Coventry, WAR, ENG [36607] : 1800-1900, Gyleen, COR, IRL [31967] : William, 1750+, Wiston & Carmichael, LKS, SCT [21971]

SADGROVE : 1850-1875, Hobart, TAS, AUS [14351]

SADLER : Edward, 1840+, Bathurst, NSW, AUS [29314] : PRE 1854, CAM, ENG [14029] : 1870S, Birkenhead, CHS, ENG [45879] : PRE 1760, Allestree, DBY, ENG [14733] : 1800+, NFK, ENG [42771] : 1720-1875, Ingham, Palling & Walcott, NFK, ENG [32505] : PRE 1850, Wem, SAL, ENG [33704] : PRE 1790, SRY, ENG [44969] : 1700-1850, Bushbury & Wednesfield, STS, ENG [46276] : C1780+, Coventry, WAR, ENG [36607] : PRE 1830, Goole, YKS, ENG [43842] : PRE 1818, LND, ENG & AUS [25794] : PRE 1841, Kilronin, ROS, IRL [29314]

SADLIER : Philip, C1830, TIP, IRL [13326]

SAFFRON : 1830S, Hobart, TAS, AUS **[11658]** :1800S, London, ENG **[11658]**
SAGAR : John, 1831-1899, Welland Co., ONT, CAN **[31476]** : 1825-1885, Carlisle, CUL & WES, ENG **[30120]** :John & Sarah, 1820S, YKS, ENG **[31476]**
SAGE : 1862+, Smythsdale, VIC, AUS **[13245]** : 1885+, London, ONT, CAN **[23367]** : 1820, Westminster, LND, ENG **[18340]** : 1750+, Freston, SFK, ENG **[16383]** : 1798+, Portbury, SOM, ENG **[11098]**
SAGGERS : 1750-1870, KEN, ENG **[30601]**
SAGOTZ : 1700S, GER **[22440]**
SAGSBY : 1750, Metfield, SFK, ENG **[17704]**
SAICH : PRE 1860, ENG **[25747]**
SAILS : PRE 1840, Whitechapel, LND, ENG **[28494]**
SAINES : 1800-1900, South Minster, ESS, ENG **[12641]**
SAINSBURY : 1700-1900, Badminton & Alderton, GLS & WIL, ENG **[46509]** : PRE 1830, Kilmersdon, SOM, ENG **[44639]** :PRE 1820, WIL, ENG **[13622]** : PRE 1790, Shrewton, WIL, ENG **[17580]** : C1800, Trowbridge, WIL, ENG **[15400]** : PRE 1850, WIL & HAM, ENG **[43727]** : C1851, Cardiff, GLA, WLS **[46281]**

===
Note: Surnames commencing with the abbreviation St. will be found recorded ST.[...] and appear together in front of STA... Also look in the strict alpha order.
===

SAINT : PRE 1926, Southampton, HAM, ENG **[31323]** : PRE 1880, HUN, ENG **[25747]** : 1880+, KEN, ENG **[25747]** : ALL, Groombridge, KEN, ENG **[30248]** : ALL, WORLDWIDE **[25747]**
SAINT (see One Name Section) [25747]
SAINTY : ALL, AUS **[10116]** : ALL, NFK, ENG **[10116]** : ALL, WORLDWIDE **[10116]**
SAINTY (see One Name Section) [10116]
SAKELD : 1700-1850, Kirkleavington & Worsell, NRY, ENG **[45636]**
SAKER : 1739+, Bletchingley, SRY, ENG **[45754]** : 1800+, Wimbledon & Merton, SRY, ENG **[45754]**
SALAMONSEN : 1700-1900, Molde, NOR **[21231]**
SALAN : 1800+, Strega, PRE, GER **[11543]**
SALE : Lydia, 1780+, Lamberhurst, KEN, ENG **[13828]** : ALL, Islington, LND, ENG **[17092]** : ALL, Chelsea, MDX, ENG **[17092]** : 1782-1845, INDIA & ENG **[21243]**
SALES : 1830+, Downe, KEN, ENG **[30855]** : John, PRE 1882, Liverpool, LAN, ENG **[46245]** : 1840S, LND, ENG **[46216]** : Edward, PRE 1830, Woolwich, LND & KEN, ENG **[25151]**
SALGUES : ALL, WORLDWIDE **[26662]**
SALIBA : ALL, MALTA **[31646]**
SALINGER : Nathan & Eliz, 1860+, San Francisco, CA, USA **[12320]**
SALISBURY : 1850+, NSW & VIC, AUS **[10793]** : PRE 1849, Wavendon, BKM, ENG **[10492]** : PRE 1818, Wisbech, CAM, ENG **[10918]**
SALISBURY (see : Subjects I:), [10918]
SALISY : ALL, WORLDWIDE **[37565]**
SALKEILD : PRE 1700, NBL, ENG **[19576]**
SALKELD : ALL, CUL, ENG **[19576]** : C1550, CUL, ENG **[19975]** : PRE 1800, CUL, ENG **[36120]** : 1700-1900, DOR, ENG **[19576]** : 1500-1900, DUR, ENG **[19576]** : 1850+, Bermondsey, LND, ENG **[39046]** : 1450-1900, NBL, ENG **[19576]** : ALL, WES, ENG **[19576]** :1500-1900, YKS, ENG **[19576]**
SALKILLD : ALL, LND, ENG **[46277]**
SALLAHN :Johann Carl, 1800+, Strega, Brandenberg, PRE, GER **[11543]**
SALLERY : PRE 1860, MEA & LOU, IRL **[99109]**
SALLINGER : John, PRE 1850, KIK, IRL **[14472]**
SALLOWS : 1700, Peasenhall, SFK, ENG **[17704]**
SALMON : 1889+, Sydney, NSW, AUS **[46280]** : PRE 1831, Linton, CAM, ENG **[26173]** : PRE 1800, CHS, ENG **[19641]** : PRE 1790, Yealmpton, DEV, ENG **[26360]** : C1800, Upminster, ESS, ENG **[19568]** : 1860+, Chadderton & Oldham, LAN, ENG **[27066]** : 1850, MDX, ENG **[39516]** : PRE 1780, London, MDX, ENG **[36200]** : ALL, NFK & SFK, ENG **[39541]** : 1750, Bath, SOM, ENG **[36071]** : 1600-1880, Holcombe, SOM, ENG **[10046]** : 1750+, Highworth, WIL, ENG & AUS **[45652]** : 1750-1818, St.Lucy, BARBADOS, W.INDIES **[21349]**
SALSBURY : PRE 1750, Cranfield, BDF, ENG **[33428]** : 1780-1840, Westminster, MDX, ENG **[42660]** : PRE 1840, Lowick, NBL, ENG **[30302]**
SALT : 1850+, Warrnambool, VIC, AUS **[42296]** : C1789, Stotfold, BDF, ENG **[10330]** : PRE 1800, Hungerford, BRK, ENG **[42296]** : PRE 1870S, Dronfield, DBY, ENG **[46433]** : Ada, 1960+, Nailsea near Bristol, GLS, ENG **[10731]** : Elizabeth, C1800+, Chorley, LAN, ENG **[16125]** : William, 1960+, Manchester, LAN, ENG **[10731]** : 1780-1850, Mavensyn Ridware, STS, ENG **[46235]** : 1600-1750, Aldbourne, WIL, ENG **[44946]** : 1870S, Gleadless, YKS, ENG **[46433]** : 1850-1930, Christchurch, NZ **[46235]**
SALTER : Arthur C., 1887-1963, Dubbo, NSW, AUS **[10574]** : Louise, 1840+, Aylesbeare, DEV, ENG **[10441]** : John, 1794+, Broad Clyst, DEV, ENG **[25533]** : 1800+, Dartmouth, DEV, ENG **[40319]** : PRE 1840, Ottery St.Mary, DEV, ENG **[33704]** : Isaac, 1700+, Plymtree, DEV, ENG **[25533]** : Abraham, 1743, Plymtree, DEV, ENG **[25533]** : PRE 1800, Hartlepool, DUR, ENG **[34042]** : PRE 1890, Hurstbourne Tarrant, HAM, ENG **[40756]** : 1800-1900, Isle of Wight, HAM, ENG **[20703]** : 1800S, LND & DEV, ENG **[25572]** : PRE 1900, LND & DEV, ENG **[17493]** : 1880-1900, Hackney, LND & MDX, ENG **[39519]** : 1940+, Wellingborough, NTH, ENG **[24853]** : 1800+, SFK, ENG **[98660]** : C1800+, Methlick, ABD, SCT **[22014]**
SALTERN : 1800+, Tawstock, DEV, ENG **[40257]**
SALTMARSH : 1860+, Strathalbyn, SA, AUS **[14346]** : 1800, Longford, TAS, AUS **[13091]**
SALTON : 1750+, Dunlop, AYR, SCT **[44938]** : 1800+, Glasgow, LKS, SCT & AUS **[44938]**
SALUBRIGG : 1100-1500, WAR, NTH & LEI, ENG **[18957]**
SALVATI : 1800S, Villa Santa Lucia, ITL **[16984]**
SALWAY : ALL, Dunkeswell & Sheldon, DEV, ENG **[45766]** : John, 1830S, SOM, ENG **[14188]** : ALL, SOM, ENG **[45766]**
SALZWEDEL : PRE 1833, Kleinsiter, WPR, GER **[29001]**
SAMBELL : 1896-1900, Kalgoorlie, WA, AUS **[45770]**
SAMBELLS : James, 1820+, Sydney, NSW, AUS **[26439]** : James, PRE 1850, GSY, CHI **[26439]** : 1830-1900, Liskeard, CON, ENG **[34651]** : ALL, St.Germans, CON, ENG **[42943]**
SAMBLES : 1830-1900, Liskeard, CON, ENG **[34651]**
SAMELS : Abel & Eliza, 1834, Ealing, LND, ENG **[28151]** : Joseph, 1844, Hammersmith, LND, ENG **[28151]**
SAMMELLS : 1700S, Beckington, SOM, ENG **[19127]**
SAMMELS : PRE 1810, Antony, CON, ENG **[42386]**
SAMMON : 1840-1890, Leeds, WRY, ENG & IRL **[25688]**
SAMMONS : 1800+, Westmill, HRT, ENG **[40042]** : ALL, Lakenham, NFK, ENG **[27431]**
SAMPHIER : 1700-1800, Alverstoke, HAM, ENG **[22241]** :PRE 1840, Alverstoke, HAM, ENG **[40756]**
SAMPLE : PRE 1700, London, ENG **[34201]** : PRE 1900, Berwick-on-Tweed, NBL, ENG **[34201]** : PRE 1750, Embleton, NBL, ENG **[17626]**
SAMPLES : ALL, WORLDWIDE **[26612]**
SAMPSON : 1849+, Adelaide, SA, AUS **[11144]** : Walter, 1876, Sebastopol, VIC, AUS **[36275]** : Abraham, C1615, Duxbury, ENG **[22796]** : Moses, 1770+, London, ENG **[45847]** : Errick, PRE 1865, London, ENG **[41041]** : Cordelia, 1730, Gulval, CON, ENG **[13031]** :

PRE 1850, Tywardreath & St.Austell, CON, ENG **[36275]** : PRE 1820, South Molton & Winkleigh, DEV, ENG **[43989]** : 1800-1880, Stokenham, DEV, ENG **[41022]** : C1760, Haxey, LIN, ENG **[13004]** : 1800+, Bloomsbury & St.Giles, LND, ENG **[45847]** : Wilson, 1900+, Lambeth, LND, ENG **[45847]** : 1800+, Marylebone & Strand, LND, ENG **[45847]** : PRE 1830, MDX, ENG **[43828]** : PRE 1800, London, MDX, ENG **[11476]** : ALL, SFK, ENG **[13694]** : 1830S, Croydon, SRY, ENG **[43481]** : 1790-1895, Ludgvan, CON, ENG & AUS **[45775]** : C1700, DOR, ENG & AUS **[13799]** : Charles, 1830-1870, PRE, GER & AUS **[11698]** : ALL, Belfast, ANT, IRL **[31442]** : C1800-50, Kingston, JAMAICA **[27899]** : C1825, Inveririty, ANS, SCT **[16096]**

SAMS : Francis, 1740-1830, ESS, ENG **[39522]** : PRE 1850, Castle Hedingham & Halstead, ESS, ENG **[29416]** : C1800, Lindsell, ESS, ENG **[40982]** : PRE 1900, London, MDX & SRY, ENG **[29416]** : C1840, Long Sutton, SOM, ENG **[10785]** : 1700+, Somerton, SOM, ENG **[10947]** : ALL, Long Sutton, SOM & NSW, ENG & AUS **[42466]**

SAMSON : PRE 1820, South Molton & Winkleigh, DEV, ENG **[43989]** : 1750-1900, DOR & DEV, ENG **[36533]** : 1800+, LND, ENG **[99832]** : 1800+, Westminster & Stepney, MDX, ENG **[43989]** : ALL, Warsop, NTT, ENG **[41370]** : PRE 1880, SRY, ENG **[38987]** : PRE 1810, Arbroath, ANS, SCT **[39383]** : 1700-1870, Sorn, AYR, SCT **[20729]** : 1775-1800, Kirkconnel, DFS, SCT **[99545]**

SAMSWORTH : ALL, WORLDWIDE **[29324]**

SAMUEL : 1933+, Redfern, NSW, AUS **[31762]** : 1750+, Liverpool, LAN, ENG **[44077]** : 1750+, LND, ENG **[44077]** : 1800-1950, Paris, RPA, FRA **[46196]** : 1800+, Drumcree, ARM, IRL **[28149]** : 1800, Peterhead, ABD, SCT **[24637]** : 1800+, MLN, SCT & AUS **[45652]**

SAMUEL WING : 1700+, LND & SRY, ENG **[45950]**

SAMUELS : 1600-1900, Botus Fleming, CON, ENG **[38840]**

SAMWAYS : PRE 1850, Great Toller, DOR, ENG **[35177]** : 1840+, LND, ENG **[46386]**

SAMWELL : PRE 1879, London & Sheppey, SRY, KEN & DEV, ENG **[16701]**

SAMWORTH : 1910+, Vancouver, BC, CAN **[36020]** : ALL, WORLDWIDE **[29324]**

SANBORN : 1630+, USA **[22536]**

SANCKEY : ALL, WORLDWIDE **[10116]**

SANCTUARY : PRE 1800, NFK, ENG **[46452]**

SANDALL : PRE 1850, Bourne, LIN, ENG **[18168]**

SANDAY : 1800-1925, NSW, AUS **[99573]**

SANDBACH : PRE 1875, Spurstow, CHS, ENG **[45879]**

SANDELL : PRE 1800, BRK & OXF, ENG **[43677]**

SANDELLS : PRE 1870, SAL, ENG **[20178]**

SANDELS : 1800-1850, Fletching & Dover, SSX & KEN, ENG **[11827]**

SANDEMAN : 1500+, WORLDWIDE **[46461]**

SANDERCOCK : 1700+, Cardinham, CON, ENG **[13358]** : C1800, DEV & CON, ENG **[33642]**

SANDERS : 1900, Canbelego, NSW, AUS **[36749]** : PRE 1900, Launceston, TAS, AUS **[11536]** : 1895-1908, Kyabram, VIC, AUS **[11536]** : PRE 1880, Marston Moretaine, BDF, ENG **[43582]** : 1700+, Mylor & Gorran, CON, ENG **[13406]** : Nicholas, 1843+, Perranwell, CON, ENG **[29939]** : PRE 1868, Combe Martin, DEV, ENG **[39564]** : 1750+, Instow, DEV, ENG **[13585]** : PRE 1800, Kingsteignton, DEV, ENG **[30302]** : 1800-70, Liverpool, LAN, ENG **[30120]** : 1780+, Enfield, MDX, ENG **[21741]** : C1827, Westminster, MDX, ENG **[36084]** : PRE 1800, SSX, ENG **[11536]** : PRE 1790, Bolney, SSX, ENG **[39042]** : C1750-1850, Longnor, STS, ENG **[46253]** : 1660-1800, Milwich & Leigh, STS, ENG **[19713]** : C1800-1880, Perry Barr, STS, ENG **[46253]** : 1780+, Birmingham, WAR, ENG **[18128]** : James, 1700-1800, Stratford, WAR, ENG **[19530]** : John, 1613+, Downton, WIL, ENG **[22796]** : 1800S,

Hanley William, WOR, ENG **[42055]** : C1881-1920, Sheffield, YKS, ENG **[46253]** : James & Henry, 1700-1800, Dublin, IRL **[19530]** : Henry, 1776, Shelby Co., IN, USA & BRD **[23858]**

SANDERSON : 1881+, Gympie, QLD, AUS **[14032]** : 1800+, Ballarat, VIC, AUS **[46026]** : 1700-1900, East London, ENG **[45037]** : PRE 1795, Cambridge, CAM, ENG **[38234]** : PRE 1850, CUL, ENG **[27514]** : 1800+, Bothel, CUL, ENG **[36826]** : 1750-1800, DUR, ENG **[31826]** : PRE 1850, Darwin, LAN, ENG **[44078]** : 1900+, Leicester, LEI, ENG **[46397]** : 1790-1810, Bratoft, LIN, ENG **[14032]** : 1850+, Hundleby, LIN, ENG **[14032]** : 1830-1860, Spilsby, LIN, ENG **[14032]** : 1830-1850, Stickford, LIN, ENG **[14032]** : 1770-1840, NBL, ENG **[44150]** : ALL, Easingwold, NRY, ENG **[18549]** : 1700-1900, Sutton, SFK, ENG **[25428]** : 1600+, Honley, WRY, ENG **[20967]** : 1800S, Huddersfield, WRY, ENG **[46434]** : 1860-1880, Rawmarsh, WRY, ENG **[19310]** : 1750+, Slaidburn, WRY, ENG **[21038]** : 1800+, Old Malton, York, YKS, ENG **[26761]** : PRE 1866, Kilmore, ARM, IRL **[14348]** : 1850+, Canterbury, NZ **[36826]** : 1899+, Taranaki, NZ **[36826]** : 1700-1850, Edinburgh, MLN, SCT **[19310]** : 1800, Wilton, ROX, SCT **[14966]**

SANDFORD : 1870+, Creswick, VIC, AUS **[11733]** : Harry, 1890+, Christchurch & Bournemouth, HAM & DOR, ENG **[38546]** : 1819-1880, Gravesend, KEN, ENG **[27919]** : 1800+, Liverpool, LAN, ENG **[38546]** : PRE 1918, LND, ENG **[36624]** : PRE 1918, MDX, ENG **[36624]** : PRE 1918, Bath, SOM, ENG **[36624]** : Ben, 1800+, Bournemouth & Corryong, DEV & VIC, ENG & AUS **[38546]**

SANDHAGEN : 1700S, GER **[22440]**

SANDIEMAN : 1500+, WORLDWIDE **[46461]**

SANDILANDS : William, 1790+, Carmichael, LKS, SCT **[21971]** : 1800-1900, Lesmahagow, LKS, SCT **[13326]**

SANDIMAN : 1500+, WORLDWIDE **[46461]**

SANDISON : ALL, MLN & SHI, SCT **[17650]** : 1700+, Longhope, OKI, SCT **[14513]**

SANDMANN : 1800S, Wellersdorf, GER **[33007]** : PRE 1849, Potsdam, BRA, GER **[14472]**

SANDMEYER : 1874, GER **[16969]**

SANDOE : ALL, Kenwyn, CON, ENG **[14548]**

SANDON : 1850+, Sydney, NSW, AUS **[11197]**

SANDROCK : ALL, WORLDWIDE **[19481]**

SANDRY : 1800+, Mudgee, NSW, AUS **[11085]** : 1800+, Vittoria, NSW, AUS **[11085]** : PRE 1760, Breage & Mullion, CON, ENG **[46375]**

SANDS : Thomas, 1806, Tonbridge, KEN, ENG **[16834]** : 1800-1850, Stepney, LND, ENG **[13326]** : 1800+, Burwash, SSX, ENG **[30968]** : ALL, Nuneaton & Coventry, WAR, ENG **[34682]** : 1700S, Torryburn, FIF, SCT **[11386]** : 1800-60, Glasgow, LKS, SCT **[26335]** : 1700S, PER, SCT **[26335]** : 1700S, Lake Monteith, PER, SCT **[20551]** : John Mathew, 1765-1820, Greenbrier, VA, USA **[24674]**

SANDY : 1900+, Huron, Bruce Co., ONT, CAN **[99475]** : George, 1810-30, Bristol, GLS, ENG **[36282]** : 1820+, Canterbury, KEN, ENG **[30342]**

SANDYMAN : 1500+, WORLDWIDE **[46461]**

SANFORD : 1830+, Graveley, CAM, ENG **[31720]** : ALL, Exeter & Silverton, DEV, ENG **[27868]** : PRE 1820, ESS, ENG **[38517]** : PRE 1918, LND & MDX, ENG **[36624]** : PRE 1918, Bath, SOM, ENG **[36624]**

SANGER : 1780-1900, Compton Chamberlayne, WIL, ENG **[36543]** : ALL, Tollard Royal, WIL, ENG **[13347]** : ALL, WIL & SRY, ENG **[39386]**

SANGSTER : Douglas, 1893, Chelsea, LND, ENG **[28151]** : John, 1851, Fintray, ABD, SCT **[28151]** : James, 1763, Longside, ABD, SCT **[28151]** : Andrew, 1809, Longside, ABD, SCT **[28151]** : 1700S, Old Meldrum, ABD, SCT **[11090]** : 1870-1953, Aberdeen & Arbroath, ABD & ANS, SCT **[33820]** : C1700, Peterhead, ABD, SCT & AUS **[10350]**

SANIGER : 1700-1850, Berkeley, GLS, ENG **[13326]** :

PRE 1852, Thornbury, GLS, ENG **[11733]**
SANKEY : 1800+, DBY, ENG **[40135]** : ALL, LAN, CHS & NFK, ENG **[10116]** : 1650-1850, SAL, ENG **[40033]** : 1655-1793, Church Stretton & Much Wenlock, SAL, ENG **[19818]** : 1800, Wrockwardine, SAL, ENG **[12222]** : PRE 1650, ENG & IRL **[10116]**
SANKEY (see One Name Section) [10116]
SANSBERRY : 1750-1800, Chiswick, MDX, ENG **[22241]**
SANSBURG : 1650-1750, IOM **[46440]**
SANSBURY : 1850S, London, ENG **[10577]** : ALL, Banbury, OXF, ENG **[10577]** : 1650-1750, IOM **[46440]**
SANSBURY (see One Name Section) [10577]
SANSBY : C1822, Dinapore, INDIA **[13763]** : C1834, Bangalore, MYSOR, INDIA **[13763]**
SANSCHAGRIN : PRE 1900, Quebec, QUE, CAN **[28763]**
SANSOM : PRE 1850, Lupitt, DEV, ENG **[10493]** : ALL, Bullwell, NTT, ENG **[32945]** : George, 1820-1880, London & Melbourne, MDX, NFK & VIC, ENG & AUS **[10272]** : ALL, USA **[23319]** : PRE 1850, KY, USA **[23319]**
SANSON : 1740-1900, SOM, ENG **[26396]** : George, 1820-1880, London & Melbourne, MDX, NFK & VIC, ENG & AUS **[10272]**
SANTER : 1770+, Benenden, KEN, ENG **[10785]**
SANTO : PRE 1820, CON, ENG **[36608]**
SANTY : ALL, NFK, ENG **[10116]**
SAPEY : ALL, North Tuddenham, NFK, ENG **[28585]**
SAPH : 1850+, Torquay, DEV, ENG **[27492]** : 1850+, Briton Ferry, GLA, WLS **[27492]**
SAPSFORD : PRE 1860, Great Hallingbury, ESS, ENG **[41103]** : Benjamin, 1800+, Hatfield Broad Oak, ESS, ENG **[19766]**
SAPSWORTH : C1850, London, ENG **[15715]**
SARCHET : ALL, St.Peter Port, GSY, CHI **[46402]**
SARGANT : 1800-1890, Shoreditch, LND, ENG **[17189]**
SARGEANT : Edward, 1850+, Glenn Innes, NSW, AUS **[41223]** : PRE 1835, Bridge, KEN, ENG **[25306]** : PRE 1900, Lewisham & Kent, KEN, ENG **[29416]** : PRE 1900, Lambeth & Marylebone, LND, ENG **[29416]** : PRE 1900, Marylebone, LND, ENG **[29416]** : ALL, Whitchurch Hill & Reading, OXF & BRK, ENG **[41146]** : 1800-1900, Market Drayton, SAL, ENG **[41214]** : 1836+, Horley, SRY, ENG **[24943]** : 1800-1890, STS, ENG **[34790]** : 1832, Birmingham, STS, ENG **[40608]**
SARGENT : 1866+, Clermont & Aramac, QLD, AUS **[42226]** : 1865+, Rockhampton, QLD, AUS **[42226]** : Richard, PRE 1733, Binfield, BRK, ENG **[43773]** : 1790-1920, Ashdon, ESS, ENG **[30127]** : ALL, West Wickham, KEN, ENG **[44138]** : 1880-1920, Nottingham, NTT, ENG **[30127]** : ALL, Kingston-upon-Thames, SRY, ENG **[44138]** : PRE 1800, SRY & SSX, ENG **[45886]** : PRE 1880, Bexhill & Hastings, SSX, ENG **[39564]** : Thomas, PRE 1830, Northiam, SSX, ENG **[32050]** : 1800-1900, Milwich & Stoke, STS, ENG **[19713]** : 1537+, Grittleton & Castle Combe, WIL, ENG **[13943]** : 1830+, Lacock & Alderton, WIL, ENG **[13943]** : ALL, Sandymount, DUB, IRL **[42226]**
SARGESON : Annie, 1830-1850, Hull, ERY, ENG **[16681]** : 1850, Hull & Kingston, ERY, ENG **[16681]** : PRE 1770, Aysgarth, YKS, ENG **[11684]**
SARGINSON : ALL, Penrith, CUL, ENG **[44815]**
SARJEANT : Mary, 1740+, Beckley, SSX, ENG **[11745]**
SARNEY : 1850-1920, Winkfield, BRK, ENG **[30830]**
SARNIAK : 1850-1900, Warsaw, WA, POL **[17907]**
SARRE : ALL, GSY, CHI **[32035]**
SARTAIN : 1850, St.Pancras, LND, ENG **[26241]** : 1790, Bath, SOM, ENG **[26241]** : 1810, Southwark, SRY, ENG **[26241]**
SARTIN : Harriet, 1860+, Charters Towers, QLD, AUS **[39186]**

SATCHEL : Millicent, 1850+, Sydney, NSW, AUS **[29747]**
SATERLEY : 1800+, Bickington, DEV, ENG **[42361]**
SATHERLEY : C1740, Kingsbury Episcopi, SOM, ENG **[21934]**
SATTLE : 1850+, Lincoln, LIN, ENG **[33876]** : ALL, BAD, GER **[33876]** : 1810-1880, Furtwangen, BAD, GER **[33876]**
SATTERFORD : 1750-1850, IRL **[18708]**
SATTERTHWAITE : PRE 1744, Hawkshead & Colthouse, LAN, ENG **[15823]** : 1700S+, Worcester, WOR, ENG **[30972]** : see One Name Section, **[46404]**
SATTLER : 1855+, Sydney & Bega, NSW, AUS **[44160]** : 1840+, Baar, ZG, CH **[35935]** : PRE 1855, Niederwalluf, HEN, GER **[44160]**
SAUER : C1770, Clausthal, HAN, GER **[34321]**
SAUL : 1855+, Kempsey, NSW, AUS **[32945]** : John, 1870+, North Seaton, NBL, ENG **[32945]** : ALL, Cawston, NFK, ENG **[32945]** : 1900-1950, Leamington Spa, WAR, ENG **[46448]** : Samuel, 1860+, Hull, YKS, ENG **[32945]**
SAULT : 1800+, DUB, IRL & AUS **[35240]**
SAULTERS : ALL, Upper Falls, ANT, IRL **[27219]**
SAUNDERCOCK : ALL, CON, ENG **[11707]**
SAUNDERS : 1831+, London, ENG **[42031]** : 1700, Constantine, CON, ENG **[26580]** : 1700-1800, Mylor, CON, ENG **[11366]** : 1720-1810, St.Neot, CON, ENG **[13430]** : Elizabeth, 1800S, DEV, ENG **[33454]** : 1819-1875, Bideford, DEV, ENG **[33529]** : 1700S, Broadhembury, DEV, ENG **[34140]** : PRE 1800, Kingsteignton, DEV, ENG **[30302]** : 1700S, North Bovey, DEV, ENG **[40257]** : PRE 1700, Southams, DEV, ENG **[14542]** : William, 1800S, Torquay, DEV, ENG **[46301]** : PRE 1850, Langton Matravers & Swanage, DOR, ENG **[41477]** : ALL, DOR & SOM, ENG **[15745]** : C1780-1870S, Braintree & Dunmow, ESS, ENG **[17366]** : 1785+, Great Tey, Stisted & Billericay, ESS, ENG **[31689]** : 1500-1850, GLS, ENG **[27039]** : PRE 1839, Winstone, GLS, ENG **[26173]** : PRE 1850, HEF, ENG **[26493]** : 1830-1870, Barnet & Cheshunt, HRT, ENG **[18018]** : John, 1820, Hoddesdon & Broxbourne, HRT, ENG **[10049]** : PRE 1800, IOW, ENG **[20458]** : 1750+, Calbourne & Cowes, IOW, ENG **[18207]** : PRE 1800, Newchurch, IOW, ENG **[20458]** : 1798-1806, Camberwell, LND, ENG **[36821]** : 1799+, Holborn, LND, ENG **[42031]** : 1800-1850, Shadwell, LND, ENG **[15715]** : PRE 1900, MDX, ENG **[27752]** : 1730-1770, Caston, NFK, ENG **[34664]** : 1875+, Great Yarmouth, NFK, ENG **[34797]** : PRE 1850, Ranworth, NFK, ENG **[24945]** : 1700-1880S, Cumnor, OXF, ENG **[36655]** : Thomas, 1800+, Wellground, OXF, ENG **[12708]** : 1700-1900, Lopen, SOM, ENG **[31960]** : 1800-1900S, Rotherhithe, SRY, ENG **[21195]** : 1825+, Richmond & Mortlake, SRY & MDX, ENG **[30248]** : PRE 1830, Bermondsey, SRY, KEN & MDX, ENG **[18096]** : James, PRE 1800, Mayfield, SSX, ENG **[36365]** : PRE 1740, Long Itchington, WAR, ENG **[42083]** : James, 1700-1800, Stratford, WAR, ENG **[19530]** : ALL, Crudwell, WIL, ENG **[46456]** : PRE 1860, Wrougton, WIL, ENG **[31072]** : ALL, Shirburn, OXF, SA & VIC, ENG & AUS **[45626]** : James & Henry, 1700-1800, Dublin, IRL **[19530]** : Catherine, C1834-1877, CLA, IRL **[10367]** : 1700-1835+, Clear Castle, CLA, IRL **[10367]** : PRE 1850, DUB, IRL **[10562]** : 1836, KIK, IRL **[46356]** : 1930+, Fielding & Palmerston North, MWT, NZ **[21712]** : 1850+, WAN & MWT, NZ **[26493]**
SAUNDERS (see SANDERS : 1700+, St.Anthony in Meneage, CON, ENG **[13706]**
SAUNDERS-LODER : 1850S, Georgetown, CANTERBURY, NZ **[21630]**
SAUNDERSON : 1800S, Dalston, CUL, ENG **[12950]** : Thomas, PRE 1815, Newbold on Avon, WAR, ENG **[10276]**
SAUNDRY : 1700+, Breage, CON, ENG **[11085]**
SAUPHER : C1910, South Creake, NFK, ENG **[46447]**

SAVAGE : 1800S, Wagga Wagga & Narrandera, NSW, AUS **[41228]** : Mary, C1840, Melbourne, VIC, AUS **[10985]** : PRE 1800, BDF, ENG **[46416]** : PRE 1830, Brill, BKM, ENG **[18397]** : PRE 1850, Dean, GLS, ENG **[46519]** : 1770+, HAM, ENG **[36261]** : 1850+, HAM, ENG **[10340]** : 1750+, KEN, ENG **[19744]** : PRE 1890, West Farleigh & Teston, KEN, ENG **[43842]** : 1880S, Hornsey, MDX, ENG **[46519]** : 1675-1725, Whittlebury, NTH, ENG **[12641]** : 1900+, Nottingham, NTT, ENG **[42761]** : 1750-1850, Retford, NTT, ENG **[26629]** : ALL, Ruddington, NTT, ENG **[42634]** : 1850+, Southwark, SRY, ENG **[30107]** : 1870+, Southwark, SRY, ENG **[30107]** : 1800-1910, Alcester, WAR, ENG **[39536]** : PRE 1820, Wootton Wawen, WAR, ENG **[37415]** : Wm & Mary Ann, 1800S, IRL **[41228]** : Elizabeth, 1833-1893, IRL **[41340]** : James, 1770-1822, Cayuhoga, NY, USA & IRL **[24674]**

SAVAL : PRE 1808, Matching, ESS, ENG **[19918]**

SAVELL : Mary, C1560-1592, Saffron Walden, ESS, ENG **[32050]**

SAVIDGE : C1861, Carlton, NTT, ENG **[18529]**

SAVILL : 1900S, Sydney, NSW, AUS **[41439]** : ALL, Hatfield Broad Oak, ESS, ENG **[43421]** : PRE 1891, Saling, ESS, ENG **[36624]** : PRE 1750, White Roothing, ESS, ENG **[43421]** : PRE 1891, Chelsea, MDX, ENG **[36624]** : PRE 1944, Islington, MDX, ENG **[36624]** : PRE 1920, Kensington, MDX, ENG **[36624]**

SAVILLE : 1800-1900, Chigwell, ESS, ENG **[43421]** : PRE 1750, Little Easton, ESS, ENG **[43421]** : ALL, LND, ENG **[43421]** : PRE 1800, Tower Hamlets, LND, ENG **[43421]** : PRE 1900, St.Florence, PEM, WLS **[25162]**

SAVORY : PRE 1850, Warrington, LAN, ENG **[34420]** : 1600-1700, Aldbourne, WIL, ENG **[44946]**

SAVVELL : Henry Everest, 1830S, Horton Kirby, KEN, ENG **[16980]**

SAW : John, 1700+, OXF, ENG **[27038]** : Edwin, 1850-90, OXF, ENG **[27038]** : Thomas, 1780-1900, Chinnor, OXF, ENG **[27038]** : George, 1730-50, Ubley, SOM, ENG **[22799]** : Reginald G.W., 1920-40, Cologne, GER **[27038]**

SAWARD : PRE 1800, Little Baddow, ESS, ENG **[12904]** : 1900, Cheshunt, HRT, ENG **[40752]** : 1823+, Hertford, HRT, ENG **[12904]**

SAWATZKI : 1888+, QLD, AUS **[11144]**

SAWBRIDGE : John, C1645, Claybrook, LEI, ENG **[18957]** : 1500-1900, Leicester, LEI, ENG **[18957]** : 1500-1900, Northampton, NTH, ENG **[18957]** : 1500-1900, Rugby, WAR, ENG **[18957]** : 1500-1800, WAR, NTH & LEI, ENG **[18957]**

SAWBRIDGE (see One Name Section) **[18957]**

SAWCZUK : Dmetro, 1897+, Pleasant Home, MAN, CAN **[16969]** : Mike, 1945+, Winnipeg, Vancouver & Calgary, MAN, BC & ALB, CAN **[16969]** : Mike, 1940+, Guildford, SRY, ENG **[16969]** : Dmetro, 1860+, Borshchiv, STANISLAVIV, UKR **[16969]**

SAWDON : PRE 1836, ERY, ENG **[44014]** : PRE 1840, Hessle & Sculcoates, ERY, ENG **[22227]** : 1600-1850, Weaverthorpe, YKS, ENG **[32042]**

SAWICKI : 1800-1918, Czestochowa, POL **[27616]** : 1800-1918, Ciechanowiec, BIALYSTOK, POL **[27616]**

SAWKELL : 1700-1850, Kirklevington & Worsell, YKS, ENG **[45636]**

SAWLEY : Jeremiah, 1700+, Colne, LAN, ENG **[31584]**

SAWYER : Dorothy, 1885+, Kingston, ENG **[40505]** : 1800-1900, London, ENG **[22036]** : 1500-1870, HAM, ENG **[17480]** : PRE 1860, HRT, ENG **[25747]** : William, PRE 1800, Maidstone, KEN, ENG **[10054]** : PRE 1840, LND, ENG **[46247]** : 1840, Chelsea, MDX, ENG **[36244]** : 1880+, Hampton, MDX, ENG **[36244]** : 1830S, Ratcliff, MDX, ENG **[11870]** : Hannah, C1820-1869, NBL, ENG **[41349]** : 1800-1900, Sudbourne, SFK, ENG **[12641]** : Joseph, 1750+, Ewell, SRY, ENG **[31580]** : 1900+, Kawhatau, NZ **[20925]** : 1800S, Detroit, ME, USA **[26785]**

SAWYERS : Edward, 1793-1798, Orange, NSW & LEI, AUS & ENG **[10367]**

SAX : 1600-1900, UK **[29417]**

SAXBEE : 1700+, Rauceby, LIN, ENG **[14032]** : Isabel, C1547, SSX, ENG **[10035]**

SAXBY : PRE 1874, Bungay & Wingham, NSW, AUS **[11344]** : 1700+, KEN, ENG **[13461]** : John, C1800, Strood near Rochester, KEN, ENG **[17005]** : 1750-1850, Wittersham, KEN, ENG **[45037]** : 1730, Burgate, SFK, ENG **[17704]** : PRE 1841, Battle, SSX, ENG **[11344]** : 1800S, East Dean, SSX, ENG **[37155]** : 1800+, Bourtie, ABD, SCT **[12953]**

SAXBY (see SEXEY) : **[37565]**

SAXE : 1600-1900, UK **[29417]**

SAXELBY : John, C1800, Strood near Rochester, KEN, ENG **[17005]**

SAXEY (see SEXEY) : **[37565]**

SAXON : PRE 1830, Macclesfield, CHS, ENG **[46329]** : 1700-1850, Stalybridge, CHS, ENG **[22305]** : 1590-1850, Ashton under Lyne, LAN, ENG **[22305]** : 1750+, Ashton-under-Lyne, LAN, ENG **[38934]** : 1840+, Bolton, LAN, ENG **[22305]** : 1860+, Wigan, LAN, ENG **[22305]** : 1700+, Ashton under Lyne & Dukinfield, LAN & CHS, ENG **[40993]**

SAXTON : C1835, Greasley, NTT, ENG **[18529]** : ALL, Newthorpe & Eastwood, NTT, ENG **[39389]** : 1700-1800, Leeds, WRY, ENG **[27531]**

SAY : 1700, BKM, ENG **[31574]** : 1750-1900, Bromley, KEN, ENG **[26897]** : George, 1730-50, Ubley, SOM, ENG **[22799]** : 1800+, WIL, ENG **[44345]** : James, 1780-1820, Melksham, WIL, ENG **[22799]** : Alfred Fredk, 1827, Melksham, WIL, ENG **[22799]**

SAY & SELE : 1700, BKM, ENG **[31574]**

SAYCE : ALL, ENG **[11213]**

SAYER : PRE 1760, ESS, ENG **[33664]** : 1650, Great Waltham, ESS, ENG **[17704]** : Mary, 1817-1840S, Herne Bay, KEN, ENG **[45703]** : PRE 1850, Walmer, KEN, ENG **[45876]** : 1765+, Edmonton, MDX, ENG **[12078]**

SAYERS : PRE 1820, London, ENG **[21716]** : 1810-1860, Dover, KEN, ENG **[19268]** : 1700+, NFK, ENG **[20546]** : 1800+, Yapton, SSX, ENG **[16783]** : 1700+, Brighton & Poplar, SSX & MDX, ENG **[30120]**

SAYLE : Eleanor June, 1932-1975, South Yarra, VIC, AUS **[39179]**

SAYWELL : PRE 1880, ENG **[45046]**

SCADDEN : 1800+, NSW, AUS **[32804]** : 1819+, Maitland, NSW, AUS **[40781]** : 1800+, CON, ENG **[32804]** : PRE 1819, CON, ENG **[40781]**

SCADGELL : C1781, Southams, DEV, ENG **[14542]**

SCAHILL : 1780-1850, MAY, IRL **[40996]**

SCAIFE : PRE 1845, NRY, ENG **[44014]** : PRE 1830, WRY, ENG **[21232]** : C1826, Barnsley, YKS, ENG **[41570]**

SCALE : 1700S, Chichester, SSX, ENG **[28060]**

SCALES : 1888-1920, London, ENG **[17291]** : 1830S-1900, Crook & Acklam, DUR & NRY, ENG **[45732]** : PRE 1820, Hull, ERY, ENG **[44078]** : ALL, HRT, ENG **[17094]** : C1810, Hunslet, WRY, ENG **[45732]** : C1750, Doncaster, YKS, ENG **[41370]** : 1890+, Christchurch, SI, NZ **[11476]** : ALL, FL, USA **[17094]**

SCAMBLER : John, C1860, Newstead, VIC, AUS **[13153]** : John, 1803, Thornthwaite, CUL, ENG **[13153]** : C1760, Tatham, LAN, ENG **[13153]** : James, C1690, Sedbergh, YKS, ENG **[13153]** : PRE 1900, Oldhamstocks, ELN, SCT **[31045]**

SCAMMELL : ALL, AUS **[27752]** : PRE 1750, ENG **[13315]** : 1800+, East London, MDX, ENG **[37169]** : PRE 1854, Frome, SOM, ENG **[11877]** : ALL, WIL, ENG **[27752]** : Thomas, 1700-1750, Ebbesborne Wake, WIL, ENG **[17203]** : 1650+, Semley, WIL, ENG **[40807]**

SCANDLYN : 1800-1900, CON, ENG **[24334]** : 1840-1920, Morgan Co. & Roane Co., TN, USA **[24334]**

SCANLAN : 1880+, Brisbane, QLD, AUS **[34626]** : PRE 1880, Clondegad, CLA, IRL **[34626]** : PRE 1850, Kilrush, CLA, IRL **[35042]** : PRE 1876, Caherconlish, LIM, IRL **[12748]**

SCANLON : PRE 1860, Maffra, VIC, AUS **[31597]** : 1800-50, Birmingham, WAR, ENG **[28948]** : David, C1840, COR, IRL **[11372]** : Ellen, C1841, COR, IRL **[11372]**

SCANNELL : 1880+, COR, IRL **[45183]** : Johanna, C1838, Glen Flesk, KER, IRL **[27936]** : Jane Eliz., 1850+, UK **[42799]**

SCANTLEBURY : 1750-1850, Maker, CON, ENG **[20003]**

SCANTLEBURY (see : Hawking & Hocking), **[20003]**

SCAPY : 1650-1800, The Stonhams, SFK, ENG **[16383]**

SCARBOROUGH : PRE 1700, Birstall, LEI, ENG **[14227]** : 1750, Horsington, LIN, ENG **[30065]**

SCARBROW : ALL, St.Neots, HUN, ENG **[18273]**

SCARFE : PRE 1820, SFK, ENG **[17470]**

SCARFF : PRE 1800, Liverpool, LAN, ENG **[27240]** : PRE 1820, SFK, ENG **[17470]**

SCARFFE : PRE 1750, IOM **[17766]**

SCARGILL : 1797+, SFK, ENG **[10046]**

SCARISBRICK : 1700-1750, Leigh, LAN, ENG **[25237]**

SCARLETT : C1860S+, NSW, AUS **[36607]** : 1900, Grey Co., ONT, CAN **[15931]** : 1876+, Islington, MDX, ENG **[17291]** : PRE 1800, SFK, ENG **[18896]**

SCARR : Wm & Joseph, PRE 1900, Fredericton, NB, CAN **[28763]**

SCARRAT : Thomas, 1700S, Longdon, STS, ENG **[35343]**

SCARRETT : PRE 1756, Portsea, HAM, ENG **[21765]** : ALL, WORLDWIDE **[21765]**

SCARSBRICK : 1800S, Liverpool & Sydney, NSW, AUS **[99040]** : 1800S, Manchester, LAN, ENG **[99040]**

SCARTH : ALL, Tynemouth, NBL, ENG **[46443]** : C1790+, Leith, MLN, SCT **[35823]**

SCATCHERD : Judith, C1750, LND, ENG **[17486]**

SCATLIFFE : 1750+, LIN, ENG **[46497]** : 1750+, NTT, ENG **[46497]** : ALL, WORLDWIDE **[46497]**

SCATTERGOOD : PRE 1700, Ellastone, STS, ENG **[27219]**

SCERRI : ALL, MALTA **[31646]**

SCHAAR : Frederick, PRE 1859, Hamburg, HBG, GER **[25921]**

SCHACHT : 1700+, Hohefeld, BAD, GER **[10054]**

SCHAEFER : 1850-1900, Albury, NSW, AUS **[42609]** : Elis. Maria D, PRE 1785+, GER **[30971]**

SCHAFER : 1850+, Grafton, NSW, AUS **[99036]**

SCHALLENBERG : PRE 1920, Solingen & Essen, GER **[30773]**

SCHANTZ : C1710-1893, Berlin, ONT, CAN **[22698]** : PRE 1737+, PA & ONT, USA & CAN **[22698]**

SCHARHAG : 1950+, Melbourne, VIC, AUS **[10782]** : 1680-1998, Walluf, RPF, BRD **[10782]** : 1950+, New York, NY, USA **[10782]**

SCHAUB : Sebastian, 1705-1733, Sissach, CH **[24674]**

SCHAUBER : ALL, Bietingen, BAW, FRG **[22422]**

SCHAUSSENBURG : John(Johann), C1808, Mecklenburg, DDR **[15485]**

SCHAW : Jean, 1750+, Edinburgh, MLN, SCT **[25410]**

SCHBOLT : Leonard, 1760-1807, Dauphin, PA, USA **[24674]**

SCHEFFLER : 1750-1900, Albrechtsdorf, OPR, GER **[16513]**

SCHEID : PRE 1750, Merl, RPF, BRD **[20178]**

SCHEIDLER : ALL, Decatur Co., IN & BAV, USA & BRD **[23858]**

SCHELWALD : Petrus, 1700S, Harlingen, FRI, NL **[39730]**

SCHENK : 1858-1920S, Wooldridge & Peddie, CAPE, RSA **[35294]**

SCHENKEL : 1800+, Bern, CH **[23319]** : PRE 1700, Denkendorf, WUE, GER **[30302]**

SCHERMEHORN : PRE 1860, NY & VT, USA **[26881]**

SCHERP : PRE 1860, Kassel, HEN, GER **[21196]**

SCHERTSINGER : ALL, ENG **[98637]**

SCHERZINGER : PRE 1870, Furtwangen, BAD, GER **[33876]**

SCHETTLER : PRE 1881, Rotherham, WRY, ENG **[46439]** : PRE 1871, Frankfurt Ander Oder, GER **[46439]**

SCHEU : ALL, Ransweiler, RPF, GER **[16286]**

SCHEUER : 1700+, Heldenbergen, HEN, GER **[16383]**

SCHEY : 1830S, London, MDX, ENG **[30724]**

SCHICK : Peter, PRE 1854, Bettingen, BAD, GER **[41041]**

SCHICKER : ALL, Baar, ZG, CH **[35935]**

SCHIEBLICH : Otto Franz, 1882+, Saxony, GER **[35235]**

SCHIEDEMANTLE : Alberta, 1850+, Adelaide, SA, AUS **[34643]**

SCHIESEL : PRE 1900, Buffalo, NY, USA & GER **[33567]**

SCHILD : C1755, Detmold, LIP, GER **[22470]**

SCHILKA : PRE 1855, Werben, PRE, GER **[26306]**

SCHILLY : 1795, HES DARMST., GER **[22565]**

SCHIMMELPFENIG : Henry, 1910+, Joliet, IL, USA **[24707]**

SCHIMMELPFENNIG : Karl Wilhelm, C1850, Brandenburg, GER **[24707]** : Peter, 1930+, Whittier, CA, USA **[24707]** : Katherine, 1900+, IL, USA **[24707]** : Henry, 1850+, Sterling, IL, USA **[24707]** : Charles, 1850+, Sterling, IL, USA **[24707]** : Katherine, 1886+, Sterling, Chicago, IL, USA **[24707]**

SCHINDEHUTTE-PARKER : PRE 1880, Bethnal Green, LND, ENG **[98672]**

SCHINELLER : 1870+, Queens Co., NY, USA **[28609]**

SCHINKELWITZ : ALL, WORLDWIDE **[18700]**

SCHIPP : Martin, 1821, Elfeldt, HEN, GER **[10846]**

SCHISLER : 1700-1940, Kisszekely, TOLNAU, HU **[27616]**

SCHISZLER : 1700-1940, Kisszekeley, TOLNAU, HU **[27616]**

SCHLAF : C1740, Virneburg, RPF & RPR, GER **[99443]**

SCHLEEBS : ALL, Liegnitz, SIL, GER & POL **[34844]**

SCHLESIER : 1745-1810, Frankenhain, SAB, GER **[24252]** : 1810-1850, Leipzig & Altenburg, SAB, GER **[24252]**

SCHLICK : 1740S+, Salmbach, ALS & LOR, FRA **[15845]** : 1800-1846, Hannover, HAN, GER **[25830]**

SCHLIDT : Conrad, 1859-1944, Norka, RUS & CAN **[42961]**

SCHLIEP : C1850, Berlin, GER **[46767]**

SCHLIESING : 1860+, Wachersleben, GER **[46321]**

SCHMID : PRE 1750, Eichelberg, WUE, GER **[14120]** : Johanna, PRE 1854, Eichelberg, WUE, GER **[14120]**

SCHMIDT : C1883, Toowoomba, QLD, AUS **[29479]** : Frederick, 1860S, Clunes, VIC, AUS **[25700]** : 1800-1900, London Suburbs, LND, ENG **[46513]** : 1750+, Luneville, LOR, FRA & ENG **[43983]** : PRE 1854, Eichelberg, GER **[14120]** : Sophia, 1837-1860, Ebnath, BAV, GER **[24252]** : PRE 1800, Gittersdorf, HEN, GER **[33567]** : PRE 1890, Stralsund, POM, GER **[39588]** : 1770-1820, Ransweiler, RHINELAND, GER **[23415]** : C1700+, Soberheim, RPF, GER **[45895]** : 1700S, Montg & Phila Cos., PA, USA **[22756]**

SCHMIEG : 1860+, Badan, BAD, GER **[13513]**

SCHMIERER : PRE 1800, Windischenbach, WUE, GER **[25969]**

SCHMITTEN : 1850+, Strasbourg, ALS, FRA **[33347]** : 1700-1900, Corschenbroich, RPR, GER **[33347]**

SCHMOLL : PRE 1830, Gunterberg, UCKERMARK, GER **[26306]**

SCHNABLY : 1800-1880, Cambria Co., PA, USA **[22846]**
SCHNEIDER : PRE 1826, Pfalz, RPF, BRD **[25725]** : 1747-1776, Dessau, ANH, GER **[14627]** : PRE 1800, Garbenheim, HEN, GER **[33567]** : PRE 1820, Dittersdorf, KSA, GER **[33567]** : C1700-1850, Gerhardtsbrun, RPF & PA, GER & USA **[22737]** : Johannes J., 1710+, NY, USA **[15301]**
SCHNEIDERS : PRE 1800, Bruttig, RPF, BRD **[20178]**
SCHNITZER : PRE 1845, SHO, BRD **[17134]**
SCHOALS : James, PRE 1830, TYR & DRY, IRL **[29745]**
SCHOBEL : 1860+, Rottweil, BAD, GER **[12039]**
SCHOCH : PRE 1880, Mittelsteinbach, WUE, GER **[41163]** : ALL, WORLDWIDE **[22422]**
SCHOEMACKER : 1801, Woehrden, SHO, BRD **[14120]**
SCHOENITZ : ALL, CZ **[10301]**
SCHOENNEMAN : 1750, Roedby, DEN **[34837]**
SCHOFIELD : ALL, Monaro, NSW, AUS **[11197]** : 1850+, VIC, AUS **[12481]** : 1850-1910, Macclesfield, CHS, ENG **[30120]** : PRE 1900, Northwith, CHS, ENG **[30086]** : 1890+, Chesterfield, DBY, ENG **[42761]** : PRE 1850, Ashton-under-Lyne, LAN, ENG **[38936]** : 1787-1806, Langho, LAN, ENG **[14880]** : 1790+, Liverpool, LAN, ENG **[42761]** : 1800+, Gainsborough, LIN, ENG **[42761]** : 1800+, Bromley, LND, ENG **[12481]** : C1840, Claydon, SFK, ENG **[41430]** : 1850+, Sheffield, YKS, ENG **[12481]**
SCHOLEFIELD : 1835-1900, Southwark, LND, ENG **[17420]** : 1836-1920, Southwark, LND, ENG **[17420]** : William, 1780, Bradford, YKS, ENG **[10993]** : Alice, 1770-1880, Lancaster & Sydney, LAN & NSW, ENG & AUS **[44567]**
SCHOLES : ALL, Ballarat, VIC, AUS **[11918]** : ALL, ESS, ENG **[11918]** : PRE 1800, Newchurch in Rossendale, LAN, ENG **[28060]** : 1740+, West Ardsley & Morley, WRY, ENG **[12574]** : C1690, YKS, ENG **[41370]**
SCHOLEY : 1850S, East London, MDX, ENG **[39745]**
SCHOLFIELD : PRE 1850, Manchester, LAN, ENG **[36819]**
SCHOLL : ALL, WORLDWIDE **[22422]**
SCHON : PRE 1735, Rendsburg, SHO, BRD **[29001]** : ALL, Vienna, OES **[25787]**
SCHONHAUT : 1820, Essen, WEF, GER **[29479]**
SCHONLANKER : 1845-1900, Whitechapel, LND, ENG **[26752]**
SCHONTHEIMER : 1700-1940, Kisszekely, TOLNAU, HU **[27616]**
SCHOONLEVER : 1770+, Amsterdam, NL **[17000]**
SCHOPP : 1750-1809, Buisdorf, RPR, GER **[24252]**
SCHOTT : PRE 1836, QUE, CAN **[35592]** : 1870+, NY, USA **[35592]** : PRE 1832, NY, USA **[35592]**
SCHRAM : PRE 1830, Antwerp & Lokeren, ATW, BEL **[33567]**
SCHRECK : PRE 1850, WPR & VOLGA, GER & RUS **[25093]**
SCHREIBER : 1870+, Kings Co., NY, USA **[28609]**
SCHRIK : PRE 1840, POS & SIL, GER **[34582]**
SCHROCK : PRE 1900, Muhlbanz & Dirschau, WPR, GER **[25093]**
SCHRODER : 1854, Gawler & Adelaide, SA, AUS **[10318]** : 1800-1900, St.Georges Parish, MDX, ENG **[46338]** : ALL, Gustrow, MEK, GER **[13994]** : PRE 1850, Gressow, MSW, GER **[46402]** : 1858-1920S, Wooldridge & Peddie, CAPE, RSA **[35294]** : 1890-1910, Port Elizabeth, CPC, RSA **[46338]**
SCHROEDELSECKER : PRE 1850, Heddesheim, BAD, GER **[10408]**
SCHROEDER : ALL, Gustrow, MEK, GER **[13994]**
SCHROTH : 1835+, Strasbourg, ALS, FRA **[33347]** : 1750-1850, Neuwied & Schweigen, RPR, GER **[33347]**
SCHROTT : 1850-1900, Brooklyn, NY, USA **[38211]**

SCHROUDER : 1850+, NSW, AUS **[41244]** : PRE 1820, PRE, GER **[41244]**
SCHUBEL : PRE 1820, Hammelspring, BRA, GER **[46375]**
SCHUBERT : Carl Emil, 1870+, Annaberg, KSA, GER **[11623]** : ALL, Liegnitz, PRE, GER **[14012]** : PRE 1840, OES **[99443]**
SCHUEPPER : 1700-1800, Korschenbroich, RPR, GER **[33347]**
SCHUETZ : C1800, Krossen, SILESIA **[34321]**
SCHUHIN : PRE 1800, Kochensteinfeld, WUE, GER **[30302]**
SCHUHMANN : Valentine, 1860+, QLD, AUS **[12744]** : 1840S, Gudensberg, PRE, GER **[12744]**
SCHULHOF : 1878, Hodkovice, CZ, CZ **[26241]**
SCHULTHESS : ALL, Zuerich, ZH, CH **[22422]**
SCHULTZ : 1853+, Geelong, VIC, AUS **[31355]** : PRE 1950, St.Kilda & Melbourne, VIC, AUS **[36624]** : 1910-1930, Willesden, MDX, ENG **[38737]** : Wanda, 1850+, GER **[10295]** : PRE 1855, Pruskowo, POS, GER **[26306]** : Wanda, 1850+, POL **[10295]** : Wanda, 1850+, VOLHYNIA, UKR **[10295]** : ALL, Worldwide **[36188]**
SCHULZ : ALL, QLD, AUS & GER **[99109]** : Wanda, 1850+, GER **[10295]** : Wanda, 1850+, POL **[10295]** : 1800+, UKRAINE, SIBERIA **[98660]** : Wanda, 1850+, VOLHYNIA, UKR **[10295]**
SCHULZE : 1860S+, Barossa & Clare Valleys, SA, AUS **[45795]** : 1870+, Yorke Peninsular, SA, AUS **[45795]** : 1890+, Jeparit & Lake Hindmarsh, VIC, AUS **[45795]**
SCHUMACHER : 1800+, Thusis, GR, CH **[35935]** : 1870+, Midhurst, TRK, NZ **[35935]**
SCHUMANN : PRE 1916, Gullewa & Day Dawn, WA, AUS **[11877]**
SCHUNAMAN : 1500+, GER **[23319]**
SCHUPELIUS : PRE 1851, Ghegattin, PRE, GER **[26306]**
SCHUTT : PRE 1855, Lorch, HEN, GER **[14045]** : PRE 1850, Kellinghusen, SHO, GER & DEN **[43523]**
SCHUTTE : PRE 1850, Luneburg & Hanover, GER **[16010]**
SCHUTZBACH : ALL, Mahlstetten, BAW, FRG **[22422]**
SCHWAB : PRE 1825, GER **[36112]** : 1750S, OES & GER **[99433]**
SCHWABACH : ALL, ENG **[19655]**
SCHWAEBSCH : PRE 1850, Connersdorf, PRE, GER **[11918]**
SCHWANG : C1750-1880, Andernach, RPR & RPF, BRD **[99443]**
SCHWARTZ : PRE 1850, Arlon, LXM, BEL & LUX **[20178]** : PRE 1831, Pfalz, RPF, BRD **[25725]**
SCHWARZ : PRE 1678, Egenhausen, WUE, GER **[37759]**
SCHWARZE : 1850+, NSW & SA, AUS **[10775]**
SCHWARZEL : 1800S, HES, GER **[33331]**
SCHWEDLER : 1870+, Wayne Co. & Detroit, MI, USA & GER **[39227]**
SCHWEITZER : 1800S, London, ENG **[22182]** : 1860-1910, London, ENG **[46438]**
SCHWENCKE : Karl, 1882, Boizenburg, GER **[14935]**
SCHY : PRE 1850, Schrieshiem & Ipswich, BAW & QLD, GER & AUS **[29236]**
SCILLY : C1750, Plymouth, DEV, ENG **[16701]**
SCIPION : ALL, WORLDWIDE **[30917]**
SCLATER : 1750-1850, Kinnell, ANS, SCT **[16096]** : 1800S, Neilston, RFW, SCT **[28140]**
SCOBIE : 1640-1820, Clackmannan, CLK, SCT **[18766]** : 1800+, Paisley, RFW, SCT **[42919]**
SCOBLE : 1770+, DEV & LND, ENG **[34861]**
SCOBLIN : 1750-1850, DEV, ENG **[19880]**
SCOBLING : ALL, DEV, ENG **[26981]**
SCOBY : Annie Eliz., C1884, Kirby Moorside, NRY, ENG **[14966]**

SCOFIELD : C1700-1763, Great Finborough, SFK, ENG **[19908]**
SCOLES : 1840+, AUS **[26439]** : William, PRE 1850, London, ENG **[26439]**
SCOLEY : PRE 1672, Billinghay, LIN, ENG **[19902]** : C1817+, Nocton, LIN, ENG **[10699]**
SCOLLARD : 1750-1880, Knocknagashel, KER, IRL **[21198]**
SCOLTOCK : ALL, WORLDWIDE **[17886]**
SCOLTOCK (see One Name Section) **[17886]**
SCONCE : Robert, PRE 1852, Sydney, NSW, AUS **[10846]**
SCOONES : Richard, 1800+, Flimwell, KEN, ENG **[31018]** : ALL, WORLDWIDE **[28081]**
SCOPE : 1832+, Ashford, NSW, AUS **[99573]**
SCOPES : 1650-1850, Needham Market, SFK, ENG **[14618]**
SCORER : ALL, NBL & DUR, ENG **[20824]**
SCORGIE : 1650-1850, ABD, SCT **[19471]** : 1800+, Aberdeen, ABD, SCT **[46265]**
SCOT : PRE 1770, St.Andrews, FIF, SCT **[13004]** : 1700+, RFW, SCT **[40135]** : 1700-1750, Inverkip, RFW, SCT **[34349]**
SCOTCHMAN : ALL, Hoo, KEN, ENG **[39386]**
SCOTCHMER : ALL, Hoo, KEN, ENG **[39386]**
SCOTCHMUR : ALL, WORLDWIDE **[39386]**
SCOTLAND : C1821, Kincardine on Forth, FIF, SCT **[10516]** : 1840+, Glasgow, LKS, SCT **[10516]**
SCOTSON : 1850+, Castlemaine, VIC, AUS **[11802]** : 1700S, Colton, LAN, ENG **[15823]** : 1700+, Heapey, LAN, ENG **[11802]**
SCOTT : ALL, Bombala & Monaro, NSW, AUS **[29810]** : Sydney Wm, 1890+, Enmore, NSW, AUS **[14672]** : 1865+, Illawarra, NSW, AUS **[11303]** : 1894+, Muswellbrook, NSW, AUS **[40781]** : C1854, Paterson, NSW, AUS **[12392]** : Percy Norman, 1893+, Surry Hills, NSW, AUS **[14672]** : 1845+, Sydney, NSW, AUS **[31923]** : 1865+, Ipswich, QLD, AUS **[11303]** : Thomas, 1884+, Milton, QLD, AUS **[14120]** : 1800S, Townsville, QLD, AUS **[46265]** : Ann, 1836-1855, Adelaide, SA, AUS **[14290]** : 1833+, Hobart, TAS, AUS **[38683]** : C1855-1912, Bendigo & Eaglehawk, VIC, AUS **[12392]** : Robert & Clara, 1890+, Huntly, CAN **[12320]** : George, 1825+, Flamborough East, Nelson, ONT, CAN **[26704]** : John, PRE 1850, Flamborough East, Nelson, ONT, CAN **[26704]** : 1835+, Highgate, ONT, CAN **[15521]** : George, 1843+, Orford Twp., ONT, CAN **[26704]** : 1750+, ENG **[21759]** : John Wm, 1800-1880, ENG **[34664]** : Charles H., 1830-1835, ENG **[42940]** : Pool, ALL, ENG **[45949]** : George, PRE 1852, London, ENG **[12831]** : C1870, Bletchley, BDF, ENG **[43841]** : Richard Inel., 1820+, Constantine, CON, ENG **[34924]** : 1820, Egloskerry, CON, ENG **[46216]** : PRE 1700, St.Austell, CON, ENG **[21594]** : 1500-1800, Chagford, DEV, ENG **[19853]** : John, 1800+, Exeter, DEV, ENG **[14120]** : PRE 1875, Benfieldside, DUR, ENG **[11726]** : PRE 1850, Easington & Sunderland, DUR, ENG **[25854]** : James, 1874+, Gateshead, DUR, ENG **[45573]** : C1850, Gateshead, DUR, ENG **[41212]** : 1850+, Jarrow, DUR, ENG **[45183]** : PRE 1750, Bristol, GLS, ENG **[19259]** : Emma, 1800-1860, Lymington, HAM, ENG **[17109]** : PRE 1800, IOW, ENG **[20458]** : PRE 1800, Brading, IOW, ENG **[20458]** : William, C1810, Yarmouth, IOW, ENG **[46316]** : PRE 1840, Brabourne & Smeeth, KEN, ENG **[19259]** : John, PRE 1831, Sheppey, KEN, ENG **[16301]** : ALL, Adlington & Standish, LAN, ENG **[31316]** : PRE 1845, St.Helens & Rainford, LAN, ENG **[34612]** : John Wm, 1820-1900, LIN, ENG **[34664]** : PRE 1801, LND, ENG **[17511]** : 1800+, Marylebone, LND, ENG **[39620]** : PRE 1824, Shoreditch, St.Leonards, LND, ENG **[12950]** : 1861-1911, St.Marylebone, LND, ENG **[19908]** : 1830-1864, Hampstead & Kilburn, MDX, ENG **[19908]** : 1750-1860, Westminster, MDX, ENG **[13430]** : 1800+, Willesden, MDX & LND, ENG **[39620]** : Edward & Jane, C1900, Ashington, NBL, ENG **[11197]** : C1800-1890, Bedlington, NBL, ENG **[31116]** : Andrew, 1819+, Belford, NBL, ENG **[45573]** : Robert, 1856+, Rothbury, NBL, ENG **[45573]** : Elizabeth, 1863+, Rothbury, NBL, ENG **[45573]** : John, PRE 1835, NRY, ENG **[26704]** : 1729, Arthingworth, NTH, ENG **[21207]** : Martha, PRE 1830, East Farndon, NTH, ENG **[43989]** : 1800-1900, Paulerspury & Silverstone, NTH, ENG **[30120]** : 1666+, Weston by Welland, NTH, ENG **[21207]** : 1800-1850, Oxford, OXF, ENG **[12641]** : PRE 1830, Bury St.Edmunds, SFK, ENG **[19908]** : 1780-1830, Cransford, SFK, ENG **[20919]** : PRE 1806, Gosbeck, SFK, ENG **[19766]** : 1700S, Stowupland, SFK, ENG **[20919]** : 1650-1700, Sudbury, SFK, ENG **[12641]** : PRE 1800, Sudbury, SFK, ENG **[14715]** : Joseph, PRE 1800, SOM, ENG **[26439]** : 1820+, North Wootten, SOM, ENG **[33506]** : 1700S, Shepton Beauchamp, SOM, ENG **[43582]** : 1900+, Kingston, SRY, ENG **[37206]** : 1790-1792, Oatlands, SRY, ENG **[15521]** : PRE 1850, Cheadle, STS, ENG **[45949]** : Alice, 1760+, WIL, ENG **[10054]** : Mary, C1800, WOR, ENG **[34321]** : John, 1783, Stourbridge, WOR, ENG **[14120]** : PRE 1850, Idle & Thackley, WRY, ENG **[13481]** : PRE 1840, Leeds & Wakefield, WRY, ENG **[40529]** : PRE 1850, Ossett & Dewsbury, WRY, ENG **[42277]** : 1790+, YKS, ENG **[15521]** : 1810+, Coxwold, YKS, ENG **[20975]** : 1800-1900S, Dewsbury, YKS, ENG **[21195]** : PRE 1800, Leeds, YKS, ENG **[36033]** : Thomas, C1800, Morley, YKS, ENG **[12878]** : 1750+, Snaith, YKS, ENG **[13430]** : Henry Hare, 1890+, INDIA **[34924]** : Eva, 1870+, BENGAL, INDIA **[34924]** : Ernest Wymer, C1848, BENGAL, INDIA **[34924]** : Eliz. Mary, C1870, BENGAL, INDIA **[34924]** : Mary Anne, 1802-1878, INDIA, ENG & AUS **[10301]** : PRE 1856, Belfast, IRL **[10329]** : PRE 1830, Dublin, IRL **[38683]** : 1814+, Loughgilly, ARM, IRL **[14880]** : ALL, DON, IRL **[21418]** : PRE 1850, DOW, IRL **[33237]** : PRE 1850, Belfast, DOW, IRL **[38111]** : PRE 1845, FER, IRL **[31923]** : John, C1864, The Meetings (Rathdrum), WIC, IRL **[26823]** : 1900+, NZ **[21712]** : 1863+, Christchurch, NZ **[40781]** : 1800-1900S, Pigeon Bay, CBY, NZ **[21195]** : Joseph, 1800+, Aberdeen, ABD, SCT **[14760]** : PRE 1840, Aberdeen, ABD, SCT **[38309]** : 1766+, Aberdour, ABD, SCT **[30182]** : Robert, 1800+, Belhelvie, ABD, SCT **[14760]** : David, 1700, Barry, ANS, SCT **[10035]** : 1800+, Dundee, ANS, SCT **[21321]** : ALL, Dundee, ANS, SCT **[11092]** : PRE 1800, Dundee, ANS, SCT **[46251]** : 1600+, Monifieth, ANS, SCT **[21854]** : ALL, Montrose, ANS, SCT **[28184]** : Agnes, PRE 1860, Kilmarnock, AYR, SCT **[34581]** : ALL, Muirkirk & Glenbuck, AYR, SCT **[20587]** : 1834+, DFS, SCT **[40781]** : Lady Janet, PRE 1820, Kirkmichael, DFS, SCT **[13101]** : PRE 1820, Luss, DNB, SCT **[45199]** : PRE 1854, Dunfermline & Pittenweem, FIF, SCT **[12392]** : PRE 1870, Kirkcaldy, FIF, SCT **[41425]** : PRE 1730, St.Andrews, FIF, SCT **[25979]** : Thomas, 1764-1825, FIF & MLN, SCT **[35823]** : ALL, Arbuthnott, KCD, SCT **[28184]** : ALL, Inverbervie, KCD, SCT **[28184]** : ALL, Kinneff, KCD, SCT **[28184]** : ALL, Stonehaven, KCD, SCT **[28184]** : 1700-1900, LKS, SCT **[21973]** : C1827, Barony, LKS, SCT **[13799]** : John, 1789+, East Kilbride, LKS, SCT **[12639]** : James, 1835+, East Kilbride, LKS, SCT **[12639]** : PRE 1865, Glasgow, LKS, SCT **[43050]** : ALL, Glasgow & Gorbals, LKS, SCT **[20587]** : 1750-1800, Hamilton, LKS, SCT **[10037]** : John, PRE 1840, Lanark, LKS, SCT **[41425]** : Mary, 1793, Leadhill, LKS, SCT **[46356]** : 1700+, Uddingston, LKS, SCT **[21231]** : Alexander, C1775, MLN, SCT **[37568]** : Thomas, 1799-1883, Edinburgh, MLN, SCT **[35823]** : 1750-1850, Blackcraig, PER, SCT **[15931]** : PRE 1850, Logierait, PER, SCT **[39383]** : 1700S, Methven, PER, SCT **[11091]** : PRE 1865, RFW, SCT **[11303]** : Alexander, 1800-1900, Glasgow, RFW, SCT **[46425]** : James, 1866+, Mearns, RFW, SCT **[12639]** : James, 1850-1885, Paisley, RFW, SCT **[17745]** : C1800-1900, Cavers, ROX, SCT **[41499]** : PRE 1830, Hawick, Priesthaughshiel, ROX, SCT **[21196]** : PRE 1765, Hownam, ROX, SCT **[42386]** :

1800+, SEL, SCT **[45030]** : Henry Ker, C1860+, Etterick, SEL, SCT **[14672]** : ALL, Roberton, SEL, SCT **[21196]** : John, 1832+, Etterick & Edinburgh, SEL & MLN, SCT **[14672]** : 1600-1700S, SHI, SCT **[11411]** : ALL, SHI, SCT **[20909]** : Jane, 1840+, Glasserton, WIG, SCT **[21955]** : Wm John, 1861+, Etterick, SEL & NSW, SCT & AUS **[14672]** : Walter, C1860, Douglas, IOM, UK **[46326]** : Peter David, 1920-90, USA **[28533]** : 1830-1900, Carroll Co. & Howard Co., IN, USA **[22511]** : Rachel, 1800+, Fulton Co., PA & IL, USA **[32132]** : Joseph, 1720-1840, TN, USA **[22511]**
SCOTTING : ALL, ENG **[30560]**
SCOULAR : PRE 1873, Kilbrandon, ARL, SCT **[45242]** : 1700+, LKS, SCT **[40135]**
SCOULLAR : 1750+, Stewarton, AYR, SCT & AUS **[34440]**
SCOULLER : 1750+, Stewarton, AYR, SCT **[34440]**
SCOURIE : PRE 1840, ANT, IRL **[11661]**
SCOUVEMENT : PRE 1870, BBT, BEL **[17184]**
SCOWN : Charles, 1880-2000, Mundalla, SA, AUS **[14346]** : 1879+, Strathalbyn, SA, AUS **[14346]** : Charles, 1837+, Torrensville & Barossa, SA, AUS **[14346]** : 1840+, VIC, AUS **[14346]** : 1840+, Bendigo & All, VIC, AUS **[14346]** : 1895-2000, Lake Boga & Bendigo, VIC, AUS **[14346]** : 1837, Terang, Bendigo & Melbourne, VIC, AUS **[14346]** : 1850+, Moonta, SA & WA, AUS & ENG **[14346]** : William, 1750-1890, Launceston, CON, ENG & AUS **[14346]** : ALL, WORLDWIDE **[14346]**
SCRAFTON : 1930, Dunstable, BDF, ENG **[18593]**
SCRAGGS : 1880+, NSW, AUS **[20862]**
SCREATON : 1750-1850, WAR & LEI, ENG **[17162]**
SCREETON : 1820+, Attenborough, NTT, ENG **[21131]** : 1700-1720, Selby, WRY, ENG **[12641]**
SCRIM : 1700, Monzie, PER, SCT **[13091]**
SCRIVEN : ALL, AUS & ENG **[34119]** : PRE 1870, London, ENG **[20773]** : PRE 1913, GLS, ENG **[18147]** : 1850-1870, Brentford, MDX, ENG **[42739]** : 1700-1800, Crewkerne, SOM, ENG **[19480]** : 1800-1900, Croydon, SRY, ENG **[42739]** : PRE 1770, Old Swinford, WOR, ENG **[27678]**
SCRIVENER : 1780S, Ipswich, SFK, ENG **[11530]**
SCRIVENS : PRE 1800, KEN, ENG **[23319]**
SCROPE : 1300-1600, Castlecombe, WIL, ENG **[29715]**
SCUDDER : ALL, Cuxton, KEN, ENG **[42645]** : ALL, Dartford & Crayford, KEN, ENG **[44889]** : 1855+, Islington, MDX, ENG **[44889]**
SCULL : 1480-1600, Much Cowarne, HEF, ENG **[29715]** : 1540-1600, Westbury, WIL, ENG **[29715]** : ALL, WORLDWIDE **[39511]**
SCULL (see One Name Section) [39511]
SCULLION : John, 1800-1840, Ballyscullion & Bellaghy, DRY, IRL **[38538]**
SCULLY : PRE 1815, COR, IRL **[10793]** : Brigt. Roohan, 1865-1900S, Portlaoise, LEX, IRL **[41968]** : Bridget Roen, 1865-1900S, Portlaoise, LEX, IRL **[41968]** : 1800, Cashel, TIP, IRL **[11533]** : 1832+, Portlaoise, LEX, IRL & ENG **[41968]**
SCUPHAM : 1893+, Middlesbrough, YKS, ENG **[13922]**
SCURFIELD : 1580-1980S, Billingham, DUR, ENG **[11270]** : 1816+, Tanfield, DUR, ENG **[10918]** : 1580-1980S, Monkhelston & Sunderland, WRY, ENG **[11270]**
SCURFIELD (see : Subjects I:), **[10918]**
SCURLOCK : C1750-1900, Kent & Pembroke, KEN, ENG & WLS **[45206]**
SCURR : ALL, Kirk Merrington, DUR, ENG **[98601]** : 1800+, York, YKS, ENG **[11425]**
SCURRAH : 1740+, Tanfield & Coxwold, YKS, ENG **[20975]**
SCUSE : ALL, WORLDWIDE **[19308]**
SCUTCHINGS : Mary Jane, PRE 1829, ENG **[99012]**
SCUTT : 1500-1800, Chagford, DEV, ENG **[19853]** : C1800, Pulborough, SSX, ENG **[21349]**

SCUTTS : PRE 1800, WIL, ENG **[39464]**
SEABORN : 1500-1600, Sutton, HEF, ENG **[29715]**
SEABROOK : 1700-1900, HRT, ENG **[20003]** : Alice, 1550-1650, KEN, ENG **[34797]** : ALL, Debden, SFK, ENG **[39642]**
SEABY : PRE 1834, Arlesey, BDF, ENG **[25640]**
SEACH : PRE 1760, ESS, ENG **[33664]**
SEAFORTH : 1700-1850, Tobermory, ARL, SCT **[21842]**
SEAGE : 1700S, Chittlehampton, DEV, ENG **[40257]**
SEAGER : PRE 1900, Hadleigh, SFK, ENG **[17470]** : 1850, Camberwell, SRY, ENG **[26241]** : C1770, STS, ENG **[31579]**
SEAGRAVE : 1819+, Horsham, SSX, ENG **[46269]**
SEAGROTT : PRE 1915, AUS **[14440]** : PRE 1850, Poplar, LND, ENG **[14440]** : Charles, 1767, Surlingham, NFK, ENG **[42168]**
SEAKELL : ALL, UK **[42799]**
SEAL : Joanna, 1820S, Durham, ENG **[16309]** : Elizabeth, 1820S, Durham, ENG **[16309]** : 1900S, Durham, ENG **[16309]** : 1870S, London, ENG **[15594]** : PRE 1900, Stoke Abbott, DOR, ENG **[40033]** : John, 1740+, Hever, KEN, ENG **[43057]** : C1810, St.Pancras, LND, ENG **[36075]** : C1790, Somerstown, MDX, ENG **[36075]** : ALL, Binham, NFK, ENG **[27431]**
SEALBY : C1800, Embleton & Wythop, CUL, ENG **[27240]**
SEALES : 1890S+, WORLDWIDE **[46395]**
SEALEY : PRE 1970, AUS **[26341]** : 1859, Saint George, GLS, ENG **[46264]**
SEALS : 1700-1860, Medway, KEN, ENG **[18303]**
SEALY : 1700+, Shrivenham, BRK, ENG **[19895]** : 1840+, Bandon, COR, IRL **[46477]** : 1910+, Portland, OR, USA **[46477]**
SEAMAN : Capt John, 1840+, Shawville, QUE, CAN **[31486]** : ALL, ENG **[43317]** : C1824, Bexley, KEN, ENG **[28568]** : 1800S, Bexley Heath, KEN, ENG **[32009]** : ALL, Yaxham, NFK, ENG **[28568]** : PRE 1800, Yaxham, NFK, ENG **[32009]** : PRE 1859, Puriton, SOM, ENG **[30987]** : C1850, Merton, SRY, ENG **[28568]** : PRE 1650, SSX, ENG **[42083]** : 1700-1850, CAV, IRL **[31486]**
SEAMEN : 1600-1900, Lowestoft, SFK, ENG **[38840]**
SEAMON : Jane, 1844-1926, Berrima & Sydney, NSW, AUS **[40865]**
SEAMONS : 1849+, Yandoit & Franklinford, VIC, AUS **[38624]** : PRE 1850, Weedon, BKM, ENG **[38624]** : PRE 1870, BKM, MDX & LND, ENG **[25747]** : 1840+, Shenley, HRT, ENG **[23367]** : 1880+, Finsbury Park, LND, ENG **[23367]**
SEAMOR : PRE 1800, Ardeley, HRT, ENG **[19216]**
SEAR : C1830, Westoning, BDF, ENG **[19759]** : 1765+, Buckingham, BKM, ENG **[31923]** : PRE 1800, Wootton Underwood, BKM, ENG **[18397]** : PRE 1900, BKM & BDF, ENG **[17720]** : PRE 1800, Wicken, NTH, ENG **[36033]**
SEARGENT : PRE 1770, Weare Giffard, DEV, ENG **[19641]**
SEARING : ALL, ENG **[29471]**
SEARL : 1700-1800, Sawbridgeworth, HRT, ENG **[45639]**
SEARLE : 1860+, Wagga Wagga, NSW, AUS **[41435]** : Esau, 1857+, QLD, AUS **[29092]** : PRE 1880, ENG **[34640]** : ALL, Wythen, CON, ENG **[10301]** : 1700+, DEV, ENG **[30299]** : 1850+, Axminster, DEV, ENG **[10886]** : 1700+, Werrington, DEV, ENG **[12819]** : PRE 1814, DEV, CON & SOM, ENG **[43756]** : 1800+, Bishops Stortford, HRT, ENG **[29092]** : PRE 1543, Arreton, IOW, ENG **[17633]** : PRE 1840, St.Katherine Cree Church, LND, ENG **[40696]** : Louisa, PRE 1830S, London, MDX, ENG **[21349]** : PRE 1850, Worplesdon, SRY, ENG **[18657]** : 1700, Amberley, SSX, ENG **[12641]**
SEARLES : Daniel, 1864+, SA, AUS **[12025]** : C1770,

SEA

Bale, NFK, ENG **[19392]** : Sarah Jane, 1800+, Hamford, Warrnambool & Mortlake, ESS & VIC, ENG & AUS **[33553]**

SEARS : 1820-1850, TAS, AUS **[14627]** : 1850+, VIC, AUS **[14627]** : C1800, London, ENG **[14627]** : ALL, KEN, ENG **[34844]** : PRE 1850, Dartford, KEN, ENG **[33500]** : 1850+, Snodland, KEN, ENG **[45624]** : Fred, London, MDX, ENG **[14760]**

SEATH : PRE 1830, Wingham, KEN, ENG **[25306]** : C1790, Dunfermline & Kirkcaldy, FIF, SCT **[31761]**

SEATON : PRE 1800, Whittlesey, CAM, ENG **[40970]** : PRE 1700, HUN, ENG **[38592]** : 1770-1900, Stilton, HUN, ENG **[38592]** : C1670, West Barkwith, LIN, ENG **[17037]** : 1830-1900, Pinner, MDX, ENG **[38592]** : 1880+, Hackney, MDX & LND, ENG **[38592]** : PRE 1850, Whitby, NRY, ENG **[34782]** : PRE 1700, NTH, ENG **[38592]** : 1860-1900, Northampton, NTH, ENG **[38592]** : 1700-1776, Warmington, NTH, ENG **[38592]** : PRE 1800, Welford, NTH, ENG **[37499]** : PRE 1700, RUT, ENG **[38592]** : 1900+, Croydon, SRY, ENG **[38592]** : PRE 1850, YKS & LIN, ENG **[19854]** : C1740, Forfar & Rescobie, ANS, SCT **[26360]** : James, C1790, Maddington, ELN, SCT **[40807]**

SEAVERS : 1810+, Sutton-on-the-Forest, YKS, ENG **[20975]** : ALL, WORLDWIDE **[31902]**

SEAWARD : 1800+, Ulverston, CUL, ENG **[30449]** : 1750-1850, Owermoigne, DOR, ENG **[19713]**

SEBASTIAN : C1800-1900, Liverpool, LAN, ENG **[37052]**

SEBIRE : ALL, Gsy, CHI, UK **[27752]** : ALL, WORLD-WIDE **[27752]**

SEBURNE : 1500-1600, Sutton, HEF, ENG **[29715]**

SECCOMBE : 1820, CON, ENG **[25658]** : 1740S, Germansweek, DEV, ENG **[18340]** : ALL, Germansweek, DEV, ENG **[45841]** : ALL, DEV, SRY & LND, ENG **[19766]**

SECHI : 1800S, Bagni Di Lucca, TUSCANY, ITL **[22756]**

SECKER : 1800+, Islington, LND, ENG **[29974]** : PRE 1783, NFK, ENG **[29774]** : PRE 1800, Layham, SFK, ENG **[29974]** : PRE 1805, Dewsbury, YKS, ENG **[28140]** : 1880+, New York, NY, USA **[29974]**

SECKOLD : 1838+, Camden, NSW, AUS **[10801]** : ALL, WORLDWIDE **[10801]**

SECKOLD (see One Name Section) [10801]

SECOMB : 1700+, Mawgan in Meneage, CON, ENG & AUS **[45652]**

SECOMBE : 1800+, Illogan, CON, ENG **[12481]**

SECORA : ALL, DEN **[29701]**

SECORD : Richard Henry, 1799-1866, Grantham Twp, ONT, CAN **[31476]**

SECRET : George, 1817-1891, Kirkley, SFK, ENG **[42168]**

SECRETT : Robert, 1786-1872, Yelverton, NFK, ENG **[42168]**

SECTOR : 1848+, Kelso, OTG, NZ **[20965]** : 1848+, Waitati, OTG, NZ **[20965]** : PRE 1860, Dundee, ANS, SCT **[20965]**

SEDDON : 1850+, Halifax, ERY, ENG **[36020]** : PRE 1860, Atherton, LAN, ENG **[34612]** : James, 1700+, Bolton, LAN, ENG **[99026]** : PRE 1880, Bolton, LAN, ENG **[45203]** : PRE 1836, Little Hulton, LAN, ENG **[18310]** : ALL, Manchester, LAN, ENG **[46479]** : C1840, St.Helens, LAN, ENG **[21989]** : PRE 1850, Whiston, LAN, ENG **[18325]** : William, PRE 1870, Wigan, LAN, ENG **[11650]**

SEDGEBEER : PRE 1850, Winsford, SOM, ENG **[36950]**

SEDGEWICK : John, 1675, Arncliffe, YKS, ENG **[24579]** : 1850+, Sheffield, YKS, ENG **[12481]**

SEDGMAN : 1844+, Penryn, CON, ENG **[34231]**

SEDGWICK : 1840+, Lenham, KEN, ENG **[26612]** : PRE 1700, Halton Gill & Litton, NRY, ENG **[28474]** : 1700-1800, Lichfield, STS, ENG **[22070]** : 1870+, Sheffield, YKS, ENG **[12481]** : ALL, Belfast, ANT, IRL **[46382]**

SEDWICH : PRE 1726, Maidstone, KEN, ENG **[13511]**

SEE : Thomas, PRE 1854, Yelling, HUN, ENG **[36634]**

SEEAR : John Thomas, 1806+, Hemel Hempstead, HRT, ENG **[41221]**

SEED : ALL, Preston, LAN, ENG **[42634]** : 1700+, Preston & Ribchester, LAN, ENG **[34119]** : PRE 1650, Halifax, WRY, ENG **[21594]** : 1730+, Mitton & Gargrave, WRY, ENG **[12078]**

SEELEY : 1800S, Brockley, SFK, ENG **[36243]**

SEENEY : PRE 1870, Plumpton, NTH, ENG **[25142]**

SEERS : C1800, London, ENG **[14627]** : ALL, Hampstead, LND, ENG **[18713]** : ALL, St.Pancras, LND, ENG **[18713]** : ALL, Hendon, MDX, ENG **[18713]** : PRE 1795, Great Marlow, MDX, BKM & OXF, ENG **[37709]**

SEERY : PRE 1810, WEM, IRL **[46375]**

SEFTON : 1857+, Geelong, VIC, AUS **[13763]** : 1700-1900, Crackenthorpe, CUL, ENG **[26831]** : PRE 1840, Liverpool, LAN, ENG **[13584]** : 1700-1900, YKS, ENG **[26831]** : PRE 1853, ANT, IRL **[21387]** : PRE 1870, Belfast, ANT, IRL **[39479]** : PRE 1841, Ballynahinch, DOW, IRL **[14127]**

SEGAR (see One Name Section) [45032]

SEGGIE : 1800+, USA **[44110]**

SEGSWORTH : 1800-1851, Welwick, ERY, ENG **[35218]**

SEIDEL : 1870+, NSW & BAW, AUS & GER **[40480]** : 1750+, Weigilsdorf, SIL, GER & POL **[36188]** : ALL, POL **[36188]** : ALL, Neckla Hauland, PO, POL **[14012]**

SEIGNETTE : 1800, Jarnac, FRA **[11590]** : Paul, 1800, Jarnac, PCH, FRA **[11530]**

SEIMS : ALL, Gustrow, MEK, GER **[13994]**

SEISTRUP : 1872+, Drake & Sydney, NSW, AUS **[13584]** : 1872+, Brisbane & Stanthorpe, QLD, AUS **[13584]** : PRE 1872, Redding, SHO, DEN **[13584]**

SEITZ : 1800-1860, Meimbressen, GHE, GER **[13326]**

SEIZ : PRE 1850S, Kleinbottwar, GER **[45142]**

SELBACH : 1600+, Senheim, RPF, BRD **[20178]**

SELBY : ALL, ENG **[46218]** : PRE 1730, Bywell St.Peter, DUR, ENG **[17626]** : 1768+, Cowden, KEN, ENG **[99418]** : 1816+, Ashby de la Zouch, LEI, ENG **[13358]** : 1847-1900, NBL, ENG **[21504]** : William, C1830, Lowdham, NTT, ENG **[43523]** : 1800+, Liverpool, LAN, ENG & AUS **[44938]** : C1800, Corfu, Ionian Is., Zante, GR **[43523]** : 1750+, SCT **[21504]**

SELCRAIG : 1650-1700, Largo, FIF, SCT **[10037]**

SELDEN : PRE 1790, Folkestone, KEN, ENG **[18018]**

SELDON : PRE 1900, DEV, ENG **[29664]** : 1700+, Meeth, DEV, ENG **[12819]**

SELE : 1700, BKM, ENG **[31574]**

SELF : C1850+, Norwich, NFK, ENG **[31902]** : PRE 1850, South Lopham, NFK, ENG **[42769]** : C1800, Abinger, SRY, ENG **[11870]** : Richard, 1890+, Newbridge, WLS **[11745]**

SELFE : 1850-1920, Narrabri, NSW, AUS **[99573]** : Benjamin, 1878-1937, NZ **[34245]**

SELG : 1800-1850, WUE, GER **[24252]**

SELIGMAN : ALL, WORLDWIDE **[46446]**

SELJEVOLD : C1943, Tynemouth, NBL, ENG **[14513]** : C1917, NOR **[14513]**

SELKIRK : 1800S, Lund, ERY, ENG **[25644]** : ALL, LAN & CUL, ENG **[26493]** : PRE 1850, Largo, FIF, SCT **[13914]** : 1700-1750, Largo & Wemyss, FIF, SCT **[10037]**

SELL : 1570, Ingatestone, ESS, ENG **[17704]** : ALL, Langley & Clavering, ESS, ENG **[43986]**

SELLAR : Hubert, 1881+, ENG **[44939]** : William, PRE 1900, Pangbourne & Clapham, BRK & SRY, ENG **[44939]** : 1800, LND, ENG **[44996]**

SELLARD : PRE 1800, BRK, ENG **[38660]** : PRE 1860, BRK, GLS & WIL, ENG **[42821]**

SELLARS : 1798-1815, Lunenburg, NS, CAN **[45280]** : 1790-1860, LND, ENG **[36435]** : PRE 1879, Dublin, IRL **[31972]**
SELLEN : PRE 1940, KEN, HAM & LAN, ENG **[25747]** : PRE 1839, Stepney, LND, ENG **[40970]** : ALL, WORLDWIDE **[38326]**
SELLENGER : John, PRE 1850, KIK, IRL **[14472]**
SELLER : PRE 1800, Redruth, CON, ENG **[12707]** : Richard, PRE 1800, ERY, ENG **[12060]**
SELLERS : 1850+, NSW & BAD, AUS & GER **[40480]** : PRE 1900, Lowestoft, SFK, ENG **[31972]** : 1800+, Sheffield, YKS, ENG **[19691]** : PRE 1879, Dublin, IRL **[31972]**
SELLICK : 1810+, Colaton Raleigh, DEV & SOM, ENG **[43691]**
SELLMAN : PRE 1880, WIL, ENG **[42238]**
SELLON : 1700S, Marlow, BKM, ENG **[19497]**
SELLORS : Thomas, 1700+, Crich, DBY, ENG **[10054]**
SELLWOOD : PRE 1820, Thatcham, BRK, ENG **[14076]** : PRE 1850, BRK, GLS & WIL, ENG **[42821]** : PRE 1800, WIL, ENG **[38660]** : 1800, Chalk, WIL, ENG **[40807]** : PRE 1766, Charlton, WIL, ENG **[40756]** : PRE 1860, Tisbury, WIL, ENG **[32017]** : ALL, Wootton Bassett, WIL, ENG **[33247]**
SELLYN : William, PRE 1596, Brede, SSX, ENG **[36365]**
SELMAN : 1840S, ONT, CAN **[15286]** : C1830, ENG **[15286]** : 1750+, WIL, ENG **[20949]**
SELMES : 1600+, Bletchingley, SRY, ENG **[35147]**
SELOUS : Elizabeth, PRE 1810, St.Brelade & St.Aubin, JSY, CHI **[41477]**
SELVEY : 1800S, Greenwich & Footscray, KEN, ENG **[35561]**
SELWAY : ALL, Dunkeswell & Sheldon, DEV, ENG **[45766]** : ALL, SOM, ENG **[45766]** : 1700-1900, Burrington, SOM, ENG **[18376]** : Worthy, 1890S, Compton Dundon, SOM, ENG **[14188]** : Harriet, 1804-1849, Nagpur, MAHARASHTRA, INDIA **[46464]**
SELWOOD : PRE 1850, BRK, GLS & WIL, ENG **[42821]** : PRE 1900, Hawkesbury, GLS, ENG **[35177]** : PRE 1860, Alvediston, WIL, ENG **[32017]**
SELWYN : 1750-1850, GLS, ENG **[15098]** : Elizabeth, PRE 1792, GLS, ENG **[25354]**
SEMAIN : PRE 1800, London, ENG **[36365]**
SEMFEL : Wilhelm, PRE 1860, GER **[33416]**
SEMMENS : 1800+, CON, ENG **[11918]** : 1800S, Redruth, CON, ENG **[11918]**
SEMOTIUK : PRE 1860, Sniatyn, UKR & OES **[99443]**
SEMPLE : 1900+, NSW, AUS **[10581]** : Hugh, 1840+, VIC, AUS **[46320]** : Robert, 1840-1922, Geelong, VIC, AUS **[46320]** : Peter, 1890-1950, Kerang, VIC, AUS **[46320]** : 1855, Warrnambool, VIC, AUS **[10985]** : Allen, 1835+, Donaghadee, DOW, IRL **[46320]** : 1800, MOG, IRL **[31574]** : PRE 1900, Glasgow, LKS, SCT **[10581]** : 1800-1850, Lesmahagow, LKS, SCT **[13326]**
SENIOR : 1700+, Liverpool, LAN & WRY, ENG **[38907]** : C1820, Westminster, MDX, ENG **[36084]** : PRE 1800, SOM, ENG **[10254]** : ALL, WRY, ENG **[29409]** : ALL, Ecclesfield, WRY, ENG **[38968]** : William, PRE 1920, Sheffield & Kirkburton, WRY, ENG **[16233]**
SEPPINGS : ALL, WORLDWIDE **[30804]**
SERCOMBE : ALL, DEV, ENG **[40871]** : William, PRE 1860, Dawlish, DEV, ENG **[41041]**
SERENA : C1750-1900, Venezia, ITL **[46196]**
SERESIER : Valencia, 1920, Warwick & Ipswich, QLD, AUS **[29479]**
SERGEANT : ALL, Hundon, SFK, ENG **[36492]** : Louisa, PRE 1798, Long Melford, SFK, ENG **[19766]**
SERLE : 1800+, Adelaide, SA, AUS **[45626]**
SERMON : 1460+, WOR, GLS & OXF, ENG **[18972]**
SERMON (see SURMAN) : **[18972]**
SERONG (see One Name Section) **[13004]**
SERONG-SERRAO : ALL, Madeira, PT **[12457]**
SERPANT : PRE 1900, MDX, ENG **[39554]**

SERVANT : PRE 1823, Rimouski, QUE, CAN **[22550]**
SERVENTI : ALL, WORLDWIDE **[16947]**
SERVICE : 1840+, Liverpool, LAN, ENG **[30120]** : 1854+, Glasgow, LKS, SCT **[12953]**
SESSIONS : 1820+, Cirencester, GLS, ENG **[45707]**
SETCHFIELD : 1800-1850, London, ENG **[13188]**
SETFORD : James, 1794-1850, Hadlow, KEN, ENG **[36538]** : Joseph, C1780-1840, KEN & SSX, ENG **[36538]**
SETLINGTON : PRE 1800, Whitby, NRY, ENG **[34782]**
SETON : 1800, St.Martin in the Fields, LND, ENG **[18340]** : 1830S, Brompton, MDX, ENG **[18340]** : 1814, Lambeth, SRY, ENG **[18340]** : ALL, WORLDWIDE **[41950]**
SETT : Louis, 1834-1913, Wainfleet, ONT, GER & CAN **[17033]**
SETTELE : ALL, BAD, GER **[33876]**
SETTERTREE : 1700S, Westwell, KEN, ENG **[20729]**
SETTLE : 1830+, Debenham, SFK, ENG **[10394]** : C1810, Newtown, MGY, WLS **[45203]**
SEVERINO : 1830+, Carisbrook, VIC, AUS **[20975]**
SEVERN : William, C1780, LAN, ENG **[10649]** : 1890+, Stepney, MDX, ENG **[28495]**
SEVIOUR : 1800+, Shepton Mallet, SOM, ENG **[41370]**
SEWARD : 1600-1700, Drewsteignton, DEV, ENG **[21349]** : Hannah, 1750-1800, Weobly, HEF, ENG **[27039]** : PRE 1810, MDX, ENG **[27219]** : PRE 1900, MDX, ENG **[14656]** : Aaron, 1732-1780, VT & ME, ENG **[24674]**
SEWELL : Rachel, 1862+, Sydney, NSW, AUS **[11195]** : 1850+, Creswick, VIC, AUS **[12229]** : PRE 1850, Gosforth, CUL, ENG **[12229]** : Mary, 1806+, Great Orton, CUL, ENG **[41185]** : PRE 1750, ESS, ENG **[36821]** : 1760-1790, Broughton Astley, LEI, ENG **[39964]** : Mary, 1776+, Smeeton Westerby, LEI, ENG **[41185]** : 1800S, Great Yarmouth, NFK, ENG **[12974]** : 1800+, Thurlton, NFK, ENG **[13065]** : Elizabeth, 1805-1866, Carlton-Saxlingham, SFK, ENG **[42828]** : 1800-1900, Chertsey, SRY, ENG **[19876]** : 1700S, WES & CUL, ENG **[21221]** : 1850+, Wellington, NZ **[99598]** : PRE 1907, RSA **[12229]**
SEWILL : (Jewish), PRE 1900, Liverpool & London, ENG **[19854]**
SEWTER : Albert, 1864+, Higham, NFK, ENG **[25654]**
SEX : 1600-1900, UK **[29417]**
SEXBY : 1700-1800, Hawkhurst, KEN, ENG **[46255]**
SEXBY (see SAXBY) : **[11344]**
SEXEY : Charles Eamer, C1818, London, ENG **[37565]** : ALL, WORLDWIDE **[37565]**
SEXHIE (see SEXEY) : **[37565]**
SEXHY (see SEXEY) : **[37565]**
SEXIE (see SEXEY) : **[37565]**
SEXSTONE : PRE 1800, Coleshill, BRK, ENG **[45881]**
SEXTIE (see SEXEY) : **[37565]**
SEXTON : Mary Margaret, 1845-1930, Dalby & Brisbane, QLD, AUS **[36725]** : Bridget, 1860+, Bendigo, VIC, AUS **[12650]** : Ellen, 1860+, Bendigo, VIC, AUS **[12650]** : Helen, 1860-1950, Melbourne & London, VIC & LND, AUS & ENG **[26430]** : 1800S, London, ENG **[99010]** : PRE 1830, Frettenham & Hainford, NFK, ENG **[37709]** : 1650-1900, Suffield, Bacton & Gimmingham, NFK, ENG **[32505]** : John, 1840+, Mount Scott, CLA, IRL **[12650]** : PRE 1870, Ardee, LOU, IRL **[25672]** : Henry, 1800+, TIP, IRL **[11763]** : Eliz, C1800-62, LIM, IRL & AUS **[26430]** : 1800+, WORLDWIDE **[99010]**
SEXTY (see SEXEY) : **[37565]**
SEXY (see SEXEY) : **[37565]**
SEYBORNE : 1500-1600, Sutton, HEF, ENG **[29715]**
SEYFANG : ALL, WORLDWIDE **[33347]**
SEYMER : ALL, Hanford, DOR, ENG **[33347]**
SEYMOUR : PRE 1890, London, ENG **[16554]** : 1700+, Benington, HRT, ENG **[38488]** : PRE 1800, Little Mun-

SHA

den, HRT, ENG **[19216]** : 1880+, Hackney, LND, ENG **[13034]** : Frederick, 1850-1920, Uxbridge, MDX, ENG **[18271]** : 1800+, YKS, ENG **[28533]** : Kate, PRE 1840, IRL **[31153]** : 1813, Hartford, CT, USA **[26761]**
SHACKELL : ALL, ENG **[38349]** : 1600+, Holcombe Rogus, DEV, ENG **[38349]** : 1790-1820, Stanmore, MDX, ENG **[24878]**
SHACKLE : PRE 1781, MDX, ENG **[44111]** : PRE 1925, MDX, ENG **[44969]** : PRE 1730S, Wardington, OXF, ENG **[42083]**
SHACKLETON : Martha, C1845, Worsley, LAN, ENG **[22206]** : PRE 1850, LAN, KEN & HAM, ENG **[31186]** : 1840S, Bradford, YKS, ENG **[16149]** : ALL, Bradford, YKS, ENG **[13315]** : Sarah, 1750+, Heptonstall, YKS, ENG **[10839]** : 1700+, Settle, YKS, ENG **[25237]**
SHACKLOCK : 1800S, Nottingham, NTT, ENG **[10790]**
SHADBOLT : PRE 1820, Datchworth, HRT, ENG **[42518]**
SHADDICK : 1700-1850, Bishops Tawton, DEV, ENG **[43932]** : 1799, High Bickington, DEV, ENG **[40257]** : 1700-1850, Tawstock, DEV, ENG **[43932]**
SHADDOCK : 1812+, South Molton, DEV, ENG **[11144]** : 1700S, Warkleigh & Chittlehampton, DEV, ENG **[40257]**
SHADELOW : ALL, NFK, ENG **[31079]**
SHADFORTH : ALL, Hartlepool, DUR, ENG **[39272]**
SHADWELL : 1800+, Melksham, WIL, ENG **[32882]**
SHAE : 1800+, IRL **[37329]**
SHAIL : PRE 1900, WIL, ENG **[45046]**
SHAKESPEAR(E) : 1700+, Banbury, OXF, NTH & BKM, ENG **[99418]**
SHAKESPEARE : Mary, PRE 1720, WAR, ENG **[35577]**
SHALDRICK : 1750+, Kings Lynn, NFK, ENG **[21218]**
SHALE : PRE 1900, Birmingham, WAR, ENG **[18018]** : 1700+, Birmingham, WAR & WOR, ENG **[25598]**
SHAMBROOK : PRE 1880, HRT, ENG **[17094]** : PRE 1820, Hertford, HRT, ENG **[18018]** : ALL, WORLD-WIDE **[18134]**
SHAMBROOK (see One Name Section) **[18134]**
SHAMBROOKE : ALL, WORLDWIDE **[18134]**
SHANAHAN : 1884+, Moree, NSW, AUS **[11462]** : C1858+, Inglewood & Geelong, VIC, AUS **[36751]** : 1800+, Rokewood, VIC, AUS **[11877]** : C1828, Mitchelstown, COR, IRL **[29149]** : PRE 1850, KER, IRL **[42821]** : Catherine, C1825, LIM, IRL **[13326]** : PRE 1858, Garrangreena & Glenkeen, TIP, IRL **[36751]**
SHAND : PRE 1900, ONT, CAN **[26704]** : 1830S, Southwark, SRY, ENG **[16980]** : PRE 1780, ABD, SCT **[19064]** : 1700+, Inverkeithny, BAN, SCT **[10591]** : 1825, Sutherland, ELN, SCT **[97805]** : PRE 1870, Glasgow & Edinburgh, LKS & MLN, SCT **[26704]** : 1830-1850, Edinburgh, MLN, SCT **[12331]**
SHANE : Mary, C1840, Border of, COR & LIM, IRL **[10610]**
SHANKLAND : PRE 1860, Kirkmichael, DFS, SCT **[42752]** : ALL, WORLDWIDE **[19529]**
SHANKLAND (see One Name Section) **[19529]**
SHANN : 1650-1850, Heslington, ERY, ENG **[30137]** : ALL, WRY, ENG **[21232]** : PRE 1840, Farnham, YKS, ENG **[18806]** : PRE 1840, Staveley, YKS, ENG **[18806]**
SHANNAN : PRE 1784, Cummertrees, DFS, SCT **[42755]** : PRE 1784, Kirkbean, KKD, SCT **[42755]**
SHANNAN-RIDDICK : 1864+, Moffat, DFS, SCT **[42755]**
SHANNON : Ann, 1845+, Kelso & Bathurst, NSW, AUS **[10998]** : James, PRE 1890, Lucindale, SA, AUS **[14306]** : Wm & Abraham, 1850+, Moculta, SA, AUS **[14306]** : PRE 1853, STS, ENG & IRL **[46327]** : Wm, PRE 1850, Limavady, LDY, IRL **[14306]** : PRE 1784, Cummertrees, DFS, SCT **[42755]** : PRE 1784, Buittle, KKD, SCT **[42755]** : PRE 1784, Colvend, KKD, SCT **[42755]** : 1850-1870, Evanston, IL, USA **[22683]**
SHAPCOTT : 1860+, Poplar & Limehouse, MDX, ENG **[45734]**

SHAPLAND : 1700, Kings Nympton, DEV, ENG **[24981]**
SHAPLEY : ALL, Heavitree, Exeter, DEV, ENG **[27868]**
SHAPTON : Jane, PRE 1800, Moltons, DEV, ENG **[37200]**
SHARD : 1760+, Coventry, WAR, ENG **[99106]**
SHARDALOW : 1800+, Thorpe next Haddiscoe, NFK, ENG **[13065]**
SHARE : 1900+, Grimsby & Lincoln, LIN, ENG **[25644]**
SHARKETT : 1800S, Boyle, ROS, IRL **[28948]**
SHARKEY : 1800S, Bourke, NSW, AUS **[29612]**
SHARLAND : 1718+, Washfield, DEV, ENG **[21759]** : Elizabeth, PRE 1830, Westeignmouth, DEV, ENG **[41041]**
SHARMAN : Harry, 1920S, London, ENG **[34211]** : 1750-1840, ESS & SFK, ENG **[36533]** : 1800S, Withern, LIN, ENG **[46437]** : PRE 1850, NFK, ENG **[24945]** : Eleanor, C1815, Ilketshalls & Bungay, SFK, ENG **[19766]** : 1700-1800, Stockton, WAR, ENG **[18670]**
SHARP : 1853+, Cooma & Sutton, NSW, AUS **[11462]** : Sarah Jane, 1800+, Melbourne, VIC, AUS **[33533]** : James Hollow, 1800+, Mortlake & Warrnambool, VIC, AUS **[33533]** : John, 1805-C1840, Chambly, QUE, CAN **[42890]** : Robert, 1802+, Montreal, QUE, CAN **[42890]** : Henry, 1808+, Montreal, QUE, CAN **[42890]** : 1600-1900, Compton Abbas, DOR, ENG **[14901]** : 1900+, Barking, ESS, ENG **[46421]** : James Hollow, 1800+, Hamford & Ketchin, ESS, ENG **[33533]** : 1760+, Hambledon, HAM, ENG **[12078]** : Agnes, PRE 1880, Southampton & Romsey, HAM, ENG **[44939]** : 1841+, Aldbury, HRT, ENG **[12367]** : Eden, C1845, Barnet, HRT, ENG **[32050]** : PRE 1880, Chatham, KEN, ENG **[34876]** : 1750-1850, Cliffe, KEN, ENG **[46255]** : 1795+, Rochester, KEN, ENG **[99598]** : PRE 1900, Leicester, LEI, ENG **[45054]** : C1784, Hibaldstow & Flixborough, LIN, ENG **[13004]** : Elizabeth, C1830, Hanover Square, LND, ENG **[44968]** : 1850-1900, St.Pauls Deptford, LND, ENG **[46421]** : PRE 1870, Catsfield, SSX, ENG **[30678]** : 1800-70, Henfield, SSX, ENG **[46421]** : Sir James, PRE 1830, Halifax & Shelf, WRY, ENG **[37445]** : ALL, Idle, WRY, ENG **[40719]** : 1810-25, Leeds, WRY, ENG **[46420]** : PRE 1830, Otley, WRY, ENG **[30310]** : PRE 1855, YKS, ENG **[45796]** : C1990, Leeds, YKS, ENG **[28755]** : Sarah Jane, 1800+, Hamford, Warrnambool & Mortlake, ESS & VIC, ENG & AUS **[33533]** : Sarah Jane, 1800+, Mortlake & Warrnambool, ESS & VIC, ENG & AUS **[33533]** : ALL, Kitchen, SSX & VIC, ENG & AUS **[33533]** : 1800-1890, Dundee, ANS, SCT **[34349]** : PRE 1750, Kilwinning, AYR, SCT **[44078]** : 1700-1850, Rothiemay, BAN, SCT **[10591]** : 1750-1850, Rothesay, BUT, SCT **[46385]** : John, C1750, Alloa, CLK, SCT **[10119]** : 1800+, Dollar, CLK, SCT **[44202]** : ALL, Glasgow, LKS, SCT **[39994]** : 1720-1760, PER, SCT **[24567]** : C1834, Auchterarder, PER, SCT **[31517]** : PRE 1800, Linlithgow, WLN, SCT **[14045]** : William, C1754-1811, FIF, SCT & CAN **[42890]** : Samuel, 1600S, Salem, MA, USA & ENG **[22796]**
SHARPE : 1700+, Dronfield & Holmesfield, DBY, ENG **[18329]** : Edward, 1800S, LIN, ENG **[36402]** : C1822, Fiskerton, LIN, ENG **[27369]** : PRE 1895, Hulls, LIN, ENG **[46476]** : PRE 1860, Lincoln, LIN, ENG **[31316]** : 1760S-1821, Wilsford & Grantham, LIN, ENG **[17366]** : 1850, Rock, NBL, ENG **[14959]** : C1813+, Thorpe Morieux & Haverhill, SFK, ENG **[11462]** : Annie, PRE 1887, YKS, ENG **[45893]** : 1885+, Skipton, YKS, ENG **[39301]** : 1800+, CAV, IRL **[45202]** : PRE 1885, Portland, USA **[99093]**
SHARPHOUSE : 1750S, Wakefield, YKS, ENG **[35184]**
SHARPIN : PRE 1880, Kings Lynn, NFK, ENG **[26662]**
SHARPLES : 1916+, Redfern, NSW, AUS **[31762]** : C1860, Alleyroyds, LAN, ENG **[21129]** : 1800-1850, Heapey, LAN, ENG **[39536]** : Nathaniel, 1800S, Oswaldtwistle, LAN, ENG **[21129]** : PRE 1860, Oswaldtwistle, LAN, ENG **[21129]** : Sarah, 1800-1810, SAL, ENG **[39651]** : 1907+, Dundee, ANS, SCT **[46259]**

SHARRATT : 1829, Mackworth, DBY, ENG **[30714]**
SHARRETT : PRE 1880, HAM & DEV, ENG **[30022]**
SHARROCK : PRE 1818, Longton & Blackburn, LAN, ENG **[36299]**
SHARROD : PRE 1850, Sevenoaks, KEN, ENG **[11536]**
SHARROW : 1780+, Kilburn, YKS, ENG **[20975]**
SHARY : James, PRE 1800, IRL **[19258]**
SHATTOCK : ALL, ENG **[30560]** : Thomas L., PRE 1856, Bristol, GLS, ENG **[19759]** : ALL, SOM, ENG **[30560]** : C1750, SOM, ENG **[31153]** : 1750+, Bedminster, SOM, ENG **[19759]** : PRE 1777, Wellington, SOM, ENG **[19759]**
SHAUNCE : David, 1767-1870, NY & WI, USA **[24674]**
SHAVER : C1800, Rockingham Co., VA, USA **[46467]**
SHAVES : C1900+, Dagenham & Billericay, ESS, ENG **[31902]** : C1900+, Bethnal Green, LND, ENG **[31902]**
SHAW : 1890+, AUS **[46250]** : 1830+, Penshurst, NSW, AUS **[45811]** : Thomas, 1818-1872, Singleton, NSW, AUS **[30512]** : 1860, Wagga Wagga, NSW, AUS **[41420]** : William, 1866+, Kedron Brook, QLD, AUS **[14002]** : C1900, Ottawa, ONT, CAN **[16513]** : PRE 1800S+, Caddington, BDF, ENG **[42909]** : PRE 1900, Soham, CAM, ENG **[28275]** : 1800+, CHS, ENG **[32804]** : 1700+, Macclesfield, CHS, ENG **[14002]** : 1850+, New Mills, DBY, ENG **[30120]** : 1750-1800, West Hallam, DBY, ENG **[34967]** : Diana, 1808+, DEV, ENG **[44411]** : 1750-1875, Aspenden, HRT, ENG **[17523]** : ALL, KEN, ENG **[20949]** : 1840+, Ashton-in-Makerfield, LAN, ENG **[28787]** : Elizabeth, PRE 1900, Bolton, LAN, ENG **[10699]** : PRE 1840, Lindale & Cartmel, LAN, ENG **[19964]** : 1830-1870, Liverpool, LAN, ENG **[46200]** : PRE 1900, Liverpool, LAN, ENG **[15400]** : PRE 1830, Lower Darwen, LAN, ENG **[44078]** : 1750-1850, Manchester, LAN, ENG **[44078]** : C1880, Salford & Manchester, LAN, ENG **[30120]** : ALL, Preston & Saddleworth, LAN, WRY & SRY, ENG **[28585]** : PRE 1800, Coleorton, LEI, ENG **[46452]** : PRE 1860, LND, ENG **[37174]** : PRE 1730, Stepney, LND, ENG **[17523]** : 1750-1770, MDX, ENG **[36282]** : 1800+, Hardingstone, NTH, ENG **[46250]** : PRE 1860, Harleston & Harpole, NTH, ENG **[42745]** : 1870+, Wellington, SAL, ENG **[42780]** : 1700-1850, Carshalton, SRY, ENG **[20416]** : Joseph, 1817+, Barcome & Lewes, SSX, ENG **[40052]** : 1875+, Brighton, SSX, ENG **[40052]** : 1750+, Lewes & Brighton, SSX, ENG **[40052]** : Elizabeth, 1852+, Lewes & Brighton, SSX, ENG **[40052]** : ALL, STS, ENG **[43317]** : PRE 1800, Chesterton, STS, ENG **[18501]** : PRE 1860, Fenton, STS, ENG **[45879]** : 1800+, Willenhall & Dudley, STS, ENG **[30147]** : 1800+, Shrewley, WAR, ENG **[27393]** : ALL, Southam & Daventry, WAR & NTH, ENG **[18972]** : Agnes, 1830S, WES, ENG **[10489]** : 1800S, Stourbridge, WOR, ENG **[33559]** : Susanna, PRE 1700, Kirkburton, WRY, ENG **[16233]** : George, C1634, Slaidburn, WRY, ENG **[18957]** : PRE 1850, Slaithwaite, WRY, ENG **[24873]** : Alice, C1847, Southowram & Halifax, WRY, ENG **[26430]** : 1650-1750, Stannington, WRY, ENG **[12641]** : PRE 1878, Barnsley, YKS, ENG **[28747]** : John, 1850+, Holbeck & Leeds, YKS, ENG **[12739]** : George, 1830+, Leeds, YKS, ENG **[12739]** : George Battey, 1857+, Leeds, YKS, ENG **[12739]** : William, 1878-1937, Leeds, YKS, ENG **[12739]** : Thomas Henry, 1881+, Leeds & Holbeck, YKS, ENG **[12739]** : Hannah, C1741-1820, North Ferriby, YKS, ENG **[27325]** : William, C1800, Sheffield, YKS, ENG **[19497]** : PRE 1900, Slaithwaite, YKS, ENG **[25162]** : 1625+, Ballygally, ANT, IRL **[16075]** : 1850+, Turmoura, ARM, IRL **[27219]** : PRE 1813, Newry, DOW, IRL **[13655]** : PRE 1795, DOW & ANT, IRL **[39459]** : PRE 1883, Newry & Belfast, DOW & ANT, IRL **[13655]** : 1750-1850, TIP, IRL **[21983]** : PRE 1850, ABD, SCT **[25992]** : PRE 1835, Aberdeen, ABD, SCT **[37058]** : 1700+, Tiree, ARL, SCT **[29113]** : 1700S, Riccarton, AYR, SCT **[25070]** : 1825+, Macduff, BAN, SCT **[21104]** : ALL, Crocketford, DFS, SCT **[21763]** : PRE 1850, Kircudbrightshire, DFS, SCT **[46200]** : Alexander, 1800+, Dores, INV, SCT **[45699]** : 1800+, New Galloway, KKD, SCT **[42780]** : Grace, C1884, Anderston & Glasgow, LKS, SCT **[44207]** : Mary, C1775, MLN, SCT **[37568]** : Margaret, 1794, Kirkmichael, PER, SCT **[15931]** : 1700-90, Bo'Ness, WLN, SCT **[25979]** : PRE 1900, USA **[22725]** : Gladys (Mrs), 1935-70, Detroit, MI, USA **[19678]** : Robert, 1950+, WA, USA **[21093]** : John, 1600S, Middleboro, MA, USA & ENG **[22796]** : ALL, WORLDWIDE **[22088]**
SHAWCROSS : 1840+, Manchester, LAN, ENG **[45803]**
SHAWL : Hannah, C1760+, Hillington, NFK, ENG **[25654]**
SHAYLER : Richard, 1700+, Culham, OXF, ENG **[30950]** : 1750+, Leafield, OXF, ENG **[34440]**
SHAYLOR : 1750+, Culham, OXF, ENG **[30950]**
SHEA : 1800+, IRL **[37329]** : John, PRE 1831, KER, IRL **[29314]** : PRE 1862, Tralee, KER, IRL **[27719]** : Denis, 1800-70, Tuosist, KER, IRL **[37619]** : Jeremiah, 1825-60, Tuosist, KER, IRL **[37619]** : 1750-1850, Emly, TIP, IRL **[42913]** : Catherine, 1830-1910, Tipperary, TIP, IRL **[38707]** : 1800-1860, WAT, IRL **[37329]** : 1800-1850, Glendalough, WIC, IRL **[30488]**
SHEAD : ALL, ESS, ENG **[45046]** : PRE 1810, Bocking, ESS, ENG **[18700]** : 1800+, Rayne, ESS, ENG **[44954]** : PRE 1750, South Weald, ESS, ENG **[46490]**
SHEAHAN : John, PRE 1845, Newmarket, CLA, IRL **[11587]** : C1835, Limerick, LIM, IRL **[12470]**
SHEARD : ALL, WRY, ENG **[19064]** : PRE 1900, Batley, WRY, ENG **[20729]** : PRE 1800, Kirkheaton, WRY, ENG **[12060]** : Mary, C1850, Mirfield, WRY, ENG **[16125]** : 1870+, Ovenden & Halifax, WRY, ENG **[21655]** : PRE 1841, Woodkirk & East Ardsley, WRY, ENG **[19064]**
SHEARDLEY : 1800+, LAN, ENG **[34119]**
SHEARER : 1850, Clare, SA, AUS **[25658]** : 1850+, Gladstone & Willowie, SA, AUS **[14346]** : PRE 1840, IRL **[12408]** : 1780+, Carnmoney, ANT, IRL **[30808]** : 1780-1880, NORTHERN, IRL **[30808]** : Samuel, 1800-1857, Clonfeacle, TYR, IRL **[30808]** : 1770+, Omagh, TYR, IRL **[30808]** : ALL, SCT **[29810]** : 1750-1900, Rhynie & Huntly, ABD, SCT **[33820]** : C1840, OKI, SCT **[25658]** : PRE 1935, Stronsay, OKI, SCT **[36624]**
SHEARLAW : ALL, SCT **[39949]**
SHEARMAN : C1860-1900S, Ballarat & Tower Hill, VIC, AUS **[14388]** : 1800-1900, London, ENG **[21788]** : Harry, 1920S, London, ENG **[34211]** : 1800+, Steeple Bumpstead, ESS, ENG **[39495]** : ALL, Greenwich, KEN, ENG **[31072]** : 1800-1900, LAN, ENG **[21788]** : PRE 1850, Orton & Shap, WES, ENG **[41477]** : Harry, 1893, Stepney, YKS, ENG **[34211]** : 1830S-1880S, Ballycallan & Tullaroan, KIK, IRL **[14388]**
SHEARN : William, 1821-1848, UK & AUS **[44314]**
SHEARS : 1800-1850, AUS **[46303]** : ALL, VIC, AUS **[98637]** : PRE 1850, DEV, ENG **[98637]** : 1700, North Bovey, DEV, ENG **[40257]** : 1880+, Nately Sanes, HAM, ENG **[13034]** : PRE 1770, West Tytherley, HAM, ENG **[20458]** : PRE 1870, Winiterslow, WIL, ENG **[46303]**
SHEARSTON : ALL, Sheffield, YKS, ENG **[46429]**
SHEARWIN : 1700-1850, Long Marstn, WAR & YKS, ENG **[99522]**
SHEARWOOD : 1780+, Reading, BRK & KEN, ENG **[29520]**
SHEASBY : C1855+, VIC, AUS **[36751]** : PRE C1855, St.Lukes, LND, ENG **[36751]**
SHEATH : 1850+, VIC, AUS **[37329]** : 1800+, ENG **[37329]** : 1800+, Gosport, HAM, ENG **[37329]**
SHEATHER : Stephen, C1815-1839, Ninfield & East Dean, SSX, ENG **[46245]** : Mary Ann, 1830-1840, West Hastings, SSX, ENG **[11629]**
SHEBLER : 1780-1850, Berlin, BLN, BRD **[46361]**
SHEDDAN : Margaret, C1800S, Campbeltown, ARL, SCT **[34038]**
SHEEAN : 1900+, NSW, AUS **[40795]**

SHEEHAN : 1860S, Boorowa, NSW, AUS **[10642]** : C1850, Braidwood, NSW, AUS **[10642]** : 1856+, Campbells Creek, VIC, AUS **[12470]** : Daniel, 1858+, Kyneton, VIC & SA, AUS **[33219]** : 1820-1845, Cork, COR, IRL **[30071]** : Daniel, PRE 1850, Mallow, COR, IRL **[33219]** : Jeremiah, 1820S, Queenstown, COR, IRL **[25654]** : ALL, Youghal, COR, IRL **[34797]**
SHEEHEY : Harriet, 1857, Somerville Twp, ONT, CAN **[29528]**
SHEEHY : PRE 1870, ENG **[29810]** : Mary Ann, 1830S, LIM, IRL **[36112]**
SHEELES : C1750, Bloomsbury, MDX & VA, ENG & USA **[30246]**
SHEELEY : 1800+, LIM, IRL **[22118]**
SHEEN : George, 1814, ENG **[36275]** : Kate, 1854, Chelsea, MDX, ENG **[36275]** : Louisa, 1847, Lambeth, SRY, ENG **[36275]** : 1750+, RAD, WLS **[14744]**
SHEERE : 1860+, Bridgwater & Montacute, SOM, ENG **[45707]**
SHEERLAW : ALL, SCT **[39949]**
SHEFFIELD : PRE 1750, Hardwicke, BKM, ENG **[32294]** : C1700, Wymeswold, LEI, ENG **[37795]**
SHEHAN : 1870S, Perth, WA, AUS **[28013]**
SHEILDS : Margaret, 1830-90, LDY, IRL **[46388]**
SHEILLS : Hannah, 1752, BEW, SCT **[16842]**
SHEILS : C1796, KID, IRL **[45687]**
SHEIRCLIFFE : 1800+, Bandon, Newmarket & Mallow, COR, IRL **[13037]** : 1830S, Mallow, COR, IRL **[12237]**
SHEIRLAW : ALL, SCT **[39949]**
SHEIRWOOD : 1832, STS, ENG **[40807]**
SHELDON : 1750-1800, Oxford, OXF, ENG **[12641]** : ALL, SAL, STS & WOR, ENG **[20824]** : ALL, STS, ENG **[44223]** : PRE 1765, Tipton, STS, ENG **[17626]** : 1850, Oldbury, WOR, ENG **[32296]** : 1700+, USA **[16362]**
SHELDRAKE : 1800-1900, Bramford, SFK, ENG **[33347]** : 1800S, Mortlake, London, SRY, ENG **[46001]**
SHELDRICK : Eleanor, 1875, Forest Gate, ESS, ENG **[10993]** : ALL, Hampstead, LND, ENG **[18713]** : 1870+, Settle & Barnoldswick, WRY, ENG **[33347]**
SHELFORD : 1850-1950, NZ **[38290]** : 1830+, ST.KITTS, W.INDIES **[38290]**
SHELL : PRE 1900, Batheaston, SOM, ENG **[12708]** : ALL, WIL, ENG **[34582]**
SHELLARD : 1820-1850, Leicester, LEI, ENG **[14306]** : 1800-1810, Bristol, SOM, ENG **[14306]**
SHELLEY : David James, 1878-1900, St.Leonards, NSW, AUS **[34140]** : 1890+, Sydney, NSW, AUS **[46373]** : 1900+, Brisbane, QLD, AUS **[45078]** : PRE 1850, Wandsworth, SRY, ENG **[31302]** : Elizabeth, C1830, STS, ENG **[99590]** : PRE 1800, Norton le Moors, STS, ENG **[29373]** : David James, 1812-1883, Wolverhampton, STS, ENG **[34140]** : 1840-1860, LEX, IRL **[99047]** : Joseph, PRE 1917, Coromandel, AKD, NZ **[21132]** : 1850+, TVL, RSA **[22118]** : 1750-1850, UK **[46461]**
SHELSWELL : PRE 1860, Lighthorne, WAR, ENG **[29626]**
SHELTON : John & Ann, 1880+, Portland, VIC, AUS **[12320]** : 1850+, Woodend, VIC, AUS **[31413]** : PRE 1850, Addington, BKM, ENG **[31413]** : Benjamin, PRE 1755, Leicester, LEI, ENG **[34975]** : 1814, London, MDX, ENG **[14542]** : ALL, Blymhill & Wolverhampton, STS, ENG **[20824]**
SHELVOAK : ALL, Willenhall, STS, ENG **[43879]**
SHELVOKE : ALL, SAL, ENG **[43879]**
SHENNAN : PRE 1784, Buittle, KKD, SCT **[42755]**
SHENTON : 1800+, Liverpool & St.Helens, LAN, ENG **[19964]**
SHEPHARD : 1810-1830, Killamarsh, DBY, ENG **[30457]** : Victoria, 1897, Hull, ERY, ENG **[16681]** : Mary, 1897, Hull, ERY, ENG **[16681]** : 1800S, Rochdale, LAN, ENG **[34112]** : 1800, St.Johns Wood, LND, ENG **[31574]** : Wm & Mary, 1849-1910, Driffield, YKS, ENG **[16681]** : 1700+, Horsington, SOM, ENG &

AUS **[45652]** : Jane, 1860-1901, ENG, USA & NZ **[41340]**
SHEPHEARD : C1630, Horsley, GLS, ENG **[19759]** : PRE 1620, Preston Capes, NTH & WAR, ENG **[45758]**
SHEPHERD : 1820+, NSW, AUS **[11572]** :Rose Hannah, 1838-1879, East Maitland & Warkworth, NSW, AUS **[11279]** : John & Jessie, C1842, Marulan, NSW, AUS **[11781]** : Robert, 1788-1900S, Sydney & Windsor, NSW, AUS **[14388]** : PRE 1936, Tingha, NSW, AUS **[10664]** : Sidney, C1895, QLD, AUS **[10610]** : 1880+, Torrensville, SA, AUS **[14346]** : 1850+, VIC, AUS **[41430]** : 1850, Minmi & Cessnock, NSW, AUS & SCT **[38627]** : 1800S, Cardigan Bridge, PEI, CAN **[15400]** : PRE 1717, Mullion, CON, ENG **[14030]** : 1817, Clawton, DEV, ENG **[45916]** : PRE 1870, Piddletown, DOR, ENG **[36952]** : 1870+, Southend-on-Sea, ESS, ENG **[36952]** : 1800-1850, Aust, GLS, ENG **[30302]** : PRE 1800, Haventy, HAM, ENG **[46163]** : 1800S, South Stoneham, HAM, ENG **[18273]** : PRE 1830, Aldenham & Elstree, HRT, ENG **[10664]** : C1794, Ulverston, LAN, ENG **[30880]** : ALL, Prestwold, LEI, ENG **[20606]** : C1700, Wymeswold, LEI, ENG **[37795]** : 1700-1900, LIN, ENG **[12401]** : ALL, LIN, ENG **[20773]** : 1800-1900, Lincoln, LIN, ENG **[39357]** : C1907, Paddington, LND, ENG **[46447]** : 1800-1900, Stepney, LND, ENG **[39357]** : Thomas, 1866, MDX, ENG **[41340]** : PRE 1851, Hornsey, MDX, ENG **[10664]** : 1900+, MDX & LND, ENG **[36952]** : PRE 1680, Lilford cum Wigsthorpe, NTH, ENG **[10850]** : PRE 1800, Clifton, NTT, ENG **[35619]** : C1750, Fritwell, OXF, ENG **[33642]** : 1783-1930S, Lamyatt & Wyke Champflower, SOM, ENG **[39377]** : 1650-1750, Aldbourne, WIL, ENG **[99433]** : William, 1824, Collingham, WRY, ENG **[39247]** : Jane, 1860-1901, ENG, USA & NZ **[41340]** : ALL, Swannanoa, CBY, NZ **[39671]** : 1837+, Cruden, ABD, SCT **[12953]** : 1720+, Logie & Colstone, ABD, SCT **[12953]** : 1600+, Newhills, ABD, SCT **[10591]** : 1787+, Udny, ABD, SCT **[12953]** : 1820-1850, Dundee, ANS, SCT **[41430]** : C1780, Rescobie, ANS, SCT **[16096]** : PRE 1850, Clackmannan, CLK, SCT **[39671]** : John, 1823+, Beath, FIF, SCT **[38627]** : 1775+, Dunfermline, FIF, SCT **[11090]** :1850+, Saline, FIF, SCT **[40792]** : ALL, LKS & ABD, SCT **[43933]**
SHEPHERDSON : 1800S, Marfleet & Hull, ERY, ENG **[25644]**
SHEPLEY : PRE 1870, Glossop, DBY, ENG **[18500]**
SHEPPARD : 1890+, Edmonton, ALB, CAN **[36292]** : Jas, 1814-1890, Clinton & Goderich, ONT, CAN **[16273]** : 1800-1860, Chislehurst, KEN, ENG **[36292]** : 1870+, Leicester, LEI, ENG **[30147]** : George, 1844, Islington, LND, ENG **[45876]** : 1860+, L.Bowden, NTH, ENG **[30120]** : Mercia, 1826, East Harptree, SOM, ENG **[40055]** : 1800-1870, Frome, SOM, ENG **[31259]** : PRE 1870, Kewstoke, SOM, ENG **[30147]** : Henrietta, C1903, Guildford, SRY, ENG **[17008]** : 1660+, Fittleton, WIL, ENG **[11144]** : PRE 1850, Winterslow, WIL, ENG **[46303]** : 1700+, SOM & NSW, ENG & AUS **[28108]** : George, PRE 1832, TIP, IRL **[16273]**
SHEPPERSON : 1869+, Nottingham, NTT, ENG **[45584]**
SHERACK : 1852-1989, Minto, NSW, AUS **[10782]** : 1950-1989, New York, NY, USA **[10782]**
SHERAR : ALL, Mohill & Cloone, LET, IRL **[12363]**
SHERBORNE (see One Name Section) **[21003]**
SHERDLEY : 1800+, LAN, ENG **[34119]**
SHERGOLD : 1840+, Shoalhaven & Newcastle, NSW, AUS **[13584]** : 1700+, Staines, MDX, ENG **[19895]** : PRE 1838, WIL, ENG **[13584]** : 1750+, Wilton, WIL, ENG **[19895]** : ALL, NZ **[40905]**
SHERIDAN : 1841+, Collector, NSW, AUS **[10562]** : 1845+, Rylstone, NSW, AUS **[10317]** : 1800-50, West Teignmouth, DEV, ENG **[11661]** : 1840-1875, CAV, IRL **[46361]** : PRE 1730, Killashandra, CAV, IRL **[33428]** : PRE 1841, KID, IRL **[10562]** : Patrick, PRE 1840, MEA, IRL **[42479]** : 1700-1820, Oldcastle, MEA, IRL

[27140] : PRE 1842, Newton Barry, WEX, IRL [10317] : ALL, IRL & AUS [46317]
SHERIFF : C1770, Holborn & London, MDX, ENG [11773]
SHERIFFE : C1770, Holborn & London, MDX, ENG [11773]
SHERIFFS : 1760, Alvah, BAN, SCT [13437]
SHERIN : 1800-1857, Clonfeacle, TYR, IRL [30808]
SHERLAW : ALL, SCT & CAN [39949]
SHERLOCK : S., 1868-1952, AUS [36664] : George, 1850+, Terowie, SA, AUS [34643] : PRE 1850, Cockermouth, CUL, ENG [30870] : PRE 1850, Bosham, SSX, ENG [18147] : Mary Anne, 1770+, CAR, IRL [31446] : 1800S, CBY, NZ [21093] : 1800S, WEL, NZ [21093]
SHERMAN : 1860S-1900S, Hamilton & Colac, VIC, AUS [14388] : 1800+, NB, CAN [99433] : 1750-1850, Golant, CON, ENG [43916] : 1800+, Steeple Bumpstead, ESS, ENG [39495] : 1800+, London, MDX, ESS & SRY, ENG [39495] : 1800+, Boston, MA, USA [39495]
SHERMER : 1800-1850, GLS, ENG [97850]
SHERRARD : ALL, LND, MDX & SRY, ENG [30248]
SHERRATT : John, PRE 1800, St.Martin in the Fields, LND, ENG [21175] : John, PRE 1834, Merrow, SRY, ENG [21175] : John, PRE 1826, Woking, SRY, ENG [21175] : 1700S, Blithfield, STS, ENG [14901] : C1700+, Baddesley Ensor, WAR, ENG [22014]
SHERRELL : William, 1800-1907, Egg Buckland, DEV & NSW, ENG & AUS [10604]
SHERRICK : 1800-1875, Markham Twp, ONT, CAN [25237]
SHERRIFF : Thomas, 1881+, Hillingdon, MDX, ENG [14851]
SHERRIN: PRE 1900, ABD & BAN, SCT [27531]
SHERRING : ALL, AUS [43453] : PRE 1830, WIL, ENG [41136]
SHERRINGHAM : PRE 1801, Kettlestone, NFK, ENG [11092]
SHERRINGTON : PRE 1920, SRY, ENG [44969] : PRE 1900, YKS & DUR, ENG [19529] : C1813, UK [14030]
SHERRIS : 1800S, Scilly Isles, CON, ENG [99545] : PRE 1800, Kintore, ABD, SCT [26870]
SHERRY : ALL, Braintree, ESS, ENG [19258] : ALL, East London, MDX, ENG [19258] : John, PRE 1800, East London, MDX, ENG [19258] : James, PRE 1800, IRL [19258]
SHERWELL : 1770+, LND & DEV, ENG [34861]
SHERWIN : C1858, Monmouth, DEV, ENG [21975] : 1750+, STS, ENG [35186] : PRE 1900, Birmingham, WAR, ENG [46414] : C1835, Newport, MON, WLS [21975]
SHERWOOD : 1830+, Hobart, TAS, AUS [12327] : 1780+, Reading, BRK & KEN, ENG [29520] : ALL, Yarm & Kirby Sigston, NRY, ENG [34682] : PRE 1700, Hellingly, SSX, ENG [19782] : 1709+, Kilfinnane, LIM, IRL [11036]
SHETFORD : PRE 1700, St.Just, CON, ENG [11873]
SHEWAN : 1750, Longside, ABD, SCT [24637]
SHEWBRIDGE : ALL, WORLDWIDE [17931]
SHEWRING : Abraham, C1740+, Melksham, WIL, ENG [34533]
SHEWRY : PRE 1880, WIL, ENG [42238]
SHIACH : 1770, Speymouth, MOR, SCT [14880]
SHICKLE : PRE 1800, ENG [17290]
SHIEL : PRE 1750, Harrington, CUL, WES & LAN, ENG & IRL [28552] : Mary, 1850+, Woodford, GAL, IRL [10883] : PRE 1840S+, Newtown Stewart, TYR, IRL & AUS [45772]
SHIELD : C1880, Molong, NSW, AUS [11716] : 1800+, Alston, CUL, ENG [19392] : 1800, Tanfield, DUR, ENG [40802] : 1750-1800, Gosport, HAM, ENG [22241] : PRE 1870, Tilton on Hill, LEI, ENG [15929] :

Henry, PRE 1815, Longbenton, NBL, ENG [38579] : PRE 1900, Malton, NRY, ENG [19392] : PRE 1800, CUL, ENG & IRL [28552] : John, 1680, Kirkliston, WLN, SCT [11533]
SHIELDS : 1800S, Peterborough, ONT, CAN [15521] : PRE 1800, Harrington & Caldbeck, CUL, ENG [28552] : 1840-1928, Southampton, HAM, ENG [97805] : ALL, Southampton, HAM, ENG [97805] : C1800, Lenton & Ingoldsby, LIN, ENG [37795] : William, C1930, Paddington, LND, ENG [16867] : PRE 1800, CUL, WES & LAN, ENG & IRL [28552] : 1700+, IRL [19318] : 1800S, IRL [15521] : C1760, IRL [25693] : C1900-1930, DRY, IRL [11729] : Patrick, 1849, Kilkenny, KIK, IRL [44941] : 1860+, Invercargill, SLD, NZ [29626] : 1700+, AYR, SCT [19318] : C1790, Glasgow, LKS, SCT [25693] : PRE 1860, Lanark, LKS, SCT [29626]
SHIELLS : 1700S, Earlston, BEW, SCT [16842]
SHIELS : 1870+, Cooma, NSW, AUS [36749] : PRE 1890, Barrhill, AYR, SCT [29001] : ALL, Markhinch, FIF, SCT [46329]
SHIER : PRE 1900, West Dean & Harting, SSX, ENG [25329] : 1709+, LIM, IRL [46203]
SHILCOCK : 1800-1850, NFK, LND & SRY, ENG [20003]
SHILGO : PRE 1900, Mudgee, NSW, AUS [28210]
SHILLABEER : 1800+, Plymstock & Totnes, DEV, ENG [27066]
SHILLABER : ALL, Altarnun, CON, ENG [31349]
SHILLAM : 1817, London, ENG [46429]
SHILLING : ALL, Boughton Aluph & Wye, KEN, ENG [18168] : 1850-1920, Gillingham, KEN, ENG [29426] : PRE 1850, Enfield, MDX, ENG [39588]
SHILLINGFORD : 1700+, BKM, ENG [18301]
SHILLINGTON : C1846, Sydney, NSW, AUS [10340]
SHILLITO : James, 1800+, Rotherham, YKS, ENG [45145]
SHIMKUS : 1700-1900, Taurage, LITHUANIA [23523]
SHIMMEN : 1840-1900, SFK, ENG [99125]
SHIMMENS : ALL, Lakenham & Norwich, NFK, ENG [27431]
SHIMMIN : William, 1853-1916, Whitehaven & Maryport, CUL, ENG [39860] : Florence, 1874+, Liverpool, LAN, ENG [31296] : Philip & Margt, 1814-1850, Cleator & Peel, CUL, ENG & IOM [39860] : 1800, German, IOM [12222] : John, 1784-1849, Patrick, IOM [31296] : Philip & Martha, C1800, Peel, IOM [39860]
SHIMMINS : 1860+, Liverpool, LAN, ENG [45853]
SHINGLETON : PRE 1840, SRY, ENG [19481]
SHINKWIN : 1881, Kensington, LND, ENG [12327] : C1800S, IRL [12327]
SHINN : 1660-1850, Fordham & Soham, CAM, ENG [19713] : 1850-1950, Upper Clapton, LND, ENG [46412]
SHINNERS : PRE 1860, CLA, IRL [34640]
SHINNORS : ALL, LIM, IRL [21218]
SHIP : 1820, Friston, SFK, ENG [35184]
SHIPLEY : John, 1855-1899, Newtown, NSW, AUS [34140] : 1850+, Bempton, ERY, ENG [99036] : 1800+, Leicester, LEI, ENG [43792] : C1700, Isle of Axholme, LIN, ENG [17037] : 1750-1850, North Shields, NBL, ENG [34140] : 1650-1750, Tynemouth, NBL, ENG [34140]
SHIPMAN : PRE 1825, Strood, KEN, ENG [26410] : Enoch, 1690-1762, Farndon, NTT, ENG [10194] : Richard, PRE 1900, SFK & NFK, ENG [26007] : Joseph, 1760+, All Cannings, WIL, ENG [11144]
SHIPMAN-SIMS : 1750+, All Cannings, WIL, ENG [11144]
SHIPP : 1600S, Brinkley, CAM, ENG [45639] : 1500S, Kirtling, CAM, ENG [45639] : 1700-1900, Much Hadham, HRT, ENG [45639] : ALL, Kings Lynn, NFK, ENG [25628]
SHIPPAM : ALL, ENG [19854]

SHIPPEN : Robert, 1700S, Dorchester, OXF, ENG **[34140]**
SHIPTON : PRE 1800, Matching, ESS, ENG **[42296]** : 1715, HAM, ENG **[36246]**
SHIPWAY : PRE 1800, GLS & LND, ENG **[30423]**
SHIRE : PRE 1874, Shanagolden, LIM, IRL **[46203]**
SHIRELAW : ALL, SCT **[39949]**
SHIRK : 1800-75, Markham Twp, ONT, CAN **[25237]** : 1800-1820, ALS, FRA **[28660]**
SHIRLAW : ALL, Hoodshill & Tarbolton, AYR, SCT & AUS **[46317]** : ALL, SCT & CAN **[39949]**
SHIRLEY : 1878+, Sydney, NSW, AUS **[19513]** : 1878+, Brisbane, QLD, AUS **[19513]** : PRE 1860, BKM, ENG **[45879]** : 1700-1900, DBY, ENG **[19513]** : Mary, 1700-1850, GLS, ENG **[27039]** : 1815+, Paulerspury, NTH, ENG **[30120]** : PRE 1857, Woodstock, OXF, ENG **[33237]** : 1900S, San Diego, CA, USA **[37692]**
SHIRRAN : C1740-C1800, Methlick, ABD, SCT **[41312]** : PRE 1900, ABD & BAN, SCT **[27531]**
SHIRREFF : Ellen, 1790S, Westminster, ENG **[11698]** : George Graham, C1822, MDX, ENG **[11698]**
SHIRREN : PRE 1900, ABD & BAN, SCT **[27531]**
SHIRRON : PRE 1900, ABD & BAN, SCT **[27531]**
SHIRTCLIFFE : 1600-1860, Scarborough, YKS, ENG **[43903]**
SHOALE : ALL, WORLDWIDE **[18606]**
SHOEBRIDGE : 1800-1850, KEN, ENG **[11536]** : PRE 1837, Sevenoaks, KEN, ENG **[26752]** : ALL, KEN & SSX, ENG **[17493]** : 1840-1950, Halifax, WRY, ENG **[26752]** : ALL, WORLDWIDE **[17931]**
SHOEBRIDGE (see One Name Section) [17931]
SHOEMAKER : William, 1652+, Henrico, VA, USA **[24725]**
SHOESMITH : 1850S, Woodville & Jones Island, NSW, AUS **[11344]** : PRE 1840, Bexhill, SSX, ENG **[11344]**
SHOLAR : 1800+, VIC & BRD, AUS & GER **[40480]**
SHOLE : ALL, WORLDWIDE **[18606]**
SHOLL : 1800-1900, LND & CON, ENG **[14627]** : ALL, WORLDWIDE **[18606]**
SHOLL (see One Name Section) [18606]
SHONE : Martha, 1833-1916, CHS, ENG **[33373]** : ALL, UK & AUS **[41531]**
SHONFIELD : 1846, Darmstadt, GER **[23208]** : Anna Eliz., 1846-1936, Darmstadt, GER **[23208]** : Anna Eliz., 1846-1936, Cincinnati, OH, USA **[23208]**
SHOOBRIDGE : 1856-1931, Burragorang, NSW, AUS **[11283]** : 1800-1850, KEN, ENG **[11536]** : 1832-1856, Rolvenden, KEN, ENG **[11283]** : 1700-1850, Tenterden, KEN, ENG **[43491]** : ALL, WORLDWIDE **[17931]**
SHOOKS : John, 1800-1894, Santa Cruz & Cooma, NSW, W.INDIES & AUS **[10260]**
SHOOTER : ALL, DEV, ENG **[29324]**
SHOPLAND : 1770-1880, Wiveliscombe, SOM, ENG **[26396]**
SHORDAR : PRE 1850, HBG, GER **[10918]**
SHORE : 1700S, Bristol, GLS, ENG **[26335]** : 1800S, LAN, YKS & CHS, ENG **[21261]** : Mary, PRE 1750, Sheffield, WRY, ENG **[16233]**
SHORING : ALL, West Ham, ESS, ENG **[33771]** : ALL, London, MDX, ENG **[33771]**
SHORNEY : 1700-1800, Holford, SOM, ENG **[17203]**
SHORROCK : 1700S, LAN, ENG **[34704]**
SHORSHWOOD : 1710+, Haddington, ELN, SCT **[21207]**
SHORT : C1788, Sydney, NSW, AUS **[10985]** : C1830-1900, Hobart, TAS, AUS **[39092]** : 1800+, ENG **[44270]** : 1800+, DEV, ENG **[44270]** : William, PRE 1840, Stoke Damerel, DEV, ENG **[10165]** : PRE 1900, Hull, ERY, ENG **[36170]** : 1800+, Bristol, GLS, ENG **[45690]** : 1880+, Southampton, HAM, ENG **[99598]** : Daniel & Eliz, PRE 1850, Deptford, KEN, ENG **[11697]** : William, 1786-1863, Maidstone, KEN, ENG **[46538]** : PRE 1800, Grantham, LIN, ENG **[36170]** : Edward, PRE 1804, Osbournby & Grantham, LIN, ENG **[28323]** : PRE 1880, Dalston, LND, ENG **[41305]** : 1700-1800S, Thurning, NTH, ENG **[36402]** : 1700-1860, Ipswich, SFK, ENG **[20919]** : PRE 1750, Laxfield, SFK, ENG **[42752]** : PRE 1820, Laxfield, SFK, ENG **[17174]** : 1700-1900, Washington & Shipley, SSX, ENG **[35561]** : 1700-1900, West Grinstead & Ashington, SSX, ENG **[35561]** : Edward, 1881+, Leeds, WRY, ENG **[28323]** : C1800+, Duloe, CON, ENG & AUS **[46285]** : PRE 1800, Lochmaben, DFS, SCT **[43704]** : 1700S, Edinburgh, MLN, SCT **[37070]** : Harriet, 1920-50, San Francisco, CA, USA **[36170]** : Jessie, PRE 1850, Wilkes Co., GA, USA **[23605]**
SHORTALL : 1700+, Stradbally, LEX, IRL **[20433]**
SHORTELL : 1800-1900, IRL **[39229]**
SHORTEN : ALL, AUS **[41531]** : 1800+, Kilmeen, COR, IRL **[16559]**
SHORTER : 1855+, Sydney, NSW, AUS **[31923]** : ALL, Leader, SAS, CAN **[39698]** : 1700-1850, OXF, ENG **[42986]** : PRE 1880, Chertsey, Chobham & Horsell, SRY, ENG **[19727]**
SHORTHOSE : 1770, LEI, ENG **[13914]** : PRE 1855, Gainsborough, LIN, ENG **[46277]**
SHORTHOUSE : Robert & Ann, 1800, ENG **[23858]** : 1650-1750, Kinross, SCT **[34349]**
SHORTON : ALL, UK **[21218]**
SHORTREED : ALL, ROX & SEL, SCT **[21196]**
SHORTRIDGE : ALL, Bewcastle & Stapleton, CUL, ENG **[21196]**
SHORTS : Phillipe, C1770+, QUE, CAN **[27325]**
SHORTUS : 1850+, Sydney, NSW, AUS **[46277]**
SHOSENBURG : C1840-1880, Kitchener & Plattsville, ONT, CAN **[15485]**
SHOSWOOD : 1800+, WORLDWIDE **[15638]**
SHOTBOULT : Susannah, 1740+, Long Sutton, LIN, ENG **[11745]**
SHOTT : 1500-1850, Aston Ingham, HEF, GLS & MON, ENG & WLS **[27039]** : 1800-1950, Abergavenny, MON, BRE & GLA, WLS **[27039]**
SHOTTEN : PRE 1745, Corbridge, NBL, ENG **[17626]**
SHOTTER : PRE 1850, LND, MDX & SSX, ENG **[19613]** : PRE 1800, SSX, ENG **[19613]**
SHOTTON : PRE 1800, NBL, ENG **[35240]** : C1700-1870, Cambois, NBL, ENG **[31116]** : PRE 1755, Ponteland, NBL, ENG **[26366]**
SHOTWELL : C1775-1798, Liverpool, LAN, ENG **[36299]**
SHOUBRIDGE : ALL, WORLDWIDE **[17931]**
SHOULER : 1785+, Weston Underwood, BKM, ENG **[18884]** : 1900+, Wollaston, NTH, ENG **[41037]**
SHOULTS : 1750-1850, London, ENG **[46210]** : 1820-1900, London, ENG **[46210]** : 1750-1850, Southwark, LND, ENG **[30889]** : 1850-C1914, Finchley, MDX, ENG **[30889]**
SHOUP : Sebastian, 1705-1733, Sissach, CH **[24674]**
SHOWELL : 1700-1900, ENG **[27471]**
SHREAD : PRE 1920, Birmingham, WAR & WOR, ENG **[25329]**
SHREEVE : PRE 1850, London, ENG **[43756]**
SHRIMPLIN : ALL, ENG **[19050]**
SHRIMPTON : 1853+, Timaru, NZ **[11335]**
SHRIVE : Frances, 1818+, NTH, ENG **[11594]**
SHROUDER : PRE 1850, COR, IRL **[12457]**
SHRUBSHOLE : 1800+, ENG **[17973]**
SHRUBSOLE : 1800+, ENG **[17973]** : PRE 1754, Maidstone & Bromfield, KEN, ENG **[13511]**
SHUBROOK : ALL, Harlesdon, LND, ENG **[36020]** : ALL, WORLDWIDE **[36020]**
SHUBROOK (see One Name Section) [36020]
SHUCKBURGH : PRE 1700, Farthinghoe, NTH, ENG **[44913]**
SHUFFLEBOTHAM : PRE 1868, St.Helens, LAN, ENG

[46449] : William, C1804, Chell & Tunstall, STS, ENG **[35379]**
SHUGG : PRE 1825, CON, ENG **[31186]**
SHULL : 1850S, IN, USA **[35876]**
SHULLER : ALL, WORLDWIDE **[40718]**
SHUM : 1790+, Soho, MDX, ENG **[26101]**
SHUNK : Lydia Bessie, C1841, ONT, CAN **[16802]**
SHURLEY : John, 1700-1800, GLS, ENG **[27039]**
SHUTE : PRE 1820, London, ENG **[10970]**
SHUTER : 1850+, London, ENG, AUS & USA **[34119]** : PRE 1850, GER & POL **[34119]** : PRE 1842, Magheragall, ANT, IRL **[11733]** :1870+, Johannesburg, RSA **[34119]**
SHUTTER : 1839-1900, Markham, ONT, CAN **[21243]**
SHUTTLEWORTH : 1700, East Hanningfield, ESS, ENG **[17704]**: PRE 1810, London, LAN, ENG **[11280]** : 1870S, Bacup, LAN, ENG **[20938]** : PRE 1820, Leigh, LAN, ENG **[31574]** : 1800+, Oswaldtwistle, LAN, ENG **[21258]** : 1800, Tanworth, WAR, ENG **[10985]**
SIBBALD : ALL, WA, AUS **[12639]** : PRE 1850, City of London, MDX, ENG **[43828]** : 1700+, Hawick & Glasgow, SCT **[99418]**
SIBLEY : 1700S, Blackmore, ESS, ENG **[46216]** : 1840S, South Ockendon, ESS, ENG **[34748]** : PRE 1844, South Ockendon, ESS, ENG **[17973]** : PRE 1900, ESS & HRT, ENG **[17973]** : 1500-1750S, Great Gaddesden, HRT, ENG **[18273]** : PRE 1900, The Hadhams, HRT, ENG **[17973]** : Anne, 1830-1870, Haverstock Hill, LND, ENG **[21079]** : 1880+, Camberwell, SRY, ENG **[44209]** : Dorothy, 1680-1710, Tollard Royal, WIL, ENG **[17203]**
SIBTHORP : 1700+, Canwick, LIN, ENG **[42643]**
SIBUN : C1850, Bromley, MDX, ENG **[46491]**
SICKER : PRE 1850, Herdecke, WEF, GER **[29745]**
SICKOLD : 1600+, Mittleheim, HEN, GER **[10801]** : 1840+, USA **[10801]**
SICKOLD (see : SECKOLD), **[10801]**
SICKOLT (see : SECKOLD), **[10801]**
SICOLT : 1600+, Mittleheim, HEN, GER **[10801]**
SICOLT (see SECKOLD) : **[10801]**
SICREE : 1800+, ALGIERS **[46357]** : 1800+, MOROCCO **[46357]** : 1800+, RSA **[46357]**
SIDDALL : PRE 1830, Holmesfield & Dronfield, DBY, ENG **[46200]** : PRE 1845, Warrington, LAN, ENG **[38936]**
SIDDINS : C1837, Sydney, NSW, AUS **[39617]**
SIDDLE : John, 1790+, Marrick, NRY, ENG **[13026]**
SIDDY : 1800S, Lymm, CHS, ENG **[21129]** : C1870, Blackpool, LAN, ENG **[21129]** : Eleazor, C1880, Levenshulme, LAN, ENG **[21129]** : PRE 1800, Manchester, LAN, ENG **[21129]**
SIDEBOTHAM : PRE 1840, Disley, CHS, ENG **[38936]**
SIDEBOTTOM : 1870+, Sandhurst, VIC, AUS **[13439]** : 1840-1860, Mottram, CHS, ENG **[13439]** : PRE 1810, Tintwistle, CHS, ENG **[12060]** : Sarah, ALL, YKS, ENG **[41471]** : 1800S, Wentworth, YKS, ENG **[11071]**
SIDELL : 1800-1900, NFK, ENG **[32794]** : 1800+, Lynn, NFK, ENG **[32794]**
SIDEY : PRE 1835, Great Henny, ESS, ENG **[37052]** : 1650+, Warrington, LAN, ENG **[11144]**
SIDFORD : 1700+, Dublin, IRL **[39672]**
SIDNEY : PRE 1860, Grantham, LIN, ENG **[17366]** : Henry Daniel, 1800-1900, LND & SRY, ENG **[20003]**
SIDO : Frederick, 1800S, GER **[11386]**
SIDWELL : 1600-1700, Letcombe Regis, BRK, ENG **[32042]** : C1828, Worksop, NTT, ENG **[14645]** : 1850-1900, Bath, SOM, ENG **[43876]**
SIEBERT : ALL, GER & RSA **[46510]**
SIEDE : 1800S, Dresden, PSA, GER **[12974]** : 1850-56, New York, NY, USA **[12974]**
SIEDLE : PRE 1880, South, WLS **[45881]**
SIEGEL : Wilhelm Albin, 1860+, Buchholz, KSA, GER **[11623]**

SIELOFF : PRE 1900, Lauenberg & Bychow, POM, GER **[25093]**
SIEMON : Jane, 1844-1926, Berrima & Sydney, NSW, AUS **[40865]** : August, 1834-1918, Sofala & Sydney, NSW, AUS **[40865]** : Johann, 1784-1838, Homberg (Efze), HEN, GER **[40865]** : Justus, 1834-1918, Homberg (Efze), HEN, GER **[40865]**
SIER : 1700S, Flaxley & Littledean, GLS, ENG **[45215]**
SIERS : PRE 1825, Bermondsey, SRY, ENG **[43828]**
SIEVERS : Ludwig, PRE 1830, Eisen, SIL, GER **[40993]**
SIEVEWRIGHT : ALL, BAN, SCT **[39671]**
SIEWERT : 1800+, Rudersdorf, BRA, GER **[13853]** : ALL, WORLDWIDE **[13853]**
SIFFKIN : 1800+, London, ENG **[46359]**
SIGGERS : 1700-1800, Bures St.Mary, SFK, ENG **[17174]** : 1850, Nayland, SFK, ENG **[17174]**
SIGGS : C1844, Goulburn & Pejar, NSW, AUS **[36751]** : ALL, Haverhill, SFK, ENG **[39506]**
SIGSWORTH : 1650, Auckland St.Helen, DUR, ENG **[31826]**
SIKES : ALL, DBY, ENG **[41370]** : 1750-1825, Otsego Co., NY, USA **[24413]**
SILENCE CHEETHAM : PRE 1800, ENG **[19064]**
SILFISTER : Thos. PRE 1660 Chard, SOM ENG **[15485]**
SILIS : PRE 1950, LATVIA **[31424]**
SILK : 1880-1960, Lithgow, NSW, AUS **[45089]** : 1910+, Gold Coast, QLD, AUS **[44217]** : PRE 1800, Cambridge, CAM, ENG **[44217]** : 1800+, London East End, MDX, ENG **[44217]** : 1800-1900, STS & LEI, ENG **[45089]** : 1860+, Wellington, NZ **[44217]**
SILKE : ALL, SOM, ENG **[12915]**
SILL : 1728-1850, Ulverston & Cartmel, LAN, ENG **[14388]**
SILLARS : 1750+, Isle of Arran, BUT, SCT & AUS **[10647]** : 1700+, BUT & AYR, SCT & AUS **[10647]**
SILLERY : PRE 1860, MEA & LOU, IRL **[99109]**
SILLETT : 1880+, London Greater, LND, ENG **[41103]** : ALL, Cratfield, SFK, ENG **[41103]**
SILLEY : 1900+, TURKEY **[37267]**
SILLITOE : Thomas, PRE 1843, Buenos Aires, ARGENTINA **[28141]** : PRE 1867, Audlem, CHS, ENG **[28141]** : PRE 1850, SAL, ENG **[19854]** : 1700S, Audley, STS, ENG **[19647]**
SILLS : PRE 1597+, Chenies & Chesham, BKM, ENG **[26888]** : 1850S, Nottingham, NTT, ENG **[36528]**
SILLY : PRE 1910, Mount Gambier, SA, AUS **[26341]** : PRE 1800, DOR, ENG **[26341]**
SILSBY : 1650+, Shermanbury, SSX, ENG **[99418]**
SILVA : Joseph, 1870-1930, Petone, NI, NZ **[41266]**
SILVER : PRE 1850, ENG **[30161]** : 1683+, Hurley, BRK, ENG **[41443]** : 1790+, Upmarden, SSX, ENG **[18593]**
SILVERLOCK : ALL, SSX, ENG **[17470]**
SILVERNAIL : PRE 1900, USA **[22725]**
SILVERSIDE : ALL, LND, ENG **[12748]**
SILVERTON : 1893, Tonypandy, GLA, WLS **[13497]**
SILVERWOOD : PRE 1700, Frisby on Wreake, Asfordby, LEI, ENG **[10287]** : 1650-1750, Langar & Colston Bassett, NTT, ENG **[10287]** : ALL, WRY, ENG **[34664]** : 1700-1900, Penistone, WRY, ENG **[36242]**
SILVESTER : Robert L., 1860+, Sydney, NSW, AUS **[30950]** : 1890+, Waverley, NSW, AUS **[45916]** : 1928+, QLD, AUS **[45916]** : 1860+, VIC, AUS **[45916]** : 1930+, Subiaco, WA, AUS **[45916]** : 1700, DEV, ENG **[13694]** : 1760+, Lympstone & Exeter, DEV, ENG **[30950]** : PRE 1830, Great Henny, ESS, ENG **[37052]** : ALL, Cowplain & Waterlooville, HAM, ENG **[39348]** : PRE 1780, Petersfield, HAM, ENG **[33428]** : 1650-1850, Chard, SOM, ENG **[13326]** : 1700+, Sutton Coldfield & Birmingham, WAR, ENG **[13461]**
SILVEY : Edward James, C1828, GLS, ENG **[34924]**
SIM : William, 1858+, Couthoraba Mill, QLD, AUS **[11718]** : 1849-1900, Melbourne, VIC, AUS **[46203]** :

SIMCOCK : PRE 1700, Tattenhall, CHS, ENG **[20178]**

SIME : PRE 1850, Forfar, ANS, SCT **[21387]** : William, 1768, Fordyce, BAN, SCT **[10318]**

SIMEON : John, C1850+, Menzies, WA, AUS **[39083]**

SIMINGTON : 1700-1850, PA, OH & NJ, USA **[22565]**

SIMISTER : ALL, Birmingham, WAR, ENG **[39445]**

SIMKIN : Sarah, C1775-1810, Drayton Beauchamp, BKM, ENG **[31153]** : Elizabeth, 1839, Fulbourn, CAM, ENG **[14627]**

SIMKINS : 1825-1860, LND & MDX, ENG **[17191]** : PRE 1850, Stepney, MDX, ENG **[43828]** : 1800-1910, Rugby & Leamington, WAR, ENG **[19747]** : William, C1850, Dudley, WOR, ENG **[10643]**

SIMM : 1750+, Wooler, NBL, ENG **[34641]**

SIMMONDS : Lizzy, 1700-1925, VIC, AUS **[39160]** : Helena, 1866+, Cheltenham, GLS, ENG **[24853]** : 1750-1800, Frampton Cotterell, GLS, ENG **[26396]** : PRE 1820, Aldbury, HRT, ENG **[19275]** : 1842+, Chorley Wood, HRT & GLS, ENG **[46308]** : PRE 1822, Bredgar, KEN, ENG **[13511]** : 1700-1850, Horton Kirby, KEN, ENG **[34277]** : 1840+, Maidstone & Snodland, KEN, ENG **[21394]** : 1700-1850, Sutton-At-Hone, KEN, ENG **[34277]** : 1700-2005, LEI & DBY, ENG **[43877]** : 1820-1940, Bethnal Green & Hackney, LND, ENG **[37048]** : 1800+, Shoreditch, LND, ENG **[36710]** : ALL, LND, KEN & ESS, ENG **[34861]** : 1840-1915, MDX, ENG **[34790]** : PRE 1920, London, MDX, ENG **[33816]** : PRE 1880, Chipping Norton Area, OXF, ENG **[20919]** : ALL, Whitchurch, OXF & BRK, ENG **[41146]** : ALL, Whitchurch Hill & Reading, OXF & BRK, ENG **[41146]** : 1800-1900, SAL, ENG **[45894]** : 1830-1870, Bridgnorth, SAL, ENG **[45894]** : Mary Ann, PRE 1829+, Newington & Bermondsey, SRY, ENG **[21472]** : ALL, SRY & SSX, ENG **[34861]** : 1700-1900, SSX, ENG **[39430]** : 1800+, Slaugham, SSX, ENG **[17514]** : 1800-1900, STS, ENG **[45894]** : 1700+, Middleton, WAR, ENG **[34739]** : 1800-1900, WOR, ENG **[45894]** : 1860-1900, Kidderminster, WOR, ENG **[45894]** : Mary Ann, 1800-1870S, Stourbridge, WOR, ENG **[10286]** : 1840-1910, Upper Arelsy, WOR, ENG **[45894]** : William John, 1811, LND & SRY, ENG & AUS **[33949]** : Josiah, PRE 1857+, Whitechapel, MDX, ENG & AUS **[33949]** : 1900-1930, Lisbon Falls, MA, USA **[45894]**

SIMMONITE : William, PRE 1730, Sheffield & Handsworth, WRY, ENG **[16233]**

SIMMONS : 1840+, Merriwa & Cassilis, NSW, AUS **[14536]** : James, C1815-1849, Sydney, NSW, AUS **[24449]** : 1800+, ONT, CAN **[16167]** : ALL, ONT & NFD, CAN **[35836]** : 1800S, ONT & QUE, CAN **[15286]** : 1830S, ENG **[15286]** : PRE 1840, London, ENG **[27320]** : 1750-1850, Reading, BRK, ENG **[32042]** : ALL, Wallingford, BRK, ENG **[18168]** : Annie, 1830, Plymouth, DEV, ENG **[13031]** : PRE 1850, Roborough & Exeter, DEV, ENG **[46508]** : 1750-1870, DEV & CON, ENG **[20003]** : 1800-1900, Ledbury, HEF, ENG **[27325]** : 1800S, Harpenden, HRT, ENG **[45743]** : 1820+, Gillingham, KEN, ENG **[10303]** : 1800S, Holborn, LND, ENG **[30876]** : John, C1775, Whitechapel, LND, ENG **[14851]** : C1875, Hackney, MDX, ENG **[36075]** : PRE 1906, London, MDX, ENG **[46508]** : Elizabeth, PRE 1813, NBL, ENG **[31720]** : Hannah (Ann), 1830S, Shrewsbury, SAL, ENG **[29939]** : ALL, Midsomer Norton, SOM, ENG **[22441]** : PRE 1826, Taunton, SOM, ENG **[14536]** : Susannah, C1848, Beddington, SRY, ENG **[28479]** : PRE 1750, Frensham, SRY, ENG **[19259]** : 1864+, INDIA **[97806]** : Ada, C1864, Pallamcottah, INDIA **[97806]** : 1800S, USA **[15286]**

SIMMS : PRE 1864, Marston, OXF, ENG **[43840]** : PRE 1900, Easton Royal, WIL, ENG **[25162]** : ALL, WOR, ENG **[24174]**

SIMON : C1880, Westham, ESS, ENG **[39155]** : 1840-1900, Stepney, MDX, ENG **[39155]** : 1700+, Arheilgen, HEN, GER **[16383]** : C1850, SAX, GER **[39155]** : 1835, Coleraine, LDY, IRL **[43967]** : 1765+, Germantown, NY, USA **[16167]**

SIMONITE : William, PRE 1730, Sheffield & Handsworth, WRY, ENG **[16233]**

SIMONS : James, PRE 1865, Carcoar, NSW, AUS **[31904]** : 1837+, Adelaide, SA, AUS **[11733]** : 1850+, Maryborough, VIC, AUS **[11733]** : C1840-1866, Dundas, ONT, CAN & SCT **[15740]** : Thomas, 1798+, ENG **[41185]** : Ann, 1840S+, ENG **[41185]** : PRE 1837, London, ENG **[11733]** : 1750+, Aylesbury, BKM, ENG **[38307]** : PRE 1806, Thorpe le Soken, ESS, ENG **[14753]** : C1800, Great Wigston, LEI, ENG **[37499]** : ALL, LND, ENG **[31646]** : PRE 1900, NFK, ENG **[28275]** : C1810-1850, Steeple Barton, OXF, ENG **[12011]** : 1700-1900, Thame, OXF, ENG **[38307]** : 1850-1900, SRY, ENG **[28275]** : Charles, 1865+, Wakefield, YKS, ENG **[41185]**

SIMONSEN : Agnes, 1920-50, Salt Lake City, UT, USA **[45360]**

SIMONTON : 1700-1850, ME & OH, USA **[22565]**

SIMPKIN : Elizabeth, 1839, Fulbourn, CAM, ENG **[14627]** : 1840S, Hull, ERY, ENG **[18593]** : 1823+, LEI, ENG **[44269]**

SIMPKINS : 1800-1910, Rugby & Leamington, WAR, ENG **[19747]** : 1800-1900, Stanton-St-Quinton, WIL, ENG **[44946]**

SIMPSON : Edward, 1833-1899, Murrurundi, NSW, AUS **[28199]** : 1837+, Sydney, NSW, AUS **[11446]** : John, 1880, Wilcannia, NSW, AUS **[28117]** : Susan, 1881+, Wilcannia, NSW, AUS **[28117]** : Sadie Doris, ALL, Adelaide & Melbourne, SA & VIC, AUS **[35235]** : 1840+, VIC, AUS **[26246]** : Isabella Ann, 1899+, Boulder, WA, AUS **[35235]** : Matthew, 1897, Southern Cross, WA, AUS **[35235]** : Helen, 1930, Montreal, QUE, CAN **[15785]** : Sarah, 1789+, ENG **[38357]** : Sarah, 1780, BDF, ENG **[13347]** : PRE 1760, Carlisle & Wigton, CUL, ENG **[41477]** : C1800, Barlow, DBY, ENG **[17626]** : ALL, DUR, ENG **[22227]** : PRE 1850, DUR, ENG **[36120]** : PRE 1810, Brayton & Hunmanby, ERY, ENG **[22227]** : PRE 1810, Wassand & Hornsea, ERY, ENG **[22227]** : ALL, Colchester, ESS, ENG **[21046]** : 1800-1850, Southminster, ESS, ENG **[12641]** : ALL, West Bergholt, ESS, ENG **[31210]** : C1790-1825, Sherfield on Lodden, HAM, ENG **[46457]** : Alex, 1810+, Burnley, LAN, ENG **[45614]** : Lettice, 1770-1840, Burnley Area, LAN, ENG **[99433]** : 1840+, Goosnagh, LAN, ENG **[46026]** : 1850+, Lancaster, LAN, ENG **[17403]** : Alice, 1836, Liverpool, LAN, ENG **[24579]** : 1850+, Dadlington & Stoke Golding, LEI, ENG **[10287]** : 1730+, Melton Mowbray, LEI, ENG **[25237]** : Thomas, 1798-1878, Boston, LIN, ENG **[39735]** : ALL, Sutton, LIN, ENG **[46220]** : Frederick, C1850, Chelsea, LND, ENG **[13326]** : 1700+, MDX, ENG **[44409]** : PRE 1870, Newcastle on Tyne, NBL, ENG **[40696]** : C1814, Newcastle upon Tyne, NBL, ENG **[29774]** : ALL, Tynemouth, NBL, ENG **[46443]** : PRE 1800, Cockthorpe, NFK, ENG **[38826]** : 1800-1900, Downham, NFK, ENG **[45442]** : 1831+, Great Yarmouth, NFK, ENG **[36622]** : Thomas, 1835+, Norwich, NFK, ENG **[28199]** : ALL, Fingall, NRY, ENG **[39272]** : 1750+, Ovington, NRY, ENG **[20835]** : PRE 1880, Rookwith & Thornton Watlass, NRY, ENG **[46415]** : PRE 1850, Yorkshire Dales, NRY, ENG **[18606]** : 1800+, Stamford, NTH & LIN, ENG **[46194]** : PRE 1760, Chilwell & Attenborough, NTT, ENG **[14753]** : 1800-1900, Hickling, NTT, ENG **[36528]** : James, ALL, Stoke-by-Nayland, SFK, ENG **[31210]** : 1843+, SRY, ENG **[33506]** : PRE 1890, SRY, ENG **[30022]** : C1830, Camberwell, SRY, ENG **[31579]** : 1800+, SRY & MDX, ENG **[17973]** : 1866, Bilston, STS, ENG **[41024]** : 1750+, Carleton in Craven, WRY, ENG **[12078]** : PRE 1850, Knaresborough, WRY, ENG **[42752]** : PRE 1900, Leeds, WRY, ENG **[45227]** : Hanna, 1842+, YKS, ENG **[33085]** : Richard, 1807, Allerton, YKS, ENG **[16149]** : Elisabeth, C1800, Bray-

ton, YKS, ENG **[32035]** : 1700-1840, Richmond, YKS, ENG **[46461]** : George, 1800-1850, ENG & SCT **[46428]** : ALL, Crankill in Craigs, ANT, IRL **[11628]** : Elizabeth, C1850-1900, Larne, ANT, IRL **[27325]** : PRE 1830, ARM, IRL **[31297]** : PRE 1810, DOW, IRL **[45614]** : ALL, Coleraine, DRY, IRL **[11446]** : PRE 1840, Fintona, TYR, IRL **[13326]** : PRE 1820, Omagh, TYR, IRL **[36115]** : 1900+, AUCK, NZ **[42112]** : PRE 1860, SCT **[39027]** : ALL, ABD, SCT **[30182]** : 1790, Ellon, ABD, SCT **[41244]** : 1800+, Dundee, ANS, SCT **[21394]** : Elspet, C1834, Marnoch, BAN, SCT **[33416]** : 1708, Lauder, BEW, SCT **[21207]** : 1840-1845, Tillicoultry, CLK, SCT **[44036]** : Sarah, C1750, Annandale, DFS, SCT **[13347]** : 1830+, Pencaitland, ELN, SCT **[21563]** : Ann, C1831, Beath, FIF, SCT **[38627]** : C1780, Ceres, FIF, SCT **[12974]** : ALL, Ferry Port on Craig, FIF, SCT **[11092]** : PRE 1854, Kirkcaldy, FIF, SCT **[12974]** : 1820-1845, Monimail, FIF, SCT **[44036]** : C1710, Carnwarth, LKS, SCT **[25979]** : PRE 1815, New Monkland, LKS, SCT **[21196]** : Jean, PRE 1830, Rothes, MOR, SCT **[22224]** : Euphemia, 1790+, Errol, PER, SCT **[37188]** : John, 1750+, Taradale, ROC, SCT **[11918]** : PRE 1911, Clousta, SHI, SCT **[29780]** : 1762+, Bothkennar, STI, SCT **[21207]** : William, 1950+, Sandiego, CA, USA **[37044]** : James, ALL, Tooele, UT, USA **[31210]** : ALL, WORLDWIDE **[43863]**
SIMS : C1840, Queanbeyan, ACT, AUS **[39155]** : Thomas, 1836+, Castlereagh, NSW, AUS **[10049]** : 1830, Maitland, NSW, AUS **[34626]** : Charles, 1810+, Sydney, NSW, AUS **[10049]** : 1847+, Adelaide, SA, AUS **[11144]** : 1850+, Prahran, VIC, AUS **[26202]** : Jane, 1700-1800, Clewer, BRK, ENG **[27039]** : 1850S, Warfield, BRK, ENG **[28060]** : PRE 1826, Sutton Waldron, DOR, ENG **[17921]** : PRE 1903+, Walthamstow, ESS, ENG **[11946]** : PRE 1890, Southampton, HAM, ENG **[45698]** : PRE 1853, Whitchurch, HAM, ENG **[99147]** : PRE 1865, Crayford, KEN, ENG **[11946]** : 1800+, Wilmington, KEN, ENG **[11946]** : William, 1819+, Wilmington, KEN, ENG **[14392]** : C1800+, Preston, LAN, ENG **[43844]** : PRE 1847, Thrigby & Filby, NFK, ENG **[30998]** : PRE 1850, Headington, OXF, ENG **[26202]** : 1700-1800S, Hinton Waldrist, OXF, ENG **[36655]** : 1700-99, Marston, OXF, ENG **[20057]** : PRE 1850, Marston, OXF, ENG **[26202]** : Geo B., 1800-1850, Radstock, SOM, ENG **[13031]** : 1800S, Birmingham, WAR, ENG **[42718]** : 1700+, All Cannings, WIL, ENG **[11144]** : PRE 1845, Hannington, WIL, ENG **[45881]** : C1810, Trowbridge, WIL, ENG **[10610]** : C1800+, Westbury, WIL, ENG **[11462]** :ALL, WOR, ENG **[24474]** : C1874+, Dunedin, OTG, NZ **[11946]** : 1900+, RSA **[31079]** : ALL, Glasgow, LKS, SCT **[39994]**
SIMSON : C1740, Meigle, PER, SCT **[25693]**
SINCLAIR : 1835+, NSW, AUS **[99040]** : 1870+, Wallsend, NSW, AUS **[43775]** : Alex, 1894+, Stanley, VIC, AUS **[12382]** : James Mcinnes, 1856, Wychetella, VIC, AUS **[22409]** : ALL, Stapleton, CUL, ENG **[40960]** : C1800, Bolton, LAN, ENG **[45795]** : ALL, Stepney, MDX, ENG **[46402]** : ALL, Camberwell, SRY, ENG **[46402]** : Wm, PRE 1860, Boghill, DRY & ANT, IRL **[27666]** : PRE 1848, GAL & ROS, IRL **[13574]** : C1833-51, New Deer, ABD, SCT **[30182]** : ALL, Glenorchy, ARL, SCT **[38498]** : Christina, 1765+, Isle of Islay, ARL, SCT **[31486]** : 1700+, Tiree, ARL, SCT **[29113]** : 1780+, Paisley, AYR, SCT **[43775]** : George, 1780, Latheron, CAI, SCT **[34261]** : PRE 1875, Latheron, CAI, SCT **[46389]** : C1840, Thurso, CAI, SCT **[34651]** : PRE 1870, Dirleton, ELN, SCT **[22248]** : C1770, Aberdour, FIF, SCT **[13004]** : Mary, 1846-1943, Edinburgh, MLN, SCT **[39601]** : PRE 1900, Edinburgh, MLN, SCT **[11282]** : 1795+, Longhope, OKI, SCT **[14513]** : 1793-1810, Dull, PER, SCT **[27919]** : 1793-1810, Tullicuil, PER, SCT **[27919]** : PRE 1850, Glasgow, RFW, SCT **[41305]** : PRE 1856, Paisley, RFW, SCT **[46374]** : PRE 1860, Paisley, RFW, SCT **[33628]** : 1765, SHI, SCT **[17650]** : PRE 1900, Aithsting & Lunnasting, SHI, SCT **[18201]** : 1700+, Drymen, STI, SCT **[40042]**

SINCLARE : PRE 1860, Paisley, RFW, SCT **[33628]**
SINCOCK : ALL, Crowan, CON, ENG **[39573]**
SINDEN : PRE 1800, SSX, ENG **[10116]** : PRE 1650, Dallington, SSX, ENG **[10116]**
SINDERBERRY : 1862+, Falbrook, NSW, AUS & WORLDWIDE **[41456]**
SINDERSON : PRE 1768, Glentham, LIN, ENG **[19902]**
SINDREY : 1800+, Rotherhithe, SRY, ENG **[21394]**
SINGARD : PRE 1850, Fermoy, COR, IRL **[29612]**
SINGER : Sophia, C1847+, London & Lewisham, LND & KEN, ENG **[21472]** : PRE 1820, Rayne, ABD, SCT **[39985]**
SINGLETON : 1880+, Melbourne, VIC, AUS **[33245]** : ALL, Marlpool, DBY, ENG **[39389]** : 1890+, Portsmouth, HAM, ENG **[46233]** : 1800S+, LAN, ENG **[11729]** : 1800-1850, LIN, ENG **[24413]** : ALL, Ewell & Kingston upon Thames, SRY, ENG **[44138]**
SINKINS : 1775-1830, LND & MDX, ENG **[17191]** : PRE 1850, MDX & LND, ENG **[45962]**
SINKINSON : 1700+, LAN, ENG **[44132]**
SINKS : PRE 1800, NC, USA **[24725]**
SINNAMON : PRE 1863, Drumcree, ARM, IRL **[41444]**
SINNETT : 1840+, Bathurst Area, NSW, AUS **[45078]**
SINNOCK : 1700+, Hastings, SSX, ENG **[20766]**
SINNOT : 1700+, Carne, WEX, IRL **[36368]**
SINNOTT : 1800S, South Shields, DUR, ENG **[44105]**
SINON : C1838, Melbourne, VIC, AUS **[12371]**
SINTON : 1840S, Evanton, ROC, SCT **[20938]**
SIOR : 1700S, ENG **[19497]**
SIRCOMBE : George, 1815-1889, Cheltenham, GLS, ENG **[20793]** : Henry, 1790+, Tewkesbury, GLS, ENG **[20793]**
SIRE : 1846-86, Geelong & Ballarat, VIC, AUS **[11731]**
SIREY : ALL, ENG **[18168]**
SIRGUES : PRE 1900, Coupiac, AUV, FRA **[16349]**
SIRIANNI : PRE 1890, Calabria, ITL **[99443]** : PRE 1880, Gimioliano, CATANZARO, ITL **[99443]**
SIRR : 1700+, IRL & ENG **[28813]**
SIRRELL : 1750-1850, HEF, ENG **[34790]**
SIRRM : 1902, ESTONIA **[33409]**
SISK : Mary, 1840+, Middleton, COR, IRL **[10883]**
SISLEY : 1843-1890, Staplehurst, KEN, ENG **[19268]**
SISSON : 1869+, Durham Leeds, VIC, AUS **[13245]** : Jonathan, 1860+, USA & CAN **[39368]**
SISSONS : C1800, Hilston, ERY, ENG **[34782]** : PRE 1940, LND, ENG **[19345]**
SITDOWN : Ellen, C1816, LND, ENG **[10985]**
SITFORD : 1852+, Reigate & Redhill, SRY, ENG **[45767]**
SITTLINGTON : Robert, 1749-1833, VA, USA **[24674]**
SIVERIGHT : John, 1816+, S.S. Marie, ONT, CAN **[16159]**
SIVEWRIGHT : ALL, Cairney, ABD, SCT **[25992]**
SIVIER : 1800+, WIL, ENG **[44954]**
SIZER : PRE 1850, CAM, ENG **[28275]** : Edward, 1700-1900, Whittlesey, HUN, ENG **[99174]** : PRE 1800, LIN, ENG **[35237]** : 1800-1900, Hogsthorpe, LIN, ENG **[35237]** : Mike, 1900+, St.James, MN, USA **[16969]**
SJOBERG : 1902+, Edmonton, MDX, ENG **[43720]** : 1860+, London, MDX, ESS & SRY, ENG **[21505]**
SKALLER : 1790+, Clapham, SRY, ENG **[14536]**
SKAMBLER : Richard, 1775, Burnside, WES, ENG **[13153]**
SKANE : C1700, Bishopstrow, WIL, ENG **[11113]**
SKARDON : C1815, TAS, AUS **[10985]**
SKARROTT : PRE 1900, Birmingham, WAR, ENG **[16111]**
SKATE : 1800+, Congham, NFK, ENG **[99174]**
SKEA : PRE 1864, OKI, SCT **[36624]** : 1800S, Eday & Sanday, OKI, SCT **[46001]**
SKEAD : ALL, WORLDWIDE **[33245]**

SKEAD (see One Name Section) **[33245]**
SKEAN : 1800-1890, Montg Co., PA, USA **[22756]**
SKEAT : PRE 1846, Bath, SOM, ENG **[43779]**
SKED : ALL, SCT **[33245]**
SKEDD (see One Name Section) **[33245]**
SKEEL : PRE 1900, ENG **[46316]**
SKEEN : 1819+, Hartley, NSW, AUS **[12904]** : C1705, Colwich & Birmingham, STS, ENG **[12904]** : 1700S, Montgomery & Philadelphia Cos, PA, USA **[22756]**
SKEENS : 1863, Gosport, HAM, ENG **[46431]**
SKEGGS : 1844+, London, ENG **[10564]** : PRE 1850, Ilford, ESS, ENG **[31349]** : C1820S, Stanstead Abbots, HRT, ENG **[16188]**
SKEHILL : 1780-1850, MAY, IRL **[40996]**
SKELDING : PRE 1885, STS, WAR & WOR, ENG **[27678]**
SKELLETT : 1800+, Austrey, WAR, ENG **[13358]**
SKELLINGTON : PRE 1700, LEI, ENG **[10287]**
SKELLY : PRE 1800, Ermington, DEV, ENG **[46275]** : 1850+, Rennington, NBL, ENG **[14959]** : ALL, Newport, RI, USA **[42209]**
SKELTON : ALL, CON, ENG **[45830]** : 1850+, Carlisle, CUL, ENG **[14536]** : 1716, Thursby, CUL, ENG **[36127]** : PRE 1900, Hartlepool, DUR & LND, ENG **[25616]** : Eliz., 1830-90, Chelsea, MDX, ENG **[35343]** : William, PRE 1850, London, MDX, ENG **[35343]** : 1750-1850, Clarborough, NTT, ENG **[26629]** : 1700, Betchworth, SRY, ENG **[27819]** : 1770-1850, Ovenden & Illingworth, WRY, ENG **[18236]** : C1800+, Sheffield, WRY, ENG **[45895]** : C1850, GIBRALTAR **[39155]** : PRE 1800, Derriaghy, ANT & ARM, IRL **[10114]** : 1800S, Bunclody, WEX, IRL **[28000]** : Daniel, 1830-1895, TYR & DUR, IRL & ENG **[45614]**
SKENE : 1811+, ABD, SCT **[30182]** : 1700+, Belhelvie, ABD, SCT **[17228]**
SKENNAR : 1850+, Richmond River, NSW, AUS **[11144]**
SKEOCH : Agness, C1780-1800+, Stevenston & Kilbirnie, AYR, SCT **[32050]**
SKEPPER : PRE 1620, Rougham, SFK, ENG **[33428]**
SKERM : PRE 1900, HEF, ENG **[20049]**
SKERRITT : C1800, Manchester, LAN, ENG **[11425]** : C1790-C1900, Maxey, NTH, ENG **[20793]** : Robert, C1797-1866, Maxey, NTH, ENG **[20793]**
SKERTON : ALL, WORLDWIDE **[19263]**
SKETCHLEY : ALL, Atherstone & Mancetter, WAR, ENG **[25854]**
SKETT : 1750+, STS, ENG **[97806]**
SKEWES : 1850+, Burra & Mintaro, SA, AUS **[31332]** : 1800-1853, Illogan & Redruth, CON, ENG **[31332]** : PRE 1820, Kea, CON, ENG **[12084]** : 1700-1820, Mullion, CON, ENG **[10286]** : ALL, WORLDWIDE **[19308]**
SKEWES (see One Name Section) **[19308]**
SKEWIS : ALL, WORLDWIDE **[19308]**
SKEWS : PRE 1857, Horrabridge, DEV, ENG **[11145]** : ALL, WORLDWIDE **[19308]**
SKEY : PRE 1860, GLS & MDX, ENG **[11280]** : ALL, WORLDWIDE **[11280]**
SKIDMORE : Solomon, 1750-1800, London & Stepney, MDX, ENG **[39461]** : James, 1783-1840, London & Stepney, MDX, ENG **[39461]** : James Solomon, 1800-1825, MDX & LND, ENG **[39461]** : Alfred Thomas, PRE 1880, Glasgow & Birmingham, LKS & WAR, SCT & ENG **[15485]** : 1728-1825, Monmouth Co., NJ, USA **[22558]**
SKILBECK : 1850-1897, Koroit, VIC, AUS **[14618]** : PRE 1700, NRY, ENG **[45874]** : 1790, Bilton-in-Ainsty, NRY, ENG **[18665]** : 1730-1850, Bardsey & Compton, YKS, ENG **[14618]** : 1730-1850, Collingham & Askham Bryan, YKS, ENG **[14618]**
SKILL : PRE 1850, London, ENG **[11066]** : PRE 1750, Boston, LIN, ENG **[11066]**
SKILLER : ALL, WORLDWIDE **[10790]**
SKILLING : 1844-1878, Langholm & Kirkpatrick Fleming, DFS, SCT **[46301]**
SKILLINGTON : 1840-1900, Leicester, LEI, ENG **[17245]** : 1800-1841, Stoke Albany, NTH, ENG **[17245]**
SKILLITER : 1750-1850, Stagsden, BDF, ENG **[46313]**
SKILTON : 1804, Edmonton, LND, ENG **[46238]**
SKIMINS : C1867-74, Belfast, ANT, IRL **[12367]** : C1831-1853, Carrickfergus, ANT, IRL **[12367]** : 1874-1921, Glasgow, LKS, SCT **[12367]**
SKIMMING : Fergus, 1820-1860+, Glenluce, WIG, SCT **[42828]**
SKINER : 1700S, Chittlehampton, DEV, ENG **[40257]**
SKINGLE : PRE 1650S, Aston, HRT, ENG **[19216]** : PRE 1700, Datchworth, HRT, ENG **[19216]**
SKINNER : C1830, Halifax, NS, CAN **[28340]** : 1800+, ONT, CAN **[98660]** : Courtland, 1800, ENG **[28036]** : George, 1846+, London, ENG **[45317]** : John, PRE 1860, Comberton, CAM, ENG **[41468]** : 1820+, St.Agnes, CON, ENG **[13481]** : ALL, DEV, ENG **[40472]** : C1769, Bampton, DEV, ENG **[12915]** : C1859, Bishops Nympton, DEV, ENG **[40472]** : 1700S, Chittlehampton, DEV, ENG **[40257]** : PRE 1850, Exeter, DEV, ENG **[32907]** : PRE 1695, Stoke Wake, DOR, ENG **[46297]** : 1770-1800, ESS, ENG **[34790]** : PRE 1860, Ware, HRT & ESS, ENG **[39539]** : 1680+, Biddenden, KEN, ENG **[18273]** : PRE 1900, Tonbridge, KEN, ENG **[21312]** : Courtland, 1800+, Liverpool, LAN, ENG **[28036]** : PRE 1852, Southend, LND, ENG **[46247]** : 1750-1850, MDX, ENG **[26382]** : 1800-90, London, MDX, ENG **[31715]** : PRE 1800, London, MDX, ENG **[10493]** : 1850S-1930S, Woolwich, MDX, ENG **[20057]** : ALL, Woodhouse Hall & Cuckney, NTT, ENG **[10114]** : 1800+, Uphill, SOM, ENG **[39464]** : Joseph, C1825, SRY, ENG **[14023]** : PRE 1850, Feckenham & Tardebigge, WOR, ENG **[45317]** : ALL, Birse, ABD, SCT **[17745]** : 1700S-1800S, Pitsligo, ABD, SCT **[16149]** : 1815+, St.Andrews, FIF, SCT **[38683]** : PRE 1900, Glasgow, LKS, SCT **[35218]** : 1814-1900, Edinburgh, MLN, SCT **[35218]** : PRE 1814, Kilbarchan, RFW, SCT **[35218]** : ALL, USA **[40472]**
SKINNERD : 1690-1870, Landulph, CON, ENG **[45841]**
SKIPPER : 1850-1870, Collingwood, VIC, AUS **[12391]** : PRE 1900, Costessey, NFK, ENG **[11282]** : PRE 1860, Hingham, NFK, ENG **[20641]** : PRE 1850, Herringswell, SFK, ENG **[36337]**
SKIPWORTH : ALL, VIC, AUS **[10846]** : ALL, LIN, ENG **[10846]** : PRE 1810, Halton Holegate, LIN, ENG **[46321]**
SKIRROW : 1500-1600, Tatham, LAN, ENG **[31826]**
SKIRTEN : ALL, WORLDWIDE **[19263]**
SKIRTON : ALL, WORLDWIDE **[19263]**
SKITCH : 1876+, Lobethal & Adelaide, SA, AUS **[45823]** : ALL, WORLDWIDE **[18422]**
SKIVINGTON : Charles, 1720, Okeford Fitzpaine, DOR, ENG **[17203]**
SKOFF : PRE 1880, Farrell & Mercer, PA, USA & SLOVAKIA **[23032]**
SKOGSBERG : Othilie Marie, 1908, NOR **[41948]** : Bolette, 1881-1937, Betania, FREDREKSSTAD, NOR **[41948]** : Johanne O., 1890, Borge Parish, OSTFOLD, NOR **[41948]** : Cornelie, 1894, Borge Parish, OSTFOLD, NOR **[41948]**
SKUCE : ALL, WORLDWIDE **[19308]**
SKUES : ALL, WORLDWIDE **[19308]**
SKUES (see One Name Section) **[19308]**
SKULL : 1480-1600, Much Cowarne, HEF, ENG **[29715]** : PRE 1559, Brinkworth, WIL, ENG **[30302]** : 1540-1600, Westbury, WIL, ENG **[29715]** : ALL, WORLDWIDE **[39511]**
SKULL (see One Name Section) **[39511]**
SKUSE : ALL, WORLDWIDE **[19308]**
SKYNNER : PRE 1600, Feniton, DEV, ENG **[10493]** : ALL, WORLDWIDE **[21218]**

SKYRF : PRE 1800, PEM, WLS **[20049]**
SKYRM (see One Name Section) **[20049]**
SKYRME : PRE 1900, CAN **[20049]** : 1650-1900, HEF, ENG **[20049]** : ALL, UK **[29497]** : PRE 1900, PEM, WLS **[20049]** : ALL, WORLDWIDE **[20049]**
SKYRTON : PRE 1700, WORLDWIDE **[19263]**
SLACK : 1816, Ilkeston, DBY, ENG **[38362]** : ALL, Shipley, DBY, ENG **[39389]** : PRE 1890, Manchester, LAN, ENG **[32405]** : 1750-1850, Arnold, NTT, ENG **[34967]** : Sarah, 1847, Langley, NTT, ENG **[38362]** : 1750-1850, Nottingham, NTT, ENG **[34967]** : 1750-1850, UK **[41039]**
SLADDEN : Alice, C1870, Tonbridge, KEN, ENG **[17005]**
SLADE : 1880+, Coolamon, NSW, AUS **[41435]** : 1870+, St.Peter Port, GSY, CHI **[19280]** : C1800+, ENG **[12781]** : Dorothy, 1895+, London, ENG **[12781]** : Matthew, 1700+, BRK, ENG **[40042]** : 1700-1800, Chieveley, BRK, ENG **[42643]** : PRE 1700, DEV, ENG **[23319]** : PRE 1880, Plymouth, DEV, ENG **[41435]** : PRE 1760, Topsham, DEV, ENG **[16425]** : PRE 1900, DOR, ENG **[28275]** : PRE 1860, Rodborough & Stroud, GLS, ENG **[27678]** : W. Wanton, C1851, LND, ENG **[10706]** : C1800, Shoreditch St.Leonards, LND, ENG **[34543]** : PRE 1930, LND, SOM & BRK, ENG **[25747]** : 1851+, Coker, SOM, ENG **[17291]** : 1750-1800, Misterton, SOM, ENG **[19480]** : 1855+, Odcombe, SOM, ENG **[14513]** : 1700S+, Shepton Beauchamp, SOM, ENG **[25829]** : PRE 1870, Camberwell, SRY, ENG **[28494]** : C1850+, NZ **[12781]**
SLADEN : PRE 1800, Guiseley & Otley, WRY, ENG **[18096]**
SLADIN : Tamar, 1750-1800, WRY, ENG **[21132]**
SLANEY : 1700-1800S, Newstead, NTT, ENG **[10046]** : ALL, SAL, ENG **[19368]** : 1800+, Birmingham, WAR, ENG **[38681]**
SLANN : 1800-1820, MALTA **[30071]**
SLARK : PRE 1820, BRK, ENG **[36346]**
SLARKS : ALL, ENG **[46482]**
SLATER : Samuel, PRE 1837, AUS **[13407]** : 1832+, Camden, NSW, AUS **[13407]** : Claude, 1891-1975, Dubbo, NSW, AUS **[10574]** : 1822-1828+, Parramatta, NSW, AUS **[13407]** : PRE 1837, Parramatta & Sydney, NSW, AUS **[13407]** : 1831+, Raymond Tce, NSW, AUS **[13407]** : PRE 1903, SA, AUS **[14744]** : PRE 1837, Hobart, TAS, AUS **[13407]** : Frances, 1846, Launceston, TAS, AUS **[27701]** : 1830+, Melbourne, VIC, AUS **[27879]** : 1859+, Melbourne, VIC, AUS **[13407]** : Wm, 1873+, NT, AUS & BORNEO **[14241]** : Benjamin, 1800+, Ess & Ken Cos., ONT, CAN **[15638]** : Benjamin, 1800, Lincoln Co., ONT, CAN **[15638]** : 1800+, BKM, ENG **[46359]** : Hannah, 1755+, DBY, ENG **[11197]** : 1500-1850, Chesterfield, DBY, ENG **[25688]** : 1750+, Tanfield, DUR, ENG **[11543]** : C1827, ESS, ENG **[14744]** : 1700+, GLS, ENG **[17196]** : 1800+, Preston, LAN, ENG **[33870]** : PRE 1800, Ribchester, LAN, ENG **[42168]** : ALL, LND, ENG **[21183]** : Hannah, 1790-1868, Bedale, NRY, ENG **[46278]** : 1800+, Salford, NTH, ENG **[27879]** : Ann, PRE 1803, Nottingham, NTT, ENG **[14290]** : 1800S, Glemsford, SFK, ENG **[36243]** : Frances, PRE 1846, Lane End, STS, ENG **[27701]** : 1860S, Spring Guest, STS, ENG **[37321]** : PRE 1880, Dudley, WOR, ENG **[37321]** : PRE 1690, Ecclesfield, WRY, ENG **[17626]** : 1820+, Newcastle on Tyne & Whitley Bay, NBL, ENG & AUS **[11543]** : 1650-1720, Paisley, RFW, SCT **[34349]** : Thomas W., PRE 1890, Newport, MON, WLS **[34643]**
SLATTER : 1700+, Westbury on Severn, GLS, ENG **[17196]** : 1770+, Milton under Wychwood, OXF, ENG **[45866]**
SLATTERY : 1853, Yandoit, VIC, AUS **[38624]** : Stephen, 1800+, Port Neuf, QUE, CAN & IRL **[32132]** : 1825+, CLA, IRL **[39108]** : 1838-1845S, CLA, IRL **[99040]** : PRE 1853, CLA, IRL **[38347]** : ALL, COR, IRL **[25702]** : PRE 1830, Castle Island, KER, IRL **[31067]** : C1828, Boher & Kilbeheny, LIM, IRL **[29470]** : PRE 1833, TIP, IRL **[11866]** : ALL, Knigh, TIP, IRL **[46195]** : Margaret, 1800+, Ballyporeen & Kilbeheny, TIP & LIM, IRL **[14163]**
SLAUGHTER : 1800-1900, East Peckham, KEN, ENG **[12641]** : 1700-1750, Horning, NFK, ENG **[33428]**
SLAVEN : PRE 1813, TYR, IRL **[31297]**
SLAYDEN : 1700-1840, Fewston, WRY, ENG **[45209]** : 1840+, Rotherham & Sheffield, WRY, ENG **[45209]**
SLEATH : 1688-1800, Ashby de la Zouch, LEI, ENG **[26665]** : 1688-1800, Dunton Bassett, LEI, ENG **[26665]**
SLEDDALL : 1500S+, Penrith, CUL, ENG **[33331]**
SLEE : PRE 1890S, CON, ENG **[26223]** : 1500-1900, DEV, ENG **[19880]** : 1750-1850, Marwood, DEV, ENG **[19880]** : 1500-1900, Shirwell, DEV, ENG **[19880]**
SLEEMAN : PRE 1875, Harcourt, VIC, AUS **[99298]** : C1700-1900, CON, ENG **[38901]** : PRE 1860, Bennecott Lake, CON, ENG **[29626]** : PRE 1835, Boyton, CON, ENG **[29626]** : C1700-1900, Stonehouse & Plymouth, DEV, ENG **[38901]**
SLEEP : PRE 1800, Southill, CON, ENG **[45142]** : ALL, WORLDWIDE **[45830]**
SLEIGH : 1820+, SCT **[46342]**
SLEIGHT : 1890+, Dalby, QLD, AUS **[45087]**
SLESSOR : William, C1786, Old Deer, ABD, SCT **[30182]** : 1800S, AYR, SCT **[44105]** : Mary, C1823+, Riccarton, AYR, SCT **[32050]**
SLEVIN : PRE 1850, Fintona, TYR, IRL **[46200]**
SLICER : Mary, C1823+, Riccarton, AYR, SCT **[32050]**
SLIGAR : 1862+, Reids Flat, NSW, AUS **[11763]**
SLIGHTS : C1820, Ampleforth, YKS, ENG **[46431]**
SLINET : C1700, Therfield, HRT, ENG **[19759]**
SLINGER : 1800S, Northowran, WRY, ENG **[16430]** : 1800-1900, YKS, ENG **[44045]**
SLINGSBY : 1680-1750, YKS, ENG **[30830]**
SLIP : ALL, SOM, ENG **[17094]**
SLOAN : ALL, NSW, AUS **[32908]** : 1840+, Bacchus Marsh & Ballarat, VIC, AUS **[14733]** : John, 1767+, Glasgow, SCT **[14733]** : PRE 1861, Applegarth & Glencairn, DFS, SCT **[19486]** : James, 1800-90, Castle Douglas, KKD, SCT **[26082]** : PRE 1850, Coatbridge, LKS, SCT **[99600]** : PRE 1870, Crawford John, LKS & KKD, SCT **[14733]**
SLOANE : 1854, Portland, VIC, AUS **[12223]** : 1825+, Belfast & Holywood, ANT & DOW, IRL **[40994]** : Jane, C1820-C1910, Rathfriland, DOW, IRL **[21579]** : 1833, Glasgow & Inverness, LKS & INV, SCT **[12223]**
SLOBODA : PRE 1914, Vienna, OES **[22618]**
SLOCOMBE : C1750+, London, ENG **[36182]** : PRE 1799, Ashburton, DEV, ENG **[25764]** : 1770-1880, Wiveliscombe, SOM, ENG **[26396]**
SLODDEN : 1780+, LND & MDX, ENG **[42643]**
SLOEY : C1860, Orange, NSW, AUS **[14120]** : PRE 1800, Clones, MOG, IRL **[14120]**
SLOMAN : PRE 1835, Northfleet, KEN, ENG **[24945]** : PRE 1875, London, MDX, ENG **[24945]**
SLORACH : Isobell, 1752, Rothiemay, BAN, SCT **[16822]**
SLUTE : Webber 1829-53 Dartmouth, DEV, ENG **[32314]**
SLY : ALL, ENG **[25616]** : PRE 1920, Malmesbury, WIL, ENG **[33973]**
SLYMAN : 1580S, Boyton, CON, ENG **[16984]**
SMALE : PRE 1800, DEV, ENG **[14268]** : PRE 1800, Holbeton, DEV, ENG **[46275]** : 1900+, AUCK, NZ **[42112]**
SMALL : 1880S, Muswellbrook, NSW, AUS **[42375]** : ALL, Nundah & Murwillumbah, QLD & NSW, AUS **[29236]** : ALL, Birmingham, WAR, ENG **[16111]** : Thomas, 1750+, Borrisoleigh, TIP, IRL **[46391]** : 1740-1760, FIF, SCT **[24567]** : 1740-1760, WLN, SCT **[24567]** : Mary, 1793, VA, USA **[24660]**
SMALLBRIDGE : 1750-1850, Tawstock, DEV, ENG **[18378]**

: PRE 1833, TIP, IRL **[11866]** : ALL, Knigh, TIP, IRL **[46195]** : Margaret, 1800+, Ballyporeen & Kilbeheny, TIP & LIM, IRL **[14163]**

SMALLER : Mary Ann, PRE 1900, Leverton, LIN, ENG **[29515]**
SMALLEY : 1800S, CAM, ENG **[12508]** : PRE 1700, South Ormsby, LIN, ENG **[36033]**
SMALLMAN : PRE 1900, London, MDX, ENG **[32294]**
SMALLPAGE : 1750-1850, Coverham & Burnley, YKS & LAN, ENG **[42557]**
SMALLWOOD : PRE 1845, ERY, ENG **[44014]** : 1700-1800, Witherley, LEI, ENG **[30120]** : 1860+, L.Bowden, NTH, ENG **[30120]** : PRE 1775, Ranton & Seighford, STS, ENG **[15823]** : 1830-1920, WAR, ENG **[15301]** : PRE 1850, Alcester, WAR, ENG **[17201]** : 1800S, Birmingham, WAR, ENG **[44857]**
SMART : 1866, Hope Valley, SA, AUS **[28164]** : 1700+, DOR, ENG **[31017]** : 1700-1800, GLS, ENG **[18780]** : C1650-1800, GLS, ENG **[22737]** : 1800-1900, Chesterton, HUN, ENG **[10252]** : 1700+, LND, ENG **[45950]** : 1800-1900, LND, ENG **[44998]** : Thomas, ALL, Bethnal Green, MDX, ENG **[46330]** : ALL, Bethnal Green, MDX, ENG **[46330]** : C1785, Doddington, NBL, ENG **[36422]** : C1825, Tweedmouth, NBL, ENG **[36422]** : 1800-1900, Moulton, NTH, ENG **[46305]** : PRE 1830, Moulton, NTH, ENG **[40914]** : 1800+, Harbourne, STS, ENG **[27533]** : 1800-1900, WIL, ENG **[41136]** : 1700-1900, WOR & STS, ENG **[45749]** : 1850+, Christchurch, CBY, NZ **[46305]** : 1870-1950, Burkes Pass, SCY, NZ **[46305]** : Barbara, C1768, Fraserburgh, ABD, SCT **[22224]** : 1800-1862, Brechin, ANS, SCT **[46449]** : 1850-1912, Dundee, ANS, SCT **[46449]** : PRE 1800, Maryton, ANS, SCT **[46449]** : C1800S, ELN, SCT **[10277]** : 1750+, Collessie, FIF, SCT **[13358]** : 1900-1952, Kirclady, FIF, SCT **[46449]** : William, C1750+, Eckford Moss, MLN, SCT **[20661]** : C1802, Chepstow, MON, WLS **[46213]** : ALL, WORLDWIDE **[18780]**
SMART (see One Name Section) [18780]
SMARTT : 1850S, Enfield, MDX, ENG **[34748]**
SMEAL : 1800S, SCT & WORLDWIDE **[11827]**
SMEATH : PRE 1850, DEV, ENG **[46164]** : John, C1780, Exeter, DEV, ENG **[20542]**
SMEATON : ALL, Nottingham, NTT, ENG **[10790]** : PRE 1800, KRS, SCT **[46164]**
SMEDLEY : Louisa Mary, 1880-1918, Sydney, NSW, AUS **[10125]** : Ann, C1774+, DBY, ENG **[38548]** : 1800+, Alfreton, DBY, ENG **[40792]** : 1815, Ashover & Matlock, DBY, ENG **[25557]** : C1810, Teesdale, DUR, ENG **[44160]**
SMEE : PRE 1858, ESS, ENG **[38517]** : 1700, Black Notley, ESS, ENG **[17704]**
SMEED : PRE 1903, MDX, ENG **[21012]**
SMEETH : 1789+, Amesbury, WIL, ENG **[27719]** : PRE 1810, Amesbury, WIL, ENG **[37880]**
SMEJKAL (see One Name Section) [23872]
SMELLIE : 1800+, Sydney, NSW, AUS **[11085]** : 1800+, Brisbane, QLD, AUS **[11085]** : 1830, AYR, SCT **[44105]** : C1815, Cambusnethan, LKS, SCT **[25979]** : 1700+, Dalere, LKS, SCT **[11085]** : 1700-1870, Glasgow, LKS, SCT **[20919]** : 1790-1860, Parkhead & Glasgow, LKS, SCT **[20690]**
SMELTZER : Philip, 1836-1909, Allandale, NSW, AUS **[30512]** : 1709+, Kilcooly, TIP, IRL **[11036]**
SMETHAM : 1700+, ENG **[38575]**
SMETHURST : ALL, South Yarra, VIC & QLD, AUS **[33533]**
SMIDT : 1700, Svaneke, BORNHOLM, DEN **[32068]**
SMILIE : C1800, Edinburgh, MLN, SCT **[42277]**
SMILLIE : 1900, Sunderland, DUR, ENG **[46431]** : PRE 1800, Aberdeen, ABD, SCT **[12084]** : 1850S, AYR, SCT **[10460]** : ALL, Ayr, Glasgow & Dumbarton, AYR, LKS & DNB, SCT **[19486]** : PRE 1850, Carluke, LKS, SCT **[45679]**
SMITH : Elsie Maud, 1938, ACT, AUS **[14627]** : 1818+, NSW, AUS **[41244]** : Elizabeth, C1830-1918, NSW, AUS **[46316]** : Elizabeth, 1797, Appin, NSW, AUS **[28199]** : Charles, C1870, Balmain, NSW, AUS **[10460]** : ALL, Bombala & Delegate, NSW, AUS **[29810]** : Thomas, 1843-1916, Forbes, NSW, AUS **[45806]** : Richd Horner, C1855-1863, Glebe, NSW, AUS **[42905]** : John, 1860+, Gosford, NSW, AUS **[10790]** : William, 1800+, Goulburn & Braidwood, NSW, AUS **[27733]** : Charles, 1850+, Hill End & Tambaroora, NSW, AUS **[10574]** : Spencer, 1849+, Hunter River, NSW, AUS **[11060]** : Alex Malcolm, 1882+, Lane Cove, Sydney, NSW, AUS **[14589]** : Robert, 1840+, New England, NSW, AUS **[13461]** : David Henry, 1878, Orange, NSW, AUS **[10604]** : C1870+, Orange & Sydney, NSW, AUS **[43523]** : 1880+, Plattsburgh, NSW, AUS **[40792]** : George, 1850S, Redfern & Taree, NSW, AUS **[13584]** : Charles, 1858+, Rosebrook & Maitland, NSW, AUS **[25396]** : Archibald E., 1870+, Sydney, NSW, AUS **[41425]** : Elizabeth, C1830, Sydney, NSW, AUS **[14120]** : Augustus, C1863-1930, Sydney, NSW, AUS **[39985]** : John, 1817+, Sydney & Enfield, NSW, AUS **[33948]** : Hunter, 1860+, Wallsend, NSW, AUS **[40792]** : Robert, 1860+, Wallsend, NSW, AUS **[40792]** : John, 1877+, West Sydney, NSW, AUS **[33948]** : Joseph, 1790+, Windsor, NSW, AUS **[11781]** : 1820+, Yass, NSW, AUS **[11572]** : Robt & Mary, 1853+, Photoframers, Sydney & Brisbane, NSW & QLD, AUS **[11039]** : Thomas Joseph, 1870+, Sydney & Brisbane, NSW & QLD, AUS **[11039]** : Alfred, 1864, Finniss Expedition, NT, AUS **[14241]** : 1867+, Gympie, QLD, AUS **[13377]** : Mary C.A., C1887, Ipswich, QLD, AUS **[10102]** : 1856, Ipswich & Stanley, QLD, AUS **[36768]** : Alexander, 1853+, Toowoomba, QLD, AUS **[14045]** : Henry, 1858+, Warwick, QLD, AUS **[12413]** : Samuel, 1849+, Adelaide, SA, AUS **[46021]** : Richard, 1839+, Adelaide & Golden Grove, SA, AUS **[31413]** : Francis, 1842+, Golden Grove & Greens Plains, SA, AUS **[31413]** : Charles, 1839+, Golden Grove & Minlaton, SA, AUS **[31413]** : Anne, 1890S, Kadina, SA, AUS **[46202]** : John William, ALL, Quorn & Port Augusta, SA, AUS **[14346]** : Edwin, 1870S-80S, Willunga & Mclaren Vale, SA, AUS **[45795]** : William, 1830+, TAS, AUS **[40057]** : Mark Henry, 1850S, TAS, AUS **[13244]** : Sophia, 1800+, Evandale, TAS, AUS **[25489]** : William Mark, 1850+, Hobart, TAS, AUS **[45699]** : C1840, Hobart & Deloraine, TAS, AUS **[10146]** : Thomas, C1870, Latrobe, TAS, AUS **[13244]** : ALL, Launceston, TAS, AUS **[39694]** : John, 1797-1854, Marchington, TAS, AUS **[14918]** : Edward, 1855+, Westbury, TAS, AUS **[32945]** : 1850+, Ballan, VIC, AUS **[36847]** : Chas Alfred, 1860S, Ballarat, VIC, AUS **[12318]** : John, 1800+, Dandenong, VIC, AUS **[10891]** : Edwin, 1890S+, Dimboola, VIC, AUS **[45795]** : Wm. Arnold, 1870S, Echuca, VIC, AUS **[11729]** : Daniel, 1852+, Essendon & Eversley, VIC, AUS **[10506]** : James, 1850+, Geelong, VIC, AUS **[36435]** : Isabella, 1860+, Inglewood, VIC, AUS **[12739]** : John T., 1869, Landsborough, VIC, AUS **[99177]** : 1875+, Melbourne & Yarragon, VIC, AUS **[43779]** : Edward, 1857-87, Melbourne, VIC, AUS **[36844]** : Charles, 1872-1946, Melbourne, VIC, AUS **[36844]** : Holmes, ALL, AUS & ENG **[32804]** : William, 1816+, Warkworth & Eton, NSW & BKM, AUS & ENG **[13828]** : William, 1856-1933, Fernhill, NSW & MDX, AUS & ENG **[10604]** : John, 1840+, Geelong & Ballarat, VIC & BRK, AUS & ENG **[11912]** : Amelia, 1840+, Geelong & Ballarat, VIC & GLS, AUS & ENG **[11912]** : Lucy, 1842+, Geelong & Ballarat, VIC & GLS, AUS & ENG **[11912]** : ALL, New Hampton & Westport, NSW, AUS & NZ **[33920]** : Thomas, 1820S, VIC, AUS & UK **[28013]** : George, PRE 1900+, Hamilton, BERMUDA **[30776]** : 1800-1900, Spanards Bay, NFD, CAN **[45280]** : 1883+, Qu'Appelle Valley, NWT & SAS, CAN **[99433]** : Wm John, 1876, Galetta, ONT, CAN **[99545]** : Dorothy, 1879-1952, Hastings Co, Havelock, ONT, CAN **[99433]** : John, 1800S, Roseneath, ONT, CAN **[99433]** : Queenie, 1912-1935, Toronto, ONT, CAN **[19678]** : C1830, QUE, CAN **[16984]** : Rodney, 1800+, Buckingham, QUE, CAN **[15638]** : George, 1840+, Montreal, QUE, CAN **[15042]** : 1897-1913+, Dawson City, YT, CAN **[99433]** :

Laporte, 1810+, GSY, CHI **[36161]** : Ann, PRE 1791+, ENG **[30971]** : 1760+, London, ENG **[45652]** :James, C1801, London, ENG **[13026]** : Charles Henry, C1839, London, ENG **[18957]** : George, C1875, London, ENG **[46498]** : Henrietta, C1900, London, ENG **[46498]** : PRE 1845, London, ENG **[32017]** : PRE 1872, London, ENG **[14031]** : ALL, BDF, ENG **[46021]** : PRE 1830, Ampthill, BDF, ENG **[10664]** : Samuel, 1750+, Bozeat, BDF, ENG **[43057]** : Wm. Arnold, 1830-1860, Dunstable, BDF, ENG **[11729]** : Maryanne, 1800+, Eversholt & Woburn, BDF, ENG **[31319]** : 1820+, Riseley, BDF, ENG **[36435]** : PRE 1890, Knotting, BDF & NTH, ENG **[44138]** : PRE 1700, BKM, ENG **[27678]** : Mary, PRE 1810, Gransborough, BKM, ENG **[36365]** : Benjamin, PRE 1855, Hanslope & Ravenstone, BKM, ENG **[10141]** : Chas Holyoak, 1820-1900, Milton Keynes, BKM, ENG **[46513]** : PRE 1620, Moulsoe, BKM, ENG **[33428]** : 1700+, Olney, BKM, ENG **[18884]** : John, PRE 1860, Oving, BKM, ENG **[10790]** : Ann, 1790S, Princes Risboro, BKM, ENG **[27816]** : Reuben, C1820, Stoke, BKM, ENG **[25645]** : Joseph, 1754+, Stoke Mandeville, BKM, ENG **[25654]** : PRE 1800, Underwood, BKM, ENG **[32294]** : James, C1800, Wendover & Lee Common, BKM, ENG **[20914]** : Mary & John, 1800+, Winslow, BKM, ENG **[43523]** : Charles, PRE 1911, BRK, ENG **[31597]** : Richard, 1692-1778, Brightwell, BRK, ENG **[14618]** : Asher, 1805-1850, Brightwell, BRK, ENG **[14618]** : Wm., PRE 1810, Datchet, BRK, ENG **[19165]** : Levi, 1845-1890, Reading, BRK, ENG **[14618]** : Mark, 1780-1800, Sotwell, BRK, ENG **[14618]** : PRE 1800, West Ilsley, BRK, ENG **[27678]** : John, 1800+, Bradfield & Cliffe, BRK & KEN, ENG **[13513]** : 1830+, Downham, CAM, ENG **[36169]** : PRE 1831, Fenditton, CAM, ENG **[40970]** : ALL, March, CAM, ENG **[39994]** : 1800+, Thornay, CAM, ENG **[35186]** : PRE 1840, Leighton, CHS, ENG **[31316]** : John, 1850-1900, Macclesfield, CHS, ENG **[17654]** : 1729-1830, Golant, CON, ENG **[43916]** : 1700-1820, Penryn, Paul & Kenwyn, CON, ENG **[19843]** : 1600+, Bootle, CUL, ENG **[17162]** : John, 1800+, Caldbeck, CUL, ENG **[34505]** : 1800-1900, Carlisle, CUL, ENG **[44241]** : John, PRE 1700, Workington, CUL, ENG **[21088]** : James, PRE 1900, DBY, ENG **[42808]** : PRE 1790, Ashover, DBY, ENG **[25557]** : 1810+, Buxton, DBY, ENG **[46221]** : PRE 1827, Darley Dale & Matlock, DBY, ENG **[25557]** : Jervis, Jarvis, PRE 1851, Derby, DBY, ENG **[31003]** : Joseph, C1778, Etwall, DBY, ENG **[31003]** : C1831, Hognaston, DBY, ENG **[18529]** : 1800+, Ilkeston, DBY, ENG **[40802]** : William, 1823+, Riddings, DBY, ENG **[38548]** : ALL, Ilkeston, DBY & NTT, ENG **[36710]** : Jane, C1700, DEV, ENG **[14448]** : George, PRE 1730, DEV, ENG **[34349]** : ALL, Bradninch, DEV, ENG **[46435]** : 1700-1993, Dunkeswell, DEV, ENG **[18150]** : ALL, Egg Buckland, DEV, ENG **[26540]** : PRE 1850, Littleham, DEV, ENG **[32907]** : 1839-1930, Plymouth, DEV, ENG **[43916]** : 1900+, Shaldon, DEV, ENG **[21431]** : PRE 1850, Toller, DOR, ENG **[28275]** : 1800+, Toller Porcorum & Winfrith, DOR, ENG **[42761]** : PRE 1900, Wynford Eagle, DOR, ENG **[28275]** : Thomas, 1800-1865, Chester le Street, DUR, ENG **[13447]** : George, 1803-1853, Coxgreen & Escomb, DUR, ENG **[19865]** : John, 1787-1856, Durham, DUR, ENG **[14918]** : Henry, 1828, Durham City, DUR, ENG **[17580]** : 1750-1875, Hartlepool, DUR, ENG **[45636]** : Robert, 1869+, Hetton le Hole, DUR, ENG **[41358]** : Robt & Sarah, 1843+, Hetton le Hole & Croxdale, DUR, ENG **[41358]** : Mary Ann, PRE 1850, Hurworth, DUR, ENG **[14733]** : John George, 1870-1943, Spennymoor, DUR, ENG **[19865]** : George, PRE 1840, Hunmanby, ERY, ENG **[22227]** : Robert, 1826+, Pocklington, ERY, ENG **[46495]** : 1760-1788, ESS, ENG **[99052]** : Edward, 1854, ESS, ENG **[10428]** : Charlotte, PRE 1790, ESS, ENG **[28907]** : PRE 1820, ESS, ENG **[11572]** : Fred, PRE 1863, ESS, ENG **[17511]** : 1600+, Arkesden & Clavering, ESS, ENG **[45159]** : Eliza Chapman, 1820S, Colchester, St.Leonard, ESS, ENG **[27686]** : Margaret, C1800, East Ham & Barking, ESS, ENG **[34782]** : 1800S, Felsted, ESS,

ENG **[45215]** : John, C1700, Great Leighs, ESS, ENG **[15715]** : C1835, Little Maplestead, ESS, ENG **[22743]** : PRE 1850, London & Eastham, ESS, ENG **[17745]** : PRE 1760, Mistley, ESS, ENG **[14733]** : Jane, C1842, Olders Green, ESS, ENG **[10649]** : William, 1880+, Orsett, ESS, ENG **[97805]** : Daniel, C1770, Sible Hedingham, ESS, ENG **[31153]** : Thomas, 1800S, Waltham Abbey, ESS, ENG **[10574]** : C1845-1906, West Ham, ESS & MDX, ENG **[31902]** : 1700+, GLS, ENG **[41244]** : Joseph Robert, 1830S, GLS, ENG **[39017]** : Jane E.G., 1818+, Bath, GLS, ENG **[10071]** : 1790-1850, Bibury, GLS, ENG **[25354]** : C1817, Boddington, GLS, ENG **[27719]** : John, 1800+, Bristol, GLS, ENG **[10891]** : Ellen, 1845+, Bristol, GLS, ENG **[43566]** : ALL, Bristol, GLS, ENG **[13855]** : Michael, C1836+, Bristol, GLS, ENG **[46245]** : Charles, C1836-1857, Bristol, GLS, ENG **[46245]** : Isabella, C1840, Bristol, GLS, ENG **[10460]** : 1850+, Broadwell, GLS, ENG **[46194]** : Fanny, PRE 1820, Cheltenham, GLS, ENG **[18310]** : Thomas Wm, PRE 1900, Cheltenham, GLS, ENG **[16233]** : 1745-1840, Cirencester, GLS, ENG **[26396]** : William, 1801-1836, Frampton Cotterell, GLS, ENG **[10203]** : 1600-1850, Nympsfield & Uley, GLS, ENG **[19921]** : PRE 1760, Rendcomb, GLS, ENG **[30612]** : Elizabeth, PRE 1786+, Uley, GLS, ENG **[30971]** : Daniel, 1800, Ashmonsworth, HAM, ENG **[12415]** : Sarah, 1820S, Brighton, HAM, ENG **[44007]** : William, 1820+, Colsmore, HAM, ENG **[24943]** : Mary, PRE 1869, Gosport, HAM, ENG **[35089]** : PRE 1850, Hurstbourne Tarrant, HAM, ENG **[40756]** : PRE 1900, Winchester, HAM, ENG **[25162]** : Ann, 1656, Bishops Frome, HEF, ENG **[10993]** : PRE 1780, Peterchurch, HEF, ENG **[33428]** : Joseph, 1800-1900, Sawbridgeworth, HRT, ENG **[35649]** : ALL, HUN, ENG **[29497]** : C1850, Bluntisham & Colne, HUN, ENG **[30998]** : Charles, PRE 1863, Chatham, KEN, ENG **[10399]** : John Denne, C1800, Chilham, KEN, ENG **[31273]** : ALL, Crockenhill, KEN, ENG **[39479]** : C1850, Darenth, KEN, ENG **[30896]** : PRE 1820, Eynsford, KEN, ENG **[39479]** : 1790-1900, Fawkham, KEN, ENG **[30896]** : C1830, Horton Kirby, KEN, ENG **[30896]** : John, PRE 1800, Isle of Thanet, Margate, KEN, ENG **[31786]** : Emily, PRE 1850, Maidstone, KEN, ENG **[28907]** : 1796-1807, Margate, KEN, ENG **[36841]** : 1800+, Minster Isle of Thnet, KEN, ENG **[42282]** : 1766-1772, Monkton, KEN, ENG **[36841]** : William, 1880+, North Aylesford, KEN, ENG **[97805]** : C1860, Northfleet, KEN, ENG **[30896]** : George, PRE 1900, Northfleet & Swanscombe, KEN, ENG **[26017]** : C1870, Rosherville, KEN, ENG **[30896]** : PRE 1875, Southfleet, KEN, ENG **[34277]** : 1849+, Staplehurst, KEN, ENG **[19268]** : Sarah, PRE 1793, Wrotham, KEN, ENG **[36365]** : 1700-1850, Romney Marsh, KEN & SSX, ENG **[19747]** : PRE 1900, Accrington, LAN, ENG **[45735]** : Samuel, 1850-1900, Blackburn, LAN, ENG **[12844]** : PRE 1862, Bootle, LAN, ENG **[13377]** : 1750-1850, Burnley, LAN, ENG **[42557]** : C1742, Colne, LAN, ENG **[18001]** : William, 1800, Elton & Pilkington, LAN, ENG **[37617]** : Thomas, 1822, Great Harwood, LAN, ENG **[29187]** : Ellen, 1854-1874, Halewood, LAN, ENG **[39455]** : Peter, 1835-1850, Liverpool, LAN, ENG **[43779]** : 1860+, Liverpool, LAN, ENG **[36350]** : William, PRE 1820, Liverpool, LAN, ENG **[42752]** : Frederick, 1800+, Longsigat, LAN, ENG **[33952]** : C1850, Manchester, LAN, ENG **[12084]** : Ann, PRE 1790, Manchester, LAN, ENG **[18310]** : Elizabeth, 1868-1929, Newchurch, LAN, ENG **[46310]** : Alice, 1855-1956, Platt Bridge, LAN, ENG **[39455]** : Mary, 1800S, Rishton, LAN, ENG **[34704]** : PRE 1790, West Derby & Knotty Ash, LAN, ENG **[19964]** : William, 1862-1933, West Leigh, LAN, ENG **[39455]** : ALL, LEI, ENG **[21348]** : PRE 1765, Billesdon & Tugby, LEI, ENG **[21349]** : 1700, Foxton, LEI, ENG **[21349]** : Nicholas, C1750-1850, Hathern, LEI, ENG **[16997]** : Anne, PRE 1801, Nailstone, LEI, ENG **[10071]** : Joseph, 1795+, Swannington, LEI, ENG **[38548]** : Ann, PRE 1695, Tugby, LEI, ENG **[21349]** : ALL, Whitwick, LEI, ENG **[33920]** : John, 1800-1840,

Authorpe, LIN, ENG **[38707]** : PRE 1840, Binbrook, LIN, ENG **[36169]** : 1800, Cabourne, LIN, ENG **[30065]** : 1690+, East Kirkby, LIN, ENG **[17037]** : 1700-1800, East Kirkby, LIN, ENG **[26932]** : PRE 1750, Hagworthingham & Alford, LIN, ENG **[13008]** : 1849+, Legbourne, LIN, ENG **[30065]** : John, C1830+, Louth & Fulletby, LIN, ENG **[36299]** : Mark, 1780-1850, Moulton & Weston St.Marys, LIN, ENG **[31761]** : Charles, 1800+, LND, ENG **[46306]** : John T., 1830+, LND, ENG **[46195]** : Thomas, 1750+, Aldgate, LND, ENG **[36710]** : Thomas, 1870+, Aldgate, LND, ENG **[36710]** : James, 1840S, Camberwell, LND, ENG **[12819]** : Lydia, PRE 1910, Edmonton, LND, ENG **[38939]** : 1800S, Holborn, LND, ENG **[30876]** : Elizabeth, 1840+, Plumstead, LND, ENG **[10883]** : Mary Ann, 1815+, Shoreditch, LND, ENG **[11918]** : Maria, C1815, Soho, LND, ENG **[46457]** : Joseph, C1800+, St.Pancras, LND, ENG **[34140]** : Portman, 1850+, Stepney, LND, ENG **[39017]** : Amelia, 1744-1884, Westminster, LND, ENG **[16947]** : Richard Saml, PRE 1810, LND & MDX, ENG **[25627]** : Henry, 1850-1895, Hackney, Bow & Poplar, LND & MDX, ENG **[33021]** : Francis, 1800-1860, LND, ESS & SRY, ENG **[43317]** : PRE 1850, Bethnal Green, MDX, ENG **[41501]** : C1780+, London, MDX, ENG **[45895]** : Maria, C1814, London, MDX, ENG **[40982]** : John, PRE 1900, London, MDX, ENG **[29024]** : 1810-1866, Middlesex, MDX, ENG **[46235]** : PRE 1850, St.Pancras, MDX, ENG **[32294]** : Mary, C1816+, Uxbridge, MDX, ENG **[22070]** : William Henry, 1815+, MDX & LND, ENG **[30248]** : Lewis, 1860+, Byker, NBL, ENG **[46400]** : Margaret, 1800+, Hexham, NBL, ENG **[26761]** : Ridley, 1800+, Hexham, NBL, ENG **[26761]** : John, 1797+, Newcastle, NBL, ENG **[14918]** : Thomas, 1850+, South Shields, NBL, ENG **[12142]** : Eleanor, C1770, Tynemouth, NBL, ENG **[19497]** : John, PRE 1856, Close House, NBL & DUR, ENG **[14918]** : Temple, 1850, Tynemouth, NBL & DUR, ENG **[33728]** : 1770+, Broome, NFK, ENG **[44061]** : 1790+, Burnham Deepdale, NFK, ENG **[42600]** : PRE 1900, Croxton, NFK, ENG **[25559]** : Tom & Margt, 1795-1865, Downham Market & Southery, NFK, ENG **[39964]** : 1820-1840, Great Yarmouth, NFK, ENG **[46305]** : 1800+, Titchwell & Brancaster, NFK, ENG **[30065]** : 1790+, Wells-next-the-Sea & Brancaster, NFK, ENG **[42600]** : PRE 1780, Hedenham & Ditchingham, NFK & SFK, ENG **[19050]** : George, C1781-1846, Bedale, NRY, ENG **[46278]** : 1860+, Brompton, NRY, ENG **[20936]** : 1800, Loftus, NRY, ENG **[19862]** : PRE 1836, Tadcaster, NRY, ENG **[20936]** : Ann, 1788-1805, Whitby, NRY, ENG **[28323]** : 1722+, Brafield on the Green, NTH, ENG **[21207]** : PRE 1800, Broughton, NTH, ENG **[39671]** : 1800S, Irthlingborough, NTH, ENG **[30876]** : PRE 1812, Northampton, NTH, ENG **[45893]** : PRE 1850, Northampton, NTH, ENG **[21716]** : 1800+, Weadon, NTH, ENG **[40802]** : Thomas, C1840, NTT, ENG **[34321]** : PRE 1840, Bingham, NTT, ENG **[39873]** : 1750-1880, Coddington, NTT, ENG **[17162]** : C1820, Kirkby in Ashfield, NTT, ENG **[41370]** : PRE 1815, Mattersey, NTT, ENG **[31316]** : Harriett H., C1860-1932, Nottingham, NTT, ENG **[34321]** : PRE 1850, Skegby, NTT, ENG **[41370]** : 1800+, Southwell, NTT, ENG **[35280]** : PRE 1840, Southwell, NTT, ENG **[34101]** : PRE 1800, Worksop, NTT, ENG **[31316]** : C1830, South Scarle, NTT & LND, ENG **[39984]** : John, 1820-1890, OXF, ENG **[25484]** : 1790-1860, Bicester, OXF, ENG **[25354]** : 1810+, Chipping Norton, OXF, ENG **[45866]** : Ann, 1724, Great Milton, OXF, ENG **[14290]** : William, C1760-1833, Pyton, OXF, ENG **[46538]** : Elizabeth, 1849+, Wootton & Witney, OXF, ENG **[42744]** : C1750, Clee St.Margaret, SAL, ENG **[30488]** : Zachatta G., 1820+, Eaton Constantine, SAL, ENG **[99433]** : 1870+, Shifnal, SAL, ENG **[38530]** : 1830+, Shrewsbury, SAL, ENG **[46299]** : 1790+, Bury St.Edmunds, SFK, ENG **[46345]** : Robert, 1830S, Gorleston, SFK, ENG **[40534]** : 1700-1900, Grundisburgh, SFK, ENG **[26932]** : PRE 1700, Hinderclay, SFK, ENG **[42969]** : 1650, Thorington, SFK, ENG **[17704]** : ALL, Whatfield & Elmsett, SFK, ENG **[30022]** : Samuel, 1810+, Bath, SOM, ENG **[43566]** : Josiah, 1812+, Bath, SOM, ENG **[43566]** : Simon, C1780+, Bath, SOM, ENG **[43566]** : 1700-1850, Beckington, SOM, ENG **[46509]** : John, C1800, Bishops Hull, SOM, ENG **[15564]** : 1600-1800, Frome, SOM, ENG **[30351]** : 1745-1900, Midsomer Norton, SOM, ENG **[26396]** : 1720-1800, North Curry & Curry Rivel, SOM, ENG **[31153]** : John, 1770+, North Petherton, SOM, ENG **[12413]** : 1800+, Pensford, SOM, ENG **[13358]** : Julia, C1811, Shepton Mallet, SOM, ENG **[36592]** : ALL, Stoke St.Gregory, SOM, ENG **[13855]** : Harry & Winn., SRY, ENG **[99433]** : William, PRE 1712, Camberwell, SRY, ENG **[19803]** : Henry, 1770+, Chertsey, SRY, ENG **[28420]** : Wm & Eliz., PRE 1800S, Cuddington & Old Malden, SRY, ENG **[21349]** : PRE 1840, Egham, SRY, ENG **[20178]** : Thomas, PRE 1822, Godalming, SRY, ENG **[14290]** : Joseph, 1820+, Horne, SRY, ENG **[24943]** : 1900+, Kingston, SRY, ENG **[37206]** : Mary Ann, 1790+, Newington, SRY, ENG **[14290]** : Arthur, 1800+, Rotherhithe, SRY, ENG **[46355]** : C1795, Southwark, SRY, ENG **[36075]** : Richard, PRE 1839, Southwark, SRY, ENG **[31413]** : 1800S, East Grinstead, SSX, ENG **[42031]** : John (Vicar), 1700, Hellingly, SSX, ENG **[10993]** : 1760-1850, Horsham, SSX, ENG **[27087]** : 1780-1845, Iden, SSX, ENG **[19268]** : Patrick, 1945+, Lewes, SSX, ENG **[17697]** : 1700-1800, Rogate, SSX, ENG **[15464]** : Jemima, 1787, Salehurst, SSX, ENG **[31510]** : Richard, C1750, Border, SSX, SRY & KEN, ENG **[10850]** : 1830, STS, ENG **[40807]** : Rebecca, C1840, STS, ENG **[10649]** : Jane, PRE 1850, STS, ENG **[38939]** : Caroline, PRE 1853, STS, ENG **[29939]** : C1850, Bilston, STS, ENG **[30120]** : ALL, Bolehall, STS, ENG **[33920]** : James, 1809+, Brewood, STS, ENG **[38530]** : John, 1815, Brewood, STS, ENG **[38530]** : Sarah, 1788, Cannock, STS, ENG **[38530]** : James, 1788, Cannock, STS, ENG **[38530]** : 1840+, Darlaston, STS, ENG **[38530]** : John, 1840-1852, Darlaston, STS, ENG **[38530]** : Tobias, ALL, Darlaston, STS, ENG **[38530]** : ALL, Fazely, STS, ENG **[33920]** : ALL, Glascote, STS, ENG **[33920]** : Simon, 1788-1805, Hanley, STS, ENG **[38530]** : Edward, 1850-1912, Hanley, STS, ENG **[46278]** : Edward, C1805-1864, Hanley, STS, ENG **[46278]** : ALL, Marchington, STS, ENG **[38968]** : Henry, 1736-1797, Norton Canes, STS, ENG **[38530]** : Lewis, ALL, Shelton & Stoke-on-Trent, STS, ENG **[42948]** : George, 1840S, Stoke on Trent, STS, ENG **[44996]** : Susannah, 1840S, Stoke on Trent, STS, ENG **[44996]** : Philemon, 1845, Stoke upon Trent, STS, ENG **[38530]** : ALL, Tamworth, STS, ENG **[33920]** : Thomas, 1800-1860, Wolverhampton, STS, ENG **[46348]** : PRE 1860, WAR, ENG **[29298]** : 1840-80, Atherstone, WAR, ENG **[38592]** : PRE 1840, Baddesley Ensor, WAR, ENG **[38592]** : 1800-1850, Birmingham, WAR, ENG **[32444]** : Harry, 1871+, Birmingham, WAR, ENG **[30560]** : 1879+, Birmingham, WAR, ENG **[36841]** : Philip, 1901+, Birmingham, WAR, ENG **[30560]** : Harriet Emma, 1901+, Birmingham, WAR, ENG **[30560]** : ALL, Birmingham, WAR, ENG **[43879]** : C1800, Birmingham, WAR, ENG **[32016]** : PRE 1855, Birmingham, WAR, ENG **[16111]** : Sydney, PRE 1918, Birmingham, WAR, ENG **[46516]** : Sam, 1800+, Coventry, WAR, ENG **[17687]** : William, 1790S, Old Stratford, WAR, ENG **[46414]** : PRE 1890, Small Heath & Birmingham, WAR, ENG **[27842]** : PRE 1870, Wolverhampton, WAR, ENG **[39873]** : Clara, 1820S, WIL, ENG **[13584]** : PRE 1786, Calne, WIL, ENG **[11866]** : 1850-1900, Chippenham, WIL, ENG **[26382]** : William, 1812, Collingbourne & Kingston, WIL, ENG **[10489]** : Alexander, 1800+, East Woodmay, WIL, ENG **[12415]** : PRE 1725, Mere, WIL, ENG **[31186]** : James, 1750+, Salisbury, WIL, ENG **[99433]** : 1790+, St.Margs, Malborough, WIL, ENG **[20975]** : 1800-1900, Stanton-St.Quinton, WIL, ENG **[44946]** : 1750-1900, Salisbury & Gosport, WIL & HAM, ENG **[29354]** : 1852-56, Birtsmorton & Dudley, WOR, ENG **[46376]** : ALL, Bromsgrove, WOR, ENG **[44223]** : PRE 1800, Droitwich, WOR, ENG **[43934]** : Nathaniel, 1700-1850S, Pedmore, WOR, ENG **[46194]** : 1700-

1850, Shipston on Stour, WOR, ENG [41266] : Walter, 1840+, Castleford, WRY, ENG [17366] : 1800S, Conisborough, WRY, ENG [98601] : 1830S, Doncaster, WRY, ENG [32310] : 1830S-1840S, Honley, WRY, ENG [18236] : 1700-1800, Idle, WRY, ENG [33347] : PRE 1850, Kirkburton, WRY, ENG [18236] : John, C1830+, Leeds, WRY, ENG [36299] : PRE 1853, New Wortley & Leeds, WRY, ENG [40529] : PRE 1853, New Wortley & Leeds, WRY, ENG [40529] : PRE 1855, Ripon, WRY, ENG [34906] : ALL, Woolley, WRY, ENG [21763] : C1881, YKS, ENG [31442] : 1800+, Anston, YKS, ENG [21431] : Benjamin, 1790S, Bradford, YKS, ENG [12318] : James Hosea, PRE 1810, Bradford, YKS, ENG [99012] : Nathaniel, PRE 1840, Bradford, YKS, ENG [45949] : 1750-1850, Brandesburton & Weaverthorpe, YKS, ENG [32042] : 1760+, Coxwold, YKS, ENG [20975] : PRE 1870, Elslack, YKS, ENG [46476] : 1800-1825, Fenton, YKS, ENG [13430] : C1900, Halifax, YKS, ENG [38362] : 1650-1750, Harpham, YKS, ENG [32042] : Sarah, 1819+, Kellington, YKS, ENG [45145] : PRE 1800, Kippax, YKS, ENG [25969] : Mary, 1800+, ENG & AUS [35240] : John, 1810+, Appleton, BRK & VIC, ENG & AUS [11912] : Charles, C1834-1887, Bristol, GLS, ENG & AUS [42890] : Alfred, PRE 1861+, Overton, HAM, ENG & AUS [33949] : Edward T., 1826-1909, Lambeth, LND & QLD, ENG & AUS [13657] : Elizabeth, 1852+, Greenwich, MDX, ENG & AUS [42239] : Francis, 1820-1852, Turnham Green, MDX, ENG & AUS [42239] : Henry, 1800S-1930S, Bedale, NRY, ENG & AUS [43996] : C1820+, Trowbridge, WIL, ENG & AUS [98674] : Julia Ann, 1800S, ENG & CHI [45257] : Septimus, 1861-1932, ENG & INDIA [30248] : William, PRE 1900, Gateshead & Wallsend, NBL & DOW, ENG & IRL [29416] : Anna Maria, 1826-64, ENG & NZ [45257] : Jane Harris, 1854-1952, Bedford, BDF, ENG & NZ [45257] : George, PRE 1910, Portsmouth, HAM, ENG & NZ [43941] : William, PRE 1830, Preston, LAN, ENG & SCT [41477] : Capt. Edward, 1840+, Bordeaux (Military Garrison), GIRONDE, FRA [20433] : Charles, C1829, Rostock, MEK, GER [25396] : 1780+, IRL [41244] : 1700-1800, CAV, IRL [21796] : Thomas, 1790-1860, CAV, IRL [23438] : Philip, 1820, CAV, IRL [21669] : Anne, 1836-1919, CAV, IRL [23438] : Catherine, C1800, Canningstown, CAV, IRL [42479] : Daniel, 1861+, Mulligavan, CAV, IRL [10102] : Anne, 1830-1890S, Tullawaltra, CAV, IRL [38542] : Ellen, 1800+, Bandon, COR, IRL [45145] : 1800-1840, Bandon, COR, IRL [18001] : 1800+, Bandon & Newmarket, COR, IRL [13037] : Jane, 1850+, Bangor, DOW, IRL [20933] : John, 1865, Kilkeel, DOW, IRL [14627] : Isabella, 1865, Kilkeel, DOW, IRL [14627] : Elizabeth, C1832, Shantallow, DRY, IRL [20495] : Mary Anne, PRE 1878, Caherciveen, KER, IRL [45242] : William, 1823-1840, KID, IRL [10956] : PRE 1900, LEX, IRL [99570] : Thomas, 1815+, Navan, MEA, IRL [25878] : PRE 1830, MOG, IRL [27667] : Mary, 1820-1855, Boherlahan, TIP, IRL [32720] : Benjamin, PRE 1841, TYR, IRL [45772] : Catherine, 1847-1898, Clonave, WEM, IRL [27325] : Catherine, C1840, Parkannesley, WEX, IRL [20542] : 1800S, COR & MDX, IRL & ENG [25093] : C1820-50, Kingston, JAMAICA [27899] : Gustave Albrt, 1884+, Christiania, NOR [10883] : Joseph, 1860, NZ [21669] : Wm Alphonso, C1850, Auckland, NZ [99590] : 1858-1927, Christchurch, NZ [46235] : 1857+, Dunedin, NZ [19818] : William, 1840-1846, Kororareka, NLD, NZ [10956] : 1870+, Port Albert, NLD, NZ [46476] : Clara, 1912+, Pareora, SCY, NZ [99600] : ALL, Buller, WEST COAST, NZ [33920] : Philip, 1850, Cape Town, RSA [21669] : Henry Hope, 1838, CGH, RSA [10993] : Thomas James, C1825, All, SCT [43523] : Elizabeth, C1820, Glasgow, SCT [14120] : Catherine, 1780-1830, ABD, SCT [10460] : PRE 1900, Cruden, ABD, SCT [31014] : George, C1833, Fraserburgh, ABD, SCT [22224] : PRE 1851, Fyvie, ABD, SCT [21356] : Elizabeth, PRE 1922, Fyvie, Fraserburgh & Rathen, ABD, SCT [22224] : ALL, Kintore, ABD, SCT [12953] : George, C1858, Old Deer, ABD, SCT [22224] : Ann, 1806+, Peterculter, ABD, SCT [46320] : C1800, Rayne, ABD, SCT [37880] : 1881+, Strichen, ABD, SCT [30182] : 1797+, Tarves, ABD, SCT [12953] : James, C1830, Tyrie & Fraserburgh, ABD, SCT [22224] : Jean, C1830, Tyrie & Fraserburgh, ABD, SCT [22224] : George, C1862, Tyrie, Fraserburgh & Strichen, ABD, SCT [22224] : Janet, 1819, Woodside, ABD, SCT [10318] : 1790, Dundee, ANS, SCT [12084] : Wm, 1790+, Dundee, ANS, SCT [21854] : Thomas, 1800S, Dundee, ANS, SCT [36260] : 1918+, Dundee, ANS, SCT [46259] : James, 1780-1870, Eassie & Kinnettles, ANS, SCT [32243] : ALL, Kinnel, ANS, SCT [13855] : Thomas, 1800+, Kinnell, ANS, SCT [14194] : 1800-1840, Monifieth, ANS, SCT [46458] : PRE 1864, Islay, ARL, SCT [20985] : PRE 1816, Kilcalmonell, ARL, SCT [39985] : 1700+, AYR, SCT [25070] : Crichton, 1830, Ballantrae, AYR, SCT [44105] : 1600+, Darvel New Milns, AYR, SCT [22176] : Sarah, PRE 1837, Galston, AYR, SCT [41768] : C1700, Kilmarnock, AYR, SCT [25693] : PRE 1700, New Milns & Darvel, AYR, SCT [22176] : 1800-1856, Findochty, BAN, SCT [17400] : Isabel, 1841, Marnoch, BAN, SCT [10318] : 1700-1900, Pitgair, BAN, SCT [46271] : Janet, 1708, Quarrel Head, BAN, SCT [10318] : Robert, C1847, Annan & Middleby, DFS, SCT [21196] : 1840+, Durisdeer, DFS, SCT [30120] : Robert, C1790+, Kirkpatrick-Fleming, DFS, SCT [21196] : Janet, 1845+, Lochmaben, DFS, SCT [13101] : Eaglesfield, 1700S, Lochvale, DFS, SCT [11411] : Walter Scott, 1856+, Dumbarton, DNB, SCT [13101] : Lilias, 1856+, Dumbarton, DNB, SCT [13101] : Ann, 1856+, Dumbarton, DNB, SCT [13101] : William, 1858+, Dumbarton, DNB, SCT [13101] : James, 1859+, Dumbarton, DNB, SCT [13101] : PRE 1800, Newton, ELN, SCT [22248] : 1730+, Leucharts, FIF, SCT [10591] : PRE 1850, Inverness, INV, SCT [39154] : William, C1825, Arbuthnott, KCD, SCT [46303] : Jane, 1800-1875, Bervie, KCD, SCT [46303] : John, 1840+, Colvend, KKD, SCT [45791] : C1820, Troqueer, KKD, SCT [30120] : Robert, C1854, Glasgow, LKS, SCT [20914] : Hugh, 1800+, Lesmahagow, LKS, SCT [21114] : James, C1730, Lesmahagow, LKS, SCT [99443] : ALL, Corstorphine, MLN, SCT [46329] : James, 1790-1865, Edinburgh, MLN, SCT [20551] : Chas. Alfred, 1830S, Edinburgh, MLN, SCT [12318] : Robert, 1800+, Loanhead, MLN, SCT [40792] : William, 1800+, Loanhead, MLN, SCT [40792] : William, C1800, Ardclach, MOR, SCT [20935] : James, 1837, Elgin, MOR, SCT [10318] : Mary, 1790+, Pamona, OKI, SCT [31446] : Daniel, PRE 1852, Perth, PER, SCT [10506] : Farquhar, 1805, Luerbost, ROC, SCT [28092] : 1800, Balfron, STI, SCT [97805] : Francis, PRE 1853, Mochrum, WIG, SCT [14045] : Anna, 1785+, Essex Co., MA, USA [45995] : Benjamin, 1695-1769, Taunton, MA, USA [27633] : Betsy, 1760-1790, Berwick, ME, USA [25833] : Queenie, 1935-58, Detroit, MI, USA [19678] : Norman, 1935-65, Detroit, MI, USA [19678] : Robert Wynn, 1829+, NC, USA [26778] : 1790-1830, Huntindon Co., NJ, USA [24413] : 1760, Sussex Co., NJ, USA [24792] : Henry V, 1800-1860, Green, NY, USA [23858] : Chas Alfred, 1830S, New York, NY, USA [12318] : R.J., 1900S, New London, OH, USA [46316] : Rachel, 1830-1845, PA, USA [23564] : Mary, C1750, Lancaster, PA, USA [24660] : Robert Wynn, 1850+, TN, USA [26778] : George, 1870-1950, Chicago, IL & SA, USA & AUS [99433] : Eleanor, 1800-1830, GLA, WLS [10460] : ALL, Bridgend, GLA, WLS [12186] : Philis, 1800S-1830S, MON, WLS [19865] : 1820-1830S, Cwmynyscoy & Pont Newydd, MON, WLS [19865] : George, C1828, Panteg & Cwmynyscoy, MON, WLS [19865] : George, 1800S-1839, Pontypool, Glascoed & Panteg, MON, WLS [19865] : George, PRE 1896, Rockfield, MON, WLS [26017] : 1800S, Tenby, South, PEM, WLS [12589]

SMITH (see Cat. I: Subjects), [33490]

SMITHERS : Edward Wilson, 1893+, Ballarat & Melbourne, VIC & ALL, AUS [19588] : 1750, Portsmouth, HAM, ENG [31580]

SMITHIES : ALL, WRY, ENG **[32296]**
SMITHSON : PRE 1780, York, ERY, ENG **[18628]** : PRE 1792, London, MDX & SRY, ENG **[16701]** : 1680-1790, Norton le Clay & Cundall, NRY, ENG **[18236]** : 1780-1820, Knottingley, WRY, ENG **[18628]** : 1750-1830, Mirfield & Spen Valley, WRY, ENG **[18236]**
SMITHWICK : 1700+, TIP, IRL **[21983]**
SMITTEN : C1760-99, Sevenoaks, KEN, ENG **[16947]**
SMOUTE : 1735+, Wroxeter, SAL, ENG **[46273]**
SMULLEN : ALL, WIC, IRL **[14023]**
SMYTH : 1900+, NSW, AUS **[46477]** : 1900+, QLD, AUS **[46477]** : 1860+, Ballarat, VIC, AUS **[13447]** : 1860+, Bendigo & Ballarat, VIC, AUS **[11066]** : 1700-50, Sherborne, DOR, ENG **[11661]** : 1800S, Bristol, GLS, ENG **[10273]** : 1840-1920, Bethnal Green, LND, ENG **[39155]** : 1700-1900, Bristol, SOM & GLS, ENG **[11066]** : 1600+, Lurgashall, SSX, ENG **[19759]** : 1750+, Route & Castlequarter, ANT, IRL **[46477]** : 1700S, Lurgan, ARM, IRL **[28060]** : 1880+, Portaferry, DOW, IRL **[46477]** : 1800-1900, GAL & MAY, IRL **[36409]** : Michael, 1810+, MOG, IRL **[33085]** : Ellen, 1841-2, Aghabog, MOG, IRL **[33085]** : 1720, Castlepollard, WEM, IRL **[13004]**
SMYTHIES : 1600-1850, ENG **[14127]** : 1864+, Dunedin, NZ **[14127]**
SNADON : PRE 1875, Alloa, CLK, SCT **[34522]**
SNAITH : 1600+, Barnard Castle, DUR, ENG **[37213]** : John Shotton, 1840+, Castle Eden, DUR, ENG **[22090]** : 1800+, Gateshead, DUR, ENG **[37213]** : 1700+, Tanfield, DUR, ENG **[37213]** : John, C1700, Witton le Wear, DUR, ENG **[38579]** : PRE 1805, DUR & NRY, ENG **[39336]** : 1805+, LEI & NTT, ENG **[39336]** : 1800, Allendale, NBL, ENG **[12222]** : 1850+, Northallerton, YKS, ENG **[37213]** : ALL, Romaldkirk, YKS, ENG **[37213]** : 1880+, NATAL, RSA **[37213]**
SNAPE : ALL, AUS **[46309]** : 1900+, NSW, AUS **[46373]** : 1800S, Manchester & Brindle, LAN, ENG **[13910]** : 1800S, Walton-le-Dale, LAN, ENG **[13910]** : PRE 1830, Wheelton, LAN, ENG **[18702]** : ALL, SFK, ENG **[99036]**
SNARE : C1825-1850, LND & ESS, ENG **[31902]** : PRE 1780, Brandon, SFK, ENG **[43840]**
SNASHALL : PRE 1920, KEN, ENG **[44969]**
SNAVELY : 1850+, Cambria Co., PA, USA **[22846]**
SNEADE : PRE 1890, Stourport & Kidderminster, WOR, ENG **[46297]**
SNEDDON : 1820+, Auchterderran & Kirkcaldy, FIF, SCT **[11090]**
SNEEZUM : C1800, Castle Hedingham, ESS, ENG **[19392]** : C1798, Great Yeldham, ESS, ENG **[19392]**
SNELGAR : C1849+, NZ **[13809]**
SNELL : 1890+, NSW, AUS **[21261]** : Avis, 1867+, JSY, CHI **[45326]** : Henry, 1869+, JSY, CHI **[45326]** : 1650-1780, Creed & Probus, CON, ENG **[23161]** : 1902+, Kenwyn, CON, ENG **[45823]** : 1640-1800, Probus, CON, ENG **[13430]** : ALL, St.Agnes & Kenwyn, CON, ENG **[45823]** : 1830+, St.Austel, CON, ENG **[44202]** : Agnes, C1756, DEV, ENG **[14448]** : James, PRE 1791, Brixham, DEV, ENG **[10071]** : C1850, Exeter, DEV, ENG **[16645]** : PRE 1820, High Bickington, DEV, ENG **[42752]** : 1850, Tiverton, DEV, ENG **[36244]** : Major, PRE 1772, Pateley Bridge & Kranesbow, WRY, ENG **[37445]** : 1850+, Hunslet, YKS, ENG **[98674]** : 1750-1900, Rathdrum, WIC, IRL **[12729]**
SNELLE : ALL, NL **[11288]**
SNELLING : 1780-1800, Portsea, HAM, ENG **[13046]** : 1885+, Stockbridge, HAM, ENG **[45631]**
SNEYD : 1600-1800, Madeley, STS, ENG **[13326]**
SNIDALL : PRE 1750, Sheffield & Barnsley, WRY, ENG **[16123]**
SNIDER : Simon, 1789+, Ernestown Twp, ONT, CAN **[15301]** : 1810-1870, Leeds & Grenville Co., ONT, CAN **[16708]** : 1820-1880S, Reach Twp., ONT & QUE, CAN **[24943]**

SNIFFEN : 1600S, USA **[15521]**
SNODALE : C1800, Pinchbeck, LIN, ENG **[13984]**
SNODDY : John, PRE 1820, Belfast, ANT & AYR, IRL & SCT **[16233]**
SNODGRASS : 1700-1900, ENG **[36533]** : 1700-1900, SCT **[36533]** : 1700-1900, Paisley, RFW, SCT **[42698]** : PRE 1820, WIG, SCT **[44078]**
SNOOK : PRE 1750, Swyre, DOR, ENG **[14267]** : 1800-1830, Bristol, GLS, ENG **[46348]** : 1920+, Portsmouth, HAM, ENG **[38412]** : ALL, LND, ENG **[39386]**
SNOOKE : PRE 1810, Urchfont, WIL, ENG **[46327]**
SNOOKS : PRE 1900, Blackmill, GLA, WLS **[40026]**
SNOW : 1860+, Indigo, VIC, AUS **[13763]** : 1850+, VIC & NSW, AUS **[11366]** : Samuel, 1833-1916, Hill Grove & Beechworth, VIC & NSW & CON, AUS & ENG **[11623]** : 1700S, BRK, ENG **[42466]** : C1800+, Gwennap, CON, ENG **[13763]** : 1700-1855, St.Gluvias & Gwennap, CON, ENG **[11366]** : PRE 1800, DEV & SOM, ENG **[16269]** : 1700+, ESS, ENG **[19318]** : 1750, White Notley, ESS, ENG **[17704]** : 1700+, LAN, ENG **[19318]** : 1600-1700, Foxton & Lubeham, LEI, ENG **[21349]** : PRE 1860, Islington, LND, ENG **[29354]** : 1800+, LND & MDX, ENG **[42771]** : 1860+, Birmingham, WAR, ENG **[46316]** : Mary, C1788, Salisbury, WIL, ENG **[10102]** : 1600S, Eastham, MA, USA **[15521]** : 1600S, Plymouth, MA, USA & ENG **[15521]**
SNOWBALL : PRE 1740, NBL, ENG **[44014]**
SNOWDEN : 1800-1900, Huggate, ERY, ENG **[26629]** : PRE 1860, Stepney, MDX, ENG **[45735]** : 1700-1800, Tadcaster, NRY, ENG **[26629]** : 1792-1894, Sheffield & Wakefield, YKS, ENG **[19127]**
SNOWDON : 1840-1900, SA, VIC & NSW, AUS **[32882]** : 1650-1862, Alston, CUL, ENG **[17642]** : ALL, LND, ENG **[32882]** : ALL, NBL & DUR, ENG **[20824]** : PRE 1880, SCT **[31297]**
SNOWE : 1600-1700, Harborough Magna, WAR, ENG **[18670]**
SNOWLING : ALL, Lound, Somerleyton & Thames, NFK & SFK, ENG, AUS & NZ **[33920]**
SNYDER : Abram, PRE 1839, Frontenac, ONT, CAN **[99545]** : Jeremiah, 1789-1890, Glengarry Co., ONT, CAN **[15301]** : Martha Almira, 1815+, Newark, NJ, USA **[32132]** : 1750+, PA, USA **[22737]** : John Wm, 1823-1898, Philadelphia, PA, USA **[22640]**
SOANE : 1640, South Elham, SFK, ENG **[17704]**
SOANES : PRE 1900, SFK, ENG **[39312]** : 1920S, Williamston, MI, USA **[15594]** : 1900S, Buffalo, NY, USA **[15594]**
SOAR : 1837+, London, ENG **[46233]** : 1800+, Derby, NTT, ENG **[46233]** : 1800+, Ipswich, SFK, ENG **[25427]** : 1800+, Sheffield, WRY, ENG **[18329]**
SOARS : Edward, 1793-1798, Orange, NSW & LEI, AUS & ENG **[10367]** : 1800S, Leicester, ENG **[10367]**
SOBEY : 1780S, Perranzabuloe, CON, ENG **[31373]**
SOBIESKI : 1516, Lublin, LU, POL **[10318]**
SODEN : 1840S, LET, IRL **[16513]**
SODERBERG : 1800+, MDX, ENG **[43566]**
SODI : 1700S, Autishoff, RPF, GER **[14045]**
SOENCKSEN : 1890+, GER **[13853]**
SOESAN : ALL, NL **[18006]**
SOFFE : 1750+, New Forest, HAM, ENG **[30065]** : 1850+, Liverpool, LAN, ENG **[30065]**
SOFTLEY : C1900, NFK, ENG **[46447]**
SOHIER : 1600S, FRA **[42927]** : 1750-1800, Quettreville, BN, FRA **[12641]**
SOLDON : 1880-1900, Newborough, NTH, ENG **[45442]**
SOLE : PRE 1770, CAM, ENG **[19025]** : 1800+, Kelshall, HRT, ENG **[18020]** : C1825, Westminster & Edmonton, MDX, ENG **[36084]**
SOLLY : George, 1832, Sandwich & Newcastle, KEN & NSW, ENG & AUS **[11530]**
SOLMAN : Thomas, 1754, Sidbury, DEV, ENG **[40055]** : PRE 1841, Sidbury, DEV, ENG **[10565]**

SOLMS : 1750-1850, Molsheim, ALS, FRA **[33347]**
SOLOMAN : 1750, Hastings, SSX, ENG **[17497]**
SOLOMON : 1800+, Newport, NSW, AUS **[10839]** : Elizabeth, 1840, Sydney, NSW, AUS **[11662]** : Michael, 1840+, Sydney, NSW, AUS **[44156]** : 1820, London, ENG **[11662]** : ALL, CON, ENG **[46311]** : 1800-1850, Truro, CON, ENG **[13326]** : 1700-1850, Plymouth, DEV, ENG **[19993]** : Michael, 1830-1900, London, MDX, ENG **[25484]** : C1800, COR, IRL **[46387]** : 1850+, Port Chalmers, OTG, NZ **[21231]**
SOLOMONS : 1700-1900, London, ENG **[21788]** : Bernard, 1925, Thanet, ESS, ENG **[27993]** : Jack, 1926, Thanet, ESS, ENG **[27993]** : 1800S-1900S, Whitechapel, LND, ENG **[21788]**
SOLWAY : 1900S, Ashburton, Mid-Canterbury, ENG **[21195]** : 1870+, Axminster, DEV, ENG **[10886]** : PRE 1850, Drayton, SOM, ENG **[13622]** : ALL, WORLDWIDE **[21195]**
SOMEIL : PRE 1800, Lavigneville, LOR, FRA **[20178]**
SOMERFIELD : PRE 1800, Bloxwich, STS, ENG **[42773]**
SOMERFOOT : PRE 1800, Bloxwich, STS, ENG **[42773]**
SOMERFORD : PRE 1800, Bloxwich, STS, ENG **[42773]**
SOMERS : Jane, PRE 1843, OFF, IRL **[40057]** : PRE 1856, TIP, IRL **[26785]** : PRE 1800, Hamilton, LKS, SCT **[25979]**
SOMERSET : PRE 1850, Chapeltown & Sheffield, WRY, ENG **[46422]**
SOMERSHAM : 1740+, Littleport, CAM, ENG **[12786]**
SOMERVELL : C1720, Carnwath, LKS, SCT **[25979]**
SOMERVILLE : George, PRE 1900+, Perth, ONT, CAN **[29515]** : James, 1750-1850, St.Pancras, LND, ENG **[17105]** : James, 1850-1950, Birmingham, WAR, ENG **[17105]** : John, PRE 1850, TYR, IRL **[29515]** : 1799, Donaghmore, TYR, IRL **[15594]** : PRE 1900, Invercargill, SLD, NZ **[43923]** : 1761-1833, Clackmannan, CLK, SCT **[38696]** : Alex, 1751-1830, Dunbar, ELN, SCT **[10392]** : Rachael, 1777+, Dunbar, ELN, SCT **[10392]** : 1840-1850S, Kirkintilloch, STI, SCT **[45199]**
SOMES : 1840+, WI, USA **[21479]**
SOMME : 1700+, Stavanger, NOR **[36656]** : 1800-1900, Cardiff, WLS **[36656]**
SOMMER : PRE 1844, Schulzdolf, POM, GER **[14076]**
SOMMERFELDT : C1850, London, ENG **[13188]**
SOMMERFIELD : PRE 1860, Manchester, LAN, ENG **[38936]**
SOMMERS : 1700+, Parramatta, NSW, AUS **[34739]** : PRE 1700, Cheapside, LND, ENG **[34739]**
SOMMERTON : PRE 1750, Kirby Wharfe, WRY, ENG **[33664]**
SOMMERVILLE : 1850+, AUS & NZ **[31237]** : 1835, Kilmore, ARM, IRL **[46264]** : ALL, TYR, IRL **[21183]** : ALL, Millport & Cumbrae, BUT, SCT **[22206]** : PRE 1850, LKS, SCT **[31237]** : C1923, Glasgow, LKS, SCT **[22206]**
SOMMERVILLE (see One Name Section) [22206]
SONES : ALL, NFK & SFK, ENG **[19165]** : 1879, Wandsworth, SRY, ENG **[10330]**
SONKEY : PRE 1600, LAN, ENG **[10116]**
SONKEY (see One Name Section) [10116]
SONKEY (see SANKEY) : [10116]
SOO : 1800+, Soh Mah Village, Canton, SHUENGDKA PRO, CHINA & NZ **[45943]**
SOP : ALL, HAM, ENG **[19876]**
SOPER : 1849+, Lostock & Gresford, NSW, AUS **[40994]** : 1800S, AUS & ENG **[46001]** : Thomas, PRE 1850, East Newlyn, CON, ENG **[25907]** : PRE 1785, DEV, ENG **[38987]** : ALL, Moretonhampstead, DEV, ENG **[19641]** : 1750-1850, Newton Abbot, DEV, ENG **[33847]** : C1830, Plymouth, DEV, ENG **[21975]** : 1750-1865, South Brent, DEV, ENG **[43853]** : 1700+, Maiden Newton, DOR, ENG **[40994]** : ALL, KEN & DEV, ENG

[25329] : PRE 1850, London, MDX, ENG **[32294]** : 1780-1830, SSX, ENG **[44150]** : 1700, Taunton, Bristol Co., MA, USA **[24660]**
SOPPAT : ALL, WORLDWIDE **[46450]**
SOPPET : ALL, WORLDWIDE **[46450]**
SOPPETT : ALL, WORLDWIDE **[46450]**
SOPPIT : ALL, WORLDWIDE **[46450]**
SOPPITT : ALL, WORLDWIDE **[46450]**
SORBIE : James, 1800+, Balmaclellan & Hamilton, LKS, SCT **[21971]**
SORE : PRE 1839, SFK, ENG **[18896]** : 1700+, Wyverstone, SFK, ENG **[25427]**
SOREL : 1900+, Amiens, PIC, FRA **[12382]**
SORENSDOTTER : C1820, Gothenburg, SWE **[10705]**
SORENSEN : 1770+, Greis, VEJLE, DEN **[10900]**
SORLEY : PRE 1861, Long Dalmahoy, Ratho, MLN, SCT **[14075]**
SORRELL : C1800, Hempstead, ESS, ENG **[34543]**
SORSOLEIL : 1650-1880, St.Helier, CHI & RHA, UK & FRA **[11692]** : ALL, WORLDWIDE **[11692]**
SORTON : Jane, C1817, Newcastle, STS, ENG **[35379]**
SOSEMANN : PRE 1870, Hannover, HAN, GER **[41128]**
SOTHCOTT : PRE 1900, Southsea, HAM, ENG **[27219]**
SOTHEBY : PRE 1700, Sewardstone, ESS, ENG **[19785]** : Frances, 1500S, Great Carlton, LIN, ENG **[22796]**
SOTHERDINE : PRE 1700, SSX, ENG **[19782]**
SOTHERS : 1800-1840, Gravesend, KEN, ENG **[46478]**
SOTRO : Martha, C1730+, Stoke Damerel, DEV, ENG **[25066]**
SOUL : C1680, Coaley, GLS, ENG **[26360]**
SOULAIER : 1867-1950S, ENG & AUS **[45808]** : 1800S, FRA & ENG **[45808]**
SOULIEL : 1810-1950S, FRA & AUS **[45808]**
SOULIER : 1867-1950S, ENG & AUS **[45808]** : 1810-1867, FRA & ENG **[45808]**
SOULS : PRE 1850, Coaley & Ulay, GLS, ENG **[42967]**
SOULSBY : 1885+, Gateshead, DUR, ENG **[14513]**
SOUTER : George, 1846, NSW, AUS **[10846]** : 1800S+, Chiswick, LND, ENG **[10893]**
SOUTH : PRE 1850, Downham, CAM, ENG **[34980]** : PRE 1829, Fawley, HAM, ENG **[19296]** : PRE 1880, Rushden, Sandon & Wallington, HRT, ENG **[39564]** : C1701, Wainfleet St.Mary, LIN, ENG **[41443]** : 1860+, Belgravia, LND, ENG **[38486]**
SOUTHALL : 1750+, Dudley, WOR, ENG **[27492]** : 1700S, Halesowen, WOR, ENG **[33559]** : 1830, VA, USA **[13914]**
SOUTHAM : 1700-1880, Quinton, GLS, ENG **[99174]**
SOUTHBY : PRE 1900, Chieveley, BRK, ENG **[42643]**
SOUTHCOMBE : William, 1800S, Swimbridge, DEV, ENG **[10441]** : William, C1880, IND **[10441]**
SOUTHCOTE : ALL, ENG **[45204]** : PRE 1800, DEV, ENG **[30138]**
SOUTHCOTT : 1800S, Chelsea, LND, ENG **[30645]**
SOUTHERN : 1918+, Leytonstone, ESS, ENG **[33538]** : ALL, Liverpool, LAN, ENG **[15793]** : C1783, Manchester, LAN, ENG **[10209]** : C1836+, Newtown, LEX, IRL **[10998]** : Mary, PRE 1849, Newtown, LEX, IRL **[10998]**
SOUTHERTON : C1850, London, ENG **[12371]**
SOUTHEY : Mary Ann, 1800-1840, Worcester, WOR, ENG **[39461]**
SOUTHGATE : 1850+, Melbourne, VIC, AUS **[43779]** : PRE 1860, Norwich, NFK, ENG **[43779]** : 1850, Swanderton, NFK, ENG **[12222]** : PRE 1800, Combs, SFK, ENG **[33664]** : 1750-1850, Tattingstone, SFK, ENG **[16383]**
SOUTHON : Thomas, PRE 1850, London, ENG **[25072]**
SOUTHORN : ALL, WORLDWIDE **[30022]**
SOUTHWARD : 1800-1850, Prescot, LAN, ENG **[12641]**
SOUTHWAY : 1850, Clifton & Bristol, GLS, ENG **[34320]**

SOUTHWELL : PRE 1870, Lincoln, ENG **[13914]** : 1769+, Whittlesey, CAM, ENG **[13763]** : PRE 1800, HAM, ENG **[20458]** : PRE 1850, HAM, ENG **[31323]** : C1800, Lockerley, HAM, ENG **[20458]** : PRE 1800, HAM & WIL, ENG **[20458]** : 1800-1900, Warrington, LAN, ENG **[12641]** : ALL, IRL **[46021]**
SOUTHWOOD : ALL, ENG **[46218]** : Richard, 1700S, Exeter, DEV, ENG **[24981]**
SOUTHWORTH : 1900+, Preston, LAN, ENG **[42634]** : PRE 1800, Samlesbury, LAN, ENG **[43844]**
SOUTTER : 1750-1830, Aberdeen, ABD, SCT **[10037]**
SOWDEN : ALL, Coonabarabran, NSW, AUS **[28210]** : 1800, Camborne, CON, ENG **[12222]** : 1700S, Stoke Climsland, CON, ENG **[12144]** : PRE 1850, Leeds, KEN, ENG **[28210]** : PRE 1850, Brighouse, WRY, ENG **[28210]** : PRE 1850, Hebden Bridge, WRY, ENG **[28210]** : 1700-1800, Hove Edge, WRY, ENG **[28210]** : PRE 1850, Leeds, WRY, ENG **[28210]** : 1700-1800, Thornhill Briggs, WRY, ENG **[28210]** : 1700-1800, Woodbottom, WRY, ENG **[28210]**
SOWEL : Catherine, 1750-C1800, Falmouth, CON, ENG **[40143]**
SOWELL : PRE 1840, Truro, CON, ENG **[44296]**
SOWELLS : ALL, NFK & SFK, ENG **[30351]**
SOWERBY : PRE 1850, LIN, ENG **[17182]**
SOWLEY : ALL, Tewkesbury, GLS, ENG **[37542]** : PRE 1750, Westminster, LND, ENG **[26360]**
SOWNDIE : 1600+, Caversham, OXF & BRK, ENG **[27066]**
SOWTER : C1800, DBY, ENG **[10350]** : Joseph, PRE 1900, DBY, ENG **[42808]** : Elizabeth, PRE 1900, DBY, ENG **[42808]** : C1810, Bermondsey, LND, ENG **[12371]**
SOYE : PRE 1800, Lurgan, ARM, IRL **[27240]**
SOYER : 1600S, FRA **[42927]**
SPACKE (see SPEAKE) : **[17612]**
SPACKMAN : 1608+, Cliffe Pypard, WIL, ENG **[14184]** : PRE 1820, Cliffe Ripard, WIL, ENG **[46476]**
SPAIN : ALL, KEN, ENG **[16811]** : John, C1790, KEN, ENG **[32559]** : PRE 1800, KEN, ENG **[18354]**
SPAKE (see SPEAKE) : **[17612]**
SPALDING : ALL, ENG **[46218]** : 1830-1911, Hinkley, LEI, ENG **[46472]** : 1800S, Legsby, LIN, ENG **[46437]** : PRE 1682, Thimbleby, LIN, ENG **[19902]** : PRE 1800, SCT **[43704]** : PRE 1820, Dunfermline, FIF, SCT **[42698]** : 1800+, Edinburgh, MLN, SCT **[43704]** : 1810+, Hawick & Wilton, ROX, SCT **[21196]**
SPANK : C1860, Hochkirch, KSA, GER **[14627]**
SPANN : 1902, Pimpama Island, QLD, AUS **[13845]** : Hannah, PRE 1813, Calveley & Bunbury, CHS, ENG **[14184]** : 1900S, GER **[13845]**
SPARGO : 1839+, Wellington, NSW, AUS **[40781]** : PRE 1837, CON, ENG **[40781]** : 1700+, Lanner & Mabe, CON, ENG **[31116]**
SPARKE : 1828+, Hunter Valley, NSW & VIC, AUS **[17189]** : 1850+, Isleham, CAM, ENG **[21598]** : PRE 1827, South Brent, DEV, ENG **[17189]**
SPARKES : ALL, Sydney, NSW, AUS **[46373]** : C1820, ENG **[42942]** : PRE 1800, ENG **[24980]** : 1800-1850, Exeter, DEV, ENG **[16425]** : 1780+, East London, MDX, ENG **[35237]**
SPARKMAN : James, C1780, Gosport, HAM, ENG **[44085]**
SPARKS : Elizabeth, C1870, ENG **[99522]** : PRE 1850, ENG **[24980]** : 1750-1850, Stagsden, BDF, ENG **[46313]** : 1750+, Aylesbury, BKM, ENG **[34440]** : C1700, Owlpen, GLS, ENG **[26360]** : 1750-1800, Alverstoke, HAM, ENG **[22241]** : PRE 1840, Catherington Area, HAM, ENG **[28443]** : 1800+, Christchurch, HAM, ENG **[12574]** : 1810+, Suttone Hone, KEN, ENG **[11946]** : 1800-1830, Southwark, LND, ENG **[46478]** : 1800-1840, Whitchapel, LND, ENG **[46478]** : C1825, Rattlesden, SFK, ENG **[43841]** : 1730+, Ilminster, SOM, ENG **[12078]** : PRE 1850, Porlock, SOM,

ENG **[32040]** : George, C1857+, Uttoxeter & Stramshall, STS, ENG **[27325]**
SPARLING : 1860+, AUS **[10581]** : PRE 1860, Dublin, IRL **[10581]**
SPARNON : 1680-1900, Illogan, CON, ENG **[10646]**
SPARROW : Shadrack, PRE 1900, ENG **[25747]** : Alice, ALL, ESS, ENG **[17687]** : PRE 1770, Avening, GLS, ENG **[17921]** : Sydney, 1850-1900, Edmonton, MDX, ENG **[10252]** : 1800-50, Marylebone, MDX, ENG **[10252]** : ALL, SFK, ENG **[35988]** : Alice, ALL, SFK, ENG **[17687]** : 1800-1900, Chediston, SFK, ENG **[44229]** : 1700-1800, Whatfield & Edwardstone, SFK, ENG **[34140]** : PRE 1900, SRY, ENG **[44969]** : 1800-50, Camberwell & Lambeth, SRY, ENG **[10252]**
SPARRY : Elizabeth, 1580S, Tamworth, STS, ENG **[22796]**
SPARSHOTT : ALL, WORLDWIDE **[39386]**
SPATE (see SPEAKE) : **[17612]**
SPAUL : 1890+, Moree, NSW, AUS **[36749]**
SPAWFORTH : 1700-1850, LND, ENG **[38833]** : 1700-1850, Horbury, WRY, ENG **[38833]**
SPEAK : C1830, Colne, LAN, ENG **[13801]** : William, 1750-1830, WRY, ENG **[21132]** : Josephus, 1800+, Wakefield & Sheffield, WRY, ENG **[21132]** : C1860, Bradford, YKS, ENG **[13801]** : James, 1800S, INDIA **[21132]** : PRE 1900, Auckland & Coromandel, AKD, NZ **[21132]**
SPEAKE : PRE 1680, Canon Frome, HEF, ENG **[17612]** : PRE 1680, Wigmore, HEF, ENG **[17612]** : PRE 1525, SAL, ENG **[17612]** : PRE 1810, Ludlow, SAL, ENG **[17612]** : ALL, WORLDWIDE **[17612]**
SPEAKE (see One Name Section) [17612]
SPEAKES (see One Name Section) [17612]
SPEAKMAN : 1800+, Runcorn, CHS, ENG **[34930]** : 1881+, Blackpool, LAN, ENG **[13481]** : Alice, 1810-1883, Cadishead, LAN, ENG **[40993]** : 1862+, Gorton & Failworth, LAN, ENG **[13481]** : Mary, 1812-72, Preston, LAN, ENG **[41968]** : 1750+, Liverpool, LAN & CHS, ENG **[18501]** : 1800+, Stoke on Trent, STS, ENG **[18501]**
SPEAKMAN (see One Name Section) [34930]
SPEAKS (see One Name Section) [17612]
SPEAR : 1700-2000, St.Ive, CON, ENG **[17196]** : ALL, DEV, ENG **[40472]** : Susan, C1850, Crediton, DEV, ENG **[40472]** : 1900, TX, USA **[36656]**
SPEARING : 1780+, ENG **[29520]** : 1881+, Monxton, HAM, ENG **[46370]** : PRE 1880, Rufforth, WRY, ENG **[26752]**
SPEARS : C1806, Brisbane Waters, NSW, AUS **[10985]** : 1800-1850, SSX, ENG **[41244]**
SPECK : PRE 1900, Malton & West Heslerton, ERY & NRY, ENG **[18397]** : PRE 1830, Gloucester, GLS, ENG **[26173]**
SPEDDING : 1800+, Kelloe, DUR, ENG **[45183]**
SPEECHLEY : Uriah, 1850+, St.Peters, NSW, AUS **[41223]** : 1800-1900, Cambridge & Chesterton, CAM, ENG **[36243]** : 1800S, Folksworth, HUN, ENG **[36243]**
SPEED : 1880+, Warrnambool, VIC, AUS **[46221]** : 1700-1750, Chester le Street, DUR, ENG **[12641]** : Elinor, 1860+, LND, ENG **[22122]** : 1700-1750, Rothwell, WRY, ENG **[12641]** : 1678+, Rothwell, Leeds & Bradford, WRY, ENG **[42974]** : Archibald, 1800-50, Leslie, FIF, SCT **[10286]**
SPEEDY : Mary, PRE 1894, Drumaul, ANT, IRL **[45125]** : 1850S, Mauku, NZ **[43935]**
SPEEN : C1700, Wytham, BRK, ENG **[36655]**
SPEIER : 1700+, Heldenbergen, HEN, GER **[16383]**
SPEIGHT : PRE 1850, STS, ENG **[17612]** : 1700-1850, Batley, WRY, ENG **[20729]** : 1790+, Earby & Allerton, YKS, ENG **[39096]** : ALL, DUB, IRL **[34921]** : ALL, Auckland, NZ **[34921]**
SPEIR : 1840+, RFW, SCT **[21131]**
SPEIRS : Elizabeth, 1780+, SCT **[46326]** : 1800+, Ren-

frew, AYR, SCT **[44932]** : Robert, 1806, Millerston, LKS, SCT **[46326]**

SPEKE (see One Name Section) [17612]

SPELLER : 1750-1780, Bishop Stortford, HEF, ENG **[36127]** : Elizabeth, 1852-1927, White Roothing & Northcote, ESS & VIC, ENG & AUS **[12032]**

SPELMAN : 1800+, Fulham, MDX, ENG **[46451]**

SPENCE : 1848+, Bega, NSW, AUS **[11214]** : 1800+, NFD & NS, CAN **[21854]** : James, 1790+, Granton, ONT, CAN **[31446]** : 1870+, Kingston & Unionville, ONT, CAN **[31079]** : PRE 1800, Whitehaven, CUL, ENG **[42209]** : C1850, Liverpool, LAN, ENG **[42209]** : Sawyer, PRE 1834, Hackney, LND, ENG **[27920]** : 1800-1834, Wapping, LND, ENG **[27920]** : 1894+, Willington Quay, NBL, ENG **[31332]** : Ann, 1800+, Woodbridge, SFK, ENG **[21854]** : 1919+, Brighton, SSX, LND & MDX, ENG **[31079]** : PRE 1840, ANT, IRL **[15476]** : ALL, Belfast, ANT, IRL **[25072]** : William, 1834-50, FER, IRL **[37619]** : Elizabeth, 1803, SLI, IRL **[46325]** : PRE 1835, Aberdeen, ABD, SCT **[37058]** : 1750-1950, Huntly & Aberdeen, ABD, MOR & BAN, SCT **[20770]** : Alexander, 1810+, Dundee, ANS, SCT **[31159]** : 1775-1860, Dysart, FIF, SCT **[39985]** : Barbara, 1790, Bothwell, LKS, SCT **[12878]** : Marion, 1827+, Carnwath, LKS, SCT **[13101]** : 1700S, Inveresk, MLN, SCT **[42466]** : James, 1790+, OKI, SCT **[31446]** : PRE 1878, OKI, SCT **[31079]** : 1700-1800S, Unst, SHI, SCT **[11411]** : David, 1831+, Dundee, ANS & VIC, SCT & AUS **[31159]** : 1700+, AYR, SCT & AUS **[10647]** : 1848-1990, Salcutts, AYR, SCT & AUS **[11214]** : 1850-1950, Aberdeen & Lincoln, ABD & LIN, SCT & ENG **[33820]**

SPENCELAYH : ALL, KEN, ENG **[46262]**

SPENCER : 1800-1900, NB, CAN **[45291]** : 1840+, Burin, NFD, CAN **[45280]** : George Benj., C1812-1915, Hamilton & Winnipeg, ONT & MAN, CAN **[27325]** : George, 1800+, NS, CAN & NZ **[45943]** : Joseph, 1791+, London, ENG **[40993]** : 1840+, Luton, BDF, ENG **[28495]** : 1874+, Reading, BRK, ENG **[37049]** : 1700S, Bishops Nympton, DEV, ENG **[13657]** : 1800+, Lamarsh, ESS, ENG **[33443]** : PRE 1850, Romford, ESS, ENG **[19345]** : 1760+, Bristol, GLS, ENG **[43566]** : 1790S, Coaley, GLS, ENG **[46414]** : PRE 1851, Duntisbourne, GLS, ENG **[46518]** : PRE 1850, Wottonunder-Edge, GLS, ENG **[18657]** : Nelson G., 1826, HRT, ENG **[31356]** : Charles, C1800, HRT, ENG **[31356]** : 1800+, Burnley, LAN, ENG **[42507]** : 1780-1860, Bury, LAN, ENG **[11661]** : 1800S, Bury, LAN, ENG **[20919]** : PRE 1800, Croston, LAN, ENG **[36983]** : 1750+, Grindleton & West Bradford, LAN, ENG **[18372]** : 1800, Manchester, LAN, ENG **[46007]** : PRE 1830, Manchester, LAN, ENG **[11536]** : 1800+, Rossendale, LAN, ENG **[19691]** : 1900+, Loughborough, LEI, ENG **[44947]** : 1600+, Sapcote & Knossington, LEI, ENG **[20578]** : ALL, Stoughton & Evington, LEI, ENG **[18042]** : PRE 1770, Rauceby, LIN, ENG **[28340]** : Walford, 1907, Wandsworth, LND, ENG **[31356]** : 1810-1890, MDX, ENG **[34790]** : PRE 1860, Hackney, MDX, ENG **[18042]** : 1874+, Kensington, MDX, ENG **[28495]** : 1852, London, MDX, ENG **[13591]** : 1800+, Shoreditch & Spitalfields, MDX, ENG **[44040]** : ALL, Great Ellingham, NFK, ENG **[37049]** : PRE 1820, Holt, NFK, ENG **[44040]** : 1800S, NTT, ENG **[16309]** : PRE 1800S, Wincanton & Ibberton, SOM & DOR, ENG **[42436]** : PRE 1842, St.Mary Newington, SRY, ENG **[36075]** : PRE 1950, SRY & BRK, ENG **[43882]** : 1800+, Birmingham, WAR, ENG **[33007]** : PRE 1800, Brinkworth, WIL, ENG **[21349]** : 1788+, Donhead, WIL, ENG **[46430]** : PRE 1840, Brincliffe & Sheffield, WRY, ENG **[36492]** : 1780+, Leeds, WRY, ENG **[18628]** : C1836, Ovenden Halifax, YKS, ENG **[14030]** : Richard, 1854+, Preston, Tadcaster & Leeds, YKS, ENG **[39967]** : Alexander, 1743, Aberdeen, ABD, SCT **[14880]** : Mary, 1795, Coldstream, BEW, SCT **[14880]** : Betty, 1796, Coldstream, BEW, SCT **[14880]** : James, 1800, Coldstream, BEW, SCT **[14880]** : 1760+, Springfield, VT, USA **[23319]** : ALL, GLA, WLS **[44963]**

SPENDELOWE : 1865-1912, Tottenham, LND & MDX, ENG **[46412]**

SPENDLA : PRE 1810, Long Sutton, LIN, ENG **[37499]**

SPENDLEY : PRE 1900, Mistley & Manningtree, ESS, ENG **[14733]** : PRE 1760, SFK, ENG **[14733]**

SPENDLOVE : Ellen, PRE 1900, Shirland, DBY, ENG **[42808]**

SPERLING : 1850S, Harmondsworth, MDX, ENG **[99174]**

SPERRIN : John, PRE 1776, Backwell & Flax Bourton, SOM, ENG **[37445]**

SPERRY : PRE 1816, Bagworth & Thornton, LEI, ENG **[18569]**

SPETHMANN : 1800+, Zarpen, SHO, GER **[14513]**

SPHERE : PRE 1750, Chewton Mendip, SOM, ENG **[33664]**

SPICE : ALL, Crockenhill, KEN, ENG **[39479]** : PRE 1791, Hucking, KEN, ENG **[39479]** : 1860-1890, Huyton, LAN, ENG **[13471]** : 1840, Knowsley & Lancaster, LAN, ENG **[13471]**

SPICER : PRE 1728, Goosey & Stanford, BRK, ENG **[38615]** : 1760+, Anderson, DOR, ENG **[18376]** : 1895-1940, Forest Gate, ESS, ENG **[20924]** : 1814-1900, Aston, HRT, ENG **[39123]** : Robert, 1750-1860, Leicester, LEI, ENG **[22640]** : 1750+, Ruislip & Harefield, MDX, ENG **[10287]** : Ann, C1750S, NFK, ENG **[25654]** : C1768, Broad Hinton, WIL, ENG **[41443]** : 1880+, Washington, WA, USA **[99600]**

SPIDLE : Susan, 1870, Summit Co., OH, USA **[99545]**

SPIERS : 1849, VIC, NSW & QLD, AUS **[97806]** : PRE 1790, BRK, ENG **[19481]** : Harriet, 1811-1838, Charlton, NTH, ENG **[10203]** : PRE 1900, Deddington, OXF, ENG **[45176]** : 1797-1809, Ballantrae, AYR, SCT **[27919]** : 1840+, Glasgow, LKS, SCT **[21131]** : ALL, Caputh, PER, SCT **[20135]** : PRE 1849, RFW & LKS, SCT **[97806]**

SPIKE : Thomas, 1870+, Windsor, NSW, AUS **[30776]**

SPIKEMAN : 1825+, Kaeo, NLD, NZ **[46476]**

SPILLANE : 1800S, Ventnor, IOW, ENG **[45743]** : PRE 1850, COR, IRL **[45743]** : C1823, Brevier, LIM, IRL **[45687]** : 1896+, New York, NY, USA **[45743]**

SPILLER : PRE 1735, Broad Clyst, DEV, ENG **[10493]** : ALL, Yarcombe, DEV, ENG **[19254]** : PRE 1693, Yarcombe, DEV, ENG **[34212]** : 1800S, Yorkham, DEV, ENG **[10254]** : 1800+, London, MDX, ENG **[28232]** : George, PRE 1780, Taunton, SOM, ENG **[43989]**

SPILLET : ALL, Pluckley & Lenham, KEN, ENG **[15564]**

SPILLETT : PRE 1900, Chilham & Chartham, KEN, ENG **[41147]**

SPILMAN : ALL, Alkborough, LIN, ENG **[34981]**

SPILSBURY : Louis, ALL, Macclesfield, CHS, ENG **[41468]** : Louis, ALL, Eccles, LAN, ENG **[41468]**

SPINDLER : 1800+, Bockenheim & Hausen, HES, BRD **[39096]**

SPINK : PRE 1800, Cambridge, CAM, ENG **[17486]** : Edmond, C1770, NFK & SFK, ENG **[17486]** : PRE 1750, Fishlake, WRY, ENG **[44078]** : John, 1700S, Hull, YKS, ENG **[35343]** : 1750-1820, Hull, YKS, ENG **[13326]** : Henry, 1822-50, Hull, YKS, ENG **[35343]** : PRE 1700, Hull, YKS, ENG **[35343]**

SPINKS : James, 1800S, Sydney, NSW, AUS **[28188]** : Henrietta, 1892, Hobart, TAS, AUS **[28188]** : Wm H. & Kate, 1872+, Bendigo, VIC, AUS **[28188]** : James & Wm, 1800S, York, ENG **[28188]** : Mary, 1760-1810, Gestingthorpe, ESS, ENG **[37633]** : 1750+, Wells-next-the-Sea, NFK, ENG **[34440]** : PRE 1830, Ipswich, SFK, ENG **[45876]** : James & Wm, 1800S, Doncaster, YKS, ENG **[28188]** : C1823-1907, CAV, IRL **[10367]** : C1830, IRL & ENG **[46327]**

SPINLEY : PRE 1900, Mistley & Manningtree, ESS, ENG **[14733]**

SPINNER : C1820, Werbach, BAD, GER **[13347]**

SPINNEY : 1850+, Maitland, NSW, AUS **[10838]**

SPIRO : ALL, RPR, GER **[44019]**
SPITTELL : ALL, ENG **[44119]**
SPITTLE : ALL, ENG **[44119]** : PRE 1780, Beaconsfield, BKM, ENG **[25930]** : ALL, Stoke Mandeville, BKM, ENG **[44119]** : 1750-1850, Wednesbury, STS, ENG **[46494]**
SPITTLES : ALL, ENG **[44119]**
SPITZ : 1840+, PRE, GER **[46250]**
SPIVEY : Phillip, 1945, Oldham & Manchester, LAN, ENG **[11061]**
SPLAIN : C1800+, LND, ENG **[33097]**
SPOARD : ALL, ENG **[17350]**
SPODE : ALL, WORLDWIDE **[17350]**
SPODE (see One Name Section) **[17350]**
SPOERL : 1780-1890, Langenbach, BAV, GER **[24252]**
SPOFFORTH : 1500-1900, YKS, ENG **[27087]**
SPONG : 1850+, Hobart, TAS, AUS **[33838]** : 1600-1750, KEN, ENG **[45962]** : C1800, Aylesford, KEN, ENG **[33838]**
SPONG(E) : 1865+, Old Brompton, KEN, ENG **[40795]**
SPONGE : PRE 1860, Cropwell Butler, NTT, ENG **[38968]**
SPONSLER : Susan Mary, 1848-1873, PA, USA **[23438]**
SPOONER : 1800+, Buxton, DBY, ENG **[33952]** : PRE 1800, LND, ENG **[13574]** : Robert, 1832+, Kings Lynn, NFK, ENG **[25654]** : 1600, North Eutham, NFK, ENG **[46256]** : 1700-1900, Sculthorpe, NFK, ENG **[31960]** : PRE 1875, Sculthorpe, NFK, ENG **[25559]** : 1867+, Temuka, SCY, NZ **[31960]** : 1800+, VT, USA **[23319]**
SPOOR : 1850+, Collingwood, Kyneton & Tylden, VIC, AUS **[11877]** : PRE 1840, Rotherhithe, London, ENG **[11877]**
SPORL : 1780-1890, Langenbach, BAV, GER **[24252]**
SPORRILL : 1800+, WORLDWIDE **[12728]**
SPOTSWOOD : C1860, Cahirciveen, KER, IRL **[32071]**
SPOTTISWOOD : PRE 1890, CAN **[27666]**
SPOURE : PRE 1750, Ryton, DUR, ENG **[42821]**
SPOWAGE : 1900+, Loughborough, LEI, ENG **[44947]**
SPOWARD : 1740+, Torryburn, FIF, SCT **[11090]**
SPOWART : ALL, Dunfermline, FIF, SCT & AUS **[36607]**
SPRACKETT : ALL, Stoke Sub Hamden, SOM, ENG **[31152]**
SPRACKLING : 1700S, DOR, ENG **[19127]** : PRE 1800, Cheddington, DOR, ENG **[18325]**
SPRAGG : PRE 1750, Seaborough, SOM, ENG **[11091]**
SPRAGGE : PRE 1884+, Toronto, ONT, CAN & ENG **[18639]**
SPRAGGON : 1860+, DUR, ENG **[46420]** : C1660, Bolan, NBL, ENG **[10070]** : PRE 1665, Whalton, NBL, ENG **[17626]**
SPRAGS : PRE 1884, Toronto, ONT, CAN **[18639]**
SPRAGUE : PRE 1810, Gwennap, CON, ENG **[20672]** : PRE 1810, Bere Ferrers, DEV, ENG **[20672]** : 1870S, Exeter & Heavitree, DEV, ENG **[14627]** : 1850+, Okehampton, DEV, ENG **[43691]** : C1850, Ashbrittle, SOM, ENG **[14627]** : 1700+, ENG & NZ **[39593]** : John, 1600S, Duxbury, MA & RI, USA **[22796]**
SPRAKE : 1800+, Portsmouth, HAM, ENG **[30120]** : 1780-1880, Netherbury, SOM, ENG **[10832]**
SPRANKLEN : 1750+, Child Okeford, DOR, ENG **[44061]**
SPRATLEY : PRE 1750, ENG **[38526]** : Martha, C1700, BRK, ENG **[19497]** : 1741+, Wokingham, BRK, ENG **[41443]**
SPRATT : 1850+, Smithfield, NSW, AUS **[11036]** :Dorothy, C1750, DOR, ENG **[28275]** : Mary Ann, 1800S, Smeeth & Ashford, KEN, ENG **[14113]** : 1800-1875, Sturry, KEN, ENG **[30255]**
SPRAY : PRE 1702, Catsfield, SSX, ENG **[19796]** : 1790, Ninfield, SSX, ENG **[19796]**
SPREADBOROUGH : C1865, SRY, ENG **[14645]** : PRE 1870, Kingston, SRY, ENG **[28494]** : Maryanne, ALL, WORLDWIDE **[14645]**
SPREADBURY : PRE 1900, Compton, HAM, ENG **[25162]** : ALL, WORLDWIDE **[30022]**
SPRECKLEY : ALL, Harby, LEI, ENG **[11092]**
SPRECKLY : 1600-1800, Freeby & Bottesford, LEI, ENG **[10287]**
SPREUL : 1690-1750, Neilston, RFW, SCT **[15301]**
SPRIGG : Amy, 1880, St.Margarets, LEI, ENG **[33870]**
SPRIGGS : John, 1866+, New Glenelg, SA, AUS **[12884]** : 1790+, Blaby, LEI, ENG **[42342]** : PRE 1800, Bilton Rugby, WAR, ENG **[36033]**
SPRING : Louisa, 1837-1903, Eversholt, BDF, ENG **[42979]** : PRE 1740, Fulmer, BKM, ENG **[33428]** : PRE 1824, Swavesey, CAM, ENG **[39860]** : PRE 1840, Wotton & Gloucester, GLS, ENG **[46362]** : C1800, Watford, HRT, ENG **[16513]** : PRE 1710, Worksop, NTT, ENG **[31316]** : Alfred, C1898, Calcutta, INDIA **[14851]** : PRE 1830, DUB, IRL **[11684]**
SPRINGALL : PRE 1815, Stratford, ESS, ENG **[36608]** : PRE 1872, Halvergate, NFK, ENG **[46296]** : 1700+, Sall & London, NFK & MDX, ENG **[13188]** : ALL, London, SRY & MDX, ENG **[41582]**
SPRINGATE : William, 1863+, Pratten, QLD, AUS **[99026]** : ALL, Stockport, ENG **[42453]** : PRE 1870, Coggeshall, ESS, ENG **[43792]**
SPRINGER : 1700-1800, St.Lucy, BARBADOS, W.INDIES **[21349]**
SPRINGETT : 1910+, Brisbane, QLD, AUS **[42239]** : PRE 1870, Coggeshall, ESS, ENG **[43792]** : 1800+, Sible Hedingham, ESS, ENG **[46421]** : Ada, 1878-1897, Sible Hedingham, ESS, ENG **[17109]** : 1880+, SRY, ENG **[42239]**
SPRINGFIELD : 1750-1850, NFK, ENG **[28609]**
SPRINGLE : C1700-1800, Sall, NFK, ENG **[13188]**
SPRINGOLD : 1600+, Sall, NFK, ENG **[13188]**
SPRINT : ALL, WORLDWIDE **[20730]**
SPROATLEY : PRE 1750, ENG **[38526]**
SPROLES : 1930+, Rockhampton & Brisbane, QLD, AUS **[13481]**
SPROSTON : 1800+, Dudley, WOR, ENG **[17535]**
SPROTLEY : PRE 1750, ENG **[38526]**
SPROULE : Ellen, 1860+, Brewarrina, NSW, AUS **[45699]** : ALL, Newton Stewart, TYR, IRL **[21173]**
SPROWL : 1840+, Brooklyn, NY, USA **[23319]**
SPRUCE : 1800+, ENG **[16811]** : Charles, 1842+, Dersingham, NFK, ENG **[25654]**
SPRUILL : 1800+, WORLDWIDE **[12728]**
SPRY : 1849+, Port Elliot, SA, AUS **[13809]** : PRE 1900, Great Torrington, DEV, ENG **[13809]** : Richard, 1833, Moreton Hampstead, DEV, ENG **[46325]**
SPUR : 1735-1810, Golant, CON, ENG **[43916]**
SPURDLE : 1700+, Merriott, SOM, ENG **[20135]**
SPURGE : Abigail, PRE 1730, ESS, ENG **[36275]**
SPURR : ALL, Douglastown, NB, CAN **[39712]** : PRE 1800, Dewsbury, WRY, ENG **[37058]** : ALL, Sheffield, YKS, ENG **[46323]** : 1800-50S, Wickersley, YKS, ENG **[42897]**
SPURRIER : 1830, Bermondsey, SRY, ENG **[35649]**
SPURWAY : 1829+, Ryde & Dundas, NSW, AUS **[33490]** : PRE 1830, Shute, DEV, ENG **[33490]**
SQUARE : John, 1859, West Plean, STI, SCT **[10297]**
SQUIBB : PRE 1880, DOR, ENG **[34906]** : 1700S, Fordington, DOR, ENG **[21889]** : 1600+, Stoke Abbot, DOR, ENG **[17514]** : ALL, Tarrant Hinton, DOR, ENG **[18168]**
SQUIRE : 1905+, Monsildale, QLD, AUS **[36749]** : Martha, 1823+, ENG **[11152]** : ALL, ENG **[45204]** : 1750+, East Stonehouse, DEV, ENG **[20730]** : PRE 1820, Inwardleigh, DEV, ENG **[19064]** : PRE 1800, DOR, ENG **[38517]** : 1800+, HRT, ENG **[11152]**
SQUIRES : 1860+, Homebush & Mildura, VIC, AUS **[39015]** : PRE 1920, St.Johns, NFD, CAN & USA

[39939] : PRE 1960, Montreal, QUE, CAN & USA
[39939] : 1800+, Barton, BDF, ENG [17380] : 1700S, Greenham, BRK, ENG [36655] : John, 1814, Chedwick, DOR, ENG [21828] :1814, Westerleigh, GLS, ENG [11773] : ALL, Brandon & Hough, LIN, ENG [39389] : 1780-1800, Southwark, SRY, ENG [10252] : 1820-1890S, Pontypool & Newport, MON, WLS [46374]

Note: Surnames commencing with the abbreviation St. will be found recorded ST.[...] and appear together in front of STA... Also look in the strict alpha order.

ST.AUBIN : C1840, Stoke on Trent, STS, ENG [43841]
ST.AUBIN BRAZIER : C1898, Stoke on Trent, STS, ENG [43841]
ST.CLAIR : ALL, QLD, AUS [14188] : PRE 1874, OH & CO, USA [22565]
ST.JEAN : 1860-2001, West Shefford, CAN [44401]
ST.JERNQVIST : ALL, Finja, SWE [13845]
ST.LAURENT : PRE 1825, Charlotte Amalie, ST.THOMAS, D.W. INDIES [22470]
ST.LAWRENCE : 1750+, CLA, IRL [11918] : 1700-1800S, DFS, SCT [11411]
ST.LEGER : PRE 1823, Borrisokane, TIP, IRL [10263]
ST.PIERRE : 1750, QUE, CAN [98660]
STABB : 1800S, Kingston, DEV, ENG [14127] : 1700+, Malborough, DEV, ENG [36569]
STABBINS : ALL, SOM, ENG [28314]
STABBINS (see One Name Section) [28314]
STABLEFORD : 1800+, Leicester, LEI, ENG [46197]
STABLER : 1785, York, YKS, ENG [11270]
STABLES : 1890+, Haileybury, ONT, CAN [16362] : ALL, London, ENG [16362] : 1800+, Barnburgh & Mexborough, YKS, ENG [18329] : 1600-1850, Harewood & Kirkby Overblow, YKS, ENG [14618] : 1850-1910, Hemingbrough, YKS, ENG [14618] : 1800-1880, Sinnington, YKS, ENG [14618] : 1850+, NZ [16362] : 1870+, Lunenburg Co., VA, USA [14618]
STACE : 1600-1800, KEN, ENG [45349] : James, 1803, Northiam, SSX, ENG [10993]
STACEY : 1800+, Hobart, TAS, AUS [12561] : Mary Jane, 1800S, Wooler, Seymour Twp, ONT, CAN [99433] : 1800-1900, Cambridge, ENG [46210] : Thomas, PRE 1780, Launceston, CON, ENG [21594] : 1800S, Maker, CON, ENG [36950] : 1851-1894, South Petherwin, CON, ENG [46422] : PRE 1817, Waltham Abbey, ESS, ENG [40756] : ALL, KEN, ENG [25329] : PRE 1820, Gravesend, KEN, ENG [27678] : 1800-1850, Cuckney, NTT, ENG [30889] : Joseph, 1800-1860, Bath, SOM, ENG [21132] : PRE 1775, Charlton Musgrove, SOM, ENG [19918] : 1750-1850, Langport & Huish Episcopi, SOM, ENG [21198] : 1800S, Warminster, WIL, ENG [33007] : John, 1830, Sheffield, YKS, ENG [30714] : Joseph, PRE 1880, Auckland, AKD, NZ [21132] : Thomas, 1600S, Ipswich, MA, USA & ENG [22796]
STACHNIK : PRE 1880, Pagorsyna, OES [40603]
STACK : 1850+, QLD, AUS [11860] : 1830-1850S, Ennistymon, CLA, IRL [11860]
STACKHOUSE : PRE 1660, ENG [34797] : 1800+, Lancaster, LAN, ENG [42507] : C1830-1890, Sussex Co., NJ, USA [34797]
STACKPOLE : James, 1600S, Limerick, IRL [22796]
STACY : 1880-1930, Sunbury-on-Thames & Glasgow, SRY & LKS, ENG & SCT [42055]
STADDEN : PRE 1800, Bristol, GLS, ENG [31316]
STADS : ALL, NL [25183]
STAFF : Walter Fredk, 1936, AUS [21712] : 1900+, NZ [21712]
STAFFORD : 1930+, Gosford, NSW, AUS [10838] : 1853-1930, Mount Kembla, NSW, AUS [11090] : John, 1730-40, ENG [32259] : 1800-1890, Walsgrave on Sowe, ENG [46494] : 1700-1800, DBY, ENG [36282] : PRE 1720, Stanton by Dale, DBY & NTT, ENG [18096]

: PRE 1850, Heaton Norris, LAN, ENG [36983] : 1850+, Liverpool, LAN, ENG [26612] : 1800S, Evington & Houghton on the Hill, LEI, ENG [27780] : PRE 1760, Anmer, NFK, ENG [21232] : 1850+, NTT, ENG [12270] : 1800-1900, Arnold, NTT, ENG [34967] : Mary, 1800+, Oxford, OXF, ENG [31580] : PRE 1921, ENG & MALAYA [40690] : 1830-1853, Uttar Pradesh, BENARES, INDIA [11090] : Joseph, PRE 1850, DON, IRL [38579] : ALL, WEX, IRL [26612] : Humphrey J.J., PRE 1943, MALAYA & INDIA [40690] : 1800-1840, Chenango Co., NY, USA [24792]
STAGEMORE : Joanna(H), PRE 1755, Leicester, LEI, ENG [34975]
STAGG : 1860+, Dalby, QLD, AUS [36634] : 1850-1948, Bendoc, VIC, AUS [10394] : 1800-1900, Hurstbourne Tarrant, HAM, ENG [33347] : 1700-1800, KEN, ENG [34277] : 1856+, Bermondsey, LND, ENG [46268] : PRE 1820, Westminster, LND, ENG [38901] : 1875+, Odcombe, SOM, ENG [14513] : PRE 1862, Stoke Sub Hamdon, SOM, ENG [36634] : 1850-1900, Bermondsey, SRY, ENG [33347] : 1750-1900, WIL, ENG [17182] : PRE 1850, WIL, ENG [43727] : 1750-1850, Marlborough, WIL, ENG [33347]
STAGGS : PRE 1820, Westminster, LND, ENG [38901]
STAINER : 1700S-1800S, Melbury Bubb, DOR, ENG [36295]
STAINES : 1874+, Tamworth, NSW, AUS [11284] : PRE 1800, ESS, ENG [17184] : PRE 1850, Gedney, LIN, ENG [11284] : James, C1748-1850, St.Lawrence Jewry, LND, ENG [46464] : PRE 1848, Ringstead, NFK, ENG [14127]
STAINROD:Edmund PRE 1750 Blyth NTT ENG [34111]
STAINS : James, C1748-1850, St.Lawrence Jewry, LND, ENG [46464]
STAINTON : 1841+, ONT, CAN [37181] : PRE 1900, ENG [16661] : 1800-1850+, Levens & Beathwaite Green, WES, ENG [37181]
STAIR : John, PRE 1800, Reading, BRK, ENG [25072]
STALEY : PRE 1800, Winster, DBY, ENG [18569]
STALKER : 1700+, Sebergham, CUL, ENG [20933] : PRE 1760, Fowlis Wester, PER, SCT [25979] : Peter, ALL, Perth, PER, SCT [13569]
STALLABRASS : PRE 1781, West Wickham, CAM, ENG [22550]
STALLARD : PRE 1872, ESS, MDX & LND, ENG [31902] : PRE 1833, Dowdeswell, GLS, ENG [26253] : John, 1800, Bath, SOM, ENG [13031]
STALLEY : PRE 1900, Mudgee, NSW, AUS [31715]
STALLWOOD : 1850-1870S, BRK, ENG [17291]
STAMFORD : 1540-1620, Hadley, MDX, ENG [29715] : 1500-1550, Castle Church, STS, ENG [29715] : 1525-1600, Handsworth, STS, ENG [29715]
STAMMERS : ALL, Shenfield, ESS, ENG [13569] : Thomas, PRE 1800, SFK, ENG [26439] : C1800, Ipswich, SFK, ENG [15715] : 1750+, SFK, STS & WRY, ENG [17951]
STAMP : PRE 1880, Honiton, DEV, ENG [38826] : James, 1810-1830, ESS, ENG [44196] : PRE 1780, LIN, ENG [28340] : James, 1810-1830, LND, ENG [44196] : James, 1810-1830, MDX, ENG [44196]
STAMPA : ALL, ENG [39430] : ALL, MDX, ENG [39430]
STANAWAY : 1650-1850, Probus, CON, ENG [37795] : 1700S, Probus, CON, ENG [31373] : PRE 1830, SRY, ENG [39642]
STANBANK : PRE 1850, York & Selby, WRY, ENG [40570]
STANBOROUGH : ALL, ENG [12231] : 1600+, KEN, ENG [34797] : 1870+, St.Pancras, LND, ENG [31305] : 1550-1650, Canons Ashby, NTH, ENG [34797] : 1600+, Long Island, NY, USA [34797]
STANBRIDGE : C1860, Cheltenham & Bredon, GLS & WOR, ENG [31579] : ALL, Goudhurst, KEN, ENG [11282] : 1400-1800, Ardingly, SSX, ENG [38290]

STANBROOK : PRE 1820, Border, BRK & HAM, ENG **[43033]** : PRE 1834, HAM, ENG **[28443]**
STANBURY : C1814, Tamerton Foliott, DEV, ENG **[10785]**
STANCLIFF : 1500-2002, Liverpool, LAN, ENG **[44929]**
STANCLIFFE : 1500-2002, Liverpool, LAN, ENG **[44929]**
STANCOMBE : PRE 1860, DEV, ENG **[26881]**
STANDEN : 1925+, Tynemouth, NBL, ENG **[14513]** : PRE 1850, Hastings, SSX, ENG **[19789]** : PRE 1850, Thakeham, SSX, ENG **[20729]** : ALL, WORLDWIDE **[12182]**
STANDFIELD : ALL, Tolpuddle, DOR, ENG **[12573]** : William, 1800+, Haselbury Plucknett, SOM, ENG **[12573]** : PRE 1790, SRY, LND & ESS, ENG **[30535]**
STANDING : PRE 1785+, SSX, ENG **[39430]** : PRE 1800, Petworth, SSX, ENG **[13091]**
STANDISH : 1780S, Leigh, LAN, ENG **[17998]** : C1850, Warrington, LAN, ENG **[99443]** : PRE 1700, Bruff, LIM, IRL **[22536]**
STANDLEY : 1750S, Ryecroft & Holme Valley, WRY, ENG **[19921]**
STANDRING : 1850+, Allansford, VIC, AUS **[46384]** : 1800+, Delph, WRY, ENG **[46384]**
STANES : James, C1748-1850, St.Lawrence Jewry, LND, ENG **[46464]**
STANFIELD : PRE 1925, CHS & LAN, ENG **[29747]** : ALL, Tolpuddle, DOR, ENG **[12573]** : C1841, Haselbury Plucknett, SOM, ENG **[12573]** : 1790+, Bermondsey & Rotherhithe, SRY, LND & ESS, ENG **[30535]** : 1880S, Edinburgh, FIF, SCT **[42729]** : 1840-70S, Inverness, INV, SCT **[42729]**
STANFORD : 1880+, Forbes, NSW, AUS **[12904]** : C1840, Mcleay River, NSW, AUS **[12371]** : Mary Ann, 1785-1856, London, ENG **[38584]** : C1821, London, ENG **[12904]** : 1700S, Waterbeach, CAM, ENG **[11536]** : Walter, C1880, KEN & DOR, ENG **[39377]** : 1800S, Islington, LND, ENG **[11311]** : 1540-1620, Hadley, MDX, ENG **[29715]** : Charles, 1800-45, Highgate, MDX, ENG **[38584]** : Arthur L, PRE 1960, Thornton Heath, SRY, ENG **[21046]** : 1500-1550, Castle Church, STS, ENG **[29715]** : 1525-1600, Handsworth, STS, ENG **[29715]** : C1810, WIL, ENG **[12371]** : 1700+, Ely, CAM, ENG & AUS **[34119]** : Arthur L., PRE 1940, Calcutta, INDIA **[21046]** : Andrew, 1888+, New Rd, Galway, GAL, IRL **[10998]** : Lizzie, C1901+, Irishtown, Athlone, WEM, IRL **[10998]**
STANGER : PRE 1578, Ullock & Crosthwaite, CUL, ENG **[12153]** : PRE 1801, Kirkhaugh, NBL, ENG **[12153]**
STANGROOM : PRE 1850, Norwich, NFK, ENG **[37066]**
STANHOPE : 1700S, ENG **[11311]** : ALL, Waterbeach, CAM, ENG **[27689]** : 1850+, Ampleforth & Wharfedale, YKS, ENG **[20975]**
STANIER : John, 1560+, Biddulph & Uppington, STS, ENG **[46273]**
STANIFORTH : ALL, HAM, ENG **[17027]**
STANIFORTH : 1860-1910, Cresswell, DBY, ENG **[46448]** : ALL, Hackenthorpe, DBY, ENG **[20949]** : 1860-1893, Walton, SFK, ENG **[17291]** : 1840+, Sheffield, WRY, ENG **[46448]** : ALL, Sheffield, YKS, ENG **[46429]**
STANING : 1800, SRY, ENG **[25992]**
STANLEY : Thos, 1840S, ENG **[37155]** : 1700S, Biggleswade, BDF, ENG **[10252]** : PRE 1870, Westoning & Cranfield, BDF, ENG **[38674]** : 1800-1870, ESS, ENG **[34790]** : 1790S, Coaley, GLS, ENG **[46414]** : 1840S, Mickleton, GLS, ENG **[12974]** : 1820-1890, LAN, ENG **[11729]** : 1850-1900, Lambeth, LND, ENG **[17006]** : 1780-1850, MDX, ENG **[33021]** : 1840S, Harefield, MDX, ENG **[37155]** : 1896, Hoxton, MDX, ENG **[37155]** : Thos, 1865+, Kensington, MDX, ENG **[37155]** : 1870-80, Kensington, MDX, ENG **[37155]** : PRE 1700, Alnwick, NBL, ENG **[14351]** : PRE 1700, Berwick, NBL, ENG **[14351]** : PRE 1700, Newcastle upon Tyne, NBL, ENG **[14351]** : 1800S, Ratcliffe on Trent, NTT, ENG **[46439]** : ALL, Chipping Norton, OXF, ENG **[31028]** : PRE 1850, STS, ENG **[45857]** : PRE 1876, STS, ENG **[37174]** : C1870, Handsworth, STS, ENG **[12974]** : ALL, Saredon, STS, ENG **[38845]** : 1800+, Shareshill, STS, ENG **[38845]** : 1880+, Birmingham, WAR, ENG **[12974]** : ALL, WAR, WOR & GLS, ENG **[31028]** : 1750S, Ryecroft & Holme Valley, WRY, ENG **[19921]** : ALL, YKS, ENG **[42634]** : PRE 1850, YKS, ENG **[17766]** : PRE 1810, COR, IRL **[39459]** : Ann, 1800+, MEA, IRL **[42479]** : 1700+, TIP, IRL **[45202]** : C1600, Twyford, WEM, IRL **[13004]**
STANNARD : PRE 1900, SFK, ENG **[39312]** : C1855, Bricketstown House, WEX, IRL **[37938]**
STANNETT : 1688+, Wooburn, BKM, ENG **[41443]**
STANNIFORTH : PRE 1800, Sheffield, WRY, ENG **[11726]**
STANSBIE : 1800-1950, Birmingham, WAR, ENG **[27533]**
STANSFIELD : 1750-1800, Huddersfield & Halifax, WRY, ENG **[10037]** : Samuel, 1800S, WRY & LAN, ENG **[11386]**
STANT : ALL, Sedgeley & Tipton, STS, ENG **[34682]**
STANTIAL : PRE 1820, London, ENG **[10970]**
STANTON : C1870, NSW, AUS **[46389]** : Joseph, 1835+, Castlereagh, NSW, AUS **[29939]** : 1850+, VIC, AUS **[46321]** : C1800, Newport Pagnell & Nth Crawley, BKM, ENG **[11425]** : C1823, CON, ENG **[46321]** : PRE 1850, Saintbury, GLS, ENG **[30138]** : Joseph, 1800+, Eardisland, HEF, ENG **[29939]** : Ann, 1800S, Lancaster, LAN, ENG **[43996]** : C1825, London, MDX, ENG **[46321]** : 1700+, Maidford, NTH, ENG **[99475]** : PRE 1745, Crewkerne, SOM, ENG **[36200]** : C1858, Rotherhithe, SRY, ENG **[46321]** : 1790-1840, St.Johns, Coventry, WAR, ENG **[21727]** : 1800S, Portadown, ARM, IRL **[97805]** : C1800, MAY, IRL **[10116]**
STANWAY : 1860-1862, Port Albert, VIC, AUS **[12223]** : 1880S, Richmond, VIC, AUS **[12223]** : 1784, Gawsworth, CHS, ENG **[18613]**
STANWIX : Margaret, 1762+, Cockfield, DOR, ENG **[22753]** : William, PRE 1762, Cockfield, DOR, ENG **[22753]** : Esther Jane, 1760, Inverness, INV, SCT **[22753]**
STANYER : 1837, ONT, CAN **[44353]** : 1803, Chester, CHS, ENG **[44353]** : 1800+, WORLDWIDE **[16811]**
STAPELEY : 1800+, Wandsworth, SRY, ENG **[20569]**
STAPLE : PRE 1900, Stoke Abbott, DOR, ENG **[40033]** : PRE 1794, Crewkerne, SOM, ENG **[36200]**
STAPLES : Benstead, C1834-1855, Soham, CAM, ENG **[46245]** : PRE 1680, Soham, CAM, ENG **[33428]** : John, 1777, Chatham, KEN, ENG **[10318]** : PRE 1839, Chatham, KEN, ENG **[46285]** : ALL, Waddington, LIN, ENG **[16010]** : 1770+, Marylebone & Strand, LND & KEN, ENG **[41239]** : ALL, WIL, ENG **[34582]** : 1680-1730, Taunton, MA, USA **[24660]**
STAPLETON : Lillian D., 1898+, AUS & NZ **[39160]** : 1800S, Elma, ONT, CAN **[46437]** : John, PRE 1880, ENG **[46330]** : PRE 1800, BDF, ENG **[46416]** : 1640-1668, Clophill, BDF, ENG **[44061]** : 1820+, Barlow, DBY, ENG **[98674]** : 1913+, Watford & St.Albans, HRT, ENG **[46435]** : PRE 1880, LIN, ENG **[26981]** : 1800S, Bardney, LIN, ENG **[46437]** : John, PRE 1880, St.Pancras, MDX, ENG **[46330]** : Isabella, 1800+, Peterborough, NTH, ENG **[10822]** : 1750+, Greasley, NTT, ENG **[21034]** : Robert, C1630, SOM, ENG **[22203]** : Stephen, 1820S, IRL **[25654]** : C1794, Dublin, IRL **[29479]**
STAPLEY : William, 1870, Sofala, NSW, AUS **[31510]** : Thomas, 1800S, Penshurst, KEN, ENG **[31510]** : Thomas, 1800, Tonbridge, KEN, ENG **[31510]** : 1750+, KEN & SSX, ENG **[46255]** : ALL, WORLDWIDE **[38326]**
STAPLING : 1700-1900, Doddiscombsleigh, DEV, ENG **[45442]**

STAR : C1750-1850, Cheddar, SOM, ENG **[17532]**
STARBROOK : ALL, Derby & Ilkeston, DBY, ENG **[18851]**
STARBUCK : C1822, Sutton St.Edmunds, LIN, ENG **[27369]** : Edward, C1604+, DBY, ENG & USA **[22796]** : ALL, WORLDWIDE **[27867]**
STARES : PRE 1840, ENG **[42942]**
STARFOOTE : 1600, Auckland St.Andrew, DUR, ENG **[31826]**
STARFORD : ALL, DUR & YKS, ENG **[31826]**
STARK : Thomas, PRE 1769, Heworth, DUR, ENG **[44111]** : PRE 1810, Norwich, NFK, ENG **[18896]** : 1890+, Wellington, NZ **[40795]** : ALL, FIF, ARL & LKS, SCT **[43933]** : PRE 1839, Glasgow, LKS, SCT **[40795]** : ALL, MLN & WLN, SCT **[26493]** : 1880+, MN, USA **[21479]**
STARKEY : ALL, ENG **[45834]** : C1900, ENG **[39386]** : PRE 1950, Scunthorpe, LIN, ENG **[32040]** : ALL, St.Lukes, MDX, ENG **[14012]** : PRE 1830, Shareshill, STS, ENG **[17201]** : 1750-1800, Huddersfield, WRY, ENG **[10037]**
STARLEY : PRE 1650, SSX, ENG **[19782]**
STARLING : 1750S, HUN, ENG **[44105]** : 1820+, Holborn, LND, ENG **[13065]** : John, 1800+, Great Yarmouth, NFK, ENG **[43843]** : ALL, Great Yarmouth, NFK, ENG **[43843]** : Joseph, C1810, Camberwell, SRY & LND, ENG **[17117]**
STARON : 1810-1904, St.Romain-Jarez, Mornant, RHA, FRA **[39991]**
STARR : Henry Thomas, 1860+, Camden, Nyngan & Bourke, NSW, AUS **[45699]** : Sophia, PRE 1850, Nottingham, NTT, ENG **[34201]**
STARRA : Barbara, ALL, GER **[30971]**
STARRATT : 1783-1960, Albert & Westmoreland Co., NB, CAN **[22262]** : PRE 1723, Ulster, IRL **[22262]** : PRE 1723, AYR, SCT **[22262]** : 1718-1765, York & Cumberland Co., ME, USA **[22262]** : 1718-1765, Rockingham Co., NH, USA **[22262]**
STARSMORE : ALL, WORLDWIDE **[43792]**
STARTFORD : 1700+, Hilton & Staindrop, DUR, ENG **[31826]**
STARTFORTH : 1650+, Auckland St.Helen, DUR, ENG **[31826]**
STARTUP : ALL, WORLDWIDE **[42874]**
STARTY : 1800-50, Birmingham, WAR, ENG **[28948]**
STATA : 1850, MDX, ENG **[36075]**
STATE : 1870+, Islington & Tottenham, MDX, ENG **[42329]**
STATHAM : ALL, ENG **[28361]**
STATHAMS : PRE 1794, Ellesborough & Great Hampden, BKM, ENG **[17366]**
STATHERS : 1860-1950, Sydney, NSW, AUS **[43769]** : 1750-1880, YKS, ENG **[43769]**
STATTERSFIELD : 1700-1900, Hull, YKS, ENG **[46001]**
STATTON : 1800+, VA, USA **[17012]**
STAUGHTON : 1820+, VIC, AUS **[11366]** : 1765, Eynesbury, HUN, ENG **[39515]**
STAUNFORDE : 1525-1600, Handsworth, STS, ENG **[29715]**
STAUNTON : PRE 1750, IRL **[27320]** : 1760-1860S, Galway, GAL, IRL **[23986]** : Walter, 1760-1870S, Galway, GAL, IRL **[23986]** : William, 1820-1860S, Galway, GAL, IRL **[23986]** : C1800, MAY, IRL **[10410]**
STAWELL : PRE 1890, Bath, SOM, ENG **[31067]** : ALL, WORLDWIDE **[17766]**
STAWMAN : 1715+, Bilbrough, YKS, ENG **[39307]**
STAYLE : 1800-1900, Brighton, SSX, ENG **[28708]**
STEAD : PRE 1850, Bramley & Wortley, WRY, ENG **[45227]** : PRE 1900, Leeds, Gateforth & Methley, WRY, ENG **[29447]** : PRE 1850, York & Selby, WRY, ENG **[40570]** : 1750-, Leeds & Bradford, YKS, ENG **[20975]** : 1800+, Leeds & York, YKS, ENG **[11543]**

STEADMAN : 1852+, Shoalhaven, NSW, AUS **[30014]** : 1800+, Eboney, KEN, ENG **[35280]** : ALL, WES, ENG **[39694]** : Jean, 1760, Crammond, MLN, SCT **[11533]**
STEAN : C1830-1850, Shoreditch, LND, ENG **[17174]** : C1795, Birmingham, WAR, ENG **[17174]**
STEANE : PRE 1860, Coventry & Bendigo, WAR & VIC, ENG & AUS **[39227]**
STEARMAN : 1883, Wagga Wagga, NSW, AUS **[45078]**
STEARN : 1850S, Warrnambool, VIC & SFK, AUS & ENG **[11912]** : PRE 1810, Saxmundham, SFK, ENG **[39479]** : PRE 1850, Ipswich & Melton, SFK & VIC, ENG & AUS **[11912]**
STEARNE : Peter, 1800+, Thetford, NFK, ENG **[25489]** : 1850, Thetford, NFK, ENG **[14959]** : ALL, Thetford, NFK, ENG **[45142]**
STEBBING : 1800S, Watton, NFK, ENG **[45388]** : 1700+, SFK, ENG **[39061]** : ALL, WORLDWIDE **[28314]**
STEBBINGS : 1800+, Bradford & Norton, YKS, ENG **[18372]** : ALL, WORLDWIDE **[28314]**
STEBBINS : 1800-1890, Maldon, ESS & TAS, ENG & AUS **[39227]** : ALL, WORLDWIDE **[28314]**
STECHER : 1856, Oehringen, WUE, GER **[32945]**
STECK : 1700-1991, Auendorf, BAW, BRD **[23161]**
STEDMAN : 1600-1850, Aldgate, LND, ENG **[37048]**
STEED : PRE 1890, Norwood, SA, AUS **[31169]** : PRE 1850, ENG **[30446]** : 1800+, London, ENG **[22176]** : 1880+, Luton, BDF, ENG **[17749]** : 1600+, Cosham, HAM, ENG **[22176]** : PRE 1800, Portsmouth, HAM, ENG **[22176]** : ALL, Huntingdon, HUN, ENG **[22176]** : 1500+, KEN, ENG **[17749]** : 1850-1920, Finglesham & Nonington, KEN, ENG **[17749]** : 1700+, Hoath, KEN, ENG **[17749]** : 1850+, Isleworth, LND, ENG **[17749]** : 1700+, MDX, ENG **[22176]** : ALL, Great Waldingfield, SFK, ENG **[20773]** : ALL, WORLDWIDE **[22176]**
STEEDEN : 1850+, Chingaucousy, ONT, CAN **[17061]** : 1800+, Tingewick, BKM, ENG **[17061]**
STEEDMAN : 1816+, Blyth, NTT, ENG **[13439]** : 1864+, Rotherham, YKS, ENG **[13439]**
STEEDS : ALL, Radstock, SOM, ENG **[33091]**
STEEL : Anthony John, 1893+, Drummoyne & St.Leonards, NSW, AUS **[42905]** : 1750+, CUL, ENG **[36826]** : PRE 1900, Chesterfield, DBY, ENG **[35015]** : 1880-1920, Gateshead, DUR, ENG **[14513]** : C1830, Hetton, DUR, ENG **[17907]** : PRE 1765, Stroud, GLS, ENG **[43137]** : Sarah, 1820, Micheldever, HAM, ENG **[11530]** : PRE 1800, Hoo, KEN, ENG **[45886]** : 1660-1860, Stapleford, LEI, ENG **[14513]** : James, PRE 1882, Mile End, New Town, MDX, ENG **[27749]** : C1790, Westminster, MDX, ENG **[36084]** : ALL, West Newton, NFK, ENG **[28585]** : 1740-1800, WRY, ENG **[34790]** : Edward, C1870, (Seaman), ENG & IRL **[25658]** : Sarah, 1893+, FALKLAND IS. **[31762]** : C1868, COR, IRL **[32405]** : C1868, Napier, NZ **[32405]** : PRE 1800, Stewarton, AYR, SCT **[14127]** : PRE 1850, BAN & ABD, SCT **[25455]** : 1780-1820, Chirnside & Fogo, BEW, SCT **[42948]** : ALL, Airdrie, LKS, SCT **[41305]** : James, 1818+, Glasgow, LKS, SCT **[11946]** : C1873, Glasgow, LKS, SCT **[39617]** : 1780S, Lanark, LKS, SCT **[46339]** : C1820, Strathaven & Glassford, LKS, SCT **[20914]**
STEELE : 1890+, Five Dock & St.Leonards, NSW, AUS **[42905]** : 1941, Young, NSW, AUS **[46264]** : Andrew, 1850+, Tothills Creek, SA, AUS **[34643]** : Andrew, 1880+, Birchip, VIC, AUS **[34643]** : 1870+, Kew, VIC, AUS **[34321]** : Stephen H., PRE 1870, Sale & Brighton, CHS & SSX, ENG **[44939]** : 1770S, Gateshead, DUR, ENG **[12318]** : Stephen, 1800+, East Meon, HAM, ENG **[11159]** : Stephen, PRE 1780, East Meon, HAM, ENG **[44939]** : Stephen, C1800, Borden, KEN, ENG **[44939]** : Lucy J.C., 1930+, Lewisham, LND, ENG **[37188]** : 1800-1900, Bainton & Barnack, NTH, ENG **[30120]** : 1819+, Wangford, SFK, ENG **[12386]** : Alfred, 1825+, Clapham & Paddington, SRY & MDX, ENG **[44939]** : Alfred, C1880, Hastings, SSX, ENG **[44939]** : 1700-

1850, Westbourne, SSX, ENG **[19471]** : Thomas, 1813+, Bromwich & Clapham, STS & SRY, ENG **[44939]** : PRE 1860, ANT, IRL **[45679]** : PRE 1850S, TYR, IRL **[31293]** : PRE 1810, Dundee & Rescobie, ANS, SCT **[26360]** : Elizabeth, PRE 1855, Kilbirnie, AYR, SCT **[45125]** : C1800, Crail, FIF, SCT **[34321]** : ALL, Johnstone & Paisley, RFW, SCT **[41146]** : Walter, 1834-1901, Crail, FIF, SCT & AUS **[34321]** : C1845, IN, USA **[24660]** : Elmes, ALL, WORLDWIDE **[27719]**

STEELE-NICHOLSON : 1750+, Bangor, DOW, IRL **[31786]**

STEEN : 1940+, Toronto, ONT, CAN **[42782]** : 1825, Coventry, WAR, ENG **[26703]** : PRE 1880, WORLD-WIDE **[45796]**

STEENBEKKER : 1860+, London, ENG **[46233]**

STEENSON : 1820, ANT, IRL **[42384]** : PRE 1840, DOW, IRL **[25428]**

STEEP : 1820+, ONT, CAN **[11036]** : 1770+, Kilcooly, TIP, IRL **[11036]**

STEER : ALL, SA & VIC, AUS **[35988]** : ALL, London, ENG **[44148]** : 1820-1850, St.Just, CON, ENG **[14306]** : PRE 1850, Beesands & Slapton, DEV, ENG **[31210]** : 1810-1820, Dartmouth, DEV, ENG **[14306]** : PRE 1860, Dartmouth, DEV, ENG **[40914]** : 1859, Rochford, ESS, ENG **[12367]** : 1899, Gosport, HAM, ENG **[12367]** : PRE 1897, Bermondsey, LND, ENG **[34522]** : 1800+, Wisborough Green, SSX, ENG & AUS **[38624]**

STEERS : 1850+, VIC & SA, AUS **[35988]** : PRE 1840, Whitton, MDX, ENG **[33428]**

STEFFEN : 1800-1900, Campton, BDF, ENG **[18670]** : 1700+, Grunberg, UCKERMARK, GER **[13853]**

STEFFENS : PRE 1800, Senheim, RPF, BRD **[20178]** : August, PRE 1740, Lunenburg, MSW, GER **[22470]**

STEFFENSEN : PRE 1853, Skovsborg, JUTLAND, DEN **[14030]**

STEGGAL : C1699-1817, Haughley & Great Finborough, SFK, ENG **[19908]**

STEGGALS : 1866-1909, St.Marylebone, LND, ENG **[19908]** : C1800-1872, Northwold & Downham Market, NFK, ENG **[19908]**

STEGGLES : PRE 1774, Rockland, NFK, ENG **[42019]** : 1600-1700, Elmswell, SFK, ENG **[10850]** : 1700-1850, Rickinghall Superior, SFK, ENG **[10850]**

STEHR : ALL, WORLDWIDE **[15298]**

STEIL : ALL, Airdrie, LKS, SCT **[41305]**

STEILL : James, PRE 1814+, Beith, AYR, SCT **[11946]**

STEIN : C1750, Besse, HEN, GER **[10350]**

STEINBRENNER : ALL, WORLDWIDE **[45261]**

STEINE : Joseph, 1842-1902, Melbourne, VIC, AUS **[28237]** : Frederick, 1840-1869, Maryborough, QLD, AUS, NOR & ENG **[28237]** : Joseph, PRE 1900, NFK, ENG **[28237]**

STEINERT : PRE 1854+, Steinau, SILESIA, GER **[14935]**

STEINMETZ : 1820S, GER **[13845]**

STEINMUELLER : 1800-1850, HAN, GER **[24567]**

STEINS : 1700-1800, Korschenbroich, RPR, GER **[33347]**

STEMP : 1856+, Ipswich, QLD, AUS **[10664]** : PRE 1820, SRY, ENG **[10664]** : PRE 1820, Cranley, SRY, ENG **[10664]**

STEMPER : PRE 1855, LXM, BEL **[16365]** : 1855-80, IA, USA **[16365]** : 1912-40, Livingston, MT, USA **[16365]**

STENBLOM : 1800S, Abo, TURKO, FIN **[99545]**

STENHOUSE : 1750-1800, SCT **[24567]** : ALL, SCT **[30391]** : 1815-75, Edinburgh & Leith, MLN, SCT **[40768]** : 1700-1900, Yetholm, ROX & MLN, SCT **[33820]**

STENNETT : C1820, Sydney, NSW, AUS **[10985]** : PRE 1860, Croft, LIN, ENG **[43422]**

STENNING : ALL, Brighton, SSX, ENG **[25073]**

STENT : 1700S, ENG **[26335]** : 1750-1875, Hambledon, SRY, ENG **[36126]** : 1700-1800, Duncton, SSX, ENG **[15464]** : 1875+, Takaka, NLN, NZ **[36126]**

STENTIFORD : 1750+, South Tawton & Zeal Monachorum, DEV, ENG **[17532]**

STENTON : 1860+, Bradfield, WRY, ENG **[11270]** : ALL, WORLDWIDE **[11270]**

STEPHAN : PRE 1860, Liegnitz & Loewenberg, SIL, PRE **[14012]**

STEPHEN : 1600S, ABD, SCT **[18354]** : 1741+, ABD, SCT **[30182]** : PRE 1833, Culsalmond, ABD, SCT **[21356]** : ALL, Fraserburgh, ABD, SCT **[31014]** : Joseph, PRE 1810, Benholm, KCD, SCT **[25602]** : 1800-1920, Peterhead, MOR, SCT **[17642]** : 1800-1900, Perth, PER, SCT **[46252]**

STEPHENS : Richd Leslie, C1862-1940, Dubbo, NSW, AUS **[10574]** : PRE 1890, Adelaide, SA, AUS **[31169]** : 1853, Macclesfield Meadows, SA, AUS **[13014]** : 1838+, Willunga, SA, AUS **[10506]** : Daniel, 1861+, Willunga & Maitland, SA, AUS **[10506]** : 1877+, Beaconsfield, TAS, AUS **[46021]** : 1856+, Ballarat, Clunes & Portland, VIC, AUS **[11877]** : Richard, 1860-80, Bendigo & Sandhurst, VIC, AUS **[10574]** : 1800+, Bungaree, VIC, AUS **[40135]** : 1858+, Beechworth & Tumut, VIC & NSW, AUS **[40153]** : James, 1850, Kent Co., ONT, CAN **[15638]** : 1860-2001, Muskoka, ONT, CAN **[44368]** : 1800-2000, JSY, CHI **[42747]** : 1842, Kings A., ENG **[35025]** : ALL, CON, ENG **[46021]** : PRE 1880, Belowda & Kernick, CON, ENG **[20965]** : PRE 1850, Breage, CON, ENG **[34640]** : 1500-2000, Crantock, CON, ENG **[42747]** : 1850-2000, Cubert, CON, ENG **[42747]** : PRE 1712, Grade, CON, ENG **[14030]** : 1630-1700, Gwennap, CON, ENG **[12318]** : PRE 1800, Kea, CON, ENG **[20672]** : 1880-2000, Ladock, CON, ENG **[42747]** : C1750+, Mevagissey & Gorran, CON, ENG **[13406]** : 1850-2000, Newquay, CON, ENG **[42747]** : 1850-1950, Perranzabuloe, CON, ENG **[42747]** : John, C1745, Perranzabuloe & Roche, CON, ENG **[40143]** : 1850-1950, Rejerrah, CON, ENG **[42747]** : PRE 1850, St.Columb, CON, ENG **[11918]** : 1500-2000, St.Columb Minor, CON, ENG **[42747]** : 1500-1900, St.Hilary, Morvah & Ludgvan, CON, ENG **[19843]** : 1833, St.Ives, CON, ENG **[13014]** : PRE 1700, St.Just, CON, ENG **[11873]** : 1800+, Bickington, DEV, ENG **[42361]** : 1800+, East Ogwell, DEV, ENG **[42361]** : 1800+, Highweek, DEV, ENG **[42361]** : 1850+, Kingsteignton, DEV, ENG **[42361]** : 1862, Tavistock, DEV, ENG **[13004]** : 1850+, Tormohun, DEV, ENG **[42361]** : 1850+, Torquay, DEV, ENG **[42361]** : 1760-1850, Chelborough, DOR, ENG **[17291]** : ALL, Poole, DOR, ENG **[30972]** : 1800S, Weymouth, DOR & DEV, ENG **[36935]** : 1760+, GLS, ENG **[41244]** : PRE 1840, Avening, GLS, ENG **[26360]** : Alice, 1830, Wigan, LAN, ENG **[11530]** : PRE 1900, Bethnal Green, MDX, ENG **[43842]** : 1840S, Pimlico, MDX, ENG **[36655]** : PRE 1660, Cogges, OXF, ENG **[33428]** : 1786+, Coker, SOM, ENG **[17291]** : Caroline, 1700-1820, SSX, ENG **[17480]** : 1700-1900, Birmingham, WAR, ENG **[39565]** : PRE 1800, WOR, ENG **[45857]** : 1700, Broadway, WOR, ENG **[21598]** : 1600+, Childswickham, WOR, ENG **[21598]** : 1830S, Dublin, IRL **[26149]** : 1600-1900, CAV, IRL **[17584]** : 1690+, Londonderry, DRY, IRL **[39994]** : 1850+, Kilkenny, KIK, IRL **[39994]** : 1910+, Auckland, NZ **[20965]** : 1890+, Cromwell, OTG, NZ **[20965]** : 1860+, Naseby, OTG, NZ **[20965]** : 1901+, RSA & ZIMBABWE **[31079]** : PRE 1850, Kintore, ABD, SCT **[10591]** : James, 1800S, Detroit, MI, USA **[15638]** : 1890-2000, Faulkton & Yankton, SD, USA **[42747]** : 1850-1950, Grant Co., WI, USA **[42747]** : 1901+, WLS **[31079]** : Charles, 1816+, Llanrhwthwl, BRE, WLS **[18301]** : Mary, 1805, Llanboidy, CMN, WLS **[39482]**

STEPHENSON : 1800+, Adelaide, SA, VIC & WA, AUS **[45626]** : ALL, Chatham, NB, CAN **[39712]** : William, 1740-1860, Ryton, DUR & NBL, ENG **[32882]** : PRE 1840, Bempton, ERY, ENG **[22227]** : C1800, Eastrington, ERY, ENG **[30120]** : ALL, Rillington, ERY, ENG

[45626] : John, 1730+, Roos, ERY, ENG **[34782]** : George, 1837+, Roos & Hull, ERY, ENG **[34782]** : PRE 1880, Bolton & Walkden, LAN, ENG **[30996]** : PRE 1860, Oldham, LAN, ENG **[34906]** : Isabella, 1856+, Ulverston, LAN, ENG **[10361]** : Mark, PRE 1856, Ulverston, LAN, ENG **[10361]** : PRE 1860, LIN, ENG **[26981]** : C1800, Kirton, LIN, ENG **[12574]** : C1720, Reepham, LIN, ENG **[28340]** : 1770+, Allendale, NBL, ENG **[12574]** : PRE 1930, NBL & DUR, ENG **[46377]** : 1600-1700S, Kirkby in Ashfield, NTT, ENG **[18895]** : 1801, Chobham, SRY, ENG **[17580]** : Thomas, C1780-1850, Clapham, SRY & YKS, ENG **[30246]** : PRE 1750, Weston upon Trent, STS, ENG **[19641]** : PRE 1850, Leeds, WRY, ENG **[37058]** : 1700+, Almondbury, YKS, ENG **[12142]** : Mary, C1700+, Howden, YKS, ENG **[27325]** : 1800+, ENG & AUS **[35240]** : Elizabeth, PRE 1800, Durham, DUR & SCT, ENG & SCT **[43991]** : 1800S, Lisburn, ANT, IRL **[99600]** : PRE 1930, MLN, ELN & PEE, SCT **[46377]** : 1800-1850, TN & MO, USA **[42429]**

STEPHINSON : William, PRE 1841, Sunderland, DUR, ENG **[28533]**

STEPNEY : PRE 1880, SSX, ENG **[20909]**

STEPTOE : ALL, BRK & OXF, ENG **[17493]** : 1625-1700, Bishops Waltham, HAM, ENG **[25322]** : 1850+, Orpington, KEN, ENG **[99418]**

STERDMAN : PRE 1660, Barthomley, CHS, ENG **[31316]**

STERLAND : ALL, DBY, ENG **[17182]** : ALL, NTT, ENG **[17182]** : ALL, WORLDWIDE **[17182]**

STERLING : 1870, Wangaratta, VIC, AUS **[99177]**

STERMER : 1750+, London, ENG **[21741]**

STERNBECK : Mary, 1800-1880, NSW, AUS **[28237]**

STERNBERG : C1790+, Northampton, NTH, ENG **[37499]**

STERNE : Henry, 1882, Warwick & Ipswich, QLD, AUS **[29479]** : Roy, 1899, Warwick & Ipswich, QLD, AUS **[29479]** : John, 1760+, Blansford Twp, ONT, CAN & IRL **[31446]** : PRE 1810, Yoxford, SFK, ENG **[39479]** : 1812, Essen, WEF, GER **[29479]**

STERRIT : 1900+, ANT & ARM, IRL **[27219]**

STEUART : C1800, Edinburgh, SCT **[10254]**

STEVEN : Robert, 1823+, Dundee, ANS, SCT **[21854]** : 1800-1920, Peterhead, MOR, SCT **[17642]** : PRE 1810, Monzievaird, PER, SCT **[46297]** : 1700+, Eaglesham, RFW, SCT **[26687]** : ALL, LKS, RFW & VIC, SCT & AUS **[43881]**

STEVENS : 1850+, Ashford, NSW, AUS **[99573]** : Hayter, 1880+, Sydney, NSW, AUS **[36749]** : ALL, Adelaide, SA, AUS **[43453]** : PRE 1874, Adelaide, SA, AUS **[39015]** : 1857+, Burra & Kadina, SA, AUS **[33642]** : 1873+, Castlemaine, VIC, AUS **[39015]** : 1850+, Perth, WA, AUS **[99600]** : John, ALL, ENG **[30971]** : Mary, ALL, ENG **[46444]** : 1830-1860, Stanbridge, BDF, ENG **[99052]** : 1800+, Great Missendon, BKM, ENG **[13188]** : 1700-1750, Hughendon, BKM, ENG **[16425]** : PRE 1757, Wingrave, BKM, ENG **[26366]** : Russell, 1790-1830, BRK & BKM, ENG **[22707]** : William, C1815-35, Breage, CON, ENG **[11912]** : 1800, Callington, CON, ENG **[14120]** : Mary, C1811+, St.Clair, CON, ENG **[30971]** : Prudence, C1780, St.Erth, CON, ENG **[13153]** : PRE 1910, St.Erth, CON, ENG **[11873]** : PRE 1870, St.Just in Penwith, CON, ENG **[40914]** : 1750+, St.Just, Sancreed & Chyprase, CON, ENG **[33642]** : ALL, Kirk Hallam, DBY, ENG **[41370]** : ALL, West Hallam, DBY, ENG **[41370]** : PRE 1819, Ashburton, DEV, ENG **[25764]** : 1800+, Bickington, DEV, ENG **[42361]** : 1800+, East Ogwell, DEV, ENG **[42361]** : 1800+, Highweek, DEV, ENG **[42361]** : 1850+, Kingsteignton, DEV, ENG **[42361]** : PRE 1820, Kingsteignton, DEV, ENG **[30202]** : Elizabeth, C1850, Templeton, DEV, ENG **[10441]** : 1850+, Torquay, DEV, ENG **[42361]** : 1760+, Dorset, DOR, ENG **[17291]** : ALL, Poole, DOR, ENG **[30972]** : 1800-1880, Shipton Gorge & Whitchurch C., DOR, ENG **[18001]** : Kenneth, 1930S+, Isle of Wight, HAM,

ENG **[46444]** : 1700-1800, Berkhampstead, HRT, ENG **[19275]** : C1786, KEN, ENG **[13984]** : ALL, Ash-next-Ridley, KEN, ENG **[34277]** : 1850-1870, Bexleyheath, KEN, ENG **[34277]** : C1850, Dartford, KEN, ENG **[26173]** : 1800, Hadlow, KEN, ENG **[22070]** : ALL, Meopham, KEN, ENG **[34277]** : 1860+, Plumstead, KEN, ENG **[34277]** : ALL, Ridley, KEN, ENG **[34277]** : 1800+, LND, ENG **[37250]** : Harriet, PRE 1850, Clerkenwell, LND, ENG **[29416]** : 1860-1900, Bethnal Green, MDX, ENG **[99052]** : PRE 1900, Bethnal Green, MDX, ENG **[17470]** : C1870, Finchley, MDX, ENG **[18001]** : 1750-1900, St.Lukes, MDX, ENG **[33347]** : PRE 1900, Clerkenwell & Islington, MDX & LND, ENG **[29416]** : PRE 1900, Holborn, MDX & LND, ENG **[29416]** : PRE 1870, NTH, ENG **[41150]** : 1625-1700, Wellingborough, NTH, ENG **[33347]** : Joseph, 1740-1750, Cuxham, OXF, ENG **[39471]** : PRE 1820, Bradfield St.George, SFK, ENG **[43727]** : 1650-1750, East Bergholt, SFK, ENG **[16383]** : Frances, 1800, Bath, SOM, ENG **[37155]** : PRE 1813, Bath & Surrounds, SOM, ENG **[46445]** : 1840+, Taunton, SOM, ENG **[99600]** : 1700-1812, Camberwell, SRY, ENG **[33347]** : 1800+, Send, SRY, ENG **[39327]** : Russell, 1800-1842, SRY, MDX & DBY, ENG **[22707]** : Arthur Henry, 1835-1895, SSX, ENG **[18271]** : Rosina, 1850-1900, Brighton, SSX, ENG **[18271]** : Wm George, 1855+, Brighton, SSX, ENG **[18271]** : 1820+, Ringmer & Hastings, SSX, ENG **[12470]** : 1700-1800, Stedham, SSX, ENG **[15464]** : John, 1846+, Birmingham, WAR, ENG **[46444]** : Thomas, 1882+, Birmingham, WAR, ENG **[46444]** : Emma, ALL, Birmingham, WAR, ENG **[46444]** : Henry, ALL, Birmingham, WAR, ENG **[46444]** : George, ALL, Birmingham, WAR, ENG **[46444]** : William, ALL, Birmingham, WAR, ENG **[46444]** : Alfred, ALL, Birmingham, WAR, ENG **[46444]** : ALL, Birmingham, WAR, ENG **[46444]** : Emmanuel, ALL, Birmingham, WAR, ENG **[46444]** : PRE 1694, Bishop Cannings, WIL, ENG **[11113]** : PRE 1863, Fyfield, WIL, ENG **[36337]** : ALL, Hindon, WIL, ENG **[39464]** : George, 1840+, WOR, ENG **[36433]** : PRE 1910, ENG & AUS **[41221]** : Ann, C1830-96, Breage & Maldon, CON, SA & VIC, ENG & AUS **[11912]** : ALL, Kilrea & LDY, IRL **[39994]** : C1832, Glasgow, LKS, SCT **[13799]** : 1800-1900, UK **[28708]** : 1600S, MA, USA **[15521]** : Naomi, C1665, Charlestown, MA, USA **[22796]** : 1800+, Durham & Lee, NH, USA **[36664]** : ALL, Cincinnati, OH, USA **[23208]** : 1800-1930, GLA, WLS **[46502]** : C1910+, Cardiff, GLA, WLS **[31079]**

STEVENS (see : Stephens), **[19843]**

STEVENS-JORDAN : 1800+, LND, ENG **[37250]**

STEVENSON : 1840+, Eden, NSW, AUS **[11284]** : 1849+, Melbourne, VIC, AUS **[27719]** : 1850+, Melbourne, VIC, AUS **[26202]** : 1850+, Pennyweight, VIC, AUS **[26202]** : 1903, Bareilly, BURMA **[28363]** : ALL, CAN **[37603]** : 1890-1920, MAN, CAN **[17012]** : PRE 1880, Monks Risborough, BKM, ENG **[37603]** : 1700-1900, West Hanney, BRK, ENG **[43984]** : Michael, C1802, Bakewell, DBY, ENG **[27936]** : 1500-1800, Barlow, DBY, ENG **[10460]** : PRE 1860, Ilkeston, DBY, ENG **[45723]** : 1750+, Stoke Damerel, DBY, ENG **[20730]** : 1865+, Gateshead, DUR, ENG **[36505]** : PRE 1840, Satley, DUR, ENG **[36505]** : 1830-1865, Wolsingham, DUR, ENG **[36505]** : PRE 1870, Deptford, KEN, ENG **[36952]** : 1800, Swanscombe, KEN, ENG **[26731]** : Jane Duncan, 1855-1881, Liverpool, LAN, ENG **[24971]** : Robert, 1855-1884, Liverpool, LAN, ENG **[24971]** : Wm Elliott, 1857, Liverpool, LAN, ENG **[24971]** : ALL, Manchester, LAN, ENG **[46479]** : PRE 1850, Worsley, LAN, ENG **[30996]** : 1800S, Loughborough, LEI, ENG **[46441]** : 1800-1900, Rochdale, LIN, ENG **[11661]** : Leyland, 1900+, LND, ENG **[22122]** : Frederick, 1870+, Whitechapel & Stepney, LND, ENG **[43984]** : 1700+, Staines, MDX, ENG **[19895]** : 1700+, Stanwell, MDX, ENG **[19895]** : PRE 1930, NBL & DUR, ENG **[46377]** : J.C., 1854+, Nottingham, NTT, ENG **[46441]** : 1840+, Towersey, OXF, ENG **[38307]** :

STE

1750+, Chobham, SRY, ENG **[19895]** : 1801, Chobham, SRY, ENG **[17580]** : 1902-1940, Birmingham, WAR, ENG **[28363]** : ALL, Birmingham, WAR, ENG **[43879]** : John, C1880, Leamington, WAR, ENG **[27936]** : ALL, BKM, ENG & RSA **[37503]** : John, 1859+, Liverpool, LAN & NY, ENG & USA **[24971]** : ALL, Ramelton, DON, IRL **[20606]** : 1800+, Londonderry, LDY, IRL **[20606]** : 1860+, Waitahuna, OTG, NZ **[99600]** : PRE 1840, Beith, AYR, SCT **[38743]** : 1810+, Dollar, CLK, SCT **[44202]** : C1795, Cambusnethan, LKS, SCT **[25979]** : Wm, C1790-1870S, Glasgow Barony Parish, LKS, SCT **[16273]** : PRE 1850, LKS & STI, SCT **[43881]** : ALL, Crichton, MLN, SCT **[46454]** : Robert, 1770-1800, Edinburgh, MLN, SCT **[14306]** : Jane, 1800-1820, Edinburgh, MLN, SCT **[14306]** : PRE 1930, MLN, ELN & PEE, SCT **[46377]** : Jane Duncan, 1844-55, Greenock, RFW, SCT **[24971]** : 1800+, Kilbarchan & Johnstone, RFW, SCT **[21321]** : PRE 1860, Kilmacolm, RFW, SCT **[18255]** : 1690-1810, Neilston, RFW, SCT **[15301]** : Sidney, 1700+, Paisley, RFW, SCT **[13031]** : ALL, Paisley, RFW, SCT **[39994]** : PRE 1850, Paisley, RFW, SCT **[26202]** : Margaret, 1750+, Minigaff, WIG, SCT **[28190]**

STEWARTS : 1860+, Wagga Wagga, NSW, AUS **[28006]** : 1848-1850S, Kerconda, SA, AUS **[28006]** : William, 1861, VIC, AUS **[11408]** : 1850S, Ballarat, VIC, AUS **[28006]** : 1770+, Gravesend, KEN, ENG **[45949]** : PRE 1820, Blackrod, LAN, ENG **[42752]** : PRE 1830, Lount & Staunton, LEI, ENG **[46452]** : ALL, Paddington, LND, ENG **[31695]** : 1770+, Poplar, MDX, ENG **[45949]** : PRE 1900, Poplar, MDX, ENG **[14656]** : PRE 1830, NFK, ENG **[28006]** : PRE 1670, Standlake, OXF, ENG **[33428]** : 1650-1720, Sudbury, SFK, ENG **[12641]** : 1800, Walton, SFK, ENG **[45876]** : 1700S+, Kingsbury, WAR, ENG **[33007]** : 1850-1910, Hartlebury, WOR, ENG **[45894]**

STEWART : 1920-31, Cessnock, NSW, AUS **[25367]** : C1880+, Hay, NSW, AUS **[36751]** : 1880+, Junee, NSW, AUS **[10820]** : Ninian, 1833+, Millers Point, NSW, AUS **[10675]** : Montgomery, 1870+, Wentworth, NSW, AUS **[41468]** : Samuel, 1845+, Dalby, QLD, AUS **[13869]** : Charles, 1863+, Stanthorpe, QLD, AUS **[13558]** : Charles, 1856+, Noarlunga, SA, AUS **[12457]** : C1823, Campbelltown & Stewarton, TAS, AUS **[36751]** : Charles, 1840+, Hobart, TAS, AUS **[32035]** : 1863, Ararat, VIC, AUS **[46281]** : Charles, C1860, Melbourne, VIC, AUS **[32035]** : C1842+, Melbourne & Seymour, VIC, AUS **[36751]** : Charles, 1900, Wallacedale, VIC, AUS **[12321]** : Thomas, C1878, Melbourne, VIC, AUS & IRL **[44279]** : 1850-1900, Huron Co., ONT, CAN **[16708]** : 1780+, Northumberland Co., ONT, CAN **[16842]** : 1859-1940, Orillia, Simcoe, ONT, CAN & IRL **[38696]** : PRE 1900, London, ENG **[42170]** : John, 1749+, Sunderland, DUR, ENG **[24971]** : Emma, 1890S, Wingate, DUR, ENG **[22090]** : Charles, 1730-1800, Bristol, GLS & SOM, ENG **[34245]** : Thomas, 1780-1860S, Bristol, GLS & SOM, ENG **[34245]** : Charles, 1780-1840, Bembridge, IOW, ENG **[34245]** : William H., 1858-85, Lambeth, LND, ENG **[45736]** : 1750-1840, London, MDX, ENG **[13591]** : Donald, 1796-1840, London, MDX, ENG **[13591]** : PRE 1860, London, MDX, ENG **[24945]** : 1870+, North Shields, NBL, ENG **[14513]** : 1848, Grinton, NRY, ENG **[13591]** : C1840, Lambeth, SRY, ENG **[17553]** : ALL, SSX, ENG **[25259]** : 1800S, Bangalore, INDIA **[13591]** : James, 1818-1868, ANT, IRL **[37568]** : C1830, Egush, ARM, IRL **[99114]** : 1800+, CAV, IRL **[45202]** : 1750, COR & FER, IRL **[16282]** : Richard, 1800+, Fahan & All, DON, IRL **[31402]** : 1800-1900, Kilrea, DRY, IRL **[30713]** : 1746+, Londonderry, DRY, IRL **[39994]** : Wm, PRE 1910, Enniskillen, FER, IRL **[12831]** : PRE 1840, Monasterevin, KID & LEX, IRL **[13869]** : James, 1840S, Dungiven, LDY, IRL **[44279]** : Thomas, PRE 1878, Dungiven, LDY, IRL **[44279]** : James, 1845-1875, TYR, IRL **[46297]** : John, PRE 1875, Ardstraw & All, TYR, IRL **[46297]** : C1858, Cloghboy, TYR, IRL **[13960]** : Elizabeth, 1831-1928, DOW, IRL & SCT **[39985]** : 1800S, N.IRL **[25428]** : 1880+, Hawkes Bay, NZ **[45925]** : Alan, 1850+, Fort Beaufort, RSA **[45736]** : Duncan, 1800+, SCT **[45834]** : Alister, ALL, SCT **[12950]** : PRE 1859, SCT **[38696]** : PRE 1820, ABD, SCT **[46408]** : Charles, 1815-1881, Huntly, ABD, SCT **[11425]** : 1800-1950, Huntly & Aberdeen, ABD, SCT **[33820]** : 1800+, Strathdon, ABD, SCT **[15931]** : 1750-1850, Tough, ABD, SCT **[25322]** : Jean/Jane, C1830, Dundee, ANS, SCT **[13014]** : PRE 1855, Dundee, ANS, SCT **[38936]** : 1746, Appin, ARL, SCT **[39994]** : 1700+, Ardsheal, ARL, SCT **[14208]** : PRE 1839, Bourblaig, ARL, SCT **[46359]** : Alexander, 1826+, Ayr, AYR, SCT **[45736]** : James, PRE 1809, Fenwick, AYR, SCT **[17763]** : Montgomery, PRE 1870, Kilmarnock, AYR, SCT **[41468]** : Jannet, 1783, Fordyce, BAN, SCT **[16822]** : ALL, Rothesay, BUT, SCT **[10675]** : Daniel, 1700-1790, Bute & Montrose, BUT, ANS & KCD, SCT **[34245]** : ALL, Dunbarton, DNB, SCT **[39994]** : 1850+, Duntocher, DNB, SCT **[31402]** : Alexander, 1891, Helensburgh, DNB, SCT **[25367]** : William, 1800-1830, Cupar, FIF, SCT **[16997]** : 1890S, Dunfermline, FIF, SCT **[45541]** : ALL, Dunfermline, FIF, SCT **[45830]** : Jas Henderson, C1876, Dunfermline, FIF, SCT **[45541]** : PRE 1860, Inverkeithing, FIF, SCT **[41499]** : Fergusson, 1840S, Kirkcaldy, FIF, SCT **[33728]** : ALL, Kirkcaldy, FIF, SCT **[45070]** : 1800S, Isle of Skye, INV, SCT **[39984]** : Peter, PRE 1860, Boghead, LKS, SCT **[11650]** : Ellen, 1812+, Glasgow, LKS, SCT **[46268]** : 1860S, Glasgow, LKS, SCT **[46221]** : Margaret, C1860-1930, Glasgow, LKS, SCT **[10485]** : PRE 1820, Glasgow, LKS, SCT **[45308]** : PRE 1848, Glasgow, LKS, SCT **[12573]** : Alexander, PRE 1852, Glasgow, LKS, SCT **[12321]** : Janet, 1820+, Govan, LKS, SCT **[46268]** : Christina, 1822+, Govan, LKS, SCT **[46268]** : 1600-1700, Holyrood, LKS, SCT **[18005]** : PRE 1865, Old Monkland, LKS, SCT **[41456]** : PRE 1900, Glasgow, LKS, DNB & RFW, SCT **[46350]** : Charles, 1830+, Edinburgh, MLN, SCT **[13558]** : William, C1500+, Edinburgh, MLN, SCT **[35823]** : Amelia, 1812-1891, Musselburgh & Tiree, MLN & ARL, SCT **[34038]** : 1750+, St.Margarets Hope, OKI, SCT **[14513]** : PRE 1800, PER, SCT **[12707]** : Robert, 1750-1800, Blair Atholl, PER, SCT **[16997]** : 1790-1840, Dull, PER, SCT **[16708]** : PRE 1800, Dull, PER, SCT **[43842]** : 1850, Dunkeld, PER, SCT **[28755]** : PRE 1800, Foss, PER, SCT **[10046]** : 1700+, Logierait, PER, SCT **[45925]** : 1800-1850, Muthill, PER, SCT **[41499]** : Alan, 1820+, Pitlochry, PER, SCT **[45736]** : PRE 1840, Redgordon, PER, SCT **[46383]** : Malcolm, 1720-1857, Strathgroy & Blair Atholl, PER, SCT **[11425]** : William, C1720+, RFW, SCT **[10035]** : Margaret, C1757, Houston & Killellan, RFW, SCT **[10035]** : ALL, Paisley, RFW, SCT **[31152]** : C1761+, Avoch & Knockbain, ROC, SCT **[23471]** : Ken, 1845+, Contin, ROC, SCT **[99598]** : 1700+, Lochbroom & Kilmorack, ROC & INV, SCT **[37236]** : John, 1750+, Campsie, STI, SCT **[46268]** : Duncan, 1780-1864, Campsie, STI, SCT **[46268]** : Alexander, PRE 1740, Falkirk, Grahamstown & Airth, STI, SCT **[35273]** : 1802-1892, Inch & Portpatrick, WIG, SCT **[12367]** : 1750+, Penningham & Glasserton, WIG, SCT **[21207]** : 1750+, Blair Athol, PER, SCT & AUS **[36569]** : James, 1818-94, Glasgow, LKS, SCT & ENG **[46268]** : 1780S, Houston, Greenock & Glasgow, RFW & LKS, SCT & IRL **[46282]** : 1800S, Glasgow, LKS, SCT & NZ **[45257]** : Archibald D., 1899-1953, Long Beach, CA, USA **[45070]** : 1788-1815, KY, USA **[24757]**

STEWARTSON : ALL, Manchester, LAN, ENG **[46479]**

STEWERT : Charlotte, PRE 1825, Stockport, CHS, ENG **[42453]**

STEYAERT : PRE 1750, OVL, BEL **[20458]** : PRE 1800, Gent, OVL, BEL **[20458]**

STIBBARD : 1836, Sydney & Orange, NSW, AUS **[11773]**

STIBBINS : ALL, WORLDWIDE **[28314]**

STIBBS : 1810, NJ, USA **[24725]** : PRE 1790, NY, USA **[24725]**

STICKEL : 1757, Egenhausen, BAW, GER **[16149]** :

PRE 1657, Egenhausen, WUE, GER **[37759]**
STICKELS : PRE 1820, Romney, KEN, ENG **[37206]**
STICKLAND : 1850+, Candie, GSY, CHI **[13065]** : 1720-1791, DOR, ENG **[34790]** : PRE 1700, DOR, ENG **[38743]**
STIDEFORD : 1800+, LND, ENG **[43733]**
STIDSTON : PRE 1900, DEV, ENG **[46482]**
STIEB : ALL, Rheinland, RPF, BRD**[11036]**
STIEF : Johoann Gott., PRE 1810, BRA, GER **[99012]**
STIEGLITZ (see VON : Stieglitz), **[31159]**
STIFF : ALL, Hawkesbury, GLS, ENG **[18895]** : 1850S, Dover, KEN, ENG **[16980]** : C1818, Thurston, NFK & SFK, ENG **[43841]** : 1820, Pontypool, MON, WLS **[26101]**
STIGGANTS : 1600-1900, Boarhunt, HAM, ENG **[26831]**
STILES : PRE 1750, Basingstoke, HAM, ENG **[33428]** : 1800S, Portsmouth, HAM, ENG **[13910]** :1700S, West Malling, KEN, ENG **[13910]** : C1800, Wick, WOR, ENG **[37795]**
STILL : PRE 1800, Staplehurst, KEN, ENG **[20936]** : 1800+, Strood, LND, ENG **[43941]** : Adam, 1782-1857, Poplar, MDX, ENG **[44999]** : Catherine, 1804, Poplar, MDX, ENG **[44999]** : Robert George, 1806, Poplar, MDX, ENG **[44999]** : Adam John, 1808, Poplar, MDX, ENG **[44999]** : Jane Eliz., 1809, Poplar, MDX, ENG **[44999]** : Lydia Char., 1813, Poplar, MDX, ENG **[44999]** : Isabella, 1815, Poplar, MDX, ENG **[44999]** : Wm Grimwood, 1817, Poplar, MDX, ENG **[44999]** : Anne, 1830-1900, Camberwell, SRY, ENG **[39012]** : Robert, 1730-1800, Banchory-Devenick, KCD, SCT **[44999]** : Isobel, 1772, Banchory-Devenick, KCD, SCT **[44999]** : Katherine, 1773, Banchory-Devenick, KCD, SCT **[44999]** : George, 1775, Banchory-Devenick, KCD, SCT **[44999]** : Jean, 1777, Banchory-Devenick, KCD, SCT **[44999]** : Teresa, 1779, Banchory-Devenick, KCD, SCT **[44999]**
STILLING : 1870-1900, Broughton in Salford, LAN, ENG **[12641]**
STILLINGS : 1870-1900, Broughton in Salford, LAN, ENG **[12641]**
STILLMAN : PRE 1875, Bath, SOM, ENG **[36624]**
STILLWELL : 1750-1850, North West, KEN, ENG **[34277]** : 1700-1900, Hoxton Old Town, LND & MDX, ENG **[46412]** : 1800+, Westbourne, SSX, ENG **[18593]**
STILWELL : 1907-1933, Dover, KEN, ENG **[46520]** : PRE 1850, LND, ENG **[31186]** : 1835-1890, Hackney & Peterborough, MDX & CAM, ENG **[46520]**
STIMPSON : 1830+, Sydney, NSW, AUS **[11446]** : ALL, Dunstable, BDF, ENG **[11446]** : ALL, Essendine, RUT, ENG **[21258]**
STIMSON : PRE 1770, Lincoln, LIN, ENG **[31316]**
STINCHCOMBE : 1460-1700, GLS, ENG **[30302]** : 1750+, Uphill, SOM, ENG **[17532]**
STINE : PRE 1830, Philadelphia, PA, USA **[25725]**
STINETTO : Elizabeth, ALL, Manchester, LAN, ENG **[35577]**
STINGERS : 1834+, Alston, CUL, ENG **[12153]**
STINSON : C1900, Peterboro & Victoria, ONT, CAN **[31626]** : C1800-1876, Knockbride & Coote Hill, CAV, IRL **[16273]** : Samuel, 1815-1890, Magherafelt, LDY, IRL & AUS **[29867]**
STINTON : 1700-1800, Winchcomb, GLS, ENG **[27039]** : 1775+, Coreley, SAL, ENG **[46273]**
STIRLAND : ALL, DBY, ENG **[17182]** : ALL, NTT, ENG **[17182]** : ALL, WORLDWIDE **[17182]**
STIRLING : 1856+, Landsborough & Beerwah, QLD, AUS **[41039]** : 1850+, Belize, HONDURAS **[21746]** : ALL, SCT **[15521]** : C1810, Aberdeen, ABD, SCT **[26173]** : PRE 1761, Dundee, ANS, SCT **[46251]** : James, PRE 1872, Kilbirnie, AYR, SCT **[45125]** : PRE 1789, DNB, SCT **[36282]** : 1820+, Kirkintilloch, DNB, SCT **[46340]** : PRE 1900, Kirkintilloch, DNB, SCT **[16075]** : 1200-1600, Cadder, LKS, SCT **[35190]** :

1750-1856, Glasgow, LKS, SCT **[41039]** : Dr John, 1800-1850, Glasgow, LKS, SCT **[21746]** : 1550-1800, Ardoch, PER, SCT **[35190]** : 1700-1996, Blackford, PER, SCT **[35190]** : 1820-1996, Doune, PER, SCT **[35190]** : 1300-1996, Dunblane, PER, SCT **[35190]** : ALL, Dunblane, PER, SCT **[21746]** : 1300-1980, Keir, PER, SCT **[35190]** : 1700-1990, Kincardine-in-Menteith, PER, SCT **[35190]** : 1700-1996, Lecropt, PER, SCT **[35190]** : 1753-1996, Logie, PER, SCT **[35190]** : 1700-1996, Methven, PER, SCT **[35190]** : 1838-1996, Bannockburn, STI, SCT **[35190]** : 1100-1996, Stirling, STI, SCT **[35190]**
STIRRUP : PRE 1825, Lane End & Stoke-on-Trent, STS, ENG **[20587]**
STIRTON : Margaret, 1860S, Perth, PER, SCT **[16938]**
STITT : Samuel Henry, 1830-1908, Wandiligong, VIC, AUS **[39243]**
STIVEN : PRE 1810, Methven, PER, SCT **[46297]**
STJOHN : C1861, ENG **[14744]** : C1911, INDIA **[14744]**
STOAKES : PRE 1900, Portsea, HAM, ENG **[45227]** : 1840-1950, Hastings, SSX, ENG **[39416]**
STOBART : 1800-1900, Allendale, NTH, ENG **[30120]**
STOBBS : 1700-1800, Wolsingham, DUR, ENG **[31826]** : Ralph, C1790, Allendale, NBL, ENG **[38579]** : PRE 1930, NBL & DUR, ENG **[46377]** : PRE 1930, MLN, ELN & PEE, SCT **[46377]**
STOBIE : Morton, 1835-1900, Melbourne, VIC, AUS **[39243]** : John, 1854-1909, Melbourne, VIC, AUS **[39243]** : 1876+, NZ **[10399]** : 1850+, Dundee, ANS, SCT **[10399]** : John, 1796-1885, Haddington, ELN, SCT **[39243]** : 1750-1850, FIF, SCT **[10399]**
STOBO : 1840+, Paisley, RFW, SCT **[10394]**
STOCK : PRE 1828+, Colmworth, BDF, ENG **[33949]** : 1700+, Finchingfield, ESS, ENG **[19895]** : 1600-1700, Sewardstone, ESS, ENG **[30488]** : 1800-1900, Baldock, HRT, ENG **[28557]** : 1750-1850, Lambeth, SRY, ENG **[28536]**
STOCKAN : 1800+, Sandwick, OKI, SCT **[10346]**
STOCKDALE : 1818, Peterborough, CAM, ENG **[13984]** : 1700+, Bristol, GLS & DOR, ENG **[15289]** : 1850+, Blackburn, LAN, ENG **[21038]** : 1750+, Giggleswick, WRY, ENG **[21038]** : Sarah, PRE 1870, Bedale, YKS, ENG **[31676]** : 1700-1800, Harpham, YKS, ENG **[32042]** : 1750+, TYR, IRL **[21093]**
STOCKEN : 1700+, Linton, CAM, ENG **[27887]** : 1800+, Fulham, LND, ENG **[27867]** : PRE 1770, SAL, ENG **[20068]**
STOCKER : PRE 1838, Huntingdon, BDF & CAM, ENG **[22176]** : Sarah, ALL, Hampstead, MDX, ENG **[46195]**
STOCKFORD : Sophia, 1800-1850, SOM, ENG **[12320]** : ALL, UK **[21312]**
STOCKHAM : 1860-1900, Toowoomba, QLD, AUS **[27920]** : 1800S, Bristol, SOM & GLS, ENG **[11066]** : PRE 1880, WIL, ENG **[34640]** : PRE 1850, Foxham, WIL, ENG **[27920]** : 1800S, MON, WLS **[11066]** : 1800S, Usk, MON, WLS **[10273]**
STOCKHOLM : 1800S, Bristol, SOM & GLS, ENG **[11066]** : 1800S, MON, WLS **[11066]**
STOCKING : PRE 1770, Bridgnorth, SAL, ENG **[20068]**
STOCKLEY : 1800-1950, ENG **[46185]** : ALL, ENG **[39386]** : Phoebe, 1831+, Mottisfont & Romsey, HAM, ENG **[10506]** : 1800S, HRT, ENG **[11918]** : 1750+, Prescot & Whiston, LAN, ENG **[31689]** : PRE 1880, Redditch, WOR, ENG **[43733]**
STOCKMAN : 1800+, IRL **[12728]**
STOCKS : PRE 1850, WRY, ENG **[24980]** : PRE 1850, WRY, ENG **[39429]**
STOCKTON : ALL, Newport, SAL, ENG **[17201]**
STOCKWELL : John, 1870+, Deniliquin, NSW, AUS **[10508]** : 1848+, Tumut, NSW, AUS **[10508]** : 1600-1900, BKM, ENG **[19471]** : PRE 1800, Uley & Dursley, GLS, ENG **[13004]** : 1800, Southampton, HAM, ENG **[40499]** : William, PRE 1820, Hythe, KEN, ENG **[10508]** : ALL, KEN, SRY & LND, ENG **[19454]** : PRE

1890, Manchester, LAN, ENG **[13809]** : PRE 1820, Shoreditch, LND, ENG **[42296]** : 1550-1800, OXF, ENG **[19471]** : PRE 1950, Som, ENG **[31323]** : C1800, Coughton, WAR, ENG **[42897]** : 1900-1940, INDIA **[30071]**

STOCKWELL (see One Name Section) **[19454]**
STODART : ALL, WORLDWIDE **[26439]**
STODDART : 1600+, Boltongate, CUL, ENG **[26761]** : 1600-1900, Mealsgate, CUL, ENG **[26761]** : C1949+, Arlington & Newark, NJ, USA **[11319]** : Maria, 1816+, Brooklyn, NY, USA **[27633]** : John, 1789-1841, Chenango Co. & Brooklyn, NY, USA **[27633]**
STODHART : Ralph, 1725+, Norton, DUR, ENG **[12141]**
STOGDON : 1790-1880, London, MDX, ENG **[36543]**
STOHR : Jchannok, 1800+, Iserlohn, WEF, GER **[99174]**
STOK : Rozalia, 1809, Boztii Bei Zloezew, SIERADZ, POL **[40603]**
STOKER : 1600-1850, Houghton-le-Spring, DUR, ENG **[31259]** : 1800-1890, NBL & DUR, ENG **[46442]** : 1750-1850, IRL **[18708]** : 1700+, Dublin, IRL **[18708]** : 1700+, COR, IRL **[18708]** : 1850+, Cork, COR, IRL **[34797]** : 1850+, Douglas, COR, IRL **[34797]** : 1800-1840, UK **[18708]**
STOKER (see One Name Section) **[18708]**
STOKES : 1845+, Melbourne, VIC, AUS **[20874]** : 1800+, London, ENG **[33506]** : 1800+, Alverstoke, HAM, ENG **[33506]** : Mary, 1793-1879, KEN, ENG **[11279]** : Mary Ann, 1829-1900, KEN, ENG **[11279]** : 1700-99, Thorpe Arnold, LEI, ENG **[20057]** : 1700-1850, Kyme, LIN, ENG **[28536]** : 1850-1920, LND, ENG **[19461]** : 1880, London & Worcester, MDX & WOR, ENG **[40752]** : 1750+, NTT, ENG **[36710]** : 1822+, Climping, SSX, ENG **[11270]** : 1700+, STS & SAL, ENG **[39061]** : ALL, WOR, ENG **[40752]** : 1687+, Hanley Castle, WOR, ENG **[13731]** : ALL, Stourport, WOR, ENG **[39565]** : 1800S, ENG & NZ **[45257]** : ALL, Stonehall, LIM, IRL **[11229]** : 1860+, Hokitika, NZ **[20874]**
STOKIE : 1835+, VIC, AUS **[12561]**
STOKOE : 1700-1800, NBL, ENG **[36385]**
STOLE : ALL, WORLDWIDE **[17766]**
STOLLARD : PRE 1832, Withington, GLS, ENG **[26253]**
STOLLZNOW : PRE 1862, Gunterberg, BRA, GER **[26306]**
STONE : Margaret, PRE 1930, Newfarm & Redcliffe, QLD, AUS **[41041]** : 1850+, Castlemaine & Snapperpoint, VIC, AUS **[36847]** : 1830+, Melbourne, VIC, AUS **[29937]** : Joseph, 1820-40, JSY, CHI & ENG **[26458]** : Sarah, 1843, ENG **[26458]** : 1830-1880, Studham, BDF, ENG **[38970]** : PRE 1650, Stanford in the Vale, BRK, ENG **[38615]** : PRE 1850, Reading & Shoreditch, BRK & MDX, ENG **[37709]** : John, 1802+, Bassingbourn, CAM, ENG **[25654]** : Mary, 1780+, Mawnan, CON, ENG **[43775]** : PRE 1750, St.Just, CON, ENG **[11873]** : 1844+, Etwall, DBY, ENG **[45584]** : C1800+, Melbourne, DBY, ENG **[13406]** : 1800-1850, DEV, ENG **[45889]** : 1770+, Chivelstone, DEV, ENG **[41239]** : 1850+, Dartmouth, DEV, ENG **[41239]** : 1750-1800, East Teignmouth, DEV, ENG **[11661]** : Mary, PRE 1840, Woodleigh, DEV, ENG **[10383]** : 1700+, Portland, DOR, ENG **[29937]** : 1738-1800, Aldenham, HRT, ENG **[38970]** : 1800-1840, Bushey & Rickmansworth, HRT, ENG **[24878]** : PRE 1850, KEN, ENG **[20458]** : Emma Olive L., 1911, Canterbury, KEN, ENG **[10993]** : 1760+, Deptford, KEN, ENG **[35147]** : Edwin, 1844+, Herne, KEN, ENG **[45703]** : James, 1848+, Herne, KEN, ENG **[45703]** : Fredrick, 1856+, Herne, KEN, ENG **[45703]** : John, C1800+, Herne Bay, KEN, ENG **[45703]** : PRE 1830, Seal, KEN & SSX, ENG **[20458]** : 1700-99, Thorpe Arnold, LEI, ENG **[20874]** : George, 1843-1922, Grantham, LIN, ENG **[11279]** : PRE 1800, Stepney, LND, ENG **[29612]** : 1830+, Stoke Newington, LND, ENG **[99418]** : PRE 1870, NFK, ENG **[35017]** : ALL, Beeston, NTT, ENG **[39301]** : 1850-1950, Oxford, OXF,

ENG **[20416]** : 1680+, Thame & Emmington, OXF, ENG **[33642]** : ALL, SOM, ENG **[41053]** : PRE 1900, SRY, ENG **[25992]** : ALL, Lingfield, SRY, ENG **[27867]** : John, PRE 1842, London, SRY, ENG **[16701]** : PRE 1920, London & SRY, ENG **[26017]** : PRE 1882, St.Olive, SRY, ENG **[40529]** : Herbert, 1870, Hastings, SSX, ENG **[10993]** : PRE 1800, Lancing, SSX, ENG **[29612]** : PRE 1800, Stoke upon Trent, STS, ENG **[16425]** : Benjamin, 1800S, WIL, ENG **[31510]** : Catherine, 1820, WIL, ENG **[31510]** : 1820+, Monkton Deverill, WIL, ENG **[12386]** : 1750+, Tisbury, WIL, ENG **[20135]** : PRE 1860, Cashel, TIP, IRL **[32945]** : PRE 1735, German, IOM, UK **[42782]** : 1800S, WI & NY, USA **[16430]**
STONEBANK : Mary, 1780+, Pavenham & Shambrook, BDF, ENG **[36538]**
STONEHAM : 1700+, Wrotham, KEN, ENG **[15289]** : PRE 1750, Purton, WIL, ENG **[39506]**
STONEHOUSE : 1934+, Middlesbrough, YKS, ENG **[13922]** : 1800-1900, YKS & ONT, ENG & CAN **[99433]**
STONELEY : ALL, Bollington & Macclesfield, CHS, ENG **[44088]** : Annie, ALL, Macclesfield, CHS, ENG **[44088]**
STONELL : 1700-1900, South London, ENG **[19471]**
STONEOUSE : 1800-1900, YKS & ONT, ENG & CAN **[99433]**
STONER : William, PRE 1870, London, ENG **[29515]** : John, PRE 1900, London, ENG **[29515]** : 1700-1800, Harting, SSX, ENG **[15464]** : John, 1900+, Detroit, MI, USA **[29515]** : George, 1900+, Detroit, MI, USA **[29515]** : Frank, 1900+, Detroit, MI, USA **[29515]**
STONES : ALL, Rochdale, LAN, ENG **[36020]** : 1700-1900, Arkengarthdale, NRY, ENG **[28513]** : 1750-1900, Longton, STS, ENG **[19713]** : ALL, Sheffield, YKS, ENG **[46429]**
STONESTREET : PRE 1900, MDX, ENG **[39554]**
STONEY : Rebecca, 1770+, Greyfort, TIP, IRL **[28039]** : ALL, Thurles, TIP, IRL **[28140]**
STONEY (see One Name Section) **[28039]**
STONHAM : 1899+, Cobar, NSW, AUS **[31762]**
STONIER : PRE 1800, Astbury, CHS, ENG **[19647]** : 1750S, Leek, STS, ENG **[19647]**
STOODLEY : Edith, 1914+, Auburn, NSW, AUS **[45992]** : PRE 1775, Wayford, SOM, ENG **[39042]**
STOOK : John, C1846, Christon, DEV, ENG **[17511]**
STOOPS : 1850+, Wallsend, NSW, AUS **[42913]** : C1825, Armagh, ARM, IRL **[16513]**
STOPFORD : PRE 1850, Stockport & Stalybridge, CHS, ENG **[36983]**
STOPHER : 1800, Newmarket, SFK, ENG **[21598]**
STOPP : 1810+, MDX, ENG **[11270]**
STORAN : 1900-30, Melbourne, VIC, AUS **[46217]**
STORDY : George, 1838+, Grinsdale, CUL, ENG **[10731]**
STOREN : 1865+, Campbells Creek, VIC, AUS **[12237]** : 1880S, South Melbourne, VIC, AUS **[12237]** : 1824+, O'Briensbridge, CLA, IRL **[12237]**
STORER : PRE 1750, Bonsall, DBY, ENG **[44078]** : 1771-1779, South Wingfield (Oakerthorpe), DBY, ENG **[18818]** : ALL, DUR, ENG **[43613]** : John, C1800, Strood near Rochester, KEN, ENG **[17005]** : C1717, Thrussington, LEI, ENG **[99012]** : 1785-1870, Stoke Golding, LEI & WAR, ENG **[10287]** : 1786-1948, Welby, LIN, ENG **[18818]** : 1780-1860S, Nottingham, NTT, ENG **[39060]**
STOREY : Thomas, 1885+, Bulla, VIC, AUS **[39179]** : Thomas, 1850+, Daylesford, VIC, AUS **[39179]** : 1775-1850, QUE & ONT, CAN **[42429]** : ALL, CUL, ENG **[27514]** : Wm, 1800, Harraby, CUL, ENG **[13031]** : 1800+, DUR, ENG **[99298]** : Samuel, 1722, Houghton le Spring, DUR, ENG **[24579]** : 1750-1800, South Shields, DUR, ENG **[41950]** : 1850S Sunderland, DUR, ENG **[20933]** : ALL, LND, ENG **[10846]** : Mary,

C1807, LND, ENG **[10846]** : C1745, Rothbury, NBL, ENG **[11718]** : 1750-1850, Swaledale, NRY, ENG **[17907]** : 1850-1930, Haggerston, SRY, ENG **[17436]** : C1770, Aghaveagh, FER, IRL **[12574]** : 1700+, Monasterevan & Dublin, KID, IRL **[19429]** : 1830-1864, Kirkmahoe, DFS, SCT **[34837]**

STORIE : James, 1800+, Partick & Greenock, LKS & RFW, SCT **[13031]** : PRE 1881, Jedburgh, ROX, SCT **[25755]**

STORM : 1742, Burton upon Stather, LIN, ENG **[46483]** : David, 1860S, Gamrie, BAN, SCT **[14880]**

STORMONT : Betsy, 1744-1828, Kirriemuir, ANS, SCT **[99093]**

STORMONTH : PRE 1875 Tannadice ANS SCT **[99600]**

STORR : 1840, Whitby, NRY, ENG **[19862]**

STORRAR : 1725-1775, FIF, SCT **[24567]**

STORRETT : 1800-1890, Berwick on Tweed, NBL, ENG **[46181]**

STORRIER : PRE 1875, Glen Isla, ANS, SCT **[99600]**

STORY : PRE 1900, Carlisle, CUL, ENG **[46505]** : 1770-1800, Kirklinton, CUL, ENG **[14513]** : Anne, C1645, Stanhope, DUR, ENG **[10035]** : C1745, Rothbury, NBL, ENG **[11718]**

STOTE : PRE 1750, HAM, ENG **[19359]**

STOTEN : C1700, Sandon, HRT, ENG **[19759]** : C1863, Therfield, HRT, ENG **[18593]**

STOTHARD : 1870+, Crook, DUR, ENG **[45732]** : 1841-1865, Wingate & Shotton, DUR, ENG **[45732]** : PRE 1850, Louth, LIN, ENG **[28523]**

STOTT : 1800-1850, Maidstone, KEN, ENG **[41214]** : PRE 1855, Manchester, LAN, ENG **[14948]** : John, 1855, Belhelvie, ABD, SCT **[16149]** : 1700-1800, WIG, SCT **[98601]**

STOUT : Adam, 1844+, NSW, AUS **[10699]** : C1840, Sydney, NSW, AUS **[29479]** : C1806, Bethnal Green, London, MDX, ENG **[29479]** : Adam, PRE 1844, TIP, IRL **[10699]** : PRE 1850, Brechin, BAN, SCT **[20974]** : 1700+, Longhope, OKI, SCT **[14513]**

STOVELL : PRE 1900, London, MDX, ENG **[32294]** : ALL, St.Mary, Newington, SRY, ENG **[29416]**

STOVER : PRE 1900, Ontario Co., ONT, CAN **[15476]**

STOW : 1860, Hope Valley, SA, AUS **[28164]** : 1830-1930, North London, ENG **[39445]** : Henry Horatio, 1840+, KEN, ENG **[12058]** : 1600+, Berwick upon Tweed, NBL, ENG **[13429]** : 1800S, Retford, NTT, ENG **[13910]** : 1750-1850, Ipswich, SFK, ENG **[39445]** : Daniel, 1600S, Lewes, SSX, ENG **[12058]**

STOWBRIDGE : ALL, ENG **[30560]**

STOWE : PRE 1900, ENG **[30161]** : 1800S Tywardreath, CON, ENG **[14548]** : PRE 1840, Banbury, OXF, ENG **[33237]** : PRE 1856, Sandford, OXF, ENG **[43779]** : ALL, Sheffield, YKS, ENG **[46429]**

STOWELL : ALL, WORLDWIDE **[17766]**

STOWELL (see One Name Section) **[17766]**

STOWER : PRE 1840S, South Petherton, SOM, ENG **[98637]**

STOYEL : ALL, WORLDWIDE **[18057]**

STOYLE : PRE 1850, Plymouth, DEV, ENG **[31579]** : ALL, WORLDWIDE **[18057]**

STOYLES : ALL, WORLDWIDE **[18057]**

STRACHAN : James, C1870S, Windsor, NSW, AUS **[39186]** : 1860+, Melbourne, VIC, AUS **[10350]** : 1830-1900, Niagara Co., ONT, CAN **[25237]** : 1700-1900, Ecklington, DBY, ENG **[31882]** : 1802, Carham, NBL, ENG **[35025]** : 1700-1900, Sheffield, YKS, ENG **[31882]** : PRE 1900, Aberdeen, ABD, SCT **[25992]** : PRE 1829, Aberdour & New Edward, ABD, SCT **[14880]** : 1800-1854, Inverallochy, ABD, SCT **[17400]** : 1750-1840, Tarland & Migvie, ABD, SCT **[25237]** : Alexander, C1755, Barry, ANS, SCT **[10035]** : ALL, Dundee, ANS, SCT **[46329]** : C1840, BAN, SCT **[10350]** : Mary M., 1839, Gamrie, BAN, SCT **[14880]** : Francis G., 1841, Gamrie, BAN, SCT **[14880]** : Jemima J.S., 1848, Gamrie, BAN, SCT **[14880]** : 1760+, Alloa, CLK, SCT **[14880]** : 1700-1900, LKS, SCT **[21973]** : PRE 1900, Edinburgh, MLN, SCT **[11282]** : Charles, 1853+, ABD, SCT & AUS **[36844]**

STRACHAN (see : Subjects I:), [14880]

STRADING : Elizabeth, 1800, DEV, ENG **[37692]**

STRADLING : 1760-1900, Culmstock, DEV, ENG **[39303]** : 1800-1920, Kidderminster, WOR, ENG **[39303]**

STRAFFON : 1850+, ENG **[17175]**

STRAIN : 1800-66, Ballymena, ANT, IRL **[99570]** : 1800+, Templecrowe, DON, IRL & AUS **[33921]**

STRAINGE : 1720+, Finmere, OXF, ENG **[15042]**

STRAINS : 1760+, KEN, ENG **[34861]**

STRAITH : C1811-1862, Aberdeen, ABD, SCT **[10367]**

STRAITON : 1750-1800, ANS, SCT **[24567]**

STRAKER : PRE 1800, York, YKS, ENG **[18310]**

STRAM : PRE 1900, Beznichova Doina, LESKO, POL **[40603]**

STRANEY : 1820-1840, Liverpool, LAN, ENG **[10276]** : ALL, Downpatrick, DOW, IRL **[10276]**

STRANG : Peter, 1883+, Charters Towers, QLD, AUS **[36796]** : Elizbaeth, 1883+, Charters Towers, QLD, AUS **[36796]** : 1800+, FIF, SCT **[21114]** : 1870+, Dalgety, FIF, SCT **[11090]** : 1700+, East Kilbride, LKS, SCT **[26687]** : ALL, LKS, STI & DNB, SCT **[19656]**

STRANGE : 1700S-1800S, BKM, ENG **[36295]** : PRE 1860, Wokingham, BRK, ENG **[11588]** : 1750+, Crich, DBY, ENG **[38668]** : ALL, Tetbury, GLS & WIL, ENG **[27219]** : 1800S-1900S, KEN, ENG **[36295]** : ALL, Peckham, KEN, ENG **[11588]** : 1800S-1900S, London, MDX, ENG **[36295]** : Richard, 1820, Shoreditch, MDX, ENG **[12058]** : 1700S-1800S, Kettering, NTH, ENG **[36295]** : 1800+, Stokenchurch, OXF & BKM, ENG **[12327]** : PRE 1940, Croydon, SRY, ENG **[11588]** : 1750+, Little Somerford, WIL, ENG **[38349]** : Agnes, 1800-1838, Frome, SHO, GER **[40490]**

STRANGER : PRE 1860, DEV, ENG **[26881]**

STRANGEWAY : PRE 1880, SRY, ENG **[34640]** : PRE 1850, STS, ENG **[19179]**

STRANGLEMAN : PRE 1840, NFK, ENG **[33911]**

STRANGWARD : Hannah Louise, 1860+, Majorca, VIC, AUS **[21155]**

STRASSBURGAR : Kaspar, 1800-1890, Nassau, HES, GER **[44567]**

STRASSHEIMER : Kaspar, 1800-1890, Nassau, HES, GER **[44567]**

STRATFIELD : ALL, Cheddington, BKM, ENG **[12729]** : 1750-1900, Ivinghoe, BKM, ENG **[12729]** : ALL, Marsworth, HRT, ENG **[12729]**

STRATFOLD : 1700+, Bierton & Burcott, BKM, ENG **[11425]**

STRATFORD : 1750+, Minster Lovell, OXF, ENG **[34440]** : 1550+, Atherstone, WAR, ENG **[10346]** : 1600+, Nuneaton, WAR, ENG **[10346]**

STRATFUL (see : Stratfield), [12729]

STRATFULL (see : Stratfield), [12729]

STRATHAM : 1750-1850, St.Lukes, MDX, ENG **[45920]**

STRATHERN : PRE 1881, AYR, SCT **[25755]** : Mary, 1845+, Glasgow, MLN, SCT **[99433]**

STRATTON : 1880S, Ballarat, VIC, AUS **[46263]** : Anna, PRE 1717, ENG **[10604]** : ALL, Newbury, BRK, ENG **[20738]** : PRE 1880, Alresford, HAM, ENG **[43733]** : Undecimus, 1860+, Tettenhall, STS, ENG **[31849]** : Undecimus, 1834+, Purton, WIL, ENG **[31849]** : 1783+, Redditch, WOR, ENG **[37138]** : 1750-1800, ANS, SCT **[24567]** : Rev. George, 1700+, Lauriston & Brechin, ANS, SCT **[21971]**

STRAUSHEN : PRE 1800, GER & BRD **[36188]**

STRAUSS : Helena, PRE 1855, RPR, GER **[44019]**

STRAW : PRE 1700, Ilkeston, DBY, ENG **[44947]** : 1900+, NTT, LEI & LND, ENG **[44947]** : C1700+, Baddesley Ensor, WAR, ENG **[22014]** : 1880+, CAPE, RSA **[44947]**

STREATER : 1880+, Brighton, SSX, ENG **[37267]** : 1700+, West Hoathly, SSX, ENG **[37267]** : 1860+, TURKEY **[37267]**
STREET : 1870+, Wollongong, NSW, AUS **[20862]** : Robert, 1850-1950, Vancouver, BC, CAN **[99433]** : Frances, PRE 1770+, ENG **[30971]** : 1800-1860, Langford, BDF, ENG **[46313]** : 1860-2001, Woolwich, KEN, ENG **[44368]** : 1880+, Liverpool, LAN, ENG **[42782]** : C1850, Manchester, LAN, ENG **[13014]** : 1820, Islington, LND, ENG **[26955]** : 1780+, Chelsea & London, MDX, ENG **[29954]** : 1890-1910, Chelsea & Westminster, MDX, ENG **[30071]** : 1860, Hounslow & Brentford, MDX, ENG **[13014]** : 1600S, Stogumber, SOM, ENG **[10715]** : C1850-1920, Battersea, SRY, ENG **[19892]** : 1860-1900, Leatherhead, SRY, ENG **[46313]** : 1800S, East Grinstead, SSX, ENG **[11270]** : 1780-1950, Hommington, WIL, ENG **[41136]** : PRE 1780, Martin, WIL, ENG **[41136]** : 1800+, Sheffield, WRY, ENG **[18329]**
STREETER : 1680-1830, Goudhurst, KEN, ENG **[17651]** : PRE 1846, Linton, KEN, ENG **[20919]** : 1500-1860, Wrotham, KEN, ENG **[17651]** : 1800+, LND, ENG **[36435]** : 1900S+, Brighton, SSX, ENG **[27993]** : C1843, Mountfield, SSX, ENG **[14030]** : PRE 1910, ENG & AUS **[41221]** : 1850+, Halswell, CHCH, NZ **[20919]**
STREETON : PRE 1800, KEN, ENG **[33664]**
STREHLE : 1949, Ludwigshaven, GER **[16149]**
STRELLING : 1600S, Yarnscombe, DEV, ENG **[40257]**
STRETON : PRE 1800, Rogate, SSX, ENG **[15464]**
STRETTLES : Thomas B., C1798-1917, Nantwich, CHS, ENG **[41419]**
STRETTON : PRE 1900, Watford & Bushey, HRT, ENG **[41205]** : Louisa & John, 1857+, Burton upon Trent, STS, ENG **[33870]** : ALL, STS & DBY, ENG **[31017]**
STRIBLEY : PRE 1693, St.Merryn, CON, ENG **[46251]**
STRICKLAND : 1850+, Ballarat, VIC, AUS **[11715]** : Mary, C1800, ONT, CAN & SCT **[16802]** : PRE 1865, Guilden Morden & Steeple Morden, CAM, ENG **[38743]** : C1770, Deptford, KEN, ENG **[10634]** : Agnes, 1850+, Blahow, LAN, ENG **[39516]** : Eliza, 1830+, St.Andrews, Holborn, LND, ENG **[12011]** : George, PRE 1890, LND, MDX & SRY, ENG **[25747]** : ALL, SSX, ENG **[38743]** : 1500-1700, Hanbury, STS, ENG **[34606]** : PRE 1850, WES, CUL & LAN, ENG **[27514]** : 1780+, WOR, ENG **[11715]** : C1714, Worcester, WOR, ENG **[12060]**
STRIDE : PRE 1800, HAM, ENG **[20458]** : PRE 1820, Southampton, HAM, ENG **[20458]**
STRIEMAN : 1890+, London, ENG **[17189]** : PRE 1890, Radom, SU & POL **[17189]**
STRIETZEL : 1700-1940, NY & OH, USA & GER **[23161]**
STRIGHT : 1750+, Kenwyn, CON, ENG **[13129]**
STRIKE : 1870, Moonta, SA, AUS **[36749]**
STRINGER : 1850+, Prahran, VIC, AUS **[40135]** : 1750+, ENG **[40135]** : PRE 1900, Leytonstone, ESS, ENG **[10967]** : PRE 1820, KEN, ENG **[19568]** : C1835, Shoreham, KEN, ENG **[10634]** : Florence, 1896-1968, Cadishead, LAN, ENG **[39455]** : 1750-1850, Liverpool, LAN, ENG **[30870]** : PRE 1900, Norwich, NFK, ENG **[41642]** : 1800-1920, Titsey, SRY, ENG **[31967]** : 1700-1800, Horsham, SSX, ENG **[15464]** : Mary, 1882-1902, Biddulph, STS, ENG **[39455]** : PRE 1850, Kidderminster, WOR, ENG **[19818]** : 1840-1920, Sheffield, YKS, ENG **[24902]** : Eliz. (Lil), 1881-1961, Wellington, NZ **[39455]**
STRINGLE : PRE 1799, London, SRY, ENG **[26253]**
STRINGLEMAN : PRE 1930, ENG **[33911]**
STRODTEN : ALL, GER & BRD **[36188]**
STROHRMANN : Johann, 1778-1819, Hameln, HAN, GER **[32243]** : Dorothee, 1813-1846, Hameln, HAN, GER **[32243]**
STROMBACH : PRE 1900, Stockholm, SWE **[99400]**
STRONG : 1750-1850, Swallowfield, BRK, ENG **[32042]** : 1700-1900, Burthwaite, CUL, ENG **[37809]** : 1700-1900, Carlisle, CUL, ENG **[37809]** : Eliza, 1800-1840, Exeter & Crediton, DEV, ENG **[43853]** : 1750-1800, Sunbury, SRY, ENG **[33428]** : PRE 1800, WIL, ENG **[30093]** : C1700, Wilsford, WIL, ENG **[11113]** : 1825-1875, Belfast & Holywood, ANT & DOW, IRL **[40994]** : John, PRE 1825, Drumbo, DOW, IRL **[40994]** : 1880, LOG, IRL **[36705]** : Robert, 1875+, Auckland, NZ **[40994]** : 1700-1994, USA & IRL **[28708]**
STRONGMAN : Philip, 1800, St.Ervan, St.Columb & Brunswick, CON, ENG **[13031]** : 1700+, St.Wenn, CON, ENG **[21741]** : C1811, Truro, CON, ENG **[32405]** : PRE 1800, Truro, CON, ENG **[39464]**
STRONNELL : 1700-1900, Amersham, BKM, ENG **[38840]**
STROOMER : ALL, NL **[99440]**
STROPES : PRE 1621, Billinghay, LIN, ENG **[19902]**
STROUBE : ALL, VIC, AUS **[42688]**
STROUD : C1875+, Dubbo, NSW, AUS **[11536]** : PRE 1855, London, ENG **[11536]** : 1800-1860, Mortimer, BRK, ENG **[46313]** : 1750-1880, Wantage, BRK, ENG **[46313]** : 1750+, Radipole, DOR, ENG **[12415]** : Temple, PRE 1825, LND, ENG **[44077]** : 1860-1920, Hackney, LND, ENG **[46313]** : 1700+, Islington, LND, ENG **[44077]** : PRE 1825, St.George, Hanover Sq., LND, ENG **[44077]** : 1900+, MDX, ENG **[44077]** : 1885+, Highbury, MDX, ENG **[17291]** : Henry, C1829, Cheam, SRY, ENG **[28479]** : 1880+, GLA, WLS **[44077]** : 1825+, MON, WLS **[44077]**
STROUT : George, PRE 1776, Buckland, DEV, ENG **[10071]**
STROW : PRE 1825, GER **[36112]**
STROWGER : PRE 1800, SFK, ENG **[39312]**
STROYAN : Elizabeth, C1800, Minnigaff, KKD, SCT **[28763]**
STROYBERG : ALL, DEN **[42436]**
STRUDEN : PRE 1820, GER & BRD **[36188]**
STRUDWICK : 1853+, Myponga & Yankalilla, SA, AUS **[11763]** : 1875+, Wail & Horsham, VIC, AUS **[11763]** : PRE 1851, Herne, KEN, ENG **[11763]** : PRE 1735, Dunsfold, SRY, ENG **[46296]**
STRUTHERS : 1800+, East Kilbride, LKS, SCT **[26687]**
STRUTT : 1800+, Barking, ESS, ENG **[21394]** : Martha, PRE 1820, Minster & Rochester, KEN, ENG **[22207]**
STRUTTON : 1800-1860, Hackney, MDX, ENG **[10070]**
STUART : 1870S, Lawrence, NSW, AUS **[46359]** : Andrew, C1836, Hemel Hempstead, HRT, ENG **[37024]** : 1830-1900, Liverpool, LAN, ENG **[10832]** : James, 1818-94, Camberwell, LND, ENG **[46268]** : Andrew, C1869, Islington, MDX, ENG **[37024]** : C1730, Wensleydale, NRY, ENG **[30310]** : Frances E., PRE 1825, Ballymena, ANT, IRL **[40822]** : 1750-1800, Carrickfergus, ANT, IRL **[16813]** : PRE 1856, Carrickfergus, ANT, IRL **[46329]** : PRE 1845, Cork City, COR, IRL **[34101]** : PRE 1850, Naas, KID, IRL **[34101]** : 1800-1838, TYR, IRL **[25830]** : Isabell, C1735, ANS, SCT **[10035]** : ALL, BAN, SCT **[26493]** : PRE 1800, Abernethy, INV, SCT **[35592]** : Andrew, C1805, Edinburgh, MLN, SCT **[37024]** : Andrew, C1850, Edinburgh, MLN, SCT **[37024]** : Wm., 1800, Kilbarchan, RFW, SCT **[20914]** : Kenneth, C1805-1843, Ullapool, ROC, SCT **[14918]** : 1850+, Lapeer Co., MI, USA **[16159]** : ALL, WORLDWIDE **[35836]**
STUART-THOMPSON : ALL, WORLDWIDE **[46460]**
STUBBART : 1800S, NBL, ENG **[46265]**
STUBBERFIELD : 1850-1870, Hitchin, HRT, ENG **[36552]** : 1870-1900, Forest Hill, KEN, ENG **[36552]**
STUBBINGS : ALL, AUS **[26932]** : 1840+, Sydney, NSW, AUS **[31877]** : PRE 1750, Balsham, CAM, ENG **[19516]** : 1730-1810, Stowbedon, NFK, ENG **[34664]** : C1820, NTT, ENG **[28340]**
STUBBLES : 1850+, LND & MDX, ENG **[21381]**
STUBBS : ALL, Lambton Co., ONT, CAN **[23471]** : William, 1800, Marston upon Dave, DBY, ENG **[39967]** :

Elizabeth, PRE 1845, Spennymoor, DUR, ENG **[99600]** : PRE 1804, LND, ENG **[46374]** : PRE 1920, Newington & Bermondsey, LND, ENG **[18397]** : William, PRE 1800, Soho, LND, ENG **[14184]** : PRE 1930, NBL & DUR, ENG **[46377]** : ALL, RUT, ENG **[37156]** : C1700, Wolstanton, STS, ENG **[19647]** : PRE 1700, WRY, ENG **[33664]** : Chas, 1862, Royston, YKS, ENG **[39967]** : PRE 1930, MLN, ELN & PEE, SCT **[46377]** : PRE 1900, Wrexham, DEN, WLS **[18397]** : 1800S+, Whitton, RAD, WLS **[10893]** : ALL, WORLDWIDE **[29409]**

STUCHBERY : C1825, OXF, ENG **[46281]**
STUCKEY : 1750+, Bow, DEV, ENG **[17532]**
STUCKLEY : Susan, 1755+, Ilminster, SOM, ENG **[26817]**
STUDD : PRE 1800, ESS, ENG **[38517]** : C1770, NFK, ENG **[25654]**
STUDDEN : William, 1800S, Glastonbury, SOM, ENG **[11594]**
STUDDS : 1800+, Hillingdon, MDX, ENG **[19458]**
STUHMER : C1650-1800, Tornow, BRA, GER **[37795]**
STUHR : 1800-1900, Mile End, LND, ENG **[46409]** : 1700-1800, North, GER **[46409]**
STUNELL : ALL, WORLDWIDE **[20985]**
STUPAKOFF : ALL, WORLDWIDE **[17875]**
STUPPELL : PRE 1820, Chislet, KEN, ENG **[46415]**
STUPPLES : ALL, KEN, ENG **[19744]**
STURCH : PRE 1860, London, MDX, ENG **[46304]**
STURGEON : PRE 1820, Stanton, SFK, ENG **[42969]** : PRE 1820, Stanton, SFK, ENG **[13809]** : 1650-1700, Woolpit, SFK, ENG **[46216]** : PRE 1900, Richmond, SRY, ENG **[46451]** : Ezekiel, 1800-1860, DOW, IRL **[41349]** : PRE 1710, KKD, SCT **[44078]**
STURGES : C1780, Herne, KEN, ENG **[14542]** : PRE 1850, Capel, SRY, ENG **[43842]**
STURGESS : 1850S, Hobart, TAS, AUS **[99298]**
STURGIS : Grace, 1600-1640, Donhead St.Mary, DOR, ENG **[17203]**
STURLEY : 1700+, Kenilworth, WAR, ENG **[28570]**
STURM : Apollonia, 1849, RHINELAND, GER **[26458]** : Geo, PRE 1849, RHINELAND, GER **[26458]**
STURMAN : 1750+, Islington, MDX, ENG **[42643]** : 1680-1780, Little Houghton, NTH, ENG **[27087]** : 1810-1900, Rowley Regis, STS, ENG **[27087]**
STURROCK : PRE 1800, Dundee, ANS, SCT **[26360]** : 1750-1850, Forfar, ANS, SCT **[16096]** : PRE 1850, Forfar, ANS, SCT **[21387]** : 1700-1880, Cupar, FIF, SCT **[16997]**
STURT : 1700S, Guildford, SRY, ENG **[27816]** : 1700-1800, Horsham, SSX, ENG **[15464]**
STURTEVANT : Samuel, 1600S, Rochester, KEN, ENG & USA **[22796]**
STURTON : 1800-1865, Arnold, NTT, ENG **[44998]**
STURZAKER : PRE 1850, Nateby, LAN, ENG **[17403]** : C1810+, Preston, LAN, ENG **[25654]** : PRE 1840, Downham & Gisburn, LAN & WRY, ENG **[25688]**
STUTELEY : ALL, Canterbury, KEN & ESS, ENG **[45626]** : ALL, SA & WA, ENG **[45626]**
STUTELY : ALL, SA & VIC, AUS **[45626]** : ALL, Canterbury, KEN & ESS, ENG **[45626]**
STUTLEY : ALL, SA & WA, AUS **[45626]** : ALL, Canterbury, KEN & ESS, ENG **[45626]** : PRE 1850, Leicester, LEI, ENG **[19785]** : C1810, Cockfield, SFK, ENG **[46457]**
STUTT : PRE C1855, Lisnaskea & Ballynure, FER, IRL **[36751]**
STUTTAFORD : 1800-1860S, LND & MDX, ENG **[35604]**
STUTTARD : 1700-1830, Colne, LAN, ENG **[18001]** : 1830-1880, Wighill, NRY, ENG **[18001]**
STYLE : 1760S, Buckland Filleigh, DEV, ENG **[18207]**
STYLER : ALL, Redditch, WOR, ENG **[18549]** : ALL, WORLDWIDE **[18549]**

STYLES : Edward, 1839-1888, Seaham, NSW, AUS **[99026]** : James Richard, 1798, South East, ENG **[11055]**
STYLING : 1830+, Exeter & Tiverton, DEV, ENG **[12223]**
STYMIEST : ALL, Tabusintac, NB, CAN **[39712]**
SUAREZ : Francisco, PRE 1830, Mayaguez, PUERTO RICO **[22470]**
SUART : George, C1770, Crosthwaite, CUL, ENG **[13153]** : PRE 1835, Kendal, WES, ENG **[10232]**
SUATT : 1770-1850, London, MDX, ENG **[38737]** : 1770-1850, London, SRY, ENG **[38737]**
SUCKLING : PRE 1850, ESS, ENG **[45046]** : 1800-50S, Ware & Widford, HRT, ENG **[42897]** : PRE 1860, Widford, HRT, ENG **[38743]** : PRE 1600, Norwich, NFK, ENG **[33428]**
SUDBURY : 1900+, Dungog, NSW, AUS **[17000]**
SUDELL : PRE 1736, Great Harwood, LAN, ENG **[14880]**
SUE : James & Agnes, 1900+, Townsville & Mount Hogan, QLD, AUS **[13513]**
SUETT : 1770-1850, London, MDX, ENG **[38737]** : 1770-1850, London, SRY, ENG **[38737]**
SUGARS : 1907+, SA, AUS **[36665]**
SUGDEN : PRE 1840, Bramley & Stanningly, WRY, ENG **[46452]** : PRE 1650, YKS, ENG **[33664]** : PRE 1805, Halifax, YKS, ENG **[45881]**
SUGGARS : PRE 1808, Ampthill, BDF, ENG **[39430]**
SUGGETT : 1840+, Manchester, LAN, ENG **[30071]**
SUGGITT : 1800S, Hastings, SSX, ENG **[46193]** : 1800S, Beverley, YKS, ENG **[46193]**
SUITER : 1800S, ANT, IRL **[12144]**
SULLEY : PRE 1913, GLA, WLS **[34873]**
SULLIVAN : 1860+, Braidwood, NSW, AUS **[45384]** : 1841+, Grafton & Tenterfield, NSW, AUS **[11684]** : C1859, Sydney, NSW, AUS **[37565]** : C1850, Uralla, NSW, AUS **[13869]** : Alpha John, 1856-1910, Wollombi & Bundarra, NSW, AUS **[11781]** : John, 1850S, Ipswich, QLD, AUS **[10146]** : C1870-1905, Coromandel Valley, SA, AUS **[31153]** : Eliza, 1830S, TAS, AUS **[40057]** : William, C1839-1863, Hobart, TAS, AUS **[31153]** : 1800S, Eganstown, VIC, AUS **[13091]** : 1830-1910, London, ONT, CAN **[23523]** : PRE 1760, ENG **[11866]** : PRE 1890, London, ENG **[41103]** : 1840+, Eltham, KEN, ENG **[33542]** : Sydney James, 1900+, South London, LND, ENG **[26524]** : PRE 1894, Islington, MDX, ENG **[41103]** : 1840+, Croydon, SRY, ENG **[11588]** : 1840+, Epsom, SRY, ENG **[45949]** : Catherine, 1834-1843, London & Maitland, MDX & NSW, ENG & AUS **[46055]** : Cath., 1824+, CLA, IRL **[25367]** : C1750-1870, Milltown Malbay, CLA, IRL **[35604]** : PRE 1850, COR, IRL **[42821]** : PRE 1840, Bantry, COR, IRL **[10948]** : 1801+, Carrigaline, COR, IRL **[21207]** : Eliza, 1800S+, Cork City, COR, IRL **[40057]** : PRE 1840, GAL, IRL **[34640]** : Margaret, 1805+, KER, IRL **[11745]** : 1800+, Kenmare, KER, IRL **[45384]** : Daniel, C1830+, Killarney, KER, IRL **[38548]** : John, C1848, Killarney, KER, IRL **[20542]** : C1800-1830S, Raymore, KER, IRL **[10998]** : PRE 1850, MAY, IRL **[45949]** : Bridget, C1837, Aglish, WAT, IRL **[26434]** : 1860S, Boston, MA, USA **[13091]** : 1820-60, Baltimore, MD, USA **[37278]**
SULLY : Henry, PRE 1850, Spitalfields, LND, ENG **[41150]** : Elizabeth, 1838+, SOM, ENG **[43566]**
SULSTON : ALL, UK & AUS **[41531]**
SULTNER : 1800-1830, ALS, FRA **[28660]**
SUMARES : PRE 1750, SOM & DOR, ENG **[39464]**
SUMBLER : PRE 1745, WIL, ENG **[11866]**
SUMMERELL : ALL, AUS **[10785]** : ALL, Bristol, GLS, ENG **[10785]** : 1900S, Willesden, MDX, ENG **[19803]**
SUMMERFIELD : 1800+, CHS & DBY, ENG **[39541]** : ALL, DBY, ENG **[32035]** : ALL, Hawkesbury, GLS, ENG **[32035]** : PRE 1860, Manchester, LAN, ENG

SUMMERHILL [38936] : Sarah, PRE 1820, Oswestry, SAL, ENG [16233] : 1750-1800, Birmingham, WAR, ENG [33838] : 1850-1900, Aberdeen, ABD, SCT [33838]
SUMMERHILL : ALL, Siston, GLS, ENG [19803]
SUMMERILL : ALL, AUS [10785]
SUMMERRELL : ALL, AUS [10785]
SUMMERS : 1800-1900, Summerstown, ONT, CAN [22536] : 1700-1890, Durham, DUR, ENG [38845] : 1800-1908, South Shields, DUR & NBL, ENG [38845]: 1770-1850, Haresfield & Stroud, GLS, ENG [10850] : C1750-1850, Kirton in Lindsey, LIN, ENG [46253] : 1800S, Eglingham, NBL, ENG [11684] : ALL, Midsomer Norton, SOM, ENG [22441] : C1830-1900, Rotherham, YKS, ENG [46253] : Catherine, 1811, Cruttenclough, KIK, IRL [42479] : 1800-1872, Old Machar, ABD, SCT & NZ [13014] : 1700+, Inverallochy & Cruden, ABD, SCT & NZ [46293] : Peter, 1755+, Philadelphia, PA, USA [32132]
SUMMERSCALE : PRE 1930, Halifax, WRY, ENG [19064]
SUMMERSELL : ALL, Petworth, SSX, ENG [43843] : PRE 1900, West Grinstead & Shipley, SSX, ENG [35561]
SUMMERSKILL : ALL, Hetton, NRY, ENG [35638]
SUMMERSON : Mary, 1851, London, MDX, ENG [35597]
SUMMERTON : PRE 1800, Oxhill, WAR, ENG [17508]
SUMMERVILLE : 1800S, Kilmore, ARM, IRL [44160] : 1835, Kilmore, ARM, IRL [46264] : ALL, TYR, IRL [21183]
SUMMISTER : 1800+, Cork, COR, IRL [44270]
SUMNER : 1825-1900, Warfield, BRK, ENG [98674] : PRE 1845, Chatteris, CAM, ENG [40533] : PRE 1890, Bootle & Liverpool, LAN, ENG [40533] : ALL, LEI, ENG [17912] : ALL, LIN, ENG [17912] : ALL, NTT, ENG [17912] : 1800+, SRY, ENG [20655] : PRE 1700, Seend, WIL, ENG [11866]
SUMPTER : 1700-1800, Slapton, DEV, ENG [35561]
SUMPTON : PRE 1850, Arlecdon, CUL, ENG [46200] : Mary Ann, 1840, ERY, ENG [21915]
SUNBURY : 1794-1810, Eaton Twp, QUE, CAN [15201]
SUNDBERG : 1830+, NOR [29954]
SUNDERLAND : Charles (Rev), 1795-1855, Eastville & Medvick, LIN, ENG [12236] : Hannah, PRE 1765, Halifax, WRY, ENG [10918] : John (Rev.), 1752-1819, Painthorpe & Kirkheaton, WRY, ENG [12236] : Elizabeth, PRE 1720, Sheffield & Norton, WRY & DBY, ENG [16233]
SUNDERLAND (see : Subjects I:), [10918]
SUNDERLAND-TAYLOR : 1860+, WORLDWIDE [12236]
SUNDHEIM : C1750, Besse, HEN, GER [10350]
SUNDT : Michael, C1785, Tranquebar, MADRAS, INDIA [10610] : Michael, C1730, Christienstad, NOR [10610]
SUNLEY : 1730+, Wilton-le-Wear, DUR, ENG [20975] : C1860, Bridlington, YKS, ENG [21975]
SUNTER : 1600+, YKS, ENG [39061]
SUPPLE : C1795, Dublin, St.Marys, IRL [10634] : ALL, LIM, IRL & AUS [46262]
SURGENOR : Thomas, 1830+, Ballymena, ANT, IRL [10119]
SURKETT : PRE 1680, IOW, HAM, ENG [27219]
SURKITT : 1800+, Toseland, HUN, ENG & AUS [46384]
SURMAN : Maria, PRE 1850, ENG [34201] : 1460+, WOR, GLS & OXF, ENG [18972] : ALL, WORLDWIDE [18972]
SURMAN (see One Name Section) [18972]
SURPKINS : C1850, ENG [98672]
SURRETT : ALL, WORLDWIDE [42993]
SURRETT (see One Name Section) [42993]
SURREY : Sarah, 1774+, Stepney, LND, ENG [14851]

SURRIDGE : 1790-1880, London, ENG [19542] : 1780-1880, ESS, ENG [34790]
SURTEES : PRE 1837, Sunderland, DUR, ENG [42645] : 1700-1800, Corbridge, NBL, ENG [10383]
SUSAN : ALL, WORLDWIDE [18006]
SUSANDS : ALL, WORLDWIDE [18006]
SUSANNE : ALL, WORLDWIDE [18006]
SUSANS : ALL, WORLDWIDE [18006]
SUSBOROUGH : ALL, HRT, ENG [38488]
SUSSEMILCH : 1679-1754, Krumhermesdorf, KMS, DDR [27180] : 1947+, Den Haag, ZUH, NL [27180]
SUSSMILCH : 1850, Sydney, NSW, AUS [27180] : 1513-1710, Tolstezn, CZ [27180] : 1735-1917, Zchopau, KMS, DDR [27180] : 1430+, Rybarzowice, POL [27180]
SUSTENANCE (see One Name Section) [46201]
SUTAR : Ann, 1800-1835, Chichester, SSX, ENG [16075]
SUTCH : Alis, 1728, Banks, North Meols, LAN, ENG [31486] : PRE 1920, LND, ENG [39439]
SUTCHEL : Millicent, 1850+, Sydney, NSW, AUS [29745]
SUTCLIFF : 1800-1900, Buxton, DBY, ENG [26662] : 1798+, Colne, LAN, ENG [38285] : 1900+, TX, USA [26662]
SUTCLIFFE : 1798+, Barrowford, LAN, ENG [38285] : Lydia, PRE 1939, Colne, LAN, ENG [21129] : John, C1813, Hapton, LAN, ENG [35225] : C1825, Higher Howarth, LAN, ENG [21129] : Thomas, PRE 1850, Mytholmroyd, LAN, ENG [21129] : 1850+, Westminster, LND, ENG [25854] : 1700-1900, Bradford & Halifax, WRY, ENG [21655] : 1795-1880, Warley & Heptonstall, WRY, ENG [44241] : 1800+, Calverley, Pudsey & Bradford, YKS, ENG [20975] : PRE 1860, Greetland, YKS, ENG [14618] : 1860-1970, Halifax, YKS, ENG [14618] : 1838, Leeds, YKS, ENG [14156] : PRE 1800, Freshford, KIK, IRL [10493]
SUTER : PRE 1900, Thorney & Whittlesey, CAM & NTH, ENG [45735] : 1800+, Funtington, SSX, ENG [21394] : 1800, Stourton & Zeals, WIL, ENG [40499]
SUTHERLAND : George, 1874+, Brisbane, QLD, AUS [14760] : 1835+, VIC, AUS [99040] : C1900, Melbourne, VIC, AUS [11226] : Jane, 1853-1890, MAN, CAN [99433] : A.J, 1879+, Winnipeg, MAN, CAN & UK [99433] : Robert, 1850+, NS, CAN & USA [99433] : William, C1857-1873, ENG [12165] : Peter, C1810-1883, Wirral, CHS, ENG [34140] : 1800-1900, Liverpool, LAN, ENG [19880] : Alexander, 1818-97, Newcastle upon Tyne, NBL, ENG & AUS [45774] : 1861+, Dunedin, OTG, NZ [20936] : Alexander, 1750+, Aberdeen, ABD, SCT [14760] : John, 1750, Daviot, ABD, SCT [14760] : PRE 1845, Lonmay, ABD, SCT [27780] : Alexander, 1780, Claggan of May, ARL, SCT [15785] : Elizabeth, 1745+, Latheron, CAI, SCT [34261] : PRE 1875, Latheron, CAI, SCT [46389] : 1760+, Olrig, CAI, SCT [14513] : 1825, Thurso, CAI, SCT [21630] : 1800S, Wick, CAI, SCT [11043] : James, PRE 1865, Kilconquhar, FIF, SCT [41468] : 1700+, Elgin, MOR, SCT [21854] : Elizabeth, 1770-1860, Forres, MOR, SCT [39243] : James, C1767-1853, Rothes & Banff, MOR, SCT [34140] : 1780+, Longhope, OKI, SCT [14513] : 1850S, Isle of Unst, SHI, SCT [16984] : PRE 1880, Nesting, SHI, SCT [14045] : John, 1829, Unst, SHI, SCT [12165] : John, C1750-1820, Balnavalinch, Kildonan, SUT, SCT [31446] : Eppy, C1771-1842, Balnavalinch, Kildonan, SUT, SCT [31446] : Helen, PRE 1826, Dornoch, SUT, SCT [30014] : C1805, Golspie, SUT, SCT [26173] : Hugh, PRE 1835, Sutherland, SUT, SCT [35297] : ALL, Torryburn & Dunfermline, FIF, SCT & NSW, SCT & AUS [42466]
SUTTER : 1800+, Soho, LND, ENG [46359] : PRE 1800, Neuruppin, BRA, GER [19785] : PRE 1800, Neu Ruppin, PRE, GER [46359] : 1820S, Old Brougham, ABD, SCT [12424]
SUTTIE : Jane, 1800-50, Leven, FIF, SCT [10286]
SUTTLE : PRE 1800, Haverhill, SFK, ENG [39506] :

1700-1900, Stowmarket, SFK, ENG **[31882]** : PRE 1850, Stowmarket, SFK, ENG **[38968]**

SUTTON : Laura May, 1898+, AUS **[39160]** : Matthew, 1840+, Evandale, TAS, AUS **[10506]** : Wm F., 1886+, Launceston & Gladstone, TAS, AUS **[10506]** : ALL, VIC, AUS **[45830]** : 1850+, Bealiba, VIC, AUS **[11284]** : 1750-1850, Ainstable, CUL, ENG **[14513]** : Ann, 1750-1870, Ilfracombe, DEV, ENG **[34245]** : PRE 1854, Weymouth, DOR, ENG **[14031]** : 1900+, Deal, KEN, ENG **[46422]** : 1800+, Footscray, KEN, ENG **[26752]** : PRE 1860, Hinxhill & Hougham, KEN, ENG **[40569]** : 1790-1870, Mersham & Ham Street, KEN, ENG **[40569]** : 1790-1870, Ruckinge & Bilsington, KEN, ENG **[40569]** : 1863, Woolwich, KEN, ENG **[46431]** : 1800S, LAN, ENG **[34704]** : Richard, 1852-1878, Halewood, LAN, ENG **[39455]** : Richard, 1878-1898, Halewood, LAN, ENG **[39455]** : 1830-1800, Stockport, LAN & CHS, ENG **[43804]** : 1600-1700, Hathern, LEI, ENG **[34967]** : John, PRE 1753, Pinchbeck, LIN, ENG **[12547]** : C1800, Scopwick, LIN, ENG **[17037]** : PRE 1850, Waddington, LIN, ENG **[11284]** : 1860-1890, Clerkenwell, LND, ENG **[24878]** : 1820-1840, Southwark, LND, ENG **[24878]** : 1870+, NFK & SFK, ENG **[31079]** : C1830, Woolpit, SFK, ENG **[43841]** : ALL, Luxborough & Withycombe, SOM, ENG **[37044]** : PRE 1900, SRY & BRK, ENG **[17493]** : 1760-1860, Abbots Bromley, STS, ENG **[46448]** : PRE 1900, Biddulph, STS, ENG **[25329]** : 1266-1509, Dudley Castle, STS, ENG **[26149]** : PRE 1790, Tipton, STS, ENG **[17626]** : PRE 1700, Wolverhampton, STS, ENG **[17490]** : PRE 1800, Wolverhampton, STS, ENG **[17490]** : John, PRE 1846, Bourton, WAR, ENG **[10706]** : C1875, South Milford, WRY, ENG **[31442]** : Wm, 1780, Kirkoswald, CUL, ENG & AUS **[13031]** : PRE 1900, DEV, ENG & AUS **[42730]** : 1844+, St.Pancras, MDX, ENG & AUS **[40153]** : PRE 1860, Richfordstown, COR, IRL **[35360]** : ALL, WIC, IRL **[45830]**

SUTTRON : 1700+, ENG **[44998]**
SUZAN : ALL, WORLDWIDE **[18006]**
SUZANS : ALL, WORLDWIDE **[18006]**
SVENDSEN : 1800S, Oslo, NOR **[34112]**
SVENDSDOTTER : PRE 1850, Safsnas, KOPPARBERG, SWE **[16425]**
SVENSEN : Olaf, PRE 1887, NOR **[38542]**
SVENSON : 1903+, Melbourne, VIC, AUS **[46217]** : Olof, 1840+, Funasdalen, JAMPTLAND, SWE **[99433]**
SVENSSON : C1860, Hagryd, SWE **[12744]**
SWABEY : 1700-1900, Beaconsfield & Chippenham, BKM, ENG **[19727]**
SWABY : 1830+, Abbots Langley, HRT, ENG **[12802]** : 1800+, Great Gaddesden, HRT, ENG **[12802]** : PRE 1900, LIN, ENG **[39439]** : 1800-1850, Hogsthorpe, LIN, ENG **[13326]**
SWAFFIELD : 1830-1900, Peterborough, NTH, ENG **[34651]** : 1820-1880, Yeovil, SOM, ENG **[34651]**
SWAFFORD : 1770-1820, SC, USA **[24168]**
SWAIL : Valentine, 1790-1825, DOW, IRL **[42448]**
SWAIN : 1820-1880, ENG **[37329]** : 1750-1850, Ropsley, LIN, ENG **[45949]** : ALL, Hastings, SSX, ENG **[39564]** : 1770S-1800S, Wolverton & Birmingham, WAR, ENG **[37978]** : PRE 1875, Hilperton, WIL, ENG **[15400]** : PRE 1875, Trowbridge, WIL, ENG **[15400]** : PRE 1680, Halifax, WRY, ENG **[21594]** : PRE 1870, Hull, YKS, ENG **[46171]**
SWAINE : 1820-1880, Macclesfield, CHS, ENG **[37429]** : 1830S, Islington, LAN, ENG **[42083]**
SWAINGER : ALL, Bristol, GLS, ENG **[25072]**
SWAITHE : 1800+, Martley & Eastham, WOR, ENG **[37138]**
SWALE : 1830-1900, Baildon, WRY, ENG **[26752]** : 1750-1830, York, WRY, ENG **[26752]** : C1840, Darrington, YKS, ENG **[26752]**
SWALES : John, 1935, Midland, ONT, CAN **[15882]** : Maria Briggs, PRE 1910, Sheerness, KEN, ENG

[14646] : C1800S, Marton, YKS, ENG **[42897]**
SWALLOW : PRE 1800, Barnard Castle, DUR, ENG **[39506]** : PRE 1800, ESS, ENG **[45857]** : PRE 1800, Little Hadham, HRT, ENG **[17670]**
SWALWELL : PRE 1820, Barnard Castle, DUR, ENG **[39506]**
SWAN : ALL, Wollongong, NSW, AUS **[41454]** : Geo Page, 1940S, QLD, AUS **[46261]** : 1890+, SAS, CAN **[99545]** : Sarah, 1770+, Stetchworth, CAM, ENG **[25310]** : 1750-1860, Monkwearmouth, DUR, ENG **[18001]** : Robert, 1800S, Alnwick, NBL, ENG **[39735]** : C1750-1850, Cox Lodge, NBL, ENG **[46253]** : Robert, 1800S, Embleton, NBL, ENG **[39735]** : 1750, Theberton, SFK, ENG **[17704]** : PRE 1850, IRL **[27320]** : William, 1850S+, Dublin, IRL **[20661]** : Grace, C1825, DON, IRL **[10731]** : 1800+, Ballina & Blackwater, WEX, IRL **[20661]** : C1859, Dunedin, NZ **[18001]** : C1860-1940, Dunedin, NZ **[46253]** : PRE 1881, Oban, ARL, SCT **[25755]** : 1725-1775, FIF, SCT **[24567]** : 1800S, Dunfermline, FIF, SCT **[11386]** : PRE 1858, Inverness, INV, SCT **[99600]** : 1750+, Edinburgh, MLN, SCT **[46434]** : William, 1900, Edinburgh, MLN, SCT **[25367]** : C1700, Dunbarney, PER, SCT **[11113]** : 1830+, Jerseyville, IL, USA **[24660]** : John, 1850S+, Troy, NY, USA **[20661]**
SWAN (see One Name Section) **[27320]**
SWANBOROUGH : PRE 1780, All Cannings, WIL, ENG **[13034]**
SWANEVELDER : 1800+, Richmond & Worcester, CAPE, RSA **[22175]**
SWANEY : PRE 1620, YKS, ENG **[33428]**
SWANKIE : Joseph, 1830+, Dundee, ANS, SCT **[21854]**
SWANN : ALL, Codnor Park, DBY, ENG **[39389]** : 1780, Ramsey, HUN, ENG **[12641]** : 1854-1862, Milton by Gravesend, KEN, ENG **[27919]** : 1700-1775, Nottingham, NTT, ENG **[33347]** : 1700S+, Birmingham, WAR, ENG **[33007]** : 1817, Birmingham, WAR, ENG **[27919]** : 1800-1900S, Slingsby, YKS, ENG **[21195]** : 1787, NC, USA **[24660]**
SWANSON : 1902+, Melbourne, VIC, AUS **[46217]** : 1856, Hudson Bay Co., BC, CAN **[44353]** : 1810, Moose Factory, ONT, CAN **[44353]** : PRE 1800, Mey, CAI, SCT **[20606]**
SWANSTON : Henry, 1848+, Morang, VIC, AUS **[34249]** : PRE 1847, Gateshead, DUR, ENG **[46448]** : 1800, Mertoun, BEW, SCT **[26580]** : ALL, Edinburgh & Glasgow, MLN & LKS, SCT **[46116]**
SWANSTON (see One Name Section) **[34249]**
SWANY : PRE 1850, Melbourne, VIC, AUS **[43525]**
SWATH : 1661+, Rock, WOR, ENG **[37138]**
SWATHE : 1800+, Martley & Eastham, WOR, ENG **[37138]** : 1739+, Ribbesford, WOR, ENG **[37138]**
SWAYN : 1850S+, VIC, AUS **[13177]**
SWAYNE : 1850S+, VIC, AUS **[13177]** : 1750-1800, Tonbridge, KEN, ENG **[30488]** : 1700-1800, Fishall, SRY, ENG **[30488]**
SWAYSLAND : 1730-1800, Horsted Keynes, SSX, ENG **[33347]**
SWEATMAN : PRE 1920, SSX, ENG **[41136]**
SWEENEY : Bridget, C1840, Winburndale, NSW, AUS **[25396]** : Ann, 1810+, ENG **[11745]** : 1700-1850, London, CUL, WES & YKS, ENG **[14296]** : PRE 1854, Newington, SRY, ENG **[46251]** : C1780-1880, Barnsley & Bradford, YKS, ENG **[40569]** : 1865+, Belfast, ANT, IRL **[36422]** : Catherine, C1850+, DON, IRL **[34321]** : PRE 1858, Altan, DON, IRL **[11034]** : ALL, KER, IRL **[10937]** : Johanna, 1800S, Thurles, TIP, IRL **[28199]** : Michael, 1800, Leith, MLN, SCT **[34641]**
SWEENY : PRE 1860, TYR, IRL **[17921]**
SWEET : 1700+, St.Keyne, CON, ENG **[15524]** : 1746+, Willand, DEV, ENG **[41443]** : 1901+, Salford, LAN, ENG **[29328]** : 1750-1800, Chiswick, MDX, ENG **[22241]** : Valentine, 1790+, Stephentown, Polo, NY & IL, USA **[32132]**

SWEETENHAM : 1700-1850, Gosport & Hamble, HAM, ENG **[22070]**
SWEETING : 1800-1900, Melbourne, VIC, AUS **[27733]** : 1842+, Melbourne, VIC, AUS **[41435]** : 1630, Halstead, ESS, ENG **[17704]** : 1700-1850, Stokesley, YKS, ENG **[27733]**
SWEETINGHAM : Jane E., 1833-1910, Southampton & Williamstown, HAM & VIC, ENG & AUS **[12032]**
SWEETMAN : 1880+, Victor Harbor, SA, AUS **[10340]** : 1870+, Essex, ONT, CAN **[15521]** : 1840+, Scugog, ONT, CAN **[15521]** : 1700S, COR, IRL **[15521]** : 1915+, Clonmel, TIP, IRL **[22618]**
SWEETMORE : ALL, Leek, STS, ENG **[29989]**
SWEETNAM : C1805, COR, IRL **[14851]**
SWEINHAMMER : 1728+, NS, CAN & GER **[32223]**
SWENARTON : ALL, WORLDWIDE **[19691]**
SWENERTON : ALL, WORLDWIDE **[19691]**
SWENSDOTTER : C1820, Gothenburg, SWE **[10705]**
SWETMORE : George, C1790, Boothen & Stoke-on-Trent, STS, ENG **[35379]**
SWIFFEN : 1720-1820, St.Lukes, MDX, ENG **[33347]** : 1870-90S, WRY, ENG **[11270]**
SWIFT : Fanny & Steph, 1860+, London, ENG **[33870]** : 1700-1860, Goodnestone & Sheppey, KEN, ENG **[12915]** : 1845-1900, Haydock, LAN, ENG **[29715]** : 1750-1850, Parr Stocks, LAN, ENG **[29715]** : 1730+, St.Helens, LAN, ENG **[29715]** : 1800S, Westminster, LND, ENG **[28060]** : PRE 1812, Kilmersdon, SOM, ENG **[36246]** : Joseph, PRE 1788, Swynnerton, STS, ENG **[35379]** : 1400-2005, STS & SAL, ENG **[43877]** : 1650-1732, Tankesley, WRY, ENG **[12641]** : PRE 1900, Golcar, YKS, ENG **[25162]**
SWINARD : Nathaniel, C1830, Elham, KEN, ENG **[99600]**
SWINARTON : ALL, WORLDWIDE **[19691]**
SWINBANK : John, 1692, Ingleton, YKS, ENG **[24579]**
SWINBOURN : PRE 1850, KEN, ENG **[41005]**
SWINBOURNE : ALL, AUS **[10562]** : 1863+, Sydney, NSW, AUS **[10562]** : ALL, LIN, ENG **[46307]** : PRE 1850, DUB, IRL **[10562]** : PRE 1863, Christchurch, NZ **[10562]**
SWINBURNE : ALL, Stepney, LND, ENG **[39694]**
SWINDAIL : 1750-1880, Goulgrave, ENG **[10383]**
SWINDELL : 1800S, Ripley, DBY, ENG **[46437]** : ALL, LEI, ENG **[26932]**
SWINDELLS : 1890+, Macclesfield, CHS, ENG **[30120]** : Catherine, 1775-1870, Woodford, CHS, ENG **[37619]**
SWINDEN : PRE 1750, London, ENG **[44510]**
SWINERTON : ALL, WORLDWIDE **[19691]**
SWINGLER : 1860S, Jordan, VIC, AUS **[13244]**
SWINNINGTON : ALL, WORLDWIDE **[19691]**
SWINNERTON : 1800+, Wybunbury, CHS, ENG **[12641]** : PRE 1600, Whitmore, STS, ENG **[15823]** : ALL, WORLDWIDE **[19691]**
SWINNERTON (see One Name Section) **[19691]**
SWINNINGTON : ALL, WORLDWIDE **[19691]**
SWINSHAW : PRE 1686, Edgmond, SAL, ENG **[46276]**
SWINSON : Harry W., PRE 1940, DUR, ENG **[12573]** : Harry Wilson, PRE 1944, (Merchant Seaman), RSA **[12573]**
SWINT : ALL, USA **[29570]**
SWINTON : ALL, WORLDWIDE **[35836]**
SWIRE : 1800-1850, MDX, ENG **[27087]**
SWISHER : 1800+, Cumberland, PA, USA **[22558]**
SWITZER : ALL, London, ENG **[41205]** : ALL, DUB, IRL **[17234]**
SWOFFORD : 1770-1820, SC, USA **[24168]**
SWORD : C1880, LND, ENG **[46447]** : PRE 1738, Dundee, ANS, SCT **[46251]** : PRE 1740, Methven, PER, SCT **[46297]**
SWORDER : PRE 1820, Ingrave, ESS, ENG **[14715]** : 1750+, Much Hadham, HRT, ENG **[27919]** : Elizabeth, 1781, Standon, HRT, ENG **[27919]**
SWORDS : 1865+, Brisbane, QLD, AUS **[38005]**
SWYER : 1730-1780, Wimborne, DOR, ENG **[25322]** : ALL, DOR & WIL, ENG **[18861]**
SWYNNERTON : ALL, WORLDWIDE **[19691]**
SYBERY : 1660, Dalton, YKS, ENG **[39856]** : 1733, Rotherham, YKS, ENG **[39856]**
SYDALL : 1600-1700, Norton & Whittington, DBY, ENG **[18329]**
SYDNEY : Hy Montague, 1850-1900, ENG **[20003]** : Henry Daniel, 1800-1900, LND & SRY, ENG **[20003]**
SYER : 1700S, Flaxley & Littledean, GLS, ENG **[45215]** : John, 1785-1826, Bridgham & Banham, NFK, ENG **[11731]** : 1550-1800, Bildeston, SFK, ENG **[46427]** : 1550-1800, Brettenham, SFK, ENG **[46427]** : 1550-1800, Hitcham, SFK, ENG **[46427]** : 1550-1800, Wattisham, SFK, ENG **[46427]** : Francis, 1813-1831, Banham, NFK, ENG & AUS **[11731]**
SYERS : 1800S, Hoxton, LND, ENG **[11411]**
SYKES : 1850+, Carcoar, NSW, AUS **[46315]** : ALL, DBY, ENG **[41370]** : ALL, DBY, ENG **[41370]** : PRE 1800, Chesterfield, DBY, ENG **[17626]** : 1850+, Kirkby, LAN, ENG **[14194]** : PRE 1877, Norwich, NFK, ENG **[43840]** : Charles, 1826-1856, WRY, ENG **[99443]** : 1805-1860, Halifax & Heckmondwike, WRY, ENG **[44241]** : PRE 1850, Monk Bretton, WRY, ENG **[35015]** : 1700S, Thornhill, WRY, ENG **[38833]** : 1799, YKS, ENG **[46483]** : ALL, YKS, ENG **[41370]** : Samuel John, PRE 1846, YKS, ENG **[99012]** : Charles, PRE 1900, Sheffield, YKS, ENG **[10895]** : PRE 1900, Slaithwaite, YKS, ENG **[25162]** : PRE 1875, Huddersfield, YKS & WRY, ENG **[16111]** : Alice, PRE 1885, NZ **[41471]**
SYLLES : PRE 1597+, Chenies & Chesham, BKM, ENG **[26888]**
SYLVANDER : ALL, Helsinkors, FIN **[99052]**
SYLVER : 1683+, Hurley, BRK, ENG **[41443]**
SYLVESTER : PRE 1750, Padworth, BRK, ENG **[43842]** : PRE 1700, Chesterfield & Rotherham, DBY & YKS, ENG **[29989]** : Sarah, PRE 1835, Coningsby, LIN, ENG **[41471]** : ALL, WORLDWIDE **[15485]**
SYM : C1772, Baldernock, STI, SCT **[28140]**
SYME : PRE 1800, Galashiels, ROX, SCT **[36437]** : 1850, Larbert, STI, SCT **[45541]**
SYMES : 1782+, Halberton, DEV, ENG **[41443]** : C1790-1850, DOR, ENG **[28275]** : PRE 1800, DOR, ENG **[17184]** : Jane, 1780+, Netherbury, DOR, ENG **[10441]** : Kathryn, 1850+, Capetown, RSA & AUS **[40052]** : Mary Jane, 1920+, Eldora, Hardin Co., IA, USA **[30324]** : Mary Jane K., 1920S, Blaenavon, MON, WLS **[30324]**
SYMIE : 1700+, Kirkwall, OKI, SCT **[26870]**
SYMINGTON : 1800+, Dundee, ANS, SCT **[20135]** : ALL, WORLDWIDE **[22565]**
SYMMERS : 1770+, ABD, SCT **[13014]**
SYMMES : 1660-1685, Gorey, WEX, IRL **[25457]** : 1930S, Chicago, IL, USA **[25457]**
SYMMONS : 1830+, Ross on Wye, HEF, ENG **[31259]**
SYMMONS : 1700-1900, London, ENG **[19993]**
SYMON : C1830, Elgin, MOR, SCT **[13558]**
SYMONDS : 1700S, Shelburne, NS, CAN **[22796]** : John, 1806, Budock, CON, ENG **[26580]** : Sophia Ellen, 1800S, Great Yarmouth, NFK, ENG **[21155]** : ALL, Winterton, NFK, ENG **[15640]** : Albert, 1862-1922, Wem, SAL, ENG **[11731]** : ALL, SFK, ENG **[98637]** : Alfred, 1920+, NI, NZ **[21155]** : 1750-1800, Little Newcastle, PEM, WLS **[12641]**
SYMONDSON : 1780+, Holborn, LND & MDX, ENG **[19918]**
SYMONS : Henry Arthur, 1920-1965, Melbourne, VIC, AUS **[39179]** : Thomas Brown, 1900-1945, Morwell, VIC, AUS **[39179]** : Ivo Thomas, 1920-1957, Preston, VIC, AUS **[39179]** : 1700S, CON, ENG **[25070]** : 1750, Breage, CON, ENG **[26228]** : 1800+, Breage, CON, ENG **[21955]** : C1800, Hayle & Gwinear, CON, ENG

[12589] : Thomas, 1840, Penryn, CON, ENG **[26580]** : Frederick, 1844, Penryn, CON, ENG **[26580]** : Samuel, 1780-1840, Tintagel, CON, ENG **[39179]** : 1872+, Lewtrenchard, DEV, ENG **[18724]** : PRE 1886, Northfleet, KEN, ENG **[31442]** : C1888, Chelsea, LND, ENG **[18724]** : C1660, YKS, ENG **[41370]**
SYMONS (see SYMONDS) : **[12641]**
SYMPSON : 1700-1800, Ashwater, DEV, ENG **[45841]** : PRE 1760, Chilwell & Attenborough, NTT, ENG **[14733]**
SYMS : 1810-1870S, Mountain Twp., ONT & DRY, CAN & IRL **[24943]** : 1782+, Halberton, DEV, ENG **[41443]** : Sarah, 1800, Shepton Beauchamp, SOM, ENG **[31510]** : 1700S, Eastrop, WIL, ENG **[36655]** : 1700S, Highworth, WIL, ENG **[36655]**
SYMYSON : 1700+, Kirkwall, OKI, SCT **[26870]**
SYNGE : PRE 1880, LND & DUB, ENG & IRL **[31186]**
SYPHER : 1800S, Niagara & Oxford Co., ONT, CAN **[42436]**
SYRETT : 1800+, Clerkenwell & Holborn, LND, ENG **[44968]** : 1750-1900, MDX, ENG **[27471]** : 1700+, Stepney & Whitechapel, MDX, ENG **[44968]** : PRE 1690, SFK, ENG **[44968]** : 1800, Bury St.Edmunds, SFK, ENG **[40982]** : 1690+, Carlton & Kelsale, SFK, ENG **[44968]**
SZONTHEIMER : 1700-1940, Kisszekely, TOLNAU, HU **[27616]**
SZUBERT : PRE 1840, OES **[99243]**
TABB : C1820-1950, Little Petherick & Penzance, CON, ENG **[44119]**
TABEL : ALL, CHI, UK **[27752]**
TABOR : 1700-1840, Bocking, ESS, ENG **[46425]** : 1790-1850, Rochford, ESS, ENG **[46425]** : PRE 1800, Southwick, HAM, ENG **[28420]**
TACK : 1800+, Ashendon, BKM, ENG **[45803]**
TACKABERRY : Nathaniel, 1750-1900, Garyhasten Clonegal, WEX, IRL **[12363]**
TACKI : 1700-1900, GER **[12781]**
TACKMANN : ALL, Gustrow, MEK, GER **[13994]**
TADD : PRE 1745, CON, ENG **[12060]**
TADMAN : 1860S, Lambeth, SRY, ENG **[17650]**
TAGG : C1680+, Pinxton & Silk Willoughby, DBY & LIN, ENG **[37499]**
TAGGART : 1800-1900, QUE & ONT, CAN **[45291]** : 1800+, ANT, IRL **[46477]** : Robert, PRE 1840, Dornock, DFS, SCT **[97806]**
TAILBY : 1780+, Leicester, LEI, ENG **[45866]**
TAILFORD : PRE 1830, Altonside, NBL, ENG **[10918]** : PRE 1830, Warden, NBL, ENG **[10918]**
TAILFORD (see : Subjects I:), **[10918]**
TAILLEFEIR : Catherine, 1523+, Edinburgh, MLN, SCT **[35823]**
TAIN : PRE 1920, Birmingham & Warwick, WAR, ENG **[36742]**
TAIT : 1880+, Newcastle, NSW, AUS **[40792]** : 1840, BARBADOS **[17117]** : 1660+, St.Michaels, BARBADOS **[23319]** : 1900+, Preston, ONT, CAN **[37834]** : 1900+, Saskatoon, SAS, CAN **[37834]** : PRE 1850, Eglingham, NBL, ENG **[21232]** : 1800-30, Edinburgh, SCT **[11661]** : 1800+, Haddington, SCT **[29954]** : PRE 1800, Foveran, ABD, SCT **[44175]** : 1700+, Girvan & Chapel Donan, AYR, SCT **[12142]** : Mary, C1827+, Kirkmichael & Kirkoswald, AYR, SCT **[30985]** : 1800+, Maybole, AYR, SCT **[13569]** : 1700-1900, Bettyfield, BEW & ROX, SCT **[20770]** : C1800, Moffat, DFS, SCT **[25979]** : 1700+, Newbattle, MLN, SCT **[14208]** : 1600+, SHI, SCT **[29417]**
TAITMAN : 1890S, LND, ENG **[15594]**
TALBOT : 1892-1915, Marrickville, NSW, AUS **[46316]** : 1850+, SA, AUS **[46250]** : 1860+, SA, AUS **[10230]** : 1900S, Erica, VIC, AUS **[13244]** : 1853+, Geelong, VIC, AUS **[10230]** : 1800S, Harwell, BRK, ENG **[13244]** : C1830, Inkpen, BRK, ENG **[41212]** : 1660-1800, Bere Regis, DOR, ENG **[19713]** : James, C1800, Romford, ESS, ENG **[10230]** : 1600-1700, Tatham, LAN, ENG **[31826]** : 1750+, Diss, NFK, ENG **[46294]** : PRE 1700, NTH, ENG **[17548]** : 1500-1750, Banbury, OXF, ENG **[27039]** :PRE 1900, SOM, ENG **[45607]** : Emily, 1894, Bridgewater, SOM, ENG **[30014]** : PRE 1900, Street, SOM, ENG **[45203]** : Dorothy, 1922+, SRY, ENG **[28096]** : 1822+, Climping, SSX, ENG **[11270]** : PRE 1790, Moreton Morrell, WAR, ENG **[17486]** : 1800-1850, Westbury on Leigh, WIL, ENG **[31259]** : ALL, NFK & VIC, ENG & AUS **[42277]** : 1800+, Dublin, DUB, IRL **[27842]** : 1850+, Clonmel, TIP, IRL **[22618]**
TALBOT-MORRISON : 1900+, Woollahra, NSW, AUS **[46026]**
TALBY : C1844, London, ENG **[28568]**
TALCOTT : 1600+, Colchester, ESS, ENG **[27240]**
TALEFORD : C1750, Stow, MLN, SCT **[39928]**
TALKS : 1660S-1740S, Great Hale & Little Hale, LIN, ENG **[37978]**
TALLACK : 1650-1750, Torquay, DEV, ENG **[19678]**
TALLEBOT : 1004, Normandie, FRA **[19759]**
TALLIS : ALL, WOR, ENG **[41582]**
TALLMAN : ALL, Kilmarnock Grenville, ONT, CAN **[17092]**
TALLY : 1700+, BARBADOS, W.INDIES **[10715]**
TALLYN : PRE 1841, Bratton Fleming, DEV, ENG **[46453]**
TALMAGE : PRE 1880, ENG **[46510]**
TAMBLIN : ALL, Mid, CON, ENG **[37044]**
TAMBLYN : ALL, Mid, CON, ENG **[37044]**
TAME : 1848+, NSW & QLD, AUS **[10230]**
TAMPLING : Elizabeth, 1740+, Edenbridge, KEN, ENG **[43057]** : 1765+, Limpsfield, SRY, ENG **[12574]**
TAMPON : PRE 1660, Great Bricett & Akenham, SFK, ENG **[26665]**
TAMSETT : Charlie, 1936+, St.Albans, HRT, ENG **[38412]** : PRE 1813, Battle, SSX, ENG **[10232]**
TANDY : James, 1784+, Willsbridge & Bitten, GLS, ENG **[31510]** : 1600-1750, KEN, ENG **[34277]** : PRE 1900, Aston Cantlow, WAR, ENG **[21254]** : PRE 1730, Church Lench, WOR, ENG **[31316]** : 1718+, Hanley Castle, WOR, ENG **[13731]** : PRE 1866, Stourport & Ledbury, WOR, ENG **[46297]** : ALL, Bitton, GLS, ENG & AUS **[12182]**
TANGEN : Karen Anne, 1895, Moss, NOR **[41948]**
TANGYE : 1825-1845, Illogan, CON, ENG **[27919]** : PRE 1853, Illogan, CON, ENG **[11733]**
TANKARD : 1800S, Bristol, GLS, ENG **[10303]** : 1780+, London, MDX, ENG **[10303]**
TANNAHILL : 1800, Paisley, RFW, SCT **[37070]**
TANNER : 1830+, Warwick & Lambton, ONT, CAN **[13943]** : Christian, 1750-1800, Donhead St.Mary, DOR, ENG **[17203]** : 1800+, GLS, ENG **[21233]** : Sarah, PRE 1900, GLS, ENG **[31356]** : William, 1800+, Horsley, GLS, ENG **[31356]** : ALL, Shipton Moyne & Ablington, GLS, ENG **[13943]** :PRE 1800, HAM, ENG **[17364]** : 1800+, Fordingbridge, HAM, ENG **[12539]** : 1816+, Stepney, LND, ENG **[17175]** : 1820S, Stepney, LND, ENG **[28060]** : Joseph, 1800+, Bath, SOM, ENG **[22090]** : Thomas, 1820+, Bath, SOM, ENG **[22090]** : Hugh, C1830, Yeovil, SOM, ENG **[39186]** : 1750+, Easton Grey & Dauntsey, WIL, ENG **[13943]** : 1600+, Garsdon & Burton Hill, WIL, ENG **[13943]** : ALL, Malmesbury & Charlton, WIL, ENG **[13943]** : Thomas, 1820+, Hawkes Bay, NZ **[22090]** : David, 1840+, AYR, SCT **[30985]** : 1860+, Hamilton Co., OH, USA **[23605]** : L.D., 1866+, Hamilton Co., OH, USA **[23605]**
TANSER : ALL, ENG **[17162]**
TANSLEY : 1790, West Mersea, ESS, ENG **[17580]** : PRE 1850, Liverpool, LAN, ENG **[46211]** : Joseph, PRE 1742, Hoton, LEI, ENG **[34975]** : Joseph, 1836, Leicester, LEI, ENG **[41185]**
TANT : John, C1560-1613, Saffron Walden, ESS, ENG **[32050]** : C1825, Kiltearn, ROC, SCT **[11319]**

TAPERELL : PRE 1850, CON & DEV, ENG **[10047]** : 1834+, Bere Ferrers, DEV, ENG **[10047]** : Henry James, 1860-65, Wellington & Grey Rv, NZ **[10047]**
TAPERELL (see One Name Section) **[10047]**
TAPLIN : C1800+, Enstone, OXF, ENG **[20933]**
TAPNER : 1800-1850, KEN, ENG **[27879]**
TAPPENDEN : PRE 1850, Hothfield, KEN, ENG **[21088]**
TAPPER : James, 1750-1800, Iwerne Courtney, DOR, ENG **[17203]** : Elizabeth, C1810, WIL, ENG **[25616]**
TAPPER (see One Name Section) **[40586]**
TAPPING : ALL, WORLDWIDE **[22118]**
TAPRIL : 1870+, Liverpool, LAN, ENG **[10047]**
TAPSCOTT : C1795, Culmstock & Hemyock, DEV, ENG **[37880]** : PRE 1850, SOM, ENG **[31237]**
TAPSON : 1800+, Liverpool, LAN & DEV, ENG **[38907]**
TARANTO : PRE 1920, Canneto, LIPARI IS., ITL **[11661]**
TARDY : 1700S, DEV, ENG **[26335]**
TARGETT : 1800-1850, Wardour, WIL, ENG **[26629]**
TARGRASS : 1800+, Thundersley & Prittlewell, ESS, ENG **[42744]**
TARLETON : 1800S, Tullamore, OFF, IRL **[36260]**
TARLINGTON : 1700-1900, Lichfield, STS, ENG **[34606]**
TARR : William, PRE 1845, DEV, ENG **[10880]** : PRE 1850, CON, ENG & AUS **[10880]** : James, 1793+, Essex Co., MA, USA **[45995]**
TARRANT : C1838, Kurrajong, NSW, AUS **[10085]** : 1819+, Sydney, NSW, AUS **[10085]** : C1800, Cambridge, CAM, ENG **[13347]** : 1850+, Thaxted, ESS, ENG **[45791]** : PRE 1860, Tunbridge Wells, KEN, ENG **[41136]** : C1780, LND, ENG **[13347]** : PRE 1860, Plaistow, MDX, ENG **[46490]** : PRE 1860, SSX, ENG **[41136]** : C1700, Alton Priors, WIL, ENG **[11113]** : 1754+, Froxfield, WIL, ENG **[10085]** : PRE 1885, Kinning Park, LKS, SCT **[25672]**
TARRY : C1850, Shearsby, LEI, ENG **[18957]** : PRE 1840, Northampton, NTH, ENG **[21084]**
TART : 1600S, Eastham, MA, USA **[15521]**
TASH : 1700-1800, Great Cressingham, NFK, ENG **[19310]** : 1750-1820, Church Fenton, WRY, ENG **[45209]**
TASKER : PRE 1860, VIC, AUS **[35042]** : ALL, Castlemaine, VIC, AUS **[11424]** : PRE 1850, LAN, ENG **[35042]** : 1840-1885, Liverpool, Kirkdale & Bootle, LAN, ENG **[14618]** : 1820+, LND & MDX, ENG **[99832]** : PRE 1850, London, MDX, ENG **[11424]** : 1783+, Pontefract & Castleford, WRY, ENG **[39307]**
TASKUS : PRE 1770, Sancreed & Madron, CON, ENG **[41477]**
TASSELL : 1760+, Maidstone Area, KEN, ENG **[33671]**
TATE : 1820+, Illawarra & Sydney, NSW, AUS **[21387]** : 1870+, Ballarat, VIC, AUS **[33542]** : 1850+, Melbourne, VIC, AUS **[33542]** : 1660+, BARBADOS **[23319]** : Mary, 1800-1850, Madeira, CANARY IS. **[28117]** : Walter, 1800+, London, ENG **[33542]** : 1800S, Seaham Harbour & Penshaw, DUR, ENG **[28269]** : Jasper, 1900-1930, South Shields, DUR, ENG **[39964]** : William, 1800, Portsmouth, HAM, ENG **[28117]** : Mary, 1800, Portsmouth, HAM, ENG **[28117]** : 1820, Kingsland, MDX, ENG **[46345]** : 1850+, Leabridge, MDX, ENG **[46345]** : 1800, London, MDX, ENG **[46282]** : PRE 1820, NBL, ENG **[21387]** : PRE 1815, Ponteland, NBL, ENG **[17626]** : 1800-1820S, Kildale, NRY, ENG **[45732]** : 1750-1850, Betchworth, SRY, ENG **[38547]** : 1870+, Walworth, SRY, ENG **[46345]** : 1700-1740, West Tarring, SSX, ENG **[33847]** : PRE 1900, DOW, IRL **[24945]** : 1760S, Mordington, BEW, SCT **[21218]**
TATFORD : ALL, WORLDWIDE **[17875]**
TATLOCK : 1806, ENG **[36821]**
TATLOW : PRE 1750, Derby, DBY, ENG **[12084]**
TATNER : PRE 1840, Horton Kirby & Wookey, KEN & SOM, ENG **[42967]**

TATT : ALL, Haverhill, SFK, ENG **[12071]**
TATTAM : 1834+, NSW & QLD, AUS **[11034]** : PRE 1865, Melbourne, VIC, AUS **[46304]** : PRE 1834, Brill, BKM, ENG **[11034]** : PRE 1834, Oakley, BKM, ENG **[11034]** : 1860+, Dunedin, NZ **[46304]**
TATTERSALL : 1800S, LAN, ENG **[34704]** : PRE 1900, Blackburn, LAN, ENG **[45054]** : PRE 1900, Habergham Eaves, LAN, ENG **[43525]** : ALL, Wakefield, WRY, ENG **[38259]**
TATTERSON : PRE 1900, Manchester, LAN, ENG **[29780]**
TATTON : PRE 1840, Ipstones, STS, ENG **[40696]**
TATUM : Julia, 1815+, London, ENG **[21442]** : C1810, Louth, LIN, ENG **[38523]**
TAUCH : C1786, Kilroy, ROC, SCT **[99570]**
TAUN : ALL, WORLDWIDE **[19580]**
TAUNTON : 1890-1910, Isle of Wight, HAM, ENG **[35749]** : 1837+, LND, ENG **[35749]** : Charles, 1770+, Ilminster, SOM, ENG **[26817]**
TAURAU : ALL, Dunnevirke, NZ **[30653]**
TAVERNER : PRE 1860, Chelmsford & Feering, ESS, ENG **[14536]** : PRE 1828+, Great Totham, ESS, ENG **[20766]** : PRE 1841, Little Totham, ESS, ENG **[20766]** : 1800-1900, Peterborough, NTH, ENG **[34651]** : 1841+, Wairarapa, NZ **[20766]** : 1841+, Wellington, NZ **[20766]**
TAVORA : 1700+, PT **[11270]**
TAWLEY : 1650-1750, Malborough, DEV, ENG **[10383]**
TAWN : ALL, WORLDWIDE **[19580]**
TAWSE : ALL, ABD, SCT **[34588]**
TAYLER : Henry, C1665, Withybrook, WAR, ENG **[18957]** : Jos. Needham, PRE 1900, WIL & GLS, ENG **[99600]**
TAYLOR : 1940-1980, Beecroft, NSW, AUS **[32444]** : James, C1855, Braidwood, NSW, AUS **[10642]** : John, 1860+, Clarence River, NSW, AUS **[13461]** : 1840, Fish River, NSW, AUS **[10985]** : James, 1847-1929, Forbes, NSW, AUS **[45806]** : PRE 1890, Goulburn, NSW, AUS **[14031]** : Elsie M., 1919+, Melbourne & Sydney, NSW, AUS **[26430]** : David Monte, 1878, Newtown, NSW, AUS **[28151]** : Robert, 1860+, Parkes, NSW, AUS **[36749]** : PRE 1863, Parramatta, NSW, AUS **[11039]** : Robert, 1830+, Peak Hill & Maitland, NSW, AUS **[36749]** : J. Lewis, 1800S, Rocky River & Glen Innes, NSW, AUS **[10697]** : 1870+, Sydney, NSW, AUS **[46308]** : Caroline, 1900+, Sydney, NSW, AUS **[31676]** : Elizabeth, 1829+, Wagga, NSW, AUS **[10470]** : Isaac, 1878+, QLD, AUS **[37880]** : Mary, 1884, Townsville, QLD, AUS **[10494]** : PRE 1850, SA, AUS **[36819]** : Jane, PRE 1889, Hobart, TAS, AUS **[10361]** : Robert, 1828+, Pattersons Plains, TAS, AUS **[39179]** : PRE 1900, Ballarat & Collingwood, VIC, AUS **[45823]** : 1845+, Ballarat (Sebastopol), VIC, AUS **[41446]** : 1850+, Echuca, VIC, AUS **[46265]** : 1850+, Sandhurst, VIC, AUS **[14656]** : 1860+, Yackandandah, VIC, AUS **[10793]** : Sarah, C1814-1889, TAS, AUS & ENG **[42730]** : Alice, 1805-87, Prahran & Melbourne, VIC, AUS & ENG **[26430]** : Thos Mcphers., 1800+, Sandridge & Melbourne, VIC, AUS & NZ **[45943]** : 1800S, Port de Grave, NFD, CAN **[22558]** : 1851+, ONT, CAN **[37181]** : Naomi, C1752-1794, ONT, CAN **[15513]** : Richard, 1800S, Scarborough, ONT, CAN **[42436]** : 1600-1850, ENG **[46312]** : Cora, ALL, ENG **[17687]** : 1800-1850, City of London, ENG **[19614]** : 1800+, London, ENG **[38697]** : PRE 1900, North London, ENG **[19258]** : 1800, Northampton, ENG **[39616]** : PRE 1850, BDF, ENG **[19656]** : Reuben, PRE 1840, Chesham, BKM, ENG **[41589]** : PRE 1754, Edgcott, BKM, ENG **[26366]** : William, 1872+, Linslade, BKM, ENG **[25654]** : PRE 1742, Wendover, BKM, ENG **[26366]** : 1700S, BRK, ENG **[42466]** : 1750-1900, Hungerford, BRK, ENG **[99433]** : C1800, Newbury, BRK, ENG **[28742]** : Aspin, C1710, BRK & BKM, ENG **[19497]** : PRE 1840, Balsham, CAM, ENG **[46415]** : Walter, 1900+, Cambridge, CAM, ENG **[41554]** : 1600-1805, Ely, CAM, ENG **[19713]** : Martha, 1800-70,

Poynton & Worth, CHS, ENG **[37619]** : PRE 1850, Stockport, CHS, ENG **[40756]** : 1800, Altarnun, CON, ENG **[10985]** : 1758-1850, Laneast, CON, ENG **[14627]** : Katherine, 1709, Lewannick, CON, ENG **[14627]** : PRE 1900, Ludgvan, CON, ENG **[11873]** : 1760-1890, Pelynt, CON, ENG **[45841]** : John, PRE 1839, Saltash, CON, ENG **[36608]** : 1800+, Penrith, CUL, ENG **[36656]** : ALL, Belper, DBY, ENG **[41370]** : PRE 1800, Belper, DBY, ENG **[15929]** : Harriet, 1805, Derby, DBY, ENG **[17105]** : 1700+, Hartshorne, DBY, ENG **[21983]** : 1775-1800, DEV, ENG **[16425]** : 1800+, DEV, ENG **[42570]** : Richard, PRE 1840, DEV, ENG **[30281]** : 1650+, Appledore, DEV, ENG **[46500]** : Martha, C1840S, Chawleigh, DEV, ENG **[31902]** : 1790-1840, Devonport, DEV, ENG **[45841]** : George, 1800, Exeter, DEV, ENG **[26580]** : PRE 1900, Plymouth, DEV, ENG **[31014]** : 1800+, Sidmouth, DEV, ENG **[40319]** : Mary, C1764-1792, Whitestone, DEV, ENG **[31153]** : 1740, DUR, ENG **[37542]** : Anthony, 1718, Houghton-le-Spring, DUR, ENG **[37542]** : PRE 1837, Sunderland, DUR, ENG **[42645]** : 1800S, Willington, DUR, ENG **[11890]** : 1700-1800, Bridlington, ERY, ENG **[45636]** : Robert, 1650-1770, ESS, ENG **[39522]** : PRE 1900, Bethnal Green, ESS, ENG **[31302]** : PRE 1770, Chelmsford, ESS, ENG **[31302]** : 1750-1850, Colchester, ESS, ENG **[20821]** : PRE 1840, Maldon, ESS, ENG **[38615]** : F.W., 1830S, Thorpe, ESS, ENG **[38740]** : 1500-1900, GLS, ENG **[12401]** : William, 1890, Bedminster, GLS, ENG **[11530]** : PRE 1750, Bristol, GLS, ENG **[31316]** : C1847, Cheltenham, GLS, ENG **[40905]** : John, C1820, Culkeaton, GLS, ENG **[31356]** : 1800-1900, Mangotsfield, GLS, ENG **[18657]** : 1767+, Moreton-in-Marsh, GLS, ENG **[19803]** : PRE 1708, Greatham, HAM, ENG **[46296]** : ALL, Lymington, HAM, ENG **[21479]** : Joseph, 1830, Pamber, HAM, ENG **[26101]** : PRE 1910, Southampton, HAM, ENG **[31323]** : 1800-50, Winchester, HAM, ENG **[39706]** : 1700-1770, Bromyard, HEF, ENG **[12641]** : ALL, Callow, HEF, ENG **[19624]** : ALL, Clehonger, HEF, ENG **[19624]** : ALL, Dewsall, HEF, ENG **[19624]** : ALL, Eaton Bishop, HEF, ENG **[19624]** : 1600+, Upton Bishop, HEF, ENG **[14045]** : 1800-1840, Abbots Langley, HRT, ENG **[30896]** : ALL, HUN, ENG **[26686]** : John, C1780, KEN, ENG **[10035]** : C1750-1850, Ashford & Bilsington, KEN, ENG **[40569]** : PRE 1800, Chiddingstone, KEN, ENG **[10832]** : 1700-1900, Dover, KEN, ENG **[31882]** : ALL, Farningham, KEN, ENG **[39301]** : C1750-1850, Kingsnorth & Ruckinge, KEN, ENG **[40569]** : Sarah Ann, 1845+, Leeds, KEN, ENG **[33443]** : 1800S, LAN, ENG **[34704]** : 1800-2000, Burnley & Brierfield, LAN, ENG **[42209]** : 1870-1900, Colne, LAN, ENG **[32444]** : PRE 1900, Great Harwood, LAN, ENG **[45054]** : 1700-1800, Hawkshead, LAN, ENG **[31826]** : William, 1790S-1830S, Liverpool, LAN, ENG **[37978]** : 1800, Liverpool, LAN, ENG **[37542]** : 1800-30, Liverpool, LAN, ENG **[46298]** : Ellen, 1810S-1890S, Liverpool, LAN, ENG **[37978]** : PRE 1865, Liverpool, LAN, ENG **[30310]** : PRE 1878, Liverpool, LAN, ENG **[15400]** : Henry W., 1815-1907, Liverpool & Levens, LAN, ENG **[37181]** : PRE 1800, Manchester, LAN, ENG **[19782]** : 1800+, West Derby, LAN, ENG **[36656]** : C1800, Wigan, LAN, ENG **[46356]** : 1800+, Yate & Pickup Bank, LAN, ENG **[21038]** : 1850-1900, Husbands Bosworth, LEI, ENG **[20923]** : PRE 1850, Kirton in Holland, LIN, ENG **[20974]** : 1800+, Snelland, LIN, ENG **[36071]** : 1900-1910S, LND, ENG **[99040]** : 1830+, Bethnal Green, LND, ENG **[30281]** : C1885, Hoxton, LND, ENG **[40668]** : 1890-1915, Kentish Town, LND, ENG **[40668]** : James Albert, PRE 1900, Rotherhythe, LND, ENG **[36275]** : 1860S, St.Pancras & St.Martins, LND, ENG **[40668]** : 1780+, Westminster, LND, ENG **[46477]** : Wm, 1880+, Woolwich, LND, ENG **[38740]** : George, 1881+, St.Pancras, LND & MDX, ENG **[41589]** : Ronald & Derek, 1920, MDX, ENG **[29113]** : Susannah, C1801, Bethnal Green, MDX, ENG **[17470]** : 1800-1850, Clerkenwell, MDX, ENG **[19614]** : John, 1881+, Paddington, MDX, ENG **[37181]** : 1860S, Stepney, MDX, ENG **[45215]** : 1740-1820, Whitechapel, MDX, ENG **[33347]** : C1800, Newcastle on Tyne, NBL, ENG **[11718]** : Fred. Watson, 1860+, Tynemouth, NBL, ENG **[38740]** : ALL, Tynemouth, NBL, ENG **[46443]** : 1770+, Warkworth, NBL, ENG **[10070]** : PRE 1840, Ebberston, NRY, ENG **[21232]** : Albert Saml, 1901+, Kingsthorpe, NTH, ENG **[41589]** : Joseph, 1901+, Northampton, NTH, ENG **[41589]** : PRE 1900, Northampton, NTH, ENG **[38178]** : Sarah, 1700-1800, Farthinghoe, NTH & OXF, ENG **[27039]** : Albert, 1800+, NTT, ENG **[32804]** : 1800-1990, Carlton on Liddrick, NTT, ENG **[12641]** : Ann, C1720, OXF, ENG **[39471]** : 1850+, SAL, ENG **[44963]** : Catherine, 1813, Albrighton, SAL, ENG **[36275]** : Michael, PRE 1813, Albrighton & Wolverhampton, SAL, ENG **[36275]** : PRE 1815, Ellesmere, SAL, ENG **[20729]** : 1750+, Shifnal, SAL, ENG **[46501]** : 1600+, SFK, ENG **[39061]** : PRE 1795, SFK, ENG **[18896]** : PRE 1800, SFK, ENG **[39312]** : 1800S, Bury St.Edmunds, SFK, ENG **[44996]** : 1780+, Elmsett, SFK, ENG **[34641]** : 1825-1912, Halesworth & Haverhill, SFK, ENG **[22558]** : 1850S, Ipswich, SFK, ENG **[36260]** : 1850S, Metfield, SFK, ENG **[18593]** : 1740+, Stowupland Great Bricett, SFK, ENG **[45489]** : Hannah, C1750-1810, SOM, ENG **[30246]** : Samuel, 1811-1859, High Ham, SOM, ENG **[36112]** : 1700-1800, Martock, SOM, ENG **[36950]** : Grace, C1770+, Pitminster, SOM, ENG **[10071]** : John, 1859-1861+, Wells, SOM, ENG **[37181]** : PRE 1950, SOM & HAM, ENG **[30085]** : 1900+, SRY, ENG **[39301]** : William, C1740+, Banstead, SRY, ENG **[39527]** : 1850+, Camberwell, SRY, ENG **[99433]** : PRE 1830, Capel, SRY, ENG **[32017]** : Richard, 1760+, Chipstead, SRY, ENG **[39527]** : 1750-1800, Thorp, SRY, ENG **[12641]** : PRE 1840, Weybridge, SRY, ENG **[14031]** : ALL, SRY & BRK, ENG **[29497]** : Mary, 1741-1803, SSX, ENG **[33373]** : C1830, Brighton, SSX, ENG **[21479]** : William, C1790, Keymer & Lewes, SSX, ENG **[36538]** : Geo. Daniel, 1901+, Littlehampton, SSX, ENG **[41589]** : Elizabeth, PRE 1697, Rotherfield, SSX, ENG **[36365]** : 1800-1850, Rye, SSX, ENG **[10832]** : Mary, C1785, Uckfield, SSX, ENG **[11797]** : C1700-1800, SSX & SRY, ENG **[11536]** : C1800, Burslem, STS, ENG **[19647]** : Hannah, C1816, Kidsgrove & Tunstall, STS, ENG **[35379]** : Rachael, C1799, Mayfield, STS, ENG **[31153]** : John, PRE 1847, Tipton, STS, ENG **[41185]** : Alfred, PRE 1900, Wednesbury, STS, ENG **[35561]** : 1830+, Birmingham, WAR, ENG **[18128]** : PRE 1860, Birmingham, WAR, ENG **[16111]** : 1800-99, Coventry, WAR, ENG **[20057]** : 1820+, Coventry, WAR, ENG **[45866]** : 1700+, Sutton Coldfield, WAR, ENG **[13461]** : 1700S, WES, ENG **[21221]** : Thomas, 1749-1824, Heversham & Levens, WES, ENG **[37181]** : 1700+, Alvechurch, WOR, ENG **[37138]** : 1800+, Castle Moreton, WOR, ENG **[38349]** : 1750+, Kempsey, WOR, ENG **[46517]** : 1750-1800, Kempsey, WOR, ENG **[12641]** : C1807, Kidderminster, WOR, ENG **[13838]** : 1800+, Kings Norton, WOR, ENG **[15042]** : 1800-1870, Kinmal, WOR, ENG **[40509]** : 1770-1940, Redditch, WOR, ENG **[37138]** : 1800-1990S, WRY, ENG **[11270]** : 1750+, Airton & Kirkby Malham, WRY, ENG **[13461]** : PRE 1850, Barnsley, WRY, ENG **[32040]** : 1750-1900, Golcar, WRY, ENG **[38925]** : Abraham, 1800-1850, Golcar, Marsden & Slaithwaite, WRY, ENG **[38925]** : James, 1787-1855, Leeds, WRY, ENG **[27633]** : PRE 1900, Leeds & Dewsbury, WRY, ENG **[35619]** : 1800-1830, Waddington, WRY, ENG **[27531]** : 1800-1990, Giggleswick, YKS, ENG **[46494]** : 1820-1930, Giggleswick, YKS, ENG **[46494]** : PRE 1849, Huddersfield, YKS, ENG **[46374]** : 1700-1850, Kirklevington & Worsell, YKS, ENG **[45636]** : Peter, C1847, Southowram & Halifax, WRY, ENG & AUS **[26430]** : ALL, Heyham, CUL & NBL, ENG & CAN **[27514]** : Margaret, 1870S, Belfast, ANT, IRL **[32035]** : Robert, PRE 1900, Belfast, ANT, IRL **[32035]** : 1846-1866, Skibereen, COR, IRL **[31014]** : 1790+, Drumbo, DOW, IRL **[36652]** : PRE 1900, Killyleagh, DOW, IRL **[31014]** : 1800+, DUB, IRL **[12728]** : PRE 1850, GAL, IRL **[27320]** : PRE 1850, Londonderry, LDY, IRL **[39588]** : PRE 1800, LET, IRL **[34042]**

: 1800+, Dunedin, NZ **[45916]** : 1800S, SCT **[21630]** : 1850+, ABD, SCT **[30182]** : 1800-1850, Forgue, ABD, SCT **[13326]** : C1769+, Monquhitter, ABD, SCT **[21563]** : 1830+, Dundee, ANS, SCT **[21131]** : 1800-1830, Guthrie, ANS, SCT **[46458]** : 1700S, Dreghorn & Irvine, AYR, SCT **[43934]** : PRE 1881, Stewarton, AYR, SCT **[25755]** : James, 1743, Fordyce, BAN, SCT **[10318]** : Patrick, 1725, Keith, BAN, SCT **[10318]** : 1770-1800, Latheron, CAI, SCT **[34261]** : 1700+, Dumfries, DFS, SCT **[39891]** : 1840S, FIF, SCT **[12318]** : 1780+, Balmerino, FIF, SCT **[21854]** : PRE 1850, Inverness, INV, SCT **[39154]** : 1740+, Kinross, Saline & Perth, KRS, FIF & PER, SCT **[19486]** : Henry, 1800+, Glasgow, LKS, SCT **[46306]** : Henry, 1800-1870, Glasgow, LKS, SCT **[44060]** : 1934+, Glasgow, LKS, SCT **[44269]** : C1870, Glasgow, LKS, SCT **[10277]** : PRE 1840, Glasgow, LKS, SCT **[14422]** : James, 1832, Pennicuik, MLN, SCT **[43773]** : 1700-1940, Peterhead, MOR, SCT **[17642]** : Peter, C1769, St.Andrews, OKI, SCT **[34924]** : PRE 1800, RFW, SCT **[11873]** : 1850+, Greenock, RFW, SCT **[36244]** : Jane Robb, 1830, Paisley, RFW, SCT **[22409]** : John, C1785, Paisley, RFW, SCT **[22409]** : 1800-1910, Lochwinnoch & Glasgow, RFW & LKS, SCT **[21227]** : PRE 1870, Black Isle, ROC, SCT **[18500]** : 1750-1850, Kelso, ROX, SCT **[26629]** : Alexander, 1750-1850, STI & WLN, SCT **[12144]** : 1700+, Peterhead & Cruden, ABD, SCT & NZ **[46393]** : Daniel, C1800-1850, Mercer Co., KY, USA **[28614]** : Albert, 1880+, Baltimore, MD, USA **[17030]** : James, 1787-1855, Brooklyn, NY, USA **[27633]** : 1800-1825, Fairfield Co., OH, USA **[23415]** : 1700-1900, Providence, RI, USA **[31882]** : PRE 1800, Northumberland, VA, USA **[37380]** : John, 1665, Berwick & Kittery, ME, USA & SCT **[22796]** : 1860+, Swansea, GLA, WLS **[46500]** : 1800+, Gower, GLA, WLS & AUS **[41446]**

TAYLOUR : 1500-1700, OXF, ENG **[27039]**
TAYSOM : ALL, HEF, ENG **[31646]**
TAZZEMAN : 1731+, Bourne, LIN, ENG **[46308]**
TEAGUE : ALL, ENG **[17364]** : C1800, Redruth, CON, ENG **[24993]** : 1800-1903, Lincoln, LIN, ENG **[24993]**
TEAKLE : ALL, Horsley, GLS, ENG **[38615]**
TEALE : PRE 1650, North Petherton, SOM, ENG **[31316]**
TEANBY : 1700+, Winterton & Alkborough, LIN, ENG **[34981]** : Wm & Maria, PRE 1850, Old Street, LND, ENG **[10114]**
TEAPE : 1840-1860, Wapping, MDX, ENG **[14618]** : 1835+, Camberwell, SRY, ENG **[14618]** : PRE 1835, IRL **[14618]**
TEARE : 1850+, Prestwich, LAN, ENG **[99040]** : PRE 1900, Andreas, IOM **[45054]**
TEARLE : 1700-1900, Stanbridge, BDF, ENG **[41228]** : 1700+, Sandridge, HRT, ENG **[26022]**
TEASDALE : 1700-1900, Ellerton Abbey, NRY, ENG **[19865]** : ALL, Crosscrake & Lowther, WES, ENG **[31152]** : Mary, PRE 1700, Barnsley, WRY, ENG **[16233]** : C1800+, Nunburnholme, YKS, ENG **[41271]**
TEAT : 1799+, Bourne, LIN & NSW, ENG & AUS **[46308]**
TEBB : ALL, LIN, ENG **[19708]** : PRE 1800, LIN, ENG **[19708]** : 1700, Donnington, LIN, ENG **[13853]** : ALL, WORLDWIDE **[13853]**
TEBBETT : PRE 1818, Enderby & Swepstone, LEI, ENG **[18569]**
TEBBLE : Mary, 1800+, Clare, SFK, ENG & AUS **[33533]**
TEBBS : 1774+, Donnington, LIN, ENG **[13853]** : ALL, Peterborough, NTH, ENG **[25559]**
TEBBUTT : 1830+, NTH, ENG **[30120]** : PRE 1845, Earls Barton, NTH, ENG **[21716]**
TEBBY : ALL, CAN **[16616]** : ALL, Ryton on Dunsmore, NTH & WAR, ENG **[16616]**
TEBBY (see One Name Section) [16616]
TECHAM : 1811-1892, Bresegard, MSW, GER **[12367]**

TECKLEMBURG : ALL, GER **[29001]**
TEDD : ALL, Tipton, STS, ENG **[45766]** : Sarah, 1700S, Nether Whitacre, WAR, ENG **[17105]**
TEDDER : James, C1790-1822, Hobart, TAS, AUS **[34140]** : 1780-1810, MDX, ENG **[34664]**
TEDFORD : ALL, USA **[24168]** : ALL, WORLDWIDE **[24168]**
TEDGE : ALL, AUS **[12236]**
TEDMAN : PRE 1900, LND & MDX, ENG **[39312]**
TEEFY : 1850-1900, Sydney, NSW, AUS **[13326]**
TEER : 1700+, BDF, ENG **[33825]**
TEESDALE : PRE 1850, Lamesley, DUR, ENG **[39479]**
TEGERDINE : PRE 1760, Wisbech, CAM, ENG **[37058]**
TEGG : Hannah, PRE 1883, Newbury, BRK, ENG **[27749]** : George, 1800S, Thatcham, BRK, ENG **[27749]** : 1800-1950, Mitcham, SRY, ENG **[20416]**
TELBY : Ann, 1600S, Skirbeck, LIN, ENG & USA **[22796]**
TELFORD : Heather, 1900+, Manly, NSW, AUS **[45824]** : 1830+, Maryborough, VIC, AUS & ENG **[99093]** : C1840, Greenhead, NBL, ENG **[10918]** : ALL, Newcastle upon Tyne, NBL, ENG **[28670]** : 1700-1800, Wellingborough, NTH, ENG **[33347]**
TELFORD (see : Subjects I:), [10918] : Tailford), **[10918]**
TELLE : PRE 1849, Potsdam, BRA, GER **[14472]**
TEMBY : PRE 1885, Dubbu, SA, AUS **[26223]** : PRE 1850, CON, ENG **[26223]**
TEMPERANCE : C1600S, Hull, ERY, ENG **[10054]**
TEMPERTON : Thomas, PRE 1800, Hull, ERY, ENG **[10054]**
TEMPEST : Alice, 1560, Lanchester, DUR, ENG **[10035]** : 1700-1800, KEN, ENG **[26612]**
TEMPLAR : PRE 1700, Wootton, OXF, ENG **[19481]**
TEMPLE : 1800+, Braidwood, NSW, AUS **[13429]** : 1800+, Bungendore, NSW, AUS **[13429]** : PRE 1888, Orangeville & Berwick, ONT, CAN & ENG **[18639]** : 1600+, ENG **[13429]** : 1600-1850, London, ENG **[13429]** : 1500-1800, Moor Park, ENG **[13429]** : 1600+, Gluvias, CON, ENG **[13429]** : 1600+, CUL, ENG **[13429]** : 1500-1800, Berwick upon Tweed, NBL, ENG **[13429]** : PRE 1800, Raskelf, NRY, ENG **[42974]** : PRE 1835, Bagshot, SRY, ENG **[11783]** : John, 1790+, Windlesham, SRY, ENG **[11783]** : William, C1894, Corraine, Glenfinn, DON, IRL **[26823]** : John, PRE 1868, Meenagrave, DON, IRL **[26823]**
TEMPLEMAN : PRE 1840, Carlby, LIN & NTT, ENG **[25688]** : 1700+, WRY & ERY, ENG **[16430]**
TEMPLER : PRE 1865, Reeves Plain, SA, AUS **[46383]** : 1863+, North Adelaide & Kadina, SA & NSW, AUS **[31332]** : PRE 1863, Devonport & Bere Alston, DEV, ENG **[31332]**
TEMPLETON : James, 1800+, The Rocks, NSW, AUS **[36261]** : Robina, PRE 1901, Armadale, VIC, AUS **[46246]** : 1868, Kilmarnock, AYR, SCT **[13591]** : ALL, LKS, SCT **[16269]** : 1700-1800, Crawford & Glasgow, LKS, SCT **[46306]** : 1817-1913, Glasgow, LKS, SCT **[13591]** : Hugh, 1912, Glasgow, LKS, SCT **[13591]** : PRE 1900, Port William, WIG, SCT **[30310]** : Hugh, 1868, Quincy, IL & MA, USA **[13591]**
TEMPLING : PRE 1800, SFK, ENG **[33664]**
TEMPORAL : 1800S, Ordsall, NTT, ENG **[13910]**
TENNANT : Thomas Hilton, PRE 1785, ENG **[41430]** : PRE 1800, Ormesby St.Marg, NFK, ENG **[33428]** : PRE 1840, Baildon, WRY, ENG **[26752]** : 1850+, YKS, ENG **[43678]** : ALL, YKS, ENG **[46495]** : 1625-1700, Alne, YKS, ENG **[33347]** : J., 1700-1880, Lahore, INDIA **[33331]** : 1690S+, Ayr, AYR, SCT **[33331]** : 1751, Barony, LKS, SCT **[13497]** : ALL, Dalmeny & Linlithgow, WLN, SCT **[20606]**
TENNER : 1820, Fiume, YUGOSLAVIA **[39678]**
TENNEY : 1550-1750, Great Limber, LIN, ENG **[36071]**
TENNISON : 1820+, INDIA **[13800]**

TERENTIUK : PRE 1875, Sniatyn, UKR, OES & POL [99443]
TERNAN : William, 1790+, Sydney, NSW, AUS [11715] : William, 1770-1790, Plymouth, DEV, ENG [11715]
TERNENT : 1800S, Belford, NBL, ENG [11684]
TERNOUTH : 1850-1880, Liskeard, CON, ENG [12641]
TERRELL : 1854-90, Goldfields & Echuca, VIC, AUS [41269] : 1900-1934, Malvern & Sale, VIC, AUS [41269] : 1800-54, Penryn, CON, ENG [41269]
TERRETT : Elinor, 1813-1900, Honeybourne, WOR, ENG [35209]
TERRILL : 1840+, Orange & Parkes, NSW, AUS [39249] : C1850-1880, Ballarat & Clunes, VIC, AUS [20970] : 1800+, Camborne & St.Cleer, CON, ENG [39249] : 1800+, Redruth, CON, ENG [20970]
TERRIO : 1840+, Arichat, NS, CAN [46368]
TERRIS : C1790, Cookham, BRK, ENG [21563]
TERRISCH : 1800+, Parchel Launen Ischken, MEMEL, OPR [99433]
TERRY : Mary Ann E., 1855-1947, London, ENG [45900] : PRE 1855, KEN, ENG [41372] : James, C1720-1742, Doddington, OXF, ENG [14918] : ALL, OXF & BKM, ENG [14918] : 1850, Brighton, SSX, ENG [18340] : 1820, Hailsham, SSX, ENG [18340]
TERVIN : Mary, 1753, Prestwich, LAN, ENG [10318]
TESCH : PRE 1710, RPF, BRD [17670]
TESCHKE : 1835+, GER [23319]
TESKEY : ALL, WORLDWIDE [17670]
TESKEY (see One Name Section) [17670]
TESSEM : C1886, Beitstad, NOR [99418]
TESSEYMAN : 1650-1850, ENG [19880] : PRE 1900, RSA [19880]
TESTER : 1800+, SSX, ENG [35280] : ALL, Balcombe & Brighton, SSX, ENG [37049] : Hannah, C1817-1839, Bexhill & East Dean, SSX, ENG [46245] : PRE 1820, Hollington, SSX, ENG [11060] : 1800S, Rottingdean, SSX, ENG [26703]
TETFORD : ALL, WORLDWIDE [17875]
TETHERIDGE : Rhoda, 1902+, Boulder, WA, AUS [14672]
TETLEY : 1800S, LND & MDX, ENG [28060] : 1820-1850, WRY, ENG [99052] : 1800+, YKS, ENG [36081]
TEW : Edmund, 1830-1840, Derwent Valley, TAS, AUS [35577] : Thomas W., 1875, New Norfolk, TAS, AUS [35577] : Ernest Jones, 1879-1934, Ferntree Gully, VIC, AUS [35235] : PRE 1800, Standon, HRT, ENG [33428] : Elizabeth, 1873, Leicester, LEI, ENG [35577] : Alfred Ernest, 1876, Leicester, LEI, ENG [35577] : Alfred Arthur, 1900, Leicester, LEI, ENG [35577] : Ethel Marj., 1902, Leicester, LEI, ENG [35577] : Philip Harry, 1913, Leicester, LEI, ENG [35577] : Edmund, 1813, Leire, LEI, ENG [35577] : Ann, PRE 1870, Wandsworth & Battersea, LND, ENG [35577] : William John, 1879+, West Ham, LND, ENG [27955] : 1750+, Bourton-on-Dunsmore, WAR, ENG [27842] : 1600+, Harborough Magna, WAR, ENG [27842] : 1775+, Southam, WAR, ENG [27842] : 1730+, Stretton-on-Dunsmore, WAR, ENG [27842] : 1810+, Warwick, WAR, ENG [27842] : PRE 1870, Warwick & Leamington, WAR, ENG [27842] : ALL, Wolston, WAR, ENG [36033]
TEWKSBURY : Henry, C1635, Newbury, MA, USA & ENG [22796]
TEYSSOT : 1915+ La Tourette Loire, RHA, FRA [20140]
THACKER : 1750-1950, KEN, ENG [45749] : PRE 1855, MDX, ENG [43840]
THACKERAY : PRE 1812, Grasmere, WES, ENG [30880] : 1800+, Calcutta, INDIA [12728]
THACKERY : 1700+, Ramsgill, YKS, ENG [28513]
THACKHAM : ALL, WORLDWIDE [17027]
THADEBOIS : ALL, WORLDWIDE [30917]
THAIN : 1900+, NSW, AUS [36841] : PRE 1805, Hickling, NFK, ENG [43840] : 1800-1856, Findochty, BAN, SCT [17400]

THALER : ALL, Klagenfurt, KAR, OES [36543]
THARME : 1680-1780, Colton, STS, ENG [46448] : ALL, WORLDWIDE [33245]
THARP : 1750-1790, St.Paul, Deptford, KEN & SRY, ENG [38538]
THARRAT : PRE 1780, LIN, ENG [28340]
THATCHER : 1800+, VIC, AUS [14268] : PRE 1830, BRK, ENG [27958] : 1650-1700, Shrivenham, BRK, ENG [11912] : Elizabeth, 1840+, Bath, SOM, ENG [45699]
THAXTER : PRE 1830, Huntingdon, HUN, ENG [46236] : 1860+, NZ [46236]
THAYER : C1800S, Plymouth, DEV, ENG [38285] : PRE 1900, Congresbury, SOM, ENG [46476] : 1900+, Napier, HBY, NZ [46476] : 1790-1810, Herkimer, NY, USA [19916] : 1810-1850, Livingston, NY, USA [19916] : 1810-1850, Ontario, NY, USA [19916]
THEAKER : 1700+, Gringley, NTT & SOM, ENG [38907]
THEAKSTON : PRE 1800, Ripon, NRY, ENG [17697]
THEAL : 1600S, Stamford, CT, USA [15521] : 1600S, Westchester Co., NY, USA [15521]
THEBEN : ALL, NL [11938]
THEEL : 1800+, Swinemunde, PRE & POM, GER [46250]
THEEUF : PRE 1800, Chislet, KEN, ENG [14031]
THEISS : 1700, Lindenstruth, HES, GER [13129]
THELEN : Mathias, 1830, Oberahr, RHINELAND, GER [26458]
THELWELL : 1815+, Farndon, CHS, ENG [10016] : 1815+, Hanmer, FLN, WLS [10016]
THENE : 1848, Menne & Essen, WEF, GER [29479]
THEOBALD : 1800+, Faversham, KEN, ENG [39046] : 1700S, Glemsford, SFK, ENG [36243] : James, 1800+, Samford & Higham, SFK, ENG [14488] : 1740+, Fingringhoe & Molong, ESS & NSW, ENG & AUS [11425]
THEORE : PRE 1854, TAHITI [31904]
THER : PRE 1862, Nottingham, NTT & CAM, ENG [41444]
THETFORD : PRE 1850, NFK, ENG [28275]
THEW : PRE 1857, DUB, IRL [45796]
THEWLIS : 1843+, Geelong, VIC, AUS [28232] : 1700-1800, Norwich, NFK, ENG [39519] : John, PRE 1843, Leeds, YKS, ENG [28232] : Robert, PRE 1843, Leeds, YKS, ENG [28232]
THIBAULT : 1890+, Nipissing, ONT, CAN [42927] : 1650+, QUE, CAN [42927] : PRE 1650, FRA [42927]
THIBEAU : Amy, 1910+, New Liskeard, ONT, CAN [15902]
THIBEAULT : PRE 1900, Pontiac Co., QUE, CAN [42927]
THIBODEAU : 1600-1655, Poitou Province, FRA [26703]
THICK : PRE 1830, Stoke Trister, SOM, ENG [45679] : 1600+, Ebbesbourne Wake, WIL, ENG [38907]
THIEM : Johann Benj., PRE 1810, Guttenstedt, PRE, GER [99012]
THIERRY : 1860S+, London, ENG [10893]
THIESSEN : PRE 1850, Nordditmarschen, SHO, GER [25093]
THIMBLEBEE : 1840-1900, TAS, AUS [26540] : PRE 1800, CAM, ENG [43843] : 1750+, Chatteris, CAM, ENG [26540] : 1850+, USA [43843]
THIMBLEBY : PRE 1800, CAM, ENG [43843] : 1850+, USA [43843] : 1830+, WORLDWIDE [26540]
THIRD : 1700+, Rathen & Fraserburgh, ABD, SCT & NZ [46393]
THIRKELL : 1800-1840, Kirkby Malzeard, NRY, ENG [34664]
THIRLAWAY : PRE 1900, WORLDWIDE [44063]
THIRLWALL : PRE 1900, WORLDWIDE [44063]
THIRLWAY : ALL, WORLDWIDE [44063]

THIRLWAY (see One Name Section) **[44063]**
THIRLWELL : Sceptimus, 1870S, Tyneside, Newcastle, DUR, ENG **[25246]** : PRE 1900, WORLDWIDE **[44063]**
THISE : PRE 1875, Emb Hjorring, DEN **[13828]**
THISTLETHWAITE : 1840-1862, Creswick, VIC, AUS **[34042]** : 1819-1840, WES, ENG **[34042]**
THISTLEWAITE : 1905, Balmain South, NSW, AUS **[46264]**
THOBURN : 1850+, CUL, ENG & AUS **[35240]**
THODAY : ALL, CAM, ENG **[39642]** : PRE 1846, Over, CAM, ENG **[39860]**
THODEY : 1750-1790, Wethersfield, ESS, ENG **[18001]**
THOLLET : 1777-1873, Duerne, Aveize, Larajasse, RHA, FRA **[39991]**
THOM : C1840+, Broadford, Eildon & Alexandra, VIC, AUS **[36751]** : ALL, ENG **[42688]** : ALL, SCT **[42688]** : ALL, ABD, SCT **[43933]** : Ann, 1970+, Dundee, ANS, SCT **[21854]**
THOMAS : John & Mary, C1850, Bathurst, NSW, AUS **[25616]** : William, 1857+, Broke, NSW, AUS **[46309]** : ALL, Broken Hill, NSW, AUS **[44300]** : Richard, 1850+, Cooma, Murrumburrah & Young, NSW, AUS **[10340]** : 1902+, Forest Lodge, NSW, AUS **[10330]** : 1902+, Glebe, NSW, AUS **[10330]** : Ann, 1800S, Jerrawangla, NSW, AUS **[43521]** : 1865+, Newcastle, NSW, AUS **[41244]** : 1850+, North Sydney, NSW, AUS **[29783]** : 1902+, Surry Hills & Forest Lodge, NSW, AUS **[10330]** : Elizabeth, 1793+, Sydney, NSW, AUS **[42565]** : 1850S, Sydney, NSW, AUS **[10230]** : George, 1855-1939, Sydney, NSW & VIC, AUS **[10367]** : 1849+, Burra, SA, AUS **[43525]** : Elias, 1855, Beaconsfield, TAS, AUS **[14918]** : John, 1880S, Ballarat Area, VIC, AUS **[44160]** : 1841+, Collingwood & Thomastown, VIC, AUS **[11994]** : 1869-1879, Eaglehawk, VIC, AUS **[12589]** : Mary Ann, C1864+, Happy Valley & Ballarat, VIC, AUS **[44160]** : Alice Amelia, 1871-1905, Sandhurst, VIC, AUS **[10203]** : Margaret, ALL, ENG **[43775]** : James, 1800-1821, London, ENG **[16075]** : 1750+, Clewer, BRK, ENG **[16527]** : James, 1809-1890, CON, ENG **[11279]** : Thomas, C1793, Breage, CON, ENG **[11912]** : Wm., 1807-1855, Gulval, St.Erth & Portland, CON, ENG **[13031]** : 1830+, Kenwyn & Truro, CON, ENG **[29954]** : 1780+, Penryn, CON, ENG **[21955]** : 1840+, Redruth, CON, ENG **[44300]** : Richard, 1796, St.Just, CON, ENG **[40480]** : 1710+, St.Just in Penwith, CON, ENG **[45689]** : 1780+, St.Just in Penwith, CON, ENG **[36435]** : 1760+, St.Teath, CON, ENG **[29783]** : PRE 1840, Tavistock, CON, ENG **[12589]** : PRE 1849, Wendron, CON, ENG **[43525]** : William, 1840+, Buckland, DEV, ENG **[46309]** : James, 1857+, Buckland, DEV, ENG **[46309]** : James, PRE 1840, Buckland, DEV, ENG **[46309]** : PRE 1820, Hemyock, DEV, ENG **[30589]** : Ambrose, 1800S, London & Topsham, DEV, ENG **[16075]** : John Belbin, 1821+, Topsham, DEV, ENG **[16075]** : PRE 1840, ESS, ENG **[38517]** : David Charles, 1810-1837, Bristol, GLS, ENG **[28443]** : 1700S, Coates, GLS, ENG **[13731]** : C1660, Newland, GLS, ENG **[19759]** : PRE 1762, Titley, HEF, ENG **[36466]** : Hannah, C1780-1810+, West, HEF, ENG **[18422]** : 1860+, Isle of Sheppey, KEN, ENG **[30968]** : PRE 1750, North West, KEN, ENG **[45886]** : Thomas, 1800S, Ulcombe, KEN, ENG **[26817]** : 1860, Blackburn, LAN, ENG **[14156]** : Margaret, PRE 1838, Liverpool, LAN, ENG **[10850]** : 1790-1900, Orrell & Wigan, LAN, ENG **[42308]** : 1800S, LND, ENG **[11411]** : 1800S, Paddington, LND, ENG **[13910]** : William, 1800S, St.Marylebone, LND, ENG **[10330]** : C1820+, St.Marylebone, LND, ENG **[10330]** : C1906, Wandsworth, LND, ENG **[10330]** : Hannah, 1700S, MDX, ENG **[10604]** : Charles, 1800-1900, London, MDX, ENG **[14463]** : Frederick, 1817-1900, London, MDX, ENG **[14463]** : 1872, St.Johns Church, MDX, ENG **[29528]** : 1800S, Shoreditch & Portsmouth, MDX & HAM, ENG **[13910]** : James, C1875+, Northampton, NTH, ENG **[34321]** : PRE 1880, Bristol, SOM, ENG **[19513]** : PRE 1700, Taunton, SOM, ENG **[43842]** : PRE 1750, Croydon, SRY, ENG **[38592]** : 1770+, Rotherhithe, SRY, ENG **[21394]** : 1700-1850, Wadshurst, SSX, ENG **[45037]** : 1750-1820, Sedgeley, STS, ENG **[12641]** : Richard, PRE 1804, Erdington, WAR, ENG **[39527]** : 1750-1900, WIL, ENG **[17182]** : 1600S, Broad Hinton, WIL, ENG **[13731]** : PRE 1820, Fisherton Anger, WIL, ENG **[17921]** : Elizabeth, PRE 1792, Exeter, WOR, ENG **[42565]** : Elizabeth, 1877+, Birmingham, WOR & WAR, ENG **[44505]** : Timothy, PRE 1790, Halifax & Cheapside, WRY, ENG **[37445]** : 1700-1900, Sowerby, WRY, ENG **[36242]** : PRE 1860, Hull & All, YKS, ENG **[30351]** : ALL, CON, ENG & AUS **[99109]** : 1800+, Withiel & Creswick, CON & VIC, ENG & AUS **[38546]** : Parick, 1817-1840, Wicklow, IRL **[39179]** : Elizabeth, 1890-1961, Dunedin, OTG, NZ **[39601]** : Joseph Henry, 1915, Masterton, WRP, NZ **[20542]** : 1800+, Eastern Cape, RSA **[30589]** : Moses, 1819, Killear, STI, SCT **[13799]** : 1833, Hammondville, USA **[21630]** : ALL, Chicago, IL, USA **[41582]** : 1800+, Indianapolis, IN, USA **[35876]** : Emanuel P., 1904, Goshen, UT, USA **[38449]** : 1790+, USA & UK **[23128]** : 1800+, Llangaffo, AGY, WLS **[42782]** : 1800+, Llangenwein, AGY, WLS **[42782]** : Benjamin, 1880+, Brynmawr, BRE, WLS **[46400]** : John, 1850+, Garthbrengy, BRE, WLS **[15710]** : William, 1760+, Talachddu, BRE, WLS **[15710]** : John, 1832+, Talachddu, BRE, WLS **[15710]** : 1700+, CAE, WLS **[36071]** : 1800S, Newborough Arins, CAE, WLS **[46401]** : Henry, 1850+, Newborough Arins, CAE, WLS **[46401]** : Titus, 1750+, Llandyssul, CGN, WLS **[39482]** : William J., 1879+, Burry Port, CMN, WLS **[44007]** : William, 1792+, Bynea Llanelly, CMN, WLS **[39482]** : Henry, 1850, Carmarthen, CMN, WLS **[27492]** : C1838, Carmarthen, CMN, WLS **[43841]** : Henry, 1900+, Llanelli, CMN, WLS **[27492]** : Margaret, 1777, Llanelly (Five Roads), CMN, WLS **[39482]** : C1820, Conway, DEN, WLS **[14918]** : Old Colwyn, DEN, WLS **[18606]** : Isaac, C1825, Ruabon, DEN, WLS **[38449]** : John, 1800-1880, GLA, WLS **[46502]** : 1815+, GLA, WLS **[43656]** : C1850, Aberdare, GLA, WLS **[14645]** : 1750-1900, Bonymaen, GLA, WLS **[34797]** : Caleb, 1700+, Cheriton, GLA, WLS **[27492]** : PRE 1860, Cilybebyll, GLA, WLS **[35527]** : John, 1801-1872, Coity, GLA, WLS **[44007]** : PRE 1810, Cowbridge, GLA, WLS **[19270]** : Wm, C1820+, Cwmarvon, GLA, WLS **[46285]** : John, 1840+, Cwmbwrla, GLA, WLS **[99174]** : James, 1872+, Gilfach Goch, GLA, WLS **[20665]** : Phillip, PRE 1800, Llanrhidian, GLA, WLS **[16233]** : 1750-1790, Llansamlet, GLA, WLS **[39536]** : C1750-1900, Llansamlet, GLA, WLS **[34797]** : William, 1805, Llantrisant, GLA, WLS **[37156]** : William J., PRE 1953, Llwynypia, GLA, WLS **[44007]** : Sarah Ann, 1873, Pen-Y-Fai, GLA, WLS **[20665]** : PRE 1878, Pontypridd, GLA, WLS **[29236]** : 1790-1881, Swansea, GLA, WLS **[45675]** : C1750-1900, Swansea, GLA, WLS **[34797]** : 1840S, Taeforest, GLA, WLS **[12039]** : Jane, C1800, Towyn, MER, WLS **[17486]** : PRE 1850, Llandyssil, MGY, WLS **[11066]** : 1800-1860, MON, WLS **[41244]** : Gertrude, C1900, MON, WLS **[46213]** : Evelyn, C1900, MON, WLS **[46213]** : 1850+, Tregare, MON, WLS **[33443]** : 1750-1850, Camrose, PEM, WLS **[46212]** : Martha, 1809+, Fishguard, PEM, WLS **[29468]** : Benjamin, 1750-1800, Glyngath, PEM, WLS **[29468]** : 1830+, Letterston, PEM, WLS **[31259]** : Elizabeth, 1828+, Llanchllwydog, PEM, WLS **[29468]** : 1780-1850, Walton, PEM, WLS **[12641]** : Owen, 1834-1895, Cwmarvon, GLA, WLS & AUS **[46285]** : John, 1842-1912, Cwmarvon, GLA, WLS & AUS **[46285]** : Janet, 1854-1932, Cwmarvon, GLA, WLS & AUS **[46285]** : David, 1843-1893, Swansea, GLA, WLS & AUS **[46285]** : Sarah, 1830+, Nantyglo, MON, WLS & AUS **[45770]**
THOMAS (SIR) : Jas Wm Tudor, 1893-1976, Ystradgynlais, BRE, WLS **[15710]**
THOMASIN : ALL, WORLDWIDE **[30085]**
THOMASON : 1770, Plymouth, DEV, ENG **[18340]** : 1760S, Radwinter, ESS, ENG **[18340]** : C1820, Cul-

cheth, LAN, ENG [29854] : 1800-1850, Glazebury, LAN, ENG [17535] : 1650+, Beckbury & Badger, SAL, ENG [43989] : 1810S, Handsworth, STS, ENG [18340] : ALL, TRK, NZ [20909] : ALL, SHI, SCT [20909] : PRE 1850, Lerwick, SHI, SCT [10970] : 1850, Elbert Co., GA, USA [18340]

THOMERSON : 1810, Shoreditch, LND, ENG [18340] : ALL, WORLDWIDE [18264]

THOMKINS : 1832, Oxford, OXF, ENG [34231]

THOMLINSON : 1750+, CUL, ENG [42780] : 1700+, Carlisle, CUL, ENG [45925] : 1700-1800+, Carlisle, CUL, ENG [45925] : George, 1842, Kirkbampton, CUL, ENG [42780] : 1897, Gateshead, DUR, ENG [34374] : 1830+, Birmingham, WAR, ENG [45925] : 1900+, Dunedin, NZ [45925]

THOMMESEN : 1860+, Larvik, NOR [46199]

THOMPHSON : 1850-2004, Bendigo, VIC, AUS [34747] : 1770-1880, Spalding, LIN, ENG [34747] : 1880-1950, Reefton, WLD, NZ [34747]

THOMPSON : John, 1787-1857, Bathurst, NSW, AUS [39212] : 1880S, Copmanhurst, NSW, AUS [35365] : 1869+, Hunter River, NSW, AUS [11060] : 1843, Maitland, NSW, AUS [20641] : 1880, Murrumburrah, NSW, AUS [35365] : 1850+, Newcastle, NSW, AUS [41244] : John, 1850+, Parramatta, NSW, AUS [11036] : 1850+, St.Marys, NSW, AUS [11690] : Thomas, 1815+, Sydney, NSW, AUS [13000] : Henry, 1850+, Sydney, NSW, AUS [13731] : 1852+, Sydney, NSW, AUS [11011] : 1875+, Sydney, NSW, AUS [10970] : 1890+, Coopers Plains, QLD, AUS [11144] : Mark, 1873+, Maryborough, QLD, AUS [14002] : 1920+, Toowoomba, QLD, AUS [28000] : Mary, 1860S, Gawler, SA, AUS [46163] : Wm, 1880S, Gawler, SA, AUS [14241] : 1900, Evandale, TAS, AUS [26540] : 1850-1900, Bendigo, VIC, AUS [41244] : C1860-1863, Bendigo, VIC, AUS [21356] : 1860-1880, Echuca, VIC, AUS [11729] : 1864-1873, Geelong, VIC, AUS [32017] : John, 1800S, Melbourne, VIC, AUS [46387] : George, 1870+, Molka, VIC, AUS [12141] : Jane E., 1871-1953, Cheslea, ENG [33373] : 1890, London, ENG [46256] : Eleanor, PRE 1828, London, ENG [10998] : 1700-1800, Cople, BDF, ENG [18670] : 1700S, Southill, BDF, ENG [26540] : 1800+, BKM, ENG [13461] : Alice, PRE 1770, CHS, ENG [35186] : 1890-1894, Lawhitton, CON, ENG [46422] : PRE 1750, Carlisle, CUL, ENG [34612] : PRE 1840, Carlisle, CUL, ENG [44014] : John, 1830+, Distington, CUL, ENG [10731] : PRE 1862, Prospect, CUL, ENG [27437] : 1700+, Boylestone, DBY, ENG [20949] : 1850-1900, Derby, DBY, ENG [19025] : 1775+, East Stonehouse & Devonport, DEV, ENG [18724] : 1889-1915, Plymouth, DEV, ENG [46422] : 1870+, Plympton, DEV, ENG [18724] : 1800-1850, DUR, ENG [18657] : Sarah, C1842, Eighton Banks, DUR, ENG [10918] : Henry, C1800, Gateshead, DUR, ENG [10035] : William, 1827, Lanchester, DUR, ENG [10035] : PRE 1850, Newcastle upon Tyne, DUR, ENG [20730] : Andrew, PRE 1800, Ryton & Brancepeth, DUR, ENG [16233] : 1800+, Pocklington, ERY, ENG [46495] : PRE 1750, Birchanger, ESS, ENG [33664] : William, 1842+, Bitten & Bristol, GLS, ENG [31510] : Elisha, 1810+, Bristol, GLS, ENG [31510] : Joseph, 1858, Pontshill, HEF, ENG [33301] :Thomas, 1785, Shobdon, HEF, ENG [33301] : Joseph, 1785, Shobdon, HEF, ENG [33301] : Thomas, 1848, Weston-under-Penyard, HEF, ENG [33301] : Henry, 1860, Weston-under-Penyard, HEF, ENG [33301] : 1820, Kimbolton, HUN, ENG [26540] : 1800, Yelling, HUN, ENG [26540] : Robert, 1790, Chatham, KEN, ENG [10318] : 1750-1890, Medway, KEN, ENG [18303] : 1900+, Rochester, KEN, ENG [38082] : 1800S, LAN, ENG [34704] : Cephas, PRE 1840, LAN, ENG [99012] : William, 1866, Liverpool, LAN, ENG [24579] : C1793, Liverpool, LAN, ENG [19902] : PRE 1860, Rivington & Coppull, LAN, ENG [36983] : PRE 1668, Billinghay, LIN, ENG [19902] : Alice, 1880-90, North London, LND, ENG [26524] : C1834, Stepney, LND, ENG [18001] : ALL, Harlesden, MDX, ENG [44389] : 1813-1878, Paddington, MDX, ENG [35008] : Joseph, PRE 1830, Shadwell, MDX, ENG [40822] : Henry, 1817, Wapping, MDX, ENG [13731] : ALL, Islington, Tamworth & Kingston, MDX, WAR & SRY, ENG [43842] : PRE 1760, Allendale, NBL, ENG [17921] : 1750+, Berwick upon Tweed, NBL, ENG [46387] : Phoebe, 1870-1902, Newcastle on Tyne, NBL, ENG [28237] : PRE 1852, Newcastle upon Tyne, NBL, ENG [40914] : George, 1820-1860, Norwich, NFK, ENG [46422] : 1850+, Middlesbrough, NRY, ENG [46302] : John, 1860S, Scarborough, NRY, ENG [46423] : Ann, PRE 1870, Scarborough, NRY, ENG [46441] : Ruth, 1750-1850, Swaledale, NRY, ENG [17907] : 1750, Daventry, NTH, ENG [26101] : Samuel, PRE 1800, Towcester, NTH, ENG [40822] : PRE 1780, Barby, NTH & WAR, ENG [38523] : Daniel, 1735-1766, Blyth, NTT, ENG [34111] : PRE 1830, Blyth, NTT, ENG [34111] : 1867-1900, Southwell, NTT, ENG [38082] : 1815, Bath, SOM, ENG [35365] : PRE 1800, Wanstrow, SOM, ENG [41370] : C1800+, Chobham, SRY, ENG [27868] : 1800-1850, Battle, SSX, ENG [41244] : ALL, Bilston, STS, ENG [45766] : PRE 1750, Ellastone, STS, ENG [19025] : James, 1853+, Hopwas, STS, ENG [29939] : Henry, 1856+, Hopwas, STS, ENG [29939] : Thos. Webster, 1837-1901, Willenhall & Wolverhampton, STS, ENG [25642] : ALL, Wolverhampton, STS, ENG [45766] : 1840+, Erdington, Birmingham & Aston, WAR, ENG [42600] : 1800+, Corsham, WIL, ENG [13943] : PRE 1850, Malmesbury, WIL, ENG [36033] : 1800+, Sherston Magna, WIL, ENG [10886] : PRE 1900, Dudley, Halesowen & Oldbury, WOR, ENG [44223] : 1600-1750, Ombersley, WOR, ENG [12641] : PRE 1850, Doncaster, WRY, ENG [35015] : PRE 1789, Ecclesall Bierlow, WRY, ENG [17626] : 1700-1850, Idle, WRY, ENG [33347] : ALL, Idle, WRY, ENG [40719] : 1800-1900, Knottingley, WRY, ENG [12641] : C1700-1900, Knottingley, WRY, ENG [37149] : 1830-1870, YKS, ENG [11729] : Thomas, C1800S, North Ferriby, YKS, ENG [42897] : 1800-1850, Tanfield, YKS, ENG [38668] : James, 1838, WRY, ENG & AUS [28013] : 1800-1900, London, ENG & RSA [22114] : ALL, Carlisle, CUL, ENG & SCT [39229] : C1854, ENG, SCT & AUS [11319] : 1888, HONG KONG [12367] : 1800S, Madras, INDIA [28141] : Anne, 1849, Dublin, IRL [37181] : 1700+, Belfast, ANT, IRL [14002] : PRE 1856, Muckamore, ANT, IRL [40970] : 1700-1825, ANT, WIC & DUB, IRL [43756] : PRE 1852, ARM, IRL [46327] : PRE 1840, Cork, COR, IRL [32017] : Alex R., 1800-1848, Churchill, DON, IRL [22640] : 1830+, Raphoe, DON, IRL [44209] : 1854+, Raphoe, DON, IRL [44209] : Robert, PRE 1840, Kilbroney, DOW, IRL [38234] : 1840+, DUB, IRL [28813] : 1840S, Ballyreagh, FER, IRL [35365] : 1700-1867, Castledawson, LDY, IRL [21356] : 1820, Londonderry, LDY, IRL [10948] : Ann, 1840+, Londonderry, LDY, IRL [42432] : Ann, PRE 1825, Durrow & Birr, LEX & OFF, IRL [28039] : PRE 1878, Corkhill, TYR, IRL [35592] : Dr William, C1800, Wexford, WEX, IRL [28141] : Susannah, C1800+, Dublin & Hawkesbury, NSW, IRL & AUS [33097] : PRE 1850, Friesland, FRI, NL [46398] : PRE 1850, Harlingen, FRI, NL [98672] : William, C1850, Amsterdam, NOH, NL [46398] : PRE 1850, Amsterdam, NOH, NL [46398] : PRE 1900, Farsond, NOR [21254] : PRE 1900, Mahurangi, NTH IS., NZ [11280] : 1863+, Wetherstones, OTG, NZ [21356] : 1750-1900, SCT [21231] : John, 1829+, Craigton, ABD, SCT [46320] : 1800-1850, Ellon, ABD, SCT [41244] : John, 1801+, Peterculter, ABD, SCT [46320] : Mary, 1819, Montrose, ANS, SCT [39247] : PRE 1900, Boyne, BAN, SCT [29024] : Agnes, PRE 1850, Airdrie, LKS, SCT [11718] : Alex, 1800-1848, Paisley, RFW, SCT [22640] : 1600S+, Berwick & Kittery, ME, USA [22796] : 1850+, St.Paul, MN, USA [11690] : John, 1799, Brooklyne, NY, USA [46387] : 1900+, Penygraig, GLA, WLS [44007] : 1871+, Dolgelly, MER, WLS [44007] : PRE 1851, Montgomery, MGY, WLS [44007]

THOMPSON-FELTHAM : Alice, 1800+, Kensington, LND, ENG [45824]

THOMPSON-HINDMARSH : 1850+, AUS & ENG [39229]
THOMPSON-HOOPER : Cecilia, 1820+, Margate, KEN, ENG [10049]
THOMS : 1700-1800S+, Dundee, ANS, SCT [33331]
THOMSEN : 1860+, Horten, NOR [46199] : 1860+, Larvik, NOR [46199] : 1860+, Tonsberg, NOR [46199]
THOMSON : C1860, Kerang, VIC, AUS [45794] : James Rollo, 1878, Melbourne, VIC, AUS [39179] : PRE 1842, LAN, ENG [45614] : PRE 1855, Manchester, LAN, ENG [38936] : Isabel, 1707+, Ingo, NBL, ENG [37188] : John, 1840, Sotterly, SFK, ENG [12141] : PRE 1851, Lambeth & Walworth, SRY & ESS, ENG [42019] : ALL, Heathfield & Rotherfield, SSX, ENG [38926] : 1740+, Horsham, SSX, ENG [17676] : PRE 1921, INDIA [14744] : Essie, 1800S, Ballooly, DOW, IRL [46261] : Susan, C1800+, Dublin & Hawkesbury, NSW, IRL & AUS [33097] : 1860+, Larvik, NOR [46199] : PRE 1900, Mahurangi, NTH IS., NZ [11280] : 1863, Invercargill & Dunedin, OTG, NZ [32035] : 1727+, ABD, SCT [30182] : PRE 1870, Belhelvie, ABD, SCT [46408] : PRE 1850, ABD & MLN, SCT [26493] : ALL, Dundee, ANS, SCT [11092] : 1816+, Montrose, ANS, SCT [41443] : Mary, 1819, Montrose, ANS, SCT [39247] : PRE 1850, Dalry & Girvan, AYR, SCT [43481] : PRE 1850, Kilmarnock, AYR, SCT [39949] : PRE 1877, Kilmarnock, AYR, SCT [25672] : PRE 1840, Largs, AYR, SCT [20729] : Helen, 1730, Fordyce, BAN, SCT [16822] : 1700+, Buncle, BEW, SCT [13129] : PRE 1830, Dumfries, DFS, SCT [39154] : Isabella, C1785, Dunbarton, DNB, SCT [10035] : 1800-1850, Edinburgh, ELN, SCT [11424] : Robert, C1822, Prestonpans, ELN, SCT [12639] : William, 1790+, Abbotshall, FIF, SCT [45769] : Agnes, 1800+, Ceres, FIF, SCT [21854] : 1768-1772, Kilconquhar, FIF, SCT [14880] : PRE 1790, Newburgh, FIF, SCT [44014] : 1790-1830, Torryburn, FIF, SCT [25830] : James, 1740+, Torryburn & Dunfermline, FIF, SCT [41090] : 1700+, Fordoun, KCD, SCT [41443] : 1800-1860, Castle Douglas, KKD, SCT [46262] : 1858+, LKS, SCT [20933] : PRE 1862, Blantyre, LKS, SCT [32017] : 1700+, Carmunnock, LKS, SCT [26687] : 1790+, Glasgow, LKS, SCT [11090] : 1810, Glasgow, LKS, SCT [37070] : 1850+, Glasgow, LKS, SCT [39949] : C1825-1865, Glasgow, LKS, SCT [30870] : Andrew, C1840, Glasgow, LKS, SCT [39820] : C1849, Glasgow, LKS, SCT [13799] : PRE 1841, Glasgow, LKS, SCT [25755] : PRE 1880, Old Monkland, LKS, SCT [46490] : Jane, 1810+, Rutherglen, LKS, SCT [45769] : C1750, Stonehouse, LKS, SCT [25979] : 1800S, MLN, SCT [46413] : ALL, Corstorphine, MLN, SCT [46329] : John, 1700+, Duddingston & Edinburgh, MLN, SCT [29236] : Charles, 1750-1850, Edinburgh, MLN, SCT [11366] : 1700+, Lasswade, MLN, SCT [29236] : 1800+, OKI, SCT [12547] : James, 1787+, Perth, PER, SCT [20665] : 1780+, Errol, PER & FIF, SCT [25969] : 1790+, RFW, SCT [10394] : 1851, Bridge of Weir, RFW, SCT [37070] : 1800+, Neilston, RFW, SCT [44202] : 1730S, SHI, SCT [17650] : PRE 1800, SHI, SCT [29417] : Henry, C1800, Denny, STI, SCT [37568] : James, C1795, Polmont, STI, SCT [37568] : Agnes, 1825+, Polmont & Denny, STI, SCT [37568] : 1800+, Dundee, ANS, SCT & CAN [44938] : 1845+, NJ, USA [23319]
THONE : 1848, Menne & Essen, WEF, GER [29479]
THORBURN : 1814, Barr by Girvan, AYR, SCT [28164] : Margaret, PRE 1850, Glasgow, LKS, SCT [21132] : C1700, Stoneykirk, WIG, SCT [99600]
THORBY : Mary Eliz., 1812, Takeley, ESS, ENG [36275] : 1841+, Wellington, WTN, NZ [40925]
THORGOOD : 1800+, North, HRT, ENG [26399] : 1840+, London, ENG & AUS [11827]
THORLEY : Samuel, C1790-1821, Richmond, NSW, AUS [24449] : PRE 1800, Sandbach, CHS, ENG [39541]
THORN : 1850+, Liverpool, NSW, AUS [40792] : PRE 1710, ENG [41370] : Drusilla, 1800+, Aston Clinton, BKM, ENG [43769] : PRE 1809, Filleigh, DEV, ENG [18702] : 1781, Fordington, DOR, ENG [21889] : 1800+, Piddle Valley, DOR, ENG [30324] : 1867, LND, ENG [15594] : 1890+, NTT, ENG [41370] : C1860-1910, Shepton Mallet, SOM, ENG [41370] : C1700-1900, Wanstrow, SOM, ENG [41370] : 1600+, Upton on Severn, WOR, ENG [15793] : 1850+, YKS, ENG [41370] : 1900+, Rotherham, YKS, ENG [41370] : C1900, Sheffield, YKS, ENG [41370] : 1788+, Buckland, DEV, ENG & AUS [40792]
THORNBERRY : 1810, Hardin Co., KY, USA [32203]
THORNCROFT : C1860, Streatham, SRY, ENG [32035]
THORNDIKE : 1470+, Great Carlton, LIN, ENG & USA [22796]
THORNE : 1861+, Bathurst & Kirkconnell, NSW, AUS [45078] : PRE 1849, Scone, NSW, AUS [11890] : Alfred, 1860+, Sydney, NSW, AUS [10340] : 1850, London, ENG [28164] : 1860S, Mepal, CAM, ENG [42507] : PRE 1900, DOR, ENG [28275] : 1780S, Handley, DOR, ENG [31877] : Sarah, 1800, Ashwick, SOM, ENG [22799] : 1800+, Bedminster, SOM, ENG [45577] : 1800S, East Coker, SOM, ENG [18376] : 1910+, Hamilton & New Plymouth, WKT, NZ [45690]
THORNECROFT : PRE 1860, Boughton Monchelsea, KEN, ENG [39348]
THORNELOE : PRE 1857, Bridgewater, TAS, AUS [31169]
THORNILEY : 1861+, Warrington, LAN, ENG [29854]
THORNLEY : 1800+, Bolton, LAN, ENG [43775] : PRE 1890, Bolton, LAN, ENG [44045] : ALL, LND, ENG [10664] : PRE 1820, Spitalfields, LND, ENG [10664]
THORNTHWAITE : PRE 1850, London, ENG [44160]
THORNTON : 1839, Sydney, NSW, AUS [31877] : 1879+, Rockhampton, QLD, AUS [42226] : George Wesley, 1855-1935, Toronto, ONT, CAN [29528] : 1780S, London, ENG [99012] : PRE 1860, Devonport, DEV, ENG [34876] : PRE 1840, DUR, ENG [27289] : Isabella, 1776, Chester le Street, DUR, ENG [10035] : PRE 1860, Portsea, HAM, ENG [34876] : 1830, KEN, ENG [31877] : PRE 1820, Bolton, LAN, ENG [33704] : PRE 1850, Colne & Acrington, LAN, ENG [45735] : 1870-1905, Chelsea, LND, ENG [18303] : 1811, London, MDX, ENG [28092] : 1800+, St.Marylebone, MDX, ENG [34664] : 1880+, Kings Lynn, NFK, ENG [21431] : 1770+, Nottingham, NTT, ENG [33825] : PRE 1870, WRY, ENG [26981] : 1750+, Castleford & Methley, YKS, ENG [21431] : Henry, 1700-1900, Huddersfield, YKS, ENG [28513] : PRE 1850, Skipton, YKS, ENG [33704] : ALL, Waterford City, WAT, IRL [19844] : 1920+, RSA [18303]
THOROGOOD : 1700-1900, Braintree, ESS, ENG [18498] : 1832, South Benfleet, ESS, ENG [27780] : 1750+, North, HRT, ENG [26399] : ALL, CAPE, RSA [44947]
THOROUGHGOOD : 1800+, Great Bardfield, ESS, ENG [13473] : 1700S, South Hanningfield, ESS, ENG [27780] : 1750+, North, HRT, ENG [26399]
THOROWGOOD : 1750+, North, HRT, ENG [26399]
THORP : ALL, DUR & NBL, ENG [33491] : James, 1750-1790, New Cross, KEN & SRY, ENG [38538] : ALL, Kirkburton, WRY, ENG [18549] : PRE 1830, Linthwaite, WRY, ENG [46436] : Henry, 1800+, YKS, ENG [25489]
THORPE : 1830+, Glossop, DBY, ENG [45949] : PRE 1906, Ramsgate, KEN, ENG [46508] : John, 1731, Manchester, LAN, ENG [10318] : PRE 1800, Crowle, LIN, ENG [24873] : Marion, PRE 1824, Chelsea, LND, ENG [33454] : John, 1700+, Thetford, NFK, ENG [14959] : 1800+, Newport, SAL, ENG [17201] : 1850, Bury, SFK, ENG [14959] : PRE 1800, Great Livermere, SFK, ENG [45142] : 1788+, Hove, SSX, ENG [13984] : 1500+, YKS, ENG [39061] : Arthur, 1860+, Leeds, YKS, ENG [99545]
THORRINGTON : 1700-1900, East London, ENG [45037] : 1750+, Ealing & Brentford, MDX, ENG [19458]

THOULD : 1600+, Strensham, WOR, ENG [13731]
THOULESS : 1750-1850, Norwich, NFK, ENG [39519]
THOULESS (see One Name Section) [39519]
THREAPLETON : Samuel, 1844-1917, Bramley, YKS, ENG [37633]
THRELFALL : 1700-50, Eccleston, LAN, ENG [33838]
THRELKELD : 1500S+, CUL, ENG [33331] : 1750+, LAN, CUL & CHS, ENG [30870]
THRESHNEY : ALL, WORLDWIDE [19328]
THRIFT : 1650+, Hawkhurst, KEN, ENG [10775] : 1750-1850, KEN & SSX, ENG [33021]
THRISCUTT : C1700+, Gorran, CON, ENG [13406]
THROCKMORTON : John, 1796-1856, Freehold, NJ, USA [10194]
THROSBY : PRE 1820, LEI, ENG [10492] : PRE 1870, Billesdon, LEI, ENG [15929] : PRE 1870, Evington, LEI, ENG [15929]
THROSSELL : PRE 1850, ENG [39027]
THROUP : 1800+, Gargrave & Kirkby Malham, WRY, ENG [13481]
THROWER : Richard, 1865+, Hamlington, NFK, ENG [25654] : PRE 1830, Hoxne & Bardwell, SFK, ENG [42969]
THULBORN : PRE 1865, Adelaide & Hindmarsh, SA, AUS [14346] : 1838, Reedbeds, SA, AUS [14346] : Frances, PRE 1865, Cambridge, ENG [14346] : ALL, WORLDWIDE [14346]
THULES : PRE 1800, Norwich, NFK, ENG [39519]
THUM : 1800, Amsterdam, NL [14959]
THURAGOOD : 1750+, North, HRT, ENG [26399]
THURBECK : 1750+, Hinderwell, YKS, ENG [34641]
THURBON : Richard, 1847+, Cooma, NSW, AUS [29961] : Peter, 1836, Clerkenwell, LND, ENG [10610] : Richard, C1780, Holborn, LND, ENG [10610]
THURECHT : PRE 1817, Schriesheim, BAD, GER [14030]
THURGOOD : 1700S, Runwell, ESS, ENG [27780] : PRE 1588, Terling & Hatfield, ESS, ENG [43840] : 1750+, North, HRT, ENG [26399] : ALL, Reigate, SRY, ENG [36437]
THURLAWAY : 1800+, ENG [21802]
THURLEY : ALL, Dunmow, ESS, ENG [41128] : ALL, London, MDX, ENG [41128]
THURLING : Elizabeth, 1790-1825, Fundenhall, NFK, ENG [42168]
THURLOW : Jonathan, 1882+, Scone, NSW, AUS [25654] : PRE 1900, London, MDX, ENG [10581] : 1780S, Saxmundham, SFK, ENG [43481]
THURLOWAY : PRE 1900, WORLDWIDE [44063]
THURMAN : Samuel, 1800+, Weymouth, DOR, ENG [39716]
THURMER : PRE 1855, Winkfield, BRK, ENG [46516]
THUROGOOD : 1750+, North, HRT, ENG [26399]
THURSBY : 1840+, NSW, AUS [11588] : PRE 1685, Walsham le Willows, SFK, ENG [10850]
THURSCROSS : ALL, Kirkby Moorside, NRY, ENG [33664]
THURST : PRE 1750, Trunch, NFK, ENG [33428]
THURSTON : 1840-1870, Bilpin & Gilgandra, NSW, AUS [46394] : 1700-1850, East Anglia, ENG [16811] : 1920-1990, Forest Gate, ESS, ENG [20924] : 1700+, Morningthorpe, NFK, ENG [10591]
THWAITES : 1899+, Adelaide, SA, AUS [33538] : 1900+, London, ENG [13034] : PRE 1800, DUR, ENG [45614] : 1845+, Blackburn, LAN, ENG [33538] : Harriet, 1800S, Litton, SOM, ENG [12974] : ALL, SSX, ENG [34906]
THYNNE : 1800+, CLA, IRL & AUS [10647]
TIBBETTS : PRE 1820, Bicester, OXF, ENG [11690] : 1800S, Rochester, NH, USA [25833]
TIBBITS : 1600-1850, STS, ENG [43725]
TIBBITT : 1700+, AUS [26686]

TIBBITTS : 1600-1850, STS, ENG [43725]
TIBBLE : Mary Ann, 1844+, ENG [12165] : Mary, 1800+, Clare, SFK, ENG & AUS [33533]
TIBBLES : 1855+, Wollongong, NSW, AUS [45384] : 1800+, Sarratt, HRT, ENG [33846]
TIBBS : PRE 1800, Bishops Caundle, DOR, ENG [37200]
TIBEAUDO : C1840, Wagga, NSW, AUS [39155] : C1800, Portarlington & Laoighise, LEX & OFF, IRL [39155]
TIBEAUDO (see One Name Section) [39155]
TICHBORN : ALL, Edenbridge & Cowden, KEN & LND, ENG [20824]
TICKEL (see TICKLE) : [11729]
TICKLE : 1800S+, QLD & SA, AUS [13799] : 1800+, South Petherwin, CON, ENG [11729]
TICKNER : 1830+, Emsworth & Bishops Waltham, HAM, ENG [45690] : PRE 1863, Ashford, KEN, ENG [27955] : Ann(E), 1810S, Godalming, SRY, ENG [33279] : 1800+, Westbourne, SSX, ENG [18593]
TIDBY : 1818-1835, Walditch, DOR, ENG [27919]
TIDEMAN : PRE 1846, Exeter, DEV, ENG [34212]
TIDEY : James, PRE 1787, Ewhurst, SRY, ENG [10880] : 1760+, Oxted & Limpsfield, SRY, ENG [39046] : ALL, SSX & SRY, ENG [17436]
TIDFORD : ALL, WORLDWIDE [17875]
TIDMAN : 1835+, TAS, AUS [13622] : PRE 1850, KEN, ENG [13622]
TIDSWELL : PRE 1840, Bradford, WRY, ENG [19542]
TIDY : 1910+, Archway, Islington & Holborn, LND & MDX, ENG [31079] : 1760+ SRY & SSX ENG [39046]
TIDY (see TIDEY) : [17436]
TIEDE : 1800S, Dabie, POL [16513]
TIEGS : 1843, Reinfeld, POM, PRE [15987] : 1813, Strahmel, POM, PRE [15987]
TIER : Annie, 1800S, Dublin, IRL [44296]
TIERNEY : ALL, AUS [43395] : Luke, 1840+, Armidale Emmaville, NSW, AUS [30653] : William, 1870S, Bombala, NSW, AUS [11773] : 1840+, Hunter Vy, NSW, AUS [10948] : 1836+, Maitland, NSW, AUS [20641] : 1835+, Sydney, Maitland, Armidale, NSW, AUS [30653] : 1800+, Bagenalstown, CAR, IRL [16783] : 1800+, CLA, IRL [13868] : PRE 1864, Ennis, CLA, IRL [13868] : Patrick, 1802-1835, Clondalkin, DUB, IRL [30653] : C1800, KIK, IRL [13004] : 1821, Limerick, LIM, IRL [20641] : 1800+, Boyle, ROS & MEA, IRL [10705] : ALL, Courthill, Borrisokane, TIP, IRL [25702] : C1800-1910, Hawick, SEL, SCT [40569]
TIFFEN : Robert, 1823, NFK, ENG [27289] : 1850-1950, Mitcham, SRY, ENG [20416]
TIFFIN : Ann, C1718, Colne Engaine, ESS, ENG [27816]
TIFFORD : ALL, WORLDWIDE [17875]
TIGAR : ALL, WORLDWIDE [18145]
TIGER : ALL, WORLDWIDE [18145]
TIGH : C1815+, London, ENG [33506] : 1800+, Alverstoke, HAM, ENG [33506]
TIGHE : ALL, Salford, LAN, ENG [29328]
TIGWELL : C1800, Great Burstead, ESS, ENG [31689] : PRE 1740, Old Basing, HAM, ENG [10493]
TIGWILL : PRE 1830, Paddington, MDX, ENG [43828]
TIJAR : ALL, WORLDWIDE [17875]
TILBROOK : 1855+, Mount Barker & Minlaton, SA, AUS [31413] : PRE 1855, Steeple Bumpstead, ESS, ENG [31413] : 1700-1850, Newmarket, SFK, ENG [28536] : 1750-1850, Worcester, WOR, ENG [28536]
TILBURY : Thomas, PRE 1710, Church Oakley & Winchester, HAM, ENG [41589]
TILBY : ALL, Deptford St.Paul, KEN, ENG [46298]
TILDEN : 1600S, Yarmouth, MA, USA [15521]
TILDERSLY : C1871, Chicago, IL, USA [99055]
TILEY : PRE 1890, Shoreditch, LND, ENG [21012] : Amy Susannah, PRE 1868, WIL, ENG [35225]
TILGHMAN : ALL, WORLDWIDE [38516]

TILL : Edith, 1814, Hilderstone, STS, ENG **[16822]** : 1700+, Penkridge, STS, ENG **[36368]**

TILLBROOK : William, 1770-1810, Shernborne, NFK, ENG **[25654]**

TILLER : 1600-1700, Tregony, CON, ENG **[45142]** : PRE 1800, Fawley & Soton, HAM, ENG **[19296]** : 1820-1900, Southampton, HAM, ENG **[10070]** : 1820-1885, YKS, ENG, IRL & AUS **[27769]**

TILLEY : 1849+, Redbanks, Chicago & Payneham, SA, AUS **[33642]** : John, 1864+, Marshfield, GLS, ENG **[99598]** : 1740+, Raunds, NTH, ENG **[18884]** : Augustus, 1879+, Langford Budville, SOM, ENG **[99598]** : Harry, 1872+, Bulkington, WIL, ENG **[99598]** : 1800, North Newnton, WIL, ENG **[33642]**

TILLING : PRE 1900, GLS, ENG **[38663]** : PRE 1800, Fairford, GLS, ENG **[14267]** : 1800+, Camberwell, LND, ENG **[27867]** : William, 1770S, Crudwell & Malmesbury, WIL, ENG **[31510]**

TILLMAN : ALL, WORLDWIDE **[38516]**

TILLOTSON : 1853+, Castlemaine, VIC, AUS **[11733]** : PRE 1750, WRY, ENG **[35619]** : C1700, Halifax, WRY, ENG **[30310]** : ALL, Hampswaite & Barnsley, WRY, ENG **[30589]** : PRE 1852, Skipton, YKS, ENG **[11733]**

TILLY : 1800+, Martock & Kingsbury Episcopi, SOM, ENG **[36126]**

TILMAN : ALL, WORLDWIDE **[38516]**

TILSLEY : 1550+, Worcester, Bromsgrove, WOR, ENG **[21983]**

TILSON : ALL, CAV, IRL **[26493]** : John, PRE 1860, CAV, IRL **[27666]** : 1770-1830, Belturbet, CAV, IRL **[10037]** : Wm, PRE 1878, Deredis, CAV, IRL **[27666]**

TILSON (see One Name Section) [27666]

TILT : PRE 1820, London, MDX, SRY & KEN, ENG **[18096]**

TILTMAN : ALL, WORLDWIDE **[29324]**

TIM : PRE 1837, Sunderland, DUR, ENG **[42645]**

TIMBERLAKE : Delbert, 1900S, Liverpool & Turner, MN, USA **[39712]**

TIMM : 1820-1851, SWE **[26149]**

TIMME : 1812-1839, Sandhurst, BRK, ENG **[46359]** : PRE 1800, Helmstedt, BSW, GER **[19785]**

TIMMERMANN : 1600-1800, MSW, GER **[21973]**

TIMMINS : ALL, STS, ENG **[24474]** : PRE 1870, West Bromwich, STS, ENG **[99012]** : 1800-1875, Dudley, WOR, ENG **[25322]** : PRE 1837, Dudley, WOR, ENG **[17366]** : 1850+, Dublin, IRL **[37713]**

TIMMIS : PRE 1870, Bathurst, NSW, AUS **[40135]** : 1870+, Burnt Yards, NSW, AUS **[40135]** : 1850, Wyunbury, CHS, ENG **[12641]**

TIMMONS : 1800-1840, Dalziel, LKS, SCT **[46347]**

TIMMS : Charles, 1860+, Beechworth, VIC, AUS **[35589]** : ALL, ENG **[46444]** : 1800-1900, London, ENG **[46196]** : C1830, Norwich, NFK, ENG **[41212]** : PRE 1860, Chipping Warden, NTH, ENG **[12457]** : 1750-1900, Brize Norton, OXF, ENG **[39835]** : Charles, 1860+, HBG, GER **[35589]** : PRE 1885, Dublin, IRL **[22248]** : Harry, 1850+, NZ **[44110]** : R., 1859, CBY, NZ **[44110]**

TIMNEY : ALL, DUR & NBL, ENG **[42909]**

TIMPSON : 1700-1900, Cottingham, NTH, ENG **[14513]**

TIMS : 1874+, Naunton, GLS, ENG **[28154]** : Sarah, 1881-1900, Naunton, GLS, ENG **[28154]** : 1830+, London, MDX, ENG **[21104]** : 1700S, Westminster & Holborn, MDX, ENG **[45215]** : 1750+, Cropredy & Banbury, OXF, ENG **[21104]** : 1800-1870, Grandborough, WAR, ENG **[36826]** : 1880+, Tauranga, NZ **[21104]**

TIMSON : 1750-1900, Berkhamsted, HRT, ENG **[19461]**

TINDAL : 1650-1750, KEN, ENG **[34277]** : ALL, WORLDWIDE **[35836]**

TINDALE : 1800+, NSW, AUS **[13853]** : 1800+, Rauceby, LIN, ENG **[17449]**

TINDALL : 1860, Cowra, NSW, AUS **[11590]** : 1876-87, Norton-in-Malton, ERY, ENG **[13922]** : 1400-1900S, Chatton, NBL, ENG **[21198]** : 1860-65, Ripon, NRY, ENG **[13922]** : 1830, Thornton Steward, NRY, ENG **[13922]** : 1836-41, Thornton Watless, NRY, ENG **[13922]** : 1829-33, West Witton, NRY, ENG **[13922]** : 1799-1848, South Stainley, WRY, ENG **[13922]** : 1856-1886, Thorparch & Boston Spa, WRY, ENG **[13922]** : 1887-1906, Settrington, YKS, ENG **[13922]** : 1861+, Tadcaster, YKS, ENG **[13922]**

TINGAY : PRE 1710, Soham, CAM, ENG **[33428]**

TINGEY : 1600-1900, BDF, ENG **[19656]**

TINGLEY : PRE 1795, Hellingly & Chiddingly, SSX, ENG **[39042]**

TINHAM : Enos, 1856+, Caledonia Diggings, VIC, AUS **[12490]** : Enos, 1856+, Collingwood & Fitzroy, VIC, AUS **[12490]** : Anne, 1852-1899, Fitzroy, VIC, AUS **[12490]** : Thomas, C1827-1888, Burcombe & Collingwood, WIL & VIC, ENG & AUS **[12490]**

TINKER : ALL, LIN, ENG **[18150]** : 1700-1800, Kirkburton, WRY, ENG **[36242]**

TINKLER : 1850+, Clay Cross, DBY, ENG **[43816]** : 1880+, Derby, DBY, ENG **[43816]** : ALL, Stockton, DUR, ENG **[46330]** : 1500+, LEI, ENG **[43816]** : 1800+, Grantham, LIN, ENG **[43816]** : ALL, St.Pancras, MDX, ENG **[46330]** : Robert, PRE 1851, St.Pancras, MDX, ENG **[46330]**

TINLEY : PRE 1900, SFK, ENG **[39312]**

TINLIN : ALL, Berwick, BEW, SCT **[37542]**

TINLING : 1750-1850, Borders, SCT & ENG **[22036]**

TINNEY : John H., 1850, CON, ENG & UK **[99433]**

TINSLEY : PRE 1900, HRT, ENG **[17094]** : 1750-1900, Much Hadham, HRT, ENG **[45639]** : 1780+, Holbeach, LIN, ENG **[17030]**

TIPLADY : Jane, 1850+, Houghton-le-Hole, DUR, ENG **[10035]** : John, C1790, Houghton-le-Hole, DUR, ENG **[10035]** : C1835, Cramlington, NBL, ENG **[10070]** : PRE 1850, Wensleydale, NRY, ENG **[21149]** : Jane, 1770, Brignal, YKS, ENG **[10035]** : Jane, 1871, Meigs, OH, USA **[10035]**

TIPLER : 1780-1850, Helpringham, LIN, ENG **[46305]** : Ainey Hall, C1845, Hampstead, MDX, ENG **[33766]**

TIPPER : Thomas, PRE 1816, Dartmouth, DEV, ENG **[35297]** : 1750-1850, MDX, ENG **[44078]** : 1600+, Chithurst, SSX, ENG **[15464]**

TIPPET : ALL, Paul, CON, ENG **[46255]** : 1800S, St.Mewan, CON, ENG **[14045]**

TIPPETT : PRE 1860, Camborne, CON, ENG **[31597]** : PRE 1800, St.Columb, CON, ENG **[11918]** : C1750-1850, Plymouth, DEV, ENG **[46362]**

TIPPING : 1850+, Toronto, ONT, CAN **[15793]** : 1870+, Gourock, RFW, SCT **[27842]**

TIPPINS : 1700+, Newland, GLS, ENG **[37267]** : PRE 1700, Weston-under-Penyard, HEF, ENG **[46275]**

TIPTOLF : PRE 1840, LND, ENG **[45186]**

TIPTON : Anne, 1680-1729, Hanham, GLS, ENG **[46192]** : 1700S, Pontesbury, SAL, ENG **[28948]** : Susana, PRE 1820, Jefferson Co., OH, USA **[16378]**

TISCHMANN : PRE 1875, Hagen, NRW, GER **[12563]**

TISDELL : 1862+, NSW, AUS **[34947]** : 1880+, Manning River, NSW, AUS **[11060]**

TISLEY : Samuel, 1600-1750, Roydon, ESS, ENG **[39461]** : Joseph, 1767-1797, London & Shoreditch, LND & MDX, ENG **[39461]**

TISSINGTON : 1750+, Wirksworth, DBY, ENG **[42643]** : C1760, NTT, ENG **[28340]**

TITCHENER : C1800, Shrivenham, WIL, ENG **[28742]**

TITCHMARSH : PRE 1830, ESS & LND, ENG **[17766]** : PRE 1830, NFK, CAM & SFK, ENG **[17766]**

TITCOMB : 1700S, Iping, SSX, ENG **[36950]** : 1700S, Midhurst, SSX, ENG **[36950]** : ALL, Rodbourne Cheney, WIL, ENG **[41444]**

TITCOMBE : PRE 1840, DEV, ENG **[17189]** : 1860, St.Pancras, LND, ENG **[17189]** : 1500+, Calne, WIL, ENG **[13943]**

TITFORD : ALL, WORLDWIDE **[17875]**

TITHERINGTON : 1800+, Liverpool, LAN, ENG [30120]
TITLE : 1780, Irchester, NTH, ENG [46483]
TITLEY : C1880-1910, Lilleshall, SAL, ENG [42761] : PRE 1770, Shifnal, SAL, ENG [46275]
TITLOW : 1840+, St.Pancras, MDX, ENG [38660]
TITMAN : 1800-1900, Thrapston, NTH, ENG [45635] : 1800-1950, Ipswich, SFK, ENG [45635]
TITMUSS : 1700+, Stevenage, HRT, ENG [38488]
TITTCOMB : Sarah, C1800, SSX, ENG [12165]
TITTENSOR : ALL, Newcastle, STS, ENG [31826]
TITTERTON : 1650-1850, SAL, ENG [19880]
TITUS : 1783-1880, Digby Co., NS, CAN [22262] : PRE 1784, Long Is. & Westchester Co., NY, USA [22262]
TIVER : 1680-1850, SOM, ENG [27087]
TIVEY : 1814-1880, Derby, DBY, ENG [46212] : PRE 1870, Melbourne, DBY, ENG [39873] : 1870-1900, Nottingham, NTT, ENG [39873]
TIZARD : PRE 1900, DOR, ENG [28275] : 1700+, IRL [30324]
TOASE : 1900, Toronto, ONT, CAN [40960]
TOASZE : 1900, Toronto, ONT, CAN [40960]
TOBIN : 1860S, Braidwood, NSW, AUS [10574] : 1850S, Kiama, NSW, AUS [10574] : 1870S, Nerang, QLD, AUS [10574] : C1856, Hobart, TAS, AUS [10119] : Thomas, 1800S, COR, IRL [12231] : PRE 1900, COR, IRL [98612] : PRE 1800, KIK, IRL [34739] : William, 1820, Ballyglasheen, LIM, IRL [10610] : 1800, Mullinahone, TIP, IRL [11530] : 1876+, Auckland, AKL, NZ [46307]
TOBY : C1700, Wellingborough, BKM, ENG [25654] : PRE 1700, DOR & SOM, ENG [15745]
TOCHER : 1700+, Rayne & Oldmeldrum & Aberdeen, ABD, SCT [37236]
TOD : James, PRE 1740, Lasswade, SUT, SCT [35297]
TOD-DAZIEL : Margaret, PRE 1850, Parton Mill, KKD, SCT [16867]
TODD : 1800-1900, Hardwick, BKM, ENG [44241] : 1700S, Newport Pagnall, BKM, ENG [11536] : 1750+, Ottery St.Mary, DEV, ENG [19694] : Edward, C1842, Eighton Banks, DUR, ENG [10918] : James, C1821, ESS, ENG [30917] : 1850, Kirkby, LAN, ENG [14194] : Samuel, PRE 1800, Stamford, LIN, ENG [34211] : PRE 1850, London, MDX, ENG [10277] : 1590-1680, Wath, NRY, ENG [33347] : Samuel, PRE 1800, Wittering, NTH, ENG [34211] : PRE 1843, Lawshall, SFK, ENG [25354] : Susannah, 1887, Bermondsey, SRY, ENG [34211] : Elizabeth, 1893, Stepney, YKS, ENG [34211] : 1790+, Sutton-on-the-Forest, YKS, ENG [20975] : PRE 1870, IRL [44417] : ALL, ANT, IRL [21763] : Sophia Ruddle, PRE 1810, ARM, IRL [31153] : John, PRE 1860, Coleraine, DRY & ANT, IRL [27666] : 1700+, Edinburgh, SCT [33825] : 1700-1850, BEW, SCT [45636]
TODE : 1835+, Sturry, KEN, ENG [12802]
TODMAN : 1850-1930, South Yarra, VIC, AUS [12589] : PRE 1850, ESS, ENG [12589]
TOEFIELD : PRE 1691, Stewkley, BKM, ENG [26366]
TOENNES : Carl, 1893+, SWE [22392]
TOFIELD : ALL, BKM & BRK, ENG [12917]
TOFT : 1600-1850, Sunderland, DUR, ENG [31259] : 1800-1900, Prescot, LAN, ENG [12641] : 1600-1850, Newcastle-upon-Tyne, NBL, ENG [31259]
TOFTS : PRE 1810, Langley, ESS, ENG [34986] : ALL, WORLDWIDE [42170]
TOGERSEN : 1532-1594, Viborg, DEN [34837]
TOLAN : Wm, 1862, Crossmolina, MAY, IRL [11061]
TOLBERT : Samuel, 1858-1862, Wollongong, NSW, AUS & USA [10297]
TOLBORT : 1800S, Woolhope, HEF, ENG [10993]
TOLCHER : PRE 1881, GSY, CHI [17364]
TOLE (see One Name Section) [19234]
TOLEMAN : Eliz. Mary, 1800+, Melbourne, VIC, AUS

[33533] : Eliz. Mary, 1800+, Mortlake & Warrnambool, VIC, AUS [33533] : C1795, Taunton, SOM, ENG [99106]
TOLFORD : Mary, 1776-1859, NH & ME, USA [45995]
TOLHOPF : 1863+, Puhoi, NZ [42552]
TOLHURST : 1800-1830, Frittenden, KEN, ENG [19275] : PRE 1810, Newchurch & Thanet, KEN, ENG [46375]
TOLL : Eliza, 1796-1863, Whitestone & Brooklyn, NY, USA [27633]
TOLL (see One Name Section) [19234]
TOLLADY : ALL, ENG [32040]
TOLLE (see One Name Section) [19234]
TOLLEY : 1800-1860, WOR, ENG [21597]
TOLLIDAY : PRE 1750, Snailwell, CAM, ENG [33428]
TOLLINGTON : 1750+, London, MDX, ENG [12641]
TOLLIS : C1797, KEN, ENG [21563]
TOLMIE : PRE 1850, ROC, SCT [46164]
TOLSON : Jane, C1800, ESS, ENG [10649] : Jessie, 1854+, Dosthill, WAR & STS, ENG [46246]
TOMASIN : ALL, WORLDWIDE [30085]
TOMASIN (see One Name Section) [30085]
TOMBLIN : PRE 1860, Ayr, AYR, SCT [13914]
TOMBLING : 1790+, Reading, BRK, ENG [42665] : PRE 1820, North Elmham, NFK, ENG [25559]
TOMBS : 1900+, Fremantle, WA, AUS [12386] : C1700, Chearsley & Langley, BKM, ENG [30929] : 1800+, Kennington, LND, ENG [12386] : 1866, Walworth, SRY, ENG [12386] : PRE 1850, Evesham, WOR, ENG [39564] : PRE 1820, South Cerney, GLS, ENG & AUS [42698]
TOMELER : Elizth, C1781 Tideswell DBY ENG [14463]
TOMICH : 1890+, CO, USA & YU [24182]
TOMINEY : 1860-1900, Helensburgh & Dumbarton, DNB, SCT [38538]
TOMKEIGH : PRE 1870, GER [98637]
TOMKEN : 1700-1800, CON, ENG [21597]
TOMKIES : 1600+, MDX, ENG [33347]
TOMKIN : Mary Marchant, 1830+, Maidstone, KEN, ENG [27038]
TOMKINS : C1850, London, ENG [30714] : PRE 1830, BRK, ENG [45046] : 1850+, East Ham, ESS, ENG [42342] : 1860-1900, Walford, HEF, ENG [39445] : Sarah, 1750-1820, Westminster & London, MDX, ENG [39451]
TOMKINSON : 1822, Liverpool, LAN, ENG [34837] : 1650+, Cheddleton & Leek, STS, ENG [15823]
TOMLIN : 1750-1880, Kimpton, HRT, ENG [20578] : PRE 1760, KEN, ENG [36762] : Frances, C1587, Detling, KEN, ENG [10035] : 1760+, Fordwich & Ash, KEN, ENG [36762] : 1680, Maidstone, KEN, ENG [13511] : 1700-1900, LIN, ENG [12401] : 1700S, Hinton Waldrist, OXF, ENG [36655] : 1870+, Kendal & Rochdale, WES, ENG [20578]
TOMLINS : Augustus B., 1810+, Woolwich, KEN, ENG [19727] : 1870+, Hammersmith, MDX, ENG [19727] : PRE 1800, Dorrington, SAL, ENG [19641] : PRE 1830, Madeley & Ironbridge, SAL, ENG [46297]
TOMLINSON : 1801+, Sydney, NSW, AUS [31923] : Joseph, C1836-1853, (Convict), TAS, AUS [12573] : 1864, Spring Creek, VIC, AUS [46238] : ALL, CAN [18042] : ALL, York Co., ONT, CAN [40960] : PRE 1830, London, ENG [11280] : 1876, Mary Place, ENG [29528] : PRE 1830, Barthomley & Alsager, CHS, ENG [31316] : PRE 1825, Bootle, CUL, ENG [46483] : ALL, Embleton, CUL, ENG [11229] : 1800+, Derby, DBY, ENG [13377] : Sarah, PRE 1794, Kniveton, DBY, ENG [31003] : Sarah, PRE 1794, Kniveton, DBY, ENG [31003] : Hannah, C1715, Anstey, HRT, ENG [25654] : Joseph, PRE 1836, HUN, ENG [12573] : 1845+, Banks, North Meols, LAN, ENG [31486] : John, C1627, Chipping, LAN, ENG [18957] : Ellen C1834+, Farnworth & Widnes, LAN, ENG [28341] : Joseph, 1810+, War-

rington, LAN, ENG **[28341]** : Ellen, C1834+, Warrington, LAN, ENG **[28341]** : 1700+, Sutton Cheney, LEI, ENG **[28600]** : PRE 1790, Breedon on the Hill, LEI, DBY & STS, ENG **[18236]** : PRE 1850, LIN, ENG **[18042]** : 1750+, Southwark, LND, ENG **[17676]** : PRE 1850, NTT, ENG **[29298]** : PRE 1940, Newark, NTT, ENG **[18042]** : PRE 1820, Skegby, NTT, ENG **[41370]** : C1884, Brixton, SRY, ENG **[41109]** : 1780+, Bell Busk, WRY, ENG **[21038]** : 1700+, Long Preston, Gargrave, WRY, ENG **[21038]** : 1826-1899, Preston, LAN, ENG & AUS **[46238]** : PRE 1850, London, MDX, ENG & AUS **[39092]**

TOMMS : C1700, Chearsley & Langley, BKM, ENG **[30929]**

TOMPKINS : 1800-69, Heath & Reach, BDF, ENG **[30120]** : PRE 1810, Cheddington, BKM, ENG **[19275]** : 1870-80, Stony Stratford, BKM, ENG **[30120]** : PRE 1900, Liverpool, LAN, ENG **[30880]** : PRE 1830, Leicester, LEI, ENG **[30880]** : Mary Ann, 1842+, Wellington, NZ **[10047]**

TOMPKINSON : Harriett, 1828-1884, ENG **[45774]**

TOMS : 1855+, Caboolture, QLD, AUS **[29236]** : PRE 1832, ENG **[14348]** : C1700, Chearsley & Langley, BKM, ENG **[30929]** : PRE 1881, Hungerford, BRK, ENG **[12748]** : 1834+, Devonport, DEV, ENG **[18724]** : ALL, Filleigh & Chittlehampton, DEV, ENG **[29236]**

TOMSETT : ALL, KEN, ENG **[20949]** : 1790+, Lewes & Eastbourne, SSX, ENG **[36212]**

TOMSON : 1780-1820, Luton, BDF, ENG **[13326]** : PRE 1650, Ecclesfield, WRY, ENG **[17626]**

TONAGH : 1877-2000, Glasgow, LKS, SCT **[13591]**

TONAR : 1850+, NORTH IS., NZ **[45032]**

TONE : PRE 1770, Whalton, DUR, ENG **[26366]**

TONER : PRE 1840, TYR, IRL **[42296]**

TONES : PRE 1800, Darlington, DUR, ENG **[30612]** : ALL, NRY & DUR, ENG **[17907]**

TONEYCLIFFE : PRE 1875, Carrick-on-Shannon, ROS, IRL **[20919]** : 1860S+, NZ **[20919]**

TONG : PRE 1864, Boughton Blean & Dunkirk, KEN, ENG **[18639]** : 1725+, Chilham, KEN, ENG **[36762]** : Stephen, 1851+, Faversham & Woodchurch, KEN, ENG **[36762]** : Stephen, 1800+, Sturry, KEN, ENG **[36762]** : PRE 1841+, Winterbourne, KEN, ENG **[18639]** : 1830+, Tottenham, MDX, ENG **[42329]**

TONGE : 1909, Mosman, NSW, AUS **[10280]** : PRE 1840, Penzance, CON, ENG **[17189]** : Edward, C1825, Manchester, LAN, ENG **[99600]**

TONGUE : Samuel, 1800, Stockport, CHS, ENG **[26580]** : 1800-1860, STS, ENG **[46501]** : 1800-1860, WAR, ENG **[46501]**

TONKEN : 1700-1850, Mullion, CON, ENG **[10646]**

TONKIN : 1850, VIC, AUS **[99047]** : C1797, Grade, CON, ENG **[14030]** : ALL, Mannacan, CON, ENG **[99187]** : PRE 1900, Paul, CON, ENG **[19843]** : 1779, St.Buryan, CON, ENG **[35365]** : 1689+, St.Just in Penwith, CON, ENG **[45689]** : Elizabeth, C1760+, St.Just in Penwith, CON, ENG **[41477]** : PRE 1850, Buckland Monachorum, DEV, ENG **[19254]**

TONKS : 1800-1910, Newcastle, NSW, AUS **[46371]** : 1788+, Sydney, NSW, AUS **[31923]** : Sarah, 1800-1880, Lawley, SAL, ENG **[99433]** : PRE 1850, STS & SAL, ENG **[42582]** : PRE 1788, WOR, ENG **[31923]**

TONNAIRE : 1791-1877, Lemuy, Jura, FC, FRA **[39991]**

TONNER : David, 1840+, AYR, SCT **[30985]**

TONNERRE : 1758-1852, Lemuy, FC, FRA **[39991]**

TOOGOOD : Fortunatus, 1700-1780, Uffculme, DEV, ENG **[17203]** : 1803, Gillingham, DOR, ENG **[44941]** : PRE 1750, Gillingham, DOR, ENG **[10493]** : PRE 1850, SOM, ENG **[19993]** : 1660S, Swansea, MA, USA **[26149]**

TOOHER : 1800+, Sydney, NSW, AUS **[20401]** : 1860+, OFF, IRL **[20401]** : 1800, Kinnitty, OFF, IRL **[20401]** : 1800+, USA **[20401]**

TOOHEY : 1855+, Yass, NSW, AUS **[11366]**

TOOHILL : PRE 1835, Pallaskenry, LIM, IRL **[11034]**

TOOL : Margaret, 1830S, London, ENG **[43481]**

TOOLE : 1876+, AUS **[26301]** : C1875, Amherst & Clunes, VIC, AUS **[36751]** : John Lawrence, 1800-1900, (Actor), ENG **[30120]** : 1820+, Macclesfield, CHS, ENG **[30120]** : 1850-1900, Liverpool, LAN, ENG **[30488]** : 1890+, Liverpool, LAN, ENG **[30120]** : 1900+, Manchester, LAN, ENG **[30120]** : 1875-90, Shrewsbury, SAL, ENG **[30120]** : C1900, Dublin, IRL **[21916]** : PRE 1855, WIC, IRL **[46491]** : 1800-1850, Glendalough, WIC, IRL **[30488]** : 1885+, Beaumaris, AGY, WLS **[30120]** : 1930-40, Newport, MON, WLS **[30120]**

TOOLEY : 1860+, Barking, ESS, ENG **[46421]** : 1840+, Laindon, ESS, ENG **[46421]** : William, 1788+, Crowland, LIN, ENG **[20793]** : PRE 1879, LND, ENG **[44249]** : C1810, Islington, MDX, ENG **[17998]**

TOOMER : Walter, 1901, London, ENG **[39964]** : Robert, 1901, London, ENG **[39964]** : Harry, 1901, London, ENG **[39964]** : Wm & Robert, 1830-1950, Wargrave & Reading, BRK, ENG **[39964]** : Chas. R., 1890-1930, South Shields & Westoe, DUR, ENG **[39964]** : 1810-1823, Andwell-Up-Nately, HAM, ENG **[39964]** : 1751-1829, Lyndhurst & Brockenhurst, HAM, ENG **[39964]** : John & J. Geo, 1850-1998, Swindon & Wroughton, WIL, ENG **[39964]**

TOOMEY : Jeremiah, 1850-1875, Grubbin Station, Wagga, NSW, AUS **[45806]** : John, 1903-1917, Quirindi, NSW, AUS **[45806]** : Jeremiah, 1798-1824, COR, IRL **[45806]** : PRE 1833, KER, IRL **[29314]** : 1800+, KID & DUB, IRL **[28813]**

TOOMS : 1740+, Market Harborough, LEI, ENG **[45795]**

TOON : 1820+, Ashby-de-la-Zouch, LEI, ENG **[36847]** : PRE 1840, Shoreditch, LND, ENG **[28494]** : 1700-1950, WAR & LEI, ENG **[17162]** : ALL, WORLDWIDE **[19580]**

TOON (see TOWN) : **[19580]**

TOONE : ALL, WORLDWIDE **[19580]**

TOOTELL : Edward, 1751, Chorley, LAN, ENG **[16925]** : C1900, Manchester, LAN, ENG **[34374]**

TOOTH : 1760S-1871, Newport Pagnell, BKM, ENG **[32314]** : 1500-1850, East Grinstead, SSX, ENG **[13326]** : PRE 1850, STS, ENG **[45857]** : 1900+, Swansea, GLA, WLS **[46500]**

TOOTHILL : 1750-1900, Hull, ERY, ENG **[45920]**

TOOTLE : C1700-1800S, Doncaster, YKS, ENG **[42897]**

TOOVEY : ALL, Kingston, LND, ENG **[21183]**

TOPCOT : PRE 1900, HRT, ENG **[17094]**

TOPHAM : 1600+, YKS, ENG **[39061]** : Timothy, 1806, Woodkirk, YKS, ENG **[10318]** : PRE 1700, York City, YKS, ENG **[33664]**

TOPLEY : 1800+, Lambeth, SRY, ENG **[39386]**

TOPLIFF : ALL, Armagh & Belfast, IRL **[23471]**

TOPLISS : 1800S, Withern, LIN, ENG **[46437]**

TOPP : 1600-1750, DEV, ENG **[26335]** : PRE 1800, Packwood, WAR, ENG **[43842]**

TOPPIN : 1800+, TIP, IRL **[28813]**

TOPPING : 1750+, Aylesbury, BKM, ENG **[38307]** : 1750-1850, Ely, CAM, ENG **[33347]** : William, 1727+, Littleport, CAM, ENG **[31510]** : 1750-1850, Bold & Chorley, LAN, ENG **[39536]** : PRE 1830, St.Helens, LAN, ENG **[98672]**

TORBET : 1800+, Glasgow, LKS, SCT **[26833]** : 1790-1880, WIG, SCT **[46478]**

TORDEANA : William, 1300+, Higher Beara, DEV, ENG **[20444]**

TORKINGTON : 1800+, Marple, CHS, ENG **[37110]** : 1800+, Thornsett, DBY, ENG **[37110]**

TORN : 1850-1900, London, ENG **[29426]**

TORNAU : PRE 1834, Berlin, BRA, GER **[14472]**

TORNBERG : Carl, 1857, Graftjern, VASTERNORRLAND, SWE **[33301]** : Gunnhild, 1830, Sattna, VASTERNORRLAND, SWE **[33301]** : Brita, 1850+, Sattna, VASTERNORRLAND, SWE **[33301]**

TORNOLO : ALL, WORLDWIDE **[16947]**
TORODE : ALL, Gsy, CHI, UK **[27752]**
TORPEY : 1860+, Melbourne, VIC, AUS **[13569]** : 1800+, Ballinakill, GAL, IRL **[12802]** : 1800+, Kinvara, GAL, IRL **[13569]**
TORR : PRE 1600, Nottingham, NTT, ENG **[42296]** : 1630+, Grindon, STS, ENG **[15823]**
TORRANCE : ALL, Lesmahagow, LKS, SCT **[46339]** : PRE 1850, Lesmahagow, LKS, SCT **[20729]**
TORRANCE (see One Name Section) **[41768]**
TORRANS : James, PRE 1775, Loudoun, AYR, SCT **[41768]**
TORRENS : 1820+, Sydney, NSW, AUS **[10470]** : C1870, Longford & Westbury, TAS, AUS **[41511]**
TORRENTE : Mary Agnes, 1920+, Zimbabwe, RSA **[31720]**
TORRIE : John, 1830S, Glasgow, LKS, SCT **[30701]**
TOSELAND : Eliza, C1868, Sawtry, HUN, ENG **[28479]**
TOSHACH : 1850+, ENG **[20975]**
TOSPELL : 1870S, Brunswick, VIC, AUS **[12318]** : 1840S, London, MDX, ENG **[12318]**
TOSSELL : 1800-1900, Hoo, KEN, ENG **[36552]**
TOTT : 1810, Guilden Morden, CAM, ENG **[11773]**
TOTTERDAGE : 1800+, DEV & SOM, ENG **[31017]**
TOTTLE : 1740+, Stoke St.Gregory, SOM, ENG **[12413]** : PRE 1889, SRY, ENG **[11866]**
TOTTMAN : 1600S-1700S, ESS, ENG **[16358]**
TOUCHELL : 1500+, IRL **[14589]** : 1700+, Aberdeen, ABD, SCT **[14589]** : 1700+, Greenock, RFW, SCT **[14589]** : 1600+, Renfrew, RFW, SCT **[14589]**
TOUGH : 1730S, Covent Garden, LND, ENG **[28060]** : C1800, Stranraer, WIG, SCT **[26731]**
TOUGHT : PRE 1650, Berkeley, GLS, ENG **[39464]**
TOUHY : 1800+, Bridgetown, CLA, IRL **[11144]**
TOUL (see One Name Section) **[19234]**
TOULMIN : C1820, Bentham & Poulton le Sands, WRY & LAN, ENG **[30998]**
TOULSON : 1680-1830, NTT & LIN, ENG **[37795]**
TOURLE : PRE 1700, Alciston, SSX, ENG **[19782]**
TOURNEAU : PRE 1849, Berlin, BRA, GER **[14472]**
TOUSE : 1770S, Norfolk, VA, USA **[26149]**
TOUSSAINT : PRE 1680, Tournai, BEL **[46408]** : 1700-1800S, CEYLON **[21261]**
TOUT : 1700+, DEV, ENG **[23371]** : 1811+, Bridgwater, SOM, ENG **[23371]**
TOUTALL : Sarah, 1660, Knottingley, WRY, ENG **[11530]**
TOUZEAU : ALL, AUS **[27752]** : ALL, Gsy, CHI, UK **[27752]** : ALL, WORLDWIDE **[27752]**
TOUZEL : ALL, VIC, AUS **[11424]**
TOWART : PRE 1850S, Perth, PER, SCT **[11658]**
TOWELL : 1800+, Exeter, DEV, ENG **[14120]** : John, PRE 1815, Willoughby-on-the-Wolds, NTT, ENG **[34975]**
TOWERS : William, 1863+, Ceres, VIC, AUS **[36844]** : Joseph, 1903+, Shepparton, VIC, AUS **[36844]** : 1904-1968, Hull, ERY, ENG **[35218]** : 1800+, Liverpool, LAN, ENG **[17078]** : PRE 1800, Barton in Fabis, NTT, ENG **[14715]** : 1866, Dalton on Furness, WES, ENG **[10489]** : William John, 1830S, WES & LAN, ENG **[10489]**
TOWERTON : 1700S, Aston Rowant, OXF, ENG **[12327]**
TOWILL : 1750-1800, Taunton, SOM, ENG **[15715]**
TOWN : 1750+, Chatham, KEN, ENG **[39386]** : Thomas, C1790, East Sutton, KEN, ENG **[26817]** : William, PRE 1800, SSX, ENG **[25046]** : PRE 1880, Calder Valley & Halifax, WRY, ENG **[18236]** : 1860+, Denby & Huddersfield, WRY, ENG **[18236]** : PRE 1750, Kildwick, WRY, ENG **[12259]** : ALL, WORLDWIDE **[19580]**
TOWN (see One Name Section) **[19580]**
TOWNDROW : PRE 1800, Ashover, DBY, ENG **[44078]**

TOWNE : Richard, 1715+, BARBADOS **[10194]** : ALL, WORLDWIDE **[19580]**
TOWNELL : ALL, LIN, ENG **[45204]**
TOWNEND : 1800+, Bradford, WRY, ENG **[18372]** : ALL, Cullingworth, WRY, ENG **[21655]** : ALL, Halifax & Calderdale, WRY, ENG **[21655]** : ALL, Thornton & Bingley, WRY, ENG **[21655]** : C1770, Sheffield, YKS, ENG **[46305]**
TOWNER : ALL, LND, SRY & KEN, ENG **[42641]** : Edward, 1778+, Walsham le Willows, SFK, ENG **[36538]** : Charles, C1755+, Walsham-le-Willows, SFK, ENG **[36538]**
TOWNING : 1840S-1940S, ENG **[44998]** : ALL, Sawtry & London, HUN & MDX, ENG **[28479]**
TOWNLEY : Andrew, PRE 1830, Stockport, CHS, ENG **[42453]** : PRE 1811, Winchcombe, GLS, ENG **[17231]** : Thomas, 1800S, Prescot & Liverpool, LAN, ENG **[40534]**
TOWNS : Armenus A., 1900+, Arkona, ONT, CAN **[33952]** : 1800-1810, Riseley, BDF, ENG **[46416]** : PRE 1865, LAN, ENG **[11866]** : ALL, WORLDWIDE **[19580]**
TOWNSEND : 1820+, Parramatta, NSW, AUS **[11092]** : 1800, Scilly Isles, CON, ENG **[30876]** : Ann, C1810, East Allington, DEV, ENG **[13869]** : PRE 1825, Exeter, DEV, ENG **[36072]** : 1700S, Topsham, DEV, ENG **[11411]** : 1800S, Deptford, KEN, ENG **[28140]** : James, 1800, Milton next Gravesend, KEN, ENG **[14392]** : Maryann, 1823, Milton next Gravesend, KEN, ENG **[14392]** : 1800+, Milton Via Gravesend, KEN, ENG **[11946]** : C1780-1870, LND & MDX, ENG **[26382]** : 1900+, Westminster, MDX, ENG **[35008]** : PRE 1730, South Runcton, NFK, ENG **[39515]** : 1800+, Long Buckby, NTH, ENG **[40802]** : 1840+, Northampton, NTH, ENG **[20635]** : ALL, NTT, ENG **[44815]** : PRE 1850, Chichester, SSX, ENG **[29612]** : PRE 1900, STS, ENG **[34373]** : 1800S, Coventry, WAR, ENG **[46437]** : 1580+, Tysoe, WAR, ENG **[19254]** : 1700-1850, Charleville & Ballylea, COR, IRL **[26382]** : 1866+, New Plymouth, NZ **[20635]** : Sarah, 1750-87, Berkeley, MA, USA **[24660]** : 1850-1900, Richfield, MN, USA **[29426]** : 1750-1800, Dutchess, NY, USA **[28660]** : 1800S, Neath, GLA, WLS **[46437]** : Joseph, 1823-1890, WORLDWIDE **[13004]**
TOWNSETT : PRE 1750, Eastbourne, SSX, ENG **[42083]**
TOWNSHEAD : ALL, Bluntisham cum Earith, HUN, ENG **[39642]**
TOWNSLEY : PRE 1850, ANT, IRL **[38111]**
TOWNSON : Percival C., C1900-1952, Dubbo, NSW, AUS **[10574]** : 1800+, Milton Via Gravesend, KEN, ENG **[11946]** : Henry, C1847-1929, Manchester, LAN, ENG **[10574]** : Percival C., 1880+, Salford, LAN, ENG **[10574]**
TOWT : ALL, Exeter, DEV, ENG & USA **[18325]** : Ellis Daw, 1900+, MN, USA **[18325]**
TOY : ALL, Oldbury & Smethwick, WOR, ENG **[29172]** : ALL, Stourbridge & Halesowen, WOR, ENG **[29172]**
TOYE : ALL, ENG **[37116]** : William, 1850+, Shrewsbury, SAL, ENG **[27492]** : William, 1850+, Carmarthen, CMN, WLS **[27492]**
TOYNBEE : Joseph, 1850+, Erith, KEN, ENG **[40792]** : 1850+, Holborn, MDX, ENG **[40792]**
TOZER : John, 1858+, Beechworth, VIC, AUS **[12382]** : Richard, 1871-77, Melbourne, VIC, AUS **[39179]**
TRACANELLI : ALL, FRIULI, ITL **[11279]** : ALL, WORLDWIDE **[11279]**
TRACE : ALL, Plymouth & Devonport, DEV, ENG **[46498]**
TRACEY : PRE 1780, Little Hempston, DEV, ENG **[42386]** : ALL, Plymouth Devonport, DEV, ENG **[46498]** : 1847, TIP, IRL **[33409]** : 1826+, Tollcross, LKS, SCT **[31720]**
TRACY : Emma, C1860, St.Arnaud, VIC, AUS **[13153]** : PRE 1860, MDX, ENG **[26881]** : Thomas, PRE 1850,

Ballinkillin, CAR, IRL **[13145]** : Thomas Chris., PRE 1890, Cleveland, OH, USA **[99443]**
TRAFFORD : PRE 1700, Frodingham, LIN, ENG **[19025]**
TRAILL : Ann, 1820, Portsea, HAM, ENG **[25533]** : 1800S, Forgan, FIF, SCT **[14045]**
TRAIN : 1800+, South Shields, DUR, ENG **[45183]** : ALL, WORLDWIDE **[32804]**
TRAINER : 1860+, Newcastle-upon-Tyne, NBL, ENG **[28670]** : PRE 1880, Glasgow, LKS, SCT **[28670]**
TRAINOR : John, 1800S, IRL **[41067]** : Andrew, 1840-1912, Ulster, SLI, IRL **[39601]**
TRAMBACH : 1850+, Riga, LATVIA **[44299]**
TRAN : Alexander, 1870, Pancras & Regents Park, MDX, ENG **[39967]** : William, 1827, Edinburgh, MLN, SCT **[39967]**
TRANBERG : 1780, Bornholm, DEN **[32068]**
TRANMER : 1790+, Bridlington & Flamborough, ERY, ENG **[34981]**
TRANNACK : Susanna, 1785+, St.Hilary, CON, ENG **[11444]**
TRANSTON : John, 1820-1840, Tullamore, OFF, IRL **[25310]**
TRANT : Patrick, 1819, Dingle, KER, IRL **[29479]** : Elizabeth, C1842, Dingle, KER, IRL **[29479]**
TRANTER : 1800-1900, Shifnal, SAL, ENG **[18670]** : PRE 1850, STS, ENG **[39642]** : 1900S, Birmingham, WAR, ENG **[42615]**
TRAPAUD (see One Name Section) **[28906]**
TRAPP : 1740S+, Durmersheim, BAD, GER **[15845]** : ALL, PER, SCT **[13848]**
TRASK : 1650-1750, Coker, SOM, ENG **[17291]** : ALL, Merriott, SOM, ENG **[34438]**
TRATMAN : 1800-1900, Bristol, SOM, ENG **[17245]**
TRATT (see TROTT One : Name Section), **[18349]**
TRAUDT : Johannes, 1874-1944, Volga, RUS & CAN **[42961]**
TRAUTMANN : 1650-1800, Gerhardtsbrun, GER **[22737]**
TRAVAGLIA : C1850, Leni & Salina, LIPARI, ITL **[12327]**
TRAVELER : 1700+, Houghton Conquest, BDF, ENG **[18593]**
TRAVERS : ALL, JSY, CHI **[38259]** : 1800S+, Langley, CHS, ENG **[10893]** : PRE 1750, Loders, DOR, ENG **[17961]** : PRE 1850, Netherbury, DOR, ENG **[40033]** : 1860-1950, Bootle & Kirkdale, LAN, ENG **[14618]** : 1839-1920, Liverpool, LAN, ENG **[14618]** : C1690, Conisholme, LIN, ENG **[17037]** : C1822+, Ballyedmond & Linton, LEX & VIC, IRL & AUS **[11912]**
TRAVERSE : 1850+, Linton, VIC & LEX, AUS & IRL **[11912]**
TRAVES : C1690, Conisholme, LIN, ENG **[17037]**
TRAVIS : 1800S+, Langley, CHS, ENG **[10893]** : 1839-1920, Liverpool, LAN, ENG **[14618]** : John, 1800+, ME, USA **[25598]**
TRAYHURN : 1836+, NSW, AUS **[11707]**
TRAYNOR : Bernard, 1860+, Magheraculmoney, FER, IRL **[29867]** : PRE 1800, Killala, MAY, IRL **[28141]**
TREACHER : William, 1862+, LND, ENG **[27719]**
TREACY : PRE 1946, Mullinahone, TIP, IRL **[22618]**
TREADWELL : ALL, London, ENG **[37603]** : C1664-1764, BRK, ENG **[19481]** : 1800+, Coventry, WAR, ENG **[17196]**
TREAMER : ALL, ENG **[42943]**
TREANOR : Thomas, 1878+, Deal, KEN, ENG **[28141]**
TREASURE : ALL, SOM, ENG **[25693]** : ALL, SOM, ENG **[46382]** : C1770, Holcombe, SOM, ENG **[25693]** : PRE 1827, Kilmersdon, SOM, ENG **[36246]** : C1777, Leigh on Mendip, SOM, ENG **[25693]** : C1800, Stoke Lane, SOM, ENG **[25693]**
TREAT : 1500S, Pitminster, SOM, ENG **[15421]**

TREAT (see TROTT One : Name Section), **[18349]**
TREBILCOCK : 1700+, Colan, CON, ENG **[30968]**
TREBY : 1880+, Moonta & Adelaide, SA, AUS **[36742]** : PRE 1880, Harbertonford & Dittisham, DEV, ENG **[36742]**
TREDCROFT : PRE 1700, SSX, ENG **[17763]**
TREDENICK : 1860+, Enoggera, QLD, AUS **[10970]**
TREDREA : Grace, 1846+, Penzance, CON, ENG **[21955]**
TREDWAY : Frances, C1813, Marylebone, LND, ENG **[10706]**
TREE : 1870S, Cowra, NSW, AUS **[11270]** : PRE 1802, Northiam, SSX, ENG **[46327]**
TREES : 1700-1800, Church Fenton, WRY, ENG **[45209]**
TREEVE : 1740+, Paul, CON, ENG **[20660]**
TREFTIT : C1720, Marshchapel, LIN, ENG **[17037]**
TREGARTHEN : 1600+, Isles of Scilly, CON, ENG **[45159]** : 1700S, Scilly Is., CON, ENG **[10985]**
TREGARTHON : 1830, TAS, AUS **[10985]** : 1820, Melbourne, VIC, AUS **[10985]**
TREGASKIS : 1850S, VIC, AUS **[14268]** : 1860+, Ballarat, VIC, AUS **[14268]** : 1737-1830+, Gwennap, CON, ENG **[14268]** : PRE 1855, Swansea, GLA, WLS **[14268]** : ALL, WORLDWIDE **[14268]**
TREGELLAS : 1700+, St.Agnes, CON, ENG **[11144]**
TREGENHORNE : PRE 1670, St.Keverne, CON, ENG **[14030]**
TREGIDGO : PRE 1900, WORLDWIDE **[40143]**
TREGILGAS : 1830-1880, Lukes Shop & St.Enoder, CON, ENG **[10119]** : 1830-1880, St.Columb Major, CON, ENG **[10119]** : 1700-1900, St.Columb Minor & St.Enoder, CON, ENG **[10119]** : 1770-1880, St.Enoder, CON, ENG **[10119]** : 1550-1880, St.Ewe & Mevagissey, CON, ENG **[10119]**
TREGILGUS : 1879+, Gore, SLD, NZ **[10119]**
TREGLOAN : ALL, Redruth, CON, ENG **[26301]**
TREGOE : 1700-1760, SOM, ENG **[36282]**
TREGONING : 1750+, CON, ENG **[17951]**
TREGONNING : 1700-1750, Gwennap, CON, ENG **[12318]**
TREGOWETH : 1800S, Truro, CON, ENG **[20800]**
TREHARNE : Elizabeth, C1755, Neath, GLA, WLS **[33766]**
TREHY : PRE 1853, Sollaghod & Tipperary, TIP, IRL **[14536]**
TRELEAVEN : 1750+, Lanivet, CON, ENG **[15524]**
TRELEGGAN : 1550-1800, CON, ENG **[21597]**
TRELFORD : PRE 1850, Wirral, CHS, ENG **[33789]**
TRELIVING : ALL, CON, ENG **[45257]**
TRELLEGAN : 1600-1750, Constantine, CON, ENG **[12318]**
TRELOAR : 1850+, Clare, SA, AUS **[14346]** : Robert, 1860, VIC & CON, AUS & ENG **[28013]** : 1800S, St.Keverne, CON, ENG **[26580]**
TRELOGAN : ALL, WORLDWIDE **[41053]**
TRELOGGAN : ALL, WORLDWIDE **[41053]**
TRELOGGEN : ALL, WORLDWIDE **[41053]**
TRELOGGEN (see One Name Section) **[41053]**
TREMAIN : 1841+, Sydney, NSW, AUS **[29783]** : 1871+, Hobart, TAS, AUS **[11877]** : PRE 1840, Laneast, CON, ENG **[24660]** : ALL, St.Columb Major, CON, ENG **[21716]** : 1780+, St.Teath, CON, ENG **[29783]** : 1700+, St.Minver, CON, ENG & NZ **[29783]** : 1845-93, Marshall Co., IL, USA **[24660]**
TREMAINE : 1450-1750, CON, ENG **[21597]** : 1750+, Altarnum, CON, ENG **[24660]** : 1580-1724, Constantine, CON, ENG **[12318]**
TREMAYNE : ALL, TAS, AUS **[29810]**
TREMBATH : 1800+, Adelaide, SA, AUS **[46294]** : ALL, CON, ENG **[46498]** : PRE 1900, St.Just in Penwith & Morvah, CON, ENG **[45689]** : PRE 1860, Morvah, CON, ENG & AUS **[14045]**

TREMBLE : William, 1895+, Bathurst, NSW, AUS [35809] : 1820S, Aspatria & Maryport, CUL, ENG [14113] : 1800-1880, Carlisle, CUL, ENG [44241] : 1750-1930, Wigton & Newcastle on Tyne, CUL & NBL, ENG [11718] : PRE 1816, Longford, IRL [43525] : 1900S, St.Louis, Webster & Groves, MO, USA [14113]

TREMEER : PRE 1850S, Bradworthy, DEV, ENG [16661]

TREMELLIN : PRE 1800, St.Erth, CON, ENG [34640]

TREMILLS : PRE 1850, NSW, AUS [10277]

TRENAMAN : PRE 1787, St.Ive & Pillaton, CON, ENG [13558]

TRENCHARD : Ann, 1834+, Dudley, STS, ENG [39967]

TREND : Robert, C1875, Sydney, NSW, AUS [31153] : ALL, Crediton & Exeter, DEV, ENG [42718] : C1820, Heavitree, DEV, ENG [31153] : C1740-1820, Whitestone, DEV, ENG [31153]

TRENERRY : Edward, 1670, East Newlyn, CON, ENG [35150] : Philip, 1675, East Newlyn, CON, ENG [35150] : Edward, PRE 1750, East Newlyn, CON, ENG [35150]

TRENERY : 1890+, Northampton, NTH, ENG [42761]

TRENGOVE : 1750-1830, Gwennap & Perranarworthal, CON, ENG [11366] : ALL, Mylor, CON, ENG [39272]

TRENGROUSE : Elizabeth, C1750+, Stoke Damerel, DEV, ENG [25066]

TRENOWETH : 1855+, Woodside & Innerbrackie, SA, AUS [31332]

TRENT : 1800S, Dorchester, DOR, ENG [28060]

TREPPELL : 1850+, Brooklyn, NY, USA [23319]

TRESHAM : 1850+, ENG [34440]

TRESIDDER : PRE 1850, Wendron, CON, ENG [45849]

TRESLOVE : PRE 1780, Northampton, NTH, ENG [11066]

TRESS : 1800+, KEN, ENG [12058] : John, 1750-1850, Maidstone, KEN, ENG [12058] : Elizth Ann, 1830+, Maidstone, KEN, ENG [12058] : Robt, 1800, Teston, KEN, ENG [12058]

TRESTAIN : PRE 1820, Pelynt, CON, ENG [30880]

TRETHAKE : 1800-1900, Liskeard, CON, ENG [34651]

TRETHEWEY : 1700S, St.Stephen in Brannel, CON, ENG [25093] : 1830+, Stoke Climsland, CON, ENG & AUS [12413]

TRETHEWY : Thomas, 1734+, St.Enoder, CON, ENG [13031] : 1700+, St.Wenn, CON, ENG [21741]

TRETT : PRE 1880, LND, ENG [12229] : 1922+, USA [12229]

TRETT (see TROTT One : Name Section), [18349]

TREVAIL : Ann, PRE 1810, Roche, CON, ENG [41471]

TREVASKES : C1800, St.Erth, CON, ENG [13153]

TREVEAN : 1850+, Bendigo, VIC, AUS [12141]

TREVENA : ALL, AUS & ENG [46001] : ALL, CON, ENG [46021] : Philip & Avis, 1794+, Redruth, CON, ENG [14548] : PRE 1800, Redruth, CON, ENG [14548]

TREVERROW : 1850, Moonta, SA, AUS [36749]

TREVETT : 1750+, DOR, ENG [33021] : 1850+, Hythe & Dymchurch, KEN, ENG [33021]

TREVILLIAN : ALL, AUS [44294]

TREVILLION : PRE 1750 Halberton DEV, ENG [38987]

TREVINO : Pedro, PRE 1600, Malaga, ESP [22470]

TREVIS : John, C1700, Claines, WOR, ENG [11113]

TREVISS : C1740, Fiskerton, LIN, ENG [17037] : 1700-1720, Spridlington, LIN, ENG [17037]

TREVITHICK : Henry, 1850+, Burra Burra, SA, AUS [34643] : Henry, 1800+, Sithney, CON, ENG [34643] : 1800+, Calstock, CON, ENG & AUS [12413] : ALL, WORLDWIDE [45830]

TREVORROW : ALL, WORLDWIDE [18823]

TREW : 1841+, NSW, AUS [41242] : C1816, Framlingham, SFK, ENG [41242]

TREWARTHA : PRE 1850, St.Agnes, CON, ENG [36260]

TREWEEK : 1640-1720, Gwennap, CON, ENG [12318]

TREWHELLA : 1688+, Zennor & Towednack, CON, ENG [11425]

TREWICK : PRE 1800, NBL, ENG & AUS [35240]

TREZISE : 1774+ St.Just in Penwith, CON, ENG [45689]

TREZIZE : Jennifer, 1700, Madron & Gulval, CON, ENG [13031]

TRIBBLE : 1800S, Stepney, MDX, ENG [28060]

TRIBE : 1900+, Perth, WA, AUS [46451] : PRE 1725, Heyshott, SSX, ENG [41372] : PRE 1770, Lurgashall, SSX, ENG [28907] : PRE 1720, Petworth, SSX, ENG [36543] : C1800, Epsom, SRY, ENG & IRL [46327]

TRICK : Charles, 1890+, Sydney, NSW, AUS [34024] : PRE 1750, DEV, ENG [22536]

TRICKER : PRE 1900, Tottenham, MDX, ENG [19101] : PRE 1800, SFK, ENG [39312] : ALL, Combs, Stowmarket, SFK, ENG [45489]

TRICKEY : PRE 1780S, Morebath, DEV, ENG [46464] : PRE 1850, London, MDX, ESS & SRY, ENG [21805]

TRIEPKE : Rosalia, 1821, Wolka Bedkowska, SIERADZ, POL [40603]

TRIFFETT : ALL, WORLDWIDE [30830]

TRIFFITT :1790+, AUS [30830] : 1700-1900, YKS, LIN & DUR, ENG [30830] : ALL, WORLDWIDE [30830]

TRIFFITT (see One Name Section) [30830]

TRIGG : Mary, 1807, Bassingbourn, CAM, ENG [16822] : C1800, Bassingbourn, CAM, ENG [15715] : 1800+, Hackney, LND, ENG [30281] : 1850+, Whitechapel, LND, ENG [30281] : Mary, 1820-1840, Tullamore, OFF, IRL [25310]

TRIGGELL : Thomas, 1834-1887, Monaro District, NSW, AUS [34140] : 1700-1800S, Sixpenny Handley & Pentridge, DOR, ENG [34140] : 1700-1800S, Rockbourne & Fordingbridge, HAM, ENG [34140] : 1800S, Salisbury Area, WIL, ENG [34140]

TRIGGS : C1820, Liskeard, CON, ENG [99106]

TRIHY : 1832+, Newcastle, TIP, IRL [10263] : PRE 1832, Newcastle, TIP, IRL [10263] : ALL, WORLDWIDE [10263]

TRILL : Sarah, 1835-1911, Burford Twp, ONT, CAN & ENG [16125] : PRE 1700, SSX, ENG [39651] : 1750+, Horsham & Ewhurst, SSX, ENG [36261] : C1760, Westham, SSX, ENG [14120]

TRIM .: 1800+, DOR, ENG [21479] : 1800+, Buckland Newton, DOR, ENG [30324] : 1800-1870, Fordingbridge, HAM, ENG [19530] : 1800, Chatham, KEN, ENG [13347] : C1820, Bombay, INDIA [13347]

TRIMBACH : PRE 1882, Buffalo, NY, USA & GER [33567]

TRIMBLE : 1860+, Rutherglen & Melbourne, VIC, AUS [20862] : 1840-1940, Peel Co., ONT, CAN & IRL [43967] : 1800+, Manchester, LAN, ENG & AUS [98674] : George, 1900+, Port Huron, MI, USA [33952]

TRIMMER : Eliz. & Wm, 1822-1825, Andwell-Up-Nately, HAM, ENG [39964] : ALL, Greenwich, LND, ENG [42943] : ALL, Poplar, LND, ENG [42943] : 1800+, Lambeth, SRY, ENG [39386]

TRINDALL : 1860+, Newcastle, NSW, AUS [33825]

TRINDER : ALL, Abingdon, BRK, ENG [10705] : ALL, Cheltenham, GLS, ENG [46195] : Edmund, 1780+, Meysey, HAM, ENG [27081] : PRE 1900, OXF, ENG [99010] : 1860-1883, Oxford, OXF, ENG [13439] : ALL, St.Aldgate & Whitebrook, OXF & WIL, ENG [10705] : ALL, Snaith, Trelleck & Hoghton, YKS, MON & LAN, ENG [10705]

TRINICK : 1700-1850, Malborough, DEV, ENG [10383]

TRINSGES : Joannes, C1700, Dollendorf, RHINELAND, GER [26458]

TRIP : 1650-1800, Bledlow, BKM, ENG [38307]

TRIPCONEY : PRE 1870, St.Keverne, CON, ENG [20965]

TRIPCONY : PRE 1870, St.Keverne, CON, ENG [20965]

TRIPP : C1900, Hamilton Co., ONT, CAN **[28755]** : PRE 1870, St.Keverne, CON, ENG **[20965]** : 1865, Clifton & Bristol, GLS, ENG **[39527]** : Catherine, PRE 1835, Hayes, MDX, ENG **[10604]** : PRE 1850, Berrick, OXF, ENG **[31302]** : PRE 1810, Chiselhampton, OXF, ENG **[31302]** : ALL, Brighton, SSX, ENG **[31302]** : 1870+, Skippers Canyon, OTG, NZ **[20965]** : Francis, 1890+, RSA **[35110]** : Samuel, 1920+, Negaunee, MI, USA **[35110]** : Joseph, C1930, Brooklyn, NY, USA **[35110]**

TRIPPIER : 1800-1900, Stacksteads, LAN, ENG **[46310]** : 1877-1916, Stacksteads, LAN, ENG **[46310]**

TRIPYEAR : 1800-1900, Bacup, LAN, ENG **[46310]** : 1877-1916, Stacksteads, LAN, ENG **[46310]**

TRISCARI : ALL, WORLDWIDE **[31413]**

TRISTRAM : ALL, WORLDWIDE **[37032]**

TRISTRAM (see One Name Section) **[37032]**

TRITTMAN : 1830-1860, Clerkenwell, MDX, ENG **[18216]**

TRITTON : 1500+, Charing, KEN, ENG **[46282]**

TRODD : Fanny, 1900-1931, Southampton, HAM, ENG **[14252]**

TROKE : ALL, London, ENG **[46498]** : ALL, KEN, ENG **[46498]** : ALL, SRY, ENG **[46498]**

TROLIP : C1800, Trowbridge, WIL, ENG **[15400]**

TROLLOPE : John, C1546, Stanhope, DUR, ENG **[10035]** : PRE 1900, Holloway & Islington, LND, ENG **[45036]**

TROPAZZI : 1890, Calabria, ITL **[99443]**

TROST : 1800S, Imsbach, RPR, GER **[25469]**

TROTEN : 1500-1900, Winchcomb, GLS & SOM, ENG **[27309]**

TROTMAN : 1500-1750, GLS, ENG **[27039]**

TROTT : 1880+, NSW, AUS **[11124]** : PRE 1850, DEV, ENG **[10493]** : 1700-1900, Stockland near Honiton, DEV, ENG **[31960]** : Elizabeth, PRE 1812, Yarcombe, DEV, ENG **[34212]** : ALL, DEV & SOM, ENG **[11124]** : C1650-1750, ESS, ENG **[11536]** : PRE 1760, Hemel Hempstead, HRT, ENG **[17523]** : 1700-1900, Stratford, LND, ENG **[31960]** : 1700-1900, Chard, SOM, ENG **[31960]** : PRE 1850+, Boston, LIN, ENG, AUS & CAN **[33949]**

TROTT (see One Name Section) **[18349]**

TROTTER : Minna L., 1880+, Tanunda, SA, AUS **[34643]** : 1806, Evenwood, DUR, ENG **[46483]** : Frances, 1840+, Seaham Harbour, DUR, ENG **[28629]** : 1870, Forest of Dean, GLS, ENG **[97805]** : 1840-1850, Manchester, LAN, ENG **[35218]** : 1720S, Berwick-upon-Tweed, NBL, ENG **[28060]** : 1600, IRL **[20444]** : William, 1700-2004, Banbridge, ARM, IRL **[20444]**

TROUGHTEN : 1500-1900, Winchcomb, GLS & SOM, ENG **[27039]**

TROUGHTON : 1650-1850, CUL, ENG **[17162]** : James, 1805-1850, Cheltenham & Bath, GLS & SOM, ENG **[27039]** : 1800-1900, Islington, MDX, ENG **[33347]** : 1750-1900, St.Lukes & Clerkenwell, MDX, ENG **[33347]** : 1780, Kendal, WES & CUL, ENG **[39856]**

TROUP : PRE 1857, Aberdeen, ABD, SCT **[10492]**

TROUT : 1700-1850, Retford, NTT, ENG **[41573]** : Daniel, 1853+, Warrensburg, MO, USA **[23605]**

TROUTBECK : PRE 1750, WES & CUL, ENG **[41477]**

TROUTEN : 1825+, Armagh, ARM, IRL **[45982]**

TROUTEN (see One Name Section) **[45982]**

TROUTON : 1800+, Armagh, ARM, IRL **[45982]**

TROW : PRE 1850, Chirbury, MGY, WLS **[34420]**

TROWBRIDGE : PRE 1880, Caversham, BRK, ENG **[11575]**

TROWER : Margaret E., 1899-1921, Harrow Weald, LND, ENG **[33924]** : 1812-1824, Pulborough, SSX, ENG **[27919]**

TROY : 1850, Dublin, IRL **[12460]**

TROYSE : PRE 1700, Lakenheath, SFK, ENG **[33428]**

TRUBODY : 1770, Plymouth, DEV, ENG **[18340]**

TRUBY : 1700+, GLS, ENG **[44043]**

TRUCKENBRODT : Ruth, 19002+, Beamsville, ONT, CAN **[17033]** : Ida, 1885+, Crystal Beach, ONT, CAN **[17033]** : Janette/Jean, 1895+, Crystal Beach, ONT, CAN **[17033]** : Jennett, 1850+, Ridgeway, ONT, CAN **[17033]** : Fred, 1886, Buffalo, NY, USA **[17033]** : James F., 1889+, Buffalo, NY, USA **[17033]** : Helen, 1890S+, Buffalo, NY, USA **[17033]** : Florence, 1881+, Aburn, NY & ONT, USA & CAN **[17033]**

TRUDE : 1700+, Poughill, DEV, ENG **[14208]** : William, PRE 1880, DEV, LND & MDX, ENG **[25747]** : 1700+, Chicago, IL, USA **[14208]**

TRUDGEON : PRE 1860, CON, ENG **[26881]**

TRUDGETT : PRE 1850, London, ENG **[22176]**

TRUE : 1700+, Brill & Ickford, BKM, ENG **[18397]** : 1830+, Dedworth Green, BRK, ENG **[18397]** : 1500+, New Windsor, BRK, ENG **[18397]** : 1800+, Asterby, LIN, ENG **[46437]** : 1800+, Shoreditch & Hoxton, LND, ENG **[18397]** : C1790, GER **[40905]** : ALL, Wellington & Fielding, NZ **[40905]**

TRUEBODY : 1770, Plymouth, DEV, ENG **[18340]**

TRUELOVE : James Samuel, 1880-1910, Sydney, NSW, AUS **[36796]** : 1800-1910, North London, ENG **[31967]** : James Samuel, 1860-1880, WIL, ENG **[36796]**

TRUEMAN : ALL, Hobart, TAS, AUS **[44815]** : 1750+, ENG **[17870]** : 1700+, Bollington & Macclesfield, CHS, ENG **[16433]** : 1550+, Wildboarclough & Macclesfield, CHS, ENG **[16433]** : 1880-1900, Cheltenham, GLS, ENG **[28154]** : 1700-1799, Hawnby, NRY, ENG **[19865]** : PRE 1800, Fishlake & Thurnscoe, WRY, ENG **[44078]** : C1778-1940, Stoke Damerel & Devonport, DEV, LND & HAM, ENG & USA **[46457]** : Frank/Herbert, 1933+, WORLDWIDE **[16433]**

TRUESDALE : PRE 1840, Cleamoughrey, DOW, IRL **[13655]**

TRUKENBRODT : Louisa, 1878+, Corfu, NY, USA **[17033]** : Grace, 1880+, Corfu, NY, USA **[17033]**

TRUMBLE : ALL, Tyldsley & Leigh, LAN, ENG **[29447]** : ALL, IRL **[29447]** : 1750+, Cork City & Ballinacurra, COR, IRL & ENG **[43983]**

TRUMP : 1600-1900, DEV, ENG **[27087]** : William, PRE 1854, SOM, ENG **[22207]** : PRE 1900, WORLDWIDE **[23895]**

TRUMPER : 1590-1750, Amersham & Little Missenden, BKM, ENG **[10287]** : 1700+, Harefield, MDX, BKM & HRT, ENG **[10287]** : ALL, NZ **[21418]**

TRUMPERANT : C1690, IRL **[13004]**

TRUSCOTT : PRE 1961, Lithgow, NSW, AUS **[43525]** : 1850+, Newcastle, NSW, AUS **[10167]** : 1860S, Newcastle, NSW, AUS **[42375]** : 1878+, Zeehan, TAS, AUS **[12386]** : PRE 1880, CON, ENG **[12386]** : C1700+, Gorran, CON, ENG **[13406]** : 1800S, St.Austell, CON, ENG **[12386]** : PRE 1857, St.Austell & St.Stephen, CON, ENG **[46381]** : 1700-1850, Stoke Climsland, CON, ENG **[12144]** : 1800S, ENG & CHI **[10167]**

TRUSLER : PRE 1900, NTH, ENG **[42730]** : C1780, Downhead, SOM, ENG **[25693]** : C1710, Whatley, SOM, ENG **[25693]** : C1830-1880, Frensham & Godalming, SRY, ENG **[46457]** : ALL, Horsham, SSX, ENG **[17676]**

TRUSLOVE : C1700-1830S, Coughton, WAR, ENG **[42897]**

TRUSS : Johann, C1856, Toowoomba, QLD, AUS **[29479]** : 1800+, St.Pancras, MDX, ENG **[28232]** : Johann, 1838, Munchhausen, HES, GER **[29479]**

TRUSSEL : PRE 1900, Bethnal Green, SRY, ENG **[11282]**

TRUSSLER : C1780, Downhead, SOM, ENG **[25693]**

TRUSSLER (see : Trusler), **[17676]**

TRUST : PRE 1820, Torquay, DEV, ENG **[12084]**

TRUSTRAM : ALL, WORLDWIDE **[37032]**

TRUSTRUM : ALL, WORLDWIDE **[37032]**

TRYPHENA : PRE 1700, Wroxeter, SAL, ENG **[32294]**

TSIPROU : 1800S-2000S, Mitilini, LESVOS, GR & AUS **[43996]**

TUACH : 1810+, ROC, SCT **[21196]**
TUBB : Ann, PRE 1781, Launceston, CON, ENG **[36665]**
TUBBEY : ALL, Oakley, BKM, ENG **[46418]**
TUBBS : William, 1840-1900, MDX, SRY & KEN, ENG **[25484]**
TUBMAN : ALL, NBL & DUR, ENG **[20824]**
TUCK : John, ALL, AUS **[46371]** : John, ALL, Heymock, DEV, ENG **[46371]** : Emma, PRE 1825, Wyke Regis, DOR, ENG **[16938]** : Arthur Chas, 1850S, Hackney, MDX, ENG **[10993]** : 1700S, Caister, NFK, ENG **[15640]** : 1750-1850, Carbrooke, NFK, ENG **[34140]** : PRE 1860, Baydon, WIL, ENG **[26340]**
TUCKAR : 1850, Camden, NSW, AUS **[40608]**
TUCKER : 1850, Camden, NSW, AUS **[40608]** : Maria, 1850+, Menangle, NSW, AUS **[10839]** : 1900-1930, Nambour, QLD, AUS **[41022]** : ALL, VIC, AUS **[13231]** : ALL, ENG **[98612]** : 1800-1900, Bristol, ENG **[99433]** : PRE 1880, Calverton, BKM, ENG **[39429]** : 1700-1920, North, CON, ENG **[45841]** : PRE 1850, Truro & Kenwyn, CON, ENG **[27678]** : PRE 1800, DEV, ENG **[44014]** : PRE 1850, Braunton, DEV, ENG **[26981]** : 1800-1840, Exeter, DEV, ENG **[21746]** : PRE 1750, Feniton, DEV, ENG **[24821]** : 1800-1890, Lee Moor, DEV, ENG **[41022]** : Joan, PRE 1685, Sandford, DEV, ENG **[28907]** : 1700-1800, South Brent, DEV, ENG **[43853]** : ALL, Stockland, DEV, ENG **[12182]** : 1800-1900, Stokenham, DEV, ENG **[41022]** : 1850+, Woodbury, DEV, ENG **[43691]** : Roseanna, 1840, Bedminster, GLS, ENG **[14094]** : Bessie-Alice, 1880+, Bristol, GLS, ENG **[11745]** : 1790-1900, MDX, ENG **[34790]** : 1750-1950, Bow Common, MDX, ENG **[39271]** : ALL, North London, MDX, ENG **[19258]** : PRE 1740, Whitwell & Oakham, NTH & LEI, ENG **[26662]** : C1800S, SOM, ENG **[44296]** : PRE 1850, Ash, Load, SOM, ENG **[34873]** : James, C1802, St.James Bristol, SOM, ENG **[14094]** : 1780-1850, Wells, SOM, ENG **[27087]** : PRE 1860, Widcombe, SOM, ENG **[97806]** : 1760-1820, Wookey, SOM, ENG **[27087]** : 1830-1875, Godalming, SRY, ENG **[36126]** : 1831, Brighton, SSX, ENG **[10740]**
TUCKERMAN : 1801+, Hawkesbury & Mudgee, NSW, AUS **[36607]** : ALL, DEV, ENG **[30944]**
TUCKETT : 1800+, Exeter & Newton Abbot, DEV, ENG **[27868]** : 1737-1885, Moretonhampstead & Christow, DEV, ENG **[39706]** : 1678+, Tiverton, Christow & Chudleigh, DEV, ENG **[39307]** : 1860S, Bedminster, SOM, ENG **[14188]**
TUCKEY : 1700+, Slandlake, OXF, ENG **[38486]**
TUCKEY (see One Name Section) **[38486]**
TUCKNOTT : 1700-1800, Alfriston, SSX, ENG **[46313]** : ALL, ENG & AUS **[43395]**
TUCKWELL : 1900+, Exeter, DEV, ENG **[42518]** : ALL, OXF, ENG **[44241]**
TUCKWOOD : ALL, WORLDWIDE **[18851]**
TUDBALL : 1900+, Melbourne, VIC, AUS **[32035]**
TUDGE : PRE 1900, Manchester, LAN, ENG **[12236]**
TUDOR : 1840+, Cobbitty, NSW, AUS **[10839]** : 1850, Sydney, NSW, AUS **[40608]** : PRE 1850, TAS, AUS **[14627]** : PRE 1844, Slimbridge, GLS, ENG **[28557]** : 1844+, Yorkley & West Dean, GLS, ENG **[28557]** : 1870-1900, Camberwell & Deptford, LND, ENG **[42083]** : PRE 1820, Clerkenwell & Holborn, LND, ENG **[42083]** : 1840-1870S, Southwark, LND, ENG **[42083]** : Hannah, 1730S-1860S, Bristol, SOM, ENG **[37978]** : ALL, East Harptree, SOM, ENG **[25884]** : ALL, Lapley, STS, ENG **[20824]** : ALL, Birmingham, WAR, ENG **[43879]** : ALL, Worcester, WOR, ENG **[43879]** : PRE 1860, Dublin, IRL **[36365]** : John, 1830+, Llanfair, MGY, WLS **[10329]**
TUFF : ALL, ENG **[38663]** : 1700+, Wootton Bassett, WIL, ENG **[12470]** : (see One Name Section) **[38663]**
TUFF(E) (see One Name Section) **[41147]**
TUFFEY : ALL, WORLDWIDE **[42739]**
TUFFIN : C1910, Sherborne, DOR, ENG **[15376]** : PRE 1900, Twyford, HAM, ENG **[25162]**

TUGMAN : Thomas, 1830-1903, Philadelphia, PA, USA **[22640]** : Roseanna, 1855-1935, Philadelphia, PA, USA **[22640]**
TUGWELL : ALL, LND, SRY & SSX, ENG **[42641]**
TUIA : 1850S, Castello Dell Acqua, LOMBARDY, ITL **[34138]**
TULEY : PRE 1860, Chelmsford, ESS, ENG **[46421]**
TULIP : Mary Ann, 1865, Jarrow, DUR, ENG **[10993]**
TULK : 1820, Stepney, LND, ENG **[44941]**
TULL : PRE 1800, BRK, ENG **[45857]** : Jonathan, 1767, Dagenham, ESS, ENG **[38449]** : Jnthn & Mary, 1808, Romford, ESS, ENG **[38449]**
TULLET : Richard, 1770+, Newington, SRY, ENG **[14290]**
TULLETT : James, C1850, Cuckfield, SSX, ENG **[17005]** : ALL, SSX & SRY, ENG **[43842]**
TULLOCH : 1840-1850, MOG, IRL **[33711]** : 1840+, Dyke, MOR, SCT **[44209]** : 1840+, South Ronaldsay, OKI, SCT **[14513]** : 1800+, Perth, PER, SCT **[33711]**
TULLOCH (see One Name Section) **[19678]**
TULLY : C1840, Goulburn, NSW, AUS **[14197]** : 1863+, Yass, NSW, AUS **[11572]** : 1890+, Kadina, SA, AUS **[14346]** : 1800+, ESS, ENG **[14754]** : PRE 1860, Killaloe, CLA, IRL **[42331]** : PRE 1807, Ballynakill, GAL, IRL **[14197]** : Mary, 1832, MAY, IRL **[29187]** : PRE 1860, Hawick, ROX, SCT **[35801]** : 1800+, WORLDWIDE **[14346]**
TUMBER : 1870+, Margate, KEN, ENG **[44132]**
TUMMON : C1730, Rotherham, YKS, ENG **[41370]**
TUNBRIDGE : C1860+, Ryde & Lane Cove, NSW, AUS **[36751]** : C1850+, Ballarat, VIC, AUS **[36751]** : ALL, ESS, ENG **[34790]** : 1780-1830, Chelmsford, ESS, ENG **[44913]** : PRE C1860, KEN, ENG **[36751]**
TUNBRIDGE (see One Name Section) **[36751]**
TUNE : ALL, WORLDWIDE **[19580]**
TUNE (see TOWN) : **[19580]**
TUNKS : 1788+, Sydney, NSW, AUS **[31923]** : 1800+, Launceston, TAS, AUS **[10891]**
TUNLEY : PRE 1860, SAL, STS & WAR, ENG **[35017]** : ALL, STS, ENG **[43613]**
TUNN : 1860+, Ballygawley, TYR, IRL **[99832]**
TUNNARD : ALL, LIN, ENG **[46307]**
TUNNICLIFF : Edward, C1745+, Rocester, STS, ENG **[27325]**
TUNNICLIFFE : ALL, Nelson, NZ **[13857]**
TUNSTALL-ASHLEY : Alfred, 1853, STS, ENG **[99590]**
TUOHY : ALL, LIM, IRL **[32720]** : Denis & Honora, 1810-1902, LIM & TIP, IRL **[10203]** : 1800+, TIP, IRL **[44409]** : Honora, 1830+, TIP, IRL **[32720]**
TUPAEA : ALL, Pukekohe, NZ **[30653]**
TUPPEN : 1600+, Brighton, SSX, ENG **[99317]**
TUPPER : 1760-1800, Queens Co., NS, CAN **[22262]** : 1800+, LND, ENG **[46345]** : 1790-1810, Southwark, SRY, ENG **[12641]**
TURBERVILLE : John, 1650, Bishops Frome, HEF, ENG **[10993]** : William, 1700S+, Canon Pyon, HEF, ENG **[10993]** : Joan, PRE 1922, Rogerstone Ct, Newport, MON, WLS **[99440]**
TURBITT : PRE 1800, Limavady, LDY, IRL **[22253]**
TURCAN : 1700+, Tulliallan, PER, SCT **[10591]**
TURGOOSE : 1748, Thorne, YKS, ENG **[46483]**
TURIHARD : ALL, ENG **[25352]**
TURKINGTON : PRE 1830, ARM, IRL **[27219]** : ALL, Lurgan, ARM, IRL **[46355]**
TURLEY : 1800-2000, MDX & LND, ENG **[30446]** : C1820, Lambeth, SRY, ENG **[40982]** : ALL, ANT, IRL **[46446]** : ALL, DOW, IRL **[46446]** : ALL, GAL, IRL **[46446]** : 1830+, Glasgow, RFW, SCT **[28140]**
TURLY : PRE 1750, Shoreham, KEN, ENG **[43842]**
TURMINE : Susanna, PRE 1795, ENG **[10604]** : 1700+, Canterbury, KEN, ENG **[15042]**

TURNBULL : PRE 1890, VIC, AUS **[31169]** : C1860+, Benalla, VIC, AUS **[36751]** : C1840+, Melbourne & Gippsland, VIC, AUS **[36751]** : ALL, Windy Nook, DUR, ENG **[13855]** : Sarah, C1760, Witton Gilbert, DUR, ENG **[38579]** : ALL, Ilford, ESS, ENG **[21046]** : PRE 1825, Liverpool, LAN, ENG **[46453]** : 1900–, Chiswick, LND, ENG **[44947]** : 1820S, St.Lukes, LND, ENG **[17977]** : PRE 1800, Spitalfields, MDX, ENG **[10895]** : PRE 1785, Hexham, NBL, ENG **[29774]** : PRE 1860, North Shields, NTH, ENG **[27678]** : 1800-1900, Newington, SRY, ENG **[12641]** : 1700-1770, Kempsey, WOR, ENG **[12641]** : 1889+, Christchurch, CBY, NZ **[39015]** : ALL, BEW, SCT **[34921]** : 1728+, Lauder, BEW **[21207]** : 1700-1900, Mertoun & Melrose, BEW & ROX, SCT **[20770]** : 1780+, Channelkirk & Westruther, BEW, SCT **[21207]** : 1781, Lauder, ELN, SCT **[21207]** : William, PRE 1790, Barony, LKS, SCT **[37847]** : Jane, PRE 1900, Glasgow, LKS, SCT **[25151]** : 1780+, Edinburgh, MLN, SCT **[21207]** : 1708, Stow, MLN, SCT **[21207]** : PRE 1880, Denholm, ROX, SCT **[34581]** : ALL, Galashiels, ROX, SCT **[36437]** : Thomas, C1750S+, Hawick, ROX, SCT **[12781]** : 1800-1950, Kelso, ROX, SCT **[36710]** : C1800-1910, Hawick, SEL, SCT **[40569]** : 1800-1850, Hawick, ROX, SCT & AUS **[12413]**

TURNER : 1820+, AUS **[36188]** : ALL, NSW, AUS **[46373]** : Mark, 1862-1881, Boggabri, NSW, AUS **[11034]** : John, 1850+, Collector, NSW, AUS **[10562]** : Mark, 1840-1863, Lochinvar, NSW, AUS **[11034]** : Catherine, 1884-1911, Narrabri, NSW, AUS **[11034]** : 1800+, Nowra, NSW, AUS **[38005]** : Edward, 1829+, Surry Hills, NSW, AUS **[11827]** : 1890+, Sydney, NSW, AUS **[39985]** : Jane, PRE 1850, Sydney, NSW, AUS **[11587]** : 1880+, Sydney & West Wyalong, NSW, AUS **[44156]** : 1880+, Wagga Wagga, NSW, AUS **[44156]** : 1921, Wagga, Weethalle & Corowa, NSW, AUS **[45823]** : 1889+, Cairns, QLD, AUS **[13838]** : Ann, PRE 1850+, SA, AUS **[30971]** : Frederick, 1852+, Hobart, TAS, AUS **[10361]** : Elizabeth, 1836, Launceston, TAS, AUS **[99590]** : Mary (Mrs), C1842, (Immigrant), VIC, AUS **[10054]** : William, 1840+, Lilydale, VIC, AUS **[39243]** : Emily Maud S., PRE 1870, Upper Macedon, VIC, AUS **[30971]** : 1840-1900, ENG **[45261]** : PRE 1800, Great Missenden, BKM, ENG **[19782]** : Mary, ALL, BRK, ENG **[18168]** : Henry, 1803-1842, Cambridge, CAM, ENG **[27919]** : PRE 1640, Waterbeach, CAM, ENG **[33428]** : Ellen, 1800+, DBY, ENG **[10054]** : ALL, DBY, ENG **[41370]** : Sarah, 1710-40, Chesterfield, DBY, ENG **[16233]** : Robert, C1770, Chesterfield, DBY, ENG **[24479]** : PRE 1750, Matlock, DBY, ENG **[18569]** : 1841, Wardlow, DBY, ENG **[30714]** : 1750+, Bradworthy, DEV, ENG **[15524]** : Zachary, C1700, Exeter, DEV, ENG **[30246]** : 1700+, Membury, DEV, ENG **[31152]** : 1700+, Ottery St.Mary, DEV, ENG **[46412]** : 1700-1750, Ottery St.Mary, DEV, ENG **[12641]** : 1750-1850, Rockbeare, DEV, ENG **[17400]** : 1740-1850, Tiverton, DEV, ENG **[43853]** : 1600+, Widecombe, DEV, ENG **[10383]** : C1780, Yetholm, DUR, ENG **[11718]** : William, ALL, ESS, ENG **[17687]** : Alice F., ALL, ESS, ENG **[17687]** : 1770-1830, Chelmsford, ESS, ENG **[13326]** : 1900++, East London, ESS, ENG **[42518]** : 1700S, Harwich, ESS, ENG **[26335]** : John, PRE 1852, Henham, ESS, ENG **[34231]** : ALL, Little Maplestead, ESS, ENG **[29471]** : Maria, 1780-1850, Shenfield, ESS, ENG **[41629]** : 1850+, Walthamstow, ESS, ENG **[10793]** : William, 1800, Cheltenham, GLS, ENG **[14959]** : 1820+, Gloucester, GLS, ENG **[27533]** : Thomas, C1786+, North Nibley, GLS, ENG **[30971]** : PRE 1820, Tewkesbury, GLS, ENG **[40696]** : James Smith, PRE 1813+, Uley, GLS, ENG **[30971]** : C1760, St.Albans, HRT, ENG **[20914]** : PRE 1820, Eynesbury, HUN, ENG **[38234]** : 1800-1850, Harrietsham, KEN, ENG **[13831]** : 1800-1850, Medway, KEN, ENG **[18303]** : PRE 1840, Burnley, LAN, ENG **[12710]** : PRE 1845, Goldshaw Booth, LAN, ENG **[12710]** : ALL, Heywood, LAN, ENG **[26612]** : PRE 1855, Liverpool, LAN, ENG **[12391]** : ALL, Preston, LAN, ENG **[28140]** : William,

C1816, Burbage, LEI, ENG **[13838]** : 1900+, Loughborough, LEI, ENG **[44947]** : 1600-1800, Great Grimsby, LIN, ENG **[21504]** : 1700-1800, Heckington, LIN, ENG **[32310]** : James, 1800+, Horncastle, LIN, ENG **[11159]** : 1850S, LND, ENG **[46305]** : 1800+, Bethnal Green, LND, ENG **[16811]** : Nancy May, 1900+, Hampstead, LND, ENG **[28341]** : 1789-1855, Islington, LND, ENG **[46235]** : PRE 1811, Saint Pancras, LND, ENG **[46251]** : PRE 1845, Belgrave, MDX, ENG **[19516]** : George, 1850, Bethnal Green, MDX, ENG **[39247]** : 1798+, City of London, MDX, ENG **[21207]** : Elizabeth, PRE 1882, Mile End, New Town, MDX, ENG **[27749]** : 1850+, Paddingdon, MDX, ENG **[27533]** : PRE 1900, Shadwell, MDX, ENG **[25093]** : PRE 1830, Shoreditch, MDX, ENG **[43828]** : 1838-1850, Stepney, MDX, ENG **[37052]** : 1770+, Hexham & Newcastle, NBL, ENG **[44963]** : PRE 1856, Newcastle-upon-Tyne, NBL, ENG **[46327]** : 1800+, Halvergate, NFK, ENG **[38005]** : ALL, NFK & SFK, ENG **[26686]** : 1770+, Loddington, NTH, ENG **[21207]** : 1880-1920, Newborough, NTH, ENG **[45442]** : 1770+, Rothwell & Loddington, NTH, ENG **[21207]** : 1800-1900, Arnold, NTT, ENG **[34967]** : PRE 1830, Kirkby, NTT, ENG **[39389]** : PRE 1790, Upton, NTT, ENG **[43779]** : ALL, Worksop, NTT, ENG **[39694]** : C1800, Worksop, NTT, ENG **[28340]** : 1850+, Godington, OXF, ENG **[45608]** : 1840+, Witney, OXF, ENG **[35649]** : 1700+, SFK, ENG **[39061]** : Alice, ALL, SFK, ENG **[17687]** : 1770-1830, Ashfield cum Thorpe, SFK, ENG **[43792]** : 1830-1890, Gosbeck, SFK, ENG **[43792]** : Mary, 1790S, Great Wratting, SFK, ENG **[24981]** : 1790+, Haverhill, SFK, ENG **[22558]** : 1750-1841, Lavenham, SFK, ENG **[24878]** : ALL, Little Cornard, SFK, ENG **[15409]** : PRE 1800, Shelley, SFK, ENG **[17470]** : 1800, Theberton, SFK, ENG **[17704]** : PRE 1875, Wickhambrook & Glemsford, SFK, ENG **[34980]** : C1850, Bridgwater, SOM, ENG **[27634]** : 1750-1800, Chard, SOM, ENG **[19480]** : PRE 1900, SRY, ENG **[13994]** : Robert, 1790, Kennington, London, SRY, ENG **[21759]** : 1870+, Kew, SRY, ENG **[35649]** : PRE 1790, Newington, SRY, ENG **[11034]** : (Butcher), 1830S, Richmond, SRY, ENG **[28742]** : Francis, 1835-1907, Staines, SRY, ENG **[35823]** : 1700-1800, Horsham, SSX, ENG **[15464]** : ALL, Church Eaton, STS, ENG **[20824]** : C1750+, WAR, ENG **[36607]** : 1700-99, Alcester, WAR, ENG **[20057]** : PRE 1837, Birmingham, WAR, ENG **[42645]** : 1800+, Beoley, WOR, ENG **[27393]** : 1750+, Barnoldswick, WRY, ENG **[21038]** : 1870+, Halifax, WRY, ENG **[21655]** : PRE 1820, Leeds & Halifax, WRY, ENG **[18096]** : ALL, West Bretton & Kexborough, WRY, ENG **[42974]** : Richard, C1780-1850, Shoreditch & Bethnal Green, MDX, ENG & AUS **[12413]** : 1800+, Paris, RPA, FRA **[44963]** : 1700-1900, Bengal, INDIA **[99418]** : 1857-1911, Christchurch, NZ **[46235]** : 1750+, Loughgilphead, ARL, SCT **[34261]** : 1700S, Dunoon & Kilmany, ARL & FIF, SCT **[11386]** : William, 1780-1939, Kelso, BEW, SCT **[35823]** : PRE 1800, DFS, SCT **[36120]** : C1800, Haddington, ELN, SCT **[10820]** : Alexander, 1800-1860, Glasgow & Edinburgh, LKS & MLN, SCT **[15564]** : PRE 1860, Edinburgh, MLN, SCT **[13326]** : 1800+, Edinburgh & Haddington, MLN, SCT **[21258]** : PRE 1853, Glasserton, WIG, SCT **[14045]** : David, 1810+, Campbeltown, ARL, SCT & AUS **[36188]** : Richard T., 1808-1877, NY & GA, USA **[41845]** : James F., 1870+, California, OH, USA **[17030]** : Jane, 1818+, Richmond, VA, USA **[23605]** : 1784+, CGN, WLS **[39167]** : 1880+, Cardiff, GLA, WLS **[27634]** : ALL, WORLDWIDE **[45261]**

TURNER (see MILLER : One Name Sec., **[30971]**
TURNER (see One Name Section) [30971]
TURNEY : 1700-1850S, BDF, ENG **[26335]**
TURNHAM : PRE 1850, BKM, ENG **[25747]**
TURNIDGE : PRE 1850, Ockley, SRY, ENG **[28391]**
TURNOCK : PRE 1830, Manchester, LAN, ENG **[33704]**
TURPIE : 1680-1750, Wemyss, FIF, SCT **[10037]**
TURPIN : ALL, Avoca, VIC, AUS **[12729]** : ALL, Northall, BDF, ENG **[12729]** : PRE 1800, Cornwood, DEV,

ENG **[46275]** : PRE 1750, Throwleigh, DEV, ENG **[25930]** : ALL, London, MDX, ENG **[41582]** : ALL, Radford, NTT, ENG **[39389]** : Elizabeth, 1819-1852, Leeds, YKS, ENG **[12539]**

TURRENT : PRE 1885, Kinning Park, LKS, SCT **[25672]**

TURRINGTON : PRE 1660, Lakenheath, SFK, ENG **[33428]**

TURTON : 1800+, Oldham, LAN, ENG **[99418]** : 1700+, St.Helens, LAN, ENG **[42582]** : 1500-1900, Stafford, STS & ALL, ENG **[20444]** : 1800, Cumberworth, YKS, ENG **[12641]** : 1700+, Horbury, YKS, ENG **[99418]** : 1600-1997, Limerick, LIM & ALL, IRL **[20444]** : 1660+, BARBADOS, W.INDIES **[23319]**

TURVEY : George, 1870+, Wagga Wagga, NSW, AUS **[11530]** : C1854, Bulleen, VIC, AUS **[46281]** : George, 1840, Colac & Geelong, VIC, AUS **[11530]** : John, 1860, Glenorchy, VIC, AUS **[11530]** : 1878, Collingwood, ONT, CAN **[15221]** : ALL, London, ENG **[37542]** : William, 1833, Thornborough, BKM, ENG **[15221]** : Millicent, 1860, Thornborough, BKM, ENG **[15221]** : ALL, Pershore, WOR, ENG **[39671]** : ALL, Dublin, IRL **[37542]** : ALL, NZ **[39671]**

TURVILLE : ALL, WORLDWIDE **[12819]**

TURZANSKI : PRE 1860, Horodenka, GALICIA, POL **[40603]**

TUSKEY : ALL, WORLDWIDE **[17510]**

TUSON : 1650-1850, Chatham, KEN, ENG **[33500]** : PRE 1750, LAN, ENG **[21356]** : 1790-1895, Ilchester, SOM, ENG **[21356]** : 1750-1825, Wells, SOM, ENG **[21356]** : 1851-1854, Christchurch, CBY, NZ **[21356]** : 1855-1860, Okains Bay, CBY, NZ **[21356]** : 1861+, Dunedin, OTG, NZ **[21356]**

TUSTAIN : PRE 1850, Shutford, OXF, ENG **[37066]**

TUSTIN : 1750+, Ledbury, HEF, ENG **[18307]** : PRE 1850, Lower Heyford, OXF, ENG **[37066]**

TUTFORD : ALL, WORLDWIDE **[17345]**

TUTHILL : PRE 1860, IRL **[26223]** : 1750+, Limerick, LIM, IRL **[13481]** : William, ALL, TIP, IRL **[41425]** : William, ALL, Roscrea, TIP, IRL **[41425]** : Joy Arvesta, 1935+, Hamptons Bay, NY, USA **[41425]**

TUTT : 1550-1800, Hailsham & Chiddingly, SSX, ENG **[33347]** : 1550-1800, Warbleton, SSX, ENG **[33347]** : 1700S, Warbleton, SSX, ENG **[13731]**

TUTTEN : PRE 1730, Brading, IOW, ENG **[20458]**

TUTTON : C1720-1800, Mark, SOM, ENG **[44296]**

TUTTY : 1870+, Brisbane, QLD, AUS **[30927]** : 1750+, Ulceby & Welton le Marsh, LIN, ENG & AUS **[44938]**

TUXWORTH : Thomas, 1860+, CAN **[28149]** : James, 1835+, Louth, LIN, ENG **[28149]**

TWAITES : PRE 1800, East & West Bradenham, NFK, ENG **[17366]**

TWAITS : 1800-1855, Hackney, MDX, ENG **[25142]**

TWATT : ALL, AUS & NZ **[17650]** : ALL, MLN & SHI, SCT **[17650]** : John, PRE 1808, Harray, OKI, SCT **[12563]**

TWEDDLE : 1800S-1970S, Kelloe & Coxhoe, DUR, ENG **[43996]**

TWEED : Ivy, 1950+, White Rock, BC, CAN **[37044]** : Sarah, 1750+, Stetchworth, CAM, ENG **[25310]** : PRE 1800, ESS & SFK, ENG **[17580]** : C1750, Islandmagee, ANT, IRL **[21934]**

TWEEDDALE : ALL, WORLDWIDE **[39856]**

TWEEDIE : 1856+, St.Leonards & Sydney, NSW, AUS **[11229]** : 1850+, Melbourne, VIC, AUS **[99106]** : 1860+, CANTY, NZ **[27931]** : 1850+, OTAGO, NZ **[27931]** : ALL, SCT **[27931]** : Edward, PRE 1880, SCT **[42479]** : PRE 1900, WIG, SCT **[11284]**

TWEEDY : Col. George, 1780-1860, Bromley, KEN, ENG **[20793]** : Arthur Hearne, 1850-C1930, Bromley, KEN, ENG **[20793]** : John Newman, 1809-C1890, London & Bromley, KEN, ENG **[20793]** : 1720+, Coxwold, YKS, ENG **[20975]** : Jane, 1742-1790, Northallerton, YKS, ENG **[20793]**

TWELFTREE : 1890, Adelaide, SA, AUS **[14346]**

TWELLS : 1700-1800, Kegworth, LEI, ENG **[34967]** : PRE 1880, LIN, ENG **[19708]** : PRE 1870, NTT, ENG **[34844]** : 1700+, Basford, NTT, ENG **[26870]**

TWIBLE : 1700+, DEN **[13611]** : 1700+, ENG **[13611]** : 1700+, CON & YKS, ENG **[13611]** : 1700+, IRL **[13611]** : 1700+, NL **[13611]** : 1700+, USA **[13611]** : 1700+, WLS **[13611]** : 1700+, WORLDWIDE **[13611]** : ALL, WORLDWIDE **[13611]**

TWIBLE (see One Name Section) **[13611]**

TWIDALE : ALL, ENG & AUS **[43395]**

TWIGG : PRE 1890, London, MDX, ENG **[33876]** : PRE 1920, Shrewsbury, SAL, ENG **[33876]** : ALL, Colton, STS, ENG **[42829]** : ALL, YKS, ENG **[41370]**

TWIGGER : John, 1800S+, ONT, CAN **[39698]** : John, 1800S, WAR, ENG **[39698]**

TWINE : Abraham, 1700-1770, Burbage, WIL, ENG **[39461]**

TWINING : PRE 1841, Painswick, GLS, ENG **[46518]**

TWISLETON : Charlotte, 1700, Dublin, IRL **[43057]**

TWISS : 1910+, Crewe, CHS, ENG **[41037]**

TWISSEL : William, 1500-1750, Dursley, GLS, ENG **[27039]**

TWITCHET : 1850+, ESS, ENG **[44292]**

TWITCHETT : John, PRE 1831, Shoreditch, LND, ENG **[28141]**

TWOHEY : PRE 1837, Kilkenny, CLA, IRL **[33237]**

TWOMEY : 1875, Melbourne, VIC, AUS **[32016]** : Maurice, PRE 1860, Cork, IRL **[25072]** : PRE 1920, Cork City, COR, IRL **[39348]** : 1802, Garnaugh, COR, IRL **[32016]** : C1860, Cardiff, GLA, WLS **[32016]**

TWOOMY : Mary, 1827-1851, Cork & Hobart, COR & TAS, IRL & AUS **[12490]**

TWYCROSS : ALL, London & KEN, ENG **[41205]**

TWYFORD : C1861+, Fitzroy, VIC, AUS **[20933]** : PRE 1860, Greater Manchester, LAN & CHS, ENG **[41477]**

TWYMAN : Shadrack, 1800+, Birchington, KEN, ENG **[13569]**

TYACK : 1650-1850, St.Agnes, CON, ENG **[10646]**

TYAS : 1750S, Totties & Holme Valley, WRY, ENG **[19921]** : Philander, 1837-1907, Skelmanthorpe, WRY & NSW, ENG & AUS **[27081]**

TYCHSEN : PRE 1800, SHO, BRD **[17134]**

TYDEMAN : ALL, Earl Stonham, Combs, SFK, ENG **[45489]** : 1600-1800, The Stonhams, SFK, ENG **[16383]**

TYE : 1839+, Cooks River, NSW, AUS **[10232]** : 1820, Sydney, NSW, AUS **[39678]** : May, C1890, DBY, ENG **[32035]** : PRE 1839, Cranbrook, KEN, ENG **[10232]** : 1797+, Rolvenden, KEN, ENG **[10232]** : ALL, SFK, ENG **[46218]** : 1770-1830, Ashfield cum Thorpe, SFK, ENG **[43792]** : 1830-1890, Gosbeck, SFK, ENG **[43792]** : 1800+, Hoxne, SFK, ENG **[31079]** : ALL, STS & WAR, ENG **[39386]**

TYER : 1700S, Stoughton, SSX, ENG **[21394]**

TYGAR : ALL, WORLDWIDE **[18145]**

TYGER : ALL, WORLDWIDE **[18145]**

TYLDESLEY : ALL, WORLDWIDE **[19364]**

TYLDESLEY (see One Name Section) **[19364]**

TYLEE : Joseph, 1700S, ENG **[10194]** : Amy Susannah, PRE 1868, WIL, ENG **[35225]**

TYLER : James, 1870+, Elgin Co., ONT, CAN **[33952]** : 1800+, London, ENG **[29417]** : PRE 1865, Abingdon, BRK, ENG **[31715]** : Frances, PRE 1840, North Tawton, DEV, ENG **[35297]** : 1750+, Braintstree, ESS, ENG **[44954]** : 1800+, Rochford, ESS, ENG **[38488]** : 1800-1880S, West Ham & Mile End, ESS, ENG **[10286]** : Samuel, PRE 1800, Bristol, GLS, ENG **[35297]** : 1600-1750, HEF, ENG **[18303]** : 1850+, KEN, ENG **[29417]** : C1800, LEI, ENG **[24993]** : PRE 1900, Timberland, LIN, ENG **[36170]** : C1800-1900, East London, MDX, ENG **[35237]** : 1820+, Northampton, NTH, ENG **[30120]** : PRE 1780, RUT, ENG **[34975]** : Samuel, PRE

1800, Frome, SOM, ENG **[35297]** : 1800+, SRY, ENG **[29417]** : PRE 1790, Camberwell, SRY, ENG **[33428]** : 1750S-1900, Kennington, SRY & LND, ENG **[44998]** : 1750S-1900, Lambeth, SRY & LND, ENG **[44998]** : 1700-1800, Horsham, SSX, ENG **[15464]** : 1690-1800, Rochford & East Ham, WOR, ENG **[42055]** : 1800+, Worcester, WOR, ENG **[30120]** : C1775, Worcester, WOR, ENG **[12060]** : Wm, PRE 1800, Worcester, WOR, ENG **[21594]** : C1795+, Tenley & Bromyard, WOR & HEF, ENG **[37499]** : James, PRE 1700, Silkstone & Skipwith, YKS, ENG **[16233]** : ALL, Pentyrch, GLA, WLS **[38650]**

TYLEY : Sir Joseph, 1690+, Exeter, DEV, ENG **[10194]**
TYLGHMAN : ALL, WORLDWIDE **[38516]**
TYLMAN : ALL, WORLDWIDE **[38516]**
TYNAN : 1800-1900, WOR & STS, ENG **[45749]** : 1750-1900, IRL **[45749]** : John, PRE 1928, (Thomas Ct.) Mountrath, LEX, IRL **[26823]**
TYNDALL : Henry, 1810+, Tewkesbury, GLS, ENG **[43989]**
TYNEHAM : PRE 1850, Dundee, ANS, SCT **[34581]**
TYREMAN : ALL, Leeds, WRY, ENG **[45227]**
TYRRELL : 1850+, Richmond, VIC, AUS **[10394]** : 1800+, Emberton, BKM, ENG **[41037]** : PRE 1750, Medbourne, LEI, ENG **[14351]** : 1750+, St.Pancras, MDX, ENG **[27533]** : PRE 1900, Rushton, NTH, ENG **[14351]** : 1800+, Clonmel, TIP, IRL **[10209]** : 1850-1870, Evanston, IL, USA **[22683]**
TYSOE : 1900+, Liverpool, LAN, ENG **[42782]**
TYSOE-SMITH : 1850-1930, Manchester, LAN, ENG **[36656]**
TYSOL : 1700+, Birmingham, WAR, ENG **[40042]**
TYSON : 1833+, Bellingen, NSW, AUS **[11366]** : George, 1869, Port Macquarie, NSW, AUS **[11366]** : ALL, Cleator Moor, CUL, ENG **[12182]** : 1700-1800, Ennerdale, CUL, ENG **[15929]** : 1810+, St.Bees, CUL, ENG **[46423]** : 1800+, Gloucester & Tewkesbury, GLS, ENG **[15929]** : PRE 1700, Colthouse & Hawkshead, LAN, ENG **[15823]** : C1834, Liverpool, LAN, ENG **[15929]** : 1840+, Leicester, LEI, ENG **[15929]** : 1044, Alnwick, NBL, ENG **[19759]** : C1900, RSA **[14851]**
TYSSEN : 1750-1850, Maidstone, KEN, ENG **[16813]**
TYTHER : 1840+, KER, IRL **[28000]**
TYZACK : 1730-1900, Howden Pans, NBL, ENG **[18665]** : 1830-1923, Little Walsingham, NFK, ENG **[18665]** : 1756-1900, Wells-next-the-Sea, NFK, ENG **[18665]**
TYZARD : PRE 1800, DOR, ENG **[28275]**
UDALL : Robert, C1855+, ENG **[39083]**
UDNEY : 1700S, PER, SCT **[26335]**
UDNY : Ann, 1811, Cruden, ABD, SCT **[10318]**
UECKER : 1800+, Grunberg, GER **[13853]**
UERKFITZ : PRE 1865, POM, GER **[23319]**
UERKVITZ : ALL, GER **[23319]**
UERN : 1841+, Gawler, Wallaroo & Burra, SA, AUS **[25764]**
UFFENDELL : 1840+, LAN, ENG **[43843]**
UFFINDELL : ALL, Witcham & Haddenham, CAM, ENG **[46317]**
UFTON : 1700, Upton & Southwell, NTT, ENG **[41370]**
UGLOW : 1874, Penzance, CON, ENG **[21630]**
UHDE : 1840+, Munich, GER **[46372]**
UHLENBERG : ALL, Starogard, POL **[35935]**
UHR : Charlotte E., 1853+, Sydney, NSW, AUS **[42565]** : Wm Ambrose, 1853+, Sydney, NSW, AUS **[42565]**
ULLOD : 1800-1850, Meimbressen, GHE, GER **[13326]**
ULRICH : PRE 1815, Pfalz, RPF, BRD **[25725]** : PRE 1820, PRE, GER **[41244]**
UMFREVILLE : ALL, WORLDWIDE **[30645]**
UMPLEBY : PRE 1900, YKS, ENG **[20729]**
UNCLES : 1881+, Norwood, SRY, ENG **[35749]** : ALL, Bradford-on-Avon, WIL, ENG **[35749]**

UNDERDOWN : PRE 1840, Wateringbury, KEN, ENG **[37052]** : 1821-1931, Plumstead, LND, ENG **[46472]**
UNDERHILL : 1800+, DEV, ENG **[40319]** : 1600+, SRY, ENG **[27867]**
UNDERLIN : ALL, HRT, ENG **[38488]**
UNDERWOOD : ALL, York Co., ONT, CAN & ENG **[42436]** : PRE 1840, ENG **[46324]** : PRE 1770S, Wigton, CUL, ENG **[42436]** : 1822+, Froxfield, HAM, ENG **[24943]** : ALL, KEN, SRY & LND, ENG **[34861]** : PRE 1803, Westminster, LND, ENG **[28141]** : 1800-1900, Hackney & Bethnal Green, MDX, ENG **[41511]** : 1650-1990, Braybrooke, NTH, ENG **[18251]** : C1800, Bures St.Mary, SFK, ENG **[17174]** : 1750-1800, Chelsworth, SFK, ENG **[17174]** : 1750+, Stoke on Trent, STS, ENG **[46299]** : PRE 1826, Devizes & Potterne, WIL, ENG **[14076]** : C1880, Normanton, YKS, ENG **[18001]** : 1800-1850, Madras, INDIA **[28141]**
UNDY : 1800+, Oughtibridge, YKS, ENG **[99600]** : 1860+, Sheffield, YKS, ENG **[99600]** : Joshua C., 1880+, Sheffield, YKS, ENG **[99600]**
UNFRIED : PRE 1832, Wuertemberg, BAW, BRD **[25725]**
UNSWORTH : 1814+, Mary Tavy, DEV, ENG **[18724]** : Isaac, C1780, Astley & Leigh, LAN, ENG **[19497]** : 1700-1800, Atherton, LAN, ENG **[33838]** : 1760+, Chorley, LAN, ENG **[10822]** : C1820, Culcheth, LAN, ENG **[29854]** : 1750-1800, Hindley, LAN, ENG **[17535]** : ALL, Leigh & Westleigh, LAN, ENG **[29447]** : PRE 1780, Winwick, LAN, ENG **[18724]**
UNTHANK : Isabella, 1795-1874, NBL, ENG **[15849]** : PRE 1850, Norwich, NFK, ENG **[46277]** : ALL, UK **[43613]**
UNWIN : Francis, 1700-1730, ENG **[40996]** : PRE 1850, London, ENG **[13245]** : ALL, Over, CAM, ENG **[11736]** : James, 1700+, Arkesden, ESS, ENG **[28190]** : Francis, 1700+, Arkesden, ESS, ENG **[28190]** : John, 1735, Arkesden, ESS, ENG **[28190]** : 1760+, Southampton, HAM, ENG **[18207]** : PRE 1801, SAL, ENG **[12563]** : Edward, PRE 1801, Lilleshall, SAL, ENG **[12563]**
UPCHER : PRE 1700, Colchester, ESS, ENG **[27240]**
UPCHURCH : PRE 1784, MDX, ENG **[17470]**
UPHILL : ALL, Lymington, HAM, ENG **[37168]** : 1700+, East Lydford, SOM, ENG **[18895]**
UPJOHN : 1800-1870, Lyme Regis, DOR, ENG **[38980]** : 1800-1860, Shaftesbury, DOR, ENG **[46220]** : 1880-1930, Birmingham, WAR, ENG **[38980]**
UPPADINE : Thomas, C1801-50, Hammersmith, LND, ENG **[25921]** : 1800+, Brewood, STS, ENG **[46276]**
UPPERTON : 1800+, SRY, ENG **[42647]**
UPPHAM : Betty, PRE 1800, Thurloxton, SOM, ENG **[26439]**
UPRIGHT : Elizabeth, 1765, Sampford Courtney, DEV, ENG **[24579]**
UPSHALL : 1880+, DOR, ENG **[41037]**
UPSON : 1900+, Barking, ESS, ENG **[46421]** : 1800+, South Weald, ESS, ENG **[46421]** : C1920, Wood Green, LND, ENG **[30645]**
UPSTONE : PRE 1800, Brentwood, ESS, ENG **[46421]**
UPTON : PRE 1900, Surat, QLD, AUS **[13853]** : John Stephen, 1890, Milang, SA, AUS **[39179]** : ALL, Footscray & Williamstown, VIC, AUS **[11424]** : 1800-1875, London, ENG **[11424]** : PRE 1815, Plymouth, DEV, ENG **[35846]** : 1800-1860, LEI, ENG **[46501]** : 1800-1860, Meriden, WAR, ENG **[46501]** : ALL, YKS, ENG **[40719]**
UPWARD : 1800-1881, Cardiff, GLA, WLS **[45675]**
URCH : 1894+, Perth, WA, AUS **[14440]** : PRE 1880, Battersea, LND, ENG **[14440]**
URE : 1800S, Dunfermline, FIF, SCT **[26955]** : 1800+, Lanark, LKS, SCT **[33825]**
UREN : 1839+, Gawler, Wallaroo & Burra, SA, AUS **[25764]** : John, 1870+, Eaglehawk, VIC, AUS **[21955]** : Richard, 1800+, Camborne, CON, ENG **[13065]** : PRE

1836, Falmouth, CON, ENG **[25764]** : Philip, C1816, Gwennap, CON, ENG **[25654]** : PRE 1900, Lelant, CON, ENG **[41208]** : PRE 1800, Lelant & St.Ives, CON, ENG **[27240]** : 1750-1850, Phillack, CON, ENG **[11425]** : 1700S, St.Ives, CON, ENG **[34140]** : 1800S, St.Just in Roseland, CON, ENG **[45639]** : 1812+, Wendron, CON, ENG **[25070]**
URIE : ALL, Rutherglen, LKS, SCT **[34651]**
URMSON : John, 1720-1801, CHS, ENG **[30171]** : PRE 1850, Liverpool, LAN, ENG **[26981]**
URMSTON : ALL, Wilmslow, CHS, ENG **[18895]**
URMY : PRE 1808, Montgomery & Bucks Co., PA, USA **[15787]**
URQUHART : 1866+, Richmond, VIC & WA, AUS **[99055]** : C1765, Adziel, ABD, SCT **[40807]** : Mary, PRE 1900, INV, SCT **[11587]** : Isobella, 1800+, Inverness, INV, SCT **[10891]** : John (Capt.), 1768-1848, Urquhart, INV, SCT **[39213]** : PRE 1850, INV & ROC, SCT **[46164]** : C1810, Edinburgh, MLN, SCT **[14030]** : John, C1800, Lochalsh, ROC, SCT **[31356]**
URTON : ALL, ENG **[23638]**
URWICK : 1600-1800, Felhampton, SAL, ENG **[37286]**
URWIN : 1840+, Brunton, NBL, ENG **[45183]** : 1780-1830, Durham, NBL, ENG **[39835]** : PRE 1830, Ryton, NBL, ENG **[39835]**
USHER : ALL, Wokingham, BRK, ENG **[46516]** : ALL, DUR & YKS, ENG **[43613]** : PRE 1850, Prestbury, GLS & CHS, ENG **[21387]** : 1800S, Liverpool, LAN, ENG **[99570]** : PRE 1850, Devizes, WIL, ENG **[34581]** : Mary Ann, C1841, Loughrea, GAL, IRL **[14184]** : 1850+, Christchurch, NZ **[35444]** : ALL, WORLD-WIDE **[13707]**
USHERWOOD : 1700+, SSX, ENG **[13461]**
USSHER : ALL, WORLDWIDE **[13707]**
USSHER (see One Name Section) **[13707]**
UTT : 1700, GER **[24660]**
UTTA : PRE 1850, Freudenau, POL **[40603]**
UTTING : PRE 1850, NFK, ENG **[28275]**
UZZELL : 1700S, Brookthorp, GLS, ENG **[45215]**

Note: Surnames commencing with the prefix VAN or VON appear together but may also appear in alpha order of the starting letter of the main surname and be found in that letter of the alphabet and not in V, and may be followed by Van or Von etc.

VAAL : 1750+, Schapen, EMSLAND, GER **[43983]**
VACHER : 1750-1890, Kingston, DOR, ENG **[30601]**
VACOSSIN : 1800+, Cavillon, PIC, FRA **[12382]**
VAGG : Albert, 1890+, Ballarat, VIC, AUS **[12650]** : Laban, 1880+, Camperdown, VIC, AUS **[12650]**
VAGUE : 1800+, Lanivet & Creswick, CON & VIC, ENG & AUS **[38546]**
VAHLE : 1750+, Schapen, EMSLAND, GER **[43983]**
VAIL : 1800S, St.John, NB, CAN **[15521]** : PRE 1850, Westminster, MDX, ENG **[36583]**
VAILE : PRE 1900, Lambeth, LND, ENG **[36994]**
VAILLANCOURT : Ignace, PRE 1800, L'Islet, QUE, CAN **[26142]** : Joseph, 1822+, St.Jean, Port Joli, QUE, CAN **[26142]** : Ignace, PRE 1800, St.Jean, Port Joli, QUE, CAN **[26142]** : Desirie G., 1897, IL, USA **[26142]**
VAILLANT : ALL, NFK, SFK & CAM, ENG **[31079]**
VAIN : PRE 1850, BBT, BEL **[17184]**
VAISEY : Ann, PRE 1795, DUR, ENG **[19377]**
VAL : 1750+, Schapen, EMSLAND, GER **[43983]**
VALAITIS : 1700-1900, Taurage, LITHUANIA **[23523]**
VALDER : ALL, ENG **[38515]**
VALE : William, 1880S, Launceston, TAS, AUS **[27701]** : William, 1850S, Longford, TAS, AUS **[27701]** : Joseph, C1835, Birmingham & Bendigo, VIC, AUS & ENG **[26430]** : 1700-1820, Arlingham, Eastington & Newnham, GLS, ENG **[30235]** : 1820+, Frocester & Gloucester, GLS, SOM & SAL, ENG **[30535]** : C1781, Much Dewchurch, HEF, ENG **[21479]** : PRE 1820, HEF & WOR, ENG **[25151]** : PRE 1820, Bushy, HRT, ENG **[27899]** : PRE 1784, Dilwyn, HRT, ENG **[27899]** : C1800, St.Leonards, Shoreditch, LND, ENG **[26731]** : PRE 1822, Birmingham, WAR, ENG **[11444]** : William, PRE 1829, Birmingham, WAR, ENG **[27701]** : 1800-1900, USA & ENG **[22737]**
VALENDER : C1720, Snowshill, GLS, ENG **[17380]**
VALENTIE : PRE 1790, AQU, FRA **[20458]**
VALENTINE : PRE 1880, DUR & NBL, ENG **[46382]** : 1840+, Ashton in Makerfield, LAN, ENG **[31689]** : PRE 1890, Blackrod & Horwich, LAN, ENG **[36983]** : 1780-+, Middle Hulton & Deane by Bolton, LAN, ENG **[31689]** : ALL, LND, ENG **[19844]** : ALL, SFK, ENG **[19844]** : ALL, WIC, IRL **[19844]** : 1820-1860S, Rathdrum, WIC, IRL **[39060]** : PRE 1850, Ellon, ABD, SCT **[42211]**
VALIANT : ALL, NFK, SFK & CAM, ENG **[31079]**
VALIENT : ALL, NFK, SFK & CAM, ENG **[31079]**
VALLADOLID : C1850, ESP **[46467]**
VALLANCE : PRE 1762, DBY, ENG **[42773]** : ALL, LEI, ENG **[42773]** : PRE 1762, NTT, ENG **[42773]** : ALL, STS, ENG **[42773]** : Alexander, 1700+, Old Cumnock, AYR, SCT **[21971]**
VALLE : C1823, Genoa, ITL **[19902]**
VALLEAU : C1887, NJ, USA **[24660]** : 1780-1820, Ithaca, NY, USA **[24660]**
VALLINGS : ALL, ENG **[21312]**
VALLIS : PRE 1800, Salisbury Plain, WIL, ENG **[13034]**
VALPY DIT JANVRIN : PRE 1850, St.Brelade & St.Aubin, JSY, CHI **[41677]**

Note: VAN - see note at the beginning of V.

VAN BARKELOO : 1714+, NJ, USA **[15521]** : PRE 1714, New Amsterdam, NY, USA **[15521]**
VAN BILJON : 1600+, BEL & FRA **[22211]** : 1600+, NL & RSA **[22211]**
VAN BLOMENESTEIN : ALL, RSA **[18042]**
VAN BREDA : 1900-1980, Port Elizabeth, CPC, RSA **[46338]**
VAN BRUNT : 1890+, CA, USA **[26785]**
VAN CURAN : ALL, WORLDWIDE **[16811]**
VAN DEN BOSCH : PRE 1780, Beetsterzwaag, FRI, NL **[44947]** : 1860+, Harrismith, OFS, RSA **[44947]**
VAN DEN BROEK : ALL, Kapelle, NL **[45111]**
VAN DEN BURG : ALL, NL **[11938]**
VAN DEN ELSKEN : PRE 1820, BBT, BEL **[17184]**
VAN DEN HEEVER : 1600+, BEL & FRA **[22211]** : 1600+, NL & RSA **[22211]**
VAN DER AVORT : ALL, BENELUX **[15011]**
VAN DER BANK : ALL, Pretoria, TUL, RSA **[29001]**
VAN DER BERGH : 1800S, LND, ENG **[46308]**
VAN DER LINDEN : PRE 1860S, Amsterdam, NOH, NL **[39745]**
VAN DER OORD : ALL, NL **[11938]**
VAN DER TAK : 1800+, AUS & NL **[32804]**
VAN DER VALK : PRE 1850S, Amsterdam, NOH, NL **[39745]**
VAN DEURS : 1590+, HOLLAND, NL & DEN **[29701]**
VAN DIERMEN : ALL, WORLDWIDE **[16034]**
VAN DONGE : ALL, Cranbrook, KEN, ENG **[45678]**
VAN DRIEST : 1600S, Sutphrnin, GEL, NL **[15521]** : PRE 1750, NY, USA **[15521]**
VAN DUSEN : 1845-50, NY, USA **[16365]**
VAN DYK : 1650S, BEL **[22118]** : 1700S, CAPE & TVL, RSA **[22118]**
VAN ELST : ALL, Heiloo, NOH, NL **[14012]**
VAN ENK : Wichert, 1740-1760, NL **[46466]**
VAN EVERY : PRE 1900, Poughkeepsie, NY, USA **[99010]**

VAN FOWINKEL : PRE 1800, Vohwinkel & Dusseldorf, WEF, GER **[38901]**
VAN GIJN : 1700S, Vlaardingen, NL **[42466]**
VAN GINKEL : C1740, NL **[11938]**
VAN GRAAF : 1700S, Vlaardingen, NL **[42466]**
VAN HORNIBROEK : PRE 1840, Mallow, COR, IRL **[34101]**
VAN KLEINNOORT : ALL, NL **[11938]**
VAN KNOUGHNET : C1800, ONT, CAN **[16802]**
VAN LAAR : Pieter, 1810-1841, Overleden, OVERIJSSEL, NL **[39730]**
VAN LEUVEN : 1700S, Vlaardingen, NL **[42466]**
VAN LIESHOUT : 1805+, Heeswijk, NBT, NL **[40153]**
VAN LOGGENBERG : C1940, Pretoria, CAPE, RSA **[10428]**
VAN MEERTEN : 1890+, Howick, NATAL, RSA **[27492]**
VAN MEETEREN : C1900, Lienden, NL **[30653]**
VAN MIERLO : C1911, Dinther, NBT, NL **[40153]**
VAN NESS : 1839, Florence, AL, USA **[23208]** : Geo. Hy Clay, 1836-1889, Cincinnati, OH & AL, USA **[23208]**
VAN NIEKERK : 1600+, BEL & FRA **[22211]** : 1600+, NL & RSA **[22211]**
VAN OOSTEN : Petronella, 1700S, Kampen, OIJ, NL **[39730]**
VAN PATTEN : ALL, WORLDWIDE **[22725]**
VAN RIJNBERK : 1870+, AUS **[46389]** : PRE 1875, NL **[46389]**
VAN RINSUM : ALL, Heteren, GEL, NL **[43772]**
VAN STEENIS : PRE 1875, NL **[46389]**
VAN TRUMP : ALL, WORLDWIDE **[23895]**
VAN VOSKUILE : ALL, NL **[11938]**
VAN WISSENBERG : 1700S, Vlaardingen, NL **[42466]**
VAN WORTH : ALL, WORLDWIDE **[22725]**
VANBEEK : Richard, 1845-1885, NL **[23564]**
VANCE : C1900-1920, Kalgoorlie, WA, AUS **[46381]** : C1828, London, MDX, ENG **[27744]** ; James, 1800+, Ballyclog, TYR, IRL **[28149]** : C1800-1860, OH, USA **[46381]**
VANDER : ALL, ENG **[42739]**
VANDER AVORTIUS (see One Name Section), **[15001]**
VANDER SAY : 1700-1800+, GER **[25469]**
VANDERBAND : ALL, CON, ENG **[45257]**
VANDERBURGH : 1692+, NY, USA **[23872]**
VANDERHORST : PRE 1760, Berkeley Co., SC, USA **[10832]**
VANDERMEERSCH : 1700-1790, Ypres, BEL **[20200]**
VANDERVORD : PRE 1920, SRY, ENG **[44969]**
VANDERWOLF : ALL, WORLDWIDE **[13358]**
VANDYBECK : Mary, 1700, Pinchbeck, LIN, ENG **[10318]**
VANE : Mary, 1767, Dagenham, ESS, ENG **[38449]** : 1750-1820, Smarden, KEN, ENG **[13326]** : 1100-1700S, Tunbridge & Monmouth, KEN & MON, ENG **[11411]**
VANLANDE : PRE 1760, Champion, BBT, BEL **[33567]**
VANNECK : Philip, 1930-45, Detroit, MI, USA **[19678]** : Mary, 1935-70, Detroit, MI, USA **[19678]**
VANOTTIE : Lena, 1896+, Benno, ITL **[25410]**
VANSAC : Michael, 1879-1953, Farrell, PA, USA & CS **[23032]**
VANSACK : Michael, 1879-1953, Farrell, PA, USA & CS **[23032]**
VANSICKLE : Mary Ann, 1800S, Elgin & Oxford Co., ONT, CAN **[42436]** : John, PRE 1817, Flamborough Twp, Wentworth Co., ONT, CAN **[15787]**
VANSON : 1780-1800, Eastry, KEN, ENG **[45442]**
VANSTONE : 1750+, Instow, DEV, ENG **[13585]** : 1790-1860, South Brent, DEV, ENG **[43853]** : 1705-1830, Tiverton, DEV, ENG **[43853]** : 1700+, Painswick & Tetbury, GLS, ENG **[42282]**

VANT : ALL, WORLDWIDE **[19234]**
VANWICKLIN : 1800+, ONT, CAN **[99323]**
VANZANDT : 1800-1870, Albany Co., NY, USA **[24413]**
VARDON : 1895+, Adelaide, SA, AUS **[32035]**
VARDY : Mary, PRE 1900, DBY, ENG **[42808]** : Thomas, PRE 1900, DBY, ENG **[42808]**
VARENNE : PRE 1900, BN, HN & NOR, FRA **[31355]**
VARLEY : PRE 1900, Chesterfield, DBY, ENG **[35015]** : PRE 1690, Barwick in Elmet, WRY, ENG **[33664]**
VARLO : ALL, WORLDWIDE **[41207]**
VARLOW : ALL, WORLDWIDE **[41207]**
VARLOW (see One Name Section) **[41207]**
VARNEY : 1700+, BKM, ENG **[44132]** : PRE 1790, Vale of White Horse, BRK, ENG **[43033]**
VARO : Sarah, 1800S, CAM & SFK, ENG **[39247]**
VART : 1800+, Whitby, YKS, ENG **[46302]**
VARTKY : 1700S, IRL **[46308]**
VARVEL : PRE 1750, Ludham, NFK, ENG **[33428]**
VASEY : 1847+, London, ENG **[44269]** : PRE 1810, South Shields, DUR, ENG **[18018]** : John, C1750, West Auckland, DUR, ENG **[38579]** : 1770+, Wilton le Wear, DUR, ENG **[20975]** : 1815-1900, Edinburgh, MLN, SCT **[35218]**
VASS : 1800, Newcastle on Tyne, NBL, ENG **[12641]** : Robert, 1820+, Musselburgh, MLN, SCT **[14760]** : John, 1850+, Musselburgh, MLN, SCT **[14760]**
VASSALL : John, 1543-1550, Caen, NOR, FRA **[24674]**
VASSEY : Ann, PRE 1795, DUR, ENG **[19727]**
VASSIE : PRE 1841, Kensington, MDX, ENG **[12547]**
VATAS : (De), ALL, FRA **[13347]**
VATAS-SIMPSON : ALL, WORLDWIDE **[13347]**
VATT : ALL, SOM, ENG **[11159]**
VAUGH (see One Name Section) **[17217]**
VAUGHAN : 1950+, Albury, NSW, AUS **[46373]** : John, 1880+, Broken Hill, NSW, AUS **[40831]** : C1830, Sydney, NSW, AUS **[27634]** : 1850-1900S, TAS, AUS **[44296]** : Henry, PRE 1862, VIC, AUS **[29187]** : PRE 1800, Bristol, GLS, ENG **[45758]** : Elizabeth, 1738-1764+, LAN, ENG **[18422]** : Ann, 1754+, Chorley, LAN, ENG **[16125]** : James, 1841-1881, Liverpool, LAN, ENG **[46426]** : Sarah, 1853-1890, Liverpool, LAN, ENG **[46426]** : 1750-1890, Chelsea, LND, ENG **[46462]** : 1860+, Hackney, MDX, ENG **[41511]** : PRE 1860, SAL, ENG **[46164]** : 1800-1850, Bridgnorth, SAL, ENG **[10037]** : 1700-1800, Horsham, SSX, ENG **[15464]** : 1850-1900, Walsall, STS, ENG **[40718]** : 1840, Oldbury, WOR, ENG **[13694]** : C1771, Wath-on-Dearne, YKS, ENG **[41370]** : 1840-1900, Bodyke, CLA, IRL **[11716]** : PRE 1800, Denbigh, DEN, WLS **[25093]** : 1800-1869, Llangedwyn, DEN, WLS **[40718]** : PRE 1855, Llannefydd & Henllan, DEN, WLS **[39860]** : PRE 1900, FLN, WLS **[30310]** : Ann, C1803, Chepstow, MON, WLS **[46213]** : Chas C1830, Chepstow, MON, WLS **[46213]** : 1837-1913, Morristown, GLA, WLS & AUS **[46285]**
VAUGHN : John, C1775-C1860, Stockport, CHS, ENG **[20793]** : PRE 1820, Wolverhampton, STS, ENG **[10918]** : 1830S, Burford, WOR, ENG **[42055]**
VAUGHTON : 1750-1800, Silkstone & Deepcar, WRY, ENG **[12641]**
VAUS : ALL, Lutterworth & Leicester, LEI, ENG **[45871]** : ALL, Welford & Thornby, NTH, ENG **[45871]** : ALL, Rugby & Birmingham, WAR, ENG **[45871]**
VAUSE : 1875+, Mangonui, NLD, NZ **[99599]**
VAUTIN : ALL, WORLDWIDE **[28060]**
VAUX : ALL, ENG **[18020]** : 1650-1720, St.Pancras, LND, ENG **[12641]**
VAYLE : C1781, Much Dewchurch, HEF, ENG **[21479]**
VAZQUEZ : Francisco, PRE 1840, Caracas, VENEZUELA **[22470]**
VEAL : 1750-1850, St.Erth, CON, ENG **[21597]** : 1800-30, HAM, ENG **[38926]** : PRE 1850, Chapel in Mumby, LIN, ENG **[36033]** : James, C1850, Chew Magna, SOM,

ENG **[10485]** : 1700-1900, Bristol & Uffculme, SOM & DEV, ENG **[30147]** : 1750+, Modbury, DEV, ENG & AUS **[36569]** : Catherine, 1848-1864, Bath & Blackwood, SOM & VIC, ENG & AUS **[12490]** : Anna (Amy), C1840, TX, USA **[26142]**
VEALE : Mary, 1735, Gulval, CON, ENG **[13031]** : 1700+, St.Columb, CON, ENG **[30968]** : PRE 1701, Ashwater, DEV, ENG **[46411]** : C1756, Clawton, DEV, ENG **[10785]** : 1700S, Modbury, DEV, ENG **[14127]** : ALL, South Brent, DEV, ENG **[19457]** : 1800-1920, Greenwich, KEN, ENG **[46412]** : Elizabeth, 1834+, Egham, SRY, ENG **[12490]** :PRE 1928, Te Aroha, NZ **[20773]**
VEART : 1800+, Whitby, YKS, ENG **[46302]**
VEASEY : 1800-1900, Harborough Magna, WAR, ENG **[18670]**
VEDEPO : Joseph, 1836-1900, FRA **[23438]** : Sarah Burns, 1836-1926, DON, IRL **[23438]**
VEDRINE : 1908+, Perigneux Gare, Loire, RHA, FRA **[20140]**
VEICK : 1650+, Gerhardtsbrun, GER **[22737]**
VEITCH : 1852+, Parramatta, NSW, AUS **[10399]** : 1878+, Brisbane, QLD, AUS **[11860]** :1720S+, Wark on Tyne & North Shields, NBL, ENG **[10399]** : ALL, CAV, IRL **[26493]** : 1800-1870S, Kildallen, CAV, IRL **[11860]** : 1800-30, Edinburgh, SCT **[11661]** : ALL, Edinburgh, SCT **[12781]** : 1800+, Gorebridge, MLN, SCT **[12163]** : C1815, Peebles, MLN, SCT **[12163]** : ALL, Spittal on Rule, ROX, SCT **[12781]** : C1790+, Newland & Eddleston, ROX & PEE, SCT **[37499]**
VELAZQUEZ : C1850, ESP **[46467]**
VELEZ : Micaela, PRE 1830, Mayaguez, PUERTO RICO **[22470]**
VELIE : PRE 1900, Erie Co., NY, USA & FRA **[33567]**
VELINDER : C1720, Winchcombe, GLS, ENG **[17380]**
VELLUTI : Eliz. Mary, 1930+, Richmond, VIC, AUS **[12650]**
VENABLES : Thomas, C1800, Uttoxeter, STS, ENG **[35379]**
VENARD : PRE 1700, BN & HN, FRA **[16010]** : ALL, ARM & MOG, IRL **[16010]**
VENART : ALL, ARM & MOG, IRL **[16010]**
VENDERBUSCH : Joanna, 1760, Suderwick, WEF, GER **[10993]**
VENEER : PRE 1750, Haslemere, SRY, ENG **[36246]**
VENMORE : PRE 1750, Eye, HEF, ENG **[46275]**
VENN : 1500-1700, Broadhembury & Payhembury, DEV, ENG **[34140]** : C1850-1927, Cheriton Fitzpaine & Crediton, DEV, ENG **[34140]** : C1730-C1850, Kings Nympton & Pennymoore, DEV, ENG **[34140]** : 1800S, Portsmouth, HAM, ENG **[19127]** : 1740+, Bishop Lydiard, SOM, ENG **[34140]** :PRE 1900, Slinfold & Shipley, SSX, ENG **[35561]**
VENNER : 1840+, Plymouth, ENG **[11098]** : 1800+, Lifton, DEV, ENG **[38005]** : ALL, Kingsnorth, KEN, ENG **[25073]**
VENNING : ALL, ENG **[37603]**
VENTERS : ALL, FIF, SCT **[13004]**
VENTIMAN : John, C1670, Boston, MA, USA **[27633]**
VENVELL : PRE 1880, Shipton under Wychwood, OXF, ENG **[20919]**
VERBEYST : 1800+, Shoreditch, LND, ENG **[38005]**
VERCOE : ALL, NSW, AUS **[34921]** : PRE 1845, Bodmin, CON, ENG **[10970]**
VERDON : PRE 1820, Strood, KEN, ENG **[43828]**
VERDON (see One Name Section) **[43828]**
VERE : 1700-1800, Upton, BRK & BKM, ENG **[30246]** : ALL, Billinghay, LIN, ENG **[31442]**
VEREKER : 1650+, LIM, IRL **[29786]**
VEREY : ALL, AUS & ENG **[39229]** : ALL, BKM & OXF, ENG **[38307]**
VERGARA : C1750-1900, Madrid, ESP **[46196]**
VERGE : PRE 1830, Christchurch, HAM, ENG **[32945]**

VERGINE : Louisa Ann, PRE 1864, Stoke Damerel, DEV, ENG **[28557]** : 1874+, Battersea, LND, ENG **[28557]**
VERHEYEN : PRE 1825, Lier, ATW, BEL **[33567]**
VERITY :PRE 1850, Manchester, LAN, ENG **[18702]** : 1810-1850, London, MDX, ENG **[38737]** : ALL, Pudsey, WRY, ENG **[38740]** : 1770-1830, Todmorden. WRY, ENG **[38737]** : 1700-1820, London, MDX, YKS & WES, ENG & IRL **[14296]** : 1830+, Llanwonno, GLA, WLS **[38740]** : Charles, 1817, Newbridge, GLA, WLS **[38740]**
VERKELST : PRE 1870, BBT, BEL **[17184]**
VERLOOP : 1800+, NL & RSA **[22114]**
VERNAY : 1810-1999, Vaugneray, Mornant, RHA, FRA **[39991]**
VERNCOMBE : ALL, DEV, ENG **[99025]**
VERNER : 1849-1970S, Fort Beaufort, CAPE, RSA **[35294]** : 1849-1970S, Wooldridge & Peddie, CAPE, RSA **[35294]**
VERNON : 1800+, Nantwich, CHS, ENG **[10775]** : ALL, South Molton, DEV, ENG **[37200]** : 1850+, Manchester, LAN, ENG **[12904]** : 1700+, Nuneaton, LAN, ENG **[12904]** : 1890+, Alliance, OH, USA **[30086]** : 1880+, Merthyr Tydfil, GLA, WLS **[30086]**
VERON : Abial, 1800+, Boston, MA, USA **[10731]**
VERR : 1790S, Melrose, ROX, SCT **[11425]**
VERREN : 1810-1940, CON, ENG **[42807]**
VERRIER : 1900+, Pondicherry & Calcutta, INDIA **[99418]**
VERRILL : ALL, UK **[43613]**
VERRINDER : PRE 1850, Cranham, GLS, ENG **[25142]**
VERRY : C1813, Aconbury, HEF, ENG **[15902]** : 1800S, ENG & NZ **[13857]**
VERSEY : ALL, Blankney, LIN, ENG **[31972]** :C1786, Haltham, LIN, ENG **[31972]** : PRE 1850, SFK, ENG **[17184]** : C1870, Kirkley, SFK, ENG **[31972]**
VERT : John, 1800-1860, Haddington, ELN, SCT **[39243]**
VERTUE : PRE 1710, Deback & Framsden, SFK, ENG **[26665]**
VESPER : 1790+, Limehouse, Stepney, MDX, ENG **[17874]** : 1834-1904, Pommern, RPF, GER **[17874]**
VESS : C1820-1850, NC & MO, USA **[26785]**
VEVERS : 1854+, Bewcastle, CUL, ENG **[21196]**
VIAL : 1800+, Kenwyn, CON, ENG **[12084]** : 1685+, Plymouth & Spitalfields, DEV & LND, ENG **[46359]**
VIARD :PRE 1800, Paris & Chantilly, FRA **[14267]**
VIBERT :PRE 1805, St.Owen, CHI **[20925]** :1750-1850, CON, ENG **[21597]**
VICAJI : 1900+, LND, ENG **[39730]**
VICARY : 1880+, ENG **[99570]** : PRE 1750, West Anstey, DEV, ENG **[31316]** : 1570-1650, DOR, ENG **[34790]** : 1700S, North Bradley, WIL, ENG **[45215]**
VICHEL : C1700, Blumenow, BRA, GER **[37795]**
VICK : ALL, Braddan, IOM, UK **[42782]** : ALL, German, IOM, UK **[42782]** : ALL, Patrick, IOM, UK **[42782]**
VICKERAGE : 1800S, SOM, ENG **[12831]** : 1850S, Swansea, GLA, WLS **[12831]**
VICKERMAN : ALL, Halifax, YKS, ENG **[26228]**
VICKERS : Helen, 1924-1974, Toronto, ONT, CAN **[15785]** : 1800S, Basildon, BRK, ENG **[19727]** : 1750-1850, Reading, BRK, ENG **[32042]** : 1750-1910, Bunbory & Tarpoley, CHS, ENG **[13546]** : George, C1813, Bunbury, CHS, ENG **[14184]** : 1820-1910, Tarpoley & Nantwich, CHS, ENG **[13546]** : ALL, Cowshill, DUR, ENG **[21763]** : PRE 1700, Stanhope, DUR, ENG **[15793]** : 1800S, LAN, ENG **[34704]** : PRE 1850, Bury, LAN, ENG **[33704]** : ALL, Manchester, LAN, ENG **[46479]** : ALL, Whitby, YKS, ENG **[46307]**
VICKERY : 1700-1900, Seavington, SOM, ENG **[18150]** : 1700-1880, Seavington St.Michael, SOM, ENG **[43582]** : ALL, Bristol & Adelaide, DEV & SA, ENG & AUS **[38546]** : 1831-1904, MOG, IRL **[46217]**

VICTORY : PRE 1920, Monk Bretton, WRY, ENG **[35015]** : PRE 1815, IRL **[35015]** : 1831-1904, MOG, IRL **[46217]**
VIDLER : 1870+, Hunter River, NSW, AUS **[11060]** : 1600-1900, London, MDX, ENG **[26831]**
VIELBA : ALL, WORLDWIDE **[45228]**
VIELVA : ALL, WORLDWIDE **[45228]**
VIGAR : 1900+, Winnipeg, MAN, CAN **[33538]**
VIGGERS : 1800+, Horley, OXF, ENG **[37267]** : PRE 1900, Horley, OXF, ENG **[45176]**
VIGNOLA : PRE 1712, QUE, CAN **[22550]**
VIGOR : 1650+, Ninfield, SSX, ENG **[30120]**
VIGURS : 1830-1900, Gerrans, CON, ENG **[46427]** : 1870-1930, St.Ives, HUN, ENG **[46427]** : 1890-1910, Marylebone, MDX, ENG **[46427]**
VILE : 1750-1900, Curry Mallet, SOM, ENG **[20703]** : 1700-1850, Seavington St.Mary, SOM, ENG **[43582]**
VILLA : 1840+, BURMA **[19905]**
VILLEMONT : 1864-1935, Pellevoisin, Selles-Nahon, CEN, FRA **[39991]**
VILLEPONDEUX : 1700-1740, Goose Creek, SC, USA **[10832]**
VILLIERS : PRE 1918, Hove, SSX, ENG **[35592]**
VILLIS : C1750, IOW, ENG **[20458]**
VIMPANY : 1750+, GLS, ENG **[44409]**
VINCE : ALL, TAS, AUS **[98637]** : C1700-1820S, Niton, IOW, ENG **[42897]** : ALL, NFK, ENG **[98637]**
VINCENT : James, 1840+, Adelaide, SA, AUS **[27936]** : 1880+, TAS, AUS **[11690]** : David, 1800+, Campbell Town, TAS, AUS **[25489]** : 1860+, Ballarat, VIC, AUS **[12318]** : 1870+, Essex, ONT, CAN **[15521]** : 1818+, Kingston, ONT, CAN **[10145]** : 1840+, Scugog, ONT, CAN **[15521]** : 1818-1827, St.Helier, JSY, CHI **[10832]** : PRE 1935, ENG **[31323]** : 1750-1850, CON, ENG **[21597]** : 1700-1800, Gwennap, CON, ENG **[12318]** : 1710-1750, Stithians, CON, ENG **[12318]** : 1770S, Yarcombe, DEV, ENG **[11870]** : 1840S, Beaminster & Broadwinsor, DOR, ENG **[11870]** : 1840S, Clapton Bridge, DOR, ENG **[11870]** : PRE 1750, Swyre, DOR, ENG **[14267]** : PRE 1918, Willington, DUR, ENG **[11890]** : 1710-1760, ESS, ENG **[34790]** : Charlotte, 1874+, Southend on Sea, ESS, ENG **[35008]** : PRE 1950, IOW & HAM, ENG **[30085]** : C1780, Isle of Sheppey, KEN, ENG **[10145]** : 1813-1878, Paddington, MDX, ENG **[35008]** : 1800-1815, Kings Lynn, NFK, ENG **[10145]** : 1750+, Norwich, NFK, ENG **[12728]** : 1800+, Barby, NTH, ENG **[35444]** : PRE 1840, NTT, ENG **[15521]** : 1800S, Bath, SOM & WIL, ENG **[42542]** : 1800+, Camberwell, SRY, ENG **[37834]** : PRE 1780, Hommington, WIL, ENG **[41136]** : PRE 1850, Wilton, WIL, ENG **[46355]** : 1782+, Idle & Halifax, WRY, ENG **[13481]** : Andrew, 1783, Manorhamilton, LET, IRL **[46325]** : James, C1820, ULSTER, IRL **[27936]** : 1866+, Thames, TVY, NZ **[42542]** : 1850S, Glasgow, LKS, SCT **[11870]** : Evelyn, 1916+, Winkelman, AZ, USA **[26142]** : PRE 1990, Des Moines, IA, USA **[45125]** : 1600S, MA, USA **[15521]** : James, C1840, Detroit, MI, USA **[27936]**
VINE : 1860-1890, Echuca, VIC, AUS **[46304]** : 1853+, Melbourne, VIC, AUS **[46304]** : 1845-1875, Ryde, IOW, ENG **[46055]** : PRE 1910, Canonbury, LND, ENG **[46304]** : PRE 1853, Islington & Finsbury, ENG **[46304]** : 1861+, Dunedin, NZ **[46304]** : 1880+, Wanganui, NZ **[46304]**
VINEER : 1800S, MDX, ENG **[44296]**
VINES : 1800+, London, ENG **[97805]** : 1700+, Bedford, BDF, ENG **[97805]** : 1800-1900, GLS, ENG **[44946]** : PRE 1790, Randwick, GLS, ENG **[43137]** : 1800+, HRT, ENG **[97805]** : PRE 1700, Brinkworth, WIL, ENG **[30302]** : PRE 1800, Brinkworth, WIL, ENG **[18657]** : 1800-1850, Littleton Drew, WIL, ENG **[18657]** : 1700-1850, Nettleton, WIL, ENG **[44946]**
VINEY : 1806-1872, St.Helens, TAS, AUS **[12321]** : ALL, SOM, ENG **[46247]**
VINING : C1751, ENG **[18067]**

VINNING : 1820+, London, ENG **[40135]** : ALL, DEV, ENG **[40135]**
VINODRUM : 1450-1800, NOR & SCT **[26745]**
VINRAM : 1250-2000, CAN, UK & USA **[26745]**
VINSON : 1800+, Falmouth, CON, ENG **[39539]** : ALL, Borden, KEN, ENG **[46277]**
VINT : 1870S+, Portage la Prairie, MAN, CAN **[43967]** : Edward, 1759-1825, Halifax, NS, CAN **[27633]** : 1840+, Durham Co., ONT, CAN **[43967]** : PRE 1860, Maybole, AYR, SCT **[33911]**
VINTER : PRE 1800, Wainfleet St.Marys, LIN, ENG **[46423]**
VINTON : 1800S, Rochester, KEN, ENG **[16149]** : PRE 1832, New Berlin, NY, USA **[23367]** : PRE 1858, Portage Co., OH, USA **[23367]**
VIOL : PRE 1800, OXF, ENG **[25151]**
VIPEN : ALL, Urpeth & Chester le Street, DUR, ENG **[31152]**
VIPOND : PRE 1730, Alston, CUL, ENG **[17921]** : 1260+, Garrigill & Alston, CUL, ENG **[21655]** : ALL, Urpeth & Chester le Street, DUR, ENG **[31152]** : 1700-1800, Newton Flotman, NFK, ENG **[34967]** : ALL, WORLDWIDE **[21655]**
VIRET : 1930+, Montreal, QUE, CAN **[17933]** : PRE 1773, Wheatfield & Tetsworth, OXF & LND, ENG **[17933]** : ALL, WORLDWIDE **[17933]**
VIRGANDER : 1810S, Karkskrona, SWE **[16984]**
VIRGIN : ALL, Adelaide, SA, AUS **[43453]** : ALL, Marston Moretaine, BDF, ENG **[43453]** : 1840-1860, Marnholl, DOR, ENG **[28557]** : PRE 1840, Woolwich, KEN, ENG **[28557]** : PRE 1810, East Coker, SOM, ENG **[28557]** : 1700-1900, White Staunton, SOM, ENG **[31960]**
VIRGO : PRE 1800, KEN, ENG **[20458]** : PRE 1800, Chiddingstone, KEN & SSX, ENG **[20458]** : 1800+, Portslade, Preston & Fishersgate, SSX, ENG **[42744]** : 1814, Twineham, SSX, ENG **[44941]**
VIRKS : 1844, Dresow, POM, PRE **[15987]**
VIRLEY : 1753-1920, CAM & HUN, ENG **[37156]**
VISCONTI : 1800S, Pinerolo, PIEDMONT, ITL **[45743]**
VISE : 1850-1860, St.Pancras, MDX & LND, ENG **[45732]**
VISSER : 1700S, Vlaardingen, NL **[42466]**
VITLER : 1860+, Yass, NSW, AUS **[14032]**
VITTERY : ALL, Brixham, DEV, ENG **[46274]**
VIVIAN : 1800S, AUS **[30543]** : 1850+, Castlemaine, VIC, AUS **[35974]** : 1855+, Clunes, Stawell & Callawadda, VIC, AUS **[11877]** : James, 1908+, Kalgoorlie, WA, AUS **[12785]** : James, 1750+, Redruth, CON, ENG **[43775]** : 1750+, Redruth, CON, ENG **[21741]** : 1842+, St.Issey, CON, ENG **[11877]** : ALL, DOR, ENG **[30543]** : 1863+, Southampton, HAM, ENG **[30543]** : 1750-1960, HAM, DOR & BRK, ENG **[36533]** : 1800S, CON, ENG & AUS **[14045]** : ALL, NZ **[30543]**
VIVION : 1780+, Portsmouth, HAM, ENG **[12321]**
VIZARD : 1800-1900, Dursley, GLS, ENG **[20416]**
VIZE : ALL, WORLDWIDE **[12231]**
VIZOR : ALL, Malmesbury, WIL, ENG **[33973]**
VLAEMINCK : 1800S, BEL **[44296]**
VLAM : ALL, NL **[11938]**
VOB : 1750+, Lensahn, SHO, GER **[45681]**
VOCE : 1600-1930, Liverpool & Warrington, LAN, ENG **[18038]**
VOERLING : Franceska, 1840, GER **[28802]** : Fidel, ALL, Lahr, GER **[28802]**
VOET : PRE 1710, ATW, BEL **[20458]**
VOGEL : Friederike, PRE 1860, WEF, GER **[29745]**
VOGELE : 1857+, Hunter Valley, NSW, AUS **[11476]**
VOGLER : 1800, Hagenbach, WUE, GER **[14227]**
VOGT : 1850+, Blyth, SA, AUS **[14346]** : 1872-1881, New York City, NY & NJ, USA **[24413]**
VOGWILL : ALL, DEV, ENG **[36607]**

VOHWINKEL : PRE 1800, Vohwinkel & Dusseldorf, WEF, GER **[38901]**
VOICE : PRE 1850, ESS, ENG **[21539]** : William, PRE 1760, Godalming, SRY, ENG **[14290]**
VOIGT : C1948, Leipzig, GER **[99012]** : Friedrich, 1850-1900, Hameln, HAN, GER **[32243]** : Friedrich, 1900-1912, Boardman, Mahoning Co., OH, USA **[32243]** : Friedrich, 1895-1912, WI, USA **[32243]**
VOISEY : 1851+, Honiton & Sidmouth, DEV, ENG **[44209]**
VOKINS : James Henry, PRE 1826, Bath, SOM, ENG **[99174]**
VOLK : 1800-1900, Daylesford, VIC, AUS **[25484]**
VOLKS : Annie, 1900+, GLS & KEN, ENG **[27958]**
VOLL : PRE 1818, London, MDX & SRY, ENG **[16701]**
VOLLPRECHT : ALL, Clausthal & Zellerfield, HAN, GER **[10492]**
VOLMAR : 1600+, BRD **[99570]** : 1600+, CAN **[99570]**
VOLQUARTZ : 1647+, DEN & GER **[29701]**
VOLSKE : ALL, GER **[24474]** : ALL, USA **[24474]**

==
Note: VON - see note at the beginning of V.
==

VON COLLUM : PRE 1800, Holleschau & Holesov, MORAVIA, CS **[11344]**
VON DOHREN : 1860+, Woolloongabba, QLD, AUS **[14120]** : 1814+, SHO, BRD **[14120]** : PRE 1750, Woehrden, SHO, GER **[14120]**
VON FLUE : ALL, WORLDWIDE **[22422]**
VON FRISCHBIER : PRE 1830, Guntersberg, SIL, GER **[26306]**
VON GOECKEL : ALL, Mulhausen, THU & BLN, GER **[18688]**
VON MALLESCH : C1880+, Sydney, NSW, AUS **[36751]** : C1857+, Beechwork, VIC, AUS **[36751]**
VON MUNSTER : 1789, Bamberg, GER **[12318]**
VON OLNHAUSEN : ALL, WORLDWIDE **[22422]**
VON SALIS : 900-1700S, Soglio, GRISONS, CH **[11411]**
VON STIEGLITZ : Elizabeth, 1805-1870, Cookstown & Steiglitz, ARM & VIC, IRL & AUS **[31359]**
VON STUBENRAUCH : C1877, New York, NY, USA **[12317]**
VON WOLLMERSHAUSEN : ALL Worldwide **[22422]**
VONDERAHE : 1813+, Bermondsey, LND, ENG **[35801]** : PRE 1813, Hille, WEF, GER **[35801]**
VORST : 1750+, Guntzenhausen, BAY, BRD **[19458]**
VORSTER : ALL, RSA **[27752]**
VOSPER : Grace, 1731, Tresmeer, CON, ENG **[14627]**
VOSS : 1850S+, Sydney, NSW, AUS **[10492]** : ALL, Lutterworth & Leicester, LEI, ENG **[45871]** : ALL, Welford & Thornby, NTH, ENG **[45871]** : ALL, Rugby & Birmingham, WAR, ENG **[45871]** : 1900+, Hamburg, HBG, GER **[17000]** : 1770+, Schwaberow, MSW, GER **[99440]** : PRE 1850, Swansea, GLA, WLS **[10492]**
VOST : ALL, ENG, SCT & INDIA **[42967]**
VOTE : C1830, London, ENG **[37880]**
VOTER : Sarah, C1800, Norwich, NFK, ENG **[13153]**
VOUGHTON : PRE 1720, Hints, STS, ENG **[17350]**
VOULLAIRE : C1893+, Mildura, VIC, AUS **[36751]**
VOUSDEN : ALL, KEN, ENG **[41582]**
VOW : ALL, WORLDWIDE **[17317]**
VOWDEN : 1800S, Feock, CON, ENG **[14045]**
VOWE : ALL, WORLDWIDE **[17317]**
VOY : PRE 1820, St.Andrews, OKI, SCT **[12011]**
VOYSEY : PRE 1800, Exeter & Falmouth, DEV & CON, ENG **[13657]**
VUATIN : ALL, WORLDWIDE **[28060]**
VUGLAR : PRE 1790, North Tawton, DEV, ENG **[30302]**
VULLIAMY : ALL, ENG **[30071]**
VURLEY : PRE 1900, ENG **[28474]** : PRE 1800, Wisbech, CAM, ENG **[28474]**

VYE : Thomas, C1735-1818, Langton Matravers, DOR, ENG **[41477]** : Philip, C1779-1832, Langton Matravers, DOR, ENG **[41477]**
VYNALL : Elizabeth, C1580, Cowden, KEN, ENG **[10035]**
VYSE : 1800+, STS, ENG **[17850]** : 1780+, Stoke on Trent, STS, ENG **[37308]**
VYVYAN : ALL, Camborne & Lanhydrock, CON, ENG **[14548]** : Philip, PRE 1740, St.Austell, CON, ENG **[39471]**
WADDEL : 1721-1738, Kilconquhar, FIF, SCT **[14880]**
WADDELL : 1830+, SA, AUS **[28813]** : C1870, Portland, VIC, AUS **[34939]** : 1870+, Oamaru, NZ **[46401]** : 1721-1738, Kilconquhar, FIF, SCT **[14880]** : 1800+, LKS, SCT **[28813]** : C1800, Airdrie, LKS, SCT **[12298]** : 1870S, Auchenheath, LKS, SCT **[46401]** : 1750-1850, Calder, LKS, SCT **[20660]** : C1790, Carstairs, LKS, SCT **[46339]** : PRE 1800, Leith, MLN, SCT **[15785]** : PRE 1800, Galashiels, ROX, SCT **[36437]**
WADDICOR : PRE 1860, Darwen, LAN, ENG **[44078]**
WADDIE : 1860S, Edinburgh, MLN, SCT **[31517]**
WADDILOVE : 1856+, LND, ENG **[12953]**
WADDINGTON : 1550+, Padiham, LAN, ENG **[22305]** : 1550+, Waddington, LAN, ENG **[22305]** : C1860, Wandsowrth & Lowestoft, LND & SFK, ENG **[43841]** : PRE 1827, Barnsley, YKS, ENG **[11866]**
WADDLE : C1800, Shilbottle, NBL, ENG **[11718]** : C1805, Widdinton, NBL, ENG **[10070]** : 1721-1738, Kilconquhar, FIF, SCT **[14880]** : 1790+, Bothwell, LKS, SCT **[12878]**
WADE : ALL, NSW, AUS **[36842]** : Burton, 1855-1886, Sydney, NSW, AUS **[10046]** : PRE 1870, Rockhampton, QLD, AUS **[14197]** : PRE 1879, Smithfield, QLD, AUS **[14197]** : Mary, PRE 1825, London, ENG **[26439]** : ALL, CHS, ENG **[34901]** : Elizabeth, 1875+, Utkinton, CHS, ENG **[34024]** : C1700+, Gorran, CON, ENG **[13406]** : 1900+, Clowne, DBY, ENG **[35394]** : 1920+, Darlington, DUR, ENG **[35394]** : 1932+, Stifford, ESS, ENG **[35394]** : 1680-1750, HAM, ENG **[17191]** : C1828, Clitheroe, LAN, ENG **[14197]** : ALL, Rochdale, LAN, ENG **[34901]** : 1730S, Illston on the Hill, LEI, ENG **[31373]** : Samuel, C1830, Gosberton, LIN, ENG **[10610]** : 1874+, Great Yarmouth, NFK, ENG **[35394]** : 1886+, Melton Magna, NFK, ENG **[35394]** : 1901+, Wells next the Sea, NFK, ENG **[35394]** : 1850+, Wicklewood, NFK, ENG **[35394]** : 1895, Wymondham, NTH, ENG **[41477]** : 1700S, Bulwick, NTH, ENG **[21889]** : PRE 1850, Aldeburgh, SFK, ENG **[14536]** : 1800+, Hoxne, SFK, ENG **[31079]** : 1800+, SOM, ENG **[21504]** : 1810S, Cheddar, SOM, ENG **[39573]** : 1901+, Caterham, SRY, ENG **[35394]** : 1500-1800, Coventry, WAR, ENG **[10046]** : 1700-1800, Giggleswick, WRY, ENG **[31826]** : Peter & George, 1918+, Halifax & Calderdale, WRY, ENG **[21655]** : Christopher, 1918+, Halifax & Calderdale, WRY, ENG **[21655]** : ALL, YKS, ENG **[38452]**
WADEY : 1700-1900, Billingshurst, SSX, ENG **[35561]**
WADGE : 1700-1800, Maker, CON, ENG **[36950]** : John, 1870+, Esh Winning, DUR, ENG **[18325]**
WADHAM : 1600-1900, Poole, DOR, ENG **[19678]** : C1810, Kilkenny, KIK, IRL **[14627]**
WADSWORTH : 1750+, Great Barford, BDF, ENG **[13461]** : PRE 1850, Macclesfield, CHS, ENG **[38936]** : 1870+, Ashton under Lyne, LAN, ENG **[38936]** : 1677+, Little Bowden, NTH, ENG **[21207]** : Benjamin, PRE 1800, Halifax, WRY, ENG **[37445]** : C1900, Halifax, YKS, ENG **[38362]** : Edmund, 1750+, Heptonstall, YKS, ENG **[10839]** : 1800S, Warley, YKS, ENG **[38362]** : 1830S, Warley, YKS, ENG **[38362]** : 1700+, Enniskillen, FER, IRL **[20444]**
WAELAND : PRE 1820, Deptford, KEN, ENG **[43828]**
WAGANMANN : Camill, 1900S, Manningham, YKS, ENG **[10593]**
WAGENEIRE : C1850, Scranton, PA, USA **[15014]**

WAGENHEIM : Gustave, C1830+, NSW, AUS **[24449]**
WAGENIERE : C1890, Mishawaka, IN, USA **[15014]**
WAGER : PRE 1820, Hackney & Westminster, LND, ENG **[46375]** : ALL, Leeds & Bradford, WRY, ENG **[42745]** : ALL, WORLDWIDE **[19454]**
WAGG : PRE 1820, Ringwood & Christchurch, HAM, ENG **[16269]**
WAGGITT : Mary, 1750-1820, Swaledale, NRY, ENG **[17907]**
WAGGITT (see One Name Section) [44368]
WAGGONER : Anna B., 1800, Chester Co., PA, USA **[22756]**
WAGGOTT : 1800+, SOM & DUR, ENG **[45950]**
WAGHORN : 1860+, Sydney, NSW, AUS **[21258]** : 1809+, ENG **[39167]** : ALL, KEN, ENG **[28670]** : 1830+, Dartford, KEN, ENG **[21258]** : PRE 1800, Goudhurst, KEN, ENG **[11282]** : PRE 1850, Goudhurst Area, KEN, ENG **[19806]** : Mary, PRE 1780, Otford, KEN, ENG **[36365]** : 1800S, SCT **[33279]**
WAGHORNE : PRE 1754, Horsmonden, KEN, ENG **[10740]** : PRE 1880, St.Leonards on Sea, SSX, ENG **[20965]** : 1850+, Dunedin, OTG, NZ **[20965]**
WAGLAND : 1857-1907, Goombungee, QLD, AUS **[32314]** : C1785-1857, Babcary, SOM, ENG **[32314]** : PRE 1800, Babcary, SOM, ENG **[25969]**
WAGNER : 1807-1891, Krumher Mersdorf, KMS, DDR **[27180]** : PRE 1870, GER **[28660]** : 1830-39, Highlands, GER **[24660]** : 1800+, BAW, GER **[35444]** ; 1850S, Berlin, PRE, GER **[12744]** : 1860-1890, Dekalb, IL, USA **[23415]**
WAGSTAFF : 1700-1900, London, ENG **[21231]** : C1800, Chilvers Coton, WAR, ENG **[38728]** : PRE 1760, Bromsgrove, WOR, ENG **[30302]** : 1700-1800, Northfield, WOR, ENG **[22070]** : 1800-1820, Bradfield, WRY, ENG **[12641]**
WAIDE : PRE 1854, TIP, IRL **[39058]**
WAILES : ALL, Lemmington, NBL, ENG **[31152]**
WAIN : Charles, PRE 1890, Sydney & Richmond, NSW, AUS **[44939]** : Mary Ann, 1820, Gosberton, LIN, ENG **[28802]** : 1800S, Rugeley, STS, ENG **[27780]**
WAINE : PRE 1732, Chesterfield, DBY, ENG **[17626]** : PRE 1700, Middleton Cheney, NTH, ENG **[42083]**
WAINER : PRE 1900, ENG **[28391]**
WAINRIGHT : 1668+, Monmouth Co., NJ, USA **[22558]**
WAINSCOTT : PRE 1920, Monk Bretton, WRY, ENG **[35015]**
WAINWRIGHT : Samuel, 1832+, Colyton, NSW, AUS **[31510]** : Samuel, 1832+, Upwell & Nottingham, CAM & NTT, ENG **[31510]** : ALL, DBY, ENG **[41370]** : 1700-1800, Leyton, ESS, ENG **[26399]** : PRE 1870, LAN, ENG **[20925]** : 1700-1850, Liverpool, LAN, ENG **[45920]** : James, 1808+, Hilgay, Upwell & Littleport, NFK & CAM, ENG **[31510]** : PRE 1900, WAR & STS, ENG **[25747]** : PRE 1820, Claines, WOR, ENG **[11684]** : 1780S, Calverley, YKS, ENG **[12318]** : 1821, Eccleshill, YKS, ENG **[12318]** : John, 1781, Woodkirk, YKS, ENG **[10318]** : James Day, 1846+, Upwell & Tamboroora, CAM & NSW, ENG & AUS **[31510]**
WAIT : Eliza, 1849, Bendigo, VIC, AUS **[25700]** : 1790-1820, Warrington, LAN, ENG **[12641]** : C1830+, Bethnal Green, LND, ESS & MDX, ENG **[31902]** : 1700-1850, Bristol, SOM, ENG **[14296]** : 1800-1840, ROX, SCT **[43967]**
WAITE : 1880+, Goulburn, NSW, AUS **[46403]** : PRE 1850, York, ERY, ENG **[35619]** : ALL, Harby, LEI, ENG **[11092]** : PRE 1900, Spalding, LIN, ENG **[46403]** : Mary, 1867+, YKS, ENG **[45999]** : C1800+, Naburn & York, YKS, ENG **[46495]** : 1750-1850, ENG & AUS **[42698]** : PRE 1854+, Border Region, ENG & WLS **[45772]** : PRE 1880, Lurgan, ARM, IRL **[21539]** : PRE 1900, USA **[22725]**
WAITHMAN : 1700-1900, London, ENG **[17196]** : Wilson, 1800-1900, Coventry, WAR, ENG **[17196]** : ALL, ENG & SCT **[17196]**

WAITS : 1800-1900, Cambridge, CAM, ENG **[22536]**
WAITT : PRE 1854, Alderminster, GLS, ENG **[14076]**
WAKE : Charlotte, C1786, ENG **[29774]** : 1500-1800, Medstead, HAM, ENG **[17907]** : 1800+, Therfield, HRT, ENG **[18020]** : Parkin, 1750+, Boston, LIN, ENG **[39735]** : John, PRE 1803, Silverstone, NTH, ENG **[41589]** : John, 1819+, Bedale, YKS, ENG **[41589]**
WAKEFIELD : Albert Edward, C1888-1949, Campsie, NSW, AUS **[11623]** : 1650-1700, Faringdon, BRK, ENG **[11912]** : PRE 1801, Whittesford, CAM, ENG **[22550]** : PRE 1850, ESS, ENG **[41136]** : 1780-1850, Stroud, GLS, ENG **[13326]** : PRE 1760, Uley & Owlpen, GLS, ENG **[26360]** : C1790, Braughing, HRT, ENG **[25654]** : C1870-1920, Poplar, LND, ENG **[18714]** : PRE 1860, Finchley, LND & MDX, ENG **[44138]** : 1650-1750, Arnold, NTT, ENG **[34967]** : 1650-1700, Lambley, NTT, ENG **[34967]** : 1600-1650, Rolleston, NTT, ENG **[34967]** : PRE 1820, SSX, ENG **[25794]** : Francis, 1839+, Burton on Trent, STS, ENG **[33870]** : 1600S, Biddleford & Wells, ME, USA & ENG **[22796]**
WAKEFORD : 1850+, Camberwell, SRY, ENG **[37834]** : PRE 1800, SSX, ENG **[36246]** : PRE 1820, SSX, ENG **[25794]**
WAKEHAM : 1750-1850, Bigbury, DEV, ENG **[10383]** : PRE 1820, Blackawton & Dartmouth, DEV, ENG **[34783]** : 1800+, Buckfastleigh, DEV, ENG **[44019]** : 1750+, Dartmouth, DEV, ENG **[30968]** : PRE 1800, East Woodhay, HAM, ENG **[17931]** : ALL, LND, ENG **[44019]**
WAKELEY : John, 1831, Sydney, NSW, AUS **[28151]**
WAKELIN : PRE 1800, LND & MDX, ENG **[17470]** : ALL, Hyson Green, NTT, ENG **[42634]**
WAKELING : 1800+, Plymouth, DEV, ENG **[19101]** : PRE 1890, Pleshey, ESS, ENG **[46451]** : Francis, C1788+, KEN, ENG **[10035]** : Frances, C1817, KEN, ENG **[10035]** : 1900+, Oakham, LEI, ENG **[35280]** : 1800+, LND & MDX, ENG **[42771]** : Edward James, 1700+, London, MDX, ENG **[11319]** : 1759, Haverhill, SFK, ENG **[17580]** : C1760, Linton, SOM, ENG **[25693]** : ALL, Southwark, SRY, ENG **[19101]** : 1800+, Aberystwith, CGN, WLS **[31319]**
WAKELY : Sarah, C1839, Sydney, NSW, AUS **[42913]** : 1750+, WIL, ENG **[42913]**
WAKEMAN : C1800-1921, Ickenham, MDX, ENG **[22070]** : PRE 1800, Bromsgrove, WOR, ENG **[42773]**
WAKENSHAW : PRE 1848, Coldstream & Eccles, BEW, SCT **[99573]**
WAKERLEY : C1800, LEI, ENG **[24993]**
WALBANK : PRE 1900, Keighley, WRY, ENG **[18806]**
WALBRAN : ALL, ENG **[33347]**
WALBROL : 1725-1760, Mehlem, RPR, GER **[24252]**
WALBRUEHL : 1815-1865, Mehlem, RPR, GER **[24252]**
WALBURN : ALL, ENG **[33347]**
WALCOT : PRE 1720, Eastbourne, SSX, ENG **[42083]**
WALDEN : 1838, Christchurch, HAM, ENG **[17650]** : Richard, 1790+, LND, ENG **[11797]** : PRE 1840, Haselbech, NTH, ENG **[45489]** : PRE 1834, Merrow, SRY, ENG **[21175]**
WALDER : 1770-1790, Bolney, Cuckfield & Cowfold, SSX, ENG **[39042]**
WALDERNE : 1530+, Alcester, WAR, ENG & USA **[42580]**
WALDIE : Thos & Isab., 1800-1850, Ashkirk, ROX, SCT **[12320]**
WALDING : PRE 1800, YKS, ENG **[25969]**
WALDRON : 1750+, London, ENG **[29113]** : 1639+, Dover, KEN & MA, ENG & USA **[42600]** : PRE 1886, Cartown, LET, IRL **[19116]**
WALDRON-BROWN : 1970, South Brisbane, QLD, AUS **[36768]**
WALDUCK : Charles, 1800+, London, ENG **[21759]** : PRE 1739, Wingrave, BKM, ENG **[26366]**

WALDVOGEL : Hans-Martin, C1705, Stetten, SH, CH **[22409]**
WALE : ALL, Little Bardfield Hall, ESS, ENG **[11726]**
WALES : PRE 1890, Redruth & Camborne, CON, ENG **[44119]**
WALEY : ALL, WORLDWIDE **[46446]**
WALFORD : 1800+, ESS, ENG **[38488]** : Francis, 1710, Birmingham, WAR, ENG **[29198]** : PRE 1890, Kempsey, WOR, ENG **[41372]** : 1700+, Kidderminster, WOR, ENG **[38488]**
WALKDEN : 1870+, Ashwell, HRT, ENG **[36071]** : 1700+, LIN, ENG **[36071]**
WALKER : Wm., 1890+, Buenos Aires, ARGENTINA **[13591]** : 1800S, Bungay & Wingham, NSW, AUS **[11344]** : Horace Leslie, 1895+, Forest Lodge, NSW, AUS **[42905]** : Rowland, 1867+, Glebe & Coogee, NSW, AUS **[42905]** : Herbert Norm., 1887-1940, Glebe, Waverley & Ashfield, NSW, AUS **[42905]** : Dr. Josiah, 1860+, Lismore & Camden, NSW, AUS **[11066]** : Herbert, 1900+, Moree, NSW, AUS **[11745]** : Catherine, PRE 1859, Mudgee, NSW, AUS **[46245]** : Henry, 1920+, Newtown, NSW, AUS **[11745]** : PRE 1927, North Sydney, NSW, AUS **[10232]** : Samuel, 1838-1855, Parramatta & Camden, NSW, AUS **[11066]** : 1855-1920, Queaneyean, NSW, AUS **[11066]** : Henry, 1800S, Tumut & Goulburn, NSW, AUS **[14029]** : 1850S, Wollongong & Bulli, NSW, AUS **[36112]** : James, 1820+, Launceston, TAS, AUS **[11745]** : 1850+, VIC, AUS **[33727]** : Robert, 1848-1919, South Melbourne, VIC, AUS **[28140]** : John, 1840+, Tower Hill, VIC, AUS **[46384]** : Joseph, 1855+, Woodford, VIC, AUS **[25654]** : 1800S, Hastings Co., ONT, CAN **[25428]** : Charles Wm, 1852-1928, Toronto, ONT, CAN **[45900]** : Edward, 1851+, ENG **[28533]** : 1700-1900, London, ENG **[45037]** : 1792+, London, ENG **[28495]** : Charles Wm, 1852-1928, London, ENG **[45900]** : Alexdr Percy, 1876-1923, London, ENG **[45900]** : ALL, London, ENG **[45722]** : 1600-1820, Leighton Buzzard, BDF, ENG **[38833]** : PRE 1750, Aylesbury, BKM, ENG **[38307]** : PRE 1750, Kintbury, BRK, ENG **[43842]** : 1700-1950, CAM & HUN, ENG **[45749]** : Nancy, PRE 1820, CHS, ENG **[31676]** : 1700-1900, Lymm, CHS, ENG **[22070]** : PRE 1850, Stockport, CHS, ENG **[46453]** : ALL, Waverton, CHS, ENG **[26612]** : 1830S, Winsford, CHS, ENG **[28742]** : 1600+, CUL, ENG **[17162]** : William, 1820-1887, DBY, ENG **[42961]** : Thomas, 1854-1939, DBY, ENG **[42961]** : PRE 1815, Cheddleton, DBY, ENG **[17201]** : 1800S, Holbrook, DBY, ENG **[42961]** : 1880+, Bideford, DEV, ENG **[21218]** : 1800S, Newton Abbot, DEV & DOR, ENG **[36935]** : James, PRE 1907, Castletown, DUR, ENG **[14448]** : George, PRE 1900, Durham, DUR, ENG **[41041]** : Mary Ann, 1847-1870, Marley Hill & Whickham Hill, DUR, ENG **[46245]** : PRE 1850, Stockton on Tees, DUR, ENG **[11066]** : 1800+, Sunderland, DUR, ENG **[10775]** : Ralph, PRE 1823, Sunderland, DUR, ENG **[28533]** : PRE 1837, Sunderland, DUR, ENG **[42645]** : PRE 1650, Whickham, DUR, ENG **[17626]** : ALL, Goole, ERY, ENG **[38259]** : Sarah, 1776+, Hull, ERY, ENG **[10054]** : John, ALL, Lockington, ERY, ENG **[21915]** : Sarah Ann, C1870, Lockington, ERY, ENG **[21915]** : 1800-1840, ESS, ENG **[10167]** : 1800S, Shenfield, ESS, ENG **[12508]** : 1500-1900, Bristol, GLS, ENG **[22456]** : 1750+, Bristol, GLS, ENG **[39464]** : John, 1855, Bristol, GLS, ENG **[22456]** : George, C1837, Bristol, GLS, ENG **[11372]** : Joseph, C1850, Bristol, GLS, ENG **[28140]** : 1700S, HAM, ENG **[26335]** : Mary Jessie, 1846+, Faversham, KEN, ENG **[31849]** : Anne Maria, 1847+, Faversham, KEN, ENG **[31849]** : George, 1820+, Frindsbury, KEN, ENG **[38584]** : Fredk Alex, 1856+, Gravesend, KEN, ENG **[31849]** : Grace Marion, 1881+, Gravesend, KEN, ENG **[31849]** : Alexander, 1825+, Gravesend & Dover, KEN, ENG **[31849]** : George, C1690, Pluckley & Bethersden, KEN, ENG **[15564]** : Ann, 1820+, Sandwich & Dover, KEN, ENG **[31849]** : Elinor, 1824+, Sandwich & Dover, KEN, ENG **[31849]** : John Alex., 1785+, Sandwich,

Dover & Ospringe, KEN, ENG **[31849]** : PRE 1800, Deptford, KEN & SRY, ENG **[42752]** : 1850-1900, Bolton, LAN, ENG **[36656]** : Maria, C1825, Bolton, LAN, ENG **[46326]** : William, 1830+, Manchester, LAN, ENG **[10846]** : 1800-1860, Salford, LAN, ENG **[36656]** : Dorothy, PRE 1742, Glenfield, LEI, ENG **[41185]** : Mary, PRE 1760, Goadby, LEI, ENG **[21349]** : PRE 1860, Great Dalby, LEI, ENG **[45227]** : 1880-1943, Grantham, LIN, ENG **[39984]** : James, 1700+, Spalding, LIN, ENG **[14002]** : PRE 1813, Spalding, LIN, ENG **[17626]** : 1790-1860, LND, ENG **[36435]** : PRE 1800, Finsbury, LND, ENG **[26360]** : 1750-1850, Paternoster Row, LND, ENG **[17486]** : 1849-1930, Bethnal Green, LND & MDX, ENG **[28495]** : 1800+, East London, MDX, ENG **[28495]** : 1800-1862, Greenford, MDX, ENG **[18018]** : 1700-1775, London, MDX, ENG **[33347]** : 1805-1875, St.Lukes, MDX, ENG **[33347]** : James, 1800+, NBL, ENG **[14448]** : 1840-1880, NBL, ENG **[99052]** : PRE 1800, Corbridge, NBL, ENG **[44014]** : 1840-1890, Newcaslte on Tyne, NBL, ENG **[13447]** : 1750-1850, Carlton, NRY, ENG **[26629]** : 1750-1800, Manfield, NRY, ENG **[12641]** : 1750-1800, Swaledale, NRY, ENG **[17907]** : PRE 1800, Wycliffe, NRY, ENG **[46423]** : William, C1851, Wellingborough, NTH, ENG **[41185]** : ALL, Wollaston & Strixton, NTH, ENG **[33347]** : PRE 1790, Newark on Trent, NTT, ENG **[11536]** : 1800S, Nottingham, NTT, ENG **[18823]** : 1830+, South Scarle & Besthorpe, NTT, ENG **[39984]** : 1650-1900, Whatton & Aslockton, NTT, ENG **[10287]** : Martha, C1812-1900, Forest Hill & Wheatley, OXF, ENG **[27325]** : 1940+, Headingly, OXF, ENG **[13065]** : John, PRE 1850, Oxford, OXF, ENG **[10454]** : PRE 1630, Standlake, OXF, ENG **[33428]** : Robert, PRE 1800, Steeple Aston, OXF & WIL, ENG **[40993]** : John Alex., 1852, Bridgewater, SOM, ENG **[31849]** : 1700S, Rode & Road, SOM, ENG **[45215]** : 1820-1850S, Bilston, STS, ENG **[17291]** : PRE 1880, Wolverhampton, STS, ENG **[17201]** : Eliz. T. D., 1839-1906, Wolverhampton & Baxenden, STS & LAN, ENG **[27325]** : PRE 1900, Aston, Birmingham, WAR, ENG **[10454]** : Maryann, 1850S, Birmingham, WAR, ENG **[17105]** : PRE 1871, Birmingham, WAR, ENG **[16111]** : 1800+, Nether Whitacre, WAR, ENG **[30107]** : 1800+, WES, ENG **[33727]** : PRE 1800, Orton, WES, ENG **[41477]** : PRE 1800, Brinkworth, WIL, ENG **[31349]** : 1700S-1800S, Dudley, WOR, ENG **[33559]** : C1700, Bradford, WRY, ENG **[30310]** : PRE 1841, Carlton (Snaith), WRY, ENG **[28474]** : John, 1800-1870, Huddersfield, WRY, ENG **[46436]** : 1800+, Leeds & Bradford, WRY, ENG **[18372]** : William, C1815-1890S, Midgley, WRY, ENG **[46278]** : John, C1720, Morley & Leeds, WRY, ENG **[17486]** : ALL, Newby & Clapham, WRY, ENG **[25572]** : William, 1840, Wakefield, WRY, ENG **[11530]** : PRE 1820, Wakefield & Pudsey, WRY, ENG **[37058]** : PRE 1850, York & Selby, WRY, ENG **[40570]** : PRE 1800, YKS, ENG **[19854]** : 1800+, Huddersfield, YKS, ENG **[36292]** : PRE 1870, Kettlewell, YKS, ENG **[11344]** : Samuel, 1800+, Leeds, YKS, ENG **[11543]** : John, 1840+, Leeds, YKS, ENG **[11543]** : PRE 1860, Millbridge, Birstall & Leeds, YKS, ENG **[33901]** : William, 1750+, Altrincham & Parramatta, CHS & NSW, ENG & AUS **[11425]** : Grace, C1822-1833, INDIA **[10116]** : Jane, PRE 1796, Dublin, IRL **[10116]** : PRE 1856, Brownded, ANT, IRL **[41005]** : Thomas, 1800-1855, Duncairn & Belfast, ANT, IRL **[40143]** : 1800-1850, County Cavan, CAV, IRL **[46458]** : Catherine, C1837-1859, CLA & LIM, IRL **[46245]** : 1800+, DON, IRL **[28134]** : PRE 1864, Bridgetown, DON, IRL **[28134]** : 1800-1850S, Killybegs, DON, IRL **[46300]** : 1800+, Dromore, DOW, IRL **[22536]** : PRE 1864, Ballymena, DRY & ANT, IRL **[13655]** : Jones, 1840-1868, Barna, GAL, IRL **[14627]** : Thomas, 1830-1850, Shinrone, OFF, IRL **[40143]** : ALL, Takaka, NZ **[39672]** : 1800+, Aberdeen, ABD, SCT **[12481]** : ALL, Inverurie, ABD, SCT **[26687]** : ALL, New Deer & Cruden, ABD, SCT **[46454]** : 1800+, Beith, AYR, SCT **[12395]** : C1840, Dalmellington, AYR, SCT **[13014]** : Jane, 1830S, Dumfries, DFS, SCT **[10993]** : PRE 1850, Dumfries, DFS, SCT **[40871]** : ALL, Edinburgh, ELN, SCT **[45308]** : 1800-1900, Kirkcaldy, FIF, SCT **[39303]** : ALL, Lochgelly, FIF, SCT **[45541]** : ALL, Bervie, KCD, SCT **[13855]** : Elizabeth, PRE 1850, Cushnie, KCD, SCT **[25602]** : 1757+, LKS, SCT **[43772]** : PRE 1800, LKS, SCT **[12395]** : PRE 1850, Carluke & Dunsyre, LKS, SCT **[45679]** : PRE 1860, Dalziel, LKS, SCT **[32017]** : 1776-1958, Glasgow, LKS, SCT **[13591]** : Janet Drew, 1854-1918, Glasgow, LKS, SCT **[13591]** : Margaret, C1830+, Glasgow, LKS, SCT **[34321]** : 1826+, Gorbals, LKS, SCT **[42894]** : 1800+, Edinburgh, MLN, SCT **[46448]** : David, 1818-1855, Edinburgh, MLN, SCT **[13591]** : Elizabeth, 1780S-1850S, Glasgow, RFW, SCT **[37978]** : C1800, Greenock, RFW, SCT **[25693]** : John, 1784, Neilston, RFW, SCT **[28140]** : Robert, C1830, Neilston, RFW, SCT **[28140]** : 1750-1900, South Dean, ROX, SCT **[20770]** : 1800+, Fintry, STI, SCT **[31402]** : James, C1770, Leith South, WLN, SCT **[27289]** : Eliz, 1841+, Glasgow, LKS, SCT & AUS **[25794]** : John, 1800+, Rafford & Forres, MOR, SCT & AUS **[46384]** : Isabella, 1791-1868, SCT & ENG **[45614]** : 1770-1931, Boston, MA, USA **[22891]** : Peter, 1885-1920, Harrison, Hudson Co., NJ, USA **[13591]** : 1900+, New York, NY, USA **[18372]** : PRE 1875, WI & MA, USA **[29570]** : PRE 1855, MON, WLS **[22456]** : Wm, C1820, WLS & ENG **[25658]**

WALKER LAMB : 1800+, Hanley, STS, ENG **[20835]**

WALKERDEN : Joseph, 1700S, VIC & STS, AUS & ENG **[28013]**

WALKERLEY : 1600-1800, North Thoresby, LIN, ENG **[19921]**

WALKINGSHAW : PRE 1880, Melbourne, VIC, AUS **[26341]** : PRE 1870, Plymouth, DEV, ENG **[26341]**

WALKLATE : C1700, Wolstanton, STS, ENG **[19647]**

WALKLEY : PRE 1700, Tetbury, GLS, ENG **[26665]**

WALL : 1838+, Long Corner & Goulburn, NSW, AUS **[11071]** : 1800S-1994, VIC, AUS **[26264]** : 1860+, Yea, VIC, AUS **[12237]** : C1800, Broadhembury, DEV, ENG **[10565]** : Jane, 1786, Sidbury, DEV, ENG **[40055]** : 1850, Stroud, GLS, ENG **[99590]** : Edward, C1760, Kington, HEF, ENG **[17380]** : PRE 1815, Worcester, HEF & WOR, ENG **[25151]** : ALL, Horncastle, LIN, ENG **[26264]** : ALL, Lincoln, LIN, ENG **[26264]** : 1800S, Hackney, MDX, ENG **[13681]** : Matthias, 1692, London, MDX, ENG **[28802]** : 1800S, St.Mary At Hill, MDX, ENG **[13681]** : ALL, Norwich, NFK, ENG **[26264]** : PRE 1700, Bath, SOM, ENG **[46251]** : 1830+, Kingswood, WIL, ENG **[99590]** : PRE 1730, Salford Priors, WOR, ENG **[31316]** : 1700-1880, WOR, HEF & SAL, ENG **[21597]** : 1800-1855, Meelick, CLA, IRL **[42913]** : PRE 1834, Clonmel, TIP, IRL **[10209]** : 1800S, Ballingarry, LIM, IRL & AUS **[11071]** : Geo. & Sarah, 1856+, Wellington, NZ **[10345]** : ALL, WORLD-WIDE **[18260]** : 1970+, ZIMBABWE **[31079]**

WALLACE : 1880S, Cadia, NSW, AUS **[13845]** : 1890+, Sydney, NSW, AUS **[36505]** : James, 1834-1875, Willoughby, NSW, AUS **[10731]** : PRE 1900, SA, AUS **[36819]** : 1850+, VIC, AUS **[40135]** : Roy, C1900, VIC, AUS **[10891]** : William Thos, 1880+, Birregurra, VIC, AUS **[39179]** : Catherine, 1870+, Geelong, VIC, AUS **[12785]** : Michael, C1900, Geelong, VIC, AUS **[10891]** : PRE 1853, Geelong, VIC, AUS **[41979]** : Robert, 1885+, Omeo, VIC, AUS **[46320]** : Michael, 1850+, Winchelsea, VIC, AUS **[10891]** : Robert, 1870+, Morrisons & Deniliquin, VIC & NSW, AUS **[12785]** : Robert, ALL, BC, CAN **[16267]** : ALL, ENG **[13591]** : William, C1799+, Dittisham & Dartmouth, DEV, ENG **[27325]** : PRE 1778, Liverpool, LAN, ENG **[31003]** : PRE 1922, Manchester, LAN, ENG **[14743]** : PRE 1950, Scunthorpe, LIN, ENG **[32040]** : ALL, Newcastle, NBL, ENG **[18855]** : William, C1900, SRY, ENG **[28479]** : PRE 1922, Leeds, WRY, ENG **[14743]** : PRE 1860, YKS, ENG **[46463]** : Charles, 1840-1923, Dartmouth & Dittisham, DEV, ENG & AUS **[27325]** : 1830+, MDX & LND, ENG & NZ **[39593]** : ALL, ANT, IRL **[34921]** : PRE 1820, Belfast, ANT, IRL **[46346]** : PRE 1850, ARM & DUB, IRL **[26493]** : C1840, Dromara, DOW, IRL **[14542]** : Robert, 1700S, Anny, MOG, IRL **[14127]** : Whitfield, 1820S, Ettagh, OFF, IRL **[33728]** : 1750+, Eglish, TYR, IRL **[21093]** : 1800S, Waterford, WAT, IRL **[36952]** : 1835+, Waterford City, WAT, IRL **[10731]** : PRE 1845, OFF, IRL & AUS **[39092]** : Margaret, 1803+, Enniskillen, FER, IRL & SCT **[10297]** : 1850+, TRK & WAN, NZ **[26493]** : 1820+, Eastern Cape, RSA **[30589]** : PRE 1800, Aberdeen, ABD, SCT **[37058]** : ALL, Cruden, ABD, SCT **[46454]** : PRE 1850, New Deer, ABD, SCT **[25093]** : James, C1825, Kinnettles, ANS, SCT **[10731]** : Elizabeth, C1800-1870, Scone, ANS, SCT **[32243]** : C1764, Dreghorn, AYR, SCT **[25693]** : Agnes, PRE 1812, Galston, AYR, SCT **[40768]** : 1700-1800, Irvine, AYR, SCT **[15464]** : James, PRE 1812, Loudoun, AYR, SCT **[40768]** : 1860+, Durrisdeer, DFS, SCT **[30120]** : PRE 1820, Kirkintilloch, DNB, SCT **[42821]** : 1850+, Crail, FIF, SCT **[34321]** : David, PRE 1840, Dysart, FIF, SCT **[33564]** : PRE 1850, Kingsbarns, FIF, SCT **[45111]** : Alexander, 1820+, Markinch, FIF, SCT **[12785]** : Robert, PRE 1820, Markinch, FIF, SCT **[12785]** : 1766-1913, Glasgow, LKS, SCT **[13591]** : James, 1821-1865, Glasgow, LKS, SCT **[13591]** : PRE 1950, Glasgow, LKS, SCT **[36505]** : 1800+, Eaglesham, RFW, SCT **[17078]** : 1800+, Greenock, RFW, SCT **[25644]** : William, 1784, St.Andrews & St.Leonards, FIF, SCT & AUS **[17285]**

WALLACE-DREWS : Jean, 1920-1930, Brooklyn, NY, USA **[25644]**

WALLACE-WALKER : 1900S, South Melbourne & Brunswick, VIC, AUS **[28140]**

WALLAKER : C1800S, London, ENG **[11526]**

WALLBANK : 1800+, Stone & Newcastle, STS, ENG **[19713]** : 1833, Leamington Spa, WAR, ENG **[33642]**

WALLBUTTON : 1800-1900, Basingstoke, HAM, ENG **[21796]**

WALLDRAPER : ALL, Cowden & Edenbridge, KEN, ENG **[19766]**

WALLENT : 1844+, Barossa Valley, SA, AUS **[35974]**

WALLER : 1906+, Brisbane, QLD, AUS **[13439]** : 1850+, Gippsland, VIC, AUS **[33847]** : 1850+, London, ENG **[10947]** : Julia-Mary, PRE 1863, Congleton, CHS, ENG **[11546]** : 1700-1830, Puddington, DEV, ENG **[34140]** : PRE 1800, Sheppey, KEN, ENG **[25306]** : 1750+, Waltham, KEN, ENG **[30342]** : William, PRE 1824, Chelsea, LND, ENG **[33454]** : 1851+, London, MDX, ENG **[13439]** : 1880+, Paddington, MDX, ENG **[42647]** : 1920S, Twickenham, MDX, ENG **[42647]** : 1700-1900, MDX & LND, ENG **[30446]** : PRE 1870, Norwich, NFK, ENG **[45849]** : 1910+, Bungay, SFK, ENG **[42647]** : PRE 1830, Cockfield, SFK, ENG **[33847]** : 1870-1900, Gorleston, SFK, ENG **[45849]** : 1830-1850, Ipswich, SFK, ENG **[33847]** : 1790+, Reigate, SRY, ENG **[45541]** : 1910+, Richmond, SRY, ENG **[15464]** : 1700-1800, Rogate, SSX, ENG **[15464]** : Ada, 1860+, Thorpe Hesley, YKS, ENG **[41471]** : Elizabeth, C1660, Mitchelstown, COR, IRL **[31003]** : 1650+, CLA & LIM, IRL & AUS **[29786]**

WALLEY : Sarah, 1850+, AUS **[40996]**

WALLING : 1800+, Barrington, SOM, ENG **[28232]**

WALLINGTON : 1800+, ENG **[43775]**

WALLIS : 1839+, Hunter River, NSW, AUS **[11060]** : 1890, Essendon, VIC, AUS **[14306]** : 1800-1900, Cambridge, CAM, ENG **[22536]** : PRE 1800, DOR, ENG **[45758]** : 1700, Feering, ESS, ENG **[17704]** : 1870S+, West Thurrock, ESS, ENG **[28098]** : James, 1820, GLS, ENG **[14542]** : Josiah, PRE 1800, Bristol, GLS, ENG **[39386]** : 1847-1868, Cheltenham, GLS, ENG **[14542]** : PRE 1860, Folkestone, KEN, ENG **[21716]** : 1870S+, Snodland, KEN, ENG **[28098]** : 1750-1830, St.Mary, Hoo, KEN, ENG **[36552]** : John, C1620, Claybrook, LEI, ENG **[18957]** : PRE 1863, Spilsby, LIN, ENG **[21716]** : Frederick, 1860S, Hampstead, LND, ENG **[14306]** : 1800S, London, MDX, ENG **[16378]** : 1740-1760, Dorchester, OXF, ENG **[34140]** : PRE 1839, Burwash, SSX, ENG **[11060]** : 1750-1850, Wadhurst, SSX,

ENG [45037] : 1500-1650, WAR, ENG [18957] : Joseph, PRE 1800, Baddesley-Ensor, WAR, ENG [40942] : William, PRE 1760, Polesworth, WAR, ENG [40942] : 1800S, YKS, ENG [12950] : Joseph, 1786+, WEX, IRL [33454] : 1880S, Wellington, NZ [14306]

WALLNUTT : 1800+, Dublin, IRL [44649]

WALLOCH : 1800+, WI, GER & USA [32132]

WALLS : PRE 1900, St.Just in Penwith, CON, ENG [45689] : PRE 1850, London, MDX, ENG [32294] : ALL, YKS, ENG [42234]

WALLSH : Madden, 1850S, Loughrea, GAL, IRL [33728]

WALLWORK : ALL, Haslingden, LAN, ENG [41959] : 1860+, Manchester, LAN, ENG [46316] : ALL, Newchurch-in-Rossendale, LAN, ENG [41959]

WALMESLEY : 1800+, BRK, ENG [99433]

WALMSLEY : 1900+, Dorrigo, NSW, AUS [27769] : 1850-1906, Kiama, NSW, AUS [27769] : 1840+, Blackpool, LAN, ENG [28239] : 1710S-1780S, Bolton, LAN, ENG [37978] : Robert, 1780+, Bolton, LAN, ENG [28269] : 1820-1880, Clayton Green, LAN, ENG [46515] : PRE 1820, Samlesbury, LAN, ENG [28239] : PRE 1840, Walton le Dale, LAN, ENG [28239] : 1700-1860, Walton-le-Dale, LAN, ENG [46515] : ALL, Wigan, LAN, ENG [38907] : C1815, Welton le Marsh, LIN, ENG [31972] : John, C1770, Leeds, WRY, ENG [36499] : 1750-1850, Magheraculmoney, FER, IRL [27769] : PRE 1875, Mulnasuget, FER, IRL [17061] : ALL, North Island, NZ [30944]

WALPOLE : 1850+, East Tuddenham, NFK, ENG [31079] : 1850, Wellingborough, NTH, ENG [26223]

WALSH : 1800+, Norfolk Island, AUS [12561] : C1900, Gosford, NSW, AUS [10314] : 1850+, Maitland, NSW, AUS [33491] : 1839+, Penrith, NSW, AUS [11707] : 1830-1850S, Stockton & Sydney, NSW, AUS [39249] : Mary Ellen, 1877, Sydney, NSW, AUS [28036] : 1890, Walgett, NSW, AUS [36768] : ALL, Woonona & Bulli, NSW, AUS [46317] : 1870+, Yass, NSW, AUS [11572] : Joseph, C1916, Ballandean, QLD, AUS [29479] : 1926, Brisbane, QLD, AUS [36768] : 1812+, TAS, AUS [12561] : 1850+, Ballarat, VIC, AUS [12039] : 1700+, NSW, AUS & IRL [29786] : James, 1857, JSY, CHI [45326] : PRE 1400, Little Sodbury, GLS, ENG [19759] : 1865-1930, Blackburn, LAN, ENG [46515] : James, 1824, Enfield, LAN, ENG [42168] : 1850+, LND & KEN, ENG [45950] : Elizabeth, PRE 1750, Blyth, NTT, ENG [34111] : Richard, PRE 1717, Halifax & Stannary House, WRY, ENG [37445] : 1680+, Kildwick, WRY, ENG [12078] : James, PRE 1864, Over Darwen, LAN, ENG & AUS [14045] : Jane & Mary A., PRE 1817, Dublin, IRL [10918] : Richard, 1800S, COR, IRL [38542] : Mary, PRE 1840, COR, IRL [38542] : Edward, 1805-50, Cork, COR, IRL [26434] : C1800, Munster, COR, IRL [99433] : 1900+, Connemara, GAL, IRL [42282] : PRE 1839, Castledermot, KID, IRL [11707] : 1800+, KIK, IRL [39249] : Johanna, PRE 1858, Dunnamry, KIK, IRL [10263] : John, C1840, Freshford, KIK, IRL [17637] : 1800+, Oola, LIM, IRL [12420] : Thomas, 1800+, Kilbeheny, LIM & TIP, IRL [14163] : 1800-1890, MAY, IRL [46515] : 1799, Bourney, TIP, IRL [32203] : PRE 1850, Carrick on Suir, TIP, IRL [16269] : Adam Edward, C1841+, Tourin, WAT, IRL [26434] : 1880+, Waterford City, WAT, IRL [31079] : ALL, WEX, IRL [43933] : 1750, WIC, IRL [44409] : 1904, Waverly, Morgan, IL, USA [32203] : 1800-1880, New Orleans, LA, USA [27140] : Mary, 1865+, Bangor, MN, USA [34787] : PRE 1830, Welshpool, MON, WLS [21505]

WALSHAM : 1875-1925, Edmonton, MDX, ENG [17191] : 1810-1855, Pentonville, MDX, ENG [17191] : 1840-1895, St.Lukes, MDX, ENG [17191]

WALSHAW : 1650-1850, Penistone & Silkstone, WRY, ENG [36242] : ALL, NZ [32945]

WALSHLAGER : William, 1840+, WI, USA [16286]

WALSTER : ALL, QUE, CAN & ENG [99433]

WALTER : 1888, Hexham, NSW, AUS [40608] : 1830-1863, Hexham, Cobbitty & Menangle, NSW, AUS [10839] : S.G., PRE 1891, Athelstone, SA, AUS [14241] : PRE 1900, London, ENG [41073] : John Thomas, 1814+, LND, ENG [11797] : PRE 1855, NFK, ENG [27955] : 1797, London, SRY, ENG [40608] : 1790-1920, Leamington, WAR, ENG [38868]

WALTERS : Charles, 1881+, SA, AUS [12539] : 1810S, London, ENG [13008] : Joshua, 1734, Mursley, BKM, ENG [10485] : Charles, 1851-1881, CON, ENG [12539] : 1650-1750, Constantine, CON, ENG [21597] : 1780S, Auckland Saint Andrew, DUR, ENG [27919] : PRE 1803, GLS, ENG [19127] : C1800, St.George Gravesend, KEN, ENG [34543] : C1855, LND, ENG [45687] : William, 1850-60, Paddington, LND, ENG [46384] : 1803-1815, St.Mary Rotherhithe, LND, ENG [27919] : 1700+, Sutton Maddock, SAL, ENG [39565] : Wm, 1760+, Bristol, SOM, ENG [34331] :PRE 1890, Longton, STS, ENG [44921] : 1845+, Pleck, STS, ENG [25367] : 1840+, Walsall, STS, ENG [25367] : 1700-1850, Edinburgh & St.Cuthberts, MLN, SCT [10591] : PRE 1850, Dewitt Co., IL, USA [23895] : ALL, Llanegwad, CMN, WLS [39482] : Walter, ALL, Llanfigangel Ar Arth, CMN, WLS [39482] : Jonathon, 1836+, Llanfihangel Rhos Y Corn, CMN, WLS [39482] : John, 1765+, Penboyr, CMN, WLS [39482] : PRE 1850, Gower, GLA, WLS [45146] : PRE 1845, Swansea, GLA, WLS [10492] : C1864, MON, WLS [43841]

WALTERSON : 1700S, SHI, SCT [11411]

WALTHAM : 1670-1700, Freiston, LIN, ENG [29715] : 1700-1800, Sibsey, LIN, ENG [29715]

WALTHER : 1700+, Berne, CH [18895] : PRE 1700, MST, GER [18895]

WALTHO : PRE 1850, STS, WAR & WOR, ENG [27678]

WALTON : 1600+, CHS, ENG [38934] : 1600-1900, Alston, CUL, ENG [17642] : 1750+, Cumren, CUL, ENG [46298] : PRE 1784, Garrigill & Alston, CUL, ENG [12153] : PRE 1840, Gateshead, DUR, ENG [42821] : 1650-1750, Sedgefield, DUR, ENG [12641] : 1780+, Weardale & Crook, DUR, ENG [45732] : John & Eliz., C1800, Wingham, KEN, ENG [39735] : ALL, Burnley, LAN, ENG [36492] : C1800, Prestwich, LAN, ENG [20655] : Albert, 1892-1960, Islington, LND, ENG [42993] : 1980-1949, Islington, LND, ENG [42993] : PRE 1820, Tynemouth, NBL, ENG [42821] : Nicholas, PRE 1800, NBL & DUR, ENG [42821] : 1800+, NFK, ENG [98612] : 1871, Walsingham, NFK, ENG [13497] : 1740-1850, Kingston on Thames, SRY, ENG [33924] : 1750-1850, Alderminster, WAR, ENG [30138] : 1590-1997, Oxhill & Tysoe, WAR, ENG [37138] : PRE 1790, Ecclesfield, WRY, ENG [17626] : William, 1852, Hunslet, WRY, ENG [38668] : 1750-1850, Keighley & Heptonstall, WRY, ENG [36242] : 1850+, Leeds & Hunslet, WRY, ENG [38668] : PRE 1760, Rothwell, WRY, ENG [18096] : 1900+, YKS, ENG [19318] : ALL, YKS, ENG [46440] : PRE 1857, Northallerton, YKS, ENG [10634] : 1850+, CUL, ENG & AUS [35240] : 1800+, Newbottle, DUR, ENG & AUS [98674]

WALTZER : 1708, Schwandorf, WUE, GER [16149]

WALWORTH : 1788-1820, Bolton, LAN, ENG [46347]

WALWYN : 1452, Bickerton, HEF, ENG [19759] : 1415, Much Marcle, HEF, ENG [19759]

WALZ : 1863+, QLD, AUS [36634] : 1762, Oberschwandorf, WUE, GER [16149] : Franz Michael, C1600-1800, Marlach, BAD & WUE, GER & AUS [36634]

WAMBA : Adam, 1856+, St.Anne, IL, USA [26142]

WAMBACH : Adam, 1828+, Darmstadt, HEN, GER [26142]

WAMSLEY : PRE 1875, Mulnasuget, FER, IRL [17061]

WANDESFORD : Susan, C1537, Chipping, LAN, ENG [18957]

WANDS : ALL, Torbrex, STI, SCT [12363]

WANE : 1800S, Rugeley, STS, ENG [27780]

WANLASS : PRE 1777, Evenwood, DUR, ENG [46483] :

WAN

C1752-1760, Stamfordham, NBL, ENG [18001] : 1725-1775, FIF, SCT [24567]

WANLES : 1680-1800, Yetholm, ROX & NBL, SCT & ENG [33820]

WANN : C1825, Belfast, ANT, IRL [13326] : 1800+, ARM, IRL [40618] : Frederick, 1850/+, CA, USA & IRL [40618] : William, 1840+, NY, USA & IRL [40618] : Charles, 1860, NY, USA & IRL [40618] : Samuel, 1840+, Staten Island, NY, USA & IRL [40618]

WANNELL : 1700S, Chagford & North Bovey, DEV, ENG [40257]

WANNOP : PRE 1800, WORLDWIDE [18301]

WANSAC : Michael, 1879-1953, Farrell, PA, USA & CS [23032]

WANSACH : Michael, 1879-1953, Slovakia, CS [23032]

WANSBROUGH : 1750-1840, Shrewton, WIL, ENG [14306]

WANSTALL : PRE 1813, Linsted, KEN, ENG [20495]

WANSTELL : PRE 1940, KEN, ENG [25747]

WANT : 1850, Clarence River, NSW, AUS [46260] : 1800+, Thetford, SFK, ENG [46260] : PRE 1830S, Beechingstoke, WIL, ENG [10399]

WAPLE : 1600S, Carlton & Chellington, BDF, ENG [19921]

WAPLES : 1650-1700, Whittlebury, NTH, ENG [12641]

WAPLING : ALL, WORLDWIDE [18700]

WAPPETT : 1700+, WES, ENG [11684]

WAPSHORE : ALL, ENG [21312]

WARBEY : PRE 1800, Melbourn, CAM, ENG [19568] : Caroline, 1825-1847, Islington, LND, ENG [20729] : PRE 1900, Islington, LND, ENG [20729]

WARBOYS : ALL, East Anglia, ENG [26686] : C1810-1830, Foxton, CAM, ENG [46381]

WARBRICK : 1800+, Gundagai & Sydney, NSW, AUS [11085] : 1700+, Lytham, LAN, ENG [11085] : 1800+, NZ [11085]

WARBURTON : Josiah, PRE 1727, Bowdon, CHS, ENG [41477] : PRE 1800, Chester, CHS, ENG [41208] : 1800-1900, Macclesfield, CHS, ENG [30120] : PRE 1830, Shocklitch, CHS, ENG [44639] : 1850+, LAN, ENG [44996] : 1800S, Bury District, LAN, ENG [28060] : Ann, PRE 1840, Manchester, LAN, ENG [31676] : Ellen, 1900+, Burslem, STS, ENG [46370] : Joseph, 1840+, Shelton, Hanley & Burslem, STS, ENG [46370] : Martha, PRE 1857, ENG & AUS [25794] : 1885+, Paterson, NJ, USA [30120]

WARBY : 1800-1920, London, ENG [38845] : ALL, London, ENG [20729] : ALL, HRT, ENG [17670] : 1800-1920, Letchmore Heath, HRT, ENG [38845]

WARCUP : PRE 1860, Skipsea, ERY, ENG [15476]

WARD : 1850-1860S, Balmain, NSW, AUS [10303] : 1860+, Barraba, NSW, AUS [13377] : 1872, Campbelltown, NSW, AUS [46264] : Joseph, C1811-1888, Cooma District, NSW, AUS [34140] : 1850+, Goulburn, NSW, AUS [32945] : PRE 1854, Goulburn, NSW, AUS [11890] : 1867+, Manning River, NSW, AUS [11060] : Joseph, 1820-C1825, Minto, Airds, NSW, AUS [34140] : John George, C1885-1951, Orange & Sydney, NSW, AUS [11623] : 1866+, Stroud & Newcastle, NSW, AUS [36607] : Eliza, 1852+, Wattle Flat & Bathurst, NSW, AUS [29939] : Jane, 1880+, West Wallsend, NSW, AUS [10883] : Catherine, 1850-1905, Windeyer, NSW, AUS [99183] : 1900+, Mareeba, QLD, AUS [14188] : 1870S, Kilmore, VIC, AUS [41320] : George, 1885+, Melbourne, VIC, AUS [11860] : Ernest Edwin, 1900+, Melbourne, VIC, AUS [39243] : PRE 1850, Melbourne, VIC, AUS [20835] : 1700-1900, ENG [46185] : Samuel, 1840-1930, ENG [46185] : Sarah, 1830+, London, ENG [31720] : Blanche, 1900S, London, ENG [13910] : Henry, 1800-1900, BKM, ENG [46185] : Stephen, 1800+, Fowlmere, CAM, ENG [29867] : PRE 1850, Falmouth, CON, ENG [21716] : 1800+, Bolsover, DBY, ENG [45209] : 1800+, Jacobstowe, DEV, ENG [28060] : 1800+, ESS, ENG [46357] : 1800+, Colchester, ESS, ENG [12415] : 1700S, Terling, ESS, ENG [45215] : 1740-1800, White Notley, ESS, ENG [34790] : Mary, 1800+, GLS, ENG [11918] : 1850-1900, Cheltenham, GLS, ENG [30127] : 1940+, Cheltenham, GLS, ENG [24853] : Thomas, 1780-1860, HAM, ENG [44196] : PRE 1900, Boldre, HAM, ENG [44969] : Isabella, 1800, Micheldever, HAM, ENG [11530] : C1700-1880, Hemel Hempstead & Berkhamsted, HRT, ENG [19461] : PRE 1835, Castor, HUN, ENG [30768] : PRE 1900, IOW, ENG [44969] : James, C1800+, Cowes, IOW, ENG [11860] : ALL, Chatham & Maidstone, KEN, ENG [31152] : C1797, Cheriton near Sandgate, KEN, ENG [41443] : 1700-1800, LAN, ENG [21973] : C1800, Darwen, LAN, ENG [43844] : Ann, C1793, Manchester, LAN, ENG [44160] : PRE 1900, Manchester, Salford & Buxton, LAN & DBY, ENG [34980] : PRE 1850, Croxton Keyrial, LEI, ENG [20551] : 1780S, Skeffington, LEI, ENG [31373] : 1800-1864S, Wigston & Leicester, LEI, ENG [99040] : 1700+, Skidbrooke & Saltfleet, LIN, ENG [30065] : 1870, Theddlethorpe, LIN, ENG [30065] : Thomas James, PRE 1848, Marylebone, LND, ENG [36275] : 1850+, Putney, LND, ENG [41642] : C1808, St.George Hanover Square, LND, ENG [13014] : 1800-1870, St.Martin in the Fields, LND, ENG [13014] : C1830, St.Pauls Covent Garden, LND, ENG [13014] : 1830+, Stepney & Rotherhithe, LND, ENG [34861] : 1850S, Walthamstow, LND, ENG [21796] : Thomas, 1830-1861, MDX, ENG [44196] : PRE 1900, MDX, ENG [39312] : 1800-1900, Islington, MDX, ENG [39301] : PRE 1850, London, MDX, ENG [37116] : PRE 1850, Stepney, MDX, ENG [10918] : 1800, Colcleugh, NBL, ENG [12222] : 1800-40, Whitehouse, Alnwick & North Shields, NBL, ENG [10399] : PRE 1852, Acle, NFK, ENG [11145] : 1750+, Mileham, NFK, ENG [41642] : 1700+, Sheringham, NFK, ENG [37213] : 1700+, Sporle, NFK, ENG [36368] : 1750-1900, Kettering, NTH, ENG [17162] : PRE 1860, Awsworth, NTT, ENG [39389] : C1817+, OXF, ENG [98674] : 1700-1860, Oxford, OXF, ENG [36543] : ALL, Whitchurch Hill & Reading, OXF & BRK, ENG [41146] : ALL, Checkendon, Hook End & Medway, OXF & KEN, ENG [41146] : 1820+, Hopton, SFK, ENG [41642] : 1820-1910, Stradbroke, SFK, ENG [41642] : 1700+, Wilby, SFK, ENG [31079] : 1800+, SOM, ENG [21504] : Esther, C1850, Bath, SOM, ENG [12974] : Thomas, 1830-1861, SRY, ENG [44196] : 1865, Bermondsey, SRY, ENG [31453] : PRE 1900, St.Olave, SRY, ENG [40683] : H.M., 1900S, London & Selsey, SSX, ENG [13910] : 1890, Smethwick, STS, ENG [41024] : PRE 1680, Weston upon Trent, STS, ENG [24873] : Mary, 1700, Hampton Lucy, WAR, ENG [12058] : 1850-1900, Rugby, WAR, ENG [26612] : PRE 1840, Clapham, WRY, ENG [25688] : Elijah, C1864+, Denby, WRY, ENG [46278] : 1650-1814, Rothwell, WRY, ENG [11425] : PRE 1884, Sheffield, WRY, ENG [46128] : ALL, Gleadless, YKS, ENG [28570] : Charlotte E., 1880+, Leeds & Holbeck, YKS, ENG [12739] : Henry, 1850+, Leeds & York, YKS, ENG [12739] : 1900+, YKS & DUR, ENG [36126] : Richard, 1830-1907, Wilby, NFK, ENG & AUS [46225] : John, 1704-30, GIBRALTAR [30246] : Margaret, 1800+, IRL [11745] : Catherine, 1820-50, IRL [99183] : Ann, 1800S, Limerick, IRL [28188] : 1770+, Bagenalstown, CAR, IRL [16783] : James, PRE 1835+, Ennis, CLA, IRL [14463] : Winifred, PRE 1853, Ennis, CLA, IRL [14463] : Patrick, ALL, GAL, IRL [33091] : 1800+, Murroe, LIM, IRL [20401] : 1800-1840, LOU, IRL [27879] : Eliz. Sims, C1864, NZ [46229] : PRE 1866, Auckland, NZ [21716] : 1903-1994, Glasgow & Cumbernauld, LKS & DNB, SCT [13591]

WARDELL : 1700-1900, Hull, ERY, ENG [45920] : 1700-1770, Settrington, ERY, ENG [10037] : 1600-1750, KEN, ENG [45962] : PRE 1850, London, MDX, ENG [29612] : 1690-1740, NRY, ENG [37169] : PRE 1850, Upton Warren, WOR, ENG [17201] : Debbie, 1780, East Jersey, NJ, USA [16439]

WARDEN : C1790, Horton, BKM, ENG [40982] : Sarah, PRE 1804, Mistley, ESS, ENG [14733] : 1920+, Gosport, HAM, ENG [46431] : PRE 1850, Gilmorton, LEI,

ENG **[36033]** : 1800-1850, Sapcote, LEI, ENG **[17245]** : 1814, Chertsey, SRY, ENG **[40982]** : 1840+, West Bromwich, STS, ENG **[46431]** : 1700-1997, Sixroadsend, DOW & ALL, IRL & USA **[20444]** : C1885, Montrose, ANS, SCT **[46421]**

WARDLAW : 1850+, FIF, SCT **[36826]** : PRE 1842, Saline, FIF, SCT **[40057]** : Catherine, PRE 1840, Ratho, MLN, SCT **[36800]**

WARDLE : ALL, Macclesfield & Liverpool, CHS & LAN, ENG **[26493]** : PRE 1891, West Auckland, DUR, ENG **[40871]** : 1800+, Southampton, HAM, ENG **[46250]** : PRE 1875, South Shields, NBL, ENG **[31152]** : 1800+, Longton & Stone, STS, ENG **[19713]** : PRE 1870, Ossett & Thurstonland, WRY & NTT, ENG **[42331]**

WARDROBE : 1750-1800, Fenwick, AYR, SCT **[45236]**

WARDROP : C1843, Delatite, VIC, AUS **[31972]** : 1800+, LND, ENG **[38740]** : 1750-1800, Fenwick, AYR, SCT **[45236]** : PRE 1843, Old Cumnock, AYR, SCT **[31972]** : ALL, LKS, SCT **[20587]** : 1820, Redding, STI, SCT **[99012]**

WARDROPE : 1750-1800, Fenwick, AYR, SCT **[45236]**

WARDROPPER : Anthony, 1700-1850, Sunderland, DUR, ENG **[17117]**

WARE : 1848+, NSW, AUS **[41430]** : Jemima, 1835, Branxton, NSW, AUS **[40055]** : David, 1840+, Clarence River, NSW, AUS **[13461]** : 1830+, Hunter River, NSW, AUS **[10565]** : ALL, Townsville, QLD, AUS **[27752]** : John Samuel, 1856+, Daylesford, VIC, AUS **[10141]** : PRE 1850, Chesham, BKM, ENG **[41340]** : ALL, Chesham & Amersham, BKM, ENG **[13461]** : 1750-1900, Ashreigney & Winkleigh, DEV, ENG **[17961]** : PRE 1750, Broad Clyst, DEV, ENG **[10493]** : C1848, Chidicott, DEV, ENG **[12163]** : C1780, Iddesleigh, DEV, ENG **[12163]** : 1773+, Mary Tavy & Peter Tavy, DEV, ENG **[18724]** : C1850, Okehampton, DEV, ENG **[12163]** : 1850+, Winkleigh, DEV, ENG **[12163]** : PRE 1830, Newport, ESS, ENG **[10565]** : PRE 1865, Waltham Abbey, ESS, ENG **[25538]** : PRE 1900, Wonston, HAM, ENG **[25162]** : William, 1800+, Pembury, KEN, ENG **[45145]** : James, 1830+, Pembury, KEN, ENG **[45145]** : 1860+, Hampstead, MDX, ENG **[34231]** : PRE 1850, Godstone, SRY, ENG **[10141]** : PRE 1860, Donhead, WIL, ENG **[32017]** : 1750-1850, York, YKS, ENG **[36033]**

WAREHAM : ALL, Iwerne, DOR, ENG **[26612]** : 1700-1850, Longham, DOR, ENG **[99433]** : 1700S-1900S, Tarrant Gunville, DOR, ENG **[36295]** : 1820, Micheldever, HAM, ENG **[11530]** : 1890, Southampton, HAM, ENG **[26612]** : ALL, HAM & DOR, ENG **[33920]** : PRE 1850, STS, ENG **[35186]** : ALL, WORLDWIDE **[42900]**

WARF : ALL, NFK, ENG **[39949]**

WARFER : ALL, WORLDWIDE **[46316]**

WARFIELD : 1887+, Hunter River, NSW, AUS **[11060]**

WARHURST : 1839+, Adelaide & Auburn, SA, AUS **[36742]** : PRE 1839, Stockport, CHS, ENG **[36742]** : 1850S, LAN & CHS, ENG **[30093]**

WARIN : 1700+, Cowesby, YKS, ENG **[46372]** : PRE 1860, Leeming Bar, YKS, ENG **[46372]**

WARING : William, 1850+, NSW, AUS **[29961]** : 1853-1940, Melbourne, VIC, AUS **[41269]** : 1800+, Oldham & Saddleworth, LAN & WRY, ENG **[11543]** : 1810-1820, Brailes, WAR, ENG **[41269]** : 1650-1800, Evesham, WOR, ENG **[19471]** : Jane, PRE 1852, Leeds, YKS, ENG **[13315]** : PRE 1900, Thurstonland, YKS, ENG **[25162]** : 1700+, UK **[34505]** : PRE 1840, Ellswick & Portland, ME, USA **[11912]** : 1820-45, Welshpool, MGY, WLS **[41269]**

WARKENTIN : 1800+, UKRAINE & CAN **[98660]**

WARMAN : 1800-1900S, ESS & KEN, ENG **[33331]** : PRE 1860, GLS, ENG **[27320]** : 1753+, KEN, ENG **[41242]** : 1774-1843, KEN, ENG **[46268]** : 1817-98, Folkestone, KEN, ENG **[46268]** : 1841-1919, LND, ENG **[46268]** : 1880+, LND, ENG **[46268]** : PRE 1880, SOM, ENG **[99598]**

WARMINGTON : PRE 1809, BRK, ENG **[43840]** : ALL, Souldern, OXF, ENG **[99025]**

WARMISHAM : PRE 1835, Manchester, LAN, ENG **[39042]**

WARN : C1755, HAM & SSX, ENG **[17450]**

WARNE : 1750+, Roche, CON, ENG **[21741]** : 1800S, Gloucester, GLS, ENG **[36655]** : 1830+, Sterlitsch, MEK, GER **[13853]**

WARNER : PRE 1863, Forbes, NSW, AUS **[35592]** : Florence, 1900+, Brisbane, QLD, AUS **[43492]** : Jim, 1900+, Brisbane, QLD, AUS **[43492]** : 1865+, Bacchus Marsh, VIC, AUS **[13245]** : 1700S, Cataraqui, ONT, CAN **[10145]** : 1750-1900, London, ENG **[39445]** : 1880-1900, London, ENG **[17291]** : PRE 1713, Cookham, BKM, ENG **[44111]** : PRE 1800, Lechampstead, BKM, ENG **[36033]** : Joseph, C1793, Finchamstead, BRK, ENG **[13026]** : 1570-1800, Walkern, HRT, ENG **[10460]** : 1700S, Walkern, HRT, ENG **[29314]** : PRE 1800, Walkern, HRT, ENG **[19216]** : 1853, Whitestable, KEN, ENG **[14156]** : 1820+, LND & MDX, ENG **[99832]** : PRE 1840, MDX, ENG **[36543]** : 1820+, Greenwich & Gravesend, MDX, ENG **[13513]** : 1880+, Wimbledon, SRY, ENG **[35749]** : Henry, C1797, Whitley & Checkley, STS, ENG **[35379]** : 1800+, Coventry, WAR, ENG **[45866]** : 1600-1700, Stockton, WAR, ENG **[18670]** : Mary, C1695, Withybrook, WAR, ENG **[18957]** : 1820+, Eastern Cape, RSA **[30589]** : PRE 1900, SCT **[29664]**

WARNES : PRE 1836, Billockby, NFK, ENG **[30998]**

WARRANDER : PRE 1850, BAN & ABD, SCT **[25455]**

WARREN : Solomon, 1800+, NSW, AUS **[32804]** : Eliza, 1841+, Bathurst, NSW, AUS **[11024]** : C1842, Carcoar, NSW, AUS **[11024]** : Eliza, 1842, Kelso, NSW, AUS **[11024]** : 1880, Laura, SA, AUS **[44300]** : 1700+, Houghton Regis, BDF, ENG **[17480]** : PRE 1850, Ely, CAM, ENG **[13188]** : David, C1830-1850, Waterside, CAM, ENG **[13188]** : Solomon, 1800+, CHS, ENG **[32804]** : ALL, Camborne, CON, ENG **[12182]** : 1750-1900S, Mevagissey, CON, ENG **[21796]** : PRE 1870, Penwith, CON, ENG **[27678]** : Richard, C1758+, St.Just in Penwith, CON, ENG **[41477]** : PRE 1800, St.Just in Penwith, CON, ENG **[14268]** : 1800, Melbourne, DBY, ENG **[19785]** : Honour, PRE 1760, DEV, ENG **[14448]** : PRE 1840, Bishopsteignton, DEV, ENG **[30302]** : PRE 1700, Broad Clyst, DEV, ENG **[10493]** : ALL, Halberton, DEV, ENG **[44815]** : 1840+, Plymouth, DEV, ENG **[41435]** : PRE 1846, Tavistock, DEV, ENG **[12573]** : 1780-1880, Widdecombe in the Moor, DEV, ENG **[45442]** : PRE 1860, Dorchester, DOR, ENG **[34876]** : PRE 1809, Margaretting, ESS, ENG **[10399]** : Frederick, 1852, Stisted, ESS, ENG **[16822]** : PRE 1850, Froxfield, HAM, ENG **[39348]** : ALL, HRT, ENG **[45607]** : William, PRE 1800, Wheathampstead, HRT, ENG **[41163]** : PRE 1790, Yelling, HUN, ENG **[10948]** : 1780-1880, Ashton-under-Lyne, LAN, ENG **[33973]** : C1750-1820, LIN, ENG **[11536]** : Peter, PRE 1910, Enfield, LND, ENG **[38939]** : Frederick, PRE 1900, Lambeth, LND, ENG **[39380]** : PRE 1853, Marylebone, LND, ENG **[46445]** : Blacking Mfrs, 1816+, LND & SRY, ENG **[30560]** : Alf. Robert, 1876+, London, MDX, ENG **[34315]** : Blanche, 1876+, London, MDX, ENG **[34315]** : 1900+, London & Cambridge, MDX & CAM, ENG **[13188]** : PRE 1740, Worksop, NTT, ENG **[31316]** : 1700-1880, SAL, LND & SRY, ENG **[21597]** : 170S, Exning, SFK, ENG **[13694]** : 1880, Bath, SOM, ENG **[46274]** : PRE 1732, Crewkerne, SOM, ENG **[36200]** : 1700-1900S, Deptford, SRY & KEN, ENG **[19853]** : 1820+, Birmingham, WAR, ENG **[18128]** : Eleanor Ann, 1850S, Staveley, YKS, ENG **[18806]** : 1700+, IRL **[16254]** : PRE 1820S, DOW, IRL **[31293]** : C1840, KER, IRL **[32071]** : PRE 1930, Kildare, KID, IRL **[41499]** : Eliza, PRE 1841, Waterport, MAY, IRL **[11024]** : 1760+, Ardtrasna, SLI, IRL **[20933]** : 1850+, Southbridge & Christchurch, CBY, NZ **[33820]** : 1820-1850, Glasgow, LKS, SCT **[46458]** : Michal, Michel, 1816-1853, Dover Athens, CH, IA & NE, USA **[24674]** : Lucinda, C1830+, KS, USA **[34221]** : David F., 1854-

1900, Dubois, Pawnee, NE, USA **[24674]** : Michel, Mikel, 1816-1891, Albia, Monroe, OH, IA & NE, USA **[24674]**

WARREN (see One Name Section) **[24674]**

WARRENDER : 1750-1850, Darfield, YKS, ENG **[13326]**

WARRENER : 1770-1900, Boston, LIN, ENG **[29715]** : 1700-1800, Lincoln, LIN, ENG **[46237]** : PRE 1700, Lincoln, LIN, ENG **[46237]** : 1800-1950, London, MDX, ENG **[46237]**

WARRICK : ALL, Tilehurst, BRK, ENG **[12917]** : ALL, Mapledurham, OXF, ENG **[12917]**

WARRILOW : PRE 1840, Stoke on Trent, STS, ENG **[40960]**

WARRINER : PRE 1850, PA, USA **[29570]**

WARRING : C1750-1820, LIN, ENG **[11536]** : PRE 1840, Ellsworth & Portland, ME, USA **[11912]**

WARRINGTON : 1862+, Sydney, NSW, AUS **[11839]** : 1800S, Radcliffe & Bury, LAN, ENG **[30876]** : PRE 1844, Sheffield, YKS, ENG **[40529]**

WARRIOR : ALL, West Tanfield, WRY, ENG **[46495]**

WARRY : Charles, 1853+, Melbourne, VIC, AUS **[36844]** : Richard, 1768+, SOM, ENG **[30014]**

WARSLINSKY : 1800-1900, GER **[23161]**

WARWICK : John, 1845+, Canberra, ACT, AUS **[29961]** : James, 1835+, Coal River, Richmond, TAS, AUS **[16969]** : PRE 1800, BDF, ENG **[43704]** : PRE 1800, BKM, ENG **[43704]** : PRE 1890, BRK, ENG **[34906]** : C1700, Bengeo, HRT, ENG **[25654]** : ALL, Stowe IX Churches, NTH, ENG **[36499]** : PRE 1890, OXF, ENG **[34906]**

WARWICKER : PRE 1860, ESS & MDX, ENG **[25747]**

WASH : 1700+, ESS, ENG **[42986]** : PRE 1783, Earls Colne & Colne Engaine, ESS, ENG **[36275]** : 1750-1900, Wethersfield, ESS, ENG **[18001]** : 1880-1920, Edmonton, MDX, ENG **[18001]**

WASHBOURN : C1724, Crudwell, WIL, ENG **[19392]**

WASHBOURNE : PRE 1870, Woolstone & Gotherington, GLS, ENG **[44040]**

WASHBURN : ALL, Perth & Simcoe Co., ONT, CAN **[25455]** : Josephus, PRE 1835, MA, USA **[25455]**

WASHINGTON : 1800+, BDF & SRY, ENG **[17480]** : 1650+, DOR, ENG **[15289]**

WASKETT : PRE 1800, ESS, ENG **[17184]**

WASLEY : Joseph, 1838+, Wasleys & Sheoak Log, SA, AUS **[14548]** : 1830S, Chacewater, CON, ENG **[14548]** : Samuel, C1801, Kea & Kenwyn, CON, ENG **[14548]** : Joseph, C1809, Kea & Kenwyn, CON, ENG **[14548]** : 1790, Kenwyn, CON, ENG **[25770]** : Henry, 1805, Kenwyn, CON, ENG **[99012]** : PRE 1870+, GLS, ENG **[39672]** : William, 1750+, Gloucester, GLS, ENG **[21132]** : 1800-1900, Tewkesbury, GLS, ENG **[21132]** : 1870+, Wanganui, NZ **[39672]**

WASON : 1900, Roma, QLD, AUS **[46260]** : 1872, West Pennard, SOM, ENG **[46260]**

WASS : ALL, ESS, ENG **[98612]**

WASSE : ALL, Market Warsop, NTT, ENG **[41370]**

WASSENAAR : Trijntje, 1700S, Dokkum, FRI, NL **[39730]**

WASTELL : PRE 1730, KEN, ENG **[18147]** : 1750-1850, Chatham, KEN, ENG **[45886]**

WATEMBACH : ALL, WORLDWIDE **[21661]**

WATERFIELD : C1800+, London & Watford, MDX, ENG **[13799]** : 1754, Bulwick, NTH, ENG **[21889]** : PRE 1790, NTH & LIN, ENG **[18096]** : 1770S, Barrowden, RUT, ENG **[21889]**

WATERFORD : PRE 1800, Limpsfield & Egerton, SRY & KEN, ENG **[29092]**

WATERHOUSE : PRE 1851, Lambeth, SRY, ENG **[42019]** : PRE 1940, London & Kingston upon Thames, SRY & MDX, ENG **[44138]** : PRE 1780, Kingsley & Waterfall, STS, ENG **[15823]** : PRE 1830, Halifax, WRY, ENG **[21594]** : 1800+, USA **[46284]**

WATERMAN : William, PRE 1800, Iow, HAM, ENG **[37200]** : 1830S, Spitalfields, LND, ENG **[18340]** : 1840+, Spaxton, SOM, ENG **[45032]** : William, 1780S-1940S, Gravesend, KEN, ENG & AUS **[43996]**

WATERMEIR : ALL, Capetown, RSA **[18042]**

WATERON : 1700S, North Bovey, DEV, ENG **[40257]**

WATERS : 1880, Broken Hill, NSW, AUS **[44300]** : William, 1895+, Rylstone, NSW, AUS **[25654]** : Edward, 1905+, Scone, NSW, AUS **[25654]** : 1865+, Moonta, SA, AUS **[13014]** : 1850-1890, Clunes, VIC, AUS **[45089]** : PRE 1910, Biggleswade, BDF, ENG **[27522]** : PRE 1654, Crowan, CON, ENG **[29774]** : 1656+, Wendron, CON, ENG **[25070]** : 1850+, Bitton, GLS, ENG **[14194]** : Thomas, 1830-1900, Winchester, HAM, ENG **[17234]** : PRE 1910, Hitchin, HRT, ENG **[27522]** : 1800-1850, Kent, ENG **[45089]** : ALL, KEN, ENG **[34906]** : 1780+, Bethersden, KEN, ENG **[13014]** : PRE 1840, Gravesend, KEN, ENG **[32882]** : Margaret, 1849-1879, Northfleet, KEN, ENG **[31296]** : 1790+, Offham, KEN, ENG **[46007]** : PRE 1800, Kirkby Underwood, LIN, ENG **[46428]** : PRE 1841, Golden Square, LND, ENG **[12547]** : Frances, 1800, MDX, ENG **[31476]** : 1843-1871, Dalston & Hackney, MDX, ENG **[32314]** : PRE 1890, London, MDX, ENG **[27522]** : 1800-1870, SFK, ENG **[18708]** : PRE 1910, SRY & LND, ENG **[33628]** : ALL, SSX, ENG **[34906]** : PRE 1835, Rye, SSX, ENG **[11055]** : Ann, 1813+, Corton, WIL, ENG **[45631]** : Ellen, Eleanor, C1850, YKS & DUR, ENG **[14448]** : Dinah, C1850, YKS & DUR, ENG **[14448]** : Aaron, 1780+, London & St.Albans, MDX, ENG & AUS **[29867]** : 1829+, Dunmore, KIK, IRL **[10263]** : James T., 1800+, MI & NY, USA **[34393]**

WATERSON : ALL, Wroxham, NFK, ENG **[38307]** : 1800S, FER, IRL **[46221]** : 1820+, Paisley, RFW, SCT **[39994]**

WATERSTON : 1850, Glasgow, LKS, SCT **[13019]**

WATERTON : 1612-1884, Berkhamsted, North Church, HRT, ENG **[38970]**

WATHEN : 1780-1840, Stroud, GLS, ENG **[38737]** : 1850-1900, Sheffield, WRY, ENG **[38737]**

WATHERSTON : C1780, Stow & Lauder, MLN, SCT & NZ **[39928]**

WATHERSTONE : 1713+, Channelkirk, BEW, SCT **[21207]** : 1750+, Stow & Lauder, MLN, SCT **[39928]**

WATHEW : 1820-1890, Brighton, SFK, ENG **[46520]**

WATILING : John H., 1860-2004, Brighton, SSX, ENG **[40505]**

WATKEYS : PRE 1910, VIC, AUS **[13994]**

WATKIN : 1840+, Halton, CHS, ENG **[38412]** : 1820-1890, Huyton, LAN, ENG **[13471]** : 1800, Whiston, LAN, ENG **[38412]** : 1840-1880, Nottingham, NTT, ENG **[33973]** : 1900+, Burslem, STS, ENG **[38412]** : 1800-1850, Killybegs, DON, IRL **[46300]** : Rachel, 1783+, Llanspyddyd, BRE, WLS **[46400]** : 1800-1850, Winchwen, GLA, WLS **[29468]**

WATKINS : 1830-1950, NSW, AUS **[26396]** : Jane, 1860-1880S, Emerald Hill, VIC & TAS, AUS **[44693]** : PRE 1840, London, ENG **[32017]** : PRE 1837, BKM, ENG **[23367]** : PRE 1800, Hardwick, BKM, ENG **[45111]** : C1800, CON, ENG **[11661]** : Johnathan F., 1835-1905, Weymouth, DOR, ENG **[41349]** : 1810-1850, Langford, GLS, ENG **[46305]** : 1845, HEF, ENG **[99106]** : 1800+, Hereford, HEF, ENG **[36084]** : Wm, 1780-1850S, Tupsly, HEF, ENG **[45800]** : PRE 1900, Liverpool, LAN, ENG **[18251]** : 1800-90, Fulham, LND, ENG **[21669]** : PRE 1850, Shoreditch, LND, ENG **[28944]** : 1810+, Hayes, MDX, ENG **[16527]** : PRE 1900, Shoreditch, MDX, ENG **[18042]** : Alexander, 1797-1813, Stepney, MDX, ENG **[25979]** : William, PRE 1797, Stepney, MDX, ENG **[25979]** : David, C1795, Ludlow, SAL, ENG **[46213]** : 1820-1870, Newington, SRY, ENG **[20919]** : Johnathan F., 1835-1905, Brighton, SSX, ENG **[41349]** : 1800-1830, Kinmal, WOR, ENG **[40509]** : PRE 1930, Doncaster, YKS, ENG **[39439]** : 1750+, Stokesley, YKS, ENG **[45489]** : Jane, 1840+, SAL, ENG & WLS **[44693]** : PRE 1837, WAT,

IRL **[39058]** : ALL, CBY, NZ **[39671]** : 1845, BRE, WLS **[99106]** : C1851, Aberdare, GLA, WLS **[14645]** : 1810S, Cadoxton, GLA, WLS **[18207]** : Edward, C1792, Pennant, MGY, WLS **[46213]** : C1850, Blackwood, MON, WLS **[41511]** : Francis, 1813, Monmouth, MON, WLS **[34320]** : C1820, RAD, WLS **[14744]**

WATKIS : Eleanor, PRE 1738, Upton on Severn, WOR, ENG **[39651]**

WATLING : 1800-1900, Marylebone & Lambeth, LND, ENG **[46298]** : William, 1700S, SFK, ENG **[20800]** : PRE 1900, SFK, ENG **[39312]**

WATMAN : 1838+, Milton & Illawarra, NSW, AUS **[41039]**

WATMORE : Robt Patrick, 1884+, Richmond & Cootamundra, NSW, AUS **[10998]** : ALL, BRK, ENG **[31646]** : ALL, WORLDWIDE **[17480]**

WATMOUGH : David, PRE 1908, Ashfield, Sydney, NSW, AUS **[10998]** : Jane, 1840+, Sydney (Per Arkwright), NSW, AUS **[10998]** : Henry, PRE 1794, LAN, ENG **[28907]** : PRE 1800+, Deane & Rumworth, LAN, ENG **[10998]** : Peter, 1806+, Deane by Bolton, LAN, ENG **[10998]** : 1700-1800, Wigan, LAN, ENG **[22305]** : 1800-1900, Baildon, WRY, ENG **[26752]** : PRE 1830, Bradford, WRY, ENG **[30612]**

WATMUFF : PRE 1830, Bradford, WRY, ENG **[30612]** : ALL, WORLDWIDE **[11526]**

WATMUFF (see One Name Section) [11526]

WATSON : Florence, 1920+, NSW, AUS **[34947]** : 1950S, Avalon, NSW, AUS **[11011]** : ALL, Camden, NSW, AUS **[32908]** : 1900+, Corrimal, NSW, AUS **[43525]** : PRE 1842, Falbrook, NSW, AUS **[41456]** : C1862, Liverpool & Wollongong, NSW, AUS **[37880]** : Alf, 1940S, Sydney, NSW, AUS **[11011]** : C1890+, Brisbane, QLD, AUS **[11575]** : Lauri Robert, 1880+, Wandearah & Katanning, SA, AUS **[43523]** : Alexander, 1855+, Adelaide & Melbourne, SA & VIC, AUS **[10270]** : 1870+, Wandearah & Wagin, SA & WA, AUS **[43523]** : 1800+, Launceston, TAS, AUS **[44292]** : Alfred, PRE 1900, Brunswick, VIC, AUS **[11918]** : 1902+, Melbourne, VIC, AUS **[46217]** : Joseph, 1850S, Rochester, VIC, AUS **[25700]** : Lauri Robert, 1882+, Woodanilling & Perth, WA, AUS **[43523]** : 1840-1860, ONT, CAN **[16559]** : Robert, 1926, Dundalk, ONT, CAN **[44353]** : PRE 1870S, Plympton, ONT, CAN **[16984]** : 1840+, Montreal, QUE, CAN **[26612]** : James, 1800+, London, ENG **[26022]** : 1800S+, London, ENG **[10893]** : 1797-1910, Cuddington, BKM, ENG **[19803]** : 1845+, Cambridge, CAM, ENG **[36261]** : 1775-1838, Penrith, CUL, ENG **[11718]** : PRE 1850, DUR, ENG **[26981]** : PRE 1700, Hurbeck, DUR, ENG **[17626]** : Esther, 1846+, Newcastle on Tyne, DUR, ENG **[33454]** : William, 1824+, Pittington, DUR, ENG **[41185]** : 1800-1833, ESS & MDX, ENG **[31902]** : Abraham & Sarah, PRE 1687, Burton on the Hill, GLS, ENG **[21349]** : 1687-1762, Bristol, GLS & SOM, ENG **[21349]** : ALL, Portsmouth, HAM, ENG **[41205]** : Richard, 1800+, HRT, ENG **[26022]** : PRE 1890, KEN, ENG **[43842]** : 1820-1900, Deptford, KEN, ENG **[42083]** : 1750+, Rolvenden, KEN, ENG **[10947]** : 1850+, Fleetwood, LAN, ENG **[26612]** : 1800+, Manchester, LAN, ENG **[11918]** : PRE 1880, Laceby & Grimsby, LIN, ENG **[11575]** : PRE 1750, Nocton, LIN, ENG **[41477]** : 1800-1860, LND, ENG **[36656]** : C1800-1820, LND, ENG **[10460]** : 1650-1750, St.Lukes & Barbican, LND, ENG **[42863]** : Joseph, 1700+, Stepney, LND, ENG **[17676]** : 1822-1881, Bedlington, NBL, ENG **[35218]** : PRE 1820, Bedlington, NBL, ENG **[35218]** : 1800, Embleton, NBL, ENG **[14959]** : 1700-1900, Newcastle, NBL, ENG **[19311]** : PRE 1855, Newcastle, NBL, ENG **[20974]** : 1800-1860, Newcastle on Tyne, NBL, ENG **[22753]** : Mason, 1817-1890, Newcastle on Tyne, NBL, ENG **[13447]** : 1890-1930, Whitely Bay, NBL, ENG **[35218]** : 1860S+, NFK, ENG **[31079]** : 1840-1891, Caister, NFK, ENG **[35218]** : 1700+, Langley, NFK, ENG **[10591]** : PRE 1900, NRY, ENG **[42730]** : 1850+, Ainderby Steeple, NRY, ENG **[19865]** : PRE 1870, Deighton & Welbury, NRY, ENG **[20835]** :

PRE 1820, Mickleton, NRY, ENG **[45308]** : John, 1835-1850, Whitby, NRY, ENG **[28323]** : Rebecca, PRE 1800, Whitby, NRY, ENG **[36543]** : 1800+, Paulersbury, NTH, ENG **[30120]** : 1790-1900, Nottingham, NTT, ENG **[46181]** : PRE 1800, Nottingham, NTT, ENG **[29373]** : 1650-1880, Retford, NTT, ENG **[41573]** : ALL, Southwell, NTT, ENG **[21418]** : 1750, Metfield, SFK, ENG **[17704]** : PRE 1900, Saxmundham & Friston, SFK, ENG **[45735]** : James, 1816, SRY, ENG **[28092]** : PRE 1920, SRY, ENG **[44969]** : 1800+, Rotherhithe, SRY, ENG **[21394]** : Elizabeth, PRE 1728, Ewhurst, SSX, ENG **[36365]** : 1860S, Birmingham, WAR, ENG **[12508]** : 1770-1870, Halifax & Northowram, WRY, ENG **[44241]** : 1770-1870, Queensbury, WRY, ENG **[44241]** : Joseph, 1800-1880, Leeds, WRY & YKS, ENG **[18766]** : William, 1880+, YKS, ENG **[11011]** : ALL, YKS, ENG **[38452]** : Thom, PRE 1865, Brotherton, YKS, ENG **[46441]** : C1840, Leeds, YKS, ENG **[26612]** : C1840, Richmond, YKS, ENG **[11011]** : Henry, C1900, York, YKS, ENG **[11011]** : Thompson, 1845-1920, Maryport, CUL, ENG & AUS **[39083]** : 1799+, Bourne, LIN & NSW, ENG & AUS **[46308]** : 1700+, Dublin, IRL **[19429]** : PRE 1900, Dublin, IRL **[21418]** : 1800-1900, Drumavaddy, ANT, IRL **[12729]** : 1879+, Dublin & COR, IRL **[45803]** : 1870+, Bangor, DOW, IRL **[26612]** : PRE 1920, Dromore, DOW, IRL **[22536]** : 1750+, Londonderry, DRY, IRL **[26524]** : PRE 1836, Rathdrum, WIC, IRL & AUS **[11071]** : Agnes, 1850-1915, OTAGO, NZ **[39735]** : Walter, 1816-1882, Lee Stream, OTAGO, NZ **[39735]** : William, 1865-1931, Oamaru, OTAGO, NZ **[39735]** : 1850+, Port Elizabeth, RSA **[39046]** : Francis, 1783+, SCT **[33671]** : PRE 1873, SCT **[11866]** : Thomas, PRE 1775, Daston, SCT **[11718]** : PRE 1847, Edinburgh, SCT **[14733]** : 1770S, Stirling, SCT **[34739]** : 1900+, ABD, SCT **[30182]** : ALL, ABD, LKS & KCD, SCT **[43933]** : 1700-1900S, Dundee, ANS, SCT **[21796]** : 1800+, Dundee, ANS, SCT **[21394]** : 1830+, Dundee, ANS, SCT **[21131]** : 1750S, Montrose, ANS, SCT **[24567]** : 1800S, Beith, AYR, SCT **[36655]** : 1790S, Alvah & Turriff, BAN, SCT **[43481]** : Anne, 1767, Fordyce, BAN, SCT **[16822]** : 1700+, DFS, SCT **[46341]** : ALL, Pittenweem, FIF, SCT **[34844]** : 1740S-1815, Kincardine on Forth, FIF, CLK & PER, SCT **[18766]** : PRE 1850, Bonarbridge, INV, SCT **[36819]** : James, PRE 1826, Wigtown & Borgue, KKD, SCT **[42466]** : C1800, Barony, LKS, SCT **[25693]** : PRE 1850, Carnwath, LKS, SCT **[42821]** : 1840-1890, Garnkirk, LKS, SCT **[21034]** : PRE 1900, Springburn, LKS, SCT **[43525]** : PRE 1797, Syde Carmichael, LKS, SCT **[20672]** : PRE 1900, Glasgow, LKS, DNB & RFW, SCT **[46350]** : Alexander, PRE 1855, Edinburgh, MLN, SCT **[10270]** : Alexander, 1770, Petty, NAI, SCT **[36608]** : ALL, Errol, PER, SCT **[46454]** : 1810+, Paisley, RFW, SCT **[18207]** : 1840+, Paisley, RFW, SCT **[10394]** : Isabella, PRE 1875, Kilsyth, STI, SCT **[99600]** : ALL, DFS, SCT & AUS **[99109]** : Albert E., 1920+, Berkeley, CA, USA **[22536]** : Albert E., 1912+, Los Angeles, CA, USA **[22536]** : 1850+, NJ, USA **[26612]**

WATT : James Manuel, 1880+, St.Peters & Arncliffe, NSW, AUS **[10345]** : 1851+, North Adelaide & Goodwood, SA, AUS **[25764]** : 1833+, TAS & VIC, AUS **[12781]** : C1838, Melbourne, VIC, AUS **[12371]** : Margaret, C1600, Stanhope, DUR, ENG **[10035]** : 1750+, Portsea, HAM, ENG **[28420]** : ALL, Liverpool, LAN, ENG **[21088]** : PRE 1859, Belton on Grantham, LIN, ENG **[25764]** : PRE 1700, Church Lench, WOR, ENG **[31316]** : 1800S, Drumtullagh, ANT, IRL **[20800]** : Robert & Mary, 1820+, DOW, IRL **[15885]** : ALL, Kilrea & LDY, IRL **[39994]** : PRE 1859, ARM, IRL & SCT **[25764]** : Mary, 1810-30S, Dundee, SCT **[25616]** : ALL, Aberdeen (North), ABD, SCT **[30324]** : ALL, ABD & BAN, SCT **[12781]** : 1800S, Dundee, ANS, SCT **[45257]** : C1835, Dundee, ANS, SCT **[12371]** : 1790S, Montrose, ANS, SCT **[13591]** : 1750-1840, Stewarton & Kilwinning, AYR, SCT **[45236]** : PRE 1845, Keith, BAN, SCT **[25992]** : Betty, PRE 1809, Mey, CAI, SCT **[20606]** : 1750+, Aberlady, ELN, SCT

WAT

[39017] : 1700+, St.Monance, FIF, SCT **[21854]** : PRE 1850, Avondale, LKS, SCT **[33608]** : PRE 1818, Carlton & Glasgow, LKS, SCT **[13799]** : 1810+, Glasgow, LKS, SCT **[46221]** : 1800+, Old Monkland, LKS, SCT **[20660]** : Arthur, C1840, Edinburgh, MLN, SCT **[46321]** : Agnes, C1750-1830, Bo'Ness, WLN, SCT **[44296]**
WATTENBACH : ALL, WORLDWIDE **[21661]**
WATTEREUS : PRE 1830, Rotterdam, NL **[26955]**
WATTERS : David, 1840+, East Maitland, NSW, AUS **[11055]** : 1900+, Muswellbrook, NSW, AUS **[99106]** : 1654, Crowan, CON, ENG **[29774]** : Robert, C1770S, Bethersden, KEN, ENG **[13014]** : PRE 1870, IRL **[39459]** : 1780+, Clonmel & Parramatta, TIP & NSW, IRL & AUS **[44567]** : C1810, Dunfermline & Kirkcaldy, FIF, SCT **[13761]**
WATTERSON : 1920-1960S, WGTN, NZ **[11270]**
WATTIE : James, C1870, Newstead, VIC, AUS **[13193]**
WATTS : 1850+, NSW, AUS **[41221]** : Thomas, 1839-1908, Gundagai, NSW, AUS **[39212]** : 1884+, Sydney, NSW, AUS **[10232]** : Eliz. Violet, 1882-1966, NSW & VIC, AUS **[42890]** : 1859+, Brisbane, QLD, AUS **[10232]** : Matilda, 1845+, Hobart, TAS, AUS **[21971]** : 1800S, Norfolk Co., ONT, CAN **[46001]** : ALL, ENG **[38357]** : 1800+, Abingdon, BRK, ENG **[36084]** : Jemima, PRE 1827, Cottenham, CAM, ENG **[14290]** : 1800-1900, Wimpole, CAM, ENG **[12641]** : PRE 1910, CON, ENG **[41221]** : James, 1863+, Scilly Isles, CON, ENG **[99545]** : 1700-1900, Blandford, DOR, ENG **[18376]** : C1810, Sherborne, DOR, ENG **[15776]** : PRE 1860, ERY, ENG **[19259]** : 1700+, ESS, ENG **[38357]** : 1700-1860S, Bristol, GLS, ENG **[26335]** : PRE 1900, Forest of Dean, GLS, ENG **[20049]** : 1830+, North Leach, GLS, ENG **[46279]** : PRE 1839, Stroud, GLS, ENG **[11707]** : C1800, Yarpole & Orleton, HEF, ENG **[30488]** : PRE 1900, HRT, ENG **[17094]** : 1700+, KEN, ENG **[38357]** : 1800-1900, Brixton, KEN, ENG **[20821]** : 1750-1850, Hawkhurst, KEN, ENG **[46255]** : PRE 1840, Hawkhurst, KEN, ENG **[45146]** : PRE 1800, Woolwich & Plumsted, KEN, ENG **[19259]** : 1750-1850, KEN & NTH, ENG **[14296]** : ALL, Burnage, LAN, ENG **[17654]** : 1600+, LIN, ENG **[38357]** : 1700+, LND, ENG **[38357]** : 1800-1900, Islington & Eastend, LND, ENG **[46513]** : Francis, 1780+, Lambeth, LND, ENG **[44689]** : ALL, St.Pancras, LND, ENG **[18713]** : Rachel, 1820-40, LND, ESS & SRY, ENG **[43317]** : PRE 1861, Finsbury, MDX, ENG **[46411]** : 1800-1900, Islington, MDX, ENG **[45886]** : 1700-1830, NFK, ENG **[17687]** : Joseph, PRE 1730, Norwich & Shottisham, NFK & SFK, ENG **[99443]** : PRE 1800, NTH, ENG **[45857]** : C1810, Middleton Cheney, NTH, ENG **[10820]** : 1700-1900, OXF, ENG **[45749]** : Thomas, 1800S, Little Bourton, OXF, ENG **[39735]** : 1850-1900, Diddlebury & Corfton, SAL, ENG **[30488]** : 1700-1850, Middleton, SFK, ENG **[20919]** : ALL, SOM, ENG **[43317]** : C1830-1880, Sparkford, SOM, ENG **[15776]** : Samuel, 1700-1850, Yeovil, SOM, ENG **[45920]** : May, C1895, SRY, ENG **[28479]** : PRE 1859, Camberwell, SRY, ENG **[10232]** : 1870-1893, St.Saviour, Southwark, SRY, ENG **[12641]** : 1700+, SSX, ENG **[38357]** : John, 1850+, Handsworth, STS, ENG **[46194]** : John, 1850S, Atherstone, WAR, ENG **[39735]** : George, 1800S, Avon Dasset, WAR, ENG **[39735]** : 1770+, Blockley, WAR, ENG **[46194]** : William, 1700-1800, WIL, ENG **[38086]** : Roger, 1757+, Compton Chamberlayne, WIL, ENG **[38086]** : Frederick, 1820+, Corsley, WIL, ENG **[33085]** : Martha, 1775-1853, Melksham, WIL, ENG **[29867]** : Elizabeth, PRE 1880, Shrewton, WIL, ENG **[31424]** : PRE 1907, Halifax, WRY, ENG **[36928]** : John, 1800+, ENG & AUS **[38357]** : Nancy, 1813+, Lambeth, LND, ENG & AUS **[44689]** : 1810+, ENG & CAN **[38357]** : C1800-1900, West Ham, ESS, ENG & GER **[45206]** : Elizabeth, PRE 1880, NTH, ENG & SCT **[31424]** : Luke, 1800+, ENG & USA **[38357]** : 1810+, ENG & USA **[38357]** : ALL, Bonmahon, WAT, IRL **[42211]** : 1803, Glasgow, LKS, SCT **[13019]**

WAUGH : James, 1850+, Melbourne, VIC, AUS **[10891]** : 1820, Nenthead, CUL, ENG **[41024]** : Hannah, 1840-1900, DUR, ENG **[36994]** : PRE 1745, DUR, ENG **[46423]** : PRE 1850, Rochdale, LAN, ENG **[10891]** : Hannah, C1841, IRL ENG **[36994]** : C1820, Closeburn, DFS, SCT **[30120]** : PRE 1870, Irongray, KKD, SCT **[13914]** : Hugh, C1764, STI, SCT **[10489]** : Alexander, C1790, Larbert, STI, SCT **[10489]** : 1750-1850, Torphichen, WLN, SCT **[13326]**
WAVIN : PRE 1850, Unffington, BRK, ENG **[27678]**
WAWMAN : 1800+, Welton, NTH, SOM & DEV, ENG **[43566]**
WAY : 1500+, DEV, ENG **[17850]** : C1700-1800S, Exeter, DEV, ENG **[44296]** : C1800-1900, Kingsteignton, DEV, ENG **[36072]** : 1800S, Plymouth, DEV, ENG **[13336]** : PRE 1850, Torquay, DEV, ENG **[31695]** : PRE 1900, DOR, ENG **[43727]** : 1700-1880, Netherbury, DOR, ENG **[19401]** : ALL, Paddington, LND, ENG **[31695]** : 1780+, St.Pancras, LND, ENG **[34861]** : PRE 1830, St.Leonards, London, MDX, ENG **[99433]** : C1850, Glasgow, LKS, SCT **[13326]**
WAYBURN : 1800S, Cutcombe, SOM, ENG **[36950]**
WAYLAN : ALL, Banstead & Sutton, SRY, ENG **[28479]**
WAYLAND : 1650-1750, ENG **[21983]** : ALL, Banstead & Sutton, SRY & LND, ENG **[28479]** : 1700+, Cashel, TIP, IRL **[21983]**
WAYMAN : PRE 1869, ENG **[44175]** : 1600-1850, MON & HEF, WLS & ENG **[27039]**
WAYPER : Hannah, 1850-1890, ONT, CAN **[41349]** : Hannah, 1809-1850, DUR, ENG **[41349]** : Hannah, 1809-1850, DOW, IRL **[41349]**
WAYTE : PRE 1800, Norwich, NFK, ENG **[45036]**
WEADON : C1850, Lambeth, SRY, ENG **[10252]**
WEAKLEY : PRE 1900, Newcastle Area, NSW, AUS **[40795]**
WEAKLIM : William, 1750-1900, Rossnowlagh, DON, IRL **[22707]**
WEALANDS : Isabella, 1810-1840, DUR, ENG **[27289]**
WEALTHALL : ALL, WORLDWIDE **[18851]**
WEALTHY : 1945-2003, Melbourne, VIC, AUS **[45883]** : 1700-1900, London, ENG **[45883]** : 1830-1940, Liverpool, LAN, ENG **[45883]** : 1600-1800, Wolferton, NFK, ENG **[45883]**
WEAR : 1800-1900, Hullavington, WIL, ENG **[44946]** : ALL, Otley & Leeds, WRY, ENG **[42745]**
WEARE : PRE 1850, Stanton St.Quinton, WIL, ENG **[41136]**
WEARN : 1735+, Wendron, CON, ENG **[25070]**
WEARNE : Janet Ewing, C1860, Bonnyrigg, NSW, AUS **[10428]** : PRE 1800, St.Just, CON, ENG **[11873]**
WEARY : 1750+, Cardinham, CON, ENG **[13358]**
WEATE : ALL, UK & AUS **[41531]**
WEATHERALL : PRE 1870, YKS, ENG **[11344]**
WEATHERBY : 1800-1900, Manchester, LAN, ENG **[41214]** : C1815, LND, ENG **[46324]**
WEATHERHEAD : 1780+, London, ENG **[43775]** : 1800, Tynemouth, NBL, ENG **[99093]** : PRE 1800, Kippax, YKS, ENG **[25969]** : Thomas, 1800+, Leeds, YKS, ENG **[28232]**
WEATHERHOGG : ALL, LIN, ENG **[45204]**
WEATHERILL : 1700-1800, Bilsdale, NRY, ENG **[18498]** : PRE 1700, York YKS, ENG **[33664]** : 1800+, East Rampton, YKS & SRY, ENG **[43523]**
WEATHERLEY : PRE 1900, Marylebone, LND, ENG **[36437]**
WEATHERS : 1780+, Wareham, DOR, ENG **[30120]** : 1850+, Portsmouth, HAM, ENG **[30120]** : 1800S, Winsley & Bradford on Avon, WIL, ENG **[19912]**
WEATHERSTON : 1750-1850, Ledgerwood & Earlson, BEW, SCT **[15931]**
WEATHERSTONE : 1725+, Stow, MLN, SCT **[39928]**
WEAVER : 1842+, NSW, AUS **[41242]** : PRE 1830, Acton, CHS, ENG **[19641]** : 1800+, Dunham & Thorn-

ton, CHS, ENG **[37181]** : 1800-1900+, Ince, CHS, ENG **[37181]** : 1807+, ESS, ENG **[20766]** : 1750+, HEF, ENG **[16527]** : 1786+, Mordiford, HEF, ENG **[27719]** : 1800+, Salford & Manchester, LAN, ENG **[41242]** : 1750-1850, Bodiam, SSX, ENG **[34140]** : PRE 1810, Kidderminster, WOR, ENG **[46297]** : Edward, 1806+, Montgomery, MGY, WLS **[31159]** : Jane, 1856+, Montgomery, MGY & CHS, WLS & ENG **[31159]**

WEAVERS : 1800S, Twinstead, ESS, ENG **[21198]** : 1820+, Hoxne, SFK, ENG **[31079]**

WEBB : 1900+, Enfield & Burwood, NSW, AUS **[33318]** : 1849+, Newcastle, NSW, AUS **[39985]** : Walter, 1893-1942, Taree, NSW, AUS **[33318]** : PRE 1900, SA, AUS **[46398]** : PRE 1900, WA, AUS **[46398]** : Oscar, 1901+, Menzies, WA, AUS **[39083]** : George, 1870S-1902, Menzies, WA & SA, AUS **[39083]** : Thomas, C1840+, Adelaide, SA & WA, AUS **[39083]** : C1755, ENG **[18067]** : 1800, London, ENG **[46397]** : Charles, 1820+, London, ENG **[10564]** : PRE 1900, London, ENG **[26017]** : William, C1775-1849, Luton, BDF, ENG **[39985]** : 1650-1750, Pullovhill, BDF, ENG **[12641]** : 1750-1850, Toddington, BDF, ENG **[19530]** : PRE 1780, Woburn & Clophill, BDF, ENG **[41500]** : John, C1810, Chesham, BKM, ENG **[30535]** : 1800-1900, Abingdon, BRK, ENG **[19614]** : Thomas, PRE 1811, Wallingford, BRK, ENG **[19766]** : 1600+, CAM, ENG **[30111]** : Frances, 1740S, CAM, ENG **[25654]** : PRE 1792, Bottisham, CAM, ENG **[19516]** : PRE 1875, Cambridge, CAM, ENG **[34101]** : 1800+, Little Wilbraham, CAM, ENG **[19694]** : 1875+, Upwell, CAM, ENG **[17087]** : 1800S, CHS, ENG **[30876]** : C1755, Chester, CHS, ENG **[18067]** : 1761+, Scilly Isles, CON, ENG **[28140]** : ALL, Halberton, DEV, ENG **[44815]** : Israel, PRE 1761, Meavy, DEV, ENG **[28140]** : 1800-1900, South Molton, DEV, ENG **[45089]** : ALL, South Moulton & Plymouth, DEV, ENG **[29172]** : PRE 1879, Tavistock, DEV, ENG **[12229]** : Sarah Eliz., 1837-1925, Weymouth, DOR, ENG **[41349]** : PRE 1850, DOR, WIL & HAM, ENG **[31186]** : 1818, Barking, ESS, ENG **[38515]** : ALL, Woodford, ESS, ENG **[36710]** : ALL, GLS, ENG **[22456]** : PRE 1855, Bristol, GLS, ENG **[14031]** : PRE 1800, Bristol & Avening, GLS, ENG **[17490]** : PRE 1820, Dursley, GLS, ENG **[43137]** : ALL, Horsley & Nailsworth, GLS, ENG **[25702]** : 1700-1800, Stroud, GLS, ENG **[13326]** : 1800-1900, Andover, HAM, ENG **[30855]** : PRE 1900, Andover, HAM, ENG **[10967]** : 1760+, Hambledon, HAM, ENG **[12078]** : ALL, Kingsclere & Whitchurch, HAM, ENG **[17436]** : 1800S, Portsmouth, HAM, ENG **[13091]** : 1870+, Portsmouth, HAM, ENG **[30120]** : 1800-1900, Hatfield & Barnet, HRT, ENG **[19530]** : 1700-1800, KEN, ENG **[21973]** : 1850+, KEN, ENG **[17087]** : C1789, High Halden, KEN, ENG **[13014]** : Hannah, C1825, Lyminge, KEN, ENG **[42979]** : 1830S, Northfleet, KEN, ENG **[16980]** : Mary, 1550-1602, Thanet & Canterbury, KEN, ENG **[19530]** : George, 1820+, KEN & DUR, ENG **[13513]** : PRE 1850, Paddington, LND, ENG **[31695]** : James, 1806, Aldgate, MDX, ENG **[25654]** : PRE 1890, Hammersmith, MDX, ENG **[19876]** : 1881+, Hanwell, MDX, ENG **[20587]** : 1700-1800, Harefield, MDX, ENG **[32042]** : William, PRE 1813, London, MDX, ENG **[17055]** : 1850+, Emneth, NFK, ENG **[17087]** : ALL, NTH, ENG **[44132]** : PRE 1800, NTH, ENG **[12707]** : 1800-1900, Paulerspury, NTH, ENG **[30120]** : 1850+, Banbury, OXF, ENG **[38919]** : PRE 1860, Ibstone & Stokenchurch, OXF, ENG **[19876]** : ALL, Mapledurham & Whitchurch, OXF, ENG **[41146]** : PRE 1800, Haverhill, SFK, ENG **[39506]** : C1800, Stratford St.Mary, SFK, ENG **[22182]** : PRE 1597, Bath, SOM, ENG **[46251]** : 1600+, Ilminster, SOM, ENG **[15289]** : PRE 1820, Horsleydown, SRY, ENG **[40615]** : PRE 1840, Lambeth, SRY, ENG **[37024]** : Sarah Eliz., 1837-1925, Brighton, SSX, ENG **[41349]** : 1800+, Catsfield, SSX, ENG **[30120]** : PRE 1800, Audley, STS, ENG **[18501]** : PRE 1800, Audley, STS, ENG **[35186]** : PRE 1800, Kingswinford, STS, ENG **[24873]** : Geo. Hy, 1800+, Lichfield, STS, ENG **[13091]** : PRE 1873, Longton & Stoke on Trent, STS, ENG **[20587]** : 1820+,

Beaudesert & Warwick, WAR, ENG **[30535]** : 1820+, Bloxwich, WAR, ENG **[42600]** : ALL, Coventry, WAR, ENG **[27850]** : PRE 1800, Long Itchington, WAR, ENG **[38919]** : 1700-1900, Southam, WAR, ENG **[36033]** : William, PRE 1800, Stourton, WIL, ENG **[41589]** : John Richmond, PRE 1850, WIL & IOW, ENG **[12748]** : Thomas, C1810+, London, ENG & AUS **[39083]** : Richard, C1840+, London, ENG & AUS **[39083]** : Sarah, C1834+, CLA, IRL **[22853]** : 1880-1890, Auckland, NZ **[12229]** : 1879-1892, Russell, NZ **[12229]** : 1882-1947, Peddie, CAPE, RSA **[35294]** : Lottie, 1800+, UK **[99433]** : William H., 1876, UK **[99433]** : Marion, 1880+, Abercarn, MON, WLS **[11745]**

WEBB (see One Name Section) **[39083]**

WEBBE : 1800S, Guildford, SRY, ENG **[11411]**

WEBBER : 1840+, Bungonia & Queanbeyan, NSW, AUS **[44160]** : John, C1809, Wokingham, BRK, ENG **[31153]** : Albert E., 1843-1906, Falmouth, CON, ENG **[33584]** : C1760, Illogan, CON, ENG **[13004]** : Mary, 1750-1850, St.Agnes Scilly, CON, ENG **[17907]** : C1799, Abbotskerswell & Exeter, DEV, ENG **[44160]** : William, C1760, Barnstaple, DEV, ENG **[20935]** : C1790, Coldridge, DEV, ENG **[20935]** : 1800S, Cullompton, DEV, ENG **[46437]** : 1750-1800, Dawlish, DEV, ENG **[34349]** : William Henry, PRE 1930, Exeter, DEV, ENG **[41041]** : C1780, Holcombe Rogus, DEV, ENG **[13046]** : 1800+, North & South Molton, DEV, ENG **[38697]** : 1800, Romansleigh & Satterleigh, DEV, ENG **[24981]** : 1800, South Molton, DEV, ENG **[11144]** : 1850-1900, St.Silas, Exeter, DEV, ENG **[40499]** : C1815+, Bristol, GLS, ENG **[13046]** : 1750-1800, LND, ENG **[17191]** : PRE 1872, Finsbury, MDX, ENG **[36624]** : 1750-1800, Shoreditch, MDX, ENG **[17191]** : PRE 1872, East Quantox Head, SOM, ENG **[30957]** : 1750+, Ardingly, SSX, ENG **[27533]** : 1700+, West Hoathly, SSX, ENG **[27533]** : PRE 1890, Darlaston, STS, ENG **[27842]** : Sarah, 1799-1848, Tiverton, DEV, ENG & AUS **[45774]** : 1800S, Maesteg, GLA, WLS **[46437]**

WEBBER (see **WYBER**) : **[40768]**

WEBER : PRE 1850, Dessau, Sachsen Anhalt, GER **[11366]** : ALL, HES, GER **[31646]** : Paul, 1756, Holzmulheim, RHINELAND, GER **[26458]**

WEBLEY : 1750+, Frenchay & Winterbourne, GLS, ENG **[22175]** : C1600, Leonards Stanley, GLS, ENG **[19759]** : PRE 1800, Mangotsfield, GLS, ENG **[31761]** : 1700+, Wickwar, GLS & WIL, ENG **[36126]** : 1860+, NLN & AKD, NZ **[36126]** : 1670+, Monmouth Co., NJ & NY, USA **[22558]**

WEBLIN : 1747+, Clewer, BRK & MDX, ENG **[38970]**

WEBSDALE : 1600+, NFK, ENG **[30855]** : 1800S, NFK, ENG **[11526]**

WEBSTER : 1850+, TAS, AUS **[46345]** : 1800+, Emily, ONT, CAN **[98660]** : PRE 1800, Iver & Stoke Poges, BKM, ENG **[30535]** : Mary Ann, C1840, Hinton, HAM, ENG **[33416]** : 1745+, North Fleet, KEN, ENG **[27719]** : PRE 1870, LAN, ENG **[12905]** : 1800-1900, Liverpool, LAN, ENG **[45735]** : PRE 1790, Manchester, LAN, ENG **[18310]** : 1800-1860, Ormskirk, LAN, ENG **[17535]** : 1800-1900, St.Helens, LAN, ENG **[12641]** : PRE 1840, St.Helens, LAN, ENG **[34612]** : Arthur Geo., 1900S, Tottenham, MDX, ENG **[10252]** : Ellen Cath., 1900S, Tottenham, MDX, ENG **[10252]** : PRE 1850, Ealing, MDX & BKM, ENG **[30535]** : 1841+, Norwich, NFK, ENG **[44726]** : PRE 1830, NRY & WRY, ENG **[37174]** : 1700+, Greasley, NTT, ENG **[46499]** : 1800-60, Barwick & Leeds, WRY, ENG **[44045]** : PRE 1810, Drighlington & Birstall, WRY, ENG **[18236]** : PRE 1821, Hartshead & Birstall, WRY, ENG **[39860]** : 1600-1700, Stannington, WRY, ENG **[12641]** : 1800+, Leeds & Bishop Monkton, YKS, ENG **[38668]** : 1780-1900, Roecliffe, Alborough, YKS, ENG **[38668]** : 1800+, Sheffield, YKS, ENG **[28570]** : 1800-1930, Holbeck, Leeds & Grafton, YKS & NSW, ENG & AUS **[44567]** : C1880, Birkenhead, Liverpool & Glasgow, LAN & LKS, ENG & SCT **[39820]** : ALL, IRL **[13848]** : PRE 1900, Dublin, IRL **[21906]** : 1750-1900,

Glendalough, WIC, IRL **[21906]** : PRE 1920, Christchurch, CBY, NZ **[39671]** : ALL, ABD, SCT **[41370]** : 1773-1870, Aberdeen, ABD, SCT **[13591]** : ALL, Inverurie, ABD, SCT **[26687]** : Catherine, 1830, Kintore, ABD, SCT **[10318]** : PRE 1830, Peterhead, ABD, SCT **[46163]** : 1773-1870, Montrose, ANS, SCT **[13591]** : 1820+, FIF, SCT **[10394]** : 1700+, USA **[22737]** : Henry Bolton, PRE 1810, Batavia, NY, USA **[25457]** : ALL, Genesee Co., NY, USA **[25457]**

WEDD : PRE 1890, KEN, ENG **[43842]**

WEDDERBURN : 1700+, Inchture & Methven, PER, SCT **[13481]**

WEDDERSPOON : William, 1770+, PER, SCT **[27936]** : Barbara, 1794+, St.Pauls, PER, SCT **[27936]**

WEDEMEYER : 1855+, Gayndah & Eidsvold, QLD, AUS **[40994]** : 1770-1855, Moringen & Goslar, BSW, GER **[40994]**

WEDGE : Charles, 1858+, Maryborough, QLD, AUS **[30927]** : 1700-1800, Maker, CON, ENG **[36950]** : PRE 1856, St.Mary Bourne, HAM, ENG **[46296]** : 1850-1905, Clerkenwell, MDX, ENG **[33347]**

WEDLAKE : C1750, Chagford, DEV, ENG **[25930]**

WEDLOCK : William, 1855+, Sydney & Macleay Dist., NSW, AUS **[13000]** : 1700-1820, ESS, ENG **[13000]** : James, 1820S, Arkesden, ESS, ENG **[13000]**

WEDLOW : 1730+, NFK, ENG **[39015]**

WEEBER : PRE 1830, Westminster, MDX, ENG **[32017]** : PRE 1761, WUE, GER **[32017]**

WEEDEN : Giles, 1720+, ENG **[13868]** : ALL, WORLDWIDE **[18780]**

WEEDON : C1850, Hawridge & Lee Common, BKM, ENG **[20914]** : 1800+, Berkhamsted, HRT, ENG **[19268]** : 1880+, Bethnal Green, LND, ENG **[26253]** : ALL, Shoreditch, LND, ENG **[26253]** : PRE 1813, Westminster, LND, ENG **[26253]** : William Geo., 1800S, MDX, ENG **[17511]** : PRE 1779, Harefield & Ruislip, MDX, ENG **[44111]** : 1837-1844, Paddington, MDX, ENG **[37052]** : 1800+, Ruislip & Harefield, MDX, ENG **[10287]**

WEEDS : 1600-1850, Beccles, SFK, ENG **[18005]**

WEEKES : ALL, Goulburn, NSW, AUS **[26410]** : ALL, ENG **[17511]** : C1735-1800, North Tawton & Stoke Damerel, DEV, ENG **[26665]** : 1790, KEN, ENG **[46007]** : John, C1870+, Northampton, NTH, ENG **[34321]**

WEEKS : C1850, Sydney, NSW, AUS **[39155]** : 1700+, NS, CAN **[98660]** : ALL, ENG **[17511]** : PRE 1788, CON, ENG **[29774]** : PRE 1800, Brixton, DEV, ENG **[46275]** : 1800+, Meethe, DEV, ENG **[40257]** : 1800-1900, South London & DEV, ENG **[36409]** : PRE 1700, Southams, DEV, ENG **[14542]** : William, C1754+, North Nibley, GLS, ENG **[10071]** : PRE 1850, SOM, ENG **[31237]** : 1600S, Ninfield & All, SSX, ENG **[35343]** : Mary Ann, PRE C1864+, ENG & AUS **[30971]** : 1750+, West Meath, MEA, IRL **[13129]** : 1850+, Grahamstown, RSA **[31237]** : 1800S, Wheatland, Monroe Co., NY, USA **[28141]**

WEEKS (see BAKER One : Name Section), **[30971]**

WEEPER : Margaret, 1850-1900, Glasgow, LKS, SCT **[30701]**

WEETMAN : C1750, Tamworth, STS & WAR, ENG **[17350]**

WEGENER : PRE 1860, Bredelem, HAN, PRE **[14012]**

WEGG : John, 1700+, NFK, ENG **[25427]**

WEHNER : 1800S, Niederwalluf, HEN, GER **[44160]**

WEIBLER : PRE 1855, Lorch, HEN, GER & AUS **[14045]**

WEIDEMANN : 1800+, BLN, GER **[36664]**

WEIDERECHT : PRE 1850, GER **[24660]**

WEIDMAN : ALL, WORLDWIDE **[22725]**

WEIDNER : ALL, ENG **[29471]**

WEIGEL : PRE 1870S, Schlierbach, BAW, GER **[16486]**

WEIGHT : James, 1670-1700, GLS, ENG **[41845]** : Robert, 1500-1642, Stinchcombe, GLS, ENG **[41845]** : ALL, WORLDWIDE **[20416]**

WEIGHT (see One Name Section) **[20416]**

WEIGHTMAN : John, 1862+, Dinnington, NBL, ENG **[10822]** : 1800S, Embleton, NBL, ENG **[11684]** : Hugh, 1800+, Kirton & Dinnington, NTT & NBL, ENG **[10822]** : ALL, Coxwold & Crayke, YKS, ENG **[99055]**

WEILD : Jane, 1830-1860, Liverpool, LAN & CUL, ENG **[41349]** : Jane, 1830-1860, Dumfries, DFS, SCT **[41349]**

WEILDING : Ambrose, PRE 1850, Manchester, LAN, ENG **[29187]**

WEILE : 1890+, Broken Hill, NSW, AUS **[14346]**

WEIMER : Frederick, 1785-1885, Kamenka - Kraft, VOLGA, RUSSIA **[42432]**

WEINBAUM : PRE 1908, Truskolasy, POL **[11662]**

WEINHEIMER : PRE 1855, Muenster & Oberheimbach, HEN, GER & AUS **[14045]**

WEINLING : 1800-2000, ENG **[30446]**

WEINRITTER : Katherine, C1871, St.Kilda, VIC, AUS **[14851]**

WEINSTEIN : ALL, WORLDWIDE **[17200]**

WEIR : 1840+, AUS **[30601]** : 1870-1890, Hill End, NSW, AUS **[30945]** : 1860S, Lambing Flat, NSW, AUS **[30945]** : 1840+, QLD, AUS **[30601]** : 1860+, QLD, AUS **[45087]** : 1850+, Ballarat, VIC, AUS **[99174]** : Frank, PRE 1914, Victoria, BC, CAN **[30603]** : Harrison, C1820, Lewes, SSX, ENG **[99174]** : 1900+, Leeds, YKS, ENG **[46497]** : Joseph, 1800+, Aghadowey, LDY, IRL **[39243]** : ALL, NZ **[21149]** : 1820S, Kilmarnock, AYR, SCT **[46216]** : Thomas, PRE 1750, Muirkirk, AYR, SCT **[30603]** : 1800S, New Cumnock, AYR, SCT **[99545]** : Mary, 1824-1857, Sorn, AYR, SCT **[30603]** : 1800+, Cambusnethan, LKS, SCT **[45087]** : 1700+, Glasgow, LKS, SCT **[42919]** : 1800+, Glasgow, LKS, SCT **[46497]** : C1820, Glasgow, LKS, SCT **[34321]** : 1750+, Edinburgh, MLN, SCT **[44932]** : 1743+, RI, USA & CAN **[32223]**

WEIS : 1800+, BAW, GER **[35444]**

WEISE : PRE 1850, PRE, GER **[99570]**

WEISS : ALL, Bendigo, VIC, AUS **[45823]** : ALL, Bassersdorf, ZH, CH **[22422]** : ALL, Brutten, ZH, CH **[22422]** : 1700+, Langenlonsheim, RPR, GER **[16383]** : 1700+, Staudernheim, RPR, GER **[16383]** : 1850-1920, Zhitomir, SU **[16513]**

WEISSEL : 1880+, NSW & VIC, AUS **[12481]**

WELBROCK : PRE 1802, WORLDWIDE **[19803]**

WELCH : Susan, 1846+, Sydney, NSW, AUS **[10706]** : 1780+, London, ENG **[10230]** : PRE 1740, Bledlow, BKM, ENG **[36275]** : PRE 1850, Exeter, DEV, ENG **[18150]** : PRE 1800, Plymouth Dock, DEV, ENG **[25142]** : PRE 1832, DOR, ENG **[33237]** : 1700-1830S, Littlebury, ESS, ENG **[36295]** : 1830S-1840S, Southampton, HAM, ENG **[28443]** : 1820-1850, Codicote, HRT, ENG **[39616]** : C1800, Standon, HRT, ENG **[10230]** : 1800-1840, IOW, ENG **[21504]** : 1810+, Tunbridge Wells, KEN, ENG **[44913]** : Thomas, 1800-1880, Wigan, LAN, ENG **[43769]** : William, 1850-1900, Hammersmith, LND, ENG **[39616]** : 1800S, West Ham, LND, ENG **[30876]** : 1830S-1900, Edmonton, MDX, ENG **[36295]** : 1790S-1830S, Hackney, MDX, ENG **[28443]** : 1760-1800, Greatworth, NTH, ENG **[44913]** : C1800, Millbourne Port, SOM, ENG **[31626]** : 1700+, Milton & Evercreech, SOM, ENG **[18895]** : 1800-1850, Zeals, WIL, ENG **[40499]** : John, C1860, Scarborough, YKS, ENG **[14252]** : Wm T., PRE 1800, Columbia Co., NY, USA **[37445]** : William T., PRE 1804, Hamilton & Danbury, NY & CT, USA **[37445]**

WELCH (see : Welsh), **[14252]**

WELDING : ALL, Billinge, LAN, ENG **[38934]**

WELDON : Henry, 1850+, Taroom, QLD, AUS **[30950]** : PRE 1840, Farcet, HUN, ENG **[46420]** : 1800+, LAN, ENG **[26022]** : Alexander, C1830, Ghaziphur, INDIA **[30950]**

WELDRICK : ALL, WRY, ENG **[24980]** : 1894, Marsborough, YKS, ENG **[35025]**

WELFARE : C1818, Horsted Keynes, SSX, ENG **[13869]**
WELFORD : ALL, BKM, ENG **[19803]** : PRE 1800, Auckland, DUR, ENG **[19254]**
WELHAM : ALL, ESS, ENG **[11213]** : PRE 1900, SFK, ENG **[46459]** : 1830-1920, Ipswich, SFK, ENG **[45635]**
WELISTEED : 1750+, DOR, ENG **[30601]**
WELLAND : ALL, St.Pancras, LND, ENG **[31152]** : ALL, Bethnal Green, MDX, ENG **[31152]**
WELLAR : PRE 1850, Crawley, SSX, ENG **[32040]**
WELLAVISE : ALL, WORLDWIDE **[40535]**
WELLAVIZE : ALL, WORLDWIDE **[40535]**
WELLBELOVE : 1700+, Egham, SRY, ENG **[19895]**
WELLENNORM : PRE 1800, Goldenbeck, SHO, GER **[25969]**
WELLER : 1840+, Clarence River, NSW, AUS **[11060]** : 1900+, London, ENG **[42943]** : 1820S, Reading, BRK, ENG **[29328]** : PRE 1854, Borden & Cranbrook, KEN, ENG **[13511]** : 1800+, Rochester, KEN, ENG **[45681]** : Elizabeth, 1746+, Newenden & East Guildford, KEN & SSX, ENG **[31510]** : PRE 1850, OXF, ENG **[42238]** : 1879+, Woking, SRY, ENG **[18310]** : Sarah, 1790S, Beckley, SSX, ENG **[10993]** : PRE 1850, Ifield, SSX, ENG **[35360]** : PRE 1750, Lewes, SSX, ENG **[18147]** : PRE 1838, Lewes, SSX, ENG **[18310]** : 1800-1900, Worth, SSX, ENG **[46313]** : 1800S, Grossbottwahr, GER **[14948]** : Samuel, 1860-1930, Austria & Baku, OES & RUS **[46496]** : Tanyn, 1914+, RUS **[46496]** : Zenieda, 1885-1947, Baku, RUS **[46496]** : ALL, WORLDWIDE **[26135]**
WELLES : PRE 1900, Hunton, HAM, ENG **[25162]** : Anne, PRE 1637, Sedlescombe, SSX, ENG **[36365]**
WELLFORD : PRE 1800, York City, YKS, ENG **[33664]**
WELLHAM : PRE 1880, Oxford, OXF, ENG **[38826]**
WELLING : 1870S, Sydney, NSW, AUS **[11594]** : PRE 1840, Aldbury, HRT, ENG **[19275]** : PRE 1860, Dartford, KEN, ENG **[44077]**
WELLINGTON : 1800+, Coleraine, VIC, AUS **[32794]** : Jane, 1853+, CON, ENG **[33085]** : Richard, C1850, CON, ENG **[33085]** : 1835, Tywardreath, CON, ENG **[10956]** : 1800+, Shirehampton, GLS, ENG **[32794]** : John, PRE 1810, Chard, SOM, ENG **[28907]** : PRE 1900, Yeovil, SOM, ENG **[14031]** : PRE 1838, WOR, ENG **[28557]** : ALL, ENG & AUS **[43395]**
WELLMAN : ALL, BRK, ENG **[11159]** : 1792+, Hurst & Waltham St.Lawrence, BRK, ENG **[41443]**
WELLS : Edmund, 1828+, Sydney, NSW, AUS **[45699]** : Hannah, 1848+, Sydney, NSW, AUS **[30950]** : C1890-1940, Sydney, NSW, AUS **[45823]** : PRE 1832, Sydney & Cessnock, NSW, AUS **[46249]** : Jas Cochrane, 1844+, Sydney, Dubbo & Bourke, NSW, AUS **[45699]** : Jno, 1853+, Adelaide, SA, AUS **[12831]** : 1850+, Wollaston, SA, AUS **[46250]** : PRE 1850, TAS, AUS **[46199]** : William, 1854+, Bacchus Marsh, VIC, AUS **[35809]** : Thomas, 1880+, Fitzroy, VIC, AUS **[31762]** : ALL, WA, AUS **[29810]** : Thomas, 1900+, Subiaco, WA, AUS **[31762]** : 1800-1900, NB & NS, CAN **[45291]** : PRE 1826, ENG **[46249]** : PRE 1830, ENG **[29810]** : C1840-1850, London, ENG **[15776]** : PRE 1880, Bray, BRK, ENG **[35561]** : Stephen, C1814, New Windsor & Clewer, BRK, ENG **[17366]** : PRE 1850, Reading, BRK, ENG **[11575]** : 1660-1800, Fordham & Soham, CAM, ENG **[19713]** : 1800S, Totnes & Exeter, DEV, ENG **[46439]** : ALL, Poole, DOR, ENG **[12831]** : PRE 1810, ESS, ENG **[36821]** : 1700+, GLS, ENG **[22737]** : 1800-1900, Lassam, HAM, ENG **[25529]** : PRE 1730, Selborne, HAM, ENG **[13960]** : PRE 1800, Berkhamsted & Northchurch, HRT, ENG **[17523]** : 1820-1860, Bushey & Watford, HRT, ENG **[24878]** : PRE 1880, Frithsden & Berkhamsted, HRT, ENG **[17523]** : 1600+, Penshurst, KEN, ENG **[19747]** : 1750-1850S, Penshurst, KEN, ENG **[19747]** : Robert Wm, C1878+, Speldhurst & Ashurst, KEN, ENG **[21472]** : Herbert Geo, 1866-1946, Bromley & London, KEN & LND, ENG **[21472]** : Thomas, PRE 1853, Salford, LAN, ENG **[31762]** : PRE 1800, LIN, ENG **[12707]** : 1780-C1800, Ludborough, LIN, ENG **[11270]** : 1700+, Pinchbeck, LIN, ENG **[16167]** : 1700S, Holborn, LND, ENG **[42909]** : PRE 1870, LND & MDX, ENG **[30248]** : 1840-1890+, Holborn & Kentish Town, MDX, ENG **[17366]** : John, C1800, St.Lukes Old St, MDX, ENG **[19905]** : William, C1823, Wandsworth, MDX, ENG **[30950]** : ALL, NFK, ENG **[11092]** : PRE 1900, NFK, ENG **[44018]** : C1826, Kings Lynn, NFK, ENG **[32016]** : ALL, Morton, NRY, ENG **[39272]** : ALL, Arnold, NTT, ENG **[34967]** : 1750-1850, Nottingham, NTT, ENG **[34967]** : 1750-1850, Nottingham, NTT, ENG **[12320]** : PRE 1840, OXF, ENG **[12231]** : ALL, Whitchurch, OXF, ENG **[41146]** : 1840S, Boxford, SFK, ENG **[46220]** : 1700+, Dennington, SFK, ENG **[13422]** : 1800-1840, Ipswich, SFK, ENG **[46220]** : C1840, SOM, ENG **[15776]** : PRE 1826, SRY, ENG **[11866]** : ALL, Bermondsey, SRY, ENG **[31152]** : George, 1800-1900, Croydon, SRY, ENG **[35561]** : 1781-1839, Walton on Thames & Hersham, SRY, ENG **[17366]** : 1900+, Heathfield, SSX, ENG **[17514]** : 1700+, Donhead St.Mary, WIL, ENG **[40807]** : Thomas, 1782-1833, NFK, ENG & AUS **[46225]** : Edward, 1766-1831, Penshurst, KEN, ENG & IRL **[21472]** : Samuel, 1830+, Madras, INDIA **[19905]** : Thomas, C1816, Madras, INDIA **[45920]** : PRE 1820S, DOW, IRL **[31293]** : PRE 1840, Lower Iveagh, DOW, IRL **[25354]** : Frederick, 1874+, Devonport, NZ **[25654]** : C1900, Houhora, NLD, NZ **[32016]** : 1750-1800, Dearfield, MA, USA **[42429]**
WELLSPRING : PRE 1800, Puddletown, DOR & KEN, ENG **[45886]**
WELLSTEED : PRE 1850, Portsea & Portsmouth, HAM, ENG **[39429]**
WELSH : 1830-1850S, Stockton & Sydney, NSW, AUS **[39249]** : 1817+, Sydney, NSW, AUS **[42226]** : 1800S, VIC, AUS **[26246]** : Margaret, 1850S, Oxford Co., ONT, CAN **[42436]** : PRE 1800, ENG **[46510]** : PRE 1880, Workingotn, CUL, ENG **[45735]** : George, 1830-60, DOR, ENG **[39716]** : 1800+, Sunderland, DUR, ENG **[44078]** : John, 1800-1900, Ringwood, HAM, ENG **[19296]** : Annie, C1878, Southampton, HAM, ENG **[14252]** : John, 1800-1900, Southampton & Lyndhurst, HAM, ENG **[19296]** : 1865-1930, Blackburn, LAN, ENG **[46515]** : PRE 1850, YKS, ENG **[14252]** : 1790+, Dublin, IRL **[42226]** : Richard, 1800S, COR, IRL **[38542]** : Mary, PRE 1840, COR, IRL **[38542]** : 1800+, KIK, IRL **[39249]** : 1835, Carrick-on-Suir, TIP, IRL **[40807]** : 1830-1860, Cashel, TIP, IRL **[46305]** : Catherine, 1790+, Meath & Sydney, MEA & NSW, IRL & AUS **[11530]** : PRE 1850, Dalmellington, AYR, SCT **[14536]** : Sarah, 1800S, New Galloway, DFS, SCT **[45853]** : Mary, C1799, Sanquhar, DFS, SCT **[22224]** : James, C1799, Sanquhar, DFS, SCT **[22224]** : PRE 1850, Irongray, KKD, SCT **[40871]** : Helen, C1820, Crawford John, LKS, SCT **[22224]** : 1750-1890, Hawick, ROX, SCT **[26082]**
WELSHMAN : PRE 1900, HAM, ENG **[46416]**
WELTON : C1800, Kessingland, SFK, ENG **[20655]**
WELZ : 1800-1850, Blaubeuren, WUE, GER **[24252]**
WEMYS : 1650-1750, Danesfort, KIK, IRL **[10832]**
WEMYSS : 1775, CUL, ENG **[43775]**
WENDELBORN : PRE 1844+, Crassou, MEK, GER & NZ **[20672]**
WENFLEY : PRE 1850, YKS, ENG **[46463]**
WENHAM : 1840+, Morpeth, NSW, AUS **[43772]** : 1860+, Port Stephens, NSW, AUS **[43772]** : 1850+, Stroud, NSW, AUS **[43772]** : Mary, 1772-1795, Wendy Cm Shingay, CAM, ENG **[14627]** : 1800+, Benenden, KEN, ENG **[10775]** : 1800S, Ninfield, SSX, ENG **[28060]** : C1700, Ninfield, SSX, ENG **[14120]**
WENKE : PRE 1850, Rachlau, UPPER LUSATIA, GER **[26306]**
WENMAN : PRE 1900, London, ENG **[30302]**
WENSLEY : PRE 1860, West Buckland, SOM, ENG **[13574]**
WENT : James, 1850+, Bega & Pambula, NSW, AUS

WEN

[40831] : 1700+, Ardleigh, ESS, ENG **[19458]** : ALL, HEF, ENG **[18307]** : PRE 1800, Bodenham & Middleton, HEF, ENG **[46275]** : 1600-1850, UK **[46513]**
WENTWORTH : 1848+, Melbourne, VIC, AUS **[27719]** : PRE 1848, Finchley & Hendon, MDX, ENG **[27719]** : 1832, Holborn, MDX, ENG **[27719]** : PRE 1540, Nettlestead, SFK, ENG **[10850]**
WENZEL : 1870+, QLD, AUS **[45087]** : 1873+, Fassifern Valley, QLD, AUS **[13473]** : PRE 1902, Plymouth, DEV, ENG **[18724]** : C1900, Gainsborough, LIN, ENG **[18724]** : 1820S, Wustrausse, POM, GER **[13473]**
WERBICKI : 1820+, St.Louis, MO, USA **[99556]**
WERDER : ALL, Oberwil & Cham, ZG, CH **[35935]**
WERE : 1600+, Sampford Arundel, SOM, ENG **[13046]**
WERHUN : 1896+, Venlaw, MN, USA & CAN **[16969]**
WERNDLE : 1900, NY, USA **[46350]**
WERNER : ALL, Deloraine & Meander, TAS, AUS **[36643]** : 1867+, Smythesdale, VIC, AUS **[46279]** : 1849-1924, Black Forest, BAW, BRD **[35294]** : 1840+, Heide, DEN **[46279]** : Carl, 1825-1870S, Hamburg, HBG, GER **[35294]** : C1750, Besse, HEN, GER **[10350]** : 1700-1800S, Stemberg, MEK, GER **[11036]** : Carl, 1820S-1870S, Konigsberg, OPR, GER **[35294]** : August, 1820S-1870S, Konigsberg, OPR, GER **[35294]** : 1870+, Capetown, RSA **[29198]** : 1849-1970S, Fort Beaufort, CAPE, RSA **[35294]** : 1873-1892, Grahamstown, CAPE, RSA **[35294]** : 1857-1930S, King Williams Town, CAPE, RSA **[35294]** : 1849-1924, Wooldridge & Peddie, CAPE, RSA **[35294]** : 1850+, Caneau, RUS **[29198]**
WERNHAM : 1800+, Wallingford, BRK, ENG **[37834]** : 1910, Leytonstone, ESS, ENG **[17704]** : PRE 1838, HRT, ENG **[37174]**
WERRELL : 1750-1850, Aldworth, BRK, ENG **[39271]** : 1870+, Bisham, KEN, ENG **[45624]**
WERRING : PRE 1826, Milton Abbot, DEV, ENG **[13558]**
WERT : 1800, ENG **[26791]** : PRE 1865, ENG & WLS **[20985]**
WERTH : 1770-1850, Bergholz, PRE, GER **[13326]**
WERTHEIMER : ALL, London, ENG **[41128]**
WESCOMBE : 1879+, Sydney, NSW, AUS **[11060]**
WESCOT : 1880-1910, Lewisham, LND & KEN, ENG **[44036]** : 1860-1890, Bristol, SOM, ENG **[44036]** : 1750-1850, Wellington, SOM, ENG **[44036]** : 1868-1880, Croydon, SRY, ENG **[44036]** : 1850-1880, Norwood, SRY & LND, ENG **[44036]** : 1865-1875, Kidderminster, WOR, ENG **[44036]**
WESCOTT : 1900S, Melbourne, VIC, AUS **[36260]**
WESKETT : ALL, CAN **[21233]** : 1800+, GLS, ENG **[21233]**
WESLEY : PRE 1870, Bathurst, NSW, AUS **[40135]** : C1750, Hardingstone, NTH, ENG **[34321]** : 1800S, Casey Co., KY, USA **[35876]**
WESSON : 1830-1860, Cuxton, KEN, ENG **[38082]**
WEST : Arthur, 1879+, Bathurst, NSW, AUS **[31762]** : Anthony, 1844-1898, Fullerton Cove, NSW, AUS **[36796]** : C1842, Grafton, NSW, AUS **[38627]** : Mary, 1859, Sydney, NSW, AUS **[11386]** : Eliza, 1861, Sydney, NSW, AUS **[11386]** : 1824+, Sydney & Bathurst, NSW, AUS **[11773]** : William, 1848+, Windsor, NSW, AUS **[30776]** : 1841+, Young & Murringo, NSW, AUS **[11729]** : ALL, ENG **[46296]** : Jane, PRE 1836, Chelsea & London, ENG **[36800]** : William, 1795+, London, ENG **[17117]** : Mary, 1875+, London, ENG **[17117]** : 1800-1900, South London, ENG **[36409]** : William, 1778+, BKM, ENG **[36796]** : George Sansom, 1804+, BKM, ENG **[36796]** : William, 1869+, Bow Brickhill, BKM, ENG **[25654]** : ALL, Monks Risborough, BKM, ENG **[37603]** : George C1814, Moseton, BRK, ENG **[11698]** : Edward, 1792, Soham, CAM, ENG **[44314]** : ALL, CON, ENG **[11729]** : PRE 1860, CON, ENG **[12905]** : 1700+, Busilawn & Eglas, CON, ENG **[46346]** : 1700+, St.Breock, CON, ENG **[21741]** : 1800-1841, St.Breok, St.Columb Major, CON, ENG **[46346]** : PRE 1849, St.Minver, CON, ENG **[46346]** : 1800-1849, Wadebridge, CON, ENG **[46346]** : PRE 1840, Dartmouth, DEV, ENG **[19727]** : Thomas, PRE 1800, Starcross, DEV, ENG **[36365]** : PRE 1820, DOR, ENG **[25853]** : 1600S, Ashmore, DOR, ENG **[14901]** : Richard, 1680-1720, Ashmore, DOR, ENG **[17203]** : PRE 1780, Eastington, GLS, ENG **[43137]** : 1850-1930, Stroud, GLS, ENG **[28363]** : C1825, Bristol, GLS & SOM, ENG **[25930]** : PRE 1800, Dibden & Beaulieu, HAM, ENG **[31316]** : PRE 1858, Fareham, HAM, ENG **[13315]** : C1830, Gosport, HAM, ENG **[46431]** : James, 1800+, Hambledon, HAM, ENG **[11152]** : ALL, Millbrook, HAM, ENG **[30543]** : Nancy, C1780-1800, Portsmouth, HAM, ENG **[30111]** : ALL, Southampton, HAM, ENG **[30543]** : PRE 1801, Newchurch, IOW, ENG **[32017]** : Richard, C1800S, Faversham, KEN, ENG **[42897]** : PRE 1860, Swanscombe, KEN, ENG **[14785]** : Coomber, PRE 1830, Watering & Peckham, KEN, ENG **[41471]** : 1700S, Shepshed, LEI, ENG **[29373]** : PRE 1709, Billinghay, LIN, ENG **[19902]** : C1830, Bucknall, LIN, ENG **[41430]** : PRE 1845, Westminster & Chelsea, LND, ENG **[36800]** : James, 1821+, Islington West, LND & MDX, ENG **[25533]** : Frank, 1846+, Islington West, LND & MDX, ENG **[25533]** : C1800-1900, Marylebone, MDX, ENG **[41128]** : 1800+, Poplar, MDX, ENG **[32794]** : Louisa Ann, PRE 1802+, Paddington & Southwark, MDX & SRY, ENG **[21472]** : 1750-1850, Newcastle, NBL, ENG **[46503]** : PRE 1770, Gimingham, NFK, ENG **[33428]** : 1750+, Sheringham, NFK, ENG **[17163]** : 1820-1860, Nottingham, NTT, ENG **[29373]** : PRE 1850, OXF, ENG **[42238]** : ALL, Kiddington, OXF, ENG **[42799]** : PRE 1820, Leigh, SOM, ENG **[36246]** : 1750-1850, Clapham, SRY, ENG **[42643]** : 1840-1900, Lambeth & Newington, SRY, ENG **[30248]** : PRE 1850, WAR, ENG **[44223]** : ALL, Salisbury, WIL, ENG **[30543]** : C1850, Rotherham, YKS, ENG **[28747]** : 1840S, Sheffield, YKS, ENG **[29373]** : 1883+, Sheffield, YKS, ENG **[19902]** : Robert, 1818-1887, Soham, CAM, ENG & AUS **[44314]** : C1800, Sevenoaks, KEN, ENG & AUS **[10350]** : Alex Erskine, 1850+, IRL **[21091]** : 1900+, Te Kopuru, NZ **[17514]** : 1800+, MAN, NZ **[21091]** : Agnes, 1830S, Glasgow, LKS, SCT **[16309]** : Mary, 1830S, Glasgow, LKS, SCT **[16309]** : 1800S, Borthwick, MLN, SCT **[11386]** : George, 1811+, Bathgate, WLN, SCT **[32307]** : John, 1811+, Bathgate, WLN, SCT **[32307]** : John, 1746+, Currie, WLN, SCT **[32307]** : 1800+, USA **[17163]**
WEST GOURA : Panayota, 1947+, Cairo, EGYPT **[32307]**
WEST/FOVARGUE : 1850+, WORLDWIDE **[36071]**
WESTACOT : 1700+, Bishops Tawton & South Molton, DEV, ENG **[14208]**
WESTACOTT : 1550-1800, DEV, ENG **[15098]**
WESTALL : PRE 1800, Deptford, KEN & SRY, ENG **[42752]**
WESTAWAY : PRE 1830, Plymouth, DEV, ENG **[42752]** : 1840, Paisley, RFW & NSW, SCT & AUS **[32068]**
WESTBROOK : 1650-1870, Alton, HAM & NRY, ENG **[17907]** : 1883+, MDX, ENG **[21243]** : 1732+, All Hallows London Wall, MDX, ENG **[21207]** : William, 1877+, Finsbury & St.Lukes, MDX, ENG **[37044]** : 1880, London, MDX, ENG **[40752]** : 1750+, St.John Zachary, London, MDX, ENG **[21207]** : 1750+, St.Leonards, Shoreditch, MDX, ENG **[21207]**
WESTBROOM : 1750, Kirby le Soken, ESS, ENG **[17704]**
WESTBURY : 1868+, Sutton, NSW, AUS **[30776]** : 1800-1850, Bletchington, OXF, ENG **[46348]** : 1750+, WAR, ENG **[16527]** : 1760+, WOR, ENG **[16527]**
WESTCOTE : John, 1750, Dilworth, LAN, ENG **[13031]**
WESTCOTT : PRE 1700, Clyst Hydon, DEV, ENG **[10493]** : 1691, Farringdon, DEV, ENG **[32296]** : 1880-1910, Lewisham, LND & KEN, ENG **[44036]** : PRE 1845, Camberwell, LND & MDX, ENG **[14076]** : 1860-1890, Bristol, SOM, ENG **[44036]** : 1750-1850, Wel-

lington, SOM, ENG **[44036]** : 1868-1880, Croydon, SRY, ENG **[44036]** : 1850-1880, Norwood, SRY & LND, ENG **[44036]** :1865-1875, Kidderminster, WOR, ENG **[44036]**

WESTELL : 1800, St.Albans, HRT, ENG **[99832]** : PRE 1850, SFK, ENG **[27522]**

WESTER : PRE 1820, Whitehaven, CUL, ENG **[42752]**

WESTERBOM : Karen Eliz., 1907+, Copenhagen, DEN **[25066]**

WESTERMAN :1700+, Morley, WRY, ENG **[37149]** : 1700+, Dewsbury, YKS, ENG **[29409]**

WESTERN : 1750-1900, Ashreigney, DEV, ENG **[17961]** : 1800+, Exeter, DEV, ENG **[29783]** : PRE 1766, Uffculme, DEV, ENG **[33876]** : 1800+, Bristol, GLS, ENG **[33876]** : PRE 1900, Wells, SOM, ENG **[33876]** : PRE 1920, Cardiff, GLA, WLS **[33876]**

WESTFALL : ALL, WORLDWIDE **[16352]**

WESTGATE : 1850+, West Ham, LND, ENG **[39541]** : ALL, NFK & SFK, ENG **[39541]** : 1790S, Lewes, SSX, ENG **[19908]** : ALL, WORLDWIDE **[39541]**

WESTLAKE : Francis, 1800S, Plymouth, DEV, ENG **[25907]** : Philip, C1700, Plympton St.Mary, DEV, ENG **[30246]** : Elizabeth, C1824, Bristol, GLS & SOM, ENG **[16802]** : PRE 1900, Chatham, KEN, ENG **[13622]** : 1800S, SOM, ENG **[11690]**

WESTLEY : C1830, Hardingstone, NTH, ENG **[34321]** : SRY, ENG **[42943]**

WESTLING : PRE 1895, Visby, GOTLAND, SWE **[10793]**

WESTMORELAND : PRE 1860, Leeds, WRY, ENG **[37058]**

WESTO : PRE 1700, Swanton Abbott, NFK, ENG **[33428]**

WESTON : 1860+, VIC, AUS **[10978]** : Louisa, 1853+, Geelong, VIC, AUS **[41228]** : 1850+, Myers Flat, VIC, AUS **[11526]** : ALL, Bishops Waltham, HAM, ENG **[13960]** : PRE 1862, Southampton, HAM, ENG **[13960]** : 1690-1860, Cranbrook, KEN, ENG **[26612]** : PRE 1850, Dover, KEN, ENG **[17508]** : 1750-1920, Tenterden, KEN, ENG **[26612]** : PRE 1816, Hugglescote, LEI, ENG **[45584]** : C1880, Leicester, LEI, ENG **[21479]** : 1774+, Hoxton & Shoreditch, LND, ENG **[14851]** : George, 1830S, MDX, ENG **[41228]** : ALL, Hayes, MDX, ENG **[42948]** : ALL, Balden Marsh, OXF, ENG **[11546]** : PRE 1832, Alberbury, SAL, ENG **[11890]** : 1800+, Shrewsbury, SAL, ENG **[10978]** : C1816, Lambeth, SRY & LND, ENG **[46445]** : 1700+, SSX, ENG **[13461]** : 1860+, Brighton, SSX, ENG **[26612]** : C1850, Ticehurst, SSX, ENG **[44119]** : Joseph, 1790, Curley, STS, ENG **[12027]** : 1840+, Harborne, STS, ENG **[26612]** : 1710+, Cradley Heath, STS & WOR, ENG **[46273]** : 1825+, Leamington, WAR, ENG **[17294]** : PRE 1750, Bishop Cannings, WIL, ENG **[10054]** : ALL, Calne, WIL, ENG **[30491]** : Thomas, 1800, Worcester, WOR, ENG **[17203]** : 1850-1920, Sheffield, YKS, ENG **[24902]** : ALL, Capetown, RSA **[10978]** : Eustace, 1927, Johannesburg & Ladysmith, RSA **[14851]** : PRE 1850, DNB, SCT **[31636]** : PRE 1832, Criggion, MGY, WLS **[11890]**

WESTOVER : ALL, CAN **[23319]** : ALL, USA **[23319]** : ALL, WORLDWIDE **[23319]**

WESTREN : 1750-1800, Bow, DEV, ENG **[43853]**

WESTRON : ALL, Halberton, DEV, ENG **[44815]**

WESTWATER : ALL, FIF, SCT **[13004]**

WESTWELL : 1840, Prescot & St.Helens, LAN, ENG **[12641]**

WESTWOOD : William, PRE 1780, Wethersfield, ESS, ENG **[26439]** : PRE 1840, Datchworth, HRT, ENG **[42518]** : 1735+, Bermondsey, LND, ENG **[34522]** : 1800+, London, MDX, ENG **[12058]** : 1812, Croseley, STS, ENG **[39856]** : PRE 1800, Kingswinford, STS, ENG **[24873]** : PRE 1800, Kingswinford, STS, ENG **[14227]** : 1800-1850, Wolverhampton, STS, ENG **[46305]** : Chas Jas, 1810+, Alcester, WAR, ENG **[12058]** : 1700S, WOR, ENG **[33559]** : Russell, C1830S, Dunfermline & Glasgow, FIF & LKS, SCT **[30830]**

WESTWOOD (see One Name Section) **[34522]**

WESTWORTH : 1855+, Liverpool, LAN, ENG **[14513]** : Anthony, 1700, Preston & Liverpool, LAN, ENG **[13031]**

WETH : 1800+, Rothenburg, BAV, GER **[29092]**

WETHERELL : ALL, Horsington & All, SOM, ENG **[18325]** : 1650-1850, Osmotherley & Darlington, YKS & DUR, ENG **[16997]**

WETHERHED : PRE 1700, BKM & MDX, ENG **[10287]**

WETHERINGTON : 1800S, Sydney, NSW, AUS **[36260]**

WETHESTON : 1780-1812, Eccles, BEW, SCT **[35218]**

WETHEY : 1809+, Coker, SOM, ENG **[17291]**

WETMORE : William, 1650-1750, Downton, HEF, ENG **[27039]**

WETTER : PRE 1780, Tegerfelden, AG, CH **[31923]**

WETZIG : C1861, Leisnig, KSA, GER **[99012]**

WETZLER : C1830, Oestrich, HEN, GER **[11011]**

WEVELL : ALL, WORLDWIDE **[21765]**

WEWEGE : ALL, RSA **[46510]**

WEYLAND : ALL, Banstead & Sutton, SRY & LND, ENG **[28479]**

WEYMAN : PRE 1750, Longney, GLS, ENG **[46275]**

WEYMOUTH : John, 1740S-1840S, Malborough, DEV, ENG & AUS **[43996]**

WHAIT : John, 1853, Lyndoch, SA, AUS **[25117]**

WHALAN : C1770-1790, LND & MDX, ENG **[10460]** : 1770-1790, London & MDX, ENG **[29314]** : 1760-1840, Newcastle, TIP, IRL **[13326]**

WHALE : Joseph, C1800, London, ENG **[37692]** : PRE 1800S, Lewannick, CON, ENG **[40057]** : PRE 1870, Bristol, SOM, ENG **[46508]** : PRE 1913, Brailes & Birmingham, WAR, ENG **[18018]** : ALL, Brinkworth, WIL, ENG **[31349]** : ALL, Brinkworth, WIL, ENG **[46508]** : Charles, 1863+, NZ **[37692]** : ALL, WORLDWIDE **[37692]**

WHALEN : Richard, 1849-1921, NSW, AUS **[40143]** : 1873-1944, Gulgong, NSW, AUS **[40143]** : Thomas, 1808-1873, Poplar & Shoreditch, LND, ENG **[40143]** : 1800-1900, LND & MDX, ENG **[40143]**

WHALER : 1850-1883, Newcastle, NSW, AUS **[39985]**

WHALEY : 1860+, VIC, AUS **[45916]** : 1800S, ONT, CAN **[16430]** : ALL, LND, ENG **[43317]** : 1770+, Kiplin, NRY, ENG **[99036]** : 1880+, Richmond, NRY, ENG **[99036]** : ALL, SFK, ENG **[43317]** : ALL, SRY, ENG **[43317]**

WHALLEY : ALL, LAN, ENG **[38934]** : PRE 1800, Liverpool, LAN, ENG **[29373]** : 1700+, STS, ENG **[18501]** : Mary, 1789-1840, Manchester & Sydney, LAN & NSW, ENG & AUS **[46055]**

WHAPLES : 1650, Great Waltham, ESS, ENG **[17704]**

WHARF : 1900+, CAN **[39949]** : ALL, ENG **[39949]** : 1850-1890S, Greenwich, KEN, ENG **[39949]** : PRE 1800, NFK, ENG **[39949]**

WHARFF : ALL, Bangor & Guilford, ME, USA **[22891]**

WHARMBY : PRE 1837, New Mills, DBY, ENG **[28474]** : 1800S, Bolton, LAN, ENG **[19415]**

WHARNCLIFFE : 1800-1900S, WRY, ENG **[11270]**

WHARTON : 1660-1880, Croglin, CUL, ENG **[36127]** : PRE 1858, Crosthwaite, CUL, ENG **[46381]** : 1815-1880, Kirkoswald, CUL, ENG **[36127]** : PRE 1800, Alfreton, DBY, ENG **[39389]** : 1830+, North Wingfield, DBY, ENG **[37110]** : Samuel, 1751-1834, Scarborough, NRY, ENG **[39429]** : Thomas, 1750-1850, Shipton, NRY, ENG **[26007]** : PRE 1750, Orton & Morland, WES, ENG **[41477]** : 1852-1917, Temple Sowerby, WES, ENG **[36127]** : 1850+, YKS, ENG **[21504]** : Christopher, 1700S, Skirpenbeck, YKS, ENG **[18145]** : Christopher, 1700S, York & Stamford Br., YKS, ENG **[18145]** : 1800-1900, Killarney, KER, IRL **[21842]**

WHATCOTT : 1600-1850, WAR, ENG [31259] : 1600-1850, WOR, ENG [31259]
WHATELEY : C1820, Studley, WAR, ENG [34543]
WHATLEY : Arthur, 1860-1920, Reading, BRK, ENG [22640] : ALL, GLS, ENG [19624] : ALL, HEF, ENG [19624] : John, 1750-1860, Leicester, LEI, ENG [22640] : PRE 1850, WIL & DEV, ENG [46164]
WHATMAN : 1850+, Kangaloon, NSW, AUS [27769] : 1838+, Milton & Illawarra, NSW, AUS [41039] : 1845+, Mittagong, NSW, AUS [38132]
WHATMORE : John, PRE 1906, Newtown, Sydney, NSW, AUS [10998] : Robt Patrick, 1884+, Richmond & Cootamundra, NSW, AUS [10998] : PRE 1850, WIL & HAM, ENG [37174] : ALL, WORLDWIDE [17480]
WHATTON : Mary, C1815, Rocester, STS, ENG [31153]
WHAYMAN : Robert O., 1828-1919, Bruny Island, TAS, AUS & ENG [10604]
WHEADON : PRE 1850, ENG [28314] : 1700S, Yetminster & Lillington, DOR, ENG [10252]
WHEAL : PRE 1880, Birmingham, WAR, ENG [42615]
WHEALE : 1700+, Ledbury, HEF, ENG [46400]
WHEALS : PRE 1830, Cressingham, NFK, ENG [46452]
WHEATCROFT : Samuel, 1759+, Chesterfield, DBY, ENG [42479] : PRE 1846, Newbold, DBY, ENG [42479] : Samuel, 1798+, Wirksworth, DBY, ENG [38548] : George S., 1863, PA, USA [42479]
WHEATER : 1660-1870, Ledsham & Snaith, YKS, ENG [13430]
WHEATERHOLTZ : C1800, Rockingham Co., VA, USA [46467]
WHEATLAND : ALL, ENG & AUS [12391]
WHEATLEY : ALL, AUS [32908] : 1830+, Ockbrook, DBY, ENG [17175] : ALL, Stanley, DBY, ENG [34967] : 1750-1850, West Hallam, DBY, ENG [34967] : Nicholas, 1750+, Whickham, DUR, ENG [46400] : 1700-1800, HAM & SSX, ENG [44948] : PRE 1825, NTT, ENG [45698] : ALL, Sheffield, YKS, ENG [46429]
WHEELAN : 1840+, Redfern, NSW, AUS [46026]
WHEELDON : 1800S+, Jersey, CHI, UK [27993]
WHEELER : PRE 1834, Parramatta, NSW, AUS [10280] : 1814+, Sydney, NSW, AUS [31579] : 1840-1870S, Melbourne & Collingwood, VIC, AUS [12589] : Thomas, C1840+, Geelong & Warrnambool, VIC & TAS, AUS [41912] : 1880+, Montreal, QUE, CAN [15042] : 1650-1750, Marston Morteyne, BDF, ENG [12641] : PRE 1900, Boarstall & Oakley, BKM, ENG [19216] : C1800, Newbury, BRK, ENG [26731] : Thomas, 1830S, Shrivenham, BRK & OXF, ENG [11912] : 1800+, Shaldon, DEV, ENG [21431] : Samuel, 1680-1710, DOR, ENG [17203] : PRE 1880, Bristol, GLS, ENG [36115] : PRE 1840, Pitcombe & Bisley, GLS, ENG [12589] : 1760+, Catherington, HAM, ENG [12078] : 1750+, St.Helens, Iow, HAM, ENG [42643] : PRE 1900, KEN, ENG [21539] : Alice, 1600-1700, Stanstead, KEN, ENG [34797] : PRE 1850, Gedney, LIN, ENG [25559] : Alice, 1500-1650, LND, ENG [34797] : John & Eliz., PRE 1840, LND, ENG [21539] : 1810+, Hartwell, NTH, ENG [41037] : 1840+, Dorchester, OXF, ENG [37631] : PRE 1800, Thame, OXF, ENG [19216] : PRE 1824, Paulton, SOM, ENG [30987] : 1700S, Rode & Road, SOM, ENG [45215] : PRE 1900, Richmond, SRY, ENG [46451] : PRE 1780, Shermanbury, SSX, ENG [39042] : Clara, 1895+, Aston, WAR, ENG [45992] : ALL, Baddesley, Clinton & Balsall, WAR, ENG [44223] : C1800, Birmingham, WAR, ENG [31579] : PRE 1850, WIL, ENG [11873] : Henry & Daniel, 1800-C1830, Calne, WIL, ENG [34320] : 1920, ENG & CAN [37603] : PRE 1800, NH, OH, NY & MI, USA [26799] : 1700+, New York, NY, USA [30601] : 1840, Seneca Falls, NY, USA [26149] : 1855+, Rhondda, GLA, WLS [10967] : 1840+, Trehafod, GLA, WLS [34320]
WHEELHOUSE : 1800+, Killamarsh & Eckington, DBY, ENG [24902]
WHEELWRIGHT : Mary Ann, 1830-1850, Birmingham, WAR, ENG [22799]

WHEILDON : 1750, Castle Donnington, LEI, ENG [10277]
WHEIR : ALL, WORLDWIDE [45315]
WHEIRS : ALL, WORLDWIDE [45315]
WHELAHAN : PRE 1807, TIP, IRL [41979]
WHELAN : C1900, Mullumbimby, NSW, AUS [13347] : PRE 1900, Myall River, NSW, AUS [13347] : 1837+, Hobart, TAS, AUS [13407] : Mary, PRE 1859, Melbourne, VIC, AUS [13407] : 1890-1950, Salford, LAN, ENG [36528] : C1900, Winterbourne Gunner, WIL, ENG [12744] : 1800+, IRL [11166] : 1700-1800S, KID, IRL [21195] : 1850, Monasterevin, KID, IRL [13347] : 1837, LEX, IRL [14747] : PRE 1850, LEX, IRL [33876] : C1850, Portarlington, LEX, IRL [13347] : 1850, Portlaoise, LEX, IRL [13347] : 1800+, TIP, IRL [44409] : PRE 1835, TIP, IRL [11866] : 1700+, Cheekpoint, WAT, IRL [31079] : 1700+, Waterford, WAT, IRL [31079] : 1800-1900S, Hokitika, WEST COAST, NZ [21195] : 1800+, UK [11166]
WHELDALE : 1700-1800, Ludborough, LIN, ENG [26932]
WHELDON : PRE 1900, Cottingham & Hull, ERY, ENG [14030]
WHELLANS : C1890, Morebattle, ROX, SCT [13004]
WHELPLEY : 1600S, USA [15521]
WHERRY : 1880+, Cardinham, CON, ENG [13358] : 1750-1900, Liverpool, LAN, ENG [30713] : PRE 1825, LET, IRL [30713]
WHETHAM : 1750+, Symondsbury, DOR, ENG [30107]
WHETNALL : PRE 1800, Audley, STS & SAL, ENG [18501]
WHETSTONE : ALL, WAR, ENG [39336]
WHETZEL : C1800, Rockingham Co., VA, USA [46467]
WHIBBS : Tom, 1830, Douro, ONT, CAN [15882] : John, 1877-1929, Douro, ONT, CAN [15882]
WHICHELOW : 1800+, London & SRY, ENG [35649] : 1790+, Bermondsey, SRY & LND, ENG [43481] : ALL, WORLDWIDE [35649]
WHICHER : 1800+, Portsea, HAM, ENG [13008] : 1800+, SSX, ENG [12415]
WHICKER : PRE 1850, St.Pancras, LND, ENG [43840]
WHIDDETT : 1820+, Battersea, SRY, ENG [42239]
WHIDEN : Richard, 1830S, Ashburton, DEV, ENG [11582]
WHIER : ALL, WORLDWIDE [45315]
WHIERS : ALL, WORLDWIDE [45315]
WHIERS (see One Name Section) [45315]
WHIFFEN : Ann, 1800S, Cobargo, NSW, AUS [43521] : ALL, ENG [29471] : PRE 1750, Haverhill, SFK, ENG [39506] : John, 1800S, SRY & LND, ENG [43521]
WHIFFIN : 1700+, KEN, ENG [29417]
WHILEMAN : PRE 1830, Lichfield, STS, ENG [30678]
WHILES : PRE 1920, Newark, NTT, ENG [18042]
WHILEY : 1750S, Rodborough, GLS, ENG [19921]
WHILLAS : ALL, Port Lincoln, SA, AUS [36778] : ALL, Antrim, ANT, IRL [36778] : ALL, Camperdown, ARL, SCT [36778] : ALL, Duns, BEW, SCT [36778] : ALL, Upsettlington, BEW, SCT [36778] : ALL, West Gordon, BEW, SCT [36778] : ALL, Coldingham, ELN, SCT [36778] : ALL, Motherwell, LKS, SCT [36778] : ALL, Edinburgh, MLN, SCT [36778] : ALL, Castleton, ROX, SCT [36778] : ALL, Chesters, ROX, SCT [36778] : ALL, Jedburgh, ROX, SCT [36778] : ALL, Southdean, ROX, SCT [36778]
WHILLAS (see One Name Section) [36778]
WHINFREY : 1750+, Tickhill, WRY, ENG [45209] : ALL, Tickhill, WRY, ENG [31442]
WHINNELL : ALL, ENG [19259]
WHINSTON : ALL, WORLDWIDE [44649]
WHIPPLE : John, 1600S, Essex Co., MA, USA [45995] : Susanna, 1645+, Essex Co., MA, USA [45995] : 1826+, OH, USA [23371] : 1774-1826, Providence, RI, USA [23371]

WHISKIN : ALL, WORLDWIDE **[12230]** : ALL, WORLDWIDE **[17191]**

WHISKIN (see One Name Section) **[17191]**

WHISSEL : Jesse, 1870-1900, Heapham, LIN, ENG **[27522]** : Jesse, 1870-1900, Darlton, NTT, ENG **[27522]** : Jesse, 1865-1900, SFK, ENG **[27522]**

WHISSELL : 1700-1900, Eye, SFK, ENG **[27522]** : 1790S, Birmingham, WAR, ENG **[38833]**

WHISSLE : 1700-1900, Little Stonham, SFK, ENG **[27522]**

WHISTLE : Francis, PRE 1720, SFK, ENG **[27522]** : PRE 1850, SFK, ENG **[27522]**

WHISTLER : PRE 1850, HAM, ENG **[99598]**

WHISTON : ALL, Claybrook, LEI, ENG **[26612]** : Joseph, 1775+, Cheadle, STS, ENG **[16433]**

WHITAKER : PRE 1830, Alderley, CHS, ENG **[27219]** : 1800+, Sabden & Horwich, LAN, ENG **[21038]** : PRE 1850, Hoby, LEI, ENG **[14785]** : 1860+, LND, ENG **[20949]** : 1600+, Bratton, WIL, ENG **[10194]** : William, PRE 1765, Halifax, WRY, ENG **[10918]** : James, PRE 1821, Halifax, WRY, ENG **[39860]** : Sarah, PRE 1830, Huddersfield, WRY, ENG **[42277]** : ALL, Ossett, WRY, ENG **[42331]** : C1830, Beverley, YKS, ENG **[13244]** : PRE 1750, Bradford, YKS, ENG **[21594]**

WHITAKER (see : Whittaker), **[10918]** : Subjects I:), **[10918]**

WHITBECK : ALL, USA **[24285]**

WHITBOURN : 1720-1850, Reading, BRK, ENG **[41629]**

WHITBOURNE :1720-1850 Reading BRK ENG **[41629]**

WHITBREAD : ALL, ESS, ENG **[28096]** : 1880+, Gravesend, KEN, ENG **[13034]**

WHITBURN : 1720-1850, Reading, BRK, ENG **[41629]** : 1700+, CON, ENG **[34505]**

WHITBURNE : 1690S, St.Enoder, CON, ENG **[12318]**

WHITBY : PRE 1900, Bombala, NSW, AUS **[31676]** : John, PRE 1820, Cambridge, CAM, ENG **[31676]** : ALL, Runcorn, CHS, ENG **[26612]** : 1780S-1860S, Kings Lynn, NFK, ENG **[33305]** : Mabel, 1850S, Campsie Glen & Glasgow, LKS, SCT **[39247]**

WHITCHURCH : C1790, Aylesbury, BKM, ENG **[25654]**

WHITCOMBE : PRE 1928, SOM, ENG **[31393]**

WHITCRAFT (see : Whitecroft), **[17203]**

WHITE : 1850S+, NSW, AUS **[34947]** : Irene, 1933, NSW, AUS **[34947]** : William, PRE 1867, Balmain, NSW, AUS **[37847]** : Japhet, 1820+, Bathurst & Carcoar, NSW, AUS **[10345]** : Geo Alexander, 1856-1876, Coonamble, NSW, AUS **[10574]** : 1870+, Forbes, NSW, AUS **[11802]** : 1860S+, Jerilderie, NSW, AUS **[11715]** : 1850+, Kiama, NSW, AUS **[44300]** : John, 1865+, Paddington, NSW, AUS **[39015]** : 1866, Shoalhaven & Lismore, NSW, AUS **[13584]** : Thomas, 1900+, Sydney, NSW, AUS **[34024]** : John Patrick, 1900+, Sydney, NSW, AUS **[34024]** : Francis, 1900+, Sydney, NSW, AUS **[34024]** : William, 1913+, Sydney, NSW, AUS **[34024]** : Laban, 1822+, Windsor, NSW, AUS **[30512]** : Fanny F., C1871-1944, Euston & Swan Hill, NSW & VIC, AUS **[14672]** : 1857+, Jondaryn, QLD, AUS **[13473]** : 1870+, Rockhampton, QLD, AUS **[99573]** : William, 1800-1900, Teneriffe & Brisbane, QLD, AUS **[28237]** : Susannah, 1890+, Toowoomba, QLD, AUS **[13473]** : ALL, Reedbeds, SA, AUS **[25702]** : Thomas, 1860+, Glenorchy, TAS, AUS **[99147]** : Roseanne, 1800-1900, Patey Point, TAS, AUS **[28237]** : PRE 1880, Ballarat, VIC, AUS **[39092]** : 1850S+, Bendigo, VIC, AUS **[11715]** : Alfred H., 1870, Collingwood, VIC, AUS **[39179]** : 1800+, NSW & DUB, AUS & IRL **[40480]** : 1660+, BARBADOS **[23319]** : 1800S, Ottawa, ONT, CAN **[16270]** : 1915-1975, Saskatoon, SAS, CAN **[16708]** : Jack, 1900-20, London, ENG **[34211]** : 1820+, Winwick, BDF, ENG **[39835]** : ALL, BKM, ENG **[13231]** : Thomas, 1847+, Feny Stratford, BKM, ENG **[25654]** : 1750+, Great Marlow, BKM, ENG **[19895]** : PRE 1880, High Wycombe, BKM, ENG **[36477]** : Cornelius, 1740-1840, BKM & MDX, ENG **[32882]** : 1750-1850, Bray, BRK, ENG **[32042]** : 1800S, Newbury, BRK, ENG **[35561]** : ALL, CAM, ENG **[46218]** : 1890+, Newton & Hyde, CHS, ENG **[14536]** : 1800+, East Looe, CON, ENG **[39015]** : 1780+, Madron, CON, ENG **[42721]** : 1780, Redruth, CON, ENG **[12222]** : Ann, 1780+, St.Breock, CON, ENG **[21741]** : PRE 1850, St.Just & St.Erth, CON, ENG **[11873]** : PRE 1900, St.Just in Penwith, CON, ENG **[45689]** : 1500-1900, St.Just, Morvah & Madron, CON, ENG **[19843]** : PRE 1750, Alston, CUL, ENG **[17921]** : 1820+, Carlisle & Cockermouth, CUL, ENG **[14536]** : Betty, 1768, Cockermouth, CUL, ENG **[13153]** : ALL, Eyam, DBY, ENG **[17654]** : 1700S, Heanor, DBY, ENG **[11091]** : 1700-1850, Newton, DBY, ENG **[17182]** : 1700-1900, Twyford, DBY, ENG **[26932]** : ALL, DEV, ENG **[42943]** : PRE 1820, Cockington, DEV, ENG **[12084]** : ALL, North Tawton, DEV, ENG **[42943]** : 1800-1860, Plymouth, DEV, ENG **[18128]** : PRE 1750, Throwleigh, DEV, ENG **[19641]** : PRE 1550, Poole, DOR, ENG **[38676]** : 1660-1800, Portland, DOR, ENG **[19713]** : 1650, Auckland St.Helen, DUR, ENG **[31826]** : Eleanor P., C1834, Hartlepool, DUR, ENG **[36994]** : James, C1850, Hartlepool, DUR, ENG **[36994]** : 1800+, Chigwell, ESS, ENG **[36710]** : PRE 1860, Dedham, ESS, ENG **[17697]** : PRE 1854, Little Bardfield, ESS, ENG **[13473]** : 1700+, Upton, ESS, ENG **[36710]** : ALL, Woodford, ESS, ENG **[36710]** : 1600+, GLS, ENG **[38575]** : Thomas, 1850-70, Cheltenham, GLS, ENG **[46301]** : 1700S, Randwick & Pagan Hill, GLS, ENG **[19921]** : 1815-1850, Shipton Moyne, GLS, ENG **[25142]** : C1770-1900, Wickwar & Tytherington, GLS, ENG **[46203]** : PRE 1900, HAM, ENG **[11873]** : C1830, Burghclere, HAM, ENG **[41212]** : 1760-1860, Portsea & Portsmouth, HAM, ENG **[26335]** : 1820S, Wildhern & Andover, HAM, ENG **[11870]** : C1830, Winchester, HAM, ENG **[12084]** : PRE 1850, Hemingford Abbots, HUN, ENG **[30768]** : 1750+, Upton cum Coppingford, HUN, ENG **[18884]** : 1800+, Braeburn, KEN, ENG **[99590]** : John, 1800+, Canterbury, KEN, ENG **[35235]** : PRE 1850, Gravesend, KEN, ENG **[46255]** : PRE 1750, North West, KEN, ENG **[45886]** : PRE 1700, Wickhambreaux, KEN, ENG **[45962]** : Mary, 1790-1830S, Wingham, KEN, ENG **[44019]** : John, 1790-1830S, Wingham, KEN, ENG **[44019]** : 1840+, Ashton under Lyne, LAN, ENG **[14536]** : William & Eva, 1907+, St.Margarets, LEI, ENG **[33870]** : C1700, Blyborough, LIN, ENG **[28340]** : Fred. Cooper, 1800+, LND, ENG **[36710]** : Sir Thomas, 1876+, Chelsea, LND, ENG **[36710]** : James, 1875-1890, Clapham, LND, ENG **[30645]** : Thomas, PRE 1890, Hounslow & Heston, MDX, ENG **[46516]** : Mary, PRE 1890, Hounslow & Heston, MDX, ENG **[46516]** : Ada, PRE 1890, Hounslow & Heston, MDX, ENG **[46516]** : John, C1808, London, MDX, ENG **[28340]** : Richard, 1800+, London & Stepney, MDX, ENG **[13188]** : James, C1800-1850, London & Stepney, MDX, ENG **[13188]** : PRE 1840, Twickenham, MDX, ENG **[33428]** : 1800S, Westminster, MDX, ENG **[99570]** : 1811, Wooler, NBL, ENG **[35025]** : 1700-1815, Scarning, NFK, ENG **[30351]** : J., 1700-1900, Melbecks, NRY, ENG **[28513]** : 1770, Aston Rowant, OXF, ENG **[28092]** : 1700-1900, Brightwell Baldwin, OXF, ENG **[35561]** : Richard, 1728, Henley, OXF, ENG **[14290]** : 1700-1900, Ibstone, OXF, ENG **[35561]** : ALL, Eye, SFK, ENG **[46282]** : 1800-1900, Stutton, SFK, ENG **[35561]** : 1790S, Broughton, SOM, ENG **[11870]** : Sidney, C1870-1900, Montacute & Yeovil, SOM, ENG **[39377]** : PRE 1850, Yeovil, SOM, ENG **[39539]** : 1800S, SRY, ENG **[11411]** : PRE 1920, SRY, ENG **[44969]** : C1877, Abbeymead Chertsey, SRY, ENG **[37938]** : John E., 1887, Bermondsey, SRY, ENG **[34211]** : 1790S, Clapham, SRY, ENG **[14536]** : 1850-2000, Guildford, SRY, ENG **[35561]** : PRE 1768, Lingfield, SRY, ENG **[46296]** : 1835, Southwark, SRY, ENG **[21889]** : 1780-1840, Walton-on-Thames, SRY, ENG **[16708]** : PRE 1800, Cocking, SSX, ENG **[19259]** : 1800-1850, Hastings, SSX, ENG **[39445]** : C1545-2004, Hastings, SSX, ENG **[39564]** :

Thomas Loddy, C1810, Hastings, SSX, ENG [32050] : Thomas, PRE 1841, STS, ENG [46324] : Henry, PRE 1841, STS, ENG [46324] : Patrick, PRE 1841, STS, ENG [46324] : PRE 1900, Audley, STS, ENG [19641] : PRE 1860, Birmingham, WAR, ENG [46251] : PRE 1900, Lighthorne, WAR, ENG [29626] : 1710-1760, Calne, WIL, ENG [32505] : 1700-1850, Kingston Deverill, WIL, ENG [17182] : 1700-1850, Maiden Bradley, WIL, ENG [17182] : ALL, Semley, WIL, ENG [11802] : PRE 1850, Halesowen, WOR, ENG [45857] : 1703, Worcester, WOR, ENG [16783] : Catherine, 1850+, YKS, ENG [44110] : Sarah, 1823, Wakefield, YKS, ENG [10318] : 1800+, ENG & AUS [44409] : ALL, BDF & NSW, ENG & AUS [43395] : Benjamin, 1829-1897, Beoley & Swan Hill, WOR & VIC, ENG & AUS [14672] : ALS, FRA & AUS [39955] : Thomas, 1837-50S, INDIA [46301] : 1700-1850, Belfast & Lisburn, ANT, IRL [11120] : 1700+, Broughshane & Ballymena, ANT, IRL [18038] : 1800+, Larne, ANT, IRL [46403] : PRE 1865, CAV, IRL [13584] : PRE 1831, Doonass, CLA & LIM, IRL [10280] : Patk Francis, 1811+, COR, IRL [13004] : PRE 1860, DOW, IRL [26881] : Japhet, PRE 1816, DUB, IRL [10345] : PRE 1800, Gowran, KIK, IRL [31297] : 1830+, Windgap, KIK, IRL [13828] : PRE 1840, Glenboy, LET, IRL [14536] : PRE 1853, Derrynaseera, LEX, IRL [22683] : PRE 1880, LIM, IRL [39092] : Margaret, 1800+, Athboy, MEA, IRL [34024] : James, 1800+, Athboy, MEA, IRL [34024] : John, 1800+, Athboy, MEA, IRL [34024] : Richard, 1800+, Athboy, MEA, IRL [34024] : Francis, 1800+, Athboy, MEA, IRL [34024] : PRE 1900, Dunkerrin & Tempeharry, OFF, IRL [21254] : 1830+, Tullamore, OFF, IRL [98637] : 1800S+, Cahir, TIP, IRL [10893] : 1800+, Cappaghwhite & Clonmel, TIP, IRL [14163] : 1800+, Waterford City & Port Law, WAT, IRL [31079] : William, 1591-1621, Leyden, Holland, NL [24674] : William, 1863+, Hawera & Manaia, TRK, NZ [39015] : 1900+, WRP, NZ [29626] : 1840+, Dundee, ANS, SCT [41430] : William, C1844, Dundee, ANS, SCT [10035] : PRE 1900, Dundee, ANS, SCT [11092] : Lizzie Moir, 1879, St.Clement, Dundee, ANS, SCT [10035] : William, 1808, Kilmarnock, AYR, SCT [11533] : John, 1750+, Muirkirk, AYR, SCT [30603] : PRE 1840, ELN, SCT [38309] : PRE 1850, Glasgow, LKS, SCT [31923] : Adam, 1832, Edinburgh, MLN, SCT [42893] : C1750, Edinburgh, MLN, SCT [30310] : John, 1800+, Kirknewton, MLN, SCT [12236] : 1700+, Newbattle, MLN, SCT [14208] : C1860, Paisley, RFW, SCT [34651] : Adam, 1700S, Shetland, SHI, SCT [19497] : Lillias, 1833, Bannockburn, STI, SCT [15785] : 1862, Alloa, FIF, SCT & AUS [38627] : Jenny, 1855-1935, Lynn, MA, USA [22640] : 1860S, Fort Edward, NY, USA [26149] : William, 1883+, PA, USA [39698] : Dorcas, 1820-1855, Giles Co., TN, USA [27633] : Henry, 1850+, Fort Atkinson, WI, USA [15596] : John, PRE 1750, JAMAICA, W.INDIES [30603] : PRE 1850, GLA, WLS [13914] : Irving, 1890-1900S, New Tredegar, MON, WLS [46203] : 1880+, Newport, MON, WLS [46203] : Frederick, 1886-1938, Newport, MON, WLS [46203]

WHITEAR : ALL, SSX, ENG [17470]

WHITECHURCH : 1600-1900, CAM, ENG [19750] : 1750-1900, HRT, ENG [19750] : 1600-1800, HUN, ENG [19750] : 1700-1900, LND, ENG [19750] : 1800-1900, USA [19750]

WHITECROFT : John, 1750-1800, Loughborough, LEI, ENG [17203]

WHITEFORD : 1820S, ANT, IRL [10460] : PRE 1820, Beith, AYR, SCT [12395] : ALL, Edinburgh, MLN, SCT [25538]

WHITEHALL : C1860, Marylebone, LND, ENG [28568]

WHITEHART : PRE 1900, QLD, AUS [13853]

WHITEHEAD : 1770+, Wisbech, CAM, ENG [21394] : PRE 1811, Neston, CHS, ENG [28474] : ALL, Northwich, CHS, ENG [26612] : PRE 1800, Sherborne, DOR, ENG [16269] : 1700S, Roding, ESS, ENG [45215] : 1600+, Barming, KEN, ENG [37236] : PRE 1815, Chatham & Rochester, KEN, ENG [25151] : PRE 1815, Gillingham, KEN, ENG [25151] : PRE 1690, Ash, KEN & DBY, ENG [17933] : Sally, ALL, Burnley, LAN, ENG [21129] : William, C1850, Burnley, LAN, ENG [21129] : Ralph, 1830+, Oldham & Chadderton, LAN, ENG [27066] : PRE 1870, Thornton, LAN, ENG [21129] : 1830-1930, LND & KEN, ENG [46502] : C1700+, Alnwick, NBL, ENG [37499] : Hannah, C1800, West Winch, NFK, ENG [14733] : PRE 1815, Worksop, NTT, ENG [27087] : C1800, Bury, SFK, ENG [40982] : 1680-1750, Lavenham, SFK, ENG [33847] : PRE 1720, Orton & Morland, WES, ENG [41477] : PRE 1869, Halifax, WRY, ENG [36928] : 1750-1800, Saddleworth, WRY, ENG [31826] : 1800-1880, Sheffield, WRY, ENG [38737] : ALL, Sheffield, WRY, ENG [34981] : PRE 1830, Wakefield, WRY, ENG [40529] : 1700-1850, BEW, SCT [45636]

WHITEHEART : ALL, WORLDWIDE [13853]

WHITEHILL : 1800+, SCT & AUS [34119]

WHITEHORN : PRE 1910, Kingston upon Thames, SRY, ENG [31323]

WHITEHOUSE : Elizabeth, 1831+, NSW, AUS [10642] : Emelia, 1831+, NSW, AUS [10642] : Emma, 1831+, NSW, AUS [10642] : 1700+, STS, ENG [18501] : 1700-1885, Bushbury, STS, ENG [46276] : PRE 1765, West Bromwich, STS, ENG [19025] : PRE 1880, West Bromwich, STS, ENG [45227] : 1800S, Rowley Regis, STS & WOR, ENG [30535] : 1750-1845, Birmingham, WAR, ENG [18378] : PRE 1820, Birmingham, WAR, ENG [17231] : 1740+, Tanworth-in-Arden, WAR, ENG [37138]

WHITEHURST : 1600+, Congleton, CHS, ENG [14589] : 1600+, Chester & Derby, CHS, DBY & STS, ENG [14589] : PRE 1902, Trentham, STS, ENG [11594] : PRE 1880, Tunstall, STS, ENG [29989]

WHITELAM : 1850-1950, Hull, ERY, ENG [28363] : William, C1783+, Leverton, NTT, ENG [34331]

WHITELAW : 1840S, Sydney, NSW, AUS [46369] : Eliza, 1800S, Clones, MOG, IRL [42724] : ALL, AYR, SCT [42943] : 1800S, Barony, LKS, SCT [41439] : C1840, New Monkland & Glasgow, LKS, SCT [13799]

WHITELEY : PRE 1880, Bury & Haslingden, LAN, ENG [45735] : PRE 1820, Longwood, WRY, ENG [46436] : 1700-1850, Saddleworth, YKS, ENG [31826]

WHITELOCK : ALL, HAM, ENG [36503] : PRE 1790, WIL, ENG [36503]

WHITELY : Susannah, 1820+, Whitehaven, CUL, ENG & AUS [10883]

WHITEMAN : Stephen, 1836-1890, Liverpool, NSW, AUS [42905] : John, C1857, Liverpool, NSW, AUS [10428] : 1836+, Parramatta & Liverpool, NSW, AUS [42905] : 1840+, Sydney, NSW, AUS [13857] : C1800, Jersey, CHI & AUS [10350] : C1873, Belper, DBY, ENG [30714] : PRE 1840, Udimore, SSX, ENG [13857]

WHITESIDE : 1800-50, Belfast, IRL [15793] : 1847-1850, Belfast, ANT, IRL [43050] : PRE 1847, DOW, IRL [43050] : C1850-1900, Dromara, DOW, IRL [42804] : Ann Jane, C1856, Drumgoolland, DOW, IRL [14094] : Ann Jane, 1856, Drumgoolland, DOW, IRL [14094] : 1788-1830S, TYR, IRL [10209] : 1820S, Glasgow, LKS, SCT [10209]

WHITESIDES : Thomas, PRE 1856, Ballymereny, DOW, IRL [14094]

WHITEWAY : 1700-1900, DEV, ENG [21842] : 1750-1800, Christow, DEV, ENG [34783] : 1700-1900, Harberton, DEV, ENG [35561]

WHITEWOOD : PRE 1900, London, ENG [14656] : 1900, London, MDX, ENG [37267]

WHITFIELD : 1840-1850, Paterson & Mudgee, NSW, AUS [27634] : 1822+, NSW, AUS & IRL [10350] : 1850S, Black Fell, DUR, ENG [39479] : PRE 1895, Chester-le-Street, DUR, ENG [39479] : 1700-1800, Wolsingham, DUR, ENG [31826] : James, 1850S, Portsea, HAM, ENG [13287] : 1700-1890, KEN, ENG [18303] : 1900S, Bury, LAN, ENG [38362] : Hannah, 1870-1888, Cadishead, LAN, ENG [39455] : PRE 1850,

St.Helens & Prescot, LAN, ENG **[46453]** : 1750+, Alvediston, WIL, ENG **[38086]** : 1750+, Compton Chamberlayne, WIL, ENG **[38086]** : ALL, IRL **[36819]** : PRE 1820, TYR, IRL & AUS **[10350]**

WHITFIELD (see One Name Section) [19296]

WHITHALL : Mary, PRE 1800, Chertsey, SRY, ENG **[37200]**

WHITHAM : Benjamin, C1820, Burnley, LAN, ENG **[27289]** : William, 1870-1945, LAN, ENG & AUS **[27289]**

WHITHORE : 1880-1930, Pertnell, BDF, ENG **[46416]**

WHITING : C1800, London, ENG **[14656]** : 1730+, Olney, BKM, ENG **[21207]** : 1800-1846, LIN, ENG **[10460]** : 1820+, MDX & LND, ENG **[21463]** : 1762+, Brafield on the Green, NTH, ENG **[21207]** : 1760+, Piddington, NTH, ENG **[21207]** : 1860+, Oxford & Sapperton, OXF & GLS, ENG **[27958]** : 1700+, Lambeth & Wrotham, SRY & KEN, ENG **[15289]** : C1870-80, Hull, YKS, ENG **[46298]** : PRE 1700, UK **[13034]**

WHITLEY : 1830-1860, Chelsea, MDX, ENG **[17191]** : PRE 1750, Enstone, OXF, ENG **[33428]** : 1840-1870, Battersea, SRY, ENG **[17191]** : George, PRE 1856, Halifax & Northowram, WRY, ENG **[37345]** : 1750-1850, Dewsbury & Heckmondwike, WRY & YKS, ENG **[18766]**

WHITLOCK : Robert Tass, 1839+, London, ENG **[11055]** : ALL, HAM, ENG **[36503]** : 1750-1800, Breamore & Fordingbridge, HAM, ENG **[38086]** : Edward, ALL, Petersfield, HAM, ENG **[21046]** : 1800S, Southampton, HAM, ENG **[18273]** : Thomas, ALL, Stoneham, HAM, ENG **[21046]** : C1770-1860, Winkton & Pitton, HAM & WIL, ENG **[42967]** : PRE 1905, MDX, SRY & HAM, ENG **[37169]** : PRE 1750, Witney, OXF, ENG **[33428]** : ALL, WIL, ENG **[36503]** : Thomas Edward, PRE 1900, Edinburgh, MLN, SCT **[21046]**

WHITMAN : ALL, South Cerney, GLS, ENG **[19064]** : 1750-1800, Ashburnham, MA, USA **[15301]**

WHITMARSH : 1860+, Brewarrina, NSW, AUS **[14120]** : 1830S, Catsfield, SSX, ENG **[28060]** : PRE 1850, Catsfield, SSX, ENG **[14120]** : PRE 1765, Ninfield, SSX, ENG **[14120]**

WHITMORE : 1790, Pitt Town, NSW, AUS **[40055]** : 1860S, Franklin, TAS, AUS **[13091]** : Charles, 1846+, VIC, AUS **[12639]** : Alice, 1870+, Kilmore, VIC, AUS **[12639]** : Thomas, C1744, ENG **[17470]** : Henry, 1800S, LEI, ENG **[42961]** : Emma, 1855-1925, LEI, ENG **[42961]** : PRE 1800, Knighton, LEI, ENG **[13091]** : ALL, Leicester, LEI, ENG & NZ **[20546]**

WHITNEY : 1776-1861, HEF, ENG **[45754]** : ALL, Clifford, HEF, ENG **[12915]** : Elizabeth, C1800, Kington, HEF, ENG **[10485]** : 1700S, Folksworth, HUN, ENG **[10252]** : C1830, London, LND & MDX, ENG **[44045]**

WHITPAINE : Mary, 1699+, Dyke Farm & Poynings, SSX, ENG **[40505]**

WHITRIDGE : ALL, WORLDWIDE **[18921]**

WHITROD : Benjamin, 1815-1870, NFK, ENG & AUS **[46225]**

WHITSON : Natalie, 1848+, Liverpool, LAN, ENG **[28184]** : Joseph, 1851+, Liverpool, LAN, ENG **[28184]**

WHITTAKER : 1830-2003, AUS **[20444]** : Stephen, 1840+, NSW, AUS **[31580]** : 1830S, Bathurst & Whiterock, NSW, AUS **[28060]** : James, 1840+, Eden Monaro, NSW, AUS **[26524]** : 1850+, Maitland, NSW, AUS **[10918]** : 1878+, Quirindi, NSW, AUS **[10918]** : 1873+, Dunolly, VIC, AUS **[99174]** : 1849-84, Goldfields & Maryborough, VIC, AUS **[41269]** : 1870+, Maryborough, VIC, AUS **[99174]** : 1784, Gawsworth, CHS, ENG **[18613]** : PRE 1858, Mersey, CHS & LAN, ENG **[12321]** : 1800-49, Penryn, CON, ENG **[41269]** : C1880, Portsea, HAM, ENG **[44384]** : 1750, KEN, ENG **[31580]** : C1845, Sheerness, KEN, ENG **[44384]** : PRE 1900, Great Harwood, LAN, ENG **[45054]** : PRE 1868, Manchester, LAN, ENG **[32405]** : 1750+, Newcastle under Lyme & Stoke, STS, ENG **[18501]** : PRE 1850, Stoke on Trent, STS & YKS, ENG **[29989]** : 1750+, Swindon, WIL, ENG **[42238]** : PRE 1801, Halifax, WRY, ENG **[10918]** : C1750, Waddington, WRY, ENG **[36299]** : 1650+, SOM, ENG & AUS **[20444]** : William, 1700+, Carnamoyle, DON, IRL **[26524]** : 1800+, Carnamoyle, DON, IRL **[26524]** : James, 1800, Londonderry, DON, IRL **[26524]** : Nancy, 1800+, Londonderry, DRY, IRL **[26524]** : Thomas, 1800+, Tankardstville, Balbriggan, DUB, IRL **[26524]** : 1850+, Clara, OFF, IRL **[26524]** : Richard, 1840+, Torsa, OFF, IRL **[26524]** : 1650+, Tullamore, OFF, IRL **[20444]** : 1901+, Jagersfontein & Bloemfontein, OFS, RSA **[44384]** : 1930+, ZIMBABWE **[44384]**

WHITTAKER (see : Subjects I:), **[10918]**

WHITTAMORE : PRE 1830, Eynesbury, HUN, ENG **[39515]**

WHITTARD : 1650+, GLS & NSW, ENG & AUS **[29786]**

WHITTEN : 1800+, Balmain, NSW, AUS **[32804]** : 1800+, IRL **[44269]** : C1850, Portadown, ARM, IRL **[46344]** : 1870+, Ardaugh, LET, IRL **[44269]**

WHITTENBURY : 1500-1850, WORLDWIDE **[17480]**

WHITTICK : ALL, VIC, AUS **[28140]** : 1700+, SSX & SRY, ENG **[18895]**

WHITTINGHAM : 1700-1900, Telford & Dawley, SAL, ENG **[27678]**

WHITTINGTON : 1916+, Tempe, NSW, AUS **[10428]** : 1750+, GLS, ENG **[45916]** : C1850, KEN, ENG **[10428]** : 1880-1950, London, MDX & SRY, ENG **[46001]** : 1780-1800, Hersham, SRY, ENG **[46298]** : 1800-50, Walton-on-Thames, SRY, ENG **[46298]** : ALL, Iow, HAM & VIC, ENG, AUS & NZ **[20655]** : 1780+, Londonderry, LDY, IRL **[18301]**

WHITTLE : 1840+, Runcorn, CHS, ENG **[29854]** : PRE 1800, DOR, ENG **[28275]** : 1825+, Wyke Regis, DOR, ENG **[17291]** : 1700+, HUN, ENG **[18884]** : C1820, Culcheth, LAN, ENG **[29854]** : 1850-1920, Preston, LAN, ENG **[30071]** : C1780+, Samlesbury & Blackburn, LAN, ENG **[36299]** : 1780-1850, Sheriff Hales, SAL, ENG **[13326]**

WHITTLES : PRE 1900, Stannington & Bradfield, WRY, ENG **[36643]**

WHITTNEY : Robert, 1841+, CHS, ENG **[33085]**

WHITTON : 1862+, Tenterfield, NSW, AUS **[11781]** : ALL, DEV, ENG **[39642]** : Lydia, C1700+, Stoke Damerel, DEV, ENG **[25066]** : PRE 1700, Greatworth, NTH, ENG **[44913]** : George, 1836+, Bedale, Kirklington & York, YKS, ENG **[12739]** : George Alfred, 1871+, Harrogate, YKS, ENG **[12739]** : 1866, Nostell, YKS, ENG **[44941]** : 1810+, Dundee, ANS, SCT **[21854]** : PRE 1840, Lanark, LKS, SCT **[45146]**

WHITTY : 1820-1860, Kilkenny, KIK, IRL **[42699]**

WHITWELL : 1670-1890, Sedbergh & Dent, YKS, ENG **[12039]**

WHITWORTH : Susanna, PRE 1760, LEI, ENG **[25627]** : 1810-1840, Eagle, LIN, ENG **[35218]** : 1750, Strubby, LIN, ENG **[30065]** : PRE 1840, Edwinstowe & Clipstone, NTT, ENG **[38968]** : 1740+, Whitworth, LAN, ENG & AUS **[45652]**

WHORRALL : 1720+, Solihull, WAR, ENG **[42600]**

WHY : Whybrough, PRE 1746, Anstey, LEI, ENG **[34975]**

WHYBRA : Mildred, 1898, SAS, CAN **[17033]** : Mary L., 1901, SAS, CAN **[17033]** : Solomon, 1905, SAS, CAN **[17033]** : Beulah, 1905, SAS, CAN **[17033]** : Golda, 1906, SAS, CAN **[17033]** : Myrtle, 1900, SAS & CA, CAN & USA **[17033]**

WHYBROW : William, 1824+, Camden, NSW, AUS **[33542]** : William, 1800+, Sudbury, SFK, ENG **[33542]**

WHYER : PRE 1900, LIN, ENG **[45315]**

WHYERS : PRE 1900, LIN, ENG **[45315]**

WHYKES : C1838, Honiton, DEV, ENG **[25770]**

WHYMAN : C1804, Peterborough, NTH, ENG **[18766]** : 1800-1900, WAR, ENG **[30446]**

WHYMARK : ALL, SFK & HAM, ENG **[30022]** : ALL, WORLDWIDE **[30022]**

WHYSALL : 1800+, Pentrich, DBY, ENG & AUS [40792]
WHYTE : 1850+, Bathurst, NSW, AUS [11707] : PRE 1825, Hobart, TAS, AUS [28081] : William, PRE 1883, KEN & CON, ENG [39698] : PRE 1820, MDX, ENG [12408] : 1770+, Dromore, DOW, IRL [18207] : PRE 1850, Clatt, ABD, SCT [10642] : 1780+, New Deer, ABD, SCT [10642] : PRE 1850, Strathdon, ABD, SCT [10642] : 1750-1820, Auchterderran, FIF, SCT [18766] : Margaret, 1873, Kinghorn, FIF, SCT [28151] : PRE 1800, Leslie, FIF, SCT [10715] : PRE 1860, Paisley, RFW, SCT [33628] : ALL, Strathmiglo Autchermuthy, FIF, SCT & AUS [46262]
WHYTELAW : 1800S, Barony, LKS, SCT [41439]
WHYTOCK : 1860S+, NZ [46395]
WIBBY : Thomas, 1900+, Toronto, ONT, CAN [17030]
WIBER (see WYBER) : [40768]
WIBERG : 1800+, Tromso, NOR [21093]
WIBLIN : PRE 1800, ENG [37380] : 1620-1800, Lancaster, VA, USA [37380]
WICHALL : PRE 1900, Coln St.Aldwyn, GLS, ENG [45227]
WICHERT : C1850+, PRE [39167]
WICK : 1800S, Guildford, SRY, ENG [45795] : 1860+, Wick, OKI, SCT [14513]
WICKEN : 1790+, Newport Pagnell, BKM, ENG [44061]
WICKENDEN : 1747+, Cowden, KEN, ENG [99418] : 1800+, Hever & Brasted, KEN, ENG [46311] : 1700+, Horsham, SSX, ENG [15264]
WICKENS : PRE 1820, SSX, ENG [17766] : ALL, WORLDWIDE [38326]
WICKER : Elizabeth, 1700S, Headley, SRY, ENG [26817]
WICKERT : 1895+, CT, USA [39167]
WICKES : C1800, LND & MDX, ENG [14076] : PRE 1800, Dorking, SRY, ENG [15464]
WICKHAM : 1870+, NSW, AUS [34947] : 1880+, Gladstone, SA, AUS [14346] : PRE 1900, KEN, ENG [21539] : George, 1830+, Maidstone, KEN, ENG [27038] : PRE 1860, Kingston, SSX, ENG [31302] : PRE 1800, Wadhurst, SSX, ENG [41554] : Mary, 1809-1829, Maidstone & Campbelltown, KEN & NSW, ENG & AUS [46055] : Thomas, 1816+, Clonroche & Bree, WEX, IRL [20665] : John, 1925, Pyle & Kenfig Hill, GLA, WLS [20665] : John, 1890+, Ystradyfodwg, GLA, WLS [20665]
WICKINS : PRE 1800, East Hendred, BRK, ENG [27678]
WICKLEY : 1800-1900, Birkenhead, CHS, ENG [41022]
WICKS : 1839, Maitland, NSW, AUS [42588] : 1830S, TAS, AUS [13244] : C1850, Melbourne, VIC, AUS [13244] : PRE 1800, ENG [18301] : Louisa, 1806-1841, Burghfield, BRK, ENG [36538] : PRE 1700, Chesterton, CAM, ENG [11536] : 1700S, CON, ENG [34704] : PRE 1788, CON, ENG [29774] : ALL, Deal, KEN, ENG [36466] : 1750+, MDX, ENG [46315] : PRE 1837, NFK, ENG [28443] : Charles, 1800+, SRY, ENG [46371] : PRE 1810, Leigh, SRY, ENG [19766] : 1800-1900, Hannington, WIL, ENG [33973] : 1800-1880, Swindon & Lidiard Millicent, WIL, ENG [19614] : ALL, Edinburgh, MLN, SCT [18301]
WIDDICK : 1700-1800, Burghclere, BRK, ENG [30137]
WIDDOP : C1840, Stansfield, SFK, ENG [46324] : C1792-1840S, Wadsworth & Halifax, WRY, ENG [46278]
WIDDOWSON : 1870, James Bay District, CAN [44353] : ALL, Awsworth, NTT, ENG [39389] : ALL, Cropwell Bishop, NTT, ENG [36710]
WIDDUP : 1813+, Rochdale, LAN, ENG [44269] : C1840+, Midgley, WRY, ENG [46278]
WIDGER : 1700S, DEV, ENG [26335] : 1800-1885, Plymouth & Lonodn, DEV & MDX, ENG [14542]
WIDMANN : 1750-1875, Auendorf, BAW, BRD [23160]
WIDOP : C1758-1800, Wadsworth, WRY, ENG [46278]

WIEDERECHT : 1840-1848, Cincinatti, OH, USA [24660]
WIELD : ALL, Hambledon, HAM, ENG [31028]
WIEMERS : C1883, Warwick, QLD, AUS [29479] : C1843, Essen, WEF, GER [29479]
WIESE : 1800, Osterweick, PRE, GER [44941]
WIESNER : 1819, Orderand, KSA, GER [10318]
WIFFEN : 1830+, Campton & Shefford, BDF, ENG [41500]
WIFFIN : 1820+, Glasgow, LKS, SCT [34440]
WIGAN : ALL, WORLDWIDE [17490]
WIGBY : ALL, WORLDWIDE [21221]
WIGG : 1802, Ipswich, SFK, ENG [44941]
WIGGENS : 1750-1850, Hobart, TAS, AUS [20821]
WIGGINER : PRE 1850, Chester & Mold, CHS & FLN, ENG & WLS [34980]
WIGGINS : 1926+, Sydney, NSW, AUS [31762] : 1780+, St.John, NB & NS, CAN & USA [42600] : Ethel, 1895+, ENG [46330] : PRE 1840, East Hendred, BRK, ENG [27678] : PRE 1850, Henley on Thames, BRK, ENG [27678] : 1750+, DOR, ENG [44409] : ALL, LEI, ENG [39336] : PRE 1860, Paddington, LND, ENG [30678] : 1700-1900, Ham & Kingston, MDX & SRY, ENG [28742] : PRE 1860, Caversham, OXF, ENG [27678] : PRE 1800, Chipping Norton, OXF, ENG [31028] : 1750+, Eynsham, OXF, ENG [46368] : PRE 1793, Westwell, OXF, ENG [26366] : Martha, PRE 1875, Chester, CHS & FLN, ENG & WLS [34980] : 1700-1800, Templemichael, LOG, IRL [33428] : 1800S, Templemichael, LOG, IRL [10276] : 1665+, Jamaica, Newburgh & Long Is., NY, USA & CAN [42600]
WIGGLESWORTH : 1792, Little Thurlow, SFK, ENG [12460] : Thomas, 1850+, Warwick, WAR, ENG [44938] : PRE 1815, Doncaster, WRY, ENG [46448] : 1800+, Ripon & Knaresborough, WRY, ENG & AUS [44938]
WIGHT : ALL, MLN, SCT [25992] : 1700+, Leith, MLN, SCT [20949]
WIGHTMAN : 1850+, SCT [22248] : PRE 1770, Torthorwald, DFS, SCT [31923]
WIGHTWICK : ALL, Tettenhall, STS, ENG [15793]
WIGMAN : 1930S, Vancouver, BC, CAN [38826]
WIGMORE : 1800S, BRK, ENG [42466] : 1800+, Cork, COR, IRL [46344]
WIGNALL : 1850+, St.Brides & Lambeth, LND & SRY, ENG [43720] : 1880+, Newington, SRY, ENG [43720] : PRE 1850, SRY & MDX, ENG [43720]
WIGNELL : 1850+, Euroa, VIC, AUS [10785]
WIGSTON : 1780+, Kirkby Mallory, LEI, ENG [30120] : PRE 1860, Ryton on Dunsmore, WAR, ENG [41372]
WIK : PRE 1850, Horodenka, GALICIA, POL [40603]
WILBEE : PRE 1827, NTH, ENG [11890]
WILBER : 1700+, YKS, ENG [19318]
WILBERT (see WILBER) : [19318]
WILBOURNE : 1760, Hasland & Chesterfield, DBY, ENG [19304] : PRE 1760, North Wingfield, DBY, ENG [19304]
WILBY : 1831, Leicester, LEI, ENG [40807] : ALL, YKS, ENG [29409]
WILCOCK : 1700+, Minver & Poundstock, CON, ENG [19713] : PRE 1900, St.Minver, CON, ENG [35619] : C1800, Liverpool, LAN, ENG [14513] : 1840, Prescot, LAN, ENG [12641] : PRE 1860, Sheffield, WRY, ENG [38968] : Joseph, 1840S, YKS, ENG [25654] : PRE 1680, Bentham, YKS, ENG [27289]
WILCOCKE : 1635-1706, Widecombe, DEV, ENG [39706]
WILCOCKS : 1800+, Poplar, MDX, ENG [32794]
WILCOCKSON : C1880, Kiama, NSW, AUS [31579]
WILCOX : Thomas, C1857, Oberon, NSW, AUS [29314] : William, PRE 1839, Altarnun, CON, ENG [29314] : Christiana, C1809+, Wookey, Bath & Wells, GLS, ENG [10998] : 1800+, Liverpool, LAN, ENG [14513] : 1840,

Prescot, LAN, ENG **[12641]** : 1840S, Shoreditch, LND, ENG **[27435]** : Martha, 1700-1746, MDX, ENG **[11698]** : 1770-1880, Coleford, SOM, ENG **[26396]** : Rachel, C1780, Birmingham, WAR, ENG **[20178]** : Richard, 1700+, Tysoe, WAR, ENG **[12382]** : 1880-1940, NY, USA **[15596]** : Sidney, 1880+, Fort Atkinson, WI, USA **[15596]**

WILD : John, 1796+, Sydney, NSW, AUS **[10072]** : 1800-1880, Derby, DBY, ENG **[46212]** : PRE 1690, Monk Sharborne, HAM, ENG **[10493]** : 1814+, Littleborough & Rochdale, LAN, ENG **[34112]** : John, PRE 1796, Manchester, LAN, ENG **[10072]** : PRE 1950, Manchester, LAN, ENG **[17490]** : 1816+, Pilsworth & Marland, LAN, ENG **[34112]** : 1814+, Whiteelees & Shore, LAN, ENG **[34112]** : PRE 1900, Old Brentford, MDX, ENG **[43842]** : Thomas, PRE 1830, SFK, ENG **[46163]** : ALL, WIL, ENG **[39180]** : 1800S, Oddingley, WOR, ENG **[46194]** : ALL, Bradford, WRY, ENG **[46429]** : William, 1795+, Doncaster & Huddersfield, WRY, ENG **[29867]** : Thomas, PRE 1700, Sheffield, WRY & DBY, ENG **[16233]** : 1871+, Te Aroha, WKT, NZ **[39015]** : 1860S+, Lowell, MA, USA **[34112]**

WILDBORE : 1760+, Farcet, HUN, ENG **[12708]**

WILDE : PRE 1745, DUR, ENG **[46423]** : ALL, LAN, ENG **[29810]** : PRE 1880, Darwen, LAN, ENG **[44078]** : 1816+, Pilsworth & Marland, LAN, ENG **[34112]** : PRE 1908, Farnham, SRY, ENG **[40529]** : Thomas, PRE 1750, Sheffield, WRY & DBY, ENG **[16233]** : 1840+, Swinton & Ardwick, YKS & LAN, ENG **[18329]** : 1860S+, Lowell, MA, USA **[34112]**

WILDEN : ALL, SFK, ENG **[18150]** : ALL, Long Melford & Newton, SFK, ENG **[40641]**

WILDER : 1500-1900, DBY & LEI, ENG **[43877]** : 1800S, Northiam, SSX, ENG **[11256]**

WILDEY : C1880-1900, Normanton, YKS, ENG **[18001]**

WILDING : ALL, Billinge, LAN, ENG **[38934]** : ALL, High Ercall, SAL, ENG **[41128]** : ALL, Long Melford & Newton, SFK, ENG **[40641]** : ALL, Penbryn, MGY, WLS **[41128]**

WILDMAN : PRE 1870, Bolnhurst, BDF, ENG **[46416]** : 1820+, Bedford & Birmingham, BDF & WAR, ENG **[45707]** : ALL, Tatham & Long Preston, LAN & WRY, ENG **[25572]** : PRE 1900, MDX & BDF, ENG **[25329]** : C1847, Bentham & Ingleton, WRY, ENG **[30998]** : 1700-1900, Bolton by Bowland & Tosside, WRY, ENG **[42557]** : 1600+, Clapham & Ingleton, WRY, ENG **[42557]** : 1670+, Giggleswick, WRY, ENG **[42557]**

WILDON C1840+, Thoroton, Radcliffe on Trent, NTT, ENG & NZ **[41297]**

WILDONFRYER : C1840+, Thoroton, Radcliffe on Trent, NTT, ENG & NZ **[41297]**

WILDS : ALL, Hinxworth, HRT, ENG **[13461]** : PRE 1850, Kendal, WES, ENG **[19116]**

WILE : Samuel, 1887, Jesmond, NSW, AUS **[10035]** : Samuel, C1800, ENG **[10035]** : C1850, DUR, ENG **[10035]**

WILEMAN : PRE 1890, ENG **[45046]**

WILENKIN : ALL, WORLDWIDE **[46446]**

WILES : Bert, 1892, London, ENG **[30014]** : PRE 1918, London, ENG **[30014]** : ALL, Ruskington, LIN, ENG **[46433]** : 1830+, Edgeware, MDX, ENG **[46345]** : 1820, Pulham St.Mary, NFK, ENG **[18593]** : PRE 1900, Darlaston, STS, ENG **[34420]** : 1800+, Haynes, BDF, NSW & QLD, ENG & AUS **[45707]**

WILESMITH : 1800+, Wingate, DUR, ENG **[30449]**

WILEY : 1800+, Fredricton, NB, CAN **[36292]** : 1750-1850, Lebally & Enniskillen, FER, IRL **[13546]** : 1800-1875, Dromore, TYR, IRL **[31476]** : C1840, Glasgow, LKS, SCT **[12371]**

WILFORD : Edward, PRE 1749, LEI, ENG **[34975]** : PRE 1820, Hoby, LEI, ENG **[14751]** : ALL, YKS, ENG **[11159]**

WILGUS : PRE 1860, Logan Co., OH, USA **[28614]**

WILIAMS : Annie, ALL, Manchester & Bristol, LAN & GLS, ENG **[44188]**

WILKERSON : PRE 1822, Royston, CAM, ENG **[22550]** : 1750-1920, Hoveton & Ludham, NFK, ENG **[41367]** : 1800+, Thurne, NFK, ENG **[39541]**

WILKES : 1823+, Brantford, ONT, CAN **[17030]** : 1822, Rickmansworth, HRT & DBY, ENG **[31453]** : 1800+, Hook Norton, OXF, ENG **[34682]** : 1559-2004, Wentnor, SAL, ENG **[18613]** : PRE 1830, STS, ENG **[17670]** : PRE 1814, Darlaston, STS, ENG **[46276]** : 1830+, Lichfield, STS, ENG **[26228]** : Isaac, PRE 1840, Sedgeley, STS, ENG **[41185]** : 1700, Birmingham, WAR, ENG **[17030]** : PRE 1800, Brailes, WAR, ENG **[34682]**

WILKEY : 1800-1864, Bristol, GLS, ENG **[25830]** : 1800-1860, Portsmouth, HAM, ENG **[31967]**

WILKIE : 1800-1860, Portsmouth, HAM, ENG **[31967]** : Bill, 1875+, Dunedin, OTAGO, NZ **[45703]** : Jack, 1910+, Dunedin, OTAGO, NZ **[45703]** : PRE 1900, ANS, SCT **[39647]** : PRE 1850, Dundee, ANS, SCT **[11582]** : Anne, 1820+, Levan, FIF, SCT **[10125]** : 1820+, LKS, SCT **[34641]**

WILKIN : 1700, Halstead, ESS, ENG **[17704]** : C1800, Witham, ESS, ENG **[15715]** : C1817, Long Ferriby, NBL, ENG **[25654]** : Thomas, 1834, YKS, ENG **[16184]** : 1800-1900, Christchurch, CANTY, NZ **[45925]** : ALL, Caerlaverock, DFS, SCT **[13855]** : C1800-1900, PA & IL, USA **[22737]**

WILKINS : ALL, NSW, AUS **[46231]** : 1825+, Port Macquarie, NSW, AUS **[10232]** : 1815+, Sydney, NSW, AUS **[10232]** : 1849+, Ballarat & Warrnambool, VIC, AUS **[28140]** : 1830S-1900, St.John, NB, CAN **[43967]** : ALL, BRK, ENG **[17511]** : PRE 1845, Little Coxwell, BRK, ENG **[45881]** : 1820+, Symondsbury, DOR, ENG **[30107]** : William, 1920-1930, Wanstead & Leytonstone, ESS, ENG **[45732]** : 1640-1750, Laverstoke, HAM, ENG **[10850]** : Kate Eliz., 1875+, Millbrook, HAM, ENG **[25642]** : Charles Henry, 1876+, Millbrook, HAM, ENG **[25642]** : Sarah, 1878, Millbrook, HAM, ENG **[25642]** : Edward John, 1882+, Millbrook, HAM, ENG **[25642]** : Rosina Ellen, 1884+, Millbrook, HAM, ENG **[25642]** : Emily, 1886+, Millbrook, HAM, ENG **[25642]** : Thomas, 1853+, Netley Marsh, HAM, ENG **[25642]** : PRE 1800, North, HAM, ENG **[43033]** : 1780+, Boughton Monchelsea, KEN, ENG **[44202]** : 1800+, Hadleigh, KEN, ENG **[21394]** : 1800+, Preston, LAN, ENG **[34119]** : PRE 1800, Croxton Kerrial, LEI, ENG **[46441]** : Henry, 1720, Spalding, LIN, ENG **[10318]** : ALL, LND & SRY, ENG **[46231]** : Charles, 1850S, Fulham, MDX, ENG **[42168]** : 1870S+, Willesden & Hendon, MDX, ENG **[45732]** : Job, 1800-1850, OXF & NTH, ENG **[25484]** : Sarah, 1820-1870, OXF & NTH, ENG **[25484]** : C1700+, SOM, ENG **[45895]** : PRE 1815, SOM, ENG **[10232]** : Thomas, C1800S, Brighton, SSX, ENG **[28140]** : PRE 1850, Brighton, SSX, ENG **[42570]** : PRE 1780, Eastbourne, SSX, ENG **[42083]** : 1800+, West Lavington & Devizes, WIL, ENG **[45732]** : PRE 1830, Belfast, ANT, IRL **[43967]**

WILKINSON : ALL, Harrisville & Ipswich, QLD, AUS **[29236]** : 1800-50S, TAS, AUS **[36260]** : C1790, London East, ENG **[18075]** : C1881, Mackworth, DBY, ENG **[30714]** : 1750+, Barnard Castle, DUR, ENG **[15524]** : PRE 1820, Gateshead, DUR, ENG **[17626]** : PRE 1650, Ryton, DUR, ENG **[17626]** : Robert, C1750-1765, Wolviston (Marsh House), DUR, ENG **[16997]** : Mary, C1750-1780, Wolviston (Marsh House), DUR, ENG **[16997]** : C1800, Holmpton & Roos, ERY, ENG **[34782]** : 1780, Wimbish, ESS, ENG **[18340]** : Elizabeth, 1746-1891+, Hanham, GLS, ENG **[46192]** : 1800+, Stocking Pelham, HRT, ENG **[29236]** : 1800+, KEN, ENG **[42771]** : 1816, Cockerham, LAN, ENG **[39856]** : 1840+, Pendleton, Salford, LAN, ENG **[21196]** : 1800S, Lancaster & Kendal, LAN & WES, ENG **[25572]** : 1650-1850, LIN, ENG **[41573]** : 1750-1860, LIN, ENG **[36533]** : 1740S, North Thoresby, LIN, ENG **[19921]** : 1800+, LND, ENG **[42771]** : Charlotte, 1750-1850, Shoreditch, LND, ENG **[17105]** : C1800, Gateshead, NBL, ENG **[11718]** : PRE 1900, Tunstall, NRY, ENG **[46415]** : ALL, NTT, ENG **[41370]** : PRE 1704, SRY, ENG **[46296]** : Stanley, PRE 1850, Hanley,

WIL

STS, ENG **[28747]** : 1800-1900, Tamworth, STS, ENG **[34606]** : ALL, Coventry & Foleshill, WAR, ENG **[21196]** : 1800+, WES, ENG **[29328]** : ALL, Lowther, WES, ENG **[31152]** : William, 1799+, Selside, WES, ENG **[30880]** : Jane, PRE 1830, Selside, WES, ENG **[30880]** : George & Emil, 1855+, Mosely, WOR, ENG **[33870]** : Sam, 1873+, Mosely, WOR, ENG **[33870]** : PRE 1750, Bradford, WRY, ENG **[21594]** : PRE 1825, Bradford, WRY, ENG **[21232]** : PRE 1840, Bradford, WRY, ENG **[42331]** : 1800-1880, Halifax, WRY, ENG **[44963]** : 1700-1950, Sowerby, WRY, ENG **[36242]** : PRE 1750, Thornton & Bradford, WRY, ENG **[42277]** : 1814, East Raunton, YKS, ENG **[34112]** : James & Dinah, 1820+, Habergham Eaves & Burnley, YKS, ENG **[13513]** : ALL, Sheffield, YKS, ENG **[46323]** : C1870-1920, Sheffield, YKS, ENG **[46253]** : C1770, Tickhill, YKS, ENG **[41370]** : C1825+, DUR, ENG & AUS **[98674]** : PRE 1860, ANT, IRL **[20730]** : PRE 1845, Cork City, COR, IRL **[34101]** : 1750+, Limerick, LIM, IRL **[13481]** : C1830+, COR & VIC, IRL & AUS **[46387]** : 1600S, Lasswade, MLN, SCT **[14045]** : Joseph, C1720-1750, York Co., PA, USA **[28614]**

WILKS : 1830+, Sydney, NSW, AUS **[12728]** : ALL, Brockworth, GLS, ENG **[45215]** : George, 1800S, Portsea, HAM, ENG **[13910]** : C1850, Portsmouth, HAM, ENG **[13910]** : Charles, ALL, Charing & Kent, KEN, ENG **[46229]** : 1750+, Norwich, NFK, ENG **[19480]** : PRE 1815, NRY & WRY, ENG **[37174]** : ALL, Blakesley, NTH, ENG **[12729]** : 1800+, Hook Norton, OXF, ENG **[34682]** : 1750+, Stanton Lacy, SAL, ENG **[21598]** : 1559-2004, Wentnor, SAL, ENG **[18613]** : Rebecca Emma, 1800-2000, SRY, ENG **[14966]** : Eliza, 1825, Bermondsey, SRY, ENG **[10650]** : 1750+, Birmingham, STS, ENG **[19480]** : PRE 1900, Sedgely, STS, ENG **[43422]** : 1750+, West Bromwich, STS, ENG **[19480]** : PRE 1800, Brailes, WAR, ENG **[34682]** : PRE 1800, Cricklade, WIL, ENG **[39506]** : PRE 1850, Purton, WIL, ENG **[39506]** : Henry, 1860-90, Kurnool & Madras, ANDRA PRADESH, INDIA **[46229]** : Henry, 1890+, Auckland, NZ **[46229]** : 1830+, Monmouth, MON, WLS **[21598]**

WILL : 1875+, Dunedin, NZ **[31355]** : 1726-1744, Echt & Newhills, ABD, SCT **[14880]**

WILLACY : 1800+, Liverpool, LAN, ENG **[38868]**

WILLAMOTT : PRE 1750, Ashover, DBY, ENG **[46307]**

WILLAMSON : Mary, 1750-1785, Maidstone, KEN, ENG **[33924]**

WILLARD : PRE 1754, Ditton, KEN, ENG **[10740]** : PRE 1800, SSX, ENG **[36543]** : 1780+, Uckfield, SSX, ENG **[46493]** : Richard, 1800S, VT, USA **[99522]**

WILLAVOYS : ALL, WORLDWIDE **[40535]** : ALL, WORLDWIDE **[40535]**

WILLCOCKS : ALL, Windsor & Datchet, BRK, ENG **[37125]** : ALL, Saltash, CON, ENG **[45142]** : ALL, Stonehouse, DEV, ENG **[31695]** : ALL, LND, ENG **[37125]** : PRE 1800, NTH, ENG **[45857]** : William, 1800+, Colebrooke & Central Tilba, DEV & NSW, ENG & AUS **[44567]**

WILLCOX : Thomas, 1863-1914, Toorak & Flemington, VIC, AUS **[12490]** : Elizabeth, 1797+, Meavy, DEV, ENG **[35205]** : 1600+, Bere Regis & Weymouth, DOR, ENG **[19713]** : 1850+, Hayes & Staines, MDX, ENG **[19713]** : William, PRE 1838, Meare, SOM, ENG **[12490]** : ALL, Winford, SOM, ENG **[44007]** : Edward, 1843-1892, Meare, Toorak & Flemington, SOM & VIC, ENG & AUS **[12490]**

WILLDAY : 1800, Lichfield, WAR, ENG **[22070]**

WILLENS : ALL, Antrim, ANT, IRL **[12186]**

WILLER : 1830-1855, Windsor, BRK, ENG **[17191]** : 1840-1865, St.Lukes, MDX, ENG **[17191]**

WILLES : 1800, Billingham, DUR, ENG **[43934]** : PRE 1900, Sutton-on-Trent, NTT, ENG **[27522]**

WILLES (see WILLIS) : **[43934]**

WILLETT : ALL, London, ENG **[46464]** : 1880, Bristol, GLS, ENG **[21669]** : PRE 1820, LEI, NTT & DBY, ENG **[18236]** : 1800-1900, Northampton, NTH, ENG **[18670]** : 1529+, Brandon & Little Saxham, SFK, ENG **[10230]** : ALL, SSX, ENG **[46464]** : John, 1869, Madeley, STS, ENG **[16149]**

WILLETTS : 1870+, Crewe, CHS, ENG **[41037]**

WILLEY : PRE 1584, Ruan Minor & Grade, CON, ENG **[14030]** : ALL, Drayton, SOM, ENG **[12831]** : 1600+, Sheffield, WRY, LIN & NTT, ENG & AUS **[38907]**

WILLGOOSE : 1750S, DBY, ENG **[10350]**

WILLIAM : Emily, 1848+, Chigwell, ESS, ENG **[31296]** : 1720-1850, St.Athan, GLA, WLS **[37809]** : 1850, Llanfair, MGY, WLS **[26223]**

WILLIAMITE : 1700+, West Ashby, LIN, ENG **[10822]**

WILLIAMS : 1915+, NSW, AUS **[45916]** : 1840+, Broken Hill, NSW, AUS **[21114]** : Joseph, 1890S, Broken Hill, NSW, AUS **[14548]** : Catherine, 1821+, Cessnock, NSW, AUS **[11745]** : Frederick, 1860+, Gunnedah & Homebush, NSW, AUS **[11827]** : Mark, 1875-1960, Moree & Mungindi, NSW, AUS **[11623]** : Wm R., 1868+, Narrabri, NSW, AUS **[10345]** : 1860+, Newcastle, NSW, AUS **[41244]** : 1883, Parkes, NSW, AUS **[35365]** : William, 1900S, Pyrmont & Sydney, NSW, AUS **[28199]** : PRE 1860, Richmond, NSW, AUS **[11092]** : William, 1827, Sydney, NSW, AUS **[39155]** : Thomas, 1840+, Sydney, NSW, AUS **[26439]** : Avean, C1845, Sydney, NSW, AUS **[10985]** : Wm Strachan, C1880S, Sydney, NSW, AUS **[11282]** : John, PRE 1831, Sydney, NSW, AUS **[41223]** : John, 1840S, Taralga, NSW, AUS **[46232]** : Isabella, 1852, Windsor, NSW, AUS **[28199]** : Robert, C1836-1924, Moree & Toowoomba, NSW & QLD, AUS **[11623]** : 1881+, QLD, AUS **[26301]** : 1912, Wallumbilla, QLD, AUS **[46260]** : 1849+, Kapunda, SA, AUS **[10967]** : 1850+, SA, TAS & VIC, AUS **[44963]** : James Norman, 1870-1960, SA, TAS & VIC, AUS **[44963]** : PRE 1900, Beaconsfield, TAS, AUS **[12905]** : Anne, 1855+, Hobart, TAS, AUS **[14463]** : 1842+, Montagu, TAS, AUS **[10506]** : Robert, 1800+, New Norfolk, TAS, AUS **[29664]** : Mary Ann, PRE 1860, Port Sorell, TAS, AUS **[45833]** : 1850+, Ballarat, VIC, AUS **[26228]** : Thomas, 1867-1884, Ballarat & Sebastopol, VIC, AUS **[14733]** : Edward, 1864+, Bendigo, VIC, AUS **[11873]** : Stephen, 1869+, Bendigo, VIC, AUS **[11873]** : Wm Geo, 1866, Bendigo & Maryborough, VIC, AUS **[11873]** : Mahela, 1871+, Bendigo & Maryborough, VIC, AUS **[11873]** : George Wm., C1866, Chewton, VIC, AUS **[11873]** : 1850+, Vaughan, VIC, AUS **[31923]** : 1850+, Vaughan, VIC, AUS **[12481]** : James, 1863+, Woodford, VIC, AUS **[25654]** : Dr Sam.Irvine, 1896+, AUS & CAN **[12467]** : John Alfred, 1850-1950, Sydney, NSW, AUS & ENG **[10604]** : William, 1870+, Bendigo, VIC, AUS & ENG **[11873]** : Edward, 1832-1909, Allandale & Ballarat, VIC & ME, AUS & USA **[11912]** : John, 1830, Stawell, VIC & AGY, AUS & WLS **[12785]** : 1860+, London, ENG **[46368]** : PRE 1890, London, ENG **[46256]** : John, 1753+, Hardwick, BKM, ENG **[23367]** : Henry, 1806, High Wycombe, BKM, ENG **[39967]** : ALL, Monks Risborough, BKM, ENG **[37603]** : PRE 1811, Weedon, BKM, ENG **[23367]** : 1750-1850, Abingdon, BRK, ENG **[14901]** : 1800-1850, Abingdon, BRK, ENG **[12641]** : 1837+, Abingdon, BRK, ENG **[36084]** : Henry, 1750-1850, Newbury, BRK, ENG **[19275]** : Annie, ALL, Macclesfield, CHS, ENG **[44088]** : 1700-1880, Mollington, Lea by Backford, CHS, ENG **[20729]** : ALL, Breage, CON, ENG **[26301]** : PRE 1850, Breage, CON, ENG **[26228]** : 1750-1900, Cury, CON, ENG **[10646]** : John, 1800+, Falmouth, CON, ENG **[99177]** : PRE 1857, Falmouth, CON, ENG **[31169]** : PRE 1840, Gulval, CON, ENG **[14227]** : 1744-1775, Gwennap, CON, ENG **[12318]** : PRE 1800, Gwinear, CON, ENG **[31186]** : Edward, PRE 1850, Illogan, CON, ENG **[12481]** : Zacharias, PRE 1830, Ludgvan, CON, ENG **[11873]** : James, PRE 1850, Ludgvan, CON, ENG **[11873]** : Stephen, PRE 1869, Ludgvan, CON, ENG **[13019]** : 1700-1850, Mangan in Meneage, CON, ENG **[11873]** : 1803, Mangan in Meneage, CON, ENG **[13019]** : 1700-1850, Mawgan in Meneage, CON, ENG **[20835]** : Louisa Ann, 1864-1890, Penryn & Falmouth, CON, ENG **[28557]** : 1500-1920, Penwith, CON, ENG

[27678] : 1650-1880, Probus & Bodmin, CON, ENG
[23161] : Matthew, 1820S, Redruth, CON, ENG
[14306] : Joseph & Jane, 1830+, Redruth, CON, ENG
[14548] : ALL, Redruth, CON, ENG [26301] : Joseph, PRE 1830, Redruth, CON, ENG [14548] : PRE 1860, Redruth, CON, ENG [10967] : Thomas, 1809-1909, St.Dennis, CON, ENG [13031] : PRE 1870, St.Erth & St.Just, CON, ENG [11873] : Martin, PRE 1820, St.Just, CON, ENG [11873] : George, PRE 1841, St.Just, CON, ENG [11873] : Margaret, PRE 1850, St.Just, CON, ENG [11873] : Edward, PRE 1864, St.Just, CON, ENG [11873] : 1803, St.Just in Penwith, CON, ENG [35365] : 1740S, Wendron, CON, ENG [25070] : PRE 1850, DEV, ENG [38517] : John & Ann, ALL, Bere Ferrers, DEV, ENG [12917] : ALL, Bishops Tawton, DEV, ENG [40257] : PRE 1850, Braunton, DEV, ENG [26981] : PRE 1800, Chudleigh, DEV, ENG [19785] : Isobella, C1856, Ide, DEV, ENG [46213] : 1700+, Lifton, DEV, ENG [38005] : 1800-30, DOR, ENG [45082] : C1890, South Shields, DUR, ENG [45945] : PRE 1830, Maldon, ESS, ENG [40696] : James, 1800-66, Berkeley, GLS, ENG [26173] : 1770, Bristol, GLS, ENG [41244] : 1800-1860, Bristol, GLS, ENG [25830] : Rosanna, C1838, Epney, GLS, ENG [13910] : 1930+, Fishponds (Causeway), Bristol, GLS, ENG [44088] : PRE 1853, Little Rissington, GLS, ENG [10506] : C1800, Lydney, GLS, ENG [26173] : Rosanna, C1838, Moreton Valence, GLS, ENG [13910] : Charlotte, 1700+, East Wellow, HAM, ENG [10577] : 1850+, Portsmouth, HAM, ENG [46233] : PRE 1880, Portsmouth, HAM, ENG [36842] : Mary Eliz., 1700-1850, HEF, ENG [27039] : 1890, HEF, ENG [30391] : 1650-1700, Bromyard, HEF, ENG [12641] : Robert, 1900+, Hereford, HEF, ENG [46400] : 1750, Shobden, HEF, ENG [17704] : PRE 1840, Albury & Furneaux Pelham, HRT, ENG [45489] : PRE 1950, IOW & HAM, ENG [30085] : Richard, 1881, South Hill Rd., Gravesend, KEN, ENG [39967] : Thomas, 1840S, (Joiner) Salford, LAN, ENG [19415] : William, 1800+, Liverpool, LAN, ENG [40355] : 1800-1900, Liverpool, LAN, ENG [18251] : 1826-1910, Liverpool, LAN, ENG [38696] : ALL, Liverpool, LAN, ENG [42782] : Elizabeth, PRE 1870, Liverpool, LAN, ENG [30310] : 1860+, Liverpool & Barrow-in-Furness, LAN, ENG [25644] : George, 1870+, Manchester, LAN, ENG [44088] : Benjamin, PRE 1837, Manchester, LAN, ENG [17366] : John, PRE 1837, Manchester, LAN, ENG [17366] : Arthur, 1907+, West Gorton & Chorton Ardwick, LAN, ENG [44088] : John Henry, C1820, Trustthorpe, LIN, ENG [13326] : 1890+, LND, ENG [44781] : PRE 1860, Bethnal Green, LND, ENG [34201] : John, 1800+, City, LND, ENG [42643] : Henry, 1792, City, LND, ENG [43989] : William, C1850, Deptford, LND, ENG [46418] : PRE 1857, Islington, LND, ENG [22175] : 1800, Kensington, LND, ENG [17704] : C1816, Marylebone & Lisson Grove, LND, ENG [40668] : 1886+, Regents Park & St.Pancras, LND, ENG [40668] : 1800-1840, St.Pancras, LND, ENG [17291] : 1890-1930S, Dalston & Hackney, MDX, ENG [40668] : Kate, 1872+, Islington East, MDX, ENG [45976] : Margaret E.A., PRE 1900, Mile End, MDX, ENG [43941] : 1840S, Snow Hill, MDX, ENG [28060] : Ernest J., 1864+, St.Pancras, MDX, ENG [45976] : Amy Eliz., 1865+, St.Pancras, MDX, ENG [45976] : Edgar, 1867+, St.Pancras, MDX, ENG [45976] : Arthur H., 1870+, St.Pancras, MDX, ENG [45976] : Henry, 1792+, Westminster, MDX, ENG [43989] : Charles James, 1850+, Westminster, MDX, ENG [43989] : C1830, Diss, NFK, ENG [11870] : ALL, Cropwell Bishop & Langar, NTT, ENG [18851] : 1780-1840, Henley on Thames, OXF, ENG [19542] : PRE 1800, SAL, ENG [27678] : William, 1840-1870, Aston & Wem, SAL, ENG [11731] : Thomas, 1814-1892, Brickwalls, Aston, SAL, ENG [11731] : 1816+, Coreley, SAL, ENG [46273] : 1824+, Ironbridge, SAL, ENG [46297] : [Tanner], 1700-1750, Shrewsbury, SAL, ENG [46503] : Albert, 1862+, Wem, SAL, ENG [11731] : C1786, SFK, ENG [43841] : ALL, Nedging, SFK, ENG [43792] : Eliza, C1860, Cheddar, SOM, ENG [33416] :

Charles, PRE 1860, South Brent, SOM, ENG [41163] : Elizabeth, 1804, St.Mary Redcliffe, Bristol, SOM, ENG [14094] : 1815+, SOM & GLS, ENG [46308] : C1800, Lambeth, SRY, ENG [14197] : PRE 1800, Lancing, SSX, ENG [15464] : PRE 1900, Shoreham, SSX, ENG [17720] : Thomas, PRE 1800, STS, ENG [25151] : PRE 1770, Gnosall, STS, ENG [17626] : 1800-1850, Oakham Lodge, Dudley, STS, ENG [46503] : Benjamin, 1866+, Tunstall, STS, ENG [17366] : Alfred, 1865+, Walsall, STS, ENG [11405] : Henry, 1800-1900, Birmingham, WAR, ENG [17105] : Henry, 1820, Birmingham, WAR, ENG [21084] : 1854+, Birmingham, WAR, ENG [24993] : James, 1770+, WIL, ENG [46372] : PRE 1760, Shrewton, WIL, ENG [19165] : Joseph, PRE 1800, WOR, ENG [26439] : 1800S, Claines, WOR, ENG [37542] : 1900S, Eastham & Bayton, WOR, ENG [42055] : 1850S, Stourbridge, WOR, ENG [31373] : John, 1815-40, London, ENG & AUS [46232] : C1850, Worksop, NTT & FLN, ENG & WLS [28479] : ALL, GAL, IRL [10610] : Leonard, 1840, Ballynakill & Cloonmoylan, GAL, IRL [10610] : 1830+, Portarlington, LEX, IRL [40925] : 1800-1850, TIP, IRL [42429] : 1844+, Wellington, NZ [11335] : 1870S, Wellington, NZ [40925] : 1830, Bay of Islands, NLD, NZ [10948] : 1870+, Masterton, WRP, NZ [40925] : David, PRE 1830, Glasgow, LKS, SCT [46375] : Lewis, 1867+, UK [99433] : ALL, UK & AUS [41531] : Norman, 1800S+, UK & USA [40355] : William, 1900+, Chicago, IL, USA [40355] : 1640+, MA, USA [41244] : 1600S, Eastham, MA, USA [15521] : Richard, 1600-1673, Taunton, MA, USA [24660] : Daniel, 1830S, Ellsworth & Portland, ME, USA [11912] : William, C1725-1807, Anson Co., NC, USA [27633] : Catherine, C1730-1810, Anson Co., NC, USA [27633] : C1812-1900, Mendham, NJ, USA [34797] : John, 1845, Greenbriar, WV, USA [24674] : Rebecca, 1845-1890, Webster, WV, USA [24674] : PRE 1900, WLS [17094] : Ruth, 1800S, Denbigh, WLS [43521] : Wm Thomas, C1812, Amlwch, AGY, WLS [27816] : PRE 1824, Llanedwen, AGY, WLS [19902] : ALL, Llanfairpwyll, AGY, WLS [44963] : Gwen, PRE 1800, Llangadwaladr, AGY, WLS [28907] : Hugh, 1804, Trewalchmai, AGY, WLS [38452] : 1800+, BRE, WLS [46007] : 1860S-1890S, Beaufort, BRE, WLS [33305] : William, 1815+, Brecon, BRE, WLS [15710] : John, 1815+, Brecon, BRE, WLS [15710] : David, 1860+, Brecon, BRE, WLS [15710] : Kate, 1874+, Brecon, BRE, WLS [44411] : Ivor, 1876+, Brecon, BRE, WLS [44411] : Henrietta, 1879+, Brecon, BRE, WLS [44411] : Evan, PRE 1800, Brecon, BRE, WLS [15710] : 1850S, Bryn Mawr, BRE, WLS [33305] : 1700-1900, Llandilor Fane, BRE, WLS [30351] : William, 1770+, Talachddu, BRE, WLS [15710] : 1850+, Bangor, CAE, WLS [44781] : PRE 1850, Bangor, CAE, WLS [40683] : PRE 1870, Conwy Valley, CAE, WLS [27678] : C1800S, Llandeiniolen, CAE, WLS [38452] : 1700-1910, Llandudno, CAE, WLS [27678] : PRE 1870, Penmachno, CAE, WLS [27678] : 1837+, Pwllheli, CAE, WLS [46233] : Anna, 1783, Abernant, CMN, WLS [39482] : Rev. John, 1810-1850, Carmarthen, CMN, WLS [44963] : John, 1792+, Cold Well Kyffig, CMN, WLS [29468] : Mary, 1760, Llanarthney, CMN, WLS [39482] : William, 1784+, Llandebie, CMN, WLS [44411] : Rees, 1805-1892, Llandebie, CMN, WLS [44411] : William, 1837+, Llandebie, CMN, WLS [44411] : Edward, 1788, Llanelly & Llangendeirne, CMN, WLS [39482] : Jane, 1788+, Llanstephan, CMN, WLS [39482] : 1834+, St.Clears, CMN, WLS [17420] : PRE 1800, DEN, WLS [34640] : PRE 1870, Henllan, DEN, WLS [27678] : 1800+, Llanfwrog, DEN, WLS [29500] : 1800+, Llangernyw, DEN, WLS [11159] : 1800+, Llangwm, DEN, WLS [29500] : 1859, Mold, FLN, WLS [28164] : Richard, C1750, St.Asaph, FLN, WLS [22796] : William, 1849-1940, Bargoed, GLA, WLS [15710] : Elizabeth, 1840+, Cwmbwrla, GLA, WLS [99174] : Thomas, 1842-1868, Llangan, GLA, WLS [14733] : PRE 1820, Llantrisant & All, GLA, WLS [30351] : 1800+, Methyr Tydfil, GLA, WLS [45681] : William, 1780+, Pantmoch Llansamlet, GLA,

WLS [29463] : Thomas, 1810+, Pontypridd, GLA, WLS **[20665]** : 1800+, St.Andrew Major, GLA, WLS **[25998]** : PRE 1900, Swansea, GLA, WLS **[22182]** : Mary, 1837+, Treforest, GLA, WLS **[20665]** : PRE 1850, Newport, GLA & MON, WLS **[13585]** : Hugh, ALL, Cemmaes, MER, WLS **[17654]** : Henry, 1867, Mallwyd, MER, WLS **[46213]** : William, C1805, Mallwyd, MER, WLS **[46213]** : Jane, C1840, Mallwyd, MER, WLS **[46213]** : 1840S, Kerry, MGY, WLS **[30896]** : 1800-1900, Llanfair Caereinion, MGY, WLS **[17926]** : 1790-1881, Llwyngwril, MGY, WLS **[45675]** : 1800+, MON, WLS **[41244]** : PRE 1850, MON, WLS **[46164]** : Martha, 1800-5C, Blaenavon, MON, WLS **[17523]** : 1850S, Llanwenarth, MON, WLS **[10948]** : 1800+, Nantyglo, MON, WLS **[17998]** : 1850S, Tredegar, MON, WLS **[33305]** : 1786-1854, Trelleck Grange, MON, WLS **[24993]** : 1780+, Usk, MON, WLS **[32794]** : 1780-1890, PEM, WLS **[42986]** : 1850S, Haverfordwest, PEM, WLS **[18207]** : 1812-1976, Llanano, RAD, WLS **[18613]** : 1750-1850, Nantmel, RAD, WLS **[12641]**

WILLIAMSON : Joseph Walker, 1870+, Bathurst & Parramatta, NSW, AUS **[11446]** : PRE 1920, Minmi & Mosquito Island, NSW, AUS **[40795]** : 1850+, Redfern, NSW, AUS **[44270]** : 1850+, Sydney, NSW, AUS **[44270]** : 1900+, Woollahra, NSW, AUS **[44270]** : 1822+, Hobart, TAS, AUS **[29783]** : 1857+, Beechworth, VIC, AUS **[13473]** : 1857+, Colac, Rokewood & Tarnagulla, VIC, AUS **[11877]** : 1854+, Melbourne, VIC, AUS **[13473]** : Andrew, C1880-90, Melbourne, VIC, AUS **[32050]** : 1860-1890, St.Kilda, VIC, AUS **[12589]** : 1890-1900, York & Fremantle, WA, AUS **[12589]** : John, 1960+, Niagara Falls, ONT, CAN **[10731]** : ALL, BKM, ENG **[13231]** : C1822, Swanbourne, BKM, ENG **[14744]** : PRE 1800, Chester, CHS, ENG **[38826]** : Thomas, C1820, Nantwich, CHS, ENG **[10649]** : 1780S-1850S, Bassenthwaite & Workington, CUL, ENG **[37978]** : C1850, Plymouth, DEV, ENG **[21975]** : Sarah, PRE 1768, Harwich, ESS, ENG **[28907]** : Thomas, 1800-1850, Bitton, GLS, ENG **[17109]** : 1800+, Sandon, HRT, ENG **[18020]** : Mary Lydia, 1857+, KEN, ENG **[11279]** : 1800+, Canterbury, Elham & Westbere, KEN, ENG **[11877]** : 1800+, Chatham, KEN, ENG **[46386]** : Emma, 1885+, Deptford, KEN, ENG **[17109]** : James, C1800, LAN, ENG **[19497]** : Thomas, 1800-1865, Eccles & Manchester, LAN, ENG **[11425]** : 1860+, Manchester, LAN, ENG **[26098]** : James, PRE 1850, Out Rawcliffe, LAN, ENG **[41089]** : 1843-1853, West Derby, LAN, ENG **[13473]** : C1720+, Billingborough, LIN, ENG **[41477]** : C1720+, Morton by Bourne, LIN, ENG **[41477]** : 1800+, Stamford, LIN, ENG **[46194]** : 1675-1750, Stixwould, LIN, ENG **[33347]** : 1850-1860, LND & MDX, ENG **[12589]** : 1800-1820S, Marylebone, MDX, ENG **[17291]** : PRE 1800, Flasby & Burnsall, NRY, ENG **[16233]** : PRE 1750, Foston by Malton, NRY, ENG **[33664]** : John, 1838+, Kettering, NTH, ENG **[11594]** : PRE 1840, Almondbury, WRY, ENG **[42331]** : 1840-1900, Poona, BOMBAY, INDIA **[27678]** : PRE 1850, Belfast, ANT, IRL **[12589]** : Alexander, 1799-1830, Belfast & Templepatrick, ANT, IRL **[11425]** : 1800+, Belfast, ANT & ARM, IRL **[44270]** : PRE 1890, DUB & ARL, IRL **[46352]** : 1889, Papanui, CBY, NZ **[21975]** : 1770-1820, Longside, ABD, SCT **[13326]** : David, 1830, Dundee, ANS, SCT **[46390]** : Isabella, C1939, Fordyce, BAN, SCT **[22224]** : James, 1800+, CAI, SCT **[41089]** : 1700S, FIF, SCT **[44296]** : John & Martha, PRE 1829, Dunfermline, FIF, SCT **[11195]** : David, 1800, Dysart, FIF, SCT **[46390]** : PRE 1835, Kirkcaldy, FIF, SCT **[11092]** : PRE 1840, Largo, FIF, SCT **[34231]** : Katherine, 1812+, Crawford John, LKS, SCT **[14733]** : Thomas, C1774, Crawfordjohn, LKS, SCT **[22224]** : George, C1716, Douglas, LKS, SCT **[22224]** : John, C1821, Glen Douran & Crawfordjohn, LKS, SCT **[22224]** : 1860S, Edinburgh, MLN, SCT **[31517]** : Robert, C1902, Grangegreen, Parish of Dyke, MOR, SCT **[22224]** : George, PRE 1896, Mosstodloch, MOR, SCT **[22224]** : Margaret, C1898, Mosstouloch, MOR, SCT **[22224]** : PRE 1865, Flowerburn, ROC, SCT **[45893]**

WILLIASON : 1675-1750, Stixwould, LIN, ENG **[33347]**
WILLIDEN : ALL, ENG **[20551]**
WILLIKS : 1700-1800, Rescobie, ANS, SCT **[16096]**
WILLIMENT : C1900, Brixton, LND, ENG **[26752]** : 1850-1880, Kensington, LND, ENG **[26752]**
WILLING : Barbara, 1850+, Liverpool, NSW, AUS **[10428]** : PRE 1870, DEV & PEM, ENG & WLS **[30391]**
WILLINGHAM : 1750+, Thetford, LIN & NFK, ENG **[29937]**
WILLINGTON : 1850+, Buninyong, VIC, AUS **[32794]** : ALL, WAR, ENG **[24993]** : 1800+, Birmingham, WAR, ENG **[45030]** : ALL, WOR, ENG **[24993]** : Thomas, PRE 1760, WORLDWIDE **[24993]**
WILLIS : William, 1854+, Millthorpe, NSW, AUS **[29961]** : George, 1840+, Sydney, NSW, AUS **[31762]** : Elizabeth, 1870+, Sydney, NSW, AUS **[31762]** : 1923, Ipswich, QLD, AUS **[36768]** : Mary Ann, 1868+, TAS, AUS **[11476]** : 1853, Moliagul, VIC, AUS **[43934]** : 1800+, ENG **[41880]** : James, 1750+, London, ENG **[21971]** : PRE 1850, London, ENG **[39642]** : ALL, BRK, ENG **[31646]** : Josiah, PRE 1820, Dawlish, DEV, ENG **[41041]** : Joseph, PRE 1850, Corfe Castle, DOR, ENG **[21175]** : 1800, Hutton Rudby & Billington, DUR, ENG **[43934]** : ALL, ESS, ENG **[34790]** : PRE 1870, Ashen & Clare, ESS & SFK, ENG **[27678]** : PRE 1750, Saintbury, GLS, ENG **[42773]** : C1780-1885, Lanerish & Twyford, HAM, ENG **[46457]** : PRE 1860, HAM, WIL & LEI, ENG **[18096]** : PRE 1760, IOW, ENG **[20458]** : PRE 1780, Godshill, IOW, ENG **[20458]** : C1750, Barham, KEN, ENG **[32071]** : 1800+, LND, ENG **[37250]** : Eliza, C1840-1910, LND, ENG **[22122]** : ALL, St.Pancras, LND, ENG **[18713]** : C1840, MDX, ENG **[39588]** : William, PRE 1860, Poplar, MDX, ENG **[10918]** : 1738-1790, Foulden, NFK, ENG **[46235]** : PRE 1900, Sutton-on-Trent, NTT, ENG **[27522]** : ALL, Penselwood, SOM, ENG **[46462]** : C1856, Stratford on Avon, WAR, ENG **[14120]** : PRE 1850, Stretton on Fosse, WAR, ENG **[14120]** : ALL, WIL, ENG **[39180]** : ALL, WIL, ENG **[34582]** : 1750-1850, Winterbourne, WIL, ENG **[32042]** : 1750+, Belbroughton, WOR, ENG **[10591]** : Sarah, PRE 1830, IRL **[10604]** : PRE 1850, Belfast, ANT, IRL **[36120]** : C1830, Cork, COR, IRL **[46344]** : 1700-1800S, Roarkefield, Florence Court, FER, IRL **[13406]** : Samuel, PRE 1820, Newtown Barry, WEX, IRL **[34924]**
WILLIS (see : Subjects I:), [10918]
WILLISCROFT : ALL, Colton, STS, ENG **[42829]** : ALL, USA **[42829]**
WILLISTON : ALL, Douglastown, NB, CAN **[39712]**
WILLMONT : 1600-1750, Illogan, CON, ENG **[21597]**
WILLMORE : James Ebenzr, 1858+, Collingwood & Footscray, VIC & NSW, AUS **[11994]** : Ebenezer Jas, PRE 1858, MDX, ENG **[11994]**
WILLMOT : Alfred, 1840-2004, Preston & Brighton, SSX, ENG **[40505]** : Hilda, 1870-2004, Preston & Brighton, SSX, ENG **[40505]**
WILLMOTT : Mary, 1720-1780, Hanham, GLS, ENG **[46192]** : 1700-1850, HAM, ENG **[19471]** : ALL, Coombe, St.Nicholas, SOM, ENG **[34212]** : C1742, Yatton, SOM, ENG **[19816]** : 1790+, Birmingham, WAR, ENG **[44299]** : ALL, Birmingham, WAR, ENG **[31028]** : ALL, WORLDWIDE **[18851]**
WILLOUGHBY : 1850S, Majors Creek & Braidwood, NSW, AUS **[14113]** : 1860S, Lanark Co., ONT, CAN **[22743]** : 1750+, Nottingham & Manchester, LAN & NTT, ENG **[28269]** : 1700-50, Sleaford, LIN, ENG **[20578]** : Elizabeth, 1875, Rotherhithe & Lewisham, LND, ENG **[43523]** : 1770, Marsh Baldon, OXF, ENG **[13437]** : 1830S, Highworth, WIL, ENG **[28742]** : 1800-1870, YKS, ENG **[39445]** : PRE 1880, WEX, IRL **[99598]** : 1800+, Gorey, WEX, IRL **[13422]** : Jn & Charlotte, 1821-1888, Gorey, WEX, IRL **[10203]**
WILLOWS : PRE 1900, LIN, ENG **[39439]**

WILLOX : ALL, ABD, SCT **[30182]** : ALL, ABD, SCT **[16149]** : PRE 1800, Aberdeen, ABD, SCT **[26173]**

WILLS : PRE 1832, Sydney & Cessnock, NSW, AUS **[46249]** : Alfred W., 1853, Werribee, VIC, AUS **[13153]** : James. C1870, Werribee, VIC, AUS **[13153]** : PRE 1826, ENG **[46249]** : Alfred W., 1827, Edgecott, BKM, ENG **[13153]** : William, PRE 1830, Edgecott, BKM, ENG **[13153]** : PRE 1825, Bodmin, Kenwyn & Roche, CON, ENG **[25469]** : William, 1840+, Redruth, CON, ENG **[13065]** : PRE 1825, St.Erme & Withiel, CON, ENG **[25469]** : 1750-1900, CUL, ENG **[45920]** : 1800S, DEV, ENG **[46021]** : 1700, Broadhempston, DEV, ENG **[30107]** : Charlotte, 1849, Dunsford, DEV, ENG **[14094]** : 1750+, DOR, ENG **[31017]** : PRE 1879, DOR, ENG **[45881]** : PRE 1815, Chilham, KEN, ENG **[42967]** : C1850, Islington, MDX, ENG **[45553]** : William, 1750, Cheddon Fitzpaine, SOM, ENG **[31510]** : 1800+, Merriott, SOM, ENG **[30491]** : ALL, Merriott, SOM, ENG **[34438]** : 1800S, South Petherton, SOM, ENG **[10565]** : Charlotte, 1810S, West Monkton, SOM, ENG **[31510]**

WILLSON : F.M., PRE 1913, Kilburn (Chicago), SA, AUS **[14241]** : ALL, ESS, ENG **[20495]** : Ann, PRE 1800, Harwich, ESS, ENG **[28907]** : 1850+, ESS & MDX, ENG **[34790]** : 1800+, Hackney, MDX, ENG **[44217]** : C1810, Long Buckby, NTH, ENG **[46305]** : PRE 1825, WAR, ENG **[46249]** : C1680, Lochwinnoch, RFW, SCT **[25693]**

WILLSON (see One Name Section) **[20495]**

WILM : 1904+, SAS, CAN **[99545]** : 1800+, GER **[99545]**

WILMANS : Johannes C1510 Biefeldt PRE GER **[22470]**

WILMER : 1850+, Newhaven & Cuckfield, SSX, ENG **[18895]**

WILMONT : ALL, CAM, ENG **[26264]**

WILMOT : ALL, Binfield, BRK, ENG **[43733]** : PRE 1824, Littlington, CAM, ENG **[10653]** : North Devon, DEV, ENG **[14208]** : Hilda, 1871+, Haywards Heath, SSX, ENG **[40505]** : Sarah, C1800, YKS, ENG **[14448]** : 1750+, BDF & NSW, ENG & AUS **[29786]**

WILMOTT : 1750+, Ulverston, CUL, ENG **[30449]** : ALL, Shaftesbury, DOR, ENG **[46454]** : 1880, Bedminster, SOM, ENG **[40808]**

WILMSHURST : ALL, KEN, ENG **[18688]** : 1600-1750, Warbleton, SSX, ENG **[33347]**

WILSHAW : Eliza, 1849+, Buxton, DBY, ENG **[44088]**

WILSHER : Susannah, C1778, Holme-next-Sea, NFK, ENG **[25654]** : ALL, Leeds & Morley, WRY, ENG **[38259]**

WILSHIRE : 1770, Aylesbury, BKM, ENG **[11797]** : William, PRE 1740, Aylesbury, BKM, ENG **[40822]** : PRE 1700, Codicote, HRT, ENG **[19216]** : William, PRE 1740, Daventry, NTH, ENG **[40822]** : 1750-1800, Chippenham & Lacock, WIL, ENG **[32505]**

WILSMERE : 1800+, Ashdon, ESS, ENG **[30187]**

WILSON : PRE 1875, Bathurst, NSW, AUS **[40135]** : John Wanata, 1852, Born At Sea Off Sydney, NSW, AUS **[32050]** : 1840+, Clarendon & Sydney, NSW, AUS **[11715]** : C1845, Goulburn, NSW, AUS **[30653]** : Frank M., 1885+, Grenfell, NSW, AUS **[41419]** : 1803, Kissing Point, NSW, AUS **[11715]** : Louis, PRE 1874, Mudgee, NSW, AUS **[37847]** : 1800-1870, Sydney, NSW, AUS **[42863]** : 1820, Sydney, NSW, AUS **[32068]** : John, 1870S+, Sydney, NSW, AUS **[33331]** : William, 1910+, Sydney, NSW, AUS **[13473]** : 1850-1950, Waterloo, Randwick & Sydney, NSW, AUS **[99573]** : 1880+, SA, AUS **[14346]** : George, 1829+, TAS, AUS **[12236]** : Mary Ann, PRE 1834, Hobart, TAS, AUS **[98637]** : James, 1850-1860, VIC, AUS **[11408]** : C1855, Ararat & Ballarat, VIC, AUS **[13473]** : George, 1866-1900, Beaufort, VIC, AUS **[12317]** : Timothy, 1868, Bendigo, VIC, AUS **[39179]** : 1883-1892, Bethanga, VIC, AUS **[13473]** : 1893+, Chiltern, VIC, AUS **[13473]** : James Sim, 1839-1892, Echuca & Geelong, VIC, AUS **[12539]** : George, PRE 1877, Kaarimba, VIC, AUS **[44279]** : 1860+, Kyneton, VIC, AUS **[99600]** : John, 1856+, Long Gully, VIC, AUS **[14672]** : 1870S, Melbourne, VIC, AUS **[26193]** : Patrick, 1855-65, Sandhurst, VIC, AUS **[10194]** : 1820+, AUS & IRL **[42239]** : 1830S+, Kingston & Rexton, NB, CAN **[20661]** : ALL, Napan, NB, CAN **[39712]** : 1760-1800, NB & NS, CAN **[45291]** : Mary, 1839, Alton, ONT, CAN **[16822]** : 1850+, Cannington & Aylmer, ONT, CAN **[42927]** : 1840+, Hastings Co., ONT, CAN **[34261]** : 1830-1900, Thomasburgh, ONT, CAN **[26932]** : John, 1760+, Lacolle, QUE, CAN **[37568]** : George, C1842, Amager, Copenhagen, DEN **[12317]** : George, C1842, Amager, ZEALAND, DEN **[12317]** : Isabella B., C1833, ENG **[10035]** : Annie, 1901+, London, ENG **[17087]** : PRE 1850, BKM, ENG **[20556]** : 1800-1920, Bourn, CAM, ENG **[37156]** : Robert, 1837-1842, Oxton, CHS, ENG **[12317]** : 1800-1900, Stockport, CHS, ENG **[18501]** : James, 1841-61, Arlecdon, CUL, ENG **[41185]** : Robert, C1806, Carlisle, CUL, ENG **[12317]** : PRE 1800, Carlisle, CUL, ENG **[34612]** : 1700+, Longtown, CUL, ENG **[46341]** : James, 1801+, Ullock, CUL, ENG **[41185]** : 1785+, Whitehaven, CUL, ENG **[21207]** : Harriet, PRE 1900, DBY, ENG **[42808]** : 1700+, Wirksworth, DBY, ENG **[42643]** : 1673+, Morchard Bishop, DEV, ENG **[41443]** : 1665-1736, Morchard Bishop & Sandford, DEV, ENG **[39706]** : 1850+, DUR, ENG **[41244]** : C1890, DUR, ENG **[13513]** : 1813+, Auckland St.Andrew, DUR, ENG **[27719]** : George, C1665, Chester le Street, DUR, ENG **[10035]** : PRE 1850, Shincliffe, DUR, ENG **[36120]** : Francis, 1800-1850, Sunderland, DUR, ENG **[22248]** : PRE 1817, Reighton, ERY, ENG **[99177]** : PRE 1840, Wressle & Bubwith, ERY, ENG **[34716]** : PRE 1730, Langley, ESS, ENG **[34986]** : PRE 1850, Rainham, ESS, ENG **[30589]** : 1850+, ESS & MDX, ENG **[34790]** : C1846, GLS, ENG **[36622]** : PRE 1800, Bristol, GLS, ENG **[37066]** : PRE 1837, St.Albans, HRT, ENG **[45743]** : Elizabeth, PRE 1808, HUN, ENG **[11736]** : C1700, Sawtry & Aldwinkle, HUN & NTH, ENG **[28479]** : PRE 1725, Borden & Tunstall, KEN, ENG **[13511]** : Agnes, 1820S, Canterbury, KEN, ENG **[31476]** : C1850+, Dover, KEN, ENG **[45895]** : Harriet, 1810-1816, Maidstone, KEN, ENG **[17961]** : Benjamin, 1838, LAN, ENG **[28092]** : Robert, 1829, Everton, LAN, ENG **[12317]** : 1850, Fleetwood, LAN, ENG **[28239]** : 1700-1900, Highmoor & Wigan, LAN, ENG **[42308]** : PRE 1900, Kirkham, LAN, ENG **[45949]** : George, 1800+, Lancaster, LAN, ENG **[12878]** : Ira & Hiram, 1870-1905, Liverpool, LAN, ENG **[17109]** : PRE 1800, Liverpool, LAN, ENG **[18501]** : Andrew, 1830-1880, Manchester, LAN, ENG **[25979]** : 1835, Preston, LAN, ENG **[39856]** : PRE 1810, Quorndon, LEI, ENG **[46307]** : 1750-1850, LIN, ENG **[44078]** : PRE 1800, Leasingham, LIN, ENG **[46452]** : 1860+, Lincoln, LIN, ENG **[34716]** : PRE 1740, Lincoln, LIN, ENG **[31316]** : 1700+, Louth & Market Rasen, LIN, ENG **[36071]** : PRE 1900, LND, ENG **[19854]** : Joseph, 1860+, Battersea, LND, ENG **[17087]** : Annie, 1881+, Battersea, LND, ENG **[17087]** : Thomas, 1848+, Chelsea, LND, ENG **[17087]** : Joseph, 1850+, Chelsea, LND, ENG **[17087]** : John, 1800+, St.Pancras, LND, ENG **[21854]** : Mary Hannah, 1846+, MDX, ENG **[27719]** : Thomas & Mary, PRE 1856, Greenford, MDX, ENG **[27719]** : John, 1847+, Hammersmith & Islington, MDX, ENG **[27719]** : 1800, London, MDX, ENG **[32068]** : Thomas, C1830, London, MDX, ENG **[39155]** : 1800S, Ponders End, MDX, ENG **[13008]** : William, 1790-1830, Clerkenwell, MDX & LND, ENG **[32882]** : Charles, PRE 1885, NBL, ENG **[46398]** : 1700-1800, Belford, NBL, ENG **[45636]** : Joseph, 1820-1900, Hexham, NBL, ENG **[26761]** : Susannah, 1820-1900, Hexham, NBL, ENG **[26761]** : Robert, 1905, Newcastle, NBL, ENG **[15594]** : PRE 1900, Rock & Bamburgh, NBL, ENG **[34844]** : C1750-1850, Shilbottle, NBL, ENG **[46253]** : 1800+, Yarmouth, NFK, ENG **[46472]** : PRE 1875, Darlington, NRY, ENG **[30612]** : ALL, Kirby in Cleveland, NRY, ENG **[45227]** : PRE 1800, West Witton, NRY, ENG **[36505]** : C1820-1850, Brinsley & Greasley, NTT, ENG **[10634]** : PRE 1750,

501

WIL

Newark on Trent, NTT, ENG **[11536]** : John, C1830-98, Clanfield, OXF, ENG **[16125]** : Benjamin, C1850-1900, Bermondsey, SRY, ENG **[18714]** : Gilbert, C1850-1930, Bermondsey, SRY, ENG **[18714]** : Rose, C1890-1920, Bermondsey, SRY, ENG **[18714]** : 1700-1900, Guildford, SRY, ENG **[35561]** : PRE 1848, Rugeley, STS, ENG **[30612]** : Eliza, 1800-1870S, Birmingham, WAR, ENG **[45800]** : 1700-1900, Coventry, WAR, ENG **[17196]** : 1600S, Kirby Lonsdale, WES, ENG **[35184]** : PRE 1850, Dudley, WOR, ENG **[37066]** : ALL, Batley & Dewsbury, WRY, ENG **[38259]** : PRE 1840, Farsley & Stanningly, WRY, ENG **[46452]** : C1825+, Howgill & Barnoldswick, WRY, ENG **[36299]** : Anne, 1690, Knottingley, WRY, ENG **[11530]** : PRE 1860, Leeds, WRY, ENG **[18397]** : 1800-1850, Sheffield, WRY, ENG **[46439]** : C1750+, Sheffield, WRY, ENG **[45895]** : C1780-1880, Sheffield, WRY, ENG **[45895]** : PRE 1850, Sheffield, WRY, ENG **[30981]** : PRE 1890, Sheffield, WRY, ENG **[43453]** : 1700-1800, Thornton in Lonsdale, WRY, ENG **[31826]** : 1870, YKS, ENG **[41244]** : Matthew, PRE 1800, YKS, ENG **[30823]** : Joshua, PRE 1800, YKS, ENG **[17027]** : 1830+, Bradford, YKS, ENG **[20975]** : George, C1841+, Cambridge, YKS, ENG **[41419]** : Edward, C1890, Horsforth, YKS, ENG **[39155]** : 1817, Leeds, YKS, ENG **[46429]** : Rose Hannah, 1858+, Leeds, YKS, ENG **[12739]** : Thomas, 1820+, Leeds & York, YKS, ENG **[12739]** : ALL, Pontefract, YKS, ENG **[28479]** : Hannah, 1826, York, YKS, ENG **[46495]** : PRE 1700, York City, YKS, ENG **[33664]** : PRE 1890, Bradford, WRY, ENG & AUS **[42730]** : Charles Wm, 1861+, Liverpool & Bangor, LAN & CAE, ENG & WLS **[30880]** : John, 1840S, Bergen, POM, GER **[33331]** : Louis, 1840S, Danzig, WPR, GER **[37847]** : PRE 1860, GIBRALTAR **[19116]** : Agnes, 1846, Ballyeaston, ANT, IRL **[46217]** : Wm Bane J., 1860S+, Belfast, ANT, IRL **[11628]** : PRE 1866, Connor, ANT, IRL **[13245]** : 1800+, Donegore, ANT, IRL **[11036]** : John, 1840+, Donegore, ANT, IRL **[11628]** : James, C1863, Glenwhirry, ANT, IRL **[13838]** : Grace, PRE 1866, Rasharkin, ANT, IRL **[36350]** : 1820-1870, Knockbride, CAV, IRL **[12039]** : C1770, Down Port, DOW, IRL **[25693]** : PRE 1847, Dranore, DOW, IRL **[43050]** : 1750-1850, Warrenpoint, DOW, IRL **[42863]** : PRE 1800, FER, IRL **[33237]** : Marg., 1772-1871, Gorthullen & Enniskillen, FER, IRL **[11195]** : 1800S, LDY, IRL **[27842]** : William, 1750+, Carrick & Clooncare, LET, IRL **[44319]** : PRE 1850, LOU & DUB, IRL **[27320]** : 1750-1800, Tullamore, MOG, IRL **[44229]** : PRE 1840, SLI, IRL **[27219]** : Margaret, 1839, TYR, IRL **[46325]** : Margaret, PRE 1850, Ardstraw & All, TYR, IRL **[46297]** : Patrick, 1854, WEX, IRL **[10194]** : Patrick, 1831+, New Ross, WEX, IRL **[10194]** : David, 1818+, TYR, IRL & AUS **[45774]** : Macdonald, 1850S, Christchurch, NZ **[33728]** : William, 1865-69, Hokitika, NZ **[10194]** : 1874+, Invercargill, NZ **[36622]** : Emily K., 1870-1936, Wellington, NZ **[13481]** : Vernon, 1886-1961, Dunedin, OTG, NZ **[39601]** : Charles, 1885–, Kaitangata, OTG, NZ **[46398]** : 1860S, SCT **[13591]** : James Sim, 1831-1839, ABD, SCT **[12539]** : C1650+, Aberdeen, ABD, SCT **[45895]** : 1730-1800, Cruden, ABD, SCT **[13326]** : Alexander, PRE 1850, Old Machar & New Machar, ABD, SCT **[26870]** : 1800-1850, Dundee, ANS, SCT **[44072]** : 1850+, Dundee, ANS, SCT **[18521]** : PRE 1840, Dundee, ANS, SCT **[11582]** : James, PRE 1850, Dundee, ANS, SCT **[34782]** : Archibald, C1842, Kirriemuir, ANS, SCT **[10706]** : 1700+, ARL, SCT **[39928]** : C1839, Inverchaolain, ARL, SCT **[12367]** : 1800-1850, AYR, SCT **[10460]** : 1855+, AYR, SCT **[46395]** : PRE 1800, AYR, SCT **[27842]** : PRE 1850, Beith, AYR, SCT **[33500]** : 1830-1900, Cumnock, AYR, SCT **[99545]** : Alex. & Sarah, 1840+, Dundonald, AYR, SCT **[15885]** : John, 1854+, Dundonald, AYR, SCT **[15885]** : PRE 1800, Irvine, AYR, SCT **[15464]** : ALL, Kilmarnock, AYR, SCT **[46317]** : 1750+, Prestwick & Maybole, AYR, SCT **[10715]** : 1820S, St.Quivon & Newton, AYR, SCT **[25073]** : James Hardy, PRE 1870, Ayr & Roxburgh, AYR, LKS & ROX, SCT **[19403]** : Alexander, 1708, Quarrel Head, BAN, SCT **[10318]** : 1760-1780S, Lauder & Channelkirk, BEW, SCT **[10705]** : 1700S+, Hoddam, DFS, SCT **[10698]** : 1775-1800, Kirkconnel, DFS, SCT **[99545]** : Archibald, C1812, Bonhill, DNB, SCT **[41270]** : 1700S-1800S, Gladsmuir, ELN, SCT **[21563]** : C1780, Humbie, ELN, SCT **[10820]** : PRE 1800, Tranent, ELN, SCT **[42296]** : 1700+, Abbotshall, FIF, SCT **[45925]** : Thomas, 1830S, Burntisland, FIF, SCT **[31517]** : 1820+, Deninno, FIF, SCT **[10985]** : PRE 1800, Dunfermline, FIF, SCT **[36282]** : PRE 1854, Dunfermline, FIF, SCT **[12392]** : Elspith, 1740+, Leuchars, FIF, SCT **[10610]** : 1800-1850, Inverness, INV, SCT **[12434]** : Francis, C1735, Avondale, LKS, SCT **[25979]** : James, 1812+, Douglas, LKS, SCT **[13101]** : William, 1830-1850, Glasgow, LKS, SCT **[14388]** : 1830-1870, Glasgow, LKS, SCT **[12434]** : C1830, Glasgow, LKS, SCT **[27744]** : C1864-1944, Glasgow, LKS, SCT **[12367]** : C1880, Glasgow, LKS, SCT **[25693]** : Marg, C1795-1850S, Glasgow, Barony Parish, LKS, SCT **[16273]** : William, 1870, Irvine, LKS, SCT **[16176]** : 1854, Lanark & Barony, LKS, SCT **[35025]** : ALL, Larkhall & Hamilton, LKS, SCT **[21258]** : PRE 1850, Lesmahagow, LKS, SCT **[20729]** : PRE 1850, Rutherglen, LKS, SCT **[38111]** : ALL, Shotts, LKS, SCT **[31152]** : 1700+, Skirling, LKS, SCT **[36762]** : John, PRE 1858, MLN, SCT **[46398]** : 1850+, Kirkhill, MLN, SCT **[14194]** : Mary, 1782+, Kirknewton & East Calder, MLN, SCT **[12236]** : William, 1786+, Kirknewton & East Calder, MLN, SCT **[12236]** : Ths Braidwood, 1792+, Kirknewton & East Calder, MLN, SCT **[12236]** : Robert (Rev), 1795+, Kirknewton & East Calder, MLN, SCT **[12236]** : 1600-1750, Newton, MLN, SCT **[36655]** : Margaret, 1754-1808, Fochabers, MOR, SCT **[34038]** : PRE 1800, Speymouth, MOR, SCT **[12395]** : 1700+, Longhope, OKI, SCT **[14513]** : 1750-1850, Errol, PER, SCT **[16096]** : 1800, Errol, PER, SCT **[99012]** : ALL, Barrhead, RFW, SCT **[29001]** : Hugh, 1782-1859, Busby, RFW, SCT **[12413]** : ALL, Dunbarton & Paisley, RFW, SCT **[12676]** : PRE 1845, Greenock, RFW, SCT **[40615]** : C1841-1860, Johnstone, RFW, SCT **[12367]** : Archibald, C1838, Port Glasgow, RFW, SCT **[41270]** : PRE 1860, Hawick, ROX, SCT **[18521]** : Betsy, 1790-1900, Oxnam, ROX, SCT **[20770]** : 1800+, ROX & BEW, SCT **[17650]** : PRE 1800, Larbert, STI, SCT **[14627]** : David, 1790+, Ecclesmachan, WLN, SCT **[12236]** : George, 1830-1886, RFW, SCT & AUS **[42676]** : James, 1817+, Kirknewton & East Calder, MLN, SCT & CAN **[12236]** : C1723-1870, Aberchirder & Dunedin, BAN & CON, SCT & NZ **[32405]** : C1800-1900, Stoneykirk & Stranraer, WIG, SCT & NZ **[46306]** : George, 1880-1907, Dundee & Baku, SCT & RUS **[46496]** : Henry, PRE 1856, Visby, GOTLAND, SWE **[44279]** : Eliza, 1855+, Polk Co., IA, USA **[16378]** : 1910-1940, New Bedford, MA, USA **[23523]** : Jos. Ruggles, ALL, OH & VA, USA **[11628]**

WILSON-BOAK : 1780+, Kirknewton & East Calder, MLN, SCT **[12236]**

WILTON : 1800+, St.Neot, CON, ENG **[21983]** : ALL, Montacute, SOM, ENG **[31152]** : 1790-1850, CAV, IRL **[17217]** : ALL, NZ **[31152]** : 1870+, IN, USA **[99106]**

WILTSHIRE : Jesse, 1818, Abingdon, BRK, ENG **[10035]** : 1840S, Hilton & Pentonville, DOR, ENG **[12327]** : 1820S, Rayleigh & Thundersley, ESS, ENG **[12327]** : 1830, Bristol, GLS, ENG **[26101]** : 1780S, South, GLS, ENG **[46434]** : PRE 1800, HUN, ENG **[35186]** : Thomas, C1750, WIL, ENG **[10054]**

WIMBLE : PRE 1900, Romney Marsh, KEN, ENG **[18921]**

WIMMS : ALL, Stepney, LND, ENG **[20974]**

WIMSETT : 1800-1850, ENG **[27879]**

WIMSHERST : 1600S, Warbleton, SSX, ENG **[13731]**

WIMSTEAD : 1800+, East London, LND & MDX, ENG **[42744]**

WINALL : C1810, Bethnal Green, MDX, ENG **[31375]**

WINBORNE : 1784, Bexhill, SSX, ENG **[14120]**

WINBOW : 1810, Bath, SOM, ENG [35365]

WINCH : 1850, Poplar, MDX, ENG [46356]

WINCHCOMBE : PRE 1700, SOM, ENG [17933] : 1800S, WIL, ENG [46001]

WINCHESTER : 1870+, Wagga Wagga, NSW, AUS [28006] : 1800S, Walworth, SRY, ENG [11411] : 1770-1850, Heathfield, SSX, ENG [11661] : 1780-1830, Herstmonceux, SSX, ENG [33847] : Isabella, 1841, Kilmore & Broadford, ARM, IRL [37745] : PRE 1850, Grantown, INV, SCT [28006]

WINCOT : PRE 1810, Bromsgrove, WOR, ENG [35015]

WINCUP : 1700S+, Sotterley, SFK, ENG [40355] : ALL, WORLDWIDE [40355]

WINDABANK : William, C1840, Hinton, HAM, ENG [33416]

WINDAYBANK : C1855+, NSW, AUS [10380]

WINDEBANK : PRE 1850, HAM, ENG [32040] : 1800-1870, Bighton, HAM, ENG [36126]

WINDER : PRE 1800, Over Wyersdale, LAN, ENG [24873] : 1750+, Wyresdale, LAN, ENG [33870] : 1790-1850, Lambeth, SRY, ENG [12641] : Thomas, C1615, Slaidburn, WRY, ENG [18957]

WINDEY : ALL, WORLDWIDE [39994]

WINDLE : C1850S, Bredbo & Cooma, NSW, AUS [43529] : C1850, London, ENG [43529] : 1650+, Bocking, ESS, ENG [20578] : ALL, Blackburn & Horton, LAN & YKS, ENG [25572] : ALL, Chapeltown & Sheffield, WRY, ENG [46422] : Ann, PRE 1850, YKS, ENG [25046] : C1800+, IRL [43529]

WINDLEY : 1700-1900, ESS, ENG [42986] : PRE 1798, ESS, ENG [11303] : ALL, Lambeth & Camberwell, LND, ENG [17511]

WINDON : 1850+, Sydney, NSW, AUS [34939]

WINDOW : PRE 1800, Gloucester, GLS, ENG [43792]

WINDRAM : 1250-2000, CAN, NZ & RSA [26745] : 1650-2000, Castleblayney, MOG, IRL, SCT & USA [26745] : 1250-2000, UK, AUS & USA [26745]

WINDRIM : 1250-2000, CAN, NZ & RSA [26745] : 1650-2000, Castleblayney, MOG & ARM, IRL, SCT & USA [26745] : 1250-2000, UK, AUS & USA [26745]

WINDROW : PRE 1900, Ormskirk, LAN, ENG [11873]

WINDRUM : 1250-2000, CAN, NZ & RSA [26745] : ALL, Castleblayney, MOG, IRL, SCT & USA [26745] : 1650-2000, Castleblayney, MOG & ARM, IRL, SCT & USA [26745] : 1250-2000, UK, AUS & USA [26745]

WINDRUM (see One Name Section) [26745]

WINDSOR : 1700-1850, ENG [46461] : Thomas, 1795+, Great Marlow, BKM, ENG [27816] : Mercy, PRE 1820, Bidston, CHS, ENG [28907] : 1860+, Cambridge Heath, LND, ENG [33538] : 1940+, Wellingborough, NTH, ENG [24853] : ALL, Queen Camel, SOM, ENG [12950] : 1927+, Morden, SRY, ENG [33538] : William, 1802, Alderbury, WIL, ENG [10318] : PRE 1780, Orcheston St.Mary, WIL, ENG [19265]

WINDUSS : John, 1841+, Hobart, TAS, ENG [12639]

WINDY : ALL, WORLDWIDE [39994]

WINDY (see One Name Section) [39994]

WINEPRESS : 1780+, BDF, ENG [42329] : 1840+, Tottenham, MDX, ENG [42329]

WINES : Esther, 1600S, Hingham, MA, USA & ENG [22796]

WINFIELD : PRE 1860, Watford, HRT, ENG [37116] : PRE 1900, Watford & Bushey, HRT, ENG [41205] : PRE 1865, Paddington, MDX, ENG [41136]

WING : Ann, 1843-1863, Sydney, NSW, AUS [36112] : John, 1773, Abington Pigotts, CAM, ENG [14627] : Mary, 1783-1800, Abington Pigotts, CAM, ENG [14627] : 1686-1700, Denton, LIN, ENG [18818] : Samuel, 1700+, LND & SRY, ENG [45950] : 1700+, LND & SRY, ENG [45950]

WINGATE : Sarah, C1774, London, ENG [14184] : C1800+, Ash, KEN, ENG [45206] : 1880+, Westhampnett, SRY, ENG [37267] : 1600-1900, Bannockburn, STI, SCT [35190]

WINGE : 1880+, MN, USA [99570]

WINGFIELD : PRE 1720, Rickmansworth, HRT, ENG [33428] : 1500+, Wingfield & Letheringham, SFK, ENG [39527] : 1500-1800, Brighton, SSX, ENG [46427] : Caroline, 1850, Brighton, SSX, ENG [31356] : 1500-1800, Hastings, SSX, ENG [46427] : 1773-1830S, New Shoreham, SSX, ENG [22409] : George, C1730, New Shoreham, SSX, ENG [22409] : 1500-1800, Worthing, SSX, ENG [46427] : 1880-2000, Hull, YKS, ENG [46427]

WINGOD : PRE 1800, Newent, GLS, ENG [45176] : 1700-1800, LIN, ENG [26932]

WINGRAVE : PRE 1800, South Weald, ESS, ENG [14715]

WINGROVE : Thomas, 1770-1828, Moulton & Ashby St.Legers, NTH, ENG [16439]

WINK : ALL, NFK & SFK, ENG [31079] : ALL, GIBRALTAR [31079] : ALL, MALTA [31079] : 1600+, SCT [31079] : ALL, MOR, SCT [31079]

WINKS : 1750+, Sheffield, WRY, ENG [35186]

WINKWORTH : PRE 1848, Faccombe, HAM, ENG [10699]

WINLEY : 1798+, Illawarra, NSW, AUS [11303]

WINN : PRE 1860, Lancaster, LAN, ENG [30086] : 1800S, Lancaster & Liverpool, LAN, ENG [25572] : ALL, Westminster, LND, ENG [16947] : PRE 1840, NFK, ENG [16947] : C1700-1820, Grisedale & Dent, YKS, ENG [28570] : 1860+, Tondu, GLA, WLS [30086]

WINNALL : 1700-1750, Ombersley, WOR, ENG [12641] : ALL, UK [29409]

WINNARD : 1550+, Standish, LAN, ENG [22305]

WINNER : PRE 1800, Shingham, NFK, ENG [27240] : Geo. K., 1830, Monmouth Co., NJ, USA [99433]

WINNETT : 1810S, Baltinglass, WIC, IRL & AUS [10297] : ALL, WORLDWIDE [10054]

WINNETT (see One Name Section) [10054]

WINNEY : PRE 1820, Nayland, SFK, ENG [17486]

WINNICK : ALL, WORLDWIDE [46001]

WINNING : 1870S, VIC, AUS [36260]

WINNINGTON : PRE 1750, Alderley, CHS, ENG [12084]

WINPENNY : C1698, Kingston St.Mary & Taunton, SOM, ENG [19759] : Ann, 1740, Kingston-by-Taunton, SOM, ENG [21759]

WINRAM : 1250-2000, CAN, NZ & RSA [26745] : 1600-2000, SCT, ENG & IRL [26745] : 1250-2000, UK, AUS & USA [26745]

WINSCOMBE : Thomas, 1820+, Barrow Gurney, SOM, ENG [22853] : Susanna, 1846+, Barrow Gurney, SOM, ENG [22853] : James & Thos, C1870+, Barrow Gurney, SOM, ENG [22853] : Victoria E., 1887+, Long Ashton, SOM, ENG [22853]

WINSCOT : PRE 1810, Bromsgrove, WOR, ENG [35015]

WINSER : ALL, KEN & SSX, ENG [17493] : 1856+, Brighton & Sydney, SSX & NSW, ENG & AUS [28269]

WINSHIP : Jane, 1720+, DUR, ENG [46400] : 1800+, East Rainton, DUR, ENG [37213]

WINSKILL : 1700+, CUL & DUR, ENG [10775]

WINSLOW : C1851, Paddington, LND, ENG [28568] : C1800, Trowbridge, WIL, ENG [28568]

WINSOR : ALL, Yeovil, SOM, ENG [39377] : 1800+, Pontypool, MON, WLS [18207] : PRE 1840, Pontypool, MON, WLS [43840]

WINSPEAR : 1750-1850, York, YKS, ENG [30137]

WINSTANLEY : James, 1819+, Sydney, Bathurst & Glen Innes, NSW, AUS [44160] : C1812, Ashton in Makerfield & Billinge, LAN, ENG [31689] : ALL, Liverpool Area, LAN, ENG [42209] : 1700-1803, Wigan, LAN, ENG [18251]

WINSTON : 1870+, Liverpool, LAN, ENG [44649] : 1825+, IRL [44649]

WINTER : Charles, PRE 1856, TAS, AUS **[43481]** : 1900+, London, ENG **[40718]** : 1800-1910, Abingdon, BRK, ENG **[40718]** : PRE 1850, Appleton, BRK, ENG **[19481]** : Peter, C1830, Chieveley, BRK, ENG **[36592]** : 1870+, Darlington, DUR, ENG **[41037]** : 1830+, Chelmsford, ESS, ENG **[44132]** : Elizabeth, 1810, Kempsford, GLS, ENG **[26817]** : C1774, Long Sutton, HAM, ENG **[13960]** : PRE 1840, Newport, IOW, HAM, ENG **[20919]** : PRE 1910, KEN, ENG **[25538]** : 1690+, Edenbridge, KEN, ENG **[27816]** : Caroline, 1814, Sheerness, KEN, ENG **[34315]** : ALL, LIN, ENG **[10846]** : 1900-1950, Balham, LND, ENG **[26382]** : Hannah, 1805-1810, Uxbridge, MDX, ENG **[39327]** : ALL, Norwich, NFK, ENG **[25628]** : 1850+, Newark, NTT, ENG **[20975]** : 1500+, OXF & BRK, ENG **[27039]** : ALL, Aldeburgh, SFK, ENG **[39272]** : PRE 1800, Taunton, SOM, ENG **[10793]** : 1790-1850, Wellington, SOM, ENG **[12813]** : PRE 1875, WAR, ENG **[25538]** : Joseph, C1817, Marlborough, WIL, ENG **[11698]** : George, 1750-1850, London & Hull, YKS, ENG **[30411]** : ALL, Chieveley, BRK, ENG & AUS **[42466]** : C1776, Zerin, MSW, GER **[11319]** : C1800, Randalstown, ARM, IRL **[21161]** : PRE 1800, Agher, MEA, IRL **[37938]**
WINTERBOTTOM : C1850+, Carcoar, NSW, AUS **[11536]** : C1888+, Adelaide, SA, AUS **[11540]** : PRE 1832, Mottram in Longendale, CHS, ENG **[11536]** : PRE 1850, Eugsworth, DBY, ENG **[38936]** : PRE 1800, LAN, ENG **[21539]**
WINTERBOURNE : 1750+, Tingewick, BKM, ENG **[20578]**
WINTERBURN : 1800+, London, MDX, ENG **[21258]** : 1780+, WRY, ENG **[10350]** : C1800+, YKS, ENG **[33097]**
WINTERMUTE : PRE 1800, GER **[23319]** : PRE 1800, Woodbridge, NJ, USA **[23319]**
WINTERS : 1785+, Storemont Co., ONT, CAN **[26687]** : 1850+, Bristol, GLS, ENG **[39046]** : Patrick, 1850-1880, Liverpool, LAN, ENG **[37181]** : Ann, 1850-1880, Liverpool, LAN, ENG **[37181]** : PRE 1800, Lutton, LIN, ENG **[12395]** : Patrick, 1849, Dublin, IRL **[37181]** : 1840-1870, Orange Co., NY, USA **[38211]**
WINTERSGILL : 1750-1850, Masham, NRY, ENG **[42699]**
WINTIE : 1800-1850, Hull & Any, YKS, ENG **[30411]** : George, PRE 1827, London & Any, ENG & WORLD-WIDE **[30411]**
WINTLE : ALL, West Dean, GLS, ENG **[15409]** : ALL, GLA, WLS **[15409]** : ALL, MON, WLS **[15409]**
WINTON : 1800-1860, Gumeracha, SA, AUS & SCT **[40509]** : C1790-1882, Bridgnorth, SAL, ENG **[10367]** : 1780+, Framfield, SSX, ENG **[20975]** : 1800+, Sheffield, YKS, ENG **[46189]** : 1800-1850, Westminster, LND, ENG & FRA **[18150]** : C1800, SCT **[46189]** : 1761+, Haddington, ELN, SCT **[21207]** : PRE 1830, FIF, SCT **[30310]**
WINTOUR : 1500+, WOR, ENG **[11715]**
WINTRUP : ALL, ROX, SCT **[21196]**
WINWOOD : 1650-1750, Chelmarsh & Ombersley, SAL & WOR, ENG **[12641]** : 1738-1808, Ombersley & Claines, WOR, ENG **[45754]**
WINWRIGHT : 1850, Leyton, ESS, ENG **[26399]**
WIPPEL : PRE 1820, Lorch, HEN, GER **[14045]**
WIRESDALE : 1650+, Maxstoke & Shustoke, WAR, ENG **[30107]**
WIRSS : Elizabeth, 1880+, Bourke, NSW, AUS **[45699]**
WIRTH : 1856+, Sydney, NSW, AUS **[39096]** : 1600+, Jettenbach, RPF, BRD **[39096]** : ALL, Niemegk, GER **[13848]**
WIRTNER : ALL, USA & GER **[22882]**
WIRTZ : 1760+, BAD, GER **[15345]**
WISBEY : James, 1820, ESS, ENG **[35649]** : ALL, ESS, SFK & CAM, ENG **[39541]**
WISBY : John Benjamin, 1871-1946, VIC, AUS **[14672]**
WISDOM : 1650-1800, Glynde, SSX, ENG **[18403]**

WISE : Mary Ann, 1840S, Sydney, NSW, AUS **[11195]** : Isabella, 1845+, Sydney, NSW, AUS **[11195]** : 1822+, Hobart, TAS, AUS **[36652]** : 1700-1850, Liskeard Area, CON, ENG **[11582]** : 1700+, St.Veep, CON, ENG **[11582]** : 1800+, DUR, ENG **[37213]** : ALL, Durham, DUR, ENG **[46479]** : 1800S, Deal, KEN, ENG **[21149]** : 1780+, Deptford, KEN, ENG **[21394]** : 1800+, Deptford, KEN, ENG **[45030]** : 1700-1850, Ripon, NRY, ENG **[26629]** : PRE 1900, York, NRY, ENG **[36994]** : PRE 1753, Bodicote, OXF, ENG **[43840]** : 1800S, Britwell, OXF & SRY, ENG **[33245]** : PRE 1778+, Whatley, SOM, ENG **[19513]** : 1700-1800, Crowhurst, SRY, ENG **[33347]** : Lawrence, 1807, Greenwich, SRY, ENG **[14290]**
WISEMAN : John, 1830+, Sydney, NSW, AUS **[30501]** : Herbert, 1886+, Sydney, NSW, AUS **[30501]** : PRE 1860, Sunderland, DUR, ENG **[39479]** : 1800+, Sible Hedingham, ESS, ENG **[22248]** : PRE 1840, Blackburn, LAN, ENG **[11344]** : 1800-20, Cheapside, LND, ENG **[45082]** : 1800+, NFK, ENG **[17687]** : PRE 1850, NFK, ENG **[25559]** : 1800+, Burlingham & South Walsham, NFK, ENG **[36498]** : C1790, Burnham, NFK, ENG **[31972]** : Benjamin, 1754-1809, Diss, NFK, ENG **[26007]** : ALL, Hickling, NFK, ENG **[43842]** : ALL, Wells, NFK, ENG **[31972]** : ALL, Wedmore, SOM, ENG **[25884]** : PRE 1900, Tadcaster, YKS, ENG **[19258]** : PRE 1854, COR, IRL **[34221]**
WISH : 1600-1900, DEV, ENG **[27087]**
WISHART : 1911+, NSW & VIC, AUS **[13584]** : 1880+, Wagga & Bairnsdale, NSW & VIC, AUS **[12785]** : 1909+, Brisbane, QLD, AUS **[28000]** : James & Helen, 1882+, Brisbane & Sale, QLD & VIC, AUS **[12785]** : David, 1880+, Invercargill, NZ **[12785]** : Ann, 1776+, Old Machar, ABD, SCT **[11745]** : PRE 1900, Rothesay, ARL, SCT **[27666]** : PRE 1840, ELN, SCT **[38309]** : ALL, FIF, SCT **[46262]** : 1650-1800, Crail, FIF, SCT **[36435]** : Alex, 1700+, Crail, FIF, SCT **[13000]** : James, 1826, Newburn & Kennoway, FIF, SCT **[12785]**
WISKEN : ALL, Worldwide **[17191]** : ALL, Worldwide **[12230]** : (see One Name Section) **[17191]**
WISKIN : ALL, WORLDWIDE **[17191]**
WISSELL : PRE 1900, SFK, ENG **[27522]**
WISTLE : Francis, PRE 1720, SFK, ENG **[27522]** : PRE 1850, SFK, ENG **[27522]**
WISTOW : Martha, Burton by Lincoln, LAN, ENG **[37617]**
WITBY : ALL, NTT, ENG **[18851]**
WITCHEL : PRE 1900, Coln St.Aldwyn, GLS, ENG **[45227]**
WITCHER : 1750-1850, Wonston, HAM, ENG **[32042]** : PRE 1926, Porthcawl, GLA, WLS **[31323]**
WITCOMB : Levi, 1840+, St.Marys, NSW, AUS **[11745]** : 1830+, SOM, ENG **[31877]** : Levi, 1830+, Walcot Bath, SOM, ENG **[11745]** : C1838, Tamworth, WAR, ENG **[38728]** : Henrietta, C1797, Bristol, GLS & SOM, ENG & AUS **[44314]**
WITCOMBE : PRE 1860, SOM, ENG **[13245]** : 1700+, Bath, SOM, ENG **[36710]** : 1770-1880, Coleford, SOM, ENG **[26396]** : Emily, 1839, Street & Newcastle, SOM & NSW, ENG & AUS **[11530]**
WITH : 1800+, ENG **[41880]**
WITHAM : 1700S, Roding, ESS, ENG **[45215]** : PRE 1860, London, MDX, ENG **[40533]** : C1800, Pulham St.Mary, NFK, ENG **[31375]** : C1800, Kingston on Thames, SRY, ENG **[40533]**
WITHEFORD : ALL, WORLDWIDE **[46397]**
WITHEMAN : 1620+, Ilminster, SOM, ENG **[12078]**
WITHERAL : PRE 1890, OXF, ENG **[29974]**
WITHERALL : PRE 1890, BRK, ENG **[29974]** : PRE 1890, Cholsey, BRK, ENG **[29974]**
WITHERBED : 1800+, Cosby, LEI, ENG **[30120]**
WITHERDEN : 1900S+, ENG **[27993]** : 1750-1850, KEN, ENG **[41943]** : 1750-1850, Rolvenden, KEN, ENG **[41943]** : 1750-1850, Thanet, KEN, ENG **[41943]** : 1800+, LND, ENG **[44954]**

WITHERIDGE : PRE 1861, Plymouth, DEV, ENG [20773]
WITHERINGTON : C1750, Sanquhar & Mauchline, DFS & AYR, SCT [36800]
WITHERS : 1820+, NSW, AUS [11572] : C1861+, Lismore & Murwillumbah, NSW, AUS [11462] : PRE 1820, Newbury, BRK, ENG [11572] : PRE 1900, Alton & Bentworth, HAM, ENG [17508] : C1780, HAM & SSX, ENG [17470] : PRE 1830, Holborn, LND, ENG [42083] : 1800+, Shrewsbury, SAL, ENG [27492] : PRE 1900, West Bromwich, STS, ENG [41208] : Joseph, C1830, Rathmines, DUB, IRL [14627] : 1650+, Woodbridge, NJ, USA [23319] : 1906+, Brynmawr, BRE, WLS [46213]
WITHEY : 1800+, SOM, ENG [36126] : 1809+, Coker, SOM, ENG [17291]
WITHNALL : ALL, Ashton-under-Lyne, LAN, ENG [33973]
WITHROW : 1757+, NS, CAN & ENG [32223]
WITHY : 1850+, SOM, ENG [45707]
WITHYMAN : PRE 1835, West Chinnock, SOM, ENG [33237]
WITNEY : 1760-1829, Chinnor, OXF, ENG [21765]
WITT : ALL, Barmstedt, SHO, GER [33237] : 1700-1800, Zarpen, SHO, GER [14513]
WITTE : Johann, C1812, Kiel, SHO, GER [22470]
WITTEN : Sarah, 1843, St.Martin, Birmingham, WAR & BKM, ENG [16822] : Francis John, 1827-1911, Lexton, ESS, ENG & AUS [45774]
WITTERN : PRE 1800, Lubeck, LUE, GER [25969]
WITTERS : 1818, Montgomery Co., OH, USA [24725] : 1749+, PA, USA [24725]
WITTON : C1840+, Hobart, TAS, AUS [36652] : ALL, LND, ENG [36652]
WITTS : 1780-1830, Crudwell, WIL, ENG [35218]
WITZEL : PRE 1900, Buffalo, NY, USA [33567]
WITZNER : C1780, SILESIA [34321]
WIX : Louisa, 1806-1841, Burghfield, BRK, ENG [36538]
WOAN : ALL, Blackburn & Preston, LAN, ENG [14880]
WODEHOUSE : 1780-1880S, ARM, IRL [20730]
WODHULL : 1066+, Odell, BDF, ENG [44913]
WODROLPH : Ferdinando, 1585+, Isleham, CAM, ENG [45070]
WOERNER : PRE 1852, Berkheim & Obereblingen, WUE, GER [11256]
WOGANDT : PRE 1845, Danzae, GER [14030]
WOHLERS : ALL, Hoyerhagen, BRM, GER [11866]
WOICZCEHOWSKI : ALL, Petzdorf, BLN, GER [22796]
WOLCOCKE : 1610-1750, St.Minver, CON, ENG [36435]
WOLEDGE : 1720-1850, Middleton, SFK, ENG [33820] : 1851+, Christchurch & Lyttelton, CBY, NZ [33820]
WOLF : 1855, Maitland, NSW, AUS [30776] : C1840, Great Yarmouth, NFK, ENG [19568] : PRE 1750, Newdigate, SRY, ENG [43842]
WOLFE : 1842-1905, Bombala, NSW, AUS [11283] : PRE 1743, Madingley & Dry Drayton, CAM, ENG [30996] : PRE 1778, Liverpool, LAN, ENG [31003] : 1900S, Frimley, SRY, ENG [42647] : Henry, 1775-1850, Hameln, HAN, GER [32243] : Caroline, 1845-1874, Hameln, HAN, GER [32243] : PRE 1778, IRL [31003] : 1794, Lochow, BRA, PRE [10318]
WOLFENDEN : 1820+, Sydney, NSW, AUS [10839] : 1890+, Manchester, LAN, ENG [29328]
WOLFERSTAN : ALL, DEV & STS, ENG [21312]
WOLFF : 1850S, Melbourne, VIC, AUS [32035] : Gothar, 1800-1874, Woolwich, KEN, ENG [36608] : Claus Wm F.G., PRE 1850+, GER [30971] : Mathais, 1830+, Heilbach, BITBURG, GER [24707] : George, 1762-1826, Hameln, HAN, GER [32243] : ALL, Beerfelden, HEN, GER [32035] : ALL, Gustrow, MEK, GER [13994] : Mathais, 1870+, Milwaukee, WI, USA [24707]
WOLFINDEN : 1820+, Sydney, NSW, AUS [10839]
WOLLAND : 1800+, Bitton, GLS, ENG [26101]
WOLLASTON : 1500-1950+, Finsbury & City, LND, ENG [46254]
WOLLEN : ALL, Braunton, DEV, ENG [27492]
WOLLMUTH : Regina M.D., PRE 1792+, Starggard Mecklenburg-Strel., MST, GER [30971]
WOLMER : PRE 1600, Norwich, NFK, ENG [33428]
WOLSTENHOLME : PRE 1850, Manchester & Salford, LAN, ENG [34612] : 1880-1920, Sheffield, YKS, ENG [24902]
WOLTERS : 1850+, Tumbarumba, NSW, AUS [41345]
WOLTZ : 1800+, Strasbourg, ALS, FRA [25598]
WOLVERSTON : ALL, ENG [45042]
WOMBOUGH : ALL, WORLDWIDE [12905]
WOMBWELL : PRE 1800, Langley, ESS, ENG [34986]
WONES : ALL, Minsterley & Shelve, SAL, ENG [30147] : ALL, Sedgley & West Bromwich, STS, ENG [30147]
WONNOCOTT : Clara, 1840+, Bristol, GLS, ENG [42724]
WOOBANK : ALL, Leeds, WRY, ENG [42745]
WOOBERRY : PRE 1815, Rudgewick, SSX, ENG [40756]
WOOBY : 1700+, SFK, ENG [39061]
WOOD : Mary, 1884+, AUS [43779] : Sophia Mary, 1900+, Albury, NSW, AUS [45699] : 1850-1900, Bathurst, NSW, AUS [42609] : Alfred, 1850+, Bathurst & Narrabri, NSW, AUS [99026] : James, 1889, Helensburgh, NSW, AUS [10072] : 1850+, Kiama, NSW, AUS [44300] : Mary, 1856, Randwick, NSW, AUS [10072] : Elizabeth, 1850, Raymond Terrace, NSW, AUS [13153] : William, C1850, Raymond Terrace, NSW, AUS [13153] : 1791+, Windsor, NSW, AUS [46280] : 1853-1910, Swan Creek, QLD, AUS [32314] : 1837+, Adelaide Hills, SA, AUS [12454] : William, 1839-1863, Payneham, SA, AUS [31153] : Aaron, 1832-1849, TAS, AUS [46491] : Thos Dawson, 1827-1840, Hobart, TAS, AUS [46491] : Mary Dawson, 1827-1846, Hobart, TAS, AUS [46491] : John, 1827-1850, Hobart, TAS, AUS [46491] : Sarah, 1827-1858, Hobart, TAS, AUS [46491] : Wm Dawson, 1827-1866, Hobart, TAS, AUS [46491] : Charles, 1874+, Everton, VIC, AUS [36433] : Wm Henry, 1845+, Melbourne, VIC, AUS [12831] : Thos Dawson, 1860+, Mooroopna, VIC, AUS [46491] : John, 1850-1888, Oxley, VIC, AUS [46491] : Charles, 1833, WA, AUS & UK [28013] : Robert, ALL, Douglastown, NB, CAN [39712] : C1840, Montreal, QUE, CAN [43792] : 1880S, Adlington, CHS, ENG [30737] : Joseph, PRE 1860, Mottram, CHS, ENG [10662] : Samuel & Ann, C1786, Prestbury, CHS, ENG [11197] : George & Mary, C1810, Prestbury, CHS, ENG [11197] : ALL, Rainow & Bollington, CHS, ENG [36498] : 1800S, Siddington, CHS, ENG [40025] : Samuel, 1888-1936, CHS & LAN, ENG [30737] : John, C1853-1938, Prestbury, CHS & STS, ENG [30737] : George, PRE 1860, Carlisle, CUL, ENG [46505] : 1880+, Eckington & Staveley, DBY, ENG [45070] : ALL, Dartmouth, DEV, ENG [42909] : 1700S, Exeter, DEV, ENG [18895] : 1700-1900, Hemyock, DEV, ENG [18150] : 1750-1850, Kenton, DEV, ENG [15098] : 1790S-1853, Slapton, DEV, ENG [32314] : PRE 1650, Whimple, DEV, ENG [10493] : 1600S-1800S, Hurworth on Tees, DUR, ENG [34112] : 1848-1890, Goole, ERY, ENG [35218] : 1700, Inworth, ESS, ENG [17704] : 1700-1850, Writtle, ESS, ENG [45863] : 1784-1825, Painswick, GLS, ENG [14542] : ALL, Rodborough, GLS, ENG [12454] : PRE 1867, Lymington & Southampton, HAM, ENG [27437] : PRE 1800, Portsea, HAM, ENG [17470] : Joseph, 1697, Ashperton, HEF, ENG [10993] : C1860-1910, Ashford & Willesborough, KEN, ENG [40569] : C1750, Barham, KEN, ENG [32071] : 1780+, Canterbury, KEN, ENG [17030] : 1800-1900, Deptford, KEN, ENG [45863] : 1700+, Faversham, KEN, ENG [11690] :

WOO

1800-1900, Greenwich, KEN, ENG **[45863]** : C1860-1900, Sandwich & Eastry, KEN, ENG **[40569]** : ALL, LAN, ENG **[46355]** : Joseph, PRE 1840, LAN, ENG **[10642]** : Joseph, PRE 1840, Ashton, LAN, ENG **[10642]** : PRE 1840, Bury, LAN, ENG **[45308]** : Ann, C1800, Lees, LAN, ENG **[10642]** : Martha Ann, 1846, Liverpool, LAN, ENG **[24579]** : 1890+, Liverpool, LAN, ENG **[30120]** : C1750-1880, Salford & Manchester, LAN, ENG **[32040]** : James, PRE 1883, Wigan, LAN, ENG **[10072]** : Timothy, PRE 1823, St.Nicholas, Leicester, LEI, ENG **[36665]** : 1850, Lincoln, LIN, ENG **[35184]** : 1680+, Nocton, LIN, ENG **[41477]** : Walter, C1860+, Bromley, LND, ENG **[25654]** : PRE 1909, Camdentown, LND, ENG **[42474]** : PRE 1900, Hackney, LND, ENG **[40683]** : PRE 1770, Hackney & Shoreditch, LND, ENG **[17931]** : James J., C1800, Islington, LND, ENG **[11366]** : James, ALL, North Brixton, LND, ENG **[43941]** : 1820+, Poplar, LND, ENG **[46430]** : James, 1852, London, MDX, ENG **[36112]** : PRE 1850, Shoreditch, MDX, ENG **[37709]** : Ann, PRE 1784, Stepney, MDX, ENG **[17470]** : PRE 1850, Newcastle, NBL, ENG **[20672]** : PRE 1735, Ponteland, NBL, ENG **[26366]** : William, C1800, Norwich, NFK, ENG **[13153]** : Erasmus, PRE 1800, Norwich, NFK, ENG **[13153]** : 1798+, Kettering, NTH, ENG **[21207]** : Dorothy, PRE 1700, NTT, ENG **[10194]** : Harriet, C1840, Nottingham, NTT, ENG **[11783]** : PRE 1721, Westwell, OXF, ENG **[26366]** : 1820-1850, Longdon upon Tern, SAL, ENG **[99598]** : ALL, Clopton, SFK, ENG **[26932]** : 1711, Haverhill, SFK, ENG **[42588]** : 1650-1800, Melton, SFK, ENG **[19471]** : PRE 1850, SOM, ENG **[25853]** : Frederick, PRE 1854, SOM, ENG **[99440]** : 1814, Epsom, SRY, ENG **[46004]** : William, C1825, Buxted, SSX, ENG **[31153]** : PRE 1820, Buxted & Frant, SSX, ENG **[98672]** : 1770-1871, STS, ENG **[34790]** : Sarah Ann, C1864, Dunstall, STS, ENG **[30737]** : ALL, Horton & Leek, STS, ENG **[29989]** : 1809, Mavesyn Ridware, STS, ENG **[27780]** : PRE 1900, Trysull, STS, ENG **[19641]** : Jane, C1861, Tunstall, STS, ENG **[30737]** : 1840-1880, W.Brom, Walsall & R.Regis, STS, ENG **[30120]** : 1750+, Baddesley Ensor, WAR, ENG **[22014]** : Ben, 1902+, Birmingham, WAR, ENG **[46444]** : Thomas, C1750, Birmingham, WAR, ENG **[46491]** : Aaron, C1780, Birmingham, WAR, ENG **[46491]** : C1860-1900, Birmingham, WAR, ENG **[13801]** : Mary, PRE 1827, Birmingham, WAR, ENG **[46491]** : Benjamin, PRE 1902, Birmingham, WAR, ENG **[46444]** : PRE 1900, Snitterfield, WAR, ENG **[44223]** : 1820+, Edgbaston, WAR & STS, ENG **[30120]** : PRE 1670, Seend, WIL, ENG **[11886]** : 1800-50, Saddleworth, WRY, ENG **[31826]** : 1700-1800, Wakefield, WRY, ENG **[31826]** : 1750-1900, Alverthorpe & Wakefield, YKS, ENG **[46001]** : Emily, 1600+, Great Ayton, YKS, ENG **[38979]** : John, PRE 1900, Great Habton, YKS, ENG **[36433]** : George, PRE 1860, Harrogate, YKS, ENG **[46505]** : Eliz., C1834, Leeds, YKS, ENG **[25770]** : ALL, Sheffield, YKS, ENG **[46429]** : ALL, Warmfield & Naburn, YKS, ENG **[28479]** : 1800+, COR, IRL **[45950]** : Mary, 1837+, Westport, MAY, IRL **[10072]** : ALL, Lattin, TIP, IRL **[10280]** : Thos Dawson, 1840+, NZ **[46491]** : Captain, 1850-1870, Auckland, NZ **[37278]** : James, 1883, Christchurch, NZ **[10072]** : PRE 1900, Dunedin, OTG, NZ **[43923]** : PRE 1830, Auchterless, ABD, SCT **[26173]** : 1700+, ANS, SCT **[41244]** : 1805+, Gamrie, BAN, SCT **[30182]** : PRE 1820, ELN, SCT **[38309]** : Stevens, 1820S, Kirkcaldy, FIF, SCT **[33728]** : PRE 1854, Kirkcaldy, FIF, SCT **[12974]** : PRE 1854, Tweedle, FIF, SCT **[12974]** : Elizabeth, C1791, Cockpen, MLN, SCT **[37568]** : 1830+, OKI, SCT **[13513]** : C1830, Eddlestone, PEE, SCT **[12974]** : 1750-1820, Eckford, ROX, SCT **[40509]** : William, 1802-1820, Aberdeen & Sligo, ABD & SLI, SCT & IRL **[28323]** : 1800-60, Aberdeen, ABD, SCT & NZ **[37278]** : Richard, 1750-1850S, UK **[42799]** : Mary Ann, 1800-1900, UK **[42799]** : C1775, Albany Co. & Schoharie Co., NY, USA **[24413]** : PRE 1850, VT & WI, USA **[29570]**

WOOD(S) : William, PRE 1890, Manchester, LAN, ENG **[29187]** : James, 1827-30, Runcorn, LAN, ENG **[29187]**

WOOD-PRINCE : C1934-2005, IL & OH, USA **[37749]**

WOODALL : 1783, Ramsey, HUN, ENG **[12641]** : PRE 1800, Shrewsbury, SAL, ENG **[45176]** : PRE 1837, Birmingham, WAR, ENG **[42645]** : 1800+, Dudley, WAR, ENG **[11213]** : C1800S, WOR, ENG **[11526]**

WOODARD : William Davis, 1817+, London, ENG **[34533]** : John Argent, 1823+, London, ENG **[34533]** : John Argent, 1849+, London, ENG **[34533]** : John Argent, 1869+, London, ENG **[34533]**

WOODBINE : 1700+, ENG **[16811]** : PRE 1950, Wymondham, NFK, ENG **[43421]**

WOODBRIDGE : 1700-1900, Amersham & Beaconsfield, BKM, ENG **[38840]** : PRE 1725, Beaconsfield, BKM, ENG **[25930]** : Elizabeth, 1673+, Kempsford, GLS, ENG **[26817]**

WOODBURN : PRE 1900, Ulverston, LAN, ENG **[45054]** : Thomas, C1840, Walney, LAN, ENG **[31356]** : 1800+, Loudoun, AYR, SCT **[36569]**

WOODBURNER : PRE 1800, Cartmel, LAN, ENG **[19964]**

WOODBY : Fanny, 1804-1888, High Wycombe & Wimbledon, BKM & SRY, ENG **[27081]**

WOODCOCK : 1838+, Over, CHS, ENG **[41027]** : PRE 1816, Mansfield, DEV, ENG **[25764]** : PRE 1750, Bourne & Irnham, LIN, ENG **[20178]** : PRE 1820, MDX, ENG **[33428]** : 1780+, Pilsgate, NTH, ENG **[10822]** : PRE 1710, Ecclesfield, WRY, ENG **[17626]** : PRE 1900, Gomersal, WRY, ENG **[35619]** : PRE 1820, Thurlstone, WRY, ENG **[44078]** : 1800+, Leeds, YKS, ENG **[46497]** : 1872+, Wakefield, YKS, ENG **[42031]** : 1800+, Glasgow, LKS, SCT **[46497]** : 1800+, Edinburgh, MLN, SCT **[46497]**

WOODCRAFT : PRE 1900, Mudgee, NSW, AUS **[31715]** : PRE 1850, Whipsnade, BDF, ENG **[31715]**

WOODEN : ALL, ENG **[17151]** : 1700+, Burwash & Catsfield, SSX, ENG **[30968]** : ALL, WORLDWIDE **[26686]**

WOODEN (see One Name Section) [17151]

WOODERSON : 1800-1833, Carlisle, NBL, ENG **[11366]**

WOODFIELD : Charles, C1867-1946, ONT, CAN & ENG **[15513]** : PRE 1840, Bisley, GLS, ENG **[27634]**

WOODFORD : 1800+, AUS **[11085]** : Edward H., PRE 1860, Riverina, NSW, AUS **[19975]** : 1800+, Ryde, NSW, AUS **[11085]** : ALL, Lymington, HAM, ENG **[37168]** : 1815, Billingborough, LIN, ENG **[46264]** : 1785+, Folkingham & Billingborough, LIN, ENG **[45689]** : 1785+, Folkingham & Billingborough, LIN, ENG **[44160]** : C1869, Kensington, MDX, ENG **[98672]** : C1865, Witney, OXF, ENG **[98672]** : 1600+, Taunton, SOM, ENG **[11085]** : 1860-90, SINGAPORE **[45360]**

WOODGATE : 1728-1800, Beer, DEV, ENG **[19127]** : 1780+, KEN, ENG **[29520]** : PRE 1830, Hawkhurst, KEN, ENG **[20949]** : 1680-1750, Lavenham, SFK, ENG **[33847]** : PRE 1800, SSX, ENG **[39430]** : PRE 1900, IRL **[19234]**

WOODGER : 1790, Rochester, KEN, ENG **[39479]** : 1790, West Malling, KEN, ENG **[39479]**

WOODHAM : PRE 1838, Huntingdon, BDF & CAM, ENG **[22176]** : 1720-1780, CAM & BDF, ENG **[30111]** : 1841+, St.John, Wapping, HAM, ENG **[44209]** : 1800+, Islington, LND, ENG **[97806]** : 1854+, St.George East, MDX, ENG **[44209]**

WOODHAMS : ALL, KEN, ENG **[99036]** : 1800S, SRY, ENG **[99010]** : PRE 1696, Lullington & Chalvington, SSX, ENG **[37155]**

WOODHEAD : 1800+, Hensall & Burn, NRY, ENG **[34440]** : PRE 1830, North Leverton, NTT, ENG **[98601]** : 1750-1850, Halifax, Shelf & Coley, WRY, ENG **[44241]** : 1800-1850, YKS, ENG **[31826]** : 1800-1880, Hepstonstall, YKS, ENG **[27879]** : PRE 1900, Meltham, YKS, ENG **[25762]**

WOODHOUSE : Robert, 1841+, AUS **[42724]** : 1600-

1850, ENG **[46312]** : John, PRE 1800, Lee Green, CHS, ENG **[25046]** : PRE 1747, Matlock, DBY, ENG **[25557]** : 1750-1820S, Kingsclere, HAM, ENG **[42083]** : 1800+, Lancaster, LAN, ENG **[17403]** : ALL, Quernmore, LAN, ENG **[17403]** : 1860-1910, Southwark & Camberwell, LND, ENG **[42083]** : 1815, Kelling, NFK, ENG **[27780]** : 1760-1870, Kellling & Weybourne, NFK, ENG **[13430]** : 1840-1860S, SRY, ENG **[42083]** : 1785-1848, Mavensyn Ridware, STS, ENG **[46235]** : ALL, Rowley, STS, ENG **[41582]** : ALL, Kentchurch, HEF, ENG & AUS **[46262]** : 1780-1880S, ARM, IRL **[20730]** : ALL, WORLDWIDE **[45723]**

WOODHOUSE (see One Name Section) [45723]

WOODING : 1820, Houghton Conquest, BDF, ENG **[18593]** : Harold, C1900, Hitchin, HRT, ENG **[32050]**

WOODINGS : 1849-1904, Coromandel Valley & Mitcham, SA, AUS **[31153]** : C1899, Minyip, VIC, AUS **[31153]** : PRE 1849, Rocester & Newborough, STS, ENG **[31153]** : C1839, Uttoxeter, STS, ENG **[38362]**

WOODLAND : 1854+, Creswick, VIC, AUS **[99174]** : 1760-1770, Bristol, GLS, ENG **[19759]** : 1750+, KEN, ENG **[11690]** : 1790-1810, Southwark, LND, ENG **[99174]**

WOODLAND (see One Name Section) [22206]

WOODLEY : 1820+, Sydney, NSW, AUS **[45384]** : PRE 1700, Harwell & East Hendred, BRK, ENG **[27678]** : 1780-1850, Sutton Courteney, BRK, ENG **[30071]** : PRE 1900, SRY, ENG **[39439]**

WOODLIFF : John, 1795, Gainsborough, LIN, ENG **[39247]**

WOODMAN : C1785-1868, Aylesbury, BKM, ENG **[19908]** : 1770+, Calstock, CON, ENG **[15564]** : C1863, Exeter, DEV, ENG **[14645]** : 1750-1840, Westbourne, HAM, ENG **[18203]** : 1829-1853, Goddington & Blackthorn, OXF, ENG **[19908]** : 1690-1750, Cherhill, WIL, ENG **[32505]**

WOODMASS : 1700-1883, Alston, CUL, ENG **[17642]**

WOODNESS : Mary, C1700-1800, Monkwearmouth & Sunderland, DUR, ENG **[24971]**

WOODROW : 1760+, LND, ENG **[39891]** : 1833-1900, St.Pancras, MDX, ENG **[33347]** : 1775-1850, NFK, ENG **[33347]** : PRE 1800, SFK & NFK, ENG **[42927]** : 1812, Kilmarnock, AYR, SCT **[11533]**

WOODRUFF : 1700S, Isleham, CAM, ENG **[45070]** : 1800-2004, Manchester, LAN, ENG **[44104]** : C1780+, Manchester, LAN, ENG **[42758]**

WOODRUFFE : 1780-1860, DUR, ENG **[36435]** : 1780-1860, NBL, ENG **[36435]**

WOODS : 1850+, Albury, Young & Temora, NSW, AUS **[12708]** : 1900, Cowra, NSW, AUS **[11590]** : 1900+, Maitland, NSW, AUS **[46373]** : 1896+, Ipswich, QLD, AUS **[28000]** : 1864+, Williamstown, VIC, AUS **[99055]** : 1840+, Wakefield Twp & Masham Twp, QUE, CAN **[15902]** : John Burton, C1820, London, ENG **[32050]** : 1800-1860, Stagsden, BDF, ENG **[46313]** : Ann, PRE 1810, Milton, CAM, ENG **[14290]** : 1870+, Crewe, CHS, ENG **[41037]** : C1800, Stockport, CHS, ENG **[41511]** : 1820, Barking, ESS, ENG **[12708]** : PRE 1700, Old Basing, HAM, ENG **[10493]** : 1750-1850S, Boxmoor, HRT, ENG **[46432]** : PRE 1820, HUN, ENG **[30981]** : Andrew, C1853, Gravesend, KEN, ENG **[39985]** : PRE 1780, LAN, ENG **[44150]** : Ellen, 1851+, (Mar. Oakes), LAN, ENG **[11158]** : 1900+, Liverpool, LAN, ENG **[42782]** : Susannah, C1830, Oswaldtwistle, LAN, ENG **[21129]** : PRE 1840, St.Helens & Parr, LAN, ENG **[34612]** : Susannah PRE 1820, MDX, ENG **[25627]** : 1850-1890, Finchley, MDX, ENG **[46432]** : 1700+, Steeple Aston, OXF, ENG **[38486]** : 1790-1830, Clopton, SFK, ENG **[43792]** : ALL, Framsden & Bredfield, SFK, ENG **[99600]** : PRE 1840, Rendham, SFK, ENG **[36337]** : 1800+, Walsham, SFK, ENG **[40055]** : Cecil Joseph, C1900-1917, Bexhill, SSX, ENG **[32050]** : Joseph Burton, 1840-1919, London & Hastings, SSX, ENG **[32050]** : Ann Mary, 1815+, Bilston, STS, ENG **[33870]** : John, C1853-1916, Gravesend, KEN, ENG & AUS **[39985]** : 1820, Tanderagee, ARM, IRL **[26430]** :

1770+, Birr, OFF, IRL **[16167]** : 1912+, Glasgow, LKS, SCT **[41037]**

WOODSTOCK : C1760+, Croydon, SRY, ENG **[34321]**

WOODWARD : William, ALL, ENG **[30971]** : 1800+, BDF, ENG **[99433]** : PRE 1744, Biddenham, BDF, ENG **[22182]** : John, PRE 1807+, Chalfont St.Peter, BKM, ENG **[30971]** : John, 1740-1838, Bunbury, CHS, ENG **[42828]** : Thomas, 1790-1848, Bunbury, CHS, ENG **[42828]** : Robert, 1836, Kings Lane House, CHS, ENG **[44353]** : 1700S, Crantock, CON, ENG **[10698]** : 1860+, Phillack, CON, ENG **[20975]** : 1850+, Stratton, CON, ENG **[25529]** : 1500-2005, DBY & STS, ENG **[43877]** : 1800S, DEV, ENG **[42384]** : 1700, Feering, ESS, ENG **[17704]** : ALL, Cam, GLS & WIL, ENG **[44815]** : Elizabeth, 1861+, Flamstead, HRT, ENG **[45999]** : John, 1800+, Hertford, HRT, ENG **[97805]** : Robert George, C1833+, Rickmansworth, HRT, ENG **[30971]** : 1850+, Gillingham, KEN, ENG **[43884]** : PRE 1800, Thanet, KEN, ENG **[34201]** : 1850S, Muswell Hill, LND, ENG **[97805]** : C1800, Marylebone, MDX, ENG **[36075]** : Lucy, PRE 1869, Shepherds Hill & Harefield, MDX, ENG **[30971]** : PRE 1800, Flitcham, NFK, ENG **[21232]** : PRE 1850, Tilstock & Whitchurch, SAL, ENG **[34682]** : Henry, PRE 1690, Southwark, SRY, ENG **[39651]** : PRE 1900, Coventry, WAR, ENG **[45176]** : Sarah, 1850+, Harts Hill, WAR, ENG **[14760]** : Thomas, 1800+, Redditch, WOR, ENG **[14760]** : James, 1820-1850, INDIA **[46464]** : James, 1802-1850, Westminster & Kamptee, MAHARKSHTRA, INDIA **[46464]** : William, 1814+, COR, IRL **[32996]** : 1700-1800, Canterbury, Windham Co., CT, USA **[42429]** : Cynthia E., 1798+, Norton, Pittsburgh & Pike Co., MA, PA & OH, USA **[32132]**

WOODWARD (see BAKER : One Name Sec., **[30971]**

WOODWARD(S) : PRE 1800, LIN, ENG **[41477]**

WOODWELL : PRE 1900, BRK & NTH, ENG **[43991]** : Peeps, 1700+, Olney, NTH, ENG **[43991]**

WOODY : 1725, Sibton, SFK, ENG **[17704]**

WOODYATT : Edward, 1700S, Ashperton, HEF, ENG **[10993]** : ALL, WORLDWIDE **[34790]**

WOODYER : PRE 1820, Witley, SRY, ENG **[36246]**

WOOLASTON : 1500-1950+, Finsbury & City, LND, ENG **[46254]**

WOOLAWAY : ALL, DEV, SOM & HEF, ENG **[30248]**

WOOLBOROUGH : 1750, Swefling, SFK, ENG **[35184]**

WOOLCOCK : 1750+, CON, ENG **[25070]** : 1800S, CON, ENG **[34704]** : William, PRE 1839, Altarnun, CON, ENG **[29314]** : James, PRE 1854, Feock, CON, ENG **[41468]** : PRE 1800, Gwinear, CON, ENG **[18606]** : 1823+, Penzance, CON, ENG **[21442]** : PRE 1900, St.Just in Penwith, CON, ENG **[45689]**

WOOLCOT : C1800, SOM, ENG **[11658]**

WOOLCOTT:Louisa 1860 Melbourne VIC AUS **[26430]**

WOOLDRIDGE : 1800-1900, Canberra & Clare, ACT, NSW & SA, AUS & ENG **[14346]** : ALL, Stepney & Limehouse, LND, ENG **[17676]**

WOOLER : ALL, Wood Green, LND, ENG **[18020]**

WOOLEY : 1800S, Doveridge, DBY, ENG **[15521]**

WOOLF : 1790+, London, ENG **[34119]** : 1800+, Chatham, KEN, ENG **[27868]** : 1800, Margate, KEN, ENG **[27868]** : ALL, LND, ENG **[45863]** : 1800+, Spitalfields, LND, ENG **[11662]** : 1800+, St.George in the East, LND, ENG **[27868]** : 1831-1880, Riwaka, NZ **[12321]**

WOOLFE : Conrad, 1845+, Grimsby, LIN, ENG **[31849]** : Ann (Olson), 1845+, Grimsby, LIN, ENG **[31849]** : C1860, Albrighton, SAL, ENG **[30120]**

WOOLFENDEN : ALL, Manchester, Buxton & Birkenhead, LAN, DBY & CHS, ENG **[34980]**

WOOLFORD : PRE 1850, Ramsbury, WIL, ENG **[20949]** : PRE 1872, Ramsbury, WIL, ENG **[13809]** : 1860+, NZ **[13809]**

WOOLGAR : 1750+, Capel, KEN, ENG **[35280]** : 1800+, West Grinstead, SSX, ENG **[35561]** : ALL, WORLDWIDE **[19101]**

WOOLGAR (see One Name Section) [19101]
WOOLGER : 1830+, Tunbridge, KEN, ENG [11098]
WOOLHOUSE : 1943, OXF, ENG [46202] : PRE 1830, Loxley & Sheffield, YKS, ENG [46200]
WOOLISCROFT : 1850S, Macclesfield, CHS, ENG [46381] / 1700+, Cauldon, STS, ENG [18501]
WOOLLARD : 1833+, Paterson, NSW, AUS [11060] : 1700S, CAM, ENG [11536] : PRE 1750, Fordham, CAM, ENG [17523] : PRE 1840, Bishopgate, LND, ENG [11060] : PRE 1800, Flowton, SFK, ENG [43727]
WOOLLDRIDGE : 1650-1800, Retford, NTT, ENG [41573]
WOOLLER : 1900+, Wood Green, LND, ENG [18020]
WOOLLERY : 1730-1770, St.Andrews, JAMAICA, W.INDIES [10832]
WOOLLEY : 1800+, Cowden, KEN, ENG [19818] : ALL, Liverpool, LAN, ENG [46499] : 1818+, Hathern, LEI, ENG [27780] : Thomas, 1790-1850, Armitage, STS, ENG [37633] : Robert, 1810-1870, Armitage, STS, ENG [37633] : 1800+, Stafford, STS, ENG [20936] : Nathan, 1819, Birmingham, WAR, ENG [35577] : 1870+, Elsecar, WRY, ENG [46499] : William, 1800+, Mildenhall, SFK, ENG & AUS [46225] : 1500-2000, NY, USA & ENG [26745]
WOOLLFITT : 1730+, LIN, ENG [29715] : 1580+, Laxton, NTT, ENG [29715]
WOOLMAN : PRE 1850, ENG [43779] : 1660-1770, Eton & Upton-cum-Chalvey, BKM, ENG [33347] : 1830-1900, LEI, ENG [46502]
WOOLMER : 1800-1994, Romford, ESS, ENG [26897] : 1700-1850, Bengeo & Cottered, HRT, ENG [26897] : PRE 1800, Watton At Stone, HRT, ENG [19216] : 1700-1950, Deptford, KEN, ENG [26897] : 1700-1950, Hayes, KEN, ENG [26897] : Hugh, 1600-1800, KEN & ESS, ENG [26897] : 1750-1950, London & Chelsea, LND, KEN & ESS, ENG [26897] : 1700-1994, Croydon, SRY, ENG [26897]
WOOLNOUGH : 1750, Yoxford, SFK, ENG [17704]
WOOLRIDGE : 1800+, St.Margarets Hope, OKI, SCT [14513]
WOOLSEY : PRE 1800, South Lopham, NFK, ENG [42969]
WOOLSTEN : Alice, 1792+, Great Weldon, NTH, ENG [38548]
WOOLSTON : 1700S, Potter Heigham, NFK, ENG [28060]
WOOLSTONE : PRE 1600, Horsey, NFK, ENG [33428]
WOOLTORTON : 1840S, LND & SFK, ENG [43481]
WOONTON : 1870+, CAN [16102] : ALL, CHI [16102] : 1700-1900, Charmouth, DOR, ENG [31960] : ALL, Chard, SOM, ENG [16102] : 1700-1900, Chard & Chaffcombe, SOM, ENG [31960] : 1700-1900, Lopen, SOM, ENG [31960] : C1850-1860, NZ & AUS [16102] : 1915+, USA [16102] : C1890, MI, USA [16102] : 1925+, NY, USA [16102] : ALL, USA & ENG [16102] : 1600-2003, WORLDWIDE [16102]
WOONTON (see One Name Section) [16102]
WOORE : C1820, Lydbrook, GLS, ENG [26173]
WOOSTER : ALL, BKM, ENG [40752] : C1780, High Wycombe, BKM, ENG [40982] : PRE 1828, Wing, BKM, ENG [11145] : ALL, DOR, ENG [40752] : 1800, Christchurch & Swindon, HAM, ENG [40752] : Fred, 1888+, KEN, ENG [22122]
WOOTON : C1650, Hackthorn, LIN, ENG [28340]
WOOTTEN : Ellen Jane, 1850+, DEV, ENG [22456] : Prudence, C1800, Swynnerton, STS, ENG [33402]
WOOTTON : C1839, Wantage, BRK, ENG [28568] : C1767, Ermington, DEV, ENG [14120] : 1800+, HAM, ENG [36261] : 1700+, HEF, ENG [39430] : 1600+, Brackley, NTH, ENG [99418] : 1850-1900, Lambeth, SRY, ENG [46232] : C1800, Southwark, SRY, ENG [36075] : 1700S, Handsworth, STS, ENG [46282] : PRE 1899, Masterton, WRP, NZ [46251]

WOPLIN : ALL, WORLDWIDE [18700]
WOPLING : ALL, WORLDWIDE [18700]
WORBEY : ALL, London, ENG [20729]
WORBOYS : 1875+, Maitland, NSW, AUS [11060] : ALL, East Anglia, ENG [26686] : C1810-1830, Foxton, CAM, ENG [46381] : William, 1820, Guilden Morden, CAM, ENG [31510] : 1807, Ashwell, HRT, ENG [11773]
WORBY : ALL, London, ENG [20729]
WORCESTER : PRE 1828, BKM, ENG [11145] : George, PRE 1900, Shoreditch, LND, ENG [36433] : Rev. Wm, C1595, ENG & USA [22796]
WORDEN : PRE 1750, CON, ENG [11873] : 1800S, Truro, CON, ENG [30876] : 1819+, London & Yass, NSW, ENG & AUS [11043]
WORDINGHAM : PRE 1715, Stiffkey, NFK, ENG [29774]
WORDLEY : 1719-1893, Cavendish & Long Melford, SFK, ENG [41109] : 1855-1971, Greenwich & Plumstead, KEN, ENG & AUS [41109]
WORDLY : PRE 1796, Bishops Canning, WIL, ENG [14076]
WORDSWORTH : 1800-1840, Penistone, WRY, ENG [10037]
WORF : ALL, NFK, ENG [39949]
WORFOLK : 1850-60, Naburn Loch, YKS, ENG [46576]
WORGAN : 1801+, Brockswear Common, GLS, ENG [28747]
WORGER : 1600+, Brighton, SSX, ENG [99377]
WORKMAN : 1808-1870S, Mountain Twp., ONT & DRY, CAN & IRL [24943] : PRE 1770+, Cam & Coaley, GLS, ENG [18422] : PRE 1850, Chalford, GLS, ENG [11282]
WORLD : 1830+, Gunning, NSW, AUS [11572] : 1800S, London, ENG [34906] : 1800+, Shoreditch, LND & MDX, ENG [31079]
WORLEDGE : 1700+, SFK, ENG [39061]
WORLEY : Sophia, 1831-1901, Scone, NSW, AUS [10485] : 1810-1850, Chelmsford, ESS, ENG [46212] : Edmund, PRE 1850, Camden Town, LND, ENG [25072]
WORMALD : 1750-1800, Birstall, WRY, ENG [12641] : 1850+, Castleford, WRY, ENG [16813] : ALL, WORLDWIDE [16813]
WORMILL : PRE 1800, Langley, ESS, ENG [34986]
WORMLEY : ALL, AUS [31210] : ALL, ENG [31210] : ALL, USA [31210]
WORMSLEY : PRE 1860, Bluntisham cum Earith, CAM, ENG [39642]
WORNELL : ALL, WORLDWIDE [41590]
WORNER : 1852+, Camden & Parkesbourne, NSW, AUS [11256] : 1800-1900, Frome, SOM, ENG [18378] : 1823+, Martock, SOM, ENG [46500] : 1865+, Swansea, GLA, WLS [46500]
WORNES : Sarah Maria, 1880+, Chesterfield & Sheffield, DBY & YKS, ENG [43523] : Sarah Maria, 1880+, Dronfield, DBY & YKS, ENG [43523] : 1900+, Norfolk, NFK, ENG [46368] : ALL, WORLDWIDE [43523]
WORRALL : PRE 1854, Beeley & Ashover, DBY, ENG [18569] : 1820+, Hoby & Kilby, LEI, ENG [18569] : 1870+, London, MDX, ENG [37267] : PRE 1850, Lilleshall, SAL, ENG [17201] : 1700+, WAR, ENG [11690] : C1800S, Killaloe, CLA, IRL [10054] : Edna & Pansy, 1898+, Dundee, ANS, SCT [14880]
WORRELL : 1830S, PA, USA [35876]
WORRINGHAM : 1850, TAS & VIC, AUS [46021] : ALL, ENG [46021]
WORSDELL : PRE 1870, London, ENG [98672] : 1870+, Dunedin, OTG, NZ [98672]
WORSFOLD : ALL, LND, ENG [31646] : PRE 1870, Chelsea, LND, ENG [39588] : ALL, SRY & SSX, ENG

[45678] : 1800+, Shipley, SSX, ENG [35561] : PRE 1800, Shipley, SSX, ENG [15464]
WORSHAM : 1640-1710, Henrico Co., VA, USA [10832]
WORSLEY : PRE 1857, Greenwich, KEN, ENG [13853]
WORSNOP : PRE 1840, Armley & Leeds, WRY, ENG [37058]
WORSTALL : 1700-1850, Hartshorne, DBY, ENG [19471]
WORSTER : Edward, 1750-70, ENG [32559] : PRE 1828, Wing, BKM, ENG [11145] : 1700-1800, Cottesbrooke, NTH, ENG [18670] : 1800+, Long Buckby, NTH, ENG [46250]
WORT : ALL, HAM, ENG [40499] : 1800, Lambeth, LND, ENG [26731]
WORTH : ALL, CHS & DBY, ENG [39541] : PRE 1860, ESS, ENG [42238] : C1790, Saddington, LEI, ENG [22182] : PRE 1770, Hadleigh, SFK, ENG [18700] : Lionel, 1600S, Essex Co., MA, USA [45995]
WORTHINGTON : ALL, Wilmslow, CHS, ENG [18895] : John, 1749, Dover, KEN, ENG [26817] : 1790-1881, LAN, ENG [45675] : PRE 1860, Chorley & Parbold, LAN, ENG [36983] : 1800S, Kirkham, LAN, ENG [37070] : 1800-1835, Middleton & Tonge, LAN, ENG [27066] : PRE 1800+, Rumworth & Deane, LAN, ENG [10998] : C1860-1920, Wigan, LAN, ENG [17078] : PRE 1750, Seighford, STS, ENG [36033]
WORTHLEY : PRE 1850, DUR, ENG [45796]
WORTHY : PRE 1840, Matlock, DBY, ENG [44014] : PRE 1830, Bethnal Green, MDX, ENG [37709]
WORTHYLAKE : ALL, WORLDWIDE [18038]
WORTLEY : C1817, Norwich, NFK, ENG [40982]
WORTON : PRE 1800, Bethnal Green & Shoreditch, MDX, ENG [43842] : PRE 1815, Birmingham, WAR, ENG [17231] : ALL, WOR, ENG [41582]
WORVILLE : PRE 1772, Rollright, OXF, ENG [43840]
WORWICK : 1800, Rotherhite, LND, ENG [46418]
WOSTER : 1800S, Lambeth, LND, ENG [46460]
WOTHERSPOON : 1800+, Gigha, ARL, SCT [98660] : PRE 1836, RFW & LKS, SCT [46374]
WOTOSZCIUK : PRE 1850, Sniatyn & Galicia, OES [99443]
WOTTON : Mary, 1830+, Devonport, DEV, ENG [32901] : Samuel James, 1815, Sedgefield, DUR, ENG [36608] : PRE 1800, Sturry, KEN, ENG [39416] : Harriett, PRE 1880, Camberwell, LND, ENG [36608]
WRAD : 1700-1830, Penrith, CUL, ENG [46425]
WRAGG : George, 1800S, DBY, ENG [16309] : ALL, Northallerton, NRY, ENG [29328] : Frances, 1839+, NTT & DBY, ENG [16309] : 1870+, SFK, ENG [44110] : PRE 1850, STS, ENG [42900] : 1800+, Seattle, WA, USA [44110]
WRAGG (see WRAGGE) : [44110]
WRAGGE : 1800+, USA [44110]
WRAIGHT : PRE 1800, Biddenden, KEN, ENG [41372] : PRE 1700, Romney Marsh, KEN, ENG [18648]
WRAITH : 1773-1779, Chislet, KEN, ENG [36841]
WRATHALL : Marmaduke, 1703-1810, Burnsall & Linton in Craven, YKS, ENG [31153] : Marmaduke, C1740, Thorpe, YKS, ENG [31153]
WRATHELL : Margaret, 1890+, LAN, ENG [27289] : Edmund Langs., C1870, LAN, ENG [27289]
WRAY : 1855+, Cotta Walla, NSW, AUS [39015] : 1860S, London, ENG [14306] : 1700-1850, Hull, ERY, ENG [27087] : 1800-1830, Eltham, KEN, ENG [27087] : PRE 1840, London, LND & MDX, ENG [19259] : C1800, Kendal, WES, ENG [11773] : 1760-1860, ENG & AUS [43800] : 1865, Boveva, LDY, IRL [15594]
WRAY (see RAY) : [11773]
WREFORD : 1800+, DEV, ENG [40319] : 1800+, Morchard Bishop, DEV, ENG [40319]
WREN : 1830S, Bishopwearmouth, DUR, ENG [30724] : 1800, North Stoneham, HAM, ENG [40499] : 1800+, Watford, HRT, ENG [97805] : 1650-1750, Hailsham, SSX, ENG [33347] : C1800-1850, Ennistymon, CLA, IRL [11860] : 1842-1870S, COR, IRL & AUS [45541]
WRENN : ALL, ESS, ENG [97805]
WRIGG : C1800, WLS [11661]
WRIGG-LEE : C1805, Tonge, LAN, ENG [21129] : PRE 1805, Saddleworth, WRY, ENG [21129]
WRIGGLESWORTH : 1800+, LND & MDX, ENG [42986]
WRIGGLEY : Thomas, C1815, Tonge, LAN, ENG [21129]
WRIGHT : William, 1840S, AUS [16167] : 1870, NSW, AUS [46198] : 1800+, Bathurst, NSW, AUS [26833] : William, C1837, Bathurst, NSW, AUS [14120] : Mary Jane, 1873+, Bourke, NSW, AUS [14120] : John, 1884, Conoblas, NSW, AUS [14120] : 1870-1920, Cudgegong & Gulgong, NSW, AUS [33490] : 1788+, Hawkesbury, NSW, AUS [11628] : 1860+, Narrabri, NSW, AUS [34626] : 1854+, Newcastle, Sydney & Lismore, NSW, AUS [36607] : John, 1884, Orange, NSW, AUS [14120] : C1840, Sydney, NSW, AUS [29479] : PRE 1875, Sydney, NSW, AUS [40795] : Harry, C1910, Bribie Island & Brisbane, QLD, AUS [38132] : Caroline, C1810+, Robe & Adelaide, SA, AUS [39083] : PRE 1857, TAS, AUS [45796] : Margaret, C1840, Hobart, TAS, AUS [12470] : 1850-90, Launceston, TAS, AUS [36282] : C1870-1920, Ballarat, VIC, AUS [46381] : George, 1845-1880, Doncaster, VIC, AUS [33847] : Sarah Eliza, 1876-1940, Elsternwick, VIC, AUS [11718] : C1860, Nunawading, VIC, AUS [46381] : Mary Agnes, C1872, South Melbourne, VIC, AUS [45541] : Richard, 1881, Ridgeway, ONT, CAN [17033] : Laura, 1883, Ridgeway, ONT, CAN [17033] : Ruth, 1889, Ridgeway, ONT, CAN [17033] : William, 1870, Sherkston, ONT, CAN [17033] : 1930+, ENG [98674] : John, 1800+, London, ENG [21759] : 1850+, London, ENG [46498] : 1800+, BDF, ENG [99433] : 1600-1750, Kempston, BDF, ENG [17117] : 1834, BKM, ENG [99832] : PRE 1800, BKM, ENG [14268] : Frederick, 1855+, Astwood, BKM, ENG [17117] : 1810+, Calverton, BKM, ENG [11144] : 1750-1860, Marlow, BKM, ENG [18216] : 1800S, Longwittenham, BRK, ENG [10697] : 1830S, CAM, ENG [99832] : PRE 1860, Foxton, CAM, ENG [46381] : PRE 1820, Adlington, CHS, ENG [40756] : Peter, 1800+, Bollington, CHS, ENG [16433] : PRE 1850, Chester, CHS, ENG [38826] : Mary, PRE 1718, Prestbury, CHS, ENG [41477] : ALL, Snelson & Over Peover, CHS, ENG [40025] : 1700+, Paul, CON, ENG [20660] : 1796+, Carlisle, CUL, ENG [21207] : Sarah Jane, 1870+, Buxton, DBY, ENG [25427] : ALL, DOR, ENG [13231] : Mary Ashton, 1854, Bishopwearmouth, DUR, ENG [14094] : Mary Ashton, 1854, Bishopwearmouth, DUR, ENG [14094] : PRE 1790, Chester le Street, DUR, ENG [39479] : PRE 1825, ESS, ENG [33664] : 1910, Leytonstone, ESS, ENG [17704] : PRE 1870, Leytonstone, ESS, ENG [10967] : George, 1800-1850, GLS, ENG [36282] : 1840-53, Bristol, GLS, ENG [36282] : PRE 1720, Tetbury, GLS, ENG [26665] : 1800+, Crondall, HAM, ENG [19806] : George, PRE 1835, Winchester, HAM, ENG [33847] : Elizabeth, 1700+, Stocking Pelham, HRT, ENG [27081] : PRE 1850, Godmanchester, HUN, ENG [30768] : 1800+, Kimbolton, HUN, ENG [39891] : Jane, 1840+, Tautry, HUN, ENG [99093] : 1775, Yaxley & Woodwalton, HUN, ENG [30996] : 1835+, KEN, ENG [42699] : PRE 1830, Dartford, KEN, ENG [19165] : John, 1800+, London, KEN, ENG [10947] : 1840+, Tonbridge, KEN, ENG [25237] : 1623+, Banks, North Meols, LAN, ENG [31486] : Elizabeth, 1880-1900, Hough Green, LAN, ENG [39455] : 1890, Kearsley, LAN, ENG [37617] : 1750-1850, Liverpool, LAN, ENG [38826] : 1874, Liverpool, LAN, ENG [40608] : C1816, Manchester, LAN, ENG [29479] : 1700S, Middleton & Warrington, LAN, ENG [42542] : 1780+, Barwell, LEI, ENG [30120] : 1800+, Barwell, LEI, ENG [18521] : ALL, Melton Mowbray, LEI, ENG [42362] : Florence, 1870+, Grantham, LIN, ENG [25427] : PRE 1820, Holbeach,

LIN, ENG [17553] : C1770, Ingham, LIN, ENG [28340] : 1830, Lincoln, LIN, ENG [14113] : Samuel, 1845+, Louth, LIN, ENG [41185] : C1650, Sleaford, LIN, ENG [28340] : Chas. I., 1860-1920, Islington, LND, ENG [17553] : PRE 1812, Westminster, LND, ENG [11092] : ALL, St.Pancras, LND & MDX, ENG [39891] : John, C1800, Poplar, London, MDX, ENG [14120] : 1800+, Pottersbar, MDX, ENG [46345] : 1890+, Ruislip, MDX, ENG [46345] : Sarah, 1802-1820, Shoreditch, MDX, ENG [37188] : 1800+, London, MDX & ESS, ENG [39495] : 1820-1900, MDX & SRY, ENG [34790] : 1851, Rotherhithe, MDX & SRY, ENG [42239] : Mary, PRE 1825, Newcastle upon Tyne, NBL, ENG [16233] : C1800-50S, North Shields, NBL, ENG [42897] : PRE 1800, NFK, ENG [31186] : PRE 1800, Barton Turf & Harpley, NFK, ENG [43840] : PRE 1860, Gissing, NFK, ENG [34626] : John, C1843, Great Yarmouth, NFK, ENG [45541] : 1710-1800, Topcliffe, NRY, ENG [33347] : Thomas, PRE 1687, NTT, ENG [34975] : Frank, 1835+, Cropwell Bishop, NTT, ENG [42828] : Elizabeth, 1862+, Cropwell Bishop, NTT, ENG [42828] : John, 1865+, Cropwell Bishop, NTT, ENG [42828] : Walter, 1867+, Cropwell Bishop, NTT, ENG [42828] : Ann, 1869+, Cropwell Bishop, NTT, ENG [42828] : Clara, 1872+, Cropwell Bishop, NTT, ENG [42828] : Arthur, 1875, Cropwell Bishop, NTT, ENG [42828] : ALL, Worksop, NTT, ENG [28479] : PRE 1800, Worksop, NTT, ENG [31316] : 1736-1819, Shiplake, OXF, ENG [39706] : 1700S, Barrowden, RUT, ENG [21889] : ALL, SFK, ENG [37125] : PRE 1800, SFK, ENG [39312] : 1650-1750, Redgrave with Botesdale, SFK, ENG [10850] : 1800S, Wickhambrook, SFK, ENG [36243] : George, 1800-1850, SOM, ENG [36282] : 1800S, SRY, ENG [25314] : Sophia, PRE 1860, SRY, ENG [43800] : 1851, Rotherhithe, SRY, ENG [42239] : PRE 1900, Southwark, SRY, ENG [17493] : 1800+, Wotton, SRY, ENG [19806] : Sarah, PRE 1730, Laughton, SSX, ENG [36365] : 1750+, Bridgnorth, STS, ENG [36592] : ALL, Tamworth, STS, ENG [33920] : PRE 1840, WAR, ENG [18521] : John, C1783+, Atherstone & Mancetter, WAR, ENG [36607] : C1870, Birmingham, WAR, ENG [30120] : ALL, Polesworth, WAR, ENG [25854] : 1750-1820, Chaddesley Corbet, WOR, ENG [27087] : PRE 1820, Pershore, WOR, ENG [18264] : 1790+, Rock & Bayton, WOR, ENG [42055] : 1800+, Barnoldswick, WRY, ENG [21038] : PRE 1800, Bramham, WRY, ENG [18397] : 1764+, Silkstone & Hoylandswaine, WRY, ENG [41968] : Agnes C., 1876-1890S, Hoylandswaine & Manchester, WRY & LAN, ENG [41968] : 1700+, Bramham, YKS, ENG [46456] : PRE 1850, Hall, YKS, ENG [46383] : 1800-1875, Idle, YKS, ENG [33347] : PRE 1860, Ripon & Laverton, YKS, ENG [43934] : PRE 1615, Royston, YKS, ENG [17933] : PRE 1853, York, YKS, ENG [25737] : 1782+, IRL [46315] : 1800+, Belfast, IRL [44299] : C1800, Limerick & Cork, IRL [44296] : PRE 1764, COR, IRL [17933] : PRE 1764, Skibbereen, COR, IRL [17933] : ALL, KIK, IRL [28140] : 1830-1860, Wicklow, WIC, IRL [12039] : Thomas Twig, PRE 1840+, IRL & AUS [33949] : 1865+, Pukekohe, FRANKLIN, NZ [20660] : Percy, 1920+, Napier, NI, NZ [38412] : Margaret, C1834, Edinburgh, SCT [12470] : PRE 1840, Dumfries, DFS, SCT [13914] : PRE 1820, Tranent, ELN, SCT [10277] : 1770-1840, Barony, LKS, SCT [13326] : Janet Watson, 1871-1955, Glasgow, LKS, SCT [13591] : PRE 1870, Lanark, LKS, SCT [45299] : C1820, RFW, SCT [21161] : Agnes, 1890+, Greenock, RFW, SCT [13065] : C1860, Paisley, RFW, SCT [34651] : James, 1829-1902, Sprouston, ROX, SCT [42890] : George, PRE 1841, Sprouston, ROX, SCT [42890] : Isabela, 1837-1912, Sprouston, ROX, SCT & AUS [42890] : Uasula, 1902, Boseaween, NH, USA [17033] : PRE 1825, Montgomery & Columbia Co., NY, USA [24413] : 1700-1900, Berks Co., PA, USA [25428] : Hilda, 1909, Mckess, Rocks, PA, USA [17033] : C1822, Russell Co., VA, USA [24660] : 1800-1887, St.Johnsbury, Barton & Newport, VT, USA [22891] : Sarah, 1826, Ruabon, DEN, WLS [38449] : Ivor, 1885+, Tonyrefail, GLA, WLS [38412] : Percy, 1890+, Tonyrefail, GLA, WLS [38412]

WRIGHT (ROYALL) : Ann Frances, 1854+, Sydney, NSW, AUS [11195]

WRIGHTSON : 1830+, Durham, ENG [35388]

WRIGLEY : Thomas, 1842, Middleton, LAN, ENG [21129] : PRE 1800, Rochdale, LAN, ENG [39860] : Thomas, 1815, Tonge, LAN, ENG [21129] : PRE 1842, Tonge, LAN, ENG [21129] : 1800S, Saddleworth, WRY, ENG [21129] : Timothy, 1811-1870S, Saddleworth, WRY, ENG [10203] : ALL, Wakefield, WRY, ENG [38259]

WRITTY : 1800S, Alverstoke, HAM, ENG [13910]

WRIXON : 1800S, Belfast, ANT, IRL [11411]

WROATH : 1800+, DEV, ENG [20909]

WROOT : PRE 1720, Isle of Axholme, LIN, ENG [17508]

WROUGHTON : C1800, TAS, AUS [10985]

WROUT : ALL, WORLDWIDE [17508]

WULF : ALL, RSA [18042]

WULFF : PRE 1690, Torekov, SWE [18310]

WULFRATH : ALL, Gustrow, MEK, GER [13994]

WUST : Friedrich 1875 Rockhampton QLD AUS [14094]

WYARD : 1790+, Elmsett, SFK, ENG [34641]

WYATT : 1830+, Launceston, TAS, AUS [14948] : 1853+, Buninyong, VIC, AUS [13838] : C1854, London, ENG [28164] : 1863-C1900, Newport Pagnell, BKM, ENG [17548] : PRE 1851, Holbeton, DEV, ENG [40218] : PRE 1851, Plymouth, DEV, ENG [40218] : 1790-1870, South Brent, DEV, ENG [43853] : PRE 1858, ESS, ENG [38517] : 1700-1860, Eastwood, ESS, ENG [46425] : 1700+, Lechlade, GLS, ENG [26022] : PRE 1850, HEF & WOR, ENG [25151] : ALL, LEI, ENG [26932] : ALL, Westminster, LND, ENG [46435] : PRE 1850, Lisson Grove, MDX, ENG [46435] : George, C1825, Stepney, MDX, ENG [13838] : 1800S, NFK, ENG [46460] : PRE 1700, NTH, ENG [17548] : Sarah, C1797-1852, Newbottle & Plymouth, NTH & DEV, ENG [14672] : 1700-1800, Oxford, OXF, ENG [12641] : 1800+, Oxford, OXF, ENG [26022] : PRE 1900, Wardington, OXF, ENG [45176] : Susanna, 1800+, Bath, SOM, ENG [13031] : 1700-1800, Buckland St.Mary, SOM, ENG [27769] : 1762, Otterford, SOM, ENG [38515] : 1700-1800S, Taunton, SOM & HAM, ENG [21796] : 1855+, SRY, ENG [46435] : Charlotte, 1871+, Camberwell, SRY, ENG [10822] : J.E., 1870+, UK [42799]

WYBEAR : 1800-1900, Polmont, STI, SCT [46425]

WYBER : 1920+, NSW, AUS & RSA [40768] : 1870+, Newcastle on Tyne, NBL, ENG [40768] : 1880-1900, Erandio, BI, ESP [40768] : PRE 1820, CLK, SCT [40768] : C1840-1900, MLN & LKS, SCT [40768]

WYBORN : George, PRE 1883, Bathurst, NSW, AUS [25396] : Maryann, PRE 1899, Bathurst, NSW, AUS [25396]

WYBROW : 1800-1920, London, ENG [17006] : 1740+, Dalham, SFK, ENG [18273]

WYBURN : PRE 1795, Gravesend, KEN, ENG [33538]

WYE : Whybrough, 1700S, LEI, ENG [34975]

WYETH : 1760+, HAM, ENG [36261]

WYETT : 1817-1880, Milbourne & Milverton, SOM, ENG [43853]

WYKE : 1500+, OXF & BRK, ENG [27039]

WYKERT : ALL, WORLDWIDE [16947]

WYKES : PRE 1870, Spratton, NTH, ENG [38926]

WYLD : ALL, Eastwood & Greasley, NTT, ENG [39389]

WYLES : 1800, Bury, SFK, ENG [14959] : 1820-1920, Kirkcaldy, FIF, SCT [46515]

WYLIE : Ebenezer, 1800S, Tarnagulla, VIC, AUS [99174] : John, 1830-40, Belfast, ANT, IRL [14241] : Annie, PRE 1831, St.Quivox & Newton, AYR, SCT [19486] : 1770+, Canonbie, DFS, SCT [41239] : PRE 1880, Burray & Stromness, OKI, SCT [46402] : PRE 1850, Tulliallan, PER, SCT [99174]

WYLLIE : Sarah, 1837, Moruya, NSW, AUS **[28151]** : 1753+, Old Deer, ABD, SCT **[30182]** : James, 1830+, Galston, AYR, SCT **[21971]** : David, 1800+, Kilmarnock, AYR, SCT **[21971]** : William, 1770+, Ochiltree, AYR, SCT **[21971]** : C1840, Motherwell, LKS, SCT **[10985]**
WYLY : PRE 1700, St.Bees, CUL, ENG **[19975]** : 1600-1700, IRL **[19975]** : PRE 1700, Scorry, ANT, IRL **[19975]**
WYMAN : 1859+, Tenterfield, NSW, AUS **[25654]** : 1781-1797, Standon, HRT, ENG **[27919]** : PRE 1700, LEI, ENG **[38676]**
WYN : Herbert, PRE 1900, SFK & NFK, ENG **[26407]**
WYNCH : ALL, ENG & INDIA **[21243]**
WYND : ALL, WORLDWIDE **[39017]** : ALL, WORLDWIDE **[99010]**
WYNDRAHAM : 1250-2000, CAN, NZ & RSA **[26745]** : 1250-2000, UK, AUS & USA **[26745]**
WYNDRUM : 1900-2000, USA **[26745]**
WYNN : PRE 1900, Bengeo, HRT, ENG **[19216]** : PRE 1800, KEN, ENG **[23319]** : 1750+, Wistow, YKS, ENG **[21431]** : 1900, NZ **[46351]** : 1790+, USA & UK **[23128]** : ALL, WLS **[39386]**
WYNNE : 1880-1900, Richmond, VIC, AUS **[36260]** : PRE 1890, Tilston, CHS, ENG **[34420]** : John, 1700-1780, Brompton Regis & Kingsbrompton, SOM, ENG **[39060]** : PRE 1890, Leeds, WRY, ENG **[44078]** : PRE 1821, KIK, IRL **[13004]** : 1800S+, Paisley, RFW, SCT **[10893]** : PRE 1850, DEN, WLS **[18921]** : 1800+, Holywell, FLN, WLS **[12641]**
WYNTER : ALL, Norwich, NFK, ENG **[25628]**
WYNYARD : ALL, WORLDWIDE **[21418]**
WYPER : ALL, QLD, AUS **[28150]** : ALL, Galston, AYR, SCT **[28150]**
WYRESDALE : 1800+, Maxstoke & Coleshill, WAR, ENG **[30107]**
WYSE : PRE 1815, ENG **[45318]** : PRE 1900, York, NRY, ENG **[36994]**
WYVILL : 1860S, Brisbane, QLD, AUS **[99012]**
WYVILLE : Lydia, 1790+, London, ENG **[10194]**
XERXES : 1820+, Malmesbury, WIL, ENG & AUS **[33921]**
Y BADDILLO DE NICOLAS : PRE 1800, London, ENG & ESP **[29416]**
YACOMINI : ALL, SCT & ITL **[33500]**
YAEGER : 1870+, Oelwein, IA, USA **[19905]**
YAFFEE : Harry, C1894-1959, Kiev & Boston, MA, USA & RSA **[31159]**
YALDEN : PRE 1700, Whimple, DEV, ENG **[10493]**
YANDALL : C1873, Devonport, DEV, ENG **[18724]**
YANDELL : 1750-1850, Tiverton, DEV, ENG **[15098]**
YARDLEY : PRE 1870, Leighton & Budworth, CHS, ENG **[31316]** : 1750-1810, Bishop Stortford, HEF, ENG **[36127]** : C1800, Bishops Stortford, HRT, ENG **[40982]** : 1870+, Horwich & Bury, LAN, ENG **[31316]** : ALL, Horton, Biddulph, Leek & Norton, STS, ENG **[29989]**
YARDY : 1835+, Dungog, NSW, AUS **[33491]** : ALL, Walpole, CAM & NFK, ENG **[33491]**
YARHAM : ALL, NFK & MDX, ENG **[43842]**
YARHAM (see One Name Section) **[43842]**
YARRINGTON : 1750-1900, BKM, ENG **[38307]**
YARROW : 1800-1950, London, ENG **[41943]**
YARWOOD : PRE 1814, CHS, ENG **[46374]** : PRE 1850, Bowden, CHS, ENG **[38936]** : 1750-1900, Congleton, CHS, ENG **[17654]** : Thomas, 1796, Weaverham, CHS, ENG **[14184]**
YATE : PRE 1700, Hatfield, WRY, ENG **[31316]**
YATES : ALL, Sydney, NSW, AUS **[29810]** : Jacob, 1850-1922, Windsor, NSW, AUS **[28036]** : Rosina, 1913+, Vancouver, BC, CAN **[19588]** : George Graham, 1820S, London, ENG **[11698]** : January, PRE 1800, Stony Stratford, BKM, ENG **[28036]** : PRE 1800, St.Erth, CON, ENG **[34260]** : PRE 1840S, Portsmouth,

HAM, ENG **[28006]** : 1750-1854, Euxton & Chorley, LAN, ENG **[39536]** : 1900+, Manchester, LAN, ENG **[46493]** : PRE 1840, Salford & Rivington, LAN, ENG **[36983]** : 1800+, Yate & Pickup Bank, LAN, ENG **[21038]** : 1800S, London, MDX, ENG **[32130]** : Benjamin, PRE 1800, Passenham, NTH, ENG **[28036]** : ALL, Costock, NTT, ENG **[14002]** : Matthias, C1750, Mansfield, NTT, ENG **[11797]** : PRE 1820, Dawley Magna, SAL, ENG **[14948]** : PRE 1782, STS, ENG **[20068]** : PRE 1800, Ranton & Seighford, STS, ENG **[15823]** : 1700+, Rushall, STS, ENG **[34739]** : PRE 1900, WAR, ENG **[37116]** : 1800+, Birmingham, WAR, ENG **[46517]** : Joseph Chas, 1874+, Holly Lane & Smethwick, WAR & STS, ENG **[15485]** : 1530S, Morland, WES, ENG **[11698]** : PRE 1850, WIL, ENG **[46164]** : John Thomas, 1874, Bromsgrove & Tardebigg, WOR, ENG **[14760]** : John Thomas, 1890, Redditch, WOR, ENG **[14760]** : 1700-50, Thornton in Lonsdale, WRY, ENG **[31826]** : ALL, Pannal, YKS, ENG **[42634]** : PRE 1870, Poplar & Sydney, MDX & NSW, ENG & AUS **[39227]** : Sam, 1870+, Wellington, NZ **[21321]** : 1750-1800S, ABD, SCT **[39017]** : 1800S, MA, USA **[32130]** : 1850-1900S, NY, USA **[32130]**
YAXLEY : ALL, ENG **[19216]** : Alice, 1790S, Norwich, NFK, ENG **[40880]** : ALL, Whissonsett & Roughton, NFK, ENG **[28585]**
YEAMAN : Isabella, C1791, ANS, SCT **[10035]**
YEARDLEY : PRE 1885, Sheffield, WRY, ENG **[19902]**
YEARWOOD : 1700-1786, St.Lucy Barbados, W.INDIES **[21349]**
YEATE : Edward, 1562, Morland, WES, ENG **[11698]**
YEATES : Walter & Ros., 1913+, Vancouver, BC, CAN **[19588]** : C1900, Wokingham & Reading, BRK, ENG **[39046]** : PRE 1857, Lechlade, GLS, ENG **[30330]** : 1870+, LND, MDX & SRY, ENG **[39046]** : PRE 1900, SSX, ENG **[38663]** : Joseph C., C1880, Handsworth, STS, ENG **[15485]** : ALL, TRK, NZ **[20909]** : 1750-1800S, ABD, SCT **[39017]** : William, 1817+, Blainavon, GLA, WLS **[41024]**
YEATMAN : 1800-1850, DOR, ENG **[39716]** : PRE 1870, DOR, ENG **[20925]** : PRE 1800, Sherborne, DOR, ENG **[25853]**
YEATS : Bridget, PRE 1770, Wolverhampton, STS, ENG **[36161]** : 1700-1800, Thornton in Lonsdale, WRY, ENG **[31826]** : 1750-1800S, ABD, SCT **[39017]** : Elspet, 1790, Old Deer, ABD, SCT **[30182]**
YELDHAM : PRE 1800, Tolleshunt Major, ESS, ENG **[38615]**
YELLAND : 1855+, Burra & Kadina, SA, AUS **[33642]** : C1855, ONT, CAN **[33642]** : ALL, CON & DEV, ENG **[33642]** : PRE 1880, Exeter, DEV, ENG **[31695]** : PRE 1837, Plymouth, DEV, ENG **[31695]** : C1850, Tavistock, DEV, ENG **[33642]** : 1880+, Paddington, LND, ENG **[31695]**
YELVERTON : 1830+, NY, USA & ENG **[23872]**
YENDELL : 1780-1840, DEV, ENG **[46502]**
YENDREK : Johanna, 1882-1945, Farrell, PA, USA & CS **[23032]**
YEO : 1810-1940, CON, ENG **[42807]** : PRE 1855, DEV, ENG **[15098]** : Isaac, 1701, Inwardleigh, DEV, ENG **[24579]** : C1870, Fleetwood, LAN, ENG **[36477]** : 1800+, Islington, MDX, ENG **[44217]**
YEOMAN : John, C1800, SCT **[30111]** : 1600-1800, Forfar, ANS, SCT **[30111]**
YEOMANS : Eric & Joseph, 1896+, Bathurst, NSW, AUS **[31762]** : Roland, 1898+, Bathurst, NSW, AUS **[31762]** : Harold & Leslie, 1901-1904+, Bathurst, NSW, AUS **[31762]** : 1880+, DBY, ENG **[97805]** : PRE 1840, Bradbourne or Radbourne, DBY, ENG **[30147]** : 1750-1840, HEF, ENG **[34790]** : 1763, Edvin Ralph & Pencombe, HEF, ENG **[45754]** : 1750-1800, Penscombe, HEF, ENG **[12641]** : C1800, East Malling, KEN, ENG **[13910]** : Elizabeth, PRE 1920, Ardingly, SSX, ENG **[11279]** : PRE 1760, Evesham, WOR, ENG **[30138]**
YERBURY : ALL, Frome, SOM, ENG **[22441]**

YESH : 1700-1900, UCKERMARK, GER **[19880]**
YETMAN : 1800-1850, DOR, ENG **[39716]**
YEUDALL : ALL, CAN **[30944]** : ALL, SCT **[30944]**
YEULL : 1750+, PER, SCT **[46372]** : Jean, 1800+, RFW, SCT **[46372]**
YEWDALL : PRE 1510, Leeds, WRY, ENG **[21594]**
YIELDING : C1800, Battle, SSX, ENG **[31626]** : C1840, Hastings, SSX, ENG **[12470]**
YNFANTE : C1850, ESP **[46467]**
YONG : PRE 1650, Thanet & Canterbury, KEN, ENG **[19530]**
YOOL : ALL, SCT **[24637]** : Thomas, 1700S, Bruchmore, STI, SCT **[10993]**
YORK : C1860, Camden, NSW, AUS **[10277]** : 1800-1930, London, ENG **[39445]** : 1700-1850, Old Windsor, BRK, ENG **[39445]** : John, PRE 1752, Doddington, CAM, ENG **[14290]** : 1700S, Connisscliffe, DUR, ENG **[17548]** : 1930+, Darlington, DUR, ENG **[17697]** : PRE 1850, KEN, ENG **[36842]** : 1800+, Cosby & Whetstone, LEI, ENG **[42342]** : ALL, Alkborough, LIN, ENG **[34981]** : 1700+, Tunstall, NRY, ENG **[17548]** : 1730+, Ashby St.Ledgers & Kilsby, NTH, ENG **[42342]** : PRE 1850, Sibbertoft, NTH, ENG **[39389]** : 1500+, SOM, ENG **[16505]** : ALL, Tipton, STS, ENG **[12071]**
YORKE : 1800-1930, London, ENG **[39445]** : 1700-1850, Old Windsor, BRK, ENG **[39445]** : PRE 1700, Tugby, LEI, ENG **[21349]** : PRE 1800, Holborn & Islington, LND, ENG **[31116]**
YORKSTON : William, PRE 1890, London, MDX, ENG **[27081]**
YORWERTH : 1700, Kenfig, GLA, WLS **[39536]**
YOUD : 1820+, Hawarden, FLN, WLS **[27304]**
YOUDEN : 1700-1900, Dover, KEN, ENG **[31882]**
YOUELL : Ruth, C1918, Tunbridge Wells, KEN, ENG **[99114]** : Ruth, 1926, Salehurst, SSX, ENG **[99114]** : PRE 1780, Wemyss, FIF, SCT **[10591]**
YOUILL : PRE 1750, Felkirk, YKS, ENG **[11366]**
YOUNG : 1850+, Bathurst & Mudgee, NSW, AUS **[34947]** : Edward, 1860+, Clarence River, NSW, AUS **[11476]** : Edmund, 1880+, Mudgee, NSW, AUS **[46026]** : 1850+, Stroud, NSW, AUS **[25645]** : 1856+, Sydney, NSW, AUS **[12561]** : 1806+, Windsor & Sydney, NSW, AUS **[39249]** : Elizabeth, 1871, Warwick & Killarney, QLD, AUS **[29479]** : George, C1833, Hobart, TAS, AUS **[12878]** : 1830+, Castlemaine, VIC, AUS **[45811]** : 1880S, Costerfield, VIC, AUS **[12237]** : Andrew, 1800S, Koroit, VIC, AUS **[13244]** : Arthur Joseph, 1907, Melbourne, VIC, AUS **[40807]** : Francis J., 1867-1938, South Melbourne & Coburg, VIC, AUS **[12490]** : 1800+, NS, CAN **[99433]** : James Henry, 1850+, St.Martin, JSY, CHI **[42432]** : 1700-1900, East London, ENG **[39616]** : Margaret, 1870, London, ENG **[42453]** : 1700-1800, Hurley, BRK, ENG **[35561]** : ALL, Childrey & Carlisle, BRK & CUL, ENG **[44241]** : 1750+, Barnwell, CAM, ENG **[20970]** : 1660-1800, Bere Regis, DOR, ENG **[19713]** : Charles, PRE 1800+, Sutton Waldron & Marnhull, DOR, ENG **[14463]** : PRE 1830, Bishop Auckland, DUR, ENG **[11039]** : 1800+, Chester-le-Street, DUR, ENG **[40802]** : 1780-1880, Gateshead, DUR, ENG **[18001]** : Samuel, 1840-50, ESS, ENG **[31210]** : 1830+, Chelmsford, ESS, ENG **[44132]** : PRE 1700, Lassington, GLS, ENG **[45176]** : Stephen, PRE 1750, Chilbolton, HAM, ENG **[41589]** : PRE 1890, Portsea, HAM, ENG **[34876]** : 1800+, Brading, IOW, HAM, ENG **[42643]** : PRE 1900, Hawkhurst & Tenterden, KEN, ENG **[17490]** : John Wm, PRE 1850, Maidstone, KEN, ENG **[25066]** : C1800, Rochester, KEN, ENG **[36075]** : Selina, PRE 1837, Sevenoaks, KEN, ENG **[26752]** : 1800+, Speldhurst, KEN, ENG **[35280]** : Thomas, 1550-1608, Thanet & Canterbury, KEN, ENG **[19530]** : PRE 1650, Thanet & Canterbury, KEN, ENG **[19530]** : PRE 1700, Woolwich, KEN, ENG **[19785]** : PRE 1856, Acton, LND, ENG **[12561]** : Kerenhappuck, 1818+, Enfield, LND, ENG **[41223]** : 1840-1860, Regents Park, LND, ENG **[25352]** : PRE 1820, Westminster, LND, ENG **[42745]** : ALL, MDX, ENG **[39920]** : PRE 1864, Kensington, MDX, ENG **[17470]** : Edward, C1826, London, MDX, ENG **[35042]** : Elizabeth, 1854-1916, Mill Hill, MDX, ENG **[12490]** : 1900+, Staines, MDX, ENG **[35561]** : Augustus, 1827+, Islington, MDX & KEN, ENG **[35042]** : William Curry, PRE 1830, Kirknewton, NBL, ENG **[13101]** : C1800, Warkworth, NBL, ENG **[22182]** : 1850, Norwich, NFK, ENG **[12222]** : 1860+, Thetford, NFK, ENG **[25352]** : 1800+, Upwell, NFK & CAM, ENG **[20970]** : PRE 1900, Ibstone, OXF, ENG **[35561]** : 1830+, Bury St.Edmunds, SFK, ENG **[10329]** : 1880+, Bath, SOM, ENG **[46274]** : Betsy, 1800, Binegar, SOM, ENG **[22799]** : 1850-1870S, Coker, SOM, ENG **[17291]** : 1700+, East Chinnock, SOM, ENG **[19480]** : 1820S, Lopen, SOM, ENG **[10297]** : 1840-90, Bedminster & Bristol, SOM & GLS, ENG **[40808]** : Elisha, PRE 1851, Farnham, SRY, ENG **[25645]** : PRE 1860, Lingfield, SRY, ENG **[37052]** : 1800-1880, West Bromwich, STS, ENG **[21597]** : Hannah, 1820S, WIL, ENG **[36112]** : PRE 1860, WIL, ENG **[26341]** : 1750+, Castle Combe, WIL, ENG **[46274]** : 1800-1900, Maiden Bradley, WIL, ENG **[40499]** : PRE 1850, Fewston, WRY, ENG **[42745]** : C1740, Addingham, YKS, ENG **[26731]** : 1900+, York City, YKS, ENG **[46274]** : 1820+, Carlisle, CUL, ENG & AUS **[35240]** : C1725, IRL **[13004]** : ALL, Belfast, ANT, IRL **[12186]** : 1800+, Nibloch, ANT, IRL **[20578]** : 1800+, Mitchelstown & Cork, COR, IRL **[13481]** : PRE 1840, DOW, IRL **[13655]** : 1830S, Saintfield, DOW, IRL **[35365]** : John, C1825, Racecourse, DRY, IRL **[20495]** : Isabella, C1810+, Edenfogary (Omagh), TYR, IRL **[11195]** : James S., 1858+, OTAGO, NZ **[21183]** : Albert, 1910, RSA **[13244]** : 1918+, RSA **[41312]** : 1780+, ABD, SCT **[39249]** : 1850+, Aberdeen, ABD, SCT **[27634]** : ALL, Coull & Birse, ABD, SCT **[34588]** : William, PRE 1815, Kilmarnock, AYR, SCT **[41768]** : PRE 1820, Kilmarnock, AYR, SCT **[46374]** : Adam, PRE 1850, Coldstream, BEW, SCT **[13101]** : John, PRE 1850, Coldstream, BEW, SCT **[13101]** : William Curry, 1880+, Greenlaw, BEW, SCT **[13101]** : Caroline, 1850+, DFS, SCT **[16559]** : PRE 1855, Cupar, FIF, SCT **[46396]** : ALL, Dunfermline, FIF, SCT **[10591]** : 1800+, Kilrenny & Anstruther, FIF, SCT **[99600]** : PRE 1840, Leslie & Denny, FIF & STI, SCT **[45679]** : 1800+, INV, SCT **[12420]** : PRE 1800, KRS, SCT **[46164]** : Matthew, 1770+, Glasgow, LKS, SCT **[43775]** : James S., PRE 1858, MLN, SCT **[21183]** : Wm., C1800, Edinburgh, MLN, SCT **[15564]** : C1830, Edinburgh, MLN, SCT **[27634]** : Robert Fox, PRE 1900, Edinburgh, MLN, SCT **[29745]** : C1750+, New Battle, MLN, SCT **[37499]** : 1750-1850, Mosstower, ROX, SCT **[40509]** : ALL, Dreghorn & AYR, SCT & AUS **[46317]** : 1840-1920, Dunnet, CAI & MLN, SCT & NZ **[41312]** : 1759, Orange & Montgomery Co., NY, USA **[24660]** : 1800-1881, Cardiff, GLA, WLS **[45675]** : James & Wm, 1808-1914, Velindre & Bayvil, PEM, WLS **[10203]**
YOUNGER : 1700-1730, Crowland, LIN, ENG **[12641]** : Ralph, 1750S+, Grindon, NBL, ENG **[19865]** : PRE 1835, SRY, ENG **[46277]** : 1800+, Dollar, CLK, SCT **[46341]** : 1750-1860, Hownam & Oxnam, ROX & BEW, SCT **[20770]**
YOUNGMAN : PRE 1900, Finningham, SFK, ENG **[19785]** : ALL, Camberwell SRY & LND, ENG **[21395]**
YOUNGS : PRE 1800, Fawley, HAM, ENG **[31316]**
YOUNGSON : 1853-1931, Dunedin, NZ **[12321]** : PRE 1880, Newhills, ABD, SCT **[10664]**
YOXALL : 1760+, Minshull Vernon, CHS, ENG **[10277]** : ALL, WORLDWIDE **[22207]**
YUILE : 1893+, Warrington, LAN, ENG **[29854]** : Andrew, 1800S, Renfrew, RFW, SCT **[10993]**
YUILL : PRE 1810, Kippen, STI, SCT **[27320]**
YUILLE : ALL, SCT **[24637]** : 1750+, PER, SCT **[46372]**
YULE : Robert, C1863-1952, Ipswich, QLD, AUS **[40865]** : ALL, SCT **[24637]** : James, C1860-1865, SCT **[40865]** : James, C1828, Dundee, ANS, SCT **[40865]** :

James, C1855, Dumbarton, DNB, SCT [**40865**] : Jane, 1837-1885, Dumbarton & Glasgow, DNB & LKS, SCT [**40865**] ; ALL, NFK, ENG [**10116**] ; ALL, NFK, SCT [**40865**] : 1800-1850S, Dunfermline & Kirkcaldy, FIF, SCT [**11090**] : PRE 1850, Banchory Devenick, KCD, SCT [**15944**] : Robert, C1863-1952, Glasgow, LKS, SCT [**40865**] : Agnes, 1789, Roxburgh, ROX, SCT [**35801**] : (see One Name Section) [**24637**]
YULL : ALL, NFK, ENG [**10116**]
YVER : PRE 1800, Melle, BRT & BN, FRA [**20178**]
ZACHARY : 1750-1840, MDX & LND, ENG [**18422**]
ZACHOW : Charlotte C., 1800-1880, Berlin, BRA, GER [**39461**]
ZAJACZKOWSKI : PRE 1890, Horodenka, GALICIA, POL [**40603**]
ZAKUS : ALL, GALICIA, OES [**99556**]
ZALAC : Peter, C1880, Mitrovica, VOJVODINA, SER-BIA [**23032**] ; Stephen, 1873-1929, Detroit, MI, USA [**23032**] ; Stephanus, 1873-1929, Detroit & Wayne, MI, USA & YU [**23032**]
ZALESKI : PRE 1890, Horodenka, Galicia, POL [**40603**]
ZAMBAUX : ALL, ENG [**30560**]
ZANKEY : ALL, ENG & IRL [**10116**]
ZARON : ALL, POL [**26410**]
ZAROWNI : Ludwig, ALL, Kosiv, CHORTKIV, UKR [**39698**]
ZAROWNY : Ludwig, ALL, Kosiv, CHORTKIV, UKR [**39698**]
ZARSKI : ALL, POL [**26410**]
ZATTA : 1800-1900, ITL [**20200**]
ZAVITS : 1700+, ONT, CAN [**23319**]
ZBIERSKI : Leo, 1890-1998, Broken Hill & Adelaide, NSW & SA, AUS [**14346**] ; Leo, 1890-1998, Sandy Creek SA AUS [**14346**]; 1890-1998 Worldwide [**14346**]
ZEACLE : ALL, UK [**42799**]
ZEAKELL : ALL, UK [**42799**]
ZECH : Maria, 1825+, Cottbus & Senftenberg, BRA, OPR & PRE, GER [**41358**] : Maria, 1825+, WPR, GER [**41358**]
ZECHNULA : PRE 1914, Vienna, OES [**22618**]
ZEEMAN : PRE 1953, Johannesburg, TVL, RSA [**29001**]
ZEIGLER : Florence, 1881+, Aburn, Ny, NY, USA [**17083**]
ZEILER : 1700-1900, Pancevo, YU [**19880**]
ZEIN : C1873, Glasgow, LKS, SCT [**39617**]
ZEISSER : Anton, 1848-1916, ELO, GER [**28199**]
ZEKIEL : ALL, UK [**42799**]
ZEREGA : ALL, ENG [**30560**]
ZEUTHEN : 1650-1750, Aahus, DEN [**34837**]
ZEYN : C1842, Drage, HAN, GER [**39617**]
ZIEGLER : PRE 1855, QUE, CAN [**35592**] : John, Aburn, Ny, NY, USA [**17033**]
ZIEHMER : 1780+, Jettenbach, RPF, BRD [**39096**]

ZIEM : ALL, Butzer, PRE, GER [**42226**]
ZIESCHANG : 1827, Kreckwitz, KSA, GER [**14627**] : 1870+, TX, USA [**14627**]
ZILLIOX : 1630-1850, BRD [**20200**] : 1630-1800, Betschdorf, ALS, FRA [**20200**] : 1630-1800, Gamsheim, ALS, FRA [**20200**] : 1630-1900, Haguenau, ALS, FRA [**20200**] : 1630-1900, Oberbetschdorf, ALS, FRA [**20200**] : 1630-1800, Offendorf, ALS, FRA [**20200**] : 1630-1900, Seltz, ALS, FRA [**20200**] : 1630-1800, Weyersheim, ALS, FRA [**20200**] : 1630-1850, USA [**20200**] : 1630-1900, WORLDWIDE [**20200**]
ZIMMERLE : C1860, Toowoomba, QLD, AUS [**29479**] : 1820, Aichelberg, GER [**29479**]
ZIMMERMAN : ALL, Mosbach, BAW, GER [**13845**]
ZIMMERMANN : 1800, Binswanger, GER [**11590**] : 1650-1900, Baden-Baden, BADEN, GER [**27616**] : 1700-1940, Kisszekely, TOLNAU, HU [**27616**] : 1700-1940, Kocsola, TOLNAU, HU [**27616**] : 1700-1940, Kurd, TOLNAU, HU [**27616**] : 1700-1940, Dakovo Drenje, SLAVONIA, YU [**27616**] : 1700-1940, Slatinik Drenje, SLAVONIA, YU [**27616**]
ZIMMERMEYER : C1890, Warwick, QLD, AUS [**29479**]
ZINZAN : ALL, Reading, BRK, ENG [**18713**] : ALL, Brentford, MDX, ENG [**18713**] : ALL, Edmonton, MDX, ENG [**18713**] : ALL, Hanwell, MDX, ENG [**18713**] : ALL, Islington, MDX, ENG [**18713**] : ALL, Stepney MDX, ENG [**18713**] : ALL Worldwide [**20690**]
ZIOLA : PRE 1850, Sobieski, SIERADZ, POL [**40603**] : PRE 1890, Wolka Bedkowska, SIERADZ, POL [**40603**]
ZIRBEL : 1830+, Potsdam, GER [**13853**] : 1830+, Grunberg, UCKERMARK, GER [**13853**] : ALL, WORLD-WIDE [**13853**]
ZIRBES : Anna, 1830+, BITBURG, GER [**24707**]
ZITTEL : Huth, 1870+, WI, USA [**15845**]
ZOETEMELK : 1240+, Aalst, OVL, BEL [**27180**]
ZOLLER : Christine, 1855, Toowoomba, QLD, AUS [**29479**] : Hristine, 1823, GER [**29479**]
ZORN : George, 1925-1955, Vandergrift & Berlin, PA, USA [**23564**]
ZOTNER : Caroline K., 1817-20, Berlin, BRA, GER [**39461**]
ZUBEZI : ALL, WORLDWIDE [**16947**]
ZUCCANI : 1860-90, London, ENG [**26098**] : 1810-60, Venice, ITL [**26098**]
ZUFELT : PRE 1634, Phillipsberg, BAV, GER [**38696**]
ZUFTEN : 1800+, Zarpen, SHO, GER [**14513**]
ZUIL : ALL, SCT [**24637**]
ZUPP : C1875, Toowoomba, QLD, AUS [**29479**]
ZVAIGZNE : 1850+, Riga, LATVIA [**44299**]
ZWEIGBERGK : Eva Mar L., C1868, SKARA, SWE [**22392**]
ZWIGHT : 1760+, MEV, GER & NL [**36188**]

Genealogical Research Directories

1990-1999 CD - 600,000 Surname & Subject Queries

2000-2002 on CD-ROM - 220,000 Surname & Subject queries
2003 GRD on CD-ROM - 90,000 queries. 2004 GRD on CD - 80,000
An exact copy of everything in the book (except for maps).
CDs are Windows 98+ (not Mac)

BOOKS - most editions, in both paperback and cased, from 1990 to 2003 are still available.

For **PRICES** or to obtain an **ENTRY FORM** for the next *GRD* - contact our Agents listed on page 4 or **E-mail**: grdxxx@ozemail.com.au

Subjects
Recherches Thématiques - Forschungsthemen
Categories
G: General — Généralités — Allgemein
I: Individuals — Individus — Individuen
M: Migration — Migrations — Ein-bzw.Auswanderungen
MY: Military — Vie Militaire — Militaer
O: Occupations — Professions — Berufe
P: Places — Noms de lieux — Ortsnamen
R: Religion — Religion — Religion
S: Shipping & Ships — Navires et leurs passagers — Schiffe und Passagiere

The following subject entries, submitted by contributors, have been divided into eight categories listed above. Within the category the items are listed alphabetically according to the main entry but not necessarily alphabetically within that entry.

Entry forms enable contributors to indicate under which category they require the entry to be included. Some contributors appear to have experienced difficulty in selection of the appropriate category. The Editors have changed some entries and transferred others into a different category to that chosen by the contributor. Items listed in this section are not linked to entries in other parts of the *Directory*.

General Subjects (Généralités) (Allgemein)
G: ALL IRELAND ART PRIZE, ROBERT WIGMORE, PRIZE WINNER, C1830 [46344]
G: AMERICAN FENIANS, INVASIONS OF CANADA, 1860-1874 [22683]
G: ARMOIRIES, COAT OF ARMS, JAMME-NORMANDIE, FRA, [16123]
G: ATHLETE - 'BOY GREY', J. GEORGE SMITH OF SPENNYMOOR, DUR, ENG, 1900S+ [19865]
G: ATHLETICS, UK ATHLETES, PRE 1960 [19369]
G: AUSTRALIAN AGRICULTURAL CO, EMPLOYEES, 1824+ [11464]
G: AUSTRALIAN WOMEN DOCTORS WWI, ESP. DR HELEN SEXTON, [26430]
G: AVONSIDE ENGINEERING WORKS, AVONSIDE TCE, BRISTOL, GLS, ENG. EMPLOYEES, 1800-1900+ [44088]
G: BAGPIPE (HIGHLAND) PLAYERS, COMPOSERS. MUSIC. WORLDWIDE, [30512]
G: BALLARAT REFORM LEAGUE, VIC, AUS, GEORGE BLACK, 1854 [27749]
G: BASTARDY RECORDS, UNION HOUSE SUDBURY, ENG, 1840S [21395]
G: BEACH COMPANIES, NFK, ENG, ALL [15640]
G: BICYCLE CLUBS, LONDON, KEN & SRY, ENG, C1900 [39046]
G: BISHOPS CLOSE METHODIST SCHOOL, A SCHOOL IN TUDHOE GRANGE, DUR, ENG, C1900 [19865]
G: BLUE COAT SCHOOL, LIVERPOOL, LAN, ENG, 1841+ [21973]
G: BLUECOAT SCHOOL, BRIDGNORTH, SAL, ENG, 1825-1855 [45894]
G: BOURBON, HOUSE OF, DESCENDANTS, 1792+ [36778]
G: BRISTOL COACHES (MORNING STAR), EDWARD (TED) JONES, 1800+ [44088]
G: BUFFALO AEROPLANE CO., USA, 1900-1920 [30138]
G: BURIAL GROUND FOR ARCHIBALD GOW (J.P.), GLASGOW, LKS, SCT, 1911 [20594]
G: BURIAL GROUND FOR DAVID CHAPMAN, INDIA, 1805-1819 [10392]
G: BURIAL GROUND FOR WALTER GOW, GLASGOW, LKS, SCT, D.27 FEB 1826 [20594]
G: BURIAL ISABELLA COULTER GOW, D.OF ARCH. GOW (JP) EX UFC MISSIONARY, INDIA, D.29 NOV 1934 [20594]
G: BURIALS, BRITISH CEMETERY, VALPARAISO, CHILE, ALL [44353]
G: BUSINESS HOUSES, WODONGA, VIC, AUS, PRE 1940 [99193]
G: C.A. CO. LTD, CEYLON, ANY DETAILS (20+ EUROPEAN STAFF), C1900 [14454]
G: CANADIAN PACIFIC, EMPLOYEES OF, SEARCHING FOR, 1880+ [31079]
G: COAT OF ARMS, LUCAS, MARTYN, KINGS PRINTER OF BIBLES, LND, ENG, C1620-1630S [20594]
G: COMMUNITY OF UNITED FRIENDS, ANY DETAILS, C1835+ [41500]
G: CONVICT TRIALS, COMMUTING OF SENTENCE IN ENG, ANY [41439]
G: CONVICTS, FATHER AND SON, 1788-1868 [14268]
G: CONVICTS, FROM ENG TO NSW, AUS PER FAIRLEA, 1834 [20641]
G: CONVICTS, FROM ENG TO NSW, AUS, PER MANGLES, 1833 [20641]
G: CONVICTS, FROM ENG TO NSW, AUS, PER MANGLES, 1826 [20641]
G: CONVICTS, MORETON BAY, QLD, AUS, 1824-42 [13437]
G: CONVICTS, CORK INSURGENTS, TO NSW, AUS, 1822-5 [13437]
G: CONVICTS, EXILES, MORETON BAY, AUS, 1849-59 [13437]
G: CONVICTS, NSW, AUS, WITH ALAN CUNNINGHAM EXPLORER, 1827 [46390]
G: CONVICTS, NSW, AUS, WITH MAJOR MITCHELL EXPLORER, 1831 [46390]
G: COOP UPHOLSTERY, BRISTOL, GLS, ENG, EMPLOYEES, 1924+ [44088]

♦ Subjects ♦

G: **COTTON MILLS, FALL RIVER, MA, USA**, INFO ON ARCHIVES, STAFF, PAYROLLS, 1900-1940 **[45236]**
G: **CRICK HOUSE**, GIRLS SCHOOL, NTH, ENG, 1870-1890 **[46185]**
G: **DE HAVILAND**, EMPLOYEES, PRE 1930 **[11213]**
G: **DEATH - TRAM ACCIDENTS**, MANCHESTER AREA, LAN, ENG, 1920-1927 **[44088]**
G: **DEATH AT SAWMILL**, OF THOMAS NEILL(NEIL OR O'NEIL), IN, USA, 1875+ **[46367]**
G: **DEATHS BY FOREST FIRE**, RIDLEY FAMILY, CASCO & ALLEGAN, MI, USA, 1860-1880 **[46269]**
G: **DESERTION OF CHILDREN**, WORKHOUSE, KIDDERMINSTER, WOR, ENG, 1920 **[46414]**
G: **DESTITUTE CHILDREN'S ASYLUM**, CANADA, 1840-1900 **[46371]**
G: **DISAPPEARED - HOUDE (AIME)**, DETROIT, MI, USA AREA BORN 1906, 1925-1932 **[23518]**
G: **DOBUNNI**, BRITISH TRIBE, BC & AD **[18639]**
G: **EARTHQUAKE, MURCHISON, NZ**, EBENEZER GURCHEN GIBSON & ELIZA PAYTON, 1929 **[36126]**
G: **EIGHT HOURS MOVEMENT**, MELBOURNE, VIC, AUS, ALL **[46304]**
G: **ESCAPES, POST CULLODEN, SCT**, STEWARTS, 1746 **[39994]**
G: **EUREKA STOCKADE, BALLARAT, VIC, AUS**, GEORGE BLACK, 1854 **[27749]**
G: **EVACUEES,PUPILS FROM WINNS AVENUE SCHOOL**, WALTHAMSTOW, LONDON, ENG, **[42993]**
G: **EXECUTION, REBELLION, IRL**, JOHN STEWART, 1798 **[39994]**
G: **FANGDALE BECK SMITHY**, BILSDALE NRY, ENG, **[19865]**
G: **FEIGNED DEATH**, & MIGRATION, WAT, IRL TO USA, 1850-1900S **[31079]**
G: **FEMALE ORPHAN SCHOOL,PARRAMATTA,NSW,AUS**, INMATES OF, 1818-1850 **[10254]**
G: **FIRST FLEET CONVICT TO AUS**, EDWARD HUMPHREY, C1765-1804 **[13694]**
G: **FIRST FLEET CONVICT, AUS**, STEPHEN LEGROVE, LND, ENG, 1788 **[28802]**
G: **FROGMORE HOUSE**, DECORATOR/CUSTODIAN, WINDSOR CASTLE, BRK, ENG, C1815-20 **[27920]**
G: **FUR TRADE CORRIDOR**, OTTAWA RIVER, JAMES BAY, CAN. REGIME FRANCAIS, C1650-1850 **[16123]**
G: **GAS**, HISTORY OF PROVISION OF GAS IN QLD, AUS, 1860+ **[13622]**
G: **GAS, INTRODUCTION OF**, TO LONDON & MDX, ENG, **[41303]**
G: **GENEALOGIE DES FAMILLES CARRIERE AM DU N**, EMAIL: claude@andre-carriere.qc.ca, C1675-2004 **[16123]**
G: **GENETICS**, BLACK AFRICAN, ALL **[39092]**
G: **GERMAN & AUSTRIAN INTERNEES**, LIVERPOOL, NSW, AUS, 1916-1919 **[10165]**
G: **GIRLS SCHOOLS & ORPHANAGES**, IN ROEHAMPTON, SRY, ENG, 1890-1910 **[17006]**
G: **GLEESONS COOLIES**, FROM BENGAL TO SA, AUS, 1838 **[14241]**
G: **GLYN FACTORY, LLANIDLOES, MGY, WLS**, HISTORY OF, ALL **[46462]**
G: **GOLD DIGGERS ADVOCATE NEWSPAPER**, BALLARAT, VIC, AUS, 1854 **[27749]**
G: **GOLDFIELDS**, STAWELL,PLEASANT CREEK & DEEP LEAD, VIC, AUS, 1850S+ **[99010]**
G: **GRAVEYARDS OF IRELAND, ALL 32 COUNTIES & CITIES**. TRANSCRIPTIONS & WHERE AVAILABLE **[29334]**
G: **GUARDIAN SOCIETY FOR PROTECTION OF**, YOUNG LADIES, WHITECHAPEL, LND, ENG, 1815-1825 **[10114]**
G: **HAMLEYS TOYSHOPS**, HISTORY & CONNECTIONS, 1760+ **[19349]**
G: **HEREDITARY DISORDERS OF NERVOUS SYSTEM**, FAMILIAL SPASTIC PARAPARESIS, **[18236]**
G: **HOMEWARD BOUND QUARTZ CRUSHING CO.**, BALLARAT, VIC, AUS, 1859 **[27749]**
G: **HULKS, ENG & IRL**, CONVICTS FOR TRANSPORTATION, 1788-1840 **[13437]**
G: **INDEPENDENT ORDER OF FORESTERS**, COURT BATTERSEA, LND, ENG, PRE 1940 **[35360]**
G: **INDIAN EMPIRE**, CLIVE SEVERALLY IN INDIA AND ARMIES, 1600-1900 **[24871]**
G: **INDIANS**, OREGON, USA, 1878 **[23319]**
G: **INTERNMENT ALIENS**, ALL AND ANY DETAILS - PHOTOS. ENG, WWI **[46513]**
G: **IRISH WOMEN MIGRANTS**, JOBS IN NSW, AUS, 1860-1890 **[46026]**
G: **LANCASHIRE MILLS AROUND BURY, ENG**, LISTS OF WORKERS OR INDEXES AVAILABLE, C1850-1900 **[10937]**
G: **LANCS & YORKSHIRE RAILWAY**, MANCHESTER, LAN, ENG, 1850-1950 **[21129]**
G: **LAND CLAIM, NY, USA**, DESCENDANTS OF ROBERT EDWARDS, B.1730 **[11066]**
G: **LAW**, USED AS ALIAS FOR PRIOR OR PRYOR, ALL **[34986]**
G: **LONDONDERRY RAILWAY**, SEAHAM TO SUNDERLAND, DUR, ENG, 1838-1900 **[19865]**
G: **LORD NELSON INN**, MIDGLEY, WRY, ENG, C1805+ **[46278]**
G: **LOYAL IRISH TO ONT**, CAN, SETTLEMENT IN LEEDS & GRENVILLE COS., 1805-1850 **[15301]**
G: **LUXEMBOURG RAILWAY COMPANY**, GENERAL HISTORY & HISTORY OF SHARES, 1860-1890S **[17291]**
G: **MARCUS WARD & CO., PRINTERS**, BELFAST, ANT, IRL, 1800+ **[10698]**
G: **MARRIAGE AT BITTON OR WICK, GLS, ENG**, THOMAS NOWELL TO JANE?, 1780-1786 **[46503]**
G: **MARRIAGES**, UK IMMIGRANTS IN USA, 1852 **[31676]**
G: **MINES**, LYKENS, PA, USA, **[36170]**
G: **MISSING - HOUDE (AIME)**, DETROIT, MI, USA AREA BORN 1906, 1925-1932 **[23518]**
G: **MONUMENTAL INSCRIPTION**, WALTER GOW. GLASGOW, LKS, SCT, D.27 FEB 1826 **[20594]**
G: **MONUMENTAL INSCRIPTIONS**, BLAKELEY FAMILY, UK & IRL, ANY **[18753]**
G: **MONUMENTAL INSCRIPTIONS**, GOW FAMILY, SCT, ANY **[20594]**
G: **MOUNTED POLICE**, WARD, THOMAS, WITH 99TH REGT, AUS, 1842-1848 **[29939]**
G: **NEWBURY & DISTRICT MOTOR SERVICES LTD.**, NEWBURY, BRK, ENG, 1932-1952 **[34556]**
G: **ODDFELLOWS ORGANISATION**, OF ENG, AIMS OF AND FOUNDERS, ALL **[32050]**
G: **ODDFELLOWS, GRAND UNITED ORDER OF**, AIMS, FOUNDERS, ALL **[32050]**
G: **OWENITE COMMUNITY**, PANT GLAS, MER, WLS, C1840 **[41500]**
G: **PAINTINGS BY H. LEGH**, , 1850-1920 **[45889]**
G: **PAINTINGS PORTRAIT & LANDSCAPE**, BY GLADSTONE EYRE, SYDNEY AREA, AUS, 1882-1933 **[10721]**
G: **PARISH REGISTERS**, A NEW ZEALAND LISTING, 1840+ **[34747]**
G: **PEAL BOARDS & INSCRIPTIONS ON BELLS**, INDEX - CITY OF LONDON, ENG, ANY **[19918]**
G: **PEARL ASSURANCE COMPANY**, FOUNDING, LND, ENG, 1864-1882 **[42755]**
G: **PEARL LOAN CLUB**, LND, ENG, 1858-1864 **[42755]**
G: **PEEL RIVER LAND & MINERAL CO.**, NSW, AUS, EMPLOYEES, 1854+ **[11464]**
G: **PLEASURE GARDENS, ENG & SCT**, FIREWORK DISPLAYS AT, 1800-1842 **[17470]**

G: **POSTCARDS**, THORVERTON, DEV, ENG, ANY [18057]
G: **POSTCARDS & USED STAMPS**, EXCHANGED, WORLDWIDE, [22796]
G: **PRISON. ILCHESTER GAOL, SOM, ENG**, PRISON GOV. WM ERASMUS HARDY & SON JOSEPH, C1829 [34664]
G: **PRUSSIAN ROYAL FAMILIES OF**, POM, GER, 1800S [35343]
G: **PUBLIC INN**, NEW INN, DRIMPTON, DOR, ENG, 1820+ [45326]
G: **RAOB**, STRAWBERRY HILL LODGE, LONDON, ENG, 1900S [45042]
G: **ROPEWORKS**, DARTMOUTH, DEV, ENG, 1700S [26335]
G: **SAWMILL, DEATH AT**, OF THOMAS NEIL, IN, USA, 1875+ [46367]
G: **SCHOOL OF ART**, MCHEATH'S, 72 BOLSOVER STREET (ENG?), ALL [39920]
G: **SION PARK EMPLOYEES**, SION PARK, MDX, ENG, 1883+ [39046]
G: **SKREGG & ROSS ESTATE**, IRL, 1800S [14627]
G: **SOCIETY OF UNITED BRITONS**, HENRY HERBERT, 1830-1850 [17720]
G: **SOUTH SEA HOUSE**, LONDON, ENG, 1720+ [29401]
G: **SPENNYMOOR IRONOPOLIS F.C.**, A COUNTY DURHAM SOCCER TEAM, ENG, 1904-1930 [19865]
G: **SPENNYMOOR WEDNESDAY F.C.**, A COUNTY DURHAM SOCCER TEAM, ENG, 1910-1950S [19865]
G: **SPERM WHALE RECORD**, CHRISTIAN (PARKINS), 1850-1890 [20793]
G: **ST.HUBERTS C OF E BOYS FARM**, VIC, AUS, FOUNDATION, HISTORY & DEVELOPMENT, C1945 [30830]
G: **SURVIVORS LIST**, SS 'PARIS' STRANDING, CON, ENG, 1899 [17006]
G: **SWAN & EDGAR**, FLORENCE MOLONY, LONDON, ENG, 1900S [45042]
G: **SWAN UPPERS**, RIVER THAMES, ENG, 1850-1900 [17006]
G: **TALBOT MOTOR CARS**, JOE TAYLOR, DEALERSHIP, MELBOURNE, VIC, AUS, 1920+ [26430]
G: **THAMES VALLEY TRACTION CO. LTD**, READING, BRK, ENG, 1920-1950 [34556]
G: **THEATRE BRITISH**, FLORRIE FORDE, 1900-1940 [39046]
G: **TRUST & AGENCY CO. OF AUSTRALASIA**, FATE OF EPERGNE PRESENTED TO JAMES HORA, 1888 [19156]
G: **UNION WORKHOUSE, ST.COLUMB, CON, ENG**, , 1857+ [10119]
G: **UNOFFICIAL PLACE NAMES IN IRELAND**, ALL 32 COUNTIES, [29334]
G: **WAGONWAYS OF TANFIELD, WHICKHAM &**, HEWORTH, DUR & CHURTON, NBL, ENG, 1770-1860 [19865]
G: **WAR OF 1812**, R.N., LAKE ERIE, CAN, 1813-1814 [46271]
G: **WINDOVERS**, EMPLOYEES, PRE 1930 [11213]
G: **WORKHOUSE**, WELLINGBOROUGH, NTH, ENG, ALL [30876]
G: **WORKHOUSE RECORDS**, OUGHTERARD, GAL, IRL & CLA, IRL, 1840-1880 [29720]
G: **WORKHOUSE/INFIRMARY**, PLYMOUTH, DEV, ENG, THOMPSON, 1912-1920 [46422]

I: **Individuals** (Individus) (Individuen)

I: **ABERNETHY, JOHN**, DUBLIN ROYAL IRISH CONSTABULARY, POLICE SGT, PRE 1900+ [23471]
I: **ACKERT, ERNEST LEBRECHT OR HARCOURT**, 1876-1954, FOREIGN CORRES., SRY, ENG. CAREER, 1900+ [19156]
I: **ACKLAND, WILLIAM**, FATHER OF AMELIA, DEV, ENG, 1837 [30437]
I: **ADAIR, HUGH**, LINEN MANUFR. OF BALLYMENA, ANT, IRL, 1769 [44417]
I: **ADAIR, THOMAS**, LINEN MANUFR. OF COOKSTOWN, TYR, IRL, 1798 [44417]
I: **ADAMS, ALFRED & ANNIE**, YEOVIL, SOM, ENG. DESCENDANTS OF, 1846+ [10947]
I: **ADAMS, FRANCIS JONATHAN**, LIGHTERMAN OF STEPNEY, LND, ENG, 1860-1900 [37048]
I: **ADAMS, JOHN**, THAMES POLICE OFFICER OF STEPNEY, LND, ENG, 1820-1920 [37048]
I: **ADAMS, JONATHAN**, WATERMAN & FIREMAN OF WAPPING, LND, ENG, 1800-1900 [37048]
I: **ADES, THOMAS**, DEPENDANTS, BREDE, SEDLESCOMBE, SSX, ENG, 1700+ [39046]
I: **ADLER, CHAIM & JOACHIM**, BROTHERS, JEWS, RUDAWA & KURDWANOW, KR, POL, C1860 [13014]
I: **AINSCOUGH, ISABELLA (NEE MARTIN)**, WIGAN,WESTHOUGHTON & LIVERPOOL,LAN,ENG, 1800S [11158]
I: **AINSCOUGH, JAMES & LUCY**, LAN, ENG, 1800S [11158]
I: **AINSCOUGH, MICHAEL & IS**, WIGAN,WESTHOUGHTON & LIVERPOOL,LAN,ENG, 1800S [11158]
I: **AINSCOUGH,MICH. & ISABELLA(MARTIN)**, CH:HARRIET,LUCY,CLARA,MARGT,ADA,JOHN,ANN, 1800S [11158]
I: **AINSLEY, HENRY**, MILLER, NRY & STH DUR, ENG, 1750-1815 [37169]
I: **AINSWORTH, CATHERINE**, BARKER FOLO TOCKHOLES, LAN, ENG, 1857-61 [21463]
I: **AINSWORTH, WILLIAM & ELLEN**, WEASLE FARM, TOCKHOLES, LAN, ENG, C1841 [21463]
I: **AITCHISON, PHILIS (B. 27 SEP 1809)**, WOOLER, NBL, ENG & HORNCLIFFE MILL, NBL, ENG, 1809+ [19865]
I: **AITKENHEAD, JAMES**, NZ & SYDNEY, NSW, AUS, 1869+ [25829]
I: **ALDERTON FAMILY**, EAST ANGLIA, ENG, ALL [19289]
I: **ALDERTON, HUMPHREY**, MAJOR, VIRGINIA, USA, 1660-1670 [19289]
I: **ALDERTON, WILLIAM & RACHEL**, NORWICH, NFK, ENG, 1811-1877 [19289]
I: **ALDRED & SON**, JEWELLER & SILVERSMITH,GREAT YARMOUTH,NFK,ENG, 1840-1900 [45635]
I: **ALLARDICES OF ALVAH**, BAN, SCT - RBT. 1711 JMS 1715 ORIGINS, [14880]
I: **ALLEN - GLEMSFORD, SFK, ENG**, DESCENDANTS WHO EMIGT TO USA, CAN & AUS, ALL [39642]
I: **ALLEN, FREDERICK**, BORN 14 MARCH 1848, [39642]
I: **ALLEN, FREDERICK AYRE**, VET. SURGEON OF RIPLEY, DBY, ENG, 1880S [46266]
I: **ALLWRIGHT, GEORGE MARTIN**, MILLER, TAS, AUS, 1855-1870 [12392]
I: **ALMEROTH, HERMAN**, BORN GER, SUGAR REFINER, LND, ENG, 1790-1812 [38523]
I: **AMEY, HENRY**, LABOURER OF SELBORNE, HAM, ENG, PRE 1819 [19116]
I: **AMEY, JOHN**, LABOURER OF FUNTINGTON, SSX, ENG, 1819-1840 [19116]
I: **ANDERSON, BARBARA**, DELTING, SHI, SCT & SYDNEY, NSW, AUS, 1829-1914 [25829]
I: **ANDERSON, JANET MCKUNE SHANNAN**, DFS, SCT, 1850-1930 [42755]
I: **ANDERSON, JOHN**, LEATHER MERCHANT OF EDINBURGH, MLN, SCT, 1800-1850 [35039]
I: **ANDREWS, ARTHUR**, LAWYER OF LOWER MITCHAM, SA, AUS, 1800+ [45824]
I: **ANDREWS, JOHN**, HAM, ENG. ARMY MAJOR, 1780+ [25829]
I: **ANDREWS, JOHN**, SURGEON, WINCHESTER, HAM, ENG, 1805-1880 [17234]

♦ Subjects ♦

I: **ANNABELL, ELIZABETH**, NTT & DBY, ENG, 1800S **[11091]**
I: **ANNABELL, JOSEPH**, NTT & DBY, ENG, 1800S **[11091]**
I: **ANNETTS, ELIZABETH**, SALFORD, LAN, ENG, 1860-1940 **[33373]**
I: **ANSTIE, PAUL**, PIETERMARITZBURG, RSA, 1850S **[22440]**
I: **ANTHONY FAMILIES**, DEV, ENG, 1600-1900 **[36456]**
I: **ANTHONY, EDWARD**, GOLDSMITH OF EXETER, DEV, ENG, 1591-1666 **[36456]**
I: **ARCHBOLD FAMILIES - SHOEMAKERS**, OF CHATTON & BELFORD, NBL, ENG, 1700-1900 **[21198]**
I: **ARCHBOLD, JAMES & ANN BROWN**, MARR. 1772 BELFORD, NBL, ENG, **[21198]**
I: **ARCHBOLD, RICHARD & ANNE**, MARR. 1711 CORNHILL ON TWEED, NBL, ENG, **[21198]**
I: **ARMISHAW, JOHN**, WIFE ELIZABETH, UTTTOXETER, STS, ENG, 1717 **[39327]**
I: **ARMISHAW, JOHN - FARMER**, CREIGHTON PARK FARM, STS, ENG, 1691-1775 **[39327]**
I: **ARNOTT, ADAM**, GULLANE, ELN, SCT, HUSBAND OF M.WHIGHAM, 1759-1815 **[14454]**
I: **ARNOTT, JAMES**, GULLANE, ELN, SCT, C1770 **[14454]**
I: **ARNOTT, JANET**, AUCHTERMUCHTY, FIF, SCT, 1799-1871 **[14454]**
I: **ARTHUR, ROBERT BECKWITH**, LOST AT SEA, 1917 **[44085]**
I: **ARUNDELL, RICHARD OF PAINSWICK, GLS, ENG**, M. SCUDMORE C1750. FAMILY SOUGHT, GLS, ENG, **[10346]**
I: **ARUNDELL, SAMUEL OF DURSLEY, GLS, ENG**, M. ADRIANA SARAH STIFF OF ULEY, GLS, ENG, 1800 **[10346]**
I: **ASHCROFT, ELIZABETH**, LONDON & BDF, ENG, C1680+ **[26007]**
I: **ASHTON, MARY ANN**, UPPER DARGO & GROWLERS CREEK, VIC, AUS, C1864-1870 **[40143]**
I: **ASHTON, MICHAEL**, MARKET GARDENER, RICHMOND, VIC, AUS, 1850-1879 **[40143]**
I: **ASKEW, MICHAEL** (BORN ALLENDALE, NBL, ENG) BANDMASTER, HILL END, NSW, AUS, 1870-80S **[10880]**
I: **ASKEW, MICHAEL** (BORN ALLENDALE, NBL, ENG), GOLDMINER, HILL END, NSW, AUS, 1870-80S **[10880]**
I: **ASPIN, THOMAS & CATHERINE**, DUCKWORTH HALL, OSWALDTWISTLE, LAN, ENG, 1880-1890 **[21463]**
I: **ASPIN, THOMAS & CATHERINE**, LOTTICE BRIDGE, LOWER DARWEN, LAN, ENG, C1891 **[21463]**
I: **ASPIN, THOMAS & MARY**, LOWERHILL FARM, TOCKHOLES, LAN, ENG, C1861 **[21463]**
I: **ASTBURY WALKER, ROBERT (SIR)**, CHS, ENG, 1900+ **[42516]**
I: **ASTLEY, ROBERT**, SOLICITOR, LONDON, ENG, 1876-1879 **[46256]**
I: **ATHON OF COURTENAY, FRA**, DESCENDANTS OF, ALL **[13430]**
I: **ATKINS, ANNA**, EARLY WOMAN PHOTOGRAPHER, ENG, 1800-1870S **[14268]**
I: **ATKINS, JONATHAN**, AG LAB, B. BUCKS OR NEARBY, ENG, 1813-16 **[31305]**
I: **ATKINSON, JOHN ROBERT**, YKS, ENG, 1850 **[22114]**
I: **ATTRILL (HOWLETT), GLADYS FLORENCE**, B. ENG 28 JAN 1922, MIGR. TO AMERICA C1960, **[13994]**
I: **ATTRILL, ISAAC**, BORN IOW 1802 MOVED TO JERSEY, CHI, 1802-1830 **[11692]**
I: **ATTWOOD, JAMES**, TO PHILADELPHIA, PA, USA FROM CLUTTON,SOM,ENG, C1920 **[40472]**
I: **AULL, ROBERT**, DRY, IRL & RICHMOND & ORANGE, NSW, AUS, 1789-1876 **[25829]**
I: **AVERY, THEOPHILUS**, UPHOLSTERER OF STANGATE, MDX, ENG, 1800+ **[38357]**
I: **AYERS, AUGUSTUS**, SHEPHERDS BUSH, MDX, ENG, 1892+ **[19516]**
I: **AYERS, HENRY**, BOOTMAKER OF LND, ENG, 1845-1880 **[19516]**
I: **AYERS, JOHN**, OF SOHO, LND, ENG, PRE 1900 **[19516]**
I: **AYERS, SAMUEL**, BOOTMAKER OF LND, ENG, 1845+ **[19516]**
I: **AYERS, SARAH JANE**, OF WESTMINSTER, LND, ENG, 1869+ **[19516]**
I: **AYLWARD, JN**, MILLER, TAS, AUS, 1855-1895 **[12392]**
I: **AYRES, HENRY**, BOOTMAKER OF LND, ENG, 1880-1931 **[19516]**
I: **AYRES, HENRY G.**, OF WESTMINSTER, LND, ENG, PRE 1873 **[19516]**
I: **BABER, HENRY THOMAS HARRIS**, COL. IND. ARMY, INDIA & BURMA, 1880S-90S **[20556]**
I: **BACON, JAMES**, LONDON, ENG, 1830S **[43756]**
I: **BAGLEY, FRANK**, BORN RODINGTON, SALFORD, LAN, ENG, 1875 **[99598]**
I: **BAGLEY, WILLIAM FLETCHER**, OSTLER, SALFORD, LAN, ENG, 1890-1940 **[99598]**
I: **BAIN, NEIL**, M. MARY ANN TOBIN, BALCLUTHA, NZ, 1875 **[10119]**
I: **BAINBRIGGE & FAWCETT**, WILL DISPUTE, 1805-1827 **[39815]**
I: **BAKER**, HILMARTON, WIL, ENG, 1800-1860 **[29401]**
I: **BAKER, CHARLES**, MIGN TO USA, 1880-1910 **[45874]**
I: **BAKER, DANIEL**, PLOUGHING MEDAL WINNER, LKS, SCT, 1887 **[46278]**
I: **BAKER, HENRY**, GOVERNOR, LONDONDERRY, IRL, 1689 **[38926]**
I: **BAKER, IVY**, KELVEDON SCHOOL OF DANCING, CLACTON, ESS, ENG, **[31079]**
I: **BAKER, SAMUEL**, HUSBAND OF JANE NEE RAWSON, 1800-1900 **[45943]**
I: **BAKER, THOMAS**, SCHOOL MASTER, HARBORNE, STS, ENG, 1775-1835 **[37594]**
I: **BALDWIN, HENRY**, ENGINE DRIVER, QLD, AUS, C1880-1914 **[12392]**
I: **BALDWIN, MAUD (FRANCES)**, NEE HAMWOOD, QLD, AUS, C1880+ **[12392]**
I: **BALLANTINE, JOHN**, COTTON SPINNER, GLASGOW, LKS, SCT, 1800+ **[14672]**
I: **BAMFORDS**, LAN, ENG TO IRL, 1600+ **[39994]**
I: **BANTLERIN**, EMIGRATED TO GER FROM ITL, PRE 1724 **[16149]**
I: **BARBERIS**, SEAMAN OF IDRA (HYDRA, GREECE), 1750-1800 **[46347]**
I: **BARBEROUSSIS**, SEAMAN OF IDRA (HYDRA, GREECE), 1750-1800 **[46347]**
I: **BARDWELL, THOMAS HILL**, COLONIST FIJI & MELBOURNE, VIC, AUS, C1860 **[26430]**
I: **BARKER, CHARLES**, COASTGUARD OFFICER, CON, ENG, 1814+ **[17234]**
I: **BARLOW, JACK**, HAZLET, SAS, CAN, 1920-1981 **[36498]**
I: **BARLOW, RICHARD**, TAILOR. USA & YKS, ENG, C1774 **[41560]**
I: **BARLOW, SAMUEL**, LANDLORD, PUBLIC HOUSE, LIVERPOOL, LAN, ENG, 1900-1940 **[44955]**
I: **BARON, THOMAS**, PUBLICAN, GATHURST & SHEVINGTON, LAN, ENG, 1830+ **[42308]**
I: **BARRY, CHARLES**, LONDON, ENG, 1860-1880S **[46318]**
I: **BARRY, ED**, SEAMAN, WAT, IRL - SIBLINGS & COUSINS, 1800S **[31079]**
I: **BARRY, MAURICE**, HEBLER, WAT, IRL, 1800-60S **[31079]**

♦ 517 ♦

SUBJECTS

I: **BARTROP, ALFRED JAMES:CLERK,ISLINGTON**, MARR FANNY FOULGER HAMMOND, LND, ENG, 1880 **[17291]**
I: **BASTARD, RICHARD**, MAGISTRATE FOR EXETER, DEV, ENG, PRE 1850 **[45032]**
I: **BASTARD, WILLIAM**, FULLER, EXETER, DEV, ENG, PRE 1820 **[45032]**
I: **BATCHELOR, THOMAS**, FIGHELDEAN, WIL, ENG, C1860 **[31626]**
I: **BATEMAN**, B. WATFORD, MDX, ENG TO RSA, ALL **[45775]**
I: **BATEMAN**, B. WATFORD, MDX, ENG TO USA, ALL **[45775]**
I: **BATEMAN, JOHN**, B. BEDALE NORTH YKS, ENG. ALL DESC., 1734 **[41419]**
I: **BATEMAN, JOHN**, MARR. TO MARGARET STAINLAND. ALL DESC., 1760 **[41419]**
I: **BATEMAN, RILEY**, B. WATFORD, MDX, ENG TO USA, 1870-1950 **[45775]**
I: **BATEMAN, SIDNEY DAVIES**, B.WATFORD, MDX, ENG D.ADELAIDE, SA, AUS, 1876-1953 **[45775]**
I: **BATHURST, STEPHEN**, RECTOR OF EWHURST, ENG (B.C1540), 1571-1604 **[11270]**
I: **BATTY, JOHN**, DEANS BIGGINS FARM, KIRKBY LONSDALE, CUL,ENG, C1750 **[21079]**
I: **BATTY, JOHN BARROW**, MARR. LILLIAN KNIGHT, NEWHAVEN, ENG, 1900 **[21079]**
I: **BAUMANN, JOHN**, COURIER OF KASSELL, GER, 1830-1930 **[36552]**
I: **BAYNE, DAVID**, PUBLISHERS TRAVELLER, LAN, ENG, 1880-1920 **[34111]**
I: **BEALE, LOUISA**, BORN 1849 MARGATE, KEN, ENG, **[30437]**
I: **BEAUCAMP, GEORGE & CHARLES**, CHI TO CAN, C1750-1800 **[16123]**
I: **BEAUMONT, EDWARD**, SILK WEAVER, COVENTRY, WAR, ENG, 1700+ **[17196]**
I: **BEAUMONT, EDWARD**, WEAVER, NOTTINGHAM, ENG, 1700-1900 **[17196]**
I: **BEAUMONT, ISAAC, QUARRYMAN**, WHISTON, WYR, ENG, 1835+ **[41439]**
I: **BECKETT, FREDERICK**, REMITTANCE MAN, 1857-1868 **[22130]**
I: **BECKETT, FREDERICK THOMAS**, MASON & BRICKLAYER, RSA, 1861-1886 **[22130]**
I: **BECKETT, HENRY BENJAMIN**, BUILDER & CONTRACTOR, RSA, 1864-1901 **[22130]**
I: **BECKETT, HENRY JAMES**, BUILDER & CONTRACTOR, RSA, 1875-1935 **[22130]**
I: **BECKETT, JAMES JOHN**, BUILDER & CONTRACTOR, RSA, 1859-1909 **[22130]**
I: **BECKETT, ZIBA**, PRINTER OF ALDEBY, NFK, ENG, 1798-1801 **[37187]**
I: **BEDLINGTON, THOMAS**, HUSBAND OF MARTHA LAYTON, YKS, ENG, 1857+ **[30437]**
I: **BEDLINGTON, WILLIAM**, HUSBAND OF MARY BLACKBURN, YKS, ENG, 1825+ **[30437]**
I: **BEGGS, DAVID**, FARMER, ANTRIM, IRL TO ONT, CAN, 1820+ **[99545]**
I: **BEKKER, JOSINA**, MARR. C1762 FOUCHE STEPHANUS SWELLENDAM CPC. **[20841]**
I: **BELL**, BLACKSMITHS FANGDALEBECK NRY ENG, 1780S-1850S **[19865]**
I: **BELL, ADAM CRAIG**, NBL-AUS 1883 BALMAIN, NSW, AUS, **[10918]**
I: **BELL, ADAM CRAIG (OF FAIRFIELD,**, WETHERILL PARK, SMITHFIELD, NSW, AUS, **[10918]**
I: **BELL, ADAM CRAIG (REPRESENTATIVE)**, CITIZENS ASSUR.CO., NEWCASTLE, NSW & TAS,AUS, **[10918]**
I: **BELL, ISAAC - MARR. GRACE SLACK**, ST.CUTHBERT, CARLISLE, CUL, ENG, 1783 **[10918]**
I: **BELL, ROBERT (B1829 WHITTINGTON)**, OF 76 PERCY ST NEWCASTLE, NBL, ENG, 1861 **[10918]**
I: **BELL, THOMAS (1ST SON OF ISAAC & GRACE)**, LOWHURST, CARLISLE, CUL, ENG, C.5 MAR 1784 **[10918]**
I: **BELL, THOMAS (B.1784)**, ALDERMAN OF NEWCASTLE ON TYNE, NBL, ENG, EARLY 1800S **[10918]**
I: **BELL, THOMAS (B.1784)**, AND FATHER, ISAAC, ANTECEDENTS SOUGHT, **[10918]**
I: **BELL, THOMAS (B.1784)**, M. CATHERINE LOWTHIAN OF NEWBIGGIN,CUL,ENG, 1815 **[10918]**
I: **BELL, WILLIAM**, B1821, M MARY TAILFORD 1848 HEXHAM, NBL, ENG, **[10918]**
I: **BELLAS, HUGH**, MERCHANT COLERAINE, DRY, IRL, 1798-1868 **[17234]**
I: **BENFIELD, JOHN**, PAINTER & VICTUALLER OF BRISTOL, ENG, 1790-1850 **[25787]**
I: **BENISTON, JAMES**, FRAME SMITH CARRIAGE BUILDER,ILKESTON,DBY,ENG, ALL **[39873]**
I: **BENJAMIN, JOSEPH**, SHOREDITCH, MDX, ENG, 1850-1940 **[99418]**
I: **BENNETT, JOHN (TAILOR) B.12 FEB 1826**, DEATH 1ST WIFE, ANN CLARK, WIL OR HAM, ENG, 1861+ **[18038]**
I: **BENNETT, JOHN (TAILOR) B.12 FEB 1826,**, 2ND MARRIAGE, WIL OR HAM, ENG - TO ELLEN?, 1861-1880 **[18038]**
I: **BENSON (AKA SAWCZUK-SAWCHUK)**, BRITISH WARBRIDE. GUILDFORD, SRY, ENG TO CAN, 1945+ **[16969]**
I: **BERCINI**, SYDNEY, NSW, AUS TO LOMBARDY, ITL, 1890+ **[11279]**
I: **BERGEMANN, GUSTAV**, GER & BRISBANE, QLD, AUS, 1824+ **[25829]**
I: **BERRY, CHRISTINA SAMSON**, FROM SCT TO AUS, 1881-1930 **[16708]**
I: **BERRY, JOHN**, MARINER OF WAPPING, LND, ENG & LEITH, SCT, 1800-1900 **[37048]**
I: **BERRY, MARGARET KEAN**, FROM SCT TO AUS, 1881-1930 **[16708]**
I: **BERTRAND, HENRY**, DENTIST, LONDON, ENG, 1820-1850 **[46302]**
I: **BEVILLE, EDWARD LANCELOT GRANVILLE**, STS, ENG, 1950+ **[36020]**
I: **BIBBY, EDWARD ROBERT**, B.1854 WIGAN, LAN, ENG, **[39267]**
I: **BIDDLESTONE, ROSE HANNAH**, BIRTH IN STOURBRIDGE, WOR, ENG, 1838 **[39327]**
I: **BIGGS, JAMES HESKETH**, 49TH REGT OF FOOT, UK ?INDIA & AUS, 1840-1880 **[41039]**
I: **BIGGS, THOMAS (COL.)**, BRITISH ARMY IN INDIA, 1845-1865 **[41039]**
I: **BINNS, ELIZABETH MARR. DAVID WHITAKER**, AT SOWERBY (NEAR HALIFAX), WRY, ENG, 1 APR 1793 **[10918]**
I: **BIRCH, CHAMBERLAIN**, ANYWHERE, 1740-1798 **[43857]**
I: **BIRCH, CHAMBERLAIN**, GLOVER & HOSIER, 1740-1840 **[43857]**
I: **BIRCH, ROYSTON**, BRUSHMAKER, 1850-1900+ **[43857]**
I: **BIRCH, THOMAS**, PAPERSTAINER, 1790-1850 **[43857]**
I: **BLACQUIRE, ROBERT OLIVER**, , 1780+ **[38584]**
I: **BLAKELEY, MATTHEW**, CHEMICAL WORKER, N. IRL, C1820-1880S **[18753]**
I: **BLAKELEY, THOMAS**, CHEMICAL WORKER, N. IRL, C1853-1876 **[18753]**
I: **BLAKEY, MARGARET (NEWCASTLE-ON-TYNE,**, NBL ENG. MARR JOHN BURLISON, 1809 **[10346]**
I: **BLANCHARD-SIMS, WINIFRED & JACK**, SALISBURY, RHODESIA, 1967 **[31079]**
I: **BLANDFORD, JOHN**, BAILIFF OF HEYWARDS FARM, BOLDRE, HAM, ENG, 1781-1806 **[19116]**
I: **BLAXALL, ELIZABETH & WALTER WELLS**, SEAMSTRESS FOR MEMBER OF ROYAL FAMILY, 1880-1900 **[30996]**
I: **BLAXALL, GEORGINA & FRANK MORRIS**, HER BIRTH & FAMILY, LONDON, ENG, B.1872 **[30996]**
I: **BLAXALL, WILLIAM & HARRIET**, COACHMAN OF LONDON, ENG, 1860-70S **[30996]**

♦ Subjects ♦

I: **BLOICE, JOHN**, BLACKSMITH - ESS, ENG, PRE 1814 **[18896]**
I: **BLUNDELL, ROBERT**, WATCHMAKER OF NAAS, KID & DUBLIN, IRL, 1820-1850 **[28000]**
I: **BOARDMAN, EDWARD**, B. 8 DEC 1873 PENNYLAND, SKELMERSDALE, D.1940, 1800S **[11158]**
I: **BOARDMAN, MARY ANN (MARJ. W. OAKES)**, B. 3 FEB 1874, WESTHOUGHTON. D.1938 LAN, ENG, 1870S **[11158]**
I: **BOARDMAN, PETER**, B.1871 M. MARGARET PARTINGTON, B.1867 **[11158]**
I: **BOARDMAN, RICHD. & MARGARET (PICKAVANCE)**, BOLTON, LAN, ENG (IN 1891), C1891 **[11158]**
I: **BODENHAM, WILLIAM**, B. CLEOBURY MORTIMER, SAL, ENG, C1795 **[31305]**
I: **BOHAN, ELIZABETH**, GAL, IRL, 1830-1870 **[29720]**
I: **BOHUN, RICHARD**, ATTORNEY & ALDERMAN, BECCLES, SFK, ENG, 1844 **[10895]**
I: **BOLSA, JULIANNA**, , 1880S **[33679]**
I: **BOLTON, ALFRED**, EMIGRANT TO RSA, C1883 **[38926]**
I: **BOLTON, SARAH (B. N.SHIELDS, NBL), ENG**, C1820. MAR. GATESHEAD, DUR, ENG TO BURLISON, 1848 **[10346]**
I: **BOND, HANNAH**, MARR. BENJAMIN BAKER, IRL, 1841-1868 **[29401]**
I: **BOND, JOHN RUST**, MAST & BLOCK MAKER OF LIMEHOUSE, LND, ENG, 1800S **[41950]**
I: **BOND, T.MAYES**, DRAPER. NFK, ENG, C1830 **[26430]**
I: **BONNEY, JS**, MILL OWNER, LATROBE, TAS, AUS, 1874-1890 **[12392]**
I: **BOON - MIGRATION FROM LOW COUNTRIES**, PORTS OF LANDING IN ENG, PRE 1600 **[41367]**
I: **BOONS IN SFK, ENG**, FARMERS & BRICKMAKERS, 1700-1880 **[41367]**
I: **BORG, PHILIP ANTONE**, ITL TO BIRMINGHAM, WAR, ENG, 1860-68 **[45690]**
I: **BOSTON, JACOB**, BORN KIK, IRL TO CAN, 1847-1890 **[10493]**
I: **BOSTON, WM**, CASHEL & EMLY MLB 1806 TO MARY DOLMAGH, IRL **[10493]**
I: **BOULTON**, ROTHERHITHE, SRY, ENG, 1900-2000 **[32039]**
I: **BOULTON**, STAUNTON, GLS, ENG, **[32039]**
I: **BOULTON, GEORGE**, ST.GEORGES, GLS, ENG, 1800S **[33373]**
I: **BOURKE, CATHERINE**, BEHAGHGLASS, TIP, IRL, PRE 1824 **[32203]**
I: **BOURNE, NEHEMIAH**, DOCKYARD COMMISSIONER, 1611-1691 **[19454]**
I: **BOUTS, JOHN**, FROM SHOREDITCH, MDX, ENG, 1800+ **[36262]**
I: **BOUTS, THOMAS**, OF STOKE NEWINGTON, LND, ENG, 1700+ **[36262]**
I: **BOWYER, CLARA (Nee HUTCHINGS & WEST)**, W.OF STEPHEN (MARINER) LODGING HSE KEEPER, 1881+ **[19727]**
I: **BOY GREY**, A SPENNYMOOR, DUR, ENG ATHLETE, 1904-1912 **[19865]**
I: **BOYD**, IN AUS, 1788+ **[11839]**
I: **BOYD CLAN**, HISTORY & FAMILY TREES, 1200+ **[11839]**
I: **BOYD CLAN OF SCT**, PRINCESS MARY STEWARD, DAU. OF JAMES II, 1470+ **[11839]**
I: **BOYD, ALICE**, FOUNDLING, ST.GEORGE EAST WORKHOUSE, MDX, ENG, 1869+ **[14874]**
I: **BOYD, HUGH & SARAH NEE BOYD**, VIC, AUS, ALL **[33533]**
I: **BOYD, JOHN**, BOOTMAKER, 1840-1930 **[33533]**
I: **BOYLE, PETER**, BORN WIG, SCT - DIED AUS, 1878+ **[99598]**
I: **BRADLEY, HENRY (6)**, COURT TRIAL, LIVERPOOL, ENG, 1832 **[20641]**
I: **BRADSHAW, ROBERT**, LT COL OF CARRICK ON SHANNON, LET, IRL, PRE 1886 **[19116]**
I: **BRASH, JAMES & JEAN**, SON MAGNUS, LEITH, SCT, 1730-1771 **[26297]**
I: **BRASH, MATTHIAS & MARY**, SON JAMES, ST.SEPULCHRE HOLBORN, LND, ENG, 1775+ **[26297]**
I: **BRASH, MATTHIAS & MARY**, SON MATTHIAS, ST.SAVIOUR, SOUTHWARK, SRY, ENG, 1780+ **[26297]**
I: **BRATT**, MIGRANT TO PA, USA, 1850-1900 **[28708]**
I: **BRENNAN, FREDERICK**, ORANGE, NSW, AUS, 1890-1943 **[33373]**
I: **BRENNAN, IVY A.E.**, SYDNEY, NSW, AUS, 1910-1960 **[33373]**
I: **BRENNAN, PATRICK**, MANCHESTER, LAN, ENG, 1770-1813 **[33373]**
I: **BRESSY**, LONDON, ENG, 1700+ **[29401]**
I: **BRIDSON, JOHN**, MARRIED MARY CANNELL, ARBORY, IOM, C1800 **[40143]**
I: **BRINGHURST, FRANCES**, M. JN MAIDWELL 28/1/1663.GREAT EASTON,LEI,ENG, 28/01/1663 **[21349]**
I: **BRISTOW, ELIZABETH (Nee HOWARD)**, DEPTFORD, KEN, ENG. BURIED BROMPTON ORATORY, PRE 1852 **[36800]**
I: **BRITTON, JOHN**, BARNSLEY, YKS, ENG, 1830-1893 **[41560]**
I: **BROCKING, SIR RALFFE**, OF SFK, ENG (HENRY VI ARUNDEL ROLL), C1420 **[35360]**
I: **BROOKE, WILLIAM**, BUILDER OF MAIDSTONE, KEN, ENG, C1875 **[45317]**
I: **BROSNAN, DAVID & HANNAH CROWLEY**, KER, IRL, ANCESTRY & DESCENDANTS OF, PRE 1800+ **[21198]**
I: **BROSTER, GEORGE**, BUTCHER. STS, ENG, 1830+ **[33870]**
I: **BROWN FAMILY - 19 CHILDREN**, FOREST GREEN, GLS, ENG, 1890+ **[12470]**
I: **BROWN, ANNIE OF WEARDALE, TEACHER**, PRIVATE DAY SCHOOL, WATERHOUSES, DUR,ENG, 1890S **[19865]**
I: **BROWN, CHARLES**, GARDENER, GLS, ENG, 1860+ **[12470]**
I: **BROWN, ED & ELEANOR THOMPSON**, MARR. 1736 BELFORD, NBL, ENG, **[21198]**
I: **BROWN, JAMES**, BOOTMAKER OF BRK, ENG, 1850S **[29520]**
I: **BROWN, JOHN**, CABINET MAKER, RINGLAND, NFK, ENG, 1830S **[14268]**
I: **BROWN, JOHN**, JEWELLER OF LONDON, ENG, 1840-50S **[20690]**
I: **BROWN, JOHN**, WIFE JANET CUTHBERTSON & FAM., AYR, SCT, 1715-1800 **[45236]**
I: **BROWN, JOHN A.K.A. JOHN OF BLACKLAW**, STEWARTON, AYR, SCT. FARMER/LANDOWNER, 1790-1800 **[45236]**
I: **BROWN, JOHN. FARMER & LANDOWNER**, BLACKLAW HL. FM., STEWARTON, AYR, SCT, 1715-1800 **[45236]**
I: **BROWN, JOHN. FARMER & LANDOWNER**, WIFE MARY KERR & FAM. STEWARTON, AYR, SCT, 1790-1800 **[45236]**
I: **BROWN, MALCOLM**, B.1820 CRAIGNISH,ARL,SCT. GAOLER, AUCKLAND,NZ, C1845 **[20924]**
I: **BROWN, MALCOLM**, MAR. ELIZATH. TOWNSEND JENNINGS, AUCKLAND,NZ, 1851 **[20924]**
I: **BROWN, MALCOLM**, UK SETTLER, PARUA BAY, WHANGAREI HARBOUR, NZ, 1853-1856 **[20924]**
I: **BROWN, MARY ANN**, CRUDWELL, WIL, ENG, 1848+ **[46456]**
I: **BROWN, WILLIAM**, MARR. TO MARY WRIGHT, AUS, C1840 **[34939]**
I: **BROWN, WM & ANNE SMITH**, MARR. 1720 CHATTON, NBL, ENG, **[21198]**
I: **BROWNE, AUGUSTUS**, MARR. ANN CHETWODE, IVER, BKM, ENG, 1786 **[17234]**

SUBJECTS

I: **BROWNE, BERTIE**, HAMMERSMITH, MDX, ENG, 1884+ **[19516]**
I: **BROWNE, MARGARET**, MARR. WILLIAM CRAWLEY, 1841, DUBLIN, IRL, 1800-1865 **[17234]**
I: **BROWNE, MARIA**, ISLINGTON, LND, ENG, PRE 1873 **[19516]**
I: **BRYANT, CAROLINE**, BORN ST.ANDREWS,HOLBORN, MDX, ENG, 1820 **[33671]**
I: **BRYANT, CHARLES**, BORN ST.PANCRAS, MDX, ENG, 1852 **[33671]**
I: **BRYANT, EDWARD**, BORN ST.PANCRAS, MDX, ENG, 1834 **[33671]**
I: **BRYANT, FREDERICK GERALD**, BORN ISLINGTON, MDX, ENG, 1886 **[33671]**
I: **BRYANT, GEORGE**, BORN ST.ANDREWS, HOLBORN, MDX, ENG, 1825 **[33671]**
I: **BRYANT, ROBERT HARRY**, BORN WALWORTH, SRY, ENG, 1857 **[33671]**
I: **BUDDEN, WILLIAM**, BORN SIXPENNY HANDLEY, DOR, ENG C1795, 1790+ **[39716]**
I: **BULL**, ROWDE, WIL, ENG, 1750-1850 **[29401]**
I: **BULL, JOHN**, VICAR OF INWORTH, ESS, ENG AND DESCENDANTS, 1750+ **[15409]**
I: **BULMER, THOMAS - YEOMAN**, & FREEMAN OF ELVET MOOR, DUR,ENG, S. OF JOHN, C1740-1816 **[19865]**
I: **BUNN, ERNEST & HUGGINS, AGNES THEODOSIA**, MAR. PADDINGTON, ENG. DESCENDANTS, 1900 **[19156]**
I: **BUNNAGE, WALTER G.**, MDX, ENG TO RSA, C1910 **[39301]**
I: **BUNNAGE, WILLIAM J.**, MDX, ENG TO BC, CAN, C1905 **[39301]**
I: **BURBRIDGE, FREDERICK**, CHELSEA, MDX, ENG, 1867+ **[19516]**
I: **BURLISON, JAMES**, WIFE JANE, LIVING CHIRTON, NBL, ENG, 1851 **[10346]**
I: **BURLISON, JOHN - B.BYWELL,NBL,ENG C1780**, M.BLAKEY 1809 NEWCASTLE, NBL, ENG, **[10346]**
I: **BURLISON, JOHN(1810), ELIZTH(1812)**, ROBT(1814), RICHD(1816) HEDDON-ON-THE, WALL, NBL, ENG **[10346]**
I: **BURLISON, RICHARD (B.1872, CHEWTON,VIC**, AUS. S. OF JOHN & ELIZA (PASCOE) ADELAIDE,SA, 1895 **[10346]**
I: **BURNE, GODFREY LIONEL**, MANGR, TYPEWRITER CO.,LND,ENG,1909. DESCEND., 1900+ **[19156]**
I: **BURNE, RUPERT MYDDLETON**, ALIVE 1950S. DESCENDANTS, 1930+ **[19156]**
I: **BURNET, JOHN**, EXCISE OFFICER, BRISTOL & MDX, ENG, 1806-1828 **[13833]**
I: **BURNETT, JAMES**, MILITARY TAYLOR OF QUE, CAN, C1825 **[38615]**
I: **BURTON, WILLIAM ALAN**, DORSETSHIRE REGT, 1880-1925 **[44196]**
I: **BURTON, WILLIAM ALAN**, WILTSHIRE REGT, 1880-1925 **[44196]**
I: **BUTCHER (BOUCHIER), CHARLES**, S.OF COL. ARTHUR,ROYAL MARINE,INDIA & E.INDIA, 1875+ **[14241]**
I: **BUTLER, DONALD**, LOUISVILLE, KY, USA, C1950 **[44649]**
I: **BUTLER, ELIZABETH ALICE**, LONDON, MDX, ENG & MELBOURNE, VIC, AUS, 1800+ **[43756]**
I: **BUTLER, REGINALD**, ELLIS ISLAND, NY, USA, 1913 **[44649]**
I: **BUTLER, REV. JAMES**, ADMINISTRATOR, CARLOW CATHEDRAL, IRL, D.1860 **[43076]**
I: **BUTT GRAVATT, AGNES MARY**, BIRTH IN ENG TO MARRIAGE IN AUS & DESCENDANTS, PRE 1849 **[44156]**
I: **BUTT, ARTHUR**, HAM, ENG & LISMORE, NSW, AUS, 1844-1928 **[25829]**
I: **BUTT, JOHN**, HAM, ENG & TAREE, NSW, AUS, 1796-1881 **[25829]**
I: **BUTTONSHAW**, ONE NAME STUDY (INC VARIATIONS) WORLDWIDE, ALL **[19454]**
I: **BYRNE, HENRY**, WEX & WIC, IRL. MARR. ELIZABETH NUGENT, 1773-1822 **[33867]**
I: **CABBAN FAMILY**, MIGRATION TO AUS, 1800-1850 **[19789]**
I: **CAHILL, JOHN**, ASSIZE PROSECUTOR, CO. TIP, IRL, C1825+ **[20433]**
I: **CALBERSON FAMILY**, MIGRATION - BELGIUM TO USA, 1850-1900 **[15014]**
I: **CALDER, ALEX**, MILLWRIGHT/MILLER, TAS, AUS, 1843-1855 **[12392]**
I: **CAMELY, MARY (SIBLINGS & ANCESTORS OF)**, DUNDEE, ANS, SCT & KILKEEL, DOW, IRL, PRE 1865 **[45900]**
I: **CAMERON, JOHN**, MERCHANT IN SYDNEY, NSW, AUS, 1854-1886 **[10046]**
I: **CAMLEY, MARY (SIBLINGS & ANCESTORS OF)**, DUNDEE, ANS, SCT & KILKEEL, DOW, IRL, PRE 1865 **[45900]**
I: **CAMPBELL, ANGUS**, COACHMAN, 1800+ **[33584]**
I: **CAMPBELL, CAPTAIN**, FALKLAND ISLANDS, 1870+ **[46519]**
I: **CAMPBELL, EDWIN ANDREW KENNETH**, MINING STUDENT, ENG, 1880+ **[22114]**
I: **CAMPBELL, EMILY**, MIDWIFE, TRAVELLER. ENG & NY, USA, 1870 **[22114]**
I: **CAMPBELL, JOHN**, GAMEKEEPER, 1835-1873 **[33584]**
I: **CANT, JOSEPH**, ST.PANCRAS, LND, ENG. WIFE ANN, SON B.1825, C1800 **[31305]**
I: **CAREW, JAMES L.**, M.P. KILDANGAN, BALLINABRACKY, MEA, IRL, D.1903 **[43076]**
I: **CAREY, GEORGE**, NLD, NZ, 1800S **[43772]**
I: **CAREY, MARGARET & JULIA**, IRISH IMMG. ARR. 'DAVID SCOTT',SYDNEY,NSW,AUS, 1834 **[10125]**
I: **CARLILL, THOMAS**, MASTER MARINER, BORN WHITBY, YKS, ENG, 1778 **[28906]**
I: **CARLYON, MARY**, FINANCIAL & MINING AGENT, MELBOURNE, VIC, AUS, 1897+ **[10895]**
I: **CARMICHAEL, ALICE**, LND, ENG, 1920+ **[36020]**
I: **CARPENTER, SARAH**, MARR. HENRY JAMES HENLEY, BRISTOL, ENG, 1822 **[33671]**
I: **CARR, HARRY - MARINE ENGINEER**, & DAU. ELSIE MARY BORN SUNDERLAND, DUR, ENG, 1885 **[26430]**
I: **CAWLEY, HENRY**, GENTLEMAN OF ISLINGTON, MDX, ENG, 1810-1830 **[17998]**
I: **CHALMERS, ALEXANDER WALLACE**, BURGESS OF THE GUARD, 1825-1862 **[37058]**
I: **CHALMERS, ALEXANDER WALLACE**, GOVERNOR OF ABERDEEN PRISONS, SCT, 1825-1862 **[37058]**
I: **CHAMPION, LEMONIA**, MGN DEV, ENG TO AUS, 1896-7 **[46411]**
I: **CHAPMAN, DAVID**, LT. ROYAL NAVY, C1800+ **[10392]**
I: **CHAPMAN, EDWARD SAMUEL**, JOURNALIST OF HOBART, TAS, AUS, 1860-1890S **[29520]**
I: **CHAPMAN, EDWARD SAMUEL**, JOURNALIST OF MELBOURNE, VIC, AUS, 1860-1890S **[29520]**
I: **CHAPMAN, SAMUEL EDWARD**, STEWARD, PUBLICAN OF HOBART, TAS, AUS, 1840S **[29520]**
I: **CHAPMAN, THOMAS (MARR. MARY METCALFE)**, POLICEMAN OF LIVERPOOL, LAN, ENG, 1849+ **[45714]**
I: **CHAPMAN, THOMAS HARRISON**, CABLE OPERATOR OF NS, CAN B.LIVERPOOL,LAN,ENG, 1855-1911 **[45714]**
I: **CHARLES, GEORGE - WIFE LIZZIE**, NY,USA. SONS EDWIN,GEO,FRED,IRVING B.1904-9, 1900+ **[12641]**
I: **CHARTERS FAMILIES**, OF CHATTON PARK MILL & REDDIS HALL, NBL, ENG, 1700-1870 **[21198]**
I: **CHARTERS, JOHN & DORITHY WALLACE**, MARR. 1721 CHATTON, NBL, ENG, **[21198]**
I: **CHARTERS, WM & ELIZABETH ARCHBOLD**, CHATTON, NBL, ENG. DESCENDANTS OF, 1790+ **[21198]**
I: **CHARTRES, WILLIAM**, MAYOR OF COR, IRL 1692, 1630-1700 **[36161]**

Subjects

I: **CHESTER, EARL OF**, FAMILY OF, CHESTER, ENG, 1100-1200 **[29447]**
I: **CHETWIN, WILLIAM**, OIL MERCHANT OF ISLINGTON, LND, ENG, 1860-1880 **[38868]**
I: **CHICK, NAPOLEON**, FISHMONGER OF CHISWICK, LND, ENG, PRE 1900 **[19516]**
I: **CHICK, WM**, COACHMAN OF MARYLEBONE, LND, ENG, PRE 1845 **[19516]**
I: **CHILDEROY**, WORLDWIDE, ALL **[13833]**
I: **CHILDREN, JOHN GEORGE**, MINERALOGIST & ZOOLOGIST, ENG, 1777-1852 **[14268]**
I: **CHOWN, HENRY**, CHEESEMONGER, CAMBERWELL, 1880S **[46519]**
I: **CHRISTIANSEN, KAJ WILHELM**, SAILOR, C1900 **[46248]**
I: **CHURCH, ROBERT**, BROOKLYN, NY, USA. WHO WAS HIS FATHER?, 1895-1965 **[12819]**
I: **CHURCHER, SYDNEY WYCOMBE**, VARIETY ARTISTE, ENG, 1920S **[21349]**
I: **CLARE-WILLOW, FANNY**, WIFE OF CAPT. THOMAS JOHN LUCAS CMR, 1850-1900 **[20594]**
I: **CLAREY, MICHAEL & ELLEN**, PARENTS OF WILLIAM, BORN LONDON, ENG, C1818 **[45714]**
I: **CLARK(E), ELIZABETH**, LAMBETH, SRY, ENG, 1830+ **[39327]**
I: **CLARK, ARTHUR**, AUCHTERMUCHTY, FIF, SCT, 1805+ **[14454]**
I: **CLARK, ARTHUR**, SAWTRY, HUN, ENG, C1895 **[28479]**
I: **CLARK, BENJAMIN**, QUINTE, HALIBURTON CO., ONT, CAN, C1860S **[31626]**
I: **CLARK, COLIN**, BRK, ENG, 1957+ **[45726]**
I: **CLARK, JAMES (WIDOWER MAR. MARGARET**, SALISBURY 1860 NEWCASTLE, NSW, AUS, **[10918]**
I: **CLARK, JOHN LOWER**, SURGEON OF SALTASH, CON, ENG, 1813-1880 **[20578]**
I: **CLARK, WILLIAM JOHN**, B 4 SEP 1876, BOLTON ST, NEWCASTLE, NSW, AUS, **[10918]**
I: **CLARKE**, ANY GEORGE ANDREW CLARKE, ALL **[46519]**
I: **CLARKE**, WESLEYAN METHODIST MINISTER, COVENTRY,WAR,ENG, 1800 **[15787]**
I: **CLARKE, ARTHUR LEONARD**, W.O.I. RSM. RHA, 1930-1942 **[37187]**
I: **CLARKE, CAROLINE**, LIVED BATTLE HARBOUR, LABRADOR, NFD, CAN, 1890-1900 **[39716]**
I: **CLARKE, HENRY**, OSTRICH FARMING, PATAGONIA, 1870+ **[46519]**
I: **CLARKE, HENRY MATTHEW**, CABINETMAKER, BETHNAL GREEN, LND, ENG, C1820-1870 **[45795]**
I: **CLARKE, JONATHAN**, PUBLICAN OF LISBURN, ANT, IRL, 1830S **[44417]**
I: **CLARKE, ROBERT ADOLPHUS**, D. FAIRFIELD, NSW, AUS, 1935 **[45795]**
I: **CLAYTON**, AUS, 1900+ **[43085]**
I: **CLAYTON, CHRISTOPHER**, POLICEMAN, IRL & ENG, 1860-70S **[46492]**
I: **CLEAK, MARTHA REBECCA**, MAIDEN NAME BROAD, ROTHERHITHE, KEN, ENG, PRE 1855 **[36800]**
I: **CLEATON, REYNOLD**, LLANIDLOES, MGY, WLS, PRE 1850 **[46462]**
I: **CLEEVE, REV. WILLIAM**, WIL, ENG, 1765-1825 **[46201]**
I: **CLEMINSON, MARY ETHEL**, MORCAMBE, LAN, ENG, C1900-1906 **[43941]**
I: **CLIVE & CLEAVE**, ORIGINS OF NAME MUTATION, KLEVE AM RHINE, 1500-1900 **[24871]**
I: **CLIVE & CLIFFE (MEMORIALS & ARMS)**, PROGRESSIVE LINEAGE BOTH, FAMILIAL DECAY, 1200-1900 **[24871]**
I: **CLIVE OF WAR & N STS, ENG**, PAPERS, MANUSCRIPT, WILLS, 1300-1880 **[24871]**
I: **CLOCK, FRANK**, MARRIED ALMA MCCORDIC, SD, USA, 1880+ **[33952]**
I: **COCHRAN, ELIZA**, IRL TO AUS, PRE 1856 **[38683]**
I: **COCHRANE, MAJOR**, GULLANE LODGE, GULLANE, ELN, SCT, C1770 **[14454]**
I: **COCKS, SYDNEY HERBERT**, MINING ENGINEER, 1900+ **[44649]**
I: **COLEBROOK, WALTER HENRY**, TILLINGTON & PETWORTH, SSX, ENG, 1896+ **[21079]**
I: **COLLIER, MARTIN**, FARMER, SMITHSTOWN, KIK, IRL. M. MARY KEATING, C.1830 **[12153]**
I: **COLLIER, RICHARD**, B. WHITBY, NRY, ENG - WHEN, C1824 **[26007]**
I: **COLLIER, RICHARD. JET WORKER & LABOURER**, WHITBY, NRY, ENG. DIED WHEN, 1859+ **[26007]**
I: **COLLINS, LOTTIE**, MUSIC HALL ARTISTE, 1866-1910 **[41554]**
I: **COLSON, THOMAS**, CLARK OF SFK, ENG, 1600-1700 **[18100]**
I: **COMER, MARK**, AUS, 1870+ **[29720]**
I: **CONNELLY, JOHN & NANCY**, CHILDREN OF LUKE & MARGARET GREENDALE, 1863+ **[11092]**
I: **CONNOLLY, CHRISTINA & KATE**, DERRY CONVENT, IRL, 1800S **[14627]**
I: **COOK, CHARLES & ELIZA MORTIMER**, CONFECTIONER, PORTSEA, HAM ,ENG, 1827+ **[12382]**
I: **COOK, CHARLES & SARAH WHITFIELD**, HOMEOPATH, BENDIGO, VIC, AUS, 1870S **[12382]**
I: **COOK, JOHN**, BLACKSMITH OF LND, ENG, PRE 1850 **[37187]**
I: **COOKE, HENRY**, B. CHIPSTEAD, KEN, ENG. ALL DESC., 1836 **[41419]**
I: **COOKE, HENRY**, MARR. TO MARY ANN FROM SHIBBORN, KEN, ENG., 1840 **[41419]**
I: **COOKE, JAMES WM**, YKS, ENG D.1892. MARR Elizabeth ALICE CUNDY, C1860 **[10346]**
I: **COOKE, JOHN EDWARD**, SON OF JAMES WM & ELIZ. ALICE CUNDY, YKS, ENG, C1871 **[10346]**
I: **COOKE, JOHN EDWARD - CIVIL ENGINEER**, DIED ANCHORSHOLME, BLACKPOOL, LAN, ENG, 1944 **[10346]**
I: **COOKE, JOHN EDD., BENJAMIN, JAMES W.**, ELIZ., EMILY, ANNIE, CLARE, BRADFORD, YKS,ENG, 1865+ **[10346]**
I: **COOKE, ROBERT. LANDOWNER**, KILTINAN, TIP, IRL. INFO. ON, C1840+ **[45236]**
I: **COOMBE, JN**, MILL OWNER, CAMPBELL TOWN, 1860-1880 **[12392]**
I: **COOMBS, EDWARD JAMES**, DEV, ENG, 1800-1840 **[46237]**
I: **COOPER, DANIEL;GEO;KATHLN;JOHN**, WARRINGTON, LAN OR SHARNBROOKE, BDF, ENG, 1875+ **[10102]**
I: **COOPER, OLIVER HAMILTON**, BRITISH SOLDIER, BOER WAR, 1899-1902 **[46247]**
I: **COPELAND, HENRY LORD**, TAILOR. GRANTHAM, LIN, ENG, 1800+ **[38868]**
I: **COPLAND, JOHN**, ABD, SCT, 1580-1700 **[46478]**
I: **CORCORAN, JOHN**, M. ELIZA MCGUINIS,ST.CHADS,MANCHESTER,LAN,ENG, 17 MAR 1872 **[39642]**
I: **CORLESS, MICHAEL**, ROSSCAHILL WEST, GAL, IRL, 1800-1875 **[29720]**
I: **CORNTHWAITE, ELLEN JANE**, B.1848 LANCASTER, LAN, ENG, 21 **[21463]**
I: **CORR, HENRY**, CHEMICAL WORKER, CORK, IRL, C1820-1870S **[18753]**
I: **CORWIN, BENJAMIN**, AMERICAN REVOLUTION VET, 1750-1821 **[16947]**
I: **COTHER**, ONE NAME STUDY (INC VARIATIONS) WORLDWIDE, ALL **[19454]**
I: **COUDREY, SELINA ESTHER**, MARRIED EDOUARD ABRAHAM LE GROS, CHI, 1800+ **[21079]**

◆ 521 ◆

SUBJECTS

I: COUNSELL, BETTY - B.C1841, MARR. ROBERT PRESTON 1864 BLACKBURN,LAN,ENG, 1800+ **[21463]**
I: COUNSELL, GEORGE & ANN (NEE COTTAM), BLACKBURN, LAN, ENG, 1800+ **[21463]**
I: COUPER, JOHN, SCT TO AUS, PRE 1856 **[38683]**
I: COUZENS, JAMES (S.OF WILLIAM), SOM, ENG, C1800 **[14241]**
I: COWAN, CHARLES GAIRDNER, SCT TO NZ. SHIP LIST?, 1872-1875 **[20924]**
I: COWAN, DAVID, B.1840 AYR, SCT. D. AT SEA 1870. ISSUE?, ALL **[20924]**
I: COWAN, HUGH DAVID, AYR, SCT, LOST AT SEA, DESCENDANTS, 1834-1865 **[20924]**
I: COWAN, ISABELL, RESIDENT OF GLASGOW, LKS, SCT, 1700-1850 **[46385]**
I: COWAN, JAMES MCHAFFIE, B1832 AYR, SCT. DIED CHICHESTER, SSX, ENG, 1859 **[20924]**
I: COWAN, JOHN RANKINE, B.1839 AYR, SCT WENT TO NZ. ISSUE?, ALL **[20924]**
I: COWAN, ROBERT (B.1842 AYR, SCT), LIVED ARGENTINA MAR. 2) JANE ROBERTSON, 1842-1912 **[20924]**
I: COWAN, ROBERT (B.1842 AYR, SCT), LIVED ARGENTINA MAR. DOROTHY ANN DONALDSON, 1842-1912 **[20924]**
I: COWAN, ROBERT (B.1842 AYR, SCT), LIVED ARGENTINA. MAR. 1) ISABEL BROWN, 1842-1912 **[20924]**
I: COWEN, CHARLES -STAFF SURGEON & DEPUTY, INSP. OF HOSPITALS, ROCHESTER, KEN, ENG, 1860S **[16813]**
I: COWLEY, SOUTHSEA AREA, HAM, ENG, 1920+ **[32039]**
I: COWLEY, CAROLYN, B. SOUTHSEA AREA, HAM, ENG, 1930S **[32039]**
I: COWLEY, CHARLES (SURVEYOR), PARENTS BURIED HORNSEY, MDX, ENG, B.1838+ **[32039]**
I: COWLEY, CHRIS, RAF, WWII **[32039]**
I: COWLEY, ERIC, B. SOUTHSEA AREA, HAM, ENG, 1930S **[32039]**
I: COWLEY, FREDERICK SAYWOOD, BROOKLYN, NY, USA, B.1896 **[32039]**
I: COWLEY, FREDRICK SAYWOOD, BROOKLYN, NY, USA, B.1896 **[32039]**
I: COWLEY, GEORGE (BRICKLAYER), B. LAMBETH, 1850 **[32039]**
I: COWLEY, HENRY & JESSIE, FROM MDX & LND, ENG TO BROOKLYN, NY, USA, 1890S+ **[32039]**
I: COWLEY, HENRY - B.1867 LND, ENG, & JESSIE EMIGRATED TO BROOKLYN, NY, USA, 1890+ **[32039]**
I: COWLEY, JAMES, BLOOMSBURY, LND, ENG, B.1838 **[32039]**
I: COWLEY, JAMES (ENGINEER), B. BLOOMSBURY, LND, ENG, B.1836+ **[32039]**
I: COWLEY, JANET, B. SOUTHSEA AREA, HAM, ENG, 1930S **[32039]**
I: COWLEY, JOHN, B. SOUTHSEA AREA, HAM, ENG, 1930S **[32039]**
I: COWLEY, JOHN, BROOKLYN, NY, USA, B.1900 **[32039]**
I: COWLEY, JOHN & MARY WEER, PUBLICAN & BUILDER, HORNSEY, MDX, ENG, 1820+ **[32039]**
I: COWLEY, MARIA - MARR. JAMES CASTLE, PARENTS BURIED HORNSEY, MDX, ENG, 1840+ **[32039]**
I: COWLEY, WILLIAM (BRICKLAYER), PARENTS BURIED HORNSEY, MDX, ENG, 1830+ **[32039]**
I: COWPER, ALL, ENG, 1700+ **[30351]**
I: COX, DANIEL & ANN GARLAND, MARR. 1749 STOKE ST.GREGORY, SOM, ENG, **[21198]**
I: COX, DANIEL & JOAN WALLIS, MARR. 1779 CURRY RIVEL, SOM, ENG, **[21198]**
I: COX, FRANCIS, CARPENTER OF STANPIT, DOR, ENG, PRE 1856 **[19116]**
I: COX, MARIA & DAVID NEVILLE, ILLEGITIMATE CHILD OF - ANY INFORMATION, 1805-1830 **[17291]**
I: CRABTREE, ANNA ELIZABETH, MIGRATED TO BRISBANE, QLD, AUS, 1849 **[30601]**
I: CRABTREE, JOAH, COOPER OF HALIFAX, YKS, ENG, 1757+ **[30601]**
I: CRAGG, WILLIAM, POLICEMAN OF LAN, ENG, 1845+ **[33870]**
I: CRAGIE, JAMES, ROPEMAKER, SOUTHWARK, SRY, ENG, B.C1775 **[30535]**
I: CRAVEN, ALFRED, PUBLICAN OF VIC, AUS, 1890S **[29520]**
I: CRAVEN, JOHN, BAKER OF LONDON, ENG, 1820-1850S **[29520]**
I: CRAWFORD, CAPT. HENRY (ARMY), MARRIED ELIZABETH BRETT IRELAND, 1700+ **[21079]**
I: CRAWFORD, NICHOLAS, MARR JANE ATKINSON OF OFF, IRL, C1680 **[21079]**
I: CRAWFORD, RICHARD, MARR HENRIETTA ROACH, C1720 **[21079]**
I: CRAWFORD, THOMAS, REL. OR FRIEND DAVID & AGNES RITCHIE. SCT, C1830 **[14454]**
I: CRAWFORD, WILLIAM, MARR JANE LIACK OF CON, ENG, C1700 **[21079]**
I: CRAWFORD, WILLIAM, MARR MARY PEARCE OF BRISTOL, ENG, C1720 **[21079]**
I: CRAWLEY, FRANCES CHARLOTTE, SPINSTER, NORTHUMBERLAND AV, KINGSTOWN,DUB,IRL, 1808-82 **[17234]**
I: CRAWLEY, GEORGE (A MERCHANT), KILLEEN COTTAGE, ARM & STABANNON, LOU, IRL, ?-1862 **[17234]**
I: CRAWLEY, HUGH, COAL MERCHANT, DUB, IRL & MELBOURNE, VIC, AUS, 1793-1853 **[17234]**
I: CRAWLEY, WILLIAM, BURIED STABANNAN, LOU, IRL WIFE ANNE, PRE 1898 **[17234]**
I: CRAWLEY, WILLIAM, MARR. ABIGAIL TYRRELL, ARMAGH, IRL, 1790-1865 **[17234]**
I: CREEGAN, VIRGINIA, ACCOUNTANT, USA, 1800+ **[21712]**
I: CRITCHLEY, WILLIAM, 48TH NORTHAMPTONSHIRE REGT, AUS, 1817+ **[10146]**
I: CRITCHLEY, WILLIAM, ROYAL VETERANS, NSW, AUS, 1800+ **[10146]**
I: CROCKER, WILLIAM JOHN, VERGER, GRACE CHURCH, BROOKLYN, NY, USA, 1890-1895 **[17006]**
I: CROFTS, CHRISTINA SELINA, , 1860S **[20730]**
I: CROMPTON, WILLIAM, CHIEF INSPECTOR OF POLICE. MALAYA, 1888-1910 **[40690]**
I: CROSSAN, WILLIAM ALEXANDER, COMMERCIAL TRAVELLER, ENG & RUS, 1830-1900 **[46507]**
I: CROSSEN, WILLIAM ALEXANDER, COMMERCIAL TRAVELLER, ENG & RUS, 1830-1900 **[46507]**
I: CROWLEY, JOSEPH F. - LIVED USA, MONUMENTAL INSCRIPTION STABANNAN, LOU, IRL, 1930-2000 **[17234]**
I: CROZIER, ELIZABETH, MARR. GEORGE EDWARD COOK,HAMMERSMITH,LND,ENG, 1798-1874 **[25921]**
I: CRUST, ROBERT, ANCHORSHOLME, NORTH BLACKPOOL, LAN, ENG, 1944 **[10346]**
I: CRUST, ROBERT MAR. CLARE COOKE, ANCHORSHOLME, BLACKPOOL, LAN, ENG, 1885+ **[10346]**
I: CUBITT, MARTIN, BUILDER, HACKNEY, LONDON, ENG, 1830+ **[40792]**
I: CULLEN, GEORGE & BETTY TILLY, MARR. 1787 LANGPORT, SOM, ENG, **[21198]**
I: CULLEN, SAMUEL & MARY BARTLETT, MARR. 1760 HIGH HAM, SOM, ENG, **[21198]**
I: CUMMINS, NICHOLAS, ENGINEER, INDIA & QUE, CAN, 1878+ **[36161]**
I: CUMMINS, RICHARD, GOVT. ORD. INSPECTOR, GSY, CHI, 1825-1852 **[36161]**
I: CUMMINS, THOMAS, CHANDLER, COR, IRL, 1815-1823 **[36161]**
I: CUMMINS, THOMAS, SURVEYOR, MAURITIUS, 1824-1850 **[36161]**

◆ Subjects ◆

I: **CUMMINS, WALTER**, BOATBUILDER, COR, IRL & CAN, 1868-1951 **[36161]**
I: **CUNDY, ELIZABETH ALICE**, MARRIED JAMES WM COOKE, YKS, ENG, C1860 **[10346]**
I: **CUNNINGHAM, BRIDGET**, MARR. ARCHIBALD CAMPBELL MCGREGOR, SCT, 1840+ **[45714]**
I: **CUNNINGHAM, ELIZA HARRIET**, WIFE OF THOMAS HARRISON CHAPMEN, NS, CAN, 1850-1927 **[45714]**
I: **CUTHELL, JOHN**, FARMER OF WOODEND, STI, SCT, 1700S **[44417]**
I: **D'ASSIG, AUGUSTUS**, LONDON, MDX, ENG, PRE 1849 **[46349]**
I: **D'ERNST, JOHN GEORGE**, FIREWORK ARTIST OF LAMBETH & VAUXHALL,SRY,ENG, 1797-1842 **[17470]**
I: **D'FRATES, JOHN**, FREEMAN OF ROCHESTER, KEN, ENG (MARINER), 1783 **[37594]**
I: **DALLEN, JAMES**, WIFE MELIA ACKLAND, DEV/CON, ENG, 1875+ **[30437]**
I: **DANIEL, RITA**, STAGE ACTRESS, 1901-1951 **[17470]**
I: **DARCY, SARAH & MARY.**, EMIG. BOSTON, MA, USA FROM CHORLEY, LAN, ENG, 1900-04 **[45236]**
I: **DAVENPORT, MARIA TERESA - D.C1821**, M. AT GRETNA 12 JUN 1800-1801 STRATFORD, **[10346]**
I: **DAVIDSON, MATTHEW**, INT.SHIPWRECK RELIEF SOCIETY - VICE PRESIDENT, 1839 **[25073]**
I: **DAVIDSON, WALTER**, MILL OWNER, TAS, AUS, 1842-1860 **[12392]**
I: **DAVIES, ERNEST CHARLES**, B. 1860S BERMONDSEY,LND,ENG - MARR. MILLAR, **[32039]**
I: **DAVIES, JAMES & CATHERINE NEE JENKINS**, CHURCHHOUSE, LLANIGON, BRE, WLS, 1880-1916 **[21463]**
I: **DAVIES, JAMES B.1830S**, FATHER JAMES, ABEREDW, RAD, WLS, 1800+ **[21463]**
I: **DAVIES, JAMES OR JAQUES**, PARIS, FRA - S. OF ALFRED & SUZZANNE, 1920+ **[32039]**
I: **DAVIES, JOHN**, B. 1860S BERMONDSEY,LND,ENG - MARR. L. HOLLIS, **[32039]**
I: **DAVIES, JOHN**, S. OF JAMES & CATHERINE (NEE JENKINS) BRE,WLS, B.C1862 **[21463]**
I: **DAVIES, JOSEPH**, MARR. EMILY ROSS 1869 SWINTON, LAN, ENG, **[17548]**
I: **DAVIES, MAGDALEN**, DOMESTIC SERVANT, DEVYNNOCK, WLS, 1900-20 **[31552]**
I: **DAVIES, MARY ELIZABETH**, B.24 JULY 1914, DEVYNNOCK MAESCAR, BRE, WLS, **[31552]**
I: **DAVIES, MARYANN**, MARRIAGE TO DAVID HUGHES, BRE, WLS, 1885-1900 **[21463]**
I: **DAVIES, RICHARD ALBERT**, B.1870 BETTWS, CLYRO, RAD, WLS, D.1912 **[21463]**
I: **DAVIS, MILLERS**. STAUNTON, GLS, ENG, 1800+ **[32039]**
I: **DAVIS, CHRISTIAN, WIDOW,**, MARR. JOHN FOULGER - ANY FAMILY OF., PRE 1817+ **[17291]**
I: **DAVIS, HENRY CHARLES**, CLERKENWELL, MDX, ENG, 1810-1880 **[99418]**
I: **DAVIS, MARYANN**, HUSBAND RICHARD FACEY, DUR, ENG, 1866 **[30437]**
I: **DAVIS, REVD SYDNEY GEORGE**, BRISTOL, GLS, ENG & NSW & VIC, AUS, 1886-1944 **[39735]**
I: **DAVISON RAILWAYMEN (TANFIELD,WHICKHAM**, HEWORTH, HOUGHTON, SEAHAM, DUR, ENG, ENG **[19865]**
I: **DAVISON, JOHN - ORIGINS**, MARR. RYTON 1771 LIVED TANFIELD, DUR TO 1817, 1730S-1817 **[19865]**
I: **DAVISON, WM GEORGE**, MIGRATION TO BRISBANE, QLD, AUS FROM DUR, ENG, 1880S **[19865]**
I: **DAWSON, EDWIN**, MERCHANT, LILLE, FRA, BEL & FIN, 1840-1900 **[39815]**
I: **DAWSON, JANE**, ?MARRIAGE POST 1880 DUR, ENG, **[30437]**
I: **DAWSON, THOMAS**, FATHER OF JANE, DUR, ENG, C1880 **[30437]**
I: **DAWTREY, CAPTAIN NICHOLAS**, CARRICKFERGUS CASTLE, ANT, IRL, 1570-1601 **[20444]**
I: **DAWTREY, CAPTAIN NICHOLAS**, SENESCHAL, CLANEBOYE, DOW, IRL, 1570-1601 **[20444]**
I: **DAY, JAMES**, AGRICULTURAL LABOURER, MARK, SOM, ENG, C1790-1890 **[44296]**
I: **DAYSON, THOMAS**, CARVER AND GILDER, SOHO, LND, ENG, 1825-1866 **[46349]**
I: **DE FREITAS, FRANCIS**, MARINER, ROCHESTER, KEN, ENG, 1710+ **[37594]**
I: **DE HORA, MANOEL HERRERA**, BOER WAR SERVICE, 1894-1906 **[19156]**
I: **DE WEIRT FAMILY**, MIGRATION - BELGIUM TO USA, 1850-1900 **[15014]**
I: **DEACON, HENRY**, WRITER, PLYMOUTH, R.NAVY, ENG, 1800+ **[17196]**
I: **DEAN, GEORGE VERNON**, CHESHAM BOIS, BKM, ENG, 1920S **[32039]**
I: **DEES FAMILY**, ONE NAME STUDY, GT BRITAIN, ALL **[18001]**
I: **DEGUET, CHARLES AUGUST**, BORN LYON, FRA DIED MILLICENT, SA, AUS, 1851-1925 **[45775]**
I: **DELANEY, BERNARD LAURENCE**, DESCENDANTS OF, 1820+ **[12223]**
I: **DENHOLM, JAMES**, OF LOQUHARIOT, MLN, SCT, 1800-1900 **[46413]**
I: **DENHOLM, RACHEL**, MIGN SCT TO CAN, 1900+ **[46413]**
I: **DENHOLM, WILLIAM**, OF LOQUHARIOT, MLN, SCT, 1800-1900 **[46413]**
I: **DENMARK, ALEXANDER**, NAVAL SURGEON, DOCTOR OF PHYSIC, HAM, ENG, 1780-1830S **[14268]**
I: **DENNIS, ELIZA F.**, SINGLETON & SYDNEY, NSW, AUS, 1870+ **[25829]**
I: **DICKERMAN**, 809 MADISON AVE, NEW YORK, USA, 1900-1950 **[22114]**
I: **DIDDEN, SARAH JANE**, OF CHELSEA, LND, ENG, PRE 1869 **[19516]**
I: **DIEHL, FREDERICK**, DESCENDANTS OF, 1750-1990 **[24792]**
I: **DIEHM, LYDIA**, B. CROOKWELL, NSW, AUS (M. WM JAS FREEBURN), 1878+ **[44156]**
I: **DIGGINS, RICHARD**, WEAVER IN LONDON, ENG, 1800S **[45975]**
I: **DIMMOCK, WILLIAM**, SON OF EDMUND, EMIGRATED NSW, AUS, 1807-1858 **[37308]**
I: **DIXON, JOHN**, HUSBAND OF HANNAH GARR, DUR, ENG, 1852+ **[30437]**
I: **DIXON, RALPH & (SHIP) DORIS (R.N.)**, TWEED SIDERS NAVAL CAREER (EST.NO. 106).1805, 16 MAR 1820 **[19865]**
I: **DIXON, WILLIAM**, ON BOARD H.M.S. VESTAL & COASTGUARD, 1830S-60S **[19865]**
I: **DIXON, WILLIAM (COASTGUARD)**, & RESCUE OF WM. JONES AT MARSKE, NRY, ENG, 10 AUG 1847 **[19865]**
I: **DOBUNNI**, BRITISH TRIBE, PRE 0+ **[18639]**
I: **DOCKRAY, JOHN DAVID (ENGINEER)**, BUILDING RAILROADS, LIVED WINSLOW, BKM, ENG, 1850S **[17055]**
I: **DODD, HELEN (ELLEN LETITIA)**, WIFE OF FRANK FOTTRELL, SOLICITOR, DUB, IRL, 1878-1928 **[17234]**
I: **DODD, REV. JOHN**, PRESBYTERIAN MINISTER, NEWRY, DOW, IRL, 1816-1883 **[17234]**
I: **DODD, SAMUEL**, CONVICT, NSW, 1830-1850 **[45078]**
I: **DODDS, ROBERT**, WOOLLEN DRAPER, RATHFRILAND, DOW, IRL, 1806-1881 **[17234]**
I: **DODSON, WALTER GEORGE**, ROYAL ARTILLERY, 1893 **[17291]**
I: **DOLMAGE, JACOB (KILCOOLY, TIP, IRL)**, M.1780 TO MARY SUTCLIFFE OF FRESHFORD,KIK,IRL, **[10493]**
I: **DONAHOO, ANN**, B. IRL, MARR. M. ASHTON 1844, TAS & VIC, AUS, 1822-C1850 **[40143]**
I: **DOREY, GEORGE**, B.30 JUN 1805, EAST STOKE, DOR, ENG, 1800+ **[39716]**

GRD ♦ 2005

SUBJECTS

I: **DOUGLAS**, FIREMAN, LONDON, ENG, 1870+ **[37024]**
I: **DOW, AND. & CATH. KIDD**, TAILOR, FINDO GASK., PER, SCT, 1790+ **[12382]**
I: **DOW, JAMES & MURRAY GRAHAM**, BOOTMAKER, AUCHTERARDER, PER, SCT, 1822+ **[12382]**
I: **DOWN(E)S**, BRITISH ADMIRAL, PRE 1930 **[46331]**
I: **DOWNS, WILLIAM**, IMPERIAL ARMY OFFICER, 1830+ **[46331]**
I: **DOWNWARD, WILLIAM**, HALGHTON & MAELOR FLN, WLS, 1795-1872 **[10016]**
I: **DOYLE FAMILY**, BROOKLYN,NY,USA. FAMILY OF BISHOP JAS MURRAY, 1847+ **[12819]**
I: **DRAKE, JOHN**, SHIPS CARPENTER, DUNFERMLINE, FIF, SCT, C1790 **[44296]**
I: **DRAPER, WILLIAM**, LEATHER MERCHANT, LONDON, ENG, 1800+ **[40792]**
I: **DREW, CAPT STANHOPE**, AT BATTLE OF AUGHRIM, ROS, IRL, 1691 **[10114]**
I: **DUCK, STEPHEN**, SOM, WIL, MDX & SRY, ENG, 1705-1756 **[35004]**
I: **DUNCAN, PETER**, MASTER MARINER OF DUNDEE, ANS, SCT, 1829+ **[20135]**
I: **DUNN, MARGARET**, WIFE OF JOHN BALLANTINE, GLASGOW, LKS, SCT,, C1800+ **[14762]**
I: **DUNN, THOMAS**, TUMUT & SYDNEY, NSW & TAS, AUS, **[45833]**
I: **DUNNE, THOMAS & PHELAN, CATHERINE**, DROM & INCH, TIP, IRL. DESCENDANTS OF, 1820+ **[45714]**
I: **DUNNING, JAMES**, B. C1817 ENG D. 1877 AUCKLAND, NZ, **[20766]**
I: **DURING, CARL FRIEDRICH**, WOOLDRIDGE AND PEDDIE, CAPE, RSA, 1830S-1892 **[35294]**
I: **DURNAN, HENRY A.**, DESCENDANTS SOUGHT, 1840-1899 **[45900]**
I: **DURNAN, MARY ADA**, DESCENDANTS SOUGHT, 1872-1921 **[45900]**
I: **DUSTAN, THOMAS**, B.1702 POSS. WEST COUNTRY, ENG, **[19064]**
I: **DUXBURY**, QLD TO NSW, AUS, 1860-1880 **[46026]**
I: **EAGLE, JOHN**, SAILMAKER, LONDON, ENG, 1800+ **[29401]**
I: **EARLE FAMILY**, HAM, ENG, 1400-1900 **[14966]**
I: **EASTON, HARRY**, HASTINGS, SSX, ENG - NEED WIFE'S NAME, C1890 **[31626]**
I: **EDMISTON, ISAAC**, CARNALRIDGE & COLERAINE, ANT & LDY, IRL, 1791-1869 **[27304]**
I: **EDMONDS**, ROYAL NAVY, PRE 1875 **[46360]**
I: **EDMUNDSON, ISAAC**, CARNALRIDGE & COLERAINE, ANT & LDY, IRL, 1791-1869 **[27304]**
I: **EDMUNDSON, JAMES, CAR PROPRIETOR**, BALLYWATT & PORTRUSH, LDY & ANT, IRL, 1850-1902 **[27304]**
I: **EDMUNDSON, MARY DUNLOP**, BALLYWATT & PORTRUSH, LDY & ANT, IRL, 1849-1925 **[27304]**
I: **EDWARDS, ROBERT**, 'EDWARDS MILLIONS' LAND CLAIM, NY, USA, **[11066]**
I: **EGAN**, PASSAGE TO AUS, 1850S **[25072]**
I: **ELDER, ALEXANDER**, CANTERBURY, NZ, 1865+ **[33711]**
I: **ELDER, ANDREW FORSYTH**, P.W.D. INSPECTOR, AUCKLAND, NZ, 1913-21 **[33711]**
I: **ELDER, PETER SWANSTON**, FARMER, CANTERBURY, NZ, 1877+ **[33711]**
I: **ELIOT, JOHN**, NEW ENGLAND INDIAN MISSIONARY, 1623-1690 **[28614]**
I: **ELIOT, JOHN (SIR)**, HOUSE OF COMMONS - ENGLISH ORATOR, 1592-1632 **[28614]**
I: **ELIS**, WORLDWIDE, ALL **[20300]**
I: **ELLIOTT, ELLEN (NEE GREGG)**, DRUMGESH, CAV, IRL, C1844+ **[27666]**
I: **EMLY, HENRY FRANCIS**, CAPT. BR ARMY, LAWYER, NZ, BENGAL & ADEN, 1850S-70S **[20556]**
I: **EMMETT, WILLIAM**, SERGEANT RHA FARRIER, C1870 **[44649]**
I: **ENGLAND, GEORGE**, BATHURST, NSW, AUS, 1893 **[10895]**
I: **ENGLISH, ANNIS**, MOTHER OF JOHN ENGLISH B.1803 ORMESBY,NFK,ENG, **[19050]**
I: **ERHARD, THERESIA & GEORG**, EMIGRATED GER TO USA, APR 1864 **[16149]**
I: **EVA, JOHN**, STONEMASON, FALMOUTH, CON, ENG, 1781-C1830 **[40143]**
I: **EVANS, ANNIE ELIZABETH**, SWANSEA, GLA, WLS, 1864 **[34111]**
I: **EVANS, ELEANOR**, SWANSEA, GLA, WLS, 1862 **[34111]**
I: **EVANS, JOHN**, LABOURER, ESS, ENG, 1820-60 **[43317]**
I: **EWER FAMILY**, FARMERS OF RUISLIP, MDX, ENG, PRE 1890 **[46414]**
I: **EYRE, WILLIAM GLADSTONE**, PORTRAIT & LANDSCAPE PAINTER, SYDNEY, NSW, 1882-1933 **[10721]**
I: **EYRES, JOHN**, IRONFOUNDER, WIL, ENG, 1840-1850 **[46509]**
I: **FAIRHURST, GEORGE**, WARWICK MILITIAMAN, 1803-1810 **[18007]**
I: **FARAGHER, DANIEL**, FARMER, IOM, UK, PRE 1866 **[11546]**
I: **FARQUHARSON, A.J. (LT COL COMMDG**, CEYLON PLANTERS RIFLE CORPS) DESCENDANTS OF, C1900 **[14454]**
I: **FARQUHARSON, FRANCES GEORGINA**, DIED CEYLON 1 MAY 1904 AGED 42 - DESCENDANTS, PRE 1904 **[14454]**
I: **FARRER, FRANCIS BERTRAND**, BORN CROUCH END OR HORNSEY, MDX, ENG, 1900S **[32039]**
I: **FARRER, JOHN BELL**, BORN CROUCH ENG OR HORNSEY, MDX, ENG, 1897 **[32039]**
I: **FARRER, MARGARET**, BORN CROUCH END OR HORNSEY, MDX, ENG, 1900S **[32039]**
I: **FARRER, WINIFRED**, BORN CROUCH END OR HORNSEY, MDX, ENG, 1898 **[32039]**
I: **FAWCETT & BAINBRIGGE**, WILL DISPUTE, 1805-1827 **[39815]**
I: **FAYERS, SAMUEL**, SFK, ENG & EMU PLAINS, NSW, AUS, 1816+ **[25829]**
I: **FELSTEAD, BENJAMIN H.**, CAMDEN, NSW, AUS, 1884 **[10895]**
I: **FELSTEAD, BENJAMIN H.**, LAGOON, NSW, AUS, 1899 **[10895]**
I: **FELSTEAD, WILLIAM J.**, COWRA, NSW, AUS, 1897 **[10895]**
I: **FENTON, MICHAEL**, MILL OWNER, TAS, AUS, 1830-1874 **[12392]**
I: **FERRAR, FREDERICK AUGUSTUS**, CHEMIST, NEWPORT, IOW, ENG, C1840 **[25921]**
I: **FERRAR, FREDERICK RICKARD**, KENSINGTON, LND, ENG, 1844+ **[25921]**
I: **FIELD, BARRON**, ENGLISH JUDGE/LITERARY, NSW, AUS, C1817+ **[30512]**
I: **FISHER, JOHN**, BLACKSMITH, USDEN, SFK, ENG, 1850 **[26761]**
I: **FISHER, JOHN**, RIDING MASTER, ASHTON UNDER LYNE, LAN, ENG, 1884 **[26761]**
I: **FLANNAGAN, JOHN**, ARCHITECT & CAST IRON VERANDAHS, 1850-80 **[26430]**
I: **FLANNAGAN, PATRICK**, BUILDER & CONTRACTOR OF MELBOURNE, AUS & IRL, 1797+ **[26430]**
I: **FLEMING, LORD**, SCT, 1500+ **[18005]**
I: **FLESHER, LEAH E.**, CLEVELAND, OH, USA, 1870-1980 **[22440]**

♦ Subjects ♦

I: **FLETCHER, CHARLES LENARD**, MAYOR OF PETERBOROUGH, NTH, ENG, 1925 **[20793]**
I: **FLETCHER, HENRY MOSSOP (JABUS)**, TO AUS C1915, DESCENDANTS, **[20793]**
I: **FLETCHER, THOMAS**, VETERINARY SURGEON, SHEFFIELD, YKS, ENG, 1832-C1903 **[20793]**
I: **FLEXMORE, FRANCIS**, MILL OWNER, KEMPTON, TAS, AUS, 1850-1874 **[12392]**
I: **FLOOD, LAURENCE**, DERRYMAHON, TIMANOE, KID, IRL, D.1895 **[43076]**
I: **FLOYD, FRANKLIN BURTCHETT**, UNIVERSITY PROFESSOR, USA, 1897-1959 **[45228]**
I: **FLOYD, THOMAS**, PENINSULAR WARS, WATERLOO, 1805-1817 **[35273]**
I: **FLOYD, THOMAS**, SERGT, 16TH LIGHT DRAGOONS (QUEENS) IN SPAIN, 1805-1817 **[35273]**
I: **FOGARTY-FEGEN, CAPTAIN**, VICTORIA CROSS RECIPIENT, 1939 **[20433]**
I: **FOISY, JACQUES NICOLAS**, LAWYER, MAURITIUS, 1760-1820 **[28906]**
I: **FOOTMAN, ROBERT & EMILY**, SERVANTS, WITLEY COURT, WOR, ENG, 1900-1920S **[17291]**
I: **FOOTMAN, ROBERT - SHOE & BOOTMAKER**, MARR. EMILY ANNAMS, SHRAWLEY, WOR,ENG, 1865+ **[17291]**
I: **FORAN, BRIDGET**, ENNISTYMON, CLA, IRL. WIFE OF JOHN O'BRIEN, C1860 **[32471]**
I: **FORAN, BRIDGET**, RINEEN, CLA, IRL. MOTHER OF MARGT O'BRIEN, C1865 **[32471]**
I: **FORAN, DANIEL**, RINEEN, CLA, IRL. BROTHERS & SISTERS, C1860 **[32471]**
I: **FORAN, MATHIAS**, RINEEN, CLA, IRL. FARMER, 1800S **[32471]**
I: **FORAN, MATHIAS**, RINEEN, CLA, IRL. FATHER OF DANIEL & MATTHEW, C1860 **[32471]**
I: **FORAN, MATHIAS**, RINEEN,CLA,IRL. HUSB. OF JOHANNA MARRINAN, 1800S **[32471]**
I: **FORAN, MATTHEW**, MANCHESTER,LAN,ENG SINGER SEWING MACH. SALES, 1901+ **[32471]**
I: **FORD, SAMUEL MORGAN**, B.1852 AT DITTERIDGE,WIL,ENG. MASON BY TRADE, **[39327]**
I: **FORD, STEPHEN**, BORN BOX, WIL, ENG, 1812- **[39327]**
I: **FORDE, FLORRIE**, MUSIC HALL ENTERTAINER, 1900-1940 **[39046]**
I: **FORSTER (SAWYER)**, LONGBENTON, NBL, ENG, 1748-1830 **[38769]**
I: **FORSTER, FRANCIS**, WYLAM, NBL, ENG, 1800-1870 **[38769]**
I: **FORSTER, JOSEPH**, NEWCASTLE, NBL, ENG, 1800-1870 **[38769]**
I: **FORSTER, MARY**, WYLAM, NBL, ENG, 1800-1870 **[38769]**
I: **FOSTER, EDITH**, IRL, UK, B.1867 **[34479]**
I: **FOSTER, FRANK SIDNEY LACEY**, , 1890+ **[34479]**
I: **FOSTER, GEORGE FREDERICK WILLIAM**, , 1888+ **[34479]**
I: **FOUCHE, JACOBUS**, BORN 1815 SWELLENDAM CPC, **[20841]**
I: **FOUCHE, PHILIPE**, BORN 1617 FRA DIED 1674 SAF, **[20841]**
I: **FOULGER, JOHN & CHRISTIAN**, MARR LONDON, ENG, 1817+ **[17291]**
I: **FOUNTAIN, ANNIE - BORN 1860S**, & WILLIAM HOTELIERS, SOUTHSEA, HAM, ENG, 1890S+ **[32039]**
I: **FOURNIER, LUCIEN MARCEL**, FRA, SCT, ENG & USA, 1894-1988 **[41560]**
I: **FOWLER, JOHN GARDINER**, COMBE, SOM, ENG, 1840-60 **[39716]**
I: **FOWLER, JOSEPH**, OF NSW, AUS, 1940S **[12144]**
I: **FOWLER, WILLIAM**, MINER OF INVERESK, MLN, SCT, 1780-1850 **[12144]**
I: **FOWLER, WILLIAM**, STONEMASON FROM COMBE, SOM, ENG, 1840-60 **[39716]**
I: **FOX FAMILY OF GIRSBY MANOR**, LIN, ENG, DESCENDANTS, AND OF SERVANTS, 1910-40 **[42993]**
I: **FRANCIS, ARTHUR**, BATTERSEA, LND, ENG, 1871 **[10895]**
I: **FRANCIS, ARTHUR**, BROMLEY, KEN, ENG, 1891 **[10895]**
I: **FRANCIS, ARTHUR**, CROYDON, SRY, ENG, 1865 **[10895]**
I: **FRANCIS, ARTHUR**, LAMBETH, SRY, ENG, 1881 **[10895]**
I: **FRANCIS, ARTHUR**, STREATHAM, LND, ENG, 1901 **[10895]**
I: **FRANCIS, ARTHUR**, WANDSWORTH, LND, ENG, 1879 **[10895]**
I: **FRANCIS, ARTHUR GEORGE BOHUN**, ACCOUNTANT, BROMLEY, KEN, ENG (WIFE ALICE), -1891 **[10895]**
I: **FRANCIS, ARTHUR GEORGE BOHUN**, RAILWAY CLERK, STREATHAM,LND,ENG (WIFE ALICE), -1901 **[10895]**
I: **FRANCIS, BRANSBY**, RECTOR, EDGEFIELD, NFK, ENG, 1764-1829 **[10895]**
I: **FRANCIS, EMILY**, BROMLEY, KEN, ENG, 1891 **[10895]**
I: **FRANCIS, FRANCIS H.**, BROMLEY, KEN, ENG, 1891 **[10895]**
I: **FRANCIS, MARION**, STREATHAM, LND, ENG, 1901 **[10895]**
I: **FRANKLIN, JAMES**, PAWNBROKER OF TOTTENHAM COURT RD, MDX, ENG, 1830+ **[15409]**
I: **FRASER, ANDREW**, CARPENTER OF ABD, SCT & KEW, VIC, AUS, C1804-1883 **[34321]**
I: **FRASER, PVT. ROBERT**, 13TH LIGHT DRAGOONS, CHARGE OF LIGHT BRIGADE, 1854 **[12454]**
I: **FREEMAN, SAMUEL**, D. AGED 27,1817,ST.ALBANS,HRT,ENG.WHERE BORN?, 1790 **[25747]**
I: **FREESE**, NAVY DIVER, KIEL, GER, 1860+ **[46372]**
I: **FREETH, JOB**, YEOMAN, TENNAL HALL, HARBORNE, STS, ENG, 1750-1810 **[37594]**
I: **FRENCH, EDWARD**, KEN, ENG. PARENTS & SIBLINGS, 1750+ **[27802]**
I: **FRICKER, JAMES WILLIAM**, CABMAN OF SRY, ENG, 1870-1920 **[45317]**
I: **FRINGS, MARY**, WIFE OF ROBERT RICH, BRAZIL, CON, ENG & AUS, 1800S **[42893]**
I: **FRISBY, THOMAS (M. HANNAH CHAPMAN)**, WILBARSTON & ASHLEY, NTH, ENG, 30 MAR 1794 **[21349]**
I: **FRITH, JANE**, MOTHER OF HANNAH, MAYFAIR, LND, ENG, 1700+ **[25921]**
I: **FRYE, THOMAS**, SCHOOLMASTER OF SAFFRON WALDEN, ESS, ENG, 1810+ **[15409]**
I: **FRYER, FRANCES**, OFFICIAL LINCOLNS INN, LONDON, ENG, C1850 **[44296]**
I: **FULLER, CAROLINE**, KEN, ENG, 1800-1840S **[16554]**
I: **FURPHY, HUGH**, OVERLOOKER OF MANCHESTER, LAN, ENG, PRE 1860 **[42752]**
I: **FURPHY, JOHN**, RAILWAY ENGINEER OF CREWE, CHS, ENG, PRE 1860 **[42752]**
I: **FUTTER, JAMES**, COASTGUARD, SOUTHERN ENG, 1840-1841 **[46507]**
I: **GAFFNEY, MATHEW**, HARDWOOD, KINNEGAD, WEM, IRL, C1830 **[43076]**
I: **GALPIN, FREDERICK WILLIAM**, FATHER OF PAUL & RICHARD. MAUN. B.P. AFRICA, C1950 **[17364]**
I: **GARDINER, CATHERINE**, BORN 1862, KIK, IRL. TRAVELLED TO USA, **[13347]**
I: **GARDINER, JAMES**, ARR BRISBANE, QLD, AUS, 1875 **[13347]**
I: **GARDINER, OBADIAH**, BORN KIK, IRL, 1863, TO AUS, **[13347]**

SUBJECTS

I: **GARR, BURNIP**, FERRYHILL, MARRIED MARY DIXON, DUR, ENG, 1790+ **[30437]**
I: **GARR, HANNAH**, DAUGHTER OF BURNIP GARR, DUR, ENG, 1832 **[30437]**
I: **GASCOINE, JOHN JEFFERY ISAAC**, COOK, LONDON, ENG, 1812-1880 **[42168]**
I: **GASHRY, FRANCIS**, NAVAL COMMISSIONER, 1702-1762 **[19454]**
I: **GAY, WILLIAM**, BRUSHMAKER, LONDON, ENG, 1830+ **[40792]**
I: **GENOWAYS, JOSEPH MAREY (B.1780 FRA)**, M.1813 SARAH JOHN, D.1813 BROWN CO. OH, USA, **[23208]**
I: **GENOWAYS, RUTH ANN (B.1814 BROWN CO. OH)**, M. JOHN DOS STEVENS 1854, D. CINCINNATI, 9/12/1889 **[23208]**
I: **GERAGHTY, JOHN**, MELBOURNE, VIC, AUS, 1860-1920 **[13809]**
I: **GIBBONS, THOMAS**, BLACKSMITH FROM EAST CHINNOCK, SOM, ENG, 1800-50 **[39716]**
I: **GIBSON, JAMES**, SOLICITORS CLERK, LONDON, ENG, 1860+ **[45042]**
I: **GILL, WALTER BATTERSHELL**, 1823-1900 DOCTOR, LND, ENG. DESCENDANTS, 1900+ **[19156]**
I: **GILLINGHAM, JULIAN**, ORGAN BUILDER, ENG, 1860-1900 **[19614]**
I: **GILLON, GILBERT**, SHOEMAKER, LINLITHGOW, MLN, SCT, 1780-1850 **[12144]**
I: **GLEDHILL, WILLIAM**, 3RD BATT, 60TH ROYAL RIFLES, 1856-1877 **[11444]**
I: **GLOVER, MARGARET**, WIFE OF JAMES YOUNG OF LOCHWINNOCH, RFW, SCT, 1770-1819 **[28906]**
I: **GODFREY, BOYLE**, CHEMIST,SOUTHAMPTON & TAVISTOCK STS.,LND,ENG, C1686-1756 **[26007]**
I: **GODFREY, ELIZABETH**, (NEE ASHCROFT) WIFE OF BOYLE GODFREY, LND,ENG, C1705+ **[26007]**
I: **GODMAN, ALFRED**, CHELSEA, MDX, ENG, 1872+ **[19516]**
I: **GOLDING, ELIZA MARIANNE**, CHS, ENG, 1920+ **[36020]**
I: **GORDON FAMILY**, TO NZ, C1860 **[10119]**
I: **GORDON, COLIN**, SOLDIER, FARMER & WEAVER, SUT, SCT, 1780-1850 **[22090]**
I: **GORDON, ELIZABETH (NEE GREGG)**, TURE, CAV, IRL, C1839+ **[27666]**
I: **GORDON, WILLIAM**, BLACKSMITH, TYNAN, ARM, IRL, C1785-1855 **[37308]**
I: **GORE, JOSEPH - CARTER**, LIVERPOOL, LAN, ENG, 1805 **[21973]**
I: **GOSSAGE, ELI RUBEN**, BIRMINGHAM, WAR, ENG, 1834-1901 **[25829]**
I: **GOSSAGE, FREDERICK**, WAR, ENG & BRISBANE & SYDNEY, QLD & NSW, AUS, 1868-1927 **[25829]**
I: **GOW, ARCHIBALD (JP)**, COMMISSIONER OF SUPPLY, DUMBARTON, SCT, 1885 **[20594]**
I: **GOW, ISABELLA COULTER**, UFC MISSIONARY,RAJPUTANA AREA, INDIA, C1887-1910 **[20594]**
I: **GOW, ISABELLA COULTER**, WHERE BURIED IN GLASGOW AREA, SCT, OB 12/11/1934 **[20594]**
I: **GRAHAM, ARCHIBALD**, CUSTOMS CUTTER 'OSNABURGH', SCT, 1790+ **[10610]**
I: **GRAINGE, JOHN WALTER**, CANTERBURY, KEN, ENG, 1800-1890S **[16554]**
I: **GRAINGE, WILLIAM THOMAS**, LINEN DRAPER, HENDON, MDX, ENG, 1835+ **[12078]**
I: **GRANT (NEE SAWCZUK), MARIA**, TORNADO VICTIM, REGINA, SAS, CAN, 1912 **[16969]**
I: **GRANT, THOMAS**, HUSBAND OF ANN 'IRISH' STOCKTON, DUR, ENG, C1855 **[30437]**
I: **GRANVILLE BEVILLE, EDWARD LANCELOT**, , 1910+ **[36020]**
I: **GRAVES, JOHN**, LT. RN OF CASTLEDAWSON, DRY, IRL, 1730 **[44417]**
I: **GRAY, HUGH**, FER, IRL & BERRY, NSW, AUS, 1815+ **[25829]**
I: **GRAY, JOHN**, B.9 MAR 1825 REDRUTH,CON,ENG - DESCENDANTS, **[44317]**
I: **GRAY, JOHN & BROTHERS**, ENGINEERS, NEWCASTLE & ARBROATH, ANS, SCT, 1820+ **[44088]**
I: **GRAY, WILLIAM**, RESIDENT OF GLASGOW, LKS, SCT, 1700-1850 **[46385]**
I: **GRAY, WILLIAM**, SADDLER, ENG, 1800S **[16947]**
I: **GREAVES, JOSHUA - YKS, ENG**, PARENTS & SIBLINGS, 1780+ **[27802]**
I: **GREEN, HENRY GEORGE**, CARPENTER, LAMBETH, ENG, 1820+ **[29401]**
I: **GREENHOW, JOSEPH**, PTE. WEST YORKS REGT. K.I.A. 3/9/1916, 1915-1916 **[37149]**
I: **GREENWOOD, MARLENE**, DANCER, 1945+ **[31079]**
I: **GREGG, THOMAS NEIL**, BALLYHUGH, CAV, IRL, 1818-1916 **[27666]**
I: **GREY, BOY**, A SPENNYMOOR, DUR, ENG ATHLETE, 1904-1912 **[19865]**
I: **GRIFFIN, DAVID - STANDON, HRT, ENG**, PARENTS & SIBLINGS SOUGHT, C1807 **[27802]**
I: **GRIFFIN, HARRY**, GARDENER, LIVERPOOL,, C1880S **[13694]**
I: **GRIFFIN, PHILLIS ELIZABETH**, FROM HRT, ENG TO AUS, C1888 **[27802]**
I: **GRIFFITHS, WILLIAM**, LAN, ENG & WLS. MAST & BLOCK MAKER, 1800+ **[31319]**
I: **GRIGG, JOHN HORSINGTON**, CABINETMAKER & WOOD ARTIST, BANWELL, SOM, ENG, 1786-1861 **[21349]**
I: **GRIMSEY, WILLIAM DIXEN**, CARPENTER,COPENHAGEN STREET,ISLINGTON,MDX,ENG, 1853 **[19759]**
I: **GRIMSHAW, JOHN ATKINSON**, LEEDS, YKS, ENG, 1836-1893 **[27689]**
I: **GROGAN, BETTY EVE**, KIDDERMINSTER, WOR, ENG, 1955 **[36020]**
I: **GROVE, HENRY MAJ. GEN.**, MADRAS INFANTRY, INDIA, 1800-1850 **[46464]**
I: **GRUNDY, ERIC & ELAINE**, ARGENTINA. DESCENDANTS, 1900+ **[19156]**
I: **GRUTTER, OSCAR (HUSBAND OF EVA)**, SWISS DEALER IN TEA & RUBBER, BERNE, CH, PRE 1941 **[14454]**
I: **GUILLET, NICHOLLE**, JERSEY, CHI, UK, PRE 1763 **[11692]**
I: **GULLIFORD (NEE FORD), SARAH SUSANNAH**, MAR. DITTERIDGE, WIL, ENG, C1874 **[39327]**
I: **GUNLOCK SMITH, MOSES PALMER OF WEDNESBURY, STS, ENG, 1806-1858 **[17449]**
I: **GUNNING**, ENG & USA, ALL **[23319]**
I: **GUY, THOMAS**, FOUNDER OF GUY'S HOSPITAL, LND, ENG, 1645-1724 **[17350]**
I: **HADDON, ALICE**, OF MARYLEBONE, LND, ENG, PRE 1841 **[19516]**
I: **HAGAN, BENJAMIN**, TYR, IRL & NEWCASTLE, NSW, AUS, 1828-1876 **[25829]**
I: **HAINES, SIR FREDERICK**, BRITISH ARMY, 1800S **[16677]**
I: **HALCOMBE, JOHN QC B.1792**, MARLBOROUGH, WIL, ENG, PRE 1852, **[44317]**
I: **HALL, EMMA JANE**, WOMBWELL, YKS, ENG, 1850-1920S **[41560]**
I: **HALL, JOE**, MINERS LEADER, WOMBWELL, YKS, ENG, 1887-1964 **[41560]**
I: **HALL, SARAH**, FATHER WILLIAM, WATCHGLASS MAKER, **[31319]**
I: **HALL, THOMAS**, TAXIDERMIST, LND, ENG, 1700-1900 **[22707]**
I: **HALLIWELL, GLADYS (NEE MILLS)**, & DAU. DOREEN, SOUTHPORT, LAN, ENG, 1890+ **[31319]**
I: **HAMILTON, MARTIN**, CLA, IRL, 1800-1870 **[29720]**

♦ Subjects ♦

I: **HAMMOND, CHARLES JOSEPH MARMADUKE**, ISLIINGTON, LND, ENG, 1825-1886 **[17291]**
I: **HAMMOND, CHAS. JOS. MARMADUKE**, ISLINGTON, LND, ENG. BREECHESMAKER, 1825-1886 **[17291]**
I: **HAMMOND, JAMES FOULGER - STATIONER**, ISLINGTON,LND,ENG. S.OF CHAS JOS. M., 1865+ **[17291]**
I: **HANNAH, BUSWELL SUTTON**, STOCKPORT, CHS, ENG, 1838+ **[43804]**
I: **HANNAH, JOHN**, LANARK CO. ONT, CAN. MARR. ELIZABETH MCDONELL, 1817-90 **[33867]**
I: **HANNAY FAMILY TOUHOUSKIE, SCT**, MARY & JAMES & CHN TO USA C1830. DESCENDANTS, **[44317]**
I: **HANNAY, JAMES (A.K.A. PAUL LEIGH)**, USA, CAN & NELSON PROV., NZ C1865-1875, B.1827-D.1898 **[44317]**
I: **HANNUM, ARTHUR**, DIED C1830 LND, ENG. POSSIBLE BROTHER ALEX., PRE 1830 **[36952]**
I: **HARCOURT, ERNEST OR ACKERT**, 1876-1954, FOREIGN CORRES., SRY, ENG, CAREER, 1900+ **[19156]**
I: **HARDY, GEORGE WM**, FATHER OF NELLIE, ENG, C1883 **[42942]**
I: **HARDY, GEORGE WM**, HUSB. OF ANNIE LAURA, ENG, C1883 **[42942]**
I: **HARKER, JOHN HENRY**, BURIAL OF ARM, LIN, ENG COASTAL PARISH, 1881-1882 **[17697]**
I: **HARMAN, SAMUEL HENSMAN**, BOOTMAKER, ENG & RICHMOND, VIC, AUS, C1855-1944 **[34321]**
I: **HARRINGTON, LEONARD J.**, GLEBE, NSW, AUS, 1925+ **[43756]**
I: **HARRIS, CAROLINE MARY**, MARR. ROBERT BRYANT, PENTONVILLE, MDX, ENG, 1813 **[33671]**
I: **HARRIS, ISAAC**, COASTGUARD - CON & SFK, ENG & IRL, 1820-1850 **[20690]**
I: **HARRIS, JOHN**, POLICE HARROW WEALD, MDX, ENG, INFO REQD, C1840-1850 **[17553]**
I: **HARRISON, GEORGE**, MARR. 17 OCT 1841, PORT PHILLIP, AUS, 1841 **[42890]**
I: **HARRISON, HENRY**, MARR. 16 OCT 1791 WARRINGTON, LAN, ENG, 1791 **[42890]**
I: **HARRISON, J.S. (JOSEPH)**, WATER COLOUR ARTIST, 1880-1920 **[39964]**
I: **HARROD, ELIZABETH (NEE DAWE)**, M. JAMES KNIGHTS, BRUSHMAKER, LND,ENG, 30 Sep 1864 **[21349]**
I: **HARTWELL, LEONARD**, PARENTS & SIBLINGS, BDF, ENG, C1800-C1900 **[27802]**
I: **HARTWELL, LEONARD**, VIC, NSW & QLD, AUS, 1872-1920 **[27802]**
I: **HARTWELL, WILLIAM & MARY KING**, RIDGEMONT, BDF, ENG. FOREBEARS & DESCENDANTS, ALL **[27802]**
I: **HARVEY, JOHN**, FRENCH POLISHER, CLERKENWELL, LND, ENG, 1820-1880 **[18216]**
I: **HATFIELD, ELSIE**, DANCE TEACHER, **[31079]**
I: **HAUPT, BENJAMIN**, GENTLEMAN, 1750-1820 **[43317]**
I: **HAWES, JAMES & THOS JAMES**, HUSB.OF EASTER PERRY,NFK & HARTLEPOOL,DUR,ENG, 1850+ **[30437]**
I: **HAWKES, EDITH**, RESIDENT OF BIRMINGHAM, WAR, ENG, 1880-1920 **[46385]**
I: **HAWKINS, PERCY; B.153 LANDOR RD.**, STOCKWELL, LND, ENG. S.OF ALBERT & MARY, B. JUN 1898 **[27868]**
I: **HAWKINS, WILLIAM (CARPENTER)**, MARR. ANN DAVEY 1807 TAUNTON, SOM, ENG, B.C1776 **[30535]**
I: **HAYES, JULIA ANN**, NEE SMITH, ENG & CHI, 1800S **[45257]**
I: **HAYES, PATRICK**, PRISON GUARD, KEN, IOW, ALD & YKS, ENG, 1860-1900 **[34089]**
I: **HAYES, SAMUEL GEORGE**, DOCTOR, ENG, CI, AUS & NZ, 1800S **[45257]**
I: **HAYES, THOMAS TOWNSEND (HARNESS MAKER)**, B.1785 LND, ENG. D.1856 LND, ENG, **[26382]**
I: **HAYES, WILLIAM (SHOEMAKER)**, B.1750-1760 COR, IRL. D.1785+ LND, ENG, **[26382]**
I: **HAYES, WM**, SHOEMAKER MIGN. COR, IRL TO LND, ENG, 1750-1800 **[26382]**
I: **HAYLOCK, WM**, BOOT & SHOEMAKER, BURY ST.EDMUNDS,SFK&LND,ENG, 1832-1852 **[14290]**
I: **HAYNE, ARTHUR MAJOR**, 15TH MADRAS INFANTRY, INDIA, PRE 1922 **[46464]**
I: **HAYNES**, DYERS, ENG, ALL **[16947]**
I: **HAYNES, DAVID B.**, EASTON & SAWTRY, HUN, ENG, C1895 **[28479]**
I: **HAYNES, EDWARD**, DYER OF BIRMINGHAM, WAR, ENG, 1870-1930 **[16947]**
I: **HAYWARD, EMMA**, SYDENHAM, KEN, ENG, 1830+ **[39257]**
I: **HEALEY, FRED JOSEPH MICHAEL**, SAILOR B. C1841 ARR. NZ PRE 1865, 1840-1865 **[44998]**
I: **HEATH, JOSEPH**, DRUGGIST, CHESHAM & MARLOW, BKM, ENG, 1840-1890 **[18216]**
I: **HEATH, JOSEPH**, FARMER, WEST WYCOMBE, BKM, ENG, 1750-1820 **[18216]**
I: **HEATH, WILLIAM READ**, FARMER, WEST WYCOMBE, BKM, ENG, 1780-1840 **[18216]**
I: **HEATON, ANDREW**, HALIFAX, YKS, ENG. PARENTS & SIBLINGS, C1750-C1850 **[27802]**
I: **HEATON, FRANCES EMILY**, PARENTS & SIBLINGS, YKS, ENG, C1830-C1900 **[27802]**
I: **HEDDLE, BETSY**, M. SAMUEL STOCKAN, SANDWICK, OKI, SCT, C1810 **[10346]**
I: **HEEKES, WILLIAM**, BUTCHER. M.MARIA ROBERTS NEVILLE,WOOLWICH,LND, 1859+ **[17291]**
I: **HEGGS, WALTER**, ARTIST OF LYMM, CHS, ENG, 1800-1900 **[21129]**
I: **HELSTROP, ORIGINS OF NAME & ORIGINS OF**, JOHN & JANE LIVING BIRKBY, NRY, ENG, 1738 **[19865]**
I: **HENDERSON, EDWARD**, KILNAGLARE, CAV, IRL, C1855+ **[27666]**
I: **HENLEY, AUBREY JAMES**, BORN NEWINGTON, LND, ENG, 1898 **[33671]**
I: **HENLEY, HENRY JAMES**, MARR. SARAH CARPENTER, BRISTOL, ENG, 1822 **[33671]**
I: **HENLEY, HENRY THOMAS**, BORN CAMBERWELL, SRY, ENG, 1877 **[33671]**
I: **HENLEY, THOMAS RICE**, BORN SWINDON, WIL, ENG, 1881 **[33671]**
I: **HENLEY, WILLIAM**, SOLDIER, ST.HELENA ARTILLERY, C1820 **[34664]**
I: **HENLEY, WILLIAM HENRY**, BORN SWINDON, WIL, ENG, 1857 **[33671]**
I: **HERITAGE, HENRY (B.NORTHBOURNE,KEN,ENG)**, MAR. 1825 ANNE CARLTON, NORTHBOURNE, B.1803 **[43752]**
I: **HERRMANN, AUGUST**, PRUSSIA & VIC, AUS, 1835-1903 **[31355]**
I: **HEWER, CHARLES**, MILL OWNER, HOBART, TAS, AUS, 1848-1870 **[12392]**
I: **HEWITT, JOHN**, CHEMIST & DRUGGIST, CABLE ST., LONDON, ENG, 1845-65 **[10114]**
I: **HEWITT, JOHN HUCKLEBRIDGE**, SURGEON, SOUTHEND, LONDON, ENG, PRE 1852 **[46247]**
I: **HEWITT, WILLIAM**, FARMER, BANHAM, NFK, ENG, 1800-1840S **[17291]**
I: **HILL, HUGH**, PUBLICAN & FARMER ON DARTMOOR, DEV, ENG, 1800-1854 **[14268]**
I: **HILL, JAMES**, ORANGE LODGE, BELFAST, ANT & WIC, IRL, 1700-1843 **[45943]**
I: **HILLS, JOHN WILLIAM**, BELPER, DBY, ENG, 1844 **[41948]**
I: **HILTON, JONATHAN - COTTON WEAVER**, OLDHAM, FATHER OF ELLEN. DIED BEFORE 1868, 1840-1868 **[17291]**
I: **HILTON, ROBERT**, BRICKLAYER, OLDHAM, LAN, ENG, 1840S-1860S **[17291]**
I: **HILTON, WILLIAM**, PLASTERER, SLATER, OLDHAM, ENG, C1860S **[17291]**
I: **HIRST, ELIZABETH**, BARNSLEY, YKS, ENG, 1832 **[41560]**

SUBJECTS

I: HITCHFIELD, ARTHUR M., MARSHALL ISLANDS, 1889+ **[46465]**
I: HOBBS MILLIONS, LEGACY TO ROBERT HOBBS OF PITT TOWN, NSW,AUS, 1814+ **[11034]**
I: HOBBS, SYDNEY, EMIGRATED CANADA FROM SALISBURY, WIL, ENG, C1900 **[40472]**
I: HOBSON, GEORGE, GENTLEMAN TAILOR, LONDON, 1800-1900 **[22707]**
I: HODGMAN, AARON, MILL OWNER, BROADMARSH, TAS, AUS, 1874-1898 **[12392]**
I: HOEY, ANDREW, MONKWEARMOUTH, DUR, ENG. DESCENDANTS SOUGHT, **[14743]**
I: HOEY, JOHN JOSEPH, BORN 1870, DUR, ENG. DESCENDANTS SOUGHT, **[14743]**
I: HOGAN, DENIS, CONVICT, TIP, IRL TO NSW, AUS, 1811+ **[10125]**
I: HOGG, ALEXANDER GEORGE, SIGN WRITER, ENG, 1844+ **[33679]**
I: HOGG, FREDERICK WILLIAM, SOLDIER, ENG, 1877-1917 **[33679]**
I: HOGG, MACDONALD JOHN, SIGN WRITER, ENG, 1811-1901 **[33679]**
I: HOGG, SARAH, FROM LONDON, ENG, 1800+ **[36262]**
I: HOLDEN, GEORGE & ANN, 77 DERBY ROW, LOWER DARWEN, LAN, ENG, **[21463]**
I: HOLDEN, SUSANNAH, B.1864-5 LOWER DARWEN, LAN, ENG, **[21463]**
I: HOLDSWORTH, CHARLES EDWARD H., , ALL **[46413]**
I: HOLE, EDWARD. SOUTH EAST ENG, TO CAPE OF GOOD HOPE, RSA, 1800-1850 **[17291]**
I: HOLE, EDWARD: BREWER, SOUTH AFRICA. MARRIED FOULGER, 1820S-1840S **[17291]**
I: HOLE; EDWARD, ANWYN MARY & ELIZABETH, CAPE OF GOOD HOPE, RSA, 1820S-1840S **[17291]**
I: HOLL, EDWARD, BREWER, SOUTH AFRICA. MARR FOULGER, 1820S-1840S **[17291]**
I: HOLL, EDWARD, ANWYN MARY & ELIZABETH, SOUTH EAST ENG TO CAPE OF GOOD HOPE, 1800-1850 **[17291]**
I: HOLL, EDWARD. SOUTH EAST ENG, TO CAPE OF GOOD HOPE, RSA, 1800-1850 **[17291]**
I: HOLLAND, KATE ANN & JOHN WM, CHILN OF THADDEUS HOLLAND & AGNES (NEE LEAHY), 1932+ **[34883]**
I: HOLLOWAY, JANE (FOR. ARUNDEL), MARR. HOLLOWAY. BUR. BROMPTON, LND, ENG, D. 23 JUL 1895 **[10346]**
I: HOLLOWAY, JOHN, RESIDENT OF ASTON, BRK, ENG, 1750-1800 **[46385]**
I: HOLMAN & MITCHELL FAMILIES, PERRANZABULOE, CON, ENG, 1700S-1800S+ **[10698]**
I: HOLMAN, HELEN, DIED LND,ENG 1963. DESCENDANTS, 1900+ **[19156]**
I: HOLMES, JN, MILL OWNER, BROADMARSH, TAS, AUS, 1860-1880 **[12392]**
I: HOLMES, JOHN, COPMANTHORPE, YKS, ENG, 1850+ **[46456]**
I: HOLMES, SAMUEL, MASTER MARINER OF ANT, IRL, 1840-1860S **[35004]**
I: HOLMES-MCMILLAN, ALEXANDER, PROVIDENCE, RI, USA, 1880-1890S **[35004]**
I: HOLT, PVT. J., 11TH HUSSARS, CHARGE OF LIGHT BRIGADE, 1854 **[12454]**
I: HOOD, ROBERT GAMBLE, B.1903 AUCKLAND, NZ. S.OF R. & M.A. HOOD, 1925+ **[20924]**
I: HOOPER, JOHN, BISHOP OF GLOUCESTER, ENG, 1495-1555 **[18147]**
I: HOPE, M.L., STREAMSTOWN, CASTLEPOLLARD, WEM, IRL, C1840 **[43076]**
I: HOPKINS, THOMAS & HANNAH WELLES, HAMMOND HILL, KENT, ENG, C1820 **[12382]**
I: HOPWOOD, CHARLOTTE, M. HENRY GROVE, LEAMINGTON, WAR, ENG, 1860S **[38868]**
I: HORA, AMY, DIED RIO DE JANEIRO. BURIAL PLACE, 1890S **[19156]**
I: HORA, CARLOS ALEXANDER, BORN URUGUAY 1889, DESCENDANTS, 1900+ **[19156]**
I: HORA, CHARLES, BORN C1870, ONT, CAN. DESCENDANTS, 1900+ **[19156]**
I: HORA, ELIZA, LIVING MELBOURNE, VIC, AUS. DATE OF DEATH, 1888+ **[19156]**
I: HORA, IRENE, LIVING 1930S NEW YORK, USA. DATE OF DEATH?, 1934+ **[19156]**
I: HORA, TUDOR TRAVERS, CHEMIST OF LONDON, ENG, 1872-1937 **[19156]**
I: HORAN, MICHAEL, CORP. 99TH REGT, AUS, BERRIMA, MORETON BAY & NORFOLK IS., AUS, 1842-1849 **[29939]**
I: HORN, MARIA CARROWAY, MARR. JAMES KNOWLER, LONDON, ENG, 1852 **[37594]**
I: HORN, WILLIAM, MARR. AMELIA DEFRATES, ROCHESTER, KEN, ENG, 1816 **[37594]**
I: HORWOOD, WILLIAM, MASON, GLS, ENG, 1820+ **[12470]**
I: HOSE, JOHN WILLIAM DANSON, FORBEARS & DESCENDANTS, SRY, ENG, ALL **[27802]**
I: HOUDE, AIME, MISSING DETROIT AREA, MI, USA - BORN CAN, 1906-1932 **[23518]**
I: HOULDSWORTH, CHARLES EDWARD H., , ALL **[46413]**
I: HOWARD, CARDINAL, EDWARD HENRY BURIED 1892 ARUNDEL, SSX, ENG, PRE 1892 **[36800]**
I: HOWARTH, ISAAC, CONVICT ON SHIP INDIAN, NSW, AUS, 1810 **[21563]**
I: HOWLETT (ATTRILL), GLADYS FLORENCE, B. ENG 28 JAN 1922, MIGR. TO AMERICA C1960, **[13994]**
I: HUDSON, MICHAEL, COACHMAN, DONCASTER, YKS, ENG, 1840+ **[46267]**
I: HUGHES, HELEN, BORN CALCUTTA, INDIA, 1824 **[10116]**
I: HUGHES, HUGH, (DAUGHTER HANNAH) FARMER, ANGLESEY, WLS, PRE 1871 **[30996]**
I: HUGHES, MARY, BANBRIDGE, DOW, IRL, C1830 **[12470]**
I: HUGHES, SARAH, WOR, ENG & KEW, VIC, AUS, 1846-1888 **[34321]**
I: HUGHES, THOMAS, CONDUCTOR OF GUN POWDER FOR ARMY DIED INDIA, 1824 **[10116]**
I: HUGHES, WALTER, PERFUMIER, COLEMAN ST., LND, ENG, 1860S **[26007]**
I: HUMPHREY, EDWARD, FIRST FLEET CONVICT TO AUS, C1765-1804 **[13694]**
I: HUMPHREYS, JOHN, CANAL LOCKKEEPER, BUDBROOKE, WAR, ENG, 1840-1881 **[39303]**
I: HUNT, SARAH, BORN LACOCK, WIL, ENG, 1808-11 **[39327]**
I: HUNT, THOMAS, MARRIED MARIAN MABEL SATHERLEY, DEV, ENG, 1855-1865 **[18038]**
I: HUNT, WILLIAM JAMES, LICENSED VICTUALLER, **[37049]**
I: HUNTER, MARGARET T., ALMER, WI, USA, 1944+ **[17234]**
I: HUNTER, MARY ANN (B. HASWELL, DUR,, ENG, PROB. DAU. OF ROBT & JANE - BAPT., C1820 **[19865]**
I: HUNTER, STEWART, GROCER IN COLERAINE, IRL, 1818-1897 **[17234]**
I: HUNTER, WILLIAM, 9559 CHARLES ST., LONGWOOD, CHICAGO, IL, USA, 1944+ **[17234]**
I: HUNTINGTON, JOHN, FARMER, WIRRAL, CHS, ENG, 1800+ **[38868]**
I: HUNTINGTON, WILLIAM, FARMER, WIRRAL, CHS, ENG, 1830+ **[38868]**
I: HURLEY, JOHN, BORN LONDON C1803, CONVICT TO AUS 1819-20, 1800-1820 **[13336]**
I: HURST, SARAH ANN, B.1855 WIGAN, LAN, ENG, **[39327]**
I: HUTCHINSON, WILLIAM, SHIPMASTER, LIMEKILNS, FIF, SCT, C1750 **[11546]**

Subjects

I: **HUTCHISON**, BRITISH ARMY, 1793-1930 **[16677]**
I: **HYNDMAN, ROBERT AUGUSTUS**, BONDI, NSW, AUS, 1850-80S **[45360]**
I: **INCH FAMILIES**, VIC, AUS, ALL **[33533]**
I: **INGLE, JOSEPH**, POULTRY DEALER OF REDFERN, NSW, AUS, 1916-1918 **[11270]**
I: **IRVINE, CHRISTIAN ANDERSON (INA)**, DEATH, NEW PITSLIGO, ABD, SCT, 1836-1849 **[16439]**
I: **IRVING, GEORGE CLERK**, LENNOXVILLE, ONT, CAN, 1860S **[39431]**
I: **IRVING, REV. GEORGE CLERK**, TRINITY COLLEGE, TORONTO, ONT, CAN, 1850S **[39431]**
I: **IRVING, THOMAS**, NAVAL STOREKEEPER, BERMUDA, 1820S **[39431]**
I: **ISITT, ROBERT HENRY (SON OF GEORGE**, & HARRIET, WHEREABOUTS B. KEN, ENG, 1901 **[21539]**
I: **JACKSON, HENRY (FATHER OF EMMA)**, LABOURER, KENSINGTON, MDX, ENG, 1800S **[21349]**
I: **JACKSON, JAMES**, WESTBY & SAWTRY, LIN & HUN, ENG, C1895 **[28479]**
I: **JACKSON, LT JOHN JAMES**, CHAMBLY, QUE, CAN, PRE 1815 **[25457]**
I: **JAGO, ITTAY & ELIZ. BOWDEN**, MARR. 1700S LADOCK, CON, ENG, **[10698]**
I: **JAGO, WALTER FLINN**, STONEMASON, GREAT DUNMOW, ESS, ENG, 1860 **[10610]**
I: **JAMES, ROBERT**, MILLWRIGHT, BRIDGEWATER, TAS, AUS, 1885-1900 **[12392]**
I: **JAMES, ROBERT & SUSANNA CUMMINE**, MARR. HORSLEY, NBL, ENG, 1796 **[21198]**
I: **JAMES, ROBERT (SHOEMAKER) & MARGT. SWAN**, LONG FRAMLINGTON, NBL, ENG, PRE 1774+ **[21198]**
I: **JAMES, SARAH MORRIS**, CLERKENWELL, MDX, ENG, 1810-1890 **[99418]**
I: **JAMIESON, ARTHUR & ELIZABETH**, FROM SHI TO LAN, ENG, 1870+ **[27802]**
I: **JAMIESON, PETER & JANET NEE ROBERTSON**, PARENTS & SIBLINGS OF BOTH. SHI, SCT, PRE 1820 **[27802]**
I: **JAMIESON, ROBINA CHARLOTTE**, MARR. WM BISHOP, ROKEWOOD, VIC, AUS-CHILDREN, 1856+ **[27802]**
I: **JAMIESON, THOMAS & ROBINA & FAMILY**, MIGN. FROM SHI, SCT TO VIC, AUS, C1857 **[27802]**
I: **JAMIESON, THOMAS GIFFORD**, SCHOOLTEACHER, GOLDFIELDS, VIC, AUS, 1867-1893 **[27802]**
I: **JAMIESON, WILLIAM CAMPBELL**, VIC, AUS - DESCENDANTS, 1864+ **[27802]**
I: **JEFFREY, GEORGE HENDERSON**, MIGN. FROM LEITH, MLN, SCT TO USA OR CAN, 1891S **[30889]**
I: **JENKINS**, PENTRE-POETH, GLA, WLS, 1900S **[32039]**
I: **JENKINS, CATHERINE**, BC1837 FATHER THOMAS, BOUGHROOD, BRE, WLS, 1800+ **[21463]**
I: **JENKINS, THOMAS**, RADYR, GLA, WLS, 1700-2000 **[32039]**
I: **JENKINS, THOMAS & MARY (NEE LEWIS)**, BOUGHROOD, RAD, WLS, 1820+ **[21463]**
I: **JENKINS, WM**, MAR 1832 LONDON, DIED BIRMINGHAM, ENG 1843,, **[17553]**
I: **JENNER**, BUTCHER, WIL, ENG, 1850-1900 **[43916]**
I: **JENNINGS, GEO. (BAKER/UPHOLSTERER)**, M. ELIZ. TOWNSEND LANE, ISLINGTON, LND, ENG, 1842-3 **[20924]**
I: **JESSOP, JANE**, INGLEWOOD, VIC, AUS, 1840-1890S **[16554]**
I: **JOHNSON, JOHN JACKSON**, CHS, ENG, C1875 **[31355]**
I: **JOHNSON, JOHN JACKSON**, CHS, ENG, C1875 **[31355]**
I: **JOHNSON, WILLIAM**, BUTLER, MARYLEBONE, LND, ENG, 1850-1870 **[37049]**
I: **JOHNSTON, THOMAS JAMES**, MOUNT DANGAR, WORONDI, WEST MAITLAND, NSW, AUS, 1856+ **[46280]**
I: **JOHNSTON, MARY ANN - MARR. MICHAEL ASHTON**, ST.PETERS, MELBOURNE, VIC, AUS, 1851 **[40143]**
I: **JONES, (TED) EDWARD**, COACHES (MORNING STAR), BRISTOL, GLS, ENG, 1800+ **[44088]**
I: **JONES, GEORGE**, SHOEMAKER - WARRINGTON, ENG, 1850+ **[28341]**
I: **JONES, IVOR HUTCHFIELD**, WLS TO CAN, 1902-1978 **[46465]**
I: **JONES, JAMES**, SHOEMAKER - WARRINGTON, ENG, 1840-1880 **[28341]**
I: **JONES, RICHARD & SARAH (NEE HORTON)**, DARLASTON, STS, ENG, 1820+ **[21463]**
I: **JOSLIN, JOSEPH**, BORN IN ESS, ENG WHERE, C1806 **[18498]**
I: **JOYCE, DAVID**, TAILOR, IRL & SOHO, MDX, ENG, C1808-1851 **[42168]**
I: **JUDGE, RICHARD WILCOX**, & SARAH BATCHELOR - TYSOE, WAR, ENG, 1814+ **[12382]**
I: **JUDGE, WILL. WILCOX & ELIZABETH**, SOUTHWARK, SRY, ENG, 1837+ **[12382]**
I: **JUDGE, WILL. WILCOX & SARAH**, NEWINGTON, SRY, ENG, 1824+ **[12382]**
I: **KAHTS**, , ALL **[43053]**
I: **KAHTZ**, , ALL **[43053]**
I: **KAHTZ**, , ALL **[43053]**
I: **KATZ**, , ALL **[43053]**
I: **KAY, ELIZABETH**, POTTERIES, LIVERPOOL, LAN, ENG, 1910-1925 **[44955]**
I: **KEAN, JOHN**, BORN KIRKMICHAEL, AYR, SCT, 1861 **[16708]**
I: **KEAN, MARGARET JANE**, BORN DALMELLINGTON, AYR, SCT, 1867 **[16708]**
I: **KEARNEY, JAMES**, GLASGOW, LKS, SCT, INSURANCE SALESMAN, C1876-1950 **[34321]**
I: **KEARNEY, MARY JANE**, MIGRANT AT 15, TO AUS C1870, SERVANT, 1870+ **[42893]**
I: **KEEN, WM**, M.1817 TO ELIZ BOWDEN, NEWGATE, LND, ENG, **[10493]**
I: **KELLY**, ANY CHILD OF EDWARD & ADA, ENG, 1897-1920 **[46410]**
I: **KELLY - LONDON RELATIVES OF**, ALEXANDER OR F.G. KELLY (NEE HEATH), C1920S **[46410]**
I: **KELLY, LAURENCE**, BLACKSMITH OF WEXFORD, IRL, 1840-1860 **[30302]**
I: **KELLY, MORGAN**, GARDEN LABOURER IN PECKHAM, SRY & MDX, ENG, 1850-1865 **[12819]**
I: **KENDRICK**, CHEMIST, GOULBURN, NSW, AUS, C1910 **[44296]**
I: **KENWORTHY, BEN (SON OF JN & MALLY)**, SADDLEWORTH, YKS, ENG, 1815-1880 **[43804]**
I: **KENYON, THOMAS**, DYER FROM CHURCH, LAN, ENG, 1820+ **[16125]**
I: **KERSHAW, MARIA**, M. JOHN WILLACY, LIVERPOOL, LAN, ENG, 1800+ **[38868]**
I: **KIBBLE, SARAH**, LAUNCESTON & STANLEY, TAS, AUS, C1812-1894 **[34321]**
I: **KILGOUR, THOMAS HUNTER**, NZ & AUS MARINER, 1860S **[20556]**
I: **KINDER, GEORGE**, SCHOOLMASTER, DBY, ENG, PRE 1840 **[34716]**
I: **KING EDWARD I OF ENG**, DESCENDANTS OF, ALL **[13430]**
I: **KING, FREDERICK**, MAR. LYDIA TOWNSEND LANE, LONDON, ENG, 1862 **[20924]**
I: **KING, ISAAC**, MERCHANT OF BRISTOL & LONDON, ENG, 1700S **[12470]**
I: **KING, REV GEORGE**, BORN ISLINGTON, LND, ENG 1796. DATE OF DEATH, 1860+ **[19156]**

SUBJECTS

I: **KING, ROBERT**, GENT, CORK, IRL, C1720-1778 **[18057]**
I: **KING, WILLIAM**, HUSBAND OF MARY ELLEN THOMAS, DUR, ENG, 1890 **[30437]**
I: **KING, WILLIAM WORTHY**, PRAHRAN, VIC, AUS, 1880-1932 **[12470]**
I: **KINGDON, SAMUEL**, IRONMONGER, EXETER, DEV, ENG, 1779-1854 **[18057]**
I: **KNIGHT FAMILY**, CALCUTTA, INDIA, 1800S **[22440]**
I: **KNIGHT, BRIDGET**, CORNAMUCKLAGH, BROADFORD, KID, IRL, D.1906 **[43076]**
I: **KNIGHTS, JAMES (B.C1830 FATHER JAMES)**, BRUSHMAKER, KENSINGTON, MDX, ENG, 1800S **[21349]**
I: **KNOWLER, HARRY (CHIEF DESIGNER)**, SAUNDERS ROE, FISHBOURNE, IOW, ENG, C1951 **[37594]**
I: **KNOWLER, JAMES**, SILK AGENT, MANCHESTER, LAN, ENG, 1881+ **[37594]**
I: **KNOWLER, WILLIAM**, BRICKLAYER, CANTERBURY, KEN, ENG, 1800+ **[37594]**
I: **KNUPFER, ,** **[44697]**
I: **KURZ, KURZA, KURTZ**, JEW, BRZEZIE, KR, POL, 1840-1900 **[13014]**
I: **LAING, CHARLES**, B.CHEETHAM, LAN, ENG C1869, 1869-1950 **[45775]**
I: **LAING, FLORENCE C.E.**, B.ASTON, WAR, ENG (M.S.D. BATEMAN) D.SA, AUS, 1880-1955 **[45775]**
I: **LAING, JOHN**, GREENSTONE LAPIDER, DUNEDIN, OTG, NZ, 1862+ **[20936]**
I: **LAING, ROBERT**, B. RSA 1835 TO WAR, ENG, 1835-1900 **[45775]**
I: **LAKE, FRANCIS**, MARINER, INNKEEPER, FREEMAN OF CHESTER, ENG, 1755-1828 **[18067]**
I: **LAMBERT, ,** PLUMBER, PAINTER, GLAZIERS, 1700-1900 **[16947]**
I: **LAMOUREUX, PIERRE**, SIEUR DE ST.GERMAIN, CAN, FORT PISCOUTAGAMI, C1650-1750 **[16123]**
I: **LAMPRILL, MARY**, MILL OWNER, BRIGHTON, TAS, AUS, 1850-1875 **[12392]**
I: **LANE, GEORGE**, WESLEYAN MINISTER, NSW, AUS, C1870-1900 **[45795]**
I: **LAROCHELLE, ALBERTINE LA FRANCE**, HOLYOKE, HAMPDEN CO., MA, USA, **[44401]**
I: **LAROCHELLE, ELPHEGE**, HOLYOKE, HAMPDEN CO., MA, USA, **[44401]**
I: **LAROCHELLE, EPHREM**, SPOUSE MANDELLINE, HOLYOKE, HAMPDEN, MA, USA, **[44401]**
I: **LAWRENCE, JAMES & HELEN DOW**, BLYTHESWOOD, LKS, SCT, 1860S **[12382]**
I: **LAWRENCE, WALTER: POL & GER**, TRAPEZE & THEATRE ARTIST & CINEMA PROPR., 1900-1930S **[17291]**
I: **LAYCOCK, SARAH**, HALIFAX, YKS, ENG. PARENTS & SIBLINGS, C1750-C1850 **[27802]**
I: **LAYTON, MARTHA**, DAU. OF THOMAS HARTLEPOOL, DUR, ENG, C1832 **[30437]**
I: **LEA, CHARLES**, FLYMAN OF BATH, ENG, PRE 1850 **[36262]**
I: **LEA, THOMAS**, OF SOMERFORD, WIL, ENG, 1795+ **[36262]**
I: **LEE, JAMES**, AMERICAN MARINE, DIED 1943 **[46351]**
I: **LEE, JAMES**, FARMER, LITTLE NESTON, CHS, ENG, 1840+ **[38868]**
I: **LEE, JAMES H.**, ROBURKE EXPLOSIVES, SHEVINGTON, LAN, ENG, 1800+ **[42308]**
I: **LEE, JOSEPH**, MIGRATED IRL-KINGSTON,ONT,CAN VIA DUNDEE,SCT, C1850 **[37594]**
I: **LEE, SARAH ANN**, WARBRIDE OF NTT, ENG & TELFORD, VIC, AUS, 1890-1978 **[34321]**
I: **LEES,THOS JAS (B. TAMWORTH,NSW,AUS 1858)**, AUST. HEAVYWEIGHT BOXING CHAMPION, 1884-1901 **[39015]**
I: **LEEVES FAMILY CONNECTIONS**, SOM, DOR, SSX, KEN, MDX & OTHER PARTS OF ENG, 1500+ **[17514]**
I: **LEGGE, ALEX**, WENT 'WEST' TO US OR CAN, 1910-1920 **[16149]**
I: **LEGH, H.**, PAINTINGS BY, 1850-1920 **[45889]**
I: **LEGROVE, STEPHEN**, FIRST FLEET CONVICT, AUS, 1788 **[28802]**
I: **LEGROW, JANET**, FROM HARBOUR GRACE, NFD, CAN, 1855-65 **[39716]**
I: **LEICHT, JOHANN GOTTLIEB (JOHN)**, FARMER, NE VIC & YULEBA, QLD, AUS, 1860-1933 **[34321]**
I: **LEICHT, WM (HEINRICH RUDOLPH WILHELM)**, FARMER OF HANNOVER GER & AUS, 1831-1900 **[34321]**
I: **LEICHT, WM (HEINRICH RUDOLPH WILHELM)**, FARMER OF SWAN HILL, VIC, AUS, 1831-1900 **[34321]**
I: **LEIGH, LETITIA (D.OF JOHN LEIGH**, A GLASSCUTTER) B.C1827 IN LAMBETH, LND, ENG, 1827+ **[28599]**
I: **LESLIE, HUGH**, SCT. PARENTS OF, PRE 1800 **[34582]**
I: **LESLIE, ROBERT**, ENGINEER, GLASGOW, LKS, SCT TO NZ, 1800S **[45257]**
I: **LETHBRIDGE, THOMAS**, LITHOGRAPHER OF PLYMOUTH, ENG, 1850-1910 **[46452]**
I: **LEWIS FAMILY**, COMEDIANS, ENG, 1750+ **[27868]**
I: **LEWIS, JOHN**, SEA CAPT, SWANSEA, GLA, WLS, 1790+ **[14268]**
I: **LEYLAND, FREDERICK RICHARDS**, SHIP OWNER, 1831-1891 **[22122]**
I: **LIBBY, ANNIE**, WALHAM, QUE, CAN, C1885-1950 **[27666]**
I: **LIBBY, EDWARD**, COMMANDER, NAVY, PRE 1839 **[41554]**
I: **LINAY, JANET**, M. PETER LINKLATER 1799,STROMNESS,OKI,SCT, D.1811 **[10346]**
I: **LINDNER, JOHANNA CHRISTIANA**, GER & SWAN HILL, VIC, AUS, 1834-1890 **[34321]**
I: **LINES, FREDERICK ERNEST**, EMIGRATED TO CAN FROM W.LONDON, ENG, 1910 **[31305]**
I: **LINES, HENRY**, TWIN SONS JOHN & HENRY B. ST.ALBANS C1819 **[31305]**
I: **LINKLATER, DR SAMUEL TOWERS; BORN**, STROMNESS, OKI, SCT. KILLED PORTLAND, OR,USA, 1882+ **[10346]**
I: **LLOYD, WALTER**, M. EIZABETH BIBBY IN 1881 WIGAN, LAN, ENG, **[39327]**
I: **LONG, MARY ANN**, MARRIED JOHN THOMPSON, LND, ENG, C1923 **[18724]**
I: **LORD, HENRY**, BOOT & SHOE MAKER OF LIVERPOOL, LAN, ENG, 1800+ **[33219]**
I: **LOVE, HUGH**, FER, IRL & KIAMA, NSW, AUS, 1818+ **[25829]**
I: **LOWE, MAURITIUS**, ARTIST, 1746-1793 **[99570]**
I: **LOWE, THOMAS**, WORTHENBURY, FLN, WLS, 1797-1841 **[10016]**
I: **LUCAS, EDWARD (BORN C1805)**, WEAVERS LOOM BROKER, BETHNAL GREEN, MDX, ENG, PRE 1827 **[36952]**
I: **LUCAS, RALPH**, MILITARY SERVICE IN CAN, PRE 1800 **[21084]**
I: **LUCAS, RICHARD F.R.S. 1721**, RECTOR OF FOOTSCRAY, KEN, ENG - DESCENDANTS, 1700-1900 **[20594]**
I: **LUCAS, RICHARD. ESQ. FOR THE BODY**, EXTRAORDINARY TO HENRY VIII IN THE YEAR, 1516 **[20594]**
I: **LUCAS, THOMAS JOHN**, CAPT, CAPE MOUNTED RIFLES - DESCENDANTS, 1828-1900 **[20594]**
I: **LUCAS, WILLIAM**, HANDBAG MAKER OF LONDON, ENG, 1911-1940 **[36952]**
I: **LUCKINS, LOUIS WELLS & HENRY**, SCARBOROUGH, YKS, ENG, 1865+ **[10102]**
I: **LUXFORD, HENRY JABEZ**, NZ, RSA & WA, AUS, 1858-1940 **[45257]**
I: **LYNAS, JOSEPH**, WIFE BRIDGE GRANT, STOCKTON, ENG, 1892+ **[30437]**

◆ **Subjects** ◆

I: **LYNCH, FANNY**, ANGLICAN NUN, PARKERVILLE, WA, AUS, 1900-1970 **[11692]**
I: **LYNDON, ARNOLD GLADSTON**, VIC & NSW, AUS, 1899+ **[25829]**
I: **LYNEHAM**, FAMILIES IN AUS, 1860+ **[10978]**
I: **LYSAGHT, NINA (NEE LYNCH)**, WA, AUS, 1890-1940 **[11692]**
I: **MACDONALD, ANDREW**, SCHOOL TEACHER, DOLLAR, CLK, SCT, PRE 1858 **[43923]**
I: **MACDONALD, ANDREW**, TO INVERCARGILL, NZ, C1861 **[43923]**
I: **MACDONALD, ANDREW**, TO MELBOURNE, AUS, C1858 **[43923]**
I: **MACDONALD, EFFIE**, CONVICT ON SHIP DUKE OF WELLINGTON, NSW, AUS, 1820 **[21563]**
I: **MACE, JEM**, BOXER, 1831-1910 **[39515]**
I: **MACINTOSH, DONALD**, SKYE, SCT & ULMARRA, NSW, AUS, 1806-1880 **[25829]**
I: **MACKENZIE, JAMES RICHARD (MASTER DRAPER)**, GEORGETOWN, BRITISH GUIANA, 1850-1900 **[16813]**
I: **MACKIE, WILLIAM FRED**, MARR. MARTHA MORRIS, WINDSOR, BRK, ENG, 1819 **[27920]**
I: **MACKINTOSH, CHARLOTTE ANNE HELEN**, ALIVE 1960S. DESCENDANTS, 1950+ **[19156]**
I: **MADDISON & TINDALL FAMILIES**, OF 'WANDON FARM', NBL, ENG, 1800+ **[21198]**
I: **MADIGAN, MARY ANN TERESA**, BORN LIM, IRL. PARENTS & SIBLINGS SOUGHT, C1852 **[45714]**
I: **MADIGAN, THOMAS & MARY**, LIM, IRL. DESCENDANTS OF, 1840+ **[45714]**
I: **MAIDEN, CHARLES HENRY**, LONDON, ENG, ALL **[16554]**
I: **MAISTER, ARTHUR JOSEPH**, ARMIDALE, NSW, AUS, PRE 1845 **[10165]**
I: **MAISTER, ARTHUR JOSEPH**, BEVERLEY, YKS, ENG, 1817+ **[10165]**
I: **MAISTER, WM**, BEVERLEY, YKS, ENG, 1820+ **[10165]**
I: **MALONE, JAMES**, CARAGH, NAAS, KID, IRL, D.23 NOV 1864 **[43076]**
I: **MALONE, THOMAS**, MARR. TO JANE CARROLL, AUS, 1840S **[34939]**
I: **MARRINAN, JOHANNA**, RINEEN & COORACLARE, CLA, IRL, 1820S **[32471]**
I: **MARRINAN, JOHANNA**, RINEEN, CLA, IRL. WIFE OF MATHIAS FORAN, 1800S **[32471]**
I: **MARRIOTT, GEORGE COBDEN**, REFRIGERATION INSPECTOR, LONDON, ENG, 1930-40S **[31552]**
I: **MARSDEN FAMILY**, MILL LANE, TOCKHOLES, LAN, ENG, C1851 **[21463]**
I: **MARSDEN, WILLIAM & ANN**, SMITHYBROOK,STANHILL,OSWALDTWISTLE, LAN, ENG, 1900-1937 **[21463]**
I: **MARSDEN, WM. NELSON (ELECTRICIAN)**, B.1877 HACKNEY. M. CHARLOTTE MARGT. OWEN, 1870-1960 **[20924]**
I: **MARSH, ELIZABETH**, HOBART, TAS, AUS, PRE 1837 **[13407]**
I: **MARSH, JOSEPH**, BOATSWAIN, HMS MINERVA, 1750-1800 **[22241]**
I: **MARSHALL, WILLIAM**, ARDS, DOW, IRL, C1835-1900 **[27666]**
I: **MARTELLI, AGNES**, WIFE OF ROBERT CRAWLEY, LOU, CLA & TIP, IRL, 1813-1871 **[17234]**
I: **MARTIN**, FATHER OF ISABELLA, HELEN, TOM, GEORGE, LEWIS, 1800S **[11158]**
I: **MARTIN, ANN**, MARR. RICHARD SIMS 1824 CAMBORNE, CON, ENG, PRE 1824 **[42905]**
I: **MARTIN, JOHN**, WATCHMAKER, LIVERPOOL, LAN, ENG, 1850+ **[11158]**
I: **MARTIN, THOMAS**, FATHER OF FREDERICK, DIED PRE 1896 **[17364]**
I: **MARTIN, WILLIAM**, FATHER OF THOMAS, NORWICH, NFK, ENG, C1799 **[17364]**
I: **MARTYN, JOHN**, TRURO, CON, ENG, 1738-1800 **[29401]**
I: **MARTYN, JOHN**, TRURO, CON, ENG, 1766-1812 **[29401]**
I: **MARY QUEEN OF SCOTS**, CARWOOD, SCT, 1550+ **[18005]**
I: **MASON, DAVID CHARLES**, ENGINEER,LONDON,ENG & WLS, 1880-1890 **[17291]**
I: **MATHEWS, JOHN**, HOUSE PAINTER OF WEST KENSINGTON, LND, ENG, 1800S **[45665]**
I: **MATHEWS, PHILIP C.**, LANDS DEPT SURVEYOR, VIC, AUS, PRE 1895 **[12454]**
I: **MATSON, LAURENCE**, SEAMAN. WATERFORD, IRL, 1850+ **[31079]**
I: **MATTHEWS, WILLIAM**, ARDS, DOW, IRL, C1810-1900 **[27666]**
I: **MAY, CHARLES**, SOLDIER, BEL & ENG, 1871-1914 **[33679]**
I: **MAY, JOHN**, CARPENTER, HORNSEY, LND 1881, BORN EXETER,ENG, C1837 **[44296]**
I: **MAY, RICHARD**, TAILOR, EXETER, DEV, ENG, 1800S **[44296]**
I: **MAYO, CATHERINE**, MARY ANN, SARAH. ARR. AUS BUSSORAH MERCHANT, 1833+ **[37308]**
I: **MCAULEY, JAMES**, CARPENTER, WANGANUI, NZ, 1866 **[20825]**
I: **MCBRIDE, WILLIAM**, KIMBERLEY DIAMOND MINES, RSA, 1880+ **[22114]**
I: **MCCARTHY, JAMES DESMOND**, SURGEON, WEST AFRICA & HAM, ENG, 1872-1923 **[17234]**
I: **MCCLELLAND, ROBERT**, AUS, 1870+ **[33711]**
I: **MCCLELLAND, SARAH**, AUS, 1870+ **[33711]**
I: **MCDONALD, MRS J.**, GIPPSLAND, VIC, AUS. SISTER OF JOHN BOYD, ALL **[33533]**
I: **MCDONALD, TERENCE**, JIGGINSTOWN, NAAS, KID, IRL, **[43076]**
I: **MCDONELL, JOHN**, INV, SCT, MARR. MARGARET HARROWER, 1818 **[33867]**
I: **MCENTIRE, JAMES**, NEW YORK POLICE FORCE, USA, 1870-1925 **[46463]**
I: **MCEWEN FAMILY GLASGOW, LKS, SCT**, ALEX. & JANET & CHN TO NY,USA C1850. DESCEND., **[44317]**
I: **MCEWEN, LUCY**, NZ C.1889; SEATTLE, WA, USA 1901+, **[44317]**
I: **MCEWEN, LUCY**, WORKED NY, ID, SAN FRANCISCO, CA, USA, B.1836 **[44317]**
I: **MCEWEN, LUCY (B. GLASGOW, SCT)**, M.C1854 NY TO JAS HANNAY 1864+ AS LUCY STUART, B.1836 **[44317]**
I: **MCFADDEN, STRINGER**, RIDEAU MILITARY SETTLEMENT, 1810-1840 **[16708]**
I: **MCFARLANE, MARION**, MARR WALTER GOW AT GLASGOW, LKS, SCT. 2 JUN, 1800 **[20594]**
I: **MCGILL, DAVID**, BOSTON, MA, USA, 1920S **[38309]**
I: **MCGILL, JOHN HUGH**, BOSTON, MA, USA, 1920S **[38309]**
I: **MCGILL, WILLIAM (BILLY)**, SON OF JOHN H. MCGILL & ALICE SPENCER MA?,USA, 1920+ **[38309]**
I: **MCGREGOR, ARCHIBALD CAMPBELL**, MARR. BRIDGET CUNNINGHAM, SCT, 1840+ **[45714]**
I: **MCGREGOR, MALCOLM BARTHOLOMEW**, BORN LOCHABER, INV, SCT. PARENTS & SIBLINGS ?, C1849 **[45714]**
I: **MCINTYRE, JAMES**, NEW YORK POLICE FORCE, USA, 1870-1925 **[46463]**
I: **MCKAY, ISABELLE MCDONALD**, D.OF WIDOW MARY,RIPLEY & KINCARDINE, ONT, CAN, 1861 **[23471]**
I: **MCKAY, JN**, MILLER, WESTBURY, TAS, AUS, 1865-1890 **[12392]**
I: **MCKELVIE, JAMES**, CALICO PRINTER OF NEILSTON, RFW, SCT & IRL, 1800S **[15640]**

◆ 531 ◆

SUBJECTS

I: **MCKENZIE, DONALD**, NORTH FENCIBLES 1795, MARR. 1795, ABD, SCT, 1750-1830 **[26335]**
I: **MCLEAN, MARY (NEE GREGG)**, CAV, IRL, C1840+ **[27666]**
I: **MCMILLAN, ARTHUR NEIL**, SURGEON, UK & BURMA. BORN CEYLON, 1881-1931 **[14454]**
I: **MCMILLAN, EVA, ARTHUR, SYDNEY & ALICE**, LEOMINSTER, HEF, ENG & CEYLON, C1870+ **[14454]**
I: **MCMILLAN, DANIEL - HUSB. OF ALICE ROWLAND**, MERCHANT, LEOMINSTER, ENG. 1845-1912 **[14454]**
I: **MCMILLAN, DANIEL - HUSB. OF ALICE ROWLAND**, MERCHANT, TEA PLANTER, CEYLON, 1845-1912 **[14454]**
I: **MCMORDIE, REV ROBT. - CHAPLN**, TO GEO WASHINGTON - PARENTS & N.IRL LINK, B.1724 **[14880]**
I: **MCROBIN, DANIEL**, CRAMPTON COURT, DUBLIN, IRL. PUBLICAN, 1792 **[43076]**
I: **MCROBINS, DANIEL**, 18 THOMAS ST., DUBLIN, IRL. COOPER, 1795 **[43076]**
I: **MEADOWS, FREDERICK WILLIAM**, BAPTIST MINISTER, 1794-1862 **[37308]**
I: **MEDLOCK, WILLIAM**, BAKER, BIGGLESWADE, BDF, ENG, PRE 1820 **[14874]**
I: **MEDLOCK, WILLIAM RICHARD**, MASTER MARINER, BURMA & INDIA, 1900-20 **[14874]**
I: **MELROSE, MARY**, GLASGOW, LKS, SCT, 1872+ **[41560]**
I: **MEREWEATHER, JOHN DAVIES**, MARR ISABELLA CLERGYMAN IN AUS & ITL, 1850-1896 **[10001]**
I: **MEREWETHER, WILLIAM**, HUSBAND OF MARTHA, FROXFIELD, WIL, ENG, C1760-1830 **[37308]**
I: **MERSON, THOMAS**, LND & MDX, ENG, ALL **[39920]**
I: **METZOLDT, FREIDRICH**, MUSICIAN - 70TH REGT, 1800-1840 **[45315]**
I: **MICHELL, JOSEPH**, PURSER - CONSOLIDATED MINES, GWENNAP, CON, ENG, 1830+ **[12141]**
I: **MIDDLETON, BETSEY**, SALVATION ARMY WOMBWELL, YKS, ENG & NZ, 1876+ **[41560]**
I: **MIDDLETON, GEORGE**, OSTLER, BORN AYTON, YKS, ENG, 1804+ **[10361]**
I: **MIDDLETON, JOHN C.**, WOMBWELL, YKS, ENG & NZ, 1900+ **[41560]**
I: **MIDDLETON, MARGARET**, BORN ULVERSTON, LAN, ENG, 1856+ **[10361]**
I: **MIDDLETON, MONTRESSOR**, MARR ISABELLA STEPHENSON, ULVERSTON, LAN,ENG, 1882 **[10361]**
I: **MIDDLETON, SUSANNAH**, A COOK IN BARROW, LAN, ENG, 1861+ **[10361]**
I: **MIDDLETON, WALTER**, SALVATION ARMY, YKS, ENG & NZ, 1874+ **[41560]**
I: **MIEL, HERBERT**, SADDLE & HARNESS MAKER, ENG & NSW, AUS, 1850-1870 **[13854]**
I: **MIERENDORFF, CHARLES**, ARR NSW 1861 M MARINER EX GERMANY, **[10918]**
I: **MIERENDORFF, CHARLES**, BALMAIN, NSW, AUS C1870 & BELLINGER, 1902 **[10918]**
I: **MILES, HAROLD**, TEXAS ENTREPRENEUR, USA, 1910-1920 **[17749]**
I: **MILFORD, SAMUEL**, BANKER, EXETER, DEV, ENG, 1737-1800 **[18057]**
I: **MILLARD, THOMAS**, CONVICT ON SURREY (SHIP), 1829 **[46433]**
I: **MILLARD, WILLIAM**, CONVICT ON CANDAHAR (SHIP), 1842 **[46433]**
I: **MILLER (ANY)**, NBL & DUR, ENG, PRE 1800 **[45614]**
I: **MILLER, JOHN & ANN**, CORDWAINER, NETHER HEYFORD, NTH, ENG, 1780-1830 **[40143]**
I: **MILLER, SARAH**, WIFE OF ROBERT LANNING, NJ, USA, 1757+ **[15787]**
I: **MILLINGTON, MARK**, WHEELWRIGHT, WHIXALL, 1800+ **[40042]**
I: **MILLS, JOANNA JANE**, BORN GORRAN, CON, ENG, 1837+ **[12454]**
I: **MILLS, JOHN HUGH**, CARTER OF LIVERPOOL, LAN, ENG, 1880+ **[30996]**
I: **MILLS, WM. NUTALL (MASTER MARINER)**, M. 1846 ISABELLA OSBORN, S.SHIELDS, DUR, ENG, B.C1825 **[30351]**
I: **MILLYARD, HENRY**, AGRICULTURAL LABOURER, SSX, ENG, 1880-1920 **[44955]**
I: **MILNER, WILLIAM HENRY**, TEACHER, SCORTON, YKS, ENG, 1805-1878 **[37308]**
I: **MINES, BENJAMIN**, MARRIED MARGARET DENNISON, PROSPECT, NSW,AUS, 1845 **[13407]**
I: **MINES, STEPHEN**, DYER OF CORSLEY, WIL, ENG, 1843+ **[13407]**
I: **MINES, STEPHEN**, DYER OF WIL, ENG, 1800+ **[13407]**
I: **MITCHELL, JAMES**, M. ANN WEST AT LONG SUTTON, SOM, ENG, 1794 **[39327]**
I: **MITCHELL, JOHN**, WRITER, KIRKWALL, OKI, SCT, 1800-1870 **[46302]**
I: **MOFFIT (ANY)**, NBL & DUR, ENG, PRE 1800 **[45614]**
I: **MONCAS, JOHN**, BOOKSELLER, HOLYWELL ST., LONDON, ENG, 1840-60S **[41500]**
I: **MOODY, EDY**, KEN, ENG. PARENTS & SIBLINGS, 1750+ **[27802]**
I: **MOORE, JAMES**, BOATSWAIN, DEV, ENG, 1800-1850 **[18100]**
I: **MOORE, JANE**, COOKSTOWN, TYR, IRL, 1870 **[14241]**
I: **MOORE, JOHN (B.1812 TISARAN,OFF,IRL)**, M. ELIZ BOSTON 1840 TO AUS, **[10493]**
I: **MOORE, JOSEPH**, POMEROY, TYR, IRL, 1750-1850 **[16554]**
I: **MOORE, MARY**, DUNGANNON, TYR, IRL, 1800-1840S **[16554]**
I: **MORCOMBE, YELLAND & RAYMOND**, DEV& CON, ENG TO SA,AUS. REUNION SA, AUS 2005, 1850S **[33642]**
I: **MORGAN FAMILY**, COMEDIANS, ENG, 1750+ **[27868]**
I: **MORRIS, ALICE GRACE**, MARRIED JOHN EDWARD COOKE, BRADFORD, YKS, ENG, C1894 **[10346]**
I: **MORRIS, JOHN & MARY ANN**, WATCHMAKER OF MARYLEBONE, LND, ENG, B.1816 **[30996]**
I: **MORRIS, MARTHA**, MARR. WILLIAM FRED MACKIE, WINDSOR, BRK, ENG, 1819 **[27920]**
I: **MORRIS, TOM**, B.1852, JOHN 1857, ELLEN 1861, GEORGE 1859,, **[11158]**
I: **MORRIS, TOM**, ISABELLA 1863, JOSEPH LAN & SWELL, **[11158]**
I: **MORRISON, JOHN**, MASTER PLUMBER, GLASGOW, LKS, SCT, 1800-1850 **[30701]**
I: **MORROW, CAROLINE**, INGLEWOOD DIST, VIC, AUS, 1865-1890S **[16554]**
I: **MORROW, JAMES**, TYR, IRL, 1800-1850S **[16554]**
I: **MORROW, JAMES DAVID**, INGLEWOOD DIST, VIC, AUS, 1865-1890S **[16554]**
I: **MORROW, JOHN CHARLES**, INGLEWOOD, VIC, AUS, 1850-1890S **[16554]**
I: **MORROW, ROBINSON**, DUNGANNON, TYR, IRL, 1800-1840S **[16554]**
I: **MOULDEN, MARYANN**, ST.PANCRAS, ENG, B.1865 **[34479]**
I: **MUIR, ELISABETH**, IMMIGRATED TO NZ, 1863 **[29626]**
I: **MULLER, JACOB HENRY**, FARMER, HAN, GER & ECHUCA, VIC, AUS, 1822-1916 **[34321]**
I: **MULLIGAN, PRUDENCE**, LIVERPOOL, LAN, ENG, 1863 **[11158]**
I: **MUNDAY, THOMAS**, BEER RETAILER, REIGATE, SRY, ENG, 1830-1880 **[18216]**
I: **MURCOTT, THEOPHILUS**, GUNMAKER, INVENTOR, LONDON, ENG, 1860-1880 **[12454]**

♦ Subjects ♦

I: **MURPHY, PHILLIP**, DIED ENG AGED 34 YEARS, 1825 **[12508]**
I: **MURPHY, RICHARD**, MINER, NEWCASTLE-ON-TYNE, NBL, ENG, 1840+ **[10895]**
I: **MURRAY FAMILY**, BROOKLYN,NY,USA. FAMILY OF BISHOP JAS MURRAY, 1847+ **[12819]**
I: **MURRAY, JAMES**, MULLINGAR, WEM, IRL. WHO WERE HIS PARENTS?, 1847-1914 **[12819]**
I: **MURRAY, JOHN**, SCHOOLMASTER, LIVERPOOL, LAN, ENG, 1880-1945 **[44955]**
I: **MURRAY, JOHN**, SCHOOLMASTER, LUXFORD, SSX, ENG, 1860-1900 **[44955]**
I: **MURRAY, JOHN HENRY**, SCHOOLMASTER, LIVERPOOL, LAN, ENG, 1880-1930 **[44955]**
I: **MURRAY, LEO**, USA FROM LIM, IRL, 1900 **[21227]**
I: **MURRAY, MARY ELIZABETH**, NUN. LIM, IRL, 1900 **[21227]**
I: **MUTIMER, CHRISTOPHER**, SHOTESHAM, NFK, ENG, 1700-1780 **[18100]**
I: **NASH**, BRITISH NAVY, 1756+ **[16677]**
I: **NAYLOR, WILLIAM**, & RHODA GREENWOOD, WRY, ENG, 1796+ **[16125]**
I: **NEAL, DANIEL**, GARDENER, WIFE MARY, LONDON, ENG, 1800+ **[21463]**
I: **NEALOR, SAMUEL**, FARMER, WILLASTON, CHS, ENG, 1840+ **[38868]**
I: **NEIL, MATILDA**, ANT, IRL, PRE 1855 **[41005]**
I: **NEILSEN, NEILS**, HOBART, TAS, AUS, 1830+ **[12470]**
I: **NEILSON, ROBERT LINDSAY & JANE**, SCT TO AUS, 1838-1841 **[38583]**
I: **NELSON, CHARLES RICH**, LONDON, ENG, 1800S **[12470]**
I: **NELSON, ROY**, SYDNEY, NSW, AUS, 1920-50 **[12470]**
I: **NETHERSOLE, OLGA**, FAMED STAGE STAR, 1890-1900 **[17749]**
I: **NEVILLE, DAVID**, FATHERS & SONS OF COKER, SOM, ENG, 1800+ **[17291]**
I: **NEVILLE, SUSANNA THORN**, EAST COKER,SOM,ENG - ANY INFORMATION, 1839+ **[17291]**
I: **NEWCOMBE**, KEMBLE, GLS, ENG, ALL **[32039]**
I: **NEWCOMBE**, TETBURY, GLS, ENG, 1700-2000 **[32039]**
I: **NEWTON, EDNA**, LANCASHIRE TENNIS CLUB, ENG, C1925 **[31355]**
I: **NEYNOE, JOSEPH**, DROGHEDA, LOU, IRL, ALL **[16370]**
I: **NEYNOE, JOSEPH**, DUBLIN, IRL, PRE 1840 **[16370]**
I: **NICHOLS, HUGH**, EMIGR. TO CAN FROM DEV, ENG, C1880 **[40472]**
I: **NICKERSON, HENRY J.L.**, DOSTHILL & SAWTRY, WAR & HUN, ENG, C1887 **[28479]**
I: **NIGHTINGALE, PETER**, TO VA, USA, 1758 **[36399]**
I: **NOAKE, ISAAC**, MILL OWNER, HAGLEY, TAS, AUS, 1865-1880 **[12392]**
I: **NOBLE**, AMERICAN DENTIST IN HONGKONG, 1887 **[22440]**
I: **NOBLE, ALBERT**, DUR, ENG TO SYDNEY, NSW, AUS, C1910 **[19865]**
I: **NOBLE, HENRY (QUARRYMAN)**, CRAWLESIDE, HULANDS & AYCLIFFE, DUR, ENG, 1836-1916 **[19865]**
I: **NOBLET**, RESIDED ROZELLE, SYDNEY, NSW, AUS, 1894-1930 **[10918]**
I: **NOBLET, CHARLES**, MARINER BORN C1850 NANTES, PL, FRA, **[10918]**
I: **NORTON, CHRISTOPHER**, CONGREVE, STS, ENG, 1780-1830 **[46478]**
I: **NOWELL, THOMAS**, MARR. JANE AT BITTON OR WICK, GLS, ENG, 1780-1786 **[46503]**
I: **O'BRIAN, MOLLY**, ACTRESS. ENG, 1890 **[41560]**
I: **O'BRIEN**, ANY CONNECT. TO ROCKETT, PRENDERGAST, 1880-1940 **[22618]**
I: **O'BRIEN, JOHN**, BRISBANE, QLD, AUS. ARR. WITH FAMILY FROM IRL, 1883 **[32471]**
I: **O'BRIEN, JOHN**, ENNISTYMON, CLA, IRL. HUSB. OF BRIDGET FORAN, C1860 **[32471]**
I: **O'BRIEN, JOHN**, RINEEN, CLA, IRL. FATHER OF MARGT O'BRIEN, C1865 **[32471]**
I: **O'KELLY, MICHAEL**, WEAVER BY TRADE IN IRL, 1800-1840 **[12819]**
I: **O'LEARY, SUSAN**, AUNT MRS MARY HOLT, NEWTOWN, SYDNEY, NSW, AUS, 1863 **[10918]**
I: **O'LEARY, SUSAN & SISTER MARGARET**, EX COR, IRL ASSISTED ARR. SYDNEY, NSW, AUS, 1863 **[10918]**
I: **O'LEARY, SUSAN (MAR. CHAS. MIERENDORFF**, MARINER AT SYDNEY, NSW, AUS, 15 JUN 1868 **[10918]**
I: **O'MALLEY, CATHERINE**, MARR. TO GEORGE WILSON, GRENFELL, NSW, AUS, C1869 **[41419]**
I: **O'MALLEY, DOMINIC**, B. MAYO, IRL. ALL DESC., C1817 **[41419]**
I: **O'MALLEY, DOMINIC**, MARR. TO CATHERINE O'MALLEY, MAY, IRL., 1841 **[41419]**
I: **OAKES, JOHN & ELLEN (NEE WOODS)**, CH. JOHN,W.,ANNIE,ELIZABETH.,FLORENCE,ALBERT, 1873-1886 **[11158]**
I: **OAKES, THOMAS**, SONGWRITER, BELLE VALLEY, OH, USA, PRE 1950 **[11158]**
I: **OGDEN, JOHN**, SEA CAPTAIN, PRE 1850 **[19415]**
I: **OGILVIE, DAVID**, SURGEON, ROYAL NAVY, 1730-1800 **[46478]**
I: **OLDING, ELIZABETH**, MARR. WILLIAM ROBARTS, ENG, 1787 **[29401]**
I: **OLDING, REV. JOHN**, ENG, 1740+ **[29401]**
I: **OLIVER FAMILY**, TAILORS LIVING IN MERRINGTON, DUR, ENG 1729+, 1700-1900 **[19865]**
I: **OOSTMAN, HERMAN**, MARINER & BREWER, BREMEN, GER & AUS, 1800S **[42893]**
I: **OOSTMAN, MARGARET**, WIFE OF JOHN OOSTMAN, BREMEN, HAN, GER, 1800S **[42893]**
I: **OSBURN, JOSEPH**, 9TH ROYAL VETERAN BATTALION, 1780+ **[46302]**
I: **OSSOLI KELLY, JAMES**, BELIEVED TO HAVE IRISH-ITALIAN FOREBEARS, **[11158]**
I: **OSSOLI KELLY, JAMES**, HUSBAND OF AUTHOR MAY GIBBS D.1939, **[11158]**
I: **OUVRY, CHARLES**, PAPERSTAINER, 1760-1805 **[43857]**
I: **OVENDEN, RICHARD**, ENGRAVER, LONDON, ENG, 1800S **[46301]**
I: **OWEN, THOMAS**, SMELTERER FROM WLS, ANY **[10261]**
I: **OWENS, CHARLES**, MEDICAL PRACTR., OF DUBLIN, IRL, 1830 **[40618]**
I: **PAASCH, JOHANNA**, BORN BERLIN, GER. MIGRATED TO RSA C1900, 1881-1959 **[44384]**
I: **PACKHAM, HARRIET ALMA**, DESCENDANTS SOUGHT, 1857-1898 **[45900]**
I: **PADDISON, JOHN F.**, SAWTRY, HUN, ENG, C1890 **[28479]**
I: **PAIN, JOHN**, OF WONSTON, HAM, ENG. MARR. MARY MOTH, 1786 **[17234]**
I: **PAIN, JOHN EAMES**, MALTSTER OF GREYWELL, HAM, ENG, 1777-1832 **[17234]**
I: **PAINE, JOHN**, MARR. KATHERINE PIPER, HAM & WIL, ENG, 1790-1815 **[17234]**
I: **PALMER, MOSES**, GUNLOCK SMITH OF WEDNESBURY, STS, ENG, 1806-1858 **[17449]**

SUBJECTS

I: **PANKHURST, EMMELINE**, MOTHERS LAST NAME, 1830+ **[16125]**
I: **PARKER, JOHN**, EMIGRATED AS FROM HOLBORN, LND, ENG, 1860S **[38868]**
I: **PARKER, ROBERT AUGUSTUS**, COACHBUILDER OF BATTERSEA, SRY, ENG, C1895 **[19892]**
I: **PARKER, ROBERT AUGUSTUS**, COPPERSMITHS LABOURER, BATTERSEA, SRY, ENG, 1900+ **[19892]**
I: **PARKES, GEORGE**, DESCENDANTS SOUGHT, BORN IN CAN, 1864+ **[45900]**
I: **PARKES, WILLIAM JAMES**, DESCENDANTS SOUGHT, 1868-1932 **[45900]**
I: **PARKINSON, GEO. (SURGN-DENTIST)**, M.CAROLINE WOOLF D.GERTRUDE B.CHATHAM,KEN,ENG, 1887 **[27868]**
I: **PARKS, GEORGE**, DESCENDANTS SOUGHT, BORN IN CAN, 1864+ **[45900]**
I: **PARSONS, MARY JANE**, MARRIED J. FOWLER, JSY, CHI, UK, 1850S **[39716]**
I: **PATERSON, JAMES**, WINE & SPIRITS SALESMAN, GLASGOW, SCT, C1853+ **[34321]**
I: **PATERSON, PATRICIA (BOYER)**, WIFE OF ACTOR CHARLES BOYER, 1900-1975 **[45070]**
I: **PATON, JOHN**, IRL & RICHMOND & MOLONG, NSW, AUS, 1806-1892 **[25829]**
I: **PATTERSON (PATTISON) BUILDER**, OF NEWCASTLE UPON TYNE, NBL, ENG RAILWAY STA, 1840S-50S **[19865]**
I: **PATTON, CATHERINE SHANNAN**, CUL, ENG, 1800-1883 **[42755]**
I: **PAUL (ANY)**, NBL & DUR, ENG, PRE 1800 **[45614]**
I: **PEACHY, EMMA**, LONDON & DEV, ENG, 1830-1900 **[43756]**
I: **PEACOCK, THOMAS**, SAWTRY, HUN, ENG, 1895 **[28479]**
I: **PEARCE, NICHOLAS**, PONTYPRIDD, GLA, WLS, TAILOR, 1870S-1900S **[11444]**
I: **PEARS, WM (PEIRS-PIERS-PIEARS-PIERES)**, B. KING WILLIAM,VA,USA, D. LND, ENG, 1765-1827 **[26382]**
I: **PEARSON, ARTHUR F. CRAWTE**, BORN MDX, ENG 1886. TO AUS 1900S, 1900S **[44296]**
I: **PEARSON, STEPHEN**, SHOEMAKER, MAIDSTONE, KEN, ENG. WIFE ANN, C1830 **[44296]**
I: **PEATTIE, JOHN & AGNES ROBB**, MARR. 1825 NEWBURN, FIF, SCT, **[21198]**
I: **PEATTIE, JOHN & HELEN NESS**, MLN & LARGO, SCT, ANCESTRY & DESCENDANTS OF, PRE 1770+ **[21198]**
I: **PECKHAM**, WIL, ENG, 1800-1860 **[29401]**
I: **PEIN, CARL THEODOR**, FROM SWEDEN TO USA, 1887 **[10001]**
I: **PEMBLE, MARY ANN**, , 1830+ **[34479]**
I: **PERKINS (SEAMAN)**, H.M.S. PORTIA, C1900 **[40905]**
I: **PERRY, EASTER**, WIFE OF JAMES HAWES, NFK, ENG, 1850+ **[30437]**
I: **PERRY, ROBERT**, CARRIER, MELBOURNE, VIC, AUS, C1880 **[12454]**
I: **PERRY, ROBERT**, SAILMAKER, SECOND CHINA WAR, C1860 **[12454]**
I: **PERSCHKEY**, LOCKSMITH, HAMMERSMITH, LND, ENG, 1800S **[45665]**
I: **PERSCHKEY, JOHN**, BELL HANGER OF HAMMERSMITH & CHELSEA, LND,ENG, 1800-1850 **[45665]**
I: **PHELAN, EDDIE**, LEAGUE OF NATIONS, **[31079]**
I: **PHELPS, WM SMITH**, LND, ENG, 1800-1890S **[16554]**
I: **PHILLIPS, MR**, SURGEON TO ROYAL HOUSEHOLD, C1840-1860 **[26007]**
I: **PHILLIPS, WILLIAM**, GOLDMINER OF BALLARAT, VIC, AUS, 1850S **[46263]**
I: **PHIPPS, JAMES**, VACCINATED IN BY DR EDWARD JENNER, 1780-1800 **[15929]**
I: **PICKAVANCE, MARGARET**, M. RICHD BOARDMAN,CH. EDW.,PETER,ISAAC,JACOB, 1800S **[11158]**
I: **PIEARS, WM (PIERS-PIERES-PEARS)**, B. KING WILLIAM,VA,USA, D. LND, ENG, 1765-1827 **[26382]**
I: **PIERS, WM (PEARS-PEIRS-PIEARS-PIERES)**, B. KING WILLIAM,VA,USA, D. LND, ENG, 1765-1827 **[26382]**
I: **PIGOTT, HENRY**, HATTER IN GLASGOW, LKS, SCT, C1841 **[46478]**
I: **PIKE FAMILY**, GOLD FOSSICKERS, ORANGE, NSW, AUS, **[41716]**
I: **PINCOCK, ALICE**, B. EUXTON, LAN, ENG, 1819 **[39237]**
I: **PITCHER, DANIEL**, COSTON, NFK, ENG, C1770+ **[34321]**
I: **PITT, WILLIAM (B. BOSTON, MA, USA)**, S.OF WM HY PITT & MALVINA ANN ROCKCLIFFE, B.20/5/1870 **[43752]**
I: **PLATT, WILLIAM**, LAN, ENG & SYDNEY, NSW, AUS, 1842-1907 **[25829]**
I: **PLUNKETT, HY (SOLICITOR, PLUNKETT&SHAKESPEARE)** W.BROMWICH &OLD SWINFORD,STS PRE1861 **[14463]**
I: **PLUNKETT, THOMAS**, BAKER, DUDLEY ST., WOLVERHAMPTON, ENG, PRE 1841 **[14463]**
I: **POITEVIN, CHARLES CLEMENT**, DANNEVILLE, BN, FRA, 1780+ **[10125]**
I: **POLLOCK, JAMES FERGUSON**, FREEMASON. GLASGOW, LKS, SCT, 1860 **[41560]**
I: **PONDER, ALICE MAUD MARY**, NEE KNOWLER, B.1864 MANCHESTER, LAN, ENG, **[37594]**
I: **POPE, ALFRED GEORGE**, OF LONDON, ENG, PRE 1902 **[19516]**
I: **POPE, KATE ELENOR**, FARMER OF ONT, CAN, 1902+ **[19516]**
I: **PORTH, ARTHUR**, GILBY'S WINE MERCHANT, ENG, ALL **[33679]**
I: **PORTH, CARL**, FURRIER, WHITECHAPEL, LND & ESS, ENG, 1880S **[33679]**
I: **PORTH, CHARLES**, LONDON DOCKS, ENG, 1900-40S **[33679]**
I: **PORTH, HEINRICH**, SHOEMAKER, BAV, GER, 1800S **[33679]**
I: **PORTH, LOUISA**, WAITRESS, ST.PANCRAS, LND, ENG, ALL **[33679]**
I: **POSICH, STEPHANO (SEAMAN)**, SICILY TO LONDON, ENG, C1810 **[10116]**
I: **PRENDIBLE, MAURICE**, COOPER BY TRADE IN IRL - MAY BE CO. CORK, 1800-1840 **[12819]**
I: **PRENDIVILLE, MAURICE**, COOPER BY TRADE IN IRL - MAY BE CO. CORK, 1800-1840 **[12819]**
I: **PRESLEY OR PRESSLEY**, DES. OF SAML & CHARLOTTE TREWIN.VIC & ALL,AUS, 1854+ **[19588]**
I: **PRESSLEY OR PRESLEY**, DES. OF HENRY & SUSANNAH,BALLARAT,VIC&ALL AUS, 1850+ **[19588]**
I: **PRESSLEY, ARTHUR JAMES**, EMIGRATED TO AUS FROM ENG 1913+. DES. AUS&USA, 1913+ **[19588]**
I: **PRESTON, ANN (B.1865)**, MARR. 1892 WM MARSDEN, BLACKBURN, LAN, ENG, **[21463]**
I: **PRESTON, ELLEN JANE (B.1848)**, LIVED 12 FOLLYWELL ST., BLACKBURN, LAN, ENG, D.1882 **[21463]**
I: **PRESTON, ROBERT (S.OF WILLIAM)**, B.1841 BLEAKEY/BLAKEY, BLACKBURN, LAN, ENG, **[21463]**
I: **PRESTON, ROBT & ELLEN JANE (CORNTHWAITE)**, MARR. 1870 BLACKBURN, LAN, ENG, **[21463]**
I: **PRESTON, WILLIAM**, B. C1800 (FA - ROBERT) LIVESEY, LAN, ENG, 1760+ **[21463]**
I: **PRESTON, WILLIAM & MARY SMITH**, MARR. 1841 BLACKBURN, LAN, ENG, **[21463]**
I: **PRICE, ANNIE YOUD**, WILLASTON & THORNTON HOUGH, CHS, ENG, 1846-1930 **[27304]**
I: **PRICE, CEPH, ERN, TOM & ROL**, WORKED ROYAL WORCESTER CHINA,WOR,ENG, 1890S-1950S **[17291]**
I: **PRICE, THOMAS - JOINER-WHEELWRIGHT**, WILLASTON & THORNTON HOUGH, CHS, ENG, 1832-1902 **[27304]**

Subjects

I: **PRIEST, THOMAS**, OPTICIAN, HARBORNE, STS, ENG, 1814-1865 **[37594]**
I: **PRIMMER, FREDERICK WILLIAM**, B. BURTON-ON-TRENT, HEF, ENG. ALL DESC., 1883 **[41419]**
I: **PRIMMER, FREDERICK WILLIAM**, MARR. TO IVY MARY A.M. PRATT, SYDNEY, NSW,AUS, 1909 **[41419]**
I: **PRING, WILLIAM HENRY**, WHEELWRIGHT, FULHAM, MDX, ENG, 1850-1900 **[22241]**
I: **PRIOR, PRIER & PRYOR**, USED AS ALIAS FOR LAW, ALL **[34986]**
I: **PRISK, GLADYS JEAN**, FOREST HILL, VIC, AUS, 1915-2004 **[12317]**
I: **PROPHET, WILLIAM**, PHOTOGRAPHER OF DUNDEE, ANS, SCT, 1863+ **[20135]**
I: **PROPSTING, BEATRICE ALICE NEE BUTLER**, MELBOURNE, VIC, AUS, 1860+ **[43756]**
I: **PROUGHTON, AMY - MARR. WILLCOX**, MOTHER BURIED HORNSEY, MDX, ENG, 1810+ **[32039]**
I: **PROUGHTON, CHARLES**, PUBLICAN, MOTHER BURIED HORNSEY, MDX, ENG, B.1810 **[32039]**
I: **PROUGHTON, GEORGE**, TAILOR, MOTHER BURIED HORNSEY, MDX, ENG, 1810+ **[32039]**
I: **PROUGHTON, JAMES**, BRICKLAYER, MOTHER BURIED HORNSEY, MDX, ENG, B.1806 **[32039]**
I: **PUGH, STEPHEN. HOUSE PAINTER**, MARR. SARAH ANN MATTHEWS,LIVERPOOL,LAN,ENG, 1867-69 **[18038]**
I: **PYPER,WM & ANN LOBBAN OF TURRIFF,ABD,SCT**, DESCENDANTS., 1800+ **[14880]**
I: **QUIRK/QUIRKE, JOHN JOSEPH**, ROYAL LEINSTER REGT. No. 5983, 1900-20 **[30701]**
I: **RAINE, ELEANOR**, MOTHER OF THOMAS RAINE, RICHMOND, YKS, ENG, C1800-1870 **[37308]**
I: **RAINE, THOMAS**, BUTCHER, RICHMOND, YKS, ENG, C1770-1840 **[37308]**
I: **RALPH, ALICE JANE**, B.1881 V. DUNKIRK, KEN, ENG TO AUS, 1881+ **[18639]**
I: **RAMAGE, DAVID**, BRASSFOUNDER, EDINBURGH, MLN, SCT, 1870-1910 **[38309]**
I: **RAMAGE, PETER**, BRASSFOUNDER, EDINBURGH, MLN, SCT, 1870-1910 **[38309]**
I: **RAMSAY, DOUGLAS (FEMALE)**, BORN 1820 OLD MONKLAND, LKS, SCT, **[19064]**
I: **RAMSEY, JOHN EDWARD (CORP. 76TH REGT)**, MILITARY CAREER & VITAL INFO NEEDED, 1870S-1880S **[17055]**
I: **RANDAL, EDWARD**, BKM & BDF, ENG. ANCESTORS & FAMILY, C1700-1841 **[22070]**
I: **RAPP, COUNT JEAN**, NAPOLEON'S GENERAL, ALS, FRA, 1770+ **[10350]**
I: **RAWLINS, ALICE ELLEN**, HRT, ENG, 1872+ **[32050]**
I: **RAWSON, JOHN**, PENINSULA WARS, SPAIN, 1800+ **[45943]**
I: **RAYMOND, YELLAND & MORCOMBE**, DEV& CON, ENG TO SA,AUS. REUNION SA, AUS 2005, 1850S **[33642]**
I: **READ, EDMUND**, WORTHAM, SFK, ENG, 1743-1815 **[26007]**
I: **REEVES, JANE ANNE**, MARR. CHARLES FRITH COOK, 1800 **[25921]**
I: **REEVES, MINNIE (FATH. RAMOTH,MOTH.SUSAN)**, BORN 1868 LEWES EAST SSX, ENG, 1850 **[10698]**
I: **REEVES, THOMAS**, CONVICT, NSW, AUS, 1827+ **[14268]**
I: **REID, ARTHUR**, BRITISH ARMY IN INDIA, MAR. SARAH HUGHES, 1833 **[10116]**
I: **REIDEL, EDUARD**, PRE, GER & BRISBANE, QLD, AUS, 1838-1915 **[25829]**
I: **RETCHFORD**, NEEDLEMAKER, REDDITCH, WOR, ENG, PRE 1854 **[14290]**
I: **REYNOLDS**, KEMBLE, GLS & WIL, ENG, 1800S **[32039]**
I: **REYNOLDS, ELIZA**, BAP. 1812 GOSPORT, HAM, ENG, **[32039]**
I: **RICH, CHARLES**, COOPER OF LIMEHOUSE, MDX, ENG, 1730-1808 **[12470]**
I: **RICH, GEORGE**, APOTHECARY & SURGEON, NORTH CURRY, SOM, ENG, 1817-1850 **[34212]**
I: **RICH, JOHN**, ENGLISH ACTOR, COVENT GARDEN THEATRE, 1732 **[34212]**
I: **RICH, ROBERT JOHN (TIN MINER)**, PENZANCE, CON, ENG & RIO DE JANIERO, BRAZIL, 1800S **[42893]**
I: **RICHARDS, EDITH**, D.OF WILLIAM PRIEST, BIRMINGHAM, WAR, ENG, 1870+ **[37594]**
I: **RICHARDS, EDWARD**, TIN PLATE WORKER, **[45950]**
I: **RICHARDSON, ARTHUR GEORGE**, OXF & LND, ENG, 1880-1960 **[41943]**
I: **RICHARDSON, AUGUSTUS CLARK**, GROCER & VINEGAR MAKER OF BERMONDSEY,LND,ENG, 1860-1920 **[41943]**
I: **RICHARDSON, GEORGE WITHERDEN**, MAIDSTONE, KEN & LND, ENG, 1840-1842 **[41943]**
I: **RICHARDSON, SARAH**, HUN, ENG, 1800+ **[25829]**
I: **RICHTER, FREDRICH & HELENA ADORIS**, WHERE GER TO WATERLOO CO., ONT, CAN, 1830+ **[16125]**
I: **RIDLEY, CHAS. GRIFFITH (MERCHANT &**, MASTER BUILDER), GEORGETOWN, BR. GUIANA, 1800-1890 **[16813]**
I: **RIGBY, PETER**, EXILE ON SHIP SIR THOMAS ARBUTHNOT, 1847 **[10610]**
I: **RILEY, ELIZABETH**, TAS, AUS, 1800-1850 **[46219]**
I: **RINGE**, ONE NAME STUDY, ALL **[19454]**
I: **RITCHIE, AGNES (MARR. THOMAS WHYMAN)**, B.SCT. PARENTS AGNES & DAVID (SHOEMAKER), 1857+ **[14454]**
I: **RITCHIE, HELEN CRAWFORD**, MLN, SCT. DIED LONDON, ENG. WIFE JOHN YOUNG, C1855-1910 **[14454]**
I: **ROBARTS, EDWARD**, DRAPER, ABINGDON, BRK, ENG, 1700-1747 **[29401]**
I: **ROBARTS, HENRY**, CHINA & GLASS, LONDON, ENG, 1820-1878 **[29401]**
I: **ROBARTS, HENRY**, WOOLLENDRAPER, LONDON, ENG, 1830+ **[29401]**
I: **ROBARTS, JOSIAH**, LINENDRAPER, LONDON, ENG, 1750-90 **[29401]**
I: **ROBARTS, WILLIAM**, STOCKBROKER, LONDON, ENG, 1790+ **[29401]**
I: **ROBERTS, BROTHER OF ANNE**, BORN JUNE 15 NEAR CARDIFF, WLS, 1857 **[16125]**
I: **ROBERTS, CHARLES WILLACY**, EMIGRATED CA, USA. FAMILY & DESCENDANTS, 1920S **[38868]**
I: **ROBERTS, JOHN**, CLUB STEWARD OF LONDON, ENG, 1820-1850S **[29520]**
I: **ROBERTS, JOSEPH**, ESTATE AGENT OF TRANMERE, CHS, ENG, 1870-1890S **[38868]**
I: **ROBERTS, JOSEPH**, IRONMONGER OF LIVERPOOL, LAN, ENG, 1850-1870S **[38868]**
I: **ROBERTS, R. HUTCHFIELD**, MANITOWOC CO., WI, USA, 1876+ **[46465]**
I: **ROBERTS, RACHEL HARRIES**, GROVE HOUSE SCHOOL, GOSPORT, HAM, ENG, 1930S **[19156]**
I: **ROBERTS, RACHEL KATHERINE**, FRIEND OF HELEN HOLMAN, LND, ENG, 1960S **[19156]**
I: **ROBERTS, THOMAS**, FARMER, WILLASTON, CHS, ENG, 1800+ **[38868]**
I: **ROBERTS, THOMAS**, FARMER. WIRRAL, CHS, ENG, 1800+ **[38868]**
I: **ROBERTS, THOMAS**, M. ANN HUNTINGTON, NESTON, CHS, ENG, 1810 **[38868]**
I: **ROBERTS, WILLIAM**, SHIP OWNER, LIVERPOOL, LAN, ENG, 1800S **[46642]**
I: **ROBERTS, WILLIAM LUKE**, CHOCOLATE MAKER, 1864+ **[28599]**
I: **ROBERTSONS IN LKS, SCT**, WIVES AND FAMILIES, 1850S **[42693]**
I: **ROBERTSONS IN MLN, SCT**, WIVES AND FAMILIES, 1800S **[42693]**

I: **ROBERTSONS IN WLN, RFW & BEW, SCT**, WIVES & FAMILIES, 1850S **[42693]**
I: **ROBINSON, ANDREW**, SOLICITOR, NEWCASTLE ON TYNE, NBL, ENG, 1890S **[30281]**
I: **ROBINSON, ELIZABETH**, DUNGANNON, TYR, IRL, 1750-1790S **[16554]**
I: **ROBINSON, GARRET**, BOYNE HILL, HILL OF DOWN, KID, IRL, D.26 MAR 1884 **[43076]**
I: **ROBINSON, JOHN - PRESUMED DEAD 1909**, KOOBA STATION, WHITTON, NSW, AUS, 1896-1909 **[20444]**
I: **ROBINSON, REV. GERARD**, SPANISH CHAPEL, LONDON, ENG, D.1799 **[43076]**
I: **ROBINSON, REV. JOHN**, IRISH COLLEGE, SALAMANCA, SPAIN, 1785 **[43076]**
I: **ROBSON, J HANNINGTON**, ADELAIDE, SA 1879-82, BALMAIN, NSW, AUS, 1882 **[10918]**
I: **ROBSON, J HANNINGTON**, OHIO, WV, USA, 1860S **[10918]**
I: **ROBSON, JOHN HANNINGTON**, B1837 M 1861 ST JOHN, NEWCASTLE, NBL, ENG, **[10918]**
I: **ROCKLIFF, HENRY**, MILL OWNER, SASSAFRAS, TAS, AUS, 1869-1885 **[12392]**
I: **RODGERS, ROBERT JOHN**, RAILWAYMAN, BATHURST, NSW, AUS, 1900S **[44296]**
I: **RODHAM, GEORGE B.**, SCRANTON, PA, USA, B.1889 **[10918]**
I: **RODHAM, HUGH S.**, B. KYO, DUR, ENG. D. SCRANTON, PA, USA, 1879-1965 **[10918]**
I: **RODHAM, HUGH SIMPSON**, LACEMAKER, WIFE HANNAH, 1879-1965 **[10918]**
I: **RODHAM, ROBERT BELL**, SCRANTON, PA , USA. HOTELIER, WIFE ANNA MAY, 1883-1944 **[10918]**
I: **RODHAM, THOMAS B.**, PHYSICIAN. SCRANTON, PA, USA, 1868-1948 **[10918]**
I: **RODHAM, THOMAS BELL**, B.1868 GREENCROFT,DUR,ENG. D.SCRANTON,PA,USA, 1868-1948 **[10918]**
I: **RODHAM, WADE FINN**, SCRANTON, PA, USA. MINER, WIFE LAURA, 1885-1940 **[10918]**
I: **ROE, JN ROWLAND**, MILL OWNER, JERICHO, TAS, AUS, 1853-1890 **[12392]**
I: **ROGERS, NATHL. & JEANETTE (MAT., G.PARENTS MAY GIBBS) CHEAM FIELDS,SRY,ENG, 1800S [11158]**
I: **ROMILLY, CHARLES LLEWELLYN**, ENG, CAN & USA, 1891-1975 **[41560]**
I: **ROMILLY, FREDERICK VICTOR ROGERS**, POST OFFICE. ENG, C1830 **[41560]**
I: **ROMILLY, GRACE**, FL, USA, 1893-1988 **[41560]**
I: **ROMILLY, MARY ROGERS**, ACTRESS. ENG, 1890 **[41560]**
I: **ROMILLY, ROBERT LUCIEN SAMUEL**, LND, ENG, C1797-1872 **[41560]**
I: **ROONEY, MARY**, WIFE OF EDWARD HARRIS, SOLDIER, ENG & IRL, C1800+ **[14672]**
I: **ROOTS, JOHN B.C1809**, M. CHRISTIANNA EMILY SMITH, STREATHAM,SRY,ENG, 24 AUG 1836 **[21349]**
I: **ROOTS, ROBERT ALFRED**, B.1905 NEWINGTON,LND,ENG. D.C1983 QUE,CAN, **[21349]**
I: **ROOTS, ROBERT ALFRED**, CANADIAN ARMY SERVICE CORP, QUE,CAN WWII, 1986 **[21349]**
I: **ROPER, JED**, SMUGGLER, HYTHE, KEN, ENG, 1750+ **[21079]**
I: **ROSS, AGNES & MARY AGNES**, CHILDREN OF JOSEPH & AGNES (NEE LEAHY), 1932+ **[34883]**
I: **ROSS, JOHANNE WILHELMINA CAROLINA**, M. FREDERICH LUDWIG SCHAAR, ADELAIDE, AUS, 1855+ **[25921]**
I: **ROSS, JOHN**, MANCHESTER, LAN, ENG EMIGT C1871+ USA OR AUS, **[17548]**
I: **ROSS, WM GEORGE**, MANCHESTER, LAN, ENG EMIGT C1871+ USA OR AUS, **[17548]**
I: **ROUND, WILLIAM (BILL)**, SURGICAL BOOTMAKER, TETTENHNALL, STS, ENG, 1865+ **[17291]**
I: **ROWELS**, MARR. H. VINES, BRISTOL, SOM, ENG, 1900 **[32039]**
I: **ROWLAND, ALICE EMILY**, HUSBAND DANIEL MCMILLAN, CEYLON, C1850-1927 **[14454]**
I: **RUDGE, WM FREDERICK**, MILL OWNER, CARRICK, TAS, AUS, 1855-1865 **[12392]**
I: **RUSSELL**, MARR. E. VINES, BRISTOL, SOM, ENG, 1912 **[32039]**
I: **RUSSELL FAMILY**, SUMMERS LANE, ABERDEEN, SCT, 1850-1900 **[22090]**
I: **RUSSELL, JOHN**, TOLLKEEPER & ROAD CONTRACTOR, MOR, SCT, 1810-60 **[22090]**
I: **RUSSELL, WILLIAM, A.G.**, SHIPSURGEON, ELLERMAN SHIPLINE, 1890S **[22090]**
I: **RUTHERFORD, ROBERT & WIFE CHRISTIAN**, GREENDYKES, NBL, ENG, PRE 1775+ **[21198]**
I: **RYAN, MARGARET**, ORPHAN, GEELONG CONVENT, VIC, AUS, 1860-1900 **[11692]**
I: **SAINSBURY**, BRISTOL, SOM,K ENG, 1700-2000 **[32039]**
I: **SAINSBURY**, SHERSTON, WIL, ENG, 1700-2000 **[32039]**
I: **SAINT, ALFRED GEORGE**, AUS. BORN HUN, ENG 1884, 1900+ **[25747]**
I: **SALES, HANNAH (WIFE OF WM HEATH)**, SUTTON CUM DUCKMANTON, DBY, ENG, C1790+ **[46410]**
I: **SALISBURY, MARGARET**, BORN 1835 NEWCASTLE, NSW, AUS, **[10918]**
I: **SALISBURY, MARGARET**, FARRIERS ARMS, EAST MAITLAND, NSW, AUS, 1854 **[10918]**
I: **SALISBURY, MARGARET**, M JAMES CLARK, WIDOWER, NEWCASTLE, NSW, AUS, 1860 **[10918]**
I: **SALISBURY, WILLIAM**, NEWCASTLE, NSW, AUS, 1830S **[10918]**
I: **SALISBURY, WILLIAM**, TRANSPORTED IN TOTTENHAM, SYDNEY, NSW, AUS, OCT 1818 **[10918]**
I: **SANCHES, MURIEL**, D.OF ALBERT & POLLY, BLACKPOOL, LAN, ENG, 1900+ **[31319]**
I: **SANCHEZ, ANTONIO OF VALPARAISO**, MARR. ELIZA TURNER, LONDON, ENG, 1862 **[31319]**
I: **SANCHEZ, GEORGE FRK.**, TRANMERE, CHS, ENG. SEAMAN, 1880+ **[31319]**
I: **SANDHAM, EIRENE SUNSHINE**, BORN DUNSTON, DUR, ENG, 1907 **[28906]**
I: **SANDS, JAMES & JANE ANDERSON**, SHIP DIANA FROM LONDON, ENG TO SYDNEY, AUS, 1849 **[11386]**
I: **SANKEY**, AS A FORE-NAME, ANY **[10116]**
I: **SANKEY, JOHN (REV)**, NTH & NFK, ENG, 1545-1560 **[10116]**
I: **SAUNDERS, CHARLES FRANCIS**, SANDY, BDF, ENG, C1865-1930 **[27666]**
I: **SAUNDERS, FLORENCE**, OAKSEY, WIL, ENG, 1878+ **[46456]**
I: **SAUNDERS, HENRY**, CRUDWELL, WIL, ENG, 1850+ **[46456]**
I: **SAUNDERS, HERBERT JAMES**, PURTON, WIL, ENG, 1896+ **[46456]**
I: **SAUNDERS, SIR CHARLES**, ADMIRAL, ENGLISH NAVY, 1700S **[46372]**
I: **SCARLETT, JAS. MULLEY:TAILOR, ISLINGTON**, M. EMILY FOULGER HAMMOND, LND, ENG, 1876+ **[17291]**
I: **SCOLLARD, BARRY & JULIA KEEFE**, KER, IRL, ANCESTRY & DESCENDANTS OF, PRE 1800+ **[21348]**
I: **SCOTT, ASA JS**, MILLER, TAS, AUS, 1870-1905 **[12392]**
I: **SCOTT, ELIZABETH**, WOR, ENG & KEW, AUS, 1821-1865 **[34521]**
I: **SCOTT, GILDEROY**, WESTMINSTER, MDX, ENG, 1785+**[13430]**
I: **SCOTT, JOHN WILLIAM**, HORSEKEEPER, S. OF JOHN WM SCOTT, WHEELWRIGHT, C1860-1890 **[34664]**
I: **SCOTT, JOSEPH**, INDENTURED SERVANT, SC & TN, USA, 1720-1740 **[22511]**

◆ Subjects ◆

I: **SCOTT, WILLIAM LIEUT.**, COMMANDER, HMS PORPOISE, SYDNEY, NSW, AUS, 1799-1803 **[39015]**
I: **SCURFIELD, ELIZABETH BORN 1816 TANFIELD**, M. JOSEPH RODHAM, DUR, ENG, C1840 **[10918]**
I: **SEARLE, FINNEY**, RSA, 1890+ **[43756]**
I: **SEARLE, JOHN FREDERICK**, LONDON, ENG, 1840+ **[43756]**
I: **SECKER, MARTIN**, PUBLISHER, ENG, PRE 1930 **[29974]**
I: **SEELOFF, CHARLOTTE CHRISTINE**, SCHAPOW, BRA, BRD TO WOOLDRIDGE, RSA, 1830S-1872 **[35294]**
I: **SEGAR, JUDITH**, MILLINER, EXETER & EAST BUDLEIGH, DEV, ENG, PRE 1790 **[45032]**
I: **SEGGIE, DAVID**, MIGN. KKD, SCT TO USA, 1840+ **[44110]**
I: **SEGGIE, WILLIAM**, MIGN. KKD, SCT TO USA, 1870+ **[44110]**
I: **SEWARD, WILLIAM**, STOCKBROKER, LONDON, ENG, 1727-40 **[29401]**
I: **SEXTON FAMILY**, SEXTON ST, LIMERICK CITY, IRL, ANY **[26430]**
I: **SEXTON, DANIEL - ARCHITECT**, WIFE MARIA BROMWELL & DAU. DR HELEN SEXTON, C1890 **[26430]**
I: **SEXTON, DR HANNAH M.H.**, FLORENCE, ITL, WORKED WITH POOR, DIED LND,ENG, 1950 **[26430]**
I: **SEXTON, DR HELEN**, SURGEON, WWI FIELD HOSPITAL, AUTEUIL, FRA, **[26430]**
I: **SEXTON, JOHN**, BRISBANE, QLD, AUS, C1900 **[13407]**
I: **SEXTON, JOHN**, CLA, IRL, PRE 1859 **[13407]**
I: **SEXTON, SIR JAMES**, LIMERICK,IRL. OLD IRISH FAMILY,HOUSE OF LORDS, **[26430]**
I: **SEYMOUR, FANNY**, LONDON, ENG, 1800-1890S **[16554]**
I: **SHANNAN, WILLIAM**, DUMFRIES & GALLOWAY, SCT, 1750-1832 **[42755]**
I: **SHANNAN, WILLIAM**, MOFFAT, DFS, SCT, 1827-1892 **[42755]**
I: **SHARP, ELSIE E.**, ALBURY, NSW, AUS, 1905+ **[31355]**
I: **SHARPE, WILLIAM**, FER, IRL & BERRY, NSW, AUS, 1838-1895 **[25829]**
I: **SHATTOCK, THOS LEOPOLD, SADDLERS IRONMGR**, FAIRFIELD, ASHLEY RD, BRISTOL, GLS, PRE 1856 **[19859]**
I: **SHAW, SAUCHIE**, CLK, SCT, PRE 1500 **[39459]**
I: **SHAW, FR. LAURENCE**, PRIOR - DONORE ABBEY, BALLIVOR, MEATH, IRL, D.1833 **[43076]**
I: **SHAW, REV. GERARD**, SPANISH CHAPEL, LONDON, ENG, D. 1780 **[43076]**
I: **SHEEHAN, DANIEL**, MASON OF MALLOW, COR, IRL, 1790S+ **[33219]**
I: **SHEPPARD, CHARLES EDWIN**, M. ELIZA MARSDEN, 114 REGENT ST.,LND,MDX,ENG, 1860-1950 **[20924]**
I: **SHERWOOD, ALFRED JAMES**, SALESMAN OF KENT, ENG, 1880-1900S **[29520]**
I: **SHERWOOD, ROBERT**, WHITESMITH OF BRK, ENG, 1850S **[29520]**
I: **SHOLL, REV JOHN HENRY**, WESLEYAN METHODIST MINISTER, 1842-1905 **[18606]**
I: **SHOLL, SHOLE**, ONE NAME STUDY, ALL **[18606]**
I: **SHREEVE, ROBERT**, VIC, AUS, 1850S **[43756]**
I: **SHUBROOK, FLORENCE**, WEST KIRBY, CHS, ENG, 1910+ **[36020]**
I: **SHUBROOK, HENRY**, MARINE ENGINEER, LIVERPOOL, ENG, 1900+ **[36020]**
I: **SHUBROOK, HENRY WHITE LEES**, LIVERPOOL, ENG, 1900+ **[36020]**
I: **SHUBROOK, JOSEPH**, CHARTERED ACCOUNTANT, 1880+ **[36020]**
I: **SIBLEY, ANNE**, MARR. EDWARD BATTY, ST.PANCRAS, MDX, ENG, 1866 **[21079]**
I: **SICKOLD**, MIGRATION BEL & NL TO GER, 1600-1700 **[10801]**
I: **SIDWELL**, BOOKSHOP, BATH, SOM, ENG, 1800-1890S **[43916]**
I: **SIMEON, FRANCIS**, ORNAMENTAL JAPANNER, 1827-1905 **[45228]**
I: **SIMPSON, SARAH**, M: THEOPHILUS AVERY, LAMBETH, SRY, ENG, 1808+ **[38357]**
I: **SIMS, WALTER (OILMAN)**, BORN BEXLEY HEATH, KEN, ENG, 1850 **[14392]**
I: **SIMS, WILLIAM**, BORN WILMINGTON, KEN, ENG, 1830 **[14392]**
I: **SINCLAIR, ALEXANDER**, M. MARY HEYDOCK, BOLTON, LAN, ENG, C1801 **[45795]**
I: **SKELTON, PHILIP (REV)**, ANT, CAV, MOG & DUB, IRL, PRE 1780 **[10114]**
I: **SKILLEN, SARAH**, M. TOBIAS EDNEY, MARTOCK, SOM, ENG, 1762 **[39327]**
I: **SLADE, ELIAS**, SYDNEY, NSW, AUS, 1865-1938 **[25829]**
I: **SLADE, JAMES**, SOM, ENG & SYDNEY, NSW, AUS, 1826-1883 **[25829]**
I: **SLATER, SAMUEL**, HOBART, TAS, AUS, PRE 1837+ **[13407]**
I: **SLEATH, W.**, WATER COLOUR ARTIST AT MERTON, 1900S **[39964]**
I: **SLIGHT, SARAH BELFORE**, D. 1839 BERWICK ON TWEED, NBL, ENG, PRE 1810 **[30302]**
I: **SLIGHT, SARAH BELFORE**, MARR. 15 FEB 1825 LEEDS, YKS TO CHAS SALSBURY, PRE 1810 **[30302]**
I: **SMALLWOOD, NANCY**, MARR. JOB FREETH, MANCHESTER, LAN, ENG, 1759 **[37594]**
I: **SMEDLEY, JOHN**, POSTMASTER, ALFRETON, DBY, ENG, 1800+ **[40792]**
I: **SMETHURST FAMILIES**, VIC, AUS, ALL **[33533]**
I: **SMITH FAMILY**, COX GREEN (DUR) - MON - DUR, 1803-1840 **[19865]**
I: **SMITH, ANNA MARIA**, TO NZ 1840, M. LUXFORD, 1826-1864 **[45257]**
I: **SMITH, EDWIN**, B. THORESBY, LIN, ENG TO SA, AUS, 1877 **[45795]**
I: **SMITH, GEO. 'BOY GREY' FOOTBALLER,**, ATHLETE,BUSINESSMAN, SPENNYMOOR,DUR,ENG, 1890-1943 **[19865]**
I: **SMITH, GEORGE OF COX GREEN, DUR, ENG**, MIGN. TO MON, WLS & RETURN HOME, 1803-1856 **[19865]**
I: **SMITH, GEORGE P.**, CAPT. BRITISH ARMY, 1800S **[45257]**
I: **SMITH, H. SHAKESPEARE**, LONDON, ENG, 1840-1900 **[43756]**
I: **SMITH, HAROLD GILBERT**, EUROA, VIC, AUS, 1916+ **[31355]**
I: **SMITH, HOWELL RICHARD**, B.LLANTRISANT,GLA,WLS 21AUS1876 - WENT USA, **[30351]**
I: **SMITH, JANE HARRIS**, BEDFORD, ENG TO NZ, 1854-1952 **[45257]**
I: **SMITH, JOHN**, B. LLANTRISANT,GLA,WLS 25APR1872 - WENT USA, **[30351]**
I: **SMITH, JOHN**, PAPERMAKER FROM BRADNINCH, DEV, ENG, 1795-1878 **[46435]**
I: **SMITH, JOHN BEAVAN**, ENGINEER OF ENG & BEL, 1850-1900 **[39964]**
I: **SMITH, JOHN EDWARD**, INNKEEPER, ESS, ENG, 1850-70S **[30457]**
I: **SMITH, JOHN SHAW**, FATHER OF MARY WORLEY SMITH, BKM, ENG, 1800+ **[13869]**
I: **SMITH, LILLIAN MARGARET**, VIC & QLD, AUS, 1893-1975 **[31355]**
I: **SMITH, MARIA ANN**, GRANNY SMITH APPLE, RYDE, NSW, AUS, 1800+ **[33490]**

SUBJECTS

I: **SMITH, MARY**, B. C1811 CLAYTON-LE-DALE, LAN, ENG, **[21463]**
I: **SMITH, PHILIS & GEORGE OF**, PANTEG,CWMYNYSCOY, PONTYPOOL & GLASOED, WLS, **[19865]**
I: **SMITH, ROBERT FULLER**, BRICKLAYER, SFK, ENG, PRE 1856 **[11546]**
I: **SMITH, THOMAS WILLIAM**, BOOTMAKER OF CHELTENHAM, GLS, ENG, 1850-1880 **[16233]**
I: **SMITH, WILLIAM**, B.LLANTRISANT,GLA,WLS 29FEB1879 - WENT USA, **[30351]**
I: **SMITH, WILLIAM**, SHIPWRIGHT OF WOOLWICH, LND, ENG, PRE 1840 **[42752]**
I: **SMITHE, EDWARD**, CAPTAIN 2ND FRENCH CHASSEURS, C1840+ **[20433]**
I: **SNIDER, CHARITY (BOYCE)**, DIED LEEDS & GRENVILLE CO., ONT, CAN, 1851-1861 **[16708]**
I: **SNIDER, JOHN**, DIED LEEDS & GRENVILLE CO., ONT, CAN, 1840-1850**[16708]**
I: **SOUTER, CAPT.**, SCOTS GDS, YEOMAN WARDER - TOWER, PRE 1917 **[41554]**
I: **SPARROW, SHADRACK**, BORN 1803 BURY ST.EDMUNDS,SFK,ENG. DIED ?, 1834+ **[25747]**
I: **SPENCE, ALEXANDER & EMMA CHARLOTTE**, FAMILY RESIDING PORTLAND ST., LINCOLN, ENG, 1900S **[33820]**
I: **SPENCE, JOHN**, BORN HUNTLY, ABD, SCT. SOLDIER REGT REQ'D, 1850-70S **[33820]**
I: **SPENCER, LADY DIANA**, HAMILTONS, PRE 1900**[39994]**
I: **SPICER, RICHARD**, M. ADELINE MARSDEN, ESS, ENG. DESCENDANTS?, 1895-1950 **[20924]**
I: **SPODE, JOSIAH**, FOUNDER OF POTTERY BUSINESS & FAMILY, 1733+ **[17350]**
I: **SPRAKALEGG**, THORGILS SPRAKALEGG, SWEDISH MAGNATE, PRE 1066 **[18639]**
I: **STACEY, WILLIAM & EDITH COX**, MARR. 1804 HUISH EPISCOPI, SOM, ENG, **[21198]**
I: **STACEY, WM & SUSANNAH EDMONDS**, MARR. 1779 PUCKIINGTON, SOM, ENG, **[21198]**
I: **STANFIELD, JOHN**, GROCER. DIED ROTHERHITHE, SRY, ENG 1826, B.C1756 **[30535]**
I: **STANFIELD, JOHN**, STONEMASON, SCT, 1860-80S **[42729]**
I: **STANFIELD, MARTHA**, WIFE OF JOHN. GROCER. MARR. SOUGHT PRE 1795, B.C1766 **[30535]**
I: **STANFIELD, THOMAS**, ENGINEER, SCT, 1840-70S **[42729]**
I: **STARES, FRANCIS**, BORN ENG, C1845 **[42942]**
I: **STEELE, THOMAS**, MARR. ELIZABETH REEVES, WEST BROMWICH,STS,ENG, APRIL 1813**[44939]**
I: **STEELE, WALTER**, MASTER MARINER. FIF, SCT & AUS, 1834-1901 **[34321]**
I: **STEPHENSON**, RAILWAYS. INDIA, EARLY 1900S **[20556]**
I: **STEPHENSON, MARK**, BLACKSMITH, ULVERSTON, LAN, ENG, PRE 1856 **[10361]**
I: **STEVENS, RUSSELL**, EXCISE OFFICER, MDX & SRY, ENG, 1800-1840 **[22707]**
I: **STEVENS, THOMAS JOHN**, FATHER & SON,CARPENTER,MELCOMBE REGIS,DOR,ENG, 1858+ **[17291]**
I: **STEVENSON, ROBERT LOUIS**, STEVENSONS, ALL **[39994]**
I: **STEWART, BACHAN**, WELLESLEY TWP, ONT, CAN, 1870-1900**[16176]**
I: **STEWART, BETSY**, MARR. GAVIN WATSON - WHERE, C1738 **[33671]**
I: **STEWART, GRACE MARGARET**, DIED ST.ALBERT, ALB, CAN, 1967+ **[16708]**
I: **STEWART, JAMES**, (S.OF JOHN STEWART (FLOWERMILLER) & MARGARET (NEE WILSON) IRL, C1847 **[46297]**
I: **STEWART, JAMES (S. OF JOHN**, NEWTONSTEWART, CASTLEDERG & ARDSTRAW, TYR, IRL **[46297]**
I: **STEWART, JOHN**, EAST STIRLINGSHIRE F.C., STI, SCT, 1885-1890 **[35273]**
I: **STEWART, MARY & ANN MARIA**, BOTH MARR WESTMINSTER, ENG. 1 DEC, 1862 **[17553]**
I: **STIFF, ADRIANA OF ULEY,GLS,ENG**, M.SAMUEL ARUNDELL OF DURSLEY,GLS,ENG, C1800 **[10346]**
I: **STILL, EMILY**, LAUNDRESS, NORTH BRIXTON, LND, ENG, C1890-1910**[43941]**
I: **STILLING, THOMAS WM (MARINE OFFICER)**, MAR. ELIZ. STANFORD, ENG OR CALAIS, FRA, C1820 **[10346]**
I: **STINSON, MATTHEW**, MARR. JANE REA, VICTORIA CO., ONT, CAN, C1820S **[31626]**
I: **STOCKAN, SAMUEL**, M.BETSY HEDDLE, SANDWICK-STROMNESS, OKI, SCT, C1810 **[10346]**
I: **STOKES, HENRY**, SHOEMAKER, ENG TO NZ, 1800S **[45257]**
I: **STONEHOUSE, JN**, MILL OWNER, CAMPANIA, TAS, AUS, 1835-1880 **[12392]**
I: **STOREY, ROBERT**, SHIP OWNER OF SOUTH SHIELDS, DUR, ENG, 1800S **[41950]**
I: **STRACHAN, GEORGE**, M. MARY CRIGHTON, SCT. DESC., 1780+ **[14880]**
I: **STRATFORD**, OVERSTONE, NTH, ENG, 1500+ **[10346]**
I: **STRATFORD, EDWARD (1610-1665)**, M.GRACE PARGITER, NUNEATON, WAR, ENG, 1630+ **[10346]**
I: **STRATFORD, HON BYRON, RN**, DROWNED MEDITERRANEAN, WARSHIP ORLANDO SANK, 1850-1860 **[10346]**
I: **STRATFORD, JOHN**, M.P. FOR COVENTRY, WAR, ENG, 1600+ **[10346]**
I: **STRATFORD, MASON GERARD - B.1784**, VISCOUNT AMIENS. M.DAVENPORT, GRETNA C1801, **[10346]**
I: **STRONG**, MIGRANT TO PA, USA, 1700-1750 **[28708]**
I: **STROUD, FREDERICK WM:BUILDER,ISLINGTON**, MARR KATE FOULGER HAMMOND, LND, ENG, 1885+ **[17291]**
I: **STRUTTLES**, ORIGIN OF SURNAME, **[41419]**
I: **STUART**, TYPEFOUNDER-ENGRAVER, HEMEL HEMPSTEAD,HRT,ENG, C1836 **[37024]**
I: **STUART, LUCY (B. LOUISE MCEWEN 1836)**, GLASGOW, SCT. MATRON YWCA, SEATTLE, WA, USA, 1901+ **[44317]**
I: **SULLIVAN, THOMAS**, BORN CLA, IRL TO CPC IN 1859, **[20841]**
I: **SUNDERLAND, HANNAH**, MARR. WM WHITAKER,ST.MARYS,ELLAND,WRY,ENG, 31 DEC 1764 **[10918]**
I: **SWIFT, DANIEL**, GREAT SANKEY, LAN, ENG, 1750+ **[42782]**
I: **SWIFT, GEORGE**, PLASTERER OF LIVERPOOL, LAN, ENG, 1800+ **[42782]**
I: **SWIFT, THOMAS**, DRAPER OF LIVERPOOL, LAN, ENG, 1880+ **[42782]**
I: **SWIFT, THOMAS**, MILLER OF GREAT SANKEY, LAN, ENG, 1780+ **[42782]**
I: **SWIFT, WILLIAM**, TAILOR & DRAPER OF LIVERPOOL, LAN, ENG, 1830+ **[42782]**
I: **SYKES, CHARLES - SOLDIER**, INDIA TO AUS, 1850-1855 **[99443]**
I: **TAILFORD, MARY**, ALTONSIDE, PARISH OF WARDEN, NBL, ENG, B.22 MAR 1819 **[10918]**
I: **TAILFORD, MARY**, DAUGHTER OF WILLIAM TAILFORD, FARMER, B.1819 **[10918]**
I: **TAILFORD, MARY**, GREENHEAD, NBL, ENG, 1825-1850 **[10918]**
I: **TAILFORD, MARY**, HAYDON BRIDGE, NBL, ENG, 1819-1850 **[10918]**
I: **TAILFORD, MARY**, M.WILLIAM BELL, HEXHAM, NBL, ENG 1848, B.1819 **[10918]**
I: **TANDY, LT. COL. HENRY STRATFORD**, COMM. 25TH BOMBAY RIFLES, 1800+ **[10346]**
I: **TANGER, HANS**, NORWEGIAN SEAMAN, EMIGRATED TAS, AUS & NZ, C1900-1970 **[39783]**
I: **TAYLOR SISTERS**, WOOLLEN MANUF. SHOP ELSTERNWICK, VIC, AUS, C1950**[26430]**

♦ Subjects ♦

I: **TAYLOR, JOE**, ENGINEER & TALBOT CARS, MELBOURNE, VIC, AUS, 1890-1966 **[26430]**
I: **TAYLOR, JOHN BUNBURY**, EDINBURGH, MLN, SCT, 1814+ **[10165]**
I: **TAYLOR, JOSEPH**, PTE. 3253 WEST YORKS REGT. K.I.A. 3/9/1916, 1915-1916 **[37149]**
I: **TAYLOR, JOSEPH PURVIS G.**, WWI, MARRIED ELSIE CARR, LONDON, ENG, 1919 **[26430]**
I: **TAYLOR, NATHANIEL**, AGENT FOR LORD BLUNDELL, MONASTEROSIS,OFF,IRL, 1690-1720 **[10114]**
I: **TAYLOR, PETER & ALICE, 2 SONS**, YKS, ENG TO SA, AUS PER SHIP CALIBAR, 1853 **[26430]**
I: **TAYLOR, ROBERT**, MILLER, LAUNCESTON, TAS, AUS, 1865-1890 **[12392]**
I: **TAYLOR, THOMAS MCPHERSON**, ARCHITECT, MELBOURNE, VIC, AUS, 1800+ **[45943]**
I: **TAYLOR, WILLIAM TYDD**, BROUGHTY FERRY, ANS, SCT, 1839 **[10165]**
I: **TAYLOR, WILLIAM TYDD**, EDINBURGH, MLN, SCT, 1814+ **[10165]**
I: **TERRY, MARY ANN ESTHER**, DESCENDANTS OF SIBLINGS SOUGHT, 1855-1947 **[45900]**
I: **TEW, ARTHUR REGINALD**, B.4 NOV 1915,WEST HAM,LND,ENG FATHER WM TEW, **[27955]**
I: **TEW, ROSE MAUD**, B.12 JAN 1913 WEST HAM,LND,ENG FATHER WM TEW, **[27955]**
I: **THATCHER, TORIN**, STAGE & SCREEN ACTOR, 1905-1981 **[17470]**
I: **THIRZA, HENRIETTA, JULIET**, B. KYNETON, VIC. DANDENONG, VIC, AUS., 1855-1922 **[43804]**
I: **THODAY**, MIGRATING TO USA, C1830-1850 **[39642]**
I: **THOMAS, CHARLES**, STONEMASON, LONDON, ENG, 1817-1855 **[14463]**
I: **THOMAS, EVELYN NELLIE**, TO MELBOURNE, AUS EX WALES, C1900 **[46213]**
I: **THOMAS, FREDERICK**, STONEMASON, LONDON, ENG, 1855 **[14463]**
I: **THOMAS, GERTRUDE NELLIE**, TO MELBOURNE, AUS EX WALES, C1900 **[46213]**
I: **THOMAS, HENRY**, SEA CAPT., PORT STANLEY, FALKLAND ISLANDS, C1916 **[46401]**
I: **THOMAS, JAMES**, FATHER OF MARY ELLEN, BORN WLS, 1870 **[30437]**
I: **THOMAS, JAS & FAMILY**, TO MELBOURNE, AUS EX WALES, C1900 **[46213]**
I: **THOMAS, JOHN & FAMILY**, TO MELBOURNE, AUS EX WALES, C1900 **[46213]**
I: **THOMPSON**, WORKHOUSE/INFIRMARY, PLYMOUTH, DEV, ENG, 1912-1920 **[46422]**
I: **THOMPSON, ARDAGH**, IRL, 1700-1805 **[43756]**
I: **THOMPSON, EDWARD JAMES**, BORN PLYMPTON, DEV, ENG, 1876 **[18724]**
I: **THOMPSON, JOHN VAUGHAN**, MEDICAL INSPECTOR, COR, IRL, 1816-35 **[46387]**
I: **THOMPSON, MATHEW**, COURT TRIAL, NORTHAMPTON ASSIZES, ENG, 1833 **[20641]**
I: **THOMSON, HUGH**, BOOK ILLUSTRATOR & ARTIST, 1860-1920 **[17534]**
I: **THONGSHAKER**, EINAR THONGSHAKER, NORSE MAGNATE, PRE 1066 **[18639]**
I: **THORNTON, ALBERT CLAUDE**, BORN CHELSEA, LND, ENG, 1881 **[18303]**
I: **THURSTON, COLIN A. (S.OF ALFRED & HILDA)**, B. 1929 FOREST GATE, ESS, ENG, 1920-2000 **[20924]**
I: **TIERNEY, WILLIAM**, COURT TRIAL, LIMERICK, IRL, 1825 **[20641]**
I: **TIMMS, ANNIE & MARIA**, MIGN. LND, ENG TO TRK, NZ, 1852 **[44110]**
I: **TINDALL FAMILIES - CORN MILLERS**, OF 'CHATTON PARK MILL', NBL, ENG, 1700-1900 **[21198]**
I: **TINDALL FAMILY OF 'BROOMHOUSE'**, CHATTON, NBL, ENG, 1400-1925 **[21198]**
I: **TINDALL, ADAM & MARGARET THOMPSON**, CHATTON, NBL, ENG, ANCESTRY OF, 1700S **[21198]**
I: **TINDALL, WILLIAM & ELIZABETH DOUGLASS**, CHATTON, NBL, ENG, ANCESTRY OF, 1700S **[21198]**
I: **TINKLER, ROBERT**, PRINTER & BOOKSELLER OF STOCKTON, DUR, ENG, 1840+ **[46330]**
I: **TOBIN, EDWARD, R.N.**, LIVERPOOL, ENG TO TAS, AUS, 1836 **[10119]**
I: **TOBIN, MARY ANN**, HOBART, TAS, AUS, C1856 **[10119]**
I: **TOOMER, AIR VICE MARSHAL SYDNEY E.**, FATHER, HUSBAND DIED 1954 LONDON, ENG, 1895-1954 **[39964]**
I: **TOOMER, CHAS. REYNOLDS, LT.COL.**, ENGINEER & SHIP REPAIRER, S.SHIELDS, DUR, ENG, 1860-1929 **[39964]**
I: **TOWERS, HELEN MARY-D.OF KATHERINE & ROBT**, M.PETER LINKLATER, OKI, SCT, 1811 **[10346]**
I: **TOWERS, ROBERT M.KATHERINE HUNTER**, QUOLM, STROMNESS, OKI, SCT, C1776 **[10346]**
I: **TOWNSEND, JAMES & SUSANNAH**, GRAVESEND, KEN, ENG, 1810 **[14392]**
I: **TOWNSEND, MARY ANN**, MILTON NEXT GRAVESEND, KEN, ENG, 1830 **[14392]**
I: **TOWNSEND, ROBERT (CARPENTER)**, B.C1739 NFK OR SFK, D.GREAT YARMOUTH,NFK, ENG, 1809 **[12819]**
I: **TOWNSEND,ROBERT, B.1769**, LEFT PRISON HULK WOOLWICH, ENG - GONE WHERE, 1830 **[12819]**
I: **TOWNSHEND, GEORGE**, WOODCARVER, C1780-1820 **[26335]**
I: **TOY, MARTHA & W.H.**, WAIHI, NEWSPAPER FAMILY, 1900+ **[45943]**
I: **TOYNBEE, JOSEPH**, MASTER MARINER OF LONDON, ENG, 1820+ **[40792]**
I: **TOZER, JOHN & ANN PERRYMAN**, MASON, DARTMOUTH, DEV, ENG, 1851 **[12382]**
I: **TRILL, SARAH, FATHER JOHN**, WHERE B. 20 AUG IN ENG TO ONT, CAN, 1835-1911 **[16725]**
I: **TROTTER, JEAN**, GULLANE, ELN, SCT, WIFE J.ARNOTT, 1727-1807 **[14454]**
I: **TROUTON, IRWIN**, TO ONT, CAN FROM ARM, IRL, 1800S **[45982]**
I: **TRUSCOTT, DIGORY**, MILLER & COOPER, CON, ENG, 1790-1820 **[12144]**
I: **TULLOCH, PETER**, PLASTERER, PERTH, SCT, 1880+ **[33711]**
I: **TURNBULL, THOMAS**, TIMBER MERCHANT, LND, ENG, 1831-1868 **[36437]**
I: **TURNER, FRANCES**, OF LND, ENG, PRE 1845 **[19516]**
I: **TURNER, JOHN**, BLACK CONVICT ARR AUS PER SHIP MARINER 2, 1816 **[13640]**
I: **TURNER, JOHN**, TAILOR, HOBART, TAS, AUS, 1850+ **[10361]**
I: **TURNER, JOHN & CHARLOTTE**, DAU. ELIZA,M.ANTONIO SANCHES,RICHMOND,SRY,ENG, 1800+ **[31319]**
I: **TURNER, SARAH**, MARR. MATTHEW HAWKINS, ST.LUKES, LONDON, ENG, 1816 **[25921]**
I: **TURNER, SARAH**, SPITALFIELDS, MDX, ENG, PRE 1800 **[10895]**
I: **TYSON, WILLIAM**, ANY FROM ENNERDALE, CUL, ENG, B.1780-1783 **[15929]**
I: **UNSWORTH, HARRY (HENRY)**, BORN MARYTAVY, DEV, ENG, 19 SEP 1850 **[18724]**
I: **VAN NESS, GEORGE HY**, AL, KY & OH, USA, PRE 1850 **[23208]**
I: **VEAL, THOMAS (CLERK)**, MARR. MARY VIPON 1700 ARLINGHAM, GLS, ENG, **[30535]**
I: **VERNER, JOHANN HERMANN CARL**, WOOLDRIDGE AND PEDDIE, CAPE, RSA, 1849-1924 **[35294]**
I: **VINCENT, JOHN**, EDITOR OF KINGSTON, ONT, CAN, 1830+ **[10145]**
I: **VINE, ELIZABETH**, M. THOMAS HUNT AT LACOCK, WIL, ENG, 1808 **[39327]**

SUBJECTS

I: **VINE, THOMAS WALTER**, CARPENTER OF LONDON, ENG, 1800-1853 **[46304]**
I: **VINE, THOMAS WALTER**, CARPENTER OF MELBOURNE, VIC, AUS, 1853+ **[46304]**
I: **VINES**, BATH, SOM, ENG, 1700-2000 **[32039]**
I: **VINES, CHARLES**, SOM, GLS & WIL, ENG, 1700-1900 **[32039]**
I: **VINES, ELLA**, BRISTOL, SOM, ENG, B.1883 **[32039]**
I: **VINES, ERNEST**, BRISTOL, SOM, ENG, B.1877 **[32039]**
I: **VINES, ERNEST**, MARR. FANNY NEWCOMBE, SOM, ENG, 1898 **[32039]**
I: **VINES, ERNEST**, MARR. M.M. THOMAS, GLA, WLS, 1929 **[32039]**
I: **VINES, HILDA**, BRISTOL, SOM, ENG, B.1882 **[32039]**
I: **VINES, MARY ANN**, MARR. HENRY ROBARTS, ENG, 1861 **[29401]**
I: **VYE**, LONDON, ENG, 1800-1900 **[29401]**
I: **VYSE, CHARLES**, POTTER, STOKE-ON-TRENT, STS, ENG, C1785-1855 **[37308]**
I: **WADDELL, JOCK**, PLACE OF DEATH, PRE 1980 **[46401]**
I: **WADE, BERNARD**, MASTER LADY NELSON, LOST 14 OCT 1809, **[43076]**
I: **WADE, CAPTAIN CALEB, RN**, MASTER ATTENDANT DOCKYARD, PORTSMOUTH, ENG, 1690-1735 **[28906]**
I: **WADE, STEPHEN**, SEA CAPTAIN, AMERICAN MARINE SERVICE, 1840-1860S **[35004]**
I: **WAGENIERE FAMILY**, MIGRATION - BELGIUM TO USA, 1850-1900 **[15014]**
I: **WAGER, CHARLES (SIR)**, ADMIRAL, 1666-1743 **[19454]**
I: **WAGNER, WILHELM**, LIEUTENANT IN GERMAN ARMY, 1800S **[12744]**
I: **WAINWRIGHT, ARTHUR STENTON RATHBONE**, MARR. 1879 SOUTHWARK, LND, ENG. 1880+ **[19156]**
I: **WAITE**, ENG & AUS, 1750-1850 **[42698]**
I: **WALKDEN, DESC. OF THOMAS WALKDEN**, OF BARTON UPON HUMBER, LIN, ENG, 1800+ **[36071]**
I: **WALKER**, MIGRATION TO CAN, 1900+ **[39464]**
I: **WALKER FAMILY**, TO USA FROM BILSTON, STS, ENG, C1850S **[17291]**
I: **WALKER, JAMES MACGREGOR**, ABERDEEN, SCT TO SYDNEY & SUTTON FOREST, AUS, 1827-1919 **[10125]**
I: **WALKER, JANE**, SERVANT OF HUGH HUGHES OF PARRAMATTA, AUS, C1796-1800 **[10116]**
I: **WALKER, THOMAS**, POLICEMAN, SHINRONE, OFF, IRL, C1830-1850 **[40143]**
I: **WALKER, THOMAS & MARY**, POLICEMAN, DUNCAIRNE, BELFAST, ANT, IRL, 1800-1855 **[40143]**
I: **WALLACE, EVA, WILLIAM & KEN**, CHILDREN OF JAMES TULLOCH WALLACE, **[14743]**
I: **WALLACE, JAMES TULLOCH**, DESCENDANTS SOUGHT, PRE 1935 **[14743]**
I: **WALSH, EDWARD**, POET & WRITER, COR, DUB & WAT, IRL, 1805-1850 **[26434]**
I: **WALTER, CHARLES**, BUTCHER, LEAMINGTON, WAR, ENG, 1850+ **[38868]**
I: **WALTER, CHARLOTTE**, M. HENRY HOPWOOD, ECHUCA, VIC, AUS, 1850S **[38868]**
I: **WALTER, ESTHER**, BUTCHER, RADFORD SEMELE, WAR, ENG, 1840-1860S **[38868]**
I: **WANN, JOHN**, LAND STEWARD OF ARMAGH, IRL, 1780-1840 **[40618]**
I: **WARD, FRANCIS**, TAILOR, YKS, ENG, C1860-1865 **[43941]**
I: **WARMAN, WILLIAM & PHOEBE MAUDE**, LND, ENG TO PERTH, AUS - ASSISTED PASSAGE, 1900+ **[19727]**
I: **WARRENER, JOHN METHAM**, LND, ENG, 1840-1890 **[46237]**
I: **WARRENER, SAMUEL VERRY**, TO AUS, 1870-1890 **[46237]**
I: **WASH FAMILY**, ONE NAME STUDY, GT BRITAIN, ALL **[18001]**
I: **WATSON**, LONDON, ENG. MERCHANT, 1700-1750 **[42863]**
I: **WATSON, ERNEST FRANK**, MARR. ELIZ. ALICE KILSHAW, LIVERPOOL, LAN,ENG, 1898+ **[33671]**
I: **WATSON, FRANCIS**, SCT, BORN WHERE?, 1780+ **[33671]**
I: **WATSON, GAVIN**, MARR. BETSY STEWART 30 JUL 1738 WHERE?, **[33671]**
I: **WATSON, KATE**, RICHMOND, NRY, ENG TO USA, 1890+ **[33671]**
I: **WATTS, JOHN (TAILOR) M: MARY SEAGRAVE**, 1744 ST.WIGFORD, ST.MICHAEL, LIN, ENG, 1780+ **[38357]**
I: **WATTS, PHILIP SIR**, NAVAL ARCHITECT, ANY INFORMATION, 1846-1926 **[19454]**
I: **WEBSTER, GEORGE JUSTUS**, FOUNDER OF HOLLYWOOD BOWL, LOS ANG., CA, USA, **[25457]**
I: **WEIR, MARY HEWSON**, MIGRATED TO BRISBANE, QLD, AUS, 1849 **[30601]**
I: **WELCH, JOHN DAVIS**, DESCENDANTS, HERNE HILL, LONDON, ENG, 1840+ **[18895]**
I: **WELLS, JOHN**, 39TH REGT OF FOOT SOLDIERS, ENG, PRE 1832 **[46249]**
I: **WELLS, RICHARD**, NEWSPAPER EDITOR, SA, AUS, 1829-1875 **[12831]**
I: **WERNER, EDWIN CHARLES ERNEST**, FORT BEAUFORT AND PEDDIE, CAPE, RSA, 1901-1970S **[35294]**
I: **WERNER, JOHANN HERMANN CARL**, WOOLDRIDGE AND PEDDIE, CAPE, RSA, 1849-1924 **[35294]**
I: **WERNER, SGT. CARL JOSEF**, BRITISH GERMAN LEGION TO PEDDIE, RSA, 1856-1898 **[35294]**
I: **WEST, WILLIAM HENRY**, ROYAL NAVY, 1820-1878 **[38840]**
I: **WESTLEY, ELIZABETH**, W. OF GEORGE ROE-ROWE, HARDINGSTONE, NTH, ENG, 1840-1904 **[34321]**
I: **WESTON FAMILIES**, MIGRATION FROM SAL, ENG, 1820-1840 **[10978]**
I: **WESTOVER, MOSES JR.**, DESCENDANTS OF, 1768+ **[23319]**
I: **WHALEN, THOMAS**, SHIPRIGGER, POPLAR & SHOREDITCH, LND, ENG, 1808-1873 **[40143]**
I: **WHALEY, CHARLES**, SHIPPING SUPERINTENDENT, OF MEXICO, 1850-80 **[43317]**
I: **WHIGHAM, MARGARET**, GULLANE, ELN, SCT, WIFE A.ARNOTT, PRE 1816 **[14454]**
I: **WHILLAS & ORMISTON**, PRINTER & BOOK BINDERS, ADELAIDE, SA, AUS, 1878+ **[36778]**
I: **WHITAKER'S CHILDREN**, ANN,HANNAH,WILLIAM,SAMUEL,DAVID,CHARLES, 1765-1781 **[10918]**
I: **WHITAKER, DAVID**, B APPROX 1770, SHOPKEEPER HALIFAX, WRY, ENG, 1801 **[10918]**
I: **WHITAKER, DAVID MARR. ELIZABETH BINNS**, AT SOWERBY (NEAR HALIFAX), WRY, ENG, 1 APR 1793 **[10918]**
I: **WHITAKER, HANNAH'S CHILDREN**, BAP. CHRIST CHURCH,SOWERBY BRIDGE,WRY,ENG, 1765-1781 **[10918]**
I: **WHITAKER, WILLIAM**, M. HANNAH SUNDERLAND,ST.MARYS,ELLAND,WRY,ENG, 31 DEC 1764 **[10918]**
I: **WHITE, EDWIN WILLIAM**, ARGENTINA. DESCENDANTS, 1900+ **[19156]**
I: **WHITE, FREDERICK PRYOR**, VIC, AUS, 1860+ **[45808]**
I: **WHITE, JAMES LARWOOD**, AGRICULTURAL LAB. & FARMER - NFK, ENG, PRE 1850 **[30351]**
I: **WHITE, JOHN (ENGINEER)**, GLASGOW, SCT & IPSWICH, BRISBANE, QLD, AUS, C1870 **[10125]**
I: **WHITE, ORLA**, BORN DAUPHIN, MAN, CAN, 1903 **[16708]**

♦ Subjects ♦

I: **WHITE, ORLA**, LEFT RIBSTONE, ALB, CAN, 1915-1920 **[16708]**
I: **WHITE, R.H. (OF STEWART,WHITE & CO.)**, MELBOURNE,AUS. DAU. ALICE MARR. FLANNAGAN, 1890 **[26430]**
I: **WHITE, THOMAS**, INSPECTOR GENERAL OF MADRAS ARMY, INDIA, 1837-50S **[46301]**
I: **WHITE, WILLIAM**, BORN WALTON-ON-THAMES, SRY, ENG, DEC 1829 **[16708]**
I: **WHITFIELD, JAMES & SARAH**, PORTSEA, HAM, ENG, 1813+ **[12382]**
I: **WHITFIELD, ROBERT**, BORN EAST SAL, ENG, 1730+ **[18303]**
I: **WHITTAKER, CHARLES**, B 1819 PARRAMATTA, DIED ASHFIELD, NSW, AUS, 1903 **[10918]**
I: **WHITTAKER, CHARLES**, EAST MAITLAND & QUIRINDI, NSW, AUS, 1845-89 **[10918]**
I: **WHITTAKER, ERNEST JOHN MORGAN**, IMMIGT, ENG TO RSA IN 1901, 1883-1949 **[44384]**
I: **WHITTAKER, FRED. GEO - NAVY ENGINEER**, SHEERNESS, KEN & PORTSMOUTH, HAM, ENG, 1845-1921 **[44384]**
I: **WHITTLE, THOMAS**, LANGTON HERRING, DOR, ENG, PRE 1800 **[10895]**
I: **WHITTLE, WILLIAM**, LANGTON HERRING, DOR, ENG, PRE 1840 **[10895]**
I: **WHYMAN, THOMAS**, BUTLER, KEN. ENG. WIFE AGNES RITCHIE, 1856+ **[14454]**
I: **WIGMORE, ROBERT**, ALL IRELAND ART PRIZE, C1830 **[46344]**
I: **WILKINSON, THOMAS**, MASTER CURRIER, STOCKTON, DUR, ENG, 1829-1887 **[42755]**
I: **WILKINSON, WILLIAM**, JOINER, NORTON, DUR, ENG, 1786-1851 **[42755]**
I: **WILLACY, JOHN**, COOPER OF LIVERPOOL, LAN, ENG, 1800+ **[38868]**
I: **WILLIAM OF ORANGE - HOLLAND TO ENG & IRL**, 7 SEAMAN BROTHERS AS BODYGUARDS, 1690S+ **[31486]**
I: **WILLIAM THE CONQUERER**, COURT & COMRADES, NORMANDY, 1066 **[29447]**
I: **WILLIAMS, CHARLES JAMES. JAPANNER**, MARLBOROUGH PLACE, GT. PETER ST., MDX, ENG, 1840-70S **[43989]**
I: **WILLIS, WILLIAM**, B1824 M 1862 POPLAR, MDX, ENG AS WIDOWER, **[10918]**
I: **WILLIS, WILLIAM**, GAMEKEEPER, WIFE MARY, F OF WILLIAM, B.1824 **[10918]**
I: **WILLIS, WILLIAM**, GAMEKEEPER. WIL, ENG, PRE 1800 **[10918]**
I: **WILLOX, ALEX**, WENT TO PORTLAND, OR, USA, 1910 **[16149]**
I: **WILLS, JOHN**, NSW VETERANS CORPS, AUS, PRE 1832 **[46249]**
I: **WILSON, CHARLES EDWARD**, B. PARKES, NSW, AUS. ALL DESC., 1875 **[41419]**
I: **WILSON, CHARLES EDWARD**, MARR. TO MINNIE WILSON, NZ. ALL DESC., C1900S **[41419]**
I: **WILSON, FREDK. WM (MASTER MARINER)**, BELFAST,ANT,IRL. B. LIVERPOOL,LAN,ENG., 1872-1950 **[17234]**
I: **WILSON, GEORGE**, B. BOOROWA, NSW, AUS. ALL DESC., 1869 **[41419]**
I: **WILSON, GEORGE**, B. CLARENCE RIVER, NSW, AUS. ALL DESC., C1841 **[41419]**
I: **WILSON, GEORGE**, MARR. EMILY FRANCES WALLACE, NEWTOWN,NSW,AUS, 1897 **[41419]**
I: **WILSON, GEORGE**, MARR. TO CATHERINE O'MALLEY,GRENFELL,NSW,AUS, C1869 **[41419]**
I: **WILSON, GEORGE**, MINER OF FORBES, NSW, AUS, C1860-1904 **[41419]**
I: **WILSON, JAMES & CATH. MCMURTRIE**, BALLARAT, VIC, AUS, 1850S **[12382]**
I: **WILSON, JOHN & ANNIE EMMA**, OF CLANFIELD, OXF, ENG, 1830-98 **[16125]**
I: **WILSON, JOHN (WATCHMAKER)**, LIVERPOOL, ENG & BIRKENHEAD, CHS, ENG -DEATH, C1860S **[10116]**
I: **WILSON, JOSEPH**, SON OF JOSEPH, BORN BRIND, ERY, ENG 1826, 1840-60 **[34716]**
I: **WILSON, JOSEPH WILLIAM E.**, B. FORBES, NSW, AUS. ALL DESC., 1888 **[41419]**
I: **WILSON, JOSEPH WILLIAM E.**, MARR. TO GERTRUDE. ALL DESC., C1904+ **[41419]**
I: **WILSON, MARGARET**, MARR. JOHN STEWART OF IRL, PROBABLY TYR, IRL, 1830-47 **[46297]**
I: **WILSON, REGINALD RUPERT B.**, B. FORBES, NSW, AUS. ALL DESC., 1893 **[41419]**
I: **WILSON, REGINALD RUPERT B.**, MARR. TO GRACE ETHEL MAY DAVIS,MANLY,NSW,AUS, 1914 **[41419]**
I: **WILSON, ROBERT, SHIPS STEWARD AGE 42**, CORONERS INQUEST, LIVERPOOL, LAN, ENG, 14 JULY 1879 **[17234]**
I: **WILSON, VICTOR STANLEY**, B. FORBES, NSW, AUS. ALL DESC., 1881 **[41419]**
I: **WILSON, VICTOR STANLEY**, M. MARY ANN HANCOCK-SCOTT, ALBURY,NSW,AUS, 1906 **[41419]**
I: **WING**, WATERMEN & LIGHTEMEN, THAMES, **[45950]**
I: **WOLVERSTON, FREDERICK**, RAOB, 1900S **[45042]**
I: **WOLVERSTON, FREDERICK HENRY**, PRE WW1, 1914 **[45042]**
I: **WOOD, ALBERT**, SHOEMAKER, SHEPPEY, KEN, ENG, PRE 1845 **[41554]**
I: **WOOD, HENRY**, CARMAN, NORTH BRIXTON, LND, ENG, ALL **[43941]**
I: **WOOD, JAMES**, CHAUFFEUR, SOUTH KENSINGTON, LND, ENG, C1919-1920 **[43941]**
I: **WOOD, JOHN**, FARMER, ADELAIDE HILLS, SA, AUS, 1837+ **[12454]**
I: **WOOD, JOHN**, WOODWORKER, RODBOROUGH, GLS, ENG, PRE 1837 **[12454]**
I: **WOODWARD, JAMES MAJOR**, 32ND MADRAS INFANTRY, INDIA, 1802-1850 **[46464]**
I: **WOOTTON, JOHN - A WEAVER**, MARR. ELIZ. PLUNKETT, BURTON U TRENT, STS,ENG, 1784 **[14463]**
I: **WRIGHT, CHARLES**, SOLDIER OF ROBETOWN, SA, AUS, 1840+ **[39083]**
I: **WRIGHT, HENRY JOHN (HARRY)**, B.1869 ASTON, PRINTER LONDON, ENG TO CAN, C1900 **[33608]**
I: **WRIGHT, JANE - B.LIN, ENG C1820**, WITH SON CHARLES AGE 7 WHERE IN LONDON, ENG?, 1851 **[17553]**
I: **WRIGHT, JANE - B.HOLBEACH, LIN, ENG**, WHERE IS SHE IN LONDON AGED C41 CENSUS, 1861 **[17553]**
I: **WRIGHT, JANE - B.HOLBEACH, LIN, ENG**, WHERE IS SHE IN LONDON AGED C51 CENSUS, 1871 **[17553]**
I: **WRIGHT, JOSEPH**, CORN MERCHANT, NEWCASTLE-UPON-TYNE, NBL, ENG, PRE 1866 **[38660]**
I: **WRIGHT, THOMAS**, SON OF THOMAS (BOOKKEEPER) B. HULME, LAN, ENG, C1816+ **[46410]**
I: **WYLIE, JOHN**, COOKSTOWN, TYR, IRL, 1870 **[14241]**
I: **YELLAND, RAYMOND & MORCOMBE**, DEV& CON, ENG TO SA,AUS. REUNION SA, AUS 2005, 1850S **[33642]**
I: **YOUD, THOMAS**, BRICKLAYER. HAWARDEN, FLN, WLS, 1821-1910 **[27304]**
I: **YOUNG, FRANCIS WILLIAM EDWARD**, ALDERSHOT, SRY, ENG, 1862-86 **[12490]**
I: **YOUNG, JAMES, FARMER OF KILMALCOLM**, LOCHWINNOCH & NEW MONKLAND, LKS, SCT, 1775-1849 **[28906]**
I: **YOUNG, JOHN**, HEAD GARDENER, REGENTS PARK ZOO, LND, ENG, PRE 1922 **[14454]**
I: **YOUNG, JOHN**, MUSSELBURGH, MLN, SCT, HUSBAND H.C.RITCHIE, C1850-1932 **[14454]**
I: **ZANKEY**, AS FIRST NAME, ANY **[10116]**
I: **ZILLIOX FAMILLES**, WORLDWIDE, ALL **[20200]**

M: Migration (Ein-bzw. Auswanderungen)

SUBJECTS

*M:*AMERICAN COLONIES, ENGLISH TILLMANS, 1600-1890 **[38516]**
*M:*AUSTRALIA, CABBAN FAMILY, EX LONDON, ENG, 1800-1840 **[19789]**
*M:*AUSTRALIA, PASSENGER LISTS (NON CONVICT), 1800-1840 **[19789]**
*M:*AUSTRALIAN COLONIES, ENGLISH TILLMANS, 1770-1890 **[38516]**
*M:*BERG, RUSSIA TO NEBRASKA, USA, C1890 **[99545]**
*M:*BOUNTY EMIGRANTS, FROM MARYBOROUGH & DOUGLAS, COR, IRL, 1836 **[10047]**
*M:*BRADFIELD PARK, SYDNEY, NSW, AUS, HOSTEL RESIDENTS, C1946-1970 **[30512]**
*M:*CAN, CARMICHAEL OF NORWICH, NFK, ENG, 1910+ **[36020]**
*M:*CANADA, BRITISH MIGRATION, 1890-1920 **[30324]**
*M:*CAPE BRETON, NS, CAN, TO RIPLEY & KINCARDINE,ONT,CAN. MARY MCDONALD, 1861 **[23871]**
*M:*CHS, ENG TO AUS, WILLIAM (WITT) PETERS, 1900S **[42782]**
*M:*CONVICTS WIVES AND FAMILIES, EMIGRATION SCHEME TO NSW, AUS, 1815-1855 **[30713]**
*M:*COR, IRL TO LND, ENG, WILLIAM HAYES (SHOEMAKER), 1750-1785 **[26382]**
*M:*DONEGAL RELIEF COMMITTEE, EMIGRANTS FROM NW DON, IRL TO NSW, AUS, 1859-1865 **[30713]**
*M:*ENG, TO USA. ALFRED SECKER, 1880+ **[29974]**
*M:*ENG (MARY JANE PAUL), TO CAN, C1916 **[45614]**
*M:*ENG TO AUS, CRABTREE, 1800-1900 **[30601]**
*M:*ENG TO SYDNEY, NSW, AUS, SAMUEL COLEMAN, 1840S **[46261]**
*M:*ENG TO USA, ALBERT ALEXANDER, 1878-1900 **[46219]**
*M:*FALKLAND ISLANDS, FROM SCT & ENG, PRE 1860 **[28092]**
*M:*GER EMIGRATION TO AUS, FROM HAMBURG & BREMEN, 1850+ **[25921]**
*M:*GER TO AUS, SETTLERS SA & VIC, AUS, 1850+ **[25921]**
*M:*GERMAN, S.W. GER (BAW, RPF, HES) TO NSW, AUS, 1830+ **[10408]**
*M:*GERMAN BOUNTY IMMIGRANTS, SHIP KINNEAR, LND TO AUS, 1837-1838 **[10801]**
*M:*GERMAN BOUNTY IMMIGRANTS, VINEDRESSER FAMILIES TO NSW & QLD, AUS, 1849-1856 **[10408]**
*M:*GERMAN BOUNTY SHIP KINNEAR, LND TO AUS, 1837-38 **[10801]**
*M:*GERMAN IMMIGRANTS, NEW ENGLAND DISTRICT, NSW, AUS, 1849+ **[10165]**
*M:*GERMANY, TO ENG, PRE 1900 **[33500]**
*M:*GIBBS EMIGRATION FROM DOR, ENG, TO USA, 1600+ **[30324]**
*M:*GLASGOW, LKS, SCT, TO NZ (TAYLOR), 1910 **[21227]**
*M:*GLASGOW, LKS, SCT, TO SOUTH AFRICA, 1800-1900 **[45635]**
*M:*IN, USA, TO IA, USA, 1840-1860 **[22511]**
*M:*IRISH, CO. KILKENNY IRL TO NS, CAN, 1798-1830 **[22262]**
*M:*IRISH, TO MARITIME PROVINCES, CAN, 1800-1860 **[22683]**
*M:*IRISH, TO RURAL AMERICA, 1800-1870 **[22683]**
*M:*IRISH FREE IMMIGRANTS, TO NSW, AUS, 1788-1847 **[10254]**
*M:*IRISH FROM CLA, IRL, SHIP JALAWAR TO CPC, 1859 **[20841]**
*M:*IRISH MIGRATION, COR, IRL TO ENG, 1700-1800 **[26382]**
*M:*IRISH ORPHANS - FEMALE, TO AUS, 1845-1855 **[14268]**
*M:*IRISH PALATINES, SEE WWW.IRISHPALATINES.ORG, C1709 **[17670]**
*M:*IRISH TO AUS & USA EX KIK, IRL, COLLIER (SMITHSON) COMERFORD (CRUCKAWN), 1830-1865 **[12153]**
*M:*IRISH WORKHOUSE GIRLS - ORPHANS, TO AUS, 1848-1850 **[10254]**
*M:*ITALY, TO SCT, PRE 1850 **[33500]**
*M:*LAN, ENG, ROBERTSON, NSW, AUS, 1860+ **[46026]**
*M:*LIM & CLA, IRL, PASSENGER LISTS, 1820+ **[29720]**
*M:*LIMERICK, IRL, NEW YORK, USA (MURRAY), 1910 **[21227]**
*M:*LOYALIST, NEW YORK, USA TO NS, CAN, 1783-1803 **[22262]**
*M:*MDX, ENG TO BC, CAN, WM J. BUNNAGE, C1905 **[39301]**
*M:*MDX, ENG TO RSA, WALTER G. BUNNAGE, C1910 **[39301]**
*M:*MULL, ARL, SCT, TO PEI, CAN, 1806-1815 **[31786]**
*M:*NL, TO RSA, 1600+ **[22211]**
*M:*NORTHERN IRL, TO USA & CAN, 1800S **[23379]**
*M:*PALATINE MIGRATION, FROM GER TO IRL & AMERICA, 1709+ **[11036]**
*M:*PLANTER (PRE LOYALIST) MIGRATION, NEW ENGLAND TO NS, CAN, 1759-1776 **[22262]**
*M:*POLAND & GERMANY -WALTER LAWRENCE, CINEMA PROPR. FROM WOR, ENG, 1920-30S **[17291]**
*M:*POLISH MIGRATION, TO NZ, 1875+ **[10119]**
*M:*POM, GER, TO MN, USA, 1870S **[35343]**
*M:*PORTUGAL TO KEN, ENG, FRANCIS D'FREYTES, 1710-1740 **[37594]**
*M:*PRUSSIA, TO NELSON, NZ, 1840-1850S **[21973]**
*M:*QLD, AUS, IMMIGRATION SHIPS, 1848-1921 **[13437]**
*M:*SCOTS IRISH, ULSTER TO NEW ENGLAND, USA, 1718-1776 **[22262]**
*M:*SCOTTISH, S.W SCT TO ULSTER, 1603-1707 **[22262]**
*M:*SCT, HAMILTON TO ENG, PRE 1800 **[43882]**
*M:*SCT, TO RSA, 1600+ **[22211]**
*M:*SCT TO SYDNEY, AUS SHIP WANATA, JOHN WANATA WILSON, B. AT SEA, SCOTS ORIGINS, 1852 **[32050]**
*M:*SCT TO SYDNEY, NSW, AUS, JANET JARDINE, 1830S **[46261]**
*M:*SSX, ENG TO USA, EDWARD & JANE REDMAN, 1820+ **[45671]**
*M:*TANK CORPS, 6TH BTN, MICHAEL MOLONY, 1916 **[45042]**
*M:*TN, USA, TO IN, USA, 1820-1850 **[22511]**
*M:*TX, USA, CABBAN FAMILY, 1800-1850 **[19789]**
*M:*UK TO CAN, BRITISH COLUMBIA, 1920S-1930S **[37978]**

◆ **Subjects** ◆

*M:*UK TO USA, SURNAME OF CREANEY, 1850+ **[38575]**
*M:*WALKER FAMILY, BILSTON, STS, ENG TO USA, C1850S **[17291]**
*M:*WATERFORD, IRL, TO USA & CAN, **[31079]**
*M:*WINTERPORT, ME, USA, FROM IRL, 1840+ **[29720]**
*M:*WIVES & FAMILIES OF CONVICTS, NSW, AUS, 1788-1855 **[10254]**
*M:*ZILLIOX FAMILIES, WORLDWIDE, ALL **[20200]**

My: Military (Vie Militaire) (Militaer)

*MY:*1ST DEPOT BATTN. A.R., , 1918 **[44353]**
*MY:*1ST FOOT GUARDS, PTE JOHN WIDDUP, PENINSULAR WAR, 1810-1814 **[46278]**
*MY:*2ND ALABAMA REGT, CAPT. GEORGE HY VAN NESS, PRE 1850 **[23208]**
*MY:*2ND BATT. ROYAL ARTILLERY, WOOLWICH, LND, ENG. MATTHEW RAE ENLISTMENT, C1835-1843 **[43941]**
*MY:*2ND BATT. TOWER HAMLETS REGT. LONDON,ENG, DAVID ALBERT LOWE, ENLISTMENT, C1890-1912 **[43941]**
*MY:*2ND CHASSEURS, FRA, OFFICERS, C1841 **[20433]**
*MY:*2ND EAST SURREY REGT, ENG, MEMBERS, 1900 **[12415]**
*MY:*2ND EUROPEAN MADRAS LIGHT INFANTRY, EAST INDIA COMPANY ARMY, 1840-1860 **[43082]**
*MY:*2ND OR QUEENS ROYAL, WEST SURREY, REGT OF FOOT, 1759-1776 **[11716]**
*MY:*2ND STATE REGT, VA MILITIA, REVOLUTIONARY WAR, **[37380]**
*MY:*3RD WORCESTER REGT IN FRA, TOM & ERNEST GOODWIN, 1914-18 **[27437]**
*MY:*5TH & 8TH ROYAL ARTILLERY, EDWARD HARRIS, 1808-1848 **[14672]**
*MY:*8TH HUSSARS, THOMAS NOBLE, ANT, IRL, 1820+ **[46267]**
*MY:*10TH REGT FOOT, LINSKEY, 1800-1870 **[30527]**
*MY:*11TH HUSSARS, BENJAMIN WILLIAM CLARK, C1870S **[17291]**
*MY:*11TH HUSSARS, CHARLES ROBERTSON HYNDMAN, 1830S **[45360]**
*MY:*11TH HUSSARS, PVT. J. HOLT, CHARGE OF LIGHT BRIGADE, 1854 **[12454]**
*MY:*12TH AUST LIGHT HORSE REGT., SERVICE IN WWI, 1915-1919 **[11036]**
*MY:*12TH FOOT REGT, TAS, AUS & IRL, C1850 **[11279]**
*MY:*13TH HUSSARS, INFORMATION ON SOLDIERS IN, 1890-1918 **[25770]**
*MY:*13TH LIGHT DRAGOONS, PVT. ROBERT FRASER, CHARGE OF LIGHT BRIGADE, 1854 **[12454]**
*MY:*15TH FOOT REGT, CAN & ENG, 1830S **[16677]**
*MY:*15TH MADRAS INFANTRY, INDIA, MAJOR ARTHUR HAYNE, PRE 1922 **[46464]**
*MY:*16TH LANCERS, PTE GEORGE YOUNG, 1840-1863 **[12490]**
*MY:*16TH LIGHT DRAGOONS, SPAIN, WATERLOO, SGT THOMAS FLOYD, 1805-1817 **[35273]**
*MY:*17TH LIGHT DRAGOONS, MAJOR JAMES MACDONELL,ALLERTON,LAN,ENG & IRL, 1796-1806 **[20444]**
*MY:*18TH FOOT ROYAL IRISH REGT, MEN WHO SERVED WITH THIS REGT, 1917-1919 **[17217]**
*MY:*21ST CANADIAN RESV. BATTN., , 1918 **[44353]**
*MY:*27TH FOOT REGT, CAPTAIN JOHN MACLEOD, 1800+ **[16370]**
*MY:*28TH REGT OF FOOT, MALTA, C1871 **[41554]**
*MY:*32ND MADRAS INFANTRY, INDIA, MAJOR JAMES WOODWARD, 1802-1850 **[46464]**
*MY:*32ND CORNWALL LIGHT INFANTRY, NORTH AMERICA, 1830 **[44353]**
*MY:*39TH REGT. OF FOOT, SERVICE IN CRIMEA & IRL, 1854-1864 **[28907]**
*MY:*40TH REGT, JOHN LEE, SGT, C1820 **[10146]**
*MY:*47TH REGT OF FOOT, CRIMEAN WAR, SEVASTOPOL, SORTIE AGAINST ON, 26/10/1854 **[45236]**
*MY:*47TH REGT OF FOOT, IN IRL, ENG & ABROAD, 1847-70 **[45236]**
*MY:*47TH REGT OF FOOT, KICKHAM BARRACKS, CLONMEL, TIP, IRL, 1848-49 **[45236]**
*MY:*48TH NORTHAMPTONSHIRE, JAMES SPENCE,COLOUR SGT,GIBRALTAR & INDIA, 1850+ **[20770]**
*MY:*49TH BATTN., ONT, CAN, 1916 **[44353]**
*MY:*57TH REGT OF FOOT, ENLISTMENTS INFO, 1824-1833 **[11773]**
*MY:*58TH REGT., FERGUSON COLOUR SGT., 1859+ **[21218]**
*MY:*61ST CO. 'SOUTH IRISH' 17TH BTN, MEMBERS OF THIS REGT, 1900-1902 **[17217]**
*MY:*61ST REGT OF FOOT, CAMPAIGNS IN SPAIN, 1810-15 **[11839]**
*MY:*62ND REGT OF FOOT, CAMPAIGNS IN SICILY, HALIFAX & USA, 1800+ **[30324]**
*MY:*64TH REGT OF FOOT, INDIA, 1854-60 **[41554]**
*MY:*66TH REGT FOOT, LINSKEY, 1800-1870 **[30527]**
*MY:*70TH REGT. - MUSICIAN, FREIDRICH METZOLDT, 1800-1840 **[45315]**
*MY:*71ST REGT FOOT, ROBERT MARTIN, 1818-43 **[42693]**
*MY:*73RD HIGHLAND REGT OF FOOT, ENLISTMENTS INFO, 1809-1815 **[11773]**
*MY:*77TH REGT., EAST MIDDLESEX REGT, 1830-1860 **[44018]**
*MY:*91ST HIGHLANDERS, ALAN STEWART, SOUTH AFRICA WARS, 1838-54 **[45736]**
*MY:*91ST HIGHLANDERS, ALEXANDER STEWART, SOUTH AFRICA WARS, 1842-56 **[45736]**
*MY:*93RD HIGHLANDERS, PRIVATES CHARLES, ROBERT & ALEXANDER HENDRY, 1840-1870 **[26493]**
*MY:*99TH FOOT REGT. (BRITISH), IRL, AUS & NZ, 1838-1856 **[11036]**
*MY:*99TH REGT., , 1841-1856 **[12231]**
*MY:*158TH OS BATTN CEF, (THE DUKE OF CONNAUGHT'S OWN), APR 1916 **[44353]**
*MY:*AFGHAN WAR, 2 RD, KABUL TO KANDAHA MARCH, 1878-80 **[46497]**
*MY:*AGINCOURT (BATTLE OF), HISTORY & NAMES OF SOLDIERS WANTED, 1415 **[10116]**
*MY:*AIEF, WHY IN SOME INSTANCES ALTERNATIVE TO AIF?, 1914-18 **[14454]**
*MY:*AIRCRAFT, RNZAF AIRCRAFT, 1920+ **[27931]**
*MY:*ALNWICK LIGHT INFANTRY, ANY INFO., PARTICULARLY POSTINGS, C1850-70 **[40768]**
*MY:*ANGLO-BOER WAR (CAPE MOUNTED RIFLES), ERNEST JOHN MORGAN WHITTAKER, 1901-1904 **[44384]**
*MY:*ARMY ORDNANCE, INDIA, MASTER SADDLER JOHN FARRELL, 1850S **[46163]**
*MY:*ARTILLERY, ROYAL HORSE GARRISON, THOMAS FLOYD, 1914-1918 **[35273]**

SUBJECTS

MY:AUSTRALIAN WOMEN DOCTORS WWI, ESP. DR HELEN SEXTON, **[26430]**
MY:AUSTRIAN HABSBURG NAVY & ARMY, BRITONS SERVING IN, 1800-1900 **[10001]**
MY:BATTLE OF AUGHRIM, ROS, IRL, CAPT STANHOPE DREW, 1691 **[10114]**
MY:BATTLE OF SEDGEMOOR, PERKIN HAVING FOUGHT ? JOHN, 1686 **[29468]**
MY:BLACK WATCH, CPL. DUNCAN MCGREGOR AT WATERLOO, 1815 **[10508]**
MY:BLACK WATCH, WILLIAM NICHOL, 1835-1865 **[16102]**
MY:BOER WAR, GEORGE STEPHENS, PIETERMARITZBURG, 1901 **[31079]**
MY:BOER WAR, SHEFFIELD HALLAMSHIRES, YKS & LAN, ENG, 1901-2 **[46422]**
MY:BOER WAR, SOUTH AFRICA, SOLDIERS SOUGHT, INVERELL & BINGARA, NSW, AUS, 1899+ **[46390]**
MY:BOMBAY RIFLES (25TH), COMM. LT. COL. HENRY STRATFORD TANDY. DETAILS, **[10346]**
MY:BRITISH ADMIRAL, DOWNES, PRE 1930 **[46331]**
MY:BRITISH ADMIRAL, DOWNS, PRE 1930 **[46331]**
MY:BRITISH ARMY PERSONNEL, BELTURBET, CAV, IRL, 1800+ **[16370]**
MY:BRITISH ARMY REGTS, MORETON BAY, AUS, 1825-42 **[13437]**
MY:BRITISH GERMAN LEGION TO PEDDIE, RSA, SGT. CARL JOSEF WERNER, 1856-1898 **[35294]**
MY:BRITISH REGIMENTS & UNITS, WESTERN AUSTRALIA, 1826-1861 **[14440]**
MY:BRITISH REGT, IN PIEDMONT, ITALY, 1696 **[17497]**
MY:CAHIR CAMP, TIP, IRL, MEN & REGIMENTS STATIONED HERE, 1900-1922 **[17217]**
MY:CAMP 22 SOUTH GUILDFORD, WA, AUS, ANY DETAILS THIS ARMY CAMP, 1939-1947 **[14454]**
MY:CANADIAN FIELD ARTILLERY, 60TH BTY, FRA, 1914-1917 **[17109]**
MY:CANADIAN SCOTTISH REGT, RUPERT PARKINSON, **[36170]**
MY:CANTERBURY BARRACKS, ENG, N.C.C. NON-COMBATANT CORPS, C1917 **[27749]**
MY:CAPT STANHOPE DREW, BATTLE OF AUGHRIM, ROS, IRL, 1691 **[10114]**
MY:CAPT., BRITISH ARMY, GEORGE (PINK?) SMITH, 1800S **[45257]**
MY:CEYLON PLANTERS REGT., COLOMBO, CEYLON, C1900 **[14454]**
MY:CIVIL WAR, RINGGOLD CAVALRY, PA USA, **[23319]**
MY:COLDSTREAM GUARDS, BAND MUSICIANS, 1900S **[41554]**
MY:COLDSTREAM REGT OF FOOT GUARDS, PTE WILLIAM MONCAS, 1842-1854 **[41500]**
MY:CONSCIENTIOUS OBJECTORS, WORLD WAR I, ENG, C1917 **[27749]**
MY:CRIMEAN WAR, 28TH REGT, SEBASTAPOL & BALACLAVA, **[10049]**
MY:CURRAGH CAMP, KID, IRL, MEN & REGTS HERE, 1900-1922 **[17217]**
MY:DORSET REGT, MESOPOTAMIA WWI, 1914-1918 **[30324]**
MY:DORSETSHIRE REGT, WILLIAM ALAN BURTON, 1880-1925 **[44196]**
MY:EAST INDIA CO., NATIVE INFANTRY, MAJOR HENRY WILLIAM LEACOCK, 1840+ **[36161]**
MY:EAST INDIA COMPANY ARMY, 2ND EUROPEAN MADRAS LIGHT INFANTRY, 1840-1860 **[43082]**
MY:EIR HORSETRAINERS GUARDS, ALLAHABAD DETAILS, JOS. BENNETT. DIED 10 AUG, 1872 **[12027]**
MY:ELIZABETHAN ARMY, REFERENCES GEORGE OR ROBERT BELL APPRECIATED, 1558-1603 **[12395]**
MY:ENROLLED GUARD, WESTERN AUSTRALIA, 1880-1887 **[14440]**
MY:ESSEX REGT 6TH BATT. ESS, ENG, EDWARD D. LOWE ENLISTMENT, C1908-1912 **[43941]**
MY:ESSEX REGT 6TH BATT. ESS, ENG, STANLEY B. LOWE ENLISTMENT, C1908-1912 **[43941]**
MY:ETAPLES MILITARY CEMETERY, FRANCE, AUSTRALIAN BURIALS, 1915-18 **[11590]**
MY:FLODDEN (BATTLE OF), HISTORY & SOLDIERS NAMES WANTED, 1513 **[10116]**
MY:GARRISON ARTILLERY, COLOMBO, CEYLON, C1900 **[14454]**
MY:GARRISON ARTILLERY, DUB, IRL. THOMAS FLOYD, 1914-1918 **[35273]**
MY:GORDON HIGHLANDERS, 1ST BATTN., WWI **[34479]**
MY:GORDON HIGHLANDERS, 2ND BATTALION BAND MUSICIANS, 1881-1892 **[41554]**
MY:GORDON HIGHLANDERS, 4TH BATTN., 1888-1900 **[34479]**
MY:HAMLEY, GEN. SIR EDWARD BRUCE, MILITARY CAREER & MP 1885-91, 1824-1893 **[19349]**
MY:HMS KENT, CHAPLAINS, 1740 **[46418]**
MY:HOUSEHOLD CAVALRY, ANY DODSON, **[17291]**
MY:IMPERIAL ARMY OFFICER, WILLIAM DOWNS, 1830+ **[46331]**
MY:IMPERIAL YEOMANRY, FREDERICK WOLVERSTON, 1900S **[45042]**
MY:IMPERIAL YEOMANRY 61ST CO. 'SOUTH IRISH', MEMBERS OF THIS REGT, 1900-1902 **[17217]**
MY:INDIA, LEICESTERSHIRE REGT, 1873-1889 **[46422]**
MY:INDIA & PAKISTAN, CAMERON HIGHLANDERS, JAMES SPENCE, COLOUR SERGEANT, 1863-1864 **[33820]**
MY:INDIAN MUTINY, JAMES CUMMUSKEY, 35TH REGT OF INFANTRY, 1850S **[46163]**
MY:INDIAN MUTINY, JOHN BURNS, 46TH FOOT, 1850S **[46163]**
MY:IRISH FUSILIERS, SGT GREEN, INDIA, 1850S **[46163]**
MY:IRISH IN BRITISH ARMY, HAWKINS, 1800-1870 **[30527]**
MY:IRISH IN BRITISH ARMY, LINSKEY, 1800-1870 **[30527]**
MY:IRISH IN MEXICAN ARMY, SAN PATRICIO BATTALION, 1846-1848 **[22683]**
MY:IRISH IN US ARMED FORCES, MEXICAN WAR, 1846-1848 **[22683]**
MY:JULIANS REGT, MS, USA, CAPT. GEORGE HY VAN NESS, PRE 1850 **[23208]**
MY:KAI IWI VOLUNTEER CAVALRY, MAORI WARS, NZ, 1869+ **[10114]**
MY:KE HORSE, COLOMBO, CEYLON, C1900 **[14454]**
MY:KINGS OWN (4TH REGT), FOOT REGIMENT, UK, SCT & IRL, 1825+ **[10049]**
MY:KONIGIN LUISE (GERMAN VESSEL), DETAILS OF NAVAL ACTION IN FAR EAST, SEP 39-JUNE 40 **[14454]**
MY:LONDON IRISH RIFLES, WORLD WAR I, 1914-20 **[35360]**
MY:MADRAS INFANTRY, INDIA, MAJ. GEN. HENRY GROVE, 1800-1850 **[46464]**
MY:MDX REGT 2ND VOL, , 1887-1928 **[17420]**
MY:MDX REGT 44TH VOL, , 1860-1887 **[17420]**
MY:MILITARY OFFICERS, BARBADOS, 1670+ **[23319]**
MY:MILITARY VOLUNTEER FORCE, WESTERN AUS, 1861-1903 **[14440]**

Subjects

MY: **MILITIA**, NBL, ENG, 1770-82 **[26629]**
MY: **MONMOUTH MILITIA**, PETER FERGUSON, STAFF SGT, 1866-1872 **[21218]**
MY: **NAPOLEON'S GENERAL**, COUNT JEAN RAPP, ALS, FRA, 1770+ **[10350]**
MY: **NAPOLEONIC WARS - SPAIN**, BATTLES OF BADAJOZ & SALAMANCA, 1812 **[46396]**
MY: **NAVAL SURGEON**, ALEXANDER DENMARK, ENG, 1780-1830S **[14268]**
MY: **NON-COMBATANT CORPS, N.C.C.**, THE BARRACKS, CANTERBURY, ENG, C1917 **[27749]**
MY: **NORTHAM, WA, AUS - ARMY CAMP**, WERE THERE BUSH FIRE PICKETS?, 1942-43 **[14454]**
MY: **NSW MOUNTED POLICE, AUS**, SGT JOHN LEE, 1830+ **[10146]**
MY: **OC 230TH FORESTRY BATTALION CEF**, , NOV 1916 **[44353]**
MY: **OXFORD MILITIA**, , 1804-1812 **[17320]**
MY: **PENSIONER FORCE (ENROLLED)**, WESTERN AUSTRALIA, 1850-1880 **[14440]**
MY: **QUEEN VICTORIA'S WATCH**, TAKEN TO JAPAN, 1840-1860 **[45876]**
MY: **R.A.F. 61 SQUADRON**, ROBERTS, 408451 AIRCREW LANCASTERS, 1944 **[39108]**
MY: **RANCE, JAMES**, ARMY - ANYWHERE, 1830-1895 **[46426]**
MY: **RIFLE BRIGADE 2ND BTN**, SAMUEL RAINEY, 1828-1849 **[31676]**
MY: **RINGGOLD CAVALRY**, WASHINGTON CO., PA, USA, 1861+ **[23319]**
MY: **ROYAL AIR FORCE**, 114 SQUADRON, 1942-1945 **[37978]**
MY: **ROYAL AIR FORCE**, 13 SQUADRON, 1942-1945 **[37978]**
MY: **ROYAL AIR FORCE**, 232 WING DAF GREECE, 1944-1945 **[37978]**
MY: **ROYAL AIR FORCE**, 232 WING DAF ITALY, 1944-1945 **[37978]**
MY: **ROYAL AIR FORCE**, 328 WING, 1943-1945 **[37978]**
MY: **ROYAL AIR FORCE**, 85 SQUADRON, 1942-1945 **[37978]**
MY: **ROYAL AIR FORCE**, ITALY, 1942-1945 **[37978]**
MY: **ROYAL AIR FORCE**, NO.3 B.P.D., 1944-1945 **[37978]**
MY: **ROYAL AIR FORCE**, NORTH AFRICA, 1942-1945 **[37978]**
MY: **ROYAL AIR FORCE**, RAF SHAWBURY, SAL, ENG, 1942-1945 **[37978]**
MY: **ROYAL AIR FORCE**, RAF WEST RAYNHAM, NFK, ENG, 1942-1945 **[37978]**
MY: **ROYAL AIR FORCE**, TACTICAL/DESERT AF, 1942-1945 **[37978]**
MY: **ROYAL AIR FORCE, IRAQ**, R.A.F. SHAIBAH, NO. 84 SQUADRON, 1922-26 **[46497]**
MY: **ROYAL AIR FORCE, PALESTINE**, R.A.F. RAMLEH, NO. 14 SQUADRON, 1922-26 **[46497]**
MY: **ROYAL ARMY CHAPLAIN CORPS**, REV THOMAS DENNIS, HAM & SRY, ENG, 1800-1812 **[16997]**
MY: **ROYAL ARTILLERY**, CAPTAIN CHARLES BAILEY, 1852+ **[34315]**
MY: **ROYAL ARTILLERY**, WALTER GEORGE DODSON, 1893 **[17291]**
MY: **ROYAL AUSTRALIAN NAVY**, W.J. GORDON-SMITH, 1914-1918 **[34939]**
MY: **ROYAL CUMBERLAND MILITIA**, MUSTER, 1800-1810 **[15929]**
MY: **ROYAL ENGINEERS**, PRISONERS OF WAR, 1914-1918 **[43996]**
MY: **ROYAL ENGINEERS**, REDMAN, 1850-1930 **[45671]**
MY: **ROYAL ENGINEERS**, SCT & ENG, 1900-1930 **[99443]**
MY: **ROYAL GARRISON ARTILLERY**, WORLD WAR I, PRICE, ROLAND HARRY, 1914-1918 **[17291]**
MY: **ROYAL HORSE ARTILLERY**, DUB, IRL. THOMAS FLOYD, 1914-1918 **[35273]**
MY: **ROYAL HORSE ARTILLERY, LEFT HALF**, JAMES BASS, FENIAN RAIDS, **[16102]**
MY: **ROYAL IRISH REGT**, MEN WHO SERVED WITH THIS REGT, 1917-1919 **[17217]**
MY: **ROYAL LEINSTER REGT**. No. 5983, JOHN JOSEPH QUIRK/QUIRKE, 1900-20 **[30701]**
MY: **ROYAL MARINES POLICE**, SERVICE RECORDS, 1923-37 **[46457]**
MY: **ROYAL MILITARY ACADEMY SANDHURST, ENG**, BAND CORPS, 1892-1902 **[41554]**
MY: **ROYAL NAVY**, EDMONDS, PRE 1875 **[46360]**
MY: **ROYAL NAVY**, JOHN HOSE, PRE 1847 **[27802]**
MY: **ROYAL NAVY**, JULIAN WILLIAM SPRIGG, 1899+ **[33870]**
MY: **ROYAL NAVY**, LT. DAVID CHAPMAN DIED INDIA, 1805-1819 **[10392]**
MY: **ROYAL NAVY**, WALTER SECKER, ENG, 1898-1920 **[29974]**
MY: **ROYAL NAVY - EDWARD TOBIN**, MIGRATED LIVERPOOL,ENG TO TAS,AUS, SHIP ELLEN, 1836 **[10119]**
MY: **ROYAL NAVY LIEUTENANT**, WILLIAM SEGAR BASTARD, DEVONPORT, DEV, ENG, PRE 1882 **[45032]**
MY: **ROYAL NAVY, SURGEON**, NICHOLAS LITTLETON, PRE 1880 **[45032]**
MY: **ROYAL NSW VETERAN CO**, SYDNEY (1ST & 2ND) HOBART (3RD), 1826-32 **[11839]**
MY: **ROYAL NSW VETERAN COMPANY**, IN SYDNEY & NEWCASTLE, NSW & TAS, AUS, 1826-1832 **[11839]**
MY: **ROYAL VETERANS, NSW, AUS**, WILLIAM CRITCHLEY, 1800+ **[10146]**
MY: **S.O.E.**, BURMA, 1939-45 **[45743]**
MY: **SALONIKA CAMPAIGN**, ROYAL LANCASTERS, 1918 **[13188]**
MY: **SHELL FILLING FACTORY**, GEORGETOWN, GLASGOW, SCT, 1914-18 **[46497]**
MY: **SOLDIER**, CHARLES SYKES, INDIA TO AUS, 1850-1855 **[99443]**
MY: **SOUTH IRISH HORSE**, SPECIAL RESERVE REGT, 1908-1922 **[17217]**
MY: **SOUTH LAN REGT - 14/2539 RSA**, COL. SERGT WILLIAM CROMPTON, 1880+ **[40690]**
MY: **SOUTH OF IRELAND IMPERIAL YEOMANRY**, MEMBERS OF THIS REGT, 1902-1908 **[17217]**
MY: **SPECIAL RESERVE REGT**, SOUTH IRISH HORSE MEMBERS, 1908-1922 **[17217]**
MY: **ST.HELENA ISLAND**, SOLDIERS GUARDING NAPOLEON, 1815-21 **[44045]**
MY: **ST.HELENA REGT**, FOOT SOLDIERS, 1850S **[44202]**
MY: **STAR HILLS VAD HOSPITAL**, LYTHAM ST ANNS, LAN, ENG. STAFF & PATIENTS, 1914-1921 **[46258]**
MY: **VICTORIAN NAVAL SERVICE**, L.S. F.J. YOUNG, CERBERUS PROTECTOR & CHINA, 1886-1911 **[12490]**
MY: **VOLUNTEER MILITARY FORCE**, WESTERN AUSTRALIA, 1861-1901 **[14440]**
MY: **W.O.I. RSM. RHA**, ARTHUR LEONARD CLARKE, 1930-1942 **[37187]**
MY: **WAR OF 1812, UPPER CAN**, ROYAL ARTILLERY, 10TH BATTN., 1814-1817 **[18724]**
MY: **WARWICK MILITIA**, GEORGE FAIRHURST, 1803-1810 **[18007]**
MY: **WATERLOO BATTLE**, HORSEGUARD BLUES, 1800 **[46358]**

◆ 545 ◆

*MY:*WATERLOO MEDAL, THOMAS NEWSTEAD, ENG, 1815 **[10125]**
*MY:*WEST RIDING REGT, PTE ALLEN WARD, WRY, ENG, 1914-1915 **[46278]**
*MY:*WESTERN AUSTRALIA, DEFENCE FORCES, 1826-1903 **[14440]**
*MY:*WESTERN AUSTRALIA, ENROLLED GUARD, 1880-1887 **[14440]**
*MY:*WESTERN AUSTRALIA, ENROLLED PENSIONER FORCE, 1850-1880 **[14440]**
*MY:*WESTERN AUSTRALIA, VOLUNTEER MILITARY FORCE, 1861-1903 **[14440]**
*MY:*WILTSHIRE REGT, WILLIAM ALAN BURTON, 1880-1925 **[44196]**
*MY:*WORCESTERS REGT, WORLD WAR I, PRICE, ROLAND HARRY, 1914-1918 **[17291]**
*MY:*WW2 GRAVES EL ALAMEIN, ERNEST REDMAN, 1942 **[45671]**
*MY:*WWI, 1/8 BATTN, SHERWOOD FORESTERS, **[28479]**
*MY:*WWI, 2 BATTN, CANADIAN EXPEDITIONARY FORCE, **[28479]**
*MY:*WWI, 2/23 BATTN, LONDON REGT, **[28479]**
*MY:*WWI, 2/7 BATTN, NORTHUMBERLAND FUSILIERS, **[28479]**
*MY:*WWI, PRESTON, ALL **[41531]**
*MY:*WWI, ROYAL HORSE ARTILLERY,DUB,IRL. THOMAS FLOYD, 1914-1918 **[35703]**
*MY:*WWI, WEATE, ALL **[41531]**
*MY:*WWI ALIEN REGISTRATIONS (NON BRITISH), NSW, AUS, 1916-1922 **[10165]**
*MY:*WWI GERMAN & AUSTRIAN INTERNEES, LIVERPOOL, NSW, AUS, 1916-1919 **[10165]**
*MY:*WWI, ROYAL GARRISON ARTILLERY, ROLAND HARRY PRICE, FOUGHT IN DARDENELLES, **[17291]**
*MY:*WWI, WORCESTER REGT, ROLAND HARRY PRICE, CAPTURED BY TURKS, **[17291]**
*MY:*WWII, DEATHS AT GUADALCANAL, 1943 **[46351]**
*MY:*WWII, PRESTON, ALL **[41531]**
*MY:*WWII, WEATE, ALL **[41531]**
*MY:*WWII, S.O.E., CAPT ROY WILSON, BURMA, 1939-1947 **[45743]**
*MY:*YEOMANRY 61ST CO. 'SOUTH IRISH' 17TH BTN, MEMBERS OF THIS REGT, 1900-1902 **[17217]**

O: Occupations (Professions) (Berufe)

*O:*ACCOUNTANT, ARTHUR ANDREWS, SA, AUS, 1800+ **[45824]**
*O:*ACCOUNTANT, JOHN LINSDALE RICHES OF LONDON, ENG, 1800+ **[45824]**
*O:*ALCHEMIST, CHEMIST, BOYLE GODFREY, C1686-1756 **[26007]**
*O:*ANATOMICAL MECHANICIAN, FRIEDERICK ERNST, HOLBORN, LND, ENG, 1850+ **[13471]**
*O:*APOTHECARIES, BEACONSFIELD, 1650-1750 **[38840]**
*O:*APOTHECARY, JAMES WILLIAM ALDRIDGE, STEPNEY, LND, ENG, C1825 **[25921]**
*O:*APOTHECARY, JOHN HIRAM ALLINSON, 1796-1860 **[46425]**
*O:*APOTHECARY, RICHARD ATKINSON,JERMYN ST.PICCADILLY,LND,ENG, C1794 **[25921]**
*O:*ARMY AGENTS, GEORGE EDWARD COOK FAMILY, 1800S-1900S **[25921]**
*O:*ARRACAN CO LTD, BURMA, C1882 **[22253]**
*O:*ART & FURNITURE, ALFRED BRUSHFIELD, CHELTENHAM, GLS, ENG, 1880 **[24853]**
*O:*ARTIFICIAL FLORIST & HATMAKER, JOHN HOWARD, NORTH LONDON, ENG, 1800-1900 **[46409]**
*O:*ARTIFICIAL LIMB MAKER, ROBERT SCOTLAND, GLASGOW, LKS, SCT, PRE 1887-1970 **[10516]**
*O:*ARTIST, H. LEGH, 1850-1920 **[45889]**
*O:*ARTIST, HARRISON WEIR, LEWES, SSX, ENG, 1820S **[99174]**
*O:*ARTIST, JOHN KNOX, GLASGOW, SCT & KESWICK, CUL, ENG, 1778-1848 **[17763]**
*O:*ARTIST, KEELEY HALSWELLE, SCT & ENG, 1831-1891 **[17763]**
*O:*ARTIST, WALTER HEGGS, 1800-1900 **[21129]**
*O:*ARTIST, JOHN ATKINSON GRIMSHAW, LEEDS, YKS, ENG, 1836-1893 **[27689]**
*O:*ARTISTS, ENG ONLY, 1920-1940 **[45743]**
*O:*ARTISTS MODELS, ENG ONLY, 1920-1940 **[45743]**
*O:*BAKER, AMOS BAKER, 1850-1900 **[45874]**
*O:*BAKER, ASTIN BURNLEY, 1800S **[21129]**
*O:*BAKER, CHARLES FISK, STREATHAM, LND & SRY, ENG, 1870+ **[45154]**
*O:*BAKER, STEVENSON, HUGH, RAMELTON, DON, IRL, PRE 1863 **[20606]**
*O:*BAKER, WM.MEDLOCK, BIGGLESWADE, BDF, ENG, PRE 1820 **[14874]**
*O:*BAKER CONFECTIONER, BRIERLEY, OLDHAM, LAN, ENG, ALL **[43085]**
*O:*BAKER CONFECTIONER, BRIERLEY, ROCHDALE, LAN, ENG, ALL **[43085]**
*O:*BAPTIST MINISTER, FREDERICK WM MEADOWS, GOSPORT, HAM, ENG, 1794-1862 **[37308]**
*O:*BEACHMEN, GREAT YARMOUTH & WINTERTON, NFK, ENG, ANY **[15640]**
*O:*BELL HANGERS, T. & J. HURRY OF NORWICH, NFK, ENG, 1819+ **[42755]**
*O:*BELT & BRACE MAKER, BARNEY CORRIGAN, HALIFAX, WRY, ENG, 1775-1856 **[36928]**
*O:*BLACKSMITH, DAVID GRIFFIN, STANDON, HRT, ENG, 1825+ **[27802]**
*O:*BLACKSMITH, GARDINER, BO'NESS, WLN, SCT, 1760-1820 **[13574]**
*O:*BLACKSMITH, HENRY JAMES WIGNALL, SRY & MDX, ENG, 1830-70 **[43720]**
*O:*BLACKSMITH, ISAAC HART, SOUTH LONDON, ENG, PRE 1874 **[45736]**
*O:*BLACKSMITH, JOHN BLOICE - ESS, ENG, PRE 1814 **[18896]**
*O:*BLACKSMITH, RICHARD GILBERT, CON, ENG & AUS, 1820-1895 **[45775]**
*O:*BLACKSMITH & FARRIER, YKS, ENG. BRITISH ARMY, 1850+ **[22114]**
*O:*BLACKSMITHS, BELL FAMILY, FANGDALE BECK, NRY, ENG, 1780S-1850S **[19865]**
*O:*BLACKSMITHS, SSX, ENG, 1500-1850 **[38290]**
*O:*BOARDING HOUSE, WILLIAM FOUNTAIN, SOUTHSEA, HAM, ENG, 1900S **[32039]**
*O:*BOATMAN, JOB WILKINS, NTH, ENG, 1840S **[25484]**
*O:*BOILERMAKER, ADAM WYBER,NEWCASTLE ON TYNE,ENG & BILBAO,ESP, 1885-1920 **[40768]**
*O:*BOOKBINDER, WILLIAM BULLOCK, LONDON, ENG, 1820-60S **[45736]**

Subjects

O: **BOOKKEEPER**, EDWARD JONES, EDGEHILL, LAN, ENG, 1853+ **[13471]**
O: **BOOKMAKER**, GEORGE GLADING, SYDNEY, NSW, AUS, C1880S **[10071]**
O: **BOOKMAKER**, RICHARD ROWE, GREATER LONDON, ENG, **[27993]**
O: **BOOKSELLER**, THOMAS BAKER, LONDON, ENG, 1820-60S **[45736]**
O: **BOOKSELLERS**, RICHMOND, SRY, ENG, 1820-1915 **[42660]**
O: **BOOT & SHOE MAKERS**, SULLIVAN, LONDON, ENG, PRE 1890 **[41103]**
O: **BOOT & SHOEMAKER SHOPS**, MERSON, CORDWAINERS, ALL **[39920]**
O: **BOOTMAKER**, HENRY AYERS, LND, ENG, 1845-1931 **[19516]**
O: **BOOTMAKER**, JAMES ELLIS, OXFORD, ENG, PRE 1850 **[12710]**
O: **BOOTMAKER**, ROBERT SYRETT, LONDON, ENG, 1830-40S **[44968]**
O: **BOOTMAKER**, SAMUEL AYERS, LND, ENG, PRE 1845 **[19516]**
O: **BOOTMAKER**, SPRINGETT. ESS, ENG, 1890+ **[17109]**
O: **BOOTMAKER**, WILLIAM PEACOCK, SHEFFIELD, WRY, ENG, 1765-1840 **[31296]**
O: **BOOTMAKERS**, DODMAN OF PORTSEA, HAM, ENG, 1825-1900 **[42940]**
O: **BOOTMAKERS**, LAN, YKS & DUR, ENG, 1780-1890 **[42557]**
O: **BOTTLEMAKER**, WILLIAM PRICE, LONDON, ENG, 1700-1750 **[17109]**
O: **BOXER**, FREDERICK CHARLES COOPER, LND, ENG, 1900-1920 **[19258]**
O: **BOXER**, TOM SAYERS, 1826-1865 **[30120]**
O: **BRASS FOUNDER, SAMUEL MYERS**, LIVERPOOL, WAR, ENG, C1800 **[11366]**
O: **BREECHESMAKER**, HAMMOND, MARYLEBONE & ISLINGTON, LND, ENG, 1780-1850S **[17291]**
O: **BREWER**, STEPHEN EASTON, HASTINGS, SSX, ENG, C1850 **[31626]**
O: **BREWER & INVENTOR**, BENJAMIN WISEMAN, DISS, NFK, ENG, 1754-1809 **[26007]**
O: **BREWERY EMPLOYEES**, FRENSHAM, SRY, ENG, 1880-1900 **[46457]**
O: **BRICKLAYER**, TAYLOR, RFW, SCT, 1810-70 **[21227]**
O: **BRICKLAYER**, WILLIAM COWLEY, LAMBETH, SRY, ENG, B.1844 **[32039]**
O: **BRICKLAYER (JOURNEYMAN)**, ALFRED CHAPMAN, MDX, ENG, 1880-1912 **[12078]**
O: **BRICKLAYER. THOMAS YOUD**, HAWARDEN, FLN, WLS, 1821-1910 **[27304]**
O: **BRICKMAKERS**, COOKS RIVER, SYDNEY, NSW, AUS, 1850-1900 **[11386]**
O: **BRICKMAKERS**, LEIGH BROTHERS, NSW, AUS, 1884+ **[99055]**
O: **BRICKMAKERS & FARMERS**, BOONS IN SFK, ENG, 1700-1800 **[41367]**
O: **BRIGHTSMITH**, ROBERT FLETCHER, LND, ENG, C1850 **[11071]**
O: **BRUSH MAKER - JAMES PERRY**, 4 PORTMAN PL, GLOBE RD, MILE END, LND, ENG, 1867 **[19759]**
O: **BRUSHMAKER**, WILLIAM GAY, LONDON, ENG, 1800+ **[40792]**
O: **BUILDER**, MARTIN CUBITT, HACKNEY, LONDON, ENG, 1830+ **[40792]**
O: **BUILDER, BUILDERS YARD**, PEARCE, MAIDSTONE, KEN, ENG, C1900 **[29426]**
O: **BUILDER: FREDERICK WILLIAM STROUD**, LND. MARRIED KATE F. HAMMOND, 1885+ **[17291]**
O: **BUILDERS**, PAYNE, LEE PARK, LEWISHAM, ENG, PRE 1900 **[19050]**
O: **BUILDING CONTRACTORS**, IRVING, GLOVER & LORIMER, BALLARAT VIC, AUS, **[12781]**
O: **BURGESS**, ARTHUR CLARK, AUCHTERMUCHTY, FIF, SCT, 1805+ **[14454]**
O: **BUTCHER**, BONNY & BONNEY, KEN, ENG, PRE 1840 **[13008]**
O: **BUTCHER**, DANIEL HARLING, SRY, ENG, 1830-1880 **[42516]**
O: **BUTCHER**, GEORGE BROSTER OF STS, ENG, 1830+ **[33870]**
O: **BUTCHER**, HARRY (HENRY) EASTON, HASTINGS, SSX, ENG, 1871-1920S **[31626]**
O: **BUTCHER**, HENRY & ALEC(X) HILL. SCT & AUS, 1830+ **[45154]**
O: **BUTCHER**, HENRY BELL, SKEGBY, NTT, ENG, **[34111]**
O: **BUTCHER**, SARAH COOPER, BILLERICAY, ESS, ENG, PRE 1880 **[18042]**
O: **BUTCHER**, WALTER, LEAMINGTON SPA, WAR, ENG, 1820-1920 **[38868]**
O: **BUTCHER: WILLIAM HEEKES**, WOOLWICH, LND, ENG. MARRIED MARIA, 1859+ **[17291]**
O: **BUTTON MAKERS**, HAMMOND TURNER OF BIRMINGHAM, WAR, ENG, ALL **[42645]**
O: **CAB DRIVER**, JAMES FRICKER, SRY, ENG, 1870-1920 **[45317]**
O: **CAB DRIVER**, SAMUEL MARTIN, EMERALD HILL, VIC, AUS, 1860-70S **[44693]**
O: **CABINETMAKER**, EDWARD GODDEN, STEPNEY, LND, ENG, 1870-1920S **[18042]**
O: **CABINETMAKER**, EDWARD JOHN AYERS, LONDON, ENG, 1902+ **[19516]**
O: **CABINETMAKER**, FRED'K BATTLEY, BURY ST.EDMUNDS, SFK, ENG, 1811+ **[46229]**
O: **CALICO PRINTER**, SCT, 1800S **[15640]**
O: **CALICO PRINTING**, IN LAN & CUL, ENG, 1750-1850 **[38934]**
O: **CANADIAN PACIFIC ENGINEER**, JOHN TAYLOR JACKSON, MOOSE JAW, SAS, CAN, 1884+ **[37594]**
O: **CANAL LOCKKEEPER**, JOHN HUMPHREYS, BUDBROOKE, WAR, ENG, 1840-1881 **[39303]**
O: **CANE FURNITURE MAKERS**, W.B. HARRISON OF GRANTHAM, LIN, ENG, 1860+ **[43816]**
O: **CAR PROPRIETOR. JAMES EDMUNDSON**, BALLYWATT & PORTRUSH, LDY & ANT, IRL, 1850-1902 **[27304]**
O: **CARMAN**, HEASMAN, LND, ENG, 1840-1870 **[41629]**
O: **CARPENTER**, ROBT PERRY,ST.BOTOLPH WITHOUT ALDGATE,LND,ENG, PRE 1809 **[19759]**
O: **CARPENTER**, THOMAS NEILL, USA, 1875+ **[46367]**
O: **CARPENTER**, THOMAS O'NEILL, USA, 1875+ **[46367]**
O: **CARPENTER**, THOMAS WALTER VINE, LONDON, ENG, 1800-1853 **[46304]**
O: **CARPENTER & UPHOLSTERER**, HENRY HARRISS, SRY, ENG, 1850-1870+ **[44968]**
O: **CARPENTER & WOOD MERCHANT**, ALEXANDER SCOTT, 1790-1860 **[46425]**
O: **CARPENTER & WOOD MERCHANT**, JAMES BROWN, 1780-1860 **[46425]**
O: **CARPENTER: THOMAS JOHN STEVENS**, FATHER & SON. MELCOMBE REGIS, DOR, ENG, 1858+ **[17291]**
O: **CARRIAGE BUILDER**, BOROUGH COACH WORKS, ILKESTON, DBY, ENG, ALL **[39873]**
O: **CARRIAGE BUILDER**, HILL & BENISTON, ILKESTON, DBY, ENG, ALL **[39873]**
O: **CARTER**, SAMUEL MARTIN, EMERALD HILL, VIC, AUS, 1850-60S **[44693]**
O: **CARVER AND GILDER**, THOMAS DAYSON, SOHO, LND, ENG, 1825-1866 **[46349]**

SUBJECTS

O: **CARVERS & GILDERS**, OF CITY OF LONDON, ENG, 1800-1900 **[27471]**
O: **CARVERS & GILDERS**, SURNAMED RAYMENT OR RAYMOND(T), ALL **[41641]**
O: **CHEESE MONGER**, LEMON, LONDON, ENG, 1800-1820 **[44999]**
O: **CHELSEA ARTS**, AVICO SISTERS, 1900S **[45743]**
O: **CHEMICAL WORKER**, HENRY CORR, CORK, IRL, PRE 1876 **[18753]**
O: **CHEMICAL WORKER**, MATTHEW BLAKELEY, N. IRL, C1820-1880S **[18753]**
O: **CHEMICAL WORKER**, THOMAS BLAKELEY, N. IRL, C1853-1876 **[18753]**
O: **CHEMICAL WORKERS**, BLAKELEY FAMILY, IRL, ANY **[18753]**
O: **CHEMIST**, BOYLE GODFREY, C1686-1756 **[26007]**
O: **CHEMIST**, JOHN APLIN, YEOVIL, SOM, ENG, 1900+ **[46421]**
O: **CHIMNEY SWEEPS**, BESTS & HODGSONS, YKS, ENG, 1700-1850 **[28533]**
O: **CHINA MERCHANT**, ARTHUR CLARK, AUCHTERMUCHTY, FIF, SCT, 1805+ **[14454]**
O: **CIGAR MANUFACTURER**, ELIAS BENJAMIN, WHITECHAPEL, LND, ENG, 1800S **[99418]**
O: **CIGAR MERCHANT**, ROBERT SYRETT, LONDON, ENG, 1870-80S **[44968]**
O: **CINEMA OWNER**, WALTER LAWRENCE, GER & POL, 1920-1930S **[17291]**
O: **CIVIL ENGINEER**, MAURICE MACNAB, PACIFIC PALISADES, CA, USA, 1905-1940 **[17109]**
O: **CIVIL ENGINEER, FMS GOV. MALAYA**, JOHN PERCY CROMPTON, PRE 1948 **[40690]**
O: **CIVIL SERVICE**, MICHAEL MOLONY, 1920+ **[45042]**
O: **CLERGYMEN NAMED SANKEY**, NORTHANTS, ENG, 1550S **[10116]**
O: **CLERK OF WORKS L.C.C.**, CHARLES REDMAN, LONDON, ENG, 1910+ **[45671]**
O: **CLOCK & WATCHMAKERS**, SURNAMED RAYMENT OR RAYMONT, ALL **[41641]**
O: **CLOCKMAKER**, NAMED CLEAK, ALL **[46502]**
O: **CLOCKMAKERS**, BELFAST, ANT, IRL, PRE 1831 **[37155]**
O: **CLOCKMAKERS**, JOHN PITT OF LONDON, 1845-1900 **[10697]**
O: **CLOCKMAKERS**, LIVERPOOL, LAN, ENG, 1800S **[37155]**
O: **CLOCKMAKING**, IN BLACKFOREST, BADEN, GER, PRE 1880 **[33876]**
O: **CLOTHIERS & STONE MERCHANTS**, AKEROYD FAMILY, ARMLEY & PUDSEY, WRY, ENG, **[41716]**
O: **COACH & CARMEN**, LONDON & MDX, ENG, PRE 1860 **[41103]**
O: **COACH BUILDERS & COACH PAINTERS**, PLUMB, LONDON, ENG, 1850+ **[46509]**
O: **COACHBUILDER**, HILL & BENISTON, ILKESTON, DBY, ENG, ALL **[39873]**
O: **COACHMAKER - LIVERPOOL, ENG**, JOHN RICHARDSON GORST, C1830 **[13694]**
O: **COACHMAN**, ANGUS CAMPBELL, **[33584]**
O: **COACHMAN**, CHARLES WELCH, ENG, 1780-1840 **[28443]**
O: **COACHMAN**, JAMES ARNOTT, GULLANE, ELN, SCT, C1770 **[14454]**
O: **COACHMAN**, WM CHICK, MARYLEBONE, LND, ENG, PRE 1841 **[19516]**
O: **COACHMEN**, THOMAS SPENCE, FATHER & SON, ABERDEEN, SCT, 1850-1907 **[33820]**
O: **COAL MERCHANT**, GEORGE COOK, LND, ENG, PRE 1798 **[25921]**
O: **COAL MERCHANT**, RICHARD OSBORNE, LIVERPOOL, LAN, ENG, 1881+ **[20936]**
O: **COAL MINER - CIVIL ENGINEER**, JOSEPH CROMPTON, 1861+ **[40690]**
O: **COAL MINING**, MICHAEL WATSON, NBL, ENG, 1850-60 **[22753]**
O: **COASTGUARD**, GEORGE MATHIAS, ENG, 1817-40 **[31159]**
O: **COASTGUARD**, JAMES FUTTER, SOUTHERN ENG, 1840-1841 **[46507]**
O: **COASTGUARD**, JOHN RILEY, DEAL, KEN, ENG, 1821+ **[99174]**
O: **COASTGUARD, WM DIXON**, RESCUE OF WM JONES AT MARSKE, NRY, ENG. 10, AUG 1847 **[19865]**
O: **COLLIERY OWNER**, JAMES BANFIELD, SWANSEA, GLA, WLS, 1830-1900 **[17109]**
O: **COMEDIANS**, MORGAN & LEWIS FAMILY, ENG, 1750+ **[27868]**
O: **COMMERCIAL TRAVELLER**, DAVID BAYNE, LAN, ENG, 1880-1920 **[34111]**
O: **CONVICT GUARD**, PORTSMOUTH, HAM, ENG. EDWARD WM ALLEN, C1859 **[34664]**
O: **COOK**, LAURENCE WARD, DUB, IRL, 1840+ **[46367]**
O: **COOK**, NELLIE HARDY, HALIFAX, NS, CAN, C1900-1914 **[42942]**
O: **COOPER ON WHALING SHIPS**, THOMAS FORD JONES, MANCHESTER, LAN, ENG C1840S **[10071]**
O: **COPPER & TIN MINER**, PERRAN PEARCE, CON, ENG, PRE 1861 **[11444]**
O: **COPPERSMITH, WATCH SPRINGS MAKER**, EDEN SHARP, BARNET, HRT, ENG, 1800S-1900S **[32050]**
O: **CORDWAINER**, SAL, ENG, 1800-1850 **[45894]**
O: **CORDWAINERS**, KING FAMILY, PRE 1800 **[19259]**
O: **CORDWAINERS**, SHOPS MERSON, MDX, ENG, ALL **[39920]**
O: **CORPORATION MANAGER**, GEORGE WM HARDY, ENG, C1880-1920 **[42942]**
O: **COTTON WEAVERS & MILLS**, BOLLINGTON-MACCLESFIELD, CHS, ENG, 1800+ **[44088]**
O: **COURIER**, ST.JOHN BAPTIST, VINCENT, MDX, ENG, 1813-1860 **[35008]**
O: **CRICKET BALL MAKERS**, KEN, ENG, 1800S **[11588]**
O: **CUSTOM HOUSE OFFICER**, JAMES SPINKS, SYDNEY, AUS, 1800S **[28188]**
O: **CUSTOMS OFFICER**, NICHOLAS JOHN EVANS, ENG & WLS, 1860+ **[34111]**
O: **CUSTOMS OFFICER. ELLISON, SAMUEL**, PRE, 1850 **[20606]**
O: **DANCER**, TANYA WELLER, RUS, 1930-40 **[46496]**
O: **DECORATOR**, OLIVER HEGGS, BLACKPOOL, LAN, ENG, 1800S **[21129]**
O: **DENTIST**, HENRY MILLS, LAN & CHS, ENG, **[31319]**
O: **DOCK WORKER**, FRANCIS JONATHAN ADAMS OF STEPNEY, LND, ENG, 1858-1900 **[37048]**
O: **DOCKER**, JOHN O'BRIEN, WAT, IRL, PRE 1915 **[22618]**
O: **DOCTOR**, BIRD, ENG, 1880 **[44353]**
O: **DOCTOR**, DAVID CHANDLER, LIVERPOOL, LAN, ENG, 1840+ **[29092]**
O: **DOCTOR**, GEORGE BURGESS, MALTON, NRY, ENG, 1819+ **[31296]**
O: **DOCTOR OF MEDICINE**, PIERO FIASCHI. SYDNEY, NSW, AUS, 1900+ **[25921]**
O: **DOCTOR, VETERINARIAN**, SAMUEL DRILLER, SOM, ENG & NZ, 1800S **[45257]**

◆ Subjects ◆

O: **DOCTORS**, CHINA, 1920S-1930S **[37978]**
O: **DOCTORS**, INDIA, 1920S-1930S **[37978]**
O: **DOMESTIC SERVANTS**, MARGARET RYAN, GEELONG VIC & SYDNEY NSW, AUS, 1900-1935 **[11692]**
O: **DRAINAGE, ESSEX MARSHES, ENG**, TANT FAMILIES INVOLVED, ALL **[32050]**
O: **DRAPER**, BARRY, CLA, IRL, 1750-1850 **[23523]**
O: **DRUGGIST & GROCER**, ISAAC ALLINSON, 1793-1833 **[46425]**
O: **DYER**, JAMES O'SULLIVAN, LIM, IRL, PRE 1880 **[12710]**
O: **DYER**, STEPHEN MINES, GLS, ENG, C1880S **[13407]**
O: **EMBASSY PERSONNEL FROM USA**, IN GER, 1700-1850 **[25183]**
O: **ENGINE DRIVER**, HENRY BALDWIN, QLD, AUS, C1880-1914 **[12392]**
O: **ENGINEWRIGHT**, NEWTON, LAN, ENG. JOHN FORSTER, 1830-1839 **[38769]**
O: **ENGINEWRIGHT OF WYLAM, NBL, ENG**, JONATHAN FORSTER, 1809-1852 **[38769]**
O: **ENGINEWRIGHT, HETTON COLLIERY, DUR, ENG**, JOHN FORSTER, 1830-1842 **[38769]**
O: **ENGRAVER**, JAMES HODGSON, MANCHESTER, LAN, ENG, C1840 **[10350]**
O: **ENGRAVER**, JOHN PETER SIMON, LONDON, ENG, 1800-1900 **[39155]**
O: **ENGRAVER**, WILLIAM WILSON, SYDNEY, NSW, AUS, 1830-1860 **[32882]**
O: **ESTATE AGENT**, H.F. RUSSELL, LEOMINSTER, HEF, ENG, C1900 **[14454]**
O: **EUROPEAN TRAVELLING MENAGERIE**, RICHARD & SCHMIDT - OWNERS, 1750+ **[43983]**
O: **EXCISE OFFICERS**, DISS RIDES, DISS, NFK, ENG, 1790-1800 **[26007]**
O: **FANCY LEATHER GOODS MAKERS**, SAMUEL RUBINSTEIN,UPPER ST.,ISLINGTON,LND,ENG, 1890S **[36952]**
O: **FARM BAILIFF**, STEPHEN ATTRILL, IOW, HAM, ENG, 1780-1850 **[11692]**
O: **FARM BAILIFF, STRAWBERRY HOLE FM**, BATES, NORTHIAM, SSX, ENG, 1800+ **[32050]**
O: **FARMER**, CHARLES METHAM WARRENER, LIN & BKM, ENG, 1770-1870 **[46237]**
O: **FARMER**, GRIFFITHS, HEF, ENG, 1900-1960 **[46421]**
O: **FARMER**, JENKINS - SA, AUS, PRE 1900S **[26223]**
O: **FARMER**, KATE ELENOR POPE, ONT, CAN, 1902+ **[19516]**
O: **FARMER**, MALLET, ALL **[43882]**
O: **FARMER**, RICHARDS - NSW, AUS, 1890S+ **[26223]**
O: **FARMER**, ROBERT COCKERLINE, WKT, NZ, 1865+ **[20936]**
O: **FARMER**, ROBERT MCCLEARY, OLD LUCE, WIG, SCT, 1800S **[19759]**
O: **FARMER**, ROBERT STIRLING, GLASSINGALL, PER, SCT, 1668-1739 **[35190]**
O: **FARMER**, WALTER GOW, NEW KILPATRICK, DNB, SCT, 1780-1842 **[20594]**
O: **FARMER**, WILLIAM HEWITT, BANHAM, NFK, ENG, 1800-1840S **[17291]**
O: **FARMERS**, PIKE FAMILY, DEV, ENG, **[41716]**
O: **FARMING**, KINGSNORTH, KEN, ENG, PRE 1900 **[40569]**
O: **FARRIER**, JAMES SPINKS, SYDNEY & MELBOURNE, AUS, 1800S **[28188]**
O: **FARRIER**, JOSEPH HUTCHFIELD, WLS & KEN, ENG, 1812+ **[46465]**
O: **FELLMONGER**, HENRY BAXTER, LONDON, ENG, 1830+ **[31296]**
O: **FEUARS**, LEGERWOOD, BEW, SCT, C1800 **[16842]**
O: **FILE & RASP MAKERS**, BIRMINGHAM, WAR, ENG, 1700-1850 **[43725]**
O: **FILE & RASP MAKERS**, DUBLIN, IRL. (SURNAME POOL(E)), 1800-50 **[43725]**
O: **FILE & RASP MAKERS**, MANCHESTER, LAN, ENG, 1750-1850 **[43725]**
O: **FILE MAKERS**, ENGLISH MIDLANDS, ALL **[43725]**
O: **FILE MAKERS**, IRL, ALL **[43725]**
O: **FINE LEATHER WORK**, WILLIAM LUCAS OF GLASGOW, LKS, SCT, 1899-1911 **[36952]**
O: **FIREWORK ARTIST & MANUFACTURER**, JOHN GEORGE D'ERNST OF LAMBETH, SRY, ENG, 1797-1842 **[17470]**
O: **FIREWORKS MANUFACTURER**, HENRY WHITING, LAMBETH, SRY, ENG, 1830-1850 **[15289]**
O: **FISH DEALERS**, ARMLEY, YKS, ENG, 1870+ **[27689]**
O: **FISHERMAN**, ALEX MOWERS, ONT, CAN, 1884-1906 **[23471]**
O: **FISHERMEN**, NICHOLSON & SIMPSON, ALL **[46443]**
O: **FISHMONGER**, NAPOLEON CHICK, CHISWICK, LND, ENG, PRE 1900 **[19516]**
O: **FISHMONGER**, THOMAS GREENWOOD. EDMONTON, MDX, ENG, 1890 **[31079]**
O: **FLAX-SCUTCHING**, LOUGHNEASE, TYR, IRL, ALL **[22253]**
O: **FOOTBALL**, EAST STI F.C., STI, SCT. STEWART (JOHN), 1885-1890 **[35273]**
O: **FRAME SMITH**, BOROUGH COACH WORKS, ILKESTON, DBY, ENG, ALL **[39873]**
O: **FUNERAL DIRECTORS RECORDS**, AUS & NZ, 1830+ **[34747]**
O: **FUR TRADE, WEBER**, DESSAU, SACHSEN-ANHALT, GER, PRE 1850 **[11366]**
O: **FUR TRADE, WEBER**, LONDON, ENG, 1800+ **[11366]**
O: **FURRIER**, ERNST LUDWIG BURGMAN, LONDON, ENG, 1840-1860 **[20444]**
O: **FURRIER**, MAURICE JONAS, LEEDS, YKS, ENG, 1897-1902 **[17109]**
O: **FURRIERS, WEBER**, LONDON & GERMANY, 1800+ **[11366]**
O: **GAME KEEPERS**, NORFOLK, ENG, 1800-50S **[19050]**
O: **GAMEKEEPER**, SUNDRIDGE PARK ESTATE BROMLEY, KEN, ENG, 1800+ **[33279]**
O: **GAMEKEEPER**, WILLIAM OSBORN, 1800+ **[33279]**
O: **GAMEKEEPER, SCT**, JOHN CAMPBELL, C1836-1873 **[33584]**
O: **GARDENER**, ALEX FORD - ISLINGTON,MDX & HOUGHTON,DUR,ENG, 1780S-1849 **[19865]**
O: **GARDENER - ROBERT BELL**, GATESHEAD FELL,DUR & ELLINGHAM ETC,NBL,ENG, 1814+ **[19865]**
O: **GAS FITTER**, AINGE & SLATER, 1860-1890 **[20551]**
O: **GAS FITTERS**, LONDON, ENG, 1800+ **[45743]**
O: **GLASS MANUFACTURER**, JAMES SMITH, EDINBURGH, SCT & LONDON, ENG, 1800S **[20551]**
O: **GLASSBLOWERS**, FROM ENG TO NORWAY, C1750 **[10001]**
O: **GLOVE MAKING**, MILBORNE PORT, SOM, ENG, 1800S **[46462]**
O: **GOLDMINING**, VIC, AUS, 1851-80 **[44299]**

SUBJECTS

O: **GOLDSMITH**, WILLIAM CROCKET, LONDON, ENG, 1830S-1850S **[10071]**
O: **GOVERNOR OF ABERDEEN PRISONS, SCT**, ALEXANDER WALLACE CHALMERS, 1825-1862 **[37058]**
O: **GREAT NORTHERN RAILWAY**, FAIRHURST, 1845-1940 **[18007]**
O: **GREENGROCER**, CHARLES FISK, STREATHAM, LND & SRY, ENG, 1870+ **[45154]**
O: **GREENGROCER**, EASTON, HASTINGS, SSX, ENG, C1850 **[31626]**
O: **GREENSTONE LAPIDER**, JOHN LAING, DUNEDIN, OTG, NZ, 1862+ **[20936]**
O: **GROCER**, CLAYTON, OLDHAM, LAN, ENG, ALL **[43085]**
O: **GROCER**, CLAYTON, ROCHDALE, LAN, ENG, ALL **[43085]**
O: **GROCER**, JAMES DAVIES. JAMAICA RD, BERMONDSEY, SRY,ENG, 1860+ **[32039]**
O: **GROCER**, JAMES FRITH, SHEPHERD MARKET, MAYFAIR,LND,ENG, 1793-95 **[25921]**
O: **GROCER**, LEACH, SALISBURY & AMESBURY, WIL, ENG, ALL **[42940]**
O: **GROCER**, T. DIMAGGIO, BROOKLYN, NY, USA, C1930 **[22618]**
O: **GROCER & BAKER**, ELEAZOR SIDDY, NEWTOWN, LAN, ENG, 1875-1900 **[21129]**
O: **GROCER & TEADEALER**, WILLIAM CLIFFORD, LONDON, ENG, 1850-1890 **[42516]**
O: **GROCER & VINEGAR MAKER**, A.C. RICHARDSON, BERMONDSEY, LND, ENG, 1898-1904 **[41943]**
O: **GROCER & VINEGAR MAKER** OXFORD & LONDON, ENG, 1860-1920 **[41943]**
O: **GROCERS**, A.C.RICHARDSON, LONDON & SIDCUP, KEN, ENG, 1880-1970 **[41943]**
O: **GROOM**, SAMUEL MARTIN, MELBOURNE, VIC, AUS, 1840-50S **[44693]**
O: **GUN TRADE & GUNWORKERS**, UK PROVINCIAL & MIDLAND GUNWORKERS, 1500-1900 **[24831]**
O: **GUNSMITH SURVEYOR**, JOHN GILDER SYRETT, LONDON, ENG, S1860 **[44968]**
O: **GUNSMITHS**, LONDON, ENG, 1850+ **[38934]**
O: **HARNESS MAKERS**, THOMAS TOWNSEND HAYES, OF LONDON, ENG, 1815-1905 **[26382]**
O: **HAT & HAT BOX MAKERS**, INGLEDEW, NBL, ENG, 1800-1900 **[45636]**
O: **HAT MAKER & ARTIFICIAL FLORIST**, JOHN HOWARD, NORTH LONDON, ENG, 1800-1900 **[46409]**
O: **HAT TRADE. ABEL FLOYD**, MANCHESTER, SALFORD, STOCKPORT, LAN & CHS,ENG, PRE 1750 **[35273]**
O: **HATTER**, JOHN SPRINGALL, STRAND, LND, ENG, 1890 **[13188]**
O: **HIGHWAYMEN**, HANLONS OF ANTRIM, IRL, ALL **[39994]**
O: **HOMEOPATHIC APOTHECARY**, LIN, ENG, 1800S-1850S **[37978]**
O: **HORSE RACING**, LEECH, CORK, IRL, PRE 1900 **[29974]**
O: **HORSE TRADING**, GEORGE WOOD, WOR, ENG, 1820+ **[46004]**
O: **HOTELIER**, JOSEPH BENJAMIN, WORMLEY, HRT, ENG, 1880-1940 **[99418]**
O: **HOUSE DECORATOR**, JAMES FORDER, LONDON, ENG, 1833-1900 **[46254]**
O: **HOUSEMAID**, FRANCES BURTON, LONDON, ENG, 1820S **[46254]**
O: **HYDRAULIC ENGINEER**, G.W.R. SWANSEA DOCKS, GLA, WLS JOSEPH FORSTER, 1877-1920 **[38769]**
O: **ICE RINK MANAGER**, DUNBAR POOLE, ENG, 1920-1954 **[46319]**
O: **ICE SKATING CHAMPION**, ALBERT ENDERS, SYDNEY, AUS. 1930S **[25396]**
O: **ICE SKATING CHAMPION**, SADIE CAMBRIDGE, SYDNEY, AUS, 1930S **[25396]**
O: **ICE SKATING ENTREPRENEUR**, ALBERT ENDERS, CAN, 1940+ **[25396]**
O: **ICE SKATING ENTREPRENEUR**, SADIE CAMBRIDGE, CAN, 1940+ **[25396]**
O: **ICE SKATING INSTRUCTOR**, ALBERT ENDERS, BC, CAN, 1940-1968 **[46319]**
O: **ICE SKATING INSTRUCTOR**, SADIE CAMBRIDGE, BC, CAN, 1940-1968 **[46319]**
O: **INNKEEPER**, ROSIE OR ROSE FAMILY, DUNNET & WICK, CAI, SCT, **[10698]**
O: **INNKEEPER. JONES (NAGS HEAD)**, RHOSLLANERCHRUGOG, WREXHAM, DEN, WLS, 1860S **[35273]**
O: **INNKEEPER. OWENS (WHITE HORSE)**, RHOSLLANERCHRUGOG, WREXHAM, DEN, WLS, 1860S **[35273]**
O: **INNKEEPERS - WAGON & HORSES INN**, BOLTON ST., CHORLEY, LAN, ENG. INFO. REQ., 1860-90 **[45236]**
O: **INSURERS**, PEARL ASSURANCE & LOAN CLUB, 1858+ **[42755]**
O: **IRISH REVENUE POLICE**, MEMBERS WITH SURNAME OF BOSTON, PRE 1900 **[10493]**
O: **IRON FORGER**, HADLEY, WEST HAM, LND, ENG, 1750+ **[39155]**
O: **IRON FORGING**, STS, ENG, 1750+ **[39155]**
O: **IRON FOUNDER**, WILLIAM BARNETT, 1750-1850 **[34782]**
O: **JAPANNER**, CHARLES JAMES WILLIAMS OF WESTMINSTER,LND,ENG, 1840-80S **[43989]**
O: **JAPANNER**, THOMAS WALKER, WOLVERHAMPTON, STS, ENG, 1840-1860S **[17291]**
O: **JET WORKER**, RICHARD COLLIER, WHITBY, NRY, ENG, C1824-1900 **[26007]**
O: **JEWELLER**, FREDERICK HART, ISLINGTON, ENG, C1876+ **[45736]**
O: **JEWELLER**, HUGHES, LONDON, ENG - HUGUENOT, **[21079]**
O: **JEWELLER**, KELSEY, LONDON, ENG, PRE 1940 **[13008]**
O: **JEWELLER & WATCHMAKER**, ALFRED RIDLEY, LONDON, ENG, 1800+ **[32050]**
O: **JEWELLER, WALTER LAWRENCE**, SHEFFIELD, STS & OLDHAM, LAN, ENG, 1880-1915 **[17291]**
O: **JEWELLERS**, MARTIN SECKER, SOUTHEND, ESS, ENG, 1920+ **[29974]**
O: **JOCKEY**, ANTHONY OR EDWARD A. KELLY, ENG, C1920+ **[46410]**
O: **JOCKEY**, EDWARD WEAVER, MONTGOMERY, MGY, WLS, C1820-80 **[31159]**
O: **JOINER-WHEELWRIGHT. THOMAS PRICE**, WILLASTON & THORNTON HOUGH, CHS, ENG, 1832-1902 **[27304]**
O: **JOURNALIST & WRITER**, CATHERINE DREW - LND, ENG, DUB & BELFAST, IRL, 1860-1910 **[10114]**
O: **JOURNEYMAN WOODSAWYER, ASTLEY GN,LAN,ENG**, HENRY HALLIWELL, 1845-60 **[45236]**
O: **JOURNEYMAN WOODSAWYER, CHORLEY, LAN, ENG**, HENRY HALLIWELL, 1860-80 **[45236]**
O: **JOURNEYMAN WOODSAWYER, STANDISH, LAN,ENG**, HENRY HALLIWELL, 1830-45 **[45236]**
O: **JUDGES & SESSION JUDGES**, BOMBAY, INDIA C1855 SHOLAPUR, **[26430]**
O: **LACE KING**, NATHAN LEWIS, 1910S-20S **[10970]**
O: **LACE MANUFACTURER**, THOMAS PAIN, KEN, ENG, 1860-1880 **[17109]**
O: **LACEMAKERS**, OF CALAIS, FRA & NOTTINGHAM, ENG, PRE 1848 **[10790]**
O: **LANDSCAPE ARTIST GREENWICH, ENG**, RALPH WILLETT LUCAS, 1820-1860 **[21084]**
O: **LEATHER GOODS MAKERS (J.GOORD & SONS)**, COLEBROOKE ROW, ISLINGTON, LND, ENG, 1930S **[36952]**
O: **LEATHER MERCHANT**, WILLIAM DRAPER OF HOLBORN, LND, ENG, 1800+ **[40792]**

♦ Subjects ♦

O: **LEATHERWORKERS**, FOULGER OF MARYLEBONE, LND, ENG, 1820S-1840S **[17291]**
O: **LETTERY ARTIST**, DESMOND WHYTE, HOUNSLOW, MDX, ENG, 1950S **[19727]**
O: **LICENSED VICTUALLERS**, GREENWICH, LONDON, ENG, 1850-1865 **[11692]**
O: **LICENSED VICTUALLERS**, SURNAMED RAYMENT OR RAYMONT, ALL **[41641]**
O: **LICENSEE, SHIP HOTEL**, EDWARD JONES, DOLGELLY, MER, WLS, 1862+ **[46465]**
O: **LIGHTERMAN**, FRANCIS JONATHAN ADAMS OF SUNDERLAND, 1860-1920 **[37048]**
O: **LIGHTERMAN & WATERMAN, JAMES WHITE**, LND, ENG, 1850+ **[13188]**
O: **LIGHTERMEN & WATERMEN**, ARGENT, PRESSMAN & REDKNAP, ENG, **[11797]**
O: **LIGHTERMEN & WATERMEN**, CHARLES WHITE, CHELSEA, MDX, ENG, 1800S **[30645]**
O: **LIGHTERMEN & WATERMEN**, WILLIAM WHITE, CHELSEA, MDX, ENG, 1800S **[30645]**
O: **LOCKSMITH**, PERSCHKEY, HAMMERSMITH, LND, ENG, 1800S **[45665]**
O: **LOCKSMITHS**, FLETCHER & PARSONS OF WILLENHALL, STS, ENG, C1850-1920 **[33402]**
O: **LOCKSMITHS**, JACKSON LOCKS, WOLVERHAMPTON, STS, ENG, 1816+ **[10721]**
O: **LOCOMOTIVE ENGINEER**, BIRMINGHAM, WAR, ENG. GEORGE FORSTER, 1861-1870 **[38769]**
O: **LONDONDERRY RAILWAY**, SUNDERLAND TO SEAHAM, DUR, ENG, 1837-1891 **[19685]**
O: **LUMBER CAMPS**, MN, USA, 1800S **[25357]**
O: **MAGISTRATE**, RICHARD BASTARD, EXETER, DEV, ENG, PRE 1850 **[45032]**
O: **MAGISTRATES**, CAVAN, IRL, 1790+ **[16370]**
O: **MANUFACTURING CHEMIST**, CHARLES BAILEY, WOLVERHAMPTON, STS & LND, ENG, 1861+ **[34315]**
O: **MARINE ENGINEER**, THOMAS LLOYD EVANS, 1860-1871 **[14163]**
O: **MARINE FIREMAN**, CHARLES AUGUST DEGUET, LYON, FRA, 1851-1925 **[45775]**
O: **MARINER**, CPT. B.E. GALL TO PALAU IS IN KATE & RUPAK, C1872-5 **[21472]**
O: **MARINER**, DAVID CHAPMAN, LND, SCT, IND., C1800 **[10392]**
O: **MARINER**, JAMES CAREY, NZ, 1800S **[43772]**
O: **MARINER**, JAMES SHIELDS, HARRINGTON, CUL, ENG, 1745-1790 **[28552]**
O: **MARINER**, JOHN CRISP HILLMAN, 1810-1860 **[46201]**
O: **MARINER**, POSSIBLY AUS & SCT, 1930 **[39581]**
O: **MARINER**, WILLIAM DAVIES, B.1811 LIVERPOOL, LAN, ENG, **[10850]**
O: **MARINER (SHIP)**, WILLIAM JAS SPINKS, LND & MELBOURNE,ENG & AUS, 1800S **[28188]**
O: **MARINER, GILBERT ISLANDS**, ARTHUR M. HITCHFIELD OF ENG, 1889+ **[46465]**
O: **MARINER, MONTEVIDEO**, JOHN HUTCHFIELD OF ENG, 1823-72 **[46465]**
O: **MARINERS**, BARBADOS, 1660+ **[23319]**
O: **MARINERS**, SCOTTS OF BRISTOL, GLS, ENG, PRE 1700 **[19259]**
O: **MASON**, GOODALLS OF ERROL, PER, SCT, 1870-1920 **[46454]**
O: **MASON**, THOMAS JENKINS. RADYR, GLA, WLS, 1750-1900 **[32039]**
O: **MAST & BLOCK MAKER** WILLIAM GRIFFITHS, LAN, ENG & WLS, 1800+ **[31319]**
O: **MASTER MARINER**, CHARLES ANDREWS, TAS, AUS, 1860-70S **[34939]**
O: **MASTER MARINER**, HENRY TOYNBEE, ENG, 1820+ **[40792]**
O: **MASTER MARINER**, JAMES JAMES, SHIPWRECK LIZARD, CON, ENG, 1805 **[36800]**
O: **MASTER MARINER**, JONATHAN RAYMER, HARWICH, ESS, ENG, C1790 **[28907]**
O: **MASTER MARINER**, JOSEPH TOYNBEE OF LONDON, ENG, 1820+ **[40792]**
O: **MASTER MARINER**, MATTHEW DAVIDSON, ENG & SCT, ALL **[25073]**
O: **MASTER MARINER**, ROBERT WALLACE WALKER,SOUTH MELBOURNE,VIC,AUS, 1849+ **[28140]**
O: **MASTER MARINER**, WILLIAM BREMNER, CAI, SCT, 1800S **[10698]**
O: **MASTER MARINER, WITH CUNARD LINE**, EDWARD HOCKLY. LIVERPOOL, ENG, 1850+ **[45154]**
O: **MASTER MARINERS**, MILLINGTON, STRAITS SETTLEMENT - SINGAPORE, C1740+ **[42600]**
O: **MASTER MARINERS**, OF ENG, INDEX, 1800-99 **[10210]**
O: **MASTER MARINERS**, OF NZ, 1870-1920 **[10210]**
O: **MASTER MARINERS & PILOTS**, OF NSW, AUS, 1800-99 **[10210]**
O: **MAYOR**, JOHN DYKES, 1899+ **[10985]**
O: **MEDICAL DOCTOR**, FREDERICK GOETZE - GAINSBOROUGH, LIN, ENG, C1800-1844 **[11773]**
O: **MEDICAL MISSIONARIES**, CHINA, 1920S-1930S **[37978]**
O: **MEDICAL MISSIONARIES**, INDIA, 1920S-1930S **[37978]**
O: **MERCHANT**, DANIEL MCMILLAN, LEOMINSTER, HEF,ENG & CEYLON, C1900 **[14454]**
O: **MERCHANT**, HENRY FRANCIS WOLLASTON, LONDON, ENG, 1820-1870 **[46254]**
O: **MERCHANT**, MR. WATSON, LONDON, ENG, 1700-1750 **[42863]**
O: **MERCHANTS**, BARBADOS, 1670+ **[23319]**
O: **METROPOLITAN POLICE OFFICERS (LONDON)**, GRAVES & MEMORIALS, 1848-1994 **[42993]**
O: **MIDGET INTL. PERFORMING TROUP**, STRATTON, WARREN & NUTT, 1860+ **[33820]**
O: **MILITARY PERSONNEL**, SURNAMED RAYMENT OR RAYMONT, ALL **[41641]**
O: **MILITARY TAILOR**, SKINNER & CO., 50 JERMYN ST., LONDON, ENG, 1860-1900 **[45317]**
O: **MILL FURNISHER**, SCT, 1820S-1860S **[37978]**
O: **MILLER**, JOHN DAVIS. STAUNTON, GLS, ENG, D.1850 **[32039]**
O: **MILLER**, MALLET, ALL **[43882]**
O: **MILLERS**, YKS & DUR, ENG, 1600-1900 **[37169]**
O: **MILLINER**, JUDITH SEGAR, EXETER, DEV, ENG, PRE 1790 **[45032]**
O: **MILLINER (HAT MAKER)**, AMY BATCHELOR, HOUNSLOW, MDX, ENG, 1880-1900S **[31626]**
O: **MILLWRIGHT**, JOHN SANDY, CROYDON, SRY, ENG, 1800+ **[45736]**
O: **MINE MANAGER**, THOMAS JAMES,THAMES, AUCK, NZ TO VIC, AUS, PRE 1909 **[36800]**
O: **MINER**, JOSEPH BRUSHFIELD JUNIOR,STANLEYTOWN,GLA,WLS, 1920+ **[24853]**
O: **MINER - GEORGE NICHOLSON**, SOUTH AFRICA, C1900 **[31676]**
O: **MINERS**, CARDENDEN COLLIERY, FIF, SCT, FIF **[21114]**
O: **MINERS**, DENEND COLLIERY, FIF, SCT, **[21114]**

SUBJECTS

O: **MINIATURE PAINTER**, ELIZ. R. PARKER, 1868-1953 **[10392]**
O: **MINING**, OPERATIONAL MINES IN NW LANCS, ENG, 1800+ **[10937]**
O: **MINISTER, INDEPENDENT**, JOHN PETHERICK, EXETER, DEV, ENG, PRE 1850 **[45032]**
O: **MISSIONARIES**, CHINA & INDIA, 1920S-1930S **[37978]**
O: **MOULDER**, PLYMPTON-ST-MARY, DEV, ENG, 1830-1852 **[34393]**
O: **MUSIC HALL**, LILY BURNAND, ARTISTE, UK & USA, 1920+ **[28533]**
O: **MUSIC HALL & STAGE - LESLIE LAKE**, MELBOURNE, VIC, AUS & 'DOROTHY' PRODUCTION, 1920S **[26430]**
O: **MUSIC TEACHER**, MADAM BERTINI - MRS BABER, PORTSEA, HAM, ENG, 1880S **[20556]**
O: **MUSIC TEACHERS**, MURRAY (LIM, IRL), 1800-1900 **[21227]**
O: **MUSICAL INSTRUMENTS - BRASS**, ENG & AUS, 1850-1900 **[12071]**
O: **MUSICIAN**, HENRY C. SPEED DAVIS, LND, ENG, 1860-1920 **[99418]**
O: **MUSICIAN**, RIVINAC, COMPOSER, USA, 1850-1915 **[20178]**
O: **MUSICIAN**, WILLIAM AYERS, LND, ENG, 1864+ **[19516]**
O: **MUSICIAN (GUITARIST)**, GIMENEZ MANJON,BLIND,LEFT-HANDED,SPANISH,ENG, 1880S **[20556]**
O: **MUSICIAN (ORGANIST)**, GROUT, LONDON, ENG, PRE 1880 **[13008]**
O: **NAIL MANUFACTURERS**, LEEDS, YKS, ENG, 1800+ **[27689]**
O: **NAVVIES**, JOHN & THOMAS LANEY, SRY, ENG, C1850 **[10697]**
O: **NEEDLE MANUFACTURER**, ABEL MORRALL STUDLEY, WAR, ENG, 1785-1943 **[46438]**
O: **NEW YORK POLICE FORCE**, JAMES MCINTYRE, SCT, 1870-1925 **[46463]**
O: **NEWSPAPER OWNER, NEWARK ADVERTISER**, WM HY TOMLINSON, NEWARK, NTT, ENG, PRE 1880 **[18042]**
O: **NEWSPAPER, LEAMINGTON PRESS**, ANY EDITOR, SURNAME LAWRENCE, 1880-1930S **[17291]**
O: **NOVELIST. VIC, AUS**, WILHELMINA NOBLE, 1890+ **[45078]**
O: **NURSE**, ANNIE THOMAS, CARDIFF, GLA, WLS, C1916 **[46401]**
O: **NURSE**, FRANCIS AYERS, LND, ENG, 1857+ **[19516]**
O: **NURSE (DONCASTER ROYAL INFIRMARY)**, ANN KELLY, WRY, ENG, 1920S+ **[46410]**
O: **NURSE (DONCASTER ROYAL INFIRMARY)**, KATHLEEN KELLY, WRY, ENG, 1920S+ **[46410]**
O: **NURSE (DONCASTER ROYAL INFIRMARY)**, MAHALA KELLY, WRY, ENG, 1920S+ **[46410]**
O: **NURSES**, 'THE CRECHE', DAWLISH, DEV, ENG, 1800+ **[40319]**
O: **NURSES**, BOER WAR, **[31079]**
O: **NURSES**, SURNAMED RAYMENT OR RAYMONT, ALL **[41641]**
O: **NURSES & STAFF**, OLDCHURCH HOSP., ROMFORD, ESS, ENG, 1943 **[28599]**
O: **OPTICAL INSTRUMENT MAKERS**, , 1800-1920 **[27471]**
O: **ORD & MADDISON QUARRIES**, CRAWLEYSIDE & AYCLIFFE,DUR & HULAND, NRY,ENG, 1860-1917 **[19865]**
O: **ORGAN BUILDERS**, J. PORRITT, 1870+ **[36020]**
O: **ORGAN BUILDERS**, JULIAN MOSES, GILLINGHAM, ENG, 1860-1900 **[19614]**
O: **ORGAN MAKER**, RIVINACH, GER, FR & USA, 1700-1900 **[20178]**
O: **ORGANISTS**, KOLN CATHEDRAL, GER, C1800-50 **[43983]**
O: **ORRIS WEAVER**, SAMUEL GOETLE OR ANY INFO, 1750+ **[11773]**
O: **OVEN BUILDERS**, KITCHENER, JAMES JOHN, ENG, 1820 **[26731]**
O: **PAINT MANUFACTURERS**, HILL, SON & WALLACE, **[14743]**
O: **PAINTER & DECORATOR**, WALTER HEGGS, 1800S **[21129]**
O: **PALLBEARERS**, PRINCE IMPERIAL'S FUNERAL, 1870 **[43983]**
O: **PAPER MILLS, MELBOURNE, VIC, AUS**, WILLIAM ROSS NOBLE, 1870-1890 **[45078]**
O: **PAPER TUBE MANUFACTURER**, SCT, 1920S-1960S **[37978]**
O: **PAPERHANGERS**, WESTMINSTER, MDX, ENG, 1851-1909 **[17420]**
O: **PAPERMAKER**, JOHN SMITH, ENG, 1795-1878 **[46435]**
O: **PAPERMAKING**, HANDS. SOUTH ENG, 1800+ **[42557]**
O: **PEEK FREAN BISCUIT COMPANY**, ENG, **[25616]**
O: **PERFUMIER**, WALTER HUGHES, COLEMAN ST., LND, ENG, 1860S **[26007]**
O: **PHOTOGRAPHER**, CHARLES BEATTIE, B. ABD, SCT. D. CAN, **[34479]**
O: **PHOTOGRAPHER**, FRANK ALBERT WREFORD,RICHARDS DAWLISH,DEV,ENG, 1800+ **[40319]**
O: **PHOTOGRAPHIC ARTIST**, JAMES MACGREGOR WALKER, SYDNEY, AUS, 1863+ **[10125]**
O: **PIANO MAKER & DEALER**, CHARLES STILES, SOUTHAMPTON ST., LONDON, ENG, 1871 **[18038]**
O: **PIANO MANUFACTURERS**, LND, ENG, 1840-1940 **[17493]**
O: **PIG DEALERS**, JOHN O'BRIEN, CLONMEL, TIP, IRL, PRE 1915 **[22618]**
O: **PIG DEALERS**, JOHN O'BRIEN, WATERFORD, WAT, IRL, PRE 1915 **[22618]**
O: **PILOTS**, OF SOUTH SHIELDS, DUR, ENG, INDEX, 1800-1899 **[10210]**
O: **PILOTS & CAPTAINS**, STEAMBOATS, OHIO RIVER, 1810-1880 **[22846]**
O: **PINMAKERS**, GLOUCESTER, GLS, ENG, C1841 **[42665]**
O: **PINMAKERS**, READING, BRK, ENG, C1800-1860 **[42665]**
O: **PITMAN**, JAMES WATSON, NBL, ENG, 1810-1870 **[22753]**
O: **PITMAN**, JOHN BURRELL, DUR, ENG, 1830-1870 **[22753]**
O: **PLANTATION OWNERS**, JAMAICA, 1750-1800 **[21983]**
O: **PLUMBER**, WILLIAM AYERS, LND, ENG, 1856+ **[19516]**
O: **POET & WRITER**, EDWARD WALSH, COR & DUB, IRL, 1805-50 **[26434]**
O: **POLICE**, DUNDEE, ANS, SCT, C1930 **[10119]**
O: **POLICE BRITISH (BOBBY)**, THOMAS BATCHELOR, LONDON, ENG, C1870 **[31626]**
O: **POLICEMAN**, CHRISTOPHER CLAYTON, 1860-70S **[46492]**
O: **POLICEMAN**, ISAAC BOLTON OF CRUSHEEN, CLA, IRL, 1820-1873 **[46503]**
O: **POLICEMAN**, JOHN MARSHALL, NTT, ENG, 1850-80S **[46267]**
O: **POLICEMAN**, JOHN MARSHALL, YKS, ENG, 1880S+ **[46267]**
O: **POLICEMAN**, THOMAS MOORCROFT OF LAMBETH, SRY, ENG, 1850-1950 **[46503]**
O: **POLICEMAN**, WILLIAM CRAGG OF LAN, ENG, 1845+ **[33870]**

♦ Subjects ♦

O: **POLICEMAN (LND MET. POLICE)**, SUPERINTENDENT ALBERT VICTOR HAWKINS MBE, 1871-1929 **[27868]**
O: **PORK BUTCHER**, ADAM STEVENS, WEYMOUTH, DOR, ENG, 1850-1890S **[17291]**
O: **PORTER**, JOHN FORDER, LONDON, ENG, 1860-1930 **[46254]**
O: **POST OFFICE EMPLOYEES**, SURNAMED RAYMENT OR RAYMONT, ALL **[41641]**
O: **POSTMAN, SMITHFIELD, NSW, AUS**, JAMES MANFIELD (MANSFIELD), 1850S **[10880]**
O: **POSTMASTER**, JOHN SMEDLEY OF ALFRETON, DBY, ENG, 1800+ **[40792]**
O: **POTTER**, JOSIAH SPODE & FAMILY, ALL **[17350]**
O: **PREACHER**, LONNIE DENNIS, 1908 **[43816]**
O: **PRINTER & COMPOSITOR**, CHARLES SEGGIE, CAN, 1900+ **[44110]**
O: **PRINTERS**, CHILDS OF BUNGAY, SFK, ENG, 1840-1860 **[37187]**
O: **PRINTERS**, SOUTH DUR & NRY, ENG, 1700-1850 **[37169]**
O: **PRINTERS, LAW STATIONERS**, DRAKE, BIRMINGHAM, ENG, PRE 1850 **[11366]**
O: **PROCTORS OF THE ARCHES**, , ALL **[17875]**
O: **PROFESSOR OF LANGUAGES**, THOMAS PAIN, DOVER, KEN, ENG, 1830-1860 **[17109]**
O: **PUBLIC WORKS CONTRACTOR**, THOMAS WRIGLEY, MANCHESTER, LAN, ENG, 1880-1950 **[21129]**
O: **PUBLICAN**, JAMES LEE, OLD ENGINE, LAN, ENG, 1870-1890 **[42308]**
O: **PUBLICAN**, JOHN FARREL OF VIC, AUS, 1855-1900 **[12434]**
O: **PUBLICAN**, JOHN LANE, DRIMPTON, DOR, ENG, 1832+ **[45326]**
O: **PUBLICAN**, MARY PICKERING, CHS, ENG, 1825-1855 **[13471]**
O: **PUBLICAN**, PETER LEE, EAGLE & CHILD, UPHOLLAND, LAN, ENG, 1770-1800 **[42308]**
O: **PUBLICAN**, THOMAS HUGHES, LONDON, ENG, 1860-1900 **[46421]**
O: **PUBLICAN, WHITE HORSE**, JOHN FRENCH, OADBY, LEI, ENG, 1820-1850 **[18042]**
O: **PUBLICAN, RICHARD PHILLIPS**, HOTELKEEPER, HINDLEY STREET, ADELAIDE, SA,AUS, 1850S **[46263]**
O: **PUBLICAN, RICHARD PHILLIPS**, SAILOR'S RETURN INN, SYDNEY, AUS, 1830S **[46263]**
O: **PUBLICAN, RICHARD PHILLIPS**, THISTLE INN, GEELONG, VIC, AUS, 1846+ **[46263]**
O: **PUBLICANS**, JAMES & EDWARD DAVIS, LONDON, ENG, 1860-95 **[38584]**
O: **PUBLICANS**, JOHN FARRELL OF VIC, AUS, 1855-1900 **[12434]**
O: **PUBLICANS**, PIPERS IN KEN, ENG, 1800+ **[38575]**
O: **PUBLISHERS**, RICHMOND, SRY, ENG, 1820-1915 **[42660]**
O: **PUBLISHERS TRAVELLER**, DAVID BAYNE, LAN, ENG, 1880-1920 **[34111]**
O: **PUBLISHERS, PRINTERS, LONDON**, DEAN & BAILEY, 1700+ **[11366]**
O: **QUARRIER (HENRY NOBLE)**, EMPLOYED BY ORD & MADDISON DUR & NRY ENG, 1860-1916 **[19865]**
O: **QUARRY & LIMEWORKS**, KELHEAD, CUMMERTREES, DFS, SCT, ALL **[42755]**
O: **RAILWAY CLERK**, HUGH JOHNSTON, HALEWOOD, LAN, ENG, 1876+ **[13471]**
O: **RAILWAY CLERK**, WM COLLIER, SALFORD, LAN, ENG, 1880+ **[99598]**
O: **RAILWAY ENGINE DRIVERS**, FYLDE, LAN, ENG, 1840-1900 **[45949]**
O: **RAILWAY ENGINEER (DRIVER)**, AARON LING, (BORN SFK, ENG) IN GLA, WLS, 1881 **[31079]**
O: **RAILWAY STN BUILDER - PATTERSON-PATTISON**, BISHOP AUCKLAND & NEWCASTLE, ENG, 1840-50S **[19865]**
O: **RAILWAY WORKERS**, ASHFORD, KEN, ENG, PRE 1900 **[40569]**
O: **RAILWAY WORKERS**, PRENDERGAST, NY, USA, R.D.D. & R.CO., C1930 **[22618]**
O: **RAILWAYMEN**, SURNAMED RAYMENT OR RAYMONT, ALL **[41641]**
O: **RAILWAYMEN (DAVISONS AT CHURTON,NBL**, WHICKHAM, TANFIELD, HEWORTH, ETC., DUR, ENG, **[19865]**
O: **RATE COLLECTOR**, FRANCIS O'SHANNESSY, LIM, IRL, PRE 1880 **[12710]**
O: **REFRIGERATION INSPECTOR**, GEORGE COBDEN MARRIOTT, LONDON, ENG, 1930-40S **[31552]**
O: **REVENUE OFFICER**, FANNING, DUB, IRL, 1800-1900 **[21227]**
O: **REVENUE OFFICERS, IRL**, NAMED DALTON & KEIGHTLEY, 1710-1785 **[10114]**
O: **ROPE MAKING**, GLASGOW, LKS, SCT, 1800+ **[21973]**
O: **ROPEMAKING**, GLASGOW, LKS, SCT, 1841 **[21973]**
O: **ROYAL COMEDY COMPANY**, ANY DETAILS ESP. GAYLOR, OPERA SINGER, C1918 **[26430]**
O: **ROYAL MARINE**, ROBERT GREEN, AT SEA, C1900 **[46421]**
O: **ROYAL WORCESTER, CHINA ENG**, EMPLOYEES CEPHAS,ROLAND,ERNEST & TOM PRICE, 1890-1950 **[17291]**
O: **SADDLER & HARNESS MAKER**, HERBERT LAWRENCE, NSW, AUS, 1867-1900 **[13854]**
O: **SADDLER, CHARLES THOMSON**, LIVERPOOL, ENG, EDINBURGH, SCT & NSW, AUS, 1820-1870 **[11366]**
O: **SADDLERS**, THOMAS TOWNSEND HAYES, OF LONDON, ENG, 1815-1905 **[26382]**
O: **SAILOR**, KAJ WILHELM CHRISTIANSEN, DEN, C1900 **[46248]**
O: **SAILOR (HMS ALEXANDRA)**, EDWARD KELLY, BORN IN IRL C1881 **[46410]**
O: **SAILOR (HMS VICTORY)**, ANTHONY OR EDWARD A. OR ALEXANDER KELLY, C1920S **[46410]**
O: **SCALEMAKERS**, , 1800-1920 **[33021]**
O: **SCHOOL (PRIVATE - DAY)**, ANNIE BROWN, WATERHOUSES, DUR, ENG, 1890S **[19865]**
O: **SCHOOL PRINCIPAL**, LUCY HOCKLEY. ORRELL, LAN, ENG, 1870+ **[45154]**
O: **SCHOOLMASTER**, ALFRED LEWIS DAVIES. IOW, HAM, ENG, 1940S **[32039]**
O: **SCHOOLMASTER**, JOHN HENRY MURRAY, LIVERPOOL, LAN, ENG, 1880-1930 **[44955]**
O: **SCHOOLS VICTORIA AREA**, ROBERT MARK, LONDON, ENG, 1860+ **[45042]**
O: **SCHOOLS, LADIES**, LONDON, MDX, ENG, 1800-1850S **[27689]**
O: **SCHOOLTEACHER**, O'NEILL, WEX, IRL, 1850+ **[30527]**
O: **SCHOOLTEACHER**, SAMUEL SAMPSON, CON, ENG & AUS, 1826-1895 **[45775]**
O: **SCHOOLTEACHERS**, EXETER, DEV, ENG, 1800S **[18057]**
O: **SEAMAN**, GEORGE FRK. SANCHEZ, TRANMERE, CHS, ENG, 1880+ **[31319]**
O: **SEAMAN**, RALPH DIXON R.N. ON BOARD SHIP 'DORIS', 1805-1820 **[19865]**
O: **SEAMAN**, WILLIAM DIXON R.N. ON BOARD H.M.S. VESTAL, 1833-1837 **[19865]**
O: **SEAMAN, 7 BROTHERS FROM HOLLAND**, TO ENG & IRL - BODYGUARDS TO WM OF ORANGE, 1690S **[31486]**
O: **SEAMEN**, MURRAY, IRL, 1900-1915 **[21227]**
O: **SEAMEN**, SURNAMED RAYMENT OR RAYMONT, ALL **[41641]**

SUBJECTS

O: SELLER OF EELS, J.H. CHAPPLE, 1800-1900S [46238]
O: SERVANTS, DUKE OF GRAFTON, 1880+ [45743]
O: SHIP OWNER, SAMUEL WRIGHT, BRISTOL & LONDON, ENG, [13833]
O: SHIPBUILDERS, BURCHETT FAMILY, ROTHERHITHE, LND, ENG, 1690-1720 [17497]
O: SHIPBUILDERS, JULIFF/JULEFF FAMILY, PRE 1900 [33454]
O: SHIPOWNER, HARRISON LINE, LAN, ENG, 1820-1880 [42516]
O: SHIPS CAPTAIN, BROOKLYN, NY, USA, 1840+ [23319]
O: SHIPS CAPTAIN, JOHN & ANDREW BARNES, 1660+ [23319]
O: SHIPS CHANDLER, PREVIOUSLY R.N., GEORGE RAWLINS, CABLE ST., LND, ENG, PRE 1850S [32050]
O: SHIPSMITH, JOHN FARREL OF LIVERPOOL, LAN, ENG, 1820-1860 [12434]
O: SHIPSMITH, JOHN FARRELL OF LIVERPOOL, LAN, ENG, 1820-1860 [12434]
O: SHIPWRIGHT, HENRY CURRY, PRE 1846+ [28117]
O: SHIPWRIGHT, JAMES JOHN MATHIAS, PEMBROKE DOCK, PEM, WLS, C1850-70 [31159]
O: SHIPWRIGHT, LUXON, BRISTOL, GLS & MDX, ENG, ALL [44968]
O: SHIPWRIGHT, WILLIAM GEORGE MATHIAS, BIRKENHEAD, CHS, ENG, C1870-1939 [31159]
O: SHIPWRIGHTS, DEVONPORT DOCKYARD, 1824-47 [46457]
O: SHIPWRIGHTS, ROYAL NAVAL DOCKYARDS, 1500-1900 [18376]
O: SHOE MERCHANT, WILLIAM SEGGIE, NEW YORK, USA, 1870-1911 [44110]
O: SHOE WORKERS, STARTRIGHT, 1880+ [45743]
O: SHOEMAKER, ALBERT JOHN AYERS, LND, ENG, 1873+ [19516]
O: SHOEMAKER, DAVID PARKER, ISLINGTON, MDX, ENG, 1850-1860 [38868]
O: SHOEMAKER, ELIAS HISCUTT, LONDON, ENG, 1805-90 [44045]
O: SHOEMAKER, GLASGOW, LKS, SCT CORDINER, 1744-1855 [45308]
O: SHOEMAKER, HUGH HAMILTON, BERWICK, NBL, ENG, 1850+ [13188]
O: SHOEMAKER, JEREMIAH SAWLEY, COLNE, LAN, ENG, 1800+ [31584]
O: SHOEMAKER, JOHN AYERS, LND, ENG, 1856+ [19516]
O: SHOEMAKER, JOHN SMITH, NTH, ENG, 1850S [25484]
O: SHOEMAKER, VASSIE, LND, ENG, 1830+ [12547]
O: SHOEMAKER, WILLIAM HAYES OF COR, IRL & THEN LND, ENG, 1750-1800 [26382]
O: SHOEMAKER, WILLIAM ROBERTS, GREENWICH, LONDON, ENG, 1850-1865 [11692]
O: SHOEMAKERS, BIRCH, UXBRIDGE, MDX, ENG, [27689]
O: SHOEMAKERS, LAN, YKS & DUR, ENG, 1780-1890 [42557]
O: SHOEMAKERS, CON, ENG, POTTER, 1820+ [11366]
O: SHOEMAKING, NFK, ENG, PRE 1900 [43842]
O: SHOPS & SHOPKEEPING, KEN, ENG, 1700-1945 [17493]
O: SILK MANUFACTURER, NEWMAN, LONDON, ENG, PRE 1900 [13008]
O: SILK MANUFACTURER, WALTERS, LONDON, ENG, PRE 1900 [13008]
O: SILK MERCHANTS, LONDON, ENG, 1820-1860 [39519]
O: SILK MERCHANTS, NORWICH, NFK, ENG, 1750-1850 [39519]
O: SILK TRADE, GLADSTEINS, 1880-1902 [17720]
O: SILK WEAVER, EDWARD BEAUMONT OF COVENTRY, WAR, ENG, 1700+ [17196]
O: SILKWEAVERS, MARY BIRCHLEY, GLS, ENG, 1850S [37542]
O: SILVERSMITH, HENRY C. DAVIS, CLERKENWELL, LND, ENG, 1830-1880 [99418]
O: SINGER, MADAM BERTINI, NZ-BORN SINGER, ENG, 1880S [20556]
O: SIZE GLUE MAKERS, , 1800-1900 [16701]
O: SKIN MERCHANT, MAURICE JONAS, EDINBURGH, MLN, SCT, 1870-1895 [17109]
O: SLATER, JOHN BEACKLEY, COTTESMORE, RUT, ENG, 1570+ [31584]
O: SMUGGLING, PEVENSEY AREA, SSX, ENG, 1700-1830 [17497]
O: SOJOURNER YEOMAN, TIMON SPILLER, YARCOMBE, DEV, ENG, 1763 [34212]
O: SOLDIER, CLARK MAXWELL GRAY, DUNEDIN, NZ & AUS, 1896-1916 [31159]
O: SOLICITOR, JOHN BLACKLEY, LND, ENG, 1850+ [13471]
O: SOLICITOR, TERENCE O'REILLY, 41 USHERS QUAY, DUBLIN, IRL, [25616]
O: SOLICITOR, WILLIAM ROBERT MILLAR, SOUTHWARK, SRY, ENG, 1880S [32039]
O: SOLICITOR, WILLIAM WILLIAMS, SYDNEY, NSW, AUS, C1830 [39155]
O: SOLICITOR, SSC, ANDREW CLARK, LEITH, LMN, SCT, C1880 [14454]
O: SOLICITORS, INGLEDEW, NBL, ENG, 1800-1930 [45636]
O: SOLICITORS CLERK, GIBSON, LONDON, ENG, 1880+ [45042]
O: SPCK TEACHER - THOMAS GIFFORD JAMIESON, SCALLOWAY & LERWICK, SHI, SCT, C1840-C1857 [27802]
O: SPECTACLE MAKER, GEORGE HART, ISLINGTON, ENG, C1900-30 [45736]
O: STAGE & SCREEN ACTOR, THATCHER, TORIN, 1905-1981 [17470]
O: STAGE ACTRESS, RITA DANIEL, 1901-1951 [17470]
O: STATIONER, EDWARD WAKELING, SHOREDITCH, LND, ENG, 1760+ [31319]
O: STATIONER, HAMMOND, ISLINGTON, LND, ENG, 1850-1890S [17291]
O: STATIONER, MATTHEW HAWKINS, MDX OR LAN, ENG, C1800+ [25921]
O: STEAMBOAT PILOTS & CAPTAINS, OHIO RIVER, USA, 1810-1880 [22846]
O: STEWARD, CHARLES BARRY, SA, AUS, 1880-90S [46318]
O: STIPENDARY MAGISTRATE, CAPTAIN MACLEOD, GARADICE, LET, IRL, 1790-1845 [16370]
O: STOCK & STATION AGENTS, WODONGA & DIST, VIC, AUS, PRE 1940 [99193]
O: STOCKING WEAVER, SAMUEL BUTLER, KEN, ENG, PRE 1822 [12547]
O: STOCKMAN, HUGH NEIL, USA, 1895+ [46367]
O: STOCKMAN, HUGH NEILL, USA, 1900S [46367]
O: STOCKMAN, HUGH O'NEIL, USA, 1895+ [46367]
O: STOCKMAN, HUGH O'NEILL, USA, 1900S [46367]

◆ Subjects ◆

O: **STONE MASONRY**, DEV & SOM, ENG, PRE 1900 **[43842]**
O: **STONEMASON**, THOMAS JOHNSON, PRE 1755 **[38987]**
O: **STONEMASON**, THOMAS NEIL, WEM, IRL, 1840-50S **[46367]**
O: **STONEMASON & SCULPTOR**, ELIJAH JAGO, DUB, IRL, 1800S **[10610]**
O: **STONEMASON, HENRY THOMAS**, DAU. MARR. 1838, LIVERPOOL, LAN, ENG, **[10850]**
O: **STONEMASON, HOUSES OF PARLIAMENT**, JOHN WOODS, LND, ENG, C1820-70 **[32050]**
O: **STONEMASONS**, LUTON, BDF, ENG, 1860S-1890 **[38840]**
O: **STONEMASONS**, SURNAME OF PULLIN & PULLEN, 1700-1900 **[38575]**
O: **STRAW PLATTERS**, OF BEDFORD, ENG, **[43804]**
O: **STUDENT, EMPLOYMENT**, EDWARD D. LOWE, BOW, LND, ENG, 1900+ **[43941]**
O: **SUB POSTMASTER**, RODERICK EVANS, BLAENLLECHA, GLA, WLS, 1900 **[24853]**
O: **SUGAR BAKERS**, , ALL **[38523]**
O: **SUGAR BROKERS**, , ALL **[38523]**
O: **SUGAR COOPERS**, , ALL **[38523]**
O: **SUGAR MERCHANTS**, , ALL **[38523]**
O: **SUGAR REFINERS**, , ALL **[38523]**
O: **SURGEON**, RICHARD BUSHELL, LND, ENG, 1845+ **[13471]**
O: **SURGEON 1890S MELBOURNE, AUS**, DR HELEN SEXTON DIED LND, ENG, 1950 **[26430]**
O: **SURGEON APOTHECARY**, JAMES ALDRIDGE, PENTONVILLE, LND, ENG, C1824 **[25921]**
O: **SURGEON APOTHECARY**, ROBERT STEPHENS DAVIS, ENG, 1752-1821 **[28443]**
O: **SURGEON TO ROYAL HOUSEHOLD**, MR PHILLIPS & FAMILY, C1840-1860 **[26007]**
O: **SURGEON-DENTIST - GEORGE PARKINSON**, DAU. GERTRUDE B.CHATHAM, KEN, ENG, 12 MAR 1887 **[27868]**
O: **SURGICAL APPLIANCE MAKER**, ROBERT G. SCOTLAND & CO, 1890-1970 **[10516]**
O: **SURGICAL BOOTMAKER**, WILLIAM ROUND, WOLVERHAMPTON, STS, ENG, 1900-1920S **[17291]**
O: **SURGICAL CORSET MAKER**, NELL TAYLOR, THE BLOCK, MELBOURNE, VIC, AUS, C1920-50 **[26430]**
O: **SURVEYING IN AFRICA**, D.M. MAITLAND, 1825-18403 **[45082]**
O: **SURVEYOR & ARCHITECT**, STOWER, LND, ENG, C1900 **[46414]**
O: **SURVEYORS, AUS & NZ**, PARKINSON & DRAKE, 1840+ **[11366]**
O: **TAILOR**, ANTHONY KELLY, GAL, IRL, C1830S+ **[46410]**
O: **TAILOR**, BRADSHAW, GLASBURY, BRE, WLS, ALL **[44007]**
O: **TAILOR**, CHARLES MAIDEN, LONDON, ENG, ALL **[16554]**
O: **TAILOR**, LAN & DUR, ENG, 1800-1890 **[42557]**
O: **TAILOR**, SKINNER & CO., 50 JERMYN ST., LONDON, ENG, 1860-1920 **[45317]**
O: **TAILOR**, THOMAS BIRCH, KEN, ENG, 1830+ **[12547]**
O: **TAILOR**, THOMAS GAMBRELL, LONDON, ENG, ALL **[36847]**
O: **TAILOR & JOURNEYMAN**, JOSEPH BRUSHFIELD, CHELTENHAM, GLS, ENG, 1860+ **[24853]**
O: **TAILOR (JOURNEYMAN)**, EDWARD KELLY, DBY, ENG, C1891+ **[46410]**
O: **TAILOR (JOURNEYMAN)**, EDWARD KELLY, GAL, IRL, C1870+ **[46410]**
O: **TAILOR (JOURNEYMAN)**, EDWARD KELLY, UK, PRE 1891 **[46410]**
O: **TAILOR (JOURNEYMAN)**, EDWARD KELLY, WRY, ENG, C1920+ **[46410]**
O: **TAILOR (MILITARY)**, WATTS OF MDX, ENG, 1750+ **[38357]**
O: **TAILOR: JAMES MULLEY SCARLETT**, ISLINGTON, LND, ENG. MARR. EMILY F. HAMMOND, 1876+ **[17291]**
O: **TAILORS**, BOND ST., LONDON, ENG, 1860+ **[36020]**
O: **TAILORS**, FOULGER OF MARYLEBONE, LND, ENG, 1820S-1850S **[17291]**
O: **TAILORS**, LONDON, ENG, 1800S **[21312]**
O: **TALBOT MOTOR CARS**, JOE TAYLOR, DEALERSHIP, MELBOURNE, VIC, AUS, 1920+ **[26430]**
O: **TANNER & FELLMONGER**, FLANNERY'S TANNERY, GEELONG, VIC, AUS, 1856+ **[12490]**
O: **TAXIDERMISTS**, LONDON, ENG - HALL, 1750-1850 **[22707]**
O: **TEA & RUBBER MERCHANT**, OSCAR GRUTTER, CEYLON, ENG & CH, PRE 1941 **[14454]**
O: **TEA & SILK MERCHANTS**, BARRY FAMILY, IRL, 1700-1900 **[23523]**
O: **TEA DEALER**, JAMES LOGAN, DENBIGH,WLS & LIVERPOOL,LAN,ENG, 1810+ **[45614]**
O: **TEA DEALERS**, WILLIAM & JAMES PEEK, ENG, 1800S **[25616]**
O: **TEA PLANTERS**, ASSAM, INDIA, 1900S **[18354]**
O: **TEACHERS**, ANY SERVED AT WINNS PRIMARY SCHOOL, LND, ENG, CENTENARY 2007 **[42993]**
O: **TEACHERS**, O'SULLIVAN & SULLIVAN, IRL, 1800-1900 **[23523]**
O: **TELEGRAPH ENGINEER**, ROBERT LONDON, DEPTFORD, KEN, ENG, 1860-1900 **[17109]**
O: **THAMES SHIPBUILDERS**, BURCHETT FAMILY, 1650-1750 **[17497]**
O: **THEATRE - BALLARAT & DIST, VIC, AUS**, COMPANIES, PERFORMERS, PRODUCTIONS, 1850S+ **[12781]**
O: **TIDEWAITER**, JAMES SPINKS, SYDNEY, AUS, 1800S **[28188]**
O: **TIMBER CUTTERS**, PORT PHILLIP, CO. BOURKE, AUS, 1846 **[42890]**
O: **TIMBER MERCHANT**, EDWARD HUTCHFIELD JONES, 1862+ **[46465]**
O: **TIMBER MERCHANT**, FREDERICK GILDER, LAMBETH, SRY, ENG, 1850-1895 **[17109]**
O: **TIMBER MERCHANT**, THOMAS TURNBULL, LND, ENG, 1831-68 **[36437]**
O: **TIN & COPPER MINERS**, CON, ENG, PRE 1900 **[41208]**
O: **TIN SMITH**, GEO THOS CROSS, LONDON & GEELONG, ENG & AUS, 1800S **[28188]**
O: **TINSMITH & WHITESMITH**, DOWNS, MATHEWS, KENSINGTON, LND, ENG, 1880S **[45665]**
O: **TRAM CAR EMPLOYEES**, MANCHESTER AREA, LAN, ENG, 1900+ **[44088]**
O: **TRAM DRIVER**, GEORGE WILLIAMS, MANCHESTER, LAN, ENG, 1900-1927 **[44088]**
O: **TRAPEZE ARTIST**, WALTER LAWRENCE, WOR, ENG, GER & POL, 1900-1930S **[17291]**
O: **TRAVELLING SHOWMAN**, ARTHUR WILLIAM HAGGAR, ENG & WLS, 1870+ **[13497]**
O: **TRAVELLING SHOWMAN**, RICHARD WALTON, ENG, 1870+ **[13497]**
O: **TURNER & FITTER**, GEORGE JEPSON, FATHER & SON, LND & DBY, ENG, 1800S **[36402]**
O: **TURNKEY & CARPENTER**, FATHER & SON, PERRY - SA, AUS, PRE 1900S **[26223]**

SUBJECTS

O: **TWINE SPINNER**, ROBERT SYRETT, MDX, ENG, 1740-1762 **[44968]**
O: **UMBRELLA MAKER**, THOMAS RUST, LONDON, ENG, 1830-55 **[44045]**
O: **UNDERTAKER**, WALLY CREEGAN, USA, 1800+ **[21712]**
O: **UNDERWRITER**, JOSEPH HARLING, LONDON, ENG, 1870-1890 **[42516]**
O: **VETERINARIAN**, SAMUEL DRILLER, SOM, ENG & NZ, 1800S **[45257]**
O: **VICTORIA RAILWAY STATION**, HENRY CLACK, LONDON, ENG, 1860+ **[45042]**
O: **VICTUALLER**, JOHN WIDDUP, MIDGLEY, WRY, ENG, 1842-1860 **[46278]**
O: **VIGNERONS**, GEELONG, VIC, AUS, 1840-90 **[44299]**
O: **VINE DRESSERS (GERMAN)**, CAMDEN & MULGOA, NSW, AUS, 1837-1848 **[10801]**
O: **VINEDRESSER FAMILIES**, GERMAN BOUNTY IMMIGRANTS TO NSW & QLD, AUS, 1849-1856 **[10408]**
O: **VINEGAR MAKER & GROCER**, OXFORD & LONDON, ENG, 1860-1920 **[41943]**
O: **VIOLIN MAKERS**, FORSTER FAMILY, PRE 1900 **[46505]**
O: **WAREHOUSEMAN OR HATTER**, THOMAS WILLIAMSON, DEPTFORD, KEN, ENG, 1850-1890 **[17109]**
O: **WATCH & CLOCKMAKING**, ROBERT POTTS, DARLINGTON, DUR, ENG, 1800-1830 **[18484]**
O: **WATCH & CLOCKMAKING**, WILLIAM POTTS, PUDSEY & LEEDS, WRY, ENG, 1830+ **[18484]**
O: **WATCHGLASS MAKER**, SARAH HALL, FATHER WILLIAM, **[31319]**
O: **WATCHMAKER**, GROUT, LONDON, ENG, **[13008]**
O: **WATCHMAKER**, JOHN BENNETT, 1700-1600 **[37542]**
O: **WATCHMAKER**, JOHN HYETT, CHESTER, CHS, ENG, 1800S **[37542]**
O: **WATCHMAKER**, JOHN JONES, EDGEHILL, LAN, ENG, 1853+ **[13471]**
O: **WATCHMAKER**, JOHN MONCAS, LIVERPOOL, LAN, ENG, 1800-40S **[41500]**
O: **WATCHMAKER**, JOHN WILSON, GLASGOW, SCT & LIVERPOOL, ENG, C1840-C1860 **[10116]**
O: **WATCHMAKER**, RICHARD MORRIS WILKS, WREXHAM, DEN, WLS, 1878+ **[34682]**
O: **WATCHMAKER**, ROBERT BLUNDELL, NAAS, KID & DUBLIN, IRL, 1820-1850 **[28000]**
O: **WATCHMAKER**, ROSE, LONDON, ENG, 1911-1912 **[36127]**
O: **WATCHMAKER**, THOMAS SHERWOOD, YARM, NRY, ENG, 1770+ **[34682]**
O: **WATCHMAKER**, THOMAS TOWNSEND, COVENTRY, WAR, ENG, 1850S+ **[46437]**
O: **WATCHMAKERS**, BEESLEY OF PRESCOT, LAN, ENG, ALL **[17350]**
O: **WATERMAN**, EDWARD OSBOURNE, LIN, ENG, PRE 1826 **[20936]**
O: **WATERMEN**, ASSIGNED TO JOHN PIPER OF SYDNEY, AUS, 1812+ **[45357]**
O: **WATERMEN & LIGHTERMEN**, CARNE, THAMES WATERMEN, ENG, ALL **[29471]**
O: **WATERWORKS INSPECTOR**, CHARLES CASTLE, OXFORD, ENG, 1910+ **[45671]**
O: **WEAVER**, JOSEPH COOPER, WHITECHAPEL, MILE END, MDX,ENG, 1750-1850 **[31319]**
O: **WEAVERS IN LONDON, ENG**, RICHARD DIGGINS, 1800S **[45975]**
O: **WHALERS**, LONG ISLAND & NJ, USA, 1650-1750 **[22846]**
O: **WHARFINGER**, WILLIAM SMITH, NTH, ENG, 1840S **[25484]**
O: **WHEELWRIGHT**, JOHN LANE, DRIMPTON, DOR, ENG, 1820+ **[45326]**
O: **WHITESMITH**, GEORGE SHARP, BARNET, HRT, ENG, 1800+ **[32050]**
O: **WHITESMITH & TINSMITH**, DOWNS, MATHEWS, KENSINGTON, LND, ENG, 1880S **[45665]**
O: **WIGMAKER**, EDWIN GRIFFIN, STRAND, LONDON, ENG, 1830-50 **[46229]**
O: **WINDING ENGINE MANUFACTURING**, ENG, 1800-1900 **[25457]**
O: **WOOLLEN MANUFACTURERS**, WRY, ENG, 1600+ **[27689]**
O: **WULFRUNA COAL**, WOLVERHAMPTON, STS, ENG, ANY EMPLOYEES NAMED ROUND, 1890S-1920S **[17291]**
O: **YEOMAN, SAMUEL NEWBERY**, MONMOUTH REBELLION, YARCOMBE, DEV, ENG, C1700S **[34212]**

P: **Places** (Noms de lieux) (Ortsnamen)

P: **ACADIA**, NS, CAN, CAISSY, QUESSY, ANY **[10261]**
P: **AHASCRAGH**, GAL, IRL, MIGRATION WORLDWIDE, 1830+ **[13809]**
P: **ALBRECHTSDORF**, OPR, GER, 1800-1900 **[16513]**
P: **ALBURY & DIST**, NSW, AUS, RESIDENTS OF, PRE 1900 **[99193]**
P: **ALDERBURY, WIL, ENG**, ALL EMIGRATION FROM, **[19585]**
P: **ALDERBURY, WIL, ENG**, HISTORY PUBLISHED, **[19585]**
P: **ALDERBURY, WIL, ENG**, TITHE APPORTIONMENT 1847 INDEX HELD, **[19585]**
P: **ALFORD, ABD, SCT**, FORBES OF SHANNOCH, **[34479]**
P: **ALLOA, CLK, SCT**, HUNTER LIVING IN, ALL **[34522]**
P: **AMESBURY, WIL, ENG**, UNION WORKHOUSE, 1835-1853 **[42940]**
P: **ANTIGUA**, NANTON FAMILY, ALL **[16677]**
P: **ARDAGH**, IRL, 1700-1825 **[43756]**
P: **ARDS PENINSULAR**, DOWN, IRL, **[39027]**
P: **ATHERSTONE, ALBANY, CAPE, RSA**, RAILWAY EMPLOYEES, 1873-1892 **[35294]**
P: **AUDLEY, STS, ENG**, WEBB, EDWARDS, PROCTER, SHERWIN, PRE 1850 **[35186]**
P: **AYLTON COURT, WOR, ENG**, OWNER, JAMES FOULGER, 1850S **[17291]**
P: **AYR COASTLINE, SCT**, SHIPWRECKS, 1914-1918 **[20958]**
P: **BAILIEBOROUGH, CAV, IRL**, HISTORY OF TOWN, 1800-1990 **[11023]**
P: **BALLENY, DROMORE, DOW, IRL**, MUSSEN & ARBUTHNOT FAMILIES, PRE 1850 **[10114]**
P: **BALLINGOOLA, LIM, IRL**, VICARAGE OF CAHIRCORNEY PARISH, PRE 1810 **[10114]**
P: **BALLYLEA, COR, IRL**, HAYES & TOWNSEND FAMILIES, 1600+ **[26382]**
P: **BALLYPOREEN, TIP, IRL**, RESIDENTS OF, PRE 1900 **[31715]**
P: **BANAGHER, DRY, IRL**, PARISH HISTORY DATA, 1500-2000 **[29334]**
P: **BARBADOS**, MERCHANTS & MARINERS, 1660+ **[23319]**
P: **BARBADOS**, MILITARY OFFICERS, 1670+ **[23319]**
P: **BARBADOS**, ST MICHAELS, 1660+ **[23319]**

♦ Subjects ♦

P: **BATHURST AREA, NSW, AUS**, NAMES INDEX, ALL **[11726]**
P: **BATTLE, SSX, ENG**, RESIDENTS OF, 1700-1820S **[46432]**
P: **BEECHWORTH & DIST, VIC, AUS**, RESIDENTS OF, PRE 1900 **[99193]**
P: **BELFAST, IRL - HOSPITAL/ASYLUM ON**, PURDYSBURN HOUSE ESTATE, STAFF RECORDS, C1900 **[21463]**
P: **BELIZE [BRITISH HONDURAS]**, EMIGRATION TO, 1800S **[33500]**
P: **BELL & BODIAM, CAPE, RSA**, ST.MARKS CHURCH, 1856-1930S **[35294]**
P: **BELL, CAPE, RSA**, GERMAN SETTLERS OF 1858, 1856-1940S **[35294]**
P: **BELTON STREET, ST.GILES, MDX, ENG**, HISTORY AND RESIDENTS, PRE 1860+ **[31715]**
P: **BENTON, USA, HAITI**, RIVINAC, ORGAN MAKING IN, 1850-1930 **[20178]**
P: **BERMUDA**, ESTEN FAMILY, ALL **[16677]**
P: **BERMUDA, W.INDIES**, HUTCHISON FAMILY, ALL **[16677]**
P: **BETHNAL GREEN, LND, ENG**, RESIDENTS OF, 1850-1870 **[46432]**
P: **BETHNAL HOUSE ASYLUM**, BETHNAL GREEN,LND,ENG. RECORDS, 1870S **[19156]**
P: **BIELBA, ESP**, HISTORY OF, ALL **[45228]**
P: **BILSINGTON, KEN, ENG**, RESIDENTS OF, PRE 1870 **[40569]**
P: **BIRMINGHAM, WAR, ENG**, JEWELLERY QUARTER, **[37978]**
P: **BLACK FOREST, BAW, BRD**, TO WOOLDRIDGE AND PEDDIE, CAPE, RSA, 1856-1890S **[35294]**
P: **BLACK TORRINGTON, DEV, ENG**, RESIDENTS OF, PRE 1750 **[43882]**
P: **BLACKFRIARS, LKS, SCT**, , C1880-1930 **[10119]**
P: **BLACKPOOL, LAN, ENG**, FISHMONGER, BERT GREENWOOD, 1920+ **[31079]**
P: **BLAENAVON, MON, WLS**, EVACUEES BILLETED FROM WALTHAMSTOW, LND, ENG, **[42993]**
P: **BODIAM, CAPE, RSA**, GERMAN SETTLERS OF 1858, 1856-1940S **[35294]**
P: **BOLTON PERCY, WRY, ENG**, RAILWAY STATION, 1850-60 **[36020]**
P: **BOTOLPHS, SSX, ENG**, RESIDENTS OF, 1750-1850S **[46432]**
P: **BRADFIELD PARK, SYDNEY, NSW, AUS**, , 1940-1970 **[30512]**
P: **BRADFORD, DEV, ENG**, RESIDENTS OF, PRE 1750 **[43882]**
P: **BRETTENHAM HALL, SFK, ENG**, SERVANTS RECORDS, 1770-1800 **[46457]**
P: **BRIDGEWATER CANAL, LAN, ENG**, BOATYARD, MARSLAND BRIDGE, LEIGH, 1850-1910 **[45236]**
P: **BRIGHTLINGSEA, ESS, ENG**, SAMUEL FROST & MARTHA ROBINSON, 1750+ **[29747]**
P: **BRIGHTONS BARRACKS**, ENG, 1800S **[16842]**
P: **BRITISH COLUMBIA, CAN**, CENSUS, PARTIAL INDEX, 1891 **[16783]**
P: **BROOMHOUSE, CHATTON, NBL, ENG**, TINDALL FAMILY, 1400-1925 **[21198]**
P: **BUNBURY & TIVERTON, CHS, ENG**, DAVIES FAMILY, ANY **[19415]**
P: **BUNINYONG + DIST. VIC, AUS**, HISTORY, SETTLERS & DESCENDANTS, 1800+ **[12781]**
P: **BUNINYONG SCHOOL '1270' VIC, AUS**, HISTORY STUDENTS, TEACHERS, DESCENDANTS, 1872+ **[12781]**
P: **BURBAGE, WIL, ENG**, ALL RESIDENTS OF, 1650-1900 **[18895]**
P: **BURNAGE**, TOWNSHIP NEAR MANCHESTER, LAN, ENG, ANY **[17654]**
P: **BURNSLAND, EDINBURGH, MLN, SCT**, RESIDENTS OF, 1800-1900 **[46238]**
P: **BURY, LAN, ENG**, HISTORY OF, 1500+ **[38987]**
P: **CAHIRCORNEY, LIM, IRL**, RYAN FAMILIES, PRE 1810 **[10114]**
P: **CALAIS, FRA**, ENGLISH RESIDENTS, 1830S **[42863]**
P: **CALCUTTA ANGLICAN ORPHANAGES, INDIA**, , 1820 **[14241]**
P: **CALCUTTA, INDIA**. CHURCH OF ENGLAND HOME FOR EURASIAN CHILDREN, 1820 **[14241]**
P: **CALCUTTA, INDIA**, KNIGHT FAMILY, 1800S **[22440]**
P: **CALCUTTA, INDIA**, LOWER ORPHAN SCHOOL, GIRLS DEPARTMENT, 1810-1850 **[46339]**
P: **CAMBORNE SCHOOL OF MINES, CON, ENG**, STUDENTS, 1900+ **[22114]**
P: **CAMDEN & DISTRICT, NSW, AUS**, SURNAMES INDEX HELD, PRE 1920 **[11282]**
P: **CAPE BRETON, NS, CAN**, MARY MCDONALD, WIDOWED, 19 AUG 1855 **[23471]**
P: **CAPE VERDE**, MORBEY, 1870+ **[19369]**
P: **CAPETOWN, RSA**, JOHN MOORE FAMILY, 1880+ **[16075]**
P: **CARLOW CATHEDRAL, IRL**, REV. JAMES BUTLER, ADMINISTRATOR, D.1860 **[43076]**
P: **CASTLEKEELY, KID, IRL**, RESIDENTS OF, PRE 1800 **[10114]**
P: **CEINOS DE CAMPOS, ESP**, RESIDENTS OF, ALL **[45228]**
P: **CHARLEVILLE, COR, IRL**, HAYES & TOWNSEND FAMILIES, 1600+ **[26382]**
P: **CHEEKPOINT, WAT, IRL**, RESIDENTS OF, ANY **[31079]**
P: **CHILTERN & DIST, VIC, AUS**, RESIDENTS OF, PRE 1900 **[99193]**
P: **CHORLEY, LAN, ENG**, WAGON & HORSES INN, PRE 1905 **[45236]**
P: **CHRIST CHURCH PARISH**, LANCASTER CO., VA, USA, PRE 1800 **[37380]**
P: **CLACTON, BUTLINS & PIER, ESS, ENG**, FUN FAIR STAFF & PERFORMERS, 1945-1965 **[31079]**
P: **CLEVELAND, OH, USA**, REBBECK FAMILY; ANNA, HENRY & AMBER, 1850-1900 **[22440]**
P: **CLOCK FACE PUBLIC HOUSE**, PUBLICAN - COOPER, PRE 1850 **[19415]**
P: **CLUNY**, CLARK OR DU BRELLE PROPERTY, IRL, **[14851]**
P: **COALCLIFF, NSW, AUS**, LOCAL HISTORY, 1788+ **[11158]**
P: **COITY, GLA, WLS**, JOHN THOMAS, (PUBLICAN), M. ELIZABETH HOWELL, 1801-1872 **[44007]**
P: **COLLINGWOOD, VIC, AUS**, RESIDENTS, 1850-1870 **[12231]**
P: **CONTESSA ENTELLINA, SICILY, ITL**, RESIDENTS OF, 1700+ **[34393]**
P: **CORK COUNTY, IRL**, HAYES & TOWNSEND FAMILIES, 1600+ **[26382]**
P: **CRESWICK, VIC, AUS**, ITS PEOPLE & DEVELOPMENT, 1842+ **[12222]**
P: **CUMBER LOWER, DRY, IRL**, PARISH HISTORY DATA, 1500-2000 **[29334]**
P: **CUMBER UPPER, DRY, IRL**, PARISH HISTORY DATA, 1500-2000 **[29334]**
P: **CUMKILLENBAR STATION, QLD, AUS**, BURIALS, ALL **[13869]**
P: **CUMMERTREES PARISH, DFS, SCT**, KELHEAD LIMEWORKS, ALL **[42755]**
P: **CUMMERTREES, DFS, SCT**, QUARRY & LIMEWORKS, ALL **[42755]**

♦ 557 ♦

P: **CURIOSITY HOUSE**, FINSBURY SQ, LONDON, ENG, 1790-1840 **[22707]**
P: **CURY PARISH**, CON, ENG, ALL **[19308]**
P: **DALBY, QLD, AUS**, ANY HISTORICAL INFORMATION, 1853+ **[99114]**
P: **DALBY, QLD, AUS**, HISTORY, **[99114]**
P: **DARKES FOREST, NSW, AUS**, LOCAL HISTORY, 1788+ **[11158]**
P: **DENISTONE, NSW, AUS**, RESIDENTS OF, 1792-1900 **[99081]**
P: **DETROIT, MI, USA**, AIME HOUDE, MISSING - BORN CAN 1906, 1925-1932 **[23518]**
P: **DEVIZES, WIL, ENG**, WHITE, HOLLOWAY, PARADISE, BRITTEN FAMILIES, **[30512]**
P: **DISS, NFK, ENG**, RESIDENTS OF, 1790-1850 **[26007]**
P: **DOBBIN & ROCHDALE, LAN, ENG**, ALL LEACH FAMILY, 1700S-1800S **[34112]**
P: **DOWLAND, DEV, ENG**, RESIDENTS OF, PRE 1800 **[43882]**
P: **DOWN, IRL**, ARDS PENINSULAR, **[39027]**
P: **DRINGHOUSES, YKS, ENG**, HISTORY OF TOWN, 1800-1990 **[11023]**
P: **DRUMQUIN, TYR, IRL**, HISTORY OF TOWN OR VILLAGE, 1800-1990 **[11023]**
P: **DUINLANE, LDY, IRL**, JAMES & ISABELLA ANDERSON, 1800+ **[29747]**
P: **DUINLANE, LDY, IRL**, ROBERT BROWNLOW, 1800+ **[29747]**
P: **DUNBLANE, PER, SCT**, ALL DEATH DATES, 1650-1855 **[35190]**
P: **DUNBLANE, PER, SCT**, ALL FAMILY TREES, 1650-1998 **[35190]**
P: **DUNBLANE, PER, SCT**, ALL MARRIAGES, 1650-1855**[35190]**
P: **DUNBLANE, PER, SCT**, ALL UNLISTED BAPTISMS, 1650-1855 **[35190]**
P: **DUNNSTOWN DIST., VIC, AUS**, EARLY SETTLERS, 1847+ **[39108]**
P: **EAGLE & CHILD, UPHOLLAND, LAN, ENG**, LANDLORD, PETER LEE, 1870-1890 **[42308]**
P: **EARDSWICH HALL, CHS, ENG**, DAVIES FAMILY, PRE 1820 **[19415]**
P: **EASTWOOD, NSW, AUS**, RESIDENTS OF, 1792-1900 **[99081]**
P: **EDMONTON, MDX, ENG**, FISHMONGERS & FISH AND CHIP SHOPS, 1890+ **[31079]**
P: **ELSTERNWICK, VIC, AUS**, TAYLOR FAMILY, GLENHUNTLY RD. ANY DETAILS, 1900-1960 **[26430]**
P: **ENNERDALE BRIDGE, CUL, ENG**, TYSON FAMILY, PRE 1800 **[15929]**
P: **ENNISKILLEN, FER, IRL**, MIGRANT FEMALES TO AUS, 1850S **[12547]**
P: **EXETER, DEV, ENG**, SCHOOLTEACHERS & PUPILS, 1750-1900 **[18057]**
P: **EXMOOR, SOM, ENG**, RECLAMATION OF LAND BY KNIGHT FAMILY, 1845+ **[10049]**
P: **FAHEY, CLA, IRL**, RESIDENTS OF, PRE 1885 **[31715]**
P: **FAIRLIGHT, SSX, ENG**, HISTORY, ALL **[45207]**
P: **FALKLAND ISLANDS**, CAPT. HENRY THOMAS, 1910-20S **[46401]**
P: **FANGDALEBECK SMITHY**, A FORGE IN BILSDALE, NRY, ENG, 1770-1860 **[19865]**
P: **FAVERSHAM, KEN, ENG**, LINEAGES OF TOWNS RESIDENTS, 1620-1881 **[15564]**
P: **FETLAR, SHI, SCT**, ALL FAMILIES, 1730-1965 **[22331]**
P: **FETLAR, SHI, SCT**, COMPLETE RESIDENTS, 1730-1965 **[22331]**
P: **FIELD OF MARS CEMETERY, NSW, AUS**, KNOWN BURIALS AT, 1890-1960 **[99081]**
P: **FINSBURY, LND, ENG**, MANOR HOUSE PUBLIC HOUSE, 1800-2000 **[99418]**
P: **FLIXTON HALL, SFK, ENG**, STAFF RECORDS, 1870+ **[31079]**
P: **FORT D'EXILLES**, ? HUGUENOT NEAR FREJUS TUNNEL, ITALY, **[21079]**
P: **FORT ST.GERMAIN, PISCOUTAGAMY**, FREDERICK HOUSE RIVER, NORD-ONTARIEN, CAN, C1673-1750 **[16123]**
P: **FRANCE**, ISARD & IZARD ORIGINS, ALL **[23319]**
P: **FROGMORE HOUSE**, DECORATOR/CUSTODIAN, WINDSOR CASTLE, BRK, ENG, C1815-20 **[27920]**
P: **GENESCO & CHICAGO, IL, USA**, JOHN CHRISTIAN, 1878-1885 **[36127]**
P: **GEORGETOWN SHELL FACTORY, RFW, SCT**, SCOTTISH FILLING FACTORY, 1915-18 **[40768]**
P: **GERMAN MISSION STATION**, MORETON BAY, NSW, AUS INFO ON JOHANN HERRMANN, **[10880]**
P: **GIBRALTAR**, BRITISH SUBJECTS & ARMY & NAVY, 1800S **[31079]**
P: **GILBERT & ELLIS ISLANDS**, REF TO HITCHFIELD NAME, 1889+ **[46465]**
P: **GIRSBY MANOR, LIN, ENG**, FOX FAMILY, DESCENDANTS, AND OF SERVANTS, 1910-40 **[42993]**
P: **GLADESVILLE MENTAL HOSPITAL, NSW, AUS**, WORKER IN, BURIALS AT, 1830-1920**[99081]**
P: **GLADESVILLE, NSW, AUS**, RESIDENTS OF, 1792-1900 **[99081]**
P: **GLASGOW ORPHEUS CHOIR, LKS, SCT**, MEMBERS OF, C1900+ **[39994]**
P: **GLENHAM, NZ**, RESIDENTS OF, ALL **[22088]**
P: **GLOBE INN**, GATHURST SHEVINGTON, LAN, ENG, 1700+ **[42308]**
P: **GLOUCESTER**, SEVERN PILOTS, 1800-1900**[26173]**
P: **GRAND ISLAND, NY, USA**, RESIDENTS OF, 1800-50 **[23379]**
P: **GREAT NORTH ROAD, NSW, AUS**, CONVICTS WORKING ON, 1828-1835 **[99081]**
P: **GREAT NORTH ROAD, NSW, AUS**, RYDE AREA, CONSTRUCTION, 1829-1840 **[99081]**
P: **GREAT SOMERFORD, WIL, ENG**, RESIDENTS OF, 1700-1800 **[36262]**
P: **GREAT YARMOUTH & THE BROADS, NFK, ENG**, WATERMEN AND MARSH FARMERS, 1800-1900 **[45384]**
P: **GREEN CROFT, BRISTOL, GLS, ENG**, END OF WAR PARTY/NEIGHBOURS, 1939+ **[44088]**
P: **GRETNA GREEN, DFS, SCT**, MARRIAGE RECORDS - ANY KNOWN RECORDS, 1800-1801 **[10346]**
P: **GRITTLETON HOUSE, WIL, ENG**, BUILDING OR REFURBISHMENT OF, 1840-1850 **[46509]**
P: **GUESTLING, SSX, ENG**, HISTORY, ALL **[45207]**
P: **HAARLEMMERMEER, NOH**, RESIDENTS OF, GEOGRAPHY, HISTORY. ALL **[11938]**
P: **HADIKFALVA, BOKOVINA, OES**, RESIDENTS OF, ALL **[16947]**
P: **HALES HOSPITAL HECKINGHAM, NFK, ENG**, WORK HOUSE TO HOSPITAL, 1840+ **[45635]**
P: **HANDSCHUHSHEIM, BAD, GER**, VILLAGE FAMILY BOOK, PRE 1900 **[10408]**
P: **HANLEY, STS, ENG**, BLANCHE BAYNE, 1873 **[34111]**
P: **HAR GEE VILLAGE, CANTON, CHINA**, CHAN BROTHERS, ALL **[45943]**
P: **HASTINGS, SSX, ENG**, MIGRATION TO ONT, CAN, 1920S **[31626]**
P: **HECKINGHAM, NFK, ENG**, WORK HOUSE TO HALES HOSPITAL, 1840+ **[45635]**

◆ **Subjects** ◆

P: **HERVAS, ESP**, RESIDENTS OF, ALL **[45228]**
P: **HILLTOWN, DOW, IRL**, PARKS/PARKES RESEARCH, PRE 1865 **[45900]**
P: **HOLBROOK & DIST, NSW, AUS**, RESIDENTS OF, PRE 1900 **[99193]**
P: **HOLLYWOOD BOWL, LOS ANGELES, CA, USA**, FOUNDERS, **[25457]**
P: **HOLMESFIELD PARISH**, DBY, ENG, ALL **[19308]**
P: **HOLROYD, NSW, AUS**, RESIDENTS, INDUSTRY, HISTORY INFO. & PHOTOS, **[29961]**
P: **HOOE, SSX, ENG**, MIGN TO NY, USA, 1840 **[35343]**
P: **HORNCLIFF MILL, NORHAM**, NORTHUMBERLAND, ENG, 1790S-1830S **[19865]**
P: **HORNCLIFFE MILL**, NORHAM PARISH, NBL, ENG, 1790-1837 **[19865]**
P: **HUNTER VALLEY, NSW, AUS**, TUDOR & HOBDEN, ALL **[20742]**
P: **HUTT, WELLINGTON, NZ**, ROBERTS FAMILY, 1858+ **[39108]**
P: **IDDESLEIGH, DEV, ENG**, RESIDENTS OF, PRE 1800 **[43882]**
P: **IDRA (HYDRA), ISLAND OF GREECE**, RESIDENTS OF, 1800-50 **[46347]**
P: **INDIA**, (J. SPEAK) POLICE INSPECTOR, E.I.R., 1850-1890 **[21132]**
P: **INTWOOD PARISH**, NFK, ENG, 1600-1900 **[19289]**
P: **INVERELL, NSW, AUS**, EARLY WORKING CLASS PEOPLE SOUGHT, 1830-1850 **[46390]**
P: **IRISH GRAVEYARDS. ALL 32 COUNTIES &**, CITIES. TRANSCRIPTIONS & WHERE AVAILABLE FROM, **[29334]**
P: **ISLAY, SCT**, CAMPBELL, CURRIE, KEITH, MCQUEEN, MACLELLAND, 1775-1840 **[31486]**
P: **ISLAY, SCT**, MCDOUGALL, 1775-1840 **[31486]**
P: **IWANOWITSCH**, VOLHYNIA, UKRAINE, 1860-1943 **[16513]**
P: **IXWORTH, SFK, ENG**, ALL VILLAGE RESIDENTS OF, 1740-1850 **[26007]**
P: **JAMAICA**, BARCLAY, 1800S **[46271]**
P: **JAMAICA**, DAVID EWART, 1800S **[46271]**
P: **JAMAICA**, DR. BELL & FAMILY, 1800S **[46271]**
P: **JIMBOUR STATION, QLD, AUS**, BURIALS, ALL **[13869]**
P: **KELHEAD LIMEWORKS**, IN CUMMERTREES, DFS, SCT, ALL **[42755]**
P: **KENSAL GREEN, LONDON, ENG**, CEMETERY, 1900S **[45743]**
P: **KENTISH TOWN**, LND, ENG, 1800-1960 **[17493]**
P: **KERMADEC ISLANDS, NZ**, SHIP H.M.S.HERALD, 1854 **[20793]**
P: **KIEL, HOLSTEIN**, MATSON FAMILY, 1800S **[31079]**
P: **KIEWA VALLEY & DIST, VIC, AUS**, RESIDENTS OF, PRE 1900 **[99193]**
P: **KILCOOLY PARISH - PALATINE SETTLEMENT**, TIP, IRL, 1760+ **[11036]**
P: **KILFINNANE PARISH**, LIM, IRL, 1740+ **[11036]**
P: **KILPATRICK GRAVEYARD, MULL, SCT**, HUGH FLETCHER, DATE OF DEATH, 1841-1848 **[16743]**
P: **KILREA/DUINLANE, LDY, IRL**, HUGH BROWNLOW, 1820+ **[29747]**
P: **KILREA/MAGHERA/DUINLANE, LDY, IRL**, CHARLOTTE BROWNLOW, 1850+ **[29747]**
P: **KING WILLIAM, VA, USA**, PIERS & PEARCE (& VARIANT SPELLINGS) FAMILIES, 1700+ **[26382]**
P: **KINGSNORTH, KEN, ENG**, RESIDENTS OF, PRE 1850 **[40569]**
P: **KISSING POINT, NSW, AUS**, RESIDENTS OF, 1792-1850 **[99081]**
P: **LANCASTER/NORTHUMBERLAND CO. VA, USA**, , PRE 1820 **[37380]**
P: **LANGRISH HOUSE, HAM, ENG**, SERVANTS RECORDS, 1840-1880 **[46457]**
P: **LANSHAW, TATHAM, LAN, ENG**, ALL RESIDENTS, 1860+ **[27289]**
P: **LEA, WIL, ENG**, RESIDENTS OF, ALL **[36262]**
P: **LEARMOUNT, DRY, IRL**, PARISH HISTORY DATA, 1500-2000 **[29334]**
P: **LEEDS, WRY, ENG**, TO MANJIMUP, SA, AUS, 1924-1934 **[29447]**
P: **LEITH, MLN, SCT**, HAWTHORN & CO., 1830-80 **[40768]**
P: **LIMA-OROYA RAILWAY**, AMERICAN SURVEY TEAM, 1870-1873 **[20433]**
P: **LISBURN, ANT, IRL**, MUSSEN FAMILY, TALLOW CHANDLERS, 1780-1880 **[10114]**
P: **LITTLE BILLABONG, NSW, AUS**, HISTORY OF, 1820S+ **[39155]**
P: **LONDON, ENG**, 72 KING WILLIAM STREET, OCCUPIER, USE OF, 1890S **[26007]**
P: **LONDON, SRY, MDX, ENG - FAMILIES**, AVERY, SIMPSON, REYNOLDS, KIRKMAN, WATTS, 1780+ **[38357]**
P: **LONGNOR**, NEAR LEEK, STS, ENG, ANY **[17654]**
P: **LOOMIS, CA, USA**, SCHOOLS, CATHOLIC RECORDS, 1880+ **[34393]**
P: **LUDHAM, NFK, ENG**, RESIDENTS, 1840-1860 **[12231]**
P: **LULLINGTON, SSX, ENG**, HISTORY OF COURT (MANOR), PRE 1885 **[37155]**
P: **LYKENS, PA, USA**, MINES, **[36170]**
P: **MACALISTER, QLD, AUS**, BURIALS, ALL **[13869]**
P: **MACAU**, BRITISH RESIDENTS, 1885-1895 **[22440]**
P: **MACAU**, GREEN ISLAND CEMENT COMPANY EMPLOYEES, 1880S **[22440]**
P: **MADGES HOLE**, SHANNON RIVER, IRL, **[14851]**
P: **MAELOR, FLN, WLS**, DOWNWARD FAMILY, 1703+ **[10016]**
P: **MAELOR, FLN, WLS**, GREGORY FAMILY, 1676+ **[10016]**
P: **MAELOR, FLN, WLS**, LOWE FAMILY, 1711+ **[10016]**
P: **MAGHERAGALL, ANT, IRL**, GARRETT, MCNAUGHT & MUSSEN FAMILIES, PRE 1870 **[10114]**
P: **MALTA**, BRITISH SUBJECTS & ARMY & NAVY, 1800S **[31079]**
P: **MALTA**, HMS CORNWALLIS TORPEDOED JAN 1917, **[17580]**
P: **MANJIMUP, SA, AUS**, PIONEERS, 1924-1934 **[29447]**
P: **MARSDEN HALL, NELSON, LAN, ENG**, EMPLOYEES OF, C1840 **[27289]**
P: **MARSFIELD, NSW, AUS**, RESIDENTS OF, 1792-1900 **[99081]**
P: **MASSINGHAM & CASTLE ACRE, NFK, ENG**, RESIDENTS, OCCUPATIONS, FARMS & ESTATES, C1810-40 **[26007]**
P: **MAURITIUS ISLAND**, QUESSY & CAISSY, ANY **[10261]**
P: **MCGILLIS LUMBER CAMP**, WILLMAR, MN, USA, C1887 **[25457]**
P: **MEATH, ARMAGH & DUBLIN, IRL**, THE COLLIER GANG, 1820S **[12223]**

◆ 559 ◆

P: MELBOURNE HOSPITAL, VIC, AUS, SURGERY ON ALEXANDER IRVINE, AUG 1863 [16439]
P: MENZIES FERRY, NZ, RESIDENTS, ALL [22088]
P: MERRIOTT, SOM, ENG, RESIDENTS & HISTORY, ALL [34438]
P: MILLBANK PRISON, LND, ENG, PRISON OFFICERS OF, C1850 [11226]
P: MILLIE RUN, BETWEEN NARRABRI & MOREE NSW, AUS, 1834-1872 [11034]
P: MIMIHAU, NZ, RESIDENTS OF, ALL [22088]
P: MOKORETA, NZ, RESIDENTS OF, ALL [22088]
P: MONTEVIDEO, URUGUAY, BRITISH HOSPITAL DEATHS, 1872 [46465]
P: MONTEVIDEO, URUGUAY, SHIPPING RECORDS, 1872 [46465]
P: MORLEY ST.BOTOLPH & ST.PETER, NFK, ENG, ALL RESIDENTS OF, ALL [18895]
P: MORNINGSIDE, EDINBURGH, MLN, SCT, RESIDENTS OF, 1800-1900S [46238]
P: MORRO VELMO, BRAZIL, ST.JOHN DEL REY MINING, 1858-1876 [37308]
P: MOUNT ZEPHYR, COR, IRL, RESIDENTS AND LANDOWNERS, 1700-1900 [26434]
P: MUIRMADKIN, BELLSHILL, ARL, SCT, , ALL [39994]
P: MULLAGHMORE, DOW, IRL, PARKS/PARKES RESEARCH, C1830-1860 [45900]
P: MURGA, NSW, AUS, TOWNSHIP, 1880+ [10049]
P: NEWLANDS, DRAINIE, MORAY, SCT, THOM FAMILY, 1740-1805 [22090]
P: NEWTIMBER, SSX, ENG, RESIDENTS OF, 1700-1800S [46432]
P: NEWTOWNSANDES, KER, IRL, THOMAS FITZGERALD, 1800+ [29747]
P: NORHAM PARISH, NBL, ENG, HORNCLIFFE MILL, 1790-1837 [19865]
P: NORTH MAVINE, SHI, SCT, ALL FAMILIES, 1758-1965 [22331]
P: NORTH MAVINE, SHI, SCT, COMPLETE MARRIAGE & DEATH, 1758-1965 [22331]
P: NORTH MEOLS, LAN, ENG, ABRAM, BALL, BLUNDELL, BOND, BROOKFEELD, 1600+ [31486]
P: NORTH MEOLS, LAN, ENG, FAIRCLOUGH, TOMLINSON, RIMER, WRIGHT, SUTCH, 1600+ [31486]
P: NORTH RYDE, NSW, AUS, RESIDENTS OF, 1792-1900 [99081]
P: NORTH YELL, SCT, COMPLETE RESIDENTS, 1800-1965 [22331]
P: NORTH YELL, SHETLAND, SCT, ALL FAMILIES, 1860-1965 [22331]
P: NORTHAM, WA, AUS - ARMY CAMP, WERE THERE BUSH FIRE PICKETS?, 1942-43 [14454]
P: NORWICH CATHEDRAL, NFK, ENG, LAY CLERKS & CHORISTERS, 1800-1900 [39519]
P: NOVA SCOTIA, CAN, GEORGE SPENCER, 1800+ [45943]
P: OAKLEY, STS, ENG, RESIDENTS OF, PRE 1830 [19415]
P: OLD BUCKENHAM, NFK, ENG, HISTORY, BROTHERS FAMILY, C1850 [30512]
P: ORRELL, LAN, ENG - THE OLD ENGINE, LANDLORD, JAMES LEE, 1870-1890 [42308]
P: PAISLEY, RFW & ARL, SCT, PAISLEY SHAWL WORKS, CAMPBELL FAMILY BUSINESS, 1820+ [31486]
P: PALAU ISLANDS, CPT. B.E. GALL IN KATE & RUPAK, C1872-75 [21472]
P: PALGRAVE, SFK, ENG, ALL VILLAGE RESIDENTS OF, 1740-1850 [26007]
P: PARRAMATTA RIVER, NSW, AUS, FERRYMEN, FISHERMEN AND SPORTSMEN, 1792-1920 [99081]
P: PARTEEN, CLA, IRL, HAMILTON FAMILY, 1800+ [29720]
P: PARTEEN, CLA, IRL, HOURIGAN FAMILY, 1800+ [29720]
P: PARUA BAY, NLD, NZ, EARLY SETTLERS, 1860S+ [43772]
P: PEEL RIVER, NSW, AUS, LAND & MINERAL CO. EMPLOYEES, 1854+ [11464]
P: PERE-LACHAISE, FRA, CEMETERY, MAURICE & DREYFUS, 1900S [45743]
P: PERQUIMANS, NC, USA, PIERS & PEARCE (& VARIANT SPELLINGS) FAMILIES, 1600+ [26382]
P: PETT, SSX, ENG, HISTORY, ALL [45207]
P: PICTON & DISTRICT, NSW, AUS, SURNAMES INDEX HELD, PRE 1920 [11282]
P: PITTSBURGH, PA, USA, REBBECK & POOLMAN FAMILIES, 1850-1900 [22440]
P: PORT LAROCHELLE, FRA, , [44401]
P: PORT MACQUARIE, NSW, AUS, HYNDMAN FAMILY, 1830+ [45360]
P: PROSPECT & SHERWOOD, NSW, AUS, RESIDENTS, INDUSTRY, HISTORY INFO. & PHOTOS, [29961]
P: PUTNEY, NSW, AUS, RESIDENTS OF, 1792-1900 [99081]
P: RATHKEALE PARISH, LIM, IRL, 1709+ [11036]
P: REUNION ISLAND, QUESSY, ANY [10261]
P: RIPLEY & KINCARDINE, ONT, CAN, WIDOW MARY MCDONALD, 1861 [23471]
P: ROBERTSON, NSW, AUS, CHURCHES, 1800+ [46026]
P: ROBETOWN, SA, AUS, SOLDIERS, 1840+ [39083]
P: ROCK ISLAND, IL, USA, MIGRATION FROM DOR, ENG, 1900+ [30324]
P: ROSSENDALE, LAN, ENG, HISTORY OF, 1500+ [38934]
P: ROSSIE, NY, USA, MIGRATION TO UPPER, MI, USA, 1850S [34393]
P: RUCKINGE, KEN, ENG, RESIDENTS OF, PRE 1870 [40569]
P: RUISLIP, MDX, ENG, EWER FAMILY, FARMERS OF, PRE 1890 [46414]
P: RUSHDEN, NTH, ENG, EVACUEES BILLETED FROM WALTHAMSTOW, LND, ENG, [42993]
P: RUTHERGLEN & DIST, VIC, AUS, RESIDENTS OF, PRE 1900 [99193]
P: RYDE DISTRICT, NSW, AUS, LOCAL DOCTORS, NURSES & HOSPITALS, 1800-1950 [99081]
P: RYDE DISTRICT, NSW, AUS, LOCAL RETAILERS, BUSINESSES & TRADESMEN, 1800-1950 [99081]
P: RYDE, NSW, AUS, RESIDENTS OF, 1792-1900 [99081]
P: SALAHOONA, GAL, IRL, CONCANNON FAMILY, 1730+ [29720]
P: SALCOMBE, DEV, ENG, EVACUEES BILLETTED FROM WALTHAMSTOW, LND, ENG, [42993]
P: SALL PARISH, NFK, ENG, 1650-1850 [13188]
P: SALWARPE PARISH, WOR, ENG, 1300-1800 [20057]
P: SAN ANTONIO, TX, USA, BURIALS AT, ALL [46351]
P: SAWTRY, HUN, ENG, WWI WAR MEMORIAL, [28479]
P: SCHAPOW, UCKERMARK, BRA, BRD, MIGRATION TO RSA, 1830-1860S [35294]
P: SCHAPOW, UCKERMARK, BRA, GER, TO WOOLDRIDGE AND PEDDIE, CAPE, RSA, 1856-1890S [35294]

◆ **Subjects** ◆

P: **SEFTON PARK, STOKE POGES, BKM, ENG**, LIFE & WORK AT, 1890 **[46414]**
P: **SEYCHELLES ISLAND**, QUESSY, ANY **[10261]**
P: **SHIGAWAKE, FAMILLE FOREST**, VILLAGE ET RIV., B.DESCHALEURS, QUE, CAN, C1800-1950 **[16123]**
P: **SHOLAPUR, BOMBAY, INDIA**, JUDGES & SESSION JUDGES, C1850 **[26430]**
P: **SICILY, ITL**, BRITISH IN, 1800+ **[30324]**
P: **SIKE HOUSE, GOOSNARGH, LAN, ENG**, , C1866 **[27289]**
P: **SINGAPORE**, BENJAFIELD FAMILY, 1800S **[22440]**
P: **SINNOCK COTTAGE**, SINNOCK SQUARE, HASTINGS, SSX, ENG, ALL **[20766]**
P: **SOH MAH VILLAGE, CANTON, CHINA**, BOO (SOO) FAMILY, ALL **[45943]**
P: **SOLODYRI**, VOLHYNIA, UKRAINE, 1860-1943 **[16513]**
P: **SOUTH MIDLAND TRANSPORT & TOURING CO.**, OXFORD, OXF, ENG, 1922-1950 **[34556]**
P: **SOUTHILL, CON, ENG**, INHABITANTS OF, 1500-1750 **[31273]**
P: **SPANISH CHAPEL, LND, ENG**, REV. GERARD SHAW & REV. GERARD ROBINSON, 1780-1800 **[43076]**
P: **SPENNYMOOR WEDNESDAY & SPENNYMOOR**, IRONOPOLIS, DUR, ENG - SOCCER TEAMS, 1907-1957 **[19865]**
P: **SPENNYMOOR, DUR, ENG**, ATHLETE 'BOY GREY', 1904-1912 **[19865]**
P: **SPENNYMOOR, DUR, ENG. BISHOPS CLOSE,**, TUDHOE GRANGE WESLEYAN METHODIST SCH., C1900 **[19865]**
P: **SPRINGBURN, LKS, SCT**, ROBERT G. SCOTLAND, 1881-1890 **[10516]**
P: **ST MARTINS IN THE FIELD**, LND, ENG, 1800S **[16842]**
P: **ST.ENODER, CON, ENG**, LUKES SHOP, 1880-90 **[10119]**
P: **ST.HELENA**, RESIDENTS, 1750-1889 **[19454]**
P: **ST.HELENA ISLAND**, LOUISE PURVIS, 1890S **[37542]**
P: **ST.HELENA, SOUTH ATLANTIC**, ARTILLERY, **[34664]**
P: **ST.HELIER, JSY, CHI**, BRIDGET FITZGERALD, 1849+ **[29747]**
P: **ST.HELIER, JSY, CHI**, SUSAN FITZGERALD, 1849+ **[29747]**
P: **ST.KITTS ISLAND, WEST INDIES**, RAWLINS PLANTATION, HISTORY & FOUNDERS, ALL **[32050]**
P: **ST.MALO & ST.SERVAN, FRA**, CAISSY, QUESSY, ANY **[10261]**
P: **ST.URSULANS GIRLS SCHOOL**, LONDON, ENG, 1914-1926 **[46247]**
P: **STANFIELD HALL & STANFIELD HALL FM**, WYMONDHAM,NFK,ENG RESIDENTS & HISTORY PRE1890 **[26007]**
P: **STAPLEGROVE, SOM, ENG**, ALL FAMILIES, ALL **[19694]**
P: **STEYNING, SSX, ENG**, RESIDENTS OF, 1880S **[46432]**
P: **STOCKINGFORD COLLIERY**, NUNEATON, WAR, ENG, 1890-1930 **[38926]**
P: **STRAND, LND, ENG**, 20/21 NEWCASTLE STREET. OCCUPIER, USE OF, 1890S **[26007]**
P: **STROUD, NSW, AUS**, RESIDENTS OF, 1860S+ **[43772]**
P: **SUNDAY ISLAND, NZ**, HISTORY OF, 1840-1950 **[20793]**
P: **SUNOL GLEN, CA, USA**, BURIAL THOMAS LEACH B.1840 ROCHDALE, LAN, ENG, **[34112]**
P: **SWIFT CURRANT, SAS, CAN**, IVOR HUTCHFIELD JONES, PRE 1978 **[46465]**
P: **TALLANGATTA & DIST, VIC, AUS**, RESIDENTS OF, PRE 1900 **[99193]**
P: **TAURAGE, EAST PRUSSIA**, JOKUBAITIS, GAVENAS, VALAITIS, 1700-1875 **[23523]**
P: **TENTERDEN AREA**, KEN, ENG, ALL **[17493]**
P: **TERRIBLE VALE STATION**, EMPLOYEES & RESIDENTS, URALLA, NSW, AUS, 1838+ **[10165]**
P: **TERRINGTON, YKS, ENG**, HISTORY OF TOWN OR VILLAGE, 1800-1990 **[11023]**
P: **THAMES VALLEY TRACTION CO. LTD**, READING, BRK, ENG, 1920-1950 **[34556]**
P: **THOMASTOWN, VIC, AUS**, ALL BURIALS, 1855-1955 **[11994]**
P: **THORVERTON, DEV, ENG**, PARISH HISTORY, ALL **[18057]**
P: **THORVERTON, DEV, ENG**, RESIDENTS & EMIGRANTS, ANY **[18057]**
P: **TING HSIEN/DING XIAN**, CHINA, 1920S-1930S **[37978]**
P: **TINGRITH HOUSE, BDF, ENG**, INFORMATION SOUGHT, ALL **[41500]**
P: **TONGE HALL**, BOLTON, LAN, ENG, 1800-1900 **[21129]**
P: **TUTURAU, NZ**, RESIDENTS, ALL **[22088]**
P: **UNOFFICIAL PLACE NAMES IN IRELAND**, ALL 32 COUNTIES, **[29334]**
P: **USA**, BRITISH MIGRATION, 1800+ **[30324]**
P: **UXBRIDGE, MDX, ENG**, ST.ANDREWS CHURCH, ALL **[27689]**
P: **VALPARAISO, CHILE**, ABILINO SANCHEZ, FARMER, **[31319]**
P: **VASSY, BN, FRA**, VASSIE FAMILY TO ENG, 1400-1700 **[12547]**
P: **VASSY, BN, FRA**, VASSY FAMILY, 1400+ **[12547]**
P: **VAUXHALL GARDENS, SRY, ENG**, FIREWORKS DISPLAYS, 1800-1850 **[17470]**
P: **VENICE, ITL**, BRITISH RESIDENTS IN, 1850-1900 **[10001]**
P: **VERNON, BC, CAN**, BIRTHS, MARRIAGES & DEATHS, 1891-1926 **[16783]**
P: **VICTORIA RAILWAY STATION**, HENRY CLACK, LONDON, ENG, 1860+ **[45042]**
P: **VIETNAM, TONKIN**, HAIPHONG FRENCH RESIDENTS, 1800S **[22440]**
P: **WAGON & HORSES INN**, BOLTON ST. CHORLEY,LAN,ENG. PHOTOS OF & INFO., PRE 1905 **[45236]**
P: **WAINFLEET**, LIN, ENG, 1770S+ **[37978]**
P: **WANGARATTA & DIST, VIC, AUS**, RESIDENTS OF, PRE 1900 **[99193]**
P: **WAREHORNE, KEN, ENG**, RESIDENTS OF, PRE 1850 **[40569]**
P: **WARIALDA, NSW, AUS**, HISTORY SOUGHT, 1830+ **[46390]**
P: **WARIALDA, NSW, AUS**, WWI SOLDIERS, POTTED HISTORIES SOUGHT, **[46390]**
P: **WARRENHEIP DIST., VIC, AUS**, EARLY SETTLERS, 1847+ **[39108]**
P: **WELLINGBOROUGH, NTH, ENG**, WORKHOUSE, ALL **[30876]**
P: **WELLINGTON INN, BARNET, HRT, ENG**, HISTORY & TENURE, GRORGE RAWLINS, 1800-1900 **[32050]**
P: **WEST RYDE, NSW, AUS**, RESIDENTS OF, 1792-1900 **[99081]**
P: **WESTERN AUSTRALIA**, VOLUNTEER MILITARY FORCE, 1861-1903 **[14440]**
P: **WHARNCLIFFE ESTATE, WRY, ENG**, PHOTOGRAPHS OF, EMPLOYEES OF, 1880S-1890S **[11270]**
P: **WHITBY, NRY, ENG.** MR GIBSON'S SCHOOL, LOCATION, STAFF ETC., 1860-1880 **[26007]**

◆ 561 ◆

P: **WHITTON LODGE HALL,** DURHAM, WRY, ENG, LOCATION & DESCRIPTION OF, 1760+ **[11270]**
P: **WILLIAMSBURG, VA, USA,** PIERS & PEARCE (& VARIANT SPELLINGS) FAMILIES, 1700+ **[26382]**
P: **WILSTEAD & WILSHAMSTEAD,** BDF, ENG, ALL HISTORY RELATING TO, ALL **[46433]**
P: **WIMPOLE STREET, LONDON,** ENG, RESIDENTS OF NO. 15 & OTHER INFORMATION, 1700-1900 **[26007]**
P: **WINCHESTER, THE SOKE, HERSENT HOUSE,** HAM, ENG, 1600-1900 **[14966]**
P: **WINCHESTER,THE CHURCH OF ST.PETER CHESIL,** HAM, ENG, 1600-1900 **[14966]**
P: **WINDSOR, NSW,** AUS, ANNE YOUNG, 1806+ **[20742]**
P: **WINDSOR, NSW,** AUS, JAMES PARKER, 1802+ **[20742]**
P: **WING,** BKM, ENG, , ALL **[22070]**
P: **WITCHFORD, CAM,** ENG, MIGN TO WI, USA, 1850S **[35483]**
P: **WITLEY COURT, SAL,** ENG, SERVANTS OF, NAMED ANNUM & FOOTMAN, 1880-1920S **[17291]**
P: **WLN, RFW & BEW,** SCT, ROBERTSONS & WIVES & FAMILIES, 1850S **[42693]**
P: **WOBURN ABBEY,** BDF, ENG, DOMESTIC STAFF, 1820-80S **[26007]**
P: **WODONGA & DIST,** VIC, AUS, RESIDENTS & LANDHOLDERS, PRE 1900 **[99193]**
P: **WODONGA & DIST,** VIC, AUS, RESIDENTS OF, PRE 1900 **[99193]**
P: **WOODCHURCH,** KEN, ENG, RESIDENTS OF, PRE 1850 **[40569]**
P: **WOOLBROOK,** NSW, AUS, PAST RESIDENTS OF, ALL **[11011]**
P: **WOOLRIDGE AND PEDDIE,** CAPE, RSA, MIGRATION FROM GER, 1857-1930S **[35794]**
P: **WOOLLASTON, NTH,** ENG, EVACUEES BILLETED FROM WALTHAMSTOW, LND, ENG, **[42993]**
P: **WOONTON FARM,** HEF, ENG, ALL **[16102]**
P: **WORTHAM, SFK,** ENG, ALL VILLAGE RESIDENTS OF, 1740-1850 **[26007]**
P: **WORTHAM, SFK,** ENG, VILLAGE RESIDENTS SURNAME READ, 1700+ **[26007]**
P: **WYNDHAM, NZ,** RESIDENTS OF, ALL **[22088]**
P: **YACKANDANDAH & DIST,** VIC, AUS, RESIDENTS OF, PRE 1900 **[99193]**
P: **YELL, MID & SOUTH,** SHI, SCT, COMPLETE RESIDENTS, 1720-1965 **[22331]**

R: Religion

R: **ANGLICAN MINISTER,** GEORGE VARENNE REED, HAYES, KEN, ENG, 1854-1886 **[13869]**
R: **ANGLICAN MINISTER,** JOHN THEODORE ARCH REED, LECK, BKM, ENG, 1806-1830 **[13869]**
R: **BAPTIST MINISTER (PROT. DISSENT.),** THOMAS UPPADINE, HAMMERSMITH, MDX, ENG, 1750-1850 **[25921]**
R: **BAPTIST PREACHER, SMITHFIELD,** NSW, AUS, JAMES MANSFIELD, 1851-92 **[10880]**
R: **BEATING PARISH BOUNDS,** RECORDS OF, IN HRT, ENG, PRE 1870 **[46414]**
R: **BETHEL CHAPEL, LLANIDLOES,** MGY, WLS, HISTORY OF, ALL **[46462]**
R: **BIBLE CHRISTIANS,** WRY, ENG, ANY **[41389]**
R: **BISHOP OF GLOUCESTER,** ENG, JOHN HOOPER, 1495-1555 **[18147]**
R: **CATHOLIC,** PRECIOUS BLOOD CHURCH, 1800+ **[44401]**
R: **CATHOLIC APOSTOLIC CHURCH,** SCT, 1830+ **[46271]**
R: **CHAPLIAN,** HMS KENT, 1740 **[46418]**
R: **CHRIST CHURCH, GLADESVILLE,** NSW, AUS, BAPTISMS, MARRIAGES & FUNERALS, 1890S-1950S **[99081]**
R: **CLERGYMEN NAMED SANKEY,** NORTHANTS, ENG, 1550S **[10116]**
R: **COMMUNITY OF UNITED FRIENDS,** ANY DETAILS, C1835+ **[41500]**
R: **CONGREGATIONAL MINISTER,** REV. JOHN MENZIES, LAWRENCE, NZ, 1869+ **[41005]**
R: **DRUIDISM,** SOCIETYS IN SOUTH YKS, ENG, 1900-1950 **[46439]**
R: **GLASSITE,** ENGLISH & SCOTTISH COMMUNITIES, ALL **[46461]**
R: **HUGUENOT,** ENG. CHI. COUDREY, 1600+ **[21079]**
R: **HUGUENOT,** ENG. CHI. HUGHES JEWELLER, 1600+ **[21079]**
R: **HUGUENOT,** ENG. CHI. PIQUE, 1600+ **[21079]**
R: **HUGUENOT RECTORS,** JERSEY, CHI, FRENCH PROTESTANT, 1664-1729 **[11692]**
R: **HUGUENOTS,** MIGRANTS TO SPITALFIELDS, LONDON, ENG, PRE 1800 **[11066]**
R: **IRISH QUAKER FAMILIES,** , 1650-1900 **[17584]**
R: **JEW, EFRAIM (JACOB) KURZ,** (KURZA OR KURTZ) BOLECHOWICE, KR, POL, 1860+ **[13014]**
R: **JEWISH,** ANGLO-JEWISH, ANY **[17200]**
R: **JEWISH,** AUSTRALO-JEWISH, 1788+ **[17200]**
R: **JEWISH,** WORLDWIDE, **[17200]**
R: **JEWS - ADLER: POLISH VILLAGES,** BOLECHOWICE,KARNIOWICE,RUDAWA,KURDWANOW,POL, 1830+ **[13014]**
R: **JEWS - KURZ, KURZA, KURTZ,** BOLECHOWICE & BRZEZIE, KR, POL, 1840-1900 **[13014]**
R: **METHODIST MINISTER IN WLS,** ROBERT OWEN, PARISH CRICKHOWELL, BRE, WLS, 1833 **[14163]**
R: **METHODISTS,** VICINITY OF ASHFORD, KEN, ENG, PRE 1910 **[40569]**
R: **MINISTER, INDEPENDENT,** JOHN PETHERICK, EXETER, DEV, ENG, PRE 1850 **[45032]**
R: **MINISTERS,** NAMED SEARLE IN RSA, 1850-1950 **[43756]**
R: **MINISTERS, WESLEYAN METHODIST,** REV JOHN HENRY SHOLL, 1842-1905 **[18606]**
R: **MISSIONARIES,** CHINA, 1880-1940 **[21312]**
R: **MISSIONARIES,** CHINA & INDIA, 1920S-1930S **[37978]**
R: **MISSIONARY ALEX. IRVINE & WIFE MARGARET,** VOYAGE TO SOUTH SEAS (LOYALTY ISLANDS), 1863 **[16439]**
R: **NEW JERUSALEM CHURCH,** , ALL **[45125]**
R: **NON-CONFORMITY,** KEN, ENG, 1500-1900 **[17493]**
R: **PRESBYTERIAN PASTORS,** FALKIRK, SCTG, 1861-1863 **[45082]**
R: **QUAKERISM IN CON,** ENG, 1600+ AND WORK OF LOVEDAY HAMBLY, C1682 **[19349]**
R: **QUAKERS,** CORN MERCHANTS OF BUDLEN, STS, ENG, 1800-1850 **[46503]**
R: **REV. WILLIAM CLEEVE,** WIL, ENG, 1765-1825 **[46201]**
R: **SALVATION ARMY,** VIC, AUS, 1886-1956 **[44299]**
R: **SANDEMANIAN,** ENGLISH & SCOTTISH COMMUNITIES, ALL **[46461]**

Subjects

R: **SMART, JOHN (MINISTER)**, LEITH & EDINBURGH, MLN, SCT, 1825-1855 **[20661]**
R: **SOCIETY OF FRIENDS**, STS, ENG - REIGSTERS OF, PRE 1800 **[15823]**
R: **ST.ANDREWS PRESBYTN. CHURCH**, GLADESVILLE,NSW,AUS. BAPT., MARR. & FUNLS, 1890S-1950S **[99081]**
R: **ST.ANNES C OF E, RYDE, NSW, AUS**, CHRISTENINGS, MARRIAGES, FUNERALS, BURIALS, 1826-1900 **[99081]**
R: **ST.CHARLES RC CHURCH, RYDE, NSW, AUS**, CHRISTGS, MARRIAGES, FUNLS, BURIALS, 1840-1920 **[99081]**
R: **ST.JOHNS EPISC.CH., FALL RIVER, MA, USA**, INFO ON CONGREGATIONS, 1900-1940 **[45236]**
R: **ST.LUKES**, OLD STREET, FINSBURY, LND, ENG, 1780-1820 **[16701]**
R: **WESLEYAN CEMETERY THOMASTOWN, VIC, AUS**, ALL BURIALS - ALL DENOMINATIONS, 1855-1955 **[11894]**
R: **WESLEYAN COMMUNITY**, SPITALFIELDS, LONDON, ENG, PRE 1840 **[11066]**
R: **WESLEYAN METHODIST MINISTER**, CLARK, OF COVENTRY, WAR, ENG, 1800 **[15787]**
R: **WORLDWIDE EVANGELISATION CRUSADE, THE**, ENG PRE 1930S, HISTORY; THOMAS GOUDIE, ALL **[32050]**

S: Shipping & Ships (Navires et leurs passagers) (Schiffe und Passagiere)

S: **A. DOROTHEA**, WRECKED MALDON? ISLANDS, 1868 **[42893]**
S: **ABERGELDIE**, ARRIVED NSW, AUS, 1884 **[40792]**
S: **ADAM LODGE**, VOYAGE FROM IRL TO NSW, AUS, 1837 **[10317]**
S: **ADMIRAL BOXER**, VOYAGE, 1856 **[41005]**
S: **ALAN KERR**, ARR. MELBOURNE, VIC, AUS, 1841 **[11692]**
S: **ALMORAH**, SYDNEY, NSW, AUS, C1820 **[29479]**
S: **ANNA DOROTHY**, HANS CHRISTIAN FRANDSEN, AUS (SEAMAN), 1870 **[42893]**
S: **ARIADNE**, GREENOCK, RFW, SCT TO SA, AUS, 1839 **[20770]**
S: **ARMAND BESSTIC**, SYDNEY, NSW, AUS, C1904 **[29479]**
S: **ARROGANT, H.M.S.**, ROY RICE ROBINSON, 1915-1918 **[46425]**
S: **ASCENDANT**, MORETON BAY, QLD, AUS, C1858 **[29479]**
S: **ASHBURTON**, CAPT CHARLES SYLVESTER SMITH, C1870 **[10460]**
S: **ATLAS 2**, CONVICT SHIP VOYAGE, 1802 **[20742]**
S: **AURORA**, SYDNEY, NSW, AUS, C1855 **[29479]**
S: **AURORA (W.LOUDEN)**, SCT. FREMANTLE, WA,AUS,US & POLAND 'MONTROSE', 1890-1892 **[42893]**
S: **BANGALORE**, NSW, AUS. PASSENGER LIST, 1854 **[43521]**
S: **BENCOOLEN**, LONDON, ENG TO SYDNEY, NSW, AUS, 1842 **[13407]**
S: **BLACK EAGLE**, HISTORY PASSENGERS TO AUS, 1854 **[12781]**
S: **BLACK EAGLE**, VOYAGE, 1855 **[41005]**
S: **BLENHEIM**, , 1790S **[41554]**
S: **BLONDE**, SYDNEY, NSW, AUS, C1849 **[29479]**
S: **BLOOMER**, ADAM,EUPHEMIA,THOS & MARGT WHITE.PORTLAND,VIC, 1854 **[42893]**
S: **BLUE FUNNEL LINE, LIVERPOOL, LAN, ENG**, PATROCLUS 147218 & LAOMEDON 131442, 1928-39 **[40768]**
S: **BOADICEA**, PASSENGERS TO HOBART, AUS, 1835-36 **[46387]**
S: **BOADICEA, CHARTERED**, LND, ENG TO TAS VIA CALCUTTA, IND., 1836 **[36800]**
S: **BOILER IMPROVEMENT**, HAWTHORN-WYBER PATENT, NEWCASTLE ON TYNE, ENG, 1918-1920 **[40768]**
S: **BOMBAY**, VOYAGE, **[41005]**
S: **BREMEN TO SYDNEY, NSW, AUS**, NAMES OF PASSENGERS, 1857-1858 **[10408]**
S: **BRILLIANT (SCT TO SYDNEY, AUS)**, DIARIES & RECOLLECTION OF VOYAGE, 1837-38 **[21597]**
S: **BRITISH NATION**, BUILT 1865, PICTURE, HISTORY ETC., **[37149]**
S: **BROTHERS**, ANY DESCENDANTS OF CREW OR PASSENGERS, 1839-42 **[42724]**
S: **CAIRNCORM**, PASSENGER LIST, 1863 **[45125]**
S: **CALIFORNIA**, AMERICAN WHALER, 1850-1890 **[20793]**
S: **CALSTOCK**, SHIPWRECK, 1836 **[14268]**
S: **CANTON**, CONVICTS ON BOARD FOR VDL, AUS, 1840 **[46181]**
S: **CAROLINE**, LIGHTER, MELBOURNE PORT, VIC, AUS, 1852-55 **[11424]**
S: **CAROLINE MIDDLETON**, LIVERPOOL, ENG TO HOBART, AUS - DIARIES, 1854 **[20770]**
S: **CARTSBURN**, TO PORT CHALMERS, NZ, 1874 **[46387]**
S: **CATANIA**, ADELAIDE, SA, AUS, C1883 **[29479]**
S: **CAUCASIAN**, EX PLYMOUTH TO ADELAIDE, SA, AUS, 1850-52 **[11424]**
S: **CENTAUR, HMS**, ENGLISH SHIP, 1800+ **[14268]**
S: **CHALLENGER (HMS)**, ROUND THE WORLD VOYAGE, 1872-1876 **[19454]**
S: **CHAMPION**, SYDNEY, NSW, AUS, C1840 **[29479]**
S: **CHATSWORTH**, LIVERPOOL, ENG, TO VIC THOMAS BOURKE PASS., FEB 1866 **[12153]**
S: **CHINA**, FROM UK, 1890S **[21312]**
S: **CHINA**, PASSENGER, C1839 **[40971]**
S: **CITY OF LINCOLN, SHIP**, SHIPPING RECORDS, LISTS, DIARIES, 1852-1853 **[10978]**
S: **CLAUD HAMILTON**, ALL PASSENGERS & CREW, 1860-1870S **[39083]**
S: **CLYDE**, LIVERPOOL, ENG TO SYDNEY, AUS VIA HOBART, AUS, 1834 **[20661]**
S: **COASTAL VESSELS, UK**, OWNERS OF, 1850-1900 **[45889]**
S: **COLDSTREAM**, VOYAGES TO AUS, 1850-1865 **[39027]**
S: **COLUMBINE**, NSW, AUS. PASSENGER LIST, 1841 **[43521]**
S: **COMMODORE PERRY**, UK TO AUS MILES BAILEY (PASS OR CREW), C1860 **[12153]**
S: **COMMODORE PERRY**, VOYAGE TO NSW, AUS, 1856 **[10317]**
S: **CONSTITUTION**, PASSENGERS, 1875 **[40971]**
S: **CORNWALLIS, HMS. TORPEDOED JAN 1917**, MALTA. NAMES OF SURVIVORS REQ., WWI **[17580]**
S: **COSTA RICA PACKET**, WHALER, 1850-1900 **[20793]**

♦ 563 ♦

S: **COUNTESS OF HARCOURT**, SYDNEY, NSW, AUS, C1828 **[29479]**
S: **CREW LISTS**, CABBAN, JOHN, OF HARWICH, ESS, ENG, 1775-1825 **[19789]**
S: **DARING, HMS**, AND OTHER ROYAL NAVY SHIPS, 1850-1900 **[45635]**
S: **DAVID MCIVOR (MCIVER)**, HERVEY BAY, QLD, AUS, 1863 **[46026]**
S: **DEATHS AT SEA**, HELEN MAITLAND, 1854-1855 **[45082]**
S: **DOCKYARD COMMISSIONER**, NEHEMIAH BOURNE, 1611-1691 **[19454]**
S: **DORIS, H.M.S. (RALPH DIXON) 'TRANSPORT'**, (R.N.1805-16.3.1820, ESTAB NO. 106) & DORIS, 1805-1820 **[19865]**
S: **DUCHESS OF ARGYLE**, SCOTTISH IMMIGRANTS TO NZ, 1842 **[21973]**
S: **DUCHESS OF NORTHUMBERLAND**, COR, IRL TO SYDNEY, NSW, AUS, 1836 **[10047]**
S: **DUCHESS OF NORTHUMBERLAND**, PORT PHILLIP, AUS, 3 JUN 1841 **[42890]**
S: **DUCHESS OF NORTHUMBERLAND**, SYDNEY, NSW, AUS, C1835 **[29479]**
S: **DUCHESS OF RICHMOND**, SCOTTISH IMMIGRANTS TO CAN, C1830 **[16842]**
S: **DUKE OF NEWCASTLE**, BRISBANE, QLD, AUS, C1862 **[29479]**
S: **DUMFRIES**, PASSENGERS & CREW, 1839 **[43804]**
S: **DUNERA**, INTERNEES, 1940+ **[16383]**
S: **DURBAN, RSA FROM UK**, ALL SHIPPING, 1890+ **[45973]**
S: **EASTERN EMPIRE**, PASSENGERS, C1862 **[40971]**
S: **EBANI H.M.H.S.**, HOSPITAL SHIP,WWI,S.AFR. MED. RAMC. PERSONNEL, 1914+ **[32050]**
S: **EBBE BRAHE**, ARR. AUS, 1855 **[36112]**
S: **ECHEVARRIETA & LARRINAGA**, BILBAO, ESP, 1885-1925 **[40768]**
S: **EDWARD (1)**, SYDNEY, NSW, AUS, C1829 **[29479]**
S: **ELIZA IV**, DOWN, IRL TO VDL, AUS, 1849 **[31676]**
S: **ELIZABETH**, NSW, AUS. PASSENGER LIST, 1844 **[43521]**
S: **ELIZABETH**, PASS LIST, NSW, AUS. JAN, 1844 **[16554]**
S: **ELIZABETH & MARIA**, TRADE ENG & COLONIES, 1650-1670 **[38516]**
S: **ELLERMAN SHIPLINE**, ROUTES TO JAPAN, 1880-1910 **[22090]**
S: **EMPRESS QUEEN**, ALBERT E. SANCHEZ. SAL.STD., **[31319]**
S: **EUTERPE**, VOYAGE TO NZ, 1876 **[20793]**
S: **FERRET, S.S.**, PIRACY OF & PASSAGE TO MELBOURNE, VIC, AUS, 1880-1881 **[28140]**
S: **FISHING FLEETS**, NORTH SEA, 1850-1900 **[44018]**
S: **FIVE SISTERS**, LOWESTOFT REGISTERED FISHING VESSEL, 1878-1920 **[19179]**
S: **FORA**, TO ADELAIDE, SA, AUS, APR 1855 **[20770]**
S: **GENERAL GORDON**, STOWAWAYS LIVERPOOL, ENG TO MELBOURNE, AUS, 1886 **[12490]**
S: **GENERAL HEWITT**, BRISBANE, QLD, AUS, C1851 **[29479]**
S: **GERTRUDE**, SAILED NZ & LND, ENG, 1840 **[46507]**
S: **GLATTON**, SYDNEY, NSW, AUS, C1803 **[29479]**
S: **GLORIANA**, VOYAGES ENG & INDIA, 1840+ **[40792]**
S: **GOLDEN LAND**, ARR. MELBOURNE, VIC, AUS, 1864 **[11692]**
S: **GOLDFINDER**, VOYAGE, 1856 **[41005]**
S: **GOTHENBURG**, SHIPWRECK, 1875 **[12831]**
S: **GUILDFORD**, SYDNEY, NSW, AUS, C1818 **[29479]**
S: **HANNAH**, WHALEBOAT RESCUE, PORT FAIRY, VIC, AUS, 1868 **[42893]**
S: **HARWICH, ESS, ENG & NL -HOOK OF HOLLAND**, CREW LISTS, 1750-1820 **[19789]**
S: **HAWTHORN, R. & W., LESLIE & CO.**, ST.PETERS WORKS, NEWCASTLE ON TYNE, NBL, ENG, 1900-1930 **[40768]**
S: **HEAD LINE SHIPS**, ULSTER STEAMSHIP CO., RECORDS ETC., 1890-1950 **[17234]**
S: **HELENE**, FROM HAMBURG TO ADELAIDE, SA, AUS, 1858-59 **[25921]**
S: **HENRY THOMPSON**, HENRY BUCK SAN FRANCISCO,USA TO MELBOURNE,AUS, 1890 **[46199]**
S: **HILTON**, VOYAGE & PASSENGERS TO AUS, 1855 **[46358]**
S: **HIMALAYA R.M.S.**, ARR. AUS, 1897 **[36112]**
S: **HOTSPUR INDIAMAN**, VOYAGES ENG INDIA & AUS, 1850-60 **[40792]**
S: **IMPREGNABLE, RN SHIP OR TRANSPORT**, DEVONPORT, DEV, ENG, 1800-1900 **[45032]**
S: **INDUSTRY**, THAMES BARGE, LND, ENG, C1820 **[11797]**
S: **INKWORTH**, FROM NY, USA 14 APR 1877 TO SYDNEY, NSW, AUS, 12 JLY 1877 **[41266]**
S: **IRRAWADDY FLOTILLA CO. LTD,RANGOON,BURMA**, W.R.MEDLOCK, 1900-20 **[14874]**
S: **ISAAC CARVER**, AMERICAN WHALER, 1830-1890 **[20793]**
S: **IVANHOE**, FROM NY, USA 24 FEB 1878 TO SYDNEY, NSW, AUS, 1 JUN 1878 **[41266]**
S: **JANE GIFFORD**, VOYAGE & PASSENGERS TO AUS, 1841 **[46358]**
S: **JOHN**, CONVICTS ON BOARD FOR NSW, AUS, 1832 **[46181]**
S: **JOHN BARRY**, VOYAGE, ENG TO SYDNEY & HOBART, AUS, 1825-1826 **[11839]**
S: **JOHN CAESAR**, BRISBANE, QLD, AUS, C1856-66 **[29479]**
S: **JOURNALS**, IMMIGRANT SHIP BROTHERS, 1839-42 **[42724]**
S: **KATE - TRADING KETCH OF SINGAPORE**, CPT. B.E. GALL TO PALAU IS., 1872 **[21472]**
S: **KENT**, ARRIVED, VIC, AUS, 1852 **[40792]**
S: **KENT (HMS)**, CHAPLIANS, 1740 **[46418]**
S: **KINNAIRD**, BUILT LONDON, HISTORY OF REQUIRED, 1834+ **[10801]**
S: **KINNEAR**, LND TO AUS (GER BOUNTY EMIGRANTS), 1837-38 **[10801]**
S: **LADY KENNAWAY**, SYDNEY, NSW, AUS, 12 OCT 1836 **[42890]**
S: **LADY KENNAWAY**, SYDNEY, NSW, AUS, C1854 **[29479]**
S: **LADY NUGENT (X LND)**, SAILED NZ 1840, PHOTOS, SKETCHES, C1840 **[46507]**
S: **LORD DALHOUSIE**, CONVICTS ON BOARD FOR WA, AUS, 1863 **[46181]**
S: **LOST AT SEA**, ROBERT BECKWITH ARTHUR, 1917 **[44085]**
S: **LUGGER MYSTERY**, TRIP TO AUS, 1854 **[12454]**
S: **MAGNASHA**, ALL INFORMATION ON, 1840S **[29520]**

♦ Subjects ♦

S: **MAITLAND**, MIGRANTS TO AUS ON, 1838 **[11629]**
S: **MAKURA OF DUNEDIN**, SYDNEY, NSW, AUS, C1912 **[29479]**
S: **MANGLES (2)**, IRL TO SYDNEY, AUS, 1822 **[10562]**
S: **MARLBOROUGH**, VOYAGES ENG & INDIA, 1850-70 **[40792]**
S: **MARQUIS OF HASTINGS**, SYDNEY, NSW, AUS, C1828 **[29479]**
S: **MARTIN LUTHER**, LIVERPOOL TO MELBOURNE, VIC, AUS, 1852 **[12231]**
S: **MASTER MARINER**, HENRY THOMAS, FALKLANDS, C1916 **[46401]**
S: **MASTER MARINER**, W.R. MEDLOCK, BURMA & INDIA, 1900-20 **[14874]**
S: **MASTER MARINERS**, BASED ON RIVER TYNE, ENG, 1800+ **[46443]**
S: **MAURETANIA - PASSENGER LISTS**, OF SAILINGS FROM LIVERPOOL,LAN,ENG TO USA, C1920 **[40472]**
S: **MELBOURNE**, ARR. PORT CHALMERS, OTG, NZ, MAR 1861 **[20936]**
S: **MELROSE**, TRADING SHIP, C1850S **[99052]**
S: **MERCHANT SEAMAN**, CHARLES ISAAC HARWOOD SCOTT, LND, ENG, 1838-1852 **[12641]**
S: **MERKARA**, COOKTOWN, QLD, AUS, C1882 **[29479]**
S: **MINERVE(A) (MARSELLES TO NEW ORLEANS)**, SHIPWRECKED CABO ROJO, PUERTO RICO, C1815 **[22470]**
S: **MONICA**, ARRIVED, NSW, AUS, 1857 **[40792]**
S: **MURRAY RIVER BOATS, AUS**, CAPTAINS & CREWS, ALL **[99193]**
S: **MURRAY RIVER BOATS, AUS**, TO NORTH EAST VIC PORTS, AUS, ALL **[99193]**
S: **N. BOYNTON**, VOYAGES, 1800 **[46358]**
S: **N.BOYNTON**, FROM NY, USA 3 FEB 1877 TO SYDNEY,NSW, AUS, 22 MAY 1877 **[41266]**
S: **NAVAL COMMISSIONER**, FRANCIS GASHRY, 1702-1762 **[19454]**
S: **NELEUS**, LONDON TO MELBOURNE, VIC, AUS, 1854 **[12231]**
S: **NELSON**, ARR. PORT CHALMERS, OTG, NZ, AUG 1862 **[20936]**
S: **NEPTUNE**, PASSENGERS, C1840 **[40971]**
S: **NESBIT**, SCOTTISH IMMIGRANTS TO CAN, C1830 **[16842]**
S: **NORTHUMBERLAND**, SYDNEY, NSW, AUS, C1862 **[29479]**
S: **NUMA**, SYDNEY, NSW, AUS, C1834 **[29479]**
S: **ORESTES**, PASS LIST, NSW, AUS. MAY, 1841 **[16554]**
S: **ORONTES**, SYDNEY, NSW, AUS, C1838 **[29479]**
S: **ORPHEUS, HMS**, STRANDING, MANUKAU, NZ, 7 FEB 1863 **[32907]**
S: **OTRANTO**, TILBURY, ENG TO MELBOURNE, AUS, 1952 **[46247]**
S: **OUR HOPE**, ST JOHN, NB, CAN TO INVERCARGILL, NZ, 1862-63 **[20661]**
S: **PAPANUI, S.S.**, CAUGHT FIRE & SANK OFF ST.HELENA, 1912 **[44296]**
S: **PASSENGER LISTS**, TO AND FROM RSA & ENG, 1850+ **[22114]**
S: **PASSENGER SHIPPING RECORDS**, GLASGOW, LKS, SCT TO AUS OR USA, 1929 **[39581]**
S: **PEMBROKE, HMS**, , WW2 **[19892]**
S: **PERU**, SYDNEY, NSW, AUS, C1855 **[29479]**
S: **PETER DENNEY**, CAPTAIN PYECROFT, 1874 **[40914]**
S: **PETER DENNY**, ARR. PORT CHALMERS, OTG, NZ, SEPT 1873 **[20936]**
S: **PHEASANT, HMS**, SINKING OF, 1917 **[46400]**
S: **PILOT VESSELS**, QLD, AUS, 1865-18703 **[12454]**
S: **PLADDA**, ARR. PORT CHALMERS, OTG, NZ, DEC 1862 **[20936]**
S: **PLASSEY (SS)**, ENG TO RSA, ANY **[18042]**
S: **PORTIA, H.M.S.**, SEAMAN PERKINS, C1900 **[40905]**
S: **PRINCE OF WALES**, HUDSON BAY CO. & NELSON BROS., 1850-1910 **[42828]**
S: **PRINCESS ROYAL**, CONVICT SHIP TO SYDNEY, AUS, 1794-1850 **[46385]**
S: **QUEEN OF THE SEAS**, CREW LIST TO AUS, 1854 **[39017]**
S: **RANGITIKI**, ENG TO NZ, 1883 **[20730]**
S: **RATTLESNAKE**, JOHN EASTMAN, NEW GUINEA, NSW, QLD & AUS, 1847+ **[42893]**
S: **RED ROVER**, IRL TO SYDNEY, NSW, AUS, 1832 **[10276]**
S: **ROBERT MCGUINESS**, AUSTRALIAN STEAMSHIPS, 1878+ **[46199]**
S: **ROBERT SMALL (UK TO AUS)**, BRIDGET BAILEY FROM WEX, IRL, PASSENGER. ARR. SEPT 1863 **[12153]**
S: **ROYAL DANE**, BRISBANE, QLD, AUS, C1871 **[29479]**
S: **ROYAL GEORGE, HMS**, PORTSMOUTH, HAM, ENG, 1782 **[42665]**
S: **ROYAL SOVEREIGN (2)**, CONVICT SHIP VOYAGE, 1835 **[20742]**
S: **ROYAL YACHTS MASTERS**, JOHN BROWN, PRE 1814 **[40822]**
S: **RUPAK - BRITISH SCHOONER**, CPT. B.E. GALL TO PALAU IS., 1874-5 **[21472]**
S: **SALISBURY (X LND)**, SAILED NZ 1872, PHOTOS, SKETCHES, C1872 **[46507]**
S: **SAMUEL PLIMSOLL - MAIDEN VOYAGE**, TO SYDNEY,NSW,AUS FROM PLYMOUTH,DEV,ENG, 1873-4 **[39735]**
S: **SCOTTS' S. & E. COMPANY LTD**, GREENOCK, RFW, SCT, 1935-60 **[40768]**
S: **SEA CAPTAIN**, RICHARDS - SA, AUS, 1890S+ **[26223]**
S: **SEA CAPTAIN,GEORGE MCLEOD**, SAILED ARIADNE TO AUS FROM GREENOCK, RFW, SCT, 1839-40 **[18325]**
S: **SEA CAPTAIN,GEORGE MCLEOD**, SAILED ARIADNE TO AUS FROM LIVERPOOL, ENG, 1839-40 **[18325]**
S: **SEA CAPTAINS**, AMERICAN MARINE SERVICE, 1840-1860S **[35004]**
S: **SEDUISANTE. WHALER**, WRECK, NOTTINGHAM IS, NW TERRITORIES, CAN, 1912 **[13014]**
S: **SEMINARY, FIF, SCT**, JESSIE (JANET) MACPHERSON, 1863 **[10119]**
S: **SHEPHERDESS**, AUS TO NZ, 1840S-50S **[20661]**
S: **SHIP OWNER**, HENRY BAKER - WRECKED VIC, AUS, 1850-1900 **[14227]**
S: **SHIPBUILDER**, HENRY CURRY, C1846 **[28117]**
S: **SHIPBUILDER**, LAUCHLAN ROSE, LEITH, SCT, 1835-1857 **[10392]**
S: **SHIPBUILDERS**, T. & W. SMITH, NEWCASTLE, NBL, ENG, 1850+ **[40792]**
S: **SHIPPING & SHIPS**, CUNARD RMS BERENGARIA (CREW MEMBERS), 1930-38 **[31323]**
S: **SHIPPING ENGINEER**, CHARLES MORRIS, MINGAN, QUE, CAN, 1840+ **[20825]**

SUBJECTS

S: **SHIPS CREW & LOG**, SOUTHAMPTON, ENG & IRL, PRE 1880 **[41103]**
S: **SHIPS NAME REQUIRED**, FOR A CAPTAIN MARTIN, 1854-1855 **[16370]**
S: **SHIPS PAINTERS**, PELLING, LONDON DOCKS, ENG, 1880+ **[41103]**
S: **SHIPWRECK**, ARCHILLES, MAR 1867 **[45154]**
S: **SHIPWRECK**, BARK 'ENGLAND' IN IRISH CHANNEL, NOV 1865 **[45154]**
S: **SHIPWRECK, SKELLIGS, IRL**, MASTER BERNARD WADE, LOST 14 OCT 1809, **[43076]**
S: **SHIPWRECKS**, AYR COASTLINE, SCT, 1914-1918 **[20958]**
S: **SHIPWRECKS**, IN AUSTRALIAN WATERS, 1788+ **[10210]**
S: **SIERRA NEVADA**, FROM NY, USA 10 MAR 1877 TO SYDNEY, NSW, AUS, 25 JUN 1877 **[41266]**
S: **SIR CHARLES NAPIER**, PHOTOGRAPHS, DRAWINGS OR HISTORY, C1842 **[10880]**
S: **SIR WILLIAM BENSLEY**, CONVICTS ON BOARD FOR NSW, AUS, 1817 **[46181]**
S: **SKIOLD**, GERMAN IMMIGTS TO NZ, 1844 **[21973]**
S: **SOPHIA PATE**, VOYAGES & WRECK, 1829-1841 **[34101]**
S: **ST.LAWRENCE**, VOYAGES ENG & INDIA, 1860S **[40792]**
S: **ST.VINCENT**, CONVICTS ON BOARD FOR VDL, AUS, 1853 **[46181]**
S: **STAR OF THE WEST**, FROM NY, USA 31 MAY 1877 TO SYDNEY, NSW, AUS, 14 SEP 1877 **[41266]**
S: **STEAMBOATS**, CAPTAINS & PILOTS, OHIO RIVER, USA, 1810-1880 **[22846]**
S: **SURREY II**, SYDNEY, NSW, AUS, C1816 **[29479]**
S: **SUSAN**, PASSENGERS, C1841 **[40971]**
S: **THREE BEES**, SYDNEY, NSW, AUS, C1814 **[29479]**
S: **TRADE & MIGRATION**, ENG & COLONIES, 1630-1685 **[38516]**
S: **TREVESSA, S.S.**, CAPT. CECIL PT FOSTER, **[34479]**
S: **TUDOR**, ARRIVED, NSW, AUS, 1860 **[40792]**
S: **UK TO DURBAN, RSA**, ALL SHIPPING, 1890+ **[45973]**
S: **VASGO DE GAMOS SAILOR NAME BRITTON**, MURDERED SAN FRANCISCO, CA, USA. RECORDS, **[10610]**
S: **VESSELS CARRYING WINE**, LONDON TO STOCKTON, DUR, ENG, C1800 **[37155]**
S: **VESTAL (HMS)**, CAREER OF WILLIAM DIXON ON BOARD, 1833-1838 **[19865]**
S: **VICTORY**, CAPT. WILLIAM VAGG, 1850-60S **[46324]**
S: **VOCALIST**, SYDNEY, NSW, AUS, C1857 **[29479]**
S: **WAITANGI**, BLUMER BUILDERS, SUNDERLAND, 1874-1880 **[40914]**
S: **WALKER, JOHN**, SHIPBUILDER, ABERDEEN, SCT, 1800+ **[10125]**
S: **WALLASEA**, ARRIVED, NSW, AUS, 1860 **[40792]**
S: **WATERFORD STEAMSHIP CO.**, EMPLOYEES OF, WAT, IRL, ANY **[31079]**
S: **WELLESLEY**, LONDON TO MELBOURNE, VIC, AUS, 1861 **[12231]**
S: **WENNINGTON (LIVERPOOL TO MELBOURNE**, AUS, THOMAS COLLIER (PASS.). ARR SEPT, 1865 **[12153]**
S: **WESTMINSTER**, PASSENGERS TO SYDNEY, AUS, 1838 **[46387]**
S: **WHALERS**, LONG ISLAND & NJ, USA, 1650-1750 **[22846]**
S: **WHITBY**, PRINT OF, 1800S **[46402]**
S: **WILLIAM METCALF**, LONDON, ENG TO SYDNEY, NSW, AUS, 1842-1844 **[13407]**
S: **WILLIAM MILES**, , 1860 **[40914]**
S: **WILLIAM PITT**, CONVICT SHIP VOYAGE, 1806 **[20742]**
S: **WOODMAN**, SYDNEY, NSW, AUS, C1823 **[29479]**
S: **YATALA**, STEAM TUG, AUS, 1878+ **[46199]**

The Second Fleet - Britain's Grim Convict Armada of 1790
Michael Flynn

Authoritative Biographical Dictionary- the first historical work to tell the story of the Second Fleet, setting it against the background of early Australian history. It includes biographies of convicts, seamen, soldiers, officials, wives and children who sailed with "The Death Fleet". They ranged in age from 9 months to 68 years.

Reviewers comments: *Australian Law Journal*: ..a masterpiece with the most painstaking attention to historical detail, accuracy and fairness.

Sydney Morning Herald: An immense feat of scholarly research....

Weekend Australian: splendid book. with engrossing Introduction, statistics, notes on sex, ethnicity, language, literacy.

2001 Addenda & Corrigenda and Author's Notes added to reprint. 800 pages - Illus. - Indexed
Hardcover A$59.50 Paperback A$44.50 + $7.50 post in Aus. $25.00 overseas.
Published by the Library of Australian History - to order - see last page.

Census of NSW 1828 on CD-ROM.

Edited by Malcolm Sainty & Keith Johnson

Over **36,000 people** recorded. **CD-ROM available NOW.** (the book is out of print).

The Editors have linked entries in the Census to allow the user to list the **HOUSEHOLD** and to bring together **all the employees** as well as the **family of the Householder**.

The CD allows searches by a number of fields including **Surname, Given name, Age, Status (convict/free or Born in Colony etc.), Ship and Year of Arrival, Religion, Occupation, Abode**. It is comprehensively cross indexed so that employers for example can be located. The informative Introduction and Reference Notes from the published volume as well as an updated Addenda and Corrigenda are included on the CD-Rom as Editorial Notes.

Published by the Library of Australian History
A$55.50 + $3.50 Post. (Windows 98+ PC)

Musters, Returns & Lists

These valuable reference volumes published in a matching series by the ABGR Project on behalf of the **Society of Australian Genealogists**, give details of the early musters and population lists of NSW & Norfolk Island.
Carol Baxter, editor, has added Appendices, including statistics & other details.
All volumes in matching size, hard bound in Red Library Buckram, gold blocked.

Musters & Lists - New South Wales and Norfolk Island 1800-1802

236 pages; 5,000 primary name listings. Cross-reference index.   **$40.00**

Musters of New South Wales and Norfolk Island 1805-1806

294 pages; 5,000 primary name listings. Cross-reference index.   **$44.00**

General Muster Land and Stock Muster of New South Wales 1822

808 pages; 26,000 primary name listings. Cross-reference index.   **$57.00**

General Muster List of NSW 1823, 1824, 1825

Three Musters combined. Appendices contain interesting and unusual details: Employers, Occupations, Departures and Deaths.
The Introduction explains how the Musters were conducted, where and when.

864 pages, Fully indexed   **$76.00**

Available from the Society of Australian Genealogists or LAH see LAST page.

Contributors & Addresses

Participants -Einsender.

The following list contains the names, addresses and numbers of the contributors to this edition of the *GRD* for both the main **surname** section and the **subject** section.

Do NOT telephone contributors unless their NUMBER IS LISTED in the GRD.

These names and addresses are published for the sole purpose of contact being made by persons who may be able to assist each other with their family research.

Contributors should not be contacted by professional genealogists seeking business, nor by others selling products and services outside the specified field of research.

Format of addresses etc. of Contributors explained on page headed One Name Studies.

Important Notice - Postage

In the past the Editors have recommended that when writing to a contributor in another country the writer should include International Reply Coupons (I.R.C's.) to cover the cost of their reply postage. 3 I.R.C's were normally required for airmail.

It became evident that postal authorities worldwide were making an excessive profit on the I.R.C's and we recommended that use of them be the decision of the correspondents. However, recently some post offices have given airmail postage for 1 I.R.C. and we suggest you check this and use them if this is the case.

We believe that a person writing to a contributor in another country, will get a response if the contributor believes there is a family connection. In the event that the contributor does reply, then it is assumed that a continuing two way correspondence may result and that both parties should pay their own postage.

When writing to a contributor in your own country it is suggested that the practice of enclosing a self addressed stamped envelope should be continued.

Writing Internationally

Some people may be reluctant to write to a contributor in a "New World" country such as America or Australia about a family based in the "Old World". Indeed a person living in Canada may think that a contributor living in New Zealand could not possibly assist with their German ancestry. Not so.

As an example, one of the Editors discovered a book about a collateral branch of his family, privately published in New York by an American in 1935 who had researched his English ancestry in Buckinghamshire. The American researcher had substantially corrected and enlarged the family pedigree from 1413 to 1650 and disproved a pedigree published in England in 1880. Only 25 copies of the book were published in 1935 yet it contains more accurate and extensive data about this particular English family than gathered for publication elsewhere.

Remember, it is important when considering writing to a contributor that you do so on the basis of their area of research and not where the contributor lives.

Ecrire à l'étranger

On peut hésiter à écrire à un correspondant d'un pays "jeune" comme l'Australia ou l'Amérique pour parler d'une famille installée dans un pays "ancien". Certes, le lien n'est pas forcément certain, mais qui sait si le correspondant en question n'en sait pas plus que vous ? Il est déjà arrivé, par exemple, qu'un anglais ait pris ainsi connaissance d'une publication américaine signalée par un correspondant américain et concernant sa famille en Angleterre.

On se rappellera en tout cas que le domicile de son correspondant n'a pas forcément à voir avec la zone de ses recherches.

♦ Contributors & Addresses ♦

NOTE: The Telephone and Fax numbers do NOT contain your own International Access Number (which is usually 00 or 001 or 0011) and does NOT contain the Country Code. If dialling from one country to another you must dial both those numbers and then the number in the brackets leaving OUT the first Zero followed by the rest of the numbers. Postcodes: see the page AFTER the end of this section.

10001 Ole Pein, Nackrosvagen 33, S-169 37 SOLNA SWEDEN Email: pein@bredband.net
10016 Dr Neil Chadwick, 27 Mahony Circuit, DRIVER NT 0830 AUS
10035 Ernie Davis, Oam, 4/86 Raglan St, MANLY NSW 2095 AUS Tel: (02) 9977 3338 Email: ernied1@bigpond.net.au
10037 Dr William Garrett, 68 Ormond St, PADDINGTON NSW 2021 AUS
    Tel: (02) 9331 1903 Fax: (02) 9360 9916 Email: wgarrett@tpg.com.au
10046 Dr Robert S. Cameron, 256 Leura Mall, LEURA NSW 2780 AUS Email: rcam1111@bigpond.net.au
10047 Susan Tooth, 108 Jersey Rd, WOOLLAHRA NSW 2025 AUS Email: stooth@idx.com.au
10049 Janet Hill, 17 Cornwall Cl, TERRIGAL NSW 2260 AUS Email: jevanshill@bigpond.com.au
10054 Mrs M.E. Maltby, 4/3 Gladswood Gdns, DOUBLE BAY NSW 2028 AUS Tel: (02) 9327 4307 Fax: (02) 9327 7345
10070 Mavis Elliott, 7 Chenhall St, WOONONA NSW 2517 AUS Email: tmelt@1earth.net
10071 Yvonne Jones, 31 Hinkler St, MAROUBRA NSW 2035 AUS Email: vonniej@bigpond.com
10072 Miss Hazel J. Punton, 99 Prince Edward St, MALABAR NSW 2036 AUS
10085 Miss H. Melbourne, 213 Nelson St, ANNANDALE NSW 2038 AUS Tel: (02) 9660 4926
10102 Mrs Coral Callaway, 19 Newton St, GOULBURN NSW 2580 AUS Tel: (02) 4821 0105 Email: coralc@tpg.com.au
10114 Keith A. Johnson, Am, Po Box 795, NORTH SYDNEY NSW 2059 AUS Email: grdxxx@ozemail.com.au
10116 Malcolm R. Sainty, Am, Po Box 795, NORTH SYDNEY NSW 2059 AUS Email: grdxxx@ozemail.com.au
10119 Mrs June R. Gordon, 7/31 Elamang Ave, KIRRIBILLI NSW 2061 AUS Tel: (02) 9922 4125 Fax: (02) 9922 4125
10125 Mrs E. Walker, Po Box 3676, MARSFIELD NSW 2122 AUS Email: lizrose@tpg.com.au
10141 Marlene Peters, 35 Landers Rd, LANE COVE NSW 2066 AUS Tel: (02) 9427 5610 Email: noelapet@optusnet.com.au
10145 Dr Edna M. Watson, 21/20 Bonner Ave, MANLY NSW 2095 AUS Email: emwatson@optusnet.com.au
10146 Mrs Joan Antarakis, 9 Cramer Cres, CHATSWOOD WEST NSW 2067 AUS
10165 Elizabeth Allum, Po Box 171, GORDON NSW 2072 AUS
10167 John Lanser, 2/2 Greengate Rd, KILLARA NSW 2071 AUS
    Tel: (02) 9378 4815 Fax: (02) 9378 2221 Email: lanserj@cba.com.au
10194 Paul Shipman, 4 Chapala Cl, ST.IVES NSW 2075 AUS Email: prcpshipman@yahoo.com
10203 Mrs Berenice Hill, 1 Carcoola Cres, NORMANHURST NSW 2076 AUS Email: bhill@smartchat.net.au
10209 Mrs B. Rawlings, 1/3 Neringah Ave South, WAHROONGA NSW 2076 AUS
10210 Janet Robinson, 1/20 Gilroy Rd, TURRAMURRA NSW 2074 AUS
10230 Mrs Anne Carlin, 15 Munro St, GREYSTANES NSW 2145 AUS
10232 Graeme R. Mctaggart, 32 Clinton Cl, BEROWRA HEIGHTS NSW 2082 AUS
10252 Mrs Marjorie Day, 10/1A Queen St, MOSMAN NSW 2088 AUS
    Tel: (02) 9969 9752 Email: kmarjorieday@hotmail.com
10254 Mrs Perry Mcintyre, 35 Myahgah Rd, MOSMAN NSW 2088 AUS Email: perrymcintyre@optushome.com.au
10260 Miss L. Adams, Po Box 48, CREMORNE JUNCTION NSW 2090 AUS Fax: (02) 9908 4552
10261 Mrs Marie Owen, 1 Yeats Ave, KILLARNEY HEIGHTS NSW 2087 AUS
    Tel: (02) 9451 1239 Fax: (02) 9975 3471 Email: owenmj@bigpond.net.au
10263 John Ardill, 13 Montauban Ave, SEAFORTH NSW 2092 AUS Tel: (02) 9949 3524 Email: ardill@bigpond.com.au
10270 Paula Hume, 9/59 Dee Why Pde, DEE WHY NSW 2099 AUS Email: paula_hume@yahoo.com.au
10272 Richard Sansom, 5 Mons Rd, BALGOWLAH NORTH NSW 2093 AUS
    Tel: (02) 9948 4692 Email: rsansom@bigpond.net.au
10273 G.E. Brett, 92 Lauderdale Ave, FAIRLIGHT NSW 2094 AUS Email: gebrett@telpacific.com.au
10276 Michael Downey, 4/1 Wood St, MANLY NSW 2095 AUS Email: revilo@geko.net.au
10277 Mrs Pamela Almond, 10 Gwenda Ave, BERRY NSW 2535 AUS
10280 Ken Gardner, 123 Veterans Pde, COLLAROY PLATEAU NSW 2097 AUS
10286 Eric Pogson, 194 Alfred St, NARRAWEENA NSW 2099 AUS Tel: (02) 9982 8484 Email: gpogson@optusnet.com.au
10287 Mrs C.M. Storer, 45 Greenwood Ave, NARRAWEENA NSW 2099 AUS Email: colyn_s@yahoo.com.au
10295 Edwin Koeppen, 27 Bayview Pl, BAYVIEW NSW 2104 AUS Tel: (02) 9997 2407 Email: koeppen@tpg.com.au
10297 Mrs M. Phee, 205 Hudson Pde, CLAREVILLE BEACH NSW 2107 AUS
10301 Ms C.J. Dunne, 43 Bynya Rd, PALM BEACH NSW 2108 AUS
10303 John Tankard, 32 Dolphin Cres, AVALON BEACH NSW 2107 AUS Email: johntank@iprimus.com.au
10314 Margaret Gannon, 76 Moncrieff Dr, EAST RYDE NSW 2113 AUS
10317 Mrs Helen M. Patterson, 10 Carramar Ave, NORTH RYDE NSW 2113 AUS Tel: (02) 9888 7041 Email: helen@patto.net
10318 Rev. Christopher Ridings, 3/15 Lane Cove Rd, RYDE NSW 2112 AUS Email: tutu@atu.com.au
10329 Maureen Mcdonald, 6/12 Winter St, TELOPEA NSW 2117 AUS Email: mdmcd@ihug.com.au
10330 Mrs C. Thomas, 49 Evans Rd, DUNDAS VALLEY NSW 2117 AUS
10339 Eric Hutchin, 2 Mcmullen Ave, CARLINGFORD NSW 2118 AUS
10340 Mr K.C. Miles, 15 Keats St, CARLINGFORD NSW 2118 AUS Email: kcwmile7@ihug.com.au
10345 Gloria J. White, Po Box 2779, CARLINGFORD NSW 2118 AUS Tel: (02) 9876 5688 Email: grwhite24@bigpond.com
10346 John A. Burlison, 23 Kethel Rd, CHELTENHAM NSW 2119 AUS
10350 Mrs R. Hodgson, 50 Malton Rd, BEECROFT NSW 2119 AUS Email: raeda@ozemail.com.au
10361 Mrs L. Polley, Po Box 137, THORNLEIGH NSW 2120 AUS
10367 Mrs Kerrie O'Hagan, 82 Bantry Bay Rd, FRENCHS FOREST NSW 2086 AUS
    Tel: (02) 9451 3415 Email: bruker@pacific.net.au
10383 Mrs Monica Foggin, 25 Wingate Ave, EASTWOOD NSW 2122 AUS Email: foggin@matra.com.au
10392 Miss G.H. Chapman, 17/81 Florence St, HORNSBY NSW 2077 AUS
10394 Barbara Anderson, Po Box 85, WEST PENNANT HILLS NSW 2125 AUS Tel: (02) 9872 2552

ADDRESSES

10399 Mrs Beryl M. Chesterton, 10 Emily Pl, CHERRYBROOK NSW 2126 AUS
Tel: (02) 9484 5979 Fax: (02) 9484 5979 Email: chestert@ozemail.com.au
10408 Jenny C. Paterson, 3A King Edward St, CROYDON NSW 2132 AUS
10428 Mrs Patricia M. Whittington, 24 Catalina Rd, SAN REMO NSW 2262 AUS Email: patronwhi@bigpond.com
10441 Mrs Diana S. Howell-Smith, 29 Macleay St, GREYSTANES NSW 2145 AUS Tel: (02) 8813 7126 Fax: (02) 9896 0323
Email: diandroy@optus.com.au
10454 Mr S.T. Walker, 21 Oceanic Pl, OLD BAR NSW 2430 AUS Tel: (02) 6553 3293 Email: elrancid@smd.net.au
10460 Matthew J. Smith, 119 Mississippi Rd, SEVEN HILLS NSW 2147 AUS
10470 John Cusack, 12 Tallwood Dr, NORTH ROCKS NSW 2151 AUS Tel: (02) 9630 7195 Fax: (02) 9630 3127
Email: jzak@optushome.com.au
10485 Wayne Kedward, 9 Brady Pl, KELLYVILLE NSW 2155 AUS Tel: (02) 9629 1721 Fax: (02) 9629 7256
Email: kedward@ihug.com.au
10489 Sue Lynam, 8 Forum Cres, BAULKHAM HILLS NSW 2153 AUS
10492 Mark Pearce, 61 Malonga Ave, KELLYVILLE NSW 2155 AUS Fax: (02) 9629 5531 Email: mhpearce@tpg.com.au
10493 Mr M.J.W. Rowland, 75 Cross St, BAULKHAM HILLS NSW 2153 AUS Email: rowland@tech2u.com.au
10506 Mrs J. Cosier, 4 Stanley St, MERRYLANDS NSW 2160 AUS
10508 Mrs Mary Mccormick, 2/20 Stimson St, GUILDFORD NSW 2161 AUS
10516 Mrs M.J. Scotland, 77 Campbell Hill Rd, CHESTER HILL NSW 2162 AUS Tel: (02) 9644 4767
Email: moyna@tpg.com.au
10562 Eric Mclaughlin, 2/59 Gungah Bay Rd, OATLEY NSW 2223 AUS Email: ericjmcl@acay.com.au
10564 Norma Webb, 2 Hitter Ave, BASS HILL NSW 2197 AUS Email: ndwebb@bigpond.com
10565 Ms Judith L.A. Edmonds, 23 Como Crt, WATTLE GROVE NSW 2173 AUS Tel: (02) 9825 4419
10574 Frank L. Smith, Po Box 751, MARRICKVILLE NSW 1475 AUS
10577 Mrs Anne Carter, 8 Victor Cres, ROBERTSON NSW 2577 AUS Tel: (02) 4885 2401 Email: cartam@hinet.net.au
10581 David J. Barrett, Po Box 742, NELSON BAY NSW 2315 AUS Tel: (02) 4984 1338 Email: davidjbarrett@big-pond.com.au
10591 Jean Bellamy, 22 Stoney Creek Rd, BEVERLY HILLS NSW 2209 AUS Email: jjblmy@bigpond.com
10604 Kim Reeves-Dawking, 72 Renway Ave, LUGARNO NSW 2210 AUS Tel: (02) 6550 7340
Email: kdawking@midcoast.com.au
10610 Mrs C. Dyball, 1 Sullivan Rd, BURRADOO NSW 2576 AUS Email: cdyball@hinet.net.au
10634 Betty Johnson, 20 Traynor Ave, KOGARAH NSW 2217 AUS Tel: (02) 9587 2968
Email: bettykenjohnson@bigpond.com
10642 Ms Margaret Y. Phillips, 2/59 Gungah Bay Rd, OATLEY NSW 2223 AUS Email: ericjmcl@acay.com.au
10646 James Goodwin, 3 Zealander St, SANDRINGHAM NSW 2219 AUS Tel: (02) 9529 5029 Fax: (02) 9529 5029
Email: jimgoodwin@optusnet.com.au
10647 Mrs B. Holt, 7/437 Rocky Point Rd, SANS SOUCI NSW 2219 AUS
10649 Robert Barnet, 4 Denman St, HURSTVILLE GROVE NSW 2220 AUS
10650 Sybil Burden, 8/34 Hotham St, GYMEA NSW 2227 AUS Tel: (02) 9521 3192 Email: sybil.burden@ozemail.com.au
10664 Patricia J. Fearnley, 6 Kamira Rd, LILLI PILLI NSW 2229 AUS Tel: (02) 9524 6885 Fax: (02) 9599 1257
Email: patfearnley@optusnet.com.au
10675 Betty Smith, 21 Russell St, OATLEY NSW 2223 AUS
10697 Mr A. King, 17 Longley Gve, KANAHOOKA NSW 2530 AUS
10698 Mrs Enid M. Malone, 298 Sylvania Rd, GYMEA NSW 2227 AUS Tel: (02) 9525 3284 Email: eni27@iprimus.com.au
10699 Suzanne Roberts, Po Box 2414, COFFS HARBOUR NSW 2450 AUS
10705 Aileen J. Trinder, 5 Garbala Rd, GYMEA NSW 2227 AUS Email: aileenjt@ozemail.com.au
10706 Mrs June Wilson, 48 Gymea Lily Gve, 81 Flora St, KIRRAWEE NSW 2232 AUS Tel: (02) 8539 7898 Fax: (02) 8539 7898
Email: wilson.bird@bigpond.com
10715 Mrs L. Goddard, 43 Langer Ave, DOLANS BAY NSW 2229 AUS Tel: (02) 9524 2860
Email: goddard2@primus.com.au
10721 Mr D. Nelson, Po Box 211, CARINGBAH NSW 2229 AUS Email: nelson@speednet.com.au
10731 Mrs Margaret Ryan, 32 Baker St, BUNDEENA NSW 2230 AUS Email: genies@thewspot.com
10740 Mrs Joyce De Laney, 18 Tamar St, SUTHERLAND NSW 2232 AUS Email: jdelaney39@optusnet.com
10775 Mrs Frances Schwarze, 158 Kingswood Rd, ENGADINE NSW 2233 AUS Email: rfschwarze@ozemail.com.au
10782 Thomas M. Cole, 99 Fowler Rd, ILLAWONG NSW 2234 AUS
10785 Mrs S. Bales, Po Box 63, GOSFORD NSW 2250 AUS Email: sandave@ceinternet.com.au
10790 Judith Gifford, 8 Berry Ave, GREEN POINT NSW 2251 AUS Tel: (02) 4369 2333 Fax: (02) 4369 2333
Email: giffos@hotkey.net.au
10793 Margaret Turner, 55 Campbell St, BOOROWA NSW 2586 AUS
10801 Roy J. Seckold, Po Box 785, GOSFORD NSW 2250 AUS Email: RoySeckold@bigpond.com
10820 Robert Pegg, 35 Cuttlefish Pde, St.huberts Island NSW 2257 AUS Tel: (02) 4342 1967 robertpegg@bigpond.com
10822 Esther Dean, 2 The Cut, MANNERING PARK NSW 2259 AUS Email: denisd23@tpg.com.au
10832 Mr W.S. Griffith, 46 Segura St, COPACABANA NSW 2251 AUS Email: bill.grif@bigpond.net.au
10838 Douglas A. Spinney, 239 Waterfront Apts. Allura Waters, MURNA RD, DAVISTOWN NSW 2251 AUS
Tel: (02) 4369 8550 Fax: (02) 4369 8551 Email: dyspinney@bigpond.com
10839 Raymond Sullivan, 59 Nareen Gdns, Altona Ave, BATEAU BAY NSW 2261 AUS
10846 Shirley Bishop, 90 Delia Ave, BUDGEWOI NSW 2262 AUS Tel: (02) 4399 1828 Email: ibasnoop@yahoo.com.au
10850 Ms E. Garside, 13 Woko St, WOONGARRAH NSW 2259 AUS
10880 Miss Cyndi Tidey, 5 Priestley Cl, MARYLAND NSW 2287 AUS Email: cyndit65@bigpond.com
10883 Carolyn Newman, 11 Ronald St, TENAMBIT NSW 2323 AUS Tel: (02) 4933 2677 Email: morcar@idl.com.au
10886 Mrs B. Parker, 32 Beasley Cres, RANKIN PARK NSW 2287 AUS Email: bevarden@tpg.com.au
10891 Mrs R.M. Allison, 58 Meredith St, KOTARA NSW 2289 AUS Email: wallison@hotkey.net.au
10893 Mrs L. Donegan, 33 Madison Dr, ADAMSTOWN HEIGHTS NSW 2289 AUS Tel: (02) 4943 1719
Email: fred_rick@bigpond.com.au

♦ Contributors & Addresses ♦

10895 Miss L. Millington, 31 March St, KOTARA NSW 2289 AUS Tel: (02) 4957 5857 Email: lynettsm@idl.com.au
10918 William C. Mierendorff, Po Box 7, NEWCASTLE NSW 2300 AUS Fax: (02) 4957 2199
10937 Ian Bannon, 12 Appletree Ave, ABERGLASSLYN NSW 2320 AUS Email: ianbannon1@aol.com
10947 Fay Jupp, 61 Curtin St, EAST MAITLAND NSW 2323 AUS Tel: (02) 4933 3375
10948 Janet Mantle, 1505 George Booth Dr, BUCHANAN NSW 2323 AUS
10956 Mrs Lynnette Fiddick, 70 Panorama Ave, CHARMHAVEN NSW 2263 AUS Tel: (02) 4392 4146 Fax: (02) 4392 8157 Email: lynne@lynnettefiddick.com
10967 Peter J. Williams, Po Box 123, MORPETH NSW 2321 AUS Email: peterpjw@ozemail.com.au
10970 Bill Shute, Po Box 186, PORTLAND NSW 2847 AUS Tel: (02) 6355 4044 Email: bilshute@ozemail.com.au
10978 David Weston, 15 Jutsum St, TOOWOOMBA QLD 4350 AUS Email: dweston@hunterlink.net.au
10985 Adele Cathro, 164 Denison St, WEST TAMWORTH NSW 2340 AUS Tel: (02) 6765 8709 Fax: (02) 6762 0775 Email: adelecat@optusnet.com.au
10993 Diane M. Smith, 8 Russell St, TAMWORTH NSW 2340 AUS Fax: (02) 6766 3315 Email: badham@bigpond.net.au
10998 Veronica Coote, 22 Maude St, BARRABA NSW 2347 AUS Tel: (02) 6782 1414 Fax: (02) 6782 1913 Email: vcoote@austarnet.com.au
11011 Mrs R. Watson, Danglemah Rd, WOOLBROOK NSW 2354 AUS Email: ruthwat@northnet.com.au
11023 Janet Fearby, 46 Carroll St, GUNNEDAH NSW 2380 AUS
11024 Dr John Prior, 107 Wee Waa St, BOGGABRI NSW 2382 AUS
11034 Marie K. Tattam, Tuncooey, MOREE NSW 2400 AUS Tel: (02) 6754 8647
11036 Dorothy Astle-Steep, 21 Macleay St, GLOUCESTER NSW 2422 AUS Tel: (02) 6558 1843 Email: dorothya@tpg.com.au
11039 Mrs Beverley Argall, 49 Boundary St, FORSTER NSW 2428 AUS Tel: (02) 6554 8950 Fax: (02) 6555 8874 Email: argall@pnc.com.au
11043 Mrs M.C. Fleming, 10/116B Kenthurst Rd, KENTHURST NSW 2156 AUS Tel: (02) 9654 0856
11055 Mrs N.E. Styles, Po Box 258, EAST MAITLAND NSW 2323 AUS
11059 Miss P.D. Breckell, Po Box 47, KEMPSEY NSW 2440 AUS
11060 Stephen Hulbert, 38 Tozer St, WEST KEMPSEY NSW 2440 AUS Tel: (02) 6562 4603 Email: shulbert@doh.health.nsw.gov.au
11061 Mrs Yvonne M. Welch, 228 Marys Bay Rd, EUROKA VIA KEMPSEY NSW 2440 AUS
11062 Mrs Joyce R. Varty, 37 Mooney St, TELEGRAPH POINT NSW 2441 AUS
11066 Bruce A. Edwards, 78 St.Agnes Village, PORT MACQUARIE NSW 2444 AUS Tel: (02) 6583 7210 Email: bruceased@hotmail.com
11071 Kaye Piper, 19 Matthew Flinders Dr, PORT MACQUARIE NSW 2444 AUS Email: kayepiper@yahoo.com.au
11085 Syd Warbrick, 3/399 Wentworth Ave, TOONGABBIE NSW 2146 AUS Tel: (02) 9896 2286 Fax: (02) 9896 1634 Email: sydwarbrick@aol.com
11090 Jill M. Smith, Po Box 128, CORINDI BEACH NSW 2456 AUS Tel: (02) 6649 2529 Email: jscorindi@bigpond.com
11091 Mrs W. Annabell, 110 Lawson Rd, MACQUARIE HILL NSW 2285 AUS Email: gensnail@optusnet.com.au
11092 Sandra Connelly, 10 Appleby St, GRAFTON NSW 2460 AUS
11098 Mr P.R. Hamilton, 12 Jamison St, MACLEAN NSW 2463 AUS Tel: (02) 6645 3083 Fax: (02) 6645 4666 Email: bets@hotkey.net.au
11113 Suzanne Warmerdam, 14 Ridgeland Cl, RICHMOND HILL NSW 2480 AUS Tel: (02) 6624 4598 Fax: (02) 6624 4598 Email: warmer@nor.com.au
11120 Mrs Fairlie J. Slater, 6/40 Southern Cross Dr, BALLINA NSW 2478 AUS
11124 Edith Culf, 130 Bobs Creek Rd, HERONS CREEK NSW 2443 AUS
11144 Mrs S.N. Tregellas, Po Box 1279, KINGSCLIFF NSW 2487 AUS Email: sherenet@hotmail.com
11145 Mrs Rae Worcester, 119 Scenic Dr, Bilambil Heights NSW 2486 AUS Tel: (07) 5590 9696 Email: raew@bigpond.com
11152 Mrs Noeline Mearing, 18 Gooyong St, KEIRAVILLE NSW 2500 AUS Email: enileon@1earth.net
11158 Ms P. Ferguson, 48 Barnes St, BERKELEY NSW 2506 AUS Tel: (02) 4272 7303 Email: fergusonp@bigpond.net.au
11159 Mrs Margaret Little, 181 The Wool Rd, ST.GEORGES BASIN NSW 2540 AUS Email: meg@shoalhaven.net.au
11166 Mr A. Raymond, Po Box 57, WOONONA NSW 2517 AUS
11195 Mrs Judith H. Wise, 25 Pheasant Point Dr, KIAMA NSW 2533 AUS Tel: (02) 4232 3115 Fax: (02) 4232 3115 Email: wisekiwi@optusnet.com.au
11197 Bob Bann, 3 Prince Alfred St, BERRY NSW 2535 AUS Tel: (02) 4464 1162 Email: rbann@bigpond.com
11213 Mrs Ann-Maree Hammond, 45 Johnson St, KIAMA DOWNS NSW 2533 AUS
11214 Daryl Roberson, 37 Lagoon St, MORUYA NSW 2537 AUS Tel: (02) 4474 2339
11226 John Hanslow, 13 Lydon Cres, WEST NOWRA NSW 2541 AUS
11229 Mrs Helen Ruttley, 23 Dacres St, VINCENTIA NSW 2540 AUS
11256 Barbara Lemon, 3/3 Fauna Gve, TATHRA NSW 2550 AUS
11270 Mrs M. Morrison, Po Box 1443, PARRAMATTA NSW 2124 AUS Email: michele.morrison@bigpond.com
11279 Mrs Helen Dalitz, 108 Wallace St, NOWRA NSW 2541 AUS Tel: (02) 4422 1531 Fax: (02) 4422 1340 Email: helend@bigpond.com.au
11280 Mrs Denise Percival, 147 Lodges Rd, ELDERSLIE NSW 2570 AUS Fax: (02) 4658 1588 Email: percival@idx.com.au
11282 Mrs E. Vincent, Po Box 111, PICTON NSW 2571 AUS Tel: (02) 4677 2044 Fax: (02) 4677 3289 Email: lizvincent@bocnet.com.au
11283 Mr G.L. Campbell, 12 Park St, TAHMOOR NSW 2573 AUS Email: myself16@bigpond.com.au
11284 Miss G.E. Hanger, 6 Hawthorne Rd, BARGO NSW 2574 AUS Email: gailh@ispar.net.au
11303 Susan Ducksbury, Old Schoolhouse, Taralga Rd, MYRTLEVILLE NSW 2580 AUS Tel: (02) 4840 6167 Email: spong@goulburn.net.au
11319 Mrs Lynne Thompson, Po Box 577, COOTAMUNDRA NSW 2590 AUS Email: lstoddart@ozemail.com.au
11335 Mrs M.J. Diaouris, 45 Florentine Cir, KALEEN ACT 2617 AUS Tel: (02) 6241 8343 Email: diamarg@tpg.com.au
11344 Mrs A. Ryan, 47 Cockle St, OCONNOR ACT 2602 AUS
11349 David Bonny, Po Box 6, DICKSON ACT 2602 AUS Tel: (02) 6247 9263 Fax: (M) 0407 479263 Email: dbonny@netspeed.com.au

11366 Mrs Ginette Snow, 75 Dominion Crt, DEAKIN ACT 2600 AUS Fax: (02) 6273 5666 Email: ginette@snowfamily.com
11372 Mr E. Pearce, 45 Carnegie Cres, NARRABUNDAH ACT 2604 AUS Email: tedpearce@rka.com.au
11386 Peter Bell, Po Box 951, WODEN ACT 2606 AUS
11405 Alfred Williams, Po Box 482, MAWSON ACT 2607 AUS Tel: (02) 6286 1746 Email: alfwilms@pcug.org.au
11408 Beverley Bailey, 18 Dixon Dr, HOLDER ACT 2611 AUS Tel: (02) 6288 5677 Email: bev.bailey@abs.gov.au
11411 Adrienne Bradley, Po Box 4110, WESTON CREEK ACT 2611 AUS Email: abradley@austarmetro.com.au
11424 Don Mountain, Po Box 3327, Weston Creek ACT 2611 AUS Fax: (02) 6288 5793 Email: dmountain@netspeed.com.au
11425 Peter Procter, 55 Kallara Cl, DUFFY ACT 2611 AUS
11444 Mr/S D. Kennemore, 3 Gingana St, ARANDA ACT 2614 AUS Tel: (02) 6251 2009 Email: kmore@pcug.org.au
11446 Maureen Kirkup, 6 Moss St, COOK ACT 2614 AUS Email: jkirkup@homemail.com.au
11462 Pam Murray, Po Box 65, GUNGAHLIN ACT 2912 AUS
11464 Dr P.A. Pemberton, Po Box 45, KIPPAX ACT 2615 AUS Fax: (02) 6254 6465 Email: penniep@bigpond.com
11476 Margot L. Girle, 9 Mcelhone St, BELCONNEN ACT 2617 AUS Tel: (02) 6251 5253 Email: girlem@pcug.org.au
11526 Mrs Leanne Watmuff, Po Box 4, CURLWAA NSW 2648 AUS Tel: (03) 5027 6228 Fax: (03) 5027 6228
       Email: watmuff@ncable.com.au
11530 Mrs Yvonne Scrivener, 5 Larch Pl, FOREST HILL NSW 2651 AUS Email: scrivener@iinet.net.au
11533 Mrs J. Scully, 154 Fernleigh Rd, WAGGA WAGGA NSW 2650 AUS Email: j.scully@ozemail.com.au
11536 Barbara Stroud, C/- Po Box 2004, WAGGA WAGGA NSW 2650 AUS Email: stroud@wagga.net.au
11540 Janet Winterbottom, Po Box 240, WAGGA WAGGA NSW 2650 AUS
11543 Mrs Muriel Menz, 27 Bavaria St, WAGGA WAGGA NSW 2650 AUS
11546 Beverley Pitson, Carinya, CULCAIRN NSW 2660 AUS Tel: (02) 6036 5216 Fax: (02) 6036 5216
       Email: bpitson_EM@bigpond.com
11572 Margaret A. Knight, Baringama, Po Box 141, LEETON NSW 2705 AUS
11575 Mrs Beverley Rose, Farm 163, Ms Red, COLEAMBALLY NSW 2707 AUS Tel: (02) 6954 6125 Fax: (02) 6954 6125
       Email: brose@dragnet.com.au
11582 Anne Wilson, 503 Sloane St, DENILIQUIN NSW 2710 AUS Email: annewils@deni.net.au
11587 Mr E.F. Baker, Po Box 13, KINGSWOOD NSW 2747 AUS Tel: (02) 4721 5116 Fax: (02) 4727 1249
11588 Brian Carpenter, 9 Nichols Pl, KINGSWOOD NSW 2747 AUS Tel: (02) 4731 3160 Email: bcarp@hotmail.com
11590 Yvonne J. Daly, 146 Richmond Rd, KINGSWOOD NSW 2747 AUS Tel: (02) 4731 4334 Email: y.daly@uws.edu.au
11594 Barbara Williamson, 105 Macwood Rd, SMITHS LAKE NSW 2428 AUS Tel: (02) 6550 9245
       Email: williabw@optusnet.com.au
11623 Karl Kipp, 5 Horwood Dr, BUCCA VIA BUNDABERG QLD 4670 AUS
11628 Mrs R. Winley, 36 Millers Rd, CATTAI NSW 2756 AUS Email: wfamily2004@yahoo.com
11629 Bruce W. Fairhall, Po Box 333, NORTH RICHMOND NSW 2754 AUS Tel: (02) 4571 1019 Email: bruce@fairhall.id.au
11650 Mrs Heather J. Burton, Po Box 512, MUDGEE NSW 2850 AUS
11658 Mrs S. Campbell-Wright, Lukis House, 1A Dalzell Rd, POINT COOK RAAF BASE VIC 3030 AUS
       Email: scw@optusnet.com.au
11661 Richard J. Watkins, 337 Dargavilles Rd, NABIAC NSW 2312 AUS Tel: (02) 6554 1743 Email: rwatkins@pnc.com.au
11662 Mrs Judith Wimborne, 43 Hansen Cir, ISAACS ACT 2607 AUS Tel: (M) 0410 562071
11684 Mrs A. King, 67 Linksview Rd, SPRINGWOOD NSW 2777 AUS Email: apk@optusnet.com.au
11690 Miss L.K. Thompson, Po Box 38, WOODFORD NSW 2778 AUS Fax: (02) 4758 7169 Email: callitris@bigpond.com
11692 David Lynch, 11 Terrace Falls Rd, HAZELBROOK NSW 2779 AUS Email: outatown@ozemail.com.au
11698 Mrs Joy Nokes, 89 Pritchard St, WENTWORTH FALLS NSW 2782 AUS
11707 Mrs Jan Saundercock, 6 Ordnance Ave, LITHGOW NSW 2790 AUS
11715 Mrs Pauline T. Ramage, 53 Jukes Ln, COWRA NSW 2794 AUS Tel: (02) 6341 2060 Email: pramage@allstate.net.au
11716 Madeleine Rankin, Warrawong, Forbes Rd, COWRA NSW 2794 AUS Tel: (02) 6342 9282 Fax: (02) 6342 9282
       Email: rankin@westserv.net.au
11718 Mrs L. Buchan, Glenhaven, 1905 Freemantle Rd, MILKERS FLAT NSW 2795 AUS Email: buchanj@lisp.com.au
11726 Mrs H. Jeuken, Po Box 591, BATHURST NSW 2795 AUS
11729 Sue West, Po Box 984, BATHURST NSW 2795 AUS Email: westsu@bigpond.com
11731 John Williams, 21 Cottonwood Dr, EGLINTON NSW 2795 AUS Email: jnw3tlw6@ix.net.au
11733 Jeannie C. Lister, 10 Brittan St, AVONSIDE CHCH 8001 NZ Tel: (03) 981 0159
       Email: ronjeannielister@paradise.net.nz
11736 Maurice Goodman, C/- Po Box 1851, ORANGE NSW 2800 AUS
11745 Lesley Walker, 4 Wentworth Ln, ORANGE NSW 2800 AUS Tel: (02) 6362 4952 Fax: (M) 040 225 2195
       Email: nationals@iprimus.com.au
11763 Mrs Gloria Chambers, Glenoria, GULARGAMBONE NSW 2828 AUS
11773 Mrs C. Foley, 9 Smith St, DUBBO NSW 2830 AUS Fax: (02) 6884 5796 Email: cafoley@bigpond.com
11781 Barbara C. Cox, Glenleigh, EUMUNGERIE NSW 2831 AUS Tel: (02) 6888 1074 Fax: (02) 6888 1074
       Email: glenleigh@austarnet.com.au
11783 Maureen Griffiths, Po Box 2 Monaghan St, COBAR NSW 2835 AUS Tel: (02) 6836 2932
11797 Shirley Roth, 42 Binda St, HAWKS NEST NSW 2324 AUS Tel: (02) 4997 0254 Email: hepsycon@yahoo.com.au
11802 Mrs L. Ryan, 16 Glenhaven Ave, PARKES NSW 2870 AUS
11813 Margaret Mcgreehan, Po Box 522, BROKEN HILL NSW 2880 AUS Tel: (08) 8087 2704
11827 Mr/S T.A. & K.F. Browne, 6 Yass Ct, PORT MACQUARIE NSW 2444 AUS Email: kbrownet@yahoo.com
11839 Mike Boyd, 26 Blackhorse Dr, KURABY QLD 4112 AUS Tel: (07) 3423 0595 Email: mikejboyd@bigpond.com
11860 Bronwyn Hewitt, 134 Osborne St, WILLIAMSTOWN VIC 3016 AUS Email: bronwyn.hewitt@rch.org.au
11866 Edward Sumbler, 22 Bayview St, ALTONA VIC 3018 AUS Email: esumbler@hotmail.com
11870 Mrs Wendy Charles, 4 Donnelly Crt, KEALBA VIC 3021 AUS Tel: (03) 9367 8257
11873 Noelene Tabone, Po Box 377, ST.ALBANS VIC 3021 AUS Tel: (03) 9367 9648 Fax: (03) 9364 3274
11877 Carolyn Harris, Po Box 4157, MYAREE BUSINESS CENTRE WA 6960 AUS Email: talltrees@westnet.com.au
11890 Donald H. Weston, 15 Brougham Ave, WYNDHAM VALE VIC 3024 AUS Tel: (03) 9741 4792
       Email: dhweston@ozemail.com.au

♦ Contributors & Addresses ♦

11912 Brian O'Dea, 8 Smiley Cres, WEST ESSENDON VIC 3040 AUS Tel: (03) 9331 0299
Email: brnodea@optushome.com.au
11918 Mrs Bette Joseph, 4 Strathnaver Ave, STRATHMORE VIC 3041 AUS
11938 Richard A. Lodder, 35 Daisy St, ESSENDON VIC 3040 AUS
11946 Norma Sims, 15 Zeal St, WEST BRUNSWICK VIC 3055 AUS Email: norsi@alphalink.com.au
11994 Beryl Patullo, 30 Arndell St, THOMASTOWN VIC 3074 AUS Tel: (03) 9465 2534 Fax: (03) 9465 2534
Email: bpatullo@ozemail.com.au
12011 Wendy Lowry, 13 Wingspan Ave, SOUTH MORANG VIC 3752 AUS Email: bigpol@optusnet.com.au
12025 Marion Herbert, 51 Wimble St, SEYMOUR VIC 3660 AUS Tel: (03) 5792 4071 Email: mherbert@eck.net.au
12027 Dr Robert Lennie, 28 Meyrick Cres, VIEW BANK VIC 3084 AUS Tel: (03) 9457 2230 Fax: (03) 9457 2230
Email: rwlennie@labyrinth.net.au
12032 Mr R. Mcnamara, Po Box 204, ROSANNA VIC 3084 AUS
12039 Michael Whitwell, 3 Willcott St, GEEBUNG QLD 4034 AUS Tel: bmw5@bigpond.com
Email: michael.whitwell@dpi.qld.gov.au
12058 Joan Maries, 70 Rosehill Rd, LOWER PLENTY VIC 3093 AUS Email: joanmay@ozramp.net.au
12060 Mrs Wendy Baker, 103 Rattray Rd, MONTMORENCY VIC 3094 AUS Email: wendy@genealogist.net
12071 Kelvin I. York, 71 Sunnyside Cres, WATTLE GLEN VIC 3096 AUS
12078 Thelma Gladstone, 8 Segtoune St, EAST KEW VIC 3102 AUS
12084 Margot Flack, 15 Barnsbury Rd, BALWYN VIC 3103 AUS Tel: (03) 9817 5853
12141 Mrs M.C. Devonshire, 10 Colin Ave, PARK ORCHARDS VIC 3114 AUS
12142 Shirley Greaves, 8 Jura Ave, PARK ORCHARDS VIC 3114 AUS Tel: (03) 9876 1994
Email: sgreaves@alphalink.com.au
12144 Mrs Jean H. Morley, Po Box 63, PARK ORCHARDS VIC 3114 AUS
12153 Lyndon Collier, Po Box 631, RICHMOND VIC 3121 AUS Email: lyndon@rie.net.au
12163 Lilian Irwin, 4 Malmsbury St, HAWTHORN VIC 3122 AUS
12165 Yvonne Saunders, 3/41 Robinson Rd, HAWTHORN VIC 3122 AUS
12182 Gary Standen, 53 Fairview Ave, CAMBERWELL VIC 3124 AUS Tel: (03) 9889 2008 Fax: (03) 9889 2008
Email: standen@about-time.com.au
12186 Miss J. Romeril, 12 Dudley Pde, CANTERBURY VIC 3126 AUS
12222 Mrs Valerie Lawrence, 10 South St, CRESWICK VIC 3363 AUS
12223 June Patterson, 18 Orchard Gve, BLACKBURN VIC 3130 AUS Email: www.junepat@melbpc.com.au
12229 Noel G. Webb, 41 Jenner St, SOUTH BLACKBURN VIC 3130 AUS Tel: (03) 9808 2363 Email: nwebb@melbpc.org.au
12230 Mrs G.M. Wisken, 21 Halley St, BLACKBURN VIC 3130 AUS
12231 Ann Brown, 121 Bay Rd, MOUNT MARTHA VIC 3934 AUS Tel: (03) 5974 1944 Email: annbrown@operamail.com
12236 Margaret Rackham, 38 Jackson St, FOREST HILL VIC 3131 AUS Email: maxmarg@bigpond.com.au
12237 Yvonne Rice, 42 Panorama Rd, FOREST HILL VIC 3131 AUS Email: riceyvonne@hotmail.com
12270 Thomas Corfmat, Po Box 752, RINGWOOD VIC 3134 AUS Email: tcorfmat@eisa.net.au
12298 Mrs Judy Pedlow, 79 Langdale Dr, CROYDON HILLS VIC 3136 AUS Tel: (03) 9723 3506
Email: ajpedlow@melbpc.org.au
12317 Olive Moore, 30 Karingal St, CROYDON NORTH VIC 3136 AUS
12318 Mr B.J. Parkinson, Po Box 200, CROYDON VIC 3136 AUS Email: bjparkinson@optusnet.com.au
12320 Mrs Bronwen Thomas, 36 Faraday Rd, CROYDON SOUTH VIC 3136 AUS Tel: (03) 9725 6245
Email: bronwen@mikka.net.au
12321 Lesley Desborough, 87 Cherylnne Cres, KILSYTH VIC 3137 AUS Email: ldesborough@optusnet.com.au
12327 Mary Beaumont, Po Box 72, MOOROOLBARK VIC 3138 AUS Email: marybeau@alphalink.com.au
12363 Wendy Forbes, 1 James St, DROMANA VIC 3936 AUS Tel: (03) 5981 4140 Fax: (03) 5981 4140
12367 Mrs M. Horn, 13 Viewpoint Ave, GLEN WAVERLEY VIC 3150 AUS
12371 Bronwyn Quint, 88 Somers St, BURWOOD VIC 3125 AUS Email: bquint@wizardof.id.au
12382 Mrs J. Irvine, 1 Napier Crt, MOUNT WAVERLEY VIC 3149 AUS
12386 Mrs D. Mowat, 58 Scarborough Way, DUNBOGAN NSW 2443 AUS Tel: (02) 6559 8487 Email: gcm@labyrinth.net.au
12391 Geoff A. Dare, Po Box 113, MULGRAVE VIC 3170 AUS Tel: (03) 9560 5400 Fax: (03) 9560 6190
Email: gadare@tpg.com.au
12392 Ms Carole Baldwin, 140 Farmborough Rd, FARMBOROUGH HEIGHTS NSW 2526 AUS
12395 Mrs P.M. Eade, 30 Owens Ave, GLEN WAVERLEY VIC 3150 AUS Email: pmeade@now.com.au
12401 Donald Grimes, 51 King Arthur Dr, GLEN WAVERLEY VIC 3150 AUS Tel: (03) 9803 9630
Email: dongrimes@hotmail.com
12408 Beverley Payne, 4 Balfour Crt, GLEN WAVERLEY VIC 3150 AUS
12413 Miss J.M. Trethewey, 1/10 Fernhill St, GLEN WAVERLEY VIC 3150 AUS Email: jmt@malvern.hotkey.net.au
12415 Mrs Carole R. Willing, Po Box 111, RICHMOND VIC 3121 AUS Email: carolewilling@iprimus.com.au
12420 Desmond Dineen, 10 Harland Sq, WANTIRNA VIC 3152 AUS Tel: (03) 9801 4250 Fax: (03) 9801 4258
Email: ddineen@bigpond.net.au
12424 Marion Gaylard, 2/40 Ridgeway Ave, KEW VIC 3101 AUS Tel: (03) 9817 7305 Email: langm@anz.com
12434 Ms Elizabeth Mckenzie, 10 Walton St, ISAACS ACT 2607 AUS Email: emck2646@bigpond.net.au
12454 James Mills, 1 Pental Rd, NORTH CAULFIELD VIC 3161 AUS Tel: (03) 9509 9604
12457 Betty Stewart, 121 Martin St, BRIGHTON VIC 3186 AUS Tel: (03) 9596 0332
12460 Margaret Dunbar, 14 Blackwood St, MURRUMBEENA VIC 3163 AUS
12467 Mrs Beverley Morling, R.M.B. 2076, COWES VIC 3922 AUS Email: ventnor@waterfront.net.au
12470 Mrs M. Stevens, Po Box 66, EAST BENTLEIGH VIC 3165 AUS
12481 Helen Barber, 1229 North Rd, OAKLEIGH VIC 3166 AUS Email: ajbarber@optushome.com.au
12490 Frank Willcox, 26 Glenbrook Ave, CLAYTON VIC 3168 AUS Tel: (03) 9544 4537 Email: fjwillcox@yahoo.com.au
12508 Lois Comeadow, 21 Raymond St, NOBLE PARK VIC 3174 AUS Email: locow@elite.net.au
12539 Suzanne Dorrington, 3 Halifax St, BRIGHTON VIC 3186 AUS Email: rdorrington@bigpond.com.au
12547 Ian A.A. Vassie, Am, 1A James St, BRIGHTON VIC 3186 AUS Fax: (03) 9596 7873

GRD ♦ 2005

ADDRESSES

12561 Mrs D. Greatbatch, 18B Argus St, CHELTENHAM VIC 3192 AUS Tel: (03) 9585 2075
12563 Graham Ludecke, 61 Grange Rd, SANDRINGHAM VIC 3191 AUS Email: graham.ludecke@bigpond.com
12573 Lorraine Standfield, 4 Pincini St, MIRBOO NORTH VIC 3871 AUS Email: nerralea@dcsi.net.au
12574 Mrs B. Stephenson, Po Box 768, MOORABBIN VIC 3189 AUS Tel: (03) 5984 1136 Email: barbstep@satlink.net.au
12589 Sandra Williamson, 1 Noora Crt, ASPENDALE VIC 3195 AUS Tel: (03) 9587 0824
   Email: smwilliamson@optushome.com.au
12639 Mrs P. Norman, 28 Olympic Ave, FRANKSTON VIC 3199 AUS
12641 Raymond Scott, Po Box 7170, KARINGAL CENTRE VIC 3199 AUS Tel: (03) 9776 5176 Fax: (03) 9776 6010
   Email: rcwscott@optusnet.com.au
12650 John Killian, 750 Dandenong Rd, CARRUM DOWNS VIC 3201 AUS
12653 John V. Phillips, Po Box 1404, BALLARAT M.C. VIC 3354 AUS
12707 Gary Clifford, 140 Mccrae Rd, KOLORA VIC 3265 AUS Tel: (03) 5592 5343 Email: clifford@ansonic.com.au
12708 Margaret Mcintosh, 28 Swanston St, TERANG VIC 3264 AUS Tel: (03) 5592 1354 Fax: (03) 5592 1369
   Email: marmac51@hotmail.com
12710 Mrs Ellen O'Sullivan, 32 Bolivar St, TERANG VIC 3264 AUS
12716 Robyn M. Drake, 12 Church St, TIMBOON VIC 3268 AUS
12728 Jill Heathcote, 136 Harrington Rd, WARRNAMBOOL VIC 3280 AUS
12729 Douglas F. Holmes, 5 Clifton St, WARRNAMBOOL VIC 3280 AUS
12739 Janet Leckie, 8 Nowie Cl, MELTON VIC 3337 AUS Tel: (03) 9743 8254 Fax: (03) 9743 8254
   Email: jeleckie@alphalink.com.au
12744 Mary Mears, 22 Raven Cl, OCEAN GROVE VIC 3226 AUS Tel: (03) 5255 4180 Fax: (03) 5255 4180
   Email: mmbb@tpg.com.au
12748 Mrs Susan M. Walter, 249 Pudding Bag Rd, DRUMMOND VIC 3461 AUS Email: puddingbag@hotmail.com
12781 Mrs J. Hislop, 77 Fraser St, CLUNES VIC 3370 AUS Email: brownhislop@hotmail.com
12785 Mrs Cynthia J. Hocking, 80 Albert St, CRESWICK VIC 3363 AUS Tel: (03) 5345 2533
   Email: cynbob@netconnect.com.au
12786 John Henshaw, 1/197 Lennox St, RICHMOND VIC 3121 AUS Tel: (03) 9428 8022 Email: hensh@corplink.com.au
12802 Dr Mary Brown, Po Box 366, HORSHAM VIC 3400 AUS Email: maryb@netconnect.com.au
12819 Mrs Joanne Murphy, 7A Powlett St, SUNBURY VIC 3429 AUS Tel: (03) 9744 2287 Fax: (03) 9740 9892
   Email: joannemurphy1262@yahoo.co.uk
12831 Mr Robin Bray, 37 Smith St, MACEDON VIC 3440 AUS Tel: (03) 5426 2264 Email: robinob@bigpond.com
12844 Mrs S.J. Stone, Bonnie Banks, 254 Stones Rd, EASTVILLE VIA MALDON VIC 3463 AUS
12878 Mrs B. Loy, Po Box 434, ROBINVALE VIC 3549 AUS
12884 Mrs A.D. Ing, 36 Little Cres, TRARALGON VIC 3844 AUS Tel: (03) 5174 2129
12904 Miss J.A. Pearmain, Po Box 1021, KANGAROO FLAT VIC 3555 AUS
12905 Leanne Lloyd, Po Box 121, EAGLEHAWK VIC 3556 AUS Email: serendip61@hotmail.com
12915 John Howe, Po Box 307, MOAMA NSW 2731 AUS Email: jbh@bordernet.com.au
12917 Mrs J. Windridge, 44 Leichardt St, ECHUCA VIC 3564 AUS Tel: (03) 5482 4749
12950 Ann Windsor, 1 Kooyong Crt, SHEPPARTON VIC 3630 AUS Tel: (03) 5821 9446 Email: gwindsor@iinet.net.au
12953 Maria Brown-Shepherd, 86 Mcphersons Rd, TALLYGAROOPNA VIC 3634 AUS
12974 Betty Siede, Po Box 159, EUROA VIC 3666 AUS Email: betsie@mcmedia.com.au
13000 Mrs Robyn Aulmann, Po Box 77, RUTHERGLEN VIC 3685 AUS Tel: (02) 6032 8199 Fax: (02) 6032 7159
   Email: robynjaulmann@iinet.net.au
13004 Mrs J.R. Grant, Po Box 259, MALLACOOTA VIC 3892 AUS Tel: (M) 0418 419725 Email: fileworks@bigpond.com
13008 Dr R.N.M. Smith, Po Box 119, BONNIE DOON VIC 3720 AUS Email: richard@wild4life.com
13014 Diane Morton, 20 Cobden St, BRIGHT VIC 3741 AUS Email: dimorton@movingdata.com.au
13019 Mrs R. Parry, 6A Elm St, WHITTLESEA VIC 3757 AUS
13026 Robert G. Herbstreit, 11 Stanley Ct, INVERLOCH VIC 3996 AUS Email: bobherby@alphalink.com.au
13031 Jan Westworth, 3 Boondi Ct, CLIFTON SPRINGS VIC 3222 AUS Email: janw38@hotmail.com
13034 James W. Humphrey, 42 The Crescent, MOUNT EVELYN VIC 3796 AUS Tel: (03) 9736 2130 Fax: (03) 9737 0838
13037 Mrs Valda Strauss, Po Box 30, KALLISTA VIC 3791 AUS
13046 Mr G. Gilbert, 16 The Crescent, WESBURN VIC 3799 AUS Email: gdgilbert@bigpond.com
13065 Marjorie Cowie, R.M.B. 2191, GARFIELD VIC 3814 AUS Email: dmcowie@sympac.com.au
13091 Miss Diane Matheson, Po Box 85, TRAFALGAR VIC 3824 AUS Tel: (03) 5633 1976
13101 Peter Young, 4 Kerin St, MOE VIC 3825 VIC
13129 Mrs Betty M. Hitchins, Po Box 397, MAFFRA VIC 3860 AUS
13143 Joan Prendergast, 7 Birchwood Crt, BAIRNSDALE VIC 3875 AUS
13153 John W. Henderson, Po Box 4758, KNOX CITY RETAIL POST VIC 3152 AUS Email: jfhendo@mira.net
13177 Joan Christie, Villa 371, The Village Glen, ROSEBUD WEST VIC 3940 AUS Email: christie@pac.com.au
13188 Richard Springall, Po Box 92, MOUNT ELIZA VIC 3930 AUS Tel: (03) 9787 6542 Fax: (03) 9787 6542
13229 Mrs Lila Bunce, 7 Orchard Rise, PARK ORCHARDS VIC 3114 AUS Email: lilab@iprimus.com.au
13230 Joy Evans, 6 Walpole Crt, YARRAM VIC 3971 AUS
13231 Mrs Julie C. Finlay, Po Box I, ALBERTON VIC 3971 AUS
13244 Mrs Vicki Wicks, 145 Corinella Rd, CORINELLA VIC 3984 AUS Tel: (03) 5678 0395 Fax: (03) 5678 0395
   Email: wicka2@bigpond.com
13245 Mrs Marie C. Wilson, 2090 Glen Alvie Rd, GLEN ALVIE VIC 3979 AUS Tel: (03) 5674 9221
13315 Ron I. Mcelnea, Po Box 123, KEDRON QLD 4031 AUS Tel: (07) 3359 6482 Email: rmcelnea@powerup.com.au
13326 Mr A. Lamont, 23 Syma St, WEST CHERMSIDE QLD 4032 AUS Tel: (07) 3359 9893 Email: athol@bigpond.net.au
13336 Mrs Kathleen A. Grant, 488 Zillmere Rd, ZILLMERE QLD 4034 AUS Tel: (07) 3263 5496
   Email: kathy.grant@optusnet.com.au
13347 Gary Parker, Po Box 89, ALBANY CREEK QLD 4035 AUS Email: garyndonna@hotmail.com
13358 Mrs J. Farmer, 123 Barton St, EVERTON PARK QLD 4053 AUS Tel: (07) 3355 0508
   Email: ljfarmer@powerup.com.au

♦ Contributors & Addresses ♦

13377 Pam Cory, 9 Colo St, ARANA HILLS QLD 4054 AUS Tel: (07) 3351 6371 Email: glasford@powerup.com.au
13406 Daphne Mcmahon, 42 Romea St, THE GAP QLD 4061 AUS Tel: (07) 3300 2125 Fax: (07) 3300 2125 Email: daphnemc@dodo.com.au
13407 Mr J.J. Mines, 30 Cooinda St, THE GAP QLD 4061 AUS
13422 Eileen Kay Hines, 9/35 Bainbridge St. East, ORMISTON QLD 4160 AUS Tel: (07) 3821 3556 Fax: (07) 3821 3556 Email: kayhines@itxpress.com.au
13429 Dr Christopher J. Andrews, 7 Morningview St, CHAPEL HILL QLD 4069 AUS Fax: (07) 3878 2842 Email: c.andrews@pobox.com
13430 Diane Fletcher, 13 Baty St, ST.LUCIA QLD 4067 AUS
13437 Dr Jennifer Harrison, Po Box 1934, TOOWONG D.C. QLD 4066 AUS
13439 Sandra Milner, 32 Francey St, SUNNYBANK QLD 4109 AUS
13446 Leon Cantwell, 11 Tangmere St, CHAPEL HILL QLD 4069 AUS Tel: (07) 3378 6910
13447 John D. Cotton, 11 Errogie Pl, FIG TREE POCKET QLD 4069 AUS Email: jdcotton@bigpond.net.au
13461 Allen Hashim-Jones, 31 Hazelton St, RIVER HILLS QLD 4074 AUS Email: HashimJones@uq.net.au
13471 John Prescott, 6 Hassall St, CORINDA QLD 4075 AUS Tel: (07) 3379 2458 Email: prescott@bit.net.au
13473 Roslyn J. Vanderkruk, 72 Englefield Rd, OXLEY QLD 4075 AUS Email: ros@asgard.net.au
13481 Jocelyn Brown, Po Box 666, MOUNT OMMANEY QLD 4074 AUS Email: jagbrown@gil.com.au
13497 Mrs Gloria Haddock, 15 Charmaine St, MOOROOKA QLD 4105 AUS Tel: (07) 3848 3721 Email: gloria.haddock@bigpond.com
13511 Mrs H. Plant, 6 Peatmoss St, SUNNYBANK HILLS QLD 4109 AUS Email: heather.plant@bigpond.com
13513 Mrs M. Somers, 7 Colworth St, SUNNYBANK HILLS QLD 4109 AUS
13546 Heather Dodd, 1 Moorbell St, TARRAGINDI QLD 4121 AUS Tel: (07) 3411 8054 Email: phdodd@optusnet.com.au
13558 Linda Collett, 8 Battunga St, WISHART QLD 4122 AUS
13569 Betty Cheeseman, 48 Treasure Island Dr, BIGGERA WATERS QLD 4216 AUS Tel: (07) 5537 6709 Email: bettyc7@bigpond.com
13574 Mrs M.G. Sinclair, 11 Jacana St, ROCHEDALE QLD 4123 AUS Tel: (07) 3341 5473
13584 Debbie Humbley, 1/207 Old Windsor Rd, Old Toongabbie NSW 2146 AUS Email: debbie_humbley@bigpond.com
13585 Dr Brent Common, Po Box 130, CAMPBELLTOWN TAS 7210 AUS Tel: (03) 6381 1098 Fax: (03) 6381 1385 Email: jaybee10@bigpond.com
13591 Margaret Belcher, 18 Buena Vista Ave, COORPAROO QLD 4151 AUS Tel: (07) 3397 6849 Fax: (07) 3397 7690 Email: margb@uq.net.au
13611 Patricia J. Twible, 54 Allambie St, CARINA QLD 4152 AUS
13622 Martin G. Fleming, 20 Station St, WELLINGTON POINT QLD 4160 AUS Email: martinf2@bigpond.com
13625 Matthew Mahady, 508 Main Rd, WELLINGTON POINT QLD 4160 AUS Tel: (07) 3207 1497 Email: mahadym@powerup.com.au
13655 Dell Cossart, Po Box 1243, WYNNUM QLD 4178 AUS Tel: (07) 3396 3737 Email: dcossart@optusnet.com.au
13657 B.G. Mottram, 68 Shepherd St, WYNNUM NORTH QLD 4178 AUS
13681 Beryl Bleakley, 22 Vernon Ave, LABRADOR QLD 4215 AUS
13694 Mrs Leigh Johnston, 30 Medika St, RUNAWAY BAY QLD 4216 AUS Tel: (07) 5537 5752 Fax: (07) 5537 7200 Email: leigh.27@optusnet.com.au
13707 Jemma Ussher, Po Box 1126, SOUTHPORT QLD 4215 AUS Email: jussher@exp.com.au
13731 Beverley Dwyer, Po Box 34, MIAMI QLD 4220 AUS Tel: (07) 5535 8836 Email: bevdwyer@austarnet.com.au
13763 Maureen Hanson, 42 Oaky Creek Rd, INNISPLAIN QLD 4285 AUS Tel: (07) 5544 1105 Email: mhanson@hypermax.net.au
13799 Jennifer Johnston, 12 Narang Crt, KARANA DOWNS QLD 4306 AUS Email: partel@bigpond.com
13800 Mrs C.J. King, 3/1A Duff St, TURRAMURRA NSW 2074 AUS Tel: (02) 9440 0807 Fax: (02) 9440 0807 Email: kingccj@2eta.org.au
13801 John Mcnamara, 56 Fifth Ave, BARELLAN POINT QLD 4306 AUS Email: jackmc@dnet.net.au
13809 Colleen Gould, 40/213 Brisbane Tce, GOODNA QLD 4300 AUS Tel: (07) 3818 8040 Email: rgould@gil.com.au
13828 Denise Quinn, 12 Truscott St, TOOWOOMBA QLD 4350 AUS Tel: (07) 4633 1279 Email: quinny12@bigpond.com
13833 Mrs P. Warr, 13 Brown St, TOOWOOMBA QLD 4350 AUS Email: patricia@icr.com.au
13838 Mrs M.A. Hamilton, 12 King St, CLIFTON QLD 4361 AUS Email: merilynh@twmba.com
13845 Mrs Gail Parish, C/- Gdfhs, Po Box 1160, GOONDIWINDI QLD 4390 AUS Tel: (07) 4671 1259 Fax: (07) 4671 1259 Email: haack10@bigpond.com.au
13848 Merle Andersen, Riverdale, GOONDIWINDI QLD 4390 AUS
13853 Mrs Phyllis Zirbel, Po Box 190, GOONDIWINDI QLD 4390 AUS Tel: (07) 4671 2156 Email: pez@bigpond.com
13854 David Aitchison, 7 Hawaii Ct., Banksia Beach, BRIBIE ISLAND QLD 4507 AUS Email: daitch@internode.on.net
13855 Mrs M.V. Smith, Po Box 29, BOWENVILLE QLD 4404 AUS
13857 Kaye Cameron, 28 Harris St, HAWTHORNE QLD 4171 AUS Email: kecameron@powerup.com.au
13868 Miss Terry O'Brien, Po Box 374, DALBY QLD 4405 AUS Tel: (07) 4672 4020
13869 Susanne K. Reed, Lillingstone Ms 192, DALBY QLD 4405 AUS Fax: (07) 4663 4144 Email: jrskreed@ozxpress.com.au
13910 Mrs Sylvia N.M. Brown, Battle, 451 King St, MOODLU VIA CABOOLTURE QLD 4510 AUS Tel: (07) 5495 1965
13914 Mr S.R. Grice, 5 Teganna Cir, NEW NORFOLK TAS 7140 AUS Tel: (03) 6261 1824 Email: sydgrice@hotmail.com
13922 Jenny M. Gibson, 48/530 Bridge Street, TOOWOOMBA QLD 4350 AUS Tel: (07) 4633 7201 Email: celticj@icr.net.au
13943 Jean A. Ritchie, 49 Oasis - 118 Bellflower Rd, CHANCELLOR PARK QLD 4556 AUS Tel: (07) 5456 2649 Email: j.ritchie@bigpond.com.au
13960 Kenneth Chiverton, 3 Bambaroo Cl, NAMBOUR QLD 4560 AUS Email: kchiverton@flexinet.com.au
13984 Wilma Fox, 52 Kennigo St, BRISBANE QLD 4000 AUS Email: wilma_fox@hotmail.com
13994 Mrs Christine Mackay, 104A Curzon St, TOOWOOMBA QLD 4350 AUS Email: christine_mackay44@yahoo.com.au
14002 Peter Collins, 26 Montrose St, GORDON PARK QLD 4031 AUS Tel: (07) 3315 6920 Fax: (07) 3315 6921 Email: admin@garrisonau.com

14012 Barbara Van Elst, Ms 498, GAYNDAH QLD 4625 AUS
14023 Cliff Parker, 14 Sandringham St, ALEXANDRA HILLS QLD 4161 AUS
14029 Shirley Oakman, Po Box 35, CHILDERS QLD 4660 AUS Tel: (07) 4126 1086 Fax: (07) 4126 1086
 Email: oakmans@ozconnect.net
14030 Margaret Bauer, 15 Horton St, BUNDABERG QLD 4670 AUS Email: bauerm@tpg.com.au
14031 Averil K. Brookes, 5 Lutz Crt, BUNDABERG QLD 4670 AUS Tel: (07) 4152 3703 Email: averilbrookes@hotmail.com
14032 Karen Burton, 88 Avoca St, BUNDABERG QLD 4670 AUS Email: burton@tpgi.com.au
14045 Chris Wright, 5 Mccoll St, NORTH ROCKHAMPTON QLD 4701 AUS Email: coolgarra@hotmail.com
14076 Mrs V. Kruger, 275 Ford St, ROCKHAMPTON QLD 4701 AUS Tel: (07) 4928 8228
 Email: fuzzylogic@austarnet.com.au
14094 Mrs A. Wust, Po Box 248, YEPPOON QLD 4703 AUS Tel: (07) 4939 1640
14113 Nita Drury, 34 Jarrah St, NORTH MACKAY QLD 4740 AUS
14120 Ross & Lynda Locke, Po Box 1392, NAMBOUR QLD 4560 AUS Tel: (079) 53 1480 Fax: (079) 53 1504
14127 Judy Wallace, 31 Annie Wood Ave, NORTH MACKAY QLD 4740 AUS Email: ross.judy@bigpond.com
14156 Lorraine Mcgowan, 10 Barr St, AYR QLD 4807 AUS Email: raylor@tpg.com.au
14163 Mrs Miriam O'Donnell, 5 Falcon St, ROWES BAY QLD 4810 AUS Email: warren.miriam@bigpond.com
14184 Mrs Kathy Palmer, C/- Post Office, TORRENS CREEK QLD 4816 AUS
14188 Garry Dillon, 60 Mumford Rd, NARANGBA QLD 4504 AUS Tel: (07) 3886 7561 Fax: (07) 3886 7237
 Email: garry_dillon@msn.com.au
14194 Mrs Beryl M. Godfrey, Vellum Downs P.M.B. 43, HUGHENDEN QLD 4821 AUS
14197 Mrs Norma Seymour, 16 Beechal St, RUNCORN QLD 4113 AUS Tel: (07) 3711 4535 Email: normalil@bigpond.com
14208 Alison Pearson, Brooklands, Cordelia, INGHAM QLD 4850 AUS Email: adjpearson@h150.aone.net.au
14227 Clarice Pearce, 75/7 Bay Dr, PIALBA QLD 4655 AUS
14241 Jack Cross, 363 Halifax St, ADELAIDE SA 5000 AUS Tel: (08) 8223 3879
14246 Neil Ayres, 15 Glengarry St, WOODVILLE SA 5011 AUS Email: ayresn@iweb.net.au
14252 Reg Trodd, 133 Halsey Rd, HENLEY BEACH SOUTH SA 5022 AUS Email: janreg@bold.net.au
14267 Graham Jaunay, 7 East Tce, SOUTH PLYMPTON SA 5038 AUS Tel: (08) 8374 2049 Fax: (08) 8374 2041
 Email: graham@jaunay.com
14268 Dr Gael E. Phillips, Po Box 124, ROYAL BRISB. HOSP. HERSTON QLD 4029 AUS Tel: (07) 3891 5983 Fax: (07) 3891 5983 Email: g.phillips@uq.net.au
14290 William Haylock, 2 Forrest Ave, MARINO SA 5049 AUS Email: gretbill@senet.com.au
14296 Mrs Kerry Lovering, 66A Molesworth St, KEW VIC 3101 AUS Tel: (03) 9853 2868 Fax: (03) 9853 3640
 Email: fitzlove@alphalink.com.au
14306 David Hassell, 403 Carrington St, ADELAIDE SA 5000 AUS Tel: (08) 8223 3363 Email: dchass@ozemail.com.au
14346 Mrs Beatrice N. Moore, 13 Electra Ave, PARAFIELD GARDENS SA 5107 AUS
14348 Dennis Keating, 15 Rositano Dr, SALISBURY SA 5108 AUS
14351 John S. Bell, 8 Banksia Cres, CRAIGMORE SA 5114 AUS Tel: (08) 8254 1863 Email: jnvbell@senet.com.au
14388 John A. Monaghan, Po Box 192, WENDOUREE VIC 3355 AUS Email: jamona001@student.aquinas.acu.edu.au
14392 Richard Sims, 10 Clinton St, MILLICENT SA 5280 AUS Tel: (08) 8733 2424 Fax: (08) 8733 2424
 Email: ricksims@bigpond.net.au
14422 Jessie Bremner, Po Box 2190, WHYALLA NORRIE SA 5608 AUS Tel: (08) 8645 9477
 Email: jjbrem@internode.on.net
14435 Mrs Ros E. Fornaro, 48 Weld St, NEDLANDS WA 6010 AUS Email: rosly@webtec.com.au
14440 Lindsay J. Peet, 39 Beatrice Rd, DALKEITH WA 6009 AUS Tel: (08) 9386 1240 Fax: (08) 9386 1240
 Email: ppeetlj@ic-net.com.au
14448 Joan Malpass, 7 Wright Ave, SWANBOURNE WA 6010 AUS Tel: (08) 9385 2349 Email: malpassmj@firedream.net
14454 Douglas J. Mcmillan, 138 Broome St, COTTESLOE WA 6011 AUS
14463 Mrs B.J. Plunkett, 36 Daglish St, WEMBLEY WA 6014 AUS Fax: (08) 9388 8468 Email: charlene2@iinet.net.au
14472 Mr R.H. Henning, Po Box 755, SCARBOROUGH WA 6922 AUS Tel: (08) 9341 3992
14513 David Armstrong, Po Box 136, MAYLANDS WA 6931 AUS Email: davidrli@iinet.net.au
14536 Loreley Morling, 37 Weston Dr, SWAN VIEW WA 6056 AUS Email: pmorling@cygnus.uwa.edu.au
14542 Edward Barnes, 454 Hector St, YOKINE WA 6060 AUS Email: weschris@iinet.net.au
14548 Mrs M. Baldwinson, 16 Noongah Pl, NOLLAMARA WA 6061 AUS
14589 Mrs T.D. Whitehurst, 27 Waller St, LATHLAIN WA 6100 AUS Tel: (08) 9361 2588 Fax: (08) 9361 2588
14618 Mrs Marian Crew, 1 Fraser St, GINGIN WA 6503 AUS Email: crewcm@iinet.net.au
14627 Malcolm Sears, 4 Osten Dr, LANGFORD WA 6147 AUS Tel: (08) 9458 7068 Email: mksears@global.net.au
14645 Mrs J. Pollard, 8 Glencoe Rd, ARDROSS WA 6153 AUS
14646 Mrs A. Spiro, Po Box 156, APPLECROSS WA 6953 AUS Fax: (08) 9316 1406 Email: explorer@smartchat.net.au
14656 Mr H. Goff, 11 Pearson Cr, BULLCREEK WA 6149 AUS Tel: (08) 9332 0022 Fax: (08) 9332 0022
 Email: colyton@iinet.com.au
14672 Kim Cannon, 2/27 Calliope Rd, DEVONPORT AUCK 1309 NZ
14715 Mrs E.M. Towers, 18/22 Hayes St, BUNBURY WA 6230 AUS
14733 Dr Roderick D. Mason, 207 Spencer St, BUNBURY WA 6230 AUS Tel: (08) 9792 2666
14743 Mr R. Wallace, Po Box 329, DONNYBROOK WA 6239 AUS Tel: (08) 9731 8205 Fax: (08) 9731 8205
14744 Karen E. Watkins, 287 Irishtown Rd, DONNYBROOK WA 6239 AUS Tel: (08) 9731 1525 Fax: (08) 9731 1525
 Email: karen.watkins@westnet.com.au
14747 Roma Mclernon, 49 Guppy St, PEMBERTON WA 6260 AUS
14754 Des Mortimer, 15 Thornleigh St, WEST MOONAH TAS 7009 AUS Tel: (03) 6272 6023 Fax: (03) 6272 6335
 Email: dmortimer1@hotkey.net.au
14760 Mrs Margaret J. Yates, R.M.B. 305, Redgate Rd, WITCHCLIFFE WA 6286 AUS Tel: (08) 9757 6233 Fax: (08) 9757 6438
 Email: baker@compwest.net.au
14795 Mrs Marie J. Duncan, 4 Church Ave, KOJONUP WA 6395 AUS Tel: (08) 9831 1155 Fax: (08) 9831 1155
 Email: doolingansw@westnet.com.au

◆ Contributors & Addresses ◆

14851 Elizabeth Milewicz, Po Box 153, SOUTH HOBART TAS 7004 AUS Email: viam@trump.net.au
14874 Mrs Joan Medlock, 6 Bellevue Pde, NEW TOWN TAS 7008 AUS Tel: (03) 6228 5826 Email: jnbmedlock@aol.com
14880 Miss S.P. Procter, 23 Fowler St, MONTROSE TAS 7010 AUS
14901 Robert Cox, 248 Pawleena Rd, PAWLEENA TAS 7172 AUS Tel: (03) 6265 3967 Email: writed@bigpond.com
14918 Gwenith Smith, 12 Warwick Pl, KINGS MEADOWS TAS 7249 AUS
14935 Mrs S. Glass, 2 Watson Ct, ALTONA VIC 3018 AUS Email: s_glass@optusnet.com.au
14948 Mrs R. Marshall, 107 Cornelius Rd, SASSAFRAS TAS 7307 AUS Email: rvmarsh@southcom.com.au
14959 Marlena D. Turner, 1/9 Bertha St, ULVERSTONE TAS 7315 AUS Tel: (M) 0417 340 301
    Email: mdturner@tassie.net.au
14966 Mrs S. Russell, Po Box 248, BURNIE TAS 7320 AUS Email: grussellb@bigpond.com.au
15011 Dr Luc Vander Avort, Sparrendreef 95/11 Bus 5, B-8300 KNOKKE HEIST BELGIUM Email: lavort@telenet.be
15013 Daniel Merlevede, Brugseweg 32, B-8900 IEPER BELGIUM Tel: (057) 20 23 53
    Email: daniel.merlevede@advalvas.be
15014 Marcel T.A. Calberson, Thistle House, Bosbesstraat 19, B-9940 EVERGEM BELGIUM Tel: (09) 253 8725
    Email: m.calberson@skynet.be
15042 Dr Frank Carey, 28 Cherry Ln, WOLFVILLE NS B4P 1T6 CAN Tel: (902) 542 4252 Email: fcarey@ns.sympatico.ca
15070 William Glen, 131 Green Rd, BONSHAW PEI C0A 1C0 CAN Email: wglen@auracom.com
15098 Mrs Pamela Fulton, 26 Pine Ridge Ave, NEW MARYLAND NB E3C 1C6 CAN Tel: (506) 459 7770
    Email: fultons@nbnet.nb.ca
15118 Pierre Rioux, 44, 8Eme Rue Est, RIMOUSKI QUE G5L 2H8 CAN
15221 Ms Linda Horton, 3777 Cote Des Neiges #410, MONTREAL QC H3H 1V8 CAN Tel: (514) 937 0705
    Email: rumerjon@yahoo.ca
15286 Carol Simmons, Po Box 834, MINDEN ONT K0M 2K0 CAN Tel: (705) 286 3588
    Email: carol.simmons@sympatico.ca
15289 Michael Whiting, 1828 Southmount, ST.BRUNO QUE J3V 4M3 CAN Email: whitings@magma.ca
15298 Jens-Holger Stehr, 1926 Danniston Cres, OTTAWA ONT K1E 3R6 CAN Tel: (613) 824 6362
    Email: ance.stehr@sympatico.ca
15301 C.J. Edwards, Po Box 72081, KANATA ONT K2K 2P4 CAN Tel: (613) 591 0747 Email: jerushae@compmore.net
15400 Marc Shaw, 703 - 350 Wellington St, KINGSTON ON K7K 7J7 CAN Tel: (613) 545 3653 Email: shaw@cogeco.ca
15409 Mrs R. Wintle, 485 Parkview Dr, KINGSTON ONT K7M 4B4 CAN Email: wintle@ieee.org
15436 Mrs K. Bowley, 421 Sheridan St, Apt 804, PETERBOROUGH ONT K9H 7G2 CAN
15464 Mrs Norma H. Frew, 7 Frost Pl, LINDSAY ONT K9V 5X4 CAN Tel: (705) 878 4322 Fax: (905) 986 5568
15476 Helen Alsop, R.R.3, BEAVERTON ONT L0K 1A0 CAN
15485 Sharon Hurst, 2086 Fennell Dr, R.R.1, GILFORD ONT L0L 1R0 CAN Tel: (905) 775 0746 Fax: (905) 778 0333
    Email: bassh@netrover.com
15513 Roy Johnson, 504 Kilman Rd, R.R.1, RIDGEVILLE ONT L0S 1M0 CAN
15521 Debbie J. Sweetman, 76 Hemmingway Dr, COURTICE ONT L1E 2C6 CAN Tel: (905) 666 8166 Fax: (905) 666 8163
    Email: DebraJSweetman@aol.com
15524 Bessie Gannon, 468 Simcoe St North, OSHAWA ONT L1G 4T6 CAN
15564 Susan Young, 75 Grass Ave, St.catharines ONT L2R 1T2 CAN Tel: (905) 688 0405 Email: gneagnie@vaxxine.com
15594 Mrs Brenda Glendenning, 81 Marsden Crt, NEWMARKET ONT L3Y 7P6 CAN Email: brendaglen@home.com
15596 Paul Dargavel, 47 Doris Cres, NEWMARKET ONT L3Y 7V3 CAN Tel: (905) 836 0692 Email: dargavel@rogers.com
15638 Mrs Nancy Lee, 1326 Prince Albert Crt, MISSISSAUGA ONT L5H 3S1 CAN Tel: (905) 278 1946
15640 Mrs Betty Kelly, 1964 Lenarthur Dr, MISSISSAUGA ONT L5J 2J2 CAN Email: bettykelly@sympatico.ca
15710 Hesba Williams, 96 Howard Ave, HAMILTON ONT L9A 2W5 CAN
15715 David Brown, 42 Cayley St, DUNDAS ONT L9H 2E7 CAN Email: idbrown@mcmaster.ca
15740 Mrs Jane Martin, 80 Rossander Crt, SCARBOROUGH ONT M1J 2B8 CAN Tel: (416) 431 4406
    Email: wem.jim@sympatico.ca
15745 Dee Megow, 23 Ayre Point Rd, SCARBOROUGH ONT M1M 1G4 CAN Tel: (416) 265 1778
15776 Archie Watts, 304-85 Skymark Dr, TORONTO ON M2H 3P2 CAN Email: ampsport@interlog.com
15785 Joyce Irons, 15 Barberry Pl #503, TORONTO ON M2K 1GP CAN
15787 Jeannette Tyson, 94 Binswood Ave, TORONTO ON M4C 3N9 CAN
15793 Mrs Diane E. Clendenan, 124 Divadale Dr, TORONTO ONT M4G 2P4 CAN Tel: (416) 425 6684
    Email: dclenden@netrover.com
15823 Kevin E. Bowers, 112 Victor Ave, TORONTO ONT M4K 1A8 CAN Email: kebowers@sympatico.ca
15845 Melvine Petroff, 2011 -22 Close Ave, TORONTO ONT M6K 2V4 CAN Tel: (416) 535 6038
15849 Lois Kenneth, 5080 Pinedale Ave #1207, BURLINGTON ONT L7L 5V7 CAN Tel: (905) 631 7630
    Email: lois.kenneth@sympatico.ca
15882 Tom Whibbs, 1 Norfield Cres, ETOBICOKE ONT M9W 1X5 CAN
15885 Shirley Wilson, 6603 Concession 10, R.R.1, MAIDSTONE ONT N0R 1K0 CAN
15902 Arlyn Montgomery, 84690 London Rd, R.R.1, BELGRAVE ONT N0G 1E0 CAN Email: amontgom@wightman.ca
15916 David Oates, 61 - 127 Alfred St West, THORNBURY ONT N0H 2P0 CAN Email: djoates@lynx.org
15929 Mrs Sheila Phipps, 35007 Cassidy Rd, R.R.3., AILSA CRAIG ONT N0M 1A0 CAN Email: srpphipps@hotmail.com
15931 Mrs Betty N. Major, 606 - 351 Eramosa Rd, GUELPH ONT N1E 2N2 CAN Tel: (519) 763 4776
    Email: bmajor@sympatico.ca
15944 James Brennan, Po Box 925, CORUNNA ONT N0N 1G0 CAN Tel: (519) 862 2619 Email: jbrenna@sympatico.ca
15987 Richard Tiegs, 44 Kelly Dr, KITCHENER ONT N2M 1V6 CAN Tel: (519) 578 0201 Fax: (519) 578 1722
    Email: rgt@rgtiegs.ca
16010 Mrs J. Harris, Ranch Rd, R.R.8, BRANTFORD ONT N3T 5M1 CAN Email: echarris@ican.net
16034 Lutzen Riedstra, 24 St.Andrew St, STRATFORD ONT N5A 1A3 CAN
16075 Norma Grainger, 761 Woodcrest Blvd, LONDON ONT N6K 1P8 CAN Tel: (519) 472 7916 Email: normagrn@gtn.on.ca
16096 Nelson Mckelvie, 2594 Buckingham Dr, WINDSOR ONT N8T 2B6 CAN Tel: (519) 948 5092
    Email: helennelson@sympatico.ca

◆ 577 ◆

16102 Ruth H. Padmos, 1365 Suncrest Rd, KINGSVILLE ONT N9Y 2T7 CAN Email: rhpadmos@mnsi.net
16111 David R. Norwood, 12164 Papineau Crt, TECUMSEH ONT N8N 3B5 CAN Email: daven@mnsi.net
16123 Mr D.J.H. Carriere, C.P. 127, PORCUPINE ONT P0N 1C0 CAN Tel: (705) 235 2277 Email: djhc@ntl.sympatico.ca
16125 Connie Wilson, Po Box 393, LITTLE CURRENT ONT P0P 1K0 CAN Tel: (705) 368 0933
16145 Barbara Maccharles, 131 Meadow Heights Dr, BRACEBRIDGE ONT P1L 1A4 CAN
16149 Catherine Blackburn, 25 Algonquin Ave, KIRKLAND LAKE ONT P2N 1C1 CAN Email: timetrav@nt.net
16159 Mme Elaine Caron, 54 Brunetville Rd, KAPUSKASING ONT P5N 2G2 CAN Email: ecaron@personainternet.com
16167 Mrs Joan Wells, 1006 - 1271 Walden Cir, MISSISSAUGA ONT L5J 4R4 CAN Tel: (905) 855 2048
  Email: joan.wells@sympatico.ca
16176 Harry Wilson, 601 - 1100 Lincoln St, THUNDER BAY ONT P7E 5V7 CAN
16184 Moris Leach, 11 Draper St W. Box 854, LITTLE CURRENT ONT P0P 1K0 CAN
16188 Jack Mavins, Box 6, Group 70, R.R.1, ANOLA MAN R0E 0A0 CAN Email: jmavins@mts.net
16233 William Birtles, 41 Bernadette Ave, WINNIPEG MB R2M 4Z2 CAN Tel: (204) 255 8128
  Email: abirtles@mb.sympatico.ca
16254 Mrs Audrey M. Reimer, 311 - 1055 Grant Ave, WINNIPEG MAN R3M 1Y5 CAN Tel: (204) 452 3777
16269 John Templeton, 26 Mcmasters Rd, WINNIPEG MB R3T 2Y1 CAN Email: templeto@ms.umanitoba.ca
16273 Joyce Elias, 108 Turnbull Dr, WINNIPEG MB R3V 1X2 CAN Fax: (204) 275 1171 Email: jelias@mts.net
16286 Vera Hamson, 658 Buckingham Rd, WINNIPEG MB R3R 1C2 CAN Tel: (204) 261 1599 Email: thamson@mts.net
16309 Dorothy Rothwell, Po Box 208, MOOSOMIN SAS S0G 3N0 CAN Tel: (306) 435 2568 Email: drothwell@sasktel.net
16349 Eugene Blahut, 373 Betts Ave, YORKTON SK S3N 1N3 CAN
16358 Robin A. Fairservice, 190 Rondane Cres, PRINCE GEORGE BC V2N 6W3 CAN Tel: (250) 963 7362
  Email: R&B.Fairservice@telus.net
16362 Elizabeth Du Bois, 19 Laird Cres, REGINA SASK S4R 4N7 CAN
16365 John Kirkland, 5 Tibbits Rd, REGINA SAS S4S 1N5 CAN
16370 James C. Macleod, 4148 Princess St, REGINA SAS S4S 3N3 CAN
16378 Keith Silljer, 1003 Mccarthy Blvd, REGINA SK S4T 7M7 CAN
16383 Peter S. Wyant, 1684 N. Fenwick Cres, REGINA SAS S4X 4N4 CAN Tel: (306) 949 0142 Email: p.wyant@sasktel.net
16425 Mr R.W. Chamberlain, Po Box 1143, BIGGAR SK S0K 0M0 CAN
16430 Judy Parker, Po Box 358, KITSCOTY ALB T0B 2P0 CAN
16433 Kathleen R. Edwards, 4902 Zschiedrich Rd, QUESNEL BC V2J 6M8 CAN Tel: (250) 747 2503 Fax: (250) 747 2503
  Email: gkedward@uniserve.com
16439 Mrs Flora Duncan, 75 Cranfold Way #317, SHERWOOD PARK AB T8H 2B9 CAN Tel: (780) 417 0864
16505 Mrs Nelda Bullock, 3306 Keho Pl, LETHBRIDGE ALB T1K 3P9 CAN Tel: (403) 327 3587 Email: nelda@oxtelus.com
16513 Dave Obee, 4687 Falaise Dr, VICTORIA BC V8Y 1B4 CAN Email: daveobee@shaw.ca
16527 Clare Westbury, 4012 Comanche Rd Nw, CALGARY ALTA T2L 0N8 CAN Email: westburc@telus.net
16554 Frank Morrow, 5625 Dalcastle Hill Nw, CALGARY ALTA T3A 2A2 CAN Tel: (403) 286 7626
  Email: morrowfr@shaw.ca
16559 Mrs Frances M. Tanner, 337 - 5033 - 45 Street Sw, CALGARY AB T3E 7H1 CAN Tel: (403) 240 0726
16616 Charles Tebby, 10704 - 43 St, EDMONTON ALB T6A 1V4 CAN Tel: (780) 468 4788
16661 Mrs Annelies J. Batty, Box 7546, PEACE RIVER ALB T8S 1T2 CAN Tel: (780) 624 8880
16677 Richard Nash, Po Box 5600, FORT MCMURRAY ALB T9H 3G5 CAN Email: dick.nash@shaw.ca
16681 William Hall, 256 Athabasca Ave, FORT MCMURRAY ALB T9J 1G6 CAN Email: bilhal2002@yahoo.com
16693 Mr J.M. De Laroque, 1303 Baptiste Dr, WEST BAPTISTE ALB T9S 1R8 CAN Tel: (780) 675 4452
  Email: de_laroque@telus.net
16701 Lesley Osachoff, 371 Mctavish Rd, KELOWNA BC V1V 1P1 CAN Tel: (250) 860 0461
  Email: lesley_osachoff@shaw.ca
16706 Mrs L.B. Ferrie, 156 - 15401 Kal Rd, COLDSTREAM BC V1B 1Z3 CAN Tel: (250) 545 2207 Email: revlee3@shaw.ca
16708 Mr A.G. White, 3748 Carnation Dr, TRAIL BC V1R 2W7 CAN Email: hbagwhite@netidea.com
16757 Mrs Pat Pagura, 470 3Rd Ave, KIMBERLEY BC V1A 2R3 CAN
16783 Rev. Patricia M. Bayliss, 6760 L & A Road, VERNON BC V1B 3T1 CAN Tel: (250) 542 4926 Email: gaplanda@shaw.ca
16802 Marie Ablett, 994 Tronson Dr, KELOWNA BC V1Y 4E1 CAN Tel: (250) 763 7159 Fax: (250) 763 7159
  Email: dougmarieablett@telus.net
16811 Rev. W. Bidewell, 2208 Hants Rd, KELOWNA BC V1Z 2L1 CAN Tel: (250) 769 5733 Email: bidewell@silk.net
16813 Brian Wormald, 550 Naramata Rd, PENTICTON BC V2A 8T3 CAN Tel: (250) 493 4772
16819 Judith Purdy, 42 - 850 Parklands Dr, VICTORIA BC V9A 7L9 CAN Tel: (250) 382 2326
16822 Kay Allan, 845 Tranquille Rd., Unit 206, KAMLOOPS BC V2B 3J3 CAN Email: mkallan@shaw.ca
16834 Mrs A.W. Bellos, Po Box 279, KAMLOOPS BC V2C 5K6 CAN Email: jennbill@telus.net
16842 Mrs Lana J. Fox, 3909 Shaver Rd, QUESNEL BC V2J 6V6 CAN Email: lgfox@shaw.ca
16867 Mr E. Richardson, 107 - 12128 - 222 St, MAPLE RIDGE BC V2X 5W5 CAN Email: chumrichardson@yahoo.ca
16875 Kathleen Kells, 7176 207 Street, LANGLEY BC V2Y 1T4 CAN
16938 Mrs J.R. Jeatt, 803 - 728 Princess St, NEW WESTMINSTER BC V3M 6S4 CAN Tel: (604) 521 6125
16947 Diane Hamilton, 3939 Braemar Pl, NORTH VANCOUVER BC V7N 4M8 CAN Tel: (604) 985 8500
  Email: diane.hamilton1@shaw.ca
16969 Muryl Geary, 773 West 68Th Ave, VANCOUVER BC V6P 2T8 CAN Email: muryla@aol.com
16980 Valerie Logue, 307 - 8880 No 1 Road, RICHMOND BC V7C 4C3 CAN Tel: (604) 277 8004
16984 Cynthia Hamilton, 110 - 303 Cumberland St, NEW WESTMINSTER BC V3L 3G2 CAN
  Email: cynthia@chamilton-cga.com
16997 Dorothy Beckel, 3884 Lewister Rd, NORTH VANCOUVER BC V7R 4C3 CAN Tel: (604) 988 6163
17000 Pamela Voss, 3403 Tweedsmuir Ave, POWELL RIVER BC V8A 1C1 CAN Tel: (604) 485 2763
  Email: pnv3403@shaw.ca
17005 Lillian Mckinnon, Box 48, Pebble Beach Rd, R.R.1, POWELL RIVER BC V8A 4Z2 CAN
17006 Mrs M. Buller, Comp. 1, R.R.2 Malaspina Rd, POWELL RIVER BC V8A 4Z3 CAN Tel: (604) 483 9933
  Email: marian@armory.tech.com

♦ Contributors & Addresses ♦

17008 Ted Forshner, Po Box 163, POWELL RIVER BC V8A 4Z6 CAN Email: bearav8or@shaw.ca
17012 Ms P. Jones, Po Box 4644, SMITHERS BC V0J 2N0 CAN Email: reijones@uniserve.com
17027 Mrs D. Wilson, 4660 Vantreight Dr, VICTORIA BC V8N 3X1 CAN Email: doneldaw@telus.net
17030 Robert Darlington, 1820 Merida Pl, VICTORIA BC V8N 5C9 CAN Tel: (250) 477 6390 Fax: (250) 477 6390 Email: robadar@telus.net
17033 Joan Opperthauser, 3886 Cedar Hill Rd, VICTORIA BC V8P 3Z6 CAN Tel: (250) 721 3251
17037 Mrs Jean Ostrowski, 203 - 268 Superior St, VICTORIA BC V8V 1T3 CAN Tel: (205) 361 4618 Email: jeao@islandnet.com
17055 Anne Morecraft, 4041 Angeleah Pl, VICTORIA BC V8Z 6T1 CAN Email: amorecraft@shaw.ca
17061 Gordon H. Mckerchar, 9375 Brookwood Dr, SIDNEY BC V8L 4H1 CAN
17078 Mr E. Kier, 5807 Sycamore St., DUNCAN BC V9L 3E3 CAN
17087 Mona L. Cashman, 610 Haida St, COMOX BC V9M 2L6 CAN Email: monacashman@shaw.ca
17092 Mrs Betty Kinch, 1681 Extension Rd, NANAIMO BC V9X 1A5 CAN
17094 Robert E. Scales, 639 Summit Pl, COMOX BC V9M 3H2 CAN Tel: (250) 339 4628 Email: rescales@shaw.ca
17105 Patricia Goddard, 147 Dahl Rd, CAMPBELL RIVER BC V9W 1T4 CAN
17109 Margaret Chapman, 687 Thulin St, CAMPBELL RIVER BC V9W 2L4 CAN
17117 Mrs E. Bell, Box 102, 420 Third Ave, QUEEN CHARLOTTE BC V0T ISO CAN Email: ebell@island.net
17134 Svend Aage Mikkelsen, Horgaard 18, 2.T.V., DK-6200 AABENRAA DENMARK Email: svmi@post3.tele.dk
17151 Terry Wooden, 6 Heath Rise, WESTCOTT SRY RH4 3NN ENG Tel: (01306) 882624 Email: terry.wooden@virgin.net
17162 Jill M. Coulthard, Millbrook, Station Rd, VERWOOD DOR BH31 7PU ENG Email: jjcoulthard@btinternet.com
17163 Roy S. Craske, 13 Ver Road, REDBOURN HERTS AG3 7PE ENG Tel: (01582) 792457
17174 Sheila Martin, 24 Tippendell Ln, ST.ALBANS HERTS AL2 3HL ENG
17175 Josie Hoare, 54 Lye Ln, BRICKET WOOD HERTS AL2 3TD ENG
17182 Richard Sterland, 41 Sycamore Cl, ST.IPPOLYTS HRT SG4 7SN ENG
17184 John Versey, 41 The Deerings, HARPENDEN HERTS AL5 2PF ENG Tel: (01582) 764852 Fax: (01582) 764852 Email: jversey@jversey.free-online.co.uk
17189 John Bolitho, 147 The Ryde, HATFIELD HERTS AL9 5DP ENG Tel: (01707) 267595 Email: bolithofly@aol.com
17191 David A. Whiskin, 16 Westland Dr, BROOKMANS PARK HRT AL9 7UQ ENG Email: whiskin@one-name.org
17196 Mrs E. Tamm, 78 Albert Rd, EVESHAM WOR WR11 4LA ENG Tel: (01386) 48675
17200 Dr Anthony P. Joseph, 3 Edgbaston Rd, SMETHWICK W.MIDS B66 4LA ENG Tel: (0121) 555 6165 Fax: (0121) 555 5975
17201 Audrey A. Wardell, 20 Jacey Rd, EDGBASTON B.HAM B16 0LL ENG Tel: (0121) 454 5013
17203 Mrs C. Coleman, 100 Knightlow Rd, HARBORNE W.MIDS B17 8QA ENG Email: home@colemanrc.demon.co.uk
17217 Douglas Vaugh, 20 Great Stone Rd, NORTHFIELD B31 2LS ENG Email: doug@vaugh.org
17231 Edna Mole, 74 Chantrey Cres, GREAT BARR B43 7PA ENG
17234 Tim F.C. Crawley, Buzzards Beat, Dolau, LLANDRINDOD WELLS POWYS LD1 6UP WALES Tel: (01597) 851949 Fax: (01597) 851949 Email: timcrawley@btopenworld.com
17245 Mr A. Payne, 164 Boldmere Rd, SUTTON COLDFIELD W.MIDS B73 5UD ENG Tel: (0121) 354 1969 Email: tpayne90@hotmail.com
17291 Miss D. Hilton, Top Flat, 93A Redland Rd, BRISTOL BS6 6RB ENG
17350 Peter F.C. Roden, 1 Wood Broughton Barn, CARTMEL CUMBRIA LA11 7SJ ENG Email: peter@roden.co.uk
17364 Brian Galpin, 72 Tatnam Rd, POOLE DORSET BH15 2DS ENG Tel: (01202) 672 038 Email: bjgalpin@supanet.com
17366 Mrs C. Williams, 36 Napier Rd, POOLE DOR BH15 4NA ENG
17380 Mrs D. Marlborough, 31 Glenwood Rd, WEST MOORS, FERNDOWN DOR BH22 0EN ENG Tel: (01202) 872957 Email: tony@greenbank31.freeserve.co.uk
17400 Fraser Coull, 12 Carbery Ln, SOUTHBOURNE DOR BH6 3QG ENG Email: fc.coull@virgin.net
17403 Mrs J. Spencer, 21 Heapworth Ave, RAMSBOTTOM LAN BL0 9EH ENG Tel: (01706) 824401 Email: jean@spencer170.freeserve.co.uk
17420 Alan Lane, 21 St.Peters Ave, TELSCOMBE CLIFFS SSX BN10 7DU ENG
17436 Brenda Legg, 1 Crabtree Ln, LANCING W.SSX BN15 9PF ENG Email: occatribe@aol.com
17449 Mrs M.E. Barnsley, 7 Amery Hill, ALTON HAMPS GU34 1HS ENG
17470 Jeremy Daniel, 23 Gilda Cres, POLEGATE SSX BN26 6AW ENG Email: dernst@btinternet.com
17480 Mr/S D.E. Whatmore, 9 Elizabeth Ave, HOVE SSX BN3 6WA ENG Email: swhatmore@lineone.net
17486 Mrs B. Ashcroft, 12 Downside Cl, SHOREHAM-BY-SEA W.SSX BN43 6AF ENG Email: seatle1@ntlworld.com
17490 Mary Wigan, 119 Western Rd, HURSTPIERPOINT SSX BN6 9SY ENG
17493 Ann Winser, 6 Berkeley Row, LEWES E.SSX BN7 1EU ENG Tel: (01273) 473714
17497 Raymond Burchett, 25 Mount Rd, NEWHAVEN SSX BN9 0LT ENG Email: rburc20705@aol.com
17508 John Nightingale, 60 Cromwell Rd, BECKENHAM KEN BR3 4LN ENG Email: john.nightingale9@btopenworld.com
17511 Jane Leeden, 24 White Hart Rd, ORPINGTON KEN BR6 0HD ENG Email: jane.leeden@btinternet.com
17514 Anthony J. Martin, 5 Otlinge Rd, ST.MARY CRAY KENT BR5 3SH ENG Tel: (01689) 816114 Email: ajm.barfridges@ntlworld.com
17523 Mrs Denise Dawson, 107 Crofton Rd, ORPINGTON KENT BR6 8HU ENG Tel: (01689) 829180
17532 Janet Hiscocks, Beanacre, EASTER COMPTON BRISTOL BS35 5RJ ENG Email: jhiscocks@aol.com
17535 Frank Craven, 2 Barn Owl Way, STOKE GIFFORD BRISTOL BS34 8RZ ENG Email: frank.craven@iee.org
17540 Dennis J. Ivory, 51 Whitecross Ave, BRISTOL BS14 9JF ENG
17548 Mrs M.E. Fitter, 6 Avon Rd, KEYNSHAM BRISTOL BS31 1LJ ENG
17553 Peter C. Wright, 5 The Perrings, NAILSEA BRISTOL BS48 4YD ENG Tel: (01275) 852993 Email: peter.c.wright@btinternet.com
17580 Mrs M. Jones, 4 Scott Dr, LEXDEN ESS CO3 4JA ENG Tel: (01206) 543780
17584 Michael Goodbody, Old Rectory, Wickham St.Pauls, HALSTEAD ESS CO9 2PJ ENG
17612 John Speake, 211 Milton Rd, CAMBRIDGE CAMBS CB4 1XG ENG Email: SpeakeFamily@aol.com
17626 Miss H. Green, 12 Thornton Dr, UPTON PARK CHS CH2 2HZ ENG
17637 Tim Roberts, 67 Falmouth Rd, CHELMSFORD ESS CM1 6JA ENG

♦ 579 ♦

17642 Adrian Hanwell, Norton Villas 59 Western Rd, BRENTWOOD ESSEX CM14 4SU ENG Tel: (01277) 227708 Email: ahanwel1@ford.com
17650 Mrs Anne Paulizky, 2 Toucan Way, CLACTON-ON-SEA ESS CO15 4QR ENG Tel: (01255) 430174 Email: peter-panne@paulizky.freeserve.co.uk
17651 Patrick T. Streeter, Watermans End Cottage, MATCHING GREEN, HARLOW ESS CM17 0RQ ENG Tel: (01279) 731308
17654 Rev. Dennis L. Nadin, The Hermitage, 201 Willowfield, HARLOW ESSEX CM18 6RZ ENG Email: nadennadinsociety@yahoo.co.uk
17670 Ken Mcdonald, 2 Greenfields, STANSTED ESSEX CM24 8AH ENG Email: teskey@btinternet.com
17676 Mrs P. Wheeler, 34 Myln Meadow, STOCK ESS CM4 9NE ENG
17687 Frances Barker, 41 Florence Rd, WALTON ON THE NAZE ESSEX CO14 8HP ENG Tel: (01255) 673164
17697 Mrs R. Rainbird, Orchard Cott, 2 Beach Rd, WEST MERSEA ESS CO5 8AA ENG Email: rainbirds@btinternet.com
17698 Mrs Celia J. Dodd, 19 Godmans Ln, MARKS TEY ESSEX CO6 1LU ENG
17704 Miss A.C. Turner, 1 Robin Cl, GREAT BENTLEY ESS CO7 8QH ENG
17712 Mr J. Luckhurst, 16 South Way, CROYDON SRY CR0 8RP ENG Email: jwluckhurst@aol.com
17720 Helen Oliver, 118 Godiva Rd, LEOMINSTER HEF HR6 8TA ENG Tel: (01568) 610451 Email: helen.g.oliver@talk21.com
17745 Jill Skinner, 179 Percy Ave, BROADSTAIRS KENT CT10 3LF ENG
17749 David Steed, Spratling Court Fm, Manston, RAMSGATE KENT CT12 5AN ENG
17763 Michael Stewart, 4 Meadow Cl, BRIDGE, CANTERBURY KENT CT4 5AT ENG Tel: (01227) 830344 Fax: (01227) 830312 Email: platformtickets@aol.com
17766 John Stowell, Belle Ile, Flat A, 84 Harestone Hill, CATERHAM SRY CR3 6DH ENG
17794 Dawn King, Meadow View Farm, Heath End, STRATFORD UPON AVON WAR CV37 0PL ENG
17850 Mr R.S. Duckett, Outwood Hills, Lower Outwoods Rd, BURTON-ON-TRENT STS DE13 0QX ENG Email: r.duckett@one-name.org
17874 James Michelli, 2 Holme Vil, Brunswood Rd, MATLOCK BATH DBY DE4 3PA ENG
17875 John Titford, Yew Tree Farm, Hallfieldgate, HIGHAM DERBYS DE55 6AG ENG Tel: (01773) 520389 Fax: (01773) 833373
17884 Norah Cook, 3 Gerard Gr, ETWALL DBY DE65 6NT ENG
17886 John Scoltock, 43 Peacroft Ln, HILTON DERBY DE65 5GH ENG Tel: (01283) 733441 Email: scoltockjk@amserve.net
17907 Tony Westbrook, 5 Newlands, NORTHALLERTON NRY DL6 1SJ ENG Email: tonyhwestbrook@aol.com
17912 Mr A. Sumner, 14 Cole St, SCUNTHORPE N.LINCS DN15 6QS ENG Email: ab.sumner@ntlworld.com
17921 Mr D. Cuff, 44 Pennington Walk, RETFORD NOTTS DN22 6LS ENG Email: david@cuff.org.uk
17926 Dr David & Mrs L. Kennedy, Hall Lodge, Church Hill, WASHINGBOROUGH LIN LN4 1EJ ENG Email: david.lesleyk@ntlworld.com
17931 Thomas J.M. Wood, 4 Georgian Hse, Ludborough Rd, NORTH THORESBY LINCS DN36 5RF ENG
17933 Peter Wright-Nooth, 7 Norman Dr, HATFIELD YKS DN7 6AQ ENG Tel: (01302) 840162 Email: pnooth@lineone.net
17951 Gordon Hawkes, 10 Hilltop Ave, BEWDLEY WORCS DY12 1HY ENG
17961 Miss Margaret Ware, 25 Ashlyn Grv, Ardleigh Grn, HORNCHURCH ESSEX RM11 2EQ ENG Tel: (01708) 472142 Fax: (01708) 472252 Email: VictoriaWare@compuserve.com
17973 Mrs D. Palmer, 40 Park Crt, Grosvenor Park Rd, WALTHAMSTOW LND E17 9PE ENG
17977 Alan Homes, 7 Thorpe Leas, CANVEY ISLAND ESSEX SS8 0BA ENG
17998 Helen Cox, 11 Queens Rd, ENFIELD MDX EN1 1NE ENG Tel: (020) 8367 4548 Email: tootsfolly@aol.com
18001 Keith Parker, 5 Kilvinton Dr, ENFIELD MDX EN2 0BD ENG Email: parkerfamilyhistory@hotmail.com
18005 Mrs Linda Carwood, 34 Flemming Ave, RUISLIP MDX HA4 9LF ENG Tel: (M) 07720 477416
18006 Harry Susans, 52 Clarence Rd, ENFIELD EN3 4BW ENG Tel: (020) 8804 6110
18007 David Fairhurst, 31 Roedean Ave, ENFIELD MDX EN3 5QJ ENG
18018 Peter J. Walker, 24 Bacons Dr, CUFFLEY HERTS EN6 4DU ENG Email: hollyer@one-name.org
18020 Mrs Margaret Soars, 10 Harwood Hill, WELWYN GARDEN CITY HRT AL8 7AP ENG Tel: (07786) 963243 Email: patch_soars@hotmail.com
18038 Alan P. Voce, The Forge, 5 Church Path, HALBERTON DEVON EX16 7AT ENG Tel: (01884) 820517
18042 Mrs S. Richardson, Trenchards, Victoria Rd, HATHERLEIGH DEV EX20 3JG ENG Tel: (01837) 810617
18057 Ian Stoyle, Fairfield, THORVERTON DEVON EX5 5NG ENG Email: thorverton@compuserve.com
18067 Mr E. Lake, 8 Sandringham Rd, LYTHAM ST.ANNES LANCS FY8 1EZ ENG Tel: (01253) 712260 Email: ted@lake2020.freeserve.co.uk
18075 Geoffrey R. Bassington, 98 Redmoor Cl, TAVISTOCK DEVON PL19 0ER ENG
18096 Miss Y. Stafford, The Winnats, Kestrel Cl, CHELTENHAM GLS GL53 0LQ ENG
18100 Robin Colson, Upper Througham, The Camp, STROUD GLS GL6 7HG ENG
18128 Andrew M. Lloyd, 14 Howard Cl, FLEET HAM GU51 3ER ENG Email: andrew_lloyd@ntlworld.com
18134 Bernard Shambrook, 2 Hillsborough Park, CAMBERLEY SRY GU15 1HG ENG Tel: (01276) 65839 Email: bjshambrook@hotmail.com
18145 Mrs J. Mcilwaine, 2 Firglen Dr, YATELEY HAM GU46 7TS ENG Tel: (01252) 872768 Email: jmm.dunamoy@ntlworld.com
18147 Peter Hooper, 28 Hedgeway, GUILDFORD SRY GU2 7RD ENG
18150 Dr J.H. Peet, 13 The Greenwood, GUILDFORD SURREY GU1 2ND ENG Tel: (01483) 233713 Email: jhjohnpeet@ntlworld.com
18168 Valerie Simmons, Frith Cottage, Woodstock Rd, STONESFIELD OXF OX29 8EJ ENG Email: valerie@simmons.demon.co.uk
18207 Peter Campbell, 2 Lovehill Cot., Billet Ln, IVER BUCKS SL3 6DQ ENG
18216 Ronald C. Heath, 1A Bourne End Rd, NORTHWOOD MDX HA6 3BP ENG Tel: (01923) 827480
18236 Audrey Town, 33 New Ln, SKELMANTHORPE W.YORKS HD8 9EY ENG Email: poppies@lineone.net
18251 Mrs F.I. Underwood, Walnut View, High St, KEINTON MANDEVILLE SOM TA11 6ED ENG Email: frances.underwood@virgin.net
18260 Mrs Nicola Wall, 52 High Park Rd, RYDE IOW PO33 1BX ENG
18264 Peter Langford, 7 William Burt Cl, WESTON TURVILLE BKM HP22 5QX ENG Email: thomerson@one-name.org

◆ Contributors & Addresses ◆

18271 Mr H. Gilbert, 2 Derwent Rd, LEVERSTOCK GREEN HRT HP3 8RE ENG Fax: (01442) 250898
18273 Karen Evans, 37 Hillside Gdns, BERKHAMSTED HRT HP4 2LF ENG Tel: (01442) 877946
   Email: k-evans@berkhamsted1966.freeserve.co.uk
18276 William Ridout, 6 Barncroft Rd, BERKHAMSTED HERTS HP4 3NL ENG Tel: (01442) 864243
   Email: rfolke@yahoo.com
18301 Sheila Leitch, Wye View, GLASBURY-ON-WYE HEF HR3 5NU ENG Tel: (01497) 847354
18303 Alec Whitfield, 1 Castle Barn, DILWYN HEREFORD HR4 8HZ ENG Tel: (01544) 318613
   Email: alec.whitfield@tiscali.co.uk
18307 Derrick Went, 4 Hartley Rd, PAIGNTON DEVON TQ4 5PQ ENG Tel: (01803) 665519 Fax: (01803) 665519
   Email: derrick@went.org.uk
18310 Jean Maw, 26 Hawthorne Ave, WILLERBY HULL HU10 6JQ ENG Email: jeanmaw@hull24.com
18325 Joan Bruce, 972 Holderness Rd, HULL HU9 4AB ENG Email: mjbr@globalnet.co.uk
18329 Elaine Wilde, 6 Lynton Gve, BRADSHAW W.YKS HX2 9XN ENG Tel: (01422) 249284
18340 Mr C. Haines, 17 Broomhill Rd, ILFORD ESS IG3 9SH ENG
18349 John Trott, 36 Pendennis Cl, HARTLEY VALE PLYMOUTH PL3 5SJ ENG
18354 Mr R.G. Barton, Two Ways, Salisbury Rd, ST.MARGARETS BAY KENT CT15 6DP ENG Tel: (01304) 852811
   Email: dickbarton@aol.com
18364 John Norrington, 1A Woodcote Park Rd, EPSOM SRY KT18 7EY ENG
18372 Edward C. Jones, 16 Alford Rd, ERITH KENT DA8 1PP ENG Email: ectederith@hotmail.com
18376 Mrs M. Spiller, 29 Gainsborough Ct, Station Ave, WALTON ON THAMES SRY KT12 1NH ENG
18378 Derek Button, 1 Grange Crt, WALTON-ON-THAMES SRY KT12 1JD ENG Email: derek_button@yahoo.co.uk
18397 David True, 347 Kingston Rd, EWELL SRY KT19 0BS ENG Tel: (020) 8593 3342 Fax: (020) 8593 3342
   Email: truedvd@aol.com
18422 Andy Roberts, Tresseck, HOARWITHY HEREFORD HR2 6QJ ENG Email: contactandyr@yahoo.com
18484 Michael Potts, Brooke House, The Parade, PARKGATE CHS CH64 6RN ENG Tel: (0151) 353 0701
18498 Peter W. Joslin, 11 Marine Ct, Sandylands Prom, MORECAMBE LANCS LA3 1HQ ENG Tel: (01524) 420841
   Email: peterjoslin@btinternet.com
18500 Mr D. Holt, Old Chapel, Main St, MATLOCK DBY DE4 2BW ENG Tel: (01629) 650174
18501 Daphne Lester, 17 Harmony Hill, Milnthorpe Cumbria LA7 7QA ENG Email: Daphne@harmonyhill.fsnet.co.uk
18521 Mrs K. Moffat, 91 Shackerdale Rd, LEICESTER LE2 6HT ENG
18529 Frank Brocklehurst, 1 Park Ave, MARKFIELD LEIC LE67 9WA ENG Tel: (01530) 243370
   Email: frank.brocklehurst1@btinternet.com
18540 John Birch, 166 Lutterworth Rd, BLABY LEICS LE8 3DP ENG Tel: (0116) 277 2550 Email: jobi1942@tiscali.co.uk
18549 Betty Marsden, The Poplars, Keeling St, NORTH SOMERCOTES LIN LN11 7QT ENG
18569 Mr D. Worrall, 4 Westbourne Cl, OTLEY YKS LS21 3LG ENG
18593 Patricia Boyd, 4 Ambleside, WICKEN GREEN NFK NR21 7QD ENG Tel: (07970) 501160
   Email: trolleydolly@firenet.uk.com
18606 Philip Lloyd, The Flat, 268 Upper Chorlton Rd, MANCHESTER M16 0BN ENG Email: philip_lloyd@lineone.net
18613 Dorothy Pointon, 79 Rufford Dr, WHITEFIELD M45 8PN ENG Email: dorothy.pointon@ntlworld.com
18628 John Marsden, 3 Hesketh Rd, SALE CHS M33 5AA ENG Tel: (0161) 973 2099 Email: john@marsden-40768ons.co.uk
18639 Mr A. Spragge, 5 Caldew Gve, SITTINGBOURNE KENT ME10 4SL ENG
18657 Michael Hand, Japonica Cottage, Laddingford, MAIDSTONE KENT ME18 6BX ENG
   Email: mikehand@compuserve.com
18665 Miss J.D. Price, Mallows, Gainsborough Rd, MIDDLE RASEN LIN LN8 3JX ENG
18670 Valerie Jenson, 18 Pembroke Gdns, RAINHAM KENT ME8 8TD ENG
18680 John Gelder, 2 Field Close, CHESHAM BUCKS HP5 3LB ENG Tel: (01494) 773593 Email: jpgelder@yahoo.com
18688 Mrs M. Maguire, 45 Manor Park, MAIDS MORETON BKM MK18 1QX ENG
18700 John R. Woplin, 177 Avenue Rd, RUSHDEN N.HANTS NN10 0SN ENG Tel: (01933) 413183
   Email: johnwoplin@tiscali.co.uk
18702 Miss P. Bell, 14 Simms Croft, MIDDLETON BKM MK10 9GF ENG Email: penny@skbell.freeserve.co.uk
18708 Dr Dennis J. Stoker, 3 Pearces Orchard, HENLEY ON THAMES OXON RG9 2LF ENG
   Tel: (01491) 575756 Fax: (01491) 575756 Email: stoker@dj3.demon.co.uk
18713 Trudy Seers, 40 Stanhope Rd, LONDON N12 9DT ENG Email: trudy.seers@btinternet.com
18714 Ms S. Drury, 7 Lulworth Rd, WELLING KENT DA16 3LQ ENG Email: suedrury526@hotmail.com
18724 Mr A. Thompson, 21 Old Park Ridings, WINCHMORE HILL LND N21 2EX ENG
18749 Robert Brison, 34 Bridge Tce, BEDLINGTON NBL NE22 7JT ENG
18753 James Blakeley, 10 Allendale Ave, WALLSEND T&WEAR NE28 9NA ENG Email: blakeley@one-name.org
18766 Mrs R. Bowyer, Moorfield, Causey Hill, HEXHAM NBL NE46 2DW ENG Tel: (01434) 602856
   Email: rosibowyer@tiscali.co.uk
18780 Royston J. Smart, 33 Reynolds Cl, WELLINGBOROUGH NORTHANTS NN8 4UR ENG
   Tel: (01933) 405989 Fax: (01933) 405989 Email: royston.smart@btinternet.com
18783 Graham Backler, 1 Spencer Ave, SANDIACRE NOTTS NG10 5DA ENG Tel: (0115) 939 2694
   Email: grahambackler@tiscali.com
18787 Mrs Elizabeth Simpson, 104 Repton Rd, WEST BRIDGFORD NTT NG2 7EL ENG Tel: (0115) 923 1569
18806 Eden A. Guiseley, 3 Broadley Pl, NAIRN IV12 5QZ SCOTLAND Email: eden@guiseley.me.uk
18818 Miss D. Pitchford, 18 Vicarage Rd, SOUTHWELL NOTTS NG25 0NN ENG
18823 Mary Woods, 15 Gloucester Rd, GRANTHAM LINCS NG31 8RJ ENG Tel: (01476) 570846
18851 Mrs B.P. Brown, 26 Penrhyn Cres, CHILWELL NOTTS NG9 5PA ENG
18857 Mrs M. Alsford, 11 Wycliffe Rd, NORTHAMPTON NN1 5JQ ENG Email: vera.alsford@ntlworld.com
18861 Anthony M.T. Reading, 11 Market Square, HIGHAM FERRERS NTH NN10 8BT ENG Tel: (01933) 411361
   Email: anthony@reading-family.com
18884 Mrs E. Higgins, 15 Hinwick, WOLLASTON NTH NN29 7QX ENG Tel: (01933) 664434
   Email: eileenwollaston@yahoo.com

18895 Sue Walther, Ribblehead Hs, Norwich Rd, BESTHORPE NFK NR17 2LB ENG Email: swalfir2@btinternet.co.uk
18896 Miss P. Moore, 3 Elveden Cl, NORWICH NFK NR4 6AS ENG Tel: (01603) 452381
18908 Raymond Frostick, 425 Unthank Rd, NORWICH NFK NR4 7QB ENG Tel: (01603) 452937 Fax: (01603) 452937
       Email: raymond.frostick@btinternet.com
18919 Brian Cheesman, 5 Winifrede Paul Hse, 1 York Rise, LONDON NW5 1DX ENG
18921 Norman Home, 187 Harvist Rd, LONDON NW6 6HB ENG Tel: (020) 8969 6705
       Email: nfhome@morton187.freeserve.co.uk
18957 Ronald Sawbridge, 1 Cartwright Gdns, AYNHO OXON OX17 3BB ENG Email: rsawbridge@aol.com
18967 Mr G. Gracey-Cox, The Westings, Park Rd, BARRY GLAM CF62 6NU WALES Email: geraldjgc@supanet.com
18972 John Sermon, 24 Monks Walk, Bridge St, EVESHAM WORCS WR11 4SL ENG Tel: (01386) 49967 Fax: (01386) 48242
       Email: design@johnsermon.demon.co.uk
19025 Frederick Sole, 17 Hyholmes, BRETTON CAMBS PE3 8LG ENG Email: overall@one-name.org
19035 Mrs G. Williams, 13 Brickfields, SOMERLEYTON SFK NR32 5QW ENG Email: purpdrag@hotmail.com
19050 Dennis Leach, 6 Fisher Ct, Campbeltown Way, PORT PENDENNIS FALMOUTH TR11 3YE ENG Tel: (01929) 425785
       Email: den@den-leach.demon.co.uk
19064 Miss Jean Dawson, 12 Dieppe Cl, DEVONPORT DEVON PL1 4DE ENG
19088 Mr R.B. Clayburn, 4 Winnham Dr, FAREHAM HAM PO16 8QE ENG Email: rod.clayburn@one-name.org
19101 Mrs M.J. Woolgar, 6 Marlborough Crt, BOGNOR REGIS W.SSX PO21 5QH ENG Email: woolgar@one-name.org
19116 Michael Blandford, 6 Rochester Rd, SOUTHSEA HANTS PO4 9BA ENG
19127 June Morley, 8 Fairfield Rd, HAVANT HAM PO9 1BA ENG
19156 Susan Hora, 51 Eastern Ave, READING BRK RG1 5SQ ENG Fax: (0118) 967 9206 Email: s.hora@ntlworld.com
19165 Keith Linder, 67 Warblington Rd, EMSWORTH HANTS PO10 7HG ENG
19171 Dr S.R. Leather, 134 Holbeck, GREAT HOLLANDS BRK RG12 8XG ENG
19179 Dr S. Burnay, White Hollow, High St, EAST ILSLEY BRK RG20 7LE ENG
19216 Joan K.D. Klopke, 8 Reeds Ave, EARLEY BERKS RG6 5SR ENG Email: joanklopke@waitrose.com
19234 Ken Toll, 20 North Rd, THREE BRIDGES W.SSX RH10 1JX ENG Tel: (01293) 404986 Email: ken.toll@one-name.org
19254 Raymond Blight, 74 Haywards Rd, HAYWARDS HEATH W.SSX RH16 4JB ENG Email: 21c119@umpire.com
19258 Norman Sherry, 68 Campbell Cr, EAST GRINSTEAD SSX RH19 1JS ENG Tel: (01342) 327541
       Email: norman@thesherrys.fsnet.co.uk
19259 John W. Scott, Bemerton, Lingfield Rd, EAST GRINSTEAD SSX RH19 2EJ ENG
       Email: jscott.bemerton@tiscali.co.uk
19263 Gwen Squire, Leghorn Cottage Bury, PULBOROUGH SSX RH20 1PA ENG
19268 Mrs Lynda Jones, Rancho Lindo, Nogalte 72, E-30890 PUERTO LUMBRERAS MURCIA SPAIN
       Email: lyndajones@safe-mail.net
19270 Mr J. Finch, 5 Eversfield Ct, Reigate Rd, REIGATE SURREY RH2 0QP ENG Tel: (01737) 246190 Fax: (01737) 246190
       Email: jfinch5@beeb.net
19275 Mrs L. Ledger, Yeomans 6 Holland Rd, HOLLAND SRY RH8 9AU ENG Tel: (01883) 713231
19289 Hugh Alderton, 16 Woodfield Dr, GIDEA PARK ESS RM2 5DH ENG Tel: (01708) 762624
19296 Joan Popplestone, 496 Portswood Rd (Flat), PORTSWOOD HAM SO17 3SP ENG
19304 Mrs S.E. Jackson, 7A Oak Rd, SHEFFIELD S.YORKS S12 3HT ENG
19308 Sq.Ld Keith Skues, Mbe, 19 Parkland Cres, HORNING NFK NR12 8PJ ENG Email: skues@aol.com
19310 Mr D. Sanderson, 36 Manor Rd, BRAMPTON DERBYS S40 1HX ENG
19318 Mrs J. Hewison, Villa Gonnais, F-53380 JUVIGNE MAYENNE FRANCE Email: villagonnais@wanadoo.fr
19328 Mr Jan Boylen, 15 Bowden Wood Rd, SHEFFIELD S.YKS S9 4EJ ENG Tel: (0114) 254 4986
       Email: janboylen@myfamily.com
19345 Polly Bird, The Tower, Church Ln, BEDLINGTON NE22 5EL ENG Email: polly@spencermills.supanet.com
19349 Ernest B. Hamley, 59 Eylewood Rd, WEST NORWOOD LONDON SE27 9LZ ENG
       Tel: (020) 8670 0683 Fax: (020) 8670 0683 Email: hhh78@btinternet.com
19364 Peter J. Tyldesley, 8 West Grove Rd, ST.LEONARDS EXETER EX2 4LU ENG Tel: (020) 7713 1158 Fax: (020) 7713 1003
       Email: tyldesleygenealogy@yahoo.co.uk
19368 Janet Mackleston, 17 Tollgate Way, SANDLING KENT ME14 3DF ENG Tel: (01622) 662574
       Email: janet@mackleston.freeserve.co.uk
19369 Keith Morbey, 23 Cowper Cres, BENGEO HERTFORD HRT SG14 3DZ ENG
19392 Christine Pollard, Royal Oak House, WATTISFIELD NFK IP22 1NS ENG Fax: (01359) 250773
       Email: cpol421468@aol.com
19401 Derek H. Way, 59 Ivy Lane, MACCLESFIELD CHS SK11 8NU ENG Tel: (01625) 422392
       Email: derek.way@one-name.org
19405 Hugh Cave, 45 Wisbech Rd, THORNEY PETERB. PE6 0SA ENG Tel: (01733) 270881
       Email: hugh-cave-fhs.org.uk
19415 Gillian Bladen, 44 Boddens Hill Rd, STOCKPORT CHS SK4 2DG ENG
19429 Harold J. Storey, 2 Orchard Cl, CHEADLE HULME CHS SK8 7ET ENG Email: harold@haroldstorey.wanadoo.co.uk
19454 Barbara Wager, 38 Loosen Dr, MAIDENHEAD BERKS SL6 3UT ENG Tel: (01628) 822586
19457 Ray Anstis, Little Basing, Vicarage Walk, BRAY BRK SL6 2AE ENG Tel: (01628) 627127 Fax: (01628) 620908
       Email: ray.anstis@lineone.net
19458 Dr Roy V. Foster, 2A Belmont Park Rd, MAIDENHEAD BRK SL6 6HT ENG Tel: (01628) 676550
       Email: roy@foet1805.freeserve.co.uk
19461 Rev. James Pitkin, The Vicarage, The Street, LOCKERLEY ROMSEY SO51 0JF ENG Email: pitkin@one-name.org
19471 Robert Stockwell, 22 Palmer Ave, CHEAM SURREY SM3 8EG ENG Email: familyhistory@thestockwells.com
19480 Mrs S. Wilks, 15 Saxon Way, ALDERHOLT HANTS SP6 3PH ENG Email: stellawilks@aol.com
19481 Judy Mcculloch, 115 Harrow Rd, CARSHALTON SRY SM5 3QF ENG
19486 Elizabeth Jolly, 153 Okus Rd, SWINDON WILTS SN1 4JY ENG Email: betkenjol@aol.com
19497 Elizabeth Cookson, 72 Malmesbury Rd, CHIPPENHAM SN15 1QD ENG Email: liz@cookson2.freeserve.co.uk
19513 Donald Day, Aldrans, Church Hill, WROUGHTON WILTS SN4 9JR ENG Tel: (01793) 812323 Fax: (01793) 845873

♦ Contributors & Addresses ♦

19516 John Ayres, 19 Pittsfield, CRICKLADE WIL SN6 6AW ENG
19529 Ian Shankland, 63 Church Ln, Colden Common, WINCHESTER HANTS SO21 1TR ENG
  Email: shankland@compuserve.com
19530 Roger Young, Dean Cottage, Dean, SPARSHOLT HANTS SO21 2LD ENG Tel: (01962) 776570
  Email: young@deane87.freeserve.co.uk
19542 Dennis Williams, 5 Eastcliffe, WINCHESTER SO23 0JB ENG
19568 Douglas Jackson, 2 Byways Cl, SALISBURY WIL SP1 2QS ENG Email: jackson.douglas@btinternet.com
19576 Mr R. Salkeld, 124 Coombe Rd, SALISBURY WIL SP2 8BL ENG
19580 Mr A.J. Munday, 92 Countess Rd, AMESBURY WIL SP4 7AT ENG Tel: (01980) 623914 Fax: (01980) 623914
  Email: ajmunday@btinternet.com
19585 Brian Johnson, Hawthorns, Old Rd, Alderbury, SALISBURY WILTS SP5 3AR ENG
19588 Mr D. Hibberd, 12 Elms Cl, Sandleheath, FORDINGBRIDGE HANTS SP6 1PH ENG Tel: (01425) 654533
19613 Meredith Chatterton, Maryvale, Catherine Rd, BENFLEET ESS SS7 1HY ENG
19614 Mrs D. Clement, 29 Kings Rd, BENFLEET ESS SS7 1JP ENG Tel: (01268) 752910 Email: debbie.clement@virgin.net
19624 John Taylor, 113 Beach Ave, LEIGH ON SEA ESS SS9 1HD ENG Tel: (01702) 478000
19641 Mr D.R. White, High Onn Farm, CHURCH EATON STS ST20 0AX ENG Tel: (01785) 822148
  Email: eatonford@excite.com
19647 Evelyn Powell, 48 Heathend Rd, ALSAGER STS ST7 2SH ENG Tel: (01270) 872925
  Email: chava@evepowell.f2s.com
19655 Mr S. Smith, 15 Rossiter Rd, LONDON SW12 9RY ENG Tel: (020) 8673 6535 Email: sps.rjc@virgin.net
19656 Ian Gray, 6 Baronsmead Rd, BARNES LONDON SW13 9RR ENG Tel: (020) 8563 0591 Fax: (020) 8563 7109
  Email: ianagray@yahoo.com
19661 Mr D. Barlow, 6 Kenlay Cl, NEW EARSWICK YORK YO32 4DW ENG
19678 Miss June M. Bennett, 106 Bishops Mansions, Bishops Pk Rd, LONDON SW6 6DY ENG Tel: (020) 7736 4639
19691 Col. Iain Swinnerton, Cobwebs, Longburton, SHERBORNE DORSET DT9 5PD ENG
  Email: iain.swinnerton@btinternet.com
19694 David Hall, The Old Vicarage, Elm Gve, TAUNTON SOM TA1 1EH ENG Email: ovdlh@aol.com
19708 Aubrey Brown, 80 Farriers Green, MONKTON HEATHFIELD SOM TA2 8PR ENG
19713 David Brown, 17 Birch Rd, WELLINGTON SOM TA21 8EP ENG Tel: (01823) 664843
19727 Jackie Percival, 34 Bank Way, KETLEY BANK SAL TF2 0EQ ENG Email: jper@supanet.com
19744 Meryl Flashman, 4 Haywain Cl, PADDOCK WOOD, TONBRIDGE KENT TN12 6LD ENG Tel: (01892) 832230
  Email: merylflashman@hotmail.com
19747 Peter Baigent, 14 Barnfield Rd, RIVERHEAD KENT TN13 2AY ENG Email: peterbaigent@freenet.co.uk
19750 Brian Cousins, Wagtails, Hillborough Ave, SEVENOAKS KENT TN13 3SG ENG Email: briancousins1@aol.com
19759 Jonathan Sear, 16 The Ridings, STEYNING SSX BN44 3PX ENG Email: jonathan@searj.fsnet.co.uk
19766 Mrs S. Gurney, 18 Old Gardens Cl, TUNBRIDGE WELLS KENT TN2 5ND ENG Tel: (01892) 527708
  Email: dandsgurney@supanet.com
19767 Sidney Monham, Flat 1, 12 Frant Rd, TUNBRIDGE WELLS KENT TN2 5SE ENG Email: swmon@hotmail.com
19782 Adrienne Gurr, 40 Rogers Mead, TENTERDEN KENT TN30 6LF ENG Tel: (01580) 762272
19785 Dr Christopher Pitcher, 24 Military Rd, RYE SSX TN31 7NY ENG Tel: (01797) 226015
19789 Paul C. Cabban, 23 Downs Rd, HASTINGS SSX TN34 2DX ENG Tel: (01424) 432258
  Email: paul@cabban.demon.co.uk
19796 David Markwick, 577 Bexhill Rd, ST.LEONARDS-ON-SEA E.SSX TN38 8AX ENG
19803 Ralph W. Hill, 12 Willow Dr, BEXHILL E.SSX TN39 4PX ENG Email: dralphne@aol.com
19806 John G. King, 2 The Blackthorns, SLEAFORD LIN NG34 7GU ENG Tel: (01529) 306645
  Email: imjoking@ng347gu.wanadoo.co.uk
19812 Society Perrett, C/- Towner, 7 Woolven Cl, POOLE DORSET BH14 0QT ENG Web: www.p-rr-tt.org.uk
19816 Mr R. Hedley-Jones, 5 Higham Gdns, TONBRIDGE KEN T10 4HZ ENG
19818 Cyril Burden, 4 Blythswood Cres, TORQUAY DEVON TQ1 3HJ ENG
19843 Miss Nancy Tonkin, 27 Highertown, TRURO CON TR1 3QE ENG
19844 Anthony Valentine, 10 Haworthy Dr, WELLINGTON SOM TA21 9AT ENG Tel: (01823) 664897
19853 Jane Scott, The Stables, Treluggan, RUANHIGHLANES CON TR2 5LP ENG Tel: (01872) 580468 Fax: (01872) 580911
  Email: janeportscatho@aol.com
19854 Patricia Cohen, The Anchorage, PORTSCATHO CON TR2 5HE ENG Tel: (01872) 580492 Fax: (01872) 580933
  Email: anchorage@dacpac.co.uk
19859 George Peck, 6 Gresham Cl, NEWQUAY CON TR7 2LF ENG
19862 Bryan Hudson, 12 William St, NEW SKELTON CLEVE TS12 2AG ENG Email: bryanh54@hotmail.com
19865 Peter R.D. Davison, 27 Fryup Cres, KEMPLAH PARK CLEVE TS14 8LG ENG Tel: (01287) 635316
  Email: (or) Tel: (07980) 583895
19876 Mrs Y. Masson, 65 St.Margarets Gve, EAST TWICKENHAM MDX TW1 1JF ENG
19880 Mr D. Slee, 147 Queens Rd, TEDDINGTON MDX TW11 0LZ ENG
19892 Rose Weston, Theslum, Towpath, SHEPPERTON MDX TW17 9LL ENG
19895 June Page, 19 Carlyle Rd, STAINES MIDDX TW18 2PU ENG Tel: (01784) 454888
  Email: Geoff.June@btopenworld.com
19902 Alan West, 19 Clevedon Gdns, CRANFORD MIDDX TW5 9TT ENG Fax: (0870) 131 5401
  Email: alanwest@totalise.co.uk
19905 Mrs S.A. Dyson, Ft 12, Water Ln Hse, Water Ln, RICHMOND SRY TW9 1TJ ENG
19908 Roger Weston, 4 Haslam Cl, ICKENHAM MIDDX UB10 8TJ ENG
19916 Roy Edwards, 12 Blacklands Dr, HAYES MIDDX UB4 8EU ENG
19918 Mrs V. Payne, 28 Eskdale Ave, NORTHOLT MIDDX UB5 5DJ ENG
19921 Alan Moorhouse, 8 Strachans Cl, CAINSCROSS GLOS GL5 3EB ENG Email: arm.farmery@bigfoot.com
19949 Major A.S. Heybourn, Meadowside, Rissington Rd, BOURTON ON THE WATER GLS GL54 2DZ ENG
  Tel: (01451) 822119 Fax: (01451) 822119 Email: heybourn@btinternet.com

19964 Mrs W. Georgeson, 7 Cambourne Ave, ST.HELENS M.SIDE WA11 9EP ENG
19975 Peter Wyly, 8 Burnham Cl, CULCHETH CHES WA3 4LJ ENG
19993 Mark Hassall, 20 Wentworth House, Irving Mews, LONDON N1 2FP ENG Email: el.pelegrino@talk21.com
20003 Michael Neighbour, C/- 1 Mill Road Ave, ANGMERING W.SSX BN16 4HR ENG Email: mikeneighbour@tesco.net
20013 Mrs K. Seager, 30 Alexandra Rd, KINGS LANGLEY HERTS WD4 8DT ENG Email: k_seager@tiscali.co.uk
20049 Mr I. Skyrm, Lodge Farm, Broadheath, TENBURY WELLS WOR WR15 8QS ENG Email: ian@skyrm.freeserve.co.uk
20057 Mr R. Field, 45 Moreland Rd, DROITWICH WOR WR9 8RN ENG
20068 Joyce Jones-Hardwick, 1 Stencills Rd, WALSALL WS4 2HJ ENG Tel: (01922) 626320
20135 Angus Allan, Pyrene, F-31260 CASTAGNEDE FRANCE Email: aangusallan@aol.com
20140 Gerard Peny, 15 Rue De La Radue, F-69500 BRON FRANCE Email: gerard.peny@laposte.net
20178 Jean-Paul Rigaut, 209 Rue Paul Doumer, F-78210 TRIEL SUR SEINE FRANCE Email: jprigaut@club-internet.fr
20200 Gerard Zilliox, 47 Rue Jean Pouyat, F-87100 LIMOGES FRANCE Tel: (05) 5532 6588
20401 Christopher Ryan, 29 The View, Woodpark, Ballinteer Dublin 16 IRELAND Tel: (01) 298 8082 Email: ryanc@iol.ie
20416 George A. Weight, 270 Seven Sisters Rd, EASTBOURNE E.SSX BN22 0QW ENG Tel: (01323) 504255 Email: gweight@aol.com
20433 Dr Myles Shortall, Laurel Lodge, Downshire Rd, NEWRY DOWN BT34 1EE N.IRELAND
20444 Victor G. Harris, 12 Beechill Park Ave, BELFAST BT8 7PR N.IRELAND Tel: (028) 9070 1633
20458 Stephen V.G. Randall, 21 Warenne Hts., Cronks Hill Rd, REDHILL SRY RH1 6NA ENG Email: stvigera@yahoo.co.uk
20495 Mrs Ruth M. Willson, Kalkoensprenk 6, NL-4386 DD VLISSINGEN NETHERLANDS
20542 Michael Andrews, 2 Cynthia Pl, R.D.7 Dargaville, BAYLYS BEACH 0350 NZ Tel: (09) 439 8800 Fax: (09) 439 8800 Email: michael.andrews@xtra.co.nz
20546 Elizabeth Price, Tymana, R.D.3, KAITAIA 0500 NZ Tel: (09) 408 7321 Fax: (09) 408 7821 Email: cemprice@xtra.co.nz
20551 Nanette Ainge, 138 Roydvale Ave, CHRISTCHURCH 8005 NZ Email: ainge.n@xtra.co.nz
20556 Tony Mooar, 20 Manuka St, CHRISTCHURCH 8001 NZ Email: mooar@paradise.net.nz
20569 Valerie Gillbanks, 162 Westchester Dr, CHURTON PARK WGTN 6004 NZ Email: gillbanks@ihug.co.nz
20578 Lindsay & Lucy Marshall, 6 Ellangowan Rd, TORBAY AUCK 1310 NZ Email: marshallfam@clear.net.nz
20587 Jennie Shelley, 17 Luxor Pl, ROTORUA 3201 NZ Tel: (07) 350 3262 Email: jennie_shelley@hotmail.com
20594 Bert Lucas, 7B Alberts St, POINT CHEVALIER AUCK 1002 NZ Tel: (09) 849 2948
20606 Elizabeth Roose, 1-43 Queens Ave, BALMORAL AUCK 1003 NZ
20635 John Forrest, 5 Rimu St, NEW LYNN AUCK 1207 NZ Fax: (09) 827 2260 Email: j.forrest@xtra.co.nz
20641 Charles D. Cramond, 18 Ashbourne Pl, GLENDENE, WAITAKERE CITY 1208 NZ Tel: (09) 837 4804
20655 Mrs A.M. Brewer, 266A Sunset Rd, MAURANGI BAY AUCK 1311 NZ Email: am.brewer@xtra.co.nz
20660 Patricia Reid, 3 Howard Rd, NORTHCOTE AUCK 1309 NZ Email: colinpatnz@yahoo.co.nz
20661 Stephen Schollum, 165 Fraser St, TAURANGA 3001 NZ Tel: (07) 578 3865 Email: s.schollum@clear.net.nz
20665 Ann Wickham, 2/48 East Coast Rd, MILFORD AUCK 1309 NZ Email: cp.wickham@xtra.co.nz
20672 Mr D. Godkin, 34A Marcel Pl, GLENFIELD AUCK 1310 NZ
20690 Miss D. Mcconkey, 120 Brightside Rd, STANMORE BAY, WHANGAPARAOA 1463 NZ Tel: (09) 424 5518 Email: dkcmcconkey@xtra.co.nz
20703 Marian Cleary, 207 St.George St, PAPATOETOE AUCK 1701 NZ
20729 Jenny Lang, 26A Bleakhouse Rd, HOWICK AUCK 1705 NZ Email: jjlang@xtra.co.nz
20730 Ms V.L. Pearce, 5 Walter Macdonald St, HOWICK AUCK 1705 NZ Email: vpearce@ihug.co.nz
20738 Garry F. Bell, Po Box 6236, WELLESLEY STREET AUCKLAND 1036 NZ Tel: (09) 368 5756 Email: garryfbell@clear.net.nz
20742 Bruce Tudor & Alison Glenie, 25 Lisburn Ave, GLENDOWIE AUCK 1005 NZ Tel: (09) 575 7200 Fax: (09) 575 7200 Email: ourimbah@ihug.co.nz
20766 Janice Middlemas, 263 Te Rapa Rd, HAMILTON WAIKATO 2001 NZ Email: janicemiddlemas@hotmail.com
20770 Dawn Spence, 186A Massey St, HAMILTON 2001 NZ Tel: (07) 847 4105 Email: spencede@xtra.co.nz
20773 Elizabeth Young, Po Box 12612, CHARTWELL HAMILTON 2001 NZ Tel: (M) 0274 831 063 Email: lizyoungnz@hotmail.com
20793 Peter Fletcher, 223 Mangapiko St, TE AWAMUTU 2400 NZ Email: peter@tacopycentre.co.nz
20800 Susane Tregoweth, Po Box 374, TE KUITI NI 2500 NZ Tel: (07) 878 6642 Fax: (07) 878 8291 Email: sue.treg@xtra.co.nz
20821 Mrs Mary Farrell, 6 Huntington Dr, EAST TAMAKI 1706 NZ Email: farrells@ihug.co.nz
20824 Ian Madden, 15 Belvedere St, EPSOM AUCK 1003 NZ Tel: (09) 524 5681
20825 Mr L.C. Morris, 21 Marsh Rd, RUAKAKA N.LAND 0253 NZ Tel: (09) 432 8908 Fax: (09) 432 8908 Email: lew.morris@xtra.co.nz
20835 Dorothy Mowlem, 50 Hillcrest Rd, TAURANGA 3001 NZ Email: dorothy.mowlem@xtra.co.nz
20841 Mrs Moera J. Mcnaughton, 11 Heath St, MOUNT MAUNGANUI 3002 NZ
20862 Mr J.J. Foster, 6/25 Tennyson St, PETONE 6008 NZ
20874 Christine Greenlees, 269 Richardson Rd, MOUNT ROSKILL AUCK 1004 NZ Tel: (09) 626 6788 Email: dave.chris@xtra.co.nz
20909 Brenda Kendall, Po Box 817, WODONGA VIC 3691 AUS Tel: (02) 6059 2176 Email: brenda@highway1.com.au
20914 Lesley White, 86 Hamlet St, STRATFORD 4600 NZ Email: leswhi@xtra.co.nz
20919 Rev. Christine Allan-Johns, 355 High St, RANGIORA 8254 NZ Tel: (03) 313 5302 Email: alanjohn@ihug.co.nz
20923 Mrs Jenny Mayne, 20 Bannister Pl, CHRISTCHURCH 8005 NZ Tel: (03) 351 5243 Fax: (03) 351 5259 Email: maynes@ihug.co.nz
20924 Mrs Erica Cowan, 12 Koraha St, REMUERA AUCK 1005 NZ
20925 Anne Donnell, 6 Plunket St, WELLINGTON 6005 NZ Email: anne.donnell@totalcheck.co.nz
20933 Mrs L. Hendry, 5 Pamela Pl, ST.HELIERS AUCK 1005 NZ Tel: (09) 521 1597 Email: warlyn@ihug.co.nz
20935 Millie Knox, 229 Bells Rd, R.D.8, WAIMATE 8791 NZ Tel: (03) 689 5966 Email: mknox@xtra.co.nz
20936 Colin Laing, 14 Colchester Ave, AUCKLAND 1005 NZ Email: sibcol@xtra.co.nz
20938 Jillian Lord, 399 Papanui Rd, CHRISTCHURCH CANT 8005 NZ Tel: (03) 352 4506 Fax: (03) 352 4536 Email: jilllord@xtra.co.nz

◆ Contributors & Addresses ◆

20949 Janet Shaw, 6 Granada Pl, GLENDOWIE AUCK 1005 NZ Email: djfshaw@xtra.co.nz
20958 Mr M. Craig, Po Box 949, WANGANUI 5000 NZ Email: malccraig@hotmail.com
20961 Angelina Gaitt, Po Box 5054, WANGANUI 5001 NZ Email: ange.gaitt@xtra.co.nz
20965 Malcolm Francis, Po Box 1479, PALMERSTON NORTH 5300 NZ Email: euterpe@xtra.co.nz
20967 Joan Barnes, 1 Anglesey Pl, PALMERSTON NORTH 5301 NZ Tel: (06) 356 7977 Fax: (06) 356 7977 Email: joanb@xtra.co.nz
20970 Dawn Isles, 33 Swansea St, PALMERSTON NORTH 5301 NZ Tel: (06) 356 9609 Email: dawn.don@inspire.net.nz
20974 Peter Wimms, 39 Union St, PALMERSTON NORTH 5301 NZ Tel: (06) 357 6179 Fax: (06) 357 6179 Email: Ptrwimms@clear.com.nz
20975 Mrs Barbara O.E. Miller, 41 Alexandra St, MARTON 5460 NZ Tel: (06) 327 6225 Email: bardus@xtra.co.nz
20985 Mrs C. Geary, 73 Denbigh St, FEILDING 5600 NZ Email: celia_geary@infogen.net.nz
21003 John Sherborne, 16 St.Catherines Tce, TAWA WGTN 6006 NZ Email: jsherborne@clear.net.nz
21012 Cyril Bray, 46 St.Johns Tce, TAWA WLTN 6006 NZ
21034 Russell Marshall, C/- Min. Foreign Affairs, Po Box 18901, WELLINGTON 6015 NZ Tel: 00442073168962 Email: russell.marshall@mfat.govt.nz
21038 Mrs Joan S. Hamilton, 9C Churchill Ave, PALMERSTON NORTH 5301 NZ Email: joanh@xtra.co.nz
21046 Mrs R.C. Turnbull, 16 Moana Rd, PARAPARAUMU 6450 NZ
21079 Mrs J. Le Gros, 57 Tane Rd, LAINGHOLM AUCK 1007 NZ
21084 Allan J. Rudge, 73 Donovan St, BLOCKHOUSE BAY AUCK 1007 NZ Email: aj.rudge@xtra.co.nz
21088 Cedric Watt, 48 Cliff View Dr, GREEN BAY AUCK 1007 NZ Tel: (09) 827 3649
21091 Beverley Hamlin, 9A Pinkerton Gve, NEWLANDS WGTN 6004 NZ Tel: (04) 478 3849 Email: johnbev@inspire.net.nz
21093 John Robinson, 33 Maire St, TAHUNANUI NELSON 7001 NZ Fax: (03) 548 6147 Email: nelsonrobinson@xtra.co.nz
21104 Mrs Lauri Ashwell, 8 Scotston Gve, BLENHEIM 7301 NZ Email: rex.ashwell@xtra.co.nz
21114 Mrs Mary B. Hill, 178A Breezes Rd, WAINONI CHCH 8006 NZ
21129 Lydia Nabney, 3/114 Vodanovich Rd, TE ATATU SOUTH AUCK 1008 NZ Email: nabbers@clear.net.nz
21131 Mrs D. Pope, 3 Vera Rd, TE ATATU AUCK 1008 NZ
21132 Beryl Stacey, 64/36 Mcleod Rd, AUCHLAND 1008 NZ Email: beryted@clear.net.nz
21149 Mrs M. Weir, 17 Coppell Pl, CHRISTCHURCH 8002 NZ Fax: (03) 338 9889 Email: marg.weir@paradise.net.nz
21155 Hugh Kearns, 37 Aurora St, CHRISTCHURCH 8004 NZ Tel: (03) 342 9095
21161 Keith R. Cramond, 303A Withells Rd, CHRISTCHURCH 8004 NZ Email: cramond@ihug.co.nz
21173 Berneice Edmonds, 79 Joy St, CHRISTCHURCH 8006 NZ Email: Berneice@xtra.co.nz
21175 Heather Avia, 361A Pages Rd, ARANUI CHCH 8007 NZ
21183 Mrs P. Fowler-Danenberg, 46 Stonebridge Way, PREBBLETON 8153 NZ
21195 Elizabeth R. Quaid, 115 Wills St, ASHBURTON 8300 NZ Tel: (03) 308 0592 Email: lizzieq@paradise.net.nz
21196 Teresa Scott, 26 Oxford St, TIMARU 8601 NZ
21198 Joan Peattie, 32 Sutton Rd, FAIRVIEW R.D.2 TIMARU 8621 NZ
21207 Mrs F. Gerslov, 56 Selwyn Cres, MILFORD AUCK 1309 NZ Tel: (09) 410 4658 Email: faithgerslov@xtra.co.nz
21218 Francis Skynner, 1-B Hart Rd, TAKAPUNA AUCK 1309 NZ Tel: (09) 486 3695 Fax: (M) 021 147 5249 Email: francis_s@ihug.co.nz
21221 Mrs J.M. Wigby, 30 Arosa Pl, FORREST HILL AUCK 1309 NZ
21227 Miriam Murray, 38 Severn St, MOSGIEL OTAGO 9001 NZ Tel: (03) 489 6353 Fax: (03) 489 6353 Email: mmurray@es.co.nz
21231 Kevyn Rees, 44 Island Tce, PORT CHALMERS OTG 9005 NZ Email: klrees@ihug.co.nz
21232 Keith Jowsey, 12 Rosehill Rd. R.D.2, DUNEDIN 9021 NZ Tel: (03) 476 1363 Fax: (03) 476 1364 Email: mjowsey@es.co.nz
21233 Mrs M.A.R. Kirkland, 109 Gladstone Rd South, MOSGIEL OTAGO 9032 NZ Email: kirkland@southnet.co.nz
21243 Mrs Nola M. Anderson, Ashley Downs, R.D.2, CLINTON S.OTAGO 9251 NZ Email: nranderson@xtra.co.nz
21254 Doreen Hudson, 453 Pages Rd, R.D.4, TIMARU S.CANT 8621 NZ Email: ddjhudson@xtra.co.nz
21258 Joan Winterburn, 38 Campbell St, GERALDINE 8751 NZ
21261 Mrs C. Clague, 6 Mariners Gve, ALGIES BAY WARKWORTH 1241 NZ Email: mcclague@maxnet.co.nz
21312 Mrs Rosamund Vallings, 140 North Rd, R.D.3, PAPAKURA AUCK 1730 NZ Tel: (09) 292 8821 Fax: (09) 534 3346 Email: vallings@xtra.co.nz
21321 Mrs Maureen F. Scott, 401 Fencourt Rd, R.D.1, CAMBRIDGE WKT 2351 NZ Email: maureen-scott@xtra.co.nz
21348 Mrs B.M. Green, 4A Ronberg St, PALMERSTON NORTH 5301 NZ Email: jongre@inspire.net.nz
21349 Mrs H. Watson, 60 Gordon St, DARGAVILLE N.LAND 0300 NZ
21356 Keith R. Cowie, 24 Maygrove Dr, OREWA AUCK 1461 NZ Email: keith.eliane@xtra.co.nz
21365 Mrs Maureen Macdonald, 10 Kingston St, LOWER HUTT 6009 NZ Tel: (04) 577 2225 Fax: (04) 577 1938 Email: maureenmac@xtra.co.nz
21387 Ms Frances Kell, Po Box 199, WAIKANAE 6454 NZ Email: fran.kell@paradise.net.nz
21394 Mrs Jennifer Clark, 5 Caithness Pl, FARM COVE, PAKURANGA AUCK 1706 NZ Tel: (09) 576 4715 Email: farmcove@xtra.co.nz
21395 Shirley Dittmer, 124 Skermans Line, PALMERSTON NORTH 5321 NZ
21418 Dr Robin Mcconnell, 204 Puketotara Rd, R.D.2, KERIKERI 0470 NZ Tel: (09) 407 1940 Email: rmconnell@clear.net.nz
21423 Jean Mcdonald, Yallockvale, Waimumu, R.D.4, GORE S.LAND 9700 NZ Tel: (03) 208 9795 Fax: (03) 208 9795
21431 Patricia Adams, Poplar Ln, Matangi Road, R.D.4, HAMILTON 2021 NZ Email: patriciaep.adams@actrix.gen.nz
21442 Coral Johnson, 2 Casper St, HAMILTON 2001 NZ Tel: (07) 855 2390 Email: joe.johnson@xtra.co.nz
21463 Mrs V. Hughes, 1405 Warwick Pl, HASTINGS 4201 NZ Email: vthughes@xtra.co.nz
21472 Myk Davis, 52B Whiteley St, NEW PLYMOUTH 4601 NZ Tel: (06) 751 4998 Email: myk-mary@xtra.co.nz
21479 Harriet Taylor, 7 Smith St, WAIHI 2981 NZ Email: hmtaylor@clear.net.nz
21504 Mrs P. Neale, 227 Trig Rd Whitford R.D.1, HOWICK AUCK 1750 NZ Email: phyllis227@xtra.co.nz
21505 Brian Ransley, 16 Clydesdale Ave, HOWICK AUCK 1705 NZ Email: beejay.ransley@xtra.co.nz
21539 Mrs Doreen Waite, 8 Laburnum Glen, BAYFAIR, MOUNT MAUNGANUI 3002 NZ Tel: (07) 575 7464 Email: doreen.waite@actrix.co.nz

ADDRESSES

21563 Mary Legarth, 82 Waihou Rd, R.D.1, LEVIN 5500 NZ Tel: (06) 368 3571 Email: legarthm@levin.pl.net
21594 Katherine Mckegg, 1/54 Merton St, ST.JOHNS AUCK 1005 NZ Email: kmckegg@clear.net.nz
21597 Warren Spence, 41 Christmas Rd, MANUREWA AUCK 1702 NZ Tel: (09) 267 5033 Fax: (09) 267 7999
    Email: spencew@nznet.gen.nz
21598 Judith Stichbury, Po Box 262, MANUREWA AUCK 1730 NZ Email: jaystich@xtra.co.nz
21630 Jennifer Enright, 85 Argyle St, MOSGIEL OTAGO 9007 NZ Tel: (03) 489 5811 Fax: (03) 489 6529
    Email: mbhk@ihug.co.nz
21655 Mrs C. Fisher, 51 Morley St, NEW PLYMOUTH 4601 NZ
21661 Mr R.J. Watembach, 95A Broadway, WAITARA 4656 NZ Tel: (06) 754 4551
21669 Mrs M. Davis, Orchard West Rd, NGATEA 2852 NZ Email: spitfire@wave.co.nz
21712 Mr J. Hunt, No 1 Road, Wairio, OTAUTAU S.LAND 9653 NZ
21716 Clare Holden, R.D.5, TE KUITI 2500 NZ Email: cholden@xtra.co.nz
21727 Mrs Joan Kendrick, 63 Glenmore Rd, PAKURANGA AUCK 1706 NZ Tel: (09) 576 9450 Email: jbkendrick@xtra.co.nz
21741 Mrs V. Hewitt, 9 Madison Ave, PALMERSTON NORTH 5301 NZ Email: v.m.hewitt@clear.net.nz
21746 Mrs B. James, 8 Rangitukehu St, OHOPE 3085 NZ Email: barb.ken@ihug.co.nz
21759 Helen Rush, Po Box 6310, CHRISTCHURCH 8004 NZ Tel: (03) 980 9560 Fax: (03) 980 9562
    Email: helenrush@paradise.net.nz
21763 Margaret Vickers, Kartigi Rd 2, PALMERSTON OTAGO 9061 NZ Email: margaretv@xtra.co.nz
21765 Miss Noelene R. Wevell, 224 Albert St, PALMERSTON NORTH 5301 NZ
21788 Mrs M. Hodder, Po Box 272-1126, PAPAKURA AUCK 1730 NZ Tel: (09) 292 5705 Email: paparimu@clear.net.nz
21796 Yvonne Prince, 16 Kipling Cres, STOKE NELSON 7001 NZ Email: y.prince.home@xtra.co.nz
21802 Reg Pharaoh, Po Box 1486, PARAPARAUMU BEACH 6450 NZ Tel: (04) 298 6226 Fax: (04) 298 6221
    Email: luwat@paradise.net.nz
21828 Sue Tervit, 723/1 Teasdale St, TE AWAMUTU 2400 NZ
21842 Mrs Marilyn W. Mcmillan, 5 Tortola Cres, GRENADA VILLAGE WGTN 6004 NZ
    Email: marilyn_mcmillan@xtra.co.nz
21854 Madeline Moreton, 12A Salisbury Rd, RICHMOND NELSON 7002 NZ
21889 Brian N. Gallivan, 6 Furlong Way, GREAT AMWELL HERTS SG12 9TF ENG Tel: (01920) 467079 Fax: (01920) 467079
    Email: kiwi.uk@boltblue.com
21906 Des Davies, 5 Cranley St, TAINUI DUNEDIN 9001 NZ Email: dmard5@xtra.co.nz
21915 Mrs M. Butcher, 18 Golding Rd, TARADALE NAPIER 4001 NZ
21916 Helen Browne, Po Box 90, TAUMARUNUI 2600 NZ Email: browneh@xtra.co.nz
21934 Stafford Cull, 15 Waikare Ave, LOWER HUTT WLTN 6009 NZ Tel: (04) 972 4992
    Email: stafford.margaret@paradise.net.nz
21955 Mrs E.E. Jones, 39 Allnatt St, TEMUKA S.CANT 8752 NZ
21971 Mrs Elaine Wyllie, 261 Otipua Rd, TIMARU 8601 NZ Tel: (03) 688 5989
21973 Miss Denise E. Gore, 5 Kotuku Cres, MATAMATA 2271 NZ
21975 Rowena Akroyd, 4 Toledo Ave, HENDERSON AUCK 1008 NZ Tel: (09) 835 4435 Fax: (09) 835 4435
    Email: roantrev@ihug.co.nz
21983 Frances Davey, 382 Otumoetai Rd, TAURANGA 3001 NZ Tel: (07) 576 3686 Email: fd@wave.co.nz
21989 Christine Edney, 7B Mchardie St, UPPER HUTT 6007 NZ Email: edney@paradise.net.nz
22014 Jeanette A. Miller, Po Box 27, WAIPAWA 4170 NZ Email: ja.kl.miller@actrix.co.nz
22036 Ms L. Horne, 28 Highbury Rd, WELLINGTON 6005 NZ Tel: (04) 475 9612
22070 Mrs J. Parsons, 9 Moera Pl, WHANGAPARAOA 1463 NZ Tel: (09) 424 8139 Fax: (09) 424 8139
    Email: parsons@hbcoast.pl.net
22088 Noeline Shaw, Wyndham Park, 130 Flora Rd., R.D.6, INVERCARGILL 9521 NZ Tel: (03) 246 9665 Fax: (03) 235 8439
    Email: rm.mnshaw@xtra.co.nz
22090 Jennifer Wallum, Po Box 789 (Adb), 0980 MANILA PHILIPPINES
22114 Richard W. Atkinson, 3 Plein St, CALEDON 7230 RSA AFRICA Email: rewtyre@intekom.co.za
22118 Mark Tapping, Po Box 782, BASSONIA, JOHANNESBURG 2061 RSA AFRICA Tel: (011) 435 3333
22122 Terrence Davis, Po Box 195, SAXONWOLD 2132 RSA AFRICA Tel: (011) 880 8980 Fax: (011) 880 9182
    Email: tdavis@lkp.co.za
22130 Guy Beckett, Po Box 2408, HONEYDEW 2040 RSA AFRICA Tel: (011) 672 5418 Fax: (011) 672 4455
22175 Mrs Jennifer A. Harries, Po Box 30637, MAYVILLE KZN 4058 RSA AFRICA Tel: (031) 309 1587 Fax: (031) 309 2109
    Email: harries@mweb.co.za
22176 Rae Van Heerden, Po Box 234, MOLTENO 5500 RSA AFRICA Tel: (045) 968 0102 Fax: (045) 968 0102
22182 Mrs S. Broadley, 25 Walmer Park Vlge, Church Rd, WALMER PE 6070 RSA AFRICA
    Tel: (041) 367 2091 Fax: (041) 363 5655 Email: sheila1@icon.co.za
22203 Mrs Dawn Raimondo, 26 Bishopscourt Dr, BISHOPSCOURT CAPE TOWN 7708 RSA AFRICA
22206 Mrs Heather Macalister, 9 Mistral Cl, LAKESIDE CP 7945 RSA AFRICA Tel: (021) 788 8188 Fax: (021) 788 8188
    Email: heather@ancestors.co.za
22207 Mrs A. Fuller, 18 Hillside Rd, FISH HOEK CAPE 7975 RSA AFRICA
22211 Aubrey Van Biljon, 18 Vredehoek Ave, VREDEHOEK CAPE 8001 RSA AFRICA Tel: (021) 465 2288 Fax: (021) 465 2288
    Email: alnoekvb@sybaweb.co.za
22224 Robert Mathers, 96 Balnagask Rd, ABERDEEN AB11 8RH SCOTLAND Email: robertcmathers@aol.com
22227 Dr Robert Naylor, Glenrock, Finzean, BANCHORY AB31 6NE SCOTLAND Email: bob.naylor@btinternet.com
22241 Mrs Phyllis L. Sullivan, Glenmuir, Corsock, CASTLE DOUGLAS KKD DG7 3DH ENG
22248 Frank Hughes, 28 Redhall Rd, EDINBURGH MLN EH14 2HN SCOTLAND Tel: (0131) 443 9741
    Email: fh01160232@blueyonder.co.uk
22253 Christopher Moore, 6 Lonsdale Tce, EDINBURGH EH3 9HN SCOTLAND
22262 Mr R.C. Starratt, 7/1 Allanfield, EDINBURGH EH7 5YH SCOTLAND Tel: (0131) 557 2824 Fax: (0131) 478 3353
    Email: scottfam@fish.co.uk
22305 Mr J. Saxon, 7 Rockwell Tce, THURSO CAI KW14 7PJ SCOTLAND Tel: (01847) 892744

♦ Contributors & Addresses ♦

22331 Alexander J. Johnson, 11 Greenfield Pl, LERWICK SHETLAND ZE1 0AQ SCOTLAND
22333 Dennis Buckingham, Casa Leeward, Carrer Can Magi 1, E-07141 SA CABANETA, MARRATXI SPAIN
22392 Mr Jan Krey, Kanalvagen 1, S-691 53 KARLSKOGA SWEDEN Email: jan@krey.se
22409 Dr Graeme Cameron, Sunnehof, Immostr. 15, CH-6405 IMMENSEE SWITZERLAND Tel: (041) 854 0738
  Email: graemecameron@mac.com
22422 Manuel Aicher, Schoneggstrasse 26, CH-8953 DIETIKON SWITZERLAND Tel: (01) 742 2083 Fax: (01) 742 2084
  Email: aicher@aicherweb.com
22440 Mrs Judith Watten, Po Box 874, KENWOOD CA 95452-0874 USA Email: rayjudyw@aol.com
22441 Sheila Matthews, 8 Alexander Dr, DOUGLAS IS.OF MAN IM2 3QE UK Email: matthews@manx.net
22456 Carole Carine, Solway Windsor Mount, Ramsey Is.of Man IM8 3EA UK Tel: (01624) 814738 Email: carolec@manx.net
22470 George C. Jackson, Romanach 306, SAN JUAN PR 00926-5805 USA Tel: (787) 720 9058
22511 Robert Matusik, 349 Pleasant St, C-15, MALDEN MA 02148-8111 USA Tel: (781) 321 3998 Fax: (781) 321 7847
  Email: rmatusik@ix.netcom.com
22536 Dr C.A. Watson, 27 Sullivan Ln, BRISTOL RI 02809-1539 USA Tel: (401) 253 6881 Email: nolacharlie@ids.net
22550 Les & Claire Banks, 2340 West 10400 South, SOUTH JORDAN UT 84095 USA Tel: (801) 254 5759
  Email: banks_77@comcast.net
22558 Carol Daugherty, 358 Chesterfield Rd, WINCHESTER NH 03470-9801 USA Tel: (603) 239 6733
  Email: candr@prexar.com
22565 Shirley Schilly, 34 Pinckney Dr, BLUFFTON SC 29909 USA Email: schilly@davtv.com
22618 Mrs Ellen Di Iorio, 521 Cumberland St, WESTFIELD NJ 07090-4153 USA Tel: (908) 233 2247 Fax: (866) 447 7429
  Email: ediiorio2003@yahoo.com
22640 Alyce Campbell, 24 Victory Dr, BELLMAWR NJ 08031-1835 USA Tel: (856) 931 6407
  Email: debron1980@yahoo.com
22683 Dr Margaret E. Fitzgerald, 65 - 37 183 Street, FRESH MEADOWS NY 11365-2128 USA Tel: (718) 358 6144
22698 Mrs Shirley A. Mearns, 79 Dunnemann Ave, KINGSTON NY 12401-4307 USA
22707 Margaret Engelhart, Po Box 266, VINALHAVEN ME 04863 USA Email: anitaisobel@aol.com
22725 Mildred Springer, 256 Prospect Valley Rd, WILLSEYVILLE NY 13864-1530 USA
22737 Ann Schnell, 918 Parkside Crt, CHAMBERSBURG PA 17201-4904 USA Email: kaquick@innernet.net
22743 Robert W. Barnes, 68 Covington Rd, ROCHESTER NY 14617-4528 USA Tel: (716) 338 2105 Email: rwb1464@cs.com
22753 Mrs Norman Foss, 3338 Comanche Rd, UPPER ST.CLAIR PA 15241-1549 USA
22756 Rita F. Gerardine, 2715 Hunt Club Dr, YORK PA 17402 USA Tel: (717) 840 3219 Email: pardinvys@verizon.net
22796 Dorothy Lorenti, 2877 Jasper St, PHILADELPHIA PA 19134-3538 USA
22799 Brian A. Say, 4 Coutt Pl, MAPUA 7155 NZ Tel: (03) 540 2626 Fax: (03) 540 2626 Email: briansay@clear.net.nz
22835 Mrs Jean C. Andrews, 6800 Granby St, BETHESDA MD 20817-6036 USA Email: pandrews@comcast.net
22846 Clifford Sayre, 1415 Ladd St, SILVER SPRING MD 20902-3516 USA Email: cliffsayr@aol.com
22853 Mrs Elsie Duell-Thornton, 4113 Fogel Ln, SILVER SPRING MD 20906-4214 USA
22882 Daniel Garnitz, Po Box 4432, FALLS CHURCH VA 22044-0432 USA Email: dangar46@yahoo.com
22891 Katherine K. Blair, 1044 South Ironwood Dr, STERLING VA 20164-5111 USA Tel: (703) 430 2255
  Email: kkblair31@aol.com
23032 Shirley Beyrand, Fairlane Harbor, 235 Arbor Ln, VERO BEACH FL 32960-5629 USA
23128 Lloyd Dean, 6770 U.S. 60 East, MOREHEAD KY 40351 USA
23161 Louise Legeza, 1448 Lake Rd, CONNEAUT OH 44030-1018 USA Tel: (440) 593 2515
  Email: passmorehunt@suite224.net
23208 Ralph P. Erlick Jr., 9740 Bunker Hill Ln, CINCINNATI OH 45242 USA Email: ralphe@fuse.net
23319 Donald Erkfritz, 7905 Eston South, CLARKSTON MI 48348-4012 USA Tel: (248) 394 0412 Fax: (248) 394 0494
  Email: dspencer@bignet.net
23367 Helen Hilliard, 249 Pearl St, COLOMA MI 49038-0249 USA
23371 Dwane Norris, 4540 Hendee Rd, JACKSON MI 49201-9414 USA Tel: (517) 787 3096 Email: dfnorris@earthlink.net
23379 Robert Mains, 5149 Marlowe Dr, S.E., KENTWOOD MI 49548-7655 USA Tel: (616) 531 7216
  Email: http://www.MAINSROBERT@aol.com
23415 Bette Cameron, 3020 North Shore Dr, DELAVAN WI 53115-3802 USA
23438 Ann Neviaser, 7221 Colony Dr, MADISON WI 53717-1411 USA
23471 Faye Mowers Topliff, 5963 Helm Rd, DULUTH MN 55811-9645 USA Email: rdtopliff@msn.com
23518 Mr J.L. Houde, Po Box 82, GLENCOE IL 60022-0082 USA
23523 Barry Sullivan, 15322 West Fair Ln, LIBERTYVILLE IL 60048-1439 USA Tel: (847) 362 8282
  Email: barrysullivanire@cs.com
23564 Elene Debok, 41 Blackhawk Dr, THORNTON IL 60476-1144 USA Email: elpdd@juno.com
23605 Mrs Barbara Krehbiel, 27 Circle Dr, CHARLESTON IL 61920-2950 USA Email: crngenealogy@yahoo.com
23638 Laroux Gillespie, 1300 East 109 St, KANSAS CITY MO 64131-3585 USA
23848 Dr Michael Harper, 722 Winston Ln, SUGAR LAND TX 77479-5835 USA Tel: (281) 565 5381 Fax: (281) 565 5381
  Email: mharper@conrad.org
23856 Eugene Robbins, 19517 Scenic Dr, SPICEWOOD TX 78669 USA
23858 Dr Suzanne Hardebeck, 2004 Homedale, AUSTIN TX 78704 USA Fax: (512) 445 0500 Email: rhardebeck@aol.com
23872 Vickie-Lou Smejkal, 3283 South Kalispell St, AURORA CO 80013-1759 USA Tel: (303) 693 2014
  Email: vickiesmejkal@comcast.net
23895 George Van Trump Jr, Po Box 1537, WHEAT RIDGE CO 80034-1537 USA Tel: (303) 985 3508 Fax: (303) 985 7872
  Email: jogeorge@qwest.net
23986 Mr H.G. Stanton, 2890 N. 156Th Drive, GOODYEAR AZ 85338 USA
24168 Mrs Jan T. Jennings, 24612 Avignon Dr, VALENCIA CA 91355-4905 USA Email: jantj@sbcglobal.net
24182 Michael Post, 7870 Fairchild Ave, WINNETKA CA 91306-2008 USA Tel: (818) 882 8503 Email: captcanuk@aol.com
24252 Robert Schlesier, Po Box 219, EL CAJON CA 92022-0219 USA Email: rschlesier@cox.net
24334 Paul R. Scandlyn, 449 South 12Th Avenue, CORNELIUS OR 97113-6815 USA Tel: (503) 357 7253 Fax: (503) 357 7253
  Email: p.scandlyn@verizon.net

ADDRESSES

24382 Muriel Fitzsimmons, 10911 La Carta Ave, FOUNTAIN VALLEY CA 92708-3946 USA Tel: (714) 962 4592
Email: genfitzmh@aol.com
24413 Alice Whitbeck, 2456 Bayview Hts Dr, LOS OSOS CA 93402-3918 USA Email: ewhitb@charter.net
24449 Helen Calhoun, 1960 Cedar St, SAN CARLOS CA 94070-4765 USA
24474 Jackie Hein, 2129 North 6Th Street, CONCORD CA 94519-2218 USA Email: lejaki1957@aol.com
24567 Philip Grinton, 828 Beaver St, SANTA ROSA CA 95404-3731 USA Tel: (707) 545 1520 Email: philgrin@aol.com
24579 Alan Cookson, 3441 Edgewood Rd, EUREKA CA 95501-2756 USA Tel: (707) 442 1848 Email: alstuco1@juno.com
24637 Mrs Estella Pryor, 757 Main St # 18, SOUTH PORTLAND ME 04106 USA Email: epryor@maine.rr.com
24660 Elizabeth Aday, 5805 Se West Fork, PORTLAND OR 97206-0741 USA
24674 Mrs Marjorie Morrow, 17555 South Trout Creek Rd, MOLALLA OR 97038-8743 USA
24707 Mrs Barbara Basa, 4217 23Rd Avenue S., MINNEAPOLIS MN 55407-3044 USA Tel: (612) 385 6055
24725 Ellen Stewart, 20323 S.E. 281St Street, KENT WA 98042-8625 USA
24792 Ellen Brzoska, 402 West Nob Hill Blvd, YAKIMA WA 98902-4635 USA
24853 Roderick Evans, 30 Lower Francis St, ABERTRIDWR M.GLAM CF83 4DX WALES
24871 Stanley Clives, 10 Tynewydd Rd, SPLASHPOINT, RHYL DEN LL18 3BA WALES
24873 James A. Jones, 6 Seascape Mansions, Ghar Qawqla St, XRA 105 MARSALFORN GOZO MALTA
Tel: 356 2156 0921 Fax: 356 2156 5921
24878 Ms J. Sutton, 22 Heenan Rd, OLD COLWYN COLWYN BAY LL29 9DR WALES Email: jan.sutton@ukonline.co.uk
24887 Brian Churchward, 38 Longhouse Barn, Penperlleni, PONTYPOOL MON NP4 0BD WALES Tel: (01873) 880459
Email: churchward@one-name.org
24902 Mrs S.M. Francis, 125 Borough Rd, LOUGHOR W.GLAM SA4 6RY WALES Email: tammybont@yahoo.com
24942 Peter Crabtree, 1305 Cambridge Dr, OAKVILLE ONT L6J 1S2 CAN Email: peter.crabtree@sympatico.ca
24943 Mrs Beatrice Martingale, 1624 Trossacks Ave, LONDON ONT N5X 2G4 CAN Tel: (519) 433 1191
Email: bea05@sympatico.ca
24945 Colin Jermy, 21 Vista Ave, WESTVILLE NATAL 3630 RSA AFRICA Tel: (031) 266 6471 Fax: (031) 260 2280
Email: jermy@ukzn.ac.za
24971 Mrs Norma Boyle, 3 Glen Rd, FAIRLIE AYRSHIRE KA29 0DH SCOTLAND Tel: (01475) 568284
Email: woohoo77@btinternet.com
24980 Miss Barbara Hirst, 106 Long Furlong Dr, SLOUGH BERKS SL2 2PG ENG
24981 Mrs Chris Dickson, 8 Shakespeare Rd, SALISBURY WILTS SP1 3LA ENG
24993 David Willington, 7 Charnwood Ave, NORTHAMPTON NN3 3DX ENG Tel: (01604) 401735
Email: djw@argonet.co.uk
25046 Geoffrey Hoyland, 32 Beech Rd, SHIPHAM WINSCOMBE AVON BS25 1SB ENG
25066 Ms V.H. Halvorsen, Po Box 898, CLAREMONT WA 6910 AUS
25070 Miss Sharon Montague, 123 Munro St, BABINDA QLD 4861 AUS Tel: (07) 4067 1651
Email: sharon.j.m@bigpond.com
25072 Just. Alan Egan, 201/390 Little Collins St, MELBOURNE VIC 3000 AUS Tel: (03) 9606 0501
Email: egan_genealogy@hotmail.com
25073 Mrs B. Hollingsworth, 5 Spencer Ave, DROMANA VIC 3936 AUS
25077 Rev. Martin Ennis, 44 Green Acre, BROCKWORTH GLS GL3 4NQ ENG Tel: (01452) 863092
Email: martinennis@blueyonder.co.uk
25093 Ms Dawn Bowen, 5A Ballance St, NEW PLYMOUTH 4601 NZ Email: dawntnk@paradise.net.nz
25117 Peter Rice, 30 Curalo St, EDEN NSW 2551 AUS
25142 David Childs, 43 The Oval, HENLOW SG16 6EU ENG Email: matyear@one-name.org
25145 Mrs J. Downs, 32 Fanshawe Cres, WARE HERTS SG12 0AS ENG Tel: (01920) 411723
25151 Leslie Edwards, 11 Motney Hill Rd, RAINHAM KENT ME8 7TZ ENG Tel: (01634) 233668
Email: Treefeller18@hotmail.com
25162 Mr C.N. Dransfield, 27 Hayes Ct, Totnes Rd, PAIGNTON DEVON TQ3 3RZ ENG Tel: (01803) 551287
Email: cdransfield@blueyonder.co.uk
25183 Miss Louan Bronlund, 40B/1 Adams St, WAIHI WAIKATO 2981 NZ Email: dragonplace@clear.net.nz
25219 Harvey Reekie, R.R.2. Camperdown, CLARKSBURG ONT N0H 1J0 CAN Tel: (519) 599 3122
Email: harvey.reekie@sympatico.ca
25237 Jan Briggs-Mcgowan, 46 North Water St, Box 124, COBOCONK ON K0M 1K0 CAN Email: jbmcg@sympatico.ca
25246 Michael P. Meany, 15 Convery Cres, NERANG QLD 4211 AUS Tel: (07) 5574 7071 Email: mpmeany@bigpond.com
25259 Mrs S. Maynard, 7 Wood Dr, STEVENAGE HERTS SG2 8PA ENG
25306 Eric Flood, 66 Hickory Dell, HEMPSTEAD KEN ME7 3SL ENG Tel: (01634) 375972
Email: hickdell66@blueyonder.co.uk
25310 Mrs Joyce Milton, 106 Wade Ave, LEETON NSW 2705 AUS
25314 Mrs Heather Hosken, Po Box 406, EDGECLIFF NSW 2027 AUS Tel: (M) 0417 310588 Fax: (02) 9328 5792
Email: heatherhosken@bigpond.com
25322 Mrs Joan F. Glover, 494 Burke Rd, CAMBERWELL VIC 3124 AUS Tel: (03) 9882 4813
25329 Ray Nichols, 16 Topsail Cir, PACIFIC HARBOUR, BRIBIE ISLAND QLD 4507 AUS
Email: raynichols@hotkey.net.au
25352 Mr M. Hall, 47 Talfourd Rd, LONDON SE15 5NN ENG Email: mikehhall@supanet.com
25354 Miss Susan Blake, 20 Mcmaster St, SCULLIN ACT 2614 AUS Email: susan_alice@hotmail.com
25367 Miss E. Bayliss, 35 Seaview Ave, BENTLEIGH VIC 3204 AUS
25396 Mrs Barbara Zammit, Po Box 7, KOGARAH NSW 1485 AUS
25427 Ronald Bye, 12 Hall Grove, Moorgate, ROTHERHAM YKS S60 2BS ENG Email: ronbye@hotmail.com
25428 Eric Read, 1729 92 Ave, DAWSON CREEK BC V1G 1C6 CAN Tel: (250) 782 2920 Email: earead@neonet.bc.ca
25455 Mrs Beryl Dawson, R.R.4, FERGUS ONT N1M 2W5 CAN Tel: (519) 843 1931 Fax: (519) 843 6303
Email: ember@sentex.net
25457 Jane Symmes, Po Box 184, CHELTENHAM ONT L0P 1C0 CAN Tel: (905) 838 3844
Email: symmejane@hotmail.com

♦ Contributors & Addresses ♦

25469 Wesley Quandt, 613 Alabaster Pl, CEDAR HILL TX 75104-1757 USA Tel: (972) 293 2405 Fax: (972) 293 2742 Email: wwquandt@flash.net
25484 Mrs Barbara Ellard, 37 Russell Cres, BORONIA VIC 3155 AUS Email: ellard@hard.net.au
25489 Mrs Janice M. Cox, 10 Frederick Pl, DEVONPORT TAS 7310 AUS Tel: (03) 6424 3812 Email: jan60@bigpond.com.au
25529 Mrs Belinda Jones, 14 Taiaroa Pl, SOUTHBRIDGE CANTY 8150 NZ Tel: (03) 324 2809 Fax: (03) 324 2908 Email: bijones@xtra.co.nz
25533 Mrs Marjorie E. Salter, 37 Pulham Rd, WARKWORTH 1241 NZ Tel: (09) 425 8987
25538 Raymond Maunder, 11 Burnside St, LOWER HUTT 6009 NZ Email: dimond@xtra.co.nz
25557 Mrs E. Ann Pass, Kohima, Hague St, GLOSSOP DBY SK13 8NS ENG
25559 Miss Vivienne Tebbs, 24 Raymond Cl, HELLESDON NFK NR6 6PG ENG Email: vivienne.tebbs@ntlworld.com
25572 Mrs Kerry Marsden, 24 Marriot St, BELMONT SOUTH NSW 2280 AUS Email: kerrym@wxc.com.au
25598 Wayne Joslin, 61 Wentworth Ave, CAMBRIDGE ONT N1S 1G8 CAN Email: wjoslin@ca.inter.net
25602 Scott Insch, 372 Hartford Ave, WINNIPEG MAN R2V 0W6 CAN
25616 Mrs Tina O'Rourke, C/- 36 Crawford Dr, DUNDOWRAN QLD 4655 AUS Email: tina.o@bigpond.com
25627 Joseph Burdett, 23 Jacobs Ladder, CHILD OKEFORD DORSET DT11 8EA ENG Tel: (01258) 861 482 Email: joseph.burdett1@btinternet.com
25628 Miss J. Purple, 37 Old Hosp. Mews, Hosp. Walk, KINGS LYNN NFK PE30 5RU ENG Email: purple@one-name.org
25640 Gary O'Loughlin, 10 Hazel Cl, MOUNT PLEASANT NSW 2749 AUS Tel: (02) 9354 3494 Fax: (02) 9354 3848 Email: oloughln@bigpond.net.au
25642 Rev. William Penney, 12 Florence St, FAIRY MEADOW NSW 2519 AUS
25644 Mr/S C. Lamb, 104 Thompson St, COOTAMUNDRA NSW 2590 AUS Tel: (02) 6942 3869 Email: marchar@dragnet.com.au
25645 Mrs Fae Barton, 7 Gardenia Pde, GREYSTANES NSW 2145 AUS Tel: (02) 9604 6079 Email: fmbarton@optushome.com.au
25654 Lionel A. Benstead, Po Box 338, ETTALONG BEACH NSW 2257 AUS Tel: (02) 4342 9089 Email: Lionel.Benstead@one-name.org
25658 Mrs Roma Joyce, 135 Anderson St, EUROA VIC 3666 AUS
25672 Mrs Janet Girvin, 6 Brumm Crt, ORMEAU QLD 4208 AUS Tel: (07) 5547 5875 Fax: (07) 5547 6721 Email: janetgirvin@bigpond.com.au
25688 Prof T.R.G. Gray, Maltings, Church Rd, THORRINGTON ESS CO7 8HH ENG Email: grayt@essex.ac.uk
25693 Ian F. Lawson, Gpo Box 2097, BRISBANE QLD 4001 AUS Tel: (07) 3267 1593 Email: ianlaw@dyson.brisnet.org.au
25700 Mrs Daphne Edwards, 19E Shadycroft Retreat, DIANELLA WA 6059 AUS Tel: (08) 9349 0513 Fax: (08) 9349 2893
25702 Mrs Ruth Slattery, Po Box 28, SNOWTOWN SA 5520 AUS Tel: (08) 8865 2115 Fax: (08) 8865 2255 Email: tslattery@yp-connect.net
25725 Mrs Eileen Derrick, 2027 E. Lakeview Dr, SEBASTIAN FL 32958-8516 USA Tel: (772) 589 6867 Fax: (561) 589 7692 Email: derrickh@bellsouth.net
25737 Mrs Leeanne Majcen, 95 Hampstead Rd, MANNINGHAM SA 5086 AUS Tel: (08) 8367 6483 Email: leeannem@neonet.com.au
25747 Mrs Heather Belcher, 7 Park Rd, LITTLESTONE KENT TN28 8NJ ENG
25749 Maurice Loaring, 234 Fairmile Rd, CHRISTCHURCH DOR BH23 2LR ENG Email: mandem@supanet.com
25755 Edward Nairn, 178 Brownside Rd, BURNSIDE GLASGOW G73 5AZ SCOTLAND Email: edwardnairn@stewarton42.fsnet.co.uk
25764 Mrs Rosemary Crennan, Po Box 67, PARKHOLME SA 5043 AUS Email: rhupalie@hotmail.com
25770 Mrs Kaye Downs, 31-37 Hinchcliffe Rd, LOGAN VILLAGE QLD 4207 AUS Fax: (07) 5547 0844 Email: trademech@overflow.net.au
25787 Dr Brian C. Benfield, Po Box 67894, BRYANSTON, SANDTON TVL 2021 RSA AFRICA Tel: (011) 706 9565 Fax: (011) 706 9301
25794 Mrs Trish Laker, Mews 123, Meadowvale, Eagle Dr, PAKENHAM VIC 3810 AUS Email: lakertr@netspace.net.au
25829 Mrs Michelle Mcintosh, 27 Jubilee Ave, ULLADULLA NSW 2539 AUS Tel: (02) 4454 1220 Email: michellemcintosh3@bigpond.com.au
25830 Mr R. Hespe, 12 Owen St, GLADESVILLE NSW 2111 AUS Tel: (02) 9802 1888 Email: bigjulie2@optushome.com.au
25833 Mrs Iverne Rinehart, 2300 Cedar Field Parkway #476, RICHMOND VA 23233-1955 USA
25853 Mrs Noline A.V. Johnson, 30 Kauri St, DARGAVILLE N.ISLAND 0300 NZ Tel: (09) 439 4604
25854 Mrs Margaret Sutcliffe, 4 Manuka Pl, WHANGAREI 0101 NZ
25878 Mrs Pauline Insley, 12 Claremont St, BALMAIN NSW 2041 AUS Tel: (02) 9810 8358 Fax: (02) 9810 8358
25884 Shirley Frappell, 15 Kenny Rd, YARROWEYAH VIC 3644 AUS Tel: (03) 5873 2463 Email: frapp@iinet.net.au
25907 Peter B. Bishop, 1/7 Martin St, WARNERS BAY NSW 2282 AUS Email: pbyertiz@hotmail.com
25921 Peter Cook, 27 Wordsworth Pl, LONDON NW5 4HG ENG Tel: (0207) 284 1895 Email: cookptrk@aol.com
25930 Peter Lee, White Gate, Church Ln, HASLEMERE SURREY GU27 2BJ ENG Email: peter@threegates.freeserve.co.uk
25969 Frank C. Luthje, 6 Bradolph St, BONYTHON ACT 2905 AUS Tel: (02) 6293 2435 Email: fcluthje@pcug.org.au
25979 Mr J. Gillespie, 3 Culliver St, HORSHAM VIC 3400 AUS Tel: (03) 5382 2650
25992 Ms Susan C. Porter, 12 Stoneyhill Tce, COVE BAY ABD AB12 3NE SCOTLAND Tel: (01224) 897399 Email: sueporter@tiscali.co.uk
25998 Gerard M. Ellis, 7 Arney St, SOUTH DUNEDIN 9001 NZ Tel: (03) 456 0223 Email: gerard@earthlight.co.nz
26001 Dr Gordon Lush, 5 Braeside Rd, WEST MOORS DORSET BH22 0JS ENG Email: gjlush@bournemouth-net.co.uk
26007 Mrs H. Carritt, Malvern Hse, 1 Poplar Row, WHITBY N.YKS YO21 3AF ENG
26017 Alan L. Riddles, 21 Waldon, EAST TILBURY ESSEX RM18 8SQ ENG Email: alan@riddlesa.freeserve.co.uk
26022 Eric Edwards, 168 Lonsdale Dr, ENFIELD MDX EN2 7NF ENG
26072 Ms Patricia M. Sherman, 261 Grizzly Peak Blvd, KENSINGTON CA 94708-1123 USA
26082 Ms Nancy Rougvie, 18 Ruggles St, PROVIDENCE RI 02908-4306 USA
26091 Brian Attree, J. Westerdijklaan 3, NL-2104 TT HEEMSTEDE NETHERLANDS Tel: (023) 528 5410 Fax: (023) 547 9635 Email: brianjattree@cs.com
26098 John Porter, Knockhaar, Whitehouse Rd, STRANRAER D & G DG9 0JB SCOTLAND

GRD ♦ 2005

26101 Mrs Judith Newton, 2 Carieville St, BALMAIN NSW 2041 AUS Tel: (02) 9810 1133
Email: lambertnewton@bigpond.com
26135 Mrs Valda Napier, Po Box 4882, RANDBURG GAUTENG 2125 RSA AFRICA Tel: (011) 787 7820 Fax: (011) 787 7820
Email: valdanapier@mweb.co.za
26142 Mrs Dalene B. Reese, 8460 Masters Ln, FLAGSTAFF AZ 86004-9559 USA Email: dalener@cybertrails.com
26149 Hon. Carl Boyer, Po Box 220333, SANTA CLARITA CA 91322-0333 USA Tel: (661) 259 3154
Email: cboyer3154@sbcglobal.net
26173 Alex Wood, 37 Barrington Dr, HUCCLECOTE GLOS GL3 3BT ENG Email: alexwood@blueyonder.co.uk
26193 Mrs Jacqui Lowe, 5 Seaview Tce, NORTHLAND WGTN 6005 NZ
26202 Mrs Noeleen Forbes, 15A Oakfield Cres, HAMILTON 2001 NZ Tel: (07) 849 1767 Email: noelene@paradise.net.nz
26223 Mrs Beverley De Rusett, De Rusett Rd, NORTHCLIFFE WA 6262 AUS
26228 Mrs J. Patrick, 11 Granadilla St, DUNCRAIG WA 6023 AUS Email: jenny@chem.com.au
26241 Mrs J. Piper, 21 Best St, LANE COVE NSW 2066 AUS Tel: (02) 9427 3701 Fax: (02) 9427 3701
Email: janpiper@optusnet.com.au
26246 Miss Karen Humphrys, New England Gully Rd, MOONBI NSW 2353 AUS
26253 Mrs Sue Mayer, 81 Warburton Rd, POOLE DORSET BH17 8SD ENG Email: suemayer@dial.pipex.com
26264 Graham Wall, 16 Riverbrooke Dr, COOMERA QLD 4209 AUS Tel: (M) 0402 803767
Email: grahamwall2004@yahoo.com.au
26297 Mr C.R. Brash, Bindon Cot., Grayshott Rd, HEADLEY DOWN HANTS GU35 8JQ ENG Tel: (01428) 713256
Email: crbill3@aol.com
26301 Mrs V. Amos, Po Box 377, AITKENVALE QLD 4814 AUS Tel: (07) 4779 4137 Email: voynniea@ozemail.com.au
26306 Stephen J. Wenke, 85 Ward St, TEWANTIN QLD 4565 AUS Tel: (07) 5449 7530 Email: stevoww@yahoo.com.au
26335 Brian Fleming, 27 Clark Rd, IVANHOE VIC 3079 AUS Tel: (03) 9499 4642 Email: flambeau@labyrinth.net.au
26340 Mrs Valda Partridge, Hyland Hwy, CARRAJUNG LOWER VIC 3844 AUS Email: rvpartridge@netspace.net.au
26341 Tom Perrett, 41 Horder Cres, DARLEY VIC 3340 AUS Tel: (03) 5367 3479 Fax: (03) 5367 3479 Email: tomp@st.net.au
26360 Mrs Shirley Kettle, 16 Crestview Key, BROADBEACH WATERS QLD 4218 AUS Email: shirl@winshop.com.au
26366 Mrs Maureen J. Cook, 22 Bridge St, DONNYBROOK WA 6239 AUS Tel: (08) 9731 2929 Email: moggie@geo.net.au
26382 David P. Hayes, 68 London Rd (Trenley), DUNTON GREEN, SEVENOAKS KENT TN13 2UG ENG
Tel: (01732) 462 259 Fax: (01732) 462 259 Email: 100720.2767@compuserve.com
26396 Royston Smith, 97 St.Johns Ln, BRISTOL AVON BS3 5AB ENG Tel: (0117) 971 1450
26399 Mrs Margaret Thorogood, 9 Fowler Cl, READING BRK RG6 7SS ENG Tel: (0118) 987 4350
26410 Mrs Diane Deveril, Po Box 3169, Stockland, WETHERILL PARK NSW 2164 AUS Tel: (02) 9610 2283 Fax: (02) 9823 0607
Email: bellwood@netspace.net.au
26430 Mrs C. Hapgood, 50 Beacon St, MORAYFIELD QLD 4506 AUS Email: chapgood@bigpond.com
26434 Mrs E.J. Nunn, Po Box 85, BANYO QLD 4014 AUS Email: nunnetun@gil.com.au
26439 Bruce James, 27 Strome Rd, APPLECROSS WA 6153 AUS Tel: (08) 9364 5623 Fax: (08) 9364 5494
26458 Sandra Love, 1285 Canyon Creek, OROFINO ID 83544 USA Tel: (208) 476 4670 Fax: (208) 476 5292
Email: sandyl@rmci.net
26493 Stuart B. Laing, 24 Manor Cl, CLIFTON BEDS SG17 5EJ ENG Email: stuart.laing@virgin.net
26524 John Whittaker, 11 Yarmouth St, SOUTH BRIGHTON SA 5048 AUS Tel: (08) 8296 9314 Email: witz@bigpond.net.au
26540 Mrs Judith E. Pitchford, 2/2 Regent Crt, DEVONPORT TAS 7310 AUS Email: jpitchfo@tassie.net.au
26580 Mrs Doreen Layfield, 26 Bellara Dr, CURRIMUNDI QLD 4551 AUS Tel: (07) 5492 8873
Email: dormax@austarnet.com.au
26612 Mrs Barbara Samples, 10 Axholme Rd, THINGWALL M.SIDE CH61 1BJ ENG
Email: ssbarian@samples2.freeserve.co.uk
26629 Simon Cains, 25 Broadstraik Cres, ELRICK ABD AB32 6JR SCOTLAND Email: simon.cains@tiscali.co.uk
26662 Ewan N. Cappitt, 317 Eastfield Rd, PETERBOROUGH CAMBS PE1 4RA ENG Tel: (01733) 343474 Fax: (01733) 768441
Email: ecappitt@aol.com
26665 Mrs Meryl Catty, 4 Alexandra Cl, CHADWELL ST.MARY ESSEX RM16 4TT ENG Email: meryl.catty@virgin.net
26686 Leslie Parrish, 25 Cheshire Dr, ETOBICOKE ONT M9B 2N7 CAN Email: lespar@rogers.com
26687 Mrs Marilyn Strang, Apt 5, 30-3Rd Ave N.W., DAUPHIN MB R7N 1H6 CAN Tel: (204) 638 9691
Email: mdstrang@mb.sympatico.ca
26703 Mrs Florence Denning, Box 505, TURNER VALLEY ALB T0L 2A0 CAN
26704 Donald Scott, 33 Daneswood Rd, TORONTO ONT M4N 3J7 CAN
26731 Ms Sarndra Lees, 243 Breezes Rd, WAINONI CHCH 8006 NZ Web:www.angelfire.com/ok/nzfamily
Email: sojourn1962@xtra.co.nz
26744 Laurel Choate, 21 Vine St, MELROSE MA 02176-3119 USA Email: lachoate@aol.com
26745 Dr Ralph Wyndrum, 35 Cooney Tce, FAIR HAVEN NJ 07704-3001 USA Tel: (732) 219 0005 Fax: (732) 219 0006
Email: r.wyndrum@ieee.org
26752 John Shoebridge, 11 Rennets Wood Rd, ELTHAM LND SE9 2NF ENG Tel: (020) 8850 6735
Email: john.shoebridge@virgin.net
26761 John Fisher, Po Box 270, POINT ROBERTS WA 98281-0270 USA Fax: (360) 945 0891 Email: pointjohn@aol.com
26778 Helen Livingston, 731 Frank Blvd, AKRON OH 44320-1021 USA Tel: (330) 864 4194 Email: lhelen@uakron.edu
26785 Kenneth Lorenzen, 1800 Estero Bay Ct, DAVIS CA 95616-5634 USA Email: rbhandy@hotmail.com
26799 Mrs Patricia Otis, 315 Curtis Ave, JACKSON MI 49203-2305 USA Tel: (517) 764 4070
Email: otis49203@modempool.com
26817 Russ Merredew, High Meadows, Box 8080, LAURENTIAN VALLEY ONT K8A 6W8 CAN
Tel: (613) 735 5640 Email: russmerr@merredew.com
26822 Thomas Loughran, 87 Blackcastle, NAVAN MEATH IRELAND Tel: (046) 902964 Email: tomloughran@eircom.net
26823 Paul Gallagher, 9 Brookdale Walk, RIVERVALLEY, SWORDS DUB IRELAND Email: gallftree@yahoo.co.uk
26831 Conrad Bryant, 41 Carlton Gore Rd, GRAFTON AUCK 1003 NZ Email: conradbr@xtra.co.nz
26833 Mrs Jenny L. Clark, Cemetery Rd, R.D.9, WHANGAREI 0121 NZ Tel: (09) 438 0119 Email: jennycla@xtra.co.nz
26870 Mrs Isobel Chiswell, 15 James St, UXBRIDGE L9P 1H8 CAN

♦ Contributors & Addresses ♦

26881 David C. Hannaford, Apt. 2303 - 3555 Cote Des Neiges, MONTREAL QUE H3H 1V2 CAN
Tel: (514) 934 2568 Fax: (514) 879 0652 Email: dcahan@bellnet.ca
26888 Herbert Sills, 1269 Greyrock Cr, OTTAWA ONT K2C 2A6 CAN Tel: (613) 225 4185
26897 Mrs Shirley Lindsay, 8 Old Oak Rd, KINGSTON ONT K7M 7K3 CAN Email: shirl.lindsay@sympatico.ca
26932 Mrs Evelyn M. Brown, 3024 - 14 Avenue S.W., CALGARY AB T3C 0X1 CAN Tel: (403) 249 3603
Email: evbrown1@telus.net
26955 Mrs Lyn Mconie, 20 Libnai Ave, MANUKAU CITY AUCK 1701 NZ Fax: (09) 262 4591 Email: lync@xtra.co.nz
26981 P.E. Kelly, Oak Lodge, Mill Rd, GREAT TOTHAM ESSEX CM9 8BR ENG Email: kellyt@btinternet.com
27038 Mrs Stella Harrison, Po Box 460, CARNDUFF SK S0C 0S0 CAN Tel: (306) 482 3410 Email: stelharr@sasktel.net
27039 George Bayliss, 6760 L & A Road, VERNON BC V1B 3T1 CAN Tel: (250) 542 4926 Email: gaplanda@shaw.ca
27066 Ms M. Greaves, 5048 Perron, PIERREFONDS QUE H8Z 2J3 CAN Email: mgeneal@aol.com
27081 David A. Driver, 16 Blackall Tce, EAST BRISBANE QLD 4169 AUS Email: daviddriver@optushome.com.au
27087 Roger Jones, Rosebank, Harmer Hill, SHREWSBURY SAL SY4 3EE ENG
27140 George Montgomery, 10745 Cotillion Dr, DALLAS TX 75228-2743 USA Email: georgejmon@cs.com
27180 Christian Sussmilch, La Cassagne, F-32100 LARRESSINGLE FRANCE Fax: (05) 6228 1342
Email: christian.sussmilch@wanadoo.fr
27219 David Cassells, Po Box 142, COWES VIC 3922 AUS Tel: (03) 5952 2936 Email: sunnyhill@waterfront.net.au
27240 Mr G.E. Kearney, 16 Reculver St, ROBERTSON QLD 4109 AUS Tel: (07) 3344 3697 Fax: (07) 3344 3697
Email: g.kearney@griffith.edu.au
27289 Mrs Beryl Tiffen, 23 Bligh Ave, CAVES BEACH NSW 2281 AUS Email: btiffen@optusnet.com.au
27304 Jack Edmundson, 108 North Clifton Ave, ALDAN PA 19018-3902 USA Tel: (610) 623 3339
27320 Nick Reddan, 19 Brennan St, HACKETT ACT 2602 AUS Tel: (02) 6257 8755 Email: nick.reddan@ato.gov.au
27325 Mrs Jan Penrose, 4 Dongara Cl, LEAMING ACT 4221 AUS Tel: (07) 5534 1478 Email: penrose4@bigpond.com.au
27342 Mr P. Cruxton, 73 Brown Ave, CHURCH LAWTON S-ON-T ST7 3ER ENG
27369 S.C. Littlechild, White House, The Green, TANWORTH IN ARDEN W.MID B94 5AL ENG
Email: sclittlechild@tanworth.mercianet.co.uk
27388 Sheila Smith, Caldcleugh, Cake St, OLD BUCKENHAM NFK NR17 1RU ENG Email: sheilasmith@clara.co.uk
27393 Mr R.W. Golder, 28 Beaufort Ave, NEW CUBBINGTON L.SPA CV32 7TA ENG
Email: robertgolder1@btinternet.com
27394 John Heritage, 1 Butler Rd, CROWTHORNE BERKS RG45 6QZ ENG
27399 Michael Moulder, 7 Edwin Ave, WALTON DBY S40 3JD ENG
27431 Mrs P.A. Horne, La Empedrula 0-7, Buzon 194, E-03710 ALICANTE CALPE SPAIN Tel: 96 583 5290
Email: ivan-pat@terra.es
27435 Andrew Green, 8 Bishop Road, BOURNEMOUTH DORSET BH9 1HB ENG Email: andrew.green373@ntlworld.com
27437 Ena Wood, 8 Bell Cres, LONGWICK BUCKS HP27 9SE ENG Tel: (01844) 345593
Email: geoff.wood3@btopenworld.com
27449 Courtenay Society, Powderham Castle, EXETER DEVON EX6 8JQ ENG Tel: (01626) 891554 Fax: (01626) 890729
Email: courtsoc@courtsoc.demon.co.uk
27471 Robert Hammersley, 170 New Rd, BRIXHAM DEVON TQ5 8DA ENG Email: bob@anchoragegh.wanadoo.co.uk
27492 Stuart Eley, 86 Brynymor Rd, GOWERTON SWANSEA SA4 3EZ WALES Email: eleyfamily@aol.com
27514 Mrs Helen Strickland, Castanea, AIKTON WIGTON CA7 0HY ENG Tel: (016973) 43790 Fax: (016973) 43790
27522 Mrs Freda J. Waters, 9 Valley Prospect, NEWARK NOTTS NG24 4QH ENG
27531 Mrs Patricia Xuereb, 9 Queens Gdns, NEWCASTLE UPON TYNE NE12 9PL ENG
27533 Mrs Patricia M. Newey, 17 Broomhurst Way, MUXTON TELFORD WV16 0PN ENG Tel: (01952) 608483
Email: PatNewey@aol.com
27616 Barbara J. Baker, 8610 30Th Avenue #2024, KENOSHA WI 53142 USA
27633 Margaret T. Boyle, 34 8Th Ave, BROOKLYN NY 11217 USA Tel: (212) 346 1107 Fax: (212) 346 1078
Email: mboyle@pace.edu
27634 Anthony B. Pickett, 19822 Caroling Oaks Ct, HUMBLE TX 77346-1230 USA Tel: (281) 852 2150
Email: abpickett@aol.com
27666 Mrs Thelma Matthews, 28 Staveley Cres, BRAMPTON ONT L6W 2R9 CAN
27667 Ronald G. Messenger, 15 Keefe Crt, RIVERVIEW NB E1B 4E6 CAN Email: rgmess@nbnet.nb.ca
27678 David Williams, 2A Stafford Rd, ARTARMON NSW 2064 AUS Tel: (02) 9958 3332 Fax: (02) 9958 3332
Email: djpw@bigpond.net.au
27686 Mrs Jocelyn A. Nice, 4 Lonicera Pl, CHERRYBROOK NSW 2126 AUS Email: jonice@primus.com.au
27689 Ms Cassie Pickworth, 18 Beamish St, WERRIBEE VIC 3030 AUS Email: cassanorak@optusnet.com.au
27701 Mrs Marie Daldy, 18 Oak Dr, GEORGES HALL NSW 2198 AUS Tel: (02) 9786 5370 Email: mgd8@optusnet.com.au
27719 Mrs Elizabeth O'Shea, 30 Boyce St, AVOCA VIC 3467 AUS Email: atrato@iinet.net.au
27733 Peter R. Kendal, Po Box 303, Bacchus Marsh VIC 3340 AUS Tel: (03) 5367 2376 Email: kendal@bacchusmarsh.net.au
27740 Mrs Betty Crouch, 2 Mahnke St, STAWELL VIC 3380 AUS
27744 Ross Dickie, Po Box 5069, LABURNUM VIC 3130 AUS Tel: (03) 9878 9741 Email: rosslain@bigpond.com
27749 Mrs J. Grante, 1171 Edenhope Penola Rd, EDENHOPE VIC 3318 AUS
27752 Robyn A. Mckinney, 11 Driver St, HOLLAND PARK WEST QLD 4121 AUS Email: ramckinney@yahoo.com
27769 Mrs M.E. Syms, 1 Neenuk St, BRIBIE ISLAND QLD 4507 AUS Tel: (07) 3408 8731 Email: pincher@better.net.au
27780 Mrs Linda Thorogood, Po Box 630, PROSERPINE QLD 4800 AUS Fax: (07) 4945 4996 Email: lthoro@tpg.com.au
27802 Mrs Delphine M. Slattery, 19 Garden St, MUNDINGBURRA QLD 4812 AUS Email: dslattery64@hotmail.com
27816 Bryan A. Drane, Po Box 8109, BARGARA QLD 4670 AUS Tel: (07) 4159 1443
27842 Bryan Connell, 53 Westview St, SCARBOROUGH WA 6019 AUS Tel: (08) 9341 5179 Email: b.connell@ecu.edu.au
27850 Garry Beamish-Burton, 31 Ronlyn Rd, FURNISSDALE WA 6210 AUS Tel: (08) 9535 7948
Email: beamishburton@dodo.com.au
27867 Mrs Carol Redgrove, 10 Kathleen St, GLENFIELD AUCK 1310 NZ Email: richard.carol@xtra.co.nz
27868 Mrs Angela M. Greenhalgh, Po Box 1520, AUCKLAND CENTRAL 1015 NZ Fax: (09) 358 4409
Email: angie.greenhalgh@xtra.co.nz

27879 Mrs Judith A. Foy, 7 Willowdale Aparangi, TE KAUWHATA 2152 NZ Tel: (07) 826 4004 Email: judithfoy@xtra.co.nz
27899 Frank W.J. Munden, 2 Alexandra St, HUNTLY WAIKATO 2190 NZ Tel: (07) 828 8501 Email: fwmunden@xtra.co.nz
27919 Miss Dawn Chambers, Po Box 30380, LOWER HUTT 6315 NZ Email: d.chambers@paradise.net.nz
27920 Mrs Kath Cotton, 62 Chivalry Rd, GLENFIELD AUCK 1310 NZ
27931 Les M. Billcliff, 356 Livingstone Ave, HAMILTON 2001 NZ Tel: (07) 846 7555 Email: lesbillcliff@xtra.co.nz
27936 Mrs J.A. Alderton, 493 Tiniroto Rd., R.D.2, GISBORNE 3801 NZ
27955 Mrs S. Dwyer, 25 Mcfarland St, REMUERA AUCK 1005 NZ Email: s.dwyer@clear.net.nz
27958 Merlene J. Gibbs, 110 Morpeth St, WARKWORTH 1241 NZ Email: gibbswarkworth@xtra.co.nz
27993 Mrs Angela Potts, 42 Lohia St, WELLINGTON 6004 NZ Email: pottsra@paradise.net.nz
28000 Ms Joan M. Mcgrath, 109 Keats St, MOOROOKA QLD 4105 AUS
28006 Mrs Nancy A. Patterson, 6 Karen St, WAGGA WAGGA NSW 2650 AUS Email: nancypatt@hotmail.com.au
28013 Linda M. Smith, 14 Redfin Cl, WARNBRO WA 6169 AUS Email: lindamsmith@ozemail.com.au
28036 Peter A. Yates, 20 Morgan Ave, TUMBI UMBI NSW 2261 AUS Tel: (02) 4389 3505 Fax: (02) 4389 1504
      Email: mpy1@bigpond.com
28039 Essie M. Moffat, 2/280 Sydney Rd, BALGOWLAH NSW 2093 AUS Tel: (02) 9949 5989
28060 Mrs Dot Hall, 10 Ellis St, LAWNTON QLD 4501 AUS Tel: (07) 3285 2909 Email: dothall@flatrate.net.au
28081 Alistair Dowling, 1 Canterbury Rd, TOORAK VIC 3142 AUS Email: dowling@iway.com.au
28092 Mrs Janette F. Hutchinson, 4 Coraki Pl, WESTLEIGH NSW 2120 AUS Fax: (02) 9980 8865
      Email: jansgen@bigpond.net.au
28096 David Knight, Gpo Box 1165, SYDNEY NSW 2001 AUS Tel: (02) 9699 4043 Email: davekn1ght@yahoo.com.au
28098 Miss Kathleen O'Neill, 11C/66 Avonleigh Rd, TITIRANGI AUCK 1007 NZ Tel: (09) 817 0619
      Email: kathyon@value.net.nz
28108 Ms Anne Sheppard, 85 Homebush Rd, STRATHFIELD NSW 2135 AUS Tel: (02) 9764 1521 Fax: (02) 9764 3727
      Email: eashepp@bigpond.net.au
28117 Roddam Cooper, 6 Smith St, HARDEN NSW 2587 AUS Tel: (02) 6386 2409 Email: roddam@dragnet.com.au
28134 Ms Ailsa M. Johnston, Po Box 423, KINGAROY QLD 4610 AUS Email: ailsajohnston@dodo.com.au
28140 Brian Johnson, 15 Windward Rd, AUSTRALIND WA 6233 AUS Tel: (08) 9797 0287
      Email: bjohnson3@vtown.com.au
28141 Mrs Anita Howe, 47 Nangkita Way, LESMURDIE WA 6076 AUS Email: marnyhow@wa.apana.org.au
28149 Michael J. Boling, R.M.B. 4425, GLENROWAN VIC 3675 AUS
28150 Mrs Karen Wyper, 14 Aberdeen Ct, BANORA POINT NSW 2486 AUS Tel: (07) 5524 6447
28151 Mrs Sandra J. Sangster, 33 Spring Rd, KELLYVILLE NSW 2155 AUS Fax: (02) 9630 5755
      Email: sandsang@hotmail.com
28154 Mrs Margaret Harmer, Po Box 899, RUNAWAY BAY QLD 4216 AUS
28164 Mrs Robyn J. Bialkowski, 3 Luckins Pl, FADDEN HILLS ACT 2904 AUS Tel: (02) 6292 1255
      Email: bkowski@pcug.org.au
28184 Gerald A.W. Ross, 66 Victoria St, SEBASTOPOL VIC 3356 AUS Tel: (03) 5335 5842 Fax: (03) 5335 5842
      Email: gawross@yahoo.com.au
28188 Thelma A. Cross, 386 Myers St, EAST GEELONG VIC 3219 AUS
28190 Ken H. Unwin, 22 Jayarra St, SIMPSON VIC 3266 AUS Tel: (03) 5594 3407 Email: khwin@datafast.net.au
28199 Mrs Joan Brennan, 141 David Rd, CASTLE HILL NSW 2154 AUS Email: joanellenb@bigpond.com
28210 Stephen A. Sowden, 11 Laura St, ASPENDALE VIC 3195 AUS Tel: (03) 9580 4675 Email: sowden@bigpond.com
28232 Wendy Rouse, 1650 Main Drain Rd, GARFIELD VIC 3814 AUS Tel: (03) 5629 1099 Fax: (03) 5629 1057
28237 Miss Dawn E. Steine, Po Box 634, INGHAM QLD 4850 AUS
28239 Glen Walmsley, 20 Plover Ave, MODBURY HEIGHTS SA 5092 AUS Email: walmsley@senet.com.au
28269 Joseph A. Greaves, 37 Marland St, KENMORE QLD 4069 AUS Email: greavesjoe@hotmail.com
28275 Bryan Simons, 36A Canonsfield Rd, WELWYN HERTS AL6 0QA ENG Email: bjsimons@compuserve.com
28314 David Stebbins, 19 Russell Gve, WESTBURY PARK BRISTOL BS6 7UD ENG Tel: (0117) 924 9802
28323 Avis Locker, 1 Beech Gve, WHITBY N.YKS YO21 1HT ENG
28332 Mr G.L. Prestidge, 28 Petersfield Cl, EDMONTON LND N18 1JJ ENG
28340 Mrs Patricia Stamp, 28 Beechcroft Rd, BUSHEY HERTS WD23 2JU ENG Email: stuart.stamp@ntlworld.com
28341 Mrs Marlene L. Lockyer, 24 Brynhyfryd Rd, NEWPORT GWENT NP20 4FX WALES
28361 Jonathan Minns, Leycroft Cot., Gorsewood Rd, HARTLEY LONGFIELD KENT DA3 7DF ENG
      Tel: (01474) 704803 Fax: (01474) 707796 Email: jonathan@minns.fsbusiness.co.uk
28363 David Cobb, 59 York Rd, BROADSTONE DOR BH18 8EW ENG Email: davecobb@ntlworld.com
28391 Dr Stephen Larkin, 2 Browns Cl, MARSTON MORETEYNE BEDS MK43 0PL ENG
      Email: larkin.bedford@clara.co.uk
28400 Michael G. Middleton, 118 Derwent Rd, HIGHWOODS ESS CO4 9RU ENG Tel: (01206) 522759
      Email: mgmbarside1@ntlworld.com
28420 Mrs H. Hartley, 2 Cadogan Cl, HOLYPORT BERKS SL6 2JS ENG Email: hh@anhartley.fsnet.co.uk
28443 Ms C.E. Boss, 46 Radnor Dr, NUNEATON WAR CV10 7NW ENG
28474 Mrs Anne Jones, 20 Friars Ave, GREAT SANKEY CHES WA5 2AS ENG
28479 Malcolm J. Wayland, 29 Great North Rd, ALCONBURY CAM PE28 4ES ENG Tel: (01480) 891209
      Email: malcwayland@freenet.co.uk
28494 Mr R.C. Ralton, 62 Hall Farm Rd, DUFFIELD DBY DE56 4FS ENG Email: ronralton1@supanet.com
28495 Mrs Barbara Spencer, 186 Cromwell Rd, WHITSTABLE KENT CT5 1NE ENG
28513 Mrs A.D.F. Durrant, 7 The Street, ASSINGTON SFK CO10 5LJ ENG
28523 Maurice Hemingway, 5 Rectory Leys, OFFORD DARCY CAMBS PE19 5SQ ENG Email: hemingway@one-name.org
28533 M.H. Garrod, 54 Potters Ln, NEW BARNET HERTS EN5 5BQ ENG Email: garrod@hotmail.com
28536 John Noble, 119 Rutland Dr, MORDEN SRY SM4 5QQ ENG
28552 Mr A.N. Shields, 29 Royal Ave, LEYLAND LANCS PR25 1BX ENG Email: treeman-tone@tiscali.co.uk
28557 Mrs Sue Jeeves, 10 Sussex Dr, WALDERSLADE KENT ME5 0NJ ENG Tel: (01634) 300964
      Email: s.jeeves@tinyworld.co.uk

♦ Contributors & Addresses ♦

28568 Miss B. Bowerman, 33 St.Ursula Rd, SOUTHALL MDX UB1 2TH ENG Email: bowerman@one-name.org
28570 Mrs S. Allen, 16 Swire Croft, GARGRAVE YKS BD23 3SJ ENG
28585 Robin Everett, 15 Cambridge Rd, GARSTANG LANCS PR3 1EH ENG
28599 Roy Rayment, 86 Highfield Rd, ROMFORD ESS RM5 3RU ENG Tel: (07956) 271886
28600 Kenneth W.B. Dilkes, Clematis Cottage, Whitstone Hill, PILTON SOM BA4 4DX ENG Tel: (01749) 890261 Email: ken.dilkes@tesco.net
28609 Anthony Hood, 30 Cobble Creek Rd, SAUGERTIES NY 12477-3647 USA
28614 Marcus B. Elliott, 13410 Preston Rd # 1305, DALLAS TX 75240-5236 USA Email: marcus4@earthlink.net
28660 Ms Pat Eierman, 1410 Golden Ln, BROADVIEW HEIGHTS OH 44147 USA
28670 Paul Milner, 1548 Parkside Dr, PARK RIDGE IL 60068 USA Tel: (847) 823 4282 Fax: (847) 823 6914 Email: paul.milner@att.net
28708 Emmett Bratt, 1920 Coventry Rd N.E., MASSILLON OH 44646 USA Tel: (330) 833 2921 Email: ebratt@usa.com
28742 Mrs Pam J. Kuyt, Po Box 1066, COOKSTOWN ON L0L1L0 CAN Email: ht.kuyt@sympatico.ca
28747 Ms Millie Drinkwater, 97 Sierra Morena Landing S.W., CALGARY AB T3H 4K3 CAN Tel: (403) 243 2830 Fax: (403) 243 3657 Email: mdrinkwater@shaw.ca
28755 David W. Barclay, #232 - 4693 Muir Rd, COURTENAY BC V9N 6A4 CAN Tel: (250) 898 8836 Fax: (250) 898 8853 Email: dave@dbarclay.ca
28763 Mr C.M. Douglas, 294 Victoria Dr, BAIE D'URFE QUE H9X 2H9 CAN
28802 Mrs Anne Ireland, Po Box 1308, R.R.1, CLEARWATER BC V0E 1N0 CAN Email: aireland@mercuryspeed.com
28813 Ruth Blair, 1144 Lindsay Dr, OAKVILLE ONT L6M 3B4 CAN Email: rblair1@cogeco.ca
28906 Christopher Daintree, 19 Rue De La Creuse, F-86240 QUEMIGNY-POISOT FRANCE Tel: (03) 8049 7865 Email: christopher.daintree@wanadoo.fr
28907 Alain R. Girault, 2 Rue Honore De Balzac, F-86240 FONTAINE LE COMTE FRANCE Email: ar.girault@wanadoo.fr
28948 Mrs Anne Cox, Kirknewton House, KIRKNEWTON NBL NE71 6XF ENG Email: anne@wacox.freeserve.co.uk
28957 Ake Kjellqvist, Lagerlofs Vag 18, S-245 32 STAFFANSTORP SWEDEN Tel: (046) 255020 Fax: (046) 255122 Email: ake.kjellquist@telia.com
29001 Mrs I. Salzwedel, Po Box 123 (Or Box 9), KAAPMUIDEN TVL 1295 RSA AFRICA Tel: (013) 726 0272
29024 Rosalind Marden, Po Box 8893, ALICE SPRINGS NT 0871 AUS Te/Faxl: (08) 8955 0333 Email: mikeroz@octa4.net.au
29025 Barry R. Moss, 12 Warne St, KATOOMBA NSW 2780 AUS Email: mossbyte@lisp.com.au
29027 Mrs Lorna White, 27 Camelia Cl, CONSTANTIA CAPE 7806 RSA AFRICA Tel: (021) 794 6892 Email: whitelor@iafrica.com
29092 Mrs E.R. Searle, 29 Evan St, MITTAGONG NSW 2575 AUS
29113 Mary M. Callcott, Po Box 122, MAYFIELD NSW 2304 AUS Tel: (02) 4968 3408 Email: mary@callcott.com.au
29172 Mrs Cathie Marsh, 58/30 Weller Rd, TARRAGINDI QLD 4121 AUS Tel: (07) 3397 4684
29187 David J. Brennand, 307 Barker St, CASTLEMAINE VIC 3450 AUS Email: davros@netcon.net.au
29198 Mrs Erica Hills, 5 Glasshouse Cl, BIBRA LAKE WA 6163 AUS Fax: (08) 9494 2040 Email: erica@hillsperth.com
29236 Mrs Jane Schy, 2/63 Covent Gardens Way, BANORA POINT NSW 2486 AUS Tel: (07) 5524 3410 Email: janeb@satcom.net.au
29298 Morris Smith, 161 Batley Rd, KIRKHAMGATE W.YKS WF2 0SP ENG Email: g3trv@dsl.pipex.com
29314 Ms K.E. Douglas, 140/106 Yorktown Pde, MAROUBRA NSW 2035 AUS Email: kdou4912@bigpond.net.au
29324 Mrs Jackie Smith, 37 Weall Crt, School Ln, PINNER MDX HA5 5PG ENG Tel: (020) 8868 3133 Fax: (0870) 1313929 Email: busysmiths@aol.com
29328 Mrs Carol A. Franklin, Locholly Farm, MURTHLY PER PH1 4LQ SCOTLAND Tel: (01738) 710 215 Fax: (01738) 710 215 Email: jfran48237@bigfoot.com
29334 Mr T.A. Eakin, Carisbrook Hse, 334 Burns Bay Rd, LANE COVE NSW 2066 AUS Tel: (02) 9428 2520 Email: teakin@chilli.net.au
29354 William Bellchambers, Tanglewood, Lockhams Rd, CURDRIDGE HAM SO32 2BD ENG Email: william.bellchambers@ukgateway.net
29373 Rex G. Forrester, 84 Lichfield Rd, BOW LONDON E3 5AL ENG Email: rexforr@netcomuk.co.uk
29397 Edward Kendrick, Driftway, York Rd, WEST HAGBOURNE OXON OX11 0NG ENG Tel: (01235) 850788 Email: kendrick@one-name.org
29401 M. Kvebekk, 7 Rosebank Cres, EXETER DEVON EX4 6EJ ENG Email: mauk@btinternet.com
29409 Mrs G. King, Cefn-Y-Mynach, KERRY POWYS SY16 4PL WALES Email: gillian.king1@btinternet.com
29416 Mrs Bridget Kelly, 117 Queens Rd, BISLEY SRY GU24 9AT ENG Tel: (01483) 473772 Email: bridgetkelly@vanguardconsult.co.uk
29417 Mr M.R. Sex, 17 Weadon Cl, SOUTHWATER HORSHAM SSX RH13 7HP ENG
29420 Mr C.W. Braund, C/- 12 Ranelagh Rd, LAKE IOW PO36 8NX ENG Email: braundsociety@fewiow.freeserve.co.uk
29426 Richard S. Mullins, 6 Winston Rd, REYDON SFK IP18 6RA ENG Tel: (01502) 726047 Email: rsm1947@aol.com
29447 Mrs Sylvia A. Trumble, 14 Beech Walk, PENNINGTON LEIGH LANCS WN7 3LH ENG Tel: (01942) 671773 Email: satrumble@btinternet.com
29468 Dr Hywel Bowen-Perkins, Hazelby House, Furze Hill, KINGSWOOD SRY KT20 6HB ENG
29471 David Griggs, 41 Wadeville Ave, CHADWELL HEATH ESS RM6 6EX ENG Email: davegriggs@msn.com
29479 Charles J. Nolan, Po Box 1559, TOWNSVILLE QLD 4810 AUS Tel: (M) 0419 252774 Email: cjnolan@bigpond.com
29481 Elaine D. Eldridge, 42 Warham Rd, HARROW WEALD MDX HA3 7JB ENG
29497 Roger Leishman, 7 Hall Park, BERKHAMSTED HERTS HP4 2NU ENG Tel: (01442) 874536 Fax: (01442) 870450 Email: rleishman@ukgateway.net
29500 Mrs A.K. Freeman, 2 Malthouse Ct, Green Ln, ORMSKIRK LANCS L39 1ND ENG Email: aybaye@aol.com
29502 Mrs P.S. Overton, Burnt Oak, Churchway, CURRY RIVEL SOM TA10 0EE ENG Email: burntoak@freeuk.com
29515 Shirley Somerville, R.R.3, SMITHS FALLS ONT K7A 4S4 CAN Tel: (613) 283 9096 Email: frssms@falls.igs.net
29520 Mrs Sandra J. Hutchinson, 220 Schoolhouse Rd, WOORI YALLOCK VIC 3139 AUS Email: phut9030@bigpond.net.au
29528 Howard J. Thornton, 36 Montcalm Pl, BRAMALEA ONT L6S 2X6 CAN Email: thornton007@sympatico.ca
29570 Mrs Myrna Blumberg, 3185 11Th Avenue, PORT ALBERNI BC V9Y 4Y4 CAN Tel: (250) 723 6982 Email: myrnab@alberni.com

ADDRESSES

29580 Dr Donald B. Fulton, 37 Batt St, PALMERSTON NORTH 5301 NZ Tel: (06) 358 0798 Fax: (06) 350 2211
Email: d.fulton@inspire.net.nz
29612 Mrs Pat Doyle, 9 Naomi St North, BAULKHAM HILLS NSW 2153 AUS
29626 Mrs E.R. Cavanagh, 3/29 Coronation Rd, PAPATOETOE AUCK 1701 NZ
29664 Mr M. Robinson, 10 Trotters Ave R.D.5, WAIOMU 2850 NZ Email: m.robinson@clear.net.nz
29701 Edmond A. Hofler, 6205 Baywood Dr, EL SOBRANTE CA 94803-3625 USA Tel: (510) 222 5517 Fax: (510) 222 5417
Email: eahofler@aol.com
29715 Adrian R. Fenton, 2597 Fountain Hills Dr, WEXFORD PA 15090 USA Email: afe9963285@aol.com
29720 Patricia Concannon, 7 Wheaton Way, HARWICHPORT MA 02646 USA Email: patcon123@aol.com
29731 John Muncie, 1915 Chipperfield Dr, STROUDSBURG PA 18360 USA Tel: (570) 421 2538 Email: jmuncie@ptd.net
29745 Mrs Kathleen Lawrie, 5A Box St, YAMANTO QLD 4305 AUS
29747 Kenneth A. Fitzgerald, 60 Somers Ave, MACLEOD VIC 3085 AUS
29774 Mrs V.J. Gehrmann, 7 Gordon Tce, MORAMBAH QLD 4744 AUS Tel: (07) 4941 7929 Email: valhenn@dodo.com.au
29780 Garry Barling, 71 Burrindi Rd, CAULFIELD VIC 3162 AUS Email: garry@vegas.com.au
29783 Mrs E. Tremain-Bridges, 1/4 Gibbs St, MIRANDA VIC 2228 AUS Tel: (02) 9531 2097
29786 Geoff A. Holloway, 72 Woronora Rd, ENGADINE NSW 2233 AUS Email: ich@netspace.net.au
29810 Mrs Belinda T. Baldwin, 26 Cawarra Rd, WAUCHOPE NSW 2446 AUS Email: belindatherese@hotmail.com
29845 Mrs F.M. Avery, 107 Brookside, EAST BARNET HERTS EN4 8TS ENG Email: jonathan.avery1@btinternet.com
29854 Mrs Sheila Van De Poll, Po Box 8304, WAGGA WAGGA NSW 2650 AUS Tel: (02) 6926 1344 Fax: (02) 6926 1377
Email: svdp@compu-weigh.com.au
29867 Mr B.J. Simpson, 3 Antill St, EAST BLAXLAND NSW 2774 AUS Email: bjbtsimpson@bigpond.com
29937 Mrs Barbara Wyss, 38 The Avenue, EAST MALVERN VIC 3145 AUS Tel: (03) 9569 2576 Fax: (03) 9569 2578
Email: wyss@alphalink.com.au
29939 Mrs Patricia Lascelles, 19 Bland Rd, YORK WA 6302 AUS Tel: (08) 9641 1961
29949 Julian D. Gribble, 5 Lower Heidelberg Rd, IVANHOE VIC 3079 AUS Tel: (03) 9497 2176
Email: jgribble@bigpond.net.au
29954 S.M. Street, 8 Leigh Ave, BENDIGO VIC 3550 AUS Email: streetjm@netcon.net.au
29961 Mrs Dorothy Warwick, 29 Cardigan St, GUILDFORD NSW 2161 AUS Tel: (02) 9632 9203 Fax: (02) 9788 1274
Email: thewarwicks@optusnet.com.au
29974 Kenneth J. Secker, 4 Leys Hill, FROME SOM BA11 2JZ ENG
29989 Denise E. Johnson, 19 Light Oaks Ave, LIGHT OAKS S-ON-T ST2 7NF ENG
30014 Mrs Judy Wiles, 277 Woniora Rd, BLAKEHURST NSW 2221 AUS Email: jrog44@hotmail.com
30022 John Burton, 6 Russell St, PICTON 7372 NZ Email: jonburton@xtra.co.nz
30039 Jack Major, 17 Elizabeth Ave, BRIDGNORTH SAL WV16 4PX ENG
30065 Mrs Sylvia Arquati, 56 Shakespeare Ave, NEW SOUTHGATE LND N11 1AY ENG Email: SylviaArq@aol.com
30071 Stephen Murray, 5 Balmoral Gdns, HOCKLEY ESS SS5 4UN ENG
30078 Cynthia F. Bunch, 22 Low Church Rd, MIDDLE RASEN LINCS LN8 3TY ENG Tel: (01673) 844661 Fax: (01673) 849104
Email: cynbunch@globalnet.co.uk
30085 Trevor Tomasin, 1 Woodlands Rd, CLEVEDON SOM BS21 7QD ENG Tel: (01275) 343210
Email: trevor@tomasin.org.uk
30086 Nicholas Lloyd, 17 Lilac Cl, DROITWICH WOR WR9 7SH ENG Tel: (01905) 771865
Email: nick.clairelloyd@btopenworld.com
30093 Miss Patricia White, 10 Dorchester Rd, MAIDEN NEWTON DOR DT2 0BA ENG
30107 Mr/S C.R. & M.J. Fry, 7 Thornbury Cl, CROWTHORNE BRK RG45 6PE ENG Tel: (01344) 774590
Email: crfry@themutual.net
30111 John Phillips, 20 Fawcett Gdns, DRIFFIELD E.YKS YO25 5NR ENG Tel: (01377) 241082 Fax: (01377) 255822
Email: denscanis@yahoo.co.uk
30120 Lionel Toole, Heater Cottage, Knock, APPLEBY CUMB CA16 6DN ENG Tel: (017683) 61189 Fax: (017683) 61189
Email: lionel@ltoole.freeserve.co.uk
30127 Mrs B.M. Ward, 1 Ascham Ln, WHITTLESFORD CAMBS CB2 4NT ENG
30137 Norman Penty, 30 Lych Way, HORSELL SRY GU21 4QG ENG Tel: (01483) 764904 Email: pentytree@aol.com
30138 Mr L.J. Finch, 23 Hemsdale, MAIDENHEAD BRK SL6 6SL ENG Email: lesjfinch@aol.com
30147 Mrs Rosemary Weir, 2 Stoney Ln, BRINSLEY NTT NG16 5AL ENG Tel: (01773) 712499 Fax: (01773) 712499
Email: DWeir14829@aol.com
30161 Alan Gillard, 58 Queens Rd, THAME OXON OX9 3NQ ENG Email: alan.gillard@lineone.net
30182 Mrs Fiona Stephen, Backhill Of Clackriach, MAUD, PETERHEAD ABD AB42 5NU SCOTLAND
30233 Mrs Betty L. Browning, Po Box 59, YARRAWONGA VIC 3730 AUS
30246 Rev. A.H. Mead, 11 Dungarvan Ave, LONDON SW15 5QU ENG
30248 Mrs Tricia West, 28 Golf Links Cres, TADCASTER N.YKS LS24 9HG ENG Email: tadwests@fish.co.uk
30257 Michael Brookbank, 4 Millview Gdns. Upper Shirley Rd, CROYDON CR0 5HW ENG
Tel: (020) 8656 1567 Fax: (020) 8656 1567 Email: MRBrookbnk@aol.com
30281 Mrs C.E. Coman, 315 Ashmore Rd, BENOWA QLD 4217 AUS
30299 Canon Peter Cole, Marula Cottage, Lower St, FITTLEWORTH SSX RH20 1JE ENG
30302 Gary Liddell, Po Box 5085 M.C., ROCKHAMPTON QLD 4702 AUS Tel: (07) 4928 0583 Email: adslmllu@tpg.com.au
30310 Mr J.W. Burnett, 27 Millfield, NESTON CHES CH64 3TF ENG Email: jburnett2@aol.com
30324 Mervyn A. Gibbs, 7 Buckthorn Cl, POOLE DOR BH17 7YF ENG Email: mapa@magibbs.fsnet.co.uk
30330 Mrs R.J. Dixon, 25/112 Stud Rd, DANDENONG VIC 3175 AUS
30342 Mr M.J. Foreman, 12 Stoneleigh Cl, PATCHAM E.SSX BN1 8NQ ENG
30351 Clive B.H. White, 9 Celyn Isaf, TONYREFAIL GLAM CF39 8AN WALES Tel: (01443) 670045
Email: clive.bradhargwhite@btinternet.com
30391 Mrs J. Llewellyn, 5 Trinity Rd, TAUNTON SOM TA1 3JH ENG Email: jenni@sagainternet.co.uk
30411 Jeffrey Wintie, 173 Joyners Field, HARLOW ESS CM18 7QD ENG Tel: (01279) 431 560
Email: jeffwintie@ntlworld.com

◆ Contributors & Addresses ◆

30437 Mrs Mary A. Hart, 83 Hennessy St, TOCUMWAL NSW 2714 AUS Email: mhart@iinet.net.au
30446 Raymond V. Nye, 50 Longford Ln, KINGSTEIGNTON DEV TQ12 3RE ENG
30449 Mrs Edna Pratt, 50 Wilson Cres, MOIL NT 0810 AUS
30457 Desmond Birch, 411 Gedling Rd, ARNOLD NTT NG5 6PB ENG Email: dj.birch77@ntlworld.com
30488 Dr Anne Rivlin, Wick Farm, TISBURY WIL SP3 6NW ENG Email: arivlin@doctors.net.uk
30491 Miss S.M. Nicholas, 20 Cleaves Ave, COLERNE WIL SN14 8BX ENG Tel: (01225) 744 544
       Email: sheilanchls@yahoo.com.au
30501 Mrs Dorothy E. Kendall, 2 Castaway Crt, BANKSIA BEACH QLD 4507 AUS Tel: (07) 3410 7258
30512 Ian Brothers, 213 Barkers Rd, GRENFELL NSW 2810 AUS Tel: (02) 6343 3232
30527 Ms Maureen A. Linskey, Po Box 518, ALBION QLD 4010 AUS
30535 Ms P.M. Hawkins, 83 Longstone Rd, EASTBOURNE SSX BN22 8DA ENG Email: Trishhawk@aol.com
30543 Mrs Shirley Evans, 7 Warwick Ave, NEW MILTON HANTS BH25 6AH ENG Email: shirleyevans@7cats.fsnet.co.uk
30560 Mr S.C. Hunter, 1 Furham Field, PINNER MDX HA5 4DX ENG Tel: (020) 8428 4577
30589 Mrs Danielle F. Thompson, Po Box 278, PORT VINCENT SA 5581 AUS Email: daniellet1@bigpond.com
30601 Ralph H. Crabtree, 40 Penguin Rd, ULVERSTONE TAS 7315 AUS Tel: (03) 6425 3646 Fax: (03) 6425 3646
       Email: crabtreer@southcom.com.au
30603 David Weir, 2 Stoney Ln, BRINSLEY NTT NG16 5AL ENG Tel: (01773) 712499 Fax: (01773) 712499
       Email: DWeir14829@aol.com
30612 David Smith, 23 Pengarth, ELDWICK NEAR BINGLEY BD16 3DX ENG Email: pummell@one-name.org
30645 John E. Mason, 28 Abbots Ride, FARNHAM SRY GU9 8HZ ENG
       Email: johnandirenemason@abbotsgu98hz.freeserve.co.uk
30653 Ms P.J. Rieksen, 28 Sheppard Rd, EMU PLAINS NSW 2750 AUS
30678 Michael J. Hutchinson, 197 Cole Ln, BORROWASH DBY DE72 3GN ENG Email: mjhutch44@aol.com
30701 Mr/S Frank J. & M. Quirke, 76 Hoey St, TOOWOOMBA QLD 4350 AUS Tel: (07) 4635 6183
       Email: kerlogue@hotmail.com
30713 Dr Richard E. Reid, 70 Pridham St, FARRER ACT 2607 AUS
30714 Mrs Sharon Hurt, Somercotes Hse., Leabrooks Rd, SOMERCOTES DBY DE55 4HB ENG Tel: (01773) 606900
       Email: hurt@one-name.org
30724 Mr N.R. Robson, 3 Bridge Pl, LATHAM ACT 2615 AUS Email: nevrobso@tpg.com.au
30737 Mrs G.E. Barker, 8 Ingleborough View, CARNFORTH LAN LA5 9AT ENG
30768 Mrs Eileen Kewn, 37 Bradshaws, HATFIELD HERTS AL10 9QS ENG
30773 Steve Custons, Rose Cottage, Sand Ln, DOVERIDGE DBY DE6 5JQ ENG Tel: (01889) 565222 Fax: (01889) 565887
       Email: steve@custons.freeserve.co.uk
30776 Mrs Lillian V.A. Smith, Noonameena, New Mollyan Rd, MENDOORAN NSW 2842 AUS Tel: (02) 68442278
30804 Mrs Sheila Seppings, 9 Lucerne Rd, ORPINGTON KENT BR6 0EP ENG
30808 Mrs L. Thorne, 164 Whites Ln, WHEELERS HILL VIC 3150 AUS Tel: (03) 9560 5360 Fax: (03) 9562 0041
       Email: rlthorne@bigpond.com.au
30823 Mrs M.E. Milne-Day, 19 Nassau Rd, LONDON SW13 9QF ENG Email: the.milne-days@virgin.net
30830 Grant A. Triffett, Po Box 573, HEALESVILLE VIC 3777 AUS
30855 Mrs Marion A. Bennett, 40 Malden Rd, SIDFORD DEVON EX10 9LS ENG Tel: (01395) 512758
       Email: anneatsidmouth@aol.com
30860 Mrs Freda Proudley, Home Farm, High St, BECKINGHAM S.YKS DN10 4PF ENG
30870 Ian Threlkeld, 48 Grange Mount, BIRKENHEAD M.SIDE CH43 4XW ENG Email: ian@grangech43.freeserve.co.uk
30876 Mrs Lilian Hartley, 10 Wellington Tce, HAVERHILL SFK CB9 8HZ ENG Tel: (01440) 708317
30880 Mrs Ailna Martin, 5 Parkway, EASTBOURNE E.SSX BN20 9DU ENG Tel: (01323) 502852
       Email: ailna.martin@tesco.net
30889 Mr D.C. Jeffrey, 17 Cobhams, SPELDHURST KENT TN3 0QA ENG
30896 A. Perry, 13 Quarry Ln, MANSFIELD NTT NG18 5DB ENG
30917 Mrs A.Y. Tullo, 55/800 Kings Rd, TAYLORS LAKES VIC 3038 AUS Email: ameliatullo@access.net.au
30927 Mrs Sandra J. Walker, 6 Lakefield Crt, Forest Glen, GLADSTONE QLD 4680 AUS Email: archmccoist@bigpond.com
30929 Beverley Jackson, 317 Forest Plain Rd, ALLORA QLD 4362 AUS Email: beverleydj@dodo.com.au
30944 Christine James, Po Box 25, MAJORS CREEK NSW 2622 AUS
30945 Ken Smith, Po Box 191, OATLANDS NSW 2117 AUS Email: smithk@hotkey.net.au
30950 Mrs Julie C. Quigley, Po Box 498, BATHURST NSW 2795 AUS Tel: (02) 6332 5198 Fax: (02) 6332 5198
       Email: julie.quigley@tech2u.com.au
30968 Mrs Pam C. Cowie, 33 Alfred St, WOONONA NSW 2517 AUS Tel: (02) 4284 2955 Email: bpcowie@ozemail.com.au
30971 Miss Amy Miller, 13 Annie St, DALBY QLD 4405 AUS Email: amy.r.miller@bigpond.com
30972 Mrs Rachel Alliston, Po Box 248, CARDIFF NSW 2285 AUS Tel: (M) 0412 654339 Email: notsilla@yahoo.com.au
30981 Mr G. Woods, 11 Eider Cl, BARTON UPON HUMBER DN18 5FJ ENG Email: lesnoydom@cwcom.net
30985 Mr J.P. Barton, 2 Beverley Rise, ILKLEY W.YKS LS29 9DB ENG
30987 Mrs Val Holmes, Foxgloves, SOUTH CHARD SOM TA20 2PS ENG
30996 Mrs Carol Matthews, The Cottage, Pen-Y-Bryn, LLANDEGLA DENBS. LL11 3AH WALES
30998 Mr W.L. Jones, 56 Regent Cres, SKIPTON N.YKS BD23 1BE ENG
31003 Mr D.P. Jones, Buxton House, East Bank, WINSTER DERBY DE4 2DS ENG
       Email: davidjones@buxtonhouse.freeserve.co.uk
31014 Mrs V.J. Arthur, Allendale, Higher Broad Oak Rd, OTTERY ST.MARY DEV EX11 1XJ ENG
       Email: donald@barncot.freeserve.co.uk
31017 Eric W. Cheeseman, 56 Palmer Rd, OAKDALE DOR BH15 3AS ENG
31018 Mrs Merlynne Reeves, 6 Rolvenden Rd, STROOD KENT ME2 4NY ENG
31028 Ian H. Stanley, 12 Kelsborrow Way, KELSALL CHS CW6 0NL ENG Email: ihstanley@aol.com
31045 Miller Mcgrath, 64 Southampton Hill, TITCHFIELD HANTS PO14 4AJ ENG Email: miller_mcgrath@yahoo.co.uk
31067 Mrs Joan Rooney, 110 Fingal St, TARRAGINDI QLD 4121 AUS
31072 Ann Ensten, 1/59 Cole St, BRIGHTON VIC 3186 AUS Tel: (03) 9596 7504

GRD ♦ 2005

31079 C. Greenwood, 36 Aldreth Rd, HADDENHAM, ELY CAMBS CB6 3PW ENG Email: wildwood@thewarren.net
31116 Mrs Pauline A. Fayle, 3 Edward St, CHARLESTOWN NSW 2290 AUS Tel: (02) 4943 4938
   Email: fayle@ceinternet.com
31152 Sean Halpin, 4 Haig St, BELMONT NSW 2280 AUS
31153 Mrs Kelly J. Sullivan-Dyer, 27 Parkview Rise, HACKHAM SA 5163 AUS Email: mitchkells@bigpond.com
31159 Malcolm H. Mathias, Po Box 112, FOREST HILL VIC 3131 AUS Email: mhmathias@netspace.net.au
31169 Bene Cochran, Po Box 1560, TOWNSVILLE QLD 4810 AUS Tel: (07) 4788 8134
   Email: BENECOCHRAN@bigpond.com.au
31186 Geoffrey F. Crome, 6 Rutherford Rd, CAMBRIDGE CB2 2HH ENG Tel: (01223) 473836
   Email: jandgc.50@ntlworld.com
31210 Mrs Edith E. Wormley, 32 Newlands Ave, BEXHILL ON SEA E.SSX TN39 4HA ENG Tel: (01424) 211802
   Email: pixiew@globalnet.co.uk
31237 Miss Janelle Sommerville, 24 Mera St, GUILDFORD NSW 2161 AUS Fax: (02) 9788 0414
   Email: janelle@optusnet.com.au
31259 Michael Jones, 17 Forth Crt, SOUTH SHIELDS T & W NE34 0NP ENG Tel: (0191) 456 5681
   Email: jones2004@blueyonder.co.uk
31273 Richard G. Grylls, 1 Longfield Rd, TRING HERTS HP23 4DQ ENG Email: richard.grylls@ukf.net
31293 James Huey, Po Box 256, LINDFIELD NSW 2070 AUS Fax: (02) 9416 8348 Email: genealogy@jameshuey.com
31296 Ronald J. Kelly, 50 Fidge St, CALWELL ACT 2905 AUS Email: ronkelly@webone.com.au
31297 Mr L.J. Johns, 78 Carlotta St, GREENWICH NSW 2065 AUS Tel: (02) 9436 2683
31302 Harvey Tripp, 40 Carter St, GOOLE E.YKS DN14 6SN ENG Tel: (01405) 761790 Email: harvey.tripp@btinternet.com
31305 Ms E.J. Lines, 45 Windsor Rd, LONDON W5 3UP ENG
31316 E.A. Hilditch, Follybrook, The Common, SIDDINGTON GLOS GL7 6EY ENG Tel: (01285) 651501
   Email: follybrook@tesco.net
31319 Mrs R.L.M. Sanchez, 45 Riverside Gdns, ROMSEY HAM SO51 8HN ENG Tel: (01794) 521440
   Email: hrsanchez@onetel.net.uk
31323 John P.W. Littlefield, 29 Middle Mead, HOOK HAM RG27 9TE ENG Tel: (01256) 754 913
   Email: john.littlefield@virgin.net
31332 Mrs R.E. Hunt, 10 Enterprise Rd, ELIZABETH EAST SA 5112 AUS Tel: (08) 8252 9609 Email: relahunt@ihug.com.au
31349 Dr J.R. Barber, 41/100 Harold St, WANTIRNA VIC 3152 AUS Tel: (03) 9801 2484
31355 Graham & Leslea Linnett, 49 Kates St, CLIFTON QLD 4361 AUS Tel: (07) 4612 3000 Fax: (07) 4612 3000
   Email: g.linnett@bigpond.com
31356 David J. Chamberlain, 36 Mcculloch Rd, BLACKTOWN NSW 2148 AUS Tel: (02) 9621 6269
   Email: djchambo@optushome.com.au
31373 Dr Ronald W. Palmer, 5 Valley View, PRUDHOE NBL NE42 5BL ENG Email: ronaldpalmer@tiscali.co.uk
31375 Richard Forster, 41 Dukes Wood, CROWTHORNE BRK RG45 6NF ENG Tel: (01344) 775751
   Email: richard.forster3@btinternet.com
31402 Mrs D. Derrick, 7696 - 116A Street, DELTA BC V4C 5Y4 CAN Email: debbiederrick@gmail.com
31413 Garry Keath, 6 Oakhill Dr, CANNINGVALE WA 6155 AUS
31424 Richard Knight, Po Box 338, KYNETON VIC 3444 AUS
31442 Robert A. Daniel, 6335 Dawn Dr, DELTA BC V4K 4T4 CAN Tel: (604) 946 0614 Email: radaniel@dccnet.com
31446 Mr R.W.C. Barrett, 6 Crossburn Dr, DON MILLS ONT M3B 2Z2 CAN Tel: (416) 445 7867 Fax: (416) 383 0862
   Email: barrettx@netcom.ca
31453 John Kennedy, 36 Hall St, NORTHGATE QLD 4013 AUS Tel: (07) 3266 2128 Email: jjkenned@ixa.net.au
31476 Susan R. Leitch, 1710 East Heights, SASKATOON SAS S7J 3B9 CAN Email: srleitch@sasktel.net
31486 Malcolm Campbell, 244 St.Louis Ave, WINDSOR ONT N8S 2K3 CAN Email: malcolm.campbell@sympatico.ca
31510 K. & L. Stapley, 480 Old Northern Rd, DURAL NSW 2158 AUS Tel: (02) 9651 1510 Fax: (02) 9659 1674
   Email: kstap@ozemail.com.au
31517 Mr T.W. King, 18/16 Hosking St, BALMAIN NSW 2041 AUS
31552 Sylvia Marriott, 353 South Pine Rd, ENOGGERA QLD 4051 AUS Tel: (07) 3355 9940
31574 Mrs Sue E. Brooker, Po Box 268, WARRAGUL VIC 3820 AUS Email: ibrooker@austarnet.com.au
31579 Robert R. Lawrence, 1 Lisgar Ave, BAULKHAM HILLS NSW 2153 AUS
31580 Mrs Diana Wood, 9 Nineteenth Ave, STUARTS POINT NSW 2441 AUS Tel: (02) 6569 0043
   Email: adwood@bigpond.com.au
31584 Edwin J. Begley, 3 Castaway Crt, SORRENTO WA 6020 AUS Tel: (08) 9448 8934 Fax: (08) 9444 2061
   Email: abegley@newton.wa.edu.au
31597 Geoffrey Pritchett, Po Box 130, TERANG VIC 3264 AUS
31626 Mrs Nancy Stinson, Box K61, R.R.#2, HALIBURTON ONT K0M 1S0 CAN Tel: (705) 457 1106 Fax: (705) 457 2782
   Email: nstinson@halhinet.on.ca
31636 Mrs Jennifer Larsen, 410 Leighton Ave, COURTENAY BC V9N 2Z4 CAN
31646 E.H. & J.Y. Mckie, Po Box 1461, BUNDABERG QLD 4670 AUS Tel: (07) 4152 7850 Email: edmckie@st.net.au
31676 Neil J. Moore, 39/1 Tewkesbury Ave, DARLINGHURST NSW 2010 AUS Tel: (07) 9332 4510 Fax: (02) 9332 4510
31689 Mrs Edythe Mcdonald, 425 4Th Avenue N.W., Apt. 430, MOOSE JAW SAS S6H 8B7 CAN
   Email: edythem@sasktel.net
31695 Ray Kent, 5 Wave Hill Dr, ANNANDALE QLD 4814 AUS Email: raykent@optusnet.com.au
31709 Christopher Macks, 3/22 Paine St, KOGARAH NSW 2217 AUS
31715 Arthur Elley, 2 Chuter St, STAFFORD HEIGHTS QLD 4053 AUS Tel: (07) 3359 7118
31720 Mrs Ann Metcher, 1 Mewsdale Row, TALLAI QLD 4213 AUS Tel: (07) 5530 6648 Fax: (07) 5530 6648
   Email: metcher@bigpond.com
31761 Mrs Betty Hall, 24 Ibis Cl, WOOMBAH NSW 2469 AUS
31762 Mrs Shirley-Ann Taylor, 5 Rachel Cl, TAREE NSW 2430 AUS Tel: (02) 6551 2214 Fax: (02) 6551 2931
   Email: billbub@ozemail.com.au
31786 John M. Collins, 807 - 1285 Sandy Ln, SARNIA ONT N7V 4J7 CAN Email: jcollins@xcelco.on.ca

Contributors & Addresses

31826 Victoria J. Rebneris, 4764 Beaver Rd, VICTORIA BC V9E 2J7 CAN Tel: (250) 479 7997 Fax: (250) 479 4853 Email: vjr@shaw.ca
31849 Mrs Marie Walker, 33 Lysander St, STRATFORD 4700 NZ Email: jim.marie.walker@infogen.net.nz
31877 Mrs Glenda Butler, 12 Goroka Pl, BEACON HILL NSW 2100 AUS Email: glendabutler@optusnet.com.au
31882 Ms Madeline Manning, 3/14 Hood St, CHRISTCHURCH 8007 NZ
31886 Mrs Margaret A. Evans, 339 Wairau Rd, GLENFIELD AUCK 1310 NZ Email: mevans@xtra.co.nz
31902 Miss Alvina Seavers, 20A Turnstone St, EAST DONCASTER VIC 3109 AUS Email: parker@corplink.com.au
31904 Mrs Yvonne Blake, 95 Dalnott Rd, GOROKAN NSW 2263 AUS Tel: (02) 4392 7857
31923 Michael A. Houstone, 40 The Serpentine, BILGOLA NSW 2107 AUS Email: michaelhoustone@hotmail.com
31960 Mrs Joy Burt, 22 Nikau Pl, TIMARU 8601 NZ
31967 Mrs M.H. Petty, 20 Ussher Pl, PAKURANGA AUCK 1706 NZ
31972 Mrs Jan Begg, 9 Highland Ave, MITCHAM VIC 3132 AUS Email: janab@iprimus.com.au
31979 David Kirby, 5 Braeside Cres, SANDY BAY TAS 7005 AUS
32009 Dennis Pease, 1/27A Campbell Rd, ROYAL OAK AUCK 1006 NZ Tel: (09) 636 8086 Fax: (09) 636 8086 Email: dbp_nz@yahoo.com.au
32011 Mrs Iris Lankshear, 292 Racecourse Rd, INVERCARGILL 9501 NZ Email: eyelank@clear.net.nz
32016 W. James Twomey, Po Box 2211, TAURANGA 3015 NZ Tel: (07) 544 2817 Email: tuama@xtra.co.nz
32017 Mrs Debbie Rawlings, 30A Aylmer St, SOMERFIELD CHCH 8002 NZ Tel: (03) 337 2793 Fax: (03) 337 2782 Email: deborah.jean@xtra.co.nz
32035 Mrs Valarie Grehan, 47 Dover Rd, WAINUIOMATA WGTN 6008 NZ Tel: (04) 564 8827 Fax: (04) 564 8871 Email: val.g@clear.net.nz
32039 Mrs Judith Lewis, Llanhowell, Hundred House, LLANDRINDOD WELLS RAD LD1 5RR WALES Tel: (01982) 570266 Fax: (01982) 570459 Email: judith_lewis@lineone.net
32040 Mr Robin J.C. Wood, 72B Carr Hall Rd, BARROWFORD LANCS BB9 6QG ENG Tel: (01282) 694123 Email: robin60@tiscali.co.uk
32042 Richard Sawdon-Smith, 46 Henley Wood Rd, EARLEY BERKS RG5 7EE ENG
32044 Jonathan C. Hawker, 16 Mark Ave, GREAT SUTTON CHES L66 4LS ENG
32050 Mrs Marjorie E. Woods, Po Box 22152, FISH HOEK 7974 RSA AFRICA Fax: (021) 783 2375 Email: deniswoods@netpoint.co.za
32068 Mrs Lorraine K. Bartoni, 1081 Westwood Dr, SAN JOSE CA 95125-4534 USA Tel: (408) 267 3212 Email: zoeytab@sbcglobal.net
32071 Brian G. Mahoney, 37 Ernest Ave, WORCESTER MA 01604-2325 USA Email: bmaho6654@aol.com
32130 Gloria B. Hank, 882 Murdoch Ln, VENTURA CA 93003-7522 USA Tel: (805) 639 4048 Email: glori128@earthlink.net
32132 Mrs B.A. Jackan, 311 Merrick Rd, TRYON NC 28782-9619 USA Email: sleuth4@attglobal.net
32190 Emerson Melaven, 1435 4Th Street S.W. Apt.B-812, WASHINGTON DC 20024-2216 USA Tel: (202) 554 3781 Email: ejmelaven1@aol.com
32203 Ruth A. Cady, 43850 Aquistapace Rd, MANCHESTER CA 95459-8539 USA Tel: (707) 882 2349
32223 Fred R. Lantz, 80 Fosters Point Rd, WEST BATH ME 04530-9722 USA Email: genquest@suscom-maine.net
32230 Ms Rosemarie Foord, 551 Oxford Ave, AKRON OH 44310-3357 USA Email: ae546@hotmail.com
32243 Mrs Lois Mehaffey, 1130 Luneta Plaza, SANTA BARBARA CA 93109-2120 USA Email: mehaffey@silcom.com
32294 Andrew R. Lewis, 7 Richter Cres, DAVIDSON NSW 2085 AUS Tel: (02) 9451 2109 Email: arlewis@optusnet.com.au
32296 Ian G. Lucraft, 136 Wadsley Ln, SHEFFIELD S.YKS S6 4EE ENG Tel: (0114) 234 7153 Email: ianlucraft@btinternet.com
32307 John A.H. West, 8 Pyrford Mews, Belmore Ln, LYMINGTON HAMPS SO41 3ND ENG
32310 Mr D.J. Butler, Orense 46-5J, E-28020 MADRID SPAIN Tel: 91 555 1336
32314 Donna Holmes, Po Box 749, BRIBIE ISLAND QLD 4507 AUS Email: geniedonna@yahoo.com.au
32364 Arnaud Manuardi, 88 100 Avenue De Robache, F-88100 SAINT-DIE-DES-VOSGES FRANCE Tel: (03) 2956 5122 Fax: (03) 2956 5122 Email: arnaud_italia@hotmail.com
32391 Rev. Michael F. Ayden, 8 Baker Rd, Shotley Gate, IPSWICH SUFFOLK IP9 1RT ENG
32405 Mr R.I. Whittaker, 29C Utauta St, WAIKANAE WGTN 6010 NZ Email: bobwhit@xtra.co.nz
32419 Mrs Marilyn Dickerson, 4138 Josie Ave, LAKEWOOD CA 90713-3214 USA Tel: (562) 421 1268 Fax: (562) 421 1268 Email: resoiv2w@verizon.net
32444 Joe & Del Butler, Po Box 266, LITHGOW NSW 2790 AUS Tel: (02) 6351 4720 Fax: (02) 6351 3561 Email: jbutler@lisp.com.au
32471 John M. Foran, Po Box 811, BRIBIE ISLAND QLD 4507 AUS Tel: (07) 3408 1841 Email: johnforan@iprimus.com.au
32505 Anthony J. Flay, Cumbrae House, Navitie Dr, BALLINGRY FIFE KY5 8LR SCOTLAND Email: john-flay@tiscali.co.uk
32559 Mrs Daphne Austin, High Gables, Stylecroft Rd, CHALFONT ST.GILES BUCKS HP8 4HY ENG Email: ladapeidrib@aol.com
32720 Mrs Carole Berman, 36 Macquarie Rd, FENNELL BAY NSW 2283 AUS Tel: (02) 4959 3108 Fax: (02) 4959 3108 Email: caroleb@hunterlink.net.au
32724 Mrs Elspeth A. Bradbury, 31 Dalwood Cl, ELEEBANA NSW 2282 AUS
32794 Mrs Judith M. Robbins, Po Box 1134, MILDURA VIC 3502 AUS Email: kgrobbins@bigpond.com
32804 Maurice A. Taylor, 15 Turtle Ave, ASHTONFIELD NSW 2323 AUS Tel: (02) 4934 7974 Email: mat.taylor@hotkey.net.au
32882 Mrs Alison S. Wilson, Po Box 457, WINSTON HILLS NSW 2153 AUS Email: wadingbird@bigpond.com
32901 Mrs Hilary B. Scott, 18 Panorama Rd, TAMWORTH NSW 2340 AUS Email: hilary.s@tpg.com.au
32907 Nicholas Newman, 4 Hamersley Pl, FISHER ACT 2611 AUS Tel: (02) 6288 5395 Email: nickn@ieee.org
32908 T.H. Sloan, 25 Amber Gve, BOLWARRA HEIGHTS NSW 2320 AUS Tel: (02) 4930 0619 Fax: (02) 4930 0719 Email: thlinks@smartchat.net.au
32945 Mrs Lorraine M. Stacker, 7 Bellbrook Ave, EMU PLAINS NSW 2750 AUS Tel: (02) 4735 6972 Fax: (02) 4732 7540 Email: lstack@penrithcity.nsw.gov.au
32996 Graham J. Rawlings, 39/22 Raymond St, BANKSTOWN NSW 2200 AUS

33007 Doug. C. Johnson, 30 Sunbird Cres, HOPPERS CROSSING VIC 3029 AUS Email: djohnson@melbpc.org.au
33021 Daren Gordelier, 5 Ridler Rd, ENFIELD MDX EN1 3RB ENG Email: dgordelier@blueyonder.co.uk
33024 Chris Painton, The Longhouse, Dulcis Farm, KILMINGTON DEVON EX13 7HD ENG Tel: (01297) 34903
Email: chris.painton@which.net
33085 John M. Hegarty, Po Box 146, LANDSBOROUGH QLD 4550 AUS Email: wedoit@ozemail.com.au
33091 Mrs J. Tincknell, 153 Malinya Del, DAVISTOWN NSW 2251 AUS Email: tuppin@bigpond.com
33097 Mrs Beverley Runcie, 8 Anthony Cres, KILLCARE NSW 2257 AUS Tel: (02) 4360 2725 Fax: (02) 4360 2725
Email: runcied@optusnet.com.au
33219 Peter J. Lord, Po Box 823, CROWS NEST NSW 2065 AUS
33237 Ms Diann Gibbs, 99 Hamish St, CALAMVALE QLD 4116 AUS Tel: (07) 3711 6673 Email: greybilby1@yahoo.com
33245 Mrs Margaret O'Leary, Po Box 46, SALAMANDER BAY NSW 2317 AUS Email: mol@nelsonbay.com
33279 Alan R. Osborn, 45 Longview, BERKHAMSTED HERTS HP4 1BY ENG Tel: (01442) 873025 Email: aro@osborn.ws
33301 Miss Gwen Osterlund, 16 Doorey St, KEPERRA QLD 4054 AUS
33305 Dr John S. Martin, Po Box 317, KALLANGUR QLD 4503 AUS Email: john.martin@uq.net.au
33318 Mr R. F. Webb, 154 Waples Rd, UNANDERRA NSW 2526 AUS Tel: (02) 4271 6560 Email: rfw@exemail.com.au
33331 Peter Bales, 14 Alamar Cres, ACACIA GARDENS NSW 2763 AUS Email: Bales14@tpg.com.au
33347 Hugh Stevens, 68 Park Rd, BURGESS HILL SSX RH15 8HG ENG Email: hughstevens@hotmail.com
33373 Mrs Pat Boulton, 9 Rochester Tce, Kelvin Grove QLD 4059 AUS Fax: (07) 3839 5578 Email: pvboulton@hotmail.com
33402 John F.M. Parsons, Po Box 129, ANGLESEA VIC 3230 AUS Tel: (03) 5263 1164 Email: jfmparsons7@hotmail.com
33409 Mrs Ellen E. Corpse, 12 Ocean St, SOUTH WEST ROCKS NSW 2431 AUS
33416 Mrs Mavis Horne, Newark, Tara Creek Rd, M.S 509, SARINA QLD 4737 AUS Tel: (07) 4956 4570
33428 Ms Lesley Silvester, 28 Glyde St, EAST FREMANTLE WA 6158 AUS Tel: (08) 9339 8078 Fax: (08) 9339 0519
Email: trackers@bigpond.net.au
33443 James V. Mckay, 42 Somerset Rd, KEDRON QLD 4031 AUS Tel: (07) 3857 5154 Email: jamckay@netspace.net.au
33454 Miss Loretta Norrish, 16 Flinders St, MATRAVILLE NSW 2036 AUS
33490 Paul R.C. Goard, 33 Eastaway Ave, NORTH NAROOMA NSW 2546 AUS Tel: (02) 4476 3963
Email: prcgoard@austarnet.com.au
33491 Mrs Kaye L. Jay, 24 Vromans Ct, EDENS LANDING QLD 4207 AUS Fax: (07) 3805 5580 Email: kayejay@aapt.net.au
33500 Dr Piers V. Grey-Wilson, 33 Wood Ln, FLEET HANTS GU51 3EA ENG Email: piersvgw@cs.com
33506 Sharyn Guthrie, 50 Waimea St, NEW PLYMOUTH 4601 NZ Tel: (06) 753 6311 Email: sharyng@xtra.co.nz
33529 Mr G.R. Griffiths, 105 Neerim Rd, CASTLE COVE NSW 2069 AUS
33533 Mrs Jennifer Dawson, 38 Allen Cres, TRARALGON VIC 3844 AUS Tel: (03) 5174 4893 Fax: (03) 5174 4236
33538 Mrs Joyce Biddlecombe, 1/172 Barrier Reef Dr, MERMAID WATERS QLD 4218 AUS Email: bcombe@ion.com.au
33542 Ms Winsome Byrne, 43A Tredegar Square, MILE END LONDON E3 5AE ENG Tel: (020) 8880 6488
Email: lapismedia@hotmail.com
33559 Gloria F. Morris, R.R.1, LAKEFIELD ON K0L 2H0 CAN Tel: (705) 657 8544 Email: gfmorris@nexicom.net
33564 Graham Garrie, 72 Humberview Rd, TORONTO ONT M6S 1W8 CAN Tel: (416) 769 5326
33567 Peter Fischer, 375 Manor Road East, TORONTO ONT M4S 1S7 CAN Email: pfischer@interlog.com
33584 John Campbell, Queensbridge, Ash Priors, TAUNTON SOM TA4 3NA ENG Tel: (01823) 430990
Email: mywestcountry@aol.com
33608 Mrs Gay Wright, 23 Victory St, TAURANGA 3001 NZ Tel: (07) 544 7071 Email: dgwright@clear.net.nz
33628 Mrs Anne Reid, 18 Macnamara Pl, CHISHOLM ACT 2905 AUS Tel: (02) 6291 9136 Email: iananne@ozemail.com.au
33642 Mrs N.J. Clisby, 29 Kentwood Rd, MORPHETT VALE SA 5162 AUS Email: arno@micronet.net.au
33664 Mrs Bev Fraser, 3944 Morgan St, VICTORIA BC V8X 3Z8 CAN Tel: (250) 479 4196 Fax: (250) 479 4196
Email: bffraser@shaw.ca
33671 Mrs Josephine Watson, 20 Malton Way, TUNBRIDGE WELLS KENT TN2 4QE ENG Email: jo_watto@yahoo.co.uk
33674 Mrs Jean E.M. Hayes, 3 Bourne Cl, THAMES DITTON SRY KT7 0EA ENG Email: jemhayes@globalnet.com
33679 Mrs Bobby Kempster, 42 Collier Row Ln, ROMFORD ESS RM5 3BE ENG Email: bobby.kempster@btinternet.com
33696 Simon B. Darken, 425 Alameda Del Prado, NOVATO CA 94949-6302 USA Email: sdarken@bigfoot.com
33704 Mrs E. Joan Shepherd, 151 Lakewood Dr, TAUPO 2730 NZ Tel: (07) 378 2949 Fax: (07) 378 2950
Email: jshepherd@xtra.co.nz
33711 Mrs Merle Mcnab, 96 Wheturangi Rd, AUCKLAND 1005 NZ Tel: (09) 520 2119 Email: themcnabs@xtra.co.nz
33727 Warrick G. Ford, Po Box 401, GORDON NSW 2072 AUS Tel: (02) 9868 1214 Fax: (02) 9868 1505
Email: uldfind@bigpond.com
33728 Barry Wood, 43A Ben Boyd Rd, NEUTRAL BAY NSW 2089 AUS Tel: (02) 9955 7659 Fax: (02) 9922 5585 Email: family@wallace-wood.com
33766 Leslie G. Parsons, 28 1001 - 30Th Avenue, VERNON BC V1T 9H8 CAN Tel: (250) 549 4348 Fax: (250) 549 4348
Email: lesparsons@shaw.ca
33771 Mrs Doreen Coghlin, 10 Middle Mead, LITTLEHAMPTON W.SUSSEX BN17 6QH ENG Email: dandor@tiscali.co.uk
33789 Dr Duncan Conway, 36 Torrington Dr, POTTERS BAR HERTS EN6 5HS ENG Tel: (01707) 652061
Email: swifts@clara.net
33816 Mrs Adrienne P. Simmonds, Po Box 266, MORRINSVILLE 2251 NZ Tel: (07) 824 0950
Email: skampr@infogen.net.nz
33820 Peter Spence, 36 Blackburn St, HAMILTON 2001 NZ Email: spencep@xtra.co.nz
33825 Paul Gaskin, 8 Wadham Pde, MOUNT WAVERLEY VIC 3149 AUS Tel: (03) 9807 3044 Fax: (03) 9807 7550
Email: gasp@tpg.com.au
33838 Kate Ramsay, 19 Richardson Ave, DYNNYRNE TAS 7005 AUS Tel: (03) 6223 8791 Fax: (03) 6224 3291
Email: ramsay@trump.net.au
33846 Mrs G.D. Males, Po Box 438, ESPERANCE WA 6450 AUS Tel: (08) 9071 1814 Fax: (08) 9071 1142
Email: males@bigpond.com
33847 Mrs Diana Stevens, 3 Dundas Rd, INGLEWOOD WA 6052 AUS Email: diagram@iinet.net.au
33866 Mrs Wendy A. Rogers, 6913 - 96 Street, GRANDE PRAIRIE ALB T8V 5T2 CAN Tel: (780) 532 3780
Email: gwar@cablerocket.com

♦ Contributors & Addresses ♦

33867 Mrs Barbara Knutsen, #14 - 4400 Gallaghers Dr. E., KELOWNA BC V1W 3Z8 CAN
Tel: (250) 860 4445 Fax: (250) 860 4445 Email: wknutsen@telus.net
33870 George Broster, Po Box 357, PORT ALICE BC V0N 2N0 CAN Email: gbroster@island.net
33876 Dr M.C. Holmes, 41 St.Jamess Gardens, LEYLAND LANCS PR26 7XB ENG Tel: (01772) 451512
Email: mcholmes34@yahoo.com
33901 Mrs Phyllis Clover, 4 Cherwell Ct, PARAPARAUMU 6010 NZ Tel: (04) 298 4480 Email: pclover@clear.net.nz
33911 Roger Washbourn, 130 Grant Rd, R.D.9, INVERCARGILL 9521 NZ Email: rogerw@southnet.co.nz
33920 William G. Smith, 16 Ewen St, TAKAPUNA AUCK 1309 NZ Tel: (09) 489 6162 Email: williamgsmith@clear.net.nz
33921 Robert Higgs, 12A Hackett Gdns, TURNER ACT 2612 AUS Tel: (02) 6249 6169 Email: rehack@bigpond.net.au
33924 Arthur S. Chittenden, 20 Gerald Ave, ROSEVILLE NSW 2069 AUS Tel: (02) 9416 4988 Email: chitto@ozemail.com.au
33948 Mrs Jennifer M. Robertson, 13 Bromley Ct, LAKE HAVEN NSW 2263 AUS Tel: (02) 4392 2267
Email: jennyrob@ozemail.com.au
33949 Mrs Christine Wood, 8 Jones St, COLLIE WA 6225 AUS Tel: (08) 9734 3873 Email: alexwood@starday.com.au
33952 Robert F. Mccordic, Po Box 1465, FOREST ON N0N 1J0 CAN Email: rfmccord@htl.net
33973 Mrs A. Brazewell, 25 Stafford Rd, BRIDGEWATER SOM TA6 5PQ ENG
33980 Ian Ager, Ramblers, 1A Eastington Rd, NORTHLEACH GLOS GL54 3PH ENG
Email: ian@agerancestry.freeserve.co.uk
34024 Ian J. White, 16 Elkhorn Pl, ALFORDS POINT NSW 2234 AUS Tel: (02) 9543 7157 Email: whites01@bigpond.net.au
34038 Diana Brown, 190 Coes Creek Rd, NAMBOUR QLD 4560 AUS Tel: (07) 5441 2050 Email: dibrown@flexinet.com.au
34042 Mrs Margaret Green, 87 Hickman Rd, SILVER SANDS WA 6210 AUS Email: mdgreen@iprimus.com.au
34089 Peter E. Kirwan, 6 Chevasse Tce, FROST CRESCENT CHATHAM ME5 0SW ENG
34101 Miss G.S. Larmer, Po Box 12-317, THORNDON WGTN 6038 NZ
34111 Stanley Bayne, 66 Golders Rd, UPPER HUTT 6007 NZ Email: stan.bayne@xtra.co.nz
34112 Mrs Kaaren Beverley, 3/75 The Parade, BUCKLANDS BEACH AUCK 1704 NZ Tel: (09) 537 0485
Email: kaaren2@xtra.co.nz
34119 Mrs K.E. Farmer, 10 Lascelles Rd, NARRAWEENA NSW 2099 AUS Email: farmer@compuserve.com
34138 Graeme Archer, 34 Lorne St, MOONEE PONDS VIC 3039 AUS Email: gdarcher@netspace.net.au
34140 Mr R.J. Venn, 2/33 Windsor Ave, LUTWYCHE QLD 4030 AUS Tel: (07) 3357 7665 Email: vennrandl@bigpond.com
34201 Mrs Stella Rogers, 28 Damian Way, KEYMER W.SSX BN6 8BJ ENG Tel: (01273) 844511 Email: floss@dsl.pipex.com
34211 Alfred A. Jamson, 8 Dene Way, LOCKHAUGH T&W NE39 1BD ENG Email: alf@ajamson.freeserve.co.uk
34212 Miss N.A. Rich, Livenhayes Farm, YARCOMBE DEV EX14 9BJ ENG Tel: (01404) 861289
34221 Mrs Joan Johnson, 15 Wynter St, BUNDABERG QLD 4670 AUS Tel: (07) 4151 6387 Email: joanjoy@bigpond.com
34231 S. & K. Hammell, 79 Noble St, ALLAWAH NSW 2218 AUS Email: swhammell@iprimus.com.au
34245 Dr Barry J. Cairns, Po Box 37, NEWBOROUGH VIC 3825 AUS Email: bjcairns@m150.aone.net.au
34249 Mrs Judith Coates, 7 Peirce St, YARRAWONGA VIC 3730 AUS Tel: (03) 5744 1982
Email: judy.coates@bigpond
34261 Bruce W. Taylor, Po Box 568, NEW LISKEARD ON P0J 1P0 CAN Email: btaylor@parolink.net
34277 Mike Lucas, 19 Warren View, SHORNE KENT DA12 3EJ ENG Email: mike@lucas.uk.net
34315 Mrs Marie J. Walker, 277 River Rd, CHRISTCHURCH 8001 NZ Tel: (03) 389 0653 Email: mariewalker@free.net.nz
34320 Steve J. Harris, 24 Lime Gve, PENTREBANE CARDIFF CF5 3TZ WALES Tel: (029) 2040 8685
34321 Mrs Marie Dickson, 32 Marlborough Rd, WILLOUGHBY NSW 2068 AUS Email: marie@dicksonaus.com
34331 Mrs Joyce M. Woolley, 18A Wycombe St, EPPING NSW 2121 AUS Tel: (02) 9877 0705
Email: jbwoolley@bigpond.com
34349 Alex Reynolds, Po Box 1913, WODEN ACT 2606 AUS Tel: (02) 6281 4318 Email: alex.reynolds@netspeed.com.au
34373 Alan Kennerley, Willowmoor, School Ln, MARTON CHS SK11 9HD ENG Email: kennerley@one-name.org
34374 Mr M.O. Gale, 10 Manor Ave, ALDERNEY DOR BH12 4LD ENG
34393 Cathy C. Nielsen, Po Box 14969, BERKELEY CA 94712-5969 USA Email: catcn@2c-nrc.com
34416 Mrs Pat Whebby, 33 Alexander Dr, NEEDHAM MARKET SFK IP6 8XG ENG Tel: (01449) 721906
Email: whebby@alex33.fsnet.co.uk
34420 Miss Susan Large, 42 Kingsley Rd, STAFFORD STS ST17 9BS ENG Tel: (01785) 252997 Email: suewiles@lineone.net
34438 Mrs S.M. Osborne, Po Box 317, ALBANY CREEK QLD 4035 AUS Fax: (07) 3264 4341
Email: sue@merriottfamiliesgenealogy.net
34440 Miss B.J. Spinks, 69U, 3 Brewer Rd, BRIGHTON VIC 3187 AUS Email: bjspinks@melbpc.org.au
34479 Mrs P.E. Orpwood, 10 Wantage Cres, WING, LEIGHTON BUZZARD LU7 0NH ENG Email: orpwood@hotmail.com
34505 Mrs Dorothy Pope, 3 Hollytree Mews, GUISBOROUGH N.YKS TS14 6DT ENG Tel: (01287) 632260
Email: dorpope@3kemplahmews.freeserve.co.uk
34522 Dr Max Hunter, Po Box 163, HERVEY BAY QLD 4655 AUS Tel: (07) 4124 2182 Email: sesostros4@optusnet.com.au
34533 John Woodard, 5 Crown Point Ridge, CHIRNSIDE PARK VIC 3116 AUS
34543 Mrs Julie Whateley, Po Box 176, SWAN HILL VIC 3585 AUS Email: jrwhat@iinet.net.au
34556 Paul Lacey, 17 Sparrow Cl, WOKINGHAM BERKS RG41 3HT ENG
34560 Rex Ace, 3 Gunton St.Peters Ave, LOWESTOFT SFK NR32 4JP ENG Email: rexsuffolk@aol.com
34581 James Rowe, 38 Temple Ave, LONDON N20 9EH ENG Tel: (020) 7710 2419 Email: rowe1234@btopenworld.com
34582 Ms Helen E. Drew, 15 Pilgrims Way, BUNGAY SUFFOLK NR35 1HL ENG Email: helendrew@tiscali.co.uk
34588 Robert Nichol, Greenacre, High Biggins, CARNFORTH LAN LA6 2NP ENG Tel: (0152) 427 1577 Fax: (0152) 427 1577
Email: robertnichol@aol.com
34606 Derek Beck, 25A Longwood Ave, BINGLEY W.YKS BD16 2RX ENG Email: derek@beckd.freeserve.co.uk
34612 Mrs Dorothy Hills, Redhillside, Ludlow Rd, CHURCH STRETTON SAL SY6 6AD ENG
34626 Ms Colleen Blackburn-Wright, 131 Ashmole Rd, SCARBOROUGH QLD 4020 AUS Tel: (07) 3283 2729
Email: DEREKWRIGHT@bigpond.com.au
34640 Mr R.J. Stephens, 79 Eastern Arterial Rd, ST.IVES NSW 2075 AUS Fax: (02) 9449 2195
34641 Jeremy Taylor, 33 Sunnyside Gve, BENTLEIGH VIC 3204 AUS Tel: (03) 9563 9234 Email: jan@alphalink.com.au
34643 Donald R. King, 2 Pamburra Crt, GREENSBOROUGH VIC 3088 AUS Tel: (03) 9435 8053 Fax: (03) 9435 8053
Email: donel@bigpond.net.au

♦ 599 ♦

GRD ✦ 2005

34651 John Urie, 4 Marchfield Dr, INVERURIE AB51 4DW SCOTLAND Email: johnurie@btinternet.com
34660 Ronald Norman, Craven, Malcolm Rd, TANGMERE W.SSX PO20 2HS ENG
34664 Mrs M.M. Dyson, Braeside, Whitehough, CHINLEY, HIGH PEAK DBY SK23 6EJ ENG
     Email: m_m_dyson@hotmail.com
34682 Ms Linda Wilks, 41 Arnold St, DERBY DBY DE22 3EW ENG
34704 Mrs Carol Dewhurst, 31 Commercial St, RISHTON LANCS BB1 4NB ENG Email: caroldewhurst@aol.com
34716 Joan Kemp, 28 Main St, CHERRY BURTON ERY HU17 7RF ENG Tel: (01964) 551387 Fax: (01964) 551387
34739 Mrs Roslyn M. Robinson, 7/3 Flinders Pl, NORTH RICHMOND NSW 2754 AUS Tel: (02) 4571 2626
     Email: rosrob@acay.com.au
34747 Bruce Garner, Po Box 2001, MORNINGTON VIC 3931 AUS Email: legrange@alphalink.com.au
34748 Mrs L. Macwhirter, 11 Normanby Ave, CAULFIELD NORTH VIC 3161 AUS Email: pmlm@bigpond.com
34773 Mr M.A. Nicholson, 31 Cross Ln, WHITEHAVEN CUMB CA28 6TW ENG
34782 Mrs S. Mclaughlin, 7 South Side, STAMFORD BROOK LND W6 0XY ENG Email: s.stambrook@care4free.net
34783 Mrs Diana Chantry, 42 Cranwell Gve, SHEPPERTON MDX TW17 0JR ENG Tel: (01932) 560524
     Email: gchantry@beeb.net
34790 Mrs Patricia Hammersley, 3 Coopers Meadow, YATTON KEYNELL WIL SN14 7PZ ENG
34797 Ms June Day, 63 Green View Dr, ROCKY HILL CT 06067-3329 USA Tel: (860) 529 2113 Email: junday@aol.com
34835 Mrs Judith De Palma, Po Box 2021, PROSPECT SA 5082 AUS Tel: (08) 8269 2384 Fax: (08) 8297 4100
     Email: jdepalma@bigpond.com
34837 Mrs L.J. From, M.S. 282, LOWOOD QLD 4311 AUS Tel: (07) 5426 4178
34844 Mrs Robyn Johnson, 25 Koolkuna Ave, DONCASTER VIC 3108 AUS Tel: (03) 9848 3512
34847 Lawrence F. Mcmanus, 63 Arthur St, ASHFIELD NSW 2131 AUS Tel: (02) 9798 8441
34861 Mrs Pat M. Chrisfield, St Paul'S Hall, Royal Hill, GREENWICH LND SE10 8SS ENG
     Tel: (020) 8469 0799 Fax: (020) 8469 0799 Email: patchrisfield@aol.com
34873 Dr Robert J. Brown, 6 Cobham Dr, CIMLA NEATH SA11 2BP WALES Tel: (01639) 779 391 Fax: (01639) 642 745
     Email: rbrown@preciousseed.org
34876 Richard J. Bawden, Barnett Cot., Barnett Ln, WONERSH SRY GU5 0RU ENG Email: rjbawden@aol.com
34883 Maureen Leahy-Eades, 18 Montcliffe, Georges Ln, HORWICH BOLTON BL6 6RT ENG Tel: (01204) 699707
34901 John Bamford, 36 Falinge Ford, ROCHDALE LANCS OL16 6LE ENG
34906 Andrew Jolly, 360 Heath Road South, BIRMINGHAM B31 2BH ENG Email: ajolly@openlink.org
34921 Geoff & Liz Vercoe, Po Box 3380, NORTH NOWRA NSW 2541 AUS
34924 Ian H. Evans, 8 Bromley Cl, HEATHMONT VIC 3135 AUS Tel: (03) 9729 5802 Email: ievans@bigpond.com
34930 Paul Speakman, Po Box 2031, LOGAN CITY QLD 4114 AUS Tel: (07) 3341 1353 Fax: (07) 3219 7621
     Email: speakman@gil.com.au
34939 Mr P.B. Gough, Po Box 16, GYMEA NSW 2227 AUS Tel: (02) 9501 2258 Fax: (02) 9526 1270
     Email: peter@petergough.com.au
34947 Mrs Cathy Branch-Tisdell, 50 Weir Rd, WARRAGAMBA NSW 2752 AUS Tel: (02) 4774 1815
     Email: cathybranch@optusnet.com.au
34967 Lawrence Annable, 86 Upper Whitlock Ave, Po Box 246, HUDSON HEIGHTS QUE J0P 1J0 CAN Fax: (450) 458 1814
     Email: lawrence.annable@videotron.ca
34975 Mr G.D. Greasley, 67 Park Ln, RAMSDEN HEATH ESS CM11 1NL ENG Tel: (01268) 711092
34980 Brian Conway, Sharnbrook, Southwell Rd, KIRKLINGTON NTT NG22 8NF ENG Tel: (01636) 813547
     Email: yawnocnairb@btopenworld.com
34981 Mrs Rene Bullas, 18 Normandale Ave, LOXLEY SHEFFIELD S6 6SA ENG
34986 Kelvin Law, 2 The Bank, SOMERSHAM CAM PE28 3DJ ENG
35004 Ivan Duck, Chenies, Loudhans Wood Ln, CHALFONT ST.GILES BUCKS HP8 4AR ENG
     Email: vanduk@lwlcsg.freeserve.co.uk
35008 William A. Vincent, 12 Albert Rd, CAVERSHAM READING RG4 7PE ENG
35015 Mr W.E. Victory, 14 Albany Cl, WOMBWELL S.YKS S73 8ER ENG
35017 Dr Timothy Stone, Freshwell House, Freshwell St, SAFFRON WALDEN ESS CB10 1BY ENG
     Tel: (01799) 500968 Fax: (01799) 501067 Email: tim@freshwell-house.co.uk
35025 Graeme D. Wilson, Po Box 478, BEGA NSW 2550 AUS Email: graemedavidwilson@yahoo.com
35039 John R. Cations, 18 Elsvern Ave, BELMONT VIC 3216 AUS Tel: (03) 5243 2053
35042 Alan Fincher, 3 Albert St, EAST MALVERN VIC 3145 AUS Fax: (03) 9571 8369 Email: amfin@optusnet.com.au
35089 Michael Bull, 4 Bracken Cl, ASHLEY HEATH DOR BH24 2HF ENG Email: mikebull@waitrose.com
35110 Mr D.G. Penberthy, Heathbank, Barrack Shute, NITON IOW PO38 2BE ENG
35147 Virginia Graylin, 15 Bendigo St, FISHER ACT 2611 AUS Tel: (M) 0417 885530 Email: graylin@netspeed.com.au
35150 William Trenerry, 2/16 Morgan Ave, DAW PARK SA 5041 AUS Tel: (08) 8276 3182
     Email: billtrenerry@bigpond.com
35177 D. Lawrence, 20 Manselgrove, LONDON E17 5BN ENG Email: dlawrence686@aol.com
35184 Mrs Janet Jarmin, 1 Stillman Cl, HOLT WILTS BA14 6QS ENG Email: janetjarmin@btinternet.com
35186 Chris Lennox, Blazefield House Farm, BLAZEFIELD N.YKS HG3 5DR ENG Tel: (01423) 712471 Fax: (01423) 712175
     Email: chris@chrislennox.co.uk
35190 David M. Stirling, 28 Ingleston Ave, DUNIPACE STI FK6 6QP SCOTLAND Tel: (01324) 823637
     Email: david@davidmstirling.freeserve.co.uk
35209 Mr J.G. Prosser, 67 Ashford Gdns, WHITNASH WAR CV31 2NB ENG Email: john@prosser0812.fsnet.co.uk
35218 Ms Gillie D. Lomax, 10 Chequers Cl, BUNTINGFORD HERTS SG9 9TB ENG Tel: (01763) 271034 Fax: (01763) 271034
     Email: gillie.lomax@virgin.net
35225 Mr/S John & Anne Coates, 79 Cornbrash Rise, TROWBRIDGE WILTS BA14 7TS ENG
     Email: Anne@acoates9.wanadoo.co.uk
35235 Mrs Shirley Mclean, 29 Francis St, HORSHAM VIC 3400 AUS
35237 Mr A.E. Drew, 20 Atkinson St, COOK ACT 2614 AUS Tel: (02) 6251 1440 Email: tony.drew@bigpond.com
35240 Mrs Susan Shotton, P.M.B. 105, WINNELLIE NT 0822 AUS Email: shotton@octa4.net.au

✦ 600 ✦

◆ Contributors & Addresses ◆

35273 Colin T.E. Floyd, Dell House, High St, WASHINGBOROUGH LINCOLN LN4 1BG ENG Tel: (01522) 790944
Email: colinfloyd@nasuwt.net
35280 Mrs Heather Dunster, 10 Swifts View, Court Stile, CRANBROOK KENT TN17 2EX ENG
35294 Bruce Werner, Po Box 5740, WALMER 6065 RSA AFRICA Tel: (041) 367 2715 Fax: (041) 373 7220
Email: brucew@yebo.co.za
35297 Mrs M.J. Sutherland, 31 Klipper Rd, RONDEBOSCH CAPE 7700 RSA AFRICA Email: mjs@netactive.co.za
35341 Stanley S. Hazen, Po Box 6282, CHARLOTTESVILLE VA 22906-6282 USA Tel: (434) 963 9090 Fax: (434) 963 9091
Email: k2ssb@arrl.net
35343 Donnetta E. Spink, 514 S.E. 99Th Court, VANCOUVER WA 98664-3983 USA Tel: (360) 944 6716
Email: dspink5@aol.com
35360 Mr M.G. Brocking, 60 Leatherhead Rd, CHESSINGTON SRY KT9 2HW ENG Tel: (0208) 397 6493
35365 Mr D.G. Halliday, 36 Flinders Rd, BASS HILL NSW 2197 AUS Tel: (02) 9724 0891
35379 William Highfield, Orana Lodge, Nowra Hill Rd, SOUTH NOWRA NSW 2541 AUS Tel: (02) 4421 5738
Email: whighfield@shoal.net.au
35394 Mrs Helen Wade Nixon, 27/53 Balaclava Rd, EAST ST.KILDA VIC 3183 AUS Tel: (03) 9527 3952
35444 Thirza G. Mccullough, 14 Awatea Pl, LETHBRIDGE PARK NSW 2770 AUS Tel: (02) 9628 6498 Fax: (02) 9864 0232
Email: thirza@pacific.net.au
35527 Ms Jennifer B. Lee, 1/11 Mcmillan Ave, SANDRINGHAM NSW 2219 AUS
35561 Mrs Kathy Brooking, 157 Parlaunt Rd, LANGLEY BERKS SL3 8BG ENG Email: brookingd@aol.com
35577 Mrs Margaret Ratcliffe, 2 Barunga Pl, GLENORCHY TAS 7010 AUS Tel: (03) 6272 9255
35589 Peter Hopper, 152 Bellevue Ave, ROSANNA VIC 3084 AUS Tel: (03) 9459 7283 Email: phopper@melbpc.org.au
35592 Graham P. Lewis, Po Box 10, LINDFIELD NSW 2070 AUS Tel: (02) 9416 5818 Email: gplewis@optusnet.com.au
35597 Peter Gregory, 21 Wandella Rd, ALLAMBIE NSW 2100 AUS Tel: (02) 9938 3553 Email: pcgregory@hotmail.com
35604 Mrs Susan E. Malishev, Po Box 1033, GLEN WAVERLEY VIC 3150 AUS Email: susanmalishev@hotmail.com
35619 Peter C. Appleyard, 21 Highbury Rd, KEYWORTH NOTTS NG12 5JB ENG Tel: (0115) 937 3773 Fax: (0115) 974 8734
Email: family.appleyard3@ntlworld.com
35638 Mr Alan T.G. Nelson, 4 Elder Cl, MARCHWOOD HAMPS SO40 4SN ENG Email: atgn@elder53.fsnet.co.uk
35649 Mrs Helen E. Whichelow, 1 Rudd Hall Rise, CAMBERLEY SRY GU15 2JZ ENG Tel: (01276) 685986
35749 Mrs Caroline Mckenna, 18 Halstead Rd, LONDON N21 3EH ENG
35801 Richard J. Vanderahe, 70 Carr Rd, WALTHAMSTOW LONDON E17 5EN ENG
35809 Pamela J. Sherlock, Po Box 397, PATTERSON LAKES VIC 3197 AUS Fax: (03) 9775 1746
Email: pamsh@iprimus.com.au
35823 Barbara B. Anderson, Tamarisks, Innerhope Cove, KINGSBRIDGE DEV TQ7 3HH ENG Tel: (01548) 561 745 Fax: (01548) 561 745 Email: barbara@tamarisks.fsnet.co.uk
35836 Gwen P. Hayhoe, Po Box 303, CACHE CREEK BC V0K 1H0 CAN Tel: (250) 457 5366 Fax: (250) 457 5366
Email: gwengpg32@hotmail.com
35846 Mr C.H. Leaper, 7 Chapelfields, KIRBY CROSS ESSEX CO13 0RD ENG
35876 Martha J. Chrisman, 20162 Leatherman Rd, VERSAILLES MO 65084 USA Email: chrismar@vpclinks.com
35935 Mrs Marie T. Dwyer, 95 Spence Rd, R.D.3, PATEA 5181 NZ Tel: (06) 273 8564 Fax: (06) 273 8563
Email: marie@dwyer.co.nz
35968 Mrs Joyce Powell, 17 Woodside Ave, DERSINGHAM NFK PE31 6QB ENG Email: joy.powell@btopenworld.com
35974 Mrs E.J. Lehmann, 29 Beilby Ave, INVERLOCH VIC 3996 AUS
35988 Geoff L. Phillips, 21 Murphy Rd, EAST DONCASTER VIC 3109 AUS Tel: (03) 9848 3407 Email: gphil@jeack.com.au
35989 Robert J. Robinson, 21 Wyllie Pl, CHERRYBROOK NSW 2126 AUS Tel: (02) 9484 2182 Email: prrob@bigpond.com
36020 Ian Mayes, 5 Harris Cl, RAUNDS NORTHANTS NN9 6TA ENG Email: ian@ferrerstech.co.uk
36033 Mrs Geraldine Tew, 11 The Peregrines, Birdwood Gve Est, FAREHAM HANTS PO16 8QU ENG Tel: (01329) 310214
Email: geraldine.tew@btinternet.com
36071 John M. Pollock, 221 Hemdean Rd, CAVERSHAM BERKS RG4 7QX ENG Tel: (0118) 947 2750
Email: jmpollock@ouvip.com
36072 F.E. Jeffery, Sea Peeps, Crescent Cl, WIDEMOUTH BAY CON EX23 0AE ENG
36075 John E.D. Bentley, 3 Turner Cl, LOWESTOFT SFK NR32 4LT ENG Tel: (01502) 573716
Email: john.bentley@tesco.net
36081 Mrs Sheila Davidson, 15 Lewes Rd, HAYWARDS HEATH W.SSX RH17 7SP ENG Email: sdavi84793@aol.com
36084 L. Jim Preece, 45 Raven Rd, STOKENCHURCH BUCKS HP14 3QW ENG
36112 John Desborough, 4 Leafy Ln, MOOLOOLAH VALLEY QLD 4533 AUS Email: Johnance@bigpond.com
36115 Mr K.J. Fitzgerald, 88 Daisy St, NEWMARKET QLD 4051 AUS Tel: (07) 3356 4402 Email: kfitz@optusnet.com.au
36120 Mrs Judy M. Thomas, 2 Acton Cl, FRANKSTON VIC 3199 AUS Tel: (03) 9789 2736
Email: jayemtee@optusnet.com.au
36126 Jim R. Payne, 10 Win Pl, RICHMOND NELSON 7002 NZ Email: jr_bjpayne@xtra.co.nz
36127 Mrs R. Lynette Harpham, 91 Sixth Ave, TAURANGA 3001 NZ
36161 Nicholas P. Cummins, Mineshop, St.Gennys, BUDE CON EX23 0NR ENG
Email: nicholas.cummins@btopenworld.com
36164 Derek E. Latchford, 48 Lode Rd, BOTTISHAM CAM CB5 9DJ ENG Email: giu07@dial.pipex.com
36169 Paul T. Sack, 17 Pearce Manor, CHELMSFORD CM2 9XH ENG Email: PSack73002@aol.com
36170 Arthur J.S. Parkin, 10A Church Ln, GREETHAM RUT LE15 7NF ENG
36180 Christopher D. Radmore, 50 High St, CHRISHALL HERTS SG8 8RL ENG Tel: (01763) 838001 Fax: (01763) 838001
Email: chris@radmore.eclipse.co.uk
36181 Mrs Greta A. Reeves, 117 Sandburrows Rd, HIGHRIDGE BRISTOL BS13 8DR ENG
36182 Robert C. Nother, 8 Kensington Rd, PORTSMOUTH HANTS PO2 0HA ENG Email: bob@rnother.wanadoo.co.uk
36188 Mrs L.A. Seidel, 6 Mason Crt, MELTON VIC 3337 AUS
36200 Peter F. Salmon, 37 St.Johns Ave, KIDDERMINSTER WORCS DY11 6AU ENG
36212 Colin E. Bridgland, 10 Eastlands Gve, STAFFORD STS ST17 9BE ENG
36242 Mr A.C. Bradley, 8 Dorset Cl, CONGLETON CHES CW12 1LU ENG Email: chris@xacbradley.co.uk

36243 Mike Farrow, 36 Bennett Ave, ELMSWELL SFK IP30 9EX ENG
36244 Mrs Sheila A. Murray, 12 Mount Charles Cres, AYR KA7 4NY SCOTLAND Tel: (01292) 442904
   Email: SheilaMurray@mtcharlesayr.fsnet.co.uk
36246 Phillip W. Heather, 2 Spring Cl, COLWALL MALVERN WORCS WR13 6RE ENG
   Email: call@philheather.fsnet.co.uk
36260 Mrs Beverley K. Bragge, Po Box 4, KOETONG VIC 3704 AUS Tel: (02) 6072 7527 Email: bragge@bigpond.com.au
36261 John R. Gaffey, 6 Monaco Pl, QUAKERS HILL NSW 2763 AUS Email: jgaffey@vtown.com.au
36262 Peter T. Lea, 2 Lyall Ave, DEAN PARK NSW 2761 AUS Email: plea@bmail.com.au
36275 Mrs Jacqueline V. Sampson, Lot 13, 336 Lowlands Rd, SERPENTINE WA 6125 AUS Tel: (08) 9525 2507
   Email: jackis@tik.com.au
36282 Mr S.R. Duke, Po Box 340, RESERVOIR VIC 3073 AUS
36292 Ms Mary-Joan Cornett, 4416 - 43 Avenue, RED DEER AB T4N 3C4 CAN Tel: (403) 346 3886 Fax: (403) 346 1250
   Email: jmj1@shaw.ca
36295 M. Mclaughlin, 3172 Bute Cres, COQUITLAM BC V3B 5Z7 CAN Email: msmclaughlin@telus.net
36299 Mrs Sylvia C. Boocock, 7 Main St, OXFORD 8253 NZ Fax: (03) 312 4515 Email: rsboocock@xtra.co.nz
36337 Alan Goldsmith, 3 Warren Ln, OXTED SRY RH8 9DA ENG Tel: (01883) 716946 Email: algoldsmith@aol.com
36350 Tom B. Macneill, 13C Provost Cl, JOHNSTONE PA5 8AL SCOTLAND
36365 Colin J.T. Semain, 16 Fuchsia Cres, MACQUARIE FIELDS NSW 2564 AUS Email: cjtsemain@bigpond.com.au
36368 Mrs Karel S. Saint, Florando, MANILLA NSW 2346 AUS Fax: (02) 6785 1754 Email: karelss@northnet.net.au
36391 Harry R. Cresswell, 4 Ramsgate St, GLENELG SOUTH SA 5045 AUS
36402 Robert A.C. Green, Po Box 776, WAIKERIE SA 5330 AUS
36409 Peter Loftus, 18 St.Margarets St, ROCHESTER KENT ME1 1TR ENG Tel: (01634) 405502
   Email: peter.loftus@btinternet.com
36422 Mrs Jessie B. Kirkham, 22 Diane St, YERONGA QLD 4104 AUS Email: jkirkham@primus.com.au
36433 Mrs Maureen A. Power, Po Box 63, EAGLEHAWK VIC 3556 AUS Tel: (03) 5446 9186 Email: mpower@netcon.net.au
36435 Geoff H.L. Brown, 5 Walker Ave, MITCHAM VIC 3132 AUS
36437 Miss Susan R. Turnbull, 401 Elis David Almshs., Duppas Hill Tce, CROYDON SURREY CR0 4BT ENG
36456 Miss Pat Rice, 71 Kingsway, PETTS WOOD KENT BR5 1PN ENG
36466 Mrs P.M. Deeley, 36 Falfield Rd, TUFFLEY GLOS GL4 0NE ENG
36477 Miss A.J. Palmer, 4 Valley Cl, GORING-ON-THAMES OXON RG8 0AN ENG
36492 Eric C. Brook, Merryhills, Church Ln, GRAYSHOTT SRY GU26 6LY ENG Tel: (01428) 605910
   Email: ericbrook@eurobell.co.uk
36498 Mr A.F. Pegg, 22 Tunstall Rd, WYMERING PORTSMOUTH PO6 3RT ENG
36499 Mrs Brenda F. Nightingale, 28 Bramhall Rise, NORTHAMPTON NN5 6XH ENG
   Email: brenda.nightingale@virgin.net
36503 Mrs Muriel D. Allen, 27 Coulsdon Rd, HEDGE END SOTON SO30 0JS ENG Tel: (01489) 786710 Fax: (01489) 786710
36505 Miss Shirley D. Lister, Balmaha, 7 Main St, IRTON NRY YO12 4RH ENG
36514 Anthony J. Lloyd, 12 St.Georges Est, ST.OUEN JERSEY JE3 2BW UK Tel: (M) 07797 721606 Fax: (01534) 485111
   Email: amlloyd@jerseymail.co.uk
36528 Leonard T. Davenport, 10 Daleswood Ave, WHITEFIELD MAN M45 7WP ENG
36533 Dr C.A. Snodgrass, 15 Moor Ln, Darras Hall, PONTELAND N-ON-T NE20 9AD ENG Fax: (01661) 825155
   Email: cajosc@aol.com
36538 Mark Betambeau, The Lodge, Buckland Filleigh, BEAWORTHY DEVON EX21 5HZ ENG
   Tel: (01409) 281712 Fax: (01409) 281712 Email: betambeau@freeuk.com
36543 Neil E.D. Thaler, 22 Broadway Ave, WEST CROYDON SRY CR0 2LP ENG Email: fh@lensmeister.com
36551 Alan F. Moss, 15 Westbrook Rd, KINGSLEY CHES WA6 8EA ENG Email: moss_family@ic24.net
36552 David G. Elliott, 72 Cutlers Pl, COLEHILL DORSET BH21 2HX ENG
36569 Mrs A.M. Boundy, 30 High St, WINDSOR VIC 3181 AUS Email: dandaboundy@bigpond.com
36592 Geoff F. Bissaker, Po Box 325, GERRINGONG NSW 2534 AUS Tel: (02) 4234 1742 Email: bissaker@ihug.com.au
36607 Mrs A. Rutherford, 75 Alexandrina Rd, MOUNT BARKER SA 5251 AUS Email: maaj@optusnet.com.au
36608 Mrs Margaret A. Taylor, 16 Coolcorra Ct, CARINDALE QLD 4152 AUS Tel: (07) 3398 4563
   Email: nmtaylor@gil.com.au
36622 Mrs Maureen J. Bartle, 31 Tytherleigh Rd, PALMWOODS QLD 4555 AUS Tel: (07) 5445 0148
36624 Barry E.E. Chapple, 8 Claygate Way, KINGSLEY WA 6026 AUS
36634 Mrs T. Black, 57 Careen St, CURRIMUNDI QLD 4551 AUS Tel: (07) 5491 7040 Email: teebee49@hotmail.com
36643 Mrs Helen J. Sherringham, 36 Heritage Way, GLEN ALPINE NSW 2560 AUS Email: rhsherro@bocnet.com.au
36652 Mrs Carolyn I. Floyd, Po Box 117, UPPER BEACONSFIELD VIC 3808 AUS Email: falding20@yahoo.com.au
36655 Ramsay M. Craig, 38 Grandview Rd, WHEELERS HILL VIC 3150 AUS Tel: (03) 9562 2363
   Email: rmcraig@connexus.net.au
36656 Mrs Lynda J. Watson, 13 Katrina St, Tullamarine Vic 3043 AUS Tel: (03) 9338 8623 Email: kwatson@optusnet.com.au
36664 Mrs Cheryl C. Moulden, Po Box 174, PARK ORCHARDS VIC 3114 AUS Tel: (03) 9876 1720 Fax: (03) 9879 0631
   Email: cmoulden@bigpond.net.au
36665 Phil Reynolds, 96 Queens Ave, CAULFIELD EAST VIC 3145 AUS Email: prey@aanet.com.au
36705 Mrs B.M. Strong, 17 Turner St, EAST MALVERN VIC 3145 AUS Email: bstrong@bigpond.com
36710 Mrs Gwenneth O. Turnbull, 168/67 Maroondah Hwy, CROYDON VIC 3136 AUS Tel: (03) 9725 1265
   Email: gwent@tpg.com.au
36725 Mrs L. Callaghan, 107 Thrushs Rd, DULONG QLD 4560 AUS Tel: (07) 5441 1084 Fax: (07) 5441 1084
   Email: lynnecal@flexinet.com.au
36742 Stewart A. Clarke, 1/8 Dega Ave, BENTLEIGH EAST VIC 3165 AUS Tel: (03) 9557 3731
   Email: saclarke@aphalink.com.au
36749 Mrs Suzanne Voytas, 37 Park Rd, SPRINGWOOD NSW 2777 AUS Email: jvoytas@bigpond.net.au
36751 Mrs Roslyn S. Voullaire, Po Box 271, GOL GOL NSW 2738 AUS Tel: (03) 5024 0292 Fax: (03) 5024 0292
   Email: roz@voullaire.com.au

◆ Contributors & Addresses ◆

36762 Mrs Roslyn M. Roberts, 10 Wells Crt, ORMISTON QLD 4160 AUS Email: donros@robertsfamily.id.au
36768 Mrs Carolyn J. Flesser, 49 Penhill St, NUDGEE QLD 4014 AUS Email: carolyn@wram.biz
36778 Robert A. Whillas, 2 Maple Cl, CANADA BAY NSW 2046 AUS Tel: (02) 9705 0869 Fax: (02) 9705 0870
       Email: rwhillas@optusnet.com.au
36796 Ms Gillian E. Birch, Po Box 7, ALOOMBA QLD 4871 AUS Email: gebirch@austarnet.com.au
36800 Mrs Wilma E.N. Boyle, 33 Carnegie Cres, NARRABUNDAH ACT 2604 AUS
36819 Mrs Ruth H. Watson, Brooklyn, R.M.B. 617, KOJONUP WA 6395 AUS Tel: (08) 9831 0008
36821 Mrs Gwen E. Fry, 30/20 Ray Ave, Ray Village, BUSSELTON WA 6280 AUS Tel: (08) 9755 8147
       Email: geolfry@wn.com.au
36826 Ms M.A. Blyth, 11 Cornhill St, KENMORE QLD 4069 AUS Fax: (07) 3378 0503 Email: magian@powerup.com.au
36841 Lindsay W.B. Smith, Po Box 777, HORSHAM VIC 3402 AUS Tel: (03) 5381 0081
       Email: suesmith@netconnect.com.au
36842 Des Lynch, 31 Jacka St, MACLEOD VIC 3085 AUS Tel: (03) 9459 5754 Email: desl@melbpc.org.au
36844 Kevin Smith, Po Box 31, ASHBURTON VIC 3147 AUS Email: ekcsmith@melbpc.org.au
36847 Mrs Valmae M. Davenport, 6 George St, FRANKSTON VIC 3199 AUS Tel: (03) 9783 4075
       Email: crothev@ocean.com.au
36928 Mr P.J. Corrigan, 20 Cleves Way, OLD COSTESSEY NFK NR5 5EN ENG
36935 Richard J. Duke, C/- 15 Buller Park, SALTASH CON PL12 4LD ENG
36950 Mrs Susan M. Oliver, 57 Huntsmans Gate, BRETTON CAMBS PE3 9AU ENG Tel: (01733) 262194
       Email: rjosmo@supanet.com
36952 Mrs Ann M.J. Pienkos, 73 Coltsfoot Path, ROMFORD ESSEX RM3 8BH ENG Tel: (01708) 375854
36983 John Hampson, Goat House Colebatch, BISHOPS CASTLE SAL S79 5LN ENG
36994 Richard H. Neal, 49 The Orchard, SEDGEFIELD DUR TS21 3AQ ENG Email: haydnneal@onyxnet.co.uk
37024 Mrs Sheila E. Lilly, 8 Tower Rd, ORPINGTON KENT BR6 0SQ ENG Tel: (01689) 821762 Fax: (01689) 821792
37032 Mrs Sue Groocock, 345 Farnborough Rd, FARNBOROUGH HANTS GU14 8AY ENG
37044 Mrs Evelyn Fayers, 18 Colley Rd, CHELMSFORD ESSEX CM2 7JH ENG Email: evefayers@efayers.freeserve.co.uk
37048 Alan Adams, 7 Garden Ct, Garden Cl, SHOREHAM-BY-SEA SSX BN43 6BS ENG Tel: (01273) 465686
       Email: alanadams@supanet.com
37049 Joseph P. Ibbett, 15 The Crescent, UTKINTON CHES CW6 0LT ENG Email: joe@ibbett.freeserve.co.uk
37052 Mrs Lesley F. Ackerley, 139 Addiscombe Court Rd, EAST CROYDON SRY CR0 6TX ENG
       Email: lesley_ackerley@yahoo.co.uk
37058 Mrs M. Chalmers, 13 Aveling Dr, BANKS NEAR SOUTHPORT M.SIDE PR9 8BJ ENG
37066 Mr C.D. Goreham, 71 Harestone Hill, CATERHAM SRY CR3 6DX ENG
37070 Mrs Lyn Mcculloch, Barrymore, Marbury Rd, COMBERBACH CHES CW9 6AU ENG
       Tel: (01606) 891604 Fax: (01606) 891604 Email: lyn.mcculloch@btinternet.com
37110 Mrs B.A. Holland, 165 Halfway St, SIDCUP KENT DA15 8DA ENG Email: hollandkb@aol.com
37116 Jean V. Yates, 3 Abbots Cl, BRADVILLE BUCKS MK13 7EN ENG Tel: (01908) 318070 Fax: (01908) 321786
       Email: jeanyates@onetel.com
37125 Mrs Mary S. Kersey, Grove Cottage, Llanfallteg, WHITLAND SA34 0UN WALES Email: bealings48@aol.com
37138 Mrs Margaret A. Newell, The Oaks, Perry Mill Ln, ULLENHALL W.MIDS B95 5RN ENG
37149 M. Greenhow, Millview, Wester Galcantray, CAWDOR NAIRN IV12 5XX SCOTLAND
       Email: g.greenhow@btinternet.com
37155 Mrs P.M. Walton, 48 Brackendale Rd, CAMBERLEY SRY GU15 2JR ENG
37156 D. Wilson, Bryn Eglwys, Llanddyfnan, PENTRAETH ANG LL75 8UL WALES Tel: (01248) 450310
       Email: dave@stonescience.fsbusiness.co.uk
37168 Ian J.R. Couper, 86 Lunds Farm Rd, WOODLEY BRK RG5 4PZ ENG Tel: (0118) 969 0737
37169 Mr H. Ainsley, 32 Sixty Acres Rd, PRESTWOOD BUCKS HP16 0PE ENG Tel: (01494) 865351
       Email: hugh@ainsley.stargate.co.uk
37174 Mrs Pat J. Hartshorne, 17 Sandholme Dr, BURLEY-IN-WHARFEDALE W.YKS LS29 7RG ENG
       Tel: (01943) 862609 Fax: (01943) 878227 Email: patharts@lineone.net
37181 Mr D.H.W. Taylor, 9 Somerset Ave, EXETER DEV EX4 1LX ENG
37187 Mrs Margaret L. Franklin, 19 Lashmere, CRANLEIGH SRY GU6 8NA ENG Email: margaret@franklin56.fsnet.co.uk
37188 Mrs Joan Griffith, Gwaenynog Bungalow, Groes Rd, DENBIGH CLWYD LL16 5NU WALES Tel: (01745) 814608
       Email: jeperah@yahoo.co.uk
37200 Vincent J. Alexander, 5 Orchard Cl, BLACKWATER SRY GU17 9EX ENG Tel: (01276) 31605
       Email: valex5orchard@aol.com
37206 Mrs Anne M. Arscott, 504 St.Albans Rd, WATFORD HERTS WD24 6QU ENG Fax: (01923) 249711
       Email: anne.arscott@btinternet.com
37213 Dr Brian Snaith, 25 Alexander Dr, YOXALL STAFFS DE13 8PL ENG Tel: (01543) 472 449
       Email: briansnaith@aol.com
37236 Robert S. Macduff-Duncan, 9 Mason Rd, INVERNESS IV2 3TA SCOTLAND
       Email: macduff-duncan@9masonroad.freeserve.co.uk
37250 Mrs Julia E.A. Langford, 73 Cook Rd, BAINHAM NELSON 7170 NZ Tel: (03) 524 8343
       Email: ianjulia@voyager.co.nz
37267 Mrs Diane M. Hansford, Po Box 23781, Hunters Corner, MANUKAU CITY 1730 NZ
       Email: dianestreater@hotmail.com
37278 Mrs Leanna M.J. Menchi, 1013 High St, LOWER HUTT 6009 NZ Email: romeo@paradise.net.nz
37286 Mrs Julie E.J. Bourke, 21 Glenside Ave, PAKURANGA AUCK 1706 NZ Tel: (09) 576 8448 Fax: (09) 576 8448
       Email: ejbourke@ihug.co.nz
37308 Miss Margaret H. Mcgavin, 39 Whytehead Cres, KOHIMARAMA AUCK 1005 NZ
37321 Janise M. Slater, 36 Lowry Ave, REDWOOD CHCH 8005 NZ Tel: (03) 354 6494 Email: astrogen@ihug.co.nz
37329 Aldyth M. Gilbert, 65B Bridge St, WHAKATANE 3080 NZ Tel: (07) 307 1977 Email: jensue@wave.co.nz
37380 Craig A. Wiblin, 442 Bolinas Rd, FAIRFAX CA 94930 USA Email: wiblin@msn.com

◆ 603 ◆

37415 David A. Savage, 203 Meadowview Ln, MONT CLARE PA 19453-5132 USA Tel: (610) 935 0768
Email: chs58@erols.com
37445 Larry Walsh, Po Box 1841, BIG BEAR LAKE CA 92315-1841 USA Email: danifax@yahoo.com
37499 Mr R.S. Bruce, 19 Ashwell Rd, OAKHAM RUTLAND LE15 6QG ENG Tel: (01572) 756656
Email: gsbruce@onetel.com
37542 Mrs Susan A. Bowes-Taylor, 95 Epworth Rd, SCOTTSVILLE NATAL 3201 RSA AFRICA
37565 Bruce R. Mathers, Po Box 867, PARK RIDGE VILLAGE QLD 4125 AUS Web:www.rcyachts.net/mathers
Email: ecowell@tpg.com.au
37568 Mrs Brenda Timmons, 114 Greystone Ave, POINTE CLAIRE QUE H9R 5T6 CAN Email: timbren@videotron.ca
37594 Janet M. Mclean, 2410 Lexier Pl, REGINA SAS S4V OS6 CAN
37603 Michael E. Stevenson, 922 - 6880 Wallace Dr, BRENTWOOD BAY BC V8M 1N8 CAN Tel: (205) 652 0890
Email: khartoummike@yahoo.com
37617 Mrs Mary E. Belford, 47 Chine Dr, SCARBOROUGH ONT M1M 2K8 CAN Email: mary.b@sympatico.ca
37619 William H. Broadhurst, 42 Garfield Ave, TORONTO ONT M4T 1E9 CAN Tel: (416) 485 8125 Fax: (416) 485 0472
37631 Kevin W. Long, 1445 Military Trail, SCARBOROUGH ONT M1C 1A7 CAN Email: kwlong57@hotmail.com
37633 David R. Cooper, 18 Lakeside Vista Way, MARKHAM ONT L6E 1J2 CAN Tel: (905) 294 1247 Fax: (905) 294 4815
Email: daviddonnacooper@sympatico.ca
37692 Ms Maureen J. Whale, 24 Hua St, BELL BLOCK 4601 NZ Tel: (06) 755 2520 Fax: (06) 755 2520
Email: m.j.whale@clear.net.nz
37709 Mrs Pamela C. Gallart, C/- Alguer 30, Bajos, E-08032 BARCELONA SPAIN
37713 Patrick J. Mercer, Ballinagappa, CLANE KILDARE IRELAND Tel: (045) 868538 Fax: (045) 892248
Email: p.mercer@flogas.ie
37745 Dr Mark F. Kerslake, 18 Rue De L'Etang St. Denis, F-92370 CHAVILLE FRANCE
37749 Mr Louis Barrelet, Cp 28, CH-2074 MARIN-EPAGNIER SWITZERLAND
37759 Thomas Gutekunst, Spalentorweg 51, CH-4051 BASEL SWITZERLAND Tel: (061) 271 0120
Email: thomas.gutekunst@balcab.ch
37795 Stan A. Clark, 47 Waruda St, BRACKEN RIDGE QLD 4017 AUS Email: stanbet@bigpond.net.au
37809 Mrs Joan E.O. Howell, 6 Dover Rd, POOLE DORSET BH13 6DL ENG Tel: (01202) 764 358
Email: joan@howell15735.freeserve.co.uk
37834 Mrs E.A. Hancock, 13 Greenways, EGHAM SURREY TW20 9PA ENG
37847 John D. Bald, 18 Wilshire Ave, CRONULLA NSW 2230 AUS Tel: (02) 9523 5433 Email: eijoba@bigpond.com
37880 Mrs Diane G. Glancy, 15 Yaringa St, MANLY WEST QLD 4179 AUS Email: gglancy@gil.com.au
37938 Mrs Florence E. Carlyon, 2/134 Great South Rd, MANUREWA AUCK 1702 NZ Tel: (09) 267 3383
37978 Dr David A. Swain, 10 Strowan Ave, HAMILTON 2001 NZ Email: dswain@paradise.net.nz
38005 Mr R.F. Cross, 16 Senna St, ORMEAU QLD 4208 AUS Email: parmelia40@yahoo.com.au
38019 Miss Jane L. Finnett, 12 Parkfield Cres, SOUTH RUISLIP MDX HA4 0RB ENG Email: finnett@fieldend.demon.co.uk
38082 Mrs Gillian L. Jurd, 16 Park Cres, CHATHAM KENT ME4 6NR ENG
38086 Mr Raymond E. Hancock, 5 Bracken Ln, SOUTHAMPTON SO16 6BA ENG Email: ray5bracken@lycos.co.uk
38111 Mrs Margaret Brown, Greystone, KINTORE ABD AB51 0YX SCOTLAND Email: kenandmargaret@zoom.co.uk
38132 Mrs Vicky Francis, Po Box 17, COOROY QLD 4563 AUS Email: francps@bigpond.net.au
38178 Mrs Annette J. Moy, Po Box 30, TUNCURRY NSW 2428 AUS Tel: (02) 6554 6944 Fax: (02) 6554 8314
Email: moys1@bigpond.com
38211 Bruce A. Hamilton, 2115 Bataan Rd # 3, REDONDO BEACH CA 90278-1439 USA Email: bhami@pobox.com
38234 David L. Parr, 371 Trafalgar St, NELSON 7001 NZ Tel: (03) 548 8432 Email: dlparr@xtra.co.nz
38259 Mrs Joan Wrigley, 6 Clubhouses Croft, HORBURY W.YKS WF4 5NB ENG
Email: joan@wrigley3392.freeserve.co.uk
38285 Christine Edwards, 278 Fleetwood Rd North, THORNTON LANCS FY5 4LD ENG Email: chris.edws@virgin.net
38290 Brenda Joyce, 17 Peterhouse St, TAWA WGTN 6006 NZ Tel: (04) 232 5786 Fax: (04) 232 5786
Email: bajoyce@paradise.net.nz
38307 Miss Marion H. Bird, 25 Marshall Ave, BOGNOR REGIS W.SSX PO21 2TJ ENG Tel: (01243) 826167
38309 David B. Mcgill, Sunnybank Farmhse, Scotland End, HOOK NORTON, BANBURY OXON OX15 5NR ENG
Email: scotlandend@btinternet.com
38326 Mr N.J. Peachell, 72 Edison Ave, HORNCHURCH ESSEX RM12 4DX ENG Email: norman@peachell.fsnet.co.uk
38349 Geoffrey F. Poulton, Northend House, Woodford, BERKELEY GLOS GL13 9JN ENG Email: gpoult@tiscali.co.uk
38357 Ms Suzanne M. Hirst, 40 Lestrange St, GLENSIDE SA 5065 AUS Tel: (08) 8379 4784 Fax: (08) 8379 4784
Email: hirstsb@chariot.net.au
38362 Mrs Dianne Wadsworth, 13 Gumhill Dr, LANGWARRIN VIC 3910 AUS Tel: (03) 9789 0738 Fax: (03) 9789 7719
Email: dinruss@cyberspace.net.au
38412 Mrs Joyce Mackie, 1/17 Witt St, BENALLA VIC 3672 AUS
38449 George M. Thomas, 22 Kenibea Ave, KAHIBAH NSW 2290 AUS Tel: (02) 4943 4439
Email: thomas.tull@bigpond.com
38452 Mrs S. Garrett-Lane, 52 Fir Rd, PADDOCK W.YKS HD1 4JE ENG Tel: (01484) 540025
38486 P. David Tuckey, 11 Rousham Village, BICESTER OXON OX25 4QX ENG Tel: (01869) 340674
Email: davetuckey@btopenworld.com
38488 G.A. Pedlar, 9 Stanley Rd, DEAL KENT CT14 7BT ENG Email: pedlarsc@aol.com
38497 Robert J. Alderman, Ashley Leigh, Ashley, BOX WILTS SN13 8AJ ENG Tel: (01225) 742696
38498 Miss J. Campbell, 14 Windsor Cl, STEVENAGE HERTS SG2 8UD ENG Email: auntduuk@yahoo.co.uk
38500 Mike C. Gellatly, 7 Maxton Cres, ALVA CLK FK12 5NE SCOTLAND Email: gellatlyons@aol.com
38509 Mr Robin M. Dracup, 31 Oaklands Ave, Northowram W.YKS HX3 7HS ENG Email: robin@rdracup.freeserve.co.uk
38514 Adrian G. Mayhead, 71 Ferry Rd, SELSDON SRY CR2 8DA ENG Tel: (020) 8657 4810
38515 Mrs June A. Webb, 22 Highbury Tce, LONDON N5 1UP ENG
38516 Alan K. Tillman, 22 Culverton Hill, PRINCES RISBOROUGH BUCKS HP27 0DZ ENG
Tel: (01844) 347558 Fax: (08712) 421219 Email: alan_tillman@tiscali.co.uk

♦ Contributors & Addresses ♦

38517 Sid Brooks, 7 Claremont Ct, Claremont Rd, SEAFORD SSX BN25 2TP ENG Tel: (01323) 894945
38523 Bryan J. Mawer, 20 Whytewell Rd, WELLINGBOROUGH NTH NN8 5BE ENG Email: bryan@mawer.clara.co.uk
38526 Miss Michelle D. Hawke, 15 Woodfield Dr, EAST BARNET HERTS EN4 8PE ENG Tel: (020) 8368 9410
    Email: michelle.hawke@pratley.info
38530 Mr J.C. Smith, 5 Woodhayes Rd, WEDNESFIELD W.MID WV11 1AD ENG Tel: (01902) 566913
    Email: jack.smith@ukonline.co.uk
38538 Mrs Carol A. Gosling, 36 Hills Cres, COLCHESTER ESSEX CO3 4NU ENG Tel: (01206) 564 662 Fax: (01206) 782 227
38542 Mrs Veronica M. Kennedy, 28 Primrose Ave, RYDALMERE NSW 2116 AUS
38546 Mrs Joan R. Sandford, 3 Granite St, VICTOR HARBOR SA 5211 AUS Tel: (08) 8552 6783
    Email: sandford@chariot.net.au
38548 Mrs S.A. Hoskins, 32/350 Toorak Rd, SOUTH YARRA VIC 3141 AUS Tel: (03) 9827 0570 Fax: (03) 9827 0101
    Email: sandi@hosanda.com
38575 Mrs Lisa M. Birch, 16 Moor Park Cl, RAINHAM KENT ME8 8QS ENG Email: lisa.birch@btinternet.com
38579 Keith Stafford, 125 Long Catlis Rd, GILLINGHAM KENT ME8 9SF ENG
38584 Colin Davis, The Grange, The Street, GOSFIELD ESSEX CO9 1SU ENG Tel: (01787) 477219 Fax: (01787) 477219
    Email: colindavis1@compuserve.com
38592 Mr J.D. Seaton, 8 Aviemore Cl, BECKENHAM KENT BR3 3ET ENG Email: seatonj@ntlworld.com
38613 Henry R. Betts, 29 Buchanan Ave, BONNET BAY NSW 2226 AUS
38615 William G. Clarke, 4 Meeks Cres, FAULCONBRIDGE NSW 2776 AUS Tel: (02) 4751 2330
    Email: wclarke@pnc.com.au
38624 Noelene Mason, Po Box 386, CRESWICK VIC 3363 AUS Tel: (M) 0427 226956 Email: anmason@bigpond.net.au
38626 Colin A. Lehmann, 3 Chatswood Cres, KIDMAN PARK SA 5025 AUS Email: colinal@kern.com.au
38627 Ms Robyne Shepherd, 6 Remita Crt, ALEXANDRA HILLS QLD 4161 AUS
38650 Bill Fry, 13 White Hart Cl, BILLESDON LEICS LE7 9AU ENG Tel: (0116) 259 9026 Email: bill@fryuk.eclipse.co.uk
38660 Mrs B.M. Miles, 22 Little Comptons, HORSHAM W.SSX RH13 5UW ENG
38663 Gordon C. Tuff, 10 Oakfield Rise, HOLMES CHAPEL CHES CW4 7DY ENG Tel: (01477) 532036
    Email: gordon.tuff@virgin.net
38668 Gary P. Russell, 3 Thurston Gate, LONGTHORPE CAMBS PE3 6SX ENG Email: fhgrd@mixmerit2.freeserve.co.uk
38674 Alfred C. Nunn, 23 Craig Lea, TAUNTON SOM TA2 7SY ENG
38676 Matthew White, Unit 4, 8 Marlborough Buildings, BATH BA1 2LX ENG Tel: (01225) 335884
    Email: matthewwhite@dial.pipex.com
38681 Mrs Rhonda M. Jensen, 22 Jindalee Ave, POINT CLARE NSW 2250 AUS
38683 Mrs Belinda M. Neilson, 26/36 Duringan St, CURRUMBIN BEACH QLD 4223 AUS Tel: (M) 0414 823984
    Email: bels@netspace.net.au
38696 Mrs Joan F. Blakeborough, Po Box 14, BOSTON BAR BC V0K 1C0 CAN Tel: (604) 867 9717 Fax: (604) 867 9517
    Email: tjblake@uniserve.com
38697 Winnifred M. Evans, 77 Fairmont Park Landing S., LETHBRIDGE AB T1K 7L1 CAN
    Tel: (403) 328 8656 Fax: (403) 328 9290 Email: win_evan@telus.net
38707 Mrs Lorna H. Papple, 29 Cedar Ave, WARRADALE SA 5046 AUS
38728 Mrs Doreen J. Rowland, 4 Woodthorpe Dr, BEWDLEY WORCS DY12 2RH ENG Tel: (01299) 401081
    Email: dojoro54@aol.com
38734 John E. Jowers, 3 Parkfield Cres, HARROW MDX HA2 6LE ENG
38737 Mrs Maureen E. Suatt, 12 Woodcote Green Rd, EPSOM SRY KT18 7DH ENG Email: john@suatt.freeserve.co.uk
38740 Glennes Turner, 7 Sabre Cres, HOLSWORTHY NSW 2173 AUS
38743 Jenny Strickland, 766 Oxley Rd, CORINDA QLD 4075 AUS Email: stricky@bigpond.com.au
38769 Cecil N. Forster, 84 Broadfield Rd, KNOWLE SOM BS4 2UW ENG Tel: (01179) 721 166
    Email: cecil.forster@btopenworld.co
38826 Derek J. Wright, 43 Oldmanor Rd, RUSTINGTON BN16 3QS ENG Tel: (01903) 770316
38833 Mrs R.E.A. Currie, Ford Farm, ALDBOURNE WILTS SN8 2DP ENG
    Email: ranncemail-familyresearch@yahoo.co.uk
38840 Mrs Jill Groves, 77 Marford Cres, SALE CHES M33 4DN ENG Email: grovesjill@aol.com
38845 Mrs Carole A. Warby, 89 Watford Rd, KINGS LANGLEY HERT WD4 8QH ENG Tel: (01923) 265 216
38868 Jackson W. Roberts, 65 High Park Rd, RYDE IOW PO33 1BX ENG
38901 Evan C. Best, 71 Young St, CREMORNE NSW 2090 AUS Tel: (02) 9909 3301
38907 Graham L. Caldwell, 11 Roberna Ct, LANGWARRIN VIC 3910 AUS Tel: (03) 9775 8849 Fax: (03) 9775 8748
    Email: gljcaldwell@ozemail.com.au
38919 Miss Julie F. Bayly, 2/22 Halsbury Ave, KINGSWOOD SA 5062 AUS Email: julieb2@senet.com.au
38925 Joe E. Armitage, 52 Brandreth Rd, CARDIFF CF23 5LD ENG
38926 Mr P.M. Bolton, 19 Kineton Rd, WELLESBOURNE WAR CV35 9NE ENG Tel: (01789) 840814
    Email: peterandrosalindbolton@hotmail.com
38934 Stephen Howarth, Southwood House, Cokes Ln, CHALFONT ST.GILES BUCKS HP8 4TZ ENG Tel: (01494) 763520
    Email: stehowarth@aol.com
38936 Mrs Ruth M. Sidebotham, Flat 8, 14 Cote Green Ln, MARPLE BRIDGE CHES SK6 5DZ ENG Email: sdbthm@aol.com
38939 Bill Lemon, 191 Symes Rd, HAMWORTHY DORSET BH15 4PY ENG Tel: (01202) 779607
    Email: joandbill.lemon@tesco.net
38968 Mrs A.E. Penney, 176 Big Barn Ln, MANSFIELD NOTTS NG18 3LJ ENG Email: aepenney@hotmail.com
38970 Ian D. Noyes, 20B White Lion Rd, AMERSHAM BKM HP7 9JO ENG Tel: (01494) 765404
    Email: ianoyes@themoor81.freeserve.co.uk
38979 Mrs Pauline Dolling, 14 Endsleigh Cl, SOUTH CROYDON SRY CR2 8RT ENG Tel: (020) 8651 2239
    Email: haltondolling@tiscali.co.uk
38980 Ian J. Pyke, 47 Kirdford Cl, IFIELD SSX RH11 0DN ENG
38987 Mrs Ruth A. James, 9 Bircherley Ct, HERTFORD SG14 1RL ENG Tel: (01992) 583753 Email: birchgreen@talkgas.net
39012 John O. James, 10 Ellington Rd, SANDY BAY TAS 7005 AUS Email: jjames@mpx.com.au

39015 Peter & Elizth. Pidgeon, 6 Stokes Pl, ELTHAM VIC 3095 AUS Tel: (03) 9431 2381 Email: peter@pidgeon.info
39017 Reg. T. Wynd, 12 Lewellin Gve, ROSANNA VIC 3084 AUS Email: regtwynd@bigpond.com
39027 Glenn R. Fullerton, 12 Bindy St, BLACKBURN SOUTH VIC 3130 AUS Tel: (03) 9877 0282
   Email: gfullerton@bigpond.com
39042 Miss D. West, 5 Townson Pl, LEEMING WA 6149 AUS Email: whitwell@space.net.au
39046 V. Kevin Ades, 5 Koombahla Dr, TALLEBUDGERA QLD 4228 AUS Tel: (07) 5533 9223 Fax: (07) 5533 9223
   Email: vkevinades@hotmail.com
39058 Mrs Helen M. Walker, 7 Victoria Cres, MONT ALBERT VIC 3127 AUS
39060 Ms Judee K. Forscutt, Tara Hill, Melaleuca Dr, TRAFALGAR EAST VIC 3824 AUS Email: judee@nex.com.au
39061 Mrs Naomi S. Uytdehaag, Po Box 295, HORSHAM VIC 3402 AUS Email: naomi.uytdehaag@whcg.org.au
39083 Elizabeth M. Hannan, 20 Darmody St, WEETANGERA ACT 2614 AUS Tel: (02) 6254 3277
   Email: mbhannan@goldweb.com.au
39092 Miss Joan M. Crowle, 11 Davern St, PASCOE VALE SOUTH VIC 3044 AUS
39096 Gayle M. Speight, 50 Houston Dr, BUNDABERG QLD 4670 AUS Email: gmsp8f@yahoo.com.au
39102 Ms Judith A. Jordan, Po Box 979, RUNAWAY BAY QLD 4216 AUS Email: jayjord@hotmail.com
39108 John L. Roberts, 13 Portland Rd, COLERAINE VIC 3315 AUS Tel: (03) 5575 2658
39123 Mrs Jennifer Lentell, 261 Georgeson St, NORTH ROCKHAMPTON QLD 4701 AUS Email: brysteve@hotmail.com
39154 Mrs Rosemary Wade, 7 Karloo St, TURRAMURRA NSW 2074 AUS Email: rosiewade@bigpond.com
39155 Mrs Cathy A. Wilson, Po Box 3054, BILPIN NSW 2758 AUS Tel: (02) 4567 1015 Email: windywilson@aol.com
39160 Mrs Laurin Lang, 59 Smallman Cres, GREENWOOD WA 6024 AUS Tel: (08) 9342 3702 Fax: (08) 9342 3702
   Email: lauross@faroc.com.au
39167 Mrs Denise Cutajar, Po Box 419, NERANG QLD 4211 AUS Fax: (07) 5596 2374 Email: denisecutajar5@bigpond.com
39179 Brian R. Page, Po Box 157, MOUNT GAMBIER SA 5290 AUS Tel: (08) 8725 6590 Fax: (08) 8725 7386
   Email: brsjpage@bigpond.com
39180 Mrs Yvonne B. Fourmy, 9 Glen Ave, HAWTHORNDENE SA 5051 AUS Tel: (08) 8278 2393
   Email: maxmart@iprimus.com.au
39186 Ms Sharon A. Greene, 10 Taplin Pl, CAMDEN SOUTH NSW 2570 AUS Tel: (02) 4655 6650
   Email: sharong254@hotmail.com
39212 June F. Penny, Po Box 457, DICKSON ACT 2602 AUS Tel: (02) 6241 1942 Email: june.penny@netspeed.com.au
39227 W. & P. Hempel, 1 Millstream Rd, WERRINGTON DOWNS NSW 2747 AUS Email: whempel@ozemail.com.au
39229 Noel D. May, 88 New North Rocks Rd, NORTH ROCKS NSW 2151 AUS Email: isildunarion@optusnet.net.au
39243 John H.C. Nairn, 7 Karina St, FRANKSTON VIC 3199 AUS Tel: (03) 9787 2819 Fax: (03) 9787 2819
   Email: jnjnairn@optusnet.com.au
39247 Alan J. Jeffery, 2 Hunchy Rd, PALMWOODS QLD 4555 AUS Fax: (07) 5478 8664 Email: alanjeff@aapt.net.au
39249 Jim Shepherd, Po Box 1089, KENMORE QLD 4069 AUS Email: jshepherd34@bigpond.com
39271 Bob Plumridge, 166 Westwood Rd, TILEHURST BERKS RG31 6LN ENG Tel: (0118) 942 7452
   Email: bob.plumridge@ntlworld.com
39272 Alan Coad, 1 Dalton Gve, STOCKTON-ON-TEES TS20 2DD ENG
39301 Robert W. Grierson, 21 Balcombe Rd, PEACEHAVEN E.SSX BN10 7RE ENG Tel: (01273) 582002
   Email: corlionnus@yahoo.com
39303 John W. Walker, 3 Law Cliff Rd, GREAT BARR W.MIDS B42 1LP ENG
39307 Mrs Anni Berman, 350 Chambersbury Ln, HEMEL HEMPSTEAD HERTS HP3 8LW ENG
   Email: anni.berman@one-name.org
39312 Peter A. Ely, North Lee, The Close, Rose Vy, BRENTWOOD ESSEX CM14 4JA ENG
39327 Alan G. Pratt, 15 Jesmond Rd, HOVE E.SSX BN3 5JX ENG
39336 Mr D.E. Mann, 9 Launceston Rd, WIGSTON MAGNA LEI LE18 2GZ ENG Tel: (0116) 288 0696
39338 Mrs Maureen L. Hoare, 2 Ullswater Cl, LIGHTWATER SRY GU18 5TD ENG Tel: (01276) 471997
39348 Mrs Carol A. Jacobs, 5 Kenilworth Cl, NORTHAMPTON NN5 6LD ENG
39357 Robert B. Ettridge, 66 Greenways Cres, SHOREHAM BY SEA W.SSX BN43 6HS ENG
   Email: r.ettridge@btinternet.com
39367 Mrs Sue E. Peyman-Stroud, 10 Elm Park, FERRING W.SSX BN12 5RW ENG
39368 John G.M. Dixon, L'Etocquet Farm, ST.OUEN, JERSEY CHI JE3 2EL UK
39377 Miss Caroline M. Shepherd, 36 Priory Mead, BRUTON SOM BA10 0DZ ENG Email: shepherd.som@ukonline.co.uk
39380 L.M. Warren, 16 Rockall Cl, HAVERHILL SFK CB9 0LU ENG
39383 Mrs Wendy E. Millar, Horizon, Rugby Rd, WESTON UNDER WETHERLEY WAR CV33 9BY ENG Tel: (01926) 632177
39386 Derek G. Ward, 40 Bowmonts Rd, TADLEY HANTS RG26 3SA ENG Fax: (0118) 981 9318
   Email: dgward@bigfoot.com
39389 Ms S.L. Wharton, 43 Recreation St, MANSFIELD NTT NG18 2HP ENG Email: sl.march@ukonline.co.uk
39395 Glynn W. O'Keeffe, 21 Cooper Cres, THATCHAM BERKS RG18 3GA ENG Tel: (01635) 866092
   Email: glynnokeeffe@hotmail.com
39416 Mr D.H. Hutchinson, 43 Deepcut Bridge Rd, DEEPCUT SRY GU16 6QT ENG Email: brian.hookey@talk21.com
39429 Dr E.A. Harris, 2 Newing Cl, LITTLEBOURNE KENT CT3 1UX ENG Email: e.a.harris@btinternet.com
39430 Mrs C.A. Barber, 14 Beeches Ave, WORTHING SSX BN14 9JF ENG Email: the.tent@btinternet.com
39431 Miss Katharine E. Irving, 77 Cleave Rd, GILLINGHAM KENT ME7 4AX ENG Tel: (01634) 574795
   Email: kate.i@blueyonder.co.uk
39439 Martin A. Hollingsworth, 20 Grove St, KIRTON IN LINDSEY N.LINCS DN21 4BY ENG
   Email: m.hollingsworth@dsl.pipex.com
39445 Mrs H.E. Yorke, 44 Blythe Rd, MAIDSTONE KENT ME15 7TS ENG Email: hey@rayyorke.freeserve.co.uk
39455 John R. Sutton, 8 Glen Cl, RIXTON CHES WA3 6JQ ENG
39459 Alastair M. Monro, Wisteria House, Coombe Ln, ASH KENT CT2 2BS ENG Tel: (01304) 813735
   Email: camonro@mac.com
39461 Mrs Kathleen B. Skidmore, 3 Lloyd Thomas Ct, Truro St, WOOD GREEN LONDON N22 8EN ENG
39464 Douglas A.J. Walker, 22 Thorn Rd, Bearsden Glasgow G61 4PP SCOTLAND Email: doug_aj_walker@hotmail.com

♦ Contributors & Addresses ♦

39471 Miss Kathleen M. Stevens, 1 St.Johns Tce, WOODBRIDGE SFK IP12 1HP ENG
39479 Mrs S. Maggs, 65 Gladstone St, BOURNE LINCS PE10 9AY ENG Email: smaggs@ukgateway.net
39482 Mrs Chris Davies, 33 Brynmead, Bryn, LLANELLI CARMS SA14 8QH WALES Tel: (01554) 820761
Email: brianandchris@btinternet.com
39495 David P. Sherman, 7 Bridge Mews, Hermitage Rd, WHITWICK LEICS LE67 5EQ ENG
Email: pauline@elliottsherman.freeserve.co.uk
39506 Mike Brownlee, 7 Clifden Rd, TWICKENHAM MDX TW1 4LV ENG Email: m.brownlee@btinternet.com
39511 Sidney R. Skull, Stonehaven, BRADENSTOKE WIL SN15 4EL ENG Email: sidskull@supanet.com
39515 Eric Mace, 109 The Ridge, GREAT DODDINGTON NTH NN29 7TU ENG Tel: (01933) 229053
Email: emaceeric@aol.com
39516 David Hodgson, Phelps Cottage, CODDINGTON HEREFORD HR8 1JH ENG Tel: (01531) 640622
Email: hodgson@ukf.net
39519 Mrs M.L. Jones, 24 Oxford Cl, FAREHAM HANTS PO16 7PA ENG Tel: (01329) 238539
Email: myra.cliff@btinternet.com
39522 Mrs Mary Tertiuk, 81 The Commons, WELWYN GARDEN CITY HRT AL7 4RZ ENG Tel: (01707) 330098
39527 Peter R. Boyce, 41 Compton Rd, WINCHMORE HILL LONDON N21 3NU ENG
39530 Mrs Jenifer Fell, Haseldene, The Green, HELLIDON N.HANTS NN11 6GF ENG Tel: (01327) 260284
Email: fell.hellidon@btinternet.com
39536 Mrs E.M. Jones, 3 Richard Rd, WALSALL W.MIDS WS5 3QW ENG
39539 Mr N.A.J. Martin, 1 Caldy Chase Dr, CALDY WIRRAL CH48 2LD ENG Tel: najmartin@ Fax: btinternet.com
Email: Norman.Martin@tesco.net
39541 Mrs Diana S. Thorley, Pine Lodge, Bucklebury Alley, COLD ASH BERKS RG18 9NH ENG
Email: dianaw@webbedfeat.co.uk
39554 Peter D. Bonson, 26 Shreen Way, GILLINGHAM DORSET SP8 4EL ENG Tel: (01747) 822652
Email: peterbonson@msn.com
39564 Mrs Frances M. Bunyan, 53 Bush Gve, STANMORE MDX HA7 2DY ENG Email: frances@bunyanclan.co.uk
39565 Ms Joy C. Mason, 4 Arun Rd, BOGNOR REGIS W.SSX PO21 5PD ENG Tel: (01243) 830259
Email: joy.decor2724@tiscali.co.uk
39573 Mrs Kathleen Law, 237 Thornton Rd, R.D.4, WHAKATANE BOP 3080 NZ Tel: (07) 308 7955 Fax: (07) 308 7487
Email: kath.law@theredbarn.co.nz
39581 Mrs Ellen Nerney, 4/116 Richardson Rd, MOUNT ALBERT AUCK 1003 NZ Tel: (09) 845 1922
Email: shenerney@xtra.co.nz
39588 Danny B. Neilsen, 162 Waihi Rd, HAWERA 4800 NZ
39593 Jim W. Clarke, 16 Coleman Tce, NAPIER 4001 NZ Tel: (06) 835 8208 Fax: (06) 834 0266 Email: jwclarke@xtra.co.nz
39594 Mrs Jennifer A. Packer, 12A Makora St, CHRISTCHURCH 8005 NZ Tel: (03) 351 8303 Fax: (03) 351 8305
Email: j.packer@clear.net.nz
39601 Mrs Pauline Miller, 4/37 Station St, ALEXANDRA OTAGO 9181 NZ Email: bert.pauline@ihug.co.nz
39616 Mrs Phyllis M. Young, 649A Pioneer Hwy, PALMERSTON NORTH 5301 NZ Tel: (06) 357 3016 Fax: (06) 357 3016
Email: bpyoung@infogen.net.nz
39617 Mrs Raewynne G. Vermeulen, Po Box 39585, HOWICK AUCK 1730 NZ Tel: (09) 537 0458
Email: vermeulens@xtra.co.nz
39620 Mrs Jean V. Diwell, 5 Caulfield Pl, HAMILTON 2001 NZ Email: jv.diwell@xtra.co.nz
39642 Stephen T. Allen, Po Box 391, STRATFORD 4700 NZ Tel: (06) 765 8603
39644 David J. Hoye, 7 Gwenand Pl, HOWICK AUCK 1705 NZ Tel: (09) 534 2203 Fax: (09) 534 2203
Email: davidhoye@xtra.co.nz
39647 Peter A. Mcdavitt, 8 Scott Ave, OTAKI 5560 NZ Email: peter.mc@xtra.co.nz
39651 Daphne H. Scott, 280A Albert St, PALMERSTON NORTH 5301 NZ Email: jaydeescott@xtra.co.nz
39671 Mrs Jean D. Turvey, 17 Hills St, KAIAPOI CBY 8252 NZ Email: jeand.frank@xtra.co.nz
39672 Mrs Jean Richardson, 22 Rawhiti St, GREERTON TAURANGA 3001 NZ Tel: (07) 541 1187
Email: owen-jean@xtra.co.nz
39678 Mrs Josie A. Harris, 12 Walter Macdonald St, HOWICK AUCK 1705 NZ (09) 534 3757. Email: jobir@ihug.co.nz
39694 Miss Jeanette M. O'Connor, 157 Edinburgh St, SPREYDON CHCH 8002 NZ Email: nettie.j@paradise.net.nz
39698 Mrs Margaret Nex, 1684 Noel Ave, COMOX BC V9M 2L7 CAN Email: mnex@telus.net
39706 John B. Moore, 489 Island Rd, R.R.1, PICTON ONT K0K 2T0 CAN Tel: (613) 393 5771 Email: moorejo@reach.net
39712 Mrs Dollypearle Drysdale-Martin, 2427 King George Hwy, MIRAMICHI NB E1V 6W1 CAN
Tel: (506) 773 5658 Fax: (506) 773 5658 Email: dollypearle@hotmail.com
39716 Ms Cindy D. Gibbons, Po Box 49, RED BAY NFD A0K 4K0 CAN Email: c.gibbons@nf.sympatico.ca
39730 Mrs Anne Richards, 21 Pacey Rd, UPPER BROOKFIELD QLD 4069 AUS Email: richards@ans.com.au
39735 Mrs Mary C. Humphries, 14 Hoyt St, HAMPTON VIC 3188 AUS
39745 Ms Diane C.J. Gabb, Level 2, Bolte Wing, St.Vincents, HOSPITAL - FITZROY VIC 3065 AUS
Tel: (03) 9419 4005 Fax: (03) 9416 0265 Email: diane.gabb@svhm.org.au
39815 John G. Mole, 44 Green Ln, COOKRIDGE LEEDS LS16 7LP ENG Email: jgmole@aol.com
39820 Mrs Ellen Hackett, 53 Whiteland Rd, NORTHAMPTON NTH NN3 2QG ENG Email: ellen.hackett@virgin.net
39835 Mrs Cathy Cunnington, 37 Keswick Rd, RUSHDEN NTH NN10 0JJ ENG Email: sc.cunnington@ntlworld.com
39856 Peter Tweeddale, Glan-Y-Bala, PADARH PARK GWYNEDD LL55 4TY ENG
39860 Christopher G. Whitaker, 38 Wolverton Rd, NEWPORT PAGNELL BUCKS MK16 8JG ENG Tel: (01908) 610 234
Email: chris@whitakerweb.org
39873 John M. Beniston, 43 Leivers Cl, EAST LEAKE LEICS LE12 6PQ ENG Email: arben@btinternet.com
39874 Mrs John B. Fewlass, 77 Catherine St, ST.ALBANS HERTS AL3 5BP ENG Tel: (01727) 859458 Email: john@fewlass.co.uk
39891 Mrs Marissa K. Morcombe, 24 Berkeley Rd, WAINUIOMATA WGTN 6008 NZ Email: morcombe@paradise.net.nz
39920 Mrs Lynette M. Davidson, 40 Salisbury Ave, NAPIER 4001 NZ Email: lynchris@xtra.co.nz
39928 Mrs Joan I. Watherston, Springhills, 7K.R.D., OAMARU 8921 NZ Tel: (03) 436 0740 Fax: (03) 436 0791
Email: jwath@xtra.co.nz

39939 Gary K. Derry, 59 Thornlodge Dr, KESWICK ON L4P 4E5 CAN Email: GDerry@rogers.com
39949 Richard L.J. Wharf, 1361 - 9Th Street, BRANDON MB R7A 4C6 CAN Tel: (204) 724 5344 Email: wharfrlj@mts.net
39964 Mrs Cheryl L. Toomer, 473 Sprague St, WINNIPEG MAN R3G 2R9 CAN Tel: (204) 774 7280
39967 Margaret M. Webb, Po Box 671, SECHELT BC V0N 3A0 CAN Tel: (604) 885 7110 Email: j_mwebb@dccnet.com
39984 Mrs Colleen M. Mcmahon, 6 Jimbour Dr, TOOWOOMBA QLD 4350 AUS Tel: (07) 4634 4796
Email: colmac7@bigpond.com.au
39985 John A.L. Blue, Po Box 542, MAWSON ACT 2607 AUS Email: jblue@bestpond.com
39991 Serge Beauzac, 32 Rue Giuseppe Verdi, F-69800 SAINT-PRIEST FRANCE Tel: (04) 7223 5875
Email: Serge.Beauzac@wanadoo.fr
39994 Mrs M.B. Windy, 22 Rue De La Gare, F-18380 IVOY LE PRE FRANCE Fax: (033) 24858 8260
Email: wnwindy@aol.com
40025 Dorothy M. Prosser, 37 King Ecgbert Rd, DORE SHEFFIELD S17 3QR ENG Email: dorothyprosser@aol.com
40026 Douglas A. Rolfe, Dymock Cottage, Penley, WREXHAM CLWYD LL13 0LS WALES
Email: doug.rolfe@breathemail.net
40033 Charles Sankey, 42 Dudley Rd, PARKWOOD 2193 RSA AFRICA Tel: (011) 447 2155 Email: csankey@global.co.za
40042 Glenn E. Robertson, 7 Patu Pl, CHERRYBROOK NSW 2126 AUS Email: pynegar@bigpond.com
40052 Mrs Glennis L. Wright, 37 Vera St, HELENSBURGH NSW 2508 AUS Tel: (02) 4294 3796
Email: glw42au@yahoo.com.au
40055 Mrs Nellie M. Solman, 13 Lindeman St, ASHTONFIELD NSW 2323 AUS Tel: (02) 4933 8960
Email: rjs3125@austarnet.com.au
40057 John M. Davies, Po Box 3735, MANUKA ACT 2603 AUS Tel: (02) 6295 2837 Fax: (02) 6295 6992 Email: je@acm.org
40135 Mrs Margaret P. Vinning, Po Box 6114, CONDER ACT 2906 AUS Email: margaretvinning@bigpond.com
40143 Mrs J.S. Cornish, 12 Fitzroy St, GULGONG NSW 2852 AUS Email: cornish@winsoft.net.au
40153 Vaeda Van Lieshout, Po Box 151, OFFICER VIC 3809 AUS Email: vaedavan@hotmail.com
40218 Des Human, 5 Amandel Cl, PROTEA VALLEY WELGEMOED 7530 RSA AFRICA
Tel: (021) 913 5884 Fax: (021) 913 0143 Email: deshuman@xsinet.co.za
40257 Barbara Roy, 4598 Lafontaine St, HANMER ON P3P 1K6 CAN Tel: (705) 969 3760 Email: roy@cyberbeach.net
40319 Mrs Susan E. Wood, 39 Lower Westwood, BRADFORD ON AVON WIL BA15 2AR ENG Email: augignac@aol.com
40355 Mrs G. Moore, 32 Lyngate Ave, OULTON BROAD SFK NR33 9JD ENG Tel: (01502) 569104
Email: cockatoo@oultonb.freeserve.co.uk
40472 Mrs Judith Lear, 54 Packsaddle Way, FROME SOM BA11 2SZ ENG
40480 Mrs Jill M. Jackson, Po Box 538, DEE WHY NSW 2099 AUS Email: jilljackson@optusnet.com.au
40490 Mrs J.M. Gourley, 3 Cambridge St, VINCENT QLD 4814 AUS
40499 Stephen R. Hillier, Po Box 1107, ESPERANCE WA 6450 AUS Tel: (M) 0407 990514 Fax: (02) 9071 5258
Email: hillier@emerge.net.au
40505 John R. Kelly, Po Box 575, GORDONVALE QLD 4865 AUS Tel: (07) 4056 5696 Email: johnr.kelly@bigpond.com
40509 Arthur T.C. Green, 1/55 David St, PORT PIRIE SA 5540 AUS
40529 Godfrey H. Hill, 45 Netherwood Rd, HIGH WYCOMBE WA 6057 AUS Tel: (08) 9454 6126
Email: gh-da-hill@wn.com.au
40533 Mrs L.E. Witham, Po Box 668, HAMILTON VIC 3300 AUS Tel: (03) 5572 2916 Email: withle@ansonic.com.au
40534 Robert A. Cook, 12 Nevern Ct, DIAMOND CREEK VIC 3089 AUS
40535 Mrs Marion E. Willavoys, 31 Twixtbears, TEWKESBURY GL5 GL20 5BT ENG
40562 David W. Gritt, 20 Liberty Rise, ADDLESTONE SRY KT15 1NU ENG
40569 John F. Mills, Sugham Farm, LINGFIELD SRY RH7 6BZ ENG Fax: (01342) 830081
Email: amukconsultants@btconnect.com
40570 F.R. Dawson, Silverthorne, Lower Sea Ln, CHARMOUTH DORSET DT6 6LR ENG Email: richarddeedee@aol.com
40586 Mrs P.C. Tapper-Fenton, 42 Lexham Gdns, LONDON W8 5JE ENG Email: pia.tapper@btinternet.com
40603 George Zalewski, 434 Great Eastern Hwy, WOODBRIDGE WA 6056 AUS Email: greenbrier@optusnet.com.au
40608 Ms Julie E. Spencer, Po Box 128, WITHCOTT QLD 4352 AUS Email: julie.spencer@bigpond.com
40615 Ronald S. Webb, Apt. 42/43B - 95 Stanhope Rd, KILLARA NSW 2071 AUS Tel: (02) 9416 3009
Email: ronwebb@smartchat.net.au
40618 Susan M. Wann, Po Box 1370, SUBIACO WA 6904 AUS Email: smwann@hotmail.com
40641 John E.C. Friend, Po Box 2786, CHIPPENHAM WIL SN14 0ZR ENG Email: ceasefire@fsmail.net
40668 Peter J. Taylor, 105 Bay Village, VICTOR HARBOR SA 5211 AUS Email: tay7n6wms@bigpond.com
40673 Ms G.M. Ellbourn, Po Box 2293, MURRAY BRIDGE SA 5253 AUS Email: gloria@lm.net.au
40683 Graham W.F. Orpwood, 17 Douville Ct, TORONTO ONT M5A 4E7 CAN Tel: (416) 703 2927 Fax: (416) 703 7298
Email: gorpwood@edu.yorku.ca
40690 Johnny Crompton, 6B Auks Rise, BALLAJURA WA 6066 AUS Tel: (08) 9249 6209 Email: jcro3616@bigpond.net.au
40696 Bryce L. Johnson, 5 Bendbrook Way, WELLINGTON 6004 NZ Tel: (04) 479 6252 Fax: (04) 479 6258
Email: Bryce.Johnson@xtra.net.nz
40718 Mrs Barbara J. Winter, 8 Hill View Rd, HILDENBOROUGH KENT TN11 9DB ENG Tel: (01732) 833015
Email: barbry@tiscali.co.uk
40719 Dr Peter W. Bellarby, 13 Westfield Rd, STONEHAVEN AB52 2EE SCOTLAND Email: peter@bellarby.fsnet.co.uk
40720 Christopher J.H Hill, 16 Ferndale Rd, BURGESS HILL W.SSX RH15 0HG ENG Tel: (01444) 232766
Email: ceiber@amserve.net
40746 Mr A.T. Murtell, Flat B, 58 Kensington Gdns, ILFORD ESSEX IG1 3EL ENG
40752 William H. Cardoza, 13 Rydal Way, ENFIELD MDX EN3 4PQ ENG Tel: (0208) 804 1822
Email: bill@cardoza4640.fsnet.co.uk
40756 Peter W.T. Mills, Kennet Cottage, High St, RAMSBURY WIL SN8 2QN ENG Tel: (01672) 520466 Fax: (01672) 520813
Email: petermills@kennetcottage.freeserve.co.uk
40768 Mrs J.W. Findlay, 27 Colonsay Pl, KILMARNOCK AYRS KA3 2JU SCOTLAND Email: joan.findlay@talk21.com
40769 Ronald Renn, 75 Bronybuckley, WELSHPOOL POWYS SY21 7NH WALES
40771 Mrs Ann J. Chown, 1 Crow Hill, BOROUGH GREEN KENT TN15 8HR ENG Email: ann@chown.ch

♦ Contributors & Addresses ♦

40772 Mrs E. Phillips, 32 Beccles Dr, BARKING ESSEX IG11 9HX ENG
40781 Fred Scott, 3 Godwin St, BEXLEY NSW 2207 AUS Email: mail@fredscott.net
40792 Mrs L. Russo, 67 Doris Ave, WOONONA NSW 2517 AUS Email: jlrusso@shoal.net.au
40795 Mrs Candy L. Hawkins, 17 Lucy Cl, TARNEIT VIC 3029 AUS Tel: (03) 9748 5565 Email: jchawk@bigpond.net.au
40802 Ms Lesley A. Waterworth, 30 Cross St, CORRIMAL NSW 2518 AUS Email: waterhumes@austarnet.com.au
40807 George W. Blandford, 17 St.Laurence Ct, Upper Rd, CALIFORNIA GULLY VIC 3556 AUS
40808 Mr Chris E. Hall, 61 Christies Rd, LEOPOLD VIC 3224 AUS Email: chall12@vtown.com.au
40816 Ian F. Dearden, 30 Strathspey St, KENMORE QLD 4069 AUS Email: idearden@gil.com.au
40822 E.R. Baker, Po Box 599, DICKSON ACT 2602 AUS Tel: (02) 6241 4853 Email: tedbaker@tpg.com.au
40831 Ronald G. Boyd, 34 Hillside Cres, KIANGA NSW 2546 AUS Email: rosy@acr.net.au
40859 Bruce D. Kelly, 6 Hurling Dr, MOUNT BARKER SA 5251 AUS Email: bmkelly@chariot.net.au
40865 Ken J. Howie, 6/19 Frances St, TWEED HEADS NSW 2485 AUS
40868 Darrell R. Cocking, 2 Morres St, BALLARAT VIC 3350 AUS Email: cocking@giant.net.au
40871 Philip B. Atwill, 2 Neptune Pl, MANDURAH WA 6210 AUS Email: atwillp@hotmail.com
40880 Mrs H.F. Goodhew, 106 Udys Rd, PAKURANGA AUCK 1706 NZ Tel: (09) 5768 083 Email: efgoodhew@xtra.co.nz
40905 Mrs Barbara R. Divehall, 7 Nassau Crt, PAKURANGA AUCK 1706 NZ Tel: (09) 576 5840 Email: bdivehall@xtra.co.nz
40914 Mr B.E. Pycroft, 8 Orcades St, CHRISTCHURCH 8001 NZ Tel: (03) 942 8417 Fax: (03) 942 8417
Email: barry@pycroft.co.nz
40925 Mrs Marie Johnson, Po Box 107, WHANGAREI 0115 NZ Tel: (09) 524 2373 Email: alfred@pl.net
40942 Malcolm A. Wallis, 405 - 2490 West 2nd Avenue, VANCOUVER BC V6K 1J6 CAN Tel: (604) 737 0765
Email: malcolm_wallis@telus.net
40960 Mrs Arlene Butler, #112 - 75 - 1 Avenue South, LETHBRIDGE AB T1J 4R2 CAN Tel: (403) 329 1434 Fax: (403) 394 9511
Email: abutler@telusplanet.net
40970 Mrs Margaret F. Sellen, Po Box 2, BYRON BAY NSW 2481 AUS Email: gmsellen@byrononline.net
40971 Mrs Carmel P. Beal, 56 Jennifer St, CHARLESTOWN NSW 2290 AUS Email: joxey@kooee.com.au
40982 Mrs Jenny R. Mackie, 88 Bayport Circuit, MINDARIE WA 6030 AUS Tel: (08) 9407 9360 Fax: (08) 9407 9360
Email: jensteve@aapt.net.au
40993 Ms Patrice C. Connelly, 10 Hawkins St, ARTARMON NSW 2064 AUS Tel: (02) 9419 7473 Fax: (02) 9419 7595
Email: patrice@saraband.com.au
40994 Philip D. Strong, Po Box 4235, WINMALEE NSW 2777 AUS Tel: (02) 4754 1237 Fax: (02) 4754 1237
Email: plstrong@pnc.com.au
40996 Mrs A. Humphries, 183 Bath Rd, KIRRAWEE NSW 2232 AUS
41005 Mrs M.A. Cohn, 32 Coppin Grv, HAWTHORN VIC 3122 AUS Email: maryanncohn@coppinggrovewines.com
41022 Mrs Janelle C. Cross, Po Box 27, CHIRN PARK QLD 4215 AUS
41024 Mrs M. Mckenzie, Po Box 13, BEACONSFIELD TAS 7270 AUS
41027 Miss Lorraine J. Calvert, 18 Wingara Gr, BELROSE NSW 2085 AUS Email: rainbear@planet.net
41037 Mark A. Robbins, Po Box 2205, CARLTON NORTH VIC 3054 AUS Email: preston.robbins@bigpond.com
41039 Mrs Barbara J. Price, 20 Leeds St, GULLIVER QLD 4812 AUS Tel: (07) 4779 6414 Email: barbjp@bigpond.com
41041 Allen J. Linning, 7 Cotswold St, CARINA QLD 4152 AUS Fax: (07) 3843 3514 Email: allenlinning@bigpond.com
41053 Eric H. Treloggen, 4 Hurdeswell, LONG HANBOROUGH WITNEY OX OX29 8DH ENG Tel: (01993) 883540
Email: eric.treloggen@lineone.net
41067 Miss Enid Cumberlidge, 7 Richmond Grove, LYDIATE MERSEY L31 0BL ENG
41073 John C. Moxon, 1 Pinetree Cl, COWES IOW PO31 8DX UK
41077 Bruce Bray, 18 Four Acre Mead, BISHOPS LYDEARD SOM TA4 3NW ENG Email: bray@westford.u-net.com
41089 John C. Carr, 1 South View, Springwell Vlge, GATESHEAD TYNE & W. NE9 7PY ENG Tel: (0191) 416 3189
Email: jcetcarr@btopenworld.com
41103 Mrs Joyce Sullivan, 244 Larkshall Rd, CHINGFORD LND E46 NP ENG Tel: (0208) 529 4217
41109 Miss Pamela J. Brown, 19 Meteor Ave, WHITSTABLE KEN CT5 4EE ENG Email: pbro9@clara.co.uk
41128 Hugh Wilding, The Bungalow, Ray Lea Rd, MAIDENHEAD BERKS SL6 8QA ENG Email: hstjw@lineone.net
41136 Laurence A. Newton, 115 Randalls Croft Rd, BULBRIDGE WILTS SP2 0EY ENG
Tel: (01722) 556530 Fax: (M) 07782 134606 Email: laurence.a.newton@ntlworld.com
41146 Paul V. Nihill, 24 Walderslade Rd, CHATHAM KENT ME4 6NZ ENG
41147 Mrs Diane V. Tuff, 12 Prospect Way, BRABOURNE LEES KENT TN25 6RL ENG
41150 Mr Chris J. Green, Noddyshall, Rockshaw Rd, REDHILL SURREY RH1 3DB ENG Email: noddyshall@onetel.com
41163 Mrs G. Cooper, 8 Credon Cl, FARNBOROUGH HANTS GU14 8QN ENG
41185 Anthony D. Kirk, 76 Northcote Rd, LEICESTER LE2 3FJ ENG Tel: (0116) 210 2510
41205 Mrs Amanda J. Switzer, 88 Attfield Walk, EASTBOURNE E.SSX BN22 9LF ENG
41207 John Varlow, 12 Cremorne Rd, SUTTON COLDFIELD W.MIDS B75 5AH ENG
41208 Miss Helen M. Berry, 64 Selly Wick Dr, BIRMINGHAM W.MIDS B29 7JH ENG Tel: (0121) 472 3737
41212 Mike Hayward, 24 Cruickshank Gve, CROWNHILL BUCKS MK8 0ED ENG
Email: mike@mrhayward.freeserve.co.uk
41214 Keith Alcock, 6 Bayley Rd, WILLASTON CHS CW5 6RL ENG Email: tracer@circher.wanadoo.co.uk
41221 Ruth Mcewen, Po Box 127, ULLADULLA NSW 2539 AUS Tel: (02) 4455 5153 Fax: (02) 4455 5121
41223 Mrs S. Byrne, 81 Bridges St, KURNELL NSW 2231 AUS Email: suemiddo@hotmail.com
41228 Mrs M.L. Gerdtz, 45 Holland Rd, RINGWOOD EAST VIC 3135 AUS
41239 Mrs E.M. Wandin, Po Box 234, KERANG VIC 3579 AUS
41242 Mrs Brenda Harrison, 52/38 Grove Ave, ARANA HILLS QLD 4053 AUS Email: brendah@acenet.net.au
41244 Ronald J. Paterson, 37 Mcintyre St, MACKAY QLD 4740 AUS Email: ronpato@bigpond.net.au
41266 Mrs Marguerita M. Carey, 19 Culdees Rd, BURWOOD HEIGHTS NSW 2136 AUS Tel: (02) 9747 6131
Email: treva@smartchat.net.au
41269 Phil Waring, 16 Glen St, HAWTHORN VIC 3122 AUS Tel: (03) 9421 3170 Email: warip@bigpond.com.au
41270 Peter T. Burke, 6 Rebecca Cl, WHEELERS HILL VIC 3150 AUS Tel: (03) 9561 5174 Fax: (03) 9562 0521
Email: blueflds@connexus.net.au

41271 Ms Velloa Johnson, 3/36 Wallace St, CHERMSIDE QLD 4032 AUS Email: velloa@iprimus.com.au
41297 Mrs Elizabeth M. Heaphy, 10 Read Pl, CHARTWELL HAMILTON 2001 NZ Tel: (647) 855 6980 Fax: (647) 855 8640
Email: weheaphy@amcom.co.nz
41305 James A. Henry, 56 Somerville St, DUNEDIN 9001 NZ Tel: (03) 454 5537 Fax: (03) 454 5537
Email: jhenry@business.otago.ac.nz
41312 Ivan A. Fraser, 28 Cockayne Cres, SUNNYNOOK AUCK 1310 NZ Email: ivan.fraser@watchdog.net.nz
41340 Florence M. Dew, Po Box 704, 108 MILE RANCH BC V0K 2Z0 CAN Tel: (250) 791 5371 Email: flodew@telus.net
41349 Janet Smith, Po Box 3986, SMITHERS BC V0J 2N0 CAN Email: bvgs2@hotmail.com
41358 Mrs Sylvia J. Lowe, Box 2145, R.R.2., CLEARWATER BC V0E 1N0 CAN Tel: (250) 674 3018
41367 Michael C.M. Boon, 5 Addison Rd, GORLESTON NFK NR31 0PA ENG Email: michael@boon15.freeserve.co.uk
41370 Mr/S M. Thorn, Thornholm, Church Ln, SOUTH MUSKHAM NOTTS NG23 6EQ ENG Tel: (01636) 676997
Email: mel.thorn@btinternet.com
41372 Dr Charles F. Cooper, The Beeches, Winnington Gdns, HANLEY SWAN WOR WR8 0DJ ENG
Tel: (01684) 311321 Fax: (01684) 311321
41419 Andrew L. Wilson, 1 Menai Rd, WORONORA NSW 2232 AUS Tel: (M) 0415 527120
Email: andrewlwilson@telstra.com
41420 Mrs Jill Kane, 4 Gallagher Pl, COFFS HARBOUR NSW 2450 AUS Tel: (02) 6652 6234
Email: kevjill@optusnet.com.au
41425 Mrs J.E. Holland, 15/24 Dunmore Tce, AUCHENFLOWER QLD 4066 AUS Tel: (07) 3371 2461 Fax: (07) 3371 3314
Email: balweariescott@dovenetq.net.au
41430 Heather F. Clarey, 4 Wylmar Ave, BURRANEER NSW 2230 AUS Tel: (02) 9523 1770
Email: heatherclarey@yahoo.com.au
41435 Mrs Leanne K. Diessel, 42 Cox Ave, FOREST HILL NSW 2651 AUS Email: diessel@optusnet.com.au
41438 Kelvin L. Dagg, 16 Tristania Cres, TAREE NSW 2430 AUS Email: kld2@tsn.cc
41439 Mrs Alice M. Wilson, 45 Sydney St, WILLOUGHBY NSW 2068 AUS Tel: (02) 9958 6561
41443 Mavis Pearse, 22 Moondarra St, CHAPEL HILL QLD 4069 AUS Tel: (07) 3378 0354 Email: jmpearse@bigpond.com
41444 David G. Bailey, Po Box 120, EVERTON PARK QLD 4053 AUS Email: sonofcam@bigpond.com
41446 Ms Janice R. Clemson, Po Box 507, JAMISON CENTRE ACT 2614 AUS Email: cocobox@bigpond.com
41454 Keith S. Austin, 21 Panavieve Cr, NORTH ROCKS NSW 2151 AUS Tel: (02) 9873 2498 Email: panaust@tpg.com.au
41456 Mrs Sharon J. Murphy, Po Box 591, KINGSWOOD NSW 2747 AUS Tel: (02) 4730 2979
Email: pssj_murphy@bigpond.com
41468 Mrs Carol A. Henriksen, Po Box 162, OCEAN GROVE VIC 3226 AUS Email: henrik@sunet.com.au
41471 Ms Elizabeth V. Retallick, 1/5 Hielscher St, ALEXANDRA HILLS QLD 4161 AUS
41477 Robert L. Twyford, Po Box 1, HARCOURT VIC 3453 AUS Tel: (03) 5474 2739 Email: bobtwy@hotmail.com
41499 Dr William Riddell, 74 Darras Rd, PONTELAND N.U.TYNE NE20 9PG ENG Tel: (01661) 823 511
Email: bill.riddell@btinternet.com
41500 Michael W. Paice, 27 Mayfield Rd, ENFIELD MDX EN3 7LS ENG Email: MichaelPaice1071@aol.com
41511 Dudley P.S. Underwood, Turks Head, Rope Walk, SEAVIEW I.O.W. PO34 5EY ENG
41512 Geoff D. Findon, 6 Avon Fields, WELFORD NORTHAMPTO NN6 6JL ENG Email: 75337.1352@compuserve.com
41531 Brian J. Preston, Po Box 2719, CHELTENHAM VIC 3192 AUS Tel: (03) 9585 4720 Fax: (03) 9585 4720
Email: prestonb@alphalink.com.au
41554 Charles F. Martin, 7 Burrill Dr, WIGGINTON YORK YO32 2ST ENG Tel: (01904) 761 293
Email: cfmartin@talk21.com
41560 Miss Victorine F-Martineau, 20 St.Albans Cres, LONDON N22 5NB ENG Tel: (020) 8881 9444
Email: ernestine_144@hotmail.com
41573 Mr C.J. Kirman, Holmshill Hse, Well End, BOREHAMWOOD HERTS WD6 5PJ ENG
41582 Nigel Brown, 21 Woodhouse Rd, WOLVERHAMPTON WV6 8JN ENG Tel: (01902) 752 443
Email: nigel-brown@blueyonder.co.uk
41589 John A. Taylor, 54 Ash Rd, SUTTON SURREY SM3 9LB ENG Tel: (020) 8644 7867 Fax: (020) 8644 9967
Email: johnataylor@btinternet.com
41590 Gerald J. Wornell, 24 Wayne Rd, PARKSTONE DORSET BH12 3LF ENG Tel: (01202) 742 096
Email: ger.moll@ntlworld.com
41629 Desmond V. Hicks, 66 Millfield Rd, CHORLEY LANCS PR7 1RE ENG
41641 Rayment Society, 20 Lion Ln, BILLERICAY ESSEX CM12 9DL ENG Email: secretary@rayment.org
41642 Robert Ward, 39 Sweetings Rd, GODMANCHESTER CAMBS PE29 2JS ENG
Email: robertward@geoconnexion.com
41716 Mr C.J. Akeroyd, 4 Darmody St, WEETANGERA ACT 2614 AUS Tel: (02) 6254 4265
Email: aliaschristopher@hotmail.com
41768 Ms Jacqueline B. Torrance, 321 S. Madison Ave, LA GRANGE IL 60525 USA Tel: (708) 354 2941
Email: jackie329@juno.com
41785 Sean O'Brien, Woodview House, PORTLAW WATERFORD IRELAND Tel: (015) 387738 Fax: (051) 387738
Email: obriain1@ireland.com
41845 Mrs Joyce Weight, 570 - 46 Avenue, SAN FRANCISCO CA 94121-2423 USA
41880 Mrs Sarah Phelps, Walnut Tree Cottage, Church Rd, BACTON SFK IP14 4LW ENG Tel: (01449) 782025
Email: sarah@phelps100.fsnet.co.uk
41927 Walter C.L. Badge, Villa 79, 1 Central Rd, PORT MACQUARIE NSW 2444 AUS Tel: (02) 6581 3778 Fax: (02) 6581 3778
Email: wbadge@bigpond.net.au
41943 David L. Richardson, Cnr Cottage, Chalkpit Ln, MARLOW BUCKS SL7 2PN ENG Tel: (01628) 471087
Email: Richyco@aol.com
41948 Mrs J. Carter, 1 Lynwood Chase, BRACKNELL BERKS RG12 2JT ENG
41950 Yvonne R. Seton, 30 Goodwood Way, DODDINGTON PARK LINCOLN LN6 0FZ ENG
41959 Mr A. Wallwork, 7 Wroxton Cl, THORNTON CLEVELEYS LANCS FY5 3EY ENG Tel: (01253) 856 398
Email: wallwork7@blueyonder.co.uk

◆ Contributors & Addresses ◆

41968 John B. Clark, 46 Whaley Rd, WOKINGHAM BKS RG40 1QA ENG
41979 Mrs Mabelle D. Brummer, 52 Old Glenhaven Rd, GLENHAVEN NSW 2156 AUS Tel: (02) 9634 2978 Fax: (02) 9634 2978
42019 Mrs C.T. Barnard, 24 Byeside Rd, SIDMOUTH DEV EX10 9NB ENG
42031 Mr M.W.W. Brazier, 16 Longshots Cl, CHELMSFORD ESSEX CM1 7DX ENG
42052 Keith S.H. Lugton, 49 Harefield Ave, CHEAM SRY SM2 7ND ENG Email: keith.lugton@virgin.net
42055 Susan Gardener, Po Box 414, IQALUIT NU X0A 0H0 CAN Tel: (867) 979 6311 Email: gardener@nunanet.com
42083 Colin J. Russell, 28 Florida Ct, 76 Westmoreland Rd, BROMLEY KENT BR2 0TR ENG Tel: (020) 8464 7875
     Email: coljrussell@compuserve.com
42092 Andrew Hopkinson, 17B Henslowe Rd, LONDON SE22 0AP ENG Email: andrew@peckham.demon.co.uk
42112 Mrs Joyce Mattson, 301 Tamaki Rd, WHANGAMATA 2982 NZ Tel: (07) 865 8185 Fax: (07) 865 8185
     Email: ljmatt2@orcon.net.nz
42166 Mrs Janet M. Jobson, 83 Ashen Dr, DARTFORD KENT DA1 3LY ENG Tel: (01322) 402 671
42168 Peter Joyce, 17 Norfolk St, LONDON E7 0HN ENG Tel: (020) 8519 0607 Email: peter.joyce70@ntlworld.com
42170 Robert J. Corney, 15 Rossiter Rd, BALHAM LONDON SW12 9RY ENG
42209 Mrs Pauline Coburn, 54 Queensway, HOPE FLN LL12 9PE WALES Email: paucoburn@talkgas.net
42211 Hector C.M. Davie, Plattenweg 34, CH-3098 SCHLIERN-BEI-KONIZ SWITZERLAND Email: hector@dplanet.ch
42226 Michael J. Power, 3A Vancouver St, RED HILL ACT 2603 AUS Email: power.mike@bigpond.com
42238 Mrs Miriam Ferrall, 10 Fowlers Rd, GLEN OSMOND SA 5064 AUS
42239 Mrs Marion R. Hall, 15 Swadling Ave, GLENLEE QLD 4711 AUS Tel: (07) 4936 1824 Fax: (07) 4936 2824
42277 Mrs Pam J. Dick, 29 Barina Rd, GLEN IRIS VIC 3146 AUS Tel: (03) 9885 1244 Fax: (03) 9885 4682
     Email: psc@burwood.hotkey.net.au
42282 J.V. O'Flaherty, 310 Markwell Rd, CABOOLTURE QLD 4510 AUS Email: janetoflaherty@bytesite.com.au
42296 Kenneth L. Clark, 14 Jingella Ave, ASHWOOD VIC 3147 AUS Email: claryan@alphalink.com.au
42308 Ms Kathryn M. Lee, 23 Church Ln, SHEVINGTON, WIGAN LANCS WN6 8BD ENG
     Email: 3wheels@lachurch.fsnet.co.uk
42320 Peter C. Lance, 59 Church Rd, WATFORD HERTS WD17 4PY ENG Tel: (01923) 238057
     Email: petlan@lanceonline.info
42329 Michael E. Mccarthy, 33 Coverside Rd, GREAT GLEN LEI LE8 9EB ENG Tel: (0116) 2592433
     Email: mccarthys@ukonline.co.uk
42331 Steven Whitaker, 16 Fitzrobert Pl, EGHAM SURREY TW20 9JS ENG Email: steven@whitaker1750.fsnet.co.uk
42342 Ms Elizabeth York, Long Folly Farm, Main St, PEATLING PARVA LEI LE17 5QA ENG
     Email: eliza_york@hotmail.com
42361 Mr M.J. Stephens, 21 Norman Cl, NEWTON ABBOT DEVON TQ12 1PB ENG
     Email: mns.stephens@btopenworld.com
42362 Stephen J. Cordery, 39A North St, BARMING, MAIDSTONE KENT ME16 9HE ENG Tel: (01622) 725650
     Email: grd@cordery.org.uk
42366 Mrs Rita J. Jopson, 3 Captains Wood Rd, Gt Totham, MALDON ESSEX CM9 8PU ENG
42375 Mrs Rosemary Logue, 9 Lorne St, MUSWELLBROOK NSW 2333 AUS Tel: (02) 6543 1493
     Email: rlogue@nobbys.net.au
42384 Mrs Deborah Rummery, 29 Bramble St, CLIFTON BEACH QLD 4879 AUS Tel: (07) 4055 3363
     Email: rummery1@bigpond.com
42386 Hilda E. Maclean, 1 Pioneer St, TOOWONG QLD 4066 AUS Email: hilda_maclean@hotmail.com
42429 Lois M. Sparling, 38 Hallbrook Dr Sw, CALGARY AB T2V 3H4 CAN Fax: (403) 205 2499 Email: lsparling@shaw.ca
42432 Garry L. Weimer, 1233 Havendale Blvd, BURLINGTON ONT L7P 3S1 CAN Tel: (905) 336 7930 Fax: (905) 336 7019
     Email: weimergl@earthlink.net
42434 Margaret Schnirer, 4607 - 6Th Ave, EDSON AB T7E 1C8 CAN Tel: (780) 723 3268
42436 Donna A. Di Lello, 60 Normandy Cres, RICHMOND HILL ONT L4C 8L7 CAN Email: d.dilello@rogers.com
42448 Ms Glenna M. Morrison, 1875 Glenanna Rd, #311, PICKERING ONT L1V 3V6 CAN Email: glenmor@rogers.com
42453 Philip J. Hearne, 2 Bimbai Cl, BANGOR NSW 2234 AUS Fax: (02) 9543 5494 Email: rphearne@ozemail.com.au
42466 Mrs Lynette Begg, Po Box 289, EAST MAITLAND NSW 2323 AUS Tel: (02) 4933 6826 Fax: (02) 4933 2358
     Email: dandlbegg@optusnet.com.au
42474 Noel C. Biggs, Woodspring, INGLEWOOD QLD 4387 AUS
42479 David C. Burke, 42/108 Elizabeth Bay Rd, ELIZABETH BAY NSW 2011 AUS Tel: (02) 9356 2871 Fax: (02) 9356 2871
     Email: ddburke@ozemail.com.au
42507 Miss Sharon L. Riley, 20A Bunnythorpe Rd, PAPAKURA S.AUCK 1703 NZ Email: shaz24@xtra.co.nz
42516 Mrs Carolyn S. Harling, 53 Tui Glen Rd, BIRKENHEAD AUCK 1310 NZ Tel: (09) 418 4728
42518 Lawrence Howell, 4 Kotuku St, MAUNU 0101 NZ Email: okahu@xtra.co.nz
42541 Dr Bryan D. Bang, 82 Harrowfield Dr, HAMILTON 2001 NZ Tel: (07) 854 1282 Fax: (07) 854 1382
     Email: bdbang@wave.co.nz
42542 Ms D. Louise Collenette, 12 Liddell St, NORTHCOTE AUCK 1310 NZ Email: d.louise@xtra.co.nz
42552 Mrs Gayelene S. Grbic, 359 State Hwy 16, HUAPAI AUCK 1250 NZ Tel: (09) 412 8887 Fax: (09) 411 8749
     Email: g-bgrbic@xtra.co.nz
42557 Mrs Alison Procter, 22 Karu Cres, WAIKANAE 6010 NZ Email: aprocter@paradise.net.nz
42565 Rex M. Roberts, 117 Weggery Dr, WAIKANAE 6010 NZ Tel: (04) 905 6570 Email: rxroberts@paradise.net.nz
42570 Mrs Avis A. Currie, 4 Maruia Pl, R.D.6 TAURANGA 3021 NZ Tel: (07) 552 5805 Fax: (07) 552 5805
     Email: berandav@paradise.net.nz
42582 Judith G. Lyon, 74 A Wellington St, HOWICK AUCK 1705 NZ Email: ianjud@paradise.net.nz
42588 Mike J. Freestone, Po Box 9, MARULAN NSW 2579 AUS Email: freestmj@ozemail.com.au
42594 John L. Collins, 17 Barrisdale Rd, ARDROSS WA 6153 AUS Email: johilcol@iinet.net.au
42600 Mrs Sue Hogan, Lot 5 Gowrie Rd, DURI NSW 2344 AUS Tel: (02) 6768 0314 Email: dandshogan@bigpond.com.au
42609 Mrs Barbara L. Toohey, Po Box 273, CURTIN ACT 2605 AUS Tel: (02) 6282 4780 Email: eezy@cyberone.com.au
42615 Stephen M. Burnell-Armstrong, 25 Parker Ave, BORONIA VIC 3155 AUS Email: s.burnell@bhtafe.edu.au
42634 Mrs Patricia K. Cunnings, 22 Whitelands Rd, CHORLEY WOOD HERTS WD3 5RD ENG

GRD ♦ 2005

42641 Miss Sarah J.F. Harris, 4 Copperfield Way, CHISLEHURST KENT BR7 6RY ENG Email: harris_sjf@hotmail.com
42643 Mrs Louise G. Pink, 23 Albany Rd, ST.LEONARDS ON SEA E.SUSSEX TN38 0LP ENG
42645 Ms Lesley M. Close, 159 Stanley Hill, AMERSHAM BUCKS HP7 9EY ENG Tel: (01494) 722 769 Fax: (01494) 722 769 Email: lesley@connolley.co.uk
42647 Mrs S.A. Scott, 3 Wembley Rd, HAMPTON MDX TW12 2QE ENG Email: sheilascott@no32qe.freeserve.co.uk
42660 Richard J. Hiscoke, 18 Diana Gardens, BRADLE STOKE BRISTOL BS32 8DD ENG
42665 Mr N.W. Bernard, 56 St.Agnes Pl, CHICHESTER W.SSX PO19 7TU ENG
42676 Neville J. Clifford, 1 Jennings St, GATESHEAD NSW 2290 AUS Tel: (02) 4943 4130 Email: neville@idl.net.au
42688 Brett J. Arandall, 3 Blackwood Ct, NUNAWADING VIC 3131 AUS Email: b.arandall@bigpond.com
42693 Robert L. Robertson, 1/425 Guildford Rd, GUILDFORD NSW 2161 AUS
42696 Brian E. Austen, 440 Strickland Ave, SOUTH HOBART TAS 7004 AUS Email: brian.austen@one-name.org
42698 Peter J. Marshall, Po Box 587, ERINDALE ACT 2903 AUS Tel: (02) 6291 9607 Fax: (02) 6112 3393 Email: marshalls@hotkey.net.au
42699 Neil & Val Eldridge, 13A Gannawarra St, CURRIMUNDI QLD 4551 AUS Tel: (07) 5493 1717 Email: scaryhead38@yahoo.com.au
42718 Mrs Christine O. Hilliard, 1 Elba Ct, GREENWITH SA 5125 AUS Tel: (08) 8289 8251 Email: aussfare@senet.com.au
42721 Mrs Gwen C. Hardingham, 70 Paloma St, BENTLEIGH EAST VIC 3165 AUS Tel: (03) 9570 6717
42724 Ken R. Harpur, Po Box 505, COWRA NSW 2794 AUS Email: krharpur@bigpond.com
42729 Michael G. Stanfield, 5/63 Weston St, HARRIS PARK NSW 2150 AUS
42730 Miss Ann-Maree Richardson, 156 Liardet St, PORT MELBOURNE VIC 3207 AUS
42739 Mr B.P. Jones, 52 Southern Ave, LONDON SE25 4BS ENG Tel: (020) 8653 0756 Email: barry.jones@ukgateway.net
42744 Miss Sharon P. Laughton, 1 Oak Ctg, Leesons Hill, ORPINGTON KENT BR5 2LH ENG Tel: (01689) 836 650 Email: sharon.laughton@ntlworld.com
42745 Nick Roberts, Providence Hse, Church Ln, EAST HARPTREE BRISTOL BS40 6BE ENG Email: rnickroberts@hotmail.com
42747 Derek J.J. Brooks, 1 Rose Meadows, GOONHAVERN CORNWALL TR4 9LB ENG Tel: (01872) 573 417 Email: derek_brooks@tiscali.co.uk
42752 Dr Hilary M. Smith, Tall Firs, Altwood Bailey, MAIDENHEAD BRK SL6 4PQ ENG
42755 Dr Keith L. Scott, 72 Tetney Rd, HUMBERSTON N.E. LINCS DN36 4JJ ENG Email: mariner98@supanet.com
42758 Dennis A. Lambert, 5 Tynron Grv, NOCTORUM WIRRAL CH43 9WL ENG Email: d.lambert@btinternet.com
42761 Mrs D. Hannaford, Hartland, Green Ln, CHOBHAM SURREY GU24 8PH ENG Tel: (01276) 858681 Email: doreen_ken@sagainternet.co.uk
42771 Mrs I.F. Wakeling, 64 Codling Rd, BURY ST.EDMUNDS SUFFOLK IP32 7HF ENG Tel: (01284) 762 208 Email: irene@zephyron.clara.co.uk
42773 John A. Vallance, 21 Churchside Way, ALDRIDGE STS WS9 8XG ENG Tel: (01922) 451518 Email: jvcscouts@hotmail.com
42780 Mrs Janis T. Shaw, 48 Green Ln, BAYSTON HILL SHROPS SY3 0NR ENG Tel: (01743) 874406 Email: robert@greenlane48.fsnet.co.uk
42782 Mrs Pauline F. Butler, 5 Taunton St, WAVERTREE LAN L15 4ND ENG Tel: (0151) 475 2199 Email: viking.manx@talk21.com
42799 Mrs S. Andrews, 23 Larden Rd, ACTON LONDON W3 7SU ENG Email: terry.andrews180@btopenworld.com
42804 Harold J. Jones, 54 Roberts Cl, CIRENCESTER GLS GL7 2RP ENG Tel: (01285) 644318 Email: scrabojhj@aol.com
42807 William R. Burt, 21 Winrose Cres, LEEDS LS10 3AG ENG
42808 C.E. Mumford, 50 Hearthcote Rd, SWADLINCOTE DBY DE11 9DU ENG Email: katemumford@hotmail.com
42821 Grahame Walton, 5 Carbine Ct, PALMERSTON NORTH 5301 NZ Tel: (06) 356 7883 Email: gentree@clear.net.nz
42828 John F. Heard, 56A Seaview Rd, REMUERA AUCK 1005 NZ Email: heards@ihug.co.nz
42829 Rev. Brian P. Williscroft, 14 Mosgiel St, MORNINGTON DUNEDIN 9001 NZ Tel: (03) 453 1257 Fax: (03) 453 1275 Email: brianp@clear.net.nz
42863 Elaine N. Hall, 68 Rama Cres, KHANDALLAH WGTN 6004 NZ Fax: (04) 479 6634 Email: elainehnz@xtra.co.nz
42874 Miss Stancy J. Startup, Po Box 275, MASTERTON 5915 NZ Email: robinstartup@xtra.co.nz
42890 Mrs Ruth I. Symes, 14 Kanooka Ave, LOWER TEMPLESTOWE VIC 3107 AUS
42893 Mrs Mary O. Regts, Po Box 2079, INGLEWOOD WA 6932 AUS Tel: (08) 9271 7662 Email: firerat@pocketmail.com
42894 Christopher J. Livingstone, 5/26A Pacific Hwy, ROSEVILLE NSW 2069 AUS Tel: (02) 9412 1670 Fax: (02) 9412 2194 Email: chriscam@iinet.net.au
42897 Mrs Kerry A. Suckling, 14 Cullen St, NARROGIN WA 6312 AUS Tel: (08) 9881 2986 Email: palmridge@wn.com.au
42900 Robert G. Hayes, Po Box 20, LONG GULLY VIC 3550 AUS Tel: (03) 5442 1942 Email: bobh@netcon.net.au
42905 Joy K. Jorgensen, Po Box 10, KENTHURST NSW 2156 AUS Email: joyj@ihug.com.au
42909 Rod N. Faulkner, Po Box 329, NEW LAMBTON NSW 2305 AUS Tel: (02) 4952 1500 Email: faulk321@ozemail.com.au
42913 S.A. Ellis, 38 Clarey Cres, SPENCE ACT 2615 AUS Email: dsellis@cybermac.com.au
42919 Mrs Rosemary Maclachlan, 26 Castricum Pl, FERNTREE GULLY VIC 3156 AUS Tel: (03) 9758 3562 Email: romacl1@optusnet.com.au
42927 Mrs L. Thibeault-Liscumb, 12 Brookridge Dr, SCARBOROUGH ONT M1P 3M1 CAN
42940 Gail F. Leach-Wunker, R.R.#1 Norland, MINERS BAY ONT K0M 2L0 CAN Tel: (705) 286 2225 Fax: (705) 286 2978 Email: mbl@halhinet.on.ca
42942 Mrs Doris H. Park, Po Box 2061, Fort Nelson BC V0C 1R0 CAN Tel: (250) 774 3484 Email: dhpark2@northwestel.net
42943 Rosanne Trimmer, 207 Balmoral Ave South, HAMILTON ONT L8M 3K5 CAN Tel: (905) 545 9450 Email: rosannetrimmer@cogeco.ca
42948 Mrs Mary J. Skujins, Po Box 206, COOMBS BC V0R 1M0 CAN Email: trees@qualicum.ark.com
42961 Mrs Barbara E. Hopaluk, 1817 Coldwater Ct, KAMLOOPS BC V2E 2R5 CAN Email: dbhopaluk@shaw.ca
42967 D.M. Hayden, 30 Cardrew Ave, LONDON N12 9LD ENG Tel: (0208) 445 1191 Email: soxcross@waitrose.com
42969 Brian J. Evans, 49 Haysman Cl, LETCHWORTH HERTS SG6 1UD ENG Tel: (07879) 437638 Email: budg1e@firstgc.fslife.co.uk

◆ Contributors & Addresses ◆

42974 Dr Michael Dean, 21 Hollymount Rd, STOCKPORT CHESHIRE SK2 7LN ENG Email: nsc@ouvip.com
42979 Mrs Maire J. Carr, 4 Ennerdale Rd, BEXLEYHEATH KENT DA7 5DP ENG Tel: (020) 8304 6690
   Email: johnandmairecarr@hotmail.com.uk
42986 Amanda J. Harvey, 5 Ridler Rd, ENFIELD MDX EN1 3RB ENG Email: dgordelier@blueyonder.co.uk
42989 Mr R.J. Holdich, 21 Great Hales St, MARKET DRAYTON SHROPS TF9 1JW ENG
   Email: jim.holdich@one-name.org
42993 Keith R. Foster, 44 Farnan Ave, WALTHAMSTOW LONDON E17 4NG ENG Tel: (020) 8523 4025
   Email: kefo.44@btopenworld.com
43029 Andy R. Hogbin, 47 Warren Rise, FRIMLEY SRY GU16 8SJ ENG
43033 Mr G.C. Broad, Hill Rise, Burton Leonard, HARROGATE YORKS HG3 3RW ENG Email: gbroad@ukgateway.net
43050 Terence H. Paterson, 26 Equerry Gdns, 149 Ronald Rd, MONTCLAIR DURBAN 4004 RSA AFRICA Tel: (031) 462 8238
   Email: thpat@m.web.co.za
43052 Mr A.P. Coghlan, 28 Valley Wk, SILVERGLADE FISH HOEK 7975 RSA AFRICA
   Email: tonypcoghlan@hotmail.com
43053 Mrs Marieaan Kahts, Postnet Doringkloof 395, P/Bag X1008, LYTTELTON 0140 RSA AFRICA Tel: (012) 664 2040
   Email: n.kahts@mweb.co.za
43057 Prue Hardy, 783 25 3/4 Road, GRAND JCT CO 81505 USA Tel: (970) 243 8269 Email: hardyprue@hotmail.com
43076 James Robinson, 72 Coolamber Dr, RATHCOOLE DUBLIN IRELAND
43082 Phil D. Kearse, 67 Saunders Rd, M.S.411, MARYBOROUGH QLD 4650 AUS Tel: (07) 4123 3180
   Email: kearsegen@optusnet.com.au
43085 Susan C. Sprott, Po Box 66283, HIGHVELD X7 0169 RSA AFRICA Email: sprott@icon.co.za
43137 Mr M.J. Skinner, 18 Jubilee Ln, FARNHAM SURREY GU10 4TA ENG Email: a.mskinner@virgin.net
43213 Arthur Suters, 11 Donald St, NORTH RYDE NSW 2113 AUS Tel: (02) 9879 1567
43317 Mrs M.L. Cleeve, 6 Afton Cl, LOUGHBOROUGH LEICS LE11 4AN ENG Email: m.l.cleeve@lboro.ac.uk
43395 Mrs Jenny A. Wellington, R.M.B. 1566, KOOMOOMOO VIC 3644 AUS Email: bjjawell@iinet.net.au
43421 Roger K. Saville, Flat 2, 12 Winchester Rd, WORTHING W.SSX BN11 4DJ ENG Email: rk.saville@ntlworld.com
43422 Stephen Miller, 111 Merlin Rd, SCUNTHORPE N.LINCS DN17 1LN ENG Email: knutmill@ntlworld.com
43453 Ms Isobelle L. Wilson, Po Box 436, BIGGERA WATERS QLD 4216 AUS Tel: (07) 5563 7463
   Email: iwgen04@optusnet.com.au
43481 Mrs Patricia S. Molloy, 20 Fulmer Way, GERRARDS CROSS BKS SL9 8AH ENG Tel: (01753) 886573
   Email: molloyps@yahoo.com
43491 Peter L. Ryan, Po Box 25, KALORAMA VIC 3766 AUS Tel: (03) 9728 1407 Email: possum1@hotkey.net.au
43492 K.J. Barry, 14 Macrossan St, SOUTH TOWNSVILLE QLD 4810 AUS Tel: (07) 4771 6714
   Email: tjhpbarry@bigpond.com
43521 Mr T.W. Jones, 5 Cedar Dr, NORTH ROCKHAMPTON QLD 4701 AUS Tel: (07) 4928 6897 Fax: (M) 0438 286897
   Email: twjones@cyberinternet.com.au
43523 Ms A.R. Wornes, Po Box 1828, ESPERANCE WA 6450 AUS
43525 Mrs Shirley D. Watson, 303 Main Rd, TOUKLEY NSW 2263 AUS Email: swatson@idx.com.au
43529 Mrs Melissa G. Hulbert, 14 Waratah St, OATLEY NSW 2223 AUS Email: mhulbert@ozemail.com.au
43566 Mrs Elizabeth M. Bayne, 40 Central Ave, CORRINGHAM ESSEX SS17 7NG ENG Email: lizbayne1@hotmail.com
43582 Bev Bonning, 48 Tel-El-Kebir St, MITCHELTON QLD 4053 AUS Email: bonning@powerup.com.au
43613 Mrs Jan S. Cooper, 8 New Rd, WONERSH SURREY GU5 0SE ENG Tel: (01483) 898339
   Email: greathead@one-name.org
43620 Miss Christine M. Robertson, Flat 3, 95 Pinetree Ave, CANTERBURY KENT CT2 7TA ENG
43656 Mrs Joan P. Hansen, 3 Pridham Ct, ENDEAVOUR HILLS VIC 3802 AUS Tel: (03) 9706 0585
   Email: bjhansen@ihug.com.au
43677 Richard M. Malcolm, 33 Hatfield Rd, RAYLEIGH ESSEX SS6 9AP ENG
43678 Mr J.M. Morgan, Coombe House, Butts Ln, EASTBOURNE E.SSX BN20 93N ENG Tel: (01325) 503457
   Email: michael@coombehouseonline.com
43691 Roger W. Bowman, Woodstock, Trevalyn, ROSSETT LL12 0ER WALES Email: roger.bowman@tinyworld.co.uk
43704 Frances M. Spalding, 12 Rainsford Rd, STANSTED ESSEX CM24 8DU ENG Email: fmspalding@tesco.net
43720 Ruth Chase, Nonsuch Cottage, SPAXTON SOM TA5 2PE ENG Email: chaseruth@hotmail.com
43725 Jerome D. Poole, 13 Humphrey Burtons Rd, COVENTRY CV3 6HW ENG Email: poole@cvntry.co.uk
43727 Richard J. Rose, Litton Cheney, Challacombe Cl, BRENTWOOD ESSEX CM5 2LU ENG
   Email: richard@cheney.fsbusiness.co.uk
43733 Mrs Angela C. Stockley, 33 Avon Square, HEMEL HEMPSTEAD HERTS HP2 6DZ ENG Tel: (01442) 242318
43752 Graeme R. Mcclymont, 2/20 Renown St, BURWOOD VIC 3125 AUS Tel: (03) 9808 9737
   Email: graememont@dodo.com.au
43756 P.R. Searle, 29 Doncaster St, HENDRA QLD 4011 AUS Email: searler@ozemail.com.au
43769 Mr M.J. Mcgregor, 5 Jenkins St, CURTIN ACT 2605 AUS Tel: (02) 6281 0587
43772 Mrs M.J. Morgan, Po Box 53, CULCAIRN NSW 2660 AUS Email: countrydrifters@hotmail.com
43773 Mrs Audrey J. Sargent, Villa 4, 2 Mary St, GOROKAN NSW 2263 AUS
43775 Mrs Lynne F. Robertson, 7 Patu Pl, CHERRYBROOK NSW 2126 AUS Email: pynegar@bigpond.com
43779 Malcolm B. Parlby, 26 Orchard St, KILSYTH VIC 3137 AUS Email: mbpar@bigpond.com
43792 Mrs Elaine G. Barry, 11 Britannia Cres, ANULA NT 0812 AUS Email: ebarry@octa4.net.au
43800 Rev. A.J. Orton, 28 Dusky Dr, SAFETY BEACH VIC 3936 AUS Email: alistair.1956@optusnet.com.au
43804 Janine M.A. Mcminn, Po Box 223, MAWSON ACT 2607 AUS Email: mcminnj@ozemail.com.au
43805 Robert J. Rabjohns, Hollymount, TARALGA NSW 2580 AUS Tel: (02) 4840 2029 Email: grab@goulburn.net.au
43816 Tony Brown, 7 Barbara Ave, KIRBY MUXLOE LEICS LE9 2HE ENG
43828 Alfred T. Verdon, 36 Gaynes Park Rd, UPMINSTER ESS RM14 2HL ENG Tel: (01708) 223940
   Email: a.t.verdon@btinternet.com
43840 Mrs P. Butcher, 3 Ship Rd, PAKEFIELD SFK NR33 7DN ENG Tel: (01502) 584123
43841 Mrs G. Walters, 67 Church Rd, KESSINGLAND SFK NR33 7SJ ENG Email: idwalwalters@hotmail.com

◆ 613 ◆

43842 Philip A. James, 2 Crane Ct, WEST EWELL SRY KT19 9QD ENG Email: jamespxd@ntlworld.com
43843 Miss P.J. Cook, 61 Burrowmoor Rd, MARCH CAM PE15 9RP ENG Email: triciarthur2@tiscali.co.uk
43844 Peter D. Nightingale, 8A Earnsdale Rd, DARWEN LANCS BB3 1HS ENG Email: nightingale24@hotmail.com
43853 Frank J. Harris, 11 Little Ln, HAXBY YORK YO32 3QU ENG Email: frankharris@free-online.co.uk
43857 Mrs Margaret G. Christie, 18 Dryden Rd, ENFIELD MDX EN1 2PP ENG Tel: (020) 8360 4207
43863 Edward K. Prudhoe, 2 Overslade Ln, RUGBY CV22 6DY ENG Email: edward.prudhoe@ntlworld.com
43877 William R.A. Woodward, 90 Boydell Ct, ST.JOHNS WOOD PARK LND NW8 6NH ENG Tel: (0207) 722 7816
 Email: RichardBoydell@AOL.com
43879 Victor A. Garvey, 1 Broadmead Ave, TUNBRIDGE WELLS KENT TN2 5PG ENG Tel: (01892) 533569
 Email: vagarvey@aol.com
43881 Marion R. King, 27 Foxhurst Rd, ASH VALE HANTS GU12 5DY ENG Email: bobbie.king@ntlworld.com
43882 Alan C. Hamilton, 128 Busbridge Ln, GODALMING SRY GU7 1QJ ENG
43884 Mrs Iris Woodward, 20 Fairlea Grange, DENBIGH GARDENS S.HAMPTON SO16 7EJ ENG
 Email: iwoodward@supanet.com
43903 Mrs Janet H.M. Dwyer, 4 Arthur St, HAWERA 4800 NZ Email: jdwyer@paradise.net.nz
43916 Leonard F. Smith, 2/36 Ballater Pl, HOWICK AUCK 1705 NZ Tel: (09) 533 7494 Email: lasmudge@ihug.co.nz
43923 Miss Liz A. Wood, 39 Myross Bush Rd., R.D.6, INVERCARGILL 9521 NZ Tel: (03) 230 4605
 Email: woodliz@xtra.co.nz
43932 Mr L.W. Haddrell, Po Box 125, WHANGAMATA 2982 NZ
43933 Virginia Mackinnon, 88 Morningside Rd, WHANGAREI N.LAND 0101 NZ Email: virginia-mackinnon@clear.net.nz
43934 A. Evans, 1 - 43D The Ridgeway, STOKE NELSON 7001 NZ Email: andevans@xtra.co.nz
43935 Peter G. Milne, 43 Golf Rd, PARAPARAUMU 6010 NZ Tel: (04) 298 8110 Email: milne-peter@xtra.co.nz
43941 Mr S.E. Lowe, 51 Longbow Sq, SCARBOROUGH ONT M1W 2W6 CAN
43967 Mrs Nancy J. Trimble, 70 Bryant Rd, AJAX ONT L1S 2Y8 CAN Tel: (905) 683 4008 Email: dtrimble70@rogers.com
43983 Mrs Stella M.C. Smith, 2 Forstal Cott., Chequers Hill, DODDINGTON KENT ME9 0BN ENG Tel: (01795) 886250
43984 Mrs C.S. Lawrence, Briarly House, Old Bury Rd, STUSTON NEAR DISS IP21 4AD ENG Tel: (01379) 740423
43989 Mrs Sheenagh A. Mcglashan, 47 Victoria Hill Rd, HEXTABLE KENT BR8 7LL ENG
43991 Mrs Mary J. Bushell, 8 Seymour Cl, WORLE SOM BS22 6JZ ENG Tel: (01934) 519250
43996 Ms Gabriella Tsiprou, Po Box 6025, NORTH RYDE NSW 2113 AUS Email: gtsiprou@hotmail.com
44007 Mrs R. Charge, 141 Mulberry Cres, WEST DRAYTON MDX UB7 9AJ ENG
44014 David K. Mckinlay, 11 The Paddocks, GREAT BENTLEY ESSEX CO7 8NR ENG
 Tel: (01206) 250654 Fax: (01206) 250654 Email: david.mckinlay22@virgin.net
44018 John Atherton, 8 Smolletts, EAST GRINSTEAD SSX RH19 1TJ ENG Email: athertj@tiscali.co.uk
44019 Ms R. White, 50 Oakington Ave, HARROW MDX HA2 7JJ ENG Email: rosemary.white@btinternet.com
44036 Don E. Westcott, 4 Birches Cl, EPSOM SRY KT18 5JG ENG Tel: (01372) 726724 Fax: (01372) 739191
 Email: dondwapr@aol.com
44040 Peter Chappell, Ravinia House, King Row, SHIPDHAM NFK IP25 7RW ENG Email: chappells@onetel.com
44043 Mr W.F. Couperthwaite, 26 St.Georges Hill, PERRANPORTH CON TR6 0JS ENG Email: wcouperthw@freeuk.com
44045 Mr D.A. Foster, 82 Prince Rupert Dr, TOCKWITH YORK YO26 7QS ENG Email: dennis.foster@ic24.net
44060 Mrs Joy Dodd, 14 Leslie Way, DUNBAR EH41 1GP SCOTLAND Email: billandjoy.dodd@talk21.com
44061 Michael C. Kemp, Old Thatch, Woburn Ln, ASPLEY GUISE M.KEYNES MK17 8JR ENG
 Tel: (01908) 583662 Fax: (01908) 583900
44063 Mr R.H. Thirlway, 23 Lingfield Ct, PORTSMOUTH PO1 2TB ENG Email: rashaad@thirlway.freeserve.co.uk
44072 David C. Hodge, 50 Thompson Ave, COLCHESTER ESSEX CO3 4HW ENG
44077 David N. Bird, 116 Deeds Gve, HIGH WYCOMBE BUCKS HP12 3NZ ENG Email: david.bird1@ntlworld.com
44078 Brian J. Oliver, 14 Wauldby View, SWANLAND ERY HU14 3RE ENG Tel: (01482) 634469
 Email: twist@twist.karoo.co.uk
44085 Albert Jackson, 111 Heathcote Ave, HATFIELD HERTS AL10 0RL ENG
44088 Mrs Patricia J. Miles, 127 Western Ave, ENSBURY PARK DORSET BH10 6HQ ENG
 Email: patriciajmiles@gcroft.freeserve.co.uk
44104 Malcolm A. Nothard, 24 Cedar Dr, SUTTON-AT-HONE KENT DA4 9EN ENG Tel: (01322) 863470
 Email: familytree@nothard.freeserve.co.uk
44105 Mrs Susan Anderson, Blackers Hall, Lowndes Drove, NEEDINGWORTH CAMBS PE27 4NE ENG Tel: (01480) 464415
 Email: sanderson@waitrose.com
44110 Ms E.A. Seggie, Whinney Brae, Tundergarth, LOCKERBIE DG11 2PP SCOTLAND Tel: (01576) 205844
 Email: east@alba.fsnet.co.uk
44111 Miss C.J. Patrick, 66 Wilson Gdns, WEST HARROW MDX HA1 4EA ENG
44119 Mrs Sue M. Howell, 63 Higher Coombe Dr, TEIGNMOUTH DEVON TQ14 9NL ENG Tel: (01626) 870770
 Email: sm.howell@btopenworld.com
44125 W.J.R. Kneebone, Rose Cottage, Barbican Hill, LOOE CORNWALL PL13 1BB ENG Tel: (01503) 264361
 Email: roger@wjrkneebone.fsnet.co.uk
44132 Mrs Judith Webb, 88 Northmoor Way, WAREHAM DOR BH20 4EG ENG Tel: (01929) 553178
 Email: mrsjudithwebb@aol.com
44138 Mrs D.J. Frost, 15 Buckhurst Cl, REDHILL SRY RH1 2AQ ENG
44148 Robert I. Blakey, 87 The Hollow, BATH SOM BA2 1NE ENG Tel: (01225) 313967 Email: robert.blakey@tiscali.co.uk
44149 Marya Fforde, Cae Bedw, BRILLEY HR3 6JH ENG Email: marya@ff.kc3.co.uk
44150 Paul B. Woods, Woodnesborough, SANDWICH KENT CT13 0NH ENG
44156 Mr/S Laurene & Mark Freeland, 38 Jones St, KINGSWOOD NSW 2747 AUS Tel: (02) 4736 1972
 Email: Mark_LaureneFreeland@bigpond.com.au
44160 Mrs Judy Dickinson, 37 Garfield St, Five Dock NSW 2046 AUS Tel: (02) 9712 1864 Email: dickos4@optusnet.com.au
44175 Mrs Heather M Olds, 81 Poole St, MOTUEKA 7161 NZ Tel: (03) 528 0027 Email: solds@es.co.nz
44196 Mr J.E. Butler, 3 Mcglasen St, MOTUEKA 7161 NZ Tel: (03) 528 7301 Fax: (03) 528 7301
 Email: bkgjeb@skymail.co.nz

♦ Contributors & Addresses ♦

44202 Mrs Claudia Jeffery, 93 Parore West Rd., R.D.2, DARGAVILLE N.LAND 0300 NZ Email: bruce.jeffery@xtra.co.nz
44207 Miss Karen A. Stent, 36 Thackeray St, UPPER HUTT WGTN 6007 NZ Tel: (04) 527 3386 Email: hay.stent@paradise.net.nz
44209 Mrs Judy R. Pethig, Po Box 143, PICTON 7372 NZ Tel: (03) 573 6929 Fax: (03) 573 6929
44217 Rodney A. Silk, 20 Home Meadows, BILLERICAY ESSEX CM12 9HQ ENG Tel: (01277) 654244 Email: rodneysilk@tiscali.co.uk
44223 J. Reading, 12 Plantation Ln, HIMLEY STS DY3 4LL ENG Email: readingj@hotmail.com
44229 Ms D. De Glanville, Ruxbury Lodge, St.Anns Hill Rd, CHERTSEY SRY KT16 9NL ENG Email: edg2dt@aol.com
44241 Billy Normington, 4 Basset Cl, New Haw, ADDLESTONE SRY KT15 3AH ENG Tel: (01932) 707179 Email: normington4@ntlworld.com
44249 Miss Elsie P. Smith, 21 Duncraig Dr, KELLYVILLE NSW 2155 AUS Tel: (02) 9629 6107 Email: epsmith@netspace.net.au
44256 Mrs Audrey J. Menegola, Po Box 107, NAREMBEEN WA 6369 AUS Email: jmenegol@wn.com.au
44261 Robert G. Eldridge, 26 Bandalong St, TORONTO NSW 2283 AUS Tel: (02) 4950 5198 Email: robert.eldridge@hunterlink.net.au
44269 Diane M. Burgess, 3 Jane Ct, CASHMERE QLD 4500 AUS Tel: (07) 3298 5897 Email: dianeburgess@smartchat.net.au
44270 Sr Marie T. Williamson, Po Box 1861, MACKAY QLD 4740 AUS
44279 Beverley G. Chancellor, 3/4 Kalang Rd, CAMBERWELL VIC 3124 AUS Tel: (03) 9889 3655 Email: bevchancellor@bigpond.com.au
44292 Mrs Valerie A. Dean, 20 Newton St, MOUNT HELENA WA 6082 AUS
44294 Stephen J. Rowcliffe, 124 Chippindall Cir, THEODORE ACT 2905 AUS Tel: (02) 6292 4079 Fax: (02) 6272 4875 Email: schooey@iimetro.com.au
44296 Mrs Dorothy Rodgers, 17 Kenyon St, NEWSTEAD TAS 7250 AUS Tel: (03) 6334 2459 Email: dotrod@bigpond.net.au
44299 Neville Willmott, Po Box 302, BROADFORD VIC 3685 AUS Tel: (03) 5784 1085 Email: neville8@bigpond.net.au
44300 Mrs Lillian R. Bennetts, 6 Berry Ave, GREEN POINT NSW 2251 AUS Tel: (02) 4369 1696 Email: bennettsil@bigpond.com
44314 Mrs Patricia E. Lansdell, 25 Pitten Crief, LAUNCESTON TAS 7250 AUS Email: plansdell@bigpond.com
44317 Mrs Ana Gray-Doughty, Po Box 488, INDOOROOPILLY QLD 4068 AUS Tel: (07) 3378 0486 Email: ana_gray1@hotmail.com
44319 Keith W. Wilson, 22 Chiltern Ct, NAMBOUR QLD 4560 AUS Email: markeith@flexinet.com.au
44339 Mrs Susan Alexander, Po Box 346, EDEN NSW 2551 AUS Tel: (02) 6496 1065 Fax: (02) 6496 1065 Email: susana@acr.net.au
44353 Barbara Stanyer, Po Box 56071, VANCOUVER BC V5L 5E2 CAN Tel: (604) 253 0210 Email: family@surfvancouver.com
44368 Ruth Street, C/- Library, Box 279, 9 Toronto St South, UXBRIDGE ON L9P 1P7 CAN Tel: (905) 852 9747 Fax: (905) 852 9849 Email: rstreet@interhop.net
44384 Gerold A. Whittaker, 16 Tienie Botha St, MOSSELBAY WP 6500 RSA AFRICA Tel: (044) 693 2659 Email: gerold@intekom.co.za
44401 Mrs Gertrude C. Tobia, 15 Devant Dr E., BLUFFTON SC 29910 USA Email: devant@islc.net
44409 Mrs Margaret S Lewis, 62 Edge Ave, LENAH VALLEY TAS 7008 AUS Tel: (03) 6228 2229 Fax: (03) 6228 4817 Email: barryjlewis@bigpond.com.au
44411 Stephen D. Williams, 18 Croft Rd, NEWBURY BERKS RG14 7AL ENG Tel: (01635) 676168 Email: stephen.williams@vodafone.co.uk
44417 Jonathan P. Clarke, Woodtown Park, DUBLIN 16 RATHFARNHAM IRELAND Tel: (01) 493 2097 Fax: (01) 493 2097 Email: jpac@gofree.indigo.ie
44510 John W. Swinden, 71 Sussex Gardens, CHESSINGTON SRY KT9 2PU ENG
44567 Ronald F. Mayo, 1 Elouera Cres, FORSTER NSW 2428 AUS Tel: (02) 6554 8487
44639 Dennis D. Long, M.S. 422 Harmony Hills, VIA CLIFTON QLD 4361 AUS Tel: (07) 4659 8593
44649 Ronald G. Birch, 2 The Firs, Chester Rd, WHITCHURCH SAL SY13 1NL ENG Email: rbirch@ic24.net
44689 Gordon Hart, 1544 Murrays Run Rd, LAGUNA NSW 2325 AUS Email: gordon_hart@bigpond.com
44693 Walter P. Martin, Po Box 9, ROSANNA VIC 3084 AUS Tel: (03) 9457 6876 Fax: (03) 9457 6876 Email: walter.martin3@bigpond.com
44726 Mrs Julene Hasell, 71 Mountain River Rd, GROVE TAS 7109 AUS
44774 Adam T. Buck, 22 Tobago Cres, GRENADA NORTH WGTN 6004 NZ Tel: (04) 232 6807 Email: hologram@xtra.co.nz
44781 Christine E. Mackenzie, 183 Milton St, NELSON 7001 NZ Email: chrismackenzie@xtra.co.nz
44815 Mrs Linda Hooper, 54 Eureka Rd., R.D.4, HAMILTON 2021 NZ Tel: (07) 824 1037 Email: jaclin@xtra.co.nz
44857 Mrs Jennifer A. Bissell, 12 Waterfall Rd, HEATHCOTE NSW 2233 AUS Tel: (02) 9520 6809 Email: pjbiss@netspace.net.au
44889 Mrs Sheila Meehan, 11 Ham Lane, GOSPORT HANTS PO12 4AL ENG Email: sheilagardens@aol.com
44913 Edwin L. Cherry, 8 Raebarn Cl, CHERITON HAM SO24 0QE ENG Tel: (01962) 771397 Email: edwin.cherry@virgin.net
44921 Graham F. Coward, 8 Ruth St, DONVALE VIC 3111 AUS Email: ubeauty@fastmail.com.au
44929 Mrs Janice M. Holtham, 10 Kerry St, CHRISTIES BEACH SA 5165 AUS
44932 R. John Bugg, Po Box 121, QUEENSCLIFF VIC 3225 AUS Email: johnbugg@bigpond.com
44938 Mrs Sue A. Boxshall, 33 Dusky Dr, SAFETY BEACH VIC 3936 AUS Tel: (03) 5981 8410 Email: boxshall@melbpc.org.au
44939 Mrs P.B. Locke, 89 Evans St, SHENTON PARK WA 6008 AUS Email: alocke@it.net.au
44941 Miss Christine D. Hunt, 24 East Tce, MUNDULLA SA 5270 AUS Tel: (08) 8753 4126 Email: cdhuntmundulla@yahoo.com.au
44946 Gary Smith, 89 Kingsdown Rd, SWINDON WIL SN2 7PA ENG Email: gary.smith18@btinternet.com
44947 Mrs S.M. Howkins, 3 Warden Hill Rd, LUTON BDF LU2 7AE ENG
44948 Mrs Linda Newell, 31 Highland Rd, EMSWORTH HAM PO10 7JL ENG Email: linda@envr.fsnet.co.uk

44954 Miss Christine A. Morton, 10 Sampshill Rd, WESTONING BEDS MK45 5LF ENG Email: chrismorton@aol.com
44955 Mrs Freda B. Murray, 8 Upfold Cl, CRANLEIGH SRY GU6 8PE ENG Tel: (01483) 271732
      Email: fredabanji@tiscali.co.uk
44963 Rod G. Jowett, 39 Tuckton Rd, BOURNEMOUTH BH6 3HR ENG Email: rodjowett@aol.com
44968 Mrs Karen M. Syrett, 2 Cob Drive, SHORNE KENT DA12 3DU ENG Email: syrettkrkm@lycos.com
44969 Mrs Patricia B. Robins, 693 Bath Rd, TAPLOW BERKS SL6 0PB ENG Tel: (01628) 603239
44996 C.L. Fowler, 1/5 Nedlands Pl, EAST TAMAKI 1701 NZ Email: cclosey@yahoo.com
44998 Mr T.E. Riley, 120 Heke St, NGAIO WGTN 6004 NZ Email: rileyet@paradise.net.nz
44999 Doreen M. Dodd, 38B Totara Pl, PUKEKOHE 1800 NZ Email: stan.doreen@actrix.gen.nz
45030 Mrs Katherine M. Jamison, 58/17 Newman St, CABOOLTURE QLD 4510 AUS Email: jamison@hotkey.net.au
45032 Victor J.S. Barrington, 11 Halpin St, MALAK NT 0812 AUS Tel: (08) 8927 4795 Fax: (08) 8981 0505
      Email: vjsbarr@yahoo.com.au
45036 Nicki A. Ramsay, 15 Greythorne Rd, WOKING SRY GU21 3PG ENG Email: nicki@ramsay31.fsnet.co.uk
45037 Mr S.R. Hawkins, 50 Hawkwell Park Dr, HOCKLEY ESSEX SS5 4HB ENG Email: stevehawk@hotmail.com
45042 Mr R.W.D. Wolverston, 10 Mount Pleasant Rd, WEALD KENT TN4 6QE ENG
45046 Miss Corinne E. Denyer, 1 Woodland Rd, TUNBRIDGE WELLS KENT TN4 9HL ENG Tel: (01892) 527638
      Email: seedycor@hotmail.com
45054 Mrs L. Quayle, 13 Rectory Meadow, Fornham All Saints SFK IP28 6JR ENG Email: lynnequayle@waitrose.com
45070 Miss Catherine D. Stewart, 20 Farmfields Cl, BOLSOVER DBY S44 6BX ENG Email: cd.stewart@btopenworld.com
45078 Mrs B.L. Shelley, 6 Denman St, GREENSLOPES QLD 4120 AUS Email: noshelb@hotmail.com
45082 Mr B.A. Willcox, Po Box 1218, MONA VALE NSW 2103 AUS Email: willreport@bigpond.com
45087 Margaret Huth, 8 Naranja Cres, BENOWA QLD 4217 AUS Tel: (07) 5539 4802 Fax: (07) 5539 4802
45089 Dr Bernice J. Lee, 28 Pitcairn St, EVATT ACT 2617 AUS Tel: (02) 6259 8311 Email: bernicel@bigpond.com
45111 Mr R.K. Wallace, 290 Channel Rd, ORRVALE VIC 3631 AUS Email: wallacerk@bigpond.com
45125 Mrs A.J. Vincent, 25 Macleod St, WEST BUNDABERG QLD 4670 AUS
45127 Ms Margaret A. Copland, 14 Uralla Circuit, KELSO NSW 2795 AUS Email: uralla14@bigpond.net.au
45142 Ms Margaret J. Miller, 45 Chute St, MORDIALLOC VIC 3195 AUS Tel: (03) 9580 7593
      Email: faversham@optushome.com.au
45145 Miss Janice M. Carbury, 128 Falls Rd, WENTWORTH FALLS NSW 2782 AUS
45146 Mr D.J. Black, 55 Caswell Cres, TANILBA BAY NSW 2319 AUS
45154 Clyde L. Ashton, 8 Wahl St, BOONDALL QLD 4034 AUS Tel: (07) 3865 2782 Fax: (M) 0427 709231
      Email: clydeashton@hotmail.com
45159 William F. Olive, 2 Ridge St, WOODFORD NSW 2778 AUS Email: bibble@optusnet.com.au
45176 Mr D.K. Williams, 3 The Spinney, MADELEY HEATH CHES CW3 9TB ENG Email: kay@williams43.fsnet.co.uk
45183 K. Heywood, 100 Patrick St, GRIMSBY LINCS DN32 9PH ENG Email: kath.heywood@ntlworld.com
45186 John Lustig, The Cottage, Hill Top, Skipton Rd, EARBY LAN BB18 6JN ENG Tel: (01282) 842454
45199 S.D. Mccorgray, 101 Duddingston Ave, KILWINNING AYR KA13 6RX SCOTLAND
      Email: shona@dmccorgray.fsnet.co.uk
45202 Melvin F. Irwin, 1 Birkett Cl, SHARPLES LAN BL1 7DQ ENG Tel: (01204) 412 679 Email: melirwin@ntlworld.com
45203 Mrs D.K. Irwin, 1 Birkett Cl, SHARPLES LAN BL1 7DQ ENG Tel: (01204) 412679
      Email: dairne@kirwin99.freeserve.co.uk
45204 Tim C. Leggate, 1 The Perrings, NAILSEA N.SOM BS48 4YD ENG Tel: (01275) 855023
      Email: leggate_pam_tim@hotmail.com
45206 Ms Donna M. Dickens, 285 Newton Cl, CORRINGHAM ESSEX SS17 7JT ENG Tel: (01375) 679824
      Email: dmdmjw@blueyonder.co.uk
45207 Dr Jillian A. Green, October, Pett Rd, PETT E.SSX TN35 4HG ENG
45209 Rosemary Green, 15 Beechwood Ct, Queens Rd, HARROGATE N.YKS HG2 0HD ENG
45215 Mr P.B. Wilks, 13 Zermatt Rd, THORNTON HEATH SRY CR7 7BL ENG Tel: (020) 8689 7445
      Email: philipwilks@zermatt13.fsnet.co.uk
45227 John D. Brooking, 70 Beaconfield Rd, YEOVIL SOM BA20 2JN ENG Email: john_brooking@hotmail.com
45228 Dr C.A. Vielba, 163 Nether St, FINCHLEY LONDON N12 8EX ENG Email: cubscav@aol.com
45236 Mr P.R. Jakeman, 9 Moorside, KNUTSFORD CHS WA16 6EU ENG
45242 Ken M. Glassenbury, 24 Dunair Dr, BURWOOD CHCH 8006 NZ
45247 Mrs Barbara A. Hills, 13 Ellen St, MANUREWA AUCK 1702 NZ Tel: (09) 267 0922 Email: thehillsfamily@xtra.co.nz
45257 Mrs Robyn Robinson, 8 Whitney St, AVONDALE AUCK 1007 NZ Email: robjonrobinson@xtra.co.nz
45261 Mrs Ngaire J. Fairweather, 176 Parsons Rd, R.D.1, ROTORUA 3221 NZ Tel: (07) 333 2875 Fax: (07) 333 2875
      Email: fairweather@clear.net.nz
45264 Mrs G.M. Dunham, 13 Cormack St, MOUNT ROSKILL AUCK 1004 NZ Tel: (09) 627 9545 Email: dunham@xtra.co.nz
45280 Marcia J.E. Keel, 69 Lucien Dr, DARTMOUTH NS B2W 2J4 CAN Tel: (902?) 433 1481
45291 Hugh R. Doherty, 1411 Hillside Ave, VICTORIA BC V8T 2B6 CAN Tel: (250) 595 0910 Email: dirk@hdoherty.com
45308 Jane M. Fraser, 7583 Salt Creek Rd, PUEBLO CO 81004 USA Email: janemfraser@hotmail.com
45315 Laurence Whiers, Woodhatch, Church Ln, BRENT KNOLL SOM TA9 4EG ENG Tel: (01278) 760838
      Email: lwhiers@ukonline.co.uk
45317 Mrs Elizabeth A.B. Fricker, 34 Hill Rise, RICKMANSWORTH HERTS WD3 7NZ ENG
45326 Mr J.F. Lane, Moonvale, Bel Royal Gardens, ST.LAWRENCE JERSEY JE3 1JU UK Tel: (01534) 721712
      Email: jlane@localdial.com
45357 Ms Glenda R. Moore, 43 Western Cres, BLACKTOWN NSW 2148 AUS Email: gmoo27@hotmail.com
45360 Hans K. Hansen, Teglgaardsparken 13 P, DK-5500 MIDDELFART DENMARK Email: hanskr.hansen@get2net.dk
45384 Laurence E. Hellyer, Po Box 5073, WOLLONGONG NSW 2520 AUS Tel: (M) 0418 491391
45388 Roger C.H. Peters, 21 Brook Rd, GLENBROOK NSW 2773 AUS Tel: (02) 4739 1716 Email: roganne@acay.com.au
45442 Mrs Anne R. Dawkings, 15 Almond Walk, HAZLEMERE BUCKS HP15 7RE ENG Tel: (01494) 816181
45489 Mrs Pamela A. Jackson, Takakuri Station, R.D.2, KAEO N.LAND 0471 NZ Tel: (09) 405 0215 Fax: (09) 405 0215
      Email: takakuri@xtra.co.nz

♦ Contributors & Addresses ♦

45534 Mrs June Chatterton, 2 Sandstone Rd, SHEFFIELD S9 1AE ENG Tel: (0114) 249 2533
    Email: junechatterton@blueyonder.co.uk
45541 Mrs Pam L. Williams, 28 North Ave, BENTLEIGH VIC 3204 AUS Tel: (03) 9503 4707
    Email: pamela_williams2212@hotmail.com
45553 Mrs T.A. Penn, 8 Russ Ave, SEATON SA 5023 AUS Email: terry3112@dodo.com.au
45573 Mrs Jacquelynn S. Worboys, 7 Peel Circuit, TWEED HEADS SOUTH NSW 2486 AUS
    Email: theworbs@ezweb.com.au
45584 Mrs Brenda J. Weston, Charnwood, Heads Nook, BRAMPTON CUM CA8 9AE ENG
    Email: brenda@weston842.fsnet.co.uk
45602 Robert S. Cumberbatch, 33 Ashbourne Rise, ORPINGTON KENT BR6 9PY ENG Email: bob@cumberbatch.org
45607 Peter Hagger, 106 Hayling Ave, LITTLE PAXTON ST.NEOTS PE19 6HQ ENG Email: peter@hagger.org
45608 John Briggs, 20 Druids Ln, BIRMINGHAM W.MIDS B14 5SN ENG Tel: (0121) 628 9011
    Email: johnnybriggs5@yahoo.com
45614 Mrs Kathleen A. Paul, 35 The Maltings, WINGATE DURHAM TS28 5PH ENG Email: kathleen.paul@homecall.co.uk
45624 David Beames, 5 Orana Ave, KIRRAWEE NSW 2232 AUS Tel: (02) 9521 1529 Email: dbeames@bigpond.net.au
45626 Mrs Judith A. Stephenson, Po Box 430, FORESTVILLE NSW 2087 AUS Email: jude@bigpond.net.au
45631 Mrs Karenn M. Layne, 11 Michell St, MONASH ACT 2904 AUS Tel: (02) 6291 6586 Email: klayne@webone.com.au
45635 Mrs Denise M. Caunt, 11 Red Hall Rd, LOWER GORNAL W.MIDS DY3 2NU ENG
    Tel: (01384) 257178 Fax: (01384) 257178 Email: denise@dcaunt.freeserve.co.uk
45636 Gordon Hanson, 2 Woodyard Ct, EASINGWOLD YORK YO61 3QR ENG
45639 Dr Shirley E. Hall, 34 St.Martins Walk, ELY CAMBS CB7 4QF ENG Email: shirley@hall-ely.fsworld.co.uk'
45649 K. Russell, 25 Crampton St, KEPERRA QLD 4054 AUS
45652 Mrs Margaret E. Duffus, 4 Whaites St, NAMBUCCA HEADS NSW 2448 AUS Tel: (02) 6568 5670 Fax: (02) 6560 2734
    Email: margaret.duffus@dcs.nsw.gov.au
45665 Mr D. Mathews, 10 Tilton St, FULHAM LONDON SW6 7LP ENG Email: dnr@adrock.fsnet.co.uk
45671 John C. Redman, 75 Sycamore Ave, CHANDLERS FORD HANTS SO53 5RG ENG
45675 John H. Hopkins, 103 Pettingale Rd, CROESYCEILIOG GWENT NP44 2PH WALES Tel: (01633) 485567
    Email: johnjean.hopkins@virgin.net
45678 Frank G. Dungey, 95 Melrose Rd, WELLINGTON 6002 NZ Tel: (04) 383 7752 Fax: (04) 383 7756
45679 David R. Meldrum, 29 Cheltenham Rd, DEVONPORT AUCK 1309 NZ Email: davidmeldrum@xtra.co.nz
45681 Kay Williams, 14 Ross St, MOSGIEL OTAGO 9007 NZ Fax: (03) 489 4485 Email: judy-williams@xtra.co.nz
45687 Leon Daly, 12 Westminster Gve, PORT KENNEDY WA 6172 AUS
45689 Bob Bolitho, 53 Onkaparinga Cres, KALEEN ACT 2617 AUS Email: bbolitho@alphalink.com.au
45690 Jane Borg, 355 Awoonga Dam Rd, GLADSTONE QLD 4680 AUS Email: borgia@tpg.com.au
45691 Ms Dorothy Davies, 124 St.James Rd, ROSANNA VIC 3084 AUS Tel: (03) 9458 1210 Email: dorothydavies@i.net.au
45698 Ms Sylvia Blenkin, 220 Bay St, VICTORIA BC V9A 3K5 CAN Tel: (250) 598 9774 Fax: (250) 595 8228
    Email: sblenkin@shaw.ca
45699 Ms Maggie Biles, Po Box 250, GOSNELLS WA 6990 AUS Email: maggi14au@iinet.net.au
45703 Ronald G. Sayer, 38 Disraeli Rd, WINSTON HILLS NSW 2153 AUS Email: plhogg@intercoast.com.au
45707 William H. Hill, 141 O'Brien Rd, PULLENVALE QLD 4069 AUS Email: suebillhill@iprimus.com.au
45714 Peter T. Dunne, Po Box 472, JANNALI NSW 2226 AUS Email: peterdunne@bigpond.com
45722 Edwin J. Munday, 46 Bradfield Dr, BARKING ESS IG11 9AR ENG Email: e.munday@ntlworld.com
45723 Ron Woodhouse, 100 Daleside Rd, PUDSEY LEEDS LS28 8HA ENG Tel: (01274) 668820
    Email: ron@woodhouse-online.co.uk
45726 Terry J. Clark, 75 Bean Oak Rd, WOKINGHAM BERKS RG40 1RJ ENG Tel: (01189) 772174
45732 C.M. Coates, 34 Glendale Gdns, WEMBLEY MDX HA9 8PS ENG Email: ccoatz@hotmail.com
45734 Mrs Sheila Auger, 36 Ashley Gdns, GRAYS ESSEX RM16 2LR ENG Tel: (01375) 393603
    Email: sheilaauger@blueyonder.co.uk
45735 Alan Whiteley, 10 Boshers Gdns, EGHAM SRY TW20 9NZ ENG Email: alan@endymion.demon.co.uk
45736 Mrs J.E. Stewart, 2 Eastergate, BEXHILL E.SSX TN39 4NU ENG
45743 Christine M.A. Bassett, 7 Gainsborough Cl, WEST MERSEA ESSEX CO5 8PR ENG Tel: (01206) 381835
    Email: bass@part19.freeserve.co.uk
45749 Mrs S.A.L. Jerrold, 13 Hawkins Way, HAILSHAM E.SSX BN27 3NY ENG Email: stephaniejerrold@hotmail.com
45754 Peter R. Harper, 24 Seaview Rd, MOUNT PLEASANT SSX BN9 0NP ENG Email: peterr.harper@virgin.net
45758 Roger B. Berry, 2 Stevens Farm, MARTINSTOWN DOR DT2 9JR ENG Email: jeanroger.berry@virgin.net
45766 John E. Selway, 16 Summer Ln, PELSALL W.MIDS WS4 1DS ENG Email: john.selway@riverfusion.com
45767 Mike Norman, 10 Penning Cl, MELKSHAM SN12 7RX ENG
45769 Ronald R. Graham, 29 Vickers Ave, STRATHMORE VIC 3041 AUS
45770 Peter F.J. Meggs, 108/100 Station St, BURWOOD VIC 3125 AUS
45772 Mrs Robyn Moore, 18 Church St, NORTH DORRIGO NSW 2453 AUS Tel: (02) 6657 5205
45773 Milton A. Baxter, 2 Ethelwyn St, HILTON WA 6163 AUS Tel: (08) 9337 3417 Email: deathlook@hotmail.com
45774 Wendy A. Witten, 310 Leopardwood Rd, CEDAR GROVE QLD 4285 AUS Tel: (07) 5543 1382 Fax: (07) 5543 3382
    Email: cgdesign@gil.com.au
45775 Des F. Deguet, 16 The Parade, HOLDEN HILL SA 5088 AUS Email: ddeguet@picknowl.com.au
45791 Margaret Muchall, 6 Capricorn Dr, CLEVELAND QLD 4163 AUS Email: m_muchall@hotmail.com
45794 Mrs June M. Leahy, Po Box 763, PORTLAND VIC 3305 AUS Tel: (03) 5523 3215 Email: tjleahy@hotkey.net.au
45795 Mrs N.R. Iliffe, 16 Green Point Rd, PEARL BEACH NSW 2256 AUS Email: neliliffe@hotmail.com
45796 Julie A. Rusten, Po Box 356, PANANIA NSW 2213 AUS Email: julierusten@yahoo.com.au
45800 Lester C. Denton, 30 Bigoon Rd, POINT LOOKOUT QLD 4183 AUS Tel: (07) 3409 8444
    Email: lesdenton@bigpond.com
45803 Mrs Patricia A. Tack, 36 Dreamtime Ave, BURRUM HEADS QLD 4659 AUS Tel: (07) 4129 5538 Fax: (07) 4129 5538
    Email: tacp@optusnet.com.au
45806 Rex P. Toomey, Po Box 1989, PORT MACQUARIE NSW 2444 AUS Tel: (02) 6582 7702 Email: ezitree@tsn.cc

ADDRESSES

45808 David G. Meggs, 4 Moss St, COOK ACT 2614 AUS
45811 Mrs Elizabeth J. Lever, 6 Haynes St, HERVEY BAY QLD 4655 AUS Tel: (07) 4128 1673
    Email: bettylever@ozemail.com.au
45823 Mrs Chris F. Prince, 15 Vila Do Porto Cres, SECRET HARBOUR WA 6173 AUS Tel: (08) 9524 7715 Fax: (08) 9524 7715
    Email: chris.prince1@bigpond.com
45824 Janice D. D'Vorak, 53 Roselea Ct, NORTH BOYANUP WA 6237 AUS Tel: (08) 9795 7279
45830 Miss Wendy J. Hicks, 2 Rutley Cres, ECHUCA VIC 3564 AUS Tel: (03) 5482 2635
45833 Marie J. Dallman, 450 Horseshoe Bend Rd, MOUNT DUNDEED VIC 3216 AUS Email: mariejdallman@hotmail.com
45834 Mrs B. Sheather, 19 Anna Catherine Dr, PORT FAIRY VIC 3284 AUS Tel: (03) 5568 2850
    Email: kapyong@bigpond.com
45841 David L. Henwood, 18 Caterham Dr, COULSDON SRY CR5 1JE ENG Tel: (01737) 553410
    Email: david.henwood@btinternet.com
45847 Penny A. Smith, 1 Lloyd Rd, WOLVERHAMPTON WV6 9AU ENG Tel: (01902) 746941
    Email: pennyannsmith@aol.com
45849 Mark G. Tresidder, 34 Graces Cl, CRANFIELD BEDS MK43 0HQ ENG Email: mark@tresidder.me.uk
45850 Mrs Pauline White, 9 East Bank, SELSEY W.SSX PO20 0SP ENG Email: whitehunter@selseypc.com
45851 Mr D.S. Hardstaff, 27 Dacre Cres, KIMPTON HERTS SG4 8QJ ENG Email: hardstaff@one-name.org
45853 Mr I. Oldham, Flat 1, Southmoor 23, Glebelands Rd, MANCHESTER M23 1HR ENG Email: ian88@tiscali.co.uk
45857 Thomas D. Rose, 3A Ashdale Rd, 6W TERENURE DUBLIN IRELAND Tel: (01) 490 2658 Email: rosetd@dublin.com
45863 Mrs Jackie A. Wood, 1 Home Farm, NEW BROUGH NBL NE47 5HF ENG Email: jackie.wood@lineone.net
45866 Simon A. Perry, 38 Lynton Ave, WOLVERHAMPTON W.MID WV6 9NG ENG Email: sperry@heavyfish.co.uk
45871 Victor F. Voss, 19 Gordon St, WESTWOOD KENT CT9 4DZ ENG Tel: (01843) 221382 Email: vicvoss@aol.com
45874 Mr T.B. Kettell, 14 Beach Cres, LITTLEHAMPTON W.SSX BN17 5NT ENG Tel: (01903) 731297
    Email: terryket@bigfoot.com
45876 Mr E. Spinks, 7 Spring Bank Meadow, RIPON NRY HG4 1HQ ENG Email: eric@spinks51.freeserve.co.uk
45879 Graham Hurst, 11 Mayflower Rd, NANTWICH CHES CW5 7DP ENG Email: g_hurstco@tiscali.co.uk
45881 Mr R.L. Ellis, 5 Avebury Park, SURBITON SRY KT6 6SQ ENG Tel: (0208) 399 8878
    Email: louisellis@wellstreet5.fsnet.co.uk
45883 Sid D. Hawes, 1 Garden House, Gordon Ln, BACKFORD CHS CH2 4DG ENG Tel: (01244) 603615
    Email: sid.hawes@virgin.net
45886 Rev. M.R. Goord, 10 Reynolds Cl, HERNE BAY KENT CT6 6DS ENG
45889 Mrs Patricia A. Wilkinson, 36 Thames Ct., Victoria Ave, WEST MOLESEY SRY KT8 1TP ENG
45893 Ms G.F. Lightowler, 93 Westlands, PEEL IOM IM5 1JG UK Tel: (01624) 844618 Email: glendalight@manx.net
45894 Anthony H. Simmonds, The Hurst Cl, The Hurst, CLEOBURY MORTIMER WOR DY14 8ED ENG Tel: (01299) 270232
    Email: Aatanton@aol.com
45895 F.H. Wilson, 22 Brooklyn Works, Green Ln, SHALESMOOR S.YKS S3 8SH ENG Email: f.wilson@blueyonder.co.uk
45900 Donald A.E. Parkes, 37 Pearl St, BROOKLIN ON L1M 1B1 CAN Tel: (905) 655 3102 Email: daparkes@sympatico.ca
45906 Robin L. Haythornthwaite, 2A Mountain View Mews, MOUNT WELLINGTON AUCK 1006 NZ
45916 John E. Hansen, 1 Portree Pl, HAMILTON 2001 NZ Email: john_hansen46@hotmail.com
45920 R. Ian Harding, 29 College St, PALMERSTON NORTH 5301 NZ Email: colian@paradise.net.nz
45925 Mrs Joan A. Stewart, 68A Barton Rd, HERETAUNGA WGTN 6007 NZ Fax: (04) 528 6492
    Email: adrian.stewart@xtra.co.nz
45943 Mrs Heather M. Chan, 79 Baylands Dr, WELLINGTON 6004 NZ Tel: (04) 478 4678 Email: mhmchan@hotmail.com
45945 Mrs Denise A. Miller-Williams, 16 Tuapapa St, JOHNSONVILLE WGTN 6004 NZ Tel: (04) 478 7871
    Email: millwill@paradise.net.nz
45949 Robert D.S. Wilson, Yew Tree Cott., Preston New Rd, BLACKBURN LANCS BB2 7AJ ENG
45950 Timothy L.J. Wing, 2 Marilyn Ave, CHRISTIE DOWNS SA 5164 AUS Email: wingres@tpg.com.au
45962 Fred W. Spong, 8770 Caminito Sueno, LA JOLLA CA 92037 USA Email: fspong@san.rr.com
45973 Richard Holman, 237 Olive Rd, HENNOPS PARK CENTURION 0157 RSA AFRICA Tel: (012) 654 2239
45975 Ms Judith M. Laws, 3/5 Brookes St, NAMBOUR QLD 4560 AUS Tel: (07) 5476 0343 Email: jml101@bigpond.com
45976 Dr Malcolm C. Galloway, 17 Bancroft Ave, ROSEVILLE NSW 2069 AUS Tel: (02) 9419 3030 Fax: (02) 9419 3030
    Email: mcgalloway@optusnet.com.au
45982 Ralph Trouten, 58 Maclennan Ave, HAMILTON ONT L8V 1X4 CAN
45992 Mrs Nola S. Leppard, 7 Benningfield Rd, BULLCREEK WA 6149 AUS Email: kleppard@bigpond.com
45995 John B. Poole, 310 S. Santa Anita Ave, PASADENA CA 91107-5275 USA Tel: (626) 792 1339
    Email: jpoolesail@aol.com
45999 Mrs Megan E. Bleasdale, 14 The Bowsprit, PORT MACQUARIE NSW 2444 AUS Email: megrod@optusnet.com.au
46001 Mrs Ruth Laban, 323 Oxley Rd, FORRESTDALE WA 6112 AUS Tel: (M) 0429 110164 Email: ralaban@iinet.net.au
46004 Mrs Judy E. Brown, Po Box 58, BALMORAL VIC 3407 AUS Tel: (03) 5570 1237 Email: judybrown39@hotmail.com
46007 Leigh Croft, 10 Timor Ct, KIPPA RING QLD 4021 AUS Email: croftham@aapt.net.au
46021 Prudence D. Gore, Po Box 345, SOMERSET TAS 7322 AUS Email: pruegore@bigpond.com
46026 Mrs Christine F. Sanderson, 3 Jones St, RYDE NSW 2112 AUS Email: cfsanderson@optusnet.com.au
46055 Garrett P. Prestage, Po Box 952, DARLINGHURST NSW 2010 AUS Tel: (M) 0405 122726
    Email: g.prestage@unsw.edu.au
46116 Mrs Wendy Rutter, 21 Spring Ct, MORWELL VIC 3840 AUS Tel: (03) 5134 6516
46128 Neville Bray, 44 St.Anns St, NOWRA NSW 2541 AUS
46163 Mrs Shirley M. Wild, 1080 Great Eastern Hwy, GLEN FORREST WA 6071 AUS Email: vk6gw@bigpond.com
46164 Helen M. Dunford, 8 Tatlow St, SMITHTON TAS 7330 AUS Email: dunforgen@tasmail.com
46181 Babette A. Smith, 1 First St, BLACKHEATH NSW 2785 AUS Tel: (02) 4787 5919 Email: babettesmith@hotmail.com
46185 Stockley A. Ward, 82 Bonython Ave, NOVAR GARDENS SA 5040 AUS Tel: (08) 8376 2745
    Email: arnold1@chariot.net.au
46189 Christopher G. Winton, 6 Eleventh Rd, YORK WA 6302 AUS Tel: (08) 9641 1305
46190 Susan Brunning, Po Box A18, SOUTH MORANG VIC 3752 AUS Email: sue_gsb@bigpond.net.au

♦ Contributors & Addresses ♦

46191 Mr R.J. Beswick, Po Box 1199, GRAVELLY BEACH TAS 7276 AUS Tel: (03) 6394 7690 Fax: (03) 6394 7775
46192 Pete Brain, 71 Victoria St, MALABAR NSW 2036 AUS Tel: (02) 9311 2671 Fax: (02) 9311 2671
   Email: pjb1931@bigpond.com
46193 Mrs Christine Demeza, 144 Bayview Dr, LITTLE GROVE WA 6330 AUS Email: chrissy01@bigpond.com
46194 Mrs M.E. Wilde, 1 Marion Ct, LILYDALE TAS 7268 AUS
46195 John M. Slattery, 6 Milsom Ave, LOWER TEMPLESTOWE VIC 3107 AUS Email: jslattery@bigpond.com.au
46196 John P. Fano, 180 Ormsby Tce, SILVER SANDS WA 6210 AUS Tel: (08) 9582 0385 Fax: (08) 9881 8047
   Email: jpfano@aol.com
46197 Mrs Janet A. Burbidge, 8 Missen Ave, HAYBOROUGH SA 5211 AUS Email: janet_burbidge@bigpond.com
46198 Vernon Firth, Po Box 206, WOY WOY NSW 2256 AUS Email: vern@tac.com.au
46199 Mr J.L. Erickson, Po Box 253, PORT ADELAIDE SA 5013 AUS Email: ericj@adam.com.au
46200 Tony J. O'Grady, 21 Turner St, EAST MALVERN VIC 3145 AUS Email: ogrady@connexus.net.au
46201 Mrs Suzanne J. Sustenance, 18 Shearman Cres, MENTONE VIC 3194 AUS Email: lloydsus@alphalink.com.au
46202 Kevin J. Moore, 2 Lawley Pl, MOUNT LAWLEY WA 6050 AUS Fax: (08) 9371 2043 Email: kmoore@westnet.com.au
46203 Mrs Kay Cox, 30 Thalassa Ave, CORRIMAL NSW 2518 AUS Email: coxie@primus.com.au
46210 Brian T. Dever, 21 Towarri St, MUSWELLBROOK NSW 2333 AUS Email: bdever@bigpond.net.au
46211 Ian J. Mcneil, 16 Goodhugh St, EAST MAITLAND NSW 2323 AUS Email: imcneil@hunterlink.net.au
46212 John E. Mcmahon, 313 Budgen Ave, FADDEN ACT 2904 AUS Tel: (02) 6291 0004
   Email: jmcmahon@actewagl.net.au
46213 Edward R. Watkins, 5 Fairview St, SPRINGVALE VIC 3171 AUS Tel: (03) 9546 1201
46214 Dean D. Hopping, 3 Lawrie St, TUMBY BAY SA 5605 AUS Tel: (08) 8688 2495 Email: daphh55@hotmail.com
46215 Tom Dowling, Po Box 267, BELCONNEN ACT 2616 AUS Tel: (02) 6254 7142 Email: tomdowling@netspeed.com.au
46216 Dr Greg S. Mckie, 48 Bundoran Pde, MONT ALBERT NORTH VIC 3129 AUS Tel: (03) 9890 1725
   Email: drgregmckie@hotmail.com
46217 John F. Lucas, 30/40 Park Ln, TRARALGON VIC 3844 AUS Email: mavis@net-tech.com.au
46218 Miss Michelle G. Davis, 17 Eileen St, PIVNIC POINT NSW 2213 AUS Email: michelle-davis@bigpond.com
46219 Mrs Irene F. Davidson, 3 Elphinstone St, CONCORD NSW 2137 AUS
46220 Mrs Lyn J. Bloomfield, 4 Wearne Rd, ECHUCA VIC 3564 AUS
46221 Donald W. Kerr, Po Box 394 Deepdene Mc, BALWYN VIC 3103 AUS Fax: (03) 9495 1400
   Email: dwmmkerr@optusnet.com.au
46225 Mrs Y.R. Lynch, 24 Chestnut Ave, LUTANA TAS 7009 AUS
46229 Dr Don H. Battley, 2-30 Bucklands Beach Rd, BUCKLANDS BEACH AUCK 1704 NZ Email: donb.revs2@xtra.co.nz
46230 Stephen W. Minogue, 11 Consort Cl, PARAPARAUMU WGTN 6010 NZ
46231 Mrs Jean E. Carter, Po Box 422, SPRINGWOOD QLD 4127 AUS Email: elizabeth.carter@bigpond.com.au
46232 A. Wootton, 16 Sutcliffe St, LITHGOW NSW 2790 AUS Email: leatton@lisp.com.au
46233 Mr A.P. Williams, White Posts, CHARLTON ALL SAINTS WILTS SP5 4HQ ENG
   Email: williams@wytposts.demon.co.uk
46235 Ms Coral M.M. Shearer, 11 Ascot Pl, MOUNT MAUNGANUI 3002 NZ Email: coralshearer@hotmail.com
46236 Helen Jackson, 169C Chivalry Rd, GLENFIELD AUCK 1310 NZ Email: nzsg@jcc.co.nz
46237 Vincent A. Warrener, 89/6 Tighe St, JOLIMONT WA 6014 AUS Email: hellvin@optusnet.com.au
46238 Ms W.E. Higgins, 15 Greenwood Gve, TRARALGON VIC 3844 AUS Email: holyrood@vic.australis.com.au
46245 Mrs B.E. Darmody, 119 Braeside Rd, GREYSTAINS NSW 2145 AUS Email: colbarb@bigpond.com
46246 Mrs Ann E. Galway, 22 Wharf St, QUEENSCLIFF VIC 3225 AUS
46247 Mrs Rhonda Baldock, 118 Green Trees Rd, GYMPIE QLD 4570 AUS
46248 Mrs R. Christie, 21 Merrymen Way, PORT MACQUARIE NSW 2444 AUS Email: carl_c@telstra.com
46249 Mrs Coral L. Smith, 10 Challenger Ave, MORLEY WA 6062 AUS
46250 Mrs Claire M. Shaw, 82 Birdwood St, INNALOO WA 6018 AUS Email: jentoyou@hotmail.com
46251 Anthony R. Cairns, 42 Fortunatus St, WELLINGTON 6005 NZ Tel: (04) 389 1020 Email: tony.cairns@paradise.net.nz
46252 Mrs Eleanor R. Eyles, 124A Murdoch Road West, HASTINGS 4201 NZ Email: mandala@clear.net.nz
46253 Murray C. Sanders, 2 Charlene Pl, CHRISTCHURCH 8002 NZ Tel: (03) 332 0734 Fax: (03) 941 5761
46254 Mrs Joan E. Whiley, 1 Lavender Cl, CHESHUNT HRT EN7 6JN ENG Email: joanwhiley@yahoo.com
46255 Mrs Rosemary J. Appleton, 147 Carden Ave, PATCHAM SSX BN1 8NH ENG
   Email: rosejoy@patcham9.freeserve.co.uk
46256 Mrs Hazel M. Astley, 11 Peter St, DONCASTER EAST VIC 3109 AUS Email: hastley@net2000.com.au
46258 Mrs Sylvia Rigg, Hillcrest, Childs Ln, BROWNLOW CHES CW12 4TG ENG Email: jgmrigg@aol.com
46259 Michael G. Follon, 103 Canmore Rd, GLENROTHES FIF KY7 4BJ SCOTLAND
   Email: michaelfollon@blueyonder.co.uk
46260 Ms Phyllis Gerhardt, Po Box 92, COTTON TREE QLD 4558 AUS Email: steadlyford@bigpond.com
46261 Mrs Deidre E. Magill, Arapiles, MOREE NSW 2400 AUS
46262 Debra A. Rohde, 21 Charlwood Dr, MOOROOLBARK VIC 3138 AUS Email: rohde11@bigpond.net.au
46263 Daryl Phillips, 11 Buttercup Dr, MORIAC VIC 3240 AUS Email: dxphillips@bigpond.com
46264 Jennifer Donohoe, 5 Undola Rd, HELENSBURGH NSW 2508 AUS Email: jennydonohoe@fishinternet.com.au
46265 W. Boulton, 1 Hogan Dr, RYE VIC 3941 AUS Email: willib_48@yahoo.com
46266 Mr Joe Mccaffrey, 2 Ferntree Ct, KULVIN QLD 4558 AUS
46267 Mrs Eloise F. Van Der Zwaag, 30 Claudare St, COLLAROY NSW 2097 AUS Tel: (02) 9971 9598
46268 Malcolm G. Stuart, Grey Walls, Chalk Ln, EAST HORSLEY SRY KT24 6TH ENG
   Tel: (01483) 282832 Fax: (01483) 282832
46269 Michael J. Bourne, 43 Burton Rd, EASTBOURNE SSX BN21 2RE ENG Email: michaeljbourne@btopenworld.com
46270 Mr T.P. Ashenden, 66 Pettigrove Rd, KINGSWOOD GLOS BS15 9SW ENG
46271 Mrs Ruth M. Jennings, 3 St.Georges Rd, HEXHAM NTH NE46 2HG ENG Tel: (01434) 600428
46272 Mrs Janice E. Jackson, 33 Oakleaze Rd, THORNBURY S.GLOS BS35 2LN ENG Email: janice48@tiscali.co.uk
46273 Mrs Christine M. Lanfear, 36 Farm Rd, WESTON-SUPER-MARE SOM BS22 8BD ENG
   Email: christine@lanfear36.fsnet.co.uk

46274 Mrs Anne E. Hawkins, Nook Cot., Common-Y-Coed, MAGOR MON NP26 3AX WALES
    Email: treeminder@hotmail.com
46275 Graham J. Davison, Welbourne Hse., Branksomewood Rd, FLEET HANTS GU51 4JS ENG Tel: (01252) 615239
    Email: grahamj.davison@ntlworld.com
46276 Ms Valerie M. Leonard, 91 Glangors, HARLECH GWYNEDD LL46 2NX WALES
    Email: v_leonard2003@yahoo.co.uk
46277 Mrs Marcia E. Barnard, 14 Ferdinand St, CAMPBELL ACT 2612 AUS Email: colinb@cyberone.com.au
46278 Mrs Janet Widdup, 134 Old Eltham Rd, LOWER PLENTY VIC 3093 AUS
46279 Mrs Julie Werner, 7/4A Boyle St, BALGOWLAH NSW 2093 AUS Tel: (02) 9948 3311
    Email: juliewerner2003@yahoo.com.au
46280 Mrs Paula A. Edgar, 152 Tudor St, HAMILTON NSW 2303 AUS
46281 Malcolm R. Mcminn, Po Box 257, KEDRON QLD 4031 AUS Email: maltanya@bigpond.com.au
46282 Ms Sharon Gibson, 2 Surf Rider Ave, NORTH AVOCA NSW 2260 AUS Fax: (02) 4385 7050
    Email: sharon@ingersole.com
46283 William C.N. Hopkins, 28 Hayes St, QUEANBEYAN NSW 2620 AUS Tel: (02) 6297 4612
    Email: billhopkins1945@hotmail.com
46284 David I.A. Giblett, Po Box 233, MANJIMUP WA 6258 AUS Email: giblettdn@wn.com.au
46285 David K. Thomas, 9 Paech Mews, WALKERVILLE SA 5081 AUS Tel: (08) 8269 3106 Email: davonne@adam.com.au
46294 Mrs Diane R. Wyatt, 23 Santa Ana Mews, CURRAMBINE WA 6028 AUS Tel: (08) 9304 2748
    Email: westaussie@aapt.net.au
46295 Mr A.J. Barnard, 15 Penland Rd, BEXHILL ON SEA E.SSX TN40 2JG ENG Email: tony@tbarnard.rsbusiness.co.uk
46296 Mrs W. Maddox, Gardenia, Latchwood Ln, LOWER BOURNE SRY GU10 3HA ENG
46297 Richard J. Poole, 9 Rosetta Ct, HOWICK AUCK 1705 NZ Tel: (09) 535 4374 Email: rjpoole@ihug.co.nz
46298 Mrs Diana L. Jones, 30A Burwood Rd, MATAMATA 2271 NZ Email: briandijones@xtra.co.nz
46299 Owen R.C. Clough, 129 Foremans Rd, HORNBY CHCH 8004 NZ Email: okclough@paradise.net.nz
46300 Graham S. Ogilvie, 4/2 Crescent Rd, PARNELL AUCK 1001 NZ Tel: (09) 307 0920 Email: gogilvie@ihug.co.nz
46301 Mrs Carol B. Foster, 7 St.Andrews Rd, HAVELOCK NORTH 4201 NZ Tel: (06) 877 0455
    Email: ray.carol.foster@xtra.co.nz
46302 Mrs Mavis B. Lawler, 39 Seddon St, TE PUKE 3071 NZ Email: mabel@wave.co.nz
46303 Ian J. Gordon, 54 Levley Ln, KATIKATI 3063 NZ Email: iangordon@ihug.co.nz
46304 Kike H. Vine, 722 Mt.Pleasant Rd, THAMES 2801 NZ Email: vine@xtra.co.nz
46305 Chris Mahoney, Po Box 958, WANGANUI 5001 NZ Email: cmahoney@orcon.net.nz
46306 Miss Cathy E. Wilson, 2/2 Arawa St, PAPAKURA AUCK 1703 NZ Email: cathy.w@xtra.co.nz
46307 Mr/S M.J & M.B. Wilton, 168A Bucklands Beach Rd, BUCKLANDS BEACH AUCK 1704 NZ
    Tel: (09) 534 5656 Fax: (09) 534 5656 Email: wilton@nznet.gen.nz
46308 Mrs Margaret M. Larder, 6 King St, BERRY NSW 2535 AUS
46309 Mrs Maureen A. Smith, 133 Woodcourt Rd, BEROWRA HEIGHTS NSW 2082 AUS Email: morna.s@bigpond.net.au
46310 Ms Janice K. Nevill, 2/422 York St, BALLARAT VIC 3350 AUS Tel: (03) 5332 8657
    Email: janicen@vic.chariot.net.au
46311 Ms Catharine I. Rhodes, 25 Crowley Rd, HEALESVILLE VIC 3777 AUS Tel: (03) 5962 5019
    Email: cathyr1@hotkey.net.au
46312 Douglas J. Pinson, 16 Anton Gve, FLEMINGTON VIC 3031 AUS Tel: (03) 9376 9324 Email: pinson@sme.com.au
46313 Mrs Jean R. Bruppacher, 2/52 Nation Cres, COCONUT GROVE NT 0810 AUS Email: bruppie2001@yahoo.com.au
46314 Garry K. Stubbs, Po Box 434, PALMERSTON NT 0831 AUS Tel: (08) 8931 1367 Email: garry@atherden.org
46315 Mrs Jenny Hayes, 16 Brisbane Ave, COWRA NSW 2794 AUS Email: jennyh@allstate.net.au
46316 Robert A. Murray, 294 Willarong Rd, CARINGBAH NSW 2229 AUS Email: maureenm44@optusnet.com.au
46317 Mrs Judith L. Brodie, 1006 Rosebank Way, HOPE ISLAND QLD 4212 AUS Tel: (07) 5530 1140 Fax: (07) 5530 1289
    Email: judyb@bizyweb.com.au
46318 Mrs Vicki Borgas, Po Box 60, CUMMINS SA 5631 AUS Fax: (08) 8676 2328 Email: grahamborgas@bigpond.com.au
46319 Miss Kathryn A. Christopher, Po Box 455, PADDINGTON QLD 4064 AUS Email: gekosk8@tpg.com.au
46320 Mrs Jennifer J. Rogers, 47 Greville St, HUNTINGDALE VIC 3166 AUS
46321 Bruce R. Clarke, Po Box 73, WARBURTON VIC 3799 AUS Email: bclarke@foxall.com.au
46322 Mrs Elaine A. Sawyer, 242 Edinburgh Dr, TAREE NSW 2430 AUS
46323 Eric D. Wilkinson, 8 Lakeside Leisure Vill., LAKE MUNMORAH NSW 2259 AUS Email: downing@tac.com.au
46324 Mrs J.H. Braid, 21 Bourke Cl, MOUNT SHERIDAN QLD 4868 AUS
46325 Lynn J. Dillon, 1 Gifford Tce, SEAFORD SA 5169 AUS Tel: (08) 8386 1524 Email: prowgrdresearch@yahoo.com.au
46326 Mrs Mary-Joan Keen, Po Box 218, HAMILTON VIC 3300 AUS Email: maryjokeen@internode.on.net
46327 John K. Knight, 4/61 Weymouth Blvd, QUINNS ROCKS WA 6030 AUS Tel: (08) 9562 3040 Fax: (08) 9562 3041
    Email: jonwen@westnet.com.au
46328 Miss Belinda L. Johnston, 149 Malunna Rd, LINDISFARNE TAS 7015 AUS Email: bellej27@optusnet.com.au
46329 Ms N.H. Stuart, Po Box 310, LAUNCESTON TAS 7250 AUS
46330 Ms Janet M. Tinkler, 89 Mccarrs Creek Rd, CHURCH POINT NSW 2105 AUS Tel: (02) 9999 2842
46331 F. Chapman, Po Box 421, GYMEA NSW 2227 AUS Tel: (02) 9524 6395 Email: aqafred@yahoo.com
46338 Ms M.E. Ryan, 36 Splitt Ave, HAMILTON 2001 NZ Email: marieryan@xtra.co.nz
46339 Mr W.R. Prentice, 12 Orbell St, TIMARU 8601 NZ
46340 V.A. Eddy, 60 Hornbrook St North, TEMUKA 8752 NZ Email: eddy@xtra.co.nz
46341 Ms Jeannie Wright, 22 Margate Ave, FLAXMERE HASTINGS 4201 NZ Email: sjwright@xtra.co.nz
46342 Mrs Nancy L. Blyde, 365 Puketutu Rd, R.D.2, MATAMATA 2271 NZ
46343 David W. Green, 12 Caroline Cres, PALMERSTON NORTH 5301 NZ Email: dwgreen@actrix.co.nz
46344 Mrs Ailsa D. Macrae, 31 Titoki St, TE ATATU AUCK 1008 NZ Email: admacrae@xtra.co.nz
46345 David Tate, 20 Infidel Pl, TORBAY AUCK 1311 NZ Email: davetate@xtra.co.nz
46346 Mrs Doreen E. Knight, 22 Mackenzie St, FAIRLIE 8771 NZ Tel: (03) 685 8422
46347 Mrs Glenys A. Barber, 196 Ballance St, WHATAUPOKO 3801 NZ Email: barbers@paradise.net.nz

♦ Contributors & Addresses ♦

46348 Mrs Beverley A. Keall, 17/36 Dee St, ISLAND BAY WGTN 6002 NZ Email: bkeall@msn.com
46349 Judy Denne, 12 Houghton St, MEADOWBANK AUCK 1005 NZ Tel: (09) 528 4766 Email: teden@ihug.co.nz
46350 Mrs Norma M. Richardson, 68 Hazlett St, CLYDE OTAGO 9180 NZ Email: rich.clyde@xtra.co.nz
46351 Philip R. Joynt, Po Box 39203, HOWICK 1730 NZ Email: basin@ihug.co.nz
46352 Mrs Julia M. Rhodes, R.D.1, 1369 Sh23, WHITIANGA 2856 NZ Email: ajpotterz@wave.ca.nz
46353 Kenneth L. Humphrey, 3 Finlay St, ALEXANDER OTAGO 9181 NZ Email: klh@actrix.co.nz
46354 Mrs Sally E. Brooke, 32B Roberts Rd, GLENFIELD AUCK 1310 NZ Tel: (09) 444 0188 Fax: (09) 444 1417 Email: gladysgal01@yahoo.co.nz
46355 Mrs Maureen C. Mccully, 43 Springbank St, CHRISTCHURCH 8005 NZ Email: m.mccully@clear.net.nz
46356 Lynette Henery, 50 Thorn St, PENNANT HILLS NSW 2120 AUS Email: henery@bigpond.com
46357 Mrs Jill I. Hyslop, 1 Ralston Ave, BELROSE NSW 2085 AUS Email: dandji@optusnet.com.au
46358 Fred W. Shelley, 24A Alpha Cl, ELEEBANA NSW 2282 AUS Email: fshelley@smartchat.net.au
46359 Miss Stella W. Green, 314/53 Rohini St, TURRAMURRA NSW 2074 AUS Email: swgreen@bigpond.com
46360 Walter H. Edmonds, 6 Sluman St, DENISTONE NSW 2114 AUS Email: wedmonds@tpg.com.au
46361 Nicholays S. Fullarton, C/- Post Office, WHITE HILLS VIC 3550 AUS
46362 C.M. Wooller, 21 Kaffir Hill Rd, FOSTER VIC 3960 AUS
46363 Diana Byrne, 1544 Murrays Run Rd, LAGUNA NSW 2325 AUS Email: diana_byrne@bigpond.com
46367 John J. O'Neill, 12 Cardigan St, ST.KILDA EAST VIC 3183 AUS
46368 Ms J.F. Eltham, Po Box 0800, MIDDLE CAMPBELL VIC 3124 AUS
46369 Mrs Susan C. Jones, 570 Port Hacking St, CARINGBAH NSW 2229 AUS Tel: (02) 9524 0776 Email: scjones@optushome.com.au
46370 Mrs Lorraine A. Mcdonald, Po Box 111, ESPERANCE WA 6450 AUS Tel: (08) 9076 8504 Email: eieio1@westnet.com.au
46371 Mrs Val J. Bronson, 151 Como Pde, COMO WEST NSW 2226 AUS Tel: (02) 9528 2230 Email: vbronson@ezylnk.net.au
46372 Mrs H.A. Austin, Po Box 2057, COFFS HARBOUR NSW 2450 AUS
46373 Mrs Patricia Allen, 30 Heather Glen Rd, WINMALEE NSW 2777 AUS Tel: (02) 4754 1420 Email: grannypat@bigpond.com
46374 Dr John T. Squires, 11 Goodlands Ave, THORNLEIGH NSW 2120 AUS Tel: (02) 9484 0452 Email: jsquires@bigpond.net.au
46375 Mrs Michelle A. Usnik, 124 Kerrs Rd, MOUNT VERNON NSW 2178 AUS Fax: (02) 9826 1746 Email: m_usnik@optusnet.com.au
46376 Ms Elizabeth L. Pacey, 39 Norcombe St, CARINA QLD 4152 AUS Tel: (07) 3843 5446 Email: e.pacey@sga.edu.au
46377 Daryl Stevenson, 11 Melville St, STRATHALBYN SA 5255 AUS Email: stevbiz@durhamas.com.au
46380 Mrs June Evans, 48 Daiglan Dr, SOUTH OCKENDON ESS RM15 5RW ENG Email: juneevans@sthock.freeserve.co.uk
46381 Isabel Truscott, 89 Lawson St, BENDIGO VIC 3550 AUS Tel: (03) 5442 6590
46382 Ms Pat M. Brown, 7 Castine St, PORT NOARLUNGA SA 5167 AUS Email: rusticred@bigpond.com.au
46383 Mrs Barbara F. Bond, Po Box 16, QUAIRADING WA 6383 AUS Email: barb_bond@westnet.com.au
46384 E.M. Gorman, 41 Kirkwood Rd, EAGLEHAWK VIC 3556 AUS Email: egorman@iinet.net.au
46385 Mr K.I. Holloway, Po Box 19, FOREST HILL VIC 3131 AUS Email: ken@connexus.net.au
46386 Michael R. Merrony, 31 Saleyards Ln, BRAIDWOOD NSW 2622 AUS Tel: (02) 4842 1000 Email: mmerrony@braidwood.net.au
46387 Mrs Merrilyn R. Withington, 186 Olinda-Monbulk Rd, OLINDA VIC 3788 AUS Email: gowithin@bigpond.net.au
46388 Robert G. Kennedy, 990 Jubilee Rd, KATANDRA WEST VIC 3634 AUS Tel: (03) 5828 3212 Fax: (03) 5828 3495 Email: rgpdken@mcmedia.com.au
46389 Mrs Helen M. Howley, 19 Millar Ct, MOOROOPNA VIC 3629 AUS Tel: (03) 5825 4641 Email: ihhowley@bigpond.com.au
46390 Mervyn L. Williamson, Po Box 328, INVERELL NSW 2360 AUS
46391 Kathryn Hanson, 12/21 Romilly St, RIVERWOOD NSW 2210 AUS Email: khanson_97@yahoo.com
46393 Mrs Elizabeth M. Hooper, 19 Rossiter Pl, HAMILTON 2001 NZ
46394 Dawn Paitry, Po Box 54117, BUCKLANDS BEACH AUCK 1730 NZ
46395 Mrs Noeline D. Wilson, 42A Torridge St, OAMARU 8901 NZ Tel: (03) 434 8890 Fax: (09) 434 8890
46396 Arthur H. Manz, 3 Kahikatea Pl, OTAKI 5560 NZ
46397 Mrs Nancy Cooke, 40 Browning St, CAMBRIDGE 2351 NZ Email: cookeclan@xtra.co.nz
46398 Lewis W. Thompson, 5/32 Baird St, INVERCARGILL 9501 NZ Email: kowai@orcon.net.nz
46399 Lionel J. Isted, 7 Manuka St, MATAMATA 2271 NZ Email: lji@pcconnect.co.nz
46400 J.H. Woolford, 27 Cormack St, MOUNT ROSKILL AUCK 1004 NZ Email: jaywoo@xtra.co.nz
46401 Mrs Anne J. Logie, 33D Tedder St, DUNEDIN 9001 NZ Email: jlogie@e3.net.nz
46402 Alison Hollis, 3 Brentwood St, UPPER HUT WGTN 6007 NZ Tel: (04) 528 7892 Email: alison.hollis-burke@xtra.co.nz
46403 Ms Ainsley J. Hunter, 23 Giles St, Waiheke Island AUCK 1240 NZ Tel: (09) 372 5853 Email: ainsleynz@hotmail.com
46404 Bruce D. Cooper, 197 Clyde Rd, CHRISTCHURCH 8005 NZ Tel: (03) 351 4478 Email: bcooper@ihug.co.nz
46406 David Moffat, 17 Goshen Tce, SCONE PERTHS. PH2 6LU SCOTLAND Email: david@djmoffat.fsnet.co.uk
46407 Mrs R.R.B. Watt, 14 Nottingham Ave, GLASGOW G12 0LF SCOTLAND Tel: (0141) 334 2778 Email: ruby.watt@ntlworld.com
46408 Dr F.C. Edwards, 78 Old Road, HEADINGTON OXF OX3 7LP ENG
46409 Mrs Eileen D. Moore-Blythe, Kismet, Stombers Ln, HAWKINGE KENT CT18 7AP ENG Email: alan@jactron.co.uk
46410 Mrs Felicity A. Bates, 21 Grove Farm Cl, BRIMINGTON DBY S43 1QA ENG
46411 Mrs Pauline A. Veale, Rickstones, Walwyn Rd, COLWALL WR13 6QG ENG Email: pottspar@tiscali.co.uk
46412 Mrs Winifred G. Jenkinson, 6 Laburnum Way, GILLINGHAM DORSET SP8 4RU ENG Tel: (01747) 823651
46413 Mrs Sheila W. Denholm, 8 Elm Lodge, HAMPTON-IN-ARDEN W.MIDS B92 0BG ENG Tel: (01675) 442276 Email: sheiladenholm@aol.com

46414 Gordon T. Cox, 336 Vicarage Rd, WATFORD HERTS WD18 6JG ENG
46415 Robert J. Flood, 4 Hussey Cl, PENKRIDGE STS ST19 5TB ENG
46416 Mrs Mary Savage, 11 Melcombe Rd, SOUTH BENFLEET ESSEX SS7 5NB ENG Tel: (01268) 794668
 Email: savagejsavage4u@aol.com
46417 V.N. Marson, 4-B Upperdene Ct, Westdene Dr, BRIGHTON SSX BN1 5HF ENG Email: victormarson@onetel.com
46418 Jacqui Price, 19 Finch Cl, SHEPTON MALLET SOM BA4 5GA ENG
46419 B. Douglas, 4 Swordale Ct, EVANTON ROS IV16 9XR SCOTLAND
46420 Mrs B. Parkes, Golden Rigg, Golden Gve, RUSWARP NRY YO22 5HH ENG
46421 Mrs R.J. Murchie, 12 Conway Cl, WIVENHOE ESS CO7 9RH ENG Email: r_murchie@hotmail.com
46422 Mrs Aileen A. Thompson, 2 North Hill Cottages, DUNKERTON SOM BA2 8BB ENG
46423 Enid G. King, 14 Sycamore Rd, REDCAR YKS TS10 3JX ENG
46424 Mr C.T. Bean, 9 Sheepbell Cl, PORTSLADE E.SSX BN41 2GX ENG Email: ct.bean@virgin.net
46425 Mrs Jean E. Robinson, 60 Huntsmans Dr, HEREFORD HEF HR4 0PN ENG Email: errol.robinson@virgin.net
46426 James T. Baldwin, 38 Kempton Park Rd, AINTREE VILLAGE L.POOL L10 6NH ENG
 Email: j.baldwin@merseymail.com
46427 Mr P.J. Miles, 44 Stoke Rd, PORINGLAND NFK NR14 7JN ENG Email: pandcmiles@tiscali.com
46428 David M. Horwill, 32 Wolsey Rd, SUNBURY-ON-THAMES MDX TW16 7TY ENG Email: dmhorwill@aol.com
46429 Ms Kay E. Wild, 70 Murrayfield Walk, DUNDEE DD4 0AS SCOTLAND Tel: (07760) 120041
 Email: kay@wild4327.freeserve.co.uk
46430 Mrs J.H.A. Grant, 2 Post Office Ln, PLUNGAR NOTTS NG13 0JL ENG Email: juneandmalcolm@mjgrant.co.uk
46431 Mr N. Frazer, 1 Ingledene Cl, GOSPORT HANTS PO12 3TY ENG
46432 Maurice A. Nicholls, 21 The Beeches, POCKLINGTON E.YKS YO42 2HS ENG Email: nicholls_pock@hotmail.com
46433 Mrs C. Papworth-Rhoden, 17 Howard Cl, WILSTEAD BEDS MK45 3JW ENG
 Email: christine.papworthrhoden@ntlworld.com
46434 Mr B.D. Loader, Sexhow Grange Farm, POTTO N.YKS DL6 3HW ENG Email: bdloader@btinternet.com
46435 Mrs Lesley F. Bull, Wychwynd, Cove Rd, FLEET HANTS GU51 2RT ENG Tel: (01252) 614163 Fax: (01252) 629298
 Email: cmscar@tiscali.co.uk
46436 Mr R.W. Pearson, 71 Benomley Cres, ALMONDBURY WRY HD5 8LT ENG Email: rodney_pearson@msn.com
46437 Mrs Janet A. Hulse, 7 Huntingdon Walk, SANDIACRE NOTTS NG10 5GG ENG
46438 Peter J. Collins, 86 Crossfields, TARVIN CHS CH3 8LQ ENG
46439 Mrs F.A.S. Hunt, 4 Newstead Rd, SHEFFIELD S.YKS S12 3BH ENG
46440 Mrs Marjorie Murgatroyd, 5 Park Cres, GILDERSOME MORLEY LS27 7EA ENG Tel: (0113) 253 5790
46441 John H. Brown, 1 Barnes Green, SCOTTER LIN DN21 3RW ENG
46442 Alan G. Pope, 3 Bath Cres, WHITECROFT GLOS GL15 4RN ENG Email: pope_a@datchet2.freeserve.co.uk
46443 Jim Nicholson, 20 Polperro Dr, ALLESLEY GREEN WAR CV5 7PU ENG Email: jim@gridlad.co.uk
46444 Kenneth Stevens, 21 Hereford Cl, RUBERY-REDNAL WAR B45 0BQ ENG
46445 Mrs C.E. Coppen, The Vicarage, ST.MARY BOURNE HANTS SP11 6AY ENG
46446 Martin L. Morton, 32 Hillway, LONDON N6 6HJ ENG Tel: (020) 8340 5972 Fax: (020) 8340 5972
 Email: ml.morton@btopenworld.com
46447 Colin R. Gascoyne, 5 Barnes Way, IVER BUCKS SL0 9LZ ENG Email: colingascoyne@msn.com
46448 Mrs June Staniforth, 125 The Grove, WHEATLEY HILLS S.YKS DN2 5SN ENG Tel: (01302) 326695
 Email: marton-house@blueyonder.co.uk
46449 Mrs Ailsa M. Logan, 60 Mickleton Rd, COVENTRY W.MIDS CV5 6PQ ENG Tel: (02476) 676736
 Email: ailsalogan@synergynet.co.uk
46450 Donald F. Soppitt, 9 Pavilion Meadow, RIVER KENT CT17 0RJ ENG Email: donaldcatspeed@aol.com
46451 Dennis R. Marks, 45 Kneller Rd, WHITTON MDX TW2 7DF ENG Email: d.marks@tesco.net
46452 Brian D. Sugden, 61 Moor Rd, PAPPLEWICK NOTTS NG15 8EN ENG Email: briansugden@waitrose.com
46453 Dr John P. Turnbull, 361 Greenford Rd, GREENFORD MDX UB6 8RF ENG Email: xyt80@dial.pipex.com
46454 Mrs Norma Adams, Flat 2/1 - 203 Deanston Dr, SHAWLANDS GLASGOW G41 3JT SCOTLAND
 Email: nada632@aol.com
46455 J. David Firth, 28 Curzen Cres, KIRK SANDALL S.YKS DN3 1PR ENG Email: david@jdavid1.freeserve.co.uk
46456 Sylvia Saunders, 16 Arthursdale Dr, SCHOLES LEEDS LS15 4AR ENG
46457 Miss G.M. Clay, The Glen, Hambledon Rd, DENMEAD HAMPS PO7 6QA ENG
46458 Mrs Morag Walker, 79 Turnberry Ave, ARDLER DUNDEE DD2 3TL SCOTLAND Tel: (01382) 889661
 Email: balmossie2003@yahoo.com
46459 S. Laflin, 23 Barkers Ct, MADELEY SAL TF7 5AL ENG Email: suelaflin@blueyonder.co.uk
46460 Mrs Julie A. Stuart-Thompson, 80 Golden Ave, EAST PRESTON W.SSX BN16 1QU ENG Fax: (01903) 773964
 Email: julie.st@btinternet.com
46461 Don Montague, 11 Old Brewery Walk, BRACKLEY NTH NN13 7HG ENG
46462 Mrs Suzanne Easton, Stone Gables, The Causeway, MARK SOM TA9 4PX ENG Email: teabageaston@btinternet.com
46463 Peter Denning, 8 Hastings Tce, BRADFORD YKS BD5 9PL ENG
46464 Mrs Alison M. Stanes, La Giffardiere Albecq, CASTEL GUERNSEY GY5 7HN UK Tel: (01481) 256788
 Email: alison.stanes@cwgsy.net
46465 David Hutchfield, #401 - 350 The West Mall, ETOBICOKE ON M9C 1E6 CAN Email: treaclemine@rxcite.com
46466 Garfield Clack, 243 Patricia Ave, OTTAWA ON K1Y 0C6 CAN Email: garclack@hotmail.com
46467 Enrique B. May, 639 7Th Street, SANTA MONICA CA 90402 USA Tel: (310) 395 1777 Email: ebrxmay@hotmail.com
46468 Mrs Patricia A. Clark, 12 Tubb Pl, PEARCE ACT 2607 AUS
46471 Mrs Brenda Roberts, 16 Crofts Way, CORBRIDGE NBL NE45 5NB ENG Tel: (01434) 632781
 Email: a.roberts3040@ntlworld.com
46472 Joseph E. Bryant, 447 Thessaly Cir, OTTAWA ON K1H 5W7 CAN Email: jbryant7@rogers.com
46476 Walter G. Bilton, 41 Mears Rd, PUKETE HAMILTON 2001 NZ Tel: (07) 849 5157 Email: wallyrobyn@xtra.co.nz
46477 Mrs S.M. Smyth, Po Box 876, GISBORNE 3815 NZ Email: smsmyth@clear.net.nz
46478 Mr D.B. Sparks, Barmeal, Whithorn, NEWTON STEWART WIG DG8 8NH SCOTLAND

✦ Contributors & Addresses ✦

46479 Andy D.M. Chapman, 75 Donet Ct, Mursel Estate, STOCKWELL LONDON SW8 1HS ENG Tel: (0207) 771 7654 Email: andrew.chapman2@met.pnn.police.uk
46482 Mrs A.L. Williams, North Bungaree, Rsd, SPALDING SA 5454 AUS Email: oznank@bigpond.com.au
46483 Mrs Edythe K. Nattrass, 1405 Willow Down Circle, WILLOW SPRINGS NC 27592 USA Email: edythen@portbridge.com
46490 Shirley K. Guy, 7 Richmond Circus, EAST FREMANTLE WA 6158 AUS Email: dorishir@dodo.com.au
46491 Mrs Maureen P. Toomey, 45 Irwin Ave, ALTONA NORTH VIC 3025 AUS Email: toomeymp@netlink.com.au
46492 David R. Clayton, 49 Foxborough, SWALLOWFIELD BKS RG7 1RW ENG Email: margaret-dave@theclaytons.fsnet.co.uk
46493 Paul A. Oneill, 9 North Cres, CLAYTON MAN M11 4LR ENG Tel: (0161) 942 7850 Email: pao@freenetname.co.uk
46494 Mr B. Patterson, 10 Springfield Cl, ANDOVER HANTS SP10 2QT ENG Email: brian@ipatterb.co.uk
46495 B.J. Blomfield, 36 Forty Acres Rd, CANTERBURY KENT CT2 7HL ENG Email: BBlomfield@chaucer.ac.uk
46496 Mrs Elaine Waddingham, 3 Century Ct., Montpellier Gve, CHELTENHAM GLOS GL5 2XR ENG
46497 Gerald R. Garnham, 19 Eton Cl, HAMPTON PARK LIN LN6 0YF ENG Tel: (01522) 827767
46498 Paul R. Tracey, 18 Kingston Rd, NAILSEA SOM BS48 4RD ENG Email: pault@blueyonder.co.uk
46499 Denise Marsden, Lee Moor End, Storrs, STANNINGTON S.YKS S6 6GY ENG Email: denise.marsden@virgin.net
46500 Miss Jen L. Colbert, 9 Tudor Rd, PENFILIA TREBOETH SWANSEA SA5 9HF WALES Email: colbert@one-name.org
46501 Geoffrey C. Grimley, 30 Days Green, CAPEL ST.MARY SFK IP9 2HZ ENG Tel: (01473) 310599 Email: geoffboningale@beeb.net
46502 Mr N.H. Clarridge, 92 Pontygwindy Rd, CAERPHILLY GLA CF83 3HA WALES Email: clanger40@aol.com
46503 Mrs Sheila Williams, 168 Station Rd, FORDINGBRIDGE HANTS SP6 1DS ENG Email: peter6543055@netscape.net
46505 Chester W. Forster, Ashybank, Penton, CARLISLE CUM CA6 5QD ENG Tel: (01228) 577030 Email: chesterforster@tiscali.co.uk
46506 Bohdana Badzio, Apt.402, 1604 - 31 Street, VERNON BC V1T 5G8 CAN Email: bbadzio@look.ca
46507 Trevor C. Valler, 1002 Sandspit Rd, R.D.2, WARKWORTH 1241 NZ Tel: (09) 425 7752 Email: trevaller@xtra.co.nz
46508 Mrs Diana Thorpe, The Warren, Gorteanish, Ahakista, BANTRY CO.CORK IRELAND Email: johndiana@eircom.net
46509 Mrs Ann C. Prior, The Priors, Crosspound, UPTON CO. CORK IRELAND Email: crosspound@eircom.net
46510 East London Family History, 6 Ashgrove Rd, NAHOON VALLEY E.LONDON 5241 RSA AFRICA Email: pixied@softhome.net
46513 Ms J.S. Friedman, 8 Park Meadow, HATFIELD HERTS AL9 5HA ENG
46514 Mrs Brenda Crane, 521 Blackburn Rd, OSWALDTWISTLE LAN BB5 4LP ENG Tel: (01254) 395743
46515 J. Collins, 24 Tower Rd, BLACKBURN LAN BB2 5LE ENG Tel: (01254) 208479
46516 Mrs Brenda E. Richardson, Nant-Y-Felin, LLAWR-Y-GLYN POWYS SY17 5RJ WALES
46517 Roy W. Meddings, Much-Ado, Edwyn Ralph, BROMYARD HEF HR7 4LY ENG Fax: (01885) 488633 Email: roy@farm3.demon.co.uk
46518 Clive H. Knowles, 30 Harlequin Ct, CARDIFF S.GLAM NP25 3JP WALES
46519 Dennis A. Clarke, Poloskie, Enochdhu, BLAIRGOWRIE PER PH10 7PH SCOTLAND Tel: (01250) 881268 Email: kingdon@onetel.com
46520 Mrs Rosemary F. Harris, 47 Plough Ln, WATLINGTON NFK PE33 0HQ ENG
97801 Oamaru Branch - Nzsg, C/- Mrs Winchester, 8D R.D, TOTARA OAMARU 8921 NZ Email: oamaru@genealogy.org.nz
97805 Mercury Bay Branch, N.Z.S.G., C/- Lilley, 90 Hahei Rd., R.D.1, WHITIANGA 2856 NZ Email: bruce.lilley@xtra.co.nz
97806 Cooroy-Noosa Gene. & Hist. Group, Po Box 792, COOROY QLD 4563 AUS Tel: (07) 5442 5577 Email: info@genealogy-noosa.org.au
98601 Wanaka Branch - Nzsg, C/- Mrs Duncan, Po Box 284, WANAKA 9192 NZ Email: the.duncans@xtra.co.nz
98612 Rotorua Branch - Nzsg, C/- Page, 1/39 Seddon St, ROTORUA 3201 NZ
98637 Twin Towns F.H.G., Inc., Po Box 266, TWEED HEADS NSW 2485 AUS Email: ttfhg@hotmail.com
98660 Evergreen Seniors Genealogy, 411 Anderton Ave, COURTENAY BC V9N 6C6 CAN Tel: (250) 338 1000
98672 Blenheim Branch, Nzsg, C/- D. Henry, Po Box 4028, REDWOOD VILLAGE BLENHEIM 7301 NZ Email: don.henry@xtra.co.nz
98674 Barham Genealogy Group, Po Box 48, BARHAM NSW 2732 AUS Email: bkgg2732@hotmail.com
99010 Stawell Biarri Genealogy Group, Po Box 417, STAWELL VIC 3380 AUS
99012 Whitsunday F.H.G., Po Box 15, PROSERPINE QLD 4800 AUS Tel: (07) 4945 1500 Email: cpmengel@tpg.com.au
99025 Rockingham & Dist., F.H.S., Po Box 881, ROCKINGHAM WA 6968 AUS
99026 Armidale Family History Group, Po Box 1378, ARMIDALE NSW 2350 AUS
99036 Casino & Dist. Family Hist. Group, Po Box 586, CASINO NSW 2470 AUS Email: casdfhg@locall.anuz.com
99040 Deniliquin Family History Group, Po Box 144, DENILIQUIN NSW 2710 AUS Email: denifhg@bordernet.com.au
99047 Port Macquarie & Dist. F.H.S. Group, Po Box 1359, PORT MACQUARIE NSW 2444 AUS Tel: (02) 6582 0285 Email: pmdfhs@yahoo.com.au
99052 Leeton Family & Local Hist. Soc., Po Box 475, LEETON NSW 2705 AUS
99055 Liverpool Genealogy Society, Po Box 830, LIVERPOOL NSW 2170 AUS
99081 Ryde Dist. Historical Society, 770 Victoria Rd, RYDE NSW 2112 AUS
99093 Heyfield Family History Group, Po Box 201, HEYFIELD VIC 3858 AUS
99106 G.S.Q. - Bayside Branch, Po Box 713, WYNNUM CENTRAL QLD 4178 AUS
99109 Burdekin Contact Group, Po Box 1227, AYR QLD 4807 AUS
99114 Dalby Family History Soc., Po Box 962, DALBY QLD 4405 AUS
99125 Maryborough Dist. F.H.S., Po Box 408, MARYBOROUGH QLD 4650 AUS Email: mdfhs@satcom.net.au
99147 Euroa Genealogy Group, Po Box 299, EUROA VIC 3666 AUS
99174 Bayswater Genealogy Group, 20 Lance Rd, BAYSWATER VIC 3153 AUS Email: jsoutham@melbpc.org.au
99177 Cobram Genealogical Group, Po Box 75, COBRAM VIC 3643 AUS Email: closeup@cnl.com.au
99183 Narre Warren & Dist. F.H.G., Po Box 149, NARRE WARREN VIC 3805 AUS Tel: (03) 9704 9075 Fax: (03) 9796 7446 Email: lynbradley@yahoo.com.au
99187 Shepparton Family History Group, Po Box 1529, SHEPPARTON VIC 3632 AUS
99193 Wodonga Family History Society, Inc., Po Box 289, WODONGA VIC 3689 AUS Email: wcooksey@tpg.com.au

ADDRESSES

99298 Nathalia Genealogical Group, Po Box 92, NATHALIA VIC 3638 AUS
99418 Comox Valley F.H. Group, 207 Fourth St, COURTENAY BC V9N 1G7 CAN Email: info@familyhistory.iscn.ca
99433 Abbotsford Gene. Society, Po Box 672, ABBOTSFORD BC V2S 6R7 CAN Tel: (604) 853 4151
   Email: donhall@dowco.com
99440 Powell River Gen. Group, 6951 Courtenay St, POWELL RIVER BC V8A 1X6 CAN
99443 Revelstoke Genealogy Group, Po Box 2613, REVELSTOKE BC V0E 2S0 CAN Email: flange7013@aol.com
99475 Haliburton Highlands Gene. Group, Po Box 834, MINDEN ONT K0M 2K0 CAN Email: hhggroup@hotmail.com
99522 Lakeshore Genealogy Society, Po Box 1222, COBOURG ONT K9A 5A4 CAN Tel: (905) 372 6945
   Email: kengard@eagle.ca
99545 Central Butte Branch, S.G.S., Po Box 298, CENTRAL BUTTE SAS S0H 0T0 CAN
99556 Prince Albert Branch - Sgs, Po Box 1464, PRINCE ALBERT SAS S6V 5T1 CAN
99570 Port Alberni Genealogy Club, C/- Munsil, 3551 - 16 Avenue, PORT ALBERNI BC V9Y 5C9 CAN
   Email: cmunsil@shaw.ca
99573 Central Highland F.H.A., Po Box 1099, EMERALD QLD 4720 AUS
99590 Morrinsville Branch - N.Z.S.G., C/- 36 Cureton St, MORRINSVILLE 2251 NZ Tel: (07) 889 4466
   Email: l.jeffrey@xtra.co.nz
99598 Whakatane Genealogy Group, Po Box 203, WHAKATANE 3080 NZ Email: gommans.fam@actrix.co.nz
99599 Te Awamutu Genealogy Gp., 116 Gallagher East Rd, R.D.3, TE AWAMUTU WAIKATO 2400 NZ
99600 Alexandra Branch - N.Z.S.G., C/- Hawley, 21 Gregg St, ALEXANDRA OTAGO 9181 NZ Tel: (03) 448 7501
   Email: vloudon@es.co.nz
99832 Mid Gippsland F.H.S., Po Box 767, MORWELL VIC 3840 AUS

Sydney Burial Ground
☠ 1819-1901 ☠
Elizabeth & Devonshire Streets
(the site of Central Railway Station)
by Keith Johnson & Malcolm Sainty

Major reference work commemorating the centenary of removal of the Cemetery in 1901.

It contains:

- Details of **10,000 people** from the **Re-Interment Register** compiled by the Public Works Dept. and notes from **Surveyor's Books** of 1901 when the monuments and remains were relocated.
- Details from **2275 Licences to Bury (with 6000 names)** issued by NSW Colonial Secretary between 1867 & 1888 with additional information from **Applicants Forms** held in Col. Sec. Bundles (State Records NSW).
- Transcription by Johnson & Sainty in 1969 of the **2825 Tombstones** (10,000+ names) transferred to Bunnerong Cemetery in 1901.
- **History of the Cemetery & of Sydney's Early Burial Grounds from 1788.**

512 pages - Fully Indexed - many Illus. A quality publication.
Hardcover. A$59.50 + $7.50 Post. - To order see last page.

One Name Studies
Associations Familiales - Einzelne Familien
One Name Studies are persons and organisations interested in all references to a surname - **sometimes in a particular area**. The basic cost of purchasing a copy of the *Directory* in which the entry appears can include a One Name Study.
The One Name listings are restricted to three lines: The One Name being researched, the name and address of the contact person plus electronic numbers if required, and additional information eg. "Reunion being held at.... on...." OR "Indexing burial records" "creating a database" "new data welcomed" etc.

NOTE: One Name Contributors receive a proof copy in September/October for updating and repeat in the next *Directory*. Details are set out on entry forms sent to Contributors. Others interested in placing entries in this (or other sections) of the next *GRD* should write to any of our Agents (listed on page 4) for an entry form.

GOONS: Guild of One Name Studies:
Contributors who have indicated that they are members of this organisation have this indicated at the end of the entry - marked (G).

==

Contributors Addresses and Electronic Numbers
Understanding contributors' addresses
Most of the names & addresses in the Listing can be divided into three lines by the commas.
> Name of person
> Street (or Box) address
> Town/area/postcode and country

If an address contains a third comma then the street address usually contains the additional comma eg. Route 6, Box 577.

Postcodes: N= NUMERIC; A=ALPHA.
In AUS, NZ & RSA they are NNNN. In the USA the (zipcode) is NNNNN with an extra -NNNN recently introduced and not always recorded above. In Canada it is ANA NAN. In the UK it is *normally* AAN NAA but can be ANN NAA or AANN NAA there are also other variations. The Irish Republic still does not have a postcode system except in large cities which have a N. Most European countries have NNNNN. When writing internationally it is preceded by the country code (eg. D-NNNNN for Deutschland/Germany). Netherlands is NL-NNNN AA.

Personal Names: If a man's forename appears, the title MR has been deleted. Where a woman's forename appears, the title MRS MISS MS have only been published if written on her entry form. The person's name is recorded as title, first name(s) (or initial) and surname.
It is separated from the address by the first comma.

Clarity please!: When writing to other contributors, or writing your own address on a letter, please usa a three tiered system, type if possible, or use BLOCK CAPITALS. Do not put commas at the end of the lines or between the street number and the street name.

Understanding contributors' electronic numbers:
Telephone & Fax: Numbers contain ONLY the area code (in brackets) and number. If dialling long distance WITHIN the same country you dial all the numbers in the brackets. If dialling from another country - you leave out the first 0 (zero) in most countries and replace it with the COUNTRY code which should be listed in your telephone directory. You ALSO need to first dial your International Access Code (to get you to the international exchange - this IAC is usually 001 or 010 or 0011.

E-Mail: It is regrettable that E-mail numbers are by international convention, expressed in lower case. This makes them difficult for us to read on contributors' forms - thus errors may have been made. Some contributors did not know how to write their number in full - a country code may have to be added in some cases if the number does not work.

- **ACE:** *Contact:* Rex Ace. *Address:* 3 Gunton St.Peters Avenue, Lowestoft, Suffolk, NR32 4JP, Eng. *Email:* rexsuffolk@aol.com *Area of interest:* Worldwide.

- **ACHURCH:** *Contact:* Mrs Lesley Kennedy. *Address:* Hall Lodge, Church Hill, Washingborough, LN4 1EJ, Eng. *Email:* david.lesleyk@ntlworld.com *Area of interest:* Any dates - Worldwide.

- **ADSET & BAKER:** *Contact:* Miss Amy Miller. *Address:* 13 Annie Street, Dalby, Qld, 4405 Aus. *Email:* amy.r.miller@bigpond.com Interest: Frank Adsett (1893-1982) m 1915 Rose Beatrice Baker (1895-1972). Issue: 1. Margaret (Maggie) m. Randolph (Dolph) Boardman. 2. Gladys m. Stanley Ford. 3. Charlie m. Winifred Schultz. 4. Lucy m. James Johnston. 5. Francis Walter. 6. Mary m. Frederick Miller. Queries are welcome, SAE appreciated. Looking for updates, stories & photos.

- **ADSETT & FELIX:** *Contact:* Miss Amy Miller. *Address:* 13 Annie Street, Dalby, Qld, 4405 Aus. *Email:* amy.r.miller@bigpond.com Interest: Charles Adsett (1855-1922) m. 1881 Maragret Felix (1856-1946). Issue: 1. William (Willie) m. Lillie Brown. 2. Alfred m. Nellie de Gruchy. 3. John (Lou). 4. Charles (Charlie) m. Ida Voelkel. 5. Hannah (Mary) m. Joseph McCulloch. 6. Frank m. Rose Baker. 7. Joseph m. Christina McAdam. 8. Rose (died young). Queries are welcome, SAE appreciated. Looking for updates, stories & photos.

- **AGER:** *Contact:* Ian Ager. *Address:* Ramblers, 1a Eastington Road, Northleach, Glos. GL54 3PH, Eng. *Email:* ian@agerancestry.freeserve.co.uk *Area of interest:* Worldwide. name variants Agar, Agor, Aggar, Ayger, Eager, Adger, Agger, Ainger, Adjer, Auger, Aiger, Hager, Aijer, Aingell, Eagar.

- **AINSLEY:** *Contact:* Mr H. Ainsley. *Address:* 32 Sixty Acres Road, Prestwood, Bucks. HP16 0pe, Eng. *Tel:* (01494) 865351. *Email:* hugh@ainsley.stargate.co.uk *Area of interest:* Worldwide. Includes numerous variations such as Annersley, Hinsley, Ainslie, Ansley, Ensly etc.

- **ALDERMAN:** *Contact:* Bob Alderman. *Address:* Ashley Leigh, Ashley, Box, Corsham, Wilts., SN13 8AJ, Eng. *Tel:* (01225) 742696. *Area of interest:* Worldwide, any period but specifically: very early (15th, 16th & 17th century) in SFK, ENG around Little Belstead, Capel St.Mary, Hadleigh & Ipswich. very early (15th, 16th & 17th century) in NTH, ENG around Thorpe Malsor, Kettering, Little Harrowden, Rothwell.

- **ANSTIS:** *Contact:* Ray Anstis. *Address:* Little Basing, Vicarage Walk, Bray, Berks SL6 2AE, Eng. *Tel:* (01628) 627127. *Fax:* (01628) 620908. *Area of interest:* Worldwide. Collection of references to Anstis and its variants. (G)

- **APTHORP(E):** *Contact:* Joan Christie. *Address:* Villa 371, The Village Glen, Rosebud West, Vic 3940, Aus. *Email:* christie@pac.com.au *Area of interest:* Worldwide. All enquiries welcome.

- **ATHERDEN:** *Contact:* Garry K. Stubbs. *Address:* PO Box 434, Palmerston, NT 0831, Aus. *Tel:* (08) 8931 1367. *Email:* garry@atherden.org *Website:* http://www.atherden.org *Area of interest:* Worldwide. All enquiries & info. welcome. Newsletter. (G)

- **ATTREE: Attree One-name Study:** *Contact:* Brian Attree. *Address:* J.Westerdijklaan 4, NL-2104 TT Heemstede, Netherlands. *Tel:* (023) 528 5410. *Fax:* (023) 547 9835. *Email:* brianjattree@cs.com *Area of interest:* Worldwide. (G)

- **AUGER:** *Contact:* Alan T.G. Nelson. *Address:* 4 Elder Close, Marchwood, Hamps. SO40 4SN, Eng. *Email:* atgn@elder53.fsnet.co.uk *Area of interest:* UK & Worldwide. Databse updated regularly including GRO data on Augers, Augur, Augar, Aucher, Anger, August, Odgers, Odger. All information appreciated. (G)

- **AUSTEN:** *Contact:* Brian E. Austen. *Address:* 440 Strickland Ave, South Hobart, Tas 7004, Aus. *Email:* brian.austen@one-name.org *Area of interest:* Worldwide.

- **BABB:** *Contact:* Mrs C. Coleman. *Address:* 100 Knightlow Road, Harborne, Birmingham, B17 8QA, Eng. *Email:* home@colemanrc.demon.co.uk *Area of interest:* Worldwide with specific interest in Babbs of DEV & STS, Eng and Maine, USA.

- **BADGE:** *Contact:* Walter C.L. Badge. *Address:* Villa 79, 1 Central Road, Port Macquarie, NSW

◆ One Name Studies ◆

2444, Aus. *Tel/Fax:* (02) 6581 3778. *Email:* wbadge@bigpond.net.au *Area of interest:* West country, Eng, USA, CAN, AUS, Brazil, Chile, Mexico, Japan, Barbados. No variations.

● **BAGNALL:** *Contact:* Mrs Jessie Kirkham. *Address:* 22 Diane Street, Yeronga, Qld. 4104, Aus. *Email:* jkirkham@primus.com.au *Area of interest:* Descendants of Rober Bagnall, Potter in Glasgow, LKS, & Musselburgh, MLN, Sct. and formerly of Stoke-on-Trent, STS, Eng. c1770.

● **BAKER & WEEKS:** *Contact:* Miss Amy Miller. *Address:* 13 Annie Street, Dalby, Qld, 4405 Aus. *Email:* amy.r.miller@bigpond.com Interest: Thomas Baker m. Mary Weeks. Issue: 1. Thomas m. Emily (?). 2. Jane m. Mr Littlefield & James Batchelor. 3. Lizzie m. Mr Wall. 4. Esther m William Jenkins. 5. Jessie. 6. Walter. 7. William. 8. Harold. 9. Freddie. 10. John m. Lucy Woodwood. 11. Edie. Queries are welcome, SAE appreciated. Looking for updates, stories & photos.

● **BAKER & WOODWARD:** *Contact:* Miss Amy Miller. *Address:* 13 Annie Street, Dalby, Qld, 4405 Aus. *Email:* amy.r.miller@bigpond.com Interest: John Baker (1866-1935) m. 1890 Lucy Woodward (1869-1941). Issue: 1. Albert (Bert) m. Ethel Rowe. 2. Ann m. Gottlieb Merker. 3. Rose m. Frank Adsett. 4. Afred m. Annie Rucker. 5. Louise m. Henry Mills. 6. Jessie (Prg) m. Gilbert Brockhurst. 7 Emily m. Gilbert Carseldine. 8. Lucy (May) m. William Goeldner. 9. William m. Edith Bleakley. 10. Edith (Maud). 11. Henry (Charlie). 12. Elsie m. Henry Buchman. 13. Hilda m. James Riley & George Burgess. Queries are welcome, SAE appreciated. Looking for updates, stories & photos.

● **BANG:** *Contact:* Dr Bryan D. Bang. *Address:* 82 Harrowfield Drive, Hamilton, 2001, NZ. *Tel:* (07) 854 1282. *Fax:* (07) 854 1382. *Email:* bdbang@wave.co.nz *Area of interest:* From Funen, Denmark, especially those living abroad.

● **BARCLAY:** *Contact:* David W. Barclay. *Address:* #232 - 4693 Muir Road, Courtenay, BC, V9N 6A4, Can. *Tel:* (250) 898 8836. *Fax:* (250) 898 8863. *Email:* dave@dbarclay.ca *Area of interest:* Scotland.

● **BARRY:** *Contact:* Mrs Vicki Borgas. *Address:* PO Box 60, Cummins, SA 5631, Aus. *Fax:* (08) 8676 2328. *Email:* grahamborgas@bigpond.com.au *Area of interest:* Descendants of Charles Barry & Alice (nee Hall) marr. 16 Feb. 1888 at Port Adelaide, SA, Aus. Descendants in Aus & Eng & worldwide.

● **BASTARD:** *Contact:* Victor J.S. Barrington. *Address:* 11 Halpin Street, Malak, NT 0812, Aus. *Tel:* (08) 8927 4795. *Fax:* (08) 8981 0505. *Email:* vjsbarr@yahoo.com.au *Area of interest:* Dev & Con, Eng, Kenya & South Africa, NZ & (Spain post 1960). Searching family descendants of William Segar Bastard arrived Cape Province RSA 1882 from Eng. Earliest record found mar. William Bastard & Judith Segar 1788, Holy Trinity, Exeter, Dev, Eng. Extensive family tree and data exchanged with pleasure.

● **BASTERFIELD:** *Contact:* Mrs F.M. Avery. *Address:* 107 Brookside, East Barnet, Herts. EN4 8TS, Eng. *Email:* jonathan.avery1@btinternet.com *Area of interest:* Worldwide.

● **BATTLEY:** *Contact:* Dr Don H. Battley. *Address:* 2-30 Bucklands Beach Road, Bucklands Beach, Auckland 1704, NZ. *Email:* donb.revs2@xtra.co.nz *Area of interest:* Bury St.Edmunds, SFK, ENG pre 1860 & NZ 1860+

● **BAX/BAXE:** *Contact:* Mrs Lynda Jones. *Address:* Rancho Lindo, Nogalte 72, Puerto Lumbreras, Murcia, E-30890, Spain. *Email:* lyndajones@safe-mail.net *Area of interest:* UK. Information and enquiries welcome.

● **BEARSBY:** *Contact:* Mrs Merlynne Reeves. *Address:* 6 Rolvenden Rd, Strood, Kent ME2 4NY, Eng. *Interest:* Worldwide. Variations Include Baseby Beasby. Enquiries & info. welcomed.

● **BEDLINGTON:** *Contact:* Steven Whitaker. *Address:* 16 Fitzrobert Place, Egham, Surrey, TW20 9JS, Eng. *Email:* steven@whitaker1750.fsnet.co.uk *Area of interest:* Worldwide.

● **BELLARBY/BELLABY/BELLERBY:** *Contact:* Dr Peter W. Bellarby. *Address:* 13 Westfield Road, Stonehaven, AB39 2EE, Scotland. *Email:* bellarby@one-name.org *Area of interest:* Worldwide. (G)

- **BELLCHAMBERS:** *Contact:* Mrs June Evans. *Address:* 48 Daiglan Drive, South Ockendeon, Essex, RM15 5RW, Eng. *Email:* juneevans@sthock.freeserve.co.uk *Area of interest:* Worldwide. Vriants including Belchamber.

- **BENECKE & HORNBURG:** *Contact:* Miss Amy Miller. *Address:* 13 Annie Street, Dalby, Qld, 4405 Aus. *Email:* amy.r.miller@bigpond.com Interest: Johann Carl Friedrich Martin (k/a Carl or Charles) Benecke marr. Sophia Caroline Christine Dorothy Hornburg. Arr. Moreton Bay, Qld, Aus 1865 on Caesar Godeffroy from Germany. Issue: 1. Gustav Christian (b. 1854+ Ger). 2. William (born Ger. died young). 3. Frederick William (born Aus 1866-1939) m. 1888 Annie Johann Lamitschka (1870-1968). Variants: Behnke, Behnecke, Beneke, Benake, Benecke. 139 years in Aus. Queries are welcome, SAE appreciated. Looking for updates, stories & photos.

- **BENECKE & LAMITSCHKA** *Contact:* Miss Amy Miller. *Address:* 13 Annie Street, Dalby, Qld, 4405 Aus. *Email:* amy.r.miller@bigpond.com Interest: Frederick Benecke (1866-1939) m. 1888 Annie Johanna Lamitschka (1870-1968). Issue: 1. Johann (Ted) m. Louisa Kuhnert. 2. Johnann (Jack). 3. Wilhelm (Bill) m. Wilhelmena Kiem. 4. Alfred m. Bertha Spies. 5. Ida m. Karl Kuhnert. 6. Dorothy (Dolly) m. Jack Densley. 7. Carl (Charles). 8. Ruby m. Paul (Bill) Naumann. 9. Lillian (Lilly) m. Martin Cifford & Ted Trevor. 10. Barbara m. Leonard (Mick) Klein. 11. Amy m. Alfred Miller. 12. Arthur. 13. Leslie m. Alisa Prout. Queries are welcome, SAE appreciated. Looking for updates, stories & photos.

- **BENISTON:** *Contact:* John M. Beniston. *Address:* 43 Leivers Cl, East Leake, Leics LE12 6PQ, Eng. *Email:* arben@btinternet.com *Area of interest:* UK, particularly Derbyshire & Nottinghamshire. Variation Bennisten.

- **BENNOCH:** *Contact:* Roger Leishman. *Address:* 7 Hall Park, Berkhamsted, Herts. HP4 2NU, Eng. *Tel:* (01442) 874536. *Fax:* (01442) 870450. *Email:* rleishman@ukgateway.net *Area of interest:* UK, particularly Dumfries & Galloway, SCT where name appears to have originated. Further data welcomed.

- **BETAMBEAU:** *Contact:* Mark Betambeau. *Address:* The Lodge, Buckland Filleigh, Beaworthy, Devon, EX21 5HZ, Eng. *Area of interest:* Worldwide. French Huguenot family of silk weavers exiled from Amiens in PIC during late 1600s seeking refuge in Canterbury, Kent, Eng & later in Spitalfields, Mdx.

- **BINGLEY:** *Contact:* Mrs Geraldine Tew. *Address:* 11 The Peregrines, Birdwood Grove Estate, Fareham, Hants. PO16 8QU, Eng. *Tel:* (01329) 310214. *Fax:* (01329) 512782. *Email:* geraldine.tew@btinternet.com *Area of interest:* Worldwide.

- **BIRCH: The Birch Chronicles:** *Contact:* John Birch. *Address:* 166 Lutterworth Road, Blaby, Leics. LE8 4DP, Eng. *Tel:* (0116) 277 2550. *Email:* jobi1942@tiscali.co.uk *Area of interest:* Worldwide. Family queries and information welcome.

- **BITTON:** *Contact:* John E.C. Friend. *Address:* PO Box 2786, Chippenham, Wilts., SN14 0ZR, Eng. *Email:* ceasefire@fsmail.net *Area of interest:* Worldwide. All enquiries & info. welcome, incl. Brittan, Bitten, Bittin, Brittun.

- **BLAKELEY:** *Contact:* James Blakeley. *Address:* 10 Allendale Ave, Wallsend, Tyne & Wear, NE28 9NA, Eng. *Tel:* (0191) 262 4091. *Email:* blakeley@one-name.org *Area of interest:* UK & Irl. Queries and information welcomed.

- **BLANDIN:** *Contact:* Marcia J.E. Keel. *Address:* 69 Lucien Drive, Dartmouth, NS, B2W 2J4, Can. *Tel:* (902?) 433 1481. *Area of interest:* St.Pierre & Chateau Neuf, France.

- **BLEE:** *Contact:* Mrs Kathleen A. Grant. *Address:* 488 Zillmere Road, Zillmere, Qld. 4034 Aus. *Tel:* (07) 3263 5496. *Email:* kathy.grant@optusnet.com.au *Area of interest:* Worldwide but especially Devon, Eng. Database held including GRO, Census and Will extracts. All info and enquiries welcome.

- **BLENKIN:** *Contact:* Ms Sylvia Blenkin. *Address:* 220 Bay Street, Victoria, BC, V9A 3K5, Can. *Tel:* (250) 598 9774. *Fax:* (250) 595 8228. *Email:* sblenkin@shaw.ca *Area of interest:* Worldwide. All enquiries and info welcome.

◆ One Name Studies ◆

- **BLOODWORTH:** *Contact:* Mrs J. Grant. *Address:* PO Box 259, Mallacoota, Vic 3892, Aus. *Tel:* (M) 0418 419725. *Email:* fileworks@bigpond.com *Area of interest:* Worldwide.

- **BONSON:** *Contact:* Peter D. Bonson. *Address:* 26 Shreen Way, Gillingham, Dorset, SP8 4EL, Eng. *Tel:* (01747) 822652. *Email:* peterbonson@msn.com *Area of interest:* Worldwide.

- **BOUGHTON:** *Contact:* Jean Normington. *Address:* 4 Basset Close, New Haw, Addlestone, Surrey, KT15 3AH, Rng. *Email:* bejaynorm68@gmail.com *Area of interest:* Worldwide - especially BKM & LAN, ENG. Contributions & Enquiries welcome. (G)

- **BOUSTRED:** *Contact:* Mrs Anni Berman. *Address:* 350 Chambersbury Lane, Hemel Hempstead, Herts. HP3 8LW, Eng. *Email:* anni.berman@one-name.org *Area of interest:* Worldwide. All occurrences and dates. Variations: Boustread, Bowstre(a)d, Bulstrode.

- **BOWERMAN:** *Contact:* Miss B. Bowerman. *Address:* 33 St.Ursula Road, Southall, Mdx, UB1 2TH, Eng. *Email:* bowerman@one-name.org *Area of interest:* Worldwide. All enquiries and information welcomed.

- **BOYDEN:** *Contact:* G.A. Pedlar. *Address:* 9 Stanley, Road, Deal, Kent, CT14 7BT, Eng. *Email:* pedlarsc@aol.com *Area of interest:* References exchanged worldwide.

- **BRATLEY:** *Contact:* Mrs Evelyn M. Brown. *Address:* 3024 - 14 Avenue S.W. Calgary, AB, T3C 0X1, Can. *Tel:* (403) 249 3603. *Email:* evbrown1@telus.net *Area of interest:* Worldwide.

- **BRAUND: Braund Society:** *Contact:* Mr C.W. Braund, (Chairman). *Address:* C/o 12 Ranelagh Road, Lake, Isle of Wight, PO36 8NX, Eng. *Email:* braundsociety@fewiow.freeserve.co.uk *Area of interest:* Worldwide. Society established 1982, extensive data available, quarterly newsletter, meetings May & December. (G)

- **BREWITT:** *Contact:* Mrs Dawn Raimondo. *Address:* 26 Bishopscourt Drive, Bishopscourt, Capetown, 7708 South Africa. *Area of interest:* Worldwide.

- **BRIDGLAND:** *Contact:* Colin I. Bridgland. *Address:* 10 Eastlands Grove, Stafford, ST17 9BE, Eng. *Area of interest:* Worldwide.

- **BROADRIBB:** *Contact:* Mrs Barbara Van Elst. *Address:* MS 498, Gayndah, Qld 4625, Aus. *Area of interest:* Worldwide including variations Brodrybbe, Broderibb, Brodripp, Brawdripp, Brodrip etc.

- **BROBBEL:** *Contact:* Mrs Lynette Begg. *Address:* PO Box 289, East Maitland, NSW 2323, Aus. *Tel:* (02) 4933 6266. *Email:* brobbel@one-name.org *Area of interest:* Worldwide, including variants. (G)

- **BROCKLEHURST: Brocklehurst Revival Society:** *Contact:* F. Brocklehurst. *Address:* 1 Park Ave, Markfield, Leicester LE67 9WA, Eng. *Tel.:* (01530) 243370. *Email:* frank.brocklehurst1@btinternet.com *Area of interest:* Worldwide. (G)

- **BROUGHAM: Brougham One Name Group:** *Contact:* P.B. Wyly. *Address:* 8 Burnham Close, Culcheth, Ches. WA3 4LJ, Eng. *Tel:* (01925) 763485. *Email:* pbwyly@onetel.net.uk *Area of interest:* Worldwide. (G)

- **BUCKINGHAM:** *Contact:* Dennis Buckingham. *Address:* Casa Leeward, Carrer de Can Magi 1, Sa Cabaneta, Mallorca 07141, Spain. *Tel:* (34) 971 602110. *Fax:* (34) 971 797332. *Area of interest:* United Kingdom. Also Beckingham and Bokenham, variants.

- **BULMER (BOOMER & BOWMER):** *Contact:* Peter R.D. Davison. *Address:* 27 Fryup Cres, Kemplah Park, Cleve, TS14 8LG, Eng. *Tel:* (01287) 635316 or (07900) 583895. *Area of interest:* Northumbrian Saxon Aristocrats who survived as sheriffs & knights, Holding Brancepeth (DUR) & Wilton-in-Cleveland Castles & Bulmer (NRY); St.Oswalds & Elmeden (DUR), Manor, ENG.

- **BUNCH: Bunch Associates:** *Contact:* Cynthia Bunch. *Address:* 22 Low Church Road, Middle Rasen, Market Rasen, Lincs. LN8 3TY, Eng. *Tel:* (01673) 844611. *Fax:* (01673) 849104. *Email:* cynbunch@globalnet.co.uk *Area of interest:* Worldwide. All information welcomed to develop family study. (G)

- **BURCHETT:** *Contact:* Raymond Burchett. *Address:* 25 Mount Road, Newhaven, Sussex, BN9 0LT, Eng. *Email:* rburc20705@aol.com *Area of interest:* Worldwide.

- **BURT:** *Contact:* William R. Burt. *Address:* 21 Winross Crescent, Leeds, LS10 3AG, Eng. *Area of interest:* Worldwide.

- **BUTTONSHAW:** *Contact:* Barbara Wager. *Address:* 38 Loosen Dr, Maidenhead, Berks, SL6 3UT, Eng. *Tel:* (01628) 822586. *Area of interest:* Worldwide, including variations Buttanshaw/Buttenshaw.

- **CABBAN:** *Contact:* Paul C. Cabban. *Address:* 23 Downs Road, Hastings, Ssx., TN34 2DX, Eng. *Tel/Fax:* (01424) 432258. *Email:* paul@cabban.demon.co.uk *Area of interest:* Worldwide. Society to be formed if sufficient interest.

- **CAINS:** *Contact:* Simon Cains. *Address:* 25 Broadstraik Crescent, Elrick, ABD, AB32 6XH, Scotland. *Email:* simon.cains@tiscali.co.uk *Area of interest:* Tracing descendants of Yorkshire, Eng. family 1780+.

- **CALDCLEUGH:** *Contact:* Sheila Smith. *Address:* Caldcleugh, Cake Street, Old Buckenham, Attleborough, Norfolk NR17 1RU, Eng. *Tel:* (01953) 861094. *Email:* sheilasmith@clara.co.uk *Area of interest:* UK & Worldwide..

- **CANTWELL:** *Contact:* Leon Cantwell. *Address:* 11 Tangmere St, Chapel Hill 4069, Aus. Tel.: (07) 3378 6940. *Area of interest:* Australia & New Zealand.

- **CARLILE/CARLISLE/CARLYLE:** *Contact:* Elizabeth M. Hannan. *Address:* 20 Darmody Street, Weetangera, ACT 2614, Aus. *Tel:* (02) 6254 3277. *Email:* mbhannan@goldweb.com.au *Area of interest:* John Carlile born Irl c.1842, died 13 June 1889 at Adelaide, Aus. Father also John.

- **CARRIERE:** Association des familles Carriere d'Amerique du Nord - Carriere Family Association of North America *Contact:* Claude Carriere. *Address:* 144 de Trieste, Vimont, Lavel, Que. H7M 1P1, Canada. *Email:* afcan@andre-carriere.qc.ca *Website:* www.andre-carriere.qc.ca/genealogie *Area of interest:* Canada, USA., histoire, genealogie, activites sociales. Building database.

- **CARWOOD:** *Contact:* Mrs Linda Carwood. *Address:* 34 Flemming Avenue, Ruislip, Mdx, HA4 9LF, Eng. *Tel:* (M) 07720 477416. *Area of interest:* ENG & Worldwide 1600+.

- **CAVE: Cave Family History Society:** *Contact:* Hugh Cave. *Address:* 45 Wisbech Road, Thorney nr Peterborough, PE6 0SA, Eng. *Tel:* (01733) 270881. *Email:* hugh-cave@cave-fhs.org.uk *Area of interest:* Worldwide. (G)

- **CHERRY:** *Contact:* Susan Malishev. *Address:* PO Box 1033, Glen Waverley, Vic 3150, Aus. *Email:* susanmalishev@hotmail.com *Area of interest:* IRL, FRA, AUS & Worldwide.

- **CHITTENDEN:** *Contact:* Arthur S. Chittenden. *Address:* 20 Gerald Avenue, Roseville, NSW 2069, Aus. *Tel:* (02) 9416 4988. *Email:* chitto@ozemail.com.au *Website:* www.chittenden.com.au *Area of interest:* Worldwide.

- **CHOATE: Choates in America, Inc.:** *Contact:* Laurel Choate. *Address:* 21 Vine St, Melrose, MA 02176, USA. *Email:* lachoate@aol.com *Area of interest:* USA and CAN. *Other particulars:* Establishing computer database of descendants of John Choate who migrated to US 1643 - collecting for book update.

- **CLACK:** *Contact:* Garfield Clack. *Address:* 243 Patricia Avenue, Ottawa, ON, K1Y 0C6, Can. *Email:* garclack@hotmail.com *Website:* http://www3.sympatico.ca/garclack *Area of interest:* Southern Africa 1820+.

- **CLASPER:** *Contact:* Mr R.B. Clayburn. *Address:* 4 Winnham Dr, Fareham, Ham, PO16 8QE, Eng. *Area of interest:* Worldwide. (G)

- **CLAYBURN:** *Contact:* Mr R.B. Clayburn. *Address:* 4 Winnham Dr, Fareham, Ham, PO16 8QE, Eng. *Area of interest:* Worldwide. (G)

♦ One Name Studies ♦

- **CLEARY:** *Contact:* Marian Cleary. *Address:* 207 St.George Street, Papatoetoe, Auckland 1701, NZ. *Area of interest:* Worldwide, particularly Ballingarry, Borrisokane & Nenagh, TIP & OFF, IRL. All enquiries welcome. Collecting all references to share.

- **CLIVE: Clive Family Learned Society:** *Contact:* Stanley Clives. *Address:* 10 Tynewydd Rd, Splash Point, Rhyl, Denbighshire, LL18 3BA, N. Wales. *Area of interest:* Worldwide. Ongoing research of Clive and Collaterals from 800AD - All. (G)

- **CLOSEY:** *Contact:* C.L. Fowler. *Address:* 1/5 Nedlands Place, East Tamaki, 1701, NZ. *Email:* cclosey@yahoo.com *Area of interest:* Worldwide. All enquiries and information welcome.

- **COCHAUD:** *Contact:* Mrs A.Y. Tullo. *Address:* 55/800 Kings Road, Taylors Lakes, Vic. 3038 Australia. *Email:* ameliatullo@access.net.au *Area of interest:* Worldwide.

- **COLEGATE:** *Contact:* Dr Jillian A. Green. *Address:* October, Pett Road, Pett, E.Ssx. TN35 4HG, Eng. *Area of interest:* Worldwide. All enquiries & info. welcome.

- **COLMER:** *Contact:* David Stebbins. *Address:* 19 Russell Grove, Westbury Park, Bristol BS6 7UD, Eng. *Tel:* (0117) 924 9802. *Area of interest:* All variants, pre 1905, Worldwide. (G)

- **CONYERS:** *Contact:* Mrs G. King. *Address:* Cefn-y-Mynach, Kerry, Newtown, Powys, SY16 4PL, Wales. *Email:* gillian.king1@btinternet.com *Area of interest:* Worldwide. Variations include Conyer, Canyer, Canyers, Coynyers, Coingners. (G)

- **CORSON: Corson Cousins:** *Contact:* Mrs Iverne Corson Rinehart. *Address:* 2300 Cedar Field Parkway #476, Richmond, VA 23233-1955, USA. *Tel:* (804) 747 8180. *Area of interest:* USA.

- **CORY: The Cory Society:** *Contact:* Jean Hayes. *Address:* 3 Bourne Close, Thames Ditton, Surrey, KT7 0EA, Eng. *Email:* cory@one-name.org *Website:* corysociety.org.uk *Area of interest:* Worldwide. References & enquiries welcome (IRC or SAE please). (G)

- **COSWAY:** *Contact:* Mrs G. King. *Address:* Cefn-y-Mynach, Kerry, Newtown, Powys, SY16 4PL, Wales. *Email:* gillian.king1@btinternet.com *Area of interest:* Worldwide. Variations include Conyer, Canyer, Canyers, Coynyers, Coingners. (G)

- **COTHER:** *Contact:* Barbara Wager. *Address:* 38 Loosen Dr, Maidenhead, Berks, SL6 3UT, Eng. *Tel:* (01628) 822586. *Area of interest:* Worldwide including variations.

- **COURTENAY: The Courtenay Society:** *Contact:* The Secretary, *Address:* Powderham Castle, Exeter, Devon, EX6 8JQ, Eng. *Tel:* (01626) 891554. *Email:* courtsoc@courtsoc.demon.co.uk *Area of interest:* Worldwide. Journal bi-annually. Family queries and members welcome.

- **COX:** *Contact:* Graeme McClymont. *Address:* 2/20 Renown Street, Burwood, Vic. 3125, Aus. *Tel:* (03) 9808 9737. *Email:* graememont@dodo.com.au *Area of interest:* John Cox married Martha McClymont, Melbourne 1857 then moved to Invercargill, NZ. Children: John, Martha, Mary Dunsmore, James McClymont, Andrew. 1860+

- **CRABTREE:** *Contact:* Peter Crabtree. *Address:* 1305 Cambridge Dr, Oakville, Ont L6J 1S2, Can. *Email:* peter.crabtree@sympatico.ca *Area of interest:* Worldwide. (G)

- **CRAWTE PEARSON:** *Contact:* Mrs Dorothy Rodgers. *Address:* 17 Kenyon Street, Newstead, Tas 7250, Aus. *Tel:* (03) 6334 2459. *Email:* dotrod@bigpond.net.au *Area of interest:* UK especially Maidstone, Kent, Eng.

- **CREASER:** *Contact:* Mrs Geraldine Tew. *Address:* 11 The Peregrines, Birdwood Grove Estate, Fareham, Hants. PO16 8QU, Eng. *Tel:* (01329) 310214. *Fax:* (01329) 512782. *Email:* geraldine.tew@btinternet.com *Area of interest:* Worldwide.

- **CRESSWELL:** *Contact:* Harry R. Cresswell. *Address:* 4 Ramsgate Street, Glenelg South, SA 5045 Aus. *Tel:* (08) 8294 5343. *Email:* harryc75@picknowl.com.au *Area of interest:* Pre 1800, Northumberland, England, 1750-1900 London, England.

- **CROKER:** *Contact:* Nick Reddan. *Address:* 19 Brennan Street, Hackett, ACT 2602, Australia. *Tel:* (02) 6257 8755. *Email:* nick.reddan@ato.gov.au *Area of interest:* Ireland pre 1800.

- **CROMPTON:** *Contact:* John Crompton. *Address:* 6b Auks Rise, Ballajura, WA 6066, Aus. *Tel:* (08) 9249 6209. *Email:* jcro3616@bigpond.net.au *Area of interest:* Bolton, LAN, ENG.

- **CROSSEN(AN):** *Contact:* Trevor C. Valler. *Address:* 1002 Sandspit Road, R.D.2, Warkworth, 1241, New Zealand. *Tel:* (09) 425 7752. *Email:* trevaller@xtra.co.nz *Area of interest:* William Alexander Crossen, commercial traveller in Russia for Singer Sewing Machine Co. Also in ENG especially London.

- **CRUWYS:** *Contact:* Mrs Susan E. Wood. *Address:* 39 Lower Westwood, Bradford-on-Avon, Wilts. BA15 2AR, Eng. *Fax:* (01225) 864215. *Email:* augignac@aol.com *Area of interest:* Worldwide. Compiling register of researches S.A.E. for queries. Building a database.

- **CRUXTON:** *Contact:* Mr P. Cruxton. *Address:* 73 Brown Avenue, Church Lawton, Stoke on Trent ST7 3ER, Eng. *Area of interest:* England, Scotland, Wales & Worldwide. (G)

- **CUBIS(S):** *Contact:* Lionel A. Benstead. *Address:* PO Box 338, Ettalong Beach, NSW 2257, Aus. *Tel:* (02) 4342 9089. *Email:* Lionel.Benstead@one-name.org *Area of interest:* Worldwide. (G#2975)

- **CUMBERBATCH:** *Contact:* Robert S. Cumberbatch. *Address:* 33 Ashbourne Rise, Orpington, Kent, BR6 9PY, Eng. *Email:* bob@cumberbatch.org *Website:* www.cumberbatch.org *Area of interest:* Worldwide. Researching all occurences. All info. gratefully received - queries welcome.

- **CUSSEN:** *Contact:* Peter L. Ryan. *Address:* PO Box 25, Kalorama, Vic 3766, Aus. *Tel:* (03) 9728 1407. *Email:* possum1@hotkey.net.au *Area of interest:* AUS & KER & LIM, IRL.

- **DAGNALL:** *Contact:* Ian Threlkeld. *Address:* 48 Grange Mount, Birkenhead, Merseyside, CH43 4XW, Eng. *Email:* ian@grangech43.freeserve.co.uk *Area of interest:* UK. All variants.

- **DAINTREE/DAINTR(E)Y:** *Contact:* Christopher Daintree. *Address:* 19 Rue de la Creuse, F-21220 Quemigny-Poisot, France. *Tel:* (03) 8049 7865. *Email:* christopherdaintree@wanadoo.fr *Area of interest:* England, Australia, South Africa, USA. Building database, information and enquiries welcome.

- **DALTON:** *Contact:* Elizabeth M. Hannan. *Address:* 20 Darmody Street, Weetangera, ACT 2614, Aus. *Tel:* (02) 6254 3277. *Email:* mbhannan@goldweb.com.au *Area of interest:* Michael Dalton born Golden, TIP, Irl c.1810, marr. Mary Ryan 1835 at Golden. Descendants.

- **DARE: Dare Ancestry Register Exchange:** *Contact:* Geoff Dare. *Address:* PO Box 113, Mulgrave, Vic 3170, Aus. *Tel:* (03) 9560 5400. *Fax:* (03) 9560 6190. *Email:* gadare@tpg.com.au *Area of interest:* Devon, Somerset, Eng. and Aus. Data collection and exchange, building database.

- **DARGAVEL:** *Contact:* Paul Dargavel. *Address:* 47 Doris Crescent, Newmarket, ON, L3Y 7V3, Can *Tel:* (905) 836 0692. *Email:* dargavel@rogers.com *Area of interest:* Worldwide. All enquiries welcome.

- **DAY:** *Contact:* D.H. Day. *Address:* Aldrans, Church Hill, Wroughton, Swindon, Wilts SN4 9JR, Eng. *Tel:* (01793) 812323. *Fax:* (01793) 845323. *Interest:* Birmingham, Warwickshire, England.

- **DENNERLEY:** *Contact:* Derek H. Way. *Address:* 59 Ivy Lane, Macclesfield, Ches. SK11 6NU, Eng. *Tel:* (01625) 422392. *Email:* derek.way@one-name.org *Area of interest:* Origin of name and earliest references and all references worldwide.

- **DERKENNE:** *Contact:* Karen Tudor. *Address:* 26 Bandalong Street, Toronto, NSW 2283, Aus. *Tel:* (02) 4950 5198. *Email:* ktudor94@yahoo.com.au *Area of interest:* Aus. & worldwide.

- **DIBLEY:** *Contact:* Jack Mavins. *Address:* Box 6 GRP 70 RR1, Anola, Man R0E 0A0, Can. *Tel:* (204) 866 2922. *Email:* jmavins@mts.net *Area of interest:* Worldwide. History book - 1550 to 2003 (11,400 descendants) published in 2003. Write for details.

- **DIESSEL:** *Contact:* Mrs Leanne K. Diessel. *Address:* 42 Cox Avenue, Forest Hill, NSW 2651, Aus. *Email:* diessel@optusnet.com.au *Area of interest:* Worldwide, especially GER & AUS. Collecting all data & references, building database. Enquiries & Info welcome.

◆ One Name Studies ◆

- **DILK(E)(S): Dilkes Family History Research:** *Contact:* Kenneth W.B. Dilkes. *Address:* Clematis Cottage, Whitstone Hill, Pilton, Somerset, BA4 4DX, Eng. Tel.: (01749) 890261. *Email:* dilkes@one-name.org *Area of interest:* Worldwide, especially Leics. and neighbouring midland counties of Eng. Have Births index 1837-1900. Mar. & Deaths in preparation. Info. & queries welcome, all variants. (G)

- **DOANE (Doan): Doane Family Association of America, Inc.:** *Contact:* National Historian, Kay Blair. *Address:* 1044 South Ironwood Road, Sterling, VA 20164-5111 USA. *Tel:* (703) 430 2255. *Email:* kkblair31@aol.com *Area of interest:* Worldwide.

- **DOLBEAR/DOLBEARE:** *Contact:* Mrs S. Wilks. *Address:* 15 Saxon Way, Alderholt, Hants., Eng. *Email:* stellawilks@aol.com *Area of interest:* Worldwide. (G)

- **DOLLING:** *Contact:* Mrs Pauline Dolling. *Address:* 14 Endsleigh Close, South Croydon, Surrey, CR2 8RT, Eng. *Tel:* (020) 8651 2322. *Email:* haltondolling@tiscali.co.uk *Area of interest:* Worldwide.

- **DOMINICK:** *Contact:* Keith Johnson, AM. *Address:* PO Box 795, North Sydney 2059, Aus. *Email:* grdxxx@ozemail.com.au *Area of interest:* DOR, WIL & BKM, Eng pre 1680 and connection with family named Clare or de Clare.

- **DOWNIE/DOUNIE, John:** *Contact:* Mrs Jennifer A. Packer. *Address:* 12A Makora Street, Christchurch, 8005, NZ. *Tel:* (03) 351 8303. *Fax:* (03) 351 8305. *Email:* j.packer@clear.net.nz *Area of interest:* Scotland & Spain. Born 1777-8 STI, SCT son of Benjamin Dominic & Margaret Foster (Forrester). Date of death unknown.

- **DOWZER/DOWSER:** *Contact:* Mr R.W.C. Barrett. *Address:* 6 Crossburn Drive, Don Mills, Ont. M3B 2Z2, Can. *Fax:* (416) 383 0862. *Email:* barrettx@netcom.ca *Area of interest:* Worldwide, originating in IRL & Europe. Variants include Dowzard, Doyeard, Douzard, Douzer, Douger.

- **DRACUP:** *Contact:* Mr Robin M. Dracup. *Address:* 31 Oaklands Avenue, Northowram, W.Yks. HX3 7HS, Eng. *Email:* robin@rdracup.freeserve.co.uk *Area of interest:* All Worldwide.

- **DRIVER:** *Contact:* David Driver. *Address:* 16 Blackall Terrace, East Brisbane, Qld 4169, Aus. *Tel:* (07) 3392 0398. *Email:* daviddriver@optushome.com.au *Area of interest:* England & Australia.

- **DRUMMOND:** *Contact:* Elizabeth M. Hannan. *Address:* 20 Darmody Street, Weetangera, ACT 2614, Aus. *Tel:* (02) 6254 3277. *Email:* mbhannan@goldweb.com.au *Area of interest:* Peter Drummond born YKS, Eng, c.1793, died 7 Jan. 1867 at Manchester, LAN, Eng and descendants mainly Eng, Aus, NZ & USA.

- **DUCK:** *Contact:* Ivan Duck. *Address:* Chenies, Loudhans Wood Lane, Chalfont St.Giles, Bucks. HP8 4AR, Eng. *Email:* vanduk@lwlcsg.freeserve.co.uk *Area of interest:* SOM, WIL, KENT, MDX & SRY, Eng.

- **DUCKETT/DUCKITT/DUCAT:** *Custodian:* Ron & Rita Duckett. *Address:* Outwood Hills Farm, Lower Outwoods Road, Burton on Trent DE13 0QX, Eng. Tel./Fax: (01283) 561577. *Email:* r.duckett@one-name.org *Website:* http://freepages.genealogy.rotsweb.com/~rsduckett/duket/index/htm [could be rootsweb] *Area of interest:* Worldwide. 3 Newsletters a year, sent for cost of P&P. (G)

- **DYER:** *Contact:* Bruce Cooper. *Address:* 197 Clyde Road, Christchurch, 8005, NZ. *Tel:* (03) 351 4478. *Email:* bcooper@ihug.co.nz *Area of interest:* All London, ENG - Rosina Emma 1812+; Ann Mary 1814+; Teresa Amelia 1816+; Frances Matilda 1818+; Harriet Jane 1820; William Lawton 1822; William Thomas 1830. All enquiries & info. welcome.

- **EGGIE:** *Contact:* Mrs Lois Mehaffey. *Address:* 1130 Luneta Plaza, Santa Barbara, CA 93109-2120, USA. *Email:* mehaffey@silcom.com *Area of interest:* Scotland.

- **ELCOCK:** *Contact:* Mrs P.S. Overton. *Address:* Burnt Oak, Churchway, Curry Rivel, Somerset, TA10 0EE, Eng. *Email:* burntoak@freeuk.com *Area of interest:* Worldwide. (G)

- **ELDRIDGE:** *Contact:* Robert G. Eldridge. *Address:* 26 Bandalong Street, Toronto, NSW 2283, Aus. *Tel:* (02) 4950 5198. *Email:* robert.eldridge@hunterlink.net.au Homepage: http://www2.hunterlink.net.au/~ddrge/ *Area of interest:* Aus. & ancestors worldwide.

- **ENNIS:** *Contact:* Rev. Martin Ennis. *Address:* 44 Green Acre, Brockworth, GLS GL3 4NQ, Eng. *Tel:* (01452) 863092. E-Mail: martinennis@blueyonder.co.uk *Area of interest:* UK + IRL 1700-1900 only.

- **ENSTEN:** *Contact:* Miss Ann Ensten. *Address:* 1/59 Cole Street, Brighton, Vic 3186, Aus. *Tel:* (03) 9596 7604. *Area of interest:* Worldwide. This study complements that of Bernard Enstone of Northampton, Eng.

- **ESPIE:** *Contact:* Mrs M. Smith. *Address:* PO Box 29, Bowenville 4404, Aus. *Area of interest:* UK, Aus & NZ. Espy/Espey; Publication: THE HOUSE OF ESPIE in Australia & New Zealand. 300 pages. Price A$50 plus postage.

- **FAIRFAX: The Fairfax Society:** *Contact:* Hon. Sec. Cynthia Bunch. *Address:* 22 Low Church Road, Middle Rasen, Market Rasen, Lincs. LN8 3TY, Eng. *Tel:* (01673) 844661. *Email:* cynbunch@globalnet.co.uk *Website:* www.the-fairfax-society.org *Area of interest:* Worldwide. Bi-annual Journal. 55 family branches researched. (G)

- **FAIRHALL:** *Contact:* Bruce Fairhall. *Address:* PO Box 333, North Richmond, NSW 2754, Aus. *Email:* bruce@fairhall.id.au *Area of interest:* With origin in Sussex, Eng. Interested in worldwide family links and contacts.

- **FARMERY:** *Contact:* Alan R. Moorhouse. *Address:* 8 Strachans Close, Cainscross, Stroud, Glos. GL5 3EB, Eng. *Email:* farmery@one-name.org Homepage: www.farmery.org.uk *Area of interest:* Worldwide, especially Lincolnshire, Eng. (G)

- **FARRIER:** *Contact:* Mr D.R. White. *Address:* High Onn Farm, Church eaton, STS, ST20 0AX, Eng. *Tel:* (01785) 822148. *Email:* eatonford@excite.com *Area of interest:* Worldwide.

- **FINDON:** *Contact:* Geoff D. Findon. *Address:* 6 Avon Fields, Welford, Northampton, NN6 6JL, Eng. *Tel:* (01858) 571069. *Email:* 75337.1352@compuserve.com *Area of interest:* Worldwide, pre 1900. http://ourworld.compuserve.com/homepages/findon_study

- **FITZAKERLEY:** *Contact:* Mrs Ruth M. Willson or Eileen Giblin. *Address:* Kalkoensprenk 6, NL-4386 DD Vlissingen, Netherlands. *Area of interest:* Worldwide, including variants. Can read Dutch, English & German.

- **FLASHMAN:** *Contact:* Meryl Flashman. *Address:* 4 Haywain Cl, Paddock Wood, Tonbridge, Kent TN12 6LD, Eng. *Tel:* (01892) 832230. *Email:* merylflashman@hotmail.com *Area of interest:* Worldwide.

- **FLIGG:** *Contact:* Mrs Arlene Butler. *Address:* #112 - 75 - 1 Avenue South, Lethbridge, AB, T1J 4R2, Can. *Tel:* (403) 329 1434. *Fax:* (403) 394 9511. *Email:* abutler@telusplanet.net *Area of interest:* Worldwide. All spelling variations.

- **FOINQUINOS:** *Contact:* Mrs Elizabeth Simpson. *Address:* 2 Stella Grove, Tollerton, Notts., NG12 4EY Eng. *Tel:* (0115) 923 1569. *Area of interest:* Worldwide. Any ref., however spelt, gratefully received.

- **FORRESTER: Clan Forrester Society:** *Contact:* William R.A. Woodward. *Address:* 90 Boydell Court, St.Johns Wood Park, London, NW8 6NH, Eng. *Area of interest:* Worldwide.

- **FORSHNER:** *Contact:* Ted Forshner. *Address:* PO Box 163, Powell River, BC, V8A 4Z6, Can. *Email:* bearav8or@shaw.ca *Area of interest:* Worldwide. Collecting all data, death, birth, marriage, military records, occupations etc. Information gladly given & received.

- **FORSTER/FORRESTER/FOSTER:** *Contact:* Chester W. Forster. *Address:* Ashybank, Penton, Carlisle, CA6 5qd, Eng. *Tel:* (01228) 577030. *Email:* chesterforster@tiscali.co.uk *Area of interest:* Interested in forming/joining a society.

- **FOX, Elizabeth:** *Contact:* Mrs Jennifer A. Packer. *Address:* 12A Makora Street, Christchurch,

◆ **One Name Studies** ◆

8005, NZ. *Tel:* (03) 351 8303. *Fax:* (03) 351 8305. *Email:* j.packer@clear.net.nz *Area of interest:* Kent, ENG & NZ. Born 25 Oct. 1831 at Margate, KEN, ENG, dau. of William Fox. Died 1907 Christchurch, NZ.

● **FRESHNEY:** *Contact:* Mr Jan Boylen. *Address:* 15 Bowden Wood Road, Sheffield, S.Yorks. S9 4EJ, Eng. *Tel:* (0114) 254 4346. *Email:* janboylen@myfamily.com *Area of interest:* Worldwide. Biographies required for future publication & newsletter.

● **FRICKER:** *Contact:* Mrs Elizabeth A.B. Fricker. *Address:* 34 Hill Rise, Rickmansworth, Herts, WD3 7NZ, Eng. *Area of interest:* Worldwide. Large database. All enquiries & info. welcome, including variants.

● **FRIEND:** *Contact:* John E.C. Friend. *Address:* PO Box 2786, Chippenham, Wilts., SN14 0ZR, Eng. *Email:* ceasefire@fsmail.net *Area of interest:* Worldwide. All enquiries & info. welcome. (G)

● **FRISKNEY:** *Contact:* Mr Jan Boylen. *Address:* 15 Bowden Wood Rd, Sheffield, S. Yorks S9 4EJ, Eng. *Tel:* (0114) 254 4346. *Email:* janboylen@myfamily.com *Area of interest:* Worldwide - biographies required for future publication and newsletter.

● **GAHAGAN/GEOGHEGAN:** *Contact:* Marian Cleary. *Address:* 207 St.George Street, Papatoetoe, Auckland 1701, NZ. *Area of interest:* Worldwide, particularly Ballingarry, Lisbryan, TIP, OFF & WEM, IRL. All enquiries welcome. Collecting all references to share.

● **GALLEHAWK:** *Contact:* Meryl Flashman. *Address:* 4 Haywain Cl, Paddock Wood, Tonbridge, Kent TN12 6LD, Eng. *Tel:* (01892) 832230. *Email:* merylflashman@hotmail.com *Area of interest:* Worldwide.

● **GALLINI:** *Contact:* Mrs Louise G. Pink. *Address:* 23 Albany Road, St.Leonards on Sea, E.Sussex, TN38 0LP, Eng. *Website:* www.gallini.co.uk *Area of interest:* UK & Ireland.

● **GALPIN:** *Contact:* Brian Galpin. *Address:* 72 Tatnam Rd, Poole, Dorset, BH15 2DS, Eng. *Tel:* (01202) 672 038. *Email:* bjgalpin@supanet.com *Area of interest:* Worldwide, but specialising in DOR, ENG sea links overseas.

● **GAMAGE:** *Contact:* Mrs Jenny R. Mackie. *Address:* 88 Bayport Circuit, Mindarie, WA 6030, Aus. Tel./Fax:(08) 9407 9360. *Email:* jensteve@aapt.net.au *Area of interest:* London, Eng & Aus. All variants.

● **GAMBRELL(E):** *Contact:* Mrs Valmae M. Davenport. *Address:* 6 George Street, Frankston, Vic 3199, Aus. *Tel:* (03) 9783 4075. *Email:* crothev@ocean.com.au *Area of interest:* Worldwide, France & England. Looking for Huguenot connections to Gambrell

● **GAYLARD/GAYLEARD:** *Contact:* Marion Gaylard. *Address:* 2/40 Ridgeway Avenue, Kew, Vic 3101, Aus or PO Box 2203 Rosebud Vic 3939, Aus. *Tel:* (03) 9817 7305. *Email:* langm@anz.com *Area of interest:* Worldwide - last 250 years.

● **GEHRIG:** *Contact:* Jenny Paterson. *Address:* 3a King Edward St, Croydon, NSW 2132, Aus. *Area of interest:* Australia & Heddesheim, BAW, BRD; Neudorf - Martinsthal, HES, BRD. *Other particulars:* Occasional newsletter, notice of reunions.

● **GELDER:** *Contact:* John Gelder. *Address:* 2 Field Close, Chesham, Bucks. HP5 3LB, Eng. *Tel:* (01494) 773395. *Email:* jpgelder@yahoo.com *Area of interest:* UK, India and Worldwide. (G)

● **GELLATLY:** *Contact:* Mike C. Gellatly. *Address:* 7 Maxton Crescent, Alva, Clk. FK12 5NE, Scotland. *Email:* gellatlyons@aol.com *Area of interest:* Worldwide - all variants.

● **GIBBS:** *Contact:* Mervyn A. Gibbs. *Address:* 7 Buckthorn Close, Poole, Dorset BH17 7YF, Eng. *Area of interest:* Worldwide.

● **GILDER:** *Contact:* John Gelder. *Address:* 2 Field Close, Chesham, Bucks. HP5 3LB, Eng. *Tel:* (01494) 773395. *Email:* jpgelder@yahoo.com *Area of interest:* UK, India and Worldwide. (G)

● **GILKES:** *Contact:* David Smith. *Address:* 23 Pengarth, Eldwick near Bingley, BD16 3DX, Eng. *Email:* pummell@one-name.org *Interest:* Worldwide Variations include Gelkes, Jilkes & Jelkes.

- **GOBLE:** *Contact:* Mrs C.A. Barber. *Address:* 14 Beeches Avenue, Worthing, Ssx, BN14 9JF, Eng. Email: the.tent@btinternet.com *Area of interest:* Worldwide. (G)

- **GODSON:** *Contact:* Mrs Celia J. Dodd. *Address:* 19 Godmans Lane, Marks Tey, Colchester, Essex CO6 1LU, Eng. *Email:* godson@one-name.org *Area of interest:* Worldwide. (G)

- **GOLDER:** *Contact:* Mr R.W. Golder. *Address:* 28 Beaufort Avenue, New Cubbington, Leamington Spa CV32 7TA, Eng. *Tel:* (01926) 314203. *Email:* robert.golder1@btinternet.com *Area of interest:* Worldwide. Main family research to date concentrated in Oxfordshire, Eng. (G)

- **GOLDFINCH:** *Contact:* Tom Wood. *Address:* 4 Georgian Houses, North Thoresby, Grimsby, Lincolnshire DN36 5RF, Eng. Tel.: (01472) 840566. *Area of interest:* Worldwide (especially London & Kent, Eng). (G)

- **GOLDSPINK: Family History Society:** *Contact:* Mrs Ann J. Chown. *Address:* 1 Crow Hill, Borough Green, Sevenoaks, Kent, TN15 8HR, Eng. *Tel:* (01732) 884433. *Email:* ann@chown.ch *Area of interest:* Worldwide. Help offered, information gladly received.

- **GOLLINGS:** *Contact:* K. Heywood. *Address:* 100 Patrick Street, Grimsby, Lincs., DN32 9PH, Eng. *Email:* kath.heywood@ntlworld.com *Area of interest:* Worldwide.

- **GOODBODY:** *Contact:* Michael I.A. Goodbody. *Address:* The Old Rectory, Wickham St Pauls, Halstead, Essex CO9 2PJ, Eng. *Area of interest:* Worldwide. (G)

- **GOODERSON: The Gooderson Archive:** *Contact:* Roy Rayment. *Address:* 86 Highfield Rd, Chase Cross, Romford, RM5 3RU, Eng. *Email:* info@gooderson.org *Website:* www.gooderson.org *Area of interest:* Worldwide, all periods. On-line Database, includes complete English Civil Registration Index 1837-2000 and all English Wills & Administrations 1858-2000. (G)

- **GOODLOCK:** *Contact:* Mrs Megan E. Bleasdale. *Address:* 14 The Bowsprit, Port Macquarie, NSW 2444, Aus. *Email:* megrod@optusnet.com.au *Area of interest:* Anywhere ENG. All enquiries & Info welcome.

- **GOSLING:** *Contact:* Peter Joslin. *Address:* 11 Marine Court, Sandylands Promenade, Morecambe, Lancs. LA3 1HQ, Eng. Tel.: (01524) 420581. *Email:* peterjoslin@btinternet.com *Website:* www.peterjoslin.co.uk *Area of interest:* Worldwide. Large database for free exchange of Gosling data and variants.

- **GREATHEAD:** *Contact:* Mrs Jan S. Cooper. *Address:* Greenways, 8 New Road, Wonersh, Guildford, Surrey, GU5 0SE, Eng. *Tel:* (01483) 898339. *Email:* greathead@one-name.org *Website:* www.greathead.org *Area of interest:* Worldwide. All enquiries welcome. Large database and all GRO details,

- **GREENWOOD:** *Contact:* C. Greenwood. *Address:* 36 Aldreth Rd, Haddenham, Ely, Cambs, CB6 3PW, Eng. *Email:* wildwood@thewarren.net *Area of interest:* London (including parts of MDX, SRY & KEN), Eng.

- **GRIBBLE:** *Contact:* Julian D. Gribble. *Address:* 5 Lower Heidelberg Road, Ivanhoe, Vic 3079, Aus. *Tel:* (03) 9497 2176. *Website:* http://www.users.bigpond.com/jgribble *Area of interest:* Worldwide family links. Any place and any time period. (G)*Email:* jgribble@bigpond.net.au

- **GRIMALDI:** *Contact:* J.M. deLaroque. *Address:* 1303 Baptiste Drive, West Baptiste, Alb. T9S 1R8, Can. *Tel:* (780) 675 4352. *Email:* mdel@telusplanet.net *Area of interest:* Worldwide.

- **GRYLLS/GRILLS:** *Contact:* Richard Grylls. *Address:* 1 Longfield Road, Tring, Herts. HP23 4DQ, Eng. *Email:* richard.grylls@ukf.net *Area of interest:* Worldwide.

- **GUELDER:** *Contact:* John Gelder. *Address:* 2 Field Close, Chesham, Bucks. HP5 3LB, Eng. *Tel:* (01494) 773593. *Email:* jpgelder@yahoo.com *Area of interest:* UK, India and Worldwide. (G)

- **GUISELEY:** *Contact:* Mr Eden A. Guiseley. *Address:* 3 Broadley Place, Nairn, IV12 5QZ, Scotland. *Email:* eden@guiseley.me.uk *Website:* www.guiseley.me.uk *Area of interest:* Worldwide.

◆ One Name Studies ◆

- **GULLETT:** *Contact:* Anne Wilson. *Address:* 503 Sloane St, Deniliquin 2710, Aus. *Fax:* (03) 5881 1405. *Email:* annewils@deni.net.au *Area of interest:* Families worldwide, migration from Eng.

- **HAGGER:** *Contact:* Peter Hagger. *Address:* 106 Hayling Avenue, Little Paxton, St.Neots, PE19 6HQ, Eng. *Email:* peter@hagger.org *Area of interest:* England. also Haggar.

- **HALL:** *Contact:* William Hall. *Address:* 256 Athabasca Avenue, Fort McMurray, ALB, T9J 1G6, Canada. *Email:* bilhal2002@yahoo.com *Area of interest:* Compiling a family history - looking for Hall's from Hull, ERY, ENG and their links Worldwide.

- **HALSTON:** *Contact:* Mrs Sheila A. Murray. *Address:* 12 Mount Charles Crescent, Ayr, KA7 4NY, Scotland. *Tel:* (01292) 442904. *Email:* SheilaMurray@mtcharlesayr.fsnet.co.uk *Area of interest:* Worldwide. Known variants: Alston, Holston, Halstone. Newly formed, collecting data. (G)

- **HAMLEY/HAMBLY/HAMLYN:** *Contact:* Noeline Shaw. *Address:* Wyndham Park, 130 Flora Road, R.D.6, Invercargill, 9521, New Zealand. *Fax:* (03) 235 8439. *Email:* rm.mnshaw@xtra.co.nz *Area of interest:* Worldwide.

- **HAMLEY:** Hamley, Hambly & Hamlyn Family History Society International: *Contact:* Ernest B. Hamley. *Address:* 59 Eylewood Rd, West Norwood, London, SE27 9LZ, Eng. Tel & Fax: (020) 8670 0683. *Email:* hhh78@btinternet.com *Website:* www.hhh-fhs.com *Area of interest:* Con & Dev, Eng & Worldwide. 14 name variants. International enquiries welcome with postage. Founded 1970. Contacts in eight overseas countries and UK. Over 150 members, covering all active variants of surname. HHH Gazette + interests register issued. (G)

- **HAMMER (VON HAMMER):** *Contact:* Graeme McClymont. *Address:* 2/20 Renown Street, Burwood, Vic. 3125, Aus. *Tel:* (03) 9808 9737. *Email:* graememont@dodo.com.au *Area of interest:* Feridnand Augustus von Hammer married Jane McClymont, 1863. Family: Selina Jane, Emilie Victorine, Clarise Catherina, Johanna Andres, Otto Christian, Fritz Harold, Ferdinhand Augustus.. Invercargill, NZ & Sydney, Aus 1871+

- **HANDCOCK:** *Contact:* Mrs J. Grant. *Address:* PO Box 259, Mallacoota, Vic 3892, Aus. *Tel:* (M) 0418 419725. *Email:* fileworks@bigpond.com *Area of interest:* Anglo-Irish family & Worldwide.

- **HANNAN:** *Contact:* Elizabeth M. Hannan. *Address:* 20 Darmody Street, Weetangera, ACT 2614, Aus. *Tel:* (02) 6254 3277. *Email:* mbhannan@goldweb.com.au *Area of interest:* John Hannan, born c.1820 Killargue, Let, Irl. Died Breadalbane, NSW, Aus 1891. Siblings said to have migrated to USA.

- **HANWELL:** *Contact:* Adrian Hanwell. *Address:* Norton Villas 59 Western Road, Brentwood, Essex, CM14 4SU, Eng. *Tel:* (01277) 227708. *Email:* ahanwell@ford.com *Area of interest:* All branches worldwide. Have extensive information - most were in the UK.

- **HARDSTAFF:** *Contact:* David S. Hardstaff. *Address:* 27 Dacre Crescent, Kimpton, Herts., SG4 8QJ, Eng. *Email:* hardstaff@one-name.org *Website:* www.hardstaff.info *Area of interest:* Worldwide all variants. All enquiries and info. welcome. (G)

- **HARDWICK:** *Contact:* Joyce Jones-Hardwick. *Address:* 1 Stencils Rd, Walsall WS4 2HJ, Eng. *Tel:* (01922) 626320. *Area of interest:* Worldwide. (G)

- **HARPER & HARPUR:** *Contact:* Dr Michael Harper. *Address:* 722 Winston Lane, Sugar Land, TX 77479-5835, USA. *Tel/Fax:* (281) 565 5381. *Email:* mharper@conrad.org *Webpage:* www.familytreedna.com/public/harper *Area of interest:* Worldwide.

- **HASSALL:** *Contact:* Mark Hassall. *Address:* 20 Wentworth House, Irving Mews, London, N1 2FP, Eng. *Email:* el.pelegrino@talk21.com *Area of interest:* Worldwide.

- **HEMINGWAY:** *Contact:* Maurice Hemingway. *Address:* 5 Rectory Leys, Offord Darcy, Cambs. PE19 5SQ, Eng. *Email:* hemingway@one-name.org *Area of interest:* Worldwide. Variants include Hemmingway. All queries and information very welcome. (G)

- **HEMUS:** *Contact:* Ms Frances Kell. *Address:* PO Box 199, Waikanae, 6454, NZ. *Email:* fran.kell@paradise.net.nz *Area of interest:* Worldwide.

- **HERITAGE:** *Contact:* Graeme McClymont. *Address:* 2/20 Renown Street, Burwood, Vic. 3125, Aus. *Tel:* (03) 9808 9737. *Email:* graememont@dodo.com.au *Area of interest:* Henry Heritage of Nonnington, Kent, married Anne Carlton of Northbourne, Kent, 24 May 1825. Joseph born 14 May 1843, Eythorne, Kent + 12 other children.

- **HERITAGE: Heritage One Name Study:** *Contact:* John Heritage. *Address:* 1 Butler Road, Crowthorne, Berks RG45 6QZ, Eng. *Interest:* Worldwide. Study covers period 1280-to date. (G)

- **HEYBOURN(E):** *Contact:* Major A.S. Heybourn. *Address:* Meadowside, Rissington Road, Bourton on the Water, Glos. GL54 2DZ, Eng. Tel./Fax: (01451) 822119. *Email:* heybourn@btinternet.com *Area of interest:* Worldwide. Now expanding name variants.

- **HICKMORE: The Hickmore Archive:** *Contact:* Roy Rayment. *Address:* 86 Highfield Rd, Chase Cross, Romford, RM5 3RU, Eng. *Email:* info@hickmore.org *Website:* www.hickmore.org *Area of interest:* Worldwide, all periods. On-line Database, includes complete English Civil Registration Index 1837-2000 and all English Wills & Administrations 1858-2000. (G)

- **HILL:** *Contact:* Elaine D. Eldridge. *Address:* 42 Warham Road, Harrow Weald, MDX. HA3 7JB, Eng. *Area of interest:* Worldwide and 27 spelling variations.

- **HOGWOOD: F.H.S.:** *Contact:* Gerald J. Gracey-Cox. *Address:* The Westings, Park Road, Barry, Glam. S.Wales. *Tel:* (01446) 749765. *Email:* geraldjgc@supanet.com *Area of interest:* Worldwide. (G)

- **HOLDEN:** *Contact:* Nelson McKelvie. *Address:* 2594 Buckingham Drive, Windsor, ON, N8T 2B6, Can. *Tel:* (519) 948 5092. *Email:* helennelson@sympatico.ca *Area of interest:* Eng, Can, USA - Bolton, LAN, Eng; Kentucky USA & Essex Co, ONT, Can 1750 to present.

- **HOLDICH: Holdich Family History Society:** *Contact:* Mr R.J. Holdich. *Address:* 21 Great Hales St, Market Drayton, Shropshire, TF9 1JW, Eng. *Email:* jim.holdich@one-name.org *Area of interest:* Worldwide. All variants of Holdich, Holditch, Houlditch.

- **HOLLYER/HOLYER/HOLLIER:** *Contact:* Peter J. Walker. *Address:* 24 Bacons Drive, Cuffley, Herts. EN6 4DU, Eng. *Email:* hollyer@one-name.org *Area of interest:* Worldwide. All contacts welcome. (G)

- **HOLSWORTH:** *Contact:* Miss J.D. Price. *Address:* Mallows, Gainsborough Rd, Middle Rasen, Market Rasen, Lin LN8 3JX, Eng. *Area of interest:* Nfk, Eng.

- **HOPSON:** *Contact:* Miss J.D. Price. *Address:* Mallows, Gainsborough Rd, Middle Rasen, Market Rasen, Lin LN8 3JX, Eng. *Area of interest:* Yks & Lin, Eng.

- **HORWILL & HORWELL:** *Contact:* David M. Horwill. *Address:* 32 Wolsey Road, Sunbury-on-Thames, Mdx, TW16 7TY, Eng. *Email:* dmhorwill@aol.com *Area of interest:* Worldwide.

- **HOUDE: Association Houde Internationale:** *Contact:* J.L. Houde. *Address:* PO Box 82, Glencoe, IL 60022-0082, USA. *Area of interest:* Internationale. Publication: French Migration to North America 1600-1900 Emigration Francaise en Amerique du Nord (book) 332pp. US$9. CAD$23. 120 F.francs. Corres en francais or in English.

- **HOY(E):** *Contact:* David J. Hoye. *Address:* 7 Gwenand Place, Howick 1705, Auckland, NZ. *Tel/Fax:* (09) 534 2203. *Email:* davidhoye@xtra.co.nz *Area of interest:* Births of Hoy(e) in any East Anglia, Eng, parish 1750-1765.

- **HUEGDON:** *Contact:* Mrs Gillian L. Jurd. *Address:* 16 Park Crescent, Chatham, Kent, ME4 6NR, Eng. *Area of interest:* Worldwide.

- **HUGKULSTONE:** *Contact:* Neil E.D. Thaler. *Address:* 22 Broadway Avenue, West Croydon, Surrey, CR0 2LP, Eng. *Email:* fh@lensmeister.com *Area of interest:* Worldwide including variants Hugkelstone, Hughulstone & Hucklestone.

◆ One Name Studies ◆

- **HUMAN:** *Contact:* Des Human. *Address:* 5 Amandel Close, Protea Valley Welgemoed, 7530, RSA. *Tel:* (021) 913 5884. *Fax:* (021) 913 0143. *Email:* deshuman@xsinet.co.za *Area of interest:* Worldwide.

- **HUNTINGFORD:** *Contact:* Mrs Lyn McCulloch. *Address:* Barrymore, Marbury Road, Comberbach, Ches. CW9 6AU, Eng. *Tel/Fax:* (01606) 891604. *Email:* lyn.mcculloch@btinternet.com *Area of interest:* Worldwide. Annual newsletter. Family queries welcome. (G)

- **HURT:** *Contact:* Mrs Sharon Hurt. *Address:* Somercotes House, Leabrooks Road, Somercotes, Dby., DE55 4HB, Eng. *Email:* hurt@one-name.org *Area of interest:* Worldwide. New information and enquiries welcome. (G)

- **IRETON:** *Contact:* Laroux Gillespie. *Address:* 1300 East 109 Street, Kansas City, MO, 64131-3585, USA. *Area of interest:* Publishes news on all Ireton, Urton & Irton.

- **IVORY:** *Contact:* Dennis Ivory. *Address:* 51 Whitecross Ave, Bristol, BS14 9JF, Eng. *Area of interest:* Worldwide. Variants include Ivrey, Ivry, Ivoreigh.

- **JAMSON:** *Contact:* Alfred A. Jamson. *Address:* 8 Dene Way, Lockhaugh, Rowlands Gill, T & W, NE39 1BD, Eng. *Tel:* (01207) 543921. *Email:* alf@ajamson.freeserve.co.uk *Area of interest:* UK & Worldwide. Variants incl. Jameson, Jamieson, Jamison.

- **JAUNAY: The Jaunay Journal:** *Contact:* Graham Jaunay. *Address:* 7 East Tce, Sth Plympton 5038, Aus. *Tel:* (08) 8374 2049. *Fax:* (08) 8374 2041. *Email:* graham@jaunay.com *Website:* www.family.jaunay.com *Area of interest:* Worldwide. The Jaunay Journal is only available online.

- **JOHNSON:** *Contact:* Mr Roy Johnson. *Address:* R.R.#1, Ridgeville, Ont L0S 1M0, Can. *Area of interest:* Worldwide. Johnson Reporter - family - newsletter - annual reunion in Welland Ont., Canada.

- **JOSLIN & JOSCELYNE:** *Contact:* Peter Joslin. *Address:* 11 Marine Court, Sandylands Promenade, Morecambe, Lancs. LA3 1HQ, Eng. *Tel.:* (01524) 420841. *Email:* peterjoslin@btinternet.com *Website:* www.peterjoslin.co.uk *Area of interest:* Worldwide. Large database for free exchange of Joslin data and variants.

- **JOWERS:** *Contact:* John E. Jowers. *Address:* 3 Parkfield Crescent, Harrow, Mdx. HA2 6LE, Eng. *Area of interest:* Eng & Wales, Aus & NZ. Printed books available - Jowers Births England and Wales 1838-1992, Jowers Wills and Administrations England and Wales 1858-1992 & Jowers Deaths Eng & Wls 1837-2000. Enquiries welcomed.

- **JUTTON/JUTTEN:** *Contact:* John Nightingale. *Address:* 60 Cromwell Road, Beckenham, Kent BR3 4LN, Eng. *Email:* john.nightingale9@btopenworld.com *Area of interest:* Worldwide. Seven centuries of UK data to hand. Enquiries & all references welcomed. Written history of UK Juttons now available.

- **KAHTS:** *Contact:* Mrs Marieaan Kahts. *Address:* Postnet Doringkloof 395, P/Bag X1008, Lyttelton, 0157 RSAfrica. *Tel:* (012) 664 2040. *Email:* n.kahts@mweb.co.za *Area of interest:* Worldwide.

- **KEARSE:** *Contact:* Phil D. Kearse. *Address:* 67 Saunders Road, M.S.411, Maryborough, Qld 4650, Aus. *Tel:* (07) 4123 3180. *Email:* kearsegen@optusnet.com.au *Area of interest:* United Kingdom. Family queries welcome.

- **KENDRICK:** Kendrick One Name Study & DNA Project: *Contact:* Edward Kendrick. *Address:* Driftway, York Road, West Hagbourne, Oxon, OX11 0NG, Eng. *Tel:* (01235) 850788. *Email:* kendrick@one-name.org *Area of interest:* Worldwide Kenrick, Kendrick. Queries welcomed.

- **KENNEDY:** *Contact:* Emerson Melaven. *Address:* 1435 4th Street S.W., Apt.B-812, Washington DC 20024-2216, USA. *Tel:* (202) 554 3731. *Email:* ejmelaven1@aol.com *Area of interest:* Queen's Co. (LEX), IRL, in which year prior to 1821 did Thomas Kennedy emigrate to US?. Tradition is Kennedys tenant farmers to Lady Eleanor Bowen.

- **KENNERLEY:** *Contact:* Alan Kennerley. *Address:* Willowmoor, School Lane, Marton, Ches. SK11 9HD, Eng. *Email:* kennerley@one-name.org *Area of interest:* Worldwide. Variants include Kennerly, Kenerley etc.

- **KENWARD:** *Contact:* Brian Carpenter. *Address:* 9 Nichols Pl, Kingswood NSW 2747, Aus. *Tel:* (02) 4731 3160 *Email:* bcarp@hotmail.com *Area of interest:* Worldwide.

- **KENYON:** *Contact:* Mr R.B. Clayburn. *Address:* 4 Winnham Dr, Fareham, Ham, PO16 8QE, Eng. *Area of interest:* Worldwide. (G)

- **KERKIN:** *Contact:* Daphne McMahon. *Address:* 42 Romea St, The Gap 4061, Aus. *Tel/Fax:* (07) 300 2125. *Email:* daphnemc@dodo.com.au *Area of interest:* Cornwall, Eng and worldwide. All variations. Listings of births, marriages, deaths, wills and family trees. All information welcome.

- **KEYWORTH:** *Contact:* Elizabeth M. Hannan. *Address:* 20 Darmody Street, Weetangera, ACT 2614, Aus. *Tel:* (02) 6354 3277. *Email:* mbhannan@goldweb.com.au *Area of interest:* Rev. Thomas Keyworth born Nottingham, Eng, c.1782, died 7 Nov. 1852 Eng and descendants mainly Eng, Wales, Aus & NZ.

- **KILLEEN:** *Contact:* Roddam Cooper. *Address:* 6 Smith Street, Harden, NSW 2587, Aus. *Tel:* (02) 6386 2409. *Email:* roddam@dragnet.com.au *Area of interest:* Any info about the family migrating to Warrnambool or Western Vic, Aus.

- **KNEEBONE:** *Contact:* W.J.R. Kneebone. *Address:* Rose Cottage, Barbican Hill, Looe, Cornwall, PL13 1BB, Eng. *Tel:* (01503) 264361. *Email:* roger@wjrkneebone.fsnet.co.uk *Area of interest:* Worldwide. All enquiries and info welcome.

- **LAFLIN:** *Contact:* S. Laflin. *Address:* 23 Barkers Court, Madeley, Salop. TF7 5AL, Eng. *Tel:* *Fax:* *Email:* suelaflin@blueyonder.co.uk *Website:* www.laflinfamily.org *Area of interest:* Worldwide. (G)

- **LAMPRELL:** *Contact:* Mrs Roslyn S. Voullaire. *Address:* PO Box 271, Gol Gol, NSW 2738, Aus. *Tel:* (03) 5024 0292. *Fax:* (03) 5024 0308. *Email:* roz@voullaire.com.au *Area of interest:* Worldwide. Compiling database, all enquiries and information welcome.

- **LANCE: Lance Alliance:** *Contact:* Peter C. Lance. *Address:* 59 Church Rd, Watford, Herts WD17 4PY, Eng. *Tel:* 44 (01923) 238057. *Email:* petlan@@lanceonline.info *Website:* www.lanceonline.info/lineage *Area of interest:* Worldwide. *Other particulars:* Lance Lineage Megatrees (including linknames, hand-drawn: branched, up to 12 metres), Heraldic items, name usage catalogue, 1901 census. Annual gathering in June. (G).

- **LANDALL:** *Contact:* Ronald J. Kelly. *Address:* 50 Fidge Street, Calwell, ACT 2905, Aus. *Email:* ronkelly@webone.com.au *Area of interest:* Worldwide.

- **LANNING:** *Contact:* Jeannette Tyson. *Address:* 94 Binswood Ave, Toronto, Ont M4C 3N9, Can. *Area of interest:* NJ to Ohio & rest of N. America. Book - Descendants of Richard Lanning & Julia Ann Miller - married 1751.

- **LARABIE/RABY:** *Contact:* Jens-Holger Stehr. *Address:* 1926 Danniston Cres, Ottawa, Ont. K1E 3R6, Canada. *Tel:* (613) 824 6362. *Email:* ance.stehr@sympatico.ca *Area of interest:* Worldwide. Computer data base, includes over 1700 Larabies and 57,000 linked relatives, including Raby & Roby.

- **LAUGHTON:** *Contact:* Miss Sharon P. Laughton. *Address:* 1 Oak Cottage, Leesons Hill, Orpington, Kent BR5 2LH, Eng. *Tel:* (01689) 836 650. *Email:* sharon.laughton@ntlworld.com *Area of interest:* Eng. *Other particulars:* Related to the actor Charles Laughton?

- **LAUZON:** *Contact:* Jens-Holger Stehr. *Address:* 1926 Danniston Cres, Ottawa, Ont. K1E 3R6, Canada. *Tel:* (613) 824 6362. *Email:* ance.stehr@sympatico.ca *Area of interest:* Canada & USA. Computer data base, includes over 11,000 Lauzon and 30,000 linked relatives.

- **LEATHER: Leather Family History Society:** *Contact:* Dr S.R. Leather. *Address:* 134 Holbeck, Great Hollands, Bracknell, Berks., RG12 8XG, Eng. *Area of interest:* Worldwide. (G)

♦ One Name Studies ♦

- **LEBLANC:** *Contact:* Jens-Holger Stehr. *Address:* 1926 Danniston Cres, Ottawa, Ont. K1E 3R6, Canada. *Tel:* (613) 824 6362. *Email:* ance.stehr@sympatico.ca *Area of interest:* Canada & USA. Computer data base, includes over 15,000 Leblanc non Acadian & Acadian.

- **LITTLECHILD:** *Contact:* S.C. Littlechild. *Address:* White House, The Green, Tanworth in Arden, W.Mids B94 5AL, Eng. *Email:* sclittlechild@tanworth.mercianet.co.uk *Area of interest:* Worldwide. (G)

- **LUCKHURST:** *Contact:* Mr J. Luckhurst. *Address:* 16 South Way, Croydon, Surrey, CR0 8RP, Eng. *Email:* jwluckhurst@aol.com *Area of interest:* Worldwide.

- **LUCKING:** *Contact:* Helen Cox. *Address:* 11 Queens Road, Enfield, Mdx. EN1 1NE, Eng. *Tel:* (020) 8367 4548. *Email:* tootsfolly@aol.com *Area of interest:* All Worldwide.

- **LUCRAFT:** *Contact:* Ian G. Lucraft. *Address:* 136 Wadsley Lane, Sheffield, S. Yorks. S6 4EE, England. *Tel:* (0114) 234 7131. *Email:* ianlucraft@btinternet.com *Website:* www.lucraft.org *Interest:* Worldwide espec. Dev, Eng. *incl:* Luckraft, Locraft, Luccraft, Luckarift. Newsletter.

- **LUGTON:** *Contact:* Keith S.H. Lugton. *Address:* 49 Harefield Avenue, Cheam, Surrey, SM2 7ND, Eng. *Email:* keith.lugton@virgin.net *Area of interest:* Worldwide.

- **LUSH:** *Contact:* Dr G.J. Lush. *Address:* 5 Braeside Road, West Moors, Ferndown, Dorset BH22 0JS, Eng. *Tel:* (01202) 870706. *Email:* gjlush@bournemouth-net.co.uk *Area of interest:* Worldwide. (G)

- **M(E)AT(T)YE(A)R:** *Contact:* David Childs. *Address:* 43 The Oval, Henlow. SG16 6EU, Eng. *Email:* matyear@one-name.org *Area of interest:* Worldwide; in Eng found mainly in CUL, HAM & MDX. (G)

- **MADDEN:** *Contact:* Ian Madden. *Address:* 15 Belvedere Street, Epsom, Auckland, 1003, New Zealand. *Tel:* (09) 524 5681. *Area of interest:* Worldwide. Also variants. Specialty pre 1750. Extensive scholastic illustrated publication being prepared.

- **MAGRIN:** Magrin International F.H.S.: *Contact:* Robert A. Whillas, Editor. *Address:* 2 Maple Close, Canada Bay, NSW 2046, Aus. *Tel:* (02) 9705 0869. *Fax:* (02) 9705 0870. *Email:* rwhillas@optusnet.com.au *Area of interest:* Worldwide. Family queries welcome.

- **MAHADY:** *Contact:* Matthew Mahady. *Address:* 508 Main Road, Wellington Point, Qld 4160, Aus. *Tel:* (07) 3207 1497. *Email:* mahadym@powerup.com.au *Area of interest:* Worldwide. Newly formed, collecting data on all variants incl. Mahedy, Maheady, Mahide, Mahidy, Mahody, Mehady, Mehedy etc.

- **MAINS:** *Contact:* Robert Mains. *Address:* 5149 Marlowe Drive S.E., Kentwood, MI 49548-7655, USA. *Tel:* (616) 531 7216. *HomePage:* http://www.MAINSROBERT@aol.com *Area of interest:* Worldwide.

- **MALLET:** *Contact:* Alan C. Hamilton. *Address:* 128 Busbridge Lane, Godalming, Sry. GU7 1QJ, Eng. *Area of interest:* Especially DEV & SOM, Eng. All variants. Book available.

- **MARKWICK:** *Contact:* David Markwick. *Address:* 577 Bexhill Rd, St.Leonards on Sea, E.Ssx TN38 8AX, Eng. *Area of interest:* Worldwide. *Other particulars:* Details always sought to add to this growing one name study, will try and help all enquirers. (G)

- **MARSDEN:** *Contact:* John Marsden. *Address:* 3 Hesketh Rd, Sale, CHS, M33 5AA, Eng. *Tel:* (0161) 973 2099. *Email:* john@marsden-ons.co.uk *Area of interest:* Worldwide. All queries and information welcomed.

- **MARTIN:** The UK Family History Society of Martin: Chairman: Mrs Susan Howell. *Address:* 63 Higher Coombe Drive, Teignmouth, Devon, TQ14 9NL, Eng. *Tel:* (01626) 870770. *Email:* sm.howell@btopenworld.com *Website:* www.fhsofmartin.org.uk *Area of interest:* UK.

- **MASEFIELD:** *Contact:* Ian Madden. *Address:* 15 Belvedere Street, Epsom, Auckland, 1003, New Zealand. *Tel:* (09) 524 5681. *Area of interest:* Worldwide. Also variants. All periods. Extensive scholastic illustrated publication being prepared.

- **MATHIAS:** *Contact:* Malcolm Mathias. *Address:* PO Box 112, Forest Hill, Vic 3131, Australia. *Area of interest:* Worldwide, especially IRL, WLS, ENG & AUS.

- **MAY:** *Contact:* Enrique B. May. *Address:* 639 7th Street, Santa Monica, CA 90402, USA. *Tel:* (310) 395 1777. *Email:* ebrxmay@hotmail.com Webpage: www.richmark.com/q/maytree/may-reconstruction.html *Area of interest:* Worldwide. Surname DNA study. 20+ May families tested. All inquiries welcome.

- **MCCLYMONT:** *Contact:* Graeme McClymont. *Address:* 2/20 Renown Street, Burwood, Vic. 3125, Aus. *Tel:* (03) 9808 9737. *Email:* graememont@dodo.com.au *Area of interest:* Gilbert McClymont married Jessie Mary Bryce, Melbourne 1863. Children: Lewis, John, Emma, Alfred, Frank & Alexander. Mel. 1863, Invercargill, NZ 1866 & Sydney, Aus 1890+

- **MCGEOCH:** *Contact:* Ian Madden. *Address:* 15 Belvedere Street, Epsom, Auckland, 1003, New Zealand. *Tel:* (09) 524 5681. *Area of interest:* Worldwide, particularly North America. All variants. (see also Masefield one name study).

- **MCGRATH:** *Contact:* Mrs Marie Owen. *Address:* 1 Yeats Avenue, Killarney Heights, NSW 2087, Aus. *Tel:* (02) 9451 1239. *Fax:* (02) 9975 3471. *Email:* owenmj@bigpond.net.au *Area of interest:* IRL, WLS & AUS.

- **MCGUFFEY: McGuffey Genealogical Collection:** *Contact:* Eugene W. Robbins. *Address:* 19517 Scenic Drive, Spicewood, TX 78669 USA. *Area of interest:* Worldwide. Book on McGuffey/Guffey family genealogy available for $30.00.

- **MCNAIR:** *Contact:* Dr Robert J. Brown. *Address:* 6 Cobham Drive, Cimla, Neath, SA11 2BP, Wales, UK. *Tel:* (01639) 779 391. *Fax:* (01639) 642 745. *Email:* rbrown@preciousseed.org *Area of interest:* Worldwide.

- **MEANY: Meany-Meaney Family History Group:** *Contact:* Michael Meany. *Address:* 15 Convery Crescent, Nerang, Qld 4211, Aus. Tel.: (07) 5574 7071. *Email:* mpmeany@bigpond.com *Area of interest:* Worldwide. *Other particulars:* Newly formed, collecting data, includes variants Meanie, Meeny, Mennie.

- **MELAVEN:** *Contact:* Emerson Melaven. *Address:* 1435 4th Street S.W., Apt.B-812, Washington DC 20024-2216, USA. *Tel:* (202) 554 3731. *Email:* ejmelaven1@aol.com *Area of interest:* King's Co. (Offaly) IRL and Worldwide. All information and queries welcome.

- **METZOLDT:** *Contact:* Laurence Whiers. *Address:* Woodhatch, Church Lane, Brent Knoll, Somerset, TA9 4EG, Eng. *Tel:* (01278) 760838. *Email:* metzoldt@one-name.org *Area of interest:* Worldwide. All enquiries & info. welcome.

- **MEW:** *Contact:* Peter D. Bonson. *Address:* 26 Shreen Way, Gillingham, Dorset, SP8 4EL, Eng. *Tel:* (01747) 822652. *Email:* peterbonson@msn.com *Area of interest:* Worldwide.

- **MIDDLEMAS:** *Contact:* Janice Middlemas. *Address:* 263 Te Rapa Road, Hamilton, 2001, NZ. *Email:* janicemiddlemas@hotmail.com *Area of interest:* SSX, Eng.

- **MILDRED:** *Contact:* Jeremy W. Daniel. *Address:* 23 Gilda Crescent, Polegate, East Sussex, BN26 6AW, Eng. Tel.: (01323) 486460. *Email:* dernst@btinternet.com *Area of interest:* Worldwide. Variants include Milred, Milldred, Mildrett, Mildread & Mylrede. (G)

- **MILLER & BOESDATTER:** *Contact:* Miss Amy Miller. *Address:* 13 Annie Street, Dalby, Qld, 4405 Aus. *Email:* amy.r.miller@bigpond.com Interest: Conrad Peter Muller (c.1874) marr. (1) 1858 Else Catrine Boesdatter; (2) Dorthea Thomasdatter (from Denmark 1880). no known children to 2. Issue by 1: Johan Frederick Moller m. Kirstine Jensen. 2. Boe Christensen Muller. 3. Vilhelm Peter Conrad (William) Miller m. Emily Turner & Gertrude O'May (nee Round). 4. Marinus (Martin) Muller. 5. Boe Christian Moller m. Agnes Brown. 6. Inger Catrine Moller. 7. Kirstine Marie Moller m. Lucas Spanggaard & Eiler Holst. 8. Erik Andreas Moller m. ?. 9. Fruitz Moller. Variants: Miller, Muller, Moller. 125 years in Aus. Queries are welcome, SAE appreciated. Looking for updates, stories & photos.

- **MILLER & TURNER:** *Contact:* Miss Amy Miller. *Address:* 13 Annie Street, Dalby, Qld, 4405 Aus. *Email:* amy.r.miller@bigpond.com Interest: Vilhelm Peter Conrad (William) Miller (1863-

◆ One Name Studies ◆

1940) m. 1889 Emily Turner (1870-1925). Issue: 1. Emily Ann Josephanie m. Archibald Sugden. 2. William Conrad (Peter) m. Agnes McFarlane. 3. Else Katrine. 4. Bertha Ellen m. Frederick Russell. 5. Inger Marie m. William Ferguson. 6. Annie Foster m. Edgar Bowden. 7. Christine Martine m. Stanley Williams. 8. Alfred John m. Amy Benecke & Marion Weise (nee Keen). Queries are welcome, SAE appreciated. Looking for updates, stories & photos.

- **MILLS:** *Contact:* John F. Mills. *Address:* Sugham Farm, Lingfield, Surrey, RH7 6BZ, Eng. *Fax:* (01342) 830081. *Email:* amukconsultants@btconnect.com *Area of interest:* Vicinity of Ashford, Kent, Eng. Family History Project; queries welcomed.

- **MINES:** *Contact:* Mr J.J. Mines. *Address:* 30 Cooinda Street, The Gap, Qld. 4061, Aus. *Area of interest:* Worldwide.

- **MING:** *Contact:* Peter Wright. *Address:* 5 The Perrings, Nailsea, Bristol, BS48 4YD, Eng. *Tel:* (01275) 852993. *Email:* peter.c.wright@btinternet.com *Area of interest:* Building database of ancestors/ descendants Ming family BKM, Eng first recorded Quainton BKM c1688. Information & enquiries welcomed with SAE/IRC. Already contacts in Aus, Can, NZ & UK.

- **MOFFAT:** *Contact:* Clan Moffat UK & Eire, David Moffat. *Address:* 17 Goshen Terrace, Scone, Perthshire, PH2 6LU, Scotland, UK. *Email:* david@djmoffat.fsnet.co.uk *Web:* www.clanmoffat.info DNA *Website:* www.clanmoffatDNA.com *Area of interest:* All surname variations, worldwide. Newsletter twice yearly.

- **MORBEY:** *Contact:* Keith Morbey. *Address:* 23 Cowper Cres, Bengeo, Hertford, Hrt SG14 3DZ, Eng. *Area of interest:* Worldwide.

- **MORTON:** *Contact:* Martin L. Morton. *Address:* 32 Hillway, London, N6 6HJ, Eng. *Tel/Fax:* (020) 8340 5972. *Email:* ml.morton@btopenworld.com *Area of interest:* England.

- **MOSS:** *Contact:* Barry R. Moss. *Address:* 12 Warne St, Katoomba, NSW 2780, Aus. *Email:* mossbyte@lisp.com.au *Area of interest:* CHS, ENG & Sydney & Penrith, NSW, AUS. 1700s-1900s.

- **MOULDER:** *Contact:* Michael Moulder. *Address:* 7 Edwin Avenue, Walton, Chesterfield, S40 3JD, Eng. *Tel:* (01246) 235886. *Email:* michael-moulder@btinternet.com *Area of interest:* Worldwide. Family queries welcome. Information sought. (SAE not required). (G)

- **MOXON:** The Moxon Society *Contact:* John Moxon. *Address:* 1 Pinetree Cl, Cowes, IOW PO31 8DX, UK. *Website:* www.moxonsociety.org.uk *Area of interest:* Worldwide. Journal Apr/Oct. Reunion 2nd w/end Sept. annually.

- **MUCKLESTON(E):** *Contact:* Janet Muckleston. *Address:* 17 Tollgate Way, Sandling, Maidstone, Kent, ME14 3DF, Eng. *Tel:* (01622) 662574. *Email:* janet@muckleston.freeserve.co.uk *Website:* www.muckleston.com *Area of interest:* Worldwide. inc. Muckleston(e). (G)

- **MURRAY:** *Contact:* Mrs Freda B. Murray. *Address:* 8 Upfold, Close, Cranleigh, Surrey, GU6 8PE, Eng. *Tel:* (01483) 271732. *Email:* fredabanji@tiscali.co.uk *Area of interest:* LAN, ENG.

- **MUSSEN:** *Contact:* Keith Johnson, AM. *Address:* PO Box 795, North Sydney 2059 Australia. *Email:* grdxxx@ozemail.com.au *Area of interest:* Worldwide. Especially Ant & Dow, Irl since 1660 and LUX, GER, BEL & FRA pre 1665.

- **NADEN:** Naden/Nadin/Neden/Nedin Family Soc.: *Contact:* Rev. Dennis L. Nadin. *Address:* The Hermitage, 201 Willowfield, Harlow, Essex, CM18 6RZ. *Tel:* (01279) 325904. *Email:* nadennadinsociety@yahoo.co.uk *Website:* www.geocities.com/nadennadinsociety *Area of interest:* Worldwide. Large database including UK registrations, parish registers, wills, census, newspapers etc. Magazine Roots and Branches pub. 2 per year since 1989. Annual reunion.

- **NEATE:** *Contact:* Mrs Susan M. Walter. *Address:* 249 Pudding Bag Road, Drummond, Vic 3461, Aus. *Area of interest:* Worldwide. Data collection and exchange. Computer database & trees. All enquiries & data welcome. Send IRC with mail contact or *Email:* puddingbag@hotmail.com

- **NEIGHBOUR:** The Neighbour Family: *Contact:* Mike Neighbour. *Address:* C/- 1 Mill Road

Avenue, Angmering, W.SSX., BN16 4HR, Eng. *Email:* mikeneighbour@tesco.net *Area of interest:* Worldwide. Data exchange. Over 200 Neighbour trees.

● **NEVILL(E):** *Contact:* Mr G. Hawkes. *Address:* 10 Hilltop Ave, Bewdley, Worcs, DY12 1HY, Eng. The Nevill(e)s of Shenstone & S. Staffordshire, Eng. Data collection - exchange.

● **NICKSEY:** *Contact:* Alan Gillard. *Address:* 58 Queens Road, Thame, Oxon, OX9 3NQ, Eng. *Email:* alan.gillard@lineone.net *Area of interest:* Worldwide. All information welcomed along with any queries. Believe all Nixey's are related.

● **NIXEY:** *Contact:* Alan Gillard. *Address:* 58 Queens Road, Thame, Oxon, OX9 3NQ, Eng. *Email:* alan.gillard@lineone.net *Area of interest:* Worldwide. All information welcomed along with any queries. Believe all Nixey's are related.

● **NORMAN:** *Contact:* Mike Norman. *Address:* 10 Penning Close, Melksham, SN12 7RX, Eng. *Area of interest:* Worldwide. All info. membership welcome.

● **NORMINGTON, NORMANTON, NORMINTON:** *Contact:* Billy Normington. *Address:* 4 Basset Close, New Haw, Addlestone, Surrey, KT15 3AH, Eng. *Email:* normington4@ntlworld.com *Area of interest:* Worldwide - especially WRY, ENG. Contributions & Enquiries welcome. (G)

● **NORRINGTON:** *Contact:* John Norrington. *Address:* 1a Woodcote Park Road, Epsom, Surrey KT18 7EY, Eng. *Tel:* (01372) 725134. *Email:* JandJ.norrington@ukgateway.net *Area of interest:* Worldwide. (G)

● **NOTHARD & NORTHARD:** *Contact:* Malcolm A. Nothard. *Address:* 24 Cedar Drive, Sutton-at-Hone, Kent, DA4 9EN, Eng. *Tel:* (01322) 863470. *Email:* familytree@nothard.freeserve.co.uk *Area of interest:* Worldwide.

● **O'MAY & O'MEY:** *Contact:* Mrs R.R.B. Watt. *Address:* 14 Nottingham Avenue, Glasgow, G12 0LF, Scotland UK. *Tel:* (0141) 334 2778. *Email:* ruby.watt@ntlworld.com *Area of interest:* Worldwide. All enquiries and info. welcome. (G)

● **OAKENFOLD:** *Contact:* Meryl Flashman. *Address:* 4 Haywain Cl, Paddock Wood, Tonbridge, Kent TN12 6LD, Eng. *Tel:* (01892) 832230. *Email:* merylflashman@hotmail.com *Area of interest:* Worldwide.

● **OAKENFULL:** *Contact:* Meryl Flashman. *Address:* 4 Haywain Cl, Paddock Wood, Tonbridge, Kent TN12 6LD, Eng. *Tel:* (01892) 832230. *Email:* merylflashman@hotmail.com *Area of interest:* Worldwide.

● **ODDY/ODDIE/ODDEY:** *Contact:* Audrey Town. *Address:* 33 New Ln, Skelmanthorpe, W. Yorks HD8 9EY, Eng. *Email:* poppies@lineone.net *Area of interest:* Worldwide, specialising WRY, Eng. Compilation of Census, Will, PR data, civil regn. entries. - contributions and enquiries welcome. (G)

● **OLIVER: Oliver Society:** *Contact:* Lois Comeadow. *Address:* 21 Raymond St, Noble Park 3174, Aus. *Tel:* (03) 9558 4248. *Email:* locow@elite.net.au *Area of interest:* Worldwide.

● **ORPWOOD:** *Contact:* Graham Orpwood. *Address:* 17 Douville Court, Toronto, Ont. M5A 4E7, Can. *Tel:* (416) 703 2927. *Fax:* (416) 703 7298. *Email:* gorpwood@edu.yorku.ca *Area of interest:* Worldwide, all spellings.

● **ORTON: Family History Soc.:** *Contact:* Derek Beck. *Address:* 25A Longwood Avenue, Bingley, W.Yks. BD16 2RX, Eng. *Email:* derek@beckd.freeserve.co.uk *Area of interest:* Worldwide. Enquiries please send SASE or 2 IRC's. Journal pub. quarterly. Membership Stg.10 pounds in UK, 11 pounds in Europe and Stg.15 pounds other. (G)

● **OUTRAM:** *Contact:* Mrs Laurin Lang. *Address:* 59 Smallman Cres, Greenwood WA 6024, Aus. *Tel:* (08) 9342 3702. *Fax:* (08) 9342 3702. *Email:* laurosn@faroc.com.au *Area of interest:* ENG, AUS, NZ, USA, CAN & Africa. Variations include: Outtram, Outtrim, Outrim, Owtram, Owtrim.

◆ **One Name Studies** ◆

- **OVERALL: The Overall Register:** *Contact:* Mr F.T.W. Sole. *Address:* 17 Hyholmes, Bretton, Peterborough, Cambs, PE3 8LG, Eng. *Tel:* (01733) 261234. *Email:* overall@one-name.org *HomePage:* overall.org.uk *Area of interest:* Worldwide. All variants. (G)

- **OWEN:** *Contact:* Mrs Marie Owen. *Address:* 1 Yeats Avenue, Killarney Heights, NSW 2087, Aus. *Tel:* (02) 9451 1239. *Fax:* (02) 9975 3471. *Email:* owenmj@bigpond.net.au *Area of interest:* IRL, WLS & AUS.

- **P#RR#TT: Perrett Society:** *Contact:* Mrs J.P. Towner. *Address:* 7 Woolven Close, Poole, Dorset, BH14 0QT, Eng. *Website:* www.p-rr-tt.org.uk *Area of interest:* Worldwide. # represents vowels. Branches in Australia, New Zealand, USA. Quarterly 44 page journal. Meetings. Vast databank. 400+ members. (G)

- **PALMER:** *Contact:* Essie M. Moffat. *Address:* 2/280 Sydney Road, Balgowlah, NSW 2093, Aus. *Tel:* (02) 9949 6989. *Area of interest:* Ireland, particularly LEX, KIK, GAL & TIP, & KEN, ENG 1700+. All queries and information welcome.

- **PEET:** *Contact:* Lindsay Peet. *Address:* 39 Beatrice Road, Dalkeith, WA 6009, Australia. *Tel.:* (08) 9386 1240. *Area of interest:* England.

- **PEGG: Pegg Family Archive:** *Contact:* Mr A.F. Pegg. *Address:* 22 Tunstall Road, Wymering, Portsmouth, PO6 3RT, Eng. *Area of interest:* UK, mainly STS, LAN, CHS & DBY. Including Peg, Pegge, Pegg & variants.

- **PEGRUM:** *Contact:* Sue Jones (nee Pegrum). *Address:* 570 Port Hacking Road, Caringbah, NSW 2229, Aus. *Tel:* (02) 9524 0776. *Email:* scjones@optushome.com.au *Area of interest:* Worldwide. All enquiries and info. welcome.

- **PENTY: Penty Family Name Society:** *Contact:* Norman Penty. *Address:* 30 Lych Way, Horsell, Surrey GU21 4QG, Eng. *Tel:* (01483) 764904. *Email:* pentytree@aol.com *Area of interest:* Worldwide. Annual newsletter.

- **PEYMAN:** *Contact:* Mrs Sue E. Peyman-Stroud. *Address:* 10 Elm Park, Ferring, W.Ssx, BN12 5RW, Eng. *Area of interest:* Worldwide. All enquiries welcome. Newsletter available.

- **PIEARS: Piears One Name Study:** *Contact:* David Hayes. *Address:* 'Trenley' 68 London Road, Dunton Green, Sevenoaks, Kent TN13 2UG, Eng. *Tel:* (01732) 462259. *Fax:* (01732) 462 259. *Email:* 100720.2767@compuserve.com *Area of interest:* Worldwide. Data collection & exchange. Enquiries welcomed. Researching origins of name.

- **PINSON:** *Contact:* Doug Pinson. *Address:* 16 Anton Grove, Flemington, Vic., 3031, Aus. *Tel:* (03) 9376 9324. *Email:* pinson@sme.com.au *Area of interest:* Worldwide. All enquiries & info. welcome.

- **PIPKIN/PITKIN:** *Contact:* Rev. James Pitkin. *Address:* The Vicarage, The Street, Lockerley, Romsey, SO51 0JF, Eng. *Email:* pitkin@one-name.org *Area of interest:* Worldwide. Contributions and enquiries welcome. (G)

- **PITT:** *Contact:* Graeme McClymont. *Address:* 2/20 Renown Street, Burwood, Vic. 3125, Aus. *Tel:* (03) 9808 9737. *Email:* graememont@dodo.com.au *Area of interest:* William Henry Pitt married Melvina Ann Rockcliffe c.1868. Children: William born 1870 Boston, MA, USA, poss. others. came to AUS c.1885.

- **PLUMRIDGE:** *Contact:* Mrs Jill Parsons. *Address:* 9 Moera Place, Whangaparaoa, New Zealand. *Tel:* (09) 424 8139. *Email:* parsons@hbcoast.pl.net *Area of interest:* All Worldwide.

- **POIRIER:** *Contact:* Jens-Holger Stehr. *Address:* 1926 Danniston Cres, Ottawa, Ont. K1E 3R6, Canada. *Tel:* (613) 824 6362. *Email:* ance.stehr@sympatico.ca *Area of interest:* Canada & USA. Computer data base, includes over 17,000 Poirier & variations: Chabrat, Commis, Fonteneau, Lafleur, Lajeunesse, Perrot, Desloges, Michaud, Canique, Cliche, Doiron, Ladouceur & Laurent.

- **POLLARD:** *Contact:* Dr Robert J. Brown. *Address:* 6 Cobham Drive, Cimla, Neath, SA11 2BP, Wales, UK. *Tel:* (01269) 779 391. *Fax:* (01269) 642 745. *Email:* rbrown@preciousseed.org *Area of interest:* Worldwide.

◆ 645 ◆

- **POOK:** *Contact:* Mrs M.J. Spiller. *Address:* 29 Gainsborough Court, Station Avenue, Walton-on-Thames, Surrey KT12 1NH, Eng. *Tel:* (01932) 221536. *Area of interest:* Worldwide. (G)

- **POPPLESTONE:** *Contact:* Ms J. Popplestone. *Address:* 496 Portswood Road (Flat), Portswood, Hants SO17 3SP Eng. *Tel:* (02380) 586 875. *Area of interest:* Worldwide. (G)

- **PRATLEY:** *Contact:* Miss Michelle D. Hawke. *Address:* 15 Woodfield Drive, East Barnet, Herts. EN4 8PE, Eng. *Tel:* (020) 8368 9410. *Email:* michelle.hawke@pratley.info *Area of interest:* Worldwide.

- **PREEN:** *Contact:* S. Laflin. *Address:* 23 Barkers Court, Madeley, Salop. TF7 5AL, Eng. *Tel: Fax: Email:* suelaflin@blueyonder.co.uk *Website:* www.preenfamily.org *Area of interest:* Worldwide. (G)

- **PRESTIDGE:** *Contact:* Mr G.L. Prestidge. *Address:* 28 Petersfield Close, Edmonton, London, N18 1JJ, Eng. *Area of interest:* Worldwide, particularly War, Northants & Oxon, Eng. Variants include Prestage & Prestige. Collecting all references of name.

- **PUMMELL:** *Contact:* David Smith. *Address:* 23 Pengarth, Eldwick near Bingley, BD16 3DX, Eng. *Email:* pummell@one-name.org *Area of interest:* Worldwide. (G)

- **PURPLE:** *Contact:* Jennifer Purple. *Address:* 37 Old Hospital Mews, Hospital Walk, Kings Lynn, Nfk. PE30 5RU, Eng. *Email:* purple@one-name.org *Area of interest:* Worldwide. Creating Database - new data welcomed. (G)

- **PURTILL-PURTELL:** *Contact:* Mrs Helen Ruttley. *Address:* 23 Dacres Street, Vincentia, NSW 2540, Australia. *Area of interest:* Worldwide.

- **QUESSY:** *Contact:* Mrs Marie Owen. *Address:* 1 Yeats Avenue, Killarney Heights, NSW 2087, Aus. *Tel:* (02) 9451 1239. *Fax:* (02) 9975 3471. *Email:* owenmj@bigpond.net.au *Area of interest:* IRL, WLS & AUS.

- **RABY: Raby Family History Society:** *Contact:* June F. Penny. *Address:* PO Box 457, Dickson, ACT 2602, Aus. *Tel:* (02) 6241 1942. *Email:* june.penny@netspeed.com.au *Area of interest:* Uniting all derived lineages, such as Rabey & Reibey.

- **RADMORE/REDMORE:** *Contact:* Christopher D. Radmore. *Address:* 50 High Street, Chrishall, Herts. SG8 8RL, Eng.*Tel:* (01763) 838001. *Fax:* (01763) 838001. *Email:* chris@radmore.eclipse.co.uk *Area of interest:* Worldwide.

- **RAINBIRD:** *Contact:* Rosemary Rainbird. *Address:* 2 Beach Rd, West Mersea, Essex CO5 8AA, Eng. *Email:* rainbirds@btinternet.com *Area of interest:* Worldwide one name study, family history. Newsletter published May and November. Index of back issues available. All queries welcomed (SAE). (G)

- **RAYMENT: The Rayment Society:** *Contact:* Mrs S. Bailey, (Hon. Sec). *Address:* 20 Lion Lane, Billericay, Essex, CM12 9DL, Eng. *Email:* secretary@rayment.org *Website:* www.rayment.org *Area of interest:* Worldwide, all periods. Variants include: Raiment, Raymant, Raymond & Raymont. Monthly news. Extensive records include BMD index, Census returns, M.I.s, Parish register extracts, Pedigrees. Worldwide address data and a Probate index together with transcriptions of Wills etc. (G)

- **RAZEY:** *Contact:* Brian Johnson. *Address:* Hawthorns, Old Road, Alderbury, Salisbury, Wilts, SP5 3AR, Eng. *Area of interest:* Worldwide. Also Rasey, Racey, Raisey, Reasey and variants. (G)

- **REBBECK: Rebbecks Reassembled:** *Contact:* Mrs Judy Watten nee Rebbeck. *Address:* PO Box 874, Kenwood, CA 95452-0874 USA. *Email:* rayjudyw@aol.com *Area of interest:* Worldwide. SAE/IRC appreciated.

- **REYNOLDS:** *Contact:* Mrs Beatrice Martingdale. *Address:* 1624 Trossacks Avenue, London, Ont. N5X 2G4, Can. *Tel:* (519) 433 1191. *Email:* bea05@sympatico.ca *Area of interest:* New York City, USA.

◆ **One Name Studies** ◆

- **RIAL:** *Contact:* Mrs Cathy A. Wilson. *Address:* Windy Willows, PO Box 3054, Bilpin, NSW 2758, Aus. *Tel:* (02) 4567 1015. *Email:* windywilson@aol.com *Area of interest:* Australia wide.

- **RICKETTS:** *Contact:* Mrs S.A. Dyson. *Address:* Flat 12 Water Lane House, Water Lane, Richmond, Surrey TW9 1TJ, Eng. *Area of interest:* Worldwide. All variations of interest. (G)

- **RIDOUT: Ridout Family History Society:** *Contact:* William Ridout. *Address:* 6 Barncroft Road, Berkhamstead, Herts. HP4 3NL, Eng. *Tel:* (01442) 864243. *Email:* rfolke@yahoo.com *Area of interest:* Worldwide. Registrar: W. Ridout. (G)

- **RIEDSTRA:** *Contact:* Lutzen H. Riedstra. *Address:* 24 St Andrew Street, Stratford, Ont N5A 1A3, Can. *Tel:* (519) 273 0399. *Area of interest:* Worldwide. Also variant Rietstra. Data collection and exchange. Languages: English, Dutch, Frisian, French or German.

- **RINGE:** *Contact:* Barbara Wager. *Address:* 38 Loosen Dr, Maidenhead, Berks, SL6 3UT, Eng. *Tel:* (01628) 822586. *Area of interest:* Worldwide including variations.

- **ROBBINS: Robbins Genealogical Collection:** *Contact:* Eugene W. Robbins. *Address:* 19517 Scenic Drive, Spicewood, TX 78669 USA. *Area of interest:* Worldwide. Books available for $30.00: Early Robbins Families of Texas; Robbins Families of New England.

- **ROBERTS:** *Contact:* John L. Roberts. *Address:* 13 Portland Road, Coleraine, Vic 3315, Aus. *Tel:* (03) 5575 2658. *Area of interest:* London & SRY, Eng and Ballarat & Bendigo, Vic, Aus.

- **ROEBUCK:** *Contact:* Miss J.D. Price. *Address:* Mallows, Gainsborough Rd, Middle Rasen, Market Rasen, Lin LN8 3JX, Eng. *Area of interest:* Lancs, Eng.

- **ROEBUCK:** *Contact:* Mrs Heather MacAlister. *Address:* 9 Mistral Close, Lakeside, CP, 7945, RSA. *Tel:* (021) 788 8188. *Email:* heather@ancestors.co.za *Area of interest:* Wortley & Penistone areas, Yks, Eng. All years.

- **ROLLINSON:** *Contact:* Mrs Helen Ruttley. *Address:* 23 Dacres Street, Vincentia, NSW 2540, Australia. *Area of interest:* Worldwide, especially Aus & Lan, Eng. Variation includes Rawlinson.

- **RONAN:** *Contact:* Mrs Marie Owen. *Address:* 1 Yeats Avenue, Killarney Heights, NSW 2087, Aus. *Tel:* (02) 9451 1239. *Fax:* (02) 9975 3471. *Email:* owenmj@bigpond.net.au *Area of interest:* IRL, WLS & AUS.

- **ROTHERY:** *Contact:* Maggie Blyth. *Address:* 11 Cornhill Street, Kenmore, Qld. 4069 Aus. *Email:* magian@powerup.com.au *Area of interest:* Worldwide. Variants incl. Roddery, Rothrie, Rotheray and many others. (G)

- **ROWCLIFFE:** *Contact:* Stephen J. Rowcliffe. *Address:* 124 Chippindall Circle, Theodore, ACT 2905, Aus. *Tel:* (02) 6292 4079. *Fax:* (02) 6272 4875. *Email:* schooey@iimetro.com.au *Area of interest:* Eng & Aus.

- **ROWORTH (and variants):** *Contact:* Miss Audrey Town. *Address:* 33 New Lane, Skelmanthorpe, Huddersfield, West Yorks HD8 9EY, Eng. *Email:* poppies@lineone.net *Area of interest:* Worldwide, especially East Midlands area, Eng. and Australia. Compilation of Census, Will, PR data, entries from St Catherines Regs. - contributions & enquiries welcome. (G)

- **SAINT:** *Contact:* Mrs Heather Belcher. *Address:* 7 Park Road, Littlestone, Kent, TN28 8NJ, Eng. *Area of interest:* Worldwide. Information and enquiries welcome. (G)

- **SAINTY:** *Contact:* Malcolm Sainty, AM. *Address:* PO Box 795, North Sydney, NSW 2059, Aus. *Email:* grdxxx@ozemail.com.au *Area of interest:* NFK, & CAM, ENG & AUS. Collecting all references to Sainty & Sankey. Book now available: Sankey/Sainty/Santy of Norfolk, England c.1522-c.1900 write or E-mail for costs.

- **SANKEY:** *Contact:* Malcolm Sainty, AM. *Address:* PO Box 795, North Sydney, NSW 2059, Aus. *Email:* grdxxx@ozemail.com.au *Area of interest:* Eng & Worldwide. Collecting all references pre 1700. Variants include Sonkey, Zankey. Book now available: Sankey/Sainty/Santy of Norfolk, England c.1522-c.1900 write or E-mail for costs.

● **SANSBURY:** *Contact:* Mrs Anne Carter. *Address:* 8 Victor Crescent, Robertson, NSW, 2577, Aus. *Tel:* (02) 4885 2401. *Email:* cartam@hinet.net.au *Area of interest:* Worldwide.

● **SATTERTHWAITE:** *Contact:* Ruth Cooper. *Address:* 197 Clyde Road, Christchurch, 8005, NZ. *Tel:* (03) 351 4478. *Email:* bcooper@ihug.co.nz *Area of interest:* Robert at Santon Bridge, CUL, ENG 1788+; Robert at East Mooltan, India 1862; Henry at Melbourne, VIC, AUS 1855+; Robert A. at San Francisco, CA, USA 1930+; Family reunion April 2005 Christchurch NZ. All enquiries & info. welcome.

● **SAWBRIDGE:** *Contact:* Ron Sawbridge. *Address:* 1 Cartwright Gardens, Aynho, Oxon, OX17 3BB, Eng. *Tel:* (01869) 810228. *Email:* rsawbridge@aol.com *Area of interest:* Worldwide.

● **SCOLTOCK:** *Contact:* John Scoltock. *Address:* 43 Peacroft Ln, Hilton, Derby DE65 5GH, Eng. *Tel:* (01283) 733 441. *Email:* scoltockjk@amserve.net *Area of interest:* Worldwide. Bulletin published occasionally.

● **SCULL/SKULL:** *Contact:* Sidney R. Skull. *Address:* Stonehaven, Bradensioke, Wilts. SN15 4EL, Eng. *Tel:* (01249) 890478. *Email:* sidskull@supanet.com *Website:* www.skulltoskull.org.uk *Area of interest:* Worldwide. Reunion planned for 2000.

● **SECKOLD:** *Contact:* Mr Roy J. Seckold. *Address:* PO Box 785, Gosford 2250, Aus. *Email:* RoySeckold@bigpond.com *Area of interest:* Worldwide.

● **SEGAR:** *Contact:* Victor J.S. Barrington. *Address:* 11 Halpin Street, Malak, NT 0812, Aus. *Tel:* (08) 8927 4795. *Fax:* (08) 8981 0505. *Email:* vjsbarr@yahoo.com.au *Area of interest:* Dev & Con, Eng, any family connections to marriage of William Bastard & Judith Segar 13 Aug. 1788, Holy Trinity, Exeter, Dev, Eng. and marr. of Samuel Segar & Mary Stafford 2 July 1761 at Highweek, Dev. Eng.

● **SERONG:** *Contact:* Mrs J. Grant. *Address:* PO Box 259, Mallacoota, Vic 3892, Aus. *Tel:* (M) 0418 419725. *Email:* fileworks@bigpond.com *Area of interest:* Australia. Serrao immigrant family from Isle of Madeira 1824.

● **SHAMBROOK:** *Contact:* Bernard J. Shambrook. *Address:* 2 Hillsborough Park, Camberley, Surrey GU15 1HG, Eng. *Tel:* (01276) 65839. Int. code + 44 1276 65839. *Email:* bjshambrook@hotmail.com *Area of interest:* Worldwide. Information & Shambrook enquiries welcome. (G)

● **SHANKLAND:** *Contact:* Ian Shankland. *Address:* 63 Church Lane, Colden Common, Winchester SO21 1TR, Eng. *Email:* shankland@one-name.org *Area of interest:* Worldwide. Small friendly international group. Growing database. Enquiries and information welcome. (G)

● **SHERBORNE:** *Contact:* John Sherborne. *Address:* 16 St.Catherines Terrace, Tawa, Wellington, 6006, New Zealand. *Tel/Fax:* (04) 232 8193. *Email:* jsherborne@clear.net.nz *Area of interest:* Worldwide. (G)

● **SHOEBRIDGE:** *Contact:* Tom Wood. *Address:* 4 Georgian Houses, North Thoresby, Grimsby, Lincolnshire DN36 5RF, Eng. *Tel.:* (01472) 840566. *Area of interest:* Worldwide (especially London, Sussex & Kent, Eng). (G)

● **SHOLL:** *Contact:* Mr Philip E. Lloyd. *Address:* 268 Upper Chorlton Road, Manchester M16 0BN, Eng. *Email:* philip_lloyd@lineone.net *Area of interest:* Worldwide. (G)

● **SHUBROOK:** *Contact:* Ian Mayes. *Address:* 5 Harris Close, Raunds, Northants. NN9 6TA, Eng. *Email:* ian@ferrerstech.co.uk *Area of interest:* Worldwide.

● **SKED, SKEAD, SCED, SKEDD:** *Contact:* Mrs Margaret O'Leary. *Address:* PO Box 46, Salamander Bay, NSW 2317, Aus. *Email:* mol@nelsonbay.com *Website:* http://nelsonbay.com/~mol/ *Area of interest:* Scotland & migrants to CAN, USA RSA, AUS. & Worldwide. Extensive database established.

● **SKUES:** *Contact:* Sqn. Ldr. Keith Skues, MBE. *Address:* 19 Parkland Crescent, Horning, Nfk., NR12 8PJ, Eng. *Email:* skues@aol.com *Area of interest:* Worldwide. All variations including Scuse, Skewes, Skewis, Skews, Skuce, Skuse.

◆ One Name Studies ◆

- **SKYRM:** *Contact:* Mr I.F. Skyrm. *Address:* Lodge Farm, Broadheath, Tenbury Wells, Worcs WR15 8QS, Eng. *Email:* ian@skyrm.freeserve.co.uk *Area of interest:* Worldwide. (G)

- **SMART:** *Contact:* Royston J. Smart. *Address:* 33 Reynolds Close, Wellingborough, Nth., NN8 4UR, Eng. *Tel/Fax:* (01933) 405989. *Email:* royston.smart@btinternet.com *Area:* Worldwide.

- **SMEJKAL:** *Contact:* Vickie Smejkal. *Address:* 3283 South Kalispell Street, Aurora, CO 80013-1759 USA. Tel.: (303) 693 2014. *Email:* vickiesmejkal@comcast.net *Area of interest:* Worldwide. Family queries and information welcome.

- **SOMMERVILLE:** *Contact:* Mrs Heather MacAlister. *Address:* 9 Mistral Close, Lakeside, CP, 7945, RSA. *Tel:* (021) 788 8188. *Email:* heather@ancestors.co.za *Area of interest:* including variants, from Millport & Cumbrae areas, Bute, SCT. All years.

- **SPEAKE: Speake Family History Archive:** *Contact:* John D. Speake. *Address:* 211 Milton Road, Cambridge CB4 1XG, Eng. *Tel:* (01223) 423974. *Email:* SpeakeFamily@aol.com *Area of interest:* Worldwide. For all Sp(e)(a)k(e)(s) etc families, especially with Shropshire associations. Extensive database established, information available. Please register your interests. (G)

- **SPEAKMAN:** *Contact:* Paul Speakman. *Address:* PO Box 2031, Logan City, Qld. 4114, Aus. *Tel:* (07) 3341 1353. *Fax:* (07) 3219 7621. Mob: 0419 667396. *Email:* speakman@gil.com.au *Area of interest:* Runcorn, CHS, ENG 1800+

- **SPODE:** *Contact:* Peter F.C. Roden. *Address:* 1 Wood Broughton Barn, Cartmel, Cumbria, LA11 7SJ, Eng. *Email:* peter@roden.co.uk *Area of interest:* Worldwide. (G)

- **STABBINS:** *Contact:* David Stebbins. *Address:* 19 Russell Grove, Westbury Park, Bristol BS6 7UD, Eng. Tel.: (0117) 924 9802. *Area of interest:* Worldwide. All variants. Pre 1905.

- **STOCKWELL:** *Contact:* Barbara Wager. *Address:* 38 Loosen Dr, Maidenhead, Berks, SL6 3UT, Eng. *Tel:* (01628) 822586. *Area of interest:* London & Kent, Eng. including variations.

- **STOKER:** *Contact:* Dennis Stoker. *Address:* 3 Pearces Orchard, Henley-on-Thames, Oxon, RG9 2LF, Eng. *Tel./Fax:* (01491) 575756. *Email:* stoker@one-name.org *Area of interest:* Worldwide. Small but expanding database, mainly UK. Queries and information welcomed. (G)

- **STONEY:** *Contact:* Essie M. Moffat. *Address:* 2/280 Sydney Road, Balgowlah, NSW 2093, Aus. *Tel:* (02) 9949 6989. *Area of interest:* Ireland, particularly LEX & TIP 1700+. All queries and information welcome.

- **STOWELL:** *Contact:* J.A. Stowell. *Address:* Belle Ile, Flat A, 84 Harestone Hill, Caterham, Surrey, CR3 6DH, Eng. *Area of interest:* Worldwide. Collecting point - all variants. (G)

- **SURMAN/SERMON: Surman-Sermon Family History Society:** *Contact:* John Sermon. *Address:* 24 Monks Walk, Bridge St., Evesham, Worcs. WR11 4SL, Eng. *Tel:* (01386) 49967. *Fax:* (01386) 48242. *Email:* design@johnsermon.demon.co.uk *Website:* http://www.johnsermon.demon.co.uk *Area of interest:* Worldwide. (G)

- **SURRETT:** *Contact:* Keith R. Foster. *Address:* 44 Farnan Ave, Walthamstow, London, E17 4NG, Eng. *Tel:* (020) 8523 0325. *Fax:* kefo.44@btopenworld.com *Area of interest:* Worldwide. Variants include Sarrett, Serrett, Sirrett.

- **SUSTENANCE:** *Contact:* Lloyd Sustenance. *Address:* 18 Shearman Crescent, Mentone Vic 3194, Aus. *Email:* lloydsus@alphalink.com.au *Tel:* (03) 9584 9748. *Area of interest:* Worldwide. All inquiries & information welcome.

- **SWAN:** *Contact:* Nick Reddan. *Address:* 19 Brennan Street, Hackett, ACT 2602, Australia. *Tel:* (02) 6257 8755. *Email:* nick.reddan@ato.gov.au *Area of interest:* Ireland pre 1850.

- **SWANSTON:** *Contact:* Mrs Judith Coates. *Address:* 7 Peirce Street, Yarrawonga, Vic., 3730, Aus. *Tel:* (03) 5744 1982. *Email:* judy.coates@bigpond.com *Area of interest:* Worldwide.

- **SWINNERTON: The Swinnerton Society:** *Contact:* Col. Iain Swinnerton. *Address:* Cobwebs, Longburton, Sherborne, Dorset, DT9 5PD, Eng. *Email:* iain.swinnerton@btinternet.com *Area of interest:* Worldwide. Triennial reunion at Swynnerton, Staffs, Eng. (G) *Tel:* (01963) 210726.

- **TAPERELL:** *Contact:* Susan Tooth. *Address:* 108 Jersey Rd, Woollahra 2025, Aus. *Email:* stooth@idx.com.au *Area of interest:* Worldwide with origins in Dev and Con, Eng. Also Taprell.

- **TAPPER:** *Contact:* Mrs P.C. Tapper-Fenton. *Address:* 42 Lexham Gardens, London, W8 5JE, Eng. *Email:* pia.tapper@btinternet.com *Area of interest:* Worldwide.

- **TEBBY:** *Contact:* Charles Tebby. *Address:* 10704 - 43 St, Edmonton, Alb T6A 1V4, Can. *Tel:* (780) 468 4788. *Area of interest:* Eng & Can, 1700s-1800s.

- **TESKEY:** *Contact:* Ken McDonald. *Address:* 2 Greenfields, Stansted, Essex, CM24 8AH, Eng. *Tel:* (01279) 813286. *Email:* teskey@btinternet.com *Website:* www.teskey.org *Area of interest:* Worldwide. (G)

- **THIRLWAY:** *Contact:* Mr R.H. Thirlway. *Address:* 23 Lingfield Court, Portsmouth, PO1 2TB, Eng. *Email:* rashaad@thirlway.freeserve.co.uk *Area of interest:* Hold information on many families 1700-2001. Further information invited & exchanged.

- **THOULESS:** *Contact:* Mrs M.L. Jones. *Address:* 24 Oxford Close, Fareham, Hants. PO16 7PA, Eng. *Tel:* (01329) 238539. *Email:* myra.cliff@btinternet.com *Area of interest:* Norfolk, Eng pre 1830. Supposedly 2 branches derived from James Thouless b.1775. Details needed on origin of name.

- **TIBBLE:** *Contact:* Mrs Daphne Austin. *Address:* High Gables, Stylecroft Road, Chalfont St.Giles, Bucks. HP8 4HY, Eng. *Email:* ladapeidrib@aol.com *Area of interest:* Worldwide. Variants:Tebbald & Theobald.

- **TIBEAUDO/TIBEANDO/TIBCANDO:** *Contact:* Mrs Cathy A. Wilson. *Address:* Windy Willows, PO Box 3054, Bilpin, NSW 2758, Aus. *Tel:* (02) 4567 1015. *Email:* windywilson@aol.com *Area of interest:* Worldwide.

- **TILSON:** *Contact:* Mrs Thelma Matthews. *Address:* 28 Staveley Crescent, Brampton, Ont. L6W 2R9. *Area of interest:* Cavan Co., Ireland.

- **TOLL/TOLE/TOLLE/TOUL:** *Contact:* Ken Toll. *Address:* 20 North Road, Three Bridges, Crawley, W Sussex RH10 1JX, Eng. *Tel:* (01293) 404986. *Email:* ken.toll@one-name.org *Area of interest:* Worldwide. Data collected and exchanged on Toll/Tole/Tolle/Toul families and their worldwide descendants. (G)

- **TOMASIN:** *Contact:* Trevor Tomasin. *Address:* 1 Woodlands Road, Clevedon, Som. BS21 7QD, Eng. *Tel:* (01275) 343210. *Email:* trevor@tomasin.org.uk *Area of interest:* Worldwide. including variants.

- **TORRANCE:** *Contact:* Ms Jacqueline B. Torrance. *Address:* 321 South Madison Avenue, La Grange, IL, 60525, USA. *Tel:* (708) 354 2941. *Email:* jackie329@juno.com *Area of interest:* Worldwide.

- **TOWN/TOON/TUNE:** *Contact:* Mr A.J. Munday. *Address:* 92 Countess Rd, Amesbury, Salisbury, Wilts SP4 7AT, Eng. *Tel/Fax:* (01980) 623914. *Email:* ajmunday@btinternet.com *Area of interest:* Worldwide. (G)

- **TRAPAUD:** *Contact:* Christopher Daintree. *Address:* 19 Rue de la Creuse, F-21220 Quemigny-Poisot, France. *Tel:* (03) 8049 7865. *Email:* christopherdaintree@wanadoo.fr *Area of interest:* FRA, IRL, ENG & India. Name changed to Adlercron and Plaistow-Trapaud.

- **TREGOWETH:** *Contact:* Mrs Susane Tregoweth. *Address:* PO Box 374, Te Kuiti, 2500, NZ. *Area of interest:* Cornwall, Eng. & Worldwide. (G)

- **TRELOGGEN:** *Contact:* Eric Treloggen. *Address:* 4 Hurdeswell, Long Hanborough, Witney, Oxon OX29 8DH, Eng. *Tel:* (01993) 883540. *Email:* eric.treloggen@lineone.net *Area of interest:* Worldwide. Also variants Treloggan & Trelogan. Information & queries welcome. (G)

- **TRIFFITT: International Family History Society:** *Contact:* Grant Andre Triffett. *Address:* PO Box 573, Healesville, Vic. 3777 Aus. *Area of interest:* Worldwide.

- **TRISTRAM:** *Contact:* Mrs SueGroocock. *Address:* 345 Farnborough Road, Farnborough, Hants.

GU14 8AY, Eng. *Tel:* (01252) 543957. *Email:* sue.groocock@ntlworld.com *Area of interest:* Worldwide. Variants incl. Trustrum, Trustram.

- **TROTT: Trott One-name Research Group:** *Contact:* Secretary; Mr John Trott. *Address:* 36 Pendennis Cl, Hartley Vale, Plymouth, PL3 5SJ, Eng. *Tel:* (01752) 701901. *Email:* john@trottplymouth.freeserve.co.uk OR: btrott@ozemail.com.au *Area of interest:* Worldwide. Variants: Tratt, Trett & Treat. Quarterly Newsletter, family gatherings. Overseas reps. (G)

- **TUCKEY:** *Contact:* Dave Tuckey. *Address:* 11 Rousham Village, Bicester, Oxon OX25 4QX, Eng. *Tel:* (01869) 340674. *Email:* davetuckey@btopenworld.com *Area of interest:* Compiling database. All enquiries and information welcome.

- **TUFF(E):** *Contact:* Mrs Diane V. Tuff. *Address:* 12 Prospect Way, Brabourne Lees, Kent TN25 6RL, Eng. *Area of interest:* Worldwide. *Other particulars:* Settlement in Kent, Eng and emigration from the county.

- **TUFF(S):** *Contact:* Gordon C. Tuff. *Address:* 10 Oakfield Rise, Holmes Chapel, Ches. CW8 7DY, Eng. *Tel:* (01477) 532036. *Email:* gordon.tuff@virgin.net *Area of interest:* All references to Tuff families. Information & enquiries welcome.

- **TULLOCH/TULLOCK:** *Contact:* Miss June Bennett. *Address:* 106 Bishops Mansions, Bishops Pk Rd, London SW6 6DY, Eng. Tel.: (020) 7736 4639. *Area of interest:* Worldwide.

- **TUNBRIDGE:** *Contact:* Mrs Roslyn S. Voullaire. *Address:* PO Box 271, Gol Gol, NSW 2738, Aus. *Tel:* (03) 5024 0292. *Fax:* (03) 5024 0308. *Email:* roz@voullaire.com.au *Area of interest:* Worldwide. Compiling database, all enquiries and information welcome.

- **TWIBLE:** *Contact:* Patricia J. Twible. *Address:* 54 Allambie Street, Carina, Qld. 4152, Aus. *Area of interest:* Worldwide.

- **TYLDESLEY:** *Contact:* Peter Tyldesley. *Address:* 58 Queen Alexandra Mansions, Hastings Street, London, WC1H 9DR, Eng. *Tel:* (020) 7713 1158. *Fax:* (020) 7713 1003. *Email:* tyldesleygenealogy@yahoo.co.uk Homepage: www.tyldesley.co.uk *Area of interest:* Worldwide.

- **USSHER:** *Contact:* Jemma Ussher. *Address:* PO Box 1126, Southport, QLD 4215, Aus. *Email:* jussher@exp.com.au *Area of interest:* Worldwide. (G)

- **VAN DER AVORT:** *Contact:* Dr Luc Van Der Avort. *Address:* , Sparrendreef 95/11 Bus 5, B-8300, Knokke Heist, Belgium. *Email:* lavort@telenet.be *Area of interest:* Weieldwijd (Worldwide) particularly America & Belgium. all variants Van Der Avo(i)ort(d).

- **VARLOW:** *Contact:* John Varlow. *Address:* 12 Cremorne Rd, Sutton Coldfield, W.Mids, B75 5AH, Eng. *Area of interest:* Worldwide, especially LIN, ENG. All references/ families sought, help given where possible. Variant VARLO. (G)

- **VAUGH:** *Contact:* Douglas Vaugh. *Address:* 20 Great Stone Road, Northfield, B31 2LS, Eng. *Email:* doug@vaugh.com *Website:* www.vaugh.co.uk *Area of interest:* Worldwide, database of all London, Belfast & Dublin GRO entries available, copies of some certificates available. All Eng & IRL Will index entries. Registry of Deeds, IRL index + copies. Census info Eng, Irl & USA. SAE for information by return. All information (including Vough) gratefully received & acknowledged.

- **VERDON:** *Contact:* Alfred T. Verdon. *Address:* 36 Gaynes Park Road, Upminster, Essex, RM14 2HL, Eng. *Tel:* (01708) 223940. *Email:* a.t.verdon@btinternet.com *Area of interest:* Pre 1820, Kent, Eng.

- **WAGGITT:** *Contact:* Ruth Street. *Address:* C/- Uxbridge Library, Box 279, 9 Toronto Street South, Uxbridge, ON. L9P 1P7, Can. *Tel:* (905) 852 9747. *Fax:* (905) 852 9849. *Email:* rstreet@interhop.net Homepage: http://go.to/waggittgenealogy *Area of interest:* Worldwide.

- **WARREN:** *Contact:* Mrs Marjorie Morrow. *Address:* 17555 South Trout Creek Rd, Molalla, OR 97038-8743, USA. *Email:* dmorrow@molalla.net *Area of interest:* OH, IA, NE & VA, USA 1816-1891.

- **WATMUFF:** *Contact:* Mrs Leanne Watmuff. *Address:* PO Box 4, Curlwaa, NSW 2648, Aus. Tel./Fax: (03) 5027 6228. *Email:* watmuff@ncable.com.au *Area of interest:* All Australia and Yorkshire, Eng.

- **WEBB:** *Contact:* Elizabeth M. Hannan. *Address:* 20 Darmody Street, Weetangera, ACT 2614, Aus. *Tel:* (02) 6254 3277. *Email:* mbhannan@goldweb.com.au *Area of interest:* Richard Thomas Webb (father Thomas) bootmaker, born London, Eng, c.1852, married in Adelaide, Aus. 1878, died pre 1897.

- **WEIGHT:** *Contact:* George A. Weight. *Address:* 270 Seven Sisters Road, Eastbourne, East Sussex BN22 0QW, Eng. *Tel:* (01323) 504255. *Email:* gweight@aol.com *Area of interest:* Worldwide. All information and queries welcome.

- **WESTWOOD:** *Contact:* Dr Max Hunter. *Address:* PO Box 163, Hervey Bay, Qld. 4655, Aus. *Tel:* (07) 4124 2182. *Email:* sesostros4@optusnet.com.au *Area of interest:* Eng. particularly from London.

- **WHIERS:** *Contact:* Laurence Whiers. *Address:* Woodhatch, Church Lane, Brent Knoll, Somerset, TA9 4EG, Eng. *Tel:* (01278) 760838. *Email:* lwhiers@ukonline.co.uk *Area of interest:* Worldwide. All enquiries & info. welcome.

- **WHILLAS: Whillas International F.H.S.:** *Contact:* Robert A. Whillas, Editor. *Address:* 2 Maple Close, Canada Bay, NSW 2046, Aus. *Tel:* (02) 9705 0869. *Fax:* (02) 9705 0870. *Email:* rwhillas@optusnet.com.au *Area of interest:* Worldwide. Family queries welcome.

- **WHITFIELD:** *Contact:* Ms J. Popplestone. *Address:* 496 Portswood Road (Flat), Portswood, Hants SO17 3SP Eng. *Tel:* (02380) 586 875. *Area of interest:* Worldwide. (G)

- **WILLSON:** *Contact:* Mrs Ruth M. Willson. *Address:* Kalkoensprenk 6, NL-4386 DD Vlissingen, Netherlands. *Area of interest:* Worldwide incl, variants. Read Dutch, English & German.

- **WINDRUM: Windrum Family History Society:** *Contact:* Editor - Ralph Wyndrum. *Address:* 35 Cooney Tce, Fair Haven, NJ 07704-3001, USA. *Tel:* (908) 219 0005 (fax: 0006). *Email:* rww@att.com Websites: www.windrum.com and www.wyndrum.com *Area of interest:* Windrum migration to US, Can 1820-1870 from Irl, Eng & Sct.

- **WINDY:** *Contact:* Mrs M.B. Windy. *Address:* 22 rue de la Gare, F-18380 Ivoy le Pre, France. *Email:* wnwindy@aol.com *Area of interest:* Worldwide including variants.

- **WINNETT:** *Contact:* Mrs M. Maltby. *Address:* 4/3 Gladswood Gardens, Double Bay, NSW 2028, Aus. *Tel:* (02) 9327 4307. *Fax:* (02) 9327 7345. *Area of interest:* Worldwide.

- **WISKEN/WHISKIN:** *Contact:* David Whiskin. *Address:* 16 Westland Drive, Brookmans Park, Hatfield, Herts. AL9 7UQ, Eng. *Email:* whiskin@one-name.org *Area of interest:* Worldwide, all variants. Information and enquiries welcomed. (G)

- **WOODEN:** Founder: Terry Wooden. *Address:* 6 Heath Rise, Westcott, Surrey RH4 3NN, Eng. *Tel:* (01306) 882624. *Email:* terry.wooden@virgin.net *Area of interest:* Worldwide (not USA). Newsletter Chips Off The Old Block published.

- **WOODHOUSE:** *Contact:* Ron Woodhouse. *Address:* 100 Daleside Road, Pudsey, Leeds, LS28 8HA, Eng. *Tel:* (01274) 668820. *Email:* ron@woodhouse-online.co.uk *Area of interest:* Famous & infamous Woodhouses. Building worldwide database. All info welcome.

- **WOODLAND:** *Contact:* Mrs Heather MacAlister. *Address:* 9 Mistral Cl, Lakeside, CP, 7951, RSA. *Tel:* (021) 788 8188. *Email:* heather@ancestors.co.za

- **WOOLGAR:** *Contact:* Mrs M.J. Woolgar. *Address:* 6 Marlborough Court, West Meads, Bognor Regis, West Sussex PO21 5QH, Eng. *Email:* woolgar@one-name.org *Area of interest:* Worldwide. (G)

- **WOONTON:** *Contact:* Ruth H. Padmos. *Address:* 1365 Sun Crest Road, Kingsville, Ont N9Y 2T7, Can. *Email:* rhpadmos@mnsi.net *Area of interest:* Worldwide.

◆ **One Name Studies** ◆

- **WOPLIN/WAPLING:** *Contact:* John Woplin. *Address:* 177 Avenue Road, Rushden, Northants, NN10 0SN, Eng. *Tel:* (01933) 413183. *Email:* johnwoplin@tiscali.co.uk *Area of interest:* Worldwide.

- **YARHAM:** *Contact:* Philip A. James. *Address:* 2 Crane Court, West Ewell, Surrey, KT19 9QD, Eng. *Email:* jamespxd@ntlworld.com *Area of interest:* Worldwide.

- **YULE/YUILLE/ZUIL:** *Contact:* Estella Pryor. *Address:* 757 Main Street # 18, South Portland ME 04106, USA. *Email:* epryor@maine.rr.com *Area of interest:* Scotland. Connecting various spellings. Newsletter 4 a year.

Directory of Genealogical Societies:

This section of the *Directory* is reserved for NON-PROFIT Genealogical Societies or Historical Societies with a Family History Group, which are based on a geographic area, an ethnic background or an historical event - the entries are free. An Organisation of a commercial nature is **NOT** listed in this section.

Note: One name - or family organisations are **NOT** listed in this section, there is a One Name Studies section of the *GRD* for their listing. Write to our Agents for particulars.

A **NON-PROFIT** Society for *GRD* purposes, is not based on a family name, it has members, election of officers, an annual general meeting, annual report, financial statements and a constitution which states that members are not financial shareholders.

NOTE: A numeral in brackets after a Society name indicates that a proof copy of the entry was received back from the Society for that edition. (5) means the Society updated their entry form for 2005. Older entries may still be correct.

Secretaries of Societies are requested to keep this information up to date.

For the NEXT *DIRECTORY* we will distribute a proof copy of the entry to each Society listed. These, together with entries for any new or unlisted non-profit Societies should be sent to any of our Agents (listed page 4) by 30 December.

COPYRIGHT CAUTION:

The information contained in the *Directory of Genealogical Societies* above has been obtained from the Societies and should not be reproduced without first referring to the Society. It is copyright in this form.

(Pour le prochain *GRD*, veuillez envoyer tout ajout ou modification à un de nos représentants - cités en page 4 - avant le 30 DECEMBRE).

Für die NÄCHSTE AUSGABE sind Neueintragungen Ergänzungen und Berichtigungen noch vor dem 30 Dezember an einen unserer Repraesentanten (siehe Seite 4) einzusenden).

Directory of Genealogical Societies

Australia

NATIONAL

● **AUSTRALASIAN FEDERATION OF FAMILY HISTORY ORGANISATIONS, INC. (AFFHO) (5)**
PO Box 3012, Western Creek, ACT 2611. *E-mail:* secretary@affho.org *Web:* www.affho.org
The Federation covers Australia and New Zealand. Full membership (cost on application) is only available to genealogical organisations within AUS & NZ. Others may join as Associate members ($40). Membership is not available to individuals. The Federation does not answer personal research queries. For Conference see the Calendar of Events section in this *Directory.*

● **HUGUENOT SOCIETY OF AUSTRALIA (5)**
PO Box 184, Newtown, NSW 2042.
E-mail: ozhug@optushome.com.au *Website:* http://members.optushome.com.au/ozhug

● **AUSTRALIAN JEWISH HISTORICAL SOCIETY, INC. (5)**
385 Abercrombie Street, Darlington, NSW 2008.
Tel.: 9518 7596. *E-mail:* ajhs@ozemail.com.au
Hours: Tues. & Thurs. 10.30am-4.30pm. *Research Fee:* $30.00. *Journal: AUSTRALIAN JEWISH HISTORICAL SOCIETY JOURNAL. Membership:* $40.00 single, $45.00 family, $50.00 Institutions, $55.00 Overseas Individuals, US$45.00 Overseas Institutions. *President:* Sophie Caplan OAM. *Secretary:* Jeannette Tsoulos. *Treasurer:* Russell Stern.

● **AUSTRALIAN SOCIETY OF THE LACE MAKERS OF CALAIS (A.S.L.C.) (5)**
C/o Secretary, Mr Richard Lander, 73A Killeaton Street, St.Ives, NSW 2075. *Tel:* (02) 9440 3334. *Secretary E-mail:* richardlander@ozemail.com.au *Meetings:* 3rd Sat., Feb., May, Aug. & Nov. 1pm at Donbank Cottage, North Sydney. *Membership:* $30. *Journal: TULLE*, 4 per yr. *Research Officer:* Mrs Gillian Kelly, PO Box 1277, Queanbeyan 2620. *E-mail:* dentell@atrax.net.au *Website:* http://www.angelfire.com/al/aslc/

● **FELLOWSHIP OF FIRST FLEETERS (2)**
105 Cathedral St., Woolloomooloo, NSW 2011.
First Fleet House, *Tel.* (02) 9360 3788. *Fax:* (02) 9360 3988. *President:* Peter Christian.

● **THE 1788-1820 PIONEER ASSOCIATION, INC. (5)**
Basement, 280 Pitt St., Sydney 2000. *Postal Address:* PO Box A1121, Sydney South 1235.
Tel: (02) 9262 7049. *Email:* earlypioneers@ihug.com.au
Library: as above. *Hours:* Tues., Wed 10am-3pm. Open to non members. *Newsletter:* 4 per year, (non members $20.00 per year incl. post). *Research Enquiries:* relating to families within the 1788-1820 timespan; $20.00 per hour. *Membership:* $40.00 Joining fee $15.00. *Other:* Meetings 1.30pm. 2nd Fri., Feb.-Nov. *President:* Syd Norris.

NEW SOUTH WALES (NSW)

● **SOCIETY OF AUSTRALIAN GENEALOGISTS (5)**
Richmond Villa, 120 Kent St., SYDNEY, NSW 2000. *Tel:* (02) 9247 3953 *Fax:* (02) 9241 4872
E-mail: info@sag.org.au *Internet:* www.sag.org.au
Library: Australasian collection as above. Overseas collection housed at Rumsey Hall, 24 Kent St, Sydney. *Hours:* Tues., Wed., Thurs., Sat. 10.30am-4pm, 2nd Tues. of month 5.30-9.00pm. Open to non members for a daily fee of $22.00. *Journal: DESCENT*, 4 per year. *Research Enquiries:* Free to members. *Membership:* $55.00 Ordinary, $79.50 Joint, $55.00 Affiliate. All GST inclusive. *Joining Fee:* $22.00 (GST inclusive). Founded 1932, its principal objective is to provide research facilities for family historians. Extensive library of genealogical books for Australia and overseas countries, a general index of over half a million cards, over 50,000 primary record files containing family papers plus a large collection of newspaper clippings and similar documents and an extensive collection of local & overseas microforms. The Society has Historical Studies (Dip.F.H.S.) to accredit genealogists. *President:* Martyn C.H. Killion, B.A., Grad. Dip. App. Sci. Info., Dip.F.H.S. *Executive Officer:* Heather Garnsey, M.Litt, B.A., Dip.F.H.S., F.S.A.G., F.S.G. (Assoc.).

● **NSW & ACT ASSOCIATION OF FAMILY HISTORY SOCIETIES (INC) (5)**
PO Box 2790, TAREN POINT, NSW 2229.
Website: www.centralcoastfhs.org.au/nswactfhshome.html *President:* Pamela Valentine. *Secretary:* Kay Radford *E-mail:* kayken@hotkey.net.au

NSW REGIONAL GROUPS

● **ARMIDALE FAMILY HISTORY GROUP (4)**
PO Box 1378, ARMIDALE, NSW 2350. Website: www.geocities.com/Heartlad/Pointe/5525 *Library:* Kentucky Street, Armidale, between Dangar and Faulkner Streets. *Membership:* $30.00 single, $35.00 family, $AUS35.00 Overseas Membership year is from 1 June to 31 May. *Meetings:* 2nd Tues. at 7.30pm (excl. Dec. & Jan.) visitors welcome. Members have free use of all library resources, non members $5 per session. *Journal: DUST OF AGES* 4 each year. *Hours:* (excepting public holidays) Each Wed. 10am-4pm, 2nd Tues. 5pm-7.30pm, Mondays 2pm-8pm. *Teaching Workshops:* 3rd Sat. 10am-noon (excluding Jan.). Research: information available on application.

● **FAMILY HISTORY GROUP OF BATHURST INC. (5)**
PO Box 1058, BATHURST, NSW 2795.
Resources located at: Bathurst City Library, Keppel Street, Bathurst. *Hours:* Mon.-Fri.: 10am-6pm, Sat. 10am-5pm, Sun. 11am-2pm. *Newsletter: CARILLON CHIMES* 6 per year. $20.00 pa to non members. *Website:* www.rootsweb.com/~rswbfhg *Research Enquiries:* Initial fee of $20.00 with SSAE. *Membership:* $25.00 per year, $10.00 joining fee. *Meetings:* 3rd Tues. of month (except Jan.) at 7.30pm, Bathurst City Library, alternating guest speaker/research/discussion. *President:* Lesley Buchan (02) 6337 4161. *Secretary:* Susan Young, (02) 6331 1121 after 5pm. *Website:* www.rootsweb.com/-nswbfhg

● **BEGA VALLEY GENEALOGY SOCIETY INC. (3)**
PO Box 19, PAMBULA, NSW 2549.
Journal: 3per year. $5.00 incl. post. *Research Enquiries:* $20 per surname for non members. *Membership:* Joining fee $10.00, Individual $30.00, Family (2 adults) $45.00, Pensioners and students $20.00, Pensioner families (2 adults) $28.00, outside Bega Valley Shire $28.00, corporate $50.00. *Meetings:* Last Tues. of each month except May, June, July & Aug. last Sun. of the month. No meeting Dec & Jan. *President:* Ursula Hunt. *Secretary:* Judy Pendrich.

● **BERRIMA DISTRICT HISTORICAL & FAMILY HISTORY SOCIETY, INC. (5)**
PO Box 131, MITTAGONG, NSW 2575.
Meetings: 4th Thurs. of each month. *Membership:* $5.00 joining fee, $18.00 single, $30.00 family. *Newsletter:* Monthly except Dec. *Archives & Library:* Old Mittagong Council Chambers, Cnr Old Hume Highway & Bowral Road, Mittagong. Open Mon. & Tues., 10am-4pm, Sat. 10am-1pm. *Archives Tel/Fax:* (02) 4872 2169. *Museum:* Market Street, Berrima. Open Sat., Sun., Public & School Holidays (except Good Friday & Christmas Day) 10am-4pm. *Museum Tel:* (02) 4877 1130. *Research:* SAE to Research Officer, fees on application.

● **BLAYNEY SHIRE LOCAL & FAMILY HISTORY GROUP, INC. (4)**
C/o Blayney Library, 48 Adelaide Street, BLAYNEY, NSW 2799.
E-mail: blayneyfhg@yahoo.com *Membership:* $10 annual. Research: Blayney and surrounds $10 first hour plus SSAE. *Secretary:* Rhonda Jones.

● **BLUE MOUNTAINS FAMILY HISTORY SOCIETY, INC. (5)**
PO Box 97, SPRINGWOOD, NSW 2777.
Website: www.rootsweb.com/~nswbmfhs *Journal: THE EXPLORERS' TREE* available to non members $3.00. *Meetings:* 2nd Fri. each month. Springwood Neighbourhood Centre, Macquarie Rd, Springwood. *Membership:* $25.00 single, $30.00 family. *Society Projects:* Transcribing cemeteries and documents - see web page for full details. Initial research fee $10.00. *President:* Frances Bentley (02) 4751 6368. *Secretary:* Sharon Philpott (02) 4759 1110.

● **BOTANY BAY FAMILY HISTORY SOCIETY (5)**
PO Box 1006, SUTHERLAND, NSW 1499.
Journal: THE ENDEAVOUR. Available to non members at $3.00. *Membership:* $25.00 ($30.00 family), initial joining fee $10.00. *Website:* http://au.geocities.com/bbfhs *Meetings:* 1st Wednesday each month at 7.30pm at Multi Purpose Centre, Flora St., Sutherland. *President:* Heather Clarey.

● **BROKEN HILL FAMILY HISTORY GROUP, INC. (4)**
PO Box 779, BROKEN HILL, NSW 2880.
Meetings: Monthly 1st Tues. 1.30pm. Except Jan. *Membership:* $25.00. *Newsletter:* one per year. *Research enquiries:* SSAE to Jenny Camilleri, 75 Pell St, Broken Hill, NSW 2880. *Tel:* (08) 8088 1321. Group Days, Mon., Tue., Thurs. and Fri. 10am-3pm and Sat. 1pm-4pm in new location at office Trades Hall Cr of Blende and Sulphide St. *Email:* jjj1@iinet.net.au

● **BURWOOD & DISTRICT FAMILY HISTORY GROUP (5)**
C/o Burwood Library, 4 Marmaduke St., BURWOOD, NSW 2134
Library: As above, Family History Section, open to non-members. FHG Library of books & journals, open to members only. *Hours:* Mon. to Sun. Library hours (02) 9911 9999. *Newsletter:* 11 per year. *Journal: Ances-Tree* 3 per year. *Membership:* $15.00 single, $20.00 family. *Meetings:* 3rd Mon. each

month except Jan. 7pm at Library. *Workshops:* 1st Sat. of month, except Jan., at library 1pm.-4pm. *Sec.:* Mrs K. Florence (02) 9799 2197. *Research Requests:* Minimum $10; Petersham Cemetery, Concord Cemetery Research fees $10.

- **CAMDEN AREA FAMILY HISTORY SOCIETY, INC. (2)**
PO Box 679, CAMDEN, NSW 2570. *E-mail:* scrob@zip.com.au
Research Room: Narellan Library, Queen St., Narellan. *Hours:* Fri. 10am-12noon, Wed. 10am-3pm, Sat. 9am-11.30am. *Newsletter:* Monthly to those who attend meetings. *Journal:* 2 per year, $2 per copy to non-members. *Research Enquiries:* $15 incl. up to 15 pages photocopying. *Membership:* $15 single, $20 couple. *Meetings:* 1st Tues. of the month (except Jan) at 7.30pm in the Baptist Church Hall, 90 Pindari Ave., Camden. *President:* Brett Knight. *Secretary:* Angela Knight (02) 4658 0107. *Website:* www.zipworld.com.au/~scrob/cafhs.html

- **CAPE BANKS FAMILY HISTORY SOCIETY, INC. (5)**
PO Box 67, MAROUBRA, NSW 2035.
Tel: (02) 9398 5179 *E-mail:* hazelb@compassnet.com.au *Web:* www.capebanks.org.au
Library: The Scout Hall, 113a Paine St, Maroubra. *Hours:* Mon. 11am to 4pm. Wed. 1pm to 4pm. Sat. 1pm to 4pm. *Journal:* KITH AND KIN posted $9.00. *Membership:* Single $30.00, Family $40.00, Overseas $40.00, Jng. fee $5.00. *Meetings:* 2nd Fri. each month, Maroubra Senior Citizen's Centre 7.30pm. *Research:* $10.00 + S.A.E. *President:* Ms M. Phillips. *Secretary:* Mrs H. Brombey.

- **CASINO & DISTRICT FAMILY HISTORY GROUP, INC. (5)**
PO Box 586, CASINO, NSW 2470. *Tel:* (02) 6662 8114. *Email:* casdfhg@locall.aunz.com
Opening Times: Tues., Thurs., Fri. & 3rd Sun. 10am-2pm; Wed. 12noon-4pm; Sat. 9am-11.30am. *Newsletter:* THE CROSSING PLACE, 3 per year $2.50 for non members. *Membership:* $25.00 single; $35.00 family; $20.00 pensioner, $30.00 pensioner couple; $15.00 student; $5.00 joining fee. *Meetings:* 2nd Wed., each month (except Jan.) in Room 5, Casino School of Arts at 10am. *Research:* non members $5.00 per hour. Day fee in Library $10.00. *Web:* www.rootsweb.com/-nswcdfhg/Index.html

- **CENTRAL COAST FAMILY HISTORY SOCIETY, INC. (4)**
PO Box 4090, EAST GOSFORD, NSW 2250.
E-mail: info@centralcoastfhs.org.au *Website:* www.centralcoastfhs.org.au
Magazine: THE MUSTER. Three times a year, $3.00 per copy. *Meetings:* 1st Sat of each month (except Jan), Gosford Lions Community Hall, rear 8 Russell Drysdale Street, East Gosford., 1pm (doors open at 11.30am). *Newsletter:* PELICAN PRESS. Issued at each meeting. *Membership:* $33.00 single, $49.50 joint (2 adults living at the same address), $5.00 joining fee. *Research Centre:* 8 Russell Drysdale St., East Gosford, *Ph:* (02) 4324 5164. *Fax:* (02) 4324 5144. *Hours:* Mon.-Thurs. 9.30am-4pm, Fri. 9.30am-2pm, Thurs. Evening 7pm-9pm, Sat. 9.30am-5pm (1st Sat. of the month from 9.30am-12noon only). *Research Centre Co-ordinator:* Kay Radford, Tel./fax: (02) 4344 6512, email: coordinator@centralcoastfhs.org.au *President:* Lorna Kyzelis *Tel:* (02) 4324 6271. *Secretary:* Marlene Davidson, *Tel:* (02) 4332 8364. Annual Seminar held in May.

- **CESSNOCK DISTRICT HISTORICAL & FAMILY HISTORY SOCIETY, INC. (5)**
PO Box 225, CESSNOCK, NSW 2325.
Membership: $15 single or $20 couple, due 1st March each year. *Endeavour Museum:* established in 1970, situated in 1866 Court House, Wollombi Road, Wollombi. Open 7 days. Family History Research resources housed at Cessnock Library, Vincent Street. open Mon.-Sat. noon. *Research enquiries:* welcomed. $10 + S.A.E. with initial enquiry. *Meetings:* F.H.Group. - 1st Fri. of the month, 6.30pm at Marthaville, Cessnock.

- **COBAR GENEALOGY GROUP, INC. (5)**
PO Box 239, COBAR, NSW 2835. *E-Mail:* nshanahan_au@yahoo.com.au
Research Library: Cobar Shire Library. *Hours:* Mon.-Fri. 10am-5.30pm, Sat. 9am-1pm. *Research enquiries:* PO Box 239. *Office:* in Library Arcade, opened Wed. & Sat. mornings. *Newsletter:* Dec. 2001. *Meetings:* monthly, 1.00pm in Library. *President:* Myra Miller. *Secretary:* Rita Stubbs.

- **COFFS HARBOUR DISTRICT FAMILY HISTORY SOCIETY, INC. (5)**
PO Box 2057, COFFS HARBOUR, NSW 2450.
Research Room: 169 Rose Ave, Coffs Harbour. Open 10am-4pm Tues., Wed., Thurs. & Sat. (exc. 3rd). *Contact:* Phone Secretary 6652 1994.

- **COONAMBLE FAMILY HISTORY SOCIETY (3)**
PO Box 452, COONAMBLE, NSW 2829. *Secretary:* June Day (02) 6822 3288.
Meetings: Monthly (except Dec. & Jan.) in new Library. *Newsletters:* 3 per year. *Membership:* $15 plus $5 joining fee. Research enquiries to Helen Glover, PO Box 452, Coonamble 2829. *For Sale:* Local cemetery records.

- **COWRA DISTRICT HISTORICAL SOCIETY & MUSEUM INC. (5)**
PO Box 95, COWRA, NSW 2794.

Rear of Visitors Information Centre, Corner of Boorowa & Grenfell Roads, Cowra.
Meetings: 4th Wed. of each month at 7.30pm at the research room - rear of the Visitors Centre. Visitors Welcome. *Membership:* $15 family, $10 single, $7 pensioner. Research Room & Library open every Thurs. 10am-4pm, other times by arrangement. *Research Fee:* $15. Minimum $5. Guided tours of Cowra available by request. *Tel:* Val Carpenter (02) 6342 2558.

- **CROOKWELL & DISTRICT HISTORICAL SOCIETY (4)**
  PO Box 161, CROOKWELL, NSW 2583.
Archives: Memorial Hall, Denison St, Crookwell. *Hours:* 2-4pm every Tues. & Fri. or by arrangement. *Membership:* $12.00 single, $15.00 family. *Meetings:* 2nd Thurs. of month (exc. Jan.) at 2.00pm at the Archives. Research non-members $10.00 min. *Tel/Fax:* (02) 4832 0630. *E-mail:* crookwellhistsoc@yahoo.com.au *President:* Richard Kennedy. *Secretary:* Lee Matthews.

- **DENILIQUIN FAMILY HISTORY GROUP, INC. (3)**
  PO Box 144, DENILIQUIN, NSW 2710.

- **DUBBO & DISTRICT FAMILY HISTORY SOCIETY, INC. (5)**
  PO Box 868, DUBBO, NSW 2830. *E-mail:* ddfhs_2000@yahoo.com.au
Library: 76 Wingewarra St., Dubbo, NSW 2830. *Tel:* (02) 6881 8635. *Fax:* (02) 6884 5796. *Hours:* Thurs. 2.pm-5.30pm. Fri. 10am-1pm. Sat. 10am-2pm. Open to non members $5.00. *Journal: WESTERN CONNECTIONS*, 3 per year. *Research:* on application. *Membership:* $40.00 single. $45.00 joint, $48.00 family, $5.00 joining fee, student concessions. *President:* Cynthia Foley. *Secretary:* Robyn Allan. *Treasurer:* Claire Barden.

- **FORBES FAMILY HISTORY GROUP, INC. (5)**
  PO Box 574, FORBES, NSW 2871. *Tel:* (02) 6853 1139.

- **GOULBURN DISTRICT FAMILY HISTORY SOCIETY, INC. (4)**
  PO Box 611, GOULBURN, NSW 2580. *E-mail:* grwhite@hotkey.net.au
Meetings: 2nd Monday of each month in the McDermott Centre, Auburn Street, 7.30pm. Visitors welcome. *Newsletter:* published four times a year and a members interest register every second even year. *Membership:* $18.70 single, $24.20 family. plus $2 postage. All members have free use of all research facilities. Research inquiries for non-members for a small fee on application.

- **GRANVILLE HISTORICAL SOCIETY, INC. (3)**
  PO Box 320, GRANVILLE, NSW 2142. *Email:* granvillehistorical@bigpond.com
Meetings: 4th Mon. of each month, 7.30pm, Granville Neighbourhood Centre, 2 Carlton Street, Granville. Visitors welcome. *Newsletter:* Monthly fee. Free to members. *Membership:* $10 individual, $15 family. Joining fee once only $5. Many publications for sale. *Library:* Open each Wed. 10am-4pm, 4th Sat. 1.30pm-4.30pm. Casual visit fee $4.50. *Postal research:* $10 plus photocopying and photograph costs. *Librarian:* Daphne Wiles, (02) 9537 6282, awdv.wiles@bigpond.com *Research Officer:* June Bullivant, (02) 9631 0216, bullivan@ozemail.com.au

- **GRENFELL HISTORICAL SOCIETY, INC. (4)**
  PO Box 54, GRENFELL, NSW 2810. *Email:* ausuk2@tpg.com.au
Family History Research facilities. *Hours:* 2-4pm Sat. & Sun. or by prior arrangement. *Research:* On application. *Tel.:* (02) 6343 1930 answering machine.

- **GRIFFITH GENEALOGICAL & HISTORICAL SOCIETY, INC. (5)**
  PO Box 270, GRIFFITH, NSW 2680. *Website:* http://users.dragnet.com.au/~ggahs
Library: Tranter Place (behind CWA Hall) Griffith. *Hours:* Thurs. Frid. & Sat. 1pm-5pm. *Newsletter:* for members—6 per year. *Journal: IBIS LINKS*, 3 per year. $15.00. *Research Enquiries:* 2 free per member per year. Non-members $10 per hour + photocopying costs. *Membership:* Single $30.00, Family $35.00, Joining Fee $5.00. *Meetings:* 1st Wed. of the month at Tranter Place, 7.30pm. *Librarian:* Mrs Wendy Polkinghorne (02) 6962 1650. *Email:* ggahs@dragnet.com.au *Tel:* (02) 6964 8942.

- **GWYDIR FAMILY HISTORY SOCIETY, INC. (5)**
  PO Box EM61, EAST MOREE, NSW 2400.
Located at Northern Regional Library, Moree. *Research:* $20.00 p/hr & s.s.a.e. (non-members). *Quarterly Newsletter: INSEARCH*. *President:* J. Davis. *Enquiries to Secretary:* J. Hetherington (02) 6752 3226.

- **HAWKESBURY FAMILY HISTORY GROUP (4)**
  C/o Hawkesbury City Council Library, Dight St., WINDSOR, NSW 2756.
Library: As above. *Hours:* Mon-Fri. 9am-7pm, Sat. 9am-1pm, Sun 2pm-5pm. Closed public holidays. Open to public—no charge. *Newsletter:* 4 per year. $16.00 pa & free monthly 'meeting news'available at www.hawkesbury.net.au/community/053.html. *Research Enquiries:* Contact Library. *Membership:* No charge. Meetings held at Windsor Library every 2nd Wed. of month except Jan. 10am-12noon. *Co-ordinator:* Michelle Nichols. *Tel:* (02) 4560 4466.
E-mail: mnichols@hawkesbury.nsw.gov.au *Website:* www.hawkesbury.nsw.gov.au

Australia   Societies & Organizations —2005

- **HORNSBY KURING-GAI FAMILY HISTORY SOCIETY, INC. (2)**
  PO Box 680, HORNSBY, NSW 1630.
- **ILLAWARRA FAMILY HISTORY GROUP, INC. (5)**
  PO Box 1652, WOLLONGONG, NSW 2500. *Web:* rootsweb.com/~ausifhg
  Library: Reference Section, Wollongong City Library. *Hours:* Members - Mon. to Fri. 10am-8pm, Sat. 9am-5pm. Research assistance Fri. 10am-12noon. *Journal:* 4 per year. Available to non members at $4.00 plus $1.25 postage. *Membership:* $33.00 single, $38.50 family, $33.00 pensioner family, $27.50 pensioner single. *Meetings:* 3rd Wed. of each month (except Jan), at Old Court House, Cliff Rd., Wollongong. *Pres:* Beverley Booth. *Secretary:* Pat Dunham. *Enquiries:* (02) 4229 5220.
- **INVERELL DISTRICT FAMILY HISTORY GROUP, INC. (4)**
  PO Box 367, INVERELL, NSW 2360. *E-mail:* inverellfhg@today.com.au
  Membership: Single $25.00, Family $30.00. *Newsletter:* Quarterly. Enquiries page. *Research:* Basic $20.00 + SAE per name. Resources kept at 'Egan House', 67 Vivian Street, Inverell 2360. Publications available. *Secretary:* PO Box 367, Inverell 2360.
- **LAKE MACQUARIE FAMILY HISTORY GROUP, INC. (5)**
  C/o The Secretary, PO Box 3046, TERALBA, NSW 2284. *Email:* secretary@lmfhg.hl.com.au
  Research Enquiries Welcome: $20 per hour basic local research non members, photocopying and specific documentation extra. *Meetings:* 3rd Sat. each month, 2nd Sat. in Dec. Use of resources from 10am on 3rd Sat., meeting commences 1pm. Resources available 1st Wed. each month from 2pm. *Venue:* Marmong Point Community Hall, George Street, Marmong Point. *Journal:* THE CHRONICLE 4 per year at $2.50 per copy to non members. *Membership:* $25.00 single, $30.00 joint, pro rata. *Fee:* $5.00 for use of resources. *Newsletter:* Monthly for members. *Website:* http://www.lmfhg.hl.com.au *President:* Mrs J. Myers, 4975 1136. *Secretary:* Warren J. Oliver.
- **LEETON FAMILY & LOCAL HISTORY SOCIETY, INC. (3)**
  PO Box 475, LEETON, NSW 2705.
  Meetings: 3rd Thurs. 1.30pm - Leeton Shire Library. *Research:* $15 each (photocopying incl.). *Magazine:* 3 per yr. $3 each to non members. *Membership:* $5 joining $15 per year.
- **LITHGOW & DISTRICT FAMILY HISTORY SOCIETY, INC. (5)**
  PO Box 516, LITHGOW, NSW 2790.
  E-mail: ldfhs@lisp.com.au *Home page:* http://www.lisp.com.au/~ldfhs
  Library: Corner Tank & Donald Sts., Lithgow. *Tel:* (02) 6353 1089. *Hours:* Tuesdays 6-9pm; Fri. 10am-5pm. *Secretary:* Jan Saundercock (02) 6353 1842.
- **LITTLE FOREST FAMILY HISTORY RESEARCH GROUP (2)**
  PO Box 87, MILTON, NSW 2538.
  Meetings: 1st Sun. of each month, 2pm, "Kington", Little Forest Rd, Milton. Visitors welcome. *Newsletter:* quarterly, free to members, $2.00 non members. *Membership:* $30.00. *Research Enquiries:* Free to members. Many publications & research books for sale. *Library:* Open Sat-Thurs. Casual visit fee $10.00. *Librarian:* Mrs Cathy Dunn (02) 4455 4780.
  E-mail: cathyd@shoalhaven.net.au *Web site:* www.ulladulla.info/history/groups.html
- **LIVERPOOL GENEALOGY SOCIETY, INC. (5)**
  PO Box 830, LIVERPOOL, NSW 2170.
  Website: http://liverpool.nsw.gov.au/info/ldfhs.htm *Newsletter:* LINKS 'N' CHAINS, 4 per year. *Meetings:* 1st Sat. each month 9.30am for 10am workshop (members only) 12.30am-4pm. *Membership:* Joining Fee $10.00 + annual $25.00. (Family $30.00) *Workshops:* Level 3, Liverpool City Library Mon., Wed. & 3rd Sat. of month 10am-3pm, Tues. 1pm-3.30pm. Tel: (02) 9607 0755 or (02) 9771 3529. *President:* Peter Allen. *Secretary:* Jennifer Bull.
- **MAITLAND FAMILY HISTORY CIRCLE, INC. (5)**
  Postal Address: PO Box 247, MAITLAND, NSW 2320. *Email:* mfhc@kooee.com.au
  Meetings: Maitland City Library, High Street, Maitland Wed. 9am-3pm (except school holidays). *Membership:* concession $20.00, single $25.00, family $30.00, + $5.00 joining fee. *Contact President:* Ann Campbell (02) 4937 5301. *Web:* www.rootsweb.com/~ausmfhc/
- **MANNING WALLAMBA FAMILY HISTORY SOCIETY (4)**
  C/o Greater Taree City Library, Pulteney St, TAREE, NSW 2430.
  Postal Address: PO Box 48, TAREE, NSW 2430. *Hours:* Tues, Wed, Thurs & Fri. 10am-12noon, Sat. 9.30-12noon by appointment. Members free. *Membership:* July-June, single $25.00, pensioner $22.00, family $33.00, pensioner family $28.00. $2.00 joining fee. *Newsletter:* Fig Tree 4 per year. *Research:* Non members $5.00 per hour or part thereof. *Meetings:* 3rd Tues each month, except each quarter, 3rd Sat. (no Dec. meeting). *Workshops:* 1st Tues. month (except Jan.) 6.30pm-9.30pm. *President:* Gloria Hayes, (02) 6553 6162. *Secretary:* Ian MacLeod (02) 6551 0021 *Research Officer:* Tony Payton (02) 6552 1012. *Email:* manningwallambafhs@yahoo.com.au

SOCIETIES

Societies & Organizations — 2005 — Australia

- **MILTON ULLADULLA GENEALOGICAL SOCIETY, INC. (4)**
PO Box 619, ULLADULLA, NSW 2539. *Tel:* (02) 4455 4206. *Email:* douglor@shoal.net.au
Meetings: 2nd Sun. each month. at Lower Civic Centre, Princes Hwy, Ulladulla. *Annual Subscription:* $40.00 couple, $25.00 single. *Journal: PIGEON HOUSE TIDINGS* produced June & Dec. Cost to non-members $2.50. *Contact:* Secretary, Gloria Wilks, Tel: (02) 4455 4206.

- **MORUYA & DISTRICT HISTORICAL SOCIETY, INC. Genealogy Group (3)**
   PO Box 259, MORUYA, NSW 2537.
Museum & Genealogy Research Room: 85 Campbell St. Moruya. *Journal:* Quarterly, $4.00 per issue post paid. *Membership:* $20.00 single, $25.00 family, $17.00 single pensioner, $20.00 pensioner couple. Joining fee - $5.00. *Research:* $20 per inquiry.

- **NEWCASTLE FAMILY HISTORY SOCIETY, INC. (5)**
   PO Box 189, ADAMSTOWN, NSW 2289.
Meetings: 1st Tues. each month (except Jan.). *Library:* Mechanics Institute, 68 Elder St., Lambton. Every Thurs 1.00pm-3.30pm, Sat. 10am-3.30pm. *Research Enquiries:* Fee of $40.00 paid in advance, plus s.a.e. will be made in local records. Fee of $15.00 paid in advance, plus s.a.e. - short search, one family name. Both includes publication in our Bulletin. Publication in Bulletin only $3.00. Correspondence to the Secretary.

- **ORANGE FAMILY HISTORY GROUP (5)**
   PO Box 930, ORANGE, NSW 2800.
Meetings: 3rd Tues. monthly 2.00pm at 148 March Street. *Membership:* $25.00 (July-June). *Newsletter:* 3 per/yr. *President:* Mrs Gloria Gilmore, *Tel:* (02) 6361 7144. *Secretary:* Mrs Pam Langham. *Tel:* (02) 6362 3387.

- **PARRAMATTA & DISTRICT HISTORICAL SOCIETY/FAMILY HIST. GROUP (5)**
   PO Box 3232, PARRAMATTA, NSW 2124. *Tel/Fax:* (02) 9635 6924.
   E-mail: parramattahistry@hotkey.net.au *Website:* www.hotkey.net.au/~parramattahistry
Newsletter: THE PARRAMATTA PACKET, 3 per year, $12.00 per year, non-members. *Membership:* Single $25.00, Double $35.00, Joining fee $5.00. *Meetings:* 1.30pm 1st Sat. of each month, Feb. to Nov., held at the Coachman's House, Hambledon Cottage, 63 Hassall Street, Parramatta. *Research Enquiries:* $15.00 per request for non-members. *Secretary:* Kerry Martin (02) 9896 3321.

- **PICTON & DISTRICT HISTORICAL & FAMILY HISTORY SOCIETY (4)**
PO Box 64, PICTON, NSW 2571.
Reference Sect.: (upstairs) Picton Library, Menangle St. *Open:* Thurs 10am-3pm, 2nd & 4th Sat 10am-12noon. *Secretary,* Debbie Hayes. *E-mail:* pdhfhs@bigpond.com *Ph:* (02) 4681 8491.

- **PORT MACQUARIE & DISTRICTS F.H.S. (INC.) (5)**
   PO Box 1359, PORT MACQUARIE, NSW 2444.
Website: www.rootsweb.com/~nswpmfhs *E-mail:* pmdfhs@yahoo.com.au *Meetings:* every 2nd Mon. of month at 7.30pm at The Lions Club Hall, Hastings River Drive, Port Macquarie, 2444. *Newsletter: Footsteps* 4 per year.

- **PORT STEPHENS FAMILY HISTORY SOCIETY, INC. (3)**
   PO Box 32, TANILBA BAY, NSW 2319. *Tel:* 4982 1275.
Library: Tilligerry Community Centre. Wed. & Saturday 1pm-4pm. *Fees:* $30.00 journals collected, $35.00 posted. *Journal:* 3 per year. *Newsletter:* 8 per year. Enquiries welcome.

- **RICHMOND-TWEED FAMILY HISTORY SOCIETY, INC. (5)**
   PO Box 817, BALLINA, NSW 2478.
Research Library: Maritime Museum, La Palsa Plaza, Ballina. *Hours:* Mon. 10am-4pm, Tues. & first Sat. 10am-1pm. Wed. 1-4pm. Other Sat. 10am-4pm. *Newsletter:* 4 per year. $4.00 per copy to non members. *Research Enquiries:* Small charge. *Membership:* $30.00 single, $40.00 joint. *Meetings:* 1st Sat. (except Jan.) at 2pm in Ballina Players Theatre, Swift St., Ballina. *Pres.:* Miss Esme Smith, (02) 6628 5674. *Secretary:* Ms Carol Brown, (02) 6687 8443. carol_brown55@hotmail.com

- **RICHMOND RIVER HISTORICAL SOCIETY, INC. (2)**
   PO Box 467, (165 Molesworth St), LISMORE, NSW 2480.
   Tel: (02) 6621 9993. *Fax:* (02) 6621 9992. *E-mail:* rrhsi@hotmail.com

- **RIVERSTONE & DISTRICT HISTORICAL SOCIETY, INC. (5)**
   PO Box 202, RIVERSTONE, NSW 2765.
Meetings: Last Sun. every 2nd month commencing in Feb. 10.30am, Bicentennial Museum, 81 Garfield Rd, East Riverstone (next to the swimming pool). *Membership:* $10 single, $12 couple. *Publications:* Annual journal produced and available for sale, $12.50 including postage. *Enquiries:* C/- The Secretary. *Website:* www.ozemail.com.au/~woolwash/riverstone.html

- **RYDE DISTRICT HISTORICAL SOCIETY, INC. (4)**
   770 Victoria Road, RYDE, NSW 2112. *Research Officer:* Mrs Julie Dawson. *Tel:* (02) 98091531

Australia   Societies & Organizations —**2005**

- **SCONE & UPPER HUNTER HISTORICAL SOCIETY, INC. (5)**
PO Box 339, SCONE, NSW 2337.
Museum: Kingdon Street, Scone. *Hours:* Wed. 9.30am-2.30pm. Sun. 2.30-4.30pm. *Research Centre* (next door) *Hours:* Wed. only 9.30am-2.30pm. *Research enquiries:* $15 min fee. *Membership:* $18 incl. quarterly Newsletters. *President:* Irene Wilkinson (02) 6545 3621. *Secretary:* Denise Bell (02) 6543 7537.

- **SHOALHAVEN FAMILY HISTORY SOCIETY, INC. (5)**
PO Box 591, NOWRA, NSW 2541. *Secretary:* Robyn Burke. *Tel:* (02) 4446 6041.
Research Centre: Located at Old Pyree School building, Greenwell Point Road, Pyree. *Hours:* 10am-4pm every Sunday & 1st & 2nd Thursday of month.

- **FAMILY HISTORY SOCIETY—SINGLETON, INC. (4)**
PO Box 422, SINGLETON, NSW 2330.
Newsletter: 4 per year. Available to non members at $2.50 plus 60c postage. *Membership:* $30.00 single, $35.00 family. *Meetings:* 3rd Sat at 3pm of each month (Dec. excluded). *Research Enquiries:* Financial Members, limit of 3enquiries per year. Non members $15.00 per Enquiry. *President:* John Tindale. *Secretary:* Mrs Peggy Richards.

- **TAMWORTH & DISTRICT FAMILY HISTORY GROUP, INC. (5)**
PO Box 1188, TAMWORTH, NSW 2340.
E-mail: tdfhgi@optusnet.com.au *Web:* www.tamworthonline.com.au/tdfhgi *Contact:* Mrs Adele Cathro *Tel:* (02) 6765 8709.

- **TUMUT FAMILY HISTORY GROUP INC. (5)**
PO Box 238, TUMUT, NSW 2720. *Tel:* c/- (02) 6947 2684.
Email: valw22@hotmail.com *Website:* www.rootsweb.com/~nswtfhg/TFHG.html
Meetings: 4th Wed. of month. Resources held at Tumut Shire Library, Wynyard St., Tumut, 2720. Extensive local history collection, including Adelong, Batlow & Tumut. Assistance at the library on Wednesdays - phone for an appointment. *Mail Research:* welcome, min $20.00.

- **TWIN TOWNS FAMILY HISTORY GROUP, INC. (5)**
PO Box 266, TWEED HEADS, NSW 2485. *E-mail:* ttfhg@hotmail.com
Research Room: Library, Tweed Heads Civic Centre, Brett Street, Tweed Heads. *Hours:* Tues.-Thurs. 10am-4pm, Fri. 10am-7pm, Sat. 9am-12noon. *Membership:* $10.00 joining fee, $25.00 single and $30.00 family per anum, $5.00 per day for non members. *Journals:* Quarterly to members and cost $2.50 to non members. *Meetings:* 1st Tues. of the month (except Jan. & 2nd Tues. in Nov.) 1.30pm at the South Tweed Sports Club. Visitors welcome. *Enquiries:* President: Dianne Miller (07) 5590 9508, Secretary: Ducie Hood (07) 5524 4774. *Web:* http://famhist.hollosite.com

- **WAGGA WAGGA & DISTRICT FAMILY HISTORY SOCIETY, INC. (5)**
PO Box 307, WAGGA WAGGA, NSW 2650.
Meetings: 3rd Wed. of month. *Membership:* $32.00, pensioner $22.00, family members $8.00. Journal: 3 per year.

- **WINGHAM FAMILY HISTORY GROUP, INC. (5)**
Old Wingham Courthouse, Farquhar Street, Wingham, 2429. *Postal Address:* PO Box 72, WINGHAM, NSW 2429. *Hours:* Mon. to Fri. 10am-2pm.

- **WYALONG DISTRICT FAMILY HISTORY GROUP, INC. (5)**
PO Box 73, WYALONG, NSW 2671.
Membership: $30 ($50 family). *Meetings:* 1st Sat. each month except Jan. - 1.30pm at Hiawatha Hall in "The Bland Centre". *Journal:* quarterly - $2 to non-members.

- **WYONG FAMILY HISTORY GROUP (5)**
Postal address: PO Box 103, TOUKLEY, NSW 2263.
Research Centre: Shop 36, Wyong Plaza Shopping Centre, Alison Road, Wyong, NSW 2259. *Hours:* Wed. & Thurs. 10am-3pm. *Meetings:* 7pm, 2nd Thurs. each month (except Dec. & Jan.) at Wyong RSL Club, Anzac Ave., Wyong. *Journal: TREE OF LIFE* 4 per year. *President:* Mrs J. Barrett (02) 4392 1353. *Secretary:* Mrs E. Dean (02) 4359 1263.

- **YOUNG & DISTRICT FAMILY HISTORY GROUP, INC. (5)**
PO Box 586, YOUNG, NSW 2594.

QUEENSLAND (QLD)

- **GENEALOGICAL SOCIETY OF QUEENSLAND, INC. (5)**
5 Hubert St., WOOLLOONGABBA, Qld 4102.
Postal Address: PO Box 8423, Woolloongabba, Qld 4102. *Library:* As above. *Hours:* Tues.-Fri. 10am-3pm, Sat. 12-4pm, 2nd & 4th Wed. evening 6pm-9pm. Open to non members for a daily fee of

$16.50. *Journal: GENERATION*, 4 per year. *Research Enquiries:* Free to members, $27.50 per hour to non members. *Membership:* $49.50 single, $77.00 family, Joining Fee $11.00. G.S.Q. has branches throughout Qld. Reciprocal use of Library with other Societies. *President:* Elaine Lucas. *Secretary:* Gwynne Moser. *Resource Centre Supervisor:* Beryl Young.

- **QUEENSLAND FAMILY HISTORY SOCIETY, INC. (5)**
PO Box 171, INDOOROOPILLY, Qld 4068. *E-mail:* secretary@qfhs.org.au
Library: 42 Bridge St, Albion. *Hours:* Mon. 7pm-9pm, Tues. to Thurs. 10am-3pm. Sat. 1-4pm. first 3 Sundays 10-4, other 1-4pm. Open to non members, daily fee of $11.00. *Journal: QUEENSLAND FAMILY HISTORIAN*, 4 per year. $3.30 each. *Research Enquiries:* Fee on application. *Membership Fees:* On application. All enquiries, please send s.s.a.e. or IRCs. *Research:* Fee on application. *President:* Dorothy Jeffrey. *Secretary:* Andrew Harries. *Web site:* http://www.qfhs.org.au

- **GENEALOGICAL SOCIETY OF QLD, BAYSIDE BRANCH (3)**
The Secretary, PO Box 713, Wynnum Central, Qld 4178.
Meetings: 2nd. Thurs., 7.30pm, Wynnum Central State School. *Research Room:* 70 Charlotte St., Wynnum, open 9.30am-12.30pm every Wed., except school & public holidays.

- **BEAUDESERT BRANCH, GENEALOGICAL SOCIETY OF QLD, INC. (5)**
PO Box 664, BEAUDESERT, Qld 4285. *Secretary:* Maureen Hanson.
Telephone: (07) 5544 1105. *Email:* mhanson@hypermax.net.au

- **BUNDABERG GENEALOGICAL ASSOCIATION, INC. (3)**
PO Box 103, BUNDABERG, Qld 4670. *E-mail:* warringa2@justinternet.com.au
Website: http://geocities.com/Heartland/Ranch/8859/BGA/BGA.htm#D
Library: Kendalls Road, Bundaberg. *Hours:* Tues. 12.00-2.30pm, Wed. 10am-2.30pm, Thurs. 12-2.30pm, Sat. 1-4pm, Last Wed. & 2nd and last Fri. in month 7pm-9pm. Open to non-members $3.30 per hour. *Membership:* $33.00 ($44.00 family). *Quarterly Journal: FAMILY TIES* $16.50. *Research Enquiries:* $10.00 plus photocopies and SAE. (All fees include GST). *President:* Rhonda Harris. E-mail: harrisp@interworx.com.au *Secretary:* Judy Rogers.

- **BURDEKIN CONTACT GROUP - FAMILY HISTORY ASSOC. OF N. QLD, INC. (5)**
PO Box 1227, AYR, Qld 4807.
President: Glenis Cislowski. *Secretary:* Kath Wood (07) 4783 2401.

- **CABOOLTURE FAMILY HISTORY RESEARCH GROUP, INC. (4)**
PO Box 837, CABOOLTURE, Qld 4510. *Library Phone:* (07) 5428 2018.
Email: cfhrg@caloundra.net *Website:* http://cfhrg.tripod.com *Meetings:* 2nd Saturday 1pm, Old Fire Station, 55 King St., Caboolture. *Library Hours:* Mon. 9am-3pm, Wed. 9am-3pm, Sat. 9am-3pm 1st 3 Sats. of month, 9am-12noon 4th Sat. of month.

- **CAIRNS AND DISTRICT FAMILY HISTORY SOCIETY, INC. (5)**
PO Box 5069, CAIRNS, Qld 4870. *Tel/Fax:* (07) 4053 1530.
Library: T104A Raintrees Shopping Centre, Alfred Street, Manunda 4870. *Hours:* Tues, Wed & Thurs. 10am-3pm, 2nd & 3rd Sat 9am-4.30pm. *Journal: ORIGINS*, 3 per year. $3.00. *Research:* $20.00 per hour. *Membership:* Single $40.00, Family $55.00, $10.00 joining fee. *Meetings:* 3rd Mon. mth. 7.30pm. *Pres.:* Pam McLennan. *Secretary:* Beverley O'Hara. *Website:* cdfhs.org

- **CALOUNDRA FAMILY RESEARCH (5)**
PO Box 968, CALOUNDRA, Qld 4551. *Contact Tel:* (07) 5491 7040, (07) 5492 3676.
Meetings: 3rd Thurs. of month, except Dec. in Guide Hut, Arthur Street, Caloundra. *Membership:* $25.00 single, $30.00 family, Joining fee $5.00. includes Journal, 4 per yr. Visitors $2.00. E-mail: caloundrafamilyres@hotmail.com *URL:* www.connectqld.org.au/cfhri

- **CENTRAL HIGHLANDS FAMILY HISTORY ASSOCIATION (5)**
PO Box 1099, EMERALD, Qld 4720.
Membership: $30.00 per year per family. *Meetings:* Emerald Library, 3rd Wed. each month at 5.30pm. *Pres.:* Ken Self, *Tel:* (07) 4982 1496. *Sec./Treas.:* Cynthia Daniels, *Tel:* (07) 4981 6589

- **CHARTERS TOWERS & DALRYMPLE FAMILY HISTORY ASSOC., INC. (5)**
PO Box 783, CHARTERS TOWERS, Qld 4820. *Secretary:* Lynn Wallis.
Research Centre: 54 Towers Street, Charters Towers. *Hours:* Mon. 7pm-9pm, Wed. & Thurs. 9am-12noon & Sat. 1pm-4pm. *Contact:* Lynn. *Phone/Fax:* (07) 4787 2124.

- **COOROY-NOOSA GENEALOGICAL & HISTORICAL RESEARCH GROUP, INC. (5)**
The Guide Hut, 41 Miva Street (PO Box 792), Cooroy, Qld 4563. *Tel.:* (02) 5442 5570.
E-mail: info@genealogy-noosa.org.au Hours: Tues., Thurs. & Sat. 9.30am-1pm. *(Research in person:* members $2 per session, non-members $6 per session). Local, Qld, Interstate & Overseas records held.

- **DALBY FAMILY HISTORY SOCIETY, INC. (5)**
PO Box 962, DALBY, Qld 4405. *President:* Rita Callaghan (07) 4662 4108.

Australia   Societies & Organizations —2005

● **GENEALOGICAL SOCIETY, GLADSTONE DISTRICT, INC. (5)**
PO Box 1778, Gladstone, Qld 4680.
Library: George Young Building, Francis Ward Dr, Gladstone. *Hours:* Mon. 7-9pm, Thurs. 10am-3pm, Sat. 1.30-4pm. *Meetings:* 1st Sat. of month, 1.30pm. *Membership:* $40.00 single, $60.00 family; Non-members $10.00 per visit. *Journal: TIME LINE* quarterly. *Research enquiries:* $10.00 per hour. *President:* Paulette Flint. *Secretary:* Yvonne Cooper (07) 4975 0210, *E-mail:* gladgen@hotmail.com; yvonnecooper@bigpond.com.

● **GOLD COAST AND ALBERT GENEALOGICAL SOCIETY, INC. (4)**
PO Box 2763, SOUTHPORT, Qld 4215.
Tel: (07) 5582 8855. *Website:* http://members.ozemail.com.au/~annmorse/welcome.html
Meetings: First Wed. of each month (except Jan) at 7pm, Nerang Bicentennial Community Centre, Southport Rd, Nerang. *Library Hours:* Tues. & Wed 9.30am-2.30pm, Thurs 11am-8.30pm, Sat 10am-4.30pm. *Pres:* Margaret Bruhn. *Sec:* Ann Morse.

● **GOONDIWINDI & DISTRICT FAMILY HISTORY SOCIETY (5)**
PO Box 1160, GOONDIWINDI, Qld 4390.
Meetings: 1st Sat. of the month 1pm. *Workshop:* 3rd Sun. of month 1pm, at Family History Room, Goondiwindi/Waggamba Library, Bowen St., Goondiwindi 4390. *Secretary:* Anne Carrigan. *Tel:* (07) 4671 3402.

● **GYMPIE FAMILY HISTORY SOCIETY, INC. (5)**
PO Box 767, GYMPIE, Qld 4570. *Tel.:* (07) 5482 9160.
E-mail: jnathan@spiderweb.com.au *Web:* www.gympiefhs.e-gympie.com/ *Secretary:* John Nathan.

● **HERVEY BAY FAMILY HISTORY ASSOC. (5)**
PO Box 1520, HERVEY BAY, QLD 4655. *E-mail:* herveybay.famhist@gmail.com
Family History Room in Hervey Bay Public Library, Old Maryborough Rd, Pialba. *Membership:* $10.00 single, $15.00 family with a $10.00 joining fee includes 4 quarterly journals. *Hours:* Mon.-Thurs. 9am-4pm. Fri.-Sat. 9am-3.30pm (not Public Holidays). Open to non-members - free - donation appreciated. Bookings for microfiche readers and computer (07) 4197 4237. Local, Australian & Overseas records held. (Eng. BMD indexes on microfiche). *Secretary:* Margaret Briggs. *Website:* http://rootsweb.com/~qldhbfha/

● **HUGHENDEN & DISTRICT FAMILY HISTORY SOCIETY, INC. (3)**
PO Box 269, HUGHENDEN, QLD 4821. *E-mail:* morvadal@bigpond.com
Library: 12 Abbott St., Hughenden. *Journal:* 4 per year. *Research Secretary:* Cheryl Crighton.

● **INGHAM FAMILY HISTORY GROUP (5)**
PO Box 1543, INGHAM, QLD 4850.
Meetings: Hinchinbrook Meeting Place, Botanical Gardens, Ingham on 3rd Monday of month at 9.15am. *Research enquiries:* small charge. Contact above address or *President:* Kaylene Lyon, *Tel:* (07) 4777 4750, *E-mail:* kaylene_57mark@hotmail.com *Librarian:* Pam Schmidt, *Tel:* (07) 4777 7524. *Secretary:* Barbara Horsley, *Tel:* (07) 4777 8795, *E-mail:* littlekell@ballyhoo.com.au

● **IPSWICH GENEALOGICAL SOCIETY, INC. (5)**
First floor, TAFE Ipswich Campus, Cnr Limestone & Ellenborough Sts, Ipswich, QLD 4305. PO Box 323, IPSWICH, Qld 4305.
Meetings: 1st Wed. of month 7pm, Community Rooms, Station Road, Booval. *Research:* Mondays & Thursdays 9.30am-2.30pm., 1st & 3rd Saturdays and 2nd & 4th Sundays 10am-3pm. *Secretary:* Mrs C. Robinson, *Tel.:* (07) 3201 8770.

● **MACKAY FAMILY HISTORY SOCIETY, Inc. (5)**
Contact: PO Box 882, MACKAY, Qld 4740.
Meetings: 2nd Wed. each month except January, 7.30pm, held at premises - 25 Valley Street, North Mackay, 4740. *Hon. Secretary:* Mrs Jean Turvey (07) 4942 6266.

● **MARYBOROUGH DISTRICT FAMILY HISTORY SOCIETY, INC. (4)**
PO Box 408, MARYBOROUGH, Qld 4650.
Tel: (07) 4121 4281, (07) 4123 1842. *E-mail:* mdfhs@satcom.net.au
Research & Library: Upstairs "Maryborough Heritage Centre" cnr Wharf & Richmond Sts, Maryborough. Non members welcome, small research fee. *Journal:* 3 per year. Non members may purchase for $12.00 p.a. *Written Research;* Initial enquiry $10.00 & SAE. *Membership:* $25.00 single, $30.00 family, $5.00 joining. *Meetings:* 3rd Sat. each month. *Secretary:* Mrs Julie Mason.

● **MARYBOROUGH FAMILY HERITAGE INSTITUTE, INC. (4)**
PO Box 913, MARYBOROUGH, Qld 4650. *Tel:* (07) 4123 1620.
E-mail: heritageresearch@bigpond.com *Website:* http://cwpp.slq.qld.gov.au/heritage
Research Room, Library & Immigration Display: 164 Richmond St, Maryborough. Research enquiries welcome. Extensive Australian and International records. Non members welcome.

Societies & Organizations —2005 — Australia

- **MOUNT ISA FAMILY HISTORY SOCIETY, INC. (4)**
  PO Box 1832, MOUNT ISA, Qld 4825.
  Meetings: Weekly Tues. & Sat, 9am-5pm. General Meetings third Sat. 9.30am at Club Room 5, Catholic Parish Centre, Corbould St, Mt Isa. *Membership:* Single $25.00 - family $30.00, pensions & students $15. Journal 3 a year. Research enquiries welcomed, donation on application & SAE.

- **NORTH BRISBANE BRANCH - GENEALOGICAL SOCIETY OF QLD, INC. (4)**
  PO Box 353, CHERMSIDE SOUTH, Qld 4032. *Contact:* Mrs M. Holding (07) 3265 2790.
  Meetings: 2nd & 4th Monday each month 7.00pm. *Venue:* Fallon Cottage, Fallon St, Everton Park.

- **REDCLIFFE & DISTRICT FAMILY HISTORY GROUP, INC. (5)**
  PO Box 3122 MDC, Clontarf, Qld 4019.
  Meetings: 1st Mon. of each month (except Jan.), 7.30pm, Scout Den, Isobel St., Clontarf. *Membership:* Single $33.00, Family $38.50, New Member Joining Fee $5.50. *Newsletter:* Quarterly. *Research Enquiries:* Free to members, non-members $10.00 fee. *President:* Sandra Burrell (07) 3283 3465. *Secretary:* Cheryl Salisbury (07) 3284 3444. *E-mail:* dmcneice@optusnet.com.au

- **REDLAND GENEALOGICAL SOCIETY, A BRANCH OF THE G.S.Q, INC. (4)**
  Contact: Hon. Secretary, PO Box 605, Cleveland Qld 4163. (07) 3286 2955. *Meetings:* 2nd Wed., 12noon, Donald Simpson Centre, Cleveland

- **ROCKHAMPTON BRANCH, GENEALOGICAL SOCIETY OF QLD, INC. (5)**
  Contact: Mr Pat Brannelly, PO Box 992, Rockhampton, Qld 4700. (07) 4922 1101. *Meetings:* 2nd Tues., 7.30pm, Room 3A, North Street, Rockhampton.

- **ROCKHAMPTON—CENTRAL QUEENSLAND FAMILY HISTORY ASSOC., INC. (4)**
  PO Box 6000, ROCKHAMPTON Mail Centre, Qld 4702.
  Website: www.rootsweb.com/~auscqfha *E-mail:* cqfha@hotmail.com
  Library: Cnr Renshaw St. & Highway St. Park Ave., N.Rockhampton. *Meetings:* 7.30pm, 1st Wed of mth (except Jan) at above. *Journal:* Quarterly, $4.00 each to non members. *Research Enquiries:* Free to members, $10.00 min charge - inc.business SAE. *Membership:* Yearly $30.00 single, $40.00 family. Overseas A$40.00. *President:* Mr Arch Finlayson. *Secretary:* Linda Marshall. *Projects:* Index to Immigrant arrivals Qld 1848-1900, Pioneer Register of Central Qld pre 1900 and North Rockhampton Cemetery monumental inscriptions.

- **ROMA & DISTRICT FAMILY HISTORY SOCIETY (3)**
  PO Box 877, ROMA, Qld 4455.
  History Lodge, 17 McDowall St., open every Tue. & Thur. 9.30am-11.30am, Fridays 4pm-6pm, Sat. 2pm-4pm. Small fee to non-members. *Membership:* $30.00 single, $40 family, $25 pensioner. *Journal: Maranoa Enquirer* 4 p/yr. *Pres.:* Maree Worland. *Tel:* (07) 4622 1143. *Sec:* Rebecca Kupfer, *Tel:* (07) 4622 2128 after hrs. *E-mail:* romahistorysoc@hotmail.com *Tel:* (BH) 0409 061 791.

- **SOUTH BURNETT GENEALOGICAL & FAMILY HISTORY SOCIETY (3)**
  PO Box 598, Kingaroy, Qld 4610.
  Serving Kingaroy, Murgon, Goomeri, Wondai, Kumbia, Nanango & Yarraman areas. *Meetings:* 2nd Wednesday, workshops 4th Wednesday of each month at 7.30pm, research/reading room open any time by appointment. *Contacts:* Mrs Glady Hood, Ph. 0741 621205; Mrs Beryl Roe, Ph. 0741 623862; Mrs Florence Eckley, Ph. 0741 622688 b/h. Quarterly journal *THE NUTTY REVIEW*.

- **SOUTHERN SUBURBS BRANCH, GENEALOGICAL SOCIETY QLD, INC. (5)**
  PO Box 844, MOUNT GRAVATT, Qld 4122. *E-mail:* rsimpson@powerup.com.au
  Library: Scout Den, Carson Lane, Upper Mt. Gravatt (Off Logan Road). Hours: Wed. 9.30am-2pm, & 4th Sun. of even months 1.30pm-5.00pm. Daily fees. GSQ members $3, non members $5. Journal: *SCROLL* 4 per yr $15 posted. *Meetings:* 3rd Mon., 7.30pm. at Library above, with speakers. Victorian Interest Group meets bimonthly on 4th Sunday Feb-Oct 2pm. *Journal: LOST IN VICTORIA* 5 per year $13 posted. *Contact:* Robyn Simpson (07) 3349 3095 or Mary Sinclair (07) 3341 5473 *Webpage:* http://home.vicnet.net.au/~ssbgenie/welcome.htm

- **SUNSHINE COAST HISTORICAL & GENEALOGICAL RESOURCE CENTRE, INC (4)**
  P.O Box 1051, NAMBOUR, Qld 4560. *Tel.:* (07) 5441 4266. *E-mail:* scgen@bigblue.net.au
  Library: Petrie Park Rd., Nambour. *Hours:* Mon. & Wed. 10.30am-2.30pm, Sat. 12noon-4pm. Thurs. 1.30pm-6.30pm. *Membership:* $5.00 joining fee + $30.00 single, $40.00 family. Visitors $7.00 per day. *Meetings:* 2nd Sat. 9.30-11.30am. *Journal: KIN TRACER* 4 per year. *Research Enquiries:* $15.00 per hour. *Projects:* Memorial Inscriptions and burial records of Maroochy Shire cemeteries. Pioneer Register Sunshine Coast prior 1920.

- **TOOWOOMBA & DARLING DOWNS FAMILY HISTORY SOCIETY INC. (4)**
  PO Box 2229, TOOWOOMBA, Qld 4350.
  Meetings: 2nd Sat., 1pm at Research Centre, Unilink 61 Drayton Rd., Toowoomba. *Tel:* (07) 4635 1010. *E-mail:* DDFHS@hotkey.net.au *Website:* http://toowoomba.qld.gov.au/tddfhs/

- **TOWNSVILLE—FAMILY HISTORY ASSOCIATION OF NORTH QLD, INC. (5)**
PO Box 3495, HERMIT PARK, Qld 4812.
Tel: (07) 4728 2833. *E-mail:* fhanq@hn.ozemail.com.au
Library: 5 Baker St., Hermit Park, Qld 4812. *Hours:* 7 days per week, 10am-2pm; Wed. 7.30-10.00pm. *Membership:* $11.00 joining fee plus $33.00 p.a. single/family. *Journal: RELATIVELY SPEAKING.*
- **WHITSUNDAY FAMILY HISTORY GROUP, INC. (4)**
PO Box 15, PROSERPINE, Qld 4800. Tel: (07) 4945 1500. *Email:* cpmengel@tpg.com.au

SOUTH AUSTRALIA (SA)

- **SOUTH AUSTRALIAN GENEALOGY AND HERALDRY SOCIETY, INC. (5)**
G.P.O. Box 592, ADELAIDE, SA 5001. *Fax:* (08) 8272 4910.
Tel: (08) 8272 4222. *E-mail:* admin@saghs.org.au *Website:* www.saghs.org.au
Library: 201 Unley Rd., Unley. *Hours:* Tues. 10.30am-9pm, Wed., Thurs. & St. 10.30am-4.30pm, Sun. (2nd & 4th of month) 1pm-4.30pm. Open to non members - daily fee of $18.00. *Journal: THE SOUTH AUSTRALIAN GENEALOGIST,* $17.60 annually. *Research Enquiries:* $30.00 per hour for non members. *Membership:* $50.00 + $11.00 joining fee. *Associate Membership:* (living at same address) $25.00 + $5.50 joining fee. *President:* Graham Jaunay. *Secretary:* Gilbert Materne. *BRANCHES:* Yorke Peninsula FHG, PO Box 260, Kadina, SA 5554.
- **FLEURIEU PENINSULA FAMILY HISTORY GROUP, INC. (5)**
C/- Noarlunga Library, PO Box 411, Noarlunga Centre, SA 5168.
E-mail: fleurpengroup@yahoo.co.uk *Website:* www.rootsweb.com/~safpfhg/ *Newsletter:* 4 times per year. *Membership:* $5.00 joining fee per membership + $15.00 single, $20.00 family annually. *Meetings:* 3rd Sat. in month (except Dec.) at 1.30pm Uniting Church Hall, William Road, Christies Beach, SA. *Contacts:* Tim Wing (08) 8382 3406, Barry Maslin (08) 8386 2931 or Maggie Woodroffe (08) 8556 4302.
- **SOUTH EAST FAMILY HISTORY GROUP, INC. (5)**
PO Box 758, MILLICENT, SA 5280.
Newsletter: 4 per year. *Membership:* Family $27.50, Single $27.50, Pensioner $22.00. *Meetings:* 4th Thurs. of each month (Dec. & Jan. excluded) at 14 Stuckey St., Millicent. *Research Enquiries:* Members $10.00, Non members $20.00 per query. *President:* Mr Noel Boyle *Tel:* (08) 8733 2320. *Secretary:* Mrs Lucy Thompson *Tel:* (08) 8733 2167. *Research Queries E-mail:* sefhg@seol.net.au *Website:* www.seol.net.au/sefgh
- **SOUTHERN EYRE PENINSULA LOCAL & FAMILY HISTORY GROUP INC. (5)**
Contact: C/- PO Box 2882, PORT LINCOLN, SA 5606.
- **WHYALLA FAMILY HISTORY GROUP (5)**
PO Box 2190, WHYALLA NORRIE, SA 5608. *Tel/Fax:* (08) 8645 9477.
Meetings: The Joan Gibbon House, 7 Head St., Whyalla Norrie. 4th Mon. of each month, Feb. to Nov. at 1pm. *Membership:* $10. *Secretary:* Jessie Bremner, *E-mail:* jjbrem@internode.on.net *Treasurer:* Ted Lavender, *Tel.:* (08) 8644 1281.
- **YORKE PENINSULA FAMILY HISTORY GROUP - Branch of SAGHS (5)**
PO Box 260, KADINA, SA 5554.
Meetings: 1st Thurs each month exc. Jan. Research send SSAE. *Researcher:* Mrs R. Pezy.

TASMANIA (TAS)

- **TASMANIAN FAMILY HISTORY SOCIETY, INC. (5)**
PO Box 191, LAUNCESTON, Tas 7250. *Email:* secreatry@tasfhs.org
Journal: TASMANIAN ANCESTRY, 4 per year. *Research Enquiries:* Handled by all branches for fee. *Individual Membership:* $39.00 ordinary, $49.00 ordinary joint, $27.00 Aust. concession, $37.00 Aust. joint concession. Journal Subscription only $39.00 (incl P & P). Overseas: Ordinary $39.00 & Ordinary Joint $49.00 (includes postage). (see next entry for Society Branches).
TASMANIAN FAMILY HISTORY SOCIETY - BRANCHES:
Burnie: PO Box 748, Burnie 7320. *Library:* 58 Bass Hwy, Cooee.
Devonport: PO Box 587, Devonport 7310. *Library:* Old Police House, 113 Gilbert St., Latrobe.
Hobart: P.O. Box 326, Rosny Park 7018. *Library:* 19 Cambridge Rd, Bellerive.
Huon: PO Box 117, Huonville 7109. *Library:* Ranelagh Hall.
Launceston: PO Box 1290, Launceston 7250. *Library:* 2 Taylor St., Invermay.
All branches have extensive library holdings. Access for non members at a small fee.

VICTORIA (VIC)

● **THE GENEALOGICAL SOCIETY OF VICTORIA, INC. (5)**
Level B1, 257 Collins Street, MELBOURNE, Vic 3000.
E-mail: gsv@gsv.org.au *Website:* www.gsv.org.au *Tel:* (03) 9662 4455. *Fax:* (03) 9663 0841.
Library: as above. *Hours:* Mon. 1pm-6pm, Tues.-Fri. 10am-4pm, Sat. 10am-3pm, last Sun. in month 10am-3pm. Open to non members, for a daily fee of $16.50. Closed Public Holidays & Easter Saturday. *Journal: ANCESTOR* quarterly. Non-member subscription $42.50 in Aus. O'seas $52.50 pa (inc. postage). *Research Enquiries:* handled, Members $25.00 per hour, non-members $40.00 per hour. *Membership:* $55.00 single, $82.50 two members at same address, $110 three members at same address. $12.00 joining fee. *President:* Mr Clive Luckman. *Secretary:* Mrs Jeanette Bakker. *Genealogical Service Groups:* International Settlers Group, Scottish Ancestry Group, & Irish Ancestry Group, 45 member societies throughout Victoria. *Meetings & Seminars:* Advertised in *ANCESTOR*. *Services:* such as Sterling & Euro cheques, large bookshop & secure on-line www.gsv.org.au service

● **AUSTRALIAN INSTITUTE OF GENEALOGICAL STUDIES (5)**
PO Box 339, BLACKBURN, Vic 3130.
Library: 1/41 Railway Road, Blackburn, 3130. *E-mail:* info@aigs.org.au *Home page:* www.aigs.org.au *Tel:* (03) 9877 3789. *Fax:* (03) 9877 9066. *Hours:* Mon., Tue., Wed. & Sat. 10am-4pm, Fri. 1-4pm., Mon. & Tues 7pm-10pm. Free to members, non-members fee per day. Closed public holidays. *Classes:* beginners and specialist, contact for details. *Journal: THE GENEALOGIST*, quarterly, available by subscription. *Research:* Members $16.50 per hour, non-members $33.00 per hour. *Services:* Research, Wills, Probate, GRO & British India Certificates, Sterling Cheques, Donate-A-Fiche. *Membership:* prices on application. *Meetings:* Monthly at Bendigo, Blackburn, Ferntree Gully, Flemington, Mordialloc & Warrnambool.

● **AUSTRALIAN JEWISH HISTORICAL SOCIETY—VICTORIA, INC. (5)**
PO Box 608, CARNEGIE, Vic 3163. *E-mail:* rrosenbe@distance.vic.edu.au
President: Dr Howard Freeman. *Hon. Secretary:* Ms Rhona Rosenberg. *Tel:* (03) 9576 8223.

● **THE DESCENDANTS OF CONVICTS GROUP, Inc. (5)**
PO Box 12224, A'Beckett Street, MELBOURNE, VIC 8006.
Meetings: 1st Sat. March, May, July, September & Nov. at 2pm at sub-basement 257 Collins Street, Melbourne. *Newsletter:* The Mail 5 per yr. *Membership:* Joining fee $10, single membership $15, family membership $20. *Period of interest:* Convict Transportation to Australia 1788-1868. *Chair:* Keith Gulliver. *Secretary:* Beverley Spinks. *Website:* www.vicnet.net.au/~dcginc

● **FIRST FLEET FELLOWSHIP VIC, INC. (5)**
c/o Polly Woodside Maritime Park, Lorimer St. East, SOUTHBANK, Vic 3006.
Secretary: Mrs Cheryl Timbury, 5 Cruickshank Ave. Ocean Grove 3226. *Tel:* (03) 5255 2477. Membership open to those claiming direct descent from people arriving with Captain Arthur Phillip on the First Fleet at Sydney Cove on 26 January 1788. Membership available to spouses & friends. *E-mail:* timbury@g130.aone.net.au

● **ITALIAN HISTORICAL SOCIETY, MELBOURNE (9)**
189 Faraday St., CARLTON, Vic 3053. *E-mail:* coasit@vicnet.net.au
The Italian Historical Society aims to record the experiences and contributions of Italian immigrants in Australia. *Journal:* (with family history section) published twice a year. *Joining/Subscription fee:* $20.00. Genealogical queries are published for free (max. 70 words).

● **PORT PHILLIP PIONEERS GROUP, INC. (5)**
C/o G.S.V. Level B1, 257 Collins Street, MELBOURNE, Vic 3000.
Area of Interest: Early arrivals Port Phillip Settlement, Australia prior to 1st July 1851. *Enquiries to:* Secretary, c/o above address. *Newsletter:* 5 per year. *Web:* http://home.vicnet.net.au/~pioneers

● **THE 1850S GROUP OF VICTORIAN COLONISTS, INC. (3)**
C/o 179 Queen Street, MELBOURNE, Vic 3000.
Contact: Mrs Jean Smith (03) 9386 2255. *Meetings:* Feb., April, June, Aug., Oct. & Dec. *Membership:* $11. Formed in 1978 to bring together persons who could establish descent from an ancestor who arrived, was born or resided in the Colony of Victoria between 1 July 1851 and 31 Dec. 1859. Aims are to perpetuate the memory of the part played by the colonists in the development of Victoria; to compile biographical and genealogical data of the colonists and their families; to preserve material which illustrates any aspect of settlement in Victoria in the 1850s, i.e. the gold rush era.

Australia Societies & Organizations —**2005**

VICTORIAN REGIONAL GROUPS

- **ALPINE FAMILY HISTORY GROUP (1)**
PO Box 303, BRIGHT, VIC 3741.
President: Heather Kelly. *E-mail:* mischa@netc.net.au

- **ANGLESEA FAMILY HISTORY GROUP (4)**
(sub-group of the Anglesea & District Historical Society, Inc.) PO Box 98, Anglesea, VIC 3230

- **ARARAT GENEALOGICAL SOCIETY, INC. (5)**
PO Box 361, ARARAT, VIC 3377.
Meetings & Library: Municipal Library, Barkly Street, Ararat. *President:* Mr. I. Batty. *Secretary:* Ms K. Talbot. *Tel:* (03) 5352 4676.

- **BALLARAT & DISTRICT GENEALOGICAL SOCIETY, INC. (5)**
PO Box 1809, Ballarat Mail Centre, Vic 3354.
Research Library: Australiana Room, Ballarat Central Library, 178 Doveton St. Nth, Ballarat. *Hours:* Mon.-Fri. 9.30am-5pm, Sun. 1.15pm-4pm. *Newsletter:* 4per year with membership. *Research Enquiries:* Small charge. Send SSAE for details. *Membership:* Single $25.00, family $35.00, overseas $25.00. *Meetings:* 4th Tues. of month (except Dec. & Jan.) at 7.30pm at Ballarat Library, Doveton Street, North, Ballarat. Visitors welcome. *Publications:* New: Ballarat East Petty Sessions Cause List Books 1858-1889 Pt. 1 fiche. Cemetery, Hospital Admissions Register & School Register fiche. Send a SSAE for details or see our *E-mail:* tljones@iprimus.com.au *Website:* http://www.ballaratgenealogy.org.au

- **BENALLA AND DISTRICT FAMILY HISTORY GROUP, INC. (5)**
PO Box 268, BENALLA, Vic 3672. *Phone:* (03) 5766 6206. *E-mail:* bdfhg@hotmail.com *Website:* http://home.vicnet.net.au/~bfamhist/ *Membership:* $35.00, includes quarterly Newsletter ROSES & THORNS. *Meetings:* 3rd Wed. in month, 1pm. St. Andrews Old Church Hall, Church St. *Library:* Tues. & Wed. 10am-5pm & 1st Sat. in month 10am-4pm. *Holdings:* Ratebooks, Cemeteries, Church & School records, Local Newspapers & books. *Research:* $10.00 per hr.

- **BENDIGO REGIONAL GENEALOGICAL SOCIETY, INC. (5)**
PO Box 1049, BENDIGO, Vic 3552. *Website:* http://home.vicnet.net.au/~brgs/
Meetings: Last Thurs. of month (except Dec. & Jan.). Meet at Parish Centre, 118 Hargreaves St., Bendigo. *Membership:* $15.00 per year, $5.00 joining fee. *Research:* $20.00 per enquiry or per hr.

- **BENDIGO FAMILY HISTORY GROUP (Branch of AIGS) (5)**
PO Box 145, BENDIGO, VIC 3552.
Research Room: Bendigo City Library. *Hours:* Wed. 1pm-5pm; Sat. 10am-1pm. open to public no charge. *Newsletter:* 4 per year at $8.00. *Research enquiries:* $16.50 per hour. Records cover Bendigo and surrounds and All AUS & UK (GRO). *Meetings:* 3rd Sun. of month 1.30pm except Dec. at 118 Hargreaves St., Bendigo. *E-mail:* bendigogen@hotmail.com

- **COBRAM GENEALOGICAL GROUP (4)**
PO Box 75, COBRAM, Vic 3644. *Chairman:* Gloria Primmer. *Secretary:* Barbara Coleman. *Tel/Fax:* (03) 5874 5548. *Email:* blc1@iinet.net.au

- **COLAC & DISTRICT FAMILY HISTORY GROUP, INC. (4)**
PO Box 219, COLAC, VIC 3250.
Research Room: History Centre COPACC, Gellibrand Street, Colac. *Hours:* Thurs., Fri. & Sun. 1.30pm-4.30pm; Sat. 10am-2pm. *Newsletter:* 4 per year. *Research enquiries:* Basic fee $20.00. *Membership:* $22.00 single, $12.00 concession, $27.00 joint, $5.00 joining fee. *Meetings:* 2nd Tues. of month at 8pm. *President:* Ian Whytcross (03) 5231 4335. *Sec.:* Kate Gatty (03) 5231 3904.

- **EAST GIPPSLAND FAMILY HISTORY GROUP, INC. (5)**
PO Box 1104, BAIRNSDALE, Vic 3875.
Newsletter: The Black Sheep 3 times per year, $10. Enquiries for non-members $10. *Membership:* $25, Student $12.50, Joining fee $5. *Meetings:* 2nd Sat. each month except Jan. at 21 Morgan St., Bairnsdale. Resource Room open Tues., Thurs & Sat. Other times by appointment.

- **ECHUCA MOAMA FAMILY HISTORY GROUP, INC. (5)**
PO Box 707, ECHUCA, VIC 3564.
Meetings: 3rd Thurs. 8pm Sept. to April. & 3rd Sat. May to Aug. (None Dec. or Jan.) at Moama Community Centre, Martin Street, Moama. *Membership:* Full $30, away $15. incl. 2 enquiries in newsletter. *Presient:* John Howe. *Secretary:* Wendy Hicks, (03) 5482 1139.
Email: emfhg9@hotmail.com *Website:* http://home.vicnet.net.au/~emfhistory

- **EMERALD GENEALOGY GROUP (5)**
62 Monbulk Road, EMERALD, Vic 3782. *Website:* www.emeraldgenealogygroup.org

Organizer: Mrs L. Smith. A/H (03) 5968 4003. *Meetings:* Every 3rd Mon. of month, 7.30pm, Uniting Church Hall, Monbulk Road, Emerald.

- **EUROA GENEALOGICAL GROUP, INC. (3)**
  PO Box 299, EUROA, VIC 3666. *Research enquiries:* $10 per hour, SSAE for details.
- **GEELONG FAMILY HISTORY GROUP, INC. (4)**
  PO Box 1187, GEELONG, VIC 3220. *Website:* http://www.vicnet.netau/~gfamhist/index.htm
  Undertake research in their extensive library. Holdings include hospitals, churches, schools, cemeteries, shipping, newspaper & ratebook records. Catalogues available on website. *Local Research:* Fee of $20.00 plus expenses (photocopying, postage etc.) and a SSAE. *Research:* Please print all names in block letters and provide a brief outline of your family tree.
- **HAMILTON FAMILY & LOCAL HISTORY CENTRE (5)**
  PO Box 816, HAMILTON, VIC 3300.
  Tel/Fax: (03) 5572 4933. *E-mail:* hamiltonhistory@ansonic.net.au
- **HEYFIELD FAMILY HISTORY GROUP (5)**
  PO Box 201, HEYFIELD, VIC 3858. *E-mail:* heyfieldresource@net-tech.com.au
  Library: Heyfield Resource Centre, 5 George Street, Heyfield. *Hours:* Fri. & Sat. 1pm-4pm. *Fees:* Annual Subscription $25.00, Pensioner $20.00, Student $15.00, Family (2) $40.00. *Library Fees:* Non members $5.00 per session. *Research:* Private research may be carried out by the research officer, a fee will be charged, prices on application.
- **KERANG & DISTRICT FAMILY HISTORY GROUP (5)**
  PO Box 325, KERANG, VIC 3579.
  Meetings: 4th Thurs. 1.30pm at Kerang Library. *Newsletter: IBIS HERITAGE. Research:* $15.00.
- **LAKES ENTRANCE FAMILY HISTORY RESOURCE CENTRE (4)**
  PO Box 674, LAKES ENTRANCE, Vic 3909. *Ph:* (03) 5155 3843.
  E-mail: lefhrc@datafast.net.au *Website:* http://members.datafast.net.au/lefhrc
  Quarterly Newsletter: FICHE-ING AROUND. Meetings: 1st Monday in month 7.30pm, behind Lakes Entrance Tourist Information Centre. Initial Inquiries - $11.00 plus S.S.A.E.
- **MID GIPPSLAND FAMILY HISTORY SOCIETY, INC. (5)**
  PO Box 767, MORWELL, VIC 3840.
  Phone: (03) 5127 3025. *Website:* www.home.vicnet.net.au/~mgfhs
  Meetings: 4th Thurs. each month except Dec. at Meeting Room, Moe Library, 7.30pm. *Research enquiries:* $10 + SSAE. *Sec:* Sandra Dumble.
- **MILDURA & DISTRICT GENEALOGICAL SOCIETY, INC. (3)**
  PO Box 2895, MILDURA, VIC 3502. *Tel.:* (03) 5022 0172.
  Carnegie Centre, 74 Deakin Ave, MILDURA, VIC 3502. *Hours:* 11am-4pm, Mon.-Wed. & Sat. *Membership:* $22 Joining fee $10. *Research:* fee $20. *E-mail:* genealogy@mildura.vic.gov.au
- **MORNINGTON PENINSULA FAMILY HISTORY SOCIETY, INC. (4)**
  Contact: 16 Tavistock Road, FRANKSTON, Vic 3199.
  Library: Mechanics Institute, Bay St. South, Frankston, 3199. *Hours:* Tues. & Thurs. 11am-3pm; Wed. 7-9pm; Sun. 2-5pm. *Meetings:* 1st Thurs. (not Jan.), 8pm, Saints Church Hall, Logan St, Frankston. May, June, July, Aug. & September meetings, 1st Sat. at Mechanics Institute at 2pm. *President:* Lynne Emblin. *Secretary:* Marge Knight. *Web:* www.mmpfhs.org
- **NARRE WARREN & DISTRICT FAMILY HISTORY GROUP. (3)**
  PO Box 149, NARRE WARREN, Vic 3805. *E-mail:* lbt@alphalink.com.au
  Contacts: Lynne Bradley (03) 9704 9075, Lorraine Taylor (03) 9704 6672.
- **NATHALIA GENEALOGICAL GROUP, INC. (4)**
  PO Box 92, NATHALIA, Vic 3638.
  Library: Nathalia Historical Society, Pearce St., Nathalia. *Hours:* 2nd Sunday each month, 1.30pm-4.30pm, or by appointment. *Journal: Red Gum Tree,* posted $6.00. *Membership:* single $20.00 p.a. *Meetings:* 4th Monday each month (except Dec.) 7.30pm May to Sept, and 8pm Oct to April, Nathalia Historical Society. *Research:* $10.00/hr plus SAE. *President:* Mrs Bev Hutchins. *Secretary:* Mrs Joy Bell (03) 5866 2735. *E-mail:* joybell@mcmedia.com.au
- **PORTLAND FAMILY HISTORY GROUP, INC. (4)**
  PO Box 409, PORTLAND, Vic 3305. *E-mail:* portlandfamhist@yahoo.com
  Research Rooms: History House, open 7 days a week (10am-12noon & 2pm-4pm). *Membership:* $11.00. *Research:* Minimum $10.00. *Tel:* (03) 5522 2266.
- **SALE AND DISTRICT FAMILY HISTORY GROUP, INC. (5)**
  PO Box 773, SALE, Vic 3850. *Research Library:* Temperance Hall, Macalister St., Sale. *Hours:* Tues. 1-4pm, Fri. 10am-4pm, or by appointment (03) 5143 1577.

Australia   Societies & Organizations —2005

- **SHEPPARTON FAMILY HISTORY GROUP, INC. (5)**
  C/o Secretary, PO Box 1529, SHEPPARTON, Vic 3632.
  Meetings: every 3rd Wed. of month. *Research enquiries:* $15.00.

- **SOUTHERN PENINSULA FAMILY HISTORY SOCIETY, INC. (5)**
  PO Box 2189, Port Phillip Plaza, ROSEBUD, Vic 3939.
  Email: spfhs2001@yahoo.com.au *Website:* http://au.geocities.com/spfhs2001/
  (Mount Martha, Dromana, McCrae, Rosebud, Tootgarook, Blairgowrie, Sorrento, Portsea, Flinders, Red Hill & Main Ridge). *Research Room:* Rosebud Community Centre, 111 Boneo Rd, Corner of Besgrove St, Rosebud 3939. Small fee. *Hours:* Mondays 12.30pm-3pm, Wednesdays 10am-3pm. *Mail enquiries:* $15.00 basic research. *Meetings:* 4th Thurs. of each month (except Dec. & Jan.) at 1.30pm, Rosebud Library Meeting Room, Rosebud. *Membership:* $23.00 single, $30.00 couple (at one address). *Contact:* (03) 5986 2255 (Pres.) or (03) 5984 3727 (Vice Pres.).

- **STAWELL BIARRI GROUP FOR GENEALOGY, INC. (5)**
  PO Box 417, STAWELL, VIC 3380.
  E-mail: ellenino@netconnect.com.au *Website:* http://home.vicnet.au/~stawgeny *Meetings:* Stawell Library, Sloane Street, Stawell. *President:* John Wynd. *Sec:* Ellenor Musumeci

- **SWAN HILL GENEALOGICAL & HISTORICAL SOCIETY, INC. (4)**
  PO Box 1232, SWAN HILL, Vic 3585.
  President: Shirley Durden. *Secretary:* Margaret Scala.

- **TERANG & DISTRICT FAMILY HISTORY GROUP INC. (5)**
  PO Box 14, TERANG, Vic 3264.
  Research Library: Located at Terang College, Primary Campus. *Hours:* 3rd Tues. 7pm, 2nd & 4th Wed. & Sun. 1pm-4pm. *Membership:* $20.00. *Meetings:* 3rd Tues. 8pm at Family History Library, Terang College, Primary Campus. *President:* Joyce Holmes (03) 5592 7295. *Secretary:* Merle Elford (03) 5592 1576.

- **TOORA & DISTRICT FAMILY HISTORY GROUP, INC. (4)**
  PO Box 41, TOORA, Vic 3962.
  Non members queries $10.00. South Gippsland research. All correspondence to Secretary. *E-mail:* jackred@tpgi.com.au & westaway@dcsi.net.au

- **WANGARATTA FAMILY HISTORY SOCIETY, INC. (3)**
  PO Box 683, WANGARATTA, Vic 3676.
  Meetings: 8pm, 3rd Thurs. of each month exc. Dec. Interesting speakers, public welcome. *Research enquires:* min $10.00 fee and s.a.e. Beginners and other courses conducted and open days held. Large quantity research material available.

- **WEST GIPPSLAND GENEALOGICAL SOCIETY, INC. (5)**
  PO Box 225, WARRAGUL, Vic 3820. *Website:* http://www.vicnet.net.au/~wggs/
  Shire of Baw Baw: covering towns of Drouin, Warragul, Neeim South, Yarragon & districts. *Library:* At Old Shire Hall, Queen St., Warragul. *Open:* Wed. to Fri. 10am-2pm and 2nd Sat. of month 10am-3pm & last Sun. of month 1pm-4pm. *Meetings:* Held at Old Shire Hall, Queen Street, Warragul on 4th Thurs. of month 8pm (except Jan. & Dec.). *Research:* $15.00 initial inquiry.

- **WIMMERA ASSOCIATION FOR GENEALOGY (5)**
  PO Box 880, HORSHAM, Vic 3402. *Secretary:* Ann Bird, (03) 5382 3430.

- **WODONGA FAMILY HISTORY SOCIETY, INC. (4)**
  PO Box 289, WODONGA, Vic 3689.
  E-mail: wcooksey@tpg.com.au *Newsletter:* Borderline News quarterly. *Membership:* $30 single, $40 joint (2 people, same address), $18 concession (proof required), $5.00 joining fee. *Meetings:* 3rd Tues. each month 7.30pm at Felltimber Community Centre, Ritter Rd, Wodonga - visitors welcome. *Soc. Library:* Situated at Upper Murray Regional Library, Hovell St., Wodonga. Open Tues. & Wed. 10.30am-3.30pm, Thurs. 1-5.30pm. Non members $5.00. *Enquiries:* Basic $15.00, plus S.A.E.

- **YARRAM GENEALOGY GROUP, INC. (3)**
  PO Box 42, YARRAM, Vic 3971.
  Research Room: Yarram Herd Test Asso., Commercial Rd. *Pres:* Michelle Tschugguel. *Sec:* Jan Argus. *Website:* www.rootsweb.com/~ausygs/

WESTERN AUSTRALIA (WA)

- **WESTERN AUSTRALIAN GENEALOGICAL SOCIETY, INC. (5)**
  Unit 6, 48 May St., BAYSWATER, WA 6053. *Tel.:* (08) 9271 4311. *Fax:* (08) 9370 1572.
  Website: www.wags.org.au *E-mail:* genealogy@wags.org.au
  Library: 6/48 May St., Bayswater, 6053. *Hours:* Mon 9.30am- 9pm, Wed.-Fri. 9.30am-2.30pm, Sat. 1pm-5pm. Open to non members -daily fee $12.00. *Librarian:* Edwina Shooter. *President:* Bevan

Carter. *Journal: WESTERN ANCESTOR,* 4 per year, within Australia $25.00 p.a. (posted), overseas $30.00 p.a. (posted). *Membership:* Single $50.00, joint $70.00, joining fee $12.00. *Meetings:* As required at Library, Unit 1, 48 May Street, Bayswater. *Special interest groups:* Computer; Convict; East Anglian; Enrolled Pensioner Guards; Irish; India; North of England; Scottish; South Australia; South West European; Swan River Pioneers (1829-34); USA/Can; Victorian.

- **AUSTRALIND FAMILY HISTORY SOCIETY, INC. (3)**
  PO Box A279, AUSTRALIND, WA 6233. *E-mail:* alindfhs@iinet.net.au

- **BUSSELTON FAMILY HISTORY SOCIETY (INC.) (5)**
  PO Box 670, BUSSELTON, WA 6280.

Rooms at: 10 Rosemary Drive, Busselton. *Tel:* (08) 9752 3979. *Hours:* Tues., Wed. & Fri. 10am-3pm. *Membership:* Annual Fee - single $35, double $50. *Secretary:* Ross Watson (08) 9755 4541. *E-mail:* busgen@westnet.com.au

- **CARNARVON FAMILY HISTORY CLUB (INC.) (5)**
  PO Box 1049, CARNARVON, WA 6701.

Library at: 1 Camel Lane, Carnarvon. *Tel:* (08) 9752 3979. *Hours:* Sat. 2-5pm. *Membership:* Annual Fee $25.00. *Contact:* Gwen Gibson *E-mail:* camel.trax@wn.com.au

- **COLLIE FAMILY HISTORY SOCIETY (INC.) (5)**
  PO Box 577, COLLIE, WA 6225. *E-mail:* moggie@geo.net.au

- **GERALDTON FAMILY HISTORY SOCIETY, INC. (5)**
  PO Box 2502, GERALDTON, WA 6531.

Meetings: 2nd Sat.. of month, 10am at 'The Residency' 321 Marine Terrace, Geraldton. *Library:* 'The Residency' 10am-12noon Tues., 2-4pm Thurs. Small fee to non members. Research: $15 per hour. Correspondence to Secretary. *Website:* www.wm.com.au/gfhs *E-mail:* gfhs@wn.com.au

- **GOLDFIELDS FAMILY HISTORY SOCIETY INC. (4)**
  PO Box 1462, KALGOORLIE, WA 6430.
  Email: moyanorm@emerge.net.au or dunc@wn.com.au

Library: Goldfields Family History Centre, 96 Wittenoom St (Cnr Lionel Street,) Boulder. Open Sat. 2-4pm; Wed. 10am-12noon; 1st Sep. to 31 Mar. als Tues. 7-9pm. Quarterly Journal *Goldfields Digger* available $5.00 pa (free to members). *Local indexing projects: Goldfields Index* - School admission records, Lodge Records, Transport Board employee records, etc. *Goldfields Newspaper Index* - Birth Death, Marriage & associated notices. *Research Enquiries:* Welcome. Request research form (to PO Box or email). *Tel.:* (08) 9093 4333 (library). *Membership:* July to June $30.00 single, $40.00 double. Pro-rata fees apply.

- **GREAT SOUTHERN FAMILY HISTORY SOCIETY (5)**
  Postal address: 14 Amherst Street, Katanning, WA 6317.

Library: Katanning Shire Library, Austral Terrace, Katanning, WA 6317. *E-mail:* GSFHS@westnet.com.au Web: www.members.westnet.com.au/gsfhs

- **MANDURAH FAMILY HISTORY SOCIETY, INC. (5)**
  PO Box 1091, Mandurah, WA 6210.

Library: Cnr 3rd Avenue and Library Road, Mandurah. *Hours:* Mon., Wed., Fri., & Sat. 10am-3pm. *E-mail:* mfhs@0zzienet.net *Web:* www.geocities.com/mfhsau

- **FAMILY HISTORY SOCIETY OF ROCKINGHAM & DISTRICTS (5)**
  PO Box 881, ROCKINGHAM, WA 6968. *Contact:* Verna Nazzari (08) 9527 4788.

AUSTRALIAN CAPITAL TERRITORY (ACT)

- **THE HERALDRY AND GENEALOGY SOCIETY OF CANBERRA (5)**
  G.P.O. Box 585, CANBERRA, ACT 2601. *Tel.:* (02) 6282 9356. *Fax:* (02) 6282 4865.
  E-mail: hagsoc@hagsoc.org.au *Website:* www.hagsoc.org.au

Library: Hughes Primary School, Groom St., Hughes ACT. *Hours:* Tues. 11am-2pm, 7pm-10pm. Wed. & Thurs. 11am-2pm. Sat. and Sun. 2pm-5pm. Open to non members, fee $12.00 per 3 hr. session. *Journal:* THE ANCESTRAL SEARCHER 4 per annum, $5.00 per issue. *Research Enquiries:* Members no charge for first half hour, non members minimum charge $16.50 per half hour (incl. GST). *Membership:* Single $47.00, family $74.00, student $40.00, pensioners: - single $40.00, couple $61.00. *Other Particulars:* Meetings held 1st Tues. each month except Jan. Hughes Community Centre Hall, Wisdom St., Hughes ACT at 8pm. *President:* Rhonda Kerr. *Secretary:* Jan Grant.

NORTHERN TERRITORY (NT)

- **GENEALOGICAL SOCIETY OF THE NORTHERN TERRITORY (4)**
  PO Box 37212, WINNELLIE, NT 0821. *Tel:* (08) 8981 7363.

Library: 1st Floor, 25 Cavenagh St., DARWIN, NT 0801. *Hours:* Tue. 10.30am-5.45pm., Sat. 1pm-

5.45pm. *Journal: PROGENITOR* 4 per year. *Research Enquiries:* Free to members. Non members $30.00 per hour. Minimum Deposit $30.00. *Membership:* Ordinary $38.50, Joint family $49.50 (two families at same address), Single Pensioner or Student $22.00, Family Pensioner $27.50 Country single $27.50, Country family $38.50, Corp. $27.50. *Meetings:* 2nd Sat. of each month in Society Rooms at 1pm. *Secretary:* Mrs June Tomlinson (A.H. (08) 8932 1716).

Australia and New Zealand

FEDERATION

- **AUSTRALASIAN FEDERATION OF FAMILY HISTORY ORGANISATIONS (AFFHO)**
PO Box 3012, Western Creek, ACT 2611. *E-mail:* secretary@affho.org *Web:* www.affho.org

Austria—Autriche—Oesterreich

- **HERALDISCH-GENEALOGISCHE GESELLSCHAFT "ADLER" (8)**
Universitätsstrasse 6, A-1096, WIEN (Vienna).
Zeitschrift: ADLER, ZEITSCHRIFT FUER GENEALOGIE u. HERALDIK. Mail Enquiries: Enclose return postage. *Extra Details:* Yearbook published about every 2 to 3 years.

- **VERBAND DEUTSCHPRACHIGER BERUFSGENEALOGEN (2)**
(See under Germany)

Belgium—Belgique—Belgien

- **FEDERATION GENEALOGIQUE ET HERALDIQUE DE BELGIQUE (FGHB) (6)**
BELGISCHE FEDERATIE VOOR GENEALOGIE EN HERALDIEK (BFGH)
Secretary: avenue Parmentier 117, B-1150 BRUXELLES, Belgium.
Création: 11 mai 1970. *Buts:* créer et entretenir des liens de collaboration entre diverses associations membres et les représenter sur le plan national et international. *Publications: Cahier* (parution irrégulière) et *Circulaire* d'informations fédérales (semestrielle). *Prix Prince Alexandre de Merode* (créé le 23 mars 1984) récompense (en Belgique) un travail de généalogie et/ou d'héraldique considéré comme un ouvrage de référence, tous les trois ans. *President/Voorzitter:* Comte de T'Serclaes, avenue De Frelaan 255, 1180 Bruxelles. *Vice-President/Vice-Voorzitter:* De Heer Edgard A. Van Haverbeke, Christinastraat 2 bus 5, 8400 Oostende. *Siege et secretariat/Zetel en sekretariaat:* Baron Jean-Charles van Caloen, avenue Parmentierlaan 117, 1150 Bruxelles.

- **ASSOCIATION GENEALOGIQUE DE HAINAUT BELGE (A.G.H.B.) (9)**
Association sans but Lucratif.
President: Jacques Procureur, rue des Perziaux 58, B-6140 Fontaine-L'Eveque. *Revue: BULLETIN GENEALOGIQUE HAINUYER (B.G.H.)* depuis 1990. *Editeur:* Jean-Claude Pirson, Avenue Eugène Mascaux 457, B-6001 Marcinelle.
Sections: 1. Commission Histoire des Familles de Charleroi. *Direction:* Jacques Procureur, rue des Perziaux 58, B-6140, Fontaine-L'Evique. 2. Mons-Borinage-Centre. *Direction:* Daniel Duprez, rue Marius Renard 257, B-7301 Hornu.

- **ASSOCIATION ROYALE DES DEMEURES HISTORIQUES DE BELGIQUE (0)**
rue Vergote 24, B-1200 BRUSSELS, Belgium. *Tel:* (02) 735 0965. *Fax:* (02) 735 9912.

- **CERCLE DE GENEALOGIE JUIVE DE BELGIQUE (A.S.B.L.) (1)**
KRING VOOR JOODSE GENEALOGIE IN BELGIE (V.Z.W.)
Address: 74 Avenue Stalingrad, B-1000 BRUXELLES (Musée Juif de Belgique)
Adres: 74 Stalingradlaan, B-1000 BRUSSEL (Joods Museum van Belgie)
Phone: +32 (0) 2 512 19 63. *Fax:* +32 (0) 2 513 48 59. *E-mail:* mjb<d.dratwa@mjb-jmb.org>
Contact: Daniel Dratwa, Président du C6JB-WJ6B. Réunions mensuelles, bibliotheque, assistance recherches Belgique & étranger, échanges internationaux.

- **COMMISSION HISTOIRE ET HERALDIQUE DE L'A.N.R.B. (ASSOCIATION DE LA NOBLESSE DU ROYAUME DE BELGIQUE) (0)**
GESCHIEDENIS EN HERALDIEK COMMISSIE VAN DE V.A.K.B *Tel:* 0032 (0)2 642 2520
Address: Avenue Franklin Rooseveltlaan 25, B-1050, BRUXELLES, Belgium.

- **ASSOCIATION ROYALE DES DEMEURES HISTORIQUES DE BELGIQUE (0)**
rue Vergote 24, B-1200 BRUSSELS, Belgium. *Tel:* (02) 735 0965. *Fax:* (02) 735 9912.

- **KONINKLIJKE VERENIGING DER HISTORISCHE WOONSTEDEN VAN BELGIE (0)**
Vergotestraat, 24, B-1200, BRUSSELS, Belgium. *Phone:* (02) 735 0965. *Fax:* (02) 735 9912.

- **FEDERATION DES ASSOCIATIONS DE FAMILLE (1)**
Secretariat: Hervé Bisilliat Donnet. *Address:* Bruyères Marion 10, B-1390 BIEZ, Belgium

- **VLAAMSE VERENIGING voor FAMILIEKUNDE, v.z.w. (V.V.F.) (1)**
  Van Heybeeckstraat 3, B-2170 Merksem-Antwerpen, Belgium.
  Tel.: (03) 646 9988. *Fax.:* (03) 644 4620.
  E-mail: vvf.administratie@advalvas.be *Website:* http://vvfmerksem.yucom.be
  Library: As above. *Hours:* Wed. 12-19h., Thus. 9-18h., Sat. 13-18h. Open to non members. *Journal: VLAAMSE STAM* 9 per year. *Membership:* Belgium & Luxemburg 1000 BEF; Netherlands er 1300 BEF or 72, NLG. Other 1600 BEF. *Secretary:* E.A. Van Haverbeke. *Other Particulars:* Has sections for computer genealogy (with periodical).

- **OFFICE GENEALOGIQUE ET HERALDIQUE DE BELGIQUE, a.s.b.l. (O.G.H.B.) (1)**
  Avenue C. Thielemans 93, B-1150 BRUSSELS, Belgium.
  Library: As above. *Hours:* 14-16h30. Mercredi. 9h30-12h Samedi. *Journal: LE PARCHEMIN* 6 per/ yr + *RECUEIL GENEALOGIQUE ET HERALDIQUE DE BELGIQUE* 1 per annum *Membership:* Membre adhérent (abonnement, acces aux réunions d'entraide, bibliotheque, etc.) 1400,- BEF, Membre effectif (idem plus droit de vote) 1600,-BEF, Membre protecteur (idem, la liste en est publiée dans le Parchemin) 5100,-BEF, Membre habitant l'étranger (1400,-BEF + supplément de 500,-BEF) 1900,-BEF, par mandat-postal international uniquement. Note importante: Les membres résidant en Belgique qui verseront 2400,-BEF ou plus recevront une attestation fiscale leur permettant de bénéficier de l'exonération fiscale pour le don de 1000,-BEF ou plus, qu'ils feront a l'OGHB au dela de la cotisation de base de 1400,-BEF.

- **SERVICE DE CENTRALISATION DES ETUDES GENEALGIQUES ET DEMO-GRAPHIQUES DE BELGIQUE (1)**
  Chaussée de Haecht 147, 1030 BRUSSELS, Belgium.
  Library: above. *Hours:* Mon. 16-19h. No fee. *Journal: L'INTERMEDIAIRE DES GENEALOGISTES* 6 yr. *Membership:* 1500 Bfr. Branches in French Belgium: Liège, Arlon, Mons, Namur.

- **SOCIETE DES BIBLIOPHILES LIEGEOIS (0)**
  Address: Av des Peupliers 17, B-4053 EMBOURG, Belgium. *Tel/Fax:* (04) 365 66 14.

British Isles

NATIONAL - (see also - England, Ireland, Scotland, Wales)

- **SOCIETY OF GENEALOGISTS (4)**
  14 Charterhouse Buildings, Goswell Rd., LONDON, EC1M 7BA, Eng. *Tel:* (020) 7251 8799.
  Library: As above. *Hours:* Tues., Wed., Fri., Sat. 10am-6pm; Thurs. 10am-8pm. Open to non members. Daily fee £3.50 hour, £9.50 for 4 hrs, £14.50 full day. *Journal: GENEALOGISTS' MAGAZINE* £12.00 per year and *COMPUTERS IN GENEALOGY* £8.00 per year (£10.00 for non members), both quarterly. *Membership:* £40.00 (with direct debit) and £43.00 (no direct debit), Joining fee £10.00. Journals may be subscribed to separately by non members. *Acting Director:* June Perrin. *E-mail:* info@sog.org.uk *Website:* http://www.sog.org.uk *Fax:* (020) 7250 1800.

- **FEDERATION OF FAMILY HISTORY SOCIETIES (5)**
  PO Box 2425, Coventry, CV5 6YX, Eng. *Tel.:* (07041) 492 032. *E-mail:* info@ffhs.org.uk
  Websites: www.ffhs.org.uk, www.familyhistoryonline.net and www.genfair.com
  Membership: International Federation. Membership is open to genealogical societies worldwide.

- **THE INSTITUTE OF HERALDIC AND GENEALOGICAL STUDIES (4)**
  79-82 Northgate, CANTERBURY, Kent, CT1 1BA, England.
  E-mail: ihgs@ihgs.ac.uk *Website:* http://www.ihgs.ac.uk/
  Tel: (01227) 768664. *Fax:* (01227) 765617. *Library:* As above. *Hours:* Mon, Wed & Fri 10am-4.30pm. Open to non members - daily fee £12.50. *Journal: FAMILY HISTORY* available to non members at £15.00 per year. *Membership:* £22.50, Joining fee £15.00. Institute is an incorporated educational trust running regular, full-time, residential day and correspondence courses; providing for post-graduate studies; syllabus for teachers and students; lecture programme available. Extensive and unique collections of indexes incl. GRO 1837-1996, Pallot, Boyd, IGI, available for mail research service (SAE for leaflet). *Registrar:* Jeremy Palmer. *Principal:* C.R. Humphery-Smith.

- **ANGLO-FRENCH FAMILY HISTORY SOCIETY (1)**
  (Société d'Histoire Généalogique Anglo-Française)
  31 Collingwood Walk, ANDOVER, Hampshire, SP10 1PU, England.
  Founded: 1993. *Journal: French Ancestor* quarterly. For English speaking members researching their French ancestors in France. *Research enquiries:* members only. *President:* Patrick Pontet.

- **ANGLO-GERMAN FAMILY HISTORY SOCIETY (5)**
  Secretary: Mrs G. Davis, 5 Oldbury Grove, Beaconsfield, BUCKS HP9 2AJ, England.

Tel: (01494) 676 812. *Website:* www.agfhs.org.uk *E-mail:* GwedolineDavis@aol.com *Membership:* £10.00 single, £11.00 joint, other Eu £11.50, £13.50 overseas. £5.00 joining fee. *Journal:* "Mitteilungsblatt" (quarterly newsletter, available to non-members).

- **ANGLO-ITALIAN FAMILY HISTORY SOCIETY (Est. 2002) (4)**
Membership Secretary: Mr S.P. Goucher, Anglers Rest, Grove Cres., Teignmouth, DEVON, TQ14 9HP, England.
Tel: (01626) 774 141. *Email:* sp.goucher@virgin.net *Website:* www.anglo-italianfhs.org.uk *Membership:* £5.00 Email membership, £10.00 Postal membership. Members out of the UK requiring postal membership £13.00. *Journal: ITALIAN ROOTS* issued quarterly.

- **ANGLO-SCOTTISH FAMILY HISTORY SOCIETY (2)**
Secretary: Clayton House, 59 Piccadilly, MANCHESTER, M1 2AQ, UK.
Branch of Manchester & Lancashire Family History Society. Research enquiries for members. Our aim is to help trace Scottish origins. Monthly meeting 3rd Sat.. (exc. Dec.). Use of Society Library.

- **BRITISH ASSOCIATION FOR CEMETERIES IN SOUTH ASIA (BACSA) (5)**
76½ Chartfield Ave., LONDON SW15 6HQ, England. *Web:* www.bacsa.org.uk
Website: www.ozemail.com.au/~clday/bookordr and www.ozemail.com.au/~clday/bacsa
Newsletter: CHOWKIDAR, 2 per year. 50p + SAE to non members. *Research, Publications and Family History Records:* C/o Hon. Secretary. *Membership:*£7.50. Additional joining fee £10.00. *Pres.:* The Rt. Hon. Lord Rees, Q.C. *Sec.:* R.L.T. Sykes. *Computer Offr.:* Mr C. Carnaghan

- **BRITISH RECORDS SOCIETY (5)**
Sec. & Registrar: P.L. Dickinson, College of Arms, Queen Victoria Street, London, EC4V 4BT.
Treasurer: Carolyn Busfield, Stone Barn Farm, Sutherland Road, Longsdon, ST9 9QD, Eng Publishers of the *Index Library* since 1889. Continued publication of indexes to pre 1700 records of PCC, London Probate Courts pre-1700, Hearth Tax records. *Membership:* £25.00, Institutions £42.00. *Website:* www.britishrecordssociety.org.uk *E-mail:* britishrecordssociety@hotmail.com

- **CATHOLIC FAMILY HISTORY SOCIETY (5)**
C/o 9 Snows Green Road, Shotley Bridge, Consett, DUR, DH8 0HD, England.
Journal: CATHOLIC ANCESTOR, 3 per yr. *Research Enquiries:* Available to members in journal. *Membership:* £10 (U.K.); £14 (overseas) *Pres:* Hon. Georgina Stonor. *Sec.:* Mrs Margaret Bowery.

- **FAMILIES IN BRITISH INDIA SOCIETY (FIBIS) (4)**
'Sentosa', Godolphin Road, Weybridge, SURREY KT13 0PT, England.
Journal: 2 per year. *Lectures:* 2 per year. *Research Enquiries:* Available by arrangement. *Membership:* £10 per year (UK), £15 per year (overseas). *Secretary:* Peter Bailey. *General Enquiries:* peter@bailey718.fsworld.co.uk *Membership Enquiries:* lawrie.butler@talk21.com

- **GUILD OF ONE-NAME STUDIES (3)**
Box G, 14 Charterhouse Buildings, Goswell Rd., LONDON, EC1M 7BA, England.
E-mail: secretary@one-name.org *Website:* www.one-name.org *Secretary:* James Isard.
Journal: THE JOURNAL OF ONE-NAME STUDIES, 4 per year. *Membership:* £12.00 per annum.

- **HUGUENOT SOCIETY OF GREAT BRITAIN & IRELAND (5)**
Huguenot Library, University College, Gower St., LONDON WC1E 6BT, England.
Library: As above. *Hours:* Open by appointment to members and fee-paying readers on daily basis. *Journal: Proceedings Of The Huguenot Society Of Great Britain & Ireland.* Available to non members at £8.00 per part plus postage. *Membership:* £15.00 (Fellows), £15.00 (Libraries). Initial joining fee £10.00. For UK & Europe members. For others, apply to the Hon. Secretary. *President:* The Revd. T.D. Desert, M.A. *Librarian:* S.W. Massil, B.A., Dip.Lib., F.L.A., F.R.A.S. *Hon. Secretary:* Mrs Mary Bayliss, M.A. *Editor:* J.R. Vigne, M.A. F.S.A. Quarto series, issued at irregular intervals, comprising edited transcripts of MSS, catalogues and other material. *E-mail:* s.massil@ucl.ac.uk *Website:* www.ucl.ac.uk/ucl-info/divisions/library/huguenot.htm

- **QUAKER FAMILY HISTORY SOCIETY (5)**
1 Ormond Crescent, Hampton, MIDDX, TW12 2TJ, England. *E-mail:* info@qfhs.co.uk *Journal: QUAKER CONNECTIONS,* 3 per year. *Membership:* £10 single, (family as single plus £1 per additional member at same address), £12 overseas. *Website:* www.qfhs.co.uk

- **RAILWAY ANCESTORS FAMILY HISTORY SOCIETY (4)**
C/- Mr J.F. Engert, Lundy, King Edward Street, Barmouth, Gwynedd LL42 1NY, Wales.
Tel.:(01341) 281601. *E-mail:* jim@railancestors.fsnet.co.uk
Journal: RAILWAY ANCESTORS FHS JOURNAL On CD only, Fully searchable, 4 per year. *Research enquiries:* Members only. *Membership:* £7.50 (UK), £9.50 (Overseas Surface Mail), £10.50 (Overseas Air Mail). *General:* The purpose of the Railway Ancestors Family History Society is to help members trace their ancestry by informing them through the Society's Quarterly Journal, of Records, Documents, Books, Staff Magazines, and Special Collections, etc., that exist and by discov-

ering and investigating previously unknown sources. Covers Railways Worldwide. *Membership Secretary:* Mr J.F. Engert.

(CHI)—ILES ANGLO-NORMANDES

- **CHANNEL ISLANDS FAMILY HISTORY SOCIETY (5)**
  PO Box 507, St. Helier, JERSEY, JE4 5TN, UK.
  Website: www.channelislandshistory.com
  Journal: *THE CHANNEL ISLANDS FAMILY HISTORY JOURNAL* 4 per year. *Research Enquiries:* £5.00 per hr. for members £10.00 non members. *Membership:* £10.00 . £11.00 Overseas. Airmail postage for the Americas & Australasia £5. *Research enquiries:* cifhs@localdial.com *President:* Mrs S. Payn. *Secretary:* H. Baudains.

- **SOCIETE JERSIAISE (2)**
  Lord Coutanche Library, 7 Pier Road, St.Helier, JERSEY, JE2 4XW, UK.
  Tel: 01534 730538. *Fax:* 01534 888262.
  E-mail: genealogy-info@societe-jersiaise.org *Website:* http://www.societe-jersiaise.org
  Membership: £22.50 (Jan.-Dec.). Journal, Annual bulletin, six-monthly Newsletter, other publications. Monthly meetings. *Library:* as above. *Opening Hours:* Mon., Tues., Thurs. & Fri. 09.00-17.00, Wed. 09.30-17.00 & Sat. 09.30-13.00. Open to non-members. Genealogical & other research enquiries to Librarian: £10.00 per hour. *Librarian:* Ms Angela Max, B.A., DipLib., A.L.A.

- **FAMILY HISTORY SECTION, LA SOCIETE GUERNESIAISE (5)**
  PO Box 314, St.Peter Port, GUERNSEY, GY1 3TG, .
  Archives Room: Lukis Observatory, Grange, St.Peter Port, Guernsey GY1 2QG. *Hours:* Open to members from overseas by appointment. *Journal: LA SOCIETE GUERNESIAISE. Family History Section* 2 per year, June & Dec., plus newsletters. *Research enquiries:* Limited research undertaken. Donations requested. *Membership:* £18 overseas (incl. membership to La Societe Guernesiaise). *Meetings:* 3rd or 4th Wed. monthly, 7.45pm at Headquarters of Societe, Candie, St.Peter Port.

ISLE OF MAN (IOM)

- **ISLE OF MAN FAMILY HISTORY SOCIETY (5)**
  Application for membership: C/o The Treasurer, Mr D. Christian, 3 Minorca Hill, Laxey, Isle of Man, IM4 7DN. *Tel.:* (01624) 862088.
  Membership: £8.00 Isle of Man & UK, £9.00 family, £12.50 o.s. Membership runs from 1 Jan to 31 Dec. *Journal: FRAUEYN AS BANGLANEYN (Roots & Branches), 4 per year. Other Particulars:* Meetings held at the Union Mills Methodist Church Hall, on the 3rd Friday of each month commencing at 7.30pm. You don't have to be a member to attend. *Library:* 13 Michael St, Peel IM5 1HB. *Tel:* (01624) 843105.

Canada

NATIONAL

- **UNITED EMPIRE LOYALISTS' ASSOCIATION OF CANADA (5)**
  George Brown House, 50 Baldwin St., Suite 202, TORONTO, ONT, M5T 1L4.
  Tel: (416) 591 1783. *Fax:* (416) 591 7506. *Journal: LOYALIST GAZETTE* 2 issues per year. Cost in Canada $16.00, in the USA $16.00 US, per year. In other countries $21.00 US per year. Available to non-members. *Membership:* $35.00 annually, plus Branch Fee (includes *Loyalist Gazette). President:* Douglas W. Grant. *Editor:* Robert McBride. Has 29 branches across Canada. Write for free brochure or visit website at www.uelac.org

- **CANADIAN FRIENDS HISTORICAL ASSOCIATION (9)**
  (Friends House, 60 Lowther Ave., TORONTO, ONT M5R 1C7).
  A.G. Dorland Friends Historical Research Collection in Cym Archives, in Pickering College, Newmarket, Ont L3Y 4S2. By appointment. Open by arrangement. *Journal: CANADIAN QUAKER HISTORY JOURNAL* 1 per year & newsletters 2 per year, available to non-members 10.00 per copy. *Chair:* Christopher Densmore. *Archivist:* Jane Zavitz-Bond. *Meetings:* Annual meeting Oct., plus special meetings. *E-mail:* janezb@netcom.ca

- **CANADIAN SOCIETY OF MAYFLOWER DESCENDANTS (8)**
  Historian's Address: Mrs Susan Roser, 4137 Tremaine Rd., R.R.6, Milton, Ont L9T 2Y1.
  Library: Housed at the North York Library, Toronto. *Entrance Fee:* $50.00. *Membership Fees:* $25.00 yr. *Newsletter: CANADIAN PILGRIM* 2 per year; members also receive the *MAYFLOWER QUARTERLY* 4 per year. *Meetings:* Annually, Apr. and Nov. *Other:* A branch of the General Society of Mayflower Descendants in Plymouth, Mass., this is a hereditary society with membership open to descendants of passengers on the ship *Mayflower* which landed at Plymouth, Mass. in 1620.

Canada   Societies & Organizations —2005

- **EAST EUROPEAN GENEALOGICAL SOCIETY Inc. (5)**
  PO Box 2536, WINNIPEG, MAN, R3C 4A7.
  For those interested in developing and sharing genealogical knowledge about Eastern Europe. *Library:* Special collections room, University of Winnipeg, 515 Portage Ave, Winnipeg (204) 786 9808. *Research Enquiries:* limited research for members. *Membership:* $28.00. *Journal: EAST EUROPEAN GENEALOGIST. Meetings:* 3rd Wed. each Sep-May, 7pm. *Tel:* (204) 989 3292. *E-mail:* info@eegsociety.org *Web page:* http://www.eegsociety.org

- **JEWISH GENEALOGICAL SOCIETY OF CANADA (Toronto) (5)**
  PO Box 91006, 2901 Bayview Ave., TORONTO, ON, M2K 1H0. *E-mail:* kelwel@iname.com *Library:* C/o Canadiana Room, North York Central Library. *Newsletter: SHEMTOV* 4 per year, back issues $4.00. *Research Enquiries:* 25 words $5.00. *Membership:* $36.00. *President:* Carolynne Veffer. *Meetings:* Sept.-June, usually last Wed. of month.—See also: Can. Jewish News "Miriam Herman Column".

- **SOCIETE GENEALOGIQUE CANADIENNE-FRANCAISE (5)**
  Bibliothèque: 3440 rue Davidson (coin Sherbrooke), MONTREAL, QUE H1W 2Z5.
  Heures: lundi et mardi de 19 à 22h. jeudi, vendredi, samedi de 9h30 à 16h30. Eté: lundi et mardi de 19h à 22h. jeudi et samedi de 9h30 à 16h30. ouverte aux membres en règle. *Revue: MEMOIRES DE LA SOCIETE GENEALOGIQUE CANADIENNE-FRANCAISE* 4 par année. *Coût des inscriptions:* Gratuit. Pour les membres en règle seulement. $8.00 le numéro. *Cotisation annuelle:* Can$40 Autres pays US$40. Institutions: (Pas de changement). Fondée en 1943. *Président:* Marcel Fourmer. *Secrétaire:* Gisèle Monarque. *Réunions:* Deuxième mercredi de chaque mois de septembre à mai inclusivement. Histoire de famille et généalogie informatisée. Cours de généalogie et de paléographie. *Tel.:* (514) 527 1010.

- **UKRAINIAN GENEALOGICAL & HISTORICAL SOCIETY OF CANADA (5)**
  Blaine Lake, SK S0J 0J0, Canada.
  Library facility by appointment. *Membership:* free. Our 32ft mobile library is available for any family reunion, community event etc. in western Canada. We offer lecture series anywhere in the World. Send in your family genealogy and join the world's largest family tree. We are a resource society. *President:* Walter Rusel. *Tel/Fax:* (306) 497 2770. E-mail: ukr.genealogist@sasktel.net

OUTSIDE CANADA

- **AMICALE DES FAMILLES D'ALLIANCE CANADIENNE-FRANCAISE (8)**
  BP 10, 86220 LES ORMES, France
  founded/fondé: 1995. *bulletin/journal: AMITIES GENEALOGIQUE CANADIENNE-FRANCAISE cotisation/membership:* 125F. *Prèsident:* Mr J.M. Germe.

PROVINCIAL CANADA

ALBERTA (ALB)

- **ALBERTA GENEALOGICAL SOCIETY (5)**
  10440-108 Ave., Room 116, EDMONTON, AB T5H 3Z9.
  Library: Edmonton, Alberta. *Newsletter/Journal: RELATIVELY SPEAKING* 4 per year. Available to non members at $5.50. *Membership:* Regular $40.00 Senior $35.00 (includes one Branch fee). Additional fees charged by Branches. Subscription $25.00. *Other Particulars:* Publications list available on request. *Meetings:* Conference and annual meeting in April. *Tel:* (780) 424 4429. *Fax:* (780) 423 8980. *E-mail:* agsoffice@compusmart.ab.ca *Website:* compusmart.ab.ca/abgensoc

- **THE ALBERTA FAMILY HISTORIES SOCIETY (4)**
  PO Box 30270, Station B, CALGARY, AB T2M 4P1.
  Library: 712 - 16 Avenue NW, Calgary, AB T2M 0J8. *Hours:* During Society meetings, 6.30pm-9.15pm and as shown on AFHS website. Open to non members. *Newsletter: The Breeze* 10 per year. *Journal: CHINOOK* quarterly. Available to non members at $10.00. *Membership:* $40.00. *Meetings:* 1st Mon monthly at library. *Telephone:* (403) 214 1447. AFHS *Website:* www.afhs.ab.ca *Email:* library@afhs.ab.ca

- **BROOKS & DISTRICT BRANCH, ALBERTA GENEALOGICAL SOCIETY (3)**
  PO Box 1538, BROOKS, AB, T1R 1C4.
  Library: Open at Regular Meetings & Wed. 2pm-4pm. *Journal: B&D HEIRLINES* 2 per year, $3.75 each. *Research Enquiries:* Minimum $5.00. *Membership:* $10.00 + $25.00 A.G.S. *Meetings:* 2nd Thurs of month except Jul & Aug at Community Cultural Centre, Room 122, 327-3 Streetwest, Brooks. *President:* Nestor Martinez.

- **DRAYTON VALLEY BRANCH, ALBERTA GENEALOGICAL SOCIETY (1)**
  Box 115, Rocky Rapids, AB, T0E 1Z0.
  Membership: $10.00 + $25.00 A.G.S. *Meetings:* 3rd Wed. monthly except July, Aug. & Dec.
  President: Robin Hunter. *Secretary:* Connie Stuhl. *E-mail:* breeze@telusplanet.net

- **EDMONTON BRANCH, ALBERTA GENEALOGICAL SOCIETY (5)**
  10440 - 108 Avenue, Room 116, EDMONTON, AB, T5H 3Z9. *Tel:* (780) 424 4429.
  E-mail: agsedm@compusmart.ab.ca
  Library: Prince of Wales Armouries Heritage Centre, Room 116, 10440-108 Avenue, Edmonton.
  Hours: Tues, Wed & Thurs (and 3rd Sat.) 10am-3pm. Open to non members. Newsletter, 9 per yr.
  Membership: $40.00 *Meetings:* 4th Thurs. Mthly except July, Aug. & Dec. *Fax:* (780) 423 8980.

- **FORT MCMURRAY BRANCH, ALBERTA GENEALOGICAL SOCIETY (5)**
  PO Box 6253, FT. MCMURRAY, AB, T9H 4W1.
  Library: open Wed 12pm-2pm, Sat 1pm-4pm. *Journal: LINES OF DESCENT* 4 per year, $2.50 each.
  Membership: $40.00 A.G.S. *Meetings:* 2nd Wed of month except Jul & Aug. *President:* Tammy Grantham. *Tel/Fax:* (403) 791 5363. *E-mail:* amacgen@telus.net

- **GRANDE PRAIRIE & DISTRICT BRANCH, ALBERTA GENE. SOCIETY (5)**
  PO Box 1257, GRANDE PRAIRIE, AB, T8V 4Z1.
  Library: Grande Prairie Public Library, Mon.-Thurs. 10am-9pm, Fri. & Sat. 10am-6pm, Sun. 1pm-5pm. *Membership:* $10.00. *Journal: THE HERITAGE SEEKERS* 4 per year, $10.00 annually.
  Research Enquiries: SASE & photocopying fees. *Membership:* $10.00 + $30.00 A.G.S. *President:* Maxine Maxwell. *Meetings:* 3rd Tues. of month, Grande Prairie Public Library.

- **MEDICINE HAT & DISTRICT BRANCH, ALBERTA GENEALOGICAL SOCIETY (5)**
  PO Box 971, MEDICINE HAT, AB, T1A 7G8. *E-mail:* lemhat@telus.net
  Library: Open Meeting nights. *Journal: SAAMIS SEEKER* 4 per year. Subscription only $10.00 year.
  Research Enquiries: $10.00. *Membership:* $35.00. *President:* Melvin Bender. *Meetings:* 1st Wed each month except Jul & Aug at Hillside Monumental, 974-13 Street S.W.

- **RED DEER & DISTRICT BRANCH, ALBERTA GENEALOGICAL SOCIETY (5)**
  PO Box 922, RED DEER, AB T4N 5H3.
  Library: Reading Room, Red Deer Archives, 45 Street & 47a Avenue, Red Deer. *Hours:* 9am-5pm & 7-10pm weekdays, 1-5pm weekends. *Newsletter: THE TREE CLIMER* 3 per year. *Membership:* $10.00 + $25.00 A.G.S. *Meetings:* 4th Wed. of month exc. July, Aug & Dec. Stewart Room, Red Deer Museum & Archives above. *President:* Vic Willoughby. *Librarian:* Hilary Eade.

- **SOCIETE HISTORIQUE ET GENEALOGIQUE DE SMOKY RIVER (3)**
  CP 224, DONNELLY, AB T0H 1G0. *Tel.:* (780) 925 3801. *Fax:* (780) 925 3838.
  Bibliothèque: Rue Principal, Donnelly. *Heures:* lundi à vendredi, tous les matins de 10.00 à 12.00, après-midi - appointements seulement. *Cotisation annuelle:* $15.00. *D'autres renseignements:* Bienvenue aux correspondants, service de recherche, reproduction de photo en noir et blanc. Serves the public in both official languages. Much information also on pioneers of diverse origins. Rescherches historiques ou généalogiques (Research fee = 15,00$h). *Reunions:* Chaque 4ième lundi de chaque mois.

- **SOCIETE GENEALOGIQUE DU NORD OUEST (3)**
  8939 82 Ave NW, EDMONTON, AB T6C 0Z2.
  Tel: (780) 424 2476. *Fax:* (780) 424 2476. *Cotisation Annuelle:* 20,00$. *Website:* http://sgno.net *Bulletin:* Sources.

BRITISH COLUMBIA (BC)

- **THE BRITISH COLUMBIA GENEALOGICAL SOCIETY (5)**
  PO Box 88054, Lansdowne Mall, RICHMOND, BC V6X 3T6.
  Website: http://www.bcgs.ca *Email:* bcgs@bcgs.ca
  Library: Free to members, books can be borrowed, Non members daily fee. *Journal: B.C. GENEALOGIST* 4 per year. Back issues available to non members at $1.00. *Research Enquiries:* Free to members. Advertising rates variable. *Membership:* $35.00. *Meetings:* 2nd Wed. each month.
  President: Gil Kitchen. *Corresp. Secretary:* Judith M. Ueland.

- **ABBOTSFORD GENEALOGICAL SOCIETY (5)**
  PO Box 672, ABBOTSFORD, BC, V2S 6R7.
  Library: 32320 Dahlstrom Ave., Abbotsford, BC. *Hours:* 7-9pm Mon, 2-4pm & 7-9pm Tues., 7-9pm Wed., 2pm-4pm Thurs., Fri. & Sat. Open to non members. *Research Enquiries:* Welcome. *Membership:* $20.00, family $30.00 *Meetings:* 3rd Tues. of each month, except July, Aug & Dec. *Secretary:* Fay Hicks. *E-mail:* fdjh@shaw.ca *Website:* www.rootsweb.com/~bcags

- **BULKLEY VALLEY GENEALOGICAL SOCIETY (5)**
  PO Box 3986, Smithers, BC, V0J 2N0. *E-mail:* bvgs2@hotmail.com
  Membership: $15.00. *Newsletter: HEIRLINES* 4 per year. *Meetings:* Last Tues. of month excl. July, Aug. & Dec. at Smithers Secondary School. Research room at Central Park Building. *Published:* Smithers Cemetery Records. *Projects:* Telkwa Cemetery records, Compiling a list of Crown Grantees from B.C. mining records. *President:* Tracey Groot. *Librarian:* Leslie Van Gorkam.

- **CAMPBELL RIVER GENEALOGY SOCIETY (5)**
  PO Box 884, CAMPBELL RIVER, BC, V9W 6Y4. *E-mail:* genealogy@crcn.net
  Membership: $20.00 *Journal: TREEHOUSE* 4 per year, $5.00 for mailing. *Meetings:* 1st Thurs of month except Jul & Aug at Maritime Heritage Centre, 621 Island Hwy, Campbell River, 7.00pm. *Library:* Maritime Heritage Centre, Mon. 7pm-9pm, Tues., Thurs., Fri. & Sat. 10am-12.30pm. Published monumental inscriptions of local cemeteries: Campbell River, Sointula, Quatsino, Quadra Is., Sayward, Cortes Island, Black Creek, Gold River, Port Alice, Port Hardy & Port McNeill. *Projects:* Extractions from local newspaper. *Research:* donation. *President:* Phyllis Ring. *Librarian:* Marion Summerer. *Tel:* (250) 286 8042. *Home page:* http://www.rootsweb.com/~bccrgc/

- **COMOX VALLEY FAMILY HISTORY RESEARCH GROUP (5)**
  C/o Courtenay & District Museum & Archives: 207 Fourth St, COURTENAY, BC, V9N 1G7. *E-mail:* info@familyhistory.iscn.ca *Website:* www.familyhistory.iscn.ca
  Membership: $10.00. *Research Fee:* $10.00. *Meetings:* 2nd Tues. of month except July & August. We will do research for Comox Valley which includes Comox, Courtenay, Cumberland, Merville, Black Creek, Royston plus Denman & Hornby Islands. Settlement began in 1862.

- **EVERGREEN SENIORS GENEALOGY CLUB (5)**
  411 Anderton Ave, COURTENAY, BC, V9N 6C6.
  Tel: (250) 338 1000. *Fax:* (250) 338 0303. *Meetings:* 3rd Thurs. of month, 1pm.

- **KAMLOOPS FAMILY HISTORY SOCIETY (5)**
  PO Box 1162, KAMLOOPS, BC, V2C 6H3. *HomePage:* www.kfhs.org
  Meetings: 4th Monday of each month (except June, July & Aug.), 7.30pm, Southwest Community Baptist Church. *Journal: FAMILY FOOTSTEPS,* 2 per year. $3.50 to non members. Queries $3.00. *Research Enquiries:* $10.00, + post & copying (payable in advance). *Membership:* $25.00 single, $37.00 family.

- **KELOWNA & DISTRICT GENEALOGICAL SOCIETY (5)**
  Box 501, Station A, KELOWNA, BC, V1Y 7P1. *E-mail:* kdgs@shaw.ca
  Journal: OKANAGAN RESEARCHER $2.50 per issue to non members, queries free to members, $1.00 non-members. *Research service:* $20.00 *Membership:* $25.00 ($30 family). *Meetings:* 1st Mon. Sept. to June 6.30-9.30pm at Hawthorn Park Retirement Community, 867 Klo Road, Kelowna. *Library:* Open to public (non-members may not borrow); Wed. 1-4pm: 3rd Mon. 7-9pm. in room 3 as above. *Tel/Fax:* (250) 763 7159. *Website:* www.rootsweb.com/~bckdgs *President:* Cameron Harvey.

- **NANAIMO FAMILY HISTORY SOCIETY (5)**
  PO Box 1027, NANAIMO, BC V9R 5Z2. *E-mail:* nanaimo.fhs@shaw.ca
  Newsletter: 4 per year. *Journal: ANCESTREE* $10.00 Year. *Queries:* $3.00 each non members. *Membership:* $25.00, Seniors $20.00. *Meetings:* 3rd Mon. monthly except July, Aug. & Dec. 7.30pm Lounge, Beban Park, Bowen Rd, Nanaimo. *President:* Sid Norman. *Library:* 3999 Victoria Ave., open 4 times weekly. *Tel:* (250) 751 8731. *Membership Secretary:* Enid Lighthart. *Email:* nanaimo.fhs@shaw.ca *Website:* www.island.net/~nfhs/

- **PORT ALBERNI GENEALOGY CLUB (5)**
  C/o Mrs Maxine Munsil, 3551 - 16th Ave, Port Alberni, BC V9Y 5C9.
  Email: cmunsil@shaw.ca *Meetings:* last Thurs. in month except Jul., Aug. & Dec. at L.D.S. Church, 4816 Compton Rd, 7pm. *Membership:* $10.00. *Research:* Donation. *President:* Lindsay Rogers. *Secretary:* Donna Turner.

- **POWELL RIVER GENEALOGY GROUP (5)**
  C/- 4411 Michigan Ave., POWELL RIVER, BC V8A 2S3.
  Library: Public Library. *Hours:* 10am-4pm daily except Sun. & Mon. 1-3pm & Thurs. 7-9pm. *Membership:* $20.00. *Meetings:* Last Sun. of month 7.30pm. *Other Particulars:* Will answer simple enquiries particularly on local history & sources. *Newsletter:* 3 per year, available to non members $2.50. *Web:* www.onelink.ca/prgg/prgg.htm

- **PRINCE GEORGE GENEALOGICAL SOCIETY (5)**
  PO Box 1056, PRINCE GEORGE, BC V2L 4V2. *Tel:* (250) 963 7362.
  Meetings: 3rd Tues. every month at 7.30pm at Zion Lutheran Church, Prince George BC. *Newsletter: TREE TRACER* 4 per year. Accept research enquiries. *Membership:* $20.00. *President:* Sharon Dow. *Secretary:* Phyllis Bernard. *Treasurer:* Joyce Davidson. *Contact:* Robin Fairservice *E-mail:* R&B.Fairservice@telus.net *Web:* members.tripod.com/pg_gene

Societies & Organizations —2005   *Canada*

- **QUESNEL BRANCH OF BC GENEALOGICAL SOCIETY (5)**
  4902 Zschiedrich Rd, QUESNEL, BC, V2J 6M8, Canada. *Tel:* (250) 992 7211.
  Library: Willis-Harper Block 12-282 Reid St. *Hours:* Daily exc. Sun with. *Meetings:* 2nd Tues every month at 12-282 Reid St. *Membership:* $20.00. *Newsletter:* 3 per yr. *President:* Kathleen Edwards. *Secretary:* Tammy Guldbransen. *E-mail:* gkedward@uniserve.com *Fax:* (250) 747 2503.

- **REVELSTOKE GENEALOGICAL SOCIETY (5)**
  PO Box 2613, REVELSTOKE, BC, V0E 2S0. *E-mail:* flange7013@aol.com
  President: Mark McKay. *Sec.:* Jan Feldinger. *Meetings:* 3rd Tues of month - Revelstoke Museum.

- **SHUSWAP LAKE GENEALOGICAL SOCIETY (3)**
  PO Box 754, CHASE, BC, V0E 1M0.
  Contact: Elizabeth McDonald. *Tel:* (250) 679 3032. All inquiries answered.
  E-mail: ralph_mcdonald@telus.net

- **SOUTH OKANAGAN GENEALOGICAL SOCIETY (5)**
  C/o Museum, 785 Main St., PENTICTON, BC V2A 5E3.
  Website address: www.rootsweb.com/~bcsogs/sogs
  Library: as above, open Tues. 10am-3pm. *Newsletter:* 4 per year. *Membership:* $27.00 single, $36.00 couple. *Research Enquiries:* Members free, $2.00 non members. *Meetings:* 1st Thurs. of mth, except July, Aug & Dec in Penticton Museum & Archives. Wish to exchange newsletters with other societies and receive books for review. *President:* Susie Pond. *Secretary:* Henry Yates.

- **SUNSHINE COAST FAMILY HISTORY SOCIETY (5)**
  743 Maplewood Lane, GIBSONS, BC, V0N 1V8.
  Membership: $20.00 per annum. *Meetings:* 3rd Tues. of month, 7pm, in the library of Roberts Creek Elementary School, Gibsons. We are an affiliate of the British Columbia Genealogy Society. *Contact:* Lola Westell. *Tel:* (604) 886 8705. *E-mail:* lola_westell@telus.net

- **VERNON & DISTRICT FAMILY HISTORY SOCIETY (5)**
  PO Box 1447, VERNON, BC, V1T 6N7.
  E-mail: verfamhist@shaw.ca *Website:* http://vdfhs.com
  Library: Large reference collection in the society facility. *Journal: SPLITTING HEIRS* 4 per year, free to members, non-members write for details. *Membership:* CAN$20.00 per person, associate CAN$5.00 (same family). *Meetings:* 2nd Wed each month except Jul & Aug.

- **VICTORIA GENEALOGICAL SOCIETY (3)**
  PO Box 43021, Victoria North PO, VICTORIA, BC V8X 2G2, Canada.
  E-mail: president@victoriags.org *Internet:* victoriags.org
  Library: 947 Alston, Victoria. *Hours:* Mon. & Thurs. 9.00am-4.00pm; Sat. 9am-1pm. *Journal:* 4 per year. *Membership fees:* $45.00 ($70.00 family). *Research Enquiries:* Basic enquiries $5.00. For British Columbia births registrations (1872-1903), marriages (1872-1928) deaths (1872-1983) - $10.00 per document. *Meetings:* 2nd Thurs. of each month (except July & Aug.). *President:* Joan McIlmoyl Cleghorn. *Secretary:* Wendy Leyland. *Librarian:* Heather Shave. *Membership:* Rick Deegan.

- **WEST COAST FAMILY HISTORIES SOCIETY (0)**
  Sandra Gill, 558 Hurst Ave., VICTORIA, BC V8Z 2L1, Canada.
  Tel.: (250) 479 8580. *E-mail:* ancestre@islandnet.com
  Membership Fee: $5.00. Millenium Project: Victoria, BC, Canada Family Histories 1843-1858. *Meetings:* 4th Mon. each month.

MANITOBA (MAN)

- **MANITOBA GENEALOGICAL SOCIETY (5)**
  Unit E - 1045 St.James St., WINNIPEG, MAN, R3H 1B1.
  Tel: (204) 783 9139. *Fax:* (204) 783 0190. *E-mail:* mgsi@mts.net *Website:* www.mts.net/~mgsi
  Library Hours: 10.30am-3.30pm Tues/Wed/Thurs, 12-4pm Sun from Sept to May and 7pm-10pm Wed. evenings. Open to non members for a $5.00 daily user's fee, (members only may borrow library material). *Journal: GENERATIONS* quarterly. *Queries in Journal:* One free per year to members, $3.00 each query for non members. *Research Enquiries:* Write, with SASE, for information or consult website. *Membership:* $35.00 per year. Branch fees vary. *Project:* Indexing Manitoba Cemeteries and local newspapers.

- **DAUPHIN BRANCH, MANITOBA GENEALOGICAL SOCIETY (5)**
  Box 855, DAUPHIN, MAN R7N 3B3, Canada.
  Library: Dauphin Public Library, 504 Main St.N., Dauphin, Man. *Hours:* Mon-Fri 12-5pm & 7-9pm, Sat. 10am-4pm. Members only. *Membership:* Branch fee $10.00 per year. *President:* Jean Tucker, E-mail: mdstrang@mts.ca *Secretary:* Gloria Baxter. *Meetings:* Last Thurs. in month, R.M. Bldg, River Ave E., Dauphin, except July & August.

- **SOUTH WEST BRANCH OF MANITOBA GENEALOGICAL SOCIETY (4)**
  53 Almond Cres., Brandon, MAN, R7B 1A2.
  E-mail: jwall@inetlink.org *Library Hours:* By appointment, *Newsletter: Leaf of the Branch* 4 per year. *Membership:* Branch fees: Individual $10.00, Associate $8.00. *Meetings:* 1st Wed. monthly 7.30pm, Crocus Plains School, Room 123, 1930 - 1st St, Brandon, Man. *Research Enquiries:* Write for information with SASE. *President:* James Wall. *Secretary:* Shirley Erskine.

- **SWAN VALLEY BRANCH, MANITOBA GENEALOGICAL SOCIETY (3)**
  PO Box 6, SWAN RIVER, MAN, R0L 1Z0.
  Library: basement of Town Office. *Hours:* on request. Open to non members, no fee. *Membership:* Branch fee $10.00. *Meetings:* 2nd Mon of each month, Town Office Meeting Room, 7.00pm. *President:* Eric Neufeld. *Secretary:* Donna Fox.

- **WINNIPEG BRANCH, MANITOBA GENEALOGICAL SOCIETY (5)**
  PO Box 1244, WINNIPEG, MAN, R3C 2Y4.
  Library: Most holdings incorporated in M.G.S. Resource Cente, Unit E, 1045 St.James St., Winnipeg. *Hours:* as for MGS. *Newsletter: WHAT'S NEW WINNIPEG,* 1-2 per year. *Membership:* $10 per year + MGS fee. *Research:* One hour free for out-of-province members, $15 per hour for non-members. *Meetings:* Usually third Mon. evening, Sept.-June. (204) 783 9139. *President:* Wayne Neily. *Secretary:* Daryl Dumanski. *E-mail:* Neilywp@hotmail.com

NEW BRUNSWICK (NB)

- **NEW BRUNSWICK GENEALOGICAL SOCIETY (3)**
  Box 3235, Station B, FREDERICTON, NB, E3A 5G9.
  Library: NB Prov. Archives, University of NB Campus, Fredericton, NB. *Hours:* Mon.-Fri. 10am-5pm. Sat. 8.30am-5.00pm. *Newsletter: GENERATIONS* 4 per year. Non members at $7.00. *Membership:* $25.00. *Meetings:* Annual in May. *President:* Stanley Balch. *Secretary:* Sherrill V. Carter.

- **CENTRE d'ETUDES ACADIENNES (3)**
  Université de Moncton, MONCTON, NB, E1A 3E9.
  Bulletin: CONTACT-ACADIE. Heures: lun-ven 8h30 à 16h30 et jeudi 19h à 22h (été: lun-ven 8h30 à 16h30. *Généalogiste:* Stephen A. White. *Web page:* http://www.umoncton.ca/etudeacadiennes/centre/cea.html *E-mail:* basquem@umoncton.ca

NEWFOUNDLAND (NFL)

- **NEWFOUNDLAND & LABRADOR GENEALOGICAL SOCIETY, INC. (5)**
  Colonial Building, Military Rd., ST. JOHN'S, NL, A1C 2C9. *Tel:* (709) 754 9525.
  E-mail: nlgs@nf.sympatico.ca *Library:* 354Water Street, Room 333. *Library Hours:* Tel for details. *Journal: THE NEWFOUNDLAND ANCESTOR* 4 per year. Non members can purchase newletters at $9.50 per issue plus $1.00 post. *Membership:* $30.00. *Meetings:* 4th Tues. of each month except Dec., June, July & August. *President:* Donald Tarrant.

NOVA SCOTIA (NS)

- **GENEALOGICAL ASSOCIATION OF NOVA SCOTIA (5)**
  PO Box 641, Station Central, HALIFAX, NS, B3J 2T3.
  Journal: THE NOVA SCOTIA GENEALOGIST 3 per year. Available to non members at $7.00 + $2 postage per issue. *Research Enquiries:* Cost of entries $2.00 members/$6.00 non members. *Membership:* $25.00. *Meetings:* Lecture Series monthly. *President:* Allan Marble.

- **AMHERST TOWNSHIP HISTORICAL SOCIETY (2)**
  150 Church St., AMHERST, NS, B4H 3C4.
  Tel: (902) 667 2561. *Fax:* (902) 667 0996. *E-mail:* ccmuseum@istar.ca
  Archives Hours: May 1 to Sept. 30: Mon. to Sat. 9am-5pm. Oct. 1 to April 30: Tues. to Sat. 9am-5pm. Admission $1.00 (free to members). *Newsletter: THE CUMBERLAND REFLECTOR* 3 per year. *Membership:* $15.00.

- **ARCHELAUS SMITH HISTORICAL SOCIETY (5)**
  PO Box 190, CLARKS HARBOUR, NS, B0W 1P0. *Tel:* (902) 745 3361.
  Library: Located at Centreville, Cape Sable Island. Open to non members. Most of the genealogical information available pertains to families of the western part of Shelburne County. Our museum, which contains our research material, is open from June 15 to the last Sunday in Sept from 9.30am-5.30pm Mon.-Sat., 1.30pm-5.30pm Sundays. *Meetings:* 4 times a year. *President:* Kent Blades. *Secretary/Treas:* Bryant Newell.

- **FUNDY FAMILY RESEARCHERS (0)**
  C/o Marjorie Bulmer, 46 Laurie St., TRURO, NS, B2N 4S7.
  Group answers genealogical inquiries on Central NS.

Societies & Organizations —2005   *Canada*

- **QUEENS COUNTY HISTORICAL SOCIETY (5)**
PO Box 1078, LIVERPOOL, NS, B0T 1K0. *Tel:* (902) 354 4058. *Fax:* (902) 354 2050.
Website: queensmuseum.netfirms.com *E-mail for geneal. enquiries:* rafusela@gov.ns.ca
Library: As above. *Hours:* Winter—Mon. to Sat. 9.00am-5.00pm. Closed Sun. Summer—daily 9.30-5.30 Sun. 1-5.30pm. Open to non members. *Membership:* $10.00 ($12.50 family). *President:* Linda Rafuse. *Secretary:* Dayle Crouse. *Meetings:* Sept. to June held 3rd Wed. of month. *Other Particulars:* Research Library is known as Thomas H. Raddall Research Centre.

- **SHELBURNE COUNTY GENEALOGICAL SOCIETY (5)**
PO Box 248, Town Hall, 168 Water Street, SHELBURNE, NS, B0T 1W0.
Tel: (902) 875 4299. *Fax:* (902) 875 3267.
Website: www.nsgna.ednet.ns.ca/shelburne *Email:* gencentre@ns.sympatco.ca
Resource Centre Hours: Summer: Mon.-Sat. 9am-5pm, Winter: Mon., Wed.-Fri., 9am-5pm, Tues. by chance or appt., Sat. 9am-3pm. Closed 12-1pm lunch, Sun. & Holidays. Open to non-members with $5.00 research fee. *Membership:* $15.00 single, $20.00 family, life $225.00, (family $300.00), student $3.00, Institutions $15.00. *Newsletter:* 3 per year. *Meeting:* Sep-Jun, 2nd Tues of month. *President:* Wallace Buchanan.

- **SOUTH SHORE GENEALOGICAL SOCIETY (5)**
PO Box 901, LUNENBURG, NS, B0J 2C0.
Tel: (902) 634 4794 ext. 26. *E-mail:* ssgsoc@hotmail.com *Website:* www.rootsweb.com/~nslssgs
Library: 68 Bluenose Dr, Lunenburg. *Hours:* Wed. & Thurs. 1-4.30pm. Open to non members fee of $3.00. *Newsletter:* 6 per year. *Research Enquiries:* Cost of entries 50c per entry. *Membership:* CAN$15.00 single, $20.00 family. *President:* Sheila Chambers. *Meetings:* 3rd Monday of every second month. Jan., Mar., May, July, Sept., Nov.

ONTARIO

- **ONTARIO GENEALOGICAL SOCIETY (5)**
40 Orchard View Blvd., Suite 102, TORONTO, ONT M4R 1B9.
Website: www.ogs.on.ca *Email:* provoffice@ogs.on.ca *Tel:* (416) 489 0734. *Fax:* (416) 489 9803.
Library: 5120 Yonge St., NORTH YORK, ONT M2N 5N9. (6th Floor, 2800 family histories).
Hours: Sun. 1.30pm-5.00pm (Oct.-April), Mon. 12.30-8.30pm, Tue.-Thurs. 9am-8.30pm; Fri. 9am-5.30pm.; Sat. 9am-5pm. Open to non members. *Newsletter:* NEWSLEAF 4 per year. *Journal: FAMILIES* 4 per year. *Research Services:* Some charges may apply, please send SASE. *Membership:* $45.00 individual, $7.00 additional for family member. Outside Canada $US36, $US42 family. Founded in 1961. The Society has 6000 membership. 30 Branches in 10 Regions of the Province. *President:* Ronald Walsh. *Exec. Director:* Kenneth Bird. *Secretary:* Janis Carter.

- **SOCIETE FRANCO-ONTARIENNE D'HISTOIRE ET DE GENEALOGIE (5)**
LES REGIONALES:
WINDSOR-ESSEX C.P. 1021, Belle-Rivière, Ont. N0R 1A0. *Tel:* (519) 728 4742.
E-mail: sfohgwe@mnsi.net
SUDBURY-LAURENTIENNE 1169 rue Dollard, SUDBURY, ON, P3A 4G7.
DU NIAGARA a/s Biblio. Publique, 60 rue East Main, WELLAND, On, L3B 3W3. *Président:* Gilles Deslauriers. *Bulletin:* LE CHAINON 2 par année. *Bibliotheque:* de l'école secondaire Confédération - même adresse. *Heures:* 19à21hrs merc soir. *Réunions:* mensuelles *Cotisation:* $25.00, $30.00 couple. *Autres renseignements:* 905 735 6376 Lorraine Talbot. *E-mail:* sfohgniagara@hotmail.com
JOSEPH-MARIE-COUTURE C.P. 445, LONGLAC, On, P0T 2A0 *Prés:* Mme Monique Rousseau.
LA SEIGNEURIE 449, chemin Laflèche, HAWKESBURY, Ont, K6A 1M8. *Prés.* M.Yvan Séquin.
SAINT-LAURENT 146 Ave Chevrier, CORNWALL, ONT K6H 1S1. *Prés.:* Mme Marcelle Paquette. *Bibliothèque:* ouverte du lundi au vendredi de 13h00 à 16h00; le mercredi soir de 19h00 à 21h00. *Bulletin: Le Courant* 3 fois par année. *Cotisation annuelle:* adulte $25.00, couple $35.00. *Réunions:* le 4e lundi de chaque mois de 19h00.
TORONTO 30 rue Wellington Est, Suite 2002, TORONTO, On, M5E 1S3. *Présidente:* Louise St.Denis. Pour l'information communiquer avec Louise (416) 861 0165.

- **BRANT COUNTY BRANCH, ONTARIO GENEALOGICAL SOCIETY (1)**
PO Box 23030, BRANTFORD, ONT, N3T 6K4. *Tel:* 519 753 4140.
Library: 34 Market St. *Hours:* Wed-Sat 1-4pm. Non-members $2.00 daily. *Newsletter:* 4 per year. *Enquiries:* in newsletter $5.00. *Meetings:* 4th Jan. each mth except June, July, Aug. & Dec. *E-mail:* smokeyhollow@sympatico.ca Web: //444.wchat.on.ca:80/public/dwinn/dwinn1/ogsbrant.htm

- **BRITISH ISLES FAMILY HISTORY SOCIETY OF GREATER OTTAWA (5)**
BIFHSGO, PO Box 38026, OTTAWA, ONT, K2C 3Y7. *Website:* www.bifhsgo.ca
Promotes & encourages research and publishing of Canadian family histories by descendants of Brit-

ish Isles emigrants. *Membership:* $30.00 individual, $35.00 family, $30.00 institutional. *Meetings:* Monthly, 2nd Sat., Sep.-June, 9.30am-noon, at Royal Canadian Legion, 330 Kent St., Ottawa. *Annual conference:* Sept., with noted speakers, demonstrations and marketplace. *Quarterly:* ANGLO-CELTIC ROOTS, each Mar., June, Sep. & Dec. Feature articles on British Isles family & social history, emigration & settlement in Canada. *E-mail:* queries@bifhsgo.ca *Tel:* (613) 234 2520.

● **BRUCE AND GREY BRANCH, ONTARIO GENEALOGICAL SOCIETY (5)**
PO Box 66, OWEN SOUND, ONT, N4K 5P1. *E-mail:* bgogs@bmts.com
Library: Owen Sound and North Grey Union Public Library. 1st Ave. West, Owen Sound. *Tel:* (519) 371 4314. *Newsletter:* 4 per year. *Research:* Free. *Membership:* $57.00 (OGS). *Meetings:* 4th Tues. month 7.30pm except Dec. plus 4th Sat in Jan. Feb & Mar. at 1.30pm. *President:* Art Harvey.

● **BRUCE COUNTY GENEALOGICAL SOCIETY (4)**
Box 1083, PORT ELGIN, ONT. N0H 2C0.
Newsletter: 4 per yr. *Membership:* $15.00. *Meetings:* 2nd Mon. each month at Bruce Co. Museum & Archives, 33 Victoria St. N. Southampton. *Research:* $25.00 for request, non refundable. *Web site:* http://www.rootsweb.com/~onbcgs *Email:* brucecgs@yahoo.ca

● **ELGIN COUNTY BRANCH, ONTARIO GENEALOGICAL SOCIETY (5)**
PO Box 20060, ST. THOMAS, ONT, N5P 4H4.
Library: St Thomas Public Library, 153 Curtis St. *Hours:* Mon.-Thurs. 9.30am-8.00pm, Fri.-Sat. 9.30am-5pm. *Newsletter:* TALBOT TIMES 4 per year. *Membership:* Branch CAN$10.00; outside Canada, please pay in US funds. *Meetings:* 4th Mon. each month 7.30pm, except Jul, Aug & Dec, in Carnegie Room, Public Library, St. Thomas. *Other:* Visitors and inquiries welcome. Publications list upon request. *E-mail:* info@elgin.ca *Website:* www.elginogs.ca

● **ESSEX COUNTY BRANCH, ONTARIO GENEALOGICAL SOCIETY (5)**
Box 2 Station A, Windsor, ONT, N9A 4H0. *Website:* http://www.rootsweb.com/~onsxogs/ogs1.htm *Publications Website:* http://www.rootsweb.com/~onsxogs/ogspub.htm *Newsletter:* TRAILS, 4 per year. *Research Enquiries:* provide S.A.S.E. + $5.00 for initial enquiry for non members. *Membership:* To join the Essex Branch you need to pay the OGS membership of $45.00 + $10.00 to join the branch. *Correspond. Secretary:* R.M. Glaves.

● **HALDIMAND COUNTY BRANCH, ONTARIO GENEALOGICAL SOCIETY (5)**
PO Box 11, DUNNVILLE, ON, N1A 2X1.
Library: At Haldimand Museum, Cayuga. *Hours:* Tues.-Fri. 10am-4.30pm, open to non members. *Newsletter:* HALDIMAND PAST TIMES, 4 p.a., Newsletter queries free. *Research Enquiries:* Donation. *Meetings:* 1st Tues. Mar.-Jun. & Sep.-Nov. at 7pm. *Co-Chairs:* Sylvia Weaver & Sheila Forbes. *E-mail:* weaver1@sympatico.ca

● **HALIBURTON HIGHLANDS GENEALOGY GROUP (5)**
PO BOX 834, MINDEN, ONT, K0M 2K0. *E-mail:* hhggroup@hotmail.com
Newsletter 3 per year. Members free, non-members $3.00. *Queries:* welcome, members free, non-members $2.00 each. *Research:* can be arranged *Membership:* $10.00 per year. *Meetings:* 2nd Wed night of month Feb., Apr. June, Sep. & Nov. *Web:* www.rootsweb.com/~onhhgg/

● **HALTON-PEEL BRANCH, ONTARIO GENEALOGICAL SOCIETY (5)**
Box 24, STREETSVILLE, ONT, L5M 2B7. *Tel:* (905) 281 1701.
E-mail: jwatt@ica.net *Website:* www.hhpl.on.ca/sigs/ogshp/ogshp.htm *Library:* Chinguacousy Public Library, 150 Central Park Dr., Bramalea. *Hours:* Mon. closed, Tues. 10am-9pm, Wed. 1pm-9pm, Thurs. 10am-9pm, Fri. 11am-6pm, Sat. 10am-5pm, Sun. 1pm-5pm. *Newsletter:* 5 per year. *Research Enquiries:* free to members, $3.00 non members. *Membership:* $10.00 + $45.00 O.G.S. = $55.00. *Meetings:* 9 per year (except Jul, Aug & Dec) 4th Sun each month at library but April & Oct. meetings held at Oakville Public Library, 120 Navy St., Oakville. *Chairperson:* Ann Logan. *Secretary:* Mrs. Jane Watt.

● **HAMILTON BRANCH, ONTARIO GENEALOGICAL SOCIETY (5)**
PO Box 904, LCD 1, HAMILTON, ONT, L8N 3P6. *Tel:* (905) 318 8086.
Library: Special Collections, Hamilton Public Library, 55 York Blvd., Hamilton. *Hours:* Mon., Wed. & Fri. 9am-6pm., Tues. & Thurs. 9am-9pm. Sat. 9am-5pm (Sun. 1pm-5pm, Sept. to Apr. only). *Journal:* HAMILTON BRANCH 4 per year. Queries to non members $3.00. *Membership:* $12.00 individual, $14.00 family for OGS members. Cover the region of Hamilton-Wentworth. *Meetings:* Usually 3rd Sun. each mth except June, July. Aug. & Dec., at 2pm Hamilton Room, Hamilton Public Library. Open to public.

● **HIGHLANDS OF DURHAM FAMILY HISTORY GROUP (3)**
15 James Street, UXBRIDGE, ONT, L9P 1H8. *E-mail:* isochis@sympatico.ca
Meetings: 3rd Thurs. each mth except July & Aug. at 7pm in the Uxbridge Town Library. Everyone is welcome to attend and listen to our special speakers. Contact: I. Chiswell at above address.

- **HURON COUNTY BRANCH, ONTARIO GENEALOGICAL SOCIETY (4)**
  PO Box 469, GODERICH, ONT, N7A 4C7.
  Library: Huron County Pioneer Museum, The Log Cabin, 110 North St., Goderich, Ont. *Hours:* Wed. & Fri. 1.30pm-4pm April until Nov. & by appointment. *Newsletter:* 4 per year. *Journal: ROOTING AROUND HURON. Membership:* $9.00 plus $45.00 OGS fee. *Meetings:* 1st Wed. April to November 7.30pm at the Museum. *Chairperson:* Reg Finkbeiner. *Secretary:* Phyllis Thompson.

- **KAWARTHA ANCESTRAL RESEARCH ASSOCIATION, INC. (KARA) (5)**
  PO Box 162, PETERBOROUGH, ONT, K9J 6Y8.
  Library: 926 High Street, unit 2, Peterborough, Ont. *Tel:* (705) 743 7668. *Fax:* (705) 743 7666. *E-mail:* office@karagen.org *Webpage:* www.karagen.org *Membership:* $37.00 yearly. *Hours:* Tues. to Sat. 1-5pm. (non-members $10.00 on regular afternoons). Otherwise by appointment. $15 half day, $25 full day. *Research:* Paid service available. *Chair:* Sylvia Best.

- **KAWARTHA BRANCH, ONTARIO GENEALOGICAL SOCIETY (5)**
  PO Box 861, PETERBOROUGH, ONT, K9J 7A2.
  Library: Located at the DeLaFosse Branch Library, 729 Park St S, Peterborough, ON. *Hours:* Tues. & Thurs. 2.30-7.30pm & Sat. 10am-3pm, Tues. & Sat. by appointment. *Newsletter:* 4 per year. Queries $2 each for non-members. *Membership:* $12.00 on top of OGS fees. *Meetings:* 3rd Sat. 2.30pm except July & Aug. *Publications:* list available. *Chair:* Eleanor Aldus. *Research:* June James.

- **KENT COUNTY BRANCH, ONTARIO GENEALOGICAL SOCIETY (3)**
  PO Box 964, CHATHAM, ONT, N7M 5L3.
  Library: within Public Library, Chatham. *Hours:* Mon.-Sat. 1-5pm. Open to non-members. *Newsletter:* 4 per year. *Journal: ROOTS, BRANCHES + TWIGS. Membership:* $15.00 if OGS member. *Meetings:* 2nd Fri. each month, except July + Aug. at Wish Centre, King St E., Chatham. *Other Particulars:* Many publications, send for list. *E-mail:* KentOGS@eudoramail.com *Website:* www.angelfire.com/on/kentogs/ *Chairman:* Wilson Kerr. *Secretary:* Mrs Jean Smith.

- **KINGSTON BRANCH, ONTARIO GENEALOGICAL SOCIETY (5)**
  PO Box 1394, KINGSTON, ONT, K7L 5C6.
  Library: Kingston Frontenac Public Library, 130 Johnson St. *Hours:* Mon.-Thurs. 9am-9pm; Fri. 9am-5pm, Sat. 9am-5pm; Sun. 1pm-5pm (closed summer). *Newsletter: KINGSTON RELATIONS* 5 per year, included with membership. *Meetings:* 3rd Sat. each month (except June, July, Aug., Dec.) 10am, Wilson Room, Kingston Library, 130 Johnson St. *Chair:* Mrs Beverley Harris. *Secretary:* Mrs Barbara Aitken. *Website:* http://web.ctsolutions.com/ogskingston

- **LAMBTON COUNTY BRANCH, ONTARIO GENEALOGICAL SOCIETY (5)**
  PO Box 2857, SARNIA, ONT, N7T 7W1. *E-mail:* lambtonogs@ebtech.net
  Home page: http://www.sarnia.com/groups/ogs/lambton_page.html
  Library: Lambton Rm, Lambton County Library, 789 Broadway St., Wyoming, ONT, N0N 1T0. *Hours:* Mon-Fri 9am-5pm, Sat 12.00pm-5.00pm. & Tues. & Thus. night 6-9pm. *Newsletter: LAMBTON LIFELINE* 4 per year. *Research:* $15.00 deposit for 2 hours work, extra time $7.50/hr. *Enquiries:* 2 free to members, $2.00 each for non members. *Membership:* $9.00 + OGS membership fee. *Meetings:* 2nd Tues. each month at 7.30pm. No meetings July-Aug. *Chairman:* Bob McCordic.

- **LANARK COUNTY GENEALOGICAL SOCIETY (5)**
  PO Box 512, PERTH, ONT, K7H 3K4.
  Library: Heritage House Museum, 11 Old Sly's Road, Smiths Falls, Ont. *Hours:* daily 10.30am-4.30pm. Archives: Drummond Centre, 1920 Concession 7 Road, Perth, Ont. Hours: Fri. & Sat. 10am-3pm. *Newsletter:* 9 per year. *Research Enquiries:* Free to members. *Membership:* $15.00. *Meetings:* 1st Wed. every month at 8pm except no meeting in Jan., 1st Sat. Feb. & Mar. at 1.30pm. *President:* George Stewart (613) 256 3756. *E-mail:* lgstewart@sympatico.ca *Publications:* Marion Cavanagh (613) 256 1666. *Newsletter Editor:* Arlene Stafford *E-mail:* arlenestafford@sympatico.ca *Web Address:* http://www.globalgenealogy.com/LCGS

- **LONDON & MIDDLESEX CO. BRANCH, ONTARIO GENEALOGICAL SOCIETY (5)**
  Grosvenor Lodge, 1017 Western Rd., LONDON, ONT, N6G 1G5. *Tel:* (519) 645 2845.
  Website: www.mirror.org/groups/genealogy/index.html *Fax:* (519) 645 0981.
  Library *Hours:* Mon.-Sat. 1.00pm-4.00pm. *Queries:* One free newsletter query per calendar year. *Newsletter: LONDONLEAF* 4 per year. *Research Enquiries:* contact branch. *Membership:* OGS membership required plus $12.00. *Meetings:* 2nd Mon. Sept.-May except 3rd Mon. Oct. check website for location. *President:* Carolyn Coke. *Secretaries:* Mrs Gerry Tordiff & Mrs Carol Hall.

- **MARATHON & DISTRICT HISTORICAL SOCIETY (4)**
  Centennial Museum, Box #728, MARATHON, ONT, P0T 2E0.
  Meetings: Genealogical Society meetings 2nd Wed. of the month. Historical Society meetings 3rd Wed. of the month, except summer months. Both meetings begin at 7pm at the Centennial Museum. *Membership:* $10.00 (adults), $5.00 (60+), $5.00 (6-18yrs) per year.

- **NIAGARA PENINSULA BRANCH, ONTARIO GENEALOGICAL SOCIETY (1)**
  PO Box 2224, ST. CATHARINES, ONT, L2R 7R8.
  Library: Thorold Public Library. *Hours:* Library hours. *Newsletter: NOTES FROM NIAGARA* 4 per year, Queries $2.00 non-members. *Membership:* Branch only $17.00. *Meetings:* 2nd Thurs. every month at Thorold Public Library, Thorold, or as announced.

- **NIPISSING DISTRICT BRANCH, ONTARIO GENEALOGICAL SOCIETY (5)**
  PO Box 93, NORTH BAY, ONT, P1B 8G8.
  Library: North Bay Public Library, 271 Worthington E., North Bay. Open to non members. *Hours:* Tues.-Fri. 1-4pm. Sat. 1-3pm. *Newsletter:* 4 per year. *Journal: THE NIPISSING VOYAGEUR. Research Enquiries:* Members free, non members $5.00 per query. *Membership:* $10.00 individual, $12.00 family. *Meetings:* 1st Tues. each month Sept-June. *Web:* www.rootsweb.com~onnbogs/nipogs.htm *Chair:* Barb Moore.

- **NORFOLK COUNTY BRANCH, ONTARIO GENEALOGICAL SOCIETY (5)**
  PO Box 145, DELHI, ONT N4B 2W9.
  Website: www.oxford.net~mihaley/ogsnb/main.htm *Library:* Simcoe Public Library, Simcoe N3Y 4M3. *Hours:* Library hours. *Journal: NORFOLKS* 4 per year. *Research Enquiries:* Free for members. *Membership:* O.G.S. $45.00 + $10.00 single, $12.00 family. *Meetings:* 7.30pm on 3rd Tues. of month (except June, July & Aug) at Delhi Seniors Centre, 418 Queen St., Delhi, Ontario. *Chairperson:* Marie Shull. *Web:* www.norfolkcountybranchogs.ca

- **OTTAWA BRANCH, ONTARIO GENEALOGICAL SOCIETY (4)**
  PO Box 8346, OTTAWA, ONT K1G 3H8.
  E-mail: editor@ogsottawa.on.ca *Website:* www.ogsottawa.on.ca
  Newsletter: 5 yearly. *Research Inquiries:* in Branch News free to members, but charges for specific research undertaken. *Membership:* $12.00 individual plus O.G.S. levy. *Meetings:* 3rd Tues., Sept.-June, 19.30 National Library of Canada, 395 Wellington St., Ottawa, ONT. *Library:* Archives Resource Centre, Old Ottawa City Hall, Sussex Drive, Ottawa, ONT.

- **OXFORD COUNTY BRANCH, ONTARIO GENEALOGICAL SOCIETY (4)**
  PO Box 1092, WOODSTOCK, ONT, N4S 8P6.
  E-mail: ocbogs@oxford.net *Website:* http://www.execulink.com/~ocbogs *Tel.:* (519) 421 1700.
  Resource Centre: The Old Registry Office, cnr Hunter & Graham Sts. *Hours:* Mon.-Fri. 10am-5pm., Meetings 2nd Thurs. of month 7.30pm call Resource Centre for details. *Newsletter: THE TRACER* 4 per year. *Membership:* OGS $45.00 + $10.00 branch membership. *Other Particulars:* Visitors & inquiries welcome. Publication list available on request.

- **PERTH COUNTY BRANCH, ONTARIO GENEALOGICAL SOCIETY (5)**
  PO Box 9, STRATFORD, ONT, N5A 6S8. *Website:* www.rootsweb.com/~onperth.perth.html
  Library: at Stratford Perth Archives, 24 St Andrew St, Stratford, ONT, N5A 1A3. *Tel:* (519) 273 0399.
  Hours: Mon.-Sat. 9am-5pm. Open to non members. *Newsletter: PERTH COUNTY PROFILES* 4 per year. Queries for Newsletter, $2 non members. *Membership:* O.G.S. membership $45.00 + $12.00 Perth Co. Branch = $57.00. All memberships mailed to O.G.S., 40 Orchard View Blvd, Suite 102, Toronto, Ont. M4R 1B9. *Meetings:* 4th Wed of month Jan.-May various locations and from Sep.-Nov., 24 St.Andrew St., Stratford-Perth Archives. *Email:* ogsperth@pcin.on.ca
  Chair: Lynda Greve.

- **QUINTE BRANCH, ONTARIO GENEALOGICAL SOCIETY (5)**
  PO Box 35, AMELIASBURGH, ONT, K0K 1A0.
  Library Hours: 11am-4pm Mon & Tues. also Wed in July & Aug. Closed mid Nov. to mid Jan. *Tel:* (613) 967 6291. *Research Inquiries:* $20 per hour. Queries in *Quinte-Kin* $5.00 (published by the Seven Town Historical Society). *Membership:* $10.00 per year (plus O.G.S. membership). *Meetings:* 3rd Sat. Oct., Nov., Jan.-April, 2nd Sat. in May, 1.30pm in The Ameliasburgh Township Hall. *Web:* www.quinte-kin.com *E-mail:* 7thtownmagre@kos.net

- **SAULT STE. MARIE & DIST. BRANCH, ONTARIO GENEALOGICAL SOCIETY (5)**
  PO Box 20007, 150 Churchill Blvd, SAULT STE. MARIE, ONT, P6A 6W3.
  Membership: $10.00 per year which includes 4 copies of *SAULT CHANNELS. Meetings:* 2nd Wed. of each month except for July & Aug. at 7.30pm in Rosedale Public School Library. Published monumental inscriptions census, newspaper Vital Statistics, Wesleyan Methodist Baptismal Records, and *Pembroke Observer, Upper Ottawa Advertiser,* 1867-1898 Births, Marriages, Deaths. *Website:* http://www.soonet.ca/sdbogs-genealogy

- **SEVENTH TOWN HISTORICAL SOCIETY (2)**
  PO Box 35, 528 County Rd. 19, AMELIASBURGH, ONT, K0K 1A0.
  Owner of the Marilyn Adams Research Centre (MAGRC) (In Trust). *Library Hours:* 11am-4pm Mon. & Tues. also Wed. in July & Aug. Closed mid Nov. to mid Jan. *Tel.:* 613 967 6291. *Website:* www.Quinte-Kin.com *Journal: QUINTE-KIN* 4 per year. *Research enquiries:* 1st hour free for

Friends of Marilyn Adams (FMA), $20 per hour thereafter. *Queries in Quinte-Kin:* 2 per year free for FMA members, $5 each thereafter. *Society membership:* $5, FMA $15. *Meetings:* 4th Sat. 1.30pm Oct. thru Apr. at MAGRC.

- **SIMCOE COUNTY BRANCH, ONTARIO GENEALOGICAL SOCIETY (3)**
PO Box 892, BARRIE, ONT, L4M 4Y6.
Website: www.simcoebogs.com *Library:* in Barrie Public Library, 60 Worsleyr St., Barrie. *Hours:* Mon-Thurs. 10am-9pm. Fri & Sat 10am-5pm. Sun. Noon-5pm. Tel: (705) 728 1010. *Journal:* SIMCOE COUNTY ANCESTOR NEWS *Membership:* $45.00 OGS + $13.00 Simcoe Branch. *Meetings:* 10 a year: Sept.-June. speakers, workshops etc. *Contact:* Jim or Claudia McArthur (705) 722 3344.

- **THE SIOUX LOOKOUT GENEALOGICAL CLUB (0)**
C/- R. Glofcheski, PO Box 1561, Sioux Lookout, ONT, P8T 1C3.
Tel: (807) 737 3830. *E-mail:* ldumas@sl.lakeheadu.ca
Meetings: Monthly from Sept. to June on the second Thursday at 7.30pm in the town library.

- **SOUTH BRUCE GENEALOGY GROUP (2)**
C/- Edith A. Smith, R.R.3, Ripley, ONT, N0G 2R0.
Meetings: 3rd Thurs. of month except winter months at Family History Room at Kincardine Library. Large collection of local resources i.e. cemetery recordings, transcribed and indexed census, obituary collection, family histories, township histories, scrapbooks, microfilmed newspapers etc. *Research:* by donation for expenses and time. *Researchers:* Edith Smith, Betty MacKinnon, and Gwen Harrison specializing in South Bruce County families and history.

- **STORMONT, DUNDAS & GLENGARRY GENEALOGICAL SOCIETY (5)**
PO Box 1522, CORNWALL, ONT, K6H 5V5.
Library: Collection held in Cornwall Community Museum, Water Street West, every Wed. 1-4pm. *Newsletter:* 4 per year. *Research Enquiries:* Free for members only. *Membership:* $15.00. *Meetings:* 4th Tues. month at Trinity Anglican Church Hall, Room 2. 105 Second St. W., Cornwall. *President:* Mrs Lily Worrall. *Secretary:* Mr Robert Kitchener.

- **SUDBURY DISTRICT BRANCH, ONTARIO GENEALOGICAL SOCIETY (5)**
C/o Sudbury Public Library, 74 MacKenzie St., SUDBURY, ONT, P3C 4X8.
Library: Main Branch, Sudbury Public Library, 74 MacKenzie St., Sudbury. *Newsletter:* 4 per year. *Research Enquiries:* Fee. *Meetings:* 3rd Monday of month, Older Adult Centre (new YMCA building) 140 Durham Street, Sudbury. *Chairperson:* Lynn Gainer.

- **TEMISKAMING GENEALOGY GROUP (3)**
PO Box 1568, NEW LISKEARD, ONT, P0J 1P0.
E-mail: btaylor@onlink.net *Website:* http://www.nt.net/~timetrav
Membership: $10.00 individual, $12.00 family. *Newsletter: TIMETRAVELLER* 4 times per year. *Meetings:* 3rd Wed. of each month except July, Aug. & Dec. St.Andrew's Presbyterian Church, New Liskeard, 7.30pm. *Publications:* All cemeteries in District of Temiskaming, 1901 census Temiskaming, B.D. & M. Temiskaming Speaker, 1906-1930, B.D. & M., Northern Daily News (Kirkland Lake), B.D. & M. Haileyburyian, 1923-1961, selected church records. *Projects:* B.D. & M. local newspapers, birth, marriage and death indices, places of worship.

- **THUNDER BAY DIST. BRANCH, ONTARIO GENEALOGICAL SOCIETY (5)**
PO Box 10373, THUNDER BAY, ONT, P7B 6T8. *Web:* http://my.tbaytel.net/dmhendu
Library: Brodie Resource Library, 216 South Brodie St, Thunder Bay. *Hours:* Mon.-Fri. 9am-9pm; Sat 9am-5pm; Sun. 1pm-5pm (except summer). Open to non members free of charge. *Newsletter: PAST TENTS* 4 per year. *Research Enquiries:* Will be undertaken - minimum charge of $5.00. *Membership:* CAN$12.00 family; CAN$10.00 individual. *Meetings:* 7.30pm 2nd Thurs. each month except June, July & Aug. at Room C238, Confederation College.

- **TORONTO BRANCH, ONTARIO GENEALOGICAL SOCIETY (5)**
Box 518, Station K, TORONTO, ONT, M4P 2G9.
Website: www.rootsweb.com/%7Eonttbogs/torbranch.html
Library: Stored at Canadiana Collection, Central Library, 5120 Yonge St., North York, M2N 5N7. *Hours:* Mon. 12.30-8.30pm, Tues. & Thurs. 9am-8.30pm, Fri. 9am-5.30pm, Sat 9am-5pm, Sun. 1-5pm (late Sep. to mid May). Catalogue at www.ogs.on.ca *Newsletter: TORONTO TREE* 6 per year. *Published Queries:* free to members, $2.00 per query for non members. *Membership:* $12.00, $45.00 O.G.S. *Meetings:* 4th Mon. monthly except Dec. & June - Aug. Visitors welcome. *Chair-person:* John Craig. *Editor:* Carol Fordyce.

- **TORONTO UKRAINIAN GENEALOGY GROUP (1)**
C/o St. Vladimir Institute, 620 Spadina Ave, Toronto, ON, M5S 2H4.
Tel: (416) 923 3318. *Website:* www.stvladimir.on.ca/tugg *E-mail:* svi@stvladimir.on.ca & AL767@freenet.toronto.on.ca *Meetings:* 2nd Tues. of month except June, July, Aug. & Dec., 7pm-9pm, $5.00 per meeting.

- **UPPER OTTAWA VALLEY GENEALOGICAL GROUP (5)**
  PO Box 972, PEMBROKE, ONT. K8A 7M5.
  Website: http://uovgg.valleynet.on.ca *E-mail:* uovgg@valleynet.on.ca
  Library: Masonic Lodge, 222 Dickson Street, Pembroke. *Hours:* every Tues. & Thurs. & 3rd Sat. 1-4pm. open to public. *Meetings:* 3rd Sat. each month at various locations. *Newsletter: TIMBERLINE* 6 per year.

- **WATERDOWN-EAST FLAMBOROUGH HERITAGE SOCIETY (3)**
  PO Box 1044, WATERDOWN, ONT, L0R 2H0.
  E-mail: wefhs@hpl.ca *Website:* www.wefhs.hamilton.ca *Journal: HERITAGE HAPPENINGS* 7 per year, $1.00 per copy. *Research Enquiries:* fee. *Membership:* $10.00 single, $15.00 family, life memberships available. *Meetings:* last Fri. month Sept.-Oct., Jan.-April. *Book Fair:* 2nd Sat. Nov. *President:* Lena Aggus. *Vice President:* Carol Snell. *Secretary:* Dan Purvis. *Other Particulars:* Small Archives open to public Mon.-Fri. 9.30am-4.00pm. Other times tel. Archivist (905) 689 4074

- **WATERLOO REGION BRANCH, ONTARIO GENEALOGICAL SOCIETY (5)**
  C/- Kitchener Public Library, 85 Queen St. North., KITCHENER, ONT, N2H 2H1.
  Library: Grace Schmidt Room, Kitchener Public Library, Queen St. *Hours:* Mon.-Thurs. 9.30am-9pm, Fri. 9.30am-5.30pm, Sat. 9am-5.30pm, Sun. 1pm-5pm, mid Oct. to mid May. *Newsletter: OUR WATERLOO KIN* 4 per year. *Membership:* $13.00. *Meetings:* at Kitchener Public Library - 2nd Mon. of month, except Oct.-3rd Mon. No meetings June to Aug. *E-mail:* watogs@rogers.com

- **WELLINGTON COUNTY BRANCH, ONTARIO GENEALOGICAL SOCIETY (3)**
  PO Box 1211, Guelph, ONT, N1H 6N6. *Website:* www.wellingtonogs.on.ca
  E-mail: admin@wellingtonogs.on.au *Membership:* OGS $45.00 + Branch $12.00, payable to the Ontario Genealogical Society. *Library:* Collection housed at the Guelph Public Library, Norfolk Street, Guelph, ON. *Hours:* Mon.-Fri. 10am-9pm, Sat. 10am-5pm, Sun. 1pm-5pm. *Meetings:* 3rd Tues., Sept.-Nov. & Jan.-May 7pm, Unitarian Church, 122 Harris Street, Guelph, ON N1E 5T1. *Projects:* Extractions from Wellington County newspapers, Cemetery transcriptions. *Research: E-mail:* enquiries@wellingtonogs.on.ca *Journal: TRACES and TRACKS* 4 issues per year. Queries for newsletter, no charge. *Chair:* Jack Knight.

- **WEST ELGIN GENEALOGICAL & HISTORICAL SOCIETY (5)**
  C/o Norma Schnekenburger, RR#3, RODNEY, ONT, N0L 2C0.
  President: Mary Prud'homme. *Secretary:* John Kirkland. Research on voluntary basis.

- **WHITBY-OSHAWA BRANCH, ONTARIO GENEALOGICAL SOCIETY (3)**
  PO Box 174, WHITBY, ONT, L1N 5S1. *Website:* www.rootsweb.com.~/onwob22
  Library: 405 Dundas St.W., Whitby, ONT. *Hours:* Mon.-Fri. 9.30-9.00pm. Sat. 9.00-5.00pm. Holidays call (905) 668 6531. *Newsletter:* 4 per year. *Journal: KINDRED SPIRITS. Membership:* $12.00. *Meetings:* 1st Tues. monthly (except July & Aug.) at Arts Resource Centre, 45 Queen St., Oshawa, 7.15pm-10pm. *President:* Anne Delong. *Secretary:* Bea Hale.

QUEBEC (QUE)

- **FEDERATION QUEBECOISE DES SOCIETES DE GENEALOGIE (5)**
  C.P. 9454, SAINTE-FOY, QUE, G1V 4B8.
  Website: http://www.federationgenealogie.qc.ca *E-mail:* federationgenealogie@sympatico.ca
  Bibliographie des ouvrages généalogiques a Qc, 1990-200. Prix unitaire = 40$, Frais de poste = 7$. *Bulletin: INFO-GENEALOGIE* par année 4, nouvelles des sociétés membres et développement de la généalogie québécoise. *Cotisation:* 10.00$ abonnement au bulletin pour organismes. *Réunions:* Sept.-Nov. février - avril - mai ou juin. Colloque et/ou congrès et assemblée générale. *D'autres renseignements:* Regroupe les sociétés de généalogie du Québec. *Publication: Nos chercheurs en généalogie*, 12.00$ ($12.00US). Biliographie des ouvrages genealogiques au Quebec 1980-1990 - Canada 35.00$; ($35.00US). *Service:* Bureau québécois d'attestation de competence en généalogie. *Président.:* Rémi Tougas. *Secrétaire:* Robert Charron.

- **SOCIETE GENEALOGIQUE CANADIENNE-FRANCAISE (4)**
  Bibliothèque: 3440 rue Davidson (coin Sherbrooke), MONTREAL, QUE H1W 2Z5.
  Heures: lundi et mardi de 19 à 22h. jeudi, vendredi, samedi de 9h30 à 16h30. Eté: lundi et mardi de 19h à 22h. jeudi et samedi de 9h30 à 16h30. ouverte aux membres en règle. *Revue: MEMOIRES DE LA SOCIETE GENEALOGIQUE CANADIENNE-FRANCAISE* 4 par année. *Coût des inscriptions:* Gratuit. Pour les membres en règle seulement. $8.00 le numéro. *Cotisation annuelle:* Can$35 Autres pays US$35. Institutions: (Pas de changement). Fondée en 1943. *Président:* Marcel Fourmer. *Secrétaire:* Gisèle Monarque. *Réunions:* Deuxième mercredi de chaque mois de septembre à mai inclusivement. Histoire de famille et généalogie informatisée. Cours de généalogie et de paléographie. *Tel.:* (514) 527 1010.

- **SOCIETE DE GENEALOGIE DE QUEBEC (5)**
  C.P. 9066, SAINTE-FOY, QUE, G1V 4A8. *Tel:* (418) 651 9127. *Fax:* (418) 651 2643.
  E-mail: sgq@total.net *Web:* http://www.genealogie.org/club/sgq
  Bibliothèque: Pavillon Caseault, 1210 av. du Séminaire, Local 4240, Cité universitaire, STE-FOY, Québec, Canada. *Heures:* mardi 10h00 à 21h30, mercredi 18h30 à 21h30, jeudi 13h00 à 16h00, samedi (2, 3 et 4) 10h00 à 16h00, été/juillet mardi 10h30 à 21h15, été/aout mardi 10h30 à 21h15, mercredi 19h00 à 21h15. Frais d'admission de 5,00$ pour les non-membres. *Bulletin: L'ANCETRE* 4 numéros par an. 7,00$ le numéro (plus 10% frais de poste). *Service de recherche:* (Research Enquiries) sur demande. *Cotisation annuelle:* (Membership) Canada $35.00, E.U. et autres pays US$35.00. *Présidente:* Mariette Parent. *Secretary:* Yvon Hamel. *Autres renseignements:* Editeur de publications généalogiques.

- **SOCIETE DE GENEALOGIQUE DE CHATEAUGUAY (4)**
  126 Leclerc Chateauguay, QUE, J6K 2X7.
  Bibliothèque: 317 rue Brault Chateauguay. *Heures:* Lundi a Jeudi 13h à18h Samedi 9h à 15h. *Bulletin:* 4 fois par an. *Cotisatioin annuelle:* $20.00. *Réunions:* 2 fois par mois.

- **SOCIETE DE GENEALOGIE DE LANAUDIERE, INC. (5)**
  Case postale 221, Joliette, QUE, J6E 3Z6.
  Bulletin: NOS SOURCES. Cotisation annuelle: 25$. *Réunions:* 2e mardi de chaque mois.

- **SOCIETE D'HISTOIRE DE LA MRC DE L'ASSOMPTION (3)**
  270, boul. L'Ange-Gardien, L'Assomption, QUE, J5W 1R7.
  Bibliothèque: centre de documentation (meme adresse que dessus). *houres d'ouverture:* du lundi au vendredi: 8h30 à 12h et 13h à 16h30, mardi soir: 18h30 à 22h, samedi: 13h à 16h. *Bulletin:* Souvenance (publié quatre fois par année), gratuit pour les membres. *Cotisation annuelle:* 30$/personne, 45$/couple (2e personne à la meme adresse). *Réunions:* conférences, généralement le 2e mercredi du mois (sauf l'été), rencontres de familles. *Courriel:* shmrclass@hotmail.com *Site web:* http://membres.lycos.fr/genlass/ *Président:* Marcel Blanchard.

- **QUEBEC FAMILY HISTORY SOCIETY (5)**
  PO Box 1026, POINTE CLAIRE, QUE, H9S 4H9.
  Fax: (514) 695 3508. *E-mail:* gfhs@cam.org *Library:* 173 Cartier Ave, suite 102, Pointe Claire. *Hours:* Mon.-Fri. 10am-3pm & Wed. 6.30pm-9.30pm., Sun. 1pm-4pm. *Newsletter: CONNECTIONS* 4 per year, published inquiries $5.00 each. *Publication: MEMBERS INTEREST & SURNAME CATALOGUE - QUEBEC STRAYS* 1 per year. Cemetery Index of Quebec & adjoining areas, Cemetery transcriptions, Marriage & Census indexes. $15.00 an hour general research. Fee scale for research of particular indexes. A list of professional researchers provided, send SASE. *Membership:* Can$40.00 individual, family of 2 at same address. *President:* Gary Schroder. *Secretary:* Joan Benoit. *Meetings:* 2nd Tues. at St.Andrews United Church, 75 - 15th Avenue, Lachine.

- **BROME COUNTY HISTORICAL SOCIETY (3)**
  Box 690, KNOWLTON, QUE, J0E 1V0. *Tel.:* (450) 243 6782. *E-mail:* bchs@endirect.qc.ca *Library:* 130 Lakeside. *Hours:* 10am-4.30pm. Open to non members by appointment, donations accepted. *Newsletter:* 2 per year. *Publication:* series of historical books - *Yesterdays of Brome County.* *Meetings:* AGM March. *President:* Gail Gibbs. *Archivist:* Marion L. Phelps. *Managing Director:* Arlene Royea.

- **COMPTON COUNTY HISTORICAL MUSEUM SOCIETY (5)**
  PO Box 967, Cookshire, QUE, J0B 1M0.
  374 on route 253 in the village of Eaton Corner, Que. *E-mail:* elaberee@abacom.com *Membership:* Individual $6.00, family $10.00. Renewal annually. Life membership - individual $50.00, couple $100.00. *Museum:* Open to the public from mid-June to the end of Sep. We have, filed alphabetically, family surnames to which we are always adding information, as well there are books with specific information, i.e., The History of Compton County by L.S. Channell, and up-to-date cemetery listings for almost all cemeteries in Megantic-Compton. *President:* Peter Banks.

- **HUDSON HISTORICAL SOCIETY (5)**
  PO Box 802, HUDSON, QUE J0P 1H0, Canada. *Web:* http://www.hudson-village.com/history/ *Library:* On reserve. Open to non members. *Membership:* $10.00 individual, $15.00 family. *Meetings:* 2nd Mon. of month. Summer outings, local history books published on local buildings and families. *President:* Kevin O'Donnell.

- **LA SOCIETE DE GENEALOGIE DES CANTONS DE L'EST, INC. (2)**
  275 rue Dufferin, SHERBROOKE, QC, J1H 4M5. *Web:* http://www.genealogie.org/club/sgce *Bibliothèque Heures:* du mardi au vreudredi de 13h à 17h, 2e et 4e samedi du mois de 13 à 17h mercredi soir de 19h à 22h. *Revue:* L'ENTRAIDE GENEALOGIQUE 4 par an 4 $ chacun. *Cotisation annuelle:* (Membership) 40 $. *Conférences:* oct., nov., février, mars, avril. *Prés.:* Micheline Gilbert.

- **MISSISQUOI HISTORICAL SOCIETY (5)**
  PO Box 186, STANBRIDGE EAST, QUE, J0J 2H0.
  Tel: (514) 248 3153. *Fax:* (450) 248 0420. *E-mail:* sochm@globetrotter.net
  Website: www.MissisquoiMuseum.ca or www.MuseeMissisquoi.ca *Archives:* mhsarchives@globe trotter.net *Newsletter:* 2 per yr. *Membership:* $10.00. *Archivist:* Mrs J. Antle. *Secretary:* Mrs P.Realffe.

- **SOCIETE DE GENEALOGIE DE LA BEAUCE, INC. (5)**
  250 - 18e Rue Ouest, Bureau 403, Saint-Georges, QUE, G5Y 4S9.
  Bibliothèque: Local situé à la Bibliothèque municipale de St.Georges. *Heures:* 13h30 à 15h.30, les 2e et 4e dimanches du mois excepté les mois de juillet et aout ainsie. que ors des congés fériés. *Bulletin:* CHERCHONS. *Cotisation annuelle:* $15.00 par personne $20.00 an couple. *Tel:* (418) 227 4089 ou (418) 228 3509. *E-mail:* sgbce@hotmail.com *Web:* http://genealogie.beauce.site.vuila.fr

- **SOCIETE DE GENEALOGIE DE LA MAURICIE ET DES BOIS-FRANCS (1)**
  1800, rue St-Paul - Bureau 208, Trois-Rivieres, QUE, G9A 1J7.
  Bibliothèque: 1800, rue St-Paul, Bureau 206, Trois-Rivièrés. *Heures:* (Hours) lundi et mercredi 19h à 22h, jeudi 9h à 16h30 et 13h30 à 16h30, samedi (1er et 3ème) 9h30 à 16h. *Bulletin:* HERITAGE (10 parutions par année) gratuit pour les membres. *Cotisation annuelle:* $30.00. (for other countries, the fees are payable in U.S. currency). *Bibliothèque:* Nous Possédons sur microfilms, les copies des actes d'états civils, greffes de notaires et d'arpenteurs dont les originaux sont conservés aux Archives Nationales du Québec à Trois-Rivières, le fichier Loiselle et un bon nombre de répertoires de naissances, mariages et de sépultures. *Prés.:* Jean-Marc Boivin. *Secretary:* Claude Bruneau.

- **SOCIETE D'HISTOIRE ET DE GENEALOGIE MARIA CHAPDELAINE (5)**
  1024 Rue des Copains, DOLBEAU-MISTASSINI, QUE, G8L 3N5.
  Tel.: (418) 276 4989. *Fax:* (418) 276 8156.
  E-mail: hist.geneal@qc.aira.com *Website:* www.iquebec.com/shgmc
  Bibliothèque: Meme adresse. *Heures d'ouventure:* lundi au jeudi 8h30a12h00, 13h00a16h30, vendeedi 8h30a12h00. *Bulletin:* LA SOUVENANCE. 3 fois par année. *Cotisation annuelle:* 20$ membre individuel, 30$ membre supporteur, 50$ membre corporatif, 500$ membre a vie. *Réunions du conseil d'administration:* de facon mensuelle. *Président du conseil d'administration:* Gilles Brassard. *Secrétaire du conseil d'administration:* Dominique Petreault.

- **SOCIETE DE GENEALOGIE ET D'ARCHIVES DE RIMOUSKI (SGAR) (5)**
  110 rue de l'Evêché Est, RIMOUSKI, QUE, G5L 1X9.
  Tél/Fax: (418) 724 3242. *E-mail:* Courriel:info@sgar.org
  Bibliothèque: 110, rue de l'Evêché est, Rimouski. *Heures:* Du lundi au jeudi, 9h00-11h00, 13h00-16h00, de plus les mardi et mercredi de 19h00 à 21h00 en soirée. *Bulletin:* L'ESTUAIRE GENE-ALOGIQUE trimestriel. $4.00 + Frais de poste. (gratuit pour les membres). *Cotisation annuelle:* (Membership) $25.00 (Canada), $30.00 US; autres pays $30.00 US; membre à vie $600.00, couple $55, étudiant $20. *Réunions jour:* du lundi au jeudi, 9h00 à 11h00 et 13h00 à 16h30. *Président:* Bernard Rioux. *Trésorier:* Luc Bellavance. *Web:* www.sgar.org Forfaits: www.forfaits/sgar.org

- **SOCIETE DE GENEALOGIE ET D'HISTOIRE DE THETFORD MINES (5)**
  671 boul. Frontenac Ouest, THETFORD MINES, QUE, G6G 1N1.
  E-mail: sghrtm@cageprth.qc.ca *Website:* www.genealogie.org/club-sghrtm *Bibliothèque:* comme cidessus. *Heures:* horaire de la bibliothèque du Collége de la région de l'Amiante. *Cotisation annuelle:* $20.00. *Autres renseignements:* éditeur de publications généalogiques. *Prés.:* Jeannette Giguère. *Secrétaire:* Pauléne Nadeau.

- **SOCIETE GENEALOGIQUE D'ARGENTEUIL (2)**
  378 rue Principale, LACHUTE, QC, J8H 1Y2.
  Bibliothèque: Municipale de Lachute. *Heures:* Hiver - Dimanche, 13h00 à 16h00, Lundi Fermé, mardi 10h00 à 18h00, mercredi-vendredi 13h00 à 20h00, samedi 10h00 à 16h00. Eté - Dimanche Fermé, lundi-mardi 10h00 à 18h00, mercredi-vendredi 13h00 à 20h00, Samedi fermé. *Cotisation annuelle:* $20.00, ou $30.00 couple. *Président:* Julie Brisebois.

- **SOCIETE GENEALOGIQUE DU K.R.T. (0)**
  258 avenue Sirois C.P. 87, ST-EPIPHANE, QUE, G0L 2X0.
  Président: Jean-Guy Roy. *Secrétaire:* Carole Bourgelas. Rôle de collaboration dans la publication de répertoires, avec la S.G.Québec. *Fax.:* (418) 862 0814.

- **SOCIETE DE GENEALOGIE SAINT-HUBERT (5)**
  C.P. 37036 CSP Comp. Cousineau, ST-HUBERT, QUE, J3Y 8N3.
  Prés.: Pierre Decelles. *Directeur des Rèpertoires:* Jacques Dion. *E-mail:* sgsh@genealogie.org *Web:* http://www.genealogie.org/club/sgsh/

- **SOCIETE D'HISTOIRE ET D'ARCHEOLOGIE DES MONTS (5)**
  675 boul. Ste-Anne ouest, SAINTE-ANNE-DES-MONTS, QUE. G4V 1T9.

Bibliothèque Heures: du lundi au vendredi 9-17h. *Cotisation annuelle:* $10.00. *Réunions:* selon les besoins. *D'autres renseignements:* Bienvenue aux chercheurs et aux correspondants. Publications de 13 répertoires de naissances, mariages, décès & 8 volumes concernant l'histoire de la région. *Tel:* (415) 763 7871. *Présidente:* Ghislain Lebeau. *Secrétaire:* Dominique Therrien.

- **SOCIETE D'HISTOIRE ET DE GENEALOGIE DE L'ILE-JESUS (2)**
4290, boulevard Samson, LAVAL, QUE, H7W 2G9. *Tel.:* (450) 681 9096.
Bibliothèque: meme adresse. *Ouverture:* mardi, mercredi et jeudi. *Cotisation annuelle:* 30$. *Président:* Maurice Prévost. *Secrétaire:* Madame Lise Roy. *Archiviste:* Madame Nicole Boyer. *Réunion des membres:* dernier mardi de chaque mois avec conférencier invité. *Conférence:* mensuelle: le dernier mardi du mois. *Autres renseignements:* Publications généalogiques, recherches et expositions historiques. *Website:* www.genealogie.org/club/shgij

- **SOCIETE D'HISTOIRE ET DE GENEALOGIE DE MATANE (5)**
230 avenue St.-Jérome, MATANE, QUE, G4W 3A2.
Heures: Lundi, mercredi, vendredi de 13h00 à 16h00. *Bulletin: AU PAYS DE MATANE* 2 par année. $5.00 par numéro. *Cotisation annuelle:* $20.00 soutien - $25.00 et plus bienfaiteurs. *Réunions:* à chaque mois au besoin. *Présidente:* Annie Peason. *Secrétaire:* Lucie Tremblay. *Courriel:* shgm@genealogie.org *Website:* www.genealogie.org/club/shgmatane

- **SOCIETE D'HISTOIRE ET DE GENEALOGIE DE LA MATAPEDIA (5)**
24 Promenade de l'hotel de ville, AMQUI, QUE, G5J 3E1.
Bibliothèque: Amqui. *Heures:* lundi, mardi, mercredi jeudi et vendredi de 13h à 17h & mercredi soir 1830 à 2030h. *Cotisation:* $25.00 *Prés.:* Benoit S. Amqui. *Sec.-Trés.:* Thérèse Coté-Amqui.

- **SOCIETE D'HISTOIRE ET DE GENEALOGIE DE RIVIERE-DU-LOUP (2)**
300 rue St-Pierre, RIVIERE-DU-LOUP, QUE, G5R 3V3.
Bibliothèque: la même que ci-haut. *Heures d'ouverture:* Lundi au vendredi de 13:30 à 16:30. Les lundi et mecredi de 18:00 à 21:00. *Soirées-conférences:* 6 par année. *Cotisation annuelle:* $20 pour les gens de la ville, $25 pour l'exterieur de la ville, $30 pour les couples. *Prés:* Claude Villeneuve. *Secretary:* Louise Lapointe. *Tel:* (418) 867 4245. http://www.icrdl.net/~shgrdl/index.html

- **SOCIETE D'HISTOIRE ET DE GENEALOGIE DE SALABERRY (5)**
80 rue Saint-Thomas, SALABERRY-DE-VALLEYFIELD, QUE J6T 4J1.
Bibliothèque: idem 80 rue Saint-Thomas. *Heures:* lundi à vendredi: 10h à 20h, samedi et dimanche: 10h à 16h. *Revue: AU FIL DU TEMPS* 4 par année. *Cotisation annuelle:* $25.00 individu, $30.00 famille (1 seule revue), $30.00 organisme. *Président:* Robert Leroux. *Réunions:* Conseil d'administration: 1er mardi du mois. *Courriel:* info@shgs.cq.ca

- **GENEALOGIE ABITIBI-TEMISCAMINGE (0)**
27, du Terminus Ouest, C.P. 371, ROUYN-NORANDA, QC, J9P 2P3. *Pres:* Michel Boucher.

- **SOCIETE DE CONSERVATION DU PATRIMOINE DE ST-FRANCOIS DE LA RIVIERE-DU-SUD (0)**
534 Boul. St-François Ouest C.P. 306, ST-FRANÇOIS QC, G0R 3A0. *Pres:* Jacques Boulet.

SASKATCHEWAN (SAS)

- **SASKATCHEWAN GENEALOGICAL SOCIETY (5)**
PO Box 1894, REGINA, SAS, S4P 3E1. *Web:* http://www.saskgenealogy.com
Library: 201 - 1870 Lorne St., Regina. *Hours:* 9.30am-4.30pm Tues-Sat, Sept to May; Mon-Fri, May-Sept. Open to non members. *Journal: THE BULLETIN* 4 per year. Back Bulletins. *Research Enquiries:* Free. *Membership:* $34.00 family and institutions, $32.00 seniors. *Other:* Collection includes Vital Stats Index for England & Wales, 1881 England Census Index, East European collections, IGI, large Ontario collection, Griffith Valuation, 20,000 reference articles. Research by mail incl. SK residents index. Basic Sask. research $37.00. Offer accreditation courses. *Projects include:* Cemetery & Obit. indexes for SK; publication of Birth, Death & Marriages from Regina Newspapers 1883-1913; RCMP Death Index 1933-1980; *Tracing your Saskatchewan Ancestors* (2nd Edition 2003). Subjects Index of the Bulletin. Society has 20 branches. *President:* Rocky Sample. *Exec.Dir:* Marge Thomas. *Tel:* (306) 780 9207 *Fax:* 781 6021 *Projects:* Sask. Heritage Resources Directory (SHRD), Sask. Computer SAS Homestead Records Index.

- **BATTLEFORD'S BRANCH, SASKATCHEWAN GENEALOGICAL SOCIETY (2)**
PO Box 138, MEOTA, SAS, S0M 1X0.
Meetings: 3rd Wed 7pm at North Battleford Library each month except Jul, Aug & Dec. *Membership:* $10.00 + S.G.S. fee. *Newsletter: THROUGH THE BRANCHES* Local research available for $10.00 fee included in query. *Contact:* Carolyn Hayes Tel: 892 4314.

- **BIGGAR BRANCH, SASKATCHEWAN GENEALOGICAL SOCIETY (5)**
PO Box 1103, BIGGAR, SK, S0K 0M0. *E-mail:* bjarch@sasktel.net

Membership: $5.00 + S.G.S. Fee. *Meetings:* 2nd Wed each month except Jul & Aug. Will research local sources for $10.00 fee. *Contact:* Barbara Archibald. (306) 948 2138.

● **BORDER BRANCH, SASKATCHEWAN GENEALOGICAL SOCIETY (3)**
5723-50 St.Lloyd, LLOYDMINSTER, AB, T9V 0N5.
Meetings: 4th Mon. 7pm - Lloydminster Public Library *Contact:* Edith Cunningham *Tel:* 875 0578.

● **CENTRAL BUTTE BRANCH, SASKATCHEWAN GENEALOGICAL SOCIETY (5)**
PO Box 298, CENTRAL BUTTE, SAS, S0H 0T0.
Membership: $10.00 + S.G.S. Fee. *Meetings:* 4th Wed. of month except July, Aug. & Dec. *Other Particulars:* Local history book *Our Heritage, A View From the Butte.* Local research available. *President:* Thelma Caldwell. *Secretary:* Joanne Berg, (306) 796 2148.

● **CRAIK BRANCH, SASKATCHEWAN GENEALOGICAL SOCIETY (9)**
Box 337, CRAIK, SAS, S0G 0V0.
Library: Open on request, no fee. *Membership:* $5.00 + S.G.S. Fee. *Meetings:* 3rd Mon of the month at 7.30pm at R.M. Office. *President:* June Exelby, Tel: 734 2820. *Secretary:* Mildred Nielson, Box 355, Craik, Sask, S0G 0V0.

● **GRASSLANDS BRANCH, SASKATCHEWAN GENEALOGICAL SOCIETY (5)**
PO Box 272, MANKOTA, SAS, S0H 2W0.
Library: Open to non members, contact (306) 478 2314. *Newsletter:* 3 per year. *Journal:* GRASS-ROOTS. Non members $1.00 per copy. *Research Entries:* in Journal: $2.00 for non-members. *Research Enquiries:* $5.00 per hour + $1.00 fee + SASE. *Membership:* C$6.00. *Meetings:* 3rd Tues each month except Jul & Aug, 7.30pm at Mankota, SK. *President:* Mrs Della Sanders. *Secretary:* Miss Linda Calvin. Tel: 478 2314.

● **GRENFELL BRANCH, SASKATCHEWAN GENEALOGICAL SOCIETY (2)**
PO Box 61, GRENFELL, SASK, S0G 2B0.
Library: Open 7.30pm-10pm 3rd Tues of each month, not open to non- members. Museum - some microfiche & microfilm available to public. *Research Enquiries:* Free. : Membership: S.G.S. $33.00 regular families, $30.00 seniors (65 & over). Grenfell $10.00 *Meetings:* 3rd Tues of each month except Jul & Aug. at Grenfell Museum. *President:* Lloyd Arthur, Box 61, Grenfell, Sask S0G 2B0. Tel: 697 3176. *Secretary:* Edna S.Laidlaw.

● **MOOSE JAW BRANCH, SASKATCHEWAN GENEALOGICAL SOCIETY (9)**
Box 154, BRIERCREST, SAS, S0H 0K0.
Meetings: 2nd Tues. of the month except July & Aug., 7pm at 1068 Athabasca St. W. *Contact:* Marge Cleave. *Tel:* 799 2004.

● **NORTH-EAST BRANCH, SASKATCHEWAN GENEALOGICAL SOCIETY (9)**
PO Box 1988, MELFORT, SK, S0E 1A0. *Tel:* (905) 813 7977.
Meetings: 1st Tues. of the month, 7.30pm at N.E. Leisure Centre. *Contact:* Sandra Lebarre.

● **PANGMAN BRANCH, SASKATCHEWAN GENEALOGICAL SOCIETY (5)**
PO Box 23, PANGMAN, SK, S0C 2C0. *Tel:* 442 4206.
Research Enquiries: included, free of charge. *Membership:* $5.00. + SGS fee annually. *Meetings:* 4th Wed./Sat. of month, except Jul & Dec, time varies, at Pangman Public Library. *Contact:* Edith Merritt, Tel: 442 4206. Joyce Carlson, Tel: 454 2400.

● **PIPESTONE BRANCH, SASKATCHEWAN GENEALOGICAL SOCIETY (1)**
Po Box 832, MOOSOMIN, SK S0G 3N0. *Contact:* Marg Lee. *Tel:* 435 2193.

● **PRINCE ALBERT BRANCH, SASKATCHEWAN GENEALOGICAL SOCIETY (5)**
Box 1464, PRINCE ALBERT, SAS, S6V 5T1.
Meetings: 2nd Tues. of the month. *Contact:* Annette Krayetski. *Tel:* 763 5029.

● **QUILL PLAINS BRANCH, SASKATCHEWAN GENEALOGICAL SOCIETY (4)**
Box 68, Kelvington, SASK, S0A 1W0.
Meetings: 1st Wed. of the mth, 7.30pm at Kelvington Library. *Contact:* Dianne Gradin. *Tel:* (306) 327 5379. *E-mail:* gdgradin@sasktel.net

● **RADVILLE BRANCH, SASKATCHEWAN GENEALOGICAL SOCIETY (3)**
PO Box 27, RADVILLE, SASK, S0C 2G0.
Library: Open to non-members, $2.00 per use. *Meetings:* 4th Mon. 7.30pm. *Other Particulars:* Column in *Radville Star. Secretary:* Elda Henheffér *Tel:* (306) 869 3153.

● **REGINA BRANCH, SASKATCHEWAN GENEALOGICAL SOCIETY (5)**
2818 Sinton Ave, REGINA, SAS, S4S 1K3.
Meetings: 4th Tues. of the month exc. July & Aug., 7.30pm at Knox Metropolitan Church. *Contact:* Bob Ewart *Tel.:* (306) 584 2582, *E-mail:* bluebirder@sasktel.com

- **SASKATOON BRANCH, SASKATCHEWAN GENEALOGICAL SOCIETY (2)**
  Box 5, 610 Clarence Ave. South, SASKATOON, SASK., S7H 2E2.
Library: Albert Community Centre. *Hours:* During meetings, 6.30pm-9pm. Members only. *Newsletter: ARMCHAIR GENEALOGIST,* 5 per year. Members only. *Branch Membership:* $10.00 plus $33.00 Sask. Gen. Soc. (Senior $25.00). *Meetings:* 2nd Wed 7-9pm, except Jul & Aug, Albert Centre, Clarence Ave + 12th Street. *Pres.:* Michelle Rusk. *Tel:* 384 8813. E-mail: mac.rusk@shaw.ca *Secretary:* Elaine Hamm.

- **SOUTH EAST BRANCH, SASKATCHEWAN GENEALOGICAL SOCIETY (5)**
  PO Box 460, CARNDUFF, SAS, S0C 0S0. *E-mail:* medreher@sasktel.net
Meetings: 4th Thursday each month., alternating Carnduff & Oxbow. *President:* Evelyn Dreher. *Secretary:* Stella Harrison. *Tel:* 482 3410.

- **WEST CENTRAL BRANCH, SASKATCHEWAN GENEALOGICAL SOCIETY (4)**
  PO Box 472, ESTON, SK, S0L 1A0.
Membership: $9.50. *Meetings:* 3rd Tues each month at Wheatland Regional Library. *President:* Eileen Martsch (306) 962 4577. *Secretary:* Betty McManus (306) 962 4678.

- **YORKTON BRANCH, SASKATCHEWAN GENEALOGICAL SOCIETY (5)**
  Box 100, SHEHO, SAS, S0A 3T0.
Meetings: 2nd Tues. of the month, 7pm at Yorkton Public Library. *Contact:* Rita Chernoff. *Tel:* (306) 272 4749.

YUKON (YUK)

- **DAWSON CITY MUSEUM & HISTORICAL SOCIETY (2)**
  PO Box 303, DAWSON CITY, YT, Y0B 1G0. *Homepage:* http://www.gold-rush.org
Library Hours: Summer; Mon-Fri 10am-5pm. Winter: by appointment only. Free with admission to Museum. *Journal: DAWSON CITY MUSEUM NEWSLETTER,* 4 per year. *Membership:* $15.00. *Other Particulars:* Research done at $25/hr, the first ½ hour is free of charge. *Director:* Paul Thistle. *Tel:* (867) 993 5291. *Fax:* (403) 933 5839. *E-mail:* dcmuseum@yknet.yk.ca

Croatia

- **CROATIAN GENEALOGICAL SOCIETY (1)**
  2527 San Carlos Ave., SAN CARLOS, CA 94070, USA. *E-mail:* croatians@aol.com
Library: As above. *Hours:* Mon to Fri 10am-4pm. Open to non members. *Research Enquiries:* Open to members. *President:* Adam S. Eterovich. *Secretary:* Jakobina Guzitza. *Tel:* (650) 592 1190

Czechoslovakia - Tchécoslovaquie

- **CZECHOSLOVAK GENEALOGICAL SOCIETY INTERNATIONAL (1)**
  PO Box 16225, ST PAUL, MN 55116-0225, USA. Established 1988.
Membership: $20.00 ($25.00 family), add $10.00 outside USA. Membership over 4000. *Meetings:* Quarterly, with bi-yearly conference. *Newsletter: NASE RODINA,* quarterly. *Journal: ROCENKA,* Membership over 3,200. *E-mail:* cgsi@aol.com *Website:* www.cgsi.org

Denmark - Danmark

- **SAMMENSLUTNINGEN AF SLAEGTSHISTORISKE FORENINGER (SSF) (1)**
  (The Organisation of Genealogical Societies).
President: Jytte Skaaning, Vinkaeldervej 6A, DK-5000 ODENSE C, Denmark.
E-mail: skaaning@email.dk *Journal: SLAEGTEN,* available at 50 Dkr per year. 2 per year. *Editor:* Anton Blaabjerg.

- **SAMFUNDET FOR DANSK GENEALOGI OG PERSONALHISTORIE (1)**
  C/o Paikin, Kildevaenget 37, DK-2100, COPENHAGEN O, Denmark.
Website: www.genealogi.dk *E-mail:* webmaster@genealogi.dk
Journal: PERSONALHISTORISK TIDSSKRIFT. non members 200 Dkk. *Membership:* 175 Dkr. *President:* Finn Andersen. *Editor:* Jorgen Mikkelsen.

- **HVEM FORSKER HVAD (DANISH GENEALOGICAL RESEARCH GUIDE) (0)**
Street Address: Rolfsvej 14, 3., DK-2000 Frederiksberg, Dennmark.
Editor: Michael Bach. *E-mail:* info@hvemforskerhvad.dk *Website:* www.hvemforskerhvad.dk

- **BORNHOLM SLAEGTSHISTORISKE FORENING (1)**
  C/o Bornholms Lokalhistoriske Arkiv, Pingels Alle 1, DK-3700 RONNE.
E-mail: bslf@post.cybercity.dk *Website:* www.bornholm.genealogi

- **SYDVESTJYSK EGNS - OG SLAEGTSHISTORISK FORENING (9)**
  J. Dieckmann Rasmussen, Byhistorisk Arkiv, Torvegade 47, PO Box 522, DK-6700 ESBJERG.
- **SLAEGTS - OG LOKALHISTORISK FORENING i FREDERIKSHAVN (9)**
  Hardy Jespersen, Bangsbo Museum & Arkiv, Dronning Margrethes, Vej 6, DK-9900 FREDER-IKSHAVN.
- **EGNS - OG SLAEGTSHISTORISK FORENING i HOLSTEBRO (9)**
  Jytte Knudsen, Fabersvej 48, DK-7500 HOLSTEBRO.
- **SLAEGTS - OG EGNSHISTORISK FORENING RANDERS (1)**
  Præstegårsvej 1a, Øster Velling, DK-8900, RANDERS, Denmark. President: Karl Erik Jensen. *E-mail:* raskjens@post9.tele.dk
- **SLAEGTSHISTORISK FORENING dl SOENDERJYLLAND (1)**
  Mosevang 29, Ulkebol, DK-6400 SOENDERBORG, Denmark. *President:* Ole H. Jensen, Klovermarken 3, DK-6430 Nordborg. *E-mail:* ohj.adr.dk.
- **TREKANTOMRAADETS (KOLDING, VEJLE, MIDDELFART) SLAEGTSHISTORISKE FORENING, FREDERICIA (9)**
  Jesper Ratjen, Majvaenget 66, Bramdrup, DK-6000 KOLDING, Denmark.
- **SLAEGTSHISTORISK FORENING VESTSJAELLAND (1)**
  Bjarne Petersen, Wesles Have 4, DK-4300, HOLBAEK, Denmark. *E-mail:* bjpe@ramsoe.dk
- **SLAEGTSHISTORISK FORENING for VIBORG OG OMEGN (1)**
  Fredensgade 38, DK-8800 VIBORG, Denmark. *E-mail:* anton_blaabjerg@post.tele.dk
  Vice President: Anton Blaabjerg.
- **SLAEGTSHISTORISK FORENING i AARHUS (1)**
  Noeddevej 2, 8260 VIBY J, Denmark. *President:* Tove Glud Rasmussen.
- **SLAEGTSHISTORISK FORENING for SYDSJAELLAND (9)**
  Vagtelvej 35, DK-4700 NAESTVED, Denmark. *President:* Henning Ballegaard. *Tel:* 45 55 75 15 24. *E-mail:* henbal@post7.tele.dk

Deutschland (Siehe Germany)

England (See also British Isles) - Angleterre

NATIONAL

- **SOCIETY OF GENEALOGISTS (4)**
  14 Charterhouse Buildings, Goswell Rd., LONDON, EC1M 7BA, Eng. *Tel:* (020) 7251 8799. *Library:* As above. *Hours:* Tues., Wed., Fri., Sat. 10am-6pm; Thurs. 10am-8pm. Open to non members. Daily fee £3.50 hour, £9.50 for 4 hrs, £14.50 full day. *Journal: GENEALOGISTS' MAGAZINE* £12.00 per year and *COMPUTERS IN GENEALOGY* £8.00 per year (£10.00 for non members), both quarterly. *Membership:* £40.00 (with direct debit) and £43.00 (no direct debit), Joining fee £10.00. Journals may be subscribed to separately by non members. *Acting Director:* June Perrin. *E-mail:* info@sog.org.uk *Website:* http://www.sog.org.uk *Fax:* (020) 7250 1800.
- **FEDERATION OF FAMILY HISTORY SOCIETIES (5)**
  PO Box 2425, Coventry, CV5 6YX, Eng. *Tel:* (07041) 492 032. *E-mail:* info@ffhs.org.uk
  Websites: www.ffhs.org.uk, www.familyhistoryonline.net and www.genfair.com
  Membership: International Federation. Membership is open to genealogical societies worldwide.
- **ANGLO-FRENCH FAMILY HISTORY SOCIETY (1)**
  (Société d'Historie Généalogique Anglo-Française) *Founded/fondé:* 1993.
  31 Collingwood Walk, ANDOVER, Hampshire, SP10 1PU, England, UK.
  Bulletin/journal: French Ancestor trimestrie/quarterly. For English speaking members researching their ancestors in France. *Research enquiries:* members only/membres seulement via journal. *President:* Patrick Pontet.
- **ANGLO-GERMAN FAMILY HISTORY SOCIETY (5)**
  Secretary: Mrs G. Davis, 5 Oldbury Grove, Beaconsfield, BUCKS HP9 2AJ, England.
  Tel: (01494) 676 812. *Website:* www.agfhs.org.uk *E-mail:* GwedolineDavis@aol.com *Membership:* £10.00 single, £11.00 joint, other Eu £11.50, £13.50 overseas. £5.00 joining fee. *Journal:* "Mitteilungsblatt" (quarterly newsletter, available to non-members).

Societies & Organizations —2005 — England (See also British Isles) - Angleterre

- **ANGLO-ITALIAN FAMILY HISTORY SOCIETY (Est. 2002) (4)**
  Membership Secretary: Mr S.P. Goucher, Anglers Rest, Grove Cres., Teignmouth, DEVON, TQ14 9HP, England.
  Tel: (01626) 774 141. *Email:* sp.goucher@virgin.net *Website:* www.anglo-italianfhs.org.uk
  Membership: £5.00 Email membership, £10.00 Postal membership. Members out of the UK requiring postal membership £13.00. *Journal: ITALIAN ROOTS* issued quarterly.

- **CATHOLIC FAMILY HISTORY SOCIETY (5)**
  C/o 9 Snows Green Road, Shotley Bridge, Consett, DUR, DH8 0HD, England.
  Journal: CATHOLIC ANCESTOR, 3 per yr. *Research Enquiries:* Available to members in journal. *Membership:* £10 (U.K.); £14 (overseas) *Pres:* Hon. Georgina Stonor. *Sec.:* Mrs Margaret Bowery.

- **FAMILIES IN BRITISH INDIA SOCIETY (FIBIS) (4)**
  'Sentosa', Godolphin Road, Weybridge, SURREY KT13 0PT, England.
  Journal: 2 per year. *Lectures:* 2 per year. *Research Enquiries:* Available by arrangement. *Membership:* £10 per year (UK), £15 per year (overseas). *Secretary:* Peter Bailey. *General Enquiries:* peter@bailey718.fsworld.co.uk *Membership Enquiries:* lawrie.butler@talk21.com

- **GUILD OF ONE-NAME STUDIES (3)**
  Box G, 14 Charterhouse Buildings, Goswell Rd., LONDON, EC1M 7BA, England.
  E-mail: secretary@one-name.org *Website:* www.one-name.org
  Journal: THE JOURNAL OF ONE-NAME STUDIES, 4 per year. *Membership:* £12.00 per annum. *Secretary:* James Isard.

- **HUGUENOT SOCIETY OF GREAT BRITAIN & IRELAND (2)**
  Huguenot Library, University College, Gower St., LONDON WC1E 6BT, England.
  Library: As above. *Hours:* Open by appointment to members and fee-paying readers on daily basis. *Journal: Proceedings Of The Huguenot Society Of Great Britain & Ireland.* Available to non members at £8.00 per part plus postage. *Membership:* £15.00 (Fellows), £15.00 (Libraries). Initial joining fee £10.00. For UK & Europe members. For others, apply to the Hon. Secretary. *President:* The Revd. T.D. Desert, M.A. *Librarian:* S.W. Massil, B.A., Dip.Lib., F.L.A., F.R.A.S. *Hon. Secretary:* Mrs Mary Bayliss, M.A. *Editor:* J.R. Vigne, M.A. F.S.A. Quarto series, issued at irregular intervals, comprising edited transcripts of MSS, catalogues and other material. *E-mail:* s.massil@ucl.ac.uk *Website:* www.ucl.ac.uk/ucl-info/divisions/library/huguenot.htm

- **QUAKER FAMILY HISTORY SOCIETY (5)**
  1 Ormond Crescent, Hampton, MIDDX, TW12 2TJ, England. *E-mail:* info@qfhs.co.uk
  Journal: QUAKER CONNECTIONS, 3 per year. *Membership:* £10 single, (family as single plus £1 per additional member at same address), £12 overseas. *Website:* www.qfhs.co.uk

- **THE INSTITUTE OF HERALDIC AND GENEALOGICAL STUDIES (4)**
  79-82 Northgate, CANTERBURY, Kent, CT1 1BA, England.
  E-mail: ihgs@ihgs.ac.uk *Website:* http://www.ihgs.ac.uk/
  Tel: (01227) 768664. *Fax:* (01227) 765617. *Library:* As above. *Hours:* Mon, Wed & Fri 10am-4.30pm. Open to non members - daily fee £12.50. *Journal: FAMILY HISTORY* available to non members at £15.00 per year. *Membership:* £22.50, Joining fee £15.00. Institute is an incorporated educational trust running regular, full-time, residential day and correspondence courses; providing for post-graduate studies; syllabus for teachers and students; lecture programme available. Extensive and unique collections of indexes incl. GRO 1837-1996, Pallot, Boyd, IGI, available for mail research service (SAE for leaflet). *Registrar:* Jeremy Palmer. *Principal:* C.R. Humphery-Smith.

English Counties - Note: They are listed under Pre 1974 County areas.

BEDFORDSHIRE (BDF)

- **BEDFORDSHIRE FAMILY HISTORY SOCIETY (4)**
  PO Box 214, BEDFORD, Beds, MK42 9RX, England.
  E-mail: bfhs@bfhs.org.uk *Website:* www.bfhs.org.uk *Journal: BEDFORDSHIRE F.H.S. JOURNAL,* 4 per year, free with membership. *Publications:* Index to 1851 Census of Bedfordshire; Bedfordshire Strays Index; Bedfordshire Parish Poor Law Papers 1622-1834. Full publication list available. *Membership:* £8.00. *Chairman:* Geoff Sewell. *Secretary:* Anne T. Simmonds. Membership details and other information please enclose S.S.A.E. at least 220mm x 110mm or 3 IRCs. *Publication:* Beds Prime Index of Parish Registers.

BERKSHIRE (BRK)

- **BERKSHIRE FAMILY HISTORY SOCIETY (5)**
  Yeomanry House, 131 Castle Hill, READING RG1 7TJ, England.
  Tel.: (0118) 950 9553. *Website:* www.berksfhs.org.uk *Email:* researchcentre@berksfhs.org.uk

England (See also British Isles) - Angleterre Societies & Organizations —2005

Branches: Monthly meetings at Abingdon, Bracknell, Newbury, Reading, and Windsor. *Research Centre:* address as above. *Hours:* Tues. 10am-4pm & 7pm-9.30pm, Wed. & Thurs. 10am-4pm. 2nd & 4th Sunday each month 11am-4pm. Admission free to members, admission charge of £2.00 to non-members. Complete with fiche and film readers, fiche printer, computer suite including printer, Broadband internet connection, Reference Library of 7,500 books, fiche sets & CD-ROMs plus almost complete Exchange Magazine Library, Berkshire Name Search. *Journal:* BERKSHIRE FAMILY HISTORIAN, quarterly. *Membership:* Individual £13.00, family £14.00, overseas £15.00, all inclusive of £2.00 enrolment fee.

BIRMINGHAM

- **BIRMINGHAM & MIDLAND SOCIETY FOR GENEALOGY AND HERALDRY (4)**
  c/- 5 Sanderling Court, Spennells, Kidderminster, Worcs, DY10 4TS, England.
  Tel: 01562 743912. *E-mail:* gensec@bmsgh.org
  Library: The Reference Library is in the Kingsley Norris Room at The Birmingham & Midland Institute, Margaret St., Birmingham. *Hours:* Mon.-Thurs. 10am-4pm. *Journal:* THE MIDLAND ANCESTOR, 4 per year. Back issues available to non members. Price on application. *Membership:* £12.50. *President:* Richard Ratcliffe F.S.G. *Secretary:* Mrs J. Cotterill.

BRISTOL (see Gloucestershire)

BUCKINGHAMSHIRE (BKM)

- **BUCKINGHAMSHIRE FAMILY HISTORY SOCIETY (4)**
  C/o PO Box 403, Aylesbury, Bucks, HP21 7GU, Eng.
  Journal: ORIGINS quarterly. *Membership:* £9 pa. Family membership (2 adults & children under 16 at same address) £12.00. Overseas membership £12 in sterling. OAP membership £7. OAP couple (either person 60 or over) £9. Corporate £12. *Meetings:* Monthly at Aylesbury, Bletchley and Bourne End. For details see *Origins* or the website. *Publications:* Publications Officer, PO Box 403, Aylesbury, Bucks, HP21 7GU. *Website:* www.bucksfhs.org.uk *Email:* society@bucksfhs.org.uk

- **BUCKS GENEALOGICAL SOCIETY (5)**
  Secretary: Eve McLaughlin, Varneys, Rudds Lane, Haddenham, Bucks, HP17 8JP, England.
  Tel: (01844) 291631. *Meetings:* 2pm, second Sat in month (1st Sat. Dec) Hartwell Day Centre, Thame Rd Sth off A418 Aylesbury. Annual open day 4th Sat. April. Expert advice sessions, Lending Library and access by appointment to own reference library. Bucks Publications + general booklist. *Membership:* UK £8.50 individual, £10.00 family, £12 o'seas. *Magazine:* Bucks Ancestor. 4 per yr. Research enquiries by arrangement.

CAMBRIDGESHIRE (CAM)

- **CAMBRIDGESHIRE FAMILY HISTORY SOCIETY (5)**
  C/o 43 Eachard Rd., CAMBRIDGE, CB3 0HZ, England.
  E-mail: secretary@cfhs.org.uk *Journal:* CAMBS F.H.S. JOURNAL, 4 per year. *Membership:* £7.00, £10.00 overseas. *Chairman:* Wendy Doyle.

- **CAMBRIDGE UNIVERSITY HERALDIC & GENEALOGICAL SOCIETY (4)**
  c/o Crossfield House, Dale Road, STANTON, Bury St.Edmunds, Suffolk IP31 2DY, England.
  URL: http://www.cam.ac.uk/Societies/cuhags *E-mail:* DerekPalgrave@btinternet.com *Meetings:* Alternate Thurs. in Full Term, Thirkill Room, Clare College, at 8.45pm and outings, dinners. *Journal:* THE ESCUTCHEON termly. *Library:* By appointment, usually to members only. *Membership:* £5 students; £10 friends. *Patron:* His Grace The Duke of Norfolk. *President:* Daniel Coughlan.

- **PETERBOROUGH & DISTRICT FAMILY HISTORY SOCIETY (5)**
  111 New Road, Woodston, Peterborough, PE2 9HE, England.
  Journal: P.& D. F.H.S. JOURNAL, 4 per year. *Membership:* £8.00, family £10.00, overseas £8.00. *Secretary:* Mrs M. Brewster. *E-mail:* meandmygarden@hotmail.com

CHESHIRE (CHS)

- **FAMILY HISTORY SOCIETY OF CHESHIRE (5)**
  C/- Secretary: 10 Dunns Lane, Ashton Heyes, Chester, CH3 8BU, England.
  Journal: CHESHIRE ANCESTOR, 4 per year. *Local Groups:* Alsager, Altrincham, Bebington, Birkenhead, Bramhall, Chester, Congleton, Crewe, Daresbury, Macclesfield, Nantwich, Northwich, Runcorn, Tarporley, Wallasey, West Kirby. Computer Group. *Membership:* £11.00 UK & Europe. £14.00 overseas. Joining fee £2.00. *Chairman:* David Lambert. *Secretary:* Mike Craig. *Website:* www.fhsc.org.uk

- **NORTH CHESHIRE FAMILY HISTORY SOCIETY (5)**
  2 Denham Dr., Bramhall, STOCKPORT, SK7 2AT, England. *Tel.:* 0161 439 9270.

Societies & Organizations —2005   *England (See also British Isles) - Angleterre*

Website: www.ncfhs.org.uk *Meetings:* Civic-Hall, London Rd., Hazel Grove, 3rd Tues. in month; Park House, 73 Northenden Rd., Sale, 2nd Wed.; 7.30pm-10pm. *Library:* at Sale & Hazel Grove. *Journal: FAMILY HISTORIAN*, 4 per year. *Research Enquiries:* On request. *Membership:* £8.00 full members (£8 surface mail, £10 airmail overseas); £7.50 country members. *President:* Mrs Joan Bower. *Secretary:* Mrs Rhoda Clarke.

CLEVELAND (CLV)
- **CLEVELAND, N. YORKSHIRE & S. DURHAM FAMILY HISTORY SOCIETY (4)**
1 Oxgang Cl, REDCAR, Cleveland TS10 4ND, England. *Tel/fax:* (01642) 486615.
Journal: 4 per year. Available to non members at £1.95. *Research Enquiries:* Free to members. *Membership:* £11.50 overseas air; £9.00 overseas surface; £8.00 UK. *Secretary:* Mr A. Sampson. *Branches:* Redcar, Northallerton, Hartlepool, Darlington, Middlesbrough, Upper Dales, Sedgefield.

CORNWALL (CON)
- **CORNWALL FAMILY HISTORY SOCIETY (2)**
5 Victoria Square, Truro, Cornwall, TR1 2RS, England.
Tel: (01872) 264044. *E-mail:* secretary@cornwallfhs.com
Library: as above. *Journal: C.F.H.S. JOURNAL*, 4 per year. *Research Enquiries:* Material held in our own Library searched for members (small fee). *Membership:* £12.00 UK. £17.00 overseas airmail. *Other Particulars:* Major meetings in Cornwall in mid-May and mid-November, with local meetings at other times. *Chairman:* David Holman. *Sec./Admin:* Pat Fawcett.

- **CORNISH FOREFATHERS SOCIETY (5)**
Mrs Pam Drake, Credvill, Quakers Road, Perranwell Station, Truro, Cornwall, TR3 7PJ, Eng.
E-mail: forefathers@ukonline.co.uk *Website:* www.cornish-forefathers.com
A Family History Research Society, for anyone who has, or is researching Cornish Ancestry. For £20.00 a year, you get 4 journals, an interest book and hopefully, your research queries answered. Transcribes parish records and publishes them on CD.

CUMBRIA (CMA)
- **CUMBRIA FAMILY HISTORY SOCIETY (5)**
32 Granada Road, DENTON, Manchester, M34 2LJ, England.
Newsletter: 4 per year. *Membership:* £8.00 U.K., £9.00 Surface, £11.00 Airmail. *President:* Miss S. MacPherson. *Secretary:* Mrs M.M.Russell.

- **FURNESS FAMILY HISTORY SOCIETY (5)**
General Secretary: Miss J.M. Fairbairn, 64 Cowlarns Road, Barrow-in-Furness, Cumbria, LA14 4HJ, England. *E-mail:* julia.fairbairn@virgin.net
Membership Secretary: Mrs M. Bland, 5 Cherrytree Way, Barrow-in-Furness, Cumbria, LA13 0LG.
E-mail: cherrytreesfive@virgin.net *Meetings:* 1st Mon. of month 7.15pm except August, workshops 1st Fri. of month 7pm prompt except Aug. & Dec. Should the Monday meeting fall on a Bank Holiday then both events are put back one week. Meetings held in the Education Room, Dock Museum, Walney Road, Barrow-in-Furness. *Website:* http://www.members.aol.com/furnessfhs/fpw.html *Fees:* £7 single, £11 family, overseas + £3. Four Furness Family newsletters per year.

DERBYSHIRE (DBY)
- **DERBYSHIRE FAMILY HISTORY SOCIETY (5)**
Hon. Secretary: Bridge Chapel House, St.Mary's Bridge, Sowter Rd., Derby, DE1 3AT, England. *Website:* www.dfhs.org.uk
Library: Bridge Chapel House. *Hours:* Tues., Thurs. & Sat. 10am-4pm. *Journal:* 4 per year. Meetings: Local groups at Derby, Glossop, Shirland & Swadlincote. Research Enquiries: Specific enquiries for Members - £2 per 3 names & pro rata. Non-specific enquiries for Members - £2 per 1/2 hour. Non-members £5 per 1/2 hour. Library appointments: Mrs H. Betteridge, Bridge Chapel House.

- **CHESTERFIELD & DISTRICT FAMILY HISTORY SOCIETY (3)**
Secretary: Dorothy Flaxman, 16 Mill Cres., Wingerworth, Chesterfield, S42 6NN, England.
Tel.: 01246 231900. *E-mail:* cadfhs@aol.com

DEVON (DEV)
- **DEVON FAMILY HISTORY SOCIETY (5)**
PO Box 9, Exeter, Devon, EX2 6YP, England.
Website: www.devonfhs.org.uk *Journal: THE DEVON FAMILY HISTORIAN*, Feb., May, Aug., Nov. *Membership:* £10 U.K. £12 Overseas. *Chair:* Mrs Maureen Selley.

DORSET (DOR) (see also Somerset)
- **DORSET FAMILY HISTORY SOCIETY (5)**
C/- Mrs Winter, Unit 40 Mannings Heath Works, 18 Manning Heath Road, PARKSTONE, BH12

4NJ. Web: www.dorsetfhs.freeserve.co.uk *Tel:* (01202) 736261.
Journal: JOURNAL OF THE DORSET FAMILY HISTORY SOCIETY, 4 per year. *Membership:* £10.00 UK, £15.00 overseas. *Chairman:* Graham Rabbetts. *Sec.:* Mrs Debbie Winter.

DURHAM (DUR) (see Northumberland and also Cleveland)
* **BELMONT FAMILY HISTORY GROUP (0)**
C/- Enid Harrison, 20 Romney Dr., Carrville, DURHAM DH1 1LS, Eng.

ESSEX (ESS)
* **ESSEX SOCIETY FOR FAMILY HISTORY (5)**
C/o Windyridge, 32 Parsons Heath, Colchester, Essex, CO4 3HX, England.
Journal: ESSEX FAMILY HISTORIAN, published quarterly to members. *Membership:* Joining fee £2.00 and annual subscription of £10.00 or £12.00 for two adults of the same family. *President:* The Lord Petre. *Chairman:* Eric Probert. *Secretary:* Ann Church, (above address). *Other Particulars:* Society's Research Room at Essex Record Office, Chelmsford, open 3 days a week and on days of meetings. Various services available to members. All enquiries to the Secretary, phone: (01206) 863817. *Website:* www.esfh.org.uk *E-mail:* secretary@esfh.org.uk

GLOUCESTERSHIRE (GLS)
* **GLOUCESTERSHIRE FAMILY HISTORY SOCIETY (5)**
Resource Centre, Spread Eagle Court, Northgate Street, GLOUCESTER, GL1 1SL, England.
Journal: GLOUCESTERSHIRE F.H.S. JOURNAL, 4 per year. Available to non members at £2.25 inc. p+p overseas, £1.75 inland. *Membership:* £10.00, £12.00 family, £14.00 overseas airmail. *Secretary:* Mr Alex Wood. *Tel:* (01452) 535608. *Email:* secretary@gfhs.org.uk

* **BRISTOL & AVON FAMILY HISTORY SOCIETY (4)**
Secretary: Mrs A. Lovell, 784 Muller Road, Eastville, Bristol, BS5 6XA, England.
E-mail: secretary@bafhs.org.uk *Website:* www.bafhs.org.uk
Journal: JOURNAL OF THE BRISTOL & AVON FAMILY HISTORY SOCIETY, 4 per year. Available to non members. *Research Enquiries:* to secretary. *Membership:* £12.00 standard, £13.00 family, concessionary (retired or student) overseas £13.00. *Meetings:* 2nd Mon. every month (except July & Aug.) at Bawa Club, Southmead Road, Filton, Bristol, 7.30pm -9.30pm. *Chair:* Shirley Hodgson.

HAMPSHIRE (HAM)
* **THE HAMPSHIRE GENEALOGICAL SOCIETY (5)**
C/o Secretary, 198a Havant, Drayton, Portsmouth, HAMPSHIRE PO6 2EH, England.
Journal: THE HAMPSHIRE FAMILY HISTORIAN published quarterly. *Membership:* Year begins 1 April. £10.00, overseas £13.00 (payable in Sterling only) (includes Air Mail postage).
Secretary: Mrs S.E. Brine. *Tel:* 02392 592596.
Website: www.hgs-online.org.uk *E-mail:* society@hgs-online.org.uk

HEREFORDSHIRE (HEF)
* **HEREFORDSHIRE FAMILY HISTORY SOCIETY (2)**
C/o Mr B. Prosser, 6 Birch Meadow, Gosmore Road, Clehonger, HEREFORD, HR2 9RH, Eng.
Website: www.rootsweb.com/~ukhfhs *Journal:* HEREFORDSHIRE FAMILY HISTORY SOCIETY JOURNAL, 4 per year. *Research Enquiries:* Limited research for members. *Membership:* £9.00 single, £12.00 family, £10.00 overseas. *Chair:* Mr P. Bufton. E-mail: philbufton@hotmail.com

HERTFORDSHIRE (HRT)
* **HERTFORDSHIRE FAMILY HISTORY SOCIETY (5)**
C/o 4 Newlands Lane, Hitchin, Herts., SG4 9AY, England.
E-mail: secretary@hertsfhs.org.uk *Website:* www.hertsfhs.org.uk *Journal:* HERTFORDSHIRE PEOPLE, 4 per year. *Membership:* £9.00 UK individual; £10.00 UK family; £10.00 overseas airmail; Remittances in Sterling only. *President:* Anthony Camp.

* **ROYSTON & DISTRICT FAMILY HISTORY SOCIETY (5)**
Baltana, London Road, Barkway, Royston, Herts. SG8 8EY, England. *Tel:* (01763) 848228.
Journal: 3 per year. *Membership:* £7.00 single £9.00 family (£9 & £10 overseas). *Chairman:* Mrs Avril Emery. *Secretary:* Kay Curtis. *E-mail:* kay.tails@virgin.net

HUNTINGDONSHIRE (HUN)
* **HUNTINGDONSHIRE FAMILY HISTORY SOCIETY (5)**
42 Crowhill, Godmanchester, Huntingdon, Cambs, PE29 2NR, England.
Email: secretary@huntsfhs.org.uk *Website:* http://www.huntsfhs.org.uk
Journal: THE HUNTSMAN, at present 3 per year to all members. Available to non members for £2 plus p&p. *Membership:* £8.00 UK. £10.00 overseas. *Other Particulars:* Meetings take place once a

month at the W.I. Centre, Walden Road, Huntingdon. 7.30pm on the 3rd Wed. of the month Sep-Jun inclusive. *Membership Secretary:* Mrs Deborah Webb. *Email:* membership@huntsfhs.org.uk

ISLE OF WIGHT (IOW)
- **ISLE OF WIGHT FAMILY HISTORY SOCIETY (5)**
  C/o Secretary, 9 Forest Dell, Winford, Sandown, IOW PO36 0LG, England. *E-mail:* brenda@dodgson9.freeserve.co.uk *Tel:* (01983) 862265. *Library:* Available at meetings only. *Journal: IOWFHS JOURNAL*, 4 per year. *Research Enquiries:* Details on request. *Other Particulars:* Meetings at The Riverside, Newport. *Membership:* £7.00 UK, £10.00 overseas. *Chairman:* Chris Braund. *Secretary:* Mrs B. Dodgson.

KENT (KEN)
- **KENT FAMILY HISTORY SOCIETY (5)**
  c/o Mrs Kristin Slater, Bullockstone Farm, Bullockstone Rd, Herne Bay, Kent, CT6 7NL, Eng. *Website:* www.kfhs.org.uk *E-mail:* kristn@globalnet.co.uk *Membership Secretary:* Mrs Jean Skilling, 15 Port Close, Lordswood, Chatham, Kent ME5 8DU. *Journal: KENT F.H.S. JOURNAL*, 4 per year. *Membership:* (year begins 1st July) £9.00 single, £10.00 family, £11.00 overseas single, £12.00 overseas family. Overseas members in Australia, Canada, New Zealand & USA may pay to local agents, addresses given in the Journal or ask for the address. Branches: Ashford, Canterbury (http://members.aol.com/cantbranch/index.htm), Deal (www.kfhs-deal.freeserve.com), Maidstone, Medway, Thanet; Australia & New Zealand.

- **FOLKESTONE & DISTRICT FAMILY HISTORY SOCIETY (5)**
  C/o Alison Smith, 81 Wear Bay Road, FOLKESTONE, Kent CT19 6PR, Eng. *Website:* http://freeserve.virgin.net/jennifer.killick/folkestone&districtfhs/ *Library:* Bob Nield. *Journal: THE KENTISH CONNECTION*, 4 per year. *Membership:* £8 single, £10 joint. Overseas extra. *Other:* One-day Conference held usually every 18 months. Area covered: Folkestone, Hythe, Romney Marsh & Elham Valley. *Chair:* Jeanne Brinton. *Sec:* Alison Smith, *Email:* FHS81@Smith43aslan.freeserve.co.uk

- **NORTH WEST KENT FAMILY HISTORY SOCIETY (3)**
  Hon. Sec.: Mrs Vera Bailey, 58 Clarendon Gardens, DARTFORD, Kent DA2 6EZ, England. *Journal: NORTHWEST KENT FAMILY HISTORY*, 4 per year. *Membership:* £8.00 single, £10.00 family. *President:* Mrs Jean Stirk. *Website:* www.nwkfhs.org.uk

- **TUNBRIDGE WELLS FAMILY HISTORY SOCIETY (5)**
  Secretary: Mr Roy Thompson, 5 College Road, TUNBRIDGE WELLS, Kent, TN3 3PN, Eng. *E-mail:* RoyThompson@ukgateway.net *Meetings:* 4th Tues. in each month (except Dec.) at Groombridge Village Hall, Groombridge, Sussex. 7.30-10.00pm. *Journal:* 3 per year. *Membership:* £8.00 individual, £10.00 family & overseas (in £). *Website:* www.tunwells_fhs.co.uk

- **WOOLWICH & DISTRICT FAMILY HISTORY SOCIETY (3)**
  Secretary: Mrs E. Reynolds, 54 Parkhill Rd, BEXLEYHEATH, Kent DA5 1HY, England. *Email:* Frednafhs@aol.com *Journal: Woolwich & District* 4 per year. *Membership:* £8.00. (pension £5.00), o'seas £10.00.

LANCASHIRE (LAN)
- **LANCASHIRE FAMILY HISTORY & HERALDRY SOCIETY (5)**
  No. 2 The Straits, Oswaldtwistle, Lancashire, BB5 3LU, England. *Website*: www.lfhhs.org.uk *E-mail:* secretary@lfhhs.org.uk *Tel:* (01772) 336528. *Journal: LANCASHIRE* 4 per year. *Research Enquiries:* No research undertaken for non members. *Membership:* Ordinary (UK) £12.00, family (UK) £13.00, pensioners & students (UK) £9.50, overseas members £14.00. *Meetings:* Monthly, Branches at Blackburn, Bury, Chorley, Fylde, Hyndburn, Lancaster & Morecambe, Pendle & Burnley, Preston, Ribble Valley, Rochdale, Rossendale. A Heraldry Branch meets in Preston. A Computer Group meet in Chorley, The London & S. England Branch meets 5 times per yr in Central London.

- **LANCASHIRE PARISH REGISTER SOCIETY (5)**
  18 Churton Grove, Shevington Moor, Wigan, WN6 0SZ, England. *Website:* www.genuki.org.uk/big/eng/LAN/lprs *E-mail:* akenwright@yahoo.com
  The Society was formed in 1898 with the aims of transcribing, preserving and publishing the pre 1837 Anglican registers of the old County of Lancashire. The Society has published over 180 volumes either in hardback or on microfiche. Members receive copies of everything published during each year of membership as well as the opportunity to purchase, at reduced cost, previously published volumes. Individual membership £18, Library membership £28.

England (See also British Isles) - Angleterre   Societies & Organizations —2005

- **LIVERPOOL & SW LANCASHIRE FAMILY HISTORY SOCIETY (5)**
11 Bushbys Lane, Formby, LIVERPOOL, L37 2DX, England. *Journal:* LIVERPOOL FAMILY HISTORIAN, 4 per year. *Membership:* £7.00 UK, £7.50 Europe, other overseas £10.00. *President:* Harold Culling, F.S.G. *General Secretary:* Mr David Guiver. *Website:* www.liverpool-genealogy.org.uk

- **MANCHESTER & LANCASHIRE FAMILY HISTORY SOCIETY (5)**
Clayton House, 59 Piccadilly, MANCHESTER M1 2AQ, England. *Fax:* (0161) 237 3812. *Tel:* (0161) 236 9750.
E-mail: office@mlfhs.org.uk *Website:* www.mlfhs.org.uk
Library: As above. *Hours:* Mon. & Fri. 10.15am-1pm; Tues. & Thurs. 10.15am-4pm; 3rd Sat. 10.15am-1pm. *Journal:* MANCHESTER GENEALOGIST, 4 per year. *Research Enquiries:* No research is undertaken for non members. *Membership:* £12.50 single, £15.00 family in the UK. £15.00 overseas single or family. £3.00 enrolment. *Meetings:* quarterly at Clayton House. *Branches:* Bolton & District - 1st Wed., 7.30pm at Bolton Cricket Club; Oldham & District - 2nd Thurs. 2pm at One World Centre, Oldham; Anglo/Scottish - 3rd Sat. 2pm at Clayton House. Irish Ancestry - 2nd Mon. 1.30pm at Clayton House. Computers - 4th Sat. 2pm at Clayton House. *Gen. Secretary:* Mrs J.E. Sellers.

- **LANCASTER FAMILY HISTORY GROUP (5)**
Secretary: 116 Bowerham Road, Lancaster, LA1 4HL, England.
Meetings: Barton Rd Community Centre, Lancaster. 1st Wed. month at 7.30pm. *Newsletter:* 10 per year. *Membership:* £6, 0verseas membership £7. *E-mail:* historyhouse@btinternet.com

- **NORTH MEOLS FAMILY HISTORY SOCIETY (5)**
Secretary: Jane Scarisbrick, 6 Millars Place, Marshside, Southport, Merseyside, PR9 9FU, Eng. *Tel:* 01704 229241. *Journal:* SANDGROUNDER 4 per year. *Research:* Library access and research help to members only. *Membership:* £8.50 single, £10.50 joint, £12.50 overseas. *Meetings:* 3rd Thurs. monthly, 8pm Church of the Latter Day Saints, Preston New Road, Southport. Annual Open Day in St.Cuthbert's Parish Hall on the last Sat. in September.

- **ORMSKIRK & DISTRICT FAMILY HISTORY SOCIETY (4)**
C/- Ormskirk College, Hants Lane, ORMSKIRK, Lancs L39 1PX, Eng. *Tel:* (01695) 578 604. Formed 1980. Covers western Lancashire. *Journal:* ORMSKIRK FAMILY HISTORIAN, 3 per year plus occasional newsletters. Back numbers Journal £1.30 UK incl. post. Overseas extra. Photocopies individual articles available. *Research Enquiries:* by arrangement, nominal charge or donation. *Meetings:* 4th Wed. in month except Dec. *Membership:* UK individual £10.00, family £12.00. Concessionary rates on renewal. Aust. $A35.00, other Overseas £14.00. *Chairman:* Dave Hunter. *Sec:* Pam Richardson. *E-mail:* odfhs@skelmersdale.ac.uk *Web:* www.odfhs.freeserve.co.uk

LEICESTERSHIRE (LEI)

- **LEICESTERSHIRE & RUTLAND FAMILY HISTORY SOCIETY (4)**
11 Spring Lane, Wymondham, Leicester, LE14 2AY, England.
Website: www.lrfhs.org.uk *Newsletter:* 4 per year. *Membership:* £9.50 single, £10.50 family, £10.00 overseas. *Chair:* Peter Cousins. *Sec:* Ray Broad. *E-mail:* secretary@lrfhs.org.uk

LINCOLNSHIRE (LIN)

- **LINCOLNSHIRE FAMILY HISTORY SOCIETY (3)**
10 Windsor Avenue. Holbeach, Spalding, Lincs PE12 7AN, England. *Tel:* 01406 423383.
Website: www.lincolnshirefhs.org.uk *E-mail:* chairman@lincolnshirefhs.org.uk
Research Centre: Unit 6, 33 Monks Way, Monks Road, Lincoln, LN2 5LN. Open weekly Mon. 9am-1pm, Thurs. 7pm-9pm; Sun. 2pm-5pm. *Magazine:* 4 per year. *Membership:* £8.00; £9.00 family membership; £11.00 overseas. *Chairman:* Mrs J. Dungate. Eight branches meeting monthly at Lincoln, Horncastle, Louth, Great Grimsby, Boston, Grantham, Scunthorpe and Bourne, and quarterly in London.

- **BOSTON FAMILY HISTORY BRANCH, LINCOLNSHIRE F.H.S. (5)**
A group within the Lincolnshire Family History Society.
Contact: Mrs C. Steele, The Bungalow, Cole Lane, Stickford, Boston, Lincs PE22 8EU, Eng. Meets 1st Friday of each month except August. For details of venue, contact secretary at above address. Some research work relating to local area undertaken by arrangement.

- **HORNCASTLE BRANCH, LINCOLNSHIRE FAMILY HISTORY SOCIETY (5)**
Mrs E.J. O'Regan, 6 Market Place, Tattershall, LIN LN4 4LG, Eng.
Email: TAIDHGH@aol.com

LIVERPOOL (see Lancashire)

LONDON (LND) & MIDDLESEX (MDX)
- **LONDON WESTMINSTER AND MIDDLESEX FAMILY HISTORY SOCIETY (5)**
  C/o Joint Hon. Secretaries., J. & W.R. Pyemont, 57 Belvedere Way, Kenton Harrow, Middx, HA3 9XQ, England. *Tel:* (44) 020 8204 5470. *Email:* william.pyemont@virgin.net *Journal:* METROPOLITAN, 4 per year, free to members, £2.50 to non-members. 'Help' enquiries (limit 50 words) free to members. *Advertisements:* Full page £45.00. Other rates application pro rata. For further details apply to Hon. Sec. For Subscription details, apply to the Hon. Sec. *Chair:* Mrs Lilian Gibbens.

- **WEST MIDDLESEX FAMILY HISTORY SOCIETY (5)**
  22 Chalmers Road, Ashford, Middx, TW15 1DT, England. *Website:* www.west-middlesex-fhs.org.uk/ *Journal:* WEST MIDDLESEX F.H.S. JOURNAL, 4 per year. *Membership:* £10.00. *Meetings:* 3rd Thurs. each month, Montague Hall, Hounslow. *Members Secretary:* Mrs J. Watkins. *Email:* membership@west-middlesex-fhs.org.uk

- **HILLINGDON FAMILY HISTORY SOCIETY (5)**
  Secretary: Mrs G. May, 20 Moreland Drive, Gerards Cross, Bucks SL9 8BB, Eng. *E-mail:* GillMay@dial.pipex.com *or* hillingdonfhs@onetel.com *Website:* www.hfhs.co.uk *Tel:* (01753) 885602. Formed 1987; covering nine ancient Middlesex parishes in the London Borough of Hillingdon. *Journal: Hillingdon Family History Society Journal* quarterly. Available to non-members £1 plus 40p post. *Membership:* Individual £10.00, O'seas £11.00 (Europe) £13.00 (rest of the world), Family £14.00. *Meetings:* Hillingdon Park Baptist Church, Hercies Rd, Hillingdon, 3rd Thurs. in month, except Aug. & Dec. Research Centre available at church, 10am-1pm, 1st Sat. in month & Frid. remainder of month. Details on web. *Publications:* Include booklets on Beginning Genealogy.

MANCHESTER (See Lancashire and also Cumbria)

MIDDLESEX (MDX) (See London)

NORFOLK (NFK)
- **NORFOLK FAMILY HISTORY SOCIETY (3)**
  Kirby Hall, 70 St. Giles St., NORWICH, NR2 1LS, England. *Tel:* (01603) 763718. *Website:* www.norfolkfhs.org.uk *Library:* Kirby Hall, 70 St Giles St., Norwich. Non-members welcome (fee). *Journal:* NORFOLK ANCESTOR, 4 per year. *Membership:* £10.00. (£12.00 overseas), joint £15.00 (£18.00 o/s). *Branches:* East Norfolk, West Norfolk, Sth Norfolk, Norwich & London.

- **MID NORFOLK FAMILY HISTORY SOCIETY (5)**
  Secretary: K. Easdown, 47 Greengate, Swanton Morley, Dereham, NR20 4LX, England. *Membership:* £7 single, £10 couple living at same address. *Newsletter:* published 4 times per year. *Meetings:* 3rd Wed. of each month (except Dec.) 1930-2130 at Trinity Methodist Hall, Theatre Street, Dereham. *Research enquiries:* written enquiries only, with return postage, to Mrs K. Easdown, 47 Greengate, Swanton Morley, Dereham, Norfolk NR20 4LX. Note we are unable to undertake in depth research. *Website:* www.mnfhs.freeuk.com *Email:* familyhis@aol.com

NORTHAMPTONSHIRE (NTH)
- **NORTHAMPTONSHIRE FAMILY HISTORY SOCIETY (5)**
  17 Swyncombe Green, Hartwell, Northants, NN7 2JA, England. *Journal:* FOOTPRINTS, 4 per year. *Membership:* £10.00 all rates. *Membership Secretary:* Mrs M. Page 28 The Willows, Daneholme, Daventry, NN11 5PY. *Chair:* Mrs Angela Malin. *E-mail:* angela.malin@btinternet.com

NORTHUMBERLAND (NBL)
- **NORTHUMBERLAND & DURHAM FAMILY HISTORY SOCIETY (5)**
  2nd Floor, Bolbec Hall, Westgate Road, Newcastle upon Tyne, NE1 1SE, Eng. *Library and Research Centre:* as above. *Hours:* Mon.-Frid. 10am-4pm (1st Wed. of month until 7.30pm.) and 1st Sat. each month 11am-4pm, open to mon-members. *Membership:* £13.00 UK, £14.00 overseas, Visa or MasterCard accepted. *Website:* www.ndfhs.org.uk *Tel:* (0191) 261 2159.

NOTTINGHAMSHIRE (NTT)
- **NOTTINGHAMSHIRE FAMILY HISTORY SOCIETY (4)**
  C/o 26 Acorn Bank, WEST BRIDGFORD, Nottingham, NG2 7SH, England. *Journal:* NOTTINGHAMSHIRE FAMILY HISTORY SOCIETY JOURNAL, 4 per year. *Membership:* £10.00; £12.00 o'seas members. *Secretary:* Stuart Mason.

England (See also British Isles) - Angleterre Societies & Organizations —**2005**

OXFORDSHIRE (OXF)
- **THE OXFORDSHIRE FAMILY HISTORY SOCIETY (3)**
C/o 19 Mavor Close, WOODSTOCK, Oxon OX20 1YL, England. *Tel:* (01993) 812258. *Journal:* THE OXFORDSHIRE FAMILY HISTORIAN, 3 per year plus. Available to non members at £1.25 + 70p. p&p UK + 80p overseas airmail. *Membership:* £9.00 UK individual; £10.00 UK family; £10.00 Institutional; £12.00 overseas airmail, sterling cheques preferred. A number of publications and research services are available, write to *Secretary* Mrs Julie Kennedy for particulars. *President:* Hugh Kearsey. *Chairman:* Rebecca Vickers.

SHROPSHIRE (SAL)
- **SHROPSHIRE FAMILY HISTORY SOCIETY (5)**
Redhillside, Ludlow Rd, CHURCH STRETTON, Shrop. SY6 6AD, Eng. *Tel:* (01694) 722949. *Website:* www.sfhs.org.uk *E-mail:* secretary@sfhs.org.uk *Journal:* SHROPSHIRE F.H.S. JOURNAL, 4 per yr. Available to non members at £2.50. *Research Enquiries:* Cost of entries on request. *Membership:* £7.00. + Joining fee £2. *Sec:* Mrs Dorothy Hills.

SOMERSETSHIRE (SOM)
- **SOMERSET & DORSET FAMILY HISTORY SOCIETY (5)**
PO Box 4502, Sherborne, DT9 6YL, England.
E-mail: society@SDFHS.org *Website:* www.sdfhs.org *Tel:* 01935 389611
Journal: THE GREENWOOD TREE, published quarterly. *Local Groups:* Blackmore Vale, East Dorset, Frome, Mid Somerset, Sedgemore, South Dorset, Taunton, West Dorset, Yeovil; all with regular monthly meetings (details on Web or in *The Greenwood Tree*). *Publications:* include Indexes to 1841, 1851 1891 Census of Dorset & Somerset - see Web for many other publications. *Membership:* £12.00 UK and Overseas. *Chair:* Mr T.Udall. *Secretary:* Mrs Delia Horsfall.

- **WESTON-SUPER-MARE FAMILY HISTORY SOCIETY (1)**
Secretary: Ms Kerry James, 55 Osborne Road, Weston-Super-Mare, BS23 3EJ, England. *Library:* at meetings. *Journal:* 3 per yr. *Meetings:* Last Tues of month at Crossroads, Graham Road, Weston-Super-Mare (except Aug. & Dec.) *Membership:* £7 UK, £9.00 family & £10.00 overseas. *Tel:* (01934) 627053. *E-mail:* kes.jack@virgin.net

STAFFORDSHIRE (STS)
- **BURNTWOOD FAMILY HISTORY GROUP (3)**
Chairperson: Stan Fussell, 43 Morley Rd, Chase Terrace, Burntwood, Staffs, WS7 8DE, Engand.
E-mail: BFHG1986@yahoo.co.uk
Membership: £6.00 p.a. *Meetings:* Twice monthly. *Publications:* Local indices of P.R.'s Census, Non-conf. Regs., etc. *Contact:* as above.

SUFFOLK (SFK)
- **SUFFOLK FAMILY HISTORY SOCIETY (5)**
Cottage, 14 Birch Street, Nayland, Suffolk, CO6 4JA, England.
Email: admin@suffolkfhs.org.uk *Tel:* (01206) 263116. *Web:* www.suffolkfhs.co.uk
Journal: SUFFOLK ROOTS, 4 per year. *Membership:* Registration fee £3, full membership £10.00, family £13.00, OAP & under 16 £8.00, Overseas £13.00. *Chair:* Mrs Jean Evans. *Meetings:* Bury St.Edmunds, Haverhill, Ipswich, Long Melford, Lowestoft, Saxmundham, Stowmarket.

- **FELIXSTOWE FAMILY HISTORY SOCIETY (1)**
C/o Secretary, 7 Victoria Road, FELIXSTOWE, Suffolk, IP11 7PT, England.
Journal: ROOTS & BRANCHES, 4 per year. *Membership:* £11.00, family £15.00, overseas £15.00. *Meetings:* Held monthly at the Day Centre, Orwell Road, Felixstowe. *Research:* Orwell School, Maidstone Rd, Felixstowe. *Chair:* Mr M. Durrant. *Secretary:* Mrs J. Campbell.

SURREY (SRY)
- **EAST SURREY FAMILY HISTORY SOCIETY (5)**
C/o Secretary, 119 Keevil Drive, London, SW19 6TF, England.
Journal: EAST SURREY FAMILY HISTORY SOCIETY JOURNAL, 4 per year. *Research Enquiries:* Members only. *Membership:* All £8.00. *Meetings:* held 1st Thurs. each month at St.Nicholas Church Hall, Sutton, Surrey. Other meetings at Croydon, Southwark, Lingfield and Richmond. Write for particulars. *General:* Covers the area south of the Thames. *Secretary:* Don Knight. *E-mail:* secretary@eastsurreyfhs.org.uk

- **WEST SURREY FAMILY HISTORY SOCIETY (5)**
21 Sheppard Road, Basingstoke, Hants., RG21 3HT, England.
Journal: ROOT AND BRANCH, 4 per year. Available to non members at 80p plus post. *Membership:* £6.00; family £9.00; s.c.£5.00, o.s. £7.00. *Other:* Meetings monthly (except July & Aug.) at Camber-

ley, Dorking, Farnham, Guildford, Walton-on-Thames, Woking; Computer Group meeting at Ash Vale. *Publications:* For list of publications, send SAE (or 63p British stamps or 2 IRCs) to Mrs R. Cleaver, 17 Lane End Dr, Knaphill, Woking, Surrey, GU21 2QQ. *Internet address:* http://www.wsfhs.org *Indexes:* Many Surrey Parish Register and other indexes now available on microfiche and CDs. *E-mail:* secretary@wsfhs.org

SUSSEX (SSX)

- **SUSSEX FAMILY HISTORY GROUP (5)**
    Secretary: Mrs Margaret Bysh, 40 Tanbridge Park, Horsham, W.SSX, RH12 1SZ, England.
E-mail: secretary@sfhg.org.uk *Website:* www.sfgh.org.uk *Journal:* SUSSEX FAMILY HISTORIAN, 4 per year. *Membership:* £11.00 single; £13.00 joint, £8 student. *Other:* Regular evening meetings at 7.30pm are held in: Brighton & Hove, Ventnor Hall, Blatchington Road, Hove (second Wed. of each month), Chichester, St.George's Church Hall, Cleveland Rd. (last Wed. of each month), Crawley, at the Tilgate Community Centre, Shackleton Road, Tilgate, Crawley (last Wed. of each month) Uckfield Meeting Centre Luxford Day Centre, Uckfield (second Mon. each month) and Westmeads Meeting Centre, West Meads Hall, Aldwick, Bognor Regis (second Thurs. each month). Conference & AGM in March. *Pres:* Rt. Hon. Lord Teviot, F.S.G.

- **FAMILY ROOTS FAMILY HISTORY SOCIETY (EASTBOURNE & DISTRICT) (4)**
    Secretary: Mr John Crane, 8 Park Lane, Eastbourne, East Sussex, BN21 2UT, England.
    E-mail: johnandval.crane@tiscali.co.uk
Journal: FAMILY ROOTS, 4 per year. Free to members - available to non-members £1.00 + 27p. post. UK. *Research Enquiries:* £1.00 for non-members. *Membership:* £8.00, joint (husband/wife) £10.00, overseas £9.00 includes 4 journals airmail. *Meetings:* 2nd Thurs. of each month at 7.30pm.

- **HASTINGS AND ROTHER FAMILY HISTORY SOCIETY (5)**
    C/o 73 Harley Shute Road, ST.LEONARDS-ON-SEA, E. Sussex TN38 8BY, Eng.
Research Room/Library: Available at monthly meetings and Thurs. & Sat. mornings. *Journal:* 4 per year. *Meetings:* 2nd Wed. every month at 7.30pm. *Subscription:* £10, £12 family, £14 o'seas. *Chair:* A. Clemett. *Sec:* Mrs Pearl Philp. *Website:* www.hrfhs.org.uk

WARWICKSHIRE (WAR) (see also Birmingham & Midlands)

- **COVENTRY FAMILY HISTORY SOCIETY (4)**
    PO Box 2746, Coventry, CV5 7YD, England.
Tel: (02476) 464256. *Website:* www.covfhs.org *Journal:* 4 per year (back numbers available £1.50 each). *Membership:* £8 single, £10 joint, £12 group for UK (+ £4 overseas supplement). *Meetings:* 2nd Tues of month. *Research:* Service available - S.A.E. *Chairman:* Mr Geoff Barwick.

- **NUNEATON & NORTH WARWICKSHIRE FAMILY HISTORY SOCIETY (3)**
    34 Falmouth Close, NUNEATON, Warwickshire, CV11 6GB, England.
Tel.: (02476) 381 090. *Fax.:* (02476) 373 577.
Website: www.nnwfhs.org.uk *E-mail:* nuneatonian2000@aol.com

- **WARWICKSHIRE FAMILY HISTORY SOCIETY (5)**
    44 Abbotts Lane, Coventry, CV1 4AZ, Eng.
    E-mail: chairman@wfhs.org.uk *Web:* www.wfhs.org.uk
Founded 1986. *Journal:* 2 per year. *Membership:* £9.00 UK. £12.00 overseas. *Research Service:* available. *Chairman:* Mrs Caroline Wetton. *Secretary:* Mrs Karen George.

WEST MIDLANDS (see Birmingham)

WILTSHIRE (WIL)

- **WILTSHIRE FAMILY HISTORY SOCIETY (4)**
    10 Castle Lane, Devizes, Wilts, SN10 1HJ, England. *Website:* www.wiltshirefhs.co.uk
    E-mail: society@wiltshirefhs.org.uk *Sales by credit card:* www.familyhistorybooks.co.uk
Journal: WILTSHIRE FAMILY HISTORY SOCIETY, 4 per year. Non members £1.00 plus p&p. *Research Enquiries:* Leaflet available. *Membership:* £10.00 UK, family & overseas. Meetings at six branches: request leaflet. *Chair:* Mrs Beryl Hurley. *General Secretary:* Mrs Diana Grout.

WORCESTERSHIRE (WOR), (see Birmingham & Midland)

YORKSHIRE (YKS) (see also Cleveland)

- **BARNSLEY FAMILY HISTORY SOCIETY (3)**
    Secretary: 58A High Street, Royston, BARNSLEY, S.Yorks S71 4RN, England.
Website: http://www.barnsleyfhs.co.uk *E-mail:* secretary@barnsleyfhs.co.uk
Meetings: 3rd Tues. of the month (not Dec.) 7.15-9.30pm. St.Pauls Church Hall, St.Pauls Drive, Greenfoot Lane, Barnsley. *Publications Sec.:* Mrs D. Poulter, 10 Scarr Lane, Ardsley, Barnsley, S.Yorks S71 5BB. *Membership:* Single £9.00, joint £11.00, overseas £12.00. *Journal:* Quarterly.

England (See also British Isles) - Angleterre   Societies & Organizations —**2005**

- **BRADFORD FAMILY HISTORY SOCIETY (5)**
  C/o *Secretary:* Mrs C. Duckworth, 5 Leaventhorpe Ave., BRADFORD, W.YKS, BD8 0ED. *Journal: THE BODKIN*, 4 per year. *Membership:* Details from Secretary. *Chairperson:* Miss E. Willmott. *Treasurer:* Ian Dyson. *Website:* http://genuki.org.uk/big/eng/yks/bfhs

- **CALDERDALE FAMILY HISTORY SOCIETY (4)**
  Sec: Mrs I.M. Walker, 61 Gleanings Ave, Norton Tower, HALIFAX, W.Yorks HX2 0NU, Eng. *Website:* www.users.globalnet.co.uk/-cfhs

- **DONCASTER & DISTRICT FAMILY HISTORY SOCIETY (5)**
  125 The Grove, Wheatley Hills, Doncaster, DN2 5SN, Eng. *E-mail:* Marton-House@blueyonder.co.uk *Website:* www.doncasterfhs.freeserve.co.uk *Library:* Available at all meetings. *Journal: THE DONCASTER ANCESTOR*, 4 per year. Available to non members at £1 each plus 35p p+p. *Membership:* £8.00. *Other Particulars:* Meetings last Wed. of month. Contact Sec. for details. *Pres:* Mr. D.A. Palgrave. *Chair:* Mrs G. Jennings. *Secretary:* Mrs J. Staniforth.

- **EAST YORKSHIRE FAMILY HISTORY SOCIETY (3)**
  Secretary: Margaret Oliver, 12 Carlton Drive, ALDBROUGH, E.Yorks, HU11 4SF, Eng. *Website:* www.eyfhs.org.uk
  Journal: THE BANYAN TREE, 4 per year. Available to non members at £1.00 plus 30p postage. *Membership:* £10.00, plus £4.00 for overseas applicants. *Meetings:* 1st Tues. each month (expt Aug), Montgomery Centre, Museum of Army Transport, Flemingate, Beverley & last Tues. each month (expt July, Aug. & Dec.) at Holiday Inn, Hull Marina, Castle St., Hull. *Chair:* Mr Tony Scaife. *Mem.Sec:* Mrs L. Scaife.

- **HUDDERSFIELD & DISTRICT FAMILY HISTORY SOCIETY (5)**
  Contact: The Roots Cellar, 15 Huddersfield Road, Meltham, Huddersfield, HD9 4BW, Eng. *Website:* www.hdfhs.org.uk *Membership:* £10 single, £12 family or overseas. *Research Room:* open to non-members, British IGI + 1881 Census etc.

- **KEIGHLEY & DISTRICT FAMILY HISTORY SOCIETY (5)**
  Contact: 2 The Hallows, Shann Park, Keighley, West Yorks, BD20 6HY, England. *Meetings:* 1st Mon. each month except Bank Holidays then 2nd Mon. (excluding Aug.) at 7pm. *Venue:* Keighley Reference Library, Albert St. Entrance, Keighley. Speakers from 7.30pm. *Journal:* Title as society title, 4 per year. *Membership:* £8.00 individual, £10 couple at same address, £8 overseas (+ £3 if airmail used). *Web:* www.keighleyfamilyhistory.org.uk

- **MORLEY & DISTRICT FAMILY HISTORY GROUP (3)**
  Secretary: Mr K.D. Poskett, 19 Hawthorne Dr., Gildersome, Leeds, LS27 7YJ, England. *E-mail:* moxon_fred@lineone.net *Website:* www.morleyfhg.co.uk *Journal: THE CAMEO* 3 per year. *Research enquiries:* No research is undertaken for non-members. *Membership:* Individual (those attending meetings) £8.00, family £10.50, juniors £5.00, overseas £8.50 and associate (those only receiving the magazine) £6.50. *Meetings:* 1st Wed. monthly in the Baker Room at Morley Library, Commercial Street, Morley.

- **RIPON, HARROGATE & DISTRICT FAMILY HISTORY GROUP (3)**
  Sec.: Mrs Wendy A. Symington, 18 Aspin Dr., Knaresborough, North Yorks, HG5 8HH, Eng. *Journal: THE RIPON HISTORIAN* 4 per year. *Meetings:* At Ripon - 4th Tues. of Feb., Apr., June, Sep. & Oct.. At Harrogate - 3rd Tues. of Jan. to July & Sep. to Dec. *E-mail:* gdl@globalnet.co.uk

- **ROTHERHAM FAMILY HISTORY SOCIETY (5)**
  Chairman: R.J. Bye, 12 Hall Grove, Rotherham, S.Yorks S60 2BS, England. *Tel:* 01709 370394. *Website:* www.rotherhamfhs.f9.co.uk
  Meetings: 1st Thurs. of the month 7pm. alternate speakers and workshops, open to all, at Eastwood Methodist Mission, Fitzwilliam Road, Rotherham.. *Publications:* Quarterly journal *A BRIDGE IN TIME*, £3 to non-members. *Membership:* Single £9.00 UK, overseas £12.00.

- **SHEFFIELD AND DISTRICT FAMILY HISTORY SOCIETY (5)**
  Secretary: 5 Old Houses, Piccadilly Road, Chesterfield, S41 0EH, England. *E-mail:* secretary@sheffieldfhs.org.uk *Website:* www.sheffieldfhs.org.uk
  Membership Secretary: 10 Hallam Grange Road, Sheffield, S10 4BT, England. *Journal: THE FLOWING STREAM* 4 per year. Non-members £1.00 plus postage. *Enquiries:* Limited research for members only. *Membership:* £8.00, £10.00 overseas.

- **WAKEFIELD & DISTRICT FAMILY HISTORY SOCIETY (4)**
  Covering the whole of the Wakefield M.D.C. area *Website:* http://wdfhs.co.uk
  Gen. Secretary: Ronald Pullan, 32 Blenheim Road, Wakefield, WF1 3JZ, England. *Email:* ronaldpullan@hotmail.com *Member Secretary:* Dorothy Shackleton, 18 Rosedale Ave., Wakefield WF2 6EP. *Meetings:* 1st Sat. each month (except Aug.) at 10am at St.John's Church Cen-

tre, Wentworth St., Wakefield. *Membership:* Individual £10, Sen. Citizen & Junior £8, Family, Associate & Overseas £12. *Journal:* THE WAKEFIELD KINSMAN 4 issues per yr. *President:* Ian Stamp. *Chair:* Chris Welch.

- **WHARFEDALE FAMILY HISTORY GROUP (5)**
  Contact Secretary: Mrs S.E. Hartley, 1 West View Court, Yeadon, Leeds, LS19 7HX, England. Covering the ancient parishes of Addingham, Adel, Arncliffe, Baildon, Bolton Abbey, Burnsall, Conistone, Denton, Fewston, Guiseley, Halton East, Harewood, Horsforth, Hubberholme, Ilkley, Kettlewell, Leathley, Linton in Craven, Otley, Rawdon, Rylstone, Stainburn & Weston. *Meetings:* 1st Thurs. of each month at Burley in Wharfedale Salem Hall 7.30pm & 3rd Sat. of mth at Aynham Cl., Grassington 2.30pm, exc. July & Aug. *Membership:* £8.00 UK, £10.00 family, £10.00 overseas. Commence Sept. *Quarterly journal:* WHARFEDALE NEWSLETTER.

- **CITY OF YORK AND DISTRICT FAMILY HISTORY SOCIETY (4)**
  C/o Secretary, 140 Shipton Road, YORK YO30 5RU, England.
  Website: http://www.yorkfamilyhistory.org.uk   Publications list available.
  Membership: UK £10.00 single, £12.00 family, £10.00 overseas single. *Journal:* 3 per year. *Research Enquiries:* in Newsletter. *Chairman:* John Elliott. *Secretary:* Mrs Dorothy Croft.

- **YORKSHIRE ARCHAEOLOGICAL SOC., THE FAMILY HISTORY SECTION (5)**
  Claremont, 23 Clarendon Road, LEEDS, LS2 9NZ, England. *Web:* www.yorkshire.org.uk
  Library: As above. *Hours:* Tues. & Wed. 2pm-8.30pm. Thurs & Fri. 10am-5pm, Sat. 9.30am-5pm. Open to non members. *Newsletter:* THE YORKSHIRE FAMILY HISTORIAN, 4 per year. Available to non members on request. *Research Enquiries:* Members only. *Membership:* Full £11.00 (family £14). *Chair:* Mrs M. Scholey.

Espagne (See Spain)

Estonia

- **GENEALOGICAL SOCIETY OF ESTONIA (0)**
  Eesti Genealogia Selts
  C/o Harri Talvoja, Sopruse puiestec 214-88, 13416, TALLINN, Estonia.

Finland

- **GENEALOGISKA SAMFUNDET i FINLAND (6)**
  Fredsgatan 15 B, SF-00170, HELSINGFORS. *Chairman:* Veli-Matti Autio. *Journal:* GENOS.
- **HELSINGFORS SLAKTFORSKARE R.F. (6)**
  C/oDragonvagen 10, FIN-00330, HELSINGFORS, Finland.
  Library Hours: Enquire at Society. *Newsletter:* Info. letter to members only. *Research:* Included in yearly publication *UPPSATSER*. *President:* Hans Andersin.

France

- **THEMA - CLUBS WHICH SPECIALISE**
- **PARIS - SOCIETIES IN PARIS AREA**
- **PROVINCE - PROVINCIAL FRANCE**
- **OUTREMER - OVERSEAS**
- **"OLD" FRENCH AREAS**

NATIONAL
- **FEDERATION FRANCAISE DE GENEALOGIE (F.F.G.) (9)**
  (Histoire des Familles - Héraldique - Sigillographie)
  3 rue de Turbigo, 75001 PARIS, France. *Tel:* (01) 4013 0088. *Fax:* (01) 4013 0089.
La Fédération a pour objet la coordination et la promotion des activités généalogiques, la représentation de ses membres auprès des pouvoirs publics, des groupes étrangers, et un rôle de conseil et d'assistance. The French Federation, union of clubs in France, promotes genealogical activities near government and archives, gives advice and assistance to clubs, participates in international conferences. *zone d'intérêt/area of interest:* all France. *Web:* http://www.karolus.org
founded/fondé: 1968. *bibliothèque/library:* Archives at the Bibliothèque Généalogique (hereunder). *revue/magazine:* LA VIE GÉNÉALOGIQUE (quarterly), 100F (140F Etranger/Foreign) and FLASH FEDERATION (monthly) 150F (200F Etranger/Foreign) including LA VIE GENEALOGIQUE.

France   Societies & Organizations —**2005**

recherches/research enquiries: Non/no. *réunions/meetings:* National Congress (every 2 years) and National Forum (alternate year).*President:* Jean Morichon. *Secretaire:* Philippe Rossignol.

● **BIBLIOTHEQUE GENEALOGIQUE (Genealogical Library) (8)**
3 rue de Turbigo, 75001 PARIS, France. *Tel:* (01) 4233 5821. *Computing:* 3617 BIBGEN *founded:* 1986. *zone d'intèrêt/area of interest:* All France. *bibliothèque/library*: Open Mardi/Tues. 12-18h, Merc./Wedn 14-20h, Vend./Fri. 10-18h. *Prèsident:* Colonel Etienne Arnaud. *Secrètaire/Secretary:* Philippe de Chastellux. *autres renseignements/other particulars*: Very important archives, owns its own archives, also receives private deposits (French Federation, donations).

● **CENTRE D'ENTRAIDE GENEALOGIQUE DE FRANCE (C.E.G.F.) (9)**
3 rue de Turbigo, 75001 PARIS, France
Tel: (+33) 4041 9909 *Fax:* (+33) 4041 9963. *E-mail:* cegf@usa.net
founded/fondé: 1953. *bulletin/journal:* LA FRANCE GENEALOGIQUE (trimestriel/ quarterly) 120FF. *cotisation/membership:* droit entrée/entry fee 230F (including bulletin). *recherches/research enquiries:* membres seulement/members only. *bibliothèque/ library:* adresse ci-dessus/address as above. *autres renseignements/ other particulars:* bourses Échanges/exchange services, fichiers divers/various indexes and files. http://www.mygale.org/04/cabrigol/cegf/

● **ANGLO-FRENCH FAMILY HISTORY SOCIETY (9)**
(Société d'Historie Généalogique Anglo-Française) *Founded/fondé:* 1993.
31 Collingwood Walk, ANDOVER, Hampshire, SP10 1PU, England, UK.
Bulletin/journal: French Ancestor trimestrie/quarterly. For English speaking members researching their ancestors in France. *Research enquiries:* members only/membres seulement via journal. *President:* Patrick Pontet.

● **AMICALE DES FAMILLES D'ALLIANCE CANADIENNE-FRANCAISE (8)**
BP 10, 86220 LES ORMES, France
founded/fondé: 1995. *bulletin/journal:* AMITIES GENEALOGIQUE CANADIENNE-FRANCAISE *cotisation/membership:* 125F. *Prèsident:*Mr J.M. Germe.

● **FRANCE-LOUISIANE/FRANCO-AMERICANIE (0)**
17 avenue Reille, 75014 Paris, France.*Fax:* (01) 4588 0322. *E-mail:* flfa@citeweb.net
fondé: 1977. *zone d'intérêt/area of interest:* Promoting French language and protecting French heritage in all USA, establishing family links. Web: http://www..citeweb.net/flfa

THEMA

● **CERCLE DE GENEALOGIE JUIVE (French Jewish Genealogical Society) (8)**
14 rue St Lazare, 75009 Paris, France.*Tel/Fax:* (01) 4023 0490 *E-mail:* cgjgenefr@aol.com
fondé: 1984. *bulletin/journal:* Revue du CERCLE GENEALOGIE JUIVE trimestriel/quarterly - abonnement/ subscription 180FF + postage. *cotisation:* 75F. *recherches/research enquiries:* membres seulement/ members only. *autres rens./other particulars:* affiliated Association of Jewish Genealogical Societies.*President:* Philip Abensur. *Secretary:* Jean-Pierre Bernard.

● **CENTRE GENEALOGIQUE PROTESTANT (7)**
Société de l'Histoire du Protestantisme Français (S.H.P.F.)
54 rue des Saints-Pères, 75007 Paris, France
bulletin: CAHIERS DU CENTRE DE GENEALOGIE PROTESTANTE (trimestriel/quarterly) 180F France, 230F Etranger/Foreign (1993) (50F for single issue). *President:* M.E. Secrétan. *Secretaire:* Jean-Hughes Carbonnier (S.H.P.F.).

PARIS & REGION PARISIENNE

● **CERCLE GENEALOGIQUE VERSAILLES ET YVELINES (C.G.V.Y.) (8)**
Archives Départementales, 1 avenue de Paris,78000 Versailles, France
BP 623, 78006 Versailles Cedex *founded/fondé:* 1976. *bulletin/ journal:* GENEALOGIE EN YVELINES (trimestriel/quarterly). *cotisation/membership:* 200F (bulletin inclus). *recherches/research enquiries:* oui ponctuellement/yes if occasional. *autres renseignements/other particulars:* vente de publications. tables of old acts. *President:* Mme Nicole Dreneau. *Tel/Fax:* (01) 3952 7239.

PROVINCE

ALSACE

● **CENTRE DEPARTEMENTAL D'HISTOIRE DES FAMILLES (C.D.H.F.) (8)**
5 place Saint Léger, 68500 Guebwiller, France. *E-mail:* cdhf@telmat-net.fr
fondé: 1992. *recherches:* par correspondance for members at distance, tarifs sur demande. *bulletin/ journal:* BERGHA (trimestriel). 190F France, 200F Europe, 250F other. *autres renseignements/ Directeur:* André Ganter. *Secretaire:* Doris Freytag. *Web:* http://web.telmat-net.fr/~cdhf

AQUITAINE
● CENTRE GENEALOGIQUE DU SUD OUEST (C.G.S.O) (8)
Hotel des Sociétés Savantes, 1 Place Bardineau, 33000 Bordeaux, France
founded/fondé: 1970. *bulletin:* GENEALOGIES DU SUD OUEST. *zone d'intérêt/area of interest:* Gironde (33). *cotisation:* 180F. *President:* Jean-Claude Ricard. *Secretaire:* Monique Chantegreil.

● AMITIES GENEALOGIQUES BORDELAISES (A.G.B.) (8)
2 rue Paul Bert, 33000 Bordeaux, France. *Tel/Fax:* (05) 5644 8199. *zone d'intérêt/interest:* Gironde. *bulletin/ journal:* INFORMATIONS A.G.B. *cotisation/membership:* 170F (including bulletin). *recherches/enquiries:* ponctuelles. *autres renseignements/other:* listes passagers lists from Bordeaux. *President:* Pierre Dupouy. *Sec:* Andrée Charrier.

● CENTRE GENEALOGIQUE DES LANDES (8)
Société de Borda, 27 rue de Cazade, 40100 Dax, France
bulletin/journal: BULLETIN DE LIAISON (trimestriel/quarterly) 140F (200F Etranger/foreign).

● CENTRE GENEALOGIQUE DES PYRENEES ATLANTIQUES (C.G.P.A.) (8)
BP 1115, 64011 Pau Cedex, France.
bulletin: GENEALOGIE DES PYRENEES ATLANTIQUES, trimestriel/quarterly. *Secrétaire/Secretary:* Marie-José Domecq. *President:* André Poueyto.

AUVERGNE
● ASSOCIATION RECHERCHES GENEALOGIQUES HISTORIQUES D'AUVERGNE(8)
Maison des Consuls, Place Poly, 63100 Clermont Ferrand, France
fondé: 1981. *bulletin/journal:* LE GONFANON (trimestriel/quarterly) 160F. *cotisation/membership:* 60F. *Computing:* Minitel 36-17 GNF Auvergne. *recherches/enquiries:* oui/yes through the "courrier des lecteurs" in the bulletin. *President:* Marie Sauvadet. *Sec:* Raymond Bogros.

BOURGOGNE/Burgundy
● CERCLE GENEALOGIQUE SAONE-ET-LOIRE (8)
115 rue des Cordiers, 71000 Mâcon, France
fondé: 1977. *bulletin/journal:* NOS ANCETRES ET NOUS (trimestriel/quarterly) 165F. (France), 195F (Etranger/Foreign). *cotisation/membership:* 55F (France), 75F (Etranger/Foreign). *autres renseignements/other:* vente de publications. tables of old acts. *President:* Dr Patrick Notel.

● INSTITUT GENEALOGIQUE DE BOURGOGNE (8)
237 rue Vendome, BP 7076, 69301 Lyon, France
fondé: 1991. *bulletin/journal:* GENEALOGIQUES EN BOURGOGNE (trimestriel/quarterly) 140F (France), Europe (160F), par avion (180F). *cotisation/membership:* 120F. (France) 150F (Europe) 200F (other). *recherches/enquiries:* oui/yes. *Minitel:* 3617 GEF. *Pres:* Jacques Vincent.

BRETAGNE/Brittany
● CERCLE GENEALOGIQUE d'ILLE-ET-VILAINE (C.G.I.V.) (8)
6 rue Frédéric Mistral, 35200 Rennes, France
fondé/founded: 1986. *bulletin/journal:* RACINES 35. *cotisation:* 190F (bulletin incl.) + 10F entrée. *autres renseignements/other particulars:* tables of old acts. Minitel: 3617 ABMS. *Tel:* (02) 9955 6363. *President:* Celestin Denis. *Secretaire/Secretary:* Mme Annick Belooussovitch.

● CENTRE GENEALOGIQUE DES COTES D'ARMOR (8)
3bis rue Bel Orient, 22000 Saint Brieuc, France. *Fax:* (02) 9662 8900.
bulletin/journal: GENEALOGIE 22 (trimestriel/quarterly). *cotisation/membership:* 180F. *autres renseignements/other particulars:* aide pour membres éloignés/service for distant members. *President:* Jeannine Blonce. *Secretaire/Secretary:* Henri Thomas.

CENTRE
● CERCLE GENEALOGIQUE DU HAUT-BERRY (CGH-B) (8)
place Martin Luther King, 18000 Bourges. *Fax:* (02) 4821 0483. *E-mail:* cgh-b@wanadoo.fr
zone d'intérêt/area of interest: Haut-Berry, Cher (18). *fondé:* 1977. *bulletin:* INFORMATIONS GENEALOGIQUES DU C.G.H-B.* (proper to the club) (140F) + INFORMATIONS GENE-ALOGIQUES DU CENTRE (common with other clubs) (110F). *cotisation/membership:* 80F. *autres rens./other:* marriage tables, vente de publications. *Web:* http://www.sfit.fr/genea18

● LOIRET GENEALOGIQUE (8)
BP 9, 45016 Orléans Cedex, France
fondé: 1974. *bulletin/journal:* LOIRET GENEALOGIQUE (proper to the club) + INFORMATIONS GENEALOGIQUES DU CENTRE (common with other clubs). *cotisation/membership:* 190F (bulletin inclus/incl. bulletin). Minitel: 3617 GENEA45. *President:* Gérard Héau. *Sec:* Melle Fournier.

CHAMPAGNE ARDENNES
- **CENTRE GENEALOGIE ET HERALDIQUE DES ARDENNES (C.G.H.A.) (8)**
Hotel de Ville, 08000 Charleville Mezieres, France
fondé: 1978. *bulletin:* ARDENNES, TIENS FERME (trimestriel/quarterly). *cotisation/membership:* 190F (Etranger/Foreign 230F) (bulletin incl.). *President:* Philippe Ressuche. *Sec:* Alain Moreau.

FRANCHE COMTE
- **CENTRE ENTRAIDE GENEALOGIQUE FRANCHE COMTE (C.E.G.F.C.) (8)**
35 rue du Polygone, 25000 Besançon, France
zone d'intérêt: Doubs (25), Jura (39), Haute-Saone (70), Territoire de Belfort (90). *fondé:* 1980. *bulletin:* GENEALOGIE FRANC-COMTOISE 4 per an.) 160F (185F Etranger/Foreign). *cotisation:* 75F. Sections: at Besançon, Montbéliard, Pontarlier (25), Dole, Lons le Saunier (39), Paris (75), Belfort (90). *autres rens/other:* vente de publications/table of old acts. *Pres:* Daniel Foltete.

LANGUEDOC ROUSSILLON
- **CERCLE GENEALOGIQUE DU LANGUEDOC (8)**
18 rue de la Tannerie 31400 Toulouse, France. *Tel:* (05) 6226 1530.
fondé: 1978. *zone d'intérêt:* Ariège (09), Aude (11), Aveyron (12), Gard (30), Haute-Garonne (31), Gers (32), Hérault (34), Lot (46), Lozère (48), Hautes-Pyrénées (65), Pyrénées Orientales (66), Tarn (81), Tarn et Garonne (82). *bulletin:* REVUE DU CERCLE GENEALOGIQUE DU LANGUEDOC (trimestriel/quarterly). *cotisation/membership:* 330 + 75F droit entrée/entry fee. *autres rens./other:* vente de publications. *President:* Jean-Pierre Uguen. *Sec:* Bernadette Diratn.

LIMOUSIN
- **BRIVE-GENEALOGIE (8)**
Maison des Associations, 11 place J.M. Dauzier, 19100 Brive. *Bulletin: Mille et une Sources. Fondé:* 1986. *cotisation/membership:* 150F. *zone d'intérêt/area of interest:* Corrèze (19). marriage tables. Minitel 3617 GENEA. *President:* Mme Chantal Sobienak. *Secretary:* Mme Henriette Coste.

LORRAINE
- **CERCLE GENEALOGIQUE DE LA MEURTHE ET MOSELLE (C.G.54) (8)**
chez Mr Jacques Chiantello, 4 rue Emile Gentil, 54150 Briey, France.
Local sections: Pays Haut, Lunévillois, Blénod-Pont à Mousson, Liverdun. *bulletin/journal:* BULLETIN UNION des CERCLES GENEALOGIQUES de LORRAINE. (common with other départements) trimestriel/quarterly. *Cotisation:* 200F bulletin inclus/included. *President:* Jacques Chiantello. *Autres renseignements/other particulars:* Marriage tables.

MIDI-PYRENEES
- **CERCLE GENEALOGIQUE DU ROUERGUE (8)**
Archives départementales, 25 av Victor Hugo 12000, Rodez, France.
fondé: 1992. *Bulletin:* (4 yr). *cotisation:* 60F + 90F bulletin. *Autres rens:* Annuaire des patronymes.

NORD - PAS DE CALAIS
- **GROUPEMENT GENEALOGIQUE DE LA REGION DU NORD (G.G.R.N.) (8)**
BP 62, 59118 Wambrechies, France
founded/fondé: 1971. *Cotisation:* 60F. *bulletin/journal:* NORD GENEALOGIE 6/an/year, 150F (200F Foreign) *autres rens.:* tables of old acts, vente publications. Minitel 3615 GENENORD. *Président:* Philippe Beuvelet. *Secrétaire:* Luc Hazebrouck.

- **ASSOCIATION GENEALOGIQUE DU PAS DE CALAIS (A.G.P.) (8)**
B.P. 471, 62028 Arras Cedex, France
zone d'intérêt/area: Pas de Calais, Artois, Boulonnais. *fondé:* 1980. *bulletin:* GENEALOGIE 62 (trimestriel/quarterly) 160F. 200F.UE (220F foreign) *cotisation:* 80F. (+50F entry fee/droits d'entrée). *autres renseignements:* sections in a lot of cities in the département, also in Paris. Tables (indexes) espicially 300,000 marriages 1737-1792. *Fax:* (03) 2107 8239.

NORMANDIE
- **CERCLE DE GENEALOGIE DU CALVADOS - (Ce Gé Cal) (8)**
Archives Départementales, 61route de Lion-sur-Mer, 14000 Caen, France
autres rens.: tables of old acts. *bulletin/journal:* Revue Généalogique Normande (common with other clubs in Normany area). *President:* Pierre Daveux. *Secretaire/Secretary:* A. Pesnel.

- **GROUPEMENT GENEALOGIQUE DU HAVRE ET DE SEINE MARITIME (8)**
BP 80, 76050 Le Havre Cedex, France.
cotisation: 60F annuel + 130F bulletin. *bulletin/journal:* Revue Généalogique Normande (common with other clubs). *President:* Jean-Paul Portelette. *Tel:* (02) 3522 7633.

Societies & Organizations —**2005** *France*

● **CERCLE GENEALOGIQUE DE LA MANCHE (C.G. 50) (8)**
B.P. 410, 50104 Cherbourg Cedex, France.
zone d'intérêt: Cotentin (North of the Manche département). *fondé:* 1990. *bulletin:* Revue Généalogique Normande (common with other clubs). *cotisation:* 200F (France), 220F (Etranger/Foreign), bulletin incl. *President:* Pierre Simon-Merveilleux. *Sec:* Philippe Lelandais.

PAYS DE LA LOIRE
● **ASSOCIATION GENEALOGIQUE DE L'ANJOU (8)**
75 rue Bressigny, 49100 Angers, France
zone d'intérêt: Anjou, Maine-et-Loire (49). *fondé:* 1973. *bulletin:* LE CLOSIER 4 an. *cotisation/membership:* 170F (incl. 130F bulletin). *Pres:* Jacques Chopin. *Sec:* Mme Jacqueline Passelande.

PICARDIE
● **ASSOCIATION GENEALOGIQUE DE L'OISE (A.G.O.) (8)**
B.P. 626, 60206 Compiègne Cedex, France
fondé: 1981. *bulletin:* COMPENDIUM (3/an/year). *cotisation:* 210F (bulletin incl.). *autres renseignements:* 250,000 acts from the old registers. *sections:* at Beauvais, Senlis, Crépy en Valois.

POITOU CHARENTES
● **CERCLE GENEALOGIQUE D'AUNIS ET SAINTONGE (8)**
c/o Mr Provost, 10 ave de Metz, 17000 La Rochelle, France
zone d'intérêt: Aunis, Saintonge, Charente Maritime (17).*fondé:* 1976. *bulletin:* GENEALOGIE EN CHARENTE MARITIME. *cotisation:* 150F (France), 200F (Etranger/Foreign). *recherches:* ponctuelles. Marriage Lists, Directory. *Pres:* Denis Provost. *Sec:* Mme Danielle Bergegère.

● **CERCLE GENEALOGIQUE POITEVIN (8)**
22bis rue Arsène Orillard, 86000 Poitiiers, France
zone d'intérêt: Deux-Sèvres (79), Vienne (86). *fondé:* 1981. *bulletin:* HERAGE (trimestriel/quarterly). *cotisation/membership:* 100F+80F (180F+80F Etranger/Foreign) bulletin inclus/included. *autres renseignements:* vente de publications.*Pres:* Thierry Chestier. *Sec:* Mme Nicole Beaubeau.

PROVENCE ALPES COTE D'AZUR
● **CERCLE GENEALOGIQUE DE VAUCLUSE (C.G.V.) (8)**
Ecole Sixte Isnard, 31 ter Avenue de la Trillade, 84000 Avignon, France
fondé: 1982. *bulletin/journal:* BULLETIN C.G.V. *cotisation/membership:* 220F. *autres renseignements/other:* vente de publications. *Pres.:* Mme Anne-Marie de Cockborne. *Sec:* Mme Paule Philip.

● **ASSOCIATION GENEALOGIQUE DES BOUCHES-DU-RHONE (8)**
B.P. 22, 13243 Marseille Cedex 01, France
recherches: aide pour membres éloignés (aid for distant members) *President:* Albert Garaix. *Secretaire/Secretary:* Mme Sabine Rousset-Riviere.

● **ASSOCIATION GENEALOGIQUE DU VAR (AGEVAR) (8)**
BP 1022, 83051 Toulon Cedex, France.
founded/fondé: 1982. *cotisation:* 210F (bulletin inclus/included). *bulletin:* PROVENCE GENEALOGIE. *President:* Mme Arlette Revel. *Secretaire:*Mr Pierre Olivier.

RHONE ALPES
● **SOCIETE GENEALOGIQUE DU LYONNAIS (S.G.L.) (8)**
7 rue Major Martin, 69001 Lyon, France
zone d'intérêt/area of interest: Lyonnais et Beaujolais. *founded/fondé:* 1973. *bulletin/journal:* GENEALOGIE ET HISTOIRE (trimestriel/quarterly). *cotisation/membership:* 160F. *recherches/research enquiries:* yes, but limited. *President:* Bernard Berthelot. *Sec.:*Mme Micheline Lhopital.

● **ETUDES GENEALOGIQUES DROME-ARDECHE (E.G.D.A.) (8)**
14 rue de la Manutention, 26000 Valence, France
founded/fondé: 1980. *bulletin/journal:* RACINES 26/ 07. *cotisation/membership:* 140F. *recherches/research enquiries:* ponctuelles. *President:* Claude Dietenbeck. *Secretary:* Jacques Puthiot.

OUTREMER—OVERSEAS
● **ANGLO-FRENCH FAMILY HISTORY SOCIETY (0)**
(Société d'Histoire Généalogique Anglo-Française) (voir/see/ France National)
31 Collingwood Walk, ANDOVER, Hampshire, SP10 1PU, England.
Founded: 1993. *Journal: French Ancestor* quarterly. For English speaking members researching their French ancestors in France. *Research enquiries:* members only. *President:* Patrick Pontet.

● **GENEALOGIE ET HISTOIRE DE LA CARAIBE (7)**
Pavillon 23, 12 avenue Charles de Gaulle, 78230 Le Pecq, France

zone d'intérêt: spanish, english, dutch, french islands, West Indies. *fondé:* 1989. *bulletin:* GENEALOGIE ET HISTOIRE DE LA CARAIBE (mensuel/monthly). *cotisation/membership:* 180F - US$42 (bulletin incl.). *recherches/research enquiries:* oui/yes. *President:* Philippe Rossignol. *Sec:* Bernadette Rossignol. *E-mail:* ghcaraibe@aol.com *Web:* http://members.aol.com/ghcaraibe

"OLD" FRENCH AREAS

- Voir aussi - See also—Siehe auch

- ALGERIE/Algeria; CANADA; MAROC/Morocco; TUNISIE/Tunisia; USA (National).

- **FRANCE-LOUISIANE/FRANCO-AMERICANIE (0)**
  17 avenue Reille, 75014 Paris, France. *Fax:* (01) 4588 0322. *E-mail:* flfa@citeweb.net
fondé: 1977. *zone d'intérêt/area of interest:* Promoting French language and protecting French heritage in all USA, establishing family links. Web: http://www..citeweb.net/flfa

- **INSTITUT FRANCOPHONE DE GENEALOGIE ET D'HISTOIRE (8)**
  5 rue de l'Aimable Nanette, le Gabut, 17000 La Rochelle, France
zone d'intérêt/area of interest: all French speaking area in the world. *fondé:* 1991. *recherches/research:* Echange Généalogique/Genealogical Exchange especially Québec, Canada. *President:* Mme Jeanne Drouet-Berland. *Tel/Fax:* (05) 4641 9032.

- **ILES ANGLO-NORMANDES (Voir/see/Siehe - British Isles)**

- **CHANNEL ISLANDS FAMILY HISTORY SOCIETY (5)**
  PO Box 507, St. Helier, JERSEY, JE4 5TN, UK.
  Website: www.channelislandshistory.com
Journal: THE CHANNEL ISLANDS FAMILY HISTORY JOURNAL 4 per year. *Research Enquiries:* £5.00 per hr. for members £10.00 non members. *Membership:* £10.00 . £11.00 Overseas. Airmail postage for the Americas & Australasia £5. *Research enquiries:* cifhs@localdial.com *President:* Mrs S. Payn. *Secretary:* H. Baudains.

Germany—Deutschland—Allemagne

INLAND (NATIONAL) & GENERAL

- **HEROLD - VEREIN FUR GENEALOGIE, Heraldik Und Reiwandte Wissenschaften (8)**
  Gebäude des Geh. Staatsarchivs.
Archiv Str. 12-14, D-14195 BERLIN, Germany. *Zeitschrift (Journal):* DER HEROLD. 4 per Jahr, Herold - Jahrbich neve folge jahilich.

- **ZENTRALSTELLE FÜR PERSONEN-UND FAMILIENGESCHICHTE (8)**
  Birkenweg 13, D-61381 FRIEDRICHSDORF, Germany.
Zeitschrift (Journal): GENEALOGISCHES JAHRBUCH. 1 per jahr/year.

- **DEUTSCHE ZENTRALSTELLE FÜR GENEALOGIE (8)**
  Schongaver str. 1, D-04329 LEIPZIG, Germany.

- **VERBAND DEUTSCHPRACHIGER BERUFSGENEALOGEN (5)**
  Schoeneggstrasse 26, CH-8953 DIETIKON. *Web:* www.professionalgenealogists.net
Association of German speaking professional genealogists. Aims education and high genealogical and ethical standard of members. *Membership:* 120 DM per year. *President:* Manuel Aicher. The Society maintains an office for those who want to contact a reliable professional specialized in the area of their interest. The inquiries are transferred without any fee to the respective genealogist, who will then offer his services. *Contact:* Verband deutschpracher Berufsgenealogen, Anfragen-Verteilungsstelle, Postfach 31 16 33, D-10653, Berlin. *E-mail:* verteilstelle@berufsgenealogie.net

GERMAN RESEARCH IN OTHER COUNTRIES

- **ANGLO-GERMAN FAMILY HISTORY SOCIETY (4)**
  Secretary: Mrs G. Davis, 5 Oldbury Grove, Beaconsfield, BUCKS HP9 2AJ, England.
Tel: (01494) 676 812. *Website:* www.agfhs.org.uk *E-mail:* GwedolineDavis@aol.com *Membership:* £10.00 single, £11.00 joint, other Eu £11.50, £13.50 overseas. £5.00 joining fee. *Journal:* "Mitteilungsblatt" (quarterly newsletter, available to non-members).

- **AUSLAND—USA—(siehe USA—National)**

- **(GERMAN) IMMIGRANT GENEALOGICAL SOCIETY**

BADEN-WUERTTEMBERG

- **VEREIN FÜR FAMILIEN-U. WAPPENKUNDE IN WÜRTTEMBERG UND BADEN (8)**
  Postfach 105441, D-70047 STUTTGART, Germany.

Zeitschrift (Journal): Muss richtig heissen: Sudwestdeutsche Blatter fur Familien - und Wappenkunde. Erscheinungsweise: 4 x jahr/year.

BAYERN (BAVARIA)

- **BAYERISCHER LANDESVEREIN FUR FAMILIENKUNDE e.V. (8)**
  Ludwigstrasse 14/1, D-80539 MUNCHEN, Germany. *Tel:* 089 28638 398.
  E-mail: blf@rusch.m.shuttle.de *Web:* www.genealogy.com/gene/reg/BAY/BLF-d.html
  Besuchertag/Beratung: Mittwoch 11-16 Uhr. *Mitgliedsbeitrag:* DM 75,-. *Blatter des BLF:* 1 x jahrlich. *Informationsblatt:* 3 x jährlich. Preis von Einzelheften der "Blatter" fur Nichtmitglieder DM 36,- (Ausland zuzüglich Portokosten). Verein übernimmt keine Recherchen; Anfragen werden nur bei beigelegtem, ausreichendem Rückporto beantwortet (aus dem Ausland mit mind. 2 internationale Antwortscheinen).

NIEDERSACHSEN (LOWER SAXONY)

- **NIEDERSÄCHSISCHER LANDESVEREIN FÜR FAMILIENKUNDE e.V. (8)**
  (Stadtarchiv), Am Bokemahle 14-16, D-30171 HANNOVER, Germany.
- **OLDENBURGISCHE GESELLSCHAFT FÜR FAMILIENKUNDE (8)**
  Lerigauweg 14, D-26131 OLDENBURG, Germany.

NORDRHEIN WESTFALEN (NORTH RHINE WESTPHALIA)

- **DÜSSELDORFER VEREIN FÜR FAMILIENKUNDE e.V. (8)**
  Krummenweger Strasse 26, D-40885 RATINGEN, Germany.
  Zeitschrift (Journal): DÜSSELDORER FAMILIENKUNDE. 4 per jahr/year.
- **WESTDEUTSCHE GESELLSCHAFT FÜR FAMILIENKUNDE e.V. SITZ KÖLN (8)**
  Unter Gottes Gnaden 34, D-50859 Koln-Widdersdorf, Germany.
  Tel/Fax: +49 221 50 48 88.

Bibliothek und Archiv: untergebracht im Nordrhein-Westfalisches Personbenstandsarchiv Rheinlnad, Schloss str 12, 50321 Bruhl. *Bibliothekarin:* Edith Przyrembel, Luisenstr 7, 50321 Bruhl. *Zeitschrift: Mitteilungen der Westdeutschen Gesellschaft für Familienkunde.* 4 per jahr/year.
Redaktion: Heinz-Jürgen Müller (Schriftleiter), Berrenrather Str. 236, D-50939 Köln-Sülz. *Tel:* 0221 415400. *Annahme von Suchanzeigen in den Mitteilungen:* Gerhard Caspers, Charlottenstr. 20, D-56338 Braubach. *Tel:* 02627 5 81.
Anschriften der Bezirksgruppen:
AACHEN: Hans Strack, Grüner Weg 9, D-52146 Wurselen-Broichweiden. *Tel:* 02405 72222.
BERGISCH LAND Sitz Wuppertal: Dr. Wolfram Lang, Zanellastr 52, D-42287 Wuppertal. *Tel:* 0202 557862.
BONN: Adolf Paul Quilling, Grossenbuschstr 30, D-53229 Bonn-Holziar. *Tel:* 0228 482035.
DUSSELDORF: Norbert Degenhard, Krummenweger Str. 26, 40885 Ratingen-Lintorf. *Tel:* 0210 235196.
DUISBURG: Peter Rassbach, Grossglocknerstr 45, D-47249 Duisburg-Buchholz. *Tel:* 0203 721183.
ESSEN: Michael Ludger Maas, Umstr. 52, D-45239 Essen-Werden. *Tel:* 0201 407685.
GUMMERSBACH: Rolf Steinjan, Birkenhain 3, D-51766 Engelskirchen. *Tel:* 02263 901387. *Fax:* 02263 901388.
KLEVE: Lambert W.A. Berenbroek, Hengstdalseweg 249, NL-6523 EJ Nijmegen. *Tel:* 0031 24 322 5374.
MOSAIK-Archiv: Lindenallee 54 (Christus-Konig-Schule), D-47533 Kleve. *Tel:* 02821 13509.
KOLN: Bertel Fassnacht, LuxemburgerStr. 426 IV., D-50937 Koln-Klettenberg. *Tel:* 0221 462728.
KREFELD: Dr. Gunter Jacobs, Horstdyk 75 a, D-47803 Krefeld. *Tel:* 02151 757444.
MITTELRHEIN: Sitz Koblenz. Gerhard Caspers, Charlottenstr. 20, D-56338 Braubach. *Tel:* 02627 5 81.
MÜNCHENGLADBACH: Margret Schopen, Dusselorfer Str. 25, D-41238 Monchengladbach-Rheydt. *Tel:* 02166 21013.
NAHE-RHEIN-HUNSRÜCK: Sitz Bad Kreuznach. Rudolf Schwan, Kronenbergstr. 16, D-55595 Hargesheim. *Tel:* 0671 35785.
TRIER: Maximilian-Rudolf Gall, Cusanusstr. 22, D-54295 Trier. *Tel:* 0651 31999.

SCHLESWIG-HOLSTEIN

- **ARBEITSKREIS FÜR FAMILIENFORSCHUNG e.V. (8)**
  Mühlentorturm, Mühlentorplatz 2, D-23552 LÜBECK, Germany.
  Zeitschrift (Journal): LÜBECKER BEITRÄGE z. Fam. u. WAPPENKDE.
  Genealogy Director/Librarian: Scharlotte Goettsch Blevins.

Greece—Hellas

- **HERALDIC-GENEALOGICAL SOCIETY OF GREECE (1)**
  (SOCIETE HELLENIQUE D'HERALDIQUE ET DE GENEALOGIE)
  56 3rd Septemvriou Str., GR-10433, ATHENS, Greece.
  Tel: 8222-077. *Office hours:* every Thurs 19.00-21.00 (6pm-9pm). Open also to non members. The society was founded in 1974 being the only society of its kind in Greece. Since this year Genealogy is viewed through the modern scientific perspectives. The Society publishes annals presenting the studies of its members in the fields of Genealogy and Heraldry. Within the aims of the society there is also the collection of family and genealogical information.

Hungary—Hongrie

- **HISTORICAL SOCIETY OF HUNGARY (GENEALOGY SECTION) (8)**
  C/o Faculty of Letters, University Eoetveos Lorand, Pesti Barnabas utca 1, H- 1052, BUDAPEST V, Hungary. *Tel:* 267 0966. *President:* Prof. Dr Istvan Kállay.

Iceland

- **AETTFRAEDIFELAGIO (THE ICELANDIC GENEALOGICAL SOCIETY) (0)**
  Armula 19, 108 REYKJAVICK, Iceland. *Tel.:* +354-588-2450. *Voice mail:* +354-881-7852. *E-mail:* aett@vortex.is *Website:* http://www.vortex.is/aett
  Newsletter: 3-6 per year. *Research Enquiries:* Cost of entries on application. *Membership:* 1999 US$28.00. *Other Particulars:* Most of our research takes place at libraries and The National Archives facilities in Reykjavik. Our Society has published censuses of 1703, 1801, 1816, 1845 and part of 1910, all of them comprising the entire population of the country. Everybody is welcome to visit the National Archives at no cost. Since the National Archives offer no service to genealogists, inquiries are referred to individual members of our Society. All inquiries must be very specific.

International

- **CONFEDERATION INTERNATIONALE DE GENEALOGIE ET D'HERALDIQUE (6)**
  Maison de la Généalogie, 3 rue Turbigo, F-75001 PARIS, France.
  fondé: 1971. *President:* Dr Jean-Marie Thiébaud. *Secretary:* Dr Günter Mattern.

- **INTERNATIONAL SOCIETY FOR BRITISH GENEALOGY and FAMILY HISTORY (5**
  PO Box 350459, WESTMINSTER, CO 80035-0459, USA.
  Newsletter: 4 per year, included with individual membership US$20.00, overseas $25.00. Reserved enquiries of 60 words or less free for members only. Subscriptions for Societies & Institutions US$20.00. *President:* Donna Porter. *Web:* www.isbgfh.org

- **FAMILY HISTORY LIBRARY OF THE CHURCH OF JESUS CHRIST OF LDS. (0)**
  35 N. West Temple Street, SALT LAKE CITY, Utah, 84150 USA.
  Library: As above. *Hours:* Mon 7.30am-5pm; Tues.-Sat. 7.30am-10pm; The microfilm holdings of the library are available through over 3400 family history centres. A list of local centres is available. Library is open to non members. *Director:* David E. Rencher.

Ireland—Eire

ALL IRELAND (see also below **BASED OUTSIDE IRELAND** & **Huguenot** under Brit. Isles).
Note: The Network of Genealogy Centres is listed in the <u>Archives Section</u>.

- **COUNCIL OF IRISH GENEALOGICAL ORGANISATIONS (C.I.G.O.) (4)**
  21 St.Bridgets Grove, KILLESTER, Dublin 5, Ireland. *Tel:* 851 0809
  Membership: This is the All-Ireland Council of voluntary genealogical organisations based in both parts of Ireland. Associate membership is available to similar organisations throughout the world having an interest in Irish genealogy. *Publications:* Quarterly Newsletter. Sub-groups: The G.R.O. Users' Group. Co-ordinator: Eileen O'Duill. The Council promotes the preservation and repatriation of Irish genealogical material and the provision of improved research facilities for genealogists. *Corres:* to Des Clarke, Hon Sec. at above address. *Chair:* Rob Davidson, North of Ireland F.H.S. 2002-3. *Email:* rcdavison@virgin.net

- **GENEALOGICAL SOCIETY OF IRELAND - Cumann Geineálais na hEireann (5)**
  Hon. Secretary: Michael Merrigan, 11 Desmond Ave., Dun Laoghaire, Co. Dublin, Ireland.
  E-mail: gsi.secretary@familyhistory.ie *Website:* www.familyhistory.ie

The GSI is Ireland's premier publisher of genealogical works, including a Quarterly Journal, Monthly Newsletter *THE GENIE GAZETTE*, Deansgrange Cemetery Mls and over thirty titles in the *IRISH GENEALOGICAL SOURCES SERIES*. Two open meetings each month, 2nd Tues. (evening) and 4th Wed. (morning). Archive (members only). *Annual Subscription:* A range of membership packages is available for local and overseas members - details on Website. The GSI is a Registered Charity in Ireland. The Society has restored the Martello Tower (1804) at Seapoint, Co. Dublin to house its growing Archive. *Hon. Secretary:* Michael Merrigan. *Tel:* (3531) 284 2711.

- **IRISH FAMILY HISTORY SOCIETY (4)**
PO Box 36, NAAS, Co. Kildare, Ireland. *Web:* http://www.homepage.eircom.net/~ifhs
Journal: IRISH FAMILY HISTORY annually. *Membership:* Euro 20 (US$27.00) which includes the journal and newsletters. Society formed in 1984, the objects of the society include the promotion of Irish family history through the indexing of parish records and census returns, the collection of old wills, estate rentals, the compilation of tombstone records and other genealogical sources. The Society is keen to "repatriate" information from overseas on Irish emigrants to fill in the gaps in Irish genealogical material. *Chairman:* Mary Beglan. *E-mail:* ifhs@eircom.net

- **IRISH GENEALOGICAL RESEARCH SOCIETY - IRELAND BRANCH (5)**
C/o 28 Marlfield, Cabinteely, Dublin 18, Ireland.
Tel: (01) 285 6360. *E-mail:* lclayton@gofree.indigo.ie *Membership:* 30 Euro or Stg.£20.00. Newsletters and Journal *THE IRISH GENEALOGIST*.

- **NORTH OF IRELAND FAMILY HISTORY SOCIETY (5)**
C/o Queens University, School of Education, 69 University St, Belfast, BT7 1HL, N. Ireland.
Library: Details for members by appointment. *Journal: NORTH IRISH ROOTS* 2 p/yr. *Membership:* £10 stg UK, £12 stg or £36 stg for 3 years other. *Sec.:* Mrs G.M. Siberry. *Web:* www.nifhs.org

- **IRISH PALATINE HERITAGE CENTRE (?)**
Rathkeale, Co. Limerick, Ireland. *E-mail:* ipass@eircom.net
Tel: (069) 63511. Int+353 69 63511. Fax-Int+ 353 69 63511. *Holdings:* Museum and tea-room. *Hours:* Open May-Sept. 10am-12noon & 2pm-5pm Tues.-Fri., 2pm-5pm Sun & Bank Holidays. *Membership:* Euro 20. *Publications:* Journal/ news sheets. *Website:* www.irishpalatines.org

- **IRISH SOCIETY for ARCHIVES (2)**
C/- The National Archives, Bishop Street, Dublin 8, Ireland.
Exists to promote the place of archives in Irish society. *Membership:* Euro19.05, Institutions Euro25.40. *Publications:* Journal IRISH ARCHIVES 1 per yr. Newsletter 2 per yr. *Meetings:* with lectures first Tues., most months.

- **ULSTER GENEALOGICAL & HISTORICAL GUILD. (Ulster Historical Foundation) (5)**
Balmoral building, 12 College Square East, BELFAST BT1 6DD Northern Ireland.
Web site: http://www.ancestryireland.com *Executive Director:* Fintan Mullan.
Tel: (02890) 332288. *Fax:* (02890) 239885. *E-mail:* enquiry@uhf.org.uk
Membership: £20.00 *Journal: Familia - The Ulster Genealogical Review.* 1 per year; also *Directory of Irish Family History Research* annually. *Publications:* Historical, Educational, Gravestone Inscription Series includes over 100 titles. G.S.I. for Cos. Antrim and Down also available on microfiche. Members gain exclusive access to a range of online databases and are entitled to discounted rates at the Family History Research Centre at the Foundation's offices in Belfast. *Research Director:* Dr Brian Trainor.

- **THE FEDERATION FOR ULSTER LOCAL STUDIES (3)**
18 May Street, Belfast, BT1 4NL, Northern Ireland. *Web:* www.ulsterlocalhistory.org
Membership: Euro15. *Publications:* Journals: *Ulster Local Studies* (1975-1998) and from 1999 *Due North.* Also published: *Local Studies Directory 2002-03* - this lists many Historical and similar organisations with full details about them and their publications.

ANTRIM (ANT)

- **NORTH OF IRELAND FAMILY HISTORY SOCIETY (2)**
Branches at Ballymena, Belfast, Larne, Lisburn and Newtownabbey. Contact main society * above for particulars.

CORK (COR)

- **CORK GENEALOGICAL SOCIETY (5)**
C/o Olive Coleman, 22 Elm Drive, Shamrock Lawn, Douglas, Cork, Ireland.
E-mail: apcoleman@eircom.net *Website:* http://homepage.eircom.net/~aocoleman/index.html
Membership: Euro15. *Meetings:* South Parish Community Centre, White Street, Cork City. *Chairman:* Pat Murphy. *Hon. Secretary:* Olive Coleman.

Ireland—Eire Societies & Organizations —**2005**

DOWN (DOW)
- **NORTH OF IRELAND FAMILY HISTORY SOCIETY (2)**
Branches: Bangor , Kilkeel (Mourne) & Killyleagh. Contact head office above * for particulars.

DUBLIN (DUB)
- **BALLINTEER FAMILY HISTORY SOCIETY (5)**
29 The View, Woodpark, DUNDRUM, Dublin 16, Ireland.
Tel: (01) 298 8082. *E-mail:* ryanct@eircom.net
Formed 1993. *Meetings:* (lectures/workshops) 3rd Thurs. each month at 8pm. *Membership:* 12 Euros. *Journal: GATEWAY TO THE PAST* in January. *Contact:* Christopher Ryan.

- **RAHENY HERITAGE SOCIETY (5)**
C/o Secretary, 68 Raheny Park, DUBLIN 5, Ireland.
Meetings: 2nd Wed. of month at The Community Room, Raheny Court, Avondale Park, Raheny. *Membership:* Euro15. *Publications:* 2 Newsletters annually, book *Raheny Heritage Trail* (1992), booklet *Raheny Census 1901 & 1911* (1999) & *1901 Census Clontarf, Dublin* (2002). *Chair:* Brian Wray. *Secretary:* Joan Sharkey.

FERMANAGH (FER) (see TYRONE)

KILKENNY (KIK)
- **KILKENNY ARCHAEOLOGICAL SOCIETY (4)**
Rothe House, Parliament Street, Kilkenny, Ireland. *Tel:* (056) 22893.
Holdings: Library and indexes to parish registers for many areas. *Meetings:* Lectures at Rothe Hse; summer outings. *Publications:* Annual Journal. *Membership:* Euro 25 individual, Euro 35 family. *Summer School:* In July, details on request. *Contact:* Miss Mary Flood, Administrator.

LONDONDERRY (LDY)
- **NORTH OF IRELAND FAMILY HISTORY SOCIETY (2)**
Coleraine Branch at the Guide Hall, Terrace Row, Coleraine. Contact Head Office * above.

ROSCOMMON (ROS)
- **ROSCOMMON FAMILY HISTORY SOCIETY (3)**
C/- Maureen Rendell, Esker Beg, Bealnamulla, ATHLONE, Co.Rosc., Ireland.
Family histories of Roscommon families. Journal, Research publications, Website, Chat room. IRC for details. *E-mail:* rfhs@eircom.net *Website:* www.geocities.com/heartland/pines/7830

TYRONE (TYR)
- **NORTH OF IRELAND FAMILY HISTORY SOCIETY (2)**
Tyrone Branch at OMAGH. Contact head office * above for particulars.

WICKLOW (WIC)
- **WICKLOW CO. GENEALOGICAL SOCIETY - Cumann Ceinealais Chill Mhantain (0)**
22 Wesley Lawns, Dublin 16, Ireland.
Established 1994. *Meetings:* 3rd Tues. of every month at 8.30pm in the Community Services Centre, Wicklow Town, in association with Clan Associations of O'Byrne, O'Toole and Kavanagh. Publication, Annual Journal. *Membership:* Ireland & E.U. Annual Subscription £5.00 or outside the E.U. + £3.00 joining fee. *Secretary:* Declan Byrne.

BASED OUTSIDE IRELAND
- **IRISH GENEALOGICAL RESEARCH SOCIETY (5)**
Postal Address: 18 Stratford Ave, Rainham, Kent, Eng, ME8 0EP. *Library:* Currently in storage *Membership:* Stg.£20.00 US$34.00 Euro 33. *Journal: THE IRISH GENEALOGIST* annually to members. Society is a learned registered charity composed of approx 700 members. It does not offer a research service. (Society founded 1936.) Branch for members resident in N. Ireland and Irish Republic C/- 28 Marlfield, Cabinteely, Dublin 18, Ireland *E-mail:* info@igrsoc.org *Website:* www.igrsoc.org

- **IRISH GENEALOGICAL SOCIETY, INTERNATIONAL (5)**
5768 Olson Memorial Highway, GOLDEN VALLEY, MN 55422-5014, USA.
E-mail: blmkerry@tcq.net *Website:* www.rootsweb.com/~irish *Library:* Located at Minnesota Genealogical Soc. (see under USA). *Tel:* (763) 595-1436. Irish day at Library, 2nd Sat. each month, beginning Jan. 2005. *Membership:* $25.00 *President:* Valerie Morrison.

Italy - Italie

- **ANCETRES ITALIENS (Italian Ancestors) (8)**
3 rue de Turbigo, 75001 Paris, France. *Tel:* (01) 4664 2722. *founded/fonde:* 1990. *bulletin/journal:* bilingual french/italian. *President:* Marc Margarit *E-mail:* geneaita@aol.com *cotisation/membership:* 300F (1st year), 720F (other). *bibliotheque/library:* computerised. *autres renseignements/other particulars:* Répertoire informatique des famillies italiennes étudiées. Base de données des épicentres de 18 millions de patronyme italiens. Creating a data base about Italian immigrants in France (1400-1830). Database of disabled soldiers from France & Europe (1673-1796). Web: http://members.aol.com/geneaita/

Netherlands—Nederland—Pays-Bas

- **NEDERLANDSE GENEALOGISCHE VERENIGING (0)**
Postbus 976, NL-1000 AZ, AMSTERDAM, Netherlands.
Website: http://www.ngv.nl *E-mail:* info@ngv.nl
Address: Secretariaat Hoofdbestuur, p/a Wipmolen 10, 1823 GB ALKMAAR. *Journal: GENS NOSTRA* 10 per year. *Membership:* Hfl. 60. *President:* Ir R.A.J. Dix. *Secretary:* W.J. Hermanus-Schipper. *Other particulars:* The NGV consists of about 12,000 members all over the country. It is a completely voluntary association with 34 departments.

- **CENTRAAL BUREAU VOOR GENEALOGIE (0)**
PO Box 11755, NL-2502 AT The Hague, the Netherlands. *WWW:* http://www.cbg.nl
Office & Reading rooms: Prins Willem-Alexanderhof 22, NL-2595 BE, The Hague. *Tel:* (070) 315 0500. Fax: (070) 347 8394. *Hours:* Mo-Fr 9.30-17.00; Tues. 18.00-21.30, Sat. 9.00- 13.00. Visitors fee for non member NLG 7,50 a day. *Membership:* ('Friend'): NLG 60,00 (NLG 85,00 outside the Netherlands). *Journal: GENEALOGIE* (quarterly). *Annual: JAARBOEK.* Fee for genealogical queries in journal per line: NLG 6,50. *Research:* NLG 75,00 per hr (excl. bankcharges) and 'Friends' NLG 60,00 (excl. bankcharges). Amounts are minimum rates. Registration of coat-of-arms: NLG 900,00 (+ bankcharges). *President:* Jhr. Drs. H.J. van Lennep. *Director:* Dr. A.J. Lever.

- **STICHTING 'GENEALOGISCH CENTRUM ZEELAND' (1)**
bezoekadres: Hofplein 16. *postadres:* Postbus 70, 4330 AB Middelburg, Netherlands.
Tel: (0118) 678 836.
Hours: Tues. 9.30-15.00, Thurs. 9.30-15.00. Every first Sat. of month 9.00-16.00 (except July & Aug.). Donation minimaal f.25,-- per jaar; per dag f.3,50. *Other:* Collection with biographical index of more than 20,000 surnames, over 2 million genealogical data, mainly from 1585-1810. The society has published several books.

- **KONINKLIJK NEDERLANDSCH GENOOTSCHAP VOOR GESLACHT—EN WAPENKUNDE (1)**
PO Box 85630, 2508 CH Den Haag, Netherlands.
Website: www.knggw.nl *Bibliotheek:* Prins Willem Alexanderhof 24, 2595 BE 'S-GRAVENHAGE, Netherlands. *Journal: DE NEDERLANDSCHE LEEUW*, 6 per year. *Membership:* $50.00.

- **ZUIDHOLLANDSE VERENIGING VOOR GENEALOGIE (1)**
Postbox 404, 3000 AK ROTTERDAM, Netherlands.
Bibliotheek: (gratis boekuitlening aan leden) Walenburgerweg 109, Rotterdam. *Geopend:* iedere 2e zaterdagmiddag van de maand (uitgezonderd juli en augustus) van 13.00 tot 16.00 uur en iedere 4e dinsdagavond van de maand (uitgezonderd juli, augustus en december) van 19.30 tot 22.00 uur. *Lidmaatschap:* f.60.-per jaar, voor leden in het buitenland f.80.-per jaar (wijzigingen voorbehouden) Aanmelden als lid d.m.v. een briefkaart aan het secretariaat. Men ontvangt hierna een acceptgirokaart. Het maanblad *ONS VOORGESLACHT* verschijnt 11 maal per jaar (1 dubbelnummer) en biedt een gevarieerd aanbod van genealogische, heraldische, historische en bronnenpublikaties. Leden kunnen gratis gebruik maken van de Vraag en Antwoord rubriek.

- **THE CALEDONIAN SOCIETY (0)**
Dutch-Scottish Genealogical and Culturel Society
Genealogical division: Mr R.K. Vennik, Burg.v.Slypelaan 45, NL 3077AD, Rotterdam, NL.
Tel: (010) 479 0668. *E-mail:* Vennik.Wagner@worldonline.nl

- **PRAE-1600 CLUB (0)** Schippersweg 26, 4455 VP NIEUWDORP, Netherlands.
Contact: J.G. Polderdijk. *E-mail:* genpubl@zeeland.net.nl

New Zealand

- **NEW ZEALAND SOCIETY OF GENEALOGISTS INC. (5)**
  PO Box 8795, Symonds Street, AUCKLAND 1035, New Zealand.
  E-mail: nzsg-contact@genealogy.org.nz *Website:* http://www.genealogy.org.nz
  Research Centre: 1st Floor, 159 Queens Rd., Panmure, Auckland. *Journal: THE NEW ZEALAND GENEALOGIST* 6 per year plus index. *Research Enquiries:* Limited research offered to overseas enquirers on receipt of one concisely worded question and NZ$20.00, or equivalent in currency of own country. All other enquiries please include s.a.e. or 2 IRCs. *Membership:* Joining fee $12.00. annual subscription $52.00, joint $68.00, overseas subs. - price on application. *Meetings*: Held at over 80 locations throughout NZ. *President:* Mr Graeme Constable. *Exec. Officer:* Peter Nash.

- **ALEXANDRA BRANCH, NZSG, INC. (5)**
  Contact Secretary: Mrs Judith Hawley, 21 Gregg St., ALEXANDRA 9181, New Zealand.
  Meetings: 7.30pm Feb.-Dec., 1st Wed. Alexandra Public Library, Tarbert St., Alexandra.
  Convenor: Mrs Jan Morgan, 37a Ventry St., Alexandra. *Secretary E-mail:* juditha@xtra.co.nz *Tel.:* (03) 448 7723. *Treasurer:* Mrs Shirley Wright.

- **BISHOPDALE BRANCH, NZSGS, INC. (5)**
  C/o 74 Greenpark Street, CHRISTCHURCH 8002, New Zealand.
  Meetings: 4th Thurs. of month at the Bishopdale Community Centre at 7.30pm. Beginners to Family Research particularly welcome. *Annual subs.:* $15.00 ($20.00 family).
  Secretary: Janet Connochie, *E-mail:* bishopdale@genealogy.org.nz *Convenor:* Fred Baker, Tel./Fax: (03) 352 2671, *E-mail:* fmbaker@ihug.co.nz. *Web:* www.rootsweb.com/~nzlsgbb

- **CANTERBURY BRANCH, NZSG (5)**
  Contact: Secretary, PO Box 21 180, Christchurch, New Zealand.
  Meetings: 7.30pm 2nd Thurs., 10.00am 3rd Mon., Feb.-Nov. at Shirley Community Centre, Shirley Rd. Library, Wed. 7-9pm, Thurs. 10am-3pm, Sat. 2-4pm at Shirley Community Centre. *Sec.:* Cathy Henderson (cathyjohn@paradise.net.nz) *Convenor:* Jan Slater. *E-mail:* astrogen@ihug.co.nz

- **CROMWELL FAMILY HISTORY GROUP (Informal) (1)**
  Secretary: Margaret Mathieson, 3 Porcell Court, CROMWELL 9191, New Zealand.
  Meetings: 3rd Tues. each month, 7.30pm in the Cromwell Public Library. *Tel.:* (03) 445 1194.

- **FAIRLIE GENEALOGY GROUP (5)**
  c/o 22 MacKenzie Street, FAIRLIE 8771, New Zealand. *Tel.:* 685 4824 or 685 8482.
  Membership: NZ $10.00 per annum. *Chair:* Mrs Helen Beattie. *Secretary:* Mrs Doreen Knight.

- **GENEALOGICAL COMPUTING GROUP (5)**
  PO Box 26697, Epsom, Auckland, New Zealand.
  Email: nevillet@gencom.org.nz *Website:* www.gencom.org.nz *Magazine: GENCOM NEWS* published 4 times annually. *Membership:* $15.00. No joining fee. *Meetings:* Monthly at many sub-group locations throughout the country. *President:* Neville Thomas. *Secretary:* Penny King.

- **HAWKE'S BAY BRANCH, NZSG, INC. (5)**
  PO Box 7375, Taradale, HAWKES BAY, New Zealand.
  Evening Meetings: 3rd Tues. of each month, 7.30pm. *Day Meetings:* 4th Tues. of the month, 10am-12noon. *Venue for both Meetings:* Upstairs, Manchester Unity Rooms, Market Street, Hastings (opp. the Warehouse). *Membership:* Single $17.00, joint/household $22.00 (includes Newsletter). *Convenor:* Lily Baker.

- **HELENSVILLE BRANCH, NZSG, INC. (5)**
  Contact: Jacquie Fisher, 34 Sarah Todd Lane, WAIMAUKU 1250, NZ. *E-mail:* jacquief@xtra.co.nz *Tel:* (09) 411 8500. *Meetings:* 7.30pm, 2nd Mon., Feb.-Nov., Meeting Room, Helensville Public Library, Commercial Road.

- **HOWICK BRANCH, NZSG, INC. (5)**
  C/o Robyn Williams, 9 Booralee Ave., Howick, AUCKLAND, New Zealand.

- **KAPITI BRANCH, NZSG, INC. (5)**
  PO Box 703, Paraparaumu, 6450, KAPITI COAST, New Zealand.
  Email: kapiti@genealogy.org.nz *Web:* www.rootsweb.com/~nzlsgkb/
  Membership: $16.00 per year single, $27.00 per year double. *Meetings:* 4th Thurs. of each month, ex. Dec., at Kapiti Community Centre, 15 Ngahina Street, Paraparaumu.

- **MERCURY BAY BRANCH, NZSG, INC. (5)**
  Masonic Hall, 68 Cook Dr., WHITIANGA, New Zealand.
  Contact: 90 Hahei Road, R.D.1, Whitianga 2856. *Tel:* (07) 866 3787. *Convenor:* Mrs Joanne Lilley. *Treasurer:* Mrs Haethe McPhee, *Tel:* (07) 866 3804. *E-mail:* bobduncan@xtra.co.nz

- **MORRINSVILLE BRANCH, NZSG, INC. (3)**
  Contact: Mrs Jackie Jeffrey, 36 Cureton St., MORRINSVILLE 2251, New Zealand.
  Meetings: 7.30pm, 4th Wed., Feb.-Nov., Morrinsville Library. *Secretary:* Mrs Jackie Jeffrey.
  E-mail: l.jeffrey@xtra.co.nz
- **MOUNT WELLINGTON BRANCH, NZSG, INC. (4)**
  Contact: 38 College Road, St.Johns, Auckland 1005, New Zealand. *Tel.:* (09) 578 2525.
  Meetings: 7.30pm, 2nd Tue., Feb.-Dec., Maungarei Room, Panmure Library, Pilkington Road., Panmure. *Convenor:* Mrs Vivienne Parker. *Sec.:* Mrs Jenis Baldock. *Treas.:* Mrs Margaret Nash.
- **NORTHERN WAIROA BRANCH, NZSG, INC. (4)**
  Contact: The Secretary, PO Box 54, Dargaville 0300, New Zealand.
  Meetings: 7.30pm, 4th Mon. Jan.-Dec. Research Room, Dargaville Maritime Museum. *Convenor:* Graham Jones. *Treasurer:* Mrs Betty Hallmond. *Secretary:* Michael Andrews *E-mail:* michael.andrews@xtra.co.nz
- **THE NEW ZEALAND FAMILY HISTORY SOCIETY, INC. (5)**
  PO Box 13-301, Armagh, CHRISTCHURCH, NZ. *E-mail:* nz.familyhistory@xtra.co.nz
  Library: 399 Papanui Rd, Christchurch. *Hours:* Every Mon. & Wed. of each month 10am-Noon and 3rd Sat. each month 10am-noon. *Journal:* THE FAMILY TREE 3 per year $4.00 each. *Research Notices:* $10.00 up to 75 words per entry to non members. *Membership:* $25.00, badge $5.00. *Meetings:* Library, 1st Tues. mth at 7.30pm or 1st Sun. 2.00pm. *Research:* For non-members $20.00 p.h. plus disbursements. *President:* David Hill (dphill@xtra.co.nz). *Secretary:* Ms Barbara Miller. *Treasurer:* Allan Rutherford, *E-mail:* ajmr@xtra.co.nz
- **N.Z. FENCIBLE SOCIETY, INC. (5)**
  PO Box 8415, Symonds St., Auckland, 1003, NZ. *E-mail:* enquiries@nzfenciblesociety.org.nz
  Website: www.nzfenciblesociety.org.nz *Journal:* FENCIBLE BUGLE 6 per year. *Research Enquiries:* Enquirers are offered limited free research. *Membership:* NZ$3.00 joining fee, NZ$15.00 per annum NZ members, NZ$20.00 Australian members, NZ$23.00 elsewhere. *Pres.:* Mr D. Gallagher. *Secretary:* Bruce W. Graham.
- **OAMARU BRANCH, NZSG, INC. (5)**
  C/- *Sec:* Amy Winchester, 8D. R.D., Totara, OAMARU, 8900, New Zealand *Tel:* (03) 439 5202
  Meetings: 3rd Mon. of month at the Holmes Hall, St.Paul's Church, Coquet St., Oamaru at 7.30pm. Beginners to family research particularly welcome. *Annual subs:* $20 for Society members, $25 for non NZ Members. NZ Member couples $30. *Convenor:* Beryl Miller (03) 432 6829.
- **PALMERSTON NORTH GENEALOGY BRANCH, NZSG (5)**
  PO Box 1992, PALMERSTON NORTH, 5301, New Zealand.
  Research in Palmerston North, Manawatu area undertaken. Affiliated Branch, NZSG.
- **PAPAKURA BRANCH, NZSG, INC. (2)**
  Contact: The Secretary, PO Box 72993, Papakura, AUCKLAND 1730, New Zealand.
  Meetings: 10am & 7.30pm, 1st Tues., Feb.-Dec., 11 Opaheke Rd., Papakura. *Secretary:* S. Early.
- **POLISH GENEALOGICAL SOCIETY OF NEW ZEALAND (5)**
  Secretary: 16 Nugent St., Bell Block, New Plymouth, 4601, New Zealand. *Tel:* (06) 755 0800.
  Meetings: Last Sun. of month (ex. Dec). Members assisted with research in NZ and Poland. *Library:* books in English, Polish & German, maps, tapes, research aids. *Newsletter:* includes biographies, news, research & hints. *Membership:* $20 *Pres.:* Gordon Dodunski. *Sec.:* Aileen Foley.
- **PUKEKOHE BRANCH, NZSG, INC. (5)**
  Contact: C/- Pukekohe Library Bookinopolis, Private Bag 8, Pukekohe 1800, New Zealand.
  E-mail: valg@actrix.co.nz *Meetings:* 7.30pm, 2nd Tues. Feb.-Dec. at above Library, Roulston St.
- **ROTORUA BRANCH, NZSG, INC. (5)**
  Contact: Miss Mary Page, 1/39 Seddon St., ROTORUA 3201, New Zealand.
  Meetings: 7.30pm, 3rd Thurs., Feb.-Nov., Grays Funeral Services, Cnr Amohau & Pukuatua Sts., Rotorua. *Convenor:* Miss Sarah Matthews. *Secretary:* Miss Mary Page. *Treas.* Ms Meg Healey.
- **SCOTTISH INTEREST GROUP, NZSG, INC. (5)**
  PO Box 8164, Symonds Street, AUCKLAND 1035, New Zealand.
  Website: www.worldzone.net/social/scotgroup *Membership:* $NZ10.00 per year, which includes four copies of the Newsletter *Kiwi Kith & Kin.* Assistance is offered to those researching family born in Scotland or Nova Scotia.
- **SOUTH CANTERBURY BRANCH, NZSG, INC. (5)**
  Contact: Teresa Scott, 26 Oxford Street, TIMARU 8601, New Zealand.
  Tel: 03 688 9034. *E-mail:* SouthCanterbury@genealogy.org.nz *Meetings:* 7.30pm, 2nd Tues., Feb.-Dec., South Canterbury Museum, Perth St., Timaru. *Convenor:* Teresa Scott. *Secretary:* Mrs Adrienne Bruce. *Treasurer:* Mrs Maree Bowen.

- **SOUTHLAND BRANCH, NZSG, INC. (5)**
  PO Box 1329, INVERCARGILL, New Zealand.
  Meetings: 3rd Wed., Feb. to Nov. at 7.30pm at Scottish Hall, Esk St., Invercargill. *Subscriptions:* $35.00 single, $45.00 joint. *Newsletter:* published occasionally. *Research:* Enquiries into Southland records for small donation + SSAE. *Secretary:* Miss Lesley Instone. *Convener:* Roger Washbourn.

- **TAIRUA BRANCH, NZSG, INC. (3)**
  C/o 101 Pepe Rd, TAIRUA, 2853, New Zealand.
  Tel: (07) 864 7239, V. Grimshaw *Email:* valrex@paradise.net.nz

- **TE AWAMUTU BRANCH, NZSG, INC. (5)**
  Contact: Mr John Graham, 120 Lorne Street, Te Awamutu, 2400, New Zealand.
  Meetings: 7.30pm, 1st Tues., Feb.-Dec., Masonic Rooms, Albert Park Drive, Te Awamutu.
  Convenor: John Graham. *Secretary:* Mrs Karen Glew. *Treasurer:* Mrs Sandra Metcalf.

- **TE PUKE BRANCH, NZSG, INC. (5)**
  Contact: Daphne Friis, 21 Francevic Ave., Mt.Maunganui, 3002, New Zealand.
  Email: daphnef@clear.net.nz *Tel:* 07 575 4674. *Meetings:* 1pm, 4th Thurs., Feb.-Nov., St.John's Ambulance Hall, Jocelyn St., Te Puke. *Treasurer:* Daphne Friis.

- **WAIMATE GENEALOGY BRANCH, NZSG, INC. (3)**
  C/o Ngaire Duffy (Treasurer), 12 Edinburgh St., WAIMATE 8791, New Zealand.
  E-mail: n.s.riviera@xtra.co.nz

- **WAIRARAPA BRANCH, NZSG, INC. (5)**
  P.O. Box 726, MASTERTON 5901, New Zealand. *E-mail:* yrapa_gene@hotmail.com
  Meetings: 7.30pm, 3rd Mon., Feb.-Nov., Wairarapa Research Centre, 79 Queen St., Masterton. *Convenor:* Mr Les Smith. *Secretary:* Mrs Bev. Towgood. *Treasurer:* Mrs Erina Wood.

- **WAITAKERE BRANCH, NZSG, INC. (5)**
  C/o 106 Buscomb Ave, HENDERSON, Auckland, 1008, New Zealand.
  Meetings: 4th Wed. of month, Jan-Nov at Glen Eden Primary School at 6.45pm. Door charge $4.00 NZGS members, $5.00 non-members. *Secretary:* Lani Rimington. *Convenor:* Peter King. *Email:* kingkiwi@ihug.co.nz

- **WANAKA BRANCH, NZSG, INC. (5)**
  Contact: Lynette Duncan, PO Box 284, WANAKA (the.duncans@xtra.co.nz). *Meetings:* 7.30pm, 1st Tues. Feb.-Dec. Wanaka Arts Centre, Wanaka. *Convenor:* Ms Sue Gutherie. *Treasurer:* Marie Chandler.

- **WHAKATANE BRANCH, NZSG, INC. (5)**
  Contact: Sue Gommans, PO Box 203, WHAKATANE 3080, New Zealand.
  E-mail: gommans.fam@actrix.co.nz *Meetings:* 1.30pm, 4th Tues., Feb.-Nov., Reading Room, Whakatane Museum, Boon St., Whakatane. *Convenor:* Eric Caton. *Secretary:* Mrs Sue Gommans.

- **WHANGAMATA GENEALOGY BRANCH, NZSG (5)**
  Contact: Mrs Mary Pipe, 109 Tobie Place, WHANGAMATA 2982, New Zealand. *Tel:* (07) 865 8138. E-mail: mjpipe@value.net.nz

- **WHANGAREI BRANCH, NZSG, INC. (3)**
  Contact: Pam Mora, 10 Tui Crescent, MAUNU, Whangarei, New Zealand.
  Website: whgnzsg.orcon.net.nz *Tel:* (09) 438 9426. *Meetings:* 1.30pm, 1st Sat., Feb.-Dec., Markwick House, Norfolk Street, Whangarei. *Convenor:* Ann Evans. *Secretary:* Pam Mora. *Treasurer:* Carolyn Barber.

Norway

- **NORSK SLEKTSHISTORISK FORENING (1)**
  Postboks 59, Sentrum, N-0101 OSLO, Norway.
  Library: Akersgaten 7, Oslo. *Hrs:* Mon & Thurs 11am-8pm. *Journal: NORSK SLEKTSHISTORISK TIDSSKRIFT* Available to non members. *Research Enquiries:* Help with professional assistance. *Membership:* NOK 275, US$50.00 overseas. *President:* Lars Loeberg. *Secretary:* Jan Kristiansen. *Tel/Fax:* 2242 2204. *E-mail:* nsf@genealogi.no

- **NORWEGIAN AMERICAN HISTORICAL ASSOCIATION (2)**
  1510 St. Olaf Ave., NORTHFIELD, MN 55057, USA. *Website:* www.naha.stolaf.edu
  Tel: (507) 646 3221. *E-mail:* naha@stolaf.edu *Newsletter Ed:* Kim Holland (Historical publications

Poland (see under USA)

Scotland

NATIONAL

- **SCOTTISH GENEALOGY SOCIETY (4)**
  15 Victoria Tce, EDINBURGH, EH1 2JL, Scotland.
  Tel/Fax: (0131) 220 3677. *E-mail:* info@scotsgenealogy.com *Website:* www.scotsgenealogy.com
  Hours: Mon. & Tues. 10.30am-5.30pm, Wed. 10.30am-8.30pm, Thurs. 10.30am-5.30pm, Sat. 10am-5pm. *Journal: Scottish Genealogist* 4 per year. Available to non members at £5.00. *Research Enquiries in Journal:* Not more than 150 words. Free to members. £2.00 to non members. *Membership:* £16.00 (US $32.00). *Chair:* Ivor R. Guild, CBE, FRSE, MA, LLB, WS. *Secretary:* Miss Joan P.S. Ferguson, MBE, MA, ALA, FRCP(Edin).

- **SCOTS ANCESTRY RESEARCH SOCIETY (4)**
  8 York Road, Edinburgh, EH5 3EH, Scotland. *Tel/Fax:* (0131) 522 2028.
  E-mail: scotsanc@aol.com *Website:* http://www.royalmile.com/scotsancestry/ Set up in 1945 to assist persons of Scottish descent to trace their ancestry. Please send s.a.e. for leaflet.

- **SCOTTISH ASSOCIATION OF FAMILY HISTORY SOCIETIES (5)**
  Secretary: Ken Nisbet, 22 Spey Terrace, Edinburgh, EH7 4PL, Scotland.
  E-mail: kennisbet@tiscali.co.uk

ABERDEEN

- **ABERDEEN & N.E. SCOTLAND FAMILY HISTORY SOCIETY (5)**
  160/164 King St, ABERDEEN, AB24 5BD, Scotland. *Tel:* (01224) 646323. *Fax:* 639096.
  Research assistance: available by post for-out-of-town members, and at our Research Centre and Shop for personal callers. *Journal:* 4 per year. *Membership:* individual (worldwide) £15.00, family (worldwide) £20.00. *E-mail:* enquiries@anesfhs.org.uk *Website:* www.anesfhs.org.uk

AYRSHIRE

- **ALLOWAY & SOUTHERN AYRSHIRE FAMILY HISTORY SOCIETY (3)**
  C/- Alloway Library, Doonholm Road, ALLOWAY, Ayr, KA7 4QQ, Scotland.
  Email: ASAFHS@mtcharlesay.fsnet.co.uk

- **EAST AYRSHIRE FAMILY HISTORY SOCIETY (5)**
  C/- Dick Institute, Elmbank Avenue, KILMARNOCK KA1 3BU, Scotland.
  Journal: 2 issues per year + 1 Bulletin. *Membership:* single UK £9, overseas £12.50 (on-line payment facility). *Meetings:* 2nd Thurs. monthly at the Gateway Centre, Kilmarnock, open workshop 1st Wed. each month at Baird Inst. Cumnock. *Web:* www.eastayrshirefhs.org.uk *E-mail:* enquiries@eastayrshirefhs.org.uk

- **LARGS & NORTH AYRSHIRE FAMILY HISTORY SOCIETY (3)**
  Secretary: Mr Stewart Gillam, Bogriggs Cottage, Carlung, West Kilbride, KA23 9PS, Scotland.

- **TROON @ AYRSHIRE FAMILY HISTORY SOCIETY (5)**
  C/o MERC, Troon Library, South Beach, TROON, Ayrshire, KA10 6EF, Scotland.
  E-mail: info@troonayrshirefhs.org.uk *Web:* www.troonayrshirefhs.org.uk

BERWICKSHIRE, ROXBURGHSHIRE, PEEBLESSHIRE & SELKIRKSHIRE (SCOTTISH BORDERS)

- **BORDERS FAMILY HISTORY SOCIETY (5)**
  Sec.: Mrs Gweneth Stein, 51 Traquair Road, Innerleithen, Tweeddale, EH44 6PD, Scotland.
  Membership: Ordinary £10.00, senior citizen £8.00, overseas members should add £3.00 to rates.
  Magazine: 3 annually. Feb., June & Oct. *E-mail:* gwnstein@aol.com

CAITHNESS (CAI)

- **CAITHNESS FAMILY HISTORY SOCIETY (2)**
  Website: www.caithnessfhs.org.uk
  Chairperson: Mr Allan C. Lannon, 6 Burnett Place, Thurso KW14..
  E-mail: allan@alannon.freeserve.co.uk *Gen. Secretary:* Mrs Angela E. Lewis, Mill Cottage, Corsback, Dunnet KW1 8XQ. *E-mail:* a.e.lewis@btinternet.com *Treasurer Membership Secretary:* Mr George McKain, 51 Upper Burnside Drive, Thurso KW14 7XB. *E-mail:* george.mckain@btinternet.com *Librarian:* Mrs Una Vivers, Fairways, Re ay KW14 7RE *E-mail:* Una.vivers@ukgateway.net *Membership:* Per calendar year £10 individual, £15 couple. *Journal:* 4 per annum. *Meetings:* 2nd Wed. of month, various locations. *Research enquiries:* Members only.

Scotland

CENTRAL

● CENTRAL SCOTLAND FAMILY HISTORY SOCIETY (3)
Secretary: 11 Springbank Gardens, Dunblane, Perthshire, FK15 9JX, Scotland.
Area: Stirlingshire, Clackmannanshire and parts of W. Perthshire. *Subscription:* £9.00 individual, £12.00 family, £7.00 retired/student/unwaged; £9.00 institution, £10.00 overseas. *Publications:* Bi-annual newsletter. Monographs of Stirling Burgess Lists 1600 to 1902 and parts of 1851 Census. Send 2 IRC's. Limited research for members only. *Website:* www.csfhs.org.uk

DUMFRIES & GALLOWAY

● DUMFRIES & GALLOWAY FAMILY HISTORY SOCIETY (3)
9 Glasgow Street, Dumfries, DG2 9AF, Scotland.
E-mail: secretary@dgfhs.org.uk *Tel:* 01387 248 093.
Membership: Ordinary £9.00, family £12.00, students & senior citizens £7.50, overseas £11.00 (US$18.00, Canada $25.00, Australia $30.00, NZ $35.00) *Chair:* Dr J. Bruce Irving. *Editor:* Mr Donald Sutherland. *Secretary:* Mr Tony Lowe.

FIFE

● FIFE FAMILY HISTORY SOCIETY (5)
C/o Glenmoriston, Durie St., Leven, Fife KY8 4HF, Scotland. *Website:* www.fifefhs.org
Journal: 3 per year. *Research enquiries:* Small charge for simple searches for members only. *Membership:* Ordinary £10.00, £12.00 overseas, Family £12.00, £14.00 overseas, Institution £12.00. *Publications Club:* £6.00 per year - members only. *Chair:* Archie Lumsden. *Secretary:* Betty Pryde.

GLASGOW

● GLASGOW & WEST OF SCOTLAND FAMILY HISTORY SOCIETY (5)
Unit 5, 22 Mansfield Street, Glasgow, G11 5QP, Sct. *Tel.:* (0141) 339 8303 during opening hours. *Website:* http://www.gwsfhs.org.uk
Membership: £13.00 UK & Europe ordinary; extra family member £10, associates (libraries etc.) £16, overseas - add £3 to above rates. *Newsletter:* 3 per year, including concise research queries free to members. *Other Research:* strictly limited, specific queries from members only, in return for expenses. Premises, including reference library, open to members - Tues. 2pm-4.30pm & 7pm-9.30pm, Thurs. 10am-9.30pm, Saturday 2pm-4.30pm. Publications include 3 CD ROMs (available separately) of the 1851 Census indexes for: (1) Glasgow (including Barony, Gorbals and Govan); (2) Dumbartonshire; (3) Renfrewshire. Full list & further info. available please send s.a.e. or IRC.

INVERNESS

● HIGHLAND FAMILY HISTORY SOCIETY (5)
Library: C/o Reference Room, Public Library, Farraline Park, Inverness, IV1 1NH, Scotland.
Web: www.highlandfhs.org.uk
Hours: Mon-Sat Public Library Hours. Available to non members. *Journal:* HIGHLAND F.H.S. JOURNAL 4 per year. Members only. *Research Enquiries:* Members free, non members £1.00 per query. *Membership:* ordinary £8.00, pensioner & under 21 £5.00, family £10.00. Overseas members should add £3.00 for airmail. Those who pay in dollars add £2.00 to cover bank charges. *Other Particulars:* The Society does not do research. The material in the Society's library is a private collection to which only members may have access. *Chair:* George Christie. *Secretary:* Angus Bethune.

LANARKSHIRE

● LANARKSHIRE FAMILY HISTORY SOCIETY (1)
C/o Reference Dept., Hamilton Central Library, 98 Cadzow St., Hamilton, ML3 6HQ, Scotland.
Meetings: at above. 7.30pm 2nd Tues. each month Sept.-June. *Membership:* waged £10.00, unwaged £6.00, Overseas £12. *Journal:* 2 issues, Dec. & June. 1851 Census: all Lanarkshire parish indexes available for sale as booklets, except Old and New Monkland which are on microfiche. Write, please include a S.A.E. for full list. Available to non-members.

LOTHIANS

● LOTHIANS FAMILY HISTORY SOCIETY (2)
Mrs Anne Agnew, C/o Lasswade High School Centre, Eskdale Drive, BONNYRIGG, Midlothian, EH18 1DZ, Scotland.

ORKNEY

● ORKNEY FAMILY HISTORY SOCIETY (5) E-mail: george.gray@unisonfree.net
C/- Orkney Library & Archive, 44 Junction Road, Kirkwall, Orkney, KW15 1HG, Scotland.

SHETLAND

- **SHETLAND FAMILY HISTORY SOCIETY (5)**
  General Secretary: Mrs E.M. Angus, 6 Hillhead, Lerwick, Shetland, ZE1 0EJ, Scotland. *E-mail:* secretary@shetland-fhs.org.uk *Website:* www.shetland-fhs.org.uk *Membership:* Adult £10.00, OAPs £7.00, family £15.00, oversea airmail £15.00/surface £12.50. *Journal:* COONTIN' KIN QUARTERLY.

TAY VALLEY
- **TAY VALLEY FAMILY HISTORY SOCIETY (5)**
  179 Princes Street, DUNDEE, DD4 6DQ, Scotland. *Tel:* (01382) 461845. *Fax:* (01382) 455532. *Newsletter:* 3 per year. *Research facilities at premises:* Free to members. Small hourly charge for non-members. *Membership:* £12.00 plus £3.00 joining fee plus £1.00 overseas airmail. *Chairman:* Mr D. Soutar. *E-mail:* tvfhs@tayvalleyf0hs.org.uk *Web:* http://www.tayvalleyfhs.org.uk

Serbia
- **SERBIAN SOCIETY FOR HERALDRY, GENEALOGY VEXILLOLOGY & PHALERISTICS - THE WHITE EAGLE (0)**
  Nevesinjska 7, 11000 BEOGRAD, Serbia.
  Tel. & Fax: (381-11) 438 485. *PC Fax:* (381-11) 444 8169. *E-mail:* acovic@EUnet.yu

Slovenia - Slovénie
- **SLOVENIAN GENEALOGICAL SOCIETY (8)**
  Lipica 7, 4220 Skofja Loka, Slovenia. *Tel:* 386 64 654261. *Fax:* 386 61 1235740. *E-mail:* srdl@guest.arnes.si *Home page:* genealogy.ijp.si Founded 1995. *Bulletin:* DREVESA (The Trees). *Membership:* SIT 6000 (US$50). *President:* Peter Hawlina.

South Africa—Afrique du Sud
- **GENEALOGICAL SOCIETY OF SOUTH AFRICA (4)**
  Suite 143, Postnet X2600, HOUGHTON, 2041, South Africa.
  Journal: FAMILIA 4 per year. *Membership:* R90.00. *Tel/Fax:* (011) 804 6533. *E-mail:* aheydenr@mweb.co.za *Chairman:* Martin Zollner. *Secretary:* Elske Van Rooyen. (see advert in Notices section of this book).

- **CAPE TOWN FAMILY HISTORY SOCIETY (5)**
  Postal Address: 9 Mistral Close, LAKESIDE, 7945, South Africa.
  Email: society@ancestors.co.za *Web:* http://www.ancestors.co.za/society/socweb.html
  Meetings: 3rd Sat. of each month at Wynberg Boys High School. Visitors welcome. *Membership:* R70.00 per annum for local and R120.00 for overseas members. Newsletter *Cape Almanac* quarterly + 4 free Death Notices from the Cape Town Archives for overseas members. *Secretary:* Mrs Heather MacAlister. *Tel/Fax:* (021) 788 8188.

- **EAST CAPE BRANCH, G.S.S.A. (5)**
  PO Box 63774, GREENACRES, 6057, South Africa.
  Meetings: 3rd Mon. each month. *Branch Newsletter:* 4 per year plus 4 *Familia* magazines from National Body. *Membership:* Apply National Secretary, Suite 143, Postnet X2600, Houghton, Johannesburg, 2041. *E-mail:* ooskaap@ggsa.info *East Cape Branch Secretary:* PO Box 63447, Greenacres, Port Elizabeth, 6057, S.Africa.

- **JOHANNESBURG BRANCH, GENEALOGICAL SOCIETY OF SA (4)**
  PO Box 1547, Saxonwold 2132, South Africa. *E-mail:* aheydenr@mweb.co.za
  Meetings: Every 2nd Sat. per month, Methodist Church, Seventh Ave., Parktown North. Visitors welcome. *Newsletter:* FAMILY TREE TOPICS 4 per year. *Membership:* R40 per year (local) due 1 Jan. Excludes National body fee of R90 (4 issues of *FAMILIA* would then also be received).

- **NATAL INLAND FAMILY HISTORY SOCIETY (4)**
  The Secretary, PO Box 1567, Pietermaritzburg, NATAL, 3200, South Africa.
  Meetings: 1st & 3rd Wednesday of each month. *Newsletter:* 4 per year. *Membership:* R75.00 per year. *E-mail:* ggsa_natalmidland@yahoo.co.uk *Research:* Service available on written application.

- **NATAL MIDLANDS BRANCH G.S.S.A. (4)**
  Secretary: PO Box 1567, Pietermaritzburg, NATAL, 3200, South Africa.
  Meetings: 1st & 3rd Wed. month. *Newsletter:* 4 per year (in conjunction with Natal Inland F.H.S.) and 4 *Familia* magazines per year from the National body. *Membership:* R90.00 per annum payable to Branch. *E-mail:* ggsa_natalmidland@yahoo.co.uk

Spain—Espagne — Societies & Organizations —**2005**

- **SOUTH EAST WITWATERSRAND FAMILY HISTORY SOCIETY (2)**
  Tel: (011) 902 4150. *E-mail:* deyzclw@intckom.co.za
  Chairman: Mr W. Deyzel, PO Box 2794, Alberton 1450. Journal and members interest list. Starter Pack to beginners. Meets monthly.

- **WESTERN CAPE BRANCH, GENEALOGICAL SOCIETY OF SA (0)**
  PO Box 492, Rondebosch. 7701, South Africa. *E-mail:* adelbert@netactive.co.za
  Meetings: 2nd Sat. each mth. Journal: *Capensis* R45.00 for 4 issues to local members, R100 overseas surface. Membership: R60 local which includes branch Newsletter + national journal *Familia*.

Spain—Espagne

NATIONAL

- **REAL ACADEMIA MATRITENSE DE HERALDICA Y GENEALOGIA (1)**
  Quintana 28, 28008 MADRID, Espana (Spain).

- **ASOCIACION DE DIPLOMADOS EN GENEALOGIA, HERALDICA Y NOBILARIA(1)**
  Alcala 20, 2 Piso, 28014 MADRID, Espana (Spain). *Tel:* (34) 522 3822.
  Fondé: 1966. *autres rens/other details:* Diploma course for researchers. *Fax:* (34) 532 6674.

- **CIRCULO DE ESTUDIOS GENEALOGICOS FAMILIARES (1)**
  Prado 21, Ateneo de Madrid, 28014 Madrid, Espana (Spain).

- **ASOCIACION DE HIDALGOS A FUERO DE ESPANA (1)**
  Aniceto Marinas 114, 28008 Madrid, Espana (Spain).

PROVINCIAL

- **CERCLE GENEALOGIC DEL VALLES (1)**
  C/o Mr Feliu Monés Pla, Roca 29, 5º 2ª, 08208 SABADELL, Barcelona, España (Spain).
  Founded/fondé: 1993. Bulletin: Circular Informativa, (3 par annum). Area of interest: Catalunya/Catalogne. *President:* Feliu Mones Pla. *Secretary:* Pere Fabregas Casanovas. (French or Spanish).

- **SOCIETAT VALENCIANA DE GENEALOGIA, HERALDICA, SIGILLOGRAFIA (1)**
  Les Tendes 22, 46780 Oliva, Espana (Spain).
  Founded in 1992. *Cotisation:* 2500 Pts. *President:* Joan Francesco Pi i Aparici.

- **SOCIETAT CATALONA DE GENEALOGIA, HERALDICA, SIGILLOGRAFIA (1)**
  PO Box 2830, 08080 Barcelona, Espana (Spain).
  Cotisation: 7200 Pts. *President:* Armand de Fluvia i Escorsa.

- **INSTITUTO DE ESTUDIOS HERALDICOS Y GENEALOGICOS DE EXTREMADURA**
  Lucio Cornelio Balbo 6, 1004 Caceres, Espana (Spain). (1)

- **SOCIEDAD TOLEDANA DE ESTUDIOS HERALDICOS y GENEALOGICOS (1)**
  Apartado de Correos No. 373, TOLEDO, Espagñe (Spain).

- **SOLAR DE VALDEOSERA (1)**
  Apartado 361, Logroño, LA RIOJA, Espana (Spain).

Sweden—Sverige—Suède

- **SVERIGES SLÄKTFORSKARFÖRBUND (The Federation of Genealogical Societies) (0)**
  Box 30222, 104 25 Stockholm. *E-mail:* genealog@genealogi.se *Tel:* (08) 695 0890. *Fax:* (08) 695 0824. Publications: *Släkthistoriskt Forum* (journal 5/year), *Svenska Antavlor* (ahnentafels 2/year), *Yearbook*, other books. Member societies of the Federation - contact the Federation for a full list.

Switzerland—Schweiz—Suisse

- **SCHWEIZERISCHE GESELLSCHAFT für FAMILIENFORSCHUNG (SGFF) (1)**
  SWISS GENEALOGICAL SOCIETY http://sgff.genealogy.net
  Grabenweg 1, CH-4414 FUELLINSDORF, Switzerland.
  Zeitschrift: (1) MITTEILUNGSBLATT (3 x Jährlich); (2) JAHRBUCH der SGFF (jährlich); (3) ARBEITSHILFEN für FAMILIENFORSCHER in der SCHWEIZ (unregelmaessig). *Publications:* Named above are published (1) three yearly; (2) annually; (3) irregularly. *President:* Heinz Ochsner (as above). *Extra Details:* Publications 1 and 2 are included in membership. Library of more than 6000 volumes in the Schweizerische Landesbibliothek in Bern.

- **GENEALOGISCH-HERALDISCHE GESELLSCHAFT ZÜRICH (GHGZ) (8)**
  Genealogical and Heraldry Association of Zurich
  Dammbodenstrasse 1, CH-8604 VOLKETSWIL, Switzerland.
- **SCHWEIZERISCHE VEREINIGUNG FüR JüDISCHE GENEALOGIE (SVJG) (1)**
  ASSOCIATION SUISSE DE GENEALOGIE JUIVE (ASGJ)
  Swiss Society for Jewish Genealogy (SSJG) - PO Box 2224, CH-8021 ZüRICH.
  E-mail: reneloeb@compuserve.com
- **ZENTRALSTELLE FUR GENEALOGIE (5)**
  Schöneggstrasse 26, CH-8953 DIETIKON, Switzerland.
  Fax: intl. +41/1/742 20 84. *E-mail:* info@swiss-roots.ch *Web:* www.swiss-roots.ch
  Central office for inquiries on Swiss family collections and publications. Database of more than 140,000 references on the genealogical work already done in Swiss families. Overseas fee of CHF30 inside Europe CHF25 for one surname to be prepaid. The central office also advises how to begin research in Switzerland or it undertakes research or refers to professional genealogists specialized on any area in Switzerland. *President:* Manuel Aicher.

United States of America (USA)

NATIONAL (see also under: IRELAND, POLAND, NORWAY etc.)

- **NATIONAL GENEALOGICAL SOCIETY (2)**
  4527 17th St. North, ARLINGTON, VA 22207-2399, USA.
  Library: Member Resource Center as above; Book Loan Collection housed at the Saint Louis County Library, MO. *Librarian:* Dereka Smith, MLS. *Staff & MRC hours:* 9.00am-5.00pm Mon.-Fri. Research by appointment only. Closed Federal & National holidays. Open to non members, daily fee $10.00. *NGS Newsmagazine:* 6 per year. *Editor:* Russell Henderson. *Journal: NATIONAL GENEALOGICAL SOCIETY QUARTERLY,* 4 per year. *Editor:* Elizabeth Shown Mills, CG, CGL, FNGS, FASG. *Queries:* Free to members, posted in Newsmagazine and on *Website:* www.ngsgenealogy.org Book loan collection available through interlibrary loan. *Membership:* $50.00. *President:* Curt B. Witcher, MLS, FUGA.

- **FEDERATION OF GENEALOGICAL SOCIETIES (2)**
  PO Box 200940, AUSTIN, TX 78720-0940, USA.
  Tel: (512) 336 2731. *Fax:* (512) 336 2732. *E-mail:* fgs-office@fgs.org
  Toll free Tel: 1 888 347 1500. *Toll free Fax:* 1 888 380 0500.
  Newsletter: 4 per year. *Membership:* Only open to organizations and institutions. Sponsors a conference each year (see EVENTS section of this Directory). *Website:* www/fgs/org

- **ASSOCIATION OF PROFESSIONAL GENEALOGISTS (3)**
  PO Box 350998, Westminster, CO 80035-0998, USA. *URL:* http://www.apgen.org/
  Publication: APG QUARTERLY 4 per year. Directory of Professional Genealogists 2001-2. $15.00 postpaid. *Membership:* US $50; Canada US$55; international US$70. *President:* Sherry Irvine, CGRS, FSA(Scot). *Exec. Director:* Kathleen W. Hinckley. CGRS. *E-mail:* admin@apgen.org

- **NATIONAL SOCIETY, DAUGHTERS OF THE AMERICAN REVOLUTION (2)**
  1776 D Street, NW, Washington, D.C. 20006-5392, USA. *Tel:* (202) 879 3229.
  Library: As above. *Hours:* Mon-Fri 8.45am-4pm, Sun (except holiday weekends) 1pm-5pm. Closed to non members early July. *Library Director:* Eric G. Grundset.

- **FAMILY HISTORY LIBRARY OF THE CHURCH OF JESUS CHRIST OF LDS. (1)**
  35 N. West Temple Street, SALT LAKE CITY, Utah 84150 USA.
  Library: As above. *Hours:* Mon 7.30am-5pm; Tues.-Sat. 7.30am-10pm; The microfilm holdings of the library are available through over 3500 family history centres. A list of local centres is available. Library is open to non members. *Director:* David E. Rencher. *E-mail:* fhl@ldschurch.org *Web:* familysearch.org

- **AMERICAN-CANADIAN GENEALOGICAL SOCIETY (1)**
  PO Box 6478, MANCHESTER, NH 03108-6478, USA. 603-622-1554.
  Library: Cnr. 4 Elm St. & West Baker St. *Hours:* Wed & Fri 9am-9pm, and Sat 9am-4pm. Open to non members $5.00 per visit. *Journal: AMERICAN-CANADIAN GENEALOGIST,* 4 per year, back issues at $3.50 each. *Research Enquiries:* $20.00 per direct line to France; $40.00 for non-members. *Membership:* $25.00. *President:* Robert A. Neveux. *Vice Pres:* Diane Nault.

- **AMERICAN-FRENCH GENEALOGICAL SOCIETY (3)**
  PO BOX 830, WOONSOCKET, RI 02895, USA. *Tel:* (401) 765 6141. Website: www.afgs.org
  Library: 78 Earle St., Woonsocket, RI 02895. *Journal:* JE ME SOUVIENS (I Remember) 2 p/yr. to

United States of America (USA)   Societies & Organizations —**2005**

non members $3.50 each. *Research Queries:* For a fee. Library contains Loiselle Files of over one million marriages in Canada, and also Rivest Index of parish Records listed by female of the union. Research French-Canadian, Acadian not France. *President:* Roger Bartholomy.

- **AMERICAN/SCHLESWIG-HOLSTEIN HERITAGE SOCIETY (ASHHS) (2)**
  121 W. Bryant, PO Box 506, WALCOTT, IA 52773-0506, USA. *Tel./Fax:* (563) 284 4184. *Membership:* $18, family $21, foreign $25. including Newsletter 6 per yr. *Meetings:* 3rd sun. Feb., May, Aug. & Nov. *E-mail:* ashhs@ashhs.org *Website:* www.ashhs.org

- **BRITISH ISLES FAMILY HISTORY SOCIETY - USA (3)**
  2531 Sawtelle Blvd, PMB #134, LOS ANGELES, CA 90064-3124, USA.
  Library: Los Angeles Family History Center, 10741 Santa Monica Blvd., Los Angeles, CA 90025. *Hours:* Fri. & Sat. 9am-5pm. Tues., Wed. & Thurs. 9am-9pm. *Membership:* US$25.00 yearly, family US$30.00, life membership US$250.00, Family life membership US$300.00, Canadian US$30.00, overseas US$35.00. *Meetings:* 4th Sun. of the month except Dec. Irish, English, Scottish & Welsh study groups meet quarterly. Annual seminar. *Journal:* semiannual. *Newsletter:* bi-monthly. *Website:* http://www.rootsweb.com/~bifhsusa E-mail: dotom2@aol.com

- **INTERNATIONAL SOCIETY FOR BRITISH GENEALOGY and FAMILY HISTORY (5**
  PO Box 350459, WESTMINSTER, CO 80035-0459, USA.
  Newsletter: 4 per year, included with individual membership US$20.00, overseas $25.00. Reserved enquiries of 60 words or less free for members only. Subscriptions for Societies & Institutions US$20.00. *President:* Donna Porter. *Web:* www.isbgfh.org

- **(GERMAN) IMMIGRANT GENEALOGICAL SOCIETY (2)**
  PO Box 7369, BURBANK, CA 91510-7369, USA. (All mail).
  Library: 1310 B. West Magnolia Blvd, Burbank, CA 91506. *Tel:* (818) 848-3122. *Fax:* (818) 716-6300. *Membership:* $20.00 regular, $30.00 1st class mail, $35 foreign, $50.00 supporting, $100.00 sustaining; includes monthly *Newsletter & Periodical: GERMAN AMERICAN GENEALOGY,* free use of the library. *Hours:* Sat 10am-5pm, Sun 12 noon-5pm, Wed 12 noon-5pm, other times by appointment, groups welcome. *Research:* We will search our extensive German-Language and Immigrant collection for small fee, new choices added frequently. Please send SASE when writing.

- **GERMAN RESEARCH ASSOCIATION (2)**
  PO Box 711600, SAN DIEGO, CA 92171-1600, USA.
  Internet address: http://feefhs.org/gra/frg-gra.html *E-mail:* vitalee@cox.net
  Newsletter: THE GERMAN CONNECTION, 4 per year. *Meetings:* 1st Sat. monthly except holiday weekends. 4 program meetings, plus Seminar, other months workshops. *Membership:* $18.00 ($23.00 for 2 in family), USA, $30.00 outside USA (in US dollars).

- **GERMANS FROM RUSSIA HERITAGE SOCIETY (3)**
  1125 West Turnpike Avenue, BISMARCK, ND 58501-8115, USA.
  Tel: (701) 223 6167. *E-mail:* rachel@grhs.org

- **IRISH GENEALOGICAL SOCIETY, INTERNATIONAL (5)**
  5768 Olson Memorial Highway, GOLDEN VALLEY, MN 55422-5014, USA.
  E-mail: blmkerry@tcq.net *Website:* www.rootsweb.com/~irish *Library:* Located at Minnesota Genealogical Soc. (see under USA). *Tel:* (763) 595-9347. Irish day at Library, 2nd Sat. each month, beginning Jan. 2005. *Membership:* $25.00 *President:* Valerie Morrison.

- **THE JEWISH GENEALOGY SOCIETY OF GREATER WASHINGTON (2)**
  PO Box 31122, Bethesda, MD 20824-1122, USA. *Web site:* http://www.jewishgen.org/jgsgw
  Publication: MISHPACHA Qtly. *Editor:* Jennifer T. Miller. *Subs.:* $15.00 (in US), $20.00 (other).

- **NORWEGIAN AMERICAN HISTORICAL ASSOCIATION (2)**
  1510 St. Olaf Ave., NORTHFIELD, MN 55057, USA. *Tel:* (507) 646 3221.
  Newsletter Editor: Kim Holland (Historical publications).

- **ORPHANS - O.T.H.S.A. INC. (3)**
  614 E. Emma Ave. #115, SPRINGDALE, AR 72762-4634. *Tel:* (501) 756 2780 *Fax:* 756 0769. *E-mail:* MEJ102339@aol.com *Website:* http://orphantrain.riders.com
  Area of interest: New York City and Boston orphans & children placed out 1854-1929 from trains sent to the Midwest.

- **PALATINES TO AMERICA (3)**
  611 East Weber Road, COLUMBUS, OH 43211-1097, USA.
  Tel: (614) 267 4700. *E-mail:* pal-am@juno.com *Website:* www.palam.org
  Researching German-speaking Ancestors. *Library Hours:* Wed. 9am-4pm. 3rd Friday 9am-4pm. 1st Sat. 10am-2pm and by appointment. Free to members - fee for non-members, limited research services available. *Membership:* $35.00 individual. $40.00 family. $875 life. Foreign Addresses add $8 Canada/Mexico, $15 all other countries. Membership includes the national Journal *The Palatine*

Immigrant (quarterly) and the Newsletter *The Palatine Patter;* and membership in one state chapter. Member queries free in Newsletter. Annual national conference and numerous chapter meetings throughout year. *State Chapters:* CO, IL, IN, NY, OH, PA & WV.

- **POLISH GENEALOGICAL SOCIETY OF AMERICA (3)**
  984 N. Milwaukee Ave., CHICAGO, IL 60622, USA.
  E-mail: pgsamerica@aol.com *Website:* www.pgsa.org

- **POLISH NOBILITY ASSOCIATION FOUNDATION (3)**
  Villa Anneslie, 529 Dunkirk Rd., ANNESLIE, MD 21212, USA.
  Journal: Semi-annual. *Research enquiries:* Cost of entry $25.00. *Membership:* $25.00. *President:* Dr R. Ks. Chylinski-Polubinski. *Director, College of Heraldry:* Leonard Suligowski, USA. Count J. Nowina-Sokoinicki, Europe, M. Kusza-Subritzky, New Zealand.

- **VESTERHEIM GENEALOGICAL CENTER & NAESETH LIBRARY (3)**
  Library (by appointment): 415 West Main Street, MADISON, WI 53703-3116, USA.
  Journal: Norwegian Tracks. (C/o Library). *Subscriptions:* $45 includes membership in the Norwegian American Museum, 523 West Water Street, Decorah, Iowa 52101.

States

ALABAMA (AL)

- **ALABAMA GENEALOGICAL SOCIETY (3)**
  C/- Samford University, PO Box 2296, BIRMINGHAM, AL 35229-0001.
  Journal: ALA GENEALOGICAL SOC MAGAZINE. Membership: $20.00.

- **MOBILE GENEALOGICAL SOCIETY INC. (5)**
  PO Box 6224, MOBILE, AL 36660-6224, USA.
  E-mail: mgsmobile@mobis.com *Website:* www.MobileRoots.org *Journal: DEEP SOUTH GENEALOGICAL QUARTERLY,* 4 per year. *Research Enquiries:* Free to members. *Membership:* $25.00. *President:* Tom Carnes. *Corres. Secretary:* Beverly Dennis. *Editor:* Sandy Malone. *Meetings:* 2nd Sat each month.

ARIZONA (AZ)

- **ARIZONA STATE GENEALOGICAL SOCIETY (3)**
  PO Box 42075, TUCSON, AZ 85733-2075, USA.
  Website: www.rootsweb.com/~asgs *Message Pager:* (520) 513 2747. *Publications:* Copper State Bulletin. *Special Projects:* Dave Gudgel.

- **COCHISE GENEALOGICAL SOCIETY (5)**
  1001 D Avenue, DOUGLAS, AZ 85607, USA.
  Website: www.mycochise.com *Journal: THE TOMBSTONE.* no longer published, back issues at $3.50 each. *Email:* jljsr2@peoplepc.com (Jennings Johnson, Snr).

ARKANSAS (AR)

- **ARKANSAS GENEALOGICAL SOCIETY (3)**
  PO Box 908, HOT SPRINGS, AR 71902-0908, USA.
  Library: Arkansas History Commission and Little Rock Public Library, Little Rock, AR. *Journal:* THE ARKANSAS FAMILY HISTORIAN, 4 per year. *Research Enquiries:* Free to members. *Membership:* $20.00. *Editor:* Margaret Harrison Hubbard. *Tel./Fax:* (501) 262 4513.

- **GARLAND COUNTY HISTORICAL SOCIETY (2)**
  222 McMahan Dr, HOT SPRINGS, AR 71913-6243, USA.
  Archives: 328 Quapaw, Hot Springs, AR 71901. *Journal: THE RECORD,* annually (41st yr). Free to members. *Members:* $15 + $3 s/h. *Editors:* Bobbie J. McLane & Wendy Richter.

CALIFORNIA (CA)

- **CALIFORNIA GENEALOGICAL SOCIETY (4)**
  1611 Telegraph Ave., Suite 100, OAKLAND, CA 94612-2154, USA.
  E-mail: library@calgensoc.org *Website:* www.calgensoc.org *Hours:* Thur., Fri. & Sat. 9am-4pm. Open to non-members for daily fee except free 1st Sat. each month. *Newsletter:* 6 per year. *Membership:* $35.00 ($50.00 family). *Meetings:* 2nd Sat. afternoon, Jan., Mar., May, July, Sep., Nov.

- **CALIFORNIA STATE GENEALOGICAL ALLIANCE (2)**
  PO Box 311, DANVILLE, CA 94526-0311, USA.
  President: Sheila Benedict. *Secretary:* Janice Lear.

- **CONEJO VALLEY GENEALOGICAL SOCIETY (5)**
  PO Box 1228, THOUSAND OAKS, CA 91358, USA.
  Website: www.rootsweb.com/~cacvgs/ *Library:* Grant R. Brimhall Public Library. Open usual

United States of America (USA)   Societies & Organizations —**2005**

Library hours. *Newsletter:* 12X & *Rabbit Tracks,* 4X, *Great Registers* for Nevada, Trinity & Ventura Cos., a beginners guide Library Holdings.

- **EAST BAY GENEALOGICAL SOCIETY (2)**
  PO Box 20417, OAKLAND, CA 94620-0417, USA.
  Tel: (510) 451 9599. *Website:* www.katpher.com/EBGS/EBGS.html
  Newsletter: THE LIVE OAK, 6 per year, members only. *Membership:* $12.50. *Meetings:* 2nd Wed of each month. *President:* Sally Stevens. *Secretary:* Ruth Armstrong.

- **GENEALOGICAL SOCIETY OF STANISLAUS COUNTY, CALIFORNIA (3)**
  PO Box A, Modesto, CA 95352-3660, USA. *Tel.:* 209 571 3227. E-mail: gssc@att.net
  Website: http://www.cagenweb.com/~lr/stanislaus/gssc/html
  Membership: $15.00 single, $22.50 family at same address. *President:* David Wolff.

- **LIVERMORE-AMADOR GENEALOGICAL SOCIETY (9)**
  PO Box 901, LIVERMORE, CA 94551-0901, USA.
  President: Lori Codey. *Secretary:* Kaye Strickland. *Corres. Secretary:* Jane Southwick.

- **MERCED COUNTY GENEALOGICAL SOCIETY (0)**
  PO Box 3061, MERCED, CA 95344, USA.

- **NAPA VALLEY GENEALOGICAL & BIOGRAPHICAL SOCIETY (3)**
  1701 Menlo Ave, NAPA, CA 94558-4725, USA.
  E-mail: nvgbs@napanet.net *Website:* www.napanet.net/~nvgbs

- **NORTH SAN DIEGO COUNTY GENEALOGICAL SOCIETY (0)**
  PO Box 581, CARLSBAD, CA 92018-0581, USA.

- **ORANGE COUNTY CALIFORNIA GENEALOGICAL SOCIETY (2)**
  PO Box 1587, ORANGE, CA 92668-1587, USA.
  Library collection: Located in the Huntington Beach Central Library, 7111 Talbert, Huntington Beach, CA 92648-1296. *Tel:* (714) 842 4481. Open to the public. *Hours:* Mon. 1pm-9pm, Tues., Wed. & Thurs. 9am-9pm, Fri. & Sat. 9am-5pm. Sunday 1-5pm. *Membership:* $16.00 + $2.00 initiation fee. $24.00 joint. *President:* Joan E. Rambo. *Membership Chairman:* Dianne Hoffman. *Librarian:* Betty Zuliani (714) 846 1630. *Journal:* 2 issues per year $12.00 member, $15.00 non-member. *Meetings:* 1st Sat. of each month at the library address. *Web:* www.occgs.com

- **SACRAMENTO GERMAN GENEALOGY SOCIETY (0)**
  PO Box 660061, SACRAMENTO, CA 95866-0061, USA *E-mail:* sgbelverta@aol.com
  Meetings: 1pm 4th Tues. of month except Nov. & Dec. at St.Marks United Methodist Church, Lusk Drive and St.Marks Way, Sacramento. Visitors welcome to lectures program and study groups. *Journal: Der Blumenbaum* 4 per year. Free queries. Access to German language classes and surname/locality files and pedigree charts. *Membership:* $20.00 individual & $25 couple same address

- **SAN BERNARDINO VALLEY GENEALOGICAL SOCIETY (2)**
  PO Box 2220, SAN BERNARDINO, CA 92406, USA.
  E-mail: SanBernardinoValleyGenealogicalSociety@sbpl.org

- **SAN DIEGO JEWISH GENEALOGICAL SOCIETY (0)**
  Jackye Sullins, PO Box 927089, San Diego, CA 92192-7089, USA.
  Publication: DISCOVERY, Quarterly. *Tel:* (858) 453 8164.

- **SANTA BARBARA COUNTY GENEALOGICAL SOCIETY (5)**
  PO Box 1303, GOLETA, CA 93116-1303, USA.
  Sahyun Library: 316 Castillo St., Santa Barbara, CA 93101. *Tel:* (805) 884 9909. *Hours:* Sun 1pm-4pm; Tues, Thurs & Fri 10am-4pm. Open to non members. *Newsletter:* Monthly to members. *Journal: ANCESTORS WEST,* quarterly, free to members. *Membership:* $30.00. Family (two persons) memberships, $45.00. *Research Enquiries:* Donation requested; Queries to *A.W.* free as space allows. *Meetings:* 3rd Sat, 9.30am-12.pm, First Presbyterian Church, 21 East Constance (at State) Santa Barbara, 93105. *President:* Michel Colgan. *Editor of A.W.:* Dorothy Oksner. *Website:* www.cagenweb.com/santabarbara/sbcgs/ *E-mail:* sbcgs22@juno.com

- **SANTA CLARA COUNTY HISTORICAL AND GENEALOGICAL SOCIETY (3)**
  2635 Homestead Road, City Library, SANTA CLARA, CA 95051-5387, USA.
  Library: 3345 Lochinvar, Santa Clara (until 2004). *Hours:* Mon-Thus. 9am-9pm; Fri. 9am-6pm. Sat 9am-6pm; Sun 1pm-5pm. Consultant: Mon-Sun 1pm-3pm; Mon-Thurs 7pm-9pm as available. *Journal: SANTA CLARA COUNTY CONNECTIONS,* semi annually. *Research Enquiries:* See website for research request form and fees. *Membership:* $20.00 single, $25.00 family, $30.00 contributing plus $8.00 annual for *Connections. Website:* www.rootsweb.com/~cascchgs

- **SOLANO COUNTY GENEALOGICAL SOCIETY, INC. (2)**
  PO Box 2494, FAIRFIELD, CA 94533, USA.

Newsletter: each month except Jul & Aug. *Journal: ROOT DIGGER,* 4 per year. $3.50 each for non members. *Research Queries:* $2.50 for up to 25 words. *Membership:* $15.00 individual, $18.00 family. *Meetings:* 4th Sat. of month except Jul, Aug & Dec. *President:* Nancy Morebeck. *Secretary:* Patricia Grantham. Research done Solano Co. indexes at library, $15.00 per name.

● **SOUTH BAY CITIES GENEALOGICAL SOCIETY (3)**
PO Box 11069, TORRANCE, CA 90510-9998, USA.
E-mail: sbcgs@hotmail.com *Web:* http://www.rootsweb.com/~cosbcgs/ *WebMaster:* Betty Fenton.
Newsletter: 6 per year. Exchanges with Societies. *Research Enquiries:* free to members. *Membership:* $15.00 individual, $18.00 family USA, $15.00 others, Oct. 1 through Sep. 31. *Meetings:* 3rd Wednesdays. *Seminar:* Yearly. *Workshop:* Yearly. *President:* Janice Wheeler. *Recording Secretary:* Shirley Snider. *Corres. Secretary:* Betty McEntire.

● **SOUTHERN CALIFORNIA GEN. SOCIETY & FAMILY RESEARCH LIBRARY (4)**
417 Irving Dr., BURBANK, CA 91504-2408, USA.
E-mail: scgs@scgsgenealogy.com *Website:* www.scgsgenealogy.com
Library: as above. *Hours* Mon closed, Tues 10am-9pm, Wed-Fri 10am-4pm; 1st & 2nd Sun & 3rd & 4th Sat of each month 10am-4pm. Open to non members at no charge. *Journal: THE SEARCHER,* quarterly. *Membership:* $30.00 individual, $40.00 family. The Society holds a major Genealogical Jamboree & Family History Fair each year.

COLORADO (CO)

● **THE COLORADO GENEALOGICAL SOCIETY, INC. (0)**
PO Box 9218, DENVER, CO 80209-0218, USA.
Library: Denver Public Library (Genealogical Dept.). *Hours:* Mon-Wed 10am-9pm, Thurs, Fri, Sat 10am-5.30pm, Sun 1pm-5pm. Open to non members. *Newsletter:* 6 p/yr. *Journal: COLORADO GENEALOGIST,* 4 p/yr. Available to non members US$4 (Foreign extra). *Research Enquries:* Cost of entries $3 members, $5 non members. *Membership:* $20 family, $15 single, $20 Institutions.

● **FOOTHILLS GENEALOGICAL SOCIETY OF COLORADO (4)**
PO Box 150382, LAKEWOOD, CO 80215-0382, USA.
Journal: FOOTHILLS INQUIRER, Quarterly, includes information on Clear Creek, Gilpin, Jefferson & Park Counties. *Meetings:* 2nd Wed. each month, (except June, July & Aug.) 1pm at the First Pres. Church of Lakewood, 8210 W. 10th Ave., Lakewood, CO. Night meeting, 4th Monday except June, July, Aug. & Dec. at Peace Lutheran Church, 5675 Field Street, Arvada, CO. *Membership:* $15.00 individual, $18.00 family.

● **PALATINES TO AMERICA, COLORADO CHAPTER (2)**
Duane V. Kniebes, 4612 Hampshire St., BOULDER, CO 80301-4211, USA.
Tel: (303) 530 9525. *Newsletter: CO-PAL-AM.*

● **WELD COUNTY GENEALOGICAL SOCIETY (3)**
PO Box 278, GREELEY, CO 80632, USA.
Website: http://www.rootsweb.com~cowcgs/ *Email:* gen@weld.lib.co.us
Journal: WCGS quarterly. WCGS staffs the volunteer genealogy section of Centennial Park Library. *Meetings:* 1st Thurs each month, 7.30pm, Weld County Library, 2227 23rd Ave, Greeley, CO. Same night mini classes at 7pm. *Membership:* $12.50 individual, $15.00 family.

CONNECTICUT (CT)

● **CONNECTICUT SOCIETY OF GENEALOGISTS, INC. (3)**
PO Box 435, GLASTONBURY, CT 06033, USA. *Website:* www.csginc.org
Library: 175 Maple Street, East Hartford, CT. *Newsletter:* bi monthly. *Journal: CONNECTICUT NUTMEGGER,* 4 per year. *Membership:* $35.00 US, $40.00 Can., $46.00 Overseas; plus $3.00 registration fee for new members. *Meetings:* 3rd Saturday, Sept. Oct. & Nov. and Feb. to May.

DELAWARE (DE)

● **DELAWARE GENEALOGICAL SOCIETY (3)**
505 North Market Street, WILMINGTON, DE 19801-3091, USA.
Library: Historical Society of Delaware, open to public free of charge. *Hours:* Mon 1pm-9pm, Tues-Fri 9am-5pm. *Newsletter:* 5 per year. Contains research enquiries. *Journal: DELAWARE GENEALOGICAL SOCIETY JOURNAL,* 2 per year. Available to non members for $5.00 per issue, $20.00 for 2ys. *Membership:* $15.00 single, $18.00 family. Receive 5 Newsletters containing research enquiries and 2 Journals, plus one 30 word free query per year. Delaware Genealogical Society Journal Subscripton only - $20.00, receive 4 issues (one volume) over a 2yr period. *Meetings:* 3rd Tues. Sept. thru Nov. & Jan. thru May at 7.30pm at Historical Society of Delaware, address above. *Web site:* http://www.delgensoc.org

FLORIDA (FL)

- **FLORIDA STATE GENEALOGICAL SOCIETY (1)**
  PO Box 10249, TALLAHASSEE, FL 32302-2249, USA.
  Journal: THE FLORIDA GENEALOGIST, plus *FLORIDA LINES. Membership:* $25 family at same address. *Other:* Florida Pioneer Descendant program for settlers in Florida pre 1845 - application via Website or writing: FPDP/FSGS 605 North Collins Street, Plant City, FL 33566-2218. *President:* Pam Hall. *Membership:* Leslie Jeffcoat Maddocks.
  Website: http://www.rootsweb.com/~flsgs E-mail: phall@iu.edu

- **ALACHUA COUNTY GENEALOGICAL SOCIETY (3)**
  PO Box 12078, GAINESVILLE, FL 32604, USA. *Website:* www.afw.org/~acgs
  Membership: $18.00, $20.00 family. *Meetings:* Sep.-May on 3rd Mon. each month at 7pm at the Highlands Presbyterian Church, 1001 N.E. 16th Avenue, Gainesville.

- **BAY COUNTY GENEALOGICAL SOCIETY (5)**
  PO Box 662, PANAMA CITY, FL 32402-0662, USA.
  E-mail: bernieceloper@knology.net *Publication:* The County Line, 4 per year. *Research Enquiries:* members - free, non members research only for local information. *Membership:* $15.00 per year (single or family). *Meetings:* 3rd Sat. of month at 1pm. *Beginners Seminar:* October. Each January & Feb. a special speaker for all day seminar. *President:* Barbara Anderson. *Secretary:* Marlene Womack. *Contact:* (850) 265 9379 or (850) 872 9882 *Web:* www.rootsweb.com/~flbcgs/index.htm

- **GENEALOGICAL SOCIETY OF COLLIER COUNTY (2)**
  PO Box 7933, NAPLES, FL 34101, USA.
  President: Chuck Doebler. *Treasurer:* Shirley Scarbrough.

- **INDIAN RIVER GENEALOGICAL SOCIETY, INC. (5)**
  PO Box 1850, VERO BEACH, FL 32961-1850, USA. E-mail: peteNoel@aol.com
  Membership: $20.00. *Newsletter:* 9 per year. *President:* Pete Kersey.

- **THE SOUTHERN GENEALOGIST'S EXCHANGE SOCIETY, INC. (5)**
  PO Box 2801, JACKSONVILLE, FL 32203, USA. *Tel.:* 904 778 1000.
  Website: sgesjax.tripod.com *Email:* sgesjax@juno.com
  Library: 6215 Sauterne Drive. *Hours:* Tues., Wed., Thurs. 10am-3pm, Sat. 10am-3pm. Open to public, $3 per non-member researcher. *Membership in SGES:* $25.00 single, $30.00 family, $300.00 life. *Publications:* Southern Genealogist's Exchange Quarterly (SGEQ) published Mar., June, Sep., Dec. quarterly Newsletter. Both received with membership in USA. Beginners and advanced classes.

GEORGIA (GA)

- **GEORGIA GENEALOGICAL SOCIETY (3)**
  PO Box 54575, ATLANTA, GA 30308-0575, USA.
  Tel: (404) 475 4404. *Website:* www.gagensociety.org
  Library: GA Dept. of Archives & History. *Hours:* Mon-Fri 8am-4.15pm; Sat 9.30am-3.15pm. Open to non members - no charge. *Newsletter:* 4 per year. *Journal: GEORGIA GENEALOGICAL SOCIETY QUARTERLY,* 4 per year. Available back issues for sale, send s.a.s.e. for price. *Meetings:* 1st Sat of Mar, May, Oct & Dec. *President:* Sharon Moody. *Secretary:* Barbara Dayhuff.

- **AUGUSTA GENEALOGICAL SOCIETY, INC. (0)**
  PO Box 3743, AUGUSTA, GA 30914-3743, USA.

- **CENTRAL GEORGIA GENEALOGICAL SOCIETY, INC. (0)**
  PO Box 2024, WARNER ROBINS, GA 31099-2024, USA.
  Newsletter: 12 per year. *Journal: CENTRAL GEORGIA GENEALOGICAL SOCIETY QUARTERLY,* 4 per year. *Research Queries:* free to members. *Membership:* $20 ($25 family) *Meetings:* 3rd Thurs - Flint Electric Bldg., Warner Robins. *Pres:* Georgette Lipford. *CorSec:* Addie P. Howell

- **NORTHWEST GEORGIA HISTORICAL & GENEALOGICAL SOCIETY, INC. (2)**
  PO Box 5063, ROME, GA 30162-5063, USA.
  Library: 205 Riverside Parkway, N.E., Rome. *Hours:* Mon- Thurs 8.30am-8.30pm, Fri 8.30am-6pm, Sat 10am-5pm, Sun. 1.30pm-5.30pm. Summer hours vary. Available to non members. *Journal: QUARTERLY,* 4 per year. Available to non members at $5.00. *Research Enquiries:* Free to members. *Membership:* $15.00. *Other Particulars:* Genealogical Room has over 5,000 volumes. *President:* Patricia A. Millican. *Treasurer:* Sandra L. Ballard. *Meetings:* 2nd Sat in Feb, May, Sep. & Nov at Library.

IDAHO (ID)

- **THE IDAHO GENEALOGICAL SOCIETY, INC. (3)**
  PO Box 1854, BOISE, ID 83701, USA. *Tel:* (208) 384 0542.
  Website: www.lili.org/idahogenealogy/ *Email:* idahogenealogy@hotmail.com

Library: At Idaho Historical Society. *Journal: THE IDAHO GENEALOGICAL SOCIETY QUARTERLY,* 4 per year. Available to non members at $5.00. *Research Enquiries:* Free to members. $10.00 to non members. *Membership:* $20.00 single, $30.00 family. *Meetings:* 3rd Wed. each month. *President:* Bonnie Fuller. *Secretary:* Adrien Taylor.

ILLINOIS (IL)

● **CHICAGO GENEALOGICAL SOCIETY (5)**
PO Box 1160, CHICAGO, IL 60690-1160, USA. *Website:* www.chgogs.org
Newsletter: 11 per year. *Journal: CHICAGO GENEALOGIST,* 4 per year. *Research Enquiries:* Brief suggestions or directions free; list of researchers in the area is provided. *Membership:* $20. *Meetings:* 1st Sat., Sep. - Jun.

● **NORTH SUBURBAN GENEALOGICAL SOCIETY (2)**
C/O Winnetka Public Library, 768 Oak St., WINNETKA, IL 60093, USA.
Website: www.wpld.alibrary.com/nsgs.htm *Library:* As above. *Hours:* Mon-Thurs 9am-9pm; Fri & Sat. 9am-5pm; Sun. 1pm-5pm. (Closed Sun Jun-Aug). Open to non members. *Membership:* $15 individual, $18 family. *Meetings:* Jan.-Nov.

● **NORTHWEST SUBURBAN COUNCIL OF GENEALOGISTS (2)**
PO Box AC, Mt. Prospect, IL 60056-9019, USA.
Website: www.mtprospect.org/nsgs *Library:* Mt. Prospect, IL. *Hours:* Every day. *Newsletter:* 5 per year plus index. *Research Inquiries:* $1.00 per entry for non members. Members free. *Membership:* Single $12.00, Family $15.00, per year. Life $150. *Meetings:* 3rd Thurs excp. Jun, Jul, Aug & Dec.

● **SOUTH SUBURBAN GENEALOGICAL & HISTORICAL SOCIETY (5)**
3000 West 170th Place, HAZEL CREST, IL 60429, USA.
Tel: (708) 335 3340. *Web site:* http://www.rootsweb.com/~sshgs
Library: as above. *Hours:* Mon 10am-4pm, Tues 1pm-5pm, Wed 10am-4pm, Fri 10.30am-3.30pm & Sat 11am-4pm (first 2 Sat. in month). Open to non members. *Newsletter:* 12 per year. *Journal: WHERE THE TRAILS CROSS,* 4 per year. Available to non members at $5.50. *Research Enquiries:* $10.00 per hour plus cost of copies. *Membership:* $25.00. *Other Particulars:* Publication covers the South Cook-North Will Counties in Illinois; Beginners' & Advanced Classes. Holdings incl. employment records from Pullman Car Co. IL. *President:* Robert P. Roach.

● **JEWISH GENEALOGICAL SOCIETY OF ILLINOIS (3)**
PO Box 515, NORTHBROOK, IL 60065-0515, USA. *Tel:* (312) 666 0100.
Website: www.jewishgen.org/jgsi *Research Enquiries:* $5.00 1st 25 words, 25c each additional word. *Membership:* $25 *Meetings:* Monthly. *Pres:* Judith R. Frazin. Also sell *A Translation Guide to 19th Century Polish Language Civil Registration Documents* (Birth, Mar., Death Records) 2nd ed., US$25.00 incl. post. in US $36 foreign airmail.

● **BLACKHAWK GENEALOGICAL SOCIETY of ROCK IS. & MERCER Co. IL (3)**
PO Box 3912, Rock Island, IL 61204-3912, USA.
Membership: $15.00. *President:* Marilyn J. Mix.
Website: www.rootsweb.com/~ilbgsrim/index.html *Email:* ddarland@hotmail.com

● **DECATUR GENEALOGICAL SOCIETY (5)**
PO Box 1548, DECATUR, IL 62525-1548, USA.
Tel: (217) 429 0135. *Journal: CENTRAL ILLINOIS GENEALOGICAL QUARTERLY. Research Enquiries:* Minimum of $15 non members. *Membership:* $15.00. *Meetings:* 4th Sunday of month. *President:* Michael Delahunty. *Corres. Secretary:* Dorothy Albert. *Librarian:* Cheri Hunter. *E-mail:* DecaturGenealogicalSociety@msn.com *Website:* www.rootsweb.com/~ildecgs

● **DuPAGE COUNTY GENEALOGICAL SOCIETY (1)**
PO Box 133, LOMBARD, IL 60148, USA.
Website: www.dcgs.org *Library:* Wheaton Library, 225 N. Cross St., Wheaton, IL 60187. *Hours:* Normal library hours. Open to non members. *Newsletter: REVIEW,* 4 p/yr. *Research Enquiries:* Free to members. *Membership:* $18 individual; $20 family; $1 juniors. *Other:* Five yearly meetings with guest speakers. An educational, full-day workshop held each Feb. also including guest speakers. Research policy $10.00 per family unit for non members. *Pres:* Nancy Houston. *Corres.:* Judy Johnson. *Meetings:* 7.30pm, 3rd Wed odd mths. expt. Jul. McCormick Rm, Wheaton Library.

● **EFFINGHAM COUNTY GENEALOGICAL & HISTORICAL SOCIETY (3)**
PO Box 1166, EFFINGHAM, IL 62401-1166, USA. *E-mail:* audrey@effingham.net

● **FULTON COUNTY HISTORICAL & GENEALOGICAL SOCIETY (3)**
PO Box 583, CANTON, IL 61520, USA.
Tel: (309) 647 8817. *Newsletter:* $12.00 annual to non members. *Membership:* $12.00. *Meetings:* 2nd Sat. afternoon, Mar, Sep & 1st Sun May. *President:* Mrs T. Tracy. *Secretary:* Alice Kuzniar.

United States of America (USA) — Societies & Organizations — 2005

- **ILLIANA GENEALOGICAL & HISTORICAL SOCIETY (2)**
PO Box 207, DANVILLE, IL 61834-0207. *Tel:* (217) 431 8733. *E-mail:* IGHS@Danville.Net *Library:* IGHS/DAR Genealogical Library, 215 W. North St, Danville, IL 61832-5803. *Hours:* Mon. 10am-4pm, Tues 10am-8pm, Wed, Thurs, Fri & Sat 10am-4pm except major holidays. Open to non members for $2.00 per day. *Journal: ILLIANA GENEALOGIST,* 4 per year. Available to non members at $3.75. *Research Enquiries:* 2 hrs research available members $12.00, non members $18.00. *Membership:* $15 individual; 50c additional persons in household, Life $200.00. *Other:* Queries free to members. Mthy meetings (expt Jan, Jul & Aug) with speakers. We have for sale census indexes, cemeteries, marriages etc. of Vermilion County, IL. 36-year table of contents to *Illiana Genealogist* pub. 1964. *Pres:* Sally Powell. *Sec:* Debra Jones.

- **KENDALL COUNTY HISTORICAL SOCIETY (3)**
PO Box 123, YORKVILLE, IL 60560, USA.
Tel: (630) 553 6777. *Journal: HISTORICAL NOTES,* The newsletter of the Kendall County Historical Society. Mailed to members, free, quarterly. *Research Enquiries:* First hour $8.00, each additional hour $5.00. *Membership:* $15.00 individual, $25.00 family.

- **KNOX COUNTY GENEALOGICAL SOCIETY (3)**
PO Box 13, Galesburg, IL 61402-0013. *Website:* www.rootsweb.com/~ilknox/knindex.htm

- **McHENRY COUNTY ILLINOIS GENEALOGICAL SOCIETY (3)**
PO Box 184, CRYSTAL LAKE, IL 60039-0184, USA. *Website:* www.mcigs.org
Newsletter: 12 per year. *Journal: McHENRY COUNTY CONNECTION,* 4 per year. *Research Enquiries:* Free to members. *Membership:* $15.00 (USA), $20.00 (Foreign). *Other Particulars:* Federal Census 1840 $5.00pp, 1860 $16.25pp & 1870 $23.75pp. McHenry Co. Cemeteries Vol III $40.50, Vol IV $47.50.

- **THE McLEAN COUNTY GENEALOGICAL SOCIETY (3)**
PO Box 488, NORMAL, IL 61761-0488, USA.
Library: Old Courthouse, 200 N.Main St, Bloomington, IL 61701. *Hours:* Each day (Mon.-Sat.) 10am-5pm, Tues. 10am-9pm, Sun. 1pm-5pm (Sep.-May.). Non members - $2.00 adults, $1.00 children under 12. Tues. no admission charge. *Newsletter:* 12 per year. *Journal: GLEANINGS* 4 per year. *Research:* Information on request. *Membership:* $20.00. *Meetings:* 3rd Tues of each month. *President:* Carol "C.J." Harrington (307) 820 0169 *Treasurer:* Greg Jonas (309) 662 8668.

- **PALATINES TO AMERICA, ILLINOIS CHAPTER (3)**
PO Box 9638, PEORIA, IL 61612-9638, USA.
Tel: (309) 691 0292. *Newsletter: ILLINOIS CHAPTER NEWSLETTER.*

- **GENEALOGY SOCIETY OF SOUTHERN ILLINOIS (5)**
C/o John Logan College, 700 Logan College Road, CARTERVILLE, IL 62918-2500 USA.
Tel: (618) 378 3176. *Website:* www.jal.cc.il.us/gssi.html *Journal: THE SAGA OF SOUTHERN ILLINOIS* 4 p/yr. $5.00 each (incl. post) for non members. *Newsletter:* 12 per year. *Membership:* $25.00 individual or household, $25.00 sustaining, over $25.00 supporting. *Meetings:* 2.15pm, 2nd Sun of each mth except Jul. & Aug. no meeting, Oct. Conf. on a Saturday. *Pres:* Joyce Dinnis. *Librarian:* Edward I.Oliver.

- **WARREN COUNTY GENEALOGICAL SOCIETY (1)**
PO Box 761, MONMOUTH, IL 61462, USA.
Tel: (309) 734 2763. *E-mail:* tod@maplecity.com *Journal: PRAIRIE PIONEER,* 4 per year. $3.00 per issue for non members, free to members. *Research:* $5.00 per hour. *Membership:* $9.00 single, $10.00 family.

INDIANA (IN)

- **INDIANA HISTORICAL SOCIETY (3)**
450 W. Ohio St, INDIANAPOLIS, IN 46202, USA.
Website: www.indianahistory.org *Journal: THE HOOSIER GENEALOGIST. Ed.:* M. Teresa Baer.

- **KOSCIUSKO COUNTY GENEALOGY SECTION (0)**
C/- Sally Lawlor, 604 Robson Rd., WINONA LAKE, IN 46590, USA.

- **LAKE CO. GENEALOGY (1)**
C/o Richard Harrigan, PO Box "C", 780 Water St., HOBART, IN 46342-5142, USA.
Lake Co. Indiana history. Irish and German Studies. *Tel:* (219) 942 7864.

- **MENNONITE HISTORICAL LIBRARY (3)**
Goshen College, GOSHEN, IN 46526, USA.
Tel: (574) 535 7418. *Website:* www.goshen.edu/mhl *E-mail:* mhl@goshen.edu
Library: As above. Contains over 4000 books of a genealogical nature. Also a 55,000 card index to obituary notices from *Herald of Truth* (1864-1908) and *Gospel Herald* (1908-present). Also 80,000

Amish names from 120 family histories. Specializes in Mennonites & Amish including some material in the Netherlands & Germany. *Director:* Dr John D. Roth.
- **NORTHWEST TERRITORY GENEALOGICAL SOCIETY (5)**
C/- Knox Co. Public Library, 502 North 7th Street, VINCENNES, IN 47591, USA.
Hours: Tues., Wed. Fri. & Sat. 8.30am-5.30pm. Open to non members. *Journal: NORTHWEST TRAIL TRACER,* 4 per yr. *Membership:* $15. *Editor:* Donna Beeson.
- **PALATINES TO AMERICA, INDIANA CHAPTER (1)**
PO Box 40435, Indianapolis, IN 46240-0435, USA. *Tel:* (317) 875 7210. *E-mail:* jrfeit@aol.com
- **TIPPECANOE COUNTY AREA GENEALOGICAL SOCIETY (TIPCOA) (1)**
1001 South Street, LAFAYETTE, IN 47901-1425, USA. *E-mail:* library@tcha.mu.in.us
Library: As above, open to public. *Hours:* Tues. & Wed. 1pm-7pm, Thurs. & Fri. 1pm-5pm & 3rd Sat 10am-2pm. *Newsletter:* 4 p/yr. *Membership:* $12 single, $15 couple *Collections Manager:* Paul J. Schueler. *Tel:* 765 476 8407.

IOWA (IA)
- **IOWA GENEALOGICAL SOCIETY (1)**
PO Box 7735, DES MOINES, IA 50322-7735, USA. *Tel:* (515) 276 0287.
E-mail: igs@digiserve.com *Web site:* http://www.digiserve.com/igs/igs.htm
Library: 6000 Douglas, Suite 145, Des Moines, IA. *Hours:* Mon, Fri & Sat 10am-4pm, Tues, Wed & thurs 10am-9pm. Open to non members for a daily fee of $4.00. *Newsletter:* 6 per year. *Journal: HAWKEYE HERITAGE,* 4 per yr. *Research:* $10.00 per hr. *Membership:* $25.00 single, $29 family.
- **IOWA LAKES GENEALOGICAL SOCIETY (3)**
C/o Spencer Public Library, 21 E. 3rd St, SPENCER, IA 51301, USA.
Journal: ILGS TEASER, 4 per year. *Research:* $10.00 per hour. *Membership:* $10.00 per year. *Meetings;* 3rd Sat. of month. *President:* Karen Kesler. *Secretary:* Marilyn Bastman.
- **GENEALOGICAL SOCIETY OF LINN COUNTRY, IOWA (3)**
PO Box 175, CEDAR RAPIDS, IA 52406-0175, USA. *Tel:* (319) 369 0022.
Library: 813 1st Ave. S.E., Cedar Rapids. Open to non members. *Hours:* Tues, Wed, Thurs, Fri & Sat 10am-4pm. *Membership:* $15.00 single, $18.00 family at same address. *Other Particulars:* Research Committee will do research for $7.00 per hour for members and $10.00 per hour for non members. *President:* Ron Baty. *Secretary:* Jeanette Haars.
- **JEFFERSON COUNTY GENEALOGICAL SOCIETY (3)**
C/o Verda Baird, 2791-240th St., FAIRFIELD, IA 52556-8518, USA.
E-mail: genievb@hotmail.com

KANSAS (KS)
- **KANSAS GENEALOGICAL SOCIETY (5)**
PO Box 103, DODGE CITY, KS 67801, USA.
Tel: (316) 225 1951. Website: www.dodgecity.net/kgs
Library: Village Square Mall, 2601 Central. *Hours:* Mon-Fri 1.30pm-5pm. 1st & 3rd Sat. each month 10.45am-4pm. Open to non members—$3.00 per day. *Journal: THE TREESEARCHER,* 4 per year; some back issues available. *Queries:* Free to members only. *Membership:* $15.00 regular, $20.00 family, $12.00 Public Library. *Other Particulars:* Quarterly Seminars featuring top genealogical speakers 2nd Thurs in Jan, Apr, Jul & Oct.
- **RILEY COUNTY KANSAS GENEALOGICAL SOCIETY (3)**
2005 Claflin Rd, MANHATTAN, KS 66502-3415, USA.
Website: http://www.rileycgs.com *E-mail:* rcgs@flinthills.com
Library: As Above. *Hours:* Tues, Thurs, Sat 10am-4pm; Wed 1pm-4pm, 7pm-9pm; Sun 2pm-5pm. Open to non members. *Journal: KANSAS KIN. Research Enquiries:* Info on website. *Membership:* $20.00 household. *Meetings:* To be announced. *Other Particulars:* We have for sale census indexes, cemeteries, marriages, etc. of Riley and surrounding counties & *Pioneers of the Bluestem Prairie.* *President:* Dorothy Dickerhoof. *Secretary:* Jan Wichman.
- **TOPEKA GENEALOGICAL SOCIETY (5)**
PO Box 4048, TOPEKA, KS 66604-0048, USA.
Library: (Circulating to members) 2717 Indiana Ave, Topeka. *Hours:* Monday, Wed., Thurs. & Sat. 1-4pm. *Newsletter:* 4 per year. *Journal: TOPEKA GENEALOGICAL SOCIETY QUARTERLY,* 4 per year. Available to non members. Price on request. *Researchers List:* Available on Request. *Membership:* $20.00 individual, $23.00 family. *Other Particulars:* Queries are free to anyone if there is a Kansas connection pre-1900. Members' queries are free and may cover any time period or place. *President:* Gene Dixon. *Corres. Secretary:* Tom Muth. *E-mail:* top@networksplus.net *Website:* www.tgstopeka.org

KENTUCKY (KY)

- **KENTUCKY GENEALOGICAL SOCIETY, INC. (2)**
PO Box 153, FRANKFORT, KY 40602-0153, USA. *Tel:* (502) 223 7541.
Society's holdings of 3000 volumes and 1500 family files have been transferred to the Kentucky History Center Library, 100 West Broadway, Frankfort, KY 40601. *Hours:* 8am-4pm, Mon.-Sat., Thus. 8am-8pm. *Journal:* BLUEGRASS ROOTS, Quarterly. Back issues $5.00. *Membership:* $15.00 individual, $15.00 family, $25 contributing member. Please send long S.A.S.E. for free KGS Brochure. *Meetings:* 2nd Thurs. each month, except Jan. & Aug. at the Kentucky History Center. *Annual Seminar:* 1st Sat in Aug at History Center. *Website:* www.kygs.org *E-mail:* kygs@aol.com

- **LOUISVILLE GENEALOGICAL SOCIETY (1)**
PO Box 5164, LOUISVILLE, KY 40255-0164, USA.
Website: www.rootsweb.com/~kylgs *Publication: Lines & Bylines*, quarterly. *Membership:* $12.00.

- **MAGOFFIN COUNTY HISTORICAL SOCIETY (3)**
PO Box 222, SALYERSVILLE, KY 41465-0222, USA.
Tel: (606) 349 1607 or (606) 349 7678. *Email:* magoffin@foothills.net
Website: http://rootsweb.com/~kymhs/ and http://www.rootsweb.com/~kymagoff/
Journal: JOURNAL OF MAGOFFIN CO. HIST. SOC, 4 per year. $5.00 each copy for non members. *Research Enquiries:* Free. *Membership:* $14.00 *Meetings:* 3rd Sun each month, 2pm. *Conference:* Founders Day Festival, Labour Day Weekend. *Other Particulars:* Magoffin County Pioneer Village & Museum, 191 So. Church St., Salyersville, KY. Open for public tours. *Pres:* Todd Preston. *Sec:* Connie A. Wireman.

- **WEST CENTRAL KENTUCKY FAMILY RESEARCH ASSOCIATION (3)**
PO Box 1932, OWENSBORO, KY 42302-1932, USA.
Website: www.rootsweb.com/~kywckfra/index.htm *Email:* msalford@mindspring.com
Publications: Kentucky Family Records and *The Bulletin*. *Book Reviews:* Mrs Henry C. Alford. 1520 Young's Ferry Road, Bowling Green, KY 42101.

LOUISIANA (LA)

- **LOUISIANA GENEALOGICAL & HISTORICAL SOCIETY (3)**
PO Box 82060, BATON ROUGE, LA 70884-2060, USA. *Website:* rootsweb.com/~la.lghs/

- **JEFFERSON GENEALOGICAL SOCIETY (3)**
PO Box 961, METAIRIE, LA 70004-0961, USA.
Website: gnofn.org/~jps and geocities.com/jeffersongenealogicalsociety
E-mail: jeffersongenealogicalsociety@yahoo.com
Newsletter: Bi-monthly. *Membership:* $10.00 annually. *President:* Dwight C. Duplessis.

- **SOUTHWEST LOUISIANA GENEALOGICAL SOCIETY INC. (3)**
PO Box 5652, LAKE CHARLES, LA 70606-5652, USA *E-mail:* phuffaker@xspedius.com
Website: http://homepages.xspedius.net/mmoore/calcasie/swlgs.htm *Journal:* KINFOLKS, 4 p/a. $4.00 each. *Membership:* $12.00 ($17.00 family & $22.00 patron). *President:* Mrs Pat Huffaker.

- **FRANCE-LOUISIANE/FRANCO-AMERICANIE (0)**
17 avenue Reille, 75014 Paris, France. *Fax:* +33 (0) 1 45 88 03 22.
fondé/founded: 1977. *zone d'intérêt/area of interest:* Promoting French language and protecting French heritage throughout USA, establishing family links.
Website: http://www.citeweb.net/flfa *E-mail:* flfa@citeweb.net

MAINE (ME)

- **MAINE GENEALOGICAL SOCIETY (8)**
PO Box 221, FARMINGTON, ME 04938-0221, USA.
Journal: THE MAINE GENEALOGIST 4 per year. Publishers Book Reviews. Queries from members only. *Newsletter:* 4 per year. *Membership:* $20.00. Write for a list of available publications (S.A.S.E. please).

- **BATH HISTORICAL SOCIETY (1)**
Patten Free Library, 33 Summer Street, BATH, ME 04530-2632, USA.
Tel: (207) 443 5141. *Fax:* (207) 443 3514.
Web site: http://www.patten.lib.me.us *E-mail:* pfl@patten.lib.me.us
History Room hours: Mon.-Thurs. & Sat. 12-5pm. (closed Fri. in school year, & Sat. in summer). *Membership:* $20. *Newsletter:* Bi-monthly. Research service available. *Contact:* Denise R. Larson.

- **CHERRYFIELD-NARRAGUAGUS HISTORICAL SOCIETY (3)**
PO Box 96, CHERRYFIELD, ME 04622-0096, USA.
Email: purplelady04622@yahoo.com or jwilley11@earthlink.net

- **FRANCO-AMERICAN GENEALOGICAL SOCIETY OF YORK COUNTY, MAINE (0)**
  PO Box 180, BIDDEFORD, ME 04005-0180, USA.
The Society serves researchers of French ancestry, beginning in France and continuing through migration to Canada, Acadia and into New England. *Journal: MAINE'S FRANCO-AMERICAN HERITAGE,* 1 per year. Available to non members at $5.00.

MARYLAND (MD)

- **MARYLAND GENEALOGICAL SOCIETY (3)**
  201 West Monument St., BALTIMORE, MD 21201-4674, USA.
Library: As above by appointment. Open to non members. *Newsletter:* 4 yr. *Journal: MARYLAND GENEALOGICAL SOCIETY BULLETIN,* 4 per year. Available to non members. Price on request. *Research:* Cost of entries $12. *Sec:* Ella Rowe. *Website:* http://mdgensoc.org

- **PRINCE GEORGE'S COUNTY GENEALOGICAL SOCIETY, INC. (3)**
  PO Box 819, BOWIE, MD 20718-0819, USA. *E-mail:* Pgcgs@juno.com
Library: 12219 Tulip Grove Dr, Bowie, MD. *Hours:* Wed except hols, 10am-7pm. Close 1st Wed at 1pm. Open last Sat 1pm-5pm. *Newsletter: PGCGS BULLETIN,* 5 per yr. *Membership:* $15.00 ($22.50 for couples). *Meetings:* 1st Wed, 7pm, Sep to Jun. Greenbelt Library, 11 Crescent Rd, Greenbelt, MD. Published 8 volumes of Co. records, and has 1 new volume (almshouse records) in progress. *Corres Sec:* Alice Rybak Nelsen. *Webpage:* www.rootsweb.com/~mdpgcgs

MASSACHUSETTS (MA)

- **NEW ENGLAND HISTORIC GENEALOGICAL SOCIETY (2)**
  101 Newbury St, BOSTON, MA 02116-3007, USA.
Tel: (617) 536 5740. *Fax:* (617) 536 7307. *Toll-free Tel:* 1-888-296-3447. *Website:* www.newenglandancestors.org *E-mail:* membership@nehgs.org *Membership:* $60.00 (family $80.00, student $30.00). *Library:* As above. *Hours:* Tues, Fri & Sat 9am-5pm, Wed & Thurs 9am-9pm. *Magazine:* 6 per year. *Journal: NEW ENGLAND HISTORICAL & GENEALOGICAL REGISTER,* 4 per year. *President:* John G.L. Cabot. *Corres. Secretary:* Meriwether C. Schmid. *Register Editor:* Henry B. Hoff. *Director:* Ralph J. Crandall.

- **BERKSHIRE FAMILY HISTORY ASSOCIATION, INC. (3)**
  PO Box 1437, PITTSFIELD, MA 01202-1437, USA.
  E-mail: bfha@berkshire.net *Website:* berkshire.net/~bfha/index.htm
Library: Berkshire Athenaeum, 1 Wendell Ave., Pittsfield. *Hours:* Winter - Mon.-Thurs. 9am-9pm; Fri. 9am-5pm, Sat. 10am-5pm. Summer - Tues. & Thurs. 9am-9pm; Mon., Wed. & Fri. 9am-5pm; Sat. 10am-5pm. Open to public. *Newsletter:* Quarterly. *Research Enquiries:* 2 hours per year, free. *Membership:* Individual $12. Family $14. Student $5. *Pres:* Donald Lutes, Jr. *Tel:* (413) 445 5521.

- **CAPE COD GENEALOGICAL SOCIETY (1)**
  PO Box 1394, HARWICH, MA 02645, USA.
E-mail: cranber@mediaone.net *Meetings:* 2nd Wed. of month at Brewster Ladies Library, 10am. *Membership:* Bernice Latham.

- **GENEALOGICAL ROUND TABLE (3)**
  PO Box 654, CONCORD, MA 01742-0654, USA. E-mail: tgo/wmak@rcn.com

- **TIARA (THE IRISH ANCESTRAL RESEARCH ASSOCIATION) (1)**
  PO Box 619, SUDBURY, MA 01776-0619, USA.
Website: http://www.tiara.ie *Membership:* $15, family $22.50, (+ $5.00 postage Canadian, + $10.00 postage Overseas). *Newsletter:* Quarterly. *Meetings:* 2nd Fri. 7.30pm Sept. to June.

- **WESTERN MASSACHUSETTS GENEALOGICAL SOCIETY, INC. (1)**
  PO Box 80206, Forest Park Station, SPRINGFIELD, MA 01138-0206, USA.
Membership: $12.00 individual ($100 life). $15 family ($125 life). *Newsletter:* The American Elm. *Meetings:* 1st Wed. Sept. thru May. Annual dinner 1st Mon of June. *Webpage:* http://www.rootsweb.com/~mawmgs

MICHIGAN (MI)

- **FRENCH CANADIAN HERITAGE SOCIETY OF MICHIGAN (0)**
DETROIT Chapter: C/o Burton Historical Colelction. Detroit Public Libarry, 5201 Woodward Ave., DETROIT, MI 48202, USA.
MID-MI Chapter: C/o Public Libraries of Saginaw, 505 James St., SAGINAW, MI 48607, USA.

- **CHEBOYGAN COUNTY GENEALOGICAL SOCIETY (3)**
  PO Box 51, CHEBOYGAN, MI 49721, USA. *E-mail:* nhastie@freeway.net
Meetings: twice monthly, 2nd Wed at 9.30am at LDS Family History Center, 302E Seymour St., Cheboygan. and 3rd Tues. at 7.30pm at Darlene Holling's house, 763 Mackinaw Ave., Cheboygan. *Membership:* $10 per family. *Pres:* Nancy Hastie. *Corres. Sec:* Pat Callaghan.

- **OAKLAND COUNTY GENEALOGICAL SOCIETY (1)**
  PO Box 1094, BIRMINGHAM, MI 48012, USA.
  Website: www.rlysl.org/ocgs *Journal: ACORNS TO OAKS, OAKLAND COUNTY GENEALOGICAL SOCIETY QUARTERLY. Membership:* US$15.00, US$16.00 Canadian, US$18.00 Overseas. *Meetings:* 1st Tues Oct-Jun at Baldwin Library, Birmingham.

- **SAGINAW GENEALOGICAL SOCIETY, INC. (2)**
  505 James Ave., SAGINAW, MI 48605, USA.
  Library: Hoyt Public Library. Above address. Open Mon. thru Thurs. 9am-9pm, Fri. & Sat. 9am-5pm, Sun 1am-5pm Oct-May. Open to non members. *Journal: TIMBERTOWN LOG,* 4 per year. Available to non members for a fee. *Research Enquiries:* Simple research done for non members. *Membership:* $15.00 single, $17.00 double; outside USA: $15.00 single, $17.00 family. Membership incl. newsletter & journal. *President:* Eugene Mossner. *Cor. Secretary:* Darlene Hudson.

- **SHIAWASSEE COUNTY GENEALOGICAL SOCIETY (3)**
  PO Box 841, OWOSSO, MI 48867-0841, USA.
  Tel: (517) 725 8549. *E-mail:* couzynse@chartermi.net

MINNESOTA (MN)

- **MINNESOTA GENEALOGICAL SOCIETY (3)**
  5768 Olson Memorial Hwy, GOLDEN VALLEY, MN 55422-5014, USA. *Website:* mngs.org
  Library: 5768 Olson Memorial Hwy, Golden Valley. *Hours:* Wed, Thurs & Sat 9am-3pm; Tues & Thurs 6.30pm-9.30pm. *Journal: THE MINNESOTA GENEALOGIST,* 4 per year, also 4 Newsletters. *Membership:* $30.00 individual, $35.00 family. Send large S.A.S.E. for information. *Meetings:* Quarterly - Mar, Jun, Sep & Dec. Various locations.

- **MINNESOTA HISTORICAL SOCIETY RESEARCH CENTER (1)**
  345 Kellogg Blvd. West, ST.PAUL, MN 55102-1906, USA.
  Library - Reference Head: Denise E. Carlson. *Tel:* (651) 296 2143. *Fax:* (651) 297 7436. *Hours:* Mon. Wed. Thurs. Fri. & Sat. 9am-5pm. Tues. 9am-9pm. *Research by mail:* $15.00 per request.

- **FREEBORN COUNTY GENEALOGICAL SOCIETY (3)**
  1033 Bridge Avenue, ALBERT LEA, MN 56007-2205, USA. *Website:* www.fcgs.org

- **RENVILLE COUNTY GENEALOGICAL SOCIETY (1)**
  Box 331, RENVILLE, MN 56284-0331, USA. *Tel:* (612) 329 3215.
  Limited research on a volunteer basis. *Newsletter:* 4 per year.

- **VERNDALE HISTORICAL SOCIETY (3)**
  112 North Farwell Street, Verndale, MN 56481-2007, USA.
  Publications: Several of interest to family historians of the Verndale and Wadena County area. Write for particulars. *President:* Wilbur Desrocher.

MISSISSIPPI (MS)

- **TIPPAH COUNTY HISTORICAL & GENEALOGICAL SOCIETY (3)**
  308 North Commerce, RIPLEY, MS 38663, USA. *Tel:* (601) 837 7753.
  Library: As above. *Hours:* Mon., Wed., Fri. & Sat 9am-5pm. Tues. & Thurs. 9am-8pm. Open to non members. *Librarian:* Tommy Covington.

- **NORTH EAST MISSISSIPPI HISTORICAL & GENEALOGICAL SOCIETY (0)**
  PO Box 434, TUPELO, MS 38802, USA.

MISSOURI (MO)

- **ST. LOUIS GENEALOGICAL SOCIETY (3)**
  4 Sunnen Drive, Suite 140, PO Box 43010, ST. LOUIS, MO 63143-0010, USA.
  Tel: (314) 64STLGS. *Fax:* (314) 647 8548 *Website:* www.stlgs.org *E-mail:* office@stlgs.org *Library:* St.Louis County Library, 1640 Lindbergh Blvd, St.Louis, MO 63131. Open Tues., Thurs. & Sat. 9am-12noon. Non members welcome. *Newsletter:* 12 per year. *Journal: ST. LOUIS GENEALOGICAL SOCIETY QUARTERLY,* 4 per year. *Membership:* $25.00. *Other Particulars:* We publish Guide to Gen. Research in St. Louis, 1860 Census Index, Probate abstracts and Cemetery Records. List of publications with prices, and a sample form, available by sending a SAE. Annual seminar in Jun. Provides training in computer skills.

- **HEART OF AMERICA GENEALOGICAL SOCIETY & LIBRARY (3)**
  PO Box 481727, KANSAS CITY, MO 64148, USA.
  Library: Mid Continent Public Library, 317 West US Highway 24, Independence, MO 64050. *Hours:* Sat 10am-3pm, Sun 1pm-5pm. *Journal: THE KANSAS CITY GENEALOGIST* quarterly. *Membership:* $15.00, inc. qrtly bi-monthly newsletter. Roster/ Ancestor Index - 4 free queries annually. *President:* Marilyn R. Finke. *Corres. Secretary:* Helen Gordon.

- **ADAIR COUNTY HISTORICAL SOCIETY, INC. (5)**
  211 South Elson, Kirksville, MO 63501, USA.
  Membership: Individual $15.00, family $25.00. *President:* Mr Pat Ellebracht. *E-mail:* peeve@cableone.net *Web:* http://homepage.mac.com.gg/1/index.html
- **DALLAS COUNTY GENEALOGICAL-HISTORICAL SOCIETY (3)**
  224 Hemlock Drive, BUFFALO, MO 65622-9805, USA.
  Library and research enquiries available. *Corres. Sec:* Leni Howe *Tel:* (417) 345 7297.
- **HARRISON COUNTY GENEALOGICAL SOCIETY (3)**
  2307 Central Street, BETHANY, MO 64424, USA.
  Tel: (660) 425 2459 *Journal: HERITAGE SEEKER,* 4 per year with membership of $7.50 to members. *Research Enquiries:* Postage, copy cost, donation. *Membership:* $7.50. *Meetings:* 1st Monday night each month. *Pres.:* Colleen Hiatt. *Recording Sec.:* Lila Kidney. *Corres. Sec.:* Phylus Dale.
- **LEWIS COUNTY HISTORICAL SOCIETY (3)**
  112 N. 4th Street, CANTON, MO 63435, USA. *Tel:* (573) 288 5713.
  Membership: $10.00. *President:* Clark Todd. *Librarian:* Lana Todd.
- **ST.CHARLES COUNTY GENEALOGICAL SOCIETY (5)**
  PO Box 715, ST.CHARLES, MO 63302-0715, USA. *Tel:* (636) 724 6668. (636) 240 2962.
  Library: 1022 First Capitol Drive, St.Charles. *Hours:* Tues., Wed. & Frid. 9am-2pm. Volunteers to assist. *Newsletter: TANGLED ROOTS. Research Enquiries:* Donations welcomed. *Membership:* $15.00 individual or family. Limited Research done for queries mailed in. *President:* Marva Lee Roellig. *Secretary:* Karen Koeneker. *Website:* www.rootsweb.com/~mosccgs/
- **TEXAS COUNTY GENEALOGICAL & HISTORICAL SOCIETY (0)**
  PO Box 12, HOUSTON, MO 65483, USA. *Tel:* (417) 967 2532.
  Journal: OZARK HAPPENINGS, 4 per yr. $10.00 to non members. *Membership:* $10.00. *Meetings:* 2nd Fri each month. *President:* Shirley Wenger. *Corr. Sec.:* Velma E. Adams. Annual workshop.

MONTANA (MT)

- **BROKEN MOUNTAINS GENEALOGICAL SOCIETY (5)**
  PO Box 261, CHESTER, MT 59522-0261, USA.
  Library: As above. *Hours:* Mon, Wed, Fri 8am-5pm; Tues & Thurs 1pm-8pm. Open to non members. *Research Enquiries:* Welcome. *Membership:* $10.00. *President:* Barbara Cady. *Corres. Secretary:* Betty Marshall. *Meetings:* 1st Thurs each 1 month except Jul & Aug.

NEBRASKA (NE)

- **NEBRASKA STATE GENEALOGICAL SOCIETY (3)**
  PO Box 5608, LINCOLN, NE 68505-0608
  Library: Housed in City Public Library, 100 N. 16th Street, Beatrice, NE 68310. *Hours:* Mon.-Frid. 9am-8pm. Sat 9am-5pm, Sun. 1-5pm. Book and microfolm rental for members. *Membership:* $15 individual. $18 family.
- **GREATER OMAHA GENEALOGICAL SOCIETY (1)**
  PO Box 4011, OMAHA, NE 68104, USA.
  Website: http://hometown.aol.com/gromahagensoc/myhomepage/index.html
  E-mail: gromahagensoc@aol.com.
- **LINCOLN-LANCASTER COUNTY GENEALOGICAL SOCIETY (1)**
  PO Box 30055, LINCOLN, NE 68503-0055, USA.
  Library: Housed in Union College Library, 3800 South 48th Street, Lincoln. *Tel:* (402) 486 2514. *Hours:* Mon. to Thurs. 10am-10pm. Fri. 10am-noon. Sun. 1-10pm. Call to verify library hours as these change due to college schedule. Open to non members. *Membership:* $12 individual. $14 family. Newsletter monthly.

NEW HAMPSHIRE (NH)

- **NEW HAMPSHIRE SOCIETY OF GENEALOGISTS (3)**
  PO Box 2316, CONCORD, NH 03302-2316, USA. *Web site:* http://www.nhsog.org
  Newsletter: Quarterly. *Journal: THE NEW HAMPSHIRE GENEALOGICAL RECORD,* 4 per year, $20.00 per year. *Queries:* First query free to members then $1.00 for 50 words or less. *Membership:* $20.00 ($30.00 household, $400.00 lifetime). *President:* Ann Theopold Chaplin, C.G. (16 Theopold Lane, Strafford, NH 03884). *Secretary:* Cynthia O'Neil. *Meetings:* Normally last Sat in Mar & Sep.
- **ROCKINGHAM SOCIETY OF GENEALOGISTS (2)**
  PO Box 81, EXETER, NH 03833-0081, USA.
  Newsletter/Journal: KINSHIP KRONICLE, $8.50 per year. *Research Enquiries:* free. *Membership:* $12.00 (includes newsletter). *President:* John Dow. *Meetings:* 2nd Sat of month, Sept.- May.

NEW JERSEY (NJ)

- **CAPE MAY COUNTY HISTORICAL AND GENEALOGICAL SOCIETY (3)**
  504 Route 9 North, Cape May Court House, NJ 08210-3070, USA.
  Tel: (609) 465 3535. *Fax:* (609) 465 4274.
  E-mail: museum@co.cape-may.nj.us *Website:* www.cmcmuseum.org
  Library: As above. *Hours:* Call for library hours or to make an appointment. Available to non members at an hourly fee. *Newsletter:* 4 per year. *Journal: CAPE MAY COUNTY MAGAZINE OF HISTORY & GENEALOGY,* 1 per year. Back issues available to non members & members at $4.00 incl. postage. *Research Enquiries:* Members free, fee for non members. *Membership:* $15.00 individual, $25.00 family per year. *Librarian:* Ione E.Williams.

- **GLOUCESTER COUNTY HISTORICAL SOCIETY LIBRARY (4)**
  17 Hunter Street, WOODBURY, NJ 08096-4605, USA.
  Fax: (856) 845 0131 *E-mail:* gchs@net.gate.com *Web:* http://www.rootsweb.com/~njglouce/gchs
  Library: As above. *Hours:* Mon.-Fri. 1-4pm, Tues. & Fri. 6-9.30pm. Last Sun of month 2pm-5pm. 1st Sat. of month 10am-4pm. Open to non members. Specializes in Genealogical Research. *Newsletter:* 4 per year. *Research Enquiries:* $25.00 per name. *Membership:* $20.00. *Librarian:* Mrs Suzanne Grasso. *President:* Mrs Barbara Turner. *Secretary:* Patricia Hensinger. Publications program includes 126 books on the history and genealogy of South Jersey. Send for free catalog.

- **MONMOUTH COUNTY GENEALOGY SOCIETY (2)**
  PO Box 5, LINCROFT, NJ 07738-0005, USA.
  Newsletter: THE MONMOUTH CONNECTION 6 per year. *Regular Meetings:* 6 per year. *Membership:* $15. Publications program. Encourages *Everyone, everywhere* to celebrate 'Family History Month' each Oct. Inquiries welcome on membership, publications and FHM.

- **GENEALOGICAL SOCIETY OF THE WEST FIELDS (3)**
  C/o Westfield Memorial Library, 550 E. Broad Street, WESTFIELD, NJ 07090-2116, USA.
  E-mail: gswf@westfieldnj.com *Website:* http://westfieldnj.com/gswf
  President: Richard C. Underhill.

NEW MEXICO (NM)

- **NEW MEXICO GENEALOGICAL SOCIETY (3)**
  PO Box 8283, ALBUQUERQUE, NM 87198-8283, USA.
  E-mail: info@nmgs.org *Library:* Special Collections Library, 423 Central Ave N.E., Albuquerque, NM 87102-3517. *Hours:* Tues. - Sat 10am- 6pm. *Journal: NEW MEXICO GENEALOGIST,* 4 per year. *Membership:* $18.00. *President:* Leroy Garcia. 822 9067. *Meetings:* 3rd Sat. at 10.30am except Dec.

NEW YORK (NY)

- **NEW YORK GENEALOGICAL & BIOGRAPHICAL SOCIETY (1)**
  122 East 58th Street, NEW YORK, NY 10022-1939, USA.
  Tel: (212) 755 8532. Fax: (212) 754 4218. Founded in 1869. *Home Page:* http://www.nygbs.org
  Library: As above. *Hours:* Tue-Sat 9.30am-5pm. Open to non members - suggested daily donation $10.00. *Journal: THE NEW YORK GENEALOGICAL & BIOGRAPHICAL RECORD,* 4 per year. *Journal sub.:* $30.00 p.a. or $7.50 each. *Queries:* 50 words free to members and subscribers. Non members $5.00 for 50 words. *Membership:* $50.00 per year, $75.00 joint membership. *President:* Walter Wilmerding. *Exec. Director:* William P.Johns. *Other Particulars:* Educational programs throughout the year. Members receive *The NYG&B Newsletter,* 4 per year. Library contains over 100,000 volumes, manuscripts, microfilm & fiche, and CD-ROM covering the past 400 years and most ethnic groups.

- **GENEALOGICAL SOCIETY OF ROCKLAND COUNTY (3)**
  PO Box 444, NEW CITY, NY 10956, USA. *Tel.:* (845) 634 9629.
  Website: www.rootsweb.com/~nyrockla/GSRC *Membership:* Individual and family $15, Sept. 1 through Aug. 31. *President:* Maryann Smith.

- **JEWISH GENEALOGICAL SOCIETY, INC. (3)**
  PO Box 6398, NEW YORK, NY 10128, USA. *Tel:* (212) 330 8257. *E-mail:* info@jgsny.org
  Contact: Alex E. Friedlander. *Publication: DOROT,* quarterly. *Editor:* Steven Siegel. Subscription by Society membership only. *Web site:* http://www.jgsny.org

- **NIAGARA COUNTY GENEALOGICAL SOCIETY (3)**
  215 Niagara Sreet, LOCKPORT, NY 14094-2605, USA.
  Website: www.niagaracounty.org/genealogical_society_home.htm
  Library: Contact above for details. *Hours:* Thurs, Fri, Sat 1pm-5pm. Open to non members. *Newsletter:* 4 per year. *Membership:* $13.00 annual fee. *Chairman of Board:* Peter B. Ames.

- **NORTHERN NEW YORK AMERICAN-CANADIAN GENEALOGICAL SOCIETY (5)**
PO Box 1256, PLATTSBURGH, NY 12901-0120, USA.
Website: www.NNYACGS.org *E-mail:* bobino1@northnet.org or GRCP@Juno.com *Library:* Community Centre, Keeseville, NY. *Hours:* Wed. & Sat. April through Oct., other by appointment. Non-members fee $5.00 per person, per visit. *Journal: LIFELINES,* 2 per year. Back issues available at $8.00 each. *Queries:* (in Journal) unlimited to members. Non-members $3.00 per query. *Membership:* $25.00 single, $30.00 for families, Libraries & Inst., $10.00 student. *Meetings:* Spring Conference, 3rd weekend in May. Fall Conference, 1st weekend in Oct. *Tel:* (518) 834 5401.

- **ORANGE COUNTY GENEALOGICAL SOCIETY (1)**
101 Main St., GOSHEN, NY 10924, USA.
Library: As above *Hours:* 1st Sat in month 12-4pm; 1st and 3rd Tue. evenings, 1st & 3rd Wed. 8.30am-4pm; 3rd Sat 9am-4pm; every Mon & Fri 8.30am-12 noon. Open to non members - no fee. *Journal: ORANGE COUNTY GENEALOGICAL SOCIETY,* 4 yr, plus index. *Research Enquiries:* Free to members. *Membership:* $10.00. *Meetings:* 1st Sat of each month at 9am.

- **PALATINES TO AMERICA, NEW YORK CHAPTER (3)**
9 Maple St, PITTSFORD, NY 14534-2015, USA.
Tel: (716) 385 1576. *Newsletter: YORKER PALATINE. Email:* oldgreyfox@juno.com

- **WESTERN NEW YORK GENEALOGICAL SOCIETY (5)**
PO Box 338, HAMBURG, NY 14075-0338, USA. *Website:* www.wnygs.org
Library: reference only, Grosvenor Room, Buffalo & Erie Co. Public Library, Lafayette Sq., Buffalo, NY 14203. *Journal: W.N.Y.G.S. JOURNAL,* quarterly. *Research Enquiries:* No research or answers to enquiries made by mail. *Membership:* $22.00 ($27.00 family) + $5.00 add. foreign.

NORTH CAROLINA (NC)

- **NORTH CAROLINA GENEALOGICAL SOCIETY (3)**
PO Box 1492, RALEIGH, NC 27602-1492, USA.
E-mail: info@ncgenealogy.org *Web address:* http://www.ncgenealogy.org
Journal: Quarterly with book reviews. *Newsletter:* Quarterly with queries. Periodic Workshops. *Membership:* $35.00 individual and institutional. *Journal Editor:* Raymond A. Winslow, Jr.

- **CAROLINAS GENEALOGICAL SOCIETY (3)**
PO Box 397, MONROE, NC 28111, USA.
Tel.: 704 289 6737. *Journal: Bulletin of the Carolinas Genealogical Society.* This Journal provides family histories, community histories, church histories, and descriptions of persons who made important contributions to a six-county-region that is in SC and NC. Call 704 289 6737 to get someone to search back issues for a fee.

- **OLD BUNCOMBE COUNTY GENEALOGICAL SOCIETY, INC. (5)**
PO Box 2122, ASHEVILLE, NC 28802-2122, USA.
Tel: (828) 253 1894. *Web page:* http://www.obcgs.com *E-mail:* obcgs@buncombe.main.nc.us
Library: Suite 22 Innsbruck Mall, 85 Tunnel Rd., Asheville, NC 28805. *Hours:* Mon. 1pm-4.30pm & 7pm-9pm, Tues.-Fri. 9.30am-4.30pm, Sat. 9.30am-1pm. Open to non members $3.00 per day, (free to members). *Journal: A LOT OF BUNKUM,* 4 issues per year, back issues index to members. Available to non members at $12.50 per volume (4 issues). *Research Queries:* Free to members, $2 to non-members. Mail-in requests for in-house research $5.00 members, $15.00 non-members. *Membership:* $30.00 single, $35.00 family. *Other Particulars:* We operate a small bookstore service including basic genealogical supplies.

- **OLDE MECKLENBURG GENEALOGICAL SOCIETY (2)**
PO Box 32453, CHARLOTTE, NC 28232-2453, USA.
E-mail: omgs1775@yahoo.com. *Website:* www.rootsweb.com/~ncomgs
Journal: Olde Genealogical Society Quarterly. Membership: Individual $15.00 Family $20 per year. Society meets monthly and has an educational program.

- **ONSLOW COUNTY GENEALOGICAL SOCIETY (3)**
PO Box 1739, JACKSONVILLE, NC 28541-1739, USA.
Newsletter: 4 per year. *Research Queries:* Free to members. *Membership:* $10 individual, $15 family annual. *Secretary:* JoAnn Becker, 910 347 5287.

OHIO (OH)

- **OHIO GENEALOGICAL SOCIETY (5)**
713 South Main St., MANSFIELD, OH 44907, USA.
Library: Mansfield. *Hours:* Tues through Sat, 9am-5pm. Open to non members $4 fee. *Newsletter: OGS Genealogy News* 6 per year. *Journal : OGS Quarterly,* 4 per year. Available to non members at $32.00 per year. *Research Enquiries:* Free to members. *Membership:* $32.00, $37.00 joint, $10.00 extra for foreign (postage). *President:* Diane Gagel.

United States of America (USA) Societies & Organizations —**2005**

- **ASHTABULA COUNTY GENEALOGICAL SOCIETY (5)**
  C/o Geneva Public Library, 860 Sherman Street, GENEVA, OH 44041-9101, USA.
  E-mail: acgs@ashtabulagen.org *Website:* www.ashtabulagen.org
  Journal: ANCESTOR HUNT, 4 per year with index. Publication list, SASE. *Membership:* $12.00, $15.00 family. *Meetings:* 4th Wed of month except Dec. Computer Interest Group Meetings. Ancestor Certificate Programs. *President:* Troy Bailey. *Corres. Secretary:* Fran Metcalf. *Vice-president/ Programs:* Marian Hopes. *Recording Secretary:* Bev Ekensten. *Treasurer:* Dick Metcalf. *Editor.* Tina Carpenter. *Tel:* (440) 466 4521.

- **THE BROWN CO. GENEALOGICAL SOCIETY (Chapter of OGS) (5)**
  PO Box 83, GEORGETOWN, OH 45121-0083, USA.
  Library: Cnr. Apple & Cherry Sts., Georgetown. *Hours:* Thurs & Sat 12noon-5pm. Open to non members. *Newsletter:* 4 per year. *Research Enquiries:* Free to members, $1.00 for non members. *Membership:* $10.00 single. *Meetings:* 3rd Thurs at 5pm.

- **CARROLL COUNTY GENEALOGICAL SOCIETY (0)**
  24 2nd Street, N.E. (PO Box 36) CARROLLTON, OH 44615-1202, USA. Tel: (330) 627 9411.
  Librarian Tel: (330) 627 2094. *Corres. Secretary:* (330) 627 2570.

- **FRANKLIN COUNTY GENEALOGICAL & HISTORICAL SOCIETY (5)**
  PO Box 44309, COLUMBUS, OH 43204-0309, USA. *E-mail:* fcghs@yahoo.com
  Website: www.rootsweb.com/~ohfcghs *Library:* 570 W. Broad St, Columbus, OH 43215. *Hours:* Mon, Wed & Fri 10am-3pm. Phone 614-469-1300. Open to non members. *Newsletter:* THE FRANKLINTONIAN, 4 issues per year with index. Available to non members at $15.00 for a whole year of newsletters. *Research Enquiries:* $15.00 donation per hr per surname. *Membership:* $15.00. *President:* Algy McBride.

- **LICKING COUNTY GENEALOGICAL SOCIETY (5)**
  101 W. Main Street, NEWARK, OH 43055-5054, USA. *Tel:* (740) 349 5510.
  Library: as above. *Hours:* Tues, Wed, Thurs & Sat, 1pm-4pm. Wed. evening 6.00-8.45pm. March to November. Open to non members. Queries for non members $1 each. *Journal: THE LICKING LANTERN,* 4 yr & index. *Research Enquiries:* $15.00 per surname. *Membership:* $12 single, $14 joint, $11 single, if paid by Dec 31. *Other:* Back issues of *Lantern:* Prices available and list of books reprints, census indexes, other published material avail. include long SASE. *President:* Nola Rogers. *Corres. Secretary:* Vicki Sulpher. *Web:* www.npls.org/lcgs/ *E-mail:* lcgs@npls.org

- **MUSKINGUM COUNTY Chapter of O.G.S. (3)**
  PO BOX 2427, ZANESVILLE, OH 43702-2427, USA.
  Library: open to public. *Hours:* 9-5 Mon., Tues., Thurs, Fri. & Sat., 9-8 Wed. *Newsletter:* 10 per year. Queries: Free to members. *Membership:* $10.00 annual. *Homepage:* www.rootsweb.com/~ohmuskin

- **ROSS COUNTY GENEALOGICAL SOCIETY (3)**
  PO Box 6352, CHILLICOTHE, OH 45601-6352, USA. E-mail: rcgs@bright.net
  Library: 444 Douglas Ave. *Hours:* Mon, Wed & Fri 1pm-4pm. Thurs. 6-9pm. Sat. 9-12am. *Newsletter:* 4 per year. *President:* Caroline Whitten. *Recording Secretary:* Johnda Scott. *Meetings:* 2nd Tues presently at the Society Library, 444 Douglas Ave.

- **SOUTHWEST CUYAHOGA CHAPTER, O.G.S. (5)**
  19239 Knowlton Parkway #102, STRONGSVILLE, OH 44149-9021, USA.
  Tel: (440) 238 6370. *E-mail:* cngwill@nls.net *Webster:* http://members.aol.com/gmtjaden/ *Newsletter:* 3 per year. *Research Enquiries:* Accepted. *Membership:* $10.00 (family $12). *Meetings:* 2nd Thurs, Jan-May & Sep-Dec. *Query Editor:* Carol Williams. *Query Editor:* Grace Williams.

- **WESTERN RESERVE HISTORICAL SOCIETY LIBRARY (0)**
  10825 East Boulevard, CLEVELAND, OH 44106-1777, USA. *Tel:* (216) 721 5722.
  Hours: 9am-5pm, Tues-Sat, Weds. till 9pm. *Admission:* $7.50 ($6.50 seniors) Society members free. Extensive genealogical research collections, with emphasis on the area from New England to the Mississippi River, including all federal population census schedules (1790-1920), manuscript collections, local government and military records and published genealogies. Charts, forms and books for sale. Send SASE for brochure listing library services, fees and available genealogy collections. *Research:* of Library records, $40.00 per hour. *Bulletin:* quarterly, $5.00 per year. *Website:* www.wrhs.org

OKLAHOMA (OK)

- **OKLAHOMA GENEALOGICAL SOCIETY (0)**
  PO Box 12986, OKLAHOMA CITY, OK 73157, USA.
  Library: Books housed at the Oklahoma Historical Society. *Journal:* Quarterly.

- **NORTHWEST OKLAHOMA GENEALOGICAL SOCIETY (2)**
    PO Box 834, WOODWARD, OK 73802, USA.
    Tel: (580) 256 4609. *Journal: KEYFINDER,* 2 per year. $4.00 to non members. *Research Enquiries:* $2.00. *Membership:* $15.00. *Meetings:* 3rd Tues each month. *Conference:* Spring & Fall seminar. *President:* Lois Young. *Secretary:* Norman Solbrack.
- **SOUTHWEST OKLAHOMA GENEALOGICAL SOCIETY (3)**
    PO 148, LAWTON, OK 73502-0148, USA.
    Tel: (580) 581 3450. *Web site:* http://www.sirinet.net~lgarris/swogs
    Library: Family History Room, Lawton Public Library. *Hours:* Mon-Thurs, 10am-9pm.; Fri 10am-6pm.; Sat 10am-5pm; Sun 1pm-5pm (except summer). Open to non members. *Journal: THE TREE TRACERS,* 4 per year. Available to non members at $15.00 year, $10.00 libraries and non-profit organizations. *Research Enquiries:* Free to members. *Membership:* $15.00 per year individuals, $18.00 family, $10.00 libraries and non-profit organisations, $150.00 life membership. *Other:* Weekly Newspaper Column for S.W. OK Queries—send to same address, *Lawton Constitution. Pres:* Linda Garrison. *Sec:* Aulena Scearce Gibson. *Meetings:* 3rd Mon at Lawton Public Library, 110 SW 4, Lawton, OK. Books for sale of S.W. OK records, OK Tract Books Indexes Available.

OREGON (OR)

- **OREGON GENEALOGICAL SOCIETY, INC. (3)**
    PO Box 10306, EUGENE, OR 97440-2306, USA. *Tel:* (541) 345 0399.
    Website: http://www.rootsweb.com/~orlncogs/ogsinfo.htm

PENNSYLVANIA (PA)

- **GENEALOGICAL SOCIETY OF PENNSYLVANIA (5)**
    215 S. Broad St, 7th Floor, PHILADELPHIA, PA 19107-5325, USA.
    Library: Mon.-Wed. 10am-4.00pm, free to members, $5 fee for non-members. *Tel:* (215) 545 0391 *Fax:* (215) 545 0936. *Magazine: PENNSYLVANIA GENEALOGICAL MAGAZINE,* 2 per year. *Newsletter: PENN-IN-HAND* 4 per year. *Membership:* Write, call or check Website for brochure. *President:* The Hon. Herbert K. Zearfoss. *Executive-Director:* J. Thomas Showler. *E-mail:* gsppa@aol.com *Website:* www.genpa.org
- **BLAIR COUNTY GENEALOGICAL SOCIETY (3)**
    431 Scotch Valley Road, HOLLIDAYSBURG, PA 16648, USA. *Tel:* (814) 696 3492.
    Newsletter: 4 per year. $2.50 per copy, plus $2.00 p & h. *Membership:* $15.00 per year. *Library Hours:* Mon. 6.30-9.30pm, Wed. 10am-3.30pm, 6.30pm-9.30pm, Thurs. 10am-3.30pm., Sat. 12-2pm. Closed Dec. Send for publication list.
- **BUCKS COUNTY GENEALOGICAL SOCIETY (3)**
    PO Box 1092, DOYLESTOWN, PA 18901, USA.
    Newsletter: 3 per year + journal. *Newsletter query:* entries cost $3.00. *Membership:* $20.00 ($25.00 family). *Meetings:* as notified. Send S.A.S.E. for publications list. *Research Correspondence:* $5.00 fee. *President:* Audrey J. Wolfinger.
- **BUCKS COUNTY HISTORICAL SOCIETY (1)**
    84 South Pine Street, DOYLESTOWN, PA 18901-4999, USA.
    Website: www.mercermuseum.org *Library:* The Spruance Library as above. *Hours:* Tues: 1-9pm. Wed.-Sat. 10am-5pm. *Tel:* (215) 345 0210. *Librarian:* Full time librarian, 4 part-time staff, 50 volunteers. *Admission Fee:* (BCHS members - free). Research by mail fee schedule. Founded 1880 it contains the most extensive collection in existance for Bucks County covering all aspects of local history, families and businesses.
- **CENTRE COUNTY GENEALOGICAL SOCIETY (3)**
    PO Box 1135, STATE COLLEGE, PA 16804, USA.
    Website: www.rootsweb.com/~paccgs/index.htm *Email:* eadutton@adelphia.net *Membership:* $12, ($15 couple). *Newsletter:* 4 per year. Queries free to members. Members interest file maintained. Cemetery records published. *Pres:* Nancy Stover. *Corres.Sec.* Elizabeth Dutton.
- **LANCASTER MENNONITE HISTORICAL SOCIETY (2)**
    2215 Millstream Rd, LANCASTER, PA 17602-1499, USA.
    Tel: (717) 393 9745. *Fax:* (717) 393 8751. *Website:* www.lmhs.org *E-mail:* lmhs@lmhs.org
    Library: As above. *Hours:* Tues-Sat, 8.30am-4.30pm. Open to non members at $5.00 daily fee. *Newsletter: THE MIRROR,* 6 year. *Journal: PENNSYVANIA MENNONITE HERITAGE,* 4 year.
- **PALATINES TO AMERICA, PENNSYLVANIA CHAPTER (3)**
    PO Box 280, STRASBURG, PA 17579-0280, USA.
    Tel: (717) 687 8234. *Newsletter: PENN PAL.*

United States of America (USA)   Societies & Organizations —2005

- **VENANGO COUNTY GENEALOGICAL CLUB (3)**
  2 Central Ave., OIL CITY, PA 16301-0811, USA.
  Tel: (814) 678 3077. *Website:* www.csonline.net/vengen *Email:* vengen@csonline.net
- **VENANGO COUNTY HISTORICAL SOCIETY (3)**
  301 S. Park St, Box 101, FRANKLIN, PA 16323, USA. *Email:* vchistory@csonline.net
  Tel: (814) 437 2275. *Journal:* THE INTELLIGENCER, 4 per year, free for members. *Research Enquiries:* $20.00. *Membership:* $15.00. *Meetings:* date varies. *President:* Rainy Linn. *Secretary:* Mary Sanford. *Genealogical Chairman:* Faye J. Smith.

RHODE ISLAND (RI)

- **RHODE ISLAND HISTORICAL SOCIETY LIBRARY (5)**
  121 Hope St, PROVIDENCE, RI 02906-2028, USA. *Website:* www.rihs.org
  Tel: (401) 273 8107. *Hours:* Wed. & Fri. 10am-5pm. Thurs. 12 noon to 8pm. special collections paged on a schedule. Ref. Dept. of the Rhode Island Historical Society Library offers research services to individuals and businesses. Staff trained to answer genealogical and historical inquiries.

SOUTH CAROLINA (SC)

- **CHESTER DISTRICT GENEALOGICAL SOCIETY (3)**
  PO Box 336, RICHBURG, SC 29729-0336.
  Serving: Chester, Lancaster, York, Fairfield and Union Counties. *Membership:* $20 annual, surname/membership book $5.00. *Bulletin:* 4 per year. *Pres.:* George H. Moore. *Editor:* Jean Nichols.
- **OLD EDGEFIELD DISTRICT GENEALOGICAL SOCIETY (5)**
  PO Box 546, EDGEFIELD, SC 29824-0546, USA.
  Email: OEDGS@aikenelectric.net *Website:* OEDGS.org *Tel:* (803) 637 4010.
  Library: 104 Courthouse Square, Edgefield. Open 9am-4pm Mon.-Fri. *Newsletter:* The Quill 6 issues. Queries free to members, $5 to non members. *Pres.* Connie T. McNeill.

TENNESSEE (TN)

- **THE TENNESSEE GENEALOGICAL SOCIETY (9)**
  9114 Davies Plantation Road, PO Box 247, BRUNSWICK, TN 38014-0247, USA.
  Tel: (901) 381 1447. *Journal:* ANSEARCHIN' NEWS. *Editor:* Dorothy Roberson.
- **EAST TENNESSEE HISTORICAL SOCIETY (3)**
  PO Box 1629, KNOXVILLE, TN 37901-1629, USA. (mail only).
  E-mail: eths@east-tennessee-history.org   Web: www.east-tennessee-history.org
  Library: Cnr. Clinch Ave & Market St. *Newsletter:* NEWSLINE Quarterly. *Tri-Annual Genealogical Publication:* TENNESSEE ANCESTORS, Annual Journal: JOURNAL OF EAST TENNESSEE HISTORY. *Research Enquiries:* Available. *Membership:* $35.00.

TEXAS (TX)

- **CENTRAL TEXAS GENEALOGICAL SOCIETY, INC. (3)**
  Waco-McLennan County Library, 1717 Austin Ave, WACO, TX 76701-1741, USA.
  Library: As above. *Hours:* Mon-Thurs 10am-9pm; Fri & Sat 10am-6pm; Sun 1pm-5pm. Open to non members. *Journal:* HEART OF TEXAS RECORDS, 4 per year. *Research Enquiries:* Free, as space permits. *Membership:* $15.00. *President:* Nana Cornwell. *Secretary:* Norma Cannata.
- **DALLAS GENEALOGICAL SOCIETY (2)**
  PO Box 12446, DALLAS, TX 75225-0446, USA.
  E-mail: info@dallasgenealogy.org *Home page:* http://www.dallasgenealogy.org
  Newsletter: 10 per year. *Journal:* DALLAS JOURNAL, 1 per year. *Research Enquiries:* Free to members. $3 non members. *Membership:* $25.00. *Meetings:* Monthly except Jun, July & Aug.
- **MONTGOMERY COUNTY GENEALOGICAL AND HISTORICAL SOCIETY (2)**
  PO Box 867, CONROE, TX 77305-0867, USA.
  Repository: Montgomery County Library. *Journal:* THE HERALD, 4 per year, included with membership. *Research Enquiries:* Free to members. *Membership:* $25.00 per year, single or family. *President:* Chares R. Hereford. *Secretary:* Elaine Lewis.
- **SOUTHEAST TEXAS GENEALOGICAL AND HISTORICAL SOCIETY (2)**
  C/o Tyrrell Historical Library, PO Box 3827, BEAUMONT, TX 77704-3827, USA.
  Library: 695 Pearl St, Beaumont, TX. *Hours:* Tues. 8.30am-8pm. Wed.-Sat. 8.30am-5.30pm. Open to non members - no fee. *Publication:* YELLOWED PAGES, 4 per year. Serves southeast Texas and southwest Louisiana. *Research Enquiries:* Free to members only. *Membership:* $20.00. *President:* Norman Lowrey. *Meetings:* 1st Tues each month except Sept. Conference.

UTAH (UT)
- **GENEALOGICAL LIBRARY OF L.D.S. (see under NATIONAL)**
- **UTAH GENEALOGICAL ASSOCIATION (2)**
PO Box 1144, SALT LAKE CITY, UT 84110-1144, USA.
Tel: 1-888-463-6892. *Website:* www.infouga.org *Newsletter:* 6 per year. *Journal: GENEALOGICAL JOURNAL,* 4 per year. Available to non members at $7.50 each. *Membership:* $35.00 individual, $45 family, Institution. *Editor:* Judith W. Hansen. *E-mail:* judigjedit@aol.com

VIRGINIA (VA)
- **VIRGINIA GENEALOGICAL SOCIETY (3)**
5001 W Broad St #115, RICHMOND, VA 23230-3023, USA.
E-mail: mail@vgs.org *Website:* www.vgs.org *Newsletter:* 6 per year. *Journal: MAGAZINE OF VIRGINIA GENEALOGY,* 4 per year. Available to non members at $15.00 Vols 22-39 (Vol 39 being 2001). *Research Enquiries:* Members free, $3.00 for non-members. *Membership:* $26.00 *Pres:* Charles A. Novak, Jr. *Exec. Dir:* Bonnie Trainor. *Meetings:* Announced in newsletter.

- **FAIRFAX GENEALOGICAL SOCIETY (5)**
PO Box 2290, MERRIFIELD, VA 22116-2290, USA. *Website:* www.fxgs.org
Newsletter: FGS NEWSLETTER, 5 per year.Non member queries: $2.00 for a 35 word query plus name and address. *Membership:* $20.00 individual and $25.00 family per year. *President:* Gordon L. Erickson. *Secretary:* Janice Arleth Reilly. *Meetings:* Usually 4th Thurs, 7.30pm, Sep to May. Oakton High School, Sutton Road, Oakton, VA. Sponsors an all-day seminar in the Spring. *Books:* Fairfax Co. Gravestone Records Volumes I, II, III, IV, V & VI.

- **PALATINES TO AMERICA, VIRGINIA CHAPTER (1)**
4504 Overcup Court, FAIRFAX, VA 22032-3602, USA.
Tel: (703) 425 3714. *Newsletter: THAT WAGON ROAD.*

- **PRINCE WILLIAM COUNTY GENEALOGICAL SOCIETY (1)**
PO Box 2019, MANASSAS, VA 22110-0812, USA.
E-mail: lweezie90@aol.com *Web site:* www.pwcgs.org
Newsletter: 12 per year. *Research Enquiries:* $10.00 for members, $1.00 per query for non members. *Editor:* Linda Lauderdale. *Membership:* $15.00 single, $20.00 non-members. *Meetings:* 3rd Wed of each month. Bull Run Regional Library, Ashton Ave., Manassas, VA, and 2nd Thurs each month Chinn Park Library, Woodbridge, VA, each 7pm-9pm; annual Genealogical & Historical Resource Fair, Sunday in May; Books for sale: St.Pauls Episcopal Church Parish Records, Haymarket, VA, *President:* Linda Lauderdale. *Secretary:* Nedra Nitcher.

WASHINGTON (WA)
- **CLARK COUNTY GENEALOGICAL SOCIETY (2)**
PO Box 5249, VANCOUVER, WA 98668-5249, USA.
Website: www.ccgs-wa.org *Library:* 717 Grand Blvd, Vancouver, WA 98661. *Hours:* Wed-Sat 10am-3pm. 3rd Sun. 1-5pm. $3.00 to non-members. *Newsletter* (monthly) & *Journal* (Quarterly): *TRAILBREAKERS.* $5.00 research fee for non-members. *Membership:* $17.00 single, $22 dual, $366 life, $480 joint life. *President:* Bill Duchie.

- **OKANOGAN COUNTY GENEALOGICAL SOCIETY (3)**
263 Old Riverside Hwy, OMAK, WA 98841, USA.
Tel: (509) 826 1686. *E-mail:* lpower@northcascades.net
Library: Located in Okanogan Co. Wilson Research Center, 1410 2nd N. Okanogan, WA. *Hours:* 9am-12noon Mon.-Fri.

- **SOUTH KING COUNTY GENEALOGICAL SOCIETY (3)**
PO Box 3174, KENT, WA 98032-0203, USA. www.@rootsweb.com/~waskcgs/

- **WENATCHEE AREA GENEALOGICAL SOCIETY (2)**
PO Box 5280, WENATCHEE, WA 98807-5280, USA.
Society Library: Tel: (509) 664 3346. *Website:* www.crewnet.com/~/wags/
Journal: THE APPLELAND BULLETIN, 4 per year. *Research Enquiries* One free. *Membership:* $20.00. *Meetings:* 4th Mon, 7.00pm. Library open 1pm-4pm Tues, Thurs & Sat. *President:* Mr Louis Guizzetti.

- **YAKIMA VALLEY GENEALOGICAL SOCIETY (9)**
PO Box 445, YAKIMA, WA 98907-0445, USA.
Library: 3rd and "B", Yakima, 98901. *Hours:* Mon to Sat 10am-4pm, Closed Sat. June to Sept. non members at $2.00 donation. *Journal: YAKIMA VALLEY GENEALOGICAL SOCIETY BULLETIN,* 4 per year. Available to non members at $4 each. *Research Enquiries:* Free to members. *Membership:* $15. *Meetings:* 1st Sat., 9.30am, Sep.-Jun. at 1st Christian Church. *Librarian:* E. Brzoska.

WEST VIRGINIA
- **PALATINES TO AMERICA, WEST VIRGINIA CHAPTER (1)**
  500 Grove St., MORGANTOWN, WV 26505-4709, USA.
  Tel: (304) 599 1672. *Newsletter: PAL-AM MOUNTAINEER.*

WISCONSIN (WI)
- **WISCONSIN STATE GENEALOGICAL SOCIETY, INC. (3)**
  2109 Twentieth Ave, MONROE, WI 53566-3426, USA.
  Tel: (608) 325 2609. *Website:* www.wsgs.org
  Newsletter: WSGS NEWSLETTER (50 pages) 4 per year. Available to non members at $5.00 per copy. *Membership:* $18.00 (US funds), $22.00 (Canada & Mexico). Others write for rate. *President:* J.A. Brissee. *Secretary:* Ruth Steffen. *Meetings:* A Sat in May & a Sat in Sept. *Other Particulars:* Certificates issued to descendants of pioneer Wisconsin settlers (before 1850). Many other indexes offered to county histories. Offers certificates for every fifth reunion of Wisconsin families.

- **BRITISH INTEREST GROUP OF WISCONSIN AND ILLINOIS (3)**
  PO Box 192, RICHMOND, IL 60071-0192, USA.
  E-mail: bigwillgen@yahoo.com *Website:* www.rootsweb.com/wiilbig *Newsletter:* 6 per year. *Membership:* $20.00 ind., $21.00 family. *Pres:* Ann Wells. *Sec:* Jackie Torrance.

- **DODGE/JEFFERSON COUNTIES GENEALOGICAL SOCIETY (3)**
  PO Box 91, WATERTOWN, WI 53094-0091, USA.
  Newsletter: OUT ON A LIMB. Membership: $12.00 single, $5.00 special student rate (ages 12-18) $15.00 outside US. Fee includes 4 issues per year, free queries for members only, and free research at Society Library, 504 S. Fourth St., Watertown. *Meetings:* 2nd Mon. of month. *Publications:* Indexes to early County marriage records. All corres. MUST be mailed to PO Box.
  E-mail: jfosdal@intaccess.com *Website:* http://www.dodgejeffgen.com

- **MONROE/JUNEAU/JACKSON COUNTIES GENEALOGICAL WORKSHOP (5)**
  1488 Aqua Road, Black River Falls, WI 54615-7609, USA. *E-mail:* chend@centurytel.net Library open by appointment. *Membership:* $7 single, $9 family. Includes Newsletter and free queries. *Treas:* Gerald Thiemke, 402 N. Glendale Avenue, # 102, Tomah, WI 54660-2137.

Wales
- **ANGLESEY - GWYNEDD FAMILY HISTORY SOCIETY (9)**
  Cwm Arian, Pensarn Fawr, PEN-Y-SARN, Anglesey, LL69 9BX, Wales.
  Journal: GWYNEDD ROOTS, 2 per year. Available to non members at £1.50. *Research Enquiries:* Free to members. *Membership:* £8.00 UK, family £12.00, overseas £10.00. *Other Particulars:* Meetings held at: Pwllheli, Caernarfon, Llandudno (Caernarfonshire): Dolgellau (Meirioneth) and Llangefni (Anglesey). *President:* Mr R.R. Williams. *Secretary:* J. Hinde, Tel. 01407/831984.

- **CARDIGANSHIRE FAMILY HISTORY SOCIETY (5)**
  PO Box 37, Aberystwyth, Cardiganshire, SY23 2WL, Wales.
  Website: www.cardiganshirefhs.org.uk *Meetings:* 4th Tues. each month. Sept.-June 7.30pm at St.Davids Hall, Bath St., Aberystwyth. *Membership:* £8 single. £10 family. £11 o'seas must be in Stg. Journal: 3 per year. Limited research. Fiche for sale: Church Burials 1813-1920; n/c Burials 1800-2000; most municipal burials to 1920+. 1873 Owners of Land (all Wales).

- **DENBIGHSHIRE - CLWYD FAMILY HISTORY SOCIETY (5)**
  C/o Secretary: The Laurels, Dolydd Road, Cefn Mawr, Wrexham, LL14 3NH, Wales.
  Email: secretary@clwydfhs.org.uk *Website:* www.clwydfhs.org.uk
  Journal: HEL ACHAU, 4 issues per annum, distributed to members. *Research Enquiries:* Limited research for members free of charge. *Membership:* £10.00 UK & Europe; £15.00 airmail overseas. *Chairman:* Miss Joy Thomas. *Membership Secretary:* Mrs H.Robson, 1 Coed y Bryn, Flint Mountain, Flintshire, CH6 5QP. *Secretary* Mrs A. Anderson.

- **DYFED FAMILY HISTORY SOCIETY (5)**
  C/o *Secretary:* Mrs B. Williams, 12 Elder Grove, Llangunnor, Carmarthen, SA31 2LQ, Wales.
  Library: Reference Library, Carmarthen. *Journal: DYFED FAMILY HISTORY SOCIETY JOURNAL,* 3 per year. *Membership:* £12.00 individual, £15.00 family, £12.00 institutional. *Other Particulars:* The Society consists of 6 branches. Meetings are held in Carmarthen, Haverfordwest, Llanelli, Cardigan, Upper Towy Valley and London.

- **FLINTSHIRE - (see DENBIGHSHIRE)**

- **GLAMORGAN FAMILY HISTORY SOCIETY (4)**
  C/- Mrs R. Smith, 22 Parc-y-Bryn, Creigiau, Cardiff, CF15 9SE, Wales.

Website: www.glamfhs.org *Email:* secretary@glamfhs.com
Journal: GLAMORGAN FAMILY HISTORY SOCIETY JOURNAL, 4 issues per year. £1.00 to non members. *Research Enquiries:* Free to members. *Membership:* £7.50 ordinary; £6.00 senior citizen/student; £10.00 family; £10.00 sterling for overseas. Half yearly rate 1 July to 31 December. Meetings held at Bridgend, Cardiff, Merthyr Tydfil, Swansea, London, Aberdare and Pontypridd.

- **GWENT FAMILY HISTORY SOCIETY (5)**
11 Rosser St., Wainfelin, PONTYPOOL, NP4 6EA, Wales.
Journal: GWENT FAMILY HISTORY SOCIETY JOURNAL, 4 per year. Available to non members at £3.00 including postage & packaging. *Membership:* Ordinary £8.00; family £10.00; overseas £10.00. *Other Particulars:* Meetings held at Newport, Chepstow, Llanarth, Pontypool, Ebbwvale & Blackwood. Gwent is the old County of Monmouthshire. *Chairperson:* Mr G. Riggs. *Secretary:* Mrs Nicola A. Thomas. *Website:* www.gwentfhs.info *Email:* secretary@gwentfhs.info

- **MONTGOMERYSHIRE GENEALOGICAL SOCIETY (5)**
General Secretary: Mrs Sue Harrison-Stone, Cambrian House, Brimmon Lane, Newtown, Montgomeryshire, SY16 1BY, Wales. *Tel.:* 01686 624753.
Website: http://home.freeuk.net/montgensoc *E-mail:* montgensoc@freeuk.com *Journal:* RECORD 3 per year. *Membership:* £5.00 single, £6.00 family in the UK, £10.00 overseas (outside UK & Europe). *Research enquiries:* No research is undertaken for non-members. *Meetings:* 1st Sat. most months Sep. to April, 2.30pm at Newtown Wesleyan Church.

- **POWYS FAMILY HISTORY SOCIETY (5)**
(Covers Brecknockshire, Montgomeryshire & Radnorshire)
General Secretary: Mr Roger Pearson, Waterloo Cottage, Llandeilo Graban, BUILTH WELLS, Powys, LD3 3SJ, Wales. *E-mail:* rspearson@breathemail.net
Library: Each group has its own library. *Journal:* CRONICL POWYS, 3 per year. *Research Enquiries:* Members - Group Librarians will assist. Non-members please contact Gen. Sec. *Membership:* £9.00 UK individual/institutional/family; £12.00 overseas airmail. Membership & publications (credit card purchase) at http://www.genfair.com. *Meetings:* Brecknock Group - normally last Mon. of the month in Kensington Chapel Schoolroom, Brecon, 7.30pm. Montgomeryshire Group - normally last Sat. of month, 2pm at either United Ref. Church Schoolroom, Newtown, or Welsh Chapel Schoolroom, Welsh Cong. Chapel, Mount St., Welshpool. Radnor Group - meetings normally held at Sefton House, Middleton St., Llandrindod Wells, 2.30pm or 7.30pm.
Website: http://www.rootsweb.com/~wlspfhs/

==

What is a Genealogical Society ?

This section of the *Directory* is reserved for NON-PROFIT Genealogical Societies or Historical Societies with a Family History Group, which are based on a geographic area, an ethnic background or an historical event - the entries are free. An Organisation of a commercial nature is **NOT** listed in this section.
Note: One name - or family organisations are **NOT** listed in this section, there is a One Name Studies section of the *GRD* for their listing. Write to our Agents for particulars.

A **NON-PROFIT** Society for *GRD* purposes, is not based on a family name, it has members, election of officers, an annual general meeting, annual report, financial statements and a constitution which states that members are not financial shareholders.

NOTE: A numeral in brackets after a Society name indicates that a proof copy of the entry was received back from the Society for that edition. (4) means the Society updated their entry form for 2004. Older entries may still be correct.
Secretaries of Societies are requested to keep this information up to date.

For the NEXT *DIRECTORY* we will distribute a proof copy of the entry to each Society listed. These, together with entries for any new or unlisted non-profit Societies should be sent to any of our Agents (listed on page 4) not later than 30 December.

COPYRIGHT CAUTION:
The information contained in the *Directory of Genealogical Societies* above has been obtained from the Societies and should not be reproduced without first referring to the Society. It is copyright in this form.

Archives, Major Libraries & Record Offices

Archives et Bibliotheques
Archive und Forschungsbibliotheken

The following list is **COPYRIGHT**. These entries have been compiled from information supplied to the *GRD* in January 2003 (marked **(3)** except for those marked **(0), (1) or (2)** which have been repeated from older editions). Omissions are due to the Repository not returning our questionnaire. The list is updated annually. Some major Historical Society libraries have been included - but Genealogical Societies have not as they appear in this *Directory* in the section marked *Societies & Organizations*.

Please note the following CODES have been used in this section:

Research Facilities: In Person:

SBR = Seat Booking Required.
RTR (ADV) =
Readers Ticket Required (Available on Day of Visit). Free unless stated.
PID = Photo Identification Required.
CCID = Credit Card ID acceptable.
DLID = Driver's Licence ID acceptable.
WRR = Written Recommendation Required. (some require 2).

Research Facilities: By Mail:

PGHL = Professional Genealogists & Historians Lists available.
LFR = Limited Free Research Service available.
PRS = Paid Research Service available. (Hourly fee recorded if applicable).

Note: When contacting an Archive or Library for research data, type if possible, keep your letter short and precise and don't ask too many questions. Do not expect a library to return your phone calls. Allow several weeks for a reply plus mail transit time which may be surface overseas.

Any major research Library wishing to be recorded in this free section - please send details to any of the Agents listed on page 4 - by 30 December.

AUSTRALIA

NATIONAL

● NATIONAL LIBRARY OF AUSTRALIA (9)
Street address: Parkes Pl., Canberra ACT 2600. *Tel:* (02) 6262 1111. *HomePage:* www.nla.gov.au
Hours: Main Reading Room: Mon.-Thurs. 9.00am-9.00pm. Fri.-Sat. 9.00am-5.00pm. Sun. 1.30pm.-5.00pm. No stack service on Sundays. *Newspapers-Microforms*: Mon., Wed. 9.00am-9.00pm. Tues., Thurs., Fri., Sat. 9.00am-5.00pm. Sun. Closed. *Maps Room:* Mon.-Fri. 9am-5pm.

● NATIONAL ARCHIVES OF AUSTRALIA (5)
National Reference Service: PO Box 7425, Canberra Business Centre, ACT 2610, Australia. *Tel:* 1 300 886 881 (Overseas callers: Your Int. code+ 612 6212 3900. *Fax:* 1 300 886 882 (overseas callers: Your Int. code + 612 6212 3999. E-mail: ref@naa.gov.au Website: www.naa.gov.au
Research Facilities: **In Person:** RTR(ADV or on-line). **By Mail or E-mail:** to above. PGHL.
Hours open: **A** = Mon.-Fri. 9am-5.00pm. **B** = Mon.-Fri. 9.00am-4.30pm, **C** = Sat. 9am-5pm. **D** = Tues. 5pm-9pm. E = (Some Saturdays - contact office to inquire).
Canberra: Queen Victoria Tce, Canberra *Tel:* (02) 6212 3900 *Fax:* (02) 6212 3999 *Hours:* A, C, D
Sydney: 120 Miller Rd, Chester Hill, 2163. *Tel:* (02) 9645 0110. *Fax:* (02) 9645 0108. *Hours:* B, E. and: Sydney Records Centre: 2 Globe Street, The Rocks, NSW 2000. *Hours:* A.
Melbourne: 99 Shiel St., North Melbourne, 3051. *Tel:* (03) 9348 5600. *Fax:* 9348 5628. *Hrs:* B, E.
Brisbane: 16 Corporate Dr, Cannon Hill 4170. *Tel:* (07) 3249 4226 *Fax:* (07) 3399 6589 *Hrs:* B, E.
Perth: 384 Berwick St., E. Victoria Park 6101. *Tel:* (08) 9470 7500 *Fax:* (08) 9470 2787 *Hours:* B.
Adelaide: 78 Angas St., Adelaide, SA 5000. *Tel:* (08) 8409 8400 *Fax:* (08) 8409 8499 *Hours:* B, E.
Hobart: 85 Macquarie St., Hobart, TAS 7000. *Tel:* (03) 6230 6111. *Fax:* (03) 6230 6134. *Hrs:* B.
Darwin: Kelsey Crescent, Millner, NT 0810. *Tel:* (08) 8985 0300. *Fax:* (08) 8985 0399. *Hours:* B.

● AUSTRALIAN WAR MEMORIAL (0)
Treloar Crescent, Campbell, Act 2601. (PO Box 345, Canberra ACT 2601). *Contact:* Ian Smith, Manager, Information Services. *Tel:* (06) 243 4315. *Fax:* (06) 243 4545. *E-mail:* info@awm.gov.au *Hours: Information Gallery:* Mon.-Sun. 10am-5.00pm. Closed Christmas Day. *Reading Room:* Mon.-Fri. 10.00am-5.00pm, Sat. 1.00pm-5.00pm. Closed public holidays. *Research Facilities:* **In Person:** RTR, PGHL. **By Mail/Fax/E-mail:** LFR. (for World War One Personnel Records - write to National Archives of Australia (PO Box 7425, Canberra Mail Centre, ACT 2610). See the Memorial's website for access to the Research Centre's databases and online genealogical resources: http://www.awm.gov.au.

NEW SOUTH WALES (NSW)

● STATE REFERENCE LIBRARY - STATE LIBRARY OF NSW (5)
Street Address: Macquarie Street, Sydney, NSW 2000. *Postal Address:* same.
E-mail: slinfo@sl.nsw.gov.au *Website:* www.sl.nsw.gov.au *Ref. Section: Tel:* (02) 9273 1414. *Fax:* (02) 9273 1264. *Contact:* Telephone Inquiry Service. *Hours:* Mon.-Fri. 9am-9pm, Sat.-Sun. 11am-5pm. *Public Holidays:* closed. *Research Facilities:* **By Mail:** LFR, PGHL.

● MITCHELL LIBRARY - STATE LIBRARY OF NSW (3)
Street Address: Macquarie Street, Sydney, NSW 2000. *Postal Address:* same.
Email: slinfo@sl.nsw.gov.au *Website:* www.sl.nsw.gov.au *Ref. Section: Tel:* (02) 9273 1414. *Fax:* (02) 9273 1264. *Contact:* Telephone Inquiry Service. *Hours:* Mon.-Fri. 9am-9pm, Sat. 11am-5pm, Sun. closed. *Public Holidays:* closed. *Research Facilities:* **In Person:** RTR(ADV), DLID, CCID. *Research Facilities:* **By Mail:** LFR, PGHL.

● STATE RECORDS (5)
There are two reading rooms: *Sydney Reading Room:* 2 Globe St., Sydney 2000. *Postal Address:* PO Box 516, Kingswood, NSW 2747. *Globe Street Tel:* (02) 8247 8600. *Fax:* (02) 8247 8626. *Hours:* Mon.-Fri. 9.00am-5.00pm. Sat. 10.00am-4.00pm. *Western Sydney Reading Room:* 143 O'Connell St., Kingswood, NSW 2747. *Tel:* (02) 9673 1788. *Fax:* (02) 9673 3977. *Hours:* Mon.-Fri. 9am-5pm. Sat. 10am-4pm. *Research Facilities:* **In Person:** RTR (ADV), CCID. *Enquiry/Copying Service:* **By Mail:** Write or phone for brochure. *Web:* www.records.nsw.gov.au

AUSTRALIA   Archives, Libraries & Record Offices — **2005**

● **LAND AND PROPERTY INFORMATION SERVICE (5)**
Street Address: 1 Prince Albert Road, Queens Square, Sydney 2000. *Postal Address:* same. *Tel:* Historical Officer (02) 9228 6629. *Hours:* Mon.-Fri. 8.30am-4.30pm. *Web:* www.lpi.nsw.gov.au

● **NSW REGISTRY OF BIRTHS, DEATHS & MARRIAGES (5)**
Street Address: 35 Regent Street, Chippendale, NSW, 2008. *Postal Address:* same. *Tel:* 1 300 655236. *Hours:* Mon.-Fri. 8.00am-4.30pm. *Web:* www.bdm.nsw.gov.au

● **DIOCESAN ARCHIVES ANGLICAN CHURCH - SYDNEY (2)**
Postal address: PO Box Q190, Queen Victoria Building PO, NSW 1230. *Tel:* (02) 9221 0640. *Research Facilities:* **In Person:** Not open for genealogical research. **By Mail:** LFR. Contact Dr Louise Trott, Archivist. *E-mail:* archives@sydney.anglican.asn.au

● **SYDNEY ARCHDIOCESAN ARCHIVES - CATHOLIC (5)**
   Archivist Pauline Garland, has requested their entry be removed ! Shame!

● **FERGUSON MEMORIAL LIBRARY (1)**
Archives of the Presbyterian Church of Australia in the State of New South Wales.
Street Address: 168 Chalmers Street, Surry Hills. *Postal Address:* PO Box 2196, Strawberry Hills NSW 2012. *Tel:* (02) 9690 9374. *Fax:* (02) 9690 9357. *Hours:* Mon., Tues., Thurs. & 3rd Sat. of the month 9am-4pm. *Research Facilities:* **In Person:** Research fees apply for use of reserved stack and archival material. Annual fee $100 (+GST), Daily fee $20 (+GST). Research by Staff $45 per hour (+GST).

● **CITY OF SYDNEY ARCHIVES (5)**
Street Address: Level 1 Town Hall House, 456 Kent Street, Sydney, NSW, 2000. *Postal Address:* same. *Tel:* (02) 9265 9618. *Hours:* Mon.-Fri. 9.00am-5pm. Appointment necessary. *Web:* www.cityofsydney.nsw.gov.au/hs_archives.asp

QUEENSLAND (QLD)

● **STATE LIBRARY OF QUEENSLAND (3)**
Street Address: 435 Compton Road, Runcorn. *Postal address:* PO Box 3488, South Brisbane 4101. Website: www.slq.qld.gov.au/scd/famhist E-mail: genie@slq.gld.gov.au
Tel: (07) 3840 7775. *Fax:* (07) 3840 7840. *Contact:* Senior Librarian, Family History Unit. *Hours:* Mon.-Thurs. 10am-8pm. Fri.-Sun. & most Public Holidays 10am-5pm. *Research Facilities:* **By Mail:** LFR(2 hrs), PRS $35 p/h. **John Oxley Library:** *Tel:* (07) 3840 7880 *Fax:* (07) 3846 2421. *Hours:* Sun.-Fri. 10am.-5pm. closed Sat. & public holidays. **By Mail:** LFR.

● **QUEENSLAND STATE ARCHIVES (5)**
Street Address: 435 Compton Road, Runcorn. *Post:* PO Box 1397, Sunnybank Hills, Qld 4109. *Ref. Section: Tel:* (07) 3131 7777. *Fax:* (07) 3131 7764. *E-mail:* info@archives.qld.gov.au *Website:* www.archives.qld.gov.au *Hours:* Mon.-Fri. 9am-4.30pm & 6 Sats. per year 9.45-4.15pm. *Annual Closure:* 25 Dec.-1 Jan. (Christmas-New Year). *Research:* **In Person:** RTR(ADV), CCID, DLID.

SOUTH AUSTRALIA (SA)

● **STATE LIBRARY OF SOUTH AUSTRALIA (1)**
Street Address: North Terrace, Adelaide. *Postal Address:* GPO Box 419, Adelaide, SA 5001. *Ref. Section: Tel:* (08) 8207 7360. *Fax:* (08) 8207 7247. *E-mail:* research@slsa.sa.gov.au *Website:* http://www.slsa.sa.gov.au
Contact: Susan Mildred, Family History Librarian (08) 8207 7235. *Hours:* Mon.-Wed. 9.30am-8pm, Thurs. 9.30am-5pm, Fri. 9.30am-8pm, Sat. & Sun. 12-5pm. *Research:* **By Mail:** Extensive research not undertaken, PRS.

● **STATE RECORDS (3)**
Street: 222 Marion Road, Netley, SA. *Post:* PO Box 40, Enfield Plaza, SA 5085. *Ref. Section Tel:* (08) 8226 8000. Website: www.archives.sa.gov.au E-mail: staterecords@saugov.sa.gov.au *Fax:* (08) 8226 8002. *Contact:* Reference Archivist. *Hours:* Ring in advance. *Research Facilities:* **In Person:** RTR(ADV), DLID. **By Mail:** PGHL, PRS: $38.15 per hour + 5 free copies, 5 hours max.

TASMANIA (TAS)
• ARCHIVES OFFICE OF TASMANIA (5)
Street Address: 77 Murray Street, Hobart, Tas 7000. *Postal Address:* same.
Ref. Section: Tel: (03) 6233 7488. *Fax:* (03) 6233 7471.
E-mail: archives.tasmania@education.tas.gov.au *Website*: www.archives.tas.gov.au
Contact: Robyn Eastley, Senior Archivist (Reference Services). *Hours:* Mon., Tues., Wed. & Fri. 9.30am-5pm, Thurs. 9.30am-8.45pm, Last Sat. in each month 10.00am-4.00pm. *Research Facilities:* **By Mail:** PRS, PGHL.

• LAUNCESTON REFERENCE LIBRARY (3)
Street Address: Civic Square, Launceston, Tas 7250. *Tel:* (03) 6336 2642. *Fax:* (03) 6336 2649. *E-mail:* launceston.reference@education.tas.gov.au *Hours:* Mon.-Wed. 9.30am-6pm, Thurs. & Fri. 9.30am-9pm, Sat. 9.30am-2.30pm. (Dec. & Jan. earlier closing on Thurs. 9pm & Sat. 12.30pm). *Research Facilities:* **By Mail:** PRS: Minimum charge of $5.50 per enquiry.

VICTORIA (VIC)
• STATE LIBRARY OF VICTORIA (5)
Street Address: 328 Swanston Street, Melbourne, Vic. *Postal Address:* same.
Genealogy Centre: Tel: (03) 8664 7008. *Fax:* (03) 9639 2301. *Contact:* Anne Burrows, Genealogy Librarian, *Tel:* (03) 8664 7190. *Hours:* Mon.-Thurs. 10am-9pm, Fri.-Sun. 10am-6pm, Closed public holidays. *Research Facilities:* **By Mail:** PGHL, LFR. **La Trobe** Historical reference section *Tel:* (03) 8664 7009. *Website:* www.slv.vic.gov.au

• PUBLIC RECORD OFFICE VICTORIA (1)
All correspondence should be addressed to: PO Box 2100, North Melbourne, Vic 3051.
   Melbourne Archives Centre: *Address:* Level 2, Casselden Place, 2 Lonsdale Street, Melbourne, Vic 3000. *Postal address:* PO Box 2100, North Melbourne, Vic. 3051. *Ref. Section: Tel:* (03) 9285 7999. *Fax:* (03) 9285 7953. *E-mail:* ask.prov@dpc.vic.gov.au *Hours:* Mon.-Fri. & 2nd & last Sat. most months 9am-4.30pm. *Research Facilities:* **In Person:** SBR(for groups). *Research Facilities:* **By Mail:** PGHL.
   Ballarat Archives Centre: *Address:* State Offices, Cnr Mair & Doveton Sts., Ballarat, Vic 3350. *Postal Address:* same. *Ref. Section: Tel:* (03) 5333 6611. *Fax:* (03) 5333 6609. *Hours:* Mon. & Tues. 9.30am-4.30pm. *Research Facilities:* **In Person:** SBR(for groups). *Research Facilities:* **By Mail:** PGHL.

WESTERN AUSTRALIA (WA)
• STATE LIBRARY OF WESTERN AUSTRALIA (3)
Street Address: Alexander Library, Perth Cultural Centre, Perth, WA 6000. *Post:* Same.
Ref. Section: Tel: (08) 9427 3111. *Fax:* (08) 9427 3256. *E-mail:* geneo@mail.liswa.wa.gov.au *Website:* www.liswa.wa.gov.au *Hours:* Mon.-Thurs. 9am-8pm, Fri. 9am-5.30pm, Sat. & Sun. 10am-5.30pm. *Research Facilities:* **By Mail:** PGHL, LFR.

• STATE RECORDS OFFICE OF WESTERN AUSTRALIA (3)
Street Address: Alexander Library Building, Perth Cultural Centre, Perth, WA 6000.
Postal Address: same. *Website:* www.sro.wa.gov.au
Ref. Section: Tel: (08) 9427 3360. *Hours:* Mon.-Fri. 9.30am-4.30pm. *Research Facilities:* **In Person:** RTR(ADV), DLID. *Research Facilities:* **By Mail:** LFR.

AUSTRIA
• HERALD-GENEALOG. GESELLSCHAFT "ADLER" (1)
Address: Universitätsstrasse 6, A-1096, Wien. *Hours:* Wed. 17-19h. *Closed:* July-Aug. *Research:* **In Person:** RTR(ADV - ATS 50), DLID. *Research:* **By Mail:** Can answer letters in English.

• OBEROESTERREICHISCHES LANDESARCHIV (1)
   Anzengruberstr. 19, A-4020 LINZ, Austria. *Tel:* 0732 655523. *Fax:* 0732 655523 4619. *E-mail:* landesarchiv@ooe.pv.at *Website:* www.ooe.pv.at/geschichte

Hours: Mon., Tues. & Thurs. 8.30am-5.30pm, Wed. & Fri. 8.30am-12.30pm. *Research Facilities:* **In Person:** Photo ID required. *Research Facilities:* **By Mail:** Can answer in English. PGHL, LFR.

- **SALZBURGER LANDESARCHIV (1)**
  Michael-Pacher-Str. 40, A-5010 Salzburg Postfach 527, Austria.
  Tel: 8042 4530. *Fax:* 8042 4661.
  E-mail: post@archiv.land-sbg.gv.at *HomePage:* http://www.land-sbg.gv.at/archiv
  Hours: Mon.-Thurs. 8.30-12.00 & 13.00-16.00, in case of request until 18.00. Fri. 8.30-12.00.
  Research Facilities: **In Person:** PID. *Research Facilities:* **By Mail:** Can answer in English. LFR.

- **STEIERMARKISCHES LANDESARCHIV (1)**
  Karmeliterplatz 3, A-8010 Graz, Austria.
  Tel: 0316 877 3478. *Fax:* 0316 877 2954.
  E-mail: post@stla.stmk.gv.at *Contact person:* Dr. Gernot Obersteiner.
  Hours: Mon., Tues. & Thurs. 9.00-17.00, Wed. 9.00-19.00, Fri. 9.00-13.00.

- **VORARLBERGER LANDESARCHIV (1)**
  Kirchstrasse 28, A-6900 Bregenz, Austria. *Tel:* 05574 511 45012. *Fax:* 05574 511 45895.
  E-mail: larch@vlr.gv.at *HomePage:* http://www.vorarlberg.at/Landesregierung/iib/larchiv/htm
  Contact person: Cornelia Albertani. *Hours:* Mon. 8.00-19.00h, Tues., Wed. & Thurs. 8.00-16.00h, Fri. 8.00-12.00h. *Research Facilities:* **In Person:** SBR (05574 511 45012), RTR (free). *Research Facilities:* **By Mail:** Can answer in English. LFR.

LISTING OF MAJOR ARCHIVES, RECORD OFFICES & LIBRARIES:
http://www.genealogy.com/gene/reg/AUT/austria-en.html & http://www.netway.at/ihff/

BELGIUM

- **ARCHIVES DE LA VILLE DE BRUXELLES (5)**
Address: rue des Tanneurs, 1000, Bruxelles. Registers of population.

- **ARCHIVES GENERALES DE ROYAUME ET DE LETAT DAN LES PROVINCES (5)**
Address: Rue de Ruysbroek 2-6, 1000 Bruxelles. General births, marriage and deaths for Belgium. *Hours:* M-F 8.30-12.45, 2-4.15. *Closures:* Depend on Saint's Days and national holidays. *Cost:* 600 BEF for a 1 year reader's ticket. (Bought on spot). *Tel:* (02) 513 7680. *Fax:* (02) 513 7681. *E-mail:* Archives.Generales@arch.be

- **PROVINCIEBESTUUR LIMBURG (8)**
Street Address: Afdeling 623 Archief, Universiteitslaan 1, B-3500 Hasselt, Belgium.
Postal Address: same. *Contact:* Jacques Moors, Archivaris. *Hours:* Mon.-Fri. 9u-12u & 13u30-16u30. *Annual Closure:* 25-31 Dec. and 1-2 Jan. *Research Facilities:* **In Person:** SBR. *Research Facilities:* **By Mail:** Only Military Registers for genealogical research.

- **RIJKSARCHIEF (1)**
Street Address: Kruibekesteenweg 39/1, B-9210, Beveren, Belgium. *Postal Address:* same.
Ref. Section: Tel: (03) 775 3839. *Contact:* W. Rombauts, Archivist. *Hours:* January-June and Oktober-December: Mon. closed, Tues.-Fri. 8.30-12 & 13-16.30h, Sat. 8.30-12 & 13-16h. July-September: Mon.-Fri. 8.30-12 & 13-16.30h, Sat. closed. *Annual Closure:* 1st week of October. *Research Facilities:* **In Person:** RTR(ADV), Personal Ident. Card. Cost of ticket - 600 Belg. fr.

- **RIJKS ARCHIEF TE BRUGGE (NATIONAL ARCHIVE OF BRUGES) (1)**
Street Address: Academiestraat 14, 8000 Brugge, Belgium. *Postal Address:* same.
Ref. Section Tel. & Fax: (050) 33 7288. *Contact:* M. Nuyttens, Archivist. *Hours:* Tues.-Sat. 8.30-12 & 13-16.30. Sept., Aug. & July open on Mon., closed on Sat. *Research Facilities:* **In Person:** RTR(ADV), PID. *E-mail:* rijksarchief.brugge@skynet.be

- **SERVICE DE CENTRALISATION DES ETUDES GENEALOGIQUES ET DEMOGRAPHIQUES DE BELGIQUE (1)**
Street Address: Chaussée de Haecht 147, B-1030 Brussels, Belgium. *Postal Address:* same.
Ref. Section: Tel: (02) 374 1492. *Contact:* Guy Waltenier, President. *Hours:* Mon. 4pm-7pm.
Annual Closure: August. *Research Facilities:* **By Mail:** LFR.

Archives, Libraries & Record Offices — **2005** *CANADA*

- **DE KERK VAN JEZUS CHRISTUS VAN DE HEILIGEN (7)**
Address: Der Laatste Dagen, Kortrijkse Steenweg 1060, B-9051 Sint-Deniss-Westrem. *Post:* same
Ref. Section: Tel: (09) 220 4316. *Contact:* Annie Vandendriessche, Consulent Genealogie. *Hours:* Wed. 19u30-21u, Sat. 9u30-11u30. Sun. 12u30-14u. *Annual Closure:* Augustus = Welopzondag, Niet op Woensdagopen. *Research Facilities:* **In Person:** SBR.

- **STADSARCHIEF TE VEURNE (1)**
Address: Grote Markt 29, B-8630, Veurne, Belgium. *Tel:* (058) 330535. *Fax:* (058) 330596.
Hours: Mon.-Fri. 9-12h & also Mon. 13.30-18h. Appointment preferred. RTR (ADV) - 200 of 50 BF, PRS - min 120 BF.

- **STAATSARCHIV IN EUPEN (1)**
Address: Kaperberg 2-4, B-4700 Eupen, Belgium. *Tel:* (087) 55 4377. *Contact:* Prof. Dr. Alfred Minke, Director. *Hours:* Tues.-Fri. 8.30-12.00, 13.00-16.30. Sat. 8.30-12.00 & 1300-1600. *Research Facilities:* **In Person:** SBR, RTR (ADV), Personalausweis, *cost:* 600 Bfr.

- **ARCHIVES DE L'ETAT A LIEGE (0)**
Address: 79 rue du Chéra, B-4000 Liège, Belgium.
Tel: (04) 252 0393. *Fax:* (04) 229 3350. *E-mail:* archives.liege@skynet.be
Contact: P. Pieyns-Rigo. *Hours:* Mon. 13.00-16.30. Tues.-Fri. 8.30-12.00, 13.00-16.30 (closed 1st week of Oct.). *Research Facilities:* **In Person:** RTR (ADV), ID card or passport. Cost: 600Bfr. **By Mail:** LFR.

CANADA
NATIONAL
- **NATIONAL LIBRARY OF CANADA (1)**
Street Address: 395 Wellington Street, Ottawa, Ont. K1A 0N4, Canada. *Postal Address:* same. *Reference & Information Services Division: Tel:* (613) 995 9481. *Fax:* (613) 943 1112. *Hours:* (Reference Room Service) Mon.-Fri. 10.00-17.00. *Research Facilities:* **In Person:** Library card is required and must be obtained during office hours Mon.-Fri. 08.30-17.00, PID preferred. *Research Facilities:* **By Mail:** LFR. *E-mail:* Internet - reference@nlc-bnc.ca. *Web:* http://www.nlc-bnc.ca Can answer letters in English & French. *Tel.:* (Toll free in Canada) 1-877-896-9481.

- **NATIONAL ARCHIVES OF CANADA (3)**
Street Address: 395 Wellington Street, Ottawa, Ont. K1A 0N3, Canada. *Postal Address:* same. *Genealogical Ref. Section: Tel:* (613) 996 7458. *Fax:* (613) 995 6274. *Web:* http://www.archives.ca/ *Hours:* (Reference Service) Mon.-Fri. 8.30am-5pm, except holidays. (Reading Room with Research pass) Mon.-Fri. 8.30am-10pm, Sat., Sun. & Public Holidays 8am-6pm. *Research Facilities:* **In Person:** PID preferable, 2 pieces ID without picture. **By Mail:** PGHL, LFR

ALBERTA (ALB)
- **PROVINCIAL ARCHIVES OF ALBERTA (3)**
Street & Post Address: 12845 - 102 Ave., EDMONTON, Alb. T5N 0M6.
Tel: (780) 427 1056. *Fax:* (780) 427 4646. *Website:* www.gov.ab.ca/mcd
Contact: Jonathan H. Davidson, Reference Archivist. *Hours:* Mon. closed, Tues., Thurs., Fri. & Sat. 9am-4.30pm, Wed. 9am-9pm. *Research Facilities:* **By Mail:** PRS $30/hr (first 15minutes free). E-mail: paa@gov.ab.ca

- **CALGARY PUBLIC LIBRARY (5)**
Street & Post Address: 616 Macleod Tr. SE, Calgary, Alb. T2G 2M2. *Tel:* (403) 260 2785. E-mail: calgarypubliclibrary.com 'Ask A Question' *Website:* calgarypubliclibrary.com *Hours:* Mon.-Thurs. 10am.-9pm. Fri. & Sat. 10am.-5pm. (Sun. 1.30-5pm mid Sept to mid April only.) Closed all public holidays. *Research facilities:* **By Mail:** Limited.

- **GLENBOW LIBRARY & ARCHIVES (5)**
Street Address: 130-9th Ave S.E., Calgary, Alberta, T2G 0P3, Canada. *Postal Address:* same.
Ref. Section: Tel: (403) 268 4197. *Fax:* (403) 232 6569. *Contact:* Reference Librarian or Reference Archivist. *Hours:* Tues.-Fri. 10am-5pm. *Research Facilities:* **By Mail:** PHL, LFR(Library), PRS (Archives) ($50.00 per hr, min $25.00). *Web:* www.glenbow.org

BRITISH COLUMBIA (BC)

● BRITISH COLUMBIA ARCHIVES (5)
Street Address: 655 Belleville St., Victoria, BC, V8V 1X4. *Postal Address:* Same. *Ref. Section: Tel:* (250) 387 1952. *Fax:* (250) 387 2072. *E-mail:* access@bcarchives.gov.bc.ca, *Web:* www.bcarchives.gov.bc.ca *Hours:* Mon.-Fri. (except Holidays) 9.30am-4.30pm, No retrievals between 11.30am-1pm, all retrievals stop at 4pm. Evenings & weekends (by arrangement prior to 2.30pm) Mon.-Thurs. 2.30pm-9pm, Fri. 4.30pm-7pm, Sat. 1-5pm. No reference archivists on duty on Weds. & no registrations or photocopying on Weds. Textual material must be reserved by 2.30 Tues. *Research Facilities:* **In Person:** RTR (ADV prior to 4pm), PID, DLID. **By Mail:** PGHL.

● ARCHIVES OF THE ANGLICAN DIOCESE OF B.C. (5)
Street Address: 900 Vancouver St., Victoria, BC, V8S 1C8. *Ref. Section Tel.:* (250) 386 7781. *Fax:* (250) 386 4013. *E-mail:* synod@bc.anglican.ca *Contact:* M. Barlow, Archivist. *Hours:* Mon. 9.30am-3pm, Wed. 9.30am-12.00pm. *Research Facilities:* **By Mail:** LFR, PRS($15.00 per query).

● CLOVERDALE LIBRARY (BRANCH OF SURREY PUBLIC LIBRARY) (5)
Street Address: 5642 - 176a Street, Surrey, BC V3S 4G9, Canada. *Postal Address:* same. *Ref. Section: Tel:* (604) 576 1384. *Fax:* (604) 576 0120. *Website:* http://www.spl.surrey.bc.ca *E-mail:* GenealogyResearch@city.surrey.bc.ca *Contact:* Stephanie Kurmey, Public Services Librarian. *Hours:* Mon.-Fri. 9.30am-9pm, Sat. 10am-5pm. *Research Facilities:* **In Person:** SBR. assistance available some days - phone for details.

MANITOBA (MAN)

● HUDSON'S BAY COMPANY ARCHIVES, PROVINCIAL ARCHIVES MANITOBA (5)
Street Address: 200 Vaughan Street, Winnipeg, MB R3C 1T5, Canada. *Ref. Section Tel:* 204 945 4949. *Fax:* 204 948 3236. *E-mail:* hbca@gov.mb.ca *Website:* www.gov.mb.ca/hbca *Contact:* Maureen Dolyniuk, Chief, Research & Reference. *Hours:* Open 9am-4pm, Mon.-Fri. *Public Holidays:* Closed for inventory the first full week after week in which Labour Day occurs. *Research Facilities:* **In Person:** DLID. *Facilities:* **By Mail:** LFR, PGHL.

● UNITED CHURCH OF CANADA ARCHIVES, CONFERENCE OF MANITOBA & NORTHWESTERN ONTARIO (5)
Street Address: Univ. of Winnipeg, 515 Portage Ave., Winnipeg. *Postal Address:* 515 Portage Ave., Winnipeg, Man., R3B 2E9. *Tel:* (204) 783 0708. *Fax:* (204) 786 1824. *E-mail:* united.church@u.winnipeg *Website:* www.uccan.org/archives/manitoba.htm Contact person: Diane Huglund, Conference Archivist. *Hours:* Open by appointment. *Research Facilities:* **In Person:** PID. *Research Facilities:* **By Mail:** PRS(2 hrs at $20.00 per hour).

NEW BRUNSWICK (NB)

● PROVINCIAL ARCHIVES OF NEW BRUNSWICK (5)
Street Address: 23 Dineen Dr., UNB Campus, Fredericton. *Postal Address:* PO Box 6000, Fredericton, NB, E3B 5H1, Canada. *Website:* www.archives.gnb.ca/archives *Ref. Section Tel:* (506) 453 2122. *Fax:* (506) 453 3288. *Hours:* Mon.-Fri. 10am-5pm., Sat. 8.30-5pm (except Easter, Christmas, New Years and statutory holidays). *Research Facilities:* **In Person:** CCID. *Research Facilities:* **By Mail:** LFR.

● HARRIET IRVING LIBRARY: ARCHIVES & SPECIAL COLLECTIONS (5)
Street Address: 5 Macaulay Drive, University of New Brunswick, Fredericton. *Postal Address:* PO Box 7500, Fredericton, NB E3B 5H5, Canada. *Ref. Section: Tel:* (506) 453 4748. *Fax:* 453 4595. *Contact:* Patricia Belier, Librarian. *E-mail* belier@unb.ca *Hours:* Mon.-Fri. 8.30am-5pm. *Research:* **In Person:** DLID. *Research:* **By Mail:** LFR.

● LOYALIST COLLECTION, MICROFORMS DEPT, HARRIET IRVING LIBRARY (5)
Street: Univ. of New Brunswick, Fredericton. *Post:* PO Box 7500, Fredericton, NB E3B 5H5. *Tel:* (506) 453 4834. *Fax:* (506) 453 4595. *Contact:* Christine Jack. *Hours:* Mon.-Fri. 8.00am-11pm, Sat. & Sun. 1pm-11pm. *Annual Closure:* Reduced hours when university classes are not in session 8.30am-5pm, closed Sat. & Sun. *Research Facilities:* **In Person:** CCID, DLID. *Research Facilities:* **By Mail:** PGHL, PRS ($20 flat fee). *Email:* mic@unb.ca

NEWFOUNDLAND (NFD)

● **PROVINCIAL ARCHIVES OF NEWFOUNDLAND & LABRADOR (5)**
Colonial Bldg, Military Rd, St.Johns, NFD, A1C 2C9, Canada.
Tel: 709 729 0475. *Fax:* 709 729 0578. Web: gov.nl.ca/panl/ *Hours:* Tues.-Fri. 9am-4.15pm, Wed. evenings 6.30pm-9.45pm. Closed Provincial holidays & Dec. *Research Facilities:* **In Person:** Initial Registration - one-off fee of $10.00. *Research Facilities:* **By Mail:** PGHL. $10.00 per record search - bap./marr./burial.

● **PROVINCIAL RESOURCE LIBRARY (2)**
Street Address: 125 Allandale Road, St.Johns, NFD, A1B 3A3, Canada. *Post:* Arts & Culture Centre. *Contact:* Brenda Parmenter. *Ref. Section Tel:* (709) 737 3955. *Fax:* (709) 737 2660. *Hours:* Tues.-Thurs. 10am-9pm., Fri. 10am-5.30pm, Sat. 10am-5.30pm (except mid June to mid Sept.). *Research Facilities:* **In Person.** DLID. *Research Facilities:* **By Mail:** LFR.

NOVA SCOTIA (NS)

● **NOVA SCOTIA ARCHIVES & RECORDS MANAGEMENT (5)**
Street Address: 6016 University Avenue, Halifax, Nova Scotia, B3H 1W4, Canada. *Post:* same. *Ref. Section: Tel:* (902) 424 6068. Fax: (902) 424 0628. *E-mail:* yorkelk@gov.ns.ca *Hours:* Mon.-Fri. 8.30am-4.30pm, Sat. 9.00am-5.00pm. *Research Facilities:* **In Person:** RTR(ADV), DLID. *Research Facilities:* **By Mail:** PGHL.

● **YARMOUTH COUNTY ARCHIVES (5)**
Street Address: 22 Collins St, YARMOUTH, NS, B5A 3C8. *Postal Address:* Same. *Tel:* (902) 742 5539. *Fax:* (902) 749 1120. *E-mail:* ycarchives@eastlink.ca *Website:* http://yarmouthcountymuseum.ednet.ns.ca *Hours:* June 1st to Oct. 15th Mon.-Sat. 9.30am-12noon & 1.15pm-4.30pm, Oct. 16th to May 31st Fri.-Sat. 2.00pm-4.00pm or by appointment Tues.-Thurs. afternoons. (Winter appointments recommended). Non members fee $5.00 per half day (students $1). *Newsletter: HISTORIGRAM* 11 per year. *Membership:* $20.00 single $35 fam. Written queries answered. LDS Family History Library.

ONTARIO (ONT)

● **ARCHIVES OF ONTARIO (5)**
Street Address: 77 Grenville Street, Toronto, Ont. M5S 1B3, Canada.
Post: same but add Unit 300. *Ref. Section Tel:* (416) 327 1582 & 3.
Website: www.archives.gov.on.ca *E-mail:* reference@archives.gov.on.ca
Hours: Main reading room: Full service 8.15am-5pm Mon.-Fri.; extended hours with no reference service 5.00pm-10.30pm Mon.-Fri. & Sat. 10.00am-8.00pm. *Research Facilities:* **In Person.** RTR (ADV), PID, DLID. **By Mail:** PGHL.

● **THE PRESBYTERIAN CHURCH IN CANADA ARCHIVES (5)**
Street Address: 50 Wynford Drive, Toronto, Ont. M3L 1J7, Canada. *Tel:* (416) 441 1111. *Fax:* (416) 441 2825. *E-mail:* karnold@presbyterian.ca Web: www.presbyterian.ca *Hours:* Mon.-Fri. 9am-4.45pm. July-Aug. 9am-4pm. closed last week in Dec. *Research Facilities:* **In Person:** SBR, PID, DLID. *Research Facilities:* **By Mail:** PRS ($10.00 + GST per half hr., max 2 hrs. $50+GST).

● **ARCHIVES OF THE ROMAN CATHOLIC ARCHDIOCESE OF TORONTO (5)**
Street Address: 1155 Yonge Street, Toronto, Ont. M4T 1W2. *Tel.:* (416) 934 0606. *Fax:* (416) 934 3444. *E-mail:* archives@archtoronto.org *Hours:* Mon.-Fri. 9am-4.30pm. *Research Facilities:* **In Person:** SBR Phone (416) 934 0606. *Research Facilities:* **By Mail:** PGHL, LFR.

● **TORONTO PUBLIC LIBRARY - SPECIAL COLLECTIONS - GENEALOGY (5)**
Street Address: 789 Yonge Street, Toronto, Ontario, M4W 2G8, Canada. *Postal Address:* same. *Website:* www.torontopubliclibrary.ca *Ref. Section: Tel:* (416) 393 7131. *Fax:* (416) 393 7147. *Contact:* Sandra Gornall, Librarian. *Hours:* Mon.-Thurs. 10am-8pm. Fri. 10am-5pm, Sat. 10am-5pm, Sun. (September to June) 1.30pm-5pm. *Research:* **In Person:** DLID. *Research:* **By Mail:** LFR, PRS.

● **BROCK UNIVERSITY - JAMES A. GIBSON LIBRARY - SPECIAL COLLECTIONS (1)**
Street Address: 500 Glenridge Avenue, St.Catharines, Ont. L2S 3A1, Canada. *Postal Address:*

same. *Ref. Section:* Tel: (905) 688 5550, ext. 3264. *Fax:* (905) 988 5490. *Contact:* John Burtniak, Special Collections Librarian. *Hours:* Mon.-Fri. 9.30am-4.30pm, Sat., Sun. & Public Holidays - closed.*Research Facilities:* **By Mail:** Respond with basic research only.

- **HAMILTON PUBLIC LIBRARY - SPECIAL COLLECTIONS (3)**
Street Address: 55 York Boulevard, Hamilton, Ontario. *Postal Address:* Box 2700, Station LCD 1, Hamilton, Ontario, L8N 4E4, Canada. *Website:* www.hpl.ca/local/spcoll/speccol.shtml *E-mail:* speccol@hpl.ca *Ref. Section:* Tel: 905 546 3408. *Fax:* 546 3202. *Contact:* Margaret Houghton, Archivist *Hours:* Mon., Wed. & Fri. 9am-6pm, Tues. & Thurs. 9am-9pm, Sat. 9am-5pm, Sun. (Sept. to April) 1pm-5pm. *Research Facilities:* **In Person:** DLID. *Research Facilities:* **By Mail:** Rates depend on question.

- **KITCHENER PUBLIC LIBRARY - GRACE SCHMIDT ROOM (5)**
Street Address: 85 Queen Street North, Kitchener, Ont. N2H 2H1, Canada. *Postal Address:* same. *Ref. Section:* Tel: (519) 743 0271. *Fax:* (519) 570 1360. *Email:* susan.hoffman@kpl.org *Website:* www.whs.ca *Contact:* Susan Hoffman, Local History. *Hours:* Mon.-Thurs. 9.30am-9pm, Fri. 9.30am-5.30pm, Sat. 9am-5.30pm, Sun. 1pm-5pm. Closed public holidays. *Research Facilities:* **In Person:** DLID, Library card if possible. **By Mail:** PGHL.

- **LISTOWEL DIVISION, STRATFORD-PERTH ARCHIVES (5)**
260 Main Street West, Listowel, Ont., N4W 1A1, Canada. *Tel.:* (519) 291 1798. *Fax:* (519) 291 2128. *E-mail:* listowelarchives@pcin.on.ca *Website:* www.stratfordpertharchives.on.ca *Contact Person:* K. Wideman, Archives Clerk. *Hours:* Mon.-Fri. 1pm-5pm. Closed Sat., Sun. & public holidays. *Research Facilities:* **In Person:** RTR(ODV $5.00/day, $25.00 max./year). *Research Facilities:* **By Mail:** PRS($25.00 per hour).

- **LONDON PUBLIC LIBRARY (5)**
Street Address: 251 Dundas Street, London, Ont., N6A 6H9, Canada. *Post:* same. *Contact:* Arthur G. McClelland. *Ref. Section Tel:* (519) 661 4600. *Fax:* (519) 663 9013. *Hours:* Mon.-Thurs. 9am-9pm, Fri. 9am-6pm, Sat. 9am-5pm, Sun. 1pm-5pm. *Research Facilities:* **In Person:** CCID, DLID. *Research Facilities:* **By Mail:** PGHL, LFR. *E-mail:* arthur.mcclelland@ lpl.london.on.ca *Website:* www.londonpubliclibrary.ca

- **MISSISSAUGA LIBRARY SYSTEM (2)**
301 Burnhamthorpe Rd. W., Mississauga, Ont. L5B 3Y3, Canada. *Tel:* (905) 615 3500. *Fax:* (905) 615 3696. *E-mail:* library.info@city.mississauga.on.ca *HomePage:* http://www.city.mississauga.on.ca/library *Contact person:* Ted Sharp, Manager. *Hours:* Mon.-Fri. 9am-9pm, Sat. 9am-5pm, Sun. 1pm-5pm. Closed public holidays. *Research Facilities:* **In Person:** DLID. *Research Facilities:* **By Mail:** LFR.

- **MITCHELL DIVISION, STRATFORD-PERTH ARCHIVES (2)**
7-D Frances Street, PO Box 970, Mitchell, Ont., N0K 1N0, Canada. *Tel.:* (519) 348 8817. *Fax:* (519) 348 8817. *E-mail:* mitchellarchives@pcin.on.ca *Website:* www.stratfordpertharchives.on.ca *Contact Person:* L. Jones, Archives Clerk. *Hours:* Wed. & Thurs. 1pm-5pm, Fri. 9am-1pm. Closed Mon., Tues., Sat., Sun. & public holidays. *Research Facilities:* **In Person:** RTR(ODV $5.00/day, $20.00 max./year). *Research Facilities:* **By Mail:** PRS($20.00 per hour).

- **NORFOLK GENEALOGIST AT THE EVA BROOK DONLY MUSEUM (5)**
Street Address: 109 Simcoe Street S., Simcoe, Ont. N3Y 2W3, Canada. *Postal Address:* same. *Ref. Section:* Tel: 519 426 1583. *Contact:* Wm Yeager, Curator. *Hours:* Sun.-Mon. closed. Tues.-Sat. 10am-4.30pm. Usually closed public holidays. *Research Facilities:* **In Person:** Admission $5.00 - $2.00 student. *Research Facilities:* **By Mail:** PGHL, PRS (1-2 hours $25.00). *E-mail:* office@norfolklore.com

- **GREATER SUDBURY PUBLIC LIBRARY (5)**
Street Address: 74 Mackenzie St., Sudbury, Ont., P3C 4X8, Canada. *Contact:* Cathy Dixon. *Ref. Sect. Tel:* (705) 673 1155 ext.215. *Fax:* (705) 673 0554. *E-mail:* librarywebmaster@greatersudbury.ca *Hours:* Mon-Thurs 9.00-21.00, Fri. 9.00-17.00, Sat. 9.00-16.00. Sun. 13-16. *Web:* www.sudbury.library.on.ca *Research:* **By Mail:** LFR.

- **ST.CATHARINES PUBLIC LIBRARY (5)**
Street Address: 54 Church Street, St.Catharines, Ontario, L2R 7K2, Canada. *Post:* Attn: Special Collections. *E-mail:* special.collections@stcatharines.library.on.ca *Tel:* (905) 688 6103 ext. 220.

Fax: (905) 688 6292. *Contact:* Special Collections Department. *Hours:* Tues.-Thurs. 10am-9pm., Fri. 10am-6pm, Sat. 9am-5pm, Sun. (Oct.-May) 1.30-5pm. *Research Facilities:* **In Person:** No restrictions. Limited service available on Sundays. *Research:* **By Mail:** LFR & PRS depending on search request.

● **STRATFORD-PERTH ARCHIVES (5)**
Street Address: 24 St.Andrew Street, Stratford, ONT, N5A 1A3, Canada. *Tel.:* (519) 273 0399. *Fax:* (519) 273 5746. *E-mail:* sparchives@pcin.on.ca *Website:* www.stratfordpertharchives.on.ca *Contact Person:* L.Riedstra, Archivist-Administrator. *Hours:* Mon.-Sat. 9am-12pm & 1-5pm. Closed Sundays & public holidays. *Research Facilities:* **In Person:** RTR(ODV $5.00/day, $25.00 max./year). *Research Facilities:* **By Mail:** PRS($25.00 per hr).

● **TORONTO PUBLIC LIBRARY, NORTH YORK (5)**
Street Address: North York Central Library - The Gladys Allison Canadiana Room, 5120 Yonge Street, North York, Ontario, M2N 5N9, Canada. *Postal Address:* same.
Ref. Section: Tel: (416) 395 5623. *Contact:* Charmaine Lindsay, Librarian Supervisor. *Hours:* Mon. 12.30pm-8.30pm, Tues.-Thurs. 9am-8.30pm, Fri. 9am-5.30pm, Sat. 9am-5pm, Sun. 1.30pm-5pm (from early Sept. to late June. Please call to confirm). *Research Facilities:* **In Person:** DLID. **By Mail:** PGHL, LFR. *Web:* www.tpl.toronto.on.ca

● **TRENT VALLEY ARCHIVES (5)**
567 Carnegie Avenue, Peterborough, ON, K9L 1N1, Canada. *Tel.:* (705) 745 4404.
E-mail: admin@trentvalleyarchives.com *Website:* www.trentvalleyarchives.com *Hours:* Mon.-Sat. 10.00am-4.00pm. *Research Facilities:* **In person:** Admission. Membership. *Research Facilities:* **By Mail:** E-mail or Telephone: LFR.

● **THE UNIVERSITY OF WESTERN ONT, J.J. TALMAN REGIONAL COLLECTION (2)**
Street Address: D.B. Weldon Library, University of Western Ontario., Richmond St., London, ON, N6A 3K7, Canada. *Postal Address:* same.
Ref. Section: Tel: (519) 661 2111. Fax: (519) 661 3911. *Contact:* John H. Lutman, Head, Talman Collection. *Hours:* Mon. to Fri. 10am-4.30pm. Closed between Christmas and New years day. *Research Facilities:* **In Person:** no ticket required. **By Mail:** PGHL.

PRINCE EDWARD ISLAND (PEI)

● **PUBLIC ARCHIVES & RECORDS OFFICE OF PRINCE EDWARD ISLAND (5)**
Street Address: Hon. George Coles Building, 4th floor, Queens Square, Richmond St. *Postal Address:* PO Box 1000, Charlottetown, PEI C1A 7M4, Canada.
Ref. Section: Tel: (902) 368 4290. *Fax:* (902) 368 6327.
E-mail: archives@edu.pe.ca *Website:* www.edu.pe.ca/paro
Contact: Marilyn Bell, Provincial Archivist. *Hours:* Oct.-May, Mon.-Fri. 10am-5pm, June-Sept., Mon.-Fri. 9.00am-4pm. Closed Sat., Sun. & Public Holidays. *Research Facilities:* **In Person:** Research Pass required (ADV), CCID, DLID. *Research Facilities:* **By Mail:** PGHL, LFR. We will respond for both e-mail and fax queries, but not on a priority basis.

QUEBEC (QUE)

● **ARCHIVES NATIONALES DU QUEBEC (5)**
Street Address: Pavillon Louis-Jacques-Casault, Cite universitaire, Case postale 10 450, Sainte-Foy. *Postal Address:* C.P. 10450, Sainte-Foy (Quebec), G1V 4N1, Canada. *Ref. Section: Tel:* (418) 646 4254. *Fax:* (418) 646 0868. *Email:* anq.quebec@mcc.gour.qc.ca *Contact:* Renald Lessard, Archiviste de reference. *Hours:* Mon., Thurs. & Fri. 10h30-16h30, Tue. & Wed. 10h30-21h30, Sat. 08h30-16h30. Closed Sun. & 24 Dec.-6 Jan. *Research Facilities:* **By Mail:** PGHL. Do not provide research, researcher must have the exact reference.

● **BIBLIOTHEQUE DE MONTREAL. COLLECTION GAGNON (2)**
Street Address: 1210 Sherbrooke E. St, Montreal, Quebec, H2L 1L9, Canada. *Post:* same.
Ref. Section: Tel: (514) 872 1616. *Fax:* (514) 872 7643. *Contact:* Daniel Olivier, Librarian. *Hours:* (Regular) Mon. & Thurs. 10h00-18h00, Tue. & Wed. 10h00-22h00, Fri. 12h00-18h00, Sat. 10h00-17h00, Sun. 13h00-17h00. (Summer) Mon. & Thur. 10h00-18h00, Tues. & Wed. 10h00-22h00, Fri. 12h00-18h00, Sat. 10h00-17h00, Sun. closed. *Research Facilities:* **By Mail:** PGHL.

SASKATCHEWAN (SAS)

● SASKATCHEWAN ARCHIVES BOARD (3)
Street Address: 3303 Hillsdale Street, University of Regina, Regina, Saskatchewan, S4S 0A2, Canada. *Ref. Section: Tel:* (306) 787 4068. *Fax:* (306) 787 1197. *E-mail:* info.regina@archives.gov.sk.ca *Website:* www.saskarchives.com *Hours:* Mon.-Fri. 9am-5pm. Note: no reference retrieval service 12noon-1pm, or after 4pm. Patrons may stay to read items already retrieved. Weekly newspapers available on interlibrary loan. Closed 25 Dec.-1 Jan. *Research Facilities:* **In Person:** RTR(ADV), DLID. **By Mail:** LFR.

● SASKATCHEWAN ARCHIVES BOARD (5)
Street Address: Room 91, Murray Building, University of Saskatchewan, 3 Campus Drive, Saskatoon, Saskatchewan, S7N 5A4, Canada. *Ref. Section: Tel:* (306) 933 5832. *Fax:* (306) 933 7305. *E-mail:* info.saskatoon@archives.gov.sk.ca *Website:* www.saskarchives.com *Hours:* Mon.-Fri. 9am-5pm. Note: no reference retrieval service 12noon-1pm, or after 4pm. Patrons may stay to read items already retrieved. Closed 25 Dec.-1 Jan. *Research Facilities:* **In Person:** RTR(ADV), DLID. **By Mail:** LFR.

● REGINA PUBLIC LIBRARY - Prairie History Room (5)
Street Address: 2311 - 12th Avenue, Regina, SK. *Post:* PO Box 2311, Regina, SK, S4P 3Z5, Canada. *Contact:* Kenneth Aitken, Prairie History Librarian. *Ref. Section Tel:* (306) 777 6011. *E-mail:* kaitken@rpl.regina.sk.ca *Hours:* Mon.-Wed. 9.30am-9pm, Thurs. & Fri. 9.30am-5pm. Sat. 1pm-5pm, Sun. 1.30-5pm. *Research Facilities:* PRS.

● SASKATOON PUBLIC LIBRARY (5)
Street Address: 311-23rd St E., Saskatoon, Saskatchewan, S7K 0J6, Canada. *Post:* same. *Ref. Section: Tel:* (306) 975 7555. *Fax:* (306) 975 7542. *Website:* www.publib.saskatoon.sk.ca *Contact:* Information Services Librarian. *Hours:* Mon.-Thurs. 10am-9pm, Fri. 10am-6pm, Sat. 10am-6pm, Sun.(Closed in summer) 1pm-5pm. *Research Facilities:* **In Person:** CCID, DLID. *Research Facilities:* **By Mail:** LFR.

YUKON TERRITORY (YT)

● YUKON ARCHIVES (2)
Street Address: 400 College Drive, Whitehorse, Yukon Y1A 5K4, Canada. *Post:* Box 2703, Whitehorse, YT Y1A 2C6, Canada. *Tel:* (867) 667 5321. *Fax:* (867) 393 6253. *E-mail:* Yukon.Archives@gov.yk.ca *Website:* www.gov.yk.ca/depts/education/libran/yukarch.html *Contact:* Donna Darbyshire & Suzanne Ouden, Reference Desk Assistant. *Hours:* Mon. closed, Tues. & Wed. 9am-5pm. Thurs. 1-5pm. Fri. 1pm-9pm. Sat. 10am-6pm. Sun. & Public holidays closed. *Research Facilities:* **By Mail:** LFR (1hr for requests from outside of Yukon).

DENMARK

● RIGSARKIVET (DANISH NATIONAL ARCHIVES) (9)
Street Address: Rigsdagsgaarden 9, DK-1218 Copenhagen K, Denmark. *Postal Address:* Rigsdagsgaarden 9, DK-1218, Copenhagen K, Denmark. *Ref. Section: Tel:* +45 3392 3310. *Fax:* +45 3315 3239. *Contact:* Margit Mogensen, Archivist. *Hours:* Mon.-Fri. 9am-5pm. Sat. Oct.-Apr. 9am-5pm, May-June 9am-2pm, closed mid June-mid Aug. Closed Sun., public holidays & 24-31 Dec. *Research Facilities:* **By Mail:** LFR. *Website:* www.sa.dk/ra/uk/uk.htm

● DET DANSKE UDVANDRERARKIV (THE DANISH EMIGRATION ARCHIVES) (1)
Street Address: Arkivstraede 1. *Post:* Postbox 1731, DK-9100 Aalborg, Denmark. *Ref. Section Tel:* 45 9931 4220. *Fax:* 45 9810 2248. *Email:* emiarch@emiarch.dk *Website:* http://www.emiarch.dk *Hours:* Mon. 9am-4pm, Tue.-Thurs. 9am-4pm, Fri. 9am-2pm. Sep. 1-Apr. 30, Mon. 9am-8pm. *Research Facilities:* **By Mail:** PRS US$40 per hr for a search in official Danish emigration records.

● DET KONGELIGE BIBLIOTEK (1)
Street Address: Soren Kierkegaards Plads 1. *Postal Address:* POB 2149, DK-1016, Copenhagen K. *Ref. Section: Tel:* 45 3347 4747. *Fax:* 45 3332 9846. *E-mail:* kb@kb.dk *Website:* www.kb.dk *Hours: Exhibitions:* Mon.-Sat. 10-19, Admission freee. *Library:* Mon.-Fri. 10-19, Sat. 10-14.

Reading Room West (research), Reference area: Mon.-Fri. 10-21, Sat. 10-19. *Reading Room East (newspapers & periodicals):* Mon.-Fri. 10-17, Wed. 10-19. *Center Reading Rooms:* Mon.-Fri. 10-17, Wed. 12-19.

● **KOBENHAVNS STADSARKIV (1)**
Street Address: Kobenhavns Radhus. *Postal Address:* DK-1599, Kobenhavn. *Ref. Section: Tel:* 3366 2370. *Fax:* 3366 7039. *E-mail:* stadsarkiv@kff.kk.dk *Hours:* Mon.-Wed. & Fri. 9.30-15.00, Thurs. 9.30-16.00, Sat. 9.30-12.30 (1/6-31/8 closed), Sun. & Public holidays closed. *Research Facilities:* **By Mail:** PGHL.

● **LANDSARKIVET FOR FYN (PROVINCIAL ARCHIVES FOR FUNEN) (9)**
Street Address: Jernbanegade 36, DK-5000 Odense C, Denmark. *Postal Address:* same.
Ref. Section: Tel: 6612 5885. *Fax:* +45 6614 7071. *Website:* www.sa.dk/lao/default.htm
Hours: Mon.-Thurs. 9.00-16.00, Fri. 9.00-13.00, Sat. 9.00-16.00 (not 15/6-15/8). *Research Facilities:* **By Mail:** PGHL.

● **LANDSARKIVET FOR NORREJYLLAND (PROV. ARCHIVES OF NTH JUTLAND) (1)**
Street Address: Lille Sct. Hansrgade 5, DK-8800 Viborg, Denmark. *Postal Address:* same. *Ref. Section: Tel:* +45 8662 1788. *Fax:* +45 8660 1006. *E-mail:* mailbox@sa.dk *Website:* www.sa.dk/lav *Hours:* Mon.-Sat. 0900-1600. Sun. & Public holidays closed. *Annual Closure:* Saturdays from mid June to Mid August. *Research Facilities:* **By Mail:** PGHL, PRS by agreement.

● **LANDSARKIVET FOR DE SONDERJYLLAND (PROVINCIAL ARCHIVES FOR SOUTH JUTLAND) (1)**
Street Address: Haderslevvej 45, DK-6200 Aabenraa, Denmark. *Postal Address:* same.
Ref. Section: Tel: 45 7462 5858. *Fax:* 45 7462 3288.
E-mail: mailbox@laa.sa.dk *Website:* www.sa.dk/laa/default.htm
Hours: Mon.-Fri. 0900-1600, Sat. 1/9-30/4 0900-1600, 1/5-31/8 closed, Sun. closed. *Public Holidays:* 5/6. *Annual Closure:* 24/12-1/1. *Research Facilities:* **By Mail:** PGHL, LFR.

● **PROVINCIAL ARCHIVES FOR ZEALAND ETC. (1)**
Street Address: Box 661, Jagtvej 10, DK-2200, Copenhagen N, Denmark. *Postal Address:* same. *Fax:* +45 3524 8201. *Website:* www.sa.dk/lak.htm

● **STATSBIBLIOTEKET (STATE LIBRARY) (1)**
Street Address: Universitetsparken, DK-8000, Aarhus C, Denmark. *Postal Address:* same. *Ref. Section: Tel:* +45 8946 2022. *Fax:* +45 8946 2130. *Contact:* Reading Room. *Hours:* Mon.-Fri. 0900-1900, Sat. 0930-1400 (closed July/Aug.), Sun. & Public holidays closed. *Research Facilities:* **In Person:** DLID. *Website:* www.statsbiblioteket.dk *E-mail:* sb@statsbiblioteket.dk

● **KORT & MATRIKELSTYRELSENS ARKIVER (CADASTRAL ARCHIVES) (9)**
Street Address: Rentemestervej 8, DK-2400 Copenhagen NV, Denmark. *Fax:* +45 3587 5064.
Website: www.kms.min.dk

● **ERHVERVSARKIVET (NATIONAL BUSINESS ARCHIVES) (9)**
Street Address: Vester Alle 12, DK-8000 Aarhus C., Denmark.
Tel: +45 8612 8533. *Fax:* +45 8612 8560.
E-mail: mailbox@ea.sa.dk *Website:* www.sa.dk/ea/engelsk.htm

● **DANSK DATA ARKIVE (THE DANISH DATA ARCHIVE) (9)**
Street Address: Islandsgade 10, DK-5000 Odense C, Denmark. *Fax:* +45 6611 3060. *Website:* www.dda.dk *Online Searchable Database:* Danish Demographic Database, Censuses, emigration and immigration records.

● **FREDERIKSBERG BIBLIOTEK (FREDERIKSBERG PUBLIC LIBRARY) (1)**
Street Address: Solbjergvej 21-325, DK-2000 Frederiksberg, Denmark.
Tel: +45 3821 1800. *Fax:* +45 3821 1799.
E-mail: ref@fkb.dk *Website:* www.fkb.dk (Specialized library for genealogical literature).

● **SAMMENSLUTNINGEN AF LOKALARKIVER (ASSOC. OF LOCAL ARCHIVES (1)**
Street Address: Enghavevej 2, PO Box 235, DK-7100 Vejle, Denmark.
Tel.: +45 7584 0898. & +45 7583 1801.
E-mail: sla.vejle@vejlekom.dk *Website:* www.lokalarkiver.dk

ENGLAND

National (UK)- (see also Ireland, IOM, Scotland & Wales)

Note: Some repositories, particularly those in London, cover the whole of the United Kingdom of Great Britain and are listed here under England (because that is where they are located). Many other repositories cover different areas now to what they covered historically, due to the re-alignment of the ancient County boundaries in 1974. Researchers should consult guide books to ascertain where the records of the historical areas are likely to be housed now. Repositories for Greater London are listed in the County section under London. Some repositories are listed under their new area names, most under their old area names, and others are listed under city names.

● **THE BRITISH LIBRARY - MANUSCRIPTS COLLECTIONS (5)**
Street Address: Manuscript Collections, 96 Euston Road, London NW1 2DB, England. *Postal Address:* same. *Fax:* 020 7412 7745. *Contact:* Manuscripts Enquiries. *Hours:* Mon. 10am-5pm, Tues.-Sat. 9.30am-5pm. *Research Facilities:* **In Person:** RTR(ADV), WRR, Signed ID required for Readers Ticket. *Research Facilities:* **By Mail:** PGHL, LFR.

● **THE BRITISH LIBRARY - NEWSPAPER LIBRARY (5)**
Street Address: Colindale Avenue, London, NW9 5HE.
Tel: (020) 7412 7353. Fax: (020) 7412 7379.
E-mail: newspaper@bl.uk *Website:* www.bl.uk/collections/newspaper
Hours: Mon.-Sat. 10am-5pm (last orders 4.15pm). *Research Facilities:* **In Person:** RTR(ADV), CCID, DLID. *Research Facilities:* **By Mail:** PGHL.

● **THE BRITISH LIBRARY - ASIA, PACIFIC & AFRICAN COLLECTIONS (formerly INDIA OFFICE Collections) (5)**
Street Address: 96 Euston Road, London NW1 2DB, Eng. *Postal Address:* same.
Tel: (020) 7412 7873. *Fax:* (020) 7412 7641. *Hours:* Mon. 10am-5pm, Tues.-Sat. 9.30am-5pm. *Research Facilities:* **In Person:** RTR, CCID, DLID. *Research Facilities:* **By Mail:** PGHL.

● **THE NATIONAL ARCHIVES (5)**
Street Address: Ruskin Avenue, Kew, Richmond, Surrey, TW9 4DU, England. *Postal:* same. *Enquiry Tel:* (020) 8392 5200. *Minicom:* (020) 8392 9198. *E-mail:* enquiry@nationalarchives.gov.uk *Web:* www.nationalarchives.gov.uk *Contact:* Reader Services Department. *Hours:* Mon., Wed. & Fri. 09.00-17.00, Tues. 10.00-19.00, Thurs. 09.00-19.00, Sat. 09.30-17.00, closed Sun. & Public holidays. *Annual Closure:* First week of Dec. *Research Facilities:* **In Person:** RTR(ADV), CCID, DLID. (passport for non British). Free carpark available. By train via Kew Gardens Station and walk via Burlington and Ruskin Avenues. *Research Facilities:* **By Mail:** PGHL.

● **FAMILY RECORDS CENTRE (5)**
1 Myddelton Street, Islington, London EC1R 1UW, Engl. *Tel:* 020 8392 5300. *Fax:* 020 8487 9214. *E-mail:* frc@nationalarchives.gov.uk *Website:* www.familyrecords.gov.uk/frc *Hours:* Mon., Wed., Fri. 9am-5pm. Tues. 10am-7pm. Thus. 9am-7pm. Sat. 9.30am-5pm.

● **NATIONAL ARMY MUSEUM (5)**
Street Address: Royal Hospital Road, London, SW3 4HT, England. *Postal Address:* same. *E-mail:* info@national-army-museum.ac.uk *Web:* http://www.national-army-museum.ac.uk *Ref. Section:* *Tel:* (020) 7730 0717 ext 2222. *Fax:* (020) 7823 6573. *Contact:* Reading Room Desk. *Hours:* Tues.-Sat. 10.00-16.30. *Annual Closure:* Last two full weeks in Oct. *Special Closure:* Sat. of Bank Holiday weekends. *Research Facilities:* **In Person:** RTR - must be obtained in advance, application forms from Dept of Printed Books. *Research Facilities:* **By Mail:** LFR.

● **HOUSE OF LORDS RECORD OFFICE - The Parliamentary Archives (5)**
Address: House of Lords, London, SW1A 0PW England.
Tel: (020) 7219 3074. *Fax:* (020) 7219 2570. *E-mail:* hlro@parliament.uk *Website:* www.parliament.uk *Hours:* Mon.-Fri. 9.30am-5pm. Closed last 2 weeks of Nov.

- **IMPERIAL WAR MUSEUM - DEPARTMENT OF PRINTED BOOKS (5)**
Street Address: Lambeth Road, London SE1 6HZ, England. *Post:* same.
Ref. Section Tel: (0171) 416 5342. *Hours:* Mon.-Sat. 10am-5pm. E-mail: books@iwm.org.uk Web: www.iwm.org.uk *Research Facilities:* **In Person:** SBR. *Research Facilities:* **By Mail:** LFR.

- **NATIONAL MARITIME MUSEUM, CAIRD LIBRARY (5)**
Street Address: Greenwich, London, SE10 9NF, England. *Postal Address:* same.
Caird Library Tel: (020) 8312 6673/6528. *Manuscripts Department Tel:* (020) 8312 6669/6691. *Research Enquiry Service Tel:* (020) 8312 6712. *Fax:* (020) 8312 6799. *E-mail:* Library@nmm.ac.uk Manuscripts@nmm.ac.uk *Website:* www.nmm.ac.uk *Hours:* Mon.-Fri. 10.00-16.45, Sat. by prior appointment only. *Annual Closure:* 3rd week in Feb. *Research Facilities:* **In Person:** RTR(ADV), DLID, CCID. *Research Facilities:* **By Mail:** LFR.

- **LAMBETH PALACE LIBRARY (5)**
Street Address: Lambeth Palace Road, London SE1 7JU. *Postal Address:* same. *Ref. Section:* Tel: 020 7898 1400. *Fax:* 020 7928 7932. *Website:* www.lambethpalacelibrary.org *Contact:* Dr R. Palmer, Librarian & Archivist. *Hours:* Mon.-Fri. 10am-5pm, Sat., Sun. & Public Holidays closed. *Annual Closure:* 10 days at Christmas beginning Christmas Eve, 10 days at Easter beginning Good Fri. *Research Facilities:* **In Person:** Letter of introduction required & 2 passport sized photos. LFR.

- **NATIONAL REGISTER OF ARCHIVES - Historical Manuscripts Commission (5)**
Address: The National Archives, Kew, Richond, Surrey TW9 4DU, England, UK.
Tel: (020) 7242 1198. *Fax:* (020) 7831 3550. *E-mail:* enquiry@nationalarchives.gov.uk *Website:* www.nationalarchives.gov.uk *Hours:* Mon.-Fri. 9.30am-5pm.

- **LIBRARY OF THE RELIGIOUS SOCIETY OF FRIENDS (5)**
Street Address: Friends House, Euston Rd, London, NW1 2BJ, Eng. *Hours:* Wed. 10.00-17.00, Mon., Tue., Thur. & Fri. 13.00-17.00. Closed weeks - one week in spring and last week of November. *Research Facilities:* **In Person:** SBR (020) 7663 1135, WRR, Microfilms use charge £5 per hr (incl VAT). *Research Facilities:* **By Mail:** Standard reply and leaflet sent to enquirers please send SSAE or IRCs. *E-mail:* library@quaker.org.uk Leaflet also available on website at www.quaker.org.uk

- **COLLEGE OF ARMS (5)**
Street Address: 130 Queen Street, London, EC4V 4BT, England, UK. *Post:* Same.
Tel: (020) 7248 2762. *Fax:* (020) 7248 6448. *E-mail:* enquiries@college-of-arms.gov.uk *Website:* www.college-of-arms.gov.uk *Contact:* Officer in Waiting. *Hours:* Mon.-Fri. 10am-4pm. *Research Facilities:* **In Person:** No booking required. **By Mail:** PRS (variable rates).

ENGLAND - Major Cities

BIRMINGHAM

- **BIRMINGHAM LIBRARY SERVICES - LOCAL STUDIES & HISTORY (2)**
Street Address: Central Library, Chamberlain Square, Birmingham B3 3HQ, Eng. *Post:* same.
Website: www.birmingham.gov.uk *E-mail:* local.studies.library@birmingham.gov.uk *Genealogist E-mail:* doreen.hopwood@birmingham.gov.uk *Ref. Section:* Tel: (0121) 303 4220/4549. *Fax:* (0121) 464 0993. *Contact:* Mr P. Baird, Head of Service, Local Studies. *Hours:* Mon.-Fri. 9.00-20.00, Sat. 9.00-17.00. *Annual Closure:* Tues. following Bank Holidays & extra day at Christmas. *Research:* **By Mail:** PRS(£15 per hr & VAT).

- **BIRMINGHAM CITY ARCHIVES (5)**
Street Address: Central Library, Chamberlain Square, Birmingham B3 3HQ, Eng. *Post:* same.
Tel: (0121) 303 4217. *Fax:* (0121) 464 1176.
E-mail: archives@birmingham.gov.uk *Website:* http://birmingham.gov.uk/library/archives
Contact: Ms S. Roberts, Head of Service, Archives. *Hours:* Tues., Wed., Fri. & Sat. 10.00-17.00. Thus. 10.00-20.00. Annual closure Tues. following Easter and bank holidays. *Research Facilities:* **In Person:** RTR, DLID. **By Mail:** PRS (£15 per hr & VAT). LFR.

BRISTOL

● **BRISTOL RECORD OFFICE (5)**
Street Address: 'B' Bond Warehouse, Smeaton Road, Bristol, BS1 6XN. *Post:* same.
Contact: John Williams, City Archivist. *Tel:* (0117) 922 4224. *Fax:* (0117) 922 4236. *Hours:* Mon.-Thurs. 9.30am-4.45pm. *Closed:* Last 2 weeks in January each year. *Research Facilities:* **In Person.** SB advisable. *Research Facilities:* **By Mail:** PRS(£20 per hour).

● **BRISTOL REFERENCE LIBRARY (5)**
Street Address: College Green, Bristol, BS1 5TL, England. *Postal Address:* same.
Ref. Section: Tel: 0117 903 7202. *Hours:* Mon., Tues. & Thurs. 9.30am-7.30pm, Wed., 10am-5pm., Fri. & Sat. 9.30am-5pm, Sun. 1-5pm. *Research:* **In Person:** SBAdvisable, DLID. **By Mail:** PGHL, PRS (£20 per hour).

LIVERPOOL

● **LIVERPOOL LIBRARIES : RECORD OFFICE, LOCAL STUDIES & FAMILY HISTORY SERVICE (5)**
Street Address: William Brown Street, Liverpool, L3 8EW, England. *Postal Address:* same.
Ref. Section: Tel: (0151) 233 5817. *Contact:* David Stoker. *Hours:* Mon.-Thurs. 9.00-20.00, Fri. 9.00-19.00, Sat. 9.00-17.00 & Sun. 12.00-16.00. *Annual Closure:* 3rd & 4th weeks in June. *Research Facilities:* **In Person:** SBR (0151) 233 5811, RTR(ADV), DLID. *Research Facilities:* **By Mail:** PGHL, LFR(20 mins), PRS. *Email:* recoffice.central.library@liverpool.gov.uk

● **MERSEYSIDE RECORD OFFICE (5)** - Part of Liverpool Libraries. William Brown St.

● **WIRRAL ARCHIVES SERVICE (5)**
Street Address: Town Hall, Hamilton Square, Birkenhead CH41 5BR, Eng. *Post:* same.
Website: www.wirral-libraries.net/archives/ *Tel:* Birkenhead: (0151) 666 3909. *Fax:* (0151) 666 3065. *Email:* archives@wirral-libraries.net *Hours:* Thurs.-Fri. 10am-5pm, Sat. 10am-1pm. *Research Facilities:* **In Person:** SBR(microfilm reader). *Research Facilities:* **By Mail:** LFR.

MANCHESTER

● **GREATER MANCHESTER COUNTY RECORD OFFICE (5)**
Street Address: 56 Marshall Street, New Cross, Manchester, M4 5FU, England. *Post:* same.
Ref. Section: Tel: (0161) 832 5284. *Fax:* (0161) 839 3808. *E-mail:* archives@gmcro.co.uk *Website:* www.gmcro.co.uk *Contact:* Mr Vincent McKernan, County Archivist. *Hours:* Mon., Tues., Thurs. & Fri. 9am-5pm, Wed. 9am-1pm, 2nd & 4th Sat. each month 9am-12noon & 1pm-4pm. *Research:* **In Person:** RTR(ADV), DLID. **By Mail:** PGHL, LFR, PRS(£15 p/hr).

● **JOHN RYLANDS UNIVERSITY LIBRARY OF MANCHESTER (5)**
Street Address: 150 Deansgate, Manchester, M3 3EH, England. **Closed** until mid 2006 for renovation. *Postal Address:* C/- Univ. of Manchester, Oxford Road, Manchester, M13 9PP.
Temp. Access: Purple 4 level of the Main University Library. *Ref. Section: Tel:* (0161) 275 3764. *Fax:* (0161) 275 8746. *E-mail:* special.collections@man.ac.uk *Hours:* Mon.-Fri. 10am-5pm, Sat. 10am-12.45pm. Some collections are offsite. *Research:* **In Person:** RTR, DLID, WRR.

● **MANCHESTER ARCHIVES AND LOCAL STUDIES (5)**
Street Address: Central Library, St.Peters Sq., Manchester, M2 5PD, Eng. *Post:* same.
Contact: Richard Bond, Archives & Local Studies Officer.
Ref. Section Tel: (0161) 234 1979. *Fax:* (0161) 234 1927.
E-mail: lsu@libraries.manchester.gov.uk *Website:* www.manchester.gov.uk/libraries/arls
Hours: Mon.-Thurs. 10am-8pm; Fri. & Sat. 10am-5pm. *Research Facilities:* By Mail: PGHL, LFR.

● **SALFORD LOCAL HISTORY LIBRARY (1)**
Street Address: Crescent, Peel Park, Salford, M5 4WU, England. *Postal Address:* same. *Ref. Section Tel:* (0161) 736 2649. *Fax:* (0161) 745 9490. *Contact:* Tim Ashworth, Local History Libn. *Hrs:* Tues., Thurs. & Fri. 10am-5pm, Wed. 10am-8pm. *Research Facilities:* **By Mail:** LFR.

ENGLAND - Counties

BEDFORDSHIRE (BDF)

● **BEDFORDSHIRE AND LUTON ARCHIVES AND RECORDS SERVICE (5)**
Street Address: Cauldwell Street (car) or Prebend Street (pedestrians), Bedford. *Postal Address:* County Hall, Cauldwell Street, Bedford, MK42 9AP, England.
Reference Section: Tel: (01234) 228833 & 228777. *Fax:* (01234) 228854. *E-mail:* archive@bedscc.gov.uk *Website:* www.bedfordshire.gov.uk/archive *Contact:* Kevin Ward, County Archivist. *Hours:* Mon.-Fri. 9am-5pm. No document production 12.45pm-2pm and after 4.30pm. Closed until 10am first Thurs. of month. *Public Holidays:* Closed on Bank Holidays. *Research Facilities:* **By Mail:** LFR, PRS(£25.00 per hour including VAT).

● **LUTON CENTRAL LIBRARY (5)**
Postal Address: St.Georges Square, Luton, Beds LU1 2NG, England. *Ref. Section: Tel:* (01582) 547 420/(01582) 547 421. *Fax:* (01582) 547 450. *Contact:* Mark Stubbs, Community Librarian (Information Services). *Hours:* Mon.11am-7pm, Tues.-Thurs. 9.00am-7pm., Fri. 9.00am-5pm., Sat. 9.30am-5pm, Sun. 2pm-5pm. *Email:* referencelibrary@luton.gov.uk

BERKSHIRE (BRK)

● **BERKSHIRE RECORD OFFICE (5)**
Street Address: 9 Coley Avenue, Reading, Berks RG1 6AF, England. *Post:* same.
Ref. Section: Tel: (0118) 901 5132. *Fax:* (0118) 901 5131. *Website:* www.berkshirerecordoffice.org.uk *E-mail:* arch@reading.gov.uk *Hours:* Tues. & Wed. 9am-5pm, Thurs. 9am-9pm, Fri. 9am-4.30pm. *Annual Closure:* Generally 1st two weeks in November. *Research Facilities:* **In Person:** SBR, RTR(ADV), DLID. *Research Facilities:* **By Mail:** PRS (1 hour max. at £17 per hour).

BUCKINGHAMSHIRE (BKM)

● **CENTRE FOR BUCKINGHAMSHIRE STUDIES (5)**
Street Address: County Hall, Walton Street, Aylesbury, Bucks HP20 1UU, Eng. Post: same.
Archives: Tel: (01296) 382587. *Fax:* (01296) 382271. *Website:* www.buckscc.gov.uk/archives *Contact:* Archivist. *Hours:* Mon.-Fri. 9am-5.15pm, Sat. 9am-3.45pm. *Research Facilities:* **In Person:** SBR, RTR(ADV), DLID. *Research Facilities:* **By Mail:** PGHL.
Local Studies Library: Tel.: (01296) 382250. *Fax.:* (01296) 382271. *Contact:* Local Studies Librarian. *Hours:* Mon., Wed., Fri. 9am-5.30pm, Tues. & Thurs. 9am-8pm, Sat. 9am-4pm. *Research Facilities:* **In Person:** SBR. **By Mail:** PGHL.

CAMBRIDGESHIRE (CAM)

● **CAMBRIDGESHIRE ARCHIVES SERVICE - County Record Office, Cambridge (5)**
Street Address: Res 1009, Shire Hall, Castle Street, Cambridge, CB3 0AP, Eng. *Post:* same. *Ref. Section Tel:* (01223) 717281. *Fax:* (01223) 718823. *E-mail:* county.records.cambridge@cambridgeshire.gov.uk *Website:* www.cambridgeshire.gov.uk *Hours:* Tues.-Thurs. 9am-12.45pm. 1.45-5.15pm. Fri. same but closes 4.15pm. Tues. extended to 9pm by appointment. *Research Facilities:* **In Person.** SBR for microform readers. DLID, RTR(ADV). **By Mail:** PGHL, LFR, PRS (£15 min for first half hour + £10 per half hour unit thereafter).

● **CAMBRIDGESHIRE ARCHIVES SERVICE - County Record Office, Huntingdon (5)**
Street Address: Grammar School Walk, Huntingdon, PE29 3LF, England. *Post:* same. *Ref. Section Tel:* (01480) 375842. *Fax:* (01480) 375842. *E-mail:* county.records.hunts@cambridgeshire.gov.uk *Hours:* Tues.-Thurs. 9am-12.45pm, 1.45-5.15pm; Fri. same but closes 4.15pm. Sat. 2nd in month only by appointment, 9.00-12.00noon. *Research Facilities:* **In Person:** RTR(ADV), DLID. **By Mail:** PGHL, LFR(specific question only PRS £15 min for first half hour & £10 per half hr unit thereafter).

CHESHIRE (CHS) (WARRINGTON - see under LANCASHIRE))

● **CHESHIRE AND CHESTER ARCHIVES & LOCAL STUDIES (5)**
Street Address: Cheshire Record Office, Duke Street, Chester CH1 1RL, England. *Post:* same. *Ref. Section: Tel:* (01244) 602574. *Fax:* (01244) 603812. *E-mail:* recordoffice@cheshire.gov.uk

ENGLAND - Counties   Archives, Libraries & Record Offices — **2005**

Website: www.cheshire.gov.uk/recoff/home.htm *Contact:* Mr Jonathan Pepler, County Archivist. *Hours:* Mon. 1pm-5pm, Tues.-Fri. 9am-5pm, 3rd Sat. of month 9am-4pm. Closed Bank Holidays & 1 wk Dec. *Research Facilities:* **In Person:** SBR, RTR, DLID. **By Mail:** PRS (£20 1st hour, £18 p/hr thereafter).

● **CHESTER HISTORY & HERITAGE (3)**
Street Address: Bridge Street Row, Chester CH1 1NW, England. *Postal Address:* same.
Ref. Section: Tel: (01244) 402110. *Fax:* (01244) 312 243. E-mail: s.higgins@chestercc.gov.uk *Hours:* Mon., Tues., Wed. & Thurs. 10am-4pm. *Research Facilities:* **By Mail:** PES (£20.00 for 1st hour, £18.00 thereafter, or concession £15.00 for 1st hour, £13.00 thereafter).

● **STOCKPORT CENTRAL LIBRARY (LOCAL HERITAGE LIBRARY) (0)**
Street Address: Wellington Road South, Stockport, SK1 3RS, England. *Postal Address:* same.
Ref. Section: Tel: (0161) 474 4530. *Fax:* (0161) 474 7750. *Contact:* Mr T.D.W. Reid, Heritage Librarian. *Hours:* Mon., Tues. & Fri. 9am-8pm, Wed. 10am-5pm, Sat. 9am-4pm. *Research Facilities:* **By Mail:** PGHL, LFR.

● **TAMESIDE LOCAL STUDIES LIBRARY (3)**
Street Address: Stalybridge Library, Trinity St., Stalybridge, Ches., SK15 2BN, Eng *Post:* same *Email:* localstudies.library@mail.tameside.gov.uk *Website:* www.tameside.gov.uk *Ref. Section Tel:* (0161) 303 7937. *Fax:* (0161) 303 8289. *Contact:* Alice Lock, Local Studies Librarian. *Hours:* Mon., Tues., Wed., Fri. 9am-7.30pm, Sat. 9am-4pm. *Annual Closure:* Christmas Day to day after New Years Day. *Research Facilities:* **In Person:** SBR (only for Microfilm readers), DLID. **By Mail:** PGHL, LFR.

CORNWALL (CON)
● **CORNWALL COUNTY RECORD OFFICE (3)**
Street Address: County Hall, Truro, TR1 3AY, Eng. *Post:* same.
Contact: Duty Archivist. *Public Search Room Tel:* (01872) 323127. *E-mail:* cro@cornwall.gov.uk *Website:* www.cornwall.gov.uk *Hours:* Tues., Wed. & Thurs. 9.30am-5pm; Fri. 9am-4.30pm; Sat. 9am-12 noon. *Research Facilities:* **In Person.** SBR, RTR(ADV), DLID. *Research Facilities:* **By Mail:** PRS(£13.00 per hour).

● **THE TORPOINT ARCHIVES (5)**
Street Address: Council Offices, 3 Buller Road, Torpoint, Cornwall, PL11 2DA, Eng. *Post:* same. *Hours:* Tues. 2pm-4pm & 7pm-9pm, Fri. 10am-noon & 2pm-4pm. *Contact:* Mrs F. Manning, Archivist. *Email:* torpoint_archive@hotmail.com *Research Facilities:* **By Mail:** LFR - donation for extended research.

CUMBERLAND & WESTMORLAND (CUL & WES)
● **CUMBRIA RECORD OFFICE, CARLISLE (5)**
Street Address: Alma Building, The Castle, Carlisle, CA3 8UR, England. *Postal Address:* same.
Ref. Section Tel: (01228) 607285. *E-mail:* carlisle.record.office@cumbriacc.gov.uk *Website:* www.cumbria.gov.uk/libraries-archives/archives *Contact:* David Bowcock, Assistant Co. Archivist. *Hours:* Mon.-Fri. 9am-5pm. *Research Facilities:* **In Person:** RTR(ADV), DLID. **By Mail:** LFR, PRS(£20 per hour).

● **CUMBRIA RECORD OFFICE, KENDAL (1)**
Street Address: County Offices, Stricklandgate, Kendal, LA9 4RQ, England. *Post:* same. *Ref. Section Tel:* (01539) 773540. *Contact:* Anne Rowe, Assistant Co. Archivist. *Hours:* Mon.-Fri. 9am-5pm. *Research Facilities:* **In Person:** RTR(ADV), DLID. **By Mail:** LFR, PRS(£17 p/hr for 3 hrs).

● **CUMBRIA RECORD OFFICE & LOCAL STUDIES LIBY., BARROW IN FURNESS (3)**
Street Address: 140 Duke Street, Barrow in Furness, LA14 1XW, England. *Post:* same.
Ref. Section: Tel: (01229) 894363. *E-mail:* barrow.record.office@cumbriacc.gov.uk *Website:* www.cumbria.gov.uk/archives *Contact:* Aidan Jones, Area Archivist. *Hours:* Archive Sources: Mon.-Fri. 9.30am-5pm (also Weds. 5pm-7pm & Sats. 9.30am-4pm by appointment). Local Studies Library Sources: Mon.-Wed. & Fri. 9.30am-7pm, Thurs. 9.30am-5pm & Sats. 9.30am-4pm. *Research Facilities:* **In Person:** RTR(ADV), DLID. **By Mail:** LFR, PRS(£19 p/hr for 3 hrs, + £1 UK or £2 overseas postage).

Archives, Libraries & Record Offices — **2005** *ENGLAND - Counties*

- **CUMBRIA RECORD OFFICE & LOCAL STUDIES LIBRARY, WHITEHAVEN (5)**
Street Address: Scotch Street, Whitehaven CA28 7NL, Eng. *Postal address:* same.
E-mail: whitehaven.record.office@cumbriacc.gov.uk *Web:* www.cumbria.gov.uk/archives
Contact: Catherine Clark, Area Archivist. *Hours:* Mon, Tues, Thurs & Frid. 9.30am-5pm., Wed. 9.30am-7pm., Sat 9am-1pm. *Research Facilities:* **In Person:** RTR(ADV), DLID. **By Mail:** PRS (£21 per hour + £1 postage per enquiry). *Tel:* (01946) 852920. *Fax:* (01946) 852919.

DERBYSHIRE (DBY)

- **DERBYSHIRE RECORD OFFICE & DERBY DIOCESAN R.O. (3)**
Street Address: New Street, Matlock. *Postal Address:* County Hall, Matlock, Derbyshire, DE4 3AG, England. *Email:* record.office@derbyshire.gov.uk *Ref. Section: Tel:* (01629) 585347. Fax: (01629) 57611. *Hours:* Mon.-Fri. 9.30am-4.45pm. *Annual Closure:* Weekends and public holidays plus the Tues. following except after Mayday and a day between Boxing Day and New Years Day. *Research Facilities:* **In Person:** SBR, DLID, RTR. *Research Facilities:* **By Mail:** PRS (£11 per 30 minutes), PGHL.

- **DERBYSHIRE LIBRARIES & HERITAGE DEPARTMENT - Matlock (5)**
Street Address: Local Studies Library, County Hall, Matlock, Derbyshire, DE4 3AG, England. *Post:* same. *Ref. Section: Tel:* (01629) 585579. *Fax:* (01629) 585049. *Email:* localstudies@derbyshire.gov.uk *Website:* derbyshire.gov.uk/library/locstu.htm *Hours:* Mon.-Fri. 9am-5pm. Occasional Sat. morning opening by oppointment. *Research Facilities:* **In Person:** SBR(microfilm readers). *Research Facilities:* **By Mail:** PRS(£8.50 per half hour).

- **DERBY CITY LIBRARIES, LOCAL STUDIES LIBRARY - Derby (5)**
Street Address: 25B Irongate, Derby, DE1 3GL, England. *Postal Address:* same.
E-mail: localstudies.library@derby.gov.uk *Ref. Section: Tel:* (01332) 255393.
Website: www.derby.gov.uk/libraries/about/local_studies.htm *Contact:* Local Studies Librarian. *Hours:* Mon. & Tues. 9.30am-7pm, Wed.-Fri. 9.30am-5pm, Sat. 9.30am-4pm. *Research Facilities:* **In Person:** SBR(micrfilm readers). *Research Facilities:* **By Mail:** PRS(£15 per half hour).

DEVON (DEV)

- **DEVON RECORD OFFICE (5)**
Street Address: Great Moor House, Bittern, Sowton Industrial Estate, Exeter, Devon, EX2 7NL, England. *Postal Address:* same. *Ref. Section: Tel:* (01392) 384253. *Hours:* to be announced. *Annual Closure:* Bank Holidays and a week at Christmas. *Research Facilities:* **In Person:** DLID. *Research:* **By Mail:** PRS(£18 per hr incl VAT).

- **NORTH DEVON RECORD OFFICE (5)**
Street Address: Tuly Street, Barnstaple, EX31 1EL, England. *Postal Address:* same.
E-mail: ndevrec@devon.gov.uk *Website:* www.devon.gov.uk/record_office *Ref. Sec. Tel:* (01271) 388608. *Hours:* Mon., Tues., Thurs. & Fri. 9.30am-5pm, Wed. 9.30am-1pm, occasional Sat. 9.30am-4pm. *Annual Closure:* 26-31 Dec, 2 Jan & all other Bank Holidays. *Research Facilities:* **In Person:** SBR, DLID. *Research Facilities:* **By Mail:** PRS (£18).

- **PLYMOUTH & WEST DEVON RECORD OFFICE (5)**
Street Address: 3 Clare Place, Coxside, Plymouth, PL4 0JW, England. *Postal Address:* same. *Ref. Section Tel:* (01752) 305940. *E-mail:* pwdro@plymouth.gov.uk *Hours:* Tues.-Thurs. 9.30am-5pm, Fri. 9.30-4pm. *Research:* **In Person:** SBR, DLID. **By Mail:** PGHL.

- **TIVERTON MUSEUM of MID DEVON LIFE (5)**
Street Address: Beck's Square, Tiverton, Devon EX16 6PJ. Postal Address: same.
Ref. Section Tel: Museum (01884) 256295. Contact: Alan Voce (01884) 820517. E-mail: tivertonmus@eclipse.co.uk *Website:* tivertonmus.org.uk *Hours:* Mon. 2pm-4.30pm, Wed. 10.30am-4.30pm. *Annual Closure:* 20 Dec.-31 Jan. and all Bank Holidays. *Research Facilities:* **In Person:** SBR, Admission Charge (inc. Museum & Research Library) adults £3.50, senior citizens £2.50. **By Mail:** LFR. The Research Library incorporates Devon R.O. Service Point. Archivist visits 2nd Mon. pm Apr.-Oct. to give advice and bring items (order by prev. Wed).

- **WESTCOUNTRY STUDIES LIBRARY (3)**
Street Address: Castle Street, Exeter, Devon, EX4 3PQ, England. *Postal Address:* same.
Email: exeloc@devon.uk/localstudy *Website:* www.devon.uk/locstudy *Ref. Section: Tel:* (01392)

384216. *Hours:* Mon. & Fri. 9.30-18.00, Tues. & Thurs. 9.30-19.00, Wed. 10.00-17.00, Sat. 9.30-1600. *Research Facilities:* **In Person:** SBR. **By Mail:** PRS (£15).

DORSET (DOR)
● **DORSET RECORD OFFICE (3)**
Street Address: Bridport Road, Dorchester, Dorset, DT1 1RP, England. *Postal Address:* same.
Ref. Section: Tel: (01305) 250550. *Fax:* (01305) 257184. *Hours:* Mon., Tues., Thurs. & Fri. 9am-5pm, Wed.. 10am-5pm, Sat. 9.30am-12.30pm. *Research Facilities:* **In Person:** SBR, DLID. *Research Facilities:* **By Mail:** PRS(£18 per hour, max 2hrs at one time).
E-mail: archives@dorsetcc.gov.uk *Website:*www.dorsetcc.gov.uk/archives

DURHAM (DUR)
● **DURHAM COUNTY RECORD OFFICE (5)**
Street Address: County Hall, Durham, DH1 5UL, England. *Postal Address:* same.
Ref. Section: Tel: (0191) 383 3253. *E-mail:* record.office@durham.gov.uk *Website:* www.durham.gov.uk/recordoffice *Contact:* Miss J. Gill, County Archivist. *Hours:* Mon., Tues. & Thurs. 8.45am-4.45pm, Wed. 8.45am-8.00pm, Fri. 8.45am-4.15pm. *Research Facilities:* **In Person:** SBR. *Research Facilities:* **By Mail:** LFR, PRS(£20 per hour for 1-3 hrs).

● **DARLINGTON LIBRARY (5)**
Street Address: Crown Street, Darlington, Co. Durham, DL1 1ND, England. *Post:* same.
Ref. Section Tel: (01325) 349630. *Fax:* (01325) 381556. *Contact:* Mrs K. Bennett & Miss K. Williamson, Local Studies Librarians. *Hours:* Mon. & Tues. 9am-7pm, Wed. 9am-5pm. Fri. 9am-5pm, Sat. 9am-4pm. *Research Facilities:* **In Person:** Bookings for Microfilm/fiche. **By Mail:** PGHL. *Email:* local.studies@darlington.gov.uk

● **SOUTH TYNESIDE LIBRARY (5)**
Street & Post: South Tyneside Library, Prince George Square, South Shields, T&W, NE33 2PE
Ref. Section: Tel: (0191) 427 1818 ext 7860. *Fax:* (0191) 455 8085. *Contact:* Mr K. Bardwell. *Hours:* Mon.-Thurs. 9.30am-7pm, Fri. 9.30am-5pm, Sat. 9.30am-4pm. *Research Facilities:* **In Person:** Microfilm reader booking helpful. *Research Facilities:* **By Mail:** LFR, PGHL. *Email:* localstudies.library@s-tyneside-mbc.gov.uk

ESSEX (ESS)
● **ESSEX RECORD OFFICE (5)**
Street Address: Wharf Rd, Chelmsford, Essex CM2 6YT, England.
Tel: (01245) 244644. *E-mail:* ero.enquiry@essexcc.gov.uk *Website:* www.essexcc.gov.uk/ero
Hours: Mon. 9.00-20.30, Tues.-Thurs. 9.00-17.00, Fri.-Sat. 9.00-16.00. *Research Facilities:* **In Person:** RTR(ADV), DLID. *Research Facilities:* **By Mail:** PRS(price on application).

● **ESSEX RECORD OFFICE - COLCHESTER & N.E. ESSEX BRANCH (5)**
Street Address: Stanwell House, Stanwell Street, Colchester, Essex, CO2 7DL, Eng. *Postal address:* same. *Tel:* (01206) 572099. *Fax:* (01206) 574541. *Website:* www.essexcc.gov.uk/ero *E-mail:* ero.colchester@essexcc.gov.uk *Hours:* Mon. 10am-17.15. Tues.-Thurs. 9.15-17.15, Frid. 9.15-16.15. Closed Sat. Sun. & Public Hols. *Research Facilities:* **In Person:** SBR. RTR(ADV), DLID. **By Mail:** PGHL.

GLOUCESTERSHIRE (GLS) (see also under Cities - Bristol)
● **GLOUCESTERSHIRE RECORD OFFICE (3)**
Street Address: Clarence Row, Alvin St, Gloucester, GL1 3DW, England *Postal Address:* same.
Ref. Section: Tel: (01452) 425295. *Fax:* (01452) 426378. *E-mail:* records@gloscc.gov.uk *Website:* http://archives.gloscc.gov.uk *Contact:* County & Diocesan Archivist. *Hours:* Mon. 10am-5pm. Tues., Wed. & Fri. 9am-5pm, Thurs. 9am-8pm. *Research Facilities:* **In Person:** RTR(ADV), DLID £2 a day. *Research Facilities:* **By Mail:** PRS(£18 per hr).

HAMPSHIRE (HAM) (see also Isle of Wight)

● HAMPSHIRE RECORD OFFICE (3)
Street Address: Sussex Street, Winchester, Hants, SO23 8TH, England. *Postal Address:* same.
Ref. Section: Tel: (01962) 846154. *Fax:* (01962) 878681. *Textphone:* 0808 100 2484 (free).
E-mail: enquiries.archives@hants.gov.uk *Website:* www.hants.gov.uk/record-office
Hours: Mon.to Fri. 9am-7pm, Sat. 9am-4pm. *Research Facilities:* **In Person:** SBR(for Microform readers), RTR(ADV), DLID. *Research Facilities:* **By Mail:** PGHL, LFR, PRS(£18).

● PORTSMOUTH CITY RECORDS OFFICE (5)
Street Address: Portsmouth City Museum & Records Office, Museum Road, Portsmouth, PO1 2LJ, England. *Postal Address:* same. *Ref. Section: Tel:* (023) 9282 7261. *Fax:* (023) 9287 5276.
E-mail: searchroom@portsmouthcc.gov.uk *Website:* www.portsmouthrecordsoffice.co.uk *Hours:* Mon.-Fri. 10am-5pm. Closed public holidays. *Research Facilities:* **In Person:** RTR(ADV), DLID. *Research:* **By Mail:** PRS (£18 per hr).

● SOUTHAMPTON ARCHIVES SERVICES (5)
Street Address: Civic Centre Rd, Southampton. *Post:* Civic Centre, Southampton, SO14 7LY, Eng.
Ref. Section: Tel: (023) 8083 2251. *Fax:* (023) 8083 2156.
E-mail: city.archives@southampton.gov.uk *Contact:* Sue Woolgar, Archives & Records Manager.
Hours: Tues.-Fri. 9.30am-4.30pm plus one late evening to 9pm each mth by appointment only.
Research: **By Mail:** LFR (up to 15 mins - thereafter £20 per hr). **In Person:** RTR(ADV).

● ROYAL MARINES MUSEUM ARCHIVE & LIBRARY (5)
Street Address: Southsea, Hampshire, PO4 9PX, England. *Postal Address:* same. *Ref. Section Tel:* (02392) 819385. *Fax:* (02392) 838420. *E-mail:* archive@royalmarinesmuseum.co.uk *Contact:* Mr M.G. Little, Archivist. *Hours:* Mon.-Fri. 10.00-16.30. *Research:* **In Person:** SBR Tel: (02392) 819385 ext 224 & 239). **By Mail:** LFR.

HEREFORDSHIRE (HEF)

● HEREFORDSHIRE RECORD OFFICE (5)
Street Address: Harold St., Hereford, HR1 2QX, England. *Postal Address:* same.
Ref. Section: Tel: (01432) 260750. *Contact:* Elizabeth S. O'Keefe, Principal Archives Officer.
Hours: Mon., Tues., Thurs. & Fri. 9.15-16.45, Wed. 10.00-16.45, Sat. alternate 9.15-13.00. *Annual Closure:* 2 weeks Nov./Dec. telephone for details. *Research:* **In Person:** SBR, RTR(ADV), DLID. *Research:* **By Mail:** LFR, PRS(£15 per hr).

HERTFORDSHIRE (HRT)

● HERTFORDSHIRE ARCHIVES & LOCAL STUDIES (3)
Street Address: County Hall, Pegs Lane, Hertford. *Post:* County Hall, Hertford, SG13 8EJ, Eng.
Ref. Section: Tel: (01438) 737333. *Fax:* (01992) 555113. *Hours:* Mon., Wed. & Thurs. 9.30am-5.30pm, Tues. 10am-8pm, Fri. 9.30am-4.30pm, Sat. 9.00am-1.00pm. *Research Facilities:* **In Person:** RTR(ADV), CCID, DLID. **By Mail:** PGHL, PRS(£25 per hour).

HUNTINGDON (HUN)

● CAMBRIDGESHIRE ARCHIVES SERVICE - County Record Office, Huntingdon (5)
Street Address: Grammar School Walk, Huntingdon, PE29 3LF, England. *Post:* same. *Ref. Section Tel:* (01480) 375842. *Fax:* (01480) 375842. *E-mail:* county.records.hunts@cambridgeshire.gov.uk *Hours:* Tues.-Thurs. 9am-12.45pm, 1.45-5.15pm; Fri. same but closes 4.15pm. Sat. 2nd in month only by appointment, 9.00-12.00noon. *Research Facilities:* **In Person:** RTR(ADV), DLID. **By Mail:** PGHL, LFR(specific question only PRS £15 min for first half hour & £10 per half hr unit thereafter).

ISLE OF WIGHT (IOW)

● ISLE OF WIGHT COUNTY RECORD OFFICE (5)
Street address: 26 Hillside, Newport, IOW, PO30 2EB, Eng. *Post:* same.
Contact: R. Smout, County Archivist. *Ref. Section Tel:* (01983) 823821 or 823820.
E-mail: record.office@iow.gov.uk *Website:* www.iwight.com/library/record_office *Fax:* (01983) 823820. *Hours:* Mon. 9.30am-5pm, Tues.-Fri. 9am-5pm., also first Wed. of each month 5pm-

ENGLAND - Counties Archives, Libraries & Record Offices — **2005**

7.30pm (appointment only). *Research Facilities:* **In Person.** RTR(ADV), DLID with address. **By Mail:** PRS (£15+ costs), PGHL.

KENT (KEN)

● **BEXLEY LOCAL STUDIES & ARCHIVE CENTRE (5)**
Street Address: Central Library, Townley Road, Bexleyheath, Kent, DA6 7HJ, Eng. *Postal Address:* same. *Ref. Section: Tel:* (020) 8301 1545. *Fax:* (020) 8303 7872. *E-mail:* archives@bexley.gov.uk *Hours:* Mon.-Fri. 9.30am-5.30pm (late Thurs. til 8.00pm), Sat. 9.30am-5.00pm, Sun. 10.00am-2.00pm. *Research Facilities:* **By Mail:** PGHL, LFR, PRS.

● **BROMLEY LOCAL STUDIES LIBRARY (5)**
Street Address: Bromley Central Library, High Street, Bromley, Kent, BR1 1EX, Eng. *Post:* same. *Ref. Section: Tel:* (020) 8461 7170. *Fax:* (020) 8313 9975. *E-mail:* localstudies.library@bromley.gov.uk *Contact:* Simon Finch, Librarian. *Hours:* Mon., Wed. & Fri. 9.30am-6pm, Tues. & Thurs. 9.30am-8pm, Sat. 9.30am-5pm. *Research Facilities:* **In Person:** No appointment necessary except if consulting original records. *Research Facilities:* **By Mail:** LFR, PRS - First 15 mins free, then £4 per 15 mins.

● **CANTERBURY CATHEDRAL ARCHIVES (5)**
Street Address: The Precincts, Canterbury, Kent CT1 2EH, Eng. *Postal Address:* same. *Ref. Section: Tel:* (01227) 865 330. *Fax:* (01227) 865 222. *Minicom:* (01622) 605 249. *E-mail:* archives@canterbury-cathedral.org.uk *Website:* canterbury-cathedral.org.uk/archives *Hours:* Mon.-Thurs. 9am-5pm, 1st & 3rd Sat. each month 9am-1pm. *Research Facilities:* **In Person:** SBR, RTR(ADV), PID. **By Mail:** PRS.

● **CENTRE FOR KENTISH STUDIES (5)**
Street Address: County Hall, Maidstone, Kent ME14 1XQ, Eng. *Postal Address:* same. *Ref. Section: Tel:* (01622) 694 363. *Fax:* (01622) 694 379. *E-mail:* archives@kent.gov.uk *Hours:* Tues. Wed & Fri. 9am-5pm, Thurs. 10am-5pm., Sat. 2nd & 4th each month 9am-1pm. *Research Facilities:* **In Person:** SBR, RTR (ADV). **By Mail:** PRS.

● **EAST KENT ARCHIVE CENTRE (5)**
Street Address: Enterprise Zone, Honeywood Road, Whitfield, Dover CT16 3EH, Eng. *Post:* same. *Ref. Section: Tel:* (01304) 829306. *E-mail:* EastKentArchives@kent.gov.uk *Contact:* Alison Cable, Senior Archivist. *Hours:* Tues.-Thurs., 9am-5pm. *Annual Closure:* Bank Holidays and February stocktaking. *Research Facilities:* **In Person:** SBR, RTR. *Research Facilities:* **By Mail:** PRS.

● **FOLKESTONE LIBRARY HERITAGE ROOM (3)**
Street Address: 2 Grace Hill, Folkestone, Kent, CT20 1HD, England. *Postal Address:* same. *Ref. Section: Tel/Fax:* (01303) 256710. *Contact:* Mrs J. Adamson, Heritage Officer *E-mail:* janet.adamson@kent.gov.uk or Rob Illingworth, Team Librarian - Local Studies *E-mail:* robert.illingworth@kent.gov.uk *Hours:* Mon.-Thurs. & Sat. 9.30am-5pm, Fri. 9.30am-7pm, Sun. 10am-4pm. *Research Facilities:* **In Person:** SBR(for reader/printer). *Research Facilities:* **By Mail:** LFR(first half hour), PRS(£24 per hr).

● **MEDWAY ARCHIVES & LOCAL STUDIES CENTRE (1)**
Address: Clocktower Building, Civic Centre, Strood, Rochester, Kent, ME2 4AU, Eng. *Tel:* (01634) 332714, bookings: (01634) 332238. *Fax:* (01634) 297060. *E-mail:* archives@medway.gov.uk & local.studies@medway.gov.uk *Website:* http://cityark.medway.gov.uk & http://www.medway.gov.uk *Hours:* Mon., Thurs. & Fri. 9.00-17.00, Tues. 9.00-18.00, 1st & 3rd Sat. 9.00-13.00. *Annual Closure:* 1st two full weeks in Nov. *Research Facilities:* **In Person:** SBR(Archives), RTR(Archives)(ADV), PID(2 passport photos), DLID.

● **SEVENOAKS ARCHIVES OFFICE (2)**
Street Address: Buckhurst Lane, Sevenoaks, Kent, TN13 1LQ, England. *Post:* same. *Contact:* Elizabeth Purves, Reference Librarian. *Ref. Section Tel:* (01732) 453118. *Fax:* (01732) 742682. *Hours:* By appointment only. *Research Facilities:* **In Person:** SBR by appointment only. **By Mail:** LFR(half hour only).

LANCASHIRE (LAN)
(see also under Cities - Liverpool and Manchester)

● **LANCASHIRE RECORD OFFICE (5)**
Street Address: Bow Lane, Preston, Lancashire, PR1 2RE, England. *Postal Address:* same.
Ref. Section: Tel: 01772 533039. *Fax:* 01772 533050. *E-mail:* record.office@ed.lancscc.gov.uk
Web: www.archives.lancashire.gov.uk *Hours:* Mon., Wed. & Fri. 9am-5pm, Tues. 9am-8.30pm, Thurs.10am-4pm. Open one Sat. each month. *Research Facilities:* **In Person:** RTR(ADV), DLID. **By Mail:** PGHL.

● **BOLTON ARCHIVE & LOCAL STUDIES SERVICE (3)**
Street Address: Central Library, Le Mans Crescent, Bolton BL1 1SE, Eng.. *Postal address:* same. *Tel:* (01204) 332185. *Fax:* (01204) 332225. *E-mail:* archives.library@bolton.gov.uk *Contact:* Ms S. Collenette, Archivist. *Hours:* Tues. & Thurs. 9.30-19.30, Wed. & Fri. 9.30-17.30, Sat. 9.30-17.00. Closed Sun, Mon & public holidays. *Research Facilities:* **In Person:** Bookings advisable for internet, microfilm & microfiche machines (01204) 332185. **By Mail:** PGHL. Lockers available for bags & coats.

● **BURNLEY CENTRAL LIBRARY (5)**
Street Address: Grimshaw Street, Burnley, BB11 2BD, Eng. *Postal address:* same. *Tel:* (01282) 463758. *Fax:* (01282) 838849. *Email:* Burnley.reference@lcl.lancscc.gov.uk *Contact:* Susan A. Halstead, Ref. & Local Studies Librarian. *Hours:* Mon. & Thurs 9.30am-7pm., Tues Wed. & Fri. 9.30am-5pm., Sat. 9.30-4pm. Closed Sun & Public hols. *Research Facilities:* **In Person:** SBR only for microfilm readers. Free computer Access. **By Mail:** LFR.

● **BURY ARCHIVES SERVICE (5)**
Street Address: Museum and Archive Centre, Moss Street, Bury, BL9 0DG, Eng. *Postal address:* same. *Tel:* (0161) 797 6697. *E-mail:* archives@bury.gov.uk *Web:* www.bury.gov.uk/archives *Contact:* Kevin Mulley, Archivist. *Hours:* Tues.-Fri., 10am-5pm. Provisional and may change in 2005. *Research:* **In Person:** booking not required. **By Mail:** LFR, PGHL.

● **OLDHAM LOCAL STUDIES AND ARCHIVES (5)**
Street Address: 84 Union Street, Oldham, OL1 1DN, Eng. *Postal address:* same. *Tel:* (0161) 911 4654. *E-mail:* local.studies@oldham.gov.uk *Contact:* T. Berry, Local Studies Officer. *Hours:* Mon. & Thurs. 10am-7pm., Tues. 10am-2pm., Wed. Frid & Sat. 10am-4pm. closed Sun & public holidays. *Research Facilities:* **In Person:** DLID. **By Mail:** LFR, PGHL.

● **ROCHDALE LOCAL STUDIES LIBRARY (5)**
Street Address: Local Studies Centre, Touchstones, The Esplanade, Rochdale, OL16 1AQ. *Postal Address:* same. *Ref. Section: Tel:* (01706) 864915. *Fax:* (01706) 864944. E-mail: localstudies@rochdale.gov.uk *Contact:* Mr J.A. Jefferson, Local Studies Access Officer. *Hours:* Mon. to Fri. 10am-5.30pm; Sat. 11am-4.30pm, closed 1pm-2pm daily. *Special Closure:* major refurbishment late 2000-2002. *Research Facilities:* **In Person:** SBR(microfilm), please telephone in advance as some archives are stored offsite. **By Mail:** PGHL, LFR.

● **WARRINGTON PUBLIC LIBRARY (3)**
Street address: Museum Street, Warrington, WA1 1JB, England. *Postal address:* same. *Tel:* 01925 442890. *Fax:* 01925 411395. *E-mail:* library@warrington.gov.uk *Contact:* Local Studies Department. *Hours:* Mon., Tues. & Fri. 9am-7pm, Wed. 9am-5pm, Thurs. 9am-1pm, Sat. 9am-1pm. *Research Facilities:* **By Mail:** LFR.

● **WIGAN ARCHIVES SERVICE - Part of Wigan Leisure & Culture Trust (5)**
Street Address: Town Hall, Leigh, Lancs, WN7 2DY, England. *Postal Address:* same.
Ref. Section: Tel: (01942) 404431. *Fax:* (01942) 404525. *Contact:* Archivist. *Hours:* Tues., Wed., Thurs. 10am-1pm & 2pm-4.30pm. by appointment. *Research Facilities:* **In Person:** SBR. *Research Facilities:* **By Mail:** PGHL, LFR. *E-mail:* heritage@wlct.org

LEICESTERSHIRE (LEI)
● **RECORD OFFICE FOR LEICESTERSHIRE. LEICESTER & RUTLAND (5)**
Street Address: Long Street, Wigston Magna, Leicestershire, LE18 2AH, Eng. *Post:* same.
E-mail: *recordoffice@leics.gov.uk Ref. Section: Tel:* 0116 257 1080. *Fax:* 0116 257 1120. *Contact:*

ENGLAND - Counties   Archives, Libraries & Record Offices — **2005**

Searchroom Supervisor. *Hours:* Mon., Tues. & Thurs. 9.15am-5pm, Wed. 9.15am-7.30pm, Fri. 9.15am-4.45pm, Sat. 9.15am-12.15pm. *Annual Closure:* 1st week in Oct. *Research Facilities:* **In Person:** RTR(ADV), DLID. *Research Facilities:* **By Mail:** PRS(£25 first hr, then £20 per hr).

● **LOUGHBOROUGH LIBRARY LOCAL STUDIES COLLECTION (5)**
Street Address: Granby Street, Loughborough, LE11 3DZ, England. *Postal Address:* same.
Ref. Section: Tel: (01509) 238466, (01509) 212985. *Fax:* (01509) 610594. *E-mail:* lwatson@leics.gov.uk *Website:* www.leics.gov.uk *Contact:* L.J. Watson, Customer Services Librarian. *Hours:* Every other Mon. 5-7pm., Tues. 10am-1pm & 2pm-5pm, Fri. 2pm-5.30pm. Thurs. 10am-5pm. *Research Facilities:* **In Person:** SBR(Microform readers). *Research Facilities:* **By Mail:** PGHL, LFR. We regret that there is no access for disabled persons.

LINCOLNSHIRE (LIN)
● **LINCOLNSHIRE ARCHIVES (5)**
Street Address: St.Rumbold Street, Lincoln, LN2 5AB, England. *Postal Address:* same. *Hours:* Mon. (March-Oct.) 1-7pm, Mon. (Nov.-Feb.) 11am-5pm. Tues.-Fri. 9am-5pm, Sat. 9am-4pm. *Public Holidays:* Closed. *Research Facilities:* **In Person:** Seat booking (01522) 525158, RTR(ADV), CCID, DLID, every reader must provide 2 recent mini ID photographs & proof of identity showing signature. *Research:* **By Mail:** PRS(charges on request).

● **NORTH EAST LINCOLNSHIRE ARCHIVES (5)**
Street & Post: Town Hall, Town Hall Square, Grimsby, Lincs, DN31 1HX, Eng.
Ref. Section: Tel: (01472) 323585. *Fax:* (01472) 323582. *Contact:* Archivist. *Hours:* Mon.-Fri. 10.00am-12.30pm. Advance notice of visits essential. *Research:* **By Mail:** LFR.

LONDON (LND)
● **LONDON METROPOLITAN ARCHIVES (Formerly Greater London RO) (5)**
Street Address: 40 Northampton Road, London, EC1R 0HB, England. *Postal Address:* same.
Enquries Section: Tel: (020) 7332 3820. *Fax:* (020) 7833 9136. *E-mail:* ask.lma@corpoflondon.gov.uk *Website:* www.cityoflondon.gov.uk/lma *Contact:* Bridget Howlett (Senior Archivist - Enquiries) for all letter/fax/email enquiries. *Hours:* Mon., Wed. & Fri. 0930-1645, Tues. & Thurs. 0930-1930, selected Saturdays (approx. 2 per month - call/see website for dates) 0930-1645. *Annual Closure:* 1st & 2nd full weeks in Nov. *Research Facilities:* Free enquiry service about what records are held. **By Mail:** PRS.

● **GUILDHALL LIBRARY (5)**
Street Address: Aldermanbury, London, EC2P 2EJ, England. *Postal Address:* same.
Reference Section: Tel: (020) 7332 1868. *E-mail:* printedbooks.guildhall@corpoflondon.gov.uk *Hours:* Mon.-Sat. 9.30am-5pm. *Research Facilities:* **In Person:** DLID. *Research Facilities:* **By Mail:** LFR, PRS (£50 per hour). *Website:* www.cityoflondon.gov.uk/guildhalllibrary

● **CORPORATION OF LONDON RECORDS OFFICE (5)**
Because of major refurbishment works at Guildhall, the CLRO will move from North Office Block, Guildhall, Basinghall Street, London during 2005. Some records will be availble for searching at the London Metropolitan Archives, 40 Northampton Road, London EC1R 0HB from early January 2005 and the remainder from July onwards.
Postal Address: PO Box 270, Guildhall, London, EC2P 2EJ, England.
Ref. Sectn: Tel: (020) 7332 3820. *Fax:* (020) 7833 9136. *E-mail:* asklma@corpoflondon.gov.uk
Website: www.cityoflondon.gov.uk/archives/clro *Contact:* Geoff Pick, head of public services.
Hours: Mon., Wed. & Fri. 0930-1645, Tues. & Thurs. 0930-1930, selected Saturdays (approx. 2 per month - call/see website for dates) 0930-1645. *Annual Closure:* 1st & 2nd full weeks in Nov. *Research Facilities:* **By Mail:** LFR.

● **THE FAWCETT LIBRARY** (An Academic Library specialising in British Women's History)
Street Address: London Guildhall University, Old Castle St, London, E1 7NT, Eng. *Post:* same.
Ref. Section: Tel: (0171) 320 1189. *Fax:* (0171) 320 1188. *Website:* http://www.lgu.ac.uk/fawcett/main.htm *Contact:* Reference Librarian. *Hours:* Mon. 10.15-20.30 (term), 9.00-17.00 (vacation), Wed. 9.00-20.30 (term) 9.00-17.00(vacation). Thurs. & Fri. 9.00-17.00. *Annual Closure:* Phone for details. *Research Facilities:* **In Person:** RTR(ADV). Membership & daily fee. (0)

Archives, Libraries & Record Offices — **2005**   ***ENGLAND - Counties***

● **BARNET - LONDON BOROUGH OF, ARCHIVES & LOCAL STUDIES CENTRE (5)**
Address: 80 Daws Lane, Mill Hill, London, NW7 4SL. *Post:* Same. *Tel:* (020) 8959 6657. *E-mail:* library.archives@barnet.gov.uk *Contact:* Andrew Mussell. *Hours:* Tues., Wed. & Fri. 9.30am-4.30pm; Thurs. 1pm-7pm. Sat. (1st & 3rd each month) 9.30am-4.30pm. Closed Sun., Mon. & Public holidays. *Research:* **In Person:** SBR. *Research:* **By Mail:** LFR. *Web:* www.barnet.gov.uk/localstudies

● **CAMDEN - LONDON BOROUGH OF, LOCAL STUDIES & ARCHIVES CENTRE (5)**
Street Address: Holborn Library, 32-38 Theobalds Road, London, WC1X 8PA, Eng. *Post:* same. *Tel:* (020) 7974 6342. *Fax:* (020) 7974 6284. *E-mail:* localstudies@camden.gov.uk *Website:* www.camden.gov.uk/localstudies *Contact:* Richard Knight, Principal Officer: Local Studies & Archives. *Hours:* Mon. & Thurs. 10am-7pm, Tues. 10am-6pm., Fri. 10am-6pm., Sat. 10am-1pm & 2-5pm. Closed Wed, Sun. & public holidays. *Research Facilities:* **In Person:** no readers ticket required. **By Mail:** PGHL.

● **GREENWICH LOCAL HISTORY LIBRARY (2)**
Street Address: Woodlands, 90 Mycenae Road, Blackheath, London, SE3 7SE, Eng.
Post: same *Ref. Section: Tel:* (020) 8858 4631. *Fax:* (020) 8293 4721.
E-mail: local.history@greenwich.gov.uk
Website: www.greenwich.gov.uk/council/publicservices/lhistory.htm *Contact:* Julian Watson, Local History Librarian. *Hours:* Mon. & Tues. 9am-5.30pm, Thurs. 9am-8pm, Sat. 9am-5pm. *Research Facilities:* **In Person:** SBAdvisable. *Research Facilities:* **By Mail:** LFR.

● **HACKNEY ARCHIVES DEPARTMENT (5)**
Street Address: 43 De Beauvoir Rd, London, N1 5SQ, England. *Postal Address:* same.
Ref. Section: Tel: (020) 7241 2886. *Fax:* (020) 7241 6688. *E-mail:* archives@hackney.gov.uk *Website:* http://www.hackney.gov.uk *Head Archivist:* David Mander. *Hours:* Tues., Wed. & Thurs. 9.30am-1pm & 2pm-5pm, Fri. 9.30am-1pm; 1st Tues. of the month 5pm-8pm. *Annual Closure:* Last two weeks in Feb. *Research:* **In Person:** SBR. **By Mail:** LFR, PRS(£16 per hr).

● **HAMMERSMITH & FULHAM ARCHIVES AND LOCAL HISTORY CENTRE (5)**
Street Address: The Lilla Huset, 191 Talgarth Rd, London, W6 8BJ, England.*Post:* same.
Ref. Section: Tel: (020) 8741 5159. *Fax:* (020) 8741 4882. *E-mail:* archives@lbhf.gov.uk *Contact:* Jane C. Kimber, Borough Archivist. *Hours:* Mon., Thurs. & 2nd Sat. each month 9.30am-4.30pm. Tues. 9.30am-7.45pm. *Research:* **In Person:** SBR. *Research:* **By Mail:** LFR.

● **HARINGEY ARCHIVES SERVICE (3)**
Street Address: Bruce Castle, Lordship Lane, Tottenham, London, N17 8NU, Eng. *Post:* same. *Tel:* (020) 8808 8772. *Fax:* (020) 8808 4118. *E-mail:* museum.services@haringey.gov.uk *Contact:* Rita Read, Local History Officer. *Hours:* Wed.-Fri. 1-4.45pm., Alternate Sat. 1-4.45pm. Closed Mon. Tues. Sun. & public holidays. Search Room by appointment. *Research Facilities:* **In Person:** SBR. **By Mail:** LFR.

● **HARROW - LONDON BOROUGH OF, REFERENCE LIBRARY (2)**
Street: Station Road, Harrow. *Post:* PO Box 4, Civic Centre, Harrow, Middx, HA1 2UU, Eng.
Ref. Section: Tel: (020) 8424 1055. *Fax:* (020) 8424 1971. *Contact:* Sarah Edis, Senior Reference Librarian. *Hours:* Mon., Tues., Thurs. 9.30am-8pm, Fri. 9.30am-1pm, Sat. 9am-5pm. *Public Holidays:* Variable - on answerphone.

● **KENSINGTON CENTRAL LIBRARY (3)**
Street Address: Hornton Street, Kensington. *Post:* Phillimore Walk, London, W8 7RX, Eng. *Tel:* (020) 7361 3038. *Hours:* Tues. & Thurs. 1pm.- 6.30pm.. Fri. & Sat, 1pm -5pm Closed Sun., Mon., Wed. & public holidays. *Research Facilities:* **In Person:** By appointment (no ticket required). **By Mail:** PRS (£30 for 2 hours - £15 per hour).

● **LAMBETH ARCHIVES & THE MINET LIBRARY (5)**
Street Address: 52 Knatchbull Road, London, SE5 9QY, England. *Post:* same.
*Ref. Section: Tel: (020 7926 6077. *Fax:* (020) 7926 6080. *Contact:* Mr J. Newman or Mr Len Reilly, Archivists. *Website:* www.lambeth.gov.uk *E-mail enquiries:* archives@lambeth.gov.uk *Hours:* Mon. 1.00-8.00pm, Tues. & Thurs. 10.00am-6.00pm, Fri. 10.00am-1.00pm, Sat. 9.00am-5.00pm. *Research Facilities:* **In Person:** SBR. **By Mail:** LFR, PRS (£18 per hour).

ENGLAND - Counties   Archives, Libraries & Record Offices — **2005**

● **LEWISHAM LOCAL STUDIES & ARCHIVES (2)**
Street Address: 199/201 Lewisham High Street, Lewisham, SE13 6LG, England.
Ref. Section: Tel: (020) 8297 0682. *Fax:* (020) 8297 1169. *E-mail:* local.studies@lewisham.gov.uk
Contact: Jean Wait, Archivist. *Hours:* Mon. 10.00-17.00; Tues. 09.00-20.00, Thurs. 09.00-20.00, Fri. 09.00-17.00, Sat. 9.00-17.00. *Research Facilities:* **In Person:** SBR. *Research:* **By Mail:** PGHL

● **SOUTHWARK - LONDON BOROUGH OF, LOCAL STUDIES LIBRARY (5)**
Street Address: 211 Borough High Street, London, SE1 1JA, Eng. *Post:* same. *Tel:* (020) 7403 3507. *Fax:* (020) 7403 8633. *E-mail:* local.studies.library@southwark.gov.uk *Website:* www.southwark.gov.uk *Hours:* Mon. & Thurs. 9.30am-8pm., Tues. & Fri. 9.30am-5pm., Sat. 9.30am-1pm. Closed Wed, Sun. & public holidays. *Research Facilities:* **In Person:** SBR (micro readers) **By Mail:** PRS, PGHL.

● **TOWER HAMLETS LOCAL HISTORY LIBRARY & ARCHIVES (5)**
Street Address: Bancroft Library, 277 Bancroft Road, London, E1 4DQ, England. *Post:* same.
Ref. Section: Tel: (020) 7364 1290. *E-mail:* localhistory@towerhamlets.gov.uk *Hours:* Tues. & Thurs. 9am-8pm., Fri. 9am-6pm, Sat. 9am-5pm. Closed Mon., Wed., Sun. & public holidays. *Research Facilities:* **By Mail:** LFR.

● **WALTHAM FOREST - LONDON BOROUGH OF (5)**
Street Address: Waltham Forest Archives, Vestry House Museum, Vestry Road, Walthamstow, London E17 9NH, England. *Postal Address:* same. *Ref. Section: Tel:* (020) 8509 1917. *Contact:* Jo Parker, Archivist. *Hours:* Tue., Wed., & Fri. 10.00-13.00 & 14.00-17.15, Sat. 10.00-13.00 & 14.00-16.45. *Research Facilities:* **In Person:** SBR.

● **WANDSWORTH - LONDON BOROUGH OF, LIBRARY (5)**
Street Address: Wandsworth Local History Service, Battersea Library, 265 Lavender Hill, London, SW11 1JB, Eng. *Post:* same. *Tel:* (020) 8871 7753. *Contact:* Miss J. Gregson, Local History Archivist. *E-mail:* jgregson@wandsworth.gov.uk *Website:* www.wandsworth.gov.uk *Hours:* Tues.-Wed. 10am-8pm., Fri. 10am-5pm., Sat. 9am-1pm. Closed Mon. Thurs, Sun & public holidays. *Research Facilities:* **In Person:** no readers ticket. **By Mail:** PRS (£8.00 per half hour - max 3 hrs).

● **WESTMINSTER CITY ARCHIVES (5)**
Street Address: City of Westminster Archives Centre, 10 St.Ann's St., London, SW1P 2DE, Eng.
Ref. Section: Tel: (020) 7641 5180. *Fax:* (020) 7641 5179. E-mail: archives@westminster.gov.uk *Website:* www.westminster.gov.uk/archives *Contact:* John Sargent, City Archivist. *Hours:* Tues., Wed. & Thurs. 10am-7pm, Fri. & Sat. 10am-5pm. *Research Facilities:* **By Mail:** Brief specific enquiries only. Family History Research Service available (contact Centre for details of charges).

NORFOLK (NFK)

● **NORFOLK RECORD OFFICE (2)**
Street Address: Gildengate House, Anglia Square, Upper Green Lane, Norwich NR3 1AX. *Postal Address:* same. *Ref. Section: Tel:* 01603 761349. *Fax:* 01603 761885. *E-mail:* norfrec.nro@norfolk.gov.uk *Website:* http://archives.norfolk.gov.uk *Hours:* Mon.-Fri. 9am-5pm, Sat. 9am-12noon. SBR (recommended), RTR (for original documents), PRS.

NORTHAMPTONSHIRE (NTH)

● **NORTHAMPTONSHIRE RECORD OFFICE (3)**
Street Address: Wootton Hall Park, Northampton, NN4 8BQ, England. *Postal Address:* same .
Ref. Section: Tel: (01604) 762129. *Fax:* (01604) 767562. *Contact:* Sarah Bridges, County Archivist. *Hours:* Mon. 10.30am-4.45pm, Tues.-Wed. 9am-4.45pm, Thurs. 9am-7.45pm, Fri. 9am-4.15pm, 1st & 3rd Sat. in month 9am-12.15pm. *E-mail:* archivist@northamptonshire.gov.uk *Research Facilities:* **By Mail:** PGHL, LFR.

● **NORTHAMPTONSHIRE STUDIES COLLECTION (5)**
Street Address: Central Library, Abington St., Northampton, NN1 2BA, England. *Post:* same. *Ref. Section: Tel:* (01604) 462040. *Fax:* (01604) 462055. *Contact:* Mr T. Bracher, Subject Specialist, Local Studies. *Hours:* Mon. 9am-8pm, Tues.-Fri. 9am-7pm, Sat. 9am-5pm. *Research:* **By Mail:** LFR. PRS via County Record Office.

NORTHUMBERLAND (NBL)
● **NORTHUMBERLAND RECORD OFFICE (3)**
Street Address: Melton Park, North Gosforth, Newcastle upon Tyne, NE3 5QX, Eng *Post:* same
Ref. Section: Tel: (0191) 2362680. *Fax:* (0191) 2170905. *Contact:* Mrs S. Wood, Senior Archivist.
Hours: Mon. & Tues. closed. Wed. 9.30am-1pm & 2pm-8pm, Thurs. 9.30am-1pm & 2pm-5pm, Fri. 9.30am-1.00pm & 2pm-5pm. *Research Facilities:* **In Person:** Seat bookings not required. **By Mail:** PRS(£16.00 per hr 3hr maximum limit).

● **TYNE & WEAR ARCHIVES SERVICE (5)**
Street & Post: Blandford House, Blandford Square, Newcastle upon Tyne, NE1 4JA, England.
Ref. Section: Tel: (0191) 232 6789 ext 407. *Fax:* (0191) 230 2614.
E-mail: twas@gateshead.gov.uk *Website:* www.thenortheast.com/archives/
Contact: E.A. Rees, Chief Archivist. *Hours:* Mon. & Wed.-Fri. 9.00am-5.00pm, Tues. 9.00am-8.30pm. First Sat. every month 9am-5pm. *Research Facilities:* **In Person:** SBR(microfilm/fiche readers & Tues. evenings when documents must be ordered in advance). *Research Facilities:* **By Mail:** PGHL, LFR, PRS(£20 per hour).

● **BERWICK UPON TWEED RECORD OFFICE (5)**
Street: Council Offices, Wallace Green, Berwick upon Tweed, TD15 1ED, England. *Post:* same
Ref. Section: Tel: (01289) 301865 or (01289) 330044 ext. 265. *Fax:* (01289) 330540.
E-mail: lb@berwick-upon-tweed.gov.uk *Contact:* Linda Bankier, Borough Archivist. *Hours:* Wed. & Thurs. 9.30am-1pm & 2pm-5pm. *Research Facilities:* **In Person:** SBR(Microfilm readers).
Research Facilities: **By Mail:** PRS (£20.00 per hour for 3 hours).

NOTTINGHAMSHIRE (NTT)
● **NOTTINGHAMSHIRE ARCHIVES (5)**
Street Address: County House, Castle Meadow Rd, Nottingham, NG2 1AG, Eng. *Post:* same.
Ref. Section: Tel: (0115) 958 1634. *Fax:* (0115) 941 3997.
E-mail: archives@nottscc.gov.uk *Website:* www.nottinghamshire.gov.uk/archives *Contact:* Mark Dorrington, Principal Archivist. *Hours:* Mon., Wed., Thurs. & Fri. 9am-4.45pm, Tues. 9am-7.15pm, Sat. 9.15pm-12.45pm. *Public Holidays:* Closed Sat. & Mon. *Research:* **In Person:** RTR(ADV), DLID. **By Mail:** PGHL, LFR.

OXFORDSHIRE (OXF)
● **OXFORDSHIRE RECORD OFFICE (5)**
Street Address: St.Luke's Church, Temple Road, Cowley, Oxford, OX4 2EX, England. *Postal Address:* same. *Ref. Section: Tel:* (01865) 398200. *Fax:* (01865) 398201. *E-mail:* archives@oxfordshire.gov.uk *Website:* www.oxfordshire.gov.uk/.htm *Contact - County Archivist:* Carl Boardman. *Hours:* Tues.-Sat. 9am-5pm, closed Mon., Sun. & public holidays. *Research Facilities:* **In Person:** SBR (01865) 398200, RTR(ADV), DLID, Two passport-sized photographs. **By Mail:** PRS(£24 per hr, max. 2 hr)

● **CENTRE FOR OXFORDSHIRE STUDIES (INC. FAMILY HISTORY SECTION) (5)**
Street Address: Central Library, Westgate, Oxford, OX1 1DJ, England. *Postal Address:* same.
Ref. Section: Tel: (01865) 815749. *Fax:* (01865) 810187. *E-mail:* cos@oxfordshire.gov.uk *Contact:* Dr Malcolm Graham, Head of Oxfordshire Studies. *Hours:* Mon., Fri. & Sat. 9.15am-5pm, Tues. & Thurs. 9.15am-7pm. *Research Facilities:* **In Person:** SBR(for microfilm or microfiche).
Research Facilities: **By Mail:** List of agents, PRS(£24 per hr for quarter to 2 hrs).

SHROPSHIRE (SAL)
● **SHROPSHIRE ARCHIVES (5)**
Street Address: Castle Gates, Shrewsbury, Salop, SY1 2AQ, Eng. *Post:* same.
E-mail: archives@shropshire-cc.gov.uk *Website:* www.shropshirearchives.co.uk *Ref. Section Tel:* (01743) 255350. *Hours:* Tues. 10am-9pm, Wed. & Fri. 10am-5pm, Thurs. 10am-1pm, Sat. 10am-4pm, Mon. closed. *Research Facilities:* **In Person:** RTR(ADV). 2 photo ID. *Research Facilities:* **By Mail:** PRS(£18.00 per hour).

ENGLAND - *Counties*   Archives, Libraries & Record Offices — **2005**

SOMERSET (SOM)

● SOMERSET RECORD OFFICE (2)
Street Address: Obridge Road, Taunton, Som. TA2 7PU, Eng. *Post:* same.
Tel: (01823) 278805. *Fax:* (01823) 325402. *E-mail:* archives@somerset.gov.uk
Web: www.somerset.gov.uk/archives *Hours:* Mon. 2-4.50pm., Tues. Wed. Thurs. 9am-4.50pm., Fri. 9am-4.20pm., some Sat. 9.15am-12.15pm. Closed for 2 weeks in Nov. *Research Facilities:* **In Person:** SBR, DLID, RTR(ADV). **By Mail:** PRS (£22 per hour).

● BATH & NORTH EAST SOMERSET RECORD OFFICE (5)
Street Address: Guildhall, High Street, Bath, Somerset BA1 5AW, England. *Postal Address:* same. *Ref. Section Tel:* (01225) 477421. *Fax:* (01225) 477439. *E-mail:* archives@bathnes.gov.uk *Website:* www.batharchives.co.uk *Contact:* C. Johnston, Archivist. *Hours:* Tues.-Thurs. 9am-1pm & 2pm-5pm, Fri. 9am-1pm & 2pm-4.30pm. *Research:* **By Mail:** LFR, PGHL, PRS.

● YEOVIL LIBRARY (3)
Street Address: King George Street, Yeovil, Somerset, BA20 1PY, England. *Post:* same.
Ref. Section: Tel: (01935) 421910. *Fax:* (01935) 431847. *Contact:* Team Librarian (Information). *Hours:* Mon.-Thurs. 9.30am-5.30pm, Fri. 9.30am-6.30pm, Sat. 9.30am-4pm. *Research Facilities:* **In Person:** Microfilm readers may be booked in advance. *Research Facilities:* **By Mail:** LFR/PRS (£22 per hour). Staff time does not allow protracted/detailed research.

STAFFORDSHIRE (STS)

● STAFFORDSHIRE RECORD OFFICE (5)
Street Address: Eastgate Street, Stafford, ST16 2LZ, England. *Ref. Section Tel:* (01785) 278379. *E-mail:* staffordshire.record.office@staffordshire.gov.uk *Website:* www.staffordshire.gov.uk/archives/ *Hours:* Mon. Tues. & Thurs. 9am-5pm, Wed. 9am-8pm, Fri. 9.30am-4.30pm, Sat. 9am-4pm. *Research:* **In Person:** SBR(01785) 278373, RTR(ADV), DLID. **By Mail:** PRS (PGHL £19 per hour).

● LICHFIELD RECORD OFFICE (3)
Street: Lichfield Library, The Friary, Lichfield, Staffordshire, WS13 6QG, England. *Post:* same *E-mail:* Lichfield.Record.Office@Staffordshire.gov.uk *Ref. Section Tel:* (01543) 510720.
Fax: (01543) 510716. *Contact:* Martin Sanders, Archivist in Charge. *Hours:* Mon.-Fri. 9.30am-5pm. 2nd Sat. each month 9.30am-12.30pm (documents to be ordered by 12 on the preceding Thursday). *Research Facilities:* **In Person:** SBR, RTR(ADV), DLID. *Research Facilities:* **By Mail:** PGHL, PRS(£8.50 per half-hr).

● SANDWELL COMMUNITY HISTORY & ARCHIVES SERVICE (1)
Street Address: Smethwick Library, High Street, Smethwick, B66 1AB, England. *Postal Address:* same. *Tel:* (0121) 558 2561. *Fax:* (0121) 555 6064. *Contact:* Claire Harrington (Borough Archivist & Local History Manager). *Hours:* Mon. 9.30am-7pm, Tues. 9.30am-6pm, Wed. 10.30am-6pm, closed Thurs., Fri. 9.30am-6pm, Sat. 9.30am-4pm. *Research Facilities:* **In Person:** SBR(Microfilm & Fiche readers). *Research:* **By Mail:** LFR.

● WALSALL LOCAL HISTORY CENTRE (5)
Street Address: Essex Street, Walsall, WS2 7AS, England. *Postal Address:* same.
Ref. Section: Tel: (01922) 721305. *Fax:* 01922 634954.
Website: www.walsall.gov.uk *E-mail:* localhistorycentre@walsall.gov.uk
Contact: Archivist/Local Studies Officer. *Hours:* Tues. & Thurs. 9.30am-5.30pm, Wed. 9.30am-7pm, Fri. 9.30am-5pm & Sat. 9.30am-1pm. *Research Facilities:* **In Person:** Booking system for Microfiche readers. *Research Facilities:* **By Mail:** PGHL, LFR.

● WOLVERHAMPTON ARCHIVES & LOCAL STUDIES (5)
Street Address: 42-50 Snow Hill, Wolverhampton, WV2 4AG, England. *Post:* same.
Ref. Section Tel: (01902) 552480. *Fax:* (01902) 552481.
E-mail: wolverhamptonarchives@dial.pipex.com *Website:* www.wolverhampton.gov.uk/archives *Contact:* Peter Evans, City Archivist. *Hours:* Mon. Tues. Fri. 10am-5pm., Wed. 10am-7pm, 1st & 3rd Sat. of month 10am-5pm. Closed Thurs. & Sun. *Research:* **In Person:** RTR, DLID. **By Mail:** LFR, PRS. Annual closure for stock review - usually for 2 weeks in Nov.

SUFFOLK (SFK)
- **SUFFOLK RECORD OFFICE (5)**
Street Address: Gatacre Road, Ipswich, Suffolk, IP1 2LQ, England. *Postal Address:* same.
Ref. Section Tel: (01473) 584541. *Fax:* (01473) 584533. *Contact:* Ms Pauline Taylor, Public Service Manager. *E-mail:* ipswich.ro@libher.suffolkcc.gov.uk *Website:* www.suffolkcc.gov.uk/sro/ *Hours:* Mon.-Sat. 9am-5pm, *Research Facilities:* **In Person:** SBR(microfiche/film readers), RTR(original material, ADV), DLID. **By Mail:** LFR, PRS (min. half hr. £22.50 per hr for UK and overseas enquiries + postage).

- **SUFFOLK RECORD OFFICE (3)**
Street Address: 77 Raingate Street, Bury St.Edmunds, Suffolk, IP33 2AR, England. *Postal Address:* same. *Ref. Section: Tel:* (01284) 352352. *Fax:* (01284) 352355.
E-mail: bury.ro@libher.suffolkcc.gov.uk
Website: www.suffolkcc.gov.uk/sro/ *Contact:* Mrs Sheila Reed, Public Service Manager. *Hours:* Mon.-Sat. 9am-5pm. *Research Facilities:* **In Person:** SBR(Microfiche/film readers), RTR(original material, ADV), DLID. **By Mail:** LFR, PRS(min. half hr. £20 per hr for UK & overseas enquiries + postage).

- **SUFFOLK RECORD OFFICE, LOWESTOFT BRANCH (2)**
Street: Central Library, Clapham Road, Lowestoft, Suffolk, NR32 1DR, England. *Post:* same.
E-mail: lowestoft.ro@libher.suffolkcc.gov.uk *Website:* www.suffolkcc.gov.uk/sro/ *Ref. Section: Tel:* (01502) 405357. *Fax:* (01502) 405350. *Contact:* Mrs Louise Clarke, Public Service Manager. *Hours:* Mon., Wed., Thurs. & Fri. 9.15am-5.30pm, Tues. 9.15am-6pm, Sat. 9.15am-5pm. *Research Facilities:* **In Person:** SBR(Microfich/film readers), RTR(for original material, ADV), DLID. *Research:* **By Mail:** LFR, PRS(min half hr. £20 per hr for UK & overseas enquiries + postage).

SURREY (SRY)
- **SURREY HISTORY SERVICE (5)**
Street: Surrey History Centre, 130 Goldsworth Road, Woking, Surrey GU21 6ND, England.
E-mail: shs.surreycc.gov.uk *Website:* http://www.surreycc.gov.uk/surreyhistoryservice
Research Facilities: **In Person:** RTR(ADV), DLID. *Research Facilities:* **By Mail:** LFR, PRS.

- **SUTTON CENTRAL LIBRARY (3)**
Street Address: St.Nicholas Way, Sutton, Surrey, SM1 1EA, England. *Postal Address:* same.
Ref. Section: Tel: (020) 8770 4785. *E-mail:* sutton.infomation@sutton.gov.uk. *Website:* www.sutton.gov.uk *Contact:* Information Manager. *Hours:* Tues.-Fri. 9.30am-8pm, Sat. 9.30am-5pm. Sun. 2-5pm. *Research Facilities:* **By Mail:** LFR.

- **SUTTON LIBRARY SERVICE: ARCHIVE & LOCAL STUDIES SECTION (5)**
Street: Sutton Central Library, St.Nicholas Way, Sutton, Surrey, SM1 1EA, Eng. *Post:* same.
Ref. Section: Tel: (020) 8770 4747. *E-mail:* local.studies@sutton.gov.uk *Website:* www.sutton.gov.uk *Contact:* Ms K. Shawcross, Borough Archivist & Local Studies Mgr. *Hours:* Mon. closed, Tues.-Fri. 9am-8pm, Sat. 9am-5pm, Sun. 2pm-5pm. *Research Facilities:* **In Person:** SBAdvisable, DLID or Library Ticket. *Research Facilities:* **By Mail:** LFR, PRS(on application).

SUSSEX (SSX)
- **EAST SUSSEX RECORD OFFICE (5)**
Street: The Maltings, Castle Precincts, Lewes, East Sussex, BN7 1YT, England. *Post:* same.
Ref. Section: Tel: (01273) 482349. *Fax:* (01273) 482341. *E-mail:* archives@eastsussex.gov.uk *Website:* www.eastsussex.gov.uk/leisureandtourism/localandfamilyhistory/useourarchives *Hours:* Mon., Tues. & Thurs. 8.45am-4.45pm, Wed. 9.30am-4.45pm, Fri. 8.45am-4.15pm. Sat. (second in month only) 9am-1pm, 2-4.45pm. *Research Facilities:* **In Person:** SB Advisable (Mon-Fri). Sat. SBR (01273) 482349, RTR(ADV), DLID. *Research Facilities:* **By Mail:** LFR, PRS(£23 per hr up to a max. of 2 hrs per order).

- **WEST SUSSEX RECORD OFFICE (3)**
Street Address: 3 Orchard Street, Chichester, West Sussex, England. *Postal Address:* County Hall, Chichester, West Sussex, PO19 1RN. *Ref. Section: Tel:* (01243) 753600. *Fax:* (01243) 533959.

E-mail: recordsoffice@westsussex.gov.uk *Website:* www.westsussex.gov.uk/cs/ro/rohome/htm
Contact: P.M.Wilkinson, Deputy County Archivist. *Hours:* Mon.-Fri. 9.15am-4.45pm., Sat. 9.15am-12.30 & 1.30-4.30pm. *Annual Closure:* Normally 1st week in Dec. *Research Facilities:* **In Person:** RTR(ADV), DLID. **By Mail:** PRS(£20.00 per hr).

● **BRIGHTON HISTORY CENTRE (5)**
Street Address: Brighton Museum & Art Gallery, Royal Pavilion Gardens, Brighton BN1 1EE, Eng. *E-mail:* localhistory@brighton-hove.gov.uk *Tel:* (01273) 296971. *Fax:* (01273) 292862. *Webpage:* www.citylibraries.info/localhistory *Hours:* Wed.-Sat. 10am-5pm. Tues. 10am-7pm. *Research Facilities:* **By Mail:** PRS £10 p/h.

WARWICKSHIRE (WAR)

● **WARWICKSHIRE COUNTY RECORD OFFICE (5)**
Street Address: Priory Park, Cape Road, Warwick, CV34 4JS, England. *Postal Address:* same.
Reference Section: Tel: (01926) 738959. *Fax:* (01926) 738969. *E-mail:* recordoffice@warwickshire.gov.uk *Website:* http://www.warwickshire.gov.uk/countyrecordoffice
Contact: Caroline Sampson, Head of Archive Service. *Hours:* Tues.-Thurs. 9am-5.30pm, Fri. 9am-5pm, Sat. 9am-12.30pm. *Research Facilities:* **In Person:** RTR(ADV), DLID, Donations invited. *Research Facilities:* **By Mail:** PGHL, PRS(£22.50 per hr).

● **WARWICK LIBRARY (3)**
Street Address: Barrack Street, Warwick, CV34 4TH, England. *Postal:* same. *Ref. Section: Tel:* 01926 412189. *Contact:* Information Librarian. *Hours:* Mon. & Thurs. 9.30am-8pm, Tues. & Fri. 9.30am-5.30pm, Sat. 9.30am-4pm. *Research:* **By Mail:** PGHL, LFR.

● **WARWICKSHIRE COUNTY LIBRARY (5)**
Street: Leamington Library, Royal Pump Rooms, The Parade, Leamington Spa, War., CV3 2AA, Eng. *Post:* same. *Ref. Section: Tel:* (01926) 742720/1.
E-mail: leamingtonlibrary@warwickshire.gov.uk *Contact:* Judith Harridge, Local Studies Librarian. *Hours:* Mon. & Thurs. 9.30am-8pm, Tues. 10am-8pm, Wed. & Fri. 9.30am-5pm, Sat. 9.30am-4pm, Sun. 10am-2pm. *Closed:* Bank Holidays. *Research Facilities:* **By Mail:** LFR.

● **COVENTRY ARCHIVES (1)**
Street Address: Mandela House, Bayley Lane, Coventry, CV1 5RG, England. *Post:* same.
Contact: Susan Worrall, City Archivist. *Ref. Section Tel:* (024) 7683 2418. *Fax:* (024) 7683 2421.
E-mail: coventryarchives@discover.co.uk *Hours:* Mon. 9.30am-8pm (SBR after 4.45pm), Tue.-Fri. 9.30am-4.45pm. *Research Facilities:* **In Person:** SB advisable, RTR(ADV), DLID. *Research Facilities:* **By Mail:** PRS(1 hour for £15).

● **SHAKESPEARE BIRTHPLACE TRUST RECORDS OFFICE (5)**
Street: Henley St., Stratford upon Avon, CV37 6QW, Eng.
Ref. Sect. Tel: (01789) 201816 + 204016. *Fax:* (01789) 296083.
E-mail: records@shakespeare.org.uk *Website:* www.shakespeare.org.uk (online catalogue).
Contact: Dr Robert Bearman, Head of Archives & Local Studies. *Hours:* Mon.-Fri. 9.30-17.00, Sat. 9.30-12.30. *Research:* **In Person:** RTR(ADV), DLID, CCID. **By Mail:** PGHL, LFR, PRS.

WILTSHIRE (WIL)

● **WILTSHIRE & SWINDON RECORD OFFICE (1)**
Street Address: Library HQ, Bythesea Road, Trowbridge, Wilts. BA14 8BS, Eng. *Post:* same.
Contact: John d'Arcy, Principal Archivist. *Ref. Section Tel:* (01225) 713139.
E-mail: mikemarshman@wiltshire.gov.uk *Website:* www.wiltshire.gov.uk *Hours:* Mon.-Fri. 9.15am-5pm extended to 7.45pm Wed. Closed last two weeks in January. *Research Facilities:* **In Person.** RTR(ADV), CCID, DLID. *Research Facilities:* **By Mail:** PGHL, LFR.

● **WILTSHIRE STUDIES LIBRARY (3)**
Street Address: Reference Library, Bythesea Road, Trowbridge, Wiltshire, BA14 8BS, England. *Post:* same. *Ref. Section: Tel:* (01225) 713732. *Contact:* Michael Marshman, County Local Studies Librarian. *Hours:* Mon. 10am-7pm, Thurs. & Fri. 9am-7pm, Tues. 9am-5pm, Wed. 9am-5pm, Sat. 9am-4pm. *Research Facilities:* **In Person:** SBR(Family Search on CD-ROM, fiche & film viewers - public use PCs). **By Mail:** PGHL, LFR(30 mins), PRS(£50 per hr for 2 hrs).

WORCESTERSHIRE (WOR)

● WORCESTERSHIRE LIBRARY & HISTORY CENTRE (3)
Street Address: Trinity Street, Worcester, WR1 2PW, England. *Post:* same.
Email: WLHC@worcestershire.gov.uk *Website:* www.worcestershire.gov.uk/records
Ref. Section: Tel: (01905) 765922. *Fax:* (01905) 765925. *Hours:* Mon. 9.30am-7pm, Tues.-Thurs. 9.30am-5.30pm, Fri. 9.30am-7pm, Sat. 9.30am-4pm. *Research Facilities:* **In Person:** SBR(Microfilm/fiche). **By Mail:** PRS(£16 per hour, £20 per hour for organisations).

● DUDLEY ARCHIVES & LOCAL HISTORY SERVICE (5)
Street & Post: Mount Pleasant Street, Coseley, West Midlands, WV14 9JR, England.
E-mail: archives.centre@dudley.gov.uk *Ref. Section Tel/Fax:* (01384) 812770.
Website: www.dudley.gov.uk *Contact:* Mrs D. Matthew, Local Studies Librarian; Ms J. Childs, Assistant Archivist. *Hours:* Tues., Wed. & Fri. 9am-5pm, Thurs. 9.30am-7pm, 1st & 3rd Sat. in month 9.30am-12.30pm by appointment. *Public Holidays:* Closed Bank Holidays and normally the day following. *Research Facilities:* **In Person:** SBR(microform material), (2 forms of ID). **By Mail:** PRS(£15 per hr). Member of the CARN scheme.

YORKSHIRE (YKS)

● BORTHWICK INSTITUTE FOR ARCHIVES (5)
Street: University of York, Hestington, York, YO10 5DD, England. *Ref. Section: Tel:* (01904) 321166. *Website:* www.york.ac.uk/inst/bihr *Hours: Search Room:* Mon.-Fri. 9.15am-4.45pm. Microform Room: 9.15am-10.00pm. *Annual Closure: Between* Christmas and New Year, Easter; Good Friday to following Fri. *Research Facilities:* **In Person:** Seat booking not required but advisable. **By Mail:** PRS(£20 per hr).

● CASTLEFORD LIBRARY LOCAL STUDIES CENTRE (5)
Street Address: Castleford Library, Carlton Street, Castleford, WF10 1BB, England. *Postal Address:* same. *Tel:* 01977 722085. *E-mail:* castlefordlibrary@hotmail.com *Hours:* Mon., Tues., Thurs. & Fri. 9.30am-5.30pm, Wed. closed, Sat. 9.30am-3pm. *Research Facilities:* **In Person:** SBR.

● DONCASTER ARCHIVES (5)
Street Address: King Edward Road, Doncaster, Yks. DN4 0NA, Eng. *Post:* same.
Website: www.doncaster.gov.uk/doncasterarchives *E-mail:* doncaster.archives@doncaster.gov.uk *Contact:* Dr B.J. Barber, Principal Archivist. *Ref. Section Tel:* (01302) 859811. *Hours:* Mon.-Fri. 9.00-12.45, 14.00-16.45. *Research Facilities:* **By Mail:** PGHL, PRS, RTR(ADV), DLID.

● EAST RIDING OF YORKSHIRE ARCHIVE OFFICE (5)
Street Address: 10 Lord Roberts Road, Beverley . *Post:* County Hall, Beverley, HU17 9BA, Eng.
E-mail: archives.service@eastriding.gov.uk *Contact:* I. Mason. Archivist. *Ref. Section Tel:* (01482) 392790. *Fax:* (01482) 392791. Hours: Mon. 2pm-4.45pm, Tues. 9.30am-8.00pm, Wed. & Thurs. 9.30am-4.45pm, Fri. 9.30am-4pm. Closed last complete week in January. *Research Facilities:* **In Person:** SBR. *Research Facilities:* **By Mail:** PGHL, PRS(£12.00 per half hour inc. VAT).

● HULL CITY ARCHIVES (3)
Street Address: 79 Lowgate, Hull, HU1 1HN, England. *Postal Address:* same.
Ref. Section: Tel: (01482) 615102. *Fax:* (01482) 613051. *Contact:* Mr M. Taylor, Archivist. *Hours:* Tues.-Thurs. 9am-4.45pm, Wed. pm at Trippet St. out store only. Lunchtime closure 12.15pm-1.30pm. *Research:* **In Person:** SBR.

● MIDDLESBROUGH LIBRARIES & INFORMATION (2)
Street Address: Victoria Square, Middlesbrough, Cleveland, TS1 2AY, England. *Postal Address:* same. *Ref. Section: Tel:* 01642 263358. *Fax:* 01642 648077. *Contact:* Jenny Parker, Information Librarian. *Hours:* Mon., Tues. & Fri. 9.30am-7pm, Thurs. 9.30-1pm, Wed. & Sat. 9.30am-5pm. *Research Facilities:* **In Person:** SBR(microfilm/fiche machines). *Research Facilities:* **By Mail:** £8.00 per half hour.

● NORTH YORKSHIRE COUNTY RECORD OFFICE (5)
Street: Malpas Road, Northallerton, North Yorks, DL7 8TB, England. *Post:* County Hall, Northallerton, North Yorkshire, DL7 8AF. *Web:* www.northyorks.gov.uk/archives *E-mail:* archives@northyorks.gov.uk *Ref. Section: Tel:* (01609) 777585. *Hours:* Mon., Tues. & Thurs. 9am-

ENGLAND - Counties   Archives, Libraries & Record Offices — **2005**

4.45pm, Wed. 9.30am-8.45pm, Fri. 9am-4.15pm. *Research Facilities:* **In Person:** SBR. **By Mail:** PRS(£23.30 per hr).

● **PONTEFRACT LIBRARY LOCAL STUDIES CENTRE (5)**
Street Address: Pontefract Library, Shoemarket, Pontefract, WF8 1BD, England. *Postal Address:* same. *Tel:* 01977 727692. *Hours:* Mon., Tues., Wed. & Fri. 9.30am-7pm, Thurs. closed, Sat. 9.30am-4pm. *Research Facilities:* **In Person:** SBR. *Facilities:* **By Mail:** LFR.

● **ROTHERHAM CENTRAL LIBRARY, ARCHIVES & LOCAL STUDIES SECTION (2)**
Street Address: Walker Place, Rotherham, S63 1JH, England. *Postal Address:* same. *Ref. Section: Tel:* (01709) 823616. *Fax:* (01709) 823650. *E-mail:* archives@rotherham.gov.uk *Contact:* A.P. Munford, Archivist. *Hours:* Tues., Wed. & Fri. 10.00-17.00, Thurs. 13.00-19.00, Sat. 9.30-13.00 & 14.00-16.00. *Annual Closure:* Christmas-New Year. *Special Closure:* Day after Easter Monday, Spring & August Bank Holiday. *Research Facilities:* **In Person:** SBR (Microfilm readers). **By Mail:** LFR, PRS (£15 per hr).

● **SHEFFIELD ARCHIVES (5)**
Street Address: 52 Shoreham Street, Sheffield, South Yorks., S1 4SP, England. *Postal:* same. *Tel:* (0114) 203 9395. *Fax:* (0114) 203 9398. *Hours:* Mon. 10am-5.30pm (currently closed), Tues.-Thurs. 9.30am-5.30pm, Sat. 9am-1pm, 2pm-5pm. *Annual Closure:* Usual Bank Holidays and 2 weeks in Feb. or Mar. *Research Facilities:* **In Person:** SBR(Microfilm/fiche readers), RTR(ADV), 2 items required, one with address on. Documents required on Sat. to be ordered by 5pm Thurs. *Research Facilities:* **By Mail:** PGHL, PRS (£20 per hour - limited time).

● **TEESSIDE ARCHIVES (5)**
Street: Exchange House, 6 Marton Road, Middlesbrough, Cleve., TS1 1DB, Eng. *Post:* same. *Ref. Sect. Tel:* Middlesbrough 248321 *Contact:* Mr D. Tyrell, Archivist. *Hours:* Mon., Wed., Thurs. 9am-5pm; Tues. 9am-9pm; Fri. 9am-4.30pm. *Research:* **In Person:** SBR, RTR(ADV), DLID.

● **WAKEFIELD METROPOLITAN DISTRICT LIBRARIES & INFO. SERVICES (2)**
Street Address: Balne Lane, Wakefield, WF2 0DQ, England. *Postal Address:* same. *Tel:* (01924) 302 224. *Fax:* (01924) 302 245. *Website:* www.wakefield.gov.uk *Contact:* Local Studies section. *Hours:* Mon., Wed. & Fri. 9.30-19.00, Tues. & Thurs. 9.30-17.00, Sat. 9.30-13.00. *Research:* **In Person:** SBR. **By Mail:** LFR.

● **WEST YORKSHIRE ARCHIVE SERVICE, BRADFORD (5)**
Street Address: 15 Canal Road, Bradford, West Yorkshire, BD1 4AT, England. *Post:* same. *Ref. Section Tel:* (01274) 731931. *Fax:* (01274) 734013. *Email:* bradford@wyjs.org.uk *Contact:* District Archivist. *Hours:* Mon., Tues., Thurs. & Fri. 9.30-13.00 & 14.00-17.00, Alternate Thurs. 14.00-20.00. *Annual Closure:* Stocktaking week - usually 1st week in Feb. & Nov.. *Research Facilities:* **In Person:** SBR. *Research Facilities:* **In Person:** PRS(£36.00 limited 1 hour).

● **WEST YORKSHIRE ARCHIVE SERVICE, CALDERDALE (5)**
Street Address: Central Library, Northgate House, Northgate, Halifax, HX1 1UN. *Post:* same. *Contact:* P. Sewell. *Tel:* (01422) 392636. *Hours:* Mon., Tue., Thurs., Fri. Microforms 10am-7pm. Documents to 5.30pm, Sat. 9.30am-5pm. no documents. *Research Facilities:* **In Person:** SBR. *Research Facilities:* **By Mail:** PGHL, PRS (£36 per hour).

● **WEST YORKSHIRE ARCHIVE SERVICE, KIRKLEES (5)**
Street Address: Central Library, Princess Alexandra Walk, Huddersfield, HD1 2SU. *Post:* same. *Contact:* Janet Burhouse, Principal Archivist. *Ref. Section Tel:* (01484) 221966. *E-mail:* kirklees@wyjs.org.uk *Website:* www.archives.wyjs.org.uk *Hours:* Mon. & Thurs. 10am-5pm, Tues. 10am-8pm, Fri. 10am-1pm. By appointment only. *Research:* **In Person:** SBR. **By Mail:** PRS(£36.00 per hour for specific query).

● **WEST YORKSHIRE ARCHIVE SERVICE, LEEDS (5)**
Street Address: 2 Chapeltown Road, Sheepscar, Leeds, W.Yks. LS7 3AP, England. *Post:* same. *Ref. Section: Tel:* (0113) 214 5814. *Fax:* (0113) 214 5815. *E-mail:* leeds@wyjs.org.uk *Web site:* http://www.archives.wyjs.org.uk *Contact:* Principal Archivist. *Hours:* Mon., Tues. & Thurs. 9.30-17.00. *Public Holidays:* Closed plus the day following. *Annual Closure:* 1 week early Feb. & Nov. Extended closure at Christmas and New Year. *Research Facilities:* **In Person:** SBR. **By Mail:** PGHL, PRS (£36.00 one hour max).

● **WEST YORKSHIRE ARCHIVE SERVICE, WAKEFIELD H.Q. (5)**
Street Address: Newstead Road. *Post:* Registry of Deeds, Newstead Rd, Wakefield, WF1 2DE.
E-mail: wakefield@wyjs.org.uk *Ref. Tel: (01924) 305980. Website:* www.archives.wyjs.org.uk
Hours: Mon. 9.30am-1pm, 2pm-8pm. Tues. & Thurs. 9.30am-1pm, 2pm-5pm. 2nd Sat. in the month 9.30am-12.30pm. Appointments required. Closed first week in Feb. & Nov. *Research Facilities: **In Person.*** SBR. *Research Facilities: **By Mail:*** PRS(£34.00 per hour).

● **YORK CITY ARCHIVES (0)**
Street Address: Art Gallery Building, Exhibition Square, York, YO1 7EW, England. *Post:* same
Ref. Section: Tel.: (01904) 551878 or 551879. *Fax.:* (01904) 551877. *Contact:* Mrs R.J. Freedman, City Archivist. *Hours:* Mon.-Fri. 9am-1pm & 2pm-5pm. *Research:* **By Mail:** PRS(£10 per hr).

● **YORKSHIRE ARCHAEOLOGICAL SOCIETY (5)**
Street Address: Claremont, 23 Clarendon Road, Leeds, LS2 9NZ, England. *Post:* same.
Contact: Mr R. Frost, Senior Librarian & Archivist. *Hours:* Tues. & Wed. 2pm-8.30pm, Thurs.-Fri. 10am-5.30pm. Sat. 9.30am-5pm. Archives by appointment. *Research:* **In Person:** SBR. *Research Facilities:* **By Mail:** PGHL, LFR, PRS (£15 for half hr only). *Ref. Section Tel:* 01132 457910. *Fax:* 01132 441979.

FINLAND

● **INSTITUTE OF MIGRATION (9)**
Street Address: Piispankatu 3, 20500 Turku, Finland. *Post:* same.
E-mail: jouni.kurkiasaazi@utu.fi *WWW:* http://www.utu.fi/erill/instmigr/
Ref. Sect Tel: (2) 231 7536. *Fax:* (2) 233 3460. *Hours:* Mon-Fri. 8.15-4.15pm; June-Aug. 8-3pm.
The Emigrant Register is a service for genealogists and the descendants of Finnish Emigrants. Sources include passport records (different years in different provinces), passenger records of the Finland Steamship Company (Suomen Hoyrylaiva Osakeyhtio) and information on Finns deceased abroad. A computerised database of these and other sources currently being compiled. To date over 385,000 entries have been made. Include all known names of emigrant (also patronym if known) and birth date in your enquiry. *Fees:* Successful searches in the Emigrant Register database cost FIM 100 or US$25 per hr - maximum 25 names, minimun one hour. For times exceeding one hour, a separate agreement will be made. Do not send money with your enquiry - we shall bill you later.

FRANCE

Attention, les archivistes français ne sont pas tenus de mener vos recherches à bonne fin (pour cela, recourez aux services d'un généalogiste professionnel). Ils ont pour mission de mettre à votre disposition les documents anciens et modernes dans la mesure où ceux-ci sont accessibles au regard de la règlementation.
Avant de vous déplacer pour venir faire des recherches dans les dépôts d'archives français, nous vous conseillons d'écrire à ceux-ci pour connaître plus précisément leurs modalités d'ouverture et de consultation.
A savoir: de plus en plus de dépôts d'archives publient un Guide destiné à aider le débutant dans ses premières recherches.
NOTE: Civil servants, in charge of archives cannot undertake research for you (use a professional genealogist). They can only show you the papers on their shelves if you are authorized to access them. Before visiting the archives, you are advised to write first and ask about opening hours and research conditions. Many Archives publish a guidebook to help the beginner. For a more complete list of French Provincial Archives send local stamps (equivalent of US$3 to Editors C/- any agent).

ARCHIVES NATIONALES:

● **Centre d'Accueil et de Recherche des Archives Nationales (C.A.R.A.N.) (5)**
11 rue des Quatre-Fils, Paris 3°, France. Post: 60 rue des Francs Bourgeois, 75141 Paris Cedex 03.
ouvert/open: Lundi-Samedi / Monday to Saturday 9h-18h. *Tel:* 1 40 27 6000. *Fax:* 1 40 27 6628

GERMANY Archives, Libraries & Record Offices — **2005**

● **Centre des Archives d'Outre-Mer (5)**
29 Chemin du Moulin de Testas, 13090 Aix-en-Provence, France
ouvert/open: Lundi-Vendredi / Monday-Friday 9h-17h.

Ministère de la Défense :

● **Service Historique de l'Armée de Terre**
Address: Pavillon des Armes, Château de Vincennes, 94 Vincennes, France
Post: BP 107, 00481 Armées, France. *ouvert/open:* Lundi-Vendredi / Monday-Friday 9h-17h.

● **Service Historique de l'Armée de l'Air**
Pavillon du Roi, Château de Vincennes, 94 Vincennes, France
Post: Château de Vincennes, 94304 Vincennes Cedex, France
ouvert/open: Lundi-Vendredi / Monday-Friday 9h-17h.

● **Service Historique de la Marine**
Pavillon de la Reine, Château de Vincennes, 94 Vincennes, France
Post: Château de Vincennes, 94304 Vincennes Cedex, France
ouvert/open: Lundi-Vendredi / Monday-Friday 9h-17h.

REGION PARISIENNE / PARIS AREA and SUBURBS

SEINE (PARIS) - AD de la Seine, 18 boulevard Sérurier, 75019 Paris, France
SEINE-ET-MARNE - AD de Seine-et-Marne, Hôtel du Département, 77010 Melun Cedex, France
YVELINES - AD des Yvelines, Grandes Ecuries du Roi, 1 ave de Paris, 78000 Versailles, France
ESSONNE - AD de l'Essonne, 9 rue Lafayette, 91107 Corbeil-Essonnes Cedex, France
HAUTS-DE-SEINE - AD des Hauts-de-Seine, 137 ave Joliot Curie, 92023 Nanterre Cedex, France
SEINE-ST-DENIS - AD de Seine-St Denis, 18 ave du Président Salvador Allende, 93000 Bobigny.
VAL-DE-MARNE - AD du Val-de-Marne, 8-10 rue des Archives, 94000 Créteil, France
VAL D'OISE - AD du Val d'Oise, 3 avenue de la Palette, 95011 Cergy-Pontoise Cedex, France

GERMANY

● **THE GERMAN EMIGRATION MUSEUM (4)**
Street Address: Inselstrasse 6, D-2850 Bremerhaven, Germany. *Ref. Section Tel:* (0471) 49096.

● **RESEARCH CENTRE GERMANS IN THE USA (DAUSA) (1)**
Street Address: Institut für Politikwissenschaft II, Carl von Ossietzky University, Ammerländer Heerstr. 115-118, D-26129 Oldenburg, Germany. *Ref. Section Tel:* (0441) 798 2614 or 3059. *Fax:* (0441) 978 5180. *E-mail:* dausa@uni-oldenburg.de *HomePage:* http://www.dausa.de

● **HISTORIC EMIGRATION OFFICE (1)**
Street Address: C/o Tourismus-Zentrale Hamburg GmbH. *Post:* Steinstr. 7, (D) 20095 Hamburg, Germany. *Hours:* Tues. & Thurs. 10am-5pm. Other days if appointment is made. Reference Section is closed for 3 weeks in March & 2 weeks in July.
Reference Section Tel: (4940) 300 51 282. *Fax:* (4940) 300 51 220.
Website: www.heo-online.de *E-mail:* ESROKAHEO@aol.com & sroka@hamburg-tourism.de
Contact: Elizabeth Sroka, Researcher. *Research Facilities:* **By Mail:** PRS (US$75 up to 2 hours).

● **NAMENSARCHIV MIT 3 MILLIONEN NAMENSHINWEISEN VON A-Z (1)**
aus dem gesamten deutschen Sprachraum einschl. der ehemaligen Ostgebiete der Schweiz. Osterreichs und der Niederlande, Dipl.Verw. Wirt Johannes Seelaender, Am Salinensee 2, D-78173 Bad Duerrheim. *Tel:* (07726) 63256.

● **ZENTRALSTELLE FUER PERSONEN-UND FAMILIENGESCHICHTE (1)**
Postal Address: An der Kreuzheck 15, D-60529 Frankfurt am Main, Germany. *Tel:* 069 355474. *Contact:* Volkmar Leonhard, Geschaeftsfuehrer. Meeting at agreement. *Research Facilities:* **In Person:** SBR (Tel. 06172 78263. Preference - research facilities by mail. *Research:* **By Telephone:** 069 355474. Preference: Research facilities by mail.

LISTING OF MAJOR ARCHIVES, RECORD OFFICES & LIBRARIES in GERMANY:
http://www.bawue.de/~hanacek/info/earchive.htm
http://www.genealogy.com/gene/genealogy.html

GREECE

● **CYPRUS CENTER OF MEDIEVALISM & HERALDRY (1)**
Postal Address: PO Box 80711, PIRAEUS 185 10, Greece. *Tel:* 45 25 096. *Contact:* Mr Tonis Hadjidemetriou, Director. *Hours:* Sat. 13.00-15.00pm. *Research Facilities:* **In Person:** SBR (Tel. 42 25 096). *Research Facilities:* **By Mail:** Can answer letters in English. LFR.

IRELAND

Note: See *Irish Roots Magazine* edited by Tony McCarthy 2004 No.2 p.18-19 for full listing of Genealogy Research Centres throughout Ireland. See also the *GRD* Societies section.

ANTRIM (ANT)

● **PUBLIC RECORD OFFICE OF NORTHERN IRELAND (5)**
Street Address: 66 Balmoral Avenue, Belfast, BT9 6NY, Northern Ireland. *Post:* same. *E-mail:* proni@dcalni.gov.uk *Website:* www.proni.gov.uk *Ref. Section: Tel:* 028 9025 5905. *Fax:* 028 9025 5999. *Hours:* Mon., Tues., Wed. & Fri. 9.00am-4.45pm, Thurs. 10.00am-8.45pm. *Annual Closure:* 2 weeks late Nov./early Dec. *Research Facilities:* **In Person:** RTR(ADV), CCID, DLID. *Research Facilities:* **By Mail:** PGHL.

● **GENERAL REGISTER OFFICE, BELFAST (3)**
Address: Oxford House, 49/55 Chichester Street, Belfast BT1 4HL, Northern Ireland. *Tel:* (028) 9025 2000. *Fax:* (028) 9025 2120. *Hours:* 9.30am-4.00pm. *Website:* www.groni.gov.uk *Email:* gro.nisra@dfpni.gov.uk

● **NORTH EASTERN EDUCATION & LIBRARY BOARD LIBRARY SERVICES - LOCAL STUDIES (5)**
Library Headquarters: 25 Demesne Ave, Ballymena, County Antrim, BT43 7BG, N.Ireland. *Tel:* (02825) 664121. *Fax:* (02825) 646680. *E-mail:* Yvonne.Hirst@ni-libraries.net *Website:* www.ni-libraries.net *Contact:* Yvonne Hirst, Local Studies Development Officer. *Hours:* Mon., Tues., Wed., Fri. & Sat. 9am-5pm; Thurs. 9am-8pm. *Closed:* public & bank holidays.

ARMAGH (ARM)

● **ARMAGH ANCESTRY (5)**
Address: 38A English Street, Armagh, BT61 7BA, Northern Ireland. *Tel:* (028) 3752 1802. *Fax:* (028) 3751 0180. *Hours:* Mon.-Fri. 11am-4.00pm. *Website:* www.armagh.gov.uk *Email:* ancestry@acdc.btinternet.com

CARLOW (CAR)

● **CARLOW GENEALOGY PROJECT (5)**
Address: Old School, College Street, Carlow. *Tel/Fax:* (059) 913 0850. *Hours:* Mon.-Thurs. 9am-5pm. Fri. 9am-3.30pm. *Email:* carlowgenealogy@iolfree.ie

CAVAN (CAV)

● **CO. CAVAN GENEALOGICAL RESEARCH CENTRE (5)**
Address: Cana House, Farnham Street, Cavan. *Tel:* (049) 436 1094. *Fax:* (049) 433 1494. *Hours:* Mon.-Fri. 9am-5.00pm. *Email:* canahous@iol.ie

CLARE (CLA)

● **CLARE HERITAGE AND GENEALOGICAL CENTRE (5)**
Address: Church Street, Corofin, Co. Clare. *Tel:* (065) 683 7955. *Fax:* (065) 683 7540. *Hours:* Mon.-Fri. 9.am-5.00pm. *Website:* www.clareroots.com *Email:* clareheritage@eircom.net

CORK (COR)
● CORK CITY ANCESTRAL PROJECT (5)
Address: C/- Cork County Library, Farranlea Road, Cork. *Tel:* (021) 434 6435. *Fax:* (021) 434 3254. *Hours:* not open for research at present. *Email:* corkancestry@ireland.net
● MALLOW HERITAGE CENTRE (5)
Address: 27/28 Bank Place, Mallow, Co. Cork. *Tel:* (022) 50302. *Fax:* (022) 20276. *Hours:* Mon.-Fri. 10.30am-4.00pm. *Website:* www.irishroots.net *Email:* mallowhc@eircom.net

DERRY (DRY)
● DERRY GENEALOGY CENTRE (5)
Address: Heritage Library 14 Bishop Street, Derry, BT48 6PW, Northern Ireland. *Tel:* (028) 7126 9792. *Fax:* (028) 7136 0921. *Hours:* Mon.-Fri. 9.am-5.00pm. *Website:* www.irishroots.net *Email:* niancestors@btclick.com

DONEGAL (DON)
● DONEGAL ANCESTRY CENTRE (5)
Address: The Quay, Ramelton, Co. Donegal. *Tel:* (074) 915 1266. *Fax:* (074) 915 1702. *Hours:* Mon.-Thurs. 9.30am-4.30pm. Fri. 9.30am-3.30pm. *Email:* donances@indigo.ie

DOWN (DOW)
● SOUTH EASTERN EDUCATION, BOARD LIBRARY & INFORMATION SERVICE (1)
Street & Post: Library HQ, Windmill Hill, Ballynahinch, Co. Down, BT24 8DH, N.Ireland. *Ref. Section: Tel:* (028) 9756 6400. *Fax:* (028) 9056 5072. *Contact:* Local Studies Librarian. *Hours:* Mon.-Fri. 9am-5pm. *Research Facilities:* **In Person:** SB Preferred. *Research Facilities:* **By Mail:** PGHL, LFR.

DUBLIN (DUB)
● NATIONAL ARCHIVES (5)
Street Address: Bishop Street, Dublin 8, Ireland. *Postal Address:* same.
Ref. Section: Tel: (01) 407 2300. *Fax:* (01) 407 2333. *Contact:* The Director. *Hours:* Mon.-Fri. 10am-5pm. *Annual Closure:* Bank Holidays, Public Holidays, 24 Dec.-1 Jan. inclusive. *Research Facilities:* **In Person:** RTR(ADV). *Research Facilities:* **By Mail:** PGHL, LFR. *E-mail:* mail@nationalarchives.ie *Website:* www.nationalarchives.ie
● NATIONAL LIBRARY OF IRELAND (5)
Street Address: Kildare Street, Dublin 2. *Tel:* (01) 603 0200. *Fax:* (01) 676 6690. Website: www.nli.ie *E-mail:* info@nli.ie *Hours:* Mon.-Wed. 10.00am-9.00pm, Thurs. & Fri. 10.00am-5.00pm. Saturday 10.00am-1.00pm. *Research Facilities:* **In Person:** RTR(ADV), CCID, DLID. *Research Facilities:* **By Mail:** PGHL.
● OFFICE OF THE CHIEF HERALD/GENEALOGICAL OFFICE (3)
Street Address: 2 Kildare Street, Dublin 2, Ireland. *Postal Address:* same.
Ref. Section: Tel: (01) 6030200. *E-mail:* herald@nli.ie *Website:* www.nli.ie *Hours:* Mon.-Fri. 10am-12.30pm & 2pm-5pm. *Annual Closure:* Christmas week. *Research Facilities:* **By Mail:** PGHL. **In Person:** Archives of the Office may be consulted in the Manuscripts Reading Room of the National Library of Ireland, RTR, PID, DLID.
● NATIONAL PHOTOGRAPHIC ARCHIVE (5)
Street Address: Meeting House Square, Temple Bar, Dublin 2. *Tel:* (01) 603 0200. *Fax:* (01) 677 7451. *Web:* www.heanet.ie/natlib/photoarchive *Hours:* Mon.-Fri. 10am-5pm. Closed Sat., Sun. & public holidays.
● DUBLIN CITY ARCHIVES (5)
Street Address: 138-142 Pearse Street, Dublin 2. *Ref. Section: Tel:* (01) 66 44 800. *Fax:* (01) 677 5954. *E-mail:* cityarchives@dublincity.ie *Contact:* Mary Clark, City Archivist. *Hours:* Mon.-Thurs. 10.00-20.00. Fri.-Sat. 10.00-17.00, closed Sun. & Bank Holiday weekend. *Research Facilities:* **In Person:** RTR. *Research Facilities:* **By Mail:** LFR. *Web:* www.dublincorp.ie

GILBERT LIBRARY, DUBLIN & IRISH COLLECTIONS (5)
Address: 138-144 Pearse Street, Dublin 2. *Hours:* Mon.-Thurs. 10am-8pm; Fri. & Sat. 10am-5pm. Closed Sat. & Mon. of Bank Holidays. *E-mail:* dublinstudies@dublincity.ie *Web:* www.iol.ie/dublincitylibrary/ online Catalogue. *Research Facilities:* **In Person:** RTR, DLID.

GENERAL REGISTER OFFICE, DUBLIN (0)
Street Address: Joyce House, 8-11 Lombard Street East, Dublin 2. *Postal Address:* same. *Ref. Section: Tel:* (01) 671 1000. *Hours:* Mon.-Fri. 9.30-12.30 & 2.15-4.30. Closed Sat., Sun. & Public Holidays. *Research Facilities:* Available - certain fees apply.

LAND REGISTRY & REGISTRY OF DEEDS (3)
Address: King's Inns, Henrietta Street, Dublin 1. *Tel:* (01) 670 7500. *Fax:* (01) 804 8406. *Hours:* Mon.-Fri: 10.00am-4.30pm.

REPRESENTATIVE CHURCH BODY LIBRARY (5)
Address: Braemor Park, Churchtown, Dublin 14, Ireland.
Tel: 01 4923979. *Fax:* 01 4924770.
E-mail: library@ireland.anglican.org *HomePage:* http://www.ireland.anglican.org/
Contact: Dr. Raymond Refausse, Librarian & Archivist. *Hours:* Mon.-Fri. 9.30am-1.00pm & 1.45pm-5.00pm. *Research:* **In Person:** PGHL. Readers must undertake their own research.

VALUATION OFFICE (2)
Address: Irish Life Centre, Abbey St. Lower, Dublin 1, Ireland. *Tel:* (01) 817 1000. *Fax:* (01) 817 1180. *Locall:* 1890 304444. *Hours:* 9.30am-12.30pm & 2.00pm-4.30pm. E-mail: info@valoff.ie Website: www.valoff.ie

FINGAL GENEALOGY (5)
Address: Swords Historical Society Co. Ltd., Carnegie Library, North Street, Swords, Co. Dublin. *Tel/Fax:* (01) 840 0080. *Hours:* Mon.-Fri. 1pm-4.30pm. *Website:* www.clareroots.com *Email:* swordsheritage@eircom.net

DUN LAOGHAIRE RATHDOWN HERITAGE (5)
Address: Moran Park House, Marine Parade, Dun Laoghaire, Dublin. *Tel:* (01) 205 4800. *Fax:* (015) 280 6969. *Hours:* Mon.-Thurs. 9am-5.00pm.

FERMANAGH (FER) see TYRONE
GALWAY (GAL)

EAST GALWAY FAMILY HISTORY SOCIETY (5)
Address: Heritage Centre, Woodford, Co. Galway. *Tel:* (090) 974 9309. *Fax:* (090) 974 9546. *Hours:* Mon.-Thus. 9am-4.30pm. Fri. 9am-1pm. *Website:* www.galwayroots.com *Email:* galwayroots@eircom.net

GALWAY FAMILY HISTORY WEST (5)
Address: Liosbaun Industrial Estate, Tuam Road, Galway. *Tel/Fax:* (091) 756737. *Hours:* By appointment only 9am-3.30pm. *Website:* www.irishroots.net *Email:* galwaywestroots@eircom.net

KERRY (KER)

KERRY GENEALOGY RESEARCH CENTRE (5)
No research centre at present - for information contact: *Tel:* (01) 661 7330. *Fax:* (01) 661 7332. *Website:* www.irishgenealogy.ie *Email:* info@irishgenealogy.ie

KILDARE (KID)

KILDARE HISTORY AND FAMILY RESEARCH CENTRE (5)
Address: Riverbank, Main Street, Newbridge, Co. Kildare. *Tel:* (045) 433602. *Fax:* (045) 431611. *Hours:* Mon.-Thurs. 9am-5.00pm. Fri. 9am-1pm. *Website:* www.kildare.ie/genealogy *Email:* capinfo@iol.ie

KILKENNY (KIK)

ROTHE HOUSE (5)
Address: Parliament Street, Kilkenny. *Tel:* (056) 772 2893. *Fax:* (056) 775 1108. *Hours:* Mon.-Fri. 10.30am-5.00pm. (April to Oct.) limited opening during winter. *Website:* www.kilkennyarchaeologicalsociety.ie *Email:* rothehouse@eircom.net

LAOIS (LEX) see OFFALY
LEITRIM (LET)
- **LEITRIM GENEALOGY CENTRE (5)**
Address: County Library, Ballinamore, Co. Leitrim. *Tel:* (071) 964 4012. *Fax:* (071) 964 4425. *Hours:* Mon.-Fri. 10am-5.00pm. *Website:* www.irishroots.net *Email:* leitrimgenealogy@eircom.net

LIMERICK (LIM)
- **LIMERICK ANCESTRY (5)**
Address: The Granary, Michael Street, Limerick, Ireland. *Tel:* (061) 415125. *Fax:* (061) 312985. *Website:* www.limerickancestry.com *Public Opening Hours:* Temporarily closed.

LONGFORD (LOG)
- **LONGFORD GENEALOGY CENTRE (5)**
Address: 1 Church Street, Longford. *Tel:* (043) 41235. *Fax:* (043) 41279. *Hours:* Mon.-Thurs. 10.30am-4.00pm. Fri. 10.30am-12.30pm. *Email:* longroot@iol.ie

LOUTH (LOU)
- **LOUTH COUNTY LIBRARY (5)**
Address: Roden Place, Dundalk, Co. Louth. *Tel:* (042) 935 3190. *Fax:* (042) 933 7635. *Hours:* Tues.-Sat. 10am-5.00pm. *Website:* www.louthcoco.ie *Email:* referencelibrary@louthcoco.ie

MAYO (MAY)
- **MAYO NORTH FAMILY HISTORY CENTRE (5)**
Address: Enniscoe, Castlehill, Ballina, Co. Mayo. *Tel:* (096) 31809. *Fax:* (096) 31885. *Hours:* Mon.-Fri. 9am-4.00pm. *Website:* www.mayo.irish-roots.net *Email:* normayo@iol.ie
- **SOUTH MAYO FAMILY RESEARCH CENTRE (5)**
Main Street, BALLINROBE, Co. Mayo, Ireland. *Tel./Fax:* (094) 954 1214. Hours: Mon.-Fri. 9.30am-4pm. *E-mail:* soumayo@iol.ie *Website:* mayo.irish-roots.net

MEATH (MEA)
- **MEATH HERITAGE CENTRE (5)**
Address: Castle Street, Trim, Co. Meath. *Tel:* (046) 943 6633. *Fax:* (046) 943 75020. *Hours:* Mon.-Thurs. 9am-5.00pm. Fri. 9am-2pm. *Email:* meathhc@iol.ie

MONAGHAN (MOG)
- **MONAGHAN ANCESTRY (5)**
Address: 6 Tully, Monaghan. *Tel:* (087) 631 0360. *Hours:* Mon.-Fri. 9am-5.00pm. by appointment only. *Email:* theomcmahon@eircom.net

OFFALY (OFF) & LAOIS (LEX)
- **IRISH MIDLANDS ANCESTRY (5)**
Bury Quay, Tullamore, Co. Offaly, Ireland. *Tel./Fax:* (050) 621421. Hours: Mon.-Frid. 9am-4pm. *E-mail:* ohas@iol.ie *Website:* www.irishmidlandsancestry.com

ROSCOMMON (ROS)
- **CO. ROSCOMMON HERITAGE AND GENEALOGY CENTRE (5)**
Address: Church Street, Strokestown, Co. Roscommon. *Tel:* (071) 963 3380. *Fax:* (071) 963 3398. *Website:* www.roscommonroots.com *Email:* info@ roscommonroots.com *Hours:* Mon.-Fri. 2.30pm-4.30pm.

SLIGO (SLI)
- **COUNTY SLIGO HERITAGE AND GENEALOGY CENTRE (5)**
Address: Aras Reddan. Temple Street, Sligo. *Tel:* (071) 914 3728. *Hours:* Mon.-Fri. 9.15am-4.45pm. *Website:* www.sligoroots.com *Email:* heritagesligo@eircom.net

TIPPERARY (TIP)
- **TIPPERARY NORTH FAMILY RESEARCH CENTRE (5)**
Address: The Governor's House, Kickham Street, Nenagh, Co. Tipperary. *Tel:* (067) 33850. *Fax:* (067) 33586. *Website:* www.irishroots.net *Email:* tippnorthgenealogy@eircom.net *Hours:* Mon.-Fri. 9.30am-5pm.

- **BRU BORU CULTURAL CENTRE (5)**
Address: Rock of Cashel, Cashel, Co. Tipperary. *Tel:* (062) 61122. *Fax:* (062) 62700. *Website:* www.comhaltas.com *Email:* comhaltas.com *Hours:* Mon.-Fri. 9.30am-5pm.

TYRONE (TYR)
- **IRISH WORLD FAMILY HISTORY SERVICES (5)**
Address: 51 Dungannon Road, Coalisland, BT71 4HP, Co. Tyrone, Northern Ireland. *Tel:* (028) 8774 6065. *Hours:* Mon.-Fri. 10.00am-5.00pm. *Website:* www.irish-world.com *Email:* info@irish-world.com

WATERFORD (WAT)
- **WATERFORD HERITAGE SERVICES (5)**
Address: Jenkins Lane, Waterford, Co. Waterford. *Tel:* (051) 876123. *Fax:* (051) 850645. *Hours:* Mon.-Thurs. 9am-5.00pm. Fri. 9am-2pm. *Website:* www.waterford-heritage.ie *Email:* mnoc@iol.ie

WESTMEATH (WEM)
- **DUN NA SI HERITAGE CENTRE (5)**
Address: Knockdomney, Moate, Co. Westmeath. *Tel:* (090) 648 1183. *Fax:* (090) 648 1661. *Hours:* Mon.-Thurs. 10am-4pm. Fri. 10am-3pm. *Email:* dunnasimoate@eircom.net

WEXFORD (WEX)
- **CO. WEXFORD HERITAGE AND GENEALOGY SOCIETY (5)**
Address: Yola Farmstead Folk Park, Tagoat, Rosslare, Co. Wexford. *Tel:* (053) 32611. *Fax:* (053) 32612. *Hours:* Mon.-Fri. 10am-4pm. *Website:* www.geocities.com/wexgen *Email:* wexgen@iol.ie

WICKLOW (WIC)
- **WICKLOW FAMILY HISTORY CENTRE (5)**
Address: Historic Gaol, Kilmantin Hill, Wicklow Town. *Tel:* (040) 420126. *Fax:* (040) 461612. *Hours:* Mon.-Fri. 10am-5.00pm. *Website:* www.wicklow.ie *Email:* wfh@eircom.net

ISLE OF MAN
- **MANX NATIONAL HERITAGE LIBRARY (5)**
Street Address: Douglas, Isle of Man IM1 3LY. *Post:* same. *Ref. Section Tel:* (01624) 648000. *Fax:* (01624) 648001. *Hours:* Mon.-Sat. 10am-5pm. closed last week in Jan. *Research:* **By Mail:** PGHL, LFR. Holds most records for study of Manx genealogy. *E-mail:* library@mnh.gov.im

- **CIVIL REGISTRY - ISLE OF MAN GOVERNMENT (3)**
Street Address: Deemsters Walk, Douglas. *Post:* Bucks Road, Douglas, IOM, UK. IM1 3AR. *Fax/Tel:* (01624) 687039. *Contact:* Mrs S. Cain, Senior Registrar. *Hours:* Mon.-Fri. 9am-1pm & 2-5pm. *Research Facilities:* **By Mail:** £3.00 per band of 3 years search. £8.00 for certified copies of entries. Cheques to "Isle of Man Government" UK Sterling. *E-mail:* civil@registry.gov.im

LIECHTENSTEIN
LISTING OF MAJOR ARCHIVES, RECORD OFFICES & LIBRARIES:
http://www.genealogy.com/gene/reg/CH/lichts.html

NAMIBIA

- **NATIONAL ARCHIVES OF NAMIBIA (5)**
Street Address: Eugene Marais Str., Windhoek. *Post:* Private Bag 13250, Windhoek. *Ref. Section Tel:* (061) 2935211. *Fax:* (061) 2935217. *E-mail:* natarch@mec.gov.na *Contact:* Mr W. Hillebrecht, Acting Chief Archivist. *Hours:* Mon.-Fri. 1000-1700. *Research Facilities:* **In Person:** RTR(ADV). *Research Facilities:* **By Mail:** LFR.

NETHERLANDS

- **BRABANT-COLLECTIE (1)**
Tilburg University Library, Warandelaan 2, PO Box 90153, NL-5000 LE, Tilburg, Netherlands. *Ref. Section: Tel:* 013 4662127 (international 0031 134 662127). *Hours:* Mon.-Fri. 9.00-21.30, Sat. 9.00-16.00. *Annual Closure:* During summer holidays closed in the evenings & Saturdays.

- **GEMEENTEARCHIEF AMSTERDAM/MUNICIPAL ARCHIVES (0)**
Street Address: Amsteldijk 67, 1074 HZ, Amsterdam. *Postal Address:* PO 51140, 1007 EC, Amsterdam. *Hours:* Mon.-Sat. 10.00-17.00hrs. *Closed:* "Christion" holydays. *Research Facilities:* **In Person:** PID. *Research Facilities:* **By Mail:** PGHL.

- **GEMEENTELIJKE ARCHIEFDIENST AMERSFOORT (1)**
Street Address: Stadhuisplein 7. *Postal Address:* PO Box 4000, 3800 EA, Amersfoort, Nederland. *Tel:* 033 4695017. *Fax:* 033 4695451. *Hours:* Mon. 13.00-17.00, Tues. & Fri. 09.00-17.00, Thurs. 18.00-20.00, Sat. 09.00-12.00. *Public Holidays:* April 30, May 5. *Research Facilities:* **By Mail:** PGHL, PRS(fl:117.20 per hour).

- **RIJKSARCHIEF IN DRENTHE (0)**
Street Address: Brink 4. *Postal Address:* PO Box 595, 9400 AN, Assen, The Netherlands. *Tel:* 0031 592 313523. *Fax:* 0031 592 314697.
E-mail: info@drenbsarchief.org *HomePage:* http://www.drenbsarchief.org
Contact: J.E. Ennik. *Hours:* Mon. 1.30pm-5.00pm, Tues. & Thurs. 9.00am-9.00pm, Wed. & Fri. 9.00am-5.00pm. *Closed:* July & Aug. Tues. & Thurs. open until 5.00pm instead of 9.00pm. *Research Facilities:* **By Mail:** LFR, PRS(more than 1/4 hour - $50.00 per hour).

- **HET UTRECHTS ARCHIEF (0)**
Address: Alexander Numankade 199/201, 3572 KW, Utrecht.
Tel: 030 286 6611. *Fax:* 030 286 6600. *E-mail:* utrecht@ad.archief.nl
Hours: Mon. 13.30-17.00, Tues., Wed. & Fri. 9.00-17.00, Thurs. 9.00-21.00, Sat. 9.00-12.30. *Closed:* Saturdays in July & Aug. *Research Facilities:* **In Person:** RTR(ADV). *Research Facilities:* **By Mail:** PRS(37,50 per 30 mins).

- **RIJKSARCHIEF IN OVERIJSSEL (1)**
Address: Eikenstraat 20, 8021 WX, Zwolle. *Tel:* 038 454 0722. *Fax:* 038 454 4506. *E-mail:* rao@euronet.nl *HomePage:* http://www.hcov.nl *Contact:* hoofd studiezaal. *Hours:* Tues.-Fri. 09.00-17.00, Sat. 09.00-17.00 (except July & Aug.). *Research Facilities:* **In Person:** RTR(ADV). *Research Facilities:* **By Mail:** PRS(Nlg $45,- per hour).

- **GEMEENTEARCHIEF AMSTERDAM/MUNICIPAL ARCHIVES (0)**
Street Address: Amsteldijk 67, 1074 HZ, Amsterdam. *Postal Address:* PO 51140, 1007 EC, Amsterdam. *Hours:* Mon.-Sat. 10.00-17.00hrs. *Closed:* "Christion" holydays. *Research Facilities:* **In Person:** PID. *Research Facilities:* **By Mail:** PGHL.

- **ZEEUWS DOCUMENTATIECENTRUM (ZEALAND DOCUMENTATION CTR) (0)**
Address: Kousteensedijk 7, 4331 JE, MIDDELBURG, Netherlands. *Postal Address:* PO Box 8004, 4330 EA, MIDDELBURG, Nederland. *E-mail:* zbdoc@mail.zebi.nl *Hours:* Mon. 5.30pm-9pm, Tues.-Fri. 10am-9pm, Sat. 10am-1pm, Sun. closed. We can offer the genealogist and other interested people documentation about every town and city in the province of Zealand and on almost every item of daily life in this century and sometimes before. For instance, there are maps, postcards and photographs to illustrate your family history as far as it is part of the Zealand history.

NEW ZEALAND

● **NATIONAL LIBRARY of NEW ZEALAND/TE PUNA MATAURANGA O AOTEAROA**
Street: Cnr Molesworth & Aitken Streets, Thorndon, Wellington, NZ. *Post:* PO Box 1467, Wellington, NZ. *Email:* reference@natlib.govt.nz *Website:* www.natlib.govt.nz *Ref. Section: Tel:* (04) 474 3030. *Fax:* (04) 474 3063. *Hours:* Mon-Frid 9am-5pm; Sat. 9am-1pm. Closed 25 Dec-2 Jan. *Research Facilities:* **By Mail:** LFR.

● **ALEXANDER TURNBULL LIBRARY (3)**
Street Address: As for the National Library. *Postal Address:* PO Box 12-349, Wellington, 6001 NZ. *Ref. Section Tel:* (04) 474 3000. *Fax:* (04) 474 3063. E-mail: atl@natlib.govt.nz *Hours:* Mon-Fri. 9am-5pm; Sat. 9am-1pm. Closed 25 Dec-3 Jan. *Research:* **In Person:** No seat booking system operates in the Library. **By Mail:** LFR. Access to resources also through the National Library's website at: www.natlib.govt.nz *Email:* reference@natlib.govt.nz *Website:* www.natlib.govt.nz

● **ARCHIVES NEW ZEALAND/TE WHARE TOHU TUHITUHINGA O AOTEAROA (3)**
Street Address: 10 Mulgrave St, Thorndon, Wellington. *Post:* PO Box 12-050, Wellington, NZ. *Contact:* Reference Archivist *Ref. Section: Tel:* (04) 499 5595. *Fax:* (04) 495 6210. *E-mail:* enquiries@archives.govt.nz *Website:* www.archives.govt.nz *Hours:* Mon.-Fri. 9am-5pm. *Research Facilities:* **In Person:** RTR(ADV), CCID, DLID. **By Mail:** LFR, PRS ($25.65 half hour).

● **AUCKLAND CITY LIBRARIES (3)**
Street Address: 50 Lorne Street, Auckland, NZ. *Postal Address:* PO Box 4138, Auckland, NZ. *Auckland Research Centre Tel:* Family History Librarian (09) 307 7770. *Fax:* (09) 307 7741. *Website:* www.aucklandcitylibraries.com *Hours:* Mon-Fri. 9.30am-8pm (Sun. 12-4pm); Sat. 10am-4pm. *Research Facilities:* **In Person:** SBR for some machines. CCID, DLID. *Research:* **By Mail:** LFR (15 min.), PRS ($40 p/h).

● **CHRISTCHURCH CITY LIBRARIES (1)**
Street Address: 89-91 Gloucester Street, (Cnr Oxford Terrace), Christchurch, NZ. *Postal:* PO Box 1466, Christchurch, NZ. *Ref. Section: Tel:* (03) 379 6914. *Fax:* (03) 365 1751. *E-mail:* library @ccc.govt.nz *Web site:* http://library.christchurch.org.nz

● **DUNEDIN PUBLIC LIBRARIES (3)**
Street Address: 230 Moray Place, Dunedin. *Postal Address:* PO Box 5542, Moray Place, Dunedin. *Tel:* (03) 474 3651. *Fax:* (03) 474 3660. *E-mail:* Library@dcc.govt.nz *Contact:* Jean Strachan, McNab New Zealand Librarian. *Hours:* Mon.-Fri. 9.30am-8.00pm, Sat. 10.00am-4.00pm. *Research Facilities:* **By Mail:** PRS(NZ$35.00 per half hour).

● **FEILDING PUBLIC LIBRARY (3)**
Street Address: Corner Stafford & Bowen Sts., Fielding. *Post:* PO Box 264, Feilding, 5600, NZ, *Tel:* (06) 323 5373 *Fax:* (06) 323 1355 *Email:* simon@mdc.govt.nz *Contact:* Simon Johnson, District Librarian. *Hours:* Mon.-Thurs. 10am-5.30pm. Fri. 10am-8pm., Sat. 9.30-12 noon. *Research Facilities:* **In Person:** SBR.

● **HAMILTON CITY LIBRARIES (3)**
Street Address: Garden Place, Hamilton, NZ. *Post:* PO Box 933, Hamilton 2015, New Zealand. *Contact:* Jeff Downs, Reference. *Website:* www.hamiltonlibraries.co.nz *Email:* reference@hcc.govt.nz *Ref. Section Tel:* (07) 838 6827. *Fax:* (07) 838 6858. *Hours:* Mon-Fri. 9am-8.30pm; Sat. 9am-4pm, Sun. 12.00-3.30pm. *Research Facilities:* **In Person:** ID required for manuscripts. **By Mail:** LFR (10 min.) then PRS ($25 per half hr).

● **HOCKEN LIBRARY (3)**
Reference Section: Cnr. Anzac Avenue & Parry Street, Dunedin, NZ. *Post:* PO Box 56, Dunedin, NZ. *Website:* www.library.otago.ac.nz/hocken/hhome.html *Ref. Section: Tel:* (03) 479 8879. *Archives Section Tel:* (03) 479 8875. *Fax:* (03) 479 5078. *Research Facilities:* **In Person:** CCID, DLID, RTR. *Research Facilities:* **By Mail:** LFR, PGHL.

● **PORIRUA PUBLIC LIBRARY (2)**
Street Address: Cnr Norrie & Parumoana Sts., Porirua. *Post:* 50218, Porirua 6215, NZ. *Tel:* (04) 237 1541. *Fax:* (04) 237 7320. *Contact:* Megan Ross, Ref. Librarian. *Hours:* Mon.-Sat. 10am-5pm, Sun. 12-4pm. *Research Facilities:* **In Person:** RTR ($3). **By Mail:** LFR.

- **TAKAPUNA PUBLIC LIBRARY (3)**
Street Address: The Strand, Takapuna. *Post:* Private Bag 93508, Takapuna 1309, NZ. *Tel:* (09) 486 8460. *Fax:* (09) 486 8519. *Contact:* Fiona Henderson, NZ Collection Librarian. *Hours:* Mon. and Thurs. 9am-8pm., Tues. Wed. & Fri. 9am-5.30pm., Sat. & Sun. 9.30-4.00pm. *Research Facilities:* **In Person:** no ticket required.

- **WANGANUI DISTRICT LIBRARY (1)**
Street Address: Alexander Building, Queens Park, Wanganui. *Post:* Private Bag 3005, Wanganui 5001, NZ. *Tel:* (06) 349100. *Fax:* (06) 3491019. *Contact:* Lynley Fowler, Heritage Collection Librarian. *Hours:* Mon.-Fri, 1-5pm. *Research Facilities:* **In Person:** no ticket required. **By Mail:** PRS ($50 hour).

NORWAY

- **THE NORWEGIAN EMIGRATION CENTRE (9)**
Street Address: Strandkaien 31, 4005 STAVANGER, Norway. *Post:* same.
Ref. Section Tel: (47) 51 53 88 60. *Fax:* (47) 51 53 88 63. *Contact:* Gunn Hidle, Genealogist.
E-mail: detnu@telepost.no *Website:* http://www.emigrationcenter.com *Hours:* Mon.-Fri 9am-3pm. (in winter, Tues. 9am-7pm). *Research Facilities:* **By Mail:** PRS (US$50 for 3 hours. Additional research US$25 per hour.)

POLAND

- **NACZELNA DYREKCJA ARCHIWOW PANSTWOWYCH (THE HEAD OFFICE OF STATE ARCHIVES) (1)**
Street Address: ul. Dluga 6, 00-238, WARSZAWA, Poland. *Postal Address:* skr. poczt. 1005, 00-950 Warszawa. *Fax:* (+48 22) 831 75 63. *Website:* www.archiwa.gov.pl

SCOTLAND

EDINBURGH

- **NATIONAL LIBRARY OF SCOTLAND (3)**
Street Address: George IV Bridge, Edinburgh, EH1 1EW, Scotland. *Postal Address:* same.
Contact: Head of Reference Services. *E-mail:* enquiries@nls.gov.uk *Hours:* Mon., Tues., Thurs. & Fri. 9.30-20.30; Wed. 10.00-20.30; Sat. 9.30-13.00. *Public Holidays:* Closed Easter, Christmas, New Year, 2 days May & 1 day Sept. Closed 1st week in Oct. for stocktaking. *Research Facilities:* **In Person:** RTR(ADV), DLID. **By Mail:** PGHL, LFR.

- **NATIONAL ARCHIVES OF SCOTLAND (Formerly the Scottish Record Office) (3)**
Street & Post: HM General Register House, Princes Street, Edinburgh, EH1 3YY, Scotland.
Ref. Section: Tel: (0131) 535 1334. *Fax:* (0131) 535 1328. *E-mail:* enquiries@nas.gov.uk *Website:* www.nas.gov.uk *Contact:* All correspondence to the Historical Search Room. *Hours:* Mon.-Fri. 9.00-16.45. *Annual Closure:* 1st two weeks in Nov. *Research:* **In Person:** RTR(ADV), CCID, DLID. *Research Facilities:* **By Mail:** PGHL.

- **GENERAL REGISTER OFFICE FOR SCOTLAND (5)**
Address: New Register House, Edinburgh, EH1 3YT, Scotland. *Tel:* (0131) 334 0380. *Fax:* (0131) 314 4400. *Email:* records@gro-scotland.gsi.gov.uk *Web:* www.gro-scotland.gov.uk *Pay-per-view Genealogy Searching Service:* www.scotlandspeople.gov.uk *Hours:* 0900-1630 Mon.-Fri.

ABERDEEN

- **ABERDEEN CITY ARCHIVES (5)**
Street & Post: Aberdeen City Archives, Town House, Union St, Aberdeen, AB10 1AQ, Scotland
Ref. Section: Tel: (01224) 522513. *E-mail:* archives@aberdeencity.gov.uk *Contact:* Duty Archivist.
Hours: Wed.-Fri. 9.30am-4.30pm. *Research Facilities:* **In Person:** SBR. *Research:* **By Mail:** LFR, PRS(£30 per hour).

- **ABERDEEN CITY ARCHIVES - OLD ABERDEEN HOUSE BRANCH (5)**
Street & Post: Old Aberdeen House, Dunbar Street, Aberdeen, AB24 3UJ, Scotland.

Ref. Section: Tel: (01224) 481775. *Fax:* (01224) 495830. *E-mail:* archives@aberdeencity.gov.uk *Hours:* Mon.-Wed. 9.30am-1pm & 2pm-4.30pm. *Research Facilities:* **In Person:** SBR. *Research:* **By Mail:** LFR, PRS (£30 per hour).

DUMFRIES

• DUMFRIES & GALLOWAY LIBRARIES, INFORMATION & ARCHIVES (3)
Street Address: **Ewart Library,** Catherine Street, Dumfries, DG1 1JB, Scotland. *Tel.:* (01387) 253820. *Fax:* (01387) 260294. *E-mail:* libs&i@dumgal.gov.uk *Contact:* Ruth Airley, Reference/Local Studies Librarian. *Hours:* Mon., Tues., Wed. & Fri. 09.15-19.30, Thurs. & Sat. 09.15-17.00. Closed Sun. & public holidays. *Research Facilities;* **In Person & By Mail:** PRS £15 per hour, minimum charge £15. (see Archive Centre next page)
Street Address: **Archive Centre,** 33 Burns Street, Dumfries, DG1 2PS, Scotland. *Tel:* (01387) 269254. *Contact:* Marion M. Stewart, Archivist. *Hours:* Tues., Wed. & Fri. 11am-1pm & 2pm-5pm, Thurs. 6pm-9pm, Closed weekends, Mondays & public holidays. *Research Facilities:* **In Person:** SBR. *Postal Address:* CSU Ewart Library, Catherine Street, Dumfries, DG1 1JB, Scotland. *Tel.:* (01387) 253820. *Fax:* (01387) 260294. *E-mail:* libs&i@dumgal.gov.uk *Research Facilities:* **By Mail:** PRS £25 per hour, minimum charge £15.

DUNDEE

• DUNDEE CITY ARCHIVES (5)
Street Address: 1 Shore Terrace, Dundee. *Post:* 21 City Square, Dundee, DD1 3BY, Scotland.
Ref. Section: Tel: (01382) 434494. *Fax:* (01382) 434666. *E-mail:* archives@dundeecity.gov.uk *Websites:* www.dundeecity.gov.uk/archives and www.fdca,org.uk (Friends of Dundee City Archives databases). *Hours:* Mon.-Fri. 9.15am-1pm & 2pm-4.45pm. *Research Facilities:* **In Person:** SBR. *Research:* **By Mail:** PGHL, LFR.

GLASGOW

• GLASGOW CITY ARCHIVES (0)
Street Address: Mitchell Library, North Street, Glasgow, G3 7DN, Scotland. *Post:* same.
Ref. Section: Tel: (0141) 287 2913. *Fax:* (0141) 226 8452. *E-mail:* archives@cls.glasgow.gov.uk *Website:* http://www.glasgow.gov.uk/gcl.home.htm *Contact:* Mr A.M. Jackson, City Archivist. *Hours:* Mon.-Thurs. 9.30am-4.45pm, Fri. 9.30am-4pm. *Research:* **By Mail:** LFR, PRS.

INVERNESS

• HIGHLAND COUNCIL GENEALOGY CENTRE (3)
Street Address: Inverness Library, Farraline Park, Inverness, IV1 1NH, Scotland. *Post:* same.
Ref. Section: Tel: (01463) 220330 & 236463 ext. 9. *Fax:* (01463) 711128. *Contact:* Alistair Macleod, Genealogist, Highland Council. *Hours:* Mon-Fri. 10am-5pm. *Research:* **In Person:** LFR, PRS(£12 per hr), **By Mail:** LFR, PRS(UK£20.00- 1 hr, £35.00 - 2 hrs, £50.00 - 3 hrs), (overseas £3.00 postal charge).

MORAY

• LOCAL HERITAGE CENTRE (5)
Street Address: Elgin Library, Cooper Park, Elgin, Moray, IV30 1HS, Scotland. *Postal Address:* same. *Email:* libstock@moray.gov.uk *Website:* www.moray.gov.uk *Hours:* Mon., Wed., Thurs. & Fri. 10am-5.00pm, Tues. 10am-8pm, Sat. 10am-noon. Closed Wed. Oct.-Apr. *Research:* **By Mail:** LFR, PRS (£16 per hour).

PERTH

• PERTH & KINROSS COUNCIL ARCHIVE (5)
Street Address: A.K. Bell Library, York Place, Perth, PH2 8EP, Scotland. *Post:* same. *Ref. Section: Tel:* (01738) 477012. *Fax:* (01738) 477010. *Contact:* Stephen Connelly, Archivist. *Hours:* Mon.-Fri. 9.30am-5pm & Thurs. 5-8pm, by appointment. *Research:* **By Mail:** PRS (£19.10 p/hr for 5 hrs). *E-mail:* archives@pkc.gov.uk *Web:* http://www.pkc.gov.uk/library/archive.htm

• PERTH & KINROSS LIBRARIES (5)
Street Address: A.K. Bell Library, York Place, Perth, PH2 8EP, Scotland. *Local Studies Section Tel:* (01738) 477062. *Fax:* (01738) 477010. *Contact:* Jeremy Duncan, Local Studies Librarian (job

share) *E-mail:* Jaduncan@pkc.gov.uk or Sara Ann Kelly, Local Studies Librarian (job share). *E-mail:* sakelly@pkc.gov.uk *Website:* www.pkc.gov.uk/library/localstudies.htm *Hours:* Mon., Wed. & Fri. 9.30am-5pm, Tues. & Thurs. Fri. 9.30am-8pm, Sat. 9.30am-4pm. *Research Facilities:* **In Person:** SBPreferred. *Research Facilities:* **By Mail:** PRS (£19.10 per hr).

SELKIRK (SEL)
● **SCOTTISH BORDERS ARCHIVE AND LOCAL HISTORY CENTRE (5)**
Street & Post: St.Marys Mill, Selkirk, TD7 5EW, Scotland.
Ref. Section Tel: (01750) 20842/(01750) 724903. *Fax:* (01750) 22875.
E-mail: archives@scotborders.gov.uk *Website:* www.scotborders.gov.uk/libraries *Hours:* Mon.-Thurs. 9am-5pm, Fri. 9am-3.30pm. *Annual Closure:* 25 & 26 Dec., 1 & 2 Jan. Mayday. *Research Facilities:* **In Person:** SBR(Microfilm). *Research Facilities:* **By Mail:** PRS(£10 per half hour).

SHETLAND (SHI)
● **SHETLAND ARCHIVES (3)**
Street Address: 44 King Harald Street, Lerwick, Shetland, ZE1 0EQ, Scotland. *Post:* same.
Contact: B. Smith, Archivist. *Ref. Section Tel:* (01595) 696247. *Fax:* (01595) 696533.
E-mail: brian.smith@sic.shetland.gov.uk *Hours:* Mon.-Thurs. 9am-1pm & 2-5pm.; Fri. same but closes 4pm. *Research Facilities:* **By Mail:** LFR.

SOUTH AFRICA

● **NATIONAL ARCHIVES - PRETORIA (3)**
Street Address: 24 Hamilton Street, Arcadia. *Post:* Private Bag X236, Pretoria, 0001, South Africa.
Contact: L. Coetzee, Reading Room. *Ref. Section Tel:* 323 5300. *Fax:* 323 5287. *E-mail:* arg10@dacst4.pwv.gov.za *Hours:* Mon-Fri. 0800-1600. *Research:* **In Person:** RTR(ADV). *Research Facilities:* **By Mail:** PGHL, LFR.C

● **NATIONAL LIBRARY OF SOUTH AFRICA - CAPE TOWN CAMPUS (3)**
Street Address: 5 Queen Victoria Street, Cape Town. *Post:* PO Box 496, Cape Town 8000.
Tel: (021) 424 6320. *Fax:* (021) 423 3359. *E-mail:* info@nlsa.ac.za

● **CAPE TOWN ARCHIVES REPOSITORY (5)**
Street Address: 72 Roeland Street, Cape Town. *Post:* Private Bag X9025, Cape Town, 8000, RSA. *Website:* www.national.archives.gov.za *Contact:* Ms M. George, Office head. Mrs S.J.G. Hogg, Principal Archivist. *Ref. Section Tel:* (021) 462 4050. *Fax:* (021) 4652960. *E-mail:* capearchives@mweb.co.za *Hours:* Mon., Tues., Wed. & Fri. 0800-1600; Thurs. 0800-1900. *Research Facilities:* **In Person:** RTR(ADV), PID. *Research Facilities:* **By Mail:** PGHL, LFR.

● **FREE STATE ARCHIVES REPOSITORY (5)**
Street Address: 29 Badenhorst Street, Universitas, Bloemfontein. *Post:* Private Bag X20504, Bloemfontein, 9300. *Reference Section Tel:* (051) 522 6762. *Fax:* (051) 522 6765. *E-mail:* fsarch@sas.fs.gov.za *Hours:* Mon.-Fri. 0800-1600, Sat. 0900-1200. *Research:* **In Person:** RTR(ADV), PID. **By Mail:** PGHL, LFR, PRS.

● **ALBANY MUSEUM (5)**
Street Address: Somerset Street, Grahamstown 6139, South Africa. *Post:* same. *Contact:* William Jervois, Genealogy Dept. *Ref. Section Tel:* (046) 622 2312. *Fax:* (046) 622 2398. *E-mail:* w.jervois@ru.ac.za *Hours:* Mon-Fri. 0800-1300. later by appointment. Closed 23 Dec.-2 Jan. *Research Facilities:* **In Person:** No RTR. **By Mail:** LFR, PRS R50 per hour + postage etc.

● **CORY LIBRARY FOR HISTORICAL RESEARCH (5)**
Street Address: Rhodes University, Eden Grove Building, Lucas Avenue, Grahamstown, 6140, South Africa. *Post:* PO Box 184, Grahamstown 6140, South Africa.
Contact: Mrs Sally Poole (Genealogist); Ms Shirley Stewart, Cory Librarian.
Ref. Section Tel: (046) 603 8364/603 8438. *Fax:* (046) 603 8493.
E-mail: S.Poole@ru.ac.za. *Website:* www.ru.ac.za/library/cory/genealogy.html
Hours: Academic terms and vacations, Mon-Fri. 0830-1700. Closed over Christmas and New Year period. *Research Facilities:* **In Person:** RTR(ADV). *Research:* **By Mail:** LFR (specific query only), PRS(rates available upon request).

● **AMATHOLE MUSEUM (previously known as KAFFRARIAN MUSEUM) (0)**
Street Address: Alexander Rd, King Williamstown. *Post:* PO Box 1434, King Williamstown, 5600. *Contact:* Ms S. Pienaar, Curator of History. *Ref. Section Tel:* (043) 642 4506. *Hours:* Mon-Thurs. 900-1300 & 1400-1630. *Research Facilities:* **In Person:** SBR, DLID, only post graduate students or established researchers allowed in archives. *Research Facilities:* **By Mail:** write for a list of fees.

● **DUTCH REFORMED CHURCH SYNOD RECORDS OFFICE OF KWA ZULU-NATAL Sinodale Argiefbewaarplek : N.G. Kerk : Kwa Zulu-Natal (5)**
Street Address: Burgerstr. 345, Pietermaritzburg. *Post:* PO Box 649, Pietermaritzburg, 3200, RSA. *Contact:* Mrs E. Raath, Archives Officer. *E-mail:* argief@ngknatal.org.za *Ref. Section Tel/Fax:* (033) 345 2279. *Hours:* Mon. & Wed.-Fri. 0800-1300; Tues. 1200-1600. *Research Facilities:* **In Person:** SBR, DLID. *Research Facilities:* **By Mail:** LFR, PRS 5 hrs + at R50 per hr.

● **DUTCH REFORMED CHURCH ARCHIVE OF O.F.S. - NG Kerkargief Inligfingsdiens van die OVS (5)**
Street Address: 147 St.Andrew Street, Bloemfontein. *Post:* PO Box 398, Bloemfontein, 9301, RSA. *Contact:* Mrs Botes van der Walt. *E-mail:* argief@ ngkerkovs.co.za *Ref. Section Tel:* (051) 406 6724. *Hours:* Mon.-Fri. 08.15-12.45 & 13.30-15.45. *Research Facilities:* **In Person:** SBR.

● **HUGUENOT MEMORIAL MUSEUM (5)**
Postal Address: PO Box 37, FRANSCHHOEK, Western Cape 7690. *Ref. Section Tel:* (021) 876 2532. *Fax:* (021) 876 3649. *E-mail:* hugenoot@museum.co.za Research into Huguenot families who came to the Cape c.1680-1730.

SPAIN

● **ARCHIVO HISTORICO NACIONAL (0)**
Street Address: c/Serrano 115, 28006 - Madrid, Espagne. *Postal Address:* same. *Ref. Section: Tel:* 261 8003, 2618004, 2618005, 563 5923. *Website:* www.mce.es/lab/archivos/index.html *Hours:* 8.18 heures (juillet et aot: 8-15 heures). *Research Facilities:* **In Person:** Prix d'entrée et d'emprunt d'un livre: On demande seulement une lettre d'introduction (d'un professeur, institution culturelle ou ambassade) et deux photographies. Il n'y a pas d'emprunt des livres.

● **BIBLIOTECA NACIONAL (1)**
Address: Paseo de Recoletos n.20, 28001 - Madrid, Espagne. *Tel:* (34) 915807800. *Fax:* (34) 915805634. *E-mail:* webmaster@bne.es *Website:* www.bne.es *Hours:* Mon.-Fri. 9-21h, Sat. 9-14h.

● **INSTITUCION FERNANDO EL CATOLICO (C.S.I.C.)**
EXCMA. DIPUTACION DE ZARAGOZA. (9)
Address: Plaza de Espana 2, 50071 - Zaragoza, Espana. *Tel:* (09) 7628 8878. *Fax:* (09) 7628 8869. *E-mail:* ifc@isendanet.es.mail. *Contact:* Alberto Montdner, Assistant Director. *Annual journal: EMBLEMATA* devoted to genealogical, heraldic & related items. *Research:* **By Mail:** PGHL.

● **REAL ACADEMIA DE LA HISTORIA (0)**
Address: c/Leon 21, 28014 - Madrid, Espagne.

● **ARCHIVO GENERAL DE SIMANCAS (0)**
Address: Miravete 8, 47130 - Simancas (Valladolid), Espagne.

● **ARCHIVO DE LA REAL CHANCILLERIA DE VALLADOLID (0)**
Address: Calle de la Chancilleria n.4, 47071 - Valladolid, Espagne.

● **ARCHIVO DE LA REAL CHANCILLERIA DE GRANADA (0)**
Address: Placa del Padre Suarez s/n, 18009 - Granada, Espagne.

● **ARCHIVO DE LA CORONA DE ARAGON (0)**
Address: c/Almogavares n.77, 08108 - Barcelona, Espagne.

● **ARCHIVO GENERAL DE INDIAS (0)**
Address: Avda. de la Constitucion n.3, 41071 - Sevilla, Espagne.

● **ARCHIVO GENERAL DE NAVARRA (0)**
Address: Palacio de la Diputacion, Avda. de San Ignacio 1, 31002 - Pamplona, Espagne.

SWEDEN

- **RIKSARKIVET (NATIONAL ARCHIVES) (1)**
Street: Fyrverkarbacken 13-17, Stockholm. *Post:* Box 12541, S-102 29 Stockholm, Sweden.
Ref. Section: Tel: +8 737 63 50. *Hours:* Mon.-Wed. 9.00-19.00, Thurs.-Fri. 9.00-16.30, Sat. 9.00-13.30. Shorter hours in summer. Microfilm reading room: Matslingan 17-19, Tuby. Mon-Fri. 9.00-16.00, Sat. 9.00-13.30. *Research Facilities:* **By Mail:** PRS(SEK240 for half hr).

- **KRIGSARKIVET (MILITARY ARCHIVES) (1)**
Street Address: Banergatan 64, Stockholm. *Postal Address:* S-115 88 Stockholm, Sweden.
Tel: +8 782 41 00. *Hours:* Mon.-Fri. 9.00-16.30 (May-Aug. 9.00-16.00), Sat. 9.00-16.00. *Research:* **By Mail:** LFR.

- **EMIGRANTISTITUTET/HOUSE OF EMIGRANTS (1)**
Street Address: Vilhelm Mobergs gata 4, Vaxjo, Sweden. *Post:* Box 201, S-351 04 Vaxjo, Sweden.
Tel: +470 201 20. *E-mail:* info@svenskaemigrantinstitulet.g.se
Hours: Mon.-Fri. 9.00-16.00. *Research:* **By Mail:** PRS($50 for half hr).

- **STADSARKIVET (CITY & PROVINCIAL ARCHIVES) (1)**
Street: Kungsklippan 6, Stockholm, Sweden. *Post:* Box 22063, S-104 22 Stockholm, Sweden.
Ref. Section: Tel: +8 508 283 00. *Fax:* +8 508 283 01. *Hours:* Mon.-Thurs. 9.00-16.00 (Mon. & Thurs. also 16.00-21.00), Fri. 9.00-15.30, Sat. 9.00-13.00. Shorter hours in summer. *Research Facilities:* **By Mail:** PRS(SEK300/hour).

- **LANDSARKIVET (PROVINCIAL ARCHIVE) (1)**
Street Address: Museiplan, Ostersund, Sweden. *Post:* Arkivvagen 1, S-831 31 Ostersund, Sweden.
Tel: +63 10 84 85. *Hours:* Mon.-Fri. 9.00-16.00, Tues. also 16.00-20.30. Shorter hours in summer. *Research:* **By Mail:** PRS(SEK180 for half hr). *E-mail:* landsarkivet@landsarkivet-ostersund.ra.se
Website: www.ra.se/ola/

- **LANDSARKIVET (PROVINCIAL ARCHIVE) (1)**
Street Address: Visborgsgatan 1, Visby, Sweden. *Post:* Visborgsgatan 1, 621 57 Visby, Sweden.
Ref. Section: Tel: +498 2129 55. *Hours:* Mon.-Fri. 10.00-16.00. *Research:* PRS(SEK180 half hr).

- **LANDSARKIVET (PROVINCIAL ARCHIVE) (1)**
Street Address: The Castle, Vadstena, Sweden. *Post:* Box 126, S-592 23 Vadstena, Sweden.
Ref. Section: Tel: +143 130 30. *Hours:* Mon. 8.00-15.30, Tues. also 18.00-21.00, Sat. 8.00-13.00. Shorter hours in summer. *Research Facilities:* **By Mail:** PRS(SEK240 for half hr).

- **LANDSARKIVET (PROVINCIAL ARCHIVE) (1)**
Street: Dag Hammarskjolds vag 19, Uppsala. *Post:* Box 135, SE-751 04 Uppsala, Sweden.
Ref. Section: Tel: +18 65 21 00. *Hours:* Mon.-Wed. 8.30-20.00, Thurs.-Fri. 8.30-16.00. (summer hours: Mon.-Fri. 8.30-15.00). *Research Facilities:* **By Mail:** PRS(SEK90 for quarter hr).

- **LANDSARKIVET (PROVINCIAL ARCHIVE) (1)**
Street Address: Dalbyvagen 4, Lund. *Postal Address:* Box 2016, S-220 02 Lund, Sweden.
Tel: 046 197000. *Fax:* 046 197070. *E-mail:* landsarkivet@landsarkivet-lund.ra.se
Hours: Mon. & Thurs. 9.00-17.45 & 18.00-21.00, Tues., Wed. & Fri. 9.00-16.00, Sat. 9.00-15.00. Shorter hours in summer. *Research Facilities:* **By Mail:** PRS(SEK240 for half hr).

- **LANDSARKIVET (PROVINCIAL ARCHIVE) (1)**
Street Address: Jonas Bures plats, Harnosand. *Post:* Box 161, S-871 24 Harnosand, Sweden.
Ref. Section: Tel: +611 835 00. *E-mail:* landsarkivet@landsarkivet-harnosand.ra.se
Website: http://www.ra.se/hla *Hours:* Mon.-Fri. 8.30-16.00. Shorter hours in summer. *Research Facilities:* **By Mail:** PRS(SEK180 for half hr).

- **LANDSARKIVET (PROVINCIAL ARCHIVE) (1)**
Street Address: Geijersgatan 1, Goteborg. *Post:* Box 19035, S-400 12 Goteborg, Sweden.
Ref. Section: Tel: +31 778 6800.
Hours: Mon.-Fri. 8.30-16.00, Mon.-Wed. also 16.00-21.00, Sat. 9.00-15.00. Shorter hours in summer. *Research:* **By Mail:** PRS(SEK240 for half hr).

● **OREBRO STADSARKIV (1)**
Street Address: Fanjunkarevagen 71, Orebro. *Postal Address:* Box 300 40, S-701 35, Orebro, Sweden. *Ref. Section: Tel:* +19 21 10 75. *Fax:* +19 21 10 50. *Contact:* Stefan Nilsson, Archivist. *Hours:* Mon.-Thurs. 9am-8pm, Fri. 9am-5pm, Sat. 9am-1pm, Sun. & Public Holidays closed. *Research Facilities:* **In Person:** SBR, RTR, PID. *Research Facilities:* **By Mail:** LFR.

● **EMIGRANTREGISTRET/KINSHIP CENTRE (1)**
Street Address: Hoks gata 2, Karlstad, Sweden. *Post:* Box 331, S-651 08 Karlstad, Sweden. *Tel:* +54 107720. *Hours:* ma 8.30-20.00, ti-fr 8.30-16.00. *Research:* **Mail:** PRS(SEK240 half hr).

SWITZERLAND

● **ARCHIVES D'ETAT DE GENEVE (1)**
Street Address: Rue de l'Hotel-de-Ville 1. *Postal Address:* Case Postale 3964, 1211 Geneve 3, Suisse. *Tel:* (022) 319 3395. *Fax:* 319 3365. *Hours:* La salle de consultation des Archives d'Etat est ouverte du 1er novembre au 30 avril, de 8 a 17 heures, du lundi au vendredi, et le samedi de 9h à 13h, et du 1er mai au 31 octobre, de 8 à 17 heures, du lundi au vendredi. *Closed:* 13-16 avril 2001 inclus (Pâques) mardi 1er mai (Fete du Travail) jeudi 24 mai (Ascension), lundi 4 juin (Pentecôte), mercredi 1er aout (Fete Nationale), jeudi 6 septembre 2001 (Jeune Genevois) et du 22 décembre 2001 au 1er janvier 2002 inclus. *Research Facilities:* **In Person:** RTR(ADV), PID. *Research Facilities:* **By Mail:** PRS, 100Frs per hour. Nous ne faisons pas de généalogie, mais nous répondons à des questions ponctuelles. *E-mail:* archives@etat.ge.ch

● **ARCHIVES DE LA VILLE DE GENEVE (1)**
Address: Palais Eynard, 4 rue de la Croix-Rouge, 1211 Geneve 3. *Tel:* (22) 418 2990. *Fax:* (22) 418 2901. *E-mail:* didier.grange@seg.ville-ge.ch *Contact:* Didier Grange, Archivale. *Hours:* Wed. 14h00-18h00, Thurs. 8h30-17h00. *Research Facilities:* **In Person:** DLID. *Research Facilities:* **By Mail:** LFR. Can answer letters in English.

● **STAATSARCHIV APPENZELL AUSSERRHODEN (1)**
Address: Obstmarkt, Regierungsgebaeude, CH-9100, Herisau, Switzerland. *Tel:* 071 353 6111. *E-mail:* archiv@kk.ar.ch *Contact:* lic.phil. I. Blum. *Website:* www.appenzellerland.ch/staatsarchiv *Fax:* 071 352 1277. *Hours:* Mon.-Thurs. 8.00-12.00 & 13.30-17.30. *Research Facilities:* **In Person:** SBR(071 353 6111), RTR(ADV - 20 sFr). *Research Facilities:* **By Mail:** 2 hours research.

● **ARCHIVES CANTONALES VAUDOISES (1)**
Address: rue de la Mouline 32, CH 1022, Chavannes-pres-Renens, Switzerland. *Tel:* 021 316 37 11. *Fax:* 021 316 37 55. *E-mail:* archives.cantonales@acv.vd.ch *Hours:* Mon., Tues. Thurs. & Fri. 9h-18h, Wed. 14-19h (Oct.-March), 14-20h (April-Sept.). *Research Facilities:* **By Mail:** LFR.

● **STAATSARCHIV DES KANTONS BASEL-LANDSCHAFT (1)**
Address: Wiedenhubstraase 35, 4410 Liestal, Switzerland.
E-mail: staatsarchiv@lka.bl.ch *Website:* www.baselland.ch *Tel:* +61 926 76 76. *Fax:* +61 926 76 77. *Contact:* Mr Beat Meyer, Archivist/Librarian. *Hours:* Mon., Tues., Thurs. & Fri. 8.30-11.30am & 2-5pm, Wed. 10-11.30am & 2-7pm. *Closed:* One week. *Research Facilities:* **By Mail:** $50.00 per hour. Can answer letters in English.

● **STAATSARCHIV DES KANTONS SOLOTHURN (1)**
Address: Bielstrasse 41, CH-4509, Solothurn, Switzerland. *Tel:* 032 627 08 21. *Fax:* 032 622 34 87. *Hours:* Tues.-Fri. 08.00-11.45 & 13.45-17.00. *Closed Public Holidays:* 1.5., Karfreitag Auffahrt, Fronleichnam, 1.8, 15.8, 30.9, 1.11. *Annual Closure:* 24.12 - 2.1. *Research Facilities:* **By Mail:** PGHL, LFR(nur wenn leicht zu beantworten), PRS(50-150 Fr per hour, schwierige Falle).

● **STAATSARCHIV LUZERN (1)**
Street Address: Schützenstrasse 9, Luzern. *Postal Address:* Postfach 7853, 6000 Luzern 7, Switzerland. *Tel:* +41 41 2285365. *Fax:* +41 41 2286663. *E-mail:* archiv@staluzern.ch *HomePage:* http://www.staluzern.ch *Hours:* Mon.-Fri. 08.00-17.15, Sat. 2 und 4 Samstag 08.00-11.45. *Research Facilities:* **By Mail:** LFR(nur kurze Auskunfte). Can answer letters in English.

LISTING OF MAJOR ARCHIVES, RECORD OFFICES & LIBRARIES in SWITZERLAND: http://www.eye.ch/swissgen/ or http://www.etatne.ch/adm/dipac/archives/autresliens.htm>

UNITED STATES of AMERICA (USA)

● **LIBRARY OF CONGRESS (3)**
Street & Post: 101 Independence Ave. S.E., Local History & Genealogy Sect., Washington DC 20540-4660. *Ref. Sect. Tel:* 202 707 5537. *Website:* www.loc.gov/rr/askalib/ask-genealogy.html *Contact:* Judith P. Roach, Head, Genealogy Section. *Hours:* Mon., Wed. & Thurs. 8.30am-9.30pm, Tues., Fri. & Sat. 8.30am-5pm. *Research Facilities:* **In Person:** RTR(ADV), PID.

● **NATIONAL ARCHIVES & RECORD ADMINISTRATION (0)**
Street & Post: 700 Pennsylvania Ave., Washington DC 20408 USA.
and College Park, MD: 8601 Adelphi Road, College Park, MD 20740-6001
Regional Archive Branches:
Anchorage:- 654 West 3rd Avenue, Anchorage, AK 99501 (Serves: AK)
Atlanta:- 1557 St. Joseph Ave., East Point, GA 30344. (Serves: AL, GA, FL, KY, MS, NC, SC, TN)
Boston:- 380 Trapelo Road, Waltham, MA 02154. (Serves: CT, ME, MA, NH, RI & VT).
Chicago:- 7358 South Pulaski Road, Chicago, IL 60629. (Serves: IL, IN, MI, MN, OH & WI).
Denver:- Bld. 48, Denver Federal Center, Denver, CO 80225. (Serves: CO, MT, ND, SD, UT, WY)
Fort Worth:- 4900 Hemphill St. (Box 6216) Fort Worth, TX 76115 (Serves: AR, LA, NM, OK, TX)
Kansas City:- 2306 East Bannister Road, Kansas City, MO 64131. (Serves: IA, KS, MO, NE).
Los Angeles:- 24000 Avila Road, Laguna Niguel, CA 92677. (Serves: AZ & Southern CA & NV).
New York:- 201 Varick St., New York, NY 10014-4811. (Serves NY & NJ)
Philadelphia:- 900 Market St. Rm1350, Philadelphia, PA 19144. (Serves: DE, PA, MD, VA & WV)
Pittsfield:- 100 Dan Fox Drive, Pittsfield, MA 01201-8230. (Serves: Western MA)
San Francisco:- 100 Commodore Dr., San Bruno, CA 94066-2350. (Ser. Northern CA, NV & HI)
Seattle:- 6125 Sand Point Wat NE., Seattle, WA 98115. (Serves: ID, OR & WA).

ALABAMA (AL)

● **TUTWILER COLLECTION OF SOUTHERN HISTORY & LITERATURE OF THE BIRMINGHAM PUBLIC LIBRARY (3)**
Street Address: 2100 Park Place, Birmingham, AL 35203-2794, USA.
Postal Address: same. *Ref. Section: Tel:* (205) 226 3665. *Fax:* (205) 226 3663.
Website: bplonline.org *E-mail:* yvonne@bham.lib.al.us *Contact:* Yvonne Crumpler, Department Head. *Hours:* Mon. & Tues 9am-8pm; Wed-Sat 9am-6pm; Sun. 2pm-6pm. *Research:* **In Person:** DLID. **By Mail:** PGHL.

ALASKA (AK)

● **NATIONAL ARCHIVES - PACIFIC ALASKA REGION (3)**
Street Address: 654 West 3rd Ave, Anchorage, AK 99501-2145, USA.
Postal Address: same. *Ref. Section: Tel:* (907) 271 2441 *Fax:* (907) 271 2442.
Website: www.archives.gov/facilities/ak/anchorage.html *Email:* alaska.archives@nara.gov
Contact: Thomas E. Wiltsey, Director. *Hours:* Mon.-Fri. & 1st Sat. of the month (except in conflict with Federal holidays) 8am-4pm. *Research Facilities:* **In Person:** PID(for textual records not microfilm). *Research Facilities:* **By Mail:** LFR.

● **ALASKA STATE ARCHIVES (0)**
Street Address: 141 Willoughby Avenue, Juneau, AK 99801-1720, USA. *Post:* same. *Ref. Section Tel:* (907) 465 2270. *Fax:* (907) 465 2465. e-mail: archives@eed.state.ak.us *Hours:* Mon.-Fri. 9am-5pm. *Research Facilities:* **By Mail:** PGHL,LFR.

ARIZONA (AZ)

● **ARIZONA DEPARTMENT OF LIBRARY, ARCHIVES & PUBLIC RECORDS (7)**
Street Address: 1700 West Washington Street, Phoenix AZ 85007-2812, USA. *Post:* same.
Ref. Section Tel: (602) 542 3942. *Fax:* (602) 542 4500. *Hours:* Mon-Fri. 8am-5pm. *Research Facilities:* **By Mail:** PGHL, LFR.

ARKANSAS (AR)
● **ARKANSAS HISTORY COMMISSION (3)**
Street Address: One Capitol Mall, Little Rock, AR 72201, USA. *Contact:* John L. Ferguson, State Historian. *Ref. Tel:* (501) 682 6900. *Hours:* Mon.-Sat. 8am-4.30pm. *Research:* **In Person:** DLID.

CALIFORNIA (CA)
● **CALIFORNIA STATE LIBRARY - CALIFORNIA HISTORY ROOM (3)**
Street: 900 N Street, Room 200, Sacramento. *Post:* PO Box 942837, Sacramento CA 94237-0001 USA. *Ref. Section: Tel:* (916) 654 0176. *Contact:* Kathleen A. Correia, Supervising Librarian. *Hours:* Mon.-Fri. 9.30am-4pm. *Research Facilities:* **By Mail:** PGHL.

● **LOS ANGELES PUBLIC LIBRARY (3)**
Street Address: 630 W. Fifth Street, Los Angeles, CA 90071-2002, USA. *Postal Address:* same. *Ref. Section: Tel:* (213) 228 7000. *Fax:* (213) 228 7409. *E-mail:* history@lapl.org *Website:* www.lapl.org *Contact:* Michael Kirley, Genealogy Librarian. *Hours:* Mon.-Thurs. 10am-8pm, Fri. & Sat. 10am-6pm, Sun. 1pm-5pm. *Research Facilities:* **By Mail:** PGHL.

● **SUTRO LIBRARY (3)**
Street Address: 480 Winston Drive, San Francisco, CA 94132. *Tel:* (415) 731 4477. *Hours:* Mon-Sat. 10am-5pm. Closed State Holidays and the Saturdays of Holiday weekends. Major Historical and Genealogical collection. Emphasis of collection is on the United States outside of California.

COLORADO (CO)
● **NATIONAL ARCHIVES - ROCKY MOUNTAIN REGION (3)**
Street Address: Building 46, Denver Federal Center, Denver. *Post:* PO Box 25307, Denver, CO 80225-0307, USA. *Ref. Section: Tel:* (303) 236 0817. *Fax:* (303) 236 9297. *E-mail:* denver.archives@nara.gov *Website:* www.nara.gov/regional/denver.html *Contact:* Eileen Bolger, Director, Archival Operations. *Hours:* Mon., Wed., & Fri. 7.30am-3.45pm, Tues. & Thurs. 7.30am-7.00pm. 1st & 3rd Sat. of each month 9.30am-4.45pm. Closed Federal Holidays. *Research Facilities:* **By Mail:** LFR about holding, but do not look up census schedules.

● **COLORADO STATE ARCHIVES (3)**
Street Address: 1313 Sherman Street, Room 1B-20, Denver, CO 80203-2236, USA. *Post:* same. *Contact:* Terry Ketelsen, State Archivist. *Ref. Section Tel:* (303) 866 2390. *Fax:* (303) 866 2257. *Website:* www.archives.state.co.us *Hours:* Mon.-Fri. 9.00am-4.30pm. *Research Facilities:* **By Mail:** PRS.

CONNECTICUT (CT)
● **CONNECTICUT STATE LIBRARY (3)**
Street Address: 231 Capitol Ave, Hartford, CT 06106-1537, USA.
Postal Address: same. *Ref. Section: Tel:* (860) 757 6580.
Website: www.cslib.org/handg *Email reference form:* www.cslib.org/asklib.htm
Contact: Richard C. Roberts, Unit Head. *Hours:* Mon.-Fri. 9.30am-5pm. *Research Facilities:* **In Person:** RTR(for use of archives only), PID. *Research Facilities:* **By Mail:** PGL, LFR, PRS($15.00 per half hr).

GEORGIA (GA)
● **GEORGIA DEPARTMENT OF ARCHIVES AND HISTORY (1)**
Street Address: 330 Capital Avenue SE, Atlanta, GA 30334-9002, USA. *Postal Address:* same. *Ref. Sect Tel:* (404) 656 2350. *HomePage:* http://www.state.ga.us/SOS/Archives/ *Hours:* Mon.-Fri. 8am-4.15pm, Sat. 9.30am-3.15pm. *Public Holidays:* Closed all State & Federal Holidays and adjacent Sat. *Research:* **In Person:** PID. **By Mail:** PGHL. Fee charged for specific search.

ILLINOIS (IL)
● **NEWBERRY LIBRARY (2)**
Address: 60 West Walton St., Chicago, IL 60610-3380. *Tel:* (312) 943 9090. *E-mail:* genealogy@newberry.org *Website:* www.newberry.org *Hours:* Tue-Thu. 10am-6pm; Fri-Sat 9am-5pm. *Research:* **In Person:** RTR(ADV), PID. **By Mail:** PGHL, PRS, LFR.

UNITED STATES of AMERICA (USA) Archives, Libraries & Record Offices — **2005**

INDIANA (IN)

● INDIANA STATE ARCHIVES (0)

Street Address: 140 N. Senate Avenue, Room 117, Indianapolis, IN 46204-2296. *Post:* same. *Contact:* Alan January, Division Head. *Ref. Section Tel:* (317) 232 3660. *Fax:* (317) 233 1085. *Hours:* Mon-Fri. 8am-4.30pm. *Research Facilities:* **In Person:** DLID. *Research Facilities:* **By Mail:** PRS (1 hour for $20 out of State res. only). *E-mail:* arc@icprlan.state.in.us

● ALLEN COUNTY PUBLIC LIBRARY - HISTORICAL GENEALOGY DEPTMENT (1)

Street Address: 900 Webster Street, Fort Wayne. *Post:* PO Box 2270, Fort Wayne, IN 46801-2270. *Contact:* Curt B. Witcher, Manager. *Ref. Section Tel:* (219) 421 1225. *Fax:* (219) 422 9688. *Hours:* Mon.-Thurs. 9am-9pm; Fri.-Sat. 9am-6pm; Sun Sept.-May only 1-6pm. *Research Facilities:* **By Mail:** PGHL. PRS(indexed material only- $7.50 per letter + 20c per page copied).

IOWA (IA)

● STATE HISTORICAL SOCIETY OF IOWA (3)

1. *Street Address:* 402 Iowa Avenue, Iowa City, IA 52240-1806, USA. *Postal Address:* same. *Ref. Section: Tel:* 319 335 3916. *Website:* www.iowahistory.org *Contact:* Linda Brown-Link, Reference Librarian. *Hours:* Tues.-Sat. 9am-4.30pm. *Research Facilities:* **By Mail:** PGHL. a second location is:-
2. *Street Address:* 600 East Locust, Capitol Complex, Des Moines, IA 50319-0290. *Post:* same. *Contact:* Sharon Avery, Head of Reference. *Ref. Section Tel:* (515) 281 6200. *Fax:* (515) 282 0502. *Hours:* Tues-Sat. 9am-4.30pm. *Research Facilities:* **By Mail:** PGHL.

KANSAS (KS)

● KANSAS STATE HISTORICAL SOCIETY - Library & Archive Division (2)

Street Address: 6425 S.W. Sixth Street, Topeka, KS 66615-1099, USA. *Postal Address:* same. *Reference Section: Tel:* (785) 272 8681, ext. 116 & 117. *Fax:* (913) 272 8682. *E-mail:* reference@kshs.org *Website:* www.kshs.org *Email reference form:* www.kshs.org/library/emailref.htm *Hours* Mon.-Sat. 9am-4.30pm. *Public Holidays:* Closed MLK, Mem., Labor, Vets., Thanksgiving, Christmas, New Years, July 4th, open President's/Columbus. *Research:* **In Person:** RTR(ADV), PID, DLID. **By Mail:** PGHL, LFR, PRS($10 out of state residents - up to 30 mins).

LOUISIANA (LA)

● LOUISIANA STATE ARCHIVES (2)

Street Address: 3851 Essen Ln, Baton Rouge. *Post:* PO Box 94125, Baton Rouge, LA 70804-9125. *Contact:* John Fowler. *Ref. Section Tel:* (504) 922 1209. *E-mail:* library@sec.state.la.us *Website:* www.sec.state.la.us *Hours:* Mon-Fri. 8am-4.30pm; Sat. 9am-5pm; Sun. 1-5pm. *Research:* **In Person:** DLID. **By Mail:** PRS ($15 in State; $25 out of State), PGHL.

● VERNON PARISH LIBRARY (8)

Address: 1401 Nolan Trace, Leesville, LA 71446, USA. *Tel:* 318 239 2027, 1 800 737 2231. *Fax:* 318 238 0166. *E-mail:* vernonpl@alpha.nsula.edu *Contact:* Howard L. Coyle, Director. *Hours:* Mon.-Thurs. 9am-8pm, Fri. & Sat. 9am-5.30pm. *Research Facilities:* **By Mail:** LFR.

MASSACHUSETTS (MA)

● NATIONAL ARCHIVES - NORTHEAST REGION - BOSTON (3)

Street Address: 380 Trapelo Road, Waltham, MA 02452-6399, USA. *Postal Address:* same. *Ref. Section: Tel:* (866) 406 2379. *Fax:* (781) 663 0156. *Email:* Waltham.archives@nara.gov *Website:* www.archives.gov *Contact:* Stuart Culy, Director. *Hours:* Mon., Tues. & Fri. 8am-4.30pm, Wed. 8am-9pm, 1st & 3rd Sat. of the month 8am-4.30pm. *Research:* **In Person:** DLID. *Research:* **By Mail:** LFR.

● NATIONAL ARCHIVES - NORTHEAST REGION - PITTSFIELD (3)

Street Address: 10 Conte Drive, PITTSFIELD, MA 01201-8230. *Ref. Section: Tel.:* (413) 236 3600. *Fax:* (413) 236 3609. *Email:* archives@pittsfield.nara.gov *Website:* www.archives.gov *Contact:* Jean Nudd, Archivist. *Hours:* Mon., Tues., Thurs. & Fri. 8.00am-4.30pm, Wed. 8.00am-9.00pm, 1st Sat. of month 8.00am-4.00pm. *Research Facilities:* **In Person**: RTR (ODV). *Research Facilities:* **By Mail:** LFR.

- **THE BERKSHIRE ATHENAEUM (1)**
1 Wendell Ave., Pittsfield, MA. *E-mail:* pittslhg@cwmars.org Local History & Genealogy Dept. *Tel:* (413) 499 9486 *Contact:* Kathleen Reilly *Hours:* Winter: Mon.-Thurs. 9am-9pm; Fri. 9am-5pm Sat. 10am-5pm. Summer: Tues. & Thurs. 9am-9pm; Mon., Wed. & Fri. 9am-5pm; Sat. 10am-1pm.

MINNESOTA (MN)
- **MINNESOTA HISTORICAL SOCIETY (3)**
Street Address: 345 Kellogg Blvd West, St.Paul, MN 55102-1906, USA. *Postal Address:* same. *Website:* www.mnhs.org *E-mail:* reference@mnhs.org *Ref. Section: Tel:* (651) 296 2143. *Contact:* Kathryn Otto, Head of Reference. *Hours:* Tues. 12pm-9.00pm, Wed.-Sat. 9.00am-5.00pm. *Research Facilities:* **In Person:** PID, DLID. *Research:* **By Mail:** PRS, $15 per half hour.

MISSOURI (MO)
- **MID-CONTINENT PUBLIC LIBRARY, GENEALOGY & LOCAL HISTORY Branch (3)**
Street Address: 317 West 24 Hwy, Independence, Missouri. *Postal Address:* 15616 E. Highway 24, Independence, MO 64050, USA. Website: www.mcpl.lib.mo.us *Fax:* (816) 254 7114. *Ref.: Tel:* (816) 252 7228. *E-mail:* ge@mcpl.lib.mo.us *Contact:* Janice Schultz, Branch Librarian. *Hrs:* Mon.-Thurs. 9am-9pm, Fri. 9am-6pm, Sat. 9am-5pm. *Research:* **By Mail:** LFR, PGHL.

NEBRASKA (NE)
- **NEBRASKA STATE HISTORICAL SOCIETY LIBRARY & ARCHIVES (3)**
Street: 1500 'R' Street, Lincoln, Nebraska. *Post:* PO Box 82554, Lincoln, NE 68501-2554, USA. *Ref. Section: Tel:* (402) 471 4751. *Fax:* (402) 471 8922. *Contact:* Ann Billesbach, Head of Reference Services. *Hours:* Tues.-Fri. 9am-12pm & 1pm-4pm, Sat. 8am-5pm, (closed on Sunday and Monday). *Annual Closure:* 4 day Thanksgiving holiday, Arbor Day weekend and all State holidays - please contact for specifics. *Research Facilities:* **By Mail:** PRS(1 search/$7.00 NE resident or NSHS member, $15.00 non-resident, non-member).

NEW HAMPSHIRE (NH)
- **NEW HAMPSHIRE STATE LIBRARY (1)**
Address: 20 Park St, Concord, NH 03301, USA. *Postal:* same. *Ref. Sec: Tel:* (603) 271 6823 . *Fax:* (603) 271 2205. *Hours:* Mon.-Fri. 8am-4.30pm. *Research Facilities:* **By Mail:** PGHL, LFR.

NEW JERSEY (NJ)
- **DEPARTMENT OF STATE, NEW JERSEY STATE ARCHIVES (3)**
Street Address: 225 West State Street, Trenton, NJ. *Postal Address:* Po Box 307, Trenton, NJ 08625-0307, USA. *Ref. Section: Tel:* (609) 292 6261. *Hours:* Mon.-Fri. 8.30am-4.30pm. Photo ID required. *Research Facilities:* **By Mail:** PGHL, LFR(copying fee - manuscripts $1.00 per page).

- **MORRIS COUNTY LIBRARY (3)**
Street Address: 30 East Hanover Avenue, Whippany, NJ 07981-1825, USA. *Postal Address:* same. *Ref. Section: Tel:* (973) 285 6974. *E-mail:* heagney@main.morris.org *Contact:* Marie Heagney, Principal Librarian/Reference. *Hours:* Mon.-Thurs. 9am-9pm, Fri. & Sat. 9am-5pm. *Research:* **By Mail:** LFR, PGHL.

NEW MEXICO (NM)
- **ALBUQUERQUE PUBLIC LIBRARY/SPECIAL COLLECTIONS BRANCH (3)**
Street Address: 423 Central Ave NE, Albuquerque, NM 87102-3517, USA. *Postal Address:* same. *Ref. Section: Tel:* (505) 848 1376. *Fax:* (505) 764 1574. *E-mail:* SpecialCollections@cabq.gov *Website:* www.cabq.gov/library *Contact:* Ms Gail Rasmussen, Librarian. *Hours:* Tues. Sat. 10am-6.00pm. Closed public holidays. *Research:* **By Mail:** PGHL, LFR (charge for photocopying).

NEW YORK (NY)
- **NEW YORK PUBLIC LIBRARY - Irma & Paul Milstein Division of United States History, Local History & Genealogy (3)**
Street Address: Rm 121, Fifth Avenue and 42nd Street, New York, NY 10018. *Post:* same. *Ref. Section Tel:* (212) 930 0828. *Hours:* Tues. & Wed. 11am-7.30pm; Thurs-Sat. 10am-6pm. *Research Facilities:* **In Person:**. *Research Facilities:* **By Mail:** LFR.

UNITED STATES of AMERICA (USA) Archives, Libraries & Record Offices — 2005

OHIO (OH)

● STATE LIBRARY OF OHIO, GENEALOGY SERVICES (2)
Street Address: 274 E. 1st Ave, Columbus, OH 43201, USA. *Post:* same.
Ref. Section: Tel: (614) 644 6966. *Hours:* Mon.-Thurs. 8am-5pm, Fri. 9am-5pm. *Annual Closure:* New Years, Martin Luther King Day, Presidents Day, Memorial Day, 4th July, Labor Day, Columbus Day, Veterans Day, Thanksgiving Day & Christmas Day. *Research Facilities:* **By Mail:** PGHL, LFR.

● OHIO HISTORICAL SOCIETY, ARCHIVES - LIBRARY DIVISION (2)
Street Address: Junction of I-71 & 17th Ave. *Postal Address:* 1982 Velma Ave., Columbus, OH 43211, USA. *Ref. Section Tel:* (614) 297 2510. *Fax:* (614) 297 2546. *E-mail:* ohsref@ohiohistory.org *Website:* http://www.ohiohistory.org *Hours:* Tues.-Sat. 9am-5pm. *Research Facilities:* **In Person:** Researchers Pass required (ADV), DLID. *Research Facilities:* **By Mail:** PGHL, PRS($1.00 per record for specified public records, $5.00 per request for research requests. Research requests forms available online at http://www.ohiohistory.org/resource/archlib/refemail.html).

● REED MEMORIAL LIBRARY (5)
Street Address: 167 East Main Street, Ravenna, OH 44266, USA. *Postal Address:* Same *Tel:* (330) 296 3780. *Fax:* (330) 296 3780. *E-mail:* kentja@oplin.org The Library has temporarily relocated for approx one year.

PENNSYLVANIA (PA)

● STATE LIBRARY OF PENNSYLVANIA (1)
Street Address: Forum Building, Commonwealth & Walnut Street, Harrisburg. *Post:* PO Box 1601, Harrisburg, PA 17105-1601. *Ref. Section Tel:* (717) 783 5950. *Website:* www.statelibrary.state.pa.us *Hours:* Mon., Wed.-Sat. 9.30am-4.30pm, Tue. 9.30am-8pm. *Research Facilities:* **By Mail:** PGHL.

SOUTH CAROLINA (SC)

● SOUTH CAROLINA DEPARTMENT ARCHIVES & HISTORY (3)
Street: 8301 Parklane Road, Columbia, SC 29223, USA.
Tel: 803 896 6100. *Contact:* Steve Tuttle, Supervisor, Reference Services Branch. *Hours:* Mon..-Fri. 8.45am-4.45pm. *Research Facilities:* **In Person:** PID, DLID. *Research:* **By Mail:** LFR.

SOUTH DAKOTA (SD)

● SOUTH DAKOTA STATE ARCHIVES (2)
Street Address: 900 Governors Drive, Pierre, SD 57501-2217. *Contact:* Research Room. *Tel:* (605) 773 3804. *Fax:* (605) 773 6041. *E-mail:* archref@state.sd.us *HomePage:* www.sdhistory.org/archives.htm *Hours:* Mon-Fri. & 1st Sat. of each month 9am-4.30pm. *Research:* **In Person:** DLID. *Research:* **By Mail:** PRS.

TEXAS (TX)

● TEXAS STATE LIBRARY & ARCHIVES COMMN. - GENEALOGY COLLECTION (3)
Street Address: 1201 Brazos, Austin. *Post:* PO Box 12927, Austin TX 78711-2927. *E-mail:* geninfo@tsl.state.tx.us *Website:* www.tsl.state.tx.us *Contact:* Genealogy Collection Staff. *Gen. Coll. Tel:* (512) 463 5463. *Hours:* Tues-Sat. 8am-5pm. *Research Facilities:* **By Mail:** PGHL, LFR.

● CLAYTON LIBRARY, CENTER FOR GENEALOGICAL RESEARCH (3)
Street Address: 5300 Caroline, Houston, TX 77004-6896. *Postal Address:* same. *Ref. Section Tel:* (832) 393 2600. *Website:* www.houstonlibrary.org/clayton *Contact:* Reference Librarian. *Hours:* Mon-Wed. 9am-9pm; Thurs-Sat. 9am-5pm. *Research Facilities:* **By Mail:** PGHL, LFR(charge for photocopying). Clayton Library is part of the Houston Public Library system.

● DALLAS PUBLIC LIBRARY (3)
Street Address: 1515 Young Street, Dallas, TX 75201-5417, USA. *Postal Address:* same.
Ref. Section: Tel: 214 670 1433. *Contact:* Lloyd DeWitt Bockstruck, Supervisor. *Hours:* Mon.-Thurs. 9am-9pm, Fri. & Sat. 9am-5pm, Sun. 1pm-5pm. *Research Facilities:* **By Mail:** LFR.

UTAH (UT)

● **FAMILY HISTORY LIBRARY OF THE CHURCH OF JESUS CHRIST OF LDS. (2)**
35 N. West Temple Street, SALT LAKE CITY, Utah 84150 USA.
Library: As above. *E-mail:* fhl@ldschurch.org *Website:* familysearch.org *Hours:* Mon 7.30am-5pm; Tues.-Sat. 7.30am-10pm; The microfilm holdings of the library are available through over 3500 family history centres. A list of local centres is available. Library is open to non members. *Director:* David E. Rencher.

VIRGINIA (VA)

● **THE LIBRARY OF VIRGINIA (3)**
Street Address: 800 East Broad Street, Richmond, VA 23219-8000. *Post:* same. *Ref. Section Tel:* *Library:* (804) 692 3777, *Archives:* (804) 692 3888. *Hours:* Tues.-Sat. 9am-5pm. *Research Facilities:* **In Person:** PID. *Research Facilities:* **By Mail:** PGHL, PRS. *HomePage:* http://lva.lib.va.us

● **ALEXANDRIA LIBRARY, SPECIAL COLLECTIONS (3)**
Street Address: 717 Queen Street., Alexandria, VA 22314, USA. *Postal Address:* same. *Ref. Section:* *Tel:* (703) 838 4577. *Fax:* (703) 706 3912. *Online genealogical indexes:* www.alexandria.lib.va.us/lhsc/genresources.html *Contact:* Joyce A. McMullin, Manager. *Hours:* Mon. - Thurs. 9am-9pm, Fri. & Sat. 9am-5pm. *Research Facilities:* **In Person:** DLID. *Research Facilities:* **By Mail:** LFR, will refer writers to local professional genealogists for extended research.

● **PRINCE WILLIAM PUBLIC LIBRARY SYSTEM, Ruth E. Lloyd Information Center (2)**
Street Address: 8051 Ashton Ave, Manassas, VA 20109-2892, USA. *Postal Address:* same. *Ref. Section: Tel:* (703) 792 4540. *Contact:* Donald L. Wilson. *E-mail:* pwlibrary@pwcgov.org *Website:* www.pwcgov.org/library/relic *Hours:* Mon.-Thurs. 10am-9pm; Fri. & Sat. 10am-5pm; Sun. 12noon-5pm (mid Sep.-mid June). *Research Facilities:* **In Person:** DLID. *Research Facilities:* **By Mail:** May refer writers to local genealogical society, LFR.

● **CENTRAL RAPPAHANNOCK REGIONAL LIBRARY (2)**
Address: 1201 Caroline Street, FREDERICKSBURG, VA 22401, USA. *Ref. Section Tel:* 540 372 1144. *Contact:* Barbara P. Willis. *Hours:* Mon.-Thurs. 9am-9pm, Fri. & Sat. 9am-5.30pm, Sun. 1pm-5pm (Oct.-May). *Research Facilities:* **In Person:** Virginiana Room, By Mail, By Phone, By Fax: (540) 371 7965. *Web:* http://www.librarypoint.org/ask_a_librarian.asp

WASHINGTON (WA)

● **NATIONAL ARCHIVES-PACIFIC ALASKA REGION (3)**
Street Address: 6125 Sand Point Way NE., Seattle, WA 98115-7999, USA. *Postal Address:* same. *Website:* www.archives.gov/facilities/wa/seattle.html *Email:* seattle.archives@nara.gov
Ref. Section: Tel: (206) 526 6501. *Fax:* (206) 526 6545. *Contact:* Susan Karren, Director/Archival Operations. *Hours:* Mon.-Fri. 7.45am-4.15pm, please check website for extended hours. *Research Facilities:* **In Person:** SBRecommended for original records only, PID(for original records). *Research Facilities:* **By Mail:** LFR(50c per copy of record $10.00 minimum for mail order).

WEST VIRGINIA (WV)

● **ARCHIVES AND HISTORY LIBRARY (3)**
Street Address: The Cultural Center, 1900 Kanawha Boulevard East, Charleston, WV 25305-0300, USA. *Postal Address:* same. *Ref. Section: Tel:* (304) 558 0230. *Fax:* (304) 558 2779. *Website:* www.wvculture.org/history *Contact:* Fredrick H. Armstrong, Director. *Hours:* Mon.-Thurs. 9am-8pm; Fri.-Sat. 9am-6pm. *Research Facilities:* **By Mail:** PGHL, LFR (in State - out of State=$10) (cost for copies, postage & handling).

WYOMING (WY)

● **LARAMIE COUNTY LIBRARY SYSTEM (3)**
Street Address: 2800 Central Avenue, Cheyenne, WY 82001-2799. *Post:* same. *Contact:* Sue Seniawski, Genealogy Specialist. *Tel:* (307) 634 3561. *Website:* www.lclsonline.org *E-mail:* sseniawski@larm.lib.wy.us *Hours:* Mon-Thurs. 10am-9pm; Fri & Sat. 10am-6pm; Sun. (winter only) 1-5pm. *Research Facilities:* **By Mail:** PGHL, LFR.

WALES

● THE NATIONAL LIBRARY OF WALES (5)
Street & Post Address: National Library of Wales, Aberystwyth, Ceredigion, SY23 3BU, Wales. *Ref. Section Tel:* (01970) 632933. *Fax:* (01970) 632882. *E-mail:* holi@llgc.org.uk *Hours:* Mon.-Fri. 9.30-18.00, Sat. 9.30-17.00. *Research Facilities:* **In Person:** RTR(ADV), CCID, DLID, persons age 16 or over. Five year ticket with photograph. *Research Facilities:* **By Mail:** LFR, PGHL. Web: www.llgc.org.uk/

ANGLESEY

● ANGLESEY COUNTY RECORD OFFICE (5)
Street Address: Shirehall, Glanhwfa Road, Llangefni, Ynys Môn. LL77 7TW, Wales. *Ref. Section: Tel:* (01248) 752080. *Fax:* (01248) 751289. *Email* archives@ anglesey.gov.uk *Website:* www.anglesey.gov.uk *Contact:* Anne Venables, Archivist. *Hours:* Mon.-Fri. 9am-1pm & 2pm-5pm. *Annual Closure:* 1st week in Nov. *Research:* **In Person:** SBR(micro readers), RTR(ADV), DLID. *Research:* **By Mail:** PRS(£10 half hr incl. VAT).

CARMARTHEN

● CARMARTHENSHIRE ARCHIVE SERVICE (5)
Street Address: Parc Myrddin, Richmond Terrace, Carmarthen, SA31 1DS, Wales. *Post Address:* same. *Ref. Section: E-mail:* archives@carmarthenshire.gov.uk *Tel:* (01267) 228232. *Fax:* (01267) 228237. *Contact:* J. Davies, County Archivist. *Hours:* Mon. closed. Tues. 9.30am-7.30pm. Wed.-Fri. 9.30am-5pm. *Annual Closure:* Tel. for details. *Research:* PRS, SBR, PGHL.

● ARCHIFDY CEREDIGION ARCHIVES (5)
Street Address: Swyddfa'r Sir, Marine Terrace, Aberystwyth, Ceredigion, SY23 2DE, Wales. *Postal Address:* same. *Ref. Section: Tel:* (01970) 633697 & 8. *E-mail:* archives@ceredigion.gov.uk *Website:* archifdy-ceredigion.org.uk *Hours:* Mon. 10am-1pm & 2pm-7pm. Tues. & Wed. 10am-1pm & 2pm-4.30pm. Thurs. & Fri. 10am-1pm. & 2-4pm. *Research Facilities:* **By Mail/In Person:** LFR.

DENBIGHSHIRE

● DENBIGHSHIRE RECORD OFFICE (5)
Street Address: 46 Clwyd Street, Ruthin, LL15 1HP, Wales. *Postal Address:* same. *Ref. Section: Tel:* (01824) 708250. *Fax:* (01824) 708258. *Web:* www.denbighshire.gov.uk *Contact:* K. Matthias, County Archivist. *Hours:* Mon.-Thurs. 9am-4.45pm, Fri. 9am-4.15. *Research Facilities:* **In Person:** RTR(ADV), DLID. Microfilm SBR. *Research:* **By Mail:** PGHL, PRS(£20).

FLINTSHIRE

● FLINTSHIRE RECORD OFFICE (3)
Street Address: The Old Rectory, Rectory Lane, Hawarden, Flintshire, CH5 3NR, Wales. *Post:* same. *Tel:* (01244) 532364. *Fax:* (01244) 538344. *E-mail:* archives@flintshire.gov.uk *Hours:* Mon.-Thurs. 9am-4.45pm, Fri. 9am-4.15pm. *Research:* **In Person:** SBR, RTR(ADV), DLID. **By Mail:** PGHL, LFR(30 mins mx).

GLAMORGAN

● RHONDDA CYNON TAFF COUNTY BOROUGH LIBRARIES (3)
Street & Post: Central Library, Green Street, Aberdare, Mid Glamorgan, CF44 7AG, Wales. *Ref. Section: Tel:* (01685) 880053. *Fax:* (01685) 881181. *Contact:* Alun Prescott, Assistant Librarian (Reference). *Hours:* Mon. & Wed. 9am-7pm, Tues. 9am-6pm, Thurs. & Fri. 9am-5pm, Sat. 9am-1pm. *Annual Closure:* Christmas, Easter & most Bank Holidays. *Research:* **By Mail:** LFR.

● GLAMORGAN RECORD OFFICE (Archifdy Morgannwg) (5)
Address: Glamorgan Building, Cathays Park, Cardiff, CF10 3NE, Wales. *Tel:* (029) 20780282. *E-mail:* GlamRo@cardiff.ac.uk *Website:* www.glamro.gov.uk *Research:* **In Person:** SBR, RTR(ADV), DLID. *Research:* **By Mail:** PRS(£15 per hour).

Archives, Libraries & Record Offices — 2005   ZIMBABWE

● **WEST GLAMORGAN ARCHIVE SERVICE (5)**
Street Address: County Hall, Oystermouth Road, Swansea, SA1 3SN, Wales. *Postal Address:* same. *Ref. Section: E-mail:* westglam.archives@swansea.gov.uk *Website:* www.swansea.gov.uk/westglamorganarchives. *Tel:* (01792) 636589. *Fax:* (01792) 637130. *Research:* **By Mail:** PRS(£20 per hour).

GWENT

● **GWENT RECORD OFFICE (5)**
Street Address: County Hall, Cwmbran, Gwent, NP44 2XH, Wales. *Post:* same. *Contact:* D. Rimmer, County Archivist. *Ref. Section Tel:* (01633) 644886. *Fax:* (01633) 648382. *E-mail:* gwent.records@torfaen.gov.uk *Hours:* Tues.-Thurs. 9.30am-5pm; Fri. 9.30am-4pm. *Research Facilities:* **In Person:** SBR, RTR(ADV), CCID, DLID. *Research Facilities:* **By Mail:** PGHL, LFR, PRS.

● **NEWPORT LIBRARIES, REFERENCE DEPARTMENT (5)**
Address: Central Library, John Frost Square, Newport, NP20 1PA, South Wales. *Ref. Section Tel:* (01633) 211376. *Fax:* (01633) 222615. *E-mail:* reference.library@newport.gov.uk *Website:* www.newport.gov.uk *Contact:* Information Librarian. *Hours:* Mon.-Fri. 9.30am-6pm, Sat. 9am-5pm. *Research Facilities:* **In Person:** SBAdvised. *Research Facilities:* **By Mail:** PRS(min. 1/2 hour £10.50).

GWYNEDD

● **GWYNEDD ARCHIVES SERVICE (3)**
Street: Victoria Dock, Caernarfon. *Post:* County Office, Caernarfon, Gwynedd, LL55 1SH, Wales. *Ref. Sec. Tel:* (01286) 679095. *Fax:* (01286) 679637. *Contact:* Principal Archivist. *Hours:* Tues., Thurs. & Fri. 9.30am-12.30pm & 1.30pm-5pm, Wed. 9.30am-12.30pm & 1.30pm-7pm. *Annual Closure:* 2nd full week in Oct. *Research:* **In Person:** SBR(microfilms), RTR(ADV), DLID. *Research:* **By Mail:** PRS (£12 per half hour then £15 per hour charged to nearest 1/4 hr, incl. tax).

● **ARCHIFDY MEIRIONNYDD (5)**
Street Address: Swyddfeydd y Cyngor, Cae Penarlag, Dolgellau, Gwynedd LL40 2YB, Cymru, Wales. *Post:* same. Website: www.gwynedd.gov.uk *Contact:* M.W. Tomos, Archivist. *Ref. Section Tel:* (01341) 422341 Ex. 4442/4444. *Hours:* Mon., Wed., Thurs. & Fri. 9am-4.45pm. Closed Tues. Closed first full week in Nov. *Research Facilities:* **In Person:** RTR(ADV), DLID. *Research:* **By Mail:** PRS (half hour for £12).

PEMBROKESHIRE

● **PEMBROKESHIRE RECORD OFFICE (5)**
Street Address: The Castle, Haverfordwest, Pembrokeshire, SA61 2EF, Wales. *Post:* same. *Ref. Section: Tel:* (01437) 763707. *Email:* record.office@pembrokeshire.gov.uk *Contact:* Miss Claire Orr, County Archivist. *Fax:* 01437 768539. *Hours:* Mon.-Thurs. 9.00-16.45, Fri. 9.00-16.15, 1st Sat. in month (except Bank Holiday weekends) 9.30-12.30. *Researchs:* **By Mail:** PRS (£15 Stg).

POWYS

● **POWYS ARCHIVES OFFICE (5)**
Street Address: Powys County Hall, Llandrindod Wells, Powys, LD1 5LG, Wales. *Ref. Section: Tel:* (01597) 826088. *Fax:* (01597) 826087. *E-mail:* Archives@powys.gov.uk *HomePage:* http://archives.powys.gov.uk *Contact:* Catherine Richards, Archives Manager. *Hours:* Tues.-Thurs. 10.00-12.30 & 1.30-5.00, Fri. 10.00-12.30 & 1.30-4.00. *Closed:* First two weeks in Feb. *Research Facilities:* **In Person:** SBR(01597 826088), RTR(ADV), DLID. *Research:* **By Mail:** PRS.

ZIMBABWE

● **NATIONAL ARCHIVES OF ZIMBABWE (5)** Web: www.natarchives.gov.zw
Street Address: Borrowdale Road, Gunhill. *Postal Address:* Private Bag 7729, Causeway, Harare, Zimbabwe. *Ref. Section: Tel:* 792741. *Fax:* 792398. *E-mail:* archives@gta.org.zw *Contact:* Director. *Hours:* Mon.-Fri. 8.30am-4.00pm. Closed Sat., Sun. & Public Hols. *Annual Closure:* Mar. 1st-31st (stocktake). *Research:* **In Person:** DLID (Zimbabwean), National Identity Card, Research Permit if not Zimbabwean citizen. **By Mail:** PGHL, LFR, RTR(ADV). *E:* nat.archives@gta.org.zw

Notices (Annonces Publicitaires - Anzeigen)

The Editors and Publishers of the *Genealogical Research Directory* do not take responsibility for the quality of any goods or services which are mentioned in the following pages or be responsible for the outcome of any contract that may be entered into with persons offering goods or services.

Index

General:

- Books & Magazines 513, 566-7, 624, 801, 802, 804, 806, 810, 811, 815-16
- CD-ROM - Computers 513, 566-7, 796, 802, 804, 806, 812-13, 816
- Divorce 797
- Heraldry 796, 804
- House Histories 796
- Internet 811
- Maps & Charts 810
- Microforms 796, 807-8
- Military 797, 799, 805
- Publishers 513, 566-7, 624, 798, 802, 806, 815-16.
- Professional Organizations 795, 799, 800, 803
- Professional Genealogists (see Country or County).
- Railways 797, 807
- Surnames 798, 800, 804, 808

Countries:

Australia 566-67, 624, 808-816

British India 797, 806

England General: (also see County list). 513, 566, 795, 798, 806

Germany 803

India 797, 806

Ireland 801-803, 806

New Zealand 805

Scotland 799, 800, 806

South Africa 803-805

Switzerland 803

Wales 806

Australia - States

- ACT - 807
- New South Wales - 566, 567, 624, 807-816
- Queensland - 808-9
- South Australia - 808, 809
- Victoria - 807, 809, 811
- Tasmania - 809
- Western Australia - 807, 808, 809

England - Counties

- Bedfordshire - 795, 797
- Berkshire - 799
- Buckinghamshire - 795
- Cumbria - 799
- Derbyshire - 795
- East Anglia - 795-797
- Essex - 797
- Hampshire - 799
- Hertfordshire - 795
- Huntingdon - 806
- Kent - 796-798
- Lancashire - 799
- Leicestershire - 799
- London - 795-7, 799
- Middlesex - 797
- Norfolk - 795-797
- Nottinghamshire - 795
- Rutland - 799
- Staffordshire - 795
- Suffolk - 795-797
- Surrey - 799
- Sussex - 796-7
- Warwick - 795
- Westmorland - 799

Ireland - Counties

- Antrim & Belfast - 801-2
- Armagh - 801-2
- Cork - 801
- Dublin - 801
- Louth - 801
- Ulster - 801-803

Suggestions concerning additional categories are welcomed.

Genealogical Research
London, Bedfordshire, Hertfordshire & Buckinghamshire

Fine Art, Historical and Literary Research also undertaken

Timothy P. Saxon, B.A.(Hons.).
229 New Bedford Road, LUTON, Beds. LU3 1LN, UK
Web: www.timothypsaxon.co.uk
Tel/Fax: **(01582) 727790**. Email: **enquiries@timothypsaxon.co.uk**

AGRA

GENEALOGICAL & HISTORICAL RESEARCH
in DERBYSHIRE, STAFFORDSHIRE & NOTTINGHAMSHIRE
Contact: **Mrs Sara F. Scargill** B.A.(Hons.) *Tel:* (01538) 266313
The Vicarage, Church Lane, IPSTONES, Staffs. ST10 2LF, England.
E-mail: candsscargill@aol.com

NORFOLK AND SUFFOLK
Genealogical and Historical Research

DIANA J SPELMAN, BA Tel/Fax: (01603) 664186
74 Park Lane, Norwich, NR2 3EF Eng. dspelman@tiscali.co.uk

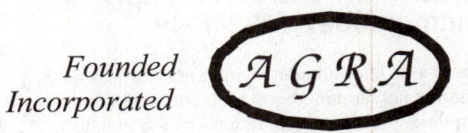

AGRA MEMBER

Founded 1968
Incorporated 1998

AGRA

The Association of Genealogists and Researchers in Archives

Members of the Association are professional researchers qualified to enquire into every aspect of family history.

A code of practice is in force.

A list of members can be obtained for £2.50 (U.K.) or 6 IRCs (overseas) from the Secretaries:

29 Badgers Close, HORSHAM, W. Sussex RH12 5RU,

Webpage: www.agra.org.uk

FAMILY HISTORY TRACED

House histories - surname origins - heraldry - family papers catalogued
and much more

ANTHONY ADOLPH

Of Channel 4's *'Extraordinary Ancestors'*, Living TV's *'Antiques Ghostshow'* and Radio 4's *'Meet the Descendants'*

www.anthonyadolph.co.uk
Top Floor, 139 Evering Road, London, N16 7BU
07890 068218   mail@anthonyadolph.co.uk

KENT and LONDON : professional search since 1978.
Please see our website for details of books and major indexes.

Dr David Wright 71 Island Wall, Whitstable, Kent CT5 1EL, England.
E-mail: davideastkent@aol.com   www.canterhill.co.uk/davideastkent/

West SUSSEX

Professional staff at the West Sussex Record Office can help with
Family History - House History - Local History
County Hall, Chichester, PO19 1RN, England. Tel: (01243) 753600 Fax: 533959
E-mail: records.office@westsussex.gov.uk
http://www.westsussex.gov.uk

RIVER THAMES WATERMEN & LIGHTERMEN Apprenticeship (Binding) index 1692-1949.

Believed to be the only index of its kind in existence. If your ancestor was a licensed River Thames waterman or lighterman he will be found within this index, together with the binding date, location, masters full name and date of freedom if granted. Available in 9 microfiche volumes, or 1 CD-Rom. As a follow on service I can check the affidavit birth proofs (available from 1759 onwards) which normally reveal the apprentice date & place of birth. Latest addition to the series 1829-1864 register of Corporation of Trinity House watermen on 2 microfiche. For all prices contact our web page.

Also available **"Thames & Medway Riverside Parish Series".** Now covering 65 volumes for the Thames and Medway. Latest volumes include Chiswick, Old Brentford, New Brentford, Greenwich, Hanwell, Ealing, Isleworth, Rotherhithe, Lambeth, Deptford, Northfleet, Rosherville and Swanscombe. Available separately in microfiche or on compilation CD-Roms.

Send S.A.E. to: TRUEFLARE LIMITED
19 Bellevue Road, Bexleyheath, Kent, DA6 8ND, England.
E-mail address: RJCindex@aol.com or web page
http://hometown.aol.com/rjcindex/trueflare.html

KENT & EAST SUSSEX
Family history researched by friendly, professional, qualified researcher
Diane Thomas ACIS, 21 Bayham Road, Tunbridge Wells, Kent TN2 5HR, England
e-mail: di@bayham76.fsnet.co.uk

Genealogical Research undertaken in Lancashire
Cumbria and Cheshire
Mr Geoff Halliwell, Close Hedges, 23 Marlwood Road,
Smithills, Bolton, Lancs. BL1 5QT England

WORKING TOGETHER to find your ancestors

Birth, Marriage & Death Certificates, Census Entries, Wills,
Parish Records, Electoral Registers, Poor Law Records

Army, Royal & Merchant Navy, Railway Staff, Criminals, Divorce, Police,
Emigration & Immigration, British in India

All London, East Anglia & Home Counties Record Offices

LINK LINE
Ancestral Research

Ian H Waller,
16 Collingtree, LUTON,
Beds LU2 8HN England
Tel/Fax 01582 614280
e-mail lwaller@ntlworld.com

Website - www.familyhistoryresearch.co.uk

AGRA

Genealogical Research in Kent

AGRA Member

Own very extensive indexes held, especially for West Kent:
1851 Census index for 95 parishes including Maidstone, Gravesend, Tonbridge and districts (about 168,000 persons).

Church of England Baptisms: (1813-1840 or later) - more than 80 parishes included (now well over 160,000 baptisms indexed).

General Index: incorporating "stray" index and Nonconformist index, late baptisms, etc. - including over 65,000 entries. First search in any index £10.00; for each subsequent search in any index, requested at the same time, please add £5.00.
For postal enquiries, add SAE (in UK); or 2 IRCs / £1.00 postage, for coverage lists (for all enquiries outside the UK).

Matthew Copus E-mail: matthew-copus@blueyonder.co.uk
58 Thorold Road, CHATHAM, Kent, ME5 7EB England

Trace Your Ancestors
With Britain's leading genealogists.

For FREE estimate, send details to:

Achievements

supporting the

Institute of Heraldic and Genealogical Studies

An educational charitable trust for the promotion of study and research in all subjects auxiliary to family history.

Contact us for information on:
- Correspondence Courses
- Library/Research Facilities
- Book Shop/Book List

79-82 Northgate, Canterbury, Kent, England CT1 1BA GRD
Tel: Intl.+ 44 1227 462618 Fax: Intl.+ 44 1227 765617
www.achievements.co.uk   www.ihgs.ac.uk

LEICESTERSHIRE & RUTLAND

For a truly professional research service on any genealogical or archival topic contact:
PAT GRUNDY, B.A. (Hons), M.A.
Record Office, Long Street, Wigston Magna, Leicester, LE18 2AH, Eng.
Tel: (0116) 257 1080 **Fax:** (0116) 257 1120 **Email:** recordoffice@leics.gov.uk

---

LANCASHIRE and CUMBRIA

Genealogical research undertaken at reasonable rates by experienced searcher.

Jane Hamby L.H.G., 22 St.Michaels Road, PRESTON, Lancs PR1 6LY, England

TR — MILITARY SEARCH

65a Wix's Lane, London SW4 0AH   Tel: 020 7228 5129

LONDON, HAMPSHIRE, BERKSHIRE & SURREY

(All England and Wales for 19th & 20th centuries)
Comprehensive genealogical research service.

AGRA

Patrick Yarnold, 93 The Street, Puttenham, Guildford, Surrey GU7 1AT, England

---

Research in Scotland

Alan J.L. MacLeod F.S.A.(Scot.)
Member of the Association of Scottish Genealogists and Record Agents

**51/3 Mortonhall Road,
EDINBURGH EH9 2HN**

Researches Ancestry and for Living Relatives in Any Part of Scotland
Specialist in Solving Particularly Difficult Research Problems
Tel/Fax: (0131) 667 0437. E-mail: ajmacleo@aol.com

The Association of Scottish Genealogists and Research in Archives

Scottish Genealogical research undertaken by members who are all experienced and well qualified professional searchers.

ASGRA

For lists of members and specialist services write to:
Tel/Fax: (0131) 667 0437

The Secretary, ASGRA, 51/3 Mortonhall Road
EDINBURGH EH9 2HN Scotland
www.asgra.co.uk

PLEASE MENTION THE *GENEALOGICAL RESEARCH DIRECTORY* WHEN WRITING

The Scottish Genealogy Society
Library & Family History Centre

Researching your ancestors in Scotland?

Make THE SCOTTISH GENEALOGY SOCIETY your first port of call. Situated in the heart of Edinburgh's Old Town, its Library and Family History Centre is a treasure trove of books, manuscripts, microfilm and microfiche to help you unlock the mysteries of your ancestors.

The Library has a large collection of graveyard inscriptions, family histories, maps, and many books on family and social history for sale. It's also within walking distance of New Register House, The National Archives of Scotland and The National and Central Lending Libraries.

The Library and Family History Centre is open:

MONDAY	10.30AM - 5.30PM
TUESDAY	10.30AM - 8.30PM
WEDNESDAY	10.30AM - 5.30PM
THURSDAY	10.30AM - 5.30PM
SATURDAY	10.00AM - 5.00PM

THE SCOTTISH GENEALOGY SOCIETY

15 Victoria Terrace, Edinburgh, EH1 2JL.
Tel & Fax: 0131 220 3677. E-mail: info@scotsgenealogy.com
Internet Web Page: http://www.scotsgenealogy.com

PLEASE MENTION THE *GENEALOGICAL RESEARCH DIRECTORY* WHEN WRITING

TRACING YOUR ANCESTORS
RESEARCHING AN IRISH PROJECT

For a Prompt and Efficient Research Service throughout Ireland contact
Joan Phillipson B.A.(Hons.) AUGRA - **Jennifer Irwin** B.A.(Hons.) AUGRA

Historical Research Associates

www.historicalresearchassociates.com   E-mail: joan@historicalresearchassociates.com

Glen Cottage, Glenmachan Road
BELFAST BT4 2NP

For an initial evaluation please enclose $15.00

or 40 Carrickburn Road
CARRICKFERGUS BT38 7ND

Tracing your ancestors in Ireland?

Genealogical & Historical research undertaken for all Irish Counties
Specialising on County Louth

M.P. McConnon, M.A. - MC Research Service

Seabank, Castlebellingham, Dundalk, Co. Louth, Ireland
Tel/Fax: (042) 937 2046 Int+353 42 937 2046 E-mail: mcres@iol.ie
Webpage: http://www.mc-research.com

IRISH ROOTS

*N*ow in its thirteenth year of production, **Irish Roots** magazine provides information and guidance on all aspects of researching and constructing your Irish family tree.

Irish Roots is much more than a magazine for the family history enthusiast. It is aimed at all those who wish to know about Ireland and to identify themselves with the positive aspects of their Irish heritage.

MANY BACK ISSUES AVAILABLE
see website at: www.irishrootsmagazine.com

PRICES: One year's subscription (four issues) including postage:
Ireland €13.00; UK Stg£10; US$20; AUS A$36.00 (incl. GST); Canada CAN$36; rest of the World €18 (surface), €20 (airmail). Payment by Visa, MasterCard, Eurocard, AmEx, personal cheque, international postal order or cash notes to:

Irish Roots, Belgrave Publications, Belgrave Avenue, Cork, Ireland.
Australian subscriptions to Library of Australian History - see last page.

Ulster Historical Foundation
Genealogical Services

Searching for that elusive Irish ancestor?

Use the Ulster Historical Foundation – Irish family history experts for 50 years – to help trace your family tree.

Have you visited the Ulster Historical Foundation recently? If not visit us now. On our websites you can find an abundance of resources – free advice, online databases, details of our research service and membership association and books available for purchase, all to make it easier for you to trace your Irish ancestors.

Family History Research Service – Use our expert service, we provide a full genealogical research service. Clients commissioning research receive:
- a bound report complete with all documents acquired during our search;
- swift and reliable results;
- thorough and accurate research;
- all the convenience of a professional service.

Our research expertise means we guarantee our clients a full interpretative report, not just a listing of sources checked. Our highly skilled staff can help solve your more difficult research problems. Our searchers have particular strengths in searching 18th century sources.

Membership of Ulster Historical Foundation.
Members of our Guild receive the following benefits:
- a range of publications including members' journal *Familia: Ulster Genealogical Review* and *Directory of Irish Family History Research;*
- the opportunity to publicise your research interests in the Ancestors' Database and in the annual *Directory;*
- free access to a growing range of searchable databases online;
- privileged discounts to use our premium resources – *History from Headstones Online* and the newly launched births, deaths and marriages for counties Antrim and Down;
- discounts and offers on all books published by Ulster Historical Foundation, and now including the *Ordnance Survey Memoirs of Ireland.*

Online bookstore. The Foundation recently launched a new bookstore for buying books from UHF and other Irish publishers (**www.booksireland.org.uk**). We have become the major distributor for the *Ordnance Survey Memoirs of Ireland* volumes and can now offer institutions and our members attractive discounts on these volumes.

Ulster Historical Foundation

12 College Square East, Belfast BT1 6DD, N. Ireland
Tel: +44 (0) 28 9033 2288   Fax: +44(0) 28 9023 9885
E-mail: enquiry@uhf.org.uk

www.ancestryireland.com
www.booksireland.org.uk
www.historyfromheadstones.com

Germany - Switzerland - South Africa

Association of Ulster Genealogists and Record Agents

Ulster Genealogical and Historical Research undertaken by members who are all experienced professional researchers. For a list of professional members and specialist services please write to:
The Secretary, A.U.G.R.A. (enclose 3 IRC's)
Glen Cottage, Glenmachan Rd, BELFAST BT4 2NP Northern Ireland

---

Berlin, Eastern Prussia (Silesia, Pomerania, Posen, Brandenburg, East and West Prussia) Württemberg, Baden, Switzerland

Genealogical and emigration research. Experienced specialist guarantees high professional standard. 120,000 Prussian places on file. For advice and estimate of costs send details (if possible copies of documents) and US$5 cash to:

Manuel Aicher
Germanic Genealogist

Schöneggstrasse 26
CH-8953 Dietikon
Switzerland
fax: intl+41/1/742 20 84
e-mail: buero@aicherweb.com

Joachim-Friedrich-Strasse 32
D-10711 Berlin
Germany
fax: intl+49/30/89 54 11 24
www.aicherweb.com

FAMILY HISTORY RESEARCH IN SOUTH AFRICA

Grant Nurden, Accredited by the Genealogical Society of South Africa
Actagen Genealogical Research Services
PO Box 3207, Pietermaritzburg, 3200 South Africa
Tel/Fax: +27 (0) 33 396 1506
Mobile: +27 (0) 721 205543 E-mail: nurden@futurenet.co.za

Advertise in 2006 *GRD*
for rates contact
GRD by E-mail: grdxxx@ozemail.com.au

FamilyTree.co.za

South Africa's Premier Genealogy Web Site for Family Historians, Genealogists, Academics, Students, Universities or anyone who has a passion for Family History. Beginners most welcome.

Build South Africa's largest Family Tree

- Register for Free
- Search our hundreds of thousands of on-line records
- Search for missing family members or founding fathers'
- Birth, Baptism, Marriage, Death, Burial, Legal Records
- Slave Lists and Indian Immigrants
- Thousands of Passenger lists and Voters of 1878
- Read full text genealogy books on-line
- Buy rare books on CD from our Catalogue
- Search our comprehensive on-line library
- Groot Familie Naambook
- Aided Immigration to the Cape
- Build your family tree on line
- Send in your Family Tree on file
- Surname Interests
- Ask the Experts
- Find + add death notices
- Image Library
- Become a Family Tree Volunteer
- Learning Centre
- Heraldry

To find out more please email: info@familytree.co.za
or go to our website at http://www.familytree.co.za

South Africa - Africa
and International Researcher

**Professional Research Undertaken
Reliable and Accurate Results Achieved**

- Genealogical Research
- Legal Research for Probate Purposes
- Missing Relations and Heirs Traced

VALDA V. NAPIER

P.O. Box 4882, RANDBURG, Gauteng 2125
Rep of South Africa   Tel/Fax: Int. +27 11 787 7820
E-mail: valdanapier@mweb.co.za

A member of the Association of Professional Genealogists of the USA

The South African War 1899-1902
Service records of British and Colonial Women

Detailed service records of over 1,700 military and civilian nurses, female ancillary staff and volunteers rewarded for service during the South African (Anglo-Boer) War.

Price: NZ$25.00 + postage from the Author:
Sheila Gray 14a Pembroke Crescent, Auckland 1005 New Zealand.
E-mail: smgray@ihug.co.nz   ISBN 0 473 01926 4

SOUTH AFRICA

Family research for migrants from Europe after 1652

Genealogical Society of South Africa

Membership and **Research** enquiries to:

The National Secretary
Suite 143, Postnet X2600
HOUGHTON 2041 SOUTH AFRICA

Family Tree Magazine

Now in its 21st year, this is the Worlds best-selling British genealogical publication.
Written by family historians for family historians. Packed with useful articles, many by leading names in the world of genealogy, news, reviews and regular features including Questions and Answers, Readers' Letters and Readers' Interests. It comes with 20 pages devoted to using your computer for family history every month.

Complementary CD-ROM with every issue.

88 pages - quality production - 12 per year

Practical Family History

Specially written and laid out for the less experienced family historian. Shows how best to get the most out of all souces - including what's published on the internet. Lists of websites. Real-life research stories from fellow readers. Step-by-step guides. Photo dating and analysis.

Complementary CD-ROM with every issue.

72 pages - quality production - 12 per year

Both magazines are published by the same publisher in the UK and are available by subscription, through newsagents and through many family history societies.
61 Great Whyte, Ramsey, Huntingdon PE26 1HJ, England
Phone: 01487 814050 Fax: 01487 711361
www.family-tree.co.uk
Many back issues of both magazines are still available.
Australian subscriptions through: Library of Australian History
see back page. FTM = A$99.60 sea; A$142.20 air; PFH = A$96.80 sea.

IMMIGRATION TO NSW

INDEXES AVAILABLE ON MICROFICHE

- ★ **Unassisted Arrivals to NSW 1842-55** — $ 153.00
- ★ **Ships & Masters to Sydney 1842-55** — $ 53.00
- ★ **Immigration Deposit Journals 1853-1900** [Immigrants & Depositors] — $ 88.00
- ★ **Immigration Deposit Regulations Supplementary Index – Oct 1856 to Dec 1857** [Immigrants & Depositors] — $ 25.00
- ★ **Wages Paid to Orphans 1849-51** [Irish Orphan girls] — $ 5.50
- ★ **Unemployed Registers 1860 and 1884** — $ 5.50
- ★ **Re-index of the Deane Index 1823-1840** [Settlers, Military, others – Colonial Office correspondence] — $ 50.00
- ★ **Unclaimed Letters 1836-1852** [noting Ship of Arrival or Regiment – NSW Govt Gazette] — $ 6.50
- ★ **Convicts & Employers (NSW) Index: 1828, 1832-1833, Jan 1838-Jan 1844** — $ 65.00
- ★ **Free Railway Pass Recipients 1880-1892** — $ 70.00
   Immigrant arrivals in NSW from 50+ years to days. Many related to employment. Some recipients are women and children

Prices are in $A's and include postage and packaging within Australia; GST not applicable. Searches available. Enquiries welcome.

PASTKEYS
Genealogical Indexers & Searchers
P O Box 116 ROCKDALE NSW 2216 Australia

ETTIE PULLMAN, Dip. F.H.S.

Research Undertaken in

RECORDS OF AUSTRALIA

30 Silver Street
Cheltenham Vic. 3192 Australia
E-mail: aar@i.net.au

Tel/Fax: (03) 9584 6474
Int'nl +61 3 9584 6474

Member of the A.A.G.R.A. & A.P.G.

Research in AUSTRALIA
Jean MAIN, Dip.F.H.S., Member A.A.G.R.A.
13 Bindaga Street
Aranda, ACT 2614
Tel/Fax: (02) 6251 1790.   E-mail: main@pcug.org.au

Australian War Memorial
National Library
National Archives

GENEALOGICAL RESEARCH IN WESTERN AUSTRALIA

37 Weston Drive, SWAN VIEW, WESTERN AUSTRALIA 6056

Will search all records available in Western Australia
Loreley Morling B.A., A.A.L.I.A., Dip.F.H.S.
E-mail: pmorling@cygnus.uwa.edu.au

Australian Genealogical Education Centre

incorporating

Kiama Family History Centre

Railway Parade, Kiama
Tel: (02) 4233 1122. Fax: (02) 42331124.
E-mail: fhc@tpgi.com.au

OPEN 7 DAYS 9.30am - 4.30pm

This unique Family History Centre is located at Kiama, NSW, in the heart of the Leisure Coast, just 126 km south of Sydney. Easy access is provided by the F6 Freeway or via the excellent passenger rail service. The Family History Centre housing its search room, exhibition area and auditorium, complements the valuable work being carried out by family history societies and research groups everywhere.

Friendly Assistance Available at All Times

Free Parking All Day

An exciting centre for use by all with an in-house microform and data inventory both extensive and comprehensive, including GRO BDM indexes for England and Wales (St.Catherines plus Supplementaries to 1994). Nominal research fees apply.

The air-conditioned search room, with modern equipment, provides records and advice in a friendly atmosphere to all engaged in that exciting, sometimes elusive pastime - family and social history research. The Centre has total disabled access.

Unrestricted Searching All Day

Genealogy is FUN and SERIOUS

The Centre caters for clubs and groups, such as Probus, View, Senior Citizens, etc. as well as family history societies, as part of an excursion to Kiama. Group programmes available on request.
Five school educational programmes in social history available for years 4 - 12 including WW1 for HSC.
The following indexes produced by the Centre are available for purchase:
Tas. Assisted Passengers ($30). Tas. Convicts ($50). More Tas. Convicts ($65). Tas. Colonial Index ($45). Prob. Convicts to NSW 1849-50 ($10). "Vernon" and Sobroan" admissions ($10). Pass. to Newcastle ($20) and Index of BDMs in *Kiama Independent* ($10). Commonwealth Naturalisation certificates 1904-1917 ($25). All charges are plus GST.

Descendants of Convicts' Group
Incorporated

1788 — 1868

Any person who has convict ancestors, or who has an interest in convict life during the early history of European settlement in Australia, is welcome to join the above group. Those interested may find out more about the group and receive an application form by writing to:

The Secretary, Descendants of Convicts Group,
P.O. Box 12224, A'Beckett Street,
Melbourne, Victoria, 8006, Australia
http://home.vicnet.net.au/~dcginc/

PORT ARTHUR HISTORIC SITE
CONVICT ENQUIRY SERVICE

A request service is available for people wishing to enquire about their Tasmanian convict ancestors. We provide searches for, and accurate transcriptions of Tasmanian convict records including conduct records, description lists, indents, surgeon's reports.

For further information contact:

Port Arthur Historic Site
Port Arthur Tasmania 7182
Ph: (03) 6251 2324 / Fax: (03) 6251 2322
Email: library@portarthur.org.au

Or check our web site at:
http://www.portarthur.org.au/

PORT ARTHUR HISTORIC SITE 1830
THE AUSTRALIAN CONVICT EXPERIENCE

Interested in tracing your family history? Then don't miss

SHOWCASE

FRIDAY 27 & SATURDAY 28 MAY 2005
10.00 am - 4.00 pm

- Australian and overseas indexes and databases available for brief searches – are your ancestors in them?
- Stuck on a branch of your tree? Ask our research advisers for help.
- Talks, Displays, help stalls & advice tables.
- Books, CD-ROMs and computer software for sale.
- Refreshments for sale, lucky number competition and much more!

Tickets on sale from 1 April or available at the door.

Society of Australian Genealogists
120 Kent Street, Sydney NSW 2000
Tel: (02) 9247 3953 Fax : (02) 9241 4872
Visit website for more Showcase details: *www.sag.org.au*

MARBRACT SERVICES

NSW BIRTH DEATH AND MARRIAGES CERTIFICATE TRANSCRIPTIONS

| BIRTHS 1788-1905 | MARRIAGES 1788-1945 | DEATHS 1788-1945 |

PLUS ANY OTHER YEARS FOR WHICH INDEXES BECOME AVAILABLE ON THE NSW BDM WEBSITE

Bankcard - Mastercard - Visa

Excellent Value - Accurate - Fast Turnaround

Free Researcher Matchup Service

MARILYN ROWAN
Transcription Agent Since 1995

PO Box 38 MENAI CENTRAL NSW 2234
Telephone: 02-9543 8156 Fax: 02-9541 1246
marilynr@australis.net.au
More info / Order forms available at www.marbract.com.au
EASY ON-LINE ORDERING

PLEASE MENTION THE *GENEALOGICAL RESEARCH DIRECTORY* WHEN WRITING

Australian Family Tree Connections

The independent monthly magazine for Australian and New Zealand family historians

Available for purchase each month at newsagents and family history organisations in Australia and at dairies and bookshops in New Zealand OR subscribe and have your copy posted to you each month plus receive free entries!

Australian Family Tree Connections
PO Box 322
Gosford NSW 2250
Australia

Tel **(02) 4329 2400**
Fax **(02) 4329 2444** [+61 2 4329 2444]
Email **subscriptions@aftc.com.au**
www.aftc.com.au

Doors To The Past

Family tree research in Australia

PO Box 136, Hurstbridge, 3099 Victoria, Australia

www.doors-to-the-past.com.au   E-mail: research@doors-to-the-past.com.au

We have over 20 years experience in tracing family trees.
We can visit a cemetery where your ancestor is buried and take a photo of a headstone.
We can obtain certificates on your behalf, our rates are very reasonable, write or e-mail us for a brochure.
Very conscientious researcher, quotes given prior to any research undertaken.

Online Records for NSW 1850 - 1920, over 10,000 pages
at http://www.ihr.com.au

Listing of land, pastoral and mining records, electoral rolls and directories.
Internet History Resources
23 Edith Street, Leichhardt NSW 2040

Index to Advertisements - see page 794

Colonial Secretary's Papers 1788-1825

For the **FIRST TIME on CD-ROM** - this is a reproduction (by State Records of New South Wales) of the listing of Col. Sec. Papers as published on microfiche.

It is MORE than just an Index - tens of thousands of entries brought together under identified individuals in alpha order - it takes the following format:

ABBOTT, Thomas. Per "Albemarle", 1791; dealer of Sydney; died 1812

1802 Apr	Of Hawkesbury District. Particulars of arms in possession of (Reel 6041; 4/1719 p.92)
1806 Apr	Received issue of beer (Reel 6041; 4/1719 p.215)
1809 Feb	Produce received from at the Hawkesbury Stores (Reel 6040; 9/2673 p.13)
1809 Nov 6	Re payment for supplying provisions to Government (Reel 6001; SZ757 p.81a)
1810 Feb 5	Memorial seeking renewal of lease (Fiche 3001; 4/1821 No.1)
1810 Feb 16	Granted a licence to retail wines and spirits in Sydney (Reel 6038; SZ758 p.19)
1811 Mar 6	Of York Street. Received spirit licence in Feb 1811 (Reel 6038; SZ758 p.183)
1811 Jul 12; 1812 Jun 9	Owner of "Unity"; joint owner of "Active". Bonds to Naval Officer (Fiche 3283; X702 pp.47-9, 79-81)
1811 Nov 28	Re cask of gunpowder sent by Abbott to Gilberthorpe at the Hawkesbury (Reel 6002; 4/3491 pp.129-30)
1813 Mar 17-20	Named in High Court of Appeals in appeal by Thomas Gilberthorp (Reel 6042; 4/1724 pp.92-3, 97, 102-3)
1813 Mar 17-20	Named in High Court of Appeals re money owed to Robert Murray (Reel 6042; 4/1724 pp.90-2, 96-101)
1813 Mar 17-20	Named in High Court of Appeals, re money owed to Simeon Lord and Francis Williams (Reel 6042; 4/1724 pp.94, 95, 97, 104)
1814 Feb 18	Re escape of George Williams from the custody of the Jailor at Port Dalrymple where he had been confined at the suit of W H Mansel as surviving partner of Abbott (Reel 6004; 4/3493 pp.49-50)
1818 Aug 6	Reference to cause Murray v Hook, Cripps & the executors of Abbott (Reel 6047; 4/1741 pp.285-6)

Available NOW - A$39.95 + $3.00 post ($6.00 overseas) - from Library of Australian History

(to order - see last page)

AGCI - Australasian Genealogical Computer Index

For the FIRST time on CD-ROM over <u>3.8 Million entries</u>.

This is a **much enlarged** listing previously published on microfiche by the SAG.

The Index gives details such as name, date, place, event and source of information.

The Index has been compiled from many sources including cemeteries, shipping lists, newspapers Australia and NZ wide.

<u>Available</u> from Library of Australian History

A$125.00 + $3.00 pack & post for individual users. $190 + post for multi-use. (W98+) Overseas postage A$4.50

Birth, Marriage, Death & Funeral
Notices in the Sydney Morning Herald 1831-1853

Abstracts compiled by Keith Johnson & Malcolm Sainty

Originally published in 4 volumes and later on microfilm - now on CD (windows 95+ PC)
It is an exact copy of the original bookform and can be read by scrolling through the 4 alpha sections.
Contains over 23,000 name entries.
1CD - Windows 95+   **$35.00** + $3.00post
(Microfilm also available - $45.00 posted)

The CONVICT SHIPS 1787-1868
by Charles Bateson

Republished by Library of Australian History
as a Book or CD

This classic work, long out of print, is the definitive authority on the ships which came to all parts of Australia carrying convicts. It gives many details of each ship plus an overview of the transportation system, contractors, naval agents, guards, surgeons and details of many eventful voyages. It contains extensive reference notes and appendices listing every ship with details such as place built, year, class, tonnage, date of arrival, date sailed and where from, days of journey, masters name etc.
A number of Convicts and many Officials are also named.

The **BOOK** is 432 pages (incl. index). The **CD-ROM** is fully searchable. (W98+)

Prices: **Book A$42.00** + $7.50 post
CD-ROM A$39.00 + $3.00 pack & post
(overseas post CD = A$5.50 air; Book = A$16.00 sea)

CONVICTS TO NSW 1788-1812
COMPLETE details from the Transportation Records
Edited by Carol J. Baxter, FSAG

For the first time the surviving Transportation records of the Convicts sentenced to NSW in its first 25 years have been brought together for this major new reference work

Over 14,500 convicts are listed including those who never made the journey and others who went to Van Diemen's Land and Port Phillip.

Full details from the Transportation records are included for each convict. Searches are possible by a variety of fields, including crime, place of trial, occupation and ship. It includes a detailed discussion & explanation of the original sources.
This CD is a must for every Australian history enthusiast.
Compatible for both Windows 95 - XP and Mac 02 8.1-9.2
Aus$68.50 (including postage within Aus) (add $2.50 overseas).

Colonial Australia - local history books

Published by - Library of Australian History - (see last page)

Macquarie Country – A History of the Hawkesbury
D.G. Bowd

The author, a fifth generation member of a Hawkesbury family, put many years of careful research into this history and his companion work (below). The standard history of the Windsor and Richmond areas of NSW. (*Hawkesbury Journey* next listed is the sequel to this volume, by the same author).

288pp. 20pp. Plates + Maps - full index.   Paperback   A**$24.95**

Hawkesbury Journey – Up the Windsor Road from Baulkham Hills
D.G. Bowd

Brings to life the challenges and traumas experienced by the lesser known pioneers of this region west of Sydney – how they lived and worked along the "Road". It complements the work *above*.

288pp. 20pp. Plates + Maps - full index   Paperback   A**$24.95**

The Journal of Daniel Paine 1794-1797
     Eds. *Dr. R.B.J. Knight & Dr. A. Frost*

First edition of a diary kept on voyage to Sydney in the *Reliance* in 1795 and sojourn in N.S.W. Introduction and appendix on early Government boat-building and the fledgling timber industry, and pocket biographies on all persons mentioned in the journal.

170pp.   Illus. Index   Hardcover   A**$19.25**

This Mad Folly! – History of Australia's Pioneer Women Doctors
     M. Hutton Neve

Traces the achievements of, and the perseverance of these pioneer women medical practitioners.

190pp.   Illus.&Index   Hardcover   A**$19.25**

Home Was Here - Mary Lang

     An illiterate Irish exile, Edward Redmond, transported for life after the rebellion in 1798 and with neither money nor influence, acquired in NSW a remarkable wife. Together they surmounted many difficulties to become prominent citizens and some of Sydney's earliest *nouveaux riches*. Their story and that of their descendants in New South Wales until WW I, is a good *read* for all interested in pioneering life and well documented historical research.

196pp. Illustration. Index. (Pub. 1987)   Hardcover   A**$29.95**

Mary Reibey - Molly Incognita the Lady on the $20 Note

Mrs Nance Irvine presents the piquant story of a plucky Lancashire lass who went adventuring seeking anonymity as a 'boy', of her transportation to NSW in 1792, her marriage in 1794 to Thomas Reibey, formerly in the service of the East India Company, of the courageous young bride with her young family, of the widowed Mary Reibey, who, combating her emancipist status, between 1811 and 1855, became a successful and respected merchant in 19th century Sydney.

Well-researched and readable.

188 pages - Illus. - Fully Indexed.   Paperback - A**$22.50** + $3.95 Post.

Rookwood Cemetery Transcriptions - on CD-ROM

Transcribed and Published by the Society of Australian Genealogists

Over 236,000 monumental inscriptions

This major new reference work allows searches not only by last name (including phonetic and wild cards), but by first name, year of death and inscription.

Each record shows the full details transcribed, as well as denomination, section, row and plot number. Nearby graves also listed.

Rookwood Cemetery opened in 1868, known as The Sydney Necropolis, is the largest cemetery in Australia and is still in use.

Price A$66.00 (plus $3.00 postage)
(for Commercial or Public Library use - contact SAG for price details)
PC - Windows 95 or later

Available from: Society of Australian Genealogists, 120 Kent St., Sydney 2000
or
from LAH - see below

ORDERS

Books & CDs listed on **pages 812 to 816** are available from:

Library of Australian History - Genealogical Research Directory
PO Box 795, North Sydney NSW 2059, Australia.

We ship **WORLDWIDE**
different prices incorporating postage will apply
Postage within Australia (1 book) $8.50; (2+ books) $10.50; CD $3.00
Postage overseas - CDs A$4.50 each.
Books - contact us for details - we can send by seamail or economy air.

Write or E-mail our Agents listed on page 4 of this *Directory*.
or **E-mail us direct: grdxxx@ozemail.com.au**

We accept **VISA - MASTERCARD or BANKCARD**
Credit Cards or Cheques in the above currencies.

order by Post or by Tel/Fax: (02) 9929 5087 Intl.+ 612 9929 5087
or E-mail: **grdxxx@ozemail.com.au**

We also take **subscriptions** for **Irish Roots** (see page 801), **Family Tree Magazine** and **Practical Family History** (see page 806)

PLEASE MENTION THE *GENEALOGICAL RESEARCH DIRECTORY* WHEN WRITING